Ulf Skirke

Storchenreise

Ulf Skirke

Storchenreise

Erkundungen einer anderen Welt

Wege in eine neue Zukunft

Rediroma-Verlag

Bibliografische Information der Deutschen Nationalbibliothek:
Die Deutsche Nationalbibliothek verzeichnet diese Publikation in der Deutschen Nationalbibliografie; detaillierte bibliografische Daten sind im Internet über http://portal.dnb.de abrufbar.

ISBN 978-3-98885-354-7

Umschlagillustration:
Bettina Huchtemann

www.rediroma-verlag.de
19,95 Euro (D)

Inhalt

Einleitung

Mehr als drei Jahrzehnte sind wir in verschiedene Länder Afrikas gereist. Die anfängliche Faszination für diesen Kontinent hält bis heute an und hat sich ständig weiterentwickelt. Aus Erinnerungen, Erfahrungen, und eigenen Entwürfen ist nunmehr eine Abhandlung entstanden, die deutlich über eine Reiseberichterstattung hinausgeht.

Zunächst waren es Ausflüge zwischen den Räumen von Europa und Afrika, die sich ziemlich genau entlang der Ostroute des Weißstorchzuges bewegten. Dies ließ die Idee des Buchtitels entstehen. Doch er sollte schon bald eine tiefere Bedeutung bekommen. Denn die sinnbildliche „Storchenreise" entwickelte sich zunehmend zur „Erkundung einer anderen Welt" und zu „Wegen in eine neue Zukunft."

Die Erkundung Afrikas bestand zunächst aus ungewöhnlichen und neuartigen Erfahrungen mit Menschen, aus denen sich über die Jahre auch so manche Freundschaft entwickelte. Aber darüber hinaus entstanden weitergehende Impulse und Motive, die meist unbekannte Geschichte, das Leben der Menschen sowie die kulturellen Schätze Afrikas näher kennenzulernen. Aber auch die Erlebnisse unbeschreiblicher Naturschauspiele von Landschaftsräumen und Tierwelten hinterließen zusätzlich eine Ahnung von Reichtum und Vielfalt des afrikanischen ‚Kosmos', den es nun viel genauer zu ergründen galt.

Unsere Reisen bewegten sich dabei innerhalb des Zeithorizont einer ‚Epochenwende' mit gegenläufiger globaler Entwicklungsdynamik: Klimakrise, entfesselter Neoliberalismus oder soziopolitische Konflikte einerseits und Klimakonferenzen, Nachhaltigkeitsstrategien oder zivilgesellschaftliche Zukunftskonzepte andererseits.

Natürlich galt unser Interesse der Frage: wie kann *letztere* Dynamik gefördert und gestärkt, wie kann die Perspektive einer anderen, nachhaltigen Welt erreicht werden? Klar war nur: ein ‚Weiter-So' der aktuellen Weltentwicklung war keine sinnvolle Schlussfolgerung. Eine selbstgewisse Lösungsantwort jedoch lag auch nicht ‚auf der Hand'. Weder das real-existierende Europa kann als leitendes, ‚unhinterfragbares' Zukunftsmodell überzeugen, sondern bedarf selbst einer Großen Transformation, noch ist das gängige, ‚selbstverständliche' Negativ-Bild von Afrika auch nur ansatzweise in der Lage, die möglichen Potenziale des ‚Schwarzen Kontinents' für eine vernünftige, andere Welt zu erkennen.

Vielmehr führten mich meine Reise-Gedanken über die Pendelbewegungen zwischen Europa und Afrika auf Gedanken-Reisen, die einen gemeinsamen, ideellen afrikanisch-europäischen Dialog in Gang bringen sollen, um damit Lösungsvorschläge und Möglichkeiten für eine andere, zukunftsfähige Welt auszuloten.

Der europäische Beitrag dazu kann allerdings nicht einfach die Weltsicht einer traditionellen ‚Moderne' fortsetzen, sondern muss selbstkritisch Diskurs-Entwürfe einer dekolonialen und andersmodernen Zukunft einbringen. Dazu gehört insbesondere *neue* Denkweisen wie Komplexität, Vernetztheit, Kooperation, Kommunikation oder Ganzheitlichkeit, um gerade *die* Probleme zu lösen, die das „alte" mechanistisch-industrielle Denken einer traditionellen ‚Moderne' hervorgebracht hat.

Annette Kehnel stellt daher die wichtige Frage: „Wie sieht die Zukunft aus, wenn wir sie nicht länger durch die Brille der längst überkommenden Moderne betrachten"?[1] Und schlägt dazu eine „Horizonterweiterung" in die vormoderne und vorkoloniale Geschichte *Europas* vor, die eine Reihe bemerkenswerter, zukunftsfähiger Beispiele von Nachhaltigkeitskonzepten aufweist.

In der aktuellen *afrikanischen* Diskussion wird von *Felwine Sarr* ein entsprechend interessanter Gedankenansatz formuliert:

„Ein halbes Jahrhundert nach der Unabhängigkeit wird es Zeit, dass sich Afrika von dem kolonialen Blick und dem zerstörerischen Entwicklungsweg des Westens befreit und sich auf seinen verschütteten geistigen Reichtum besinnt. Eine revolutionäre Vision für ein selbstbewusstes Afrika, den Kontinent der Zukunft."[2]

Es ist höchste Zeit, dass Afrika angemessen und gleichberechtigt an der Zukunftsgestaltung der Welt beteiligt ist, und dies aus ureigener, nicht nur aus westlicher Perspektive.

Pier Paolo Pasolini bringt ein mögliches Dialog-Zwischenergebnis folgendermaßen zum Ausdruck: „Afrika ist das Anderswo, mit dem sich die Moderne versöhnen muss."[3]

Besonders durch die Forschungsarbeiten von *Ottmar Ette* geleitet diente mir *Alexander von Humboldt* als Vorbild und Orientierung im Denken und Handeln, insbesondere wenn es um Ansätze einer anderen Moderne ging: seine Reiseerfahrungen mündeten in eine kosmische Weltbeschreibung, die interkulturell und antikolonial ausgelegt war. In seinem Hauptwerk „Kosmos" bezog er sich auf den griechischen Kosmos-Begriff, der sowohl „Ordnung" als auch „Schönheit" und „Harmonie" des Universums bedeutete.

---

[1] Vgl. Annette Kehnel. Wir konnten auch anders. Eine kurze Geschichte der Nachhaltigkeit. München 2021, S. S. 16 ff

[2] Vgl. Felwine Sarr. Afrotopia. Berlin 2019

[3] Vgl. Pier Paolo Pasolini. Afrika, letzte Hoffnung. Hamburg 2011

Andrea Wulf erläutert dazu: „Hier erklärte Humboldt seine Vision – von einer Welt, in der Leben pulsierte. Alles sei Teil „in einem ewigen Treiben und Wirken der lebendigen Kräfte". Er sah die Natur als „ein lebendiges Ganzes", in dem sich die Organismen zu einem „netzartig verschlungenen Gewebe" verbinden."[4] Die zentrale Botschaft von Humboldts ist heute wichtiger denn je: nämlich unser Wissen und Handeln für eine lebenserhaltende Verbindung von Mensch und Natur einzusetzen.[5] Dabei vergleicht er das Studium seiner neuen Wissenschaft mit einer Reise in ferne Länder.[6]
Daran erinnerte ich mich, als meine Studien zu Chaos und Selbstorganisation genau parallel zu unseren Afrika-Reisen begannen. Der neue „Wissenschaftskontinent" war für mich die Erforschung von komplex-dynamischen Prozessen in Natur und Gesellschaft. Fraktale und selbstähnliche Muster im Muster, kleine Ursachen mit großen Wirkungen, Rückkopplungen von Wirkungen auf ihre Ursachen, Balancen und Kreisprozesse gestatteten „Expeditionen" in eine neue seltsam fremde und doch sehr vertraute Welt des Komplexen[7], in der das Ganze viel mehr bedeutete als die Summe seiner Teile. Vor allem aber eröffneten sich damit Einsichten in kreative und nachhaltige Gestaltungspotenziale des Menschen auch innerhalb von Natur und Technik.[8]
Die erstaunlichste Erfahrung in diesem Zusammenhang waren jedoch Forschungsarbeiten von *Ron Eglash,* dessen spektakuläre Studien auf einen in Kultur und Lebenswelt Afrikas weit verbreiteten Umgang mit fraktalen Strukturen und komplexen, selbstorganisierenden Prozessen führte. Fraktale Muster sind allgegenwärtig in der afrikanischen Kultur, in Kunst und Alltagsgegenständen, in Skulpturen, Stoffmustern oder sogar religiösen Darstellungen und Kosmologien.[9] Eglash ist zuzustimmen, wenn er im weitreichenden kulturellen und praktischen Umgang des Wissens um Fraktale und Selbstorganisationsprozesse bedeutsame Potentiale für eine nachhaltige und lebenswerte Entwicklung der Gesellschaft – nicht nur in Afrika - sieht.[10]

---

[4] Vgl. Andrea Wulf. Alexander von Humboldt und die Erfindung der Natur. München 2016. S. 296 ff

[5] Siehe auch: Ottmar Ette. Alexander von Humboldt und die Globalisierung. Frankfurt/Main 2019. S. 16 ff.

[6] Siehe: Alexander von Humboldt, Kosmos, Herausgegeben und kommentiert von Hanno Beck, Darmstadt 2018, S. 37

[7] Vgl. Dirk Brockmann. Im Wald vor lauter Bäumen. Unsere komplexe Welt besser verstehen. München 2021

[8] Vgl. Klaus Meier, Reisebeschreibungen über einen neuen Kontinent. In: Meier/Strech .Tohuwabohu. Chaos und Schöpfung. Berlin 1991 S. 18ff

[9] Siehe: Ron Eglash. African Fractals. Modern Computing and indigenous design. London 1999

[10] Ebenda, S. 229 f.

Bei der Erfahrung und Erforschung afrikanischer Kultur, Weltsicht und Kosmologie begegnete ich einem *zentralen* Grundgedanken immer wieder: nämlich die Erhaltung, Erkenntnis und Entwicklung der Lebenskräfte und Lebenswerte sowie das Streben nach Wahrheit.
Für *Achille Mbembe* führt dies zu einer universellen Einsicht: die Menschheit muss sich der Aufgabe annehmen, Lebensreserven für die Erhaltung der Welt anzulegen, für die „eine Welt", die ihren dauerhaften Bestand nur verwirklichen kann, „wenn das Verlangen nach Leben zum Eckstein eines neuen Denkens in Politik und Kultur wird."[11]
Ja, es war und ist immer wieder meine grundlegende Erfahrung der positiven Lebendigkeit und Produktivkraft *afrikanischen Kultur*, die in den vielfältigsten Formen nicht nur leitender Maßstab für Kommunikation und Verständigung, sondern auch Erfassung von Authentizität und Wahrheit zwischen den Kultur-Welten ist – jenseits einer marktkonformen Kulturindustrie.
Roger Willemsen berichtet beispielhaft über Lebensgefühl und Geist des musikalischen Zusammenspiels von *Ali Farka Touré*, einem ‚Säulenheiligen' des malischen Blues: „Jeder wusste, was er für den anderen zu tun hatte. Die reine Musik...eine Quelle der Wahrheit." [12]
Daher sieht *Leopold Sedar Senghor* authentische Kultur als Modell eines wahrhaftigen Dialoges für eine andere Moderne, für eine postkoloniale, zukunftsfähige Welt: so „haben wir nie aufgehört, unsere Politik auf den Dialog zu bauen. Und das in allen Domänen,
aber vor allem in der Kultur, denn die Kultur ist der erste Sinn und das letzte Ziel der Entwicklung."[13]

Wir brauchen dringend eine friedliche und konstruktive weltweite Kommunikation für globale, inklusive, lebenserhaltende Kulturmaßstäbe als ‚Einheit in der Vielfalt'.
Ich bin überzeugt, dass beim Suchen und Finden solcher Maßstäbe die Erkenntnisse von komplexer Selbstorganisation besonders hilfreich sind. Bezugnehmend auf vielfältige Forschungsergebnisse halte ich die Anwendung von ‚Prozessen regulierter Selbstorganisation' für erkenntnisleitend und erfolgversprechend, da sie einer verantwortungsvollen menschlichen Kreativität und Intelligenz neue Kommunikations-Möglichkeiten mit technischer Intelligenz erschließen helfen. Frage: wird damit erstmals in der Technikgeschichte die Möglichkeit einer

[11] Vgl. Achille Mbembe. Kritik der schwarzen Vernunft. Berlin 2017. S. 325 ff.
[12] Vgl. Roger Willemsen. Musik! Über ein Lebensgefühl. Frankfurt/Main 2018. S. 438 f.
[13] Vgl. H. Belting und A. Buddensieg. Leopold Sedar Senghor und die Zukunft der Moderne. Ein Afrikaner in Paris. München 2018

‚Partnerschaft' oder sogar einer *‚Symbiose'* zwischen Mensch, Natur und Technik sichtbar, die eine konstruktive und positive Gestaltungspraxis für die dauerhafte Erhaltung des Lebens auf unserem Planeten in Aussicht stellt? Dafür hoffe ich auf kluge Handlungsvorschläge eines *realen* afrikanisch-europäischen Dialoges und möchte selbst einige Beispiele dazu anbieten.......
Vielleicht findet so der „Appell an eine humane Weltordnung" von *Leopold Senghor* und damit eine „Zivilisation des Universellen" endlich Gehör: „Der Weg ist offen für eine Konvergenz der gesamten Menschheit. Aus dieser Bewegung wird die *Zivilisation des Universellen* entstehen als *Symbiose* der verschiedensten Zivilisationen."[14]

Für wichtige Anregungen und Gespräche zum vorliegenden Buchprojekt danke ich sehr:
Africa Positive e.V. und Veye Tatah, Eberhard Aurich, Dr. Reinhard Behrens, Mirco Beisheim, Jutta und Prof. Dr. Werner Blunck, Dr. Ursula Boy-Will, Rita da Luz, Prof. Dr. Ottmar Ette, Jennifer Gaithuma, Stephanie Gokel, Dr. Dirka Grießhaber, Andrea Groth, Dr. René Haller, Prof. Dr. Peter Heck, Ute Herrmann, Karin Heuer, Dr. York Räto Huchtemann, Prof. Dr. Daniela Jacob, Stanley Komoras, Werner Krumpholz, Eddy Kurmann, Susan und Paul Kruse, Tuva Mwahunga, Michael Müller, Prof. Dr. Jürgen Oßenbrügge, James Owiti, Dorit und Jens Petersen, Erik Pust, Dr. Margarete Remmert-Rieper, Wolfgang Risse, Helga Schenk, Dr. Ute Scheub, PD Dr. Helmut Stubbe da Luz, Günter Wiepking, Zhongping Wu, Ursula Wydora.
Mein besonderer Dank gilt meiner Frau Astrid für ihre Unterstützung und Partnerschaft bei unserer Reise des Lebens. Ihr möchte ich dieses Buch widmen.

Hamburg Dr. Ulf Skirke
im Juni

[14] Ebenda, S. 78 ff

„Das Studium jeglicher neuen Wissenschaft,
besonders einer solchen, welche die ungemessenen Schöpfungskreise,
den ganzen Weltraum umfaßt,
gleicht einer Reise in ferne Länder"
Alexander von Humboldt[15]

1. Zukunftserinnerungen

Nun war die Zeit endlich gekommen. Die Fülle der Erinnerungen, lange Vorbereitungen, eigene und Literaturerkenntnisse drängten mich endgültig zum langgehegten Doppel-Wunsch nach Aufarbeitung meiner Afrikareisen der letzten dreißig Jahre *und* einem eigenen Zukunftsentwurf: wie soll es mit dieser Welt weitergehen? In zwiespältiger Weise kam mir eine aktuelle Entwicklung zur „Hilfe": die Corona-Krise. Einerseits verschaffte sie mir Zeit- und Raumgewinn für meine Arbeit, andererseits führte sie mir die Dringlichkeit von *aktuellen*, weiterreichenden Problemlösungsstrategien für das Leben und Überleben der Menschheit bildhaft vor Augen. Schlagartig vergegenwärtigte sich eine *„Epochenwende"* vor drei Jahrzehnten mit eigenartig unterschiedlichen und doch selbstähnlichen Phänomenen wie die derzeitige und der gleichen Frage: wie können wir Zukunft neu denken?

Und genau hier lag das Zeitfenster zwischen damals und heute, in dem zwei für mich essenzielle Entwicklungen ihren parallelen Entwicklungsgang nahmen, nämlich die vertieften Erkundungen sowohl Afrikas Geschichte und Kultur als auch des Forschungsfeldes komplexer Selbstorganisationsprozesse. Bei letzterem beschäftigte auch mich die Fragestellung: wie sind mittels komplexer Systemprozesse zukunftsfähige und nachhaltige Entwicklungsmodelle für unseren Planeten möglich? „Häufig wird von jungen Menschen gefragt, ob die Resultate der Erforschung der Selbstorganisation und Evolution in irgend einer Weise weiterhelfen können, um Auswege aus heute sichtbaren Sackgassen zu finden und gangbare Wege zur Gestaltung einer lebenswerten Zukunft der Menschheit zu weisen."[16]

Meine Afrika-Erfahrungen ihrerseits erwiesen sich als außergewöhnliche Horizonterweiterungen nicht nur in Bezug auf ein tiefgreifendes Verständnis von Geschichte und Kultur dieses Kontinents, sondern eröffnete auch eine neue Frage-Spur: welchen Beitrag kann und sollte Afrika mit seiner reichhaltigen Kultur und

[15] Alexander von Humboldt, Kosmos, Herausgegeben und kommentiert von Hanno Beck, Darmstadt 2018, S. 37

[16] Siehe: W. Ebeling/R. Feistel. Chaos und Kosmos. Prinzipien der Evolution. Heidelberg.Berlin.Oxford 1994, S. 225

epochalen Geschichte für die Gestaltung und Orientierung einer lebenswerten Zukunft der Welt leisten?

Felwine Sarr greift diese Frage in ähnlicher Weise auf:„Welches Projekt verfolgt Afrika im Hinblick auf sich selbst und die Menschheit?...Und doch ist die basale Frage, die Gegenstand unserer Reflexionsbemühungen sein sollte, wer wir für uns selbst und für die Welt sein wollen.“ [17]

Und er deutet eine mögliche Antwort mit den Worten von Alioune Diop an: „Die Anwesenheit Afrikas in der Welt wird eine Steigerung der Prägnanz und Reife des menschlichen Bewusstseins zum Ergebnis haben.“ [18]

Spätere, weitere Antworten sollten mir dazu eindrucksvolle, neue Weltsichten eröffnen....
Doch zunächst musste eine grundlegende Fragenmethodik betrachtet werden, die es ermöglichte Phänomene komplexer Realität systematisch und systemisch zu erschließen: einerseits das Fragen nach den Charakteristika und wesentlichen Rahmenbedingungen beispielsweise historischer und kultureller Phänomene sowie andererseits das *Hinter*-Fragen von deren scheinbaren Gewissheiten und angeblich festgefügten Weltbildern. Als gedankliche Vorbilder für ein solches Vorgehen dienten mir zunächst zwei Leitpersonen, nämlich *Bertolt Brecht* und *Immanuel Kant.*

Die Bedeutung von *Bertolt Brechts „Fragen eines lesenden Arbeiters“* hat nichts an Aktualität und Universalität eingebüßt, wenn vermeintlich „alternativlose“ Behauptungen über Ereignisse in der Geschichte sich als ganz anders entbergen. Dieses Fragen und Infragestellen gilt im übertragenden Sinn und Analogieschluss m. E. insbesondere auch für die Geschichte *Afrikas*!

„Wer baute das siebentorige Theben?
In den Büchern stehen die Namen von Königen.
Haben die Könige die Felsbrocken herbeigeschleppt?
Und das mehrmals zerstörte Babylon
Wer baute es so viele Male auf? In welchen Häusern
Des goldstrahlenden Lima wohnten die Bauleute?
Wohin gingen an dem Abend, wo die Chinesische Mauer fertig war
Die Maurer? Das große Rom
Ist voll von Triumphbögen. Wer errichtete sie? Über wen
Triumphierten die Cäsaren? Hatte das vielbesungene Byzanz
Nur Paläste für seine Bewohner? Selbst in dem sagenhaften Atlantis
Brüllten in der Nacht, wo das Meer es verschlang
Die Ersaufenden nach ihren Sklaven.

---

[17] Felwine Sarr. Afrotopia. Berlin 2019, S. 149
[18] Ebenda

Der junge Alexander eroberte Indien.
Er allein?
Cäsar schlug die Gallier.
Hatte er nicht wenigstens einen Koch bei sich?
Philipp von Spanien weinte, als seine Flotte
Untergegangen war. Weinte sonst niemand?
Friedrich der Zweite siegte im Siebenjährigen Krieg. Wer
Siegte außer ihm?
Jede Seite ein Sieg.
Wer kochte den Siegesschmaus?
Alle zehn Jahre ein großer Mann.
Wer bezahlte die Spesen?
So viele Berichte.
So viele Fragen."[19]

Ebenso zeigen sich die *drei philosophischen Grundfragen Kants* als hilfreich und zeitlos:
„Alles Interesse meiner Vernunft (das spekulative sowohl, als das praktische) vereinigt sich in folgenden drei Fragen:
Was kann ich wissen?
Was darf ich hoffen?
Was soll ich tun?"[20]
Was bedeutet dieses universelle Fragen, Fragen des Lebens und Überlebens, Fragen eines Reisenden, Lesenden, Hoffenden, Entwerfenden..?
Es geht schon längst nicht mehr um die eigene Zukunft oder Selbstentwürfe, sondern um die Frage nach dem eigenen verantwortlichen Anteil an der Welt und damit nach der Möglichkeit von eigenen Entwürfen für die Welt – zum zukunftsfähigen *Handeln*!
Solche Entwürfe sind aber nicht einfach Projektionen des eigenen Selbst, sondern bedeuten eine ‚Reise' mit Begegnungen und Erfahrungen des Anders-Seins. Erst diese bedeutsame Erfahrung des kulturellen Anders-Seins eröffnet den Horizont des *ganzen* Mensch-Seins.[21]

---

[19] Werkausgabe Edition Suhrkamp, Frankfurt/Main 1967, Auflage 1990 – Bd. 9; Abdruck mit freundlicher Genehmigung von Barbara Brecht-Schall; https://archiv2017.die-linke.de/partei/dokumente/programm-der-partei-die-linke/bertolt-brecht-fragen-eines-lesenden-arbeiters/

[20] Kants Werke. Akademie Textausgabe. Band III. Kritik der reinen Vernunft, 2. Auflage 1787. Berlin 1968. S. 522

[21] Von daher ist die ängstliche Verdrängung des fremden Anderen oder gar Fremdenfeindlichkeit auch eine Form der Entmenschlichung...

Schon als Kind interessierte, beschäftigte mich das Andere und Fremde. Doch nicht erst während meiner Reisen, sondern bereits vorher in meiner Phantasie stand dafür *Afrika*:

zunächst als aufregendes, abenteuerliches Faszinosum, später als Erkenntnisquelle und tiefgründige Orientierung einer neuen Weltsicht - parallel zu meinen Forschungen über Chaos, Selbstorganisation und komplex-dynamischen Prozessen. Reisebeginn war zeitgleich Forschungsbeginn....

Die Eröffnung einer anderen Weltsicht westlicher Wissenschaft begegnete meiner persönlichen ‚Entdeckung' Afrikas als Einsicht in eine andere Real-Welt. Von nun an bewegte ich mich zwischen den Welten: einmal räumlich zwischen Europa und Afrika, zum anderen geistig zwischen zwei kulturellen Weltsichten.

Und genau an dieser Stelle kam mir ein Bild, eine exemplarische Figur für diese Reise zwischen den Welten in den Sinn: der Storch. Welches Wesen könnte als Zugvogel zwischen Europa und Afrika besser die Bewegung zwischen den räumlichen und geistigen Welten verkörpern als der Weißstorch?! Und wie könnte die Schönheit Afrikas besser empfangen und wahrgenommen werden als aus der Vogelperspektive: die Weite von Natur und Landschaft sowie einer Tierwelt, die das Maß der Dinge an sich selbst verkörpert und den Menschen Bescheidenheit lehrt.[22]

Mit erstaunlicher Klarheit sind mir die Reisen wieder gegenwärtig, auf denen ich so manch Weltnaturerbe sowie Weltkulturerbe Afrikas kennenlernen und bestaunen durfte......

„Storchenreise" sollte nunmehr metaphorisch mein literarisches Projekt zur Reise zwischen den Welten, Europa und Afrika, zum Ausdruck bringen. Dabei ist es geblieben....

Natürlich inspirierten mich bei diesem Buch-Projekt sehr die Arbeiten von *Alexander von Humboldt*.)[23])[24]

Seine Forschungsreisen führten von Europa nach Süd-, Mittel-und Nordamerika sowie Zentralasien. Seine Ideenwelt und Erkenntnisse erreichten unglaubliche Dimensionen: als letzter Universalgelehrter verband er Naturwissenschaften mit Philosophie, Kunst und Dichtung. Angetrieben von Humanität und Menschenrechten setzte sich Humboldt für indigene Völker, gegen Sklaverei und

---

[22] Vgl. auch Magisches Afrika. Durch die Augen der Götter, Phantastische Luftaufnahmen von Robert B. Haas, Einleitung von Kuki Gallmann, National Geographic Deutschland, Hamburg 2005

[23] Siehe Alexander von Humboldt, Darmstädter Ausgabe Sieben Bände, Herausgegeben und kommentiert von Hanno Beck, Darmstadt 2018

[24] Siehe auch: Andrea Wulf, Alexander von Humboldt und die Erfindung der Natur, München 2016

Kolonialismus ein – und baute auf konstruktive Kritik, ganzheitliche Aufklärung sowie globale Kommunikation. Seine Forschungserlebnisse und wissenschaftlichen Erkenntnisse vermittelte er möglichst vielen Menschen, nicht nur Wissenschaftlern. Als einer der ersten Ökologen und Klimaforscher entwickelte er auch Ideen für ein zukunftsfähiges Leben der Menschheit auf unserem Planeten...

Dabei ist ein Grundgedanke Humboldts zentral: die Wahrnehmung und Beschreibung von „Naturwahrheit" bedeutet, dass die sinnlichen Eindrücke der ‚Außenwelt' einerseits sowie die ‚Innenwelt' der Gedanken und Gefühle andererseits ein ganzheitlicher Ausdruck wird:

„Der Menschen Rede wird durch alles belebt, was auf Naturwahrheit hindeutet, sei es in der Schilderung der von der Außenwelt empfangenen sinnlichen Eindrücke oder des tief bewegten Gedankens und innerer Gefühle. Das unablässige Streben nach dieser Wahrheit ist im Auffassen der Erscheinungen wie in der Wahl des bezeichnenden Eindrucks der Zweck aller Naturbeschreibung."[25]

Seit geraumer Zeit bewegt mich ein kühner, möglicherweise gar vermessener Gedanke: Wenn es mir gelänge, mit einem kleinen Beitrag Humboldts Ideen aufzugreifen und möglicherweise weiterzuführen, wäre das die Erfüllung meines oben selbst gesteckten Zieles, mittels eines ideellen afrikanisch-europäischen Dialogs einen „eigenen verantwortlichen „Entwurf für die Welt" zu leisten – unter Einbeziehung von *Naturschönheit* und *„Naturwahrheit"*: „ es ist die denkende Betrachtung der durch Empirie gegebenen Erscheinungen, als eines Naturganzen."[26]

Ottmar Ette schlussfolgert: „Mit diesen Formulierungen verabschiedet sich nicht etwa der Wissenschaftler Humboldt aus dem Reich der Wissenschaft; er versucht vielmehr, eine neue Sichtweise der Natur zu etablieren, die empirisch begründet, holistisch orientiert und ästhetisch am Genuß der Naturphänomene und der literarisch-künstlerischen Vermittlung dieses Genusses ausgerichtet ist."[27]

Ich möchte mich im folgenden ausdrücklich auf Veröffentlichungen des Literaturwissenschaftlers *Ottmar Ette* über *„das unvollendete Projekt einer anderen Moderne"* beziehen – als Fundierung und Interpretation des Humboldtschen Werkes. Insbesondere auch die Kritik Humboldts an der fehlerhaften ‚Weltsicht' von zeitgenössischen ‚Geistern' der Aufklärung ist hier von besonderem Interesse: „Die Humboldtsche Kritik an Hegel, die.....in vielerlei Hinsicht repräsentativ für seine eigene Vorgehensweise ist, zielt nicht nur auf die mangelnde empirische Basis verabsolutierter Behauptungen sowie auf den Mangel an eigener Welt-Erfahrung, die Humboldt nicht nur gegen

---

[25] Alexander von Humboldt (2018), a.a.O. Ansichten der Natur, Band V, S. 158 f.

[26] Alexander von Humboldt (2018), a.a.O. Kosmos, Bd.I ,S. 36

[27] Ottmar Ette, Weltbewußtsein, Alexander von Humboldt und das unvollendete Projekt einer anderen Moderne, Velbrück Wissenschaft 2002, S. 44

Hegel, sondern auch gegen Buffon, Raynal, Kant, Schelling und viele andere Philosophen ins Feld hätte führen können und bisweilen auch führte,[28] sondern zielte auch auf das fiktive Konstrukt eines „Weltgeistes" und die damit verbundene ‚Einpassung' vorhandener Daten und Fakten in vorgefertigte Denksysteme.

Humboldtscher Wissenschaft ging es gerade umgekehrt um

„die lebendige Beziehung zwischen Analyse und Synthese, zwischen Datensammlung und Generalisierung, zwischen partikulärer Beobachtung und stets vorläufig bleibender Schlussfolgerung, die immer auf einer vergleichenden Vorgehensweise basierte."[29]

Die zusammenfassende Kritik an der fehlerhaften ‚Welt'sicht einer unvollständigen Moderne wird Humboldt mit folgender Formulierung zugeschrieben:

„Die gefährlichste Weltanschauung ist die Weltanschauung derer, die die Welt nie angeschaut haben."

Die Frage nach einer „anderen Moderne", einer zukunftsweisenden ‚Aufklärung der Aufklärung' (Picht) , ist aktueller denn je. Denn sie führt auf die Kritik von Geschichte und Gegenwart des kulturellen Anders-Seins, der anderen Weltsicht, der Bedeutung eines umfassenden, ganzheitlichen Naturbegriffs sowie der Möglichkeit eines neuen, partnerschaftlichen Technik-Typus für eine lebensfähige Zukunft.

Wie sicher fühlen wir uns in der modernen Welt, warum haben wir uns aus europäischer Sicht derart abgegrenzt und scheinbar ‚immunisiert' gegenüber einer *anderen* Weltsicht und Weltentwicklung? Wie verwundbar und verunsicherbar die moderne Industriegesellschaft jedoch ist, wurde uns durch die Corona-Krise deutlich vor Augen geführt:

ein Virus offenbart auch im übertragenden Sinne die ‚Immunschwäche' des modernen Menschen. Ob das Virus ein Lebewesen darstellt, ist nicht eindeutig definiert. In jedem Fall aber ist es ein Parasit, der den ‚Wirt' Mensch schädigt. Welche Rolle spielen wir Menschen bei der Entstehung von Viren? Reicht als Lösungsstrategie eine ‚Herdenimmunität' oder ein neuer Impfstoff aus? Oder müssen wir viel grundsätzlicher über die Fehlentwicklungen auf diesem Planeten nachdenken?! Die Coronavirus-Pandemie ist genauso wenig eine bloße ‚Naturkatastrophe' (vergleichbar mit einem Vulkanausbruch oder Meteoriteneinschlag) wie die derzeitige Klimakrise: beide sind durch falsche Eingriffe des *Menschen* in die Natur enstanden - aber sie gehorchen allerdings *Natur*gesetzen auf

---

[28] Ebenda, S. 40 f.

[29] Ebenda, S. 41

der Erde. Sollte sich die Lebensweisen des Menschen weiterhin gegen die Überlebensweisen der Natur richten droht weit mehr als verschiedenartige ‚Krisen'….

Die Lebensbedingungen auf dieser Erde sind *grundlegend* in Gefahr. Der Physiker und Systemtheoretiker *Ebeling* bringt dies auf den Punkt: „Wir leben in einer Zeit, in der entschieden wird, ob wir als Menschen überleben oder untergehen."[30]

Eine historisch nie dagewesene Kooperation der Menschheit hätte möglicherweise die Chance, den drohenden planetaren Kollaps abzuwenden. Am Ende seines Lebens zieht *Stephen Hawking* eine aufrüttelnde Bilanz:

„Aus all dem ergibt sich für mich, dass wir dringend enger zusammenarbeiten müssen, als das je in der Menschheitsgeschichte nötig war. Wir stehen vor gewaltigen und überaus beunruhigenden Umweltproblemen: Klimawandel, Lebensmittelsicherheit, Überbevölkerung, Rückgang der Artenvielfalt, Epidemien, Übersäuerung der Meere. All diese Phänomene zeigen uns, dass wir gerade am gefährlichsten Zeitpunkt der Geschichte der Menschheit stehen….derzeit haben wir nur diesen einen Planeten, und wir müssen alle daran arbeiten, ihn zu bewahren."[31]

Die gesellschaftliche Entwicklung der letzten Jahrzehnte könnte nämlich auch als ‚Parasitentum' des Menschen auf unserem Planeten Erde verstanden werden, denn die ökologische Tragfähigkeit der Erde ist bereits weit überschritten [32]. Droht ein Kollaps, wenn die Lebensbedingungen des Menschen weiter diese Tragfähigkeit überlasten?[33] Klimakrise,[34] Artensterben oder kriegerische Zerstörungen sind dazu mehr als Indikatoren und Warnsignale…Oder gelingt die radikale Wende einer nachhaltigen Strategie hin zu einer neuartigen Balance des Systems Erde?![35]

Die Evolution hat vielfach interessante Lösungsansätze für parasitäre Lebensphänomene vorgeführt: Übergang des Parasitentums zunächst in ein Stadium der *Koevolution* und schließlich in eine *Symbiose* der antagonistischen ‚Partner'.[36] Wie wäre es mit folgendem nachhaltigen Zukunftsentwurf: der moderne Mensch ändert grundlegend seine Parasitenrolle gegenüber der irdischen

---

[30] Werner Ebeling/Rainer Feistel, Chaos und Kosmos. Prinzipien der Evolution, Berlin 1994, S. 21

[31] Dossier von Stephen Hawking (06.01.2017)

[32] D. Meadows, J. Randers, D. Meadows, Grenzen des Wachstums. Das 30-Jahre-Update. Stuttgart 2006, S. 140 ff

[33] Ebenda, S.142

[34] Vgl. Ulf Skirke, Klimawandel und Stadt – Komplex-dynamische Planung für Nachhaltigkeit. In: Zeitschrift für Weltgeschichte, Herausgegeben von Hans-Heinrich Nolte, Jahrgang 12, Heft 2 (Herbst 2011), S. 239 - 257

[35] Meadows a.a.O. S. 279 ff

[36] Vgl. Robert Wesson, Die unberechenbare Ordnung. Chaos, Zufall und Auslese in der Natur, München 1991, S. 199 ff

Natur und bewegt sich über einen Zwischenschritt der Kooperation und Koevolution hin zu einer neuartig symbiotischen Beziehung von Mensch, Natur und Technik?! Ich werde dies später näher betrachten.[37] Jedenfalls sind in den letzten Jahren erfreulicherweise Ansätze einer neuen, verantwortlicheren Rolle des Menschen in der Welt erkennbar:

„So bereitet sich allmählich ein neues Weltbild vor mit einer neuen Auffassung von der Rolle des Menschen in der Welt und von seinen Verantwortlichkeiten. Der Mensch ist nicht mehr ein Fremdling im Universum, der sich durch zielloses Herumprobieren allmählich von Irrtümern befreit und eine renitente Natur durch Gewalt für seine Zwecke verändern muß, sondern er ist ein Teil dieser Natur, in Harmonie mit ihr, zur Erhaltung dieser Harmonie entstanden und verpflichtet."[38]

Ein ‚Weiter-So' der aktuellen industriellen Wachstumsgesellschaft wäre mit einer solchen lebenswichtigen, universellen Zielsetzung in jedem Fall unvereinbar....

Wie konnte es zum jetzigen, fehlentwickelten Zustand kommen? Wie erklärt sich die Entwicklungsgeschichte und wo liegen die systemischen Rahmenbedingungen der industriellen Moderne? Dazu bedarf es einer grundlegenden Aufarbeitung der Vergangenheit.

Liegt unsere überlebensfähige Zukunft in der Analyse von alternativen Entwicklungsmöglichkeiten der Vergangenheit? Gilt es, sich die Vergangenheit neu zu vergegenwärtigen, um daraus Zukunftsentwürfe abzuleiten?[39]

Dies bedeutet sowohl eine *selbstkritische*, tiefgründige Analyse wesentlicher Elemente europäischer als auch afrikanischer Geschichte – und zwar ‚auf Augenhöhe'. Aber wie ist dies angesichts der tiefgreifend asymmetrischen Macht- und Herrschaftsverhältnisse der beiden Welten möglich? *Arno Sonderegger* stellt zur wesentlichen Unterscheidung der jüngeren Geschichte Europas und Afrikas fest:

„Worin sich der Kontinent tatsächlich unterscheidet, sind der Grad und die Tiefe der Entmächtigung, von der die Bewohner und Bewohnerinnen dieser riesigen Landmasse über mehrere

---

[37] Ich möchte hier auch auf Ergebnisse meiner Dissertation verweisen: Ulf Skirke, Technologie und Selbstorganisation: Zum Problem eines zukunftsfähigen Fortschrittsbegriffs, Dissertation am Fachbereich Philosophie der Universität Hamburg, 1998. https://www.ulf-skirke.de/dissertation_pdf/

[38] Paul Feyerabend, in: Erich Jantsch: Die Selbstorganisation des Universums. Vom Urknall zum menschlichen Geist, München 1979, S. 14

[39] Vgl. August Nitschke, Die Zukunft in der Vergangenheit. Systeme in der historischen und biologischen Evolution, München 1994

rezente Jahrhunderte betroffen waren und der sie , allen Bemühungen der letzten 50 Jahre um effektive Dekolonisierung zum Trotz, bislang weiterhin mehrheitlich unterliegen."[40]

Sonderegger greift daher den fundamentalen Ansatz von *Diop*[41] auf und entwickelt ihn weiter: er „behandelt darum die Geschichte Afrikas bis zu jener zeitlichen Grenze, an der die Begegnung mit den Kräften der europäischen Expansion immer mehr zur Einschränkung selbstbestimmter historischer Gestaltungskraft und Handlungsmacht afrikanischer Akteure führte. Dieser Zuschnitt auf die Zeit vor 1600 n. Chr. ist eine Möglichkeit, eurozentrische Fallstricke bis zu einem gewissen Grad zu unterlaufen."[42]

Mit Sicherheit war und ist es eine politische *Sackgasse*, eine dekolonisierte „Selbst-Ermächtigung" Afrikas mit Hilfe einer „nachholenden Entwicklung" nach westlichen, insbesondere europäischen Maßstäben zu fordern. Lässt sich also Symmetrie möglicherweise dadurch herstellen, dass man von der Gegenwart zurückgehend kolonialkritische Wesenszüge Europas und vorkoloniale Spuren Afrikas im Dialog betrachtet, um Gemeinsamkeiten[43] in ihrer Verschiedenheit auszuloten?

In den vergangenen fünf Jahrhunderten ist die Welt ausgehend von europäisch-industriellen Machtdynamik verdichtet und konzentriert worden. „Die Erde wuchs zu einer einzigen ökologischen und historischen Sphäre zusammen."[44] Ein technisch-ökonomisches Fortschrittsmodell versprach (und verspricht bis heute) historisch einmalige Verbesserungen der menschlichen Lebensbedingungen...[45]

Jedoch stellt *Y.N. Harari* die berechtigte Frage: Aber sind wir heute glücklicher? Hat uns der Wohlstand, den wir in den vergangenen Jahrhunderten angehäuft haben, zufriedener gemacht?[46] Der einseitige Fortschrittsglaube überzeugt nicht: neue Fähigkeiten und Verhaltensweisen bedeuten noch lange kein besseres Leben. Das Gegenteil war häufig der Fall – auch insbesondere angesichts der langen Geschichte des europäischen Machtmissbrauchs. „Ähnlich verhalf die Expansion der europäischen Weltreiche der Menschheit insgesamt zwar zu einem Machtzuwachs, weil Ideen, Technologien und Güter auf neuen Handelsrouten über den gesamten Globus verteilt

---

[40] Arno Sonderegger, Kurze Geschichte des Alten Afrika. Von den Anfängen bis 1600, Wiesbaden 2017, S. 12

[41] Cheikh Anta Diop, Precolononial Black Africa, Chicago 1987

[42] ebenda

[43] Vgl. John Reader, Afrika, National Geographic Deutschland, Hamburg 2001, S. 7 ff. „Vor Jahr Millionen wurden wir in Afrika geboren, und dieses gemeinsame Vermächtnis stattet uns mit einem universellen Sinn der Menschlichkeit aus. Wir alle haben unsere Wurzeln in Afrika." Ebenda, S.9

[44] Yuval Noah Harari, Eine kurze Geschichte der Menschheit, DVA München 2013, S. 458 ff

[45] Siehe Darstellung und Kritik: Skirke (1998) a.a.O. S. I ff

[46] Harari, a.a.O. ebenda

wurden; doch für Abermillionen von Afrikanern, amerikanischen Ureinwohnern und australischen Aborigines bedeutete das nichts Gutes."[47]

Von daher bedarf es einer grundlegenden Kritik europäischer Geschichte, inklusive Geistesgeschichte: einer europäischen Denk- und Handlungsweise, die sich in anmaßender Weise als universell betrachtete - als allgemeiner Maßstab für Erkenntnis, Bewertung und Gestaltung der Welt. Der damit verbundene tiefgreifende, kritische Diskurs für neue Maßstäbe hat bereits begonnen, auch als europäische Selbstkritik.

„Und ich sehe mit Hoffnung, wie aus einer veränderten Betrachtung von Shoah und Kolonialverbrechen eine neue Ethik des Respekts entsteht, ein Humanismus für eine Welt, deren Zukunft nicht weiß ist."[48]

Ob Europa etwas Wesentliches für die Zukunftsfähigkeit der Welt beizutragen hat, wird davon abhängen, inwieweit es zu mutigen Fehlerkorrekturen seiner nichtnachhaltigen Entwicklung von Vergangenheit und Gegenwart fähig ist – also eines fehlerhaften Eurozentrismus. Dazu ist eine radikale Abkehr vom Rassismus eine unbedingt notwendige, aber nicht hinreichende Bedingung: dazu sind weitergehende Betrachtungen und Maßnahmen erforderlich.....

Interessanterweise werden derartige weitergehenden, wissenschaftlichen Betrachtungen aktuell aus afrikanischer Sicht diskutiert. *Achille Mbembe* beschreibt eine von ihnen. „Solange der Rassismus nicht aus dem Leben verschwunden und den Vorstellungen unserer Zeit verschwunden ist, wird man daher weiter für die Heraufkunft einer Welt jenseits der Rasse kämpfen müssen."…….„Wir sind dazu verurteilt, nicht nur mit dem zu leben, was wir herbeigeführt, sondern auch mit dem, was wir geerbt haben. Da wir einen vom Gedanken der Auswahl zwischen verschiedenen Menscharten beherrschten Zeitgeist noch nicht vollständig hinter uns gelassen haben, werden wir in der Weise mit der Vergangenheit und gegen sie arbeiten müssen, dass sie eine Zukunft eröffnet, die wir in vollkommen gleicher Würde miteinander teilen können. Auf der Grundlage einer Kritik der Vergangenheit eine Zukunft herzustellen, die unlösbar mit einer bestimmten Vorstellung von Gerechtigkeit, Würde und Gemeinsamkeit verbunden ist – genau das ist der Weg."[49]

Auf der Suche nach afrikanischer Identität wählt er einen selbstbewussten, aber *dialog*-orientierten Ansatz, wenn auch mit Verständnis für einen *eigenen* „Afrozentrismus"[50]

---

[47] Ebenda S. 460

[48] Charlotte Wiedemann, Der lange Abschied von der weißen Dominanz, München 2019, S. 11

[49] Achille Mbembe, Kritik der schwarzen Vernunft, Berlin 2014, S. 322 f.

[50] Vgl. Thomas Reinhardt, Geschichte des Afrozentrismus. Imaginiertes Afrika und afroamerikanische Identität. Stuttgart 2007. In dieser weitläufigen Darstellung werden zwar wichtige Themenkomplexe des sog. „Afrozentrismus" angesprochen, bleiben allerdings mitunter methodologisch

„Die wahre Identitätspolitik besteht darin, die Fähigkeit, sich selbst zu erfinden, unermüdlich zu pflegen, zu aktualisieren und reaktualisieren. Der Afrozentrismus ist eine hypostasierte Abart des Wunsches der Menschen afrikanischer Herkunft, nur sich selbst gegenüber verantwortlich zu sein. Es stimmt, dass die Welt vor allem eine Form des Verhältnisses zu sich selbst ist. Aber es gibt kaum ein Verhältnis zu sich selbst, das nicht über das Verhältnis zum Anderen liefe. Der Andere, das ist Differenz und Ähnlichkeit in einem."[51]

Mbembe sieht die Entwicklung des Rassismus eng im Zusammenhang mit der Geschichte des Kapitalismus[52], der stets auf das *Instrument der Rasse* angewiesen war, um die Ressourcen der Erde auszubeuten.[53] Für die zukünftige und zukunftsfähige Welt ist daher eine Abkehr von dieser destruktiven Geschichte und eine neuartige, konstruktive Hinwendung zum Leben erforderlich:

„Das Denken dessen, was kommen soll, ist notwendig ein Denken des Lebens, der Lebensreserven, dessen was nicht geopfert werden darf. Ebenso notwendig wird es ein *Denken in Zirkulation, ein Denken der Durchquerung, ein Welt-Denken* sein...Denn tatsächlich gibt es nur eine Welt. Sie ist ein Ganzes, das aus zahllosen Teilen besteht. Aus aller Welt. Aus allen Welten......Es ist also die gesamte Menschheit, die der Welt ihren Namen verleiht."[54] [55]

Andeutungsweise greift Mbembe auf Zeichen und Bilder des „alten Afrika" zurück, welche Welt, Menschsein und Natur symbolisieren, z.B. das *„Samenkorn"*, das man im Boden vergräbt, das stirbt, wiedergeboren wird und Bäume, Früchte, ja das Leben hervorbringt sowie die „eigenständige Kraft der Natur" zum Ausdruck bringt; [56] oder die *„Maske"* als Symbol par excellence für die Entschlossenheit der Lebenden, sich gegen den Tod zu verteidigen.....[57]

Es geht um die „Fülle des Mensch-Seins" (Mbembe), an der Afrika nicht nur in der Geschichte, sondern auch für den Zukunftsentwurf einer neuen Welt seinen wichtigen Anteil hat.

Wie lässt sich aber dieser originäre Anteil und Beitrag Afrikas näher konkretisieren?

---

problematisch und lassen manchmal die nötige Selbstkritik gegenüber dem Wissenschaftsrationalismus der europäischen Moderne vermissen. Insgesamt wird die Studie Erkenntnissen und Lösungsansätzen afrikanischer sowie afroamerikanischer Weltsicht nicht gerecht.

[51] Mbembe (2014), a.a.O. S. 324

[52] Siehe auch Diop (1987),a.a.O. S. 148: "Modern capitalism, wherever it may be found, is a European export and not the result of natural local evolution."

[53] Ebenda, S. 325

[54] Ebenda, S. 325 f.

[55] Mbembe kommt mit dieser Betrachtung einer ‚kosmischen' Sichtweise Alexander von Humboldts sehr nahe

[56] Ebenda, S. 327

[57] Ebenda, S. 329

Ich denke, ein vertiefter Blick in die insbesondere *vorkoloniale* Geschichte führt hier mit Sicherheit weiter.[58] Dazu im weiteren Fortgang dieses Buchprojektes mehr...

Ich erinnere mich genau, dass zu Beginn meiner Reisen ins östliche und südliche Afrika die Faszination für das Andersartige, Geheimnisvolle und Erstaunliche meiner Erfahrungen von Menschen und Natur dieses Kontinents ausgesprochen positiv in den Bann zogen – ganz im Gegensatz zur negativen außerafrikanischen Berichterstattung, die sich im Wesentlichen auf ‚Kriege, Krisen und Katastrophen' reduzierte – leider mit zu wenigen Ausnahmen[59].

Woher rührt dieser einseitige und ignorante ‚Reduktionismus'? Demgegenüber erlebe und suche ich das andere Afrika, zunächst in der Gegenwart, später in der Vergangenheit – mit dem Ziel einer neuen Zukunftsperspektive: „ Es ist nicht das Afrika, das ständig nehmen muss, sondern das Afrika, das viel zu geben hat, das noch die Weisheit besitzt, die der Rest der Welt braucht."[60]

Ich teile diese Sicht ausdrücklich. Aber ist dies nur ein Wunschbild oder lassen sich dafür Beweise und begründete ‚Kronzeugen' beibringen?

In einer Buchhandlung in Mombasa stieß ich auf *für mich* „das" richtungsweisende Werk eines englischen Afrika-Experten: die Tür zum tieferen Verständnis des fahrlässigen Missverständnisses afrikanischer Realität einerseits sowie zum Verstehen einer alternativen Afrikasicht andererseits öffnete mir *John Reader*[61], indem er eine Gesamtheit der Entwicklungsgeschichte von Geologie, Biologie, Kultur und Gesellschaft gleichsam als in sich verbundenes ‚Gemälde' des afrikanischen Kontinents darstellte. Die drei Jahre später erschienene, deutsche Version bei National Geographic[62] vervollständigte das literarische Werk und lehrte mich etwas zu begreifen, was ich bisher bestenfalls zu erahnen imstande war. Und eine seiner vielschichtigen Erkenntnisse blieb mir besonders in Erinnerung: „Indeed, the civilized art of living peaceably in small societies without forming states that was evident in Africa prior to the arrival of external influences is a distinctively African contribution to human history."[63]

---

[58] Vgl. Lutz van Dijk, Afrika – Geschichte eines bunten Kontinents. Neu erzählt mit afrikanischen Stimmen, Wuppertal 2015

[59] Eine rühmliche Ausnahme stellt die 1998 von Veye Tatah gegründete Zeitschrift „Africa Positive" dar, der ich wichtige Anregungen, Hintergrundinformationen und substantielle Quellen für mein Projekt verdanke

[60] Kuki Gallmann, in: Magisches Afrika (2005), a.a.O. S. 17

[61] John Reader, Africa. A Biography of the Continent, first published by Hamish Hamilton 1997

[62] Siehe John Reader (2001), a.a.O.

[63] John Reader (1997), a.a.O. S. 2f.

Dass es einen originären, historischen Beitrag Afrikas zur Menschheitsgeschichte *tatsächlich* gibt, ist seit der fatalen Fehleinschätzung Hegels über die ‚Geschichtslosigkeit' des afrikanischen Kontinents keineswegs selbstverständlich. Und ist es darüber hinaus nicht vorstellbar, dass dieser Beitrag sogar zukunftsweisenden Charakter für das Leben und Überleben des modernen Menschen auf dieser Welt haben könnte?

Klar ist jedenfalls, „daß der Ursprung des modernen *homo sapiens* als singuläres evolutionäres Ereignis irgendwo in Afrika seinen Ursprung hat"[64] , vor über 300.000 Jahren erstmals auf der ‚Weltbühne' erschien und seit 40.000 Jahren die einzig verbliebene Menschenart auf diesem Planeten ist.[65] Bis spätestens vor 100.000 Jahren hatte sich *homo sapiens* auf dem gesamten afrikanischen Kontinent ausgebreitet, bevor er den gesamten Planeten besiedelte. Dies zeigt:

„beachtet man die Tatsache, dass die Menschen das Gros ihrer Geschichte in Afrika gelebt haben, ehe sie ihre Wege *Out of Africa* beschritten, dann wird klar, dass ‚das afrikanische Genie' das menschliche Vermögen kulturschaffender Kraft überhaupt bedeutet.....Kultur ist die Natur des Menschen, und Afrika stellte die frühen und über lange Zeit einzigen Schauplätze auf der Welt bereit, auf denen sich die menschlichen Kulturen ausformten – auf denen sich die Mensch, in aktiver, gestalterischer Auseinandersetzung mit variierenden natürlichen Umwelten und in Interaktion mit anderen Menschen, in vielfältiger Weise selbst erfanden. Die Menschwerdung vollzog sich in Afrika." [66]

Diese Vielfalt von Kultur- und Zivilisationsentwicklung des modernen Menschen in Afrika wurde in beachtlichen Studien von dem Archäologen *Graham Connah*[67] anhand fossiler Fundbestände untersucht – mit erstaunlichen Erkenntnissen, die die *„Wiederbesinnung auf Afrikas vergessene Vergangenheit"* (Connah), aber auch deren Auswirkungen auf die übrige Welt, in neuem Licht erscheinen lässt. Ob die Felsenkunst im südlichen Afrika und in der Sahara, ob die Handelsmetropole von Weltbedeutung Aksum, das alte Ägypten, oder eine frühe Stadt am mittleren Niger Djenné-Djenno, Königreiche im Gebiet der Großen Seen bis hin zur eigenständigen Suaheli-Kultur Ostafrikas, Connah konkretisiert nicht nur die selbstorganisierten verschiedenartigen vorkolonialen afrikanischen Zivilisationen, sondern bewertet auch Afrikas „wieder neu entdeckten" Eigenschaften, Randbedingungen und Strukturen „als Ganzes", um

---

[64] Richard Leakey, Die ersten Spuren: Über den Ursprung des Menschen, München 1999, S. 135

[65] Siehe Madelaine Böhme, Rüdiger Braun, Florian Breier, Wie wir Menschen wurden. Eine kriminalistische Spurensuche nach den Ursprüngen der Menschheit. München 2019, S. 305 ff.

[66] Arno Sonderegger, Kurze Geschichte des Alten Afrika. Von den Anfängen bis 1600, Wiesbaden 2017, S. 44 f.

[67] Graham Connah, Unbekanntes Afrika. Archäologische Entdeckungen auf dem Schwarzen Kontinent, Stuttgart 2006

„ihm dieselbe Bedeutung beizumessen, wie sie allgemein dem europäischen und asiatischen Kontinent zugesprochen wird."[68]

Darüber hinaus besteht ein besonderes Interesse, die Faktoren der Überlebensfähigkeit afrikanischer Kulturen zu bestimmen, deren Langlebigkeit und Anpassungsfähigkeit genauso wie Verletzlichkeit und Untergang.

„Bei den Untersuchungen der sich verändernden Wechselwirkung zwischen Menschen und ihrer Umwelt konnten sowohl archäologische als auch historische Daten ausgewertet werden, um eine umfassende Geschichte zu rekonstruieren. Wenn die Archäologen die verbesserten Möglichkeiten nutzen, die ihnen mittlerweile zur Datierung der Befunde zu Verfügung stehen, und ihre Forschung mit einem größeren Verständnis für die Verbindung zwischen den kulturellen Hinterlassenschaften und den Gesellschaften, die sie schufen, angehen, so besteht heute eine bessere Chance als jemals zuvor, die Lebensweise der Menschen an bestimmten Orten zu spezifischen Zeiten zu erklären. Und allein darum geht es![69]

Wie entwickelten sich die Wechselwirkungen zwischen Mensch und Umwelt, was waren die sozialen, geistigen und ökonomischen Regeln des Zusammenlebens?

Jedenfalls fällt sofort ins Auge, wie viel *langlebiger* häufig vorkoloniale afrikanische Zivilisationen gegenüber europäischen Gesellschaftsformen existierten?! Könnte ein Grund dafür sein, dass die sich – mitunter abrupt – verändernden Umweltbedingungen nachhaltige und zugleich flexiblere Lebens- und Denkweisen erforderten? Die Unvorhersehbarkeit von z.B. klimatischen Prozessen führte möglicherweise zu einem anderen Naturverhältnis sowie zu einer anderen geistig-kulturellen Verarbeitung von Lebensweisen und Überlebensstrategien als in Europa:

„Die Gesellschaften, die in Afrika Bestand haben, waren jene, die ihre Energien darauf verwendeten, das Risiko des Misserfolgs zu minimieren, statt die Gewinne zu maximieren."[70]

Während letzteres Prinzip zum entscheidenden Motor einer industrie-kapitalistischen Entwicklung Europas wurde, basierend auf Naturbeherrschung und Raumbesitz, konzentrierte sich ersteres auf flexible und komplexe Kooperationsstrategien in Natur und Raum: *Überleben* bedeutete *Zusammenleben*. Entsprechend sah sich die (vorkoloniale) Weltsicht Afrikas dem Problem der Unvorhersehbarkeit und Komplexität der Prozesse von Mensch, Natur und Lebensräumen gegenüber, das ein vielschichtiges, multiples, konstruktives Arrangement erforderte.

Die koloniale Weltsicht Europas stützte sich demgegenüber auf eine ständig wachsende linear-mechanistische Beherrschbarkeit von technisch-

---

[68] Graham Connah (2006), a.a.O. S. 188

[69] Ebenda, S. 192

[70] John Reader (2001) a.a.O. S. 9

ökonomischen Prozessen mit Strategien strikter Unterordnung und Unterwerfung von Mensch und Natur.
Und dieses Weltbild vervollständigte sich durch ein entsprechendes Wissenschafts- und Technikverständnis mit einer scheinbar unbegrenzten Erfolgsgeschichte: „Die Erfindungen und Entdeckungen auf dem Gebiet der Chemie, Biologie Physik, Medizin, die .... den rasanten Expansionsprozess der Industrie beflügelt haben, begünstigten auf der Basis eines über Jahrhunderte entstandenen Weltbildes die Favorisierung der „reinen" und „objektiven" Wissenschaften, die sich schließlich als ideale Grundlage für die wissenschaftlichen und weltanschaulichen Expansionen der Moderne erwiesen haben. „Die einzigen Wahrheiten sind die mathematischen", war die Lebensdevise von Rudolf Diesel, und er traf damit voll den Zeitgeist der Industriegesellschaft des ausgehenden 19. Jahrhunderts."[71]
Das *mechanistische Fortschrittsmodell* versprach nicht nur in Europa grenzenlose Möglichkeiten und Perspektiven für eine vermeintlich alternativlose, universelle Selbstbegründung von Aufklärung und Moderne, sondern für die ganze Welt: „der Traum der abendländischen Kulturgeschichte schien sich unter dem Vorzeichen der Industrialisierung endlich verwirklichen zu lassen – die vollendete rationale, logische, kalkulierbare Beherrschung von Natur *und* Gesellschaft. Die dualistische Entgegensetzung von Mensch und Natur , Geist und Körper, Mann und Frau, Verstand und Gefühl, die die abendländische Geschichte seit der Antike prägt, schien durch die Moderne endgültig bestätigt zu werden."[72]
Dieser historisch-geistige ‚Durchmarsch' ließ die dialogorientierte, ganzheitliche und interkulturelle Weltsicht eines Alexander von Humboldt in der zweiten Hälfte des 19. Jahrhunderts leider nahezu vollständig in den Hintergrund geraten. Erst einhundert Jahre später sollte sich ein turbulenter Wandel des mechanistischen Weltbildes ereignen – durch erstaunliche Entdeckungen von nichtlinearen, *kreiskausalen* und komplex-dynamischen Prozessen in Natur und Gesellschaft: die Entdeckung eines „neuen Kontinents"[73] Paradoxerweise ermöglichten Experimente mit Hilfe von Computerberechnungen einen verblüffenden Neuzugang zu Eigenschaften, Strukturen und Erkenntnismustern, „die mit den in der sinnlich wahrnehmbaren Natur bekannten Formen auffallend korrespondierten."[74] Diese neu eröffneten Horizonte von Selbstorganisationsprozessen und geordnetem Chaos waren unerwartet, fremd und doch vertraut durch unsere alltägliche Sinneserfahrung von Naturerscheinungen, gleichsam wie „Expeditionen in die neue seltsam fremdvertraute Welt des Komplexen."[75]

---

[71] Brigitte Wartmann, Reinheit versus Chaos – Chaos versus Reinheit. Ordnungsmuster der Wissenschaften.
In: K. Meier/K.-H. Strech (Hrsg.), Berlin 1991, S. 268
[72] Ebenda, S. 269
[73] Klaus Meier, Reisebeschreibungen über einen neuen Kontinent. In: Meier/Strech (1991) a.a.O. S. 18
[74] Ebenda
[75] Ebenda, S.19

Im Unterschied zur mechanistischen Linearität offenbart die Welt des Komplexen in der Natur neuartige Erscheinungen wie z.B. nichtlineare Rückkopplungen von Ursache und Wirkung:

„Natürliche Gegenstände dagegen sind weder in ihrer Gestalt linear (sie sind überwiegend ‚fraktal'...), noch ist ihre Funktionsweise im allgemeinen durch Kausalketten beschreibbar, sondern vielmehr durch hochdimensionale komplexe Kausalgewebe.“ [76]

Insbesondere eröffnet sich die Möglichkeit der mathematischen Beschreibung von spontaner komplexer Musterbildung durch Selbstorganisation[77], die häufig selbstähnliche, fraktale *Tiefenstrukturen* aufweisen – als Muster im Muster im....

So weist ein Baum eine typische, verästelte Fraktal-Struktur auf: zunächst der Baum als Ganzes, dann ein Teilbereich der Äste, der der Struktur des Ganzen selbstähnlich ist, davon wieder ein selbstähnlicher Teilbereich wie z.B. das Blatt und so fort.....

Mathematisch lässt sich ein fraktales Muster mit einfachen Bildungsregeln erzeugen: ein beliebiger Ausgangszustand wird kopiert, als neue Vorlage rückgekoppelt und dient als neuer Input bzw. neuer Ausgangszustand. Dieser *rekursive* Prozess wird ständig wiederholt – und erzeugt einen neuen System-Zustand: das Chaos. Letzteres drückt also *zeitlich* eine (nichtlineare), komplexe Dynamik und *räumlich* ein *fraktales* Muster aus:

„Auch das Chaos ist eine Art von Ordnung. Ihr Prinzip ist die Selbstähnlichkeit und ihr Mechanismus die *Rekursion*. Selbstähnlichkeit bedeutet ein Muster im Muster, das sich in unterschiedlichen Maßstäben unendlich oft wiederholt, weil die Rekursion als Erzeugungsmechanismus in allen Maßstäben musterbildend wirkt. Ordnung dagegen ist die strikte Wiederholung eines Musters. Chaos ist kein völlig ungeordnetes Wirrwarr, sondern ein durch Rekursion erzeugtes ‚geregeltes' Durcheinander.“[78]

Diese Zusammenhänge und neuen Weltsichten werden uns bei den ‚Storchenreisen' zukünftig weiter beschäftigen und so manch Überraschendes zutage fördern.

Aber folgendes Resümee lässt sich bereits jetzt festhalten: Selbstorganisations- und Chaosforschung verdanken zwar ihre wesentlichen Ergebnisse moderner Naturwissenschaft und Computertechnik, aber erkenntnistheoretisch eröffnen

---

[76] Vgl. Gert Eilenberger, Komplexität. Ein neues Paradigma der Naturwissenschaften. In: Mannheimer Forum 89/90. Ein Panorama der Naturwissenschaften. München 1990, S. 79 f.

[77] Dabei werden die aus mikroskopischen Elementen entstehenden Muster neuer, makroskopischer Ordnungen und Strukturen in einem komplexen dynamischen System mit Hilfe von Größen gekennzeichnet, die als *„Ordungsparameter“* bezeichnet werden. Siehe: K. Mainzer. Information. Wiesbaden 2016. S. 61

[78] Wolfgang Krohn/Günter Küppers, Rekursives Durcheinander. Wissenschaftsphilosophische Überlegungen. In: Das Chaos, Kursbuch Nr. 98 Berlin 1989, S. 79

sie ein kritisches Hinterfragen des mechanistischen Wissenschafts- und Technikverständnisses, richten den Blick auf eine verletzliche Natur – mit der Perspektive einer alternativen Neugestaltung des Umgangs mit der Natur.[79]

Liefert dies möglicherweise Erkenntnisse über langlebigere und nachhaltige Entwürfe zur zukünftigen Weltentwicklung?

„ Angesichts immer bedrückenderer globaler Abhängigkeiten im Spannungsgeld zwischen exzessivem Konsumtionsverhalten, ökologischem Kollaps und sozialer Weltenteilung offeriert Chaosforschung Angebote zur Deutung und Modellierung ...hochgradig vernetzten und nicht-deterministischen Verhaltens."[80]

Eine der umfassendsten Darstellungen in diesem Sinne wurde *Erich Jantsch* erarbeitet: das Paradigma der Selbstorganisation als komplex-dynamisches Grundprinzip aller Formen der natürlichen Evolution, der Vielfalt des Lebens sowie Erscheinungsformen menschlicher Kultur.[81] Und genau diese Erkenntnisse und Möglichkeiten eines neuen Denkens waren und sind bis heute meine Motive, mich mit der Selbstorganisationsforschung intensiv zu befassen – mit dem Ziel, Vorschläge für ein anderes Mensch-Natur-Technik- Verhältnisses zu erarbeiten, einen neuen Wissenschafts- „Kontinent" zu entdecken.

Aber was hatte das mit Afrika zu tun?

Zur erstaunlichen Beantwortung dieser Frage bekam ich einen hilfreichen Hinweis auf Forschungsarbeiten des Mathematikers *Ron Eglash*[82] [83], dessen spektakuläre Studien auf einen in der Lebenswelt und Weltanschauung Afrikas weit verbreiteten Umgang mit fraktalen Strukturen und selbstorganisierenden Prozessen führte.

Luftaufnahmen von Siedlungen im südlichen und westlichen Afrika zeigten ausgeprägte fraktale Muster, d.h. Strukturen, entstanden durch die Wiederholung ähnlicher oder gleicher Formen in immer kleinerem Maßstab (s.o.). Doch nicht nur hier: Fraktale sind allgegenwärtig in der afrikanischen Kultur, in Kunst und Alltagsgegenständen, in Skulpturen, Stoffmustern oder religiösen Darstellungen und Kosmologien. Eglash beschreibt dabei sehr genau die wesentlichen Komponenten von fraktaler Geometrie und Selbstorganisation: Dynamische Komplexität, Selbstähnlichkeit, rekursive Rückkopplung, nichtlineare Prozesse sowie

---

[79] Vgl. Meier (1991) a.a.O. S. 39

[80] Ebenda, S. 10

[81] Erich Jantsch (1979), a.a.O.

[82] Ron Eglash, African Fractals. Modern Computing and indigenous design. London 1999

[83] Siehe auch seinen Vortrag (2007): https://www.ted.com/talks/ron_eglash_on_african_fractals/transcript?embed=true&language=de

gebrochene = fraktale geometrische Dimensionen.[84] Jedoch nicht nur der praktische, handwerkliche Umgang zur Herstellung von Fraktalen ist von Bedeutung, sondern auch mathematische Hintergründe, wie etwa die Nutzung binärer Codes[85] oder von Brettspielen mit Spielregeln selbstorganisierender Systeme als ‚Zellular-Automaten'.[86]

Hervorzuheben ist insbesondere die komplexe Kennzeichnung kultureller oder spirituell-religiöser ‚Stärke' afrikanischer Kosmologien mit Hilfe von Symbolen der Selbstorganisation, Fraktalen und turbulent-chaotischen Mustern[87]: überraschenderweise werden hier Denkfiguren verwendet, die den sog. *„Chaosrand"*[88] charakterisieren, den konkreten System-Bereich von lokaler Aktivität bzw. Balance zwischen unterkritischer Ordnung und überkritischem Chaos, in dem Strukturen durch Selbstorganisation entstehen! Ich werde diese Themenkomplexe später noch genauer betrachten.....

Wären diese Denkfiguren nicht ein fruchtbarer Ansatzpunkt für einen Dialog ‚auf Augenhöhe' zwischen einer einerseits nicht-mechanistischen, selbstkritisch-europäischen und einer komplex-dynamischen afrikanischen Weltsicht andererseits...?

Ron Eglash hat in einer Reihe von afrikanischen und amerikanischen Projekten in Bereichen wie Informationstechnologien, Bildungskonzepten, Architektur oder Design komplexe Selbstorganisationsprozesse angewendet oder gefördert[89]. Eglash ist zuzustimmen, wenn er im tiefgreifenden kulturellen und praktischen Umgang des Wissens um Fraktale und Selbstorganisationsprozesse bedeutsame Potentiale für eine nachhaltige und digitale Entwicklung der Gesellschaft – nicht nur in Afrika - sieht. Mit Verweis auf C. Juma stellt er fest:

„His studies show a long-standing African tradition of new seed variety development that combined ecological sustainability with innovation and experimentation."[90] Und er führt weiter aus:

„To view indigenous knowledge as a self-organizing system is one thing, but creating the same bottom-up approach for a synthesis of ecological development is a much greater challenge....African traditions of decentralized decision making could also be combined with new information technologies, creating new forms that combine democratic rule with collective information

[84] Ebenda, S. 17 ff.

[85] S. 94 ff.

[86] S. 101 ff.

[87] S. 174 ff.

[88] Vgl. Klaus Mainzer, Information. Wiesbaden 2016, S. 62 ff.

[89] Ron Eglash, Vortrag 2007 a.a.O.

[90] Ron Eglash (1999), a.a.O. S. 228

sharing.....African fractals offer a framework that is both rooted in indigenous cultures and cross-pollinates new hybrids."[91]

Afrikanischer Dezentralismus und die Handhabung von bottom-up- Prozessen führt eben nicht zu Fragmentierung und Zersplitterung, sondern zu vielschichtigen, ganzheitlichen ‚Hybrid'-Lösungen. Und noch weitergehender bringt die afrikanische fraktale Tradition in besonderer, konkreter Weise zum Ausdruck, nämlich Afrika als kulturelle *Einheit* in der *Vielfalt*!

Hier tut sich eine erstaunliche Parallelität zum Naturforschungsverständnis *Alexander von Humboldts* auf. In seinem Hauptwerk *„Kosmos"* heißt es dazu:

„Die Natur ist für die denkende Betrachtung Einheit in der Vielheit, Verbindung des Mannigfaltigen in Form und Mischung, Inbegriff der Naturdinge und Naturkräfte, als ein lebendiges Ganzes. Das wichtigste Resultat des sinnigen Forschens ist daher dieses: in der Mannigfaltigkeit die Einheit zu erkennen."[92]

Bietet sich hier eine kulturelle, geistig-dialogische Verbindung zum *ursprünglichen* Leitbild der Europäischen Union: *„In Vielfalt geeint"* ?! *Jack Lang* erläutert dazu: *„diversity is not division (...), difference is not indifference, union is not uniformity"....* "Vielfalt ist nicht Spaltung, Unterschiedlichkeit ist nicht Gleichgültigkeit, Einheit ist nicht Einförmigkeit"!

Dennoch scheinen zuviele Elemente der derzeitigen, real-existierenden Europapolitik noch weit von einem kreativ-vielfältigen, solidarischen und zukunftsfähigen *Europa* entfernt zu sein.... Vielleicht ermöglichen grundlegende Einsichten über fundamentale Bedrohungen der menschlichen Existenz *oder* andere *kulturelle* Weltsichten z.B. der Länder des Südens *neue Zukunftsentwürfe* für Europa und die Welt.....?

Dabei sehe ich *Afrika* durchaus in einer neuen Rolle für eine revolutionäre Vision und einen neuartigen Dialog: aktuelle afrikanische Vordenker wie etwa *Felwine Sarr*[93] lassen diese Schlussfolgerung in begründeter Weise zu. Sarr fragt nach einem „wirklichen Fortschritt" gesellschaftlicher Entwicklung – nicht nur für Afrika! Allerdings gehört dazu Afrika zurück auf die Gesprächs- und Dialogbühne einer kosmopolitischen Zukunftsdebatte und muss hörbar seine Stimme erheben: „Ist die eigene Stimme schwach, kann es keinen Dialog geben; daher das stets aufs Neue sich ergebende Gebot, für Hörbarkeit und Verständlichkeit der eigenen Stimme zu sorgen."[94]

Es geht also um einen ‚inneren' und ‚äußeren' Dialog zur Selbst-Findung und der der adäquaten Partner: „Dringlich ist dabei die Erinnerungsarbeit, die Arbeit an der

[91] Ebenda, S. 229 f.

[92] Alexander von Humboldt, Kosmos (2018), a.a.O. S. 14

[93] Felwine Sarr, Afrotopia, Berlin 2019

[94] Ebenda, S. 149

Geschichte und an der Versöhnung mit den vielfältigen Quellen der eigenen Identität. Diese Arbeit beinhaltet auch ein Entstauben und Aussortieren. Sie ist erst angesagt, wenn man jene Beziehung zu sich selbst neu artikuliert hat, die durch Jahrhunderte der Entfremdung gestört worden sind. Man muss sich wieder als Mittelpunkt seiner selbst denken. Ein fundamentaler Bruch, den es zu vollziehen gilt, betrifft die Form der Diskurse, die Afrikaner über sich selbst produzieren, und die Wahl der Adressaten."[95]

Dieses vergangene, gegenwärtige und zukünftige Afrika ist „vielgestaltig" und „seine Vernunft hat viele Gesichter" . Die Substanz der vorkolonialen Kultur-Lebendigkeit erscheint daher in vielschichtiger Präsenz: „Es hat seine Welten nicht entzaubert, das spirituelle Leben ist noch lebendig und reich. Seine Religionen, seine Musiken, seine Künste, seine Städte, die Beziehung zu sich selbst, zum eigenen Körper, seine Gegenwart in der Zeit bezeugen dies alltägliche Selbstfindung......Der afrikanische Kontinent könnte seine reichhaltigen Kulturen als Kräfte der Anpassung und des Wandels begreifen, um sie für neue gesellschaftliche Aufgaben zu mobilisieren."[96]

Ja, so exakt habe ich es während meiner Afrika-Reisen erlebt und gedacht – unterstrichen durch vielartige Forschungen, Berichte, Filme, Dokumentationen: es spricht mir aus der Seele!

Sarr trifft hier nicht nur auf den eigenen kulturellen Horizont, sondern auch auf den Dialogpartner und „Adressaten" einer selbstkritischen Reflexion europäischer Kulturgeschichte – mit dem möglicherweise gemeinsamen ‚telos' eines neuen humanen Zukunftsentwurfes:

„Welches Projekt verfolgt Afrika im Hinblick auf sich selbst und die Menschheit?"[97]

Gibt es gar ein Vermächtnis, eine Erbschaft des frühen homo sapiens, der offenbar über zweihunderttausend Jahre menschlich-kulturelles Überleben vielgestaltig organisierte, bevor aus seinem Kontinent auszog: „Heute könnte eines vieler weiterer Vermächtnisse darin bestehen, inmitten der Sinnkrise einer technizistischen Gesellschaft eine andere Sichtweise auf das gesellschaftliche Leben zu bieten, die aus anderen mythologischen Universen hervorgegangen ist und einen gemeinsamen Traum von Leben, Gleichgewicht, Harmonie und Sinn nährt."[98]

Diese ‚andere Sichtweise' erschöpft sich jedoch nicht in Phantasmen oder Träumereien, sondern begibt sich auf die Suche nach „Räumen des Reellen" in der Gegenwart, die als Keime für die Dynamik eines sinnvollen, jedoch radikal neuen Zukunftsentwurf befördert werden können: „*Afrotopia*"!

„Afrotopia ist eine aktive Utopie, die es sich zur Aufgabe macht, die gewaltigen Möglichkeitsräume innerhalb der afrikanischen Wirklichkeit aufzustöbern und sie fruchtbar werden zu lassen."[99]

---

[95] Ebenda, S. 147

[96] Ebenda, S. 42 ff.

[97] Ebenda; S. 148 f

[98] Ebenda, S. 14

[99] Ebenda, S. 15

Diese *„zukunftsgerichtete Reflexion"* bedeutet allerdings die „Artikulation eines anderen Verhältnisses von Subjekt und Objekt, *arché* und Neuem, Geist und Materie"[100] sprich eine Abkehr vom klassischen Dualismus eurozentrischer Philosophie hin zu eigenen afrikanischen Kosmologien, die die *„Allmacht des Subjekts"*[101] *relativieren.*
Ziel ist dabei jedoch nicht allein utopietaugliche Erkenntnis, sondern vor allem Begründung einer „Ethik des Handelns" zur Erhaltung und Förderung umfassender „Lebenskraft" als „vitalistischem" Seins-Prinzip, das bis heute tiefgreifende „Philosophie des Lebens" in den afrikanischen Kulturen bedeutet.[102]
Dies meint aber keineswegs, Erkenntnisse und Erfahrungen zurückzuweisen, die andere auf dem Weg der wirtschaftlichen, technischen und politischen Moderne gesammelt haben.[103]
Vielmehr bedarf es einer doppelten Auseinandersetzung, nämlich mit Tradition *und* Moderne. Schließlich haben sich afrikanische Denker sehr wohl etwa seit dem 17. Jahrhundert mit ihrem Verhältnis zur Moderne auseinandergesetzt. [104]
Ziel war und bleibt bis heute eine eigene Standortbestimmung vorzunehmen, die nicht in einer simplen „Verwestlichung Afrikas" aufgeht:

„Könnte es sich um Konturen und Inhalte jener afrikanischen Moderne handeln, die keine schlechte Kopie Europas sein will?"[105]

Die ‚afrikanische Moderne' erschöpft sich nicht in einer Epoche oder gar in einem einzelnen Zeitpunkt, sondern vollzieht sich nach Sarr in einem historischen „Kontinuum", „das sich aus einer Reihe einschneidender politischer Ereignisse der afrikanischen Geschichte ergibt. Die Begegnung mit dem anderen (Orient, Okzident) ist eine Moment davon, genauso sind es aber auch die Unabhängigkeitsprozesse, die postkoloniale Ära und die Übergänge zur Demokratie....als unmittelbarer individueller und kollektiver Erlebnishorizont der Afrikaner...Die Moderne ist bereits vorhanden und muss nicht erst erfunden werden. Gleichwohl birgt sie jedoch widersprüchliche Tendenzen in sich, die es fortlaufend auszuhandeln gilt. Es geht darum, die ideologischen Abbilder und Vorstellungswelten jenes Strebens nach einem besseren Zusammenleben zu erfassen, das die afrikanische Moderne in sich trägt. "[106]
Diese fortlaufend wirkenden „Tiefendynamik" führt auf die komplexe „Vorstellung einer Gleichzeitigkeit verschiedener Welten", was möglicherweise ein Erklärungsansatz für die bereits erwähnte fraktale, vielschichtig in sich verschachtelte afrikanische Denkweise darstellt ?! Auch wenn Afrika einen Großteil seiner

[100] Ebenda
[101] Ebenda, S.114
[102] Ebenda, S. 114 f.
[103] S.33
[104] S.35
[105] S. 37
[106] S.38

ausgeprägten gesellschaftlichen *„Resilienz"* seinen Traditionen verdankt, bietet die Komplexität des Zusammenwirkens verschiedener Lebens- und Denkwelten ein nahezu unerschöpliches Potenzial für die kulturelle Erneuerung: „Die kulturellen Werte einer Gesellschaft werden fortlaufend neu bestimmt, und die im Wandel begriffenen afrikanischen Gesellschaften sind symptomatisch für dieses dauerhafte Neuverhandeln der eigenen kulturellen Bezugspunkte, für die Gleichzeitigkeit (Transversalität) mehrerer Welten."[107]
Dies trifft in erstaunlicher Weise auf den philosophischen Diskurs einer *anderen Moderne*, die ihr Fundament nicht mehr nur im Projekt der europäischen Aufklärung des Subjekts behauptet, sondern außereuropäische Weltsichten und Kulturen einbezieht – wie es insbesondere im methodisch-konzeptionellen Umfeld Alexander von Humboldts zum Tragen kommt: „Wir dürfen heute getrost von einer Sicherheit ausgehen: Nicht nur die Moderne, auch das moderne Subjekt ist ohne eine Einbeziehung außereuropäischer Dimensionen und Fragestellungen nicht mehr zu denken. Gerade dies aber macht das Denken Alexander von Humboldts .....in besonderer Weise für politische wie wissenschaftsgeschichtliche, für philosophische wie kulturtheoretische Fragestellungen attraktiv. Denn es würde nicht schwerfallen, von den verschiedensten Moderne-Konzepten her Verbindungen zum Denken und Schreiben Alexander von Humboldts herzustellen."[108]
Leider blieb und bleibt das Verhaftetsein der *klassisch* europäischen ‚Moderne' in der Provinzialität – trotz behaupteter ‚Universalität' - nicht nur ein gedanklich blinder Fleck, sondern eine weitreichende Ignoranz außereuropäischer Weltsichten.[109]

Erst eine interkulturell ausgerichtete, ‚andere Moderne' hätte überhaupt die Möglichkeit zu einem dialogischen Verstehen der ‚afrikanischen Moderne' – ohne überhebliche Lehrmeisterei:

„Erst eine interkulturell (und möglichst bald auch transkulturell) ausgerichtete Philosophie wird derlei Fehlentwicklungen korrigieren können und dabei auch eine neue Sichtweise und des Philosophierens entwickeln...Die in Gang befindliche Veränderung der Blickrichtungen wird es zweifellos ermöglichen, ein neues Verständnis der Moderne(n) zu entwickeln und zugleich jene verlorengegangenen Traditionsstränge wiederzuentdecken, die uns im außereuropäischen Raum, aber auch in Europa selbst andere Visionen eines künftigen Zusammenlebens in kultureller Differenz vor Augen geführt haben."[110]

---

[107] S.41
[108] Ottmar Ette (2002), a.a.O. S. 29
[109] Vgl. Ram Adhar Mall: Interkulturelle Philosophie: "Wie kommt es, daß die asiatische oder afrikanische Philosophie auch als solche bezeichnet wird, aber die europäische nicht als europäisch, sondern als Philosophie überhaupt? Die Ursache liegt darin, daß die europäische Philosophie die philosophischen Entwürfe außereuropäischer Kulturen weitgehend ignorierte." Zitiert nach Ette, a.a.O. S.33
[110] Ette (2002), a.a.O. S. 33

Dazu bedarf es einer radikalen selbstkritischen Aufarbeitung, einer ‚Aufklärung der Aufklärung' (Picht) der abendländisch-europäischen Philosophie, Geschichte und seines kulturellen Selbstverständnisses, das keineswegs als selbsterklärend, selbstbegründend oder gar universell betrachtet werden kann! Es bedarf vielmehr der grundlegenden Erklärung, *wie* sich koloniales Denken und Handeln entwickeln und rechtfertigen konnte. Die Grundfrage lautet daher: wie kann sich aus der fundamentalen Selbstkritik Europas ein zukunftsfähiger Humanismus und ein planetares, nicht-zerstörerisches Handeln werden? Nach zwei Weltkriegen eröffneten sich Chancen. Was ist daraus geworden? Und was ist zu tun?
Jos Schnurer bringt es auf den Punkt:

„ Niemals können Geschichtsvergessenheit, Geschichtsklitterungen oder populistische, nationalistische, ego-, ethnozentrische und rassistische Geschichtsdeutungen Wirklichkeiten und Wahrheiten zustande bringen. Es braucht das Bewusstsein des „Cultural Appropriation", der interkulturellen Kompetenz, mit der koloniale Vergangenheit und neokoloniale Gegenwart kritisch erkannt, widerstanden und hingearbeitet wird zu einer humanen, ganzheitlichen, menschenwürdigen Zukunft. Die Geschichte Afrikas ist bunt und vielfältig. Sie ist verbunden mit der Weltgeschichte – und mit uns!"[111]

Genau hier knüpft *Felwine Sarr* an, wenn er afrikanische Zukunftsstrategien reflektiert, die insbesondere auch eine große Bedeutung für die übrige Welt und insbesondere für die europäische Selbstaufklärung aufweisen: „Afrotopia" stellt ein intelligentes Konzept zu Nachhaltigkeit und Zukunftsfähigkeit vor – nicht nur für Afrika!
Ein Kerngedanke ist dabei so genial wie sinnvoll: die gesellschaftliche und kulturelle Identität des vorkolonialen Afrika wird analysiert, um deren bis heute erkennbare Substanz für eine Zukunftsstrategie Afrikas zu nutzen, die aber Fehler vieler nachkolonialer Regierungen sowie westlicher Industriegesellschaften vermeidet. Ein zentraler strategischer Ansatz vom ‚gelernten' Ökonomen Sarr führt auf die fundamentale Wechselwirkung von Ökonomie und *Kultur*. Eindrucksvoll zeigt er auf, wie sich ökonomische Denkschulen als „kulturellen Prozess" verstehen lassen: „Die kulturellen Werte, die Ökonomen vermittelt werden oder die diese sich aneignen, prägen deren Wahrnehmung und Einstellung zutiefst und auf häufig verkannte Weise....Das ökonomische Denken...projiziert auch seine Bewertungskriterien auf sämtliche menschliche Tätigkeiten, einschließlich jener, deren Hauptfunktion nicht darin besteht, in den Kreislauf der Markttransaktionen zu treten."[112]
Gerade weil damit die wichtige Frage nach dem „Wert" der Dinge verbunden ist, gilt es, „die afrikanischen Ökonomien in ihrem kulturellen Kontext (zu)

[111] Jos Schnurer: in Africa Positive, 21. Jahrgang, Nummer 77 (2020), S. 19
[112] F. Sarr (2019), a.a.O. S.72 f.

verankern", um auch grundlegende Defizite der vorherrschenden Ökonomie zu korrigieren.[113]

„Es geht darum, sich dem blinden Fleck des neoklassischen Paradigmas zuzuwenden, holistische und systemische Ansätze in die eigenen Überlegungen einzubeziehen, kollektive Kräfte, gesellschaftlich konstituierte Institutionen und die den Gesellschaftsformationen eigenen historischen Strukturen zur Kenntnis zu nehmen."[114]

Dies ist prinzipiell eine gute Leitidee sowohl für Afrika als auch für die übrige Welt!

Ich stimme Sarr vollständig zu: *„Afrika muss gegenüber niemandem aufholen."*

Sein *„Status als Erstgeborener der Menschheit"* verpflichtet ihn, sich *nicht* an einer weltweiten zügel- und verantwortungslosen Konkurrenz der Nationen um den größten Geld- und Güterwohlstand zu beteiligen – einem Vorgehen, das *„die gesellschaftlichen und ökologischen Voraussetzungen menschlichen Lebens aufs Spiel setzt." (S. 152)*

„Dringlich ist einzig, dass sich Afrika auf der Höhe seines Potenzials bewegt und dass es dieses Potenzial vollständig verwirklicht, in allen Bereichen, zunächst für sich selbst und dann für die übrige Welt. Afrika hat seine Entkolonisierung zu verwirklichen mittels einer fruchtbaren Begegnung mit sich selbst, den Blick nach innen richtend, um sich selbst zu erwecken...Es geht für Afrika aber nicht allein darum, die biologischen und physiologischen Bedürfnisse seiner Kinder zu befriedigen. Der Kontinent muss sich vor allem auch an der Entwicklung der Menschheit beteiligen."[115]

Dazu gehört insbesondere, ein anderes Wirtschaftsmodell zu wählen: es geht um die richtige, nachhaltige – *nicht* grenzenlose - Art von Wachstum.[116]

Denn Afrika hat ein starkes Motiv, über ein neues Fortschrittsmodell nachzudenken und an dessen Verwirklichung intensiv mitzuarbeiten:

„Die Tatsache, dass Afrika der Kontinent ist, dessen Bewohner am wenigsten in das Ökosystem eingreifen, bietet die Chance, aus den Fehlern der anderen zu lernen und neue Entwicklungspfade einzuschlagen."[117]

Derart neue Entwicklungspfade sind keineswegs ‚nur' ein technologisches Problem, obwohl die zukünftige Durchsetzung eines neuen, natur- und

---

[113] „Zunächst muss das theoretische Defizit der vorherrschenden Ökonomie behoben werden. Ausschließlich auf dem Postulat des methodologischen Individualismus begründete Analyseansätze werden dem wirtschaftlichtlichen Verhalten des *Homo africanus* und den Determinanten seines Verhaltens nicht gerecht." (Ebenda, S. 78). (Dies trifft im übrigen auch auf den europäischen Menschen zu!)

[114] S. 79

[115] S. 152 f.

[116] „Unbegrenztes Wirtschaftswachstum in einer begrenzten Welt ist ein Mythos. Die westlichen Länder beginnen diese Grenzen bereits zu erfahren." S. 154

[117] S. 155

sozialverträglichen Technik-Typus von globaler Bedeutung ist, sondern erfordern auch eine kulturelle Selbstkritik *nicht* nur in Afrika: wie kann ein gutes, nicht-destruktives Leben auf der Erde sinnvoll begründet werden?

„Um Kultur in diesem Sinne zu verwirklichen, bedarf es einer radikalen Kritik all dessen, was in den heutigen (afrikanischen) Kulturen die Menschheit und die Menschlichkeit eindämmt, behindert, begrenzt oder herabsetzt." [118]

Als Beitrag Afrikas einer solchen ethisch-kulturellen und spirituellen Dimension sollten bestimmte afrikanische Werte rehabilitiert werden: wie z.B. Würde, Gemeinschaft, Gastfreundschaft, Bescheidenheit, Gründlichkeit, Ehrgefühl...

„Es gilt, den tiefgreifenden Humanismus der afrikanischen Kulturen zutage zu fördern und zu erneuern."[119]

Eine solche Forschungsmethode und Erkenntnis unterstreicht einmal mehr die Möglichkeit *und* Notwendigkeit eines komplexen Dialoges zwischen europäischer Selbstkritik und afrikanischer Selbstbesinnung für einen Sinn-vollen planetaren Zukunftsentwurf.... Graham Connah hatte bereits dieses methodische Vorgehen betont und empfohlen, um Wechselwirkungen von unterschiedlichen Geschichtserkenntnissen der Vergangenheit mit unterschiedlichen Weltsichten und Zukunftsentwürfen zu verbinden: „Bislang steht diese Forschungsmethode noch ganz am Anfang ihres Weges, das Potential, das sie birgt, ist jedoch beträchtlich, denn sie bietet die Möglichkeit, nicht nur die Entdeckung Afrikas durch die Europäer zu betrachten, sondern auch die Entdeckung Europas und des Europäischen schlechthin durch die Afrikaner zu studieren."[120]

Darüber hinaus eröffnet dies *gemeinsame* Problem- und Lösungshorizonte für praktisches Handeln! Wenn also afrikanische Selbstreflexion in Vorschläge und Beiträge zu neuen Zukunftsstrategien zunächst für den eigenen Kontinent mündet, ermöglicht dies einen ganzheitlichen Wechselbezug zur Reflexion von entsprechenden Gegenständen europäischer Erfahrung. Wie können wir aus der europäischen Geschichte von Erfolgen und Fehlentwicklungen lernen, wenn es um neue Fortschrittsmodelle der Zukunft geht?

In einer aktuellen neuen Studie wird *Afrika* als „Paradigma" herangezogen, um die bisher überwiegend *eurozentrische Philosophiegeschichtsschreibung* unter den Bedingungen des 21. Jahrhunderts kritisch zu überdenken und in einen globalen Kontext zu stellen.[121]

Anke Graneß wirft dabei die zentrale Frage auf: „Ist es einem freien Diskurs der Philosophie legitim, Forschungsergebnisse anderer Wissenschaften wie der Biologie, Zoologie,

---

[118] S. 156

[119] Ebenda

[120] Connah (2006), a.a.O. S. 186

[121] Siehe Anke Graneß. Philosophie in Afrika. Herausforderungen einer globalen Philosophiegeschichte. Berlin 2023

Genetik oder auch der postkolonialen und dekolonialen Theorie, der feministischen Philosophie oder der Critical Race Theory weiterhin zu ignorieren oder ohne tiefere Auseinandersetzung als ideologisch motiviert abzulehnen....Welche mögliche Zukunft für das Philosophieren wollen wir also ins Auge fassen?"[122]

Ihre Quintessenz für die weitere Diskussion über den Beitrag Afrikas für eine planetare, alternative Zukunftsstrategie ist klar und bedeutsam: „...die stetig voranschreitende Arbeit an der Rekonstruktion bisher marginalisierter Philosophien und der Dekonstruktion eines bis heute noch vorherrschenden Verständnisses von Philosophie und ihrer Entwicklung wird ohne Zweifel zu einem schrittweise Wandel der Disziplin, ihrer Grundbegriffe und ihrer Methoden beitragen....Afrika kann und wird im Prozess des Wandels der Disziplin der Philosophie einen zentralen Platz einnehmen." [123]

Diesen wichtigen Gedanken möchte ich als Leitidee für die nachfolgenden Kapitel kontinuierlich aufgreifen und eigene Vorschläge dazu unterbreiten, welche zentralen Beiträge Afrika zur geistig-spirituellen, weltanschaulichen Erneuerung zur Umsetzung einer globalen Überlebensstrategie einbringen kann und sollte.....

Aber wie könnte eine *eigen*dynamische Entwicklung *Afrikas* aussehen, die Kolonialzeit und Imitation europäischer ‚Wachstumsmodelle' hinter sich lässt und alle verfügbaren *Selbst*-Werte für ein nachhaltiges Zukunftskonzept in Afrika, aber auch weltweit kreativ einsetzt?

Einer der bedeutsamen Analysten und Kritiker europäischer Geschichte und Entwicklung ist ohne Zweifel Karl Marx, und seine Ideen einer sozial-gerechten Entwicklung zukünftiger Wirtschaft und Gesellschaft haben auch in Afrika großen Einfluss ausgeübt. Allerdings wurde das *Fehlen* einer großen Lohnarbeiterschaft sowie einer umfänglichen kapitalistische Industrie in Afrika als Problem diskutiert, das die Übertragung eines für Europa vergleichbaren, sozialistischen Weges verunmöglichen würde....[124]

Aber was wäre, wenn Afrika *nicht* den (Um)Weg über industriell-kapitalistische Produktionsverhältnisse gehen und *nicht* die risikoreichen fossil-nuklearen Produktivkräfte entwickeln würde? Wenn es im Gegenteil einer weisen Voraussicht von Karl Marx folgen würde.....?!

Es existiert nämlich eine wenig bekannte Fundstelle aus seinen ‚Frühschriften', wo Marx die destruktiven Spätfolgen des Industriekapitalismus reflektiert:

„In der Entwicklung der Produktivkräfte tritt eine Stufe ein, auf welcher Produktivkräfte und Verkehrsmittel hervorgerufen werden, welche unter den bestehenden Verhältnissen nur Unheil

[122] Ebenda, S. 667 f.

[123] Ebenda, S. 668

[124] Diop (1987) a.a.O. hat dazu einen sehr interessanten Vergleich untersucht: „Comparison of socio-economic structures in Africa and Europe." S. 142 ff.

anrichten, welche keine Produktivkräfte mehr sind, sondern Destruktionskräfte (Maschinerie und Geld)"[125]

Es sind genau die Technologien („Maschinerie") der fossilen Energiewirtschaft, Kernkraftnutzung oder der chemischen Industrie, die mit Klimawandel, Gesundheitsrisiken oder Artensterben Ökologie und Lebensgrundlagen unseres Planeten zerstören, und es ist gleichermaßen die derzeitige neoliberale Wirtschafts- und Finanzwirtschaft („Geld"), die Ökonomie und Gesellschaft mit Dauerkrisen überzieht und gigantische soziale Ungleichgewichte erzeugt.

Warum nicht diese Fehlentwicklungen „überspringen" und ohne verlustreiche Krisen auf die nachhaltig-konstruktive Epoche eines ‚neuen Fortschrittsmodells' zusteuern – wie beispielhaft von Felwine Sarr entworfen….?!

„Leapfrogging"[126] , also das bewusste Überspringen oder Auslassen einer bestimmten Entwicklungsepoche ist als Möglichkeit einer Zukunftsstrategie für Afrika in jüngster Zeit intensiv diskutiert worden:

also ohne die destruktive Entwicklungsphase eines westlichen Industriekapitalismus „nachzuholen", und zielgerichtet in eine weitgehend *selbstbestimmte* neue Epoche der nachhaltigen Digitalisierung, regenerativen Energietechnologie und ökologische Landwirtschaft etc. überzugehen – während die westlichen Industriestaaten ihrerseits auch entsprechend radikal umsteuern müssen!

Wie sehen die Bedingungen der Möglichkeiten für eine derartige ‚Große Transformation' aus? Dazu mehr in den nachfolgenden Kapiteln.

Ich möchte deshalb alle entsprechend einladen, sich an meiner geographischen, philosophischen und auch biographischen „Reise" zu beteiligen – an der sinnbildhaften „Storchenreise".

---

[125] Die deutsche Ideologie, in Karl Marx: Die Frühschriften, Stuttgart 1968, S. 366

[126] Direkt übersetzt: "Bockspringen"

2. Zur Welt kommen

Der vorgesehene Nachtflug nach Mombasa änderte sich aus technischen Gründen zum Glück in einen Tagesflug: der erste Kontakt mit Afrika wurde so zum visuellen Erlebnis – gemeinsam mit Astrid, meiner wichtigsten Begleitung nach und in Afrika für die nächsten Jahrzehnte.

Beide teilten wir eine tiefe, aber zunächst noch kaum erklärte Beziehung zu Afrika. Die neuen Erfahrungen dieses Kontinents waren deshalb auch unweigerlich Selbsterfahrungen, die unser beider Sicht auf die Welt verändern sollten....

Die Idee, die Afrikareisen mit Flügen des Weißstorchs zu vergleichen, war schon vor Beginn unserer kontinentalen „Ausflüge" entstanden und verdichtete sich zu Beginn des ersten Afrikabesuches. Die endgültige tiefgreifende Grundlegung jedoch entwickelte sich bei meiner aktiven Beschäftigung mit Nachhaltigkeit und Zukunftsfähigkeit. Das „Future-on-Wings-Projekt: Zum Kontinent Zukunft auf Schwingen"[127] beschrieb eine tiefgründige Betrachtung, dass Zugvögel die globale Vernetztheit des Lebens auf unserem Planeten und seiner weiteren Entwicklung zum Ausdruck bringen: der „Weißstorch als Indikator zukünftiger Entwicklung", nicht nur metaphorisch als „Wegweiser zum ‚Kontinent' Zukunft"![128]

„Die Entwicklung der Zukunftsfähigkeit erfordert nicht nur Interaktion der Menschen verschiedener Lebenswirklichkeiten, sondern auch verschiedener Disziplinen der Wissens- und Willensermittlung von der Wissenschaft zur Poesie. Die gemeinsame Entdeckung des „Kontinent Zukunft" kann verstanden werden als eine Hommage an die Poesie der Natur.

Der ursprünglich afrikanische Weißstorch „entdeckte Europa", als hier die Wälder für die Entwicklung der Landwirtschaft gerodet wurden. Der Weißstorch wurde Zugvogel, weil die Vögel einen Reproduktionsvorteil erlangten, die den Monaten zwischen April und August in den entwaldeten Norden zogen und dort brüteten , wo die Tage in der Zeit länger sind und mehr Zeit für die Nahrungssuche bleibt. Doch der moderne Landbau – nicht nur in Europa – duldet oft kein wildes Leben neben sich. Wie die Bestände vieler Feldvögel schrumpften auch die des Weißstorches – man kann sagen: sie leiden unter einer industriellen „Überentwicklung" der Landwirtschaft. So scheint es an der Zeit, einen neuen Kontinent zu entdecken. Die Entdeckung eines neuen Kontinents.... wo das Klima stabil bleibt, wo aber auch ‚Adam und Eva' menschenwürdig leben können, ohne sich das Leben zur ‚Klimahölle' machen zu müssen, kann weder mit den alten Schiffen Kolumbus' noch mit ‚modernen Kanonen' ökonomischer Übermacht erreicht werden. Diesen „neuen Kontinent" einer nachhaltigen Entwicklung können die Menschen nur erreichen, wenn sie in einander und in der sie umgebenden Natur mehr entdecken als ausbeutbare Ressourcen."[129]

---

[127] Im Rahmen der „Bildung für nachhaltige Entwicklung" wurde ein „Offizielles Projekt der Weltdekade 2006/2007" als Handreichung für Unterricht und Fortbildung entwickelt - Von*: Hans-Hermann Hirschelmann, Weißstörche zeigen globale Dimensionen des Lebens und seiner Bedrohung(Berlin 2006/2007), S. 1 bis 30*

[128] Ebenda, S. 4

[129] Ebenda

Mit dieser doppelten Vision, einer welträumlichen und weltbildlichen Entdeckungsreise zu einem „neuen Kontinent“ , würde dem Titel „Storchenreise“ nunmehr seine ureigentliche Bedeutung gegeben.....

Während der ersten Afrikareise bewegte sich unsere Flugroute über Europa fast eintausend Kilometer westlich der normalen „Ostroute“ des Weißstorchenzuges[130], bevor sich reale Flugstrecke mit ‚virtueller‘ Vogelzuglinie etwas nördlich von Luxor am Nil wieder kreuzten. Während der Storchenzug etwa drei Monate bis Ostafrika benötigt, brauchte unser Überflieger knapp neun Stunden – kaum Zeit, um sich auf die Wandlungen der verschiedenen Erdgesichter einzustellen. Der auf „unendlich“ eingestellte Fotoapparat vermittelt dennoch grandiose Eindrücke der endlichen Erde: glitzernde Schneestreifen über Jugoslawiens Bergrücken, leuchtende Wolkenfelder in griechischen Tälern und schließlich jenseits der Südküste Europas: das unbeschreibliche Blau des Mittelmeeres, nachdem wir Athen als kleine weiße Häuser-Punkte-Schar überquert hatten. Nach Überflug der östlichen Spitze von Kreta und weiterem Meerblau mit gekräuselten Wellenmustern ist die afrikanische Küste am Nildelta erreicht.

Vor uns liegen mehrere Stunden (!) Flug über die Wüste, einer Landschaft wie ein Gemälde aus Variationen von Sand- in-Blau-Übergängen durchzogen vom geschwungenen und geschlängelten Band des Nils.
Eine große Welt offenbart sich dem kleinen Menschen, und zeigt immer klarer wie unzureichend das anthropozentrischen Weltbild tatsächlich ist... Doch der Mensch erscheint mit Macht auf dem Plan: wir überfliegen den Assuan-Staudamm, einem dem westlichen „Fortschrittsdenken“ der fünfziger und sechziger Jahre entstammendes Projekt – mit widersprüchlichen ökologischen, ökonomischen und sozialen Bilanzen....[131]
Geophysikalisch unmerklich haben wir die Grenze zum Sudan überquert: links präsentiert sich der Blaue, rechts der Weiße Nil. Diesem bedeutsamen Fluss-Ensemble werde ich mich später noch sehr viel eingehender befassen.
Abschnitt für Abschnitt kommen wir dem Reise-Ziel quasi im Zeit-Raffer immer näher. Eigentlich bräuchte man sehr viel mehr Zeit, Zwischenhalte oder Kennenlern-Phasen, denn das *Ziel* ist eben nicht alles, sondern die *Reise* ebenso bedeutsam - für den *verstehenden* Blick auf die Welt.....

---

[130] Siehe National Geographic, Die Welt der Zugvögel. Eurasien, Afrika, Australien. Washington D.C. 2004

[131] Hellmuth Vensky in: https://www.zeit.de/wissen/geschichte/2010-01/assuan-staudamm

Aus Erzählungen unserer Mutter wissen wir, wie wir *'auf* die Welt' gekommen sind, aber wie kommen wir *„zur* Welt"? Was sind die prägenden Begleitumstände, die Erlebnisse und Erfahrungen, die uns die Welt zugänglich machen? Und was führte mich der afrikanischen Welt zu? Der lange Überflug schenkt mir Zeit zum Nachdenken und zu Rückerinnerungen an mein eigenes Leben...

Meine frühesten Kindheitserinnerungen vergegenwärtige ich mit etwa drei Jahren als ein Pferdefuhrwerk meine Eltern und meine Schwester uns von einer Notunterkunft des Dorfes Suttorf in die Kleinstadt Neustadt am Rübenberge beförderte. Wir zogen in ein baufälliges Fachwerkhaus, das später renoviert und unter Denkmalschutz gestellt wurde, direkt gegenüber der Liebfauenkirche. Am Querbalken des ersten Stockwerkes ist heute die schöne Inschrift zu lesen: „De Tiet, de geiht. De Klock, de sleiht. Hol Di an dat, wat lange steiht" [132] Neben der Kirche befand sich ein als Lehrer- und Schulhaus erbautes Gebäude, das als einziges den Großbrand 1727 überstand und daher heute als ältestes Haus der Stadt gilt. Schon vor unserer Ankunft wurde es 'Storchenhaus' genannt, da auf dem gemauerten Schornstein seit vielen Generationen Storchenpaare nisteten. Kaum ein Phänomen regte damals meine Phantasie mehr an als die brütenden, klappernden und fliegenden Störche. Wo kamen sie her, wo flogen sie hin? Im Laufe der Jahre erfuhr ich manch Interessantes über sie, aber die offenen Fragen und Geheimnisse nahmen eher zu...
Die Erinnerung führt mich jedoch auf weitere Phänomene in meiner kindlichen Welt, nämlich drei Spielfiguren, die mir als bedeutsame Kommunikationspartner dienten, da ich nach langem Krankenhausaufenthalt relativ spät zu sprechen begann: es waren „Pieter", eine blonde Kasperpuppe, „Püppi", ein schwarzes Püppchen[133] sowie „Fanti", ein Stoffelefant.
Meine drei Spielgefährten und Gesprächspartner vermittelten mir von Anfang an das Gefühl von Vertrautheit verbunden mit dem 'Anders-als-Ich-Sein': wir waren eine Gemeinschaft von Gleichen und doch Verschiedenen. 'Pieter' forderte ständig meine Vernunft, mein Nachdenken heraus, während meine geliebte 'Püppi' Gefühle erwiderte und 'Fanti' meine Verantwortung für Pflege und Fütterung erwartete.
Sowohl Störche als auch Puppen entwickelten und stärkten phantasiereiche Abenteuer-Vorstellungen vom Unbekannten und Fernen, vom Reisen und Fliegen. Und 'Püppi' und 'Fanti' weckten natürlich meine Neugier auf Afrika...

---

[132] „Die Zeit, die geht. Die Uhr, die schlägt. Halt' Dich an das, was lange steht."
[133] Damals lehnte man das „N-Wort" noch nicht ab und nannte es „Negerpüppchen"

Etwas später begann ich Kinderbücher über Livingstone zu lesen und sah mir Filme im Gemeindehaus z.B. über den Missionar Rebmann oder Albert Schweitzer an. Da damals gedruckte und ‚lebende' Bilder sowohl in der äußerlichen wie auch in der inhaltlichen Darstellung in „Schwarz-Weiß" präsentiert wurden, verband ich mit dem Begriff „Schwarzafrika" oder „Dunkler Kontinent" die merkwürdige Vorstellung einer dunklen, eher bedrohlichen Lebenswelt...
Dies änderte sich als ich Interesse für die Sammlung von farbigen „Sanella"-Bildern[134] entwickelte und sie schon bald in den Sammelband einkleben konnte: „Afrika. Jürgen Hansen erlebt den schwarzen Erdteil." Es handelte sich um die fiktive Geschichte eines Hamburger Schiffsjungen, der eine abenteuerliche Reise quer durch Afrika machte und für die damalige Zeit erstaunliche Informationen und Hintergründe über den Kontinent lieferte.

Und ich erinnerte wie meine Mutter mir des Öfteren aus diesem neuartigen Buch vorlas. Mein *Bild* über Afrika verwandelte sich im wahrsten Sinne des Wortes in eine bunte, faszinierende und lebensfrohe Welt. Und es war meiner Mutter zu verdanken, die mir das Phänomen des „Reisens" nahebrachte – und zwar in zweierlei Weise: einmal Reisen in andere, ferne Länder und zum anderen in Reiche der Poesie, Musik und Gedankenwelten. Sie sorgte für meine erste Reise als Pfadfinder in die Alpen ohne elterliche Begleitung oder später für meine allererste Auslandsreise zu einer finnischen Gastfamilie. Sie nahm meinen Wunsch auf, Geige spielen zu lernen und organisierte den Musik-Unterricht. Ihr häufiges Vorlesen von Abenteuer-Geschichten oder Märchen eröffneten mir die unendlichen Weiten einer Welt von Wissen und Fantasie....

Ich begann, also zu musizieren, ein Lexikon („Die Welt von A bis Z") auswendig zu lernen und die Natur in Neustadts Umgebung zu erkunden. Die Leine-Wiesen und Flussauen, kleine Wälder und das Moor wurden zu liebgewonnen Orten – und natürlich auch das durch gelegentliche Ausflüge besuchte Steinhuder Meer. Der Blick auf das andere Ufer dieses ‚Binnenmeeres' wartete von der Mardorfer Seite mit einer kuriosen Besonderheit auf: Es eröffnete sich der Anblick auf die weiße, hell-leuchtende Abraumhalde des Kaliwerkes Sigmundshall mit einer verblüffenden Ähnlichkeit zur Silhouette des höchsten afrikanischen Berges. Die Halde wurde deshalb auch allgemein „*Kali*mandscharo" genannt!
Ich erinnere mich während meiner Pfadfinder-Zeit an intensive Natur- und Tierbeobachtungen, wo wir so manches Mal an einem nebligen Morgen im Frühherbst bei einer Waldschneise ausharrten, um hoffentlich Tiere zu Gesicht zu

---

[134] Hergestellt von: Margarine-Union AG. Hamburg. Sanella-Bilder (1952)

bekommen. Dieses Mal – nach fast zwei Stunden – war es so weit: der Nebel lichtete sich und es zogen mehrere Rehe äsend an uns vorbei. Was für ein Geschenk, was für ein Glück. Des Weiteren lernten wir uns in der Natur zu orientieren, ohne Papier und Streichholz Feuer zu machen sowie diverse Pflanzen- und Tierarten zu erkennen. Fast jede spätere Safari in Afrika rief diese Erinnerungen wieder in mir wach....

Es war die Natur und die Naturforschung, die mich immer aufs Neue beschäftigte. Ich las Abhandlungen über Goethes ganzheitlichen Naturbegriff[135], seine Auseinandersetzung mit Newton und seine intensive Verbindung der Betrachtungsweisen von Natur und Kunst, setzte mich aber auch mit Philosophie und Geschichte auseinander – unterstützt und gefördert von meinem Deutschlehrer. Dieser lehrte mich eine wichtige Zielsetzung, nämlich die Welt zwar kritisch und problembewusst, aber immer auch lösungskonstruktiv zu betrachten.

Allerdings bliebe die Beschreibung der prägenden Elemente meiner persönlichen Entwicklung unvollständig, wenn meine große Leidenschaft für die Musik unerwähnt bliebe. Die Fortschritte im Geigenspiel bedeuteten nicht nur eine entsprechende intensive Mitarbeit in dem von meinem Musiklehrer geleiteten Schulorchester, sondern in zunehmenden Maße entwickelte sich eine besondere Vorliebe für ‚alte' Barockmusik: Violinstücke von Vivaldi oder Bach berühren mich noch heute im tiefsten Inneren. Ich kann Carl Philipp Emanuel Bach nur zustimmen, der einmal gesagt hat: "Die Musik meines Vaters hat höhere Absichten, sie soll nicht das Ohr füllen, sondern das Herz in Bewegung setzen."

Viele Jahre später wurde mir ein seltenes Glück zuteil: im Rahmen eines beruflichen Projektes wurde mir im Palazzo Doria Tursi, dem Sitz der Stadtverwaltung Genuas, die berühmte Lieblingsgeige von Niccolò Paganini („Il Cannone") erbaut von Giuseppe Guarneri sowie die spätere Kopie seines Geigenschülers Camillo Sivori in Glasvitrinen präsentiert - die Verbindung von Schönheit und Erhabenheit.....

---

[135] J. W. Goethe. Sämtliche Werke. Band2, Zürich 1977, S. 141: „FÜNF LANDSCHAFTEN IN SEPIA (1814)
Blätter nach Natur gestammelt,
Sind sie endlich auch gesammelt,
Deuten wohl auf Kunst und Leben;
Aber ihr im Künstler-Kranze,
Jedes Blatt sei euch das Ganze,
Und belohnt ist euer Streben."

Zurück zu den sechziger Jahren, sie bedeuteten auch einen ‚neuen' musikalischer Aufbruch, ja eine Rebellion gegenüber der bürgerlichen Gesellschaft - verkörpert durch Beat und Jazz. Ich beteiligte mich daran und spielte Gitarre in einer Band, natürlich mit Vorbildern wie Beatles, Rolling Stones, Kinks oder Jimi Hendrix. Aber *eine* nichtklassische Musikform setzte in besonderer Weise mein ‚Herz in Bewegung': der Blues von John Lee Hooker!

Höchst motiviert erlernte ich als neue Erfahrung hörenderweise Riffs und Rhythmusmuster in jeder Nuance von Hookers Aufnahmen - auf einem kleinen mobilen Plattenspieler. Noten waren im Übrigen dafür weder vorhanden noch waren sie wirklich sinnvoll.[136] Denn nur durch eine emotional-körperliche *Verbindung* von eigenem Hineinhören und Fremdspielen, Eigenwahrnehmung und Fremdinterpretation, eine durch Saiten und Gesang erzeugte Resonanz ließ sich ein über reine Nachahmung hinausgehendes ‚Begreifen' des Blues für mich erst möglich machen. Als ich zwanzig Jahre später aufmerksamer Zuhörer in einer Blues-Kneipe mitten in Memphis/Tennessee sein durfte, bestätigte sich diese eindrückliche Erkenntnis in überaus ‚selbstähnlicher' Weise...

Nach meinem ersten Auslandserlebnis in Finnland sollten mir in den folgenden Jahrzehnten weitere Erlebnisse mit dieser fantastischen Welt aus Wasser und Landschaft zuteil werden, aber auch tiefe freundschaftliche Verbindungen, die bis heute andauern.

Ein Jahr später fanden sich vier Schulfreunde und ich zu einer Abenteuerfahrt mit Zelt und Kleinbus nach Frankreich sowie Nordspanien zusammen. Neben unserer Freundschaft verband uns als wichtigstes ‚Elixier': die Musik – Klassik, Beat, Pop, Jazz gleichermaßen. Auch diese „Take Five"-Freundschaft überdauerte die Jahrzehnte. Insbesondere möchte ich dazu einen besonderen Freund erwähnen, der nicht nur als hervorragender Schlagzeuger noch aktiv Jazz spielte, sondern in seiner Wohnung eine „Bibliothek" von Tonaufnahmen, Forschungsberichten sowie Geschichtsdarstellungen – einfach alles - über Jazz gesammelt hatte, und darüber gut bescheid wusste. Von Wolfgang bekam ich wertvolle Hinweise über die Kulturgeschichte, insbesondere über afrikanische Wurzeln des Jazz. Ich werde diese Thematik wieder aufgreifen. (Siehe *Kapitel 12*)

---

[136] Die intensive Lernweise durch Hören und Sehen praktizierte ich zehn Jahre später ebenfalls zur Aneignung
des Flamenco-Gitarrenspiels – in diesem Fall allerdings mit einem Lehrer.

Jedoch wichtigster Abschluss dieses Jahrzehnts und Neuanfang zugleich bedeutete das Abitur, und ich erinnere sehr genau den gewählten Titel des Deutsch-Aufsatzes: *„Glauben Sie, dass die ursprüngliche Natur immer mehr zerstört wird?"*

Ja, ich sah die Gefahr einer Naturzerstörung durch den Menschen, so wurde in unserer Umgebung das Moor abgetragen und unwiderrufliche zerstört oder chemische Einleitungen in den Leine-Fluss zeigten sich in bedrohlichen Schaumteppichen...Aber die Natur schien mir größer als der Mensch und erinnerte an Goethe: „Die Natur versteht gar keinen Spaß, sie ist immer wahr, immer ernst, immer strenge, sie hat immer recht, und die Fehler und Irrtümer sind immer des Menschen."[137]

Aber ich sah auch in seinem Sinne die *Verantwortung* des Menschen, Schönheit und Leben der Natur zu *bewahren*. Aus heutiger Sicht werte ich dies als ein grundlegendes Leitmotiv meines Lebens, und das Motiv Physik zu studieren war daher *mehr* als wissen zu wollen, „was die Welt im Innersten zusammenhält"- es ging letztendlich darum, *sinnvolle Lösungen für ein gemeinsames Überleben von Natur und Mensch* zu finden.

Dazu genügte mir schon bald die Physik nicht mehr: das Zweitstudium der *Philosophie* gab weitere, wichtige Orientierung für solche Lösungskonzepte. Die Philosophie des 19. Jahrhunderts führte mich zu *Alexander von Humboldt*.

Seiner Zeit weit voraus erklärte der weise Vordenker Natur und Kosmos als komplexe Vernetzung des Lebens, in der Kooperation *wichtiger* ist als Konkurrenz, er erkannte aber auch als erster die menschengemachten Probleme der Ökologie und des Klimawandels auf unserem Planeten, was mir schließlich Anstoß gab, politisch, beruflich und wissenschaftlich für nachhaltiges Leben und humanes *Zusammen*leben auf unserer Erde zu arbeiten.....

Besonders dankbar bin ich, dass mir die Möglichkeit und das Glück zuteil wurde, mit meinem damaligen, heute fast neunzigjährigen Deutsch- und Geschichtslehrer gelegentlich zu telefonieren, um mit ihm über ‚Gott und die Welt' zu sprechen: insbesondere auch anlässlich des Jubiläums „100 Jahre Hölty-Gymnasium" im letzten Jahr....Ein zentrales Thema unserer Gespräche war immer wieder: der *Weltfrieden*, insbesondere die Frage: wie kann der Mensch Konflikte, vor allem Gewalt und Zerstörung vermeiden? Und warum ereignet sich in der Realität zu

---

[137] Quelle: Goethe, J. W., Gespräche. Mit Johann Peter Eckermann, 13. Februar 1829

oft das Gegenteil? Was sind die treibenden Kräfte – für eine konstruktiv-konfliktarme oder exzessiv-konfliktreiche Welt ?

In den 70er Jahren lernte ich eine Persönlichkeit kennen, die mir ein *politisches* Tor ‚zur Welt' öffnete, das ich bis dahin nicht erlebt hatte. *Peter Blachstein* brachte mir Ebenen der Politik Hamburgs, Deutschlands und Europas nahe, die Leitbilder und Orientierungen bis heute bedeuteten. Er war das Gegenteil von einem „Parteisoldaten", vielmehr eine Politiker-*Person* : geistig unabhängig, offen für Neues, freiheitsliebend, sensibel und verletzlich, individuell und kooperativ. „An seiner Person manifestiert sich exemplarisch die Kontinuität der politischen und mentalen Auffassung von Weimar bis Bonn. Seine Lebenskoordinaten durchmessen beinahe das gesamte 20. Jahrhundert mit all seinen Katastrophen und politischen Verwerfungen, die durch folgende Ereignisse gekennzeichnet sind: Verfolgung im Nationalsozialismus, Flucht, Exil, Spanischer Bürgerkrieg, politische Verantwortung in der Bonner Republik und, als politischer Höhepunkt, die Berufung auf den Botschafterposten in Belgrad."[138] Und gerade in diesem historisch-politischen Kontext gehörte *Willy Brandt* zu einem seiner wichtigsten Weggefährten.....

Im Geiste internationaler Solidarität initiierte er eine Organisation und Institution zur Förderung junger Menschen aus den damals sogenannten „Entwicklungsländern" in technischen, handwerklichen und kaufmännischen Berufen, die „Weltweite Partnerschaft in Hamburg e.V. – Solidarität mit Afrika, Asien und Lateinamerika"(WWP). Eine Erfahrung die mein Bewusstsein und Handeln entscheidend beeinflussten......

Doch neben dem Aufbruch europäischer Demokratien und dem verstärkten Handeln internationaler Solidarität wurden auch Strategien zur nötigen, anderen Sicht auf den ‚ganzen' Planeten Erde angestoßen....

Die politische Notwendigkeit einer solchen planetaren Ganzheitlichkeit sollte sich jedoch völlig anders präsentieren als von vielen erwartet: nämlich in der Diskussion und Veröffentlichung der Studie *„Grenzen des Wachstums"*. [139] Die zentralen Schlussfolgerungen des Berichtes waren: „Wenn die gegenwärtige Zunahme

---

[138] Siehe: L. Joseph Heid. Peter Blachstein. Von der jüdischen Jugendbewegung zur Hamburger Sozialdemokratie. Biographie eines Sozialisten (1911 – 1977). Hamburg (2014), S. 16

[139] Das Massachusetts Institute of Technology wurde vom Club of Rome mit dieser Untersuchung beauftragt, die 1971 auf zwei internationalen Konferenzen (u. a. am St. Gallen Symposium) zur Diskussion gestellt wurde. Sie wurde mit dem Untertitel „Bericht des Club of Rome zur Lage der Menschheit" veröffentlicht. Donella und Dennis Meadows und deren Mitarbeiter am Jay Wright Forrester Institut für Systemdynamik führten dazu eine Systemanalyse und Computersimulationen verschiedener Szenarien durch. Siehe: https://de.wikipedia.org/wiki/Die_Grenzen_des_Wachstums

der Weltbevölkerung, der Industrialisierung, der Umweltverschmutzung, der Nahrungsmittelproduktion und der Ausbeutung von natürlichen Rohstoffen unverändert anhält, werden die absoluten Wachstumsgrenzen auf der Erde im Laufe der nächsten hundert Jahre erreicht."[140]

Trotz einer Reihe von Kritikbeiträgen konnte die unumgängliche Tatsache nicht wirklich entkräftet werden, nämlich dass in einer materiell begrenzten Welt kein unbegrenztes Wachstum existieren konnte. Und die Diskussion um Strategien einer ‚Postwachstums-Gesellschaft' sind *hochaktuell*:„ Wenn es der Menschheit nicht gelingt, die Bevölkerungsexplosion zu stoppen und eine neue, nicht auf Wachstum basierte Ökonomie zu etablieren, steuert sie in eine Katastrophe." [141]

Umgekehrt prägte eine fundamentale neuartige Welt-Erfahrung das damalige Denken: nämlich das *Bild unserer Erde*! Kaum ein Zeugnis über unseren Planeten, nämlich ein Foto von Apollo 17 Ende 1972, verdeutlichte mehr seine Schönheit und zugleich Verletzlichkeit als die erste Vollansicht der Erde, die unter dem Titel „Blue Marble" – die blaue Murmel – weltberühmt wurde.[142] Wie ein blauer Edelstein auf schwarzem Samt versinnbildlichte die Erde in einzigartiger Weise die einfache und fundamentale Existenz dieser, unserer Lebenswelt.[143]
Doch bei näherer Betrachtung des Fotos gab es Diskussionen: wie konnte Afrika besonders gut erkennbar im Norden und nicht im Süden erscheinen? Abgesehen davon, dass ein Gegenstand auf einer Kugel weder oben noch unten sein kann, ist unsere heute gewohnte Nord-Süd- Globusperspektive keineswegs die einzige Wahrheit. „Denn vor der Erfindung der Kompassnadel hatten die frühen Kartografen in ihren Darstellungen der Welt eine ganz andere Ausrichtung gewählt: Damals war Osten oben und nicht Norden. Deshalb sprechen wir heute von *Orientierung,* wenn wir versuchen, uns in fremden Terrain zurechtzufinden......Vielleicht ist es ja die tiefere Botschaft des Blue-Marble-Fotos: Manchmal kann es uns guttun, die Welt auf den Kopf zu stellen."[144]
Vielleicht müssen wir die gewohnte Weltsicht auf den Kopf stellen, um die *ganze* Wahrheit unseres *einen* Planeten besser zu verstehen....
Dies bedeutete in den siebziger Jahren den Beginn einer intensiven Diskussion um Ökologie, Technologie und Politik – und zwar in West *und* Ost!

Dazu studierte ich eingehend den „Richta-Report" des ‚Prager Frühlings' und wertete ihn aus: "Man erinnert sich kaum noch: als dem Prager Frühling 1968 ein kalter

---

[140] Meadows u. a.: Die Grenzen des Wachstums 1972, Übersetzung von Hans-Dieter Heck, 14. Aufl., Deutsche Verlags-Anstalt, Stuttgart 1987
[141] Siehe Madelaine Böhme et al, a.a.O. (2019), S. 312
[142] Siehe https://de.wikipedia.org/wiki/Blue_Marble
[143] Siehe: tv hören und sehen, Ausgabe 30/19, S. 5
[144] ebenda

„Russischer Winter" folgte und der CSSR-Sozialismus sein menschliches Antlitz, die „sozialistische Sowjetmacht" aber ihr Gesicht verlor."[145]

Das Richta-Team forderte ein neues Modell des technischen Fortschritts, das ebenfalls eine Neuorientierung der modernen Wissenschaft anstrebte, nicht nur im ‚Realen Sozialismus', sondern auch als Anforderung an den westlichen Industriekapitalismus gerichtet war.[146]

Ich fasste dies wie folgt zusammen: "Der Richta-Report ist in vielen Aussagen eine Herausforderung an jede Form technokratischer Ideologie, eine Herausforderung an alle, die glauben, die technische Entwicklung vollziehe sich wertfrei, jenseits wirtschaftlich und gesellschaftlicher Bedingungen. Es gibt keine Technik, die demokratisch oder sozialistisch *organisiert*, in ihren konkret erfahrbaren Auswirkungen aber gegen Mensch und Natur gerichtet ist!"[147]

Der tiefere Einstieg in die zentralen Leitziele eines offenbar *‚systemübergreifendes'*, „gegen Mensch und Natur gerichtetes" naturwissenschaftlich-technisches Fortschrittsmusters führte auf eine intensive Auseinandersetzung mit der Geschichte und Philosophie des 20. Jahrhunderts, die kaum von jemandem so scharf durchleuchtet wurde wie von *Georg Picht*: „Durch Carl Friedrich von Weizsäcker lernte ich..., daß ich...den Beginn des Atomzeitalters miterlebte. Hier brach zum ersten Mal eine Antinomie auf, in der seither meine Lebensbahn verläuft: die Antinomie zwischen Wissenschaft und Verantwortung. Die Namen „Auschwitz" und „Hiroshima" bezeichnen also die Physiognomie der Geschichtsepoche, in der ich versuche zu philosophieren..."Auschwitz" ist das Symbol für eine Welle des Grauens, die schon mit Stalins „Säuberungen" anhebt und seither den Erdball überflutet hat. Wir leben im Zeitalter der Genozide, der Folterungen, der Unterdrückung von Freiheit und der Verhöhnung von Religion und Menschenwürde.....Der Name „Hiroshima" hat eine ähnliche Bedeutung....Denkenden Menschen ist er ein Signal für jene Katastrophen, die durch ahnungslosen Umgang mit den Machtmitteln ausgelöst werden, die Wissenschaft und Technik uns in die Hand gegeben haben."[148]

Picht hält insbesondere eine *„Aufklärung der Aufklärung"* für nötig, da „durch die blinde Expansion von Wissenschaft und Technik destruktive Prozesse in Gang gesetzt (werden), die das Überleben der Gattung Mensch bedrohen. Die ökologische Krise zeigt uns im Spiegel, wie es hinter dem Rücken der modernen Wissenschaft und ihres Bewußtseins aussieht."[149] Von daher haben wir unseren philosophisch-kritischen Standort dort zu suchen, wohin

---

145 Vgl. Ulf Skirke, Planvoller Fortschritt? Ein Rückblick auf den „Richta-Report" des Prager Frühlings. In: Technologie und Politik. Aktuell-Magazin 2. Herausgegeben von Freimut Duve, Hamburg 1975, S. 185 - 192

146 Radovan Richta und Kollektiv: Technischer Fortschritt und industrielle Gesellschaft, Frankfurt a. M. 1972

147 Ulf Skirke a.a.O. (1975), S. 191

148 Siehe: Georg Picht. Hier und Jetzt: Philosophieren nach Auschwitz und Hiroshima. Band I. Stuttgart 1980, S. 8 f.

149 Ebenda, S. 9

uns unsere Verantwortung verweist: „in dem Hier und Jetzt, in dem wir uns mit den Konsequenzen des utopischen Fortschrittsdenkens der europäischen Neuzeit auseinanderzusetzen haben."[150]

Dies sei exemplarisch an *zwei Folge-Phänomenen* unseres Fortschrittsmusters näher erläutert: nämlich der *Kernenergie* sowie *Energiewende und Klimapolitik*....

Die Atombombenabwürfe auf Hiroshima und Nagasaki lösten nicht nur allgemeine, internationale Bestürzung aus, sondern schockierten insbesondere Atomwissenschaftler weltweit. Ihre Reaktion hatte zunächst zweierlei Konsequenzen: einen ‚geregelten' Ausbau von Kernwaffen als Abschreckungsinstrumente zum Erhalt des Weltfriedens sowie die „friedliche Nutzung" der Kernenergie zu fördern. Doch *beide* Konsequenzen sollten schon bald kritisch hinterfragt und zum besonderen politischen Konfliktfeld werden.

Die in den fünfziger Jahren unter der Bezeichnung „Umrüstung" betriebene Ausstattung der US-Truppen mit taktischen Atomwaffen führte auch in der Bundesrepublik zu Diskussionen. Als schließlich Adenauer taktische Atomwaffen lediglich eine „Weiterentwicklung der Artillerie" nannte und forderte, auch die Bundeswehr müsse mit diesen „beinahe normalen Waffen" ausgerüstet werden,[151] entwickelte sich dagegen zunehmender Widerstand insbesondere seitens vieler Naturwissenschaftler.

Auf Anregung von Carl Friedrich von Weizsäcker unterzeichneten 18 Atomwissenschaftler 1957 – neben ihm auch die Nobelpreisträger Max Born, Otto Hahn und Werner Heisenberg – das „Göttinger Manifest der Göttinger 18" [152]: Die Adenauer-Regierung wurde darin aufgefordert, auf jegliche atomare Bewaffnung der Bundeswehr zu verzichten.

Die Unterzeichner lehnten jede Mitarbeit an der atomaren Bewaffnung ab, und sprachen sich zugleich aber ausdrücklich für die friedliche Nutzung der Kernenergie aus. Die „Göttinger Erklärung" stieß auf ein weltweites Echo und hatte Signalwirkung für die „Kampf dem Atomtod"-Bewegung in der Bundesrepublik....

Erst durch meine beiden Studienfächer eröffnete sich der Zugang zu dieser Thematik, also zur Verbindung von Kernenergie *und* Friedenspolitik: für mich gab es von nun an eine unlösbare, wechselseitige Problematik zwischen militärischer und friedlicher Anwendung der Kernphysik.

---

[150] Ebenda, S. 377

[151] Siehe: https://de.wikipedia.org/wiki/Göttinger_Achtzehn

[152] Ebenda

Anfangs – ganz im Sinne der „Göttinger Erklärung“ war ich tendenziell Befürworter der ‚friedlichen Nutzung der Kernkraft‘ – bis zum ersten Besuch des im Bau befindliche Kernkraftwerks Unterweser. Ich studierte eingehend alle dort verfügbaren Informations- und Werbematerialen. Die darin enthaltenen Widersprüche und Ungereimtheiten lösten eine ‚explosionsartige Kettenreaktion‘ an Fragen, Kritik und tiefergehenden Informationsbedarfen aus: es begann eine umfassende Aufarbeitung wissenschaftlicher und politischer Studien über Aufklärung, Kritik und Alternativen zur bestehenden Energiepolitik in West und Ost. Nach anfänglichem Konsens für die neue Technologie wandelte sich dieser in einen kritisch-erbitterten Diskurs und führte dazu, dass die Kernenergie exemplarisch zu der gesellschaftlich kontroversesten Industrietechnologie überhaupt wurde.[153] Für viele – auch für mich – war eine derartige durch *faktisch* unauflösbare Streitpunkte und Widersprüche gekennzeichnete Technologie nicht zukunftsfähig!

Dies sei an *drei Beispielen* erläutert:

Erstens:

Alle Versuche, die radioaktiven *Risiken* kleinzurechnen, wurden immer wieder in Frage gestellt. Begrifflich ist im Übrigen der statistische Umgang mit *Wahrscheinlichkeiten*[154] höchst problematisch, da es sich systemtheoretisch um reale *„Möglichkeiten“* eines großen Schadens handelt, die tatsächlich *Wirklichkeit* werden können. Der unvorhersehbare ‚Zufall‘ kann uns eben wirklich ‚zufallen‘ – mit verheerenden Folgen.[155] Es gibt keine fehlerfreie Technik, fehlerfreies Funktionieren darf also *nicht Voraussetzung* für Technikprozesse sein. Von daher *müssen* technische Prozessabläufe grundsätzlich „fehlerfreundlich“ sein, damit katastrophale Folgen vermeidbar sind....[156]

---

[153] Eine gute Darstellung der Pro- und Kontra-Positionen liefert: https://de.wikipedia.org/wiki/Kernenergie

[154] Sie sind statistisch eben nicht auf den möglichen Einzelfall anwendbar

[155] Die Reaktorkatastrophen von Tschernobyl und Fukushima haben dies tragisch bestätigt.

[156] Im selben Jahr der Tschernobyl-Katastrophe ereignete sich ein *nicht*-nukleares, aber ebenfalls technisches Disaster aufgrund mangelhafter Risikobeachtung: die *Raumfähre „Challenger“* explodierte kurz nach dem Start, wobei die gesamte Besatzung ums Leben kam. Trotz Warnungen von Fachleuten vor einer Fehlfunktion der Dichtungs-O-Ringe an den Feststoffraketen bei niedrigen Temperaturen wurde der Start durch- und die Katastrophe herbeigeführt. Probleme mit der Dichtung waren der NASA lange bekannt, auch die möglichen Folgen. Doch Konsequenzen gibt es erst nach dem Drama. Erst knapp dreißig Jahre später wird einer breiteren Öffentlichkeit mit Hilfe des Fernsehfilms „The Challenger“ der Hintergrund des Shuttle-Unglücks vermittelt, indem Physik-Nobelpreisträger und begnadeter Wissenschaftler Richard Feynman gegen massive interne Widerstände und Behinderungen dennoch das Problem der kälteempfindlichen ‚O-Ringe‘ mit Hilfe eines einfachen Experiments demonstriert.....Auch in diesem Fall wurde

Schon während des Studiums stellte ich mir die Frage, warum die Geschichte der Kern*forschung* in der Hauptsache eine *der* Kernreaktionen ist, deren *radioaktive Reaktions-und Spaltprodukte* nicht stabil und unschädlich in die Naturkreisläufe wieder eingefügt werden können? Warum wurde so wenig Forschungsaufwand für die Möglichkeiten der Rückführung oder ,Transmutation'[157] der Spaltprodukte in stabile, nichtradioaktive Materie betrieben? Ich plädiere deshalb für nukleare Forschungsprogramme genau in diese Richtung!

Solange diese Probleme nicht im Ansatz *naturwissenschaftlich* gelöst sind, ist meines Erachtens die Kernkraft *nicht* verantwortbar *groß*technisch zu nutzen....

Zweitens:

Wie steht es um die Vorgabe der Risikominimierung durch strikte Trennung militärischer und ziviler Nutzung der Kernkraft? Die reale Entwicklung offenbart eher das Gegenteil: viele Technologien der zivilen Kernenergienutzung sind relevant für die Entwicklung und Herstellung von Kernwaffen. „Jedes zivile Nuklearprogramm eignet sich per se dazu, ein Waffenprogramm zu verbergen....In vielen Bereichen ist die militärische von der zivilen Nutzung kaum zu unterscheiden." [158] Das Proliferationsrisiko ist durch die Zunahme von Staaten mit ziviler Kernenergienutzung tendenziell angestiegen....

Seit zwei Jahrzehnten besteht zunehmend die Gefahr von Terroranschlägen auf Kernkraftwerke, aber auch anderer ,Nuklear-Terrorismus' mittels beliebiger radioaktiver Abprodukte...

Und schließlich eröffnet sich im „konventionellen" Kriegsfall ein zusätzliches Risiko: so führte der russische Angriffskrieg auf die Ukraine zu Raketenbeschuss und Besetzung des größten Kernkraftwerks Europas in Saporischschja.....

Drittens:

Auch die *Wirtschaftlichkeit* der Kernspaltungsenergie ist sowohl im fachlichen als auch öffentlichem Diskurs umstritten.[159]

Trotz enormer staatlicher Subventionen und privaten Investitionen liegt der derzeitige *Primärenergie*-Anteil der *weltweiten* Kernkraftnutzung lediglich bei *fünf (!) Prozent...* [160]

---

die Möglichkeit und Wirklichkeit technologischer Fehlerhaftigkeit ignoriert. Von daher *müssen* Fehler bei *allen* technischen Prozessen korrigierbar sein, ohne dass es zu katastrophalen Folgen kommt.

[157] Siehe: https://de.wikipedia.org/wiki/Kernenergie , S. 12

[158] Ebenda, S. 29

[159] Ebenda, S. 13

[160] Der Anteil fossiler Energieträger bei mehr als 80%

Eine wirksame Klimapolitik mit Ausbau der brennstoffbegrenzten Kernenergie als Ersatz für die ebenfalls begrenzten fossilen Energieträger wäre daher viel zu teuer, zu langsam, zu ineffektiv, zu risikoreich..... Der Einstufung der Kernenergie durch die EU-Kommission seit Januar 2023 als „nachhaltig“ und „klimafreundlich“ muss also deutlich widersprochen werden.[161]
Vielmehr handelte die deutsche Politik nach der Fukushima-Katastrophe konsequent, um aus der veralteten Kernspaltungstechnologie auszusteigen. Mit Ablauf des 15. April 2023 wurden die letzten drei Reaktoren vom Netz genommen, so dass die kommerzielle Nutzung der Kernspaltungsenergie in Deutschland beendet wurde....

Wenden wir uns daher einem weiteren großen Technologie-Folgen-Phänomen unseres vorherrschenden Fortschrittsmusters zu, nämlich *Energiewende und Klimapolitik* .....
Ich erinnere noch genau an die Besuche meiner *Großeltern* in Altenessen in den 50er und 60er Jahren. Hinter Dortmund ‚tauchten‘ wir ein in eine gelblich-graue Dunstglocke: Kohle und Stahl lagen förmlich in der Luft...[162]Als Kinder freuten wir uns auf die meist lustigen Begegnungen mit der großen Verwandten-Familie und selten habe ich soviel Fröhlichkeit und Gemeinschaftssinn erlebt wie hier.... Mein Opa arbeitete als Bergmann in einer nahegelegen Kohle-Zeche, von der ich ihn so manches Mal zum Feierabend abholte. Er liebte seinen schweren Beruf, trotz einiger brisanter Unfallerfahrungen. Meine Oma machte Erfahrungen mit der Kohle in ganz anderer Art, wenn sie mehrmals am Tag den schwarzen Kohlenstaub aus der Luft vom Fenstersims abwischte...
Bis in die 60er Jahre wurden unsere Wohnungen zu Hause mit Kohle geheizt, bevor sich Gas- und Öltechniken durchsetzten. Der aktuelle Ausstieg aus der fossilen Energie ruft in mir die Erinnerung an eine Lebensweise wach, die faktisch noch nicht die geringste Ahnung von seinen globalen Folgen hatte......
Die in den 70er Jahren beginnende Umweltpolitik konzentrierte sich in den 80er Jahren vor allem auf eine alternative Energiepolitik, an deren Umsetzung auch ich beruflich und politisch beteiligt war: wir diskutierten Grundzüge der

---

[161] Siehe: https://de.wikipedia.org/wiki/Kernenergie , S. 19

[162] Als Willy Brandt als Kanzlerkandidat 1961 den gewagten Satz prägte: „Der Himmel über dem Ruhrgebiet muß wieder blau werden!“ war er der realen Entwicklung einer notwendigen Umweltpolitik weit voraus. Denn rund 80 Hochöfen und 100 Kraftwerke stießen Anfang der 60er Jahre so viel Kohlestaub und CO2 aus, dass vielerorts die Wäsche nicht unter freiem Himmel getrocknet werden konnte. Siehe: https://vorwaerts.de/artikel/blauer-himmel-ruhr-willy-brandt-umweltschutz-begruendete

„Energiewende“[163], die wesentlicher Teil einer neuen, globalen Strategie werden sollte: *Klimapolitik* !
Die wissenschaftliche Diskussion über den anthropogenen Treibhauseffekt und damit den menschenverursachten Klimawandel nahm glücklicherweise einen gegenteiligen Verlauf als die Kernenergiedebatte: der Diskurs über Realität, Ursachen und Risiken der Klimaveränderungen war zunächst durchaus strittig, aber es entwickelte sich ein zunehmender *Konsens* über Hintergründe und notwendige Konsequenzen zum Klimawandel. Dazu trug wesentlich der von den Vereinten Nationen 1988 gegründete *„Intergovernmental Panel on Climate Change (IPCC)“* bei, der schließlich zu fundamentalen Grundlagen für die aktuelle *globale Klimapolitik* beitrug, die ihrerseits mit dem Erdgipfel 1992 in Rio de Janeiro und der ersten Klimakonferenz 1995 in Berlin (COP1) ihren Anfang nahm. Schließlich gelang ein entscheidender Verhandlungserfolg auf der 21. Klimakonferenz 2015 in Paris: „Das Übereinkommen wurde am 12. Dezember 2015 auf der UN-Klimakonferenz in Paris (COP 21) von allen Vertragsparteien ...., seinerzeit 195 Staaten und die Europäische Union, verabschiedet und sieht vor, die globalen Erwärmung auf „deutlich unter“ zwei Grad Celsius gegenüber der vorindustriellen Zeit zu begrenzen und Anstrengungen für eine Begrenzung auf 1,5 Grad Celsius zu unternehmen.“[164]
Zentrale Zielsetzung war: vor dem Hintergrund der wesentlich nichtlinearen komplex-dynamischen Eigenschaften des globalen Klimasystems zu verhindern, dass es zu *irreversiblen* Rückkopplungen und *Kipp*-Prozessen im Erdsystem kommt – mit katastrophalen ökologischen, sozialen und ökonomischen Folgewirkungen - dazu gehörte auch das Ziel eines weltweiten Kohleausstiegs... Allerdings muss der *Erfolg* der *aktuellen*, weltweiten Aktivitäten zum Klimaschutz als ausgesprochen *fragil* angesehen werden: „Ein Report der Universität Hamburg von 2023 stuft die Erreichung des 1,5-Grad-Ziels und der Dekarbonisierung bis 2050 aufgrund verschleppter politischer Maßnahmen als „nicht plausibel“ ein. Das 2-Grad-Ziel könne nur eingehalten werden, wenn klimapolitische Ambitionen und deren Umsetzung deutlich intensiviert würden.“[165]

Aber es sollte dennoch über ein in Vergessenheit geratenes *erfolgreiches Beispiel planetarer Klimapolitik* berichtet werden, das zunächst auch als katastrophale Entwicklung globalen Ausmaßes begann: es ist die Rede vom *Ozonloch*.

---

[163] Die Veröffentlichung des Öko-Institutes: *Energiewende – Wachstum und Wohlstand ohne Erdöl und Uran* hatte zum Ziel, die von der konventionellen Energiewirtschaft verursachten ökologischen, gesellschaftlichen und gesundheitlichen Probleme zu minimieren und durch ökologisch und ökonomisch verträglichere Alternativen zu ersetzen. Siehe: https://de.wikipedia.org/wiki/Energiewende

[164] https://de.wikipedia.org/wiki/Übereinkommen_von_Paris

[165] Ebenda

Bereits in den siebziger Jahren wiesen Wissenschaftler darauf hin ,dass sich schwer abbaubare FCKW[166] in der Atmosphäre anreichern und zu einer Ausdünnung der Ozonschicht führen. Allerdings erst Mitte der achtziger Jahre wurde erstmals die drastische Abnahme der Ozonschicht über der Antarktis („Ozonloch“) festgestellt. Die britische Premierministerin und der US-Präsident unterstützten 1987 die Einberufung einer internationalen Konferenz, auf der ein stufenweiser Abbau mehrerer industriell genutzter Chemikalien ausgehandelt und im Montrealer Protokoll[167] von der Weltgemeinschaft verabschiedet wurde. In den folgenden Jahren wurden die Regelungen weiter verschärft, um die FCKW-Produktion bis 2000 – mit Ausnahme von einigen Medikamenten - ganz zu verbieten. In dieser Zeit hat das Ozonloch seine größte Ausdehnung, ist aber bis heute bereits um ein Drittel geschrumpft. Die Ozonschicht könnte sich so bis Mitte dieses Jahrhunderts bedeutsam erholen…

Offensichtlich *kann* die Weltgemeinschaft global verantwortlich und effektiv handeln. Könnte dies nicht ein erfolgversprechendes Vorbild für die Umsetzung des Pariser Klimaabkommens sein?!

Parallel zu Diskussion und weitreichenden Entscheidungen zum globalen Umweltschutz gehen die Vereinten Nationen voran: die *„Weltkommission für Umwelt und Entwicklung“* wird ins Leben gerufen und legt im Jahr des Montreal-Abkommens ihren Bericht zu den Perspektiven einer langfristig angelegten umweltverträglichen globalen Entwicklung vor: eine strategisches Konzept der *„Nachhaltigen Entwicklung“* wird formuliert: „Nachhaltige Entwicklung ist eine Entwicklung, die die Bedürfnisse der Gegenwart befriedigt, ohne zu riskieren, daß künftige Generationen ihre eigenen Bedürfnisse nicht befriedigen können.“[168] Bis heute wurde das Konzept weiterentwickelt und vertieft – mit der jüngsten UN-Vorgabe von „Sustainable Development Goals“ bis zum Jahre 2030.
Nachhaltigkeit bzw. Zukunftsfähigkeit ist damals bis in die Gegenwart auch zu meiner persönlichen Leitidee geworden, die meine praktisch politische Arbeit immer noch wesentlich beeinflusst.

---

[166] Fluorchlorkohlenwasserstoffe wurden universell als Treibgase, Kälte- oder Lösemittel verwendet

[167] Die Staaten bekennen sich im Montrealer Protokoll zu ihrer Verpflichtung, „geeignete Maßnahmen zu treffen, um die menschliche Gesundheit und die Umwelt vor schädlichen Auswirkungen zu schützen, die durch menschliche Tätigkeiten, welche die Ozonschicht verändern, wahrscheinlich verändern, verursacht werden oder wahrscheinlich verursacht werden“ (Präambel). (https://de.wikipedia.org/wiki/Montreal-Protokoll)

[168] Unsere Gemeinsame Zukunft. Der Brundtlandt-Bericht der Weltkommission für Umwelt und Entwicklung. (Hrsg. Volker Hauff), Greven (1987), S. 46

Dies verdanke ich auch einem Treffen mit einer bedeutenden Politikerin in Oslo. Ich bin außerordentlich dankbar, Mitte der achtziger Jahre ein persönliches Gespräch mit der damaligen Vorsitzenden der ‚Weltkommission', *Gro Harlem Brundtland* führen zu dürfen. Sie war und ist die herausragende Initiatorin des globalen Nachhaltigkeitsdialoges...
Die Begegnung mit ihr machte sie nicht nur zu einem meiner politischen Vorbilder, sondern war entscheidendes Motiv für mich, den *Zukunftsrat Hamburg* 1996 mitzugründen, einem aktiven politischen Netzwerk von zivilgesellschaftlichen Organisationen.
Die globale Umsetzung von Energiewende und Klimapolitik wurde zunehmend weltweit von einer Vielzahl *lokaler* Initiativen erfolgreich unterstützt. So auch in Hamburg: gemeinsam setzten wir 2018[169] eine Volksinitiative zum Kohleausstieg in Hamburg um: "Ein bedeutsamer Ansatzpunkt war das Hamburger Fernwärmenetz, das seit Jahren mehr als 60 Prozent seiner Wärme aus Kohle mit den Kraftwerken Wedel uns Tiefstack erzeugt. Eine breite zivilgesellschaftliche Kooperation erreichte schließlich die Initiative „Tschüss Kohle", um mit Hilfe von technischer und juristischer Beratung intensive Verhandlungen mit den Regierungsfraktionen zu führen, die 2019 eine *Änderung des Klimaschutzgesetzes* und den Kohleausstieg in der Fernwärme bis spätestens 2030 bewirkten. Dazu gehörte die Verpflichtung, bereits vor Fristablauf den Kohleeinsatz „möglichst weitgehend zu vermeiden" und spätestens Ende 2025 zu prüfen, ob *vor* 2030 „ein vollständiger Verzicht" möglich ist. Damit war wesentlich mehr erreicht als nur ein Ausstiegsdatum – nämlich eine *sich beschleunigende Kohle-Ausstiegsdynamik!"*[170]
Es war auch in 2019 als wir uns im UNESCO-Welterbe Zollverein Essen [171] zu einer größeren Familienfeier trafen. Wir tauschten Erinnerungen an unsere Großeltern aus, sprachen über ihre Lebensleistung, aber auch über den fundamentalen Umbruch einer besonderen Nachkriegsepoche.

Die Rundfahrt durch das ehemalige Zechengelände vergegenwärtigte eindrucksvoll, welche ungeheuren Langzeitfolgen („Ewigkeitslasten")[172] der

---

[169] Ende 2018 ist der subventionierte Steinkohlebergbau ausgelaufen, die beiden letzten Zechen Prosper-Daniel und Ibbenbüren haben die Steinkohleförderung in Deutschland endgültig eingestellt.

[170] Siehe Artikel von Ulf Skirke, in: JAHRBUCH ÖKOLOGIE 2022 - DAS ZEITALTER DER STÄDTE. Die Kraft im Anthropozän. Hirzel (2022) Seite 308 - 310

[171] https://de.wikipedia.org/wiki/Zeche_Zollverein :" Die *Zeche Zollverein*, auch „Eiffelturm des Ruhrgebietes" genannt, war ein von 1851 bis 1986 aktives Steinkohlebergwerk in Essen. Benannt wurde sie nach dem 1834 gegründeten Deutschen Zollverein. Sie ist heute ein Architektur- und Industriedenkmal. Gemeinsam mit der unmittelbar benachbarten Kokerei Zollverein gehören die Schachtanlagen 12 und 1/2/8 der Zeche seit 2001 zum Welterbe der UNESCO."

[172] Im Steinkohlenbergbau des Ruhrgebiets wurde die Erdoberfläche bis zu 25 Meter abgesenkt. Die Innenstadt Essens liegt beispielsweise 16 Meter tiefer. Ohne ständiges Pumpen

Steinkohlebergbau für diese Region mit sich brachte, und wie groß die Anstrengungen für eine alternative Entwicklung zukünftiger Energiepolitik, etwa im Ausbau der ‚Erneuerbaren' nötig sein würden.... „Das jetzige Jahrzehnt ist das entscheidende für eine erfolgreiche Klimapolitik im Sinne des Pariser Abkommens – sowohl für den Kohleausstieg als auch den massiven Ausbau der Erneuerbaren." [173] Dennoch möchte ich dazu folgendes ergänzen:
Mit dem radikalen Umbau auf regenerative Energien gewinnen wir wichtige *Zeit* für die mittelfristige Lösung planetarer Umwelt- und Klimaprobleme, aber eine wirklich *langfristige* Lösung erfordert mehr: ein neuartiges zukunftsfähiges Mensch-Natur-Technik-Verhältnis, das einen ganzheitlichen Kreislauf-Prozess darstellt – ohne gefährliche oder schädliche Folgen! Dafür müssen wir die mit Hilfe erneuerbarer Technologien gewonnene Zeit nutzen, um einen *neuen, nachhaltigen, universell verträglichen Technik-Typus* – vor allem im Energiesektor – weiter zu erforschen.[174]

Doch es waren und sind nicht nur die Leitideen von Nachhaltigkeit und Zukunftsfähigkeit, die meine Welt-Sicht entscheidend prägten, sondern es war auch die notwendige Auseinandersetzung mit der eigenen Situation als *Nachkriegsgeneration*, die sich besonderer Weise den *Folgen* der deutschen Geschichte gegenüber verantwortlich sah....
Nächtelange Diskussionen führte ich mit meinem *Vater*, der als Siebzehnjähriger(!) in die Wehrmacht eintrat und später am Kriegsgeschehen im Süden der Sowjetunion, am Asowschen Meer[175] teilnahm. Er versicherte mir, niemals Verbrechen gegen die Menschlichkeit, keine Geisel- oder Massenerschießungen oder Dienste in einem der Konzentrationslager durchgeführt zu haben. Er berichtete nicht über Heldentaten, sondern Todesängste, Verschüttungen und Verwundungen, die als persönliche Kriegsfolgen mit Sicherheit zu seinem frühen Herztod beigetragen haben....Mein Vater erzählte von vielen ausführlichen Gesprächen

---

des Grundwassers wären weite Teile des Ruhrgebiets eine Seenlandschaft. Fast ein Fünftel der Region (in den Grenzen des Regionalverbands Ruhr mit 4.435 km² Fläche) stünde unter Wasser... Laut einem 2006 erstellten Gutachten im Auftrag des Bundeswirtschaftsministeriums belaufen sich die Ewigkeitskosten des deutschen Steinkohlebergbaus auf mindestens 12,5 bis 13,1 Milliarden Euro. Die Grubenwasserhaltung verursacht mit 5 Milliarden Euro die höchsten Kosten, Risiken für das Trinkwasser sind nicht eingerechnet. Siehe: https://de.wikipedia.org/wiki/Ewigkeitskosten

[173] Siehe: Ulf Skirke (2022), a.a.O. S. 310

[174] Könnte die Kernfusion dazu ein Beitrag sein? Wir sollten sie in ein kluges Forschungsprogramm einbeziehen.

[175] D.h. auf dem Gebiet der heutigen Ukraine

kurz nach dem Krieg mit einem Lehrer in dem Zufluchtsort, der meinen Eltern eine provisorische Unterkunft gewährte. Er habe ihm ‚die Augen geöffnet' und geholfen, die wirklichen Hintergründe des Krieges zu erkennen.
Ich rechnete es meinem Vater hoch an, dass er sich aktiv mit seiner Vergangenheit auseinandersetzte, den Kontakt zu ‚Kriegsveteranen' strikt ablehnte und schließlich in die Partei Kurt Schumachers eintrat.....

Denn hatte ich überhaupt das Recht, über meinen Vater zu urteilen? Zu Selbstgerechtigkeit bestand kein Anlass. Wie hätte ich damals gehandelt? Hätte ich den Mut zum Widerstand gehabt oder wäre ich als Mitläufer zu einem der zahllosen Kriegstoten geworden?

Die einzig konsequente Antwort, die für mich bis heute Bestand hat, war und ist: aktiv dafür einzutreten, dass von Deutschland nie wieder ein Angriffs-Krieg ausgeht und ein friedliches Zusammenleben der Völker oberster Maßstab von Politik bleibt!

Als Vorsitzender der Jugendorganisation der größten Partei der Bundesrepublik führte ich auch vor diesem Hintergrund deutsch-deutsche Gespräche mit dem Vorsitzenden des Jugendverbandes der einzigen Partei der DDR, Eberhard Aurich. Trotz aller politischen Differenzen einigte uns ein Gedanke: von deutschem Boden dürfe nie wieder ein Krieg ausgehen...[176]

Schon zu Beginn meiner bundespolitischen Jugend-Aktivitäten lernte ich *Willy Brandt* persönlich kennen und schätzen[177]. Nur Wenige vereinten wie er Politik und Menschlichkeit. In unseren gemeinsamen Gesprächen haben mich seine politische Analyse, Strategie und Weitsicht tief beeindruckt und wirken nach bis zum heutigen Tag, indem sie auch wichtige Anstöße für das hier vorliegende ‚Afrika-Projekt' lieferten.
Insbesondere überzeugte mich die neue Sichtweise des „Brandt-Berichtes": „Wir sagten: es gehe nicht mehr allein um Entwicklungshilfe der Industriestaaten, auch wenn diese wichtig bleibe, sondern um die Bedingungen gemeinsamen Überlebens; nicht um

[176] In weiteren deutsch-deutschen Arbeitstreffen unserer Jugendorganisationen ging es im Wesentlichen nicht um ideologische Streitgespräche, sondern um die Suche nach Lösungen für eine bessere Zukunft: neben Abrüstungskonzepten kamen auch Umweltprobleme, Nord-Süd-Konzepte oder konkrete Maßnahmen zur Freilassung Nelson Mandelas zur Sprache.....
[177] Bereits zehn Jahre früher hatte mir Peter Blachstein die bewegte persönliche Biographie Willy Brandts nahegebracht; siehe FN 123

anerkennenswerte Akte der Wohltätigkeit, sondern um strukturelle Veränderungen mit dem Ziel, daß die Entwicklungsländer künftig auf eigenen Füßen stehen könnten."[178]

Im Zentrum seiner Strategie stand immer *Friedenspolitik*: Sozialen Frieden in der Gesellschaft, Frieden zwischen den Völkern, Frieden mit Natur und Umwelt und schließlich Frieden durch eine gerechte Nord-Süd-Entwicklung! Als politische Leitperson unterstützte er die deutsche und europäische Friedensbewegung, ich erinnere daher genau als er bei einer weiteren großen Friedensdemonstration im Bonner Hofgarten 1983 den „Nato-Doppelbeschluss" kritisierte.[179] Denn damit war ein riskantes Aufrüstungsproblem verknüpft. Viele von uns befürchteten die Gefahr eines Atomkrieges. Millionen von Menschen vor allem in Europa und den USA protestierten öffentlich. Wir unterstützten hier die politische Logik Willy Brandts: „Wir brauchen in Deutschland nicht mehr Mittel zur Massenvernichtung, wir brauchen weniger."

Denn diese Logik, dass trotz eines mehrfachen „overkill"-Potentials von Kernwaffen in West und Ost ein „Mehr" an solchen Waffen tatsächlich ‚mehr Sicherheit' bringen sollte, wurde zunehmend für unsinnig erachtet....Dennoch erfolgte die „Nachrüstung", die faktisch eine neue *Vor*rüstung bedeutete: Tanz auf dem Vulkan...!

Zum Glück siegte später die Vernunft: radikale Abrüstungsvorschläge von Gorbatschow, dann Verhandlungen mit Reagan und schließlich ein Programm zur Abrüstung nuklearer Mittelstreckenraketen....

Doch es sollte nicht nur eine neue geopolitische Umstrukturierung Europas folgen, sondern ein grundlegender Systemwechsel: die „Wende".... Im Zuge der Wende verlor ich fast alle politischen Gesprächspartner Osteuropas aus den Augen.....

Erst dreißig (!) Jahre später begegnete ich Eberhard Aurich wieder und erfuhr seine bewegenden Erlebnisse beim Ende der DDR, seinen politischen Bruch und beruflichen wie persönlichen Neubeginn. Ich habe Eberhards politische Biographie[180] mit großem Interesse gelesen und dabei seinen Mut und seine Wahrhaftigkeit geschätzt, die Gründe für den Zusammenbruch des DDR-Systems realistisch und differenziert zu analysieren.[181] Seitdem gab es diverse, gute Gelegenheiten, ausführlich mit ihm darüber zu sprechen, aber auch über unsere nach wie vor bestehenden politischen Gemeinsamkeiten: nämlich die Suche nach Lösungen für eine bessere Welt. Ich bin sehr dankbar für diese, unsere weiter bestehenden freundschaftlichen Kontakte......

---

[178] Willy Brandt. Erinnerungen. Frankfurt/Main (1989), S. 379

[179] Siehe: https://de.wikipedia.org/wiki/Willy_Brandt

[180] Siehe: Eberhard Aurich. Zusammenbruch. Erinnerungen, Dokumente, Einsichten. Berlin 2019

[181] Ebenda, S. 385 ff

Welche Optionen „für eine bessere Welt“ eröffnete die damalige Zeiten-Wende? Zunächst vorrangig ein Bündel von tiefgreifenden offenen *Fragen*! Bedeutete der ‚Zusammenbruch‘ historischer Strukturen gleichzeitig ein ‚Aufbruch‘ in eine andere Welt oder ein sehr viel komplexerer *Geschichtsbruch* in wirtschaftlicher, sozialer und kultureller Hinsicht? Handelte es sich tatsächlich um ein „Zusammenwachsen“ von Ost und West oder wurde vielmehr eine grundlegend *neue* „Sicherheitsarchitektur“ jenseits der „Blöcke“ erforderlich? Was würde aus der Idee eines „Gemeinsamen Hauses“ Europa, wie wären die historisch gewachsenen, europäischen Nationalismen konstruktiv gestaltbar und wie sollte die Aufarbeitung und Nachfolge des Ost-West-Konfliktes aussehen: bestünde eine Chance für Brandts Idee einer „Global Governance“ für Frieden, Umwelt und Nord-Süd-Ausgleich - oder eskalierten neuartige Risiken konkurrierender Machtblöcke?[182]
Insgesamt erreichte der ‚Aggregatzustand‘ der Welt mit seinen ökonomischen, , sozialen und ökologischen Problemen eine neue, *zunehmende* Qualität dynamischer *Komplexität*, die mit traditionellen Lösungsmustern als nicht mehr angemessen zu meistern erschien.[183]

Gelingt eine globale „Nachhaltige Entwicklung“ mit naturverträglicher Wirtschafts- und Technologiepolitik oder leben wir fortgesetzt auf Kosten zukünftiger Generationen und zerstören weiter unsere planetaren Lebensgrundlagen?[184]
Werden die Länder des ‚Südens‘ weiter im Interesse der Industrieländer instrumentalisiert und „weiter“ gemäß deren angeblicher Interessen „entwickelt“ oder wird eine selbstorganisierte und selbstbestimmte Entwicklung auf Basis eigener Ideen und Ressourcen ermöglicht? Fragen, die bis *heute* nicht zufriedenstellend beantwortet worden sind!

---

[182] Willy Brandt machte Anfang 1990 einen entsprechenden Vorschlag, nach Ende des ‚klassischen‘ Ost-West-Konflikts die drei globalen, thematischen Kommissionen zu ‚Abrüstung und Sicherheit‘, ‚Umwelt und Entwicklung‘ sowie ‚Nord-Süd-Entwicklung‘ in eine ‚Welt-Kommission‘ zu überführenAus der „Stockholmer Initiative“ geht ein Jahr später die von Ingvar Carlsson und Shridath Ramphal geleitete „Commission on Global Governance“ hervor, an der mitzuwirken Willy Brandt aber nicht mehr vergönnt ist.
Siehe: https://www.britannica.com/topic/Commission-on-Global-Governance

[183] Siehe: Ulf Skirke (2011), a.a.O. S. 240

[184] Schon ab den siebziger Jahren übersteigt der jährliche Verbrauch die global zur Verfügung stehende Biokapazität. Der „Ökologische Fußabdruck“ der Industrieländer zeigt deutlich, dass zur Ermöglichung ihrer Lebensweise nicht nur eine Erde, sondern mehrere Planeten Erde gebraucht würden.

Für mich führten diese Fragen in eine *doppelte Wende*:

Zunächst eine methodisch-analytische, eine *philosophische Wende*: Wie konnte die *neue Komplexität der Welt* angemessen analysiert und methodisch erfasst werden?

Weiterhin wartete zweitens eine fundamentale Problemstellung auf Bearbeitung, nämlich die Suche nach einem anderen, zukunftsfähigen Fortschrittskonzept, nach einem alternativen menschen- und naturverträglichen Technik-Typus sowie einer lokal-globalen Nachhaltigkeitsstrategie, die der Begrenztheit dieser Welt Rechnung trägt.

Nach intensivem Studium der europäischen Philosophie haben mich bestimmte Grundprinzipien und Kerngedanken einer ‚klassischen' Moderne nicht mehr überzeugt: den dualistischen Antagonismus von Körper und Geist, der trennenden Zuordnung von übergeordnetem Subjekt und objektivem „Gegen"stand, der Gegensatz von rationaler Vernunft und ‚unberechenbarer' Emotionalität sowie den historischen Übergang in eine Spaltung der Wissenschaften der „zwei Kulturen" (C.P. Snow) von Geistes- und Naturwissenschaften.

Hatte diese Sicht der Moderne die *‚Aufklärung'* in eine *‚Verklärung'* des europäischen ‚Geistes' und schließlich zu einer weitgehenden *‚Verdrängung'* von destruktiven Folgen, wie Kolonialismus oder Naturzerstörung, des eurozentrischen Denkens geführt?

Wie könnte eine Alternative aussehen? Lässt sich eine philosophische Weltsicht finden, die *nicht* aus antagonistischen ‚Entweder – Oder'-Gegensätzen, sondern als *Einheit*, aber dennoch aus *Vielgestaltigkeit* und *Komplexität* besteht?

Der Hinweis eines wissenschaftlichen Freundes[185] [186]brachte mich auf eine wichtige Spur: nämlich auf das ‚revolutionäre' „Paradigma" der *Selbstorganisation*, das einen neuen *Dialog* zwischen Natur- und Geisteswissenschaften eröffnete, aber auch *außer*wissenschaftliche und weiterreichende *kulturelle* Aspekte aufnahm. „Wahrscheinlich ist die eher die disziplinenbezogene Geschichtsschreibung der Wissenschaftsgeschichte dafür verantwortlich, daß der transdisziplinäre Charakter und die außerwissenschaftlichen Aspekte der wissenschaftlichen Revolutionen ausgeblendet werden. Für die Selbstorganisationstheorie sind diese Aspekte so wichtig, daß vermutlich das Auftreten der

---

[185] Prof. Jürgen Klüver machte mich auf ein neues wissenschaftliches Forschungsprogramm der „Selbstorganisation" aufmerksam

[186] Siehe: Siegfried J. Schmidt (Hrsg.). Der Diskurs des Radikalen Konstruktivismus. Frankfurt/Main 1988

Selbstorganisationskonzepte Teil einer Umorientierung größeren Ausmaßes ist, die viele Segmente der Gesellschaft betrifft."[187]

Erich Jantsch[188] betrachtet weitergehende erkenntnistheoretische Aspekte: „ Unsere Suche gilt letzten Endes nicht (nur- d. Verf.) der genauen Kenntnis des Universums, sondern der Kenntnis der Rolle, die wir in ihm spielen – dem Sinn unseres Lebens. Das Selbstorganisations-Paradigma, das die Dimensionen der Verbundenheit offenlegt zwischen allen Formen der Entfaltung einer natürlichen Dynamik, unsere eigene eingeschlossen, ist im Begriff, die Erkenntnis eines solchen Sinns wesentlich zu vertiefen – und damit auch die Wissenschaft wieder näher an das Leben heranzuführen."[189] Dies war der Startpunkt für eine neue philosophische *Hinwendung*, aber auch staunende Begeisterung für ein langjähriges Forschungsprogramm – auf der Suche nach einer neuen Wissenschaft, die wirklich neues Wissen schafft.....

Und *schließlich* die *Hin-Wende* zu *Afrika* – als grundlegende kritische Erweiterung zur eurozentrischen Weltsicht!

Trotz meiner jugendpolitischen Aktivitäten, etwa Proteste gegen die Apartheid in Südafrika oder die intensiven Gespräche mit Willy Brandt und Hans Koschnick über eine gerechte Nord-Süd-Entwicklung, war der entscheidende Anstoß für meine *erneute* Hinwendung zu Afrika *nicht* Politik, sondern die bemerkenswerte *Erzählkunst* von *Tania Blixen* ![190] Ihre einfühlsamen und zugleich präzisen Darstellungen und Geschichten afrikanischer Realität sind immer von Poesie durchwoben: Menschen, Landschaften, Kultur, Flora und Fauna eröffnen die Vielgestalt von einzigartigen und doch selbstähnlichen Phänomenen. Und als dies künstlerische Werk für Geist und Sinne gleichsam als symphonische Dichtung verfilmt[191] wurde, traf mich dies emotional mit einer Wucht, die ich weder erwartet hätte noch mir zunächst erklären konnte.

Verdrängte Erinnerungen meiner Kindheit und Jugend wurden einerseits wiedererweckt, aber die bildgewaltigen Eindrücke dieser intensiven europäisch-afrikanischen Begegnung eröffneten einen neuen Erfahrungsraum, in deren Mittelpunkt eine neuartige Weltsicht von Natur, Kultur und Personen Afrikas stand,

---

[187] W. Krohn, G. Küppers, R. Paslack. Selbstorganisation – Zur Genese und Entwicklung einer wissenschaftlichen Revolution. In: S.J. Schmidt a.a.O. (1988), S. 441 - 465

[188] Erich Jantsch. Erkenntnistheoretische Aspekte der Selbstorganisation natürlicher Systeme. In: S.J.Schmidt a.a.O. (1988), S. 159 - 1991

[189] Ebenda, S. 190

[190] Siehe: Tania Blixen. Afrika.Dunkel lockende Welt. Zürich 1986

[191] Der Film wurde nach dem Titel der englischen Originalausgabe „Out of Africa" benannt (New York 1937)

die vieles andere in den Hintergrund treten ließ. Was passierte mir hier „quer" zu meinem bisherigen Weltbild? Kam ich in meiner zweiten Lebenshälfte in neuer Weise mit Erfahrungen horizontüberschreitender Erlebnissen „zur Welt" – *jenseits von Europa* ? Ja, ich wollte Afrika persönlich bereisen und kennenlernen, herausfinden, was mich davon so tief berührte. Erst im Laufe der nächsten Jahre sollte sich dies mir näher erschließen und die Faszination für diesen Kontinent weiter vertiefen und erklären....

Der erste Flug nach Afrika nähert sich dem Ziel: ein spektakulärer Sonnenuntergang über dem grau-weißen Wolkenteppich beendet unsere Reise, bevor die vielfarbigen Rottöne im Dunkeln verschwinden. Die erste sinnliche Wahrnehmung beim Betreten des neuartigen Kontinents war dieser *einzigartige Geruch Afrikas*: eine Komposition aus feucht-heiß-warmer Luft und trockener Erde, dessen Charakteristik in Zukunft immer gegenwärtig bleiben sollte.

Nach einer kurzen Hotelnacht brachen wir früh am Morgen auf, um unsere Reisegruppe in den Taita Hills einzuholen. Am Athi-River steuerten wir ein Zeltcamp an, das mit grünem Busch dicht bewachsen in der hellen Sonne weithin leuchtete. Nach einer kurzen Rundfahrt und einigen ersten Tierbeobachtungen ist mit vor untergehenden Sonne tatsächlich der Kilimandscharo in der Ferne zu sehen...... Diesen ersten Abend und die folgende Nacht in der afrikanischen Natur werde ich niemals vergessen: der Moment, wo sich Tag in Nacht verwandelt, wo Tagesgeräusche in die der Nacht übergehen – mit einer kurzen Zwischen-Zeit der absoluten Stille – und dann die kräftigen Stimmen und Laute der Dunkelheit in verschiedenen aufeinander folgenden Wellen: ein Pfeifen, Rufen, Schreien, Singen, Zirpen, Klicken – unsere erste tropische Nacht.[192]

Unser erster Afrika-Reiseweg führte uns weiter nach Nairobi, diese afrikanische, nicht-afrikanische Groß-Stadt. Uns interessierte allerdings weniger ein Stadtbummel als der Besuch zweier Museen, das Nationalmuseum und das ehemalige Wohnhaus von Karen Blixen. „Im Nationalmuseum war die prähistorische Ausstellung das Interessanteste: einmal über die Entstehungsgeschichte des Menschen...homo habilis, homo erectus, homo sapiens, zum anderen im Nebenraum eine Dinosaurier-Ausstellung. Welche Symbolik: die beiden dominanten Erd-Arten nebeneinander....Immerhin bevölkerten Dinosaurier mehr als 150 Millionen Jahre die Erdkontinente, bis sie durch eine unverschuldete Katastrophe ausstarben. Wie weit wird es der homo sapiens bringen, wenn er bereits nach

[192] Ich wurde später unweigerlich an Humboldts Schilderung: „Das nächtliche Tierleben im Urwald", dargestellt in seinen „Ansichten der Natur", siehe: Alexander von Humboldt (2018), a.a.O. Ansichten der Natur, Band V, S. 163ff.

dreihunderttausend Jahren an der Grenze zur *selbst*verschuldeten Katastrophe bei Strafe des eigenen Untergangs steht? Ist er wirklich wissend oder weise – oder nur kurzzeittaktisch schlau?“[193]

Mit dem einheimischen Taxifahrer Daniel fuhren wir etwas außerhalb der Stadt ins Karen Blixen Museum. Daniel gehörte zur größten Ethnie in Kenia, den Kikuyu, und stand Präsident Moi kritisch gegenüber: die Lage habe sich für den Großteil der Gesellschaft verschlechtert. Es wird endlich Zeit für eine bessere Regierung...

„Der Anblick des Karen Blixen Museums übertraf unsere Erwartungen: das aus dem Film hinreichend bekannte Farmhaus liegt in einem wunderschönen, parkartigen Gartengelände mit einer kunstvollen Zusammenstellung afrikanischer Gewächse, Blumen, Bäumen, Kakteen...und im Hintergrund am Horizont die Ngong Berge mit ihren charakteristischen sanft geschwungenen Gipfelketten. Die Erinnerung an Tania Blixens Lebensgeschichte berührt mich einmal mehr...Die ausstrahlende Ruhe des vor uns liegenden Hauses versetzt mich in eine merkwürdige Aufregung: eine Mischung aus Sehnsucht, Wehmut, Freude und Teilnahme. Ich denke über mein eigenes Leben nach. Wird es eine überliefernswerte Geschichte hinterlassen...?“[194]

Daniel ist ebenfalls ein Bewunderer von Karen Blixen und weiß zu berichten, dass auch Ernest Hemingway und Truman Capote die Schriftstellerin sehr verehrten.[195]

Nach Sonnenuntergang bringt uns Daniel nach Nairobi zurück, aber auf einem anderen Wege. Er möchte uns unbedingt das Elendsquartier von Kibera im Westen Nairobis zeigen: in einigem Abstand erkennen wir Wellblechhütten am Hang wie Bienenwaben, Wohnort für einige hunderttausend Menschen. Eine besonders unrühmliche Verbindung aus Kolonialerbe und miserabler Regierungspolitik heute, erklärt er uns. Diese Tages-Eindrücke und die Begegnung mit Daniel beschäftigten mich noch sehr lange.....

---

[193] Ulf Skirke, Reisedarstellung 1991 (unveröffentlicht), S. 27f

[194] Ebenda, S. 29f

[195] Siehe: https://de.wikipedia.org/wiki/Karen_Blixen : „In der Zeit ihres Aufenthalts in Kenia hatte sich Karen Blixen angewöhnt, statt in ihrer Muttersprache Dänisch auf Englisch zu schreiben...Besonders die atmosphärische Dichte ihrer Werke wurde viel gerühmt. Ihre Arbeit wurde von *Ernest Hemingway* und *Truman Capote* aufrichtig bewundert...1954 ging das Gerücht um, Blixen solle den *Nobelpreis* für Literatur erhalten, der dann allerdings an *Ernest Hemingway* verliehen wurde. Der lobte dann Blixen und meinte, sie sei des Preises eigentlich würdiger gewesen; aber auch ohne den Preis müsse man sie immer zu den „großen Frauengestalten“ ihres Jahrhunderts zählen. Tatsächlich gelangte Blixen 1962 in die engere Auswahl für den Literaturnobelpreis ....Ihr Tod am 7. September verhinderte aber eine mögliche Auszeichnung und der Preis wurde Steinbeck zugesprochen.“

Die Reise nimmt ihren Fortgang über einen ersten Kontakt zur Savannenlandschaft, Masai Mara, mit grandioser Tier- und Pflanzenwelt, Lake Naivasha und Nakuru, mit wunderbarer Vogelwelt, eine entschleunigte Nachtfahrt mit dem Zug nach Mombasa, schließlich zur Küste am Indischen Ozean in unbeschreiblichen Blau – mit dem ersten Kennenlernen der afrikanischen Suaheli-Kultur.

Ich würde dies Orte wiederholt besuchen und erst allmählich verstehen zu lernen. Damals nach der ersten Afrika-Reise blieb nur ein einziges Gefühl: Staunen!

Wie ‚kommen wir zur Welt'? Es begann bei mir mit dem Staunen als Kind, setzte sich in Etappen fort - Erfahrungen mit Familie und Freunden, Lernen und erste Erkenntnisse in der Schule, tiefere Einsichten, aber auch neue Fragen im Studium, praktisches Handeln in Beruf und Politik - und nun wieder Staunen über zwei Phänomene: *Selbstorganisation und Afrika*!

Ich wollte beide Phänomene näher kennen und verstehen lernen, aber das Staunen darüber möglichst beibehalten.

3. Fluss der Geschichte

Natürlich hatte ich mich intensiv mit Mythos und Realität des längsten Flusses der Erde, dem Nil befasst, seinem erstaunlichen Fluss durch die Wüste als ‚Fremdlingsfluss'[196], seiner besonderen Bedeutung für die kulturelle Menschheitsentwicklung sowie der schwierigen Erkundung seines Ursprungs, aber auch um mit dieser Auseinandersetzung exemplarisch allgemeinere Geschichtsprozesse und historisch-dynamische *Zusammenhänge* zu begreifen.....
„Caput[197] nili quaerere": ‚Nach der Quelle des Nils fragen', galt als geflügeltes Wort in der Antike für die Inangriffnahme einer ziemlich aussichtslosen Sache. Denn in der Tat waren alle Bemühungen, stromaufwärts zur Nilquelle vorzudringen, immer wieder gescheitert. Ob der griechische Geschichtsschreiber Herodot, der vor 2500 Jahren in den tosenden Stromschnellen des ersten Kataraktes umkehren musste, oder die Soldaten des römischen Kaisers Nero fünfhundert Jahre später, die in den Papyrussümpfen des südsudanischen „Sudd" steckenblieben, der Ursprung des Nils blieb unzugänglich und unergründlich.[198]
Immerhin hatte der griechische Mathematiker, Astronom und Geograph Claudius Ptolemäus[199] innerhalb einer kartographischen Darstellung des Nordteils Afrikas drei Zuflüsse des Nils mit jeweils einem See als Quellgebiet dargestellt: ein östlicher Arm in Ethiopia sowie zwei Arme südlich, die in zwei Seen am Fuße der „lunae montes" (Mondberge) entspringen.[200]

Tatsächlich entdeckte der Engländer James Bruce of Kinnaird 1790 das Quellgebiet des östlichen Nil-Arms im Tana-See (Äthiopien): den „Blauen Nil", der wasserreichste Zufluss des Stromes. Euphorisch schreibt er in seinen Memoiren: „Ich hatte den Platz entdeckt, der dreitausend Jahre lang die Phantasie der berühmtesten Männer beschäftigt hatte.....Könige hatten ihre Armeen losgeschickt, vergeblich......Ruhm und Reichtum

---

[196] d. h. er durchfließt dieses Gebiet der Wüsten und Halbwüsten ohne nennenswerte Zuflüsse. Dabei verliert er durch permanente Verdunstung und Versickerung sehr große Mengen an Wasser.

[197] Caput (Einzahl) lat. Bedeutet u.a.: Hauptgrund, Ursache, Ursprung, Quelle

[198] Maja Nielsen. David Livingstone. Das Geheimnis der Nilquellen. Hildesheim 2013, S. 9 ff.

[199] *um 100, † nach 160. Nach ihm wurde das geozentrische Weltbild benannt, in dem die Erde und damit der Mensch als Mittelpunkt des Kosmos angenommen wurde. Siehe auch: Hans-Joachim Aubert. Die Erforschung Ostafrikas. In: Richtig Reisen: Ostafrika, Michael Köhler (Hrsg.), Köln 1988, S. 105

[200] „Aus den Mondbergen fließt der Nil herunter, die sich mitten im finsteren Afrika. Diese Mondberge sind für immer und ewig mit Schnee bedeckt." Zitiert nach Gerhard Konzelmann, in: K. Nomachi. Der Nil. Seine Landschaften. Seine Menschen. München 1997, S. 15 – 19.

sind seit Jahrhunderten dem Mann versprochen, der bis zur Nilquelle vordringt. Ich, ein britischer Privatmann, habe über Könige und über Armeen triumphiert."[201]

Zu Ruhm und Reichtum kam er dennoch nicht, denn in London wurde ein Bericht über den portugiesischen Priester Pedro Paez vorgelegt, der bereits 1618 die ‚blaue Nilquelle' zu Gesicht bekam. Versuche, dies als Schwindel zu entlarven, schlugen fehl. Und er selbst konnte nicht berichten, schneebedeckte Berge in der Nähe dieser Quelle gesehen zu haben.

Mehr noch: James Bruce hatte selbst beim damaligen Dorf Halfaia – wo heute Chartum liegt – den Weißen Nil mit dem Blauen Nil zusammenfließen sehen, hielt aber den Weißen für unbedeutend und den Blauen für die wahre Nilquelle.[202]

In diesem Zeitraum verdichtete sich das britische Interesse für die Erkundung Afrikas:

1788 wurde die „African Association" (‚Gesellschaft zur Förderung der Erforschung der inneren Gebiete Afrikas') gegründet , einem Vorgänger der „Royal Geographic Society" (1830): „Dabei war es den Briten zweifellos weniger an zweckfreier wissenschaftlicher Forschung gelegen als an politischer und wirtschaftlicher Einflußnahme in dieser Region."[203]

Zunächst widmete sich die englische Afrikaforschung im frühen 19. Jahrhundert der Sahara und dem Niger, erst später errang Ostafrika Aufmerksamkeit.

„Den Ausschlag dafür gaben die Entdeckungen der beiden deutschen Missionare Johannes Rebmann und Johann Krapf, die von Mombasa aus ins Landesinnere vorgedrungen waren. Rebmann war es vergönnt, am 11. Mai 1848 als erster den Kilimanjaro zu Gesicht zu bekommen, während sein Mitbruder knapp ein Jahr später vor dem Mt. Kenya stand. Ihr Bericht von Schneebergen am Äquator stieß in Europa bei Fachgelehrten zunächst auf höhnische Ablehnung. Die Aktivitäten der deutschen Missionare beunruhigten England jedoch, zumal die beiden mit ihrer Forderung nach der „Vormundschaft der christlichen Nationen" ganz offen für eine Kolonisierung des Gebiets eintraten. Das ‚Scramble for Africa', die Aufteilung des Kontinents unter den europäischen Großmächten, begann sich abzuzeichnen."[204] [205]

Die Expeditionsreise 1857 der Briten John Hanning Speke und Richard Burton im Auftrag der „Royal Geographic Society" zur Erkundung des Afrika-Inneren, insbesondere der Nilquelle muss daher vor diesem politischen und wirtschaftlichen

---

[201] Ebenda S. 16

[202] Ebenda S. 17

[203] M. Köhler a.a.O. (1988), S. 105

[204] M. Köhler, ebenda

[205] Auf die Rolle christlicher Missionierung in Afrika wird an späterer Stelle, insbesondere im Zusammenhang mit David Livingstone eingegangen

Hintergrund betrachtet werden.....Dennoch gab es aus europäischer Sicht tatsächlich echte ‚Entdeckungen': die großen afrikanischen Binnenseen!
Meine Erkundungs- und Reiselust war vor dem Hintergrund dieser Historie mehr als geweckt, eine erstmalig durchgeführte Gruppenreise nach Uganda erfüllte meine vielfältigen Erwartungen, Natur und Gesellschaft sowie Kultur und Geographie dieser ostafrikanischen Region selbst kennenzulernen: ‚Europa' begegnet also wieder Ostafrika....
Über Brüssel und Nairobi geht die Route der zweiten Afrikareise nach Entebbe. In der „Hauptstadt" Europas wird die Reisegruppe vervollständigt und mir bleibt ein wenig Zeit über die Entwicklung Europas nachzudenken....
Ich fragte mich ein weiteres Mal: was wird aus Willy Brandts Vision eines ‚gemeinsamen Hauses Europa'? Sind die Maastrichter Verträge dazu die richtige Weichenstellung? Ist es wirklich sinnvoll, eine weitere Addition von Nationalstaaten *ohne* gemeinsame qualitativ neue politische Rahmenbedingungen, beispielsweise der der *Nachhaltigkeit* zu vereinbaren?[206]
Denn ein zukunftsfähiges, nachhaltiges europäisches Ganzes wäre mehr als die Summe seiner nationalen Teile!
Aber woher kommt die Idee für eine solche Innovation, die Strukturveränderung, für die andere Denk- und Lebensweise? Eine Spur könnte die neue global-lokale Diskussion um Zukunftsfähigkeit und Nachhaltigkeit gemäß der Konferenz in Rio 1992 sein, eine weitere möglicherweise die Entwicklung eines alternativen wissenschaftlich-technischen Fortschrittsmodells - und schließlich: die bewusste Suche nach einer Alternative, *jenseits* einer bestimmten europäischen Weltsicht – und zwar eine, die unter Europas vermeintlichen Reichtums seine innere Armut offenlegt und gleichzeitig sich einlässt auf das Verborgene, nicht Wahrgenommene, Ignorierte, geschichtlich Verdrängte – eine neue Überlebenskultur....

„Tun wir es den Zugvögeln gleich: reisen in die andere Lebenswelt, die andere Wahrnehmung, nehmen die Gedanken mit auf die Reise der Erneuerung in Raum und Zeit und verbinden zwei Welten zu einer einzigen."[207]

Da ist er wieder beim Ausstieg in Entebbe - dieser typische Geruch: eine Mischung aus warmer Feuchte und prallgefüllter Luft, etwas erdig, „baumig" und gewürzig – afrikanisch!
Die Stadt zeigt sich freundlich und grün, und das im alten Stil neu erbaute Victoria Lake Hotel präsentiert die Kolonialgeschichte ‚very british'. Abends zeigt sich beim ersten Treffen mit der Reisegruppe, dass außer Astrid und mir alle

[206] Wichtige Ergebnisse der Konferenz der Vereinten Nationen über Umwelt und Entwicklung in Rio de Janeiro 1992 sind die Agenda 21, die Rio-Erklärung über Umwelt und Entwicklung, die Klimarahmenkonvention, die „Forest Principles" und die Biodiversitätskonvention.
[207] U. Skirke, unveröffentlichte Reiseaufzeichnungen, Hamburg/Uganda (1993), S.7

Mitreisenden Vogelspezialisten sind. Dies eröffnete eigentlich die interessante Möglichkeit, nicht nur die großen Tiere („The Big Five") der afrikanischen Fauna kennenzulernen, sondern auch eine ‚Vogelperspektive' näher ins Auge zu fassen. Ich fragte daher unsere fachkundige Gruppenleiterin nach ihren Erkenntnissen über europäische Zugvögel in Ostafrika.

„Ich erfahre von ihr, dass sich diese tatsächlich ‚nur' als Gäste hier aufhalten und ernähren, sie seien keine ‚Kolonialisten'. Sie bereisen und erleben die Welt und nutzen sie, aber nutzen sie nicht aus. Also – lernen wir endlich von den Zugvögeln."[208] Doch seit geraumer Zeit beschäftigte mich - insbesondere bezogen auf den Weißstorch - zunehmend die Frage: sind es wirklich „unsere" Zugvögel oder ist ihr Ursprung eher in Afrika zu suchen?

Der nächste Tag bringt wolkenbruchartige Regenfälle[209] und ein eindrucksvolles Naturtheater für alle Sinne: ein gigantisches Wechselspiel von Mehrfachblitzen und widerhallenden Donnerechos breitet sich auf der Bühne der gewaltigen Wasserfläche des Viktoriasees aus. Er ist nicht einfach ein See, sondern ein Binnen-*Meer*!

Schnell verändert sich die Himmelslandschaft wieder und zeigt Schönwetterwolken, wie gerufen für eine kleine Bootsfahrt auf die nahegelegene Nfo-Insel, einem wahren Vogelparadies.

Unverkennbar bleibt mir im Gedächtnis der Schrei-Seeadler: einem habichtartigem Fischadler und artistischem Fischgreifer mit leuchtend weißem Kopf. Sein unverkennbarer, weithin hörbarer Revierschrei mit zurückgelegtem Kopf ist auf dem Kontinent weit verbreitet und wird daher auch „die Stimme Afrikas" genannt – wie uns einer der beiden Inselbetreuer erläutert. Immerhin schmücken Schreiseeadler die Flagge Sambias, malawische Münzen sowie die Wappen von Namibia und Südsudan.....

Ich frage den Betreuer nach der aktuellen gesellschaftspolitischen Situation in Uganda. Seit Ende des Bürgerkrieges flammten insbesondere im Norden vereinzelt Kämpfe auf, aber im Großen und Ganzen habe Museveni das Land politisch und wirtschaftlich relativ stabilisiert.

„In diesem Moment steigt über uns eine mehrstrahlige Düsenmaschine mit ohrenbetäubendem Lärm auf. Sie fliege von Entebbe nach Kigali, erläutert der Betreuer, um die vom Bürgerkrieg in Ruanda schwer betroffene Bevölkerung durch eine Art Luftbrücke mit Lebensmitteln zu versorgen."[210]

---

[208] Ebenda, S. 12f

[209] In der Stadt Kampala (1134 m ü. M.), in der Nähe der Nilquelle, fallen allein 1570 mm Niederschlag im Jahresmittel

[210] U. Skirke a.a.O. (1993), S. 17

Dies weckt unmittelbar Gedanken an die aktuelle, heftige Diskussion über Militäreinsätze in Bürgerkriegsgebieten mit Verdacht auf Völkermord, wie insbesondere in Bosnien. So spricht sich *Peter Glotz* tendenziell gegen solche Einsätze aus – mit einer argumentativ problematischen Ausgangslage für eine Kritik an der deutschen Politik-Diskussion: „Selbst eine Frage auf Leben oder Tod, die Frage nämlich, wann unsere Söhne ihre Köpfe hinhalten und Gesundheit und Leben riskieren sollen, gerät zu einer Mischung von Verfassungsdebatte und ethischem Gesäusel."[211] Das unterstellte „ethische Gesäusel" führt zu einer fatalen Rhetorik: „Aber wir dürfen doch nicht dulden, daß vor unseren Augen Völkermord geschieht, sagen sympathische und glaubwürdige Zeitgenossen. Man widerspricht ihnen ungern. Sie müssen jedoch beantworten, warum wir die viehischen Brutalitäten in Ruanda - mit Hunderttausenden von Toten - ..... seit Jahren..... hinnehmen, wenn wir in Bosnien aus moralischen Gründen intervenieren müssen."

Die Kritik am Nichthandeln ist zwar berechtigt, aber die Schlussfolgerung logisch nicht haltbar. *Wenn* es Völkermord ist, *muss* in *beiden* Fällen gehandelt werden! Aber Glotz relativiert die Realität und begriffliche Klarstellung von Völkermord, um dem Dilemma des Handelnmüssens zu entkommen: „Es lohnt sich, daran zu arbeiten, das Kriegsvölkerrecht so weiterzuentwickeln, daß man .... Völkermord und ethnopolitischen Krieg voneinander zu unterscheiden lernt. Heute gebraucht ein Bellizist den Begriff Völkermord als Steigerungsform von Mord. Völkermord ist aber die Absicht, eine nationale, rassische, religiöse oder durch ihr Volkstum bestimmte Gruppe als solche zu zerstören. Man verharmlost Hitlers Versuch, die Juden oder die Sinti und Roma von der Erde zu tilgen, wenn man die Greuel, die der schwächsten von drei Volksgruppen in einem ethno-nationalistischen Krieg angetan werden, auf die gleiche Stufe stellt wie Auschwitz."[212]

Bosnien und Ruanda: „ethno-nationalistische"(?) Kriege, aber kein Völkermord?

Freimut Duve widerspricht in einer Replik vehement: „Für das, was in Bosnien seit April 1992 passiert ist, gibt es eine klare Bestimmung des Völkerrechts, und sie findet sich in unserem Strafgesetzbuch. Es geht nicht um die Anklage gegen ganze Völker oder Staaten, sondern um die Klage gegen Personen, die sich des Verbrechens „Völkermord" schuldig gemacht haben."[213]

„Mein Kollege Peter Glotz will den Begriff Völkermord, angewandt auf das ehemalige Jugoslawien, nicht gelten lassen....(Er erfindet, d.Verf.) .. den Begriff des ethno-nationalistischen Krieges. Ihn gibt es nicht im Völkerrecht. Er ist sehr problematisch, weil er sofort alle, Opfer wie Täter, als Ethno-Kombattanten einstuft."[214]

Freimut Duve schließt seine Replik mit m.E. einer weitreichenden und schlüssigen Position:

„Wir müssen die Völkermordkonvention dann anwenden, wenn das geschieht, was sie meint: Vertreibung, Ausrottung, Genozid. Es wäre der äußerste Zynismus der UNO, wenn sie ihre Stunde erst dann für gekommen hielte, wenn die völlige Vertreibung, die völlige Ausrottung, der

---

[211] Peter Glotz, Der Mannbarkeits-Test, in: DER SPIEGEL 10/1993 (08.03.1993)

[212] ebenda

[213] Eine Replik auf den „Spiegel"-Essay von Peter Glotz: Es ist Völkermord. In taz, die Tageszeitung (11.3.1993), S. 10

[214] ebenda

vollendete Genozid besiegelt ist. Es gibt eine Pflicht, den versuchten Mord zu verhindern, das gilt auch für den versuchten Völkermord. Die Glotzsche Konsequenz aus dem Verbrechen von Auschwitz habe ich immer als die schrecklichste empfunden: daß nämlich die Einmaligkeit des Holocaust alle nachfolgenden als „Post- Auschwitz-Untaten" relativiert. Das hat mich umgetrieben bei dem Massenmorden in Kambodscha, bei dem Terror in Osttimor, bei den Indianermorden in Nord-Guatemala, das treibt mich um bei der Verfolgung und Vernichtung der europäischen Volksgruppe der Muslime im ehemaligen Jugoslawien."[215]

Dies bedeutet in der logischen Schlussfolgerung: auch die Gewalttaten in Ruanda sind Völkermord bzw. Versuchter Völkermord! In beiden Fällen müsste die Völkergemeinschaft eingreifen und Gewalt unterbinden – auch mit einem ‚robusten' Mandat .....Warum geschieht dies nicht oder nur unzureichend? Ein Kernproblem liegt darin, dass unser vermeintliches Völkerrecht de facto ein *Staatenrecht* ist. Die strikte Überordnung des Nationalstaates vernachlässigt die Rechte real existierender Völker[216], ethnischer Volksgruppen oder kultureller Minderheiten. Auch regionale historisch gewachsene Interessen werden häufig dem zentralen Nationalstaat untergeordnet. Wie also können Rechte von ethnischen Volksgruppen[217], Regionen[218], kulturellen Minderheiten sowie Zivilgesellschaft politisch organisiert und gesichert werden, ohne in Partikularismus, Tribalismus[219] oder Günstlingswirtschaft steckenzubleiben? Wie ist die „Einheit des Völkerrechts in Vielfalt" möglich....?

Nachts hatte es wieder geregnet, unsere drei Geländewagen brechen auf nach Norden.

Trotz des Regens sind viele Menschen in Kampala unterwegs, eine lebendige Dynamik zu Fuß, auf Fahrrädern, in Kleinbussen, auf Märkten und in kleinen Geschäften beherrscht das Leben in der Stadt: Uganda scheint sich allmählich vom Bürgerkrieg gut zu erholen....„In dieser grauen Regenstimmung kommen zwei Farbhintergründe in besonderer Weise zum Tragen: das pralle Pflanzengrün und die Kleider der Einheimischen. Von den Körperfarben her passt schwarz oder braun extra gut mit bunter Kleidung zusammen und umgekehrt, besonders auffallend die Gummistiefel: gelb, rot, blau...."[220]

Gegen Abend erreichen wir das hergerichtete Zeltcamp oberhalb der „Murchison"-Wasserfälle, das durchdringende Rauschen ist dennoch beruhigend und ein unerwartet guter Schlafbegleiter.

---

[215] ebenda

[216] Mit 25 bis 30 Millionen Menschen sind die Kurden weltweit das größte Volk ohne eigenen Staat und haben aber als Nicht-Staat kaum Rechte in der ‚Völkergemeinschaft'

[217] Wangari Maathai nennt sie bisweilen „Micro-Nations": siehe W. Maathai. The Challenge for Africa. A new Vision. London 2009, S. 184 ff

[218] Z.B. Katalanen oder Basken

[219] „Tribalismus" ist allerdings häufig ein willkürliches Produkt der Kolonialzeit, wie z.B. ‚Stammeszugehörigkeit'

[220] U. Skirke, Reiseaufzeichnungen (1993), S. 27f

Am nächsten Morgen erwartete uns ein unmittelbarer Besuch dieser gigantischen, Natur- Wasserspiele: der im flachen Bett reißende Nilstrom wird durch eine Felsinsel geteilt, staut sich in mächtigen Stromschnellen, um dann in zwei Kaskaden abwärts zu stürzen: der Uhuru und der Murchison Fall. „Der linke muss sich durch eine enge Öffnung zwängen, das Wasser wehrt sich, schäumt auf und wirbelt durch die schmale Schlucht. Der rechte hingegen verteilt sich in die Breite und das Wasser fließt mehrlinig ruhig abwärts. Im tiefer gelegenen Flussbett vereinigen sich beide Ströme: der Nil ist wie neu geboren. Nein, der längste Fluss der Erde begnügt sich nicht einfach linear meerwärts zu fließen, er entwickelt einen komplex-dynamischen Charakter: über Bifurkationen, Fraktale, originelle Umwege führen nur Mehr-Weg-Lösungen zum Ziel."[221]

Der Nachmittag hält eine Bootsfahrt nilaufwärts unterhalb der Wasserfälle bereit, eine junge Uganderin aus Gulu begleitet uns als Ranger mit einem Schnellfeuergewehr, weniger wegen der Rebellen, sondern der Wilderer, erklärt sie. In der Tat war der Nordteil des Murchison National Parks wesentlich tierreicher als die Süduferzone: Kriegsfolgen...
Das Nordufer erweist sich als Tier – und vor allem – als Vogelparadies mit verschiedenen Eisvögeln, prallgelben Webervögeln und herrlich bunten Bienenfressern, die am lehmigen Steilufer unaufhörlich ihre kleinen Bruthöhlen besuchen. Und als Höhepunkt am Fuße der Wasserfälle: wie eine ‚Leibgarde' zur Bewachung des Kataraktes eine Vielzahl von eindrucksgroßen Nilkrokodilen – die meisten mehr als fünf Meter lang.

Die Rückfahrt vom größten Nationalparks Ugandas nach Kampala führt am Lake Albert vorbei, dessen Umrisse, insbesondere der Trichter des Nil-Ausflusses gut zu erkennen sind – in das Wildschutzgebiet Budongo-Wald. Die dort heimischen Schimpansen bekamen wir zwar nicht zu Gesicht, dafür aber Schwärme von Schmetterlingen in allen Farben und Größen: ein buntes Kaleidoskop auf dem feucht-grünen Waldboden.
Auf die angenehme Kühle des Waldes folgt brütende Hitze auf der Landstraße, vorbei an kleinen Dörfern und gelbverbrannter Vegetation. Plötzlich, Halt, wir steigen aus. Grund ist ein leuchtend grünes Chamäleon auf der heißen Asphaltstraße, das wegen der Hitze vorsichtig schleichend am Boden zu kleben scheint. Unsere Gruppenleiterin hebt das Tier behutsam auf und setzt es in ein Gebüsch. Nun geschieht etwas völlig Unerwartetes:
in dieser scheinbar menschenleeren Gegend stehen wir plötzlich inmitten einer Ansammlung von lauthals lachenden Einheimischen, die uns überschwänglich begrüßen. Sie hatten die ungewöhnliche Rettungsaktion beobachtet und

[221] Ebenda, S. 37f

vermutlich selten solche Gäste wie wir. Ich verteile Kaugummis, und unser Fahrer erklärt ihnen, dass man diese Gummimasse zwar kaut, aber nicht hinunterschluckt. Es erfolgte erneut ein ausgelassenes Gelächter. Was war der Grund? Situationskomik – oder pure *Lebensfreude*? Weil wir uns hier gemeinsam trafen, weil wir uns als Fremde plötzlich ganz nahe waren, einfach weil wir in diesem Augenblicks-Miniatur-Universum *zusammen* existierten! So sollten wir öfter lachen können, denn wie arm wäre ein Leben ohne Lachen....

Erneut müssen wir haltmachen: uns entgegen kommt ein Konvoi aus einigen Militär- und Zivilfahrzeugen, deren mittleres eine Standarte zeigt. Unser Fahrer erklärt uns, dass soeben der ugandische Staatspräsident *Museveni* an uns vorbeifuhr. Wir sind beeindruckt.....

Allerdings hätten wir damals nicht für möglich gehalten, dass der ehemalige Widerstandskämpfer gegen die Diktatur Obotes Jahrzehnte später selbst zum *antidemokratischen Problem* werden würde: „Museveni war an die Macht gekommen, nachdem er 1986 einen erfolgreichen Armeeaufstand gegen die Militärjunta angeführt hatte, was ihn damals zu einer Art Nationalhelden machte. Er versprach politische Reformen und eine Zukunft für das Land, welche die Wahrung der Menschenrechte einschließen würde. Er wurde einst als Beispiel afrikanischer Führung gefeiert, weil er daran arbeitete, Veränderungen in einer jungen Nation herbeizuführen. Aber fast vier Jahrzehnte später ist Museveni immer noch an der Macht, und es gibt keinerlei Anzeichen dafür, dass er loslässt....Die einzige Möglichkeit, an der Macht zu bleiben, sagen seine Kritiker, besteht darin, die Opposition zu ersticken, wie *Bobi Wine* herausfand, als der die von ihm geforderte Revolution Gestalt annahm......Was als nächstes für den Kontinent kommt, wird nicht nur der Moment bestimmen, in dem junge Aktivisten wie *Wine* Machtpositionen einnehmen, sondern was *unsere Generation* macht, wenn diese Zeiten kommen. Und diese Zeiten werden kommen."[222] Über Künstler, Musiker und Politiker Bobi Wine wird noch zu sprechen sein....

Kampala[223], erst Ende des 19. Jahrhunderts gegründet, ist heute eine Millionenstadt. Die Vielfarbigkeit und Lebendigkeit auf den Straßen, Gehwegen, den Geschäften und Marktständen ist eindrucksvoll, wenngleich an etlichen Häusern noch Einschusslöcher und Geschützspuren des letzten Bürgerkrieges zu sehen sind. Der Straßenlärm mischt sich mit Musik, die aus verschiedenen Richtungen herüberschallt und eine ganz eigene Gesamt-Atmosphäre schafft.

Die Fahrt nach Jinja sollte unmittelbar die bewegte Geschichte des Nil in Erinnerung rufen.

Beim Anblick des Owen-Falls-Damms[224] versuchte ich mich in die Gedanken Spekes zu versetzen, der noch die ursprünglichen Ripon-Falls ohne Staumauer aus

---

[222] Siehe: Dipo Faloyin. Afrika ist kein Land. Berlin 2023. S. 331 ff.

[223] ‚Kampala' bedeutet in Luganda-Sprache „Hügel der Impala-Antilopen"

[224]Der Owen-Falls-Damm befindet sich etwa 3,2 km unterhalb des ehemaligen natürlichen Abflusses des Nils aus dem Viktoriasee bei Jinja. Durch seine Errichtung versanken die Wasserfälle

dem Victoriasee austreten sah und den kühnen Schluss zog, die Nilquelle gefunden zu haben......

Heute müssen wir allerdings hinterfragen: Ist die Suche nach „der“ Nilquelle überhaupt die richtige Aufgabenstellung, und sie durch eine eindeutige Antwort zu beantworten? Gibt es methodische und historische Lehren, die aus der ‚Suche nach der Nilquelle‘ zu schlussfolgern sind? Welche Bedeutung hat die Geschichte des Nils und am Nil für die Geschichte in Afrika?

Den Ursprung des längsten Flusses der Erde zu ergründen, entbirgt nicht nur persönliche Verhaltensmuster und tragische Situationen von Forscherpersönlichkeiten, sondern hat auch in wissenschaftlich-philosophischer Hinsicht paradigmatische Bedeutung....

Doch erinnern wir uns zunächst an damals: Burton hielt den erreichten Tanganjika-See irrtümlich für des Quellgebiet des Nils[225], während Speke ohne den erkrankten Burton 1858 allein zum Lake Victoria vorstieß. Dort vermutete er am Nordufer des Sees die Nilquelle und berichtete dies in London. Demgegenüber beharrte Burton auf seiner Position und wurde zum erbitterten Gegner von John Hanning Speke.

„Es bedurfte einer weiteren Reise von Speke, die er zusammen mit James August Grant durchführte, um die Geographische Gesellschaft in London von der Richtigkeit seiner Messungen von 1858 zu überzeugen. 1862 schickt er von Karthoum aus sein berühmtes Telegramm „The Nile is settled“, nachdem die beiden Forscher die Nord-Seite des Victoria-Sees erreicht und als ersten Europäer die Ripon-Fälle zu Gesicht bekommen hatten, über die der See nach Norden entwässert. Es war jedoch nur die eine (wenn auch die wichtigste[226]) Quelle des *Weißen* Nil.“ [227]

Nach der Rückkehr Burtons von einer Expedition zum Niger im August 1864 kritisierte dieser erneut Spekes Theorien von der Nilquelle im Victoriasee. Am 16. September 1864 sollte es deshalb eine Anhörung vor der ‚British Society for the Advancement of Science‘ in Bath geben. Tragischerweise starb Speke am 15. September durch einen Jagdunfall, wobei bis heute nicht geklärt ist, ob er Suizid beging......

Diese Vorgänge zeigen einmal mehr, wie schädlich sich wissenschaftliche und persönliche, maßlose Konkurrenz auswirken kann. Der leichtfertig-oberflächliche Leitsatz: „Konkurrenz *belebt* das Geschäft“ verkehrt sich leider in der Geschichte nicht selten ins genaue *Gegenteil*!

Owen- und Ripon Falls im Wasser des Sees, der durch diese künstliche Vergrößerung vom natürlichen See zum Stausee wurde.

[225] Der Tanganjika-See entwässert westlich in den Kongo

[226] Gemeint ist wohl die „wasserreichste“

[227] M. Köhler a.a.O.(1988), S. 106

Darüber hinaus verstellt diese Art persönlicher und wissenschaftlicher Konkurrenz nicht nur den Horizont des *gesamten Problems*, sondern auch den wirklichen *Lösungs*horizont:

„"Die" Quelle des Nils gibt es nicht, denn der Nil wird aus zwei verschiedenen Qellflüssen gespeist: dem Blauen Nil und dem wesentlich längeren Weißen Nil. Der Weiße Nil wiederum hat drei verschiedene Flusssysteme: Eines schließt das Ruwenzori-Gebirge ein – dort befindet sich die am höchsten gelegene Nilquelle - , das andere den Nyungwe-Wald mit der mündungsfernsten Quelle und das dritte den Kibira-Nationalpark, wo die südlichste Quelle liegt.°[228]

Die Wahrheit ist in der Regel wesentlich komplexer, häufig existiert eben *nicht* nur *eine* Ursache:

die Quellen des Nils zeigen sich eher als *fraktales* Gebilde vernetzter über- und unterirdischer Zuflüsse, vergleichbar mit den Wurzeln eines Baumes, aus denen sich der Hauptstrom, der gigantische Fremdlingsfluss quasi als „Stamm" entwickelt, um am Ende wiederum als mächtiges fraktales Flussdelta ins Mittelmeer zu fließen....

Das wissenschaftliche Weltbild, das sich in der zweiten Hälfte des 19. Jahrhunderts durchsetzte, ging von grundlegend anderen Annahmen aus: mit Hilfe von klassischen, mechanistischen Modellen[229] sollte Natur nicht nur *erklärt*, sondern auch technisch und ökonomisch *beherrscht* werden.

Mechanistisches Berechnen und Konstruieren verband sich mit positivistischem Denken sowie Handeln und ebnete so den Weg für eine industrie-kapitalistische ‚Erfolgs'geschichte – mit dem Menschen als Gesellschaft und Natur beherrschendem, übergeordneten „Subjekt".

Dieser den Menschen von der Welt separierende *Anthropozentrismus* war die endgültige Aufgabe eines Humboldt'schen Wissenschaftsverständnis von einem ganzheitlichen ‚Kosmos', in dem Mensch und Natur eine kommunikative *Verbindung* eingehen.

Kaum ein Projekt der damaligen Zeit spiegelt diese anthropozentrische Weltsicht besser wider als die ‚Suche nach der Quelle des Nils'. Das Projekt stand für ein sich zunehmend durchsetzendes Forschungsideal, nämlich Phänomene, die aus dem Gesamtzusammenhang herausgelöst wurden, als nur *eine* Ursache für nur *eine* Wirkung in einer linear-mechanistischen Gesetzmäßigkeit abzubilden. Andere ‚Neben'-Ursachen wurden als *Störfaktoren* ausgeblendet – was allerdings später häufig zu unerwünschten Folgen und Neben-*Wirkungen* führte.

228

Maja Nielsen (2013), a.a.O. S. 59

229 Vgl. Peter Bulthaup, Zur gesellschaftlichen Funktion der Naturwissenschaften, Frankfurt am Main (1973), S. 97 ff.

Die *eine* Quelle des längsten Flusses der Erde zu finden, galt als Schlüssel nicht nur zur geographischen, ‚wertfreien' Erforschung, sondern bedeutete insbesondere die *Vorbereitung zur kolonialen Eroberung* des inneren Afrika. Und dazu ‚heiligte der Zweck die Mittel': sämtliche ‚Störfaktoren' wie unliebsame Konkurrenten, uneinsichtige Einheimische oder widersprechende Fakten wurden beiseitegeschoben...

Ein *halbes Jahrhundert vor* dieser Nilquellen-Jagd orientiert sich *Alexander von Humboldt* an einem gänzlich *anderen* Forschungsleitbild: er sah alle Erscheinungen der Natur vielfältig miteinander verbunden, als „Eine allgemeine Verkettung, nicht in einfacher linearer Richtung, sondern in netzartig verschlungenem Gewebe". [230]

Dies war nur mit Hilfe eines die Phänomene zusammenfügenden, ganzheitlichen, Themen und Fächer übergreifenden Ansatzes möglich. Von daher stellt sich für ihn exemplarisch die Frage bei seiner Südamerika-Reise grundlegend anders, nämlich: gibt es eine hydrogeologische *Verbindung zwischen* dem weitverzweigten Gesamt-Netzwerk von Orinoco und Rio Negro bzw. Amazonas? Gefragt wird also nicht nach der *einen* Ursache, sondern nach den komplexen Wechselwirkungs-Bedingungen der Phänomene, und zwar der natürlichen, unter Einbezug auch der kulturellen. Letzteres war für Humboldt von besonderer Bedeutung: denn nur durch die Augen und mit Hilfe der Einheimischen, also unter Einbeziehung der fremden Kultur war die sinnvolle Erforschung Südamerikas möglich. Humboldt war so einer ersten, der sich am Konzept der Nachhaltigkeit orientierte, in dem er ökologische, soziale, ökonomische und kulturelle Belange integriert betrachtete. Es sei hier nicht nur noch einmal ausdrücklich auf den „interkulturellen" Denk- und Forschungsansatz Humboldts erinnert[231], sondern auch sein Blick auf das ‚Weltganze':

„Die eigene Welt war für Humboldt ohne die anderen Welten nicht zu denken. Erst durch den Kontrast, erst durch den Vergleich wird (für ihn) das Eigene erkennbar und das andere im Eigenen denkbar."[232]

Und dies bedeutet insbesondere auch, dass die *eurozentrische* Perspektive *nicht* einfach die *universelle* Sicht auf die Welt für sich in Anspruch nehmen kann: „Europa lässt sich nicht allein von Europa her denken und beschreiben."[233]

Damit verbunden sind die weitreichenden *antikolonialen* und *antirassistischen* Analysen sowie Mahnungen Humboldts: „Indem wir die Einheit des

[230] Alexander von Humboldt (2018), a.a.O. Kosmos, Bd.I, S. 37

[231] Siehe S. 14 und 15 der vorliegenden Arbeit

[232] Ette (2002), a.a.O. S. 39

[233] Ebenda, S. 36

Menschengeschlechtes behaupten, widerstreben wir auch jeder unerfreulichen Annahme von höheren und niederen Menschenracen."[234]

Aber, wie wir wissen, hat sich damals das andere, analytisch-empiristische Forschungsleitbild durchgesetzt, da es als Grundlage für ein erfolgversprechendes mechanistisch-industrielles Fortschrittsmodell angesehen wurde und vor allem zu Reichtum und Wohlstand *Europas* führen sollte. Humboldt hat dazu einmal ironisch angemerkt:

"Wohlstand ist, wenn man mit Geld, das man nicht hat, Dinge kauft, die man nicht braucht, um damit Leute zu beeindrucken, die man nicht mag."

Mehr noch: der auf dem europäischen industriell-mechanistischen Fortschrittsmodell gründende Wohlstand wurde mit einem unannehmbar hohen „Preis" insbesondere von Afrika bezahlt – durch ein völkermordendes System aus Sklavenhandel und Kolonialismus!

Obendrein begann eine historisch beispiellose globale Ausbeutung von Natur und Umwelt dieses Planeten....Die ‚Risiken und Nebenwirkungen' dieses Fortschrittsmodells bedrohen mittlerweile die Zukunft unseres Überlebens auf der Erde!!

Heute vermuten wir, dass der Humboldt'sche Forschungsansatz vermutlich der bessere gewesen wäre. Aber heute wissen wir sicher, dass z.B. die Lösung des globalen Klimaproblems nur nachhaltig, interdisziplinär und interkulturell sprich im Humboldt'schen Sinne *kosmopolitisch*[235] oder auch ‚kosmozentrisch' gelöst werden kann. Gibt es also eine zweite Chance für ein weltweites Zukunftsmodell Humboldt..................?

Unser Kulturprogramm während der Uganda-Reise kam leider des Öfteren zu kurz - zugunsten von kurzfristig anberaumten Vogelbeobachtungen..... Ich erinnerte mich gern daran, als Kind in der Natur Tiere zu beobachten, aber hier kam es mir manchmal eher vor wie eine Foto-*Jagd* als eine teilnehmende *Beobachtung*.....Doch immer wieder verbarg sich der gesuchte Riesen-Turako[236] vor unserer Neugier...

Endlich, an diesem Nachmittag ist ein Besuch des Uganda-Museums vorgesehen – mit Einblicken in Kultur und Geschichte Ugandas. Für mich ist einer der

---

[234] A. v. Humboldt, Kosmos, Bd I, S. 385 zitiert nach Ette (2002) a.a.O. S. 32

[235] Vgl. Ette (2002), a.a.O. S. 82

[236] Diese seltene größte Turako-Vogelart ist auf Bäumen anzutreffen, er hat oberseits ein leuchtend blaues und unterseits rot und gelb Gefieder sowie eine markante Federhaube auf dem Kopf. Außergewöhnlich ist das Vorhandensein der zwei Farbstoffe Turacin und Turacoverdin. Beide Farbstoffe wurden nach den Turakos benannt, da sie bisher nirgendwo im Tierreich vorgefunden wurden. Der rote kupferhaltige Farbstoff Turacin verleiht den Schwungfedern und bei manchen Arten den Federhauben ihre rote bis dunkelrote Farbe.

Höhepunkte: Besichtigung und Vorführung traditioneller Musikinstrumente, vor allem die legendären Trommeln des Buganda-Königreiches.....Näheres erfahren wir im Hauptgebäude der „Kasubi Tombs“[237], einer Gedenkstätte[238] des früheren Sitz der letzten Buganda-Könige[239] und ihrer Grabmale.

„Die rein ‚pflanzliche‘ Architektur ist beeindruckend, insbesondere das Haupthaus mit den Grabstätten, absolut herausragend und ungewöhnlich das Ritual um die königlichen Trommeln. Jeder Königsfamilie war eine bestimmte Trommel zugeordnet. Sogar bewaffnete Auseinandersetzungen wurden darum geführt. Es besteht die Auffassung, daß Trommeln eine Seele haben und entsprechend rücksichtsvoll behandelt werden müssen. Man spricht ihnen sogar zu, miteinander kommunizieren zu können. Mir scheint dies durchaus nachvollziehbar, wenn man bedenkt, daß Trommeln ein zentrales Kommunikationsmittel in Afrika bedeuten. Ein schönes Beispiel wie aus einem Kult eine Kultur wird.“[240]

Christopher, unser Fahrer, spielt als Drummer in einer Band und bemerkte sofort mein Interesse für ugandische Trommeln. Er parkt den Geländewagen vor einer Trommelwerkstatt und spricht mit dem Besitzer, der sich kurz umschaut und mir ein günstiges Angebot für eine „Embuutu“ mittlerer Größe macht. Sie klingt nicht nur voll und rund, sondern enthält im Inneren ein kleines Stück getrocknetes Rinderfell – Symbol für die Trommel-*Seele.*

Im Camp zeigt Chris mir einige Schlagtechniken, und zusammen mit seiner Lang-Trommel probieren wir ein kurzes Duo – was für eine Freude.

Darüber hinaus erweist sich Christopher als kompetenter und anregender Gesprächspartner. Er spricht nicht nur Luganda[241], eine in Uganda eigene weitverbreitete Sprache, sondern ist überraschend gut über Politik und Geschichte des eigenen Landes informiert. Er bestätigte unser Wissen über den grausamen Tyrannen Idi Amin, allerdings betonte er: das was an noch größerem Gräuel danach

---

[237] Die Kasubi Tombs sind seit 2001 als Weltkulturerbe der UNESCO ausgewiesen. Sie wurden bei einem Feuer 2010 weitgehend zerstört und stehen seither auf der Roten Liste des gefährdeten Welterbes.

[238]1882 wurde auf dem Kasubi-Hügel ein Palast für den König („Kabaka“) errichtet, der 1884 mit dem Tode des Kabakas Mutesa I. zu einer Grabstätte umgewidmet wurde. Das zentrale Gebäude ist ein domförmiger, aus Schilfgras errichteter Rundbau mit einem Durchmesser von 31 Metern sowie einer Höhe von 12 Metern. In seinem Inneren befinden sich die Gräber der letzten vier Buganda-Könige seit „ Kabaka“ Mutesa I. (1835–1884).

[239] Die ersten Europäer waren John H. Speke und James A. Grant, die 1862 von Kabaka Mutesa empfangen wurden.

[240] U. Skirke, Reiseaufzeichnungen (1993), S. 98 ff

[241]Luganda wird neben Englisch am häufigsten in Buganda gesprochen. Luganda wird in den Grund- und weiterführenden Schulen sowie in der Makerere-Universität in Kampala unterrichtet.

unter *Milton Obotes* zweiter Amtszeit in Uganda vor den Augen der Weltöffentlichkeit geschah, gehörte nach seiner Beschreibung zu den dunkelsten Kapiteln der afrikanischen Geschichte[242]....
Er stockte, wechselte seine Schilderungen hin zur vorkolonialen Geschichte Ugandas und zur Kultur des ‚alten Afrika'... Ich fragte ihn nach Ursachen für diese ‚dunkle' Seite afrikanischer Entwicklung. Nach einigem Überlegen gibt er eine erstaunlich präzise historische Darstellung. Er nennt drei Ursachen für diese destruktiven Prozesse: *erstens* die Einführung von vorher unbekannten Feuerwaffen nach Afrika durch den Sklavenhandel[243], *zweitens* die Zerstörung gesellschaftlicher und kulturell gewachsener Strukturen durch den Kolonialismus[244] und schließlich *drittens* die Zerstörung und Missachtung alter afrikanischer Werte durch eigene verantwortungslose Führer und Diktatoren...Seine Quintessenz beeindruckt mich:

„Vieles von diesem alten Afrika ist bereits zerstört, aber vieles ist auch im großen Geschichtsgedächtnis gespeichert: Afrikas Geschichte liegt in seiner Zukunft." [245]

Offenbar berührte er ein ihm besonders wichtiges Thema und fuhr fort:
Er habe immer wieder Geschichten und Überlieferungen über seine UrurAhnen gehört, sie seien aus dem Sahara-Raum und dem Oberen Nil des Alten Ägypten in die Gebiete der Großen Seen eingewandert. Ein Buch darüber von einem ‚Mr. Diop' habe er zwar nicht gelesen, aber ihm wurde davon berichtet. Ich versprach,

---

[242] Siehe Michael Köhler a.a.O. (1988), S.392 ff

[243] Vgl. John Reader (2001), a. a. O. S. 259 f . Schon zu Beginn des 18. Jahrhunderts wurden ca. 30 Gewehre für einen Sklaven eingetauscht. „Insgesamt brachten britische Händler allein zwischen 1750 und 1807 geschätzte 300 bis 400 Tausend Gewehre pro Jahr nach Westafrika – zusammen mit durchschnittlich fast 400 Tonnen Schießpulver und 90 Tonnen Bleikugeln. Nach Schätzungen wurden insgesamt nicht weniger als 20 Millionen Gewehre getauscht."

[244] Die britische Kolonialpolitik führte eine wiederholte verhängnisvolle Strategie der ‚Tribalisierung' afrikanischer historisch gewachsener Gesellschaften – so auch in Uganda - durch. Obwohl Buganda nur eines von vier Königreichen und zehn Provinzen war, hielt die britische Kolonialverwaltung das Volk der ‚BaGanda' für die soziale Gruppe, die anderen regionalen Gruppen überlegen war. Das BaGanda-Territorium wurde gestärkt und mit besonderer Macht ausgestattet. Das ‚Buganda-Modell' wurde Vorgabe und Vormacht für ganz Uganda. Die politischen Institutionen der BaGanda wurden so dem Rest der Bevölkerung aufgezwungen. Die führte natürlich zu einer massiven Oppositionsbewegung gegen die BaGanda, einer unkontrollierbaren, chaotischen Destabilisierung und gesellschaftspolitischer Destruktion über etliche Jahrzehnte (Diktaturen, Militär-Putsche, Bürgerkriege). Siehe John Reader (2001), a.a.O. S. 217

[245] U. Skirke (Reiseaufzeichnungen 1993), S. 111

das Thema unbedingt aufzugreifen. Und in der Tat sollte sich hier ein ganz neues Erkenntnisfenster über die Geschichte Afrikas öffnen.....

Damals ging auch ich noch fälschlicherweise davon aus, dass die Hochkultur des Alten Ägypten eine historische und geographische Sonderrolle darstellte und keine wesentliche Beziehung zum afrikanischen Kontinent bestand. Ein schwerwiegender Irrtum, der aber umso mehr überraschende, völlig andere Hintergründe bereithielt.

Der sengalesische Historiker und Anthropologe *Cheikh Anta Diop* war ein fachübergreifender Forscher, in dessen Zentrum nicht nur eine begründete afrikanisch ausgerichtete Weltsicht stand,[246]sondern ein transdisziplinärer wissenschaftlicher Ansatz, der von Gesellschaftswissenschaften über Ökonomie und Physik[247] zur Ägyptologie führte. Als erster begründete er die historische Hypothese, nach der die Entwicklung des Alten Ägypten aus schwarzafrikanischen Wurzeln hervorging. Entgegen erfundenen, vor allem europäischen Ideologien wie der ‚Geschichtslose Kontinent Afrika' (Hegel) oder einer rassistischen ‚Hamitentheorie'[248] fand Diop tatsächliche Beweise für eine Reihe von hochinteressanten zivilisatorischen und kulturellen Geschichtsverläufen *innerhalb* Afrikas:
„Nach Anta Diop hätten die Schwarzafrikaner nicht nur Zivilisationen (Königreich Benin, Reich von Kusch, Mali,Songhai, Ghana, Swahili, Groß-Simbabwe, Aksum, Kanem-Bornu und insbesondere Ägypten) hervorgebracht, sondern beherrschten sehr früh die Technik der Metallgewinnung und -verarbeitung."[249]

---

[246] Die begriffliche Einordnung von Diops Wissenschaftshorizont als „Afrozentrismus" halte ich für unzureichend. Natürlich war sein *Ausgang*spunkt ein afrikanischer Kontext, aber ging deutlich darüber hinaus, indem er den intensiven Diskurs mit europäischer, indischer oder asiatischer Geschichte führte. (Vgl. FN 18). Ich scheue nicht den Vergleich zu Alexander von Humboldt, der den Ausgangspunkt seines Denkens in Europa nahm, - aber gerade *nicht* eurozentristisch - um diese Sicht interkulturell aufzuweiten und zu einer tatsächlich kosmischen Weltsicht zu entwickeln. Beiden ging es um eine Weltsicht der ‚Vielheit in der Einheit', eine vielgestaltige Ganzheitlichkeit. Dieselbe Gemeinsamkeit betrifft die Transdisziplinarität – Geistes-, Gesellschafts- und Naturwissenschaft umgreifend - sowohl bei Diop als auch bei Humboldt.
[247]Er studierte in Paris auch Physik bei Frédéric Joliot-Curie, dem Schwiegersohn von Marie Curie,
und übersetzte Teile von Einsteins Relativitätstheorie in seine Muttersprache Wolof.

[248] Die Hamitentheorie ist eine in mehreren Teilbereichen der Afrikawissenschaften entstandene „Theorie", die die Überlegenheit einer in Nordafrika verorteten „hamitischen Rasse" über die sogenannte „negroide" Bevölkerung Afrikas postulierte. Diese im 19. Jahrhundert behauptete, nicht aber begründete Konstruktion wurde z.B. auch von John Hanning Speke vertreten.
[249] https://de.wikipedia.org/wiki/Cheikh_Anta_Diop

Obwohl er merkwürdigerweise nicht direkt auf Diop Bezug nimmt, bestätigt der Archäologe *Graham Connah* weitgehend dessen Ansätze.[250] Die exemplarische Beschäftigung mit der ‚verborgenen Geschichte' der Sahara sollte mein Bild von „Sub-Sahara-Afrika" und dem Alten Ägypten vollständig verändern.......
In den letzten Millionen Jahren vollzog sich in der Sahara ein ausgeprägter Klimawandel als Wechsel zwischen feuchten und trockenen Perioden von jeweils mehreren tausend Jahren. Vor etwa 10.000 Jahren entwickelte sich die Sahara in eine ausgeprägte Savannenlandschaft mit Seen und Flüssen.[251] Felsmalereien etwa in den Höhlen des Tassili-N'Ajjer oder des Gilf-Kebir-Plateau zeigen verschiedenste Darstellungen von Flora und Fauna, aber auch maskierte Figuren, Tanzszenen oder spirituelle Motive.[252]
Diese günstigen klimatischen und ökologischen Rahmenbedingungen waren der Schlüssel zu einer innovativen wirtschaftlichen und kulturellen Entwicklung in der Sahara, mit z.B. großer Bedeutung für die Entwicklung der Agrikultur in Afrika: „ Häufig hält man den Nil für den Geburtsort des Ackerbaus in Afrika, doch die Sahara hat eine viel zentralere Rolle gespielt...... Die Saharabewohner perfektionierten die menschliche Fähigkeit zur Anpassung und Innovation. So vollzogen sich paradoxerweise viele der Entwicklungen, die später Grundstein vieler afrikanischer Gesellschaften wurden, zuerst dort, wo jetzt die trockene Wüste ist."[253]

Töpferei mit Sahara-Ton findet sich vor knapp 10.000 Jahren, das erste Getreide des Kontinents, Sorgho, vor etwa 8.000, und das früheste bekannte domestizierte Rind vor mehr als 6.000 Jahren.
Die von Flüssen und Seen durchzogene Graslandschaft brachte neue Lebensweisen mit verfeinerten Methoden von Jagd und Fischfang sowie gemahlenem Getreide und Milchwirtschaft – Agri-Kultur: „Es entstand ein Agrarsystem, einhergehend mit einer zunehmend differenzierten kulturellen Entwicklung."[254]
In dieser Epoche veränderte sich das Fließverhalten des Nils. Zu Beginn der Sahara-Feuchtperiode, nach Ende der letzten Eiszeit, schwoll das Wasser des Nil deutlich an und führte ganzjährig Wasser. Vor etwa 7.000 Jahren stieg der Fluss mehrmals jährlich auf eine Höhe von knapp 20 Metern über dem heutigen Überschwemmungsniveau an und bot ein noch unsicheres Ansiedlungsgebiet. Dies änderte sich mit der Zunahme eines tieferen und breiteren Flussbetts, das eine

---

[250] Siehe: Graham Connah, Unbekanntes Afrika. Archäologische Entdeckungen auf dem Schwarzen Kontinent (2006). a.a.O.
[251] John Reader (2001), a. a. O. S. 64
[252] Ebenda, S. 60 f
[253] S. 65
[254] Ebenda

stabile und nachhaltige Ansiedlung ermöglichte. Das zunehmend trockenere Klima in der Sahara zwang die Bewohner nach Osten abzuwandern und sich dauerhaft im Niltal niederzulassen: „Vor 5000 Jahren hatten die jährlichen Überschwemmungen des Flusses mehr als 18.000 Quadratkilometer bebaubaren Landes in Ägypten geschaffen."[255] Der geo-ökologischen Rahmen für eine langanhaltende historische und kulturelle Weiterentwicklung der Sahara-Gesellschaft waren entstanden und damit besonders günstige Randbedingungen für eine der längsten Hochkulturen in Afrika, dem Alten Ägypten.

Neben geographischen und anthropologischen Beweisen[256] [257] für die *inner*afrikanische Evolution der bemerkenswerten Nilgesellschaft scheinen mir die „kulturellen *Verwandtschaften*" von der Ausprägung und Eigenart der Alt-Ägyptischen Geschichte mit der Kulturentwicklung des gesamten Kontinents zu sein:„ Ich möchte hinzufügen, daß die gegenwärtige negro-afrikanische Zivilisation der ägyptischen Zivilisation näher ist als jeder anderen bekannten Zivilisation. Sicherlich darf man nicht Kultur mit Rasse verwechseln. Nicht deshalb, weil die Sprachen des afrikanischen Westens Verwandte des alten Ägyptischen waren, sondern weil die beiden Bevölkerungen, die sie sprachen, von der gleichen Rasse waren.......In der Tat war der Grund für den Aufschwung der Ägypter....nicht die Farbe ihrer Haut, sondern die ökonomischen, bevölkerungspolitischen und soziologischen Bedingungen, unter denen sich die buntscheckige Bevölkerung längs des schmalen, reichen Niltals zusammengefunden hat. Das Niltal wurde auf diese Weise das Laboratorium einer neuen Menschheit."[258]

Dabei sind die altägyptischen *Schöpfungsmythen*[259] und *Kosmogonien*[260] besonders interessant und sinnerklärend, da sie die langandauernde Substanz der ureigenen, allgemein- ägyptischen Weltsicht zum Ausdruck bringen. *Aber könnten sie nicht auch tiefes Wissen und allgemeine Weisheit für die Gestaltung der zukünftigen Welt bedeuten?* Wie lassen sie sich charakterisieren? Das *erstaunliche* Ergebnis ist: sie bringen wesentlich ein komplex-dynamisches Systemverhalten

---

[255] Ebenda, S. 80

[256] Siehe Joseph Ki-Zerbo. Die Geschichte Schwarzafrikas. Frankfurt/Main 1981, S. 73 ff

[257] „Zusammenfassend scheint uns, daß die Schwarzen die Mehrheit der Bevölkerung im antiken Niltal bilden konnten, zumindest in den ersten protohistorischen und historischen Zeiten und in den südlichen Gebieten. Sie haben eine entscheidende Rolle bei der Errichtung der ägyptischen Zivilisation gespielt, und viele große Menschen der ägyptischen Geschichte waren Schwarze." Ebenda, S. 79

[258] Ebenda

[259] Vgl. Rainer Paslack. In: Chaos und Ordnung. Formen der Selbstorganisation in Natur und Gesellschaft. Stuttgart 1996, S. 11 bis 27: Sagenhaftes Chaos: Der Ursprung der Welt im Mythos.

[260] Hans-Georg Bartel, Jochen Hallof. Der Aspekt der Selbstorganisation in altägyptischen Kosmonogien.
In: Uwe Niedersen (Hrsg.) Selbstorganisation. Band 1 (1990), Halle/Berlin. S. 195 bis 218

zum Ausdruck – sowohl Prozessübergänge von Chaos in Ordnung als auch grundlegende Aspekte der Selbstorganisation!

Es besteht daher die berechtigte Annahme, „daß gerade das Alte Ägypten ein fruchtbares Feld bietet, auf dem reiche Ernte von ursprünglichen Vorstellungen über die Zusammenhänge von Chaos und dem modernen Begriff der *Selbstorganisation* zu erhoffen ist."[261]

Schon die vergleichende Betrachtung des Begriffs der „Selbstorganisation"[262] ergibt Parallelen zu grundlegenden Sichtweisen altägyptischer Kosmogonien:

„Das Entstehen von Strukturen oder Ordnung (..Ma'at) aus dem Chaos ist in den altägyptischen Kosmogonien mit der Erzeugung eines Schöpfergottes. aus einem im Wesentlichen chaotisch zu denkenden Urozean bzw. seiner göttlichen Personifizierung, dem *Nun*, verbunden. Als einen Prozess der Selbstorganisation ist auch das Hervorbringen eines *Götterpaares* durch den einheitlichen Schöpfergott aus sich selbst zu betrachten."[263]

Die Generierung der *kosmischen Ordnung (Ma'at)* sprich Schöpfergott bzw. Götterpaar beruht also auf „inneren Gesetzen" des Selbstorganisationsprozesses bzw. dem „kooperativen Wirken von Teilsystemen" des ungeordneten Systems. Zur Aufrechterhaltung und Stabilität der Ma'at-Ordnung bedarf es einer ständigen „Wachsamkeit" und *Rückkopplung* durch *kulturell-kultische Maßstäbe und ,richtiges' Handeln*, um den Rückfall ins Chaos zu vermeiden.

[261] Ebenda, S.196

[262] Vgl. S.197: „Unter Selbstorganisation verstehen wir...einen irreversiblen Prozess, der durch das kooperative Wirken von Teilsystemen zu komplexeren Strukturen des Gesamtsystems führt." Selbstorganisation bedeutet insbesondere einen Prozess der spontanen Generierung geordneter Strukturen ferab vom (thermodynamischen) Gleichgewicht, zwar von außen induziert, aber nicht erzeugt, sondern auf inneren Gesetzen beruhend.

[263] Ebenda

Die *nähere Charakterisierung des Ma'at-Konzeptes* führt auf einen außerordentlich hohen Komplexitäts- und Abstraktionsgrad von *mehreren* tiefgründigen Bedeutungs*zusammenhängen*: „Mit dem Konzept der Ma'at hat eine vergleichsweise frühe Kultur auf höchster Abstraktionsstufe einen Begriff geprägt, der menschliches Handeln und kosmische Ordnung miteinander verknüpft und damit Recht, Moral, Staat, Kultur und religiöses Weltbild auf eine gemeinsame Grundlage stellt."[264]

Wesentliches Leitbild ist die Herstellung und Erhaltung durch „richtiges" Handeln – einer grundlegenden Harmonie von Kosmos, Natur, Kultur, Gesellschaft und Mensch: "Als moralisches Denken und Handeln ist Maat ein Weg der Rechtschaffenheit (*rightness*), der insbesondere durch Praxis der sieben Kardinaltugenden Wahrheit, Gerechtigkeit, Anstand, Harmonie, Gleichgewicht, Gegenseitigkeit und Ordnung definiert wird. Schließlich ist Maat als Grundlage und Rahmen für das moralische Ideal und seine Praxis die ständig zu verwirklichende Bedingung und Voraussetzung für die ideale Welt, Gesellschaft und Person, d.h. die Maat-gemäße Welt, die Maat-gemäße Gesellschaft und die Maat-gemäße Person."[265]

Dazu bedarf es *erstens*: das „*Hören* auf das Ma'at-Konzept" (Niemand darf gegenüber dem Ma'at taub sein); *zweitens*: das „Füreinander-Handeln" (Im Sinne der Gemeinschaft Handeln und Vertrau

en) und dies führt auf den Zusammenhang mit dem *dritten* Prinzip: die „Erinnerung an das Gestern, nicht nur an das Heute" (Du sollst nicht vergessen, womit du verbunden bist)[266].

Diese drei konstruktiven, gemeinschaftsbildenden Tugenden stehen diametral der destruktiven *Untugend der Habgier* gegenüber: „Ist Ma'at der Wille der Gemeinschaft, dann ist Habgier der Eigenwille, der sich dem Einfügen in die Gemeinschaft entgegenstellt und damit die Kultur des Füreinander-Handelns , des Aufeinander-Hörens, der Solidarität und des Gemeinwillens zerstört."[267]

Um also die kosmischen *Ordnung* „Ma'at" aufrecht zu erhalten, bedarf es des Erfülltseins *spezieller, konstruktiver Bedingungen(s.o.)* , da sonst der gleichgültig „normale" Prozess zu Unordnung und Chaos des Urozeans „Nun" zurückfallen würde: „Im altägyptischen Verständnis von den Beziehungen zwischen Nun und Ma'at dokumentiert sich die Vorstellung von der Möglichkeit beider Richtungen in der ständigen Furcht vor

[264] Siehe: Assman: Ma'at: Gerechtigkeit und Unsterblichkeit im Alten Ägypten. München 2006. S.17.
Zitiert nach Anke Graneß (2023), a.a.O.

[265] Siehe: Maulana Karenga. Maat, the Moral Ideal in Ancient Egypt, S. 10ff. Zitiert nach: Anke Graneß (2023), a.a.O.

[266] Siehe: Graneß (2023), a.a.O. S. 212 ff.

[267] Ebenda, S.222

dem Zurückfallen der Weltordnung in den ursprünglich, chaotischen und somit vernichtenden , die Schöpfung negierenden Zustand."[268]

Dies lässt sich entsprechend als Selbstorganisationsprozess modellieren, in dem durch Realisierung spezieller Randbedingungen aus dem ungeordneten Chaos eine strukturierte Ordnung generiert werden kann.[269] Als bedeutsame Selbstorganisationsprinzipien[270] zur Realisierung dieser speziellen Randbedingungen seien zwei hervorgehoben: das Prinzip der *nichtlinearen Rückkopplung* sowie das *Stabilitätsprinzip* :

„Das selbstorganisierte System mußte ständig durch Erneuerung der es tragenden Kräfte aufrecht erhalten werden. Sind sie verbraucht, war das Gleichgewicht der Kräfte in Gefahr und es drohte der Zusammenbruch. Dieser Zustand wurde in zyklischen Abständen (Tagesbeginn, Jahresanfang[271]) oder zu diskreten Zeitpunkten (Tod des Pharaos[272]) erreicht. Zu diesem Zeitpunkt griff der Ägypter mit Hilfe des Kultes ein, regenerierte die ordnenden Kräfte und stabilisierte das selbstorganisierte Weltsystem."[273]

Die daraus folgenden ständigen Prozesse des Übergangs Chaos – Ordnung können so als Evolutionsdynamik sprich eine Aneinanderreihung von Selbstorganisationsprozessen aufgefasst werden: die Einheit (Schöpfergott) erzeugt Zweiheit (Götterpaar), diese wiederum als Einheit verstanden erzeugt aus sich selbst Götterpaare[274]: somit entsteht aus *Einheit*, *Zweiheit* und damit *Vielheit* ! *Eines und Vieles sind also eine Ganzheit*.[275]

Die Komplexität dieser Kosmogonie führte nicht nur zu einem entsprechenden Naturbild mit entsprechender Naturerkenntnis, sondern auch zu weiterführenden Vorstellungen in der *Mathematik* und *Gesellschaft*: die herausragende Bedeutung der Zweiheit des Schöpfergottes und damit „die durch die altägyptische Kosmogonie und somit Selbstorganisationsprozessen stark betonte Dualität, d.h. die zentrale, aber auch sehr spezielle Stellung der Zahl „2" "[276] , hat Auswirkungen auf Arithmetik und Politik. Ob die ‚Vereinigung der beiden Länder'(Ober- und Unterägypten), die

[268] Siehe: Bartel/Hallof (1990), a.a.O. S.199

[269] Ebenda

[270] Siehe: Ebeling/Feistel (1994), a.a.O. S. 39 ff

[271] Der Jahresanfang ging einher mit der jährlichen Nilüberschwemmung, die für die Landwirtschaft von überragender Bedeutung war. Siehe: Bartel/Hallof (1990), a.a.O. S.216

[272] „Als alleiniger Mittler zwischen Mensch und Gott war er der entscheidende Garant für die Stabilität der Weltordnung". (Ebenda)

[273] Ebenda, S. 217

[274] Bartel/Hallof (1990), a.a.O. S. 198

[275] Siehe Paslack (1996) a.a.O. (FN 221), S. 23

[276] Bartel/Hallof (1990), a.a.O. S. 200

Doppelkrone oder zwei Wappenpflanzen, der politische Dualismus[277], im Sinne einer *dualen Einheit* oder *einheitlichen* Dualität, war überall anwesend. Dieses ganzheitliche *,Komplementaritätsprinzip'* der Dualität steht allerdings in *diametralen Gegensatz* zum eurozentrischen, *antagonistischen* Dualitätsprinzip: etwa der Trennung von Mensch und Natur, Körper und Geist, Gefühl und Verstand...etc.

Die Komplementarität der dualen Einheit und einheitlichen Dualität gestattete nicht nur die Entwicklung eines dualen Zahlensystems, sondern auch den weiteren Aufbau zu einem System aufbauend auf den Potenzen der Zahl 2.[278] Weitere Möglichkeiten werden plausibel, etwa die schrittweise Erzeugung der Fibonacci-Zahlen: „Das Auftreten dieser Zahlen läßt sich im Zusammenhang mit kultischen Bauten des Alten Ägypten und Sudan vermuten bzw. sogar nachweisen....Immerhin treten in der Fibonacci-Folge 1, 1, 2, 3, 5, 8......die in der Kosmogonie wichtigen Zahlen „3" und „8" auf, die sich in den Göttertriaden und -achtheiten wiederfinden."[279]

Es besteht also eine wesentliche Verbindung von Mythologie, Handlungsprinzipien, mathematischem Denken und praktisch-materieller Anwendung etwa in Architektur und Bauwerken: die gemeinsame Erfahrungsgrundlage war daher eine durchaus *reale* Weltsicht, die „sicher aus der Natur genommen wurde, wobei das Phänomen der Selbstorganisation eine bedeutende Rolle spielte."[280]

Insbesondere führt z. B. die o.g. Zahlenreihe auch auf die Geometrie des ‚Goldenen Schnittes' oder auf fraktale Strukturen, da sie durch ständige Rückkopplung bzw. Rekursion erzeugt wird.[281]

Und schließlich haben sich diese Denkfiguren einer rückkoppelnden, rekursiven Arithmetik und Geometrie vom Alten Ägypten über den gesamten afrikanischen Kontinent ausgebreitet:

„There is good evidence for the origins of the Egyptian base-two arithmetic system from sub-Saharan Africa, and for the persistent use of recursion in knowledge systems across the African continent."[282]

Jedoch führt das Naturbild des Alten Ägypten als "Entwicklung der Vielfalt aus der Einheit"[283]

auf eine weitere wesentliche Fragestellung: wie wird diese selbstorganisierte Schöpfung als geschichtlicher, zeitlicher Prozess verstanden? Welcher Zeitbegriff liegt also der altägyptischen Kosmogonie zugrunde?

---

[277] Ebenda, S. 200 f

[278] Ebenda, S. 202

[279] Ebenda

[280] Ebenda, S. 204

[281] Vgl. (FN 64)

[282] Ron Eglash, African Fractals. Modern Computing and indigenous design. London 1999, S. 141

[283] Vgl. Bartel/Hallof (1990), a.a.O. S. 217

Der „*Ouroboros*“ ist ein bereits in der Ikonographie des Alten Ägyptens belegtes Bildsymbol einer Schlange, die sich in den eigenen Schwanz beißt und so mit ihrem Körper einen geschlossenen Kreis bildet. Der älteste bekannte Ouroboros erscheint auf dem zweiten Schrein, die den Sarkophag von Tutanchamun umgaben.[284] Als zentrales Symbol der kosmischen Einheit („Eins ist alles“), auch der Einheit der Zeit, in der die Zukunft essentiell mit der Vergangenheit verbunden ist.

„Die sich in den Schwanz beißende Schlange...ist ein ägyptisches Symbol der kosmischen Zeit, der schlechthinnigen Zeitfülle, außerhalb derer nichts gedacht werden kann. Der Ouroboros symbolisiert die Zeit als den Lebensvollzug des lebendigen Kosmos, der zugleich alles belebt und am Leben erhält, was in ihm ist..... Für den Ägypter .... ist die kosmische Zeitfülle das schlechthinnige Ganze , worin alles Sein und Leben gründet.“[285]

In dieser kosmischen Zeit finden die Prozesse der Selbstorganisation statt, als ständige nichtlineare Dynamik in rückgekoppelter Kausalität die Vielheit der Strukturen erzeugend.....

Und genau die rückgekoppelte Kausalität ist im modernen Verständnis eine *Grundeigenschaft* der Selbstorganisation nichtlinearer, komplex-dynamischer Prozesse und wesentliche Bedingung für die Entstehung von Strukturen, Mustern und Formen in der Natur: „Die Dynamik sich selbst organisierender Prozesse wird ausgelöst durch eine Ungleichgewichtssituation. Diese ist in der Regel von außen aufgeprägt (externe Umweltbedingungen) und führt zu einem internen Ungleichgewicht. Dieses Ungleichgewicht verursacht Ausgleichsprozesse, die nun ihrerseits die Bedingungen ihrer Entstehung – das Ungleichgewicht – verändern......Diese Rückkopplungsschleife zwischen Ungleichgewicht (Ursache) und Ausgleichsprozess (Wirkung) kann offenbleiben oder sich schließen.......Schließt sich die Rückkopplung, bedingen sich Ursache und Wirkung einander. Dann produziert eine Ursache gerade die Wirkung, die sie selbst zur Ursache hat.“[286]

Das Symbol des Uroboros der ägyptischen Kosmogonie führt jedoch nicht nur in Alt-Ägypten zu einem tiefen Verständnis von (Rückkopplungs)Prozessen in Natur und Zeit, sondern es findet sich in etlichen, anderen Kulturen des afrikanischen Kontinents (z. B. Benin, Dogon) wieder.[287]

---

[284] Tutanchamun (auch Tutenchamun; ursprünglich Tutanchaton) war ein altägyptischer König (Pharao) der 18. Dynastie (Neues Reich), der etwa von 1332 bis 1323 v. Chr. regierte.

[285] Jan Assmann. Das Doppelgesicht der Zeit im altägyptischen Denken, S. 219 f. Originalveröffentlichung in: A.Mohler, A.Peisl (Hg.), Die Zeit (Schriften der C.F.v. Siemens-Stiftung Nr.6), München 1983, S. 189-223

[286] Vgl. G. Küppers, Selbstorganisation: Selektion durch Schließung. S. 122 bis 148, In: Günter Küppers (Hrsg.), Chaos und Ordnung. Formen der Selbstorganisation in Natur und Gesellschaft. Stuttgart 1996, S. 380

[287] Vgl. J. Ki-Zerbo (1981), a.a.O. S. 80 oder R. Eglash (1999), a.a.O. S. 140 ff

Es unterscheidet sich jedoch fundamental von verbreiteten mechanistischen linear-kausalen Denkfiguren über Natur und Zeit in Europa.
So kritisiert *Georg Picht* an der mechanistischen Sicht der Moderne, dass die komplexe *Geschichts*-Dynamik der Zeit „*nicht* als der lineare, gleichförmige Parameter der Physik“[288] betrachtet werden dürfe. Wenn komplexe Geschichtszeit mit dem mechanistischen Zeitverständnis als „wahre“ Zeit gleichgesetzt wird, liegt dem „ein falscher Gebrauch der Zeit zugrunde. Man disponiert über die Zeit der Geschichte der Zeit, als ob sie mit der linearen Zeit der klassischen Physik identisch wäre. Je vollständiger sich die Industriegesellschaften dem Schematismus der linearen Zeit unterwerfen, desto grausamer muß die Krise sein, in der sie die Realität der geschichtlichen Zeit zu erfahren bekommt.“ [289]
Insbesondere bedeutet diese Krise ein falscher Umgang mit Natur, die dem menschlichen Subjekt („Innen“) als scheinbar verfügbares Objekt („Außen“) gegenübergestellt wird. Ein wahres Natur- und Zeitverständnis ist nur dann möglich, wenn sowohl Natur als auch Zeit *nicht* als separierte oder reduzierte ‚Parameter‘ betrachtet werden, sondern als „*Einheit*“, weil „Natur der Inbegriff all dessen ist, was in der Zeit sein kann.“[290]

Das europäisch-dualistische, antagonistische Naturverständnis liegt nach Picht darin begründet, dass zwei widersprüchliche, unvereinbare Zeit-Vorstellungen, nämlich komplexe, unberechenbare Geschichtszeit gegenüber einer linear-mechanistischen Zeit, das neuzeitlich-europäische Denken beherrschen – mit dem Resultat, daß die neuzeitliche Subjektivität zwei einander „*inkommensurable Formen*“ der Einheit der Zeit zur Vorstellung bringt: einerseits die Zeitvorstellung als ein reflektiertes „Inneres“ des Menschen, andererseits als entgegengestellte, objektive, „äußere“ Naturdynamik: „Die beherrschenden Antinomien des europäischen Denkens – die Antinomie von „innen“ und „außen“, von Subjektivität und Objektivität, von Rationalität und Irrationalität, von Geist und Materie, von Freiheit und Notwendigkeit, von Theorie und Praxis, von Vernunft und Affekten – haben in dieser Inkommensurabilität ihren Ursprung.“[291]

Nur wenn solche Antinomien vermieden und aufgehoben sind, kann die Erforschung und Suche nach Wahrheit erfolgreich sein, nur in der *Einheit* der überwundenen Gegensätze von Innen und Außen, Subjekt und Objekt, Geist und Materie...etc. kann also naturgemäße und geschichtsverantwortliche wahrhafte Erkenntnis werden: „Erkenntnis von Wahrheit als Erscheinung der Einheit der Zeit muß Vergangenheit, Gegenwart und Zukunft durchdringen. Nur so lässt sich die Kontinuität der Geschichte

---

[288] Georg Picht. Hier und Jetzt. Philosophieren nach Auschwitz und Hiroshima II., Stuttgart 1981, S. 331
[289] Ebenda, S. 381
[290] Ebenda, S. 304
[291] Georg Picht, Der Begriff der Natur und seine Geschichte, Stuttgart 1990, S. 296

erhalte, also den Untergang verhüten. Daraus ergibt sich eine weitere These: Unsere Fähigkeit, die zukünftige Geschichte zu gestalten, steht in genauem Verhältnis zu unserer Fähigkeit vergangene Geschichte zu erinnern und – im Licht unserer sich wandelnden verantwortung – neu zu entdecken. Geschichtsloses Bewußtsein hat keine Zukunft......Die Produktion von Zukunft ist nur möglich, wenn auch die Vergangenheit stets neu hervorgebracht wird"[292]

Eine Assoziation zum ‚Ouroboros'-Symbol drängt sich geradezu auf....und ein neuer produktiver Dialog von hinterfragter afrikanischer und kritisch-europäischer Weltsicht ist eröffnet!

Wir erinnern uns: Christopher hatte mich während der Uganda-Reise auf die Spur gebracht, historische und kulturelle Zusammenhänge zwischen dem Alten Ägypten und dem übrigen afrikanischen Kontinent zu untersuchen, insbesondere zu den Regionen der Großen Seen. Sollte er Recht behalten, dass seine Vor-Vorfahren aus dem Sahara-Raum sowie dem Nil-Tal stammen? Recherchen von beispielsweise Cheikh Anta Diop[293], Graham Connah, John Reader, aber auch Ron Eglash ...sorgen für eine hohe Plausibilität dieser Annahme...so weist Ki-Zerbo nach, „daß es zwischen Schwarzafrika und Ägypten mehr als nur verschwommenen Austausch gegeben habe: das Substratum einer angeborenen Verwandtschaft......daß es einen gemeinsamen paleo-afrikanischen Grundstoff gibt, der in der Sahara konzentriert war, und...daß der wechselseitige Austausch zwischen Schwarzafrika und Ägypten über Jahrtausende hinweg durchgeführt worden ist."[294]

Bei diesem geopolitischen, wechselseitigen Austausch zwischen Schwarzafrika und Ägypten darf allerdings eine wesentliche Komponente nicht vergessen werden: die Wechselbeziehungen zwischen dem Norden Ägyptens und dem Kulturraum des Sudan, mit dem nubischen Reich von Kusch! Lange wurde Letzteres als Anhängsel Ägyptens betrachtet, in Wahrheit existierte jedoch eine intensive Wechselwirkung zweier eigenständiger geopolitischer Kulturräume, und zwar in historisch vielfältigen Formen: von Kooperation bis Rivalität....[295]

---

[292] Georg Picht (1981) a.a.O. S. 331

[293] So zeigt Diop Migrationsbewegungen aus der Nil-Region in das westliche und südliche Afrika auf, und stellt sprachliche und kulturelle Verwandtschaften zur gegenwärtigen Bevölkerung Afrikas auf. Siehe Diop (1987), a.a.O. S. 212 ff.

[294] Ki-Zerbo (1981), a.a.O. S. 81

[295] Siehe: https://de.wikipedia.org/wiki/Reich_von_Kusch : „Im ägyptischen Neuen Reich (ca. 1550–1080 v. Chr.) war Nubien bis zum 4. Katarakt des Nils eine ägyptische Provinz. Besonders der Norden des Landes stand stark unter kulturellem ägyptischem Einfluss. Nubien wurde von einem Beamten, dem Vizekönig von Kusch, verwaltet, der seinen Amtssitz in Aniba hatte und nur dem König unterstellt war."

Um etwa 1000 v. Chr. gründeten nubische Fürsten in der Gegend von Karima einen Staat, der den altägyptischen Namen Kusch übernahm und rasch expandierte.[296]

Die nubischen Könige herrschten als *25. Dynastie* über Ägypten, mit der Hauptstadt *Napata* im Nordsudan. Um 660 v. Chr. erlangte Ägypten mit assyrischer Hilfe die Unabhängigkeit von Nubien. Das kuschitische Fürstenhaus herrschte jedoch weiterhin im Süden von Ägypten.[297]

„Aber ab dem 3. Jahrhundert vor Christus bildete sich rund um die aufstrebende Hauptstadt *Meroe*, 250 Kilometer nordöstlich des heutigen Khartums, ein selbstbewusster neuer Staat, der für sieben Jahrhunderte die Geschicke der Region bestimmte. Stark beeinflusst von afrikanischen Traditionen, entwickelte sich hier unter der Führung Schwarzer Königinnen eine von Ägypten zunehmend unabhängige Hochkultur mit einem eigenen Schriftsystem. Meroe wurde zu einer weltoffenen, toleranten, multikulturellen und sehr wehrhaften Hochkultur. Besonders die Frauen hatten innerhalb dieser Gesellschaft eine starke Position. In der Rolle der Königin, als Kandake, hatten sie wesentlichen Einfluss auf alle politischen Entscheidungen. "Sie waren ja nicht nur die Königinnen von Meroe, sie waren Kämpferinnen, sie waren Priesterinnen, sie waren Mütter - königliche Mütter mit sozialer Verantwortung" sagt *Intisar Soghayroun Elzein*, Dekanin an der Universität von Khartum."[298]

Als das Reich beispielsweise von römischen Truppen angegriffen und besetzt wurde, erzwang die herrschende Königin von Meroe einen Friedensvertrag mit Kaiser Augustus![299]

„Erst heute entdecken Archäologen und Historiker die Bedeutung der *matriarchalischen* Gesellschaft Meroes für die Geschichte der Antike und des afrikanischen Kontinents. In der Steppe des nördlichen Sahels fanden sie prachtvolle Paläste und Tempel, beeindruckende Grab- und Grenzanlagen und das größte Pyramidenfeld der Erde."[300]

Die Pyramiden von Meroë sind mit bis zu dreißig Metern deutlich kleiner als die ägyptischen. Das gewaltige Pyramidenfeld mit rund 120 Spitzbauten zählt die Nekropole von Meroë, insgesamt 220 sollen es im Sudan sein – doppelt so viele wie in ganz Ägypten....[301]

---

[296] Ebenda

[297] Ebenda

[298] Siehe: 3sat-TV-Dokumentation (18.04.2018). Detlev Cordts/Nicola von Oppel. Die schwarzen Königinnen. Vergessenes Reich am Nil.

[299] Ebenda

[300] Ebenda

[301] Siehe: https://www.terramatermagazin.com/a/h/das-vergessene-reich-der-schwarzen-pharaonen

„Woher bezog dieser Staat seine kulturelle Identität, seine Kraft und seinen Reichtum? Die Forschungen begannen in den 1960er-Jahren, aber erst jetzt haben die Wissenschaftler ein vollständigeres Bild der meroitischen Kultur. Obwohl die Schrift noch nicht übersetzt werden kann, enträtseln die Forscher langsam die Struktur von Religion, Staatswesen, Architektur und schwarzafrikanisch bestimmter Sozialsysteme. Neue Funde zeugen von einer vergessenen Kultur, deren Wurzeln bis tief hinein nach Afrika reichten."[302]

Wir sehen hier nicht nur einen Beleg für eine frühe *matriarchalische* Hochkultur in Afrika, sondern auch weitere Zeugnisse die bedeutsame *Verbindung* zwischen den frühen Nilkulturen und dem übrigen afrikanischen Kontinent. Auch hier stellt sich wiederum die *zentrale* Frage: welche Bedeutung haben diese *Erkenntnisse für eine andere Weltsicht und globale Zukunftsstrategien* – jenseits von rein deskriptiver Geschichtsaufarbeitung?

Eine besonders beweisträchtige Plausibilität für diese geopolitische und kulturelle Wechselbeziehung zeigte ein DNA-Test von einigen Mumien aus der 18. und 19. Dynastie der „Armana" und „Ramessid"-Periode[303] („Neues Reich"), der Ähnlichkeiten oder Verwandtschaften zu anderen Afrikanern im Inneren des Kontinents untersuchen sollte. Das Ergebnis war eindeutig: die genetische Analyse zeigte, dass die untersuchten Mumien zur gleichen Menschengruppe wie heute lebende Afrikaner im Raum der Großen Seen von Uganda und dem Südlichen Afrika gehören![304]
Christopher sollte also Recht behalten...
Für höchst interessante und überraschende, weiterführender Erkenntnisse sorgten die vielfältigen Hinweise, dass die Altägyptischen und auf den übrigen afrikanischen Kontinent weitergetragenen tiefgreifenden Weltsichten wesentliche Grundelemente von nichtlinearer, komplexer Dynamik, Chaos und

---

[302] Siehe: 3sat-TV-Dokumentation (18.04.2018). Detlev Cordts/Nicola von Oppel. Die schwarzen Königinnen. Vergessenes Reich am Nil.
[303] Ca. 1500 bis 1200 v. Chr.
[304] „Matching the DNA profiles of people from the Gret Lakes region of Uganda with that of the Armana and Ramessid Period mummies scientists have concluded that the per-aas (pharaos) of ancient Egypt were related to the Ugandan people. In December 2012 tests on Ramses III and his son showed that they belong to the Y-Chromosome group Elbla. This is the same group as Africans who speak the so-called Niger-Congo languages....other DNA studies were made by a company DNA tribes in 2013. The result was that the mummies autosomal profiles turned out to be the same as that of present day populations of Africans in the Great Lake Region and Southern Africa that means that they were basically the same humans." In: Molefi Kete Asante, African Pyramids of Knowledge: Kemet, Afrocentricity and Africology, New York 2015, S. 61

Selbstorganisation enthielten. Dies hat kaum jemand, insbesondere ich nicht, erwartet! Mehr davon bei zukünftigen Reise-Betrachtungen....
Unsere Fahrt führt weiter durch die Region Ankole, nach denen die hier ansässige Rinderart mit Gehörnen gewaltigen Ausmaßes benannt ist, vorbei an der Universitätsstadt Mbarara in eine zunehmend bergigeren Landstrich: „Eine wunderschöne, grüne Hügellandschaft mit Tee-, Bananen – und Maniokfeldern – soweit das Auge reicht. In einem abschüssigen Fichtenwald machen wir Rast und zu den üblichen Sandwiches gibt es besonders saftig-süße Ananas, die unterwegs direkt von einem vollbeladenen Fahrrad gekauft wurden. Von der Hügelkette eröffnet sich ein phantastischer Ausblick auf den einige hundert Meter tieferliegenden *Queen-Elizabeth National Park.*“[305]

Unsere Lodge gestattet einen ersten flüchtigen Blick auf das legendäre Ruwenzori-Gebirge, das als ‚lunae montes', geheimnisvolle „Mondberge" schon viel früher meine Phantasie beschäftigt hatte, da es die meiste Zeit des Jahres sein wahres Ausmaß hinter Wolken verbirgt und nur an etwa zwanzig Tagen seine höchsten Gipfel zu Gesicht bringt..... Eine Übersetzung des Namens ‚Ruwenzori' aus der einheimischen Sprache Batoro lässt zwei interessante Möglichkeiten zu, nämlich „Regenmacher" oder „Wolkenkönig." Auffällig ist, dass beide Begriffe – ob als Symbol für ein Naturphänomen oder eine Kulturgestalt - eher ein partnerschaftlich-aktives Gegenüber zum Ausdruck bringen als einen *Gegenstand* oder gar ein fremdes *Objekt.* Ich denke, eine solche Betrachtung bringt in Erinnerung, welchen sinnvollen *Natur*-Begriff wir bei unserer Erforschung der Welt verwenden sollten: *nicht* eine Reduzierung der Natur auf einen Gegenstand oder gar ein ausbeutbares Objekt, sondern wir müssen wissenschaftlich, ökonomisch und ökopolitisch den verantwortungsvollen *„Dialog* mit der Natur"[306] betreiben. Nur so werden wir wirkliche, nachhaltige Erkenntnisse über die komplexen Phänomene der Natur bekommen.

Welche ‚Erkenntnis' gewinnen wir über den Ruwenzori, was macht seine exemplarische Besonderheit aus? Er ist eben *nicht* „die" Quelle des Nil, nicht dessen monokausale Ursache, aber dennoch ein wesentlicher Bestandteil für die Existenzfähigkeit des Nil. Dieses UNESCO Weltnaturerbe verkörpert einen der regenreichsten Orte der Erde, dessen Wassermassen einerseits den Nil speisen und sich andererseits als mächtige Vergletscherungen unterhalb der Gipfel des Zentralmassivs präsentieren.

---

[305] U. Skirke, Reiseaufzeichnungen (1993), S. 121 f

[306] Vgl. Ilya Prigogine/Isabelle Stengers. Dialog mit der Natur. Neue Wege naturwissenschaftlichen Denkens. München 1988, S. I – VI, S. 9 ff

Welches Rätsel verbirgt sich hinter der Pflanzengeographie, dem außergewöhnlich bizarren Riesenwuchs der Flora, von Moosen, Heidekräutern oder Lobelien? Reiht er sich als dritthöchstes Gebirge Afrikas ein in die vulkanische Entstehungsgeschichte von Kilimanjaro und Mt. Kenya?
Unwillkürlich muss ich an *Alexander von Humboldts* Untersuchungen in Ecuador und die Besteigung des Chimborazo denken. Was wäre, wenn er nicht nur den Vulkanismus[307] in den Anden, sondern diesen auch im Ostafrikanischen Grabenbruch erforscht hätte? Wahrscheinlich hätte ihn sehr die Tatsache interessiert und verwundert, dass das Ruwenzori-Massiv *nicht* vulkanisch, sondern durch eine besondere plattentektonische extreme Heraushebung der Rift-Flanken entstanden ist....
Tatsächlich hatte Humboldt vor, ursprünglich seine Weltreise nach Ägypten durchzuführen, doch Kriegspläne Napoleons verhinderten dies.
Wie hätte *er* also eine Erforschung des Nils gestaltet – mit Bezug auf *komplexe* Verbindungen von Mensch und Natur? Humboldt war m.E. einer der ersten neuzeitlichen Wissenschaftler, der den ‚Dialog mit der Natur' tatsächlich gesucht und praktiziert hat – und dieses mit einfachen *wissenschaftlichen*, aber auch mit *künstlerischen* Mitteln. Wie hätte seine ‚Infographik' oder ein *„Naturgemälde"*[308] vom Ruwenzori ausgesehen? Mit Sicherheit wäre eine *andere Darstellungsform* (als die monokausale und eindimensionale der damaligen europäischen Expeditionsforschung) von Bild-Text und Schrift-Bild[309], der Verbindungen und Verknüpfungen von räumlichen Darstellungen sowie Messdaten als möglichst simultane Modellierung komplexer Wissensbestände wie Klimadaten, Pflanzengeographie[310] oder auch *kulturhistorischer* Zusammenhänge bei der Erfassung einer *Gesamt*-Realität „Ruwenzori" als „Einheit der Vielfalt" möglicherweise dargestellt worden.... [311]

---

[307] Humboldt war bekanntermaßen Anhänger des „Vulkanismus", der als Hauptursache für die Entwicklung und Gestalt der Erdoberfläche Vulkantätigkeit ansah, im Unterschied zu den Anhängern des „Neptunismus" (zu denen z.B. Goethe gehörte), die die Ablagerungen von Sedimenten durch die Ozeane als Hauptgrund für die Erdgestalt betrachteten.

[308] 1807 hatten Humboldt und Bonpland eine „Geographie der Pflanzen in den Tropen-Ländern; ein Naturgemälde der Anden" veröffentlicht. Siehe A. Wulf (2015), a.a.O. S. 272 ff

[309] Vgl. O. Ette, Alexander von Humboldt und die Globalisierung, Frankfurt/Main 2019, S. 21

[310] „Wegen mehrerer Vegetations-„Stockwerke" errechneten Botaniker auf dem Ruwenzori selbst in 4000 Meter Höhe noch eine relative Vegetationsdichte von über 200 Prozent. Zum Vergleich: Die Dichte in den Alpen beträgt in 4000 Meter Höhe weniger als ein Prozent. Selbst üppiger tropischer Regenwald erreicht „nur" 150 Prozent." Siehe Natur/Magazin Nr. 10 Oktober 1992, S. 82

[311] O. Ette (2002), a.a.O. S.214

Als Kontrastprogramm zur gebirgigen Höhe steht für uns ein Besuch der Kyambura-Schlucht, einem Tiefland-Regenwald inmitten der Buschsavanne an. Seit einigen Jahren wurden hier Schimpansen gesichtet und ein entsprechendes Beobachtungsprojekt zur besseren Gewöhnung von Schimpansen und Menschen vor kurzem eingerichtet. Der Abstieg in die Schlucht ist mühsam und führt über glitschige Pfade, kleine Wasserläufe und dicht bewachsenes Unterholz zu einem interessanten Fund: in drei Metern Höhe sichten wir große, aber leider leere Schimpansen-Nester. Die Rückfahrt per Boot durch Engpässe mit Schilf und Papyros endet schließlich im breiten, natürlichen Kazinga-Kanal, der den kleineren Lake George mit Lake Edward verbindet.
Am nächsten sonnigen Tag bietet sich zum Glück erneut die Gelegenheit, am Rande der Schlucht ‚von oben' unsere nächsten Artverwandten zu beobachten: mit einem lauten Kreischkonzert kündigt sich eine Zehner-Schimpansen-Gruppe auf der abschüssigen Graslichtung gegenüber an. Was für ein spektakulärer ‚Auftritt' und was für ein Geschenk!
Zur gleichen Zeit verschwinden die letzten Wolken und der Margherita-Gipfel ist klar zu erkennen – ein zweites, großes Geschenk: „Die Sicht auf sonnenbeschienene, kräftig grüne Savanne, auf das freie Ruwenzori-Massiv und in die Regenwaldschlucht hat etwas Einmaliges: einfach nur sitzen, schauen, staunen."[312]

Am Abend berichtet Christopher über einen weiteren bedeutsamen Ort auf der *anderen* Ost-Ufer-Seite des Edward-Sees: *Ishango*. In der Nähe des Dorfes sei ein versteinerter Knochen gefunden worden, mit Einkerbungen von mathematischer Bedeutung...
Diese wichtige Information blieb zunächst lange Zeit in meiner Erinnerung vergraben. Erst etliche Jahre später las ich einen wissenschaftlichen Artikel über diesen archäologischen Fund und verstand dessen spektakuläre Bedeutung.[313]
Unter Lavaströmen gut erhalten weist das nahe Ishango gefundene Objekt ein Alter von 20.000 bis 25.000 Jahre auf. Aber welche mathematische Logik steckt hinter den Kerben?
Der belgische Archäologe *„de Heinzelin* sah in diesen Knochen ein arithmetisches Spiel verborgen: in der ersten Spalte eine (annähernde) Verdoppelung, in der zweiten den „Rhythmus" 10+1, 20+1, 20-1, 10-1 und in der dritten die Primzahlen zwischen 10 und 20 in aufsteigender Reihenfolge."[314]

---

[312] U. Skirke, Reiseaufzeichnungen (1993), S. 147 f
[313] Vgl. Dirk Huylebrouck. Afrika – Wiege der Mathematik. In Spektrum der Wissenschaft, Dossier, 4/2007, S. 6 bis 11
[314] Ebenda, S.7

Andere Deutungen, z.B. von A. Marshack, vermuten einen lunaren Kalender hinter den Einkerbungen:

„In Ishango, a good lunar calendar was likely very important. At the beginning of the dry season, people came to the lake; in the rainy season they lived on the hills and in valleys....It thus was important to count the months in between both seasons."[315]

Übereinstimmend halten jedoch alle Interpreten den Knochen mit seinen Einkerbungen für einen Beweis, dass die Afrikaner in der Region der Großen Seen vor mehr als 20.000 Jahren Mathematik betrieben haben, und dass es eines der ältesten mathematischen Fundstücke darstellt.[316]

Die aber vielleicht noch wichtigeren Erkenntnisse offenbaren sich in den *kulturellen Verbindungen* und Wissens-*Transfers* zwischen der Region um Ishango und verschiedensten Orten Afrikas und darüber hinaus: Techniken zur Herstellung von Harpunenspitzen wurden von Ishango nach Westafrika sowie über den Sudan bis nach Ägypten exportiert; das Rechnen auf der Basis 12 war im Westen und im Norden Afrikas sowie in der Region Ishango im Gebrauch; es existiert große Ähnlichkeit zwischen spezifischen Kleidungsgebräuchen im Raum Uganda und Ägypten.[317] Interessanterweise werden die ethnischen Nachfahren von Ishango im südlichen Afrika bei den Völkern der Kalahari vermutet.[318]

Insgesamt lässt sich die eurozentrische Sichtweise, nach der die Wiege der Mathematik in Griechenland angesiedelt ist, *nicht* länger aufrecht zu erhalten: es existieren unbestreitbar sehr frühe mathematische Einflüsse aus Zentralafrika (Ishango!) sowie Afrikas Westen und Norden. Dabei scheint mir die wichtigste Schlussfolgerung nicht der rhetorische Wettstreit um die ‚Wiege der Mathematik' zu sein, sondern: in guter Humboldt'scher Tradition *Verknüpfungen*, *Verbindungen* und *Vernetzungen* der komplexen Dynamik mathematisch-geschichtlicher Prozesse aufzuzeigen, an deren grundlegender Entwicklung die *afrikanische* Praxis von Mathematik wesentlich beigetragen hat. Es existieren dazu nicht nur Funde und Beweise für entsprechende mathematische Verbindungen, sondern auch für linguistische, archäologische, kulturelle, ethnographische sowie genetische! [319]

---

[315] Dirk Huylebrouck. Africa and Mathematics. From Colonial Findings Back to the Ishango Rods. Springer Nature Switzerland AG 2019, S. 149

[316] Huylebrouck (2007), a.a.O., S. 9 f.

[317] Ebenda, S. 10 f.

[318] „Die Nachfahren der Bewohner von Ishango heißen heute Khoi-San. Aus verschiedenen Gründen – ......sind sie fast ausgestorben: die Überlebenden bilden die Völker der Kalahari." (Ebenda)

[319] Vgl. Huylebrouck (2019), a.a.O. S. 153 ff.

Heute teilt sich die Gruppe: zwei Fahrzeuge werden nach Süden weiterreisen, während wir mit unserem Fahrer Christopher die Rückreise nach Kampala antreten. Nach einem freundlichen Abschied genießen wir allerdings den glücklichen Vorteil, nunmehr Reise- und Tagesablauf selbst organisieren zu können.

Schon für den Nachmittag verabreden wir eine Fahrt in die ‚Crater Area':

„Es ist sonnig und die grüne Landschaft erscheint in einem kräftigen Nachmittagslicht. Der Geländewagen meistert ohne Mühe die steilen Anstiege der Kraterberge. Inmitten des Grüns, vom Licht angestrahlt und herausgehoben, stehen mehrere kleinere Herden von eindrucksvoll-ästhetischen Uganda-Grasantilopen. Auf dem höchsten Kraterberg angekommen erwartet uns ein phantastischer Ausblick: die sich auftuende Tiefe eines hellgrün bewachsenen Kraters erhebt sich wieder auf die gegenüberliegende Höhe und leitet den Blick weiter auf das fast wolkenlose Ruwenzori-Massiv, während sich hinter uns die Hochebene des Zentralafrikanischen Grabenbruchs erstreckt: eine umfassende Raumerfahrung der Landschaftsskulptur Ostafrikas!"[320]

Die geschwungene Straßenführung führt weiter über gelb-rote Sandpisten und schmale Asphaltstraßen durch dunkelgrüne Hügellandschaften, die von Bananenfeldern sowie Teeplantagen bewachsen sind. Und als besonderer Blickfang: Männer und Frauen, die als Teepflücker mit ihren üppig-bunten Gewändern in eindrucksvoller Weise die grünen Hügel beleben und die Kulturlandschaft in ein „Kulturgemälde" verwandeln.....

Zurück in Kampala empfängt uns die ganze Fülle der Stadt, diese kulturelle Vielfalt einer farbigen Lebendigkeit, in der sich chaotische Dynamik und ruhige Überschaubarkeit, Lärm und Ruhe zu einer kreativen Urbanität verbinden. Es geht vorbei am quirlig-geschäftigen Nakasero-Markt, über das Hauptgebäude der Makarere-Universität mit seinen freundlich-blauen Fensterläden zur weltoffenen Wissenschaft einladend, zum einzigen ‚Haus der Andacht' der Bahai in Afrika, das auf dem Hügel mit gepflegter Parkanlage eine meditative Stille ausstrahlt, schließlich zur Rubaga-Kathedrale, deren Hinweisschilder noch an den jüngsten Papstbesuch erinnern.

In diesem Moment ist ein nah entferntes Singen und Trommeln zu vernehmen: etwa einhundert Mädchen in weiß-grüner Schultracht singen und tanzen vor einem kleinen Trommel-Orchester.

„Der anwesende Lehrer erklärt uns, dass die Mädchen den Abschluss eines Schulzeitabschnittes feiern und bittet mich, ihnen ein paar Worte zu sagen. Nach kurzer Überlegung erzähle ich vom Kauf meiner ugandischen Trommel, die mich nach Hamburg begleiten und stets daran erinnern

[320] U. Skirke, Reiseaufzeichnungen (1993), S. 162 f

solle: Trommeln bedeutet Leben! Mädchen und Lehrer bedanken sich fröhlich mit einem Lied in Luganda."[321]

Doch ein weiterer Höhepunkt sollte noch auf uns warten, denn unserer älterer Mitreisender hatte auf dem Kathedralen-Park eine kleine Sensation entdeckt: auf einem großen Baum des Kirchengeländes sitzen tatsächlich acht *Riesenturakos*! Diese seltenen Großvögel hatten wir mit der ganzen Reisegruppe an abgeschiedenen Orten im Landesinneren mehrfach unter erheblichem Aufwand erfolglos beobachten wollen, und nun sind die prachtvollen Tiere hier direkt über uns, mitten in der Stadt. Ein schönes Abschiedsgeschenk.

[321] U. Skirke, Reiseaufzeichnungen (1993), S. 183 f.

4. Das Maß der Dinge

Unsere Reise mit der sechsköpfigen Gruppe in den Norden Tansanias beginnt wie hier -normalerweise üblich für diese ‚NordTour' - in *Arusha*, dem heute in dieser Region größten Industriezentrum. Um 1900 gegründet als Garnisonsstadt der Kolonie des Deutschen Reiches, wurde 1904 in Arusha das Fort für die dort stationierte 1. Kompanie der „Schutztruppe für Deutsch-Ostafrika" fertiggestellt. Nach einem Jahrzehnt von Widerstandskämpfen, Aufständen und Krisen in „Deutsch-Ostafrika", diente sie wesentlich dazu, Aufstände und Widerstandskämpfe niederzuschlagen, um die ostafrikanischen „Schutzgebiete" zu „befrieden". Nach harten Steuerzwängen und menschunwürdigen Arbeitsbedingungen kam es 1905 zum ‚Maji-Maji-Aufstand. Die blutig niedergeschlagene Revolte forderte schätzungsweise 300.000 Tote, ließ ‚verbrannte Erde' weiter Landstriche und eine verheerende Hungersnot zurück. Nimmt man den sinnlosen und blutigen Feldzug zur Verteidigung der ostafrikanischen Kolonie im Ersten Weltkrieg hinzu, dann haben die Deutschen in „Deutsch-Ostafrika" schätzungsweise eine Million Tote hinterlassen....[322]

Nachdem es in den letzten Jahrzehnten zahlreiche lokale deutsche Initiativen zur Aufarbeitung der Kolonialzeit in Ostafrika – etwa durch die Aufarbeitung von „Erinnerungsorten", die Umbenennung von Straßen, Plätzen oder Kasernen oder die kritische Neubewertung von Kulturgütern in Museen, kam es erst *aktuell* zur offiziellen Entschuldigung der deutschen Politik durch *Bundespräsident Steinmeier* in Tansania: *„Bei seinem Besuch in Tansania hat Bundespräsident Steinmeier um Verzeihung für die Gewalttaten der deutschen Kolonialherren gebeten. Das Ziel der Bundesregierung sei es, die Zeit der Ausbeutung und Gewalt gemeinsam aufzuarbeiten."*

"Ich verneige mich vor den Opfern der deutschen Kolonialherrschaft", sagte Steinmeier bei einem Auftritt in der tansanischen Stadt Songea. "Als deutscher Bundespräsident möchte ich um Verzeihung bitten für das, was Deutsche hier Ihren Vorfahren angetan haben."

In Songea spielte sich eines der blutigsten Kapitel der deutschen Kolonialgeschichte ab. Mit großer Brutalität schlugen die Kolonialherren im damaligen Deutsch-Ostafrika zwischen 1905 und 1907 einen Aufstand gegen ihre Herrschaft nieder. Hauptauslöser des Maji-Maji-Aufstands waren die hohen Steuern, die der damalige Gouverneur Gustav Adolf Graf von Götzen erhob, um der finanziellen

[322] Siehe: Richtig Reisen Ostafrika. Michael Köhler (Hrsg.). Köln 1988, S. 111 ff.; Vgl. Charlotte Wiedemann. Der lange Abschied von der weißen Dominanz. München 2019. S. 201 ff.; Siehe auch: Jürgen Zimmerer (Hg.). Kein Platz an der Sonne. Erinnerungen der deutschen Kolonialgeschichte. Frankfurt/Main 2013

Belastung der 1885 begonnenen deutschen Kolonialisierung Ostafrikas entgegenzuwirken.
In Songea besuchte Steinmeier auch das dortige Maji-Maji-War-Memorial-Museum, das symbolisch an der Stelle errichtet wurde, an der die Deutschen einst 67 Aufständische öffentlich hinrichteten. Er wolle eine "Botschaft" überbringen, sagte Steinmeier nach dem Besuch des Museums. Deutschland sei bereit zu einer gemeinsamen Aufarbeitung der Vergangenheit. Bislang hat Deutschland die Morde an den Aufständischen nicht offiziell als Kriegsverbrechen anerkannt. "Niemand soll vergessen, was damals geschehen ist", so Steinmeier. Seine große Hoffnung sei, dass die gemeinsame Aufarbeitung der Vergangenheit gerade auch junge Leute mit einbeziehe: "Schülerinnen und Schüler, Studierende, Wissenschaftlerinnen und Wissenschaftler, Museumsleute".[323]

Weitere Berührungspunkte mit der deutschen Geschichte sollten uns auf unserer ersten Tansania- Reise in verschiedenartigen Facetten wiederbegegnen.....
Zakaria, unser einheimischer Fahrer, war kompetent, eloquent, gläubiger Moslem, meist fröhlich und ein lebendes Universal-Lexikon: was hatten wir für ein Glück!

Die ‚Atmosphäre' in Tansania wirkt auf mich anders als in Kenia, die Landschaft eigenwilliger und unübersichtlicher, ein wenig ‚strenger', aber vielfältig und ästhetisch. Die Menschen sind freundlich bunt, einfach und auffällig gut gekleidet; Häuser und Hütten gepflegt und einladend. Auffällig ist, das Frauen und Männer gleichberechtigt auftreten und oft gleiche Arbeiten verrichten...
Etwas außerhalb von Arusha bringt uns Zakaria zur ersten Lodge direkt am Duluti-See – am Fuße des Mt. Meru als besonders malerischem Hintergrund. Die Hotelangestellten verhalten sich freundlich-korrekt und angenehm zurückhaltend, aber mit Selbstbewusstsein und Stolz.
„Die schönen Gesichter beeindrucken mich besonders, ich erkenne sie wieder in den überall im Haus aufgestellten Ebenholz-Skulpturen: einerseits sehr vertraut und doch so fremd....Vor dem Schlafen richten sich Blick und Gedanken auf das baldachinartig aufgespannten Moskitonetz. Vielleicht erleben wir die Welt überhaupt wie durch einen Schleier: halb offen und halb geschlossen, halb vertraut und halb fremd – mit immer neuen, tieferen Einsichten."[324]
Die herbe, schöne Landschaft des Arusha-Parkes hält so manch Sehenswürdiges bereit: eine besonders große Gruppe von stattlichen Giraffen oder eine Familie von Colobus-Affen, die mir in ihrem weißen mantelartigen Fell und dem ausdrucksstarken dunklen Gesicht wie ‚Weise' auf dem Baum erscheinen. „Von einem

---

[323]Siehe: https://www.tagesschau.de/ausland/afrika/steinmeier-tansania-104.html)
[324] Ebenda, S. 39 ff.

Aussichtspunkt eröffnet sich ein grandioses Panorama: tiefer gelegen wie glitzernde Edelsteine die sieben Momella-Seen vor dem Hintergrund von Majestät Kilimanjaro."[325]

Aus der Ferne werfen wir in dieser unbeschreiblichen Landschaft einen flüchtigen Blick auf die Überbleibsel der ‚Momella-Lodge', die einst Hardy Krüger zu Beginn der Unabhängigkeit Tanganyikas einrichtete und mehr als zehn Jahre unterhielt.[326]

Auf dem Weg zum Lake Manyara geht das Landschaftsbild über von einer grünen, dichten Busch- und Waldvegetation in die gelb-braune trockene Savanne der Ebene des Rift Valley.

Die atemberaubende Aussicht vom oberen Plateau des Ostafrikanischen Grabens auf den siebenhundert Meter tiefer gelegenen Manyara See - im Westen von einer steil abfallenden Grabenwand eingerahmt - bleibt noch einige Zeit tief in meinem Gedächtnis. „Kurz vor der Abfahrt von der Lake Manyara Lodge treffen wir einen Einheimischen, der sich am Straßenrand sitzend niedergelassen hat. Er strahlt eine erstaunliche Ruhe und Gelassenheit aus. Wir wechseln ein paar Worte über unsere Reiseroute und Herkunft. Er beginne gleich seine Arbeit hier in der Lodge, erklärt er leise und freundlich. Ich sage ihm: „You are lucky to live here." Seine Antwort kommt prompt: "And you are lucky to be here." Wie recht er hat... [327]

Landschaft und Vegetation in Richtung Ngorongoro Conservation Area verändern sich erneut vielseitig und unerwartet: „Die Vegetationsunterschiede sind verblüffend und faszinierend zugleich: die Natur zaubert in all ihrer Verspieltheit bei gleichzeitiger Konsequenz und Sinnhaftigkeit. Unser Kleinbus klettert die schmalen Serpentinen empor bis auf 2.300 Meter zum Kraterrand, der von einem wild-schönen, dicht-grünen Urwald bewachsen und von Wolkenschwaden wie Nebel eingehüllt ist."[328]

Nach kurzer Weiterfahrt steht vor uns der pyramidenförmige Gedenkstein für Bernhard und Michael Grzimek, die beide im Ngorongoro-Krater begraben sind. Was für eine Ehrerbietung durch Tansania! Auf der Gedenktafel für den 1959 tödlich verunglückten Michael Grzimek heißt es:

„He gave all he posessed including his life for the wild animals of Africa."[329]

---

325 Ebenda, S.44

326 Vgl. Hardy Krüger, Eine Farm in Afrika, Bergisch Gladbach 1999

327 U. Skirke, Reiseaufzeichnungen (1992), a.a.O. S. 40f.

328 U. Skirke, Reiseaufzeichnungen (1992), S. 60 f.

329 Die deutsche Version lautet: „Er gab alles, was er hatte, sogar sein Leben, um die wilden Tiere Afrikas zu schützen." Siehe: Bernhard Grzimek/Michael Grzimek, Serengeti darf nicht sterben. 367000 Tiere suchen einen Staat. München 2020, S. 380

Für Prof. Bernhard Grzimek (†1987) steht darunter : „A lifetime of caring for wild animals and their place on our planet. It is better to light a candle than to curse the darkness."[330]

Ein erster Blick fällt vorbei an dem Steinmonument in das Innere, das Tal des Kraters, eine in abwechselnden Farben leuchtende Oase von ungeheurer Dimension, die zunächst nur einen kleinen, aber vielversprechenden Teil von sich preisgibt. In einigen Tagen werden wir mehr davon erleben. „Nach einer kurzen Teepause in der Crater Lodge folgt die Abstiegsfahrt in die Ebene: ein elementarer Landschaftswechsel von üppig-kühlem Grün in staubig-heiße Savanne, eingerahmt von eindrücklichen Bergmassiven. Vor uns liegt die unendliche Weite der Serengeti."[331]
Die Tierherden sind hier größer und häufiger als in der Massai Mara, doch auf der riesigen Landfläche verteilen sie sich nach verschiedenen Arten-Gruppen, während diese in der kenianischen ‚Serengeti' bunt durchmischt , aber kleiner an Zahl waren...Immer wieder treffen wir auf verschieden große Anhäufungen von angesammelten Findlingen und größeren Felsinseln („Kopjes"), wo inmitten einer solchen Felsanordnung unsere Lodge eingelassen war: eine gelungene Komposition aus Fels- und Holzarchitektur.

Beim Nachmittagstee erwartet uns ein possierliches Schauspiel: einige Klippschliefer spielen Verstecken zwischen den Felsen. Es ist eine Augenfreude, diesen flinken Tieren zuzuschauen Eine zeitlang hielt man sie für Nagetiere, etwa eine Art Murmeltier, das kaum Beachtung fand. Überhaupt scheinen Großtiere meist die größere Aufmerksamkeit zu gewinnen, während das Kleine oft als das zu Unrecht Unbedeutendere eingestuft wird. „Neigen wir dazu das Große für „Erhaben" zu halten? Das Große, Mächtige, Angst machende soll beherrscht oder bewundert, während das Kleine missachtet oder als Schwächliches bestenfalls Schutzinstinkte auslöst. Diese Art Weltsicht ist unwissend und unsinnig. Die natürliche Welt präsentiert sich oftmals selbstähnlich und fraktal, als Muster im Muster, im Muster...Das Kleine steckt im Großen und die Großartigkeit findet sich häufig bereits im Kleinen. Das Maß der Dinge in der Natur ist häufig anders als wir Menschen es für richtig halten "[332]

---

[330] Die deutsche Übersetzung sinngemäß: „Ein ganzes Leben mitfühlend sich sorgen für wilde Tiere und ihren Platz auf unserem Planeten. Es ist besser eine Kerze anzuzünden als die Dunkelheit zu verdammen."

[331] U. Skirke (1992), a.a.O. S. 63. (In der Tat stammt der Begriff „Serengeti" vom Massai-Wort *Siringet* , was in etwa „unendliche Ebene" bedeutet.)

[332] Ebenda, S. 89 f.

Und tatsächlich widerlegen Natur und Evolution unsere Vorurteile über die ,kleinen' Klippschliefer überraschend grundsätzlich: die possierlichen Geschöpfe sind viel mehr Huftiere und verwandt mit Elefanten und Seekühen![333]
Die beobachteten Herden von Zebras und Gnus erzeugen im Zusammenhang mit dieser schier unendlichen Weite einen andersartigen Ausdruck: Tiere *und* Landschaft verbinden sich in eigentümlicher Wechselbeziehung zu einem neuen Gesamtbild.

Selten habe ich den Eigenwert von Natur und Landschaft so intensiv erlebt. Es stellt sich eine grundlegende Frage: was sind die *Maßstäbe*, die uns die Eigenwerte der Natur beurteilen und verträgliche Beziehungen von Mensch, Natur – und Technik gestalten lassen?

„Vielleicht lässt sich zukünftig das Verhältnis von Mensch, Natur und Technik sinnvoller und krisenfreier gestalten, indem – analog zur ,Felsenhotel'-Architektur – eine integrierte Form der Technik und ein verträgliches Wechselverhältnis Mensch-Natur, das die eigenständige Werthaftigkeit des Natürlichen anerkennt, um sie kulturell, gegenstandsgemäß weiterzuentwickeln und zu veredeln."[334]

Die Frühpirsch beginnt vor Sonnenaufgang mit der Beobachtung zweier eleganter Geparden, gefolgt von einem seltenen afrikanischen Goldwolf und schließlich einer Gruppe von Löwinnen. Seit Mitte der sechziger Jahre wird das Verhalten von Löwen in der Serengeti wissenschaftlich untersucht, ein zusammengefasster Forschungsbericht ist sogar im Hotel verfügbar. Scheinbar sind fast alle Daten und Fakten über Löwenverhalten mittlerweile bekannt. Doch legen aktuelle Untersuchungen interessante, neue Erkenntnisse offen.

So ist *Craig Packer*, Biologe, Zoologe und Ökologe vor allem für seine Löwenforschung im Serengeti-Nationalpark, häufig in Zusammenarbeit mit Masai-Wildhütern, bekannt geworden, z.B. durch neue Erkenntnisse über partnerschaftliches Kooperations- und Gruppenverhalten von Löwinnen.[335] Er zeigte auch auf, dass

---

[333] Siehe: https://www.geo.de/geolino/natur-und-umwelt/9795-rtkl-warum-klippschliefer-elefant-und-seekuh-verwandt-sind. „Schliefer, Rüsseltiere und Seekühe stammen also alle ursprünglich aus Afrika, Biologen nennen sie deshalb auch ,Afrotheria' - Afrikatiere. Vor vielen Millionen Jahren gehörte Afrika noch zu dem Superkontinent Gondwana, der aus Südamerika, Australien, der Antarktis, Indien und eben Afrika bestand. Als dieser Superkontinent in die heutigen Kontinente zerbrach, zerstreute es die Vorfahren der Afrikatiere über die ganze Welt." (Ebenda)

[334] U. Skirke (1992), a.a.O., S. 69 f.

[335] https://en.wikipedia.org/wiki/Craig_Packer.

Löwen keineswegs nur die kraftstrotzenden ‚Könige der Tiere', sondern ausgesprochen verwundbar, etwa durch Viruserkrankungen, sowie vom Artenrückgang massiv bedroht sein können, und damit nachhaltig schützenswert sind. Gerade bei den Masai, die am Rande der Nationalparks Serengeti, Masai Mara oder Amboseli ihre Viehherden halten und Löwen als ‚natürlichen' Feind ansahen, vollzieht sich ein kultureller Wandel: „Von alters her gehört es für junge Massai-Krieger zum Mannbarkeitsritus *olamayio,* einen Löwen zu töten. Früher war es der Kampf Mann gegen Löwe, heute tun sich Gruppen von bis zu zehn Männern zusammen – nicht aus Feigheit, sondern weil es weniger Löwen gibt und so die Bestände geschont werden. Seit 2007 nun werden die jungen Männer zu „Löwenhütern" umgeschult. Sie bekommen ein Gehalt, werden dazu ausgebildet, per Radiotelemetrie und Satellitennavigation den Großkatzen auf der Spur zu bleiben und zu verhindern, dass sie das Vieh angreifen. Das Programm scheint ein Erfolg zu werden: Die Anzahl der getöteten Löwen ist gesunken, und die „Lion Guardians" werden in ihrer Gemeinschaft hoch geachtet." [336]

Noch weiter geht der kulturelle Änderungsprozess durch eine Veranstaltung der sogenannten „Masai-Olympiade": „Die Massai Olympiade findet jedes Jahr in Amboseli, Kenia, statt und wurde einst als lokale Initiative gegen die Löwenjagd der Massai Kultur eingeführt. Über die Zeit hinweg ist aus der Olympiade ein riesiger Wettkampf geworden, der Besucher aus ganz Kenia anlockt. Sie sind hautnah dabei, wenn die Teilnehmer in indigenen und traditionellen Olympischen Disziplinen antreten."[337]

Das jedoch bemerkenswerteste Beispiel eines tiefgreifenden Kulturwandels in der Masai-Gesellschaft stellt meines Erachtens die radikale Abkehr von der weiblichen Genitalverstümmelung (FGM) dar:[338] Sie hat auch in den kenianischen Masai-Gemeinschaften Tradition.[339] Die junge Generation der Masai-Krieger

---

Er ist u.a. auch Gründer und Direktor des Lion Research Center und des Whole Village Project sowie Mitbegründer von Savannahs Forever Tanzania

[336] https://www.nationalgeographic.de/tiere/loewen-wir-oder-sie

[337] Siehe: https://www.enchantingtravels.com/de/reise-blog/neun-kulturelle-erfahrungen-ostafrika/ oder: https://www.zoobasel.ch/de/tiere/naturschutzprojekte/43/afrikanische-loewen-in-kenia/

[338] Siehe: https://www.plan.de/magazin/artikel/menschen-und-projekte/junge-massai-krieger-wollen-weibliche-genitalverstuemmelung-beenden.html?sc=IDQ24100 : Weibliche Genitalverstümmelung (Female Genital Mutilation, FGM)

[339] Die Ursprünge der Beschneidung weiblicher Genitalien konnten weder zeitlich noch geographisch eindeutig bestimmt werden. Schon in der Antike setzten sich Gelehrte mit der Beschneidungsthematik auseinander, welche zu jener Zeit vor allem aus dem antiken Ägypten bekannt war…. Es wird davon ausgegangen, dass die Beschneidung sich vom antiken Ägypten aus über den afrikanischen Kontinent verbreitet hat.
Siehe: https://de.wikipedia.org/wiki/Weibliche_Genitalverstümmelung

setzt sich dafür ein, diese schädliche Praxis zu beenden: „Unsere Gesellschaft ist patriarchalisch strukturiert. Die Männer treffen die letzten Entscheidungen für ihre Familien", erklärt Lekararei, ein junger Massai-Krieger, der zu einer neuen Generation von Massai gehört, die die traditionelle und schädliche Praxis der weiblichen Genitalverstümmelung ablehnt. „Als junge Krieger haben wir uns entschieden, Mädchen nicht zu beschneiden. Wir haben so viele Komplikationen als Folge von FGM gesehen. Wir haben gesehen, wie FGM das Leben eines Menschen ruinieren kann, und es ist wichtig für uns, diese Praxis aufzugeben", sagt der junge Massai-Krieger Simonkor. „Als junge Krieger arbeiten wir gut mit den Ältesten zusammen. Ich glaube, dass wir Jugendlichen die Chance haben, FGM in unseren Gemeinden zu beenden", ergänzt Lekararei."[340]

Das Programm „Yes I Do" (etwa: „Ja, ich will") von einer Allianz aus fünf Partnern unter der Leitung von *Plan International* durchgeführt, um weibliche Genitalverstümmelung, Kinderheirat und Teenagerschwangerschaften in sieben Ländern Afrikas und Asiens zu bekämpfen. In Kenia wird das Programm in den Regionen Kajiado West und Kajiado Central durchgeführt, wo die Masai-Gemeinschaften hohe Raten von Teenagerschwangerschaften, Kinderheirat und Genitalverstümmelung aufweisen.

„In direkter Zusammenarbeit mit den Massai-Gemeinschaften wurde im Rahmen des „Yes I Do"-Programms ein alternatives Initiationsritual für den Übergang vom Mädchen zur Frau entwickelt. Während der Großteil des traditionellen Ritus unverändert blieb, wurde ein wichtiger Teil verändert: Die Mädchen werden nicht mehr an ihren Genitalien verstümmelt.

Die ganze Gemeinde nimmt an der Zeremonie teil und treibt die Veränderung selbst voran, was sicherstellt, dass sie nachhaltig ist und auch nach dem Ende des Programms anhält. Die jungen Krieger, bekannt als „Morans", spielen eine entscheidende Rolle bei den alternativen Zeremonien, da sie die zukünftigen Ehemänner sind und versprechen, die unbeschnittenen Mädchen zu heiraten."[341]

Auch wenn derartig drastische Phänomene nicht unmittelbarer Bestandteil europäischer Kultur sind, spielen sie doch auch eine problematische Rolle für nicht wenige afrikanische Frauen in der europäischen ‚Diaspora'.....

Die kritische Aufarbeitung von grundlegenden und allgemeineren, kulturellen Fehlentwicklungen, insbesondere Alternativen zu *patriarchalischen* Strukturen und Fehlkulturen (auch in Europa!) sollte deshalb weiterhin unbedingt Beachtung finden.....

Doch mit großem Gedankensprung zurück in die Natur der Serengeti.......

Eine Herde einiger hundert Zebras kommt in unser Blickfeld. Keines von ihnen ist gleich *gemustert*, zwar *‚selbstähnlich'*, aber individuell verschieden. Aus *Selbstorganisatios- und Chaosforschung* wissen wir mittlerweile recht gut wie die Natur

---

[340] https://www.plan.de/magazin/artikel/menschen-und-projekte/junge-massai-krieger-wollen-weibliche-genitalverstuemmelung-beenden.html?sc=IDQ24100

[341] Ebenda

derartige Streifen produziert. Die Fellmuster sind von Zebra zu Zebra unterschiedlich, ähnlich zu den Fingerabdrücken beim Menschen. Die Morphogenese, die bereits im Embryo abläuft, wird allerdings nicht nur durch das Erbgut bestimmt, sondern auch in unterschiedlichem Maße von Umweltfaktoren beeinflusst, so dass in verschiedenen Regionen Afrikas eine unterschiedliche Streifendichte anzutreffen ist. Dabei sind bestimmte Zellen, die Melanine enthalten, für die Farbe verantwortlich.

Die Frage nach der Entstehung der Streifen ist also eine Frage nach dem Mechanismus der Farbverteilung. Schon in den 1950er Jahren betrachtete der Mathematiker *Alan Turing* zwei chemische ‚Morphogene': einen Aktivator, der die Melaninproduktion anregt, und einen anderen Inhibator, der diese Produktion hemmt.[342] Diese Interaktion von chaotischer Selbstverstärkung einerseits und Selbsthemmung anderseits führt zu einem (jeweils unterschiedlichen) räumlichen Muster: an den Stellen mit einer hoher Konzentration an Aktivatorsubstanz wird Melanin gebildet und das Fell wird schwarz, bei schwacher Konzentration entsprechend weiß.

„Turing bewies, dass dieses einfache System eine Vielzahl von Mustern hervorbringen kann. Also nicht nur die Streifen des Zebras, sondern zum Beispiel auch die Flecken der Giraffe. Welches Muster konkret entsteht, hängt von vielen unterschiedlichen Faktoren ab. Zum Beispiel von der Größe und Geometrie des Fells, aber auch von der Dauer der Embryonalentwicklung und dem Zeitpunkt der Musterbildung. Bei der Giraffe zum Beispiel findet die Musterbildung recht früh statt; die Flecken wachsen entsprechend mit.....Das Modell erklärt sogar, wieso der Körper des Geparden fleckig, der Schwanz jedoch gestreift ist. Mehr noch, das Prinzip von Konzentrationsgradienten erklärt noch viele weitere natürliche Muster über die Fellfärbung hinaus: Von der Anordnung der Sonnenblumenkerne bis hin zur links-rechts Symmetrie unseres Körpers. Turings Arbeit war damit ein Meilenstein der Entwicklungsbiologie"[343]

Wie wir später sehen werden, kann ein solches Modell möglicherweise eine bedeutsame Rolle bei allgemeinen Prozessen der Evolution und Selektion eine Rolle spielen....

Bleibt die Frage nach der Funktion der Streifen? Sehr wahrscheinlich ist nach einer Reihe von Experimenten die Funktion bei der Insektenabwehr, insbesondere der Tsetsefliege. Die Streifen der Zebras reflektieren das Licht so, dass die Insekten ihre Flugbahn nicht kontrolliert abbremsen können, gegen den Zebrakörper prallen und wieder weg fliegen.....[344]

Nicht nur der Mensch trägt also *individuelle* Eigenschaften, sondern auch Tiere und Pflanzen zeigen sich in ihrer Gleichartigkeit dennoch einzigartig.

---

[342] Siehe Franziska Hufsky, http://bioinfowelten.uni-jena.de/2019/09/16/turing-mechanismen-wie-das-zebra-zu-seinen-streifen-kommt/

[343] Ebenda

[344] Ebenda

Zakaria weist angesichts der vor uns grasenden großen Zebraherde daraufhin, dass sie sich sehr bald den Gnus anschließen werden, nachdem diese demnächst Hunderttausende von Jungen im südöstlichen Teil der Serengeti zur Welt gebracht haben werden.
Dies und den einmaligen Migrationszug von Gnus, Zebras und Antilopen durch die Serengeti als erster genauer untersucht zu haben, sei das große Verdienst von Prof. Grzimek, erklärte er. Die meisten unserer Reisegruppe kannten natürlich den Tierforscher, Autor und Zoodirektor von Frankfurt.....
Doch seien an dieser Stelle noch einige wichtige Hintergründe zu seiner Person, seinem Lebenswerk sowie dem weltweit einmaligen Ökosystem der Serengeti hinzugefügt.[345]
Der promovierte Tiermediziner, Zoologe und Verhaltensforscher interessierte sich nach Kriegsende nicht nur im Rahmen der Wiedereröffnung des Zoobetriebes, sondern auch wissenschaftlich für die Tierwelt Afrikas. Sein Buch „Kein Platz für wilde Tiere“ verfilmte er zusammen mit Sohn Michael 1956, wobei sich dessen Botschaft für wirksamen Tier- Naturschutz grundlegend von den seinerzeit üblichen reißerischen und blutrünstigen Filmdarstellungen ‚wilder Bestien‘ unterschied. Das Werk wurde nicht nur mit dem Bundesfilmpreis, sondern auch mit dem „Goldenen Bären“ (!) ausgezeichnet. Das möglichst realistisch gezeichnete Bild vom Leben afrikanischer Großtiere, aber auch der Einblick in die Zivilisation der Pygmäen führte filmisch vor Augen, welche Tragweite der drohende Verlust dieser damals weitgehend noch unberührten Naturlandschaften *und* Lebensräume Afrikas hatte. Buch und Film hatten einen wichtigen Anteil an der Diskussion in Afrika um die Ausweisung von Schutzreservaten, insbesondere im Rahmen des antikolonialen, friedlichen Demokratisierungsprozesses in Tanganyika[346], der ab Mitte der 50er Jahre auch von der britischen Mandatsverwaltung unterstützt wird.

> „Es darf nicht vergessen werden, daß schon seit den zwanziger Jahren zunächst der Völkerbund und später die UNO die Selbstverwaltung Tanganjikas durch die Tanganjikaner geplant hatten. Die Ansprache Nyereres vor den Vereinten Nationen 1955 in New York hat zweifelsohne diesen Prozess einer Umwandlung beschleunigt.“[347]

Das Konzept Nyereres und seiner politischen Partei TANU[348] war, einen eigenen afrikanischen Weg Tansanias zu finden, der an Ideen des Sozialismus orientiert

---

[345] Vgl. auch https://de.wikipedia.org/wiki/Bernhard_Grzimek
[346] Vgl. H. Krüger (1999), a.a.O. S. 101 ff
[347] Ebenda, S. 103
[348] Tanganyika African National Union

ist und eine Einigkeit unter den verschiedenen Völkern und Ethnien herzustellen versucht.[349]

Dabei sind Familien- und Dorfgemeinschaft („Ujamaa“) wichtige, lokale Ausgangsorte, die allerdings weit darüber hinausführen hin zu einer kosmopolitischen Sichtweise:

„Die Bedeutung, die die Familie für jeden von uns hat, muss langfristig erweitert werden über unsere persönliche Familie hinaus, über unsere ethnische Gruppe hinaus, über unser Land hinaus, ja über unseren Kontinent hinaus – um fähig zu werden, die Menschheit als Ganzes umarmen zu können.“[350]

Die mehr als einhundert Ethnien und Volksgruppen sollten friedlich zusammenleben, dazu gehörten auch die Masai, die Ende des 19. Jahrhunderts einen Korridor von Nordkenia bis zur Region im Inneren Tanganjikas um die heutige Stadt Dodoma besiedelten.

1904 und 1911 wurden Edikte erlassen, die fast zwei Drittel des bisherigen Masai-Gebietes vor allem in *Kenia* enteigneten und der britischen Kolonialverwaltung zusprach, die das Land an europäische Siedler verkaufte, um es *ökonomisch* zu nutzen. Die Masai wurden in das Gebiet südlich der Eisenbahnlinie der Ugandabahn verdrängt.

Erst 1948 wurden größere *Reservate* wie *Tsavo* oder *Amboseli* eingerichtet und Amboseli 1961 den Masai übergeben, es folgten 1961 *Masai Mara*.[351]

Dies bedeutete eine wichtige Gegenentwicklung zur Ausplünderung der natürlichen Ökosysteme: „Mit der Kolonialisierung begannen Großwildjäger, Tiere in großer Zahl abzuschießen und die Bestände damit empfindlich zu dezimieren. Dieses willkürliche Töten von Wildtieren machte schließlich das Einrichten von Naturreservaten notwendig, um den

---

[349]Vgl. Lutz van Dijk (2016), a. a. O. S. 171 f.

[350] Ebenda, S.172

[351] Bevor das Gebiet im Jahre 1961 Masai Mara National Reserve benannt wurde, hieß es Masai Mara Game Reserve. Man kann sagen, dass das Gebiet aus zwei Teilen besteht: Der innere Teil wird entsprechend der Richtlinien für Nationalparks geführt; in diesem Teil sind permanente Ansiedlungen (außer Camps und Lodges) verboten. Das äußere Gebiet ist ebenfalls unberührt, allerdings dürfen hier die örtlichen Masai ihre Rinder- und Ziegenherden weiden. Seit 2008 wurde das Gebiet im Nordwesten, das sich außerhalb des National Reserve östlich des Mara Flusses anschließt, zum Mara North Conservancy erklärt. Es entstand aus der früheren Koyaiki Lemek Conservation Area und ist gemeinnütziger, also nicht auf Gewinn orientierte Einrichtung. Das Projekt wird von elf Camps und über 800 Masai Landbesitzern getragen, um das Land an der nordwestlichen Grenze des Masai Mara Ökosystems zu schützen und zu managen. Siehe: https://www.ast-reisen.de/reiseziele/kenia/nationalparks/masai-mara-national-reserve/

Lebensraum Savanne und die dort beheimatete Tierwelt zu schützen. Im 19. Jahrhundert war das Gebiet noch Weideland der nomadisch lebenden Masai gewesen. Die Masai, die selber keine Schuld an der Naturzerstörung trugen, wurden durch die Naturreservate stark in ihrer Freiheit in der eigenen Heimat eingeschränkt....Die Serengeti wurde bereits 1929 teilweise zum Wildreservat (Serengeti Game Reserve) ... 1940 wurde es zum Schutzgebiet (Protected Area) erklärt. Im Jahr 1951 gründete die britische Mandatsverwaltung von Tanganyika den Nationalpark Serengeti, der damals auch den Ngorongoro-Krater einschloss."[352]

Bernhard Grzimek hatte die Geschichte der Serengeti, aber auch die angrenzenden Lebenswelten der Bevölkerung, insbesondere der Masai genau studiert[353], und ausdrücklich das relativ gute – wenn auch nicht immer konfliktfreie - Zusammenleben mit ihren Nachbarn hervorgehoben.[354] Dabei stellte er sich sogar vor, dass die Masai als „Hüter eines Nationalparks"[355] fungieren könnten – und so sollte es in den nächsten Jahrzehnten tatsächlich realisiert werden.....

Seit Mitte der 1940er Jahre schwelte allerdings ein Konflikt, als die Masai aufgrund steigender Bevölkerungszahlen begannen, ihre Herden auch auf der Zentralebene und im Ngorongoro-Krater weiden zu lassen. Tanganjikas Regierung ordnete das Verlassen an, was aber von den Masai ignoriert wurde. Daraufhin beschloss Tanganjika 1956 auch aufgrund des Drucks der Unabhängigkeitsbewegung, den Wildtieren *und* jeder Bevölkerungsgruppe im Serengeti-Raum ein eigenes Gebiet zuzuweisen.

Der Park sollte auf Basis der Forschungsarbeiten von *W. Pearsal* aufgeteilt werden, wobei der Ostteil der Serengeti abgetrennt und den Maasai überlassen werden sollte. Damit hätte sich die Parkgröße von 4500 auf 2000 Quadratmeilen verkleinert. Die Grzimeks boten an, Teile der Serengeti mit den Erlösen aus Buch und Film „Kein Platz für wilde Tiere" aufzukaufen. Die britische Verwaltung lehnte dieses jedoch ab. Bernhard und Michael Grzimek wurden allerdings 1957 von der Nationalparkverwaltung eingeladen, um die Tierwanderungen wissenschaftlich genau zu erforschen und der Nationalparkverwaltung die Werte zu liefern, die sie für ihr Vorhaben brauchte.

Die Grzimeks fanden mit einem neuen Zählverfahren mit zwei Flugzeugen heraus, dass die Wanderungen der Herden anders verliefen als durch das Gutachten von W. Pearsal angenommen.

---

[352] Siehe: https://de.wikipedia.org/wiki/Serengeti

[353] Siehe Bernhard Grzimek/Michael Grzimek (2020), a.a.O. S. 283 ff.

[354] „Obwohl die Massai so kriegerisch sind, haben sie nicht wie andere verwandte Völker, die aus dem Norden Afrikas kamen, die Neger unterworfen und beherrscht. Die Massai lebten für sich als Hirten und tauschten ihr Vieh gegen Feldfrüchte bei den Ackerbauern ringsum."
Ebenda, S. 287

[355] Ebenda, S. 293

„Wir markieren immer mehr Tiere, um unser Bild von den Wanderungen der großen Tierherden in der Serengeti weiter zu vervollständigen. Aber wir wissen längst, wie sie wandern, und das macht uns nicht froh. Die Regierung schneidet jetzt den Serengeti- Nationalpark in der Mitte durch."[356]

Die von der Regierung vorgesehene Ersatzfläche für den abgetrennten Ostteil im Norden der Serengeti erwies sich dagegen als völlig bedeutungslos für die Große Wanderung!

Die Forschungsarbeit der Grzimeks konnte nicht nur beweisen, dass die riesigen Herden der Gnus, Zebras und Gazellen einen großen Teil des Jahres außerhalb dieser neu gezogenen Grenzen des Serengeti-Nationalparks leben, sondern auch warum.[357]

Nicht nur die klimatischen Gesetzmäßigkeiten, sondern auch die besondere Flora der Gräser und Futterpflanzen schaffen weltweit einmalige ökologische Randbedingungen für die jährlich wiederkehrende Große Wanderung (Migration) in der Serengeti.[358]

Der Treck folgt einer ‚selbstähnlichen' Route über etwa tausend Kilometer vom Norden Tanzanias bis zur Masai Mara im Süden Kenyas[359] und wieder zurück. Obwohl verschiedene Tierarten und unzählige Tiere – allesamt Grasfresser – auf engstem Raum beteiligt sind, entsteht *keine Konkurrenz*, sondern ganz im Gegenteil wird das Nahrungsangebot *optimal* und differenziert genutzt: Zebras fressen das längere Gras, die Gnus das mittelhohe und die Gazellen das bodennahe[360] - in eindrucksvoller Selbstorganisation! Diesen Eigenwert der ökologischen Selbstorganisations- und Evolutionsfähigkeit zu erhalten und zu schützen war der Kerngedanke des Projektes „Serengeti darf nicht sterben".

Parallel dazu erforschte eine Gruppe von amerikanischen Ökologen[361] allgemeine Gesetzmäßigkeiten von Ökosystemen, vor allem das Zusammenwirken von Arten und insbesondere die Bedeutung von „Schlüsselarten", denen zentrale Funktionen bei der Lebensfähigkeit und Artenvielfalt eines Ökosystems

---

356 Ebenda, S. 348

357 Ebenda, S. 354 ff.

358 Ebenda, S. 356 f.

359 Die Wanderung beginnt im Südosten der Serengeti zur Regenzeit von Dezember bis April, mit der Geburt des Gnu-Nachwuchses bei saftigem Gras und genügend Wasser. Zu Beginn der Trockenheit im Mai ziehen sie weiter nach Nordwesten, wo sie einige hunderttausend Zebras, Thomson- sowie Topi-Gazellen begleiten. Der große Treck zieht weiter ab Mai in den ‚Western Corridor', dann langsam nordwärts, um im Juli/August die Masai Mara zu erreichen. Wenn im Oktober hier das Gras abgeweidet und die ersten Regenfälle in der Serengeti einsetzen, geht die Wanderung der kilometerlangen Tierketten wieder zurück: der Kreis schließt sich. Vgl. Steffi Kordy, Kenya, Tanzania mit Zanzibar, Bramsche 2001, S. 284 f.

360 Ebenda

361 Zum engeren Kreis gehörten Tony Sinclair, „Bob" Paine, Mary E. Power, Jim Estes und John Terborgh

zukommt. Dabei fanden sie in einer Reihe von Lebensräumen die besondere Funktion von Raubtierarten als ‚Schlüssel' heraus.

Tony Sinclair[362] begann Mitte der 60er Jahre Forschungsarbeiten in der Serengeti auch im Zusammenhang mit der Großen Migration. Doch im Unterschied zur Schlüsselbedeutung von Raubtieren in anderen Ökosystemen fand er die *zentrale Schlüsselart der Serengeti: den Pflanzenfresser Gnu!* [363]

Als nach der Rinderpest in Ostafrika vor 120 Jahren nicht nur Viehbestände der Masai, sondern auch Antilopen und Gnus drastisch dezimiert wurden, begann in den 60er Jahren nach Eindämmung des Virus eine deutliche Regeneration: in zwei Jahrzehnten wuchs die Gnu-Population auf 1,4 Millionen (!) an. Die erhobene Forderung nach einem massiven Abschuss der Gnus – um angeblich das Ökosystem Serengeti zu retten – wurde jedoch von Sinclair und anderen Ökologen zu Recht zurückgewiesen. Denn es stellte sich heraus, dass sich mit der Regeneration der Gnu-Population als „Schlüsselart" sich die gesamte Serengeti stabilisierte – mit mehr Arten und Artenvielfalt, Verbesserung der Savannenqualität und Erhöhung eines gesunden Baumbestandes.

Diese Gesetzmäßigkeiten von Selbstregulierungs- und Selbstorganisationsprozessen im Gefolge von Schlüsselarten wurde deshalb von Sinclair und anderen Ökologen auch als „The Serengeti Rules" bezeichnet.[364]

Analoge Vergleiche zu Alexander von Humboldts ‚Pflanzen-Geographie'[365] bieten sich an: die Serengeti ließe sich vermutlich ebenso als ein „Naturgemälde" darstellen, in dem die Flora ein exemplarisches Bild für die Natur als ganzheitliches Zusammenspiel von Phänomenen und ihre „gegenseitige Verbindung" der Naturerscheinungen zum Ausdruck bringt. Er stellte als erster die grundlegenden Beziehungen zwischen Pflanzen, Klima und Geographie her und damit *auch* die

---

[362] https://en.wikipedia.org/wiki/Tony_Sinclair_(biologist)

[363] https://de.wikipedia.org/wiki/Schlüsselart: Obwohl Gnus keine Prädatoren sind, zählen auch sie zu den Schlüsselarten. Ihr Einfluss ist sehr viel größer als der Einfluss der meisten anderen Tierarten in ihrem Lebensraum. Sie halten das Gras in der Serengeti kurz und verhindern so Brände. Weil junge Bäume dem Feuer besonders leicht zum Opfer fallen, steigt der Baumbestand bei weniger Bränden deutlich an. Dadurch erhöht sich wiederum der Bestand der Giraffen und Elefanten. Vom Kot der vielen Pflanzenfresser ernähren sich Käfer und andere Insekten, die wiederum vielen Vögeln als Nahrung dienen. Von den Vögeln ernähren sich viele Greifvögel, aber auch andere Beutegreifer wie der Karakal. Auch Löwen und Leoparden profitieren von großen Gnuherden. Die Artenvielfalt steigt durch die höhere Anzahl der Gnus enorm an. Verringert sich der Bestand der Gnus, nimmt auch die Artenvielfalt deutlich ab.

[364] Vgl. dazu die Film-Dokumentation: https://www.arte.tv/de/videos/092132-000-A/das-gesetz-der-serengeti/(2020)

[365] Alexander von Humboldt, Ideen zu einer Geographie der Pflanzen nebst einem Naturgemälde der Tropenländer (1807), in: Hanno Beck (2018), a.a.O. Bd. I, S. 43 ff.

komplex-dynamischen Randbedingungen für die Tierwelt. Alexander von Humboldt hat vermutlich als erster grundlegende Gesetze von Ökosystemen untersucht und beschrieben……
Von daher wäre es durchaus angemessen, die Forschungsarbeiten der Grzimeks sowie von Tony Sinclair in die Praxis eines Humboldt'schen Wissenschaftskontexts zu stellen.

Michael Grzimek, der im Rahmen seiner Doktorarbeit weitgehend für die Film- und Forschungsarbeiten in der Serengeti verantwortlich war, kam Anfang 1959 bei einem Flugzeugabsturz ums Leben. „Die Forschungsarbeiten Michael Grzimeks waren zu diesem Zeitpunkt im Wesentlichen abgeschlossen, ebenso ein Film, den er in den letzten Monaten zusammen mit seinen Mitarbeitern gedreht hatte, um der Weltöffentlichkeit die Schönheiten der Serengeti zu zeigen um sie zu bitten, dieses Naturwunder zu erhalten. Die Verwaltung der Nationalparks Tanganjikas betrauerte in einem Aufruf, der in den Tageszeitungen Ostafrikas erschien, dass die Sache des Naturschutzes in Afrika mit Michael Grzimek einen ihrer kühnsten und tatkräftigsten Förderer verliert."[366]
Sein Vater, der ihn die meiste Zeit begleitet hatte, erstellte aus den Aufnahmen seines Sohnes den Film und fasste die wissenschaftliche Arbeit zusammen.
Obwohl die wichtigen Ergebnisse und Erkenntnisse der Forschungsarbeiten weitgehend abgeschlossen waren, wollte die Kolonialverwaltung jedoch die Ergebnisse der Grzimeks nicht mehr abwarten und beschloss kurz vor Michael Grzimeks Tod, dass wie geplant die nördlichen – für die Migration jedoch unbedeutenden - Ebenen zum Serengeti-Nationalpark hinzugefügt werden sollten. Den Masai sollte die vom ursprünglichen Serengeti-Park abgetrennte Ngorongoro Conservation Area (NCA) von der Regierung als Kompensation angeboten und zugleich zum Wildschutzgebiet erklärt werden, in dem sie auch ihr Vieh weiden lassen dürfen…[367]
Daraufhin startete Bernhard Grzimek Film- und Buchprojekt „Serengeti darf nicht sterben". Für die Filmbewertungsstelle lieferte er eine bemerkenswerte Begründung, die auf eine völlig neue Dimension des Natur - und Artenschutzgedankens verwies: „Diese letzten Reste des afrikanischen Tierlebens sind ein kultureller Gemeinbesitz der ganzen Menschheit, genau wie unsere Kathedralen, wie die antiken Bauten, wie die Akropolis, der Petersdom und der Louvre in Paris. Vor einigen Jahrhunderten hat man noch die römischen Tempel abgebrochen, um aus den Quadern Bürgerhäuser zu bauen. Würde heute eine Regierung, gleich welchen Systems, es wagen, die Akropolis in Athen abzureißen, um Wohnungen zu bauen, dann würde ein Aufschrei der Empörung durch die ganze zivilisierte Menschheit gehen. Genau

[366] Siehe Bernhard Grzimek/Michael Grzimek (2020), a.a.O. S. 380
[367] Genau dieses Gebiet sollte später in einer neuen Lösung dem Serengeti-Park als wichtiger Teil des „Welterbes" Serengeti hinzugefügt und konkret als „Biospärenreservat" ausgewiesen werden

so wenig dürfen schwarze oder weiße Menschen diese letzten lebenden Kulturschätze Afrikas antasten..... Menschliche Kunstwerke können immer wieder neu geschaffen werden, während eine Tierart nie wieder neu erstehen kann, wenn sie einmal ausgerottet worden ist. Die Hersteller des Filmes sehen es als sittliche und kulturelle Verpflichtung an, sich ebenso für den Schutz der letzten und großartigen Reste afrikanischer Natur einzusetzen wie für die Erhaltung europäischer Kulturbauten. Dieser Satz stellt überhaupt den Sinn und die Arbeit dieses Filmes dar."[368]

1960 wird der Film mit dem *„Oscar"* für die beste Dokumentation sowie mit dem *Bundesfilmpreis* – Filmband in Silber (Außergewöhnliche Dokumentation) ausgezeichnet.

Grzimek entwickelt diese Gedanken zum Tierschutz weiter, um Natur- und Artenschutzstrategien nicht nur im fernen Afrika, sondern auch in Europa und in der Bundesrepublik Deutschland wissenschaftlich und politisch zu führen.

Ob als Initiator und Moderator der bundesdeutschen Fernseh-Reihe „Ein Platz für Tiere", als Mitbegründer der Idee für Nationalparks in Europa, als Herausgeber der Enzyklopädie „Grzimeks Tierleben" oder mit ersten öffentlichen Einsätzen gegen Käfig- und Massentierhaltung, warb er mit radikal-politischem Einsatz für Tierrechte: für die Anerkennung eines unbedingten Eigenwertes von Tieren - als Mitgeschöpfe des Menschen!

Von 1970 bis 1973 war Bernhard Grzimek der Beauftragte der deutschen Bundesregierung für den Naturschutz. Er wirkte wesentlich an der Erarbeitung des Bundesnaturschutzgesetzes von 1976 mit, das das Reichsnaturschutzgesetz von 1935[369] - längst überfällig - ersetzte.

1975 gründete er zusammen mit Horst Stern und 19 anderen Umweltschützern den *Bund für Umwelt und Naturschutz Deutschland (BUND)*; bis zu seinem Tode 1987 war er Präsident der Zoologischen Gesellschaft Frankfurt.[370]

Diesem praktischen Engagement entsprach im Verlaufe der sechziger Jahre zunehmend eine theoretische, politische sowie philosophische Diskussion über die Verantwortung des Menschen für die Natur, die die dazu übliche anthropozentrische Perspektive offen infrage stellt.

Georg Picht ist einer der Vordenker dieser konstruktiv-kritischen Position:

„Der Mensch verdankt es der Natur, daß er Mensch sein kann; und das gilt nicht nur für sein vegetatives Leben, sondern der Anteil der Natur am menschlichen Dasein potenziert sich auf jeder Stufe der geistigen Entwicklung. Die Geschichte der geistigen Entwicklung des Menschengeschlechtes ist die Geschichte eines fortschreitenden Heraustretens des Geistes in die

---

[368] Siehe: https://de.wikipedia.org/wiki/Serengeti_darf_nicht_sterben

[369] Die Verabschiedung des Gesetzes ging maßgeblich auf den Einfluss des Reichsforstmeisters und Reichsjägermeisters Hermann Göring zurück, dem der Naturschutz im Nationalsozialismus institutionell unterstellt war.

[370] Siehe dazu: https://de.wikipedia.org/wiki/Bernhard_Grzimek

Natur……Weil die geschichtliche Verantwortung des Menschen ihn stets in die Natur hinausverweist, ist sie nicht nur Verantwortung für andere Menschen, sondern notwendig auch Verantwortung für Sachen. Sie ist im Zeitalter der Naturwissenschaft sogar zu einer Verantwortung für die Erhaltung der Natur überhaupt geworden. Wer die Verantwortung für Tiere, für Pflanzen, für Rohstoffe, für den Wasserhaushalt und demnächst vielleicht für das Klima aus der Definition der Verantwortung ausklammern will, weil diese Formen der Verantwortung sich auf dem Rückbezug auf das Subjekt nicht mehr interpretieren lassen, der verkennt das Wesen menschlicher Verantwortung bereits im Ansatz. Es sei wiederholt: der Mensch ist, insofern er Verantwortung trägt, als ein Wesen bestimmt, das sein Selbstsein nicht in sich selbst, sondern außer sich hat. Er hat sein Selbstsein durch die Geschichte vermittelt in der Natur; er hat sein Selbstsein durch die Natur vermittelt in der Geschichte."[371]

Was bedeutet dies für eine zukunftsfähige, afrikanische Eigenentwicklung sowie für einen zukünftigen Beitrag Afrikas zur Erhaltung unseres Planeten? Welche Konsequenzen hat diese Erkenntnis für eine postkoloniale Strategie: müsste bei der kritischen Analyse der europäischen Politik der Naturzerstörung sowie Kolonialpolitik und einer entsprechenden dekolonialen Gegenstrategie sowohl in Europa als auch in Afrika die Bedeutung der *Ausbeutung* von Natur und Landschaft und damit im Gegenzug die *Verantwortung* für Natur-, Landschafts- und Artenschutz nicht deutlich höher bewertet werden als bisher?

Voraus liegt der Anstieg zum Ngorongoro Crater, doch vorher besuchen wir einen weltberühmten Ort: die Olduvai-Schlucht. „Ein kleines schlichtes, schlichtes Museum beim Olduvai Visitor Centre mit Ausstellung und Erläuterung der prähistorischen Hominiden-Funde liegt neben den überdachten Aussichtspunkten, von denen aus die Quer- und Längsrinne der Schlucht einsehbar wird. Die verschiedenen Gesteinsschichten sind durch Grabungen freigelegt, in denen die Entwicklungszeit des Menschen wie geronnen scheint."[372]

Ein junger Tansanier namens Hashim erklärt wichtige Hintergründe und Geschichtsereignisse der archäologischen Stätte, z.B. die von Mary Leakey 1976 bei Laetoli entdeckten in Vulkanasche konservierten, knapp vier Millionen Jahre alten Fußabdrücke von drei aufrecht gehenden Frühmenschen….
„Für mich ist die Zeit an diesem Ort zu kurz, gern würde in die Schlucht gehen, um mich mit eigener Vorstellungskraft in die Tiefen der Zeitgeschichte zu versenken. Liegt hier ein Schlüssel für unser zukünftiges Verhalten der Menschen? Was verursachte die Entwicklungssprünge der

---

[371] Georg Picht, Wahrheit, Vernunft, Verantwortung. Philosophische Studien. Stuttgart 1969, S. 328
[372] U. Skirke (1992), a.a.O. S. 93

Hominiden? Waren es ökologisch-klimatologische Randbedingungen, sozio-kulturelle oder werkzeugtechnische Erfahrungen und Möglichkeiten?"[373]

Der junge Tansanier ist studierter Anthropologe, er hält die ökologischen Ursachen der weiteren Menschheitsentwicklung für dominant. Diese seien auch aktuell von zunehmender Bedeutung, bereits jetzt seien signifikante Klimaveränderungen beobachtbar...Er erläutert, dass die letzte Schicht in der Olduvai-Schlucht Funde über die Existenz des homo sapiens freilegt, der vermutlich aufgrund neuer Möglichkeiten landschaftsökologischer Randbedingungen die Weltbühne betrat.

Zu meiner großen Überraschung fügt er hinzu: was wird die nächste Schicht in Zukunft zeigen – eine Weiterentwicklung der Hominiden-Art oder nur Mineralien, Asche und Staub?

„Der Mensch ist offenbar nicht nur aus einer biologischen, sondern auch einer erdgeschichtlichen Bifurkation hervorgegangen, nämlich durch das Geschenk eines besonderen Lebensraumes: eine gemischte Landschaft aus Wald, Strauchsavanne und Grasland durchzogen von Flüssen und Seen mit reichhaltigen Nahrungsquellen[374]......

Die Menschheit steht nach großer Umgestaltung unseres planetaren Lebensraumes heute erneut vor einer existenziellen Bifurkation, einem selbstgeschaffenen Scheideweg – mit möglicherweise entscheidendem Unterschied: kommt es zu einer bedrohlichen Rückwärtsentwicklung oder schafft die Klugheit des homo sapiens einen Ausweg nach vorn – oder beschert uns die Natur ganz neue Randbedingungen zum Leben?[375]

Hashim weist auf eine weitere wichtige, parallele Entdeckung zu der der Fußabdrücke in Laetoli hin: in den Gesteinsschichten wurden neben den Nachweisen von Hominiden auch die Entwicklung der Savannenlandschaft mit Fauna und Flora, insbesondere der ständig wiederkehrenden Großen Migration in der Serengeti nachgewiesen:

„The Laetoli discoveries had shown that the conditions prevailing in the savanna ecosystems of nearly 4 million years ago were essentially the same as those studied by ecologists at th Serengeti Research Institute in the 1960s and '70s: the same vegetation pattern; the same structure of animal population......Savanna ecosystems are distinguished by the immense herds of migratory animals they support and annual migration of wildebeest and zebra from the Serengeti to the Mara and back is one of the natural wonders of the world. Millions of animals are involved."[376]

---

[373] Ebenda, S. 94 f.

[374] „Finding the mixed environment congenial, the tended tocongregate along watersources and around th Rift Valley lakes where they could exploit a variety of resources: forest, woodland, grassland and lakes; fish fruits, roots, seeds and animals." Vgl. John Reader (1997), a.a.O. S.54

[375] U. Skirke (1992) a.a.O. S. 97 f.

[376] Siehe John Reader (1997), a.a.O. S.62

Und Hashim fügt hinzu, wie enorm wichtig es sei, die Serengeti und Ngorongoro Conservation Area zu erhalten und zu schützen, aber gleichzeitig die *Koexistenz* mit den hier lebenden Menschen sicherzustellen. Dazu braucht es eine verantwortliche, *nachhaltige* Strategie. Er war offensichtlich gut über die Vorbereitungen der UN-Konferenz in Rio 1992 informiert.......[377]

„Wir verlassen die rot-sandigen Autopisten der Hochland-Savanne und der Anstieg ins Vulkangebirge füllt unser Gesichtsfeld mit dem Anblick von weit geschwungenen grünen Hängen: vor uns liegt der geologische Rand des Ngorongoro Craters und gestattet Einblick in ein Weltwunder der Natur – einmalig und unbeschreiblich."[378]

Am nächsten Morgen folgt Paul von der Lodge mit dem Geländewagen einem ursprünglichen Tierwanderweg den steilen Abhang in Serpentinen hinunter zum Boden des Kraters, wo uns die exemplarische Tierwelt Afrikas nahezu in Gänze ihrer Vielfalt erwartet.[379]

Neben den großen Säugetieren sind diverse Vogelarten entlang des Munge-Flüsschens und in der Nähe des zentral gelegenen Magadi-Sees zu bewundern. Zu meiner besonderen Freude bekommen wir neben Flamingos, Pelikanen, Nilgänsen oder Schreiseeadlern auch vier *Weißstörche* zu Gesicht. Angesichts dieser Natur-Symphonie bleibt nur Staunen.....

„Die Einmaligkeit dieser Landschafts-Oase für Flora und Fauna wurde oft beschrieben oder bildhaft festgehalten, es ist und bleibt ein Mirakel, das man mit all seinen Sinnen erfasst haben muss, um es dennoch kaum zu begreifen."[380]

Paul erklärt uns, dass Gnus und Zebras deshalb gern in durchmischten Herden zusammen wandern, weil Zebras ausgezeichnet sehen können während Gnus über einen hervorragenden Geruchssinn verfügen. Ihr Natur'gesetz' heißt: Kooperation statt Konkurrenz, Koevolution statt ‚Kampf ums Dasein'....

Vor uns bewegt sich erstaunlich leichtfüßig ein Spitzmaulnashorn und mustert uns ohne Argwohn. Eigentlich sollte es misstrauisch gegenüber dem Menschen sein, der sich anmaßte, diese wunderbaren Tiere an den Rand der Ausrottung zu treiben – erst durch *koloniale* Abschussorgien und Trophäenjagd, dann durch internationalen Horn-Handel mit Hilfe *paramilitärischer* Bandenkriminalität.....

---

[377] Auf der UN-Konferenz für Umwelt und Entwicklung in Rio de Janeiro – besser bekannt als Erdgipfel oder Rio-Konferenz – trafen sich im Juni 1992 Vertreter aus 178 Ländern, um über Fragen zu Umwelt und Entwicklung im 21. Jahrhundert zu beraten. In Rio wurde das Konzept der nachhaltigen Entwicklung als internationales Leitbild anerkannt.

[378] U. Skirke (1992), a.a.O. S. 98 f.

[379] Ausnahmen sind beispielsweise Giraffen und einige Gazellenarten, denen entweder der steile Abstieg zum oder das Nahrungsangebot im Krater nicht behagt.

[380] U. Skirke (1992), a.a.O. S. 105 f.

Wenige Tage alte Gnus und Thomson-Gazellen, die vor lauter Lebensfreude kunstfertige, abrupte Hüpfer vollbringen, treten ins Bild, dazu bildschöne Kronenkraniche neben metallisch glänzenden Schwarzstörchen und mächtige Elefanten, die den saftgrünen Papyrus-Sumpf langsam durchschreiten. Nein, es will mir nicht gelingen, diese Eindrücke in angemessene Worte zu fassen.
„Diesen unendlichen Einfallsreichtum der Natur, die Dynamik und Innovation der Evolution zu begreifen, ist die Lektion, die wir Menschen zu lernen haben. Denn wir leben ebenfalls in einem ‚Krater', dem Planeten Erde, einer endlichen Welt, einer kosmischen Oase. Lasst sie uns pflegen und erhalten – wie den Ngorongoro Krater!"[381]

Warum ist diese Übernahme und Umsetzung von Verantwortung gegenüber den planetaren Lebensgrundlagen so schwer? Welche Weltsicht und fehlerhafte Orientierung steckt dahinter? In der Tat müssen wir in die Geschichte der europäischen Denktraditionen eintauchen, um den problematischen und belasteten Umgang des Menschen mit der Natur zu begreifen. Denn die Erkenntnis und begreifende Erfassung der Welt führt unmittelbar auf die Frage: was sind die erkenntnisleitenden Maßstäbe, nach denen die Welt beurteilt werden kann, und fast noch wichtiger, welche praktischen Konsequenzen sollen diese Erkenntnisse haben?
In der griechischen Philosophie wird Natur zunächst als Gesamtheit („All", „Welt") verstanden, das den Begriffen ‚Physis' oder ‚Kosmos' zugeordnet wird, und den Menschen als Teil dieser Gesamtheit begreift.[382] Doch der Einfluss durch die ‚Sophisten' wurde mehr und mehr bedeutsam: sie richteten ihre Überlegungen *weg* von der Natur auf den *Menschen* und suchten nach Methoden, Individuum und Subjekt geistig und körperlich zu stärken. Von *Protagoras* stammt in der Folge dieses Denkmusters der berühmte, folgenschwere Leitsatz: „Der Mensch ist das Maß aller Dinge, derer die sind, dass sie sind, und derer die nicht sind, dass sie nicht sind."[383]
Diese Maxime sollte als *„klassisches anthropozentrisches Weltbild"* fundamentale Bedeutung für die europäische Denktradition bekommen, die den Menschen überhöht und von ihn der Natur separiert. Sie bekam damit entscheidende Bedeutung für Ursache und Wirkung einer zunehmenden Umweltzerstörung der letzten Jahrhunderte: „Zum Beispiel ist das anthropozentrische Weltbild, wir sollten in unserem Handeln auf alle Menschen um ihrer selbst willen Rücksicht nehmen, auf die übrige Welt

[381] Ebenda, S. 111
[382] Siehe: G. Picht (1990), a.a.O. S.89
[383] Siehe: https://de.wikipedia.org/wiki/Philosophie_der_Antike

aber nur soweit, wie Menschen davon betroffen sind, von entscheidender Bedeutung für unser Verhalten in der Umweltkrise."[384]

Auch wenn in der Antike bereits diverse Umweltprobleme sichtbar wurden, ging jedoch der Übergang ins wissenschaftlich-technische und industrie-kapitalistische Zeitalter der ,Moderne' einher mit der Entfesselung einer sich beschleunigten Umweltkrise, die in ihrem philosophisch-ideologischen ,Überbau' zugleich Ursache und Rechtfertigung fand.

So wurde die *aristotelische* Denkfigur, dass die Natur Tier- und Pflanzenwelt „um der Menschen willen geschaffen" habe, von Botaniker Carl von Linné zweitausend Jahre später noch bekräftigt („alle Dinge sind zum Nutzen des Menschen gemacht").[385]

„Im 17. Jahrhundert erklärte der britische Philosoph Francis Bacon: „Die Welt ist für die Menschen geschaffen", und René Descartes vertrat die Ansicht, Tiere seien im Grunde nichts anderes als Automaten – vielleicht komplex, aber unfähig zum Denken und damit dem Menschen unterlegen. Die Menschen, so Descartes, sind „die Herren und Besitzer der Natur"[386]

Dieser anthropozentrische ,Rationalismus' verengt und missdeutet „Vernunft" als eine reduzierte kognitive Verstandeseigenschaft und führt in fataler Weise auf „die vollendete rationale, logische kalkulierbare Beherrschung von Natur *und* Gesellschaft."[387]

Damit wird nicht nur eine wesentliche Wurzel des „Eurozentrismus" freigelegt, sondern auch die ideologischen Grundlagen des *Kolonialismus* gerechtfertigt. Dieser offenbarte sich nicht nur als Herrschaftsinstrument zur Ausbeutung des Menschen und seiner Kultur, sondern auch umfänglich zur Naturausbeutung und Umweltzerstörung. Letztere wurde entsprechend einer vermeintlichen ,Kultivierung' untergeordnet.

Für die anthropozentrische Sichtweise war die ,Kultivierung' und ,Vervollkommnung' der Natur daher zentrale Leitidee: nur eine Kulturlandschaft galt als lieblich und schön, alles Naturbelassene war rohe „Wildnis", Chaos musste in Ordnung, Böses in Gutes verwandelt werden.[388]

Es war *Alexander von Humboldt*, der sich dieser anthropozentrischen Verengung und Fehlleitung widersetzte[389], indem er warnte, „dass man begreifen müsse, wie die Kräfte der Natur wirkten, wie alle diese verschiedenen Fäden miteinander verknüpft seien. Der

---

[384] Klaus Michael Meyer-Abich. Wissenschaft für die Zukunft. Holistisches Denken in ökologischer und gesellschaftlicher Verantwortung. München 1988, S. 43

[385] Siehe: Andrea Wulf. Alexander von Humboldt und die Erfindung der Natur. München 2016, S. 87

[386] Ebenda

[387] B. Wartmann (1991), a.a.O. S. 269

[388] A. Wulf (2016), a.a.O. S. 87

[389] Ebenda

Mensch könne die natürliche Welt nicht nach Belieben und zu seinem eigenen Vorteil verändern. Später schrieb Humboldt: "Der Mensch kann auf die Natur nicht einwirken, sich keine ihrer Kräfte aneignen, wenn er nicht die Naturgesetze nach Maß- und Zahlverhältnissen kennt."[390] Die Menschen haben die Macht , die Umwelt zu zerstören, und die Folgen könnten katastrophal sein."[391]

Diese Vorahnung sollte sich im folgenden Jahrhundert in einer Weise bewahrheiten, wie sie zu Humboldts Zeiten nicht ansatzweise vorstellbar war....

Es ist ein zweifelhafter ‚Ruhm', wenn seit Mitte des 20. Jahrhunderts das neue Zeitalter des *„Anthropozän"* [392]eingeführt wurde......Neueste Erhebungen gehen davon aus, dass die derzeitige Aussterberate von 3 bis 130 Arten pro Tag um den Faktor 100 bis 1.000 über dem natürlichen Wert liegt. Nach einer Studie des Stockholm Resilience Centre von 2009 ist der ermittelte Grenzwert für das verkraftbare Aussterben von Arten bereits um über 1.000 % überschritten und ist damit noch vor dem Klimawandel das größte ökologische Problem; es ist damit auch ein wesentliches Merkmal eines „Anthropozän".[393]

Der bedeutsamste Unterschied früherer Massensterben zur derzeitigen Situation ist, dass das aktuelle Artensterben durch eine einzige biologische Art – nämlich den Menschen mit seinen Aktivitäten und seinem Raumanspruch und Ressourcenverbrauch – verursacht wird[394]

Humboldt blieb jedoch nicht bei der kritischen Abwendung von reduzierten bzw. fehlgeleiteten Weltbildern des Kolonialismus, Eurozentrismus und anthropozentrischem Rationalismus stehen, sondern nahm eine konstruktive Alternative in den Blick, die tatsächlich die Gesamtheit von Mensch und Natur, „das All", das Ganze der Welt erfasst: den *Kosmos:*

„durch die Lebendigkeit des Ausdrucks, in dem die sinnliche Anschauung sich naturwahr spiegelt, können wir versuchen, das All...zu umfassen und zu beschreiben, wie es die Würde des großartigen Wortes Kosmos als Universum, als Weltordnung, als Schmuck des Geordneten, erheischt.

---

[390] Alexander von Humboldt. In: Kosmos. Teilband 1, H. Beck (2018), a.a.O. S. 39

[391] A. Wulf (2016) S. 88

[392] https://de.wikipedia.org/wiki/Anthropozän : „Der Ausdruck Anthropozän (zu altgriechisch ἄνθρωπος ánthropos, deutsch ‚Mensch' und καινός ‚neu') ist ein Vorschlag zur Benennung einer neuen geochronologischen Epoche: nämlich des Zeitalters, in dem der Mensch zu einem der wichtigsten Einflussfaktoren auf die biologischen, geologischen und atmosphärischen Prozesse auf der Erde geworden ist. Auf dem 35. Internationalen Geologischen Kongress in Kapstadt 2016 bestätigte die 2009 gebildete, vom britischen Paläobiologen Jan Zalasiewicz geleitete und aus derzeit 34 Personen bestehende Arbeitsgruppe zum Anthropozän die Thesen Crutzens und Stoermers. Im Mai 2019 beschloss dieses Gremium mit deutlicher Mehrheit, bis 2021 einen ausgearbeiteten Entwurf für die Einführung des Anthropozäns bei der International Commission on Stratigraphy einzureichen, einschließlich eines definitiven geologischen Startpunkts für den Beginn der neuen Epoche."

[393] https://de.wikipedia.org/wiki/Aussterben

[394] https://de.wikipedia.org/wiki/Anthropozän#Artensterben

Möge dann die unermeßliche Verschiedenartigkeit der Elemente, die in ein Naturbild sich zusammendrängen, dem harmonischen Eindruck nicht schaden, welcher der letzte Zweck einer jeden literarischen oder rein künstlerischen Komposition ist.“ [395]

Mit deutlichem Bezug auf die altgriechische Bedeutung von Kosmos, ist jedoch nicht nur die Gesamtheit der Physis gemeint, sondern auch Humboldt hebt darüber hinaus Ästhetik und *Schönheit* hervor („Schmuck des Geordneten“, „harmonischer Eindruck“)....[396]

Das weitreichende Resultat ist: "Der Kosmos als natürliche *und* ästhetische Ordnung.“ [397]

Humboldts Wissenschaft der Welt als Weltwissenschaft definiert damit nicht mehr nur eine umfassende theoretische wie praktische Methodik der Zusammenhänge unterschiedlicher Wissensgebiete, sondern setzt auch eigene ethische, ästhetische und kulturelle Rahmenbedingungen, die die *Lebensrealität* von Mensch und Natur unlösbar verbinden:

„Die Humboldt'sche Weltwissenschaft kann in diesem Überschneidungsbereich unterschiedlicher Wissensbereiche und Wissenschaftsdiskurse als eine Lebenswissenschaft verstanden werden, die sich nicht auf die engen Grenzen einer biowissenschaftlich-medizinischen Dimension und damit auf die derzeit vorherrschende semantische Reduktion des Lebensbegriffs einengen lässt. Das Humboldt'sche Lebenswissen ist in seinen Schriften wie in seinem Handeln allgegenwärtig: Es ist ein Natur und Kultur aufeinander beziehendes Wissen von Leben, das Ethik und Ästhetik miteinander verbindet, aus dem Leben selbst schöpft und auf Lebensführung zielt.“[398]

Mit diesem neuen Paradigma des *„Kosmozentrismus“* ist eine deutliche Veränderung und Erweiterung des Verantwortungsraumes verbunden, da kein Weltelement mehr nur um eines anderen Willen existenzberechtigt sein kann, weder ein Teil der Menschheit nur für einen anderen, noch Lebewesen nur für die Menschen, noch Materie und Energie nur für die Lebewesen.[399] Alle Weltelemente haben nun ihren *Eigenwert* im Natur-Ganzen und verdienen eine entsprechende verantwortliche Behandlungsweise – aus Einsicht all derer, denen es die „Naturgabe Vernunft“ (Kant) ermöglicht. In diesem Raum ist allerdings nicht allein die menschliche Umwelt Maßstab für unser Menschsein, sondern die gesamte Mitwelt.

„Nicht der Mensch ist das Maß aller Dinge, sondern alles, was mit uns ist, ist das Maß unserer Menschlichkeit.“[400]

---

[395] Alexander von Humboldt. Kosmos. Teilband 1, H. Beck (2018), a.a.O. S. 62

[396] Vgl. Ebeling/Feistel (1994), a.a.O. S.7: „Unter dem Kosmos verstanden die Griechen im Gegensatz zum Chaos nicht nur das Geordnete, sondern auch das durch seine Harmonie Schöne.“

[397] Siehe O. Ette (2002), a.a.O. S.56

[398] Siehe O. Ette (2019), a.a.O. S. 382 f.

[399] Vgl. Klaus Michael Meyer-Abich. Aufstand für die Natur. Von der Umwelt zur Mitwelt. München 1990, S. 74ff.

[400] Ebenda, S.82

Dies bedeutet den verantwortlichen Umgang mit den Eigenwerten des Kosmos, dazu gehört zunächst der verantwortliche Einsatz und Ausbildung der *Vernunft* – aber nicht im Sinne einer zerstörerischen Rationalität der Ausbeutung und Herrschaft über Mensch und Natur,

„vielmehr muss die Vernunft für das Leben zurückgewonnen werden. Kommt die Natur nicht nur zur Bestimmung unseres Erkennens, sondern auch zu der unseres Willens im Umgang mit der Sinnenwelt in uns zur Vernunft, was hat sie uns zu sagen?....Gleichermaßen eine *Praktische*, auf das Handeln bezogene *Philosophie der Natur* entwickeln zu wollen, ist überhaupt erst in der Umweltkrise als Aufgabe erkannt worden."[401]

A.N. Whitehead fasst dies folgendermaßen prägnant zusammen:

„Die Funktion der Vernunft besteht darin, daß sie die Kunst zu leben fördert."[402]

Dies führt zu weiteren *Eigenwerten* von *Flora und Fauna* sowie ihren *Ökosystemen* auf diesem Planeten, die es zu schützen, pflegen und zu entwickeln gilt. Angesichts des massiven sich beschleunigenden Artensterben und Verlustes der Biovielfalt sowie der zusätzlich unmittelbar drohenden Klimakrise ist verantwortliches praktisches Handeln *im Sinne* dieser Eigenwerte von höchster Priorität! Und schließlich umfasst die Mitwelt des Kosmos auch den ästhetischen Umgang mit der Welt – in Kunst und Kultur, die es ermöglichen, „endlich auch die Schönheit in die Ethik einziehen zu lassen."[403] „Eine Welt mit Menschen soll schöner und besser sein als eine Welt ohne Menschen."[404]

Schutz, Pflege und Entwicklung der Eigenwerte von Gütern, Denkmälern oder Traditionen der Kultur haben in den letzten Jahrzehnten erheblich an Bedeutung gewonnen. Diese kommt nicht zuletzt in der praktischen Umsetzung eines *UNESCO-Welterbes* zum Ausdruck.[405]Ganz im Sinne einer kosmozentrischen Weltsicht bezieht ein solches Welterbe korrekterweise sowohl ein *Natur*erbe als auch ein *Kultur*erbe ein!

Seit 1951 ist der Ngorongoro Krater Teil des Nationalpark Serengeti. 1959 wird in der Umgebung des Kraters ein besonderes Schutzgebiet *Ngorongoro Conservation Area* (NCA) eingerichtet, in dem den Masai Ansiedlung und Weidewirtschaft erlaubt ist. Im Krater selbst ist seit 1975 Landwirtschaft jedoch endgültig

---

[401] Ebenda, S.93

[402] Siehe Alfred N. Whitehead. Die Funktion der Vernunft. Stuttgart 1974. S. 6

[403] Meyer-Abich (1990), a.a.O. S. 97

[404] Ebenda, S. 111

[405] „*Welterbe* ist eine Bezeichnung für Denkmäler, Ensembles und Stätten (*Weltkulturerbe*) sowie Naturgebilde, geologische und physiographische Erscheinungsformen und Naturstätten (*Weltnaturerbe*) von außergewöhnlichem universellen Wert, deren Erfassung, Schutz und Erhaltung durch die Vertragsstaaten nach der sog. „Welterbekonvention" von der UNESCO unterstützt werden." https://de.wikipedia.org/wiki/UNESCO-Welterbe

verboten. In besonderer Weise ist es dem Engagement von *Berhard Grzimek* und seinem Sohn *Michael* zu verdanken, dass 1979 das Schutzgebiet Ngorongoro auf die UNESCO-Liste des *Weltnaturerbe* aufgenommen wurde, 1981 ebenso der Serengeti Naturpark. Im selben Jahr zeichnete man das NCA als Biosphärenreservat[406] aus. Zusätzlich wurde der Krater 2010 zum *Weltkulturerbe* erhoben.[407] Was aber sind die politischen und praktischen Konsequenzen für das Welterbe in seiner gesamten Dimension für die Menschheit? Es bedeutet im wahrsten Sinne des Wortes die Verantwortung der *ganzen Welt*, um für dessen lokalen *und* globalen Schutz, Pflege und Entwicklung einzustehen! Derzeit sind 193 Staaten dem Abkommen beigetreten, das bedeutet rechtlich: „Die beigetretenen Staaten verpflichten sich, das auf ihrem Gebiet befindliche Welterbe selbst zu erfassen, zu schützen und zu erhalten. Gleichzeitig sichern sie sich internationale Zusammenarbeit und gegenseitige Hilfe zu, um diese Aufgaben zu erfüllen."[408] Aber reicht diese Form der internationalen Kooperation aus?

So sind beispielsweise Schutz und Erhaltung des Welterbes ‚Serengeti' in bedeutsamer Weise vom globalen Klimawandel abhängig, da die Große Migration von ökologischen und klimatischen Gesetzmäßigkeiten direkt betroffen ist.

Es ist daher nicht allein die Aufgabe Tansanias oder Kenias, ihr Welterbe zu erhalten, sondern es gilt auch unsere, *europäische Verantwortung* wahrzunehmen, der natürlichen für die *globalen*, planetaren ‚Randbedingungen' Sorge zu tragen

---

[406] Ein Biosphärenreservat ist eine von der UNESCO initiierte Modellregion, in der nachhaltige Entwicklung in ökologischer, ökonomischer und sozialer Hinsicht exemplarisch verwirklicht werden soll (Weltnetz der Biosphärenreservate).

[407] *Auswahlkriterien*: https://de.wikipedia.org/wiki/UNESCO-Welterbe

Die Güter stellen ein hervorragendes Beispiel eines Typus von Gebäuden, architektonischen oder technologischen Ensembles oder Landschaften dar, die einen oder mehrere bedeutsame Abschnitte der Geschichte der Menschheit versinnbildlichen. (iv)

Die Güter weisen überragende Naturerscheinungen oder Gebiete von außergewöhnlicher Naturschönheit und ästhetischer Bedeutung auf. (vii)

Die Güter stellen außergewöhnliche Beispiele der Hauptstufen der Erdgeschichte dar, darunter der Entwicklung des Lebens, wesentlicher im Gang befindlicher geologischer Prozesse bei der Entwicklung von Landschaftsformen oder wesentlicher geomorphologischer oder physiogeografischer Merkmale. (viii)

Die Güter stellen außergewöhnliche Beispiele bedeutender in Gang befindlicher ökologischer und biologischer Prozesse in der Evolution und Entwicklung von Land-, Süßwasser-, Küsten- und Meeresökosystemen sowie Pflanzen- und Tiergemeinschaften dar. (ix)

Die Güter enthalten die für die In-situ-Erhaltung der biologischen Vielfalt auf der Erde bedeutendsten und typischsten Lebensräume, einschließlich solcher, die bedrohte Arten enthalten, welche aus wissenschaftlichen Gründen oder ihrer Erhaltung wegen von außergewöhnlichem universellem Wert sind. (x)

[408] Ebenda

und eine ökologische, soziale, ökonomische und kulturelle *Überlebensstrategie* sicherzustellen.

Dazu gehören: z. B. eine Strategie zur drastischen Verringerung des ‚ökologischen Fußabdrucks'[409] oder die wirksame Senkung der Treibhausgase zur Erreichung des 1,5°-Ziels im Sinne des Pariser Abkommens.[410]

Hans Küng hat bereits vor drei Jahrzehnten mit dem *„Projekt Weltethos"* die nötigen ethischen Zielvorgaben für eine planetare Überlebensstrategie formuliert:

„Die Parole für das dritte Jahrtausend sollte .... Konkret lauten: *Verantwortung der Weltgesellschaft für ihre eigene Zukunft*! Verantwortung für die *Mitwelt* und *Umwelt*, aber auch für die *Nachwelt*. Die Verantwortlichen der verschiedenen Weltregionen, Weltreligionen und Weltideologien sind aufgefordert, in globalen Zusammenhängen denken und handeln zu lernen! Hierbei sind gewiß die drei ökonomisch führenden Weltregionen besonders gefordert: die europäische Gemeinschaft, Nordamerika und der pazifische Raum. Sie haben eine nicht abschiebbare Verantwortung für die Entwicklung auch der anderen Weltregionen: Osteuropas, Lateinamerikas, Südasiens und...Afrikas.[411]

Aufgrund der Vernetzungen und Wechselwirkungen der planetaren Ökosysteme bedeutet dies auch ein ‚Weckruf' für die Reduzierung des Artensterbens und Erhöhung der Biodiversität, die Abkehr von einer industriell-antiökologischen Landwirtschaft und Tiernutzung, und schließlich anstelle von ökonomischen und sozialen Ausbeutungsstrukturen sowie unfairen Handelsbeziehungen eine grundlegende Anerkennung von selbstbestimmtem Arbeiten und Wirtschaften insbesondere auch in Afrika.

Natürlich spielt dabei auch verantwortungsvoller Tourismus eine bedeutsame Rolle für die Erhaltungssicherung des Welterbes – vorausgesetzt die Existenzbedingungen für die natürlichen, baulichen und sozialen ‚Umweltbedingungen' sind intakt und lebensfähig.[412]

Ein weitgehend nicht gestörter Naturhaushalt, „ursprüngliche" Landschaften, eine besonders artenreiche Flora und Fauna sind wesentliche touristische Attraktionen, aber weltweit zunehmend gefährdet durch:

„ (1) unabhängig vom Fremdenverkehr sich vollziehende Prozesse und die damit verknüpfte Nutzung dieser Ressourcen: Bevölkerungswachstum, Industrialisierung und Verstädterung mit der Folge steigender Belastungen und wachsenden Verbrauchs knapper Umweltgüter wie Land, Wasser, Böden usw.;

---

409 Der Lebensstil Europas auf die ganze Welt übertragen würde *drei* Erden benötigen......

410 Obwohl Afrika eine der geringsten Emissionen von Treibhausgasen produziert, sind schon jetzt massive, schädliche Auswirkungen des Klimawandels in vielen Regionen des Kontinents sichtbar.

411 Siehe Hans Küng. Projekt Weltethos. München 1990. S. 52 f.

412 Siehe Karl Vorlaufer. Tourismus in Entwicklungsländern. Möglichkeiten und Grenzen einer nachhaltigen Entwicklung durch Fremdenverkehr. Darmstadt 1996. S. 209 ff.

(2) eine der Tragfähigkeit und Fragilität vieler Ökosysteme nicht angepaßte Fehl- oder Übernutzung der Ressourcen durch den Tourismus selbst.....Soll der Tourismus einen Beitrag zur nachhaltigen Entwicklung eines Landes leisten, so gilt es, die für ihn wichtigen Ressourcen so zu sichern, daß sie langfristig, d.dh. in ähnlicher Qualität und Quantität auch späteren Generationen noch zu Verfügung stehen, touristisch genutzt werden können. Die Umweltsicherung, dem Natur-, Landschafts- und Artenschutz kommt auch aus übergreifenden ökologischen, ethischen und kulturellen Gründen ein Eigenwert zu." [413]

Umgekehrt kann ein nachhaltiger, verantwortlicher Tourismus ein Mittel zur Umwelt- und Ressourcensicherung sein.

Dies ist seit geraumer Zeit auch im Rahmen des ‚Serengeti-Projektes' in Tansania und Kenia erkannt worden: dazu gehört u.a. die zeitliche und räumliche Regulierung der Touristenströme, Partizipation und Einbindung der Lokalbevölkerung in Umwelt- und Arten-bzw. Wildschutz[414], Umwelt- und Bildungsprogramme sowie faire Beteiligung an den Einnahmen des Tourismus und Naturschutzes[415], z. B. durch Fonds, die kommunal oder regional selbstverwaltet werden. Dazu gehören auch gemeinsam akzeptierte Einrichtungen zur Konfliktregulierung.
Modelle und Strategien einer nachhaltigen Entwicklung im Rahmen von Tourismus müssen unbedingt soziale, ökologische, ökonomische und kulturelle Randbedingungen und ‚Tragfähigkeitsgrenzen'[416] berücksichtigen, um Balancen langfristig zu erhalten und Kollaps-Prozesse zu vermeiden.

„Dies ist m.E. nur dann möglich, wen u.a. die durch touristische Nutzung entstehenden externen Kosten über staatliche Eingriffe internalisiert werden.[417]

Meines Erachtens gehören Nutzung und Erhaltung der Natur- und Umweltbedingungen als „öffentliche Güter" nicht in die Verfügung von marktwirtschaftlichen Einzelinteressen mit maßlosem Ausbau einer profitorientierten Tourismuswirtschaft durch internationales Kapital, sondern in die Hand nachhaltiger, demokratisch kontrollierter Wirtschaftsorganisation und einer Ökonomie, die sich am Gemeinwohl orientiert. Karl Vorlaufer schlussfolgert daher zurecht: „Langfristig wird es notwendig sein, nicht nur die durch die touristische Nutzung natürlicher Ressourcen entstandenen externen Kosten einzelwirtschaftlich zu internalisieren, sondern auch z.B. durch Transferleistungen des „Nordens" zu internalisieren. Der „Tourismus der Reichen in die Länder der Armen" kann dann und nur dann zu einem Faktor nachhaltiger Entwicklung werden."[418]

Allerdings stellt sich aus globaler Perspektive zunehmend das Problem von Treibhauseffekt und Klimawandel: ein wachsender Flugtourismus produziert eine

[413] Ebenda, S. 209
[414] Ebenda, S. 218 ff.
[415] S. 220
[416] S. 229
[417] S. 331
[418] Ebenda

negative CO2-Bilanz….Auch wenn durch die Corona-Krise derzeit Flugbewegungen deutlich verringert werden, stellt sich deutlicher denn je die Frage nach einer globalen, ökologischen Verkehrswende, insbesondere nach einer *alternativen Luftfahrt* – mit klimaneutralen Treibstoffen sowie solaren Antriebssystemen. Vergleichbares gilt im Übrigen auch für *Schiffsantriebe*….Corona hat darüber hinaus einmal mehr verdeutlicht, dass ein verändertes nachhaltiges Konsumverhalten praktiziert werden sollte, nämlich in Form „neuer, umweltverträglicher Lebensstile und Konsummuster, die nicht mehr an einer maßlosen Überwindung von Raum und Zeit ausgerichtet sind."[419]

Vor diesem Hintergrund stellt sich heutzutage die Frage nach dem langfristigen, ‚erfolgreichen'[420] Überleben des Welterbes Serengeti in *erweiterter* Sicht – global und lokal.

In einer aktuellen wissenschaftlichen Untersuchung[421] wird dringender Handlungsbedarf angesichts des Siedlungsdrucks auf Resilienz und Funktionsfähigkeit des Serengeti-Mara-Ökosystems angemahnt: „Steigender Siedlungsdruck treibt Tiere tiefer in Kernzonen, die fehlende Wanderung gefährdet ganzes Ökosystem. Forscher der Uni Hohenheim mahnen dringenden Handlungsbedarf an……. Trotz Pufferzonen ist der Siedlungsdruck rund um das Schutzgebiet mittlerweile so groß, dass sich die Tiere immer weiter in die Kernzonen zurückziehen und diese oft nicht mehr verlassen."[422]

Das Schutzkonzept des Serengeti-Mara-Ökosystems setzt aber wesentlich auf Pufferzonen rund um die Kernzonen.

„Durch die verstärkten menschlichen Aktivitäten in der Randzone ziehen sich die Wildtiere weiter in die Kernzonen zurück, die sie dann kaum wieder verlassen. Sie meiden in den letzten Jahren verstärkt die Randzonen"[423], erläutert *Joseph O. Ogutu*, einer der beteiligten Wissenschaftler an der o.g. Studie.

Sinnvoll sei es daher, die *Viehzahl* der Nutztiere staatlich zu *regulieren*. In Tansania sei jedes Tier gekennzeichnet und kann nur mit Erlaubnis der Regierung transportiert werden. So kann die Regierung regulierend wirken. Auch über *Steuern* könnte man die Tierbestände kontrollieren…… Doch eines der wichtigsten

---

[419] Ebenda, S. 232

[420] Siehe Grzimek/Grzimek (2020), a.a.O. S. 382: „'Serengeti lebt!'……Fast viermal so viele Gnus wie zu Lebzeiten Bernhard und Michael Grzimeks bevölkern heute die weiten Ebenen des Tierparadieses, das Millionenheer der Huftiere gilt als das größte verbliebene Wandersystem von Landsäugetieren. Nirgendwo sonst ist die Dichte an Großraubtieren höher. Der Nationalpark gehört zu den Spitzenverdienern des internationalen Naturtourismus, generiert wichtige Devisen für Tansania und unterstützt mit den Einnahmen alle anderen Schutzgebiete des Landes . Die Serengeti ist heute ein ökonomisches und ökologisches Erfolgsmodell."

[421] (Untersuchung 2019 Cross-boundary human impacts compromise the Serengeti-Mara ecosystem. SCIENCE, Vol. 363, Issue 6434

[422] https://vet-magazin.de/wissenschaft/wildtierkunde/Tierwanderungen-Serengeti.html

[423] Ebenda

Maßnahmen sei die Unterstützung der lokalen Bevölkerung, nur so ließe sich gemäß Joseph Ogutu eine Natur- und Artenschutzschutz durchsetzen. Dass die Bevölkerung kooperiert, sei daher nicht selbstverständlich. „Landnutzungspläne" müssten wohlüberlegt sein." Strategien haben nur Erfolg, wenn die Menschen die Ziele auch unterstützen" betont der Experte. Und das sei nur der Fall, wenn auch sie vom Naturschutz direkt profitieren:

So könne etwa *Gemeinschafts-Grasland* Zäune verhindern, oder man könne einen Fonds etablieren, aus dem die Bauern und Pastoralisten Ausgleichszahlungen für Naturschutz-Leistungen erhalten. Das Land müsse auch nicht unbedingt verkauft werden, denn dadurch würden nur die Bodenpreise steigen. „Wichtig ist nur, dass das Land nicht mehr landwirtschaftlich genutzt wird. Die staatlichen Organisationen sollten daher nicht das Land kaufen, sondern sogenannte ‚Development Rights'. So bleibt das Land privat, und die Eigentümer haben mehr Nutzen vom Naturschutz."[424]

Es bedarf einer dynamischen Koexistenz und nachhaltigen Balance zwischen Mensch und Natur, zwischen Siedlungspraxis und Erhaltung des Ökosysystems. Dies scheint zumindest ansatzweise in der Vergangenheit vielfach auch in anderen Ländern erfüllt worden zu sein.

„Aus den ostafrikanischen Anfängen wuchs ein Naturschutzprogramm mit mehr als 70 Projekten in 33 Ländern."[425]

Eine besonders sinnvolle Erweiterung der Naturpark-Strategie stellt die Idee der *„Peace-Parks"* als grenzübergreifende Naturparks für den Frieden dar[426]. *Nelson Mandela*, Schirmherr und Mitinitiator von ‚Peace Parcs' im Südlichen Afrika, bringt dies 2001 folgendermaßen zum Ausdruck: „Ich kenne keine politische Bewegung, keine Philosophie und keine Ideologie, die das Peace-Parks-Konzept nicht begrüßen würde. Es ist ein Konzept, bei dem sich alle die Hände reichen können. In einer Welt, die von Konflikten und Spaltung heimgesucht wird, ist Frieden ein Eckstein der Zukunft. Die Peace-Parks sind ein Baustein in diesem Prozess, nicht nur in unserer Region, sondern in der ganzen Welt."[427]

Mit der Gründung der *Peace-Parks-Foundation* 1997 in Afrika, die sich vor allem zum Ziel die Installierung von Peace Parks hat, wurden die Staatschefs von

---

424 Ebenda

425 Siehe Grzimek/Grzimek (2020), a.a.O. S.382

426 https://reset.org/knowledge/peaceparks-grenzuebergreifende-naturparks-fuer-den-frieden:" Politische Grenzen entsprechen eher selten Grenzen zwischen Ökosystemen. Für eine nachhaltige und umweltschonende Nutzung ökologische Einheiten ist eine grenzüberschreitende Kooperation sinnvoll. Peace Parks haben zum Ziel, länderübergreifende Schutzgebiete zu schaffen......Nach einer Information des Global Transboundary Protected Areas Networks gab es im Jahre 2007 135 Peace Parks.."

427 Siehe: https://de.wikipedia.org/wiki/Peace_Parks_Foundation. Im südlichen Afrika hat sich für die Peace Parks der Begriff *Transfrontier Conservations Area* (TFCA) bzw. *Transfrontier Park* (TP) durchgesetzt, was so viel wie „grenzüberschreitender Park" bedeutet.

Botswana, Lesotho, Malawi, Mosambik, Simbabwe und Swasiland gewonnen. Schirmherr war Nelson Mandela. Im Süden von Afrika waren 2010 drei Peace Parks realisiert, sechs sind durch staatliche Absichtserklärungen gesichert und neun befinden sich in der Konzeptionsphase. Von diesen 18 Peace Parks reichen 11 über zwei, 6 über drei und 1 Peace Park über fünf Staatsgrenzen hinweg.[428]
Diese nicht nur wahrhaft *komopolitische*, sondern auch *kosmozentrische* Peace-Park-Strategie zeigt einmal mehr welche exemplarische Bedeutung der Diskurs über das Serengeti-Projekt beinhaltet: es geht um eine friedliche Koexistenz zwischen Mensch und Natur, um ein friedliches humanes Zusammenleben und das Ziel „Frieden mit der Natur".
Orientierung liefern dazu auch die „Sustainable Development Goals" der Vereinten Nationen von 2015.[429] *Konrad Ott* zieht daraus sehr weitreichende Schlüsse:

„Es wird in den kommenden Jahren viel davon abhängen, wie sozialethisch bzw. humanitär begründete Ziele und die Forderungen nach globaler Gerechtigkeit mit den naturschützerischen Zielen vermittelt werden...... Seltsamerweise könnten wir gerade im Anthropozän die naturethischen Gründe wertschätzen, die unseren Zugriffen auf Natur aus freier Einsicht Grenzen setzen könnten. Wir können das Anthropozän widerspruchsfrei als das Zeitalter avisieren, in denen die Menschen einen dauerhaften Frieden mit der Natur schließen (und nicht nur kurze Kampfpausen vereinbaren). Unter einer naturschutzpolitischen Perspektive bedarf es politisch handlungsfähiger Kollektive (Staaten und Staatenbünde), die im Medium des Völkervertragsrecht globale, kontinentale, nationale und regionale Schutzziele vereinbaren und umsetzen. Die wohlhabenden Demokratien des Nordens sollten hierbei engagierte Vorreiterrollen übernehmen."[430]

Können wir wirklich das „Anthropozän" als das Zeitalter avisieren, das einen dauerhaften Frieden mit der Natur schließt und eben nicht den Menschen zum ‚Maß aller Dinge' macht??
Ich sehe eher die Notwendigkeit, die planetarische Sackgasse des ‚Anthropozän' schnellstens wieder zu verlassen – und in ein neues Zeitalter zu wechseln: Ich nenne es: *Kosmozän*!

Die kosmische Perspektive, in der der Mensch nicht mehr der Mittelpunkt des *Universums* ist, haben wir eigentlich bereits erreicht. Aber sollte uns die spannende Erforschung und Entdeckung von erdähnlichen *Exo*-Planeten nicht vielmehr auch unser verantwortliches Handeln dahin leiten: mit diesem, anwesenden Planeten Erde endlich pfleglich umzugehen?!

---

[428] Der größte Park wird der Kavango-Zambezi Transfrontier Conservation Area sein, der zwischen fünf Staaten Angola, Botswana, Namibia, Sambia und Simbabwe liegt.Siehe https://de.wikipedia.org/wiki/Peace_Park

[429] https://sdgs.un.org/goals

[430] https://www.bpb.de/gesellschaft/umwelt/bioethik/272093/naturschutztheorie

Vorbei am Lake Manyara lassen wir die Serengeti hinter uns und erreichen den Tarangire National Park, ein landschaftliches Juwel mit ungewohntem, neuen Charakter: der Tarangire-Fluss schlängelt sich mit seinen grünen Graslandufern durch eine offene Baumsavanne, dichtem Buschland und Galeriewäldern, die von sandigen Hügeln und Felskuppen unterbrochen sind. Mächtige einzeln oder in Gruppen stehende Baobab-Bäume, aber auch schön gewachsene, hochragende Königspalmen sind auffällig häufig und verleihen der Landschaft seine besondere Struktur.

Vor allem in der Trockenzeit versammeln sich die Wildtiere am ganzjährig Wasser führenden Fluss, der den Park in ein Areal artenreicher Flora und Fauna verwandelt.[431] Hervorgehoben wird dies eindrucksvoll durch zwei gigantische Elefantenbullen, die uns am Eingang erwarten, als wollten sie die Rolle von schützenden Parkwächtern symbolisieren.....

Zakaria gesteht uns beim Abendessen, dass dies eigentlich sein Lieblingspark sei, obwohl er von relativ wenigen Touristen besucht wird. Seine Begründung war so erstaunlich wie spannend: *so* habe er sich als Muslim immer den ‚Garten Eden' als gleichermaßen göttlichen und natürlichen Ursprung des Menschen vorgestellt. Und er fügte hinzu, vielleicht müssen wir die Zukunft der Welt so gestalten, dass wir uns an die Vergangenheit erinnern, als die Erde noch ein ‚Natur-Garten' war. Weise Worte....

Vor unserem Zelt verwandelt die Abendsonne den Tarangire in einen geschwungenen Strom aus purem Gold, bevor der schwarze Nachthimmel unzählige hell leuchtende Sterne, aber vor allem die ausgeprägte Milchstraßen-Scheibe sichtbar macht.

Dies erinnert mich erneut daran, dass wir in einem Universum zu Hause sind, das komplexes Leben und Bewusstsein hervorgebracht hat: „Für mich ist immer wieder unfassbar, wie präzise die Naturgesetze und ihre Eigenschaften quantitativ ausbalanciert sind, so dass menschliches Leben entstehen konnte. Geringfügige Abweichungen von Naturkonstanten oder Feldstärken hätten ein anderes Universum hervorgebracht – ohne Leben wie wir es kennen."[432] Und vergessen wir niemals: „Wir sind ein Geschenk der Natur, eine höchst seltsame und unwahrscheinliche Konstruktion – ausgestattet mit der Naturgabe Vernunft! Vielleicht sollten wir uns daran wieder erinnern....."[433]

Mitten in der Nacht bekommen wir unerwartet Besuch von ‚Mutter Natur': eine Herde Impalas bewegt sich schnaubend, trappelnd und grunzend mitten durch

[431] Vgl. S. Kordy (2001), a.a.O. S. 269 f.

[432] Vgl. Reinhard Breuer, Das anthropische Prinzip. Der Mensch im Fadenkreuz der Naturgesetze. Frankfurt/M-Berlin-Wien 1984, S. 17 ff.

[433] U. Skirke (1992), a.a.O. S. 124 f.

das Zeltcamp und hinterlässt eine besondere Duftmarke strengen Wildtiergeruchs. Was für ein Ereignis. Ich erinnere mich noch heute daran…
In einem bunten Farbenrausch kündigt sich der afrikanische Sonnenaufgang an: der Tarangire erscheint diesmal im gleißenden Morgenlicht als eine leuchtende übergroße Silberader, die glänzend im Horizont verschwindet…„Auf dem Baum neben unserem Zelt beginnt ein kurzes, aber festliches Morgenkonzert besonders hübsch buntgefiederter Vögel. Es klingt wie ein helles, durchtönendes Glockengeläut und ist genauso schnell beendet wie es begonnen hat.“[434]

Auch dieses Mal sind es wieder Vögel, die uns zum Abschied beschenken.

---

[434] Ebenda, S. 127

5. Küstenverbindungen

Zum wiederholten Male bringt mich der Nachtflug von Europa nach Afrika. Mein Begleiter ist einmal mehr der hellerleuchtete Vollmond, der am tiefschwarzen Himmel meinen Weg zu begleiten scheint. Doch die Gedanken verfangen sich wie schon früher in einer gedanklichen Zeitschleife: Europa – eine historische Problemgeschichte?

Meine anfänglich fast euphorische Hoffnung, nach Jahrhunderten kolonialer Eroberung, Aneignung fremden Reichtums und kultureller Bevormundung, nationalistischer Verfeindung und schließlich zweier Weltkriege, auf eine human-friedliche, zukunftsfähige, vielfältige Kultur-Entwicklung und vielversprechenden Politik-Entwicklung Europas ist nach anfänglichen Positiverfahrungen einem nagenden Zweifel gewichen. Inwieweit hat die erfolgreiche Union Europas nach dem Zweiten Weltkrieg tatsächlich die historischen, nationalistischen Tiefenstrukturen des sozio-kulturellen Europas verändert? Angesichts des vor mir liegenden Reiseziels Afrika erzeugt der schwarze Nachthimmel tief in meinem Inneren ein dunkles Bild der geschichtswirksamen Fehlentwicklungen europäischen Denkens und Handelns, die auch ein voller, kräftiger Mond nicht erleuchten zu können scheint: „Wohin immer ein Afrikareisender sich auf diesem Kontinent wandte...., musste er auf die Spuren Europas stoßen, auf eine zertrampelte Bühne der Grausamkeit, dazu aber auch: auf Quellgebiete des europäischen Reichtums."[435]

Es ist diese unheimliche Rück-Erinnerung an die europäische *Dualität* der letzten Jahrhunderte von *einerseits* Aufklärung, Moderne und universellem Menschenbild sowie *andererseits* Ignoranz von anderen Welten und anderen Kulturen bei gleichzeitiger Kolonialisierung, Unterdrückung und Ausbeutung, die mir immer wieder Rätsel aufgibt. Wie kann diese instabil-destruktive, eurozentrische Weltsicht aber gleichzeitig eine Denkweise der politischen Stabilität, der Kooperation oder des „ewigen Friedens" hervorbringen....? Wie soll, kann und muss eine nachhaltige zukunftsfähige Europa-Idee aussehen?

Aber Europas wechselvolle Geschichte vermittelt eben *nicht* die *eine* selbsterklärende Leitidee.

Das europäische Denken ist immer wieder durch geistige und gesellschaftliche Revolutionen und selbstkritische Umbrüche gekennzeichnet, die eine Abkehr oder Umkehrung von Weltbildern bedeuteten.

So erinnern wir uns an das wissenschaftliche Genie *Johannes Kepler*, der im Zentrum Europas – allen Widrigkeiten und Intrigen zum Trotz – die „Kopernikanische Wende" hin zum heliozentrischen und damit zu einem *kosmozentrischen*

---

[435] Christoph Ransmayr (2018), zitiert nach Ute Scheub, Europa. Die unvollendete Demokratie. Eine Vision für die Europäische Union. München 2019, S. 48

Weltbild wissenschaftlich und faktengestützt begründete. „In seinem Hauptwerk *De revolutionibus orbium coelestium* von 1543 beschreibt er ein heliozentrisches Weltbild, nach dem die Erde ein Planet sei, sich um ihre eigene Achse drehe und sich zudem wie die anderen Planeten um die Sonne bewege. Die Rezeption des Werkes führte zu dem Umbruch, der als „kopernikanische Wende" bezeichnet wird und in der Geschichtswissenschaft eine der Zäsuren darstellt, die den Übergang vom Mittelalter zur Neuzeit markieren." [436]

Oder die großartige politische Initiative einer *Bertha von Suttner*[437], die 1889 mit ihrem Roman „Die Waffen nieder!" zu Weltruhm gelangte und eine international aktive Friedensbewegung mitbegründete. Der Begriff „Waffen" symbolisierte jedoch weit mehr: es ging um die Warnung vor einer zunehmenden Potenzierung technischer Destruktionskraft, die nur Verlierer hervorbringt. „Alles wird verhundertfacht, vertausendfacht: die Schnelligkeit, das Licht, die Schöpfungs- und Vernichtungskraft", schrieb Bertha von Suttner in der Zeitschrift *Die Waffen nieder*![438] Als erste Frau 1905 mit dem Friedensnobelpreis ausgezeichnet, arbeitete sie unermüdlich für europäische Verhandlungslösungen und gegen die Kriegsvorbeitung.

Doch die Kräfte nationalistischer Ideologien und der Hochrüstung setzten sich durch. Bertha von Suttner starb eine Woche vor Ausbruch des Ersten Weltkrieges.

Mehr als einhundert Jahre später beurteilt *Henry Kissinger* die bedrohliche internationale Lage: „In einer Welt, in der eine wirkmächtige Technologie die menschliche Zivilisation entweder beflügeln oder aber zerlegen kann, gibt es keine Lösung für den Konkurrenzkampf der Großmächte, von einer militärischen ganz zu schweigen. Ein ungehemmtes technologisches Wettrennen, basierend auf einer Ideologisierung der Außenpolitik, in der jede Seite von den bösen Absichten der anderen Seit überzeugt ist, wird letztlich einen ähnlich verheerenden Teufelskreis gegenseitigen Misstrauens erzeugen, der seinerzeit den *Ersten Weltkrieg* auslöste, aber mit unvergleichlich schrecklicheren Folgen."[439] Wie und Warum kann sich eine solch strukturähnliche ‚Weltlage' – Europa eingeschlossen – aktuell *wieder* ereignen......?

Nach einer schwierigen Auseinandersetzung mit der nationalsozialistischen Vergangenheit gelang Deutschland eine historischen Umorientierung; und mit dem tragenden Bündnis von Frankreich und der Bundesrepublik Deutschland wurde der Kern für eine europäische Entwicklung geschaffen, die nicht mehr in einem nationalistischen Gegeneinander bestand. Viele meiner Freunde und ich stellten uns ein Europa des Friedens, der Freizügigkeit, der regionalen und kulturellen Vielfalt, der sozialen Gerechtigkeit, der ökologischen Überlebensstrategien – und das Europa einer demokratischen Bürgergesellschaft vor. Doch schon bald war

---

[436] Siehe: https://de.wikipedia.org/wiki/Nikolaus_Kopernikus

[437] Siehe: Harald Steffahn. Bertha von Suttner. Reinbek bei Hamburg 1998

[438] Siehe: Brigitte Hamann. Bertha von Suttner. Kämpferin für den Frieden. Wien 2015. S. 7

[439] Siehe: Henry Kissinger. Staatskunst. Sechs Lektionen für das 21. Jahrhundert. München 2022. S. 541 f.

leider „Die EU-phorie...vorbei“[440]: Demokratiedefizite, Finanzkrise,[441] Migrationskrisen, Rassismus, Nationalismus, Rechtspopulismus sind nicht nur Stichworte, sondern Charakteristika für nach wie vor ungelöste oder schwelende Probleme eines Europakonstruktes, das dringend Reformen braucht, auch wenn hin und wieder neue Ansätze aufleuchten. Dazu sei exemplarisch auf ein kritisch-konstruktives ‚Positionspapier der DGB-Jugend‘ für eine „Sozial-ökologische Transformation in Europa“ verwiesen.[442] Weitergehende Konzepte und „Visionen“ für *zukunftsfähige* Leitbilder einer Europäische Union, wie z. B. ein demokratisiertes ‚Europa der Regionen‘, eine Europäische Republik ‚von unten‘ oder ein ‚Bürgergesellschaftliches Europa‘ liegen längst vor und drängen zur Umsetzung.[443]
Doch eine solche grundlegende Transformation bestünde allerdings nicht allein in einer politisch-institutionellen Veränderung, sondern müsste die grundlegendere Frage beantworten: welches *geistige-kulturelle* Erbe Europas ist für eine zukunftsfähige globale Entwicklung wirklich geeignet, das *nicht* einfach eine tradtitionelle Moderne mit Krisen und zerstörerische Konflikte der Vergangenheit reproduziert?

Charlotte Wiedemann greift diese Problematik auf und bezieht sich auch auf den indischen Historiker *Dipesh Chakrabarty*: „Europas intellektuelle Gestalt nennt er janusköpfig: Das Europa der frühen Neuzeit und der Aufklärung habe der übrigen Welt wichtige Ideen der Moderne geschenkt, aber mit ihnen gleichzeitig die Unterdrückung anderer gerechtfertigt...Doch nur Europa, schreibt Chakrabarty, habe den Abhängigen und Unterworfenen zugleich Begriffe vermittelt, mit denen sich seine Macht angreifen ließ: die *Waffen der Kritik,* darunter Marxismus und Liberalismus.“[444] [445]
Dazu gehört allerdings auch die „Frankfurter Schule“[446] als wichtiger Beitrag: „Gegenstand der Theorie ist die ideologiekritische Analyse der bürgerlich-kapitalistischen

---

[440] Siehe Ute Scheub (2019), a.a.O. S. 25ff

[441] Den verschuldeten Eurostaaten, allen voran Griechenland, wurden nahezu keine Hilfen für die Bevölkerung, sondern Gewinn-„Hilfen“ für Banken und Kapitalanleger gewährt. Skandalöserweise hat allein Deutschland rund 2,9 Milliarden Euro aus Gewinnen erhalten, die aus Ankäufen griechischer Staatsanleihen herrührten. (ebenda S. 27)

[442] Siehe: https://jugend.dgb.de/ueber-uns/was-wir-machen/politik/europawahl-2024

[443] Ute Scheub (2019), a.a.O. S. 72 ff

[444] Siehe: Charlotte Wiedemann. Der lange Abschied von der weißen Dominanz. München 2019, S. 177 ff.

[445] Im übrigen sei eine kritisch-hinterfragte ‚Modernität‘ heute ein „Terrain von Auseinandersetzungen, in denen sich Gesellschaften und Kulturen auf Augenhöhe begegnen.“ Ebenda, S.180

[446] „Als Kritische Theorie wird eine Gesellschaftstheorie aus der ersten Hälfte des 20. Jahrhunderts bezeichnet, die von Hegel, Marx und Freud inspiriert ist und deren Vertreter (vornehmlich Max Horkheimer, Theodor W. Adorno, Herbert Marcuse und der Sozialpsychologe Erich

Gesellschaft, das heißt: die Aufdeckung ihrer Herrschafts- und Unterdrückungsmechanismen und die Hinterfragung ihrer Ideologien mit dem Ziel einer vernünftigen Gesellschaft mündiger Menschen." [447]

Diese ermöglicht einen tieferen Blick in die Gesellschafts- und Kultur*geschichte*, um zu verstehen, wie *Kultur* als grundlegende gesellschaftliche Produktivkraft entwickel- und förderbar ist, aber auch in Form entfremdeter Ideologie als Destruktionskraft instrumentalisiert und missbraucht werden kann. Deshalb ist ein ehrlicher, kritischer Diskurs von europäischen Weltbildern mit denen anderer Kulturen unbedingt erforderlich: „Die große Herausforderung für Deutschland als das Land im Zentrum der Eurozone besteht meiner Ansicht nach darin, den *Gedanken des Multikulturalismus* nicht mehr zu instrumentalisieren und ihn nur, wenn es ihm passt, für politische und ökonomische Ziele zu nutzen. Dadurch instrumentalisiert es ihn entweder für seine eigene politische Agenda oder macht ihn zum Sündenbock. Die Zukunft Europas hängt von der Transparenz ab: Die Regierungen sollten deutlich sagen, wie Europa von der Diversität profitiert, sie sollten sich öffnen, sie sollten Kolonialgeschichte mit allen Zwischentönen und mit Aufrichtigkeit lehren und sich der Vergangenheit stellen, damit wir alle die Gegenwart verstehen und uns auf eine vereinigte Zukunft hinbewegen können."[448]

Von daher sollte *Kultur* und *kulturelle Vielfalt* nicht einfach als ‚Überbau-Phänomen' betrachtet, sondern aus materialistischer Perspektive „die wirklichen Individuen und ihre materiellen Lebensbedingungen"[449] zum Ausgangspunkt gemacht werden, um den dialektisch-wechselseitigen *Zusammenhang* von Weltsicht und *Politik-Wirklichkeit* zu analysieren. Zu diesen *materiellen, wirklichen Lebensbedingungen* gehören thematisch neben der ökonomischen Verfasstheit einer Gesellschaft auch eine sehr viel *breitere* ‚Basis' von natürlichen und sozialen *Randbedingungen* [450], die entscheidend dazu beitragen, ob sich selbstverstärkende *produktiv*-konstruktive oder *destruktiv*-dominante Handlungsweisen und Denkformen der Menschen durchsetzen.

Zur Beschreibung und Kennzeichnung dieser Zusammenhänge scheint mir das sogenannte *„Eisbergmodell"*[451] besonders interessant.[452] Auf der Basis von

---

Fromm) auch unter dem Begriff Frankfurter Schule zusammengefasst werden." Vgl. https://de.wikipedia.org/wiki/Kritische_Theorie

[447] Ebenda

[448] Siehe: Johny Pitts. Afropäisch. Eine Reise durch das schwarze Europa. Berlin 2020, S. 244

[449] Siehe: MEW 3, S. 20

[450] wie z.B. das Verhältnis Mensch-Natur, Frau-Mann-Beziehungen, psycho-soziale Verhaltensnormen, ganzheitliche Bildung, künstlerisch-musische Ausbildung, Sexualmoral, patriarchalische Strukturen, religiöse und ethische Einstellungen, Menschenbilder, gerechte gesellschaftspolitische Entscheidungsregeln......etc.

[451] Siehe: https://de.wikipedia.org/wiki/Eisbergmodell

[452] Vielleicht hat meine Assoziation zum Eismond „Europa" eine gedankliche Brücke hergestellt

Persönlichkeits- und Kommunikationstheorien von Freud und Pareto[453] verdeutlicht dieses Modell anschaulich:

Deutlich erkennbar sind im oberen Bereich des Modells oberhalb der „Wasserfläche" die *bewussten* Anteile der Persönlichkeit, welche dem *rationalen* Verhalten[454]zugewiesen werden. In der zwischenmenschlichen Kommunikation wird diesen Anteilen ebenso wie in der zwischenpersonellen Kommunikation nur ein relativ geringer Bedeutungsanteil („*Pareto-Prinzip*") beigemessen. Der weitaus größere Anteil der Handlungsmotive und *verborgenen* Anteile der Persönlichkeit, liegt jedoch gemäß dem Pareto-Prinzip im Bereich des V*orbewussten* [455] und *Unbewussten* [456] .

Das bedeutet:

ein großer Teil von Denkformen und Handlungsweisen ist bei bestimmten sozialen Randbedingungen instrumentalisierbar und verfestigt *Verdrängung, Unterdrückung* oder *Ignoranz* von Negativ-Folgen – bei gleichzeitiger *Verklärung* erwünschter Erfolge!

Von daher ist ein transparenter und gleichberechtigter Kommunikationsprozess zwischen den Kulturen unbedingt erforderlich, der alles Unterdrückte, Ignorierte oder Diskriminierende offenlegt, einbezieht und konstruktive Alternativen entwickelt. Dazu wäre der Ansatz einer „kommunikativen Vernunft"[457] von *Jürgen Habermas* durchaus hilfreich. Können im wechselseitigen Dialog mit anderen Kulturen möglicherweise Randbedingungen für eine gemeinsame Zukunfts- und Überlebensfähigkeit auf diesem Planeten entwickelt werden? Dazu sollte die schicksalhafte Geschichtsbeziehung von Europa und Afrika in besonderer Weise aufgearbeitet werden.

Ich plädiere daher für einen afrikanisch-europäischen Dialog, der Geschichte *und* Zukunftsentwürfe beider Kulturen fokussiert. Lassen sich *selbstähnliche* [458] Strukturelemente einer neuen europäischen Denkweise und eines wiederentdeckten „Afrotopia"[459] dekonstruieren?

---

[453] Vgl. https://de.wikipedia.org/wiki/Paretoprinzip

[454] z.B. fakten- und argumentationsgeleitete Handlungen und Denweisen, politisch-programmatische etc.

[455] z.B. Ängste, Sicherheit/Unsicherheit, Erfahrung/Neugier, Vertrauen/Misstrauen etc.

[456] wie z.B. psychosexuelle Entwicklung, (psycho)somatische Anlagen, Umweltbedingungen et.

[457] Siehe: https://de.wikipedia.org/wiki/Jürgen_Habermas#Kommunikative_Rationalität

[458] Vgl. Skaleninvarianz, Potenzgesetze, Pareto-Prinzip: https://de.wikipedia.org/wiki/Potenzgesetz_(Statistik)

[459] Vgl. Felwine Sarr (2019), a.a.O.

Wie sind dazu eine *„afropäische“*[460] Kultur der schwarzen Communitys Europas, einem neu erworbenen Reichtum in der europäischen Kultur, oder Kulturen der afrikanischen *‚Diaspora‘* Nord- und Südamerikas sinnvollerweise einzubeziehen, die neue, globale Formen und Phänomene von Vielfalt und Buntheit eröffnet................?!

Wie eine dazu geschaffene bildhafte Begründung eröffnet sich der Sonnenaufgang in seiner farbenprächtigen bunten Vielfalt und vertreibt den größeren Teil meiner dunklen Gedanken. Das goldene Licht gestattet einen wunderbaren Blick auf die Umrisse des Turkana-Sees, auf die Momentaufnahme, die wie eine Bildkomposition aus den *vier Elementen* Feuer, Wasser, Erde und Luft anmutet.
Beim Ausstieg in Mombasa empfängt uns wieder dieser vertraute typische Geruch Afrikas, der mir sehr verwandt mit einer *Duft*komposition aus genau jenen vier Grund-Elementen zu sein scheint....
Die morgentliche Fahrt führt uns in den nördlichen Teil der Stadt nach Bamburi, in eine *Sea Lodge* am Indischen Ozean. Dieses im tradtionellen afrikanischen Baustiel gestaltete Resort lädt ein durch eine großzügig angelegte Empfangshalle in einheimischer Holzarchitektur, umgeben von palmengedeckten Rundbauten und einem eindrucksvollen Palmengarten direkt am langen, flach abfallenden Bamburi Beach. Das Hotel sollte in Zukunft häufiger und geschätzter Aufenthaltsort und Ausgangspunkt unserer Afrikareisen sein.....
Der Ausblick auf die Weite des wunderblauen Ozeans erzeugt eine ungeahnte innere Ruhe, Farben des Friedens.....

„Am fast menschleeren Strand und kaum genutzten Liegegrün herrscht eine Ruhe und Gelassenheit, wie man sie in der Stadt kaum mehr erleben kann. Das abgelaufene Wasser des Indischen Ozeans hinterlässt eine weiße, gründurchstreifte, feuchte Ebene, soweit das Auge reicht. Unterhalb des Horizontes zeichnen die unterbrochenen Schaumkronen des Riffs eine durchgezogene Linie wie eine Perlenkette. Der bewölkte Himmel öffnet hier und da seine grauen Fronten, um einige kräftige Sonnenstrahlen auf die Erde hinunterzusenden.“[461]

Der Hotelangestellte Julius, mit dem ich des Öfteren einen kurzen, aber intensiven Gedankenaustausch pflege, erläutert mir in einem Sprichwort auf Swahili die Lebensphilosophie der Küste: *Haraka haraka haina baraka* („Eile, Eile kennt keinen Frieden“).

---

[460] Vgl. Johny Pitts (2020), a.a.O. Ausgangspunkt ist die Reise des Autors durch das schwarze Europa. Seine Erfahrungen der ‚Black Communitys‘ in verschieden Metropolen Europas eröffnet den Blick in eine längst gelebte afroeuropäische Kultur

[461] Siehe U. Skirke, Reisetagebuch (1997/98), unveröffentlicht, S. 36

Und in der Tat schafft das feuchtheiße Klima wiederkehrende, stabile Bedingungen, die über das gesamte Jahr mit den ständigen Winden des Nordost- bzw. Südostpassat vom Indischen Ozean her aufgefrischt werden.[462]
Allerdings weisen die Passatwinde am Äquator eine Besonderheit auf: den *Monsun*-Wind.[463] Der zwischen Oktober und März wehende Nordost-Monsun („Kaskazi"), der in früheren Zeiten Segelschiffe (Dhaus) vom Persischen Golf, Indien oder China an die ostafrikanische Küste blies, und der Südwest-Monsun („Kuzi"), durch den die Schiffe wieder in ihre Heimat segeln konnten, brachte mit den Handelsreisenden fremde Güter und Kulturen an die Küste.
Daraus entstand eine neue, afrikanische – vielfältige – Kultur der Swahili.[464] Dazu trug der besondere Küsten-Lebensraum mit Sicherheit bei: die einzigartigen, reichhaltigen ökologischen, ökonomischen und sozialen ‚Randbedingungen' bedeuteten ungeahnte Möglichkeiten für das Gedeihen einer zweitausendjährigen Kultur:

„Die Riffe im türkisfarbenen oder azurblauen Wasser vor Afrikas tropischen Küsten gehören zu den reichsten Lebensräumen der Erde. Jahrhundertelang haben die Suaheli vor den Riffen von Sansibar und der ostafrikanischen Küste gefischt. Doppelt reich durch die Erträge von Land und Meer, übernahmen die Suahli den Islam und handelten mit dem, was ihnen die Monsunwinde brachten, und blieben dabei doch immer Afrikaner. Heute erstreckt sich die lebendige Suahelikultur über eine Region, die von Somalia bis nach Mosambik reicht. Die Suaheliküste war der erste Teil Afrikas, der mit der Außenwelt in Berührung kam. Daus aus dem Roten Meer, aus Arabien und Indien trieben bereits über tausend Jahre Handel, bevor die ersten portugiesischen Karavellen vor der westafrikanischen Küste ankerten."[465]

Leider sollten später die portugiesischen Eroberungen an der Ostküste eine tiefe ‚Kerbe' in diese Suaheli-Geschichte treiben....
Doch zunächst beschäftigen mich ungleich intensiver die Lebensgrundlagen und landschftsökologischen Randbedingungen dieses Küstentaumes. Wie hängen die ökologischen und klimatologischen langzeitig stabilen Bedingungen mit der Entwicklungsmöglichkeit einer äußerst langfristigen, vielfältigen und anpassungsfähigen *Kultur*dynamik an Afrikas Ostküste zusammen?

---

[462] Siehe https://de.wikipedia.org/wiki/Passat_(Windsystem): Die Passatzirkulation, also die erdumspannende Luftströmung der Passatwinde, wurde erstmals 1735 von George Hadley sachlich richtig beschrieben, rund einhundert Jahre bevor Gaspard Gustave de Coriolis die Corioliskraft allgemeiner als Ursache der Bewegungsablenkung in westlicher Richtung erkannte. Das Luftzirkulationssystem, dem die Passate entspringen, wird daher Hadley-Zelle genannt. Wegen seiner Beständigkeit wurde und wird der Passat von Segelschiffen zur zügigen Überquerung der Ozeane genutzt.
[463] Siehe: http://www.klima-der-erde.de/zirk_passat.html
[464] Siehe Steffi Kordy. Kenya.Tanzania (mit Zanzibar). DuMont Buchverlag 2001, S. 14
[465] J. Reader (2001), a.a.O. S. 239

Selbstverständlich haben die besonderen natürlichen Bedingungen die kulturelle Geschichte nicht kausal deteminiert, aber wie lässt sich das Wechselspiel zwischen Naturzuständen und Kulturentfaltung charakterisieren oder gar modellhaft beschreiben?
Wenden wir uns zunächst den lanschaftsökologischen Randbedingungen der Ostküste zu.
Entlang der tausende Kilometer umfassenden Küstenlinie sind schützende Korallenriffs etwa einhundert bis eintausend Meter vorgelagert, die den Uferbereich der Sandstrände vor den ungezügelten Einflüssen des Ozeans abschirmen. Unterbrochen werden die Riffs von Buchten ehemaliger Flüsse, wo sich im Brackwasser Mangrovenwälder ausbreiten oder die Kraft des Ozeans Wasserwege und Buchten („creeks") ins Inland gegraben hat.[466]
Unmittelbar hinter der Küstenlinie erstreckt sich ein einige zehn Kilometer breiter Küstengürtel mit moderaten klimatischen Lebensbedingungen – günstiger Rahmen für eine stabile Kulturentwicklung.[467]
Ein kleines Einbaumboot mit charakteristischen Seitenauslegern und Dreieckssegel („Ngalawa") bringt uns zum Korallenriff, dorthin wo das Meer abrupt seine Farbe ändert – vom hellen Türkis des Flachwassers hin zum dunklen Ultramarin des tiefen Ozeans.

„Tropische Korallenriffe sind die faszinierendsten Ökosysteme der Erde. In eienm einzigen Riff können 3000 verschiedene Arten von Meerestieren und -pflanzen leben.....Deren Bau ist eine der bemerkenswertesten Leistungen der Natur. Vor 8000 bis 12.000 Jahren, als sich die Meereshöhen mit einer Geschwindigkeit von etwa zehn Metern in 1000 Jahren anhoben, legten die winzigen Polypen und verwandte Arten zehn Milliarden Tonnen Kalziumkarbonat ab. Auch heute , wo die Meereshöhen relativ stabil sind, fügen sie zu den Riffen jährlich 2,5 Milliarden Tonnen Material hinzu. Während die Polypen ihre winzigen Kalksteinschlafsäle auftürmen, ist die Wachstumsrate der Pflanzen und symbiotischen[468] Tiere des Riffs größer als in jedem anderen Ökosystem."[469]

Symbiose ist also ein zentrales Charakteristikum eines tropischen Korallenriffs. Positive Rückkoppelung zwischen Organismen und Umwelt bestimmt wesentlich seine komplexe Dynamik.[470]

---

[466] Vgl. Apa Guides Kenia, M. Amin/D. Eames (Hrsg.), München 1989, S. 202 f ; vgl. S. Kordy (2001), a.a.O. S. 13 f

[467] Ebenda

[468] Die mikroskopischen Algen leben in einer Symbiose mit den Korallenpolypen.

[469] J. Reader (2001), a.a.O. S. 245 f.

[470] "So tat sich in der Jahrmillionen währenden Geschichte der Küstenriffe eine immer höhere Komplexität auf, schichteten sich immer neue Gefüge von Interaktionen übereinander, brachen immer mehr Nischen für neue Lebensentwürfe hervor. Und wie beim tropischen Regenwald können Forscher mit ihren darwinistischen Modellen auch angesichts der Lebensoasen an den

„Die Gemeinschaft floriert, weil es mehr Raum für Kooperation als für Konkurrenz gibt."[471]

Doch wie lässt sich die *gesamte* komplexe Öko-Dynamik eines Korallenriffs beschreiben?

John Reader resümiert: „Korallenriffe im Besonderen sind dynamische....Ökosysteme, in denen Selbsterneuerung und die Erholung von Störungen normal sind und tatsächlich zur Vielfalt des Riffs beitragen. Korallenriffgemeinschaften haben sich unter Bedingungen entwickelt, die unvorhersehbaren und radikalen Veränderungen unterworfen waren. Um mit Hurrikanen, Stürmen, Veränderungen der Meereshöhe und Wassertemperatur fertig zu werden, müssen Korallenriffe anpassungsfähig sein."[472]

Hier wird treffend komplex-dynamisches Selbstorganisationsverhalten eines Systems im Phasenübergang zwischen Ordnund und Chaos, am sogenannten *„Chaosrand"* beschrieben: „In der natürlichen, aber auch bei lernfähigen, gesellschaftlichen oder künstlichen Systemen ist dies der Ort maximaler und qualitätssteigernder Informationsverarbeitung. Dieser Chaosrand stellt in natürlichen oder künstlichen evolutionären Sytemen insofern ein Optimum dar, als hier die mittlere Fitness am höchsten und die Aussterberate am niedrigsten ist."[473]

Diese grundlegenden Selbstorganisations- und Evolutions-Eigenschaften sind offenbar günstige Randbedingungen nicht nur für ökologische Anpassungsfähigkeit, Lernfähigkeit, Vielfalt und Überlebensfähigkeit. Haben sie möglicherweise einen selbstähnlichen ‚Vorbild-Charakter' für eine entsprechende Weiterentwicklung im sozio-kulturellen Bereich? Eine erfolgreiche, überlebensfähige natürliche Evolution unterscheidet sich offenbar nicht prinzipiell von einer entsprechend erfolgreichen kulturellen, *„nachhaltigen"* Entwicklung![474] [475] [476] [477]

Eine genauere Beschreibung der Suaheli-Kultur führt vielleicht auf eine aussichtsreiche, konkretere Begründungsspur....

Ich suche ein wenig Ruhe im Palmengarten der Sea Lodge und lasse das vom Monsunwind durchströmte Rascheln der gefiederten Palmenblätter auf mich

---

Ozeanküsten noch immer nicht wirklich erklären, wie deren Vielfalt zustande kommt." A. Weber (2007), a.a.O. S. 215

[471] Vgl. R. Wesson (1991), a.a.O. S. 197

[472] J. Reader (2001), a.a.O. S. 246 f

[473] Siehe U. Skirke (FN 13), S. 249

[474] Ebenda, S. 250 ff

[475] Siehe auch R. Wesson (1991), a.a.O. S. 341

[476] Vgl. J. H. Reichholf. Das Rätsel der Menschwerdung. Die Entstehung des Menschen im Wechselsspiel der Natur. München 1997, insbesondere S.68

[477] Siehe B. Campbell. Ökologie des Menschen. Frankfurt/Main 1987, S. 210 :"Kultur ist der nicht-biologische Teil der Anpassung einer Gesellschaft an ihre Umwelt, und deshalb ist es nicht verwunderlich, daß die Kulturen ebenso verschieden sind wie die Umwelten."

wirken. Doch genauso wie der wohltuend wispernde Geräuschhintergrund der *Palmen* beeindruckt mich die Schönheit dieser hochgewachsenen Pflanzenexoten. So schwärmte auch Alexander von Humboldt:

„Wir beginnen mit den Palmen, der höchsten und edelsten aller Pflanzengestalten; den hier haben stets die Völker (Und die früheste Menschenbildung war in der asiatischen Palmenwelt wie in dem Erdstrich, welcher zunächst an die Palmenwelt grenzt) den Preis der Schönheit zu erkannt. Hohe, schlanke, geringelte, bisweilen stachlige Schäfte endigen mit anstrebendem, glänzendem, bald gefächerten, bald gefiedertem Laub."[478]

Julius erklärt mir Interessantes und Erstaunliches über die Kokospalme: In der Vorstellung der Menschen präge keine Baumart das Bild der tropischen Küste so sehr wie Kokospalmen. Die in vielen tropischen Ländern „Baum des Himmels" genannte Pflanze biete den Bewohnern seit Jahrtausenden eine wichtige Nahrungs- und Rohstoffquelle: mit ihren Früchten als gehaltvoller Nahrung und Getränk, ihrem Holz als Baumaterial für Hütten, ihren Blättern als Dachbedeckung für diese, ihren Fasern zum Flechten von Hauswänden, Körben, Matten und ihren trockenen Kokosnussschalen als Brennmaterial.[479]

Als Natur-Partner des Menschen sei das Leben der Palme allerdings selbst mit Leben eines Menschen vergleichbar: in ihrer ‚Kindheit' braucht sie Schutz und gute Pflege auf gedeihlichem Untergrund, bis sie in der ‚Pubertät' beginnt Früchte zu tragen. Je nach Standort blühen und fruchten die Palmen mit voller Leistung 15 bis 60 Jahre, stellen aber auch an optimalen Standorten spätestens mit 80 Jahren ihre Fruchtproduktion ein und erreichen mit etwa einhundert Jahren[480] ihr Lebensende – ‚wie' ein Mensch......

Ich frage ihn nach Ostafrikas Geschichte und Kultur. Er eröffnet mir, dass noch während seiner Schulzeit die Vorstellung gelehrt wurde, Kultur und Sprache der Suaheli seien arabischen Ursprungs. Doch in den letzten Jahren habe er zunehmend Hintergründe und Informationen gehört und gelesen, dass die Suahelikultur afrikanischen Ursprungs sei – mit einer erstaunlichen Fähigkeit andere Kulturen zu integrieren. Dies sei auch mein Kenntnisstand, bestärkte ich ihn. Archäologische Entdeckungen und geschichtliche Dokumente hätten dies eindeutig bewiesen.

Es sei höchste Zeit, nicht nur afrikanische Geschichte authentisch wiederzuentdecken, sondern daraus auch Lehren und Erkenntnisse für die Zukunft Afrikas zu ziehen – und die der übrigen Welt!

---

[478] A. v. Humboldt. Ansichten der Natur (2018), a.a.O. S. 186

[479] Vgl. https://www.biologie-seite.de/Biologie/Kokosnuss

[480] Ebenda

Wie konnte eine derartige Kultur über eineinhalbtausend Jahre friedlich, multikulturell vielfältig und dennoch als Ganzheit nachhaltig existieren? Könnten daraus auch Europa und die übrige Welt für sich und seine Entwicklung zukunftsfähige Ideen des Zusammenlebens schlussfolgern?

Wie schon erwähnt sind die ökologischen Randbedingungen für das Leben an Ostafrikas Äquatorküste außergewöhnlich günstig: „ Warme Strömungen und östliche Winde herrschen an Ostafrikas Äquatorküste vor. Wenn die warme, feuchte Seeluft aufs Land trifft, steigt sie auf und gibt Feuchtigkeit ab, die wiederum eine Vegetation von außergewöhnlicher Vielfalt ernährt. Über 3000 Pflanzenarten findet man hier, und 500 davon wachsen sonst nirgendwo. Eine Erklärung für diese Üppigkeit ist die Vermutung, dass dieses lokale Klimamuster wahrscheinlich schon seit mehr als 30 Millionen Jahren mit wenig Veränderung existiert, da eine Quelle, der Indische Ozean, die ganze Zeit über ein warmes tropisches Meer war. Klimastabilität ist selten in Afrika, und in diesem Fall beschränkt sie sich auf einen schmalen Küstenstreifen....Die Siedler an der Küste waren mit der Fülle des Meeres und des Landes gesegnet. Boote und Küstenfischerei gehören gleichermaßen zur Suahelikultur."[481]

Diverse Häfen entlang der Küsten vom heutigen Somalia, Kenia und Tansania wurden von Schiffen aus Indien, Arabien und sogar China besucht: „Teile der Suaheli-Küste sind übersät mit Scherben frühchinesischer Keramik. Iranische Töpferei aus dem 5. Jahrhundert wurde an Stättren ausgegraben, die 50 Kilometer landeinwärts liegen. Silbermünzen waren in Shanga im Lamu-Archipel im 9. Jahrhundert in Gebrauch und wurden wahrscheinlich auch dort geprägt. Münzen aus Sizilien von 1000 n.Chr. geben Hinweis darauf, wie weit die Suaheli-Handelsbeziehungen damals schon reichten."[482]

Die Handelsverbindungen waren vielfältig und frühzeitig, betrafen ägytische und römische Handelsschiffe, ebenso indische und persische Dhaus. Hervorzuheben ist insbesondere die dokumentierte Kenntnis chinesischer Seeleute über Städte der Suaheli-Küste, des schneebedeckten Kilimandscharo, des Viktoriasees sowie der „Mondberge" – mehr als fünfhundert Jahre bevor irgendein Europäer auch nur die geringste Ahnung von Afrikas Hinterland hatte.[483]

„Chinesische Verbindungen mit Afrika waren so weit fortgeschritten, dass im Oktober 1415 eine Giraffe in Peking eintraf. Sie kam aus Malindi an der Suaheli-Küste, und der Kaiser selbst empfing das Tier am Tor des inneren Palastes, während ausgestreckt am Boden liegende Hofbeamte ihrem Herrscher zur Ankunft eines solch wunderbaren Tieres gratulierten. Ein herrliches Seidengemälde aus der Zeit stellt die Szene dar."[484]

Nach Aksum in Äthiopien war die Suaheli-Küste die zweite bedeutsame afrikanische Region mit weltweiten Auslandsbeziehungen. Die Suaheli gründeten Handelszentren, bauten Häuser aus Korallenkalkstein in Lamu, Malindi, Mombasa,

---

[481] J. Reader (2001), a.a.O. S. 250

[482] Ebenda

[483] Vgl. Reader, ebenda

[484] Ebenda

Tanga, Shanga, Sansibar, Kilwa etc. und „entwickelten dabei eine eigene *städtische* Gesellschaft und Kultur....und obwohl die Suaheli eindeutig die Welt des Islam und den Außenhandel akzeptierten, gibt es genügend Beweise, dass diese Kontakte die Suaheli-Kultur eher verstärkten als auflösten. Tatsächlich zeigt die Geschichte der Suaheli die Widerstandskraft eines stabilen Systems. An der Küste stellten sie sich der Welt und wurden dadurch stärker."[485]

Als Sprache integrierte Swahili arabische Wörter und Wendungen, doch blieb es eine afrikanische Sprache, eine ‚lingua franca' weit über den Kontinent verbreitet. Der archtektonische Stil war ebenfalls weitgehend einheimisch und war durch komplexe Siedlungsstrukturen und Stadtkulturen geprägt – mit einer erstaunlichen Qualität und Güte, wie z.B. die Stadt Kilwa:[486]

„Kilwa ist eine der schönsten und bestkonstruieirten Städte der Welt, schrieb der Reisende und Gelehrte Ibn Battuta, nachdem er die Suaheli-Küste 1331 besucht hatte."[487]

Ähnlich beeindruckt schien *Vasco da Gama* Ende des 15. Jahrhunderts von der Suaheli-Kultur, was ihn aber nicht davon abhielt, fünf Jahre später schwerbewaffnet die Unterwerfung der Suaheli-Städte zu fordern und sie kompromisslos militärisch zu erobern.

Ideologisch ‚gerechtfertigt' wurde dies angeblich mit dem „christlichen Krieg" gegen den Islam, in Wahrheit ging es allerdings um den Aufbau kolonialer Herrschaft und globale Ausbeutung entlang der ehemaligen Suaheli-Handelswege, insbesondere des Gewürzhandels.....

„Im 16. Jahrhundert errichteten die Portugiesen ein Reich, zu dem nicht nur die Territorien der Suaheli-Küste gehörten, sondern auch Orte auf der ganzen Welt, von Südamerika bis zu den Gewürzinseln des Fernen Ostens."[488]

Als Resümee führen diese exemplarisch historisch-politischen Entwicklungen an Afrikas Ostküste und darüber hinaus auf zwei bedeutsame Diskurse: *erstens* auf die Frage nach den Hintergründen, Ursachen und Antriebe des europäischen Kolonialismus, insbesondere seiner politisch-ökonomischen Machtansprüche auf Basis nicht nur militärischer, sondern auch kultureller Destruktion, und *zweitens* auf die ‚gegenüberliegende' Frage nach Hintergründen, Ursachen und Antrieben von friedlich-konstruktiven, interkulturellen Prozessen wie denen der Suaheli-Kultur. Die Beantwortung dieser zweiten Frage ist möglicherweise sogar bedeutsamer für die Zukunft nicht nur Afrikas oder Europas, sondern unserer Welt insgesamt. *Graham Connah* bringt die wesentlichen Charakteristika der ostafrikanischen Küstenkultur folgendermaßen zum Ausdruck: „Diese Menschen brachten neue religiöse Vorstellungen und Verhaltensweisen mit, die für gewöhnlich in der arabischen Sprache

---

[485] S. 251

[486] An der Küste Tansanias

[487] Vgl. Reader (2001), a.a.O. S.254

[488] Ebenda, S.255

vermittelt wurden. Aus diesen Komponenten entwickelte sich im Verlauf vieler Jahrhunderte die uns heute als Suaheli bekannte, spezifische Küstenbevölkerung mit einer einzigartigen Kultur und einer Sprache, die zum gegenseitigen Verständnis der Völker in großen Teilen Ostafrikas beitrug. Allein die geographische Lage bedingte all diese Auswirkungen – ein Leben zwischen zwei Welten, der afrikanischen und der fremden , die beide Einfluss ausübten und nutzen brachten."[489]

Dennoch muss der ersten Frage intensiv und weitreichend nachgegangen werden, insbesondere vor dem Hintergrund *aktueller* europäischer Vorschläge zu einer neuen ‚Partnerschaft' zwischen Europa und Afrika....

Zunächst vielversprechend wird mit dem Titel: „Afrika First!"[490] eine Agenda zur gemeinsamen Zukunftsgestaltung vorgeschlagen, mit dem der Eindruck erweckt wird, im Zentrum stehe ein *selbstständiges* Afrika, das seine eigenen, souveränen Entscheidungen treffe. Doch die Erläuterung der Leitidee macht stutzig:„WIR MÜSSEN EINE EUROPÄISCHE SEIDENSTRASSE BAUEN – DIE GEWÜRZROUTE 2.0!....Auf diese Weise würden wir schließlich an eine große Tradition anknüpfen: Die Gewürzroute verband seit Vasco da Gama Europa mit Afrika und Indien – drei Regionen, die heute rund die Hälfte der Menschheit beheimaten. Mit einer Neubelebung dieser Verbindung, also einer „Gewürzroute 2.0", kann Europa die Basis für einen florierenden Wirtschaftsraum legen und der chinesischen „Neuen Seidenstraße" etwas Substanzielles entgegensetzen – ohne koloniale Attitüde. Mit der Perspektive, einen europäisch-afrikanisch-indischen Wirtschaftsraum anzustreben, könnte langfristig die halbe Menschheit vom *European Economic Model* [491]profitieren." [492]

Diese wohlklingenden Vorschläge führen jedoch bei näherer Betrachtung zu schwerwiegenden Fragen:

Erstens wie kann diese Anknüpfung „an eine große Tradition", nämlich der von Vasco da Gama, derart *geschichtsvergessen* die Verbindung mit Kolonialzeit, Sklavenhandel und Kulturzerstörung übersehen?! Was also muss kritisch aufgearbeitet werden, damit die ‚Gewürzroute 2.0' eben *nicht* zu einer „Neubelebung" dieser unrühmlichen Geschichte führt? Und dies nicht nur aus Gründen von Wiedergutmachung, Erinnerungskultur und historischer Vergebung, sondern um ein nachhaltiges, zukunftsfähiges, friedliches, tatsächlich partnerschaftliches Entwicklungsmodell in Gang zu setzen. Warum also beispielsweise nicht an die Reisetraditionen eines *Marco Polo* anknüpfen......?!

Zweitens verwundert die Bevorzugung des ‚European Economic Model' als die Übernahme der ‚Sozialen Marktwirtschaft' zum Wirtschaftsmodell für die

---

[489] G. Connah (2006), a.a.O. S. 167

[490] Siehe M. Schoeller/D. Schönwitz. AFRIKA FIRST! Die Agenda für unsere gemeinsame Zukunft. Berlin 2020

[491] Gemeint ist die „Soziale Marktwirtschaft", die allerdings in Europa erst wieder neu eingerichtet werden müsste!

[492] Siehe M. Schoeller/D. Schönwitz. (2020), a.a.O. S. 33f

'Gewürzroute 2.0'. Abgesehen davon, dass die *'soziale* Marktwirtschaft' Europas in den letzten zwanzig Jahren durch ein neoliberales Wirtschafts- und Finanzmodell ersetzt wurde, muss zur sozialen Dimension mindestens die *ökologische* und *Nord-Süd-* Dimension für die Vision eines derartigen globalen Wirtschaftsraumes hinzugefügt werden.
Entscheidend jedoch würde die *Transformation* der neoliberalen *Privat*wirtschaft in eine nachhaltige *Gemeinwohl*wirtschaft sein....Denn gerade im Kontext eigener *afrikanischer* Wirtschaftskultur sind *Alternativen* zum europäischen Industriekapitalismus zu diskutieren...
Drittens ist zu fragen, warum dem chinesischen Konzept einer 'Neuen Seidenstraße' mit *Einbezug* der *afrikanischen* Interessen etwas „Substanzielles ent*gegen*zusetzen" ist...?
Angesichts der globalen, existenziellen Menschheitsprobleme sollte vielmehr von *uns* kritisch geprüft werden, ob es klug ist, dass sich Europa zum „Systemrivalen" von China erklärt....
Aber es ist absolut *inakzeptabel*, wenn Europa versucht, *Afrika* in diese eigene Systemkonkurrenz zu China hineinzuziehen. Denn dies bedeutet nicht nur die Aberkennung von „Afrika First", sondern auch die Aberkennung einer *soveränen* selbstbestimmten *afrikanischen* China-Politik!
Hat Europa im Übrigen seine eigenen Kolonialismus gegenüber China bereits vergessen? Warum ist bis heute keine angemessene „Entschuldigung" der Europäer für ihre grausame Kolonialpolitik gegen China von Mitte des 19. bis Mitte des 20. Jahrhunderts erfolgt....?

Im *Unterschied* zur Vorgehensweise der Portugiesen und später der Europäer war die Handelspolitik Chinas im 15. Jahrhundert jedenfalls *nicht* kolonial ausgerichtet: „Kolonialismus (und Rassismus) erscheint somit keineswegs als welthistorische Regel, sondern als europäisch-angelsächsische Besonderheit .....[493]

---

[493] Siehe: Wolfram Elsner. China und der Westen. Aufstiege und Abstiege. Vom alten Reich der Mitte zum gegenwärtigen Konflikt. Köln 2022. S. 64f : „Hervorgehoben wird in der Geschichtsschreibung über Chinas internationale Beziehungen das bemerkenswerte Phänomen, dass diese Expeditionen dem Charakter nach in keinerlei Hinsicht missionarisch-unterwerfende und kolonialistisch-ausbeuterische Expansionen oder Vernichtungsexpeditionen im späteren europäischen Stil waren. Chinesische Truppen beispielsweise plünderten und raubten nicht, unterwarfen und vernichteten nicht , anders als die späteren portugiesischen, niederländischen, spanischen und englischen Invasoren.....Die chinesische Außenpolitik jener Zeit bestand mithin im Wesentlichen in der Forderung nach Anerkennung des chinesischen Kaisers und seiner Hegemonie – woraufhin es zum Austausch von Geschenken, oft festen diplomatischen Beziehungen und dann regem Handel kam."

Nachdem sich China im 14. Jahrhundert erfolgreich von mongolischen Besatzern befreite, brachte die Epoche nach dem Ende der ‚Pax Mongolica' eine Zeit massiver Veränderungen mit sich: „Der Handel über die Landseidenstraße, über die Marco Polo China erreicht hatte, war im 14. Jahrhundert beeinträchtigt. Dazu hatten auch chinesische Aufstände gegen die Mongolenherrschaft beitgetragen."[494]

Die Regierung der Ming-Dynastie setzte auf den Aufbau einer ‚maritimen Seidenstraße' mit Hilfe einer gigantischen Seeflotte, die von von Admiral Zheng He angeführt wurde.[495]

„Zheng He wurde zur Zeit der Ming-Dynastie in Kunyang, dem heutigen Straßenviertel Kunyang im Stadtbezirk Jinning in der südchinesischen Provinz Yunnan als Sohn einer muslimischen Familie geboren. Sein Geburtsname war Ma He. Er war ein direkter Nachkomme – in sechster Generation – des berühmten, in den Diensten der Mongolen stehenden Ministers Sayyid Adschall Schams ad-Din Umar (1211–1279), dessen Vorfahren aus Buchara stammten und als Nachfahren Mohammeds galten. Sein Großvater und Vater hatten, als gläubige Muslime, beide den Haddsch, die Pilgerfahrt nach Mekka, absolviert."[496]

Dessen sieben große Reisen mit einer eindrucksvollen großen Flotte durch den Indischen Ozean bis zum Persischen Golf und Ostafrika in den Jahren von 1405 bis 1433 gelten als das größte Unternehmen der chinesischen Seefahrt.[497]

„Seine Flotte war gigantisch. Rund 400 Fuß lang und mit neun Masten bestückt waren seine Kommando-Schiffe. Sie waren damit rund doppelt so groß wie die Schiffe von Christoph Kolumbus....Zhengs Flotte wurde begleitet von rund 100 Nachschub-Schiffen, Wassertankern, Pferdetransportern, Kriegsschiffen und Patrouillenbooten. Bis zu 28 000 Seeleute und Soldaten befanden sich auf den vielen Schiffen."[498]

Die vierte bis sechste Reise führte die chinesische Flotte auch nach Ostafrika: von der somalischen, über die kenianische und tansanische Küste bis nach Mosambik. Archäologische Funde von chinesischen Münzen oder Vasen, aber auch ein dokumentierter Austausch von Gütern und großzügigen Präsenten lassen möglicherweise auch auf kulturellen wechselseitigen Kontakt schließen. Es wäre

---

[494] Siehe Uwe C. Plachetka, Der Admiral in seinem Labyrinth: Zheng He, Indonesien und die maritime Seidenstraße, in: Zeitschrift für Weltgeschichte, Jahrgang 20, Heft 2, Herbst 2019, Berlin, S. 491 – 522, S. 491

[495] Siehe https://de.wikipedia.org/wiki/Zheng_He : „Zheng He unternahm mit großen Flotten zwischen 1405 und 1433 sieben große Expeditionen in den Pazifik und den Indischen Ozean. Dabei bekämpfte er nicht nur erfolgreich die Piraterie, sondern erforschte auch die Meere bis nach Arabien und Ostafrika. Seine Dschunken sollen dabei mehr als 50.000 km zurückgelegt haben."

[496] Ebenda

[497] Siehe Plachetka (2019), a.a.O. S. 491

[498] Siehe Wolfgang Hirn, Herausforderung China. Wie der chinesische Aufstieg unser Leben verändert. Frankfurt/Main (2005), S. 18 f.

einer intensiven historischen Untersuchung wert, inwieweit kulturelle – und nicht nur wirtschaftliche - chinesische Einflüsse in Ostafrika und umgekehrt Einflussnahmen der Suaheli-Kultur in China realisiert wurden.[499] [500]

Globalpolitisch jedoch stellte sich die *zentrale* Frage: China hatte mit der größten Seeflotte der Welt im Zenit seiner Macht die Welt erobern und ein eigenes Kolonialreich errichten und das spätere eurpäische verhindern können. Warum geschah dies nicht?

„Die Chinesen hatten damals alle Voraussetzungen, die erste Weltmacht zu werden. Sie dominierten die Meere, sie verfügten über hochentwickelte Waffen, und sie hatten sehr viele Menschen, darunter viele kluge Köpfe. Hätten sie gewollt, hätte die Weltgeschichte in den kommenden Jahrhunderten einen völlig anderen Verlauf genommen. Doch sie wollten nicht. Und so kam es ganz anders: Statt einem globalen Aufstieg begannen Chinas Nierdergang und Rückzug in die Isolation."[501]

Warum diese radikale Wende? Was waren die real-historischen Gründe?

„Lange bevor die Europäer das navigatorische Wissen erworben hatten, um den Weg in den Südatlantik und zurückzufinden, war China kurz davor, die Seeherrschaft in den östlichen Ozeanen zu erringen. Doch es sollte diese glänzende Zukunft nicht erreichen. (...) Der abrupte Stopp der Entdeckungsreisen Zheng Hes in den 1420er Jahren war ein Indiz für das zugrunde liegende Problem. Die Ming-Kaiser hatten zwar die Mongolen vertrieben, konnten aber nicht die Gefahr aus der Welt schaffen, die von ihnen ausging. Sie mussten immer mehr Ressourcen der Landesverteidigung im Norden binden. Diese geostrategische Bürde zwang sie dazu, die „Große Mauer" zu vollenden."[502]

Eine andere mögliche Erklärung wird in Naturkatastrophen vermutet: „Vermutlich aufgrund von Naturkatastrophen in China gab er (Zheng He – d.Verf.) die staatlichen „Drachenflotten" auf, die ja auf den Weltmeeren auf absehbare Zeit unschlagbar gewesen wären und den europäischen Kolonialisten vermutlich keinen Raum in Südostasien gelassen hätten. Ihre Kosten scheinen plötzlich untragbar geworden zu sein, und man brauchte das Geld anscheinend zum Wiederaufbau zerstörter Gebiete. Die „Schatzschiffe" wurden stillgelegt und abgewrackt."[503]

Der größte Teil von Zheng Hes Flotte wurde nach 1435 der kaiserlichen Kriegsflotte zugeteilt. Damit war die Zeit der *globalen* Entdeckungsfahrten Chinas beendet. Zu dieser Zeit (1434) umfuhr der portugiesische Seefahrer Gil Eanes im Auftrag Heinrichs des Seefahrers das Kap Bojador an der Westküste Afrikas – eine wichtige Etappe bei der Entdeckung des Seewegs nach Indien und damit auch ein Schritt auf dem Weg zur europäischen Expansion und Kolonialpolitik......[504]

---

[499] Immerhin wird der Einfluss von Zheng He auf die Verbreitung des Islam in Indonesien als Möglichkeit erwogen. Siehe Plachetka (2019), a.a.O. S. 503

[500] Vgl. Connah (2006), a.a.O. S.167

[501] Siehe W. Hirn (2005), a.a.O. S. 18

[502] John Darwin, Der imperiale Traum. Die Globalgeschichte großer Reiche 1400-2000, Frankfurt 2010, S. 55

[503] Siehe: W. Elsner (2022), a.a.O. S. 72

[504] Siehe dazu https://de.wikipedia.org/wiki/Zheng_He

„Entgegen einer weit verbreiteten Überzeugung stellte China allerdings nach 1435 seinen Seehandel *nicht* ein, dies geschah erst 1551 unter Kaiser Jiajing und war nur von kurzer Dauer. Im Gegenteil, das Reich der Mitte blieb weiterhin die bedeutendste Seehandelsmacht in Ostasien."[505]

Allerdings gab es des Weiteren eine bedeutsame Rückbesinnung auf *konfuzianische* Werte, nach denen das Zivile über dem Militärischen stand: Eroberungen waren in diesem Weltbild nicht vorgesehen….![506]

Eine erstaunliche „Wiederbegegnung" mit Zheng He, vielmehr mit seiner Büste auf einem Steinsockel mit Gedenktafel für den großen Seefahrer gab es für uns im Gebäude des 2017 neueröffneten, von einem lokalen Architekten entworfenen, Bahnhofs in *Mombasa*!

Auf der *Gedenktafel* für Zheng He war u.a. zu lesen: „ Zheng He – the historic chinese diplomat visited Kenya….Zheng commanded 7 expeditionary voyages to 30 countries and regions located in the Western Pacific Ocean and Indian Ocean from 1405 to 1433. During the period, Zheng's fleet paid 4 visits to Mombasa, enhancing mutual understanding between China and Kenya and strengthening Kenya-China friendly exchanges."[507]

Aber ich greife der Geschichte vor….

Nach dem Milleniumswechsel besuchten wir regelmäßig den Tsavo National Park und beobachteten die rege Straßenbautätigkeit von Mombasa Richtung Nairobi. Es seien ‚Kooperationsgeschäfte' zwischen Kenia und China, wobei Infrastruktur, Rohstoffe und Handelsbeziehungen eine wichtige Rolle spielen, erklären uns die Fahrer. Und in der Tat vervielfachte sich der Güteraustausch deutlich.[508]

Aber das für Kenia bedeutsame Infrastrukturprojekt sollte erst folgen, nämlich der Bau einer Normalspur-Eisenbahn von Mombasa nach Nairobi: mit ungeheurer Planungsdynamik, unter Beteiligung von dreißigtausend *einheimischen* Arbeitskräften, wurde das kreditfinanzierte China-Kenia-Projekt *„Madaraka Express"* 2017 fertiggestellt, eineinhalb Jahre früher als geplant: „Dieser Zug steht aber auch dafür, dass sich Afrika nun erstmals aus freien Stücken in die Globalisierung einklinkt. Dafür, dass afrikanische Politiker zum ersten Mal in der Geschichte des Kontinents die Wahl haben, zu

---

505 Ebenda

506 Vgl. W. Hirn (2005), a.a.O. S. 19

507 Eigene Quelle

508 Siehe: https://de.wikipedia.org/wiki/Chinas_Entwicklungsfinanzierung_für_Afrika : Maßgeblich für den seit dem Jahr 2000 rasch fortschreitenden Ausbau der Beziehungen zu Afrika war die „going global"-Strategie, mit der zu chinesischen Direktinvestitionen außerhalb Chinas aufgerufen wurde. In der Folge hat sich das Volumen des Güteraustausches von 2000 bis 2015 von knapp zehn Milliarden Dollar auf über 200 Milliarden mehr als verzwanzigfacht……..Im Jahr 2011 verdrängte die Volksrepublik China die USA als größten Handelspartner des afrikanischen Kontinents. Insgesamt kauft die Gruppe der Schwellenländer mehr afrikanische Ausfuhren als die entwickelten Staaten.

entscheiden, was sie aus ihren Ländern machen, vor allem, mit wem sie zusammenarbeiten wollen."[509]

Es entstanden sieben neue Bahnhöfe, einen davon – Emali – haben wir bisher in 2019 und 2023 immer pünktlich erreicht, um den Amboseli National Park zu besuchen. Die Fahrten waren bequem wie in einem modernen Euro-City, und uns überraschte die große Zahl von Fahrgästen....."Alles das war möglich geworden, weil die Chinesen ein Risiko[510] eingegangen sind, das Amerikaner, Deutsche, Engländer und Franzosen jahrzehntelang scheuten. 20 Prozent eines jährlichen Haushaltes hat die Strecke gekostet. 90 Prozent des Geldes musste sich Kenia von den Chinesen leihen. Die Frage lautet: Kann sich das rechnen? Präsident Uhuru Kenyatta ist vermutlich ein wenig optimistisch, wenn er sagt, dass der den Kredit in vier Jahren zurückzahlen will. Doch selbst wenn es acht oder zehn Jahre dauert, wäre es immer noch ein Erfolg."[511]

Die vorgebrachte Kritik, dass Kenia damit in Schulden und ‚neokoloniale' Abhängigkeit getrieben wird, ist deshalb nicht haltbar: Bereits nach einem Jahr Betrieb wurden 1,4 Millionen Fahrgäste befördert. Der Zug hat seitdem eine Auslastung von über 95 Prozent, und die Fahrzeit zwischen den beiden größten Städten Kenias wurde von 10 auf 5 Stunden halbiert.[512] Im Jahr 2019 buchten 1,6 Mio. Passagiere den Zug und sorgten für Einnahmen 1,7 Mrd. KSH (Kenia-Schillinge).[513]

Möglicherweise ist es zu optimistisch gedacht, dass allein der Bahnbetrieb mehr als ein Prozent Wachstum des BIP erbringen würde. Aber der wirtschaftlichen Aufschwungsdynamik hilft es in jedem Fall: "So musste schon nach vier Wochen die Frequenz der Züge von zwei auf sechs pro Tag erhöht werden. Und seit Anfang 2018 rollen auch die ersten Güterzüge auf der Strecke. Derzeit wird die Bahnlinie an zehn Liegeplätze im Hafen von Mombasa angeschlossen, damit in Zukunft sperrige und schwere Waren direkt von Schiffen auf Güterzüge verladen werden können."[514]

---

509 Siehe: Frank Sieren. Zukunft?China!* München 2018. S. 309 f.

510 So besteht das Risiko von Kreditausfällen für chinesischen Banken, so dass Rettungskredite seitens China erforderlich werden...Siehe: „Peking weitet Rettungskredite weiter aus". (SZ 29.3. 2023)

511 F. Sieren (2018), a.a.O. S. 317

512 Siehe: https://www.lok-report.de/news/uebersee/item/5427-kenia-ein-jahr-madaraka-express-und-beginn-der-gleisverlegung-durch-den-nationalpark.html

513 Siehe: https://www.businessdailyafrica.com/bd/corporate/shipping-logistics/madaraka-express-almost-at-full-capacity-as-festivities-set-in-3222700

514 F. Sieren (2018), a.a.O. S. 318

Dass die neue Bahn *„Madaraka Express"* genannt wird, zeigt die Wort-Nähe zum *„Madaraka Day"*, dem wichtigen *Unabhängigkeitstag* am 1. Juni in Kenia: Das Wort Madaraka bedeutet auf Kiswahili so viel wie *„Selbstverwaltung"* bzw. *„Verantwortung"* – also das genaue *Gegenteil* von ‚Abhängigkeit'!

Unabhängigkeit...Assoziativ gehen meine Gedanken zurück. Ein Rundgang durch die Sea Lodge führt meine Gedanken wieder in die Erlebniswelt Ende der 90er Jahre. Mir fallen diverse Urkunden mit Auszeichnungen von sehr guten Umweltstandards der Hotelanlage auf, als sich der leitende Resort-Manager vorstellt und mich nach meinem Interesse für die Umweltauszeichnungen erkundigt. Ich erläutere ihm, dies sei nicht nur beruflich, sondern auch politisch, aber vor allem wissenschaftlich motiviert, und treffe damit offensichtlich auf sein besonderes Motiv, mir die Öko-Konzepte der Hotelanlage näher zu erklären.
Umweltschutz und Nachhaltigkeit seien bereits Anfang der neunziger Jahre wichtige Zielsetzungen des Managements gewesen, erläuterte er. Es begann mit ‚kleinen' Maßnahmen, etwa der getrennten Sammlung organischer und anderer Abfälle, und fand Fortsetzung in der Inbetriebnahme einer eigenen biologische Kläranlage für die gesamten Abwässer in der Sea Lodge - die erste an der kenianischen Küste. Kurze Zeit später wird eine 30 km entfernt liegende Farm übernommen. Sie liefert Früchte, Gemüse und Kräuter aus reinem Bio-Anbau, macht das Hotel unabhängig von teuren Importen und schafft regionale Arbeitsplätze. Für diesen und die weiteren Schritte zu mehr Nachhaltigkeit erhält die Sea Lodge zahlreiche Auszeichnungen. Besonders positiv hervorzuheben sei die Zielsetzung, das Management zunehmend in die Hände einheimischer Experten zu legen.[515]
Allerdings sei für ihn ein weiteres, herausragendes Beispiel für afrikanisch-europäische Kooperation zu nennen: nämlich ein Renaturierungsprojekt auf dem Gelände der nahegelegenen Bamburi Zementfabrik - das Lebenswerk des Schweizers *Dr. Rene Haller*.
Der Generalmanager versprach, ein persönliches Treffen mit Dr. Haller zu arrangieren. Im Rahmen einer Baumpflanzaktion auf eben diesem Gelände sollte es dann tatsächlich zu einer für uns denkwürdigen Begegnung mit diesem Mann kommen.
Es war nicht unsere erste Baumpflanzaktion – und sollte auch nicht die letzte bleiben – als wir auf den Gründer des nach ihm benannten *„Haller-Parks"* trafen und seine Lebensgeschichte ‚aus erster Hand' erfuhren.

---

[515] Ich komme darauf zurück

Schon seit den 50er Jahren wurde in Bamburi intensiv Korallenkalk von der größten Zementfabrik Ostafrikas abgebaut – mit einer verheerenden Hinterlassenschaft von mehreren hundert Hektar Ödland ohne jeden Pflanzenbewuchs. Um die leblose Kalkwüste („Quarrys") zu begrünen, wurde der Schweizer Tropenagronom *Dr. René Haller* Anfang der 70er Jahre beauftragt.[516] [517]
Ich fragte ihn, was seine wichtigste Zielsetzung bei der Rehabilitation und Renaturierung des Gebietes gewesen sei. Seine Antwort war klar und kühn zugleich: obwohl dies bisher weltweit nirgends gelungen sei, wolle er keine ‚Landschaftskosmetik' betreiben, sondern die Herstellung eines sich selbst erhaltendes Ökosystems umsetzen - eine selbstregulierende Wald-, Wasser- und Sumpflandschaft, wie sie früher für die Ostküste Afrikas insgesamt typisch war.
Für diese gelungene Rehabilitierung erhielt Rene Haller eine Reihe internationaler Ehrungen und Preise, einer davon der *UN-Umweltpreis „Global 500 Award",* der an Organisationen und Personen verliehen wurde, *„die sich in herausragender Weise für den Schutz und die Verbesserung der Umwelt verdient gemacht haben"* ....

Doch zurück zur herausragenden Geschichte des Projektes: zunächst mussten anfangs Baumarten gefunden werden, die in dieser „Mondlandschaft" wuchsen: von etwa 30 Arten wuchsen Kokospalmen, somalische Conocarpus, aber am erfolgreichsten Kasuarine, die vor etwa hundert Jahren aus Australien ‚einwanderten'[518]. Kasuarine sind immergrüne Bäume, deren zusammengerollte Blätter Nadeln ähnlich sehen und Meister der Anpassung an karge Umweltbedingungen sind.[519]
Die Monokultur der Kasuarine sollte sich jedoch erst in einen diversen Küstenwald verwandeln, als es gelang, mit Hilfe von fingerlangen, rotbeinigen Tausendfüßern die verdorrten Kasuarinenblätter zu ‚verdauen' und in eine Humusschicht zu verwandeln. Darauf konnten dann fast vierhundert verschiedene, einheimische Typen von Küstenwaldbäumen und anderen Pflanzenarten zum Sekundärwald werden....Der biologisch-ökologischen Fachwelt waren diese Zusammenhänge damals weitgehend unbekannt. Gleichzeitig wurden durch Dämme und Teiche Wasserspeicher sowie Aquakulturen angelegt, um damit insbesondere eine Tilapia-Fischzucht aufzubauen.[520]

---

[516] Vgl. Steffi Kordy (2001), a.a.O. S. 108 f

[517] Vgl. R.D. Haller, Referate vom 25.4. 2003, Mitschrift von D. Todt, Wädenswil, Von der Wüste zum Tropenparadies, S. 1 - 9

[518] Vgl. Willi Dolder, in: natur 8/98 S. 41-44

[519] Sie sind aufgrund einer Symbiose mit Mykorrhizapilzen fähig, Stickstoff aus der Luft, Phosphate aus Gestein aufzunehmen, und sind enorm widerstandsfähig gegen Wind und Trockenheit

[520] Der Tilapia ist ein in Afrika heimischer Süßwasserfisch, der in stehenden Gewässern gedeiht und sich vegetarisch ernährt. Zusätzlich wurden Fischarten gehalten, die sich Malariamückenlarven ernähren.

Derartige Hinweise und Erfahrungen konnte ich nicht der internationalen Fachpresse entnehmen, erläutert Dr. Haller, sondern sie stammen von Vorschlägen und Ideen Einheimischer und eigenen Experimenten vor Ort....Ein weiteres Ziel sei die biologische Schädlingskontrolle - ganz ohne Agrochemikalien: z.B. einige Fleckenuhus zur Eindämmung des Borkenkäfers oder Schlangen und Warane zur Minimierung von Ratten. Kreisläufe der Natur werden geschlossen: Fischschlamm dient der Düngung und Bewässerung von Reis- und Bananenfeldern sowie dem Gemüsegarten, das versickerte Wasser wird durch Mikroorganismen gereinigt und gelangt über Grundwasserpumpen in die Fischtanks. Dadurch entsteht nicht nur ein selbsterhaltendes ökologisches Netzwerk[521], sondern durch die zusätzliche Besiedelung des Waldes mit Tieren aller Art entstand eine enorme Biodiversität, die einher geht mit einer sich selbsttragenden ökonomischen Produktivität: so beispielsweise die Aufzucht von verschiedenen Antilopenarten, etwa Oryx und Eland. Es sei für Haller nicht nur ökologischer, sondern auch ökonomischer, einheimische Wildtiere zu halten, statt Rinderherden...Insgesamt sollte eine zukunftsfähige Agrikultur in Afrika - basierend auf eigenen, regionalen und dezentrale Erfahrungen von „innen“ - mit innovativen Ideen von „außen“, z. B. Europas, kreativ verbunden werden....

Als Leitbild und Name für die eigens gegründete Firma diene allerdings der afrikanische *Baobab-Baum* [522], der mit seiner besonderen Fähigkeit, sich an die verfügbaren Ressourcen seiner Umwelt variabel und nachhaltig anzupassen, die wesentliche Unternehmens-‚Philosophie‘ der *„Baobab-Farm Ldt.“* verkörpere: „So wie der Baum in guten Jahren seinen Stammumfang vergrößert, soll auch die Farm ihre Produktion in ertragreichen Jahren diversifizieren, so dass in schwierigen Zeiten einzelne Betriebszweige wieder reduziert werden können, ohne dabei die Kernsubstanz des Unternehmens zu gefährden. So wie der Baum in mageren Jahren seinen Stammumfang und Wachstum durch Abwerfen von Ästen wieder reduziert.“[523]

---

[521] „Noch eine andere Aufgabe sollte die Farm erfüllen. Haller gestaltete einen Teil des Farmgeländes so, daß sich Besucher aus der nahen Metropole Mombasa hier enspannen und erholen können. Gleichzeitig konnte man die Leute mit den ökologischen Problemen ihrer Heimat vertraut machen. Heute führt ein Naturlehrpfad durch das von Menschenhand geschaffene Ökosystem. 110 000 Menschen besuchten 1996 die Farm, 60 Prozent davon Kenianer.“ Siehe W. Dolder (1998) a.a.O. S. 44

[522] Dabei ist die Struktur des Baobabs der ‚Prototyp‘ eines Fraktals, das mit minimalem Stoffaufwand einen optimalen bio-ökologischen Austausch mit Luft und Erde erreicht.

[523] R.D. Haller (2003), a.a.O. S. 1

Es geht um eine sorgfältige Abstimmung von Ökologie und Ökonomie: die Mangementmethoden werden den Umweltbedingungen angepasst, nicht für kurzfristige Problembeseitigung, sondern weitsichtige Vorausplanung – mit genügend Raum für Flexibilität zur *nachhaltigen* Entwicklung im Rehabilitationsgebiet.[524]

Die systematische Erarbeitung von Managementmethoden Rene Hallers zur ökologischen und ökonomischen Nachhaltigkeit scheint mir ein erfolgreiches Beispiel für die Gewinnung selbsttragender Stabilität sowie Anpassungsfähigkeit zur Vermeidung chaotischer Instabilität von ökologischen und ökonomischen Abläufen. Denn jeder Umgang mit komplex-dynamischen Prozessen muss auch mit unvorhersehbarem Chaos rechnen – sprich kritischen Rückkopplungen und Aufschaukelungs-Prozessen.

Daraus folgt allerdings *nicht* beliebige Entwicklung, sondern zeigt vielmehr die Ausbildung von bestimmten, *selbstähnlichen* Mustern, die sich als räumliche Strukturen des Öko-Systems im Kleinen wie im Großen hin zu Vielfalt, komplexen Vernetzungen und dynamischer Regeneration *selbstorganisieren.*[525] Derartige selbstorganisierte incl. chaotische Entwicklungs-Prozesse führen in der Natur häufig zu fraktalen Mustern und Strukuren, wie z. B. einem Baum.[526] [527]Von daher führt das strukturelle Haller-Leitbild eines Baobab-Baumes nicht nur auf die Orientierung an dessen bio-ökologischen Wachstums- und Entwicklungscharakteristika, sondern vielmehr auch auf tieferliegende Begründungen von ‚optimierten' Managementmethoden durch fraktale Prozess-Strukturen, in denen jedes Teil wie das Ganze behandelt wird und entsprechend in diesen *selbstähnlichen Zusammenhängen* funktioniert.

Dabei sei allerdings auch auf die *soziale* Seite einer solchen optimierten Lösungsstrategie hinzuweisen, erläutert Haller: jeder Teilbereich der Farm arbeitet

---

[524] Ebenda, S.9

[525] Die kleinen Einheiten der Farm (einzelne Pflanzenarten, Bäume oder Teiche) wiederholen sich in ähnlicher Weise in den größeren Einheiten oder der gesamten Farm, jedes Teil funktioniert im Prinzip wie das Ganze

[526] Vgl. U. Skirke (2011), a.a.O. S. 249: „Warum entstehen Fraktale in komplexen Systemen? Weil dies zu einer optimalen Lösungs-Struktur gegensätzlicher oder komplemtärer Anforderungrn führt: Zum Beispiel die Anforderung, mit einem minimalem Ressourceneinsatz einen maximalen Gasaustausch mit der Umgebung zu erreichen, führt auf ein Optimum, nämlich zum Fraktal eines Baumes oder einer Lunge!"

[527] Der fraktale Baum zeigt aber auch eine *selbstähnliche* Struktur: die Gesamtstruktur eines Baumes vermittelt den Gesamteindruck einer Baumart (z.B. einen Baobab), betrachtet man einen Teilbereich, z.B. einen Ast, weist dieser wieder eine ähnliches Muster wie der ganze Baum auf, so wie ein noch kleinerer Teil, etwa ein Blatt, wiederum dem ganzen Baum selbstähnlich ist. Fraktale zeigen also ein Muster im Muster im.......

dezentral sozial verantwortlich, aber in Kooperation und Vernetzung mit der ganzen Farmgestaltung. Denn immerhin sind auf der wirtschaftlich selbsttragenden Farm mehr als fünfhundert Menschen beschäftigt, die wie in einem Organismus zusammenarbeiten müssen....Im Gespräch äußert er fast beiläufig noch einen weiteren überraschenden und tiefgreifenden Hinweis: nämlich dass die Lebenszeit mancher Baobab-Bäume an der Küste genauso alt ist wie die Suaheli-Kultur![528]
Ich wünsche mir mehr derartige Persönlichkeiten als Vorbilder, die eine erfolgreiche Praxis des konstruktiven Dialogs von Natur und Kultur sprich Leitbilder für eine überlebensfähige Gestaltung unserer Welt verkörpern.

Der Gesprächsbesuch bei dem Schweizer Agrarökonomen regte meine gedankliche Beschäftigung mit den weiterreichenden Konsequenzen seiner Methodik und Praxis enorm an:

Während René Haller mit Hilfe real-experimentellen Versuchen Methoden eines komplexen und vernetzten Managements für eine *systematische* Synthese aus Ökologie und Ökonomie verifizierte, entwickelte beispielsweise *Dietrich Dörner*[529] zeitgleich computergestützte, *systemische* Weiterentwicklung von Planungs- und Managementtheorien über die Vernetztheit sozialer Handlungen in komplexen Handlungsfeldern, insbesondere den Umgang mit „rückgekoppelten" Prozessen, also die Rückwirkung von Handlungs-Folgen auf den ursächlichen Ausgangspunkt.[530]

„Dörner weist nach, dass die meisten realen Prozesse komplex-dynamische, gegenseitig vernetzte Abhängigkeiten enthalten, die darüber hinaus nicht-lineare Rückkopplungseffekte aufweisen."[531]

Die empirisch durch Versuch und Irrtum mitunter mühsam erarbeiteten Erkenntnisse sowie die ökologisch wie ökonomisch erfolgreichen Resultate eines Rene Haller waren deshalb möglich, da dieser nicht allein losgelöste

---

[528] Wir selber konnten in Mombasa zweitausend Jahre alte Baobabs bewundern.

[529] Vgl. Dietrich Dörner: Die Logik des Misslingens – Strategisches Denken in komplexen Situationen, Reinbek bei Hamburg 1991

[530] Siehe Jürgen Klüver. Soziologie als Computerexperiment. Braunschweig/Wiesbaden 1995, S.2 f

[531] Siehe Ulf Skirke (2011), a.a.O. S. 241. Des weiteren heißt es dort : „Bei einem linearen Prozess folgt ursächlich aus Zustand A der Zustand B als lineare Kette. Bei einem nichtlinearen Prozess ist dies anders: aus A folgt zunächst B, B wirkt jedoch auf A als Rückkopplung zurück und bildet eine Art Schleife, die Prozesse sich aufschaukeln lässt oder zu abrupten Sprüngen, zum Beispiel Katastrophen führt."

Einzelmaßnahmen, sondern immer mehrere, verbundene Aspekte des dynamisch vernetzten Ganzen im Auge hatte – ganz im Sinne Dörners...
Dörner folgerte seinerseits aus ähnlichen Erfahrungen wichtige Lernprozesse für unser Handeln, das Folgen abschätzen, Frühwarnsignale einer kritischen Entwicklung erkennen und sich auf unvorhersehbare Ereignisse einstellen können muss:

„Weiterhin müssen wir es lernen, in *Systemen* zu denken. Wir müssen es lernen, dass man in komplexen Systemen nicht nur *eine* Sache machen kann, sondern, ob man will oder nicht, immer *mehrere* macht. Wir müssen lernen einzusehen, dass Effekte unserer Entscheidungen und Entschlüsse an Orten zum Vorschein kommen können, an denen wir überhaupt nicht mit ihnen rechneten."[532]

Dies bedeutet, dass wir lernen im Umgang mit den komplexen Prozessen ein „Modell" des Systems zu entwickeln, damit man *Neben- und Fernwirkungen* von ergriffenen Maßnahmen nicht nur passiv hinnehmen muss, sondern aktiv *antizipieren* kann.[533]

Dörner plädiert deutlich für computergestützte Modellierungen und Simulationsverfahren, um mit Hilfe virtuellen Prozessabläufen Hintergrundwissen über die realen Prozessdynamiken gewinnt und aus Fehlern schneller lernt: „Daher mein Plädoyer für das Simulationsspiel! Die Zeit in einem computersimulierten System läuft schnell. Ein computersimuliertes System ist ein Zeitraffer. Die Konfrontation mit einem solchen Zeitraffersystem macht triviale Fehler, die wir im Umgang mit Systemen machen, sichtbar. Ein Simulationssystem führt uns die Neben- und Fernwirkungen von Planungen und Entscheidungen schnell vor Augen. Und so gewinnen wir Sensibilität für die Realität. Fehler sind wichtig. Irrtümer sind ein notwendiges Durchgangsstadium zur Erkenntnis."[534]

Allerdings ist es im Umgang mit realen komplexen und vernetzten Systemprozessen schwer, zeitnah Irrtümer und Fehler festzustellen, da sie sich häufig erst langfristig zeigen. Daher kann ein zeitgerafftes Simulationsverfahren uns alternative Möglichkeiten des Handelns aufzeigen:"Es kann uns sensibilisieren für solche Fehler und vielleicht etwas vorsichtiger und nachdenklicher machen oder auch wagemutiger."[535] In diesem Sinne gilt es, komplexe ‚Denkstile' zu fördern, um ‚vernetztes' oder ‚systemisches' Denken zur Entwicklung *nachhaltiger* Lösungen von Problemen zu entwickeln und anzuwenden. Von daher können wir in erweiterter Weise ‚von der Natur' lernen, indem wir sie mit Hilfe von sinnvollen Modellen noch besser verstehen,

532 D. Dörner (1991), a.a.O. S. 307
533 Ebenda, S. 306
534 Ebenda, S. 308
535 Ebenda

um damit wiederum einen realen, verantwortungsvollen Umgang mit ihr zu betreiben....

Am nächsten Morgen bleiben einige Stunden Muße im Palmengarten – mit einem wunderbaren Blick auf die weiß-blaue Meeresküste: „Der schneeweiße Sand und das blaue Wasser strahlen eine ungewohnte Ruhe aus, und zusammen mit Wind und Sonne erfassen mich elementare Gedanken über das Wesen der Zeit."[536]

Angesichts der Jahrmillionen, die es dauerte, um Milliarden feinster Sandkörner zu produzieren, geht meine Nachdenklichkeit direkt weiter zur Schwierigkeit des Unterfangens, überhaupt den Charakter von Zeit substanziell zu erfassen. Die übliche Vorstellung des gleichförmigen, unaufhörlichen Fließens analog den Wellen des Ozeans, die endlos den Strand entlang rollen, taugt vielleicht als erste Näherung, aber erfasst sie das Gesamtphänomen ‚Zeit'?

Was ist mit der Struktur von Zeit, ihrer Wechselhaftigkeit und was mit der Unterschiedlichkeit von Zeit-Erfahrungen? Scheinbar gleiche Zeitabschnitte können völlig verschieden sein und kreative Ereignisse ändern die erlebte Zeitstruktur der Ereignisse.

„Bleiben wir zunächst beim Vergleich mit Sand und Wellen. Jedes Sandkorn und jede Welle hat seine *Eigenzeit*: keine gleicht der anderen exakt, sie sind individuell – aber *selbstähnlich*! Die scheinbare Gleichförmigkeit hat ihre unendliche Feinstruktur. Die Zeit fließt unumkehrbar, aber sie hinterläßt Spuren und Muster, an denen wir ihren Charakter erkennen. Eine Welle ensteht und zerfließt, eine weitere, viele weitere erzeugen das Bild eines sich wiederholenden Musters, obwohl alle verschieden sind. Hinter dem Wellenmuster verbirgt sich eine tiefere Ordnung, die wiederum selbstähnlich: ein Muster im Muster im...Die Zeit ist vor uns und in uns, auch unsere Eigenzeiten enthalten die Idee des ganzen Zeitkontinuums in sich. So können wir Zeit als Zeitlichkeit und als vielfältig verschiedene Zeitstruktur erleben......Der warme Meereswind weht wieder stärker und die gekräuselten Wellen rollen unaufhörlich auf das Ufer zu."[537]

Die wunderbar entspannende Umgebung gibt reichhaltig gedanklichen Raum, um Zwischenergebnisse festzuhalten: die Zeit entbirgt sich als Kontinuum mit Tiefen*struktur*, Selbstähnlichkeiten und Eigenzeiten. Aber gerade diese „Zeitgestalten"(Dörner) und Zeitmuster ermöglichen es, komplexe Realitäten dynamisch zu simulieren.[538]

Ob in ‚slow motion' oder ‚Zeitraffer' lassen sich viele realen Abläufe in Natur und Gesellschaft modellieren und virtuell simulieren.[539]

---

[536] U. Skirke, unveröffentlichte Reiseerinnerung 1994, S. 30ff

[537] Ebenda, S.33

[538] D. Dörner (1991), a.a.O. S. 19

[539] Vgl. dazu Jürgen Klüver, Soziologie als Computerexperiment, Braunschweig/Wiesbaden 1995

Hier schließt sich ein wichtiger argumentativer Kreis: selbstähnliche Zeitgestalten und Systemabläufe können simuliert werden, um damit sinnvolle, nachhaltige Lösungen zu erkennen. Aus der ‚gegenüberliegenden' Perspektive, sprich bei der Betrachtung von optimalen Lösungen im komplexen Systemen wie z.B. in der ‚Baobab-Farm' waren wir auf chaotische Prozesse mit fraktalen Mustern und Selbstähnlichkeit gestoßen.[540]

Genauer führt dies auf Phänomene des *„Chaosrandes"* sowie der *„Selbstorganisierten Kritizität"*[541]: „Bei genauerer Betrachtung wird das beste, optimale Resultat im Zwischenbereich bzw. Phasenübergang zwischen Ordnung und Chaos erreicht, am sogenannten „Chaosrand"! In der natürlichen Evolution, aber auch bei lernfähigen, gesellschaftlichen oder künstlichen Systemen ist dies der Ort maximaler und qualitätssteigernder Informationsverarbeitung. Dieser Chaosrand stellt in natürlichen und künstlichen evolutionären Systemen insofern das Optimum dar, als hier die mittlere Fitness am höchsten und die Aussterberate am niedrigsten ist....Derartige Systemzustände am Rande des Chaos werden auch als selbstorganisierte Kritizität bezeichnet, wo durch kleine „Störgrößen" nicht vorhersehbar kleine oder große wellen- bzw. lawinenartige Veränderungen ausgelöst werden können."[542]

Was bedeutet dies genauer?

Selbstorganisierte Kritizität kennzeichnet einen schwach chaotischen Systemzustand von Evolutionsprozessen, der sich dort einstellt, wo gegensätzliche bzw. komplementäre ‚Konstruktions-Anforderungen' an die jeweiligen Teilsysteme gerichtet sind, so dass mit Hilfe eines selbstorganisierenden ‚Balance-Aktes' die beste Kombination von Teillösungen sich hin zu einer tragfähigen, aber stets dynamisch-anpassungsfähigen Gesamtlösung entwickelt. Komplex-adaptive, selbstorganisierende Entwicklungsprozesse, insbesondere in lebendigen Systemen, haben daher die Tendenz, sich durch Lernen am Chaosrand zu einem kritischen Gleichgewichtszustand, zu einer Art dynamischer ‚Stabilität' kreativer ‚Veränderung' und Anpassung zu bewegen. Evolutionäre Systeme weisen also häufig ein dynamisch-kritisches Gleichgewicht (Chaosrand) zwischen Systemzuständen von ‚überkritischem Chaos' einerseits und ‚unterkritischer Ordnung' andererseits auf. [543]

---

[540] Vgl. (FN 459)

[541] Siehe Stuart Kauffman: Der Öltropfen im Wasser. Chaos, Komplexität, Selbstorganisation in Natur und Gesellschaft, München 1996, Kapitel 10

[542] U. Skirke (2011), a.a.O. S. 249 f.

[543] Ebenda

In besonderer Weise wird in der Diskussion um *Nachhaltigkeit* und *Zukunftsfähigkeit* die Bedeutung von Balancen – im Gegensatz zum katastrophalen Kollaps – als „Gleichgewicht suchender Prozess“[544] in den Mittelpunkt gestellt.

Von daher habe ich in diesem Kontext ein *eigenes Chaosrand-Modell* für die Charakterisierung von *Nachhaltigkeit* entworfen als *„Balance zwischen Innovation und Dauerhaftigkeit“*:
im unterkritischen Fall („Dauerhaftigkeit“) besteht das Problem darin, dass ein Reformstau zur wahrscheinlichen Stagnation der Entwicklung führt, im überkritischen Fall („Innovation“) droht die Gefahr, dass maßlose Veränderung sich ins Chaos aufschaukeln können.[545]
„Die Modellierung und Charakterisierung von Nachhaltigkeit als Systemzustand selbstorganisierter Kritizität am Rande des Chaos hat zur Konsequenz, dass wir nachhaltige Lösungen als „Balance“ von gegensätzlichen Anforderungen sozialer, ökologischer und ökonomischer Belange systemisch in vertiefter Weise betrachten können.“[546]

Ich könnte mir dazu ein höchst interessantes und lehrreiches Strategiespiel, eine Computersimulation über das ‚Geheimnis‘ der zweitausend Jahre alten Suaheli-Kultur vorstellen! Es würde mich sehr freuen, wenn sich insbesondere afrikanische Computerexperten an einer solchen Spielentwicklung beteiligen würden. Was waren und sind die soziokulturellen, ökonomischen sowie ökologischen Elemente und Randbedingungen für die komplex-dynamische Entwicklung der langjährigen ostafrikanischen Küstengesellschaft? Wie war es möglich, trotz vielfältiger Veränderungen und Anpassungen die eigene kulturelle Identität nachhaltig zu wahren? Gibt es damit vermittelte Erkenntnisse über optimale Entscheidungs- und Handlungsbedingungen über das Erreichen von innovativen Anpassungsprozessen und entsprechenden „Balancen“?

[544] Siehe Aalborg-Charta 1994
[545] U. Skirke (2011), a.a.O. S. 251
[546] Ebenda

6. Sansibar

Schon bei unserer Ankunft in Mombasa war es für Ende Dezember ungewöhnlich feucht und regnerisch. Auf dem Weg zur Lodge an der Bamburi-Küste begegneten wir großen Insektenschwärmen, die ich zunächst für Heuschrecken hielt. Aber in Wahrheit handelte es sich um Libellen, die sirrend über uns hinwegflogen. Das außergewöhnlich feuchte Wetter hatte offensichtlich zu einer Massengeburt dieser filigranen Insekten geführt. Doch der tiefere Grund war auch in den örtlichen Medien nachzulesen: nämlich der bisher stärkste beobachtete El-Niño-Effekt Ende der neunziger Jahre!

Nachdem Anfang der achtziger Jahre dieses Phänomen mit verheerenden Wirkungen selbst die Wissenschaft überrascht hatte, wurde in den Folgejahren ein weltweites Netzwerk von Messbojen entlang des Äquators eingerichtet, das über Satelliten gebündelte, reichhaltige Messdaten lieferte. „Dadurch konnte über den nächsten „Jahrhundert"-El-Niño von 1997/98 ein reichhaltiges Datenmaterial gesammelt werden, das ein ziemlich genaues Bild über Entstehung, Ablauf und Ende des Ereignisses erlaubte. Und der El Niño konnte von Computermodellen fast ein dreiviertel Jahr vorhergesagt, wenn auch nicht in seiner Stärke erkannt werden."[547]

Die Ozeantemperatur erhöhte sich um mehrere Grad und führte überall in den Tropen zu ausgeprägtem Artensterben, nämlich massivem Ausbleichen und folgendem Korallentod.

„Die El-Niño-Wirkung auf den Indischen Ozean war besonders verheerend, mit einem...Sterben von 90 Prozent aller Korallen in den flachen Gewässern, und 50 Prozent dort, wo Riffe 20 Meter unterhalb der Oberfläche lagen. An der ostafrikanischen Küste wurden praktisch alle flachen Riffe gebleicht, und mindestens die Hälfte starb – wie Kenias Tiefseeriffe. In den ‚Korallengärten' Tansanias Mafia Marine Park, das als das beste Korallenriff der Küste galt, starben zwischen 80 und 100 Prozent der Korallen. Sansibar war weniger schlimm betroffen, zwischen einem Viertel und der Hälfte seiner Riffe wurden gebleicht, vielleicht 40 Prozent starben."[548]

Neben den Regenwäldern gelten Korallenriffe als artenreichste Lebensräume der Welt. Wir werden zukünftig in Politik, Wirtschaft und Gesellschaft noch viel mehr tun müssen zum planetaren Erhalt der Biodiversität und Klimaschutz für die Zukunftsfähigkeit der Menschheit.....

Trotz unserer zivilgesellschaftlichen und umweltpolitischen Aktivitäten in diese Richtung besteht also überhaupt kein Grund zu Zufriedenheit und Selbstgerechtigkeit.....

---

[547] Vgl. https://bildungsserver.hamburg.de/ozean-und-klima/4337308/enso-1997-98-artikel/

[548] Vgl. J. Reader (2001), a.a.O. S. 247 ff.

Jedoch beschäftigt mich – wie bereits im letzten Kapitel angesprochen - weiter das Phänomen einer langen Überlebensdauer und kreativer Anpassungsfähigkeit von Ökosystemen einerseits und von Kulturen andererseits. Wie waren Lern- und Anpassungsprozesse von Mensch und Umwelt vor unserer Zeit möglich? Könnten Weltsichten und Erkenntnisse über anpassungsfähige und stabile Geschichtsabläufe bereits in einer früheren Phase der Menschheitsentwicklung auch *ohne* wissenschaftliche Modelle Anwendung gefunden haben oder sollten Einsichten, *wie* natürliche und gesellschaftliche Prozesse langfristig, nachhaltig und lebensfähig gestaltet werden können, wirklich alleinig *zeitgenössische*, also später gewonnene Erkenntnis sein?
Kommen dabei möglicherweise geschichtliche *Rückerinnerungen*, ‚Erinnerungen an die Zukunft' der Menschheit schon in frühen Epochen zum Tragen. Zumindest intuitiv, in Form weitergegebener Erfahrungen und Lernprozesse könnten diese Einsichten für eine maßvolle, nachhaltige Gesellschafts- und Kultur-Entwicklung doch in der Geschichte bereits früher praktiziert worden sein - wenn man etwa die zweitausend Jahre alte Suaheli-Kultur betrachtet....

Wie könnte sonst eine Kultur Überleben, Anpassung und innovative Entwicklung über einen solch großen Zeithorizont realisieren, wenn der Umgang mit komplex-dynamischen Abläufen in Natur und Gesellschaft nicht in bedeutsamen Maße „richtig" erkannt und gestaltet worden wäre?!

Wir sind also wiederum bei früher bereits angesprochenen Frage von *Felwine Sarr*[549] angelangt, welche strukturellen *Charakteristika die afrikanische Geschichte* entbirgt und bereithält, um die eigene dauerhafte Entwicklung in der Vergangenheit zu bestehen und um die eigene Zukunft nachhaltig zu gestalten.
Wäre es daher denkbar, die *systematischen* Erkenntnisse eines Rene Haller sowie die *systemischen* Leitsätze eines Dietrich Dörner für verallgemeinerte *Charakteristika* einer *afrikanischen Weltsicht* aus der Vergangenheit für die Zukunftsgestaltung zu nutzen?
Dazu habe ich bereits in Kap. 1 darauf hingewiesen, dass die langwährenden Denktraditionen afrikanischer Weltsicht, Ideen und Praktiken von komplex-dynamischen, fraktalen und Selbstorganisations-Mustern in charakteristischer Weise gekennzeichnet sind und damit besondere Formen flexibler Denkmuster der gesellschaftlich-kulturellen Anpassungsfähigkeit hervorgebracht haben.[550] Lassen

[549] Vgl. (FN 79 f.)
[550] Siehe S. 11 ff der vorliegenden Arbeit

sich weitere allgemeine Kennzeichen afrikanischer Weltanschauung zumindest in Form *modellhafter* Betrachtungen auffinden und formulieren?

Ich halte dazu Überlegungen und Modellierungen des Historikers *August Nitschke* zwar für ungewöhnlich, aber plausibel und diskussionswürdig.[551] Insbesondere sein Vergleich afrikanischer und europäischer „System"-Charakteristika[552] führt nicht nur auf kennzeichnende Spuren der vergangenen Geschichte, sondern möglicherweise auch auf Hinweise einer globalen Zukunftsgestaltung. „Das Verhalten produktiv tätiger Menschen könnte, vermuten wir, durch Prozesse hervorgerufen werden, in die sie geraten."[553]

Bei den *Modellen* dieser Prozesse handelt es sich um komplex-dynamische, nichtlineare Wechselwirkungen oder Interaktionen (Mikrodynamik) zwischen Teilen oder Elementen eines Systems, die zu Mustern oder Strukturen eines charakteristischen Verhaltens der Selbstorganisation[554] (Makrodynamik) in Natur und Gesellschaft führen.[555]

Diese Prozesse werden im Allgemeinen durch ein thermodynamisches Ungleichgewicht erzeugt, das auf Ausgleich drängt. Die entstehenden Muster lassen aufgrund der Nicht-Linearität eine Vielzahl von Lösungen zu.[556] Allerdings können bei bestimmten Randbedingungen, wie z.B. externe Umweltbedingungen, interne Ungleichgewichte entstehen, die zu Ausgleichsprozessen führen, die ihrerseits die Bedingungen ihrer Entstehung – das Ungleichgewicht wiederum verändern:

„Diese Rückkopplungsschleife zwischen Ungleichgewicht (Ursache) und Ausgleichsprozess (Wirkung) kann offenbleiben oder sich schließen....Schließt sich die Rückkopplung, bedingen Ursache und Wirkung einander. Dann produziert eine Ursache gerade die Wirkung, die sie selbst zur Ursache hat. Diese Reproduktion durch Schließung hat zur Folge, daß sich Ungleichgewicht und Ausgleichsprozess zeitlich nicht mehr verändern. Der Ausgleichsprozess „erstarrt" zu einem Aktivitätsmuster, das invariant in der Zeit bleibt. Dieser Übergang von einem gegenseitigen Sich-

---

551 Vgl. (FN 25).

552 Auch wenn einige Details seiner begrifflichen Ableitung manchmal noch provisorisch oder als ‚erste Näherung' zu betrachten sind, halte ich die substanziellen Beschreibungen der dargestellten Systemeigenschaften für fruchtbar und anregend.

553 A. Nitschke (1994), a.a.O. S. 38

554 Nitschke bezeichnet systemische Selbstorganisation als „Ablaufsysteme" oder „Prozeßsysteme", da sie die Ablauf-Dynamik von nichtlinearen, komplexen Prozessen repräsentieren. Ich werde mich allerdings an der einschlägigen Notation des Selbstorganisationsbegriffes orientieren und versuchen Nitschkes Begrifflichkeiten angemessen zu „übersetzen"

555 Siehe G. Küppers (1996), a.a.O. S. 135 ff.

556 Ebenda, S. 134

Verändern zu einem gegenseitigen Sich-Bedingen ist der Selektionsmechanismus der Selbstorganisation."[557]

Dies heißt aber auch, dass neue Randbedingungen zu neuen Formen des Ausgleichs, sprich der Aktivitätsmuster führen. Allerdings bewirkt nicht jede Veränderung der Rand- bzw. Umweltbedingungen auch eine Veränderung des Gesamt-Musters der Dynamik:

„Vielmehr ist die interne Dynamik über weite Bereiche resistent gegenüber Veränderungen von außen. Nur das Überschreiten kritischer Werte hat einen Wechsel der Dynamik zur Folge."[558]

Die komplexe Dynamik selbstorganisierender Systeme folgt also keiner gleichartigen linearen Mechanik, sondern vollzieht sich als veränderbare, anpassungsfähige und kontingente Abläufe wie wir sie aus der Geschichte kennen: „Die Systementwicklung wird abhängig von ihrer Geschichte. Daß auch physikalische System eine kontingente Entwicklung zeigen, hebt die Trennung der einfachen Welt physikalischer Erscheinungen von der Komplexität biologischer und sozialer Phänomene auf."[559]

Mit Hilfe dieser beschriebenen Prozesse sind nicht nur Naturabläufe nachvollziehbar, sondern auch sozio-kulturelle Verhaltensmuster *modellierbar* und tragen erheblich zum Verständnis gesellschaftlicher Weltbilder und Handlungsweisen bei.[560]

Genau diese Einsicht interessiert den Historiker *August Nitschke*, wenn er dem Problem nachgeht, dass es eigentlich für „den" Menschen kein typisches Verhalten gibt, es sei denn es bilden sich spezifische Prozessmuster aus, „die das Handeln der Menschen, gerade wenn sie produktiv tätig werden, bewirken"[561]

Genau dies versucht Nitschke zu beschreiben und dabei die charakteristischen Eigenarten und Unterschiede sozio-kultureller Wahrnehmungs- und Handlungsweisen innerhalb der jeweiligen selbstorganisierten Prozesse zu erfassen.

Er geht der interessanten Frage nach, „aufgrund welcher Gegebenheiten für den Menschen einer Gesellschaft bestimmte Arten zu wirken dominieren, und er den Raum und die Zeit – und somit die Zukunft – unterschiedlich wahrnimmt."[562]

Dabei könnten die spezifischen Selbstorganisationsprozesse Menschen zu einem bestimmten Systemverhalten bewegen, das wiederum die Spezifika des jeweiligen Selbstorganisationsablaufes stärkt und bestätigt. Die *Charakteristika einer Kultur* könnten dann als besondere Prozessmuster beschrieben und modelliert

---

[557] Ebenda, S. 138

[558] S. 139

[559] Ebenda, S. 146; Küppers schlussfolgert grundlegend: „Die Selbstorganisationstheorie wird zu einer Natur- und Gesellschaftswissenschaften umfassenden Einheitswissenschaft." (Ebenda)

[560] Vgl. J. Klüver (1995), a.a.O. S. 16 ff.

[561] A. Nitschke (1994), a.a.O. S. 46

[562] S. 47

werden. Dabei lassen sich für Nitschke folgende soziodynamische Prozesse denken, in denen ein wirklich neues Systemverhalten hervortritt:

- „ Prozesse verleihen einer Gestalt mehr Fähigkeiten. Dafür muß eine andere Gestalt etwas von ihren Fähigkeiten ‚abgeben'. (1)
- Prozesse verändern eine Gestalt so, daß dadurch Abläufe beschleunigt werden.(2)
- Prozesse erweitern den Raum." (3) [563]

Wenden wir uns System (1) zu, das Nitschke bei indigenen und in ähnlicher Weise bei *afrikanischen* Kulturen feststellt, dem „*Donator*-System", das im Wesentlichen an der *Unterstützung und Stärkung des anderen* als Verhaltensmuster orientiert ist.[564] Allerdings bedeutet dies keineswegs die Selbstaufgabe, sondern wird von der Überzeugung getragen, dass Menschen, die zuerst etwas geben, später auch etwas empfangen.[565] Im Donator-System[566] werden die Gebenden also zu einem späteren Zeitpunkt als Annehmende gleichsam zu „Akzeptoren". Menschen in diesem System sind demnach davon durchdrungen, ihre – im System gewonnene – Energie an andere Wesen weiterzugeben, um andere zu stärken und selbst ein ‚Opfer' zu bringen.

Etwas detaillierter können wir dieses System wie folgt charakterisieren: „Die Menschen waren mit anderen Wesen unmittelbar verbunden. Sie förderten die anderen, die dadurch mehr Veränderungsmöglichkeiten gewannen. Sie nahmen es – zugunsten des anderen – auf sich, in eine Mangelsituation zu geraten. Gleichzeitig gerieten sie in eine Situation, in der sie – zuvor die Gebenden – nun von anderen etwas empfingen. So befanden sie sich in einem alles verändernden ‚Fluss'."[567]

Es erhebt sich die Frage, ob derartige Donator-Systeme in der belebten Natur vorzufinden sind und als bildhafte *Modellierung* dienen können. Nitschke bietet drei grundlegende Naturphänomene an: *erstens* die Energie- und Materieumwandlung bei der Photosynthese, *zweitens* Symbiosen bei Pflanzen und Tieren sowie *drittens* biologisches Sozialverhalten (Eusozialität).

---

[563] S. 48

[564] Ebenda, S. 51 ff.

[565] S. 54

[566] Als eigentümliches Beispiel nennt Nitschke das Verhalten von Menschen im vorkolonialen Mittelamerika: „Die Menschen waren gewohnt, sich mit einem Zeitabschnitt...zu identifizieren. So meinten auch die Herrscherfamilien zu einer Zeitsequenz zu gehören...Ging diese Periode zu Ende, erwarteten sie mit der neuen Zeitquante ein neues Herrschergeschlecht, dem sie dann Reichtum und Herrschaft übergaben. Ein solcher Abschnitt endete, als Cortez mit seinen Spaniern in Mittelamerika landete. Der Aztekenherrscher beschenkte ihn...überreichlich und trat an ihn die Herrschaft ab. Auch dieser für die Spanier unverständliche Verzicht auf Widerstand erklärt sich, sobald man weiß, daß diese Menschen in ihrem Handeln den Prozessen des Donator-Systems folgte." (S. 58)

[567] S. 65 f.

Bei der Photosynthese kommt es mittels Chlorophyll zu einem Prozess aus Lichtabsorption und Elektronentransport[568] , was zu einem ‚Donator-System' führt: „Der Prozess, der einem Fluss ähnelt, gleicht einen ‚Mangelzustand' aus, den das Chlorophyll seinerseits ständig herbeiführt. Wenn in einer Fließbewegung Mängel immer wieder gleiche Abläufe hervorrufen, so dass diese Abläufe ständig erneuert werden, sprechen wir von einem Fließmangelsystem....Wir kennen es. Uns war es bei der Beschreibung....afrikanischer Gesellschaften begegnet. Da die Weitergabe eines Elektrons im Elektronentransport für dieses System charakteristisch ist, bezeichnen wir es ebenfalls als Donator-System."[569]

Derartige Prozesse eröffneten die gesteigerte Aufnahme sowie Entwicklung neuer Stoffe und Energien. „Diese verfügten über Veränderungsmöglichkeiten, die die Ausgangsstoffe nicht besaßen. Sie brachten somit eine neue, so bisher nicht mögliche ‚Zukunft'."[570]
Ein *zweites* Donator-System, das wechselseitige Stoff- und Energieaufnahme für Selbstorganisationsprozesse hervorbringt, ist die *Symbiose*, die für beide Partner vorteilhaft ist und eine gedeihliche Kooperation ermöglicht. Dieses für Lebewesen durchaus häufige Phänomen ist auch dadurch gekennzeichnet, dass ein gemeinsamer Lebensraum, eine verbindende Umgebung geschaffen wird. Beim symbiotischen Donator-System beobachten wir, „dass das System...auch die Umgebung der Lebewesen einbeziehen kann, indem zwei Lebewesen sich so verändern, dass jedes einige Prozesse des Donator-Systems für das andere Lebewesen ausführt....Wenn die Umgebung des Lebewesens in das System einbezogen wird, erweitert sich das System. Lebewesen können dann...in Gegenden vordringen, die ihnen sonst verschlossen sind."[571]
Schließlich kann ein *drittes* Selbstorganisationssystem mit Donator-Eigenschaften betrachtet werden, das bereits in frühen Phasen der Evolution zu *Staatenbildungen* und biologischem Sozialverhalten bei Tieren führt, also analogen Formen einer Gesellschaft.[572]
Exemplarisch und modellhaft kann dafür die Honigbiene stehen: „Die Tätigkeit der Energie- und Stoffaufnahme wird in diesen Tierstaaten von einzelnen Tieren übernommen. Diese Tiere behalten jedoch die gewonnene Nahrung nicht für sich, sie stellen sie den anderen, im

---

[568] „Die Prozessfolge beginnt mit der Absorption des Lichtes in zwei hintereinandergeschalteten sogenannten Photosystemen...Dabei wird auf Grund der molekularen Struktur und spezifischen Anordnung des Chlorophylls....dem durch die Aufnahme eines Photons angeregten Chlorophyllmolekül ein Elektron entzogen....Das durch den Elektronenentzug instabile Chlorophyllmolekül erhält durch eine weitere Prozeßfolge ein Elektron zur Auffüllung seiner Elektronenlücke zurück, dessen letztendliche Quelle Wasser ist. Durch den Entzug von Elektronen zerfällt das Wasser schließlich in Protonen und Sauerstoffmoleküle. Der Sauerstoff wird frei..." Siehe P. Hoffmann. Licht und Leben: Die Photosynthese – energetische Grundlage des Lebens auf der Erde. In: K. Maier (1991), a.a.O., S. 91

[569] Nitschke (1994), a.a.O. S. 71

[570] Ebenda, S.74

[571] Ebenda, S. 83 f.

[572] S. 84

selben Tierstaat lebenden Tieren zur Verfügung....Die Prozesse in diesen Tierstaaten dienen so der ‚Person', die die Vermehrung der Tierstaaten ermöglicht. Dies entspricht bis in die Einzelheiten dem Donator-System,"[573] das bereits bei Prozessen der Photosynthese näher beschrieben wurde.

Zusammenfassend kann also das Donator-System exemplarisch wie folgt beschrieben werden: als energetische, symbiotische oder eusoziale Selbstorganisationsprozesse, die in hohem Maße Koevolution, Kooperation und Innovation produktiv entwickeln.

Ich halte dies für einen fruchtbaren Ansatz, um Eigenschaften und Charakteristika vorkolonialer *afrikanischer* Weltsichten und Kulturen zu modellieren. Es wäre auch hier eines interessanten Forschungsprogramms wert, z.B. die Suaheli-Kultur näher zu betrachten, um derartige Systemeigenschaften zu verifizieren und auch mit Hilfe von Computermodellen zu simulieren. Aus eigener Erfahrung von Afrikareisen und Afrikastudien würde ich zum Beispiel der Eltern-Kind-Kommunikation, der dörfliche Gemeinwohlorientierung oder dem politischen Format des „Palavers",[574] als *Donator-Charakteristika* ‚in erster Näherung' einen erheblichen *Plausibilitätsgrad* zuordnen. Damit ist auch die Vermutung verbunden, dass trotz schwerer Verwerfungen und Erschütterungen durch Sklaverei und Kolonialismus, sich zentrale Kernelemente dieser Charakteristika bis heute als resilient und überlebensfähig erwiesen haben.....?!

Es hat die ganze Nacht stark geregnet und die Straßen Mombasas in Richtung Flughafen stehen vielfach unter Wasser. Der Blick aus dem Seitenfenster der Turboprop-Maschine erfasst mit Sicht von oben die kräftig grüne Landschaft, aufgestelzte Mangrovenwälder und die für Anfang Januar viel zu prall gefüllten Flussläufe. Nach etwa einer Stunde Flug liegt vor uns *Sansibar*:[575]

„Grünlich-blau schimmert die Uferzone, während die leuchtend weiße Linie des Strandes das dunkelgrüne, Palmen bewachsene Innere der Insel umsäumt. Der wolkenlose hellblaue Himmel lässt der Sonne freien Lauf, es ist deutlich heißer als in Mombasa, und der erdige Geruch mischt sich in angenehmer Weise mit marinem Duft....Unser Hotel direkt am Meer ist im altarabischen, teils indischem Stil eingerichtet, im Rücken die historische Altstadt. Vom Balkon aus gleitet der Blick die gleißend helle Sandküste entlang, vorbei an verschachtelten Häusern von Zanzibar Town hinaus auf die funkelnd blaue Fläche des Indischen Ozeans." [576]

---

[573] S. 87

[574] Vgl. Jochen Collien, Tschop-blew-pot: afrikanische Erkundungen, Bad Honnef (1998), S. 66 ff. Dazu später mehr.

[575] Eigentlich ist es die größte Insel *Unguja*, daneben die zweite kleinere Pemba

[576] Vgl. U. Skirke, unveröffentlichte Reiseberichte (1997/98), S. 68 ff.

Nachmittags treffen wir Hassan, einen jungen Sansibari, zum Stadtrundgang durch das vor über dreihundert Jahre erbaute ‚Stone Town' und mittlerweile anerkannte Weltkulturerbe.
Vorbei am alten ‚Portugiesischen Fort', den Jamituri Gärten gelangen wir zum ‚Haus der Wunder', das nicht nur durch eine bemerkenswerte Architektur, sondern die kunstvoll geschnitzte Eingangstür im Suaheli-Stil beeindruckt.[577] Guide Hassan erläutert uns stolz die zahlreichen mit Nationalflaggen geschmückten Häuser: sie seien feierliche Erinnerungen an die afrikanisch-sansibarische Befreiungsrevolte gegen die „Fremdherrschaft der Sultane".[578]

Sansibar sei von der ursprünglichen Koexistenz und Kooperation mit unterschiedlichen Religionen und Kulturen historisch abgedrängt und zur Duldung von Fremdherrschaft sowohl von arabischen als auch europäischen Herrschern gezwungen worden, auch wenn einige Suaheli-Führer mit den Besatzern „unehrenhaft" paktiert hätten.
Dafür sei ein besonders unrühmliches Beispiel der Sklavenhandel, dessen traurig-berühmte Stätte der ‚Alte Sklavenmarkt' nur noch wenige, sichtbare Hinterlassenschaften offenbaren: der Besuch von ehemaligen dunklen, niedrigen Sklavenverliesen erzeugt eine unerträglich beklemmende Erinnerung und schmerzvolle Anteilnahme. Der zeitweise größte Sklavenmarkt der Welt[579] wurde durch die „Church of Christ Cathedral" überbaut....[580]
Zu einer der größten Katastrophen der Menschheitsgeschichte, nämlich dem Handel mit afrikanischen Sklaven, ist faktenreich analysiert und berichtet worden. Dennoch wird dieses einschneidende historische Ereignis m.E. immer noch

---

[577] Vgl. auch S. Kordy (2001), a.a.O. S. 223 ff.

[578]Am 12. Januar 1964 führte eine Revolte zur Beendigung der Herrschaft der Sultane, die Sansibar für kurze Zeit zur unabhängigen Volksrepublik machte, bevor dann am 25. April 1964 die Vereinigte Republik Tanzania gegründet wurde. Faktisch ist sie eine Föderation: Zanzibar und Pemba mit eigenem Parlament und eigener Regierung stellen einen eigenen Präsidenten, der verfassungsgemäß als Vizepräsident Tanzanias fungiert Aktuell demonstriert Tansania seine funktionstüchtige Demokratie. Denn nach dem Tode von Präsident John Mugufuli im März 2021 übernimmt der/die Vizepräsident/in das Amt für die restliche Amtszeit: die neue Regierung wird von Präsidentin Samia Suluhu Hassan als erste Frau in diesem Amt angeführt. (vgl. auch Veye Tatah in: Africa Positive Nr. 81/21)

[579] „Auf dem dortigen Sklavenmarkt, zeitweise dem größten der Welt, wurden um 1840 pro Jahr 40 – 50.000 Afrikaner verkauft, jeweils etwa eine Hälfte für die eigenen Nelkenplantagen , die andere für die Ausfuhr nach Arabien und Persien." Siehe M. Köhler (Hrsg.)(1988),a.a.O. S. 100

[580] Vgl. Kordy (2001), S. 225: „Als 1873 der Sklavenhandel offiziell verboten wurde, ließ der anglikanische Bischof Sheer, ein vehementer Gegner der Sklaverei, die Kirche auf dem Gelände eines Sklavenmarktes errichten."

nicht in Umfang und Dynamik, in Tiefenwirkung und Langzeitfolgen angemessen dargestellt und anerkannt: „Erst allmählich begreifen wir, dass die katastrophalen Folgen des systematischen Menschenraubs in Afrika weit über das Abschütteln der europäischen Kolonisatoren und die formale Unabhängigkeit der modernen afrikanischen Staaten hinausreichen. Das Trauma der Sklaverei, die unterschiedlichen Formen der Entrechtung und Erniedrigung afrikanischer Menschen sind von den nachfolgenden Generationen nicht nur in Afrika, sondern auch in Europa und Amerika noch längst nicht im notwendigen Umfang verstanden worden.“ [581]

Es ist und bleibt eine eklatante Fehleinschätzung, „Sklaverei“ gebe es überall und immer schon, und fand in Afrika „lediglich“ geschichtliche ‚Kontinuität‘.....
Oberflächlich werden dabei Unrechtsformen der Kriegsgefangenschaft, Leibeigenschaft, antike Sklaverei, Schuldknechtschaft, Verdingung oder Zwangsarbeit etc. nebeneinandergestellt und völlig unzulässig mit einem großräumig ‚industriell‘-organisierten, militärisch unterstützten System terroristischen Menschenhandels in und aus Afrika gleichgesetzt! Die weitreichende *einzigartige* Grausamkeit des afrikanischen Sklavenhandels, der zunächst in Ostafrika durch Araber und später durch Europäer auch in Westafrika weiter zugespitzt wurde, wird an anderer Stelle ausführlich beschrieben.[582]
Jedoch nicht nur das menschliche Leid, die sozialen Erschütterungen und die stagnierende Bevölkerungsentwicklung waren bedeutsam, sondern die Kopplung von der rigorosen wirtschaftlichen Ausbeutung Afrikas mit dem enormen Zuwachs von Reichtum und industriellem Aufstieg Europas: „Der Sklavenhandel band den Kontinent an die kommerziellen und politischen Zielsetzungen Europas und schuf ein Wirtschaftssystem, das wertvolle Rohstoffe aus dem Inland an die Küste verlagerte, wo ihr Tausch gegen europäische Güter für Afrika einen Nettoverlust darstellte. Einige Aspekte des Handels vervielfachten tatsächlich den europäischen Gewinn zu Afrikas Schaden.“[583]
Damit nicht genug: hier vollzog sich keineswegs nur ein „asymmetrischer“ ökonomischer *Produktions*prozess, sondern der Import von nie dagewesenen *Destruktions*mitteln nach Afrika:
„Aber die Handelsobjekte, die am stärksten zum Fortbestand des Sklavenhandels beitrugen, waren die Feuerwaffen....Insgesamt brachten britische Händler allein zwischen 1750 und 1807 geschätzte 300.000 bis 400.000 Gewehre pro Jahr nach Afrika – zusammen mit durchschnittlich fast 400 Tonnen Schießpulver und 90 Tonnen Bleikugeln. Nach Schätzungen wurden insgesamt nicht weniger als 20 Millionen Gewehre getauscht. Der Import von Feuerwaffen nach Afrika heizte den Sklavenhandel an und beeinflusste die spätere wirtschaftliche Entwicklung des Kontinents gewaltig.“[584]

---

[581] Siehe Lutz van Dijk (2016), a.a.O. S. 90 f.
[582] Vgl. John Reader (2001), a.a.O. S. 258 ff.
[583] Ebenda
[584] Ebenda, S. 259 f.

Damit wurde insbesondere die Komplizenschaft einiger afrikanischer Händler und politischer Anführer zur eigenen Bereicherung auf Kosten ihrer Landsleute nicht nur erleichtert, sondern vielfach erst ermöglicht. Insgesamt bleibt festzuhalten: bei der Durchführung von Verbrechen gegen die Menschlichkeit wie dem Sklavenhandel gab es in der Geschichte leider immer wieder Kollaborateure und Korrumpierte, aber sie waren *nicht* die Erfinder, Verursacher und Organisatoren eines *hegemonialen Gesamt-Systems* des epochalen Sklavenverbrechens!
Dies zeigt auch der vielfältige einheimische afrikanische Widerstand gegen die Sklaven-Imperien von Arabern und Europäern: „Viel zu wenig ist bisher bekannt über die vielen Formen des Widerstands von afrikanischen Anführern gegenüber den europäischen Kolonialherren: von der Anpassung und dem Bemühen um friedliche Konfliktlösung bis hin zu mutigen, oft auch verzweifelten Kampf. In vielen europäischen Geschichtsbüchern wir nach wie vor ausführlich über die Schlachten der Europäer berichtet, um die „bedrohten eigenen Frauen und Kinder in den Kolonien" zu schützen. Die Verteidigung der von eigenem Grund und Boden vertriebenen Afrikanerinnen und Afrikaner werden meist als „Massaker" beschrieben und ihre ermordeten Frauen und Kinder sind kaum eine Erwähnung wert."[585]

Doch die Entmachtung der Europäer in Ostafrika und der hegemoniale Aufstieg der Omani in Sansibar verschaffte der Insel zwar wirtschaftlichen Aufstieg für eine herrschende Minderheit – die Gewürznelken-Produktion kletterte an die Weltspitze[586] – aber weiterhin auch tiefgreifende soziale Ungerechtigkeit für die afrikanische Mehrheit.
Daran änderte auch die Abschaffung des Sklavenhandels kaum etwas. Im Gegenteil: an die Sklaventragödie schloss ‚nahtlos' die ‚Übernahme' des afrikanischen Kontinents durch europäische Kolonien an![587]

„Am 20.12. 1885 vereinbarte Bismarck mit Bargash[588]einen Handels- und Freundschaftsvertrag, der auch Zanzibar unter den Schutz des Deutschen Reiches stellen sollte. Dieses Kapitel deutscher Kolonialherrschaft endete fünf Jahre später, als das Deutsche Reich den Briten Zanzibar als

---

585 Siehe Lutz van Dijk (2016), a.a.O. S. 91

586 1856 mit ca. 75% der Welternte (Köhler (1988), S. 97

587 „Britische Marineschiffe begannen 1869, arabische Sklaventransporte abzufangen und zu beschlagnahmen, doch jahrelange diplomatische Verhandlungen und Druck...waren nötig, bis der Sultan von Sansibar bereit war, öffentliche Sklavenmärkte zu verbieten und 1897 offiziell die Sklaverei abzuschaffen. Es war eine schwierige Entscheidung, denn die Wirtschaft Sansibars war damals unmittelbar von der Sklavenarbeit abhängig. Um sicherzustellen, dass diese weiterarbeiten, zwang die neue Gesetzgebung die meisten befreiten Sklaven, als Arbeiter auf den Plantagen zu bleiben – ein Schritt, der die Saat der Revolution säte, die schließlich 1964 auf Sansibar ausbrach." Siehe J. Reader (2001) a.a.O. S. 263

588 Der amtierende Sultan

Protektorat überließ und dafür Helgoland erhielt (Helgoland-Zanzibar Vertrag vom 1.7.1890)[589]: Die Aufteilung Ostafrikas (*The Scramble for Africa*) unter den Kolonialmächten stand kurz vor dem Abschluss."[590]

Deutschlands Kolonialzeit war mit weniger als dreißig Jahren die kurzlebigste, aber dennoch von hoher Opferzahl begleitet. Die Zwangsarbeit z. B. auf den Baumwollfeldern führte 1905 zur Rebellion, die brutal und gewaltsam niedergeschlagen wurde.[591]

Vor dem Ende der deutschen Kolonialherrschaft forderten die Kämpfe mit anderen europäischen Kriegsarmeen das Leben von mehr als 50.000 afrikanische Soldaten, die für das Deutsche Reich „fielen" – abgesehen von 2,5 Millionen Einheimischen, die Zwangsarbeit für den Krieg leisten mussten.......[592]

So steht die Geschichte Sansibars als trauriges Symbol für die langanhaltende „Verdunkelung des afrikanischen Kontinents", deren Folgen teilweise bis in die Gegenwart reichen.

„Nach der Abschaffung der Sklaverei schuf der sogenannte legitime Handel mit den afrikanischen Rohstoffen Bedingungen, die Europa und Amerika mehr nutzten als Afrika. Mehr als tausend Jahre lang wurde der Reichtum Afrikas dem Kontinent widerrechtlich entnommen und gestohlen."[593]

Andererseits bleibt festzuhalten, dass trotz schwerer Verwerfungen, Erschütterungen Destruktion durch Sklaverei und Kolonialismus, sich zentrale Kernelemente der Charakteristika ostafrikanischer *Suaheli-Kultur* bis heute als überlebensfähig und resilient erwiesen haben.....?!

Wie lässt sich darüber hinaus *allgemeiner* die Überformung, Entfremdung und der zerstörerische Machteinfluss insbesondere europäischer Herrschaft in Afrika historisch so analysieren, dass die umfassenden, komplexen Folgewirkungen,

---

[589] Genauer handelte es sich um folgendes:" Eigentlich ging es in jenem Vertrag um einen vielfältigen Gebietstausch zwischen den beiden großen europäischen Mächten, eine Art Flurbereinigung, vor allem in Afrika, aber auch in der Nordsee. „Vertrag über die Kolonien und Helgoland" hieß das ausgehandelte Werk, unterzeichnet und abgeschlossen am 1. Juli 1890. Doch Bismarck pickte sich gegenüber der Presse zwei Teile aus dem Vertrag heraus, fügte sie zusammen, und schon stand das Reich da wie ein Depp, der sich übers Ohr hatte hauen lassen. So ist seit seiner Metapher vom Rock und dem Knopf jener Gebietsaustausch viel bekannter unter dem – falschen – Begriff „Helgoland-Sansibar-Vertrag". https://www.welt.de/geschichte/article143305006/Die-Maer-vom-deppenhaften-Helgoland-Sansibar-Tausch.html

[590] S. Kordy, (2001)a.a.O. S. 219

[591] Mindestens 75.000 Menschen wurden bei der Niederschlagung der Rebellion getötet, aufgrund der ‚Politik der verbrannten Erde' starben weitere mehr als 250.000 in der folgenden Hungersnot. Vgl. Reader (2001), a.a.O. S. 264

[592] Ebenda, S. 265

[593] Ebenda, S. 267

inclusive sozio-ökonomischer und kultureller Zusammenbrüche, aber auch nachhaltiger Regeneration und Erholung dynamisch erfasst werden können?
Dazu bedarf es einer Weiterführung und Konkretisierung des Verständnisses davon, wie komplexe Systeme mit nichtlinearen Rückkopplungen funktionieren - exemplarisch im wissenschaftlichen Forschungsfeld der „Systemdynamik".
Orientierung liefert dazu der *42. Bericht an den Club of Rome*, der mit dem sog. *„Seneca-Effekt"* beschreibt wie mit Zusammenbrüchen in komplexen Systemen umzugehen ist und wie bewältigbar sind.[594] „ ‚Der Senca-Effekt' beschreibt praxisgerechte Wege und Lösungen, wie man Kollapse in komplexen Systemen vermeiden oder zumindest bewältigen kann. In bestimmten Fällen kann dies geschehen, indem die Bindeglieder, die ein System zusammenhalten, verstärkt werden. In anderen Fällen, indem man das System externe Schocks absorbieren lässt – und dabei innere Parameter verändert, statt sie zu erhalten. Und für den Fall, dass ein Kollaps unvermeidlich ist, zeigt dieses Buch auf, wie man ihne nutzen kann, anstatt sich ihm zu widersetzen, wenn der einzige Weg, um das Alte loszuwerden, das Schaffen von Raum für das Neue ist."[595]
Nichtlineare-komplexe Systeme zeigen keine einfache Beziehung von Ursache und Wirkung, eine Außenstörung erzeugt nicht einfach eine proportionale Wirkung, sondern letztere wirkt auf die Ursache zurück („Rückkopplung") und kann die Folge einer Störung *vervielfältigen* („positive Rückkopplung") oder *dämpfen* („negative Rückkopplung"). Kleine Ursachen können also große Wirkungen und damit heftige „chaotische" Reaktionen erzeugen: bei Überschreiten eines bestimmten „Kipp-Punktes" ist dann ein *Zusammenbruch* unvermeidlich und das System geht in eine „andere Phase" sprich in einen grundlegend anderen Systemzustand über.[596]
Allerdings streben z. B. gesellschaftliche oder Ökosysteme häufig mit Hilfe von Selbstorganisations- und Selbstregulierungsprozessen relativ *stabile* Balancen, sog. „Attraktoren" an, die durch eine Reihe von *charakteristischen* Kenngrößen und Strukturen beschreibbar sind, auf die sich das System hinbewegt. In besonderen Fällen erreicht ein offenes[597] dynamisches System im Umfeld des Attraktors einen Gleichgewichtszustand, der durch einen internen regelnden Prozess aufrechterhalten wird, die *„Homöostase"*.[598]
Ein weiteres Phänomen selbstorganisierender Dynamik als Fähigkeit eines stabilen und anpassungsfähigen Sytems, auch bei einer starken Störung von außen im ‚Inneren' in der Nähe des Attraktors zu bleiben und keinen Phasensprung zu

---

[594] Vgl. Ugo Bardi. Der Seneca-Effekt. Warum Systeme kollabieren und wie wir damit umgehen können. München 2017
[595] E.U. von Weizsäcker, A. Wijkman, in: Bardi (2017), a.a.O. S. 10
[596] Siehe Bardi (2017), a.a.O. S. 15 f.
[597] Es fließt ständig Energie oder Materie zu
[598] Vgl. Bardi (2017), S. 16

machen, bezeichnet man als *„Resilienz“*.[599] Welche Rolle spielt die Resilienz bei der Vermeidung von Zusammenbrüchen oder bei der Anpassungs- und Innovationsfähigkeit eines nichtlinearen, komplexen Systems?
Wie hängt dies mit dem Verhalten von Netzwerken und der Art von Verbindungen der Systemelemente zusammen, die beispielsweise einer der zentralen Untersuchungsgegenstände Alexander von Humboldts waren.....

„Ich möchte...hervorheben, dass die Systemwissenschaft einen faszinierenden Blick auf die Welt um uns ermöglicht. So nahm diese Wissenschaft mit den ersten Studien von Ökosystemen ihren Anfang, wie sie Alexander von Humboldts 1845 veröffentlichtes Werk *Kosmos* darstellt.[600]

Von daher schlage ich ein *Forschungsprogramm* zur Untersuchung der Langzeitfolgen der historischen Fremdeinwirkung auf Gesellschaft, Kultur, Ökonomie und Ökologie des afrikanischen Kontinents vor, nicht nur um diese begreiflicher zu machen, sondern sondern sie auch für dessen Zukunftsentwicklung zu erschließen.
Dies soll keineswegs von einer nötigen Aufarbeitung ethisch-moralischer Verantwortung Europas, von Schuld und Sühne, von Wiedergutmachung und Aussöhnung ablenken, sondern eröffnet eine weitere wichtige Perspektive von Erkenntnisprozessen zu langfristigen Auswirkungen und zukunftsfähige Handlungsorientierungen über viele Generationen hinweg, die nicht mehr in einer unmittelbaren Ursache-Wirkung-Beziehung stehen.

Dazu möchte ich folgende *Kernelemente* eines solchen Forschungsprogramms grob umreißen:
Erstens geht es um eine systemische Folgenabschätzung über Störeinflüsse bzw. Zerstörungsprozesse von außen auf das modellhaft betrachtete ‚Donator-System‘ (S.94 ff.) – charakterisiert durch energetische, symbiotische oder eusoziale Selbstorganisationsprozesse - mit möglichen sozio-kulturellen und ökologisch-ökonomischen Zusammenbrüchen auf dem gesamten afrikanischen Kontinent oder Teilregionen.[601]

---

[599] Ebenda

[600] S. 19

[601] Hier könnten z.B. die ostafrikanische oder westafrikanische Küstenregion, Kongo, Uganda oder Ruanda genauer betrachtet werden.

Zweitens sollten Resilienz und Regenerationsfähigkeit der afrikanischen Systemdynamik vor, während und nach den verschiedenen historischen Störungen analysiert werden.
Dies führt *drittens* auf eine entsprechende Einschätzung von Überlebensfähigkeit, Erhol-Phasen sowie Prozesse der Strukturerneuerung trotz Störungen.
Viertens sollten dabei nichtlineare, komplex-dynamische Systemeigenschaften wie beispielsweise Rückkopplungsprozesse, chaotische Phasenübergänge, „Chaosrand"-Phänomene, selbstorganisierte Kritizität, Netzwerkstabilität oder Homöostase methodisch genauer untersucht werden.
Fünftens ist die zeitliche Reichweite der Störeinflüsse näher zu betrachten: in welcher Weise führten die kaskadenartigen Störprozesse der letzten Jahrhunderte zu Folgewirkungen, die - zumindest regional - bis heute „Rückschlageffekte" erzeugen?
Inwieweit führte *Sechstens* ein *intaktes* durch Geben und Nehmen sowie kulturelle Vielfalt charakterisiertes *Donator-System* durch radikale Störeinflüsse möglicherweise in ein *entfremdetes* System von Korruption und Tribalismus...?
Wie sind *siebtens* die Erfolge afrikanischer „Befreiungsbewegungen" als innersystemisch, selbstorganisierte Widerstandsbewegungen einerseits, aber auch als Fremdeinwirkungen und Instrumentalisierungen, etwa den Ost-West-Konflikt, andererseits real einzuschätzen.
Achtens. Welche Auswirkungen auf Gesellschaft, Wirtschaft und Politik Afrikas muss der sogenannten „Entwicklungshilfe" tatsächlich zugeschrieben werden: führte sie zu Regeneration und Selbstbestimmung oder eher zur Fortschreibung von „Kollapsen" und Fremdbestimmung?
Wie ist *neuntens* das Erbe militärischer Organisation einzuschätzen: in welcher Weise sind, die durch Sklavenhandel und Kolonialismus importierten waffentechnischen Destruktions-Potentiale in Afrika weiterhin Bedrohungskräfte oder existieren alternative militärische Strategieansätze zu Selbstverteidigung und Friedenserhaltung....? Wie sind die Fremd- und Zerstörungseinflüsse des islamistischen Terrors und entsprechende Gegenmaßnahmen zu bewerten?

Ohne Untersuchungsergebnisse im Detail vorwegzunehmen, möchte ich dennoch näherungsweise Antwortelemente erfassen und Ergebnishypothesen formulieren.
Zum einen lässt sich festhalten, dass Afrika durch die Fremd- und Störeinflüsse schweren Schaden genommen und eine bedeutsame Anzahl von regionalen Kollaps-Situationen erlebt hat. Vielfach sind Folgewirkungen über eine langwährende Epoche nachweisbar, die zum Teil bis heute erkennbar sind – in Form von

‚Rückschlägen', chaotischen Phänomenen sowie zeitweisen Zusammenbrüchen in Wirtschaft, Gesellschaft und Politik. Diese Folgewirkungen sind jedoch nicht allein auf persönliches und politisches, afrikanisches Fehlverhalten reduzierbar, sondern verweisen auf tieferliegende Phänomene komplexer Systemdynamik unter bestimmten Randbedingungen. Es geht also um die wichtige Frage, wie können Systemdynamik und Randbedingungen so beeinflusst und gestaltet werden, dass Fremdeinwirkungen und Störeinflüsse in selbstregulierendes, eigenverantwortliches Selbstorganisationsverhalten überführt und stabilisiert werden können. Von *außen* politisch gewünschte Forderungen und Zielvorgaben, wie z.B. ‚Good Governance' - häufig wiederum durch Europäer gefordert - helfen hier nicht unbedingt weiter....

Des Weiteren liegt eine eindrückliche und überraschende Erkenntnis darin, dass *trotz* massiver zerstörerischer Außeneinflüsse auf den afrikanischen Kontinent Überlebenskraft und Resilienz der Bevölkerung in Afrika, und auch im Zwangsexil, erfolgreich und wirksam waren sowie relativ rasche Regeneration und Erholung von regionalen Kollaps-Phasen[602] immer wieder zu beobachten sind.

Schließlich könnte es erfolgreiche Lösungsansätze nach unvermeidlichen Zusammenbrüchen ‚alter', nicht anpassungs- und überlebensfähiger Strukturen gegeben haben, indem kreativ Neues zugelassen und entwickelt wurde...[603]

---

[602] So könnten bisherig unzureichende Versuche der Erklärung des Genozids in Ruanda möglicherweise durch eine systemische Betrachtung einer schrecklichen Kollapssituation verstanden werden, deren Ursache bis in die Kolonialzeit zurückreicht, die durch einen fremdbestimmten und instrumentalierten Tribalismus chaotisch verstärkt sowie mit Hilfe von unverantwortlichem Tun und Unterlassen amerikanischer und eropäischer Politik zum Ausbruch kam. Das anschließende Wunder der schnellen Regeneration und Erholung ließe sich vielleicht ebenso mit der ‚richtigen' Systemgestaltung eines eigenverantwortlichen Selbstorganisationsprozesses darstellen.......

[603] „Eine Generation von Afrikanern ist erwachsen geworden im unabhängigen Afrika. Sie neigen weniger als ihre Eltern dazu, die Schuld an Afrikas Leiden auf die koloniale Bürde zu schieben, sondern sind vielmehr bereit, auf dem Kontinent...ihre Zukunft zu suchen. Während sie das Steuer selbst in die Hand nehmen, ist Afrika dabei, einen neuen Kurs einzuschlagen." Siehe J. Reader (2001), a.a.O. S.267

Und dies führt mich auf das *letzte Kernelement* einer erwünschten Untersuchung der Systemanalyse afrikanischer Geschichte, nämlich
Zehntens: Als zentrale Betrachtung sollte daher unbedingt analysiert und hervorgehoben werden: wie sieht ein mögliches *Vorbild* (!) und der *Beitrag Afrikas zur Vermeidung eines planetaren Kollapses* für das Überleben dieser, unser aller Welt aus?! Ich werde darauf weiter eingehen.[604]

Bereits am früheren Morgen holt uns Guide Hassan zu einer weiteren Inseltour ab. Die Fahrt führt uns vorbei an kleinen Dörfern und dunkelgrünen Kokospalm-Wäldern auch durch eine langgezogene Allee aus Mangobäumen, die gleichsam als Pflanzen-Rundbögen die Straße angenehm verschatten. In südlicher Richtung erreichen wir den auf Sansibar einzigen erhaltenen Urwald, den Jozani Forest, dessen dichte naturbelassene Vegetation seit 1960 unter Naturschutz steht. Nach kurzer Fußpirsch mit einem Wildhüter wird unsere Erwartung belohnt: vor uns turnt und kreischt eine Gruppe von roten Colobus-Affen. Als sie uns sehen, machen sie mit waghalsigen Sprüngen auf sich aufmerksam. Doch da, oh Schreck, verfehlt ein kleiner Affe den Ast und stürzt – zum Glück nur wenige Meter – ab. Die Mutter schreit entsetzt auf und springt sofort herab, um das zum Glück unverletzte Junge sofort in den Arm zu schließen....Es heißt, man solle Tierverhalten nicht „vermenschlichen", doch mir scheint das Gegenteil richtig: wir erleben hier das *Verhalten* unserer *Vor*fahren und nicht allzu weit entfernten Verwandten, dem *wir nach*folgen und das uns selbstähnlich ist....
Der Wildhüter zeigt und erklärt diverse im Primärwald heimische Heilpflanzen, deren Gesundheitswirkung schon sein Vater und Großvater kannte. Besonders interessant ist sein Hinweis, dass die Kenntnis von bedeutsamen Pflanzen und überliefertes Wirkungswissen ihrer gesundheitlichen Heilkraft vielfach den Tieren des Waldes abgeschaut wurde.
Über eine kleine Anhöhe führt eine brandneue Asphaltstraße durch den tiefer gelegenen Palmenwald auf die Küste zu und offenbart Erinnerungen an die osmanische Geschichte:

„Vor uns liegt die Ruine einer Wohn- und Badeanlage des durch Brand zerstörten Palastes von Sultan Sayid aus dem 19. Jahrhundert. Die grauen Gebäudereste werden von grünen Palmen überragt und wirken wie Skulpturen in der malerischen Küstenlandschaft. Eindrucksvoll besonders die intakten Wasserleitungssysteme, die bis heute im Betrieb sind. Insgesamt scheint hier die Vergangenheit überall gegenwärtig." [605]

---

[604] Vgl. Bardi (2017), a.a.O. Teil III seiner Darstellung lautet: „Den Kollaps bewältigen" , S. 231 ff.
[605] Siehe U. Skirke (1997/98), a.a.O. S.82 f.

Hassan erzählt dazu passend in kurzen Umrissen die erstaunliche und *tragische* Geschichte von *Prinzessin Salme*, einer Tochter von Sultan Sayid. Sie sei wie ein „Spiegel der Geschichte Sansibars in der Kolonialzeit".

In der Tat kenne ich keine historische Person, die vor dem Hintergrund des Ringens um Identitätsfindung und Selbstbestimmung die Widersprüche, Umbrüche und Zusammenbrüche der arabischen und europäischen Fremdherrschaft in und um Sansibar eindrucksvoller personifizieren könnte als Prinzessin Salme: Sie bringt sich im Sultanspalast selbst Lesen und Schreiben bei, nach Palastintrigen und familiären Zerwürfnissen verliebt sie sich in den Hamburger Kaufmann Rudolph Heinrich Ruete und flieht mit britischer Hilfe nach Aden, lässt sich taufen und nimmt den Namen Emily an, heiratet Rudolph Heinrich und geht mit ihm nach Hamburg. Nachdem ihr Ehemann tödlich verunglückte, verweigerten die deutschen Behörden ihr Erbe, jedoch versuchte Bismarck selbst sie für seine Kolonialpolitik zu instrumentalisieren. 1886 wurde *Emily Ruetes Autobiografie* unter dem Titel „Memoiren einer arabischen Prinzessin" - die erste Autobiographie einer arabischen Frau in der Literaturgeschichte - in zwei Bänden veröffentlicht. Neben den daraus erzielten Einkünften verdiente sie sich ihren Lebensunterhalt als Lehrerin für Arabisch. 1888 verließ Emily Ruete Deutschland und lebte die folgenden Jahre in Jaffa, Jerusalem und ab 1892 in Begleitung ihrer beiden Töchter in Beirut. 1914 verließ sie Beirut. 1922, nach dem Tod aller ihrer Halbgeschwister, setzte ihr Neffe Sultan Khalifa bin Bargash eine kleine Rente aus. Von 1920 an lebte sie in Jena bei den Schwiegereltern einer ihrer beiden Töchter. Emily Ruete starb 1924 in Jena und wurde auf dem Hamburger Friedhof Ohlsdorf im Bereich der Familiengrabstätte Ruete begraben; die Grabstätte wird als Prominentengrab bewahrt. Anlässlich des im Jahre 2007 europaweit begangenen Jahres zur Chancengleichheit für alle wurde ein Erinnerungsstein im Garten der Frauen auf dem Ohlsdorfer Friedhof in Hamburg für die Prinzessin von Oman und Sansibar aufgestellt.[606]

Seit dem Tode von Emily Ruete ereigneten sich in Sansibar weitere Umbrüche, Unabhängigkeitsbewegungen und mit der blutigen Revolte 1964 ein bedeutsames ‚Kollaps-Ereignis' gegen die arabische Fremdherrschaft.[607]

Die weitere Emanzipationsbewegung eines „Afrikanischen Sozialismus"[608] nach der Unabhängigkeit Tansanias war keineswegs konfliktfrei, dennoch wurde die kulturelle Vielfalt für ein friedliches Zusammenleben in der Idee von „Uijamaa" (in Swahili: Familiengemeinschaft) produktiv genutzt. Die Landreform mit Hilfe der „Uijamaa-Dörfer" war zugleich eine sozio-kulturelle Weiterentwicklung afrikanischer Werte und die Gleichstellung von Frauen und Männern…..

Man könnte die Entwicklung Tansanias aber auch als kluge Anwendung des ‚Seneca-Effektes' interpretieren, der unvermeidliche gesellschaftliche Zusammenbrüche dazu nutzt, „das Alte loszuwerden", um damit „Raum für das Neue" zu schaffen.[609]

---

606 https://de.wikipedia.org/wiki/Emily_Ruete

607 Siehe FN 501

608 Vgl. Lutz van Dijk (2016), a.a.O. S. 172 f.

609 Siehe: E.U. von Weizsäcker, A. Wijkman, in: Bardi (2017), a.a.O. S. 10

Die Rückreise in nördlicher Richtung führte uns dahin, was Sansibar seit dem letzten Jahrhundert berühmt machte: Gewürze. Auf der staatlichen Plantage wachsen Vanille, Zimt, Kardamom, Muskatnuss, Ingwer, Pfeffer, Gewürznelken und eine besonders gezüchtete Art von Kaffee. „Dass Pfeffer als Kletterpflanze wächst, hätte ich nicht gedacht. Nun wissen wir also nicht nur wo, sondern auch wie der Pfeffer wächst."[610]
Die Gewürznelkenproduktion hat seit der Unabhängigkeit ihre einseitige Bedeutung - zum Glück - verloren und damit die Anfälligkeit als einzige Anbaupflanze für die tansanische Wirtschaft. Überdies wird ein Großteil der Gewürznelken auf kleinen Bauernhöfen produziert, meist mit lediglich zehn bis fünfzehn Gewürznelkenbäumen. [611] Sowohl beim Gewürzanbau als auch bei tropischen Früchten konnte sich also *Diversität* durchsetzen.
Zur Thematik Vielfalt in der Wirtschaft als Krisenvermeidung gibt Guide Hassan einen weiteren bedeutsamen Hinweis: seit Ende der 80er Jahre wurde Seetang von den Philippinen eingeführt und hat sich bei optimalen Meeresbedingungen seitdem zu einem *nachhaltigen* Industriezweig ausgewachsen - mit Erträgen in den 90er Jahren von über 2.000 Tonnen pro Monat.

„Eine Studie von 1995 fand heraus, dass 10.000 Menschen an nicht weniger als 19 Orten direkt involviert sind in der Produktion und weitere 40.000 Menschen indirekt davon leben – und diese Zahlen sind seither signifikant gestiegen....Diese Entwicklung hat soziale wie auch wirtschaftliche Konsequenzen. Seetang-Anbau ist überwiegend eine weibliche Beschäftigung, sein Erfolg hat den Frauen eine gewisse finanzielle Unabhängigkeit beschert, die verkrusteten Beziehungen zwischen den Geschlechtern in Sansibars...muslimischer Gesellschaft aufgebrochen."[612]
Aktuelle Entwicklungen zeigen eine rasante Weiterentwicklung dieses Prozesses, nicht nur wirtschaftlich, sondern auch *sozio-kulturell*. Mittlerweile werden Pro Jahr knapp acht Millionen US-Dollar umgesetzt - etwa die Hälfte bleibt bei den Produzenten. Nach Angaben der Regierung von Sansibar beschäftigt die Seetang-Industrie 23.000 Bauern, *90 Prozent* davon sind *Frauen*.
Jährlich werden über 11.000 Tonnen Tang geerntet und verkauft. Laut dem Handelsministerium von Sansibar zeichnen die Algen für 90 Prozent der maritimen Exporte des Archipels verantwortlich. Getrockneter Seetang ist vor allem als Grundlage für Kosmetikprodukte und Lebensmittel gefragt - die Abnehmer kommen aus Asien, Europa und den USA.
Im Jahr 2006 wurde die „Zanzibar Seaweed Cluster Initiative" (ZaSCI) gegründet, die gemeinsam vom „Institute of Marine Sciences" in Sansibar und der Regierung betrieben wird. Durch die Initiative lernten die *Bäuerinnen*, ihre gemeinsamen

---

[610] Vgl. U. Skirke, unveröffentlichte Reiseberichte (1997/98), S. 81
[611] Vgl. Reader (2001), a. a. O. S. 266
[612] J. Reader (2001), a. a. O. S. 267

Interessen wirkungsvoller zu vertreten sowie Wertsteigerungen für den Seetang zu erzielen. [613]

Eine Bedrohung für Ökonomie und Ökologie der Seetang-Entwicklung von Sansibar bedeutet allerdings der *Klimawandel:* einhergehend mit Meeres-Temperaturanstieg und Artensterben....[614]

Erfreulicherweise erweist sich die politisch-demokratische Situation Tansanias als erfreulich stabil.[615]

„Warum funktioniert das System in Tansania, obwohl es wie in anderen Ländern 130 ethnische Gruppen und Sprachen gibt. Die Antwort liegt in der Einbeziehung aller ethnischen und religiösen Gruppen im Land.....Die Verfassung besagt außerdem, dass, wenn der Präsident vom tansanischen Festland kommt, der Stellvertreter von Sansibar kommen sollte. Wie schön wäre es, wenn andere Länder diese politische Kultur ebenfalls nicht nur lernen, sondern umsetzen würden."[616]

Von daher ist die neue Regierung von *Präsidentin Samia Suluhu Hassan* verfassungsgemäß, aber keineswegs selbstverständlich: Hassan ist die erste Frau in diesem Amt.

Vor dem Hintergrund der bewegten Geschichte Sansibars sind die errungene, gesellschaftliche Toleranz zwischen Moslems, Hindus und Christen einerseits und die neuerliche Toleranz zwischen Männern und Frauen ein ausgesprochen positives Zeichen historischer Emanzipation der tansanischen Gesellschaft.

Dazu kommt mir die fundamentale Einsicht von Frühsozialist Charles Fourier in den Sinn:

„Der Grad der weiblichen Emanzipation ist das natürliche Maß der allgemeinen Emanzipation einer Gesellschaft."

---

[613] Siehe: https://afrika.info/newsroom/tansania-sansibars-frauen-machen-mehr-aus-seetang/

[614] Ebenda: Die flachen Küsten und die hohen Gezeitenunterschiede bieten einerseits ideale Voraussetzungen für die Gärten im Indischen Ozean, steigende Meerestemperaturen führen aber immer häufiger zu bakteriellen Infektionen, die viele Algen nicht überstehen.

[615]Siehe: https://de.statista.com/statistik/daten/studie/540373/umfrage/tansania-bewertung-nach-bti/

[616] Siehe Veye Tatah, in: Africa Positive Nr. 81/21, S. 3

7. Im Inneren

Zeitgleich mit unserer ersten Afrikareise begann eine neue Ära der Zugvogelforschung: Jungstörche erhielten einen kleinen Sender als ‚Rückengepäck' und konnten nun per Satelliten-Telemetrie in ihrem Zugverhalten genauer beobachtet werden – mit grundlegenden neuen Erkenntnissen, die nun auch in internationalen Schutzprogrammen umsetzbar waren.[617]

Konkret wurde insbesondere Weißstörchin „Prinzesschen" beim Hin- und Rückzug von Deutschland nach Südafrika mit Telemetrie-Studien genau erfasst und geortet. Besonders interessante Forschungsgebiete sind das konkrete Zugverhalten der Störche sowie die Orientierung bei Wegzug und Heimzug: „Beim *Wegzug* ins Wintergebiet müssen sie zumindest die grobe Richtung einhalten, beim Heimzug aber sogar den Ort wiederfinden...Nun zeigten die Telemetrie-Studien, dass Störche – und ebenso viele andere Vögel – weite Strecken dennoch erstaunlich geradlinig zurücklegen... Auch in Afrika fliegen sie die ersten 2000 bis 3000 Kilometer auf einer geraden Linie. Demnach verfügen sie über ein vorzügliches *inneres* Kompass-System."[618]

Es ist als ein *inneres*, biologisches Programm, das die Flugorientierung nach Afrika liefert! Dies ist auch deshalb höchst plausibel, da Weißstörche ursprünglich in Afrika beheimatet waren und mit der Entstehung des wasserreichen, „wilden Nil" nach der letzten Eiszeit eine Leitroute („Ostroute") nach Norden nutzen konnten......

Der Orientierungssinn beim Heimzug unterscheidet sich allerdings grundlegend: hier wird der Kurs tatsächlich ‚per Navigation' über die Stellung von Himmelskörpern oder mit Hilfe des Erdmagnetfeldes erkannt: „Dazu müssten sie die Koordinaten ihres Heimatortes in Beziehung setzen können. Es sieht tatsächlich so aus. Als könnten Störche echte Navigation nutzen. Sie fliegen zwar auf dem Wegzug und dem Heimzug oft in demselben engen Korridor, doch weichen sie manchmal deutlich von der früheren Route ab. Welche physikalischen Parameter Störche beim Navigieren verrechnen, ist allerdings noch nicht sicher."[619]

Neuere Forschungsergebnisse gehen beim Magnetsinn im Kopfbereich bei verschiedenen Vogelarten von Quanteneffekten höchst empfindlicher Teilchen-Überlagerungen aus, die das ausgesprochen kleine Erdmagnetfeld für Vögel dennoch ‚wahrnehmbar' machen.[620]

Die Südostroute von *Weißstörchin Prinzesschen* führte nach einem Zwischenaufenthalt in der Serengeti über die „Kreuzung" von ostafrikanischem und

---

[617] Vgl. P. Berthold/U. Querner. Prinzesschens Reisen nach Afrika. In: Spektrum der Wissenschaft, Juni 2002,S. 52 bis 61

[618] Ebenda, S.57

[619] S. 57/58

[620] Vgl. J. Al-Khalili/J. McFadden. Der Quantenbeat des Lebens. (Berlin 2015). S. 212 ff.

zentralafrikanischem Graben westlich am Malawisee vorbei Richtung Simbabwe ins Innere Afrikas...[621] [622]

Und auf diesen Spuren sollten sich auch unsere weiteren Afrikareisen leiten lassen....
Malawi rückte ins Zentrum meines Interesses als mir ein Buch von *Laurens van der Post*[623] in einem Antiquariat auffiel, das mich intensiver in die Beschäftigung dieses ostafrikanischen Landstrichs führte. Denn van der Post bekam 1949 von der britischen Regierung den Auftrag, im Norden des Protektorats „Njassaland" ein bisher wenig erforschtes Hochplateau geographisch genau zu untersuchen: das „Nyika-Plateau".
Was darüber zu lesen war, faszinierte mich außerordentlich. Allerdings vergrößerte und verdichtete sich meine Neugier durch den Titel: „Vorstoss ins Innere. Afrika und die Seele des XX. Jahrhunderts", der mir einen neuen gedanklichen und literarischen Raum eröffnen sollte, nämlich die verbindende Darstellung der Welt von außen und innen, sprich die gleichzeitige Erkundung unbekannter planetarer Räume mit der Erfahrung innerer ‚Räume' des eigenen Selbst....

Als Kind einer Afrikanerin und eines Holländers verlebte van der Post eine Zeit seiner Kindheit im südlichen Afrika, wurde fortan von diesen Erinnerungen, Bildern und Visionen von Afrika begleitet und erkannte, „wie tief, wie lebensspendend und stärkend diese Vision von Afrika in meinem Blut ist; dass ich – in ihrem Besitz und in meinem Wissen über unsere gegenseitige Nähe – bis ans Ende der Welt und der Zeit reisen könne."[624]
Als erster südafrikanischer Schriftsteller engagierte er sich gegen die Apartheid, die er als inakzeptable Wirklichkeit, als „Unwirklich-Sein" einer Selbstüberhöhung von Europäern über Afrikaner kritisierte – mit fatalen, defizitären Folgen für das europäische Selbst-Bewusstsein:
„Denn das Unwirklich-Sein beginnt in einem unvollständigen Bewusstsein unserer selbst; es beginnt in der Erhöhung eines Teils von uns auf Kosten des Ganzen. Dann steigt aus dieser tiefen Schlucht, der wir erlaubt haben, zwischen unseren beiden Hälften aufzubrechen, aus der Scheidung zwischen Europäer und Afrikaner in uns die Unwirklichkeit herauf und überwältigt uns."[625]

---

[621] Siehe National Geographic Maps, Washington D.C. (2004)
[622] Vgl. M. Katz. Mit Prinzesschen unterwegs. (Loburg 2004), S. 66 ff.
[623] Laurens van der Post. Vorstoss ins Innere. Afrika und die Seele des XX. Jahrhunderts. Berlin 1960
[624] Ebenda, S. 272
[625] Ebenda, S. 273

Es gilt daher, die „Schlucht" dieser kulturellen Antagonismen zu überwinden und durch einen Dialog in einem neuen Bewusstsein zwischen den scheinbar unversöhnlichen Polen zu ersetzen:

„Es gibt Raum für beide, für Ariel und Kaliban, Kain und Abel, es ist Platz für alle, ohne Mord, in der Mitte, im Herzen, das nur ein Innen, kein Außen hat...Nur dieses Bewusstwerden ist wahr. Und im Augenblick, in dem es sich vollzieht, hat der Mensch weder Furcht noch Kriechertum. Es macht ihm nichts aus, wieviel man von ihm fordert..., wenn es nur etwas Einheitliches, Ganzes, Vollständiges ist, seinem vollen Ich genug...Jede Vision seiner selbst oder des Lebens, die das nicht anerkennt, tötet entweder oder wird getötet. Denn hier im Herzen macht des Menschen dunkler, urtümlicher Mut ihn frei; seine Demut vor dem Mysterium seines Wesens bringt ihm Einsicht, Einsicht macht ihn ganz, und Ganzheit gibt ihm Liebe."[626]

Van der Post beschäftigte sich intensiv mit der Psychologie *C.G. Jungs*, insbesondere der Erschließung von bewussten und unbewussten Ausprägungen von „Selbst" und „Ich" – mit dem Ziel, neue schöpferische Ideen zu ergründen für ein sinnvolles, verantwortliches Handelns.[627]

Sein besonderes Interesse galt der Verbindung und Wechselwirkung von außen-Erfahrungen über Natur, Menschen und ihre Kulturen einerseits mit der Innen-Entdeckung einer ausgeprägten und reich entwickelten Persönlichkeit.

Überrascht und erfreut zugleich empfand ich mich dieser Weltsicht ausgesprochen nahe, drückte sie doch in sehr verwandter Weise meine Motivation und Sinnhaftigkeit für die Afrikareisen aus:

„die verbundene Erfahrung fantastischer ‚äußerer' Eindrücke von Natur, Landschaft, Menschen und der Selbstbesinnung im ‚Raum' der eigenen Person – bereit sich dem Anderen, dem anderen vom eurozentrischen unterschiedenen Welt-Entwurf zu öffnen. So trifft sich die Reise in die Ferne mit der Reise in die tiefe Nähe des Selbst. Und in ihr vergegenwärtigt sich die Erinnerung und Reflexion dessen, was ureigenst mich betrifft: eine Reise in die persönliche Geschichte, aber auch der ureigenen Zukunftsvisionen." [628]

Am Flughafen von Lilongwe erwartet uns die dreiköpfige Reisleitung: der deutsche Reisleiter Frank sowie Andrew, der weiße englischsprechende malawische Fahrer und der schwarze einheimische Koch Alfred. Mit einem weiteren deutschen Paar bilden wir die überschaubare Reisegruppe und machen uns im achtsitzigen Land Rover mit Anhänger auf den Weg nach Norden, zunächst zum

---

[626] S. 274 f.

[627] Vgl. «So wie bewusste Inhalte in das Unbewusste verschwinden können, so können auch Inhalte aus dem Unbewussten aufsteigen. Neben einer Mehrzahl von blossen Erinnerungen können auch wirklich neue Gedanken und schöpferische Ideen zum Vorschein kommen, die nie zuvor bewusst waren. Sie wachsen aus den dunklen Tiefen wie ein Lotus und bilden einen wichtigen Teil der subliminalen Psyche.»
C. G. Jungs Beitrag in C. G. Jung et al. (Hrsg.): *Der Mensch und seine Symbole*, 1964)

[628] Vgl. U. Skirke, Unveröffentlichte Reiseerinnerungen 1996, S. 2

Kasungu-Nationalpark. Es ist die kühlste Jahreszeit und nachts sinken die Temperaturen auf wenige Grad über Null, dafür steigt die Mittagshitze auf hochsommerliche Celsiusgrade. Eine goldene Nachmittagssonne präsentiert ein dynamisches buntes Treiben entlang der Straßen und den typischen, verstreuten kleinen Dörfern mit gut gepflegten Lehm-Rundhütten und erstaunlich häufigen roten Ziegelhäusern - sowie überraschend oft: uns den vermutlich wenigen Auslandsgästen freundlich zuwinkende Menschen....

Neben beladenen LKW sind auffällig viele Fahrräder und Mopeds unterwegs. Trotz der sichtbaren ‚einfachen Verhältnisse' blitzt jedoch überall diese andere Lebendigkeit, Freundlichkeit und Gemächlichkeit hervor, die mir Peter Kafkas Leitidee eines zukünftigen Fortschrittsmusters der Menschheit ins Gedächtnis ruft: „Die Bedingungen dieses Fortschritts: Vielfalt statt einfältiger Größe, Gemächlichkeit statt rasender Beschleunigung, Selbstorganisation statt zentralistischer Macht."[629]

Gemäß landläufigen und üblichen Maßstäben und Statistiken ist Malawi eines der ärmsten Länder der Welt, wie kann es da *uns* Hinweise auf andere Gestaltungsziele für die Zukunft eröffnen?! Mir scheint, dass das ‚arme, rückständige' Malawi nach eingehender Betrachtung sehr wohl dem ‚reichen, fortschrittlichen' Europa den „Spiegel vorhalten" könnte, über ein *anderes* zukunftsfähiges Leben auf diesem Planeten nachzudenken...

Denn bisher sind die „reichen" Industrieländer des Nordens mit einem hohen ‚Human Development Index (HDI)'[630] wegen ihres viel zu hohen ‚Ökologischen

---

[629] Vgl. Peter Kafka. Das Grundgesetz vom Aufstieg. Vielfalt, Gemächlichkeit, Selbstorganisation: Wege zum wirklichen Fortschritt. München/Wien 1989, Klappentext

[630] Vgl. https://de.wikipedia.org/wiki/Index_der_menschlichen_Entwicklung : Der Index der menschlichen Entwicklung (englisch Human Development Index, abgekürzt HDI) der Vereinten Nationen ist ein Indikator für Staaten, der auch als Wohlstandsindikator bezeichnet wird. Der HDI wird seit 1990 im jährlich erscheinenden Bericht über die menschliche Entwicklung (englisch Human Development Report) des Entwicklungsprogramms der Vereinten Nationen (UNDP) veröffentlicht.

Der HDI berücksichtigt nicht nur das Bruttonationaleinkommen pro Kopf, sondern ebenso die Lebenserwartung und die Dauer der Ausbildung anhand der Anzahl an Schuljahren, die eine 25-jährige Person absolviert hat, sowie der voraussichtlichen Dauer der Ausbildung eines Kindes im Einschulungsalter. Der HDI wurde im Wesentlichen von dem pakistanischen Ökonomen Mahbub ul Haq entwickelt, der eng mit dem indischen Ökonomen Amartya Sen sowie dem britischen Wirtschaftswissenschaftler und Politiker Meghnad Desai zusammenarbeitete. Aus den Berechnungsmethoden ergibt sich, dass der HDI Werte zwischen Null und Eins annimmt. Die UNDP unterteilt die Länder nach dem HDI-Wert seit 2009 in vier Entwicklungskategorien:

HDI ≥ 0,800: Länder mit sehr hoher menschlicher Entwicklung

HDI ≥ 0,700: Länder mit hoher menschlicher Entwicklung

HDI ≥ 0,550: Länder mit mittlerer menschlicher Entwicklung

HDI < 0,549: Länder mit geringer menschlicher Entwicklung

Fußabdrucks (ÖF)'[631] überhaupt *nicht* zukunftsfähig![632] Dabei finde ich die Sprachwahl „hohe" oder „geringe menschliche Entwicklung" völlig inakzeptabel: betrachtet man als zukunftsfähigen Maßstab das sogenannte „*Nachhaltigkeitsviereck*" = hoher HDI und niedriger ÖF, erfüllt *kein* Land dieser Erde einen solchen Maßstab. Die globale Grenze des ökologischen Fußabdrucks (Biokapazität) wird auf etwa 1,7 gha pro Person bemessen. Malawi liegt mit 0,9 gha deutlich darunter, während ein europäisches Land im Durchschnitt das Dreifache der verfügbaren Biokapazität in Anspruch nimmt. Würde also die europäische Lebensweise auf die gesamte Welt angewendet, bräuchten wir drei Erdplaneten, um die dafür erfoderliche biologische Produktivität bereitzustellen…….

Der ‚reiche, entwickelte' Norden ist qualitativ also gleichermaßen weit von einer nachhaltigen, überlebensfähigen Zukunft entfernt wie der ‚arme, unterentwickelte' Süden!

Welche Entwicklungsmaßstäbe sind also für wirklich umfassende Zukunftsfähigkeit des Lebens auf dieser Erde erforderlich und woher stammen die Fehlentwicklungen der angeblich „reichen" Industrieländer?

Welche tatsächliche Krisenhaftigkeit weisen ihre sozio-ökonomischen Prinzipien auf, die in hohem Maße auf Kosten von Natur und Umwelt sowie auf der vergangenen und gegenwärtigen Ausbeutung des ‚Südens' aufrecht zu erhalten sind…

---

[631] Vgl. https://de.wikipedia.org/wiki/Ökologischer_Fußabdruck : Unter dem ökologischen Fußabdruck (auch englisch ecological footprint) wird die biologisch produktive Fläche auf der Erde verstanden, die notwendig ist, um den Lebensstil/Lebensstandard eines Menschen unter den heutigen Produktionsbedingungen dauerhaft zu ermöglichen. Er wird als Nachhaltigkeitsindikator bezeichnet. Das Konzept wurde 1994 von Mathis Wackernagel und William Rees entwickelt. 2003 wurde von Wackernagel das Global Footprint Network gegründet, das u. a. von der Nobelpreisträgerin Wangari Maathai, dem Gründer des Worldwatch Institute Lester R. Brown und Ernst Ulrich von Weizsäcker unterstützt wird.

Um den ökologischen Fußabdruck von unterschiedlichen Ländern oder diversen anderen Gebieten miteinander vergleichen zu können, werden die Werte in „Globalen Hektar" pro Person und Jahr angegeben. Die Einheit trägt meistens die Abkürzung „gha". Der Globale Hektar entspricht einem Hektar mit weltweit durchschnittlicher biologischer Produktivität.

[632] Vgl. http://www.denkwerkzukunft.de/index.php/aktivitaeten/index/Entwicklung-Nachhaltigkeit

Ein grundlegend anderer, weiterführender Ansatz zeigt der „Happy Planet Index“[633], der nicht den Reichtum einer Gesellschaft, sondern deren *Wohlbefinden* ins Zentrum der Zielbetrachtung stellt – und zwar das Wohlbefinden der Menschen, das auch mit Hilfe ökologischer Maßnahmen erreicht wird.[634] Bemerkenswert ist dabei, dass mit diesen Indices im internationalen Ranking Malawi *deutlich vor* den USA und Australien rangiert.[635]

Noch einen qualitativen Schritt weiter gehen Verfassung und Politik des Königreiches *Bhutan*: mit seiner Fokussierung auf das „Bruttonationalglück“ („Gross National Happiness“).

„Während konventionelle Entwicklungsmodelle das Wirtschaftswachstum zum herausragenden Kriterium politischen Handelns machen, wird mit der Idee des Bruttonationalglücks angenommen, dass eine ausgewogene und nachhaltige Entwicklung der Gesellschaft nur im Zusammenspiel von materiellen, kulturellen und spirituellen Schritten geschehen kann, die einander ergänzen und bestärken.......Ziel des Bruttonationalglücks ist es, die Lebensbedingungen der weniger glücklichen Bewohner des Landes zu verbessern. Somit sollen möglichst viele Bhutaner als glücklich gelten. Um dies erreichen zu können, werden alle paar Jahre ausführliche Umfragen in Bhutan durchgeführt. Die Ergebnisse dieser Befragungen werden analysiert, um daraus Maßnahmen zu entwickeln und diese in politische Prozesse einzubinden. Des Weiteren ermöglichen die Umfragen, die Entwicklung des Landes zu beobachten.“ [636]

Dazu werden vier wesentliche Dimensionen betrachtet: *erstens* die Förderung einer sozial gerechten Wirtschafts- und Gesellschaftsentwicklung, *zweitens* die

---

[633] Vgl. https://de.wikipedia.org/wiki/Happy_Planet_Index : „Der Happy Planet Index (HPI; deutsch: Index des glücklichen Planeten) ist ein Indikator für die ökologische Effizienz, mit der eine Nation ihr Wohlbefinden generiert. Ausgangspunkt ist die Überlegung, dass Reichtum für eine Vielzahl von Menschen nicht vorderstes Ziel ist, sondern für sie ein glückliches und gesundes Leben an erster Stelle steht. Gleichzeitig ist es wichtig, die „ökologischen Kosten“ zu berücksichtigen, die bei der Erreichung dieses Ziels entstehen. Als Weiterentwicklung zu etablierten volkswirtschaftlichen Indizes wie dem Bruttoinlandsprodukt bezieht der HPI das Kriterium der Nachhaltigkeit mit ein. Der Index der menschlichen Entwicklung, der die klassische BIP-Messung ebenfalls um weitere Kriterien erweitert, beinhaltet genauso das Kriterium Lebenserwartung. Allerdings grenzt sich der HPI mit der Einbeziehung ökologischer Kriterien von diesem ab. Durch die Gegenüberstellung des subjektiven Wohlbefindens und der durchschnittlichen Lebenserwartung mit dem Ökologischen Fußabdruck, geht der HPI der Frage nach, welches Land das Wohlbefinden der heutigen Generation maximiert und die dabei entstehenden Umweltbelastungen gleichzeitig minimiert, um zukünftigen Generationen die Generierung von Wohlbefinden zu ermöglichen.

[634] Ebenda. Der HPI berücksichtigt die **Lebenserwartung**, **Lebenszufriedenheit** (subjektives Wohlbefinden), die **Ungleichheit der Ergebnisse** (Maß dafür, wie ungleich die Verteilung der Lebenserwartung und subjektiv erfahrenen Lebenszufriedenheit innerhalb eines bestimmten Landes sind) sowie den **Ökologischen Fußabdruck**.

[635] Ebenda

[636] Siehe https://de.wikipedia.org/wiki/Bruttonationalglück

Bewahrung und Entwicklung kultureller und religiöser Werte, *drittens* den Schutz der Umwelt auch für zukünftige Generationen sowie *viertens* eine verantwortungsvolle, gute Politik und Regierungsführung.[637]
Auch wenn diese Maßstäbe bisher ,nur' für Bhutan vorgesehen sind, wären sie doch für die übrige Welt ein mutiger *Diskurs*-Vorschlag zur Überlebensfähigkeit unseres Planeten.[638]
Wäre diese Leitidee des Glücks nicht ein guter Anlass, einen intensiven afrikanisch- europäischen Austausch über die Werte unseres zukünftigen Zusammenlebens durchzuführen.....?!

Über eine rotstaubende Piste erreichen wir den Kasungu-Nationalpark, und nach kurzer Fahrt durch den charakteristischen Miombo-Trockenwald liegt vor uns das Camp direkt an einem kleinen See. Die Sonne senkt sich und taucht das Wasser in glitzerndes Gold.
Wir sitzen eine Weile in staunendem Schweigen und erstmalig beginnt an diesem ersten Abend in Malawi ein Ritual, das Astrid und ich bis heute auf unseren Afrikareisen tagtäglich vollziehen:
den vergangenen Tag kurz in Erinnerung rufen und sich angesichts der untergehenden Sonne mit einem Getränk gegenseitig Glück zu wünschen. Andrew macht den Vorschlag für diese kleine *„Sundowner"-Zeremonie* und spendiert ein „green" Carlsberg Lager. [639]

Der nächste Morgen am See war nicht weniger spektakulär:
„Die aufsteigenden Nebel die zartgefärbte Morgenröte. Ein glitzerndes Wolkenband kündigt die aufgehende Sonne an, die allmählich die kühle Feuchte vertreibt. Bei gleißendem Sonnenlicht und blauem Himmel bereitet Koch Alfred ein gemütliches Frühstück und wünscht uns freundlich lächelnd ,an extraordinary nice day'.[640]
Wir fahren Richtung Norden, die Mittagssonne direkt über uns. Der nördliche Sonnenstand wirkt zunächst überraschend, aber schließlich bewegen wir uns in der südlichen Hemisphäre....

---

[637] Ebenda
[638] Wie ein unzureichendes „Weiter So" wirken dabei konventionelle Indikator-Modelle des ,Sachverständigenrates zur Begutachtung der gesamtwirtschaftlichen Entwicklung': *„Ganzheitliche Wohlfahrtsberichterstattung: Die Entwicklung Deutschlands nach dem Mauerfall. Indikatorensystem."* (September 2019)
[639] Bei der Gelegenheit erfuhren wir, dass Malawi über seine eigene Carlsberg Brauerei verfügt. Offiziell Ende der sechziger Jahre eröffnet war die „Carlsberg Malawi Brewery Limited (CMBL)" die erste Brauerei außerhalb von Dänemark. Folgende Marken wurden produziert: „Green", ein ,stout lager'; „Elephant", ein Starkbier und Kuche Kuche, Malawis Traditionsbier.
[640] U. Skirke (1996), a.a.O. S. 14

Über das fast zweitausend Meter hohe Vipya-Plateau, vorbei an nachhaltig bewirtschafteten Pinien-Wäldern und offener Gras-Buschlandschaft, die mit eindrucksvollen Felsmassiven durchsetzt ist, liegt vor uns Mzuzu, drittgrößte Stadt und Zentrum der Nordregion Malawis.
Ein Marktbesuch bietet nicht nur Vorräte an frischen Lebensmitteln für unseren ‚Küchenchef', sondern vielversprechende Angebote malawischer Musikaufnahmen. Anschließend bleibt Zeit für einen Kaffee im Mzuzu-Hotel und zum Einkauf von Postkarten.
Wie lange werden sie nach Deutschland unterwegs sein? „In einer Welt rasanter Geschwindigkeit und globaler Gleichzeitigkeit wird man plötzlich daran erinnert, welche tatsächlichen Entfernungen und Zeit-Räume zwischen Malawi und Europa liegen..."[641]

Als wir das Hotel verlassen, läuft mir der junge Kellner aufgeregt nach und ruft: "Sir, Sir, please". Auf mich wartete eine ausgesprochen angenehme Überraschung: er überreichte mir meine Geldbörse, die ich beim Kaffeetrinken vergessen hatte. Ich bedanke mich, aber ein Trinkgeld lehnt er freundlich ab...
Einmal mehr fiel mir die Aufrichtigkeit und Warmherzigkeit der Menschen hier auf. Daraufhin angesprochen wurde Andrew nachdenklich. Ja, die besondere Freundlichkeit der Menschen in Malawi sei schon öfter von Touristen bestätigt worden, aber auch aus Literatur[642] und Geschichtsdarstellungen habe er dies erfahren – mit tragischen Konsequenzen: die Sklavenjäger bevorzugten als Beute insbesondere die gutmütigen Menschen rund um den Malawisee..... [643]

Es war eine große gerechte Tat, das menschenverachtende System der Sklaverei auch in Malawi abzuschaffen, aber für die vorbildhafte, humane Entwicklung dieser *Welt* war es möglicherweise ein noch wichtigeres Ereignis, dass die Menschen mit diesen edlen, persönlichen Eigenschaften *hier* weiterleben können!
Hügel um Hügel windet sich die rote Staubpiste bergan, und allmählich verwandelt sich die Berglandschaft in ein welliges Plateau: „Bis zum Rest Camp sind es vom Eingangsgate noch weitere zwei Stunden langsame Fahrt, bei der sich das Landschaftsbild von der dichtbewachsenen Buschsavanne mit Hochlandakazien schließlich zur offenen Grassavanne mit Waldinseln verändert."[644]

---

[641] Ebenda, S.25
[642] Siehe Johnston/Ferrar (1989) in: https://www.amazon.com/Malawi-Warm-Heart-Africa-Johnston/dp/9990814112
[643] Vgl. Michael Köhler (1988), a.a.O. S.101. Im 19. Jahrhundert waren große Gebiete östlich des Malawisees durch Sklavenjagd weitgehend entvölkert.
[644] U. Skirke (1996), a.a.O. S. 28

Wir hatten Nyika bei ausgesprochen guter Wetterlage mit grandioser Sicht erreicht. Selten konnte ich einen Landschaftseindruck so gut nachfühlen wie seinerzeit Laurens van der Post als er erstmalig das Nyika-Plateau zu Gesicht bekam:

„Wir waren auf einem echten Plateau. Soweit das Auge reichte, lag vor uns eine sanfte, rhythmisch gewellte Landschaft aus Gras und Blumen ausgestreckt. Über die Ränder hinweg erhoben sich andere Gipfel aus der schimmernden Ebene und vermittelten uns ein starkes Bewusstsein unserer erhabenen Welt...

Es war so ganz anders als alles Übrige. Der Landstrich lag tief im Herzen Afrikas und doch bedeckt mit den Gräsern, den Blumen und Farben Europas. Aber selbst diese Farbe war doch ganz anders als alles, was ich je gesehen hatte....

In seinen Farben, seinen Formen und seiner Isoliertheit sah es wie ein glückliches, serenes und tief erfülltes Land aus, wie ein Ort, der...seine Übereinkunft mit dem Leben geschlossen hatte, der sich mit der Notwendigkeit und der Natur in ein ihm eigenes Gleichgewicht gesetzt hatte.“[645]

Ja, auch viele Jahre später ist diese ‚Er-Innerung' tief in mir verortet als Resonanz zwischen „erhabener" Außenwelt und innerem Glücksgefühl.[646] Verbindungen zur *Poesie* werden entfaltet: ist das der *„Weltinnenraum"*[647], den *Rilke* erfand, um Fühlen, Denken, Sinneserfahrung, Innen und Außen zu verbinden?! Es heißt dort im Gedicht:

„Es winkt zu Fühlung fast aus allen Dingen,
aus jeder Wendung weht es her: Gedenk!
Ein Tag, an dem wir fremd vorübergingen,
entschließt im Künftigen sich zum Geschenk.
Wer rechnet unseren Ertrag? Wer trennt
uns von den alten, den vergangnen Jahren?
Was haben wir seit Anbeginn erfahren,
als das sich eins im Anderen erkennt?
Als dass an uns Gleichgültiges erwarmt?
O Haus, o Wiesenhang, o Abendlicht,
auf einmal bringst du's beinah zum Gesicht
und stehst an uns, umarmend und umarmt.
Durch alle Wesen reicht der eine Raum:
Weltinnenraum. Die Vögel fliegen still
durch uns hindurch. O, der ich wachsen will,
ich seh hinaus, und in mir wächst der Baum.“[648]

....

[645] Laurens van der Post (1966), a.a.O. S. 299 f.

[646] In vergleichbarerer Weise erlebte ich die Victoria-Fälle und das Okavango-Delta

[647] Siehe auch: Andreas Weber. Alles Fühlt. Mensch, Natur und die Revolution der Lebenswissenschaften. Berlin (2007), S. 81 ff.

[648] Rainer Maria Rilke (1914) in: https://johannesklinkmueller.wordpress.com/2009/05/28/rainer-maria-rilke-weltinnenraum/

Auch *Goethe* war auf solche Poesie-Figuren gestoßen, wenn er „ein Universum im Innern" erkennt und damit das intensive Zusammenwirken von Natur und Geist, Innen und Außen festhält. Im Gedicht „Proömion" heißt es:

„Was wär ein Gott, der nur von außen stieße
Im Kreis das All am Finger laufen ließe!
Ihm ziemt's, die Welt im Innern zu bewegen,
Natur in sich, sich in Natur zu hegen,
So dass, was in ihm lebt und webt und ist,
Nie seine Kraft, nie seinen Geist vermisst.

Im Innern ist ein Universum auch;
...................................[649] [650]

Diese tiefen, subjektiven Erfahrungen mit lebendiger Natur gilt es auch deshalb wertzuschätzen, da sie Subjektivität nicht als etwas innerlich Eingeschlossenes, sondern als offenes nach außen Gerichtetes, mit der Welt Verbundenes im tatsächlichen Sinne Er-leben ist:

„Die Subjektivität des Lebens tritt unausweichlich nach außen in die Sichtbarkeit, in den Rausch von Farben, von Duft, von Melodie und Berührung...Wie das Antlitz eines menschlichen Gegenübers wird die ganze Natur für mein Ich zu einem Du."[651]

In ähnlicher Weise betrachtet *Leopold S. Senghor* diese Weltsicht aus afrikanischer Perspektive, um sie allerdings auch von einer europäischen, antagonistisch-rationalistischen Denkweise abzugrenzen. „Der Neger[652]ist ein Mensch der Natur. Er lebt traditionellerweise von der Erde und mit der Erde lebt, im und durch den Kosmos. Er ist Sinnenmensch, ein Wesen mit offenen Sinnen, ohne Mittler zwischen Subjekt und Objekt, er ist Subjekt und Objekt zugleich. Er besteht zunächst aus Klängen, Düften, Rhythmen, Formen und Farben, er ist Takt bevor er Auge ist wie der europäische Weiße....In Schwingung gebracht, antwortet er dem Aufruf und gibt sich hin, geht vom Subjekt zum Objekt, vom Ich zum Du auf den Wellen des Anderen."[653]

Naturerlebnis hat bei vielen Völkern immer auch sozial-kommunikative Verbindungen zum Ausdruck gebracht, die eine Vielfalt von Darstellungen ihrer

---

[649] J.W. Goethe, Sämtliche Werke, Band 1, Zürich 1977, S. 509

[650] Eine andere, „vollkommen materialistische" Lesart schlägt *Eva von Redecker* vor, in: E.v. Redecker.Revolution für das Leben. Philosophie der neuen Protestformen. Frankfurt/Main 2021: „*Weltinnenraum* ist die Gegenwart, in der sich alle Stoffwechsel kreuzen...Die Revolution für das Leben hat viele Namen. Abolition. Aktiver Streik. Vergesellschaftung. Weltwahrung. Sie sind allesamt Arbeit im Weltinnenraum."(S. 285 f.). Ich komme darauf zurück.

[651] A. Weber (2007), a.a.O. S. 87

[652] Diese Begrifflichkeit ist im Rahmen des Kontextes von damaligen Schriften zur „Négritude" durchaus üblich

[653] Vgl. Leopold S. Senghor, zitiert nach Jos Schnurer, in: Africa Positive, Nr.82 (2021), S. 40f.

Mythologien kulturell geprägt hat. Dies gilt keineswegs nur für Afrika (mit dem Chewa-Schöpfungsmythos Malawis werden wir uns später konkreter befassen), sondern auch für ein *nicht*-kolonial-geprägtes europäisches Weltbild....

Doch die kolonial-epochale Durchsetzung einer verstandes-rationalen Weltsicht der dualistischen Trennung von Körper, Natur, Gefühl einerseits und ‚entsinnlichtem' Geist im losgelösten Ich-Subjekt andererseits ließ die Natur als Existenzgrundlage des Lebens sowie Körper und Gefühl als wichtigen Zugang zur sinnlichen Wirklichkeit in den Hintergrund treten – mit fatalen Folgen.....

Kaum ein europäischer Denker hat diese Problematik dieser „alten Philosophie" und der Begründung des Entwurfs einer „neuen Philosophie" tiefgreifender durchleuchtet als der kritische Realismus von *Ludwig Feuerbach*.[654] „Feuerbachs Philosophie wendet sich, wie Braun[655] mit Recht hervorhebt, gegen „eine ganze Epoche der Denkgeschichte mit dem Namen Descartes, Spinoza, Leibniz, Kant und Hegel. Diese Epoche...war beherrscht vom Ich-Gedanken. In allen Modifikationen zeigt sich ein Prinzip: Alles, was gedacht werden kann, ist Gedachtes für ein Bewußtsein, ein Ich-Subjekt. Wirklichkeitserkenntnis meint deshalb zuerst Erkenntnis des denkenden Subjekts und aller seiner Bestimmungen"...Das die moderne Philosophie seit der cartesianischen Zwei-Substanzen-Lehre durchherrschende Schema, wonach Ich und Welt, Subjekt und Objekt auseinandertreten, wird von Feuerbach scharf kritisiert."[656]

Feuerbach spricht dabei von einem „Selbstbetrug philosophischen Denkens", welches glaubt, das erkennen zu können, wovon es ständig abstrahiert: nämlich von der Natur![657]

Denn einem „reinen" ‚Ich-denke' kann Natur nicht „gegeben" sein....[658] „Der Beweis, daß Etwas *ist*, hat keinen andern Sinn, als daß Etwas *nicht nur Gedachtes* ist. Dieser Beweis kann aber *nicht aus dem Denken selbst* geschöpft werden."[659]

Was aber bedeutet dieses vom Denken Unterschiedene ‚nicht nur Gedachte'? Es ist die durch Sinnlichkeit erlebbare Wirklichkeit: „Das Wirkliche in seiner Wirklichkeit..... als Objekt des Sinns, ist das Sinnliche, Wahrheit, Wirklichkeit, Sinnlichkeit sind identisch. Nur ein sinnliches Wesen ist ein wahres, ein wirkliches Wesen. Nur durch die Sinne wird eine Gegenstand im wahren Sinn gegeben – nicht durch das Denken für sich selbst."[660]

---

[654] Siehe: Alfred Schmidt. Emanzipatorische Sinnlichkeit. Ludwig Feuerbachs anthropologischer Materialismus. München 1973

[655] Hans-Jürg Braun, Ludwig Feuerbachs Lehre vom Menschen, Stuttgart-Bad Cannstatt 1971, S. 104

[656] A. Schmidt, a.a.O. S. 111f.

[657] Ebenda, S. 115

[658] S. 120

[659] Ludwig Feuerbach. Grundsätze der Philosophie der Zukunft (1843). In: L. Feuerbach, Kleine Schriften, Frankfurt/Main (1966), S. 145 – 219, S. 182

[660] Ebenda, S. 195

Jedoch sind nicht nur Gegenstände der *äußeren* Welt für unsere Sinne erlebbar, sondern die Elemente der *inneren* Gesamtheit des Menschen in seinem auch gefühlten Selbstbewusstsein von Körper und Geist: „Wir fühlen nicht nur Steine und Hölzer, nicht nur Fleisch und Knochen, wir fühlen auch Gefühle, indem wir die Hände oder Lippen eines fühlenden Wesens drücken; wir vernehmen durch die Ohren nicht nur das Rauschen des Wassers und das Säuseln der Blätter, sondern auch die seelenvolle Stimme der Liebe und Weisheit; wir sehen nicht nur Spiegelflächen und Farbengespenster, wir blicken auch in den Blick des Menschen. Nicht nur Äußerliches also, auch *Innerliches*, nicht nur Fleisch, auch *Geist*, nicht nur das Ding, auch das *Ich* ist Gegenstand der Sinne."[661]

Feuerbach fordert ausdrücklich eine Abkehr der „alten" europäischen Weltsicht „in einem fortwährenden Widerspruch und Hader mit den Sinnen, um die sinnlichen Vorstellungen abzuwehren, die abstrakten Begriffe nicht zu verunreinigen."[662] Demgegenüber plädiert er für eine neue „Philosophie der Zukunft" im Einklang und Frieden mit den Sinnen, die als „offenherzige, sinnliche Philosophie" nicht nur einen konstruktiven Dialog mit der Natur, sondern auch die *„Einheit von Kopf und Herz"* einlöst:
„Die der Wahrheit gemäße Einheit von Kopf und Herz besteht nicht in der Auslöschung oder Vertuschung ihrer Differenz, sondern vielmehr nur darin, daß der wesentliche Gegenstand des Herzens auch der wesentliche Gegenstand des Kopfs ist..... Die neue Philosophie...begründet daher eine vernünftige Einheit von Kopf und Herz, von Denken und Leben."[663]
Die neue Philosophie stützt sich grundlegend auf Natur-Wissenschaft, strebt jedoch eine neuartige Synthese von Geistes-, Natur-, und Humanwissenschaft hin zu einer *„Universalwissenschaft"*[664]an. Feuerbachs Wissenschaftsideal orientiert sich allerdings dabei weniger an einem mechanistisch-analytischen als vielmehr an einem biologisch-ökologischen Weltverständnis, dem es auf *universellen Vernetzungen* von menschlichen und natürlichen Abläufen ankommt.
Die methodisch-inhaltliche Nähe dieses Leitkonzepts zum ganzheitlichen Ansatz eines Alexander von Humboldt scheint mir klar und deutlich erkennbar – auch wenn beide keinen persönlichen wissenschaftlichen Austausch pflegten...
Aus der ersten Hälfte des 19. Jahrhunderts gilt es daher, europäische *vorkoloniale*, ganzheitliche Weltanschauungen selbstkritisch ‚rückzuerinnern' und wiederaufzuarbeiten, um sie für einen *zukunftsfähigen, postkolonialen afrikanisch-europäischen Dialog* einzusetzen – ganz im Sinne Senghors und Feuerbachs?!
Dabei könnte es gelingen, eine alternative, *inner*-europäische Weltsicht zu positionieren, die kritisch *gegen* die im Weiteren 19. und 20. Jahrhundert

[661] S. 203
[662] S. 199
[663] Ebenda, S. 216 f.
[664] Ebenda

durchgängige Dominanz einer *nicht* zukunftsfähigen Fortschrittsideologie und kolonialer Weltsicht gerichtet ist.
Dazu bedarf es sowohl einer *systemisch*-organisatorischen Wende, einer sozial-ökologische Transformation in Richtung zukunftsfähigem Fortschrittsmuster[665], als auch eines wissenschaftlich-philosophisch begründbaren ganzheitlich produktiven *Sinneswandels* unser aller *inneren* Weltanschauung. Ludwid Feuerbach hat dafür wichtige Ansätze geliefert......

Der letzte Tag auf dem Nyika-Plateau beschert uns nochmals einen länger währenden Eindruck der Miombe-Waldlandschaft inmitten der nicht enden wollenden Hügelketten dieses einmaligen Hochlandes: „Die Farbenpalette enthält alle grüngelben bis hellbräunlichen Schattierungen in anmutigen, leicht geschwungenen Formen des Berg- und Talwechsels. In unser Gesichtsfeld treten kleinere Gruppen von Pferdeantilopen, Großriedböcken und Elands, sogar eine der seltenen Rappenantilopen steht dort am Grashang: wieder eine neue schöne Variante afrikanischer Landschaft, Flora und Fauna. Es ziehen Schönwetterwolken auf, und sobald die Sonne dahinter verschwindet, wird es einige Grad kühler. Der Blick in die Weite des Raumes reicht weit: am Horizont ist eine Bucht des Malawi-Sees zu erkennen.“ [666]
Auf dem Weg zum drittgrößten Süßwassersee Afrikas steht die Sonne diesmal im Rücken zu uns. Wir fahren vorbei an Kautschukplantagen, überqueren das durch Erosion skurril geformte Flussbett des Rukuru River, bevor wir an einer Primary School halt machen: im Nu zum Empfang umringt von Mädchen und Jungen mit Gesichtern voller Freude und Begeisterung:
„Der stellvertretende Schulleiter stellt uns seiner Klasse vor und erklärt mir, dass hier neun verschiedene Fächer unterrichtet werden – auch malawische Kulturgeschichte. Auf meine Frage hin, ob er ein guter Lehrer sei und die Kinder Freude am Lernen haben, bricht ein befreiendes, johlenden und zustimmenden Klatschen und Lachen seitens der Kinder aus. Der Lehrer lächelt und ist gerührt. Eine erneute Bestätigung des Leitsatzes: Kontrolle ist gut, Vertrauen ist besser.“[667]
Die ihm angebotene Geldspende werden für Schulbücher und Bälle verwendet, erläuterte er den begeistert klatschenden Kindern. Das ruhige, bescheidene, dankbare und dennoch selbstbewusste Gesicht des Lehrers behalte ich bis heute in Erinnerung.
Astrid fühlt sich bestätigt, schon seit einem Jahr eine Patenschaft zu einem ugandischen Mädchen im Rahmen von Entwicklungspatenschaften durch ‚Plan International' aufgenommen zu haben. Und in den folgenden Jahre wurde diese Tradition weitergeführt, so dass über spätere Besuche von Patenkindern und Schulen in Kenia Interessantes zu berichten sein wird.....

---

[665] Siehe auch FN 17
[666] Siehe U.Skirke (1996), a.a.O. S. 33 f.
[667] Ebenda, S.50

Die eindrucksvolle Schul-Begegnung mit Lehrern und Kindern war jedoch keineswegs einer ‚Hilfe zur Selbsthilfe' geschuldet, sondern führte vielmehr auf die grundlegende Frage: was sind unsere Leitziele für eine humane Entwicklung und was lehrt uns die Erfahrung *hier* über ein zukunftsfähiges Menschen- und Gesellschaftsbild *nicht* nur hier?

Erich Fromm stellt dazu eine entscheidende Frage: orientieren sich die Menschen und die Gesellschaft am Leitbild des „Habens" oder des „Seins"?[668]

Fromm kritisiert tief und grundsätzlich die Fehlentwicklungen des europäischen industriekapitalistischen Wirtschaftssystems, das nicht im Stande war und ist, seine „große Verheißung unbegrenzten Fortschritts" der „Trias von unbegrenzter Produktion, absoluter Freiheit und uneingeschränktem Glück" als Kern einer „neuen *Fortschrittsreligion*" einzulösen.[669]

„Die Entwicklung dieses Wirtschaftssystems wurde nicht mehr durch die Frage: *Was ist gut für den Menschen?* Bestimmt, sondern durch die Frage: *Was ist gut für das Wachstums des Systems?"* [670]

Unbegrenztes Wachstum sollte das Wohl der Menschen zunehmend befördern, und wurde zusätzlich dadurch ‚begründet', „wonach genau jene menschlichen Qualitäten, die das System benötigte – Egoismus, Selbstsucht und Habgier[671] – dem Menschen angeboren seien; sie seien somit nicht dem System, sondern der menschlichen Natur anzulasten."[672]

Vor allem außereuropäische Gesellschaften, in denen diese Eigenschaften eines maßlosen „Habens" nicht existieren, wurden als „primitiv", deren Mitglieder als „naiv" abqualifiziert.[673]

„Man weigerte sich anzuerkennen, daß diese Charakterzüge gerade nicht *natürliche* Triebe sind, die zur Bildung der Industriegesellschaft führten, sondern das *Produkt* gesellschaftlicher Bedingungen."[674]

Wurden auf diese Weise fälschlich ‚Naturbedingungen' konstruiert, gestaltete sich das reale Verhältnis des Industrialismus zur Natur zutiefst feindlich und zerstörerisch:

---

[668] Erich Fromm. Haben oder Sein. Die seelischen Grundlagen einer neuen Gesellschaft. München 2019

[669] Ebenda, S. 13 f.

[670] S. 20

[671] Fromm charakterisiert die Eigenschaften Egoismus, Selbstsucht und Habgier als *charakterbedingtes* „Haben", dessen Zielsetzungen prinzipiell unerfüllbar und maßlos sind, im Unterschied zum sinnvollen und erforderlichen *funktionalen Haben,* das existentielle Dinge für die Sicherung unserer lebenswichtigen Grundbedürfnisse erstrebt.

[672] Fromm (2019), a.a.O. S. 20

[673] Ebenda

[674] S.21

„Unser Eroberungsdrang und unsere Feindseligkeit haben uns blind gemacht für die Tatsache, daß die Naturschätze begrenzt sind und eines Tages zur Neige gehen können und daß sich die Natur gegen die Raubgier der Menschen zur Wehr setzen wird.“[675]

Zukunftsfähig und ‚richtig' leben bedeutet nunmehr nicht länger, ethische oder religiöse Gebote zu erfüllen: „Zum ersten Mal in der Geschichte hängt das *physische Überleben der Menschheit von einer radikalen seelischen Veränderung des Menschen ab.*“[676]

Dieser innere Wandel ist jedoch nur möglich, wenn drastische ökonomische und soziale Veränderungen vollzogen werden, die neue gesellschaftliche Randbedingungen des „Seins“ verankern – jenseits der Ideologie des „Habens“.

Die Existenzweise des „Seins“ ist gekennzeichnet durch sinnhafte und maßvolle, produktive und kreative Tätigkeit sowie dadurch, Verantwortung für andere zu übernehmen.[677]

Dabei sollte ein Charakteristikum besonders hervorgehoben werden, nämlich: „Das Bedürfnis, zu geben und zu teilen, und die Bereitschaft, für andere Opfer zu bringen.“[678]

Diese Eigenschaften sind uns in Malawi immer wieder begegnet und brachten eindrucksvoll den ‚inneren Reichtum' der Menschen hier zur Geltung. An dieser Stelle wurde mir einmal mehr deutlich, dass die afrikanisch-malawische Weltsicht sich wesentlich stärker an Leitbildern des „Seins“ orientiert, und auch aus dieser Perspektive die europäische Kolonialgeschichte als besitzergreifende Strategie der Herrschaft des „Habens“ begriffen werden kann...

Um die Leitidee des „Seins“ zu konkretisieren, weist Fromm auf eine zentrale historische Dynamik hin: nämlich eine intensive „Wechselwirkung zwischen gesellschaftlichen Veränderungen und Wandlungen des Gesellschaftscharakters.“ [679]

Der Gesellschaftscharakter hat u.a. eine wichtige Funktion, nämlich die Erfüllung quasi „religiöser“ Bedürfnisse. Diese sind *nicht* notwendig an einen bestimmten

---

[675] Ebenda

[676] S. 23

[677] S. 109 ff.

[678] S. 124ff. Dazu ist anzumerken, dass an dieser Stelle eine Parallele zum „Donator-System“ deutlich wird.

[679] „Ausgangspunkt dieser Reflexionen ist die Feststellung, daß die Charakterstruktur des durchschnittlichen Individuums und die sozio-ökonomische Struktur der Gesellschaft, der dieses angehört, miteinander in Wechselbeziehung stehen. Das ergebnis der Interaktion zwischen individueller psychischer Struktur uns sozio-ökonomischer Struktur bezeichne ich als *Gesellschafts-Charakter*. Die sozio-ökonomische Struktur einer Gesellschaft formt den Gesellschafts-Charakter ihrer Mitglieder dergestalt, daß sie tun *wollen*, was sie tun *sollen*. Gleichzeitig beeinflußt der Gesellschafts-Charakter die sozio-ökonomische Struktur der Gesellschaft: In der Regel wirkt er als Zement, der der Gesellschaftsordnung zusätzliche Stabilität verleiht; unter besonderen Umständen liefert er den Sprengstoff zu ihrem Umbruch.“ (S. 163 f.)

Gottesbegriff, Theismus oder Atheismus, geknüpft, sondern beinhaltet „Orientierung" und „Hingabe" für menschliches Denken und Handeln: „Unsere religiöse Haltung ist somit als Aspekt unserer Charakterstruktur anzusehen, denn wir sind, wofür wir uns hingeben, und an was wir uns hingeben, das motiviert unser Verhalten."[680]

Das führt zur erstaunlichen, aber logischen Einsicht: „In diesem weitgefassten Sinn ist in der Tat keine Gesellschaft der Vergangenheit, der Gegenwart und selbst der Zukunft vorstellbar, die keine „Religion" hat."[681]

Dennoch ist konkret zu unterscheiden zwischen lebendigen Religionslehren, ‚kirchlichen' Organisationsstrukturen und dogmatischen, quasi-religiösen Weltbildern. Letzteres ist insbesondere für die Ideologie des Industriekapitalismus zu konstatieren: „Hinter der christlichen Fassade entstand eine neue geheime Religion – die Religion des Industriezeitalters -, die in der Charakterstruktur der modernen Gesellschaft wurzelt, aber nicht als Religion bekannt ist . Die Religion des Industriezeitalters ist mit echtem Christentum unvereinbar. Sie reduziert die Menschen zu Dienern der Wirtschaft und der Maschinen, die sie mit ihren eigenen Händen gebaut haben."[682]

Vor dem Hintergrund dieser quasi-religiösen Ideologie haben die „Entmenschlichung" des so historisch verfestigten Gesellschaftscharakters „eine Protestbewegung, einen neuen Humanismus, auf den Plan gerufen, dessen Wurzel auf den christlichen und philosophischen Humanismus vom späten Mittelalter bis zur Aufklärung zurückreichen. Dieser Protest fand seinen Ausdruck sowohl in theistisch-christlichen als auch in pantheistischen oder nicht-theistischen philosophischen Formulierungen." [683]

Die Ausformung eines solchen „radikalen Humanismus" fordert eine *Abkehr* von der Ideologie des *destruktiven*[684] Besitzergreifens und „Habens" hin zu einer vielgestaltigen und vielschichtigen Leitidee einer neuen Menschlichkeit und Gesellschaftlichkeit:

„Im Denken Buddhas, Eckharts, Marx' und Schweitzers sind bemerkenswerte Parallelen festzustellen: ihre radikale Forderung nach Aufgabe der Orientierung am Haben, ihre antiautoritäre Position und ihr Eintreten für völlige Unabhängigkeit, ihre metaphysische Skepsis, ihre „gottlose" Religiosität und ihre Forderung nach gesellschaftlicher Aktivität im Geiste der Nächstenliebe und menschlichen Solidarität." [685]

Eine derartige Leitidee – entstanden auch aus europäisch-*selbstkritischem* Protest – sollte als Kerngedanke unbedingt festgehalten werden, wenn es um einen

[680] S. 166

[681] S. 165

[682] S. 179

[683] Vgl. S. 188

[684] Eine ausführliche Darlegung destruktiver Ursachen in der Geschichte ist nachzulesen in: Erich Fromm. Anatomie der menschlichen Destruktivität. Reinbek bei Hamburg (2017)

[685] Fromm (2019), a.a.O. S. 199

nötigen afrikanisch-europäischen Dialog zur Zukunftsfähigkeit planetarer Entwicklung geht....
Ausführlich beschreibt Fromm die „Wesensmerkmale der neuen Gesellschaft“[686], die unverkennbar in die Konzepte des „Club of Rome“[687] über u.a. die „Grenzen des Wachstums“ und die aktuelle Debatte über *Nachhaltige Entwicklung* hineinragen.
Meadows et al.[688] entwickeln aus der Perspektive technisch-ökologischer *Modellierungen* für globale, nachhaltige Entwicklung Kriterien für eine nachhaltige Gesellschaft, die allerdings nicht nur dafür nötige sozio-ökonomische sowie technisch *systemische* Randbedingungen und „Leitplanken“ definiert, sondern auch neuartig zu entwickelnde *„Ansätze“* für die *„nächste Revolution Nachhaltigkeit“* formuliert, die ebenso wie bei Fromm auch auf psycho-soziale Dimensionen führt:
„Es handelt sich um: die Entwicklung von Wunschvisionen, Aufbau von Netzwerken, Wahrhaftigkeit, Lernbereitschaft und Nächstenliebe,.....von denen wir noch nicht wissen, wie wir sie anwenden sollen, mit denen aber die Menschheit aber rasch umzugehen lernen muss.“[689]
Bei den *„Wunschvisionen“* geht es um die Vorstellung einer umfassend erstrebenswerten Leitidee, das angeblich ‚Machbare‘ abzustreifen, um „den edelsten, erhabensten und kostbarsten Träumen nachzuhängen....Nachhaltigkeit, Effizienz, Genügsamkeit, Gerechtigkeit, Schönheit und Gemeinschaftssinn als höchste gesellschaftliche Werte.“[690]
Der *„Aufbau von Netzwerken“* als nichthierarchische, reale wie digital-virtuelle Kommunikations-Strukturen sind für den Aufbau und Informationsgewinn einer nachhaltigen Gesellschaft zentral:
„Damit sich eine nachhaltige Gesellschaft entwickeln kann, die einerseits mit den lokalen Ökosystemen in Einklang steht und andererseits keine globalen Grenzen überschreitet, brauchen wir Netzwerke, die sich auf lokaler wie globaler Ebene Nachhaltigkeit zum Ziel gesetzt haben.“ Dazu bedarf es insbesondere leicht verfügbarer Internetzugänge, digitale Informations- und Entscheidungshilfen sowie einfache und innovative Kommunikations-Technik. „Sie verschafft jedem Einzelnen die Möglichkeit, Teil globaler und lokaler Netzwerke zu werden – ohne dass dabei der zulässige ökologische Fußabdruck überschritten wird. Wir müssen die „digitale Bildungskluft“ schließen.“[691]

---

[686] S. 211 ff.
[687] Fromm weist ausdrücklich auf Club of Rome-Berichte von Mesarovic und Pestel zur Notwendigkeit einer radikalen psychischen Veränderung des Menschen als Alternative zu einer planetaren Katastrophe hin. (Vgl. S. 199)
[688] Donella und Dennis Meadows, Jørgen Randers. Grenzen des Wachstums. Das 30-Jahre-Update. Signal zum Kurswechsel. Stuttgart 2008.
[689] Ebenda, S. 281
[690] S. 282 ff.
[691] S. 284 ff.

„Wahrhaftigkeit" – auch wenn sie manchmal schwer zu begründen ist – bleibt unverzichtbare Basis ein glaubwürdigen und erfolgreichen Nachhaltigkeits-Strategie, die Manipulationen und Lügen als ‚Mittel zum Zweck' grundsätzlich ablehnt. Dazu gehört auch „die Entschlossenheit, sowohl über Erfolge als auch über Fehlschläge der Gegenwart und die Möglichkeiten und Hindernisse für die Zukunft wahrheitsgemäß zu berichten." [692]

Eine handlungsfähige Strategie und Prozessdynamik hin zur Nachhaltigkeit kann nicht dogmatisch ‚ein für alle Mal' festgelegt werden, sondern die entwickelten Leitziele erfordern eine grundlegende *„Lernbereitschaft"*, die Abläufe und Ergebnisse auswertet sowie neue Denkansätze einbringt. „Kein Entscheidungsträger, ganz gleich, für wie kompetent er sich hält, begreift die Situation wirklich. Keinerlei Maßnahmen sollten pauschal auf die ganze Welt angewandt werden...Lernen schließt die Bereitschaft ein,...Dinge auszuprobieren und Informationen über die Auswirkungen von Eingriffen zu sammeln.....Die Entscheidungsträger dieser Welt wissen im Grunde auch nicht besser als andere Menschen, wie sich eine nachhaltige Welt schaffen lässt....

Bei einer Nachhaltigkeitsrevolution muss jeder Einzelne ein lernbereiter Entscheidungsträger auf irgendeiner Ebene sein, von der Familie über die Gemeinde und die Nation bis zur ganzen Welt. Und jeder von uns muss Entscheidungsträger auch darin unterstützen, Unsicherheiten einzugestehen, ehrliche Experimente durchzuführen und Fehler zuzugeben." [693]

Auch wenn es in der heutigen Zeit desweilen verpönt ist, über *„Nächstenliebe"* zu sprechen, bedeutet sie doch, dass Solidarität und Mitgefühl bei einem umfassenden Kooperationsprozess hin zur nachhaltigen Gesellschaft tragende Motivation der Menschen ist.

„Eine Kultur, die nicht an diese besseren menschlichen Qualitäten glaubt, sie erörtert und fördert, beschränkt auf tragische Weise selbst ihre Optionen....Die Revolution zur Nachhaltigkeit muss in erster Linie auch ein kollektiver Wandel sein, der nicht die schlechtesten, sondern die besten Seiten der menschlichen Natur zum Ausdruck bringt und fördert." [694]

Dazu greifen die Autoren auf ein ausdrucksstarkes Zitat von *Aurelio Peccei* zurück:

„Der neue Humanismus unserer Epoche....muss das Entstehen neuer Wertesystem fördern, die unser inneres Gleichgewicht wiederherstellen, und zu neuen geistigen, ethischen, philosophischen, sozialen, politischen, ästhetischen und künstlerischen Motivationen anregen,....er muss imstande sein in uns wieder ...Liebe, Freundschaft, Verständnis, Solidarität, Opferbereitschaft und Unbeschwertheit zu wecken; und er muss uns verständlich machen, dass wir umso mehr profitieren, je enger diese menschlichen Qualitäten uns mit anderen Lebensformen und unseren Brüdern und Schwestern überall auf der Welt verbinden."[695]

---

[692] S. 286 ff.

[693] S. 289 f.

[694] S. 290 ff.

[695] S. 291

Unsere Reisroute führt uns vorbei an Nkhotakota weiter nach Süden in Richtung Salima und die Landschaft flacht spürbar ab. Hin und wieder zeigt sich das tiefe Blau des Malawisees durch die freien Zwischenräume der Baumsavanne. „Und dann liegt es direkt vor uns: das Binnenmeer aus Süßwasser. Das Blau und der Geruch sind anders als der Indische Ozean, beides kommt mir frischer und leichter vor. Die kräftige Brise ist überaus angenehm und das ‚Meeres'rauschen vertont die weiß aufgeschäumten Wellen. Im Gegenlicht schiebt sich ein Boot vor den Horizont und das zunehmende Abendrot spiegelt sich auf der endlosen Wasserfläche."[696]

Das Hotel ist nach David Livingstone benannt und in einigen Wandgemälden seine vergangene Anwesenheit kunstvoll dargestellt. Was mag er wohl empfunden haben, als er 1859 den eindrucksvollen Malawisee unbeabsichtigt zu Gesicht bekam? Vermutlich fühlte er wie wir: einfach Staunen...
Mein Blick fällt auf den kleinen Stand eines jungen Künstlers namens Madalo, der wunderschöne Aquarelle ausstellt. Ein kleines, feines wasserfarbenes Bild bringt die Stimmung am Ufer des Malawisees besonders gut zum Ausdruck. Ich frage ihn, ob er das Aquarell verkauft und welches Geheimnis sich hinter dem besonders gelungenen künstlerischen Ausdruck verbirgt. Er verkauft mir das signierte Bild gern, und verrät auch augenzwinkernd das Geheimnis: für seine Aquarellfarben benutze er ausschließlich Wasser aus dem Malawisee....
Zu meinem Erstaunen kommt er kenntnisreich auch auf Livingstone zu sprechen, dessen Namen er mit Bewunderung nennt. Er hebt hervor, wie sehr Livingstone auch heute noch in Malawi verehrt wird, wie viele Orte hier beispielsweise seinen Namen tragen. Man erinnere sich an seine menschliche Art mit den Einheimischen umzugehen, aber vor allem an seinen bedingungslosen Einsatz gegen die Sklaverei. Und schließlich habe er wesentlich dazu beigetragen, durch Berichte nach England, aber auch direkte Verhandlungen vor Ort seinen Einfluss gegen den Sklavenhandel geltend zu machen.
Bei meiner späteren Recherche über David Livingstone, auf die ich noch zurückkommen werde, stieß ich auf die Tragik der Lebensgeschichte eines jungen Hamburger Wissenschaftlers und Geographen, nämlich *Albrecht Roscher*.

Albrecht Roscher (geb. 1836) studierte von 1856 bis 1858 Naturwissenschaften, orientalische Sprachen, Geographie und Medizin an der Universität Leipzig. 1857 promovierte er dort zum Doktor der Philosophie. In seiner Dissertation[697] rekonstruierte er, auf Grundlage der Weltkarte des Ptolemäus, die Geographie Innerafrikas. Diese erregte das Interesse bedeutender zeitgenössischer Geographen wie Carl Ritter und *Alexander von Humboldt*!

---

[696] U. Skirke (1996), a.a.O., S. 55f.

[697] Albrecht Roscher: *Ptolemaeus und die Handelsstraßen in Central-Africa. Ein Beitrag zur Erklärung der ältesten uns erhaltenen Weltkarte.* Perthes, Gotha 1857

Sein Ziel war, aufgrund der ptolemäischen Angaben die Lokalisierung der Nilquellen näher zu bestimmen.
1858 begab er sich auf eine mehrjährige wissenschaftliche Afrikareise, die vom Hamburger Senat und von König Maximilian II. von Bayern finanziell unterstützt wurde. Von Hamburg aus erreichte er am 13. September 1858 die Insel Sansibar. Während seines zweimonatigen Aufenthaltes auf Sansibar erlernte er die Bantusprache Swahili, sammelte botanische Erkenntnisse und beschrieb die nach ihm benannte Vanille-Art Vanilla roscheri.[698]

Im Februar und März 1859 bereiste er die Küste des heutigen Tansania. Er erforschte die Bucht von Daressalam und das Flussdelta des Rufiji. Neben astronomischen Ortsbestimmungen untersuchte er die geführte Wassermenge des Flusses und zog Erkundigungen über Handelswege und das Hinterland ein. Er lernte er die britischen Afrikaforscher Richard Francis Burton und John Hanning Speke kennen, deren Entdeckungsreise zum Tanganjikasee und Viktoriasee Albrecht Roschers weitere Forschungstätigkeit beeinflusste.[699]
Im April 1859 musste er wegen starken Fieberanfällen seine Reise in Kilwa für mehrere Monate unterbrechen. Aufgrund knapper werdenden Reisemittel und gesundheitlich geschwächt brach er Ende August 1859 zu einer Expedition zum Malawisee auf. Er schloss sich dazu fatalerweise einer arabischen Sklavenkarawane an. Nur zwei Monate nach dem britischen Afrikaforscher David Livingstone erreichte er am 20. Oktober 1859 das Ostufer des Nyassa-Sees, heute Malawisee. In den folgenden Monaten erforschte er die nähere Umgebung des Sees und bereitete eine Expedition in das Gebiet der Malimba in Kamerun vor. Ende März 1860 wurden er und seine Begleiter in der Nähe des Malawisees ermordet, weil die Sklavenhändler vermutlich befürchteten, dass er den Engländern wichtige Informationen über Praxis und Routen des Sklavenhandels übermitteln könnte.[700] Seine wissenschaftlichen Aufzeichnungen und Tagebücher von dieser Expedition gingen verloren.
Trotz seines kurzen Forscherlebens erfuhr seine Arbeit große Anerkennung. Etliche Zeitgenossen sahen in ihm den „Idealtypus des sich für die Erforschung der Erde aufopfernden Wissenschaftlers und Bekämpfers der Sklaverei“[701]. 1867 wurde er zum auswärtigen Mitglied der Bayerischen Akademie der Wissenschaften ernannt.

Trotz oder wegen dieser tragischen Lebensgeschichte verneige ich mich in Würdigung und Anerkennung vor diesem jungen Wissenschaftler, der die nichtkoloniale europäische Seite der Afrikaforschung verkörpert hat und deshalb im bedeutsamen Kontext eines Alexander von Humboldt genannt werden sollte.

---

698 Siehe: https://de.wikipedia.org/wiki/Albrecht_Roscher
699 Ebenda

700 Vgl. Gerhardt/Ludwig, „Roscher Albrecht“, in: Neue Deutsche Biographie, Bd. 22 (2005), S.

41-42

701 Ebenda

Am Abend entspann sich nach dem Dinner im Hotel eine spannende Debatte über eine Einschätzung und Beurteilung der ‚Entwicklungshilfe' des ‚Nordens', insbesondere der ehemaligen Kolonialstaaten. Andrew vertrat eine klare Position: die bisherige westliche Entwicklungshilfe habe Afrika zum Schlechteren verändert und viel zu wenig Gutes bewirkt....

Ich teile seine Ansicht, dass die sogenannte „nachholende" Entwicklung Afrika auf dasselbe, falsche Ökonomie- und Technologiemodell wie das der Industriestaaten des Nordens festlegen und damit - *nicht* zukunftsfähig- zu gleichartigen sozialen Ungleichheiten sowie Ökologie- und Klimakrisen führen wird. Das könne nicht die Lösung für Afrikas Zukunft sein!

Auch die berühmte Formel der „Hilfe zur Selbsthilfe" fördere allzu oft eine fortschreitende Abhängigkeit afrikanischer Wirtschaft, Sozialstrukturen und Technik und eben *nicht* die eigenen Potenziale, kulturelle Eigenwerte und kreative, selbstgestaltete Lösungen....

Dennoch benötigen wir eine globale Solidarität und Kooperationsformen „auf Augenhöhe", wie es z.B. in der ‚UN-Konferenz für Umwelt und Entwicklung 1992 in Rio'[702] beschlossen wurde:

insbesondere die Grundsätze 1 und 3 für eine „nachhaltige Entwicklung"[703].

Als beispielhaften, positiven Versuch erläutere ich: Hamburg habe in diesem Jahr einen sogenannten „Zukunftsrat" als Netzwerk von Nichtregierungeorganisationen gegründet, um auf lokaler und regionaler Ebene „vor Ort" nachhaltige Entwicklungsprojekte zu fördern, die auch zukünftigen Generationen ein Recht auf selbstbestimmte Entwicklung ermöglichen.

Als Gründungsmitglied möchte ich solche Projekte nach Kräften unterstützen, nach dem Motto: „Global denken, lokal handeln".

Andrew stimmt zu und ermutigt mich, aber er fragt: wie kann ein globales, partnerschaftliches, kooperatives Handeln gelingen, ohne die Länder des Südens zu „bevormunden" oder zur „falschen Entwicklung" zu bewegen?! Eine bis heute schwerwiegende Fragestellung.......

Ich muss zugeben, mein damaliger Optimismus über das Gelingen einer möglichen „Hilfe zur Selbsthilfe" hat sich heute nach 25 Jahren Arbeit im Zukunftsrat

---

[702] file:///C:/Users/u.skirke/Downloads/rio.pdf

[703] Ebenda:

Grundsatz 1: „Die Menschen stehen im Mittelpunkt der Bemühungen um eine nachhaltige Entwicklung. Sie haben das Recht auf ein gesundes und produktives Leben im Einklang mit der Natur."

Grundsatz 3:„Das Recht auf Entwicklung muss so verwirklicht werden, dass den Entwicklungs- und Umweltbedürfnissen der heutigen und der kommenden Generationen in gerechter Weise entsprochen wird."

Hamburg zu einem sehr viel selbstkritischeren Ansatz von strikt antikolonialer, transparenter und gleichberechtigter Vorgehensweise einer Kooperation ‚auf Augenhöhe' verändert, aber vor allem zur Forderung nach einem *grundlegend anderen, europäischen Fortschrittsmodells, nach einem neuartigen symbiotischen Mensch-Natur-Technik-Verhältnisses* verändert.

Dies heißt: Europa kann nicht einfach einseitige Bedingungen und Forderungen für eine Kooperation mit Afrika stellen, wie z.B. „Good Governance" ,oder „Transformationsindizes" für politische Reformen aufstellen, sondern Europa muss *selbst* Bedingungen für eine eigene Große Transformation zur drastischen Senkung des „Ökologischen Fußabdrucks", zum Erreichen von Klimaneutralität oder zur Erfüllung der UN-Nachhaltigkeitsziele bis 2030 einhalten und umsetzen. Europa muss eine radikale Abkehr seiner bisherigen Strategie des dominanten „Welt-Habens" hin zu einer zukunftsfähigen Zielsetzung des „In-der-Welt-Seins" betreiben. Und das bedeutet: dazu stehen als ernsthafte Strategie-Alternativen auch historische sowie kulturelle Weltsichten, Eigenwerte und Potenziale *Afrikas* im Zentrum eines zukunftsfähigen, planetaren Dialogs!

Für die Einschätzung und Bewertung sogenannter „Hilfsprojekte" folge ich der afrikanischen Journalistin Veye Tatah: „Ich bin der Meinung, dass eine Entwicklung, die bis zum unteren Ende der Pyramide durchdringt, nur erreicht werden kann, wenn die Afrikaner auf ausländische Hilfen verzichten. Es gibt ein passendes afrikanisches Sprichwort: "Wer selbst einen Eimer Wasser geholt hat, der weiß genau, wie kostbar jeder Tropfen ist."[704]

Eine eindrucksvolle malawische Trommel- und Tanzgruppe gibt dem Abend einen würdigen Abschluss. Kaum ein lebendiger Ausdruck verkörpert das afrikanische „In-der-Welt-Sein" so zutreffend wie ein authentisch dargestellter und vorgetragener Rhythmus. Leopold S. Senghor stellt zu Recht dem cartesianischen Rationalismus des partiellen „Denkens"[705] das Charakteristikum einer ganzheitlichen Seins-Erfahrung gegenüber: „Ich tanze, also bin ich!"
Senghor führt dies in erhellender Weise näher aus: „Was ist denn der Rhythmus? Der Rhythmus ist die Architektur des Seins, ist die innerliche Dynamik, die ihm Form gibt, ist das Wellensystem, welches das Sein dem Anderen entgegensendet, ist der reine Ausdruck der Lebenskraft."[706]

---

[704] Vgl. Veye Tatah, in: Africa Positive Nr. 81/21 (2021), S. 3

[705] Im berühmten Grundsatz von Descartes: „Ich denke, also bin ich"

[706] Leopold S. Senghor in: Deutsche Fassung von Janheinz Jahn, in: „Schwarze Ballade. Moderne afrikanische Erzähler beider Hemisphären". Düsseldorf-Köln : Eugen Diederichs Verlag 1957, S. 226

Andrew gibt uns am nächsten Tag interessante Einblicke in die jüngere musikalische Entwicklungsgeschichte Malawis, die auch durch den südafrikanischen Kwela-Stil beeinflusst wurde, beispielhaft vertreten durch den malawischen Musiker, Komponisten und Bandleader Donald Kachamba. Seine Vorbilder waren insbesondere die südafrikanischen Kwela-Flötenspieler.[707]
Ebenso von Bedeutung sei Esau Mwamwaya, der Hip-Hop und Popmusik mit traditioneller malawischer Musik verbunden habe. Insbesondere verzeichnete die Musikszene Malawis nach dem Tod des langjährigen Herrschers Banda 1994 einen enormen Aufschwung.[708]

Dazu gehöre als wichtiger Bestandteil die ausgeprägte Tanzkultur: dabei sei insbesondere der „große Tanz" (*„Gule wamkule"*) in Malawi ein herausragendes gesellschaftliches Kulturereignis, das mit Masken und Tierfiguren opulent kostümierten Tänzern über Tage andauern könne...[709]

Am nächsten Tag ist ein Besuch des „Kungoni Centre of Culture and Art", das als Non-Profit Organisation in Mua von den „White Fathers" zunächst als Missionsstation mit Kirche und Hospital 1902 gegründet und 1976 von Claude Boucher Chisale als Holzschnitzzentrum etabliert und zum Kultur- und Kunstmuseum ausbebaut wurde.[710]

„Mittlerweile hat sich die kungonische Schnitzkunst erheblich weiterentwickelt und einen weltweit ausgezeichneten Ruf erworben...Glanzstücke dieser Schnitzkunst kann man sogar in den Vatikanischen Museen und im Buckingham Palace finden. Mit Schnitzkunst aus KunGoni wurde in München die Missio-Kapelle gestaltet."[711]

Neben dem Schnitzzentrum sind mittlerweile ein wichtiges Kulturmuseum („Chamare Museum") entstanden, das die Kultur und Lebensweise der bedeutendsten Ethnien Malawis darstellt, darunter auch die der *Chewa* als größte, deren Sprache als zweite Landessprache neben Englisch Amtssprache ist („Chichewa"), sowie eine umfangreiche Datensammlung und Forschungseinrichtung über die malawischen Kulturen archiviert („Research Centre"). Am Eingang des Kulturmuseums ist zu lesen: „We are proud of our culture" und stellt den Beginn eines

---

[707]Siehe auch: https://de.wikipedia.org/wiki/Donald_Kachamba

[708] Vgl. dazu: https://de.wikipedia.org/wiki/Malawi

[709] Seit 2005 gehört *gule wamkulu* zu einem der 90 Meisterwerke des mündlichen und immateriellen Erbes der Menschheit, einem Programm der UNESCO zur Erhaltung immaterieller Kulturgüter.
Siehe: https://de.wikipedia.org/wiki/Nyau#Gule_wamkulu

[710] https://de.wikipedia.org/wiki/Kungoni_Centre_of_Culture_and_Art . Eine „Art Gallery" entstand schließlich 2009.

[711] Ebenda

Rundganges um das Museum dar – mit wunderschön prächtigen Wandmalereien über die Stationen malawischer Geschichte.[712]
Eine Malerei stellt die Verhandlung von David Livingstone auf Einladung von Häuptling Juma ben Saidi unter dem berühmten Feigenbaum in Nkhotakota zur Abschaffung der Sklaverei dar, wie uns ein Mitarbeiter des Museums erläuterte. Interessanterweise gab er auch einen kurzen Umriss von Religion und Kultur der Chewa: in der traditionellen Chewa-Religion existiere *ein* Schöpfergott – wie übrigens in den meisten afrikanischen Religionskulturen - , der die Welt im zentralen Malawi-Hochland erschuf.[713] Als wichtige *Vermittler* zwischen Gott und den Menschen seien die „Geister" der Ahnen, die als geschichtsträchtige Wesen großen Einfluss auf die Menschen ausüben. Sie verschaffen wichtigen Zugang zum Wissen aus und über der Vergangenheit, z. B. in der Heilkunst, und sollen deshalb positiv eingestimmt werden durch Wohlverhalten der Menschen und Opfergaben. Eine bedeutsamen Verbindung könne zu Ihnen mit Hilfe von komplex gestalteten Maskentänzen hergestellt werden....
Ich frage ihn, ob diese Weltsicht auch eine allgemeine Botschaft für die Menschen insgesamt bedeute. Seine überraschende Antwort war: es sei *immer* sinnvoll, grundsätzlich bei der Gestaltung von Gegenwart und Zukunft die gelebte, erlebte und überlieferte Geschichte der Vorfahren zu beachten.

Er schloss seinen kurzen Vortrag mit dem bedeutsamen Hinweis, dass die Chewa eine *matrilineare* Erbfolge für Besitz und Rechte hätten, familiäre Stammbäume seien *„Nachkommen von derselben Brust"*[714] , und dass die berühmten „weißen Felszeichnungen" im Chongoni-Hochland zu wesentlichen Teilen als *weibliche* Initiationsriten entstanden seien.[715]

---

[712] Das Innere des Museums war während unseres Besuchs 1996 erst im Aufbau begriffen
[713] https://de.wikipedia.org/wiki/Chewa
[714] Ebenda
[715] Siehe https://de.wikipedia.org/wiki/Chongoni : „Der Chongoni ist ein 2.198 m hoher Berg in Malawi, etwa 25 km nördlich von Dedza in der gleichnamigen Provinz. Der Berg und die umliegenden Hügel sind mit dem für die Region typischen Miombo-Trockenwald bedeckt und ein Waldschutzgebiet. Der Chongoni und die umliegenden Hügel sind seit 1924 Waldschutzgebiet. Wissenschaftliche Beschreibungen der Zeichnungen wurden zuerst in den 1950er Jahren publiziert. Die fünf Chentcherere-Höhlen wurden 1969 zu geschützten nationalen Monumenten erklärt und für die Öffentlichkeit zugänglich gemacht. Seit 2006 sind die Felsmalereien als UNESCO-Welterbe registriert. Die 127 Fundstätten auf einem Gebiet von 126,4 km² stellen die dichteste Ansammlung von Felsmalereien in Zentralafrika dar."

Der nächste Tag ist dem *Lake Malawi Nationalpark* im südlichen Teil des Sees gewidmet. Ziel ist die Region um Cape McClear, die vor dem Hintergrund der Forschungsreise Livingstones nach dem mit ihm befreundeten Astronomen Thomas Maclear benannt wurde und Teil des Nationalparkes ist, der - 1980 eingerichtet - 1984 auf der Liste des UNESCO-Weltnaturerbe geführt wird.

„Der Malawisee enthält den größten Artenreichtum an Fischen weltweit. Im Bereich des Parks kommen etwa die Hälfte der geschätzt 1000 Arten vor, von denen über 90 % nur hier heimisch sind. Dies ist das Ergebnis einer evolutionären Anpassung, die in vergleichbarem Maßstab nur noch auf den Galapagos-Inseln studiert werden kann. Der See beinhaltet 30 % aller bekannten Buntbarsch-Arten.... Bis auf 5 sind alle 400 Arten endemisch[716]."[717]

Hier erwartete uns eine einmalige und unvergessliche Erfahrung, nämlich nicht nur die farbenprächtige Unterwasserwelt des drittgrößten afrikanischen Süßwassersees, sondern den hautnahen Kontakt mit der Vielzahl von Buntbarschen. Mit Hilfe kleiner Brotkrumen angelockt, spürte man die kussähnliche Nahrungsaufnahme der Fische auf der Haut unserer Hand: was für ein beglückendes Ereignis!

Die Erforschung der Fische des Malawisee[718]begann mit John Kirk.[719]Er begleitete David Livingstone als einen der ersten Europäer auf seiner Expedition zum Malawisee. Aber was ist die Begründung für diese einmalige Artenvielfalt von Cichliden in den Süßwasserseen des afrikanischen Grabenbruchs, und insbesondere im Malawisee? Hintergrund ist ein evolutionäres Phänomen, nämlich der *„Gründereffekt"*[720], das schon Darwin bei den nach ihm benannten ‚Darwin-

---

[716] Als Endemiten werden in der Biologie Pflanzen oder Tiere bezeichnet, die im Gegensatz zu den Kosmopoliten nur in einer bestimmten, räumlich abgegrenzten Umgebung vorkommen. Diese sind in diesem Gebiet endemisch.
Siehe: https://de.wikipedia.org/wiki/Endemisch

[717] Siehe: https://de.wikipedia.org/wiki/Malawisee-Nationalpark

[718] Vgl. https://de.wikipedia.org/wiki/Fauna_des_Malawisees

[719] https://de.wikipedia.org/wiki/John_Kirk : "Sir John Kirk (* 19. Dezember 1832 in Angus Barry; † 15. Januar 1922) war ein schottischer Arzt, Naturwissenschaftler, Entdeckungsreisender und Diplomat. Als Reisebegleiter des Missionars und Entdeckers David Livingstone in Zentral- und Ostafrika von 1858 bis 1863 war er einer der ersten Europäer, die den Nyassa-See erreichten; später als britischer Generalkonsul in Sansibar hatte er maßgeblichen Anteil am Verbot des Sklavenhandels sowie am Ausbau des britischen Einflusses auf Wirtschaft und Politik in Ostafrika."

[720] „Der Gründereffekt... beschreibt eine genetische Abweichung einer isolierten Population oder Gründerpopulation (z. B. auf einer Insel) von der Stammpopulation (z. B. auf dem Festland). Diese Abweichung entsteht aufgrund der geringen Anzahl an vorhandenen Allelen der an ihrer Gründung beteiligten Individuen und *nicht* infolge unterschiedlicher Selektionsbedingungen. Dieser Effekt wurde erstmals von Moritz Wagner in mehreren Abhandlungen beschrieben, die gesammelt 1889 als Die Entstehung der Arten durch räumliche Sonderung erschienen."
https://de.wikipedia.org/wiki/Gründereffekt

Finken' auf den Galapagosinseln beschrieb. Bei diesem Effekt war die erstaunliche Quintessenz, dass bei der Artenexplosion eben *nicht* die bedingungslose Auswahl durch Konkurrenz zustande kam, sondern durch *Vermeidung* der Konkurrenz mittels Spezialisierung:

„Dort, wo sich eine ursprünglich über das Meer verdriftete Finkenart in kürzester Zeit in verschieden Rollen aufspaltete, mal den dicken Schnabel des Spechts nachahmte, mal den dünnen des Insektenfressers, herrschte gerade kein Konkurrenzdruck, sondern jungfräuliches Neuland, das von keinem Singvogel überflogen worden war. Die ersten Finken waren auf dem Archipel allein.....Um rasch Neues aufschießen zu lassen, wissen Forscher heute, muss manchmal die Vermittlung der Bestände geradezu unterbunden werden, darf der gnadenlose Wettbewerb der Vielen gar nicht herrschen."[721]

Vielmehr können bei den räumlich Isolierten „kleine Abweichungen in den Erbanlagen große Wirkung zeigen"[722] – könnte dies möglicherweise Prinzipien nichtlinearer komplex-chaotischer Selbstverstärkung gehorchen?

„Das Potenzial solcher kleinen Fehler tragen wir alle mit uns herum. Wir alle können unter den richtigen Umständen zu Gründern werden. Die Gene sind prinzipiell bereit, ans Licht geholt zu werden....Es gibt somit einen natürlichen Mechanismus , der aus einem Hintergrundrauschen plötzliche Neuheit herausschlägt."[723]

Es wäre eine genaue Betrachtung wert, um derartige dynamische Prozesse der Evolution als Phänomene des „Chaosrandes" zu modellieren.[724]

In jedem Fall ließe sich die ‚Inselbetrachtung' des Gründereffektes entsprechend auf die ostafrikanischen Süßwasserseen anwenden:

„Miteinander verbundene Seen lassen sich mit Inseln vergleichen. In sieben ostafrikanischen Seen entstanden weit über 500 Cichlidenarten, und das in nicht einmal einer Million Jahren, viele von ihnen in weniger als 10.000 Jahren...Unglaubliche Spezialisierungen bildeten sich bei ihren Ernährungsgewohnheiten heraus.....In den neu entstandenen afrikanischen Seen siedelten sich Fische verschiedener Gattungen an, doch nur die Cichliden vermehrten sich explosionsartig....Manche Forscher indes nehmen „ein Bedürfnis nach einer neuen Antriebskraft für diese Art von Evolution" an.......Ein Wandel, der weiteren Wandel ermöglicht, bedeutet nicht nur neue äußere Formen, sondern auch eine *innere* Umgestaltung."[725]

Es sind allerdings *nicht* objektiv bereitstehende „Nischen", die von den verschieden spezialisierten Arten besetzt werden, sondern die sich selbstorganisierenden Lebewesen ‚erschaffen' ihre eigene Umwelt: „Im Ökosystem existieren keine vorgegebenen Arbeitsplatzbeschreibungen, für die entsprechend angepasste Facharbeiter angeworben werden müssen. Wie eine Nische aussieht, hängt nämlich davon ab, wie ein Organismus sie gestaltet – und welche Rolle diesem die anderen Arten gestatten. Es gibt in der Natur also keine

---

[721] Vgl. Andreas Weber (2007), a.a.O. S. 213

[722] Ebenda

[723] Ebenda, S. 213 f.

[724] Siehe (FN 529)

[725] Vgl. Wesson (1991), a.a.O. S. 259 ff.

objektive Umwelt. Es gibt nur eine Unzahl von Lebewesen, die dem Bedürfnis folgen, weiter zu existieren. Die Arten passen sich dabei nicht nur an Vorgegebenes an, sondern sie erschaffen Neuheit. „Habitate stehen nicht unverrückbar fest", meint der amerikanische Evolutionsforscher Michael Rosenzweig, „sie werden in Koevolution der Arten erst hervorgebracht."......Es sind die Organismen selbst, die beständig neue Existenzmöglichkeiten für andere herstellen."[726]

Mir drängt sich dazu folgende grundlegende Frage auf: was wäre gewesen, wenn Darwin seine Forschungsarbeiten über die Galapagos-Finken zur Ausgangslage seiner Evolutionstheorie gemacht hätte? Hätte dann die auf bedingungsloser *Konkurrenz* basierende Auslese einen solch bedeutsamen Stellenwert bekommen oder möglicherweise die aufgestellten Evolutionsprinzipien eine andere Richtung genommen?

Angeregt durch unsere Erfahrung mit kungonischer Schnitzkunst in Mua besuchen wir auf der Rückfahrt vom Lake Malawi Nationalpark eine Werkstatt für Holzskulpturen. Andrew lenkt unsere Aufmerksamkeit auf eine malawische Spezialität: einen Holzstuhl, der zweiteilig zusammengesteckt, aber dennoch einen sehr stabilen Stand auf drei ‚Beinen' aufweist. Die wunderschönen Verzierungen der Rückenlehne des Steckstuhls mit geschnitzten Tierbildern erhöhen meine Aufmerksamkeit auf dieses sehr praktische Kunstwerk. Der Transport sei kein Problem, erklärte Andrew, als gut geschnürtes Paket könne es mühelos im Flugzeug verstaut werden....
In den folgenden Jahren erwies sich der Holzstuhl bei etlichen Gelegenheiten nicht nur als äußerst bequemes Sitzmöbel, sondern begegnete mir auch *metaphorisch* in dem bemerkenswerten Buch von der kenianischen Nobelpreisträgerin *Wangari Maathai* wieder.[727]
Um die Ziele ihrer eigenen politischen Praxis sowie „Philosophie" *metaphorisch* zu erläutern, erinnerte sie sich an den sicheren Sitz auf einem traditionellen afrikanischen Stuhl mit *drei* Beinen, deren erstes Bein die grundlegenden *demokratischen* Prinzipien symbolisieren, das zweite weitreichende *Nachhaltigkeit* und das dritte eine fundamentale *Friedenskultur* als erhellende Metapher repräsentiert: „In trying to explain my work and my philosophy in the wake of being awarded the Nobel Peace Prize, I was reminded of the traditional African stool, which is comprised of a seat and three legs. The first leg represents democratic space, where rights – whether human, women's, children's, or environmental – are respected. The second leg symbolizes the sustainable and accountable management of natural resources both for those living today and for those in the future, in a manner that is just and fair, including for people on the margins of society. The

---

[726] Siehe A. Weber (2007), a.a.O. , S. 214 f.
[727] Wangari Maathai. The Challenge for Africa. A New Vision. London 2009, siehe S. 55 ff.

third leg stands for what I term "cultures of peace". These take the form of fairness, respect, compassion, forgiveness, recompense and justice."[728]

In einem diktatorischen oder Einparteien-System mit einer kleinen Elite seien sowohl die demokratische Rechte der großen Mehrheit, die gerechte Verteilung des gesellschaftlichen Reichtums als auch die Pflege und Erhaltung der natürlichen Lebensgrundlagen nicht angemessen berücksichtigt, darin werde keine verlässliche, gesellschaftspolitische „Sitzgelegenheit" für die Bürgerinnen und Bürger gewährt[729].
Dazu sei vielmehr eine auf „sicheren", *nachhaltigen Standpunkten* beruhende selbstorganisierte, selbstbestimmte, friedliche und nicht korrupte Politik für die Vielen erforderlich: „The three legs of the stool support the seat, which in this conception represents the milieu in which development can take place. Citizens, feeling secure that the three legs are in place – that their country has robust democratic principles. Equitable distribution of resources, and strong cultures of peace – can be educated, productive, and creative. In this situation, the spirit of citizenry not only welcomes development, but drives it itself, because individually and collectively the people feel they an opportunity to contribute. A secure seat also provides the environment in which government can receive funds from multilateral agencies, lending institutions, or private donors, and use them accountably and responsibly – free of corruption – for the benefit not of the few, but of the many."[730]

Dieses ‚Vermächtnis' von Wangari Maathai war zwar als *Leitidee* für die *afrikanische* Entwicklung gedacht, aber gilt sie nicht auch die übrige Welt, Europa eingeschlossen?!
Denn von einer wirksamen *zukunftsfähigen* Politik für nachhaltige Entwicklung und Erhaltung planetarer Lebensgrundlagen ist der ‚Norden' aktuell qualitativ genausoweit entfernt wie der ‚Süden'!
Auf dem Rückflug von Malawi kamen mir dann doch einige Zweifel, ob die ungewöhnliche Fracht eines verpackten Steckstuhls wohl zusammen mit uns in Hamburg ankommen würde....Denn in der Vergangenheit hatte ich diverse Erlebnisse mit vermissten oder verspäteten Gepäckstücken bei internationalen Flugreisen in Europa.
Doch meine Befürchtungen waren völlig unnötig: zu unserer Freude und Überraschung war der malawische Holzstuhl das *allererste* Teil auf dem Gepäckband im Hamburger Flughafen.....

---

[728] Ebenda, S. 56 f

[729] Ebenda, S. 57

[730] Ebenda

8. Ziele und Wege

Es war das Jahr, in dem der Weißstorch zum zweiten Mal „Vogel des Jahres“ in Deutschland wurde, um auf dessen bedrohte Art und Lebensräume aufmerksam zu machen, als wir zum ersten Mal im Frühjahr die „Viktoria-Fälle“ besuchten. Trotz intensiver literarischer Vorbereitung erlebten wir eine weitaus größer dimensionierte reale Erfahrung eines weiteren Welterbes der Natur auf diesem Planeten als erwartet und eine damit verbundene ‚Begegnung‘ mit einer bedeutsamen Person der Weltgeschichte.

Schon etliche Kilometer vor Erreichen der Ortschaft Victoria Falls war die weiße Gischt-Wand weithin in der Landschaft sichtbar und kündigte eindrucksvoll die weltberühmten Wasserfälle an...

Am nächsten Morgen holt uns unser Betreuer Paul zu einem Rundgang entlang der Fälle vom Hotel ab. Nach kleinem Fußweg beginnt der Erkundungsgang am überlebensgroßen *Livingstone*-Denkmal:

„Seine Statue steht am westlichen Beginn der insgesamt 1.700 m breiten Fallkante, über die Katarakte fließen. Bis auf den entlang des Naturwunders vorbeiziehenden Pfad mag sich seit Livingstones Zeiten kaum etwas geändert haben. In die 108 m tiefe Schlucht stürzen in der wasserreichsten Zeit (April bis Mai) über 545 Millionen Liter Wasser pro Minute. Und die Wassergischt steigt dann bis zu 500 m empor, um noch aus 60 km Entfernung gesehen zu werden.....Entlang des Weges, der von Westen nach Osten führt, kommen...(wir) zu verschiedenen Aussichtspunkten, die eine Blick auf die Main Falls, die Rainbow Falls sowie den Eastern Cataract ermöglichen. Besonders... ist der Ausblick vom Danger Point am Ostende des Wegsystems: von hier aus genießt man einen atemberaubenden Ausblick...Ein Seitenweg vom Danger Point führt an eine Stelle, von der aus man eine hervorragende Sicht auf die Zambezi-Brücke hat.“[731]

Das Erleben dieses planetaren Wunders ist überwältigend, ein umfassendes Beschreiben der Gesamtrealität dieser einmaligen Wasserfälle ist als elementare Momentaufnahme unmöglich: diese Naturkomposition aus Luft, Wasser, Erde, Feuchte, Licht und Landschaft kann nur annähernd erschlossen werden – zumal damit eine über 150 Millionen Jahre alte Erdgeschichte verbunden ist....Im hinteren Teil der Katarakte haben unzählige Wassertropfen die Dimension starker Regenfälle erreicht, die in unterschiedlicher Weise von Regenbogen durchdrungen und beleuchtet werden. Dieser kostbare Anblick wird mir am nächsten Tag bei einem kurzen *Rundflug* über die Viktoria-Fälle unmittelbar zuteil: ich erlebe den „längsten Wasservorhang der Erde“ aus der Luft, der von einem gigantischen Regenbogen überspannt ist![732]

---

[731] Siehe: Michael Iwanowski. Botswana. Reisehandbuch. Dormagen 2000, S. 316 ff.

[732] Siehe: Gerhard Bruschke et al, Südliches Afrika, Readers Digest Deutschland Stuttgart, Zürich, Wien 2009, S. 48 f.

Guide Paul erläuterte beim Rundgang den ursprünglichen Namen der Fälle „Mosi-oa-Tunya“[733], wie er auch schon Livingstone von Einheimischen mit höchstem Respekt übermittelt wurde. Er fuhr fort, auch wenn dieser als erster Europäer[734] das Naturwunder zu Gesicht bekommen habe, sei er zwar nicht der „Entdecker“ der Fälle, aber er habe zu dessen weltweiter Bekanntmachung wesentlich beigetragen. Livingstone habe quasi den ‚Grundstein‘ für die Ernennung zu diesem „World Heritage Site“ gelegt....[735]

Auf seinem Rückmarsch von der Ost-West-Querung des afrikanischen Kontinents näherte sich Livingstone allerdings von der sambischen Seite des Sambesi im November 1855 dem weißen Dampfschleier und führte in seinem Tagebuch aus:
„Die Fälle haben eine einzigartige Form. Die Wassermassen des Sambesi stürzen in einen Abgrund, der sich im Flussbett öffnet, und der ungefähr zwei Kilometer breit und hundert Meter hoch ist. Unten verwandelt sich das Wasser in eine weiß brodelnde Masse...Ich ließ mich....zu einer Insel bringen, die den Fällen direkt gegnüberliegt und von wo aus ich das Schauspiel, das schönste, das sich mir in Afrika je geboten hat, ungehindert genießen konnte. Ich gab diesen Fällen den Namen unserer Königin Viktoria und schnitt, nachdem ich auf der Insel ungefähr hundert Pfirsich- und Aprikosenkerne und etliche Kaffeebohnen gepflanzt hatte, in einen Baumstamm meine Initialen und darunter die Zahl 1855 ein.“ [736]
Bei seiner Rückkehr 1856 nach London wurde Livingstone wie ein Nationalheld empfangen. Die Royal Geographic Society verlieh ihm eine Goldmedaille für seine ‚Entdeckungen‘, aber insbesondere für die genauen geographischen Aufzeichnungen und Kartierungen.
Seine Buchveröffentlichung „Missionary Travels and Researches in South Africa“ verkauften sich mehr als 70.000 mal – für die damalige Zeit eine große Zahl.[737]
Dr. Livingstone entschließt sich, aus der Christlichen Mission offiziell auszuscheiden, um sich voll und ganz der wissenschaftlichen Forschung zu widmen – allerdings mit der Vision, die Schiffbarkeit des Sambesi und damit eine bedeutsame Handelsroute („God's Highway“) zu begründen. Die Vermutung, ja Überzeugung, den Sambesi als den „schiffbarsten“ all der bisher erkundeten afrikanischen Flüsse zu charakterisieren, brachte ihm Unterstützung und Auftrag der britischen Regierung ein. „Die ‚Expedition Sambesi‘ brach am 10. März 1858 mit dem Dampfer ‚Pearl‘ in Liverpool auf. Dabei waren Livingstones Frau und der Kleinste, der sechsjährige Oswell. Die Mannschaft bestand aus dem Kommandanten Norman Bedingfeld von der britischen Marine,

---

[733] Deutsche Übersetzung: „Tosender Rauch“

[734] Möglicherweise sind portugiesische Händler bereits im 16. Jahrhundert zu den berühmten Wasserfällen gelangt

[735] Siehe auch: August Sychold, Reiseführer Natur. Südliches Afrika. München 1995. S. 158 ff.

[736] Siehe: Pierre Marc, Jan Sovak. Mit Livingstone durch Afrika. Zürich, Kiel, Wien, 1993 S. 57 f.

[737] Siehe Marc/Sovak (1993), a.a.O. S. 62 f

dem 25jährigen Doktor John Kirk, dem gerade 20jährigen Geologen Richard Thornton, dem Maler Thomas Baines, der Mitglied der Royal Geographic Society war, dem Ingenieur George Rae und Livingstones jüngerem Bruder Charles."[738]

Livingstone sollte den Beschaffenheit und Lauf des Sambesi genau kartieren, das gesamte Flussgebiet untersuchen und friedlichen Kontakt mit der einheimischen Bevölkerung aufnehmen. Allerdings waren auch Handelsmöglichkeiten sowie wirtschaftlicher Export von Gütern von Interesse – aber auch: Maßnahmen *gegen* den Sklavenhandel.[739]

Doch die gesamte Unternehmung wurde zum Desaster: unüberwindliche natürliche Hindernisse, technische Probleme, ein gesunkenes Schiff und Kommunikationskrisen der Mannschaft. Dennoch erschließt er „nebenbei" geographisch neue Regionen (z. B. Chilwa- und Njassasee, Rovuma und Shire-River etc.)....

Seine größte persönliche Katastrophe aber erlebte er mit dem Tod seiner Frau Mary, die sich nach Zwischenaufenthalt in England wieder der Expedition an der Sambesi-Mündung anschloss und bald darauf 1862 an Malaria starb.

„Sein eigentliches Ziel, dem Sklavenhandel entgegenzuarbeiten und besonders die einheimische Bevölkerung für den Landbau und die Baumwollkultur zu gewinnen, konnte Livingstone nicht erreichen. Daher kehrte er 1864 nach Großbritannien zurück und veröffentlichte hier zusammen mit seinem Bruder die *Narrative of an expedition to the Zambesi and ist tributaries.*"[740]

Am folgenden Tage wartete erneut Guide Paul zu einem weiteren Tagesausflug auf uns. Gleich zu Beginn begegneten wir einem nächsten ‚Naturwunder': etwa zwei Kilometer von den Fällen entfernt war ein vermutlich zweitausend Jahre alter, ungewöhnlich mächtiger Baobab („The Big Tree")[741] zu bestaunen, den auch Livingstone seinerzeit bereits zu Gesicht bekam....

Ich frage Paul nach seiner Meinung über Livingstones Expeditionen im und am Sambesi. Waren sie Erfolg oder Misserfolg? Paul antwortete ausgesprochen differenziert über die verschiedenen Aspekte der Forschungsreise: man müsse die geographischen, ethnologischen und kulturellen Ergebnisse von den wirtschaftlichen unterschiedlich bewerten. Erstere seien durchaus positiv im Sinne wissenschaftlicher Erkenntnis zu sehen, während die ökonomischen, eher kolonial angelegten ‚Forschungen' kritisch zu beurteilen seien. Livingstone habe durch seine „missionarische Brille" so manchen ‚Fingerzeig Gottes' nicht als Problemhinweis verstanden: die massiven natürlichen Hindernisse wie Stromschnellen, Untiefen oder Wasserfälle hätten als *grundlegende Beschränkungen* einer problemlosen

---

[738] Ebenda, S. 65

[739] Siehe: https://www.nationalgeographic.de/geschichte-und-kultur/david-livingstone

[740] Siehe: https://de.wikipedia.org/wiki/David_Livingstone

[741] Die Maße des Baumes: 25 m hoch, mit einem Stammesumfang von 22 ½ Metern. Siehe: https://en.wikipedia.org/wiki/Big_Tree_at_Victoria_Falls

Schiffbarkeit („God's Highway") beachtet werden müssen. Aber der Fortschrittsmythos des aufstrebenden britischen Industriekapitalismus war vermutlich stärker.....
Als hundert Jahre später die großen Staudammprojekte[742] gebaut wurden, fuhr Paul fort, lernten wir in der Schule: nun seien die Probleme der Stromschnellen und Naturhindernisse technisch engültig gelöst. Aber immer mehr junge Leute wie er, machten sich Gedanken über die negativen Folgen und Risiken der Staudammprojekte in Afrika.......
So seien für den Großbau des Kariba-Stausees fast 60.000 Menschen sowie mehr als 6000 Tiere in der „Operation Noah" entlang des Sambesi umgesiedelt, ganze Wälder überschwemmt worden... Ich verstehe seine Bedenken und berichtete ihm über unsere Bootsfahrt auf dem Kariba-Stausee und dem Besuch der Insel ‚Spurwing Island" vor einigen Tagen....In meinen Reiseaufzeichnungen heißt es dazu: „Überall auf der Insel und in den Uferzonen sieht man die stummen Zeugen der damaligen Überschwemmungs-Öko-Katastrophe bei der Entstehung des Stausees: die toten Baumgerippe ragen aus dem Wasser oder prägen die Graslandschaft und erinnern an die alten Waldbestände. Dürfen wir derartig umfangreiche ökologische Umgestaltungen vornehmen? Sicher nicht mehr so sorglos wie in den 50er Jahren. Wir müssen in neuartiger Weise lernen, das komplexe Naturgeschehen und die Folgen des menschlichen Handelns zu verstehen. Dazu brauchen wir ein anderes Naturbild, behutsamere Eingriffe in die Natur und humaneren Umgang mit betroffenen Lebensräumen von Menschen, Flora und Fauna."[743]
Ein Gedanke, der mich intensiv weiterbeschäftigte – bis heute!
In den letzten zwei Jahrzehnten ist die Wasserkraftnutzung weltweit kritisch durchleuchtet worden – vor allem aber in den Ländern des ‚Südens'. Die mahnenden Worte von Joseph hatten mich motiviert, die Sambesi-Stauseen näher zu betrachten. Deren Staudamm-Projekte waren auch als Erbe der Kolonialzeit von Anfang an umstritten.[744] Die großen Verheißungen der Wasserkraft haben sich nur in kleinerem Maße erfüllt Die krisenhafte Abhängigkeit Malawis oder Sambias von der Wasserkraft wird als Problem durch den Klimawandel noch vergrößert: Niedrigwasser, Dürren, Stromausfälle...
In Sambia macht Wasserkraft 85 Prozent der Energieversorgung aus, wobei der größte Anteil dem Kariba-Stausee entstammt. In den letzten Jahren sank der Wasserstand dramatisch.[745]

---

[742] Gemeint sind die Projekte Kariba- und Cahora Bassa- Stauseen
[743] U. Skirke, unveröffentlichte Reiseaufzeichnungen (1994), a.a.O. S. 55 f
[744] Siehe: G. Bruschke (2009), a.a.O. S. 48 f.
[745]https://www.dw.com/de/klimawandel-steht-die-wasserkraft-vor-dem-aus/a-43493275

Gleichzeit machten sich Schäden am Bauwerk des Staudamms bemerkbar und ist daher einsturzgefährdet, umfangreiche Sanierungsarbeiten haben daher begonnen.[746]

Der sambische Wissenschaftsjournalist *Derrick Silimina* hat jüngst eine bemerkenswerte Analyse und konstruktive Kritik der Wasserkraftnutzung am Sambesi verfasst.[747]

„Sambia nutzt seit vielen Jahren Wasserkraft. Aber chronische Dürren führen dazu, dass die Staudämme nicht mehr genügend Energie produzieren. Das Land setzt deshalb verstärkt auf andere erneuerbare Energiequellen: Sonne und Wind."[748]

Einerseits hat Sambia große Probleme, die Engpässe bei der Stromproduktion durch Wasserkraft auszugleichen – z.B. durch Importe aus Südafrika – andererseits haben etwa nur vier Prozent der ländlichen Bevölkerung Zugang zu Elektrizität....

„Immer wieder kommt es... zu langanhaltenden Stromausfällen. Die Hinwendung zu alternativen Energiequellen, vor allem Sonne und Wind, soll Abhilfe schaffen. Solar- und Windkraftprojekte haben noch einen weiteren Vorteil: Sie können kleiner und dezentraler errichtet werden als die meisten Staudämme – und sie können an Mikronetze angeschlossen werden, die Strom in unterversorgte Gegenden bringen."[749]

2019 wurden zwei große Solarprojekte und ein 200-Megawatt-Windkraftprojekt, das 2021 in Bau gehen soll, von der Sambesi-Flussbehörde in Auftrag gegeben.......

„Die Regierung sollte in andere erneuerbare Energien investieren, anstatt immer vom Kariba-Staudamm abhängig zu sein,"

wird eine Geschäftsfrau aus Lusaka zitiert.[750]

Aber ich greife Schlussfolgerungen und Konsequenzen meiner Afrika-Reise vor.....

Kommen wir zurück zum Reise-Aufenthalt in Vic Falls:

Beim Besuch einer Holzschnitzer-Werkstatt fällt unser Blick auf ein massives Eisenholz-Flusspferd[751]. Als Handgepäck ungeeignet geht das erworbene

---

[746] https://www.graphicnews.com/de/pages/35169/umwelt-afrikas-kariba-damm-ist-einsturzgefahrdet

[747] Siehe: Derrick Silimina, Jenseits von Wasserkraft (2020) in:

https://www.dandc.eu/de/article/sambias-abhaengigkeit-von-der-wasserkraft-wird-zum-problem

[748] Ebenda

[749] Ebenda

[750] Ebenda

[751] Mit einem ½ Meter Länge und knapp zehn Kilo Gewicht!

Kunstwerk auf offiziellem Transportweg nach Hamburg und ‚begrüßt' bis heute Gäste im Flur unserer Wohnung....

Am späten Nachmittag besteigen wir ein Ausflugsboot zur Kurzreise auf dem breiten Sambesi-Strom: umringt von mehreren Flusspferdgruppen, die mit eindrucksvoller Lautstärke ein weithin hör- und sichtbares ‚Unterhaltungsprogramm' veranstalten, gleitet unser Boot der tiefstehenden Sonne entgegen: „Wir fahren ein Stück stromabwärts, bis uns der starke Strömungssog der Viktoria Fälle besser umkehren lässt. Am Horizont sind ihre aufsteigenden Wasserwolken, die wie Rauch aussehen, deutlich erkennbar. Es ist eine besinnlich-ruhige Abendstimmung. An Bord sind verschiedenste Gäste aus aller Welt, aber auch Einheimische. Wir genießen den Sonnenuntergang auf dem Sambesistrom. Die Gespräche sind noch ruhiger geworden. Diese Abendatmospäre braucht einfach Stille."[752]

Zunächst setzt sich die abendliche angenehme Stimmung beim Dinner im Hotelgarten fort – bis es zu einem unerwarteten Zwischenfall kommt: plötzlich hüpft ein kleiner, verirrter Frosch auf der Restaurant-Terrasse zwischen Tischen und Stühlen herum. Im Dämmerlicht schwer zu erkennen, schwebt er in Lebensgefahr. In Hockstellung versuche ich, ihn aufzuheben, um das kleine Tier auf dem angrenzenden, grünen Rasen abzusetzen. Es war mit Sicherheit ein seltsamer Anblick, als ich plötzlich vor dem Tisch zweier englischer Paare hockte, um den Frosch zu retten. Zu meiner Verblüffung fragte mich ein Engländer jedoch mit humorloser, schneidender Stimme: „Where are you from, from France?" Seine Frau ergänzte: „What do you want to do with it?" Offenbar wurde ich nicht als Retter, sondern als Jäger betrachtet. Nach kurzer Erläuterung meiner Absichten erreichte der Frosch glücklicherweise von selbst den rettenden Rasen.

Meine Gedanken über Europa, über scheinbar nationale Eigenheiten und reale Vorurteile , die mich anschließend beschäftigten, äußere ich mich lieber nicht.....

Heute habe ich Schwierigkeiten einzuschlafen, allzu vielschichtige Erlebnisse des Tages erzeugen mehrere parallele Gedankenstrudel, die sich schließlich in einem, nämlich der Person Livingstones verfestigen: „Schon als Junge haben mich seine Entdeckungsreisen fasziniert, aber auch seine tragische Lebensgeschichte. Schließlich war auch er davon beseelt, die Quellen des Nils zu erforschen, sein persönlicher Schicksalsfluss war jedoch der Sambesi. Seine ‚Nebenbei'-Entdeckungen waren allesamt ‚Edelsteine', jedoch die ‚Blaue Blume'[753], nach der er suchte, sein Lebensziel waren die Nilquellen. Was er dazu fand waren allerdings Irrtümer. Aber auf dem Weg dorthin entdeckte und erlebte er viele bedeutsame Universen. Selten wie in Livingstones Leben hat sich auf treffende und tragische Weise zugleich die Einsicht von Konfuzius bewahrheitet: der Weg ist das Ziel![754]

[752] Siehe: U. Skirke, Reiseaufzeichnungen (1994), a.a.O. S. 106 f.

[753] https://de.wikipedia.org/wiki/Blaue_Blume

[754] U. Skirke, Reiseaufzeichnungen (1994), a.a.O. S. 96 f.

Doch wie war die ‚Mission' Livingstones historisch im Sinne des viktorianischen Zeitgeistes einzuordnen? Waren seine Unternehmungen lediglich Teil einer kolonialen Strategie oder bedarf es einer differenzierteren Betrachtung? Wenden wir uns den politischen und kulturellen Rahmenbedingungen Europas Mitte des 19. Jahrhunderts zu: „Um die 70er Jahre des vorigen Jahrhunderts war man sowohl im viktorianischen England als auch in den anderen europäischen Nationen davon überzeugt, daß die Kolonisierung Afrikas nicht nur den sogenannten Mutterländern, sondern auch Afrika von großem Nutzen sein konnte. Der Handel und die Begegnung mit den Industriekulturen würde den Stammesgesellschaften helfen, ihre Rückständigkeit, ihre Unwissenheit, Elend und Sklaverei zu überwinden. Afrika würde, so dachte man, durch den Kontakt mit der europäischen Zivilisation befreit werden. Daß auch Afrika eine eigenständige, wertvolle Kultur aufwies, übersah man dabei schlichtweg. Diese überhebliche Einstellung war der Grund dafür, daß sich den edlen menschlichen und religiösen Absichten der Missionsstationen bald die egoistischen Interessen der Politiker mit ihren nicht gerade geistlichen Zielen zugesellten." [755]

Europa machte sich die afrikanische Welt ‚untertan' – als selbsternannte Sendboten einer vermeintlichen, universellen Zivilisation.[756]

„Auch der arglose Livingstone hatte in all seiner Liebe für jene Völker, *die er den Weißen bei weitem vorzog*, eine Art Kolonisierung im Sinn. Er dachte jedoch an etwas anderes als an demütigende Unterwerfung und Ausbeutung der afrikanischen Völker....Livingstone stellte sich vielmehr vor, dass durch technische Hilfsmittel und durch für beide Seiten vorteilhaften Handel das Christentum und mit ihm die wahre Rettung nach Afrika getragen würde."[757]

Er vergleicht seine christliche Afrika-Mission beispielsweise mit der Erziehung und den Schutz von Kindern und war mit dieser Betrachtung sicherlich ein ‚Kind seiner Zeit' .[758] Livingstone kann mit dieser Sichtweise und seiner Persönlichkeit wahrheitsgtreuer Wissenschaft dennoch nicht einfach als Unterstützer einer europäischen, industriekapitalistischen Kolonialpolitik und Ausbeutungsstrategie des 19. und 20. Jahrhunderts betrachtet[759], sondern sollte vielmehr in der Nähe

---

[755] Siehe Marc/Sovak (1993), a.a.O. S. 8

[756] Ebenda

[757] Ebenda, S. 8 f.

[758] Siehe Ebenda, S.9: „Im Jahre 1852 schrieb er: „Um die Kolonien ist es dasselbe wie um die eigenen Kinder: eine gewisse Zeit lang werden sie beschützt und gehorchen aus einer Mischung von Anhänglichkeit und Schwäche; vewrlangt man jedoch von ihnen Unerordnung über den Moment hinaus, da sie das Recht begehren, selber über sich zu bestimmen, so fordert man den Haß heraus, der jene schwache Dankbarkeit, zu der der Mensch in der Lage ist, vollkommen zunichte macht."

[759] Siehe Bernhard Streck (1997), a.a.O. S. 83: „Und wie groß andererseits der Abstand zwischen unserer heutigen Skepsis, was die Beherrschung der Natur betrifft, und jenem naiven Fortschrittsoptimismus, dem ein Livingstone sich so ungehemmt hingeben konnte. Doch war der gelehrte Doktor, dem wir die exakte Erstbeschreibung des Sambesi-Beckens verdanken und mit seiner doppelten Sendung, den Kontinent sowohl dem Kreuz als auch dem Markt zu unterwerfen, in manchmal fataler Weise bahnbrechend wirkte, auch noch als Mensch, der zu lernen

des Vorboten einer postkolonialen Politik der „Entwicklungshilfe" eingeordnet werden, die trotz gutgemeinter Absichten zurecht heute einer kritischen Analyse[760] unterzogen wird. Dabei ist ebenfalls zu berücksichtigen, dass Livingstone seinen ursprünglichen christlichen Missionsansatz schließlich offiziell aufgab.
Von daher ist der Einschätzung von Lutz van Dijk über die christliche Mission in Afrika grundsätzlich zuzustimmen, ist aber aber in Bezug auf den Lebensweg und Gesinnungsentwicklung Livingstones nur bedingt zutreffend: „Christliche Mission in Afrika hat nicht nur das Selbstbild vieler Afrikanerinnen und Afrikaner geprägt, sondern auch das europäische Denken über Afrika und afrikanische Menschen nachhaltig beeinflusst.....Verschiedene Gedankengänge christlicher Mission in Afrika in ihren Anfängen zu verstehen, kann sensibilisieren für aktuelle Folgen problematischer Hilfen für Afrika, die trotz aller Nächstenliebe eben oft nicht Dialog und Partnerschaft bedeuten, sondern Bevormundung und Verlängerung von Abhängigkeit, egal ob gewollt oder ungewollt."[761]
Die *persönliche* Entwicklung Livingstones charakterisiert der frühere schottische Ministerpräsident, *Jack McConnell*, in einem Interview folgendermaßen: „Anfangs wurde Livingstone vom Glauben getragen. Später wurde das vor allem durch den Kampf gegen die Sklaverei überlagert."[762]

Dennoch sollten Einflüsse des europäischen Christentums, Wechselwirkungen sowie sozio-kulturelle und politische Folgen für die afrikanische Entwicklung unbedingt Beachtung finden.
Dafür steht als ‚Kronzeuge' wohl kaum ein Afrikaner wie der südafrikanische Erzbischof der anglikanischen Kirche, Desmond M. Tutu für beachtenswerte Transformationen der christlichen Botschaft in eine mit afrikanischen Werten und Kulturinhalten verbindende Botschaft von Humanität und Frieden. Anlässlich der Verleihung des Friedensnobelpreises 1984 sagte er: „Wann werden wir lernen, dass Menschen von unendlichem Wert sind, weil sie nach dem Bilde Gottes geschaffen wurden, und es Blasphemie ist, sie als weniger als das zu behandeln, und dass es auf diejenigen , die es doch tun, letztendlich zurückfallen wird? Diejenigen, die andere unmenschlich behandeln, werden selbst entmenschlicht. Unterdrückung entmenschlicht den Unterdrücker ebenso wie den Unterdrückten, wenn nicht noch mehr. Beide brauchen einander, um wirklich frei zu werden."[763]

---

nicht verlernt hatte. Unterhalb des Geographen, Entwicklungshelfers und Missionars hielt sich in Living-stone noch lange Zeit ein Art ethnologischer Grundpersönlichkeit, die mit offenen Augen und Ohren das fremde Land wahrnahm und mit diesen Wahrnehmungen auch den eigenen Horizont neu sehen konnte."

[760] Vgl. Schoeller/Schönwitz (2020), a.a.O. S. 97 ff

[761] Siehe: Lutz van Dijk (2016), a.a.O. S. 130

[762] Siehe: https://www.welt.de/geschichte/article114553122/Doktor-Livingstone-nehme-ich-an.html

[763]Siehe: Lutz van Dijk (2016), a.a.O. S. 132 f.

Doch nicht nur aus Gründen am kritikwürdigen Kolonialismus humaner und sozialer Unterdrückung, sondern auch an weiterreichenden Krisenmerkmalen eines *nicht* zukunftsfähigen und nachhaltigen *Fortschrittsmodells* des ‚Nordens' muss die aktuelle Debatte in Europa und Afrika die christlich-europäische Afrikapolitik der Vergangenheit sehr grundlegend aufarbeiten.
Daher führen die christlichen Kirchen zurecht eine aktuelle Diskussion über eine globale „Nachhaltige Entwicklung", die sich von den Missionszielen des 19. Jahrhunderts grundlegend unterscheidet. Exemplarisch möchte ich dazu die evangelische Kirche nennen, im Besonderen die norddeutsche evangelisch-lutherische Kirche[764], aber auch die Evangelische Kirche in Deutschland (EKD), da sie in einen tiefgreifenden Diskurs über Vergangenheitsanalyse, Krisenbewältigung und Zukunftskonzepten eingebunden sind.[765] „Wir leben in einer Zeit der globalen Krisen, die immer mehr die Zukunft des Lebens auf unserem Planeten in Frage stellen...Dieser Befund fordert nicht nur die Politik, sondern auch die Zivilgesellschaft heraus."[766]
Dabei wird auch selbstkritisch die Rolle des christlichen Denkens und Handelns analysiert, das zu dieser globalen Krise beigetragen hat.[767] Daher gilt es, eine grundlegende Alternative aufzugreifen und zum Leitbild zukunftsfähiger Entwicklung festzulegen: die EKD macht sich deshalb die „Agenda 2030"[768] der UN von 2015 zu eigen, um daraus Handlungsprinzipien für eine nachhaltige Entwicklung lokal und global zu entwickleln: „Ähnlich wie die Agenda 2030 argumentierte die *Kammer für nachhaltige Entwicklung* (der EKD – der Verf.) 2015, dass in allen Ländern ein grundlegender Wandel in Wirtschaft und Gesellschaft nötig ist, um zukünftig allen Menschen ein würdiges Leben zu ermöglichen. Dabei sollten „die reichen Länder....die Verantwortung übernehmen und vorangehen: weil sie nach wie vor den im Durchschnitt höchsten konsumbedingten Ressourcenverbrauch aufweisen....
Die Kammer der EKD für nachhaltige Entwicklung wendet sich mit diesem Plädoyer für eine Transformation zur Nachhaltigkeit nicht nur an Christinnen und Christen in unserem Land. Für die Transformation zu einer zukunftsfähigen Entwicklung, die unsere gesamte Gesellschaft mitnimmt wollen die Kirchen Mahner, Mittler und Motor sein."[769]

---

[764] Siehe: https://www.nordkirche-weltweit.de/weltweit-verbunden/afrika/ . Hier sei insbesondere auf die langjährige Kooperation mit der evangelisch-lutherischen Kirche Tansanias hingewiesen.
[765] Siehe EKD-Texte 130. „Geliehen ist der Stern, auf dem wir leben". Die Agenda 2030 als Herausforderung für die Kirchen. Ein Impulspapier der Kammer der EKD für nachhaltige Entwicklung. Hannover 2018
[766] Ebenda, S. 5
[767] S. 9 ff.
[768] Gemeint sind die 17 Ziele nachhaltiger Entwicklung („Sustainable Development Goals")
[769] EKD-Text (2018), a. a. O. S. 24/S.31

Mit einer Reihe von praktischen Beispielen wird dieser Anspruch belegt und illustriert. Insgesamt ist dieser Ansatz durchaus geeignet als weiterführender afrikanisch-europäischer Diskurs christlicher Kirchen dienen.

Ein ausgeweitetes Konzept des Dialoges auch mit *nicht*christlichen Religionen wäre allerdings mehr als wünschenswert...

Einen dazu hin- und weiterführenden Ansatz sehe ich im *„Projekt Weltethos“* als ein Versuch, die Gemeinsamkeiten der Weltreligionen zu charakterisieren und ein gemeinsames Ethos, ein übersichtliches Regelwerk aus den religiös-ethischen Grundforderungen aufzustellen, welche von allen akzeptiert werden können und damit einen Beitrag zu Dialog und Frieden zwischen den Religionen zu leisten. Initiator dieses Projekts war der Theologe *Hans Küng*.[770]

„Ebenso wie die internationale Erd-Charta-Initiative versucht das Projekt, die ethischen Grundlagen für eine humanere und demokratischere Weltordnung zu formulieren, um unter anderem drohende ökologische Katastrophen abzuwenden. Diese eine Welt braucht ein Ethos; diese eine Weltgesellschaft braucht keine Einheitsreligion und Einheitsideologie, wohl aber einige verbindende und verbindliche Normen, Werte, Ideale und Ziele.“[771]

Ein wichtiges Beispiel für die grundlegenden Gemeinsamkeiten in den Religionen, aber auch nicht religiösen, ethischen Ansichten ist das Prinzip der *Goldenen Regel*.[772] Alle Religionen und Kulturen kennen dieses Prinzip der Gegenseitigkeit. Diese „Goldene Regel“ ist schon bei Konfuzius bezeugt: „Was du selbst nicht wünschst, das tue auch nicht anderen Menschen an.“[773] Das Projekt Weltethos führt dazu folgende Beispiele in den einzelnen Weltreligionen an:

- *Hinduismus*: Man sollte sich gegenüber anderen nicht in einer Weise benehmen, die für einen selbst unangenehm ist; das ist das Wesen der Moral.
- *Buddhismus*: Ein Zustand, der nicht angenehm oder erfreulich für mich ist, soll es auch nicht für ihn sein; und ein Zustand, der nicht angenehm oder erfreulich für mich ist, wie kann ich ihn einem anderen zumuten?
- *Judentum*: Was dir selbst verhasst ist, das mute auch einem anderen nicht zu! später: Tue nicht anderen, was du nicht willst, das sie dir tun.
- *Christentum*: Alles was Ihr wollt, dass Euch die Menschen tun, das tut auch Ihr Ihnen ebenso. bzw. Liebe Deinen Nächsten wie Dich selbst (Nächstenliebe).

[770] Siehe: Hans Küng. Projekt Weltethos. München 1990

[771] https://de.wikipedia.org/wiki/Weltethos

[772] H. Küng (1990), a.a.O. S. 84 f.

[773] Ebenda

- *Islam*: Keiner von Euch ist ein Gläubiger, solange er nicht seinem Bruder wünscht, was er sich selber wünscht. Koranvers ‚Kein Zwang in der Religion': „In der Religion gibt es keinen Zwang." [774]

Dazu wurde eine *Stiftung Weltethos* eingerichtet, die seit 2015 jährlich auch einen Jugendliteraturpreis vergibt: „Die Ziele sind die Umsetzung der Menschenrechte, Freiheit der Menschen vor Unterdrückung, Freiheit als solche, Beseitigung des Welthungers, Umsetzung einer gerechten Wirtschaftsordnung, Solidarität zwischen den Menschen, Nachhaltigkeit zum Schutz der Biosphäre und für Frieden auf der Erde. Dies soll durch Dialog zwischen den Religionen und den Bewusstseinswandel eines jeden erreicht werden."[775]

Wichtige Informationen und Beispiele über Vorbilder für religiöse Toleranz in *Afrika* sind in Europa allerdings kaum bekannt. Dies gilt es, dringend aufzuarbeiten!

„Eines der beeindruckendsten Beispiele ist die Lebenspraxis im westafrikanischen Senegal, das seit 1960 unabhängig ist. 90 Prozent der Senegalesen sind Muslime, die zwei Jahrzehnte von Präsident Léopold Sédar Senghor (1906 – 2001)[776] regiert wurden, einem Katholiken, der an den afrikanischen Sozialismus glaubte. Der international anerkannte Schriftsteller und einer der Begründer der Négritude hatte die Stärkung des afrikanischen Selbstbewusstseins zum Ziel. Sein Nachfolger ab 1981 wurde Abdou Diouf (*1935), ein Muslim, der mit einer Katholikin verheiratet war. In seiner Regierung, die bis 2000 andauerte, gab es christliche und muslimische Minister. Als Geste der Verständigung und Achtung vor der anderen Religion wurden christliche Minister zu muslimischen Festen eingeladen – und umgekehrt."[777]

Allerdings soll auch ein für mich herausragendes Beispiel von inter-religiösem, interkulturellem und humanem Ethos mehr als einhundert Jahre vor dem Projekt Weltethos besonders erwähnt werden: nämlich die hingebungsvolle Überführung des Leichnams von David Livingstone durch seine langjährigen persönlichen Weggefährten *Abdullah Susi* und *James Chuma*!

„In der Nacht des 1. Mai 1873 stirbt Livingstone im Alter von 60 Jahren in dem kleinen Ort Chitambo in der Nähe des Bangweulu-Sees. Chuma und Susi finden ihn neben seinem Bett kniend, wie im Gebet versunken, als wäre er mitten im Gespräch mit seinem Gott für immer eingeschlafen."[778]

Beide begleiteten den Forscher schon auf seiner Expedition zum Sambesi und waren ihm eng verbunden. Die engen Vertrauten hüllen seinen Körper in ein Baumwoll-Leinwandtuch und tragen den Toten – eingebettet in einen Sarg aus Baumrinde – neun Monate lang mehr als 1.500 Kilometer zur Küste und schließlich per Boot nach Sansibar. „Ein Dampfer bringt den großen Forscher zurück nach England,

---

[774] Siehe: https://de.wikipedia.org/wiki/Weltethos

[775] Ebenda

[776] Ich werde mich später noch näher mit L. Senghor befassen.

[777] Siehe: Lutz van Dijk (2016), a.a.O. S. 133

[778] Siehe: Maja Nielsen (2013), a.a.O. S. 55

wo er am 18. April 1874 unter enormer Anteilnahme der Bevölkerung in der Westminster-Abtei begraben wird, der bedeutendsten Kirche Londons, in der die Könige Englands gekrönt und beigesetzt werden. Nur sein Herz reist nicht mit in die alte Heimat. Das begraben seine Diener an dem Ort, an dem er starb, unter einem schattenspendenden Baum. Livingstones Herz bleibt in Afrika bei den Menschen, für die er sich zeit seines Lebens einsetzte."[779]

Abdulla Susi und James Chuma reisen mit auf dem englischen Schiff und überbringen den Kindern Livingstones wichtige Aufzeichnungen, Karten und Dokumente des Forschers. Auf Einladung der ‚Royal Geographic Society' nach London erhalten sie am 1. Juni 1874 eine Ehrenmedaille für ihre Verdienste um Livingstone. Danach kehrten sie nach Afrika zurück.[780] [781]

Der 200. Geburtstag von Livingstone wird 2013 sowohl in seinem Geburtsland als auch in seiner afrikanischen „Wahlheimat" angemessen gefeiert.[782] „Die Präsidentin des afrikanischen Staates Malawi, Joyce Banda, reist anlässlich des Jubiläums eigens ins schottische Blantyre, die Geburtsstadt Livingstones, ehe sie an sein Grab in London treten wird."[783]

Die Regierungsübernahme von *Joyce Banda* 2012, zweite Regierungschefin Afrikas nach Liberias Ellen Sirleaf- Johnson, gilt weltweit als positives Beispiel für eine Rückkehr zu Demokratie und Achtung der Verfassung.[784] Ihre Grundüberzeugung war eine selbstbewusste Abwendung von der sog. „Entwicklungshilfe" Afrikas hin zu einer *eigenständigen* Entwicklung des Kontinents:

„Es ist höchste Zeit für uns, dass wir lernen, unsere Wirtschaft selbst zu entwickeln. Durch vielfältigeren Ackerbau, mehr Tourismus und vor allem die eigene Nutzung unserer Rohstoffe. Es ist möglich, jetzt."[785]

Am 18. März 2013 besuchte Dr. Joyce Banda das „David Livingstone Centre" in Blantyre und traf dort den schottischen „First Minister" Alex Salmond. Sie hatte bereits früher Kontakte zu South Lanarkshire, aber dieses war ihr erster Besuch

---

[779] Ebenda, S. 56 f.

[780] Ebenda

[781] Auf seinem Grabstein ist zu lesen: „Hergebracht von treuen Händen über Land und Meer ruht hier David Livingstone, Missionar, Reisender, Philanthrop, geboren am 19. März 1813 in Blantyre, Lanarkshire, gestorben am 1. Mai 1873 in Chitambo, Ulala...." Siehe: https://de.wikipedia.org/wiki/David_Livingstone

[782] Siehe: https://www.welt.de/geschichte/article114553122/Doktor-Livingstone-nehme-ich-an.html

[783] Ebenda

[784] Siehe: Lutz van Dijk (2016), a.a.O. S. 193

[785] Ebenda, S. 191

als Präsidentin Malawis, das als afrikanisches Land so viele Verbindungen zum Lebenswerk Livingstones aufweist. [786]

"Dr Banda paid tribute to the Scottish missionary who helped to fight slavery in Malawi and other African countries. Mr. Salmond confirmed that 15 projects in Malawi, run by Scottish-based organisations, had been allocated £4.9m over three years from the Scottish government's International Development Fund."

He said: "I am particularly pleased that as we welcome President Banda - who is only the second ever female Head of State in Africa - that several of the projects we are supporting have a focus on women and children - such as supporting professionals delivering maternal and child healthcare - and improving maternal and neonatal care in rural areas."[787]

Der dreitägige Besuch von Präsidentin Dr. Banda in Großbritannien war auch mit einer Grußadresse an das schottische Parlament verbunden: "Dr Banda said: "My visit to this historical country seeks to deepen the relationship that has existed between Malawi and Scotland since Dr Livingstone visited our country....I am looking forward to engaging the Scottish people on matters of trade, investment and development, which Dr David Livingstone aspired to achieve."[788]

Schließlich war zum Abschluss eine würdevolle Kranzniederlegung an Livingstones Grab in Westminster Abbey Teil der Jubiläumszeremonie.

---

[786] Siehe: https://www.bbc.com/news/uk-scotland-scotland-politics-21820886

[787] Ebenda

[788] Ebenda

9. Traum und Wirklichkeit

Es war etwas mehr als ein Jahr nach den ersten freien Wahlen und einer Regierungsbildung jenseits der Arpartheid mit dem ersten schwarzen Staatspräsidenten Südafrikas, als wir mitten in die historische Aufbruchstimmung dieser neuen Republik reisten.

„Nicht die nur die Überwindung der Apartheid, sondern die *Art* dieser Überwindung grenzt an ein Wunder, eine geschichtliche Singularität. Die Autobiographie Nelson Mandelas,[789] die ich in diesem Jahr las, entfaltet sich ausschnitthaft in meiner Erinnerung, kreist und verharrt bei der wunderbaren und weisen Einsicht Mandelas, dass nicht nur die Unterdrückten, sondern auch die Unterdrücker befreit werden müssen! Möglicherweise ist diese doppelte Befreiung der Schlüssel für Südafrikas Zukunft."[790]

Nach Ankunft am Groß-Flughafen Johannesburg erwartet unsere mehr als zwanzigköpfige Reisegruppe einen deutschen, studierten Geographen als Reiseleiter mit beachtlicher Wissenspalette. Während unserer vielen Afrikareisen bestätigte sich allerdings die überwiegende Erfahrung, dass *einheimische* Reiseleiter mit Vor-Ort-Lebensbezug die interessanteren Erlebnis- und Wissenszugänge zu Geschichte und Kultur, Natur und Landschaft sowie Politik und Gesellschaft der verschiedenen afrikanischen Regionen vermittelten.....

Während der kurzen Fahrt vom Flughafen nach Pretoria offenbart die Landschaft gleich zu Beginn deutliche *Unterschiede* zu bisher erlebten Afrika-Räumen: die gigantische Infrastruktur von Hochspannungsleitungen, Autobahnen und Brücken, Fabrikhallen und Gewerbeflächen....

Die offizielle Hauptstadt sowie Regierungssitz Südafrikas selbst mutet eher wie eine euro-amerikanische City an, bietet jedoch mit dem Straßenbild voller bunter verschiedener Hautfarben eine ganz eigene Atmosphäre - mit einem besonderen Ausdruck Afrikas...

Obendrein haben wir die richtige Jahreszeit für einen fantastischen Anblick getroffen: „Jedes Jahr im Oktober macht die „Stadt der Jacaranda" ihrem Namen alle Ehre. Dann stehen über 55.000 Jacarandabäume, die die Straßen und Gehsteige der Stadt säumen, in voller Blütenpracht und verhelfen Pretoria zu einem prachtvollen violetten „Teppich"" [791]

Vor Einfahrt in die City besuchen wir das Vortrekker-Monument, das gleichsam als weißer Wallfahrtsort an den Großen Trek (1836-38) erinnert, mit dem die

[789] Siehe: Nelson Mandela. Der lange Weg zur Freiheit. Frankfurt/Main 1994

[790] Vgl. Ulf Skirke. Unveröffentlichte Reisenotizen Südafrika 1995 S. 3 f.

[791] Vgl. Apa Guides Südafrika. München 1995, S.169

Besetzung des Landesinneren Südafrikas durch die Weißen begann.[792] Bis heute frage ich mich, hatten die Buren tatsächlich nur die eine Option, mit den wehrhaften, „bösen" Zulus[793] Krieg zu führen oder wären Kooperations- und friedliche Koexistenz-Strategien möglich gewesen? „Die Apartheid demonstriert diese tragische Wahl historischen (Fehl)Handelns. Aber offenbar schreibt sich jede imperiale Geschichte immer gleich und zerstört nicht nur die Unterdrückten, sondern auch die Unterdrücker. Gerade die verklärten Wandreliefs des Monuments über die Geschichte der Buren zeigt, wohin jede ‚Wagenburg-Mentalität' führt: in kontraproduktive Gegensätze!" [794]

Wir verzeichnen im Unterschied dazu erfreulicherweise einen aktuellen Aufbruch hin zu einer neuen *Synthese* zwischen Schwarz und Weiß, die jedoch nach meinem Eindruck noch allzu deutlich in einem *Nebeneinander* verharrt, und noch nicht am möglichen Ziel angekommen ist.

Woran könnte das liegen? Es wird nötig sein, noch tiefer in die Bedeutung und Reichweite des Phänomens Apartheid vorzudringen....

Am nächsten Vormittag ist ein Besuch der Metropole Johannisburg vorgesehen, in Bantu-Sprache als „e'Goli", die Stadt des Goldes genannt, wo mehr als eineinhalb Kilometer unter der Erde Bergleute Schwerstarbeit verrichten, um das kostbare Edelmetall und mit ihm den Reichtum ‚über Tage' zu befördern. Eine Stadtrundfahrt beginnt in einer vornehmen Villengegend. Informationen des Reiseleiters und eigene Beobachtungen formen ein durchwachsenes Bild der berühmten Stadt: die eher weißen Vororte mit sichtbaren Stacheldrahtsicherungen stehen einem offen, quirligen Großstadtgetriebe in der Innenstadt gegenüber, wo sich schwarze Menschen in deutlicher Überzahl bewegen. Ein Besuch in der Börse verdeutlicht einmal mehr: Afrika breitet sich in der Stadt-Gesellschaft aus, aber die Wirtschaft hat immer noch eine weiße ‚Prägung'! Ist das möglicherweise ein

---

[792] Ebenda

[793] Ich halte die bisherigen Standard-Modelle der Zulu-Entwicklung als diktatorischen Aufstieg von Zulu-König Shaka durch eine Kette von „Stammeskriegen" und machtgesteuerten Unterwerfungsstrategien für unzureichend. Vielmehr scheint mir ein anderer Ansatz von John Reader verfolgens- und vertiefenswert zu sein. Er vermutet vielmehr, dass der Aufstieg der Zulu und die damit verbundene *Mfecane* in enger Wechselbeziehung mit der *organisierten Sklavenjegd und dem portugiesischen Sklavenhandel* ausgehend von Delagoa Bay (Heute: Maputo) Ende des 18. und Anfang des 19. Jahrhunderts steht: das dezimierende ‚Ausbluten' der Bevölkerung, deren Widerstand sowie Fluchtbewegungen trieben die Bantu-Ethnien im *Hinterland* von Dalagoa Bay ins Landesinnere und nach Süden. Die Folge waren massive Konfrontationen mit den nach Osten und Norden vorstoßenden weißen Siedlern („Frontier Wars").
Siehe dazu: John Reader (1998), a.a.O. S. 468 ff.

[794] Vgl. U. Skirke (1995), a.a.O. S. 8

wesentlicher Grund, dass nach zwanzig Jahren Post-Apartheid angestauter Problemdruck und reale Ungleichheit immer noch drückend sind? Dies muss näher untersucht werden.

Eines schien damals so klar wie heute: je weiter die Schere zwischen arm und reich aufklappt, desto gefährlicher wird die Waffenwirkung ihrer Scherenhälften.....

Auf der über zweihundert Meter hohen Aussichtsplattform des Carlton Centers, dem höchsten Gebäude der Stadt, hat man einen herrlichen Blick auf die gesamte Stadt, gleichzeitig wird er allerdings auf zwei *Kehrseiten* gerichtet: zum einen erkennt man bis zum Horizont die Vielzahl von Abraum-Halden vom Witwaterstrand, die dem Verlauf der Goldadern folgen, und zum anderen stößt man auf die Dimensionen und materiellen Grundlagen eines der höchsten Stahlbetongebäude der Welt: „Allein die Klimaanlage dieses Hochhauses verbraucht Strom für etwa 50.000 Haushaltskühlschränke. Kein Problem, denn Südafrika ‚ertrinkt' scheinbar in Elektrizität. Auch mit richtiger ‚Kohle' ist das Land reich gesegnet. Kein Wunder, daß die zentralistisch ausgerichtete Elektrizitätswirtschaft kein Interesse an Solarenergie hat. Was für eine verpasste Chance?!"[795]

Das Problem wirft intensive Schatten in die Zukunft und beschäftigt mich bis heute, ich werde es wieder aufgreifen.

Natürlich versäumt keine Reisegruppe einen Besuch der auf dem Gelände des vormaligen Gold Mine-Museums entstandenen „Gold Reef City", etwas außerhalb des Zentrums: „Auf dem dreistöckigen Highway fährt uns der Bus nach ‚Gold Reef City', einer touristisch gestalteten Mischung aus hart-realer Goldminen-Geschichte und knall-buntem ‚Disney-Land'. Absoluter Höhepunkt war für mich die Einfahrt in einen historischen, stillgelegten Minenschacht, in dem die Arbeitsbedingungen des frühen 20. Jahrhunderts zu sehen waren. Die unmenschlichen Arbeitsbedingungen bei Hitze und Lärm sind trotz aller Sicherheitsverbesserungen heute nicht wesentlich anders: jede Woche sterben durchschnittlich fünf Minenarbeiter. Nicht alles, was Gold ist, ist glänzend!?

Es geht mir nicht aus dem Sinn, über den Preis Südafrikas für seinen Reichtum nachzudenken..."[796]

In einem weiteren kleinen Museum für Münzprägung werden verschiedenster Goldschmuck und Goldmünzen angeboten. Astrid erwirbt einen hübschen Goldanhänger, der seinerseits für Naturschutzprojekte wirbt....Ich bin zunächst unentschlossen. Aber der Mythos einer Kruger-Rand-Münze, die in früheren Jugendbüchern über Afrika immer wieder beschrieben wurde, verlockt ungemein.

---

[795] Ebenda S. 19

[796] Ebenda, S. 22

Schließlich kaufe ich diejenige kleinster Größe, 1/10 Unze. Ein Vierteljahrhundert später schenke ich sie meinem kleinen Enkel Vincent.....

Wir verlassen Pretoria in Richtung Nordosten und die landschaftlichen Eindrücke können kaum kontrastreicher sein: zunächst die Kohle- und Stahlzentren von Witbank und Middleburg, wo sich Riesenkraftwerke in der freien Landschaft auftürmen – eingehüllt in gelbliche Schwefelglocken, deren Umweltstandards mehr als überprüfenswert scheinen. Südafrika ist nicht nur mit der sozialen Frage konfrontiert, sondern auch mit dem schlechten ökologischen europäische Erbe der Zerstörung intakter Naturräume durch eine unbegrenzte Ausbeutungsökonomie.

Als fundamentales Gegenteil eröffnet sich uns danach die „Panorama-Route“: „Im Nordosten der Provinz Transvaal liegt eine der schönsten Landschaften Südafrikas. Hier, an den Nahtstellen des Highvelds und Lowvelds, erschließt die Panorama-Route großartige landschaftliche Szenarien, deren Höhepunkt das Blyde River Canyon ist.“[797] Die über Jahr Millionen entstandene Landschaft verdankt der Kraft des Wassers ihren einmaligen Zauber, der sich nicht durch nur eine harmonische Formenvielfalt der Rundheit von Felskörpern, sondern auch von flusserodierten Schluchten und eindrucksvollen Wasserfällen offenbart. Obwohl erstmalig zu Gesicht bekommen, stellt sich doch in mir das Gefühl des Wiedererkennens von Naturräumen ein: etwa der Grand Canyon oder Rift Valley.... Begegnen uns hier möglicherweise universelle Gesetzmäßigkeiten von Selbstähnlichkeit in Natur und Landschaft?

In einer Serpentinenabfahrt führt uns die Reise durch dichte Pinienwälder und Eucalyptus-Aufforstungen über eine offene Landschaft mit Bananen- und Mango-Plantagen in die hübsche Kleinstadt Hazyview. Die Hotelanlage in afrikanischem Architektur-Stil und mit ausgesprochen freundlichem, schwarz-weiß-gemischten Personal. „Im Hotelzimmer angekommen, öffnen wir sofort die Balkontür: herein strömt warme, erdige Luft, ertönt Zikaden-Zirpen und abendliches Vogelgezwitscher in uns vertrauter Art. Erstmals hatten wir nach Tagen das Gefühl tatsächlich wieder in Afrika zu sein. Ich stellte die Klimaanlage ab, und die Balkontür blieb die ganze Nacht offen.“ [798]

Zum Paul Kruger Gate direkt ins Skukuza Camp ist es nur ein ‚Katzensprung‘, wir übernachten in kleinen Rundhütten-Apartments. Beim Abendessen kommen wir

---

[797] Vgl. Michael Iwanowski. Reise-Handbuch Südafrika. Dormagen 1994/95, S. 271 sowie S. 276 ff.

[798] U. Skirke (1995), a.a.O. S. 35

mit Pieter, unserem Busfahrer, ins Gespräch: ursprünglich irischer Abstammung spricht er ein temperamentvolles Afrikaans und Englisch. Er sei gerne Busfahrer, am liebsten befördere er Schulklassen – gerade hier im Krüger Nationalpark. Auch für ihn sei es anfangs ungewohnt gewesen, in einem der größten Wildtierreservate der Welt mit dem Reisebus ‚Game Drives' auf asphaltierten Straßen zu unternehmen. Aber die Freude und Begeisterung der einheimischen Schulkinder, den Tier- und Artenreichtum hier im Park auf diese Weise kennenzulernen, habe ihn vollends überzeugt.

„Kurz nach Sonnenaufgang geht's zur Frühpirsch. Das tiefstehende, warme Licht kreiert besonders schöne Farben. Vor allem bei den mächtigen Steinburgen aus Granit, die besonders durch ihre großen Rundlinge auffallen. Eine Flechtenart hat an ihrer Oberfläche eine gelbliche – wie gemalte – Farbgebung der Steine hervorgebracht, so dass sie in der Sonne manchmal wie Gold-Nuggets aussehen." [799]

Nach einigen Stunden ist das Letaba Camp in der Mitte des Parks erreicht, wo eine Besonderheit des Programms auf uns wartet: das Elefanten-Museum! Hier erfahren wir Hochinteressantes, wie etwa das wissenschaftlich erforschte Artverhalten, aber auch die Biographien einzelner Elefanten-Persönlichkeiten. Steven, ein junger Wissenschaftler, erläutert uns, warum er den Elefanten als eigentlichen ‚König der Landtiere' betrachtet:

nicht allein die eindrucksvolle Größe, sondern seine intelligente Lernfähigkeit,[800] sein fürsorgliches Sozialverhalten sowie Weisheit und Mut zeichneten ihn aus. Wir Menschen könnten sehr viel von Elefanten lernen, er sei ein Symbol für verantwortungsvollen Umgang mit unseren Mitgeschöpfen, ja mit der Natur überhaupt!

Schon vor dem Dinner deutete sich eine Regenfront mit Wetterleuchten an. Kurze Zeit später brach das Gewitter los und der rauschende Regen wurde von

---

[799] Ebenda, S. 59

[800] Vgl. https://de.wikipedia.org/wiki/Elefanten :"Neben der komplexen Kommunikation besitzen Elefanten auch bemerkenswerte kognitive Fähigkeiten. So erbrachte ein Spiegeltest...., dass diese über ein Ichbewusstsein verfügen und sich selbst im Spiegel erkennen können, vergleichbar zu Elstern, Delfinen und Menschenaffen. Bei weiteren Untersuchungen erlernten sie das Unterscheiden von verwandten Musterpaaren wie „schwarz/weiß" oder „klein/groß" und konnten sich an diese über einen langen Zeitraum erinnern. Außerdem ist nachgewiesen worden, dass Elefanten in der Lage sind, zu zählen und einfachste Additionsaufgaben zu lösen sowie unterschiedliche Mengen zu vergleichen. Die Gedächtnisleistungen der Elefanten sind insofern besonders, als sie die Rufe abgewanderter oder verstorbener Familienangehöriger noch nach mehreren Jahren wiedererkennen und beantworten."

hellen Blitzen und krachendem Donner begleitet. Schon früher hatte ich versucht, mit antizipierender Belichtung ein Blitz-Fraktal photographisch einzufangen. Die spätere Foto-Entwicklung brachte ein erfreuliches Ergebnis: meine mehr als zwanzig Versuche waren *einmal* erfolgreich: mit der Aufzeichnung einer eindrucksvollen Bifurkation zweier Blitze. Was für ein Glück.

Das kräftige Gewitter hat am nächsten Tag zu einem drastischen Temperatursturz von mehr als zwanzig(!) Grad geführt, was sich aber als Vorteil für die sehr lange Tagesreise südwärts zum Hluhluwe Wildschutzgebiet erwies, das 1895 zusammen mit dem Umfolozi Park gegründet zu einem der ältesten Parks Afrikas gehört.[801]

Die tropische anmutende Landschaft mit dicht bewaldeten Hügeln und Galeriewäldern beherbergt eines der größten Artenschutzprogramme für Nashörner in Afrika. Es gehört mit zu den eindrucksvollsten Erinnerungen, frühmorgens bei einer Fußpirsch einer Breitmaulnashornfamilie im Abstand von etwa zwanzig Metern gegenüberzustehen: Vater, Mutter und ein drei Monate altes Kalb. Es ist eine besondere Augenweide, diese kolossalen Tieren zu beobachten, wie schnell, leichtfüßig und elegant sie sich fortbewegen. Ich finde keinen Ausdruck für die Tiefe meiner Verachtung und Trauer gegenüber denjenigen, die diese wunderbaren Tiere lediglich als Abschussopfer und profitträchtiges ‚Miss"handels"objekt' betrachten.....

Ein weiteres, besonderes Erlebnis bleibt mir im Gedächtnis, nämlich die Begegnung im Park mit zwei physischen „Kraftprotzen" ganz unterschiedlicher Größe während eines Game Drives im Geländefahrzeug: zunächst kreuzte ein Skarabäus unseren Weg. Er schob eine tennisballgroße Dungkugel vor sich her, und das einen kleinen Hügel bergauf. Wir hielten an, und der Ranger erklärte uns einiges über das *Zusammenwirken* von ‚Pillendreher' und Nashorn: „denn der Dung stamme hauptsächlich von Nashörnern. Der Dung von Nashörnern diene verschiedenen Zwecken: Das Nashorn selbst nutzt ihn zur Reviermarkierung, der Pillendreher-Käfer baut sich aus ihm Proviant- und Vorratskugeln.[802] Nach der Paarung forme der Käfer eine Dungkugel, die seine Körpermasse oft um ein Vielfaches übertreffe. Diese Kugel rolle er rückwärts laufend vor sich her, bis er eine geeignete Stelle finde, um sie im Boden zu vergraben. Dazu sei viel Körperkraft erforderlich. Das Weibchen lege die Eier dann an die vergrabene Kotkugel, von der sich die Larven später ernährten.[803]

---

[801] Vgl. https://de.wikipedia.org/wiki/Hluhluwe-iMfolozi-Park sowie
August Sychold. Reiseführer Natur. Südliches Afrika. München 1995, S. 101 ff.

[802] Siehe insbesondere: https://www.geo.de/natur/tierwelt/13386-rtkl-tierwelt-nashorn-und-pillendreher

[803] Vgl. https://de.wikipedia.org/wiki/Heiliger_Pillendreher

Die weitere sensationelle Information des Rangers war für mich allerdings auch das nächtliche Orientierungsvermögen des Skarabäus: er orientiert sich in der stockfinsteren afrikanischen Nacht am erleuchteten ‚Band' der *Milchstraße*, das sich über dem Südhorizont erstreckt. Dieses kleine, erstaunliche Tier orientiert sich am großen Universum?!

Die Beschäftigung mit diesem kleinen Wundertier ließ uns jedoch *nicht* bemerken, dass sich hinter uns ein großer Nashornbulle auf wenige Meter genähert hatte. Vermutlich standen wir auf einem Markierungsfeld seines Reviers. Neugierig, aber erstaunlich friedlich schaute er in unseren Geländewagen, als ob er den kleinen Käfer auch im Blick hatte. Der Ranger entfernte sich vorsichtig mit dem Geländewagen, um dann schnell aus dem Blickfeld des Kolosses zu gelangen. Am sicheren Ort lachten wir befreit auf angesichts dieser ungewollten, aber dennoch komischen Erfahrung, als wir nämlich diese unglaubliche Klein-Groß-Begegnung der ganz anderen Art und damit das Zusammenwirken von Skarabäus und Nashorn auf ungewöhnliche Weise erlebten.

Vom Park geht es entlang des Hluhluwe-Tals, wo der Flusslauf sich im Talboden schlängelt und mit eindrucksvollen Panorama im Horizont der Hügelketten verschwindet. Wir bewegen uns in einem der einzigartigen Ökosysteme eines Salz-Süßwasser-Ästuars, das Küsten- und Feuchtgebiet von St. Lucia.[804] Die Bedrohung durch Pläne von Titan-Bergbau konnte zum Glück aufgrund des erbitterten Widerstands der lokalen Bevölkerung[805] sowie einer Vielzahl von südafrikanischen und internationalen Umweltverbänden abgewendet werden, indem der *„iSimangaliso Wetland Park"* eingerichtet wurde: „Der iSimangaliso-Wetland Park (ehemalige Greater St. Lucia Wetland Park) liegt in den Feucht- und Küstengebieten von KwaZulu-Natal und beginnt etwa 275km nördlich von Durban bis hinauf zur Kosi Bay an der Grenze zu Mosambik. Unter dem iSimangaliso Park sind folgende Naturschutzgebiete zusammengeschlossen:

St. Lucia Game Reserve, False Bay Park,
Kosi Bay, Lake Etrza Naturreservat,
Lake Sibhayi, St. Lucia Marine Reserve,
Sodwana Bay Nationalpark, Mapelane Naturreservat,
Maputaland Marine Reserve,Cape Vidal,
Ozabeni,Mfabini,
Tewate Wilderness Area, Mkuze Game Reserve

---

[804] Vgl. Sychold (1995), a.a.O. S. 109

[805] Siehe: Leonie March. Mandelas Traum. Meine Reise durch Südafrika. DuMont Reisverlag, Ostfildern 2018, S. 58 ff.

iSimangaliso bedeutet soviel wie „Wunder" in der Zulusprache. Im Rahmen der neuen Namensgebungen in Südafrika hat der ehemals Greater St. Lucia Wetland Park im Jahre 2007 seinen neuen Namen bekommen. Der Park wurde 1999 in die Liste des Weltnaturerbes der UNESCO aufgenommen. Die Einzigartigkeit des Parks liegt in dem vielfältigen Ökosystem.

Im Zentrum des Nationalparks befindet sich der St. Lucia See, der mit einer Länge von 50 km, einer Breite von bis zu 15 km und einer Fläche von 360 km² der größte See Südafrikas ist, obwohl es genaugenommen kein echter See, sondern eigentlich eine Lagune ist, die vom Indischen Ozean durch einen schmalen Landstreifen getrennt ist. Eine Attraktion sind auch die zweithöchsten, bewaldeten Sanddünen der Welt, die sich auf einem 200 km langen Küstenstreifen befinden und ca. 25.000 Jahr alt sind. Ebenso kann man die einzigen Mangrovensümpfe Südafrikas bewundern."[806]

Unsere Katamaran-Fahrt durch das ‚Naturwunder' St. Lucia-Ästuar bleibt bis heute neben der eindruckstiefen Landschaftserfahrung auch deshalb in tiefer Erinnerung, weil es ein gelungenes Beispiel von Nachhaltigkeit, einer ökologischen, sozio-kulturellen und wohlverstandenen ökonomischen Synthese offenbart!

Richtung Süden geht es über Zuckerrohrhügel soweit das Auge reicht, hin und wieder schimmert das helle Blau des Indischen Ozeans. Wir umfahren Durban Richtung Drakensberge, deren Silhouette tatsächlich an einen liegenden Drachen mit gezacktem Rückenpanzer erinnern. Nicht weit von Winterton erreichen wir die Hotelanlage mit wunderschönem Blick auf den Cathkin Peak.

Die unverhofften, weitreichenden Erlebnisse hier betrafen jedoch *zwei* Ereignis-Informationen von einem jungen schwarzen Kellner an uns herangetragen: zum einen über die Bedeutung der Ureinwohner Südafrikas und zum anderen über die Reichweite der politischen Persönlichkeit Nelson Mandelas. Aber ich greife der Geschichte vor....

Abends an der Hotelbar spricht uns der junge Kellner Sydney an und fragt, ob wir auch die berühmten Felsmalereien der San besichtigen werden, die hier an verschiedenen Orten in den Drakensbergen zu finden sind. Da dies in unserem Programm nicht vorgesehen war, versprach er, uns am nächsten Morgen einen Bildband darüber zu zeigen, damit wir unbedingt mehr über die Kultur der San kennenlernen sollten. Und wirklich: die von Sydney präsentierten Bilder der San-Malerei sowie die kurz vorgetragenen Skizzen über der San-Kultur waren Ausgangspunkt für eine wiederholte vertiefende Auseinandersetzung mit dieser Thematik. Insbesondere die Aussage von Sydney, dass nach dem Ende der Apartheid nicht nur die Schwarzen, sondern auch die Ureinwohner, die „First People"

---

[806] Siehe: https://suedafrikaurlaub.net/nationalparks/isimangaliso-wetland-park/

in Südafrika grundlegend neu beachtet und rehabilitiert werden müssten, berührte mich sehr.....

Bei der Niederschrift der vorliegenden Reiseerinnerungen stieß ich auf mehrere aufschlussreiche Quellen über die Ureinwohner Südafrikas. Ein wichtiger Ausgangspunkt bedeutete mir die Erkundungen der Journalistin *Leonie March*, die als Südafrikanerin mehr als zwanzig Jahre nach Ende der Apartheid quer durch ihre alte und neue Heimat reiste, um „Mandelas Traum" nachzuvollziehen und neu aufzuschlüsseln. Dabei wanderte sie auch mit Nachfahren der Ureinwohner durch die zum Weltnaturerbe zählenden Schutzgebiet der Drakensberge, auch um das „Geheimnis der San" als erlebte Geschichte und Zukunftsbotschaft zu erfahren.[807]

„Die San gehören zu den Ureinwohnern Südafrikas, der Begriff fasst viele unterschiedliche Clans zusammen, die seit der Steinzeit in verschiedenen Regionen als Jäger und Sammler lebten. Ihre Felszeichnungen in den Drakensbergen sind weltbekannt, lange galten sie als das letzte Vermächtnis der seit Anfang des 20. Jahrhunderts ausgestorbenen lokalen Clans.....Europäische Einwanderer hatten regelrecht Jagd auf die Ureinwohner gemacht......Shakas Krieger hatten die San ebenfalls verfolgt und vertrieben....Doch nun erfuhr ich, dass eine kleine Gruppe weiterhin in den Drakensbergen leben soll, der Bergführer sprach von den *‚Secret San'* und den Spuren dieses Geheimnisses will ich nun nachspüren."[808] Aufgrund der existenziellen Verfolgung erfuhr Leonie von Chief Richard Duma, haben die San ihre wahre Identität verschwiegen und als Geheimnis bewahrt. Die neue Regierung 1994 ermöglichte nun den San ein befreiendes ‚Coming Out' über ihre Herkunft, kulturellen Gebräuche und spirituellen Orte. Ihre medizinischen Kenntnisse und Heilkunst, das Wissen über Tiere und Pflanzen, die Kenntnisse über den Kalahari-Lebensraum, aber auch die künstlerischen Fähigkeiten bei den Felsmalereien[809] existierten lange Zeit *vor* der ‚Einwanderung' von Bantu und Zulu. Insbesondere wurden

---

807 Vgl. Leonie March (2018), a.a.O. S. 38 ff.

808 Ebenda, S. 39

809 Vgl. John Reader (2001), a.a.O. S. 286: "Diese Bilder ihrerLebenswelt waren ohne Einschränkung als Kunst zu bezeichnen. Sie wurden von begabten Künstlern angefertigt, die über großartige Fertigkeiten und eine einzigartige interpretierende Sichtweise verfügten......Eine Herde Elenantilopen beispielsweise ist in einem Braque-ähnlichen Kaleidoskop-Muster aus Ockergelb, Rot, Braun und Weiß gemalt. Während daneben Figuren abgebildet sind, deren einfache feine Details an Gemälde von Miro erinnern....Die Datierung nach der Radiokarbonmethode ergab, dass das älteste Gemälde vor mehr als 27 500 Jahren entstand, während einige fein gravierte Steinplatten 40 000 Jahre alt sind. Die Datierung...ist noch nicht abgeschlossen, bereits jetzt belegt sie jedoch, dass die Künstler in Afrika sehr viel früher zu malen begannen als in anderen Teilen der Erde."

wichtige Elemente der Heilkunst[810] von letzteren in vielfältiger Weise übernommen und weitergetragen, ohne jedoch häufig die ‚Urheberrechte' der San besonders kenntlich zu machen........Erst spät wurde erkannt, dass die *Elenantilope* einen *spirituellen Schlüssel* für die Bedeutung und Ausdeutung der Felsmalereien darstellt. „Jahrzehntelang waren europäische Forscher davon ausgegangen, dass die San in den mehreren zehntausend Zeichnungen, die sich überall in den Drakensbergen finden, nicht viel mehr als ihren Alltag darstellen und Jagdgeschichten erzählen, bis sie auf diesen ‚Rosetta Stone' stießen, der ihnen erstmals die Tür zur spirituellen Welt der San einen Spalt breit öffnete. Zentral ist offenbar eine sterbende Elenantilope.... Ein Schamane hält den Schwanz des Tieres fest, damit dessen Kraft auf ihn übergeht, in Trance hat er sich selbst halb verwandelt , er hat Hufe statt Füße. Eine nebenstehende Figur hat keinen menschlichen, sondern einen Antilopen-Kopf. Weitere tanzen vornübergebeugt...."Die Szene ist eine Metapher für die enge Verbindung von Tod und Trance in unserer spirituellen Glaubenswelt", erklärt Richard."[811]

Archäologische Funde lassen den Schluss zu, dass die San-Völker vor einigen zehntausend Jahren in einem viel größeren Gebiet in Ost- und Südafrika beheimatet waren – bis weit nördlich in Tansania.

Als die Schiffe der Flotte von Vasco da Gama 1497 an der südafrikanischen Küste vor Anker gingen, stießen die Europäer auf verschiedenste Gruppen von Khoisan, die allerdings bereits bei der Wanderung der Bantu-Völker nach Süden ausgewichen waren. Sie wurden schließlich von den Europäern, die vom Kap aus nach Norden und Osten vordrangen, stark dezimiert und überall vertrieben,[812] mit Ausnahme entlegener Kalahari Wüstengebiete Botswanas, Namibias und auch in geringer Zahl Südafrikas.[813]„Die Vorstellung des englischen Philosophen Hobbes, daß das Leben der frühen Menschen „einsam, ärmlich, tierisch und kurz" gewesen sei – eine Vorstellung, die viele Anthropologen des 19. Jahrhunderts und auch noch des 20. Jahrhunderts teilten - , ist eine unzutreffende Beschreibung der....(San (d. Verf.) – Lebensweise. Ja, es sprechen viele Gründe dafür , dass sich das Leben eines heutigen Durchschnittsmenschen gegenüber unseren fernen Ahnen nur wenig verbessert hat. Sicherlich hatten die alten Jäger und Sammler so viel Muße, wie sich heutzutage im Westen nur die Reichen leisten können, und ihre Gesundheit und Lebensdauer standen der unseren kaum nach."[814]

---

[810] Vgl. https://de.wikipedia.org/wiki/San_(Volk)

[811] Leonie March (2018), a. a. O., S. 43 f.

[812] „Mit Beginn des Kontakts zwischen San und holländischen Siedlern in der Mitte des 17. Jahrhunderts wurden die San im Verlaufe der Landnahme für Farmzwecke aus ihren regionalen Lebensräumen vertrieben und versklavt.[19] Erste gegenläufige Entwicklungen dazu ergaben sich durch die Gründung der Herrnhuter Missionsstation in Baviaanskloof im Jahre 1738 durch Georg Schmidt aus Kunewalde." Siehe: https://de.wikipedia.org/wiki/San_(Volk)

[813] Vgl. Bernard Campbell. Ökologie des Menschen. Frankfurt/Main 1987. S. 144 ff.

[814] Ebenda, S. 159

Nur etwa ein Prozent der südafrikanischen Bevölkerung sind Nachkommen der Ureinwohner. Seit der politisch-demokratischen Wende fordert diese Minderheit eine längst überfällige Anerkennung und rechtliche Gleichstellung dieser „First People“ mit den anderen Volksgruppen im Land.[815] Diese Anerkennung gilt auch insbesondere für die *Sprache*, die ein besonderer Indikator für die kulturhistorischen Grundlagen bedeutet. „Moderne sprachwissenschaftliche Forschungen haben bestätigt, dass die Khoisan-Sprachen im Hinblick auf die Phonetik die komplexesten Sprachen der Welt sind.“[816]

Dies kann sehr wohl als Ausdruck eines ausgesprochen komplexen Welt-Bildes gedeutet werden. Die Kenntnisse der San über den Kalahari-Lebensraum waren erstaulich umfassend und ihre technischen Fähigkeiten bemwerkenswert hoch entwickelt. Es waren intelligente Menschen, denen die Existenz in ihrem Lebensraum ein hohes Maß an Einfallsreichtum sowie komplexem Denken und Handeln abverlangte.[817]

Von daher ist die kulturelle und politische Anerkennung der „First People“ nicht nur eine Frage von Gerechtigkeit, sondern auch eine würdigende Anerkennung, das Aufgreifen und die Weiterentwicklung von wertvollen Kompetenzen und Traditionen für eine *zukunftsfähige* Gestaltungsstrategie Südafrikas! Möglicherweise lässt sich auch so die ‚Botschaft der Ahnen‘ produktiv deuten, zumal die Versprechungen und Verheißungen eines europäisch-kapitalistischen Fortschrittsmusters weder für Kolonisierte noch für Kolonialisten erwartungsgemäß erfüllten.....?! Es war im übrigen *Nelson Mandela*, der insbesondere den Einsatz von Missionsstationen für die Rechte der San würdigte und hervorhob. Er „erinnerte seit 1995 an die Verdienste der Missionare für ihren Einsatz unter der San-Bevölkerung mit der Umbenennung des dienstlichen Wohnsitzes (Genadendal Residence, zuvor Westbrook) für den südafrikanischen Präsidenten in Kapstadt, wenn dieser im Tuynhuys anwesend ist.“[818]

Nach kurzem Spaziergang durch die das Hotel umgebende Eukalyptus-Wälder ist es Zeit für einen Kaffee an der Bar. Das Fernsehprogramm überträgt ein Rugby-Spiel der südafrikanischen Nationalmannschaft, und zu meinem großen Erstaunen feuern Sydney und ein weiterer schwarzer Kellner leidenschaftlich die durchgängig weiße Mannschaft an! Südafrika ist Rugby-Weltmeister, ruft mir Sydney begeistert zu....

---

[815] L. March (2018), a.a.O. S. 48 f.

[816] Vgl. John Reader (2001), a.a.O. S. 283

[817] Ebenda, S.286

[818] Siehe: https://de.wikipedia.org/wiki/San_(Volk)

Damals nahm ich die Information überrascht auf, aber die damit verbundenen Hintergründe und die besondere Rolle Nelson Mandelas dabei begriff ich erst viele Jahre später……

Der Kino-Film „Invictus“[819] bewegte und motivierte mich in besonderer Weise, die Person und Geschichte Mandelas sehr viel tiefer zu erkunden und damit auch die Bedeutung der Apartheid: „*Invictus – Unbezwungen* (Originaltitel Invictus, lateinisch für ‚Der Unbesiegte' bzw. ‚Der Un-Eroberte') ist ein ……Spielfilm des Regisseurs Clint Eastwood nach dem Sachbuch Der Sieg des Nelson Mandela: Wie aus Feinden Freunde wurden (Originaltitel Playing the Enemy: Nelson Mandela and the Game That Made a Nation) von John Carlin aus dem Jahr 2008, der am 18. Februar 2010 in die deutschen Kinos kam….. Der Titel des Films bezieht sich auf das Gedicht *Invictus* von *William Ernest Henley*, das dem Widerstandskämpfer und späteren Präsidenten Südafrikas, *Nelson Mandela*, während der Jahre seiner Haft Halt und Trost gegeben hatte.“[820] [821]

Nach seiner Haftentlassung war es für Mandela ein zentrales persönliches und politisches Anliegen, die tiefen Gräben zwischen weißer Minderheit und schwarzer Mehrheit auch emotional und kulturell zu überwinden. Er besucht ein Spiel der *Springboks*, der südafrikanischen Rugby-Union-Nationalmannschaft, die als Symbol der weißen Herrschaft gilt, da Rugby vor allem der Volkssport der *Buren* ist, und der von den meisten Schwarzen keinerlei Unterstützung erhält. Dies auch vor dem Hintergrund, dass die Mannschaft während der Apartheid von 1980 bis 1992 weltweit von den meisten Rugby-Nationalmannschaften boykottiert wurde. „Im Hinblick auf die bevorstehende Rugby-Union-Weltmeisterschaft 1995 im eigenen Land überzeugt Mandela die schwarzen Mitglieder des 1992 neugegründeten südafrikanischen Rugbyverbandes, die alten Symbole und Farben der Mannschaft beizubehalten. Mandela trifft Mannschaftskapitän *Francois Pienaar* und gibt diesem indirekt zu verstehen, dass ein erfolgreiches Abschneiden bei der Weltmeisterschaft die beste Möglichkeit sei, die verschiedenen Bevölkerungsgruppen einander näher zu bringen.“ [822]

Vor allem musste Mandela gegen den anfänglichen Widerstandes des ANC eine sehr weit- und tiefgreifende *Überzeugungsstrategie* vorbringen. Diese ging deutlich über die anerkannte, verbindende Rolle des Sports hinaus: um die eigene Würde und auch kulturelle Identität aller gesellschaftlichen Gruppen wahren und diese produktiv für den neuen Nicht-Apartheidsstaat einbringen zu können, müsse man auch die jeweilige *Stärke des Anderen* im Sinne des Gemeinwohls zulassen und fördern! Ich halte es für evident, dass wesentlicher Leitgedanke dieser Überzeugungsstrategie Mandelas die Lebensphilosophie „*Ubuntu*“

[819] Vgl. https://de.wikipedia.org/wiki/Invictus_-_Unbezwungen

[820] Ebenda

[821] Siehe: https://de.wikipedia.org/wiki/Invictus_(Gedicht)

[822] Siehe: https://de.wikipedia.org/wiki/Invictus_-_Unbezwungen

bedeutet: " Das Wort Ubuntu kommt aus den Bantusprachen der Zulu und der Xhosa und bedeutet in etwa „Menschlichkeit", „Nächstenliebe" und „Gemeinsinn" sowie die Erfahrung und das Bewusstsein, dass man selbst Teil eines Ganzen ist. Damit wird eine Grundhaltung bezeichnet, die sich vor allem auf wechselseitigen Respekt und Anerkennung, Achtung der Menschenwürde und das Bestreben nach einer harmonischen und friedlichen Gesellschaft stützt, aber auch auf den Glauben an ein „universelles Band des Teilens, das alles Menschliche verbindet". Die eigene Persönlichkeit und die Gemeinschaft stehen in der Ubuntu-Philosophie in enger Beziehung zueinander.[823]

Erst mit dieser ‚Philosophie im Hinterkopf'[824] konnte Mandelas Überzeugungskonzept m. E. in besonderer Weise wirksam werden, als die Spieler vor der Weltmeisterschaft durch das Land reisen, in Kontakt und Diskussion mit der Bevölkerung treten, um so auch die Schwarzen für die Unterstützung der Springboks zu gewinnen.

Aber das „Wunder" geht noch viel weiter: im Laufe der Weltmeisterschaft nimmt zunehmend die gesamte Gesellschaft Südafrikas – quer durch alle Bevölkerungsgruppen – an den Spielen der eigenen Rugby-Mannschaft kommunikativ teil – ganz im Sinne von „Ubuntu":

„Die Springboks, die trotz des Heimvorteils und ihrer Reputation nicht zu den Favoriten gehören, da sie nach der jahrelangen Isolierung stark von der fehlenden internationalen Spielpraxis gezeichnet waren, stoßen eher überraschend bis in das Weltmeisterschaftsfinale vor, wo sie auf die *All Blacks* aus Neuseeland treffen – die beste Mannschaft der Welt und seit Jahrzehnten die größten Rivalen der Südafrikaner. Vor einer begeisterten Menge treibt Pienaar die Mannschaft an, ihre Zweifel zu überwinden und an ihre Grenzen zu gehen. Die reguläre Spielzeit endet unentschieden und es kommt zur Verlängerung, in der sich die Springboks durchsetzen können und Weltmeister werden. Auf dem Spielfeld überreicht Mandela Pienaar den WM-Pokal."[825]

Mehr als zwanzig Jahre später reist *Leonie March* auf den Spuren von ‚Mandelas Traum', der möglicherweise in den letzten Jahren teilweise verloren ging.........

Im Gespräch mit einer „Sangoma", einer Heilerin der traditionellen Nguni-Kulturen,[826] erfährt sie von ihr: "Wir brauchen auch eine spirituelle Erneuerung", betont sie. Das habe ich auf meiner Reise immer wieder gehört, offenbar sind sich viele Südafrikaner in diesem Punkt einig. Vielleicht ist es als Metapher zu verstehen, als Ausdruck der Suche nach den eigenen Wurzeln, die verschüttet wurden, nach der eigenen Identität jenseits der aufoktroyierten Kategorien der Vergangenheit, nach den Werten, die viele Südafrikaner als ur-afrikanisch empfinden und die sich in der Ubuntu-Philosophie widerspiegeln.....Ich habe ein liebenswertes und lebendiges Land kennengelernt und auch in den entlegensten Regionen mutige Menschen

---

[823] Vgl. https://de.wikipedia.org/wiki/Ubuntu_(Philosophie)

[824] Ebenda, siehe auch die Erklärung von Mandela selbst zur Bedeutung von ‚Ubuntu'. Unverkennbar ist m.E. die begriffliche Nähe zur Beschreibung des „Donator-Systems", siehe (FN 550)

[825] Vgl. https://de.wikipedia.org/wiki/Invictus_-_Unbezwungen

[826] Siehe: https://de.wikipedia.org/wiki/Sangoma

getroffen, die sich von der gegenwärtigen Krise und den teilweise übermächtig scheinenden Problemen nicht kleinkriegen lassen, die auf ihrem Weg zur Freiheit schon viel erreicht haben und die Mandelas Traum und den Geist von Ubuntu noch immer im Herzen tragen. Sie kämpfen weiterhin für ein Land, das tatsächlich allen gehört, die in ihm leben, so wie es schon in der Freiheitscharta steht, für eine gemeinsame, bessere Zukunft."[827] [828]

Aber wie konnte nach dem Aufbruch der Anti-Apartheidspolitik, dem anfänglichen Höhenflug und der ehrenvollen Machtübergabe Mandelas eine derartige krisenhafte Entwicklung eintreten....? Wie sähen mögliche Wege aus dieser Fehlentwicklung aus? Kann der Traum Mandelas und der Geist von Ubuntu erneuert und weitergeführt werden?

Zunächst sollte dazu die Ausgangslage der Apartheid und deren Überwindung in Tiefe und Breite genauer betrachtet werden: die *Fremdherrschaft der Apartheid* bedeutete *wesentlich mehr* als ein sozio-kulturelles Unterdrückungssystem einer weißen Minderheit gegen eine schwarze Mehrheit im südlichen Afrika, sondern *darüber hinaus* auch ein materiell tief verankertes europäisch-kapitalistisches Ausbeutungssystem, das enorme *Destruktionskräfte gegen* Mensch, Natur und Lebensraum im südlichen Afrika potenzierte. Symptomatisch dafürstehen nicht nur Homelands und Townships, sondern auch eine zentralistische umwelt- und klimaschädliche Energiepolitik.[829]

Mandela war sich daher bewusst, dass das „Ende der Apartheid" weitreichende Folgen und entsprechend *nichtdestruktives, erneuerndes Handeln* mit sich bringen musste. In seiner Rede anlässlich der Verleihung des Nobelpreises im Jahr 1993 heißt es: „Dass wir das, was von unserem Leben bleibt, nutzen, um aus der einzigartigen uns schmerzhaften Erfahrung unseres Landes den praktischen Beweis gewinnen, dass Demokratie, Gerechtigkeit, Frieden, Wohlstand für jedermann, eine gesunde Umwelt und Gleichheit und Solidarität unter den Menschen, ohne Anbetracht ihrer Rasse und ihres Geschlechts, dass dies die normalen Lebensbedingungen des Menschen sind...Und wir versprechen zu tun, was wir tun können, um zu einer Erneuerung der Welt beizutragen."[830]

---

827 Leonie March (2018), a. a. O., S. 296 ff.

828 Vgl. Lutz van Dijk (2016), a. a.O. S. 68 f.

829 Energie wird noch 2018 zu ca. 85% aus Steinkohle und nur zu ca. 10% aus Erneuerbaren produziert

830 Vgl. Nelson Mandela. Meine Waffe ist das Wort. München 2013. S. 186 f.

Vor dem Hintergrund der weltweiten Diskussion um Nachhaltigkeit, etwa durch den Weltgipfel in Rio 1992 oder im Vorfeld des Gipfels in Johannisburg 2002[831]erläutert Mandela zur Verleihung des Planet and Humanity Award von der International Geographical Union in Durban am 4. August 2002:

„Lassen Sie uns gemeinsam dafür einstehen , dass unsere Welt eine nachhaltige Ressource für den Planeten selbst und unsere Zukunft als Menschen bleibt."[832]

Während *einerseits* die globale, politische Dynamik in Richtung von Konzepten zur Nachhaltigkeit sowie zur Abwendung der sich verschärfenden Klimakrise zunahm, die in sowohl in die Nachhaltigkeitsziele der UN („Sustainable Development Goals" 2016)[833] als auch in das Pariser Klimaabkommen 2015[834] mündete, erzeugte *andererseits* die verstärkte Hinwendung der etablierten Politik zu einem neoliberalen, spekulativen Kapitalismus weltweite Finanzkrisen sowie Verschärfungen sozialer und ökologischer Probleme. Letzteres setzte sich leider zunehmend in der Regierungspolitik der *Nach*-Mandela-Ära durch: „Trotz des ursprünglich linksgerichteten politischen Konzepts verfolgten die ANC-Regierungen stets auch Aspekte einer liberalen Wirtschaftspolitik, was maßgeblich zu einem starken Wirtschaftswachstum, aber auch zu neuen Disparitäten im Sozialgefüge des Landes beigetragen hat. In der Folge bildete sich eine kleine schwarze, wohlhabende Minderheit heraus. Dennoch konnte sich die Lage von Millionen nicht-weißer Südafrikaner gegenüber der vergangenen Periode der Apartheid nicht oder nur geringfügig verbessern."[835]

Sowohl Mandelas Nachfolger Thabo Mbeki, der nicht nur wegen seiner desaströsen Aids-Politik Südafrika in eine schwere sozial-politische Krise führte und schließlich zurücktrat, als auch Folgepräsident Jacob Zuma, der seinerseits nach schweren Vorwürfen von Machtmissbrauch, politischem Fehlverhalten oder privater Bereicherung auf Druck des ANC zurücktreten musste[836], verdeutlichen ansatzweise die bedauerlichen Rückschritte südafrikanischer Politik *weg* von nachhaltiger Erneuerung in den zwei Jahrzehnten nach Mandela.[837] [838]

---

[831] https://de.wikipedia.org/wiki/Weltgipfel_für_nachhaltige_Entwicklung_2002
[832] Mandela (2013), a.a.O. S. 173
[833] https://unric.org/de/17ziele/
[834] https://de.wikipedia.org/wiki/Übereinkommen_von_Paris
[835] Siehe: https://de.wikipedia.org/wiki/Südafrika
[836] Ebenda
[837] Vgl. auch: Lutz van Dijk (2016), a.a.O. S. 205 ff.
[838] Siehe auch: https://www.nzz.ch/international/suedafrika-frederik-willem-de-klerk-im-interview-ld.1490000

Mandela selber hatte als sein *Wunsch*-Nachfolger Cyril Ramaphosa vorgeschlagen, was damals vom ANC allerdings verhindert wurde.....

2018 wurde eben dieser nun doch Präsident Südafrikas und 2019 wiedergewählt. Der ehemalige Präsident *Frederik Willem de Klerk* setzt Hoffnung auf Ramaphosa: „Unser neuer Präsident, Cyril Ramaphosa, ist daran, dies zu berichtigen. Er bekämpft die Korruption, ergreift Maßnahmen zur Stabilisierung der Währung, schafft ein geschäftsfreundliches Umfeld und verbessert die Kooperation zwischen dem öffentlichen und dem privaten Sektor. Ramaphosa hält jene Werte hoch, die bereits unter Mandela im Zentrum standen. Sein Vorgehen ist richtig. Seine einzige Schwachstelle ist die interne Zersplitterung des ANC. In der Partei gibt es einige, die gegen den Präsidenten arbeiten.......*Wenn Südafrika scheitert, scheitert ganz Afrika.* Das Land ist dazu bestimmt, eine wichtige Rolle auf dem Kontinent zu spielen, insbesondere im subsaharischen Afrika... Afrika ist ein erwachender Riese. Es verfügt über riesige Flächen, die landwirtschaftlich genutzt werden können. Es verfügt über eine junge Bevölkerung. Afrika ist ein Markt mit Hunderten von Millionen Konsumenten. Viele afrikanische Staaten bewegen sich in die richtige Richtung, hin zu Demokratie, Rechtsstaatlichkeit und einer vernünftigen Wirtschaftspolitik. Natürlich gibt es noch immer eine gewisse Zahl von Problemländern. Insgesamt aber blickt Afrika einer sehr positiven Zukunft entgegen."[839]

Mit der Regierungsübernahme von Präsident Ramaphosa wandte sich die südafrikanische Energiepolitik von Aktivitäten z.B. bei der Nuklearenergieerzeugung ab und konzentriert sich stattdessen auf Projekte der Erneuerbaren Energien. Er betonte für sein Land die Notwendigkeit einer veränderten Energiepolitik auf Basis sauberer und nachhaltiger Technologien, die ein kohlenstoffarmes Wirtschaftswachstum zum Ziel haben, und regte daher auf diesem Gebiet eine engere Zusammenarbeit zwischen Europäischer und Afrikanischer Union sowie insbesondere mit Deutschland an.[840]

Dies hatte auch zur Folge, dass als wichtige Vereinbarung auf der Klimakonferenz in Glasgow 2021 eine Gruppe von Staaten Südafrika beim Ausstieg aus der Kohleverstromung unterstützen will.[841]

„Deutschland will 700 Millionen Euro investieren, um in Südafrika den Ausstieg aus der Kohleverstromung zu unterstützen. Das teilten Vertreter von Bundesumwelt- und Bundesentwicklungsministerium mit. Die Mittel sind Teil einer neuen Energie-Partnerschaft mit Südafrika, der sich die EU, Großbritannien und die USA angeschlossen haben. Insgesamt sind in den kommenden fünf Jahren 8,5 Milliarden US-Dollar an Unterstützung vorgesehen, ein Großteil davon als Kredite. Auch private Mittel und Gelder der Weltbank wollen die Partner mobilisieren, um den

---

[839] Ebenda

[840] Siehe: https://de.wikipedia.org/wiki/Cyril_Ramaphosa

[841] Vgl. https://www.sueddeutsche.de/politik/cop26-glasgow-suedafrika-1.5453183

Einsatz neuer sauberer Technologien, einschließlich grünem Wasserstoff, in Südafrika zu fördern."[842]

Ich erinnere mich noch genau an die Massierung von Kohlekraftwerken im Nordosten Südafrikas, die wie riesige Fremdkörper mit einer gelblichen Schwefelglocke in die Landschaft ragten.[843] Ein Vierteljahrhundert später ist das Problembewusstsein erheblich gewachsen und die Umweltministerin erkennt deutlich den Handlungsdruck, die Luftqualität zu verbessern, aber auch das CO2-Problem anzugehen.[844] „Aber auch der Klimawandel ist in Südafrika spürbar. Dürreperioden, Hitzewellen und Überschwemmungen haben in den vergangenen Jahren zugenommen. Im südlichen Afrika insgesamt steigen die Temperaturen laut Klimaforschung doppelt so schnell wie im weltweiten Durchschnitt. Deshalb arbeitet die südafrikanische Regierung derzeit an einem Klimaschutzgesetz. Deren bisherige Ziele sind für Thandile Chinayavanhu von Greenpeace Afrika nicht ehrgeizig genug. Zwar habe die Regierung hat für die nächsten Jahre eine Emissionsreduzierung in Aussicht gestellt. „Wir wollen, dass sie diese Ziele verbessert und ehrgeiziger wird, weil sie laut dem Carbon Action Tracker noch nicht ausreichend sind. Sie entsprechen nicht dem, was die Wissenschaft fordert oder was als fairer Anteil Südafrikas angesehen wird."[845]

Entsprechend hat Präsident Cyril Ramaphosa im Dezember 2020 die Klima-Kommission PCC unter Vorsitz von Crispian Olver ernannt, um den Ausstoß von Kohlendioxid deutlich zu verringern. Auch die in 2021 in Kapstadt abgehaltenen Jahreskonferenz für Windenergie setzte sich zum Ziel, erneuerbare Energien bis zum Jahr 2050 in Südafrika zum Hauptenergieträger zu machen.

„Allerdings, so Olver, erfordere die Umstellung des südafrikanischen Stromsystems bis 2050 den Einsatz von rund 150 GW Wind- und Solarkapazität. Das sei fast das Vierfache der Gesamtkapazität der heutigen südafrikanischen Kohlekraftwerke. Nötig sei deshalb ein erheblicher Ausbau und eine Modernisierung der Infrastruktur für Übertragung und Verteilung. Dafür sind allerdings enorme Investitionen notwendig. Allein könne Südafrika das nicht leisten, betont Umweltministerin Barbara Creecy. Südafrika und die Entwicklungs- und Schwellenländer könnten ehrgeizige Klimaschutzziele „nur dann umsetzen, wenn die Industrieländer und andere internationale und gemeinnützige Institutionen eine nachhaltige, kostengünstige Finanzierung bereitstellen"." [846]

Diese *Energie- und Klimapartnerschaft in Richtung Solarenergie* ist dabei allerdings nicht nur ökologisch nötig, sondern sozial, ökonomisch und

[842] Ebenda

[843] Dies erinnerte mich sehr an Kindheits-Besuche bei meinen Großeltern im Ruhrgebiet, wenn man in eine bläulich-schwefelige ‚Glocke' bei Dortmund eintauchte und sich nunmehr im Kohle-Revier befand. Und ich erinnere an die Erzählungen meines Opas, der als Bergmann in Altenessen unter Tage ‚einfuhr' und hin und wieder über seine schwere Arbeit erzählte……In Erinnerung bleibt mir auch, wenn meine Oma stündlich den Kohlenruß vom Fenstersims abwischte

[844] Siehe: https://www.tagesschau.de/ausland/afrika/suedafrika-energie-101.html

[845] Ebenda

[846] Ebenda

partizipatorisch ein wesentlicher Schritt zur weiteren Befreiung von Apartheidsstrukturen – weg von auch energiepolitischer Fremdbestimmung eines ‚fossilen Industrialismus' hin zur sozial-ökologischen *Selbstbestimmung* : die Zentralmacht einer schädlichen Energiepolitik wird dezentralisiert, demokratisiert und klimaverträglich gestaltet. Dabei geht es um die *Verbindung* der strategischen Ziele von *Autonomie und Vernetzung.* Dies gilt selbstverständlich auch für *die übrige Welt,* also auch unsere *eigene* Energie- und Klimapolitik.

„Präsident Cyril Ramaphosa wertete sie (die Energiepartnerschaft, d. Verf.) als „Wendepunkt - nicht nur für unseren eigenen gerechten Übergang, sondern für die Welt als Ganzes". Südafrika sei verpflichtet, seinen Teil zur Verringerung der globalen Emissionen zu leisten. Das Abkommen mit Deutschland und anderen Staaten sei der Beweis dafür, „dass wir ehrgeizige Klimaschutzmaßnahmen ergreifen und gleichzeitig unsere Energiesicherheit erhöhen können". [847]

In diesem Zusammenhang sind die *Gespräche und Vereinbarungen von Wirtschaftsminister Habeck Ende 2022 in Namibia und Südafrika* hervorzuheben – als wichtiger dynamischer Durchgangspunkt zur Strategie einer globalen Energiewende sowie einer *Partnerschaft* zur planetaren Klimaneutralität![848]

Unweigerlich führt mich diese *gegenwärtige* Politik zu *Tagebuchaufzeichnungen* und Erinnerungen an unsere *damalige* Südafrika-Reise 1995, wo während der langen Busfahrten sich meine Überlegungen, Fragen und *Konzepte zur zukünftigen Entwicklung* dieser Region verfestigten: wie könnte und sollte die Befreiung von Apartheid und Kolonialismus fortschreiten und sich in einem anderen sozialen, ökologischen und demokratischen Gesellschaftssystem wiederfinden, das den Wert der eigenen Kulturgeschichte als Orientierung aufnimmt, ohne den Ausbeutungs"reichtum" des europäischen Industrialismus zu kopieren?!

In meinen damaligen Reiseaufzeichnungen[849] heißt es dazu: „Mit einem Blick zurück auf die eindrucksvollen Drakensberge fahren wir Richtung Durban. Während die Busfahrt über wechselnde Hügellandschaften vom Hochland zur Küste hinunterführt, nutzt der Reiseleiter die Gelegenheit, um die jüngere Geschichte Südafrikas darzustellen. Es sind die bekannten Daten und Fakten, die man aus Reisehandbüchern kennt. Aber was wird substanziell aus Südafrikas Zukunft? Wir haben zwar Museen und Denkmäler der Vortrekker, Engländer oder Hugenotten besucht sowie vereinzelte Zulu-Stätten..... Aber ich habe den Eindruck, dass die Dynamik der modernen Gegenwart das Geschehen in Südafrika bestimmt, eine Dynamik wie sie in westlichen

[847] Ebenda

[848] Siehe: https://www.bmwk.de/Redaktion/DE/Pressemitteilungen/2022/12/20221205-habeck-zu-gesprachen-in-namibia-und-sudafrika.html

[849] Siehe meine Reiseaufzeichnungen 1995, vom 2. 11., S. 122

Industrieländern üblich ist, eine Dynamik, die Geschichte eher als Traditionspflege auffasst, eine Gegenwart, die ungebrochen in die Zukunft verlängert werden soll. Aber genau diese Gegenwart des europäischen Industrialismus müsste Südafrika ändern und eben nicht ,Weiter So' in die Zukunft verlängern! Das Gegeneinander oder bestenfalls Nebeneinander der verschiedenen Kulturen und Volksgruppen sowie von Industrie und Natur muss durch *ein neues Kooperationsmodell* abgelöst werden.....Die tiefgründige Aufarbeitung der imperialen Kolonialgeschichte ist dazu unerlässlich, um die Kulturidentität von Schwarzen, Farbigen und Weißen kritisch-dynamisch *und* dialogisch weiterzuentwickeln. Ebenso kann das Entwicklungsmodell - auf der einen Seite harte, unökologische Industriepolitik und andererseits soziale Gleichheit sowie Natur- und Landschaftsschutz abrupt nebeneinander gestellt – *nicht* aufrechterhalten werden!"

Vorbei an der ehemaligen ,Burenhauptstadt' Pietermaritzburg haben wir nur kurzen Aufenthalt in *Durban*, von dessen Stadtbesichtigung neben dem großzügigen Hafengelände und dem indischen Gewürzmarkt der Besuch von Afrikas ältestem (von 1849) Botanischen Garten mit einer überaus beeindruckenden Palmensammlung mir besonders in Erinnerung blieb.

Der Flug nach Port Elizabeth eröffnet einen weiteren spektakulären Reiseabschnitt: die „Gartenroute". Während der Fahrt bei Dunkelheit zum Tsitsikamma-Nationalpark passieren wir den Ort ,Humansdorp', in dessen Nähe die berühmten Klasies-River-Höhlen[850] entdeckt wurden.

„In einer Höhle in der Nähe der Mündung des Klasies River...befinden sich die fossilen Überreste von Menschen, die vor 150.000 Jahren lebten.[851] Archäologen haben Ablagerungen verbrannten Materials ausgegraben, die als...Reste von....unter der Erde wachsende pflanzliche Nahrung wie zum Beispiel Zwiebeln, Wurzeln oder Knollen identifiziert wurden."[852]

Eine ausgegrabene 120.000 Jahre alte Feuerstelle mit Resten verkohlter stärkehaltiger Pflanzenteile zeigt, dass die sich Frühgeschichte der Menschheit keineswegs allein in der Savannenlandschaft ereignet hat, sondern auch Wasserlandschaften[853] an Flüssen und Küsten stellen bedeutsame Entwicklungsräume des homo sapiens dar! Für die Höhlen wurde im Jahr 2015 der Status eines UNESCO-Welterbes beantragt.....

Der nächste Morgen ist einem Besuch des Nationalparks gewidmet: „Der Nationalpark zwischen Urwald und Küste des Indischen Ozeans wurde 1964 proklamiert und ist das erste Marinereservat Afrikas...Das Reservat besteht aus einem 80 km langen, schmalen Küstenstreifen und reicht 5,5 km weit ins Meer. Die Küste wird charakterisiert durch Felsenkliffs, die bis 200 m aufragen. Dahinter liegt eine relativ ebene Landschaft, die langsam zu den *Tsitsikammer*

---

[850] Siehe: https://de.wikipedia.org/wiki/Klasies-River-Höhlen

[851] Sehr wahrscheinlich Vorfahren der heutigen Völker der Khoisan-Sprachfamilie

[852] Siehe: John Reader (2001) a.a.O., S. 288

[853] Die Wortbedeutung von ,Tsitsikam ma' ist: „reich an Wasser"

Mountains ansteigt, in denen es noch ursprünglichen Regenwald mit den höchsten und ältesten Bäumen Südafrikas gibt[854].....Die Vegetation bestand bis zur Ankunft der weißen Siedler vorwiegend aus temperiertem immergrünen Regenwald mit hochwertigen Harthölzern. Sie sind inzwischen zum größten Teil dem Raubbau zum Opfer gefallen. Nur 65 000 ha Urwald sind übriggeblieben und bilden heute den größten zusammenhängenden Urwald im waldarmen Südafrika, wo nur 0,25 % des Landes von natürlichen Wäldern bedeckt sind."[855]

Der schmale Weg durch den Regenwald entlang der Steilküste leitet uns über einen mit Holzleisten ausgelegten Plankenweg, der als Baumlehrpfad ausgelegt ist, zur Mündung des Storm's River. „Der Wanderweg führt über eine schaukelnde Hängebrücke, die die Flussmündung überquert. Auf die etwa einhundert Meter lange Brücke dürfen nicht mehr als fünf Personen gehen. Die Gefahr von sich aufschaukelnden Resonanzschwingungen wäre zu groß. Es hat zu regnen aufgehört, der Himmel reißt hier und da auf und das durchschimmernde Blau verstärkt die grünlich-aquamarine Farbe des Meeres. Wir haben auflaufendes Wasser und die Gischt der Wellen wird an den vorgelagerten zerklüfteten Felsen emporgeschleudert. Es liegt lange zurück, dass mir die Urgewalt des Meeres so deutlich vor Augen war."[856]

Über die Küstenstraße bietet die Gartenroute ein attraktives Zwischenziel ganz anderer Natur: die Wilderness National Lake Area, das erste auf nationaler Ebene geschützte Seengebiet Südafrikas. In besonderer Weise einladend: der kilometerlange, weiße, breit angelegte und menschenleere Sandstrand von Wilderness. Das unaufdringliche Meeresrauschen erzeugt eine ruhige und gelassene Atmosphäre, die zu ausgiebigem Nachdenken anregt.

Erstaunlicherweise umkreisen meine Gedanken die eigenen, aktuellen Forschungsarbeiten zur Modellierung eines zukunftsfähigen Technologie-Konzeptes. Wie kann, wie soll ein anderer *Technik-Typus* aussehen, der nicht zu zerstörerischen Krisen für Mensch und Natur führt? Was können wir dazu von der Natur selbst lernen? Denkt man etwa an die *symbiotische* Photosynthese, die Naturstoffe im Kreis führt und keinen Abfall erzeugt. Wäre modellhaft ein neuer Techniktypus als ‚Bio-Reaktor' vorstellbar, der Licht, Wasser und Kohlendioxid nutzt, um daraus etwas Neues zusammenzusetzen: nämlich Glucose und Sauerstoff – also aus energiearmen anorganischen Stoffen mit Hilfe der Sonnenenergie energiereiche organische Stoffe erzeugt? Könnte eine solche Technologie als *Evolutions-Partner* gegenüber der Natur fungieren und eben *nicht* als *Fremdkörper*?!

[854] Dazu gehören bis zu 800 Jahre alte Baumriesen, wie z.B. die „Outeniqua Yellowood"-Bäume
[855] Siehe: A. Sycholt (1995) a.a.O., S. 54 f.
[856] Siehe meine Reiseaufzeichnungen (1995), S. 139 ff.

Ich denke, es würde sich lohnen, diesen Ansatz weiter zu verfolgen…..

Ein Abstecher Richtung Oudtshoorn hält einen nächsten geologischen Höhepunkt bereit: die Cango-Höhlen, die zu Urzeiten bereits von Khoisan-Vorfahren als Behausung und rituellen Höhlenmalereien benutzt wurden, und als eine der schönsten Höhlensysteme der Welt angesehen werden.[857] Mit der einzigartigen Akustik bietet die Cango-Höhle obendrein die Gelegenheit von Konzerten: unterirdische Musik mit überirdischen Klängen?![858]

Dieses einmalige Tropf-Stein-Monument eröffnete mir ein völlig neues Raumerlebnis, das gleichzeitig mit einer eindrücklichen Zeit-Erfahrung verbunden ist: Raum und Zeit verbinden sich, wobei der *Raum* die *äußere*, phänomenale Erfahrung und *Zeit* als geschichtlich Gewordenes die *innere*, tieferliegende Entwicklungsdynamik offenlegt.

Dies führt mich allerdings auf die weitergehende Problemanalyse und Frage: hat das europäische Denken des Raumes, die Verfestigung eines historisch gewachsenen Raum-Begriffs zur kolonialen Praxis wesentlich beigetragen – und wie, auf welche Weise? Der Historiker *August Nitschke*[859] stellt die Frage: „Kennen wir Gesellschaften, in denen Menschen in Vorgänge kommen, die erkennen lassen, dass für diese Menschen Räume verändert werden? In Vorgängen, bei denen Männer und Frauen veränderte Räume aufsuchen, geraten diese immer dann, wenn sie neu siedeln oder Kolonien bilden.“[860]

Nitschke charakterisiert die europäische Geschichte wesentlich durch „Kolonialbildung“, mit der im frühen Griechenland, bei der Herausbildung von Städten bis hin zu den Kreuzzügen eine grundlegende Idee der „Entstehung und Erweiterung eines Raumes“ sowie eines neuen Raumbewusstseins entstand, die sich historisch dadurch verfestigte und weiterentwickelte, als die Europäer einer globalen Kolonisationsbewegung im 15. und 16. Jahrhundert systematisch folgten. Dabei ging es nicht nur um die Eroberung neuer Siedlungsräume, sondern auch um eine neue Sichtweise individueller Subjektivität und der Umwelt: „Dabei geht es uns nicht nur um neue Siedlungen. Der Raum kann ja dadurch, daß die Menschen ihren eigenen Körper und ihre Umgebung anders als bisher erfahren, einen anderen Charakter bekommen.“[861]

Die Erfahrung des anderen Raumes, der *anderen* Personen wird zunehmend als Konträres, als *Gegen*-Über und die Umwelt als *Gegen*-Stand betrachtet.

---

[857]Siehe: https://de.wikipedia.org/wiki/Cango_Caves und auch: Apa Guides Südafrika (1995), a.a.O. S. 246 f.

[858] Ebenda

[859] A. Nitschke (1994), a.a.O. S. 137 ff.

[860] Ebenda, S. 137

[861] Ebenda, S.139

Gleichzeitig wird der eigene Raum als Mangel empfunden, der fremde Räume benötigt, die in Besitz genommen und als eigene, erweiterte „Territorien“ angeeignet wurden.[862] Während das neugewonnene Territorium als einzugrenzen und zu beherrschen galt, war die Politik der imperialen *Expansion* grenzenlos, genauso wie die daraus gewonnene *Vermehrung* des Reichtums.[863] Es liegt nahe, diesen Drang nach räumlicher Expansion und Reichtums-Vermehrung als wesentliche Triebfeder für die unbedingte Vorgabe nach *ökonomischem Wachstum* zu deuten!

Diese historisch gewachsene europäische Weltsicht des Raumes als ein zu erobernder, zu besitzender, zu beherrschender und zu vermehrender Gegenstand ist dabei keineswegs universell, sondern war der vorkolonialen, afrikanischen Denkungs- und Handlungsart, sich im Raum zu bewegen, im Raum zu leben oder Raum und Landschaft zu erleben, völlig fremd.

Die andere und eigene *afrikanische* Charakterisierung einer Sicht des Raumes wurde intensiv von Mathematiker Ron Eglash untersucht[864], der in räumlichen Strukturen und Darstellungen fraktale Muster und entsprechende Algorithmen erkennt. Dies zeigt sich insbesondere in diversen architektonischen und stadtstrukturellen Eigenschaften, aber auch in vielen afrikanischen Designs und *Denksystemen* :

„In Europa und Amerika sehen wir oft Städte, die in einem Rastermuster mit geraden Straßen und rechtwinkligen Ecken angelegt sind. Im Gegensatz dazu neigen traditionelle afrikanische Siedlungen dazu, fraktale Strukturen zu verwenden: Kreise von Kreisen kreisförmiger Behausungen, rechteckige Mauern, die immer kleinere Rechtecke umschließen, und Straßen, in denen sich breite Alleen zu winzigen Fußwegen mit auffälligen geometrischen Wiederholungen verzweigen. Diese einheimischen Fraktale sind nicht nur auf die Architektur beschränkt. Ihre rekursiven Muster finden sich in vielen unterschiedlichen afrikanischen Designs und Wissenssystemen wieder.“[865]

[862] S. 156 ff

[863] Ebenda

[864] Siehe dazu (FN 68) und (FN 69)

[865] Siehe Philipp Meuser. Architektur in Afrika. Berlin 2021, S. 66

Erst recht wurde die insbesondere auch *räumliche* Fremdherrschaft der Apartheid als tiefgreifender Unterdrückungsmechanismus gegen Mensch, Natur und Kultur verstanden. Dies bedeutet allerdings im Sinne Mandelas – „Unterdrücker und Unterdrückte müssen gleichermaßen befreit werden“ - , dass Südafrikaner *und* Europäer sich des Zwangs von Raumbeherrschung und Wachstum entledigen müssen….*Wachstum* und *unbegründeter Besitz* kann *nicht* länger der unbedingte Maßstab für ökonomischen Fortschritt sein, sondern es geht um *nachhaltige Entwicklung*: etwa wenn die erneuerbaren Energien deutlich wachsen, die fossilen aber drastisch *schrumpfen*….oder der ökologische Fußabdruck deutlich *verringert* wird.

Aber welche Rolle kommen bei dieser räumlichen, insbesondere räumlich-*technologischen* Entwicklung dynamische, *geschichtliche* Maßstäbe, also die Charakterisierung und Beschreibung von *zeitlich* Gewordenem zu? Die vor“herrschende“ technologische Naturbeziehung stellt im europäischen Denken und Handeln eine zentrale Dimension dar und verweist bei näherer Betrachtung auf das Verständnis der beherrschenden Sichtweise der *Dimension der Zeit*: „Herkömmliches (europäisches) technologisches Handeln ist ständig bemüht, den ‚Raum‘ der Gegenwart zu vergrößern, um das sich in der Vergangenheit Bewährte sowie das scheinbar für die Zukunft Gesicherte in gegenwärtig Verfügbares zu transformieren.“[866]

Dieses Denk- und Handlungsmuster wurde allerdings nicht nur bei der europäischen Industrie- und Technologieentwicklung praktiziert, sondern auch rigoros auf die kolonialen Gebiete übertragen. So oktroyierte eine umfassende Apartheidsstrategie dem südlichen Afrika ein bislang unbekanntes und fremdbestimmtes, „implantiertes“ Technik- und Fortschrittsmuster auf, das die daraus resultierenden sozialen, ökologischen und ökonomischen Krisen in Afrika in potenzierter Weise *geschichtlich* fortsetzte. Muss das Fremdherrschaftssystem der Apartheid doch tiefgreifender analysiert und verändert werden als bisher gedacht ?

Um sich von dieser technologisch-geschichtlichen Fremdherrschaft zu befreien, gilt es, die dynamischen Grundlagen des europäisch-*technologische* ‚Subjekts‘ näher zu analysieren.

Ich greife dazu in eigenen Studien einmal mehr Erkenntnisse von *Georg Picht* [867]auf, der in seinen Betrachtungen „die Situation des Menschen in der Zukunft der technischen Welt“ zum Ausgangspunkt nimmt, um zu vertiefen, warum

[866] Vgl. U. Skirke (1998) . https://www.ulf-skirke.de/dissertation_pdf/ (S. 192 ff.)
[867] Siehe (FN 274) ff

dieses europäische ‚technologische Subjekt' sowohl in Bezug auf die Natur als auch auf seine eigene Geschichte in eine tiefe Krise geraten ist und welche Veränderungen erforderlich sind, um Auswege aus dieser Krise aufzuzeigen und neue, wesentlich krisenfreiere Gestaltungsmöglichkeiten der Zukunft darzulegen.[868] Dabei ist zu berücksichtigen, dass der Mensch mit Hilfe von Wissenschaft und Technik über neuartige Machtmittel verfügt, die sein Verhältnis zur Zukunft grundlegend verändern, da sie imstande sind, die technologische Zivilisation im Ganzen, die gesamte Lebenssituation des Menschen konstruktiv zu ‚produzieren' oder destruktiv zu vernichten.....„Der Mensch ist also im Zeitalter der wissenschaftlich-technischen Zivilisation zum Produzenten seiner eigenen Zukunft geworden....Derselbe Mensch, der als vermeintliches Subjekt des Handelns, als freier Forscher und aus autonomer Vernunft ein wissenschaftliches System entwirft, macht...die Entdeckung, dass er im Handumdrehen zum Objekt des von ihm selbst entworfenen Systems geworden ist, und diese neue Lage verändert seine gesamten Lebensumstände, ja sein Wesen. Er wird vom Produzenten zum Produkt; aber das Produkt ist mit dem Produzenten nicht identisch, die produzierte Zukunft nicht mehr die eigene Zukunft."[869]

Es geht also um eine grundlegende technologisch-gesellschaftliche Neubestimmung und Neubesinnung von Denken und Handeln des Menschen, damit er die Bedingungen seiner eigenen Möglichkeiten zur technologischen Zukunftsgestaltung *sowie* zum Überleben in und mit der Natur aufzeigen kann. Dies bedeutet: der Mensch hat zwar verschiedene geschichtliche Möglichkeiten zur Zukunftsgestaltung, um tatsächlich zu überleben muss er das „Richtige" tun: „Der Mensch ist vielmehr so konstituiert, dass er gar nicht umhin kann, sich in irgendeiner Weise auf eine antizipierte Zukunft zu orientieren....unentschieden ist lediglich die Frage, ob ihn bei der Vorwegnahme seiner zukünftigen Möglichkeiten ein Wissen oder eine Erkenntnis leiten, oder ob er die Zukunft blindlings antizipiert und dann für seine Verblendung bezahlen muss."[870]

Die Kritik am wesentlich europäisch geprägten Wissenschafts- und Technologieverständnis entwickelt Picht also aus der grundlegenden Analyse mechanistischen Zeitverständnisses, um damit Bedingungen der Möglichkeiten für eine zukunftsfähige Technologiegestaltung zu eröffnen. Eine solche Krisen vermeidende Antizipation von Zukunft wiederum bedarf der „Aufklärung der Aufklärung", mit Hilfe derer eine wirklich vernünftige Auswahl eines zukunftsfähig-nachhaltigen Entwicklungskorridors neuartiger Technikentwicklung erfolgen muss:

---

[868] Vgl. U. Skirke (1998) . https://www.ulf-skirke.de/dissertation_pdf/ (S. 194f)

[869] Siehe Georg Picht. Zukunft und Utopie, Stuttgart 1992, S. 4

[870] Ebenda, S. 142

„Die wirkliche Zukunft ist nicht der Inbegriff all dessen, was möglich wäre, sondern sie ergibt sich durch die Realisierung jenes kleinen Sektors aus dem Bereich des Möglichen, für den man sich aus mehr oder weniger vernünftigen Gründen entscheidet.“[871]

Vernunftgemäß handeln heißt für Picht, sich im umfassenden Sinne in des Gesamtkorridors der Zeit bewegend zu begreifen, d.h. wenn dieses Handeln seine eigenen Voraussetzungen analysiert und hinterfragt, die Folgen seines Tuns erkennt und sich über die grundlegende Motivation seiner eigenen Zielsetzungen aufgeklärt hat.[872]

Derartige Vernunft bedeutet zugleich *verantwortliches* Handeln, das wiederum als Grundvoraussetzung für die zukünftige Überlebensfähigkeit der Menschheit dient – und ist damit zentrale „Selektionsbedingung“ für die Möglichkeit *offener* Zukünfte sowohl der natürlichen als auch der technischen Welt. Picht nennt diese Form der *verantwortbaren* Antizipation von Zukunft die *„aufgeklärte Utopie“.* „Das auf diese Weise vorsorgende, über die Folgen seines Handelns aufgeklärte technologische Subjekt betrachtet nun Natur nicht mehr als entgegengestelltes ‚Objekt‘ sowie Technologie als bloßes Mittel zum selbst projizierten Zweck, sondern weiß sich, Naturvorgänge und technologische Prozesse in der Einheit der Zeit und entwirft ein verträgliches, oder besser: nachhaltiges Verhältnis von Mensch, Natur und Technologie.“[873]

Für diesen Entwurf von Nachhaltigkeit ist Loslösung von einem mechanistisch-separativen, linearen Zeit-Verständnis nötig, und zwar durch die „Rückprojektion“(Picht) eines rationalistisch konstruierten Subjekt-Objekt-Entwurfes, der den Menschen Raum und Natur *entgegenstellt*. Diese Rückprojektion ist jedoch nicht ein einfaches ‚Herausspringen‘ aus dem Konstrukt, sondern bedeutet *Rückerinnerung* und innere Durchdringung der *Vor*bedingungen und Voraussetzungen der *komplexen* Existenz von Mensch und Natur in der *realen* Zeit.

Die Historikerin *Annette Kehnel* schlägt daher eine *„Horizonterweiterung“* der Geschichte vor: “Wenden wir uns der Vergangenheit zu, um die Zukunft besser in den Blick nehmen zu können. Mit dem Ziel , jenen größeren Rahmen zu erfassen, der Handlungsspielräume eröffnet. Dazu müssen wir weiter zurück als nur 200 Jahre. Immerhin kann der moderne Homo sapiens auf 300 000 Jahre Vergangenheit zurückblicken. Hat vor etwa 100 000 Jahren Afrika verlassen und nach und nach fünf Kontinente besiedelt, die große Eiszeit überlebt, ebenso eir die darauffolgende Klimaerwärmung.....Wie haben sie das geschafft diese Menschen?“[874]

---

[871] G. Picht (1992), a.a.O. S. 285

[872] Vgl. Ebenda, S. 343

[873] Siehe: U. Skirke (1998), a.a.O. S. 210

[874] Siehe: Annette Kehnel. Wir konnten auch anders. Eine kurze Geschichte der Nachhaltigkeit. München 2021. S. 16f

Wie haben Menschen *vor* dem industriellen ‚Fortschritt', *vor* der sogenannten ‚Moderne' Krisen bewältigt und Probleme gelöst? „Im Folgenden schlage ich eine Konzentration auf die Zeit vor der industriellen Revolution im 18. Jahrhundert vor. Auf die sogenannte Vormoderne....Wie sieht die Zukunft aus, wenn wir sie nicht länger durch die Brille der längst überkommenden moderne betrachten....Was geschieht, wenn wir – inspiriert von vergangener Vielfalt – ganz anderen Sichtweisen auf Gegenwart und Zukunft Raum geben? Was, wenn sich herausstellen sollte, dass wir auch ganz anders können?" [875]

Auch die Zukunftsforscherin *Florence Gaub* beschäftigt sich mit der Frage, inwieweit Vergangenheit und Zukunft zusammenhängen.

„Dank neurowissenschaftlicher Forschung wissen wir, dass die Zukunft an der gleichen Stelle im Gehirn zusammengesetzt wird, in der wir die Vergangenheit konstruieren. Sich an Vergangenes zu erinnern oder sich etwas Kommendes vorzustellen, sind zwei fast identische Prozesse, nur in unterschiedliche Richtungen."[876]

Insbesondere ist die Erinnerung nützlich, die in Form von Geschichten, Bildern, Gefühlen oder Charakteren in einem übergreifenden, systemischen Zusammenhang ‚gespeichert' sind und in einem einzigartigen räumlichen und zeitlichen Kontext stehen – das sogenannte „Episodische Gedächtnis", das in direktem Zusammenhang mit einer entsprechenden „Voraussicht" für Zukunftsbilder steht. „Episodisches Gedächtnis und episodische Voraussicht stehen in direktem Zusammenhang: Je mehr episodische Erinnerung wir haben, desto mehr episodische Voraussicht können wir entwickeln....Ohne Vergangenheit ist also auch keine Zukunft möglich."[877]

Dies bedeutet aber auch die Wahrnehmung und Analyse von *Veränderungen* in der Geschichte, so dass die Erkenntnis charakteristischer Dynamiken von Geschichte uns zu einem tieferen Geschichtsbewusstsein führen. „Geschichte ist also nicht nur eine Menge alter Geschichten, sondern die Sammlung von Erfahrungen, aus denen wir für die Zukunft lernen können. Je mehr Geschichtsbewusstsein, desto mehr Zukunftsbewusstsein." [878]

Als Beispiel sei die Veränderung des Geschichtsdenkens von der vorindustriellen zur kapitalistisch-industriellen Epoche genannt. Im Unterschied zum neu erfundenen linearen Fortschrittsdenken des 18. Jahrhunderts, das angeblich immer nur den Aufstieg sah, ‚erzählten' frühere Kulturen eine andere Geschichte: Menschen der vorindustriellen und *vorkapitalistischen europäischen* Epoche haben

---

[875] Ebenda, S. 17 f.

[876] Siehe: Florence Gaub. Zukunft. Eine Bedienungsanleitung. München 2023. S. 77

[877] Ebenda, S. 78

[878] Ebenda, S. 80

Natur- und Zeitprozesse als etwas Kreislauf–Bewegtes, Synchrones, Organisches oder Unvorhersehbares *wahr*genommen.[879]

Begegnet uns hier ein dazu *verwandtes Natur- und Zeit-Bild*, nämlich dasjenige traditionell, *vor*kolonialer *afrikanischer* Kultur, und eröffnet neue Dialog-Möglichkeiten über ein *anderes* Fortschrittsmodell.....?!

„The nature of the traditional activities in terms of an agrarian culture without machines aided traditional Africans in establishing a relationship with nature whose vagaries were, again, unpredictable, being governed by life force. At the same time , the nature of an agrarian existence allowed a sense of cyclicity or deja vu to be established.......The past and the ancestors were indispensible in giving meaning to one's present existence....Time has been used in establishing a complexity of balanced relationships; one, time as used to establish a relationship with the Supreme Being; two, to establish a relationship of continuity between the present and past generations; three, to establish a relationship with nature and the forces of one's environment (nature); and four, to create group harmony and participation among the living. This sense of temporal synchronization and group connectedness can be seen in performing arts of Africans...Time for traditional Africans, has been organic, rather than mechanical." [880]

Gilt es also, sich *sowohl* vom fremdbestimmten *‚internen'* kolonialen Zeit-Verständnis als tiefes Charakteristikum des Mensch-Natur-Technik-Weltbildes in *Europa als auch* dem oktroyierten, *‚externen'* in *Afrika* durch „Rückprojektion" sowie *Rückerinnerung* zu befreien?!

Mit Hilfe der Analyse von Picht konnte die *Notwendigkeit* dazu aufgezeigt werden, und die *Dringlichkeit* für eine entsprechende soziale, ökologische und ökonomische Transformationsstrategie ist obendrein durch die globale Klimaproblematik evident.

Möglicherweise wäre für diese „Rückprojektion" bzw. *Rückerinnerung* eine neuartige dialogische Kooperationsstrategie zwischen beiden Kulturen Europas *und* Afrikas ausgesprochen hilfreich?!

Diese wäre umso bedeutsamer, als sich beide *gleichermaßen* und doch ganz *unterschiedlich* von einem Fortschrittsmodell lösen müssen, das Europa in Gang gesetzt und in Afrika ‚implantiert' wurde, das jedoch an den Abgrund gemeinsamen planetaren Untergehens führt...

---

[879] Siehe: A. Kehnel (2021), a.a.O. S. 25: „Es gab viele Epochen, in denen man Geschichte anders dachte, zum Beispiel zyklisch, in immer wiederkehrenden Rhythmen, oder auf ein Endgericht zusteuernd, oder auch als Geschichte des Abstiegs."

[880] Siehe Dorthy L. Pennington. Time in African Culture. In: M. K. Asante/K.W. Asante. African Culture. The Rhythms of Unity (1985), p. 123 - 139

Aber wie sähe eine *überlebensfähige* „Evolution" von Mensch und Natur auf der Erde aus?

Nach dieser gedanklichen Reise in Vergangenheit und Zukunft drängen sich in meiner Erinnerung auch ganz unmittelbare Erfahrungen von Raum und Zeit des südlichen Afrika in den Vordergrund. Unübersehbar die blühende Gesamtheit einer Artenvielfalt mit der einzigartigen Fynbos-Vegetation[881], in der die Königsprotea als National-Blume Südafrikas besonders prächtig ins Auge fällt: „Das Gebiet der Cape-Floral-Region ist groß, die Entfernungen zwischen den einzelnen Arealen sind nicht unerheblich, und bilden sie in ihrer einzigartigen Pflanzenvielfalt ein blühendes Ganzes: So weit das Auge reicht, leuchten die Landschaften in einem bunten Spektrum aus allen nur erdenklichen Farben, das in seiner Pracht geradezu überwältigend ist. Carl von Linné sprach einst von „diesem Himmel auf Erden"."[882]

Eine kurze Fahrt durch das Naturreservat „Kap der Guten Hoffnung" bestätigt diesen Eindruck über alle Maßen, und an die Erst-Umsegelung des Kap durch Bartholomeu Diaz 1488 erinnert ein Gedenkkreuz bei Platbroom. Der Aufstieg zum Cape Point ist anstrengender als gedacht, doch die Aussicht ist mehr als die Mühe wert: der südwestlichste Teil des afrikanischen Kontinents entbirgt ein weiteres „Naturgemälde" auf dieser Reise, eine Komposition aus Felsen, Wind und Meer.

Diaz bezeichnete das Kap als das „Kap der Stürme", dessen Opfer er und seine Schiffsmannschaft selber wurde.[883] Dennoch benannte der portugiesische König es als „entdeckten" Schlüsselort zum Seeweg nach Indien[884] in „Kap der Guten Hoffnung" um....... Eine merkwürdig-verwirrende Überlagerung von Gedanken und Gefühlen erfasst mich: einerseits der Anblick dieses geophysikalischen Naturwunders am Ende der Welt, andererseits der Gedanke an den europäischen *Traum* von der Eroberung der Welt – im unversöhnlichen Widerspruch zur *Wirklichkeit* einer Unterdrückung der übrigen, insbesondere afrikanischen Welt!

Aber existierten nicht auch europäisch-afrikanische Erfahrungen anderer Art, jenseits ideologischer Zwangsvorstellungen seiner Zeit? Ja, es gab sie, und sie führten mich immer aufs Neue zu bedeutsamen Spuren und Persönlichkeiten

---

[881] „Die Fynbos-Region nimmt zwar lediglich 90.000 Quadratkilometer des südwestlichen Kaps ein, in ihr sind jedoch tatsächlich 8578 verschiedene Pflanzenarten beheimatet, von denen fast 70 Prozent an keinem anderen Ort auf der Erde wachsen." Siehe John Reader (2001), a.a.O. S. 289

[882] Südliches Afrika. Readers Digest. Stuttgart (2009), S. 98 f

[883] Es werden mehr als 3000 Schiffswracks rund um das Kap geschätzt

[884] Noch heute ist das Kap mit jährlich mehr als 25.000 Schiffen die am häufigsten befahrene Seeroute der Welt

mit abweichenden historischen Denk- und Handlungsweisen sowie dialogorientierter Beziehungen zwischen Europa und Afrika: Während der Rückfahrt nach Kapstadt machten wir Halt am Segelboot-Hafen von *Simon's Town*, ein Ort, der mich später auf Leben und Werk der bemerkenswerten englischen Afrika-Forscherin *Mary Henrietta Kingsley* verweisen sollte….

Mary Henrietta Kingsley (* 13. Oktober 1862 in Islington; † 3. Juni 1900 in Simon's Town, Südafrika) war eine britische Forschungsreisende, Ethnologin, Reiseschriftstellerin und Vortragsreisende. Berühmt wurde sie für ihren Reisebericht *Travels in West Africa* (1897). Als erste Europäerin bereiste sie bisher unbekannte Gebiete in West- und Zentralafrika.[885] Obwohl teilweise im Denken des viktorianischen Zeitalters befangen, war sie vehement gegen Sklavenhandel, setzte sich für die Rechte der afrikanischen Ureinwohner ein und opponierte gegen die diskriminierende europäische Praxis in Afrika und trug sehr zu Erforschung und Verständnis der afrikanischen Kultur bei.[886] [887]

Kingsley hatte eine dritte Reise an die Westküste Afrikas geplant, änderte ihre Pläne jedoch nach dem Ausbruch des Burenkrieges. Stattdessen fuhr sie nach Südafrika und bot ihre Dienste als Krankenschwester an. Sie starb, keine 38 Jahre alt, an Typhus in Simon's Town bei Kapstadt in einem Kriegsgefangenenlager, wo sie internierte Buren medizinisch behandelte. Wie gewünscht erhielt Mary

[885] Siehe: https://de.wikipedia.org/wiki/Mary_Kingsley

[886] Siehe auch: https://www.nationalgeographic.de/geschichte-und-kultur/mary-kingsley

[887] Die englische Literatur liefert tendenziell tiefergehende und differenziertere Analysen und Beschreibungen. Siehe etwa: https://www.newworldencyclopedia.org/entry/Mary_Henrietta_Kingsley :
„Mary Henrietta Kingsley (October 13, 1862 – June 3, 1900) was an English writer and explorer whose writing on her travels and observations in Africa challenged attitudes of racial superiority and provoked considerably hostility towards her ideas. She was the first Englishwomen to climb Mount Cameroon and to follow the particular route she took to the summit and the first European to enter parts of the Gabon. Although not a trained anthropologist, her writing represents a significant contribution to the ethnography of Africa. She is recognized by the Royal Africa Society as the inspiration behind its formation. She is of special interest as someone who bridged or transcended gender in the later nineteenth century by combining masculine and feminine characteristics. Announcing her death while serving as a war-time Nurse in South Africa, one obituary stated that, "she died at last a woman's death in a center of civilization, but perhaps that will only strengthen people's memories to recall that she had lived like a man in strange countries where civilization had not gained the mastery." Kingsley was courageous to challenge the imperial order and to cross gender frontiers at a time when women were thought incapable of doing what men did. Her achievements earned her a unique place in the European exploration of Africa and her championship of the equality of races was a pioneering contribution to combating the type of prejudice that results in the exploitation and dehumanizing of Others."

Kingsley eine Seebestattung: allerdings ließ man ihr als erster Frau auch militärische Ehren zuteilwerden![888]

Die kurze verbleibende Zeit in Kapstadt erscheint in unserer überaus positiven Erinnerung als Tag-Traum im Zeitraffer: die wunderschönen niederländischen historischen Bauwerke, das Tuynhuis als Amtssitz des Staatspräsidenten, der Botanische Garten Kirstenbosch oder die Hafenrundfahrt an der „Waterfront" mit „Vicky", dem kleinen Dampfboot Baujahr 1906, inclusive Robbenbegleitung und schließlich etwas außerhalb der Blouberg Strand mit einem Gesamtblick auf Kapstadt vor einem weiteren Naturgemälde, dem Tafelberg. „Auf einer Uferlagune des Strandes sehe ich den ersten Weißstorch, und wenig später zwei weitere Störche am blauen Himmel kreisen, als wären wir Weggefährten..."[889]

Der Höhepunkt am letzten Abend wird uns allerdings ganz unerwartet geschenkt, in dem die gesamte Bildhaftigkeit einer damals überall spürbaren Aufbruchstimmung der Nach-Apartheids-Ära vom *Traum einer neuen Welt* zum Ausdruck kommt - im wahrsten Sinne des Wortes als „Enlightment": abends auf dem Signal Hill angekommen, liegt uns in der Dunkelheit das faszinierende Lichtermeer von Kapstadt zu Füßen. Und dann die *Sensation*: besonders tiefstehend geht der *Mond* über der Stadt auf. Übergroß sorgt er für eine zusätzliche natürliche Beleuchtung mit ungewöhnlich innerer Tiefe und Weite. Auch wenn es merkwürdig realitätsfremd anmutet, manchmal will man bestimmte Ereignisse als ‚Zeichen' werten: Der südafrikanische Traum kann, soll, muss Wirklichkeit werden – für uns alle! Dabei denke ich an die Worte Nelson Mandelas: *„Wir hoffen, dass Südafrika, während es sich neu erfindet, zum mikroskopischen Abbild einer neuen Welt wird...."*[890]

Als vor nicht allzu langer Zeit ein junger Ingenieur den Auftrag bekam, eine handgemachte Solarlampe für sozial benachteiligte Räume in Südafrika herzustellen, die tagsüber Sonnenlicht speichert und nachts Licht erzeugt, war die Idee vom ‚Sonnenlicht im Einmachglas' nicht nur genial, sondern überaus erfolgreich. Vielfach ausgezeichnet, etwa mit dem *„Green Product Award (Winner 2020)"*, aber auch mit mehr als 1 Mio. verkaufter Exemplare[891] zeigt sich hier ein Beispiel für wahre „Erleuchtung": ein Traum verwandelt sich in Wirklichkeit......

---

[888] Dazu: https://de.wikipedia.org/wiki/Mary_Kingsley

[889] Siehe: U. Skirke. Reisebeschreibungen 1995, a.a.O. S. 184

[890] Vgl. Nelson Mandela. Meine Waffe ist das Wort. München 2013, a.a.O. S. 185

[891] Auch ich hatte die Freude, meinen Freunden in Kenia eine solche Solarlampe zu schenken

Wie geht der Weg in die Zukunft weiter? Unweigerlich kommt mir dazu ein südafrikanisches Sprichwort in den Sinn: „Gehe ich vor dir, dann weiß ich nicht, ob ich dich auf den richtigen Weg bringe. Gehst du vor mir, dann weiß ich nicht, ob du mich auf den richtigen Weg bringst. Gehe ich neben dir, werden wir gemeinsam den richtigen Weg finden.“

10. Die andere Evolution

Erst später ergab die Recherche, dass unsere Reiseroute ins südliche Afrika dieses Jahr sich auf den Spuren von Weißstörchin „Princess“ bewegte.[892] Dabei überflog sie den Sambesi, um nach vierzehn Tagen Aufenthalt in Simbabwe einige Tage das Okavango-Delta in Botswana anzusteuern....

Unsere Real-Route startete mit einem zweiten Kurzaufenthalt in Victoria Falls, das als Ausgangspunkt für eine eindrucksvolle Durchquerung der Flusslandschaft des Chobe-River von Botswanas Norden in südwestlicher Richtung zunächst nach Kasane diente. Landschaftlich bewegten wir uns in einem überraschend ‚spannungsreichen‘ Naturraum ganz unterschiedlicher Vegetationstypen: von der Sumpflandschaft, über offene Savannen, kleineren Galeriewäldern bis hin zu zahlreichen ‚Inseln‘ aus Trockenzonen – mit insgesamt überquellendem Artenreichtum. Unterwegs begegneten uns häufiger Elefantenherden und vereinzelte Bullen von unglaublicher Größe. Wir hatten bisher und auch später nie wieder solch riesengroßen Elefanten gesehen wie hier im Chobe National Park!

Unsere kleine Reisegruppe übernachtete die nächste Woche von nun an in jeweils täglich wechselnden Camps selbst hergerichteter Zelte, die von Größe und Charakter *kein* Beuteziel für Löwen sein sollten – ein ausgesprochen gewöhnungsbedürftiger Gedanke. Es führte uns der erfahrene, botswanische Wildhüter Godfrey, der durch eine dreiköpfige Helfer-Crew unterstützt wurde. Am Lagerfeuer nach dem Abendessen erzählte er uns von seiner Bewunderung und sehr persönlichen Zugewandtheit zu Löwen. „They are good animals“, hob er immer wieder hervor. Ein besonderes Erlebnis habe ihn geprägt: als ihn Wilderer bei einem Einsatz vor einigen Jahren aufspürten, bildeten acht Löwen einen schützenden Ring um ihn und retteten ihm das Leben...

Allerdings mahnte er uns eindringlich, des Nachts nicht das Toiletten- und Duschzelt aufzusuchen, da nicht selten dort Löwen zum Wassertrinken kämen...Und tatsächlich, eines Nachts wurden Astrid und ich durch ein lautes Geräusch geweckt: ein Tier war im Toilettenzelt und seine Laute erinnerten an einen Wasser schlappernden Hund – allerdings deutlich größer! Es konnte nur ein Löwe sein. Als er den Ort verließ, hörten wir in der Stille der Nacht seine *fast* lautlosen Laufgeräusche, als dieser unser Zelt umkreiste und dann in der Dunkelheit verschwand....

[892] Gemeint ist die Route von August 2002 bis Februar 2003.

Im offenen Safarijeep geht die Fahrt über die eingefahrene Sandpiste zügig nach Süden. Zunächst vorbei an der Riverfront verlassen wir den Chobe National Park, um nach etwa zwei Stunden das Gate zum südlichen Teil des Parks zu erreichen. Ziel ist die Savuti-Sektion, die streckenweise durch tiefen, lockeren Sand führt und unseren Fahrern einiges Können abverlangt. Vor uns liegt eine wunderschöne, gelbe Graslandschaft, durchsetzt von kleinen Termitenhügeln und abgebrannten Baumstümpfen: die *Savuti*-Marsh! In dieser ansehnlichen Trockenlandschaft fallen immer wieder inselartige Hügel und ausgetrocknete Flussläufe auf, was auf frühere Wassereinwirkung schließen lässt. Godfrey erklärt uns, dass David Livingstone bei seinen Erkundungen Botswanas Mitte des 19. Jahrhunderts die Savuti-Marsh als Sumpflandschaft mit großen Kanu-Booten durchquerte.[893]

„Wenige Jahre später, 1888, trocknete der Savuti Channel aus. 70 Jahre lang blieb er trocken. Die Marsch wurde eine Ödnis. 1957 begann der Kanal wieder Wasser zu führen. So stark, dass die Bäume ertranken. Noch heute sind die toten Kameldornbäume zu sehen. Während der nächsten 20 Jahr floss der Channel – um 1982 erneut zu versiegen. 2008 bemerkte man, dass sich der Kanal langsam mit Wasser füllte – 2010 schließlich schwoll er zum Fluss an ."[894]

Warum versiegt und fließt der Savuti Channel? Man nimmt *heute* an, dass tektonische Alterationen den Kanal immer wieder mit Wasser füllen.[895] „Wahrscheinlich liegt das periodische Fließen und Versiegen an tektonischen Aktivitäten. Geologische Messungen haben gezeigt, dass sich der Savuti in seinem Lauf nur sehr wenig absenkt (aktuell ca. 18 cm pro Kilometer). Kommt es zu tektonischen Verschiebungen – was im Randbereich des afrikanischen Grabendbruchs nicht selten ist – kann es zum Versiegen oder auch wieder zum Fließen kommen. Aber natürlich spielen auch die Regenfälle eine große Rolle. Während der trockenen Jahre in 2015/2016 versickerte der Kanal fast, 2017 füllte er sich wieder." [896]

Damals schloss Godfrey seine Ausführungen mit der Feststellung: nämlich, dass das grundlegende Charakteristikum von Landschaft, Tier- und Pflanzenwelt in Botswana im komplexen, klimatischen *und* geologischen Wechselspiel von Wasserreichtum und Wasserarmut begründet liegt – was absolut den aktuellen Erkenntnissen entsprach.....

---

[893] Vgl. https://www.genuss-touren.com/savuti-channel-der-gestohlene-fluss/ . David Livingstone startete drei Expeditionen 1849 bis 1851 (siehe auch Marc/Sovac (1993),a. a. O. S. 47) von der Missionsstation Kolobeng westlich von Gabarone in den Norden Botswanas, wo er 1851 auch den Savuti-Channel und den Chobe als Zufluss des Sambesi erforschte.

[894] Ebenda

[895] Siehe M. Iwanowski (2000), a.a.O. S. 298 ff

[896] https://www.genuss-touren.com/savuti-channel-der-gestohlene-fluss/

Der nächste Tag beginnt früh und belohnt uns mit einem phantastischen Sonnenaufgang: die feuerrote Riesenscheibe erhebt sich aus der dunstigen Landschaft und erzeugt hinter den Wolken einen zunehmend gleißenden Strahlenkranz, der die Natur in aller Pracht erscheinen lässt.

Nach kurzer Fahrt liegt der nördliche Ausläufer des Okavango-Deltas, eine vernetzte verschachtelte Welt aus Landzungen, Sümpfen und Flussarmen: das *Moremi* Game Reserve. „Das Reservat besticht neben seinen landschaftlichen Reizen durch den größten *Wildreichtum* des gesamten Deltas. Mit ausgedehnten Mopane-Wäldern, offener Busch- und Baumsavanne, saisonal überflutetem Grasland, ganzjährig mit Wasser gefüllten Sümpfen, Riedern und Röhrichten, Wasserarmen mit Ufersäumen und Galeriewäldern, lichten Wäldern und kleinen Lagunen sind nahezu alle Lebensräume des Deltas vertreten. Grob läßt sich das Gebiet in eine überwiegend trockene Halbinsel zwischen dem *Khwai River* und dem *Mogolelo River*, wechselfeuchte Areale im Gebiet um Chief's Island und ganzjährig mit Wasser gefüllte Sümpfe im übrigen Gebiet unterteilen." [897]

Die Game Drives im Moremi Reservat gehören zu den beeindruckendsten Erlebnissen von Natur und Landschaft Afrikas: kaum eine Erfahrung der planetaren Naturvielfalt dieses Kontinents war gleichermaßen eine derartige *Lebens*erfahrung! Wir erleben Seltenheit, Kostbarkeit und Schönheit der Natur, wie beispielsweise die Sichtung eines *Hammerkopfes* unterhalb seines ungewöhnlich großen Nestes, das einer stattlichen Reihe von anderen Tieren die ‚Untermiete' ermöglicht, oder das Treffen auf einen liegenden *Leoparden*, der am Ufer eines Wasserlaufes vor dem Hintergrund des grünen Buschwerkes wie ein Stillleben wirkt.

Nachts frischte ein kräftiger Wind auf und die Temperaturen sanken auf unter 20° C – eine Halbierung gegenüber den Vortagen, als angenehme Reisebedingung für die Fahrt nach Maun jedoch durchaus passend. Über die weiße Schotterpiste erreichen wir eine ansprechende Fahrtgeschwindigkeit, die eine eindrückliche Beobachtung der Landschaftsumgebung gut ermöglicht. Vor uns kreuzt ein Rudel mittelgroßer Tiere die Piste: es sind etwa zehn *Wildhunde* auf einem Streifzug. Sie gelten nicht nur als hervorragende Gruppen-Jäger, sondern weisen auch ein hochentwickeltes Sozialverhalten aus. So werden etwa kranke oder verwundete Tiere nicht einfach zurückgelassen, sondern aufmerksam betreut und gepflegt.

Wir verabschieden uns von der Crew, und Godfrey geleitet uns weiter zum eher kleinen, aber durchaus belebten Flughafen von Maun, das als Siedlungszentrum des südlichen Okavango-Deltas weit verstreut vor uns liegt. Die zweimotorige

---

[897] Vgl. C. Lübbert (2000), a.a.O. S. 446

Propellermaschine braucht eine halbe Stunde, um ins ‚Herz' des Binnendeltas zu fliegen. Schon im Moremi-Reservat offenbarte sich die erste eindrucksvolle Erfahrung eines besonderen Raumes einzigartiger wassergeprägter Landschaft, nun jedoch, im Überflug, eröffnete sich uns die überwältigende Perspektive der gesamten Komplexität eines in der Welt einmaligen Landschaftsraumes, der ganz im Sinne Alexander von Humboldts als Modell für ein weiteres „Naturgemälde" durchaus geeignet wäre……

Diesmal übernachten wir in einem ‚festen' Zelt Camp, das fast unauffällig, aber schön gelegen an einer grünen, zugewachsenen Flussuferzone von Papyros umgeben ist.

Eine Gruppe lärmender Paviane weckt uns vor Sonnenaufgang, Gelegenheit ein Geschenk zu meinem Geburtstag von Astrid entgegenzunehmen. Auch die Natur beschenkt mich mit einem gigantischen Aufstieg der glutroten Sonne über dem Papyros und bietet anschließend die Möglichkeit, im intensiven Morgenlicht Tier- und Pflanzenwelt des Deltas während einer Fußpirsch unmittelbar zu erleben. Selten wurden Spuren im Sand von Letschwe-Antilopen, Leoparden, Elefanten oder Steinböcken so plastisch und bedeutsam erklärt wie von Godfrey. Höhepunkt am späten Nachmittag ist jedoch die Fahrt mit dem ‚Sumpfboot', einem propellergetriebenem Wasserfahrzeug, um langsam, naturangepasst und möglichst leise über die Flachwasserkanäle in die untergehende Abendsonne zu gleiten…..

Ich hatte gestern in Maun unbemerkt südafrikanischen Sekt erworben, um heute auf meinen Geburtstag gebührend anstoßen zu können. Die Zeltcampleitung gratulierte mit Kuchen in zwei Gängen: während zum Vergnügen aller Beteiligten der erste Gang aus steinhart gebackenem Elefanten-Dung bestand, konnten wir anschließend allerdings wohlschmeckendes Kuchengebäck genießen. Es war ein beschwingter Abend, gleichwohl hatte ich Gelegenheit, mit *Godfrey* ein kurzes, aber interessantes Gespräch zu führen. Hatten wir in den vergangenen Tagen hin und wieder kleine Meinungsverschiedenheiten bei Pirschfahrten über das Risiko von Nähe und angemessenen Abstand zu beobachteten Tieren, eröffnete er in diesem Augenblick seine Sicht auf die Evolution des Lebens und das ‚richtige' Verhalten der Menschen: ‚angesichts des großartigen Zusammenspiels von Wasser und Landschaft, von Tieren und Pflanzen, des Auf und Ab von Trockenheit und Regen, der wiederkehrenden Kreisläufe im Okavango-Delta, könne er diejenigen Evolutionstheorien nicht verstehen, die das Gegeneinander, Konkurrenz und Zerstörung der Natur im Zentrum sehen. Vielmehr sollten sich die Menschen in Politik und Gesellschaft am großartigen Zusammenwirken der Natur wie hier im Delta orientieren. Tiere und Pflanzen machen es uns vor!'

Diese Gedanken überraschten und überzeugten mich. Ja, es wirkte wie ein Signal, mich mit den Eigenschaften der Natur des Okavango-Deltas, aber auch mit Evolutionstheorie und ihre sozialen Auswirkungen näher zu befassen.

Geographisch gliedert sich das Binnen-Delta in sechs Bereiche, die sich hinsichtlich ihrer Ökologie deutlich unterscheiden: den sogenannten Panhandle („Pfannenstiel"), den permanent wasserführenden Unterlauf des Okavangos, die dauerhaften Sumpfflächen am Ende des Panhandle, die zeitweilig trocken fallenden Bereiche an der Peripherie des Deltas sowie die größeren Inselbereiche im Inneren des Deltas und die ‚Sandveld-Zungen', die sich von Süden her in das Delta erstrecken.[898] „Der Höhenunterschied zwischen dem Beginn des Panhandle und dem Fuß des Deltas in Maun beträgt bei einer Entfernung von rund 250 Kilometer nur sechzig Meter. Die Trockenbereiche und Inseln erheben sich nur maximal drei Meter über die Umgebung und haben eine Größe von wenigen Quadratmetern bis zu vielen Quadratkilometern. Der Ursprung dieser Trockenbereiche ist unterschiedlich und geht auf die Kanalsysteme, die Aktivität von *Termiten* oder geologische Strukturen zurück. Für die großen Inselbereiche nimmt man tektonische Ursachen an."[899]

Während der Okavango am Anfang des ‚Panhandle' seinen Höchststand bereits im März erreicht, dauert es aufgrund des geringen Gefälles etwa vier Monate, bis die Flut den Thamalakane River bei Maun am anderen Ende des Deltas erreicht und dadurch eine Wasserfläche von etwa 12.000 Quadratkilometer erreicht. Diese massive Verzögerung der Flut, die wahrscheinlich auf die starke Vegetationsdichte im Delta zurückzuführen ist, hat enorme Bedeutung für die Tierwelt in der Region, da dadurch die Flut genau zum Höhepunkt der Trockenzeit am Ende des Deltas ankommt und damit erst die Grundlage für das reiche Tierleben schafft.[900]

Betrachten wir die komplexe Entwicklungsdynamik des *Zusammenspiels* von Wasser, Landschaft und Deltastruktur näher, fallen einige Akteure und ‚Treiber' dieser großflächigen Überschwemmungen als *Selbstorganisationsprozess* von komplexen Lebensbedingungen im Delta besonders auf. Dabei verzweigt sich der Fluss in unzählige Kanäle, die in ihrer dynamischen Vernetzung *fraktale Strukturen* verdeutlichen. Dabei spielen die Wunderwerke tierischer Baukunst, nämlich von *Termiten eine bedeutsame Rolle*. Die Monumente der Termitenhügel sind dabei nicht nur für die Termiten ein Überlebensvorteil, sondern stellen

---

[898] Vgl. https://de.wikipedia.org/wiki/Okavangodelta
[899] Ebenda
[900] Ebenda

ein wichtiges Struktur-Bildungselement für die Deltalandschaft dar, als ‚Kristallisationskerne' unzähliger *Inseln*! [901]

Beginn der Bildung dieses Prozesses ist meist: Elefantendung, dessen Samen rund um die Termitenburg nicht nur den Insektenhügel zum Ausbau anregen, sondern auch eine reichhaltige Pflanzenwelt in der unmittelbaren Umgebung des Hügels entstehen lassen. Das Grün zieht Tiere aller Art an, deren Dung wiederum Bäume und Sträucher entstehen und das Erdreich festigen lässt: ein auch im übertragenden Sinn ein fruchtbarer *Selbstverstärkungsprozess*. Die so entstandenen bis zu 100.000 kleineren Inseln (!) ragen aus dem Wasser und bieten Lebensraum für unzählige Tiere und Pflanzen: dies bedeutet einen erstaunlich *großen* Beitrag zur Landschaftsgestaltung und Biovielfalt von einem *kleinem* Lebewesen![902]

Das Faszinierende des Deltas ist seine kreislaufartige Erneuerung, Regeneration und Weiterentwicklung seiner komplexen Strukturen – vergleichbar mit einem Organismus. Und entsprechend ist auch die Fähigkeit wie bei biologischen Systemen, ihre Strukturen in jedem Generationszyklus neu aufzubauen.[903] Die hier beschriebenen Prozesse der Strukturbildung weisen in der Regel Merkmale auf, die charakteristisch für *chaotische* Prozesse sind.[904] Diese gelten für nichtlineare komplex-dynamische Systeme *insgesamt* – nicht nur für biologische - , nämlich in Form einer Rückkopplung kleinräumiger Ereignisse oder ‚Störungen', die eine so starke Rückwirkung auf sich selbst haben, dass sie weiter anwachsen. Die so anwachsende, lokale chaotische *„Selbstverstärkung"* kann allerdings nur dann eine relativ stabile Strukur aufbauen, wenn in der *weiteren* Umgebung eine ‚Bremse' der Selbstverstärkung, eine *Hemmung* existiert, die die Struktur begrenzt.[905] Die oben beschriebene dynamische Strukturbildung des Deltas mit Hilfe von Wasserfluss, Inseln und fraktalen Vernetzungen findet seine natürliche Begrenzung der Ausbreitung in der ‚Hemmung' durch die Kalahari-Halbwüste. Als Ergebnis erkennen wir das *Okavango-Delta* als ein überaus großes, aber begrenztes, netzartig strukturiertes *fraktales* Gebilde!

---

[901] Siehe auch: 3Sat-Dokumentation „Zauber der Jahreszeiten" (2/3) vom 30.11.2021

[902] Ebenda

[903] Siehe H. Meinhardt. Ordnung und Chaos in der Entwicklung höherer Organismen. In: Meyer-Spasche, Rast, Zenger (Hg.). Nichtlineare Dynamik, Chaos und Strukturbildung. München 1997. S. 13 - 23

[904] Ebenda S.13

[905] S. 15 Den Prozess bezeichnet man als Aktivator-Inhibitor(Selbstverstärkung – Hemmung)-System, wie er bei vielen Musterbildungsprozessen charakteristisch ist.

Fraktale sind überaus weitverbreitete, komplexe, nichtlineare Muster und Strukturen in der unbelebten und belebten Natur sowie in sozio-ökonomischen Prozessen: z.B. Flussdelta, Blitze, Blutkreislauf-Kapillare, Gemüsesorten wie Blumenkohl, Farne, Lungenbläschen/Bronchien, Bäume, aber auch Strukturen der Stadt oder der Börsennotierung.... [906] [907]

Aber warum entstehen Fraktale in komplexen Systemen?

„Weil dies zu einer *optimalen* Lösungs-Struktur gegensätzlicher oder komplementärer Anforderungen führt: Zum Beispiel die Anforderung, mit minimalem Ressourceneinsatz einen maximalen Gasaustausch mit der Umgebung zu erreichen, führt auf ein Optimum, nämlich zum Fraktal eines Baumes oder einer Lunge!“[908]

In der unbelebten Natur gelten bei nichtlinearen komplex-dynamischen Prozessen entsprechende Optimierungsbedingungen im Stoff- und Energietransport, wie z.B. die fraktale Verästelung von Flüssen zur Entwässerung einer Landschaft – oder bei einem Binnendelta....

Hervorzuhebendes Charakteristikum fraktaler Strukturen ist das der *Selbstähnlichkeit*: greift man aus dem Ganzen der Struktur einen kleineren Teil heraus, ergibt sich ein wieder dem Ganzen ähnliches Muster: „Selbstähnlichkeit bedeutet ein Muster im Muster, das sich in unterschiedlichen Maßstäben unendlich oft wiederholt.“[909]

Das Überfliegen des Okavango-Deltas bietet die besondere Gelegenheit nicht nur zu einem grandiosen Gesamtanblick, sondern es entbirgt die selbstähnliche Landschaftsstruktur des Binnendeltas, nämlich die Muster im Muster im.......

In einer ersten, einfachen Näherung lässt sich die Entwicklung und Struktur eines Flussdeltas mit Hilfe „realitätsnaher komplexer“ zweidimensionaler Computer-Modelle darstellen.[910] Wir werden später sehen, dass noch weiterreichende Modellierungen für das Okavango-Delta durchgeführt werden können. Dazu ist eine weitere bemerkenswerte Eigenschaft komplexer Wechselwirkungen im Okavango-Delta zu betrachten, nämlich die Regeneration der Süßwasserqualität: „Von besonderer ökologischer Bedeutung ist, dass das Wasser des Deltas Trinkwasserqualität besitzt und keinerlei erhöhte Salzkonzentration auftritt. Dies ist deshalb bemerkenswert, weil über den Okavango jährlich etwa 500 000 t gelöster Salze eingetragen werden und 95 % des

---

[906] Siehe https://docplayer.org/68499902-Selbstaehnlichkeit-in-der-natur-und-mathematische-fraktale.html

[907] vgl. Kap.1

[908] Siehe: U. Skirke (2011), a.a.O., S. 249

[909] Vgl. Krohn/Küppers (1989), a.a.O. S. 79

[910] Vgl. https://www.ethlife.ethz.ch/archive_articles/071107-Deltamodell/

Wassers verdunsten, sodass normalerweise deutliche Versalzung zu erwarten wäre. Für die fehlende Versalzung des Wasserkörpers werden zwei ökologische Prozesse verantwortlich gemacht: Zum einen überwiegt die *Transpiration* (Verdunstung durch Pflanzen) gegenüber der *Evaporation* (Verdunstung von den freien Wasserflächen), sodass es zu einer Akkumulation der Salze im Bereich der Inseln kommt, zum anderen spielt die sich kontinuierlich ändernde Überflutung eine Rolle, die den Böden Gelegenheit gibt, sich zu regenerieren." [911]

Mit diesen besonderen Eigenschaften des Okavango-Deltas sind von der ETH Zürich weiterreichende Modelle auf der Basis von Selbstorganisationsprozessen *,Zellulärer Automaten'* entwickelt worden, die nicht nur eine einfache Modellierung der Entwicklung von Flussdeltas beinhalten, sondern auch besondere Eigenschaften des Okavango-Deltas wie Verdunstung, Versickerung und Ablagerung mit dreidimensionaler Modellierung.[912]

2014 wurde das Okavango-Delta zur 1000. UNESCO-Weltnaturerbe Stätte ernannt. Die UNESCO schreibt dazu: „Dieses Delta im Nordwesten Botswanas umfasst permanente Sumpfgebiete und saisonal überschwemmte Ebenen. Es ist eines der wenigen großen Binnendelta-Systeme, die nicht in ein Meer münden, mit einem Feuchtgebiet, das fast intakt ist. Eines der einzigartigen Merkmale besteht darin, dass die jährlichen Überschwemmungen des Flusses Okavango während der Trockenzeit auftreten: Die einheimischen Pflanzen und Tiere haben ihre biologischen Zyklen auf diese saisonalen Regenfälle und Überschwemmungen perfekt angepasst. Es ist ein außergewöhnliches Beispiel für die Wechselwirkung zwischen klimatischen, hydrologischen und biologischen Prozessen."[913]

Dieser Ort ist nicht nur eine Stätte von planetarer Bedeutung, sondern verkörpert m.E. prototypische, *exemplarische Charakteristika* als Symbol des Lebens auf dieser Erde:

---

[911] Siehe https://de.wikipedia.org/wiki/Okavangodelta

[912] Vgl. Modeling river delta formation - Research Collection (ethz.ch): „Im Rahmen des SNF Projekts 200021-116050 wurde das Modell auf das Binnendelta des Okavango angewandt. Dazu wurde das Modell um Evaporation und Versickerung erweitert. Die entstehenden Ablagerungen zeigen grosse Ähnlichkeiten mit den Ablagerungen im Okavango und auch die Ausbildung von natürlichen "Levees" konnte im Modell reproduziert werden. Die Simulationen wurden durch ein Flume Experiment ergänzt, das die Bedingungen im Okavango mit Evaporation auf Laborskala nachstellen soll. Die Topographie wurde zu verschiedenen Zeitpunkten mit einem 3D Scanner vermessen, so dass später eine dreidimensionale Rekonstruktion des Sedimentationsmusters möglich ist. Ziel war es durch Vergleich von Simulation, Experiment und Feldmessungen, die geomorphologischen Unterschiede von Trockendeltas und Küstendeltas zu charakterisieren, um so einen tieferen Einblick in die unterschiedlichen Sedimentationsprozesse in den beiden Deltaformen und im speziellen im Okavango zu erhalten." (1. August, 2009 Hansjörg Seybold)

[913] https://www.afrika.de/blog/botswana-okavango-delta-zur-1000-unesco-weltnaturerbe-staette-ernannt/

im „Kleinen" spiegelt es die *evolutionären Lebensprozesse* des großen Ganzen wider – sowohl im Sinne der großartigen Veranschaulichung kostbaren Lebens als auch der unbedingten Notwendigkeit des Schutzes und Erhalt dieses Lebens auf unserem Planeten. Und wenn derzeit im Einzugsgebiet des Okavango-Deltas tatsächlich daran gearbeitet wird, Öl- und Gasreserven ausbeuten zu wollen, droht dort die Gefahr einer unverantwortlichen Zerstörung genauso wie derzeit auf dem gesamten Planeten.....Fünf afrikanische Länder haben sich zusammengetan, um die Region um das UNESCO-Weltnatur-Erbe Okavango-Delta in Botswana zu schützen: Angola, Botswana, Namibia, Sambia und Simbabwe. Das *transnationale* Schutzgebiet *Kavango Zambezi Transfrontier Conservation Area (KAZA)* [914] ist bekannt für seine Artenvielfalt und einzigartigen Landschaften.[915]

Ein weiteres bemerkenswertes Beispiel eines Delta-Gebietes ist das *Niger-Delta*: hervorzuheben sind dabei nicht nur die ökologischen Charakteristika, sondern insbesondere die damit verbundenen sozio-kulturellen Wesensmerkmale. Das Niger-Binnendelta umfasst etwa die Fläche von Belgien und entsteht durch jhreszeitliche schwankende Regenfälle mit enormen Wassermengen. „In einem Jahr mit durchschnittlichen Regenfällen verwandeln die Fluten des Niger 30.000 Quadratkilometer ausgetrockneter Sahelzone in ein kompliziertes Flechtwerk von Kanälen, Untiefen, Teichen, Marschen und Seen...70 MilliardenKubikmeter Wasser laufen jedes Jahr in das Binnendelta...Die jährliche Überschwemmung schafft ein riesiges, vielfältiges und produktives Ökosystem."[916]

Der bemerkenswerte Reichtum des Niger-Delta in diversen Formen schnell wachsender Gräser („bourgou") und wildem Reis stehen Nährstoffe, Nahrungsmittel oder Viehfutter reichlich zur Verfügung und bietet den Menschen verschiedenste Möglichkeiten, ihren Lebensunterhalt zu gestalten. Hinzu kommt

---

[914] Siehe https://de.wikipedia.org/wiki/Kavango-Zambezi_Transfrontier_Conservation_Area : „Die Gründung wurde am 18. August 2011 durch die Staats- und Regierungschefs der beteiligten Länder Sambia, Namibia, Botswana, Simbabwe und Angola formell bestätigt; die offizielle Eröffnung erfolgte am 15. März 2012 in Katima Mulilo. Die zusammengeschlossenen nationalen Gebiete haben nach den IUCN-Kategorien den Status von Nationalparks. Das Schutzgebiet umfasst eine Fläche von etwa 520.000 km² und ist damit nach dem Nordost-Grönland-Nationalpark das zweitgrößte Landschutzgebiet der Erde. Das grenzüberschreitende Projekt zählt zu den Peace Parks und wird von der Peace Parks Foundation unterstützt. Das Schutzgebiet verbindet eine Reihe bereits bestehender Nationalparks und Wildreservate, insbesondere den Caprivizipfel in Namibia, den Chobe-Nationalpark und das Okavango-Ddelta in Botswana, den Hwange-Nationalpark in Simbabwe sowie die Victoriafälle im Grenzgebiet zwischen Simbabwe und Sambia."

[915] https://www.dw.com/de/okavango-delta-weltnaturerbe-in-gefahr/a-59932445

[916] Siehe: John Reader (2001), a.a.O. S. 191

eine weitere Lebensquelle: der Fischreichtum. „Archäologische Funde deuten darauf hin, dass Hirten, Bauern und Fischer vor etwa 4000 Jahren begannen, das Niger-Delta gemeinschaftlich zu nutzen. Sie stellten Eisenwerkzeuge her und begannen , den wilden westafrikanischen Reis anzubauen, der zu einem wichtigen Garant einer Lebensgemeinschaft wurde.“ [917] Vor etwa 3000 Jahren entwickelten sich in *Selbst*organisation Dorfgemeinschaften und kleinere Ortschaften – mit einer eigenen Dynamik urbaner Prozesse, aus denen eine größere Ortschaft Djenné-Djenno hervorging, die zwar eine komplexe, aber *nicht* zentralistisch-hierarchische Gesellschaftsform zeigte, um spezielle Fähigkeiten wie beispielsweise Reisanbau in komplexer Weise zu integrieren....

Wilder, westafrikanischer Reis („Oryza glaberrima“) wurde sehr wahrscheinlich im Niger-Delta erschlossen und stellt mit mehr als 40 Sorten und komplexen Anbaumethoden eine hochentwickelte Agri-Kultur dar. „Besondere Kenntnisse werden auch von Hirten und Fischern gefordert; die Integration ihrer Fähigkeiten in ein Gesamtsystem ermöglichte es jeder Gruppe, mehr Menschen zu ernähren, als ohne Zusammenwirken möglich wäre. Die Integration war immer komplex.“[918]

Jedoch ist dabei besonders beachtenswert, dass die *statistische* Verteilung von Regenfallereignissen, Regenmengen und schwankenden Wasserständen sich völlig *unvorhersehbar* vollzog und damit das geordnete ‚Zusammenwirken‘ von Fischen, Landwirtschaft und Viehhaltung eine extrem schwierige Herausforderung darstellte.

Dennoch entwickelten die Menschen im Delta gerade aufgrund der Komplexität unvorhersehbarer, chaotisch-ökologischer Randbedingungen soziokulturelle Formen komplexer *Kooperation von Spezialisten* : "Because of the complexity of mechanisms the flood regime of the delta, many of the factors which affect the day-to-day life and decisions of its inhabitants are profoundly unpredictable.....Remarkably, it was the unpredictability of the delta regime itself which was responsible for the robust subsistence system that its inhabitants developed. In other words, the problem of making living in the delta were so great that only sound adaptive strategies were effective."[919] Der Soziologe *Christian Sigrist* bezeichnet die Mechanismen, die in herrschaftslosen Gesellschaften Afrikas ein geregeltes Zusammenleben ermöglichen, treffenderweise als „Regulierte Anarchie.“[920]

---

[917] Ebenda, S.192

[918] Ebenda

[919] Siehe: John Reader (1998), a.a.O. S. 225

[920] Siehe: Christian Sigrist. Regulierte Anarchie. Untersuchungen zum Fehlen und zur Entstehung politischer Herrschaft in segmentären Gesellschaften Afrikas (Münster 2005)

Das erstaunliche Resultat eines solchen systemischen Zusammenwirkens von Spezialisten charakterisiert *Murray Gell-Mann* als „Komplex adaptive Systeme“[921] : Sie sind *komplex*, weil sie aus mehreren zusammenhängenden Elementen bestehen. Sie sind *adaptiv*, weil sie ein besonderes Anpassungsvermögen an ihre Umwelt zeigen und die Möglichkeit haben, aus Erfahrung zu lernen. (*„Ein komplexes adaptives System ist ein komplexes, selbstähnliches Kollektiv von interagierenden adaptiven Akteuren.“*) Mit Hilfe derartiger Systeme entwickelten auch *Ingo Rechenberg* und *John H. Holland* „evolutionäre und genetische Algorithmen,“ die die Simulation komplex adaptiver Systeme und evolutionärer Prozessen ermöglichen.[922]

Im Unterschied zu hierarchischen, zentralisierten und konkurrierenden Gesellschaften entwickelte sich im Niger-Delta, insbesondere in und um Djenné-Djenno[923] eine *afrikanische* Sozio-Kultur, die egalitäre, kooperative, komplexe, konfliktarme *Überlebensformen* mit Erfolg ausbildet.[924] „Doch was die frühe Geschichte der Menschheit im Delta auszeichnet, ist nicht der Konflikt, sondern sein völliges Fehlen. Das spiegeln die Dörfer und Städte wider. Die Menschen, die zuerst im Binnendelta siedelten, hinterließen keine monumentale öffentliche Architektur, keine extravaganten Begräbnisbeigaben oder beschriftete Tafeln, die Könige priesen und von Eroberungstaten berichteten. Die Geschichte von Jenne-Jeno scheint außergewöhnlich friedlich verlaufen zu sein....Die wahre Geschichte des Sahel ist ein Bericht über Kämpfe gegen eine abweisende Umwelt, nicht gegen Menschen. Der Sahel ist ein unnachsichtiger Naturraum. Einer, der die Zusammenarbeit, nicht den Konflikt belohnt.“[925]

Vor diesem Hintergrund zeigt sich einmal mehr die Bedeutung von günstigen oder ungünstigen Bedingungen für Lebens- und Überlebensprozesse – und zwar in Natur *und* Gesellschaft!

Frage: Was machen eigentlich die Entwicklungs-Bedingungen des Lebens und Überlebens im Kern aus? In den letzten Jahrzehnten haben sich einerseits Irrtümer und andererseits neue mögliche Erkenntnisse im Kontext ‚klassischer‘, darwinistischer Evolutionstheorie gezeigt, die sowohl für das Wissen natürlicher als auch sozio-ökonomische Prozesse sowie insbesondere das zukunftsfähige praktische Handeln von großer Bedeutung sind. „Die von neoklassischen Vordenkern (wie Einstein, Poincaré, Schrödinger) inszenierte „neue Sicht der Dinge“ und ihre Dynamik beginnt sich derzeit als eine Art „zweites Weltbild“ durchzusetzen. Es läßt die von uns normalerweise

[921] Siehe: Murray Gell-Mann. Das Quark und der Jaguar. Vom Einfachen zum Komplexen- die Suche nach einer neuen Erklärung der Welt. München 1994

[922] Vgl. https://de.wikipedia.org/wiki/Komplexes_adaptives_System

[923] Siehe: Graham Connah (2006) a.a.O. S. 108 ff

[924] John Reader (1998), a.a.O. S. 226 ff

[925] Siehe: John Reader (2001), a.a.O. S. 193

beachtete und erlernte Newton-Laplace'sche Welt der Linearität, Notwendigkeit und ...Vorhersagbarkeit zum „Sonderfall“ werden: wie in der *sozialen* Welt!....*Nicht-Gleichgewicht*, Diskontinuität, Eigendynamik, Irreversibilität...und Selbstorganisation sind nur einige Begriffe, die das *transmechanistische* Weltbild fundieren.“ [926]

Die Entdeckung und Beschreibung komplex-dynamischer, nichtlinearer, offener Systeme im thermodynamischen Ungleichgewicht mit der Möglichkeit zur Bildung von neuen Formen, Mustern und Strukturen kennzeichnen die Eigenschaften evolutionärer Entwicklungspfade[927] und übernehmen eine neue Leitfunktion, mit der eine gemeinsame ‚Sprache' der Beschreibung von Formen der Selbstorganisation in Natur *und* Gesellschaft möglich wird.[928] „Möglicherweise befinden wir uns....jetzt mitten drin in einer epochalen Entwicklung, durchaus vergleichbar mit der vorgängigen Aufklärung und der folgenden naturwissenschaftlich-technologischen Revolution des 18. Jahrhunderts. Diesmal könnte der Auslöser der wissenschaftlich-technologische Wandel und dessen Folgen sein, der auch neue Denk- und Bedürfnisanstöße in die Sozial- und Humanwissenschaften hineinträgt, deren Mitwirkung herausfordert.“[929]

Doch vor allem wird eine grundlegende Erklärungspotenz für das Verständnis der natürlichen Welt eröffnet: „Dies lässt sich vielleicht erahnen, wenn man sich mit Fragen der Entstehung des Kosmos und des Übergangs zu höheren Entwicklungsformen der Natur, insbesondere des Lebens beschäftigt.“[930] [931]

Erich Jantsch beschreibt die universelle Bedeutung von Selbstorganisationsprozessen und ihre *Verbundenheit* auf vielen Ebenen für die kosmologischen Randbedingungen der Evolution: „Auf jeder Ebene stehen gewissermaßen selbstorganisierende Prozesse ‚in den Startlöchern' bereit, um bei geeigneten Bedingungen zufällige Entwicklungen abzulösen und die Entstehung komplexer Ordnung außerordentlich zu beschleunigen, wenn nicht überhaupt erst zu ermöglichen. Diese Startbedingungen sind vielleicht relativ eng begrenzt, wie wir auf unserer Suche nach Leben in unserem Sonnensystem wissen. Sind sie aber einmal gegeben – in einer bestimmten Phase der kosmischen Evolution, in der Galaxien und Sterne entstehen konnten, oder in den frühen Phasen des Lebens auf der Erde - , so werden diese Bedingungen selbst zum Gegenstand der Evolution. Evolution wird zur Koevolution mikroskopischer und makroskopischer Systeme......Insbesondere das Leben schafft sich zu einem guten Teil seine

---

[926] Siehe: Carl Böhret. Folgen. Entwurf für eine aktive Politik gegen schleichende Katastrophen. Opladen 1990, S. 121

[927] Vgl. Ilya Prigogine. Vom Sein zum Werden. München 1985; Paul Davies. Prinzip Chaos. Die neue Ordnung des Kosmos. München 1988; Friedrich Cramer: Chaos und Ordnung. Die komplexe Struktur des Lebendigen. Stuttgart 1988; Erich Jantsch (1979), a.a.O.

[928] Vgl. Günter Küppers (1996) a.a.O.

[929] Siehe Böhret (1990), a.a.O. S. 124

[930] Vgl. Klaus Meier (1991), a.a.O. S.38

[931] Dazu erfüllt das einschlägige Standard-Werk von „Erich Jantsch: Die Selbstorganisation des Universums“ (1979), a.a.O., eine tiefgreifende Grundlegung

Umweltbedingungen selbst....Mikro- und Makrokosmos sind beide nur Aspekte ein und derselben, integral wirkenden Evolution." [932]

Betrachten wir zunächst das Phänomen *„Selbstorganisation"* genauer: es beschreibt allgemein einen Prozess in einem offenen System im thermodynamischen *Ungleichgewicht,* das sich mit seiner Umgebung austauschen kann. Dies bedeutet: dem System wird Energie und/oder Stoff aus der Umgebung zugeführt, so dass es „von selbst" also spontan ohne äußere Steuerung durch systemimmanente Triebkräfte komplexe Muster und Strukturen hervorbringen kann.[933]

Dazu werden eine Reihe von Prinzipien und Randbedingungen erfüllt, von denen ich folgende besonders hervorheben möchte:

1. *Das Prinzip der Nichtlinearität und Rückkopplung:* selbstorganisierte Systemprozesse erzeugen Folgen, die wiederum durch nichtlineare Rückkopplung *auf deren Ursachen zurückwirken.* Wegen der Nichtlinearität ist die Bildung von mehreren, verschiedenen Mustern möglich. *Vielfalt* der Muster ist daher die Regel.
2. *Das Prinzip der Selbstverstärkung:* kleinste Schwankungen und Abweichungen im System werden chaotisch selbstverstärkt und bilden Keime oder Kristallisationskerne neuer Strukturen. Lokale mikroskopische Schwankungen führen zu makroskopischer Dynamik.
3. *Das Prinzip der inneren Bedingtheit:* bei bestimmten Randbedingungen des
4. entstehen geordnete Muster und Strukturen, die aber weder durch spezifische Vorgaben aus der äußeren Umwelt noch durch Folge intern codierter Anweisungen, sondern die Ordnung entsteht ausschließlich durch *im System* ablaufenden Prozesse. Sie organisieren sich in geeigneter Weise selbst. [934] [935]

Interessanterweise sind diese Prinzipien und Randbedingungen auch charakteristische Merkmale und Basiseigenschaften für *Ökosysteme*[936], deren Offenheit und Ungleichgewichtssituation mit Hilfe des Energieaustausches durch Sonneneinstrahlung und Wärmeabstrahlung bzw. Entropieexport entsteht. Des Weiteren ist die mikro- und makroskopische Dynamik von Ökosystemen durch Rückkopplung, Interaktionen und *komplexes Zusammenspiel* von Zuständen besonderer physischer Randbedingungen sowie derer von Flora und Fauna gekennzeichnet.[937] Dabei zeigte sich, dass die Ökosysteme sowohl des *Okavangodeltas* als auch des *Nigerdeltas* ebensolche komplex-dynamischen bzw. komplex-adaptiven Charakteristika aufweisen......

---

[932] Erich Jantsch (1979), a.a.O. S. 35 f.
[933] Ebeling/Feistel (1994), a.a.O. S. 32 ff
[934] Ebenda, S. 39 ff
[935] Vgl. auch Küppers (1996), a.a.O. S. 130 ff
[936] Siehe Jantsch (1979), a.a.O. S. 199 ff.
[937] Vgl. Wesson (1991), a.a.O. S. 196 f.

Die vertiefte Betrachtung von Selbstorganisation entbirgt noch weitere wichtige methodisch-theoretische Konsequenzen, die für die praktischen Prozessabläufe von grundlegender Bedeutung sind: Auslöser für die Selbstorganisationsdynamik ist eine thermodynamische *Un*gleichgewichtssituation, die durch *externe* Umweltbedingungen aufgeprägt sind und zu einem *internen* Ungleichgewicht führen. Dieses Ungleichgewicht verursacht Prozesse des Ausgleichs, die ihrerseits die Ausgangsbedingungen ihrer Entstehung verändern, d.h. eine Rückkopplungsschleife zwischen Ungleichgewicht (Ursache) und Ausgleichsprozess (Wirkung)![938] „Schließt sich die Rückkopplung, bedingen Ursache und Wirkung einander. Dann produziert eine Ursache gerade die Wirkung, die sie selbst zur Ursache hat. Diese *Reproduktion durch Schließung* hat zur Folge, daß sich Ungleichgewicht und Ausgleichsprozess zeitlich nicht mehr ändern. Der Ausgleichsprozess „erstarrt" zu einem Aktivitäts*muster*, das invariant in der Zeit bleibt. Dieser Übergang von einem gegenseitigen Sich-Verändern zu einem gegenseitigen Sich-Bedingen ist der *Selektionsmechanismus* der Selbstorganisation."[939]

Allerdings sind dem Ausgleichsvorgang bei gegebenen *Umwelt-* bzw. *Randbedingungen Grenzen* gesetzt: jede Änderung des internen Ungleichgewichts muss die Randbedingungen erfüllen, so dass neue Randbedingungen zu neuen Ungleichgewichten führen und damit zu neuen Formen, Strukturen und Mustern des Ausgleichs. Als paradigmatisches Beispiel der Selbstorganisation kann die Musterbildung in Flüssigkeitsströmungen (Bénard-Experiment) sehr konkret betrachtet werden.[940] Als weiteres, wichtiges Resultat bleibt dabei festzuhalten: „Nicht jede Veränderung der Randbedingung führt zu einer Veränderung des Musters der Dynamik. Vielmehr ist die interne Dynamik über weite Bereiche resistent gegenüber Veränderungen von außen. Nur das Überschreiten kritischer Werte hat einen Wechsel der Dynamik zur Folge."[941]

Es ist deshalb ein folgerichtiger Schritt, auch evolutionäre Prozesse als Selbstorganisationsprozesse zu erkennen: „Wir betrachten Evolution in Natur und Gesellschaft als eine unendliche Kette von Prozessen der Selbstorganisation." [942]

Dabei zeigt sich ein komplexes, meist asymmetrisches Wechselspiel von Zyklen und Ketten zwischen Ordnung und Chaos.[943] In der Realität bilden diese hochvernetzte Systeme aus, deren Ketten (oder Spiralen) aus folgenden Stadien bestehen:

---

[938] Siehe Küppers (1996),a.a.O., S. 137 f

[939] S. 138

[940] Ebenda, S. 126 ff.

[941] Ebenda S. 139

[942] Siehe Ebeling/Feistel (1994), a.a.O. S. 50 f

[943] Ebenda S. 39 ff.

1. *Ein relativ stabiler Evolutionszustand wird durch eine Veränderung der inneren oder äußeren Bedingungen instabil.*
2. *Die Instabilität löst einen Prozess der Selbstorganisation aus, der eine neue Struktur hervorbringt.*
3. *Als Resultat der Selbstorganisation entsteht ein neuer relativ stabiler Evolutionszustand, der wiederum in einen neuen Zyklus münden kann.* [944]

Als wesentlichste Quintessenz der wissenschaftsmethodischen Grunderkenntnisse des Selbstorganisationsparadigmas ist aber: das Konzept der Selbstorganisation löst frühere Vorstellungen und theoretische Modelle über die Entstehung, Differenzierung und Veränderungen von Ordnung in der Natur ab – wie etwa *mechanistische* Erklärungsansätze!

Es existieren eine Fülle von wissenschaftlichen Studien und überzeugenden Beweisen, die deshalb auch Darwin'sche ,Dogmen' oder den modernen Neodarwinismus nicht überzeugend finden.[945]

Die Selbstorganisationstheorie stellt nun den klassischen Evolutionsansatz nicht grundsätzlich in Frage, bezweifelt aber, dass der ,einfache' darwinsche Mechanismus - zufällige Mutation und natürliche Selektion - eine notwendige und hinreichende Erklärung für die sich beschleunigende Evolutionsdynamik in Richtung zunehmender Komplexität sein kann. „Wie können zufällige Ereignisse im Laufe von Jahrmillionen angesichts sich wandelnder Verhältnisse für eine fortgesetzte biologische Anpassung gesorgt haben? Wie kann allein der Zufall dafür verantwortlich sein, dass als Reaktion auf Herausforderungen der Umwelt vollkommen neue und erfolgreiche Strukturen entstanden sind, etwa das Nervensystem, das Gehirn, das Auge usw.?"[946]

Es lässt sich grob abschätzen, wie groß die Wahrscheinlichkeit ist, dass durch endloses Umbauen und Zerlegen der komplexen Moleküle in der „Ursuppe" nach etwa von eine Milliarde Jahren ,zufällig' ein kleines Virus entstanden ist. „Die möglichen chemischen Kombinationen sind so ungeheuer zahlreich, dass sich eine Chance von eins zu 10(exp 2.000.000) ergibt. Diese beinahe unfassbar geringe Wahrscheinlichkeit ist kleiner als die, bei sechs Millionen Münzwürfen hintereinander Kopf zu werfen.....Die spontane

---

[944] Ebenda S. 50 f

[945] Vgl. dazu folgende Studien: Joachim Bauer. Das kooperative Gen. Abschied vom Darwinismus. Hamburg 2008; Georg Menting. Funktioniert der Darwinsche Evolutionsmechanismus? In: „Zeitsprünge" (04/2000). Aktualisierte Fassung 2004, S. 1-27; Jörg Räwel. Paradigmenwechsel in der Evolutionsbiologie. Heise Medien 2020; vgl. auch
Ulf Skirke (1998), a.a.O. S. 97 ff.

[946] Vgl. Paul Davies. Prinzip Chaos. Die neue Ordnung des Koamos. München 1988. S. 156

Entstehung von Leben durch zufälliges Durcheinandermischen von Molekülen ist ein Ereignis von absurder Unwahrscheinlichkeit."[947] [948]

Ein weiteres Problem liegt darin, dass nicht nur die äußere Umwelt für die Selektion verantwortlich ist, sondern auch das Verhalten des Organismus selbst, d.h. seine „innere Selektion". Anhand neuer Erkenntnisse der Molekularbiologie und zahlreicher Beispiele aus Flora und Fauna dokumentiert *Wesson*[949], dass weder natürliche Auslese noch Zufall allein die Evolution der Organismen ausreichend erklären können. Erst das Zusammenspiel von ‚äußeren' und ‚inneren' Triebkräften, von Selbstorganisation, Rückkoppelung, Chaos, zufälliger und innerer Dynamik ermöglicht das Entstehen von neuem Leben. „Die Evolution ist das Resultat aus mindestens vier bedeutsamen Faktoren: Umwelt, Auslese, zufällig chaotischer Entwicklung und innere Lenkung" [950]

Die ‚erfolgreiche Anpassung' eines Organismus *allein* der selektiven Wirkung der Umwelt zuzuordnen lässt sich nicht länger aufrechterhalten, sondern es müssen Charakteristika der Selbstorganisation herangezogen werden: „Die Dynamik der Selbstorganisation dagegen besteht in der selektiven Wirkung der zyklischen Kopplung von Ursache und Wirkung. Sie stellt sich nur bei einer bestimmten Struktur ein und reproduziert diese. Gegenüber von Umweltveränderungen ist eine solche Struktur in der Regel resistent. Es gibt aber kritische Veränderungen, auf die die Dynamik sensibel reagiert. Ein neues Ungleichgewicht stellt sich ein, die Schließung von Ursache und Wirkung gelingt nun bei einer anderen Struktur. Anpassung ist im Falle der Selbstorganisation eine Leistung der internen Dynamik." [951] [952]

Als weiteres Evolutionskriterium einer ‚natürlichen Auslese' wird das Prinzip des Konkurrenzkampfes genannt, der Kampf ums Dasein sowie das Überleben des Stärksten, Tüchtigsten, Erfolgreichsten....

---

[947] Ebenda S. 169

[948] Vgl. auch J. Al-Khalili/J. McFadden (2015), a.a.O. S. 342 ff

[949] Siehe Robert Wesson (1991), a.a.O. S. 55 ff

[950] Ebenda S. 347

[951] Siehe G. Küppers (1996), a.a.O. S. 140

[952] Siehe dazu auch P. Davies (1988), a.a.O. S. 163 f: „"Der evolutionäre Wandel wird also dadurch vorangetrieben, daß die Biosphäre entweder durch interne oder durch externe Veränderungen beständig von ihrem gewöhnlichen Zustand des dynamischen Gleichgewichts abgedrängt wird ... Es ist unwahrscheinlich, daß die komplexen Strukturen in der Biologie ein Resultat rein zufälliger Ereignisse sind ... Weit wahrscheinlicher ist es offenbar, daß die Komplexität in der Biologie dem gleichen allgemeinen Gesetz entsprungen ist, daß auch für das Auftreten von Komplexität in Physik und Chemie verantwortlich ist, nämlich den ganz und gar nicht zufälligen, abrupten Übergängen zu neuen Zuständen von größerer organisatorischer Komplexität, die erfolgen, wenn Systeme aus dem Gleichgewicht fortgedrängt werden und an 'kritische Punkte' kommen."

Der Mathematiker und Philosoph *Alfred North Whitehead* greift in seinem systemisch-kosmologischen Ansatz[953] auch auf die damaligen Erkenntnisse der Biologie zurück.

Trotz unbestreitbarer Nähe zu biologischen Evolutionskonzepten wendet sich Whitehead jedoch gegen einen mechanistischen Biologismus sowie gegen traditionell-dogmatische Evolutionstheorien: Deshalb müssen „evolutionistische Denkfehler" ausgeräumt werden, die insbesondere in dem Schlagwort vom ‚Überleben des Tüchtigsten' oder von der „Phrase" vom ‚Kampf ums Dasein' bestehen. Die bloße Anpassung an die Umwelt oder das Ziel des schlichten Überlebens können für Whitehead keine hinreichenden Erklärungen für die Herausbildung komplexer Organismen liefern. Wenn man die Tatsache, dass eine Spezies ausgestorben ist, versucht damit zu begründen, dass sie fehlangepasst war, führt diese „Erklärung" auf eine leere Tautologie. Die Spezies war fehlangepasst, weil sie ausgestorben ist, und sie ist ausgestorben, weil sie fehlangepasst war.[954] „Warum hat die Evolution in ihrer Gesamttendenz zur Herausbildung immer höherer Lebensformen geführt? Weder die Tatsache, dass aus irgendwelchen Verteilungen unbelebter Materie lebende Organismen hervorgegangen sind, noch die Tatsache, dass sich im Lauf der Zeit immer höhere Formen von Organismen herausgebildet haben, lassen sich durch die Begriffe der Anpassung an die Umwelt oder des Kampfs ums Dasein irgendwie erklären. Tatsächlich hat sich im Laufe der Aufwärtsentwicklung mehr und mehr ein entgegengesetztes Verhältnis zur Umwelt ergeben, mathematisch ausgedrückt: die zur Anpassung *inverse* Relation. Die höheren Lebewesen haben sich immer stärker der Aufgabe zugewandt, die *Umwelt* ihren Bedürfnissen anzupassen" [955]

Whiteheads zunächst vermutete „Erkenntnis, dass im Universum eine *Gegentendenz* am Werk ist, die den Verfall einer vorhandenen Ordnung in das Entstehen einer neuen Ordnung überführt" [956] wurde ein halbes Jahrhundert später durch Forschungen der Nichtgleichgewichts-Thermodynamik, über Selbstorganisation und chaotische Dynamik überaus plausibel und empirisch gestützt. Auch seine kritische Einschätzung der Evolutionstheorie und die Deutung der Evolution des Lebens als einen aktiven und kreativen Prozess findet durch neuere Forschungsergebnisse wesentliche Unterstützung……

Dazu gehören wesentlich und insbesondere die Forschungsergebnisse von Mikrobiologin *Lynn Margulis*[957] Mit ihrem Ansatz der „Symbiogenese" begründete sie eine Theorie über die tatsächliche Entstehung der heute ‚großen' Arten von Pflanzen und Tieren: nicht das Ergebnis einer graduellen Mutation durch

[953] Vgl. U. Skirke (1998), a. a.O. S. 209 ff.

[954] A.N. Whitehead (Princeton 1929/Stuttgart 1974), a. a. O. S. 7 ff

[955] S. 8

[956] S. 74

[957] Siehe Lynn Margulis und Dorion Sagan. Microcosmos. New York 1986

ständige Konkurrenz, sondern das Ergebnis von symbiotischen Prozessen, die in der mikrobiologischen Zellen-Welt ihren Ausgang nahmen. Sie entstanden *nicht* durch Konkurrenz im Überlebenskampf, sondern durch *Kooperation*.[958] „In ihrem Buch *Microcosmos*, das sie mit ihrem Sohn Dorion schrieb, sagt sie: „Der Konkurrenz, in der der Stärkere gewinnt, wurde viel mehr Aufmerksamkeit geschenkt als der Kooperation. Aber einige auf den ersten Blick schwache Organismen haben langfristig dadurch überlebt, dass sie Teile von Kollektiven waren, während die sogenannten starken, die nie den Trick der Kooperation lernten, zum Abfall der Evolution geworfen und ausgelöscht wurden."" [959]

Eine Reihe von gut dokumentierten Beispielen wird das weit verbreitete *Zusammenwirken* von Evolutionsprozessen dargestellt: Phänomene wie „primäre Prinzipien der *Kooperation*"[960], *Selbstregulierung*[961], eine Vielzahl von *Symbiosen*[962], Win-win-Situationen und komplexe *Partnerschaften*[963] bis hin zu umfassenden Prozessen der *„Koevolution"*[964].

Bereits Ende des 19. Jahrhunderts entwickelte der russische Naturforscher und Geograph *Peter Kropotkin* mit Hilfe langjähriger eigener Forschungen in Sibirien und der Mandschurai eine Gegenposition zu herkömmlichen sozaldarwinistischen Interpretationen des „Survival of the fittest", indem er dem Konkurrenzkampf ums Dasein 1902 ein umfassendes Konzept der *‚Gegenseitigen Hilfe in Tier- und Menschenwelt'* entgegensetzte.[965] „Wenn wir ...die Natur fragen, wer sind die Tüchtigsten: jene, die ständig miteinander im Krieg liegen, oder jene, die einander unterstützen?, so sehen wir sofort, dass jene Tiere, die die Gewohnheit gegenseitiger Hilfe erworben haben, zweifellos die tüchtigsten, am besten angepassten sind. Sie haben mehr Überlebenschancen und sie bringen es auf ihrer jeweiligen Stufe zum höchsten Entwicklungsgrad der Intelligenz und der Körperorganisation."[966]

Obwohl durchaus wissenschaftlich und empirisch begründet, fanden die Ansätze Kropotkins nur mäßige öffentliche Beachtung........

Vielmehr setzte sich in der zweiten Hälfte des 19. Jahrhunderts eine Evolutionstheorie nicht nur wegen ihrer Erklärungsmodelle über die Entstehung und Entwicklung biologischer Arten erfolgreich durch, sondern auch durch den unterstützenden und verstärkenden viktorianischen, insbesondere *kolonialen*

---

958 Vgl. J. Briggs und F.D. Peat (1990), a. a. O. S. 232 ff
959 Zitiert nach: Ebenda S. 233
960 Siehe J. Bauer (2008), a.a.O. S. 15 ff
961 Briggs/Peat (1990), a. a. O. S. 238
962 Siehe: Wesson (1991), a.a.O. S. 199 ff; vgl. auch: A. Weber (2007), a.a.O. S. 219 ff
963 Vgl. V. Arzt. Kumpel&Komplizen. Warum die Natur auf Partnerschaft setzt. München 2019.
964 Siehe: S. Kauffman (1998), a.a.O. S. 355 ff ; Vgl. auch: Erich Jantsch (1979), a.a.O. S. 297 ff.
965 Siehe: https://de.wikipedia.org/wiki/Gegenseitige_Hilfe_in_der_Tier-_und_Menschenwelt
966 Zitiert nach: Briggs/Peat (1990), a.a.O. S. 239

Zeitgeist. „Konzepte wie der Kampf ums Dasein, Kampf um Ressourcen, Konkurrenz, Wettstreit und ‚Survival of the Fittest' fanden im Viktorianischen Zeitalter besonders viel Resonanz in den Eliten Großbritanniens....Mit dem Recht des Stärkeren wurden die Überlegenheit der weißen Rasse und der koloniale Imperialismus legitimiert. Gleichzeitig zog man fehlinterpretierte Grundsätze der Darwin'schen Evolutionstheorie für die explosionsartige Entwicklung des Kapitalismus heran. Ende des 19. Jahrhunderts entwickelte sich so der Sozialdarwinismus zu einer der populärsten Gesellschaftstheorien und lieferte das theoretische Fundament für Rassismus, Imperialismus, Nationalismus und Faschismus."[967]

Dies war auch deshalb bedauerlich, da Darwin die Unvollständigkeit der Prinzipien vom „Struggle for Life" oder vom „Kampf ums Überleben" selbst erkannte und wusste, dass diese Konzepte nicht ausreichen, um eine Reihe von natürlichen Evolutionsphänomenen zu erklären.[968]

Dennoch hat Darwin nicht unerheblich zu fundamentalen Fehlinterpretationen von methodischen Grundlegungen seiner Evolutionstheorie beigetragen! Dabei geht es allerdings weniger um die Schwachpunkte seiner Theorie, wie sie oben im Kontext der Selbstorganisation dargestellt wurden – sondern die *Hauptkritik* am Ursprung der Darwin'schen Evolutionstheorie sehe ich in einem schwerwiegenden *Zirkelschluss* und *Übertragungsfehler*: Sowohl Charles Darwin als auch Alfred Russel Wallace fanden beide als ihr wesentliches ‚Modellierungs-Prinzip' für die Evolutionsprozesse, nämlich ‚Konkurrenzkampf' und ‚Überleben des Tüchtigsten', erst *nachdem* sie durch Studium von Thomas Malthus' Essay über die Bevölkerungsentwicklung (1798)[969] sowie von Ideen Thomas Hobbes' über den gesellschaftspolitischen „Naturzustand" der Politik als „Krieg aller gegen alle"

(*Bellum omnium contra omnes*)(1651)[970] oder dessen Menschenbild des „homo homini lupus" (Der Mensch ist für den Mitmenschen ein Wolf) von deren Lehren tief überzeugt waren![971]

Bertrand Russell, der zusammen mit *Alfred North Whitehead* das dreibändige Grundlagenwerk „Principia Mathematica"[972] veröffentlichte, wies darauf hin, dass Darwin die Natur vermenschlichte, als er Malthus' wirtschaftliche Laissez-faire-Theorie

---

[967] Vgl: Dirk Brockmann.Im Wald vor lauter Bäumen.Unsere komplexe Welt besser verstehen.München 2021. S. 187 f.

[968] Ebenda S. 189

[969] https://de.wikipedia.org/wiki/Thomas_Robert_Malthus

[970] https://de.wikipedia.org/wiki/Thomas_Hobbes

[971] Siehe: Briggs/Peat (1990), a.a.O. S. 238 f. sowie
vgl. Ernst U. von Weizsäcker, K. Hargroves, M. Smith. Faktor Fünf. Die Formel für nachhaltiges Wachstum. München 2010. S. 365ff.

[972] Vgl. https://de.wikipedia.org/wiki/Principia_Mathematica

benutzte, um ein Bild des Lebendigen zu malen, in dem alles mit allem in unbarmherzigen Konkurrenzkampf steht. Könnte es nicht sein, dass diese Ausweitung des Malthusschen Gedankens unbeabsichtigt zu einer schwerwiegenden Verzerrung unseres Verständnisses der Natur geführt hat..."[973]

Der Wissenschaftshistoriker *Ernst Peter Fischer* hat die gedanklich-theoretische Entwicklung Darwins hin zur Grundidee von Konkurrenz und natürlicher Selektion genauer untersucht, und fand als weitere wichtige Ergänzung seiner Theorie Leitbilder und Prinzipien frühkapitalistischer Organisation, wie sie insbesondere während der Londoner Weltausstellung 1851 anschaulich vorgestellt wurden. „Dabei muss ihm eingefallen sein, dass sich im Verlauf der Evolution Pflanzen- und Tierarten besonders gut durchsetzen und behaupten können, wenn ihre Variationen möglichst breit gestreut sind – „als ob die Natur ein *Industriebetrieb* wäre, in dem ja die Arbeiter bekanntermaßen desto effizienter produzieren, je weiter fortgeschritten die Arbeitsteilung ist – je vielgestaltiger also die Tätigkeiten der Einzelnen sind." Darwin hat diese fortschreitende Spezialisierung mit eigenen Augen in den Manufakturen gesehen....und fügt sie nun in sein dynamisches Naturbild ein."[974]

Aber diese *Übertragung* sozio-ökonomischer, anthropozentrischer Prinzipien auf das „Naturbild" evolutionärer Prozesse hat methodologisch fundamentale Konsequenzen!

Eine fatale Selbstverstärkung dieses falschen Naturbildes findet sich häufig in sogenannten „Naturdokumentationen"- damals wie heute - über den schrecklichen Überlebenskampf von Tieren und Pflanzen, dem eher medial verzerrte, reißerische als reale Leitbilder zugrunde liegen. Meine Jahrzehnte langen eigenen Natur-Erfahrungen insbesondere in Afrika widersprechen vehement diesen einseitig zugespitzten medialen Konstrukten. Von daher stimme ich der Kritik von *Dirk Brockmann* an solchen angeblichen „Naturdokumentationen" ausdrücklich zu, wenn er feststellt: „Naturdokumentationen im Fernsehen legen den Fokus oft auf Wettstreit um Ressourcen, es wird berichtet,...wie erschöpfend der Überlebenskampf ist, wie brutal die Natur sein kann, wenn der Habicht eine Feldmaus tötet, ein Krokodil ein Gnu in Stücke reißt oder die Spinne ein Insekt vergiftet. Spinnenweibchen, die ihre Paarungspartner verspeisen, lassen uns schaudern. Fressen und gefressen werden ist das Konzept. Die Großen fressen die Kleinen. „Männchen" kämpfen um die Gunst der „Weibchen", der Stärkere gewinnt und erhält die Chance der Fortpflanzung. Bei Pflanzen wird diskutiert, mit welchen Tricks sie um Sonnenlicht kämpfen. Diese Geschichten sind typisch: Alles ist Konkurrenz. Selten wird über die symbiotische Beziehung zwischen den Arten berichtet, also zum Beispiel die Kooperation zwischen Bestäubern wie Bienen und Schmetterlingen und den Pflanzen, die sie ernähren und deren Fortpflanzung im Gegenzug gewährleisten. Oder von Vögeln, die in den Mäulern von Krokodilen und Flusspferden

---

[973] Vgl. Briggs/Peat (1990), a. a. O. S. 238 f.

[974] Vgl. Ernst Peter Fischer. Der kleine Darwin. Alle, was man über Evolution wissen sollte. München 2009. S. 36 f.

die Parasiten entfernen und davon leben. Eine klare Win-win-Situation. Symbiosen und Mutualismus (eine Art freiwillige Symbiose, aus der beide Partner Vorteile ziehen) werden als Randerscheinung....der Natur begriffen."[975]

Friedrich Engels, der selbst intensiv Strukturverwandtschaften zwischen Natur und Gesellschaft in einer Vielzahl von Beispielen untersucht hat, bringt das falsche „Kampf"-Naturbild und die damit verknüpfte „Zirkelschlussanalogie" auf den Punkt: „Es ist...schon in der Natur nicht erlaubt, den einseitigen „Kampf" allein auf die Fahne zu schreiben. Aber ganz kindisch ist es, den mannigfaltigen Reichtum der geschichtlichen Ent- und Verwicklung unter die magre und einseitige Phrase ‚Kampf ums Dasein' subsumieren zu wollen. Man sagt damit weniger als Nichts. Die ganze Darwinsche Lehre vom Kampf ums Dasein ist einfach die *Übertragung* der Hobbesschen Lehre vom bellum omnium contra omnes und der bürgerlichen ökonomischen von der Konkurrenz, sowie der Malthusschen Bevölkerungstheorie *aus der Gesellschaft in die belebte Natur*.

Nachdem man dies Kunststück fertiggebracht (dessen unbedingte Berechtigung, besonders was die Malthusianische Lehre angeht, noch sehr fraglich), ist es sehr leicht, diese Lehren aus der Naturgeschichte wieder in die Geschichte der Gesellschaft zurück zu übertragen, und eine gar zu starke Naivität, zu behaupten, man habe damit diese Behauptungen als ewige Naturgesetze der Gesellschaft nachgewiesen."[976]

Erst hundert Jahre später gelang mit Hilfe der Selbstorganisationstheorie, Struktureigenschaften und grundlegende Charakteristika dessen zu bestimmen, was Lebens- und Evolutionsprozesse einerseits und Basiseigenschaften von Sozialität andererseits in Verbindung setzt. Die Biologen *Maturana, Varela und Uribe* konkretisieren dazu einen speziellen Selbstorganisations-Ansatz der „Autopoiese": als interaktives und rekursives Netzwerk lebender und soziale Systeme.[977] Maturana beschreibt dazu das kooperative menschliche Zusammenwirken im biologisch-evolutionären Kontext: „Im menschlichen Bereich ist das Zustandekommen von Gemeinschaftlichkeit der Faktor, der spontan zur Rekurrenz von Interaktionen führt, d.h. es ist die Liebe in irgendeiner ihrer Dimensionen. Ohne Liebe gibt es keine menschliche Sozialisation, und jede Gesellschaft, in der die Liebe erlischt, zerfällt. Diese Bedingung streng biologischer Natur bestimmte als grundlegende Größe in der Evolution der Hominiden den Verlauf der menschlichen sozialen Drift, die zur Entwicklung der Sprache und im Zusammenhang damit in kooperativen und nicht in Wettbewerbsformen zum Ursprung der Ausprägung der typischen menschlichen Intelligenz wurde."[978]

---

[975] Siehe Brockmann (2021), a.a.O. S. 185 f.

[976] Siehe: Friedrich Engels. Dialektik und Natur. Nachdruck aus: Marx-Engels-Archiv, Band II, Frankfurt/Main 1927, S. 190 f.

[977] Vgl. Humberto R. Maturana. Biologie der Sozialität. S. 287 - 302 sowie Franisco J. Varela. Autonomie und Autopoiese. S. 119 – 132, in: Siegrfried J: Schmidt (Hrsg.). Der Diskurs des Radikalen Konstruktivismus. Frankfurt/Main 1988

[978] Vgl. Maturana (1988), a.a.O. S. 296 f.

Auch die Anthropologin *Mary Clark* unterstreicht durch ihre Forschungsergebnisse, dass das Überleben der Menschen seit ihren frühesten Anfängen immer wieder auf Kooperation angewiesen war.[979]

Von daher ist die von Physiker und Komplexitätsforscher *Dirk Brockmann* erste Schlussfolgerung durchaus gerechtfertigt: „Da Kooperation so ein wichtiges Element in biologischen und sozialen Systemen ist, kann man davon ausgehen, dass sich verschiedene Mechanismen zu ihrer Stabilisierung entwickelt haben."[980]

Die zweite jedoch ist sehr viel weitreichender und weiterführender, wenn er ein Resümee der aktuellen Forschungsansätze und Denkmodelle zu Leitideen der Kooperation zieht: „Vielleicht können in Zukunft aus diesen neuen Denkmodellen auch praktische gesellschaftliche Antworten abgeleitet werden, wenn klar wird, nach welchen Regeln Beziehungen in der Natur variiert und selektiert werden. 100 Jahre haben Neodarwinismus und Sozialdarwinismus sich gegenseitig befruchtet und zu fatalen Lebens- und Wirtschaftskonzepten geführt: ungezügeltem Wachstum, monopolistischen Konzernen, Uniformität und Diversitätsverlust. Vielleicht ist es an der Zeit, aus der erfolgreichsten Strategie der Natur zu lernen und sie in gesellschaftlichen und sozialen Strukturen zu übernehmen: *Kooperation*."[981]

Die zweimotorige Maschine bringt uns pünktlich vom Zelt Camp im Delta nach Maun. Beim Überfliegen muss ich unweigerlich an das Gespräch mit Godfrey am gestrigen Abend denken, an seine Gedanken über die ‚Botschaft' des Okavango-Deltas: „die Menschen in Politik und Gesellschaft sollten sich am großartigen Zusammenwirken der Natur wie hier im Delta orientieren." [982]

Bis heute wirkt die Erinnerung an die überwältigende Schönheit dieses Naturphänomens wie ein tragendes Leitbild für meine eigenen Forschungsarbeiten über Selbstorganisation und Vorschläge für ein anderes, *zukunftsfähiges* Evolutionsmodell als *Koevolution* von Mensch und Natur auf diesem Planeten!

Es war eine eindrucksvolle Woche in Botswana, der Abschied von der Gruppe fällt schwerer als gedacht. Ich versprach, einen kleinen Videofilm über unsere gemeinsame Bootsfahrt in die Abendsonne des Deltas zu versenden und sollte tatsächlich Wort halten......

---

[979] Siehe E. U. von Weizsäcker et al (2010), a.a.O. S. 366 ff

[980] Vgl. D. Brockmann (2021), a.a.O. S. 209

[981] Ebenda, S. 210

[982] Siehe die Ausführungen Godfreys auf S. 151 des vorliegenden Textes

Astrid und ich hatten noch eine Urlaubswoche in Maun gebucht, wo uns der junge Botswaner *Jake* erwartet, zu Riley's Hotel begleitet und für den Nachmittag eine Stadttour anbietet.

Die Hotelanlage präsentiert sich als Mischung englisch-afrikanischen Stils, und in der Empfangshalle beeindruckt eine Bronze-Skulptur zweier fast lebensgroßer San-Jäger, die mit Pfeil und Bogen bewaffnet sind.

Nachmittags geht es ins Sportstadion mit knapp 20.000 Plätzen. Am heutigen *Unabhängigkeitstag* wird ein ungewöhnliches Fußballspiel geboten: der örtliche Verein spielt gegen eine Mannschaft aus Botswanas Gefängnispersonal und Bewährungshäftlingen - bei sengender Hitze von 45°C.

Es ist am heutigen Tag ein besonderes, ehrenvolles Spiel, erläutert Jake, es dokumentiere die Solidarität in der botswanischen Gesellschaft! Als Ehrengäste wohnen dem Spiel die Erst- und Zweitplatzierte der Wahl ‚Miss Independence' bei, die uns Jake persönlich vorstellt. Wir fühlen uns geehrt...

Vor der Tribüne weht die botswanische Nationalflagge, deren Bedeutung eines hellblauen Hintergrunds mit einfacher Balkenstruktur von Guide *Jake* ausführliche erklärt wird: die blaue Farbe verdeutliche einerseits die besondere Bedeutung von Wasser und Regen sowie das ausgeglichene und friedliche Naturell der in Botswana lebenden Bevölkerung. Dabei symbolisiere der den hellblauen Hintergrund in der Mitte teilende, weiß umsäumte schwarze Balken das harmonische Miteinander einer schwarzen Bevölkerungsmehrheit mit einer weißen Minderheit.[983] „Die seit der Unabhängigkeit von allen botswanischen Regierungen konsequent betriebene, gegen Rassismus und Apartheid gerichtete Politik, die einer multikulturellen, gemischtrassigen Gesellschaft ein Leben in Wohlstand ermöglichen soll, unter Wahrung freiheitlich-demokratischer Grundrechte und ohne politische Gefangene, findet also ein einfache Entsprechung in der Struktur der nationalen Fahne. Das von den Botswana praktizierte *Konzept gesellschaftlicher Harmonie* wir im Setswana als *„Kagisano"* bezeichnet. Seine Grundprinzipien sind *Puso ya batho ka batho* (Demokratie), *Popagao ya sechaba* (Einheit), *Ditiro tsa ditlhabololo* (Entwicklung) und *Boipelego* (Selbstvertrauen)." [984]

Die positive Entwicklung Botswanas, seine Unabhängigkeit und seine *grundlegend andere Entwicklung* als die Nachbarstaaten sei Sir Seretse Khama, dem ersten demokratisch gewählten Präsidenten zu verdanken, erläutert Guide Jake und löste in mir ein deutlich erweitertes Interesse an dieser afrikanischen Region aus....

---

[983] Vgl. auch C. Lübbert (2000), a.a.O. S. 203

[984] Ebenda

Schon bei der Vorbereitung der Reise war viel Gutes über die politische Verfasstheit Botswanas zu lesen: ein funktionierendes Mehrparteiensystem mit grundlegender Einbindung der ethnischen Interessen durch ein gesetzgebendes Parlament (*erstes* Haus) sowie ein *zweites* Haus („House of Chiefs") mit beratender Funktion in ethnischen Angelegenheiten der verschiedenen Volksgruppen.[985] Die gesamte Tiefe und Breite der besonderen, *‚anderen Evolution'* Botswanas sollte erst später klarer werden....

Bis zur Unabhängigkeit war „Betschuanaland" das größte britische Protektorat im Südlichen Afrika. Bedeutenden gesellschaftspolitischen Einfluss im Zentrum des Landes kam der Bangwato-Etnie zu:

Seretse Khama war der designierte Thronfolger der Bangwato und wurde nach mehrjähriger Ausbildung in Südafrika zum Jura-Studium nach Oxford entsandt. Im Juni 1947 lernte Seretse Khama die Engländerin Ruth Williams kennen, die bei Lloyd's of London arbeitete. Nach einem Jahr heirateten die beiden, was bei zwei Gruppen einige Irritation auslöste: der Ältestenrat der Bamangwato wünschte keine Weiße am Hof des Oberhauptes und die 1948 gewählte südafrikanische Regierung unter Daniel François Malan hatte gerade begonnen, ihre Politik der Apartheid umzusetzen, und beanspruchte Mitsprache in Angelegenheiten der benachbarten britischen Protektorate.

Die Hochstilisierung der „Mischehe" führte zur international beachteten „Seretse-Khama-Affäre". Die Bamangwato weigerten sich eine Weile, einen Nachfolger zu bestimmen, weshalb die Briten den in der Thronfolge nächstplatzierten Rasebolai Kgamane einsetzen. Nach dem Verzicht auf seine Ansprüche durfte Seretse Khama 1956 mit seiner Frau und seinen Kindern zurückkehren. In es Angelegenheiten der Banwato unterstützte er Kgamane und lebte ansonsten unauffällig und zurückgezogen als Viehzüchter in Serowe.

Nach einer Verfassungsreform 1960, die den Afrikanern 12 der 35 Sitze im Legislativrat zugestand, wurde Seretse Khama Abgeordneter. 1961 gründete er die gemäßigte Bechuanaland Democratic Party (BDP), die 1965 die Wahlen deutlich mit 28 der 31 Sitze für sich entscheiden konnte, und wurde erster Premierminister. Die Partei wurde nach der Unabhängigkeit in „Botswana Democratic Party" (BDP) umbenannt.[986] [987]

Als Betschuanaland am 30. September 1966 unter dem Namen Botswana unabhängig wurde, übernahm Khama das Amt des Präsidenten. Von der britischen Königin Elizabeth II. wird er in den Adelsstand erhoben.

1967 wurde ein Diamantlager bei Orapa entdeckt und 1971 dort die erste Diamantenmine eröffnet.

---

[985] Siehe M. Iwanowski (2000), a.a.O. S. 30 ff

[986] Vgl. auch C. Lübbert (2000), a.a.O. S. 200

[987] Siehe: https://de.wikipedia.org/wiki/Seretse_Khama

Khama verstand es, seinem Land eine gute wirtschaftliche Entwicklung, eine wirksame Bekämpfung der Korruption und demokratische Verhältnisse zu sichern. Der Reichtum an Rohstoffen erlaubte ihm umfangreiche Investitionen in Infrastruktur und Bildungswesen. Heutzutage hat Botswana den höchsten Lebensstandard in ‚Subsahara'-Afrika (den fünfthöchsten in Afrika) und den niedrigsten Korruptionsindex in ganz Afrika, was maßgeblich auf Khamas Präsidentschaft zurückgeführt wird. Viel zu früh stirbt er 1980.

Mit Ruth Khama hatte er eine Tochter und drei Söhne, die zwischen 1950 und 1958 geboren wurden. 2008 bis 2018 war sein Sohn Ian Khama Präsident Botswanas. Tshekedi Khama – benannt nach Seretses Onkel – ist langjähriger Minister. Ruth Khama war in ihrer Rolle als „First Lady" politisch aktiv und einflussreich. Nach dem Tod ihres Mannes im Jahr 1980 blieb sie in Botswana. Unter anderem leitete sie das ‚Botswana Red Cross' und das ‚Botswana Council of Women'. Sie sprach kein Setswana, wurde aber mit dem Ehrennamen Mohumagadi Mma Kgosi (etwa: „Mutter des Herrschers", gemeint war ihr ältester Sohn Ian Khama als Oberhaupt der Bamangwato) bezeichnet.[988]

Guide *Jake* erklärt uns mit etwas Wehmut im Gesicht, dass am heutigen Unabhängigkeitstag die Erinnerung an Ruth und Seretse Khama besonders gegenwärtig ist....Dann stockt er und fährt traurig fort, im Mai diesen Jahres sei ‚First Lady Ruth' gestorben.

Vor dem Hotel haben sich junge Leute zum Kochen verabredet: in großen Krügen und Töpfen bereiten sie kostenloses Essen für eine Abendfeier zum Unabhängigkeitstag zu und rufen lachend das offizielle botswanische Grußwort *„Pula"* – was nicht nur die einheimische Währung bedeutet oder das Staatswappen ziert, sondern im übertragenden Sinne meint: *„Möge es uns allen wohlergehen"......*

Der nächste Tag beschert neue Temperaturrekorde von fast 50° C, jeder Schattenort ist daher eine Wohltat. Dennoch wagen wir den Spaziergang durch die Gassen der Old Mall, vorbei am Obst- und Gemüsemarkt, Hilary's coffeshop hinein in ein Internet Café, um ein paar Emailgrüße nach Hamburg zu senden.

An der nächsten Straßenecke werben drei junge Leute für eine Kampagne gegen AIDS. Botswana sei besonders hart von AIDS betroffen, die Lebenserwartung in den letzten zehn Jahren von über 60 auf unter 50 Jahre gesunken, und deshalb helfen sie ehrenamtlich bei dem energischen Programm gegen AIDS mit und werben dafür insbesondere bei jungen Erwachsenen.

---

[988] Siehe: https://de.wikipedia.org/wiki/Ruth_Williams_Khama

Botswana hat seit der Unabhängigkeit landesweit eine *gut strukturierte Gesundheitsversorgung* eingerichtet. Es gibt zahlreiche Gesundheitsposten in den abgelegenen Außengebieten mit reiner Basisversorgung, *Clinics* (kleine Krankenstationen, geleitet von examinierten Krankenschwestern) und insgesamt 17 *Health Centres* in größeren Orten. Hinzu treten noch einige hundert mobile Kliniken (*Mobile Clinics*), so dass eine Grundversorgung der Bevölkerung sichergestellt ist....

Allerdings wurde Botswana mit rund 20% infizierten Erwachsenen hart von der AIDS-Pandemie getroffen...2002 wurde deshalb das flächendeckende staatliche Programm *Masa* (deutsch: „Neue Morgendämmerung") in Leben gerufen: Alle HIV-Infizierten, deren Gesundheitszustand kritisch zu werden droht, erhalten kostenlosen Zugang zu medizinischen Beratungsleistungen und antiretroviralen Medikamenten...Dank der besonnenen botswanischen Regierungspolitik – und mit den Einnahmen aus der Diamantenproduktion – können die Maßnahmen intensiv und relativ effizient umgesetzt werden. Durch diese und andere Maßnahmen konnte die Anzahl der Neuinfektionen zwischen 2001 und 2012 um über 50 % reduziert werden. Die Ansteckungsrate von Mutter zu Kind konnte von 30 % auf 2,1 % gesenkt werden....Die Regierung finanziert Initiativen gegen Diskriminierung und für die Förderung des öffentlichen Bewusstseins. Die Pandemie ist eine existenzielle Bedrohung nicht nur für jeden einzelnen Betroffenen, sondern auch für das gesamte Staatswesen, da bei Fortschreiten der Krankheitsentwicklung mit einem Zusammenbruch der Volkswirtschaft gerechnet werden müsste. Die durchschnittliche Lebenserwartung sank von 63 Lebensjahren im Jahre 1991 auf rund 46 Lebensjahre im Jahr 2007. Deshalb hängt viel vom Erfolg der eingeleiteten Programme ab. Seither stieg die Lebenserwartung wieder deutlich an. Sie wird, Stand 2019, bei der Geburt mit 69,6 Jahren angegeben! [989] [990]

An der Hotelbar treffen wir abends Paul, einen Deutschen, der seit dreizehn Jahren hier seine zweite Heimat gefunden hat, und eine florierende Rinderschlachterei betreibt. Er lädt uns ein, seinen Verkaufsladen ‚Pauls Butchery' zu besuchen. Das lassen wir uns am nächsten Tag nicht entgehen, und die von ihm angepriesenen geräucherten Fleisch- und Wurstwaren schmecken wirklich vorzüglich. Ich frage ihn nach Problemen der Viehwirtschaft, von den ich gelesen hatte. Ja, er bestätigte, man müsse aufpassen, dass Probleme der Überweidung, der Einzäunung sowie der Wasserversorgung nicht Überhand nehmen. Er habe darüber schon häufiger darüber mit Regierungsvertretern gesprochen. Grundsätzlich seien nach seinem Eindruck Gespräche mit politischen oder Staatsvertretern

---

[989] Vgl. https://de.wikipedia.org/wiki/Botswana

[990] Das Gesundheitssystem ist für die Bevölkerung gratis. Laut Unicef ist für 84 Prozent der Bevölkerung der nächste Gesundheitsposten weniger als fünf Kilometer entfernt - eine enorme Leistung für ein Land, das größer ist als Frankreich und weniger Einwohner hat als Berlin. Siehe https://www.spiegel.de/politik/ausland/botswana-ist-afrikas-erfolgsgeschichte-was-das-land-richtig-macht-a-1301761.html

ausgesprochen offen, fair und „demokratisch", konstruktive Kritik würde positv aufgenommen – manchmal sogar besser als in Deutschland.....

Einschlägige Reisehandbücher oder andere Berichtsliteratur warfen schon damals ein relativ gutes Licht auf die gesellschaftspolitischen Verhältnisse Botswanas. Dieses Bild hat sich bis heute verfestigt und gestattet eine wichtige Frage: i*nwieweit hat Botswana ein Entwicklungsmodell stabilisiert, was sich auf gutem Wege nahe in Richtung einer Nachhaltigen Entwicklung bewegt?*

Und dies vor dem Hintergrund, dass es weltweit bisher in *keinem* Land gelingt, einen hohen sozio-ökonomischen Entwicklungsstand mit ökologischer Nachhaltigkeit zu verbinden. Dies wird deutlich bei die der Betrachtung des sogenannten „Nachhaltigkeitsvierecks", das durch die Erfüllung zweier wesentlicher Randbedingungen gekennzeichnet ist: erstens durch den ‚Human Development Index'(HDI) und zweitens den ‚Ökologischen Fußabdruck'(ÖF).[991] [992]

Das *Nachhaltigkeits*-„Ideal" wird mit 0,8 beim HDI und 1,6 für den Ökologischen Fußabdruck im sogenannten *Nachhaltigkeitsquadranten* veranschaulicht.[993] Auch wenn einige Länder nahe an dieses Ideal heranreichen, wird es weltweit von *niemandem* erreicht.

Zusammengefasst lässt sich folgende Situation konstatieren: die Länder des ‚Nordens' weisen zwar einen sehr hohen HDI auf, aber gleichzeitig einen viel zu hohen Ökologischen Fußabdruck, umgekehrt verfügen die Länder des ‚Südens' über einen niedrigen, akzeptablen ÖF, aber gleichzeitig über einen nicht ausreichenden, zu niedrigen HDI. *Fazit*: *Die „reichen" Länder Europas und die „armen"*

---

[991] Siehe http://www.denkwerkzukunft.de/index.php/aktivitaeten/index/Entwicklung-Nachhaltigkeit Der Human Development Index (HDI) setzt sich aus Indikatoren für Gesundheit, Bildung und Lebensstandard zusammen. Null zeigt einen sehr niedrigen, Eins einen sehr hohen sozio-ökonomischen Entwicklungsstand an.
Der Ökologische Fußabdruck zeigt, welche produktive Land- und Wasserfläche (die Biokapazität) eine Bevölkerung pro Jahr benötigt, um die von ihr konsumierten Güter und Dienste zu produzieren und die dabei anfallenden Reststoffe (Abfälle, Emissionen) zu absorbieren. Um den ökologischen Fußabdruck von unterschiedlichen Ländern oder diversen anderen Gebieten miteinander vergleichen zu können, werden die Werte in „Globalen Hektar" pro Person und Jahr angegeben. Die Einheit trägt meistens die Abkürzung „gha". Der Globale Hektar entspricht einem Hektar mit weltweit durchschnittlicher biologischer Produktivität. Umgerechnet beträgt die globale Grenzkapazität bei ca. 1,6 gha/p. Europaweit mit knapp 5 gha/p wäre diese Grenze um das 3fache überschritten.

[992] Vgl. https://de.wikipedia.org/wiki/Global_Footprint_Network

[993] Siehe auch https://www.footprintnetwork.org/

Regionen Afrikas sind zwar aus unterschiedlicher Perspektive, aber gleichermaßen weit von einer Nachhaltigen Entwicklung entfernt!

Welche Strategien wären also erforderlich, dass die Länder des Nordens ihren ÖF drastisch senken und angemessene humane Standards erhalten, und umgekehrt die Länder des Südens ihren ÖF unter der Nachhaltigkeitsgrenze halten, aber gleichzeitig ihre angemessenen humanen Entwicklungspotenziale (auch als HDI-Index) verbessern ?

Botswana weist nicht nur einen hohen HDI-Wert nahe am ‚Idealwert' auf,[994] sondern auch bemerkenswert gute politische Indizes, wie Demokratieindex, ‚Freedom in the World' oder die Rangliste der Pressefreiheit.[995]

Hervorzuheben ist ebenfalls der *Korruptionswahrnehmungsindex (CPI)*: Der von Transparency International gemessene Korruptionswahrnehmungsindex für Botswana erwies sich bislang immer als sehr günstig, 2005 belegte das Land zum Beispiel den Platz 32 (zum Vergleich: Schweiz 7, Österreich 10, Deutschland 16, Italien 40, Südafrika 46)…. 2019 stand Botswana auf Platz 34 bei einem Wert von 61 und somit auf einem besseren Platz als knapp die Hälfte der EU-Staaten.[996]

Allerdings weist Botswana – als afrikanisches Land – einen deutlich zu hohen Ökologischen Fußabdruck auf – mehr als das Zweifache anderer afrikanischer Länder![997] Deutlich höher als bei anderen Staaten Afrikas bewegt sich auch der CO2-Ausstoß pro Kopf. [998]

Eine dafür wesentliche Rolle spielt die Energiewirtschaft des Landes, die sich strukturell an „alten" Produktions- und Versorgungsstrukturen Europas orientiert: „Der Energiebedarf in Botsuana mit seinen rund 2,4 Millionen Einwohnern wird bisher ganz überwiegend durch fossile Energieträger gedeckt. Während Erdölprodukte vor allem als Kraftstoffe im Transportsektor genutzt werden, erfolgt die Stromerzeugung fast ausschließlich aus Kohle. Brennholz zum Heizen und Kochen in ländlichen Gebieten ergänzt das Spektrum der eingesetzten Primärenergieträger.[999]

---

[994] Der aktuelle HDI-Wert beträgt 0,735: Vgl. https://de.wikipedia.org/wiki/Botswana

[995] Ebenda

[996] Ebenda

[997] Es sind mehr als 2,8 gha/p. Siehe https://www.fairunterwegs.org/laenderinfos/botswana/

[998] Nämlich 3,6 t CO2-Emission. Vgl. https://www.laenderdaten.info/Afrika/Botswana/energie-haushalt.php

[999] Vgl. https://www.gtai.de/gtai-de/trade/botsuana/branchen/sonne-oder-kohle--264420

Bis zur Inbetriebnahme des ersten Kohlekraftwerks Morupole im Jahr 1985 war Botsuana bei seiner Elektrizitätsversorgung fast vollständig auf Importe aus Südafrika angewiesen. Seit etwa 2008 kann der südafrikanische Energiekonzern Eskom den eigenen Markt nicht mehr immer zuverlässig bedienen. Der Bezug von Elektrizität aus dem Nachbarland wurde daher zunehmend unsicherer. Die Antwort war eine massive Erweiterung des Kraftwerks Morupole – mit dem Ziel der Eigenversorgung. Doch auch nach Fertigstellung der neuen Anlage 2020 wurde nicht die volle Leistungsfähigkeit erreicht, so dass Botswana weiterhin aus Stromimporten von über 40% des eigenen Verbrauchs aus Südafrika angewiesen ist.[1000] Die Regierung versucht seit einiger Zeit das Strom-Monopol Botswanas der *„Botswana Power Corporation (BPC*)“ zu lockern und erarbeitet für die nächsten Jahrzehnte einen *„Integrated Resource Plan (IRP)“* .

Dabei sollen auch die Erneuerbaren Energien, die Botswana *in Gänze* mit bezahlbarer und klimafreundlicher Energie versorgen könnten, Berücksichtigung finden.

„Eine wichtigere Rolle werden in Zukunft erneuerbare Energien spielen, vor allem die Solarenergie. Mit durchschnittlich mehr als 3.000 Kilowattstunden pro Quadratmeter im Jahr verfügt Botsuana über eine der höchsten Strahlungsintensitäten weltweit. Aber auch die Windkraft, der zunächst ein eher geringes Potenzial bescheinigt wurde, ist jüngst wieder etwas stärker in den Fokus gerückt: Messungen haben ergeben, dass in höheren Lagen (ab circa 100 Meter) über Wüstengebieten und Salzpfannen deutlich günstigere Werte vorliegen. Bis 2030, so die ambitionierte Vorgabe, sollen die Erneuerbaren auf einen Anteil von 50 Prozent an der Stromerzeugung kommen.

Bei einer geschätzten Zunahme des Spitzenverbrauchs um 3 bis 5 Prozent jährlich erwächst daraus ein stetiger Ausbaubedarf, selbst wenn Morupole in Zukunft mit voller Kapazität arbeitet. Tender für Solarkraftwerke kamen in den letzten Jahren allerdings eher zögerlich voran. Geplant sind derzeit zwei Kraftwerke mit jeweils 50 Megawatt sowie zwölf kleinere Einheiten mit 1 bis 5 Megawatt Leistung. Insbesondere in abgelegenen Gebieten, die noch nicht an das Netz der BPC angeschlossen sind, können private Anbieter auch heute bereits Leitungen installieren und betreiben.“[1001]

Es ist höchste Zeit, dass Europa, insbesondere Deutschland, mit Botswana einen fairen Klima-Kooperationsvertrag vereinbart, um dort baldmöglichst einen Kohleausstieg, die Eigenversorgung durch erneuerbare Energien sowie einer dezentralen, nachhaltigen und klimaneutralen Energiewirtschaft zu erreichen!

[1000] Ebenda
[1001] Ebenda

Unser letzter Tag in Maun präsentiert sich mit angenehmen Temperaturen und lädt ein zu einem kleinen Stadtbummel. Wie auf jeder Reise schaue ich nach authentisch einheimischer Musik. Ein kleiner Elekroladen bietet CDs von Botswanischen Popgruppen an, ich liebe insbesondere diese unglaubliche Vielfalt und Kreativität von afrikanischen Rhythmen als Ausdruck von universeller Lebendigkeit.

Paul macht uns abends in der Hotelbar ein wunderbares Abschiedsgeschenk als krönenden Ausklang: die Pop-Gruppe ‚Sedudu Boys‘ gibt eine musikalische Kostprobe. Die fünf Musiker erzeugen mit ihrer mitreißenden Vorstellung eine ausgelassene Stimmung. Danke und „Pula“: *„Möge es uns allen wohlergehen“*......!

11. Raum-Zeit-Reisen

Die dynamisch-kreative Entwicklung Mombasas in den letzten drei Jahrzehnten konnten wir hautnah erleben: viele Male bereist eröffnete sich in der Wiederholung und Wiedererkennung diese Stadt stets aufs Neue als einmalig und verändert, doch immer sich selbst ähnlich – und dennoch offen für die Zukunft. *Felwine Sarr* ist ausdrücklich zuzustimmen, wenn er afrikanische Städte als „Konfigurationen des Möglichen" kennzeichnet: „Finde ich mich von einer Reise zurückgekehrt in einer afrikanischen Stadt wieder und lasse ihr Tempo, ihre Urbanisierungstendenzen und ihre Atmospäre auf mich wirken, dann habe ich den Eindruck, dass diese Städte ihr Antlitz erst noch finden müssen, ihre genuine Identität noch nicht gewählt haben, dass sie vom Wind hin und hergetrieben werden, den Dynamiken einer bestimmten Form oder eines bestimmten Wunsches nach Modernität unterliegen, gefangen sind zwischen einer abgelaufenen Vergangenheit und einer Zukunft, deren Rätsel erst noch zu lösen sind." [1002]

Die Urbanisierung Mombasas ist wie in anderen afrikanischen Städten rasant vorangegangen und die Einwohnerzahl hat sich mehr als verdoppelt.[1003] Daraus resultieren entsprechend stadträumliche, soziale, ökologische, ökonomische sowie sicherheitspolitische Herausforderungen, die es planerisch, politisch und vor allem gesamtgesellschaftlich – als „Gleichzeitigkeit zwischen den Welten...zwischen Stadt und Land" (Sarr) zu meistern gilt.[1004] Doch trotz grundlegender Lösungsansätze zur nachhaltigen Stadttransformation kann die Entwicklungsidee afrikanischer Städte wie Mombasa *nicht* Imitation westlicher Stadtentwicklung, sondern sollte Problemlösung bei Wahrung *und* Weiterentwicklung eigener Identität sein.

„Der Imperativ des afrikanischen Kontinents lautet, zu seiner eigenen Bewegung zurückzufinden. Es geht nicht darum, blasse Abbilder von Paris, Berlin oder New York zu schaffen....Die singuläre Art, in der Welt zu sein, die unsere Identitäten ausmacht, sollte sich in der Erscheinung unserer Städte widerspiegeln.....Jenseits der notwendigen Auseinandersetzung mit Fragen der Funktionalität benötigen wir auch eine ästhetische, soziale und philosophische Reflexion über unsere Städte."[1005]

Es betrifft nicht nur die besondere historische afrikanischen *Identität* – verbunden mit einer arabischen, indischen, persischen und römischen Vorzeit *Mombasas*, die schon der griechische Geograph Ptolemäus auf seiner Weltkarte verzeichnete, sondern auch deren *gegenwärtige, vielfältige* Stadtteilentwicklung, wie sie etwa in der Hafen-Ära am Kilindini Creek, in der Allianz von industrieller

---

[1002] Felwine Sarr (2019), a.a.O. S. 138 f.

[1003] Von knapp 500.000 (1990) auf fast 1,3 Mio. (2021)

[1004] F. Sarr (2019), S. 137 f.

[1005] Ebenda, S. 141 f.

Entfaltung und Naturpark-Entwicklung in *Bamburi* oder in Form einer kreativ-quirligen Dynamik im gleichnamigen Stadtteil zum Ausdruck kommt. Mombasa macht in den letzten zwei Jahrzehnten den Eindruck eines lebendig-organischen Wachsens innovativer Kontinuität.

Ein solcher Prozess bedeutet allerdings auch Brüche und Umbrüche, wie zum Beispiel die Aufarbeitung und Beseitigung diverser gesellschaftspolitischer Probleme, von denen die ökologischen einen Schwerpunkt darstellen. Aber gerade in Mombasa konnten wir beobachten, wie insbesondere im letzten Jahrzehnt hier deutliche Fortschritte bei der Problemlösung erzielt wurden – durch Maßnahmen der Politik, von Unternehmen sowie der Zivilgesellschaft.

So erreichte die zivilgesellschaftliche Initiative der Umweltaktivistin *Phyllis Omido* in einem Präzedenzfall, dass eine hohe Entschädigung wegen schwerwiegender Bleivergiftungen an ein Dorf im Norden Mombasas entrichtet und dessen Dekontaminierung sichergestellt werden musste.[1006]

Vor allem im letzten Jahrzehnt unternahm der Mombasa County erhebliche Anstrengungen, um die Müllentsorgung im Stadtgebiet sowie die Sauberkeit des Stadtbildes zu verbessern. Nach dem kenianischen Verbot von Plastiktüten Ende 2017 erreichte der *„Mombasa County Integrated Development Plan 2017-2022"* [1007] eine weitere positive Entwicklung der Abfallwirtschaft sowie ökologischer Infrastrukturmaßnahmen.

Als weiteres Positiv-Beispiel plant *„Bamburi Cement PLC"* für Ende 2022 die Errichtung zweier Solarkraftwerke von über zehn Megawatt in Mombasa und Nairobi.[1008]

Eine umfassende stadtplanerische Zukunftsvision für Mombasa stellt der aktuelle *„Mombasa Gate City Master Plan"* [1009] dar, mit grundlegenden Vorhaben

---

[1006] Siehe: https://taz.de/Umwelt-Praezedenzfall-in-Kenia/!5695953/ :" Es war ein langer Kampf, aber nun wurden den rund 3.500 Einwohnern des kenianischen Dorfs Owino Uhuru mehr als 10 Millionen Euro zugesprochen. Das kenianische Umweltgericht verurteilte den Staat sowie die Eigentümer der mittlerweile geschlossenen Batterie-Recycling-Fabrik EPZ, die Anwohner für die jahrelange Bleivergiftung durch eine Schmelzanlage zu entschädigen. Owino Uhuru liegt in der Nähe der Hafenstadt Mombasa. Einige Einwohner sind an der permanenten Bleibelastung gestorben, andere seit Jahren krank."

[1007] https://repository.kippra.or.ke/handle/123456789/410

[1008] Vgl. https://kenyanwallstreet.com/bamburi-cement-switches-to-solar-power/

[1009] Vgl. http://www.gatecitymp.mombasa.go.ke/sites/default/files/Mombasa%20Gate%20City%20Master%20Plan%20Pamphlet_light_2.pdf

zur nachhaltigen Wirtschaftsdynamik, sozialen und kulturellen Lebensqualität, Umwelt und Energie, urbaner Infrastruktur sowie „Good Governance".

Besonders erwähnt werden sollte ein aktuelles umfangreiches, kenianisches Planwerk zur Unterstützung *lokaler* Entscheidungsgremien für urbane Entwicklung und nachhaltige Stadtplanung – auch im Sinne der UN-Leitziele 2030[1010]. Es heißt dort: „In October 2016, the United Nations Conference on Housing and Sustainable Urban Development (Habitat III) adopted a New Urban Agenda (NUA), which provides a global framework for achieving sustainable urban development...... After the expiry of the Millennium Development Goals, UN Member States approved the 2030 Development Agenda, which includes a set of seventeen Sustainable Development Goals (SDGs). SDG 11 aims to make "cities and human settlements inclusive, safe, resilient and sustainable."..... Local leaders are called to support urban planning approaches. These will le the systematic implementation, in towns and cities, of programs and projects which will drive social, economic and environmental sustainability." [1011]

Wichtig ist in diesem Zusammenhang festzuhalten, dass ein derartiger Nachhaltigkeitsplan keineswegs durch ein wie auch immer geartetes „Schema F" zu vollziehen ist. Um einer solchen nachhaltigen Entwicklungsplanung strategisch und gestalterisch gerecht zu werden, bedarf es einer Denkweise, die tief in der Kultur verankert ist, und gleichermaßen die *fließende* komplexe Stadt-Realität kreativ aufnimmt. *Felwine Sarr* bringt dies folgendermaßen zum Ausdruck: „Sich versöhnen mit den Vorstellungen des Fließenden, der Austauschbarkeit, des Unsteten, der möglichen Neuordnung; die Dinge einem anderen als ihrem gewöhnlichen Gebrauch zuführen. Das organisierte und kreative Chaos der Stadt aufgreifen, die auf ihre besondere Weise funktioniert, seine Logik und Bedeutung verstehen, das Chaos auf möglichst effiziente Weise artikulieren. Zugleich gilt es, beim Bau unserer Städte auch Räume für Kreativität zu lassen: unfertige Räume, an denen das Mögliche Gestalt annimmt." [1012]

Mit ausdrücklicher Bestätigung dieser Analyse möchte ich exemplarisch die Straßenverkehrssituation Mombasas entsprechend charakterisieren: der öffentliche Straßenraum wird von den verschiedenen Teilnehmenden als *Kommunikations*- und *Kooperations*-Raum genutzt. Ob zu Fuß oder per Fahrrad, Handkarren, Motorrad, Tuk-Tuk, PKW, Matatu oder LKW findet untereinander eine intensive Kommunikation über eine sinnvolle Teilhabe am öffentlichen Straßenraum statt: durch Winken, Handzeichen, Pfeifen, Rufen, Blinken, Hupen – und nicht zuletzt durch achtsames Bewegen wird ein Miteinander des Ganzen erzeugt, wie es in unseren Städten nur selten zu sehen ist...Wie sähe eine technische Verbesserung

---

[1010] Urban Planning for City Leaders: A Handbook for Kenya. UN-Habitat Support to Sustainable Urban Development in Kenya (Nairobi 2018)

[1011] Ebenda, S. 12 f.

[1012] F. Sarr (2019), a.a.O. S. 144

der Straßenverkehrsdynamik in Mombasa aus? Mit Sicherheit *nicht* durch mehr Separation und „Autonomie“ der verschiedenen Teilnehmenden oder mehr zentrale Top-Down-Regulierung, sondern durch weitere Verbesserungen von gemeinsamer Kommunikation und Kooperation – auch mit Hilfe technischer Hilfssysteme für eine optimale gemeinschaftliche Nutzung des Stadtraumes........

Ausgehend von solchen Leitideen einer zukünftigen urbanen und Stadt-Entwicklung findet derzeit in Afrika ein intensiver Diskurs über deren praktische Umsetzung statt: „Vor diesem Hintergrund gilt es die positiven Beispiele der afrikanischen Stadtentwicklung zu identifizieren. Diese sind geprägt von einer Kombination aus traditionellen Bauweisen mit lokalen Materialien und einem reduzierten Einsatz von Hightech-Produkten....All diese Projekte verbindet der Ansatz, das vorhandene Knowhow der lokalen Bevölkerung zu nutzen und mit einfachsten Methoden zu bauen. Sie erfordern zudem kein großstädtisches Umfeld und können auch in ländlichen Regionen realisiert werden.“ [1013]

Es geht um eine kreative Verbindung von ‚*Lowtech*‘, d.h. vorhandene Materialen oder kulturell verankerte Methoden und Praktiken beispielsweise bei Gebäudebau, Landnutzung oder Werkzeugen, *mit* ‚Hightech‘[1014] wie z.B. digitale Kommunikation, Photovoltaiktechnik oder Drohnen-Flughäfen, die von den Menschen vor Ort selbst verantwortet wird.[1015] „Aus Europa und China dürfen allenfalls Methoden des Projektmanagements importiert werden. Im Westen bewährte Planungsmethoden sind noch kein Garant, dass Projekte in Afrika erfolgreich umgesetzt werden können.“[1016]

Die oben genannten Beispiele aus Mombasa über urbane Planungsmethodik und -praxis zeigen allerdings, dass die Notwendigkeit von „strategischer Planung“ sehr wohl bekannt ist, um ein kritisches Anwachsen räumlicher Entwicklung mit gesamtnegativen Folgen zu vermeiden....

Dabei sind Leitbilder einer Nutzung regenerativer Energien und Materialien, von selbstbestimmter Stadtentwicklung und nachhaltigen sozio-ökonomischen Finanzierungsmodellen von Bedeutung.[1017]

[1013] Siehe: Philipp Meuser: Architektur in Afrika. Bautypen und Stadtformen südlich der Sahara. Berlin 2021. S. 233

[1014] Ein interessantes und erstaunliches Beispiel dafür ist 2021 in Malawi zu verzeichnen: Mit einem 3D-Drucker eines dänischen 3D-Druck-Spezialisten für Hausbau wurde die weltweit erste 3D-gedruckte Schule gebaut und eröffnet. Siehe: https://www.3d-grenzenlos.de/magazin/zukunft-visionen/schule-aus-3d-drucker-in-malawi-eroeffnet-bilder-27724483/

[1015] Siehe: P. Meuser (2021), a.a.O. S.233

[1016] Ebenda, S.236

[1017] Ebenda, S. 238 f.

In diesem Zusammenhang möchte ich wie schon früher[1018] auf die elementare Bedeutung der tief verwurzelten afrikanischen Weltsicht einer *fraktalen* Raumbetrachtung zurückkommen, um Lösungsansätze der Nachhaltigkeit neu zu diskutieren. Auch *Philipp Meuser* stößt bei seiner Betrachtung afrikanischer Denksysteme und Architekturtheorie auf die bereits erwähnten Ansätze von *Ron Eglash*[1019]: „Einen anderen Ansatz für die Formulierung einer Theorie der afrikanischen Architektur liefert der US-amerikanische Ethnomathematiker Ron Eglash.., der in den Mustern und Ornamenten afrikanischer Kulturen Algorithmen erkennt, die auf der Wiederholung von Fraktalen basieren. Die geografischen Muster zeichnen sich durch ihre immer kleiner werdenden Maßstäbe aus, wie es Eglash etwa in einer Siedlung in Sambia nachgewiesen hat und als typisch für das subsaharische Afrika definiert..: „In Europa und Amerika sehen wir oft Städte, die in einem Rastermuster mit geraden Straßen und rechtwinkligen Ecken angelegt sind. Im Gegensatz dazu neigen traditionelle afrikanische Siedlungen dazu, fraktale Strukturen zu verwenden: Kreise von Kreisen kreisförmiger Behausungen, rechteckige Mauern, die immer kleinere Rechtecke umschließen, und Straßen, in denen sich breite Alleen zu winzigen Fußwegen mit auffälligen geometrischen Wiederholungen verzweigen. Diese einheimischen Fraktale sind nicht auf die Architektur beschränkt. Ihre rekursiven Muster finden sich in vielen unterschiedlichen afrikanischen Designs und Wissenssystemen wieder."[1020] Insbesondere die afrikanischen *‚fraktalen Wissenssysteme'* werden von Eglash genauer untersucht und tiefer Eigenschaften von nichtlinearen komplex-dynamischen System betrachtet – und zwar auch als Bedeutung für ein postkoloniales Wissenssystem, das insbesondere auf die wichtige Möglichkeit von flexibel-angepassten sowie die Verbindung von low-tech und high-tech Lösungen verweist: „The use of indigenious knowledge systems in development goes back to colonial appropriations, but in the postcolonial context these systems have taken a new meaning as a sign of either epistimological indipendence, or at least a more egalitarian view of knowledge systems.....but it shows that African fractals are not restricted to low-tech adaptations; they can also provide some useful bridges between traditional and high-tech worlds."[1021]

Darüber hinaus bietet dieses Erfahrungswissen praktischer ‚bottom-up'-Ansätze – sowohl im städtischen als auch ländlichen Kontext – einen sinnvollen Zugang zu technologischen Lösungen *nachhaltiger* Entwicklung! „But decades of research have shown that a top-down approach to development, even that making use of indigenious knowlegde, is soften less effective than a bottom-up, „grass-roots" approach. Adopting information technology to rural areas could provide the opportunity for putting African fractals to work in sustainable development."[1022]

[1018] Vgl. (FN 68)

[1019] Siehe Philipp Meuser (2021), a.a.O. S. 66

[1020] Ebenda

[1021] R. Eglash (1999), a.a.O. S. 225 f.

[1022] Ebenda, S.226 f.

Dieser wichtige Ansatz wird später wieder aufgenommen, vertieft und weiterentwickelt[1023], wenn mit Hilfe nichtlinearer-komplexer Phäomene und Charakteristika Modellierungen sowie strategische Konzepte zur Großen Transformation globaler Nachhaltigkeit im Kontext eines afrikanisch-europäischen Diskurses vorgestellt werden.

Mombasa war der Ausgangspunkt für viele, verschiedenartige Reisen ins Landesinnere von Kenia, Reisen, die tiefgreifende Erlebnisse der Wiederholung und Einmaligkeit zugleich in einem afrikanischen Land eröffneten, das eine erstaunlich strukturverwandte, „selbstähnliche" Miniatur des Kontinents in Gänze darstellt: die grandiosen Landschaften der Küste, der Süßwasserseen, der Savanne, der Galerie- oder Regenwälder, der Krater oder der Wüste verkörpern Lebensräume wie sie für Afrika insgesamt charakteristisch sind.

Reisen in Afrika bedeutet für mich ganz eigene Verknüpfungen von Raum und Zeit in einer vielfältigen Einheit. Entfernungen werden nicht einfach im Längenmaß erlebt, sondern erschließen sich meist nur in Bezug auf ein Zeitmaß: um eine Wegstrecke im Raum zu durchqueren, braucht es eine bestimmte Zeit, die je nach äußeren Umständen veränderlich sein kann. Ich erfahre damit Raum *und* Zeit in ähnlicher Weise als *strukturiertes* Phänomen. Ein weiterer Begründungszusammenhang dazu zeigt sich in der *geschichtlichen* Entwicklung von geologischen, aber auch kulturellen Landschaftsräumen, deren dynamische Entstehung quasi als „Zeitreisen" zu beschreiben und zu begreifen sind.

Erstmals fiel mir dies in besonderer Weise auf, als wir Mombasas Umgebung und ihre flache Küstenlandschaft hinter uns ließen, die ersten Kraterhügel aus der dunstigen offenen Ferne in Blicknähe rückten und schließlich nach und nach eine charakteristische Hügellandschaft die Raumstruktur der Ebene bestimmte – mit Berghügeln bis über zweitausend Meter, entstanden durch vulkanische Prozesse. Natürlich kam mir dabei *Alexander von Humboldts* Forschungen und bahnbrechenden Erkenntnisse über Vulkanismus in den Sinn sowie seine bewundernde Freude beim Anblick von *Vulkanen* in Südamerika: „Einen wunderbareren und großartigeren Naturanblick habe ich nie genossen."[1024]

[1023] Im letzten Kapitel dieser Arbeit

[1024] Siehe: Herbert Pieper: Die Geognosie der Vulkane, In: Ette, Ottmar; Knobloch, Eberhard (Hrsg.). HiN :
Alexander von Humboldt im Netz, VII (2006) 13, Potsdam, Universitätsverlag Potsdam, 2006, S. 75–81.
DOI https://doi.org/10.18443/83

Ich erinnere nicht mehr, wie oft mich Anblick und faszinierendes Schauspiel der aus der Landschaft emporgehobenen Vulkanphänomene wie etwa der Taita Hills, des Yatta Plateaus oder schließlich des Kilimanjaro-Massivs in den Jahren wiederholte, aber ich erinnere immer aufs Neue diesen besonderen Erlebnismoment der *Erhabenheit*: Erhabenheit im Sinne eines umfassend-erhebenden Eindrucks von etwas Bedeutsamen, das unübersehbar größer ist als Ich-Selbst! Diese Erlebnis-Momente sollten sich bei Eintritt und Durchquerung des Naturparks Tsavo, Kenias größtem Nationalpark, noch weiter fortsetzen und vertiefen.....

Die persönlichen Erlebnisse, Safaris oder Geburtstagsfeiern mit Freunden in legendären Lodges oder Zeltcamps inmitten dieser großartigen Landschaft begriff ich daher als besondere Geschenke. Zwei Ereignisse in einem Zelt Camp von Tsavo West errichtet auf einer faszinierenden Kraterlandschaft mit dunklem Lavagestein: eine Silvesterfeier und ein Geburtstags-Picknick mit Hamburger Freunden!

Es war zur Zeit von El Niño Ende 1997[1025] als wir die mühsame Reise von Mombasa in den Tsavo West unternahmen. Die Entfernung war nahezu unerheblich für die tatsächliche Fahrtzeit: Regen, Schlamm, weggespülte Brücken, umgestürzte Bäume und unpassierbare Wege führten zu einer mehr als doppelt so lange Reisezeit wie üblich...Was für Gegensätze: Der Himmel war dunkel verhangen, Natur und Landschaft jedoch blühen grün, bunt und überquellend auf, die Menschen aber leiden. Immer wieder müssen wir lernen, dass wir Natur nicht beherrschen können, sondern von ihr lernen müssen. „Wieder einmal hatte sich die afrikanische Natur als ‚Lehrmeister' erwiesen – und zwar in doppelter Hinsicht: zum einen zeigt sie sich nicht immer so wie wir sie erwarten und zum anderen lässt sie sich nicht in eine organisierte, zeitliche Enge treiben." [1026]

Wir nähern uns dem Zelt Camp, durchqueren eine besondere Abwechslung aus Baum-Savanne und Vulkanlandschaft über grauschwarzes Lavagestein und erreichen ein ökologisch anspruchsvolles Camp inmitten eines Feuchtbiotops, wobei die großräumig gestalteten Zelte auf Holzpfahlbauten vollkommen in das Biotop eingelassen sind. Nach einem exzellenten Dinner mit südafrikanischen Weinen verbringen wir den Silvesterabend unter pechschwarzem, klaren Sternenhimmel, der die Scheibe der Milchstraße eindrucksvoll sichtbar werden lässt. Ohne Feuerwerk und Knallerei lassen wir uns von Mozart und Wiener Walzer musikalisch verzaubern – begleitet von Klängen hell klickender Frösche und

[1025] Siehe Kap.6

[1026] Siehe: U. Skirke, unveröffentlichte Reiseaufzeichnungen Kenia 1997/98, S. 13 f.

tiefgrunzenden Nilpferden....Ja, hier wollte ich in knapp zwei Jahren meinen runden Geburtstag zusammen mit Hamburger Freunden feiern! Un so geschah es....

Aufgrund der vorjährigen Unwetter war die Hauptstraße Richtung Nairobi streckenweise gesperrt und eine staubige Parallelpiste angelegt, die Fahrzeuge benötigten zur Durchfahrt der nahezu undurchsichtigen Staubatmosphäre Scheinwerfer, die jeweils wie zwei leuchtende, Orientierung suchende Augen im gelblichen Dunst erschienen. Mit großer Erleichterung erreichten wir das Gate Mtito Andei zum Tsavo West: rechts vor uns erstreckte sich hoch aufgefaltet eine grüne Bergkette, die Chyulu Hills: „Da einer der Hügelkämme noch aus schwarzem Bimsstein besteht..., kann man davon ausgehen, dass diese Erdformation wohl zu den jüngsten Bergen der Welt zählen, die noch vor ein paar hundert Jahren in Bewegung waren."[1027]

Der Empfang im Zelt Camp war herzlich und unser Zelt mit Girlanden geschmückt. Es war wohl das schönste Geschenk an unsere gesamte Geburtstagsgesellschaft, ein kleines Picknick auf einer offenen, freien Gras-Fläche auf etwa eintausend Meter Höhe inmitten der Chyulu-Hügelkette zu erleben – mit atemberaubenden Ausblick in die ganze Tiefe des Raumes: direkt vor uns eine leicht abschüssige, typisch gemusterte Savannenlandschaft mit ‚eingesprenkelten' Akazien, eingerahmt von einer zerklüfteten Kraterlandschaft, deren Konturen mit der Ferne zunehmend bläulich am Horizont verschwinden. Die Gefühle dieses Ausblicks, oder besser Einblicks, unaussprechlich und dennoch vertraut. Kaum treffender als von *Doris Lessing* kommt die Schönheit der ostafrikanischen Savannenlandschaft zum Ausdruck: „Es verbindet Pracht, Mannigfaltigkeit und Frische der Farben mit der Herkunftsgeschichte der Menschheit (irgendwo hier haben wir unseren Ursprung, so sagt man). Die Landschaft vermittelt einem das Gefühl, als sei man selbst, dieses winzige Moment der Geschichte, der wahre Erbe dessen, was die Menschheit getan und erreicht hat."

Das Wunder der untergehenden Sonne mit prächtigem, rotdurchtöntem Farbenspiel über dem Kilimandscharo-Massiv krönt den Abschluss dieses Nachmittagsausfluges, aber bedeutet gleichzeitig den Beginn der in den nächsten eineinhalb Jahrzehnten wiederholten Zeremonie einer Kurz-Safari in die Chyulu-Berge....

Dass das Erleben von Schönheit und Erhabenheit des höchsten Berges Afrikas noch zu steigern war, hätte ich nicht für möglich gehalten. Doch drei Tage später bot sich im Amboseli National Park ein noch mächtigerer Anblick dieses Berg-Giganten mit seinen beiden Peaks von schneebedecktem Kibo und etwas tieferliegendem Mawenzi eine majestätische Verbindung von Himmel und Erde. Mit

---

[1027] Siehe: Apa Guides Kenia (1989), a. a. O. S. 123 f.

den im Vordergrund der Landschaft vielfältigsten Pflanzen- und Tierarten präsentiert sich hier ein einzigartiges Naturdenkmal!

Was bedeutet es also für uns *heute*, wenn *Doris Lessing* beim Erleben der afrikanischen Landschaft das Gefühl einer tiefen Verbundenheit zwischen prächtiger Natur und dem Menschen als *„wahren Erben"* anspricht ? Es bedeutet, dass dieses Gefühl umso umfassender im Laufe der jüngeren Menschheitsgeschichte unsere humane Verantwortung und Handlungsweisen drängen muss, das *„wahre Erbe"*, nämlich die zukunftsfähigen Lebensbedingungen auf diesem Planeten für die Nachwelt zu sichern! Und die Nachwelt wird beurteilen, ob das, *„was die Menschheit getan und erreicht hat"* ausreichend war, das nachhaltige Überleben von Natur und Mensch zu retten?!

Von daher entbirgt der Kilimandscharo als Naturdenkmal im wahrsten Sinne des Wortes einen Doppelcharakter: zum einen als ‚Naturgemälde' Wahrzeichen für Wert und Schönheit der Natur unserer Erde, und zum anderen ‚Mahnmal' zur Erinnerung an verantwortliches Handeln des Menschen zum Erhalt dieser Natur!

Ich möchte daher auf zwei bedeutsame Forschungsprojekte verweisen, die auch dadurch Grundlagen für dieses verantwortliche Handeln legen, indem sie ausdrücklich einen afrikanisch-europäischem Dialog führen. Eines dieser Projekte ist das „Deutsch-Tansanisches Verbundprojekt zur Untersuchung des globalen Wandels am Kilimandscharo" [1028] „In der DFG-Forschergruppe 1246 (KiLi) untersuchen wir die Auswirkungen von Landnutzung und Klima auf die Artenvielfalt von Pflanzen und Tieren sowie zahlreiche Ökosystemfunktionen. Insgesamt 60 Untersuchungsflächen repräsentieren alle Höhenstufen sowie die wichtigsten natürlichen und anthropogenen Ökosysteme.... Seit 2010 wurde von deutschen und tansanischen WissenschaftlerInnen der weltweit umfassendste Datensatz zu einem tropischen Bergökosystem erhoben. Die Forschungsergebnisse, die enge Kooperation und die Ausbildung tansanischer DoktorandInnen leisten einen wichtigen Beitrag zum Wissenstransfer, Naturschutz und nachhaltiger Landnutzung in Tansania."[1029]

Dabei zeigt sich, dass sowohl Maßnahmen zur Erhaltung der Biodiversität durch nachhaltige Agrarwirtschaft vor Ort als auch Maßnahmen vor allem der Industrieländer des Nordens gegen den globalen Klimawandel von existenzieller Bedeutung für die Kilimandscharo-Region sind.[1030]

[1028] Siehe: https://www.uni-wuerzburg.de/forschung/afrikazentrum/forschung/biologie/globaler-wandel-am-kilimandscharo-gefaehrdet-biodiversitaet-und-funktionen/

[1029] Ebenda

[1030] Ebenda

Dies wird durch ein weiteres, *mit dem Deutschen Umweltpreis 2021 ausgezeichnetes Forschungsprojekt* im Bereich interdisziplinäre Komplexität und Makroökologie in der Kilimandscharo bestätigt und ergänzt.[1031] „Wie erforscht man, ob der Klimawandel oder eine veränderte Landnutzung sich auf Tier- und Pflanzengemeinschaften auswirken und welchen Einfluss dies auf die Funktion von Ökosystemen hat? Als Pionierin der Makroökologie untersucht die Umweltpreisträgerin Prof. Dr. Katrin Böhning-Gaese derartige Prozesse sowohl in den gemäßigten Breiten als auch in den Tropen. Sie und ihr Team nutzen eine Vielzahl von Methoden wie Feldbeobachtungen, Telemetrie, Computersimulationen, statistische Verfahren und Analysen, betrachten geographische Ausbreitung, Artenvielfalt und Populationsdynamik. Ein Ort, der für eine derartige Forschung besonders günstig ist, ist das Kilimandscharo-Massiv in Kenia und Tansania."[1032]

Neben Naturwissenschaftlerinnen und Naturwissenschaftlern arbeiten eine Nachhaltigkeitsforscherin, ein Politikwissenschaftler und eine Volkswirtin an zwei grundsätzlichen Fragen: Wie verändern die Menschen die Natur? Und wie beeinflusst die Natur das Leben der Menschen?

Insgesamt sind Forschende von fünfzehn Universitäten und Forschungseinrichtungen aus Deutschland, der Schweiz und Tansania beteiligt. Die komplexe Betrachtung zeigt, wie Mensch und Natur als verflochtene Systeme miteinander verbunden sind und nur in dieser interdisziplinären Verbindung zu nachhaltigen Lösungsstrategien führen können.[1033]

„Mensch und Natur sind verflochtene Systeme", betont Böhning-Gaese. „Wenn wir eine nachhaltige Beziehung von Mensch und Natur erreichen möchten, reicht es nicht, wenn nur wir als Naturwissenschaftlerinnen und Naturwissenschaftler daran forschen. Wir müssen das gesamte sozialökologische System verstehen." In zukünftigen Projekten will sie daher ihren interdisziplinären Ansatz noch ausweiten und auch mit Kulturwissenschaftlerinnen und -wissenschaftlern sowie Künstlerinnen und Künstlern zusammenarbeiten."[1034]

Diesen wichtigen Gedanken möchte ich in den nächsten Kapiteln noch einmal aufgreifen.

Im Zentrum Kenias nördlich von Nairobi erstreckt sich ein Hochland, das sich über eintausend Meter über noch höhere Bergketten im Mount Kenya mit 5.200 m Höhe gipfelt. Weite Teile des Hochlandes erhielten den Beinamen ‚White Highlands', waren sie doch kolonial beanspruchtes Gebiet für weiße Farmer in der ersten Hälfte des 20. Jahrhunderts.[1035]

[1031] Siehe: https://www.dbu.de/umweltpreis-blog/grossprojekt-am-kilimandscharo/

[1032] Ebenda

[1033] Ebenda

[1034] Ebenda

[1035] Siehe Steffi Kordy (2001), a.a.O. S. 144

Auf einer Länge von siebzig Kilometern bildet die Bergkette der *Aberdares* am Ostrand des Ostafrikanischen Grabenbruchs eine grandiose Berglandschaft: „Ein imposantes Gebirge, die Aberdares, befindet sich weiter westlich. Der höchste Gipfel dieser waldreichen Bergkette ragt 4000 m hoch in den Himmel. Die dichten Wälder, die glasklaren Bergseen und die tosenden Wasserfälle der beiden Gebirgszüge stehen teilweise unter Naturschutz und gehören zu den großen landschaftlichen Attraktionen Kenyas."[1036]

Aber diese unzugänglichen ‚Dschungel'-Landschaft der Aberdares-Wälder boten in den 50er Jahren auch Möglichkeiten von Verstecken und Unterschlupf für die einheimische Widerstandsbewegung gegen eine rigorose Kolonialpolitik von Landenteignung, Rassentrennung und Ausbeutung in den ‚White Highlands': „Als Folge dieser Apartheidspolitik formierte sich in der kenyanischen Bevölkerung eine Widerstandsbewegung, die in den Mau-Mau-Aufständen eskalierte und schließlich zur Unabhängigkeit Kenyas führte. Den größten Anteil der Mau-Mau-Kämpfer stellten die Kikuyu, da sie von der Kolonialpolitik besonders stark betroffen waren. Sie kannten die kaum zugänglichen Winkel wie Höhlen und dichte Bergwälder und nutzten sie als geheime Treffpunkte und Verstecke. Nach der Unabhängigkeit verließen viele der weißen Siedler ihre Farmen, und im Rahmen eines Siedlungsprogrammes erhielt die afrikanische Bevölkerung ihr Land teilweise zurück."[1037]

Einen besonderen Zugang zur landschaftlichen Besonderheit der Aberdares bietet der Besuch eines spektakulären Holz-Hotels auf Stelzen in der üblicherweise vorgestellten Form wie die berühmte Arche Noah: *„The Ark"*. „Der Zugang dazu ist nur über eine verwinkelte, schmale Holzbrücke möglich, die es im ‚Gänsemarsch' zu überwinden gilt. Die ‚Arche' wurde tatsächlich einem Schiffsaufbau nachempfunden – nicht nur für die Gesamtarchitektur von außen, sondern auch der Innenraum gliedert sich nach Decks A,B,C..."[1038]

Jedes Deck verfügt über eine Beobachtungsplattform mit verglasten Lounges, die Tierbeobachtungen während der ganzen Nacht ermöglichen. Die Zimmer sind schmal und einfach, unser Blick fällt auf mooriges Gelände mit Wasserloch, das von einer Vielzahl verschiedenster Tierarten besucht wird.

Als der Leiter der ‚Arche' vor dem Dinner einen Vortrag über die Entstehungsgeschichte von ‚The Ark' hält, geht ein heftiges Gewitter mit Starkregen nieder, dessen Blitze einige Male so laut und heftig den Himmel grell erleuchteten, dass sich hoteleigene elektrische Anlage sich automatisch abschaltete..."Meine Gedanken schweifen ab und ich stelle mir für einen Moment vor, der Regen würde für lange Zeit nicht mehr aufhören, die ‚Arche' müsste tatsächlich schwimmen..." [1039]

[1036] Ebenda

[1037] Ebenda, S. 144 f.

[1038] Siehe U. Skirke, unveröffentliche Reiseaufzeichnungen Kenia (1997), S. 34

[1039] Ebenda, S. 38 ff.

Befinden sich Mensch und Tier nicht längst aufgrund der Klimakrise mehr als nur metaphorisch auf dem Weg in eine Arche, die zum schwimmenden Lebensretter eingesetzt werden müsste, wenn nicht klimapolitisch massiv gegengesteuert wird?

„Mitten in diese fiktiven ‚Erinnerungen an die Zukunft' tritt im Innenhof real ein prächtiges Breitmaulnashorn in unser aller Blickfeld. Dieses vom Aussterben bedrohte Urtier symbolisiert in diesem Moment für mich den planetaren Artenreichtum, der in seinem Überleben massiv beeinträchtigt ist." [1040]

Nach dem Dinner suchen wir einen ruhigen Platz an der Bar und treffen den freundlich netten und besonders gut informierten Kellner Hiram. Er erzählt uns, er sei genauso alt wie die ‚Arche'[1041] , die für ihn eine große symbolische Bedeutung habe. Sie sei ein ‚monument' und ‚memorial', um auf das globale Klimaproblem hinzuweisen. Gerade wir hätten doch als Deutsche in Berlin die erste Klimakonferenz ausgerichtet und dabei die Verantwortung der Industriestaaten für die Lösung des Klimaproblems hervorgehoben. Ja, wir gaben ihm ausdrücklich recht. Aber, fuhr er fort, auch Afrika müsse Verantwortung in der Klimapolitik übernehmen. Sein Vorbild sei Wangari Maathai, die in Kenia das ‚Green Belt Movement'[1042]begründet habe, und seitdem seien mehr als zehn Millionen Bäume gepflanzt worden....Dieses Gespräch war ein entscheidender Anstoß, mich intensiver mit *Wangari Maathai*[1043] zu beschäftigen – und sie ist mittlerweile auch eines meiner großen Vorbilder geworden!

Sie war entscheidende Wegbereiterin einer zivilgesellschaftlichen Protestbewegung – nicht nur in Afrika - gegen die zunehmende Zerstörung unserer planetaren Lebensgrundlagen. Sie ist damit in besonderer Weise auch posthum inhaltlich-strategischer *‚Dialogpartner'* für die weltweite Bewegung zur Mobilisierung gegen vielfältig destruktive Krisenprozesse, insbesondere wenn es um den Entwurf für umfassende und weiterreichende Lösungskonzepte geht.

Dazu möchte ich exemplarisch die zeitgenössische Philosophin *Eva von Redecker* [1044]aufgreifen, wenn sie einen grundlegenden Entwurf zur Rettung, Erhaltung und ureigenste Weiterentwicklung der Überlebensmöglichkeiten für alle Wesen auf dieser Erde formuliert: „In diesem Buch geht es um das Leben. Es geht....um das Leben als Tanzen, Erzählen, Ernten, Nachdenken und Handeln. Und es geht um die

---

[1040] Ebenda, S. 40 f.

[1041] Eröffnet 1970

[1042] Siehe: https://de.wikipedia.org/wiki/Green_Belt_Movement

[1043] Siehe (FN 713)ff

[1044] Siehe: Eva von Redecker. Revolution für das Leben. Philosophie der neuen Protestformen. Frankfurt/Main 2021

natürlichen Zusammenhänge, die unsere Lebensgrundlagen bilden: Ozeane, Wolken, Böden, Wälder und Atemluft. Hauptsächlich geht es jedoch um das Leben in einer spezielleren Hinsicht: der Befreiung von kapitalistischer Herrschaft. Diese Befreiung ist kein hehrer Anspruch, sondern dringende Aufgabe. Denn der Kapitalismus zerstört Leben. Die Befreiung von kapitalistischer Herrschaft ist auch deshalb mehr als bloßer Anspruch, weil sie an verschiedenen Stellen bereits stattfindet. Wir erleben eine Revolution für das Leben."[1045]

Die vielfältigen Bewegungen gegen ebenso vielfältig „multiple Krisen" drücken sich in verschiedenen, aber kommunikativ verbundenen Formen aus. Ob in Protesten gegen Rassismus, im Widerstand gegen Gewalt an Frauen oder in der Klimabewegung verstehen sich diese Bewegungen als antikapitalistisch – allerdings nicht mehr nur im historischen Verständnis ‚Arbeit' gegen ‚Kapital', „sondern als Aufstand gegen die Lebenszerstörung."[1046]

Als eindrucksvolles afrikanisches Beispiel berichtet der in Lagos aufgewachsene Journalist *Dipo Faloyin* über zivilgesellschaftlichen Widerstand gegen strukturelle Gewalt[1047]: "Im Oktober 2020 besetzten Millionen junger Menschen in ganz Nigeria für zwei Wochen die Straßen der Großstädte und erklärten mit einem beispiellosen Maß an Solidarität über Ethnien und sozioökonomische Gruppen hinweg, dass genug ganz einfach genug sei." [1048]

Die friedliche Bewegung begann zunächst als Initiative gegen brutale Polizeigewalt, insbesondere gegen das „Special Anti Robbery Squad (SARS)", einer Spezialeinheit der nigerianischen Polizei zur Bekämpfung schwerer Gewaltkriminalität , der allerdings u.a. von Amnesty International selbst vielfachen Machtmissbrauch und schwere Verbrechen vorgeworfen wurde. Nach anfänglicher Bereitschaft der nigerianischen Regierung die „#EndSARS"-Proteste ernst zu nehmen, und die Missstände zu beseitigen, blieben diese Maßnahmen jedoch unzureichend, so dass die Proteste und Demonstrationen wieder zunahmen und sich ausweiteten. Die Regierung versuchte nunmehr, gewaltsam die Oberhand zu gewinnen....doch Tausende von insbesondere jungen Erwachsenen protestierten jeden Tag aufs Neue in Formen politischer Selbstorganisation für mehr Gerechtigkeit und gegen Gewalt: „Zum Glück für die Zukunft des größten afrikanischen Landes entschied sich ein Kollektiv von Frauen[1049], ihre beträchtlichen Talente und ihr Netzwerk zur Verfügung zu stellen, um die Verkörperung dieser generationenübergreifenden Wertvorstellungen

---

[1045] Ebenda, S. 9

[1046] S. 10

[1047] Siehe: Dipo Faloyin. Afrika ist kein Land. Berlin 2023.

[1048] Ebenda, S. 315

[1049] Ebenda: S.319. Eine dreizehnköpfige Gruppe junger nigerianischer Frauen („Feminist Coalition") hatte sich etwa vier Monate vorher zusammengeschlossen, um die umfassende Gleichstellung nigerianischer Frauen nachhaltiger organisieren zu können.

anzuführen."[1050] Die Proteste weiteten sich zur größten sozialen Bewegung in der modernen Geschichte Nigerias aus: „Die Frauen errichteten einen Staat im Staat und zeigten mehr Fähigkeit zum Aufbau einer Nation, als es Nigerias herrschender Klasse in Jahrzehnten gelungen ist."[1051] Leider wurden die friedlichen #EndSARS-Proteste mit militärischen Mitteln blutig niedergeschlagen: „Angesichts des Ausmaßes an Gewalt war an eine Fortsetzung der Proteste nicht zu denken. Zu viel Leben war zu leicht verloren gegangen, und es wäre nicht dabeigeblieben. Doch vor der Tragödie gab es Hoffnung, und diese Hoffnung – nicht in den Herrschenden der Nation, sondern in sich selbst – kann nicht anders als Bestand haben... Die #EndSARS-Bewegung hat einen modernen, sozialen Rahmen geschaffen, dessen Grenzen einer vergangenen Generation womöglich keinen Halt geboten hätten. Aber sie kann zu gegebener Zeit einen neuen Gesellschaftsvertrag formen." [1052]

Genau um diese vielfältig, globale Idee, „einen neuen Gesellschaftsvertrag" für das Leben und das Zusammenleben zu erreichen, hat *Eva von Redecker* im Sinn, wenn sie die aktuellen planetaren Destruktionskräfte analysiert und eine nachhaltige Vision formuliert. Bei dieser Vision soll es jedoch nicht nur um die Abschaffung der „kapitalistischen Destruktion des Lebens" gehen, sondern auch um eine Revolution um des Lebens willen und für ein anderes Leben. „Wir können Leben retten statt zu zerstören, Arbeit regenerieren statt erschöpfen, Güter teilen statt verwerten und Eigentum pflegen statt beherrschen. Überall, wo wir damit beginnen und weitermachen, wächst die Revolution für das Leben."[1053]

Kein geringerer als *Karl Marx* selbst hat bereits Mitte des 19. Jahrhunderts das grundlegende Potenzial kapitalistischer Destruktionskräfte erkannt, allerdings reichte auch seine Phantasie bei weitem nicht aus, sich das ganze, katastrophale Ausmaß heutiger Aktualität auszumalen....Jedoch hat er bereits damals zwei wesentliche *Charakteristika* kapitalistischer *Destruktionskräfte* zu identifizieren: einerseits eine *falsche technologische Entwicklung* und zum anderen eine *falsche Finanzpolitik*: „In der Entwicklung der Produktivkräfte tritt eine Stufe ein, auf welcher Produktivkräfte und Verkehrsmittel hervorgerufen werden, welche unter den bestehenden Verhältnissen nur Unheil anrichten, welche keine Produktivkräfte mehr sind, sondern Destruktionskräfte (Maschinerie und Geld)"[1054]

Es ist unmittelbar klar, dass eine derart weitreichende und tiefgreifende Entfaltung von sozialen, ökologischen und ökonomischen Destruktions-Potenzialen historisch genauer analysiert werden musste. Welche Grundelemente führten

---

[1050] Ebenda
[1051] Ebenda, S. 321
[1052] Ebenda, S321 f.
[1053] Siehe: E.v. Redecker, a.a.O. S. 16 f.
[1054] Siehe Karl Marx. Die Frühschriften. Die Deutsche Ideologie (1845/46). S. 366; Herausgegeben von S. Landshut. Stuttgart 1968

also zu der erfolgreichen, aber zugleich zerstörerischen Fehlentwicklung des Kapitalismus?

Ein zentrales Element stellt die Herausbildung einer postfeudalen Ordnung in Raum und Zeit durch die Schaffung einer neuen Herrschaftsform über Menschen via neuer zwangsweiser *Eigentumsbedingungen* von Grund und Boden durch die „Grundherren“ dar: „Sie umzäunten Wiesen und Allmenden, vertrieben die Landbevölkerung und verwendeten den Boden anstatt für deren Selbstversorgung für rentablere Landwirtschaft oder Viehzucht. Karl Marx betrachtete diesen Prozess, den er…am.Beispiel der Landnahme im Schottischen Hochland studierte, als Vorbedingung kapitalistischer Wirtschaft.“[1055]

Ein Prozess, der sich später außerhalb Europas in der Geschichte des Kolonialismus in ähnlicher Weise wiederholen sollte…..Im Kern ging es damals wie heute immer noch um die raumübergreifende und dynamisch-zeitlich kontrollierte Unterwerfung der planetaren Natur unter ein historisch neuartiges Verwertungsinteresse im Sinne eines ausschließlichen, sachdogmatischen *Diktats*: „Aus Sicht des planetaren Lebens besteht die sachliche Herrschaft, also die Tyrannei des Profits, vor allem darin, dass die kapitalistische Verwertung die Natur auf eine vollkommen blinde Weise reorganisiert. Sie behandelt, abgesehen von ihren eigenen Wertzuschreibungen, alles als entbehrlich.“[1056]

Doch das neue Eigentumsverständnis entwickelte nicht nur „Sachherrschaft“ und „Ding-Besitz“, sondern greift auch über auf *vorherrschendes* persönliches Besitz-Verhalten, gedanklich-„logische“ Konstrukte, überpersönliche, moralische Normen, aber auch ein von Umwelt und Natur *separiertes* Körperverständnis. Der von *Descartes* postulierte antagonistische *Dualismus* der Welt in eine materielle sowie eine höherwertige, geistige Substanz spiegelt dabei auch das Modell einer geteilten Welt von eigener, ökonomischer Verfügung, Unterwerfung und Verwertung nach *innen* sowie von beherrsch- und verwertbaren Objekten nach *außen* wider: „Descartes formulierte zwischen Geist und Materie keine einfache dualistische Hierarchie, sondern abermals ein Ebenbild des Eigentums-Verhältnisses. Die als souverän imaginierte Substanz verfügt über leblosen Stoff. Um sich so verstehen zu können, musste das Weltbild des Mittelalters gebrochen werden, das den ganzen Kosmos im menschlichen Leib gespiegelt und diesen wiederum als auf vielfältige Weise mit seiner Umwelt verbunden sah.“ [1057]

Das kapitalistische Industriezeitalter verwandelt die Gesamtheit der Natur damit in eine „eingehegte, abgetrennte, beherrschte Sache“. Doch nicht nur Wälder, Flüsse, Felder oder Naturstoffe gelangen in den Strudel der Sachverwertung,

---

1055 Siehe E.v. Redecker (2021), a.a.O. S. 26

1056 Ebenda, S. 56

1057 S. 72 f.

sondern auch die zur Ware reduzierte Arbeitskraft gerät unter das Diktat der Sachherrschaft – zunächst in Europa, aber dann folgeradikal auch in der übrigen Welt mittels kolonial-imperialer Beherrschungsstrategien: „Der Kolonialismus dient als kartierende Vorhut des Kapitals; gemeinsam ernten sie Profit für die weiße Welt. Insbesondere gilt das für die zweite kolonialistische Phase, als unter anderen der afrikanische Kontinent von europäischen Mächten – darunter auch Deutschland – vermessen und vereinnahmt wurde. Die Verwertung gewinnt Zugang zu neuen Rohstoffen, billigeren Ressourcen, Ländereien – allesamt abgesichert von sachherrschaftlichen Verwaltungsstrukturen. In ihrer Überarbeitung des Marxschen Werkes kam Rosa Luxemburg zu dem Schluss, dass solcher Imperialismus notwendig sei, um die wiederkehrenden Konjunkturkrisen des Kapitalismus abzufangen und neue Investitions- und Absatzmöglichkeiten zu erschließen."[1058]

Doch die deutlich sichtbarer werdende ‚Erschöpfung' globaler Ökosysteme und Lebensformen kann die Reproduktion evolutionärer Prozesse immer weniger sicherstellen, solange die kapitalistische Dauer-Destruktion wirksam ist. Wir sind allesamt in das System der Zerstörung eingespannt, allerdings *nicht* gleichermaßen verantwortlich – weder als historische Eigentümer, noch sachherrschaftsverursachend!

„Wir verwüsten also die Erde. Wir vermüllen sie, brennen sie aus. Wir tun das als Einzelne nicht gleichermaßen – einhundert Firmen sind für 71 Prozent der Emissionen verantwortlich, die Hälfte unseres CO2-Ausstoßes wird von den reichsten zehn Prozent der Weltbevölkerung veranstaltet." [1059]

Aber wir sind *alle* aufgefordert, für die systematische *Beseitigung* dieser systemischen Destruktion *Verantwortung* übernehmen! Die zunehmenden weltweiten Protestformen mit radikalen Alternativvorschlägen leisten nicht nur wichtige Beiträge für die Kritik an der zerstörerischen Sachherrschaft, sondern sie sind auch kräftige Handlungen zu deren Beseitigung.

Diese Beseitigung erfordert notwendigerweise eine tiefgreifende systematische und systemische Transformation kapitalistischer Strukturen und damit verbunden den Umbau unseres Alltags und unserer Lebensmuster: Eine „Revolution für das Leben", die sich der Zerstörungswut der kapitalistischen Gesellschaft in den Weg stellt vollzieht sich jedoch nicht einfach als „Kipp-Punkt", nicht als

---

[1058] S. 79

[1059] S. 91

grandioser Gewaltakt, sondern als ausdauernder allgegenwärtiger Umbau des Alltags, basierend auf einem „Leben für die Revolution."[1060]

Natürlich sollte dabei auch über Alternativen zur kapitalistischen Marktwirtschaft nachgedacht werden, allerdings nicht im Sinne einer Abschaffung jeglicher Marktverteilung und Ersatz durch ein unbedingtes, zentralistisches Top-Down-Diktat – entschieden durch wenige, vermeintliche ‚Experten', sondern als eine eher Bottom-Up-Dynamik von selbstorganisierenden, komplexen Prozessen innerhalb nachhaltiger Rahmensetzung und Leitplanken: „An der Planwirtschaft war nicht das Planen falsch, sondern die Wirtschaft: Auch als sozialistische brach sie nicht umfangreich genug mit den Mustern der Sachherrschaft....Die Revolution für das Leben setzt dagegen auf eine Planung, die die Freiheit und Spontaneität ihrer Elemente erhöht. Sie muss sich aus einer Demokratie der Teilenden heraus ergeben und das Geteilte lebendig zu erhalten – frei von Sachherrschaft und Verwertung."[1061]

Dabei geht es insbesondere um den Gemeinwohl-Gedanken „Omnia sunt communia", was so viel meint „Alles soll gemeinschaftlich sein" sprich „Alles ist allen anvertraut. Alle sind einander anvertraut....Wir wären sanfte Verbündete der uns anvertrauten Weltbestandteile"[1062]

Dabei können durchaus spielerische Elemente des Wettbewerbs sicherlich eine Rolle spielen, aber ein gnadenloser wirtschaftlicher Konkurrenzkampf als Motor globaler zerstörerischer Dynamik gehört abgeschafft! „Ein anderes Verhältnis zueinander und zur Welt muss unserer Abhängigkeit von geteilten Lebensgrundlagen gerecht werden und auch der akuten Situation, in der diese bereits von desaströsen Zerstörungsdynamiken durchzogen sind. Es zielt aufs Ganze, kann aber im ganz Kleinen begonnen und geübt werden."[1063]

Um unseren ‚*Weltinnenraum*' zukunftsfähig zu gestalten, braucht es eine umfassende, komplexe Lösungskonzeption („Revolution für das Leben"), die auf vier ineinandergreifenden Leitzielen („Gesten") beruht: Leben zu *retten*, Leben zu *regenerieren*, Leben zu *teilen* und Leben zu *pflegen*.[1064]

Insbesondere wenn es um Auswertungen und Schlussfolgerungen eines *zukunftsfähigen afrikanisch-europäischen Dialoges* mit Ideen und Vorschlägen für grundlegende, globale Alternativen zur derzeit mehrfach überlagerten

[1060] Siehe S. 147

[1061] Siehe S. 251

[1062] S. 282 ff.

[1063] S. 291 f.

[1064] Ebenda

Krisenentwicklung der Welt geht, werde ich obige Gedanken in den nächsten Kapiteln wieder aufgreifen und weiterentwickeln...

Das Gewitter in der Umgebung von „The Ark“ hatte mehr als zehn Grad gefallene Außentemperaturen, aber auch eine besondere, klare Luft hinterlassen: *die* Einladung, mit der Kamera eine malerische Flusslandschaft von der Lodge aus aufzunehmen. Eigentlich wollte ich mit dem Foto „nur“ die dämmrige Abendstimmung in den Aberdares festhalten. Aber nach der Filmentwicklung in Hamburg offenbarte sich im Hintergrund des Bildes die einzigartige Silhouette des zweit höchsten Berges Afrikas!

Wir wollten uns in dieser Nacht nicht an der allgemeinen Tierbeobachtung beteiligen, sondern zogen es vor, zeitig schlafen zu gehen. Im Zimmer erwartet uns allerdings eine Überraschung: Astrid findet unter ihrer Bettdecke einen kleinen Fremdkörper vor. Wir denken zunächst an eine Begebenheit letztes Jahr in Malawi, als mir beim Lüften der Bettdecke ein Frosch entgegensprang. Doch der vermutete Gegenstand ist weder ein reales Amphibium noch ein verwunschener Prinz, sondern entpuppt sich als schlichte Wärmflasche aus Messing....

Von draußen tönt derweil das klickend-klingende Konzert der Frösche und singt uns in den Schlaf.

Schon früh morgens geht es nach Norden zu einem Kurzbesuch nach Nanyuki, einem an die Kolonialzeit erinnernden Städtchen auf knapp zweitausend Meter Höhe mit altmodischem Charme, doch vor allem mit grandiosem Panorama-Blick auf die zerklüfteten Gipfel des Mt. Kenya.

Eine weitere Attraktion bietet sich durch den einige Kilometer südlich gelegenen Verlauf des größten Breitenkreises der Erdkugel, den *Äquator*.

Dort erwartet uns eine interessante *Vorführung*: ein junger Mann präsentiert einen viereckigen, wassergefüllten Plastikbehälter, der nach unten konisch zulaufend in der Mitte ein kleines, verschließbares Loch enthält. Nach Öffnung dieses Loches entsteht ein kleiner, strudelartiger Abfluss des Wassers, dessen Drehrichtung durch ein kleines Hölzchen sichtbar wird. Etwa zwanzig Meter *nördlich* des Äquators dreht sich das Hölzchen *gegen* den Uhrzeigersinn, entsprechend *südlich mit* der Uhrzeigerrichtung, und schließlich auf dem Äquator bleibt es in *Ruhe*.

Er wiederholte den Prozess dreimal – mit gleichem Ergebnis. „Der junge Einheimische erklärt anschaulich die Ursache dieses Phänomens. Aufgrund der Erddrehung - wie bei allen sich im Kreis drehenden Körpern – wirke die Corioliskraft, die das Wasser in eine

Strudelbewegung überführe, während sie auf dem Äquator Null betrage. Ich hätte nicht gedacht, dass dieses Phänomen mit einer solch einfachen Versuchsanordnung zu demonstrieren ist..."[1065]

Da allerdings diese Phänomene der Auswirkungen der Corioliskraft auf die Wirbelbildung von abfließendem Wasser in Bodennähe in verschiedensten Beiträgen von deutschen Autoren vehement abgestritten, für unmöglich erklärt oder gar als „Hokuspokus" denunziert wurden, entschloss ich mich eigene wissenschaftliche Betrachtungen und Recherchen dazu durchzuführen.[1066]

Es existiert eine lange Kontroverse über die Frage, ob das Drehverhalten eines Wasserstrudels, zum Beispiel in einer Badewanne, durch die Corioliskraft entscheidend beeinflusst wird. Nachdem der Abfluss geöffnet wird, müsste sich demnach der entstehende Strudel auf der Nordhalbkugel gegen den Uhrzeigersinn, auf der Südhalbkugel entsprechend im Uhrzeigersinn drehen, ähnlich wie dies in der Atmosphäre in Hoch- und Tiefdruckgebieten geschieht. „Unter Idealbedingungen wurde dieser Effekt der Corioliskraft im Jahre 1962 von *Ascher Shapiro* in Wasserbecken von jeweils zwei Metern Durchmesser bewiesen, wobei eine Versuchsreihe in Watertown (Massachusetts) stattfand, eine zweite mit identischem Aufbau kurz darauf durch andere Physiker in Cambridge, England durchgeführt wurde. Der Wasserinhalt der Becken war vorher absolut in Ruhe gebracht worden. Die Drehrichtung des Strudels beim Abfließen war stets entgegen dem Uhrzeigersinn. 1965 wurde dasselbe Experiment in Sydney durchgeführt.[1067] Hier drehte der Strudel stets im Uhrzeigersinn." [1068]

Eine weitere experimentelle Bestätigung findet sich von *Said Shakerin*(University of the Pacific, CA) mit Hilfe einer einfachen Versuchsanordnung.[1069]

Empirisch lässt sich also sehr wohl nachweisen, dass die Corioliskraft auch in Bodennähe eine kausale Wirkung auf das unterschiedliche Drehverhalten eines Wannen-Wasserstrudels in der nördlichen und südlichen Hemisphäre aufweist.

[1065] Siehe: U. Skirke (1997), a.a.O. S. 54 f.

[1066] Siehe: http://ulf-skirke.de/stroemungsmuster-corioliskraft/

[1067] Siehe: Lloyd M. Trefethen, et al, The Bath-Tub Vortex in the Southern Hemisphere in: Nature, Volume 207, Issue 5001, pp. 1084-1085 (1965).
„IT has long been thought that water draining from a tank would rotate counter-clockwise in the northern hemisphere and clockwise in the southern hemisphere, provided other influences were kept small compared with the influence of the rotation of the Earth. This idea has only recently been tested, by Shapiro in Watertown, Massachusetts, as part of a film on vorticity[2-4], and later by Binnie in Cambridge, England[1]. Shapiro and Binnie both acquired confidence, after surmounting difficulties in their early experiments, that the counter-clockwise rotations observed in their later experiments were due to the rotation of the Earth."

[1068] Siehe: https://de.wikipedia.org/wiki/Strudel_(Physik)

[1069] Siehe: Said Shakerin. Vortex Apparatus and Demonstrations. Cite as: The Physics Teacher 48, 316 (2010); https://doi.org/10.1119/1.3393063 Published Online: 15 April 2010

Aber wie lässt sich diese Wirkung physikalisch *begründen*?

Viele Phänomene von (laminaren) einfachen Strömungen in Fluiden (Wasser, Luft) lassen sich *näherungsweise* linear-mechanisch beschreiben.

Dies gilt allerdings *nicht* mehr, je bedeutsamer *chaotische Turbulenzen* bei mikroskopische Wechselwirkungen und makroskopischen Phasenübergängen sowie selbstorganisierten Prozessmustern werden. Erst die Betrachtung der *Musterbildung* bei *nichtlinear* komplex-dynamischem, *turbulentem* und chaotischem Verhalten von Flüssigkeiten lässt eine angemessene Erfassung und Erklärung der Corioliskraft-Phänomene von Wirbel, Strudeln und rotierenden Abflüssen zu. „Turbulente Strömungen sind durch folgende Eigenschaften gekennzeichnet:

1. ausgeprägte Selbstähnlichkeit („Skalierung") bei Mittelwertbildung bezüglich Länge und Zeit, mit großer Ausdehnung zulässiger Längen- und Zeitskalen,
2. ungeordnete und schwer vorhersagbare raumzeitliche Struktur,
3. empfindliche Abhängigkeit von Anfangsbedingungen,
4. empfindliche Abhängigkeit von Randbedingungen.

Beispiel zu (1): Ein Wirbelsturm ist mehrere Kilometer groß, während die kleinsten in ihm enthaltenen Wirbel kleiner als einen Millimeter sind."[1070]

Chaotische Systeme sind hochempfindlich gegenüber geringsten Veränderungen: selbst kleinste Ursachen können zu großen Wirkungen führen!

Das „starke Kausalitätsprinzip" der klassischen Mechanik (=Kleine Ursachen haben nur kleine Wirkungen, nur große Ursachen entsprechend große Wirkungen) gilt bei chaotischen Prozessen *nicht* mehr.[1071] Allerdings gilt bei chaotischen Prozessen das sogenannte *„schwache Kausalitätsprinzip"*: das deterministische Chaos genügt durchaus dem Prinzip „Gleiche Ursache, gleiche Wirkung". Die Möglichkeit, dass mikroskopische Ereignisse sich makroskopisch auswirken können, widerlegt aber die generelle Gültigkeit des Satzes „Ähnliche Ursachen, ähnliche Wirkungen". Vielmehr trifft hier die bekannte Erfahrung zu: *„Kleine Ursachen, große Wirkung"*![1072]

In Anlehnung an die Arbeiten des Meteorologen Edward Lorenz (s.o.) wird dies auch als der sogenannte *„Schmetterlingseffekt"* bezeichnet, wenn kleinste Druckschwankungen in der Atmosphäre sich nach einiger Zeit zu großen Änderungen der Wetterlage aufschaukeln können: „Dies ist der berühmte „Schmetterlingseffekt", wonach der Flügelschlag eines Schmetterlings in Hongkong irgendwann einen Orkan in

---

[1070] siehe https://de.wikipedia.org/wiki/Turbulente_Strömung

[1071] siehe K. Mainzer; Gehirn, Computer, Komplexität; Berlin 1997, S. 123 ff

[1072] siehe: Uwe an der Heiden. Chaos und Ordnung, Zufall und Notwendigkeit. In: G. Küppers (1996), a.a.O. S. 110 f.

New York auslösen kann. Freilich stellt der Schmetterling nicht die Energie für den Orkan bereit, und er bestimmt auch nicht allein, daß ein Orkan stattfindet, wohl aber hat er wesentlichen Einfluss auf den Ort und den Zeitpunkt des Sturms. „Wesentlich" heißt hier, dass ohne ihn der Orkan nicht an diesem Tag in New York stattgefunden hätte."[1073]

Dies bedeutet: in chaotischen Systemen wachsen auch kleinste Abweichungen der Systemelemente dynamisch exponentiell an.[1074] Die Elemente nichtlinearer komplex-dynamischer Systeme können daher neuartige Wechselwirkungen ausbilden, die insgesamt neue Ordnung, Strukturen und Muster hervorbringen. Strömungsmuster von Luft- und Wasserwirbeln entstehen bei der Erhöhung der Strömungsgeschwindigkeit durch Energiezufuhr: dabei werden zunehmend komplexere Muster ausgebildet.

„In der Komplexitätstheorie studiert man die Neigung mancher Formen chaotischer Zufallsbewegungen, Ordnung durch Phänomene der Selbstorganisation zu erzeugen. Ein Beispiel...: In einer Flüssigkeit bewegen sich die Moleküle vollkommen chaotisch, aber wenn wir das Wasser aus der Badewanne abfließen lassen, strömt es von selbst geordnet im Uhrzeiger- oder Gegenuhrzeigersinn um den Abfluss. Diese makroskopische Ordnung erkennt man auch in den Konvektionsströmungen in einem Topf mit heißem Wasser, Hurrikanen und Tornados...und bei vielen anderen Naturerscheinungen." [1075]

Zunächst besitzt das Fluid in Ruhe ein homogenes Oberflächenbild. Bei Erhöhung der Strömungsgeschwindigkeit kommt es zur Wirbelbildung: zunächst als einzelne periodische Wirbelmuster, die sich in quasi-periodischen Mustern verbinden und bei starker Strömung in ein komplexes und chaotisches Strudelbild umschlagen.[1076]

Druckgefälle und Gravitation erzeugen bei einer bestimmten Strömungsgeschwindigkeit und intensiver Wechselwirkung der Luftmoleküle ein turbulentes Chaos, das sehr empfindlich auf die Randbedingungen des kleinen Coriolis-Effektes reagiert und zur Wirbelbildung als komplex-dynamischer Selbstorganisationsprozess auf der Makroebene führt – mit langreichweiten Korrelationen der Systemteilchen über den gesamten Wirbel. Eine „kleine Ursache" (Corioliskraft) führt nun zu „großen Wirkungen" (Wirbelbildung): „Das turbulente Chaos ist ein makroskopisches Phänomen; es stellt eine besondere Form der Ordnung bzw. Selbstorganisation dar. Wir müssen uns nur vor Augen halten, dass bei turbulenten Prozessen in der Atmosphäre oder in Stromschnellen Milliarden von Molekülen sich im Mittel parallel bewegen müssen, um die charakteristischen Wirbelstrukturen zu erzeugen." [1077]

[1073] Ebenda, S. 111

[1074] Siehe K. Mainzer 1997, a.a.O. S. 123 ff.

[1075] siehe J. Al-Khalili, J. McFadden: Der Quantenbeat des Lebens, Berlin 2015, S. 366

[1076]vgl. Mainzer 2016, a.a.O. S. 58 f.

[1077] Siehe: Ebeling 1991, a.a.O. S. 35

Insgesamt bleibt festzuhalten: Der Coriolis-Effekt ist immer *relativ klein* – egal ob auf Wolkenhöhe in der Atmosphäre oder bei einer strömenden Flüssigkeit in Bodennähe![1078] In der einschlägigen Komplexitätsforschung sind solche Phänomene durchaus bekannt.

Nicht nur *Werner Ebeling*[1079] weist daraufhin, dass „für *Symmetriebrechung* auch ganz schwache Einflüsse ausreichend" sind, sondern darüber hinaus stellt *Günter Küppers* fest: „Das Foucaultsche Pendel zeigt, dass die Coriolis-Kraft nicht nur auf ausgedehnte Bewegungen (Tiefdrucksysteme) wirkt, sondern *auch auf kleineren Dimensionen.*"[1080]

Der Coriolisparameter fc ist 20m vom Äquator[1081] entfernt in der Größenordnung der mittleren freien Weglänge sich bewegender Moleküle und somit etwa der Molekülgröße des Wassers von ca. 3x 10^{-10} m – und damit *relevant für die molekulare Wechselwirkung bei Turbulenz!*

Der Coriolis-Parameter ist zwar ca. um den Faktor 10^6 kleiner als derjenige in mittleren Breiten, aber dennoch bei einer Dynamik chaotischer Selbstverstärkung groß genug, um damit zur turbulenten Wirbelbildung führen zu können.

Damit lässt sich das oben beschriebene Experiment *am Äquator* nahe Nanyuki, nämlich die *Demonstration der turbulenten Wasserwirbelbildung* und damit die Darstellung *unterschiedlicher Drehrichtungen des Wasserabflusses* mit Hilfe des wirksamen physikalischen Einflusses auch dieser sehr geringen Größenordnung der Corioliskraft *zumindest* als reale **Möglichkeit** aufzuzeigen.

Es wäre deshalb durchaus eines *kontrollierten wissenschaftlichen Experimentes* wert, dieses *vor Ort* entsprechend zu *überprüfen*!

[1078] Dabei beträgt die Dichte von Wasser ca. 1000 kg/m³ , die Luftdichte dagegen lediglich 1/1000, nämlich 1kg/m³

[1079] Email vom 29.10.2020

[1080] Email vom 26.10.2020

[1081] Folgende physikalische Größen spielen dabei eine Rolle:
sinϕ in Äquatornähe: Radius Erde am Äquator = 6,36 X 10^6m; Abstand vom Äquator = 2X10m;
sinϕ = 2X10/6,36X 10^(-6) = 3X10^(-6)
Daraus ergibt sich der Coriolisparameter fc = 2ωsinϕ= 2X7,3X10^(-5) X 3X10^(-6) 1/s = 4,4X10^(-10) 1/s , also *nicht* Null, am Äquator ist der sinϕ = 0 und damit fc = 0

Ich möchte daher ausdrücklich *vorschlagen*, eine *internationale, wissenschaftliche Tagung* einzuberufen, die Zusammenhänge von *Corioliskraft, Turbulenz und Fluid-Wirbelbildung* darstellt und diskutiert sowie entsprechende Experimente auch vor Ort durchführt.

Des Weiteren wäre dazu auch eine experimentelle Weiterentwicklung des *Foucault'schen Pendelversuches* zum Nachweis der Corioliskraft in Äquator-Nähe interessant.

Wir nehmen die ‚Südroute' über das Mau Escarpment und die Loita Plains in die Masai Mara, die nördliche Fortsetzung des tanzanischen Serengeti-Nationalparks und bedeutsamen Teil des ostafrikanischen Ökosystems. Der anmutige Eindruck von grünen Hügeln, gelben Getreidefeldern und leuchtend blauem Himmel mit weißen Schönwetterwolken lädt ein, länger in dieser eindrucksvollen Landschaft zu verweilen. Es erinnert mich sehr an den Goethe-Wunsch: *„Verweile doch, du bist schön."*

„Mir wird klar, dass man in Afrika den Raum nicht einfach schnell ‚überwinden' sollte, um an sein Ziel zu kommen, sondern sich so viel Zeit nehmen müßte, wie es die Reichhaltigkeit des Raumes erfordert! ‚Der Weg ist das Ziel' findet hier seine ureigene Bedeutung." [1082]

Der Beginn der Masai Mara kommt ins Blickfeld und ein weiteres ‚Naturgemälde' Afrikas entbirgt sich: eine einmalige Savannenlandschaft, die als schier unendliche Grasfläche nur stellenweise mit Büschen oder Bäumen der Akazie eingesprenkelt als Muster verziert ist. Dieses Phänomen liefert auch *eine* Namenserklärung für das Wort „Mara", was in der Masai-Sprache etwa „gepunktet" oder „gefleckt" bedeutet. Ebenso ist ein *anderer* begrifflicher Zugang: das Phänomen der *Musterung der Tiere,* aber auch das der die Savanne bevölkernden, eingesprenkelten *Tierleiber* : „ ‚Mara' bedeutet ‚buntes Durcheinander' und beschreibt das Streifengnu...Es ist eines der 30 Adjektive, mit denen die Massai das Muttertier mit seinen Hauttönungen und Mustern beschreiben. Wieso sie das Wort für das Reservat benutzen? Vielleicht wollte sie damit die Landschaft erfassen, die ‚Grünen Hügel Afrikas', die mit Akazienhainen und dichtem Gestrüpp durchsetzt sind. Wahrscheinlicher klingt die Theorie, dass Mara auf die Millionen gefleckter, gesprenkelter Gnus und andere Pflanzenfresser zurückgeht, die von Ende Juni bis Mitte September das Land bevölkern." [1083]

Es liegt die Hypothese nahe, die hier beschriebenen verschiedenartigen *Musterphänomene* in der Mara-Savanne in ähnlicher Weise als nichtlineare komplex-

---

[1082] Siehe: U. Skirke, unveröffentliche Reiseaufzeichnungen Kenia 1997 (1), S. 155 f.

[1083] Siehe: Apa Guides. Kenia. M. Amin und J. Eames (Hrsg.). Nelles Verlag 1989, S. 134

dynamische Prozessdynamik zu modellieren wie bereits im Okavango-Delta beschrieben, nämlich als *Musterbildung* durch *lokale, chaotische Selbstverstärkung* und *langreichweitige Inhibition* durch systemisch begrenzende Rahmenbedingungen.[1084] Letztere *Rahmenbedingungen* des Ökosystems der Savanne werden folgendermaßen beschrieben: „Savannen entstehen meist zwischen Regenwäldern und Wüsten. Es müssen drei Bedingungen gegeben sind, damit eine Savanne überhaupt entstehen kann: die entsprechende *Bodenbeschaffenheit*, *Niederschlagsmengen* und natürlich aufkommende *Buschbrände*.

Die Niederschlagsmengen bestimmen wie üppig das Graswachstum ist, während die Bodenzusammensetzung bestimmt, welche Pflanzen wachsen können. Büsche und Bäume, die ihre Nahrung aus tieferen Bodenschichten beziehen, bevorzugen sandige bzw. steinige Böden.

Tonhaltige Böden fördern die Gräsern, deren Wurzelgeflecht die oberen Bodenschichten durchzieht.

Pflanzen, die Wasser in ihren Stämmen speichern können um so längere Trockenzeiten überstehen zu können, wachsen vorwiegend in Gebieten mit nur wenigen Niederschlägen. Sukkulenten, der Flaschenbaum sowie der Affenbrotbaum (auch BAOBAB genannt), gehören zu diesen Pflanzen.

Die natürliche Auslese der Savannenvegetation wird von den Buschbränden vollzogen. Das Gras verbrennt zwar, jedoch bleiben Samen und Wurzeln unter der Erde unbeschädigt. Bäume schützen sich mit einer intakten Borke, Nur erkrankte Bäume brennen ab. Buschbrände schaffen in den Savannen platz für neue Pflanzen und düngen mit der Asche den Boden."[1085]

Dies führt zu einer *ökologischen Gliederung*, wo verschiedene „Stockwerke" der Savanne mit bestimmten Baumarten und Tierarten korrelieren, die eine weitgehend konkurrenzfreie Lebensart als ‚ökologische Nische' ermöglichen.[1086] Natürlich sind in diesem Zusammenhang auch menschliche Einflüsse und Wechselwirkungen, z.B. durch Landwirtschaft, Viehbeweidung oder Tourismus in besonderer Weise zu beachten....

„Immer wieder tauchen in diesem grünen Gras- und Buschmeer Massai in ihren leuchtend roten Gewändern auf und in einigem Abstand die dazugehörige Rinderherde. Es ist den Massai erlaubt, ihre Tiere in einem großen Randbereich auch innerhalb des Parks weiden zu lassen. Dafür übernehmen sie eine zusätzliche Wildhüter-Funktion." [1087]

Nach Erreichen der Lodge ist ein Game Drive am Nachmittag vorgesehen. Während die größte Aufmerksamkeit der meisten Touristenfahrzeuge den Löwen galt, zog mich der majestätische Anblick eines umherstreifender Geparden in den Bann: „Trotz vielfachen

[1084] Ebenda
[1085] Siehe: https://www.lehrer.uni-karlsruhe.de/~za1246/Oekosystem_savanne.htm
[1086] Ebenda
[1087] Siehe: U. Skirke (1997(1)), a.a.O. S. 159 f.

Beobachtetseins konnte dieses Tier dennoch durch anmutige Bewegungen seine eigene Würde zum Ausdruck bringen. Eine Assoziation wird dabei unmittelbar lebendig, denn irgendwie kommen mir Selbstbehauptung und Identitätswahrung des afrikanischen Wesens in den Sinn: trotz vielfältig äußerer Bedrängnis ruht das Innere in sich Selbst!“ [1088]

Am nächsten Morgen sollte sich ein langersehnter Wunsch in Erfüllung gehen: eine Fahrt mit dem Heißluftballon! Noch vor Sonnenaufgang beginnt die Anfahrt in Richtung Mara Sarova Camp: „Die schwarze Dunkelheit wird durch die Scheinwerfer unseres Minibusses flackernd erleuchtet und die holperige Piste erscheint wie eine Miniatur einer zerklüfteten Berglandschaft – bis schließlich eine größere freie Grasfläche erreicht und das Camp nur anhand einiger Lichtpunkte erkennbar ist. Es ist kühl in dieser Höhe, und die aufkommende Morgenröte deutet sich an.“ [1089]

Der bunte Ballon wird mit Hilfe zweier Ventilatoren und einer Gasflamme langsam aufgebläht: „Wie ein feuriges Fabeltier erwacht die leblose Textilmasse und verwandelt sich in ein farbig-gestreiftes ‚Monster‘, das seinen riesigen Schlund nach unten öffnet und darauf vorbereitet ist, sich in die Lüfte zu erheben.“[1090]

Der Ballon setzt sich langsam horizontal in Bewegung und das Einsteigen in den zweireihigen Korb muss jetzt schnell gehen: „Fast gleichzeitig mit dem langsamen Aufsteigen des Ballons geht die Sonne mit wechselndem, tiefrotem Farbenspiel auf. Leider wird das lautlose Schweben immer wieder vom fauchenden Zischen der kurzzeitig eingeschalteten Gasflamme unterbrochen. Vor und unter uns bietet sich jedoch ein atemberaubender Anblick: aus der Vogelperspektive wirken Büsche und Bäume tatsächlich ‚gesprenkelt‘, werden die fraktal-selbstähnlichen Strukturen und runden, rekursiven Muster der Massai-Siedlungen erkennbar und fünf schlafende Geparden sind zum Greifen nah – aber dennoch verbinden sich grüne Graslandschaft und blau-roter Himmel zur unermesslichen Weite. Das Gefühl für Raum und Zeit verändert sich.“ [1091]

Angeregt von diesen Eindrücken beschäftigt mich ein faszinierender Gedanke: warum könnten in dieser Landschaft nicht solare Zeppeline fliegen? Sie wären in Afrika ideale Luftverkehrsmittel – mit Transportverbindungen für Menschen und Lasten ohne große, aufwändige Flughäfen....Und es könnte ein Baustein zum Aufbau einer eigenen nachhaltigen Solarproduktion sein....

Nicht nur in Europa entdecken wir abseits einer sich rasend beschleunigten Welt wichtige Nischen der ‚Langsamkeit‘, der ‚Entschleunigung‘ oder der ‚Ökologie der Zeit‘....warum nicht auch einer nachhaltigen, solaren Luftfahrt?!

[1088] Ebenda S. 165 f.

[1089] Ebenda S. 173 f.

[1090] S. 175 f.

[1091] Ebenda, S. 177 f.

Hier während der Ballonfahrt ist dies unmittelbar präsent und unterstreicht einmal mehr, dass der reale Zugang zur afrikanischen Welt ohne derartige Raum- und Zeiterfahrungen überhaupt nicht möglich wären!

„Ich versuche, diese unverwechselbaren Eindrücke zu speichern, die Ruhe, Harmonie und Ausgewogenheit in mir aufzunehmen. Es scheint mir völlig zweifelsfrei, dass diese großartige Landschaft über Jahrtausende ihre Wirkung auf die einheimischen Menschen entfaltet haben muss: das Äußere korrespondiert mit dem Inneren...."[1092]

Bereits Goethe hatte ein ‚Korrespondenzprinzip' der sinnlichen Wahrnehmung skizziert, wenn er in seinen Gedichten folgende Erkenntnis in Worte fasst: *„Wär nicht das Auge sonnenhaft, die Sonne könnt es nie erblicken."* [1093] Allerdings war es dem großen Naturforscher nicht gelungen, dies in einen wissenschaftlich-methodischen Erklärungsansatz zu stellen. Erst einhundertfünfzig Jahre später sollte es mit Hilfe der Selbstorganisationstheorie gelingen, die Korrespondenz zwischen materiell-struktureller *Musterbildung* und mentaler *Mustererkenntnis* systemisch zu erklären.[1094] „Wir haben es mit Systemen zu tun, die aus sehr vielen einzelnen Teilen bestehen. Durch das Zusammenwirken dieser Teile entstehen nun ohne konkretes direktes Zutun von außen Strukturen, z.B....in der belebten Natur die ungeheure Vielfalt der Pflanzen- und Tierwelt in ihren verschiedensten Ausprägungen."[1095]

Auf der Suche nach einem ‚synergetischen Computer' stößt Komplexitätsforscher *Hermann Haken* auf grundlegende *Selbstorganisations*-Prinzipien der Mustererkennung, nämlich „dass Mustererkennung nichts anderes als das Wirken eines assoziativen Gedächtnisses ist. Die Frage ist natürlich, wie man ein solches Gedächtnis realisieren kann – eben durch einen Computer. Man kann sich dabei erhoffen, dass wir bei einem entsprechenden Computer sogar Einblicke bekommen können, wie unser Gehirn Muster erkennt. Den Schlüssel zum Konzept des synergetischen Computers liefert nun meine Behauptung, dass Mustererkennung nichts anderes als Musterbildung ist. Ich meine dies sogar ganz wörtlich: Wenn wir ein Muster erkennen, so bildet sich auch in unserem Gehirn ein bestimmtes Erregungsmuster aus."[1096]

Es zeigt sich also eine Korrespondenz zwischen ‚äußerer' und ‚innerer' Welt: die Systemteile der Musterbildung entsprechen den Strukturmerkmalen der Mustererkennung.[1097]

[1092] S. 192

[1093] J. W. Goethe. Sämtliche Werke Band 1. Zürich 1977. Zahme Xenien III, S. 629

[1094] Siehe: Hermann Haken. Der Synergetische Computer. In: Günter Küppers (Hrsg.). Chaos und Ordnung (1996), a.a.O. S. 176 bis 199

[1095] Ebenda, S. 177

[1096] S. 185

[1097] S. 186

Die Musterbildung afrikanischer Phänomene von Flora und Fauna typischer Landschaften ist offensichtlich in Jahrtausenden als „assoziatives Gedächtnis" und Muster afrikanischer Weltsicht nicht nur mental, sondern auch *kulturell* tiefgründig gespeichert: Ausdruck eines ganzheitlichen Dialogs zwischen Mensch *und* Natur. Wäre dies nicht eine entscheidende Grundlage für ein nicht-dualistisches, Innen und Außen, Subjekt und Objekt *übergreifendes* ganzheitliches Weltbild?
So stellt der Naturphilosoph *Johann Götschl* treffend fest, „dass Naturdynamik und Kulturdynamik in spezifischer Weise miteinander verkettet sind"[1098]. Diesen wichtigen Gedanken möchte ich unbedingt wieder aufgreifen….

Das laute Zischen der Gasflamme holt meine ausschweifenden Gedanken in die schwebende Realität zurück, eindrucksvoll bewegt sich unser eigener Ballon-Schatten in der Landschaft und entbirgt noch einmal einen Blick auf die Größe und Weite der Savannen-Welt. Selten wie in diesem Augenblick hatte ich ein tieferes Gefühl von zugleich Schönheit, Lebens-Wert und Verwundbarkeit unseres Planeten.

[1098] Vgl. Siehe: Johann Götschl. Zur philosophischen Bedeutung des Paradigmas der Selbstorganisation für den Zusammenhang von Naturverständnis und Selbstverständnis. S. 187. In: Krohn/Küppers (1990), a.a.O. S. 189

12. Kultur als Lebenswert

Vor fast zwei Jahrzehnten trat Sänger und Musiker Stanley in unser Leben und eröffnete in besonderer Weise eine von mir bisher noch zu wenig betrachtete Facette der erlebten Realität europäisch-afrikanischer Begegnung: nämlich Bedeutsamkeit und Gewicht der *kulturellen* Dimension. Dabei drängen sich mehrere Fragen in den Vordergrund: welche Basis-Charakteristika kennzeichnen Kultur? Wie entwickeln sich Erfahrungen und Maßstäbe der *eigenen* Kultur? Inwieweit erleichtern oder erschweren diese Maßstäbe die Wahrnehmung *anderer* kultureller Weltsichten? Existieren historisch negative Kulturmaxime als ideologische Verfestigungen? Wie sieht eine entsprechende Ideologiekritik und Überwindung fehlerhafter Normen aus? Gelingt über die kritische Durchdringung und Öffnung des eigenen Selbst der Zugang zur anderen kulturellen Perspektive? Welche kulturellen Maßstäbe und Lebensprinzipien entbergen sich aus der afrikanischen Weltsicht?

Stanleys Vortrag mit Gesang und Gitarre war professionell, eindrucksvoll und ausgesprochen sympathisch. Die Ausbildung im Hotelfach führte ihn weiter zur künstlerisch-beruflichen Tätigkeit als

Musik-Entertainer in Hotels, Restaurants oder bei öffentlichen Feiern. Sein weit gefächertes Repertoire bestand aus internationalen ‚Evergreens' sowie ausgewähltem Pop und Jazz. Am meisten beeindruckte mich jedoch sein afrikanisches ‚Programm': von einheimischer Folklore über regionale Pop-Songs bis hin zu kontinentalem Afro-Beat.

Mein nicht alltägliches Ansinnen, ihn deshalb nach Hamburg als Überraschungsgast zu Astrids fünfzigsten Geburtstag einzuladen, war nicht nur der Beginn einer tiefen, bis heute andauernden Freundschaft, sondern auch eines grundlegenden Zugangs zu afrikanischer Musik-Kultur.

Darüber hinaus entwickelte sich eine fast familiäre Beziehung zu Stanleys Frau Jennifer sowie der beiden Kinder Cynthia und Clyde, mit denen wir uns oft vielerorts gemeinsam trafen oder sie zu Hause im Stadtteil Mtwapa nahe Mombasa besuchten. So feierten wir meinen sechzigsten Geburtstag nahe der Stadt Voi im Tsavo East National Park, und ich genoss es nicht nur dieses Mal sehr, mit Stanley zusammen einmal mehr eine kleine ‚Jam-Session' zu veranstalten. Auf die Frage, ob Musik, Tanz, Gesang die Kolonialzeit überlebt hätten, beantwortete Stanley mit einem klaren Ja: sie seien trotz regionaler Vielfalt spirituell und emotional elementar für die afrikanische Identität, eine panafrikanische ‚franca lingua' der Kultur.

Gespräche und Musizieren mit Stanley erinnerten mich sehr an die Erlebnisse und Einsichten von Reporter und Photograph *Thomas Dorn*, der eine Reise durch den afrikanischen Kontinent aus der Perspektive von Klängen, Rhythmen, Gesängen und Gesichtern die Vielfalt und Einheit afrikanischer Lebensrealität zum Ausdruck brachte: „ Und ich verdanke es auch all den Künstlern , die bereit waren, an diesem ein wenig verrückten Projekt teilzunehmen: den großen Namen der afrikanischen Musik und allen Gruppen, Orchestern, Instrumentalisten, Sängern und Sängerinnen, die den unglaublichen musikalischen Reichtum des Kontinents zum Leben erwecken. Im Verlauf dieser Reisen habe ich diese extreme Vielfalt entdeckt, in der man über die künstlichen kolonialen Grenzen hinaus eine Einheit und gemeinsame Kraft wiederfindet."[1099]

Als ‚Auge der Wirklichkeit' für eine umfassende Betrachtung und Ergründung des komplexen ‚Inneren' von Afrika sieht *Francis Bebey* die musikalische Dimension: „Sich über seine Musik zu nähern ist für mich die beste Art – vielleicht wirklich die einzige - , einem wirklichen Erkennen der afrikanischen Seele näherzukommen. In den traditionellen Gesellschaften bleibt die Musik Ausdruck des Lebens in seiner Gesamtheit." [1100]

Und in der Tat erlebte ich bei unseren vielfältigen und gedankenreichen Gesprächen mit Stanley nicht eine solche unter die Haut gehende Verbindung und Erfahrung der ‚anderen Kultur' als während unserer gemeinsamen Blues-Improvisationen......Ich erinnerte mich an meine Jugendzeit: die erste Bekanntschaft mit dem Blues waren zwei Langspielplatten von John Lee Hooker: ein völlig neues, elementares Klangerlebnis aus der Verbindung von Gitarre und Gesang.

Aus meiner Nachahmung dieses Spielens wurde das unerklärliche Eintauchen in einen Musik-Raum, der Instrument, Körper, Geist und Gefühl verschmolz. Natürlich suchte ich nach den Wurzeln, der Bedeutung sowie den Vorbildpersonen dieser musikalischen Kunst. Wie landläufig beschrieben suchte auch ich die historischen Spuren des Blues in den US-amerikanischen Südstaaten, insbesondere im afro-amerikanischen Kulturkreis.....

Und in der Tat erinnere ich mich an ein unvergessliches Erlebnis: während meiner ersten USA-Reise Mitte der 80er Jahre hatte ich die besondere Gelegenheit, in Memphis – dem bekannten Hotspot von Blues, Soul und Rock'n'Roll - eine Live-

---

[1099] Siehe: Thomas Dorn in Zusammenarbeit mit Ayoko Mensah. Gesichter und Rhythmen Afrikas. Houn-Noukoun. München 1997. (In der Sprache der Fon, im Süden von Benin bedeutet *Houn-Noukoun* unter anderem „Öffne die Augen").

[1100] Ebenda, S. 7

Musik-Kneipe zu besuchen: die über Siebzigjährige Afroamerikanerin ‚Lady Loretta' sang heute Abend Blues. In ihrer Stimme kam eine ganze Lebensgeschichte zum Ausdruck, die Texte erzählten von ihr als Person, kommunizierten aber auch mit uns, dem Publikum. Wir sprangen auf, klatschten, antworteten singend – unbeschreiblich! Als Zugabe bedankte sie sich mit einer grandiosen Interpretation des Aretha-Franklin-Songs: „Respect"....

Nun, die Richtung der Spur war durchaus real, jedoch erforderte der Untersuchungsgang historisch und räumlich weitergehende Schritte, der die Wiege des Blues schließlich in Afrika verortet, nämlich in Mali.[1101] Der malische Gitarrist und „Blues man of Africa" *Ali Farka Touré* erinnert sich an die tiefere Substanz seiner Musik, die auch das Ziel habe, „den Boten spielen zu können......auch zu erziehen, Mut zu machen, gegen das Übel der Gesellschaft zu kämpfen": „Ich kenne das Wort blues nicht, aber ich kenne seine Übersetzungen in unsere Sprachen. Sagt mir *ségalaré*, *diarou*, *diaba* oder *takamba*: das sind musikalische Themen, die in der Gegend von Timbuktu verwurzelt sind. Der *blues*, was ist das?......Unsere Musik nennen wir lieber „le bleu". Das kommt von dem Wort *boula*, das „Bild der Landschaften im Wasser des Flusses" bedeutet. Ich habe mit der Musik angefangen, indem ich das *diourkel*, die einsaitige Gitarre spielte. Es heißt, das sei das Instrument der Geister." [1102]

Tourés Duo-Partner *Toumani Diabaté* beschreibt dessen Musik in Mali: "Ali ist der Prophet des Blues, aber hier spielt er eine ganz andere Musik, auch Griot." Die Griots, das sind die fabelhaften Bewahrer der oralen Kultur, oft aus klassischen Familien, die in langen Gesängen, Balladen, Überlieferungen die Kultur aufrechterhalten. Die Musik ist für sie komplementär zur Natur. Diabaté erinnert sich:" Ali kam zu dem improvisierten Studio, das wir in einem Hotelzimmer aufgebaut hatten mit Blick auf den Niger, und wir spielten. Jeder wusste, was er für den anderen zu tun hatte. Die reine *Musik der Tradition: eine Quelle der Wahrheit*." [1103]

Als ich Stanley darauf ansprach, dass der Gitarrenblues eine räumlich-kontinentale Wurzel in Mali habe, bestätigte er dies ebenso wie die Erfahrung einer besonderen Spiritualität und „Wahrheit", die sowohl vom Instrument , vom Klang-Kosmos als auch von der Kultur ausgehe..... Ja, Mali sei eines der großen Kreativ-Musikzentren Afrikas, neben Südafrika und Congo/Zaire....

Allerdings müsse für ihn eine wichtige weitere Dimension im Musik-Universum betrachtet und beachtet werden: nämlich der besondere Rhythmus, der

[1101] Siehe Africa Positive, Nr. 79 (2020), S. 40 f.

[1102] Siehe: Thomas Dorn (1997), a.a.O. S. 102

[1103] Zitiert nach: Roger Willemsen. Musik! Über ein Lebensgefühl. Frankfurt/Main 2018. S. 438 f

dynamisch-tragende Beat, der nicht nur mit dem Körper, sondern insbesondere mit dem ‚Herzen' in Resonanz gehe.

Erkenntnisse des einstigen Cheftrommlers *Ray Lema* beim Nationalballett von Zaire führt mich dazu auf eine grundlegende Spur: „Afrika hat eine Wissenschaft entwickelt, die Gesetze hat, selbst wenn sie nicht mathematisch beweisbar sind...Es ist die Wissenschaft vom Rhythmus, verbunden mit dem Wissen um den Sinn." [1104]

Für Lema geht es um die Erfahrung und Erfassung des Übergangs zwischen dem Schwingungszustand und dem Festzustand, nicht nur aber insbesondere beim Trommeln. Wie kommt dieser Übergang zustande und was geschieht während dieser Zustände? Existieren rhythmische Resonanzen zwischen den verschiedenen Schwingungsbereichen der Erde, der Trommel und dem Körper des Trommlers? Verbirgt sich darin ein Sinnzusammenhang: „die Kunst der Schwingung"?

„Mein Beruf ist außergewöhnlich, weil er zugleich materiell und immateriell ist: er bewegt sich genau auf der Grenze zwischen beiden. Wenn man sich auf dieser Linie richtig zu bewegen weiß, kann man, denke ich, zu einer besseren Menschheit gelangen." [1105]

Ich halte diese erstaunlichen Schlussfolgerungen von und Forderung nach einer „Wissenschaft vom Rhythmus" als wichtiges Grundelement einer umfassenden Musik-Kultur für unbedingt diskussionswürdig.

So zeigt eine Studie des Göttinger Max-Planck-Instituts für Dynamik und Selbstorganisation, dass beispielhaft im Spiel des Schlagzeugers *Jeff Porcaro* beim Rhythmus und bei der Lautstärkevariation selbstähnliche, also fraktale Muster auftreten: „Die Forscher haben sowohl im Rhythmus als auch in der Lautstärke seiner Schläge auf die Hi-Hat selbstähnliche Muster gefunden, deren Strukturen in längeren Zeitabschnitten den Strukturen kürzere Zeitintervalle ähneln." [1106]

Wie die fraktalen Muster in Porcaros Schlagzeug-Spiel entstehen, ist noch nicht genau geklärt.

„Dahinter könnten die Feuermuster von Neuronen stehen, bei denen ebenfalls fraktale Eigenschaften nachgewiesen wurden. Dem Thema wollen die Wissenschaftler am Max-Planck-Institut für Dynamik und Selbstorganisation jedenfalls treu bleiben: In einem künftigen Projekt wird die

---

[1104] Siehe Thomas Dorn (1997), a.a.O. S. 143

[1105] Ebenda

[1106] Siehe: https://www.mpg.de/9369189/fraktal-musik-jeff-porcaro : „Am Ende stellte sich heraus, dass Unregelmäßigkeiten, das in Porcaros Beats sowohl beim Rhythmus als auch bei der Lautstärke ein typisches fraktales Muster aufweisen. Sie gleichen sich auf verschiedenen Zeitskalen...Die Erkenntnisse über Porcaros Spiel dürften sich daher generell auf Musik übertragen lassen. Wir gehen davon aus, dass die fraktalen Muster im Rhythmus und in den Lautstärkeschwankungen universell sind, das heißt immer auftreten, wenn ein Mensch einen Rhythmus über eine längere Zeit hält."

Frage untersucht, wie das Zeitempfinden von Musikern funktioniert und wann eine Band einen gemeinsamen „Groove“ gefunden hat. Es wäre keine Überraschung, wenn Fraktale auch dabei eine wichtige Rolle spielen.“[1107]

Von daher plädiere ich für ein internationales, interdisziplinäres Forschungsprogramm, das natur- und kulturwissenschaftliche, insbesondere musische Phänomene insbesondere der Kunst des Rhythmus, der Schwingung und der Resonanz in den Fokus nehmen, unter besonderer Berücksichtigung von fraktalen Strukturen sowie komplex-dynamischen und Selbstorganisations-Prozessen.

In besonderer Erinnerung sind mir Konzerte von Stanley in Mombasa, die er als Duo mit einem Keyboarder vor größerem Publikum darbot. Es begann mit internationalen Popsongs, die mit freundlichem Beifall bedacht wurden. Aber dann folgte afrikanische Musik, und eine bewegende Kraft erfasste das Publikum, wie ein ‚Phasensprung‘ veränderte sich das Verhalten der Menschen: einige klatschten begeistert, einige sprangen auf, tanzten....Was ist passiert, fragte ich ihn anschließend. Das war *„Afrobeat“* antwortete Stanley, Musik, die auf dem gesamten Kontinent beliebt sei und aus Westafrika stamme. Und wie erklärt er sich die Reaktion des Publikums? Die erstaunliche Antwort war, das sei Musik *„mit Allem“*: Gesang, Rhythmus, Instrument, Herz – und Publikum! Eine Spur dazu führte auf *Fela Anikulapo Kuti*,[1108]der als nigerianischer Musiker, Komponist und Bandleader als Begründer des Afrobeat gilt. Sein Vater war begeisterter Pianist, seine Mutter eine führende Frauenrechtlerin Nigerias – und somit spielte die besondere persönliche Ausprägung Fela Kutis für Musik einerseits und für gesellschaftspolitisches Engagement andererseits schon frühzeitig eine große Rolle in seinem Leben. Ein ehemaliger Mitarbeiter Felas in Nigeria erinnert sich:

„Er ist ein Produkt der Geschichte des Kontinents und personifiziert vor allem die Suche nach einer Antwort auf den Kolonialismus. Denn der gegenwärtige Trend, der von einer Rückkehr zu den Quellen des Jazz geprägt ist, geht mit der neuen Bewegung unter den schwarzen Musikern in Afrika und in der Diaspora einher. Politische Motivationen und kulturelles Interesse sind die beiden Hauptgründe, die sie veranlasst haben, ihre Aufmerksamkeit auf Afrika, seine traditionelle Musik und seine Folklore zu konzentrieren. Man beachtet nicht genug die zeitgenössische Musik der afrikanischen Städte, das städtische Phänomen einer Art „Folklore der Städte“, die ihrerseits teilweise dem Einfluss der westlichen und karibischen Volksmusiken ausgesetzt war. Wenn man

---

[1107] Ebenda

[1108] Siehe: https://de.wikipedia.org/wiki/Fela_Kuti ; mehr ausführlichere Hintergrundinformationen finden sich in der *englischsprachigen* Wikipedia-version https://en.wikipedia.org/wiki/Fela_Kuti

dieses Phänomen beobachtet, folgt man den Entwicklungen des Prozesses des kulturellen Feedbacks, wie Fela Anikulapo-Kuti ihn seit zwei Jahrzehnten verkörpert. Dank eines musikalischen Stils, des *Afro-Beat*, der Jazz und traditionelle afrikanische Musik mischt, ist Fela mehr als nur ein einfacher Musiker geworden."[1109]

Anstatt auf Wunsch seiner Eltern in London Medizin zu studieren, ging Fela für vier Jahre an das Trinity College of Music und studierte Klavier, Komposition und Musiktheorie. Er gründete seine erste Band und spielte als Trompeter „Highlife-Jazz"[1110]. Nach der Rückkehr nach Nigeria bezeichnete er die Musik seiner Band Ende der 60er Jahre erstmals als „Afrobeat", der in besonderer Weise durch *Polyrhythmen*[1111] geprägt ist. Polyrhythmen entstehen, wenn aus der Kombination einfacher Rhythmen komplexere rhythmische Strukturen entstehen, die mehr sind als die Summe ihrer Teile. Diese verleihen der Musik nicht nur eine größere Komplexität in rhythmischer Hinsicht, sondern sind auch als Form tief verwurzelt in der kulturellen Kommunikation. Dabei geht es schon im *Kindesalter* um *Persönlichkeitsbildung* und gute *Lebensgestaltung*. In einem Interview beschreibt Fela Kuti die komplexe Bedeutung selbstbewusster afrikanischer Musik: „Music is supposed to have an effect. If you're playing music and people don't feel something, you're doing shit. That's what African music is about. When you hear something, you must move. I want to move people to dance, but also to think. Music wants to dictate a better life, against a bad life. When you're listening to something that depicts having a better life, and you're not having a better life, it must have an effect on you."[1112]

Ein zehnmonatiger Aufenthalt in den USA brachte ihn nicht nur musikalisch mit James Brown oder Miles Davis, sondern auch mit der schwarzen Bürgerrechtsbewegung, z. B. Angela Davis oder Stokely Carmichael zusammen und prägte weiter sein Bewusstsein und Handeln für eine konsequente Rückerinnerung an panafrikanische Kultur und gegen koloniales Unrecht.[1113]

„Zunehmend kritisiert Fela Kuti in seinen Texten die durch die Kolonisierung deformierten Gesellschaftssysteme Afrikas und verurteilte das diktatorische System Nigerias."[1114]

Er prangert daher auch in seinem Song *„Colo-Mentality"* jene schwarzen Eliten an, die schwarzafrikanische Geschichte und Kultur abwerten oder gar

---

[1109] Siehe: Mabinuori Kayode Idowu (genannt I.D.), in Thomas Dorn (1997), a.a.O. S. 198 ff

[1110] Eine Mischung aus Jazz und westafrikanischem *Highlife*

[1111] Vgl. https://emastered.com/de/blog/polyrhythm

[1112] Siehe: https://en.wikipedia.org/wiki/Fela_Kuti

[1113] Fela Kuti bezeichnete sich selbst als ‚antikolonialistischen Panafrikaner'; siehe https://de.wikipedia.org/wiki/Fela_Kuti

[1114] Ebenda

verleugnen, und alles loben oder vorziehen, was aus dem Ausland kommt...[1115] „Dabei erinnert uns die Geschichte an den Ursprung der Schlag-, Blas- und Streichinstrumente, die die Vorfahren des Schlagzeugs, der Trompete und der Gitarre sind. Die Geige beispielsweise wurde in der Universität von Timbuktu gestohlen und im Verlauf der Handelsbeziehungen zwischen Römern und Portugiesen nach Italien eingeführt. Heute vergisst das Erziehungssystem der meisten unserer Länder leider, den Beitrag Afrikas zur Weltkultur zu erwähnen....der Hochschulunterricht vernachlässigt häufig das Studium der afrikanischen Kultur und ignoriert seine Rolle als Vermittler des Denkens und Agent seiner eigenen Kultur. Nun ist die Beschäftigung mit ihr aber entscheidend für die geistige Bildung und Neuorientierung der heutigen afrikanischen Gesellschaft."[1116]

Diese wichtigen Erkenntnisse vom ehemaligen Mitstreiter Kutis *„I.D."* charakterisieren dessen Lebensphilosophie in prägnanter Weise: Kuti verkörpere insbesondere eine tiefe, innere Verbindung afrikanischer Musik-Kultur, die soziokulturelle und gesellschaftspolitische Emanzipation Afrikas sowie eine sozialgerechte, vielfältige, aber zukunftsfähige Einheit des Kontinents!

Eine besonders originelle Beschreibung der Persönlichkeit Fela Kutis stammt von der australischen Tageszeitung *Herald Sun* : *„Imagine Che Guevara and Bob Marley rolled into one person and you get a sense of Nigerian musician and activist Fela Kuti."* (Herald Sun, February 2011)[1117]

Ein weiteres ausdrucksvolles Beispiel des Zusammenwirkens von Musik, Kultur und Politik verkörpert die Persönlichkeit *Robert Kyagulanyi Ssentamu*, der den Künstlernamen *„Bobi"* Wine als Hommage an *Bob* Marley annahm: „Kyagulanyi studierte Musik, Tanz und Schauspiel an der *Makerere*-Universität und schloss mit dem Titel Bachelor of Arts ab. Im Februar 2018 schloss er einen politischen Lehrgang für „Leadership in 21st Century" an der renommierten Harvard Kennedy School in den Vereinigten Staaten ab."[1118] Ende der 90er Jahre begann das Multitalent Bobi Wine seine Musikkarriere, die ihn mit einer Vielzahl von Songs zu einem der größten Popstars Ostafrikas führte. Musikalisch verwendet auch er *Afrobeat* und verbindet ihn mit Genres wie *Ragga* oder *Dancehall*, macht sich aber ebenfalls als Schauspieler einen Namen. Er „machte Musik über das, womit sich Gemeinschaften und Menschen auseinandersetzen müssen, mit denen er aufgewachsen war. Von da an bestimmten soziale Themen seine Arbeit und machten ihn in den Clubs und Autos von Uganda noch beliebter – einem Land, in dem 80 Prozent

[1115] Vgl. *I.D.* in Thomas Dorn (1997), a.a.O. S. 201
[1116] Ebenda
[1117] Siehe: https://en.wikipedia.org/wiki/Fela_Kuti
[1118] Siehe: https://de.wikipedia.org/wiki/Bobi_Wine

der Bevölkerung Millenials[1119] oder jünger sind, die verzweifelt nach einem Platz an dem Tisch suchen, der über ihre Zukunft entscheidet."[1120]

2017 kandidierte er erstmals für das ugandische Parlament und gewann in einem Erdrutschsieg einen Sitz in Zentraluganda. Er setzte sich weiter für Meinungsfreiheit und Toleranz sowie gegen Korruption ein. Während seine Popularität wuchs, kam es zunehmend zur Konfrontation mit der herrschenden Politik, insbesondere auch mit dem amtierenden Präsidenten Yoweri Museveni.

Als Hoffnungsträger nicht nur der jungen Generation kandidierte Bobi Wine zur Präsidentschaftswahl in Uganda 2021 und errang mit beachtlichen 34,83 Prozent der abgegebenen Stimmen das zweitbeste Ergebnis nach dem amtierenden Yoweri Museveni….

Am Vorabend der Präsidentschaftswahlen wurde im Interview gefragt, was er unternehmen werde, um nicht ein weiterer Freiheitskämpfer zu werden, der sich in einen Diktator verwandelt….

Er antwortete: „Museveni hat immer damit geprahlt, uns befreit zu haben….Ich sage den Menschen in Uganda, dass wir diese Befreiung gemeinsam als Nation erreichen müssen, damit kein einziger Politiker, nicht einmal ich selbst, eines Morgens aufwacht und sagt: ‚Ich habe euch befreit.' *Wir befreien uns selbst*." [1121] Wie Fela Kuti zeigt auch Bobi Wine die tiefgreifenden Zusammenhänge der Verarbeitung traditioneller und lebendiger afrikanischer Kultur im Kontext soziokultureller und politischer Emanzipation sowie der Herausbildung von verantwortungsvollen Persönlichkeiten für die Selbstgestaltung und Selbstorganisation der eigenen Zukunft…… Welche Konsequenzen und Schlüsse sind aus diesen vorherigen Einsichten afrikanischer Kultur *einerseits* über Persönlichkeitsbildung und Selbst-Findung mit Hilfe von Musikproduktion und *andererseits* über Grundeigenschaften der diversen und doch selbstähnlichen Musik-Kultur des gesamten Kontinents zu ziehen?

Ich gehe entschieden vom Weiterbestehen besonderer, grundlegender Prozesse und Eigenwerte afrikanischer Musik-Kultur aus – trotz Jahrhunderte alter (Zer)Störungen und Entfremdungen durch die Kolonialzeit…….[1122]

Dazu möchte ich diese Prozesse als komplex-dynamische Systeme betrachten und entsprechend *modellieren*. Als Charakteristikum für den ganzheitlichen,

---

[1119] „Millennials" bezeichnet die Generation, die im Zeitraum der frühen 1980er bis zu den späten 1990er Jahren geboren wurde.

[1120] Siehe: Dipo Faloyin (2023), a.a.O. S.330 f

[1121] Zitiert nach: Dipo Faloyin (2023), a.a.O. S. 334

[1122] Vgl. Felwine Sarr (2019), a.a.O. S. 147

musikalischen Kommunikationsprozess des *Systems* von Person, Instrument, Rhythmus und Tongebung verwende ich daher den aus der Komplexitätsforschung bekannten Begriff eines *„Attraktors“*[1123], der ein spezifisches, zusammenhängendes, unveränderliches *‚Einzugsgebiet‘* des Musikprozesses modellhaft umschreibt. Der Attraktor drückt also diejenigen Randbedingungen aus, die das System im Zeitablauf gleichsam innerhalb eines bestimmten Verhaltensmusters halten.[1124] Was kennzeichnet diesen „Attraktor“ ursprünglicher afrikanischer Musik, was sind deren kulturelle Charakteristika oder gar Alleinstellungs-Merkmale?[1125] Sind es die Vielfalt der Sprachen und Kulturen, die Verbindungen zu wichtigen sozialen Ereignissen, die komplexen Rhythmen, die melodische Gestaltung, der Tanz, die Spiritualität oder die Instrumente?[1126]Natürlich kann jedes einzelne dieser ‚Elemente‘ eine Besonderheit des Musikcharakters ausmachen, aber das *entscheidende Alleinstellungsmerkmal* ist meines Erachtens gemäß eigenen Erlebnissen, Informationen oder Forschungsergebnissen: das optimale *Zusammenwirken aller Elemente* , die Gesamtheit des Musik-Universums, das bei aller *Vielfalt* äußerer Ereignis-Dynamik zur ganzheitlichen *Einheit* einer inneren Ruhe kommt! Nähern wir uns damit insbesondere der Bedingungen nach einem optimalen Gebrauch von Musik, im Sinne von Optimierung des Lebens, Verbesserung der Lebensverhältnisse, Erreichen einer guten Lebenssituation? Zunächst betrachten wir Selbstbewusstsein und Emanzipation afrikanischer Kultur, aber bedeutet dies nicht *auch* eine Botschaft an die *ganze* Welt: seht her, diese Musik führt Körper und Geist, Herz und Verstand, Natur und menschliche Gemeinschaft optimal zusammen und bereitet das edle Feld von Kunst und Kultur?!

Sind die Bedingungen der Möglichkeiten einer selbstorganisierten *afrikanischen* Musik-Kultur zugleich ein Beitrag für Bedingungen der Möglichkeiten eines sinnvollen Beitrags zur Musik-Kultur der *gesamten* Welt?! Kaum ein Phänomen wie Musik vermag einen *dekolonialen*, universellen, verbindenden Dialog zwischen den Kulturen vermitteln: ein grundlegendes Lebenselixier des Mensch-Seins.

[1123] Vgl. https://de.wikipedia.org/wiki/Attraktor ; https://wirtschaftslexikon.gabler.de/definition/attraktor-30208

[1124] Siehe: https://de.wikipedia.org/wiki/Attraktor_(Tourismus) : Auch in der Tourismuswissenschaft wird der Begriff des Attraktors verwendet, um die Komplexität von „attraktiven“ Landschafts- oder Naturräumen, aber auch historisches und Kultur-Erbe zu charakterisieren.

[1125] Siehe: http://www.lehrerasm.it/fileadmin/user_upload/Musik/Afrika.pdf , S. 5 f

[1126] Ebenda

Der Journalist *Philip Wolff* kommt nach seinen Recherchen über aktuelle musikwissenschaftliche Forschungen daher zu dem bemerkenswerten Schluss: *Musik* bringt die *„Essenz des Menschseins“* zum Ausdruck. „Erst durch Musik konnte sich der Homo sapiens entwickeln – Rhythmus und Klang haben ihm Kraft und Intelligenz gegeben.“ [1127]

Damit berühren wir den ersten Teil der o.g. Konsequenzen und Schlüssen aus Erkenntnissen über afrikanische Musik, nämlich die Bedeutung von *Menschwerdung*, von *Persönlichkeitsbildung* und *Selbst*-Findung mit Hilfe von Musik. Auch möchte ich auf die Modellierung der Ausbildung von „Selbst“ und „Persönlichkeit“ mit Hilfe eines *„Attraktors“* zurückgreifen, folge also einer Position, „ dass das psychologische Selbst mit den Begriffen der Theorie dynamischer Systeme modelliert werden kann. Die zentrale Intuition ist, dass das Selbst als Attraktor angesehen werden kann, also als eine aus einem Prozess durch Selbstorganisation emergierende Struktur. Wir stellen Analogien zur Gestaltpsychologie fest, bei der ebenfalls eine Struktur aus einem zunächst ungeordneten komplexen Zustand hervortritt.“[1128]

Die hier genannten Prozesse der „Selbstorganisation“ stellen m.E. eine fruchtbare Basis für die Charakterisierung der Herausbildung von Verhaltensmustern und Erlebnisstrukturen, insbesondere im Kontext von kreativen, emergenten Handlungen von Personen dar: „Wir benötigen noch einen weiteren Schritt, um das Selbst mit systemtheoretischen Begriffen fassen zu können. Dieser Schritt ist die Selbstorganisation komplexer Systeme (das „Selbst“ in Selbstorganisation bedeutet übrigens nicht, dass es sich bei „Organisation“ ausschließlich um die des psychologischen Selbst handeln muss). Selbstorganisation ist der Prozess, durch den sich in unterschiedlichen komplexen Systemen geordnete Muster ausbilden... Viele komplexe Systeme organisieren sich „von selbst“ und spontan, also ohne dass dem System die Ordnung von außen auferlegt würde. Diese Ordnungsbildung und Musterbildung ist damit ein Beispiel für Emergenz.“[1129]

Aber wie entsteht und stabilisiert sich das menschliche Selbst?

„Die Kontextvariablen des Körpers und sozialen Umfelds erscheinen uns hier von zentraler Bedeutung. Auf einer grundlegenden Ebene macht jedes Individuum die Erfahrung der Körperwahrnehmung und sensomotorischen Kopplung... Freud (1923) meinte daher: „Das Ich ist vor allem ein körperliches.“... Voraussetzung für die Entwicklung von Identität und Selbst-Bewusstsein ist die Interaktion mit anderen Individuen.... Ein weiterer zentraler Prozess bei der *Entwicklung des*

[1127] Siehe: SZ Wissen (07/2006), S.44 ff

[1128] Siehe: Wolfgang Tschacher und Melanie Munt. Das Selbst als Attraktor: das psychologische Selbst aus systemtheoretischer und achtsamkeitsbasierter Sicht. Psychotherapie 18. Jahrg. 2013, Bd 18-2,
CIP-Medien, München, S. 18
https://www.researchgate.net/publication/259212890_Das_Selbst_als_Attraktor_das_psychologische_Selbst_aus_systemtheoretischer_und_achtsamkeitsbasierter_Sicht

[1129] Ebenda, S. 22

Selbst ist also die *Entdeckung des anderen*.... Eine Reihe von Befunden spricht dafür, dass die Selbstdynamik in gewissen Abständen aktiviert und „kalibriert" werden muss, um als Attraktor stabil zu bleiben und um die charakteristischen Muster der Persönlichkeit aufrechtzuerhalten."[1130]

Es ist unmittelbar einleuchtend, dass der musikalische kreative Umgang das Selbst-Erleben und die Persönlichkeitsbildung in besonderer Weise aktiviert und fördert. Von daher führt der Begriff der ‚*Person*' im Lateinischen treffenderweise auf „*personare*" = „hindurchtönen, klingen lassen". Hindurchtönen und Klingen-Lassen macht aber nur im sozialen Kontext Sinn: die Person wird hier begrifflich also als musisches, sozial-kommunikatives Phänomen charakterisiert. Zu Recht.

Mit Musik erleben wir nicht nur das eigene Selbst, sondern auch das *andere* Selbst – und damit bekommt sie fundamentale Bedeutung für Gesellschaft und Gemeinsinn! Hier trifft sich Musik-Kultur mit dem grundlegenden Leitsatz der afrikanischen *Ubuntu-Philosophie*: „Wir sind, also bin ich!"

Wie aber sieht es mit der Erfahrung und dem Erleben einer anderen Kultur aus? Kann hier die ‚Fremderfahrung' zur Selbsterfahrung führen? Der Ethnologe Karl-Heinz Kohl beantwortet diese Frage eindeutig positiv.[1131]

Exemplarisch möchte ich dazu nicht ein Beispiel aus der Wissenschaft, sondern der Pop-Musik vorstellen, nämlich das der Musikerin *Sabrina Herr*, die als „*Deena*" in Uganda Kulturgeschichte geschrieben hat.[1132] Zunächst arbeitete sie während eines Sozialen Jahres in Ruanda mit ‚Straßenkindern' und gab dabei auch Gitarrenunterricht: „Ich zeigte ihnen Griffe und Technik – sie mir bekannte ruandische Songs.....Hier erfuhr ich zum ersten Mal ganz intensiv, dass Musik keine Grenzen kennt....Es ist egal, wer ich bin und wer die Kinder sind. Wenn wir zusammen Musik machten oder sangen, dann waren wir einfach nur wir selbst...In sechs Monaten werde ich Ruanda verlassen müssen.

[1130] Ebenda, S. 26 f

[1131] Vgl. Karl-Heinz Kohl. Ethnologie – die Wissenschaft vom kulturell Fremden. München 2000, S.115 ff

[1132] Vgl. https://de.wikipedia.org/wiki/Deena : „Während ihres Auslandaufenthalts in Ruanda führte sie Anfang 2013 ein Abstecher nach Kampala im benachbarten Uganda. Ein Musikmanager wurde auf sie aufmerksam, als sie in einer Bar spontan mit anderen Musik machte. Ende 2014 war sie erneut zu Besuch im Land, der Musikmanager kontaktierte sie und schrieb für sie einen Song in der Landessprache Luganda: „Mumulete" („Bring ihn zu mir!"). 2015 wurde er zu einem viralen Hit in Uganda und ebnete ihr den Weg zu einer Gesangskarriere mit Fernseh- und Radioauftritten. Ihr Erfolg ist unter anderem darauf zurückzuführen, dass sie als Novum in Uganda als weiße Sängerin in der lokalen Sprache singt.
Mittlerweile konnte sie ihre Bekanntheit als Sängerin über die Grenzen Ugandas nach Ostafrika erweitern und füllt Stadien mit bis zu 30.000 Zuschauern. Aktuell arbeitet Deena an Liedern in anderen afrikanischen Sprachen wie Swahili, Kinyarwanda und Runyankore."

Die Kinder werden mich sicher schnell vergessen. Aber was sie mir mitgegeben und beigebracht haben, werde ich wohl mein ganzes Leben nicht vergessen."[1133]

Auch während ihrer Weiterreise nach Kampala lernte sie nicht nur über musikalische Erfahrungen ihr Weltbild über Afrika gründlich zu revidieren: „Mir wurde seit meiner Kindheit immer wieder vermittelt, dass es in ganz Afrika nur arme Länder gäbe. Man stellte sich das Ganze unweigerlich als eine braune, kahle und triste Welt vor...Doch seit meiner Ankunft in Ostafrika werde ich tagtäglich vom Gegenteil überzeugt. Diese Region ist reich an Lebensmitteln, reich an Natur, reich an Kultur, reich an Musik, reich an Kindern und Familie. Reich an Ideen, reich an Lebhaftigkeit, reich an Humor, reich an Wissen, reich an Zeit."[1134]

Ihre Reisebeschreibungen erinnerten mich selbst unsere damalige wunderbare Reise durch Uganda und bestätigten auf treffende Weise auch *unseren* Perspektivwechsel, die afrikanische Realität neu zu sehen..... Der entscheidende ‚Schlüssel' für ihren musikalischen Erfolg war jedoch nicht nur das Sprechen der lokalen Sprachen wie Kiswahili oder Luganda, sondern vor allem das Texten und Singen in dieser einheimischen Kommunikation. Damit eröffnete sich ein dialogischer Raum von sowohl gemeinsamer als auch anderer Musik-Erfahrung: ein „Attraktor" des *Zusammenwirkens* von Musik, Rhythmus, Sprache und Spiritualität[1135] ermöglichte die Begegnung mit dem anderen Selbst! Das ugandische Publikum erlebte das erstaunliche Phänomen einer musizierenden, weißen Europäerin in *seinem* ‚eigenen' kulturellen Kontext, und Deena vergegenwärtigte den unglaublichen Erfolg ihrer Musik durch Augen und Herz der ‚anderen' Selbste:

„Die Musik hier hat viel zu bieten , und ich finde, sie hat denselben Respekt verdient. Ich bin sehr dankbar, dass ich Teil davon sein darf. Wir können alle voneinander lernen." [1136] Trotz mancher medialer Missverständnisse übermittelte Deena darüber hinaus die weitreichende Botschaft, sie sehe die „ugandische Kultur als Teil ihrer Identität", mit deren Hilfe sie selbst die „Freiheit für ein zweites Leben" bekommen habe, also mit „Fremderfahrung zur Selbsterfahrung"?!

Wie aber stellt sich diese Situation im Zusammenhang mit Fremd*herrschaft* und *Entfremdung* dar? Wie wirken sich Sklaverei, koloniale Herrschaft und extreme kulturelle Unterdrückung auf die Entwicklungsbedingungen von Menschen und

---

[1133] Siehe Deena. So frei bin ich nur hier. Mein zweites Leben in Afrika. Salzburg/München 2017, S. 50 f.

[1134] Ebenda, S. 54

[1135] Einen ihrer erfolgreich produzierten Songs kennzeichnet sie folgendermaßen: „Ein tanzbarer Beat, stark, emanzipiert und mit klarem Text." (S. 221)

[1136] S. 139; Bei einem großen Silvesterkonzert in Kampala mit allen wichtigen Künstlerinnen und Künstlern Ugandas erwartete Deena ein Publikum von fünfzigtausend Menschen!

ihre Kultur aus? Ich möchte diese Fragestellung später wieder aufgreifen, wenn es um die Betrachtung von afrikanischer Musik-Kultur in der Diaspora geht.....

Zunächst sollen allerdings die Prozesse in „Normalbedingungen" weiter untersucht werden.

Am Beispiel der Polyrhythmen [1137] ist darauf hinzuweisen, dass bereits im Kindesalter afrikanische Musikerziehung zur Persönlichkeitsbildung oder Lebensgestaltung erfolgreich eingesetzt wird.

Der Trommel-Lehrer *C.K. Ladzekpo* erklärt das *kulturelle Verständnis von Polyrhythmen*: sie bedeuten Verständigungsmaßnahme und zugleich metaphorisches Lernmittel, um das unvorhersehbare Auftreten von Hindernissen im menschlichen Leben zu verstehen und zu meistern, und mit Hilfe des Tanztrommelns eine Grundlage der sinnvollen Vorbereitung für das Leben zu lernen. Das Training des Tanztrommelns bedeutet somit eine wichtige Vorbereitung des Kindes für sein späteres Leben.

Der *Hauptschlag* des Trommelns stellt eine starke, bedeutsame Zielsetzung im Leben dar, während der *Sekundär*(„Gegen")Schlag ein unvorhersehbares, schweres Lebens-Hindernis als Konflikt verkörpert. Es geht also um das Herstellen des Aufeinandertreffens zweier ungleichartiger Zustände des Seins. Die Dynamik des polyrhythmischen Trommelns versucht demnach, die Schlagkontraste musikalisch ‚aufzulösen'. Die angemessene *‚Philosophie'* mit entgegengesetzten Schlagansätzen eines rhythmischen Kontrastes umzugehen, heißt also: *um ein Problem zu lösen, musst du Hindernisse in „Trittsteine" verwandeln* ! („You must convert obstacles into stepping stones")[1138]

In ganz ähnlicher Weise hat sich der europäischer Musiker und Komponist *Carl Orff* bei seinem musikpädagogischen Konzept für Kleinkinder insbesondere auch von *afrikanischer* Musik-Kultur in seiner Gesamtheit als *„elementarer Musik"* leiten lassen. Er definiert diese 1963 folgendermaßen: „Elementare Musik ist nie Musik allein, sie ist mit Bewegung, Tanz und Sprache verbunden, sie ist eine Musik, die man tun muss, in die man nicht als Hörer, sondern als Mitspieler einbezogen ist...Elementare Musik ist erdnah, naturhaft, körperlich, für jeden erlern- und erlebbar, dem Kinde gemäß."[1139]

[1137] Siehe (FN 1068)

[1138] Siehe: C.K. Ladzepko (1995). https://www.richardhodges.com/ladzekpo/Developmental.html

[1139] Siehe: https://www.spielundlern.de/wissen/orff-instrumente-carl-orff-musikpadagogik/

Insbesondere durch gemeinsames Musikmachen werden sensitive, kreative und soziale Fähigkeiten geübt, aber auch bei der Heilpädagogik und Lernförderung eingesetzt.

Dies führt auf eine zentrale Kategorie der Persönlichkeitsbildung, nämlich die *Resilienz*: „Resilienz meint eine psychische Widerstandsfähigkeit von Kindern gegenüber biologischen, psychologischen und psychosozialen Entwicklungsrisiken."[1140] Bei der Ausbildung von Resilienz spielt die Musikerfahrung als umfassendes und tiefgründiges Kommunikationsmittel eine zentrale, unterstützende Rolle, und zwar nicht nur als reichhaltige Erfahrung des Musizierens, sondern auch bei der konstruktiven Aufarbeitung von Konfliktlösungen.[1141]

„Kinder von Geburt an mit Musik vertraut zu machen, d.h. gemeinsames Musikhören, Vorsingen oder auch Bewegung zur Musik sind grundlegende Faktoren, auch im Sinne der Entwicklung von Resilienz. Musizieren bzw. Musik zu erleben, ob in der Familie oder in der pädagogischen Einrichtung, unterstützt das Kind ganzheitlich. Wechselseitige Interaktionen, beispielsweise durch das Musizieren in der Gruppe, tragen auch zur Ausbildung der Sprache bei. Andererseits erlebt das Kind die Musik und erkennt darin einen Sinn, sich zu entfalten, angenommen bzw. Teil der Gruppe zu sein, Kultur zu erleben, oder auch Selbstwahrnehmung und ein positives Selbstbild. Musik kann maßgeblich dazu beitragen persönliche Ressourcen oder Resilienzfaktoren des Kindes zu unterstützen."[1142]

Dabei ist bemerkenswert, dass gerade *Selbstorganisationsprozesse* in besonderer Weise Stabilitätsverhalten und Resilienz als Systemeigenschaften[1143] aufweisen, d.h. unempfindlich gegenüber nicht zu großen Störungen sind: "Die Strukturen, die durch Selbstorganisationsprozesse erzeugt werden, sind dynamisch. Sie bestehen, solange die sie tragenden Prozesse erhalten werden.....In dynamischen Strukturen...halten sich Prozesse in einem globalen ‚Gleichgewicht' die Waage. Solche Strukturen verändern sich lokal ständig, sind aber global zeitunabhängig. Sie sind ‚fehlertolerant', (daher) können die globalen dynamischen Strukturen gegenüber lokalen Störungen stabil bleiben. Dynamische Strukturen ‚überleben' in einer variablen Umwelt."[1144]

Einmal mehr erweisen sich Selbstorganisationsprozesse als gute systemische Modellierung auch von resilienten Musikphänomenen und Erziehungsprozessen. Diese ‚Resilienzfaktoren' haben natürlich auch weitere Auswirkungen auf die persönliche Entwicklung, wie etwa die physische und psychische *Gesunderhaltung*,

---

[1140] Vgl. https://digibib.hs-nb.de/file/dbhsnb_derivate_0000002637/Bachelorarbeit-Lemke-2018.pdf , S. 3

[1141] Ebenda, S. 17 ff

[1142] Ebenda, S. 19

[1143] Siehe Ebeling/Feistel (1994),a.a.O. S. 42

[1144] Siehe: G. Küppers (1996), a.a.O. S.133

und sind deshalb im afrikanischen Erziehungsalltag selbstverständlich. Als ,Teil für das Ganze' fungiert dabei das Resilienz fördernde Basiselement *Tanz* .

So werden in Hamburg von *Kelja Badji* beispielsweise Tanzkurse auf Basis westafrikanischer Tanzausbildung angeboten, die im Rahmen von Gesunderhaltung und Gesundheitsmanagement praktiziert werden.[1145] „Bei den Tänzen aus Westafrika wird das tägliche Leben sowie besondere Ereignisse wie Hochzeit, Taufe etc. ausgedrückt. Der Tanz spiegelt die Lebensbejahung der Menschen wider. Tänzer und Tänzerin schöpfen die Kraft aus dem Bauch und aus der Erde, halten die Verbindung zum Boden und fliegen im nächsten Moment zum Himmel. Es ist ein natürlicher und gleichzeitig anspruchsvoller Tanz, dessen Bewegungen sich aus natürlichen, oft alltäglichen Bewegungen entwickeln, den aber jede/r mit viel Spaß erlernen kann. Wenn man diese Tänze tanzt, wird man frei im Kopf, man kann sich fallen lassen und genießen. Gleichzeitig ist man körperlich und geistig topfit, denn die Tänze trainieren mit vielen Glücksgefühlen Körper und Kopf."[1146]

Betrachten wir dazu ,Einzelelemente' *und* systemische Quintessenz afrikanischer Tanz-Kultur etwas genauer.

K. W. Asante[1147] gibt dazu einen guten Einblick: „African dance is a complex art in an advanced form. Ist development encompasses many forms, including ballet, jazz, and modern dance.....African dance is polyrhythmic, polycentric, and holistic."[1148]

Trotz vielfältiger Unterschiede von Formen, Techniken, Choreographien, Musikarrangements etc. drückt auch der Tanz *kulturelle* „Universalien" und „ästhetische Gemeinsamkeiten" aus: „All African cultures express themselves through the universals of dance, music, visual arts, and graphic arts...the *aesthetic commonalities* of dance."[1149]

K.W. Asante führt *sieben* ästhetische *Bedeutungszusammenhänge („senses")* auf:

1. „The *first* sense, *polyrhythm*, is the motion sense. Movement and rhythm in the African dance cannot be separated,. It is the world within another world,...it is multidimensional.....
2. The *second* sense is *polycentrism*.... In the African aesthetic, the polycentric sense allow for both slow and fast (all within the same time frame), with the movements coming from several directions.....

[1145] https://www.keljabadji-afrikatanz.com/meine-kurse-und-angebote/t%C3%A4nze-aus-west-afrika-im-bereich-gesundheitsmanagement/

[1146] Ebenda

[1147] Siehe: K.W. Asante. Commonalities in African Dance: an Aesthetic Foundation. In: M.K. Asante/K.W. Asante. African Culture. The Rhythms of Unity. Westport, London 1985. S. 71 - 82

[1148] Ebeda, S. 71

[1149] S. 72

3. The *third* sense is the *curvilinear* as seen in form, shape, and structure...There is „power" in the circle, the curve, the round....curve lines create circles within circles....and resemble aspects of African society and mythology....
4. The *fourth* sense is *dimensionality*. One aspect of depth in the African dance is texture. Music is textured; the dance is textured...The texture sense is reverberation. It is interconnected with the first sense ....In the dimensional sense, there is a human quality, something extra is present in harmony with the music, dance, or sculpture.....harmony as reflected and echoed in nature...The ontological aspect of African aesthetics is memory...[1150]
5. The *epic memory* which is the *fifth* sense contributes to the ideal in the African artistic expression...Perfection cannot be achieved unless the experience or memory sense is drawn upon... The *spiritual* element is embodied in the epic memory sense....
6. The *sixth* sense I call *holistic*. In this sense, the parts of a creation are not emphasized or accentuated beyond the whole; neither is the individual....Silence or stillness is as much a part of the music or dance as sound or movement.....
7. *Repetition*, the *seventh*, is a very important sense of the aesthetic in African dance. It is not the refrain or chorus of a movement, but it is the intensifying of one movement, one sequence, or the entire dance...Repetition is a constant in African dance."[1151]

Die grundlegenden Charakteristika afrikanischen Tanzes erfassen jedoch *nicht* nur ein ‚Einzelelement' musikalischen Kontextes, sondern gleichermaßen den *gesamten* selbstähnlichen, ästhetischen Kontext afrikanischer Musikformen, und ermöglichen damit einen Einblick in die fundamentalen *Zusammenhänge* afrikanischer Kultur. Dies ist deshalb nicht allein bedeutsam für die Analyse traditioneller oder vergangener Afrika-Kultur, sondern insbesondere auch durch sie hindurch für das Verständnis afrikanischer Gegenwarts-Kultur und damit auch für ihre *zukünftige* Rolle!

„African dance offers significant insight into African culture. This dynamic and organic art form must be analyzed, researched, documented, and preserved so that any contemporary expression in African dance will not be at the expense of traditional dance....The thoroughness with which we document and study the traditional dance will directly stimulate and encourage contemporary expressions and techniques." [1152]

Bei der Darstellung der o.g. sieben Bedeutungszusammenhänge fällt auf, dass diese nichtlineare und komplexe Strukturmerkmale aufweisen – als rekursive,

---

[1150] So sind beispielsweise Musik- bzw. Tanzformen wie der Blues oder der Samba afrikanisch-künstlerische ‚Rückerinnerungen': „The blues, the presence of memory recreated in the southern United States environment of Africans, and the samba, 6/8 rythm in dance, is continued and expanded from memory." (Ebenda, S.79)

[1151] Ebenda, S. 74 - 81

[1152] S. 81 f.

sich wiederholende, selbstähnliche und in sich verschränkte Muster im Muster im...., die nicht nur für den Tanz Bedeutung, sondern für den ganzheitlichen Kontext der Musik-Ästhetik haben. Bei näherer Betrachtung des afrikanischen „Musik-Attraktors" fällt darüber hinaus auf, dass dieser sich nicht nur aus Einzelelementen, wie Gesang, Rhythmus, Tanz, Instrumenten etc. zusammensetzt, sondern alle Einzelelemente *selbstähnliche* Eigenschaften aufweisen: jedes Einzelelement weist über sich hinaus auf das Ganze, auf das Zusammenwirken, auf die komplexe Gesamtheit. Als ‚Muster im Muster' zeigen sich die Einzelelemente so ähnlich wie der ganze Zusammenhang, weisen also *fraktale Struktureigenschaften* auf! In verschiedensten Bereichen afrikanischer Architektur, Skulpturen, symbolischen und mythologischen Systemen wurden bereits Charakteristika fraktaler Geometrie nachgewiesen.[1153] „We will see that not only in architecture, but in traditional hairstyling, textiles, and sculptures, in painting, carving, and metalwork, in religion, games, and practical craft, in quantitative techniques and symbolic systems, Africans have used the patterns and abstract concepts of fractal geometry."[1154]

Von daher soll hier aus dem oben Dargelegten die *Hypothese* aufgestellt werden, dass sich auch im gesamten *musik*-kulturellem Kontext eine nichtlineare, komplex-dynamische, fraktale Systemik nachweisen lässt! Und dies wiederum *sollte* bedeutsame Erkenntnisse über und Ausbildung der afrikanischen Eigenheiten soziokultureller Weltsicht, Persönlichkeitsbildung und „Spiritualität" ermöglichen, die Selbstbewusstsein, Selbsterhaltung und Resilienz in besonderer Weise beeinflussen.......

Wenden wir uns den *Charakteristika afrikanischer Weltsicht, Philosophie, Spiritualität* zu - *zunächst ohne* Betrachtung von Einsichten und Erkenntnissen des Selbstorganisationsparadigmas.[1155]

Exemplarisch möchte ich dazu auf philosophische Erkenntnisse von *Marimba Ani*[1156] zurückgreifen. Begrifflich wird bei ihr zunächst zwischen „Ethos" und „Weltsicht" unterschieden, die allerdings beide auf die Dimension der „Kultur" verweisen. Im *„Ethos"* kommt ein über lange Zeit erfahrener, gesellschaftlicher Kommunikationsprozess zum Ausdruck, der insbesondere emotional und spirituell tiefgründig zwischen den Gesellschaftsmitgliedern verankert ist: „By using the term ethos we are accepting the idea that, when a group of people share a common heritage, a

---

[1153] Siehe : Ron Eglash (1999)), a.a.O.

[1154] Ebenda, S. 7

[1155]Die Verbindungen dazu sollen später hinzugezogen werden.....

[1156] Vgl. Dr. Marimba Ani (geborene Dona Richards): „The Implications of African-American Spirituality", in:
M.K. Asante/K.W. Asante (1985).a.a.O. S. 207 - 231

common set of experiences, and a common culture, an emotional bond is created between them. The fact that a people's experiences and historical circumstances are shared over long periods of time in the setting of the culture makes them one, and their oneness creates a common spirit."[1157]

Die *„Weltsicht"* ihrerseits führt auf eine systematische Strukturierung, Einordnung und Sinngebung der vielfältigen und universellen Erfahrungen, d.h. welche grundlegende, reale Seins-Bedeutung wichtigen Ereignissen und Erlebnissen zukommt.

Dies wiederum umfasst eine ‚Philosophie'[1158] von der Welt insgesamt: „We speak of the African metaphysic (cosmology, epistemology, ontology), indicating our concepts of the structure of the universe, the relationship and origin of nature, truth and knowledge, reality and the nature of being."[1159]

Diese Grundauffassung einer afrikanischen Philosophie und Weltsicht soll im Folgenden näher betrachtet werden, auch um sie gegenüber einer eurozentrisch-dualistischen Philosophie-Strömung abgrenzen zu können.Die afrikanische Weltsicht betrachtet das Universum als *Ganzheit* von Geist *und* Materie, als *‚Cosmos'*: „The African universe is conceived as a unified spiritual totality. We speak of the universe as *cosmos*, and we mean that all being is organically interrelated and interdependent. The Swahili speak of *utaratibu wa kutizama dunia* (the way of the world)...and spirit is not separate from matter."[1160] [1161]

Diese Weltsicht sieht sich selbst deutlich einer ‚modernen', dualistischen, mechanistisch-rationalistischen Denktradition *entgegen*gerichtet. Die Kritik richtet sich damit gegen einen dualistischen Antagonismus von Mensch und Natur, Subjekt und Objekt, Körper und Geist, Geist und Materie und die dadurch hervorgerufenen Destruktivkräfte in Gesellschaft, Politik und Wissenschaft....Der afrikanische ‚Kosmos' besteht im Gegensatz dazu aus *komplementären* Paaren oder Bezügen, die ganzheitlich aufeinander angewiesen sind oder systemische Balancen aufweisen. „These pairs are elements or principles of reality which are interdependent and necessary to each other, in a unified system."[1162]

Dieser *Kosmos* ist multidimensionaler Natur, seine Phänomene, Ereignisse und Sinnhaftigkeiten sind auf verschiedenen Ebenen als *organisches Ganzes* komplex verschränkt, und er hat die grundlegende Kraft, Leben hervorzubringen: die

---

[1157] Ebenda, S. 208

[1158] Gelegentlich wird für Philosophie auch der Begriff „Metaphysik" verwendet

[1159] Ebenda, S. 209

[1160] S. 210

[1161] Dies weist eine erstaunliche Nähe zum ‚Kosmos'-Begriff Alexander von Humboldts sowie zur ‚Kosmologie' Alfred North Whiteheads auf. Ich komme darauf zurück...

[1162] M. Ani, a.a.O. S. 211

universelle ‚Lebenskraft' *(„ntu")* hat somit selbst spirituelle Bedeutung. „Life, events, and phenomena derive meaning, value, and significance through relationship to an organic whole."[1163] Personen und persönliche Handlungen stehen ebenfalls in komplexer Beziehung zur ‚Ordnung des Kosmos', die sich in Form etwa von Lebenserfahrungen, Naturphänomenen oder gesellschaftlichen Ereignissen meist in *symbolischen Formen* entbirgt. „In my being, as a person, I am a reflection of the universal order. That sacred order is constantly being communicated to us , through natural phenomena, through life, through experiences, through nature and natural events....The symbolic nature of African world view allows us to apprehend, through metaphor, the ambiguities and richness, even paradox, of phenomenal existence....Through symbolism the universe can be approached in all ist richness and potentiality."[1164]

Aber was geschieht, wenn ein solches, kulturelles „Ethos" und Weltbild unterdrückt, missachtet oder zerstört wird durch eine dominant-koloniale Macht – so wie es auf unvorstellbare Weise in Afrika durch den europäischen Kolonialismus geschah? Verliert es seine bis zur Unkenntlichkeit überformte, afrikanische Identität oder setzt sich trotz alledem historisch seine Revitalisierung und existenzielle Erneuerung mit Hilfe der universellen Lebenskraft durch...?[1165] Letzteres vollzog sich wie ein Wunder: „Herein lies the miracle of black existence in New Europe. Out of nothingness we build a world. In an environment which denied black being, we insisted on being. Oppressed by dehumanizing circumstance we still found something in which to recognize enough of ourselves to revitalize our souls – to create new selves....The expressions which emerged were our language, our music, our dance, our thought patterns, our laughter, our walk, our spirituality...We were forced therefore to create something different, some form, within a modality compatible with the African world view through which we could make contact with the source... The trauma of a slavery stripped us, but not of everything."[1166]

Ob Sprache, Musik oder Tanz, es waren vielfältige Rituale, heimliche Treffen, Gesänge oder Gebete, die den Gemeinschaftsgedanken lebendig werden ließen: „In the profanity of slave existence, the African ethos discovered ist own sacred being through the vehicles of song and ritual, music and dance. Suffering became an opportunity to express spirit, and through its expression its existence was reaffirmed."[1167]

Das Erlebnis von erneuten, spirituellen Energiequellen, die negative zerstörerische Prozesse der Unterdrückung und Missachtung in positive, konstruktive Kräfte umwandeln helfen, ist insbesondere eine *kulturelle Gemeinschaftserfahrung* der gegenseitigen Hilfe, Stärkung und Unterstützung – auf der Suche nach einem sich selbstverstärkenden *Rhythmus*: „We are helping each other to find the

---

[1163] S. 212 ff

[1164] S. 214

[1165] Ebenda

[1166] S. 216

[1167] S. 218

rhythm. Rhythm conducts us to the point of spiritual being and eternity....It is that which presents the universe as cosmos. Rhythm is *ntu*, the universal life force. To be touched by it, to find it, is to be energized." [1168]

Es ist bemerkenswert, dass diese universelle Kennzeichnung des afrikanischen Kosmos mit Hilfe des Rhythmusprinzips auch in der *Kosmologie von Alfred N. Whitehead* von zentraler Bedeutung ist. Als Vertreter eines *nichtdualistischen* und *nichtmechanistischen* Vernunftbegriffs, also einer ‚*anderen* Moderne',[1169] sieht er den „*Weg des Rhythmus"(!)* als entscheidend für die grundlegende Stabilisierung von Naturprozessen an: „Der Weg des Rhythmus durchdringt alles Lebendige und all Formen der physischen Existenz überhaupt. Diese Allgemeingültigkeit des Rhythmusprinzips ist einer der Gründe, die dafür sprechen, dass die Grundprinzipien des Lebendigen auf rudimentäre Weise in allen Formen der physischen Existenz gegenwärtig ist."[1170]

In musischer oder poetischer Darstellung der afrikanischen Weltsicht wird die komplexe Potenz zum Überleben auch als „Seelenkraft" (soul-force) bezeichnet und beschreibt wiederum den tiefgreifenden Zugang zum „schwarzen" Kosmos: „Rhythm, dance, and song are quintessential aspects of the cosmic African universe...."Soul" is the poetic expression which in one word encapsulates the complexity and depth of the African-American ethos...."Soul-force" is the basic ingredient of black survival."[1171]

Die Kunst des Überlebens basierte jedoch nicht nur auf der *Rückerinnerung* an die eigene erneuerte schwarze Identität, sondern auch auf einer unglaublichen, beispielhaft *musikalischen Kreativität*: sie brachte *neue* Formen hervor oder entwickelte rückerinnerte weiter – es entstanden Blues, Gospels, Spirituals....."Black suffering gave birth to the blues and black hope gave birth to the spirituals....As Africans, we use music as a vehicle for history, love, work, sadness, joy, celebration, philosophy, belief, and ritual. We use music as a primary means of communication."[1172]

Die musikalische Dimension öffnet erneut den Zugang zum *gesamten*, afrikanischen *Kultur*-Raum, der als komplex-dynamischer, vielfältiger und dennoch ganzheitlicher, gut strukturierter Prozess zu beschreiben ist und seinerseits wiederum die *Sicht auf die gesamte Welt* ermöglicht: „African culture is an extremely well-ordered construct, since it is informed by a world view characterized by the themes of unity and

[1168] S. 220

[1169] Als ‚andere Moderne' soll hier eine *nicht-koloniale Weltsicht* verstanden werden, die deutlich der vorherrschenden europäisch-dualistischen, mechanistischen Denktradition entgegengerichtet ist.

[1170] Siehe: Alfred N. Whitehead. Die Funktion der Vernunft. Stuttgart 1974. S. 21

[1171] Siehe M. Ani, a.a.O. S. 224

[1172] S. 226

harmony, of wholeness and equilibrium....African culture is amazingly *resilient*. In spite of the most culturally destructive forces in history, it has not disappeared."[1173]

Der Begriff dieses ‚*afrikanische Kosmos*' entbirgt also eine weitreichende *kulturelle* Synthese aus *Komplexität* und *Kreativität* sowie *Rhythmus* und *Resilienz:* Wäre dies nicht ein herausragender Beitrag, ein Leitbild für eine nachhaltige, lebenserhaltende Kulturentwicklung der *gesamten* Welt?!

Zur Untermauerung dieser Einsicht möchte ich *exemplarisch* dazu die erstaunliche Entwicklung des *Jazz* „zu Wort und Ton" kommen lassen...Dazu möchte zunächst auf die umfassende Jazz-Expertise von *Wolfram Knauer*[1174] verweisen, der den kolonialen Geschichtshintergrund als fundamentale Ausgangslage der Jazz-Geschichte anspricht:" Die erzwungene Entfremdung afrikanischer Sklaven und ihrer bereits in Amerika geborenen Kinder von ihrer alten Kultur, aber auch die Tatsache, dass der Sklavenhandel Menschen verschiedenster afrikanischer Kulturen zusammenbrachte, machte sich in einem Verlust kultureller Identität bemerkbar. Um in der neuen Umgebung zu überleben, musste eine ‚*Akkulturation*' der Schwarzen an das weiße, also europäische Sozialgefüge, an Gesellschaftsnormen und -anschauungen, an weiße Wertvorstellungen stattfinden."[1175] Dazu bedurfte es einer neuen, kreativen „Ausdrucksform" der Anpassung bei gleichzeitiger Identitätsbehauptung der eigenen Kultur: mit der Musik entwickelte sich das eindrucksvolle Beispiel einer *afro-amerikanischen Akkulturation:* „Schwarze Musik in Amerika behält afrikanische Elemente vor allem im Rhythmischen und im Moment der ‚*Kollektivimprovisation*' bei. Zu den wesentlichen afrikanischen Musizier-Traditionen, die sich in der afro-amerikanischen Musik generell und damit auch im Jazz wiederfinden, gehören: eine Instrumentation mit perkussions- und rhythmus-orientierter Grundlage; solistische oder gleichzeitige Improvisation; ein starkes Interesse an komplexen Kreuzrhythmen; Ruf-Antwortfunktionen sowohl in der Besetzung (Solist-Chor) als auch im musikalischen Prozess („call and response")....Mit der Entwicklung des Jazz zu einer Kunstmusik mit eigener Tradition und eigener Ästhetik haben sich einige dieser Beziehungen zur afrikanischen Musik zurückgebildet....Erst in den 1960er Jahren sind sich die Jazzmusiker der musikalischen Bezüge nach Afrika wieder bewusster geworden... (vgl. Weinstein 1992)"[1176]

Eindrucksvoll kommen daher im Jazz Rückerinnerung und zugleich Hinwendung an den kulturellen ‚Attraktor' Afrika zum Ausdruck, *„ein Zauber, der beides umfasst: Jazz und Afrika"*.[1177]

[1173] S. 227 ff.
[1174] Vgl. Wolfram Knauer (2006): https://de.scribd.com/document/342122710/Jazz-Geschichte#
[1175] Ebenda, S. 2
[1176] Ebenda, S. 3
[1177] Siehe: Norman C. Weinstein. A Night in Tunisia. Imaginations of Africa in Jazz. Limelight Edtion 1993. S. 1

In einer detaillierten und vielschichtigen Darstellung beschreibt der amerikanische Jazz-Experte und Musik-Kritiker *Norman C. Weinstein* am Beispiel von dreizehn Jazzmusiker-Biographien den Schlüsseleinfluss Afrikas auf die einzigartige Entwicklung des Jazz[1178] im karibischen und nordamerikanischen Raum: „Over a period of years I have realized that a very significant group of non-African jazz musicians has developed an Afrocentric tradition evoking Africa in their music, cultivating a musically grounded channel for Pan-African imagination. Rather than evading trivializing the key influence of Africa in the development of jazz, these musicians have emphasized African sources inspiring jazz. The recorded compositions of thirteen jazz composers are profiled here, and hundreds of others are mentioned….Although this is the first book-length treatment of the relation of recorded jazz to Africa, attention to the issue is nearly as old as jazz itself."[1179]

Weinstein nähert sich zunächst der Frage, in welcher Weise die afro-amerikanischen Weltsichten im allgemeinen sowie Jazz-Musiker im Besonderen Verbindungen und Bilder von Afrika erzeugten, um dann die Kernfrage anzugehen: „How does jazz evoke Africa…what does surely signal jazz related to Africa?"[1180] Im übertragenden Sinne lautet also die Schlüsselfrage: was *verbindet* tiefgründig die Charakteristika von Jazz mit afrikanischer Musik? „In spite of the various academic controversies surrounding the African origins of jazz, there are six general characteristics of most African music which should be considered when exploring this connection."[1181] Weinstein nennt folgende innere Struktureigenschaften afrikanischer Musik: „

1. Multileveled rhythmic activity forms the core of many musical events (Polyrhythms)…..
2. Improvisation is a key performance value….
3. Musical events invite collective participation….
4. Vocalization styles, realized both through human voices and instruments, emphasize the rhythms and colors of passionate speech….
5. Musical events have a moral, political, and spiritual function coterminous with their entertainment function…

[1178] „Wo der Begriff "Jazz" eigentlich herkommt, ist bis heute eine ungeklärte Streitfrage. Eine mögliche Erklärung ist, dass das Wort sich vom französischen "jasm" ableitet, das laut einem Wörterbuch aus dem 19. Jahrhundert für Vitalität und Dynamik steht. Ebenso ist es möglich, dass sich der Namen von afrikanischen Tänzen wie dem "jasi" oder dem "yas" ableitet, die den afroamerikanischen Jazz-Musikern durchaus ein Begriff gewesen sein müssten."
Siehe dazu: https://alonyavnai.com/was-bedeutet-eigentlich-jazz-die-herkunft-des-wortes/.
Der Trompeter Nicholas Payton schlug 2011 vor, den Begriff *Jazz* durch *Black American Music (BAM)* zu ersetzen, da das Wort *Jazz* einen rassistischen Beigeschmack habe. Siehe: https://de.wikipedia.org/wiki/Jazz . In diesem Sinne als „Black American Music" möchte ich den Begriff „Jazz" auch verstanden wissen.

[1179] Ebenda, S. 1 f.

[1180] S. 4 f.

[1181] S. 5 ff

6. Music can be directed to generations of deceased ancestors as wel as the living and the yet-to-be-born."[1182] [1183]

Diese Charakteristika finden sich allerdings auch besonders und eigentümlich als *bedeutsame* musikalische „Infrastruktur" für umfangreiche Jazz-Realisierungen: „They provide an infrastructure for much jazz, to a greater or lesser degree. Jazz strongly partaking of these characteristics can be labeled „Afrocentric". This is music integrally tied to a vigorously developed image of Africa in the mind of its creator."[1184]

Darüber hinaus liefert Weinstein weitere Beispiele und Charakteristika, die eine enge Verbindung von amerikanischem Jazz und afrikanischer Musik-Präsentation aufweisen.[1185]

Dies wird besonders deutlich, wenn Jazz-Musiker persönlich und ihre künstlerischen Aktivitäten genauer betrachtet werden:

„An exploration of the musical imaginations of these jazz artists promises to reveal much about the African-American life and its ties to Pan-African thought. Hearing this tradition of jazz through this matrix, through this interpretative lens, brings the study of the African diaspora into a new perspective......Some musicians (John Coltrane comes to mind in this instance) never had actual contact with Africa but developed their art based upon literature, African music recordings,..family stories,....religious experiences in and out of church, and mass media presentations. Whatever the source of African inspiration, musicians involved with Africa have had to develop imaginative visions of Africa in contradistinction to the African visions sustained by colonizers, businessmen, evangelicals, and others who brought to their actual or imagined African encounters various racist stereotypes." [1186]

Nicht nur in Europa, sondern auch in Afrika oder innerhalb der afro-amerikanischen Bevölkerung entwickelten sich anti-rassistische Vorstellungen und Weltbilder von Afrika und seiner Kultur, insbesondere mit Hilfe kritischer und selbstkritischer Reflexion der eigenen Geschichte. Die tagtägliche Auseinandersetzung mit Kolonialismus und politischer Fremdbestimmung sowie dem Ringen um Selbstbestimmung und Wiedererlangung der eigenen Identität stellte die afroamerikanischen Gemeinde vor besondere Herausforderungen, die insbesondere auch durch *kulturelle Kreativität*, etwa des Jazz, gemeistert wurden: ...I am strongly affirming that art created that art created by African Americans exercising their Afrocentric imaginations can be appreciated by and enriching for anyone. Almost everyone is capable of imagination a world where Africa assumes a center-stage position, as well as being capable of

---

[1182] Ebenda

[1183] Die Ähnlichkeiten zu Asantes grundlegenden Charakteristika afrikanischen Tanzes sind unverkennbar:
Siehe (FN 1137)

[1184] Weinstein, a.a.O. S. 7

[1185] Ebenda

[1186] S. 8 f.

developing an image-repertoire reflecting a counter-racist perspective. That African Americans can bring an enormously richer body of life experiences to the cultivation of an Afrocentric imagination seems unquestionable. The subject matter here, jazz and Pan-Africanism, are largely creations of members of the African diaspora. And these descendants of Africans also have a significant advantage.....in a tradition extending from centuries old ancestors to those yet-to-be-born."[1187]

Es ist überraschend und wunderbar zu lesen, wie Weinstein selbst sich künstlerisch und spirituell als nicht-afrikanischer „Helfer" der Aufdeckung des afro-amerikanischen Jazz nahe fühlt: „Although I can never be a direct part of that sacred pact the dead African ancestors have made with generations of the African diaspora, I have tried to establish a place among the community gathered around the tribal musicians, Years spent listening to and thinking about the jazz of Duke Ellington, John Coltrane, and the others celebrated here have made them „ancestors" to me, if only artistically and spiritually." [1188] [1189]

In der Tat deckt er die frühesten Anfänge und Ahnungen zur musikalischen Hinwendung und Orientierung des Jazz auf Afrika als *„Return to the Motherland"*(Weinstein) um 1900 auf, als *Ragtime Kompositionen* – mit Titeln wie *„Sounds of Africa", „An African Beauty"* oder *„African Dreamland"* . Ab 1920 erscheinen eine Fülle von ersten Kompositionen – als „Jazz" aufgeführt – mit Titeln wie *„Africa", „African Suite", „South African Blues"* oder *„Jungle Fever"* [1190] - in einer Zeit als *John Coltrane* geboren wurde und *Duke Ellington* die „Jazz-Bühne" betrat. Beide Jazz-Persönlichkeiten möchte ich etwas näher betrachten.

Obwohl John Coltrane niemals Afrika besuchte, war doch sein musikalisches Leitbild ‚Afrika' deutlich präsent als er 1957 seine eigene Bands leitete: „He began collecting recordings of African music during this time, and, from these recordings, began to try on various bits of *African musical ornamentation* for two years: the recording sessions with trumpeter Wilbur Harden are dusted with spars African colours; a recording of Watusi drum rhythms inspired the rhythmic underspinnings of „Dial Africa"; „Dakar" uses an Eastern-sounding mode, perhaps inspired by Yusef Lateef.[1191]

In den 60er Jahren war seine Musik zunehmend als "Programm-Musik" von Afrika inspiriert, mit Titeln wie *„Liberia", „Dahomey Dance"* oder *„Tunji"*, der den Einfluss des nigerianischen Musikers *Olatunji* zum Ausdruck brachte: „If Coltrane's

[1187] S. 18
[1188] S. 19 f.
[1189] S. 19 f.
[1190] In einer Tabelle referiert Weinstein mehrere Dutzend Titel des frühen Jazz mit substanzieller inhaltlicher und thematischer Verbindung zu Afrika. S. 29
[1191] S. 61 ff.

African program music attempted to create narrative sequences with moods and events evoking specific African places and persons."[1192]

In einem Gespräch mit Drummer Olatunji ist die tiefe Verbundenheit John Coltranes mit Afrika überliefert: „John said to Olatunji: "Next time you go to Africa, I'm going with you. I gotta go over there. I want to go over there with someone like yourself." Olatunji assured him that they would certainly go together, and John spoke of „having to get to the source," feeling that Africa contained the throbbing heart from which all music came."[1193] Leider verhinderte der frühe Tod von Coltrane diesen Herzenswunsch...

1963 veröffentlichten John Coltrane und Duke Ellington ihr erstes Jazz-Album, und 2022 (!) ist tatsächlich eine Aufnahme der beiden in den deutschen Charts zu finden....[1194]

Allerdings sollte eine weitere wichtige musikalische und persönliche Freundschaft Duke Ellingtons nicht unerwähnt bleiben: *Don Shirley*![1195] Der Sohn jamaikanischer Eltern galt als großes musikalisches Talent, hatte bereits als Kleinkind klassischen Unterricht an Klavier und Orgel und studierte später auch Komposition und Musiktheorie. Als Konzertpianist spielte er ab Ende der 40er Jahre mit bedeutenden Orchestern der Welt..."Auf Anraten seines Agenten Sol Hurok, der seine weitere Karriere als Schwarzer zur damaligen Zeit im klassischen Konzertbetrieb als unsicher ansah, begann er mit populärer Musik und Jazz in Nachtclubs aufzutreten, zunächst im Duo mit einem Bassisten und schließlich im Trio mit Kontrabass- und Cello-Besetzung. *Dabei verband er amerikanische und europäische Musiktraditionen* mit Formen der klassischen Konzertmusik."[1196] 1955 spielte er den Klavierpart in *Duke Ellingtons* sinfonischem Werk ‚New World A-Comin'. Für den mit ihm befreundeten Duke Ellington schrieb er das Divertimento for Duke by Don, ein sinfonisches Werk, das 1974 vom Hamilton Philharmonic Orchestra Ontario uraufgeführt wurde. Igor Stravinsky sagte über ihn: „Seine Virtuosität ist gottgleich." Trotz seiner umfassenden, einzigartigen Musikbegabung wurde ihm dennoch eine international angemessene Anerkennung nicht zuteil.....

Auch Duke Ellington wird als einer der einflussreichsten und bedeutendsten afroamerikanischen Jazzmusiker im zwanzigsten Jahrhundert eingestuft,[1197]doch sind in der einschlägigen Literatur sowohl die für ihn bedeutsamen afrikanischen

---

[1192] S. 63

[1193] Siehe: S. 70, zitiert nach Irene V. Jackson

[1194] Siehe: https://de.wikipedia.org/wiki/John_Coltrane

[1195] Siehe: https://de.wikipedia.org/wiki/Don_Shirley

[1196] Ebenda

[1197] Vgl. https://de.wikipedia.org/wiki/Duke_Ellington

Wurzeln[1198] als auch die tiefe Bezugnahme und Orientierung seines Jazz am kulturellen Leitbild Afrika *nicht* adäquat dargestellt….Selbst sein wichtiges Konzert 1966 in Dakar findet kaum Erwähnung…. Er allerdings hebt die Bedeutung seines *ersten* Auftritts in Afrika besonders hervor: „After writing African music for thirty-five years, here I am at last in Africa...When the time for our concert comes, it is a wonderful success...It is acceptance at the highest level, and it gives us a once-in-a-lifetime feeling of having truly broken through to our brothers."[1199]

Damals wurde das von *Senghor* am 31. März 1966 eröffnete *Erste Weltfestival afrikanischer Künste* („*Premier festival mondiale des arts nègres*") mit großer Hoffnung für Zukunft afrikanischer Kunst und Kultur, aber auch vom Diskurs über eine zukünftige Moderne der gesamten Welt getragen.[1200] Das gut dreiwöchige Programm bot eine bunte Vielfalt von Kulturveranstaltungen aus den Bereichen Musik, Tanz, Theater, Ausstellungen und Film…."Unter den Musikern war *Duke Ellington* als Repräsentant des afroamerikanischen Jazz der prominenteste Teilnehmer. Er wurde damals zuerst im Théâtre Daniel Sorano und dann auf einem Galakonzert im Stadion L'Amitié von Dakar gefeiert."[1201] [1202] [1203]Inhaltlich nutzte *Senghor* das Weltfestival seine schon früher formulierten Visionen einer *neuen* humanen, *postkolonialen* Weltordnung – jenseits von getrennten oder gar dominanten Menschengruppen hin zu einer ganzen, geeinten Menschheit: "Der Weg ist offen für eine Konvergenz der gesamten Menschheit. Aus dieser Bewegung wird die *Civilisation de l'universel* entstehen als Symbiose der verschiedensten Zivilisationen." [1204]Er entwickelt diese Leitidee aus einer philosophischen Durchdringung grundlegender Wesenselemente der musischen Kultur Afrikas. Damit schließt sich m. E. der Kreis einer Durchdringung der Charakteristika von Musik-Kultur, exemplarisch von Jazz-Entwicklung und neuer lebendiger afrikanischer selbstbewussten Weltsicht…..

[1198] Siehe Weinstein (1993), a.a.O. S. 37: „We must be proud of our race and our heritage, we must develop the special talents which have been handed down to us through generations. We must try to make our work express the rich of the Negro..."

[1199] Ebenda S. 37 f.

[1200] Siehe Hans Belting/Andrea Buddensieg. Leopold Sedar Senghor und die Zukunft der Moderne. Ein Afrikaner in Paris. München 2018. S. 157 ff

[1201] Ebenda S. 160

[1202] „Aber auch Musiker wie Marion Johnson und Miriam Makeba trugen zu den Veranstaltungen bei. Alvin Ailey trat mit seiner American Negro Dance Company auf, und Marion Williams sang mit ihrer Truppe Gospellieder und Negro Spirituals." (Ebenda)

[1203]Zum Erstaunen vieler erhielt der Essayfilm: *„und die Statuen sterben auch"* einen Ehrenpreis der Jury, thematisierte er doch schon damals den kolonialen Kunstraub in Afrika. Siehe S. 172 ff

[1204] Siehe S. 78

Senghor, der sich von Ideen Teihard de Chardin's anregen ließ, plädiert vehement für einen substanziell *gleichberechtigten* Dialog der Kulturen, in dem ein postkoloniales Afrika insbesondere *seine* kulturelle „Weltanschauung"(Senghor) auch entwicklungspolitisch einbringt: „Was wir im letzten Viertel des 20. Jahrhunderts brauchen, das ist der Dialog der Kulturen...Es handelt sich jetzt darum, eine kulturelle Revolution als einen Dialog zu organisieren, in dem jede Rasse, jede Nation, jede Zivilisation...jeder sich persönlich entfalten kann."[1205] Als *grundlegendes Bekenntnis* hebt er hervor: wir haben „nie aufgehört, unsere Politik auf den Dialog zu bauen. Und das in allen Domänen, aber vor allem in der *Kultur*, denn die Kultur ist der erste Sinn und das letzte Ziel jeder Entwicklung."[1206]

Der Aufbruch in eine neue Welt erfordert die Überführung der afrikanischen Kunst und Kultur in eine umfassende Philosophie, die Phänomenologie und Ontologie, Geisteswissenschaft und Naturphilosophie synthetisiert. Diese afrikanische Weltsicht „identifiziert das *Sein [l'Être]* mit dem Leben , genauer , mit der Lebenskraft [*Force Vitale*]. Seine Metaphysik ist eine Ontologie der Existenz." Der Mensch stehe aber für ihn nicht außerhalb der Natur. Vielmehr erlebe der Afrikaner jedes Ding „als Teilhaber an dem Sein", das er selbst besitze. „Die europäische *Raison* ist analytisch durch Trennung. Dagegen ist die schwarze *Raison* intuitiv als Teilhabe [*participation*] an der Zeichenwelt der Natur." Senghor hinterfragt hier die Trennung von Subjekt und Objekt, die in der westlichen Philosophie das große Projekt der Moderne war."[1207]

Jedoch nicht nur die dualistische Entgegensetzung philosophischer Kategorien einer bedeutsamen europäischen Denkströmung steht auf dem kritischen Prüfstand, sondern das Konzept von ‚Subjekt' und ‚Individuum' als Substanz eines europäisch geprägten Humanismus selbst. „Wenn Senghor die afrikanische Philosophie als einen spezifischen „Humanismus" beschreibt, gibt er dem Begriff eine andere Bedeutung, als dieser in Europa hat. Der Mensch begriff sich nicht als Individuum, sondern als Mitglied einer Gruppe, aus der er seine Identität schöpfte: vertikal durch seine Genealogie und seine Rückbindung an die Ahnen, horizontal durch den Platz in der Gruppe, der auch Ort im Kosmos war."[1208]Dieser ‚soziale Humanismus' entspricht einer sozialen Kunst und Kultur: beide sind mit der Lebenskraft, dem lebendigen Sein, verbunden: Von daher ist auch ein Kunstwerk vergänglich, wenn es der Lebenspraxis entzogen oder von ihr getrennt wird.[1209] Es war allerdings *Senghor*, der in seiner Eröffnungsrede zum Weltfestival 1966 in Dakar auf die Problematik der kolonialen Raubkunst

[1205] Siehe S. 81
[1206] Siehe Motto 1
[1207] Siehe S. 90
[1208] S. 92
[1209] Siehe S. 93

hinwies, und damit wesentlicher Wegbereiter der aktuellen Debatte um deren Rückführung anzusehen ist.....[1210] Darauf wird später zurückzukommen sein......

Was bedeutet diese spezifische, in besonderer Weise auf Kunst basierende Charakterisierung afrikanischer Philosophie und Weltsicht für den „Dialog der Kulturen"?

Wenn das Ziel dieses Dialoges eine *neue, postkoloniale* Weltordnung sein soll, kann sie *nicht* als „Anything-Goes"-Austausch *beliebiger* Weltanschauungen vollzogen werden. Sondern dieser Dialog muss die internationale antikoloniale Bewegung und Diskussion aufgreifen und kann nur auf der Basis eines *dekolonialen Diskurses* stattfinden.

Ingrid Monson[1211] verweist daher auf einen *erweiterten* „Diskurs" über das *Kunst*-Phänomen Jazz, das eben nicht als ‚Entertainment' angemessen erfasst würde: "Indem sie sich selbst als Künstler verstanden und gegen die Rolle als Entertainer rebellierten, nutzten die Jazzmusiker einen kulturell presigeträchtigen Diskurs (Kunst, Moderne, Genie), um der improvisierten Kunst einen höheren Stellenwert zu sichern."[1212] Dabei geht sie deutlich über die Bedeutung eines ‚einfachen' Sprach-Diskurses hinaus, um den ganzen ‚*Kosmos*' des Jazz-Musik-Horizontes zu erfassen: „Die Verwendung von Foucaults Begriff des Diskurses in Arbeiten über Musik ist komplexer als dies in der Literatur- oder Sprachforschung der Fall wäre, weil Musik für sich nicht eine Kompression von Diskursen (also Worten) darstellt, sondern von Klängen und Gefühlen, die durch sie ausgelöst werden....Wenn ich von Musik als Diskurs spreche, meine ich nicht einfach das „Sprechen über Musik", sondern die Beziehungen zwischen den Klängen selbst und den symbolischen, sozialen, politischen und persönlichen Bedeutungen, die Menschen und Institutionen um sie herum konstruieren. Die „eigentliche Musik" ist nicht von ihrem sozialen und politischen Umfeld trennbar, sondern im Gegenteil ein zentraler Partner im Dialog zwischen Kunst und Bedeutung."[1213]

[1210] Als Senghor das *Erste Weltfestival afrikanischer Künste* 1966 in Dakar eröffnete, begrüßte er die Leihgaben der europäischen Museen als „Heimkehrer", als „den feierlichen Besuch unserer Ahnen und unserer Götter". Sie seien von den Europäern geraubt worden, aber um ihre Botschaft zu verstehen, müsste man sie erst wieder in „das lebendige Museum der Seele" zurückkehren. Denn man habe den Afrikanern zwar ihre Kunst geraubt, aber nicht ihre Seele." In: Africa Positive Nr. 73 (2019), S. 8

[1211] Siehe: Ingrid Monson. Über Jazz, Geschichte und soziale Theorie. Theoretische Hintergründe der „Freedom Sounds". Aus: Jazz und Gesellschaft. Sozialgeschichtliche Aspekte (Darmstädter Beiträge zur Jazzforschung Bd. 7). Wolfram Knauer (Hrsg.). Darmstadt/Hofheim 2002, S. 185 bis 212. Siehe auch: https://www.wolke-verlag.de/wp-content/uploads/2018/05/Wolfram-Knauer-Jazz-und-Gesellschaft.pdf

[1212] Ebenda, S. 205

[1213] Ebenda

Und innerhalb dieses sozialen und politischen Umfeldes entwickelte sich der Jazz in den 1950er und 1960er Jahre zu einer modernen Kunstmusik und führte damit direkt in die komplexe Dynamik eines *„Modernismusdiskurses"*[1214], wobei insbesondere in der afroamerikanischen Diskussion die innere Beziehung zwischen ästhetischen und politischen Ansichten der Moderne bedeutsam ist: „Da die Moderne ein enorm breites Feld darstellt – es umfasst das gesamte westliche Denken der Aufklärung (in den Bereichen Philosophie und Sozialgeschichte) bis hin zu den ästhetischen Bewegungen des 20. Jahrhunderts...-, halte ich es für sinnvoll, sie als eine einander überlappende Diskursfamilie mit ästhetischen, politischen, ökonomischen und technologischen Aspekten zu verstehen."[1215]

Des Weiteren reicht exemplarisch der Kategorien-Horizont von Wahrheit, Universalität und Autonomie über Freiheit, Individualität und Menschenrechte bis hin zu Industriekapitalismus, Entfremdung und Systemkritik. „Im historischen Bereich nimmt man Bezug auf Fortschritt,.... während die Technologie vor allem die Wissenschaft als wichtigste Form der Rationalität betrachtet." [1216]

Dabei sind Moderne und Fortschrittsbegriff keineswegs selbstverständliche und homogene Bedeutungsfelder, sondern müssen selbst einem kritisch Diskurs unterzogen werden, insbesondere vor dem Hintergrund von Kolonialismus und Imperialismus ....Allzu selbstverständlich haben Aufklärung und Moderne die Freiheit des Individuums und die Kraft der Vernunft im europäischen, weißen Bedeutungsinhalt und Interesse in Anspruch genommen: „Die Bürgerrechtsbewegung beispielsweise setzte für ihre Belange auf die universelle Geschichte der Moderne. Bürgerrechtsanwälte betonten die modernen Prinzipien der politischen Demokratie, Gleichheit vor dem Gesetz und die Freiheit des Einzelnen, um den Graben zwischen Gleichheits-Rhetorik und der tatsächlichen Verleugnung der Bürgerrechte gegenüber den Afro-Amerikanern zu betonen."[1217]

Denn hinter der Fassade eines europäisch-selbstbestimmten „Ideal"verständnisses von Rationalität, Modernität und universellem Fortschritt vollzog sich im Gegensatz dazu die koloniale *Realität* für die „Anderen":

„Afrikaner, Afro-Amerikaner und kolonialisierte Völker aber hatten mit Sklaverei und Imperialismus eine völlig andere Erfahrung gemacht. *Paul Gilroy* betont, dass nur diese Position im Strudel der schärfsten Widersprüche zwischen den ausdrücklichen Idealen der Moderne und der Realität die Beziehung der schwarzen politischen Bewegungen zur westlichen intellektuellen Tradition erklärbar macht: *„A concept of modernity that is worth its salt ought, for example, to have something to contribute to an analysis of how the particular varieties of radicalism articulated through*

[1214] Ebenda, S.198
[1215] Ebenda
[1216] S. 199
[1217] Ebenda

the revolts of enslaved people made selective use of ideologies of the western Age of Revolution and the flowed into social movements of an anti-colonial and decidedly anti-capitalist type."[1218]

Gilroy seht darin eine der wichtigsten Voraussetzungen für die Herausbildung afro-amerikanischer ‚Grenzgänger' zwischen Amerika und Europa, die wesentlich mit dazu beitragen, „dass schwarze Musik sich als „Gegenkultur der Moderne" entwickeln konnten. Damit meint er eine Musizierpraxis, die irgendwo „die Idee einer besseren Zukunft" anpeilte und zugleich die Werkzeuge besaß, die für politische Änderungen notwendig waren."[1219]

Vor dem Hintergrund des Kolonialismus hatte der kulturelle Modernismus-Diskurs neben Amerika und Europa längst auch die Diskussion auf dem afrikanischen Kontinent erreicht: die kritische Auseinandersetzung über eine *dekoloniale* Strategie führte direkt auf Grundelemente einer anderen Moderne sowie eines neuen Fortschrittsverständnisses.

Und endlich können damit auch die *westlichen Kritiker* des derzeitigen global-destruktiven Wachstumsmodells als Ideengeber für ein alternatives Fortschrittskonzept mit *Afrika* auf einen wichtigen *wirklichen* Dialogpartner treffen, um damit die Möglichkeit der weltweiten Realisierung einer „Großen Transformation" für Nachhaltigkeit und Zukunftsfähigkeit in echte Reichweite zu rücken. Die Möglichkeit, Zukunft neu zu denken: die Erkundung einer „anderen Welt", die Reise in eine „neue Zukunft" liegt also vor uns!

1218 Ebenda

1219 Ebenda, S. 199 f.

13. Erkundungen einer anderen Welt

Corona bescherte uns fast vier Jahre Unterbrechung, Afrika zu bereisen. Doch nun war es wieder möglich, zu liebgewonnenen Orten zurückzukehren, gute Bekannte und Freunde wiederzutreffen. Natürlich war die Freude groß, als wir Jennifer und Stanley in der Sea Lodge begrüßten, die im vergangenen Jahr ihr 25-jähriges Jubiläum feiern konnte. Beide stellten uns den neuen General Manager der Lodge überraschenderweise als ihren Freund vor, der uns gleich am ersten Tag durch die Hotelanlage führte, um Einblick in die neuen, nachhaltigen Zukunftsprojekte des „Green Building" geben. Denn er war nicht nur ein erfahrener Manager im Hotelgewerbe, sondern bereits lange Jahre im Umweltschutz tätig: z.B. als Mitglied der internationalen Küstenreinigungs-Organisation Kenia war er im Auftrag des Ministeriums für Tourismus und Wildlife an der Revitalisierung von Mombasas Stränden beteiligt...

Er erläuterte uns das anspruchsvolle Hotel-Konzept des „Green Building", das in Kooperation von kenianischen und deutschen Ingenieuren geplant und von kenianischen Unternehmen gebaut wurde – bestehend aus einer Wasser-Entsalzungsanlage für das Hotel, aus Abfall- und Abwasser-Recycling mit biologischer Kläranlage, Lehrwerkstätten handwerklicher Berufe für junge Erwachsene sowie einer ganzjährig betriebenen Solarthermieanlage.[1220] Wir waren erstaunt und erfreut über letzteres Beispiel von vorbildlichem Klimaschutz und regenerativer Energienutzung mit mehr als einhundert Solarpanels vor uns auf dem Hoteldach. Es war ein metaphorisches und zugleich wunderbares Bild, die untergehende Sonne sich auf den silbernen Solar-Kollektorflächen spiegeln zu sehen.

Zwei Tage später demonstrierte Stanley in seinem Haus die neu installierte Elektrizitätsversorgung mit Hilfe von Photovoltaik-Modulen auf dem Dach. Überschüssiger Strom kann dabei nicht nur ins Netz eingespeist, sondern auch als Abzahlung des gewährten Kredits verwendet werden....

Doch längst sind diese Vorbilder im „Kleinen" reale Vorbilder im „Großen" der Klima- und Energiepolitik Kenias und sogar Afrikas im Ganzen. „Kenia ist Vorreiter beim Ausbau erneuerbarer Energien in Afrika. Das Land gewinnt bereits rund 90 Prozent seiner Energie aus erneuerbaren Quellen (vorwiegend Erdwärme und Wasser- und Windkraft). Im November 2022 haben Deutschland und Kenia im Rahmen der Weltklimakonferenz (COP27) in Sharm el Sheikh eine Klima- und Entwicklungspartnerschaft vereinbart."[1221]

[1220] Siehe: https://severinsealodge.com/giving-back/severin-green-building/

[1221] https://www.bmz.de/de/laender/kenia/kernthema-klima-und-energie-just-transition-58008

Die kenianische Regierung hat sich zum Ziel gesetzt, bis 2030 klimaneutral zu werden und den gesamten Energiebedarf aus erneuerbaren Quellen zu decken. Dazu wurde das Energienetz in den vergangenen Jahren stark ausgebaut, so dass inzwischen mehr als 75 Prozent aller Haushalte Zugang zu Elektrizität haben. Allerdings könnten ländliche Räume mit Hilfe *dezentraler* Solarenergie deutlich besser versorgt werden…….

Im März 2023 vereinbarten Entwicklungsministerin Svenja Schulze und Kenias Staatspräsident William Ruto, die Klima- und Entwicklungspartnerschaft auszuweiten.[1222]

Als Anfang September ein Klimagipfel in Nairobi ausgerichtet wurde, eröffnet sich nicht nur für Kenia, sondern für Afrika insgesamt eine neue Ära, aktiv in die internationale Klimapolitik einzuwirken. „Ruto hält es deshalb für höchste Zeit, dass sich Afrika als Kontinent stärker in die internationale Klimadiplomatie einbringt. Er erinnerte daran, dass unter dem Dach der Vereinten Nationen seit mehr als 30 Jahren Klimakonferenzen stattfinden – aber eine afrikanische Klimakonferenz habe es bis zu diesem Montag nicht gegeben. Gemeinsam mit der Afrikanischen Union hatte er deshalb die Staaten des Kontinents eingeladen, Delegierte nach Nairobi zu schicken. Ihnen rief er in seiner Auftaktrede zu, sie sollten die dreitägigen Verhandlungen nicht nur dafür nutzen, über Gefahren und Klimakrisen zu sprechen.

Rutos Ziel ist es, dass die Afrikaner die Transformation der Lebens- und Wirtschaftsweisen in Reaktion auf den Klimawandel nutzen, um wirtschaftlich auf die Industriestaaten aufzuholen…„Erneuerbare Energien sind nicht nur eine umweltpolitische Notwendigkeit, sondern auch eine Gelegenheit, zu Wohlstand zu gelangen“, sagte Ruto am Montag. Afrika könne sich mit Solar- und Windenergie, mit Biomasse, Wasserkraft und Geothermie als Kontinent selbst versorgen – und zum Exporteur erneuerbarer Energien werden und damit „Ländern auf anderen Kontinenten helfen, klimaneutral zu werden“.[1223]

Hervorzuheben ist dabei die besondere Bedeutung und das Engagement junger Erwachsener Afrikas bei Strategien zur Nachhaltigkeit und zum Klimaschutz. So wurde während des Klimagipfels auch ein Sondergipfel für Jugendliche organisiert – unter aktiver Beteiligung von der 13-jährigen Kenianerin Ellyanne Wanjiku, die sich bereits früh als Klimaaktivistin für Baumpflanzaktionen beteiligt und

---

[1222] Ebenda: „Demnach soll in Kenia künftig mit erneuerbaren Energien grüner Wasserstoff gewonnen werden, der dann für die Produktion von Dünger verwendet werden kann. Das wird Kenia unabhängiger von Düngerimporten machen und für mehr Ernährungssicherheit in Ostafrika sorgen. Bislang werden Düngemittel meist unter Nutzung von Erdgas hergestellt und häufig aus Russland oder Belarus importiert.“

[1223] Siehe: https://www.faz.net/aktuell/politik/ausland/klimakonferenz-in-nairobi-warum-kenia-den-klimawandel-als-chance-sieht-19150453.html

ein großes Vorbild hat: die kenianische Friedensnobelpreisträgerin Wangari Maathai![1224]

Die zweite große Wiedersehensfreude während unserer jüngsten Kenia-Reise wurde uns beim erneuten Treffen mit Patenkind Laura und ihrer Familie zuteil: der mittlerweile dritte Besuch in der Nähe von Kilifi war zu einem Wiedersehen mit Freunden geworden....

Als „Patin der ersten Stunde“ von PLAN International Deutschland hatte Astrid von Anfang an verschiedene Patenschaften auch in Afrika übernommen. Die Ziele der Patenschaften[1225] waren für uns nicht nur deshalb bedeutsam, als sie Rechte und Interessen von insbesondere benachteiligten Kindern und Jugendlichen unterstützten, sondern deren Familien und Kommunen insgesamt mit Projekten zur eigenen Lebensführung und Selbsthilfe förderten – in Bereichen von Landwirtschaft, Gesundheit, Energie- und Wasserversorgung sowie schulische Bildung.[1226] Die Projekte orientieren sich an Prinzipien der Nachhaltigkeit: „Die Gemeinden sollen sich in lokale, nationale und internationale Strukturen einbinden, um Einfluss auf die Gestaltung ihres Lebensumfeldes zu nehmen und so dauerhaft der Armut zu entkommen. Plan unterstützt diesen Prozess mit entwicklungsbezogener Bildung und Lobbyarbeit in den Ländern des Nordens und in den Partnerländern.“ [1227]

2012 lernten wir die 5-jährige Laura und ihre Familie kennen. In dieser Zeit war es noch möglich, sie auf der Shamba ihrer Familie zu besuchen und dabei auch Verwandte, Freunde und Nachbarn zu treffen. Aufgrund geänderter Besuchsregelungen trafen wir uns die nächsten beide Male in Lauras Schule, wie auch in diesem Jahr. Dort wurden wir vom Schulleiter, der Familie und der PLAN-Projektbetreuerin bereits erwartet. Der Schulleiter kannte die mittlerweile 14 Jahre alte Laura, die er als freundliche, bescheidene, aber selbstbewusste und sehr begabte Schülerin beschrieb, die Ende des Jahres die Secondary School besuchen werde. Astrid besuchte ihre Klasse und sprach mit der Klassenlehrerin, während ich Gelegenheit hatte mit einem Lehrer über die Unterrichtsfächer der Schule zu

---

[1224] https://www.tagesschau.de/ausland/ellyanne-wanjiku-100.html

[1225] Siehe: https://www.plan.de/ziele-und-visionen.html?sc=IDQ24100

[1226] Dabei betrugen die Projektaufwendungen fast 84 Prozent und die Verwaltungskosten lediglich knapp 4 Prozent

[1227] Siehe: https://de.wikipedia.org/wiki/Plan_International „Die Arbeit der Organisation basiert auf der Unterstützung und Entwicklung ganzer Gemeinden, die dann vielen Kindern zugutekommen soll. Geldbeträge werden weder an einzelne Patenkinder noch an deren Familien ausgezahlt. Die kindorientierte Gemeindeentwicklung soll durch das Konzept der Patenschaften unterstützt und gestärkt werden, da dadurch der interkulturelle Austausch mit einzelnen Kindern und Familien gefördert werden soll. Die Patenschaftsbeiträge stellen die langfristig angelegten Projekte finanziell sicher.“ (Ebenda)

sprechen. Er betonte, wie wichtig neben Sprache, Musik und Naturwissenschaft auch die Ökologie sei – verbunden mit praktischen Aktionen, wie z.B. Anpflanzungen. Letztere seien deshalb schwierig geworden, da es in dieser Region seit drei Jahren nicht mehr geregnet habe. Afrika sei vom Klimawandel spürbar betroffen, dennoch müsse selbst eigener Klimaschutz mit regenerativen Energien vor Ort betrieben und der Ausbau mit Solarstrom gerade auch im ländlichen Raum dezentral verstärkt werden......

Familie und Verwandte von Laura waren mittlerweile auf dem Schulgelände eingetroffen. Sie bereiteten ein gemeinsames Essen vor, zu deren Zutaten auch wir einen Teil beitragen konnten. Denn die PLAN-Betreuer hatten uns wichtige Tipps und Ratschläge für den vorher getätigten Einkauf im Supermarkt dazu gegeben....

Wir tauschten Geschenke aus, und das gemeinsame Essen mit Kassava und Hühnchen erzeugte eine Geselligkeit, die für Astrid und mich unvergessen bleiben.

Nicht nur weil Lauras Vater Handwerker war, freute er sich über ein handliches Photovoltaik-Solar-Paket mit drei Leuchtstoffröhren, Akku und Handy-Ladegerät für den ‚Hausgebrauch', das ich aus einem kleinen Fachgeschäft in Kilifi(!) zum erschwinglichen Preis erworben hatte......

Ein interessanter Zwischenstopp führte uns zu einem Projekt, das zu einer wichtigen Förderungskategorie des Programmgebietes gehörte, nämlich die Unterstützung von sozialen *Selbtsorganisationsprojekten*: in der Selbsthilfegruppe „Wapendanao Self-Help Group" von engagierten Frauen wurde ein Catering-Service für Familienfeiern und Feste angeboten: das Angebot reichte von vorgekochten Menüs über Dekoration bis hin zur Bestuhlung, um damit Einkommen und Lebensunterhalt zu sichern.

Jedoch sollte ein Förderschwerpunkt von PLAN hervorgehoben werden: die Pflege und Analyse von Werten und Kultur in der Gesellschaft! Dabei geht es beispielsweise um historische positive Vorbilder und historische Erinnerungskultur, aber auch die Auseinandersetzung mit missbräuchlicher Kulturpraxis.......

Auf der Hinfahrt zum Besuch in Kilifi berichtete der Projektbetreuer von einer bemerkenswerten Frau, nämlich der Heilerin und Freiheitskämpferin ‚Mekatilili wa Menza'[1228] , die in Kilifi geboren sich gegen die britische Kolonialmacht Anfang des 20. Jahrhunderts hervortat, 1913 einen Aufstand anführte und mindestens zweimal verhaftet wurde. Sie konnte jedoch beide Male entfliehen und gelangte zu Fuß viele hundert Kilometer wieder nach Kilifi zurück. Seitdem wurde sie nicht nur hier verehrt[1229] und auch durch jährliche Gedenkmärsche an der Ostküste in Erinnerung gehalten. Auch PLAN bemühe sich, solche Beispiele von *positiver Erinnerungskultur* zu unterstützen.

Insgesamt stehen folgende „Wirkungsbereiche"[1230] der Förderung im Vordergrund: Bildung, wirtschaftliche Stärkung von Jugendlichen, politische Teilhabe, sexuelle und reproduktive Gesundheit und Rechte, Schutz von Kindern vor Gewalt und gesundes Aufwachsen. „Im Mittelpunkt unserer Arbeit stehen die *Kinder und Jugendlichen mit ihren eigenen Ansichten und Bedürfnissen*. Gemeinsam mit unseren Partnern gehen wir auf diese Bedürfnisse ein und stärken Kinder, Jugendliche und auch deren Gemeinden, damit sie die Chance haben, ein selbstbestimmtes Leben zu führen. So können sie den grundlegenden Ursachen von Diskriminierung und Ausgrenzung entgegenwirken und mit unserer Unterstützung positive Veränderungen in ihrer Gemeinschaft vorantreiben."[1231]

Die Förderung der Selbstbestimmung von Kindern und Jugendlichen ist nicht nur in Afrika eine wesentliche Zukunftsaufgabe, und ich würde mir mehr *direkte* Kommunikations-Kontakte zwischen afrikanischen und europäischen Jugendlichen wünschen!

Vor diesem Hintergrund einer umfassenden Stärkung der jungen Generation einerseits und der Dringlichkeit globaler Problemlösungen andererseits rücken Gedanken von *Felwine Sarr* unmittelbar in den Vordergrund, die er während eines malischen Literaturfestivals 2015 aufgegriffen und diskutiert hat, nämlich *„Das Wagnis einer Neuerfindung der Zukunft"*.[1232]

[1228] https://de.wikipedia.org/wiki/Mekatilili_wa_Menza

[1229] Ebenda: „Am 20. Oktober 2010 wurden die Uhuru-Gärten in Nairobi ihr zu Ehren in Mekatilili-wa-Menza-Gärten umbenannt und dort eine Statue von ihr errichtet."

[1230] Siehe: https://www.plan.de/ziele-und-visionen.html?sc=IDQ24100

[1231] Ebenda. Des Weiteren heißt es dort: „Wir stärken Mädchen und junge Frauen weltweit darin, sich für ihre Rechte sowie für Veränderung und Fortschritt einzusetzen. Dazu gehört auch, Regierungen aufzufordern, die Rechte und Teilhabe der Jugendlichen an politischen Entscheidungsprozessen gesetzlich zu verankern und zu stärken.

Oft leben arme Menschen in Regionen, die besonders stark von Naturkatastrophen oder Krisen betroffen sind. Deshalb achten wir darauf, dass in all unseren Programmen zur Verbesserung der Lebensbedingungen die Katastrophenvorsorge und mögliche Anpassungen für den Krisenfall feste Bestandteile sind."

[1232] Vgl. Felwine Sarr (2019), a.a.O. S. 121 ff

Diese ‚*Neuerfindung*' ist keineswegs eine Selbstverständlichkeit, denn ein „Idealbild der Zukunft" scheint in wichtigen Grundzügen vom globalen Norden vorgezeichnet, dessen ideologische Wirkung der togoische Schriftsteller *Sami Tchak* mit einer treffenden Frage zusammenfasst: "Wann werden wir aufhören, aus der Vergangenheit der anderen unsere Zukunft zu machen?"[1233]

Und F. Sarr resümiert entsprechend, dass ein Großteil der Mitdiskutanten westliche Vorstellungen von Fortschritt und Modernität übernommen hätten: „Komfort, Beherrschung der Technik, Massenkonsum, „Entwicklung" im Sinne eines wirtschaftlichen Aufholens. Kurzum: die zuweilen blasse, oft krude Kopie einer historisch verbrieften Gesellschaftsordnung. Niemand wollte sich eine Zukunft vorstellen, die außerhalb dieser vertrauten, alle restlos faszinierenden Form angesiedelt wäre."[1234]

Ich stimme Sarr ausdrücklich zu, wenn er *eigene* Modalitäten für die Entwicklung Afrikas einfordert: „Die Formulierung eigener Zukunftsmetaphern muss Begriffe zur Grundlage haben, die aus den afrikanischen Kulturen hervorgegangen sind und zum Ausdruck bringen, wie man den Wohlstand steigern und das Zusammenleben verbessern kann, und zwar gemäß den Vorstellungen, die sich die gesellschaftlichen Gruppen von den Formen eines guten individuellen und kollektiven Lebens machen. Ubuntu mit seiner Sozialethik wäre ein Beispiel. In der senegambischen und westafrikanischen Kultur evozieren die Begriffe „Noflaye" und „Tawfekh" die Idee des Wohlergehens, das mit innerem Frieden und Zufriedenheit einhergeht."[1235]

Ebenso ist *Sarr* zuzustimmen, wenn er Leitsätze der traditionellen, europäischen Moderne kritisch hinterfragt,[1236] ein „Nachdenken über alternative Modernen" anspricht und dabei die Frage nach einer eigenen historischen Weltsicht und Zukunftsgestaltung aufwirft, die möglicherweise als „afrikanische Moderne" bezeichnet werden kann. Zur Klärung führt er dazu auch den polnisch-israelischen Soziologen *Shmuel N. Eisenstadt* an, der die These der „multiplen Modernen" prägte: er gehe „theoretisch von der Existenz unterschiedlicher Modernen aus und spricht dem Westen nicht nur die Urheberschaft des Modernitätsbegriffs ab, sondern auch den ausschließlichen Anspruch auf jenen Universalismus, der in diesem Begriff zum Ausdruck komme. Die schwarzafrikanischen, islamischen, hinduistischen und jüdischen Zivilisationen würden sämtlich das Projekt eines auf Vernunft begründeten Universalismus in sich bergen. Die Fragen nach dem Gemeinwohl, dem Gemeinwillen...und der Autonomie des Individuums seien diesen Zivilisationen gemeinsam. Darüber hinaus hätten einige dieser Universalismen den anderen voraus, dass sie nicht vom Imperialismus kontaminiert seien." [1237]

Ich habe bereits darauf verwiesen, dass die begriffliche Vereinnahmung und erklärte *universalistische* Zielsetzung der klassisch- europäischen Moderne und

---

[1233] Ebenda

[1234] Ebenda, S. 121

[1235] S. 125

[1236] Ebenda S. 29 ff

[1237] Ebenda S. 34

Aufklärung des 18. Und 19. Jahrhunderts mit einer maßlosen Fehlentwicklung und zerstörerischen Folgewirkungen einherging – mit imperialen Herrschaftsstrukturen über Gesellschaft und Natur.

Brigitte Wartmann bringt das gesamte historische Ausmaß dieses klassisch ‚modernen' zwiespältigen, europäischen Entwicklungs-Weges begrifflich auf den Punkt:

" der Traum der abendländischen Kulturgeschichte schien sich unter dem Vorzeichen der Industrialisierung endlich verwirklichen lassen – die vollendete rationale, logische, kalkulierbare Beherrschung von Natur *und* Gesellschaft. Die dualistische Entgegensetzung von Mensch und Natur, Geist und Körper, Mann und Frau, Verstand und Gefühl, die die abendländische Gesellschaft seit der Antike prägt, schien durch die Moderne endgültig bestätigt zu werden. Der Industrialisierungsprozess hat die Herrschaftsgelüste der Menschen über die Natur, des Mannes über die Frau, die Dominanz von Geist und Verstand gegenüber dem Körper und dem Gefühl zunächst zur vollen Blüte gebracht. Wie keine andere Gesellschaft zuvor, machte die Industriegesellschaft die rationalistisch-herrschaftlichen Prinzipien, die die gesamte christlich-abendländische Kulturgeschichte seit ihren Anfängen geprägt hatte, zum dominanten und unausweichlichen Fortschrittsfaktor.....Aber heute stehen wir vor den Folgen dieser Technikentwicklung: der ökologische „Schmutz" und andere unvorhergesehenen Risiken bedrohen die Gesellschaft; sie lassen zunehmend die Leistungsfähigkeit der „reinen" Vernunft als begrenzt erscheinen."[1238]

Bedarf es daher nicht einer anderen, erweiterten Vernunftkritik?

In der jüngst sich zunehmend verstärkenden Debatte über Folgewirkungen der klassischen Moderne rückt dabei ein *weiteres* Charakteristikum deutlich ins Zentrum der Kritik: den *Kolonialismus*! „Im Gegensatz zu Modernetheorien, die die Moderne als einen ‚epochalen Durchbruch der Vernunft' betrachten, ‚der sich im verstetigten Fortschritt einer methodisch orientierten Wissenschaft und der Idee einer rationalen Rechtfertigung normativer Geltungsansprüche manifestiert' und vor allem durch die industrielle Revolution, zunehmende Arbeitsteilung und Säkularisierung geprägt wurde, betonen post- und dekoloniale Theoretiker: innen die Verwurzelung der Moderne in Kolonialismus, Sklaverei und Plantagenwirtschaft."[1239]

Der argentinisch-mexikanische Philosoph und Begründer der „Philosophie der Befreiung" *Enrique Dussel* zeigt exemplarisch auf, dass die Konstitution moderner Subjektivität durch den Subjekt-Objekt-Dualismus Descartes, der ‚aufgeklärten' Geschichtskonstruktion und Ideologie des imperialen Kolonialismus vorausgeht. „Damit ist die Moderne nicht nur ein Projekt, das in Gewalt und Unterdrückung wurzelt, sondern sie konstituiert und nährt sich von Beginn an durch die europäische Expansion, die das

---

[1238] Siehe: Brigitte Wartmann (1991) a.a.O., S. 269

[1239] Siehe: A. Graneß (Berlin 2023), a.a.O. S. 23

europäische Denken nachhaltig geprägt hat. Auch die moderne Wissenschaft und Philosophie werden als untrennbar in der kolonialen Expansion verankert betrachtet."[1240]

Doch nach wie vor scheint es weithin selbstverständlich, den „Gründungsmythos der Moderne" als eine „Geschichte des Fortschritts und Aufstiegs zu erzählen"[1241]. Dazu gehört in dieser „aufklärerischen" Geschichte für *Annette Kehnel* auch die Einteilung der Menschen in ‚Wir und die Anderen': „Denn der westliche weiße Mann trieb ja den Aufstieg voran, war er doch dem Rest der Welt überlegen, weil er diese Geschichte erfunden hatte. Mit seinem Fleiß, seiner Effizienz und Rationalität war er an die Spitze gelangt. Mit der Erfindung der Rassen, ebenfalls im 18. Jahrhundert, wurde diese Vorstellung mit vermeintlich wissenschaftlichen Argumenten fundiert. Die Folgen sind bekannt und belasten uns bis heute: Sklaverei, Kolonialismus und die Ausbeutung von Mensch und Natur in weiten Teilen der Erde haben globale Ungerechtigkeiten zementiert, die nur schwer rückgängig zu machen sind. Ähnlich die langfristigen Schäden und die Zerstörung , die der Mythos vom Eigennutz als Triebfeder des Fortschritts angerichtet hat....Die Natur schickt uns jetzt die Rechnung für zwei Jahrhunderte gnadenloser Ausbeutung."[1242]

Doch wie könnte man sich die Entstehungs-Hintergründe für diese historischen Phänomene vorstellen?

Einen weitreichenden Begründungsansatz für den Schlüssel und wesentliche Charakteristika der Gesellschaftsprozesse im 19. Jahrhundert liefern Thesen des österreichisch-ungarischen Wirtschaftshistorikers und Soziologen *Karl Polanyi* .[1243] Dabei steht im Zentrum seiner Analyse die zerstörerische Dynamik eines sich verselbständigenden „selbstregulierenden Marktes": „Wir vertreten die These, dass die Idee eines selbstregulierenden Marktes eine krasse Utopie bedeutete. Eine solche Institution konnte über längere Zeiträume nicht bestehen, ohne die menschliche und natürliche Substanz der Gesellschaft zu vernichten; sie hätte den Menschen physisch zerstört und seine Umwelt in eine Wildnis verwandelt."[1244]

Im *Langzeitprozess* einer *‚Großen Transformation'* verselbständigt sich für Polanyi die Wirtschaftsordnung im kapitalistischen System gegenüber seinen natürlichen und gesellschaftlichen Grundlagen und entzieht sich politischen und sozialen Kontrollmechanismen.

Zu dieser Entkoppelung und Loslösung der Wirtschaft von der Gesellschaft kam es während der Industriellen Revolution durch langfristige und tiefgreifende Eingriffe der politischen Eliten, so dass am Ende der großen Transformation nicht

---

[1240] Ebenda, S. 25

[1241] Siehe: Annette Kehnel (2021), a.a.O. S. 25

[1242] Ebenda, S. 26 f

[1243] Karl Polanyi.The Great Transformation. Politische und ökonomische Ursprünge von Gesellschaften und Wirtschaftssystemen. 15. Aufl. (Wien 2021)

[1244] Ebenda, S. 19 f

mehr die Gesellschaft die Ökonomie, sondern umgekehrt die Ökonomie die Gesellschaft bestimmte.[1245]

Doch wie sah es in früheren Gesellschaften aus? In allen *vormodernen* Gesellschaftsordnung war die Wirtschaftsordnung durch soziale Beziehungen und politische Institutionen reguliert und ‚eingebettet': "So gab es laut Polanyi weder bei den frühen Hochkulturen der Antike, noch im feudalen Mittelalter oder dem Merkantilismus der frühen Neuzeit die Idee eines Marktes, der von Politik oder Gesellschaft unabhängig war. Stattdessen waren die Wirtschaftssysteme dieser Zeit stets Produkte der sozialen Strukturen, was er als „Einbettung" der Wirtschaft in die Gesellschaft bezeichnet."[1246]

Allerdings schlussfolgert Polanyi nicht einfach die generelle Abschaffung jeglicher Markt-Mechanismen – etwa Regulierungsmechanismen wie Angebot und Nachfrage - , sondern er wendet sich dagegen, *jedes und alles* in „fiktive" Waren zu transformieren und diese einer verselbständigten Wirtschaftskontrolle zu unterwerfen, also beispielsweise auch natürliche Lebensgrundlagen oder dem Gemeinwohl dienende Güter. „Um also den gegenwärtigen, umwelt- und gesellschaftszerstörenden Mechanismus der globalen Marktwirtschaft zu beenden, ist es daher nötig, die politische und soziale Kontrolle über die Wirtschaft wieder herzustellen."[1247]

Seit geraumer Zeit findet zunehmend ein grundlegender globaler Umbruch der *fossilen* Ökonomie-Dynamik statt. So wird der Strukturwandel hin zu einer dekarbonisierten, nachhaltigen Gesellschaft exemplarisch auch als „Große Transformation" verstanden, die in neuartiger Weise die „planetarischen Leitplanken" der Nachhaltigkeit berücksichtigen muss.[1248] "Der WBGU zeigt im Gutachten explizit, dass die technischen Potenziale zur umfassenden Dekarbonisierung vorhanden sind. , skizziert Geschäfts- und Finanzierungsmodelle für den Wandel und verdeutlicht, dass politische Instrumente für eine klimaverträgliche Transformation wohlbekannt sind. Der Beirat erläutert auch, dass die erforderliche Transformation tiefgreifende Änderungen von Infrastrukturen, Produktionsprozessen, Regulierungssystemen und Lebensstilen sowie ein neues Zusammenspiel von Politik, Gesellschaft, Wissenschaft und Wirtschaft umfasst."[1249]Dabei weist das WBGU-Gutachten ausdrücklich auf Analogien zum Ansatz von Polanyi hin.[1250] Allerdings

---

[1245] Siehe Preiß (2020), in: https://www.relaio.de/wissen/great-transformation/

[1246] Ebenda

[1247] Ebenda

[1248] Siehe: Hauptgutachten des Wissenschaftlichen Beirats der Bundesregierung Globale Umweltveränderungen (WBGU), (Berlin 2011) „Welt im Wandel – Gesellschaftsvertrag für eine Große Transformation".

[1249] Ebenda, S. 1

[1250] Ebenda, S.2 : „Das Konzept eines neuen Gesellschaftsvertrages für die Transformation zur Nachhaltigkeit...entwickelte der WBGU in Analogie zur Herausbildung der Industriegesellschaften im Verlauf des 19. Jahrhunderte. Karl Polanyi (1944) bezeichnete diesen Prozess ebenfalls als eine „Große Transformation" und zeigte, dass die Stabilisierung und Akzeptanz der

wird dazu von kritischer Seite – bezugnehmend auf Polanyi – eine radikalere Auseinandersetzung mit der kapitalistischen Marktwirtschaft eingefordert. „Dieses Gutachten ist ein zentraler Referenzpunkt für die deutschsprachige Nachhaltigkeitsdebatte und lehnt sich mit ihrem Transformationsverständnis in zentraler Stelle an Polanyi an. Doch das Gutachten ist in seinem Transformationsverständnis weitaus weniger radikal – es schweigt dazu, wie sich der gegenwärtige Kapitalismus gegenüber dessen gesellschaftlichen und natürlichen Grundlagen verselbstständigt hat. Doch für eine Überwindung des selbstzerstörerischen Zustands des Wirtschaftssystems wäre die Anerkennung dieses Zusammenhangs elementar."[1251] Dies wird im Folgenden bei einem strategischen Diskurs ‚Zukunft neu denken' zu berücksichtigen sein.....

Es geht also um die Erkundung der Welt mit ‚anderen Augen' und damit um eine andere, neue Denkweise einer ‚anderen Welt'. Von *Albert Einstein* stammt der kluge Satz: *„Probleme kann man niemals mit derselben Denkweise lösen, durch die sie entstanden sind."*[1252]

So wird im Umfeld der jüngeren Nachhaltigkeitsdiskussion eine andere, grundlegend reformierte und erweiterte Moderne sowie *jenseits* der „reinen" Vernunft ihr *anderer* Inhalt und Gebrauch thematisiert werden müssen:

dabei sollen Einsatz und Funktion der „Naturgabe Vernunft"(Kant) planetar verantwortlich so eingesetzt werden, dass „sie die Kunst zu leben fördert" (Whitehead) oder als ganzheitliche Vernunft eine „Aufklärung der Aufklärung" (Picht) betreibt oder vernünftige Nachhaltigkeit durch eine „Horizonterweiterung" (Kehnel) gewinnt, in der die *Vor*moderne aufgespürt und analysiert wird, um mit einem schlussfolgernden Rück-Blick in die Vergangenheit[1253] die Zukunft eines anderen Fortschrittsmuster neu denken zu können. *Annette Kehnels* Ergebnis ist eindeutig: „Menschen sind in der Lage, ressourcenschonend zu wirtschaften. Unsere Vorfahren kannten Methoden der nachhaltigen Nutzung öffentlicher Güter. Natürlich gab es auch in der Vormoderne Raubbau an der Natur. Doch haben die Menschen in keiner Epoche der Natur je so übel mitgespielt wie in den letzten 200 Jahren." [1254] Zur Durchsetzung des ‚Fortschritts' in letzterer Epoche wurden vormalige erfolgreiche Praktiken

---

„modernen Industriegesellschaften" erst durch die Einbettung der ungesteuerten Marktdynamiken und Innovationsprozesse in Rechtsstaat, Demokratie uns wohlfahrtsstaatliche Arrangements gelang – also durch die Emergenz eines neuen Gesellschaftsvertrages."

[1251] Siehe Preiß (2020), in: https://www.relaio.de/wissen/great-transformation/

[1252] Vgl. http://www.poeteus.de/zitat/Probleme-kann-man-niemals-mit-derselben-Denkweise-lösen-durch-die-sie-entstanden-sind/10

[1253] Annette Kehnel (2021), a.a.O. beschreibt eine Fülle von Nachhaltigkeitsprojekten der Vormoderne aus Wirtschaft, Gesellschaft, Ökologie und Kultur, die bemerkenswerte Beispiele für unsere Zukunftsgestaltung sein können

[1254] Ebenda, S. 392

nachhaltiger, gemeinwohlorientierter oder genossenschaftlicher Prozesse Zug um Zug „schließlich als Hindernisse auf dem Weg in die Moderne einfach abgeschafft."[1255] Kehnel plädiert deshalb für eine Rückerinnerung und Wiederentdeckung von nachhaltigem Denken als „Rückenwind aus der Vergangenheit": „Nachhaltigkeit ist kein „nice to have", keine Erfindung der Moderne, Nachhaltigkeit ist die einzige Überlebensstrategie, die wir haben."[1256]

Jedoch sei auch daran erinnert: es existierte bereits im 19. Jahrhundert eine Denkweise der ‚anderen Moderne', eine Weltsicht mit ganzheitlichem Ansatz: der *„Kosmozentrismus"* einer ökologisch, komplex-vernetzten Welt von *Alexander von Humboldt*.

Auch wenn die vorherrschenden, „modernen" Entscheidungen in Wirtschaft, Politik und Industrieentwicklung im 19. Jahrhundert dieser Humboldt'schen, *dekolonialen* Weltsicht im Wesentlichen *nicht* folgten, bleiben die wissenschaftlichen und philosophischen Dimensionen des Humboldt'schen Denkens doch damals wie heute *nachhaltig* bedeutsam und hochaktuell:

dabei geht es *erstens* um ein *transdisziplinäres* Wissenschaftsverständnis, *zweitens* um einen grundlegend *interkulturellen* Ansatz, *drittens* um *kosmopolitische* Forschung, *viertens* um eine *transareale* Sicht, d.h. das Zusammendenken verschiedener Räume und Kulturen, *fünftens* um Korrespondenz und Forschungskommunikation in einem *weltweiten Netzwerk, sechstens* um den Aufbau und die Pflege sowohl *innerstaatlicher* als auch *grenzüberschreitender Kommunikation* wissenschaftlicher Institutionen, *siebtens* um die gesellschaftliche Verbreitung von Wissen und Erkenntnissen sprich Popularisierung und Demokratisierung von Wissenschaft, *achtens* um die Visualisierung und *mediale Darstellung komplexer Wissensbestände* in ‚Bild-Text' und ‚Schrift-Bild' – etwa in der Konzeption des *„Naturgemäldes"* und schließlich *neuntens* um die Entwicklung *fraktaler*, auf *Selbstähnlichkeit* gerichtete Konstruktions- und Repräsentationsformen von Wissen.[1257]

[1255] S. 394

[1256] S. 393

[1257] Siehe: O. Ette (2019), a.a.O. S. 16 ff

Von daher kann ein Diskurs über die Bedingungen der Möglichkeiten einer nachhaltigen, dekolonialen Denkweise nicht einfach klassisch-moderne, kolonial-geprägte Kategorien zugrunde legen, um die Bedingungen der Möglichkeiten einer postkolonialen, nachhaltigen Zukunft zu formulieren. Vielmehr müsste ein dekolonialer Diskurs Reflexion und Dialog von Elementen enthalten, die den *vor*modernen, *kritisch*-modernen oder *nach*modernen Lösungs-Horizonten zuzuordnen sind. Dabei kann eine gezielte *Rückerinnerung* auf Vormoderne und Vorkolonialzeit Ideengeber sein, um Befangenheiten „Moderner Meistererzählungen" (A. Kehnel) der „sogenannten Aufklärung" zu durchdringen, um ‚*Zukunft* neu zu denken'. Auch für Georg Picht war klar, dass „die beherrschenden Antinomien des europäischen Denkens"[1258] überwunden werden müssen – durch eine „Aufklärung der Aufklärung" ....

Es gilt daher, einen fehlentwickelten Aufklärungs-Begriff mit *degressiver* Bedeutung: *Aufklärung – Verklärung – Verdrängung* ? seinerseits *aufzuklären* und in einen angemessenen Begriff mit *progressiver* Bedeutung zu *transformieren*: *Aufklärung – Erklärung – Erinnerung* !

Nur ein selbstkritischer, europäischer, dekolonial ausgerichteter Partner, könnte tatsächlich mit einem selbstbestimmten afrikanischen Partner diskurs- und dialogfähig sein, um damit die Bedingungen der Möglichkeiten für eine Transformation in eine globale, postkoloniale Nachhaltigkeit und Zukunftsfähigkeit zu analysieren!

Dazu möchte ich den Gedanken von *Annette Kehnel* einer historischen *„Horizonterweiterung"* in die *Vor*moderne aufgreifen und zur „Horizonterweiterung" einer *anderen* Moderne weiterentwickeln, die auch komplexe, methodisch-philosophische, dekoloniale und kulturelle Dimensionen einer zukunftsfähigen *Nach*-Moderne einbezieht. „Die Zukunft ist nicht alternativlos. Wir haben die Wahl, können uns entscheiden...., ob wir die Zukunft dem Zufall überlassen oder im Vertrauen auf Selbstwirksamkeit die Sache selbst in die Hand nehmen; ob wir alles weiterlaufen lassen oder uns zusammentun, die Kräfte bündeln und all die guten Ansätze, die überall sichtbar werden, unterstützen. Es tut gut, hin und wieder das Gespräch mit den Alten zu suchen. Geschichte ist gut gegen Zukunftsangst"[1259]

Dies betrifft allerdings *nicht nur* einen Rückblick auf die *europäische* Geschichte.

[1258] Vgl. Georg Picht (1990), a.a.O. S. 296

[1259] Siehe: A. Kehnel (2021), a.a.O. S. 401 f.

Achille Mbembe untersucht daher *afrikanisches* Ahnenwissen als gedankliches Reservoir, um die Herausforderungen unserer Zeit anzugehen: „Ich weiß, dass mein Projekt etwas Utopisches hat, dass es noch ein weiter Weg ist, bis Afrika in die offizielle Geschichtsschreibung eingeht und als ein Reservoir betrachtet wird für das, was kommt. Dennoch beschäftigen sich viele der afrikanischen Ahnenmythen mit Nachhaltigkeit und Bewohnbarkeit der Erde."[1260] Allerdings geht es ihm dabei um die Suche nach *anderen* Denkkategorien in einer *ganzheitlichen* Welt – im *Unterschied* zum separierenden, cartesianischen Dualismus als Gegensatz zwischen Körper und Seele, Natur und Kultur oder zwischen Mensch und Tier: „Dies führt zu einer Geisteshaltung, in der die westliche Trennung zwischen der „Welt der Menschen" und der „Welt der Dinge" nicht mehr gilt, in der Menschen, Geister, Tiere und Materialien einander durchdringen und jede Person als zutiefst plastisch begriffen wird. Die ökologische Krise schafft eine vergleichbare Situation, da sie uns dazu bringt, uns unserer Porosität in Bezug auf die übrigen Lebewesen und unsere Lebensumwelt bewusst zu werden."[1261]

Von daher werden elementare Phänomene eher korrespondierend gegenübergestellt, wie beispielsweise das ‚Offene und Geschlossene', das ‚Sichtbare und Unsichtbare' sowie das ‚Verletzliche und das Nachhaltige': „Ich habe den Eindruck, dass sich diese drei strukturierenden Gegensätze für uns Zeitgenossen als anregende Assoziationen eignen. Aufgrund eines immer noch lebendigen Vorurteils stellt man sich Afrika als einen gesonderten Kontinent vor, auf dem die Menschen nicht denken würden. Infolgedessen suchen Intellektuelle und Philosophen nicht spontan in Afrika nach wichtigen Kategorien und Begriffen. In einer Zeit der globalen Herausforderungen fordere ich dazu auf, die Bibliothek zu erweitern!"[1262] Um eine neue Sicht auf die Welt zu erlangen, muss die Tatsache anerkannt werden, dass es „nur eine Welt" gibt, auf die sich unser neues Denken über das Projekt einer „kommenden Welt, einer vor uns liegenden Welt" richten muss: „Ebenso notwendig wird es ein *Denken der Zirkulation, ein Denken der Durchquerung, ein Welt-Denken* sein."[1263]

Genau dieses Denken erinnert wiederum an das ganzheitliche Welt-Denken (s.o.) eines *Alexander von Humboldt*, indem er sich kritisch-konstruktiv mit dem linear-mechanistischen Denken der klassischen Moderne auseinandersetzte. Seine *komplexen*, wissenschaftlichen und philosophischen Kategorien sollten sich allerdings erst einhundert Jahre später als umfassendes Forschungs-Programm, als komplexer Wandlungsprozess der „Denkungsart" durchsetzen.[1264]

[1260] Siehe: Interview Achille Mbembe in: Philosophie Magazin Nr. 04/2023 S. 24 - 27

[1261] Ebenda, S. 26

[1262] Ebenda

[1263] Siehe: A. Mbembe (2017), a.a.O. S. 326

[1264] Siehe: Siegfried J. Schmidt (Hrsg.). (1988), a.a.O.

Die zunächst unterschiedlichen Theorieansätze von Selbstorganisation, Konstruktivismus, Synergetik oder Autopoiese ließen sich aufgrund struktureller, methodischer und inhaltlicher Verwandtschaften als übergeordneter Ausdruck *‚Selbstorganisation'* charakterisieren und signalisierten einen grundlegenden, *interdisziplinären Paradigmenwechsel* in den Wissenschaften.[1265] Ich habe deshalb das 90er-Jahre-Jahrzehnt als konstruktiv-kritischen Aufbruchsprozess in ein neues transdisziplinäres, komplexes Forschen und Denken erlebt und auch versucht, ihn mitzugestalten. Allerdings nicht nur um ein neues *Wissen* von der Welt zu erlangen, sondern auch um Lösungen für das *Überleben* der Welt zu entwickeln.

Der damalige kritische Diskurs „liefert Argumente für eine sinnvolle Überwindung unhaltbar gewordener europäischer Denktraditionen. Indem er Abschied nimmt von absoluten Wahrheits- und Wirklichkeitsbegriffen, Objektivität in Intersubjektivität transformiert und alles Wissen an den Menschen und seine Handlungen bindet, verweist er zugleich auf unsere volle Verantwortung für die natürliche und soziale Umwelt, in der wir leben."[1266]

Treffenderweise kennzeichnet *Klaus Meier* – in Anlehnung an Alexander von Humboldt – die Entdeckung der neuen „seltsam fremd-vertraute(n) Welt des Komplexen" als Reisebeschreibung: „Das Studium jeglicher neuen Wissenschaft, besonders einer solchen, welche die ungemessenen Schöpfungskreise, den ganzen Weltraum umfaßt, gleicht einer Reise in ferne Länder"[1267]

Auch für mich verbindet sich die Erfahrung einer neuen Welt der Komplexität auf wundersame Weise mit der Erfahrung der neuen Welt Afrikas......!

Im Unterschied zur mechanistischen Linearität offenbart die Welt des Komplexen in Natur und Gesellschaft neuartige Erscheinungen wie z.B. nichtlineare Rückkopplungen von Ursache und Wirkung: „Natürliche Gegenstände dagegen sind weder in ihrer Gestalt linear (sie sind überwiegend ‚fraktal'...), noch ist ihre Funktionsweise im allgemeinen durch Kausalketten beschreibbar, sondern vielmehr durch hochdimensionale komplexe Kausalgewebe."[1268] Erst bei Berücksichtigung von Nichtlinearität und

---

[1265] Vgl. W. Krohn, G. Küppers, R. Paslack. Selbstorganisation – Zur Genese und Entwicklung einer wissenschaftlichen Revolution. In: S.J. Schmidt a.a.O. (1988), S. 441 – 465

[1266] Siehe: Siegfried J. Schmidt (Hrsg.). (1988), a.a.O. S. 8

[1267] Klaus Meier, Reisebeschreibungen über einen neuen Kontinent. In: Meier/Strech (1991) a.a.O. S. 18 ff

[1268] Vgl. Gert Eilenberger, Komplexität. Ein neues Paradigma der Naturwissenschaften. In: Mannheimer Forum 89/90. Ein Panorama der Naturwissenschaften. München 1990, S. 79 f.

Rückkopplung eines Systems werden seine komplexen Eigenschaften wirklich sichtbar.[1269]

Von besonderem Interesse ist dabei, dass komplexe Selbstorganisationsprozesse elementar mit ähnlichen und strukturverwandten Prinzipien[1270] von evolutionären Prozessen in Natur *und* Gesellschaft verbunden sind: „ Evolution ist nach unserer Auffassung auf Prozesse der Selbstorganisation zurückführbar, sie ist sozusagen eine Kette von Selbstorganisationsprozessen. Somit erweist sich Selbstorganisation als das wichtigste Element der Evolution. Evolution in Natur und Gesellschaft ist eine potentiell unendliche Folge von Prozessen der Selbstorganisation."[1271]

Ebeling/Feistel (1994,2017) stellen dabei weitreichende Betrachtungen zur Bedeutung von komplexer Dynamik und Selbstorganisation bei Konflikten, Krisen, Kriegen und Umbrüchen der Gesellschaft an.[1272] „Viele Menschen fragen sich heute angesichts der bedrohlichen Umweltschäden unseres Planeten und des rasant fortschreitenden Aussterbens biologischer Spezies, sowie auch der neuen Dimension der Kriege: „Wie geht es weiter mit der Evolution auf unserem Erdball? Quo Vadis Evolutio?"[1273]

Von daher stellt sich die Frage, inwieweit Erkenntnisse aus der Komplexitätsforschung, aus Resultaten der Erforschung von Selbstorganisation und Evolution weiterhelfen können, um sinnvolle Wege aus globalen, multiplen Krise zu finden und Leitideen zur Gestaltung einer lebenswerten Zukunft der Menschheit und dieser Erde zu gewinnen.[1274]

Stephen Hawking wurde in einem Interview um die letzte Jahrhundertwende gefragt: „Es gibt Leute, die sagen, das 21. Jahrhundert werde das Jahrhundert der Biologie sein, nachdem das 20. das Jahrhundert der Physik war. Wie sehen Sie das?" Er antwortete: „Ich denke, das nächste Jahrhundert wird das *Jahrhundert der Komplexität* sein" (Hawking 2000).[1275]

„Gegenüber dem 20.Jahrhundert sind die modernen Gesellschaften im 21. Jahrhundert „unvergleichbar komplexer und undurchsichtiger" geworden – als ökonomische, ökologische, soziale,

---

[1269] Von daher wird das wissenschaftliche Konzept der Selbstorganisation auch als die Behandlung ‚Nichtlinearer, komplex-dynamischer Systeme' bezeichnet. Wobei sich diese Systeme im thermodynamischen Ungleichgewicht befinden, d.h. dem offenen System muss ständig Energie oder Materie von außen zugeführt werden.

[1270] Siehe: Ebeling/Feistel (1994), a.a.O. sowie
Ebeling/Feistel (2017) https://leibnizsozietaet.de/wp-content/uploads/2017/06/EbelingFeistel.pdf , S. 3 ff

[1271] Ebenda

[1272] Ebenda, S. 9 ff

[1273] Ebenda, S.14

[1274] Ebenda

[1275] Siehe: https://link.springer.com/chapter/10.1007/978-3-658-31703-4_1

technologische und kulturelle Prozesse, die sich lokal und global durchdringen und vernetzen. Kurz: der globalisierte „Aggregatzustand" von wirtschaftlichen, sozialen und ökologischen Problemen erreicht eine neue Qualität dynamischer Komplexität, die mit traditionellen Lösungsmustern als nicht mehr angemessen zu meistern erscheint." [1276]

Uns allen ist das Sprichwort bekannt: „Den Wald vor lauter Bäumen nicht sehen." Gemeint ist: das Ganze ist mehr als die Summe seiner Teile, denn die komplexe Realität ‚Wald' ist eben nicht nur eine Addition von Einzelbäumen.... Dies bedeutet, nicht nur das Phänomen der Komplexität als Realität festzustellen, sondern unsere komplexe Welt grundlegend besser zu verstehen und übergreifende Strukturverwandtschaften in Natur und Gesellschaft zu erkennen: „Im Großen und Ganzen geht es darum, die Ähnlichkeiten zwischen komplexen Phänomenen in der Natur einerseits und komplexen gesellschaftlichen Prozessen andererseits zu erkennen, Verbindungen zu knüpfen und aus diesen Verbindungen etwas zu lernen."[1277]

Dazu ist ein kurz gefasster Einblick in die Eigenschaften komplex-dynamischer Prozesse erforderlich: wir erinnern uns an bereits früher betrachtete Phänomene wie *Selbstorganisation*, *Chaos* und *Fraktale*: „Selbstorganisation ist das spontane Auftreten neuer Strukturen und Verhaltensweisen in offenen Systemen fern vom thermodynamischen Gleichgewicht, die durch innere Rückkoppelungsschleifen und nichtlineare Prozesse charakterisiert sind. Die entstehenden Strukturen sind mehr als die Summe ihrer Teile. Dieses „Mehr", die neue Qualität entsteht durch die jeweilige Art der Vernetzung und erzeugt eine höhere Komplexität aus vielen einfachen Komponenten. So wächst das Einzelne über sich selbst hinaus."[1278]

Aus dieser Selbstorganisation komplex-dynamischer Systeme entstehen so „bottom up" globale Charakteristika in Form von stabilen Mustern oder Ordnungszuständen, die sich aus dem Gesamtverhalten von Individuen, Einzelelementen oder relativ einfachen Teilprozessen herausbilden. Diese Bildung von *neuen* makroskopischen Formen und Eigenschaften mit Hilfe von Selbstorganisation wird auch als *„Emergenz"* makroskopischer Strukturen bezeichnet.[1279] Von daher werden Prozesse der *Emergenz* sowie der *Selbstorganisation* als „disziplinübergreifendes Verständnis" modellhaft für das Entstehen von *Neuem* sowie *Innovation* betrachtet und endsprechend angewendet.[1280]

[1276] Siehe: https://ulf-skirke.de/komplexe-planung-pdf/ S. 1 f

[1277] Vgl. D. Brockmann (2021), a.a.O. S. 14

[1278] Siehe: https://ulf-skirke.de/komplexe-planung-pdf/ S. 8 f

[1279] Siehe: Klaus Mainzer. Information. Wiesbaden 2016. S. 59

[1280] Siehe: https://de.wikipedia.org/wiki/Emergenz

Neuere Untersuchungen zeigen ferner, dass bei der Musterbildung komplexer Systeme *„lokal aktive Zellen"*[1281] – die die kleinen Inputs ihrer Nachbarzellen verstärken, einen größeren Output erzeugen und die Musterbildung im Gesamtsystem auslösen – von grundlegender Bedeutung sind. „Die globale Oberflächen-Komplexität erwächst also aus einer relativen Tiefen-Einfachheit. Selbstorganisierende Systeme erhalten ihre Stabilität durch Erreichen eines Fließgleichgewichtes bzw. einer dynamischen Balance."[1282]

Dieses Gleichgewicht ist jedoch nur dann sichergestellt, wenn „negative", d.h. *begrenzende* Rückkopplungseffekte das System stabilisieren. Allerdings ändert sich diese Gleichgewichtssituation bei Störungen durch „positive" sprich *unbegrenzt zunehmende* Rückkopplungseffekte: selbst-organisierende Prozesse gehen dann in *chaotische* über und werden *instabil.*[1283]

Chaotische, instabile Prozesse zeigen weitere bedeutsame Eigenschaften: kleine Fehler oder geringfügige Abweichungen im System können sich zu großen selbstverstärkenden Wirkungen („Schmetterlingseffekt") führen: „Diese Fehlerverstärkung ist eine Folge von Instabilitäten. Mikroskopisch kleine Abweichungen werden durch positive Rückkopplungen verstärkt, bis sie zu makroskopischen Effekten führen. Die Dynamik nimmt eine unvorhersehbare Entwicklung."[1284]

Umgekehrt gilt zur Vermeidung von systemischen Instabilitäten und Krisen: unbegrenzte Rückkopplungseffekte zu erkennen und möglichst damit umgehen zu lernen. Wenn wir also Charakteristika und Bedingungen der komplexen Gegenwartsprozesse in Natur *und* Gesellschaft erkennen wollen, um heraus aus der vielschichtigen planetaren Krise hinein in eine nachhaltige Entwicklung zu gelangen, müssen elementare *Randbedingungen und Leitplanken* für die Dynamik der Komplexität evolutionärer Selbstorganisationsprozesse beachtet werden, die sich beispielsweise aus der *thermodynamischen Begrenztheit* der verfügbaren Ströme von wertvoller Energie ergeben. Gerade weil die *Evolutions*bedingungen unseres Planeten als dynamische Vernetzung und diversen Ketten von *begrenzten Selbstorganisations*-Bedingungen zu betrachten sind, werden durch drastisch gestiegene ökologische ‚Fußabdrücke' und Abfallstoffe tendenziell sowohl die biologische Regenerations-Fähigkeit als auch physikalische ‚Grenzen des

[1281] „Eine Zelle heißt lokal aktiv, wenn an einem zellulären Gleichgewichtspunkt ein kleiner Input existiert, der mit einer externen Energiequelle zu einem großen Output verstärkt werden kann."(K. Mainzer (2016), a.a.O. S. 65)

[1282]Zum Beispiel die Erde, die als Ökosystem durch ständige Sonneneinstrahlung selbstorganisationsfähig wird und immer neue Formen und Muster hervorbringt.

[1283] Siehe: https://ulf-skirke.de/komplexe-planung-pdf/ S. 8 f

[1284] Vgl. G. Küppers. Chaos: Unordnung im Reich der Gesetze. S.149 – 175. In: G. Küppers (Hg.)(1996), a.a.O. S. 170

Wachstums' erreicht: „Der Strom wertvoller Sonnenenergie, welcher der Erde im Durchschnitt zufließt, beträgt etwa 230 Watt/qm, die gleiche Menge Energiestrom fließt in geringerer Qualität (niedrigere Strahlungstemperatur) wieder in den Weltraum zurück. Dieser Strom ist die Haupttriebkraft der Selbstorganisation auf unserem Planeten..... Der durch die Sonnen-Photonen transportierte Energiestrom entspricht einem Entropiestrom (einem Entropieexport), in etwa 1 Watt/Kelvin qm Erdoberfläche. Wenn auf lange Sicht mehr produziert wird, so wird „Entropie-Müll" angehäuft. Das sind physikalisch verbindliche Grenzen des Wachstums. Wenn alle „Brennstoffe" verbraucht sein werden, so wird nicht mehr als 230 Watt wertvoller Sonnenenergie pro Quadratmeter als Antrieb zur Verfügung stehen, für alle meteorologischen, biologischen, ökologischen und ökonomischen Prozesse zusammengenommen. Nur etwa ein Fünftausendstel dieses Stromes kommt heute der Photosynthese zugute, d.h. weniger als 100 Milliwatt/qm."[1285]

Wenn jeder der 8 Mrd. Menschen dieser Erde „nur" einen Strom wertvoller Energie von 1 kW in Anspruch nehmen würde, ergäbe sich ein beanspruchter Energiestrom pro qm Erde von *mehr* als der doppelten Leistung, die der Leistung für die gesamte Photosynthese zugutekommt![1286]

Als besonderes Problem erweist sich dabei der sozial und ökologisch ungerechte Verbrauch wertvoller Energie und verfügbarer Rohstoffe. Weniger als ein Fünftel der Menschheit haben das besondere Privileg, das Fünffache des Durchschnittsverbrauches an Energie und Rohstoffen beanspruchen zu dürfen, wobei sich darin eine noch weitere „Schere" auftut: „die Hälfte unseres CO2 -Ausstoßes wird von den reichsten zehn Prozent der Weltbevölkerung veranstaltet."[1287]

Dies bedeutet: eine grundlegende, *interdisziplinäre* Problemanalyse ist nötig, denn ein wirklicher Lösungshorizont des globalen *ökologischen* Problems ist ohne eine tiefgreifende, weltweite Antwort auf die *soziale Frage* unlösbar: "Mit einiger Sicherheit würde ein weltweiter Verbrauch von mehr als 10 kW pro Bürger der Erde zu einem allgemeinen Kollaps führen. Das *privilegierte Fünftel* hat diesen Stand schon fast erreicht bzw. sogar schon überschritten; eine allgemeine Realisierung wäre eine energetische und ökologische Katastrophe."[1288]

Dies wäre nämlich gleichbedeutend mit einem ungebremsten ‚positiv' rückgekoppelten, sich selbstverstärkenden Selbstorganisationsprozess, der zu einer chaotischen Instabilität und damit zu einer unvorhersehbaren Krisen-Dynamik führen würde....

[1285] Siehe: https://leibnizsozietaet.de/wp-content/uploads/2017/06/EbelingFeistel.pdf , S. 15 f.
[1286] Ebenda
[1287] Siehe: E.v. Redecker (2021), a.a.O. S. 91
[1288] Siehe: https://leibnizsozietaet.de/wp-content/uploads/2017/06/EbelingFeistel.pdf , S. 16

Aus diesem Grunde sind für evolutionäre (Über)*Lebensprozesse* eine beschränkende, eingrenzende ‚*negative*' Rückkopplung als *Randbedingungen* der planetaren Selbstorganisation in Natur und Gesellschaft unbedingt erforderlich.[1289]

Wir erinnern uns: wie bereits im Kontext mit den Ideen *Karl Polanyis* erläutert, ist eine „Einbettung" sozio-ökonomischer Prozesse in die planetaren, natürlich-ökologischen Randbedingungen für eine erfolgreiche Transformation zu nachhaltiger Entwicklung unabdingbar: „Das Konzept der „embeddedness" drückt Polanyis Idee aus, dass die Wirtschaft kein autonomes System sei, sondern dass das Finanzsystem in der Wirtschaft, die Wirtschaft im sozialen System und das sozialen Systems in der natürlichen Umwelt eingebettet sein müsse. Die nächste Große Transformation muss das „Eingebettet-Sein" berücksichtigen."[1290] Was also sind die Bedingungen für dieses „Eingebettet-Sein" bei einer zukunftsfähigen Transformation? Welche Möglichkeiten bieten Erkenntnisse und Modelle evolutionärer Selbstorganisation dafür an? Ebeling und Feistel schlagen folgendes vor: „Aus unserer Sicht handelt es sich bei den Problemen der Gestaltung von Zukunft um Grundfragen, die nicht nur einen weltanschaulichen und politischen Aspekt haben, sondern auch mit unserem Thema, den Prinzipien der Selbstorganisation und Evolution im Zusammenhang stehen."[1291]

Zentrale *Leitidee* wäre mit Sicherheit: unbeherrschbare, chaotische Instabilitäten in den Bereichen Ökologie, Ökonomie, Technologie und Soziales zu *vermeiden* und gegensteuernde Strategien zu entwickeln. Exemplarisch wäre dazu die Abwendung einer globalen Klimakatastrophe zu nennen, die durch menschengemachte Treibhausgasemissionen verursacht, sich selbst verstärkende, „positive" Rückkopplungseffekte mit zunehmend chaotischen Instabilitäten im Selbstorganisations-System Erde zeigt. Weitere absehbare Instabilitäten müssen nicht lange gesucht werden: Gegensätze und Konflikte im Kontext von Arm-Reich, Ost-West, Nord-Süd etc……[1292] „Wie wir gezeigt haben, sind die bestehenden Disproportionen auf unserem Planeten das Resultat einer ungebremsten Selbstorganisation und einer unkontrollierten Instabilität der modernen menschlichen Gesellschaft. Weiter haben wir ausgeführt, dass der entscheidende Wandel darin bestehen muss, dass die Ziele menschlichen Strebens und des menschlichen Erfindungsreichtums nicht in erster Linie auf die Maximalisierung des momentanen eigenen Wohlstandes, sondern auf den Wohlstand für die Kinder und Enkel auf dem ganzen Planeten ausgerichtet werden."[1293]

1289 Siehe: Regine Reichwein in: https://www.reginereichwein.de/2018/11/22/14-artikel-selbstorganisation-kennzeichen-des-lebens/

1290 Siehe: Stefan Rostock in: https://www.germanwatch.org/de/11459

1291 Siehe: https://leibnizsozietaet.de/wp-content/uploads/2017/06/EbelingFeistel.pdf, S. 17

1292 Ebenda, S. 18

1293 Ebenda

Von daher bleibt es ein vielversprechender Ansatz *modellhaft Strategien* aus *beschränkten,* sprich *regulierten Selbstorganisationsprozessen* heranzuziehen, um Lösungs-Wege zur Gestaltung einer lebenswerten Zukunft der Menschheit zu finden. Die Beschränkungen bzw. Regulierungen ergeben sich dabei aus den oben dargestellten notwendigen Bedingungen: nämlich energetische und ökologische Schranken des planetaren ‚Stoffwechsels' sowie Einsatz zukunftsfähiger, umweltverträglicher und nicht-destruktiver Technologien neuen Typs.

Diese *materiellen* Bedingungen wären allerdings *nicht* ausreichend für eine effektive Transformation in Richtung Nachhaltigkeit: es müssen unbedingt verantwortlich gestaltete, freiheitlich-kreative *Kommunikationsregeln* im sozialen und geistig-kulturellen Bereich hinzukommen, die einen schöpferischen Prozess im Rahmen *global-ethischer* Verhaltensregeln ermöglichen.[1294]

Aus philosophisch-ethischer Perspektive formuliert *Hans Jonas* solche grundlegend zukunftsfähigen, globalen Verhaltensregeln folgendermaßen: „Handle so, dass die Wirkungen deiner Handlungen verträglich sind mit der Permanenz echten menschlichen Lebens auf Erden"; oder negativ ausgedrückt: „Handle so, dass die Wirkungen nicht zerstörerisch sind für die zukünftigen Möglichkeiten solchen Lebens"; oder einfach: „Gefährde nicht die Bedingungen für den indefiniten Fortbestand der Menschheit auf Erden"; oder, wieder positiv gewendet: „Schließe in deine gegenwärtige Wahl die zukünftige Integrität des Menschen als Mit-Gegenstand deines Wollens ein."[1295]

Allerdings sind die überlebenssichernden Wege in eine neue Zukunft nicht einfach vorprogrammiert: „ Sie müssen in einem langwierigen *„adaptiven Suchprozess"* aus einer riesigen Diversität potentieller Möglichkeiten durch Bewertung und Optimierung erst gefunden werden. Folgende Momente sind nach unserer Auffassung von *zentraler* Bedeutung für das Finden solcher Wege: eingeschränkte Selbstorganisation und Kontrolle von Instabilitäten; Diversität der Arten und Bewegungsformen, Denk- und Lebensweisen; Selbstbeschränkung der thermodynamischen und ökologischen Kosten; Kreativität, Innovativität und Toleranz; Wahrung der Interessen künftiger Generationen; Bereitschaft zu einer Veränderung von Lebensweisen und bedingungslose Ächtung von Kriegen mit Massenvernichtungswaffen."[1296]

Denn wir alle sind gefordert, „Diversität, die nicht den Energiehaushalt oder die Umwelt belastet, zu unterstützen und zu fördern. Die Vielfalt der biologischen Arten und gesellschaftlichen Kulturen ist zu schützen und zu entwickeln. Diversität ist ein Recht. Niemand darf anderen Menschen, Gruppen, Völkern seine Lebensweise und seine Werte aufzuzwingen." [1297]

[1294] Ebenda

[1295] Siehe: Hans Jonas. Das Prinzip Verantwortung. Frankfurt/Main 1985. S. 36

[1296] Vgl.: https://leibnizsozietaet.de/wp-content/uploads/2017/06/EbelingFeistel.pdf, S. 19

[1297] Ebenda, S.20

Das bedeutet auch, Kreativität, Innovationsgeist, Suche nach neuen Lösungen zu unterstützen und unbegründete Intoleranz zu ächten, die die Kreativität der Anderen einschränkt.[1298]

In diesem Zusammenhang ist *„egoistische Expansion und Beschränkung von Diversität"* sowie *„jede Form von Kolonialismus im ökonomischen, ökologischen und insbesondere im kulturellen Bereich"* ausdrücklich *abzulehnen*![1299]

Ich möchte in diesem Gesamtkontext daher von einer Strategie *‚Regulierter Selbstorganisation'* sprechen.

Da wir dabei ein zentrales Ziel verfolgen, nämlich chaotische Instabilitäten, krisenhafte oder gar katastrophische Prozesse zu minimieren, macht es Sinn, sich mit den Eigenschaften des *Phänomens Chaos* noch einmal näher zu befassen.....

Denn das Wesen des Chaos ist eben *nicht* ein ‚wirres Durcheinander' des Systems, sondern bringt bestimmte Ordnungsprinzipien und charakteristische Muster hervor: nämlich Selbstähnlichkeit und Fraktale..... Dabei bedeuten die Charakteristika Chaos und Fraktale nicht nur Erkenntnis-Phänomene, sondern auch systemische Modellierungs- und Gestaltungselemente.....

Warum entstehen Fraktale in komplexen Systemen? „Weil dies zu einer *optimalen* Lösungs-Struktur gegensätzlicher oder komplementärer Anforderungen führt: zum Beispiel die Anforderung, mit minimalem Ressourceneinsatz einen maximalen Gasaustausch mit der Umgebung zu erreichen führt auf ein Optimum, nämlich zum Fraktal eines Baumes oder einer Lunge! Bei genauerer Betrachtung wird das beste, optimale Resultat im Zwischenbereich bzw. Phasenübergang zwischen Ordnung und Chaos erreicht, am sogenannten *„Chaosrand"*![1300]

In der natürlichen Evolution, aber auch bei lernfähigen, gesellschaftlichen oder künstlichen selbstorganisierenden und evolutionären Systemen ist dies der Ort maximaler und qualitätssteigernder, innovativer Informationsverarbeitung und stellt insofern ein Optimum dar, als hier die mittlere ‚Fitness' am höchsten und die ‚Aussterberate' am niedrigsten ist.[1301]

Derartige Systemzustände am Rande des Chaos werden auch als *„Selbstorganisierte Kritizität"*[1302] bezeichnet: „Selbstorganisierte Kritizität befindet sich in einem schwach chaotischen Attraktorzustand, der sich dort einstellt, wo gegensätzliche bzw. komplementäre

---

[1298] Ebenda

[1299] Siehe: Ebeling/Feistel (1994), a.a.O. S. 231

[1300] Siehe: https://ulf-skirke.de/komplexe-planung-pdf/, S. 11

[1301] Siehe auch: Stuart KAUFFMAN: Der Öltropfen im Wasser. Chaos, Komplexität, Selbstorganisation in Natur und Gesellschaft. München 1996. Kapitel 10

[1302] Siehe: P. Bak, K. Chen. Selbstorganisierte Kritizität. In: Spektrum der Wissenschaft. März 1992. S. 62 ff.

„Konstruktions-Anforderungen" an die Teilsysteme gerichtet sind, so dass mit Hilfe eines selbstorganisierenden Balanceaktes die beste Kombination von Teillösungen zu einer tragfähigen, aber stets neu veränderlichen Gesamtlösung evolviert."[1303]

Komplex-adaptive, selbstorganisierende Entwicklungsprozesse haben also die Tendenz, sich durch Lernen an den *Rand des Chaos* zu einem kritischen Gleichgewichtszustand, zu einer ‚dynamischen Stabilität *kreativer Veränderung*' zu begeben. [1304] Ein derartiger Zustand hat offenbar eine universelle Bedeutung für komplex-dynamische, vor allem *innovative* Selbstorganisationsprozesse, insbesondere für das Verhalten von lebendigen Systemen.[1305]

Parallel dazu wird seit geraumer Zeit international über Leitbilder für nachhaltige Lösungskonzepte diskutiert. Eine zentrale Leitidee dabei ist: Nachhaltigkeit und Zukunftsfähigkeit als „Gleichgewicht suchenden Prozess" (Aalborg Charta)[1306] zu identifizieren. „Das heißt nachhaltige Lösungen erfordern eine ständige Balance zwischen gegensätzlichen oder komplementären sozialen, ökologischen und ökonomischen Anforderungen – mit dem Ziel ein *Optimum* zu erreichen, *nicht* jedoch einen bloßen Kompromiss."[1307]Können wir also mit Hilfe der Phänomene wie ‚Chaosrand', ‚Fraktalen' oder ‚Selbstorganisierte Kritizität' mögliche Verbindungen zu Leitgedanken der Nachhaltigkeit herstellen?

Interessanterweise existiert eine inhaltliche Querverbindung zu ähnlichen Phänomenen im *afrikanischen* Umfeld: *Ron Eglash* hat ausführlich derartige, bemerkenswerte Zusammenhänge an Beispielen der Herstellung und Produktion *afrikanischer*, selbstähnlicher Architektur, Stoffmuster, Masken, Skulpturen oder kosmologischen Symbolen dargestellt.[1308]

Bei seiner ausführlichen Darstellung von ‚bottom-up-Prozessen' fraktaler Muster stellt er auch die Verbindung von fraktalen Strukturen, selbstorganisierter Kritizität sowie nachhaltiger Entwicklung und zeigt, „that there were ties between the traditional knowledge systems supported by African *fractals* and the productive maintenance of these societies in what Per Bak would call a state of *self-organized criticality*. This suggests that most of the indigenous African societies were neither utterly anarchic, nor frozen in static order;

[1303] Siehe: https://ulf-skirke.de/komplexe-planung-pdf/, S. 12

[1304] Ebenda

[1305] W. Ebeling, R. Feistel (1994), a.a.O. S. 50

[1306] Die Aalborg-Charta – vollständiger Titel: Charta der Europäischen Städte und Ge meinden auf dem Weg zur Zukunftsbeständigkeit – wurde am 27. Mai 1994 auf der Europäischen Konferenz über zukunftsbeständige Städte und Gemeinden in der dänischen Stadt Aalborg verabschiedet und seitdem von rund 2.500 lokalen und re gionalen Verwaltungen in 39 Ländern unterzeichnet.

[1307] Siehe: https://ulf-skirke.de/komplexe-planung-pdf/, S. 7

[1308] Siehe: Ron Eglash (1999), a.a.O. S. 109 ff.

they utilized an adaptive flexibility that could be applied to modern development. But decades of research have shown that a top-down approach to development, even that making use of indigenous knowledge, is often less effective than a bottom-up, "grass roots" approach. Adopting information technology to rural areas could provide the opportunity for putting African fractals to work in *sustainable development*." [1309]

Diese überzeugenden Gedanken gaben auch mir wesentliche Anregung, ein sogenanntes "*Chaosrand-Modell*" für die Charakterisierung und Identifizierung von *Nachhaltigkeit* zu entwerfen:

„Die Modellierung und Charakterisierung von Nachhaltigkeit als Systemzustand selbstorganisierter Kritizität am Rande des Chaos hat zur Konsequenz, dass wir nachhaltige Lösungen als „Balance" von gegensätzlichen Anforderungen sozialer, ökologischer und ökologischer Belange systemisch in vertiefter Weise betrachten können."[1310]

Dabei bewegt sich das Modell in einem ‚*Entwicklungskorridor*' bzw. ‚*Suchraum*' *zwischen* einerseits dem Extremzustand *dauerhafter Stagnation*, die Untätigkeit oder Reformstau mit fatalen Konsequenzen bedeutet und der Extreme *überschäumender Innovation* andererseits, die als *maßlose* Veränderung zu chaotischen Instabilitäten führt....

Wie also kann also ein maßvoller, Gleichgewicht suchender Prozess zur nachhaltigen Entwicklung *optimiert* und der Chaosrand dazu als nachhaltiger Lösungsraum identifiziert werden?

Eglash zeigt afrikanische Problem-Beispiele von komplexen Herausforderungen, die auf vernetzte Suchprozesse für nachhaltige Lösungen führen: "Some obvious challenges include environmental damage.., external economic pressure.., increased disease.., political unrest..,and damage of the sociocultural system...While all of these are far too large to be addressed by any one approach, none of them can be viewed in isolation from the others."[1311]

Als besonderes Phänomen dieser ‚bottom up'-Suchprozesse für innovative, nachhaltige Lösungen hebt er die *bedeutsame* Rolle von *afrikanischen Frauen* hervor: "In addition to the need for bottom-up authority , researchers have demonstrated the critical *role of women* in African development..particularly in terms of the gendered division of labor in rural societies. While much of this analysis has focused on the vulnerability of women in bearing the brunt of economic change, it has also started a new appreciation for the extensive knowledge systems that existed in precolonial women's activities. Since many of these practices

---

[1309] Siehe: Ron Eglash (1999), a.a.O. S. 226 f.

[1310] Vgl. https://ulf-skirke.de/komplexe-planung-pdf/, S. 13; Siehe dazu auch die *Schaubilder*

[1311] Vgl. Ron Eglash (1999), a.a.O. S. 227

continue today (albeit in modified form), women's indigenous knowledge systems have become an important resource in new approaches to development."[1312]

Dies führt auch zu anderen, innovativen Lösungsansätzen, beispielsweise in der Landwirtschaft: um nicht einfach Erträge zu maximieren, sondern Schaden zu minimieren und gleichzeitig innovative und experimentelle Anbaumethoden zu praktizieren:"..Studies show a long-standing African tradition of new seed variety development that combined ecological sustainability with innovation and experimentation."[1313]

Um dieses traditionelle, afrikanische Wissen zu erhalten und weiterzuentwickeln, spielen zunehmend der Einsatz von Informationstechnologien eine entscheidende Rolle – z.B. auch zur Erhaltung und Förderung von agrikultureller und biologisch-natürlicher Diversität.[1314]

Allerdings stellt die Entwicklung *umfassender* zukunftsfähiger Lösungen von ökologischer und technologischer Nachhaltigkeit eine noch weitaus größere Herausforderung dar: "To view indigenious knowledge as a self-organizing system is one thing, but creating the same bottom-up approach for a synthesis of ecological sustainability and technological development is a much greater challenge."[1315]

Daher sind mobile Kommunikation, Apps, Internet-Anwendungen, insbesondere als dezentrale Nutzung von Informations- und Kommunikationstechnologien in allen afrikanischen Lebensbereichen auf dem Vormarsch: „African traditions of decentralized decision making could be combined with new information technologies, creating new forms that combine democratic rule with collective information sharing ....Perhaps the neural net style of African decision making could be utilized in the West as well...."[1316]

Des Weiteren werden bei vielen, eigenen Entwicklungsprojekten Erkenntnisse der Komplexitätstheorie als Leitprinzipien verwendet: so erfordert beispielsweise die gerechte Verteilung von Land *nicht*-hierarchische Organisations- und Kooperationsmethoden, die mit Hilfe von selbstorganisierenden Algorithmen modelliert werden: „a system in which cooperative behavior is rewarded at the same time that individual innovation can flourish; a combination of cooperation and competition like we see in ‚cellular automata' and other computational models of self-organizing systems."[1317]

[1312] Ebenda
[1313] Ebenda, S.228
[1314] Ebenda
[1315] S. 229
[1316] Ebenda
[1317] Ebenda, S. 230

Ich hatte zunächst das ‚Chaosrand-Modell' für neue Planungsstrategien in der *Stadtentwicklung* angewendet, in denen die Stadt der als „vernetztes, fraktales, offenes System"[1318] betrachtet wird. Und ich bin erfreut, dass diese Themen auch bei der *aktuellen* afrikanischen und europäischen Diskussion über Leitlinien einer nachhaltigen Stadtentwicklung eine Rolle spielen.

Mit Bezug auf den ghanaischen Architekten *Kobina Banning* betrachtet *Felwine Sarr* die Stadt als „Projektionsfläche des Werdens" als Fließendes in eine zukunftsfähige Neuordnung: „Das organisierte und kreative Chaos der Stadt aufgreifen,...seine Logik und Bedeutung verstehen, das Chaos auf möglichst effiziente Weise artikulieren."[1319]

Ebenso wird im „Jahrbuch Ökologie 2022"[1320]über Konzepte zur Transformation in die *Nachhaltige Stadt*, über räumliche Strategien und gesellschaftliche Komplexität sowie über die Stadt als Vorreiter einer *„anderen Moderne"* diskutiert: „In der europäischen Stadt, in der die Ideen von Demokratie und Fortschritt geboren wurden, muss nach neuen Antworten gesucht werden. Antworten, die weit über den Horizont des neoliberalen Kapitalismus hinausgehen."[1321]

Darüber hinaus sind auch auf *überregionaler* Ebene eine Reihe von Beispielen *globaler* ‚regulierter Selbstorganisationsmodelle' in den verschiedensten Nachhaltigkeitsbereichen bekannt und erfolgreich, z. B. als *Simulationsverfahren.*[1322] Dabei handelt es sich nicht nur um die Modellierung komplexer Realität zum Erkenntnisgewinn, sondern vor allem um das Erreichen von Lösungen für reales Handeln. Eines der bekanntesten Beispiele dafür ist das sogenannte *„World3-Modell"*[1323], das die Wechselbeziehungen zwischen den planetaren Größen „Zustand der Welt", „mittlerer Lebensstandard" sowie „Wohlstand und ökologischer Fußabdruck" betrachtet, und dabei insbesondere deren nichtlineare Rückkopplungsschleifen: „Wir haben World3 entwickelt, um in groben Zügen Erkenntnisse über die Zukunft zu gewinnen: die möglichen Verhaltensmuster, mit denen die menschliche

---

[1318] Siehe: Herbert KLIMA: Wir brauchen die fraktale City, in: Perspektiven, H. 9/10, 1993, S. 31–32.

[1319] Siehe: F. Sarr (2019), a.a.O. S.144

[1320] Siehe: Das Zeitalter der Städte. In: Jahrbuch Ökologie 2022. Stuttgart 2022

[1321] Ebenda in: Alexander Kluge. Auf der Suche nach Fortschritt. S. 191

[1322] Vgl: D. DÖRNER. Die Logik des Misslingens. Strategisches Denken in komplexen Situationen, Reinbek bei Hamburg 2003.

[1323] Donella MEADOWS, Jørgen RANDERS, Dennis MEADOWS: Grenzen des Wachs tums. Das 30-Jahre-Update. Signal zum Kurswechsel, Stuttgart 2007.

Wirtschaft im Laufe dieses Jahrhunderts mit der ökologischen Tragfähigkeit der Erde interagieren wird.“[1324]

Dieses Modell veranschaulicht eindrucksvoll, dass eine fortgesetzte Überschreitung der planetaren, ökologischen Tragfähigkeit zum Kollaps der ökonomischen, ökologischen und sozialen Global-Prozesse führen würde…„Umgekehrt ist bei einer sofortigen Umsteuerung eben dieser Global Prozesse unter Vorgaben der Stabilisierung der Weltbevölkerung und der Industrieproduktion pro Kopf sowie Techniken zur Emissionskontrolle, zur effizienten Ressourcennutzung und zur Verbesserung der Landwirtschaft eine nachhaltige Entwicklung der Welt möglich! Im Unterschied zur Vergangenheit wäre die zukünftige Leitidee einer nachhaltigen Gesellschaft: qualitative Weiterentwicklung statt materieller Expansion……..Postmodernes Denken eines orientierungslosen „Anything goes“ in Tateinheit mit einem neoliberalen Ökonomismus hat diese Einsicht verstellt und damit globale und lokale Fehlentwicklungen befördert.“[1325]

Insbesondere hat der ‚*Zeitgeist*‘ des *neoliberalen* Denkens und Wirtschaftens der letzten zwanzig Jahre ein Umsteuern in Richtung Nachhaltigkeit enorm *erschwert und Krisen vergrößert:* auch im *wissenschaftlichen* Bereich war in diesem Zeitraum auch ein *Auseinanderdriften* der Einzeldisziplinen von Geistes-, Sozial- und Natur- sowie Technikwissenschaften festzustellen, mit der Folge: komplexe, transdisziplinäre Analysen und Lösungskonzepte zu vernachlässigen!

Der Epidemiologe und Komplexitätsforscher *Dirk Brockmann* verdeutlicht: „In Deutschland sind die Gräben besonders tief zwischen den Natur- und Geisteswissenschaften. Hier finden wenig Kommunikation und Transfer statt….Glücklicherweise läuft langsam eine kleine Revolution an. Immer mehr Wissenschaftler und Wissenschaftlerinnen knüpfen Verbindungen zwischen Natur- und Sozialwissenschaften, extrahieren gemeinsame fundamentale Mechanismen und universelle Gesetzmäßigkeiten, die ganz unterschiedlichen Phänomenen zugrunde liegen.“[1326]

Und genau dies betrifft den *transdisziplinären* Gegenstand von komplex-dynamischen *Modellierungen* wie das Beispiel der COVID-19-Pandemie zeigt: “Gerade dieses Phänomen kann nicht isoliert mit Methoden und Fachwissen aus der Virologie oder Epidemiologie verstanden werden. Psychologische Prozesse spielen eine Rolle , Mobilitäts- und Kontaktnetzwerke, menschliches Verhalten, politische Dynamik, alles ist ineinander verzahnt.“[1327]

Von daher sei es unverzichtbar, wenn sich Experten und Expertinnen verschiedener Spezialgebiete zusammensetzen, ihr Wissen austauschen und sich gegenseitig erklären, welche Fakten und einflussreiche Elemente zu berücksichtigen

---

[1324] Ebenda, S. 140 f

[1325] Vgl. https://ulf-skirke.de/komplexe-planung-pdf/, S. 5 f

[1326] Siehe: D. Brockmann (2021), a.a.O. S. 46

[1327] Ebenda S. 44

seien – aber vor allem: *einander zuhören*![1328] Denn das Ergebnis interdisziplinärer Zusammenschau von komplexen Phänomenen ist elementar und verblüffend: "Im Kollektiv machen wir viele Dinge, die Stare, Fische oder Ameisen nicht anders machen. Wir haben den Eindruck, Entscheidungen zu treffen – aber eigentlich passiert das meiste automatisch. Wir Menschen sind der festen Überzeugung, in kognitiver Hinsicht am weitesten entwickelt zu sein. Als Homo sapiens beharren wir regelrecht darauf, dass wir uns von anderen Spezies unterscheiden und etwas Besonderes sind. Und so glauben wir in anmaßender Weise, dass für uns andere Regeln gelten. Komplexe Systeme funktionieren aber alle ähnlich, ob in der Natur oder in der Gesellschaft. Um die Pandemie gut zu überstehen und erst recht, um den Klimawandel zu begreifen, würde es helfen, uns als Organismen zu verstehen, die in die Biosphäre eingebettet sind."[1329]

Letzteres Phänomen ist deshalb von zentraler Bedeutung: *Mensch und Gesellschaft sind grundlegend komplex „eingebettet" in die natürlich-reale Lebenswelt!*

Und dies wiederum liefert grundlegende Möglichkeiten von der natürlich-realen Lebenswelt zu *lernen*, um unsere derzeitige Menschenwelt in eine andere, nachhaltige Lebenswelt zu transformieren: „Wir können von den ökologischen Netzwerken lernen. Sie sind robust und stabil, gerade weil kooperative Elemente die Dynamik dominieren und weil sie nicht auf Wettstreit und ewig andauerndes Wachstum setzen. Es gibt clevere Prinzipien aus der Natur, die wir auf unser zwischenmenschliches Dasein übersetzen können. Auch wir müssen akzeptieren, dass nichts auf der Erde unendlich lange wächst, auch nicht die Wirtschaft. Es erfordert nur gesunden Menschenverstand, um zu erkennen, dass bei endlichen Ressourcen und planetaren Grenzen ewiges Wachstum einfach nicht funktionieren kann." [1330]

Der Klimaforscher *Michael E. Mann* zieht weiterreichende, eher *optimistische* Konsequenzen für die Klimapolitik: nähern wir uns womöglich einem „Kipppunkt" der positiven Art? „Aus der Tragödie können Chancen erwachsen. Das schien auch beim Covid-19-Ausbruch Anfang 2020 der Fall zu sein. Die Natur hatte uns eine einzigartige Möglichkeit zur Erkenntnis beschert. Die Ausbreitung der Pandemie zu beobachten – sowohl ihre Auswirkungen als auch die Reaktionen darauf – war, wie eine Zeitrafferaufnahme der Klimakrise zu sehen. War das eine Art Probelauf für den Klimawandel? Obwohl die Klimakrise wesentlich langsamer als die Pandemie verläuft, kann man von der Pandemie viel über die Klimafrage lernen."[1331]

Diese wichtigen *Lektionen* sieht er dabei insbesondere in der *Rolle der Wissenschaft und des faktenbasierten Diskurses,* im sich ergänzenden *Zusammenspiel*

[1328] Ebenda

[1329] Siehe: https://www.ngum.de/artikel/interview-hilft-uns-die-wissenschaft-wirklich-weiter.html

[1330] Vgl. https://www.rnd.de/gesundheit/corona-ausbreitung-was-koennen-modelle-eigentlich-leisten-dirk-brockmann-im-interview-JLJDZBKBDVDIXCIMWNV4R2PKFA.html

[1331] Michael E. Mann. Propagandaschlacht ums Klima. Bergisch Gladbach 2021. S. 318 ff

von individuellem Handeln und Regierungspolitik sowie in der *besonderen Herausforderung*, „die Bedürfnisse von heute...acht Milliarden Menschen auf einem endlichen Planeten zu befriedigen. Werden wir die richtigen Schlüsse daraus ziehen?"[1332]

Ein „Weiter-So" traditioneller Denkweisen, Planungsprozessen und politischen Entscheidungen würde zu einer weiteren Zuspitzung von Instabilitäten, Krisen und Unsicherheiten etwa durch weitere Vergrößerung des ökologischen Fußabdrucks, verschärften Klimawandel, sozial-ökonomische Zuspitzung von Finanzkrisen oder gar katastrophalen Sicherheitsproblemen führen, die uns global wie regional zunehmend vor die dramatische Alternative stellen: Kollaps oder Balance![1333]

Von daher brauchen wir neue *konzeptionelle Vorschläge und Beispiele* für komplex-dynamische Transformationsprozesse hin zur globalen Nachhaltigkeit vorzugsweise auf Basis eines *Leitmodells „Regulierter Selbstorganisation"*. Als Leitidee schlage ich zu deren Erarbeitung einen kulturellen, wissenschaftlichen sowie sozio-ökonomischen vertikal und horizontal breit angelegten Diskurs vor, der im oben beschriebenen *‚Suchraum'*: einerseits *computergestützte Modellierungen* komplex-dynamischen Systemverhaltens von Nachhaltigkeit für einen faktenbasierten, *wissenschaftsgestützten* Diskurs zugrunde legt, und andererseits zur größeren *Einbeziehung realer gesellschaftlicher Komplexität und Kompetenz* eine breite *Beteiligung* und *Partizipation* von *Zivilgesellschaft* sicherstellt – über Regierungen, Parteien und Parlamente hinaus......

Dazu plädiere ich für einen *internationalen, interdisziplinären und interkulturellen Nord-Süd-Diskurs* – exemplarisch zwischen Afrika und Europa, um mögliche Strategien für die Gestaltung einer *komplexen, dekolonialen Transformation* aus diversen Sichtweisen in Richtung globale Nachhaltigkeit zu entwickeln, in denen einerseits *afrikanische* Perspektiven, Potenziale und Strategien sowie andererseits *Anstrengungen Europas* zur nötigen Transformation *eigener* Strukturen und Prozesse besondere Berücksichtigung finden.

[1332] Ebenda, S. 319

[1333] https://ulf-skirke.de/komplexe-planung-pdf/, S. 16; (Siehe auch: MEADOWS, RANDERS (2007),a.a.O. S. 152 ff.)

14. Wege in eine neue Zukunft

Um einen derartigen, internationalen und interdisziplinären Diskurs einer Transformation zur Nachhaltigkeit in *thematischer Tiefe* und Breite angemessen durchzuführen, bedarf es einer *mehrdimensionalen ‚Horizonterweiterung'* vorherrschender Politik- und Weltsichten, und zwar sowohl des aktuellen *Problem*horizontes als auch des möglichen *Lösungs*horizontes. Diese Erweiterung betrifft *erstens* eine grundlegende, breite Berücksichtigung von *komplexer, nichtlinearer* Prozessdynamik, *zweitens* eine tiefgreifende Analyse und Strategie *dekolonialer* Transformation und *drittens* auch als Konsequenzen dieser beiden Erweiterungsdimensionen: Entwicklung von Leitideen und Handlungskonzepten einer anderen, *zukunftsfähigen Moderne*!

Ziel dieses erweiterten Diskurses ist: Identifizierung von Konzepten, Vorschlägen und Beispielen, die exemplarische oder grundlegende Lösungs-Elemente für eine ‚Nachhaltige Transformation' liefern. Dabei wird das *Leitbild einer „regulierten Selbstorganisation"* für die Modellierung von komplex-dynamischen Prozessen vorgeschlagen, die lokale oder globale, katastrophische Instabilitäten vermindern oder verhindern und in dynamische Gleichgewichtsentwicklungen transformieren helfen: *Balance statt Kollaps!* Das Leitbild einer *‚regulierten'* Selbstorganisation trifft sich mit dem Vorschlag des WBGU, nämlich zur Umsetzung der Nachhaltigkeitsziele („Sustainable Development Goals"(SDGs)) *„planetare Leitplanken"* zu beachten: „Aus Sicht des WBGU ist es deshalb unabdingbar, dass in den SDGs nicht nur die primär lokalen und regionalen Umweltprobleme (z. B. Luftverschmutzung) aufgenommen werden, sondern auch die globalen Umweltveränderungen (z. B. Klimawandel, Landdegradation) in Form planetarischer Leitplanken Berücksichtigung finden. Leitplanken sind quantitativ definierbare Schadensgrenzen, jenseits derer das Erdsystem durch von Menschen verursachte globale Umweltveränderungen so stark verändert wird, dass die Folgen intolerabel sind."[1334] Diese planetaren Leitplanken für unsere globalen Lebensbedingungen führen uns wiederum auf die Sicherstellung des „Eingebettet-Seins" eben dieser Lebensbedingungen *in* die planetaren „Schadensgrenzen". *Germanwatch* entwickelte exemplarisch ein Leitplanken-Bild, um ein ganzheitliches „Einbettungsmodell" der jeweiligen ökologischen, sozialen und ökonomischen Nachhaltigkeitsdimensionen zu entwerfen, das als strategische Zielvorgabe globalen Handelns

---

[1334] www.wbgu.de/fileadmin/user_upload/wbgu/publikationen/politikpapiere/pp8_2014/wbgu_politikpapier_8.pdf, S.6; Siehe auch: https://www.umweltschulen.de/audit/duesseldorf/bne-grundlagen.html

dienen soll: die *Ökologische Mitwelt* bettet die *Gesellschaft* , diese wiederum die *Realwirtschaft* und diese entsprechend den *Finanzmarkt* ein.[1335]

Auffällig ist, dass die aktuelle Real-Situation genau umgekehrt funktioniert – und damit bedeutender Krisenverursacher ist... ?!

Daraus wird einmal mehr deutlich, wie dringlich das transformative Umsteuern in Richtung Nachhaltigkeit geworden ist, und keinen Aufschub gestattet.....

Allerdings möchte ich den *Nachhaltigkeitshorizont* des ‚Einbettungsmodells' *um zwei weitere Dimensionen erweitern*, deren systemische Randbedingungen wiederum weitere, wichtige planetare Leitplanken und Einbettungsbedingungen für eine nachhaltige Transformationsstrategie liefern: nämlich erstens die Dimension der *Kultur* sowie zweitens die der *Technologie*.

Im Einbettungsmodell *zeigt* die *‚Kultur*-Dimension' wesentliche Struktur*verwandtschaften* zwischen *Ökologie* und *Gesellschaft* auf, wie z.B. Diversität, Resilienz oder Lebenserhaltung. Die *‚Technologie*-Dimension' ihrerseits zeigt sich als wichtiger Schlüsselbereich in *‚Querverbindung'* zu allen anderen Dimensionen....

Als Ergebnis entsteht so mein verwendetes ‚Einbettungsmodell' bildhaft als ‚Schnittmenge' aus den erweiterten Nachhaltigkeitsdimensionen: Ökologie, Kultur, Gesellschaft, Ökonomie und Technologie.

Hoffen wir also, aus einem afrikanisch-europäischen Diskurs innovative, strukturverwandte, selbstähnliche Transformations-Lösungselemente für nachhaltige Konzepte zu identifizieren.[1336] Dabei werden diese Lösungselemente zu Fragen führen, die auf charakteristische *‚Bedingungen der Möglichkeiten'* von nachhaltigen Lösungskonzepten verweisen.

Wir erinnern uns zu Beginn dieser Arbeit an die Brecht'schen „Fragen eines lesenden Arbeiters"[1337], nämlich die Geschichtsprozesse in der Weise hinterfragen, dass sie die *Möglichkeit* von neuen Bewertungen und neuen Antworten zur

[1335] Siehe: https://www.germanwatch.org/sites/default/files/publication/3900.pdf , S. 6
[1336] Als aktueller Rahmen und thematischer Überblick ist ein kritisches Aufgreifen der „Neuen Afrika-Strategie des BMZ: Gemeinsam mit Afrika die Zukunft gestalten" vorstellbar und kann durch eigene Vorschläge ergänzt und weiter entwickelt werden – ohne Anspruch auf Vollständigkeit. Vgl. https://www.bmz.de/de/laender/bmz-afrika-strategie
[1337] Siehe (FN 5)

Erkenntnis sowie Veränderung von Realität offenlegen, um damit Wege in eine neue Zukunft aufzuzeigen.

Ebenso gilt es, die *Grundfragen Kants* zum sinnvollen Gebrauch unserer Vernunft aufzugreifen:

„Was kann ich wissen?

Was darf ich hoffen?

Was soll ich tun?"[1338]

Allerdings ist dazu die ‚reine' Vernunft nicht mehr hinreichend, sondern es bedarf dazu notwendigerweise einer erweiterten vernunftgeleiteten Analyse und Leitidee von Komplexität sowie tiefgreifenden Untersuchung über die *‚Bedingungen der Möglichkeit komplexer Vernunft.'* „Wir müssen die innere Komplexität der Wirklichkeit anerkennen und eine radikale Revision unserer Begriffssysteme in Angriff nehmen."[1339]

Die bisherige Erforschung nichtlinearer, komplex-dynamischer Systeme muss daher grundlegender und umfassender die *komplexe* Prozess-Dynamik der „Naturgabe Vernunft"(Kant) in inter- und transdisziplinärer Weise *zwischen* Natur-, Sozial- und Geisteswissenschaften untersuchen.[1340]

Ich plädiere deshalb für Bestandsaufnahme und Weiterentwicklung eines entsprechenden, gemeinsamen Forschungsprogramms mit dem Arbeitstitel: *‚Zur Kritik der komplexen Vernunft'* innerhalb eines afrikanisch-europäischen Diskurses.[1341]

Ohne Ergebnissen und Lösungskonzepten eines solchen Diskurses vorzugreifen, möchte ich dennoch *exemplarisch* anknüpfen an die intensiv geführte Komplexitäts-Diskussion der 90er Jahre über Chaos und Selbstorganisation[1342]: inwieweit entbergen die damaligen Analysen über die philosophischen Voraussetzungen

---

[1338] Siehe (FN 6)

[1339] Siehe: Peter Coveney/Roger Highfield. Anti-Chaos. Der Pfeil der Zeit in der Selbstorganisation des Lebens. Reinbek bei Hamburg (1992), S. 392

[1340] Siehe auch: Klaus Mainzer. Chaos, Selbstorganisation und Symmetrie. In: Selbstorganisation. Jahrbuch für Komplexität in den Natur-, Sozial- und Geisteswissenschaften. Band 3 (1992). S. 259 - 278

[1341] Dazu möchte ich auf eigene Forschungsansätze verweisen. Siehe: https://ulf-skirke.de/dissertation_pdf/ : Zur Kritik komplexer Vernunft: Von der reinen Naturwissenschaft zur interdisziplinären Komplexitätsforschung. S. 252 ff

[1342] Ebenda, S. 260 ff

komplexer Vernunft eines A.N. Whitehead, über ‚Chancen für ein neues Erkenntnis- und Gestaltungsmuster der Natur' (K. Meyer), über Modelle fraktaler Geometrie oder rekursiven Algorithmen (J. Klüver), oder komplex-dynamischer Computermodelle (D. Dörner) oder die innere Verbindung von Komplexität und Zeit-Dimension (G. Picht) charakteristische Merkmale für das Selbstorganisationsparadigma, die ihrerseits wie „Attraktoren im Forschungsprozess" (K. Mainzer) für Komplexität auch in der Zukunft wirken? In welcher Weise hat sich die Komplexitäts-Forschung bereits sinnvoll weiterentwickelt?

Dirk Brockmann weist zurecht in seiner *aktuellen* Studie darauf hin: die Überlagerung verschiedenster globaler Krisen kann man nicht als isolierte Phänomene betrachten, sondern als vielschichtige, komplex-vernetzte Systemprozesse,[1343] deren Erkenntnis von selbstähnlichen oder strukturverwandten Mustern und Regeln nicht nur wissenschaftlich essenziell, sondern für nachhaltige Transformationen zum Erhalt des planetaren Lebens existenziell sind.

Komplexitätsforscher *Klaus Mainzer* bringt dazu in einer aktuellen Studie die *systemischen* Charakteristika von Komplexität zum Ausdruck: „Komplexitätsforschung hat das Ziel, Chaos, Spannungen und Konflikte in komplexen Systemen zu erkennen und ihre Ursachen zu verstehen, um daraus Einsichten für neue Gestaltungspotenziale der Systeme zu gewinnen....Dabei spielen Computermodelle eine entscheidende Rolle. Die Dynamik komplexer Systeme in Natur und Gesellschaft lässt sich erst seit wenigen Jahren in Simulationsmodellen analysieren, die durch die gesteigerte Rechenkapazitäten von Computern möglich wurden."[1344]

Diese ‚neuen Gestaltungspotenziale' des Systems lassen sich häufig am sogenannten „Chaosrand" finden, insbesondere wenn dort „lokale Aktivitäten" zu außerordentlicher Kreativität und Innovation führen. „Lokale Instabilität in komplexen sozialen Systemen führt nicht nur zu extremen Ereignissen mit Chaos und katastrophalem Zusammenbruch des gesamten Systems. Es entstehen auch neue soziale, wirtschaftliche und technologische Strukturen, die durch neue Erfindungen und Innovationen ausgelöst werden.....Tatsächlich zeigt eine sorgfältige Analyse der Innovationsdynamik, dass das Entstehen neuer Ideen, Erfindungen und Innovationen auf interne Gesetze der nichtlinearen Dynamik und das *Prinzip der lokalen Aktivität* zurückzuführen ist."[1345]

K. Mainzer nennt dazu als *Beispiel* die Modellierung von sozio-ökonomischer Innovationsdynamik mit Hilfe eines Mastergleichungs-Ansatzes, der szenario-basierte Computersimulationen ermöglicht.[1346] „Das unterstreicht nicht nur noch einmal

---

[1343] Siehe D. Brockmann (2021), a.a.O. S. 20f.

[1344] Vgl. K. Mainzer. Zukunft durch nachhaltige Innovation. Berlin 2023. S. 16

[1345] Vgl. K. Mainzer (2023), a.a.O. S.35f sowie S.38 f

[1346] Ebenda, S.45 :"Eine Mastergleichung beschreibt die Entwicklung der Wahrscheinlichkeitsfunktion, die Übergangswahrscheinlichkeiten für wohldefinierte Zustände eines dynamischen mikrobasierten Systems von Akteuren darstellt."

den universellen Ansatz komplexer Systemdynamik, sondern erlaubt auch die Anwendung konkreter und überprüfbarer Kriterien. Als Beispiel wird der Mastergleichungsansatz der statistischen Physik und Soziodynamik auf Innovationsdynamik mit dem komplexen Zusammenspiel von Arbeitskräfte- und Kapitalbildung, Wissensproduktion und -diffusion angewendet."[1347]

Leistungsfähige Computersimulationen ermöglichen es, komplexere Innovationsnetze mit vielen miteinander verbundenen ökonomischen und wissenschaftlichen ‚lokalen Aktivitäten' zu untersuchen: „Das Prinzip der *lokalen Aktivität* führt zur Innovationspolitik. Die Devise lautet daher: Komplexe Innovationscluster von Unternehmen und wissenschaftlichem System *am Rande des Chaos* vorantreiben, um kreativ zu sein!"[1348]

Beispiele aus der aktuellen *afrikanischen* Wissenschaftsdiskussion weisen in eine ähnliche Richtung. So arbeitet das Center for Complex Systems in Transition (CST) in Stellenbosch: „This initiative brings together complexity thinking, sustainability science and transdisciplinary research methodology."[1349] Das CST bearbeitet folgende Forschungsthemen: Governance, Unternehmensprozesse und Innovation, sozial-ökologische Resilienz, Entkopplung und Ressourcen-Flüsse, Komplexität und System-Modelling sowie Transdisziplinarität – für folgende Anwendungssysteme: Ernährung, Wasser, Energie sowie Urbanität.[1350]

Auch die Universität Kapstadt bietet Kurse zur Komplexitätsforschung und Selbstorganisation an: „The University of Cape Town's (UCT) Centre for Extra-Mural Studies (EMS) has launched a certified online postgraduate course that not only teaches integrated systems sciences, but also applies this learning to the context of its delivery. The course, Applied Complexity Science, also incorporates elements of artificial intelligence (AI) in its content and cutting-edge design....Complexity science, or systemic sciences, offers a scientific framework to understand and manage different system types, such as simple systems (one that has a single path to a single answer), complex systems (composed of many components that interact, such as global climate or a living cell), or chaotic systems (like the weather). Complexity studies focus on underlying patterns, interconnectedness, constant feedback loops, repetition, and *self-organization."*[1351]

Als weiteres Beispiel, mit explizitem Fokus auf die „Afrikanische Diaspora", sei auf die Staatliche Universität in Charlotte (North Carolina) hingewiesen, die im

---

[1347] Ebenda, S.44

[1348] Ebenda, S. 55

[1349] Siehe: https://www.globalresiliencepartnership.org/partner/centre-for-complex-transitions-university-of-stellenbosch-cst/

[1350] Ebenda

[1351] Siehe: https://www.news.uct.ac.za/features/teachingandlearning/-article/2021-10-12-complexity-studies-course-thinking-skills-for-wicked-problems

Rahmen des ‚Department of Africana Studies' umfangreiche Studienangebote zu transdisziplinärer Komplexitätsforschung macht......[1352]

Diese Beispiele verdeutlichen einmal mehr, dass globale oder lokale komplexe Selbstorganisations-Modelle immer auch auf *Randbedingungen* verweisen, die die Systemdynamik ‚am Leben' erhalten und damit *regulieren*.

Welche Eigenschaften müssen diese „Ränder" aufweisen, die die Beziehungen von Innen- und Außenwelt des Systems *regulieren* ? Entscheidend dabei ist, dass die Randbedingungen immer in einem *rückgekoppelten* Bezug zur Systemdynamik stehen. „In problematischen Fällen kann der Unterschied zwischen System und Umwelt durch Randbedingungen nicht mehr überbrückt werden. Der Zusammenbruch des Systems ist die Folge."[1353]

Die Erhaltung einer rückgekoppelten *Balance* zwischen planetaren Selbstorganisations-Prozessen und *regulierenden Randbedingungen der irdischen Lebenswelt soll das globale Überleben unserer Welt* und ermöglichen verhindert – und hoffentlich auch den Kollaps des ‚neu' zu sehenden komplexen ‚Ganzen'!

Bereits Mitte der 1970er-Jahre wurde dazu von der Mikrobiologin *Lynn Margulis* und dem Biophysiker *James Lovelock* die *„Gaia-Hypothese"* mit einem modellhaften Bild der *Erde* als einzigartigem *Organismus* entwickelt: „Die Gaia-Hypothese besagt, dass die *Erde* und ihre Biosphäre wie ein *Lebewesen* betrachtet werden könne, da die Biosphäre – die Gesamtheit aller Organismen – Bedingungen schafft und erhält, die nicht nur Leben, sondern auch eine Evolution komplexerer Organismen ermöglichen. Die Erdoberfläche bildet demnach ein dynamisches System, das die gesamte Biosphäre stabilisiert. Diese Hypothese setzt eine bestimmte Definition von Leben voraus, wonach sich Lebewesen insbesondere durch die Fähigkeit zur *Selbstorganisation* auszeichnen." [1354] Auch der Gaia-Hypothese liegt ein systemtheoretisches Verständnis von *Leben* als *reguliertes Selbstorganisationsmodell* zu Grunde - wie es in zahlreichen Forschungen der 90er Jahre intensiv diskutiert wurde. Ein Lebewesen ist demnach ein offenes, komplex-dynamisches und Entropie-produzierendes System, das sich reaktiv und selbstorganisierend an seine Umgebung anpassen kann.[1355] So entwickelte *Lovelock* selbst eine *Computersimulation*, in der das Leben in einem selbstregulierenden

---

[1352] Siehe: https://inside.charlotte.edu/news-features/2021-02-23/africana-studies-researchers-explore-complexity-black-experience

[1353] Siehe W. Krohn/G. Küppers (Hrsg.). Selbstorganisation. Aspekte einer wissenschaftlichen Revolution. Braunschweig 1990. S. 314 ff

[1354] Vgl. https://de.wikipedia.org/wiki/Gaia-Hypothese

[1355] Vgl. dazu die ausführlichen Darstellungen in Kap. 13

Prozess trotz sich ändernder äußerer Parameter relativ stabile Umweltbedingungen auf einem Planeten aufrechterhält. [1356]

Doch führt das „Ganze" dieses modellhaft betrachteten *planetaren* Leitbildes einer regulierten Selbstorganisation nicht nur zu *lebenswichtigen* Erkenntnissen, sondern es erfordert gemäß der Kantischen Frage: „Was soll ich tun" auch eine neuartige Handlungsmaxime?

„Ein ethischer Imperativ dieses Konzepts könnte lauten: Handle im Bewusstsein, dass von deinem Tun das Gedeihen des Ganzen abhängt!"[1357]

Damit ist unser aller Hoffnung verbunden, dass die „Schwarmintelligenz" der Menschheit Vernunft und verantwortliches Handeln wirksam lassen werde, um den kostbaren ‚Blauen Planeten' als Welt-Organismus am Leben zu erhalten!

Achille Mbembe plädiert ebenso für ein neues, systemisches „Welt-Denken": „Die Frage der Welt – was sie ist; die Beziehungen zwischen ihren Teilen; der Umfang ihrer Ressourcen und wem sie gehören; wie man darin leben soll; was sie bewegt oder bedroht; wohin sie geht; ihre Grenzen und Ränder....Denn tatsächlich gibt es nur eine Welt. Sie ist ein Ganzes, das aus zahllosen Teilen besteht. Aus aller Welt. Aus allen Welten."[1358]

Jedoch gleichzeitig bewirken die ‚Logiken der Verteilung der Gewalt im globalen Maßstab' eine gewaltige Operation „der Entwertung der Produktivkräfte", so dass zukünftig ein drastischer Abbau der globalen Destruktivkräfte unabdingbar ist: „Das Denken dessen, was kommen soll, ist notwendig ein Denken des Lebens."[1359]

Er erinnert an die Weltsichten des vorkolonialen Afrika, in denen die Menschheit metaphorisch als „Samenkorn" betrachtet wurde, das Leben hervorbringt. „Um die Vermählung des Samenkorns mit dem Leben zu feiern, erfanden die alten Afrikaner Sprechen und Sprache, Objekte und Techniken, Zeremonien und Rituale, Kunstwerke wie auch soziale und politische Institutionen....Die Natur verstand man als eigenständige Kraft. Man konnte sie nur im Einklang mit ihr selbst formen, umgestalten und kontrollieren. Die beiden Aufgaben der Umgestaltung und der *Regeneration* hatten im Übrigen Anteil an einem kosmologischen Gefüge, dessen Funktion es war, das Feld der Beziehungen zwischen den Menschen und den übrigen Lebewesen, mit denen sie die Welt teilten, immer wieder zu konsolidieren."[1360]

[1356] https://de.wikipedia.org/wiki/Gaia-Hypothese

[1357] Siehe: Reinhard Mocek. Einsicht statt Voraussicht – Aspekte einer Ethik der Selbstorganisation. S. 172.
In: Selbstorganisation. Jahrbuch für Komplexität in den Natur-, Sozial- und Geisteswissenschaften. Band I (1990)

[1358] Siehe: Achille Mbembe (2017), a.a.O. S. 326

[1359] Ebenda, S. 325

[1360] S. 327

In einem konstruktiven Dialog zwischen Mensch und Natur sollte also die Fähigkeit von *Regeneration* und *Resilienz* der Lebenswelt gesichert werden. Diese tiefe Einsicht von der *universellen Bedeutung* der *Natur*-Dimension hat an aktueller oder zukünftiger Bedeutung nichts eingebüßt. [1361]

So betrachtete bereits *Kant* entsprechend die Aufgabe der *Vernunft* in der Naturforschung als *dialogisch*, nämlich von der *Natur* „belehrt zu werden" ‚und dasjenige in der Natur zu suchen, „was sie von dieser lernen muß, und wovon sie für sich selbst nichts wissen würde."[1362]

Heute verstehen wir besser, welch große Bedeutung die Erkenntnisse die Komplexitätsforschung Ende des 20. Jahrhunderts hatten, dass nämlich dieser ‚Lernprozess' insbesondere die *komplex-dynamischen* Eigenschaften der Natur zutage förderte. Später vertiefte *Prigogine* diese Erforschung komplexer Systeme methodisch mit Hilfe eines „Dialogs mit der Natur", der allerdings auch einen wesentlichen Beitrag zum *sozialen* Dialog Mensch-Mensch leistete. Dabei stellte sich heraus, „dass die Wissenschaft eine universellere Botschaft enthält, eine Botschaft, bei der es um die Wechselwirkung zwischen Mensch und Natur und um die Wechselwirkung zwischen Mensch und Mensch geht."[1363]

Der Zukunftsforscher *Ulrich Eberl* greift diesen Grundgedanken aktuell auf, indem er neun globale Krisen und deren wissenschaftliche Lösungen thematisiert, um sie auf *einen* Leitgedanken zuzuspitzen: *„Unsere Überlebensformel"* [1364]

Als epochalen Wendepunkt planetaren Lebens weist er auf den Zeitpunkt hin, an dem erstmals der ‚ökologische Fußabdruck' des Menschen die Biokapazität der Erde übertraf: nämlich genau zu der Zeit als der Mensch seinen Fuß auf den Mond setzte![1365] Seitdem haben sich die planetaren Krisensymptome verschärft und verlangen einen radikalen Wandel im Umgang mit unserer globalen Lebenswelt: „Ich wende mich an alle, die sich um unsere Zukunft sorgen und wissen wollen, was

---

[1361] Sie führt aber erst dann auf die Möglichkeit eines gemeinsamen ‚Welt-Denken', wenn die weltweiten *Ungerechtigkeiten* von Dynamik und Verteilung *passiver* Schadwirkungen sowie *aktiver* Teilhabe am globalen Geschehen in eine *universelle Gerechtigkeit und Gemeinschaft* überführt wurden! „Um diese uns allen gemeinsame Welt zu schaffen, müssen wir jenen, die in der Geschichte einen Prozess der Abstraktion und Verdinglichung erfahren haben, den ihnen geraubten Teil an Menschlichkeit zurückerstatten. "Siehe: S. 330 f.

[1362] Siehe: Kant. Vorrede zur Kritik der reinen Vernunft

[1363] Siehe: Ilya Prigogine/Isabelle Stengers. Dialog mit der Natur. München 1986. S. 12 f.

[1364] Vgl. Ulrich Eberl. Unsere Überlebensformel. Neun globale Krisen und die Lösungen der Wissenschaft. München 2022

[1365] Ebenda, S. 15

konkret getan werden muss, um die Krisen zu lösen – um ein Leben nicht gegen, sondern im Einklang mit der Natur zu erreichen." [1366]Und er schließt seinen Leitgedanken mit der Aufforderung zum Handeln: "Zukunft ist nichts, was einfach passiert. Sie wird gemacht, von uns allen. Wir haben unserer Überlebensformel selbst in der Hand – machen wir uns an die Arbeit!"[1367]

Dies führt genau auf die Handlungsebene, unsere natürlich-ökologischen Lebensgrundlagen zu erhalten und ihrer dramatischen Bedrohung entgegenzuwirken.

Daher fordert der Naturphilosoph *Meyer-Abich* einen tiefgreifenden *„Aufstand für die Natur"* sowie einen „Frieden mit der Natur", um die ‚Randbedingungen' planetarer Lebenswerte im Denken *und* Handeln unbedingt einzuhalten. Denn unser planetares ‚Ganzes' „ist eine Welt, in der die Natur wiedergefunden und die Freiheit gefunden wird: ein neuer Naturzustand, in dem sich das Denken mit dem Handeln rundet und die Chance sich erfüllt, welche die Natur in uns Menschen hat." [1368] Innerhalb der ‚*Einbettung*' planetarer, regulierter Grenzbedingungen zu denken und zu handeln, bedeutet jedoch auch, „nicht *nur* von uns aus zu denken, sondern vermöge der Vernunft von der *Natur des Ganzen* aus, so wie es in uns vernünftig wird. Vernünftig zu handeln ist eine im Menschen lebendige Gabe der Natur."[1369] Dies erfordert große politische Anstrengungen, die weit über die staatspolitische Verantwortung hinausreichen – nicht nur als Individuen, sondern als Weltgemeinschaft in Verantwortung für das Naturganze: „Der Aufstand für die Natur sollte nun dazu führen, daß die weitergehende Gemeinsamkeit entsteht, ohne die wir der Verantwortung für das globale, längst über die einzelstaatliche Organisation hinausreichende Handeln der Industrieländer nicht gerecht werden. Das Ziel dieses Aufstands ist die Gerechtigkeit im Ganzen, oder der Frieden mit der Natur, der der Teile mit dem Ganzen in einer weltweiten Allgemeinheit."[1370]

Vielfach erleben wir Naturphänomene und Naturgesetze über die Wissenschaft, dennoch bedarf es bei der Erfahrung der ‚Natur des Ganzen' auch das Erleben der Natur in unserer Sinnenwelt. „Mit der Erfahrung der Natur in der Sinnenwelt muß sich die Erfahrung derselben Einheit und Ganzheit in unserer menschlichen Natur verbinden, damit wir uns in der Welt insgesamt zu Hause fühlen. Wie erleben die Natur der äußeren Welt sogar erst dann, wenn wir sie als unsere eigene , innere Natur' erfahren, d.h. die natürliche Mitwelt

[1366] Ebenda S. 22

[1367] Ebenda, S. 375

[1368] Siehe: K.M. Meyer-Abich (1990), a.a.O. S. 144 f.

[1369] Ebenda, S. 86 f.

[1370] S. 88

erkennen wie uns selbst und uns im Erkennen auch zu erkennen geben. Dies ist das Programm einer alternativen Wissenschaft.“[1371]

Was folgt daraus für unsere *Zukunfts-Bildung*? Müssen nicht die Lehrpläne und Bildungsprogramme in Vorschule, Schule und Hochschule mehr direkte Naturerfahrung unserer Lebensumwelt einbeziehen? Wie kann und soll dieses Wissen in Umweltbildung und entsprechendes Handeln mit Hilfe von aktiven *lokalen* Naturprojekten, z.B. im Bereich Artenschutz, Pflanzaktionen oder Renaturierung umgesetzt werden? Wie kann dies dazu beitragen, mit Natur sorgsamer, verantwortlicher und angemessener umzugehen?

Mein Eindruck bei vielen Besuchen afrikanischer Schulen war: dies gehörte dort längst zur Praxis im Schulalltag …,,,,,,,….. Komplexe Forschung und Bildung heißt deshalb auch: *hin zur Natur, mehr Nähe zur Natur*!

Klar ist allerdings auch: einen wirklichen ‚Frieden mit der Natur‘ kann es so lange nicht geben, wie die *globalen* Destruktions-Kräfte die natürlichen Lebensgrundlagen zerstören… Als paradigmatisch können dafür Phänomene der globalen Klimaprozesse des menschengemachten Klimawandels ,aber auch Artensterben oder Meeres-Vermüllung sowie die daraus resultierende, notwendige globale Umweltpolitik betrachtet werden.

Dem gegenüber bedarf es eines umfassenden *„Erdsystemmanagement“*: „Um die Stabilität sowohl natürlicher als auch menschlicher Systeme aufrechtzuerhalten, müssen diese Systeme gekoppelt betrachtet und aufeinander abgestimmt werden. Forschungsstrategien und praktische Maßnahmen sind notwendig, um diese *Mensch-Natur-Systeme* auf der Erde gezielt zu schützen und zu beeinflussen.“[1372]

Wirksamer, realpolitischer ‚Aufstand für die Natur‘ hieße deshalb: *Ein Globales Dringlichkeitsprogramm zu Erhaltung und Schutz des Mensch-Natur-Systems, zum umfassenden Abbau von Destruktionskräften und zum Aufbau von Regeneration*[1373] *und Resilienz.*

[1371] S. 89

[1372] Siehe: K. Mainzer (2023), a.a.O. S. 57: „Erdsystemtechnik und -management ist eine Disziplin, die zur Analyse, Planung, Konstruktion und Verwaltung komplexer ökologischer, wirtschaftlicher und technologischer Systeme eigesetzt sind. Sie umfasst nicht nur Natur-, Wirtschafts- und Sozialwissenschaften, sondern bezieht sich auch auf den menschlichen Faktor, der in Anthropologie, Ethik und Philosophie zum Ausdruck kommt.“

[1373] So fordert Eva von Redecker: “Arbeit im Anthropozän muss *Regeneration* werden.“ In Philosophie-Magazin
Nr. 04/2023, S. 22

Ein solches Programm ist keineswegs durch weltweite Umweltkonferenzen der letzten Jahrzehnte ersetzbar: denn die aktuellen globalen Umwelt- und Klimadebatten werden dem epochalen Faktum nicht ansatzweise gerecht, dass 2023 nicht nur das wärmste Jahr seit Aufzeichnungsbeginn, sondern auch als das heißeste der letzten 125.000 Jahre anzusehen ist....

Interessanterweise hatte *Kenias Regierungschef Ruto* in diesem Jahr zu einem Klimagipfel geladen. In Nairobi suchten namhafte Vertreter von Regierungen Afrikas mit einer Vielzahl von Delegierten nach Lösungen auch für Afrikas Klimaprobleme. Eine entsprechende Deklaration sollte auf dem UN-Klimagipfel in Dubai vorgetragen werden.[1374] "Die Botschaft: Kenia will beim Klimaschutz vorangehen. Das ostafrikanische Land nimmt beim Ausbau Erneuerbarer Energien eine Vorreiterrolle ein. Bis 2030 soll der komplette Bedarf aus Windkraft, Solarenergie und vor allem Geothermie gedeckt werden. Und was Kenia kann, können auch andere afrikanische Länder, meint Ruto in seiner Eröffnungsrede: "Wir haben großes Potenzial bei den Erneuerbaren Energien. Nicht nur, um unseren eigenen Bedarf zu decken, sondern auch um weltweit zum grünen Wandel beizutragen. Das bedeutet gleichzeitig milliardenschwere Investitionsmöglichkeiten für Afrika und den Rest der Welt."[1375] Derzeit gehen jedoch nur rund zwei Prozent der weltweiten Investitionen in Erneuerbare Energien bisher nach Afrika....

Auch beim Korallenschutz geht Kenia voran: An der Südküste in Shimoni werden neuartige Korallenarten gezüchtet, die dem Klimawandel besser angepasst sind: mit der *„REEFolution"* Initiative sollen die Korallenriffe regeneriert und resilienter werden.[1376]

Weiterhin gelangen jährlich ungefähr acht Millionen Tonnen Plastik in die Ozeane. Derzeit befinden sich laut Schätzungen 150 Millionen Tonnen Plastik in den Weltmeeren. Forschende schätzen, dass sich die Menge bis 2030 verdoppeln könnte....

Bei der dritten Verhandlungsrunde einer UN-Umweltkonferenz zu einem weltweit verbindlichen Abkommen zur *Verringerung von Plastikmüll* in Kenia sind verbindliche Ergebnisse leider ausgeblieben.[1377] „Die Vertreter der rund 170 UN-Mitgliedsstaaten hätten in den siebentägigen Gesprächen "auf der Stelle getreten", teilte WWF Deutschland mit..... Nach Angaben aus Verhandlungskreisen verhinderten der Iran, Saudi-Arabien, Russland und eine kleine Anzahl an weiteren Erdölförderstaaten Fortschritte bei den Verhandlungen durch eine Vielzahl neuer Vorschläge. Dadurch sei der Vertragstext enorm

[1374] Siehe: https://www.tagesschau.de/ausland/klimagipfel-nairobi-100.html
[1375] Ebenda
[1376] Siehe: https://www.wur.nl/en/project/reefolution-kenya.htm
[1377] Siehe: https://www.zeit.de/wissen/umwelt/2023-11/plastikmuell-un-verhandlungen-kenia

angewachsen und die Bearbeitung der einzelnen Punkte erheblich verlangsamt worden. Insgesamt sind fünf Verhandlungsrunden geplant." [1378]

Hier sind grundlegende *Fragen* angebracht: Warum können trotz eines noch nicht abschließenden Abkommens nicht *dennoch* kurzfristig nötige *Sofortmaßnahmen* beschlossen werden?! Wenn dies nicht mehrheitlich möglich ist, warum entschließt sich dann nicht eine *„Koalition der Willigen"* als Handelnde voranzugehen?!

Dazu ist jedenfalls *positiv* hervorzuheben, dass die USA und China im Umfeld der Weltklimakonferenz eine erneuerte Kooperation in der Klimapolitik vereinbart haben! Und auch wenn China immer noch Kohle als dominierende Energiequelle nutzt, ist es weltweit führend in der Nutzung erneuerbarer Energien: „Ein Bericht des „Global Energy Monitors" von Ende Juni hatte gezeigt, dass das Land auf dem besten Weg ist, seine Solar- und Windkraftkapazitäten zu verdoppeln und das ehrgeizige Ziel der Regierung für 2030 von 1200 Gigawatt fünf Jahre früher als geplant zu erreichen. Allein im ersten Quartal des Jahres hat China eine Solarkapazität von 228 Gigawatt erreicht – mehr als der Rest der Welt zusammen."[1379]

Im *globalen* Maßstab der ökologischen Politik wäre mit Sicherheit eine sich *selbst verstärkende* ‚Koalition der Willigen' ein *zentraler* Handlungsansatz: der von Deutschland initiierte *‚Internationale Klimaclub'* wäre dazu ein sinnvoller Beitrag. Auf der Weltklimakonferenz in Dubai sind erstmals 36 Mitglieder des Clubs, darunter G7-Staaten, aber auch z.B. Kenia, zusammengetroffen,[1380]um *"Entwicklungsländer, Schwellenländer sowie neue und alte Industrieländer"* zu vereinen und Leitlinien für eine dekarbonisierte Industriepolitik zu entwickeln und praktisch umzusetzen. Denn um das Pariser 1,5 °-Ziel zu erreichen, seien *deutlich mehr* Anstrengungen als die bisherigen Vereinbarungen der Weltgemeinschaft erforderlich.[1381] *Dies bleibt im Prinzip* auch nach den positiven Zielsetzungen der Dubai-Konferenz[1382] *weiterhin nötig*, obwohl sich die Parteien darauf geeinigt haben, die Abkehr von fossilen Brennstoffen in diesem Jahrzehnt zu beschleunigen und Maßnahmen zu ergreifen, um die Emissionen bis 2030 um 43 Prozent

---

[1378] Ebenda

[1379] Siehe: https://www.rnd.de/wissen/klimapolitik-im-fokus-china-usa-und-andere-laender-auf-dem-weg-zum-wandel-GGCVQYAMHZEH5P6VT6PTRQYKII.html

[1380] Siehe: https://www.zeit.de/wissen/2023-12/weltklimakonferenz-cop28-dubai-klimaclub-gruendung-olaf-scholz

[1381] Ebenda

[1382] Siehe: https://germany.representation.ec.europa.eu/news/beschlusse-der-un-klimakonferenz-cop28-eine-gute-nachricht-fur-die-ganze-welt-2023-12-13_de

und bis 2050 auf Netto Null zu senken.[1383] Ebenfalls positiv zu bewerten sind die Energie-Vereinbarungen: Die Welt hat sich verpflichtet, bis 2030 die Kapazität der erneuerbaren Energien zu verdreifachen und die Rate der Energieeffizienzverbesserungen zu verdoppeln. Genannt werden sollte in diesem Zusammenhang auch: der Beitrag von Team Europa zur *Afrika-EU-Initiative für saubere Energie* in Höhe von 20 Mrd. EUR.[1384]

Allerdings könnten global deutlich mehr *Aufforstungsvereinbarungen* wie beispielsweise mit Honduras über die Einrichtung einer strategischen Waldpartnerschaft zur Wiederherstellung von 1,3 Mio. Hektar Wald getroffen werden....

Das Projekt der *„Großen Grünen Mauer"*, das 2007 von der Afrikanischen Union (AU) initiiert wurde, bräuchte dringend eine Version 2.0 ! Entstehen sollte eigentlich ein Baumgürtel von 15 Kilometer Breite und 7000 Kilometern Länge, der sich von Dakar über elf Länder der Sahara bis nach Dschibuti erstrecken und bis 2030 eine Fläche von 100 Millionen Hektar bedecken würde....[1385].

In diesem Kontext ist das *„Sahara Renaissance Project (SAREP)"* exemplarisch hervorzuheben, das mit wesentlicher Initiative von Umweltwissenschaftler *Peter Heck* (Universität Trier) entworfen wurde. Geplant ist, an der Küste des afrikanischen Landes Mauretanien Entsalzungsanlagen zu bauen, die mit Solar- und Windenergie betrieben werden. Sein Ziel: "Mit diesem entsalzten Wasser bewässern wir die Wüste großflächig und pflanzen dort Bäume. Die wachsen und nehmen dann CO2 aus der Luft auf. Wir wollen die Atmosphäre entlasten - entgiften von CO2."[1386]

Über ein Bewässerungssystem soll das Wasser von der Küste auch ins Innere der Wüste gelangen. "Wir werden dafür Pipelines bauen und das Wasser mit solarbetriebenen Pumpen weiterleiten, damit wir es auch im Landesinneren nutzen können." Ein erster Schritt ist gemacht. Vor wenigen Tagen hat der Wissenschaftler in Mauretanien Landrechte erworben und vor Ort Vereinbarungen mit Politikern getroffen. Dadurch hat Heck für sein Projekt nun Zugriff auf zwei Millionen Hektar Land in Mauretanien. "Wenn wir diese zwei Millionen Hektar in der Wüste Mauretaniens bepflanzen, könnten wir so beispielsweise ein Viertel der deutschen jährlichen Emissionen gewissermaßen im Sand der Sahara binden", erläutert Heck den Beitrag seines Aufforstungsprojekts zum

---

[1383] Ebenda

[1384] Siehe: https://international-partnerships.ec.europa.eu/news-and-events/news/cop28-eu-announces-over-eu20-billion-team-europe-initiative-africa-eu-green-energy-initiative-2023-12-02_en

[1385] Siehe: https://www.welthungerhilfe.de/welternaehrung/rubriken/entwicklungspolitik-agenda-2030/gruener-guertel-entlang-der-sahara

[1386] Siehe: https://www.tagesschau.de/wissen/klima/projekt-gruene-sahara-100.html

Klimaschutz. Im kommenden Jahr sollen in der mauretanischen Wüste die ersten Pflanzen gesetzt werden, die mit den klimatischen Bedingungen dort gut zurechtkommen, unter anderem Akazien, Mimosen und Jatropha-Arten. Dies wäre der Beginn von Aufforstungs- und Begrünungsprozessen, die weitere (agrar)wirtschaftliche und technologische Entwicklungen nach sich ziehen würden........ [1387] [1388]

Nachdem wir die globalen Rand- bzw. Regulierungsbedingungen als ‚Leitplanken' für das umfangreichste, planetare ‚Einbettungssystem', nämlich die natürliche Lebenswelt exemplarisch dargestellt haben, stellt sich die Frage nach dem Übergang zur Natur-*Mensch*-Beziehung, also hin zum *nächsten Einbettungssystem* mit entsprechenden Leitplanken.In welchem Verhältnis steht also das materiell-natürliche, planetare Einbettungssystem („Außenwelt") zum menschlichen, soziokulturellen System („Innenwelt") ?

Ich folge hier *Johann Götschl*, nämlich „dass die Struktur dessen, was gemeinhin als „Außenwelt" bezeichnet wird und die Struktur dessen, was gemeinhin als „Innenwelt" erfasst wird, starke Isomorphien aufweisen."[1389]Und dies führt auf eine tiefgreifende *Verbindung* von menschlichen und *kulturellen* Prozessen, „nämlich, dass Naturdynamik und Kulturdynamik in spezifischer Weise miteinander verkettet sind." [1390]

Was bedeutet diese Miteinander-Verkettung von Strukturprozessen in Natur und Kultur für eine nachhaltige Transformationsstrategie? Dabei wird es wesentlich darum gehen, „aufdecken zu können, welche der ‚problematischen' sozio-kulturellen Phänomenklassen mit welchem Naturverständnis zusammenhängen oder gar davon abhängen. Zum zweiten dürfte es nunmehr möglich sein, jene Gründe zu finden, die dafür verantwortlich sind, warum ein vertieftes Verständnis der Natur bzw. des ‚Mensch-Natur-Gefüges' zu größeren Zivilisationsproblemen führt: Eine Beantwortung dieser Frage wird den Wissenschaftsbegriff der Zukunft bestimmen."[1391]

Dies bedeutet jedoch keineswegs eine simple Einebnung von natürlichen und kulturellen Phänomenen, aber auch umgekehrt *kein* Antagonismus zwischen Natur und Kultur. Allerdings stellt es uns vor die Herausforderung, nach *denjenigen* sozio-kulturellen Charakteristika zu suchen, die *keine* lebensfeindlichen planetaren Krisen bewirken, sondern im *Einklang* mit dem lebendigen Natur-Ganzen

---

[1387] Ebenda

[1388] Siehe auch: www.sarep.de

[1389] Siehe: Johann Götschl. Zur philosophischen Bedeutung des Paradigmas der Selbstorganisation für den Zusammenhang von Naturverständnis und Selbstverständnis. S. 187. In: Krohn/Küppers (1990), a.a.O. S. 181 - 199

[1390] Ebenda, S. 189

[1391] Ebenda, S. 198

stehen. Ich folge daher der Argumentation von *Meyer-Abich*, „dass kein Gegensatz zwischen Natur und Kultur besteht, sondern die Kultur der menschliche Beitrag zur Naturgeschichte ist. Damit meine ich sowohl die Kunst als auch die politische und rechtliche Kultur, sowie den Rahmen, welcher der Wirtschaft gesetzt sei muß, damit ihre Regeln im Einklang mit dem Ganzen – der Natur – stehen.... *Wenn wir in diesem Sinn Kultur in die Welt bringen, wird eine Welt mit Menschen schöner und besser sein als eine Welt ohne Menschen*!"[1392]

Was in diesem Sinne als „besser" gelten kann, ist natürlich exemplarisch wesentlicher Bestandteil eines dekolonialen afrikanisch-europäischen Diskurses zwischen verschiedenen Weltsichten und vielfältigen Kulturen.

Diese Erkenntnis müsste konsequenterweise auf ein grundlegendes *kulturelles Umkehr*-Prinzip führen, das Verantwortung für das Überleben des Ganzen der Welt übernimmt:

Abbau und Minimierung aller *kulturell* maßgebender, globaler *Destruktivkräfte* sowie umgekehrt Aufbau und Optimierung aller maßgebenden, nachhaltig-konstruktiven *Produktivkräfte* in Natur *und* Kultur !

Felwine Sarr kennzeichnet die außerordentlichen und schwierigen Randbedingungen von Kultur und Zivilisation Afrikas als von der ‚Schwerkraft' des Kolonialismus gezeichnete: „Die antikolonialen Bewegungen, sowohl die politischen als auch die kulturellen...., waren Räume des Kampfes gegen Rassismus und Kolonialismus. Der Kampf verlief über die Bejahung der Würde des afrikanischen Menschen als Produzent von Kultur und Zivilisation, und das in einer Welt, die dessen Kulturen negierte, für unbedeutend erklärte oder in eine radikale Alterität am Rand der menschlichen Gemeinschaft zu verbannen versuchte.....Es geht darum, sich nicht länger zu rechtfertigen, nicht länger auf die Aufforderungen anderer zu reagieren und ein afrikanisches Zivilisationskonzept zu entwickeln, das die Dialektik von Reaktion und Affirmation hinter sich lässt, auf kreative Weise. Die eigene Anwesenheit in der Welt bejahen, im freien Modus der Anwesenheit für sich selbst: mit der größtmöglichen Intensität sein, von sich selbst sprechen und der Welt die eigene Lebenskraft schenken."[1393]

Die Analyse einer dekolonial durchdrungenen afrikanischen Weltanschauung hatte uns bereits auf den Begriff des *„Kosmos"* einer *kreativen*, *resilienten* und *sozial-ganzheitlichen Kultur als wesentliche „Lebenskraft"* geführt, die eine zentrale, selbstkritische Frage berührt: „Welches Projekt verfolgt Afrika im Hinblick auf sich selbst und die Menschheit?"[1394]

[1392] Siehe: Meyer-Abich (1990), a.a.O. S. 51

[1393] Siehe Felwine Sarr (2019), a.a.O. S. 147 f.

[1394] Ebenda, S. 148 f

Gleichzeitig wäre damit aber auch eine *kritische Alternative* zur europäisch-*antagonistischen* Weltsicht herausgefordert, die maßgeblich weltanschauliche Grundlage für die koloniale Zerstörung von natürlichen und kulturellen Lebensgrundlagen bedeutete, und bis heute als wirkmächtige Ideologie weiterexistiert.[1395] Die damit verbundenen kritisch-konstruktiven, *notwendigen* Diskurs-Ansätze einer ‚anderen Moderne' wären daher in ein dekoloniales ‚Zivilisationskonzept' unbedingt einzubeziehen!

Auch *Achille Mbembe* führt den Gedanken der Kritik an der aktuellen Weltentwicklung und der Notwendigkeit eines *neuen* Denkens zusammen, wobei er indirekt Bezug auf die afrikanische Weltanschauung als *Lebens*philosophie nimmt: „Die Welt wird daher keinen dauerhaften Bestand haben, wenn die Menschheit sich nicht der Aufgabe annimmt, die *Lebensreserven*, wie man sie nennen könnte, anzulegen. Wenn die Weigerung unterzugehen uns zu geschichtlichen Wesen macht und die Welt berechtigt, Welt zu sein, dann lässt sich unsere Bestimmung zu dauerhaftem Bestand nur verwirklichen, wenn das Verlangen nach Leben zum Eckstein eines neuen Denkens in Politik und Kultur wird."[1396]

Die Bedeutung und unverzichtbare Aufarbeitung des afrikanischen Kulturerbes bekommt damit eine grundlegend neue Bedeutung. Dabei muss wesentlich eine *Dekolonisierung* kultureller Weltsichten in Afrika *und* Europa geleistet werden – wenngleich auf sehr unterschiedliche Weise: im einen Fall geht es um die Beseitigung und kritischer Aufarbeitung kolonialer Fremdbestimmung, im anderen Fall um die Beseitigung und kritische Aufarbeitung der *Ursachen* kolonialer Fremdbestimmung!

Dies sollte auch in besonderer Weise bei der seit einigen Jahren wieder intensiv geführten Debatte um die *Rückgabe des afrikanischen Kulturerbes* unbedingt Berücksichtigung finden……

Nachdem Staatspräsident *Macron* die französische Kunsthistorikerin *Bénédicte Savoy* und den sengalesischen Wirtschaftswissenschaftler *Felwine Sarr* beauftragt hatte, eine Studie mit Empfehlungen zum Umgang mit kolonialer Raubkunst in französischen Museen zu erstellen, erschien 2018 ihr Bericht.[1397] „Ein beklemmender, hochexplosiver Befund, der heiße Debatten entfacht und weitreichende Konsequenzen für die internationale Museumswelt haben könnte."[1398]

[1395] Siehe dazu die kritische Analyse von Eva v. Redecker (2021), a.a.O. S.9 ff

[1396] Siehe: A. Mbembe (2017), a.a.O. S. 329

[1397] „Felwine Sarr und Bénédicte Savoy, Rapport sur la restitution du patrimoine culturel africain. Vers une novelle éthique rationelle (2018)" sowie „Zurückgegeben. Über die Restitution afrikanischer Kulturgüter, übers. V. Daniel Fastner (Berlin 2019)"

[1398] Siehe dazu einen ausführlichen Artikel von *Sabine Matthes*, in Africa Positive Nr. 73 (2019), S. 8 - 11

Danach befinden sich derzeit etwa 90 Prozent des afrikanischen Kulturerbes außerhalb Afrikas – ein Großteil stammt aus kolonialem Kontext.[1399] Die Forderung nach einer weitestreichenden Rückgabe dieser Kulturgüter ist daher ein längst überfälliger erster Schritt internationaler Kulturpolitik. Aber ist eine solche historisch einmalige Restitution zur grundlegenden Aufarbeitung der Kulturerbe-Problematik in Tiefe und Breite wirklich ausreichend? Mit Sicherheit *nicht*!

Denn es sind gerade die Europäer, die von der vielgestaltigen und tiefgründigen Kulturgeschichte Afrikas lernen können. Der Kameruner Kulturwissenschaftler *Henri Louis Seukwa* rückt dabei den geschichtlichen Aspekt ins Zentrum: „Wenn wir ... davon ausgehen, dass Afrika nicht nur die Wiege der Menschheit ist sondern auch eine der ersten, längsten und mächtigsten Zivilisation, der menschlichen Geschichte, nämlich die ägyptische Zivilisation hervorgebracht hat und dass diese Zivilisation keine spontane Genesis war, sondern Produkt der Diffusions- und Kristallisationsprozesse innerhalb afrikanischer Kulturen, die in ihren Entstehungsgebieten auf verschiedene Art und Weise u. a. in der Gestalt von großen Reichen wie Songhai, Gao etc. bis ins 18 Jh. blühten, dann und nur dann wird es nachvollziehbar, gar selbstverständlich, dass Afrika eine Kulturgeschichte produziert hat, die für Europa lernenswert ist."[1400]

George Okello Abungu[1401]fordert ebenfalls eine umfassendere Betrachtung der Kulturaufarbeitung– über Objekte und Gegenstände hinaus: "Die Restitutionsdebatte sollte als Katalysator für die Korrektur vergangener Fehler fungieren, ganz gleich, wo diese begangen wurden. Deshalb sollte die Frage der Restitution nicht allein an Gegenständen festgemacht, sondern auf das sogenannte Immaterielle ausgedehnt werden, das oft mehr auf die Erinnerung als auf physische Objekte oder Räume beschränkt ist."[1402]

Ich erinnere mich an unseren Besuch der Ausstellung *afrikanischer* Kunst letztes Jahr im Humboldt Forum in Berlin, das *folgende Fragen in den Fokus* nahm, nämlich *„nach der Herkunft der Objekte, den Sammlungsbedingungen und den Auswirkungen des Kolonialismus bis in die Gegenwart"*.

Die Fülle der verschiedensten Objekte, ob Skulpturen, Masken, Kleidung oder Musikinstrumente hinterließen bei uns zwiespältige Gefühle: einerseits das Staunen und Bewundern dieser besonderen Kulturgüter, aber andererseits die Unzufriedenheit über den eingeengten Fragen-Fokus. Wird man damit wirklich diesen komplexen historischen, soziokulturellen oder künstlerischen ‚Wissens-Schätzen' gerecht? Welche Botschaften verbergen sich hinter jedem einzelnen

---

[1399] Ebenda

[1400] Zitiert nach: https://ulf-skirke.de/hamburg-afrikaprojekt-2010-pdf/ S. 13

[1401] Archäologe und ehemaliger Direktor des National Museums of Kenya und Vizepräsident des International Council of Museums (ICOM)

[1402]Siehe: Humboldt Forum. (Post)Kolonialismus und Kulturelles Erbe. Berlin/München 2021. S. 128

Objekt? Geht es wieder einmal um die europäisch-westliche Perspektive von Beurteilungsmaßstäben? Die Kunsthistorikerin *Kerstin Pinther* gibt folgende Antworten zu bedenken: „In aktuellen Debatten um die Aufarbeitung kolonialen Unrechts wird zusehends auf die Aspekte

gewaltvoller Aneignung durch westliche Kolonialakteure reduziert. Diese perspektivische Einengung birgt die Gefahr, die Komplexität der Objekte zu nivellieren und sie ein weiteres Mal, um ihren gestalterischen und ästhetischen Eigenwert zu bringen und ihre vielschichtigen Situierungen auszublenden. Ein weit gefasster Blick auf die Künste Afrikas eröffnet im Unterschied dazu die Möglichkeit, die von Grund auf europäisch-westlich geprägte Disziplin der Kunstgeschichte zu de-zentrieren."[1403]

So wurden beispielsweise tiefgründiges afrikanisches Wissen und Weltsichten *ignoriert* wie etwa Phänomene abstrakter geometrische Muster, die vielfach auf komplexen mathematischen und algorithmischen Strukturen basierten:

"Selten waren geometrische Formen und abstrakte Muster nur schmückend gemeint. Allerdings – und das gilt für viele Formen und Medien grafischer Abstraktion – wurden sie im kolonialen Umfeld oft bewusst auf ihre dekorativen Äußerlichkeiten reduziert und ihnen inhärente vielschichtige Wissensbestände ignoriert. Denn – und das belegten zuerst die Forschungen zu Fraktalen im afrikanischen Design von Ron Eglash (1999)".[1404]

In einer angemessenen Aufarbeitung von afrikanischer Kunst und Kultur muss diese vielmehr „in ihrer Komplexität und ihren Provenienzen über den kolonialen Kontext hinausgehend" angelegt sein, um „Museumsobjekte als mehrschichtige Dinge nicht nur die Potenzialität neuer Kontakte in sich, sondern auch die Möglichkeit, über das *Dazwischen der Dinge* nachzudenken."[1405] [1406]

Wir benötigen mit Sicherheit eine neue Öffnung der Museumskultur, ein *„Zurück ins lebendige Museum der Seele"*[1407]. Auf der 26. ICOM General-Konferenz im August 2022 wurde eine neue Museums-Definition beschlossen: „A museum is a not-for-profit, permanent institution in the service of society that researches, collects, conserves, interprets and exhibits tangible and intangible heritage. Open to the public, accessible and inclusive, museums foster diversity and sustainability. They operate and communicate ethically, professionally and with the participation of communities, offering varied experiences for education, enjoyment, reflection and knowledge sharing."[1408]

1403 Siehe: Kerstin Pinther. Die Kunst Afrikas. München 2022. S. 7

1404 Ebenda, S. 58 f.

1405 Ebenda, S. S. 123

1406 In eine ähnliche Richtung argumentiert N.A. Kelly. Siehe: „Natasha A. Kelly. Afrokultur"der raum zwischen gestern und morgen" Münster 2018

1407 Siehe: Sabine Matthes (2019), a.a.O. (FN 1109)

1408 https://museumsverband.it/de/die-neue-icom-museumsdefinition/

Gegenüber der früheren Definition sicherlich eine positive Erweiterung einer zukünftigen Museumskultur……Allerdings weisen die *umfassende* Umsetzung dieser Leitziele, wie z.B. *Nachhaltigkeit, Bildung* oder *Lebensfreude*, über ein ‚reines' Museumskonzept hinaus.

Der Kulturwissenschaftler und Museumsdirektor *Wayne Modest* betrachtet deshalb beispielhaft kulturelle „Räume" wie Schönheit, Lebensfreude und Hoffnung als fruchtbare Leitideen für eine andere Zukunft und nimmt dabei Bezug auf gute Museen *und* auch Jazz-Musik: „Was wir im Rahmen des dekolonialen Projekts auf jeden Fall bedenken müssen, ist die Tatsache, dass sich die Menschen selbst im Angesicht kolonialer Gewaltakte treu geblieben sind und Raum für Freude geschaffen haben. Museen wie die unseren – und Musik wie Jazz kann meines Erachtens eine Form davon sein – sind Räume, wo diese Formen der Freude und der Hoffnung auch aus dem Nichts entstehen können, wo sie erkundet , sichtbar gemacht und in all ihrer Schönheit gezeigt werden dürfen. Unser Engagement für Freude, Hoffnung und Schönheit ist zugleich ein Bekenntnis zur Dekolonisierung. Es ist ein Bekenntnis dazu, wie sich Menschen kolonialen Strukturen verweigert haben, um in dieser Welt ein Leben führen zu können, und zwar ein anderes Leben."[1409]

Der Literaturwissenschaftler und Sozialhistoriker *Abdoulaye Touré* geht noch einen entscheidenden Schritt weiter, indem er Kultur mit dem Kontext gesellschafts*politischer* Praxis etwa von Wirtschaft, Umwelt oder Wissenschaft verbindet: „Trotz des Vormarsches der Moderne spielt Kultur in Afrika immer noch eine wesentliche Rolle als Element der Stärkung des sozialen Zusammenhalts…..Einer Sache sind sich die Menschen in Afrika angesichts der Globalisierung zunehmend bewusst: Ihr Kulturerbe, in all seinen Formen, stellt ein unschätzbares Vermächtnis ihrer uralten Traditionen und damit Erfahrungen und Ideale dar, das das Wohl der Gemeinschaft mehrte, und deshalb bewahrt, wertschätzt und an künftige Generationen weitergegeben werden muss. Sie vergessen nicht, dass die Kultur die Matrix von Kreativität, Fantasie und Innovation ist. Folglich ist sie eine schöpferische Kraft für neue, nachhaltige Lebensentwürfe und von entscheidendem Vorteil für die wirtschaftliche Entwicklung. Und nicht zuletzt ist sie in ihrer Vielfalt ein Allgemeingut im Dienst der kreativen Innovation, der nachhaltigen Entwicklung, des Dialogs und des Wohlstands. Die kulturpolitischen Maßnahmen als solche sind wesentlich für die Erhaltung des Kulturerbes, die Förderung der kulturellen Ausdrucksformen und die Unterstützung der Kreativwirtschaft. Die Kultur muss jedoch auch integraler Bestandteil aller Bereiche der staatlichen Politik sein, also beispielsweise auch der Bildungs-, Umwelt-, Medien-, Wissenschafts- und Gesundheitspolitik."[1410]

Der Entwicklungssoziologe *Kocra Assoua* (Elfenbeinküste) befasst sich intensiv mit der Frage, welche Grundlagen kulturelle Werte für eine produktive und lebensfördernde Entwicklung der Gesellschaft liefern.

[1409] Humboldt Forum (2021), a.a.O. S. 199 f.

[1410] Ebenda, S. 56 f.

Als wesentliche Funktionen im gesellschaftlichen Entwicklungsprozess beschreibt er: "*Kultur* dient dazu: 1. das *Identitätsbewusstsein* einer Bevölkerung zu wecken; dabei kann die Bevölkerung Stellung und Beziehungen gegenüber anderen Bevölkerungsteilen in der Welt nachvollziehen;

2. das *Gemeinschaftsleben* zu gestalten, wobei die einen wissen, was sie von anderen erwarten können;

3. zu lernen, eigene *Probleme* mit eigenen Methoden zu *lösen*;

4. die *eigene Zukunft* auf der Basis der eigenen Identität aufzubauen."[1411]

Dabei sind *drei* Funktionen hervorzuheben:"

* Auf *sozialer* Ebene spielt Kultur eine überwiegende Rolle bei der Schaffung und Gestaltung einer bestimmten Gemeinschaft, die sich von anderen durch ihre Normen unterscheidet.

*Aus *psychischer* Sicht ist Kultur der Raum, durch den die psychische Persönlichkeit der Individuen geformt wird; das Denksystem, Glaubensvorstellungen, Gefühle und die psychologischen Bedürfnisse des Individuums oder/ und der ganzen Gesellschaft werden dabei gebildet.

*Die *Anpassungsfunktion* von Kultur ist die Wichtigste. In diesem Sinne ist Kultur das wesentliche Element, durch das Mensch und Gesellschaft sich an ihr Umfeld anpasse."[1412]

Eine ‚kulturelle Rückbesinnung' *Afrikas* beschreibt *Assoua* folgendermaßen: ‚Rückbesinnung' auf die eigene Kultur meint *nicht* einen ‚systematischen Rückzug' auf Vergangenheit und ‚alte Traditionen', sondern es bedeutet für die Menschen Afrikas:

„1. ihre Vergangenheit zu erforschen und die wertwollen kulturellen Normen und Organisationsformen wieder zu entdecken.

2. durch kritische Überlegungen die kulturellen Strukturen zu bewerten und zu aktualisieren, so dass die Diskrepanz zwischen „alten" und „modernen" Strukturen gemindert werden kann."[1413]

Im Zusammenhang von Aktualisierung und Anpassung der wieder entdeckten kulturellen Elemente sollten drei Handlungsbereiche eine wesentliche Rolle spielen: politische, soziale und wirtschaftliche Strukturen – mit einer zentralen Frage: „Wie können afrikanische kulturelle Werte in der Praxis im wirtschaftlichen Bereich eingesetzt werden?"[1414]

Dies bedeutet also nicht nur Rückerinnerung und Aufarbeitung des Kulturerbes Afrikas, sondern auch die aktuelle „Rolle seiner *Kultur neu zu überdenken*" (Sarr) – auf der Suche nach übergeordneten Zielen, Zwecken und Begründungen, als

---

[1411] Zitiert nach: https://ulf-skirke.de/hamburg-afrikaprojekt-2010-pdf/ S. 56 ff

[1412] Ebenda

[1413] Ebenda

[1414] Ebenda

‚Leitplanken' des Zusammen-Lebens überhaupt: „Um Kultur in diesem Sinn zu verwirklichen, bedarf es einer radikalen Kritik all dessen, was in den heutigen afrikanischen Kulturen die Menschheit und die Menschlichkeit eindämmt, behindert, begrenzt oder herabsetzt."[1415] Zugleich sind bestimmte afrikanische Werte zu rehabilitieren: wie *Würde, Gemeinschaftlichkeit, Gastfreundschaft, Bescheidenheit, Gründlichkeit oder Ehrgefühl.* „Es gilt, den tiefgreifenden Humanismus der afrikanischen Kulturen zutage zu fördern und zu erneuern."[1416]

Zusätzlich zu diesen *humanistischen* Grundwerten wären allerdings die bereits offengelegten, ganzheitlichen afrikanischen Leitideen hinzuzufügen, nämlich die Weltsicht eines universellen „Kosmos"! Mit Hilfe einer erneuerten *kulturgeleiteten Politik* gilt es deshalb, eine neue *„Zivilisation des Universellen"* (Senghor) aufzubauen, d.h. eine solch übergreifende Kultur-Politik erfordert nicht nur die Binnenausrichtung auf sich selbst, sondern Afrikas *„Status als Erstgeborener der Menschheit"* (Sarr) gebietet es, Verantwortung eben auch für diese Menschheit zu übernehmen, um dem zerstörerischen, westlichen Fortschrittsmodell entgegenzutreten:„Es geht für Afrika aber nicht allein darum, die biologischen und physiologischen Bedürfnisse seiner Kinder zu befriedigen. Der Kontinent muss sich vor allem auch an der Entwicklung der Menschheit zu beteiligen, durch den Aufbau einer verantwortungsvolleren Zivilisation, die besser für die Umwelt sorgt, das Gleichgewicht zwischen den verschiedenen Ordnungen wahrt, sich der kommenden Generationen, des Gemeinwohls und der Menschenwürde annimmt: eine *poetische Zivilisation*.....So wird Afrika dazu beitragen, die Menschheit auf eine neue Stufe zu heben."[1417]

Die damit verbundenen technischen und materiellen Problemlösungen eines neuen Fortschrittsmodells werden allerdings nur dann erfolgreich sein, wenn diese sich auch an moralischen, kulturellen und ästhetischen Werten orientieren sprich von einem neuen ‚Geist' erfüllt sind.

Über die tiefgründige Durchdringung der lebenserhaltenden Kultur Afrikas erschließt sich nunmehr die grundlegend anders beseelte *Leitidee* einer *universellen* Kultur für die „poetische Zivilisation" – nicht nur für Afrika! „Die Revolution, die es auf den Weg zu bringen gilt, ist eine spirituelle. Und es scheint uns, dass die Zukunft der Menschheit von ihr abhängt."[1418]

Dazu möchte ich in diesem Kontext die Fragestellung von *J. Götschl*[1419] wieder aufgreifen: welche ‚problematischen' sozio-kulturelle Phänomene unserer „Innenwelt" gehen mit negativen Folgen auf die „Außenwelt" von Natur und Umwelt einher, und umgekehrt, welche positiven Leitbilder der „Innenwelt" mit

---

[1415] Vgl. Felwine Sarr (2019), a.a.O. S. 156

[1416] Ebenda

[1417] Vgl. Felwine Sarr (2019), a.a.O. S. 153 f.

[1418] Ebenda, S. 156

[1419] Siehe (FN 1375)

unproblematischen oder gar positiven Folgewirkungen auf die planetare „Außenwelt“ lassen sich identifizieren?

Dafür seien als Erweiterung des öko-kulturellen und soziokulturellen Lösungsraumes auch *psychokulturelle Problem- und Lösungshorizonte* betrachtet, die humane Grundlagen für ein menschliches Zusammenleben analysieren sowie Wesensmerkmale und Leitplanken einer zukunftsfähigen Gesellschaft erörtern. Dazu möchte ich Gedankenansätze von Erich Fromm wieder aufgreifen,[1420] der sich intensiv mit den „seelischen Grundlagen einer neuen Gesellschaft“ befasst hat.[1421]

Sein kritischer Ausgangspunkt ist die „große Verheißung“ der klassischen Moderne, eine „neue Fortschrittsreligion“: „Die große Verheißung unbegrenzten Fortschritts – die Aussicht auf Unterwerfung der Natur und auf materiellen Überfluss, auf das größtmögliche Glück der größtmöglichen Zahl und auf uneingeschränkte persönliche Freiheit – das war es, was die Hoffnung und den Glauben von Generationen seit Beginn des Industriezeitalters aufrechterhielt.“[1422]

Dass sich diese *Versprechungen* bekanntermaßen aufgrund der Ausblendung und Verdrängung tiefgreifender systemimmanenter ökonomischen Widersprüche sowie Unterdrückung und Kolonisierung der außereuropäischen Welt in die Krise gerieten und sich keineswegs für alle erfüllten, war jedoch nicht der vollständige Grund für deren Nicht-Verwirklichung: der tatsächliche Grund war vielmehr die fundamentale *Unerfüllbarkeit* ‚der beiden wichtigsten psychologischen *Prämissen des Systems selbst*‘: nämlich *erstens* „die Befriedigung aller Wünsche oder subjektiven Bedürfnisse, die ein Mensch haben kann“ zu verheißen und *zweitens*, „dass Egoismus, Selbstsucht und Habgier – Eigenschaften, die das System fördern muss, um existieren zu können – zu Harmonie und Frieden führt.“ [1423] Die Konsequenzen dieses in sich selbst widersprüchlichen ‚inneren‘ Weltbildes führten zu einem zunehmenden Destruktionsprozess der ‚äußeren‘ Welt und damit zu einer wirklichen Gefahr für das Überleben der Menschheit.

Von daher ist eine notwendige Transformation zum *physischen* Überleben des Planeten unauflösbar mit einer *psychischen* Transformation menschlichen Verhaltens verbunden: “ Die Notwendigkeit einer radikalen menschlichen Veränderung ist deshalb weder nur eine ethische oder religiöse Forderung noch ausschließlich ein psychologisches Postulat, das sich aus der pathogenen Natur unseres gegenwärtigen Gesellschafts-Charakters

---

[1420] Siehe: S. 112 ff.

[1421] Erich Fromm. Haben oder Sein. Die seelischen Grundlagen einer neuen Gesellschaft. 46. Auflage, München 2019

[1422] Ebenda, S. 13

[1423] S. 15

ergibt, sondern sie ist auch eine Voraussetzung für das nackte Überleben der Menschheit. Richtig leben heißt nicht länger, nur ein ethisches oder religiöses Gebot erfüllen. Zum ersten Mal in der Geschichte hängt das physische Überleben der Menschheit von einer radikalen seelischen Veränderung des Menschen ab."[1424]

Die grundlegenden Alternativen menschlicher Lebensweise formuliert *Fromm* mit den Begriffen *„Sein"* oder *„Haben"*: „Ich meine zwei grundlegende Existenzweisen, zwei verschiedene Arten der Orientierung sich selbst und der Welt gegenüber, zwei verschiedene Arten der Charakterstruktur, deren jeweilige Dominanz die Totalität dessen bestimmt, was ein Mensch denkt, fühlt und handelt."[1425]

In der Existenzweise des *‚Habens'* kommt eine Beziehung zur Welt als ‚Besitzergreifen' und ‚Besitzens' zum Tragen, in der ich alles – die innere und äußere Welt – zu meinem Besitz machen will. Dabei ist das Leitbild einer ‚gewinnorientierten Gesellschaft' wesentliche Basis für die Existenzweise des Habens – mit den bekannten destruktiven Folgen von Innen- und Außenwelt.[1426]

Bei der *Existenzweise des ‚Seins'* geht es primär um Lebenserhaltung und nachhaltigem Bezug auf das *reale* Welt-Ganze – jenseits von trügerischem Schein.... Ein maßvolles und erfülltes Selbst-Sein und gleichzeitiges In-der-Welt-Sein stehen dabei im Vordergrund – mit dem Bedürfnis zu geben und zu teilen.[1427]

Fromm ist sich bewusst, dass ein derartiges Transformations-Projekt in eine neue Kultur des Mensch-Seins eine Reihe von Problemen und Schwierigkeiten zu überwinden hätte.[1428] Dies kann für ihn nur mit Ausbreitung, Unterstützung und Handeln im Sinne einer überzeugenden, ‚systemüberwindenden' Vision realisiert werden: "Unsere einzige Hoffnung ist die energiespendende Kraft, die von einer neuen Vision ausgeht. Diese oder jene Reform vorzuschlagen, ohne das System von Grund auf zu erneuern, ist auf lange Sicht gesehen sinnlos, denn solchen Vorschlägen fehlt die mitreißende Kraft einer starken Motivation. Das ‚utopische' Ziel ist realistischer als der ‚Realismus' unserer heutigen Politiker. Die neue Gesellschaft und der neue Mensch werden nur Wirklichkeit werden, wenn die alten Motivationen – Profit und Macht – durch neue ersetzt werden: Sein, Teilen, Verstehen."[1429]

Wie schon früher dargestellt, eröffnet *Annette Kehnel* vergleichbar auch eine neue Perspektive, wenn sie solche ‚utopischen' Zukunftsziele einer ‚Seins'-

---

1424 S.23
1425 Ebenda, S. 39
1426 Vgl. S. 89 ff
1427 Vgl. S. 109 ff
1428 Siehe S. 211 ff
1429 Siehe S. 245 f

Motivation durch eine „Zeitreise in die Vergangenheit auf den Spuren der...Vielfalt Europas *vor* der industriellen Revolution" [1430] aufdeckt: Ob die Geschichte des Teilens und der Kooperation in Klöstern oder Wohngemeinschaften von Frauen, der schonende Umgang mit Ressourcen in Kreislaufwirtschaft, Modelle von sozialen Mikrokrediten, Projektfinanzierung über Spenden und Stiften bis hin zu Formen des ‚Minimalismus' in der Forderung nach Konsumverzicht, lieferte die Vormoderne und Vorkolonialzeit gute Beispiele für eine ‚Seins'-Kultur. „Denn die Geschichte lehrt uns , dass die Menschen viel mehr können als individuellen Eigennutz. Die Geschichte hat gezeigt, *wir können auch ganz anders* – wir müssen es nur wollen."[1431]

Diesen Gedanken greift Transformationsforscherin *Maja Göpel* auf, wenn sie eine kreativ neue Orientierung für einen ‚Aufbruch in die Welt von morgen' mit der Leitidee belegt: *„Wir können auch anders!*[1432] Auch sie legt analytische Kriterien von *Erich Fromm* zugrunde, wenn sie die Art der nötigen Reformen charakterisiert: das wahre Kriterium der *Reform* ist ihr ‚Realismus', als echter ‚Radikalismus', denn es geht darum, ob sie an die Wurzeln geht und die Ursachen zu ändern sucht.[1433] Nur die radikale Analyse kann die vernetzte und komplexe Dynamik unseres ‚Betriebssystems' aufdecken, den Betrieb und damit unsere ‚*Kultur*' grundlegend ändern: Anders lernen, Anders wachsen, Anders Technik einsetzen, Anders organisieren, Anders miteinander umgehen... „Die Transformation, die wir angehen, ist im Kern ein *kulturelles* Projekt. Machen wir uns nichts vor: Es geht darum, wie wir in Zukunft leben, wer wir in Zukunft sein wollen." [1434]

Genau hier könnte ein europäisch-afrikanischen Diskurs über sinnvolle positiv-kulturelle Charakteristika einer nachhaltigen Transformation ansetzen, wenn *Felwine Sarr* die *Rehabilitierung* und *vorkoloniale Rückerinnerung* afrikanischer Kultur-Werte aufzeigt: *jom* (Würde), Gemeinschaftlichkeit, *téranga* (Gastfreundschaft), *kersa* (Bescheidenheit, Gründlichkeit), *ngor* (Ehrgefühl). „Es gilt, den tiefgreifenden Humanismus der afrikanischen Kulturen zutage zu fördern und zu erneuern."[1435] Und dieser trifft sich in erstaunlicher Weise mit nachhaltigen Ideen der Vormoderne oder Visionen einer systemüberwindenden ‚Nach-Moderne'.

Solche Ideen oder Werte treffen sich wiederum in bemerkenswerter Weise mit dem südafrikanischen Philosophie-Ansatz des *„Ubuntu"*[1436], einer

---

[1430] Siehe: Annette Kehnel (2021), a.a.O. S. 20 ff

[1431] Ebenda, S. 24

[1432] Siehe: Maja Göpel. Wir können auch anders. Aufbruch in die Welt von morgen. Berlin 2022

[1433] Ebenda S.15

[1434] Ebenda, S. 51

[1435] Siehe Felwine Sarr (2019), a.a.O. S.156

[1436] Siehe: https://de.wikipedia.org/wiki/Ubuntu_(Philosophie)

lebensphilosophischen Weltsicht, die in den Bantusprachen ‚Zulu' und ‚Xhosa' die Bedeutung von ‚Menschlichkeit', ‚Gemeinsinn' oder ‚Nächstenliebe' hat sowie die Erfahrung und das Bewusstsein, dass man selbst Teil eines Ganzen ist.[1437]

Der Konzeptansatz kann m.E. als sinnverwandt mit der o.g, humanistischen Idee einer *Existenzweise des ‚Seins'* (Fromm) aufgefasst werden, nämlich als „gemeinsam zu Menschen werden, einander wechselseitig menschlich (zu) machen".[1438] Damit wird insbesondere eine Geisteshaltung bezeichnet, die sich vor allem auf wechselseitigen Respekt und Anerkennung, Achtung der Menschenwürde und das Bestreben nach einer konstruktiven und friedlichen Gesellschaft stützt, aber auch auf den Glauben an ein *„universelles Band des Teilens, das alles Menschliche verbindet".*

Die eigene Persönlichkeit und die Gemeinschaft stehen daher in der Ubuntu-Philosophie in enger Beziehung zueinander und kennzeichnen die individuelle Verantwortung innerhalb seiner Gemeinschaft. Es gibt Versuche des südafrikanischen Verfassungsgerichts, ‚Ubuntu' als afrikanischen Kulturwert bei der Auslegung der Grundrechte in der südafrikanischen Verfassung einzubeziehen.[1439]

Aus diesen vorstehenden Zusammenhängen kann deshalb folgender Rahmen für den Kultur- Diskurs festgehalten werden: Nach der *umfassendsten* Leitplanke der *planetaren Naturbedingungen* können die *kulturellen Lebenswerte* als *zweitbedeutendste* regulierende Randbedingung und Leitplanke nachhaltiger Transformationsdynamik angesehen werden und bilden damit eine ‚Einbettung' für die folgenden sozialen, ökonomischen und technologischen Nachhaltigkeitsdimensionen.

Allerdings bleibt innerhalb der Durchführung des afrikanisch-europäischen Kultur-Diskurses konkret zu klären: welches sind die als wichtig und verantwortbar erachteten kulturellen Leitplanken, sprich ‚Lebens-Werte' für eine nachhaltige Entwicklung?

Ich schlage dazu als *Orientierung* einen Blick auf das von der „UNESCO" - Übereinkommen zur Erhaltung des immateriellen Kulturerbes (2003)[1440] vor, insbesondere Artikel 1 und 2.

[1437] Ebenda

[1438] Ebenda

[1439] Ebenda

[1440] Siehe: https://www.unesco.de/sites/default/files/2023-03/ÜEK_IKE_D_040313.pdf

Als *erste Näherung von Zielwerten* könnte die UNESCO-Abhandlung „Ethik und immaterielles Kulturerbe“[1441] dienen. In den *Ethischen Prinzipien* werden u.a. folgende Schwerpunkte hervorgehoben:

„ 3. *Gegenseitiger Respekt* sowie Achtung vor und Wertschätzung des immateriellen Kulturerbes sollten sowohl in der Interaktion zwischen den Staaten als auch zwischen den Gemeinschaften, Gruppen und ggf. Einzelpersonen herrschen.

4. Alle Interaktionen mit den Gemeinschaften, Gruppen und ggf. Einzelpersonen, die das immaterielle Kulturerbe schaffen, erhalten, pflegen und übermitteln, sollten durch *transparente Zusammenarbeit, Dialog,* Verhandlung und Beratung gekennzeichnet ...sein.
7. Die Gemeinschaften, Gruppen und Einzelpersonen, die immaterielles Kulturerbe schaffen, sollten *vom Schutz der*
geistigen und materiellen Interessen profitieren, die sich aus diesem Erbe ergeben, insbesondere aus der Nutzung, Forschung, Dokumentation, Förderung oder Weiterentwicklung durch Mitglieder der Gemeinschaften oder Anderen.
8. Die *dynamische und lebendige Natur des immateriellen Kulturerbes* sollte stets beachtet werden.
11. *Kulturelle Vielfalt* und die Identitäten von Gemeinschaften, Gruppen und Einzelpersonen sollten vollständig respektiert werden. Hinsichtlich der Werte, die von Gemeinschaften, Gruppen und Einzelpersonen anerkannt werden und mit Bezug auf Sensibilität für kulturelle Normen, sollte besondere Aufmerksamkeit auf die *Gleichstellung der Geschlechter*, die Einbeziehung der Jugend und die *Achtung der ethnischen Identitäten* bei der Konzeption und Umsetzung von Erhaltungsmaßnahmen gelegt werden.
12. Die Erhaltung des immateriellen Kulturerbes ist *für die Menschheit von allgemeinem Interesse* und sollte daher in bilateraler, subregionaler, regionaler und internationaler Zusammenarbeit erfolgen; nichtsdestotrotz sollten Gemeinschaften, Gruppen und ggf. Einzelpersonen niemals von ihrem eigenen immateriellen Kulturerbe entfremdet werden.“ [1442]

Im Unterschied zu den aktuell diskutierten ‚klassischen‘ Nachhaltigkeitsstrategien möchte ich nochmals auf die *fundamentale Bedeutung der Kultur-Dimension* und deren *Leitplanken-Funktion* für eine zukunftsfähige Transformation hinweisen und damit für die ‚Einbettung‘ der nächstfolgenden *gesellschaftspolitischen* Dimension !

Auch diese Dimension folgt wie die natürlich-ökologische und die kulturelle Dimension entsprechend der Leitidee einer fundamentalen *Transformation* lebensfeindlicher *Destruktivkräfte* in nachhaltig lebenswerte *Produktiv- und Konstruktivkräfte*.

[1441] Vgl. https://www.unesco.de/kultur-und-natur/immaterielles-kulturerbe/ethische-prinzipien-im-umgang-mit-immateriellem
[1442] Ebenda

Als zentrale *Themen* für nachhaltig *gesellschaftspolitische Leitplanken* möchte ich daher zunächst exemplarisch ansprechen: *Frieden* und *Demokratie.*
Natürlich wird jeder aktuelle Diskurs über *gesellschaftspolitische Leitplanken* einer nachhaltigen Entwicklung mit den lebenswichtigen Bedingungen von *internationalen Beziehungen* beginnen und die zugespitzte *multiple Krisensituation* der realen *globalen Sicherheitslage* als *Ausgangsperspektive* betrachten müssen. Das Stockholmer Friedensforschungsinstitut „SIPRI" beschreibt dazu die aktuelle Entwicklung der Militärausgaben: „Die weltweiten Militärausgaben haben im vergangenen Jahr einen neuen Höchststand erreicht...Das geht aus einem Bericht des Stockholmer Friedensforschungsinstituts SIPRI hervor. Demnach stiegen die Ausgaben inflationsbereinigt um 6,8 Prozent im Vergleich zum Vorjahr auf rund 2,4 Billionen Dollar. Es ist der neunte Anstieg in Folge.
Mit knapp 916 Milliarden Dollar entfielen mehr als ein Drittel der Ausgaben auf die USA, an zweiter Stelle lag China mit geschätzten 296 Milliarden Dollar. Auf Platz Drei kam Russland, gefolgt von Indien und Saudi-Arabien. Deutschland rangierte mit 66,8 Milliarden Dollar an siebter Stelle, kurz hinter Großbritannien.
Einer der Hauptgründe für den wiederholten Anstieg sei der russische Krieg gegen die Ukraine, heißt es. Die russischen Ausgaben seien um 24 Prozent auf 109 Milliarden Dollar gestiegen, die der Ukraine um 51 Prozent auf 64,8 Milliarden."[1443] Die aktuellen *europäischen* Militärausgaben *übersteigen* dabei die alte Größenordnung des ‚Kalten Krieges'.

Die Atommächte stärken dem Friedensforschungsinstitut SIPRI zufolge ihre nuklearen Arsenale. Nach Kriegsbeginn gegen die Ukraine habe auch die Transparenz abgenommen. Auch wurde ein Zuwachs der Sprengköpfe in China verzeichnet. „Alle Atomwaffenstaaten haben laut dem Stockholmer Friedensforschungsinstitut SIPRI ihre nukleare Aufrüstung forciert. In ihrem Jahresbericht warnen die Forscherinnen und Forscher vor der steigenden Zahl einsatzfähiger Atomwaffen. "Wir driften in eine der gefährlichsten Perioden der Menschheitsgeschichte", sagte SIPRI-Direktor Dan Smith. Er forderte, die Nukleardiplomatie wiederherzustellen und die internationalen Kontrollen von Atomwaffen zu verstärken."[1444]
In seiner letzten Veröffentlichung thematisiert *Henry Kissinger*[1445] eindringlich die zunehmend höherentwickelten Waffensysteme, die über konventionelle und nukleare Systeme hinaus mit ‚Cyberwaffen' und ‚KI-Anwendungen' die bestehenden Gefahren einer planetaren Selbstvernichtung noch verschärfen.[1446]

[1443] Siehe: https://www.deutschlandfunk.de/weltweite-militaerausgaben-auf-neuem-hoechststand-130.html
[1444] https://www.tagesschau.de/ausland/europa/sipri-bericht-atomwaffen-100.html
[1445] Siehe: Henry Kissinger. Staatskunst. Sechs Lektionen für das 21. Jahrhundert. München 2022
[1446] Ebenda, S. 537 ff

„Die Geschichte ist und bleibt eine unerbittliche Lehrmeisterin, zumal die technologische Revolution von einer politischen Transformation begleitet wird. Gegenwärtig stellt sich die Welt auf die Wiederkehr der Großmächte-Rivalität ein, die durch die Verbreitung und Weiterentwicklung erstaunlicher Technologien noch verstärkt wird.....Heute zwingen *Chinas* wachsende ökonomische und strategische Kapazitäten die Vereinigten Staaten zum ersten Mal in der Geschichte dazu, sich mit einem geopolitischen Konkurrenten zu messen, der über vergleichbare Ressourcen verfügt – eine Aufgabe, die für Washington ebenso ungewohnt ist wie für Peking, das in historischer Sicht andere Nationen stets der chinesischen Kultur und Macht tributpflichtig behandelt hat.“[1447]

Für die Zukunft der Welt lautet die *zentrale* Frage: *Werden die beiden Giganten lernen, wie sich ihre Rivalität mit dem Konzept und der Praxis einer Koexistenz verbinden lässt?*[1448]

Was *Russland* betrifft, verfügt es weder über eine Wirtschaftsmacht, demographische Stärke noch eine technisch-industrielle Produktionsbasis wie China, fordert allerdings aus historischer Sicht für sich einen territorialen Schutz: "Die russische Außenpolitik übersetzt einen mystischen Patriotismus in ein imperiales Anspruchsgehabe, das aber mit einem dauerhaften Unsicherheitsgefühl verbunden ist, welches letztlich aus der seit Langem empfundenen strategischen Verwundbarkeit für Invasionen über die Osteuropäische Ebene ableiten lässt.“ [1449] Kissinger deutet den Ukraine-Konflikt als Symbol für diese Besorgnisse: aus russischer Sicht würde mit dem NATO-Beitritt der Ukraine die ‚Sicherheitslinie‘ zwischen Europa und Russland eine „historische Pufferzone beseitigt“, und damit „stünden russische Truppen in Angriffsdistanz zu Budapest und Warschau“. Dies rechtfertige zwar *keineswegs* den „ungeheuerlichen“ völkerrechtswidrigen Angriff Russlands auf die Ukraine, könnte allerdings auch „der Auswuchs eines gescheiterten strategischen oder nur halbherzig geführten Dialogs“ sein. „Dass wir gegenwärtig die militärische Konfrontation zweier nuklear bewaffneter Einheiten erleben – selbst, wenn sie auf ihre wirkungsmächtigsten Waffen nicht zurückgreifen - , unterstreicht die Dringlichkeit des Problems. Die trianguläre Beziehung zwischen den Vereinigten Staaten, China und Russland wird letztlich wiederhergestellt werden – aber Russland wird angesichts der Demonstration seiner militärischen Grenzen in der Ukraine, der weitverbreiteten Ablehnung seines Vorgehens und der Reichweite und Wirkung der gegen das Land verhängten Sanktionen geschwächt sein. Aber es wird auch weiterhin über seine nuklearen und Cyber-Kapazitäten verfügen, die es zu Weltuntergangsszenarien befähigen.“[1450]

[1447] Ebenda, S. 538 f

[1448] S. 539

[1449] S. 540f

[1450] S. 541

Die *zunehmende globale Bedeutung von Technologie* stellt die planetare Zivilisation vor eine alles entscheidende Frage: gelingt eine nachhaltig-konstruktive Gestaltung der Zukunftstechnologien für eine globale Überlebensstrategie oder gewinnen fehlgeleitete risikotechnische Destruktionskräfte die Oberhand?[1451]

Ein ungezügelter ökonomischer, technologischer oder gar militärischer Konkurrenzkampf der Großmächte würde diese zweite Variante ungemein wahrscheinlicher machen......"Ein ungehemmtes technologisches Wettrennen, basierend auf einer Ideologisierung der Außenpolitik, in der jede Seite von den bösartigen Absichten der anderen Seite überzeugt ist, wird letztlich einen ähnlich verheerenden Teufelskreis gegenseitigen Misstrauens erzeugen, der seinerzeit den Ersten Weltkrieg auslöste, aber mit unvergleichlich schrecklicheren Folgen." [1452]

Alle Seiten sind daher aufgefordert, ihre politischen Leitprinzipien grundlegend zu hinterfragen und die *Bedingungen der Möglichkeiten für Koexistenz* ernsthaft zu prüfen. „Für die Führer der Hochtechnologiegesellschaften insbesondere lautet der moralische und strategische Imperativ, eine anhaltende Debatte – sowohl in ihren eigenen als auch mit potenziell gegnerischen Ländern - über die Implikationen der Technologie zu führen und auch darüber, wie sich ihre militärischen Anwendungen zähmen lassen.....Wie schon die Debatten über die Rüstungskontrolle im Nuklearzeitalter zu Einschränkungen beitrugen, könnten Gespräche auf hoher Ebene über die Konsequenzen der neu aufkommenden Technologien dazu beitragen, das gemeinsame Nachdenken darüber zu kultivieren und die Gewöhnung an die reziproke militärische Selbstkontrolle zu fördern."[1453]

Da es politisch Entscheidenden allzu oft an angemessen-tiefgreifendem Wissen über strategische sowie komplexe Implikationen und Folgen der verfügbaren wissenschaftlichen Instrumente und Algorithmen mangele, seien ernsthafte Anstrengungen in Gänze erforderlich, „um die Lücken zwischen den Welten von Technologie, Politik, Geschichte und Philosophie zu verringern und hoffentlich zu schließen."[1454]

[1451] Ein aktueller Hoffnungsschimmer sollte erwähnt werden: Die US-Regierung bietet Russland und China Verhandlungen über nukleare Rüstungskontrolle *ohne Vorbedingungen* an. Siehe: https://www.deutschlandfunk.de/usa-bieten-russland-und-china-gespraeche-an-106.html

[1452] Siehe: H. Kissinger (2022), a.a.O. S. 541 f.

[1453] Ebenda

[1454] S. 542 f.

Von daher halte ich ein neu aufgelegtes *interdisziplinäres* Forschungsprogramm[1455] – vergleichbar mit dem IPCC-gestützten *Klima*forschungsprogramm – zur komplex-dynamischen, systemischen Erfassung von einerseits global bedeutsamen *Konflikt- und Destruktionspotenzialen* und andererseits von *Möglichkeiten* internationaler *multilateraler Koexistenz* sowie *friedlicher Koevolution* für erforderlich. Dabei sollten insbesondere die vielschichtigen *Zusammenhänge* und Vernetzungen von nichtlinearen, komplexen Rückkopplungsprozessen bei natürlich-ökologischer, sozialer, ökonomischer und technologischer *Systemdynamik* analysiert und modelliert werden. Es gilt, sowohl die globalen und regionalen *Bedingungen der Möglichkeiten* von unbeherrschbaren, lebensfeindlichen Krisen und Katastrophen als auch von destruktionsminimierter, lebenswerter Koexistenz und friedlicher Kooperation in realistischen Szenarien aufzuzeigen.

Möglicherweise lassen sich Grundlagen für einen nachhaltig friedlichen Entwicklungsprozess ansatzweise als *Modell ‚regulierter Selbstorganisation'* darstellen, um daraus Leitplanken für verschieden Szenario-Varianten ableiten...? Vielleicht könnte dieses Modell eine erneuerte *„Allianz für Multilateralismus"*[1456] wieder aufgreifen, die der gegenwärtigen Tendenz zur *multipolaren Konkurrenz und Blockbildung entgegengerichtet* ist:

„Ein neues Netzwerk von Staaten, die sich in verschiedenen Politikbereichen gemeinsam engagieren und für den Erhalt und die Weiterentwicklung der regelbasierten Ordnung eintreten... Es geht darum, die Werte der Vereinten Nationen, Kooperation und die Geltung von fairen Regeln zu stärken und gemeinsam die Herausforderungen der Zukunft anzugehen....Diese Zusammenarbeit ist eine Erfolgsgeschichte. Von der Umweltpolitik über den Schutz der Menschenrechte bis hin zur Friedenssicherung zeigt sich, dass Probleme nur gemeinsam gelöst werden können, durch Vereinbarungen und praktische Zusammenarbeit zwischen Staaten." [1457]

Auch wenn die vielfältigen globalen Konflikte und Kriege scheinbar ein unerbittliches ‚Realitätsprinzip' vermittelt, sind Kriege kein Naturgesetz. Vielmehr

---

[1455] Die im weitesten Sinne ‚geisteswissenschaftliche' Bearbeitung der derzeitigen Friedens- und Konfliktforschung („Die Friedenswissenschaft wird ...nicht als eigenständige Wissenschaft betrachtet. Sie wird z. B. von *Historikern*, *Soziologen*, *Politologen* und *Wirtschaftswissenschaftlern* betrieben." https://de.wikipedia.org/wiki/Friedensforschung) ist zwar notwendig, aber m.E. für eine ganzheitliche methodisch-thematische Forschungsweise *nicht hinreichend*! Für einen real-interdisziplinären Ansatz ist die Beteiligung von Natur- und Technikwissenschaften sowie mathematischen Modellen und Algorithmen unabdingbar – so wie es für Forschung und Modellen des Klimas selbstverständlich ist.

[1456] Siehe: https://www.auswaertiges-amt.de/de/aussenpolitik/multilateralismus/2226014

[1457] Ebenda

formulierte bereits *Kant* eine historische Möglichkeit *„Zum ewigen Frieden"*[1458]. Zwar müsse man mit dem Hang des Menschen zum Bösen immer rechnen, doch die Bosheit der Menschen komme nicht aus ihnen selbst, sondern resultiere aus einer noch nicht vollständig entwickelten Kultur und Moralität.[1459]

Diese finden „Gewähr" und Orientierung in der „Natur", wenn nämlich der Friede unter den Menschen eine in der Natur angelegte Potentialität darstellt, die allerdings von der Vernunft erkannt und entsprechend angewendet werden muss:

> „Das, was diese ‚*Gewähr*...leistet', ist nichts Geringeres, als die große Künstlerin *Natur*..., aus deren mechanischem Laufe sichtbarlich Zweckmäßigkeit hervorleuchtet, durch die Zwietracht der Menschen *Eintracht* selbst wider ihren Willen emporkommen zu lassen, und darum...als tiefliegende Weisheit einer höheren , auf den objektiven Endzweck des menschlichen Geschlechts gerichtete ...*Vorsehung* genannt wird."[1460]

Wer, wenn nicht *Europa* als Jahrhunderte alter ‚Kriegsschauplatz' und ‚Exporteur' imperialer und kolonialer Gewalt hätte mehr *Verantwortung* für *Eigenpraxis* und *Export* einer internationalen *Friedenstransformation* ? Und wer, wenn nicht *Afrika* als ‚Importeur' von kolonialer Zwangsherrschaft und Stellvertreterkriegen hätte mehr Interesse, dass eine *friedliche Entwicklung* „keine leere Idee" (Kant) bedeutet? Wie kann ein afrikanisch-europäischer Diskurs Hoffnung für eine friedliche Allianz des Menschengeschlechts theoretisch ergründet und praktisch eröffnet werden? „Wenn es Pflicht, wenn zugleich gegründete Hoffnung da ist, den Zustand eines öffentlichen Rechts, obgleich nur in einer ins Unendliche fortschreitenden Annäherung wirklich zu machen, so ist der *ewige Friede* ......*keine leere Idee*, sondern eine Aufgabe, die, nach und nach aufgelöst, ihrem Ziele...beständig näher kommt."[1461]

Als ein Anknüpfungspunkt dazu und für einen weiterreichende Kooperationsdiskurs könnte das *afrikanisch-europäische Gipfeltreffen* neue Möglichkeiten bieten: Im Februar 2022 haben sich die Führungsspitzen der EU und der AU auf eine gemeinsame Vision für eine erneuerte Partnerschaft geeinigt.[1462]

Allerdings: Mit der Europäischen Friedensfazilität (EPF) legt die EU einen besonderen Fokus auf den Aufbau militärischer Kapazitäten. Stattdessen sollte sie sich stärker auf Prävention und Friedenskonsolidierung konzentrieren. So argumentiert *Julian Bergmann* vom ‚German Institute of Development and Sustainability (IDOS): "die EU verstärkt ihre Bemühungen um den Aufbau militärischer Kapazitäten in Partnerländern. Dies ist ein Schlüsselelement ihres Engagements für Frieden und Sicherheit in Afrika. Doch ein solch einseitiger Fokus auf den Aufbau militärischer Kapazitäten birgt auch die Gefahren. Wenn er nicht in eine umfassende politische Strategie

---

[1458] Siehe: Immanuel Kant. Zum ewigen Frieden. Reclam/Stuttgart 1996

[1459] Vgl. https://de.wikipedia.org/wiki/Zum_ewigen_Frieden

[1460] Siehe I. Kant (1996),a.a.O. S. 24

[1461] Ebenda, S. 56

[1462] Siehe: https://www.consilium.europa.eu/de/policies/eu-africa/

eingebettet ist, besteht das Risiko, dass er nicht zu einem nachhaltigen Frieden in fragilen und konfliktbetroffenen Ländern beitragen wird.
Um dies zu vermeiden, sind drei Elemente erforderlich: (1) eine klare Strategie für die Aktivitäten der EU zur Krisenprävention und Friedenskonsolidierung in Afrika, (2) die Verstärkung der Kontroll- und Monitoring-Mechanismen der EPF, um den Missbrauch der gelieferten Ausrüstung zu verhindern, sowie (3) ein neuer Impuls für die Zusammenarbeit zwischen der AU und der EU im Bereich Frieden und Sicherheit."[1463]

Warum fand die afrikanische Friedensmission von Vertretern der Afrikanischen Union zur Auslotung möglicher Wege zum Frieden im Ukraine-Krieg seitens der europäischen Medien und Politik so wenig ernsthafte und so viel oberflächliche Beachtung? In einem Zeitungskommentar heißt es:

„Die Gesandten kommen aus allen Ecken des Kontinents – mit dabei sind der südafrikanische Präsident Cyril Ramaphosa sowie die Präsidenten von Sambia, Senegal und den Komoren. Die Komoren haben derzeit den Vorsitz in der Afrikanischen Union inne....Was die afrikanischen Gesandten den Kriegsparteien vorschlagen wollen, ist nur in groben Umrissen bekannt. Als die südafrikanische Regierung die Reise Mitte Mai ankündigte, sprach sie davon, man wolle sich mit Selenski und Putin über die „Bedingungen für eine Waffenruhe und dauerhaften Frieden in der Region" austauschen. Die Außenminister der beteiligten afrikanischen Staaten würden die Bedingungen für eine Roadmap zum Frieden erarbeiten."[1464]

Sieht so die Wertschätzung politischer Partner aus? Gerade bei unterschiedlichen Perspektiven und Politikeinschätzungen sollte ein angemessener Diskurs ‚auf Augenhöhe' möglich sein!

Und dies insbesondere dann, wenn die afrikanische Friedensmission gegenüber Putin unmissverständlich die Beendigung des Russland-Ukraine-Krieges durch eine Verhandlungslösung eingefordert hat.

„Ukraine War: Ramaphosa on 'impactful' African peace mission. Reflecting on the mission by the African delegation pushing for an end to war between Ukraine and Russia, *Cyril Ramaphosa* called it impactful.. .The mission included the presidents of South Africa, Senegal, Comoros and Zambia, as well as top officials from Uganda, Egypt and Congo-Brazzaville. "Our mission was impactful. Its real success obviously will be measured on the ultimate objective of stopping the war." Ramaphosa listed *10 principles*, which included de-escalation, the recognition of countries' sovereignty, security guarantees for all countries, unimpeded grain exports through the Black Sea and sending prisoners of war and children back to their countries of origin.

[1463] Siehe: https://www.swp-berlin.org/publikation/mta-spotlight-26-eu-ansatz-fuer-frieden-und-sicherheit-in-afrika-ueberdenken

[1464] Siehe: https://www.nzz.ch/international/ukraine-krieg-afrikanische-friedensmission-in-kiew-und-moskau-ld.1742712

"The agreement that they are willing to engage with African leaders on this is a huge achievement for us, because now Africa is in the frame, Africa will be participating, and we're participating positively, without trying to diminish the other efforts that are underway."[1465]

Als fiktiver deutscher zivilgesellschaftlicher 'Diskurspartner' sei hier die Initiative „Manifest für den Frieden“ erwähnt, die in 2023 fast 1 Mio. Unterschriften für die Beendigung des Ukraine-Krieges und eine Verhandlungslösung einfordert.[1466] Wichtige Stimmen aus Wissenschaft und Politik wurden dazu bereits frühzeitig beispielsweise von den Autoren *Michael Müller*, *Peter Brandt* und *Reiner Braun* erhoben: „Putins Krieg gegen die Ukraine ist ein Schlag ins Gesicht der selbstgerechten westlichen Welt. Der Krieg ist nicht zu rechtfertigen, aber er hat eine Vorgeschichte, die nicht so einfach ist, wie sie in der öffentlichen schwarz-weiß-Debatte dargestellt wird. Ein regionaler Konflikt hat eine geostrategische Bedeutung erlangt, weil nicht die Sprache der Vernunft und Diplomatie gesprochen wird, sondern die des Militärs. Statt einer Militarisierung der Welt brauchen wir eine europäische Initiative für Frieden. Die europäische Selbstbehauptung verlangt Gemeinsame Sicherheit, die auch entscheidende Weichen für die künftige Weltordnung stellt. Sie wird nicht zuletzt zur Überlebensfrage für die globale Klimakrise, die mehr Gemeinsamkeit notwendig macht, andernfalls drohen erbitterte Verteilungskämpfe und neue Kriege.“[1467]

Wäre es nicht in der Tat im Europa-Wahljahr 2024 eine notwendige und sinnvolle Initiative von Europa, Optionen und Verhandlungskanäle für eine Friedenslösung im Ukraine-Krieg zu eröffnen, von einem Europa, das sich wieder an die ureigenste Leitidee seiner Gründung zurückerinnert: Friedens-Kultur, friedliche Koexistenz und gemeinsame Sicherheit?!

Europa sollte sich seiner verantwortlichen globalen Rolle bewusstwerden, die einen ‚*dritten Weg*‘ in Richtung erneuertem Multilateralismus einschlägt, jenseits einer „Wiedervorlage“ ‚Kalter Kriegslogik‘: „Um dieses Ziel zu erreichen, muss EU-Europa eine Position definieren, die weder einseitig den Interessen der USA noch ausschließlich den Interessen der VR China dient. Europas Verhandlungsposition muss eine dritte Lösung beinhalten.“

[1465] Siehe: https://www.africanews.com/2023/06/19/ukraine-war-ramaphosa-on-impactful-african-peace-mission/

[1466] Siehe: https://www.emma.de/artikel/860000-unterschriften-fuer-frieden-340587 „Seit dem 10. Februar haben über 900.000 BürgerInnen das von Alice Schwarzer und Sahra Wagenknecht initiierte „Manifest für Frieden“ unterzeichnet...Um die 500.000 Toten sollen es mittlerweile sein – die genauen Zahlen erfahren wir nicht. Eine ganze Generation junger Männer wird nicht mehr da sein. Nun wurde auch noch der Weg für die international geächtete Streumunition freigemacht. Und jetzt debattieren PolitikerInnen der Ampel allen Ernstes über die Lieferung von Marschflugkörpern und Langstreckenraketen. Wo aber bleiben die diplomatischen Initiativen, um dem Grauen ein Ende zu machen? Verhandlungen über Waffenstillstand und Friedenspläne?“

[1467] Siehe: M. Müller/P. Brandt/R. Braun. Selbstvernichtung oder Gemeinsame Sicherheit. Unser Jahrzehnt der Extreme: Ukraine-Krieg und Klimakrise (2022): https://www.westendverlag.de/buch/selbstvernichtung-oder-gemeinsame-sicherheit/

[1468] Dies heißt, sich geopolitisch neu zu orientieren: *ohne* sich von seinen westlichen Bündnisverpflichtungen abzuwenden, gleichzeitig aber der unübersehbaren *Weltmacht China* und auch den aufstrebenden Ländern des *Globalen Südens respektvoll zuzuwenden*!

„Seit Ende des Kalten Krieges haben die Eliten Europas weitgehend vergessen, was es heißt, geopolitisch zu denken. Doch seit Beginn des Krieges in der Ukraine gibt es kaum noch einen Sektor in Politik, Wirtschaft und Wissenschaft, der nicht von Geopolitik betroffen ist.....es hat bis zum Jahr 2022 und dem russischen Angriffskrieg gegen die Ukraine gedauert, bis man in Europa bemerkt hat, dass China Teil des internationalen Systems geworden ist und so an Stärke gewonnen hat, dass es die Welt in seinem Sinne beeinflussen kann.....Nun steht China jedoch als Weltmacht vor uns, und Europa muss zwei Lernschritte auf einmal bewältigen: die Welt realistisch in den Blick zu nehmen und China dabei mitzudenken! Nur so ist es möglich, sich in der Komplexität der Entwicklung in den internationalen Beziehungen zurechtzufinden."[1469]

Aber damit wandeln sich auch die Beziehungsstrukturen zu den Ländern des Globalen Südens, die ihrerseits ihre Souveränität nutzen, um auf verschiedenste Weise mit China zu kooperieren.

„In der Tat formiert sich im Globalen Süden , in Lateinamerika, Afrika, in Süd- und Südostasien sowie dem Nahen und Mittleren Osten, eine Kraft, die vor allem den USA zeigt, dass sie mit der aufsteigenden Weltmacht China eine Alternative vor Augen hat, die ihre Verhandlungsmacht auch in der Zusammenarbeit mit dem Globalen Süden stärkt."[1470]

Auch wenn der Globale Süden mit seinen unterschiedlichen Initiativen zur Beilegung des Krieges in der Ukraine wiederholt gescheitert sind, ist Europa doch gut beraten, multilaterale Formen der Zusammenarbeit auch in Fragen der Friedens- und Sicherheitspolitik mit den Ländern des Globalen Südens ernsthaft und glaubwürdig zu betreiben.....

Dazu sei ein weiterer wichtiger Anknüpfungspunkt *zivilgesellschaftlicher* Initiative und Kooperation zur Diskussion zukünftiger Sicherheitsarchitektur erwähnt: nämlich die Kooperation zwischen der African Peace and Security Architecture (APSA) als zentrales Instrument der Afrikanischen Union (AU) und der Friedrich-

---

[1468] Siehe: Susanne Weigelin-Schwiedrzik. China und die Neuordnung der Welt. Wien 2023, S. 206

[1469] Ebenda, S. 210

[1470] Ebenda, S. 209

Ebert-Stiftung (FES), indem in 2020 ein wissenschaftlicher Prozess von *vier Szenarios für das Jahr 2040* gestartet wurde.[1471] [1472]

Allerdings bleiben Waffenstillstands- oder Friedensverträge häufig unvollständig, weil zwei zentrale Fragen unbeantwortet bleiben: wie ist einerseits eine *wahrheitsgemäße* Aufarbeitung der Konflikte sowie andererseits eine nachfolgende *Aussöhnung* der Konfliktparteien möglich und umsetzbar?

Hier können afrikanische Beispiele bedeutsame Erfahrung und Orientierung geben, nämlich aus *Südafrika* und *Ruanda.*

Die *Wahrheits- und Versöhnungskommission* („Truth and Reconciliation Commission"(TRC)) war eine *südafrikanische* Einrichtung zur Untersuchung von politisch motivierten Verbrechen während der Zeit der Apartheid. Sie geht in ihrer Entstehung auf eine Initiative des ANC und des damaligen Justizministers Abdullah Omar im Jahr 1994 zurück und wurde im Januar 1996 durch Präsident Nelson Mandela eingesetzt. Vorsitzender war Friedensnobelpreisträger Desmond Tutu. Die Kommission, die Verbrechen von Angehörigen aller Volksgruppen unabhängig von der Hautfarbe der Täter *aufklären* und somit zur *Versöhnung* beitragen sollte, arbeitete bis 1998.[1473] [1474]
Die *Kommission* war keineswegs ein ‚rein' nationalstaatlicher Vorgang ‚innerer Angelegenheiten', sondern aufgrund kolonialer und imperialer Hintergründe von *internationaler* Tragweite.

[1471] Siehe: https://www.fes.de/referat-afrika/neuigkeiten/apsa-szenarien „Der politische Wille der AU-Mitgliedsstaaten, multilateral aktiv zu werden, sowie die Anpassungsfähigkeit der APSA. Anhand dieser beiden Faktoren wurden anschließend vier Szenarien entworfen, wie die sicherheitspolitische Landschaft allgemein und die APSA im speziellen in zwei Jahrzehnten aussehen könnten.....Die Szenarien verdeutlichen, welche Auswirkungen politische Entscheidungen in den kommenden Jahren beinhalten und welche Entwicklungen hierdurch entstehen können.... Die Szenarien sind jeweils in der Veröffentlichung *„The APSA we Want"* als auch in einem kurzen Erklärvideo festgehalten."

[1472] Siehe: https://library.fes.de/pdf-files/bueros/fes-ua/16687-20201110.pdf *„THE APSA WE WANT*: SCENARIOS FOR THE AFRICAN PEACE AND SECURITY ARCHITECTURE IN 2040"

[1473] Siehe: https://de.wikipedia.org/wiki/Wahrheits-_und_Versöhnungskommission

[1474] Ebenda: „Sogenannte „Wahrheitskommissionen" wurden seit den 1980er-Jahren in vielen Staaten nach dem Übergang von einer Diktatur zur Demokratie eingerichtet. Die südafrikanische Kommission hatte die Comisión Nacional de Verdad y Reconciliación (die so genannte Rettig-Kommission, nach Senator Raúl Rettig benannt) von 1990 bis 1991 in Chile zum Vorbild; zehn Jahre später wurde dort die Comisión Nacional de Prisión Política y Tortura einberufen."

Dies galt ebenso für die Aufarbeitung der unvorstellbaren Gewaltphänomene in den 90er Jahren in *Ruanda*. Neben der strafrechtlichen Aufarbeitung, für den Völkermord in Ruanda etwa durch den *Internationalen Strafgerichtshof für Ruanda (ICTR),* brauchte es auch Mittel, die den Bedürfnissen der Masse der Bevölkerung gerecht werden sollten. Dazu wurden zwischen 2002 und 2012 moderne *Gacaca-Gerichte* eingerichtet, die schon in ihren traditionellen Formen weniger auf Bestrafung als auf den Erhalt des sozialen Friedens und der Versöhnung zielten.[1475]

Auch wenn das Wissen über vorkoloniale Gerichtsstrukturen traditioneller Gacaca-Gerichte mit Unsicherheiten behaftet ist, werden diese früheren Gerichte als informelle, flexible und kommunale Foren darstellt, wo Verletzungen von sozialen Normen und kleinere, interfamiliäre Streitigkeiten unter der Führung von ‚Weisen' der Gemeinde geregelt wurden. Bei den traditionellen Gacacas ging es nie vorrangig um Bestrafung, sondern um den Erhalt des sozialen Friedens.[1476]Zwanzig Jahre nach dem Völkermord finden in Ruanda weltweit beachtete Gedenkfeiern statt, die in positivem Sinn erreichte Versöhnung signalisieren. Präsident *Paul Kagame* sagt am 7. April 2014:„Wahrheit gegenüber der Geschichte ist eine Pflicht des Erinnerns, der wir uns nicht entziehen können....Hinter dem Schlagwort "Nie wieder!" ist eine Geschichte, deren volle Wahrheit berichtet werden muss, unabhängig davon, wie unbequem sie sein mag....Vor 20 Jahren hatte Ruanda keine Zukunft, nur die Vergangenheit.....Heute sind die Hälfte aller Ruander unter 20 Jahre alt. Beinahe drei Viertel von ihnen sind unter 30 Jahren. Sie sind das neue Ruanda. Dass so viele von ihnen in den vergangenen drei Monaten die Flamme der Erinnerung in alle Teile unseres Landes trugen, gibt uns große Hoffnung."[1477]

Dies war und ist nicht nur eine Botschaft an die eigene Gesellschaft, sondern ein Botschaft an die Welt: international bedeutsame Friedensabkommen wie sie *beispielsweise* im Russland-Ukraine- Krieg oder im israelisch-palästinensischen Konflikt geschlossen werden müssten, bedürfen zweifelsfrei eines nachhaltigen *Wahrheits-* und *Aussöhnungsprozesses* des Konfliktes und der Konfliktparteien!

In einer Seminararbeit der FU Berlin wurde näher untersucht, ob die afrikanische vorkoloniale Tradition des „*Palavers*" einen modellhaften Beitrag zu Konfliktlösungen liefern könne.[1478]

1475 Siehe: https://www.ub.uni-frankfurt.de/afrika/vav39_reconciliation.html

1476 Siehe auch: https://de.wikipedia.org/wiki/Gacaca

1477 Zitiert nach: Lutz van Dijk (2016), a.a.O. S. 217

1478 Siehe: Anne Richard, in: https://www.yumpu.com/de/document/read/2132512/das-palaver-ein-afrikanisches-modell-der-freie-universitat-berlin

Dabei galt es zunächst, in der afrikanischen „Kultur die Elemente wieder zu finden, die zu einem gemeinsamen Friedenskonsens führen kann.“ [1479]

Nach ersten Untersuchungen vorkolonialer Kulturelemente könnte nach Abschaffung kolonialer Gewalt eine postkoloniale, reformierte ‚Wiederentdeckung' von Formen des ‚Palavers' durchaus eine aktuelle und zukunftsweisende Rolle bei der Konfliktlösung und Friedensstiftung spielen: "Heutzutage könnten...die Palaver in zwei Richtungen dem Erhalten des Friedens dienen: Einerseits innerhalb der afrikanischen Bevölkerung selbst, als ein wiedergefundenes Mittel, die Lösung ihrer Probleme selbst zu finden. Andererseits hat sicherlich auch das Palaver eine Rolle in den Kontakten zwischen den früheren Kolonialmächten und der einheimischen Bevölkerung zu spielen, welche in einem gemeinsamen Land zusammenwohnen. Die Kommission für Wahrheit und Versöhnung in Südafrika könnte als Erbin dieser Tradition des Palavers...interpretiert werden."[1480]

In der heutigen realpraktizierten Anwendung des Palavers stellt sich jedoch nicht nur die Frage nach Konfliktlösungen, sondern auch die Frage: wie werden gesellschaftliche Entscheidungen getroffen, in die möglichst *alle* Mitglieder einbezogen sind? Und wie lässt sich dabei „soziale Harmonie“ wiederfinden, um damit ein „Gleichgewicht“ wieder herzustellen? Dieses gemeinschaftliche Gleichgewicht ist wiederum eines der wichtigsten Elemente der ‚Philosophie des Ubuntu'.[1481]

Diese fördert als Leitidee eine ‚aktive Toleranz' sowie eine weitreichende ‚Öffentlichkeitsbeteiligung' und weist damit eine beachtliche Nähe zur Philosophie einer ‚diskursiven Demokratie' auf.[1482]

„Insofern ist das Modell des Palavers eng mit den Überlegungen über eine neue Form der Demokratie verbunden....Laut Sinan York Temelli ist....eindeutig, dass „die Praxis der direkten oder zumindest indirekten Einbeziehung der Meinung vieler Gesellschaftsmitglieder in den politischen Entscheidungsprozess deutlich von einer rein autoritären politischen Kultur abweicht“. Diese erhöhte Partizipation von Menschen scheint deswegen eine politische Kultur zu schaffen, die sehr kompatibel sowohl der Konfliktbearbeitung als auch mit einer demokratischen Transition ist.“[1483]

Dies trifft angesichts der Notwendigkeit zur Umsetzung planetarer, nachhaltiger Leitplanken auf eine seit Jahren geführte *innereuropäische* Diskussion über zivilgesellschaftliche Partizipation und Reformen des demokratischen Systems – mit der dazu im Mittelpunkt stehenden Frage: wer vertritt eigentlich die organisierte Stimme für einen nachhaltigen Transformationsprozess und damit die Interessen zukünftiger Generationen?

[1479] Ebenda, S. 4

[1480] Ebenda, S.13

[1481] Ebenda, S. 15 f.

[1482] S. 20

[1483] S. 23

„Das Interesse der Zukunft erhält in unserem System keine organisierte Stimme...Unsere bislang so erfolgreichen demokratischen Strukturen müssen daher selbst Gegenstand der Diagnose und Therapie werden, wenn der Patient Menschheit gerettet werden soll. Sind unsere derzeitigen demokratischen Strukturen unfähig, Zukunftsverantwortung zu ermöglichen? Haben wir eine Systemkrise?"[1484]

Ein zentrales Systemdefizit klassischen politischen Handelns besteht in der mangelnden Berücksichtigung von Komplexität: Entscheidungen werden in der Regel als ‚lineare' Kausalketten getroffen, während die komplexe System-Realität Wechselwirkungen und Rückkopplungen aufweist. Wie bereits im vorigen Kapitel dargelegt wurde, zeigt das Verhältnis Mensch-Natur-Technik eine hochgradige nichtlineare, komplex-dynamische Struktur auf: „Daher kommt man mit linearem Denken nicht mehr aus, man muss vernetzt denken....Dieses komplexe Rückkopplungsschleifen einbeziehende Denken fehlt"[1485] den Entscheidungsprozessen einer klassisch repräsentativen Demokratie zu häufig.

Auch der Sozialwissenschaftler *Mohssen Massarrat*[1486] analysiert daher eine grundlegende Systemschwäche der traditionellen Parteiendemokratie und fordert eine „Demokratisierung der Demokratie" sowie eine radikale Beteiligung der Zivilgesellschaft:„ Die parlamentarische Demokratie und der Parteienstaat sind längst an die Grenzen ihrer Leistungs- und Steuerungsfähigkeit gestoßen. Als historisch bahnbrechende politische Partizipationsform der bürgerlichen Gesellschaft tritt die parlamentarische Demokratie im Zeitalter sich zuspitzender Menschheitsfragen wie die globale Umweltkrise, wachsende Gefahr von Weltordnungskriegen und die globale Armut auf der Stelle. Ihre Geburtsfehler machen sich jetzt angesichts der wachsenden Anforderungen an die partizipativen Steuerungs- und Problemlösungskapazitäten als Syndrome und Dilemmata wie Machterhalt-Syndrom, Gegenwartsfixierung, Egozentrismus, Komplexitäts-, Kompetenz- und Kompromissdilemma krisenhaft bemerkbar. Hinzu kommt der Souveränitätsverlust politischer Systeme und der schleichende Verlust nationalstaatlicher Handlungsspielräume, die durch die neoliberale Globalisierung ausgelöst wurden...Die historische Antwort auf die internen Strukturschwächen und den externen Anpassungsdruck sind offensichtlich neue soziale Bewegungen und zivilgesellschaftliche Non Governmental Organizations (NGOs).... Im Folgenden wird dafür plädiert, durch partizipative Rückkopplung zivilgesellschaftlicher Potentiale einen historisch längst fälligen Prozess der *Demokratisierung der Demokratie* einzuleiten, der eine wichtige Voraussetzung für die wirkungsvolle Bearbeitung von existenziellen Menschheitsfragen und Umsetzung von Schritten zur nachhaltigen Entwicklung darstellt."[1487]

[1484] Siehe: Bernward Gesang (Hrsg.). Kann Demokratie Nachhaltigkeit? Wiesbaden 2014. S. 13

[1485] Ebenda, S. 20 f.

[14861486] Siehe: Mohssen Massarrat. Demokratisierung der Demokratie. München 2003. In: https://www.home.uni-osnabrueck.de/mohmass/DEM.pdf

[1487] Ebenda, S.2

Im nicht nur nationalen, sondern *internationalen* Diskurs geht es um die Erneuerung und Weiterentwicklung politischer Systeme hin zu einer *„Nachhaltigkeits-Demokratie"*, um „Brücken in die Zukunft"(Kofi Annan) zu bauen.

" Heute stehen die Fragen nach Dezentralisierung, Entzerrung und Entflechtung von Entscheidungsstrukturen überall dort auf der politischen Agenda, wo dadurch Problemlösungskapazitäten und Möglichkeiten kreativer Mitwirkung erweitert und Reformblockaden überwunden werden können. Dabei geht es auch um Vorbeugung gegen Politikverdrossenheit und die damit verbundenen, politisch verheerenden Gefahren der faschistischen und fundamentalistischen Heilslehren, es geht um Stärkung der Motivation der Menschen, am politischen Geschehen, das sie selbst betrifft, teilzunehmen, es geht darum, die ethischen und moralischen Machtpotentiale in den Vordergrund zu stellen und die Weltgesellschaft insgesamt zu humanisieren."[1488]

Schwerpunkte bei der *europäischen* Debatte zur „Demokratisierung der Demokratie" sind daher Vorschläge über „direkte"[1489] und „deliberative"[1490], sprich eine *partizipative* Demokratie.
So stellt *Ute Scheub* ausführlich die gesellschaftliche Partizipationsdebatte und neue Wege westlicher Demokratien in den letzten zwei Jahrzehnten dar.[1491] Ob Konsultationsverfahren, Planungszellen, Bürgergutachten oder qualifizierte Zufallsauswahl – die Liste der Konzeptbildung und Handlungserfahrung für eine grundlegend reformierte repräsentative Parteiendemokratie ist lang. Eine der weitestgehenden Vorschläge ist: die Einführung von *„Zukunftsräten"* bzw. weiteren *Kammern* im parlamentarischen System!
Patrizia Nanz und *Claus Leggewie* schwebt beispielsweise ein „Mehrebenennetzwerk von Zukunftsräten" vor – von der lokalen, regionalen, nationalen bis zur europäischen Ebene – wo wichtige *Lösungen* zu *Zukunftsthemen* wie Generationengerechtigkeit, Klimakrise, Artensterben, Schutz von Gemeingütern, nachhaltiger Raumentwicklung etc. erarbeitet werden.[1492]
Dennoch stellen sich bei all diesen beachtlichen Reformvorschlägen weiterreichende Fragen: wie soll sich Demokratie unter den Rahmensetzungen von welchen Nachhaltigkeits-Leitplanken weiterentwickeln? Wie begrenzt sind Parteien[1493] bei zukunftsfähigen Problemlösungen des komplexen Gesellschafts-*Ganzen*? Inwieweit führt die aktuelle Parteien*konkurrenz* tatsächlich zu

---

[1488] Ebenda, S. 20

[1489] Z.B. durch Volksinitiativen oder Volksentscheide

[1490] Z.B. durch öffentliche Diskurse, öffentliche Beratung, die Teilhabe der Bürger an öffentlicher Kommunikation und das Zusammenwirken von Deliberation und Entscheidungsprozess.

[1491] Siehe: Ute Scheub. Demokratie. Die Unvollendete. München 2017. S. 66 ff.

[1492] Ebenda, S. 80 ff ; Siehe auch B. Gesang (2014),a.a.O. S. 28 ff.

[1493] Das *Gesellschaftsganze* ist eben doch mehr als die Summe seiner Partei- sprich *Teil*interessen

optimalen Politiklösungen? Wie sind Selbstorganisations-Modelle des optimalen, gesellschaftspolitischen *Zusammenwirkens* möglichst *aller* Akteure in der Gesellschaft möglich?

Diese Thematik hat allerdings in einem zukunftsorientierten, nachhaltigen *afrikanisch*-europäischen Diskurs eine wesentlichen Konsequenz: Das ‚moderne' europäische Konzept des 19. und 20. Jahrhunderts einer klassisch repräsentativen Parteiendemokratie ‚alten Typs' kann nicht länger als empfohlener Demokratie-Prototyp für afrikanische Gesellschaften gelten!

„Darin liegt das eigentliche Problem – taugt die im Westen entstandene Form der Demokratie überhaupt für afrikanische Gesellschaften?"[1494]

Dem senegalesischen Wissenschaftler *Bamba Ka* ist daher zuzustimmen, wenn er solche westlich-traditionelle Demokratie-Elemente auf Afrika für *nicht* einfach übertragbar hält, und vielmehr zwei wesentlich auszufüllende Bedingungen für eine eigenes afrikanisches Demokratiemodell fordert: „Für den Afrikaner ruht – wie ausführliche Studien sowohl afrikanischer als auch westlicher Wissenschaftler unterstreichen – Demokratie auf zwei Säulen: einer politischen und einer kulturell-soziologischen. Von wirklicher Demokratie kann man nur sprechen werden, wenn beide Säulen gleichberechtigt entwickelt sind."[1495]

Von daher ist ein kritischer Diskurs mit westlichen Demokratiemodellen erforderlich, um eigene afrikanische Formen zukunftsfähiger demokratischer Selbstbestimmung einzubringen:

„Der afrikanische Kontinent muss sich neuen Herausforderungen stellen. Er muss seine menschlichen und soziokulturellen Ressourcen mobilisieren; er muss sich angesichts der drohenden Zerstörung seines ethnischen und kulturellen Erbes öffnen, ohne dieses Erbe preiszugeben; er muss sich auseinandersetzen mit den Modellen der westlichen Demokratisierung und in diese Auseinandersetzung zugleich seine eigenen Demokratieformen einbringen."[1496] [1497]

[1494]Siehe: Bamba Ka. Afrika – zwischen westlichen Demokratiemodellen und demokratischer Selbstbestimmung. In: UTOPIE kreativ, H. 108 (Oktober 1999). S. 67 – 72. S. 69

[1495] Ebenda, S. 71

[1496] Ebenda, S. 72

[1497] Auch *Nelson Mandela* erinnerte sich an gesellschaftspolitische, ‚demokratische' Versammlungen beim Regenten, auf denen ‚jeder' sprach, der sprechen wollte. Sie verkörperten für ihn die Grundidee einer konsensorientierten demokratischen „Selbstregierung", wo „eine Entscheidung gemeinsam getroffen wurde, als ein Volk. Herrschaft einer Mehrheit war eine fremdartige Vorstellung. Eine Minderheit würde nicht durch eine Mehrheit erdrückt werden." Siehe: Nelson Mandela (1994), a.a.O. S. 35 f. Allerdings waren in Mandelas Kindheit noch Frauen als Teilnehmerinnen auf solchen Versammlungen ausgeschlossen, was Mandela ausdrücklich bedauerte.....(In Deutschland wurde übrigens das Frauenwahlrecht erst zu der Zeit eingeführt, als Mandela geboren wurde....)

In der *aktuellen* afrikanischen Agenda 2063 der Afrikanischen Union heißt es:

„ASPIRATION 6: An Africa whose development is people-driven, relying on the potential of African people, especially its women and youth, and caring for children

47. All the citizens of Africa will be actively involved in decision making in all aspects. Africa shall be an inclusive continent where no child, woman or man will be left behind or excluded, on the basis of gender, political affiliation,

religion, ethnic affiliation, locality, age or other factors.

48. All the citizens of Africa will be actively involved in decision making in all aspects of development, including social, economic, political and environmental."[1498]

Hervorzuheben ist bei diesem afrikanischen „people-driven" Demokratiemodell der ‚Afrikanischen Union' die besondere Bedeutung der *Frauen*: Ziel eines ganzheitlichen Demokratiekonzeptes ist umfassende Geschlechtergerechtigkeit, Ächtung geschlechterbasierter Gewalt und Diskriminierung sowie volle Parität der Teilhabe von Frauen und Männern am gesellschaftlichen Leben.

„50. The African woman will be fully empowered in all spheres, with equal social, political and economic rights, including the rights to own and inherit property, sign contracts, register and manage businesses. Rural women will have access to productive assets: land, credit, inputs and financial services.

51. All forms of gender-based violence and discrimination (social, economic, political) against women and girls will be eliminated and the latter will fully enjoy all their human rights. All harmful social practices (especially female genital mutilation and child marriages) will be ended and barriers to quality health and education for women and girls eliminated.

52. Africa of 2063 will have full gender parity, with women occupying at least 50% of elected public offices at all levels and half of managerial positions in the public and the private sectors." [1499]

Ein entsprechend umfassender afrikanisch-europäischer Diskurs zu ‚Demokratie' und Partizipation sollte daher exemplarisch Forschungsergebnisse und Erfahrungsberichte über die besondere historische und kulturelle Bedeutung *afrikanisch-matriarchalischer* Systeme[1500] aufarbeiten und in eine nachhaltige Transformationsstrategie einfügen. Entsprechendes gilt für die Analyse und Auswertung des Matriarchats als „Friedens- und Konfliktlösungsgemeinschaft"[1501] oder als Gesellschaft mit der Nutzung landwirtschaftlicher Flächen in Gemeineigentum wie etwa bei den ‚Bijagos'.[1502]

[1498] Siehe: https://au.int/sites/default/files/documents/36204-doc-agenda2063_popular_version_en.pdf , S.8

[1499] Ebenda S. 8 f

[1500] Vgl. https://afrikhepri.org/de/le-matriarcat-en-afrique/

[1501] Siehe: „Das Matriarchat als Friedensgesellschaft", am Beispiel ‚Orango': https://dieguteminute.ch/matriarchat-auf-einer-insel-vor-guinea-bissau/

[1502] Siehe: https://de.wikipedia.org/wiki/Bijagos

Unser exemplarischer Diskurs über gesellschaftspolitische Leitplanken einer nachhaltigen Transformationsstrategie liefert nunmehr die systematische und *systemische ‚Einbettung'* für die *nächste Dimension der Nachhaltigkeit*: die *Ökonomie*. Bei kaum einer anderen Thematik ist der Diskurs über das Problem von Fortschritt oder Rückstand einer Gesellschaft so ideologiebehaftet wie bei der „Wirtschaftsfrage".

Der Ökonom *Felwine Sarr* analysiert dies treffend am Beispiel Afrikas: „Die Art, auf die man die Frage nach der afrikanischen Wirtschaft verhandelt hat, ist symptomatisch für die allgemeine Form der Diskurse über den Kontinent."[1503] Mit Selbstverständlichkeit werden beispielsweise entweder aktuelle Vergleiche von Wirtschaftswachstum mit der westlichen Welt oder historische Kurzfristbetrachtungen innerhalb eines Zeithorizontes bis zur kolonialen ‚Unabhängigkeit' oder gelegentlich bis zum Beginn des Kolonialismus betrachtet. „Nie geht man über diese bestimmten, als maßstäblich gesetzten historischen Momente hinaus. Eine längerfristig angelegte Betrachtung des afrikanischen Kontinents würde einen komplexen Entwicklungsverlauf aufzeigen und es erlauben, sogenannte stilisierte Fakten durch einen umfassenderen Zeitrahmen zu ersetzen."[1504]

Dies würde *auch* einen *erweiterten* Zeithorizont der *europäischen* Wirtschaftsgeschichte ermöglichen, und nicht nur die Geschichte des Industriekapitalismus.

Denn lange bevor letzterer Epoche war Afrika aktiv und umfassend beteiligt an weltweiten Austausch-Beziehungen und globaler Kommunikation: "Afrika ist seit dem tiefsten Altertum ein Ort des Handels und des kulturellen Austauschs gewesen. Die Afrikaner haben untereinander sowie mit anderen Völkern gehandelt. Handelswege, Pirogen oder Kommunikationswege durch die Sahara und dem gesamten Kontinent ermöglichten den Handel...; auch mit den Völkern des Indischen Ozeans, mit Mesopotamien und der Levante wurde gehandelt....Wirtschaftssysteme dienen dem Zweck, die Lebensgrundlage der Individuen zu sichern, und sie organisieren die Produktion und Zirkulation der Güter in erster Linie auf Grundlage gesellschaftlicher Bande, die Wirtschaft ist in die Gesellschaft eingebettet."[1505]

Afrika war in der *vorkolonialen* Epoche durchaus in vielerlei Hinsicht mit „Vorstellungen von Reichtum verbunden gewesen;"(Sarr)[1506]dennoch kennt man in dieser Epoche weder Profitmaximierung, Wirtschaftswachstum oder Handelsbilanzen. Geschichte wurde nicht als linear, sondern zyklisch betrachtet: es gab Zeiten von Hochphasen oder des Niedergangs – wie in der übrigen Welt auch.[1507]

[1503] Siehe: F. Sarr (2019), a.a.O. S. 47 ff

[1504] Ebenda, S. 47

[1505] Ebenda, S. 51

[1506] So hatte Kankan Musa, Kaiser von Mali, während seines Aufenthaltes in Kairo im Jahr 1324 soviel Gold in Umlauf gebracht, dass der Goldkurs im gesamten Nahen Osten einbrach...Im übrigen gilt er bis heute als reichster Mann auf Erden....(Ebenda)

[1507] „Die chinesische Zivilisation und das europäische Mittelalter kannten ebenfalls keine Bilanzierung des jährlich produzierten Reichtums und seiner Entwicklung." (S. 52)

*„Wirtschaftswachstum ist, als Leitvorstellung und Ausdruck gesellschaftlichen Fortschritts, in der Menschheitsgeschichte etwas Neues: eine Vorstellung , die auf die industrielle Revolution in Europa zurückgeht."(*Sarr)

Betrachtet man den *europäischen vorkolonialen* Zeithorizont, führen uns die Erkenntnisse von *Annette Kehnel*[1508] auf interessante Erkenntnisse über Vorläufer nachhaltiger Ökonomie bereits im 13. Jahrhundert, als beispielsweise Mitglieder im kirchlichen Umfeld der Bettelorden Konzepte zur „Bedürfnisökonomie" entwickelten: "Und so brachten ausgerechnet diese Anhänger des einfachen Lebens ohne Eigentum die wichtigsten Denker der ökonomischen Theorien des Spätmittelalters hervor. Sie entwickelten Richtlinien ökonomischen Handelns im Spannungsfeld zwischen Gewinnstreben und Gemeinwohl für die Händler, Kaufleute und Unternehmer ihrer Zeit, formulierten das Paradox der Preisbildung, Ansätze der Grenznutzenlehre und analysierten die Eigenschaften des Kapitals."[1509]Einer der Vordenker war wohl Petrus J. Olivi, der im Rahmen der ,Narbonner Schule' methodische Elemente zur Analyse von Marktmechanismen, die Bedeutung der Wirtschaftstätigkeit von Kaufleuten entwickelte, aber insgesamt den Denkhorizont neuer ökonomischer Möglichkeiten beachtlich erweiterte....

„Das im Laufe des 13. Jahrhunderts an Bedeutung gewinnende Konzept des Gemeinwohls (bonum commune) bot die Matrix, in der Olivi die Vorstellungen eines dynamischen Gleichgewichts im ökonomischen Austausch entwickelte. Dazu zählte die Wertschätzung des Kaufmanns, dessen gesellschaftliche Aufgabe in der Verteilung der Güter bestand. Seine Rolle wurde immer wichtiger, ja unabdingbar für das Gemeinwohl, und seine Gewinne waren Gewinne für die Gemeinschaft."[1510]

Wie wir wissen, vollzieht sich die gesellschaftliche und wirtschaftliche Entwicklung jedoch anders: im 17. und !8. Jahrhundert setzt sich ein kapitalistisches ,Fortschrittsmodell' in Europa durch und wird zu allem Unglück auch noch dem afrikanischen Kontinent gewaltsam ,implantiert'. Von nun an werden ökonomische Wertmaßstäbe in beiden ,Welten' dem industrie-kapitalistischen Dogma unterworfen. Fortan werden Fehlentwicklungen afrikanischer Gesellschaften oftmals zu Recht schlechter Regierungsführung zugeschrieben...

Aber:

„Diese Regierenden haben jedoch keinerlei Rechenschaft abzulegen für die Ausgangsbedingungen, die ihnen die Geschichte hinterlassen hat, oder für die wenig vorteilhaften gesellschaftlichen Entwicklungsdynamiken, die sie vorgefunden haben...So bedeutende Schocks wie vier Jahrhunderte transatlantischer Sklavenhandel und ein Jahrhundert Kolonisierung haben gewichtige demografische, wirtschaftliche, politische, kulturelle und soziale Auswirkungen gezeitigt, Sand ins

[1508] A. Kehnel (2021), a.a.O. S. 350 ff

[1509] Ebenda, s. 354

[1510] Ebenda, S. 375 f.

Getriebe gestreut und den Gesellschaften des subsaharischen Afrika enorme Kosten auferlegt. Die Auswirkungen einiger dieser Schocks halten bis heute an.“ [1511]

Drastisch Außeneinflüsse erzeugten so im afrikanischen *Gesamtsystem* eine dramatische *Instabilität,* so dass das System und seine Subsysteme in einen stark chaotischen Zustand kollabierten und ihre Gleichgewichtszustände fast vollständig einbüßten...*fast*....Denn dennoch zeigte sich ein erhebliches Potenzial an *Resilienz* und dynamischen Regenerationskräften:
„Die afrikanischen Völker haben angesichts der Prüfungen, die sie ihre gesamte Geschichte hindurch bestehen mussten, beträchtliche Resilienz und einiges an Ausdauer bewiesen. Die demografische Erholung , für die Afrika gerade einmal ein Jahrhundert benötigt hat, zeugt von diesem Überlebenswillen.“ [1512]

Im Übrigen waren Maßnahmen einer verfehlten ‚Entwicklungspolitik‘ Afrikas von außen immer wieder für weitere *chaotische,* instabile Selbstverstärkungsprozesse mit schwerwiegenden Krisen verantwortlich und verhinderten damit die eigenverantwortliche Regeneration in einen *neuen* stabilen, auch ökonomischen Gleichgewichtszustand. Aber genau dies ist für *Sarr* eine zentrale systemische Aufgabe Afrikas: “Kein dynamisches System kehrt jemals zu seinem Ausgangszustand zurück. Ebenso verhält es sich auch mit den Gesellschaften. Diese können jedoch einen neuen Gleichgewichtszustand erlangen und einem Zustand zustreben, der ihre Chancen auf Überleben und Wachstum maximiert.“[1513]

Doch wie kann vor allem *wirtschaftliche* Selbstregenration und Resilienz gefördert und gestärkt werden? Ich finde es bemerkenswert, dass *Sarr* eine wesentliche Antwort in ähnlichen Überlegungen sieht, wie wir sie auch bei den großen Resilienz-Leistungen der afroamerikanischen Gesellschaften gefunden haben – nämlich in der *kulturellen* Dynamik!
„Vor allem müssen aber auch kulturelle Dynamiken mobilisiert und in den Dienst der afrikanischen Wirtschaften gestellt werden; diese Dynamiken sind bisher weitgehend vernachlässigt worden und könnten der afrikanischen Ökonomie als Hebel dienen.“ [1514]

Die Ökonomie der *vor*kolonialen Tradition war in ein umfassenderes gesellschaftliches System eingebettet, in der die kulturellen Belange wichtige Orientierungsmaßstäbe lieferten. „Hier soll der Gedanke vertreten werden, dass die wirtschaftliche Effizienz eines ökonomischen Systems an seinen kulturellen Kontext zusammenhängt. Die afrikanischen Ökonomien würden ihren Take-off erleben, wenn sie den ihnen eigenen Triebkräften gehorchten.“[1515]

[1511] F. Sarr (2019), a.a.O. S. 58
[1512] S. 60
[1513] Ebenda
[1514] S. 65
[1515] S.67

Es geht dabei um die kulturelle Gesamtheit von Denk- und Handlungsweisen, die Kreativität sowie Kommunikation von Werten und Sinnzusammenhängen voraussetzen.[1516]

Es geht aber auch um die kulturellen Grundlagen wirtschaftlicher Entscheidungen. Seit jeher wurden aber auch die *westlichen* Ökonomien von bestimmten kulturellen Welt- und Menschenbildern geprägt, die *ihre* Antwort auf die Frage nach dem „Wert" der Dinge formulierten.

Dabei waren vorkoloniale mittelalterliche Wirtschaftsideen wesentlich von Nachhaltigkeit, Gemeinwohl und moralischer Verantwortung des ökonomischen Handelns erfüllt, die aber zunehmend durch privatkapitalistische, gewinnmaximierende Tauschwertprozesse fast vollständig verdrängt wurden. „Eine solche Kultur kann, wenn sie auf sämtliche Bereiche des gesellschaftlichen Lebens angewandt wird, in einer Zerstörung des Werts und einer Verkehrung der den Gegenständen eigenen Zwecke münden."[1517]

Erst in der jüngeren Geschichte nimmt eine neue Generation von Ökonominnen und Ökonomen den Grundgedanken von Nachhaltigkeit und Gemeinwohl in der Wirtschaftswissenschaft wieder auf und formuliert dekoloniale und postkapitalistische Konzepte.[1518] Dies schafft m.E. weitreichende, neue Möglichkeiten, um einen *de*kolonialen afrikanisch-europäischen Diskurs über die nachhaltige Dimension der Ökonomie zu führen.....

Ein wesentlicher Faktor *Afrikas* bei der Bewältigung kolonialer Herrschaft war – wie bereits dargelegt – der Bereich seiner resilienten, lebenskraftspendenden Kultur:

"Wenn es einen Bereich gibt, in dem die Ausstrahlungskraft Afrikas vollkommen intakt geblieben ist, und das trotz der Verwerfungen einer bewegten jüngeren Geschichte, dann ist es der Bereich der Kultur."[1519]

Von daher gelte es,*„die afrikanischen Ökonomien in ihrem kulturellen Kontext (zu) verankern"* (Sarr). Dies bedeutet jedoch auch theoretische Defizite der vorherrschenden Ökonomie zu beheben:

"Ausschließlich auf dem Postulat des methodologischen Individualismus begründete Analyseansätze werden dem wirtschaftlichen Verhalten des homo africanicus und den Determinanten seines Verhaltens nicht gerecht...Es geht darum, sich dem blinden Fleck des neoklassischen Paradigmas zuzuwenden, holistische und systemische Ansätze in die eigenen Überlegungen

---

[1516] Sarr sieht hier umfassende Kulturaktivitäten wie „künstlerische, wissenschaftliche und literarische Kultur, verschiedene Kunstformen, die Kunst des Lebens und die Art der Zeitorganisation." (S.68)

[1517] Ebenda, S. 75

[1518] Siehe: A. Kehnel (2021), a.a.O. S.389 ff

[1519] F. Sarr (2019), a.a.O. S.75

einzubeziehen, kollektive Kräfte, gesellschaftlich konstituierte Institutionen und die den Gesellschaftsformationen eigenen historischen Strukturen zur Kenntnis zu nehmen."[1520]

Dabei gilt es, *andere Verfahren zur Regulierung der Produktion* aufzuzeigen: Verfahren, die die „Eingliederung des Ökonomischen in ein umfassenderes gesellschaftliches und natürliches System" ermöglichen.

Dabei sind zwei wesentliche Grundideen, erstens die „Auffassung von Kollektiver Wohlfahrt" und zweitens die „Vorstellung einer der Gemeinschaft dienenden Ökonomie".

Sarr richtet daher sein Augenmerk auf die *kritische* Betrachtung der „Wohlfahrtsökonomie" seit dem 18. Jahrhundert, die die ‚Wohlfahrt' als maximalen persönlichen und sozialen ‚Nutzen' definierte, der insbesondere durch ‚Einkommen' erfüllt sein sollte. Vielmehr überzeugten ihn neuere *alternative* Ansätze von *Amartya K. Sen* oder *Martha Nussbaum*: während *Sen* die Wohlfahrt als reale, auch individuelle Möglichkeit eines eigenen Bewertungskriterien folgenden guten Lebens aufzeigte, z.B. als Verwirklichungs-chance auf eigene Gesundheit…., entwickelt *Nussbaum* ein Konzept zur ‚Politik der Sorge' weiter, in der es gelingt, der Realisierung der eigenen und besonderen Bedürfnisse der Individuen gerecht zu werden: „Die Ansätze und von Sen und Nussbaum erscheinen uns insofern interessant, als sie ermöglichen, die Klippe des Ökonomismus zu umschiffen und die Ökonomie wieder in ein umfassenderes Gesellschaftssystem zu integrieren. Hinzu kommt, dass ein Verständnis der Wohlfahrt als Möglichkeit, ein nach den eigenen Bewertungskriterien gutes Leben zu führen, es ermöglicht, die Projektion fremden Verweisungszusammenhängen entstammender Mythen auf Gruppen oder Individuen zu vermeiden."[1521]

Das Wiederaufgreifen, Anpassen und Weiterentwickeln von Selbstregenerationskräften einer Wohlfahrts- und Gemeinwohlökonomie ist daher wesentlicher Gegenstand eines nachhaltigen Ökonomie-Diskurses, der diesen mit Politik und Kultur grundlegend verbindet: „Ökonomie, Politik und Kultur sind drei Säulen des Gesellschaftsgebäudes, das es zu renovieren oder sogar neu zu errichten gilt."[1522]

Dies trifft sich mit Überlegungen und Analysen von *Annette Kehnel* [1523]über gemeinwohlorientierte Wirtschaftsweisen und Lebenskulturen *vor* der Moderne, z. B. in Fallstudien über Klöster – mit der grundlegenden Erkenntnis: „Gemeinschaftliches Wirtschaften kann funktionieren, auch ohne Ausbeutung, auch ohne Sklaverei."[1524]

[1520] S. 78 f.

[1521] S. 80 f.

[1522] Ebenda, s. 89

[1523] A. Kehnel (2021), a.a.O. S. 391

[1524] Ebenda

Auch mit ihrem Hinweis auf z.B. Amartya Sen liefern diese Erkenntnisse darüber hinaus fruchtbare Ansätze für Forderungen nach einer Wirtschaftstheorie des 21. Jahrhunderts, die sich *nicht* mehr an überkommenen Paradigmen einer angeblich ‚alternativlosen' Ökonomie der ‚modernen' Vergangenheit orientiert....
Ein zentrales Beispiel dazu liefert die Oxforder Ökonomin *Kate Raworth*. Allerdings wählt sie als methodischen Ansatz des sog. „Back-Casting", das ein konkretes, wünschenswertes *Zukunfts*szenario zugrunde legt, und *zurückschauend* die Frage stellt: Was muss gegenwärtig getan werden, damit eine solche wünschenswerte Zukunft eintritt?[1525] „Wie wäre es, wenn wir nicht die etablierten, althergebrachten Theorien an den Anfang der Ökonomie stellen, sondern stattdessen die langfristigen Ziele der Menschheit, und versuchten, ein ökonomisches Denken zu entwickeln, das uns in die Lage versetzt, diese Ziele zu erreichen?"[1526]

Diese langfristigen Ziele der Menschheit galt es modellhaft abzubilden, wobei die gesellschaftspolitischen sowie ökonomischen Randbedingungen und Leitplanken sichtbar werden sollten. Das Originelle des Bildes bestand aus konzentrischen Kreisen, die soziale und ökologische Grenzen räumlich darstellten, als *„Donut"*:
„Das Wesen des Donuts: ein gesellschaftliches Fundament des Wohlergehens, unter das niemand abstürzen sollte, und eine ökologische Decke des planetaren Drucks, über den wir nicht hinaus gehen sollten. Zwischen diesen beiden Bereichen liegt ein sicherer und gerechter Raum für alle."[1527]
Der Kern der Donut-Ökonomie enthält sieben Leitideen:

1. *Das Ziel verändern*. Anstatt stetiges Wachstum des Bruttoinlandproduktes anzustreben, geht es heute darum, ein florierendes Gleichgewicht herzustellen
2. *Das Gesamtbild erfassen*. Es ist an der Zeit, die Wirtschaft neu zu zeichnen und sie einzubetten in die Gesellschaft und die Natur
3. *Die menschliche Natur pflegen und fördern*. Die menschliche Natur ist wesentlich reicher und vielfältiger: wir sind sozial veranlagt, bemühen uns um Annäherung, verändern unsere Werte und sind abhängig von der lebendigen Welt.
4. *Systemisches Denken Lernen*. Nicht nur für die Erfassung der Wirtschaftsdynamik eröffnet systemisches Denken neue Einblicke, von den Konjunktur-

---

[1525] Ein aktuelles Beispiel ist die Klimapolitik: Es gilt das globale 1,5°- Erwärmungs-Ziel einzuhalten, damit katastrophale Auswirkungen und unbeherrschbare Folgen des Klimawandels möglichst vermieden werden.
[1526] Siehe: Kate Raworth. Die Donut-Ökonomie. Endlich ein Wirtschaftsmodell, das den Planeten nicht zerstört. München 2023. S. 19
[1527] Ebenda, S. 20

und Krisenzyklen der Finanzmärkte bis zur sich selbst verstärkenden Natur der wirtschaftlichen Ungleichheit sowie Kipppunkten des Klimawandels.

5. *Auf Verteilungsgerechtigkeit zielen*. Dies geht über die Verteilung von Einkommen hinaus, hin zur Umverteilung von Vermögen, das auf der Beherrschung von Land, von Unternehmen, von Technologie und Wissen und auf der Macht der Geldschöpfung beruht.
6. *Auf Regeneration zielen*. Wir brauchen ein ökonomisches Denken, das eine regenerative Ausrichtung fördert, um zirkuläre – keine lineare – Wirtschaft zu ermöglichen und den Menschen als gleichberechtigten Teilnehmer in die zyklischen Lebensprozesse der Erde einzubinden.
7. *Eine agnostische Haltung zum Wachstum einnehmen*. Wir brauchen eine Wirtschaft, die den Menschen nutzt, unabhängig davon, ob sie wächst oder nicht. Der Perspektivwechsel ermutigt uns, radikal zu erforschen, wie Volkswirtschaften, die gegenwärtig von Wachstum abhängig sind, lernen können, mit oder auch ohne Wachstum zu leben.[1528]

In einem aktuellen Nachwort beschreibt Kate Raworth, dass sich Menschen und vielfältige Projekte weltweit für die Umsetzung der Donut-Ökonomie einsetzten:

„Es wurde schnell klar, dass es am sinnvollsten wäre, diese Vorreiter des Wandels, diese Changemaker, und viele andere auf der ganzen Welt zusammenzubringen, um gemeinsam zu lernen, was es bedeutet, radikale Ideen in transformatives Handeln umzusetzen."[1529]

Und so gründete sie zusammen mit der Ökonomin *Carlota Sanz Ruiz* das „Doughnut Economics Action Lab (DEAL)", um alle zu vernetzen, die daran interessiert sind, die Donut-Ökonomie in die Praxis umzusetzen.[1530] [1531]

Es ist sehr zu wünschen, dass diese Dynamik einer nachhaltigen Transformation der Ökonomie sich auch auf den Transformationsprozess hin zu einer

---

[1528] Siehe: S. 36 ff

[1529] Ebenda, S. 347 f

[1530] Ebenda

[1531] Ein verwandtes Modell stellt das Konzept „Planetarer Belastungsgrenzen"dar: Für die Erde sind sechs fundamentale ökologische Bereiche definiert, bei denen ein Überschreiten der Grenzen negative Folgen für die Menschen hätte. Siehe: Will Steffen et al. (2015) und Linn Persson et al. (2022). In: https://de.wikipedia.org/wiki/Planetare_Grenzen

Auf dem Modell der planetaren Belastungsgrenzen aufbauend wurde von Carl Folke, Johan Rockström et al (2016) ein erweitertes Modell entworfen („Hochzeitstorten-Modell"). Damit soll das wissenschaftliche Modell der planetaren Belastbarkeitsgrenzen auf die Ziele für eine Nachhaltige Entwicklung (Sustainable Development Goals, SDGs) der UN übertragen werden. Siehe: https://www.bmuv.de/themen/nachhaltigkeit/integriertes-umweltprogramm-2030/planetare-belastbarkeitsgrenzen

nachhaltigen und zukunftsfähigen *Technologie* bzw. einer technologischen Nachhaltigkeit und Zukunftsfähigkeit überträgt.
Wie schon früher dargelegt ist die *Nachhaltigkeitsdimension ‚Technologie'* mit allen anderen *Dimensionen* (ökologisch, kulturell, sozial, ökonomisch) verbunden und darin eingebettet.
Wie also nähern wir uns den Problem- und Lösungs-Horizonten für diese Schlüssel-Dimension der Nachhaltigkeit: einer wirklichen Technologie der Zukunft?
Ein strategisches Konzept von Zukunftstechnologien ist *exemplarisch* mit der ‚Energiewende' verknüpft: zur Dekarbonisierung der Energieproduktion als wesentliche Klimaschutzmaßnahme ist die Transformation hin zu Erneuerbaren Energien von zentraler Bedeutung. Doch dies ist leider oftmals mit asymmetrischen Nord-Süd-Folgen verknüpft: die Wohlstandsmodelle des Nordens werden durch *„Externalisierung"* von Rohstoffentnahme und Arbeitsleistung in den globalen Süden ‚erkauft', da es mitnichten gelungen ist, Naturverbrauch und Wirtschaftswachstum zu entkoppeln.[1532] „Allein die Rohstoffförderung hat sich seit der Jahrtausendwende um mehr als fünfzig Prozent erhöht und liegt doppelt so hoch, wie sie für einen nachhaltigen Umgang mit den Ressourcen unseres Planeten sein dürfte....Und ...im Fall der USA liegt der Ressourcenverbrauch mit durchschnittlich 32 Tonnen pro Kopf signifikant höher als in den G20-Ländern, dreimal so hoch wie der globale Durchschnitt und zehnmal so hoch wie auf dem afrikanischen Kontinent."[1533] Dies wiederum führt zu einem ungelösten Abfallproblem[1534].......

Wie sähe also ein angemessener, ‚gleichwertiger' afrikanisch-europäischer Technologie-‚Diskurs' aus?

Einerseits gäbe es gemeinsame Nachhaltigkeitsziele zur Einhaltung planetarer Leitplanken, andererseits unterschiedliche Umsetzungsschritte der Transformationspraxis: die westliche Welt incl. *Europa* haben zunächst das nichtdiskutierbare Ziel der Einhaltung des Pariser Klima-Abkommens (1,5°), einer drastischen Verringerung des ‚Ökologischen Fußabdrucks'[1535] sowie einer deutlichen Erhöhung der Ressourcenproduktivität[1536] vor sich, während *Afrika* die selbstorganisierte Entwicklung einer eigenständigen nachhaltigen Technologiebasis - bei Überspringen der fossilen Ära („Leapfrogging") und Orientierung an solarer

[1532] Siehe: M. Göpel (2022),a.a.O. S. 193 f
[1533] Ebenda
[1534] Wie z.B. Elektroschrott, Siehe: https://www.erneuerbareenergien.de/energiemarkt/energierecht/recycling-wiederverwerten-statt-entsorgen-potenziale-effizienten-recyclings-nutzen
[1535] Siehe: https://de.wikipedia.org/wiki/Ökologischer_Fußabdruck
[1536] Siehe: E.U. von Weizsäcker et al (2010),a.a.O. S. 11 - 36

Gemeinwirtschaft sowie Ausbau der eigenen natürlichen und sozialen Ressourcen – gelingen muss!

Am Beispiel des Verkehrssektors sei dies kurz erläutert:
„Gelänge es, den CO2-Ausstoß von Land- und Seefahrzeugen bis 2050 fast völlig zu eliminieren und die Treibhausgaswirkungen von Flugzeugen zumindest zu halbieren, so fiele allein dadurch etwa ein Viertel der globalen, energiebedingten Klimagase weg. Der Verkehrssektor ist damit nach dem Energiebereich der zweitmächtigste Hebel für die Dekarbonisierung der Weltwirtschaft." [1537]
Leider zeichnet sich bisher der Verkehrssektor durch hohe Wachstumsraten und „Rebound-Effekte"[1538] trotz gewisser Effizienzerfolgen aus. „Von daher ist es nicht verwunderlich, dass der weltweite Verkehrssektor heut fast um die Hälfte mehr Klimagase ausstößt als noch vor 20 Jahren. In Deutschland ist der Verkehr sogar der einzige Bereich , in dem seit 1990 keine Verbesserung geglückt ist: Während im Energiesektor, in der Industrie sowie bei Haushalten und Gewerbe die Treibhausgasemissionen zwischen 30 und 40 Prozent abnehmen, blieben sie beim Verkehr praktisch unverändert."[1539]
Die *Potenziale* für eine nachhaltige ‚Verkehrswende', wie z.B. Wechsel zum Elektro-Pkw, mehr Gütertransport durch die Bahn, Brennstoffzellenfahrzeuge oder leistungsstärkere Batterien,[1540] werden ehrgeizig und optimistisch eingeschätzt, aber die *tatsächlich* erfolgreiche Umsetzung wartet nach wie vor auf ihre Realisierung ?!
Fakt ist in jedem Fall: je mehr Klimagase eingespart werden, desto besser. Jedoch ist radikaler Klimaschutz eine notwendige, aber *keine hinreichende* Lösung für das planetarische *Gesamt*-Ökologieproblem unserer Technologieentwicklung!
Es *bleiben* beispielsweise zentrale Probleme wie *Sonderabfall* und *Rohstoff-Verbrauch*: das global unverzichtbares Kobalt für Motoren und Batterien stammt zu 70 Prozent aus Minen der Demokratischen Republik Kongo[1541].....Soll es nicht bei den bisherigen ‚Ausbeutungsstrategien' bleiben, sind mindestens sozialgerechte Verträge und Arbeitsbedingungen sowie ein massives Recycling wertvoller Rohstoffe erforderlich.... Doch auch eine solch erfolgreiche Strategie würde noch keine *dauerhaft* nachhaltige Lösung des Technologieproblems sein: die ökologischen Kreisläufe wären noch immer nicht geschlossen.....

[1537] Siehe: U. Eberl (2022), a.a.O. S. 98

[1538] Siehe: „Effizienzsteigerungen senken oft die Kosten für Produkte oder Dienstleistungen. Dies kann dazu führen, dass sich das Verhalten der Nutzerinnen und Nutzer ändert: Sie verbrauchen mehr - die ursprünglichen Einsparungen werden teilweise wieder aufgehoben. Dieser Effekt wird Rebound genannt." https://www.umweltbundesamt.de/themen/abfall-ressourcen/oekonomische-rechtliche-aspekte-der/rebound-effekte

[1539] Siehe: U. Eberl (2022), a.a.O. S. 99

[1540] Ebenda, S. 100 ff.

[1541] Ebenda S. 115 f.

Die unmittelbare Transformationsperiode vor uns besteht also aus wichtigen Übergangskonzepten und allen verfügbaren nichtfossilen Hybrid-Technologien, insbesondere der Erneuerbaren....
Nur ein solch konsequentes Handeln verschafft uns wertvolle Zeit für die Suche nach einem anderen, dauerhaft zukunftsfähigen Technik-Typus!

So ist auf dem afrikanischen Kontinent die Elektromobilität längst auf dem Vormarsch: „Ob Motorräder mit Wechsel-Akkus oder Busse mit Solarzellen auf dem Dach: In Afrika gibt es längst Elektromobilität. Von der nicht nur das Klima profitiert, sondern auch die lokale Bevölkerung und die Wirtschaft."[1542]

Jedoch sind die Verkehrskonzepte genutzter Elektrofahrzeuge mit E-Motor und traditioneller Batterie oftmals Übernahmen oder Kopien westlicher E-Mobilität und eben *nicht Solar*-Mobilität,[1543] die auf *afrikanische* Solar-Verhältnisse ausgerichtet ist. Eher selten werden Solarzellen verwendet, etwa bei Solar-Bussen, um die Ladezeiten zu verkürzen.... Dabei zeigt eine aktuelle Studie der Universität Lissabon die große internationale Bedeutung von Solar-Mobilität:

„Insgesamt zeigt die Studie, dass Solarenergie eine Reichweite zwischen 11 und 29 km pro Tag ermöglicht und den Ladebedarf um die Hälfte reduziert. Die Studie kommt außerdem zu dem Schluss, dass die günstigsten Standorte für solarbetriebene Fahrzeuge Städte in Afrika, dem Nahen Osten, Südeuropa und Südostasien sind, obwohl das Potenzial auch in anderen Regionen, darunter China, Nordamerika und Australien, interessant ist."[1544]

Von daher möchte ich die Erarbeitung einer afrikanisch-europäischen Studie zur großräumigen Produktion und Nutzung von *Solar-Mobilität* insbesondere für den afrikanischen Kontinent vorschlagen.

Dabei sollten zum einen für afrikanische Verhältnisse optimierte Solarzellentypen[1545] sowie zum anderen *alle Arten von Solarfahrzeugen*[1546] untersucht

---

[1542] Siehe: https://www.dw.com/de/wie-elektro-pioniere-afrika-mobil-machen/a-64535383

[1543] Siehe: https://www.hisour.com/de/solar-vehicle-39804/

[1544] Siehe: https://de.futuroprossimo.it/2023/09/le-auto-solari-potrebbero-dimezzare-la-necessita-di-ricariche/

[1545] Z.B. könnten aufgrund der intensiven Sonneneinstrahlung Materialien Verwendung finden, die preiswert und recycelbar sind, aber möglicherweise weniger effektiven Wirkungsgrad aufweisen.
Vgl. https://de.wikipedia.org/wiki/Organische_Solarzelle

[1546] Vgl. https://de.wikipedia.org/wiki/Solarfahrzeug

werden. In dem Zusammenhang sollte auch die Möglichkeit der Entwicklung und Nutzung von *Solar-Luftschiffen*[1547]geprüft werden.

Auch die Umsetzung einer solchen Politik solarer Mobilität hätte paradigmatische Bedeutung für einen strategischen Zeitgewinn für die Entwicklung eines dauerhaft nachhaltigen Technik-Typus, der tatsächlich langfristig die planetaren Grenzen und nachhaltigen Leitplanken einhält.

In der Geschichte der Technologie traten immer wieder innovative Zyklen auf, sogenannte *Kondratjew-Zyklen*, die einen wirtschaftlichen und *technologischen Paradigmenwechsel* hervorbrachten.[1548] „Eine Welle neuer, faszinierender technologischer Innovationen könnte zur größten Hoffnung für einen neuen Aufschwung werden. Doch angesichts der ökologischen Grenzen kann und darf es keinen neuen Wachstumszyklus geben, der erneut auf zusätzlichem Verbrauch von Energie, Wasser und Mineralien basiert. Der neue Zyklus muss „grün“ sein – oder er wird nicht stattfinden.“[1549]

Die Eigenschaften dieses neuen, paradigmatischen Technologie-Zyklus beschreibt *Ernst Ulrich von Weizsäcker* wie folgt:

- *Erneuerbare Energien* – in allen kreativen und effektiven Formen
- *Radikale Erhöhung der Ressourcenproduktivität* – um einen Faktor Fünf
- *Systemdesign* – als ganzheitlicher Ansatz, die Ressourcenproduktivität des ganzen Systems zu optimieren
- *Biomimikry* – wirksam Leitbilder aus der Natur nutzen

Bei Biomimikry, Bionik oder Biomimetik handelt es sich um einen wissenschaftlichen Ansatz, der *erstens* Modelle aus der Natur zur technologischen Problemlösung untersucht, etwa Solarzellen, deren Bauart einem Pflanzenblatt ähnelt, *zweitens* Natur und Evolution werden als Beurteilungs-Maßstab für die „Richtigkeit“ einer technologischen Innovation herangezogen und *drittens* soll eine neue

---

[1547] Insbesondere wäre hier ein Kooperationsprojekt mit deutschen Entwicklungsprojekten prüfenswert. Vgl. https://futurezone.at/science/solarluftschiffe-klimafreundliche-luftfahrt-photovoltaik-zeppelin-fau-studie/402463079 oder https://www.techfieber.de/green/2023/07/20/solar-zeppelin-gruener-fliegen-mit-luftschiffen-mit-sonnen-energie/

[1548] „Die Kondratjew-Zyklen… beschreiben den Kern einer von dem sowjetischen Wirtschaftswissenschaftler Nikolai Kondratjew entwickelten Theorie zur zyklischen Wirtschaftsentwicklung, die Theorie der Langen Wellen. Ausgangspunkt für die Langen Wellen sind *Paradigmenwechsel* und die damit verbundenen innovationsinduzierten Investitionen: Es wird massenhaft in neue Techniken investiert und damit ein Aufschwung hervorgerufen. Nachdem sich die Innovation allgemein durchgesetzt hat, verringern sich die damit verbundenen Investitionen drastisch und es kommt zu einem Abschwung. In der Zeit des Abschwungs wird aber schon an einem *neuen Paradigma* gearbeitet.“ Siehe: https://de.wikipedia.org/wiki/Kondratjew-Zyklus

[1549] Siehe: E.U. von Weizsäcker et al (2010), a.a.O. S. 25

Art der Wahrnehmung uns dahin führen, was wir von der Natur lernen können.[1550]

Einen ähnlichen Ansatz verfolgen *Technologieprozesse im Kreislauf*, die grundsätzlich in eine regenerative Wirtschaftsform eingebettet sind, in der Materialflüsse weitgehend in geschlossenen Zyklen („Von der Wiege zur Wiege") verlaufen.[1551] „Diese Art von Wirtschaften wird mit erneuerbaren Energien betrieben – mit Energie aus Sonne, Wind, Biomasse und geothermischen Quellen -, wobei alle toxischen chemischen Stoffe eliminiert werden und, das Entscheidende, Abfall von vornherein vermieden wird. Dies funktioniert, weil ihr das Prinzip ‚Abfall ist Nahrung' zugrunde liegt: Anstatt die Überreste der Produktionsprozesse – seien es Nahrungsreste oder Metalle – zu Mülldeponien zu schaffen, werden sie zu Ausgangsstoffen für die nächste Produktion."[1552]

Dabei werden grundsätzlich zwei ‚Nährstoffgruppen' betrachtet: *biologische* (Erde, Pflanzen, Tiere) und *technische* (Kunststoffe, synthetische Materialien, Metalle). Daraus entsteht bildhaft ein *„Schmetterlingsmodell"* mit zwei Flügeln, dem ‚biologischen Flügel', in dem sämtliche Nährstoffe durch die lebendige Erde verbraucht und regeneriert werden[1553], sowie dem ‚technischen Flügel', in dem alles Material wiederverwertet, repariert oder renoviert wird……[1554] [1555]

Ziel eines neuen Technologie-Typus in einer dauerhaft nachhaltigen Wirtschaft ist die ökologische Begrenzung und Regulierung des Materialdurchflusses sowie eine grundlegend gewandelte „Wertschätzung" *aller* Naturstoffe: „In einer

[1550] Ebenda, S. 30 ff.

[1551] Siehe: Kate Raworth (2023), a.a.O. S.260 ff.

[1552] Ebenda, S. 261f

[1553] Ein besonderes Augenmerk erfordert dabei die Thermodynamik: zur Aufrechterhaltung der Selbstorganisations- und Evolutionsfähigkeit der Biosphäre darf kein „Entropie-Müll" angehäuft werden, sondern es bedarf neben der ständigen Sonnen*einstrahlung* einer regulierten *Abführung* von ‚Entropie' in den Weltraum. Dies stellt eine elementare planetare Grenze für die Lebenserhaltung auf der Erde dar!
Siehe: https://leibnizsozietaet.de/wp-content/uploads/2017/06/EbelingFeistel.pdf , S. 15 f.

[1554] „In Japan werden in beeindruckender Weise 98 Prozent der im Inland verbrauchten Metalle wiederverwertet."
Siehe: K. Raworth (2023), a.a.O. S. 263

[1555] Aktuell geht auch die EU ansatzweise neue Wege: „Auf EU-Ebene soll ein sogenanntes Recht auf Reparatur für Verbraucherinnen und Verbraucher eingeführt werden. Unterhändler des Europaparlaments und der EU-Staaten einigten sich in der Nacht darauf, dass Hersteller bestimmter Produkte wie Kühlschränke, Staubsauger und Handys diese künftig auf Wunsch reparieren müssen,….. Es werde erstmals einen Rechtsanspruch auf Reparatur bei sogenannter weißer Ware - darunter fallen vor allem Haushaltsgeräte - und typischen Alltagsprodukten wie Smartphones eingeführt." https://www.tagesschau.de/ausland/europa/eu-einigung-recht-auf-reparatur-100.html

regenerativen Wirtschaft wird dieser Materialdurchfluss in einen *Rundfluss* umgewandelt. Doch die eigentliche Transformation wird durch ein *neues Verständnis von Wert* hervorgerufen."[1556]
Das bedeutet also: auch eine *kulturelle* Transformation des Wertes!
Aber dazu bedarf es einer ausreichenden Entkoppelung von Wirtschaftswachstum und Ressourcenverbrauch, der deutlich unterhalb der planetaren Grenzen liegen muss: also eine neuartige *Wirtschafts-Kultur*....
Die Konzepte von ‚Biomimikry' und ‚Schmetterlingsmodell' ermöglichen nun die Weiterführung in ein aggregiertes *Leitbild* für Zukunftstechnologie, das im weiteren als *orientierendes Paradigma* verwendet werden soll.

In meinen Forschungsarbeiten der späten neunziger Jahre[1557] habe ich das Leitbild einer *„Symbiose"* für einen neuartigen dauerhaft nachhaltigen Technik-Typus konzipiert und bin erfreut, dass insbesondere in den letzten beiden Jahrzehnten die Symbiose als Begriff und Forschungsgegenstand („Knotenpunkt") sowohl in den Bio- als auch Sozialwissenschaften besondere Aufmerksamkeit und Weiterentwicklung erfahren hat. Exemplarisch möchte ich auf eine Studie verweisen, die *„die Symbiose als lebenswissenschaftliches Paradigma"* darstellt und begründet.[1558]
Dabei „geht es, auf je unterschiedliche Weise darum, etablierte Grenzziehungen zwischen Natur und Kultur, Leben und Gesellschaft durch ein relationales Denken zu ersetzen, das Hybridisierungen, Verschränkungen und Wechselbeziehungen innerhalb von „Naturkulturen" (Haraway 2008) besser Rechnung tragen kann. Der Symbiosebegriff scheint dafür unmittelbar prädestiniert, weil er auch in der Biologie – wie gesehen – die Vernetzung unterschiedlicher lebendiger Entitäten und nicht die Abgrenzung isolierter Organismen in den Vordergrund stellt.....Damit aber wird die Symbiose als grundlegendes Merkmal von Beziehungsgefügen angesehen, welche die Trennung zwischen den Bereichen des Organischen, Sinnhaften und Technologischen durchkreuzen"[1559]
Im Zentrum steht also „die sozial- und kulturwissenschaftliche Wiederentdeckung der Symbiose" und damit die Möglichkeit eines zukunftsfähigen Leitbildes zwischen Natur und Kultur, Leben und Gesellschaft und damit insbesondere für ein nachhaltiges Technologie-Modell.

[1556] K. Raworth (2023), a.a.O. S. 264
[1557] Siehe: https://ulf-skirke.de/dissertation_pdf/ S. 278 ff.
[1558] Siehe: A. Folkers, S. Opitz (2019), Symbiose als Begriff und Gegenstand der Soziologie. Für eine Analyse von Biosozialität im Zeitalter des Mikrobioms. In: file:///C:/Users/User/OneDrive/Dokumente/Reise%20Storch/redaktion2018,+1119-Artikeltext-4798-1-6-20190215_Fahne_final2.pdf
[1559] Ebenda, S. 5

Dabei besteht eine grundlegende Rückkopplung und Verknüpfung einer sinnvollen „symbiotischen Kultur“ und „neuen technowissenschaftlichen Verfahren“[1560] Bei der Umsetzung des Leitbildes einer symbiotischen Kultur ist natürlich klar, dass neben materiellen ‚Stoffwechselprozessen‘ in bedeutsamer Weise auch Informations- und Kommunikationsprozesse eine zentrale Rolle spielen. Dabei ist die gesellschaftspolitische, ökonomische und technologische Dynamik einer umfangreichen Digitalisierung bereits vielfältige Realität. Aber wie könnte die digitale Entwicklung zu einem Paradigmenwechsel hin zu einer dauerhaft nachhaltigen Technologie wesentlich weitergehender beitragen?

Dazu *skizziert* der WBGU eine *Ganzheitsbetrachtung* der Digitalisierung, um diese im Kontext einer nachhaltigen Transformation unserer vielfach bedrohten Zivilisation weiterzuentwickeln.[1561]

„Nur wenn es gelingt, die digitalen Umbrüche in Richtung Nachhaltigkeit auszurichten, kann die Nachhaltigkeits-Transformation gelingen. Digitalisierung droht ansonsten als Brandbeschleuniger von Wachstumsmustern zu wirken, die die planetarischen Leitplanken durchbrechen.“[1562]

Letztere *Risiken* müssen nicht nur genau und tiefgreifend analysiert, sondern auch grundlegend *reguliert* werden!

Dies ist allerdings keine Besonderheit der Digitalisierung, sondern beschäftigt uns bereits seit Beginn unseres Konzepts einer Nachhaltigkeitstransformation mit der „Einbettung“ ökologischer, sozialer, ökonomischer und technologischer Prozesse in planetare Randbedingungen und Leitplanken. Dazu gehört insbesondere eine *neue* Denkweise der Komplexität, Vernetztheit, Kooperation und Kommunikation anzuwenden, um die Probleme zu lösen, die das „alte“ mechanistisch-industrielle Denken einer traditionellen ‚Moderne‘ hervorgebracht hat.

„Dieses alte Denken ist inzwischen praktisch zum Dogma geronnen und beharrt auf Spezialisierung, Separation und Linearisierung. Eine ganzheitliche Herangehensweise ist jedoch erforderlich, um „den Wald vor lauter Bäumen zu sehen“, Nebenwirkungen zu erkennen und Kreisläufe zu schließen. Dafür kann gerade das Paradigma, das den fortschrittlichen digitalen Konzepten

---

[1560] Ebenda, S. 8; beispielsweise liefern dazu wissenschaftliche Erkenntnisse der Mikrobiologie empirische Beiträge

[1561] Vgl. Zitierweise für diese Publikation: WBGU – Wissenschaftlicher Beirat der Bundesregierung Globale Umweltveränderungen (2019): Unsere gemeinsame digitale Zukunft. Zusammenfassung. Berlin: WBGU. https://www.wbgu.de/fileadmin/user_upload/wbgu/publikationen/hauptgutachten/hg2019/pdf/wbgu_zf_hg_digi_de.pdf

[1562] Ebenda, S. 1

und Applikationen zugrunde liegt, die notwendigen Voraussetzungen schaffen, zumal es in enger Wechselwirkung mit den *Komplexitätswissenschaften* entstanden ist."[1563]

In jedem Fall eröffnen letztere neue digitale Konzepte auch neue Zugänge zu *komplexer* System-Dynamik. Vermutlich ist auch dazu eine Modellierung des *Lösungshorizontes* digitaler Nachhaltigkeit mit Hilfe von komplex-dynamischen, regulierten *selbstorganisierenden* Systemen weiterführend....?!

Von daher muss im Zentrum einer sinnvollen Digitalisierungsstrategie stehen: die weitreichenden *Potenziale* auszuloten, die die Strategie einer Transformation zur Nachhaltigkeit wesentlich stützen. „Denn die Digitalisierung offeriert ein ungeheures Spektrum an Möglichkeiten zur Unterstützung der Großen Transformation zur Nachhaltigkeit ..., von der Sensorik bis hin zur selbstorganisierten Systemoptimierung."[1564]

Das WBGU-Gutachten betrachtet dazu die Dynamiken dreier großer Lösungsfelder:[1565]

- Digitalisierung für Nachhaltigkeit – planetare Leitplanken einhalten, soziale Kohäsion sichern
- Nachhaltige digitalisierte Gesellschaften – vernetzte Weltgesellschaft, Kooperationskultur und globale Solidarität
- Die Zukunft des Homo sapiens – Bewahrung und ethisch reflektierte Weiterentwicklung des Menschen in seiner natürlichen Umwelt

Dazu müssen an Gemeinwohl und Demokratie orientierte Staaten „sowohl eine starke antizipative Kapazität aufbauen als auch ein strategisches Bündel von Institutionen, Gesetzen und Maßnahmen schaffen. Nur so können die digitalen Kräfte nutzbar gemacht und zugleich eingehegt werden."[1566]

Die hier vorgestellte Skizze aus europäischer Perspektive über Bedingungen der Möglichkeiten nachhaltiger Digitalisierung sollte zunächst ausreichen, einen ausführlichen *Diskurs* weiterzuführen, um plausible Leitbilder eines ‚symbiotischen' Technik-Typus bzw. einer symbiotischen Digitalisierungs-‚Kultur' zu identifizieren....

Doch wie sieht dazu die *afrikanische* Perspektive zur Digitalisierung aus ? Die öffentliche Information und Berichterstattung ist ‚in unseren Breiten' äußerst

---

[1563] Ebenda, S.3; Die Metapher „den Wald vor lauter Bäumen zu sehen" erinnert an *Dirk Brockmann* (2021), a.a.O.

[1564] Ebenda, S.4

[1565] In einer ausführlichen Zusammenfassung wird die ‚Gestaltungsaufgabe Große Transformation zur Nachhaltigkeit im Schatten gigitaler Umbrüche' beschrieben. Siehe Ebenda, S. 8 bis 14

[1566] Ebenda, S. 5

spärlich, wenn nicht unzureichend....Von daher sei es gestattet, exemplarisch Elemente der Dynamik digitaler Prozesse in Afrika kurz zu skizzieren....

Als ich meinen Freund Stanley vor zwei Jahrzehnten in Mombasa kennenlernte, fiel auf, dass er und sein Freundeskreis jeweils *mindestens* ein Smartphone benutzten. Mittlerweile wird die Zahl von Smartphones in ganz Afrika auf etwa 900 Millionen geschätzt....[1567] „Die meisten afrikanischen Staaten haben die Bedeutung der Informations- und Kommunikationstechnologien längst erkannt und investieren in eine smarte Infrastruktur. Mobilfunk und Breitbandausbau ermöglichen schon jetzt ein hohes Maß an Konnektivität und die unkomplizierte Nutzung digitaler Dienstleistungen. Besonders gefragt sind neue Fintech-Angebote vom mobilen Bezahlen bis zur Abwicklung von Mikrokrediten oder Versicherungen per Handy."[1568]

Etwas später berichtete Stanley zu meinem Erstaunen über ein kenianisches System der Geldüberweisung per Smartphone – ohne Bankkonto: „Über Handys haben Menschen, die eher aus ärmlichen Verhältnissen kommen, Zugang zur Außenwelt. Die Entwicklung vom Festnetzanschluss zum Handy wurde dabei übersprungen: Vorher hatte man kein Telefon, jetzt haben alle Handys. Auch mit einem billigen Handy können sie Geschäfte abwickeln, zum Beispiel Bankgeschäfte. Ein berühmtes Beispiel ist das *M-Pesa-System*, ein Dienst aus Kenia. M-Pesa ermöglicht Leuten mithilfe eines Handys Geld zu überweisen, ohne in eine Bankfiliale gehen zu müssen, die möglicherweise weit entfernt liegt. Das gibt den Leuten die Möglichkeit auf relativ kostengünstiger Ebene Geschäfte zu tätigen. Das ist extrem wichtig, wenn sie auf einer niedrigen wirtschaftlichen Basis arbeiten, und ihr eigenes Geschäft erfolgreich voranbringen wollen. Das System funktioniert so gut, dass es bereits in andere Länder exportiert wurde." [1569] [1570]

Zunehmend sahen wir persönlich in Kenia auch in kleineren Städten oder Dörfern M-Pesa-Agenten, sprich kleine Niederlassungen oder Geschäfte.....

Mittlerweile hat die Dynamik der Digitalisierung enorme Ausmaße als panafrikanische Allianz („Smart Africa") angenommen: "Smart Africa ist eine Allianz von 30 afrikanischen Staats- und Regierungschefs mit der Absicht, durch den erschwinglichen Zugang zu Breitband und die Nutzung von Informations- und Kommunikationstechnologien (IKT) in Afrika eine Wissensökonomie zu etablieren. Ziel der Allianz ist die Entwicklung eines digitalen Binnenmarkts auf dem afrikanischen Kontinent bis zum Jahr 2030. Das Manifest der Smart Africa Allianz wurde 2014 von allen 54 Regierungschefs der Afrikanischen Union gebilligt. Dadurch vertritt Smart Africa die digitalen Interessen von rund 750 Millionen Menschen. Schirmherr der Smart

---

[1567] Vgl. https://www.africa-business-guide.de/de/maerkte/it-und-telekommunikation

[1568] Ebenda

[1569] Siehe: https://map.derkontext.com/digitalisierung-in-afrika#p=91

[1570] Vgl. https://de.wikipedia.org/wiki/M-Pesa : „M-Pesa ist ein von der kenianischen Mobilfunkfirma Safaricom in Kooperation mit dem Kommunikationsunternehmen Vodafone entwickeltes und Anfang 2007 in Kenia eingeführtes System für die Abwicklung von grundlegenden Funktionen des Geldtransfers und des bargeldlosen Zahlungsverkehrs über Mobiltelefone ohne die Notwendigkeit eines regulären Bankkontos."

Africa Initiative ist Paul Kagame, Präsident der Republik Ruanda. Generaldirektor ist seit dem 1. März 2019 Lacina Koné, der auf mehr als 25 Jahre Berufserfahrung im Telekommunikationssektor zurückblicken kann."[1571]

Einen informativen Querschnitt bietet beispielsweise eine Arte-Filmreportage „Digital Africa": „Dieses crossmediale Projekt stellt unser Afrikabild auf den Kopf: Mobiles Payment in entlegensten Dörfern; Drohnen, die Felder überwachen; 3-D-Drucker, die Ersatzteile herstellen; ein Roboter, der den Verkehr regelt; Apps, die Landwirte beraten oder Kranke. Eine kreative Start-up-Szene tüftelt in Hightech-Hubs von Nairobi bis Kumasi technische Innovationen aus, die weltweit inspirieren."[1572]

Als Hintergrund für einen afrikanisch-europäischen Diskurs bietet auch die Kooperation des BMZ mit ‚Smart Africa' einen sinnvollen Ansatz: Das BMZ unterhält enge Beziehungen zu Smart Africa. Die Allianz ist für die Bundesrepublik der wichtigste politische Partner für IKT-Partnerschaften in Afrika. Im Mai 2019 wurde eine Absichtsbekundung erklärt, die den Startpunkt für eine engere Zusammenarbeit mit Smart Africa im Bereich Digitalisierung verkündete.

„Das BMZ und die Smart Africa Allianz konnten sich auf sieben Handlungsfelder einigen, durch die die Digitalisierung auf dem afrikanischen Kontinent unterstützt werden soll. Am 28. April 2021 bekräftigten BMZ und Smart Africa ihre strategische Partnerschaft nun erneut mit der Unterzeichnung einer zweiten Erklärung. Die Partner erkennen gemeinsam an, dass Informations- und Kommunikationstechnologien (IKT) eine transformative Kraft besitzt und ein wichtiger Treiber für die sozioökonomische Entwicklung Afrikas ist."[1573]

Entscheidend für eine erfolgreiche afrikanisch-europäische digitale Zusammenarbeit bleibt allerdings, dass der grundlegende Fokus auf eine *dauerhaft nachhaltige Transformation* gerichtet, regulative Rahmenbedingungen und begrenzende Leitplanken eingerichtet sowie möglichst eine Orientierung am *Leitbild einer symbiotischen Technologie-Kultur* fortentwickelt wird.

„Der Elefant im digitalen Raum für die Lösung alter wie auch neu entstehender Probleme bleibt die fehlende transnationale Politik-Architektur („Global Governance"). Die zentrale Herausforderung für die internationale Gemeinschaft besteht darin, trotz des strauchelnden Multilateralismus eine gemeinsame Vorstellung für eine nachhaltige, digital gestützte Zukunft zu entwickeln

[1571] Siehe: https://www.bmz-digital.global/partner/smart-africa-eine-allianz-fuer-ein-digitales-afrika/

[1572] Vgl. Ein Film von Elke Sasse und Bettina Haasen, arte (2018); https://www.berlin-producers.de/project/digital-africa/

[1573] Siehe: https://www.bmz-digital.global/partner/smart-africa-eine-allianz-fuer-ein-digitales-afrika/

und in diesem Sinne kollektive Prinzipien, regulatorische Rahmenbedingungen und ethisch-begründete Grenzen zu bekräftigen und zu etablieren."[1574]

Dies bedeutet auch, die Handlungsfähigkeit eines ‚Gestaltenden Staates' zu fördern, da ihm im Digitalen Zeitalter eine ‚doppelte Großaufgabe' zukommt:
„nämlich einerseits, die enormen Potenziale der neuartigen Informationstechnologien zum Zwecke der Nachhaltigkeitstransformation zu erschließen („alte Probleme") und andererseits möglichen, ja wahrscheinlichen Auswüchsen des Innovationsschubs vorzubeugen („neue Probleme")."[1575]

Dies öffnet die Tür für eine weitreichende und weiterführende Fragestellung: welche Bedeutung spielt in diesem Kontext die *„Künstliche Intelligenz"* und inwieweit kann diese ein nachhaltiges, möglichst sogar symbiotisches Technik-Leitbild fördern und entsprechende Lösungsansätze entwickeln helfen ?!
„Die aktuellen Debatten um Themen wie „Künstliche Intelligenz" und „Mensch-Maschine-Interaktionen" finden in einem sich immer stärker aufladenden Spannungsfeld zwischen Hoffnung, Horror und Hype statt und ignorieren die Einbettung der entstehenden Konglomerate in die natürliche Umwelt weitestgehend. Die Wissenschaft kann sich aber nicht einfach diesem Feld entziehen, sondern muss sich – im Sinne eines erweiterten, den Menschen selbst einbeziehenden Nachhaltigkeitsbegriffs – mit den dominierenden .... *Diskursen* ..... auseinandersetzen."[1576]
Der WBGU sieht in diesem „Diskursraum" einer möglichen KI-Entwicklung *„drei* hoffnungsorientierte Gedankenspiele".
Erstens: Wenn klar wird, dass die KI zumindest in Teilbereichen die kognitiven Leistungen unserer Spezies übertrifft, könnte die Menschheit ihre ganzheitlichen Fähigkeiten deutlich weiterentwickeln, also die *kognitive* Rationalität *nicht* mehr als einzigartige Fähigkeit des homo sapiens angesehen wird?! „Die informationstechnologischen Errungenschaften könnten nicht zuletzt unsere Aufmerksamkeit und Wertschätzung, auf die *nicht unmittelbar* kognitiven Kapazitäten lenken, die oft pauschal als emotionale und soziale Intelligenz bezeichnet werden. Diese waren vermutlich mindestens so zivilisationsbildend wie die Leistungen des Messens, Rechnens und Dokumentierens. KI würde uns möglicherweise eine gewisse Emanzipation von den Letzteren erlauben und eine stärkere Hinwendung zu Fähigkeiten wie Empathie, Fürsorge und Solidarität gestatten. Anders als in den „harten" Klischeevorstellungen vom Supermenschen mit Computergehirn in einer stählernen Welt wäre damit eine „weiche" Vision des gesellschaftlichen Fortschritts umrissen."[1577]

[1574] Siehe: WBGU. Unsere gemeinsame digitale Zukunft (2019). Zusammenfassung https://www.wbgu.de/fileadmin/user_upload/wbgu/publikationen/hauptgutachten/hg2019/pdf/wbgu_zf_hg_digi_de.pdf; S.6
[1575] Ebenda
[1576] S. 6f.
[1577] S. 7

Könnte diese Überlegung Möglichkeiten und Wege in Charakteristika einer ‚anderen', zukunftsfähigen Moderne, eines anderen Fortschrittsmodells eröffnen? *Zweitens*: Je vielfältiger KI sinnvolle Berührungspunkte und Schnittstellen zwischen Technik und Mensch entwickelt, löst dies möglicherweise unser Technikbild eines von uns abhängigen und zu be*herrsch*enden *Werkzeugs* und *Gegen-Stands* ab - hin zu einem begleitenden, dialogorientierten Partner-Modell?! „Je weiter KI auf immer breiteren Anwendungsgebieten fortschreitet, desto vielfältiger und intimer werden sich die Berührungspunkte, Schnittstellen bzw. Scharniere zwischen Technik und Mensch entwickeln. Dies kann zu *symbiotischen* Verbindungen führen, die aber wohl anders ausfallen dürften als in gängigen „Cyborg"-Träumen imaginiert. Möglicherweise entstehen auch KI-befähigte Wesenheiten, die zu wohlintegrierten, loyalen Begleitern des Menschen in Gesellschaften werden, die lebenswerter sind als die heutigen. Beispielsweise könnten uns digitale Assistenten in mittlerer Zukunft immer mehr von monotonen Tätigkeiten befreien (z. B. durch Übernahme logistischer Aufgaben), uns beim Lernen und Verstehen unterstützen (z. B. durch Synthese und Interpretation der überbordenden Informationsfülle) und letztendlich dazu beitragen, dass wir uns selbst und unsere Umwelt stärker wertschätzen."[1578]
Schließlich *drittens*: wäre mit sinnvoller Unterstützung von KI neue ‚symbiotische' Technologien vorstellbar, die die nachhaltige, globale Transformation systemisch fördern und eine planetarische Evolution des (Über)Lebens schützen, pflegen und entwickeln, d.h. *„eine Ko-Evolution ermöglichen"*?![1579]
Bei der Betrachtung dieser *möglichen Potenziale* von KI für eine umfassende nachhaltige Transformation hebt der WBGU nicht nur die globale Dringlichkeit, mit ihrer Hilfe planetarische Leitplanken einzuhalten, sondern es geht um *globale Vernetzung* und *transnationale Kooperation*: "Die rasche und umfassende Mobilisierung dieser Möglichkeiten einer digital getriebenen Nachhaltigkeitstransformation ist daher ein Imperativ. Digitalisierung kann zudem gesellschaftliche Modernisierungspotenziale erschließen. Weltumspannendes Wissen, weltumspannende Kommunikation, weltgesellschaftliche Vernetzung in virtuellen und hybriden Räumen können Nachhaltigkeitstransformationen beschleunigen, menschliche Teilhabe verbessern, Weltumweltbewusstsein stärken und eine transnational vernetzte Gesellschaft hervorbringen, in der sich globale Kooperationskulturen entwickeln."[1580]
Dies führt auf eine kurze Betrachtung der *realen, ‚materiellen' Bedingungen* von den vielfältigen Phänomenen sowie von praktischer Entwicklung und Umsetzung künstlich intelligenter Systeme. Dazu möchte ich auf die mannigfaltigen Expertisen und Darstellungen von *Klaus Mainzer* verweisen, deren Quintessenz in ein *Plädoyer für eine sinnvolle Gestaltung* von künstlich intelligenten Technologien mündet: KI muss sich als „Dienstleistung" in der Gesellschaft bewähren.[1581]

[1578] Ebenda
[1579] Ebenda
[1580] Ebenda, S. 9
[1581] Siehe: Klaus Mainzer. Künstliche Intelligenz – wann übernehmen die Maschinen? München 2019

Ein sinnvoller wissenschaftlicher und gesellschaftspolitischer Diskurs über ‚Künstliche Intelligenz' besteht also *nicht* darin, sie auf eine Verheißung, ein Risiko oder Geschäftsmodell zu ‚reduzieren', sondern die zentrale Frage zu beantworten: was sind sinnvolle *Gestaltungs*-Kriterien für die Entwicklung von KI-Systemen zum Einsatz für planetare *Problemlösungen*?

Historische Ausgangslage vom Phänomen „Intelligenz" ist zunächst: sie hat sich im Laufe der natürlichen Evolution langfristig entwickelt – und zwar nicht nur im menschlichen Organismus, sondern als vielfältige Eigenschaft der lebendigen Natur. Dabei hängt Intelligenz in der Natur keineswegs von einzelnen Organismen ab, sondern kann als ‚Schwarmintelligenz' von Tierpopulationen durch das Zusammenwirken vieler Organismen entstehen.[1582] Insgesamt entstehen durch das dynamische Zusammenwirken von Einzelelementen in der Natur durch *Selbstorganisation neue, ‚emergente' komplexe* Strukturen, die im weiteren Verlauf auch ‚intelligentes Systemverhalten'[1583] hervorbringen können.
Mit Hilfe solcher komplex-dynamischer Prozesse lassen sich evolutionäre Muster und Verhaltensformen mit intelligenten Eigenschaften nicht nur gesetzmäßig erfassen, sondern auch *Modellieren* und *Simulieren*: „Die universellen Gesetze komplexer dynamischer Systeme sind der Rahmen für weitere Forschung. Die Grundidee ist immer dieselbe: Erst die komplexen Wechselwirkungen von vielen Elementen erzeugen neue Eigenschaften des Gesamtsystems, die nicht auf einzelne Elemente zurückführbar sind....Wir unterscheiden daher bei komplexen dynamischen Systemen die Mikroebene der einzelnen Elemente von der Makroebene ihrer Systemeigenschaften. Diese Emergenz oder Selbstorganisation von neuen Systemeigenschaften wird .... berechenbar und in Computermodellen simulierbar."[1584]

Im Folgenden sollen *exemplarisch* die große Bandbreite von Forschungskonzepten, Modellierungen und Simulationen vielfältiger *Phänomene* künstlich intelligenter *Systeme* in einem kurzen Überblick angesprochen werden:

- Wissensbasierte Expertensysteme: wissensbasierte Expertensysteme sind Computerprogramme, die Wissen speichern und ansammeln, daraus automatisch Schlussfolgerungen ziehe, um zu konkreten Problemen Lösungen anzubieten. Dabei gilt es auch, Unsicherheiten einzuschätzen.[1585]

[1582] Ebenda, S. 3

[1583] „Ein System heißt intelligent, wenn es selbstständig und effizient Probleme lösen kann. Der Grad der Intelligenz hängt vom Grad der Selbsständigkeit, dem Grad der Komplexität des Problems und dem Grad der Effiziens des Problemlösungsverfahrens ab." (Ebenda)

[1584] Siehe: Klaus Mainzer. Anthropologie: Leben als Maschine? In: Information Philosophie. Heft 1 (2013)

[1585] Siehe: K. Mainzer (2019), a.a.O. S.43 ff

- **Realisierung konkreter Sprache:** Computer erkennen Sprachen, wobei das System exemplarisch Lesen lernt durch ‚Learning by doing' und nicht regelbasiert. Entsprechend werden automatisierte, intelligente Schreibprogramme entwickelt.[1586]
- **Algorithmen simulieren die Evolution:** Die Evolution hat eine große Vielfalt zellulärer Organismen hervorgebracht und damit eine molekularen Mechanismus, der sich selber reproduziert. Diese emergente Selbstorganisation von zellulären Mustern wurde durch von Neumanns *„Zelluläre Automaten"* erstmals simuliert. Conways „Game of Life" ist ein zellulärer Automat, der in nachfolgenden Generationen komplexe Muster erzeugt, die an die Gestalt lebender, zellulärer Organismen erinnert. Weiterhin können *„Genetische Algorithmen"* dazu verwendet werden, um evolutionäre Prozesse im Computer zu simulieren. Aber wir können damit auch von der Natur lernen und sie per Computersimulation zur Problemlösung einsetzen.[1587]
- **Neuronale Netze simulieren Gehirne:** Gehirne sind Beispiele für komplexe Informationssysteme auf der Grundlage neuronaler Informationsverarbeitung. In der Automatisierung von Lernprozessen nehmen *„Neuronale Netze"* mit Lernalgorithmen eine Schlüsselrolle ein. Neuronale Netze sind vereinfachte Rechenmodelle nach dem Vorbild des menschlichen Gehirns, in denen Neuronen mit Synapsen verbunden sind. Tatsächlich lässt sich auch in technischen neuronalen Netzen die Problemlösungskapazität steigern, indem verschiedene lernfähige Schichten mit möglichst vielen Neuronen zwischengeschaltet werden.[1588]
- **Roboter werden sozial:** Mit zunehmender Komplexität technologischer Prozesse entwickeln sich Roboter zu Dienstleistungspartnern. Dabei inspiriert aktuell die Evolution lebender Organismen die Konstruktion von Robotiksystemen für unterschiedliche Zwecke. Insbesondere sind drei Schwerpunkte von Bedeutung: erstens der *Funktionalismus* (analog zu Lebewesen existiert in Robotern eine interne kognitive Struktur, die Objekte der externen Außenwelt über qualitative Symbole repräsentiert); zweitens der *Konnektionismus* (Bedeutung und Handlungsmuster ergeben sich hier in der Wechselwirkung zwischen verschiedenen kommunizierenden Einheiten eines komplexen Netzwerkes, z. B. durch die sich selbst organisierende Dynamik neuronaler Netzwerke); und drittens die *Handlungsorientierung* (Im handlungsorientierten Ansatz steht die Einbettung des Roboterkörpers in seine physische Umwelt von Bedeutung. Folglich wird von einer eigenen Leiblichkeit (embodiment) der ‚humanoiden' Roboter ausgegangen, die ihre eigenen Erfahrungen mit ihrem Roboterkörper machen und selbstständig Bedeutungssysteme aufbauen können, die als Handlungsorientierung dienen). [1589]
- **Schwarmintelligenz:**[1590] „ das Forschungsfeld der KI, das auf *Agententechnologie* basiert, heißt auch *Verteilte Künstliche Intelligenz (VKI)*. Das Arbeitsgebiet versucht, komplexe vernetzte Software*agenten*systeme nach dem Vorbild staatenbildender Insekten wie Ameisen, Bienen und Termiten, sowie teilweise auch Vogelschwärmen

[1586] Ebenda, S. 55 ff
[1587] Ebenda, S. 81 ff
[1588] Ebenda, S. 99 ff. Siehe auch: K. Mainzer (2023), a.a.O. S. 147
[1589] Ebenda S. 139 ff
[1590] Ebenda, S. 149 ff

(Schwarmverhalten) zu modellieren. Gerardo Beni und Jing Wang hatten den Begriff ‚swarm intelligence' 1989 im Kontext der Robotik-Forschung geprägt."[1591]

- **Infrastrukturen werden intelligent:** Während das klassische *Internet* nur die Kommunikation von Menschen in globalen Computernetzen unterstützt, eröffnet die Sensortechnologie eine neue Dimension der Kommunikation. Mit Sensoren versehene Objekte aller Art können untereinander Nachrichten/Signale austauschen: das Internet der Personen transformiert sich in das ‚Internet der Dinge' – es entsteht z.B. Selbstorganisation in einem Produktnetzwerk.[1592] Das Internet der Dinge bzw. intelligente Netze führen zu Verknüpfungen von klassischen Infrastrukturen wie z.B. Verkehr, Energie, Gesundheit, Verwaltung und Bildung mit Künstlicher Intelligenz von autonom operierenden und steuernden Funktionen bzw. Komponenten, wie beispielsweise intelligente Stromnetze.[1593]

- **Hybride KI-Systeme:** In Zukunft wird sicher eine *integrierte* Strategie zu verfolgen sein, die KI-Hybridsysteme mit wissensbasierter Programmierung und situativem, wissensbasierten Lernen verbindet. So wird es auch möglich sein, dass Roboter nicht nur zielgerichtet kommunizieren, sondern auch höher entwickelte komplexe Systeme planen können. In der Kognitions- und KI-Forschung wächst die Einsicht, dass die Rolle von Bewusstsein beim menschlichen Problemlösen überschätzt und die Rolle von situativem und implizitem Lernen unterschätzt wurde. Intelligenz zeigt zunehmend eine sich interaktiv entwickelnde Fähigkeit und keine statisch und starr programmierte Eigenschaft eines isolierten Systems. Insbesondere werden auch komplexe *Gesellschaftsprozesse* nicht nur modellierbar, sondern optimaler und nachhaltig *gestaltbar*.[1594] „Dabei finden vielfältige Rückkopplungen zwischen Menschen und iherer gesellschaftlichen Umwelt statt, die ihrerseits unbewusste Seiteneffekte auslösen können. Mit *Verteilter Künstlicher Intelligenz* entsteht so ein äußerst komplexes Kommunikations- und Versorgungssystem, dessen Dynamik durch technische, wirtschaftliche, soziale *und kulturelle* Netzwerke bestimmt wird."[1595]

Bemerkenswert scheint insbesondere die strategische Möglichkeit von Künstlicher Intelligenz zur *Einbettung* ihrer Prozessdynamik in die Dimensionen der Nachhaltigkeit – und zwar auch durch *kulturelle* Leitplanken!

[1591] Siehe: https://de.wikipedia.org/wiki/Kollektive_Intelligenz

[1592] Siehe: K.Mainzer (2019), a.a.O. S. 157 ff

[1593] Ebenda, S. 169 ff

[1594] Ebenda, S. 208 f. Siehe auch: https://www.plattform-lernende-systeme.de/files/Downloads/Publikationen/KI_Kompakt/PLS_KI_Kompakt_Hybride_KI.pdf :" Hybride KI-Systeme werden daher gegenwärtig auch unter dem Begriff der Neurosymbolischen KI diskutiert. Sie versprechen das Beste aus zwei Welten: Neuronale Netze behalten im Idealfall ihre Trainierbarkeit und Effektivität bei teils fehlerhaften Datensätzen, wissensbasierte Komponenten bringen Erklärbarkeit und die einfache Integration menschlichen Wissens ein."

[1595] Vgl. K. Mainzer (2019), a.a.O. S. 209

Werden damit nicht konstruktiv-spielerische, experimentelle und kreative Dimensionen eröffnet? Und in der Tat: die Geschichte der Entwicklung Künstlicher Intelligenz geht einher mit der Geschichte von Simulations-Spielen und Spiele-Simulation.

Alan Turings visionäre Konzepte legten den Grundstein für die Erforschung der Überschneidung von menschlicher Kognition und maschinellen Fähigkeiten. Es stellte herkömmliche Vorstellungen von Intelligenz infrage und gab den Anstoß für die Entwicklung von Maschinen, die menschliche Denkprozesse nachahmen können.[1596]

Der Computerwissenschaftler Arthur Samuel erfand 1959 den Begriff *„maschinelles Lernen"*. Seine innovative Verschmelzung von künstlicher Intelligenz und Spielen nahm in einem Programm, das Dame spielte, konkrete Formen an….1997 besiegte ‚Deep Blue' den amtierenden Schachweltmeister Garri Kasparow.

2011 verloren die besten Jeopardy-Spieler gegen ein IBM-Computersystem. Doch einer der verblüffendsten Siege gelang 2016 der Software AlphaGo: Dieses KI-System gewann gegen Lee Sedol, den damals weltbesten Go-Spieler…und 2017 präsentierten Forscher das KI-System AlphaGo Zero, das gar kein menschliches Wissen mehr nutzte, und *kreative Spielideen* entwickelte, die Go-Experten noch nie bei menschlichen Spielern gesehen hatten.[1597]

Weiterhin stellt *Kenneth Stanley*[1598] *NeuroEvolution of Augmenting Topologies* (NEAT) vor, einen genetischen Algorithmus, dessen Inspiration von Mutationen und Kreuzungen der biologischen Evolution stammt. Für Stanley sind Spiele ein ideales Testfeld für Algorithmen wie NEAT. „Im Gegensatz zu teurer Roboter-Hardware benötigen Spiele weniger Ressourcen und ermöglichen schnelle KI-Experimente ohne Risiken in der realen Welt"[1599]

So ermöglichen eine Reihe von KI-Spielen „eine Annäherung an Szenarien aus dem wirklichen Leben. Spiele sind die anspruchsvollste Art von Simulatoren." Die einzigartige Kombination aus einer eingeschränkten, kontrollierten Umgebung und freiem kreativem Raum in Spielen eignet sich hervorragend zum Ausprobieren von KI-Methoden. Dies trägt dazu bei, die KI voranzubringen, und bietet nützliche Erkenntnisse für die Lösung von Problemen in der realen Welt.[1600]

Auch *Dominik Rinnhofer* plädiert für einen sinnvollen und verantwortlichen Umgang mit Videospielen als einem Medium und Kulturgut mit großem Einfluss: sie bieten große Möglichkeiten zur nachhaltigen Bewusstseinsveränderung, zur produktiven Rückkopplung virtueller und realer Weltsichten sowie zur Simulation

---

[1596] Siehe: https://www.expressvpn.com/de/blog/ki-gaming/

[1597] Siehe: Ulrich Eberl. 33 Fragen-33 Antworten. Künstliche Intelligenz. München 2020, S. 28 ff.

[1598] KI-Experte Kenneth Stanley ist Erfinder des evolutionären genetischen NEAT-Algorithmus, welcher häufig beim Training von Gaming-KI eingesetzt wird.Vgl. https://www.expressvpn.com/de/blog/ki-gaming/

[1599] Ebenda

[1600] Ebenda

und Erprobung ‚utopischer' Zukunftsmodelle, ohne dass unmittelbare materielle Folgen und Konsequenzen zu befürchten wären.[1601]

Bei internationalen Computerspielemessen ist *seit einiger Zeit* ein neuer ‚Player' mit dabei: *Afrika*.[1602] Doch nicht nur bei *digitalen* Spiele-Entwicklungen hat Afrika seit einiger Zeit ‚die Bühne betreten'...

Es existiert bereits eine lange historische Kultur *analoger komplexer* Spiele. Ein bemerkenswertes Beispiel ist das Brettspiel ‚*Bao,*'[1603] das vor allem in ostafrikanischen Regionen auch in intensiven Wettbewerben ausgetragen wird.

Während des Spiels werden Spielsteine („Saatkörner") in Mulden verteilt, so dass die Steine nebeneinander mit unterschiedlicher Zahl als *Muster* aufgereiht sind. Dabei sind *die* Muster strategisch besonders vorteilhaft, wenn die Anzahl der Steine in den nebeneinander liegenden Mulden jeweils um Eins vermindert ist (z. B. 4-3-2-1). Ein solches Muster wird *„marchung group"* genannt und kann durch ununterbrochenes Setzen in den Mulden nicht nur weiterbewegt, sondern auch als Muster ‚kopiert' erhalten bleiben: durch die Dynamik des Setzens repliziert sich das Muster also selbst und kann so einen Gewinn-Zug vorbereiten. Doch darüber hinaus zeigt diese spielerische Selbst-Replikation ein tieferliegendes mathematisches Konzept. Mathematiker *Ron Eglash* beschreibt dieses Phänomen in bemerkenswerter Weise: „As simple as it seems, this concept of self-replication pattern is at the heart of some sophisticated mathematical concept......We can view the..board as a *one-dimensional cellular automaton*."[1604]

Das *Bao-Brett* lässt sich also mit seiner linearen Anordnung, in denen Spielsteine diskret in einer Reihe von Mulden bewegt werden, als ein *eindimensionaler „Zellulärer Automat"* betrachten.[1605]

Was bedeutet das ? „Ein zellulärer Automat stellt ein... Modell dar, welches meistens aus einer regelmäßigen Anordnung identischer Zellen besteht. Jede Zelle kann bestimmte Zustände annehmen und steht mit einer definierten Anzahl von Nachbarzellen in Wechselwirkung. Die

---

[1601] Siehe: https://www.sueddeutsche.de/kultur/gaming-nachhaltigkeit-videospiele-simulationen-zukunft-1.4980904

[1602] Siehe: https://www.deutschlandfunk.de/projekt-enter-africa-afrikas-gaming-industrie-im-aufbruch-100.html

[1603] In anderen Regionen Afrikas werden dafür auch andere Spielnamen, z.B. Mancala oder O-wari genannt. Ein Bao-Brett hat 32 Mulden mit jeweils 2x8 Reihen für jeden Spieler (4×8-Layout). 64 „Saatkörner" (32 pro Spieler), werden insgesamt eingesetzt. Während des Spiels werden die Saatkörner in den Mulden strategisch verteilt. Das Ziel des Spieles ist, die Frontreihe des Gegners zu leeren oder ihm jede weitere Möglichkeit zum Setzen zu nehmen (wenn keine seiner Mulden mehr als einen Spielstein mehr hat). Vgl.: https://de.wikipedia.org/wiki/Bao_(Mancala-Spiel)

[1604] Siehe: Ron Eglash (1999), a.a.O. S. 101 ff

[1605] Ebenda

Grundbestandteile eines solchen Systems, die Zellen und Regeln zur Berechnung des nächsten Zustandes einer Zelle, sind sehr einfach strukturiert, können in ihrem Zusammenwirken jedoch komplexe Systeme hervorbringen."[1606]

John von Neumanns Theorie selbstreproduzierender Automaten orientierte sich an *Regelsystemen*, mit denen die Entwicklungsprozesse lebender Organismen als komplexe Systeme im Computer ‚spielerisch' simuliert werden können.

„ Alle zu einem Zeitpunkt unabhängig voneinander möglichen Spielzüge sollen dabei gleichzeitig ausgeführt werden....Entsprechende Regelsysteme sind determiniert und lassen sich als Netzwerke von Automaten auffassen. Die einzelnen Zellen der parkettierten Ebene sind einfache *Automaten*, deren Zustände durch Belegung mit Spielsteinen angegeben werden. Da die Menge möglicher Zustände endlich ist, handelt es sich um endliche Automaten.....Ein *zellulärer Automat* wird durch eine endliche *Zustandsmenge*, eine *Umgebungsfunktion* für die benachbarten Zellen und eine *Regel* zur Festlegung nachfolgender Figuren definiert."[1607]

Aus der komplexen Entwicklungs-Dynamik können konstante Muster entstehen, sogenannte *„Attraktoren"*, d.h. sich reproduzierende ‚Endzustände', die sich im System stabilisieren. In unserem Fall des *eindimensionalen* Bao-‚Automaten' strebt – wie am Beispiel der „marching group" (4-3-2-1) sichtbar wurde – das Spielsystem einem einfachen *„Punkt-Attraktor"* zu, der sich ständig repliziert.[1608]

In Afrikas Spiele-Kultur werden also in bemerkenswerter Weise Wissenskulturen sichtbar, die komplexe, selbstorganisierende Systemdynamik betreffen. Damit ist eine wichtige gedankliche und konzeptionelle *Verbindung analoger* komplexer Erfahrungen zu *digitalen* Konzepten komplexer Computermodellen hergestellt!

Das Projekt „Enter Africa" des „Goethe-Instituts" eröffnet eine interessante Initiative für die digitale afrikanische Spieleentwicklung: Spieledesigner *Steven Tu* erläutert das von ihm mitentwickelte Simulationsspiel *„Busara"*, das Einblick in die kulturelle Geschichte Afrikas gewährt:

„Die Grafik des Spielbretts erinnert an ein uraltes Spiel, das überall in Afrika gespielt wird. Traditionell ein Holzbrett mit mehreren Mulden, in denen die Spieler strategisch Bohnen, Samen oder Steine umverteilen.[1609] Diese Ähnlichkeit sei kein Zufall, sagt der Spieledesigner: „Es gibt hier auf dem Kontinent ein großes Verlangen danach, die eigene Kultur auszudrücken. Die Leute wollen nicht nur Marvels Superhelden sehen, sondern Konzepte und Figuren, mit denen sie sich

---

[1606] Siehe: https://www.entwurfsforschung.de/alt/RaumProzesse/Grundlagen.htm

[1607] Siehe Klaus Mainzer (1997), a.a.O. S. 137 ff

[1608] Ebenda, S. 140; Siehe auch: R. Eglash (1999), S. 106

[1609] Dies erinnert sehr an das Brettspiel Bao, Owari, Mancala.....

identifizieren können. Da sich Afrika jedoch nicht auf eine einzige Kultur reduzieren lässt, repräsentieren in unserem Spiel Königreiche jene Aspekte, die für die Projekt-Teilnehmer wichtig waren."[1610]

15 Teams aus 15 afrikanischen Ländern haben diese Königreiche im Rahmen des „Enter Africa"-Projekts entworfen. Mit dem Smartphone erkunden Spieler ihre Städte, von Kinshasa bis Kampala, von Yaounde bis Dar es Salaam, erzählt *Stefanie Kastner*, eine der Projekt Managerinnen vom Goethe Institut: "Wir sind überzeugt davon, dass Spiele die Welt verändern können. Wir sind ausgegangen von der Frage, was ist die Zukunft meiner Stadt, und wie soll die Stadt aussehen, in der ich gerne leben möchte. Und zu diesem Thema wollten wir einfach Menschen zusammenholen, die sich zu diesen Fragen austauschen möchten und die gemeinsam ein Spiel kreieren." Nicht nur Spieledesigner waren daran beteiligt, sondern auch Stadtplaner, Architekten, Webdesigner, Künstler und viele andere. Dieses Netzwerk könne das Fundament für eine panafrikanische Gaming-Industrie bilden, betont *Dagmawi Bedilu*. „Beim Aufbau eines solchen Gaming-Ökosystems, also einem fruchtbaren Boden für diese Industrie, brauchen wir nicht nur Studios, die Spiele entwickeln, sondern auch Ausbildungsstätten, Promoter, Geldgeber und so weiter. Erst dann kann man von einer echten Gaming-Industrie sprechen."[1611]

Insgesamt sind die zum Ausdruck kommenden *Leitziele* und *Kriterien* sowohl für die spielerische digitale Entwicklung als auch *digitaler* Technologien insgesamt - inklusive *Künstlicher Intelligenz*: nämlich Orientierung an *komplexer Kreativität, Nachhaltigkeit, Diversität* und *lebenserhaltender Kultur*. Gerade letzteres Leitziel scheint insbesondere ein wichtiger afrikanischer Eigenwert zu sein!

Zur vielfältigen Problemlösung kommt KI in Afrika bereits seit Jahren zum Einsatz: etwa in Togo ein selbstlernender Algorithmus, der Überflutungen von Flüssen prognostiziert, oder in mehreren Ländern werden Satelliten- und Drohnenaufnahmen mit KI-Systemen ausgestattet, um Hurrikan-Opfer zu versorgen oder Getreidefelder zu überwachen. In Ghana hilft ein mobiler Dienst in vielfältiger Weise Landwirten – mit Sprachnachrichten in fünf lokalen Sprachen. In Tansania werden Patienten in abgelegenen Gemeinden über Smartphone-Apps von Ärzten aus Daressalam betreut.[1612] „Tom Kinyanjui, ein Forscher für künstliche Intelligenz aus Kenia, leitet ein Startup-Unternehmen Neural Labs Africa, das sich in einem ‚Pre-Seed'-Stadium befindet und zu dessen ersten Investoren ein Risikofonds von UNICEF gehört. Kinyanjui entwickelt Software zur Erkennung von Krankheiten durch das Screening medizinischer Bilder...Der von Neural Labs Africa entwickelte KI-Algorithmus kann mehr als 20 Krankheiten in Echtzeit erkennen."[1613]

[1610] Siehe: https://www.deutschlandfunk.de/projekt-enter-africa-afrikas-gaming-industrie-im-aufbruch-100.html

[1611] Ebenda

[1612] Siehe: U. Eberl (2020), a.a.O. S. 64 f.

[1613] Siehe: Africa Positive. Nr. 91 (2023), S. 31

Jedoch wird längst auch eine *strategische Debatte* über Forschung und Entwicklung von Künstlicher Intelligenz in Afrika geführt. So greift die kenianische Journalistin *Nancy Kanana* Diskussionen in der KI-Beratungsgruppe der UN auf und nimmt insbesondere Bezug auf den senegalesischen Computerwissenschaftler *Seydina Moussa Ndiaye*, eines der 39 Mitglieder im neuen ‚Artificial Intelligence Advisory Body' des UN-Generalsekretärs, der über Chancen und Herausforderungen der Künstlichen Intelligenz die Bedeutung der Länder des Südens, insbesondere Afrikas zum Ausdruck bringt: er betont die dringende Notwendigkeit, dass Afrika das *Potenzial der KI verantwortungsvoll* nutzt. Die KI verspricht, Sektoren von der Landwirtschaft bis zum Gesundheitswesen zu revolutionieren, dafür sind aber die Einbindung lokaler Akteure und der Schutz afrikanischer Daten vor der Ausbeutung durch ausländische Unternehmen von größter Bedeutung.[1614]

„Afrika steht am Rande einer technologischen Renaissance, in deren Mittelpunkt die KI steht. Länder auf dem gesamten Kontinent beginnen, die transformative Kraft der KI zu erkennen, und mehrere Nationen entwickeln spezielle Strategien, um diese Technologie zu nutzen."[1615]

KI biete nicht nur die Möglichkeit zu langfristiger Problemlösung verschiedener gesellschaftspolitischer Sektoren, sondern auch die einzigartige Gelegenheit, die reichen kulturellen Werte Afrikas auf der globalen Bühne zu stärken und zu bewahren. Jedoch bedeute eine unregulierte, lediglich von globalen Marktgesetzen gesteuerten KI-Entwicklung bedeutsame Gefahren: "Ndiaye warnt vor einem Szenario, in dem die KI-Landschaft Afrikas von großen multinationalen Konzernen dominiert werden könnte und lokale Innovationen und Talente an den Rand gedrängt werden. Das Risiko, dass Afrika zu einem Testfeld für unregulierte und potenziell schädliche KI- und biotechnologische Anwendungen wird, ist groß und wirft ethische und sicherheitsrelevante Bedenken auf."[1616]

Von daher sollte die KI-Beratungsgruppe der Vereinten Nationen Plattform und Diskursraum für die Behandlung kritischer Fragen im Zusammenhang mit der Entwicklung und dem Einsatz von KI in Afrika bieten.

Es muss sichergestellt werden, dass die Stimme des Kontinents im globalen Dialog über KI gehört wird, und eine internationale wissenschaftliche Zusammenarbeit stattfindet, die allen Ländern zugute kommt, auch den Ländern des Südens. Dabei ist die Stärkung *lokaler Innovationen* im Bereich KI entscheidend für die *Verhinderung neuer Formen der digitalen Kolonisierung*.

[1614] Siehe: https://www.cryptopolitan.com/de/auswirkungen-der-kunstlichen-intelligenz-in---chancen-und-herausforderungen/

[1615] Ebenda

[1616] Ebenda

„Der Umgang des Kontinents mit dieser transformativen Technologie muss sorgfältig gesteuert werden, um ihre Vorteile zu nutzen und gleichzeitig vor potenzieller Ausbeutung und Schaden zu schützen. Die internationale Gemeinschaft, angeführt von Gremien wie der KI-Beratungsgruppe der Vereinten Nationen, spielt eine entscheidende Rolle bei der Unterstützung Afrikas auf dem Weg in eine Zukunft, in der Technologie als Katalysator für *nachhaltige Entwicklung* und *Kulturerhaltung* dient und *nicht* als Werkzeug für eine neue Form der Kolonisierung."[1617]

Die im November 2021 von allen UNESCO-Mitgliedstaaten verabschiedete Empfehlung zur Ethik von KI[1618] stellt ein erstes völkerrechtliche Instrument dar, das nichtdiskriminierende Randbedingungen für den globalen Charakter von KI Rechnung trägt. Dabei bietet sie nicht nur einen möglichen Rahmen für die Entwicklung nationalstaatlicher Maßnahmen für KI und Handlungsethik. Erstmals wird im Völkerrecht die Notwendigkeit anerkannt, die Förderung ethischer KI-Entwicklung und -Nutzung auch in der zwischenstaatlichen Entwicklungs-Zusammenarbeit und Forschungskooperation festzuschreiben.
Die afrikanische KI-Diskussion *bettet sich* daher in diese internationalen Rahmensetzungen sinnvollerweise *ein*, verfolgt aber auch notwendigerweise *selbstständige* und *selbstbewusste* Forschungen und Leitbilder zur Gestaltung Künstlicher Intelligenz.
Es bedarf also eines *eigenständigen* Beitrags Afrikas zur Künstlichen Intelligenz, der beispielsweise destruktive Folgen des ‚westlichen Technologiemodells' vermeidet, insbesondere auch durch ‚Überspringen' von Fehlentwicklungen („*Leapfrogging*")[1619] [1620]hin zu direkt angesteuerten nachhaltigen Lösungen:

„Gerade in Afrika entwickelt sich das Feld der KI dynamisch. Die „Grenzenlosigkeit" digitaler Innovationen bietet neue Chancen für regionale Wertschöpfung auf dem Kontinent. Darüber hinaus eröffnet die Nutzung von KI durch die öffentliche Hand wie auch durch private Unternehmen die *Möglichkeit des Leapfroggings*, also des Überspringens von Entwicklungsstufen. So arbeiten

[1617] Ebenda

[1618] Siehe: https://www.unesco.de/wissen/ethik/kuenstliche-intelligenz/ethische-ki-afrika

[1619] „Die Vergangenheit hat gezeigt, dass die internationale Entwicklungszusammenarbeit die Probleme Afrikas allein nicht lösen kann. Afrika braucht eigene Ideen, eigene Köpfe, eigene Forschung, eigene Unternehmen, um in möglichst raschen, großen Schritten mit regional angepassten Innovationen gesellschaftlich und wirtschaftlich voranzukommen... „Leapfrogging" heißt der Fachbegriff für das Überspringen ineffizienter, umweltschädlicher und kostspieliger Zwischenstufen der Entwicklung hin zu Errungenschaften, die das Leben der Menschen verbessern und vereinfachen." Siehe: https://www.berlin-institut.org/fileadmin/Redaktion/Publikationen/PDF/BI_SchnellBezahlbarNachhaltig_2020.pdf S. 6

[1620] Siehe auch: https://stay-stiftung.org/leapfrogging-afrika/

aktuell beispielsweise mehrere afrikanische Länder, darunter Südafrika und Ghana, am Aufbau von E-Government-Strukturen, in denen perspektivisch auch KI zum Einsatz kommt."[1621]

So wird in Südafrika eine KI-Software entwickelt, die besser auf afrikanische Bedürfnisse und Gebrauchswerte zugeschnitten ist, um damit z.B. diskriminierende und rassistische Entwicklungsfehler zu vermeiden. „Die Johannesburger Programmiererin *Pelonomi Moiloa* erklärte, die gängige KI sei vor allem auf die westliche Welt abgestimmt. Als Beispiel nannte sie Gesichtserkennungssoftware, die schwarze Hautfarbe oder bestimmte Gesichtszüge nicht erkenne."[1622]

Auch werden bei der Entwicklung von Software im internationalen Kontext oft unsoziale Praktiken

angewendet, z. B. kommt es beim Einsatz von afrikanischen Muttersprachen zur Missachtung von Beteiligungs- und Urheberrechten oder unberechtigtem Aneignen von Wissen. „Gemeinsam mit anderen Ingenieuren und Programmierern aus Südafrika gründete *Moiloa* deshalb das Unternehmen *Lelapa* – der Name bedeutet „Gemeinschaft" in der Bantu-Sprache Sesotho. Ihr Ziel ist es, KI-Programme aus und für Afrika zu schreiben. Das erste KI-Produkt des jungen Konzerns heißt „Vulavula", was in der Bantusprache Xitsonga „Sprechen" bedeutet. Mit „Vulavula" stellen die Programmierer Chatbots, also intelligente Frage-Antwort-Programme, in Südafrikas Landessprachen her. Einer der wichtigsten Schritte dabei sei die Datenerfassung. „Afrikanische Geschichte ist oft nur mündlich überliefert, weshalb schriftliche Aufzeichnungen in gewissen Sprachen selten sind. Man kann nicht einfach ins Internet gehen oder Fachbücher befragen", so die Johannesburgerin. Eine Lösung biete die Zusammenarbeit mit fachkundigen afrikanischen Kräften: „Wenn es zum Beispiel um einen Chatbot über Maisanbau geht, laden wir Bauern und Dorfbewohner ein."[1623]

Sprach-KI-Anwendungen wie Chatbots und Übersetzungsprogramme können mögliche Helfer im Arbeitsalltag sein. Chatbots wie ChatGPT bieten zwar die Möglichkeit, schnell Texte zusammenzufassen und neue Texte zu formulieren, *ABER:*

"Das Sprachmodell GPT-4, das hinter ChatGPT steht, verstand beim Start zum Beispiel nur 26 Sprachen. Und auch die nicht alle gleich gut: Schon mit Deutsch tut sich das Modell schwieriger als mit Englisch. Und Telugu zum Beispiel, eine Sprache, die von rund 80 Millionen Menschen in Südindien gesprochen wird, kann das Modell noch schlechter. Gleiches gilt für Übersetzungssoftware, zum Beispiel für die Software Deepl. Die unterstützt derzeit rund 30 Sprachen. Experten schätzen die Anzahl aller Sprachen weltweit aber auf etwa 7000."[1624]

Dies wirkt sich besonders eindrucksvoll in Afrika aus. Dort gibt es geschätzt bis zu 2000 Sprachen. Viele dieser Sprachen haben nur einige hundert oder tausend

---

[1621] Vgl.: https://www.unesco.de/wissen/ethik/kuenstliche-intelligenz/ethische-ki-afrika

[1622] Siehe https://www.deutschlandfunk.de/suedafrikanisches-projekt-entwickelt-ki-software-speziell-fuer-afrika-100.html

:

[1623] Ebenda

[1624] Siehe: https://wirtschaftinafrika.de/ki-sprache-afrika/

Sprecher und Sprecherinnen. Es gibt aber auch zahlreiche afrikanische Sprachen, die von vielen Millionen Menschen gesprochen werden, wie Swahili, Hausa oder Yorùbá. Dass es für diese Sprachen fast keine KI-Anwendungen gibt, benachteiligt die Menschen vor Ort gleich mehrfach. Einerseits können sie die neuen Angebote nicht nutzen und andererseits auch ihr Wissen und ihre Weltsicht zu wenig einbringen. Ein Beispiel: Werden KI-Sprachmodelle primär mit westlichen, europäischsprachigen Texten über die Kolonialzeit trainiert, bilden diese Modelle später auch ihre Sicht auf die Kolonialgeschichte ab. Damit geht entsprechend die nicht abgebildete, afrikanische Perspektive verloren.[1625]

Weltweit gibt es vielfältige Bemühungen, die Rolle von bedeutsamen „Minderheitensprachen" in der KI-Entwicklung zu stärken. Auf dem afrikanischen Kontinent spielt dabei die *Organisation „Masakhane"* eine zunehmend wichtige Rolle. Sie ist eine Basisbewegung, der mittlerweile über tausend Forschende mit IT-Expertise aus 30 afrikanischen Ländern angehören.

„Die Organisation führt eigene Forschungsprojekte zu Sprach-KI-Anwendungen durch. Sie fördern den Austausch über Forschungsergebnisse und beteiligt sich afrikaweit an Konferenzen. Der Name Masakhane ist isiZulu – eine Sprache, die vor allem in Südafrika gesprochen – und bedeutet „Wir bauen zusammen".[1626] [1627]

Auf dem afrikanischen Kontinent arbeiten daran neben Masakhane weitere lokale Organisationen: die *Kenyan Association of NLP (KANLP)* und die Initiative *Ghana NLP* zum Beispiel, ebenso wie das bereits oben genannte *Unternehmen Lelapa* aus Johannisburg, das eigene Sprachmodelle für afrikanische Sprachen entwickelt.[1628]

Ein internationaler Diskurs über Künstliche Intelligenz sollte am Beispiel eines afrikanisch-europäischen Dialoges neben der sorgfältigen Überprüfung von sicherheitskritischen Herausforderungen und Fehlentwicklungen vor allem *Maßstäbe der Orientierung* für eine *sinnvolle und nachhaltige KI-Entwicklung* entwerfen: bei der Strategie einer zukunftsfähigen *Technik-Gestaltung* und schließe mich ausdrücklich *Klaus Mainzer* an : „Ich plädiere daher für eine Technikgestaltung, die über Technologiefolgenabschätzung hinausgeht. Die traditionelle Sicht, die Entwickler einfach werkeln zu lassen und am Ende die Folgen iherer Ergebnisse zu bewerten, reicht aus Erfahrung nicht aus. Am Ende kann das Kind in den Brunnen gefallen sein und es ist zu spät. Nun lässt sich zwar

---

[1625] Ebenda

[1626] Ebenda

[1627] Siehe auch: https://www.masakhane.io/

[1628] Vgl. https://wirtschaftinafrika.de/ki-sprache-afrika/

Innovation nicht planen. Wir können aber Anreize für gewünschte Ergebnisse setzen. Ethik wäre dann nicht Innovationsbremse, sondern Anreiz zu gewünschter Innovation."[1629]

Es geht also *nicht* um eine reaktive, defensive Umgangsweise mit der Entwicklung von KI-Technologien, sondern um deren *aktive* ökologische, kulturelle, soziale und ökonomische *Gestaltung* zur Bewältigung global-zivilisatorischer Komplexität. Und dazu sind *afrikanische Leitideen* nicht nur möglich, sondern *dringend erforderlich*! Wie könnten, wie sollten Kriterien für eine sinnvolle, zukunftsfähige Technikgestaltung aussehen? Grundsätzlich gilt es, innerhalb eines afrikanisch-europäischen Diskurses *Lösungsräume* und *Möglichkeits-Potenziale* dafür auszuloten, um dabei das langfristige Leitbild eines symbiotischen Technik-Typus im Auge zu behalten.

Dennoch lassen sich bereits aktuelle *‚Basis-Kriterien'* eingrenzen:

Human- *und* Naturwissenschaftliche Fragen müssen *von Beginn an* bei einer nachhaltigen Gestaltung von Technologie, insbesondere Künstlicher Intelligenz, Berücksichtigung finden, und *nicht* erst am Ende ex post stattfinden, wenn die Realität der Technik bereits Folgen und Tatsachen geschaffen hat.[1630] Um die Wechselwirkungen zwischen Wissenschaft, Technik, Natur und Gesellschaft angemessen zu erfassen, sollten *‚Labs'* gebildet werden, die drei wesentliche Perspektiven umfassen - *Wissen, Bewerten* und *Kommunizieren*: „

1. Forschungsprojekte entstehen interdisziplinär aus Technik-/Naturwissenschaften und Sozial-/Humanwissenschaften („Interdisziplinarität").
2. Sie sind projekt-orientiert, d.h. entwickeln ethische und sozialwissenschaftliche Fragen aus konkreten Projekten („Projektorientierung", „bottom up").
3. Sie sind auf einen öffentlichen Dialog angelegt („Transparenz"; „Gläsernes Labor"). Daher sind dies Laboratorien schon während der laufenden Forschung offen für gesellschaftliche Diskussion. Die gemeinsamen Erkenntnisse sollen auch der Politik als Grundlage für ihre Entscheidungen dienen."[1631]

Dies bezieht entsprechend auch die Expertise der Zivilgesellschaft mit ein und sollte eine *umfassende Partizipation* ermöglichen: denn Technikgestaltung ist nicht nur eine Aufgabe für Experten! Umgekehrt bewirken sinnvoll eingesetzte digitale Kommunikation und Künstliche Intelligenz eine *verbesserte Demokratie*:

[1629] Vgl. K. Mainzer (2023), a.a.O. S. 167
[1630] Siehe: K. Mainzer (2019), a.a.O. S. 239 ff
[1631] Ebenda, S. 240

intelligente Informationsinfrastrukturen vermitteln nötiges Wissen für mehr Beteiligung. Nur bei Einbeziehung ökologischer, ökonomischer und sozialer Dimensionen für technologische Lösungskonzepte können wir von *nachhaltiger Innovation* sprechen.[1632]

Digitale, intelligente Technikgestaltung soll also vorrangig *lebenserhaltende Produktivkräfte* der globalen Entwicklung fördern und entsprechende Beiträge zur Lösung krisenhafter Probleme der Menschheit liefern. Dazu bedarf es auch risikominimierender Sicherheitsregularien und vernunftgeleiteter Handlungsgrenzen für technologische Entwicklung und Anwendung.

„Natürlich kann eine KI – etwa in autonomen Drohnen oder Killermaschinen – für terroristische oder kriegerische Zwecke eingesetzt werden, ebenso wie künftige Quantenrechner dazu benutzt werden könnten, Verschlüsselungen zu knacken und geschützte Infrastrukturen zu hacken, doch in beiden Fällen liegt der Kern des Problems bei den Menschen, die die Technologie missbrauchen."[1633] Irrationale Ängste vor einer „Krise der Intelligenz", die in Zukunft angeblich zu einem zerstörerischen Kampf ‚Mensch gegen Maschine'führt, sind im Kern reale Versagenserfahrungen von unvernünftig-destruktiven menschlichen Handlungsweisen einer traditionellen ‚Moderne' in Vergangenheit und Gegenwart!

„Denn zu befürchten ist, dass wir einer ganz anderen Krise der Intelligenz gegenüberstehen: unserer Unfähigkeit, weltweit zusammenzuarbeiten, um die vielen Probleme zu bewältigen, die wir selbst verursacht haben. Denn ist es wirklich ein Zeichen von Intelligenz, Kriege zu führen, Rohstoffe zu verbrennen, die Atmosphäre aufzuheizen, den Regenwald abzuholzen, Tierarten auszurotten und die Ozeane in Müllkippen zu verwandeln?"[1634]

So ist das *Deutsche Forschungszentrum für Künstliche Intelligenz* (DFKI) seit über 30 Jahren ausgewiesen in der anwendungsorientierten Grundlagenforschung von Informations- und Kommunikationstechnologien, Digitalisierung und Künstliche Intelligenz. Dabei stehen der verantwortungsvolle und nachhaltige Verbund von Mensch, Natur und Technik in seinen Fokus.[1635]

Denn derzeit „ gibt es existentielle Gefahren für die Menschheit, zu deren Lösung KI und andere Werkzeuge der Digitalisierung signifikant beitragen können. In einer 2018 veröffentlichten Studie des Weltwirtschaftsforums („Harnessing Artificial Intelligence for the Earth") werden die sechs drängendsten Herausforderungen für den Einsatz von KI benannt: Klimawandel, Erhalt der

[1632] Ebenda, S. 237 ff

[1633] U. Eberl (2022), a.a.O. S. 352

[1634] Ebenda

[1635] Siehe: https://www.im-io.de/quantifiedeverything/ki-und-nachhaltigkeit/

Biodiversität, gesunde Ozeane, Wasserversorgungssicherheit, saubere Luft sowie die Widerstandskraft gegenüber Extremwetterereignissen und Naturkatastrophen."[1636]

Dies erfordert immer mehr Akteure, die wachsende Komplexität der damit verbundenen Problemlösungen systemisch zu erfassen, zu modellieren und zu simulieren. KI ermöglicht es, nicht nur die Effizienz, sondern den Lösungsoutput der Systeme sowie ihre Anpassungsfähigkeit, sprich Resilienz zu steigern. Von daher beobachten wir einen globalen Trend zu mehr *Resilienz* nachhaltiger komplexer Systeme, in denen *Redundanzen* als Reserve und Risikominimierung eingebaut sind. Im existentiellen Sinne dieser Resilienz sowie vor dem Hintergrund endlicher Ressourcen gilt es, Künstliche Intelligenz in der Zukunft möglichst effektiv für den Schutz von Umwelt und Klima einzusetzen. „Dann kann Künstliche Intelligenz in der Tat ein Stück dazu beitragen, den Planeten zu retten." [1637]

Erinnern wir uns: evolutionäre Systeme auf unserem Planeten konnten als „Kette von Selbstorganisationsprozessen" (Ebeling) modellhaft beschrieben werden. Von daher stellt sich die Frage: „Gibt es ein gemeinsames Prinzip, das diesen evolutionären Systemen zugrunde liegt und das wir uns in der KI zunutze machen können?"[1638]

Als Ergebnis zeigte sich, dass in der Evolution vielfältige Elemente wie z.B. Zellen oder Organismen in einem hochkomplexen dynamischen System miteinander wechselwirken und *neue* Eigenschaften, Strukturen oder Muster im Gesamtsystem erzeugen sprich emergieren, die nicht auf die einzelnen Elemente zurückführbar sind.

„Diese Emergenz oder Selbstorganisation von neuen Systemeigenschaften wird in der Systembiologie berechenbar und in Computermodellen simulierbar. In diesem Sinn ist die Systembiologie ein Schlüssel zur Komplexität des Lebens."[1639]

Auch das menschliche Gehirn, in dem Milliarden von Neuronen neurochemisch wechselwirken, erzeugen komplexe Schaltmuster, die mit kognitiven Zuständen wie Denken, Fühlen, Wahrnehmen oder Handeln korrelieren. „Die Entstehung (*Emergenz*) dieser mentalen Zustände ist wieder ein typisches Beispiel für die *Selbstorganisation* eines komplexen Systems....Erst ihre kollektiven Wechselwirkungen und Verschaltungen unter geeignete Bedingungen erzeugen kognitive Zustände."[1640]

Auf der Basis vielfältiger emergenter Selbstorganisationsphänomene lassen sich komplexe KI-Systeme entwickeln, die insbesondere *hybride* Verbindungen und

[1636] Ebenda

[1637] Ebenda

[1638] Siehe: K. Mainzer (2023), a.a.O. S. 186 ff

[1639] Ebenda, S. 187

[1640] Ebenda, S. 191

Synthesen beispielsweise zwischen verschiedenen neuromorphen Prozessen ermöglichen: „Subsymbolische KI zielt vor allem auf Mustererkennung, wie es in Organismen in Wahrnehmungsvorgängen auftritt, während symbolische KI das logische Denken und Schließen des menschlichen Verstands (z.B. Expertensysteme) abbildet. Die Verbindung von beiden Ansätzen wird als *hybride KI* bezeichnet und kommt damit der menschlichen Intelligenz näher als die Reduktion auf eine der beiden Ansätze."[1641]

Dies eröffnet wiederum neue Möglichkeiten der *Kommunikation zwischen* Mensch und KI-Technologie: „Informationsaustausch zwischen Mensch und Maschine...werden in hybriden Systemen gefordert. Menschen lernen dadurch von der Maschine und umgekehrt. So entstehen Rückkopplungen des Lernens zwischen zwei Seiten, die sich komplementär ergänzen."[1642] Vielfältige KI-Systeme, die hybrid miteinander verbunden sind, können dabei eine wichtige ‚Brückenfunktion' zum Erreichen nachhaltiger Zukunftstechnologien einnehmen. „Die verschiedenen Brückentechnologien können sich ergänzen, gegenseitig verstärken oder ablösen. Am Ende sollten sie aber für uns Menschen und diesen *Planeten* eine *nachhaltige Dienstleistung* auch mit Blick auf Energieverbrauch und Umweltbelastung sein." [1643]

Damit muss eine sinnvolle *Technologie-Gestaltung* der Künstlichen Intelligenz einmal mehr in eine globale komplex-nachhaltige *Transformationsstrategie* „eingebettet" werden: planetare Grenzen sowie nachhaltige Leitplanken bilden Rahmen und Randbedingungen für den möglichen Lösungsraum. Aber wie sollten die Bedingungen für eine zukunftsfähige, technologische *Weltinnenpolitik* aussehen? „In welchen Metaphern eine *zukünftige Weltinnenpolitik*...beschrieben wird, mag je nach eigener kultureller Prägung unterschiedlich ausfallen. Technisch muss es eine Welt globaler Kommunikation sein, die globale Probleme unübersichtlicher Komplexität lösen muss. Ohne das Wissen und Können von Schlüssel- und Zukunftstechnologien blieb die Weltinnenpolitik ein Traum vergangener Jahrhunderte. Aber Technik bleibt auch in diesem Stadium der Entwicklung nur die notwendige Bedingung. Wie diese Technologie für eine lebenswerte Welt zu entwickeln ist, bleibt die Aufgabe einer *verantwortungsvollen Technikgestaltung*." [1644]

Damit schließt sich der Kreis und wirft die Frage nach den Bedingungen der Möglichkeit einer verantwortungsvollen Weltinnenpolitik insgesamt auf....

Eigentlich zeigen die globalen Krisen und Herausforderungen die Notwendigkeit zu verbindlichem gemeinsamen Handeln ohne Verzug auf. Gemäß einschlägigen

[1641] Ebenda, S. 207

[1642] S. 212

[1643] S. 213

[1644] Ebenda, S. 250

komplex-dynamischen Systemanalysen werden etwa beim Klimawandel Kollaps-Situationen unvermeidlich, wenn nicht gemäß erkannten kritischen ‚Kontrollparametern' oder ‚Kipppunkten' sofort gegengesteuert wird: „Trotz allem technisch-innovativen Fortschritt erweist sich die Menschheit aber auf sozialem und politischem Gebiet in erschütternder Weise als lernresistent und fällt immer wieder in archaische Muster ihrer Spezies zurück. Kriege mit beispielloser Grausamkeit werden wie vor hundert Jahren mit überholt geglaubten Ideologien gerechtfertigt....Diese völlig sinnlosen und überflüssigen Lernschleifen, die sich die Menschheit immer wider leistet , vernichten nicht nur die Lebensgrundlage im jeweils eigenen Land... Diese sinnlosen Kriege vernichten Ressourcen und vergeuden Zeit, die dringend für die Bekämpfung von globalen Bedrohungen dieses Planeten benötigt werden.....

Weil die Menschen so mit ihren Kriegen untereinander abgelenkt sind, könnte am Ende die rote Linie der Natur überschritten werden und der Planet unkorrigierbar in die globale Katastrophe rutschen."[1645]

Doch es existieren ebenso globale konstruktive Gegenperspektiven, zum Beispiel als *„eine Revolution für das Leben"* (Eva von Redecker) oder als als weltweite Transformationsstrategien für Nachhaltigkeit: „Unabhängig von...unterschiedlichen historischen Narrativen in Ost und West zeichnet sich das Konzept einer ‚geeinten Menschheit' aus technischen, wirtschaftlichen und politischen Tendenzen ab." [1646] Kosmopolitische Weltsichten und Philosophien erneuern oder eröffnen eine dringend erforderliche Perspektive einer globalen Gesamtstrategie.

Ein paradigmatischer, aktueller Beitrag wird dazu von dem chinesischen Gegenwartsphilosophen *Zhao Tingyang* vorgestellt. „Zhao schlägt darin einen Perspektivenwechsel vor, nach dem die globale Ordnung jenseits der Idee von Nationalstaaten als radikal integrierte Ganzheit zu betrachten ist."[1647]

Er entwickelt dabei ein strategisches Konzept, das mit Rückgriff auf die klassische Vorstellung chinesisch philosophischer Tradition des „Tianxia" („Alles unter dem Himmel") ein Modell einer alternativen Weltordnung entwirft.[1648] Dabei handelt es sich um den Entwurf globaler Philosophie, die sowohl den ‚westlichen' Fokus überwinden hilft als auch philosophische Traditionen Afrikas oder Asiens in den angloeuropäischen Diskurs aufnimmt.

[1645] Ebenda, S. 270

[1646] Ebenda, S. 249

[1647] Siehe: https://www.praktische-philosophie.org/zfpp/article/view/204/198 , S. 347

[1648] Ebenda, S. 348

„Es geht nicht nur um interkulturelle Kompetenz, also um das Verstehen des anderen als anderen, sondern um ein gemeinsames Philosophieren als einer unter Gleichen und vor dem Hintergrund einer verbundenen Lebenswelt....Es geht darum, sich auf einen Diskurs einzulassen, in dem sich unterschiedliche Traditionen wechselseitig herausfordern und befruchten – und zwar nicht, um einen Ansatz als den überlegenen hervortreten zu lassen, und auch nicht nur, um die Eigenart des anderen zu verstehen, sondern um eine gemeinsame Diskurspraxis zu etablieren, in der das Zusammenspiel unterschiedlicher Traditionen neue Sichtweisen ermöglicht.“[1649]

Dies bedeutet, immer aufs Neue den Diskursrahmen zu überdenken, „um koloniale Vorstrukturierungen, subtile Machtasymmetrien und verzerrende Vorannahmen aufzuspüren.“ Daher bedarf es einer *ganzheitlichen Weltsicht*, einer „holistisch-*inklusiven* Perspektive“, eines grundlegenden „*Kosmopolitismus*“.[1650]

„Die sich abzeichnende Zukunft wird einer die Moderne hinter sich lassenden globalen Macht der Netzwerke und einer globalen Politik gehören. Das Konzept des Tianxia zielt auf eine Weltordnung , worin die Welt als Ganzes zum Subjekt der Politik wird, auf eine Ordnung der Koexistenz..., welche die ganze Welt als eine politische Entität betrachtet. Die Welt unter dem Aspekt des Tianxia zu begreifen, bedeutet, die Welt als Ganzes zum gedanklichen Ausgangspunkt der Analyse zu machen, um eine der Realität der Globalisierung adäquate politische Ordnung entwerfen zu können.....Die Welt als Maßstab für das Verstehen der Welt als einer Gesamtheit politischer Existenz ist das Prinzip des „Tianxia kennt kein Außen“, was bedeutet, dass das Tianxia die größte denkbare, jede Art politischer Existenz einschließende politische Welt bedeutet.“[1651]

Die Welt als „Ganzes“, als Macht von „Netzwerken“ und „holistisch-inklusiver Perspektive“ zu betrachten, muss in der Tat die Weltsicht einer traditionellen Moderne „hinter sich lassen“. Dies bedeutet im Kern, jegliche „Politik der Spaltung“ zu ächten und durch das „Prinzip der Koexistenz“ zu ersetzen: "Das Prinzip der Koexistenz bedeutet, dass Politik als Kunst des Zusammenlebens verstanden werden muss und nicht als Technik des Herrschens und Dominierens.“[1652]

Normativ handelt es sich um die realistische Utopie einer kosmopolitischen Ordnung. Auf die Frage, wie globale Herrschaft zugleich möglich, robust und legitim sein kann, antwortet das Tianxia-System mit der Idee eines *dynamischen Netzwerks*, dem sich Staaten zum eigenen Nutzen anschließen. Der

[1649] Ebenda, S. 350 f.

[1650] Ebenda

[1651] Siehe: Zhao Tingyang. Alles unter dem Himmel. Vergangenheit und Zukunft der Weltordnung. Berlin 2021, S. 13 f.

[1652] Ebenda, S. 48

Führungsanspruch kann jederzeit wechseln und beruht nicht (allein) auf Macht, sondern auf Systemüberlegenheit und Inklusion in ein System wechselseitigen Nutzens:

1. Das Tianxia-System musste sicherstellen, dass der Beitritt zum System für jeden Staat mehr Vorteile schaffte als das Draußenbleiben, es daher von allen Staaten akzeptiert wird und der Beitritt freiwillig erfolgte.
2. Ein Tianxia-System musste in der Lage sein, Beziehungen wechselseitiger Abhängigkeit und gegenseitiger Begünstigung hinsichtlich der Interessen zu schaffen, um dadurch eine Ordnung allgemeiner Sicherheit und dauerhaften Friedens der Welt zu gewährleisten.
3. Ein Tianxia-System musste in der Lage sein, umfassend günstige Voraussetzungen für das Gemeinwohl, die Nutzenteilhabe und die öffentlichen Angelegenheiten aller Staaten zu entwickeln, um so den universellen Teilhabecharakter des Tianxia-Systems unter Beweis zu stellen.[1653]

Die eingeschränkte politische Philosophie der Moderne betrachtet lediglich „die Untersuchung fehlerhafter menschlicher Aktion" und berührt damit bestenfalls ‚technische', oberflächliche Verteilungsfragen von Macht und Interessen als Beschreibung von menschlicher ‚Koexistenz'......

Im Kern aber geht es um das *„Raison d'étre des Zusammenlebens"*, also um den fundamentalen *Sinn* und *Seinsgrund* der Koexistenz eines Zusammenlebens der Menschheit:

„Politik, die nach Feinden sucht, ist das Gegenteil von Politik, wahre Politik besteht darin, Feinde in Freunde umzuwandeln. Subsumiert man sämtliche auf die ernsthafte Zerstörung der Lebensgrundlagen einer feindlichen Existenz gerichteten Aktionen unter den Begriff des Krieges (einschließlich militärischer, Wirtschafts- und Finanzkriege, kultureller und biologischer Kriege etc.), dann sind sämtliche Kriege, außer Kriegen zur Selbstverteidigung, irrational....ist jede auf Zerstörung gerichtete feindselige Aktion letzten Endes irrational und ein Fehler."[1654]

Für ein lebensfähiges Welt-Ganzes, für eine überlebensfähige „Inklusion der Welt" müssen dem entgegenstehende globale Destruktions-Potenziale minimiert und umgewandelt werden, um zum „Tianxia" zu werden. „Sie braucht ein globales politisches System , um eine neue Daseinsordnung zu schaffen, um globale Gerechtigkeit herzustellen, um der irrationalen Entwicklung von Technik und Kapital entgegenzuwirken.

[1653] Ebenda, S. 56 f.; Siehe auch: https://www.praktische-philosophie.org/zfpp/article/view/204/198 S. 353

[1654] Ebenda, S. 36 f.

Nur so kann die Welt ein gemeinsam bewohnbarer Raum der Sicherheit und des Friedens bleiben."[1655]

Allerdings traut Zhao den Vereinten Nationen *nicht* zu, als „Modell der Weltverwaltung" zu fungieren oder sie „in ein der ganzen Welt angehöriges Weltsystem zu transformieren", sondern hält es für wahrscheinlicher, „dass erst die Umwandlung des globalen Finanzsystems, der Systeme der Hochtechnologie und der sozialen Medien in ein von der Welt geteiltes, besessenes und verwaltetes globales Sytem die wesentlichen Voraussetzungen für die Realisierung eines Tianxia-Systems schaffen. Die vorrangige Frage der künftigen Welt lautet natürlich, wie man die Logik politischen Handelns und die Art und Weise politischen Denkens ändert. Ohne eine *geistige Revolution* wird eine materielle Revolution die Welt nur in einen noch gefährlicheren Ort verwandeln."[1656]

Von daher geht es *Zhao* am Ende grundlegend auch um die Frage nach der *„Spiritualität der Welt"*: wie kann angeknüpft oder aufgegriffen werden, was „einen *komplexen kulturellen Charakter"* zum Ausdruck bringt, was eine „vollständige Weitergabe von Wertvorstellungen des Lebens" bedeutet oder „mittels einer partizipierbaren ästhetischen Form Erfahrung mitzuteilen". Welche komplexen kulturellen *Formen* „können der heutigen Welt, die ihre Spiritualität verloren hat, die *rettende Erfahrung* vermitteln?"[1657]

Dies sind Fragestellungen, die uns bisher bereits auch im afrikanisch-europäischen Diskurs begegnet sind. Zum einen bei den ‚weltwissenschaftlichen' und kosmopolitischen Konzepten *Alexander von Humboldts*: „Die Humboldt'sche Weltwissenschaft kann in diesem Überschneidungsbereich unterschiedlichster Wissensbereiche und Wissenschaftsdiskurse als eine Lebenswissenschaft verstanden werden, die sich nicht in engen Grenzen einer biowissenschaftlich-medizinischen Dimension und damit auf die derzeit vorherrschende semantische Reduktion des Lebensbegriffs einengen lässt. Das Humboldt'sche Lebenswissen ist in seinen Schriften wie in seinem Handeln allgegenwärtig: Es ist ein Natur und Kultur vom Leben , das Ethik und Ästhetik miteinander verbindet, aus dem Leben selbst schöpft und auf Lebensführung zielt." [1658]

Wie bereits *Achille Mbembe* darlegte, muss das Denken zur planetaren Lebenserhaltung ein *„Welt-Denken"* sein! „Denn tatsächlich gibt es nur eine Welt. Sie ist ein Ganzes, das aus zahllosen Teilen besteht. Aus aller Welt. Aus allen Welten."[1659]

Des Weiteren greifen wir die Ideen von *Felwine Saar* einmal mehr auf, um die Rolle Afrikas für einen Beitrag zur Zukunftsfähigkeit der Welt zur Geltung zu bringen: „Der Kontinent muss sich vor allem auch an der Entwicklung der Menschheit beteiligen,

---

[1655] Ebenda

[1656] Ebenda, S. 196

[1657] Ebenda, S. 237 f.

[1658] Siehe: Ottmar Ette (2019),a.a.O. S. 382 f.

[1659] Siehe Achille Mbembe (2017), a.a.O. S.326

durch den Aufbau einer verantwortungsvolleren Zivilisation, die besser für die Umwelt sorgt, das Gleichgewicht zwischen den verschiedenen Ordnungen wahrt, sich der kommenden Generationen, des Gemeinwohls und der Menschenwürde annimmt: eine poetische Zivilisation."[1660]

Für Sarr sollte Afrika nicht nur die grundlegende Bedeutung seiner eigenen *Kultur-Dimension* neu überdenken, sondern auch diejenige als universelles Charakteristikum für die Welt *insgesamt*: Es geht um "Kultur als Suche nach Zwecken, nach Zielen und Gründen, überhaupt zu leben, als Verfahren, um dem menschlichen Abenteuer einen Sinn zu verleihen...Die Revolution, die es auf den Weg zu bringen gilt, ist eine spirituelle."[1661]

Mit Verweis auf frühere Ausführungen[1662] scheinen mir zum Suchen und Finden nachhaltiger, komplex-dynamischer Lösungen in *globalen Systemen* zukunftsfähige *Simulationsmodelle emergenter*, regulierter *Selbstorganisation* erfolgversprechend zu sein, die dem verantwortungsvollen Selbstverständnis menschlicher Kreativität und Intelligenz neue Möglichkeiten der Kooperation und Kommunikation mit technologischer Intelligenz erschließen.

Eröffnet sich damit ein neuartiger, emergenter Erkenntnis- und Handlungsraum zwischen Mensch und Technik? Wird erstmals in der Technikgeschichte die Möglichkeit eines *partnerschaftlichen* Verhältnisses und möglicherweise eines *‚symbiotischen'* Umgangs zwischen Mensch, Natur und Technik sichtbar, die eine konstruktive und positive Gestaltungspraxis zur Erhaltung unserer planetaren Lebensverhältnisse in Aussicht stellt? Wird damit auch eine neue, *technologische* Möglichkeit von *‚Kreativität'* geschaffen?

Wir erinnern uns an grundlegende Charakteristika planetarer, komplexer Evolutionsdynamik: „Unsere Welt war von Anfang an *„kreativ"*, sie war auf der Basis der vorliegenden Anfangs- und Randbedingungen und der fundamentalen Gesetzmäßigkeiten in der Lage, *Komplexität* zu erschaffen. Sie besaß die Fähigkeit zur *Selbststeuerung und Selbstorganisation.*"[1663]

Dennoch bedarf es offensichtlich für „richtiges" Wissen und Handeln in komplexen Systemen weiterer, *tieferer* Einsichten *jenseits* der durchaus wichtigen Erkenntnisse aus Simulationen und Modellen.....[1664] „Menschen entscheiden und handeln bewusst oder unbewusst auf der Grundlage rechtlicher, kultureller und religiöser *Wertvorstellungen*, die seit Jahrhunderten weltweit in unterschiedlichen Traditionen gewachsen sind und sie sozialisierten und prägten. Wir können diese Wertvorstellungen daher als *„Ordnungsparameter"*...kultureller...Dynamik auffassen. Es ist die globale Herausforderung, friedliche

[1660] Siehe: Felwine Sarr (2019), a.a.O. S. 153

[1661] Ebenda, S. 156

[1662] Siehe (FN 1270) ff.

[1663] Siehe Ebeling/Feistel (1994),a.a.O. S, 24

[1664] Siehe: Klaus Mainzer (2023), a.a.O. S. 284 f.

Koexistenz und kulturelle Balance zu fördern, um den Crash der Zivilisation in seiner komplexen nichtlinearen Dynamik zu verhindern."[1665]

Wir brauchen dringend die Entwicklung und Integration einer weltweiten Kommunikation um globale, inklusive, lebenserhaltende *Kultur*maßstäbe als „Einheit in der Vielfalt"…..

Könnte es sinnvoll sein, der Frage *Zhaos* nach der „rettenden Erfahrung" für die (Wieder)Entdeckung einer „Spiritualität der Welt" im Umfeld der Kultur nachzugehen? Erinnerungen von *Abdoulaye Touré* werden wach, wenn er die Zukunft von Kulturgütern anspricht: „Die Welt des Verständnisses, der Toleranz und der Zusammenarbeit, die es aufzubauen gilt, muss zur Grundvoraussetzung haben, dass sich Kulturen frei ausdrücken und in Dialog miteinander treten können. Dieses Format, das Kommunikationskanäle zwischen Völkern schafft, macht aus jeder Kultur einen bespiegelten Schaukasten, damit wir lernen und uns kennenlernen, erkennen, wiedererkennen in dem, was war, ist und sein wird. So verstanden ist die Kultur ein gemeinsames Gut der gesamten Menschheit."[1666]

Und Touré verweist ebenfalls auf *Senghors* Appell an eine humane Weltordnung und damit an eine „Zivilisation des Universellen": „Der Weg ist offen für eine Konvergenz der ganzen Menschheit. Aus dieser Bewegung wird die *Civilisation de l'universel* entstehen als *Symbiose* der verschiedensten Zivilisationen." [1667]

Lassen sich damit die Dimensionen ‚Wissenschaft' und ‚Politik' in einen *umfassenderen* Sinn- und Bedeutungs-Raum als motivierende ‚Spiritualität' für das Zusammenleben der Welt *„einbetten*? Könnte dieser umfassende ‚Raum' mit Leitbildern aus *‚Kunst'* und *‚Kultur'* annäherungsweise charakterisiert werden? Es wäre m.E. mehr als den Versuch wert, *jenseits* bisheriger Handlungsbegründungen für ein friedliches Zusammenleben der Menschheit auf einem lebenswerten Planeten möglicherweise *neue* erfolgreichere Leitbilder im Umfeld von Kunst und Kultur zu suchen und zu eröffnen?! „Damit verbindet sich die Chance, endlich auch die Schönheit in der Ethik einziehen zu lassen…"[1668]

Ob in Artefakten, Büchern oder Skulpturen… ein Kunstwerk verbindet weltweit in sinnlicher Weise Mensch und Natur. Auch wenn wir die Bedeutung von Technik aus dem griechischen Begriff *„téchne"* ableiten, stoßen wir auf die Bedeutung von „Kunst", „Handwerk" oder „Kunstfertigkeit".[1669]

[1665] Ebenda
[1666] Siehe: A. Touré. In: Humboldt Forum (2021), a.a.O. S. 57
[1667] Zitiert nach: Belting/Buddensieg (2018), a.a.O. S. 78 ff
[1668] Siehe: Meyer-Abich (1990), a.a.O. S. 97
[1669] Vgl.: Maja Göpel (2022), a.a.O. S.208

Wäre es daher nicht sinnvoll weiterführender, wenn wir den Begriff „künstlich" *nicht* mehr im eher *negativen-abwertenden* Wortsinne wie ‚gekünstelt', ‚aufgesetzt' oder als ‚gestellt' und ‚unnatürlich' verstehen und praktizieren, sondern als Leitbild im *positiv-aufwertenden* Sinne wie *‚kunstvoll'* oder *‚künstlerisch'* verwenden würden ?! Dann wäre das *Leitbild von technischer Intelligenz* nicht mehr als „künstliche", sondern vielmehr substanziell als *„Künstlerische, Kunstvolle Intelligenz"* zu verstehen, zu behandeln und umzusetzen.....! Und zwar als sinnvolle, kreative *Erweiterung* der *realen Natur*. Dazu bedarf es dann eines entsprechenden Konzepts zur *künstlerischen Technik-Gestaltung* und *technischen Gestaltungs-Kunst*.

Dann ließe sich folglich eine *sinnvoll* gewählte oder gefertigte Technik sehr wohl mit Kunst und Kultur verbinden: es eröffnete sich damit auch eine neue Form der *komplexen Kommunikation von Lebenszusammenhängen zwischen* Mensch, Natur und Technik und *nicht* mehr im Sinne von gegenseitiger Machtausübung oder Beherrschung! Könnte dieser Ansatz einer *„Komplex-Kommunikation"* dem gewünschten Leitbild sowie der Umsetzung einer zukunftsfähigen *Symbiose* zwischen Mensch, Natur und Technik näherkommen? „Die Kunst...erweckt die Dinge, in denen sie leibhaftig wird und Erdenschwere gewinnt, zu einem wahrhaft neuen Leben." [1670]

Insgesamt wäre die globale, nachhaltige Transformation als Große *Kultur*-Transformation zu verstehen, hin zu einer zukunftsfähigen „Spiritualität der Welt" (Zhao), die auch für *Felwine Sarr* eine neue, *„poetische"* Entwicklungsstufe der Menschheit darstellte:

„durch den Aufbau einer verantwortungsvolleren Zivilisation, die besser für die Umwelt sorgt, das Gleichgewicht zwischen den verschiedenen Ordnungen wahrt, sich der kommenden Generationen, des Gemeinwohls und der Menschenwürde annimmt: *eine poetische Zivilisation*."[1671]

Eine solche, globale Kultur-Zivilisation bedarf allerdings einer engen, komplexen *Verbindung* zur *Natur* und ihrer *Geschichte* , in der alle Dinge und Lebewesen einen Eigenwert haben.[1672] „Die Natur ist geschichtlich, so dass auch die Dinge und Lebewesen ihren Eigenwert als eine geschichtliche Bestimmung haben...

Ihr Eigenwert ist das, was von Natur aus ihnen werden kann, wenn sich das Ganze in ihrem besonderen Dasein erfüllt."[1673] Und dies bedeutet für *Meyer-Abich* , dass

[1670] Vgl.: Meyer-Abich (1990), a. a. O. S. 98
[1671] Siehe: Felwine Sarr (2019), a.a.O. S. 153
[1672] Vgl.: Meyer-Abich (1990), a. a. O. S. 111
[1673] Ebenda

Kulturgestaltung in fundamentaler Weise in die Naturgeschichte der Welt eingebettet ist: „Mit uns Menschen treibt die Natur sich so fort, dass wir Kultur in die Welt bringen. Kultur ist unser Beitrag zur Naturgeschichte."[1674]

Was könnte dieser ‚Einbettungsraum' in seiner Gänze bedeuten? *Eva von Redecker* greift dazu die Begrifflichkeit *Rilkes* des *„Weltinnenraums"*[1675] auf und entwickelt ihn weiter: „Alles existiert gemeinsam. Das Leben, die Welt, die Natur...sie kommen..in einem Raum zusammen. „Weltinnenraum" nennt Rilke das in einer Gedichtszeile: „Durch alle Wesen reicht der *eine* Raum: Weltinnenraum.."..Der Weltinnenraum ist die Gegenwart, in der sich alle Stoffwechsel kreuzen." [1676] Er ist insbesondere der Raum, in dem sich gegenwärtig eine „Revolution für das Leben" entfaltet, die mit zwei Sehnsüchten zur Veränderung des Welt-Geschehens verbunden ist: „Die *erste* Sehnsucht ist eine Sehnsucht danach, die Gewalt der Vergangenheit in der Gegenwart unschädlich zu machen.....Die Revolution für das Leben birgt zugleich eine *zweite* Sehnsucht. Die, endlich in die befreite Zukunft eintreten zu können. Die Sehnsucht nach solidarischen Beziehungsweisen und Weltliebe...eine Welt, in der wir pflegen, statt zu beherrschen, teilen, statt zu verwerten, regenerieren, statt zu erschöpfen, und retten, statt zu zerstören."[1677]

Nachdem wir die obige Leitidee eines „Weltinnenraums" als eine geeignete „rettende Erfahrung"(Zhao) für die zukunftsfähige Lebenskultur unserer Welt gedeutet haben, quasi als Perspektive auf das Welt-Ganze „vom Inneren" her betrachtet, stellt sich nun die Frage nach einer weiteren möglichen Perspektive, nämlich die „von außen" – nach einem „Welt-(Außen)-Raum"?

Eröffnet der Blick auf unsere Erde als „Blauen Planeten" vom Weltraum aus eine erhöhte Einsicht gegen die globale Konkurrenz und *für* die weltweite Kooperation zur „Rettung" der Welt?

Wenn sich eine planetare ‚Kultur für das Leben' auch als ‚kosmische Perspektive' selbstorganisiert und selbstverstärkt, dann eröffnet sich vielleicht auch die Möglichkeit für den „Weltraum als Innovationsraum" (Mainzer)[1678].

Dazu sei ein hoffnungsvolles Kultur-Experiment erwähnt: EUMETSAT, der europäische Betreiber von Wettersatelliten mit Sitz in Darmstadt, lud drei afrikanische Künstler ein, um ein *einmaliges Kunstprojekt* zu verwirklichen. „Die Zusammenarbeit mit Afrika ist für uns eine Herzensangelegenheit", sagt Phil Evans, Generaldirektor von EUMETSAT, in der Zentrale der Organisation in Darmstadt. „Mit dem Kunstprojekt ASAP (African Space Art Project) wollen wir auch unsere tiefe Verbundenheit mit

---

[1674] Ebenda, S. 113

[1675] Siehe dazu FN 627 ff

[1676] Siehe: Eva von Redecker (2021), a.a.O. S. 285 ff

[1677] Ebenda

[1678] Siehe: Klaus Mainzer (2023), a.a.O. S. 271 ff

unserem Nachbarkontinent im Süden ausdrücken und etwas Bleibendes schaffen, das die beiden Kontinente Europa und Afrika verbindet." [1679] [1680]

„Diese großartige Geschichte hat ihre Wurzeln in der internationalen Kooperation....Unsere meteorologischen Satelliten im geostationären Orbit 36.000 km über der Erdoberfläche blicken fortlaufend auf Europa und Afrika", so Evans. „Seit vielen Jahren übermittelt EUMETSAT die Daten dieser Satelliten an Wetter- und Klimaexperten in Afrika.[1681] „Mit Meteosat Third Generation gewinnen wir einen deutlichen Fortschritt bei den Wetter- und Klimadaten, die der Satellit zurück auf die Erde sendet. Wie könnte man die Tragweite dessen, was dies für Afrika und Europa bedeutet, besser feiern, als mit einem afrikanischen Kunstwerk auf einer europäischen Rakete, die einen europäischen Satelliten trägt, der uns allen zugutekommt?"

Das African Space Art Project (ASAP) wurde gemeinsam mit der französischen Nicht-Regierungsorganisation African Artists for Development von EUMETSAT und Arianespace ins Leben gerufen, die eine Replik des Kunstwerks auf der Trägerrakete aufbringen werden. *Nach einem sorgfältigen Auswahlprozess fiel die Entscheidung auf zwei Künstler und eine Künstlerin:* ***Géraldine Tobé*** *und* ***Michel Ekeba*** *aus der Demokratischen Republik Kongo sowie* ***Jean David Nkot*** *aus Kamerun. Diese drei wurden gebeten, das Kunstwerk gemeinsam zu erstellen.*[1682] „Es passt auch sehr gut, dass drei Kunstschaffende gemeinsam dieses beeindruckende Werk für ein Projekt erstellt haben, bei dem es insbesondere darum geht, globale Herausforderungen gemeinsam zu bewältigen", stellt Phil Evans fest."[1683]

Eines der wichtigsten Beispiele von internationaler Kooperation ist m. E. nach wie vor die internationale *Raumstation ISS*, die bislang größte und langlebigste Raumstation der Menschheit: „Die Internationale Raumstation ISS ist das größte Technologieprojekt aller Zeiten und der größte Außenposten der Menschheit im All. Gleichzeitig ist sie ein Labor in der Umlaufbahn, das beispiellose Möglichkeiten für die wissenschaftliche und

---

[1679] Siehe: Africa Positive. Nummer 85 (2022), S. 44; Vgl. https://www.africanspaceartproject.com/

[1680] Siehe auch: https://www.eumetsat.int/de/kunstwerk-auf-dem-weg-ins-weltall-gibt-sein-debut-deutschland: „EUMETSAT, die europäische Agentur für meteorologische Satelliten, überwacht Wetter und Klima vom Weltraum aus. EUMETSAT mit Sitz in Darmstadt stellt ihren 30 Mitgliedsstaaten meteorologische Bilder und Daten zur Verfügung...Drei Meteosat-Satelliten der zweiten Generation im geostationären Orbit beobachten permanent sich rasch entwickelnde Unwetterereignisse über Europa, Afrika und dem Indischen Ozean. Der erste Meteosat-Satellit der dritten Generation wurde im Dezember 2022 gestartet."

[1681] Ebenda

[1682] Siehe: https://www.eumetsat.int/media/49264

[1683] Vgl. https://www.eumetsat.int/de/kunstwerk-auf-dem-weg-ins-weltall-gibt-sein-debut-deutschland

industrielle Forschung bietet." 1998 war der sichtbare Anfang des größten Kooperationsprojektes der Menschheit im All.

„Erstmals kam eine dauerhafte internationale Zusammenarbeit zwischen Russland, den USA, Europa, Kanada und Japan im Weltraum zustande...Bis heute wurden weit mehr als 3.000 Experimente aus 108 Staaten auf der ISS durchgeführt."[1684] Allerdings wäre es dringend erforderlich, auch Länder des Südens sowie China und Indien als weitere astronautische Kooperationspartner zu berücksichtigen......

Vor seiner Rückkehr von der ISS zur Erde hat der deutsche Raumfahrer *Alexander Gerst* eine bemerkenswerte Video-Botschaft aufgenommen. In einer *„Nachricht an meine Enkelkinder*" wendet er sich an künftige Generationen. Die Botschaft vom Kommandant der Expedition 57 – Alexander Gerst – gesendet am 25. Nov. 2018 – von 400 km über der Erdoberfläche hat folgenden Wortlaut: „Liebe Enkelkinder, ihr seid noch nicht auf der Welt und ich weiß nicht ob ich euch jemals treffen werde. Deswegen hab ich beschlossen, euch diese Nachricht aufzuzeichnen. Ich befinde mich gerade auf der internationalen Raumstation im Cupola Aussichtsmodul und schau auf euren wunderschönen Planeten hinunter......... Und wenn ich so auf den Planeten runter schaue, denke ich dass ich mich bei euch wohl leider entschuldigen muss. Im Moment sieht es so aus, also ob wir – meine Generation – euch den Planeten nicht gerade im besten Zustand hinterlassen werden. Im Nachhinein sagen natürlich viele Leute, sie hätten davon nichts gewusst, aber in Wirklichkeit ist es uns Menschen schon sehr klar, dass wir im Moment den Planeten mit Kohlendioxid verpesten, dass wir das Klima zum Kippen bringen, dass wir Wälder roden, dass wir die Meere mit Müll verschmutzen, dass wir die limitierten Ressourcen viel zu schnell verbrauchen und das wir zum Großteil sinnlose Kriege führen....Und ich würde mir wünschen, dass wir bei euch nicht als die Generation in Erinnerung bleiben, die eure Lebensgrundlage, egoistisch und rücksichtslos zerstört hat. Ich bin mir sicher, dass ihr die Dinge inzwischen, sehr viel besser versteht, als meine Generation und wer weiß, vielleicht lernen wir ja auch noch was dazu."[1685]

Eigenartigerweise tragen mich diese Gedanken zu einer tief erinnerten Vorstellung: zum Zug des *Storchenschwarms*. Die Thermik trägt ihn höher und weiter über die Landschaft. Aus der ‚Vogelperspektive' gelingt der Blick zwischen die Welten von Europa und Afrika, in denen auf wundersame Weise die Herkunft des Schwarms auch seine Zukunft bedeutet. Bis heute gilt der Weißstorch bei allen Kulturen als Botschafter von Glück und Lebensfreude. Es heißt, wenn es den Störchen gut geht, geht es auch den Menschen gut. Die Weiß-Störche zogen

---

[1684] Siehe: https://www.dlr.de/de/forschung-und-transfer/projekte-und-missionen/iss

[1685] Siehe: https://www.forum-csr.net/News/12937/Alexander-Gerst-Nachricht-an-meine-Enkelkinder.html

vor langer Zeit aus Afrika nach Norden, um der *Kultur* des Menschen zu folgen; und zwar *der* Kultur, die mit der Natur im Einklang war. Orientiert an Sonne und Erd-Magnetfeld, erhalten durch Sonnenenergie als Lebensspender und geleitet von der natürlichen Gemeinschaft des Schwarmes.

Aber was lernen wir Menschen aus der wunderbaren Storchen-Natur? Was macht die „Schwarm-Intelligenz“ der Störche anders als wir, aber richtig?

Sie verbindet nachhaltig zwei Lebenswelten zu einer Welt, um sie friedlich zu erhalten:

Störche leben auf der Erde, sie leben mit der Erde und sie leben von der Erde – jedoch *ohne* sie zu zerstören!

Wenn also Kant vom richtigen Gebrauch der „Naturgabe Vernunft“ spricht, tun wir endlich mit Nachdruck das Nötige: nämlich mit Vernunft Natur und Mensch das zu geben, was uns alle auf diesem einzigartigen Planeten gut leben lässt. Denn „Die Funktion der Vernunft besteht darin, daß sie die Kunst zu leben fördert“ sagt Whitehead.

Das Geschenk der Evolution für die Welt: *Homo sapiens* bedeutet *weiser, kluger, vernünftiger Mensch*. Nur eine tiefgründige Erinnerung an diese, seine Herkunft und Bedeutung wird der Welt eine sinnvolle Zukunft eröffnen.

Literatur

Al-Khalili/McFadden. Der Quantenbeat des Lebens. Berlin 2015

Ani, Marimba (geb. Dona Richards): „The Implications of African American Spirituality" in: K. Asante/K.W. Asante 1985

Apa Guides Kenia, M. Amin/D. Eames (Hrsg.), München 1989

Apa Guides Südafrika. München 1995

Asante/Asante. African Culture. The Rhythms of Unity. Westport/London 1985

Assmann, Jan. Das Doppelgesicht der Zeit im altägyptischen Denken, S. 219 f. Originalveröffentlichung in:

A. Mohler, A.Peisl (Hrsg.), Die Zeit (Schriften der C. F. v. Siemens-Stiftung Nr.6), München 1983, S. 189-223

Assmann, Jan: Ma'at: Gerechtigkeit und Unsterblichkeit im Alten Ägypten. München 2006. S.17. Zitiert nach Anke Graneß (2023), a.a.O.

Aubert, Hans-Joachim. Die Erforschung Ostafrikas. In: Richtig Reisen: Ostafrika, Michael Köhler (Hrsg.), Köln 1988, S. 105

Aurich, Eberhard. Zusammenbruch. Erinnerungen, Dokumente, Einsichten. Berlin 2019

Bak/Chen. Selbstorganisierte Kritizität. In: Spektrum der Wissenschaft. März 1992

Bardi, Ugo. Der Seneca-Effekt. Warum Systeme kollabieren und wie wir damit umgehen können. München 2017

Bartel/Hallof. Der Aspekt der Selbstorganisation in altägyptischen Kosmogonien.

In: Uwe Niedersen (Hrsg.) Selbstorganisation. Band 1 (1990), Halle/Berlin. S. 195 bis 218

Belting/ Buddensieg. Leopold Sedar Senghor und die Zukunft der Moderne. Ein Afrikaner in Paris. München 2018

Berthold/Querner. Prinzesschens Reisen nach Afrika. In: Spektrum der Wissenschaft (Juni 2002), S. 52 bis 61

Blixen, Tania. Afrika. Dunkel lockende Welt. Zürich 1986

Böhme, Madelaine et al. Wie wir Menschen wurden. Eine kriminalistische Spurensuche nach den Ursprüngen der Menschheit. München 2019

Böhret, Carl. Folgen. Entwurf für eine aktive Politik gegen schleichende Katastrophen. Opladen 1990

Brandt, Willy. Erinnerungen. Frankfurt/Main 1989

Braun, Hans-Jürg. Ludwig Feuerbachs Lehre vom Menschen, Stuttgart-Bad Cannstatt 1971

Brecht, Bertold. Werkausgabe Edition Suhrkamp, Frankfurt/Main 1967, Auflage 1990 – Bd. 9

Breuer, Reinhard. Das anthropische Prinzip. Der Mensch im Fadenkreuz der Naturgesetze.

Frankfurt/M-Berlin-Wien 1984

Brockmann, Dirk. Im Wald vor lauter Bäumen. Unsere komplexe Welt besser verstehen. München 2021

Brunozzi,P./Hahn, H. Zhao Tingyangs Alles unter dem Himmel: Eine kritische Auseinandersetzung.

Zeitschrift für Praktische Philosophie Band 7, Heft 1, 2020, S. 347–354 www.praktische-philosophie.org https://doi.org/10.22613/zfpp/7.1.1

Bruschke, G. et al. Südliches Afrika. Readers Digest Deutschland Stuttgart, Zürich, Wien 2009

Bulthaup, Peter. Zur gesellschaftlichen Funktion der Naturwissenschaften, Frankfurt am Main 1973

Campbell, B. Ökologie des Menschen. Frankfurt/Main 1987

Collien, Jochen. Tschop-blew-pot: afrikanische Erkundungen, Bad Honnef 1998

Connah, Graham. Unbekanntes Afrika. Archäologische Entdeckungen auf dem Schwarzen Kontinent. Stuttgart 2006

Cordts/von Oppel. Die schwarzen Königinnen. Vergessenes Reich am Nil. 3sat-TV-Dokumentation (18.04.2018)

Coveney/ Highfield. Anti-Chaos. Der Pfeil der Zeit in der Selbstorganisation des Lebens. Reinbek bei Hamburg 1992

Cramer, Friedrich. Chaos und Ordnung. Die komplexe Struktur des Lebendigen. Stuttgart 1988

Darwin, John. Der imperiale Traum. Die Globalgeschichte großer Reiche 1400-2000, Frankfurt/Main 2010

Davies, Paul. Prinzip Chaos. Die neue Ordnung des Kosmos. München 1988

Deena. So frei bin ich nur hier. Mein zweites Leben in Afrika. Salzburg/München 2017

Diop, Cheikh Anta. Precolononial Black Africa, Chicago 1987

Dörner, Dietrich. Die Logik des Misslingens – Strategisches Denken in komplexen Situationen. Reinbek bei Hamburg 1991 und 2003

Dolder, Willi. In: Natur 8/98

Dorn, Thomas in Zusammenarbeit mit Ayoko Mensah. Gesichter und Rhythmen Afrikas. Houn-Noukoun. München 1997

Ebeling/Feistel. Chaos und Kosmos. Prinzipien der Evolution. Heidelberg, Berlin, Oxford 1994

Ebeling/Feistel (2017) https://leibnizsozietaet.de/wp-content/uploads/2017/06/EbelingFeistel.pdf

Ebeling, Werner. Chaos, Ordnung, Information. Frankfurt/Main 1991

Eberl, Ulrich. 33 Fragen-33 Antworten. Künstliche Intelligenz. München 2020

Eberl, Ulrich. Unsere Überlebensformel. Neun globale Krisen und die Lösungen der Wissenschaft. München 2022

Eglash, Ron. African Fractals. Modern Computing and indigenous design. London 1999

Eilenberger, Gert. Komplexität. Ein neues Paradigma der Naturwissenschaften. In: Mannheimer Forum 89/90. Ein Panorama der Naturwissenschaften. München 1990, S. 79 f.

Elsner, Wolfram. China und der Westen. Aufstiege und Abstiege. Vom alten Reich der Mitte zum gegenwärtigen Konflikt. Köln 2022.

Engels, Friedrich. Dialektik und Natur. Nachdruck aus: Marx-Engels-Archiv, Band II, Frankfurt/Main 1927

Ette, Ottmar. Weltbewußtsein. Alexander von Humboldt und das unvollendete Projekt einer anderen Moderne. Velbrück Wissenschaft 2002

Ette, Ottmar. Alexander von Humboldt und die Globalisierung, Frankfurt/Main 2019

Faloyin, Dipo. Afrika ist kein Land. Berlin 2023.

Feuerbach, Ludwig. Kleine Schriften. Frankfurt/Main 1966

Feuerbach, Ludwig. Grundsätze der Philosophie der Zukunft (1843). In: L. Feuerbach. Kleine Schriften. Frankfurt/Main (1966),

Feyerabend, Paul in: Erich Jantsch: Die Selbstorganisation des Universums. Vom Urknall zum menschlichen Geist, München 1979, S. 14

Fischer, Ernst Peter. Der kleine Darwin. Alle, was man über Evolution wissen sollte. München 2009

Folkers/Opitz (2019), Symbiose als Begriff und Gegenstand der Soziologie. Für eine Analyse von Biosozialität im Zeitalter des Mikrobioms. In: file:///C:/Users/User/OneDrive/Dokumente/Reise%20Storch/redaktion2018,+1119-Artikeltext-4798-1-6-20190215_Fahne_final2.pdf

Fromm, Erich. Haben oder Sein. Die seelischen Grundlagen einer neuen Gesellschaft. München 2019

Gaub, Florence. Zukunft. Eine Bedienungsanleitung. München 2023

Gell-Mann, Murray. Das Quark und der Jaguar. Vom Einfachen zum Komplexen- die Suche nach einer neuen Erklärung der Welt. München 1994

Gerhardt/Ludwig, „Roscher Albrecht“, in: Neue Deutsche Biographie, Bd. 22 (2005)

Gesang, Bernward (Hrsg.). Kann Demokratie Nachhaltigkeit? Wiesbaden 2014

Glotz, Peter. Der Mannbarkeits-Test, in: DER SPIEGEL 10/1993 (08.03.1993)

Eine Replik auf den „Spiegel“-Essay von Peter Glotz: Es ist Völkermord. In taz, die Tageszeitung (11.3.1993), S. 10

Göpel, Maja. Wir können auch anders. Aufbruch in die Welt von morgen. Berlin 2022

Goethe, J.W. von. Sämtliche Werke, Band 1, Zürich 1977

Goethe, J.W. von. Sämtliche Werke. Band 2. Zürich 1977

Götschl, Johann. Zur philosophischen Bedeutung des Paradigmas der Selbstorganisation für den Zusammenhang von Naturverständnis und Selbstverständnis. S. 187. In: Krohn/Küppers (1990), a.a.O. S. 181-199

Graneß, Anke. Philosophie in Afrika. Herausforderungen einer globalen Philosophiegeschichte. Berlin 2023

Grzimek/ Grzimek. Serengeti darf nicht sterben. 367000 Tiere suchen einen Staat. München 2020,

Haken, Hermann. Der Synergetische Computer. In: Günter Küppers (Hrsg.). Chaos und Ordnung (1996), a.a.O. S. 176 bis 199

Harari, Yuval Noah. Eine kurze Geschichte der Menschheit, DVA München 2013

Hamann, Brigitte. Bertha von Suttner. Kämpferin für den Frieden. Wien 2015

Hauff, Volker (Hrsg.). Unsere Gemeinsame Zukunft. Der Brundtlandt-Bericht der Weltkommission für Umwelt und Entwicklung. Greven (1987),

Hawking, Stephen. Dossier (06.01.20179

Heid, L. Joseph. Peter Blachstein. Von der jüdischen Jugendbewegung zur Hamburger Sozialdemokratie. Biographie eines Sozialisten (1911 – 1977). Hamburg 2014

Heiden, Uwe an der. Chaos und Ordnung, Zufall und Notwendigkeit. In: G. Küppers (1996), a.a.O. S. 110 f.

Hirn, Wolfgang. Herausforderung China. Wie der chinesische Aufstieg unser Leben verändert. Frankfurt/Main 2005

Hirschelmann, Hans-Hermann. Weißstörche zeigen globale Dimensionen des Lebens und seiner Bedrohung (Berlin 2006/2007). S. 1 bis 30

Hufsky, Franziska. http://bioinfowelten.uni-jena.de/2019/09/16/turing-mechanismen-wie-das-zebra-zu-seinen-streifen-kommt/

Humboldt, Alexander von. Band I bis VII. Herausgegeben und kommentiert von Hanno Beck, Darmstadt 2018

Humboldt, Alexander von. Ideen zu einer Geographie der Pflanzen nebst einem Naturgemälde der Tropenländer (1807), in: Hanno Beck (2018), a.a.O. Bd. I, S. 43 ff.

Humboldt Forum. (Post)Kolonialismus und Kulturelles Erbe. Berlin/München 2021

Huylebrouck, Dirk. Afrika – Wiege der Mathematik. In Spektrum der Wissenschaft, Dossier, 4/2007, S. 6 bis 11

Huylebrouck, Dirk. Africa and Mathematics. From Colonial Findings Back to the Ishango Rods. Springer Nature Switzerland AG 2019

Iwanowski, Michael. Reise-Handbuch Südafrika. Dormagen 1994/95

Iwanowski, Michael. Botswana. Reisehandbuch. Dormagen 2000

Jantsch, Erich. Die Selbstorganisation des Universums. Vom Urknall zum menschlichen Geist, München 1979

Jahrbuch Ökologie 2022. Das Zeitalter der Städte. Stuttgart 2022

Jantsch, Erich. Erkenntnistheoretische Aspekte der Selbstorganisation natürlicher Systeme. In: S.J.Schmidt a.a.O. (1988), S. 159 – 1991

Jonas, Hans. Das Prinzip Verantwortung. Frankfurt/Main 1985

Jung, C.G. et al. (Hrsg.): Der Mensch und seine Symbole (1964)

Ka, Bamba. Afrika – zwischen westlichen Demokratiemodellen und demokratischer Selbstbestimmung. In: UTOPIE kreativ, H. 108 (Oktober 1999). S. 67 – 72

Kafka, Peter. Das Grundgesetz vom Aufstieg. Vielfalt, Gemächlichkeit, Selbstorganisation: Wege zum wirklichen Fortschritt. München/Wien 1989

Kants Werke. Akademie Textausgabe. Band III. Kritik der reinen Vernunft, 2. Auflage 1787. Berlin 1968.

Kant, Immanuel. Zum ewigen Frieden. Reclam/Stuttgart 1996

Karenga, Karenga. Maat, the Moral Ideal in Ancient Egypt, S. 10ff. Zitiert nach: Anke Graneß (2023), a.a.O.

Kauffman, Stuart. Der Öltropfen im Wasser. Chaos, Komplexität, Selbstorganisation in Natur und Gesellschaft. München 1996

Katz, M. Mit Prinzesschen unterwegs. Loburg 2004

Kehnel, Annette. Wir konnten auch anders. Eine kurze Geschichte der Nachhaltigkeit. München 2021

Kelly, Natasha A. Afrokultur "der raum zwischen gestern und morgen" Münster 2018

Kissinger, Henry. Staatskunst. Sechs Lektionen für das 21. Jahrhundert. München 2022

Ki-Zerbo, Joseph. Die Geschichte Schwarzafrikas. Frankfurt/Main 1981

Klima, Herbert. Wir brauchen die fraktale City, in: Perspektiven, H. 9/10, 1993, S. 31–32.

Klüver, Jürgen. Soziologie als Computerexperiment. Braunschweig/Wiesbaden 1995

Knauer, Wolfram (2006): https://de.scribd.com/document/342122710/Jazz-Geschichte#

Köhler, Michael (Hrsg.). Ostafrika. Köln 1988

Kohl, Karl-Heinz. Ethnologie – die Wissenschaft vom kulturell Fremden. München 2000

Kordy, Steffi. Kenya. Tanzania (mit Zanzibar). DuMont Buchverlag 2001

Krohn/Küppers/Paslack. Selbstorganisation – Zur Genese und Entwicklung einer wissenschaftlichen Revolution. In: S.J. Schmidt a.a.O. (1988), S. 441 - 465

Krohn/ Küppers. Rekursives Durcheinander. Wissenschaftsphilosophische Überlegungen. In: Das Chaos, Kursbuch Nr. 98 Berlin 1989, S. 79

Krohn/Küppers (Hrsg.). Selbstorganisation. Aspekte einer wissenschaftlichen Revolution. Braunschweig 1990

Krüger, Hardy. Eine Farm in Afrika, Bergisch Gladbach 1999

Küng, Hans. Projekt Weltethos. München 1990

Küppers, Günter (Hrsg.), Chaos und Ordnung. Formen der Selbstorganisation in Natur und Gesellschaft. Stuttgart 1996

Küppers, G. Selbstorganisation: Selektion durch Schließung. S. 122 bis 148, In: Günter Küppers (Hrsg.), Chaos und Ordnung. Formen der Selbstorganisation in Natur und Gesellschaft. Stuttgart 1996, S. 380

Küppers, G. Chaos: Unordnung im Reich der Gesetze. S.149 – 175. In: G. Küppers (Hrsg.)1996, a.a.O. S. 170

Leakey, Richard. Die ersten Spuren: Über den Ursprung des Menschen, München 1999

Maathai, Wangari. The Challenge for Africa. A new Vision. London 2009

Magisches Afrika. Durch die Augen der Götter, Phantastische Luftaufnahmen von Robert B. Haas, Einleitung von Kuki Gallmann, National Geographic Deutschland, Hamburg 2005

Mainzer, Klaus. Chaos, Selbstorganisation und Symmetrie. In: Selbstorganisation. Jahrbuch für Komplexität in den Natur-, Sozial- und Geisteswissenschaften. Band 3 (1992).

Mainzer, Klaus. Gehirn, Computer, Komplexität. Berlin 1997

Mainzer, Klaus. Anthropologie: Leben als Maschine? In: Information Philosophie. Heft 1 (2013)

Mainzer, Klaus. Information. Wiesbaden 2016

Mainzer, Klaus. Zukunft durch nachhaltige Innovation. Berlin 2023

Mandela, Nelson. Der lange Weg zur Freiheit. Frankfurt/Main 1994

Mandela, Nelson. Meine Waffe ist das Wort. München 2013

Mann, Michael E. Propagandaschlacht ums Klima. Bergisch Gladbach 2021

Marc/Sovak. Mit Livingstone durch Afrika. Zürich, Kiel, Wien, 1993

March, Leonie. Mandelas Traum. Meine Reise durch Südafrika. DuMont Reisverlag, Ostfildern 2018

Margarine-Union AG. Hamburg. Sanella-Bilder (1952)

Margulis/Sagan. Microcosmos. New York 1986

Marx, Karl. Die Frühschriften. Stuttgart 1968

Marx, Karl. Die Frühschriften. Die Deutsche Ideologie (1845/46). S. 366; Herausgegeben von S. Landshut. Stuttgart 1968

Massarrat, Mohssen. Demokratisierung der Demokratie. München 2003. In: https://www.home.uni-osnabrueck.de/mohmass/DEM.pdf

Matthes, Sabine. In: Africa Positive Nr. 73 (2019), S. 8 - 11

Mbembe, Achille. Kritik der schwarzen Vernunft, Berlin 2014

Mbembe, Achille. In: Philosophie Magazin Nr. 04/2023 S. 24 - 27

Meadows/Randers/Meadows. Grenzen des Wachstums. Das 30-Jahre-Update. Stuttgart 2008

Meier, Klaus. Reisebeschreibungen über einen neuen Kontinent. In: Meier/Strech (1991) a.a.O. S. 18 ff

Meier/Strech. Tohuwabohu. Chaos und Schöpfung. Berlin 1991

Meinhardt, H. Ordnung und Chaos in der Entwicklung höherer Organismen. In: Meyer-Spasche, Rast, Zenger (Hrsg.). Nichtlineare Dynamik, Chaos und Strukturbildung. München 1997

Meuser, Philipp. Architektur in Afrika. Berlin 2021

Meyer-Spasche, Rast, Zenger (Hrsg.). Nichtlineare Dynamik, Chaos und Strukturbildung. München 1997

Meyer-Abich, Klaus Michael. Wissenschaft für die Zukunft. Holistisches Denken in ökologischer und gesellschaftlicher Verantwortung. München 1988

Meyer-Abich, Klaus Michael. Aufstand für die Natur. Von der Umwelt zur Mitwelt. München 1990

Mocek, Reinhard. Einsicht statt Voraussicht – Aspekte einer Ethik der Selbstorganisation. S. 172. In: Selbstorganisation. Jahrbuch für Komplexität in den Natur-, Sozial- und Geisteswissenschaften. Band I (1990)

Monson, Ingrid. Über Jazz, Geschichte und soziale Theorie. Theoretische Hintergründe der „Freedom Sounds". Aus: Jazz und Gesellschaft. Sozialgeschichtliche Aspekte (Darmstädter Beiträge zur Jazzforschung Bd. 7). Wolfram Knauer (Hrsg.). Darmstadt/Hofheim 2002, S. 185 bis 212

Müller/Brandt/Braun. Selbstvernichtung oder Gemeinsame Sicherheit. Unser Jahrzehnt der Extreme: Ukraine-Krieg und Klimakrise (2022)

National Geographic. Die Welt der Zugvögel. Eurasien, Afrika, Australien. Washington D.C. 2004
National Geographic Maps, Washington D.C. (2004)

Niedersen, Uwe (Hrsg.). Selbstorganisation. Band 1 (1990)

Nielsen, Maja. David Livingstone. Das Geheimnis der Nilquellen. Hildesheim 2013

Nitschke, August. Die Zukunft in der Vergangenheit. Systeme in der historischen und biologischen Evolution, München 1994

Paslack, Rainer. In: Chaos und Ordnung. Formen der Selbstorganisation in Natur und Gesellschaft. Stuttgart 1996, S. 11 bis 27: Sagenhaftes Chaos: Der Ursprung der Welt im Mythos.

Pasolini, Pier Paolo. Afrika, letzte Hoffnung. Peter Kammerer (Hrs.). Hamburg 2011

Pennington, Dorthy L. Time in African Culture. In: M. K. Asante/K.W. Asante. African Culture. The Rhythms of Unity (1985)

Picht, Georg. Wahrheit, Vernunft, Verantwortung. Philosophische Studien. Stuttgart 1969,

Picht, Georg. Hier und Jetzt: Philosophieren nach Auschwitz und Hiroshima. Band I. Stuttgart 1980

Picht, Georg. Hier und Jetzt: Philosophieren nach Auschwitz und Hiroshima II., Stuttgart 1981

Picht, Georg. Zukunft und Utopie, Stuttgart 1992

Pieper, Herbert. Die Geognosie der Vulkane, In: Ette, Ottmar; Knobloch, Eberhard (Hrsg.). HiN: Alexander von Humboldt im Netz, VII (2006) 13, Potsdam, Universitätsverlag Potsdam, 2006

Pinther, Kerstin. Die Kunst Afrikas. München 2022

Pitts, Johny. Afropäisch. Eine Reise durch das schwarze Europa. Berlin 2020

Plachetka, Uwe C. Der Admiral in seinem Labyrinth: Zheng He, Indonesien und die maritime Seidenstraße, in: Zeitschrift für Weltgeschichte, Jahrgang 20, Heft 2, Herbst 2019, Berlin, S. 491 – 522, S. 491

Polanyi, Karl. The Great Transformation. Politische und ökonomische Ursprünge von Gesellschaften und Wirtschaftssystemen. 15. Aufl. Wien 2021

Prigogine, Ilya. Vom Sein zum Werden. München 1985

Prigogine/Stengers. Dialog mit der Natur. Neue Wege naturwissenschaftlichen Denkens. München 1988

Raworth, Kate. Die Donut-Ökonomie. Endlich ein Wirtschaftsmodell, das den Planeten nicht zerstört. München 2023

Reader, John. Africa. A Biography of the Continent, first published by Hamish Hamilton 1997

Reader, John. Afrika. National Geographic Deutschland, Hamburg 2001

Redecker, Eva von. Revolution für das Leben. Philosophie der neuen Protestformen. Frankfurt/Main 2021

Redecker, Eva von: "Arbeit im Anthropozän muss *Regeneration* werden." In Philosophie-Magazin Nr. 04/2023, S. 22

Reichholf. J. H. Das Rätsel der Menschwerdung. Die Entstehung des Menschen im Wechselspiel der Natur. München 1997

Reichwein, Regine. In: https://www.reginereichwein.de/2018/11/22/14-artikel-selbstorganisation-kennzeichen-des-lebens/

Reinhardt, Thomas. Geschichte des Afrozentrismus. Imaginiertes Afrika und afroamerikanische Identität. Stuttgart 2007

Richard, Anne. In: https://www.yumpu.com/de/document/read/2132512/das-palaver-ein-afrikanisches-modell-der-freie-universitat-berlin

Richta, Radovan et al: Technischer Fortschritt und industrielle Gesellschaft, Frankfurt a. M. 1972

Roscher, Albrecht. Ptolemaeus und die Handelsstraßen in Central-Africa. Ein Beitrag zur Erklärung der ältesten uns erhaltenen Weltkarte. Perthes, Gotha 1857

Rostock, Stefan. In: https://www.germanwatch.org/de/11459

Sarr, Felwine. Afrotopia. Berlin 2019

Scheub, Ute. Demokratie. Die Unvollendete. München 2017

Scheub, Scheub. Europa. Die unvollendete Demokratie. Eine Vision für die Europäische Union. München 2019

Schmidt, Alfred. Emanzipatorische Sinnlichkeit. Ludwig Feuerbachs anthropologischer Materialismus. München 1973

Schmidt, Siegfried J. (Hrsg.). Der Diskurs des Radikalen Konstruktivismus. Frankfurt/Main 1988

Schnurer, Jos: in Africa Positive, 21. Jahrgang, Nummer 77 (2020), S. 19

Schoeller/ Schönwitz. AFRIKA FIRST! Die Agenda für unsere gemeinsame Zukunft. Berlin 2020

Senghor, Leopold S. In: Deutsche Fassung von Janheinz Jahn, in: „Schwarze Ballade. Moderne afrikanische Erzähler beider Hemisphären". Düsseldorf-Köln: Eugen Diederichs Verlag 1957

Senghor, Leopold S. zitiert nach Jos Schnurer, in: Africa Positive, Nr.82 (2021)

Shakerin, Said. Vortex Apparatus and Demonstrations. Cite as: The Physics Teacher 48, 316 (2010); https://doi.org/10.1119/1.3393063 Published Online: 15 April 2010

Sieren, Frank. Zukunft? China!* München 2018

Sigrist, Christian. Regulierte Anarchie. Untersuchungen zum Fehlen und zur Entstehung politischer Herrschaft in segmentären Gesellschaften Afrikas. Münster 2005

Silimina, Derrick. Jenseits von Wasserkraft (2020) in:

https://www.dandc.eu/de/article/sambias-abhaengigkeit-von-der-wasserkraft-wird-zum-problem

Skirke, Ulf. Planvoller Fortschritt? Ein Rückblick auf den „Richta-Report" des Prager Frühlings. In: Technologie und Politik. Aktuell-Magazin 2. Herausgegeben von Freimut Duve, Hamburg 1975, S. 185 - 192

Skirke, Ulf. Technologie und Selbstorganisation: Zum Problem eines zukunftsfähigen Fortschrittsbegriffs. Dissertation am Fachbereich Philosophie der Universität Hamburg 1998. https://www.ulf-skirke.de/dissertation_pdf/

Skirke, Ulf. Klimawandel und Stadt – Komplex-dynamische Planung für Nachhaltigkeit. In: Zeitschrift für Weltgeschichte, Herausgegeben von Hans-Heinrich Nolte, Jahrgang 12, Heft 2 (Herbst 2011), S. 239 – 257

Skirke, Ulf. In: JAHRBUCH ÖKOLOGIE 2022 - DAS ZEITALTER DER STÄDTE. Die Kraft im Anthropozän. Hirzel (2022) Seite 308 - 310

Sonderegger, Arno. Kurze Geschichte des Alten Afrika. Von den Anfängen bis 1600, Wiesbaden 2017

Steffahn, Harald. Bertha von Suttner. Reinbek bei Hamburg 1998

Südliches Afrika. Readers Digest. Stuttgart 2009

Sychold, August. Reiseführer Natur. Südliches Afrika. München 1995

Tatah, Veye. In: Africa Positive Nr. 81/21

Trefethen, Lloyd M. et al, The Bath-Tub Vortex in the Southern Hemisphere
in: Nature, Volume 207, Issue 5001, pp. 1084-1085 (1965).

Wolfgang Tschacher/Melanie Munt. Das Selbst als Attraktor: das psychologische Selbst aus systemtheoretischer und achtsamkeitsbasierter Sicht. Psychotherapie 18. Jahrg. 2013, Bd 18-2, CIP-Medien, München, S. 18

Urban Planning for City Leaders: A Handbook for Kenya. UN-Habitat Support to Sustainable Urban Development in Kenya. Nairobi 2018

Van der Post, Laurens. Vorstoss ins Innere. Afrika und die Seele des XX. Jahrhunderts. Berlin 1960

Van Dijk, Lutz. Afrika – Geschichte eines bunten Kontinents. Neu erzählt mit afrikanischen Stimmen.
Wuppertal 2015

Vensky, Hellmuth. In: https://www.zeit.de/wissen/geschichte/2010-01/assuan-staudamm

Vorlaufer, Karl. Tourismus in Entwicklungsländern. Möglichkeiten und Grenzen einer nachhaltigen Entwicklung durch Fremdenverkehr. Darmstadt 1996.

Wartmann, Brigitte. Reinheit versus Chaos – Chaos versus Reinheit. Ordnungsmuster der Wissenschaften.
In: K. Meier/K.-H. Strech (Hrsg.), Berlin 1991, S. 268

WBGU. Hauptgutachten des Wissenschaftlichen Beirats der Bundesregierung Globale Umweltveränderungen (WBGU), (Berlin 2011) „Welt im Wandel – Gesellschaftsvertrag für eine Große Transformation".

WBGU. Unsere gemeinsame digitale Zukunft (2019). Zusammenfassung. https://www.wbgu.de/fileadmin/user_upload/wbgu/publikationen/hauptgutachten/hg2019/pdf/wbgu_zf_hg_digi_de.pdf

Weber, Andreas. Alles Fühlt. Mensch, Natur und die Revolution der Lebenswissenschaften. Berlin 2007

Weigelin-Schwiedrzik, Susanne. China und die Neuordnung der Welt. Wien 2023

Weinstein, Norman C. A Night in Tunisia. Imaginations of Africa in Jazz. Limelight Edition 1993

Weizsäcker, E.U. von et al. Faktor Fünf. Die Formel für nachhaltiges Wachstum. München 2010.

Wesson, Robert. Die unberechenbare Ordnung. Chaos, Zufall und Auslese in der Natur, München 1991

Whitehead, Alfred North. Die Funktion der Vernunft. Stuttgart 1974

Wiedemann, Charlotte. Der lange Abschied von der weißen Dominanz. München 2019

Willemsen, Roger. Musik! Über ein Lebensgefühl. Frankfurt/Main 2018

Wulf, Andrea. Alexander von Humboldt und die Erfindung der Natur, München 2016

Zimmerer, Jürgen (Hrsg.). Kein Platz an der Sonne. Erinnerungen der deutschen Kolonialgeschichte. Frankfurt/Main 2013

Zhao, Tingyang. Alles unter dem Himmel. Vergangenheit und Zukunft der Weltordnung. Berlin 2021

Geburtshoroskopanalyse

Die Astrologie ist eine Lehre der Zeitqualität. Horoskop heißt Stundenschau, was die Wichtigkeit des Zeitfaktors deutlich versinnbildlicht. Gemäß der Astrologie ist alles Irdische durch Raum und Zeit definiert. Um 1900 herum wurde in der Wissenschaft erkannt, dass wir zur Erklärung gewisser Naturgeschehen nicht mit den drei räumlichen Dimensionen auskommen. Es wurde eine vierte Dimension eingeführt: die Zeit. Astrologie versucht, etwas Vierdimensionales, die Zeitqualität, in unserer dreidimensionalen begrifflichen Sprache auszudrücken.

Sie kann daher keine konkreten Ereignisse oder Situationen beschreiben. Dies ist immer das Ergebnis der Deutung des Astrologen, der seine eigene Welt mit der astrologischen Symbolwelt reagieren lässt. Je freier ein Mensch von Verhaltenszwängen ist, umso weniger wird es möglich sein, konkrete Aussagen über seine Zukunft zu machen. Dagegen kann man mit ihm in Bildern und Symbolen über die für ihn aktuelle Zeitqualität sprechen und diese z. B. mit früheren ähnlichen Qualitäten vergleichen.

Zeigt die Person dieselben Verhaltenszwänge wieder, bestätigt sie zwar eine heute falsch verstandene Astrologie, macht aber gleichzeitig deutlich, dass sie nichts dazu gelernt hat, und wird vielleicht von den Sternen abhängig (Aberglaube).

Zeitgemäße Astrologie verwandelt, macht bewusst und regt damit die Eigenverantwortung an. Sie ist die Lehre von den archetypischen Urprinzipien und fordert auch, die Inhalte und die Bedeutungen sehen zu lernen, die an den Formen haften, selbst jedoch jenseits der Formen existieren. Astrologie lässt erkennen, wie sich die Wirklichkeiten - Plato nennt sie die Ideen, Jung die Archetypen - in den Formen ausdrücken. Form wird zum Ausdruck und damit Welt zum Gleichnis (Esoterik).

Um den Weg von der Form zum Inhalt zu finden, müssen wir deuten. Deuten bedarf einer anderen Art des Sehens und Denkens, das dem Gesetz der Analogie (Entsprechung) folgt: dem senkrechten Denken. Wissenschaftliches Denken ist linear-kausal und bewegt sich nur innerhalb von definierten Ebenen oder Schichten der formalen Realität. Deshalb kann man hier von waagerechtem Denken sprechen.

Beide Denkarten stehen sich polar gegenüber, ergänzen sich zum Kreuz und machen gemeinsam Wirklichkeit begreifbar und sinnvoll.

Bei der Astrologie geht es letztlich nicht um die Sterne, sondern um den Menschen, der auf der Erde lebt, um sein Eingebettetsein in kosmische Zusammenhänge. Die 30-Grad-Abschnitte des Tierkreisrades sind nicht auf die fernen Sternbilder, sondern auf die Sonnenbahn bezogen. Das Tierkreiszeichen Widder hat mit dem gleichnamigen Sternbild nichts zu tun. Widder bezieht sich auf den Raum, den die Sonne nach Passieren des Frühlingspunktes jedes Jahr scheinbar durchzieht. Die Erde muss als ein großer lebender Körper, der Tierkreis (Zodiak) als eine Projektion menschlichen Fühlens und Denkens seit Jahrtausenden verstanden werden (Aura der Erde, Ätherleib, Magnetfeld).

Der Mensch kann weiter projizieren, d. h. Aberglaube, oder aber die Projektion zurückziehen, also Verantwortung übernehmen. Natürlich kann die Existenz von Projektionen auch grundsätzlich geleugnet werden. Der Mensch, nicht die Sterne, schmiedet sein Schicksal, sein Glück und Unglück im Verlauf seiner langen Verwicklung und notwendigen Entwicklung in der kollektiven und individuellen Evolution.

Erkenne dich selbst und du lernst, dein Schicksal zu verstehen als Täter und Opfer zugleich. Astrologie kann dabei ein Hilfsmittel sein, mehr nicht. Den wahren, von Gott gegebenen Wesenskern kann die Astrologie nicht beschreiben.
Er liegt jenseits der Begrenzung von Zeit und Raum. Aber sie erhebt den Anspruch, die Neigungen, Tendenzen, Anlagen, Lebensbereiche, Fixierungen, Aufgaben, Belastungen ... zu benennen.

Säe einen Gedanken und du wirst eine Tat ernten.
Säe eine Tat und du wirst Gewohnheit ernten.
Säe eine Gewohnheit und du wirst einen Charakter ernten.
Säe einen Charakter und du wirst ein Schicksal ernten.

Die deterministische, ereignisorientierte Astrologie, bei der die Gefahr der Abhängigkeit besteht. Man kann sie auch als Astrologie des Körpers bezeichnen. Sie nimmt den Menschen, sein Schicksal und sein Horoskop als gegeben hin, so wie es ist. Daraus entsteht ein deterministisches Schicksal, der Mensch wird berechenbar.
Die psychologische Astrologie: Sie geht davon aus, dass uns all das, was wir konstellativ in uns tragen, zu dem wir jedoch nicht ja sagen können, in Gestalt von Mitmenschen oder als äußere Situationen entgegentreten wird. Man kann sie auch als Astrologie der Seele bezeichnen. Sie sieht den Menschen und sein Horoskop als Möglichkeit an, als Potenzial der Anlagen, welche zu verwirklichen sind. Der Mensch muss in sein Horoskop hineinwachsen, er muss seine Anlagen und Möglichkeiten verwirklichen, um das zu werden, was er ist. Dann erst kann er sein Schicksal mitgestalten.

Die philosophische, spirituelle oder esoterische Astrologie: Sie beruht auf der Idee einer Evolution, welche nicht auf dieses Leben beschränkt ist. Sie legt ihren Hauptakzent auf die inneren Schattenbereiche, jene nämlich, die wir am liebsten nicht wahrhaben möchten, denen wir jedoch nicht aus dem Wege gehen können. Hier besteht ein enger Kontakt zum Reinkarnationsgedanken. Man kann sie auch als Astrologe des Geistes bezeichnen. Sie befreit vom Horoskop, das ist ihr Sinn. Nachdem der Mensch in sein Horoskop und damit seine Möglichkeiten hineingewachsen ist, diese mit Leben erfüllt hat, muss er sie wieder verlassen.
In diesem Sinne ist die Befreiung vom Horoskop der Sinn der Astrologie. Der Grad der gewonnenen Freiheit ist der Grad der freien Schicksalsgestaltung. Mithin ist die esoterische Astrologie auch ein Mittel zur kosmischen Geburtshilfe: Solve et coagula! (Löse und binde!)

In diesem Zusammenhang wird nun auch verständlich, warum es ganz sinnlos ist, die Deutungstexte zum eigenen Horoskop darauf hin zu bewerten, ob sie der eigenen Persönlichkeit entsprechen - nach dem Motto »Ich kenne mich selbst schließlich noch am besten«. Wer dies behauptet, ist meist nicht weise, sondern närrisch: Das Ziel alles menschlichen Strebens, die Selbsterkenntnis, kann immer nur angestrebt, aber nie vollständig erreicht werden.

Und Astrologie, der traditionelle Einweihungsweg des Europäers, kann über das Horoskop immer nur Anregungen geben, den suchenden Menschen inspirieren. Als Ratespiel oder zur eitlen Selbstbespiegelung taugt es weniger ...

Polaritäten, Elemente und Qualitäten

Charakter- und Wesensgrundstruktur

Die Tierkreiszeichen werden in aktive und passive Zeichen eingeteilt, beginnend beim Widder (aktiv) über den Stier (passiv) etc. Eine weitere Einteilung ist diejenige der klassischen Elemente Feuer, Erde, Luft und Wasser, ebenfalls beginnen mit Widder, über Stier, Zwillinge, Krebs etc. Weiterhin unterteilen die Qualitäten Kardinal (initiativ), Fix (beständig) und Variabel (anpassend) den Tierkreis, beginnend bei Widder, weiter über Stier und Zwillinge etc. Daraus ergeben sich grundsätzliche Deutungen beispielsweise über das Temperament des Horoskopeigners.

Männliche und weibliche Zeichen gleichmäßig verteilt

Yin und Yang, aktiv und passiv sind ausgeglichen. Man kann diplomatisch auf Menschen reagieren und zugleich selbst die Initiative übernehmen.

Erd- und Wasserzeichen hervorgehoben

Man kann besser abwarten, mitschwingen, mitmachen denn selbst die Initiative übernehmen.
Introvertierung = nach innen gewandt. Bewusstseinseinstellung, welche die eigene Erlebniswelt bevorzugt. In sich gekehrt sein. Scheu und Abneigung vor der wechselvollen Umwelt mit ihrer Betriebsamkeit. Schizoid.
Wenn normal, gekennzeichnet durch ein zögerndes, reflektives, zurückhaltendes und zurückgezogenes Wesen, das sich nicht gleich gibt, sich vor Objekten scheut, sich immer etwas in der Defensive befindet und sich gern versteckt hinter misstrauischen Betrachtungen.
Ist aufgeschlossen, gutmütig, natürlich, sinnfroh, praktisch, humorvoll, vermittelnd und hat eine größere Gefühlserregbarkeit, die aber dazu beiträgt, dass die Stimmung rasch ins Gegenteil umschlägt, dass man ausgelassen, heiter und dann wieder deprimiert sein kann. Ist realistisch, sieht die Welt wie sie ist, hat eine objektive Betrachtungsweise. Dieser Realismus genügt einem aber nicht. Das Gegengewicht im Mystischen, Geheimnisvollen wird gesucht. Andererseits kann man aus den Tatsachen in durchaus subjektiver Denkweise seine eigenen Vorteile ziehen, und zwar meist unbewusst.

Feuer- und Luftzeichen hervorgehoben

Man kann leichter die Initiative übernehmen, denn abwarten, sich anpassen, mitschwingen.
Extravertiert = nach außen gewandt. Seelische Grundeinstellung des Menschen nach seiner Umwelt hin. Zykloid.
Ein entgegenkommendes Wesen, das sich leicht in jede gegebene Situation findet, auch Beziehungen anknüpft und sich oft unbekümmert und vertrauensvoll in unbekannte Situationen hineinwagt, unter Hintansetzung etwaig möglicher Bedenken.
Greift handelnd ins Leben ein, ist zäh, energisch und unbeugsam. Stellt gern eine Herrennatur heraus und kann idealistisch, fanatisch, despotisch und andererseits auch ein diplomatisch biegsamer Rechner sein.
Sieht alles, nur nicht die raue Wirklichkeit. Aus der subjektiven Sicht ist die Welt bunt, eine mannigfaltige Fülle von Gegebenheiten, deren Kern nicht bekannt ist, aber durch sachliches Denken erkannt werden will.
Ohne subjektive Betrachtung keine Kunst, ohne objektive keine Wissenschaft.

Element Feuer stark

Dynamische Grundhaltung.
Cholerisches (melancholisches) Temperament. Betrifft die organische Seinsebene. Willensmensch. Organische Bewegungslust. Ist sich selbst souverän. Im Wollen auf andere gerichtet. Feurig, warm leuchtend, glänzend. Hitziger als andere. Betriebsam. Höhere Körpertemperatur. Übertreibungen. Jähzorniges Aufbrausen.
Gespannter Außenmensch. Kraft. Rasches, reizbares Wesen voller Leidenschaftlichkeit und Herrschsucht. Heißblütig. Jähzornig. Schnell handeln, schnell bewegen. Schwer, energisch, wuchtig. Besitzt Tatkraft, Unternehmungslust, Impuls, Antrieb, Selbstbehauptung.
Ist wachen Sinnes und mit sachlich nüchternem Verstand und langem Willen der Außenwelt zugewandt, beobachtet klar, zeigt einen unternehmenden Willen, möchte sich den besten Platz erobern, ist praktisch und lebensnah, entwickelt klare Ziele und Pläne, ist berechnend auf seinen Vorteil bedacht, kann seine Affekte zurückhalten, die zu gegebener Zeit sich heftig entladen.
Selbstzweifel und ›schlechtes Gewissen‹ werden beiseitegeschoben. Im Verkehr mit anderen Menschen zeigt man weniger Einfühlung und Schmiegsamkeit, beobachtet aber scharf. Wettkampf mit anderen ist eine besondere Freude. In der Liebe will erobert werden. In weltanschaulicher Hinsicht ein Realist mit schaffendem Wirklichkeitssinn.

Motorisches Verhalten. Braucht Bewegung und Märsche. Entscheidet, führt aus und reißt mit, unternimmt, organisiert, durchforscht. Kommt man bei durch Festigkeit. Braucht Einfügung.
Initiative, Autorität, Energie, Herrschsucht. Erfindet wenig, verwirklicht viel.
Knochen und Gelenke. Rheumatismus. Große Temperaturwechsel zum warmen Wetter in den verschiedenen Jahreszeiten verursachen Krankheiten.
Rechteckige Hand mit dicken Fingern und viereckigen Ballen. Längere Gliedmaßen. Gleichmaß der (unteren) Gesichtssegmente. Recht- oder viereckiges Gesicht; harter Gesichtsausdruck.

Element Wasser stark

Launische Grundhaltung.
Phlegmatisches (sanguinisches) Temperament. Betrifft die seelische Seinsebene. Gemütsmensch. Stimmungswechsel. Motorisch passiv. Verweichlichung. Durch Abhängigkeit erleiden und geschehen lassen. Lässigkeit im Praktischen. Seelisches Mitschwingen. Das seelisch Flüssige, Gelöste, Weiche und Wandelbare. Leicht einfühlend. Besinnlich. Hoch überempfindlich. Unabhängig durch Wandlungen.
Gelöster Innenmensch. Gemütsglück. Zurückhaltende Veranlagung, wenig Aufwand an Initiative, ist bestrebt, möglichst viel Energie zu sparen. Verträumt, sinnlich. Real? Langsam handelnd und langsam in den Bewegungen. Leicht, willensschwach, behaglich. Der Dünn- und Kaltblütige, Schwerfällige, Langsame. Menschen mit beweglichem Gemütsleben, starker seelischer Betonung, Verinnerlichung, soziale und wirtschaftliche Wechselfälle des Lebens.
Lebt in sich und für sich, stellt an die Außenwelt keine Ansprüche, richtet sein Wirken nur auf das Muss der Notwendigkeit oder auf den Ausgleich seines Innenlebens, ist oft träumerisch und nachdenklich. Ist nicht immer allen Anforderungen gewachsen, zeigt sich unpraktisch und unentschlossen, ist genügsam, vermeidet gern alle Reibungen, versucht Gegensätze zu überbrücken, versucht seine Mitmenschen zu verstehen und sich einzufühlen; sein Denken ist mehr auf tiefgreifende Besinnung gerichtet, lebt oft in Vorstellungen, liebt die Natur, gibt sich gern der Stimmung hin, neigt zur Mystik.
Früchte der gewinnhaften Natur. Geist der Verneinung oder Genusssucht. Passives Verhalten. Braucht Wasser und Einsamkeit. Vergleicht, passt an und bremst; verharrt; formuliert genau. Ihm kommt man durch Milde bei; braucht Antrieb. Geduld, unempfindlich für die Dinge der Außenwelt.
Verdauungsstörungen, Schwermut und Depressionen. Ist mehr des Winters und Frühlings den Krankheiten ausgesetzt. Massige, mastige (dicke) Hand, weich und unmoduliert. Fingerglied ist stark rückwärts krümmbar. Längerer Bauch. Das untere Gesichtssegment (unterhalb der Nase) überwiegt. Ovales Gesicht, weicher Gesichtsausdruck.

Element Erde stark

Ernsthafte Grundhaltung.
Melancholisches (phlegmatisches) Temperament. Betrifft die materielle Seinsebene. Materialist. Materielle Verdingtheit. Gebundensein durch materielle Umstände. Nimmt sich und die Dinge als konkrete Tatsachen. Stoffliche Schwere, Härte, Dichte. Achtet auf konkrete Sachwerte. Kühl, realistisch, lässt sich nicht hinreißen. Setzt anderen sachliche Schranken. Ist verlässlich, starr, gleichgültig.
Gespannter Innenmensch. Vernunft, Persönlichkeit. Feiner beweglicher Geist. Nachdenklich, grüblerisch. Zu asthenischen Affekten neigend, wie Trübsinn, Einsamkeit. Zeitweise schwankend in den Entschlüssen. Im Allgemeinen ein ›Idealist‹. Langsam handelnd und mit langsamen Bewegungen. Schwer-energisch-düster. Schwerblütig, menschenscheu.
Zeichnet sich durch Gründlichkeit, Ordnungssinn, Arbeitskraft, Zähigkeit, Vernunft, Lebensphilosophie, praktische Lebensgestaltung aus.
Zeigt ein von der Außenwelt unabhängiges Innenleben; der dynamische Drang im Innern verlangt, zu formen und zu gestalten, Ideen zu verwirklichen, in seine Vorstellungswelt Ordnung zu bringen, Zusammenhänge zu suchen. Zeigt sich daher anderen gegenüber oft schüchtern, verlegen oder auch oft rücksichtslos und ungesellig, ist nicht tatbereit, aber zäh, unbeugsam.
Früchte der Feinfühligkeit. Selbstsucht. Sensitives Verhalten. Braucht Gesellschaft und ein Ideal. Sucht, kombiniert und treibt an; ereifert sich, denkt, überprüft.
Kommt man bei durch Vernunftgründe; braucht Ruhe, Krise. Überlegung. Prädisponiert für intellektuelle Arbeit. Nervenerkrankungen. Nervöse Depressionen. Mehr krank im Herbst. Lange, rechtwinklige Hand mit knotigen Fingern.
Längerer Kopf. Überwiegen des oberen Gesichtssegments oberhalb der Nasenwurzel; dreieckiges Gesicht mit oberer Grundlinie, unruhiger Gesichtsausdruck. Künstlerisch.

Stärkstes Element Luft

Intellektuelle Grundhaltung.

Sanguinisches (cholerisches) Temperament. Betrifft die geistige Seinsebene. Idealist. Geistige Durchflutung. Bedürfnis nach Aufhellung der Situation. Enthoben sein von stofflicher Schwere. Haftet nicht am Konkreten. Geistigkeit, Durchsichtigkeit und Weite. Ideologischer Wechsel. Gleitet leicht über die Dinge hinweg.

Gelöster Außenmensch. Frohsinn. Viel Positivität. Heitere Natur, heftiges Wesen. Heftige, aber heitere Gemütsbewegungen. Entschiedenes Auftreten, voreiliges Benehmen, Unbedachtsamkeit, Übereilung. Witzig, gefällig zu jedermann. Schnell handelnd, sich schnell bewegend. Leicht, willensschwach, heiter, fantasievoll, leicht erregbarer, lebensfroher Mensch. Besitzt geistige Fähigkeiten und Beweglichkeit. Reiselust, Neigung zu Veränderungen, Anpassungsfähigkeit, Vielseitigkeit, künstlerische Gaben.

Gibt sich natürlich und ungekünstelt, bildet mit der Umwelt eine lebendige Einheit, passt sich den Gegebenheiten des Lebens an, liebt Geselligkeit und Gemeinschaft, setzt sich über Schwierigkeiten gern hinweg, ist optimistisch, harmonisch, nimmt Menschen und Dinge wie sie wirklich sind, d. h. weder dogmatisch noch mystisch. Früchte der Fantasie. Trug oder Traum. Expansives Verhalten. Braucht frische Luft und weiten Raum. Erfindet, entdeckt und setzt in Bewegung; lässt sich hinreißen; improvisiert. Ihm kommt man durch Gefühl bei; braucht Maß.

Atmungswege, lymphatische Schwellungen; Zirkulationssystem, hoher Blutdruck. Mehr krank im Frühling. Fleischige Hand mit stark entwickeltem Daumenballen. Längerer Thorax (Brustkorb); mittleres Gesichtssegment, Nase und Wangen überwiegen. Sechseckiges Gesicht, lebhafter Gesichtsausdruck. Künstlerisch.

Betonung der Elemente Feuer und Erde

Cholerisch und melancholisch zugleich.

Betonung der Elemente Feuer und Luft

Cholerisch und zugleich sanguinisch.

Betonung der Elemente Feuer und Wasser

Cholerisch und zugleich phlegmatisch.

Betonung der Elemente Erde und Luft

Melancholisch und zugleich sanguinisch.

Betonung der Elemente Erde und Wasser

Melancholisch und zugleich phlegmatisch.

Betonung der Elemente Luft und Wasser

Sanguinisch und zugleich phlegmatisch.

Kaum Wasser-Elemente

Mangel an Gefühl.

Kaum Luft-Elemente

Mangel an Ideen.

Kaum Erdelemente

Mangel an Realismus.

Kaum Feuer-Elemente

Mangel an Initiativkraft.

Variable Dynamik hervorgehoben

Der eigene Lebensstil kann an die Bedingungen der Umwelt, sei es, dass sie aktives oder sei es, dass sie passives Verhalten erfordern, angepasst werden.
Übergewicht, Überwiegen der Verstandessphäre. Labiler Erkenntnismensch mit gewöhnlicher Dynamik (Schwung, Triebkraft) und dem veränderlichen, umwandelnden Prinzip sowie der verstandesmäßigen Betonung. Denkend, fallend, geistig.
Labile Konstitution. Extensive (- Ausdehnung); nach außen hinwirkend. Pragmatisch: den Zusammenhang der Handlungen ins Auge fassend. Kraft, die gleichmäßig schwankend, schmiegsam ist, die sich in Anpassungsfähigkeit, Vielfältigkeit, Regsamkeit, Ruhelosigkeit, Unruhe, aber auch in Neigung zu Wechsel, Veränderungen und Unentschlossenheit manifestiert.
Zufrieden in gewöhnlichen oder alltäglichen Beschäftigungen. Vermutlich kein großer Erfolg im Leben. Zufriedenheit in der Unterordnung. Lässt andere die Verantwortung tragen; verantwortliche Posten sind hinderlich für Fortkommen. Günstig zur Bedienung und Förderung der Allgemeinheit. Dualismus (durch gemeinschaftliche, doppelkörperliche Symbolabschnitte).
Lässt selten das Lebenssteuer fest in die Hand nehmen und zeigt oder erzeugt labilere (schwache, schwankende) Schicksale unbedeutenden Ausmaßes, die, wenn die Gestirne allerdings dominant stehen (durch Aspekte oder als genauer Mittelpunkt von Eckfeldern), immer noch entwickelte Persönlichkeiten mit ausgeprägten Eigenarten erwarten lassen: mit Aktivismus begabt, aber nur dann, wenn dominante Gestirne in Kardinalzeichen stehen. Labiler, dienender, unbeständiger, beeinflussbarer, beweglicher Charakter:
+ meistens klug, intellektuell, ja geistreich
- ruhelos bis Charakterzerfall.

Kardinale Dynamik hervorgehoben

Der eigene Lebensstil, sei er aktiv oder passiv, wird in der Umwelt durchgesetzt.
Übergewicht, Überwiegen der Willenssphäre. Markanter Tat- und Willensmensch mit beweglicher Dynamik, (Schwung, Triebkraft) und schöpferischem Prinzip. Antrieb, Handeln. Kraftvoll, führen, markant. Impulsgebender, markanter Charakter, kardinale Konstitution. Unternehmungslust, Initiative, Einleitung einer Unternehmung. Beweglich, dynamisch, die Kraft besitzend.
Kraft, die energisch nach äußerer Betätigung drängt: ehrgeizige Handlungen, Selbstbewusstsein, Selbstvertrauen. Verantwortung und verantwortliche Stellungen mit viel Energie und Aktivität. Viele Gelegenheiten zum Erfolg bzw. in größeren Unternehmungen steil emporkommen. Gestaltenwollendes Verwirklichungsgefühl.
Bestreben, irgendwie führend zu wirken und an die Spitze zu kommen.
+ voll harmonischer Eigenart und mit einigen fast genialen Zügen,
- voll Eigenbrötlerei.

Fixe Dynamik hervorgehoben

Der eigene Lebensstil, sei er aktiv oder passiv, wird auf jeden Fall beibehalten, nicht verändert.
Übergewicht, überwiegen der Gefühlssphäre. Feste Gefühlsmenschen mit gefestigter Dynamik (= Schwung, Triebkraft) und dem erhaltenden Prinzip. Gefühlsmäßige emotionale Betonung. Fühlen. Zuverlässig, zäh, materiell. Intensive Angespanntheit; Wirkung in die Tiefe. Kraft, die zu Festigung und Starrheit, die zu Erhaltung eines bestimmten Zustandes tendiert. Statisch, rechnerisch: Gleichgewichtslehre betreffend. Stolz, Würde, Ausdauer, Fleiß, Geduld, Standhaftigkeit, Stetigkeit, Festigkeit, Verlässlichkeit, auch Dogmatismus.
Warnung vor Veränderungen. Erfolge wo konservative Festigkeit eine Rolle spielt. Neues und Originelles ist nicht vorteilhaft. Langes Ausharren an einem Platz, Stellung usw.
Statische Züge im Wesen und Schicksal; bei Dominanz der betreffenden Gestirne: durchgestaltete, gewichtige Persönlichkeit. Fester, stabiler Charakter:
+ der Willensfeste,
- der Versteinerte, der sich fertig dünkt.

Erdraumbetonung

Die Felderstruktur

Gerade und ungerade Felder gleichmäßig verteilt
Yin und Yang, aktiv und passiv sind ausgeglichen. Sie können diplomatisch auf Menschen reagieren und zugleich selbst die Initiative übernehmen.

Gerade Felder hervorgehoben
Sie können besser abwarten, mitschwingen und mitmachen denn selbst die Initiative übernehmen.

Ungerade Felder hervorgehoben
Sie können leichter die Initiative übernehmen, denn abwarten, sich anpassen, mitschwingen.

Besetzung der Feuer-Felder stark
Kämpferische Grundcharakteristik, cholerisch.

Besetzung der Wasser-Felder stark
Launische Grundhaltung, phlegmatisch.

Besetzung der Erd-Felder stark
Beharrliche Grundhaltung, melancholisch.

Besetzung der Luft-Felder stark
Intellektuelle Grundhaltung, sanguinisch.

Betonung der Feuer- und Erd-Felder
Cholerisch und melancholisch zugleich.

Betonung der Feuer- und Luft-Felder
Cholerisch und zugleich sanguinisch.

Betonung der Feuer- und Wasser-Felder
Cholerisch und zugleich phlegmatisch.

Betonung der Erd- und Luft-Felder
Melancholisch und zugleich sanguinisch.

Betonung der Erd- und Wasser-Felder
Melancholisch und zugleich phlegmatisch.

Betonung der Luft- und Wasser-Felder
Sanguinisch und zugleich phlegmatisch.

Kaum Wasser-Felder
Mangel an Gefühl.

Kaum Luft-Felder
Mangel an Ideen.

Kaum Erd-Felder
Mangel an Realismus.

Kaum Feuer-Felder
Mangel an Initiativkraft.

End-Felder hervorgehoben
Der eigene Lebensstil kann an die Bedingungen der Umwelt, gleich ob sie aktives oder passives Verhalten erfordern, angepasst werden. Diese Stellung lässt selten das Lebenssteuer fest in die Hand nehmen und zeigt oder erzeugt labilere (schwache, schwankende) Schicksale unbedeutenderen Ausmaßes. Intellektuell, labil, beeinflussbar. Vielseitig.

Eck-Felder hervorgehoben
Der eigene Lebensstil, sei er aktiv oder passiv, wird in der Umwelt durchgesetzt. Handgreiflich, packt rasch zu; ist aktiv, ehrgeizig, selbst bei Stellung in passiven Tierkreiszeichen.

Mittel-Felder hervorgehoben
Der eigene Lebensstil, sei er aktiv oder passiv, wird auf jeden Fall beibehalten, nicht verändert.

Ausgleich von Tag- und Nachthemisphäre
Es besteht ein ständiger Austausch zwischen der Konzentration auf das Privatleben und dem Engagement im Beruf.

Ausgleich von Ost- und West-Hemisphäre
Es besteht ein ständiger Austausch zwischen der Konzentration auf eigene Interessen und der Hinwendung zu den Mitmenschen.

Nachthemisphäre betont
Es besteht eine Ausrichtung auf das Privatleben.
Stillere Naturen, denen Innenleben und Privatinteressen mehr bedeuten; oft geistig und seelisch tiefer angelegt. Der in sich gerichtete, nach innen gewandte, subjektive, unterbewusste Typ. Mehr Unterbewusstsein. Neigung zum In-sich-hinein-Leben, zu stillerer Lebensführung und nicht selten zur Hinwendung ins Seelische und Geistige. Innenberufe.

Taghemisphäre betont
Es besteht eine Ausrichtung auf das öffentliche Leben.
Weltoffene Menschen, die im Getriebe der Außenwelt mitmachen, sich einschalten wollen, äußeren Zielen verhaftet sind oder mindestens daran interessiert sind. Bewusst-aktive Verflochtenheit mit den Vorgängen im äußeren, sozialen Dasein, der äußeren Welt. Ist im Austausch seelischer und materieller Lebensgüter begriffen.
Bewusster, objektiver, geschäftstüchtiger, nach außen gerichteter Typ. Außenberufe: Politiker, Künstler, auftretende Künstler und beziehungsreich lebende Leute.
Ist in intellektueller Hinsicht nach außen gewandt. Lässt sich beeinflussen oder lässt sich ansprechen von der Natur, Objekten, realen Dingen und Vorgängen selbst; ist anschauungsgebunden und tatsachenfreudig. Objektivität.

Ost-Hemisphäre betont
Es besteht eine ich-betonte Herangehensweise an die Welt.
Aktivität. Tätige, handlungsbereite, praktisch eingestellte und meist frühreifende, egoistische, das Ich betonende Menschen, die früh mit dem wahren Leben in Kontakt kommen. Frische und Unmittelbarkeit. Praktische Berufe, bei denen es auf Handeln, Unternehmen, Inbetriebsetzen und -halten von Bewegung ankommt. Aktive Berufe. Aktivität. Frühe Entwicklung.
Größere Aktivität in der Handlungsbereitschaft, mit größeren, schnelleren Reaktionen.

West-Hemisphäre betont
Es besteht eine Du-betonte Herangehensweise an die Welt.
Passivität. Theoretisierender, passiver, besinnlicher, sich in der Umwelt und im Du verlierende Erlebnisfreude. Distanz- und rückhaltender Typ. ›Arbeiter der Stirn‹. Prototyp: theoretisierender Philosoph, Arzt, Schriftsteller, Apotheker, Astrologe.
Verhandelnde, aufnehmende, theoretische, nachdenkende, sinnierende, studierende, lehrende Menschen. Passivität. Reflexion. Betrachtung, Nachdenken.
Mehr passive Handlungsbereitschaft mit meist zur Reflexion neigender, etwas distanzierter Lebensweise.

Betonung des ersten Quadranten
Körperliche Ausrichtung.
Kombination der Nacht- und Osthälfte: unbewusst aktiv, introvertiert. Starkes Innenleben und doch nach außen aktiv.
Materielle Schicksalstönung und Seinsebene. Materielle Verdingtheit. Gebundensein durch materielle Umstände und Tatsachen. Nimmt sich und die Umstände als konkrete Sache. Stoffliche Schwere. Härte. Dichte. Achtet auf konkrete Sachwerte. Kühl realistisch, lässt sich nicht hinreißen. Setzt anderen sachliche Schranken. Ist verlässlich, starr, gleichgültig. Materialist. Einzelner.

Betonung des zweiten Quadranten
Seelische Ausrichtung.
Kombination der Nacht- und Westhälfte: unbewusst-passiv, introvertiert. Gefühlsgesteuerte Tendenz: Gemütsmensch.
Betrifft die seelische Seinsebene. Stimmungswechsel. Motorisch-passiv. Verweichlichung. Durch Abhängigkeit Erleiden- und Geschehenlassen. Lässigkeit im Praktischen. Seelisches Mitschwingen. Das seelisch Flüssige, Gelöste, Weiche, Wandelbare. Leicht einfühlend. Besinnlich. Unabhängig durch Wandlungen. Psychisch. Sippe.

Betonung des dritten Quadranten
Geistige Ausrichtung.
Kombination der Tag- und Westhälfte: bewusst-passiv, extrovertiert. Nach außen hin aktiv, doch ein gewisser negativer Einschlag. Gemeinschaft.
Betrifft die geistige Seinsebene. Geistige Durchleuchtung. Bedürfnis nach Aufhellung der Situation. Enthoben sein von stofflicher Schwere. Haftet nicht am Konkreten. Geistigkeit, Durchsichtigkeit und Weite. Ideologische Wechsel. Gleitet leicht über die Dinge hinweg. Idealist.

Betonung des vierten Quadranten
Gesellschaftliche Ausrichtung.
Kombination der Tag- mit der Osthälfte: bewusst-aktiv, extrovertiert: außenlebig. Immer jugendfrisch, aufsteigend, erfolgreich (außer 12. Feld). Gesellschaft.
Betrifft die organische Seinsebene. Ist Willensmensch mit organischer Bewegungslust. Ist in sich souverän. Im Wollen auf andere gerichtet. Feurig, warm, hitzig, leuchtend, glänzend. Betriebsam. Übertreibungen. Jähzorniges Aufbrausen. Persönlich.

Unterbetonung des ersten Quadranten
Wenig Interesse an Körper und Finanzen.

Unterbetonung des zweiten Quadranten
Wenig Interesse am Gefühlsleben.

Unterbetonung des dritten Quadranten
Wenig Interesse an Partnerschaften.

Unterbetonung des vierten Quadranten
Wenig Interesse an der Öffentlichkeit.

Maximalbedeutsamkeit

Herausragende Positionen

Sonne in enger Konjunktion zum Medium Coeli
Das Selbstbewusstsein und die eigene Kreativität sind zentrale Themen des Lebens.

Mond in enger Konjunktion zum Medium Coeli
Das Gefühlsleben und die Geborgenheit sind zentrale Themen des Lebens.

Merkur in enger Konjunktion zum Medium Coeli
Intellekt und Kommunikation sind zentrale Themen des Lebens.

Venus in enger Konjunktion zum Medium Coeli
Zwischenmenschliche Harmonie und Ästhetik sind zentrale Themen des Lebens.

Mars in enger Konjunktion zum Medium Coeli
Kampf und Selbstdurchsetzung sind zentrale Themen des Lebens.

Jupiter in enger Konjunktion zum Medium Coeli
Sinnfindung und geistige Expansion sind zentrale Themen des Lebens.

Saturn in enger Konjunktion zum Medium Coeli
Konzentration auf das Wesentliche und Selbstdisziplin sind zentrale Themen des Lebens.

Uranus in enger Konjunktion zum Medium Coeli
Freiheit und geistige Kreativität sind zentrale Themen des Lebens.

Neptun in enger Konjunktion zum Medium Coeli
Ganz vorrangig ist es, seine Träume zu verwirklichen. Eine große Sensibilität ist die Quelle der Inspiration, sorgt aber auch für große Schüchternheit und subtile Ängste.

Pluto in enger Konjunktion zum Medium Coeli
Die Beschäftigung mit Macht und Ohnmacht ist zentrales Thema des Lebens. Man neigt zu Übersteigerungen, macht große Veränderungen durch.

Sonne in enger Konjunktion zum Aszendenten
Das Selbstbewusstsein und die eigene Kreativität sind zentrale Themen des Lebens.

Mond in enger Konjunktion zum Aszendenten
Das Gefühlsleben und die Geborgenheit sind zentrale Themen des Lebens.

Merkur in enger Konjunktion zum Aszendenten
Intellekt und Kommunikation sind zentrale Themen des Lebens.

Venus in enger Konjunktion zum Aszendenten
Zwischenmenschliche Harmonie und Ästhetik sind zentrale Themen des Lebens.

Mars in enger Konjunktion zum Aszendenten
Kampf und Selbstdurchsetzung sind zentrale Themen des Lebens.

Jupiter in enger Konjunktion zum Aszendenten
Sinnfindung und geistige Expansion sind zentrale Themen des Lebens.

Saturn in enger Konjunktion zum Aszendenten
Konzentration auf das Wesentliche und Selbstdisziplin sind zentrale Themen des Lebens.

Uranus in enger Konjunktion zum Aszendenten
Freiheit und geistige Kreativität sind zentrale Themen des Lebens.

Neptun in enger Konjunktion zum Aszendenten
Ganz vorrangig ist es, seine Träume zu verwirklichen. Eine große Sensibilität ist die Quelle der Inspiration, sorgt aber auch für große Schüchternheit und subtile Ängste.

Pluto in enger Konjunktion zum Aszendenten
Die Beschäftigung mit Macht und Ohnmacht ist zentrales Thema des Lebens. Man neigt zu Übersteigerungen, macht große Veränderungen durch.

Sonne in enger Opposition zum Medium Coeli
Das Selbstbewusstsein und die eigene Kreativität sind zentrale Themen des Lebens.

Mond in enger Opposition zum Medium Coeli
Das Gefühlsleben und die Geborgenheit sind zentrale Themen des Lebens.

Merkur in enger Opposition zum Medium Coeli
Intellekt und Kommunikation sind zentrale Themen des Lebens.

Venus in enger Opposition zum Medium Coeli
Zwischenmenschliche Harmonie und Ästhetik sind zentrale Themen des Lebens.

Mars in enger Opposition zum Medium Coeli
Kampf und Selbstdurchsetzung sind zentrale Themen des Lebens.

Jupiter in enger Opposition zum Medium Coeli
Sinnfindung und geistige Expansion sind zentrale Themen des Lebens.

Saturn in enger Opposition zum Medium Coeli
Konzentration auf das Wesentliche und Selbstdisziplin sind zentrale Themen des Lebens.

Uranus in enger Opposition zum Medium Coeli
Freiheit und geistige Kreativität sind zentrale Themen des Lebens.

Neptun in enger Opposition zum Medium Coeli
Ganz vorrangig ist es, seine Träume zu verwirklichen. Eine große Sensibilität ist Quelle der Inspiration, sorgt aber auch für ziemliche Schüchternheit und subtile Ängste.

Pluto in enger Opposition zum Medium Coeli
Die Beschäftigung mit Macht und Ohnmacht ist zentrales Thema des Lebens. Man neigt zu Übersteigerungen, macht große Veränderungen durch.

Sonne in enger Opposition zum Aszendenten
Das Selbstbewusstsein und die eigene Kreativität sind zentrale Themen des Lebens.

Mond in enger Opposition zum Aszendenten
Das Gefühlsleben und die Geborgenheit sind zentrale Themen des Lebens.

Merkur in enger Opposition zum Aszendenten
Intellekt und Kommunikation sind zentrale Themen des Lebens.

Venus in enger Opposition zum Aszendenten
Zwischenmenschliche Harmonie und Ästhetik sind zentrale Themen des Lebens.

Mars in enger Opposition zum Aszendenten
Kampf und Selbstdurchsetzung sind zentrale Themen des Lebens.

Jupiter in enger Opposition zum Aszendenten
Sinnfindung und geistige Expansion sind zentrale Themen des Lebens.

Saturn in enger Opposition zum Aszendenten
Konzentration auf das Wesentliche und Selbstdisziplin sind zentrale Themen des Lebens.

Uranus in enger Opposition zum Aszendenten
Freiheit und geistige Kreativität sind zentrale Themen des Lebens.

Neptun in enger Opposition zum Aszendenten
Ganz vorrangig ist es, seine Träume zu verwirklichen. Eine große Sensibilität ist Quelle der Inspiration, sorgt aber auch für ziemliche Schüchternheit und subtile Ängste.

Pluto in enger Opposition zum Aszendenten
Die Beschäftigung mit Macht und Ohnmacht ist zentrales Thema des Lebens. Man neigt zu Übersteigerungen, macht große Veränderungen durch.

Sonne in engem Quadrat zum Medium Coeli
Das Selbstbewusstsein und die eigene Kreativität sind zentrale Themen des Lebens.

Mond in engem Quadrat zum Medium Coeli
Das Gefühlsleben und die Geborgenheit sind zentrale Themen des Lebens.

Merkur in engem Quadrat zum Medium Coeli
Intellekt und Kommunikation sind zentrale Themen des Lebens.

Venus in engem Quadrat zum Medium Coeli
Zwischenmenschliche Harmonie und Ästhetik sind zentrale Themen des Lebens.

Mars in engem Quadrat zum Medium Coeli
Kampf und Selbstdurchsetzung sind zentrale Themen des Lebens.

Jupiter in engem Quadrat zum Medium Coeli
Sinnfindung und geistige Expansion sind zentrale Themen des Lebens.

Saturn in engem Quadrat zum Medium Coeli
Konzentration auf das Wesentliche und Selbstdisziplin sind zentrale Themen des Lebens.

Uranus in engem Quadrat zum Medium Coeli
Freiheit und geistige Kreativität sind zentrale Themen des Lebens.

Neptun in engem Quadrat zum Medium Coeli
Ganz vorrangig ist es, seine Träume zu verwirklichen. Eine große Sensibilität ist Quelle der Inspiration, sorgt aber auch für ziemliche Schüchternheit und subtile Ängste.

Pluto in engem Quadrat zum Medium Coeli
Die Beschäftigung mit Macht und Ohnmacht ist zentrales Thema des Lebens. Man neigt zu Übersteigerungen, macht große Veränderungen durch.

Sonne in engem Quadrat zum Aszendenten
Das Selbstbewusstsein und die eigene Kreativität sind zentrale Themen des Lebens.

Mond in engem Quadrat zum Aszendenten
Das Gefühlsleben und die Geborgenheit sind zentrale Themen des Lebens.

Merkur in engem Quadrat zum Aszendenten
Intellekt und Kommunikation sind zentrale Themen des Lebens.

Venus in engem Quadrat zum Aszendenten
Zwischenmenschliche Harmonie und Ästhetik sind zentrale Themen des Lebens.

Mars in engem Quadrat zum Aszendenten
Kampf und Selbstdurchsetzung sind zentrale Themen des Lebens.

Jupiter in engem Quadrat zum Aszendenten
Sinnfindung und geistige Expansion sind zentrale Themen des Lebens.

Saturn in engem Quadrat zum Aszendenten
Konzentration auf das Wesentliche und Selbstdisziplin sind zentrale Themen des Lebens.

Uranus in engem Quadrat zum Aszendenten
Freiheit und geistige Kreativität sind zentrale Themen des Lebens.

Neptun in engem Quadrat zum Aszendenten
Ganz vorrangig ist es, seine Träume zu verwirklichen. Eine große Sensibilität ist die Quelle der Inspiration, sorgt aber auch für große Schüchternheit und subtile Ängste.

Pluto in engem Quadrat zum Aszendenten
Die Beschäftigung mit Macht und Ohnmacht ist zentrales Thema des Lebens. Man neigt zu Übersteigerungen, macht große Veränderungen durch.

Sonne in engem Trigon zum Medium Coeli
Das Selbstbewusstsein und die eigene Kreativität sind zentrale Themen des Lebens.

Mond in engem Trigon zum Medium Coeli
Das Gefühlsleben und die Geborgenheit sind zentrale Themen des Lebens.

Merkur in engem Trigon zum Medium Coeli
Intellekt und Kommunikation sind zentrale Themen des Lebens.

Venus in engem Trigon zum Medium Coeli
Zwischenmenschliche Harmonie und Ästhetik sind zentrale Themen des Lebens.

Mars in engem Trigon zum Medium Coeli
Kampf und Selbstdurchsetzung sind zentrale Themen des Lebens.

Jupiter in engem Trigon zum Medium Coeli
Sinnfindung und geistige Expansion sind zentrale Themen des Lebens.

Saturn in engem Trigon zum Medium Coeli
Konzentration auf das Wesentliche und Selbstdisziplin sind zentrale Themen des Lebens.

Uranus in engem Trigon zum Medium Coeli
Freiheit und geistige Kreativität sind zentrale Themen des Lebens.

Neptun in engem Trigon zum Medium Coeli
Ganz vorrangig ist es, seine Träume zu verwirklichen. Eine große Sensibilität ist Quelle der Inspiration, sorgt aber auch für ziemliche Schüchternheit und subtile Ängste.

Pluto in engem Trigon zum Medium Coeli
Die Beschäftigung mit Macht und Ohnmacht ist zentrales Thema des Lebens. Man neigt zu Übersteigerungen, macht große Veränderungen durch.

Sonne in engem Trigon zum Aszendenten
Das Selbstbewusstsein und die eigene Kreativität sind zentrale Themen des Lebens.

Mond in engem Trigon zum Aszendenten
Das Gefühlsleben und die Geborgenheit sind zentrale Themen des Lebens.

Merkur in engem Trigon zum Aszendenten
Intellekt und Kommunikation sind zentrale Themen des Lebens.
Venus in engem Trigon zum Aszendenten
Zwischenmenschliche Harmonie und Ästhetik sind zentrale Themen des Lebens.

Mars in engem Trigon zum Aszendenten
Kampf und Selbstdurchsetzung sind zentrale Themen des Lebens.

Jupiter in engem Trigon zum Aszendenten
Sinnfindung und geistige Expansion sind zentrale Themen des Lebens.

Saturn in engem Trigon zum Aszendenten
Konzentration auf das Wesentliche und Selbstdisziplin sind zentrale Themen des Lebens.

Uranus in engem Trigon zum Aszendenten
Freiheit und geistige Kreativität sind zentrale Themen des Lebens.

Neptun in engem Trigon zum Aszendenten
Ganz vorrangig ist es, seine Träume zu verwirklichen. Eine große Sensibilität ist Quelle der Inspiration, sorgt aber auch für ziemliche Schüchternheit und subtile Ängste.

Pluto in engem Trigon zum Aszendenten
Die Beschäftigung mit Macht und Ohnmacht ist zentrales Thema des Lebens. Man neigt zu Übersteigerungen, macht große Veränderungen durch.

Sonne in engem Sextil zum Medium Coeli
Das Selbstbewusstsein und die eigene Kreativität sind zentrale Themen des Lebens.

Mond in engem Sextil zum Medium Coeli
Das Gefühlsleben und die Geborgenheit sind zentrale Themen des Lebens.

Merkur in engem Sextil zum Medium Coeli
Intellekt und Kommunikation sind zentrale Themen des Lebens.

Venus in engem Sextil zum Medium Coeli
Zwischenmenschliche Harmonie und Ästhetik sind zentrale Themen des Lebens.

Mars in engem Sextil zum Medium Coeli
Kampf und Selbstdurchsetzung sind zentrale Themen des Lebens.

Jupiter in engem Sextil zum Medium Coeli
Sinnfindung und geistige Expansion sind zentrale Themen des Lebens.

Saturn in engem Sextil zum Medium Coeli
Konzentration auf das Wesentliche und Selbstdisziplin sind zentrale Themen des Lebens.

Uranus in engem Sextil zum Medium Coeli
Freiheit und geistige Kreativität sind zentrale Themen des Lebens.

Neptun in engem Sextil zum Medium Coeli
Ganz vorrangig ist es, seine Träume zu verwirklichen. Eine große Sensibilität ist Quelle der Inspiration, sorgt aber auch für ziemliche Schüchternheit und subtile Ängste.

Pluto in engem Sextil zum Medium Coeli
Die Beschäftigung mit Macht und Ohnmacht ist zentrales Thema des Lebens. Man neigt zu Übersteigerungen, macht große Veränderungen durch.

Sonne in engem Sextil zum Aszendenten
Das Selbstbewusstsein und die eigene Kreativität sind zentrale Themen des Lebens.

Mond in engem Sextil zum Aszendenten
Das Gefühlsleben und die Geborgenheit sind zentrale Themen des Lebens.

Merkur in engem Sextil zum Aszendenten
Intellekt und Kommunikation sind zentrale Themen des Lebens.

Venus in engem Sextil zum Aszendenten
Zwischenmenschliche Harmonie und Ästhetik sind zentrale Themen des Lebens.

Mars in engem Sextil zum Aszendenten
Kampf und Selbstdurchsetzung sind zentrale Themen des Lebens.

Jupiter in engem Sextil zum Aszendenten
Sinnfindung und geistige Expansion sind zentrale Themen des Lebens.

Saturn in engem Sextil zum Aszendenten
Konzentration auf das Wesentliche und Selbstdisziplin sind zentrale Themen des Lebens.

Uranus in engem Sextil zum Aszendenten
Freiheit und geistige Kreativität sind zentrale Themen des Lebens.

Neptun in engem Sextil zum Aszendenten
Ganz vorrangig ist es, seine Träume zu verwirklichen. Eine große Sensibilität ist Quelle der Inspiration, sorgt aber auch für ziemliche Schüchternheit und subtile Ängste.

Pluto in engem Sextil zum Aszendenten
Die Beschäftigung mit Macht und Ohnmacht ist zentrales Thema des Lebens. Man neigt zu Übersteigerungen, macht große Veränderungen durch.

Zeichen und Felder

Prägung und Auslebungsebenen des Kosmogramm-Potenzials

Die Tierkreiszeichen des Zodiak teilen die Ekliptik, die Projektion der Erdumlaufbahn auf den Fixsternhintergrund, in zwölf Bereiche auf, verbunden mit einer eher kollektiven Deutungsmethode. Die Erdraumfelder hingegen teilen den Bereich der Drehung der Erde um ihre eigene Achse während eines Tages in zwölf Bereiche ein, was zu individuelleren Deutungsmethoden führt.

Aszendent
Das am Osthorizont aufsteigende Zeichen zeigt an, wie man in das Leben hineingeht und auf welche Weise andere einen wahrnehmen.

Aszendent im Widder
Energisch geht man in die Welt hinein, werden erste Impulse gesetzt. Auf der Suche nach Identität gibt man sich dem Energiestrom der Tat und des Handelns hin. Schlüsselworte: »Jetzt gehts los, ich bin da, Widerstand ist zwecklos«.

Aszendent im Stier
Ruhig und kraftvoll geht man in die Welt hinein, werden erste Impulse gesetzt. Auf der Suche nach Identität richtet man das Interesse auf alle materiellen Ressourcen. Schlüsselworte: »Nun mal langsam, warum denn alte Gewohnheiten aufgeben. Lässt sich damit ein Geschäft machen?«

Aszendent in den Zwillingen
Geistig rege geht man in die Welt hinein, werden erste Impulse gesetzt. Auf der Suche nach Identität setzt man Intellekt und analytischen Geist ein. Schlüsselworte: ›Na das ist ja interessant! Nichts ist schlimmer als Langeweile. ›

Aszendent im Krebs
Gefühlvoll und launisch geht man in die Welt hinein, werden erste Impulse gesetzt. Auf der Suche nach Identität investiert man sehr viel Gefühl und beschützende Instinkte. Schlüsselworte: »Also, jetzt werde ich bestimmt gleich wieder verletzt. Kann denn keiner Rücksicht nehmen?«

Aszendent im Löwen
Beeindruckend, aber selbstherrlich geht man in die Welt hinein, werden erste Impulse gesetzt. Auf der Suche nach Identität stellt man die eigene Emotionalität dar, ist strahlend und egozentrisch im Aus-

druck. Schlüsselworte: »Schaut mich an, bin ich nicht ein ganz besonderes Individuum?«

Aszendent in der Jungfrau
Scharfsinnig und penibel geht man in die Welt hinein, werden erste Impulse gesetzt. Auf der Suche nach Identität wird alle Vernunft und die Kunst, zu heilen, zu ordnen und zu strukturieren, gelegt. Schlüsselworte: »Irgendwo wird da doch ein Haar in der Suppe sein. Ich schau mir die Sache mal im Detail an.«

Aszendent in der Waage
Elegant und zögernd geht man in die Welt hinein, werden erste Impulse gesetzt. Auf der Suche nach Identität wird alle Sinnlichkeit, aller Charme eingesetzt. Schlüsselworte: ›Mal überlegen, was die anderen tun sollten. Nur nicht überstürzt handeln! Momentan lässt das alles viel zu unüberlegt ab. ›

Aszendent im Skorpion
Zielbewusst und stur geht man in die Welt hinein, werden erste Impulse gesetzt. Auf der Suche nach Identität werden innere Bilder entwickelt, starke psychische Kraft investiert. Schlüsselworte: »Eigentlich möchte ich meine Nase ja nicht in alles stecken. Aber ich spüre, dass da irgendetwas Wichtiges tabuisiert ist, verborgen wird.«

Aszendent im Schützen
Optimistisch und oberflächlich geht man in die Welt hinein, werden erste Impulse gesetzt. Auf der Suche nach Identität flammt geistiges Feuer auf, man will expandieren. Schlüsselworte: »Eigentlich ist es unerträglich. Aber was solls - ich werd es schon tolerieren können. Ich muss nur die Zusammenhänge sehen können.«

Aszendent im Steinbock
Konzentriert und skeptisch geht man in die Welt hinein, werden erste Impulse gesetzt. Auf der Suche nach Identität wollen außerpersönliche Maßstäbe dargestellt und verwirklicht werden. Schlüsselworte: »Darauf kann man aber doch auch verzichten! Nun seid doch nicht so kindisch.«

Aszendent im Wassermann
Originell und sprunghaft geht man in die Welt hinein, werden erste Impulse gesetzt. Auf der Suche nach Identität können Ideale von Freiheit, Unabhängigkeit und eine Sichtweise aus höherer Warte zum Tragen kommen. Schlüsselworte: »Man sollte das Ganze doch einmal aus der abstrakten Warte betrachten. Und außerdem geht für meine Begriffe das Ganze wirklich zu langsam voran.«

Aszendent in den Fischen
Feinfühlig und verträumt geht man in die Welt hinein, werden erste Impulse gesetzt. Auf der Suche nach Identität ist man vollkommen offen, lässt sich ganz von der Intuition leiten. Schlüsselworte: ›Ordnung ist was für Dilettanten, das Genie beherrscht das Chaos. ›

Regent des Aszendenten

Geburtsgebieter im ersten Feld
Der Mut, die Durchsetzungskraft, die Ichstärke spielen eine große Rolle bei Selbstbehauptungskämpfen, Pionierarbeiten und das erste Auftreten.

Geburtsgebieter im zweiten Feld
Der Mut, die Durchsetzungskraft, die Ichstärke spielen eine große Rolle bei der Abgrenzung der eigenen Persönlichkeit und finanziellen, auch mit Selbstwert verbundenen Angelegenheiten.

Geburtsgebieter im dritten Feld
Der Mut, die Durchsetzungskraft, die Ichstärke spielen eine große Rolle bei der Aufnahme von Kontakten mit dem sozialen Umfeld und der Entwicklung kommunikativer Fähigkeiten.

Geburtsgebieter im vierten Feld
Der Mut, die Durchsetzungskraft, die Ichstärke spielen eine große Rolle bei der Suche nach der inneren und auch der äußeren Heimat und der Entwicklung der Emotionen in der Familie.

Geburtsgebieter im fünften Feld
Der Mut, die Durchsetzungskraft, die Ichstärke spielen eine große Rolle bei dem Erlebnis der Kreativität und dem Kontakt zum inneren Kind, sowie der Fähigkeit, emotional agieren zu können.

Geburtsgebieter im sechsten Feld
Der Mut, die Durchsetzungskraft, die Ichstärke spielen eine große Rolle bei der Gestaltung der Arbeits- und Lebensbedingungen, die dem eigenen Wesen entsprechen sollten.

Geburtsgebieter im siebten Feld
Der Mut, die Durchsetzungskraft, die Ichstärke spielen eine große Rolle bei der Realisation der inneren Anima in äußeren Partnerschaften und Verträgen.

Geburtsgebieter im achten Feld
Der Mut, die Durchsetzungskraft, die Ichstärke spielen eine große Rolle bei Schattenprojektionen, wie sie bei zu großer emotionaler Nähe zum Partner entstehen können.

Geburtsgebieter im neunten Feld
Der Mut, die Durchsetzungskraft, die Ichstärke spielen eine große Rolle bei geistigen Integrationsversuchen, die die Einsichtsfähigkeit und Toleranz stärken können.

Geburtsgebieter im zehnten Feld
Der Mut, die Durchsetzungskraft, die Ichstärke spielen eine große Rolle bei Arbeiten in der Öffentlichkeit, die die Position des Elternrollenspielers und Normsetzers scheinbar fordern.

Geburtsgebieter im elften Feld
Der Mut, die Durchsetzungskraft, die Ichstärke spielen eine große Rolle bei gemeinsamen Aktivitäten, die sowohl Freizeitcharakter als auch große emanzipatorische Funktion haben können.

Geburtsgebieter im zwölften Feld
Der Mut, die Durchsetzungskraft, die Ichstärke spielen eine große Rolle bei der Wahrnehmung verdrängter kollektiver Bewusstseinsinhalte, die möglicherweise auch der eigenen Verdrängung entsprechen.

Widder im ersten Feld eingeschlossen
Aggressiv oder antriebslos bei der eigenen Durchsetzungsfähigkeit und des Willens. Erst über den Umweg der Entwicklung anderer Persönlichkeitsanlagen ist es möglich, sich auch diesen Lebensbereich bewusst zu machen.

Stier im ersten Feld eingeschlossen
Übersättigt oder unsicher in Fragen der eigenen Durchsetzungsfähigkeit und des Willens. Erst über den Umweg der Entwicklung anderer Persönlichkeitsanlagen ist es möglich, sich auch diesen Lebensbereich bewusst zu machen.

Zwillinge im ersten Feld eingeschlossen
Intellektualisierung oder Sprachlosigkeit in der eigenen Durchsetzungsfähigkeit und des Willens. Erst über den Umweg der Entwicklung anderer Persönlichkeitsanlagen ist es möglich, sich auch diesen Lebensbereich bewusst zu machen.

Krebs im ersten Feld eingeschlossen
Von konventioneller oder überhaupt keiner Eigenart in der eigenen Durchsetzungsfähigkeit und des Ich-Bewusstseins. Erst über den Umweg der Entwicklung anderer Persönlichkeitsanlagen ist es möglich, sich auch diesen Lebensbereich bewusst zu machen.

Löwe im ersten Feld eingeschlossen
Übertrieben selbstbewusst oder unselbstständig in der eigenen Durchsetzungsfähigkeit und des Ich-Bewusstseins. Erst über den Umweg der Entwicklung anderer Persönlichkeitsanlagen ist es möglich, sich auch diesen Lebensbereich bewusst zu machen.

Jungfrau im ersten Feld eingeschlossen
Intellektualisierung oder Sprachlosigkeit in der eigenen Durchsetzungsfähigkeit und des Willens. Erst über den Umweg der Entwicklung anderer Persönlichkeitsanlagen ist es möglich, sich auch diesen Lebensbereich bewusst zu machen.

Waage im ersten Feld eingeschlossen
Übersättigt oder unsicher in Fragen der eigenen Durchsetzungsfähigkeit und des Willens. Erst über den Umweg der Entwicklung anderer Persönlichkeitsanlagen ist es möglich, sich auch diesen Lebensbereich bewusst zu machen.

Skorpion im ersten Feld eingeschlossen
Übermächtig oder ohnmächtig in der eigenen Durchsetzungsfähigkeit und des Ich-Bewusstseins. Erst über den Umweg der Entwicklung anderer Persönlichkeitsanlagen ist es möglich, sich auch diesen Lebensbereich bewusst zu machen.

Schütze im ersten Feld eingeschlossen
Übertriebener Optimismus oder Sinnlosigkeit bei der eigenen Durchsetzungsfähigkeit und des Ich-Bewusstseins. Erst über den Umweg der Entwicklung anderer Persönlichkeitsanlagen ist es möglich, sich auch diesen Lebensbereich bewusst zu machen.

Steinbock im ersten Feld eingeschlossen
Maßregelnd oder gehemmt bei der eigenen Durchsetzungsfähigkeit und des Ich-Bewusstseins. Erst über den Umweg der Entwicklung anderer Persönlichkeitsanlagen ist es möglich, sich auch diesen Lebensbereich bewusst zu machen.

Wassermann im ersten Feld eingeschlossen
Unruhe verbreitend oder leicht irritierbar bei der eigenen Durchsetzungsfähigkeit und des Ich-Bewusstseins. Erst über den Umweg der Entwicklung anderer Persönlichkeitsanlagen ist es möglich, sich auch diesen Lebensbereich bewusst zu machen.

Fische im ersten Feld eingeschlossen
Verunsichernd oder selbst unsicher bei der eigenen Durchsetzungsfähigkeit und des Ich-Bewusstseins. Erst über den Umweg der Entwicklung anderer Persönlichkeitsanlagen ist es möglich, sich auch diesen Lebensbereich bewusst zu machen.

Himmelsmitte
Höchster Punkt der Sonnenbahn im Laufe eines Tages. Er gibt Hinweise auf das Lebensziel, Beruf und Berufung.

Medium Coeli im Widder
Energisch ist der Kontakt zur Öffentlichkeit und die Einstellung zu Beruf und Karriere. Vollkommen auf die Verwirklichung in der Außenwelt, in der Gesellschaft ausgerichtet gibt man sich dem Energiestrom der Tat und des Handelns hin.

Medium Coeli im Stier
Ruhig und kraftvoll ist der Kontakt zur Öffentlichkeit und die Einstellung zu Beruf und Karriere. Vollkommen auf die Verwirklichung in der Außenwelt, in der Gesellschaft ausgerichtet richtet man das Interesse auf alle materiellen Ressourcen.

Medium Coeli in den Zwillingen
Geistig rege ist der Kontakt zur Öffentlichkeit und die Einstellung zu Beruf und Karriere. Vollkommen auf die Verwirklichung in der Außenwelt, in der Gesellschaft ausgerichtet setzt man Intellekt und analytischen Geist ein.

Medium Coeli im Krebs
Gefühlvoll und launisch ist der Kontakt zur Öffentlichkeit und die Einstellung zu Beruf und Karriere. Vollkommen auf die Verwirklichung in der Außenwelt, in der Gesellschaft ausgerichtet investiert man sehr viel Gefühl und beschützende Instinkte.

Medium Coeli im Löwen
Beeindruckend, aber selbstherrlich ist der Kontakt zur Öffentlichkeit und die Einstellung zu Beruf und Karriere. Vollkommen auf die Verwirklichung in der Außenwelt, in der Gesellschaft ausgerichtet stellt man die eigene Emotionalität dar, ist strahlend und egozentrisch im Ausdruck.

Medium Coeli in der Jungfrau
Scharfsinnig und penibel ist der Kontakt zur Öffentlichkeit und die Einstellung zu Beruf und Karriere. Vollkommen auf die Verwirklichung in der Außenwelt, in der Gesellschaft ausgerichtet, wird alle Vernunft und die Kunst, zu heilen, zu ordnen und zu strukturieren, gelegt.

Medium Coeli in der Waage
Elegant und zögernd ist der Kontakt zur Öffentlichkeit und die Einstellung zu Beruf und Karriere. Vollkommen auf die Verwirklichung in der Außenwelt, in der Gesellschaft ausgerichtet wird alle Sinnlichkeit, aller Charme eingesetzt.

Medium Coeli im Skorpion
Zielbewusst und stur ist der Kontakt zur Öffentlichkeit und die Einstellung zu Beruf und Karriere. Vollkommen auf die Verwirklichung in der Außenwelt, in der Gesellschaft ausgerichtet werden innere Bilder entwickelt, starke psychische Kraft investiert.

Medium Coeli im Schützen
Optimistisch und oberflächlich ist der Kontakt zur Öffentlichkeit und die Einstellung zu Beruf und Karriere. Vollkommen auf die Verwirklichung in der Außenwelt, in der Gesellschaft ausgerichtet flammt geistiges Feuer auf, will expandiert werden.

Medium Coeli im Steinbock
Konzentriert und skeptisch ist der Kontakt zur Öffentlichkeit und die Einstellung zu Beruf und Karriere. Vollkommen auf die Verwirklichung in der Außenwelt, in der Gesellschaft ausgerichtet wollen außerpersönliche Maßstäbe dargestellt und verwirklicht werden.

Medium Coeli im Wassermann
Originell und sprunghaft ist der Kontakt zur Öffentlichkeit und die Einstellung zu Beruf und Karriere. Vollkommen auf die Verwirklichung in der Außenwelt, in der Gesellschaft ausgerichtet können Ideale von Freiheit, Unabhängigkeit und eine Sichtweise aus höherer Warte zum Tragen kommen.

Medium Coeli in den Fischen
Feinfühlig und verträumt ist der Kontakt zur Öffentlichkeit und die Einstellung zu Beruf und Karriere. Vollkommen auf die Verwirklichung in der Außenwelt und in der Gesellschaft ausgerichtet, ist man vollkommen offen, lässt sich ganz von der Intuition leiten.

Dispositor des Medium Coeli im ersten Feld
Das Verhältnis von eigenen zu gesellschaftlichen Maßstäben wird zum Thema in Selbstbehauptungskämpfe, Pionierarbeiten und im ersten Auftreten.

Dispositor des Medium Coeli im zweiten Feld
Das Verhältnis von eigenen zu gesellschaftlichen Maßstäben wird zum Thema in der Abgrenzung der eigenen Persönlichkeit und finanziellen, auch mit Selbstwert verbundenen Angelegenheiten.

Dispositor des Medium Coeli im dritten Feld
Das Verhältnis von eigenen zu gesellschaftlichen Maßstäben wird zum Thema in der Aufnahme von Kontakten mit dem sozialen Umfeld und der Entwicklung kommunikativer Fähigkeiten.

Dispositor des Medium Coeli im vierten Feld
Das Verhältnis von eigenen zu gesellschaftlichen Maßstäben wird zum Thema in der Suche nach der inneren und auch der äußeren Heimat und der Entwicklung der Emotionen in der Familie.

Dispositor des Medium Coeli im fünften Feld
Das Verhältnis von eigenen zu gesellschaftlichen Maßstäben wird zum Thema in dem Erlebnis der Kreativität und dem Kontakt zum inneren Kind, sowie der Fähigkeit, emotional agieren zu können.

Dispositor des Medium Coeli im sechsten Feld
Das Verhältnis von eigenen zu gesellschaftlichen Maßstäben wird zum Thema in der Gestaltung der Arbeits- und Lebensbedingungen, die dem eigenen Wesen entsprechen sollten.

Dispositor des Medium Coeli im siebten Feld
Das Verhältnis von eigenen zu gesellschaftlichen Maßstäben wird zum Thema in der Realisation der inneren Anima in äußeren Partnerschaften und Verträgen.

Dispositor des Medium Coeli im achten Feld
Das Verhältnis von eigenen zu gesellschaftlichen Maßstäben wird zum Thema in Schattenprojektionen, wie sie bei zu großer emotionaler Nähe zum Partner entstehen können.

Dispositor des Medium Coeli im neunten Feld
Das Verhältnis von eigenen zu gesellschaftlichen Maßstäben wird zum Thema in geistigen Integrationsversuchen, die die Einsichtsfähigkeit und Toleranz stärken können.

Dispositor des Medium Coeli im zehnten Feld
Das Verhältnis von eigenen zu gesellschaftlichen Maßstäben wird zum Thema in Arbeiten in der Öffentlichkeit, die die Position des Elternrollenspielers und Normsetzers scheinbar fordern.

Dispositor des Medium Coeli im elften Feld
Das Verhältnis von eigenen zu gesellschaftlichen Maßstäben wird zum Thema in gemeinsamen Aktivitäten, die sowohl Freizeitcharakter als auch große emanzipatorische Funktion haben können.

Dispositor des Medium Coeli im zwölften Feld
Das Verhältnis von eigenen zu gesellschaftlichen Maßstäben wird zum Thema in der Wahrnehmung verdrängter kollektiver Bewusstseinsinhalte, die möglicherweise auch der eigenen Verdrängung entsprechen.

Eingeschlossenen Zeichen

Widder im zehnten Feld eingeschlossen
Aggressiv oder antriebslos beim Zeigen der eigenen Rechte und Finden eines eigenen Zieles. Erst über den Umweg der Entwicklung anderer Persönlichkeitsanlagen ist es möglich, sich auch diesen Lebensbereich bewusst zu machen.

Stier im zehnten Feld eingeschlossen
Übersättigt oder unsicher im Zeigen der eigenen Rechte und Finden eines eigenen Zieles. Erst über den Umweg der Entwicklung anderer Persönlichkeitsanlagen ist es möglich, sich auch diesen Lebensbereich bewusst zu machen.

Zwillinge im zehnten Feld eingeschlossen
Intellektualisierung oder Sprachlosigkeit betreffs des Zeigens der eigenen Rechte und Finden eines eigenen Zieles. Erst über den Umweg der Entwicklung anderer Persönlichkeitsanlagen ist es möglich, sich auch diesen Lebensbereich bewusst zu machen.

Krebs im zehnten Feld eingeschlossen
Von konventioneller oder überhaupt keiner Eigenart betreffs des Zeigens der eigenen Rechte und Finden eines eigenen Zieles. Erst über den Umweg der Entwicklung anderer Persönlichkeitsanlagen ist es möglich, sich auch diesen Lebensbereich bewusst zu machen.

Löwe im zehnten Feld eingeschlossen
Übertrieben selbstbewusst oder unselbstständig im Zeigen der eigenen Rechte und Finden eines eigenen Zieles. Erst über den Umweg der Entwicklung anderer Persönlichkeitsanlagen ist es möglich, sich auch diesen Lebensbereich bewusst zu machen.

Jungfrau im zehnten Feld eingeschlossen
Intellektualisierung oder Sprachlosigkeit betreffs des Zeigens der eigenen Rechte und Finden eines eigenen Zieles. Erst über den Umweg der Entwicklung anderer Persönlichkeitsanlagen ist es möglich, sich auch diesen Lebensbereich bewusst zu machen.

Waage im zehnten Feld eingeschlossen
Übersättigt oder unsicher im Zeigen der eigenen Rechte und Finden eines eigenen Zieles. Erst über den Umweg der Entwicklung anderer Persönlichkeitsanlagen ist es möglich, sich auch diesen Lebensbereich bewusst zu machen.

Skorpion im zehnten Feld eingeschlossen
Übermächtig oder ohnmächtig betreffs des Zeigens der eigenen Rechte und Finden eines eigenen Zieles. Erst über den Umweg der Entwicklung anderer Persönlichkeitsanlagen ist es möglich, sich auch diesen Lebensbereich bewusst zu machen.

Schütze im zehnten Feld eingeschlossen
Übertriebener Optimismus oder Sinnlosigkeit bei dem Zeigen der eigenen Rechte und Finden eines eigenen Zieles. Erst über den Umweg der Entwicklung anderer Persönlichkeitsanlagen ist es möglich, sich auch diesen Lebensbereich bewusst zu machen.

Steinbock im zehnten Feld eingeschlossen
Maßregelnd oder gehemmt bei dem Zeigens der eigenen Rechte und Finden eines eigenen Zieles. Erst über den Umweg der Entwicklung anderer Persönlichkeitsanlagen ist es möglich, sich auch diesen Lebensbereich bewusst zu machen.

Wassermann im zehnten Feld eingeschlossen
Unruhe verbreitend oder leicht irritierbar beim Zeigen der eigenen Rechte und Finden eines eigenen Zieles. Erst über den Umweg der Entwicklung anderer Persönlichkeitsanlagen ist es möglich, sich auch diesen Lebensbereich bewusst zu machen.

Fische im zehnten Feld eingeschlossen
Verunsichernd oder selbst unsicher bei dem Zeigen der eigenen Rechte und Finden eines eigenen Zieles. Erst über den Umweg der Entwicklung anderer Persönlichkeitsanlagen ist es möglich, sich auch diesen Lebensbereich bewusst zu machen.

Sonne

Womit man sich ganz unmittelbar identifiziert.
Worin die höchste Kraft liegt.
Wo man am subjektivsten ist.

Sonne im Widder
Exaltation (Erhöhung): verstärkt
Das Feuer der Jugend - Eisen - Rubine - Militärs, Ärzte, Forscher, Entdecker, Selbstständige, Techniker, Boxer, Sportler, Metzger, Feuerwehr, Jäger, Schmied. Das bewusste Ich, das die Persönlichkeit gestaltende und abgrenzende Ego wird am besten verwirklicht, wenn es gelingt, sich dem Energiestrom der Tat und des Handelns reibungslos hinzugeben. Starker Willen, nach außen gerichtet, Führungsqualitäten, kühn, manchmal tollkühn, übereilig, leidenschaftlich. Eifriges Wollen. Die Feurige - der Kämpfer.

(+) Der kämpferische Willensmensch. Der Politiker, Anführer, Idealist. Mut, Willenskraft, Unternehmungslust.
(-) Der Gewaltmensch, Draufgänger, Wirrkopf, Fanatiker. Zerstörungswut, Willkür. Lärm.

1. Dekade = marsisch
ungeduldig, impulsiv /streitlustig, wagemutig

2. Dekade = solar
gefühlvoll, selbstbewusst /arrogant, eingebildet

3. Dekade = jovisch
geistig, kultiviert /herablassend, bluffend

Sonne im Stier
Die durchpflügte Erde - Kupfer - Smaragd - Landwirt, Koch, Gastronom, Innenarchitekt, Bauarbeiter, Feldarbeiter, Gewichtheber, Bäcker, Goldschmied, Bankier. Das bewusste Ich, das die Persönlichkeit gestaltende und abgrenzende Ego kann verwirklicht werden, wenn die Substanz allen Lebens immerfort gestärkt und gemehrt wird. Starke Erdverbundenheit, realistisch, ausdauernd, auf Absicherung bedacht, eigensinnig, ruhig, konservativ, standhaft. Sicherung. Die Derbe - der Geduldige.

(+) Der natürliche, naturverbundene, instinkthafte Mensch. Der Dulder. Natürlichkeit, Realismus, Vitalkraft.
(-) Der erdhaft materialistische Mensch. Der Trotzkopf. Schmutz, Eigensinn, Unmäßigkeit.

1. Dekade = venusisch
sinnlich, treu /habgierig, schlampig

2. Dekade = merkurisch
sensibel, differenziert /stumpf, indifferent

3. Dekade = saturnin
solide, seriös /zynisch, gleichgültig

Sonne in den Zwillingen
Die bewegliche Luft - Quecksilber - Topas - Journalist, Geschäftsführer, Übersetzer, Händler, Dieb, Makler, Vertreter, Postbote, Volksschullehrer, Telefonist, Spediteur, Fotograf. Das bewusste Ich, das die Persönlichkeit gestaltende und abgrenzende Ego zeigt sich in großer Bewegungsfreiheit, die entsteht, wenn Kommunikation, Kontakte und das Wissen um die Phänomene des Alltags in den Brennpunkt des Interesses gestellt werden. Sprunghaft, beweglich, schnelle Auffassungsgabe, wissbegierig, oberflächlich, verbindend, lässig, unruhig, intellektuell. Vielfalt. Die Intellektuelle - der Bewegliche.
(+) Der intellektuelle Mensch, Sucher, Rationalist. Gewandtheit, Überredungsgabe, Witz.
(-) Der dualistische Mensch. Der Skeptiker. Unzuverlässigkeit, Zersplitterung, Neugierde. Verbindlichkeit.

1. Dekade = merkurisch
rege, ideenvoll /flatterhaft, oberflächlich

2. Dekade = venusisch
künstlerisch, ästhetisch /kitschig, trivial

3. Dekade = uranisch
erfinderisch, offen /arrogant, dünkelnd

Sonne im Krebs
Der kleine Teich - Silber - Mondsteine - Beamter, Masseur, Bäcker, Schachspieler, Binnenschiffer, Hotelier, Hebamme, Blumenhändler, Kellner, Kindergärtner, Krankenschwester. Das bewusste Ich, das die Persönlichkeit gestaltende und abgrenzende Ego verwirklicht sich im Behüten aller gerade frisch entstandenen Wesenskeime des Seelischen. Gefühlvoll, fantasiebetont, launisch, familiär, patriarchalisch, empfindlich, anlehnungsbedürftig, phlegmatisch, nachtragend. Empfänglichkeit. Die Mütterliche - der Fürsorgliche.

(+) Der Gemütsmensch, der Humorist. Der Träumer und Romantiker. Der Naturschwärmer. Der Wanderbursche. Häuslichkeit, Fürsorglichkeit, Liebesbedürfnis.
(-) Der sentimentale Mensch. Der Dutzendmensch. Der Heimatlose. Laune, Phlegma, Ichsucht.

1. Dekade = lunar
mütterlich, sensibel /launisch, phlegmatisch

2. Dekade = plutonisch
leidenschaftlich, heftig /zu verletzbar, finster

3. Dekade = neptunisch
poetisch, gastfreudig /spintisierend

Sonne im Löwen
Regent(Herrscher)/Tagdomizil(Heimat) = entfaltet.
Das Feuer des Erwachsenen - Gold - Tigerauge - leitende Positionen, Dirigent, Repräsentant, Schachspieler, Boss, Künstler, Unternehmer, Organisator, Selbstständiger. Das bewusste Ich, das die Persönlichkeit gestaltende und abgrenzende Ego verwirklicht sich im Behüten aller gerade frisch entstandenen Wesenskeime des Seelischen. Egozentrisch, ausdrucksstark, selbstbewusst, charismatisch, stolz, imponierend, vital, eitel, geltungsbedürftig, bestimmend. Gestaltungswille. Selbsicherheit. Die Strahlende - der Generöse
(+) Der Tatmensch. Der autoritäre Mensch. Der Lebenskünstler. Der Optimist. Der Sonnenmensch. Großzügigkeit, Würde, Ehrhaftigkeit, Fairness.
(-) Der Herrenmensch. Die Lebedame, der Lebemann, der Aufschneider. Großspurigkeit, Anmaßung, Hohlheit, Luxus.

1. Dekade = solar
herzlich, charismatisch /egozentrisch, anmaßend

2. Dekade = jovisch
geistvoll, sinnhaft /hohl, bluffend, protzig

3. Dekade = marsisch
mutig, kämpferisch /streitsüchtig, zerstörend

Sonne in der Jungfrau
Die kultivierte Erde - Quecksilber - Bernstein - Bürokraten, Archivare, Heilpraktiker, Krankenpfleger, Literaten, Systemanalytiker, Pädagogen, Steuerberater, Diener, Mechaniker. Das bewusste Ich, das die Persönlichkeit gestaltende und abgrenzende Ego verwirklicht sich in der Pflege, Heilung und Reinigung des Körperlichen der materiellen Welt. Gründlich, kritisch, schüchtern, sparsam, ökonomisch, kleinlich, fleißig, bescheiden, neigt zum Zergliedern, strebsam. Sorgfalt, Ordnungsliebe. Die Jungfräuliche - der Dienende.
(+) Der dienende Mensch. Der wissenschaftliche Mensch. Haushälterisches Wesen. Der Organisator und Methodiker. Der Kritiker. Ordnungsliebe, Beobachtung, Sauberkeit.
(-) Der egoistische Mensch. Der Nörgler. Der Schulmeister. Pedanterie, Kritiksucht.

1. Dekade = merkurisch
klug, gebildet /kritisierend, berechnend

2. Dekade = saturnin
solide, qualitätsvoll /kleinlich, geizig

3. Dekade = venusisch
dezent ästhetisch, kontaktbereit /kitschig

Sonne in der Waage
Casus (Fall) = geschwächt
Die ausgleichenden Luftschichten - Kupfer - Türkis - Kunstsammler, Diplomat, Verkäufer, Parfümhersteller, Modist, Eheberater, Designer, Friseur, Kunstgewerbler, Werbung, Richter. Das bewusste Ich, das die Persönlichkeit gestaltende und abgrenzende Ego zeigt sich im Versuch, sich vollkommen auf die Impulse eines anderen Menschen einschwingen zu können. Ausgeglichen, ästhetisch, elegant, entscheidungsschwach, kunstliebend, diplomatisch, kontaktfreudig, erotisch, sinnlich. Gerechtigkeitssinn. Die Liebliche - der Harmonische.
(+) Der künstlerische, harmonische Mensch. Der lebensfrohe Mensch. Der Diplomat. Verbindlichkeit, Nachgiebigkeit, Schönheitssinn.
(-) Der laue Mensch. Bohemien. Schmeichelei. Sorglosigkeit. Unbeständigkeit.

1. Dekade = venusisch
sinnlich, musisch /eingebildet, faul

2. Dekade = uranisch
diplomatisch, fair, treu /stichelnd, intrigant

3. Dekade = merkurisch
kulturell aufgeschlossen /sprunghaft, nervös

Sonne im Skorpion

Das Wasser der Tiefe - Eisen - dunkler Opal - Psychologen, Chirurgen, Kriminalbeamte, Körpertherapeuten, Spione, Henker, Schlachter, Recyclingspezialisten, Bestattungsunternehmer. Das bewusste Ich, das die Persönlichkeit gestaltende und abgrenzende Ego verwirklicht sich in tiefen Wandlungsprozessen, die neue Energien freisetzen und Regenerationskraft haben. Zäh, zielorientiert, leidenschaftlich, triebhaft, manipulierend, eifersüchtig, furchtlos, Wille zum Überleben, zwanghaft. Kampf um Selbsterhaltung. Die Genießerin - der Begehrende.

(+) Der ringende, problematische Mensch. Der faustische Mensch. Der Okkultist. Forschergeist, Gemütstiefe, Willenskraft.

(-) Der dämonische Mensch. Der Gewaltmensch. Der Verführer. Spionage, Rachsucht, Hinterlist. Triebhaftigkeit. Rücksichtslosigkeit.

1. Dekade = plutonisch

sinnlich, leidenschaftlich /verletzend, stachelnd

2. Dekade = jovisch

intuitiv, medial /labil, beeinflussbar

3. Dekade = lunar

familiär, beschützend /schnell verschlossen

Sonne im Schützen

Das Feuer des Alters - Zinn - Lapislazuli - Professor, Pfarrer, Weltenbummler, Guru, Großhändler, Galerist, Konditor, Notar, Richter, Reiter, Reiseleiter, Dozent, Lehrer. Das bewusste Ich, das die Persönlichkeit gestaltende und abgrenzende Ego kann Realität werden, wenn im Vertrauen auf den Reichtum des Lebens die Orientierung an Visionen und Idealen Vorrang hat. Tolerant, cholerisch, oberlehrerhaft, gebildet, elitär, expansiv, verschwendend, blendend, optimistisch, weltoffen. Verinnerlichung. Die Sportlerin - der Joviale.

(+) Hoffnungsvolles Planen und Streben. Drang nach Handlung, Erweiterung. Der religiöse Mensch. Sportler. Gerechtigkeit. Freimut.

(-) Der Heuchler. Der falsche Prophet. Prüderie. Frömmelei. Unselbstständigkeit.

1. Dekade = jovisch

weitblickend, tolerant /dogmatisch

2. Dekade = marsisch

kämpferisch, großzügig /cholerisch

3. Dekade = solar

weltoffen, verständnisvoll /ausufernd

Sonne im Steinbock

Die Erde im Winter - Blei - Diamant - Beamter, Mönch, Staatsrechtler, Architekt, techn. Zeichner, Politiker, Historiker, Rechtspfleger, Mathematiker, Uhrmacher. Das bewusste Ich, das die Persönlichkeit gestaltende und abgrenzende Ego kann sich am besten verwirklichen, wenn man sich für überpersönliche Ziele einsetzt. Nüchtern, realistisch, streng, ausdauernd, konzentriert, geizig, pflichtbewusst, standesdünkelnd, reaktionär, prüfend, distanziert. Konzentration. Nüchterne Überlegung. Die Herbe - der Lastträger.

(+) Unermüdlicher Selbsterhaltungskampf. Wirklichkeitssinn. Streber, Emporkömmling, Einsamer. Ehrgeiz, Gründlichkeit, Gestaltung.

(-) Der machthungrige, selbstsüchtige, skrupellose Mensch, Materialist, Pessimist, Zweifler, Geizhals. Hartherzigkeit, Niedrigkeit.

1. Dekade = saturnin

besonnen, konzentriert /ernst, skeptisch

2. Dekade = venusisch

diplomatisch, taktvoll /bissig, ablehnend

3. Dekade = merkurisch

geistig konzentriert /wortkarg, gehemmt

Sonne im Wassermann

Exil (Fremde): stark geschwächt

Die Luft der Höhen - Zink - Aquamarin - Flugzeugführer, Astrologe, Erfinder, Elektriker, Sprengmeister, Aussteiger, Lebenskünstler, Karikaturist, Tänzer, Komiker. Das bewusste Ich, das die Persönlichkeit gestaltende und abgrenzende Ego wird in freier, ungebundener Gemeinschaft mit Gleichgesinnten zu verwirklichen sein. Intuitiv, erfinderisch, unkonventionell, freiheitlich, brüderlich, revolutionär, nervös, intellektuell, ungebunden, spielerisch. Wandlung, Anpassung, Planreichtum. Die Mondäne - der Ursprüngliche

(+) Menschenfreund, Zukunftsmensch. Erkennend, magisch, kosmisch allverbunden, umgestaltend, umgestalten, reformieren. Modern.

(-) Der revolutionäre Mensch. Der Umstürzler. Der Besessene. Bizarrheit. Raffinement, Narrheit.

1. Dekade = uranisch
individuell, unabhängig /provokativ, eigen

2. Dekade = merkurisch
geistesschnell /sprunghaft. stotternd

3. Dekade = venusisch
kontaktfreudig, modern /unverbindlich

Sonne in den Fischen
Das Wasser des Ozeans - Aluminium - Amethyst - Apotheker, Drogenhändler, Schachspieler, Fußpfleger, Pfleger, Seelsorger, Seemann, Illusionist, Psychologe, Schwimmlehrer. Das bewusste Ich, das die Persönlichkeit gestaltende und abgrenzende Ego verwirklicht sich im Bewusstsein, mit allem verbunden zu sein trotz aller sichtbaren Grenzen. Einfühlsam, selbstmitleidig, verträumt, religiös, tolerant, esoterisch, chamäleonhaft, täuschend, medial begabt. Empfänglichkeit für alle Einflüsse. Das Heimchen - der Opfernde.
(+) Der gläubige Mensch. Der wahre Christ. Der Mystiker. Der Einsame. Hilfsbereitschaft, Opferwille, Gastfreiheit.
(-) Der indolente Mensch. Pervertiert, mit ungewöhnlichen Dingen zusammenhängend. Angst. Sentimentalität. Indolenz. Verführbarkeit.

1. Dekade = neptunisch
medial, intuitiv /verwirrt, undifferenziert

2. Dekade = lunar
stark einfühlsam /selbstmitleidig, launisch

3. Dekade = plutonisch
leidenschaftlich /triebhaft, grenzenlos

Sonne im 1. Feld
Schöpferisch durch persönliches Auftreten, ichbezogen, starke körperliche Vitalität, ungeduldiges Handeln, streitbar. Das Ego bestimmt die Suche nach Identität, und hilft, zu erkennen, wer man wirklich ist.
(+) gute Selbstdurchsetzungsfähigkeit
(-) zu große Egozentrik, Eitelkeit

Sonne im 2. Feld
Schöpferisch erfolgreich in allen materiellen Angelegenheiten und dem Schaffen von Sicherheit. Das Ego fördert das Hineinströmen von äußerem und das Entwickeln von innerem Reichtum.
(+) Fähigkeit, geschäftlich erfolgreich zu sein, Selbstwertgefühl
(-) Verschwendung wirtschaftlicher Mittel, Fehlplanungen

Sonne im 3. Feld
Selbstbewusst in Kontakt und wirtschaftlichem Handeln. Nutzen durch enge Geschwisterbeziehung, kleine Reisen. Das Ego fließt hinein in die Kraft des Geistes und bewirkt Erfahrungen, die den Intellekt erhellen.
(+) stark in der Selbstartikulierung, Rechentalent
(-) Probleme mit bekannten, Nachbarn, Geschwistern, Missverständnisse

Sonne im 4. Feld
Selbstbewusst im heimischen Bereich, familienorientiert, heimatverbunden, zu Felde dominierend, Blüte im Alter. Das Ego und die Suche nach den Wurzeln der Persönlichkeit, der Kontakt mit den Vorfahren und der Energie des Ortes, an dem man aufgewachsen ist, hängen eng miteinander zusammen.
(+) stabiles Verhältnis zu den eigenen Eltern, häusliches Glück
(-) Fehlplanungen, was Grundbesitz betrifft

Sonne im 5. Feld
Selbstbewusst im Spiel und Sport, in der Kunst und dem Liebesspiel, sehr wichtig sind die eigenen Kinder, Blüte in der Jugend. Das Ego prägt den Drang nach Selbstausdruck, ist der Schlüssel zu Charisma, welches die Mitmenschen in Bann zieht.
(+) genuss- und liebesfähig, schöpferisch, Schauspieltalent
(-) ungünstige Spielerleidenschaft, spekulativ, prahlerisch

Sonne im 6. Feld
Selbstbewusst im Dienen, Heilen. Erfolgreiche Arbeit in unteren Positionen, Krisen und Krankheit als Lebensaufgaben. Das Ego wird verwendet, um persönliche Energien für den Zweck der Heilung und des Ausgleichs von karmischen Schwächen zu bündeln.
(+) Erfolg in Berufen, die Spezialisten erfordern
(-) kränkend, Anpassungsschwierigkeiten, unbefriedigende Tätigkeit

Sonne im 7. Feld
Selbstbewusst im Kontakt mit dem Du, in Partnerschaften. Ehe als Lebensaufgabe. Reibung mit offenen Feinden. Das Ego wird am intensivsten über die Spiegelung dieser Eigenschaft im Partner erlebt werden können. Deshalb werden in diesem Bereich menschliche Beziehungen eine große Rolle spielen.
(+) starke, interessante Partner, großer Charme
(-) rechtliche Auseinandersetzungen, Probleme mit Teilhabern

Sonne im 8. Feld
Selbstbewusst im Kontakt mit dem Dunklen, der Manipulation, im Rechtsstreit. Beschäftigung mit dem Tod und Wandlungsphasen. Das Ego erfährt man im Einsatz für geistige Inhalte, die in der engen Gemeinsamkeit mit Menschen entstanden sind oder als Erbschaft weitergetragen werden sollen.
(+) magische Ausstrahlung, starke Triebkräfte, Glück bei Erbschaften
(-) Partnerprobleme schwächen und lähmen, Starrsinnigkeit

Sonne im 9. Feld
Selbstbewusst im Verstrahlen von Optimismus, Ausnutzen von Vergünstigungen, in großen Reisen, Religion und Philosophie. Das Ego Ich bestimmt den Wunsch nach kaum bremsbarer Expansion, der in Übermaß und Größenwahn, aber auch in Einsichtsfähigkeit und Erkenntnis münden kann.
(+) Kontakt mit fremden Völkern, weiter geistiger Horizont
(-) falsche Pläne, Überheblichkeit, Rechthaberei, Misstrauen

Sonne im 10. Feld
Selbstbewusst in öffentlichen Positionen, Arbeit in Hierarchien, statusorientiert, starke Mutterbeziehung, Kastendenken. Das Ego erlebt man besonders intensiv in einer ernsten, konzentrierten, ganz auf die äußere Welt der menschlichen Gemeinschaft aufgerichteten Haltung.
(+) berufliches Streben, repräsentative öffentliche Stellung
(-) übertriebenes Karrieredenken, Standesdünkel, unflexibel

Sonne im 11. Feld
Selbstbewusst im Verein mit gleichgesinnten, starker Kontakt zu Freunden, Förderung oder Enttäuschung durch sie, Hoffnung. Das Ego kann sich am besten in der Gemeinschaft Gleichgesinnter entwickeln. Diese Energie sollte zur Weiterentwicklung und Veränderung von gesellschaftlichen Strukturen eingesetzt werden.
(+) Erfolg durch Freunde, freigiebiges Wesen, geistig interessiert
(-) Stress und exzentrisches Auftreten verschrecken die Mitmenschen

Sonne im 12. Feld
Selbstbewusst in der Abgeschiedenheit von Kloster, Gefängnis, Heilanstalten, Reibung an versteckten Feinden, Trennungen. Das Ego zeigt sich in der Arbeit im Verborgenen, in der Reinigung des Unterbewussten und in der entwickelten Form im Aufarbeiten von karmischer Last vergangener Zeiten.
(+) Bescheidenheit, Erfolg durch Arbeit im Hintergrund
(-) Opferhaltung, Behinderung und Begrenzung

Mond

Orte der Geborgenheit

Wie man sich wohlfühlt
Launen

Mond im Widder
Sportplätze, Autowerkstätten, Kampfstätten, Rockkonzerte
Das bewusste Ich, das die Persönlichkeit gestaltende und abgrenzende Ego wird am besten verwirklicht, wenn es gelingt, sich dem Energiestrom der Tat und des Handelns reibungslos hinzugeben: Aus einem spontanen Impuls heraus seine Gefühle zeigen, schwankend bei den eigenen Aktivitäten, manchmal verletzend.

Mond im Stier
Exaltation (Erhöhung): verstärkt
Wirtshäuser, Banken, Vorratsspeicher, Großmärkte, Schrebergärten
Unbewusste Gewohnheit und Eigenart, die sich zur Persönlichkeitsbildung im Innersten sammelt, kann verwirklicht werden, wenn die Substanz allen Lebens immerfort gestärkt und gemehrt wird: In einer ruhigen, beständigen Situation entsteht ein Gefühl von Geborgenheit. Wechsel werden nicht gut vertragen.

Mond in den Zwillingen
Nachrichtenredaktionen, Straßenverkehr, Post, Klatschbuden
Unbewusste Gewohnheit und Eigenart, die sich zur Persönlichkeitsbildung im Innersten sammelt, zeigt sich in großer Bewegungsfreiheit, die entsteht, wenn Kommunikation, Kontakte und das Wissen um die Phänomene des Alltags in den Brennpunkt des Interesses gestellt werden: Die Seele liegt auf der Zunge. Geborgen gerade in der Bewegung, im Kontakt mit Nachbarn und Geschwistern.

Mond im Krebs
Regent (Herrscher) /Nachtdomizil (Heimat): innen entfaltet
Küche, Kinderzimmer, zu Felde, im Bett, Imbissbude, Blumenwiese
Unbewusste Gewohnheit und Eigenart, die sich zur Persönlichkeitsbildung im Innersten sammelt, verwirklicht sich im Behüten aller gerade frisch entstandenen Wesenskeime des Seelischen: Geborgenheit in der Familie, bei den Eltern oder mit den Kindern ohne Hektik und Stress. Einen Kuchen backen, zusammen schmusen.

Mond im Löwen
Paläste, Sonnenstrände, Diskotheken, Spielplätze, Rampenlicht
Unbewusste Gewohnheit und Eigenart, die sich zur Persönlichkeitsbildung im Innersten sammelt, zeigt sich in schöpferischer Kraft, die durch Interesse und Anerkennung geliebter Menschen belohnt werden möchte: Viel Aufmerksamkeit und auch Applaus bekommen, die Gefühle laut der ganzen Welt mitteilen, wie ein Kind spielen.

Mond in der Jungfrau
Bibliothek, Arbeitsplatz, Werkstatt, Couch des Psychiaters
Unbewusste Gewohnheit und Eigenart, die sich zur Persönlichkeitsbildung im Innersten sammelt, verwirklicht sich in der Pflege, Heilung und Reinigung des Körperlichen der materiellen Welt: Viele Kleinigkeiten berücksichtigen und bedenken, sich wohlfühlen, wenn Gefühle en Detail besprochen werden können.

Mond in der Waage
Café`, Galerie, Modenschau, vor dem Spiegel, Damenwahl
Unbewusste Gewohnheit und Eigenart, die sich zur Persönlichkeitsbildung im Innersten sammelt, zeigt sich im Versuch, sich vollkommen auf die Impulse eines anderen Menschen einschwingen zu können: Gemeinsam die Welt erleben, über die Partnerschaft oder die Beschäftigung mit Kunst und Literatur neue Eindrücke bekommen.

Mond im Skorpion
Casus (Fall): geschwächt
OP-Saal, Untergrundbahn, Eroscenter, Gen-Labor, Computerprogramm
Unbewusste Gewohnheit und Eigenart, die sich zur Persönlichkeitsbildung im Innersten sammelt, verwirklicht sich in tiefen Wandlungsprozessen, die neue Energien freisetzen und Regenerationskraft haben: Sich sehr an einen anderen Menschen hingeben dürfen; viel Nähe, Sicherheit und auch sexuelle Bindung spüren.

Mond im Schützen
Unterwegs, hoch zu Ross, Tennisplatz, Bildungstempel, Vortragssaal
Unbewusste Gewohnheit und Eigenart, die sich zur Persönlichkeitsbildung im Innersten sammelt, kann Realität werden, wenn im Vertrauen auf den Reichtum des Lebens die Orientierung an Visionen und Idealen Vorrang hat: Sich in der ganzen Welt zu Hause fühlen können, mit der Seele auf Reisen gehen, auch wenn es nur mit einem guten Buch ist.

Mond im Steinbock
Exil (Fremde): stark geschwächt
Chefetage, Berggipfel, auf dem Amt, Zen-Kloster, in Uniform
Unbewusste Gewohnheit und Eigenart, die sich zur Persönlichkeitsbildung im Innersten sammelt, kann sich am besten verwirklichen, wenn man sich für überpersönliche Ziele einsetzt: In der Gesellschaft etwas gelten, mit reiferen oder älteren Menschen zusammenleben, im Ernst Geborgenheit finden.

Mond im Wassermann
Ufo-Kontakt, Karneval, Gewitter, Revolution, Eisbar, Zirkus
Unbewusste Gewohnheit und Eigenart, die sich zur Persönlichkeitsbildung im Innersten sammelt, wird in freier, ungebundener Gemeinschaft mit Gleichgesinnten zu verwirklichen sein: Gemeinsamkeiten mit Gleichgesinnten finden, Gefühle auch in der Öffentlichkeit und spontan, ungewöhnlich äußern.

Mond in den Fischen
Kloster, Urwald, Säuferbar, Apotheke, Maskenball, Heilanstalt
Unbewusste Gewohnheit und Eigenart, die sich zur Persönlichkeitsbildung im Innersten sammelt, verwirklicht sich im Bewusstsein, mit allem verbunden zu sein trotz aller sichtbaren Grenzen: In der Ruhe, im Versteck, erst einmal mit sich allein sein, und dann wieder ganz träumerisch, grenzenlos den Menschen nahe sein.

Mond im 1. Feld
Gefühlvoll im Auftreten; impulsiv, launisch, verletzbar: Das seelische Reflexionsvermögen bestimmt die Suche nach Identität, und hilft, zu erkennen, wer man wirklich ist.
(+) große Beeindruckbarkeit, kinderlieb, guter Pädagoge
(-) launisch, überempfindlich, Phlegma

Mond im 2. Feld
Gefühl für Sicherheit, Finanzen; schwankende Besitzverhältnisse: Das seelische Reflexionsvermögen fördert das Hineinströmen von äußerem und das Entwickeln von innerem Reichtum.
(+) finanzielle Vorteile durch die Familie, guter Erwerbssinn
(-) unlogisches Verhältnis zum Geld, Wunsch nach totaler Versorgung

Mond im 3. Feld
Gefühl auf der Zunge, reiselustig; verletzbar durch Nachbarn: Das seelische Reflexionsvermögen fließt hinein in die Kraft des Geistes und bewirkt Erfahrungen, die den Intellekt erhellen.
(+) gute Alltagskontakte, besonders zu Nachbarn und Geschwistern
(-) unkonzentriert, schusselig, Neigung zur Zeitverschwendung

Mond im 4. Feld
Gefühl für Familie und Heim; Erbschaften, ruhiges Alter: Das seelische Reflexionsvermögen und die Suche nach den Wurzeln der Persönlichkeit, der Kontakt mit den Vorfahren und der Energie des Ortes, an dem man aufgewachsen ist, hängen eng miteinander zusammen.
(+) Glück im eigenen Heim, Mütterlichkeit, wechselnde Aufenthaltsort
(-) innere Unruhe, Probleme mit den Eltern

Mond im 5. Feld
Gefühl für Spiel und Kinder; Launen werden dramatisiert: Das seelische Reflexionsvermögen prägt den Drang nach Selbstausdruck, ist der Schlüssel zu Charisma, welches die Mitmenschen in Bann zieht.
(+) Schauspieler-Talent, besonders als Mutter oder Mann aus dem Volke
(-) unerwünschte Schwangerschaft, evtl. Abort, launisch

Mond im 6. Feld
Gefühl für Pflege, Dienen; wechselhafte Gesundheit, kränkbar: Das seelische Reflexionsvermögen wird verwendet, um persönliche Energien für den Zweck der Heilung und des Ausgleichs von karmischen Schwächen zu bündeln.
(+) mit den Kollegen gut auskommen, seine Aufgaben gut erfüllen
(-) Gesundheitsprobleme, häufiges Wechseln der Anstellung

Mond im 7. Feld
Gefühl für Ehe, Partnerschaft, Publikum, Volk; untreu, launisch: Das seelische Reflexionsvermögen wird am intensivsten über die Spiegelung dieser Eigenschaft im Partner erlebt werden können. Deshalb werden in diesem Bereich menschliche Beziehungen eine große Rolle spielen.
(+) gewinnendes Auftreten, Sympathie wecken, gute Ehe
(-) launische Partner, wechselnde Verhältnisse, seelische Dissonanz

Mond im 8. Feld

Gefühl für Verborgenes, Verstorbene; Ahnung von Schicksal; Erbe: Das seelische Reflexionsvermögen erfährt man im Einsatz für geistige Inhalte, die in der engen Gemeinsamkeit mit Menschen entstanden sind oder als Erbschaft weitergetragen werden sollen.

(+) starke seelische Ausstrahlung, Erbschaften durch die Familie

(-) Schwächung durch unbewusste psychische Strömungen

Mond im 9. Feld

Gefühl für die Fremde, Fernweh, Weltenbürger; Heimat im Glauben: Das seelische Reflexionsvermögen bestimmt den Wunsch nach kaum bremsbarer Expansion, der in Übermaß und Größenwahn, aber auch in Einsichtsfähigkeit und Erkenntnis münden kann.

(+) sich im Ausland zu Hause fühlen, großes seelisches Verständnis

(-) begrenzter geistiger Horizont, einsam in der Fremde

Mond im 10. Feld

Gefühl für Popularität, die Volksseele, Ehrgeiz der Mutter: Das seelische Reflexionsvermögen erlebt man besonders intensiv in einer ernsten, konzentrierten, ganz auf die äußere Welt der menschlichen Gemeinschaft aufgerichteten Haltung.

(+) sich im Beruf zu Hause fühlen, Erfolg ist stimmungsabhängig

(-) berufliche Krisen durch private Probleme

Mond im 11. Feld

Gefühl für Freundschaften, Ideale; wechselnde Überzeugungen: Das seelische Reflexionsvermögen kann sich am besten in der Gemeinschaft Gleichgesinnter entwickeln. Diese Energie sollte zur Weiterentwicklung und Veränderung von gesellschaftlichen Strukturen eingesetzt werden.

(+) Freundschaft mit Frauen, des Volkes Stimme sein

(-) ständig schwankende Wünsche und Hoffnungen, unpopulär

Mond im 12. Feld

Gefühl in der Einsamkeit; Aufopferung, Gemeinnutz, Wiedergeburt: Das seelische Reflexionsvermögen zeigt sich in der Arbeit im Verborgenen, in der Reinigung des Unterbewussten und in der entwickelten Form im Aufarbeiten von karmischer Last vergangener Zeiten.

(+) selbstzufrieden in sich gekehrt, ahnungsfähig, einfühlsam

(-) selbstflüchtend, psychische Probleme, ohne innere Orientierung

Merkur

Das Denken, Verstand und Vernunft.

Mit welchen Mitteln man die Welt berührt.

Merkur im Widder
Die Geistes- und Verstandeskraft, die Verbindung zwischen höheren und niederen Welten schafft, wird am besten verwirklicht, wenn es gelingt, sich dem Energiestrom der Tat und des Handelns reibungslos hinzugeben. Man ist witzig, schlagfertig, nicht auf den Mund gefallen, manchmal etwas rau, verletzend im Ausdruck, und sehr direkt.

Merkur im Stier
Die Geistes- und Verstandeskraft, die Verbindung zwischen höheren und niederen Welten schafft, kann verwirklicht werden, wenn die Substanz allen Lebens immerfort gestärkt und gemehrt wird. Man ist zurückhaltend, sehr realistisch eingestellt, redet nicht gerne drumherum, und denkt konkret, realistisch, konstruktiv.

Merkur in den Zwillingen
Regent (Herrscher) /Tagdomizil (Heimat): außen entfaltet
Die Geistes- und Verstandeskraft, die Verbindung zwischen höheren und niederen Welten schafft, zeigt sich in großer Bewegungsfreiheit, die entsteht, wenn Kommunikation, Kontakte und das Wissen um die Phänomene des Alltags in den Brennpunkt des Interesses gestellt werden. Man ist aufgeschlossen, schnell und wendig in der Sprache, trickreich und manchmal listig, ein geschickter Händler.

Merkur im Krebs
Die Geistes- und Verstandeskraft, die Verbindung zwischen höheren und niederen Welten schafft, verwirklicht sich im Behüten aller gerade frisch entstandenen Wesenskeime des Seelischen. Man ist launisch, wechselhaft, sensibel im Denken, redet aus dem Bauch heraus, kann schnell die Meinung ändern, vergisst nichts.

Merkur im Löwen
Die Geistes- und Verstandeskraft, die Verbindung zwischen höheren und niederen Welten schafft, zeigt sich in schöpferischer Kraft, die durch Interesse und Anerkennung geliebter Menschen belohnt werden möchte. Man ist sprachgewaltig und überzeugend, ein Organisator mit manchmal zu lauter Stimme, kann schlecht über sich selbst reden.

Merkur in der Jungfrau
Exaltation (Erhöhung): verstärkt
Regent (Herrscher) /Nachtdomizil (Heimat): innen entfaltet
Die Geistes- und Verstandeskraft, die Verbindung zwischen höheren und niederen Welten schafft, verwirklicht sich in der Pflege, Heilung und Reinigung des Körperlichen der materiellen Welt. Man ist ein scharfer, exakter, wissenschaftlicher und analytischer Denker und Tüftler, löst ein Problem und sieht gleich zwei neue.

Merkur in der Waage
Die Geistes- und Verstandeskraft, die Verbindung zwischen höheren und niederen Welten schafft, zeigt sich im Versuch, sich vollkommen auf die Impulse eines anderen Menschen einschwingen zu können. Man ist taktvoll und zugleich scharf im Denken, kann im Gespräch Konflikte lösen, hat eine angenehme Stimme, hasst Entscheidungen.

Merkur im Skorpion
Die Geistes- und Verstandeskraft, die Verbindung zwischen höheren und niederen Welten schafft, verwirklicht sich in tiefen Wandlungsprozessen, die neue Energien freisetzen und Regenerationskraft haben. Man ist bohrend und stachelnd im Gespräch, spricht Hintergründe an, ist ein Forschergeist, baut im Geiste Spinnennetze.

Merkur im Schützen
Exil (Fremde): stark geschwächt
Die Geistes- und Verstandeskraft, die Verbindung zwischen höheren und niederen Welten schafft, kann Realität werden, wenn im Vertrauen auf den Reichtum des Lebens die Orientierung an Visionen und Idealen Vorrang hat. Man ist ein großer Redner, Vermittler, Philosoph, mitunter zu weitschweifig, mit weit gespanntem Wissensdurst und reiselustig.

Merkur im Steinbock
Die Geistes- und Verstandeskraft, die Verbindung zwischen höheren und niederen Welten schafft, kann sich am besten verwirklichen, wenn man sich für überpersönliche Ziele einsetzt. Man ist etwas wortkarg, wenn es nicht gerade um wirklich wichtige Dinge geht, denkt und redet langsam und konzentriert, ausdauernd.

Merkur im Wassermann
Die Geistes- und Verstandeskraft, die Verbindung zwischen höheren und niederen Welten schafft, wird in freier, ungebundener Gemeinschaft mit Gleichgesinnten zu verwirklichen sein. Man denkt und redet bisweilen so abstrakt, dass nur wenige folgen können, assoziiert blitzartig, ist erfinderisch und ungeduldig.

Merkur in den Fischen
Casus (Fall): geschwächt, Exil (Fremde): stark geschwächt
Die Geistes- und Verstandeskraft, die Verbindung zwischen höheren und niederen Welten schafft, verwirklicht sich im Bewusstsein, mit allem verbunden zu sein trotz aller sichtbaren Grenzen. Man kann sich ungeheuer in den anderen hineindenken, über Träume und Sehnsüchte sprechen, ist ein Poet, hat Scheu, direkt zu sein.

Merkur rückläufig im Zeichen Widder
Briefe, Absprachen, Geschäfte bedürfen mehrmaliger Nacharbeit. Das ordnende Denken wird am besten umgesetzt, wenn es gelingt, sich dem Energiestrom der Tat und des Handelns reibungslos hinzugeben. Das Handeln hinein in die Welt scheint hier allerdings zweitrangig zu sein, da die Aktivität hauptsächlich auf das Aufarbeiten, die Vertiefung des Entwicklungsweges abzielt.

Merkur rückläufig im Zeichen Stier
Briefe, Absprachen, Geschäfte bedürfen mehrmaliger Nacharbeit. Das ordnende Denken kann umgesetzt werden, wenn die Substanz allen Lebens immerfort gestärkt und gemehrt wird. Das Handeln hinein in die Welt scheint hier allerdings zweitrangig zu sein, da die Aktivität hauptsächlich auf das Aufarbeiten, die Vertiefung des Entwicklungsweges abzielt.

Merkur rückläufig im Zeichen Zwillinge
Briefe, Absprachen, Geschäfte bedürfen mehrmaliger Nacharbeit. Das ordnende Denken zeigt sich in großer Bewegungsfreiheit, die entsteht, wenn Kommunikation, Kontakte und das Wissen um die Phänomene des Alltags in den Brennpunkt des Interesses gestellt werden. Das Handeln hinein in die Welt scheint hier allerdings zweitrangig zu sein, da die Aktivität hauptsächlich auf das Aufarbeiten, die Vertiefung des Entwicklungsweges abzielt.

Merkur rückläufig im Zeichen Krebs
Briefe, Absprachen, Geschäfte bedürfen mehrmaliger Nacharbeit. Das ordnende Denken verwirklicht sich im Behüten aller gerade frisch entstandenen Wesenskeime des Seelischen. Das Handeln hinein in die Welt scheint hier allerdings zweitrangig zu sein, da die Aktivität hauptsächlich auf das Aufarbeiten, die Vertiefung des Entwicklungsweges abzielt.

Merkur rückläufig im Zeichen Löwe
Briefe, Absprachen, Geschäfte bedürfen mehrmaliger Nacharbeit. Das ordnende Denken zeigt sich in schöpferischer Kraft, die durch Interesse und Anerkennung geliebter Menschen belohnt werden möchte. Das Handeln hinein in die Welt scheint hier allerdings zweitrangig zu sein, da die Aktivität hauptsächlich auf das Aufarbeiten, die Vertiefung des Entwicklungsweges abzielt.

Merkur rückläufig im Zeichen Jungfrau
Briefe, Absprachen, Geschäfte bedürfen mehrmaliger Nacharbeit. Das ordnende Denken verwirklicht sich in der Pflege, Heilung und Reinigung des Körperlichen der materiellen Welt. Das Handeln hinein in die Welt scheint hier allerdings zweitrangig zu sein, da die Aktivität hauptsächlich auf das Aufarbeiten, die Vertiefung des Entwicklungsweges abzielt.

Merkur rückläufig im Zeichen Waage
Briefe, Absprachen, Geschäfte bedürfen mehrmaliger Nacharbeit. Das ordnende Denken zeigt sich im Versuch, sich vollkommen auf die Impulse eines anderen Menschen einschwingen zu können. Das Handeln hinein in die Welt scheint hier allerdings zweitrangig zu sein, da die Aktivität hauptsächlich auf das Aufarbeiten, die Vertiefung des Entwicklungsweges abzielt.

Merkur rückläufig im Zeichen Skorpion
Briefe, Absprachen, Geschäfte bedürfen mehrmaliger Nacharbeit. Das ordnende Denken verwirklicht sich in tiefen Wandlungsprozessen, die neue Energien freisetzen und Regenerationskraft haben. Das Handeln hinein in die Welt scheint hier allerdings zweitrangig zu sein, da die Aktivität hauptsächlich auf das Aufarbeiten, die Vertiefung des Entwicklungsweges abzielt.

Merkur rückläufig im Zeichen Schütze
Briefe, Absprachen, Geschäfte bedürfen mehrmaliger Nacharbeit. Das ordnende Denken kann Realität werden, wenn im Vertrauen auf den Reichtum des Lebens die Orientierung an Visionen und Idealen Vorrang hat. Das Handeln hinein in die Welt scheint hier allerdings zweitrangig zu sein, da die Aktivität hauptsächlich auf das Aufarbeiten, die Vertiefung des Entwicklungsweges abzielt.

Merkur rückläufig im Zeichen Steinbock
Briefe, Absprachen, Geschäfte bedürfen mehrmaliger Nacharbeit. Das ordnende Denken kann sich am besten verwirklichen, wenn man sich für überpersönliche Ziele einsetzt. Das Handeln hinein in die Welt scheint hier allerdings zweitrangig zu sein, da die Aktivität hauptsächlich auf das Aufarbeiten, die Vertiefung des Entwicklungsweges abzielt.

Merkur rückläufig im Zeichen Wassermann
Briefe, Absprachen, Geschäfte bedürfen mehrmaliger Nacharbeit. Das ordnende Denken wird in freier, ungebundener Gemeinschaft mit Gleichgesinnten zu verwirklichen sein. Das Handeln hinein in die Welt scheint hier allerdings zweitrangig zu sein, da die Aktivität hauptsächlich auf das Aufarbeiten, die Vertiefung des Entwicklungsweges abzielt.

Merkur rückläufig im Zeichen Fische
Briefe, Absprachen, Geschäfte bedürfen mehrmaliger Nacharbeit. Das ordnende Denken verwirklicht sich im Bewusstsein, mit allem verbunden zu sein trotz aller sichtbaren Grenzen. Das Handeln hinein in die Welt scheint hier allerdings zweitrangig zu sein, da die Aktivität hauptsächlich auf das Aufarbeiten, die Vertiefung des Entwicklungsweges abzielt.

Merkur im 1. Feld
Das ordnende Denken bestimmt die Suche nach Identität und hilft, zu erkennen, wer man wirklich ist geschickt und schnell im Auftritt, gewitzt; gerissen, oberflächlich.

Merkur im 2. Feld
Das ordnende Denken fördert das Hineinströmen von äußerem und das Entwickeln von innerem Reichtum: Geschickt im Finanziellen, im Handel; Verlust durch Diebstahl, Raub.

Merkur im 3. Feld
Das ordnende Denken fließt hinein in die Kraft des Geistes und bewirkt Erfahrungen, die den Intellekt erhellen: Geschickt in Bewegung und Sprache; geschwätzig, wissbegierig.

Merkur im 4. Feld
Das ordnende Denken und die Suche nach den Wurzeln der Persönlichkeit, der Kontakt mit den Vorfahren und der Energie des Ortes, an dem man aufgewachsen ist, hängen eng miteinander zusammen: Geschickt im Hause, gutes Gedächtnis, im Alter geistig rege.

Merkur im 5. Feld
Das ordnende Denken prägt den Drang nach Selbstausdruck, ist der Schlüssel zu Charisma, welches die Mitmenschen in Bann zieht: Geschickt in Spiel, mit Kindern, in der Verführung, oberflächlich.

Merkur im 6. Feld
Das ordnende Denken wird verwendet, um persönliche Energien für den Zweck der Heilung und des Ausgleichs von karmischen Schwächen zu bündeln: Geschickt nach Aufgabenstellung; immer tätig, nervös, rastlos.

Merkur im 7. Feld
Das ordnende Denken wird am intensivsten über die Spiegelung dieser Eigenschaft im Partner erlebt werden können. Deshalb werden in diesem Bereich menschliche Beziehungen eine große Rolle spielen: Geschickt in Verträgen, Partneragenturen; Störung durch Gegner, Prozesse.

Merkur im 8. Feld
Das ordnende Denken erfährt man im Einsatz für geistige Inhalte, die in der engen Gemeinsamkeit mit Menschen entstanden sind oder als Erbschaft weitergetragen werden sollen: geschickt bei Erbschaften, Geheimwissen; Gefahr durch Nervosität.

Merkur im 9. Feld
Das ordnende Denken bestimmt den Wunsch nach kaum bremsbarer Expansion, der in Übermaß und Größenwahn, aber auch in Einsichtsfähigkeit und Erkenntnis münden kann: Geschickt in Verlagen, Politik, Dichtung; ausschweifende Wortwahl.

Merkur im 10. Feld
Das ordnende Denken erlebt man besonders intensiv in einer ernsten, konzentrierten, ganz auf die äußere Welt der menschlichen Gemeinschaft aufgerichteten Haltung: Geschickt in Handel, Staatsdienst, Beratung; Kritik, Zweifel im Beruf.

Merkur im 11. Feld
Das ordnende Denken kann sich am besten in der Gemeinschaft Gleichgesinnter entwickeln. Diese Energie sollte zur Weiterentwicklung und Veränderung von gesellschaftlichen Strukturen eingesetzt werden: Geschickt in Intellektuellenzirkeln; Kritik, Verdruss durch Freunde.

Merkur im 12. Feld
Das ordnende Denken zeigt sich in der Arbeit im Verborgenen, in der Reinigung des Unterbewussten und in der entwickelten Form im Aufarbeiten von karmischer Last vergangener Zeiten: Geschickt in Mathematik, verschwiegen; Schaden durch Schriftstücke.

Venus

Genuss, Sinnlichkeit – und wo so etwas zu finden ist.

Venus im Widder
Exil (Fremde): stark geschwächt
Die Realisation des inneren Schattens in der Beziehung zu einem Partner wird am besten verwirklicht, wenn es gelingt, sich dem Energiestrom der Tat und des Handelns reibungslos hinzugeben. Genuss ist eine Sache des Moments, der Spontaneität, des Augenblicks. Kraftvoll erobern, regt die Sinnlichkeit an.

Venus im Stier
Regent (Herrscher) /Tagdomizil (Heimat): außen entfaltet
Die Realisation des inneren Schattens in der Beziehung zu einem Partner kann verwirklicht werden, wenn die Substanz allen Lebens immerfort gestärkt und gemehrt wird. Genuss braucht Weile. Ein Festmahl kann Stunden dauern, in Völlerei enden, auch im Bett steigert sich die Lust durch die Dauer.

Venus in den Zwillingen
Die Realisation des inneren Schattens in der Beziehung zu einem Partner zeigt sich in großer Bewegungsfreiheit, die entsteht, wenn Kommunikation, Kontakte und das Wissen um die Phänomene des Alltags in den Brennpunkt des Interesses gestellt werden. Abwechslung, Leichtigkeit und Spielerei, und vor allem das Gespräch sind Aphrodisiaka, Ästhetik ist wichtig, nichts soll belasten.

Venus im Krebs
Die Realisation des inneren Schattens in der Beziehung zu einem Partner verwirklicht sich im Behüten aller gerade frisch entstandenen Wesenskeime des Seelischen. Genuss und Gemütlichkeit sind eins. Bemuttern, Kind sein dürfen, kuscheln, sich anlehnen können, all dies führt zur Fruchtbarkeit.

Venus im Löwen
Die Realisation des inneren Schattens in der Beziehung zu einem Partner zeigt sich in schöpferischer Kraft, die durch Interesse und Anerkennung geliebter Menschen belohnt werden möchte. Genuss und Show sind eins. Schmuck, Theater, gesehen werden, sich zeigen, beeindrucken steigert die Sinnlichkeit, das Liebesspiel.

Venus in der Jungfrau
Casus (Fall): geschwächt
Die Realisation des inneren Schattens in der Beziehung zu einem Partner verwirklicht sich in der Pflege, Heilung und Reinigung des Körperlichen der materiellen Welt. Genuss soll natürlich, praktisch, gesund sein. Erotik entsteht, wenn viele kleine Vorlieben und Befindlichkeiten geachtet werden.

Venus in der Waage
Regent (Herrscher) /Nachtdomizil (Heimat): innen entfaltet
Die Realisation des inneren Schattens in der Beziehung zu einem Partner zeigt sich im Versuch, sich vollkommen auf die Impulse eines anderen Menschen einschwingen zu können. Genuss soll ästhetisch, künstlerisch, mit Augenmaß präsentiert werden, sinnlich ist die Verpackung, erotisch das Auspacken.

Venus im Skorpion
Exil (Fremde): stark geschwächt
Die Realisation des inneren Schattens in der Beziehung zu einem Partner verwirklicht sich in tiefen Wandlungsprozessen, die neue Energien freisetzen und Regenerationskraft haben. Genuss entsteht in der Ekstase, wenn die starke Selbstkontrolle überwunden ist und die noch stärkere Sinnlichkeit hervorbricht.

Venus im Schützen
Die Realisation des inneren Schattens in der Beziehung zu einem Partner kann Realität werden, wenn im Vertrauen auf den Reichtum des Lebens die Orientierung an Visionen und Idealen Vorrang hat. Genuss und Luxus sind eins, zur Liebe gehört Vertrauen und Großzügigkeit. Sport, Erotik und Abenteuer gehören zusammen.

Venus im Steinbock
Die Realisation des inneren Schattens in der Beziehung zu einem Partner kann sich am besten verwirklichen, wenn man sich für überpersönliche Ziele einsetzt. Genuss ohne Verschwendung von Wesentlichem und Edlem ist möglich, wenn die Zeit dafür gekommen ist, und man sich Zeit nimmt.

Venus im Wassermann
Die Realisation des inneren Schattens in der Beziehung zu einem Partner wird in freier, ungebundener Gemeinschaft mit Gleichgesinnten zu verwirklichen sein. Genuss lässt sich nicht in Bahnen zwingen. Gerade das Ungewöhnliche reizt, das Kuriose, der Humor, Abwechslung, Teilen mit Freunden.

Venus in den Fischen
Exaltation (Erhöhung): verstärkt
Die Realisation des inneren Schattens in der Beziehung zu einem Partner verwirklicht sich im Bewusstsein, mit allem verbunden zu sein trotz aller sichtbaren Grenzen. Genuss im Verborgenen, mithilfe von Schleiern, ungewöhnlichen Gewürzen, Aphrodisiaka. Verführbar sein, Lust am Opfer spielen.

Venus rückläufig im Zeichen Widder
Verträge, Liebesangelegenheiten, Diplomatie, künstlerische Angelegenheiten sind erst nach mehrmaligen Versuchen erfolgreich. Nicht zielgerichtete Dynamik der Sinneslust wird am besten umgesetzt, wenn es gelingt, sich dem Energiestrom der Tat und des Handelns reibungslos hinzugeben. Das Handeln hinein in die Welt scheint hier allerdings zweitrangig zu sein, da die Aktivität hauptsächlich auf ein Aufarbeiten, eine Vertiefung des Entwicklungsweges abzielt.

Venus rückläufig im Zeichen Stier
Verträge, Liebesangelegenheiten, Diplomatie, künstlerische Angelegenheiten sind erst nach mehrmaligen Versuchen erfolgreich. Nicht zielgerichtete Dynamik der Sinneslust kann umgesetzt werden, wenn die Substanz allen Lebens immerfort gestärkt und gemehrt wird. Das Handeln hinein in die Welt scheint hier allerdings zweitrangig zu sein, da sic die Aktivität hauptsächlich ums Aufarbeiten dreht, um eine Vertiefung des Entwicklungsweges abzielt.

Venus rückläufig im Zeichen Zwillinge
Verträge, Liebesangelegenheiten, Diplomatie, künstlerische Angelegenheiten sind erst nach mehrmaligen Versuchen erfolgreich. Nicht zielgerichtete Dynamik der Sinneslust zeigt sich in großer Bewegungsfreiheit, die entsteht, wenn Kommunikation, Kontakte und das Wissen um die Phänomene des Alltags in den Brennpunkt des Interesses gestellt werden. Das Handeln hinein in die Welt scheint hier allerdings zweitrangig zu sein, da sich die Aktivität hauptsächlich ums Aufarbeiten dreht, auf eine Vertiefung des Entwicklungsweges abzielt.

Venus rückläufig im Zeichen Krebs

Verträge, Liebesangelegenheiten, Diplomatie, künstlerische Angelegenheiten sind erst nach mehrmaligen Versuchen erfolgreich. Nicht zielgerichtete Dynamik der Sinneslust verwirklicht sich im Behüten aller gerade frisch entstandenen Wesenskeime des Seelischen. Das Handeln hinein in die Welt scheint hier allerdings zweitrangig zu sein, da die Aktivität hauptsächlich ums Aufarbeiten dreht, auf eine Vertiefung des Entwicklungsweges abzielt.

Venus rückläufig im Zeichen Löwe

Verträge, Liebesangelegenheiten, Diplomatie, künstlerische Angelegenheiten sind erst nach mehrmaligen Versuchen erfolgreich. Nicht zielgerichtete Dynamik der Sinneslust zeigt sich in schöpferischer Kraft, die durch Interesse und Anerkennung geliebter Menschen belohnt werden möchte. Das Handeln hinein in die Welt scheint hier allerdings zweitrangig zu sein, da sich die Aktivität hauptsächlich ums Aufarbeiten dreht, auf eine Vertiefung des Entwicklungsweges abzielt.

Venus rückläufig im Zeichen Jungfrau

Verträge, Liebesangelegenheiten, Diplomatie, künstlerische Angelegenheiten sind erst nach mehrmaligen Versuchen erfolgreich. Nicht zielgerichtete Dynamik der Sinneslust verwirklicht sich in der Pflege, Heilung und Reinigung des Körperlichen der materiellen Welt. Das Handeln hinein in die Welt scheint hier allerdings zweitrangig zu sein, da sich die Aktivität hauptsächlich ums Aufarbeiten dreht, auf eine Vertiefung des Entwicklungsweges abzielt.

Venus rückläufig im Zeichen Waage

Verträge, Liebesangelegenheiten, Diplomatie, künstlerische Angelegenheiten sind erst nach mehrmaligen Versuchen erfolgreich. Nicht zielgerichtete Dynamik der Sinneslust zeigt sich im Versuch, sich vollkommen auf die Impulse eines anderen Menschen einschwingen zu können. Das Handeln hinein in die Welt scheint hier allerdings zweitrangig zu sein, da sich die Aktivität hauptsächlich ums Aufarbeiten dreht, auf eine Vertiefung des Entwicklungsweges abzielt.

Venus rückläufig im Zeichen Skorpion

Verträge, Liebesangelegenheiten, Diplomatie, künstlerische Angelegenheiten sind erst nach mehrmaligen Versuchen erfolgreich. Nicht zielgerichtete Dynamik der Sinneslust verwirklicht sich in tiefen Wandlungsprozessen, die neue Energien freisetzen und Regenerationskraft haben. Das Handeln hinein in die Welt scheint hier allerdings zweitrangig zu sein, da sich die Aktivität hauptsächlich ums Aufarbeiten dreht, auf eine Vertiefung des Entwicklungsweges abzielt.

Venus rückläufig im Zeichen Schütze

Verträge, Liebesangelegenheiten, Diplomatie, künstlerische Angelegenheiten sind erst nach mehrmaligen Versuchen erfolgreich. Nicht zielgerichtete Dynamik der Sinneslust kann Realität werden, wenn im Vertrauen auf den Reichtum des Lebens die Orientierung an Visionen und Idealen Vorrang hat. Das Handeln hinein in die Welt scheint hier allerdings zweitrangig zu sein, da sich die Aktivität hauptsächlich ums Aufarbeiten dreht, auf eine Vertiefung des Entwicklungsweges abzielt.

Venus rückläufig im Zeichen Steinbock

Verträge, Liebesangelegenheiten, Diplomatie, künstlerische Angelegenheiten sind erst nach mehrmaligen Versuchen erfolgreich. Nicht zielgerichtete Dynamik der Sinneslust kann sich am besten verwirklichen, wenn man sich für überpersönliche Ziele einsetzt. Das Handeln hinein in die Welt scheint hier allerdings zweitrangig zu sein, da sich die Aktivität hauptsächlich ums Aufarbeiten dreht, auf eine Vertiefung des Entwicklungsweges abzielt.

Venus rückläufig im Zeichen Wassermann

Verträge, Liebesangelegenheiten, Diplomatie, künstlerische Angelegenheiten sind erst nach mehrmaligen Versuchen erfolgreich. Nicht zielgerichtete Dynamik der Sinneslust wird in freier, ungebundener Gemeinschaft mit Gleichgesinnten zu verwirklichen sein. Das Handeln hinein in die Welt scheint hier allerdings zweitrangig zu sein, da sich die Aktivität hauptsächlich ums Aufarbeiten dreht, auf eine Vertiefung des Entwicklungsweges abzielt.

Venus rückläufig im Zeichen Fische

Verträge, Liebesangelegenheiten, Diplomatie, künstlerische Angelegenheiten sind erst nach mehrmaligen Versuchen erfolgreich. Nicht zielgerichtete Dynamik der Sinneslust verwirklicht sich im Bewusstsein, mit allem verbunden zu sein trotz aller sichtbaren Grenzen. Das Handeln hinein in die Welt scheint hier allerdings zweitrangig zu sein, da sich die Aktivität hauptsächlich ums Aufarbeiten dreht, auf eine Vertiefung des Entwicklungsweges abzielt.

Venus im 1. Feld

Nicht zielgerichtete Dynamik der Sinneslust bestimmt die Suche nach Identität und hilft, zu erkennen, wer man wirklich ist: Alles Schöne wird durch die eigene Person erobert und dargestellt.

Venus im 2. Feld

Nicht zielgerichtete Dynamik der Sinneslust fördert das Hineinströmen von äußerem und das Entwickeln von innerem Reichtum: Alles Schöne wird zum eigenen Besitz gemacht, um es zu genießen.

Venus im 3. Feld

Nicht zielgerichtete Dynamik der Sinneslust fließt hinein in die Kraft des Geistes und bewirkt Erfahrungen, die den Intellekt erhellen: Alles Schöne entwickelt sich im Kontakt mit Geschwistern und Nachbarn und auf kleinen Reisen in die nähere Umgebung.

Venus im 4. Feld

Nicht zielgerichtete Dynamik der Sinneslust und die Suche nach den Wurzeln der Persönlichkeit, der Kontakt mit den Vorfahren und der Energie des Ortes, an dem man aufgewachsen ist, hängen eng miteinander zusammen: Alles Schöne liegt im eigenen Heim, der Familie, der Heimat.

Venus im 5. Feld

Nicht zielgerichtete Dynamik der Sinneslust prägt den Drang nach Selbstausdruck, ist der Schlüssel zu Charisma, welches die Mitmenschen in Bann zieht: Alles Schöne liegt im Ausdruck der eigenen Gefühle, zeigt sich im Spiel, Flirt, Theater und den eigenen Kindern.

Venus im 6. Feld

Nicht zielgerichtete Dynamik der Sinneslust wird verwendet, um persönliche Energien für den Zweck der Heilung und des Ausgleichs von karmischen Schwächen zu bündeln: Alles Schöne findet sich in der Bewältigung von Ausgaben, am Arbeitsplatz, bei der Pflege von Menschen.

Venus im 7. Feld

Nicht zielgerichtete Dynamik der Sinneslust wird am intensivsten über die Spiegelung dieser Eigenschaft im Partner erlebt werden können. Deshalb werden in diesem Bereich menschliche Beziehungen eine große Rolle spielen: Alles Schöne findet sich im Kontakt mit dem Du und der Kunst.

Venus im 8. Feld

Nicht zielgerichtete Dynamik der Sinneslust erfährt man im Einsatz für geistige Inhalte, die in der engen Gemeinsamkeit mit Menschen entstanden sind oder als Erbschaft weitergetragen werden sollen: Alles Schöne findet sich in starker Nähe, in der Sinnlichkeit.

Venus im 9. Feld

Nicht zielgerichtete Dynamik der Sinneslust bestimmt den Wunsch nach kaum bremsbarer Expansion, der in Übermaß und Größenwahn, aber auch in Einsichtsfähigkeit und Erkenntnis münden kann: Alles Schöne findet sich in der Philosophie, der Religion, in fernen Ländern und auf dem Rücken eines Pferdes.

Venus im 10. Feld

Nicht zielgerichtete Dynamik der Sinneslust erlebt man besonders intensiv in einer ernsten, konzentrierten, ganz auf die äußere Welt der menschlichen Gemeinschaft aufgerichteten Haltung: Alles Schöne findet sich in wichtigen Positionen der Gesellschaft.

Venus im 11. Feld

Nicht zielgerichtete Dynamik der Sinneslust kann sich am besten in der Gemeinschaft Gleichgesinnter entwickeln. Diese Energie sollte zur Weiterentwicklung und Veränderung von gesellschaftlichen Strukturen eingesetzt werden: Alles Schöne findet sich in der Gemeinschaft mit Freunden.

Venus im 12. Feld

Nicht zielgerichtete Dynamik der Sinneslust zeigt sich in der Arbeit im Verborgenen, in der Reinigung des Unterbewussten und in der entwickelten Form im Aufarbeiten von karmischer Last vergangener Zeiten: Alles Schöne liegt in Abgeschiedenheit, heimlichen Abenteuern.

Mars

Die Art und der Ort der Durchsetzung und Selbstbehauptung.

Mars im Widder
Regent (Herrscher) /Tagdomizil (Heimat): außen entfaltet.
Die Tatenlust kommt spontan, man wirft sich selbst in die Bresche, hat Mut, ist unerschrocken, manchmal streitlustig: Zielgerichtete, zerteilende und Individuation erzeugende Energie wird am besten umgesetzt, wenn es gelingt, sich dem Energiestrom der Tat und des Handelns reibungslos hinzugeben.

Mars im Stier
Exil (Fremde): stark geschwächt.
Die Tatenlust ist beherrscht, begrenzt und zu aufbauender, ausdauernder Kraft verwandelt, stabil. Viel Widerstandskraft: Zielgerichtete, zerteilende und Individuation erzeugende Energie kann umgesetzt werden, wenn die Substanz allen Lebens immerfort gestärkt und gemehrt wird.

Mars in den Zwillingen
Die Tatenlust kommt aus dem Intellekt und dem Bewegungsdrang. Dazu kommt Erfindergeist, Lust am Stehlen, Tricksen, Erfindergeist: Zielgerichtete, zerteilende und Individuation erzeugende Energie zeigt sich in großer Bewegungsfreiheit, die entsteht, wenn Kommunikation, Kontakte und das Wissen um die Phänomene des Alltags in den Brennpunkt des Interesses gestellt werden.

Mars im Krebs
Casus (Fall): geschwächt
Die Tatenlust hängt ganz von der jeweiligen Stimmungslage ab, lebt aus dem Instinkt. Gekämpft wird durch Gefühle: Zielgerichtete, zerteilende und Individuation erzeugende Energie verwirklicht sich im Behüten aller gerade frisch entstandenen Wesenskeime des Seelischen.

Mars im Löwen
Die Tatenlust kommt aus der eigenen Lebenslust, geht ins spielerische, oder große Auftritte, auch den Stolz, Egozentrik: Zielgerichtete, zerteilende und Individuation erzeugende Energie zeigt sich in schöpferischer Kraft, die durch Interesse und Anerkennung geliebter Menschen belohnt werden möchte.

Mars in der Jungfrau
Die Tatenlust ist systematisch-gründlich, kommt aus der Vernunft. Wille und Kampf ist bewusst, überlegt, Kritik kann beißend sein: Zielgerichtete, zerteilende und Individuation erzeugende Energie verwirklicht sich in der Pflege, Heilung und Reinigung des Körperlichen der materiellen Welt.

Mars in der Waage
Exil (Fremde): stark geschwächt
Die Tatenlust kommt meist von anderen, man selbst ist eher zaudernd, wägt ab, kämpft im Geiste, in Kunst und Literatur: Zielgerichtete, zerteilende und Individuation erzeugende Energie zeigt sich im Versuch, sich vollkommen auf die Impulse eines anderen Menschen einschwingen zu können.

Mars im Skorpion
Regent (Herrscher) /Nachtdomizil (Heimat): innen entfaltet
Die Tatenlust kommst stark aus dem Sinnlichen. Man ist leicht einer fixen Idee verhaftet: Die Intensität ist immer groß: Zielgerichtete, zerteilende und Individuation erzeugende Energie verwirklicht sich in tiefen Wandlungsprozessen, die neue Energien freisetzen und Regenerationskraft haben.

Mars im Schützen
Die Tatenlust kommt aus der Lust an großen Bewegungen, weiten Reisen. Man ist sportlich, plant gern im großen Stil: Zielgerichtete, zerteilende und Individuation erzeugende Energie kann Realität werden, wenn im Vertrauen auf den Reichtum des Lebens die Orientierung an Visionen und Idealen Vorrang hat.

Mars im Steinbock
Exaltation (Erhöhung): verstärkt
Die Tatenlust konzentriert sich ganz auf Wesentliches. Die Kraft ist eher begrenzt, entfaltet sich erst im Laufe der Zeit: Zielgerichtete, zerteilende und Individuation erzeugende Energie kann sich am besten verwirklichen, wenn man sich für überpersönliche Ziele einsetzt.

Mars im Wassermann
Die Tatenlust kommt aus originellen Ideen, man ist nervös, unruhig, verwirklicht eher im Geiste denn in der Tat: Zielgerichtete, zerteilende und Individuation erzeugende Energie wird in freier, ungebundener Gemeinschaft mit Gleichgesinnten zu verwirklichen sein.

Mars in den Fischen
Die Tatenlust hängt ganz von der Stimmung ab. Neigung zum Rausch, zur Sucht. Kämpft für Gefühle, aus der Fantasie: Zielgerichtete, zerteilende und Individuation erzeugende Energie verwirklicht sich im Bewusstsein, mit allem verbunden zu sein trotz aller sichtbaren Grenzen.

Mars rückläufig im Zeichen Widder
Kampf, Durchsetzung, Selbstbehauptung bedürfen des mehrmaligen Anlaufes. Zielgerichtete Gefühlsenergie wird am besten umgesetzt, wenn es gelingt, sich dem Energiestrom der Tat und des Handelns reibungslos hinzugeben. Das Handeln hinein in die Welt scheint hier allerdings zweitrangig zu sein, da sich die Aktivität hauptsächlich um das Aufarbeiten dreht, eine Vertiefung des Entwicklungsweges.

Mars rückläufig im Zeichen Stier
Kampf, Durchsetzung, Selbstbehauptung bedürfen des mehrmaligen Anlaufes. Zielgerichtete Gefühlsenergie kann umgesetzt werden, wenn die Substanz allen Lebens immerfort gestärkt und gemehrt wird. Das Handeln hinein in die Welt scheint hier allerdings zweitrangig zu sein, da die Aktivität sich hauptsächlich ums Aufarbeiten dreht und eine Vertiefung des Entwicklungsweges.

Mars rückläufig im Zeichen Zwillinge
Kampf, Durchsetzung, Selbstbehauptung bedürfen des mehrmaligen Anlaufes. Zielgerichtete Gefühlsenergie zeigt sich in großer Bewegungsfreiheit, die entsteht, wenn Kommunikation, Kontakte und das Wissen um die Phänomene des Alltags in den Brennpunkt des Interesses gestellt werden. Das Handeln hinein in die Welt scheint hier allerdings zweitrangig zu sein, da die Aktivität hauptsächlich auf das Aufarbeiten und die Vertiefung des Entwicklungsweges abzielt.

Mars rückläufig im Zeichen Krebs
Kampf, Durchsetzung, Selbstbehauptung bedürfen des mehrmaligen Anlaufes. Zielgerichtete Gefühlsenergie verwirklicht sich im Behüten aller gerade frisch entstandenen Wesenskeime des Seelischen. Das Handeln hinein in die Welt scheint hier allerdings zweitrangig zu sein, da die Aktivität hauptsächlich um das Aufarbeiten dreht und die Vertiefung des Entwicklungsweges kreist.

Mars rückläufig im Zeichen Löwe
Kampf, Durchsetzung, Selbstbehauptung bedürfen des mehrmaligen Anlaufes. Zielgerichtete Gefühlsenergie zeigt sich in schöpferischer Kraft, die durch Interesse und Anerkennung geliebter Menschen belohnt werden möchte. Das Handeln hinein in die Welt scheint hier allerdings zweitrangig zu sein, da die Aktivität hauptsächlich um das Aufarbeiten und die Vertiefung des Entwicklungsweges kreist.

Mars rückläufig im Zeichen Jungfrau
Kampf, Durchsetzung, Selbstbehauptung bedürfen des mehrmaligen Anlaufes. Zielgerichtete Gefühlsenergie verwirklicht sich in der Pflege, Heilung und Reinigung des Körperlichen der materiellen Welt. Das Handeln hinein in die Welt scheint hier allerdings zweitrangig zu sein, da die Aktivität hauptsächlich um das Aufarbeiten und die Vertiefung des Entwicklungsweges kreist.

Mars rückläufig im Zeichen Waage
Kampf, Durchsetzung, Selbstbehauptung bedürfen des mehrmaligen Anlaufes. Zielgerichtete Gefühlsenergie zeigt sich im Versuch, sich vollkommen auf die Impulse eines anderen Menschen einschwingen zu können. Das Handeln hinein in die Welt scheint hier allerdings zweitrangig zu sein, da die Aktivität hauptsächlich um das Aufarbeiten und die Vertiefung des Entwicklungsweges kreist.

Mars rückläufig im Zeichen Skorpion
Kampf, Durchsetzung, Selbstbehauptung bedürfen des mehrmaligen Anlaufes. Zielgerichtete Gefühlsenergie verwirklicht sich in tiefen Wandlungsprozessen, die neue Energien freisetzen und Regenerationskraft haben. Das Handeln hinein in die Welt scheint hier allerdings zweitrangig zu sein, da die Aktivität hauptsächlich um das Aufarbeiten und die Vertiefung des Entwicklungsweges kreist.

Mars rückläufig im Zeichen Schütze
Kampf, Durchsetzung, Selbstbehauptung bedürfen des mehrmaligen Anlaufes. Zielgerichtete Gefühlsenergie kann Realität werden, wenn im Vertrauen auf den Reichtum des Lebens die Orientierung an Visionen und Idealen Vorrang hat. Das Handeln hinein in die Welt scheint hier allerdings zweitrangig zu sein, da die Aktivität hauptsächlich um das Aufarbeiten und die Vertiefung des Entwicklungsweges kreist.

Mars rückläufig im Zeichen Steinbock
Kampf, Durchsetzung, Selbstbehauptung bedürfen des mehrmaligen Anlaufes. Zielgerichtete Gefühlsenergie kann sich am besten verwirklichen, wenn man sich für überpersönliche Ziele einsetzt. Das Handeln hinein in die Welt scheint hier allerdings zweitrangig zu sein, da die Aktivität hauptsächlich um das Aufarbeiten und die Vertiefung des Entwicklungsweges kreist.

Mars rückläufig im Zeichen Wassermann
Kampf, Durchsetzung, Selbstbehauptung bedürfen des mehrmaligen Anlaufes. Zielgerichtete Gefühlsenergie wird in freier, ungebundener Gemeinschaft mit Gleichgesinnten zu verwirklichen sein. Das Handeln hinein in die Welt scheint hier allerdings zweitrangig zu sein, da die Aktivität hauptsächlich um das Aufarbeiten und die Vertiefung des Entwicklungsweges kreist.

Mars rückläufig im Zeichen Fische
Kampf, Durchsetzung, Selbstbehauptung bedürfen des mehrmaligen Anlaufes. Zielgerichtete Gefühlsenergie verwirklicht sich im Bewusstsein, mit allem verbunden zu sein trotz aller sichtbaren Grenzen. Das Handeln hinein in die Welt scheint hier allerdings zweitrangig zu sein, da die Aktivität hauptsächlich um die Aufarbeitung und Vertiefung des Entwicklungsweges kreist.

Mars im 1. Feld
Zielgerichtete Gefühlsenergie bestimmt die Suche nach Identität und hilft, zu erkennen, wer man wirklich ist: Kampf um des Kampfes Willen, heftig; fähig zu Pioniertaten.

Mars im 2. Feld
Zielgerichtete Gefühlsenergie fördert das Hineinströmen von äußerem und das Entwickeln von innerem Reichtum: Kampf um Besitz, voreilige Finanzgeschäfte; schnelle Einnahmen.

Mars im 3. Feld
Zielgerichtete Gefühlsenergie fließt hinein in die Kraft des Geistes und bewirkt Erfahrungen, die den Intellekt erhellen: Kampf mit Geschwistern und Nachbarn; Mut im Denken und Gespräch.

Mars im 4. Feld
Zielgerichtete Gefühlsenergie und die Suche nach den Wurzeln der Persönlichkeit, der Kontakt mit den Vorfahren und der Energie des Ortes, an dem man aufgewachsen ist, hängen eng miteinander zusammen: Kampf im Elternhaus und im Alter; Mut zu eigener Gefühlsäußerung.

Mars im 5. Feld
Zielgerichtete Gefühlsenergie prägt den Drang nach Selbstausdruck, ist der Schlüssel zu Charisma, welches die Mitmenschen in Bann zieht: Kampf in Sport, Spiel und Liebschaft; Ausdrucksstärke, Lebenslust.

Mars im 6. Feld
Zielgerichtete Gefühlsenergie wird verwendet, um persönliche Energien für den Zweck der Heilung und des Ausgleichs von karmischen Schwächen zu bündeln: Kampf um die Gesundheit, mit Kollegen; Arbeitseinsatz energisch.

Mars im 7. Feld
Zielgerichtete Gefühlsenergie wird am intensivsten über die Spiegelung dieser Eigenschaft im Partner erlebt werden können: Deshalb werden in diesem Bereich menschliche Beziehungen eine große Rolle spielen. Kampf in Prozessen, mit offenen Feinden; Mut zum Flirt.

Mars im 8. Feld
Zielgerichtete Gefühlsenergie erfährt man im Einsatz für geistige Inhalte, die in der engen Gemeinsamkeit mit Menschen entstanden sind oder als Erbschaft weitergetragen werden sollen: Kampf mit Partnern, um Erbschaften, Trennungen; dabei erfolgreich.

Mars im 9. Feld
Zielgerichtete Gefühlsenergie bestimmt den Wunsch nach kaum bremsbarer Expansion, der in Übermaß und Größenwahn, aber auch in Einsichtsfähigkeit und Erkenntnis münden kann: Kampf um Weltanschauungen, mit dem Ausland; Erfolg durch Gönner.

Mars im 10. Feld
Zielgerichtete Gefühlsenergie erlebt man besonders intensiv in einer ernsten, konzentrierten, ganz auf die äußere Welt der menschlichen Gemeinschaft aufgerichteten Haltung: Kampf um den Aufstieg, mit der Mutter; energisch erfolgreich.

Mars im 11. Feld
Zielgerichtete Gefühlsenergie kann sich am besten in der Gemeinschaft Gleichgesinnter entwickeln. Diese Energie sollte zur Weiterentwicklung und Veränderung von gesellschaftlichen Strukturen eingesetzt werden: Kampf mit Freunden, Gruppen; Mut in öffentlichen Veranstaltungen.

Mars im 12. Feld
Zielgerichtete Gefühlsenergie zeigt sich in der Arbeit im Verborgenen, in der Reinigung des Unterbewussten und in der entwickelten Form im Aufarbeiten von karmischer Last vergangener Zeiten: Kampf mit versteckten Feinden, langen Krankheiten; geheime Waffen.

Jupiter

Wie und wo man Chancen nutzen kann.

Jupiter im Widder
Sportlich, dynamisch, große Einsatzkraft, Ideen werden umgesetzt: Der Wille zu Expansion und Bewusstseinserweiterung wird am besten verwirklicht, wenn es gelingt, sich dem Energiestrom der Tat und des Handelns reibungslos hinzugeben.

Jupiter im Stier
Große Stärke, Ausdauer, Genusssucht, Völlerei, Bequemlichkeit: Der Wille zu Expansion und Bewusstseinserweiterung kann verwirklicht werden, wenn die Substanz allen Lebens immerfort gestärkt und gemehrt wird.

Jupiter in den Zwillingen
Exil (Fremde): stark geschwächt
Sprachgewaltig, wissensdurstig, beweglich, reiselustig: Der Wille zu Expansion und Bewusstseinserweiterung zeigt sich in großer Bewegungsfreiheit, die entsteht, wenn Kommunikation, Kontakte und das Wissen um die Phänomene des Alltags in den Brennpunkt des Interesses gestellt werden.

Jupiter im Krebs
Exaltation (Erhöhung): verstärkt
Warmherzig, genussvoll, Sinn für Familie, Tradition und Heimat: Der Wille zu Expansion und Bewusstseinserweiterung verwirklicht sich im Behüten aller gerade frisch entstandenen Wesenskeime des Seelischen.

Jupiter im Löwen
Prunkvoll, vital, von großer Ausstrahlung, schöpferisch, eitel: Der Wille zu Expansion und Bewusstseinserweiterung zeigt sich in schöpferischer Kraft, die durch Interesse und Anerkennung geliebter Menschen belohnt werden möchte.

Jupiter in der Jungfrau
Exil (Fremde): stark geschwächt
Sinn für das Detail, Ökonomie, Planung, Absicherung, Gesundheit: Der Wille zu Expansion und Bewusstseinserweiterung verwirklicht sich in der Pflege, Heilung und Reinigung des Körperlichen der materiellen Welt.

Jupiter in der Waage
Sinn für Kunst, Asketik, das Gute, wahre und schöne, Erotik: Der Wille zu Expansion und Bewusstseinserweiterung zeigt sich im Versuch, sich vollkommen auf die Impulse eines anderen Menschen einschwingen zu können.

Jupiter im Skorpion
Sinn für Geld, Macht, Sex, das Tiefe, die Psyche; Forschergeist: Der Wille zu Expansion und Bewusstseinserweiterung verwirklicht sich in tiefen Wandlungsprozessen, die neue Energien freisetzen und Regenerationskraft haben.

Jupiter im Schützen
Regent (Herrscher) /Tagdomizil (Heimat): außen entfaltet
Sinn für die Sinnsuche, Glaube, Philosophie, Weltbürgertum, Reisen: Der Wille zu Expansion und Bewusstseinserweiterung kann Realität werden, wenn im Vertrauen auf den Reichtum des Lebens die Orientierung an Visionen und Idealen Vorrang hat.

Jupiter im Steinbock
Casus (Fall): geschwächt
Sinn für das Staatswesen, Wesentliches, Karrieren und Status: Der Wille zu Expansion und Bewusstseinserweiterung kann sich am besten verwirklichen, wenn man sich für überpersönliche Ziele einsetzt.

Jupiter im Wassermann

Sinn für Ungewöhnliches, Humor und Erfindungen, Experimente: Der Wille zu Expansion und Bewusstseinserweiterung wird in freier, ungebundener Gemeinschaft mit Gleichgesinnten zu verwirklichen sein.

Jupiter in den Fischen
Regent (Herrscher) /Nachtdomizil (Heimat): innen entfaltet
Sinn für Übernatürliches, für Feinheiten, Unausgesprochenes: Der Wille zu Expansion und Bewusstseinserweiterung verwirklicht sich im Bewusstsein, mit allem verbunden zu sein trotz aller sichtbaren Grenzen.

Jupiter rückläufig im Zeichen Widder
Vertrauen, die Suche nach Sinn und Religion, Planung weiter Reisen bedürfen zum Erfolg mehrerer Versuche. Die Entfaltungskraft wird am besten umgesetzt, wenn es gelingt, sich dem Energiestrom der Tat und des Handelns reibungslos hinzugeben. Das Handeln hinein in die Welt scheint hier allerdings zweitrangig zu sein, da die Aktivität hauptsächlich auf Aufarbeiten und eine Vertiefung des Entwicklungsweges abzielt.

Jupiter rückläufig im Zeichen Stier
Vertrauen, die Suche nach Sinn und Religion, Planung weiter Reisen bedürfen zum Erfolg mehrerer Versuche. Die Entfaltungskraft kann umgesetzt werden, wenn die Substanz allen Lebens immerfort gestärkt und gemehrt wird. Das Handeln hinein in die Welt scheint hier allerdings zweitrangig zu sein, da die Aktivität hauptsächlich auf Aufarbeiten und eine Vertiefung des Entwicklungsweges abzielt.

Jupiter rückläufig im Zeichen Zwillinge
Vertrauen, die Suche nach Sinn und Religion, Planung weiter Reisen bedürfen zum Erfolg mehrerer Versuche. Die Entfaltungskraft zeigt sich in großer Bewegungsfreiheit, die entsteht, wenn Kommunikation, Kontakte und das Wissen um die Phänomene des Alltags in den Brennpunkt des Interesses gestellt werden. Das Handeln hinein in die Welt scheint hier allerdings zweitrangig zu sein, da die Aktivität hauptsächlich auf Aufarbeiten und eine Vertiefung des Entwicklungsweges abzielt.

Jupiter rückläufig im Zeichen Krebs
Vertrauen, die Suche nach Sinn und Religion, Planung weiter Reisen bedürfen zum Erfolg mehrerer Versuche. Die Entfaltungskraft verwirklicht sich im Behüten aller gerade frisch entstandenen Wesenskeime des Seelischen. Das Handeln hinein in die Welt scheint hier allerdings zweitrangig zu sein, da die Aktivität hauptsächlich auf Aufarbeiten und eine Vertiefung des Entwicklungsweges abzielt.

Jupiter rückläufig im Zeichen Löwe
Vertrauen, die Suche nach Sinn und Religion, Planung weiter Reisen bedürfen zum Erfolg mehrerer Versuche. Die Entfaltungskraft zeigt sich in schöpferischer Kraft, die durch Interesse und Anerkennung geliebter Menschen belohnt werden möchte. Das Handeln hinein in die Welt scheint hier allerdings zweitrangig zu sein, da die Aktivität hauptsächlich auf Aufarbeiten und eine Vertiefung des Entwicklungsweges abzielt.

Jupiter rückläufig im Zeichen Jungfrau
Vertrauen, die Suche nach Sinn und Religion, Planung weiter Reisen bedürfen zum Erfolg mehrerer Versuche. Die Entfaltungskraft verwirklicht sich in der Pflege, Heilung und Reinigung des Körperlichen der materiellen Welt. Das Handeln hinein in die Welt scheint hier allerdings zweitrangig zu sein, da die Aktivität hauptsächlich auf Aufarbeiten und eine Vertiefung des Entwicklungsweges abzielt.

Jupiter rückläufig im Zeichen Waage
Vertrauen, die Suche nach Sinn und Religion, Planung weiter Reisen bedürfen zum Erfolg mehrerer Versuche. Die Entfaltungskraft zeigt sich im Versuch, sich vollkommen auf die Impulse eines anderen Menschen einschwingen zu können. Das Handeln hinein in die Welt scheint hier allerdings zweitrangig zu sein, da die Aktivität hauptsächlich auf Aufarbeiten und eine Vertiefung des Entwicklungsweges abzielt.

Jupiter rückläufig im Zeichen Skorpion
Vertrauen, die Suche nach Sinn und Religion, Planung weiter Reisen bedürfen zum Erfolg mehrerer Versuche. Die Entfaltungskraft verwirklicht sich in tiefen Wandlungsprozessen, die neue Energien freisetzen und Regenerationskraft haben. Das Handeln hinein in die Welt scheint hier allerdings zweitrangig zu sein, da die Aktivität hauptsächlich auf Aufarbeiten und eine Vertiefung des Entwicklungsweges abzielt.

Jupiter rückläufig im Zeichen Schütze
Vertrauen, die Suche nach Sinn und Religion, Planung weiter Reisen bedürfen zum Erfolg mehrerer Versuche. Die Entfaltungskraft kann Realität werden, wenn im Vertrauen auf den Reichtum des Lebens die Orientierung an Visionen und Idealen Vorrang hat. Das Handeln hinein in die Welt scheint hier allerdings zweitrangig zu sein, da die Aktivität hauptsächlich auf Aufarbeiten und eine Vertiefung des Entwicklungsweges abzielt.

Jupiter rückläufig im Zeichen Steinbock
Vertrauen, die Suche nach Sinn und Religion, Planung weiter Reisen bedürfen zum Erfolg mehrerer Versuche. Die Entfaltungskraft kann sich am besten verwirklichen, wenn man sich für überpersönliche Ziele einsetzt. Das Handeln hinein in die Welt scheint hier allerdings zweitrangig zu sein, da die Aktivität hauptsächlich auf Aufarbeiten, auf eine Vertiefung des Entwicklungsweges abzielt.

Jupiter rückläufig im Zeichen Wassermann
Vertrauen, die Suche nach Sinn und Religion, Planung weiter Reisen bedürfen zum Erfolg mehrerer Versuche. Die Entfaltungskraft wird in freier, ungebundener Gemeinschaft mit Gleichgesinnten zu verwirklichen sein. Das Handeln hinein in die Welt scheint hier allerdings zweitrangig zu sein, da die Aktivität hauptsächlich auf Aufarbeiten und eine Vertiefung des Entwicklungsweges abzielt.

Jupiter rückläufig im Zeichen Fische
Vertrauen, die Suche nach Sinn und Religion, Planung weiter Reisen bedürfen zum Erfolg mehrerer Versuche. Die Entfaltungskraft verwirklicht sich im Bewusstsein, mit allem verbunden zu sein trotz aller sichtbaren Grenzen. Das Handeln hinein in die Welt scheint hier allerdings zweitrangig zu sein, da die Aktivität hauptsächlich auf Aufarbeiten und eine Vertiefung des Entwicklungsweges abzielt.

Jupiter im 1. Feld
Die Entfaltungskraft bestimmt die Suche nach Identität und hilft, zu erkennen, wer man wirklich ist: Förderung bei allen eigenständigen Unternehmungen.

Jupiter im 2. Feld
Die Entfaltungskraft fördert das Hineinströmen von äußerem und das Entwickeln von innerem Reichtum: Förderung im Finanziellen, Wohlstand, Reichtum.

Jupiter im 3. Feld
Die Entfaltungskraft fließt hinein in die Kraft des Geistes und bewirkt Erfahrungen, die den Intellekt erhellen: Förderung durch Geschwister, Nachbarn, Glück auf kleinen Reisen.

Jupiter im 4. Feld
Die Entfaltungskraft und die Suche nach den Wurzeln der Persönlichkeit, der Kontakt mit den Vorfahren und der Energie des Ortes, an dem man aufgewachsen ist, hängen eng miteinander zusammen: Förderung durch die Familie und Tradition, große Wohnung.

Jupiter im 5. Feld
Die Entfaltungskraft prägt den Drang nach Selbstausdruck, ist der Schlüssel zu Charisma, welches die Mitmenschen in Bann zieht: Förderung in Sport, Spiel, Theater, Glück durch Kinder.

Jupiter im 6. Feld

Die Entfaltungskraft wird verwendet, um persönliche Energien für den Zweck der Heilung und des Ausgleichs von karmischen Schwächen zu bündeln: Förderung als Angestellter, gute Mitarbeiter, gute Gesundheit.

Jupiter im 7. Feld

Die Entfaltungskraft wird am intensivsten über die Spiegelung dieser Eigenschaft im Partner erlebt werden können. Deshalb werden in diesem Bereich menschliche Beziehungen eine große Rolle spielen: Förderung durch Partner, Glück in der Ehe, in Prozessen und Kunst.

Jupiter im 8. Feld

Die Entfaltungskraft erfährt man im Einsatz für geistige Inhalte, die in der engen Gemeinsamkeit mit Menschen entstanden sind oder als Erbschaft weitergetragen werden sollen: Förderung durch Besitz anderer, Erbschaften, vornehmes Begräbnis.

Jupiter im 9. Feld

Die Entfaltungskraft bestimmt den Wunsch nach kaum bremsbarer Expansion, der in Übermaß und Größenwahn, aber auch in Einsichtsfähigkeit und Erkenntnis münden kann: Förderung durch Reisen, Ausland, Universität, Kultur.

Jupiter im 10. Feld

Die Entfaltungskraft erlebt man besonders intensiv in einer ernsten, konzentrierten, ganz auf die äußere Welt der menschlichen Gemeinschaft aufgerichteten Haltung: Förderung durch Bekleidung öffentlicher Ämter, in Hierarchien.

Jupiter im 11. Feld

Die Entfaltungskraft kann sich am besten in der Gemeinschaft Gleichgesinnter entwickeln. Diese Energie sollte zur Weiterentwicklung und Veränderung von gesellschaftlichen Strukturen eingesetzt werden: Förderung durch Freundschaften, Erfüllung von Wünschen, Hoffnungen.

Jupiter im 12. Feld

Die Entfaltungskraft zeigt sich in der Arbeit im Verborgenen, in der Reinigung des Unterbewussten und in der entwickelten Form im Aufarbeiten von karmischer Last vergangener Zeiten: Förderung durch versteckte Feinde, die zu Freunden werden.

Saturn

Wie und wo und warum es Grenzen geben muss.

Saturn im Widder

Casus (Fall): geschwächt

Geduldig und ausdauernd kämpfend, Mut zur Tradition, konzentriert: Konzentration auf Wesentliches und der Wille, sich diesem dann dienend unterzuordnen, wird am besten verwirklicht, wenn es gelingt, sich dem Energiestrom der Tat und des Handelns reibungslos hinzugeben.

Saturn im Stier

Geduldig und ausdauernd sammelnd, hortend. Neigung zu Geiz: Konzentration auf Wesentliches und der Wille, sich diesem dann dienend unterzuordnen, kann verwirklicht werden, wenn die Substanz allen Lebens immerfort gestärkt und gemehrt wird.

Saturn in den Zwillingen

Geduldig und ausdauernd schreibend, denkend, verhandelnd: Konzentration auf Wesentliches und der Wille, sich diesem dann dienend unterzuordnen, zeigt sich in großer Bewegungsfreiheit, die entsteht, wenn Kommunikation, Kontakte und das Wissen um die Phänomene des Alltags in den Brennpunkt des Interesses gestellt werden.

Saturn im Krebs

Exil (Fremde): stark geschwächt

Geduldig und ausdauernd sich um die Familie sorgend, streng: Konzentration auf Wesentliches und der Wille, sich diesem dann dienend unterzuordnen, verwirklicht sich im Behüten aller gerade frisch entstandenen Wesenskeime des Seelischen.

Saturn im Löwen

Exil (Fremde): stark geschwächt

Geduldig und ausdauernd in allen Unternehmungen, egoistisch: Konzentration auf Wesentliches und der Wille, sich diesem dann dienend unterzuordnen, zeigt sich in schöpferischer Kraft, die durch Interesse und Anerkennung geliebter Menschen belohnt werden möchte.

Saturn in der Jungfrau

Geduldig und ausdauernd bei komplizierten Aufgaben, vorsichtig: Konzentration auf Wesentliches und der Wille, sich diesem dann dienend unterzuordnen, verwirklicht sich in der Pflege, Heilung und Reinigung des Körperlichen der materiellen Welt.

Saturn in der Waage
Exaltation (Erhöhung): verstärkt
Geduldig und ausdauernd in diplomatischen Angelegenheiten, Ehe: Konzentration auf Wesentliches und der Wille, sich diesem dann dienend unterzuordnen, zeigt sich im Versuch, sich vollkommen auf die Impulse eines anderen Menschen einschwingen zu können.

Saturn im Skorpion
Geduldig und ausdauernd bei Schicksalsschlägen, zäh und bohrend: Konzentration auf Wesentliches und der Wille, sich diesem dann dienend unterzuordnen, verwirklicht sich in tiefen Wandlungsprozessen, die neue Energien freisetzen und Regenerationskraft haben.

Saturn im Schützen
Geduldig und ausdauernd in der Sinnsuche und Wahrhaftigkeit: Konzentration auf Wesentliches und der Wille, sich diesem dann dienend unterzuordnen, kann Realität werden, wenn im Vertrauen auf den Reichtum des Lebens die Orientierung an Visionen und Idealen Vorrang hat.

Saturn im Steinbock
Regent (Herrscher) /Tagdomizil (Heimat): außen entfaltet
Geduldig und ausdauernd in beruflicher Entwicklung, den Zielen: Konzentration auf Wesentliches und der Wille, sich diesem dann dienend unterzuordnen, kann sich am besten verwirklichen, wenn man sich für überpersönliche Ziele einsetzt.

Saturn im Wassermann
Regent (Herrscher) /Nachtdomizil (Heimat): innen entfaltet
Zäh und ausdauernd um Freiheit und Unabhängigkeit ringend: Konzentration auf Wesentliches und der Wille, sich diesem dann dienend unterzuordnen, wird in freier, ungebundener Gemeinschaft mit Gleichgesinnten zu verwirklichen sein.

Saturn in den Fischen
Zäh und ausdauernd Schmerzen ertragen, Leid erdulden: Konzentration auf Wesentliches und der Wille, sich diesem dann dienend unterzuordnen, verwirklicht sich im Bewusstsein, mit allem verbunden zu sein trotz aller sichtbaren Grenzen.

Saturn rückläufig im Zeichen Widder
Um Ziele und gesellschaftliche Positionen zu erreichen, bedarf es besonderer Geduld und immer wieder neuer Anläufe. Die Konzentrationskraft wird am besten umgesetzt, wenn es gelingt, sich dem Energiestrom der Tat und des Handelns reibungslos hinzugeben. Das Handeln hinein in die Welt scheint hier allerdings zweitrangig zu sein, da die Aktivität hauptsächlich um Aufarbeitung und eine Vertiefung des Entwicklungsweges kreist.

Saturn rückläufig im Zeichen Stier
Um Ziele und gesellschaftliche Positionen zu erreichen, bedarf es besonderer Geduld und immer wieder neuer Anläufe. Die Konzentrationskraft kann umgesetzt werden, wenn die Substanz allen Lebens immerfort gestärkt und gemehrt wird. Das Handeln hinein in die Welt scheint hier allerdings zweitrangig zu sein, da die Aktivität hauptsächlich um Aufarbeitung und die Vertiefung des Entwicklungsweges kreist.

Saturn rückläufig im Zeichen Zwillinge
Um Ziele und gesellschaftliche Positionen zu erreichen, bedarf es besonderer Geduld und immer wieder neuer Anläufe. Die Konzentrationskraft zeigt sich in großer Bewegungsfreiheit, die entsteht, wenn Kommunikation, Kontakte und das Wissen um die Phänomene des Alltags in den Brennpunkt des Interesses gestellt werden. Das Handeln hinein in die Welt scheint hier allerdings zweitrangig zu sein, da die Aktivität hauptsächlich um Aufarbeitung und eine Vertiefung des Entwicklungsweges kreist.

Saturn rückläufig im Zeichen Krebs
Um Ziele und gesellschaftliche Positionen zu erreichen, bedarf es besonderer Geduld und immer wieder neuer Anläufe. Die Konzentrationskraft verwirklicht sich im Behüten aller gerade frisch entstandenen Wesenskeime des Seelischen. Das Handeln hinein in die Welt scheint hier allerdings zweitrangig zu sein, da die Aktivität hauptsächlich um Aufarbeitung und die Vertiefung des Entwicklungsweges kreist.

Saturn rückläufig im Zeichen Löwe
Um Ziele und gesellschaftliche Positionen zu erreichen, bedarf es besonderer Geduld und immer wieder neuer Anläufe. Die Konzentrationskraft zeigt sich in schöpferischer Kraft, die durch Interesse und Anerkennung geliebter Menschen belohnt werden möchte. Das Handeln hinein in die Welt scheint hier allerdings zweitrangig zu sein, da die Aktivität hauptsächlich um Aufarbeitung und eine Vertiefung des Entwicklungsweges kreist.

Saturn rückläufig im Zeichen Jungfrau
Um Ziele und gesellschaftliche Positionen zu erreichen, bedarf es besonderer Geduld und immer wieder neuer Anläufe. Die Konzentrationskraft verwirklicht sich in der Pflege, Heilung und Reinigung des Körperlichen der materiellen Welt. Das Handeln hinein in die Welt scheint hier allerdings zweitrangig zu sein, da die Aktivität hauptsächlich um Aufarbeitung und die Vertiefung des Entwicklungsweges kreist.

Saturn rückläufig im Zeichen Waage
Um Ziele und gesellschaftliche Positionen zu erreichen, bedarf es besonderer Geduld und immer wieder neuer Anläufe. Die Konzentrationskraft zeigt sich im Versuch, sich vollkommen auf die Impulse eines anderen Menschen einschwingen zu können. Das Handeln hinein in die Welt scheint hier allerdings zweitrangig zu sein, da die Aktivität hauptsächlich um Aufarbeitung und eine Vertiefung des Entwicklungsweges kreist.

Saturn rückläufig im Zeichen Skorpion
Um Ziele und gesellschaftliche Positionen zu erreichen, bedarf es besonderer Geduld und immer wieder neuer Anläufe. Die Konzentrationskraft verwirklicht sich in tiefen Wandlungsprozessen, die neue Energien freisetzen und Regenerationskraft haben. Das Handeln hinein in die Welt scheint hier allerdings zweitrangig zu sein, da die Aktivität hauptsächlich um Aufarbeitung und die Vertiefung des Entwicklungsweges kreist.

Saturn rückläufig im Zeichen Schütze
Um Ziele und gesellschaftliche Positionen zu erreichen, bedarf es besonderer Geduld und immer wieder neuer Anläufe. Die Konzentrationskraft kann Realität werden, wenn im Vertrauen auf den Reichtum des Lebens die Orientierung an Visionen und Idealen Vorrang hat. Das Handeln hinein in die Welt scheint hier allerdings zweitrangig zu sein, da die Aktivität hauptsächlich um Aufarbeiten und eine Vertiefung des Entwicklungsweges kreist.

Saturn rückläufig im Zeichen Steinbock
Um Ziele und gesellschaftliche Positionen zu erreichen, bedarf es besonderer Geduld und immer wieder neuer Anläufe. Die Konzentrationskraft kann sich am besten verwirklichen, wenn man sich für überpersönliche Ziele einsetzt. Das Handeln hinein in die Welt scheint hier allerdings zweitrangig zu sein, da die Aktivität hauptsächlich um Aufarbeitung und die Vertiefung des Entwicklungsweges kreist.

Saturn rückläufig im Zeichen Wassermann
Um Ziele und gesellschaftliche Positionen zu erreichen, bedarf es besonderer Geduld und immer wieder neuer Anläufe. Die Konzentrationskraft wird in freier, ungebundener Gemeinschaft mit Gleichgesinnten zu verwirklichen sein. Das Handeln hinein in die Welt scheint hier allerdings zweitrangig zu sein, da die Aktivität hauptsächlich um Aufarbeitung und die Vertiefung des Entwicklungsweges kreist.

Saturn rückläufig im Zeichen Fische
Um Ziele und gesellschaftliche Positionen zu erreichen, bedarf es besonderer Geduld und immer wieder neuer Anläufe. Die Konzentrationskraft verwirklicht sich im Bewusstsein, mit allem verbunden zu sein trotz aller sichtbaren Grenzen. Das Handeln hinein in die Welt scheint hier allerdings zweitrangig zu sein, da die Aktivität hauptsächlich um Aufarbeitung und die Vertiefung des Entwicklungsweges kreist.

Saturn im 1. Feld
Mangel an Tatkraft, schwieriger Beginn; Erfolg durch Ausdauer: Die Konzentrationskraft bestimmt die Suche nach Identität, und hilft, zu erkennen, wer man wirklich ist.

Saturn im 2. Feld
Mangel an Besitz, schwerer Erwerb; Erfolg durch Sparsamkeit: Die Konzentrationskraft fördert das Hineinströmen von äußerem und das Entwickeln von innerem Reichtum.

Saturn im 3. Feld
Mangel an Kontaktfähigkeit, wenig Reisen; Erfolg durch Geduld: Die Konzentrationskraft fließt hinein in die Kraft des Geistes und bewirkt Erfahrungen, die den Intellekt erhellen.

Saturn im 4. Feld
Mangel an Heimat, enges Heim; Erbschaft bei Ortsgebundenheit: Die Konzentrationskraft und die Suche nach den Wurzeln der Persönlichkeit, der Kontakt mit den Vorfahren und der Energie des Ortes, an dem man aufgewachsen ist, hängen eng miteinander zusammen.

Saturn im 5. Feld
Mangel an Kinderglück, Vergnügen; durch Ausdauer erfolgreich: Die Konzentrationskraft prägt den Drang nach Selbstausdruck, ist der Schlüssel zu Charisma, welches die Mitmenschen in Bann zieht.

Saturn im 6. Feld
Mangel an Bequemlichkeit und Gesundheit; Erfolg durch lange Arbeit: Die Konzentrationskraft wird verwendet, um persönliche Energien für den Zweck der Heilung und des Ausgleichs von karmischen Schwächen zu bündeln.

Saturn im 7. Feld
Mangel an Partnern, offene Feinde, Trennung; Glück durch Treue: Die Konzentrationskraft wird am intensivsten über die Spiegelung dieser Eigenschaft im Partner erlebt werden können. Deshalb werden in diesem Bereich menschliche Beziehungen eine große Rolle spielen.

Saturn im 8. Feld
Mangel an Regenerationskraft, Erbschaftsverlust; zähe Lebenskraft: Die Konzentrationskraft erfährt man im Einsatz für geistige Inhalte, die in der engen Gemeinsamkeit mit Menschen entstanden sind oder als Erbschaft weitergetragen werden sollen.

Saturn im 9. Feld
Mangel an Luxus, Reisen, Toleranz; Erfolg in langen Studien: Die Konzentrationskraft bestimmt den Wunsch nach kaum bremsbarer Expansion, der in Übermaß und Größenwahn, aber auch in Einsichtsfähigkeit und Erkenntnis münden kann.

Saturn im 10. Feld
Mangel an beruflicher Sicherheit; Aufstieg durch Fleiß möglich: Die Konzentrationskraft erlebt man besonders intensiv in einer ernsten, konzentrierten, ganz auf die äußere Welt der menschlichen Gemeinschaft aufgerichteten Haltung.

Saturn im 11. Feld
Mangel an Freundschaften, Hoffnungen; treue, verlässliche Freunde: Die Konzentrationskraft kann sich am besten in der Gemeinschaft Gleichgesinnter entwickeln. Diese Energie sollte zur Weiterentwicklung und Veränderung von gesellschaftlichen Strukturen eingesetzt werden.

Saturn im 12. Feld
Mangel an Disziplin, versteckte Feinde; Glück in der Einschränkung: Die Konzentrationskraft zeigt sich in der Arbeit im Verborgenen, in der Reinigung des Unterbewussten und in der entwickelten Form im Aufarbeiten von karmischer Last vergangener Zeiten.

Uranus

Kurioses - Ungewöhnliches - Befreiendes

Uranus im Widder

Neue Ideen werden direkt umgesetzt, Kraft blitzartig entfaltet: Eine Öffnung für die geistigen Strömungen der Kollektivpsyche wird am besten verwirklicht, wenn es gelingt, sich dem Energiestrom der Tat und des Handelns reibungslos hinzugeben.

Uranus im Stier

Casus (Fall): geschwächt
Neue Ideen zum Erwerb von Besitz, kuriose Leidenschaften: Eine Öffnung für die geistigen Strömungen der Kollektivpsyche kann verwirklicht werden, wenn die Substanz allen Lebens immerfort gestärkt und gemehrt wird.

Uranus in den Zwillingen

Neue Ideen, Sprache und Schrift zu gebrauchen, schnelles Handeln: Eine Öffnung für die geistigen Strömungen der Kollektivpsyche zeigt sich in großer Bewegungsfreiheit, die entsteht, wenn Kommunikation, Kontakte und das Wissen um die Phänomene des Alltags in den Brennpunkt des Interesses gestellt werden.

Uranus im Krebs

Neue Ideen zu Erziehung und Familie, zur Einrichtung der Wohnung: Eine Öffnung für die geistigen Strömungen der Kollektivpsyche verwirklicht sich im Behüten aller gerade frisch entstandenen Wesenskeime des Seelischen.

Uranus im Löwen

Exil (Fremde): stark geschwächt
Neue Ideen, sich selbst darzustellen, Unternehmungen zu starten: Eine Öffnung für die geistigen Strömungen der Kollektivpsyche zeigt sich in schöpferischer Kraft, die durch Interesse und Anerkennung geliebter Menschen belohnt werden möchte.

Uranus in der Jungfrau

Neue Ideen: Ökonomie, Wissenschaft, Gestaltung des Arbeitsplatzes: Eine Öffnung für die geistigen Strömungen der Kollektivpsyche verwirklicht sich in der Pflege, Heilung und Reinigung des Körperlichen der materiellen Welt.

Uranus in der Waage

Neue Ideen zur Gestaltung von Partnerschaft, in der Kunst: Eine Öffnung für die geistigen Strömungen der Kollektivpsyche zeigt sich im Versuch, sich vollkommen auf die Impulse eines anderen Menschen einschwingen zu können.

Uranus im Skorpion

Exaltation (Erhöhung): verstärkt
Neue Ideen zur Durchsetzung von festgelegten Zielen und Plänen: Eine Öffnung für die geistigen Strömungen der Kollektivpsyche verwirklicht sich in tiefen Wandlungsprozessen, die neue Energien freisetzen und Regenerationskraft haben.

Uranus im Schützen

Neue Ideen für weite Reisen, Philosophien, Weltanschauungen: Eine Öffnung für die geistigen Strömungen der Kollektivpsyche kann Realität werden, wenn im Vertrauen auf den Reichtum des Lebens die Orientierung an Visionen und Idealen Vorrang hat.

Uranus im Steinbock

Neue Ideen in beruflicher Hinsicht, zur Ausübung von Autorität: Eine Öffnung für die geistigen Strömungen der Kollektivpsyche kann sich am besten verwirklichen, wenn man sich für überpersönliche Ziele einsetzt.

Uranus im Wassermann

Co-Regent (Mitherrscher) /Tagdomizil (Heimat): außen entfaltet
Neue Ideen für das Leben in der Gemeinschaft, Erfindungsreichtum: Eine Öffnung für die geistigen Strömungen der Kollektivpsyche wird in freier, ungebundener Gemeinschaft mit Gleichgesinnten zu verwirklichen sein.

Uranus in den Fischen

Neue Ideen zum Finden von Auswegen. Starkes Ahnungsvermögen: Eine Öffnung für die geistigen Strömungen der Kollektivpsyche verwirklicht sich im Bewusstsein, mit allem verbunden zu sein trotz aller sichtbaren Grenzen.

Uranus rückläufig im Zeichen Widder
Reformen, Neuerungen, Kontakte zu Freunden, die Entwicklung von Erfindungen bedürfen mehrerer Versuche. Die Ebene der geistigen Intuition wird am besten umgesetzt, wenn es gelingt, sich dem Energiestrom der Tat und des Handelns reibungslos hinzugeben. Das Handeln hinein in die Welt scheint hier allerdings zweitrangig zu sein, da die Aktivität hauptsächlich auf Aufarbeiten und eine Vertiefung des Entwicklungsweges gerichtet ist.

Uranus rückläufig im Zeichen Stier
Reformen, Neuerungen, Kontakte zu Freunden, die Entwicklung von Erfindungen bedürfen mehrerer Versuche. Die Ebene der geistigen Intuition kann umgesetzt werden, wenn die Substanz allen Lebens immerfort gestärkt und gemehrt wird. Das Handeln hinein in die Welt scheint hier allerdings zweitrangig zu sein, da die Aktivität hauptsächlich auf Aufarbeiten und eine Vertiefung des Entwicklungsweges gerichtet ist.

Uranus rückläufig im Zeichen Zwillinge
Reformen, Neuerungen, Kontakte zu Freunden, die Entwicklung von Erfindungen bedürfen mehrerer Versuche. Die Ebene der geistigen Intuition zeigt sich in großer Bewegungsfreiheit, die entsteht, wenn Kommunikation, Kontakte und das Wissen um die Phänomene des Alltags in den Brennpunkt des Interesses gestellt werden. Das Handeln hinein in die Welt scheint hier allerdings zweitrangig zu sein, da die Aktivität hauptsächlich auf Aufarbeiten und eine Vertiefung des Entwicklungsweges gerichtet ist.

Uranus rückläufig im Zeichen Krebs
Reformen, Neuerungen, Kontakte zu Freunden, die Entwicklung von Erfindungen bedürfen mehrerer Versuche. Die Ebene der geistigen Intuition verwirklicht sich im Behüten aller gerade frisch entstandenen Wesenskeime des Seelischen. Das Handeln hinein in die Welt scheint hier allerdings zweitrangig zu sein, da die Aktivität hauptsächlich auf Aufarbeiten und eine Vertiefung des Entwicklungsweges gerichtet ist.

Uranus rückläufig im Zeichen Löwe
Reformen, Neuerungen, Kontakte zu Freunden, die Entwicklung von Erfindungen bedürfen mehrerer Versuche. Die Ebene der geistigen Intuition zeigt sich in schöpferischer Kraft, die durch Interesse und Anerkennung geliebter Menschen belohnt werden möchte. Das Handeln hinein in die Welt scheint hier allerdings zweitrangig zu sein, da die Aktivität hauptsächlich auf Aufarbeiten und eine Vertiefung des Entwicklungsweges gerichtet ist.

Uranus rückläufig im Zeichen Jungfrau
Reformen, Neuerungen, Kontakte zu Freunden, die Entwicklung von Erfindungen bedürfen mehrerer Versuche. Die Ebene der geistigen Intuition verwirklicht sich in der Pflege, Heilung und Reinigung des Körperlichen der materiellen Welt. Das Handeln hinein in die Welt scheint hier allerdings zweitrangig zu sein, da die Aktivität hauptsächlich auf Aufarbeiten und eine Vertiefung des Entwicklungsweges gerichtet ist.

Uranus rückläufig im Zeichen Waage
Reformen, Neuerungen, Kontakte zu Freunden, die Entwicklung von Erfindungen bedürfen mehrerer Versuche. Die Ebene der geistigen Intuition zeigt sich im Versuch, sich vollkommen auf die Impulse eines anderen Menschen einschwingen zu können. Das Handeln hinein in die Welt scheint hier allerdings zweitrangig zu sein, da die Aktivität hauptsächlich auf Aufarbeiten und eine Vertiefung des Entwicklungsweges gerichtet ist.

Uranus rückläufig im Zeichen Skorpion
Reformen, Neuerungen, Kontakte zu Freunden, die Entwicklung von Erfindungen bedürfen mehrerer Versuche. Die Ebene der geistigen Intuition verwirklicht sich in tiefen Wandlungsprozessen, die neue Energien freisetzen und Regenerationskraft haben. Das Handeln hinein in die Welt scheint hier allerdings zweitrangig zu sein, da die Aktivität hauptsächlich auf Aufarbeiten und eine Vertiefung des Entwicklungsweges gerichtet ist.

Uranus rückläufig im Zeichen Schütze
Reformen, Neuerungen, Kontakte zu Freunden, die Entwicklung von Erfindungen bedürfen mehrerer Versuche. Die Ebene der geistigen Intuition kann Realität werden, wenn im Vertrauen auf den Reichtum des Lebens die Orientierung an Visionen und Idealen Vorrang hat. Das Handeln hinein in die Welt scheint hier allerdings zweitrangig zu sein, da die Aktivität hauptsächlich auf Aufarbeiten und eine Vertiefung des Entwicklungsweges gerichtet ist.

Uranus rückläufig im Zeichen Steinbock
Reformen, Neuerungen, Kontakte zu Freunden, die Entwicklung von Erfindungen bedürfen mehrerer Versuche. Die Ebene der geistigen Intuition kann sich am besten verwirklichen, wenn man sich für überpersönliche Ziele einsetzt. Das Handeln hinein in die Welt scheint hier allerdings zweitrangig zu sein, da die Aktivität hauptsächlich auf Aufarbeiten und eine Vertiefung des Entwicklungsweges gerichtet ist.

Uranus rückläufig im Zeichen Wassermann
Reformen, Neuerungen, Kontakte zu Freunden, die Entwicklung von Erfindungen bedürfen mehrerer Versuche. Die Ebene der geistigen Intuition wird in freier, ungebundener Gemeinschaft mit Gleichgesinnten zu verwirklichen sein. Das Handeln hinein in die Welt scheint hier allerdings zweitrangig zu sein, da die Aktivität hauptsächlich auf Aufarbeiten und eine Vertiefung des Entwicklungsweges gerichtet ist.

Uranus rückläufig im Zeichen Fische
Reformen, Neuerungen, Kontakte zu Freunden, die Entwicklung von Erfindungen bedürfen mehrerer Versuche. Die Ebene der geistigen Intuition verwirklicht sich im Bewusstsein, mit allem verbunden zu sein trotz aller sichtbaren Grenzen. Das Handeln hinein in die Welt scheint hier allerdings zweitrangig zu sein, da die Aktivität hauptsächlich auf Aufarbeiten und eine Vertiefung des Entwicklungsweges gerichtet ist.

Uranus im 1. Feld
Unruhe im eigenen Auftreten; schnelle Reaktionsfähigkeit, impulsiv: Die Ebene der geistigen Intuition bestimmt die Suche nach Identität, und hilft, zu erkennen, wer man wirklich ist.

Uranus im 2. Feld
Unruhe in Besitzverhältnissen; schnelle Spekulationserfolge: Die Ebene der geistigen Intuition fördert das Hineinströmen von äußerem und das Entwickeln von innerem Reichtum.

Uranus im 3. Feld
Unruhe mit Geschwistern, Nachbarn, Ortswechsel; wacher Geist, schnell: Die Ebene der geistigen Intuition fließt hinein in die Kraft des Geistes und bewirkt Erfahrungen, die den Intellekt erhellen.

Uranus im 4. Feld
Unruhe zu Hause, auch Tragik; Wohnortwechsel, frei von Herkunft: Die Ebene der geistigen Intuition und die Suche nach den Wurzeln der Persönlichkeit, der Kontakt mit den Vorfahren und der Energie des Ortes, an dem man aufgewachsen ist, hängen eng miteinander zusammen.

Uranus im 5. Feld
Unruhe mit Kindern und Affären; Freiheitsdrang, Spekulationen: Die Ebene der geistigen Intuition prägt den Drang nach Selbstausdruck, ist der Schlüssel zu Charisma, welches die Mitmenschen in Bann zieht.

Uranus im 6. Feld
Unruhe am Arbeitsplatz, wechselnde Gesundheit; modernistisch: Die Ebene der geistigen Intuition wird verwendet, um persönliche Energien für den Zweck der Heilung und des Ausgleichs von karmischen Schwächen zu bündeln.

Uranus im 7. Feld
Unruhe in der Ehe, Trennung, Vertragsbruch; Impulsheiraten: Die Ebene der geistigen Intuition wird am intensivsten über die Spiegelung dieser Eigenschaft im Partner erlebt werden können. Deshalb werden in diesem Bereich menschliche Beziehungen eine große Rolle spielen.

Uranus im 8. Feld
Unruhe durch Unfälle, Unglück; plötzliche Erbschaften, Telepathie: Die Ebene der geistigen Intuition erfährt man im Einsatz für geistige Inhalte, die in der engen Gemeinsamkeit mit Menschen entstanden sind oder als Erbschaft weitergetragen werden sollen.

Uranus im 9. Feld
Unruhe durch Erfindungen, Fremde, Religion; intuitive Erkenntnisse: Die Ebene der geistigen Intuition bestimmt den Wunsch nach kaum bremsbarer Expansion, der in Übermaß und Größenwahn, aber auch in Einsichtsfähigkeit und Erkenntnis münden kann.

Uranus im 10. Feld
Unruhe durch Berufswechsel, Mutter; originell in Beruf und Denken: Die Ebene der geistigen Intuition erlebt man besonders intensiv in einer ernsten, konzentrierten, ganz auf die äußere Welt der menschlichen Gemeinschaft aufgerichteten Haltung.

Uranus im 11. Feld
Unruhe durch Freunde, Verbindungen; unkonventionelle Beziehungen: Die Ebene der geistigen Intuition kann sich am besten in der Gemeinschaft Gleichgesinnter entwickeln. Diese Energie sollte zur Weiterentwicklung und Veränderung von gesellschaftlichen Strukturen eingesetzt werden.

Uranus im 12. Feld
Unruhe durch heimliche Feinde, ohne Freiheit; Freiheit im Rückzug: Die Ebene der geistigen Intuition zeigt sich in der Arbeit im Verborgenen, in der Reinigung des Unterbewussten und in der entwickelten Form im Aufarbeiten von karmischer Last vergangener Zeiten.

Neptun

Traumwelten und Illusionen

Neptun im Widder
Schwankende Kraft, sehr von Fantasien geleitet. Der Wunsch, sich vollkommen den emotionalen Strömen des Lebens zu öffnen, wird am besten verwirklicht, wenn es gelingt, sich dem Energiestrom der Tat und des Handelns reibungslos hinzugeben.

Neptun im Stier
Schwankende Finanzmittel, Neigung zur Genusssucht. Der Wunsch, sich vollkommen den emotionalen Strömen des Lebens zu öffnen, kann verwirklicht werden, wenn die Substanz allen Lebens immerfort gestärkt und gemehrt wird.

Neptun in den Zwillingen
Schwankende Geisteshaltung, literarische Fantasie. Der Wunsch, sich vollkommen den emotionalen Strömen des Lebens zu öffnen, zeigt sich in großer Bewegungsfreiheit, die entsteht, wenn Kommunikation, Kontakte und das Wissen um die Phänomene des Alltags in den Brennpunkt des Interesses gestellt werden.

Neptun im Krebs
Exaltation (Erhöhung): verstärkt
Schwankende Stimmungslage, reiches Seelenleben. Der Wunsch, sich vollkommen den emotionalen Strömen des Lebens zu öffnen, verwirklicht sich im Behüten aller gerade frisch entstandenen Wesenskeime des Seelischen.

Neptun im Löwen
Schwankende Unternehmungslust, verführbar und begeisterungsfähig. Der Wunsch, sich vollkommen den emotionalen Strömen des Lebens zu öffnen, zeigt sich in schöpferischer Kraft, die durch Interesse und Anerkennung geliebter Menschen belohnt werden möchte.

Neptun in der Jungfrau
Exil (Fremde): stark geschwächt
Schwankende Ökonomie, gute heilerische Fähigkeiten. Der Wunsch, sich vollkommen den emotionalen Strömen des Lebens zu öffnen, verwirklicht sich in der Pflege, Heilung und Reinigung des Körperlichen der materiellen Welt.

Neptun in der Waage
Schwankende Liebesneigungen, Träume von Märchenprinzen, ästhetisch. Der Wunsch, sich vollkommen den emotionalen Strömen des Lebens zu öffnen, zeigt sich im Versuch, sich vollkommen auf die Impulse eines anderen Menschen einschwingen zu können.

Neptun im Skorpion
Schwankende Willenskraft, heilerische Kräfte, reiche Gefühlswelt. Der Wunsch, sich vollkommen den emotionalen Strömen des Lebens zu öffnen, verwirklicht sich in tiefen Wandlungsprozessen, die neue Energien freisetzen und Regenerationskraft haben.

Neptun im Schützen
Schwankende Überzeugungen, Interesse an Übersinnlichen, visionär. Der Wunsch, sich vollkommen den emotionalen Strömen des Lebens zu öffnen, kann Realität werden, wenn im Vertrauen auf den Reichtum des Lebens die Orientierung an Visionen und Idealen Vorrang hat.

Neptun im Steinbock
Casus (Fall): geschwächt
Schwankender Realitätssinn, 7. Sinn für das Machbare, flexibel. Der Wunsch, sich vollkommen den emotionalen Strömen des Lebens zu öffnen, kann sich am besten verwirklichen, wenn man sich für überpersönliche Ziele einsetzt.

Neptun im Wassermann
Schwankende Utopien, Intuitiv, Sinn für soziale Strömungen. Der Wunsch, sich vollkommen den emotionalen Strömen des Lebens zu öffnen, wird in freier, ungebundener Gemeinschaft mit Gleichgesinnten zu verwirklichen sein.

Neptun in den Fischen
Co-Regent (Mitherrscher) /Nachtdomizil (Heimat): innen entfaltet
Schwankendes Wesen, große Sensibilität, Suchtgefahr, Kunstliebe. Der Wunsch, sich vollkommen den emotionalen Strömen des Lebens zu öffnen, verwirklicht sich im Bewusstsein, mit allem verbunden zu sein trotz aller sichtbaren Grenzen.

Neptun rückläufig im Zeichen Widder
Humanität, Mitleid, Träume werden nach vielen Mühen erlangt. Mystik, Transzendenz wird am besten umgesetzt, wenn es gelingt, sich dem Energiestrom der Tat und des Handelns reibungslos hinzugeben. Das Handeln hinein in die Welt scheint hier allerdings zweitrangig zu sein, da die Aktivität hauptsächlich um Aufarbeiten bemüht ist, auf eine Vertiefung des Entwicklungsweges abzielt.

Neptun rückläufig im Zeichen Stier
Humanität, Mitleid, Träume werden nach vielen Mühen erlangt. Mystik, Transzendenz kann umgesetzt werden, wenn die Substanz allen Lebens immerfort gestärkt und gemehrt wird. Das Handeln hinein in die Welt scheint hier allerdings zweitrangig zu sein, da die Aktivität hauptsächlich um Aufarbeiten bemüht ist, auf eine Vertiefung des Entwicklungsweges abzielt.

Neptun rückläufig im Zeichen Zwillinge
Humanität, Mitleid, Träume werden nach vielen Mühen erlangt. Mystik, Transzendenz zeigt sich in großer Bewegungsfreiheit, die entsteht, wenn Kommunikation, Kontakte und das Wissen um die Phänomene des Alltags in den Brennpunkt des Interesses gestellt werden. Das Handeln hinein in die Welt scheint hier allerdings zweitrangig zu sein, da die Aktivität hauptsächlich um Aufarbeiten bemüht ist, auf eine Vertiefung des Entwicklungsweges abzielt.

Neptun rückläufig im Zeichen Krebs
Humanität, Mitleid, Träume werden nach vielen Mühen erlangt. Mystik, Transzendenz verwirklicht sich im Behüten aller gerade frisch entstandenen Wesenskeime des Seelischen. Das Handeln hinein in die Welt scheint hier allerdings zweitrangig zu sein, da die Aktivität hauptsächlich um Aufarbeiten bemüht ist, auf eine Vertiefung des Entwicklungsweges abzielt.

Neptun rückläufig im Zeichen Löwe
Humanität, Mitleid, Träume werden nach vielen Mühen erlangt. Mystik, Transzendenz zeigt sich in schöpferischer Kraft, die durch Interesse und Anerkennung geliebter Menschen belohnt werden möchte. Das Handeln hinein in die Welt scheint hier allerdings zweitrangig zu sein, da die Aktivität hauptsächlich um Aufarbeiten bemüht ist, auf eine Vertiefung des Entwicklungsweges abzielt.

Neptun rückläufig im Zeichen Jungfrau

Humanität, Mitleid, Träume werden nach vielen Mühen erlangt. Mystik, Transzendenz verwirklicht sich in der Pflege, Heilung und Reinigung des Körperlichen der materiellen Welt. Das Handeln hinein in die Welt scheint hier allerdings zweitrangig zu sein, da die Aktivität hauptsächlich um Aufarbeiten bemüht ist, auf eine Vertiefung des Entwicklungsweges abzielt.

Neptun rückläufig im Zeichen Waage

Humanität, Mitleid, Träume werden nach vielen Mühen erlangt. Mystik, Transzendenz zeigt sich im Versuch, sich vollkommen auf die Impulse eines anderen Menschen einschwingen zu können. Das Handeln hinein in die Welt scheint hier allerdings zweitrangig zu sein, da die Aktivität hauptsächlich um Aufarbeiten bemüht ist, auf eine Vertiefung des Entwicklungsweges abzielt.

Neptun rückläufig im Zeichen Skorpion

Humanität, Mitleid, Träume werden nach vielen Mühen erlangt. Mystik, Transzendenz verwirklicht sich in tiefen Wandlungsprozessen, die neue Energien freisetzen und Regenerationskraft haben. Das Handeln hinein in die Welt scheint hier allerdings zweitrangig zu sein, da die Aktivität hauptsächlich um Aufarbeiten bemüht ist, auf eine Vertiefung des Entwicklungsweges abzielt.

Neptun rückläufig im Zeichen Schütze

Humanität, Mitleid, Träume werden nach vielen Mühen erlangt. Mystik, Transzendenz bestimmt die Suche nach Identität, und hilft, Mystik, Transzendenz kann Realität werden, wenn im Vertrauen auf den Reichtum des Lebens die Orientierung an Visionen und Idealen Vorrang hat. Das Handeln hinein in die Welt scheint hier allerdings zweitrangig zu sein, da die Aktivität hauptsächlich um Aufarbeiten bemüht ist, auf eine Vertiefung des Entwicklungsweges abzielt.

Neptun rückläufig im Zeichen Steinbock

Humanität, Mitleid, Träume werden nach vielen Mühen erlangt. Mystik, Transzendenz kann sich am besten verwirklichen, wenn man sich für überpersönliche Ziele einsetzt. Das Handeln hinein in die Welt scheint hier allerdings zweitrangig zu sein, da die Aktivität hauptsächlich um Aufarbeiten bemüht ist, auf eine Vertiefung des Entwicklungsweges abzielt.

Neptun rückläufig im Zeichen Wassermann

Humanität, Mitleid, Träume werden nach vielen Mühen erlangt. Mystik, Transzendenz bestimmt die Suche nach Identität, und hilft, Mystik, Transzendenz wird in freier, ungebundener Gemeinschaft mit Gleichgesinnten zu verwirklichen sein. Das Handeln hinein in die Welt scheint hier allerdings zweitrangig zu sein, da die Aktivität hauptsächlich um Aufarbeiten bemüht ist, auf eine Vertiefung des Entwicklungsweges abzielt.

Neptun rückläufig im Zeichen Fische

Humanität, Mitleid, Träume werden nach vielen Mühen erlangt. Mystik, Transzendenz bestimmt die Suche nach Identität, und hilft, Mystik, Transzendenz verwirklicht sich im Bewusstsein, mit allem verbunden zu sein trotz aller sichtbaren Grenzen. Das Handeln hinein in die Welt scheint hier allerdings zweitrangig zu sein, da die Aktivität hauptsächlich um Aufarbeiten bemüht ist, auf eine Vertiefung des Entwicklungsweges abzielt.

Neptun im 1. Feld

Mystik, Transzendenz bestimmt die Suche nach Identität, und hilft, zu erkennen, wer man wirklich ist: unklares Auftreten, Suchtgefahr, Medialität, Feinfühligkeit.

Neptun im 2. Feld

Mystik, Transzendenz fördert das Hineinströmen von äußerem und das Entwickeln von innerem Reichtum: Unklare Besitzverhältnisse, Finanzbetrug, Gewinn durch Instinktkauf.

Neptun im 3. Feld

Mystik, Transzendenz fließt hinein in die Kraft des Geistes und bewirkt Erfahrungen, die den Intellekt erhellen: unklare Absprachen, Verluste durch Geschwister, Poesie, Fantasie.

Neptun im 4. Feld

Mystik, Transzendenz und die Suche nach den Wurzeln der Persönlichkeit, der Kontakt mit den Vorfahren und der Energie des Ortes, an dem man aufgewachsen ist, hängen eng miteinander zusammen: Familiengeheimnisse, Altersangst; Ahnungen, Heimweh, Urinstinkte.

Neptun im 5. Feld

Mystik, Transzendenz prägt den Drang nach Selbstausdruck, ist der Schlüssel zu Charisma, welches die Mitmenschen in Bann zieht: unklare Liebschaften und Kinder; chamäleonhafte Wandlungsfähigkeit.

Neptun im 6. Feld
Mystik, Transzendenz wird verwendet, um persönliche Energien für den Zweck der Heilung und des Ausgleichs von karmischen Schwächen zu bündeln: unklare Arbeitsverhältnisse und Vitalität; mediale Heilfähigkeiten.

Neptun im 7. Feld
Mystik, Transzendenz wird am intensivsten über die Spiegelung dieser Eigenschaft im Partner erlebt werden können. Deshalb werden in diesem Bereich menschliche Beziehungen eine große Rolle spielen: unklare Verträge, Beziehungen; erotische Fantasien, Raffinessen.

Neptun im 8. Feld
Mystik, Transzendenz erfährt man im Einsatz für geistige Inhalte, die in der engen Gemeinsamkeit mit Menschen entstanden sind oder als Erbschaft weitergetragen werden sollen: unklare Erbschaften, Partner, Verluste; Kontakte zum Jenseits.

Neptun im 9. Feld
Mystik, Transzendenz bestimmt den Wunsch nach kaum bremsbarer Expansion, der in Übermaß und Größenwahn, aber auch in Einsichtsfähigkeit und Erkenntnis münden kann: Unklare Religion, Sekten; Inspiration, Hellsichtigkeit auf Reisen.

Neptun im 10. Feld
Mystik, Transzendenz erlebt man besonders intensiv in einer ernsten, konzentrierten, ganz auf die äußere Welt der menschlichen Gemeinschaft aufgerichteten Haltung: unklare berufliche Ziele; Geheimnis um Geburt, Mutter, Kunstkarriere.

Neptun im 11. Feld
Mystik, Transzendenz kann sich am besten in der Gemeinschaft Gleichgesinnter entwickeln. Diese Energie sollte zur Weiterentwicklung und Veränderung von gesellschaftlichen Strukturen eingesetzt werden: unklare Freundschaften und Kontakte; Träume in der Gemeinschaft.

Neptun im 12. Feld
Mystik, Transzendenz zeigt sich in der Arbeit im Verborgenen, in der Reinigung des Unterbewussten und in der entwickelten Form im Aufarbeiten von karmischer Last vergangener Zeiten: unklare Feindschaft, Gefahr; Gewinn durch Hellsichtigkeit, Medialität.

Pluto

Häutungen, Tiefgänge und Wandlungspunkte

Pluto im Widder
Außergewöhnlicher Mut und Kraft für Pioniertaten: Der Kontakt zu den Tiefen menschlicher Existenz, zu der Quelle der archaischen Kraft und zu alchemistischen Wandlungsprozessen wird am besten verwirklicht, wenn es gelingt, sich dem Energiestrom der Tat und des Handelns reibungslos hinzugeben.

Pluto im Stier
Exil (Fremde): stark geschwächt
Außergewöhnliche finanzielle Fähigkeiten und Besitzverhältnisse. Der Kontakt zu den Tiefen menschlicher Existenz, zu der Quelle der archaischen Kraft und zu alchemistischen Wandlungsprozessen kann verwirklicht werden, wenn die Substanz allen Lebens immerfort gestärkt und gemehrt wird.

Pluto in den Zwillingen
Außergewöhnliche Begabung in Wort, Schrift und Rede. Der Kontakt zu den Tiefen menschlicher Existenz, zu der Quelle der archaischen Kraft und zu alchemistischen Wandlungsprozessen zeigt sich in großer Bewegungsfreiheit, die entsteht, wenn Kommunikation, Kontakte und das Wissen um die Phänomene des Alltags in den Brennpunkt des Interesses gestellt werden.

Pluto im Krebs
Außergewöhnliche Gefühlsbindungen an Familie, Heimat und Volk. Der Kontakt zu den Tiefen menschlicher Existenz, zu der Quelle der archaischen Kraft und zu alchemistischen Wandlungsprozessen verwirklicht sich im Behüten aller gerade frisch entstandenen Wesenskeime des Seelischen.

Pluto im Löwen
Außergewöhnliches Selbstbewusstsein und Schöpferkraft. Der Kontakt zu den Tiefen menschlicher Existenz, zu der Quelle der archaischen Kraft und zu alchemistischen Wandlungsprozessen zeigt sich in schöpferischer Kraft, die durch Interesse und Anerkennung geliebter Menschen belohnt werden möchte.

Pluto in der Jungfrau
Außergewöhnliche Vernunftbegabung, fähig zu Problemlösung, Heilung. Der Kontakt zu den Tiefen menschlicher Existenz, zu der Quelle der archaischen Kraft und zu alchemistischen Wandlungsprozessen verwirklicht sich in der Pflege, Heilung und Reinigung des Körperlichen der materiellen Welt.

Pluto in der Waage
Außergewöhnliche künstlerische und diplomatische Fähigkeiten. Der Kontakt zu den Tiefen menschlicher Existenz, zu der Quelle der archaischen Kraft und zu alchemistischen Wandlungsprozessen zeigt sich im Versuch, sich vollkommen auf die Impulse eines anderen Menschen einschwingen zu können.

Pluto im Skorpion
Co-Regent (Mitherrscher) /Domizil (Heimat): entfaltet
Außergewöhnliche Regenerationskräfte und geistige Kräfte. Der Kontakt zu den Tiefen menschlicher Existenz, zu der Quelle der archaischen Kraft und zu alchemistischen Wandlungsprozessen verwirklicht sich in tiefen Wandlungsprozessen, die neue Energien freisetzen und Regenerationskraft haben.

Pluto im Schützen
Außergewöhnliche Erkenntniskraft und Religiosität. Der Kontakt zu den Tiefen menschlicher Existenz, zu der Quelle der archaischen Kraft und zu alchemistischen Wandlungsprozessen kann Realität werden, wenn im Vertrauen auf den Reichtum des Lebens die Orientierung an Visionen und Idealen Vorrang hat.

Pluto im Steinbock
Außergewöhnlicher Realismus, Fähigkeit zur Massensuggestion. Der Kontakt zu den Tiefen menschlicher Existenz, zu der Quelle der archaischen Kraft und zu alchemistischen Wandlungsprozessen kann sich am besten verwirklichen, wenn man sich für überpersönliche Ziele einsetzt.

Pluto im Wassermann
Außergewöhnlicher Erfindergeist, ungewöhnliche Freundesgruppen. Der Kontakt zu den Tiefen menschlicher Existenz, zu der Quelle der archaischen Kraft und zu alchemistischen Wandlungsprozessen wird in freier, ungebundener Gemeinschaft mit Gleichgesinnten zu verwirklichen sein.

Pluto in den Fischen
Außergewöhnliche Medialität, Tätigkeiten im Verborgenen. Der Kontakt zu den Tiefen menschlicher Existenz, zu der Quelle der archaischen Kraft und zu alchemistischen Wandlungsprozessen verwirklicht sich im Bewusstsein, mit allem verbunden zu sein trotz aller sichtbaren Grenzen.

Pluto rückläufig im Zeichen Widder
Erbschaftsangelegenheiten, Prozesse, Durchsetzung von Plänen bedürfen zum Erfolg mehrmaliger Anstrengungen. Der Wunsch nach Transformation wird am besten umgesetzt, wenn es gelingt, sich dem Energiestrom der Tat und des Handelns reibungslos hinzugeben. Das Handeln hinein in die Welt scheint hier allerdings zweitrangig zu sein, da die Aktivität hauptsächlich um Aufarbeiten, um eine Vertiefung des Entwicklungsweges bemüht ist.

Pluto rückläufig im Zeichen Stier
Erbschaftsangelegenheiten, Prozesse, Durchsetzung von Plänen bedürfen zum Erfolg mehrmaliger Anstrengungen. Der Wunsch nach Transformation kann umgesetzt werden, wenn die Substanz allen Lebens immerfort gestärkt und gemehrt wird. Das Handeln hinein in die Welt scheint hier allerdings zweitrangig zu sein, da die Aktivität hauptsächlich um Aufarbeiten, um eine Vertiefung des Entwicklungsweges bemüht ist.

Pluto rückläufig im Zeichen Zwillinge
Erbschaftsangelegenheiten, Prozesse, Durchsetzung von Plänen bedürfen zum Erfolg mehrmaliger Anstrengungen. Der Wunsch nach Transformation zeigt sich in großer Bewegungsfreiheit, die entsteht, wenn Kommunikation, Kontakte und das Wissen um die Phänomene des Alltags in den Brennpunkt des Interesses gestellt werden. Das Handeln hinein in die Welt scheint hier allerdings zweitrangig zu sein, da die Aktivität hauptsächlich um Aufarbeiten, um eine Vertiefung des Entwicklungsweges bemüht ist.

Pluto rückläufig im Zeichen Krebs
Erbschaftsangelegenheiten, Prozesse, Durchsetzung von Plänen bedürfen zum Erfolg mehrmaliger Anstrengungen. Der Wunsch nach Transformation verwirklicht sich im Behüten aller gerade frisch entstandenen Wesenskeime des Seelischen. Das Handeln hinein in die Welt scheint hier allerdings zweitrangig zu sein, da die Aktivität hauptsächlich um Aufarbeiten, um eine Vertiefung des Entwicklungsweges bemüht ist.

Pluto rückläufig im Zeichen Löwe
Erbschaftsangelegenheiten, Prozesse, Durchsetzung von Plänen bedürfen zum Erfolg mehrmaliger Anstrengungen. Der Wunsch nach Transformation zeigt sich in schöpferischer Kraft, die durch Interesse und Anerkennung geliebter Menschen belohnt werden möchte. Das Handeln hinein in die Welt scheint hier allerdings zweitrangig zu sein, da die Aktivität hauptsächlich um Aufarbeiten, um eine Vertiefung des Entwicklungsweges bemüht ist.

Pluto rückläufig im Zeichen Jungfrau
Erbschaftsangelegenheiten, Prozesse, Durchsetzung von Plänen bedürfen zum Erfolg mehrmaliger Anstrengungen. Der Wunsch nach Transformation verwirklicht sich in der Pflege, Heilung und Reinigung des Körperlichen der materiellen Welt. Das Handeln hinein in die Welt scheint hier allerdings zweitrangig zu sein, da die Aktivität hauptsächlich um Aufarbeiten, um eine Vertiefung des Entwicklungsweges bemüht ist.

Pluto rückläufig im Zeichen Waage
Erbschaftsangelegenheiten, Prozesse, Durchsetzung von Plänen bedürfen zum Erfolg mehrmaliger Anstrengungen. Der Wunsch nach Transformation zeigt sich im Versuch, sich vollkommen auf die Impulse eines anderen Menschen einschwingen zu können. Das Handeln hinein in die Welt scheint hier allerdings zweitrangig zu sein, da die Aktivität hauptsächlich um Aufarbeiten, um eine Vertiefung des Entwicklungsweges bemüht ist.

Pluto rückläufig im Zeichen Skorpion
Erbschaftsangelegenheiten, Prozesse, Durchsetzung von Plänen bedürfen zum Erfolg mehrmaliger Anstrengungen. Der Wunsch nach Transformation verwirklicht sich in tiefen Wandlungsprozessen, die neue Energien freisetzen und Regenerationskraft haben. Das Handeln hinein in die Welt scheint hier allerdings zweitrangig zu sein, da die Aktivität hauptsächlich um Aufarbeiten, um eine Vertiefung des Entwicklungsweges bemüht ist.

Pluto rückläufig im Zeichen Schütze
Erbschaftsangelegenheiten, Prozesse, Durchsetzung von Plänen bedürfen zum Erfolg mehrmaliger Anstrengungen. Der Wunsch nach Transformation bestimmt den Wunsch nach kaum bremsbarer Expansion, der in Übermaß und Größenwahn, aber auch in Einsichtsfähigkeit und Erkenntnis münden kann. Das Handeln hinein in die Welt scheint hier allerdings zweitrangig zu sein, da die Aktivität hauptsächlich um Aufarbeiten, um eine Vertiefung des Entwicklungsweges bemüht ist.

Pluto rückläufig im Zeichen Steinbock
Erbschaftsangelegenheiten, Prozesse, Durchsetzung von Plänen bedürfen zum Erfolg mehrmaliger Anstrengungen. Der Wunsch nach Transformation kann sich am besten verwirklichen, wenn man sich für überpersönliche Ziele einsetzt. Das Handeln hinein in die Welt scheint hier allerdings zweitrangig zu sein, da die Aktivität hauptsächlich um Aufarbeiten, um eine Vertiefung des Entwicklungsweges bemüht ist.

Pluto rückläufig im Zeichen Wassermann
Erbschaftsangelegenheiten, Prozesse, Durchsetzung von Plänen bedürfen zum Erfolg mehrmaliger Anstrengungen. Der Wunsch nach Transformation wird in freier, ungebundener Gemeinschaft mit Gleichgesinnten zu verwirklichen sein. Das Handeln hinein in die Welt scheint hier allerdings zweitrangig zu sein, da die Aktivität hauptsächlich um Aufarbeiten, um eine Vertiefung des Entwicklungsweges bemüht ist.

Pluto rückläufig im Zeichen Fische
Erbschaftsangelegenheiten, Prozesse, Durchsetzung von Plänen bedürfen zum Erfolg mehrmaliger Anstrengungen. Der Wunsch nach Transformation verwirklicht sich im Bewusstsein, mit allem verbunden zu sein trotz aller sichtbaren Grenzen. Das Handeln hinein in die Welt scheint hier allerdings zweitrangig zu sein, da die Aktivität hauptsächlich um Aufarbeiten, um eine Vertiefung des Entwicklungsweges bemüht ist.

Pluto im 1. Feld
Der Wunsch nach Transformation bestimmt die Suche nach Identität und hilft, zu erkennen, wer man wirklich ist: Machtkämpfe, Ichdurchsetzung; Massenbegeisterung, Umwälzungen.

Pluto im 2. Feld
Der Wunsch nach Transformation fördert das Hineinströmen von äußerem und das Entwickeln von innerem Reichtum: Macht durch Besitz, Plutokratie; Extreme in Gewinn und Verlust.

Pluto im 3. Feld
Der Wunsch nach Transformation fließt hinein in die Kraft des Geistes und bewirkt Erfahrungen, die den Intellekt erhellen: Macht durch Geschwister, Nachbarn; Manipulation durch Sprache.

Pluto im 4. Feld
Der Wunsch nach Transformation und die Suche nach den Wurzeln der Persönlichkeit, der Kontakt mit den Vorfahren und der Energie des Ortes, an dem man aufgewachsen ist, hängen eng miteinander zusammen: Machtkampf im Elternhaus, Haustyrannei; Forscherdrang, sensitiv.

Pluto im 5. Feld
Der Wunsch nach Transformation prägt den Drang nach Selbstausdruck, ist der Schlüssel zu Charisma, welches die Mitmenschen in Bann zieht: Macht erzwingt Glück und Kinder; starke Erotik und Sexualität.

Pluto im 6. Feld
Der Wunsch nach Transformation wird verwendet, um persönliche Energien für den Zweck der Heilung und des Ausgleichs von karmischen Schwächen zu bündeln: Machtkampf am Arbeitsplatz; magische Heilerfähigkeit, Arbeitskraft.

Pluto im 7. Feld
Der Wunsch nach Transformation wird am intensivsten über die Spiegelung dieser Eigenschaft im Partner erlebt werden können. Deshalb werden in diesem Bereich menschliche Beziehungen eine große Rolle spielen: Machtkampf in Beziehungen; Schicksalsgemeinschaften.

Pluto im 8. Feld
Der Wunsch nach Transformation erfährt man im Einsatz für geistige Inhalte, die in der engen Gemeinsamkeit mit Menschen entstanden sind oder als Erbschaft weitergetragen werden sollen: Macht durch Magie, Todesverachtung; Regenerationskraft, sensitiv.

Pluto im 9. Feld
Der Wunsch nach Transformation bestimmt den Wunsch nach kaum bremsbarer Expansion, der in Übermaß und Größenwahn, aber auch in Einsichtsfähigkeit und Erkenntnis münden kann: Macht durch Weltanschauung, Gönner; lexikalisches Wissen, Idealist.

Pluto im 10. Feld
Der Wunsch nach Transformation erlebt man besonders intensiv in einer ernsten, konzentrierten, ganz auf die äußere Welt der menschlichen Gemeinschaft aufgerichteten Haltung: Macht in Beruf und Politik; Mutterbindung, Geltungsdrang, Autorität.

Pluto im 11. Feld
Der Wunsch nach Transformation kann sich am besten in der Gemeinschaft Gleichgesinnter entwickeln. Diese Energie sollte zur Weiterentwicklung und Veränderung von gesellschaftlichen Strukturen eingesetzt werden: Macht in Gruppen, Verlust von Freunden; starker Idealismus.

Pluto im 12. Feld
Der Wunsch nach Transformation zeigt sich in der Arbeit im Verborgenen, in der Reinigung des Unterbewussten und in der entwickelten Form im Aufarbeiten von karmischer Last vergangener Zeiten: Macht durch geheime Herrschaft; Manipulation durch Unterbewusstsein.

Mondknotenachse

Entwicklungslinien (Rahu steigt auf, Ketu steigt ab)

Mondknoten im Widder

Das Streben, sich von alten Stärken und Schwächen zu lösen, und in neue Lebensbereiche hineinzuwachsen, wird am besten umgesetzt, wenn es gelingt, sich dem Energiestrom der Tat und des Handelns reibungslos hinzugeben. Toleranz muss geübt werden. Sie sollte weiter gehen, sich nicht auf den unmittelbaren Ausgleich beschränken. Erfolg bei Entwicklung der Entscheidungs- und Handlungsfähigkeit.

Mondknoten im Stier

Das Streben, sich von alten Stärken und Schwächen zu lösen, und in neue Lebensbereiche hineinzuwachsen, kann umgesetzt werden, wenn die Substanz allen Lebens immerfort gestärkt und gemehrt wird. Schwierig ist das Loslassen von Fixierungen auf Objekte und Partner. Erfolg bei der Konzentration auf die eigenen Ressourcen.

Mondknoten in den Zwillingen

Das Streben, sich von alten Stärken und Schwächen zu lösen, und in neue Lebensbereiche hineinzuwachsen, zeigt sich in großer Bewegungsfreiheit, die entsteht, wenn Kommunikation, Kontakte und das Wissen um die Phänomene des Alltags in den Brennpunkt des Interesses gestellt werden. Schwierig ist eine übermäßige Toleranz, auch bezüglich der eigenen Mankos. Erfolg bei der Einübung von handwerklichen Fähigkeiten und der Beschäftigung mit den Dingen des Alltags.

Mondknoten im Krebs

Das Streben, sich von alten Stärken und Schwächen zu lösen, und in neue Lebensbereiche hineinzuwachsen, verwirklicht sich im Behüten aller gerade frisch entstandenen Wesenskeime des Seelischen. Schwierig ist ein übermäßiges Beharren auf Tradition und Althergebrachtem. Erfolg beim Wagen von Gefühlen, Zulassen von menschlichen und allzu menschlichen Regungen.

Mondknoten im Löwen

Das Streben, sich von alten Stärken und Schwächen zu lösen, und in neue Lebensbereiche hineinzuwachsen, zeigt sich in schöpferischer Kraft, die durch Interesse und Anerkennung geliebter Menschen belohnt werden möchte. Schwierig ist eine allzu große Unruhe, Distanziertheit und eventuell auch Arroganz. Erfolg beim Entwickeln persönlicher Ausstrahlung, eigener Schöpferkraft.

Mondknoten in der Jungfrau

Das Streben, sich von alten Stärken und Schwächen zu lösen, und in neue Lebensbereiche hineinzuwachsen, verwirklicht sich in der Pflege, Heilung und Reinigung des Körperlichen der materiellen Welt. Schwierig ist ein allzu großes Selbstmitleid, das Hinwegfließen in Gefühlen. Erfolg bei Beschäftigung mit den Anforderungen des Alltags, einem Leben aus der Vernunft heraus.

Mondknoten in der Waage

Das Streben, sich von alten Stärken und Schwächen zu lösen, und in neue Lebensbereiche hineinzuwachsen, zeigt sich im Versuch, sich vollkommen auf die Impulse eines anderen Menschen einschwingen zu können. Schwierigkeiten, individuelle Ruhe zu finden, nicht dauernd zu handeln. Erfolg bei gemeinsamen Aktivitäten, dem Einsatz für den Partner.

Mondknoten im Skorpion

Das Streben, sich von alten Stärken und Schwächen zu lösen, und in neue Lebensbereiche hineinzuwachsen, verwirklicht sich in tiefen Wandlungsprozessen, die neue Energien freisetzen und Regenerationskraft haben. Schwierigkeiten, wenn es nur um das eigene Wohlbefinden geht. Erfolg, wenn man sich auch um gemeinsamen Genuss bemüht.

Mondknoten im Schützen

Das Streben, sich von alten Stärken und Schwächen zu lösen, und in neue Lebensbereiche hineinzuwachsen, kann Realität werden, wenn im Vertrauen auf den Reichtum des Lebens die Orientierung an Visionen und Idealen Vorrang hat. Schwierigkeiten, wenn Gespräche und allgemein der Austausch mit anderen Menschen immer nur auf einer oberflächlichen Ebene stattfindet. Erfolg, wenn in größeren Zusammenhängen gedacht wird.

Mondknoten im Steinbock

Das Streben, sich von alten Stärken und Schwächen zu lösen, und in neue Lebensbereiche hineinzuwachsen, kann sich am besten verwirklichen, wenn man sich für überpersönliche Ziele einsetzt. Schwierigkeiten, wenn es sich immer nur um die eigene Befindlichkeit dreht. Erfolg, wenn man sich um die wechselnden Launen anderer, z. B. Kinder kümmert.

Mondknoten im Wassermann
Das Streben, sich von alten Stärken und Schwächen zu lösen, und in neue Lebensbereiche hineinzuwachsen, wird in freier, ungebundener Gemeinschaft mit Gleichgesinnten zu verwirklichen sein. Schwierigkeiten, wenn man immer nur selber im Mittelpunkt stehen will. Erfolg, wenn gerade auch anderen Erfolg und Applaus gegönnt werden kann.

Mondknoten in den Fischen
Das Streben, sich von alten Stärken und Schwächen zu lösen, und in neue Lebensbereiche hineinzuwachsen, verwirklicht sich im Bewusstsein, mit allem verbunden zu sein trotz aller sichtbaren Grenzen. Schwierigkeiten, wenn sowohl äußerlich, als auch innerlich das ganze Leben immer geordnet sein muss. Erfolg, wenn die Lebendigkeit des Chaos zugelassen werden kann.

Mondknoten im 1. Feld
Suche den eigenen Impuls und warte nicht, dass der andere beginnt. Das Streben, sich von alten Stärken und Schwächen zu lösen, und in neue Lebensbereiche hineinzuwachsen, bestimmt die Suche nach Identität, und hilft, zu erkennen, wer man wirklich ist. Immer wieder muss gewagt werden, eigene Initiative zu ergreifen. Zu leicht, doch letztlich als Sackgasse erweist es sich, Entscheidungen und neue Impulse nur vom Partner zu verlangen.

Mondknoten im 2. Feld
Schau, was Du erwerben kannst, und warte nicht auf Erbschaften. Das Streben, sich von alten Stärken und Schwächen zu lösen, und in neue Lebensbereiche hineinzuwachsen, fördert das Hineinströmen von äußerem und das Entwickeln von innerem Reichtum. Anstatt sich auf die Ressourcen anderer zu verlassen, sich in Schattenprojektionen zu verstricken, fremde Vorstellungen zu übernehmen, sollte man sich auf die eigene Kraft besinnen, und so zu besseren Ergebnissen kommen.

Mondknoten im 3. Feld
Schweif nicht in die Ferne, wenn es hier genug für Dich gibt. Das Streben, sich von alten Stärken und Schwächen zu lösen, und in neue Lebensbereiche hineinzuwachsen, fließt hinein in die Kraft des Geistes und bewirkt Erfahrungen, die den Intellekt erhellen. Weniger sollte die Versenkung in schwere religiöse und weltanschauliche Philosophien einen Platz im Leben finden, als vielmehr der konkrete geistige Austausch mit den Mitmenschen im Alltag.

Mondknoten im 4. Feld
Vernachlässige nicht die Familie um der lieben Karriere willen. Das Streben, sich von alten Stärken und Schwächen zu lösen, und in neue Lebensbereiche hineinzuwachsen, und die Suche nach den Wurzeln der Persönlichkeit, der Kontakt mit den Vorfahren und der Energie des Ortes, an dem man aufgewachsen ist, hängen eng miteinander zusammen. Anstatt allzu sehr emotionale Persönlichkeitsteile hinter einer gesellschaftlichen Rolle zu verstecken, sollte man den Mut zu Privatheit und Subjektivität haben, Verletzlichkeit zulassen können.

Mondknoten im 5. Feld
Gehe selbst aus Dir heraus, und sei nicht immer nur Zuschauer. Das Streben, sich von alten Stärken und Schwächen zu lösen, und in neue Lebensbereiche hineinzuwachsen, prägt den Drang nach Selbstausdruck, ist der Schlüssel zu Charisma, welches die Mitmenschen in Bann zieht. Anstatt sich in abstrakten Ideen und Idealen und Utopien zu versteigen, sollte das konkrete Leben, die Lebendigkeit und Herzlichkeit gewagt werden.

Mondknoten im 6. Feld
Ordne den Alltag, und verlier` Dich nicht in Träumen. Das Streben, sich von alten Stärken und Schwächen zu lösen, und in neue Lebensbereiche hineinzuwachsen, wird verwendet, um persönliche Energien für den Zweck der Heilung und des Ausgleichs von karmischen Schwächen zu bündeln. Zu wirklicher Entspannung und neuer Identitätsfindung ist eine Situation in völliger Abgeschiedenheit empfehlenswert.

Mondknoten im 7. Feld
Schau auch nach dem andren, mach nicht alles nur alleine. Das Streben, sich von alten Stärken und Schwächen zu lösen, und in neue Lebensbereiche hineinzuwachsen, wird am intensivsten über die Spiegelung dieser Eigenschaft im Partner erlebt werden können. Deshalb werden in diesem Bereich menschliche Beziehungen eine große Rolle spielen. Gewagt werden sollte es, auch dem anderen die Initiative zu überlassen, selbst abzuwarten, sich bewegen zu lassen, und Spannungen auszugleichen.

Mondknoten im 8. Feld

Hab‹ den Mut, in die Tiefe zu schauen, sieh nicht nur die Dinge. Das Streben, sich von alten Stärken und Schwächen zu lösen, und in neue Lebensbereiche hineinzuwachsen, erfährt man im Einsatz für geistige Inhalte, die in der engen Gemeinsamkeit mit Menschen entstanden sind oder als Erbschaft weitergetragen werden sollen. Anstatt sich nur an die eigenen Sicherheiten zu klammern, sollte man den Mut haben, sich auf seelische Bindungen einzulassen und geistige Vorstellungen zu entwickeln.

Mondknoten im 9. Feld

Suche auch in der Fremde, was Du hier nicht finden kannst. Das Streben, sich von alten Stärken und Schwächen zu lösen, und in neue Lebensbereiche hineinzuwachsen, bestimmt den Wunsch nach kaum bremsbarer Expansion, der in Übermaß und Größenwahn, aber auch in Einsichtsfähigkeit und Erkenntnis münden kann. Weniger sollte ein permanenter Austausch über alle möglichen und unmöglichen Ereignisse und Kleinigkeiten das Leben bestimmen, als vielmehr auch die Suche nach größeren Zusammenhängen und auch einem Sinn im Leben.

Mondknoten im 10. Feld

Kümmere Dich auch um den Beruf, versteck Dich nicht zu Hause. Das Streben, sich von alten Stärken und Schwächen zu lösen, und in neue Lebensbereiche hineinzuwachsen, erlebt man besonders intensiv in einer ernsten, konzentrierten, ganz auf die äußere Welt der menschlichen Gemeinschaft aufgerichteten Haltung. Anstatt allzu sehr in Privatheit und dem engen Horizont von Herkunft und Familie beschränkt zu bleiben, sollte man sich in die Öffentlichkeit hinauswagen, sich für gesellschaftliche Belange interessieren.

Mondknoten im 11. Feld

Sei auch mal Zuschauer, und nicht immer nur selbst in der Mitte. Das Streben, sich von alten Stärken und Schwächen zu lösen, und in neue Lebensbereiche hineinzuwachsen, kann sich am besten in der Gemeinschaft Gleichgesinnter entwickeln. Diese Energie sollte zur Weiterentwicklung und Veränderung von gesellschaftlichen Strukturen eingesetzt werden. Anstatt sich zu sehr in Egozentrik und Subjektivität zu verschließen, sollte gewagt werden, Kameradschaft und Partnerschaft zu üben.

Mondknoten im 12. Feld

Gehe auch mal nach Deinem Gespür, nicht immer nur nach der Vernunft. Das Streben, sich von alten Stärken und Schwächen zu lösen, und in neue Lebensbereiche hineinzuwachsen, zeigt sich in der Arbeit im Verborgenen, in der Reinigung des Unterbewussten und in der entwickelten Form im Aufarbeiten von karmischer Last vergangener Zeiten. Auch, wenn die Entspannung gerade im Alltag und direkten Gesprächen auch über schwierige Dinge liegt, so sollte doch immer wieder gewagt werden, sich in Situationen von Abgeschiedenheit und Rückzug zurechtfinden zu können.

Dispositoren und Herrscher

Deutung im Hinblick auf die Beziehungsfähigkeit

Das Dispositoren- und Herrschersystem stammt aus alten Zeiten, als man das Horoskop einer Stadt mit den Festungsmauern gleichsetzte, Aszendent und Deszendent etc. mit den Stadttoren und die Erdraumfelder bzw. Häuser mit den einzelnen Wohnbezirken innerhalb dieser Stadt. Die Häuser befinden sich in Tierkreiszeichen. Und jedes Tierkreiszeichen ist einem Planeten zugeordnet, der »Herrscher« genannt wird. Steht dieser Planet in einem anderen Haus, so ist er dort nur zu Gast. Er »herrscht« jedoch über das Haus, in dem sich sein eigenes Tierkreiszeichen befindet. Beispiel: Mars ist dem Widder zugeordnet. Steht Mars nun beispielsweise im siebten Haus, befindet sich sein Zeichen Widder jedoch im dritten Haus, so ist Mars im siebten Haus nur Gast. Zugleich übt er jedoch als Herrscher über den Widder eine Herrscherfunktion über das dritte Haus aus. Und so ergeben sich vielfältige Deutungskombinationen.

Geburtsdispositor im ersten Feld

Man wird diese Rollenverteilung schwer begreifen können, so sehr identifiziert man sich mit seiner eigenen Position, so groß ist der Führungsanspruch.

Geburtsdispositor im zweiten Feld

Die eigenen materiellen Verhältnisse und das Selbstwertgefühl prägen die Rolle, die man in der Partnerschaft einnehmen wird.

Herrscher des zweiten im siebten Feld

Das eigene Selbstwertgefühl spielt eine große Rolle, wenn es darum geht, sich enger an einen anderen Menschen zu binden.

Herrscher des zweiten im achten Feld

Das eigene Selbstwertgefühl spielt eine große Rolle, wenn es darum geht, sich enger an einen anderen Menschen zu binden.

Herrscher des zweiten im neunten Feld

Das eigene Selbstwertgefühl spielt eine große Rolle, wenn es darum geht, eine Beziehung offen, ohne feste Regeln oder Abhängigkeiten zu gestalten.

Geburtsdispositor im dritten Feld

Bei der Frage der Rollenverteilung innerhalb der Partnerschaft hat die eigene Fähigkeit oder Unfähigkeit, sich mitzuteilen, einen ganz hohen Stellenwert.

Herrscher des dritten im siebten Feld

Die sprachlichen Fähigkeiten spielen eine entscheidende Rolle beim Versuch, einen ersten Kontakt zu knüpfen.

Herrscher des dritten im achten Feld

Wenn es darum geht, sich enger an einen anderen Menschen zu binden, ist es ganz wichtig, wie gut man kommunizieren kann, wie flink und wendig man ist.

Herrscher des dritten im neunten Feld

Wenn es darum geht, gemeinsam etwas zu unternehmen, spielt es eine große Rolle, wie flink, wendig und gewitzt man ist.

Geburtsdispositor im vierten Feld

Einen großen Einfluss auf die Rollenverteilung in der Partnerschaft übt die Herkunft aus, die Gebräuche der Gegend, in der man aufgewachsen ist, Vater und Mutter.

Herrscher des vierten im siebten Feld

Über die Spiegelung im Partner wird man erkennen, wer man selber ist, wo die eigene Seele ihr zu Hause hat.

Herrscher des vierten im achten Feld

Über die enge Bindung an einen Partner wird man erkennen, wer man selber ist, wo die eigene Seele ihr zu Hause hat.

Herrscher des vierten im neunten Feld

Über gemeinsame Unternehmungen wird man auch erkennen, wer man selber ist, wo die eigene Seele ihr zu Hause hat.

Geburtsdispositor im fünften Feld

Immer dann, wenn es gilt, sich schöpferisch und mit ganzem Herzen einzubringen, ist man in seinem Element. Man kann sich voll ausleben, braucht sich nicht weiter anzustrengen.

Herrscher des fünften im siebten Feld

Besonders wenn es darum geht, sich mit anderen zu arrangieren, kann man seine Kreativität voll einsetzen.

Herrscher des fünften im achten Feld
Immer dann, wenn der Kontakt zu einem anderen Menschen enger wird, kann man seinen persönlichen Charme zur Geltung bringen.

Herrscher des fünften im neunten Feld
Besonders wenn es darum geht, etwas gemeinsam zu unternehmen, kann man seine Kreativität voll einsetzen.

Geburtsdispositor im sechsten Feld
Die Rollenverteilung in einer Beziehung wird im starken Maße davon abhängen, wie gut man auf seine Arbeits- und Lebensbedingungen Einfluss nehmen kann. Sie müssen den eigenen Bedürfnissen entsprechen.

Herrscher des sechsten im siebten Feld
Mit Hilfe der klaren Analyse und der Vernunft ist es möglich, Schwierigkeiten, die zu Beginn einer Partnerschaft entstehen, zu lösen. Man wird merken, dass man sich zu viel oder zu wenig an die Bedürfnisse des anderen angepasst hat.

Herrscher des sechsten im achten Feld
Mit Hilfe der klaren Analyse und der Vernunft ist es möglich, Schwierigkeiten, die entstehen, wenn eine Beziehung enger wird, zu lösen. Man wird merken, dass man sich zu viel oder zu wenig an die Bedürfnisse des anderen angepasst hat.

Herrscher des sechsten im neunten Feld
Mit Hilfe der klaren Analyse und der Vernunft ist es möglich, Schwierigkeiten, die entstehen, wenn man eine Beziehung lockerer gestalten will, zu lösen. Man wird merken, dass man sich zu viel oder zu wenig an die Bedürfnisse des anderen angepasst hat.

Geburtsdispositor im siebten Feld
Persönliche Kontakte mit anderen Menschen ergeben sich indirekt, aber zwangsläufig als Folge einer Reihe ganz verschiedener Aktivitäten. In erster Linie sind sie das Resultat spontanen Handelns, geschehen immer dann, wenn man sich ganz natürlich gibt.

Herrscher des siebten im ersten Feld
Persönliche Kontakte mit anderen Menschen können sich auch indirekt ergeben, als zwangsläufige Folge einer Reihe ganz anderer Aktivitäten. Dies kann zum Beispiel immer dann der Fall sein, wenn man sich selbst ganz aktiv einsetzt, mit seiner ganzen Persönlichkeit.

Herrscher des siebten im zweiten Feld
Persönliche Kontakte mit anderen Menschen können sich auch indirekt ergeben, als zwangsläufige Folge einer Reihe ganz anderer Aktivitäten. Es kann sich dabei um geschäftliche und finanzielle Transaktionen handeln, um alle damit verbundenen Angelegenheiten.

Herrscher des siebten im dritten Feld
Persönliche Kontakte mit anderen Menschen können sich auch indirekt ergeben, als zwangsläufige Folge einer Reihe ganz anderer Aktivitäten. Eine Methode, den Partner seines Lebens kennenlernen, ist der Schritt aus den eigenen vier Wänden heraus. Man muss versuchen, lebendiger, beweglicher, gewitzter zu werden, seine Nachbarn, das Dorf oder den Stadtteil, in dem man lebt, kennenlernen.

Herrscher des siebten im vierten Feld
Persönliche Kontakte mit anderen Menschen können sich auch indirekt ergeben, als zwangsläufige Folge einer Reihe ganz anderer Aktivitäten. Wieso versucht man nicht, sich erst mal ein Nest zu bauen? Vielleicht muss man als Voraussetzung dafür, dass ein anderer Mensch am eigenen Leben teilhaben kann, erst einmal Platz schaffen?

Herrscher des siebten im fünften Feld
Persönliche Kontakte mit anderen Menschen können sich auch indirekt ergeben, als zwangsläufige Folge einer Reihe ganz anderer Aktivitäten. Wichtig ist es, das eigene Wesen zu zeigen, ein wenig lebendiger zu werden, Herzlichkeit zuzulassen, zu lachen und zu weinen.

Herrscher des siebten im sechsten Feld
Persönliche Kontakte mit anderen Menschen können sich auch indirekt ergeben, als zwangsläufige Folge einer Reihe ganz anderer Aktivitäten. Die Arbeits- und Lebensbedingungen sollten dem eigenen Wesen entsprechen, dann hat man genug Ruhe und Zufriedenheit, kann sich den verborgenen Wünschen und geheimen Stärken des anderen widmen.

Herrscher des siebten im siebten Feld
Persönliche Kontakte mit anderen Menschen können sich auch indirekt ergeben, als zwangsläufige Folge einer Reihe ganz anderer Aktivitäten. Es kann guttun, umgänglicher zu werden. Man sollte üben, mit anderen Dinge gemeinsam zu tun, verträgliche Regelungen zu finden.

Herrscher des siebten im achten Feld

Persönliche Kontakte mit anderen Menschen können sich auch indirekt ergeben, als zwangsläufige Folge einer Reihe ganz anderer Aktivitäten. Die Frage ist, was man sich unter einer festen Bindung vorstellt. Solange man diesbezüglich noch keine konkreten Vorstellungen hat, wird man sich nur ungern auf andere einlassen.

Herrscher des siebten im neunten Feld

Persönliche Kontakte mit anderen Menschen können sich auch indirekt ergeben, als zwangsläufige Folge einer Reihe ganz anderer Aktivitäten. Vielleicht ist es gut, ins Ausland zu reisen, sich kulturell weiterzuentwickeln, seine eigene Religion und Philosophie zu finden. Dann weiß man sicher besser, wie es sich gemeinsam leben lässt.

Herrscher des siebten im zehnten Feld

Persönliche Kontakte mit anderen Menschen können sich auch indirekt ergeben, als zwangsläufige Folge einer Reihe ganz anderer Aktivitäten. Immer dann, wenn man sich seinen beruflichen Ambitionen widmet (nicht unbedingt dem Beruf, sondern der Berufung), wird man auf Menschen treffen, mit denen man auch privat gerne zusammen ist.

Herrscher des siebten im elften Feld

Persönliche Kontakte mit anderen Menschen können sich auch indirekt ergeben, als zwangsläufige Folge einer Reihe ganz anderer Aktivitäten. Was ist Freiheit, wie gestaltet man seine Freizeit, wo ist die Gruppe, in der man sich wohlfühlt? Gerade dort kann sich auch der Mensch finden, der zu einem passt.

Herrscher des siebten im zwölften Feld

Persönliche Kontakte mit anderen Menschen können sich auch indirekt ergeben, als zwangsläufige Folge einer Reihe ganz anderer Aktivitäten. Man sollte auf die innere Stimme hören. Dort fängt die Suche nach dem geeigneten Partner an. Leicht geht man im äußeren Leben an ihm vorbei, übersieht die feinen, zarten Lockrufe. Vielleicht begegnet man sich auch zuerst im Traum?

Geburtsdispositor im achten Feld

Wie sich die Rollenverteilung innerhalb der Partnerschaft gestaltet, hängt im Wesentlichen davon ab, ob man eine eigene Meinung hat, weiß, was man will.

Herrscher des achten im ersten Feld

Für die Rollenverteilung in einer Partnerschaft ist es ganz entscheidend, wie stark man seine eigenen Vorstellungen durchsetzen kann, ja ob man überhaupt schon welche entwickelt hat.

Herrscher des achten im zweiten Feld

Wenn eine Beziehung enger wird, merkt man, wie sehr die eigenen finanziellen Verhältnisse davon betroffen sind.

Herrscher des achten im dritten Feld

Je intensiver eine Beziehung wird, umso mehr wirkt sich dies auf die Kontakte aus, die man bislang so pflegte.

Herrscher des achten im vierten Feld

Je intensiver eine Beziehung wird, umso bedeutender wird es, sich über den Platz, an dem man wohnt und über das weitere Verhältnis zur eigenen Familie Gedanken zu machen.

Herrscher des achten im fünften Feld

Je intensiver eine Beziehung wird, umso mehr merkt man, dass sie sich auf die eigene Kreativität auswirkt. Die Frage, ob man gemeinsame Kinder haben sollte, steht ebenfalls im Mittelpunkt.

Herrscher des achten im sechsten Feld

Wenn man sich in einer Beziehung näher gekommen ist, stellt sich besonders die Frage nach der Gestaltung des Arbeitsplatzes, den allgemeinen Lebensumständen, dem körperlichen und seelischen Wohlbefinden.

Herrscher des achten im siebten Feld

Je näher man einem anderen Menschen kommt, umso mehr stellt sich die Frage nach einem für beide Seiten gerechten Arrangement.

Herrscher des achten im achten Feld

Ist man sich in einer Beziehung näher gekommen, wird man sich schnell auf den anderen fixieren, kann sich kaum mehr abgrenzen und wird eigene seelische Inhalte auf ihn projizieren.

Herrscher des achten im neunten Feld

Wenn man sich stärker auf einen anderen Menschen eingelassen hat, wird es ganz wichtig, Toleranz zu üben und zu bekommen.

Herrscher des achten im zehnten Feld
Wenn man sich stärker auf einen anderen Menschen eingestellt hat, wirkt sich dies auf die eigenen beruflichen Pläne aus.

Herrscher des achten im elften Feld
Wenn man einander näher gekommen ist, wird es wichtig, etwas gemeinsam zu tun, stellt sich auch die Frage persönlicher Freiheit.

Herrscher des achten im zwölften Feld
Wird eine Beziehung enger, dann wird man sich auch mit dem bislang Verdrängten beschäftigen müssen. Der Partner muss die Möglichkeit bekommen, auch über Probleme zu sprechen.

Geburtsdispositor im neunten Feld
Die Rollenverteilung in der Partnerschaft hängt im großen Maße davon ab, wie tolerant und weltoffen man ist.

Herrscher des neunten im ersten Feld
Die Fähigkeit, durch gemeinsame Gespräche Vertrauen zu schaffen, zeigt sich besonders dann, wenn man sich selbst behaupten, wenn man kämpfen muss.

Herrscher des neunten im zweiten Feld
Die Fähigkeit, durch gemeinsame Gespräche eine Beziehung immer wieder zu erneuern, zeigt sich besonders dann, wenn es um existenzielle, materielle Belange geht.

Herrscher des neunten im dritten Feld
Die Fähigkeit, durch gemeinsame Gespräche eine Beziehung immer wieder zu erneuern, zeigt sich besonders dann, wenn man umgezogen ist und neue Bekanntschaften schließen möchte.

Herrscher des neunten im vierten Feld
Die Fähigkeit, durch gemeinsame Gespräche eine Beziehung immer wieder zu erneuern, zeigt sich besonders dann, wenn man es zu Hause gemütlicher haben will, Frieden einkehren soll.

Herrscher des neunten im fünften Feld
Die Fähigkeit, durch gemeinsame Gespräche eine lockere Atmosphäre zu schaffen, zeigt sich besonders dann, wenn man wieder mal einen Flirt wagen will.

Herrscher des neunten im sechsten Feld
Die Fähigkeit, durch gemeinsame Gespräche eine Beziehung immer wieder zu erneuern, zeigt sich besonders dann, wenn es sich um Probleme am Arbeitsplatz handelt.

Herrscher des neunten im siebten Feld
Die Fähigkeit, durch gemeinsame Gespräche eine Beziehung immer wieder zu erneuern, zeigt sich besonders dann, wenn man Verträge abschließen will.

Herrscher des neunten im achten Feld
Die Fähigkeit, durch gemeinsame Gespräche eine Beziehung immer wieder zu erneuern, zeigt sich besonders dann, wenn man sich näher kennenlernt und intimer wird.

Herrscher des neunten im neunten Feld
Die Fähigkeit, durch gemeinsame Gespräche eine Beziehung immer wieder zu erneuern, zeigt sich besonders dann, wenn man auf Reisen geht, man Kontakt mit fremden Kulturen aufnimmt.

Herrscher des neunten im zehnten Feld
Die Fähigkeit, durch gemeinsame Gespräche eine Beziehung immer wieder zu erneuern, zeigt sich besonders dann, wenn man beruflich weiterkommen will.

Herrscher des neunten im elften Feld
Die Fähigkeit, durch gemeinsame Gespräche eine Beziehung immer wieder zu erneuern, zeigt sich besonders dann, wenn man Gleichgesinnte sucht, seine Freizeit gestalten will.

Herrscher des neunten im zwölften Feld
Die Fähigkeit, durch gemeinsame Gespräche eine Beziehung immer wieder zu erneuern, zeigt sich besonders dann, wenn man den Kontakt zu Menschen verbessern will, die man eigentlich für heimliche Feinde hielt.

Geburtsdispositor im zehnten Feld
Wie sich die Rollenverteilung in der Partnerschaft gestaltet, hängt sehr davon ab, ob man beruflich Erfolg hat, seine Ziele zumindest langfristig erreichen, sich selbstverwirklichen kann.

Herrscher des zehnten im siebten Feld
Berufliche Interessen spielen bei der Partnerwahl eine große Rolle. Geschäftspartner lernt man auch gern privat kennen.

Herrscher des zehnten im achten Feld
Berufliche Interessen und enge zwischenmenschliche Kontakte bedingen einander. Die Finanzen des Partner haben großen Einfluss.

Herrscher des zehnten im neunten Feld
Man verfolgt das Ziel, geschäftliche Kontakte so zu gestalten, dass sich die Dinge ganz wie von selbst ergeben.

1 Geburtsdispositor im elften Feld
Berufliche Kontakte haben oft auch ideellen Charakter. Man möchte auch privat freundschaftlich verbunden sein.

Herrscher des elften im siebten Feld
Freunde werden zu Partnern gemacht, Partner werden Freunde. Man will seine Ideale in der Beziehung verwirklicht wissen.

Herrscher des elften im achten Feld
Man will in einer ganz engen, festen Partnerschaft Ideale verwirklicht wissen. Lässt sich Freiheit und Bindung vereinen?

Herrscher des elften im neunten Feld
In einer toleranten Atmosphäre lassen sich Freiheiten und Ideale noch am besten realisieren.

Geburtsdispositor im zwölften Feld
Bei der Rollenverteilung innerhalb von Beziehungen spielt es eine große Rolle, wie gut man auf seine innere Stimme hören kann, Kontakt zum eigenen Unterbewussten, fast Verdrängten hat.

Herrscher des zwölften im siebten Feld
Immer dann, wenn man einen neuen Menschen kennenlernt, sollte man auf seine innere Stimme hören. Sie sagt einem ganz genau, wie man sich zu verhalten hat.

Herrscher des zwölften im achten Feld
Immer dann, wenn die Beziehung zu einem Menschen intensiver wird, sollte man auf seine innere Stimme hören. Sie sagt einem ganz genau, wie man sich zu verhalten hat.

Herrscher des zwölften im neunten Feld
Immer dann, wenn man die Beziehung zu einen Menschen etwas leichter, lockerer gestalten will, sollte man auf seine innere Stimme hören. Sie sagt einem ganz genau, wie man sich zu verhalten hat.

Aspektarium

Kräfteverhältnisse innerhalb des Kosmogramms

Der Begriff Aspekt leitet sich aus dem lateinischen Wort »aspicere« ab, was so viel wie »anschauen« bedeutet. Es handelt sich hier um Winkelverbindungen von Horoskopfaktoren im Tierkreis. Einige Aspektarten werden in der Astrologie schon seit der Römerzeit verwendet. Andere entwickelte der Astronom und Astrologe Johannes Kepler im ausgehenden Mittelalter.

Sonne Opposition Gefühl und Wille sind konträr, es fällt schwer, eine Ausgeglichenheit in Ehe und Partnerschaft zu erreichen. Bewusstes Ich und seelisches Reflexionsvermögen stehen in einem Höchstmaß an Gegensätzlichkeit und Spannung zueinander. Der Sinn liegt hier im Auflösen von Schattenbildern und der Chance, sich die Gesetzmäßigkeit von Polaritäten bewusst zu machen. Besonders wichtig ist die Harmonisierung zwischen den inneren männlichen und weiblichen Persönlichkeitsanteilen. Dazu ist es notwendig, sich bewusst zu machen, dass auch der jeweils gegengeschlechtliche Persönlichkeitsanteil (Anima oder Animus) zum eigenen Wesen gehört und der Kontakt zu diesem Teil über die Schattenprojektion auf Partner ausgelebt wird.

Sonne

Sonne Konjunktion Mond
Gefühl und Wille passen zusammen, es fällt leicht, eine Ausgeglichenheit in Ehe und Partnerschaft zu erreichen. Bewusstes Ich und seelisches Reflexionsvermögen können in einem großen Einklang miteinander schwingen, wenn die beiden Energien vollständig aufeinander abgestimmt sind und keine Seite die andere dominiert. Besonders wichtig ist die Harmonisierung zwischen den inneren männlichen und weiblichen Persönlichkeitsanteilen. Dazu ist es notwendig, sich bewusst zu machen, dass auch der jeweils gegengeschlechtliche Persönlichkeitsanteil (Anima oder Animus) zum eigenen Wesen gehört und der Kontakt zu diesem Teil über die Schattenprojektion auf Partner ausgelebt wird.

Sonne Konjunktion Merkur
Das Denken ist kraftvoll, vital, man spricht die Dinge direkt an. Bewusstes Ich und ordnendes Denken können in einem großen Einklang miteinander schwingen, wenn die beiden Energien vollständig aufeinander abgestimmt sind und keine Seite die andere dominiert. Ein Ausgleich zwischen

Ratio und Emotionen ist hier notwendig. Es besteht die Neigung, Herzensangelegenheiten zu sehr zu intellektualisieren und funktionalisieren und damit letztlich auf eine neutrale, aseptische Ebene zu bringen. Das eigene emotionale Erleben muss wieder mehr in den Vordergrund gestellt werden.

Sonne Konjunktion Venus

Man strahlt ein gutes Selbstwertgefühl aus, hat ein gewinnendes Äußeres, ist sich seiner Reize bewusst. Die Libido ist hier sehr stark sehr intensiv, aber auch durch das Ego überlastet. Das kann letztlich zu Ersatzhandlungen wie Konsumrausch oder übermäßigen Genuss führen, da die Sinnlichkeit im Grunde durch ein zu egozentrisches Verhalten in menschlichen Beziehungen im Grunde erst recht nicht gestillt werden kann. Zum Nehmen gehört Geben.

Sonne Opposition Mars

Man ist leicht reizbar, kann Streit schlecht vermeiden. Bewusstes Ich und die zielgerichtete Gefühlsenergie stehen in einem Höchstmaß an Gegensätzlichkeit und Spannung zueinander. Der Sinn liegt hier im Auflösen von Schattenbildern und der Chance, sich die Gesetzmäßigkeit von Polaritäten bewusst zu machen. Hier kann ein Konkurrenzkampf zwischen dem inneren Vater und dem inneren Sohn zu einer Spannung führen, die in fortwährenden Aktionismus zwar abreagiert, aber im Grunde nicht gelöst wird. Ein Bewusstsein der verschiedenen inneren Bilder von Männlichkeit, und ein innerer Frieden mit dem äußeren Vater können hier helfen, wirkliche Kreativität freizusetzen.

Sonne Konjunktion Mars

Man ist sehr kraftvoll und aktiv, wirkt aktiv erotisierend. Bewusstes Ich und die zielgerichtete Gefühlsenergie können in einem großen Einklang miteinander schwingen, wenn die beiden Energien vollständig aufeinander abgestimmt sind und keine Seite die andere dominiert. Hier kann ein Konkurrenzkampf zwischen dem inneren Vater und dem inneren Sohn zu einer Spannung führen, die in fortwährenden Aktionismus zwar abreagiert, aber im Grunde nicht gelöst wird. Ein Bewusstsein der verschiedenen inneren Bilder von Männlichkeit, und ein innerer Frieden mit dem äußeren Vater können hier helfen, wirkliche Kreativität freizusetzen.

Sonne Opposition Jupiter

Man ist zu sehr auf Förderung angewiesen, neigt zu Trägheit und Überheblichkeit. Bewusstes Ich und die Entfaltungskraft stehen in einem Höchstmaß an Gegensätzlichkeit und Spannung zueinander. Der Sinn liegt hier im Auflösen von Schattenbildern und der Chance, sich die Gesetzmäßigkeit von Polaritäten bewusst zu machen. Hinter einem jovialen selbstbewussten gönnerhaften Auftreten kann ein Ego stehen, das sich innerlich vollkommen leer und hohl fühlt und nicht das Selbstbewusstsein hat, diese innere Orientierungslosigkeit der Welt mitteilen zu können, umso endlich das zu tun, was eigentlich fehlt: Lernen im Bewusstsein der eigenen Leere und des Wunsches, diese zu füllen.

Sonne Konjunktion Jupiter

Man kommt durch Toleranz und Positivität im Leben schnell voran. Bewusstes Ich und die Entfaltungskraft können in einem großen Einklang miteinander schwingen, wenn die beiden Energien vollständig aufeinander abgestimmt sind und keine Seite die andere dominiert. Hinter einem jovialen selbstbewussten gönnerhaften Auftreten kann ein Ego stehen, das sich innerlich vollkommen leer und hohl fühlt und nicht das Selbstbewusstsein hat, diese innere Orientierungslosigkeit der Welt mitteilen zu können, umso endlich das zu tun, was eigentlich fehlt: Lernen im Bewusstsein der eigenen Leere und des Wunsches, diese zu füllen.

Sonne Opposition Saturn

Man achtet zu sehr auf Autorität und Hierarchie, ist misstrauisch. Bewusstes Ich und die Konzentrationskraft stehen in einem Höchstmaß an Gegensätzlichkeit und Spannung zueinander. Der Sinn liegt hier im Auflösen von Schattenbildern und der Chance, sich die Gesetzmäßigkeit von Polaritäten bewusst zu machen. Ein permanenter innerer Autoritätskonflikt bewirkt eine kortikale Kontrolle, bei der die Libido und Emotionalität permanent hinter Schranken verwiesen werden. Die resultierende Ich-Schwäche fördert ein latent vorhandenes Minderwertigkeitsgefühl, welches nur gelöst werden kann, wenn sich ein Bewusstsein des Konfliktes zwischen Ich und Über-Ich entwickelt wird.

Sonne Konjunktion Saturn

Man schont sich nicht und kommt auch in schweren Zeiten weiter. Bewusstes Ich und die Konzentrationskraft können in einem großen Einklang miteinander schwingen, wenn die beiden Energien vollständig aufeinander abgestimmt sind und keine Seite die andere dominiert. Ein permanenter innerer Autoritätskonflikt bewirkt eine kortikale Kontrolle, bei der die Libido und Emotionalität permanent hinter Schranken verwiesen werden. Die resultierende Ich-Schwäche fördert ein latent vorhandenes Minderwertigkeitsgefühl, welches nur gelöst werden kann, wenn sich stärkeres Bewusstsein des Konfliktes zwischen Ich und Über-Ich entwickelt.

Sonne Opposition Uranus

Man ist zu nervös und sprunghaft, als dass Entwicklung möglich wäre. Bewusstes Ich und die Ebene der geistigen Intuition stehen in einem Höchstmaß an Gegensätzlichkeit und Spannung zueinander. Der Sinn liegt hier im Auflösen von Schattenbildern und der Chance, sich die Gesetzmäßigkeit von Polaritäten bewusst zu machen. Emotionalität und gleichzeitig starke Ängste, sie wirklich zuzulassen, bewirken eine permanente innerseelische Verkrampfung und Distanzierung zum Leben in der Gegenwart. Folge ist die Flucht in die Intellektualisierung und in Stress, der wirkliche Intensität eher verhindert, denn ermöglicht. Eine Weiterentwicklung ist möglich, wenn im Bewusstsein dieser Struktur daran gearbeitet wird, wirkliche Nähe des eigenen Ich zulassen zu können.

Sonne Konjunktion Uranus

Man kann schnell handeln, große Aktivität entwickeln. Bewusstes Ich und die Ebene der geistigen Intuition können in einem großen Einklang miteinander schwingen, wenn die beiden Energien vollständig aufeinander abgestimmt sind und keine Seite die andere dominiert. Emotionalität und gleichzeitig starke Ängste, sie wirklich zuzulassen, bewirken eine permanente innerseelische Verkrampfung und Distanzierung zum Leben in der Gegenwart. Folge ist die Flucht in die Intellektualisierung und in Stress, der wirkliche Intensität eher verhindert, denn ermöglicht. Eine Weiterentwicklung ist möglich, wenn im Bewusstsein dieser Struktur daran gearbeitet wird, wirkliche Nähe des eigenen Ich zulassen zu können.

Sonne Opposition Neptun

Man lässt sich zu sehr gehen, ist zu sehr beeinflussbar, Suchtgefahr. Bewusstes Ich und Mystik, Transzendenz stehen in einem Höchstmaß an Gegensätzlichkeit und Spannung zueinander. Der Sinn liegt hier im Auflösen von Schattenbildern und der Chance, sich die Gesetzmäßigkeit von Polaritäten bewusst zu machen. Eine Angst, die eigene Identität real in der Welt zu erleben - möglicherweise auch durch zu dominante Umweltbedingungen gefördert - führt dazu, dass chamäleongleich das eigene Wesen zurückgehalten wird, Traumwelten gesucht werden. Die resultierende Ich-Schwäche verstärkt diesen Umstand.

Sonne Konjunktion Neptun

Man kann sehr intuitiv, sensibel agieren, ist musisch veranlagt. Bewusstes Ich und Mystik, Transzendenz können in einem großen Einklang miteinander schwingen, wenn die beiden Energien vollständig aufeinander abgestimmt sind und keine Seite die andere dominiert. Eine Angst, die eigene Identität real in der Welt zu erleben - möglicherweise auch durch zu dominante Umweltbedingungen gefördert - führt dazu, dass chamäleongleich das eigene Wesen zurückgehalten wird, Traumwelten gesucht werden. Die resultierende Ich-Schwäche verstärkt diesen Umstand.

Sonne Opposition Pluto

Man stellt zu große Anforderungen an sich und andere, baut ab. Bewusstes Ich und Transformationskraft stehen in einem Höchstmaß an Gegensätzlichkeit und Spannung zueinander. Der Sinn liegt hier im Auflösen von Schattenbildern und der Chance, sich die Gesetzmäßigkeit von Polaritäten bewusst zu machen. Emotionale Impulse des Stammhirns und des Zwischenhirns müssen hier immer wieder intensiv aufeinander abgestimmt werden. Das Verhältnis zu Sexualität und Macht ist unmittelbar mit den ersten Erfahrungen von Männlichkeit und der Entwicklung des Ego gekoppelt. Resultat kann ein anales Zwangsverhalten sein, welches zwar im Rahmen der Kulturneurose erfolgreich sein kann, aber letztlich zu Depressivität und Suizidalität führen kann, da die eigene Emotionalität nicht ohne Schuldkomplexe ausgelebt werden kann.

Sonne Konjunktion Pluto

Man kann große Kraftreserven aktivieren, ist sehr dynamisch. Bewusstes Ich und Transformationskraft können in einem großen Einklang miteinander schwingen, wenn die beiden Energien vollständig aufeinander abgestimmt sind und keine Seite die andere dominiert. Emotionale Impulse des Stammhirns und des Zwischenhirns müssen hier immer wieder intensiv aufeinander abgestimmt werden. Das Verhältnis zu Sexualität und Macht ist unmittelbar mit den ersten Erfahrungen von Männlichkeit und der Entwicklung des Ego gekoppelt. Resultat kann ein anales Zwangsverhalten sein, welches zwar im Rahmen der Kulturneurose erfolgreich sein kann, aber letztlich zu Depressivität und Suizidalität führen kann, da die eigene Emotionalität nicht ohne Schuldkomplexe ausgelebt werden kann.

Sonne Quadrat Aszendent

Man will unbedingt Blicke auf sich lenken, im Mittelpunkt stehen. Bewusstes Ich und der unmittelbar-spontane Ausdruck des Selbst werden in einem inneren, eine Entscheidung fordernden Konflikt zu höherer Bewusstheit gezwungen. Am Ende der Entwicklung ist keinerlei Reibung mehr zu spüren, und die beteiligten Energien sind im Niveau gestiegen.

Sonne Trigon Aszendent

Man kann Blicke auf sich lenken, im Mittelpunkt stehen. Bewusstes Ich und der unmittelbar-spontane Ausdruck des Selbst können in dieser Kombination zusammen sehr viel Kreativität freisetzen, wenn es gelingt, die latent vorhandenen Chancen zu nutzen. Oft werden die Möglichkeiten dieses stärksten harmonischen Aspektes eher zur Flucht und Bequemlichkeit denn zum schöpferischen Gestalten genutzt.

Sonne Quadrat Medium Coeli

Man ist sehr auf öffentliches Wirken ausgerichtet, egozentrisch. Bewusstes Ich und die Entfaltung des Selbst in der Öffentlichkeit werden in einem inneren, eine Entscheidung fordernden Konflikt zu höherer Bewusstheit gezwungen. Am Ende der Entwicklung ist keinerlei Reibung mehr zu spüren, und die beteiligten Energien sind im Niveau gestiegen.

Sonne Trigon Medium Coeli

Man strahlt Selbstsicherheit, Väterlichkeit, Verantwortung aus. Bewusstes Ich und die Entfaltung des Selbst in der Öffentlichkeit können in dieser Kombination zusammen sehr viel Kreativität freisetzen, wenn es gelingt, die latent vorhandenen Chancen zu nutzen. Oft werden die Möglichkeiten dieses stärksten harmonischen Aspektes eher zur Flucht und Bequemlichkeit denn zum schöpferischen Gestalten genutzt.

Sonne Quadrat Mond

Gefühl und Wille sind konträr, es fällt schwer, eine Ausgeglichenheit in Ehe und Partnerschaft zu erreichen. Bewusstes Ich und seelisches Reflexionsvermögen werden in einem inneren, eine Entscheidung fordernden Konflikt zu höherer Bewusstheit gezwungen. Am Ende der Entwicklung ist keinerlei Reibung mehr zu spüren, und die beteiligten Energien sind im Niveau gestiegen. Besonders wichtig ist die Harmonisierung zwischen den inneren männlichen und weiblichen Persönlichkeitsanteilen. Dazu ist es notwendig, sich bewusst zu machen, dass auch der jeweils gegengeschlechtliche Persönlichkeitsanteil (Anima oder Animus) zum eigenen Wesen gehört und der Kontakt zu diesem Teil über die Schattenprojektion auf Partner ausgelebt wird.

Sonne Trigon Mond

Gefühl und Wille passen zusammen, es fällt leicht, eine Ausgeglichenheit in Ehe und Partnerschaft zu erreichen. Bewusstes Ich und seelisches Reflexionsvermögen können in dieser Kombination zusammen sehr viel Kreativität freisetzen, wenn es gelingt, die latent vorhandenen Chancen zu nutzen. Oft werden die Möglichkeiten dieses stärksten harmonischen Aspektes eher zur Flucht und Bequemlichkeit denn zum schöpferischen Gestalten genutzt.

Sonne Quadrat Mars

Man ist leicht reizbar, kann Streit schlecht vermeiden. Bewusstes Ich und die zielgerichtete Gefühlsenergie werden in einem inneren, eine Entscheidung fordernden Konflikt zu höherer Bewusstheit gezwungen. Am Ende der Entwicklung ist keinerlei Reibung mehr zu spüren, und die beteiligten Energien sind im Niveau gestiegen. Hier kann ein Konkurrenzkampf zwischen dem inneren Vater und dem inneren Sohn zu einer Spannung führen, die in fortwährenden Aktionismus zwar abreagiert, aber im Grunde nicht gelöst wird. Ein Bewusstsein der verschiedenen inneren Bilder von Männlichkeit, und ein innerer Frieden mit dem äußeren Vater können hier helfen, wirkliche Kreativität freizusetzen.

Sonne Trigon Mars

Man ist sehr kraftvoll und aktiv, wirkt aktiv erotisierend. Bewusstes Ich und die zielgerichtete Gefühlsenergie können in dieser Kombination zusammen sehr viel Kreativität freisetzen, wenn es gelingt, die latent vorhandenen Chancen zu nutzen. Oft werden die Möglichkeiten dieses stärksten harmonischen Aspektes eher zu Flucht und Bequemlichkeit denn zu schöpferischem Gestalten genutzt.

Sonne Quadrat Jupiter

Man ist zu sehr auf Förderung angewiesen, neigt zu Trägheit und Überheblichkeit. Bewusstes Ich und die Entfaltungskraft werden in einem inneren, eine Entscheidung fordernden Konflikt zu höherer Bewusstheit gezwungen. Am Ende der Entwicklung ist keinerlei Reibung mehr zu spüren, und die beteiligten Energien sind im Niveau gestiegen. Hinter einem jovialen selbstbewussten gönnerhaften Auftreten kann ein Ego stehen, das sich innerlich vollkommen leer und hohl fühlt und nicht das Selbstbewusstsein hat, diese innere Orientierungslosigkeit der Welt mitteilen zu können, umso endlich das zu tun, was eigentlich fehlt: Lernen im Bewusstsein der eigenen Leere und des Wunsches, diese zu füllen.

Sonne Trigon Jupiter

Man kommt durch Toleranz und Positivität im Leben schnell voran. Bewusstes Ich und die Entfaltungskraft können in dieser Kombination zusammen sehr viel Kreativität freisetzen, wenn es gelingt, die latent vorhandenen Chancen zu nutzen. Oft werden die Möglichkeiten dieses stärksten harmonischen Aspektes eher zur Flucht und Bequemlichkeit denn zum schöpferischen Gestalten genutzt.

Sonne Quadrat Saturn

Man achtet zu sehr auf Autorität und Hierarchie, ist misstrauisch. Bewusstes Ich und die Konzentrationskraft werden in einem inneren, eine Entscheidung fordernden Konflikt zu höherer Bewusstheit gezwungen. Am Ende der Entwicklung ist keinerlei Reibung mehr zu spüren, und die beteiligten Energien sind im Niveau gestiegen. Ein permanenter innerer Autoritätskonflikt bewirkt eine kortikale Kontrolle, bei der die Libido und Emotionalität permanent hinter Schranken verwiesen werden. Die resultierende Ich-Schwäche fördert ein latent vorhandenes Minderwertigkeitsgefühl, welches nur gelöst werden kann, wenn ein stärkeres Bewusstsein des Konfliktes zwischen Ich und Über-Ich entwickelt wird.

Sonne Trigon Saturn

Man schont sich nicht und kommt auch in schweren Zeiten weiter. Bewusstes Ich und die Konzentrationskraft können in dieser Kombination zusammen sehr viel Kreativität freisetzen, wenn es gelingt, die latent vorhandenen Chancen zu nutzen. Oft werden die Möglichkeiten dieses stärksten harmonischen Aspektes eher zur Flucht und Bequemlichkeit denn zum schöpferischen Gestalten genutzt.

Sonne Quadrat Uranus

Man ist zu nervös und sprunghaft, als dass Entwicklung möglich wäre. Bewusstes Ich und die Ebene der geistigen Intuition werden in einem inneren, eine Entscheidung fordernden Konflikt zu höherer Bewusstheit gezwungen. Am Ende der Entwicklung ist keinerlei Reibung mehr zu spüren, und die beteiligten Energien sind im Niveau gestiegen. Emotionalität und gleichzeitig starke Ängste, sie wirklich zuzulassen, bewirken eine permanente innerseelische Verkrampfung und Distanzierung zum Leben in der Gegenwart. Folge ist die Flucht in die Intellektualisierung und in Stress, der wirkliche Intensität eher verhindert, denn ermöglicht. Eine Weiterentwicklung ist möglich, wenn im Bewusstsein dieser Struktur daran gearbeitet wird, wirkliche Nähe des eigenen Ich zulassen zu können.

Sonne Trigon Uranus

Man kann schnell handeln, große Aktivität entwickeln. Bewusstes Ich und die Ebene der geistigen Intuition können in dieser Kombination zusammen sehr viel Kreativität freisetzen, wenn es gelingt, die latent vorhandenen Chancen zu nutzen. Oft werden die Möglichkeiten dieses stärksten harmonischen Aspektes eher zur Flucht und Bequemlichkeit denn zum schöpferischen Gestalten genutzt.

Sonne Quadrat Neptun
Man lässt sich zu sehr gehen, ist zu sehr beeinflussbar, Suchtgefahr. Bewusstes Ich und Mystik, Transzendenz werden in einem inneren, eine Entscheidung fordernden Konflikt zu höherer Bewusstheit gezwungen. Am Ende der Entwicklung ist keinerlei Reibung mehr zu spüren, und die beteiligten Energien sind im Niveau gestiegen. Eine Angst, die eigene Identität real in der Welt zu erleben - möglicherweise auch durch zu dominante Umweltbedingungen gefördert - führt dazu, dass chamäleongleich das eigene Wesen zurückgehalten wird, Traumwelten gesucht werden. Die resultierende Ich-Schwäche verstärkt diesen Umstand.

Sonne Trigon Neptun
Man kann sehr intuitiv, sensibel agieren, ist musisch veranlagt. Bewusstes Ich und Mystik, Transzendenz können in dieser Kombination zusammen sehr viel Kreativität freisetzen, wenn es gelingt, die latent vorhandenen Chancen zu nutzen. Oft werden die Möglichkeiten dieses stärksten harmonischen Aspektes eher zur Flucht und Bequemlichkeit denn zum schöpferischen Gestalten genutzt.

Sonne Quadrat Pluto
Man stellt zu große Anforderungen an sich und andere, baut ab. Bewusstes Ich und Transformationskraft werden in einem inneren, eine Entscheidung fordernden Konflikt zu höherer Bewusstheit gezwungen. Am Ende der Entwicklung ist keinerlei Reibung mehr zu spüren, und die beteiligten Energien sind im Niveau gestiegen. Emotionale Impulse des Stammhirns und des Zwischenhirns müssen hier immer wieder intensiv aufeinander abgestimmt werden. Das Verhältnis zu Sexualität und Macht ist unmittelbar mit den ersten Erfahrungen von Männlichkeit und der Entwicklung des Ego gekoppelt. Resultat kann ein anales Zwangsverhalten sein, welches zwar im Rahmen der Kulturneurose erfolgreich sein kann, aber letztlich zu Depressivität und Suizidalität führen kann, da die eigene Emotionalität nicht ohne Schuldkomplexe ausgelebt werden kann.

Sonne Trigon Pluto
Man kann große Kraftreserven aktivieren, ist sehr dynamisch. Bewusstes Ich und Transformationskraft können in dieser Kombination zusammen sehr viel Kreativität freisetzen, wenn es gelingt, die latent vorhandenen Chancen zu nutzen. Oft werden die Möglichkeiten dieses stärksten harmonischen Aspektes eher zur Flucht und Bequemlichkeit denn zum schöpferischen Gestalten genutzt.

Sonne Sextil Aszendent
Man kann Blicke auf sich lenken, im Mittelpunkt stehen. Bewusstes Ich und der unmittelbar-spontane Ausdruck des Selbst stehen in einem stabilen, harmonischen Verhältnis zueinander.

Sonne Sextil Medium Coeli
Man strahlt Selbstsicherheit, Väterlichkeit, Verantwortung aus. Bewusstes Ich und die Entfaltung des Selbst in der Öffentlichkeit stehen in einem stabilen, harmonischen Verhältnis zueinander.

Sonne Sextil Venus
Bewusstes Ich und die nicht zielgerichtete Dynamik der Sinneslust stehen in einem stabilen, harmonischen Verhältnis zueinander.

Sonne Sextil Mars
Man ist sehr kraftvoll und aktiv, wirkt aktiv erotisierend. Bewusstes Ich und die zielgerichtete Gefühlsenergie stehen in einem stabilen, harmonischen Verhältnis zueinander.

Sonne Sextil Jupiter
Man kommt durch Toleranz und Positivität im Leben schnell voran. Bewusstes Ich und die Entfaltungskraft stehen in einem stabilen, harmonischen Verhältnis zueinander.

Sonne Sextil Saturn
Man schont sich nicht und kommt auch in schweren Zeiten weiter. Bewusstes Ich und die Konzentrationskraft stehen in einem stabilen, harmonischen Verhältnis zueinander.

Sonne Sextil Uranus
Man kann schnell handeln, große Aktivität entwickeln. Bewusstes Ich und die Ebene der geistigen Intuition stehen in einem stabilen, harmonischen Verhältnis zueinander.

Sonne Sextil Neptun
Man kann sehr intuitiv, sensibel agieren, ist musisch veranlagt. Bewusstes Ich und Mystik, Transzendenz stehen in einem stabilen, harmonischen Verhältnis zueinander.

Sonne Sextil Pluto
Man kann große Kraftreserven aktivieren, ist sehr dynamisch. Bewusstes Ich und Transformationskraft stehen in einem stabilen, harmonischen Verhältnis zueinander.

Sonne Opposition Aszendent
Bewusstes Ich und der unmittelbar-spontane Ausdruck des Selbst stehen in einem Höchstmaß an Gegensätzlichkeit und Spannung zueinander. Der Sinn liegt hier im Auflösen von Schattenbildern und der Chance, sich die Gesetzmäßigkeit von Polaritäten bewusst zu machen.

Sonne Konjunktion Aszendent
Bewusstes Ich und der unmittelbar-spontane Ausdruck des Selbst können in einem großen Einklang miteinander schwingen, wenn die beiden Energien vollständig aufeinander abgestimmt sind und keine Seite die andere dominiert.

Sonne Opposition Medium Coeli
Man ist sehr auf öffentliches Wirken ausgerichtet, egozentrisch. Bewusstes Ich und die Entfaltung des Selbst in der Öffentlichkeit stehen in einem Höchstmaß an Gegensätzlichkeit und Spannung zueinander. Der Sinn liegt hier im Auflösen von Schattenbildern und der Chance, sich die Gesetzmäßigkeit von Polaritäten bewusst zu machen.

Sonne Konjunktion Medium Coeli
Man strahlt Selbstsicherheit, Väterlichkeit, Verantwortung aus. Bewusstes Ich und die Entfaltung des Selbst in der Öffentlichkeit können in einem großen Einklang miteinander schwingen, wenn die beiden Energien vollständig aufeinander abgestimmt sind und keine Seite die andere dominiert.

Mond

Mond Konjunktion Merkur
Melodisch und populär sind die Stimme und der Ausdruck. Das seelische Reflexionsvermögen und ordnendes Denken können in einem großen Einklang miteinander schwingen, wenn die beiden Energien vollständig aufeinander abgestimmt sind und keine Seite die andere dominiert. Es besteht die Neigung, alle emotionalen Inhalte, die zu Geborgenheit und Vertrautheit, und damit letztlich zur Stärkung der Ich-Identität führen, übermäßig zu rationalisieren, funktionalisieren und damit letztlich zu neutralisieren. Eine Aushöhlung der Ich-Identität bis zur Austauschbarkeit kann die Folge sein. Heilsam kann es sein, die orale Phase spielerisch wieder aufleben zu lassen.

Mond Opposition Merkur
Zu viel und unkontrolliert wird über eigene Empfindungen geredet. Das seelische Reflexionsvermögen und ordnendes Denken stehen in einem Höchstmaß an Gegensätzlichkeit und Spannung zueinander. Der Sinn liegt hier im Auflösen von Schattenbildern und der Chance, sich die Gesetzmäßigkeit von Polaritäten bewusst zu machen. Es besteht die Neigung, alle emotionalen Inhalte, die zu Geborgenheit und Vertrautheit, und damit letztlich zur Stärkung der Ich-Identität führen, übermäßig zu rationalisieren, funktionalisieren und damit letztlich zu neutralisieren. Eine Aushöhlung der Ich-Identität bis zur Austauschbarkeit kann die Folge sein. Heilsam kann es sein, die orale Phase spielerisch wieder aufleben zu lassen.

Mond Opposition Venus
Zu schwankend ist der Austausch von Zärtlichkeit und Wärme. Das seelische Reflexionsvermögen und die nicht zielgerichtete Dynamik der Sinneslust stehen in einem Höchstmaß an Gegensätzlichkeit und Spannung zueinander. Sinn liegt im Auflösen von Schattenbildern und der Chance, sich Gesetzmäßigkeit von Polaritäten bewusst zu machen. Hier kommt es zum Zielkonflikt zwischen Anima-Bildern, und zwar einem mehr maternal besetzten (die Mama) und einem, das eher genital-erotisch besetzt ist (die Hure). Beide Elemente in Partnerschaften vereint zu haben, könnte so schwierig sein, dass die Folge eine Anima-Spaltung und Verbannung des einen Teiles in den Schatten die Folge sein könnten. Beispiel: Heirat mit einer braven Hausfrau und Verdammen aller unverheirateten Frauen als Prostituierte. Oder: nur außereheliche, hauptsächlich auf Erotik bezogene Kontakte mit gleichzeitiger Verdammung der Institution Ehe. Lösung liegt hier im Versuch, beide Elemente gleichzeitig in Beziehungen zum tragen kommen zu lassen.

Mond Konjunktion Venus
Leicht geht der Austausch von Zärtlichkeit und Wärme. Das seelische Reflexionsvermögen und die nicht zielgerichtete Dynamik der Sinneslust können in einem großen Einklang miteinander schwingen, wenn die beiden Energien vollständig aufeinander abgestimmt sind und keine Seite die andere dominiert. Hier kommt es zu einem Zielkonflikt zwischen verschiedenen Anima-Bildern, und zwar einem mehr maternal besetzten (die Mama) und einem, das eher genital-erotisch besetzt ist (die Hure). Beide Elemente in Partnerschaften vereint zu haben, könnte so schwierig sein, dass die Folge eine Anima-Spaltung und Verbannung des einen Teiles in den Schatten die Folge sein könnten. Beispiel:

Heirat mit einer braven Hausfrau und Verdammen aller unverheirateten Frauen als Prostituierte. Oder: nur außereheliche, hauptsächlich auf Erotik bezogene Kontakte mit gleichzeitiger Verdammung der Institution Ehe. Lösung liegt hier im Versuch, beide Elemente gleichzeitig in Beziehungen zum tragen kommen zu lassen.

Mond Opposition Mars

Zu schwankend ist der Leistungswille, zu heftig sind die Gefühle. Das seelische Reflexionsvermögen und die zielgerichtete Gefühlsenergie stehen in einem Höchstmaß an Gegensätzlichkeit und Spannung zueinander. Der Sinn liegt hier im Auflösen von Schattenbildern und der Chance, sich die Gesetzmäßigkeit von Polaritäten bewusst zu machen. Hier geht es um die Verletzlichkeit von Gefühlen, wie sie unter Umständen schon bei Auseinandersetzungen im elterlichen Hause erlebt wurden. Mitunter ist es ein doppelsinniges Verhältnis: Geborgenheit kann einerseits durch Kampf und Streit ständig gestört werden, andererseits kann aber gerade die Auseinandersetzung eine derart entspannte Emotionalität bewirken, dass man nicht auf sie verzichten möchte: Was sich liebt, das neckt sich. Wichtig ist bei diesem Aspekt, zu lernen, orale Befriedigung auch ohne Streit, Kampf und Selbstbehauptung zu erreichen.

Mond Konjunktion Mars

Leicht ist man leistungsbereit, dynamisch sind die Gefühle. Das seelische Reflexionsvermögen und die zielgerichtete Gefühlsenergie können in einem großen Einklang miteinander schwingen, wenn die beiden Energien vollständig aufeinander abgestimmt sind und keine Seite die andere dominiert. Hier geht es um die Verletzlichkeit von Gefühlen, wie sie unter Umständen schon bei Auseinandersetzungen im elterlichen Hause erlebt wurden. Mitunter ist es ein doppelsinniges Verhältnis: Geborgenheit kann einerseits durch Kampf und Streit ständig gestört werden, andererseits kann aber gerade die Auseinandersetzung eine derart entspannte Emotionalität bewirken, dass man nicht auf sie verzichten möchte: Was sich liebt, das neckt sich. Wichtig ist bei diesem Aspekt, zu lernen, orale Befriedigung auch ohne Streit, Kampf und Selbstbehauptung zu erreichen.

Mond Opposition Jupiter

Zu überschwänglich sind die Gefühle, man ist zu verwöhnt. Das seelische Reflexionsvermögen und die Entfaltungskraft stehen in einem Höchstmaß an Gegensätzlichkeit und Spannung zueinander. Der Sinn liegt hier im Auflösen von Schattenbildern und der Chance, sich die Gesetzmäßigkeit von Polaritäten bewusst zu machen. Die Beziehung zur Mutter und Nahrung und Geborgenheit kann hinter einer Fassade von Großzügigkeit und Toleranz letztlich doch durch ein vollkommenes Unverständnis und innere Hohlheit geprägt sein, sodass ein Ausweichen auf orale Ersatzhandlungen die Folge sein kann. Hier muss ständig neues Urvertrauen zur Schöpfung hergestellt werden nach dem Motto: Es ist genug auf dieser Welt da, um alle und auch mich zu nähren.

Mond Konjunktion Jupiter

Leicht verströmen die Gefühle, gerne verwöhnt und bemuttert man. Das seelische Reflexionsvermögen und die Entfaltungskraft können in einem großen Einklang miteinander schwingen, wenn die beiden Energien vollständig aufeinander abgestimmt sind und keine Seite die andere dominiert. Die Beziehung zur Mutter und Nahrung und Geborgenheit kann hinter einer Fassade von Großzügigkeit und Toleranz letztlich doch durch ein vollkommenes Unverständnis und innere Hohlheit geprägt sein, sodass ein Ausweichen auf orale Ersatzhandlungen die Folge sein kann. Hier muss ständig neues Urvertrauen zur Schöpfung hergestellt werden nach dem Motto: Es ist genug auf dieser Welt da, um alle und auch mich zu nähren.

Mond Opposition Saturn

Zu beherrscht sind die Gefühle, Zurückweisungen werden erlebt. Das seelische Reflexionsvermögen und die Konzentrationskraft stehen in einem Höchstmaß an Gegensätzlichkeit und Spannung zueinander. Der Sinn liegt hier im Auflösen von Schattenbildern und der Chance, sich die Gesetzmäßigkeit von Polaritäten bewusst zu machen. Die Abnabelung von der Mutter kann in einer zu frühen Phase erfolgt sein, sodass die orale Phase nicht ganz zum Abschluss gebracht worden ist. Eine ständige Suche nach Situationen, in denen die Rolle als Kind nachgeholt werden kann, ist die Folge. Für das Ziel einer seelischen Eigenständigkeit ist es wichtig, diese Defizite auf der einen Seite aufzufüllen, und auf der anderen Seite eine vollständige Abnabelung zu erreichen. Das eine bedingt das andere.

Mond Konjunktion Saturn

Ernst und tief sind die Gefühle, auch Pflichten werden übernommen. Das seelische Reflexionsvermögen und die Konzentrationskraft können in einem großen Einklang miteinander schwingen, wenn die beiden Energien vollständig aufeinander abgestimmt sind und keine Seite die andere dominiert. Die Abnabelung von der Mutter kann in einer zu frühen Phase erfolgt sein, sodass die orale Phase nicht ganz zum Abschluss gebracht worden ist. Eine ständige Suche nach Situationen, in denen die Rolle als Kind nachgeholt werden kann, ist die Folge. Für das Ziel einer seelischen Eigenständigkeit ist es wichtig, diese Defizite auf der einen Seite aufzufüllen, und auf der anderen Seite eine vollständige Abnabelung zu erreichen. Das eine bedingt das andere.

Mond Opposition Uranus

Zu unruhig sind die Reaktionen, schnell gerät man in Panik. Das seelische Reflexionsvermögen und die Ebene der geistigen Intuition stehen in einem Höchstmaß an Gegensätzlichkeit und Spannung zueinander. Der Sinn liegt hier im Auflösen von Schattenbildern und der Chance, sich die Gesetzmäßigkeit von Polaritäten bewusst zu machen. Eine starke Empfindungsfähigkeit kann im frühesten Alter derart von fremder Emotionalität überlagert worden sein, dass in der Folge emotionale Nähe nur noch in Situationen hergestellt werden kann, die die Verhinderung in sich bedingen: Stress, Zeitmangel, Distanz, Berührungsangst können inszeniert oder schicksalsmäßig provoziert werden. Wenn es gelingt, dieses Muster bewusst zu machen, was gezielt geübt werden kann, dann kann menschliche Wärme zugelassen werden.

Mond Konjunktion Uranus

Schnell und locker sind die Reaktionen beim Wechsel von Gewohntem. Das seelische Reflexionsvermögen und die Ebene der geistigen Intuition können in einem großen Einklang miteinander schwingen, wenn die beiden Energien vollständig aufeinander abgestimmt sind und keine Seite die andere dominiert. Eine starke Empfindungsfähigkeit kann im frühesten Alter derart von fremder Emotionalität überlagert worden sein, dass in der Folge emotionale Nähe nur noch in Situationen hergestellt werden kann, die die Verhinderung in sich bedingen: Stress, Zeitmangel, Distanz, Berührungsangst können inszeniert oder schicksalsmäßig provoziert werden. Wenn es gelingt, dieses Muster bewusst zu machen, das kann gezielt geübt werden, menschliche Wärme zulassen zu können.

Mond Opposition Neptun

Zu träumerisch und selbstmitleidig sind die Launen und Sehnsüchte. Das seelische Reflexionsvermögen und Mystik, Transzendenz stehen in einem Höchstmaß an Gegensätzlichkeit und Spannung zueinander. Der Sinn liegt hier im Auflösen von Schattenbildern und der Chance, sich die Gesetzmäßigkeit von Polaritäten bewusst zu machen. Eventuell bedingt durch eine Tabuisierung bestimmter psychologischer Themen im Familienverband und Situationen von emotionaler Übermacht kann ein Ausweichverhalten entwickelt worden sein. Eine starke Leidensfähigkeit, aber auf der anderen Seite ein Entziehen auf eine nicht greifbare Traumebene entwickelt worden ist. Ein sich nicht kennen, was mit der Zeit zur Orientierungslosigkeit wird, kann die Folge sein. Ist eine Bereitschaft da, sich mit Verdrängung zu beschäftigen, kann mit der Zeit gerade dort das eigene Wesen wiederentdeckt werden.

Mond Konjunktion Neptun

Sensibel und empfindsam sind die Reaktionen auf die Umwelt. Das seelische Reflexionsvermögen und Mystik, Transzendenz können in einem großen Einklang miteinander schwingen, wenn die beiden Energien vollständig aufeinander abgestimmt sind und keine Seite die andere dominiert. Eventuell bedingt durch eine Tabuisierung bestimmter psychologischer Themen im Familienverband und Situationen von emotionaler Übermacht kann ein Ausweichverhalten entwickelt worden sein. Ein sich nicht kennen, was mit der Zeit zur Orientierungslosigkeit wird, kann die Folge sein. Ist eine Bereitschaft da, sich mit Verdrängung zu beschäftigen, kann mit der Zeit gerade dort das eigene Wesen wiederentdeckt werden.

Mond Opposition Pluto

Zu extrem und leidenschaftlich sind die Gefühle. Eifersucht, Stress dann oft die Folge. Das seelische Reflexionsvermögen und Transformationskraft stehen in einem Höchstmaß an Gegensätzlichkeit und Spannung zueinander. Der Sinn liegt hier im Auflösen von Schattenbildern und der Chance, sich die Gesetzmäßigkeit von Polaritäten bewusst zu machen. Bei dieser Konstellation kommt es oft zu einem starken Bewusstsein von der Macht der Gefühle, und in der Folge zu einem Zurückhalten der eigenen Reaktionen, um diese zu schützen vor Manipulation und Fremdbestimmung. Später kann dann auf Basis dieser Zurückhaltung versucht werden, seine Umwelt emotional zu manipulieren. Auch wenn dies äußerlich zeitweilig von Erfolg gekrönt sein kann, so lässt das Zurückhalten der Emotionen doch einen starken inneren Druck entstehen - und eine große seelische Einsamkeit. Wird ganz bewusst auf Macht und Manipulation verzichtet, ist eine Öffnung möglich.

Mond Konjunktion Pluto

Leidenschaftlich und tiefgehend kann man auf die Umwelt reagieren. Das seelische Reflexionsvermögen und Transformationskraft können in einem großen Einklang miteinander schwingen, wenn die beiden Energien vollständig aufeinander abgestimmt sind und keine Seite die andere dominiert. Bei dieser Konstellation kommt es oft zu einem starken Bewusstsein von der Macht der Gefühle, und in der Folge zu einem Zurückhalten der eigenen Reaktionen, um diese zu schützen vor Manipulation und Fremdbestimmung. Später kann dann auf Basis dieser Zurückhaltung versucht werden, seine Umwelt emotional zu manipulieren. Auch wenn dies äußerlich zeitweilig von Erfolg gekrönt sein kann, so lässt das Zurückhalten der Emotionen doch einen starken inneren Druck entstehen - und eine große seelische Einsamkeit. Wird ganz bewusst auf Macht und Manipulation verzichtet, ist eine Öffnung möglich.

Mond Quadrat Aszendent

Zu schwerfällig und emotional reagiert man auf seine Mitmenschen. Das seelische Reflexionsvermögen und der unmittelbar-spontane Ausdruck des Selbst werden in einem inneren, eine Entscheidung fordernden Konflikt zu höherer Bewusstheit gezwungen. Am Ende der Entwicklung ist keinerlei Reibung mehr zu spüren, und die beteiligten Energien sind im Niveau gestiegen.

Mond Trigon Aszendent

Sensibel und intuitiv handelt man in Übereinstimmung zur Umwelt. Das seelische Reflexionsvermögen und der unmittelbar-spontane Ausdruck des Selbst können in dieser Kombination zusammen sehr viel Kreativität freisetzen, wenn es gelingt, die latent vorhandenen Chancen zu nutzen. Oft werden die Möglichkeiten dieses stärksten harmonischen Aspektes eher zur Flucht und Bequemlichkeit denn zum schöpferischen Gestalten genutzt.

Mond Quadrat Medium Coeli

Zu launisch und schwankend ist die Stellung zu Beruf und Familie. Das seelische Reflexionsvermögen und die Entfaltung des Selbst in der Öffentlichkeit werden in einem inneren, eine Entscheidung fordernden Konflikt zu und die Entfaltung des Selbst in der Öffentlichkeit höherer Bewusstheit gezwungen. Am Ende der Entwicklung ist keinerlei Reibung mehr zu spüren, und die beteiligten Energien sind im Niveau gestiegen.

Mond Trigon Medium Coeli

Sensibel und intuitiv reagiert man im Berufsleben und zu Hause. Das seelische Reflexionsvermögen und die Entfaltung des Selbst in der Öffentlichkeit können in dieser Kombination zusammen sehr viel Kreativität freisetzen, wenn es gelingt, die latent vorhandenen Chancen zu nutzen. Oft werden die Möglichkeiten dieses stärksten harmonischen Aspektes eher zur Flucht und Bequemlichkeit denn zum schöpferischen Gestalten genutzt.

Mond Quadrat Merkur

Zu viel und unkontrolliert wird über eigene Empfindungen geredet. Das seelische Reflexionsvermögen und ordnendes Denken werden in einem inneren, eine Entscheidung fordernden Konflikt zu höherer Bewusstheit gezwungen. Am Ende der Entwicklung ist keinerlei Reibung mehr zu spüren, und die beteiligten Energien sind im Niveau gestiegen. Es besteht die Neigung, alle emotionalen Inhalte, die zu Geborgenheit und Vertrautheit, und damit letztlich zur Stärkung der Ich-Identität führen, übermäßig zu rationalisieren, funktionalisieren und damit letztlich zu neutralisieren. Eine Aushöhlung der Ich-Identität bis zur Austauschbarkeit kann die Folge sein. Heilsam kann es sein, die orale Phase spielerisch wieder aufleben zu lassen.

Mond Trigon Merkur

Melodisch und populär sind die Stimme und der Ausdruck. Das seelische Reflexionsvermögen und ordnendes Denken können in dieser Kombination zusammen sehr viel Kreativität freisetzen, wenn es gelingt, die latent vorhandenen Chancen zu nutzen. Oft werden die Möglichkeiten dieses stärksten harmonischen Aspektes eher zur Flucht und Bequemlichkeit denn zum schöpferischen Gestalten genutzt.

Mond Quadrat Venus

Zu schwankend ist der Austausch von Zärtlichkeit und Wärme. Das seelische Reflexionsvermögen und die zielgerichtete Gefühlsenergie werden in einem inneren, eine Entscheidung fordernden Konflikt zu höherer Bewusstheit gezwungen. Am Ende der Entwicklung ist keinerlei Reibung mehr zu spüren, und die beteiligten Energien sind im Niveau gestiegen. Hier kommt es zu einem Zielkonflikt zwischen verschiedenen Anima-Bildern, und zwar einem mehr maternal besetzten (die Mama) und einem, das eher genital-erotisch besetzt ist (die Hure). Beide Elemente in Partnerschaften vereint zu haben, könnte so schwierig sein, dass die Folge eine Anima-Spaltung und Verbannung des einen Teiles in den Schatten die Folge sein könnten. Beispiel: Heirat mit einer braven Hausfrau und Verdammen aller unverheirateten Frauen als Prostituierte. Oder: nur außereheliche, hauptsächlich auf Erotik bezogene Kontakte mit gleichzeitiger Verdammung der Institution Ehe. Lösung liegt hier im Versuch, beide Elemente gleichzeitig in Beziehungen zum tragen kommen zu lassen.

Mond Trigon Venus

Leicht geht der Austausch von Zärtlichkeit und Wärme. Das seelische Reflexionsvermögen und die zielgerichtete Gefühlsenergie können in dieser Kombination zusammen sehr viel Kreativität freisetzen, wenn es gelingt, die latent vorhandenen Chancen zu nutzen. Oft werden die Möglichkeiten dieses stärksten harmonischen Aspektes eher zur Flucht und Bequemlichkeit denn zum schöpferischen Gestalten genutzt.

Mond Quadrat Mars

Zu schwankend ist der Leistungswille, zu heftig sind die Gefühle. Das seelische Reflexionsvermögen und die zielgerichtete Gefühlsenergie werden in einem inneren, eine Entscheidung fordernden Konflikt zu höherer Bewusstheit gezwungen. Am Ende der Entwicklung ist keinerlei Reibung mehr zu spüren, und die beteiligten Energien sind im Niveau gestiegen. Hier geht es um die Verletzlichkeit von Gefühlen, wie sie unter Umständen schon bei Auseinandersetzungen im elterlichen Hause erlebt wurden. Mitunter ist es ein doppelsinniges Verhältnis: Geborgenheit kann einerseits durch Kampf und Streit ständig gestört werden, andererseits kann aber gerade die Auseinandersetzung eine derart entspannte Emotionalität bewirken, dass man nicht auf sie verzichten möchte: Was sich liebt, das neckt sich. Wichtig ist bei diesem Aspekt, zu lernen, orale Befriedigung auch ohne Streit, Kampf und Selbstbehauptung zu erreichen.

Mond Trigon Mars

Leicht ist man leistungsbereit, dynamisch sind die Gefühle. Das seelische Reflexionsvermögen und die zielgerichtete Gefühlsenergie können in dieser Kombination zusammen sehr viel Kreativität freisetzen, wenn es gelingt, die latent vorhandenen Chancen zu nutzen. Oft werden die Möglichkeiten dieses stärksten harmonischen Aspektes eher zur Flucht und Bequemlichkeit denn zum schöpferischen Gestalten genutzt.

Mond Quadrat Jupiter

Zu überschwänglich sind die Gefühle, man ist zu verwöhnt. Das seelische Reflexionsvermögen und die Entfaltungskraft werden in einem inneren, eine Entscheidung fordernden Konflikt zu höherer Bewusstheit gezwungen. Am Ende der Entwicklung ist keinerlei Reibung mehr zu spüren, und die beteiligten Energien sind im Niveau gestiegen. Die Beziehung zur Mutter und Nahrung und Geborgenheit kann hinter einer Fassade von Großzügigkeit und Toleranz letztlich doch durch ein vollkommenes Unverständnis und innere Hohlheit geprägt sein, sodass ein Ausweichen auf orale Ersatzhandlungen die Folge sein kann. Hier muss ständig neues Urvertrauen zur Schöpfung hergestellt werden nach dem Motto: Es ist genug auf dieser Welt da, um alle und auch mich zu nähren.

Mond Trigon Jupiter

Leicht verströmen die Gefühle, gerne verwöhnt und bemuttert man. Das seelische Reflexionsvermögen und die Entfaltungskraft können in dieser Kombination zusammen sehr viel Kreativität freisetzen, wenn es gelingt, die latent vorhandenen Chancen zu nutzen. Oft werden die Möglichkeiten dieses stärksten harmonischen Aspektes eher zur Flucht und Bequemlichkeit denn zum schöpferischen Gestalten genutzt.

Mond Quadrat Saturn

Zu beherrscht sind die Gefühle, Zurückweisungen werden erlebt. Das seelische Reflexionsvermögen und die Konzentrationskraft werden in einem inneren, eine Entscheidung fordernden Konflikt zu höherer Bewusstheit gezwungen. Am Ende der Entwicklung ist keinerlei Reibung mehr zu spüren, und die beteiligten Energien sind im Niveau gestiegen. Die Abnabelung von der Mutter kann in einer zu frühen Phase erfolgt sein, sodass die orale Phase nicht ganz zum Abschluss gebracht worden ist. Eine ständige Suche nach Situationen, in denen die Rolle als Kind nachgeholt werden kann, ist die Folge. Für das Ziel einer seelischen Eigenständigkeit ist es wichtig, diese Defizite auf der einen Seite aufzufüllen, und auf der anderen Seite eine vollständige Abnabelung zu erreichen. Das eine bedingt das andere.

Mond Trigon Saturn

Ernst und tief sind die Gefühle, auch Pflichten werden übernommen. Das seelische Reflexionsvermögen und die Konzentrationskraft können in dieser Kombination zusammen sehr viel Kreativität freisetzen, wenn es gelingt, die latent vorhandenen Chancen zu nutzen. Oft werden die Möglichkeiten dieses stärksten harmonischen Aspektes eher zur Flucht und Bequemlichkeit denn zum schöpferischen Gestalten genutzt.

Mond Quadrat Uranus

Zu unruhig sind die Reaktionen, schnell gerät man in Panik. Das seelische Reflexionsvermögen und die Ebene der geistigen Intuition werden in einem inneren, eine Entscheidung fordernden Konflikt zu höherer Bewusstheit gezwungen. Am Ende der Entwicklung ist keinerlei Reibung mehr zu spüren, und die beteiligten Energien sind im Niveau gestiegen. Eine starke Empfindungsfähigkeit kann im frühesten Alter derart von fremder Emotionalität überlagert worden sein, dass in der Folge emotionale Nähe nur noch in Situationen hergestellt werden kann, die die Verhinderung in sich bedingen: Stress, Zeitmangel, Distanz, Berührungsangst können inszeniert oder schicksalsmäßig provoziert werden. Wenn es gelingt, dieses Muster bewusst zu machen. Es kann gezielt geübt werden, menschliche Wärme zulassen zu können.

Mond Trigon Uranus

Schnell und locker sind die Reaktionen beim Wechsel von Gewohntem. Das seelische Reflexionsvermögen und die Ebene der geistigen Intuition können in dieser Kombination zusammen sehr viel Kreativität freisetzen, wenn es gelingt, die latent vorhandenen Chancen zu nutzen. Oft werden die Möglichkeiten dieses stärksten harmonischen Aspektes eher zur Flucht und Bequemlichkeit denn zum schöpferischen Gestalten genutzt.

Mond Quadrat Neptun

Zu träumerisch und selbstmitleidig sind die Launen und Sehnsüchte. Das seelische Reflexionsvermögen und Mystik, Transzendenz werden in einem inneren, eine Entscheidung fordernden Konflikt zu höherer Bewusstheit gezwungen. Am Ende der Entwicklung ist keinerlei Reibung mehr zu spüren, und die beteiligten Energien sind im Niveau gestiegen. Eventuell bedingt durch eine Tabuisierung bestimmter psychologischer Themen im Familienverband und Situationen von emotionaler Übermacht kann ein Ausweichverhalten entwickelt worden sein, in dem auf der einen Seite eine starke Leidensfähigkeit, aber auch auf der anderen Seite ein Entziehen auf eine nicht greifbare Traumebene entwickelt worden ist. Ein sich nicht kennen, was mit der Zeit zur Orientierungslosigkeit wird, kann die Folge sein. Ist eine Bereitschaft da, sich mit Verdrängung zu beschäftigen, kann mit der Zeit gerade dort das eigene Wesen wiederentdeckt werden.

Mond Trigon Neptun

Sensibel und empfindsam sind die Reaktionen auf die Umwelt. Das seelische Reflexionsvermögen und Mystik, Transzendenz können in dieser Kombination zusammen sehr viel Kreativität freisetzen, wenn es gelingt, die latent vorhandenen Chancen zu nutzen. Oft werden die Möglichkeiten dieses stärksten harmonischen Aspektes eher zur Flucht und Bequemlichkeit denn zum schöpferischen Gestalten genutzt.

Mond Quadrat Pluto

Zu extrem und leidenschaftlich sind die Gefühle. Eifersucht, Stress dann oft die Folge. Das seelische Reflexionsvermögen und Transformationskraft werden in einem inneren, eine Entscheidung fordernden Konflikt zu höherer Bewusstheit gezwungen. Am Ende der Entwicklung ist keinerlei Reibung mehr zu spüren, und die beteiligten Energien sind im Niveau gestiegen. Macht der Gefühle. , und in der Folge zu einem Zurückhalten der eigenen Reaktionen, um diese zu schützen vor Manipulation und Fremdbestimmung. Später kann dann auf Basis dieser Zurückhaltung versucht werden, seine Umwelt emotional zu manipulieren. Auch wenn dies äußerlich zeitweilig von Erfolg gekrönt sein kann, so lässt das Zurückhalten der Emotionen doch einen starken inneren Druck entstehen - und eine große seelische Einsamkeit. Wird ganz bewusst auf Macht und Manipulation verzichtet, ist eine Öffnung möglich.

Mond Trigon Pluto

Leidenschaftlich und tiefgehend kann man auf die Umwelt reagieren. Das seelische Reflexionsvermögen und Transformationskraft können in dieser Kombination zusammen sehr viel Kreativität freisetzen, wenn es gelingt, die latent vorhandenen Chancen zu nutzen. Oft werden die Möglichkeiten dieses stärksten harmonischen Aspektes eher zur Flucht und Bequemlichkeit denn zum schöpferischen Gestalten genutzt.

Mond Sextil Aszendent

Sensibel und intuitiv handelt man in Übereinstimmung zur Umwelt. Das seelische Reflexionsvermögen und der unmittelbar-spontane Ausdruck des Selbst stehen in einem stabilen, harmonischen Verhältnis zueinander.

Mond Sextil Medium Coeli

Sensibel und intuitiv reagiert man im Berufsleben und zu Hause. Das seelische Reflexionsvermögen und die Entfaltung des Selbst in der Öffentlichkeit stehen in einem stabilen, harmonischen Verhältnis zueinander.

Mond Sextil Merkur

Das seelische Reflexionsvermögen und ordnendes Denken stehen in einem stabilen, harmonischen Verhältnis zueinander.

Mond Sextil Venus

Das seelische Reflexionsvermögen und die nicht zielgerichtete Dynamik der Sinneslust stehen in einem stabilen, harmonischen Verhältnis zueinander.

Mond Sextil Mars

Das seelische Reflexionsvermögen und die zielgerichtete Gefühlsenergie stehen in einem stabilen, harmonischen Verhältnis zueinander.

Mond Sextil Jupiter

Das seelische Reflexionsvermögen und die Entfaltungskraft stehen in einem stabilen, harmonischen Verhältnis zueinander.

Mond Sextil Saturn

Das seelische Reflexionsvermögen und die Konzentrationskraft stehen in einem stabilen, harmonischen Verhältnis zueinander.

Mond Sextil Uranus

Das seelische Reflexionsvermögen und die Ebene der geistigen Intuition stehen in einem stabilen, harmonischen Verhältnis zueinander.

Mond Sextil Neptun

Sensibel und empfindsam sind die Reaktionen auf die Umwelt. Das seelische Reflexionsvermögen und Mystik, Transzendenz stehen in einem stabilen, harmonischen Verhältnis zueinander.

Mond Sextil Pluto

Das seelische Reflexionsvermögen und Transformationskraft stehen in einem stabilen, harmonischen Verhältnis zueinander.

Mond Opposition Aszendent

Das seelische Reflexionsvermögen und der unmittelbar-spontane Ausdruck des Selbst stehen in einem Höchstmaß an Gegensätzlichkeit und Spannung zueinander. Der Sinn liegt hier im Auflösen von Schattenbildern und der Chance, sich die Gesetzmäßigkeit von Polaritäten bewusst zu machen.

Mond Konjunktion Aszendent

Das seelische Reflexionsvermögen und der unmittelbar-spontane Ausdruck des Selbst können in einem großen Einklang miteinander schwingen, wenn die beiden Energien vollständig aufeinander abgestimmt sind und keine Seite die andere dominiert.

Mond Opposition Medium Coeli

Das seelische Reflexionsvermögen und die Entfaltung des Selbst in der Öffentlichkeit stehen in einem Höchstmaß an Gegensätzlichkeit und Spannung zueinander. Der Sinn liegt hier im Auflösen von Schattenbildern und der Chance, sich die Gesetzmäßigkeit von Polaritäten bewusst zu machen.

Mond Konjunktion Medium Coeli

Das seelische Reflexionsvermögen und die Entfaltung des Selbst in der Öffentlichkeit können in einem großen Einklang miteinander schwingen, wenn die beiden Energien vollständig aufeinander abgestimmt sind und keine Seite die andere dominiert.

Merkur

Merkur Konjunktion Venus

Das ordnende Denken und die nicht zielgerichtete Dynamik der Sinneslust können in einem großen Einklang miteinander schwingen, wenn die beiden Energien vollständig aufeinander abgestimmt sind und keine Seite die andere dominiert. Kommunikation wird erotisiert und Erotik auf die kommunikative Ebene gebracht. Bei dieser Konstellation kann trotz aller Anzeichen, die an der Oberfläche dagegensprechen, eine echte Sinnlichkeit und Libidoerfüllung verhindert werden durch zu starke Rationalisierung und Intellektualisierung. Erotik muss hier gerade auf dem Empfindungssektor geübt werden, wenn man begriffen hat, dass allein Nervenreize die Seele noch nicht erfüllen können.

Merkur Opposition Mars

Das ordnende Denken und die zielgerichtete Gefühlsenergie stehen in einem Höchstmaß an Gegensätzlichkeit und Spannung zueinander. Der Sinn liegt hier im Auflösen von Schattenbildern und der Chance, sich die Gesetzmäßigkeit von Polaritäten bewusst zu machen. Hier geht es um eine starke Betonung der Motorik. Alle Kraft und Dynamik fließen in das Ausüben intellektueller und handwerklicher Fähigkeiten. Auch wenn dies ungeheuer erfolgreich sein kann, so ist hier möglicherweise als Hintergrund eine Angst vor der eigenen Männlichkeit und Aggressivität vorhanden, die dazu führt, dass der Wunsch besteht, diesen Persönlichkeitsanteil möglichst zu neutralisieren. Auch Sex kann hier funktional sein. Helfen kann hier, wenn zeitweilig Geist und Trieb bewusst getrennt werden, und zu anderen Zeiten bewusst eine Gleichzeitigkeit geübt wird.

Merkur Konjunktion Mars

Das ordnende Denken und die zielgerichtete Gefühlsenergie können in einem großen Einklang miteinander schwingen, wenn die beiden Energien vollständig aufeinander abgestimmt sind und keine Seite die andere dominiert. Hier geht es um eine starke Betonung der Motorik. Alle Kraft und Dynamik fließen in das Ausüben intellektueller und handwerklicher Fähigkeiten. Auch wenn dies ungeheuerlich erfolgreich sein kann, so ist hier möglicherweise als Hintergrund eine Angst vor der eigenen Männlichkeit und Aggressivität vorhanden, die dazu führt, dass der Wunsch besteht, diesen Persönlichkeitsanteil möglichst zu neutralisieren. Auch Sex kann hier funktional sein. Helfen kann hier, wenn zeitweilig Geist und Trieb bewusst getrennt werden, und zu anderen Zeiten bewusst eine Gleichzeitigkeit geübt wird.

Merkur Opposition Jupiter

Das ordnende Denken und die Entfaltungskraft stehen in einem Höchstmaß an Gegensätzlichkeit und Spannung zueinander. Der Sinn liegt hier im Auflösen von Schattenbildern und der Chance, sich die Gesetzmäßigkeit von Polaritäten bewusst zu machen. Hier handelt es sich um eine sehr intellektuell-funktionale Wesenskomponente, eine Neigung, in die Androgynie hineinzugehen, um dem Ideal des Puer Aeternus gerecht zu werden. Wichtig ist bei dieser Konstellation, den im Rahmen der gesellschaftlichen Kulturneurose geschaffenen Ehrungen eines abgekoppelten Intellekts kritische Distanz entgegenzusetzen und gerade durch die Hochachtung vor dem Menschlichen und Allzumenschlichem versuchen, eine Einheit von Kopf, Herz und Bauch zu erreichen.

Merkur Konjunktion Jupiter

Das ordnende Denken und die Entfaltungskraft können in einem großen Einklang miteinander schwingen, wenn die beiden Energien vollständig aufeinander abgestimmt sind und keine Seite die andere dominiert. Hier handelt es sich um eine sehr intellektuell-funktionale Wesenskomponente, eine Neigung, in die Androgynie hineinzugehen, um dem Ideal des Puer Aeternus gerecht zu werden. Wichtig ist bei dieser Konstellation, den im Rahmen der gesellschaftlichen Kulturneurose geschaffenen Ehrungen eines abgekoppelten Intellekts kritische Distanz entgegenzusetzen und gerade durch die Hochachtung vor dem Menschlichen und Allzumenschlichem versuchen, eine Einheit von Kopf, Herz und Bauch zu erreichen.

Merkur Opposition Saturn

Das ordnende Denken und die Konzentrationskraft stehen in einem Höchstmaß an Gegensätzlichkeit und Spannung zueinander. Der Sinn liegt hier im Auflösen von Schattenbildern und der Chance, sich die Gesetzmäßigkeit von Polaritäten bewusst zu machen. Situationen von Einsamkeit und unfreiwilliger Isolation in der Kindheit können damals dazu geführt haben, dass intellektuelle Anstrengungen und ein frühzeitiges Erwachsenwerden eingeübt wurden, um auf diesem Wege Anerkennung, und wenigstens auch indirekt Liebe zu bekommen. In der patriarchalen Gesellschaft wird gerade im Erwachsenenalter solch ein Verhalten in wissenschaftlichen Berufen belohnt, führt aber zu einer Verstärkung emotionaler Kontaktarmut und Vereinsamung. Wer dies in Ansätzen durchschaut, übt sich im verspielten Umgang mit dem Intellekt.

Merkur Konjunktion Saturn

Das ordnende Denken und die Konzentrationskraft können in einem großen Einklang miteinander schwingen, wenn die beiden Energien vollständig aufeinander abgestimmt sind und keine Seite die andere dominiert. Situationen von Einsamkeit und unfreiwilliger Isolation in der Kindheit können damals dazu geführt haben, dass intellektuelle Anstrengungen und ein frühzeitiges Erwachsenwerden eingeübt wurden, um auf diesem Wege Anerkennung, und wenigstens auch indirekt Liebe zu bekommen. In der patriarchalen Gesellschaft wird gerade im Erwachsenenalter solch ein Verhalten in wissenschaftlichen Berufen belohnt, führt aber zu einer Verstärkung emotionaler Kontaktarmut und Vereinsamung. Wer dies in Ansätzen durchschaut, übt sich im verspielten Umgang mit dem Intellekt.

Merkur Opposition Uranus

Das ordnende Denken und die Ebene der geistigen Intuition stehen in einem Höchstmaß an Gegensätzlichkeit und Spannung zueinander. Der Sinn liegt hier im Auflösen von Schattenbildern und der Chance, sich die Gesetzmäßigkeit von Polaritäten bewusst zu machen. Die stärkste Übersteigerung des Intellekts und der Tendenz, das Leben zu rationalisieren, funktionalisieren und damit zu neutralisieren, ist in dieser Konstellation zu sehen. So kann man hier geistig sehr erfolgreich sein, und ungeheuer schnell. Dass die Triebfeder hier aber die Flucht vor Nähe und Authentizität des Lebens ist, wird oft erst erkannt, wenn es in die Somatisierung geht. So ist es sehr wichtig bei dieser Konstellation, Körperlichkeit und Emotionalität zu achten und auch an sich selbst zuzulassen.

Merkur Konjunktion Uranus

Das ordnende Denken und die Ebene der geistigen Intuition können in einem großen Einklang miteinander schwingen, wenn die beiden Energien vollständig aufeinander abgestimmt sind und keine Seite die andere dominiert. Die stärkste Übersteigerung des Intellekts und der Tendenz, das Leben zu rationalisieren, funktionalisieren und damit zu neutralisieren, ist in dieser Konstellation zu sehen. So kann man hier geistig sehr erfolgreich sein, und ungeheuer schnell. Dass die Triebfeder hier aber die Flucht vor Nähe und Authentizität des Lebens ist, wird oft erst erkannt, wenn es in die Somatisierung geht. So ist es sehr wichtig bei dieser Konstellation, Körperlichkeit und Emotionalität zu achten und auch an sich selbst zuzulassen.

Merkur Opposition Neptun

Das ordnende Denken und Mystik, Transzendenz stehen in einem Höchstmaß an Gegensätzlichkeit und Spannung zueinander. Der Sinn liegt hier im Auflösen von Schattenbildern und der Chance, sich die Gesetzmäßigkeit von Polaritäten bewusst zu machen. Möglicherweise durch ein dominantes Elternhaus bedingt kommt es hier zu einer Angst, den Intellekt zielgerichtet und gradlinig einzusetzen und die eigene Meinung klar und deutlich zu äußern. Gefühl und Verstand sind in ständigem Widerspruch. Bei dieser Konstellation ist eine Förderung des musischen und fantasievollen Ausdrucks sehr wichtig.

Merkur Konjunktion Neptun

Das ordnende Denken und Mystik, Transzendenz können in einem großen Einklang miteinander schwingen, wenn die beiden Energien vollständig aufeinander abgestimmt sind und keine Seite die andere dominiert. Möglicherweise durch ein dominantes Elternhaus bedingt kommt es hier zu einer Angst, den Intellekt zielgerichtet und gradlinig einzusetzen und die eigene Meinung klar und deutlich zu äußern. Gefühl und Verstand sind in ständigem Widerspruch. Bei dieser Konstellation ist eine Förderung des musischen und fantasievollen Ausdrucks sehr wichtig.

Merkur Opposition Pluto

Das ordnende Denken und Transformationskraft stehen in einem Höchstmaß an Gegensätzlichkeit und Spannung zueinander. Der Sinn liegt hier im Auflösen von Schattenbildern und der Chance, sich die Gesetzmäßigkeit von Polaritäten bewusst zu machen. Es mag schwerfallen, all die psychischen Hintergründe auszusprechen, die wahr-genommen werden. Und so kann die Kommunikationsfähigkeit unter einem ständigen Druck des Tabus stehen. Andererseits ist man sich hier der Macht der Kommunikation bewusst, und setzt dies auch zum eigenen Vorteil ein. Oft bewirkt die Erkenntnis der dadurch entstehenden Einsamkeit und Kontaktarmut, dass man versucht, dieses Muster zu durchbrechen.

Merkur Konjunktion Pluto

Das ordnende Denken und Transformationskraft können in einem großen Einklang miteinander schwingen, wenn die beiden Energien vollständig aufeinander abgestimmt sind und keine Seite die andere dominiert. Es mag schwerfallen, all die psychischen Hintergründe auszusprechen, die wahrgenommen werden. Und so kann die Kommunikationsfähigkeit unter einem ständigen Druck des Tabus stehen. Andererseits ist man sich hier der Macht der Kommunikation bewusst, und setzt dies auch zum eigenen Vorteil ein. Oft bewirkt die Erkenntnis der dadurch entstehenden Einsamkeit und Kontaktarmut, dass man versucht, dieses Muster zu durchbrechen.

Merkur Quadrat Aszendent

Das ordnende Denken und der unmittelbar-spontane Ausdruck des Selbst werden in einem inneren, eine Entscheidung fordernden Konflikt zu höherer Bewusstheit gezwungen. Am Ende der Entwicklung ist keinerlei Reibung mehr zu spüren, und die beteiligten Energien sind im Niveau gestiegen.

Merkur Trigon Aszendent

Das ordnende Denken und der unmittelbar-spontane Ausdruck des Selbst können in dieser Kombination zusammen sehr viel Kreativität freisetzen, wenn es gelingt, die latent vorhandenen Chancen zu nutzen. Oft werden die Möglichkeiten dieses stärksten harmonischen Aspektes eher zur Flucht und Bequemlichkeit denn zum schöpferischen Gestalten genutzt.

Merkur Quadrat Medium Coeli

Das ordnende Denken und die Entfaltung des Selbst in der Öffentlichkeit werden in einem inneren, eine Entscheidung fordernden Konflikt zu höherer Bewusstheit gezwungen. Am Ende der Entwicklung ist keinerlei Reibung mehr zu spüren, und die beteiligten Energien sind im Niveau gestiegen.

Merkur Trigon Medium Coeli

Das ordnende Denken und die Entfaltung des Selbst in der Öffentlichkeit können in dieser Kombination zusammen sehr viel Kreativität freisetzen, wenn es gelingt, die latent vorhandenen Chancen zu nutzen. Oft werden die Möglichkeiten dieses stärksten harmonischen Aspektes eher zur Flucht und Bequemlichkeit denn zum schöpferischen Gestalten genutzt.

Merkur Quadrat Mars

Das ordnende Denken und die zielgerichtete Gefühlsenergie werden in einem inneren, eine Entscheidung fordernden Konflikt zu höherer Bewusstheit gezwungen. Am Ende der Entwicklung ist keinerlei Reibung mehr zu spüren, und die beteiligten Energien sind im Niveau gestiegen. Hier geht es um eine starke Betonung der Motorik. Alle Kraft und Dynamik fließen in das Ausüben intellektueller und handwerklicher Fähigkeiten. Auch wenn dies ungeheuerlich erfolgreich sein kann, so ist hier möglicherweise als Hintergrund eine Angst vor der eigenen Männlichkeit und Aggressivität vorhanden, die dazu führt, dass der Wunsch besteht, diesen Persönlichkeitsanteil möglichst zu neutralisieren. Auch Sex kann hier funktional sein. Helfen kann hier, wenn zeitweilig Geist und Trieb bewusst getrennt werden, und zu anderen Zeiten bewusst eine Gleichzeitigkeit geübt wird.

Merkur Trigon Mars

Das ordnende Denken und die zielgerichtete Gefühlsenergie können in dieser Kombination zusammen sehr viel Kreativität freisetzen, wenn es gelingt, die latent vorhandenen Chancen zu nutzen. Oft werden die Möglichkeiten dieses stärksten harmonischen Aspektes eher zur Flucht und Bequemlichkeit denn zum schöpferischen Gestalten genutzt.

Merkur Quadrat Jupiter

Das ordnende Denken und die Entfaltungskraft werden in einem inneren, eine Entscheidung fordernden Konflikt zu höherer Bewusstheit gezwungen. Am Ende der Entwicklung ist keinerlei Reibung mehr zu spüren, und die beteiligten Energien sind im Niveau gestiegen. Hier handelt es sich um eine sehr intellektuell-funktionale Wesenskomponente, eine Neigung, in die Androgynie hineinzugehen, um dem Ideal des Puer Aeternus gerecht zu werden. Wichtig ist bei dieser Konstellation, den im Rahmen der gesellschaftlichen Kulturneurose geschaffenen Ehrungen eines abgekoppelten Intellekts kritische Distanz entgegenzusetzen und gerade durch die Hochachtung vor dem Menschlichen und Allzumenschlichem versuchen, eine Einheit von Kopf, Herz und Bauch zu erreichen.

Merkur Trigon Jupiter

Das ordnende Denken und die Entfaltungskraft können in dieser Kombination zusammen sehr viel Kreativität freisetzen, wenn es gelingt, die latent vorhandenen Chancen zu nutzen. Oft werden die Möglichkeiten dieses stärksten harmonischen Aspektes eher zur Flucht und Bequemlichkeit denn zum schöpferischen Gestalten genutzt.

Merkur Quadrat Saturn

Das ordnende Denken und die Konzentrationskraft werden in einem inneren, eine Entscheidung fordernden Konflikt zu höherer Bewusstheit gezwungen. Am Ende der Entwicklung ist keinerlei Reibung mehr zu spüren, und die beteiligten Energien sind im Niveau gestiegen. Situationen von Einsamkeit und unfreiwilliger Isolation in der Kindheit können damals dazu geführt haben, dass intellektuelle Anstrengungen und ein frühzeitiges Erwachsenwerden eingeübt wurden, um auf diesem Wege Anerkennung, und wenigstens auch indirekt Liebe zu bekommen. In der patriarchalen Gesellschaft wird gerade im Erwachsenenalter solch ein Verhalten in wissenschaftlichen Berufen belohnt, führt aber zu einer Verstärkung emotionaler Kontaktarmut und Vereinsamung. Wer dies in Ansätzen durchschaut, übt sich im verspielten Umgang mit dem Intellekt.

Merkur Trigon Saturn

Das ordnende Denken und die Konzentrationskraft können in dieser Kombination zusammen sehr viel Kreativität freisetzen, wenn es gelingt, die latent vorhandenen Chancen zu nutzen. Oft werden die Möglichkeiten dieses stärksten harmonischen Aspektes eher zur Flucht und Bequemlichkeit denn zum schöpferischen Gestalten genutzt.

Merkur Quadrat Uranus

Das ordnende Denken und die Ebene der geistigen Intuition werden in einem inneren, eine Entscheidung fordernden Konflikt zu höherer Bewusstheit gezwungen. Am Ende der Entwicklung ist keinerlei Reibung mehr zu spüren, und die beteiligten Energien sind im Niveau gestiegen. Die stärkste Übersteigerung des Intellekts und der Tendenz, das Leben zu rationalisieren, funktionalisieren und damit zu neutralisieren, ist in dieser Konstellation zu sehen. So kann man hier geistig sehr erfolgreich sein, und ungeheuer schnell. Dass die Triebfeder hier aber die Flucht vor Nähe und Authentizität des Lebens ist, wird oft erst erkannt, wenn es in die Somatisierung geht. So ist es sehr wichtig bei dieser Konstellation, Körperlichkeit und Emotionalität zu achten und auch an sich selbst zuzulassen.

Merkur Trigon Uranus

Das ordnende Denken und die Ebene der geistigen Intuition können in dieser Kombination zusammen sehr viel Kreativität freisetzen, wenn es gelingt, die latent vorhandenen Chancen zu nutzen. Oft werden die Möglichkeiten dieses stärksten harmonischen Aspektes eher zur Flucht und Bequemlichkeit denn zum schöpferischen Gestalten genutzt.

Merkur Quadrat Neptun

Das ordnende Denken und Mystik, Transzendenz werden in einem inneren, eine Entscheidung fordernden Konflikt zu höherer Bewusstheit gezwungen. Am Ende der Entwicklung ist keinerlei Reibung mehr zu spüren, und die beteiligten Energien sind im Niveau gestiegen. Möglicherweise durch ein dominantes Elternhaus bedingt kommt es hier zu einer Angst, den Intellekt zielgerichtet und gradlinig einzusetzen und die eigene Meinung klar und deutlich zu äußern. Gefühl und Verstand sind in ständigem Widerspruch. Bei dieser Konstellation ist eine Förderung des musischen und fantasievollen Ausdrucks sehr wichtig.

Merkur Trigon Neptun
Das ordnende Denken und Mystik, Transzendenz können in dieser Kombination zusammen sehr viel Kreativität freisetzen, wenn es gelingt, die latent vorhandenen Chancen zu nutzen. Oft werden die Möglichkeiten dieses stärksten harmonischen Aspektes eher zur Flucht und Bequemlichkeit denn zum schöpferischen Gestalten genutzt.

Merkur Quadrat Pluto
Das ordnende Denken und Transformationskraft werden in einem inneren, eine Entscheidung fordernden Konflikt zu höherer Bewusstheit gezwungen. Am Ende der Entwicklung ist keinerlei Reibung mehr zu spüren, und die beteiligten Energien sind im Niveau gestiegen. Es mag schwerfallen, all die psychischen Hintergründe auszusprechen, die wahrgenommen werden. Und so kann die Kommunikationsfähigkeit unter einem ständigen Druck des Tabus stehen. Andererseits ist man sich hier der Macht der Kommunikation bewusst, und setzt dies auch zum eigenen Vorteil ein. Oft bewirkt die Erkenntnis der dadurch entstehenden Einsamkeit und Kontaktarmut, dass man versucht, dieses Muster zu durchbrechen.

Merkur Trigon Pluto
Das ordnende Denken und Transformationskraft können in dieser Kombination zusammen sehr viel Kreativität freisetzen, wenn es gelingt, die latent vorhandenen Chancen zu nutzen. Oft werden die Möglichkeiten dieses stärksten harmonischen Aspektes eher zur Flucht und Bequemlichkeit denn zum schöpferischen Gestalten genutzt.

Merkur Sextil Aszendent
Das ordnende Denken und der unmittelbar-spontane Ausdruck des Selbst stehen in einem stabilen, harmonischen Verhältnis zueinander.

Merkur Sextil Medium Coeli
Das ordnende Denken und die Entfaltung des Selbst in der Öffentlichkeit stehen in einem stabilen, harmonischen Verhältnis zueinander.

Merkur Sextil Venus
Das ordnende Denken und die nicht zielgerichtete Dynamik der Sinneslust stehen in einem stabilen, harmonischen Verhältnis zueinander.

Merkur Sextil Mars
Das ordnende Denken und die zielgerichtete Gefühlsenergie stehen in einem stabilen, harmonischen Verhältnis zueinander.

Merkur Sextil Jupiter
Das ordnende Denken und die Entfaltungskraft stehen in einem stabilen, harmonischen Verhältnis zueinander.

Merkur Sextil Saturn
Das ordnende Denken und die Konzentrationskraft stehen in einem stabilen, harmonischen Verhältnis zueinander.

Merkur Sextil Uranus
Das ordnende Denken und die Ebene der geistigen Intuition stehen in einem stabilen, harmonischen Verhältnis zueinander.

Merkur Sextil Neptun
Das ordnende Denken und Mystik, Transzendenz stehen in einem stabilen, harmonischen Verhältnis zueinander.

Merkur Sextil Pluto
Das ordnende Denken und Transformationskraft stehen in einem stabilen, harmonischen Verhältnis zueinander.

Merkur Opposition Aszendent
Das ordnende Denken und der unmittelbar-spontane Ausdruck des Selbst stehen in einem Höchstmaß an Gegensätzlichkeit und Spannung zueinander. Der Sinn liegt hier im Auflösen von Schattenbildern und der Chance, sich die Gesetzmäßigkeit von Polaritäten bewusst zu machen.

Merkur Konjunktion Aszendent
Das ordnende Denken und der unmittelbar-spontane Ausdruck des Selbst können in einem großen Einklang miteinander schwingen, wenn die beiden Energien vollständig aufeinander abgestimmt sind und keine Seite die andere dominiert.

Merkur Opposition Medium Coeli
Das ordnende Denken und die Entfaltung des Selbst in der Öffentlichkeit stehen in einem Höchstmaß an Gegensätzlichkeit und Spannung zueinander. Der Sinn liegt hier im Auflösen von Schattenbildern und der Chance, sich die Gesetzmäßigkeit von Polaritäten bewusst zu machen.

Merkur Konjunktion Medium Coeli
Das ordnende Denken und die Entfaltung des Selbst in der Öffentlichkeit können in einem großen Einklang miteinander schwingen, wenn die beiden Energien vollständig aufeinander abgestimmt sind und keine Seite die andere dominiert.

Venus

Venus Konjunktion Mars
Nicht zielgerichtete Dynamik der Sinneslust und die zielgerichtete Gefühlsenergie können in einem großen Einklang miteinander schwingen, wenn die beiden Energien vollständig aufeinander abgestimmt sind und keine Seite die andere dominiert. Hier kann es zu einem ständigen inneren Kampf zwischen Anima und Animus kommen, der auf der äußeren Ebene körperlich sexuell als Kombination von Verletzung und Lust erlaubt wird. Hat man erkannt, dass nie ein Geschlecht über das andere siegen kann, wird der Weg frei zu wirklicher Triebbefriedigung.

Venus Opposition Mars
Nicht zielgerichtete Dynamik der Sinneslust und die zielgerichtete Gefühlsenergie stehen in einem Höchstmaß an Gegensätzlichkeit und Spannung zueinander. Der Sinn liegt hier im Auflösen von Schattenbildern und der Chance, sich die Gesetzmäßigkeit von Polaritäten bewusst zu machen. Hier kann es zu einem ständigen inneren Kampf zwischen Anima und Animus kommen, der auf der äußeren Ebene körperlich sexuell als Kombination von Verletzung und Lust erlaubt wird. Hat man erkannt, dass nie ein Geschlecht über das andere siegen kann, wird der Weg frei zu wirklicher Triebbefriedigung.

Venus Opposition Jupiter
Nicht zielgerichtete Dynamik der Sinneslust und die Entfaltungskraft stehen in einem Höchstmaß an Gegensätzlichkeit und Spannung zueinander. Der Sinn liegt hier im Auflösen von Schattenbildern und der Chance, sich die Gesetzmäßigkeit von Polaritäten bewusst zu machen. Ein großer Wunsch nach Stillung der Bedürfnisse der Libido kann letzt immer unbefriedigt bleiben, wenn die innere Leere und Hohlheit von Ersatzbefriedigungen nicht erkannt wird. Auch ist es hier sehr wichtig, diese Leere nach außen hin zeigen zu können, um wirklich zu einer Erfüllung durch direkte persönliche Kontakte mit anderen Menschen zu kommen.

Venus Konjunktion Jupiter
Nicht zielgerichtete Dynamik der Sinneslust und die Entfaltungskraft können in einem großen Einklang miteinander schwingen, wenn die beiden Energien vollständig aufeinander abgestimmt sind und keine Seite die andere dominiert. Ein großer Wunsch nach Stillung der Bedürfnisse der Libido kann letztendlich immer unbefriedigt bleiben, wenn die innere Leere und Hohlheit von Ersatzbefriedigungen nicht erkannt wird. Auch ist es hier sehr wichtig, diese Leere nach außen hin zeigen zu können, um wirklich zu einer Erfüllung durch direkte persönliche Kontakte mit anderen Menschen zu kommen.

Venus Opposition Saturn
Nicht zielgerichtete Dynamik der Sinneslust und die Konzentrationskraft stehen in einem Höchstmaß an Gegensätzlichkeit und Spannung zueinander. Der Sinn liegt hier im Auflösen von Schattenbildern und der Chance, sich die Gesetzmäßigkeit von Polaritäten bewusst zu machen. Auch wenn der Versuch, eine Befriedigung der Libidowünsche zu erlangen, durch wie auch immer geartete Verletzungen in der Kindheit oft genug gescheitert ist, so sollte doch immer wieder gewagt werden, zur eigenen Lust zu stehen. Kontakte sollten so aufgebaut werden, dass sie auch das Loslassen beinhalten und nicht versucht wird, über das Einführen von lebensfeindlichen Wertvorstellungen die Treue des Partners zu erzwingen.

Venus Konjunktion Saturn
Nicht zielgerichtete Dynamik der Sinneslust und die Konzentrationskraft können in einem großen Einklang miteinander schwingen, wenn die beiden Energien vollständig aufeinander abgestimmt sind und keine Seite die andere dominiert. Auch wenn der Versuch, eine Befriedigung der Libidowünsche zu erlangen, durch wie auch immer geartete Verletzungen in der Kindheit oft genug gescheitert ist, so sollte doch immer wieder gewagt werden, zur eigenen Lust zu stehen. Kontakte sollten so aufgebaut werden, dass sie auch das Loslassen beinhalten und nicht versucht wird, über das Einführen von lebensfeindlichen Wertvorstellungen die Treue des Partners zu erzwingen.

Venus Opposition Uranus

Nicht zielgerichtete Dynamik der Sinneslust und die Ebene der geistigen Intuition stehen in einem Höchstmaß an Gegensätzlichkeit und Spannung zueinander. Der Sinn liegt hier im Auflösen von Schattenbildern und der Chance, sich die Gesetzmäßigkeit von Polaritäten bewusst zu machen. Eine wirkliche Nähe kann bei dieser Konstellation oft nur in Situationen der Verhinderung, wie sie sich zum Beispiel in Zeitmangel, Stress oder räumlicher Distanz zeigen, gewagt werden. Direkte Libidobefriedigung kann also schwer zugelassen werden. Auch wenn der Grund mitunter auch in einer Libidoüberlagerung durch das soziale Umfeld in der Kindheit zu suchen ist, so sollte doch versucht werden, Lust und Lustbefriedigung in entspannten Situationen zuzulassen.

Venus Konjunktion Uranus

Nicht zielgerichtete Dynamik der Sinneslust und die Ebene der geistigen Intuition können in einem großen Einklang miteinander schwingen, wenn die beiden Energien vollständig aufeinander abgestimmt sind und keine Seite die andere dominiert. Eine wirkliche Nähe kann bei dieser Konstellation oft nur in Situationen der Verhinderung, wie sie sich zum Beispiel in Zeitmangel, Stress oder räumlicher Distanz zeigen, gewagt werden. Direkte Libidobefriedigung kann also schwer zugelassen werden. Auch wenn der Grund mitunter auch in einer Libidoüberlagerung durch das soziale Umfeld in der Kindheit zu suchen ist, so sollte doch versucht werden, Lust und Lustbefriedigung in entspannten Situationen zuzulassen.

Venus Opposition Neptun

Nicht zielgerichtete Dynamik der Sinneslust und Mystik, Transzendenz stehen in einem Höchstmaß an Gegensätzlichkeit und Spannung zueinander. Der Sinn liegt hier im Auflösen von Schattenbildern und der Chance, sich die Gesetzmäßigkeit von Polaritäten bewusst zu machen.

Sehnsucht nach Libidoerfüllung kann ein Surrogat für tatsächliche reale Befriedigung des eigenen Trieblebens werden. Doch erst, wenn man Berührungen zulassen kann, bekommt man auch ein reales Gefühl für die eigenen Grenzen. So sollte immer wieder gewagt werden, in die Desillusionierung hineinzugehen, und in realen Partnerschaften lebendige Erfahrungen gemacht werden.

Venus Konjunktion Neptun

Nicht zielgerichtete Dynamik der Sinneslust und Mystik, Transzendenz können in einem großen Einklang miteinander schwingen, wenn die beiden Energien vollständig aufeinander abgestimmt sind und keine Seite die andere dominiert. Sehnsucht nach Libidoerfüllung kann ein Surrogat für tatsächliche reale Befriedigung des eigenen Trieblebens werden. Doch erst, wenn man Berührungen zulassen kann, bekommt man auch ein reales Gefühl für die eigenen Grenzen. So sollte immer wieder gewagt werden, in die Desillusionierung hineinzugehen, und in realen Partnerschaften lebendige Erfahrungen gemacht werden.

Venus Opposition Pluto

Nicht zielgerichtete Dynamik der Sinneslust und Transformationskraft stehen in einem Höchstmaß an Gegensätzlichkeit und Spannung zueinander. Der Sinn liegt hier im Auflösen von Schattenbildern und der Chance, sich die Gesetzmäßigkeit von Polaritäten bewusst zu machen. Oft sind es zu starke und zu intensive Erfahrungen von der macht der Sexualität in menschlichen Beziehungen, die bewirken, dass eine Verschlossenheit und Beherrschtheit entsteht, die zwar auch Macht im persönlichen Kontakt, aber auch Einsamkeit bewirkt. Wenn man bereit ist, auf das Wechselspiel von Macht und Ohnmacht in menschlichen Beziehungen zu verzichten, ist es möglich, von Menschen ohne psychischen Druck geliebt zu werden.

Venus Konjunktion Pluto

Nicht zielgerichtete Dynamik der Sinneslust und Transformationskraft können in einem großen Einklang miteinander schwingen, wenn die beiden Energien vollständig aufeinander abgestimmt sind und keine Seite die andere dominiert. Oft sind es zu starke und zu intensive Erfahrungen von der macht der Sexualität in menschlichen Beziehungen, die bewirken, dass eine Verschlossenheit und Beherrschtheit entsteht, die zwar auch Macht im persönlichen Kontakt, aber auch Einsamkeit bewirkt. Wenn man bereit ist, auf das Wechselspiel von Macht und Ohnmacht in menschlichen Beziehungen zu verzichten, ist es möglich, von Menschen ohne psychischen Druck geliebt zu werden.

Venus Quadrat Aszendent
Nicht zielgerichtete Dynamik der Sinneslust und der unmittelbar spontane Ausdruck des Selbst werden in einem inneren, eine Entscheidung fordernden Konflikt zu höherer Bewusstheit gezwungen. Am Ende der Entwicklung ist keinerlei Reibung mehr zu spüren, und die beteiligten Energien sind im Niveau gestiegen.

Venus Trigon Aszendent
Nicht zielgerichtete Dynamik der Sinneslust und der unmittelbar spontane Ausdruck des Selbst können in dieser Kombination zusammen sehr viel Kreativität freisetzen, wenn es gelingt, die latent vorhandenen Chancen zu nutzen. Oft werden die Möglichkeiten dieses stärksten harmonischen Aspektes eher zur Flucht und Bequemlichkeit denn zum schöpferischen Gestalten genutzt.

Venus Quadrat Medium Coeli
Nicht zielgerichtete Dynamik der Sinneslust und die Entfaltung des Selbst in der Öffentlichkeit werden in einem inneren, eine Entscheidung fordernden Konflikt zu höherer Bewusstheit gezwungen. Am Ende der Entwicklung ist keinerlei Reibung mehr zu spüren, und die beteiligten Energien sind im Niveau gestiegen.

Venus Trigon Medium Coeli
Nicht zielgerichtete Dynamik der Sinneslust und die Entfaltung des Selbst in der Öffentlichkeit können in dieser Kombination zusammen sehr viel Kreativität freisetzen, wenn es gelingt, die latent vorhandenen Chancen zu nutzen. Oft werden die Möglichkeiten dieses stärksten harmonischen Aspektes eher zur Flucht und Bequemlichkeit denn zum schöpferischen Gestalten genutzt.

Venus Quadrat Mars
Nicht zielgerichtete Dynamik der Sinneslust und die zielgerichtete Gefühlsenergie werden in einem inneren, eine Entscheidung fordernden Konflikt zu höherer Bewusstheit gezwungen. Am Ende der Entwicklung ist keinerlei Reibung mehr zu spüren, und die beteiligten Energien sind im Niveau gestiegen. Hier kann es zu einem ständigen inneren Kampf zwischen Anima und Animus kommen, der auf der äußeren Ebene körperlich sexuell als Kombination von Verletzung und Lust erlaubt wird. Hat man erkannt, dass nie ein Geschlecht über das andere siegen kann, wird der Weg frei zu wirklicher Triebbefriedigung.

Venus Trigon Mars
Nicht zielgerichtete Dynamik der Sinneslust und die zielgerichtete Gefühlsenergie können in dieser Kombination zusammen sehr viel Kreativität freisetzen, wenn es gelingt, die latent vorhandenen Chancen zu nutzen. Oft werden die Möglichkeiten dieses stärksten harmonischen Aspektes eher zur Flucht und Bequemlichkeit denn zum schöpferischen Gestalten genutzt.

Venus Quadrat Jupiter
Nicht zielgerichtete Dynamik der Sinneslust und die Entfaltungskraft werden in einem inneren, eine Entscheidung fordernden Konflikt zu höherer Bewusstheit gezwungen. Am Ende der Entwicklung ist keinerlei Reibung mehr zu spüren, und die beteiligten Energien sind im Niveau gestiegen. Ein großer Wunsch nach Stillung der Bedürfnisse der Libido kann letztendlich immer unbefriedigt bleiben, wenn die innere Leere und Hohlheit von Ersatzbefriedigungen nicht erkannt wird. Auch ist es hier sehr wichtig, diese Leere nach außen hin zeigen zu können, um wirklich zu einer Erfüllung durch direkte persönliche Kontakte mit anderen Menschen zu kommen.

Venus Trigon Jupiter
Nicht zielgerichtete Dynamik der Sinneslust und die Entfaltungskraft können in dieser Kombination zusammen sehr viel Kreativität freisetzen, wenn es gelingt, die latent vorhandenen Chancen zu nutzen. Oft werden die Möglichkeiten dieses stärksten harmonischen Aspektes eher zur Flucht und Bequemlichkeit denn zum schöpferischen Gestalten genutzt.

Venus Quadrat Saturn
Nicht zielgerichtete Dynamik der Sinneslust und die Konzentrationskraft werden in einem inneren, eine Entscheidung fordernden Konflikt zu höherer Bewusstheit gezwungen. Am Ende der Entwicklung ist keinerlei Reibung mehr zu spüren, und die beteiligten Energien sind im Niveau gestiegen. Auch wenn der Versuch, eine Befriedigung der Libidowünsche zu erlangen, durch wie auch immer geartete Verletzungen in der Kindheit oft genug gescheitert ist, so sollte doch immer wieder gewagt werden, zur eigenen Lust zu stehen. Kontakte sollten so aufgebaut werden, dass sie auch das Loslassen beinhalten und nicht versucht wird, über das Einführen von lebensfeindlichen Wertvorstellungen die Treue des Partners zu erzwingen.

Venus Trigon Saturn
Nicht zielgerichtete Dynamik der Sinneslust und die Konzentrationskraft können in dieser Kombination zusammen sehr viel Kreativität freisetzen, wenn es gelingt, die latent vorhandenen Chancen zu nutzen. Oft werden die Möglichkeiten dieses stärksten harmonischen Aspektes eher zur Flucht und Bequemlichkeit denn zum schöpferischen Gestalten genutzt.

Venus Quadrat Uranus
Nicht zielgerichtete Dynamik der Sinneslust und die Ebene der geistigen Intuition werden in einem inneren, eine Entscheidung fordernden Konflikt zu höherer Bewusstheit gezwungen. Am Ende der Entwicklung ist keinerlei Reibung mehr zu spüren, und die beteiligten Energien sind im Niveau gestiegen. Eine wirkliche Nähe kann bei dieser Konstellation oft nur in Situationen der Verhinderung, wie sie sich zum Beispiel in Zeitmangel, Stress oder räumlicher Distanz zeigen, gewagt werden. Direkte Libidobefriedigung kann also schwer zugelassen werden. Auch wenn der Grund mitunter auch in einer Libidoüberlagerung durch das soziale Umfeld in der Kindheit zu suchen ist, so sollte doch versucht werden, Lust und Lustbefriedigung in entspannten Situationen zuzulassen.

Venus Trigon Uranus
Nicht zielgerichtete Dynamik der Sinneslust und die Ebene der geistigen Intuition können in dieser Kombination zusammen sehr viel Kreativität freisetzen, wenn es gelingt, die latent vorhandenen Chancen zu nutzen. Oft werden die Möglichkeiten dieses stärksten harmonischen Aspektes eher zur Flucht und Bequemlichkeit denn zum schöpferischen Gestalten genutzt.

Venus Quadrat Neptun
Nicht zielgerichtete Dynamik der Sinneslust und Mystik, Transzendenz werden in einem inneren, eine Entscheidung fordernden Konflikt zu höherer Bewusstheit gezwungen. Am Ende der Entwicklung ist keinerlei Reibung mehr zu spüren, und die beteiligten Energien sind im Niveau gestiegen. Sehnsucht nach Libidoerfüllung kann ein Surrogat für tatsächliche reale Befriedigung des eigenen Trieblebens werden. Doch erst, wenn man Berührungen zulassen kann, bekommt man auch ein reales Gefühl für die eigenen Grenzen. So sollte immer wieder gewagt werden, in die Desillusionierung hineinzugehen, und in realen Partnerschaften lebendige Erfahrungen gemacht werden.

Venus Trigon Neptun
Nicht zielgerichtete Dynamik der Sinneslust und Mystik, Transzendenz können in dieser Kombination zusammen sehr viel Kreativität freisetzen, wenn es gelingt, die latent vorhandenen Chancen zu nutzen. Oft werden die Möglichkeiten dieses stärksten harmonischen Aspektes eher zur Flucht und Bequemlichkeit denn zum schöpferischen Gestalten genutzt.

Venus Quadrat Pluto
Nicht zielgerichtete Dynamik der Sinneslust und Transformationskraft werden in einem inneren, eine Entscheidung fordernden Konflikt zu höherer Bewusstheit gezwungen. Am Ende der Entwicklung ist keinerlei Reibung mehr zu spüren, und die beteiligten Energien sind im Niveau gestiegen. Oft sind es zu starke und zu intensive Erfahrungen von der Macht der Sexualität in menschlichen Beziehungen, die bewirken, dass eine Verschlossenheit und Beherrschtheit entsteht, die zwar auch Macht im persönlichen Kontakt, aber auch Einsamkeit bewirkt. Wenn man bereit ist, auf das Wechselspiel von Macht und Ohnmacht in menschlichen Beziehungen zu verzichten, ist es möglich, von Menschen ohne psychischen Druck geliebt zu werden.

Venus Trigon Pluto
Nicht zielgerichtete Dynamik der Sinneslust und Transformationskraft können in dieser Kombination zusammen sehr viel Kreativität freisetzen, wenn es gelingt, die latent vorhandenen Chancen zu nutzen. Oft werden die Möglichkeiten dieses stärksten harmonischen Aspektes eher zur Flucht und Bequemlichkeit denn zum schöpferischen Gestalten genutzt.

Venus Sextil Aszendent
Nicht zielgerichtete Dynamik der Sinneslust und der unmittelbar-spontane Ausdruck des Selbst stehen in einem stabilen, harmonischen Verhältnis zueinander.

Venus Sextil Medium Coeli
Nicht zielgerichtete Dynamik der Sinneslust und die Entfaltung des Selbst in der Öffentlichkeit stehen in einem stabilen, harmonischen Verhältnis zueinander.

Venus Sextil Mars
Nicht zielgerichtete Dynamik der Sinneslust und die zielgerichtete Gefühlsenergie stehen in einem stabilen, harmonischen Verhältnis zueinander.

Venus Sextil Jupiter
Nicht zielgerichtete Dynamik der Sinneslust und die Entfaltungskraft stehen in einem stabilen, harmonischen Verhältnis zueinander.

Venus Sextil Saturn
Nicht zielgerichtete Dynamik der Sinneslust und die Konzentrationskraft stehen in einem stabilen, harmonischen Verhältnis zueinander.

Venus Sextil Uranus
Nicht zielgerichtete Dynamik der Sinneslust und die Ebene der geistigen Intuition stehen in einem stabilen, harmonischen Verhältnis zueinander.

Venus Sextil Neptun
Nicht zielgerichtete Dynamik der Sinneslust und Mystik, Transzendenz stehen in einem stabilen, harmonischen Verhältnis zueinander.

Venus Sextil Pluto
Nicht zielgerichtete Dynamik der Sinneslust und Transformationskraft stehen in einem stabilen, harmonischen Verhältnis zueinander.

Venus Opposition Aszendent
Nicht zielgerichtete Dynamik der Sinneslust und der unmittelbar spontane Ausdruck des Selbst stehen in einem Höchstmaß an Gegensätzlichkeit und Spannung zueinander. Der Sinn liegt hier im Auflösen von Schattenbildern und der Chance, sich die Gesetzmäßigkeit von Polaritäten bewusst zu machen.

Venus Konjunktion Aszendent
Nicht zielgerichtete Dynamik der Sinneslust und der unmittelbar spontane Ausdruck des Selbst können in einem großen Einklang miteinander schwingen, wenn die beiden Energien vollständig aufeinander abgestimmt sind und keine Seite die andere dominiert.

Venus Opposition Medium Coeli
Nicht zielgerichtete Dynamik der Sinneslust und die Entfaltung des Selbst in der Öffentlichkeit stehen in einem Höchstmaß an Gegensätzlichkeit und Spannung zueinander. Der Sinn liegt hier im Auflösen von Schattenbildern und der Chance, sich die Gesetzmäßigkeit von Polaritäten bewusst zu machen.

Venus Konjunktion Medium Coeli
Nicht zielgerichtete Dynamik der Sinneslust und die Entfaltung des Selbst in der Öffentlichkeit können in einem großen Einklang miteinander schwingen, wenn die beiden Energien vollständig aufeinander abgestimmt sind und keine Seite die andere dominiert.

Mars

Mars Konjunktion Jupiter
Zielgerichtete Gefühlsenergie und die Entfaltungskraft können in einem großen Einklang miteinander schwingen, wenn die beiden Energien vollständig aufeinander abgestimmt sind und keine Seite die andere dominiert. Hinter einer auf Expansion und Selbstbehauptung ausgerichteten Haltung, die die positiven und edlen Seiten des eigenen Handelns nachdrücklich betont, kann eine starke Entscheidungsschwäche und innere Leere stecken. Auch wenn es nicht leicht fällt, Egoismus, Wut und die Orientierungslosigkeit zuzugeben, wenn es darum geht, mit diesen Persönlichkeitsanteilen umzugehen, so sollte dies doch gewagt werden. Denn dann kann sich eine reale Handlungsfähigkeit entwickeln.

Mars Opposition Jupiter
Zielgerichtete Gefühlsenergie und die Entfaltungskraft stehen in einem Höchstmaß an Gegensätzlichkeit und Spannung zueinander. Der Sinn liegt hier im Auflösen von Schattenbildern und der Chance, sich die Gesetzmäßigkeit von Polaritäten bewusst zu machen. Hinter einer auf Expansion und Selbstbehauptung ausgerichteten Haltung, die die positiven und edlen Seiten des eigenen Handelns nachdrücklich betont, kann eine starke Entscheidungsschwäche und innere Leere stecken. Auch wenn es nicht leicht fällt, Egoismus, Wut und die Orientierungslosigkeit zuzugeben, wenn es darum geht, mit diesen Persönlichkeitsanteilen umzugehen, so sollte dies doch gewagt werden. Denn dann kann sich eine reale Handlungsfähigkeit entwickeln.

Mars Opposition Saturn
Zielgerichtete Gefühlsenergie und die Konzentrationskraft stehen in einem Höchstmaß an Gegensätzlichkeit und Spannung zueinander. Der Sinn liegt hier im Auflösen von Schattenbildern und der Chance, sich die Gesetzmäßigkeit von Polaritäten bewusst zu machen. Auch wenn hier im innersten ein starkes Unterlegenheitsgefühl in Bezug auf Autoritäten und Normsetzer vorhanden sein mag, so zeigt sich nach außen doch oft das Bild des aus-

dauernden und pflichtbewussten Arbeiters und Kämpfers. Eine permanente Überforderung lässt sich verhindern, wenn bewusst wird, dass das Handeln hier auf Widerstand eingestellt ist, ja oft den Widerstand und die Verhinderung sucht, um sich in der eigenen Dynamik zu motivieren. Geübt werden muss eine Motivation durch innere, nicht auf die Umwelt projizierte Grenzen und Maßstäbe.

Mars Konjunktion Saturn

Zielgerichtete Gefühlsenergie und die Konzentrationskraft können in einem großen Einklang miteinander schwingen, wenn die beiden Energien vollständig aufeinander abgestimmt sind und keine Seite die andere dominiert. Auch wenn hier im innersten ein starkes Unterlegenheitsgefühl in Bezug auf Autoritäten und Normsetzer vorhanden sein mag, so zeigt sich nach außen doch oft das Bild des ausdauernden und pflichtbewussten Arbeiters und Kämpfers. Handeln auf Widerstand.Geübt werden muss eine Motivation durch innere, nicht auf die Umwelt projizierte Grenzen und Maßstäbe.

Mars Opposition Uranus

Zielgerichtete Gefühlsenergie und die Ebene der geistigen Intuition stehen in einem Höchstmaß an Gegensätzlichkeit und Spannung zueinander. Der Sinn liegt hier im Auflösen von Schattenbildern und der Chance, sich die Gesetzmäßigkeit von Polaritäten bewusst zu machen. Eine übereilige, ungeheuer schnell, aber nicht ausdauernd handelnde Natur mit latenter Aggressivität, die schnell ausbrechen kann, und einer Huldigung des Intellekts findet sich hier. Überforderung und emotionalem Ausbrennen. Wichtig ist hier, sich die Zweifelhaftigkeit der Überbewertung von Intellekt und Männlichkeit in Rahmen der Kulturneurose bewusst zu machen, latente Homosexualität auszuleben und letztlich das Zulassen von Emotionen und das Achten des Weiblichen zu üben.

Mars Konjunktion Uranus

Zielgerichtete Gefühlsenergie und die Ebene der geistigen Intuition können in einem großen Einklang miteinander schwingen, wenn die beiden Energien vollständig aufeinander abgestimmt sind und keine Seite die andere dominiert. Eine übereilige, ungeheuer schnell, aber nicht ausdauernd handelnde Natur mit latenter Aggressivität, die schnell ausbrechen kann, und einer Huldigung des Intellekts findet sich hier. Überforderung und emotionales Ausbrennen. Wichtig ist hier, sich die Zweifelhaftigkeit der Überbewertung von Intellekt und Männlichkeit in Rahmen der Kulturneurose bewusst zu machen, latente Homosexualität auszuleben und letztlich das Zulassen von Emotionen und das Achten des Weiblichen zu üben.

Mars Opposition Neptun

Zielgerichtete Gefühlsenergie und Mystik, Transzendenz stehen in einem Höchstmaß an Gegensätzlichkeit und Spannung zueinander. Der Sinn liegt hier im Auflösen von Schattenbildern und der Chance, sich die Gesetzmäßigkeit von Polaritäten bewusst zu machen. Eventuell durch ein dominantes soziales Umfeld in der Kindheit bedingt kann es zu einer Handlungs- und Entscheidungsschwäche kommen. Kompensatorisch kann man auch dazu neigen, übermäßig entscheidungsstark oder gewalttätig zu reagieren. Wichtig ist, sich bewusst zu machen, wie das innere Verhältnis zur Männlichkeit ist. Patriarchale gesellschaftliche Männlichkeitsideale sollten hinterfragt werden.

Mars Konjunktion Neptun

Zielgerichtete Gefühlsenergie und Mystik, Transzendenz können in einem großen Einklang miteinander schwingen, wenn die beiden Energien vollständig aufeinander abgestimmt sind und keine Seite die andere dominiert. Eventuell durch ein dominantes soziales Umfeld in der Kindheit bedingt kann es zu einer Handlungs- und Entscheidungsschwäche kommen. Kompensatorisch kann man auch dazu neigen, übermäßig entscheidungsstark oder gewalttätig zu reagieren. Wichtig ist, sich bewusst zu machen, wie das innere Verhältnis zur Männlichkeit ist. Patriarchale gesellschaftliche Männlichkeitsideale sollten hinterfragt werden.

Mars Opposition Pluto

Zielgerichtete Gefühlsenergie und Transformationskraft stehen in einem Höchstmaß an Gegensätzlichkeit und Spannung zueinander. Der Sinn liegt hier im Auflösen von Schattenbildern und der Chance, sich die Gesetzmäßigkeit von Polaritäten bewusst zu machen. Die Macht der Sexualität und Männlichkeit werden immer als eine Einheit betrachtet. Dies kann aus Erfahrungen in der Kindheit bedrohlich oder auch stimulierend wirken. So kann es zu einer Über- oder auch Unterbetonung von Männlichkeit kommen. Auch kann übermäßige Selbstbeherrschung einen inneren Triebdruck erzeugen, der erst recht die eigene Männlichkeit als Bedrohung empfinden lässt. Lösung liegt hier in der Hinterfragung von Macht, Manipulation und Selbstbeherrschung. Dann ist ein spielerischer Umgang mit der eigenen Impulsivität möglich.

Mars Konjunktion Pluto

Zielgerichtete Gefühlsenergie und Transformationskraft können in einem großen Einklang miteinander schwingen, wenn die beiden Energien vollständig aufeinander abgestimmt sind und keine Seite die andere dominiert. Die Macht der Sexualität und Männlichkeit werden immer als eine Einheit betrachtet. Dies kann aus Erfahrungen in der Kindheit bedrohlich oder auch stimulierend wirken. So kann es zu einer Über- oder auch Unterbetonung von Männlichkeit kommen. Auch kann übermäßige Selbstbeherrschung einen inneren Triebdruck erzeugen, der erst recht die eigene Männlichkeit als Bedrohung empfinden lässt. Lösung liegt hier in der Hinterfragung von Macht, Manipulation und Selbstbeherrschung. Dann ist ein spielerischer Umgang mit der eigenen Impulsivität möglich.

Mars Quadrat Aszendent

Zielgerichtete Gefühlsenergie und der unmittelbar-spontane Ausdruck des Selbst werden in einem inneren, eine Entscheidung fordernden Konflikt zu höherer Bewusstheit gezwungen. Am Ende der Entwicklung ist keinerlei Reibung mehr zu spüren, und die beteiligten Energien sind im Niveau gestiegen.

Mars Trigon Aszendent

Zielgerichtete Gefühlsenergie und der unmittelbar-spontane Ausdruck des Selbst können in dieser Kombination zusammen sehr viel Kreativität freisetzen, wenn es gelingt, die latent vorhandenen Chancen zu nutzen. Oft werden die Möglichkeiten dieses stärksten harmonischen Aspektes eher zur Flucht und Bequemlichkeit denn zum schöpferischen Gestalten genutzt.

Mars Quadrat Medium Coeli

Zielgerichtete Gefühlsenergie und die Entfaltung des Selbst in der Öffentlichkeit werden in einem inneren, eine Entscheidung fordernden Konflikt zu höherer Bewusstheit gezwungen. Am Ende der Entwicklung ist keinerlei Reibung mehr zu spüren, und die beteiligten Energien sind im Niveau gestiegen.

Mars Trigon Medium Coeli

Zielgerichtete Gefühlsenergie und die Entfaltung des Selbst in der Öffentlichkeit können in dieser Kombination zusammen sehr viel Kreativität freisetzen, wenn es gelingt, die latent vorhandenen Chancen zu nutzen. Oft werden die Möglichkeiten dieses stärksten harmonischen Aspektes eher zur Flucht und Bequemlichkeit denn zum schöpferischen Gestalten genutzt.

Mars Quadrat Jupiter

Zielgerichtete Gefühlsenergie und die Entfaltungskraft werden in einem inneren, eine Entscheidung fordernden Konflikt zu höherer Bewusstheit gezwungen. Am Ende der Entwicklung ist keinerlei Reibung mehr zu spüren, und die beteiligten Energien sind im Niveau gestiegen. Hinter einer auf Expansion und Selbstbehauptung ausgerichteten Haltung, die die positiven und edlen Seiten des eigenen Handelns nachdrücklich betont, kann eine starke Entscheidungsschwäche und innere Leere stecken. Auch wenn es nicht leicht fällt, Egoismus, Wut und die Orientierungslosigkeit zuzugeben, wenn es darum geht, mit diesen Persönlichkeitsanteilen umzugehen, so sollte dies doch gewagt werden. Denn dann kann sich eine reale Handlungsfähigkeit entwickeln.

Mars Trigon Jupiter

Zielgerichtete Gefühlsenergie und die Entfaltungskraft können in dieser Kombination zusammen sehr viel Kreativität freisetzen, wenn es gelingt, die latent vorhandenen Chancen zu nutzen. Oft werden die Möglichkeiten dieses stärksten harmonischen Aspektes eher zur Flucht und Bequemlichkeit denn zum schöpferischen Gestalten genutzt.

Mars Quadrat Saturn

Zielgerichtete Gefühlsenergie und die Konzentrationskraft werden in einem inneren, eine Entscheidung fordernden Konflikt zu höherer Bewusstheit gezwungen. Am Ende der Entwicklung ist keinerlei Reibung mehr zu spüren, und die beteiligten Energien sind im Niveau gestiegen. Auch wenn hier im innersten ein starkes Unterlegenheitsgefühl in Bezug auf Autoritäten und Normsetzer vorhanden sein mag, so zeigt sich nach außen doch oft das Bild des ausdauernden und pflichtbewussten Arbeiters und Kämpfers. Eine permanente Überforderung lässt sich verhindern, wenn bewusst wird, dass das Handeln hier auf Widerstand eingestellt ist, ja oft den Widerstand und die Verhinderung sucht, um sich in der eigenen Dynamik zu motivieren. Geübt werden muss eine Motivation durch innere, nicht auf die Umwelt projizierte Grenzen und Maßstäbe.

Mars Trigon Saturn

Zielgerichtete Gefühlsenergie und die Konzentrationskraft können zusammen sehr viel Kreativität freisetzen, wenn es, die latent vorhandenen Chancen zu nutzen. Oft werden die Möglichkeiten dieses stärksten harmonischen Aspektes eher zur Flucht und Bequemlichkeit denn zum schöpferischen Gestalten genutzt.

Mars Quadrat Uranus

Zielgerichtete Gefühlsenergie und die Ebene der geistigen Intuition werden in einem inneren, eine Entscheidung fordernden Konflikt zu höherer Bewusstheit gezwungen. Am Ende der Entwicklung ist keinerlei Reibung mehr zu spüren, und die beteiligten Energien sind im Niveau gestiegen. Eine übereilige, ungeheuer schnell, aber nicht ausdauernd handelnde Natur mit latenter Aggressivität, die schnell ausbrechen kann, und einer Huldigung des Intellekts findet sich hier. Letztlich führt ein ständig mit den eigenen Ressourcen Raubbau treibendes Handeln zur Überforderung und emotionalem Ausbrennen. Wichtig ist hier, sich die Zweifelhaftigkeit der Überbewertung von Intellekt und Männlichkeit in Rahmen der Kulturneurose bewusst zu machen, latente Homosexualität auszuleben und letztlich das Zulassen von Emotionen und das Achten des Weiblichen zu üben.

Mars Trigon Uranus

Zielgerichtete Gefühlsenergie und die Ebene der geistigen Intuition können in dieser Kombination zusammen sehr viel Kreativität freisetzen, wenn es gelingt, die latent vorhandenen Chancen zu nutzen. Oft werden die Möglichkeiten dieses stärksten harmonischen Aspektes eher zur Flucht und Bequemlichkeit denn zum schöpferischen Gestalten genutzt.

Mars Quadrat Neptun

Zielgerichtete Gefühlsenergie und Mystik, Transzendenz werden in einem inneren, eine Entscheidung fordernden Konflikt zu höherer Bewusstheit gezwungen. Am Ende der Entwicklung ist keinerlei Reibung mehr zu spüren, und die beteiligten Energien sind im Niveau gestiegen. Eventuell durch ein dominantes soziales Umfeld in der Kindheit bedingt kann es zu einer Handlungs- und Entscheidungsschwäche kommen. Kompensatorisch kann man auch dazu neigen, übermäßig entscheidungsstark oder gewalttätig zu reagieren. Wichtig ist, sich bewusst zu machen, wie das innere Verhältnis zur Männlichkeit ist. Patriarchale gesellschaftliche Männlichkeitsideale sollten hinterfragt werden.

Mars Trigon Neptun

Zielgerichtete Gefühlsenergie und Mystik, Transzendenz können in dieser Kombination zusammen sehr viel Kreativität freisetzen, wenn es gelingt, die latent vorhandenen Chancen zu nutzen. Oft werden die Möglichkeiten dieses stärksten harmonischen Aspektes eher zur Flucht und Bequemlichkeit denn zum schöpferischen Gestalten genutzt.

Mars Quadrat Pluto

Zielgerichtete Gefühlsenergie und Transformationskraft werden in einem inneren, eine Entscheidung fordernden Konflikt zu höherer Bewusstheit gezwungen. Am Ende der Entwicklung ist keinerlei Reibung mehr zu spüren, und die beteiligten Energien sind im Niveau gestiegen. Die Macht der Sexualität und Männlichkeit werden immer als eine Einheit betrachtet. Dies kann aus Erfahrungen in der Kindheit bedrohlich oder auch stimulierend wirken. So kann es zu einer Über- oder auch Unterbetonung von Männlichkeit kommen. Auch kann übermäßige Selbstbeherrschung einen inneren Triebdruck erzeugen, der erst recht die eigene Männlichkeit als Bedrohung empfinden lässt. Lösung liegt hier in der Hinterfragung von Macht, Manipulation und Selbstbeherrschung. Dann ist ein spielerischer Umgang mit der eigenen Impulsivität möglich.

Mars Trigon Pluto

Zielgerichtete Gefühlsenergie und Transformationskraft können in dieser Kombination zusammen sehr viel Kreativität freisetzen, wenn es gelingt, die latent vorhandenen Chancen zu nutzen. Oft werden die Möglichkeiten dieses stärksten harmonischen Aspektes eher zur Flucht und Bequemlichkeit denn zum schöpferischen Gestalten genutzt.

Mars Sextil Aszendent

Zielgerichtete Gefühlsenergie und der unmittelbar-spontane Ausdruck des Selbst stehen in einem stabilen, harmonischen Verhältnis zueinander.

Mars Sextil Medium Coeli

Zielgerichtete Gefühlsenergie und die Entfaltung des Selbst in der Öffentlichkeit stehen in einem stabilen, harmonischen Verhältnis zueinander.

Mars Sextil Jupiter

Zielgerichtete Gefühlsenergie und die Entfaltungskraft stehen in einem stabilen, harmonischen Verhältnis zueinander.

Mars Sextil Saturn

Zielgerichtete Gefühlsenergie und die Konzentrationskraft stehen in einem stabilen, harmonischen Verhältnis zueinander.

Mars Sextil Uranus

Zielgerichtete Gefühlsenergie und die Ebene der geistigen Intuition stehen in einem stabilen, harmonischen Verhältnis zueinander.

Mars Sextil Neptun
Zielgerichtete Gefühlsenergie und Mystik, Transzendenz stehen in einem stabilen, harmonischen Verhältnis zueinander.

Mars Sextil Pluto
Zielgerichtete Gefühlsenergie und Transformationskraft stehen in einem stabilen, harmonischen Verhältnis zueinander.

Mars Opposition Aszendent
Zielgerichtete Gefühlsenergie und der unmittelbar-spontane Ausdruck des Selbst stehen in einem Höchstmaß an Gegensätzlichkeit und Spannung zueinander. Der Sinn liegt hier im Auflösen von Schattenbildern und der Chance, sich die Gesetzmäßigkeit von Polaritäten bewusst zu machen.

Mars Konjunktion Aszendent
Zielgerichtete Gefühlsenergie und der unmittelbar-spontane Ausdruck des Selbst können in einem großen Einklang miteinander schwingen, wenn die beiden Energien vollständig aufeinander abgestimmt sind und keine Seite die andere dominiert.

Mars Opposition Medium Coeli
Zielgerichtete Gefühlsenergie und die Entfaltung des Selbst in der Öffentlichkeit stehen in einem Höchstmaß an Gegensätzlichkeit und Spannung zueinander. Der Sinn liegt hier im Auflösen von Schattenbildern und der Chance, sich die Gesetzmäßigkeit von Polaritäten bewusst zu machen.

Mars Konjunktion Medium Coeli
Zielgerichtete Gefühlsenergie und die Entfaltung des Selbst in der Öffentlichkeit können in einem großen Einklang miteinander schwingen, wenn die beiden Energien vollständig aufeinander abgestimmt sind und keine Seite die andere dominiert.

Jupiter

Jupiter Konjunktion Saturn
Die Entfaltungskraft und die Konzentrationskraft können in einem großen Einklang miteinander schwingen, wenn die beiden Energien vollständig aufeinander abgestimmt sind und keine Seite die andere dominiert. Bei dieser Konstellation fällt es schwer, wirklich fröhlich oder wirklich traurig zu sein. Dies ist zwar äußerlich von Vorteil, da man nach außen ein Bild der Ruhe und Kontinuität zeigt. Innerlich kann es aber zu einem Stillstand aller Entwicklungsmöglichkeiten kommen, und zu einem scheinheiligen Arrangieren mit den Idealen der patriarchalen Gesellschaft. Da hier die Neigung zu fortwährender Kompensation besteht, kann ein Bewusstwerdungsprozess meist erst sehr langfristig in die Wege geleitet werden.

Jupiter Opposition Saturn
Die Entfaltungskraft und die Konzentrationskraft stehen in einem Höchstmaß an Gegensätzlichkeit und Spannung zueinander. Der Sinn liegt hier im Auflösen von Schattenbildern und der Chance, sich die Gesetzmäßigkeit von Polaritäten bewusst zu machen. Bei dieser Konstellation fällt es schwer, wirklich fröhlich oder wirklich traurig zu sein. Dies ist zwar äußerlich von Vorteil, da man nach außen ein Bild der Ruhe und Kontinuität zeigt. Innerlich kann es aber zu einem Stillstand aller Entwicklungsmöglichkeiten kommen, und zu einem scheinheiligen Arrangieren mit den Idealen der patriarchalen Gesellschaft. Da hier die Neigung zu fortwährender Kompensation besteht, kann ein Bewusstwerdungsprozess meist erst sehr langfristig in die Wege geleitet werden.

Jupiter Opposition Uranus
Die Entfaltungskraft und die Ebene der geistigen Intuition stehen in einem Höchstmaß an Gegensätzlichkeit und Spannung zueinander. Der Sinn liegt hier im Auflösen von Schattenbildern und der Chance, sich die Gesetzmäßigkeit von Polaritäten bewusst zu machen. Stress, Unruhe und eine große Oberflächlichkeit können ihre Ursache in einem Elternhaus haben, in dem starke emotionale Distanz mit dem permanenten Angebot von Vergünstigungen gekoppelt ist. So besteht eine Neigung, mangelnde Aufregung und Echtheit des Lebens immer wieder kompensatorisch auszugleichen, ohne jemals echte Tiefe und Gegenwart zuzulassen. Folge ist dann das Verhalten des Puer Aeternus, Androgynie und Neutralität. Sollte auf dem Umweg über den Intellekt eine Bewusstwerdung möglich geworden sein, so hilft dann, Situationen von Ruhe und Geborgenheit zu üben.

Jupiter Konjunktion Uranus
Die Entfaltungskraft und die Ebene der geistigen Intuition können in einem großen Einklang miteinander schwingen, wenn die beiden Energien vollständig aufeinander abgestimmt sind und keine Seite die andere dominiert. Stress, Unruhe und eine große Oberflächlichkeit können ihre Ursache in einem Elternhaus haben, in dem starke emotionale Distanz mit dem permanenten Angebot von Vergünstigungen gekoppelt ist. So besteht eine Neigung, mangelnde Aufregung und Echtheit des Lebens immer wieder kompensatorisch auszuglei-

chen, ohne jemals echte Tiefe und Gegenwart zuzulassen. Folge ist dann das Verhalten des Puer Aeternus, Androgynie und Neutralität. Sollte auf dem Umweg über den Intellekt eine Bewusstwerdung möglich geworden sein, so hilft dann, Situationen von Ruhe und Geborgenheit zu erüben.

Jupiter Opposition Neptun

Die Entfaltungskraft und Mystik, Transzendenz stehen in einem Höchstmaß an Gegensätzlichkeit und Spannung zueinander. Der Sinn liegt hier im Auflösen von Schattenbildern und der Chance, sich die Gesetzmäßigkeit von Polaritäten bewusst zu machen. Diese Konstellation deutet auf das Fehlen von Grenzen im Seelischen und Geistigen hin. So besteht zwar zum Einen die Chance größerer Bewusstheit, muss diese aber oft erst in Phasen der Haltlosigkeit mühsam erarbeitet werden. Häufig ist, dass durch dominante Überzeugungen der Bezugspersonen in der Kindheit eine durchaus berechtigte Scheu davor besteht, sich eine eigene Weltanschauung zu erarbeiten. Auch kann es fast unmöglich sein, reales Vertrauen aufzubauen. Wichtig scheint, als Entlastung das Musisch-Künstlerische, und das Sportliche zu stärken.

Jupiter Konjunktion Neptun

Die Entfaltungskraft und Mystik, Transzendenz können in einem großen Einklang miteinander schwingen, wenn die beiden Energien vollständig aufeinander abgestimmt sind und keine Seite die andere dominiert. Diese Konstellation deutet auf das Fehlen von Grenzen im Seelischen und Geistigen hin. So besteht zwar zum Einen die Chance größerer Bewusstheit, muss diese aber oft erst in Phasen der Haltlosigkeit mühsam erarbeitet werden. Häufig ist, dass durch dominante Überzeugungen der Bezugspersonen in der Kindheit eine durchaus berechtigte Scheu davor besteht, sich eine eigene Weltanschauung zu erarbeiten. Auch kann es fast unmöglich sein, reales Vertrauen aufzubauen. Wichtig scheint, als Entlastung das Musisch-Künstlerische, und das Sportliche zu stärken.

Jupiter Opposition Pluto

Die Entfaltungskraft und Transformationskraft stehen in einem Höchstmaß an Gegensätzlichkeit und Spannung zueinander. Der Sinn liegt hier im Auflösen von Schattenbildern und der Chance, sich die Gesetzmäßigkeit von Polaritäten bewusst zu machen. Scheinbar tabulos-entspannter Umgang mit Macht und Sexualität kann in Grunde nicht darüber hinwegtäuschen, dass die zur Schau getragene Selbstsicherheit und Überzeugung keine reale Verankerung in der Psyche haben, allein aus der Vorstellung kompensativ aufgebaut worden sind. In der Kindheit kann erlebt werden, wie das Schweigen zu entdeckten Tabus belohnt wurde, quasi der kleine Erpresser. Macht und das Verhältnis Günstling/Gönner sind also ein. Dass sich hieraus im Grunde kein echtes Vertrauen, keine Sinnhaftigkeit und auch keine wirkliche Tiefe entwickelt, ist für manche nur schwer zu erkennen. Eine Weiterentwicklung ist möglich, wenn man den Mut aufbringen kann, die Einsamkeit hinter dem aufgebauten Popanz zeigen zu können.

Jupiter Konjunktion Pluto

Die Entfaltungskraft und Transformationskraft können in einem großen Einklang miteinander schwingen, wenn die beiden Energien vollständig aufeinander abgestimmt sind und keine Seite die andere dominiert. Scheinbar tabulos-entspannter Umgang mit Macht und Sexualität kann in Grunde nicht darüber hinwegtäuschen, dass die zur Schau getragene Selbstsicherheit und Überzeugung keine reale Verankerung in der Psyche haben, allein aus der Vorstellung kompensativ aufgebaut worden sind. In der Kindheit kann erlebt werden, wie das Schweigen zu entdeckten Tabus belohnt wurde, quasi der kleine Erpresser. Macht und das Verhältnis Günstling/Gönner sind also ein. Dass sich hieraus im Grunde kein echtes Vertrauen, keine Sinnhaftigkeit und auch keine wirkliche Tiefe entwickelt, ist für manche nur schwer zu erkennen. Eine Weiterentwicklung ist möglich, wenn man den Mut aufbringen kann, die Einsamkeit hinter dem aufgebauten Popanz zeigen zu können.

Jupiter Quadrat Aszendent

Die Entfaltungskraft und der unmittelbar-spontane Ausdruck des Selbst werden in einem inneren, eine Entscheidung fordernden Konflikt zu höherer Bewusstheit gezwungen. Am Ende der Entwicklung ist keinerlei Reibung mehr zu spüren, und die beteiligten Energien sind im Niveau gestiegen.

Jupiter Trigon Aszendent

Die Entfaltungskraft und der unmittelbar-spontane Ausdruck des Selbst können in dieser Kombination zusammen sehr viel Kreativität freisetzen, wenn es gelingt, die latent vorhandenen Chancen zu nutzen. Oft werden die Möglichkeiten dieses stärksten harmonischen Aspektes eher zur Flucht und Bequemlichkeit denn zum schöpferischen Gestalten genutzt.

Jupiter Quadrat Medium Coeli

Die Entfaltungskraft und die Entfaltung des Selbst in der Öffentlichkeit werden in einem inneren, eine Entscheidung fordernden Konflikt zu höherer Bewusstheit gezwungen. Am Ende der Entwicklung ist keinerlei Reibung mehr zu spüren, und die beteiligten Energien sind im Niveau gestiegen.

Jupiter Trigon Medium Coeli

Die Entfaltungskraft und die Entfaltung des Selbst in der Öffentlichkeit können in dieser Kombination zusammen sehr viel Kreativität freisetzen, wenn es gelingt, die latent vorhandenen Chancen zu nutzen. Oft werden die Möglichkeiten dieses stärksten harmonischen Aspektes eher zur Flucht und Bequemlichkeit denn zum schöpferischen Gestalten genutzt.

Jupiter Quadrat Saturn

Die Entfaltungskraft und die Konzentrationskraft werden in einem inneren, eine Entscheidung fordernden Konflikt zu höherer Bewusstheit gezwungen. Am Ende der Entwicklung ist keinerlei Reibung mehr zu spüren, und die beteiligten Energien sind im Niveau gestiegen. Bei dieser Konstellation fällt es schwer, wirklich fröhlich oder wirklich traurig zu sein. Dies ist zwar äußerlich von Vorteil, da man nach außen ein Bild der Ruhe und Kontinuität zeigt. Innerlich kann es aber zu einem Stillstand aller Entwicklungsmöglichkeiten kommen, und zu einem scheinheiligen Arrangieren mit den Idealen der patriarchalen Gesellschaft. Da hier die Neigung zu fortwährender Kompensation besteht, kann ein Bewusstwerdungsprozess meist erst sehr langfristig in die Wege geleitet werden.

Jupiter Trigon Saturn

Die Entfaltungskraft und die Konzentrationskraft können in dieser Kombination zusammen sehr viel Kreativität freisetzen, wenn es gelingt, die latent vorhandenen Chancen zu nutzen. Oft werden die Möglichkeiten dieses stärksten harmonischen Aspektes eher zur Flucht und Bequemlichkeit denn zum schöpferischen Gestalten genutzt.

Jupiter Quadrat Uranus

Die Entfaltungskraft und die Ebene der geistigen Intuition werden in einem inneren, eine Entscheidung fordernden Konflikt zu höherer Bewusstheit gezwungen. Am Ende der Entwicklung ist keinerlei Reibung mehr zu spüren, und die beteiligten Energien sind im Niveau gestiegen. Stress, Unruhe und eine große Oberflächlichkeit können ihre Ursache in einem Elternhaus haben, in dem starke emotionale Distanz mit dem permanenten Angebot von Vergünstigungen gekoppelt ist. So besteht eine Neigung, mangelnde Aufregung und Echtheit des Lebens immer wieder kompensatorisch auszugleichen, ohne jemals echte Tiefe und Gegenwart zuzulassen. Folge ist dann das Verhalten des Puer Aeternus, Androgynie und Neutralität. Sollte auf dem Umweg über den Intellekt eine Bewusstwerdung möglich geworden sein, so hilft dann, Situationen von Ruhe und Geborgenheit zu üben.

Jupiter Trigon Uranus

Die Entfaltungskraft und die Ebene der geistigen Intuition können in dieser Kombination zusammen sehr viel Kreativität freisetzen, wenn es gelingt, die latent vorhandenen Chancen zu nutzen. Oft werden die Möglichkeiten dieses stärksten harmonischen Aspektes eher zur Flucht und Bequemlichkeit denn zum schöpferischen Gestalten genutzt.

Jupiter Quadrat Neptun

Die Entfaltungskraft und Mystik, Transzendenz werden in einem inneren, eine Entscheidung fordernden Konflikt zu höherer Bewusstheit gezwungen. Am Ende der Entwicklung ist keinerlei Reibung mehr zu spüren, und die beteiligten Energien sind im Niveau gestiegen. Diese Konstellation deutet auf das Fehlen von Grenzen im Seelischen und Geistigen hin. So besteht zwar zum Einen die Chance größerer Bewusstheit, muss diese aber oft erst in Phasen der Haltlosigkeit mühsam erarbeitet werden. Häufig ist, dass durch dominante Überzeugungen der Bezugspersonen in der Kindheit eine durchaus berechtigte Scheu davor besteht, sich eine eigene Weltanschauung zu erarbeiten. Auch kann es fast unmöglich sein, reales Vertrauen aufzubauen. Wichtig scheint, als Entlastung das Musisch-Künstlerische, und das Sportliche zu stärken.

Jupiter Trigon Neptun

Die Entfaltungskraft und Mystik, Transzendenz können in dieser Kombination zusammen sehr viel Kreativität freisetzen, wenn es gelingt, die latent vorhandenen Chancen zu nutzen. Oft werden die Möglichkeiten dieses stärksten harmonischen Aspektes eher zur Flucht und Bequemlichkeit denn zum schöpferischen Gestalten genutzt.

Jupiter Quadrat Pluto

Die Entfaltungskraft und Transformationskraft werden in einem inneren, eine Entscheidung fordernden Konflikt zu höherer Bewusstheit gezwungen. Am Ende der Entwicklung ist keinerlei Reibung mehr zu spüren, und die beteiligten Energien sind im Niveau gestiegen. Scheinbar tabulosentspannter Umgang mit Macht und Sexualität kann in Grunde nicht darüber hinwegtäuschen, dass die zur Schau getragene Selbstsicherheit und Überzeugung keine reale Verankerung in der Psyche haben, allein aus der Vorstellung kompensativ aufgebaut worden sind. In der Kindheit kann erlebt werden, wie das Schweigen zu entdeckten Tabus belohnt wurde, quasi der kleine Erpresser. Macht und das Verhältnis Günstling/Gönner sind also ein und dasselbe. Dass sich hieraus im Grunde kein echtes Vertrauen, keine Sinnhaftigkeit und auch keine wirkliche Tiefe entwickelt, ist für manche nur schwer zu erkennen. Eine Weiterentwicklung ist möglich, wenn man den Mut aufbringen kann, die Einsamkeit hinter dem aufgebauten Popanz zeigen zu können.

Jupiter Trigon Pluto

Die Entfaltungskraft und Transformationskraft können in dieser Kombination zusammen sehr viel Kreativität freisetzen, wenn es gelingt, die latent vorhandenen Chancen zu nutzen. Oft werden die Möglichkeiten dieses stärksten harmonischen Aspektes eher zur Flucht und Bequemlichkeit denn zum schöpferischen Gestalten genutzt.

Jupiter Sextil Aszendent

Die Entfaltungskraft und der unmittelbar-spontane Ausdruck des Selbst stehen in einem stabilen, harmonischen Verhältnis zueinander.

Jupiter Sextil Medium Coeli

Die Entfaltungskraft und die Entfaltung des Selbst in der Öffentlichkeit stehen in einem stabilen, harmonischen Verhältnis zueinander.

Jupiter Sextil Saturn

Die Entfaltungskraft und die Konzentrationskraft stehen in einem stabilen, harmonischen Verhältnis zueinander.

Jupiter Sextil Uranus

Die Entfaltungskraft und die Ebene der geistigen Intuition stehen in einem stabilen, harmonischen Verhältnis zueinander.

Jupiter Sextil Neptun

Die Entfaltungskraft und Mystik, Transzendenz stehen in einem stabilen, harmonischen Verhältnis zueinander.

Jupiter Sextil Pluto

Die Entfaltungskraft und Transformationskraft stehen in einem stabilen, harmonischen Verhältnis zueinander.

Jupiter Opposition Aszendent

Die Entfaltungskraft und der unmittelbar-spontane Ausdruck des Selbst stehen in einem Höchstmaß an Gegensätzlichkeit und Spannung zueinander. Der Sinn liegt hier im Auflösen von Schattenbildern und der Chance, sich die Gesetzmäßigkeit von Polaritäten bewusst zu machen.

Jupiter Konjunktion Aszendent

Die Entfaltungskraft und der unmittelbar-spontane Ausdruck des Selbst können in einem großen Einklang miteinander schwingen, wenn die beiden Energien vollständig aufeinander abgestimmt sind und keine Seite die andere dominiert.

Jupiter Opposition Medium Coeli

Die Entfaltungskraft und die Entfaltung des Selbst in der Öffentlichkeit stehen in einem Höchstmaß an Gegensätzlichkeit und Spannung zueinander. Der Sinn liegt hier im Auflösen von Schattenbildern und der Chance, sich die Gesetzmäßigkeit von Polaritäten bewusst zu machen.

Jupiter Konjunktion Medium Coeli

Die Entfaltungskraft und die Entfaltung des Selbst in der Öffentlichkeit können in einem großen Einklang miteinander schwingen, wenn die beiden Energien vollständig aufeinander abgestimmt sind und keine Seite die andere dominiert.

Ssaturn

Saturn Konjunktion Uranus

Die Konzentrationskraft und die Ebene der geistigen Intuition können in einem großen Einklang miteinander schwingen, wenn die beiden Energien vollständig aufeinander abgestimmt sind und keine Seite die andere dominiert. Die Erfahrung von Stress und Spannung, die entsteht, wenn keine wirkliche Veränderung und Befreiung gewagt werden will - vielleicht weil die Bindung an das Über-Ich zu stark ist - kann als Erlebnis prägend aus der Kindheit kommen. Wichtig ist es, scheinbar progressives Verhalten bei sich und anderen dort entlarven zu können, wo im Grunde doch nichts Neues gewagt werden will. Dann ist es auch - in Orientierung an den eigenen Ängsten und dem ganz legitimen Bedürfnis nach Kontinuität - möglich, tatsächlich Neuerungen in die Tat umzusetzen.

Saturn Opposition Uranus
Die Konzentrationskraft und die Ebene der geistigen Intuition stehen in einem Höchstmaß an Gegensätzlichkeit und Spannung zueinander. Der Sinn liegt hier im Auflösen von Schattenbildern und der Chance, sich die Gesetzmäßigkeit von Polaritäten bewusst zu machen. Die Erfahrung von Stress und Spannung, die entsteht, wenn keine wirkliche Veränderung und Befreiung gewagt werden will - vielleicht weil die Bindung an das Über-Ich zu stark ist - kann als Erlebnis prägend aus der Kindheit kommen. Wichtig ist es, scheinbar progressives Verhalten bei sich und anderen dort entlarven zu können, wo im Grunde doch nichts Neues gewagt werden will. Dann ist es auch - in Orientierung an den eigenen Ängsten und dem ganz legitimen Bedürfnis nach Kontinuität - möglich, tatsächlich Neuerungen in die Tat umzusetzen.

Saturn Opposition Neptun
Die Konzentrationskraft und Mystik, Transzendenz stehen in einem Höchstmaß an Gegensätzlichkeit und Spannung zueinander. Der Sinn liegt hier im Auflösen von Schattenbildern und der Chance, sich die Gesetzmäßigkeit von Polaritäten bewusst zu machen. Eventuell basierend auf der Erfahrung der Übermächtigkeit von Gesellschaft und Autorität besteht die Neigung, keine eigenen Lebensziele vor sich selber und nach außen hin zu definieren. Entsprechend recht- und erfolglos kann das Leben in der patriarchalen Gesellschaft sein, bis man vielleicht erkennt, dass gerade ein bewusstes Hinterfragen dieser Normen und hier und dort auch das postulieren eigener Maßstäbe eine Entwicklung auch und gerade in der Gesellschaft möglich macht.

Saturn Konjunktion Neptun
Die Konzentrationskraft und Mystik, Transzendenz können in einem großen Einklang miteinander schwingen, wenn die beiden Energien vollständig aufeinander abgestimmt sind und keine Seite die andere dominiert. Eventuell basierend auf der Erfahrung der Übermächtigkeit von Gesellschaft und Autorität besteht die Neigung, keine eigenen Lebensziele vor sich selber und nach außen hin zu definieren. Entsprechend recht- und erfolglos kann das Leben in der patriarchalen Gesellschaft sein, bis man vielleicht erkennt, dass gerade ein bewusstes Hinterfragen dieser Normen und hier und dort auch das postulieren eigener Maßstäbe eine Entwicklung auch und gerade in der Gesellschaft möglich macht.

Saturn Opposition Pluto
Die Konzentrationskraft und Wunsch zur Transformation stehen in einem Höchstmaß an Gegensätzlichkeit und Spannung zueinander. Der Sinn liegt hier im Auflösen von Schattenbildern und der Chance, sich die Gesetzmäßigkeit von Polaritäten bewusst zu machen. Gerade bei Widerstand Druck aufbauen, kennzeichnet diese Konstellation. Sehr wichtig kann es sein, eine nach eigenen Maßstäben kontinuierlich entwickelte eigene Meinung zu haben. Dies ist zuerst einmal schwer möglich, dass Erfahrungen der scheinbaren Übermacht des Über-Ichs in der Kindheit es sinnlos erscheinen lassen, wirkliche Veränderungen zu wagen.

Saturn Konjunktion Pluto
Die Konzentrationskraft und Wunsch zur Transformation können in einem großen Einklang miteinander schwingen, wenn die beiden Energien vollständig aufeinander abgestimmt sind und keine Seite die andere dominiert. Gerade bei Widerstand Druck aufbauen, kennzeichnet diese Konstellation. Sehr wichtig kann es sein, eine nach eigenen Maßstäben kontinuierlich entwickelte eigene Meinung zu haben. Dies ist zuerst einmal schwer möglich, dass Erfahrungen der scheinbaren Übermacht des Über-Ichs in der Kindheit es sinnlos erscheinen lassen, wirkliche Veränderungen zu wagen.

Saturn Quadrat Aszendent
Die Konzentrationskraft und der unmittelbar-spontane Ausdruck des Selbst werden in einem inneren, eine Entscheidung fordernden Konflikt zu höherer Bewusstheit gezwungen. Am Ende der Entwicklung ist keinerlei Reibung mehr zu spüren, und die beteiligten Energien sind im Niveau gestiegen.

Saturn Trigon Aszendent
Die Konzentrationskraft und der unmittelbar-spontane Ausdruck des Selbst können in dieser Kombination zusammen sehr viel Kreativität freisetzen, wenn es gelingt, die latent vorhandenen Chancen zu nutzen. Oft werden die Möglichkeiten dieses stärksten harmonischen Aspektes eher zur Flucht und Bequemlichkeit denn zum schöpferischen Gestalten genutzt.

Saturn Quadrat Medium Coeli
Die Konzentrationskraft und die Entfaltung des Selbst in der Öffentlichkeit werden in einem inneren, eine Entscheidung fordernden Konflikt zu höherer Bewusstheit gezwungen. Am Ende der Entwicklung ist keinerlei Reibung mehr zu spüren, und die beteiligten Energien sind im Niveau gestiegen.

Saturn Trigon Medium Coeli

Die Konzentrationskraft und die Entfaltung des Selbst in der Öffentlichkeit können in dieser Kombination zusammen sehr viel Kreativität freisetzen, wenn es gelingt, die latent vorhandenen Chancen zu nutzen. Oft werden die Möglichkeiten dieses stärksten harmonischen Aspektes eher zur Flucht und Bequemlichkeit denn zum schöpferischen Gestalten genutzt.

Saturn Quadrat Uranus

Die Konzentrationskraft und die Ebene der geistigen Intuition werden in einem inneren, eine Entscheidung fordernden Konflikt zu höherer Bewusstheit gezwungen. Am Ende der Entwicklung ist keinerlei Reibung mehr zu spüren, und die beteiligten Energien sind im Niveau gestiegen. Die Erfahrung von Stress und Spannung, die entsteht, wenn keine wirkliche Veränderung und Befreiung gewagt werden will - vielleicht weil die Bindung an das Über-Ich zu stark ist - kann als Erlebnis prägend aus der Kindheit kommen. Wichtig ist es, scheinbar progressives Verhalten bei sich und anderen dort entlarven zu können, wo im Grunde doch nichts Neues gewagt werden will. Dann ist es auch - in Orientierung an den eigenen Ängsten und dem ganz legitimen Bedürfnis nach Kontinuität - möglich, tatsächlich Neuerungen in die Tat umzusetzen.

Saturn Trigon Uranus

Die Konzentrationskraft und die Ebene der geistigen Intuition können in dieser Kombination zusammen sehr viel Kreativität freisetzen, wenn es gelingt, die latent vorhandenen Chancen zu nutzen. Oft werden die Möglichkeiten dieses stärksten harmonischen Aspektes eher zur Flucht und Bequemlichkeit denn zum schöpferischen Gestalten genutzt.

Saturn Quadrat Neptun

Die Konzentrationskraft und Mystik, Transzendenz werden in einem inneren, eine Entscheidung fordernden Konflikt zu höherer Bewusstheit gezwungen. Am Ende der Entwicklung ist keinerlei Reibung mehr zu spüren, und die beteiligten Energien sind im Niveau gestiegen. Eventuell basierend auf der Erfahrung der Übermächtigkeit von Gesellschaft und Autorität besteht die Neigung, keine eigenen Lebensziele vor sich selber und nach außen hin zu definieren. Entsprechend recht- und erfolglos kann das Leben in der patriarchalen Gesellschaft sein, bis man vielleicht erkennt, dass gerade ein bewusstes Hinterfragen dieser Normen und hier und dort auch das postulieren eigener Maßstäbe eine Entwicklung auch und gerade in der Gesellschaft möglich macht.

Saturn Trigon Neptun

Die Konzentrationskraft und Mystik, Transzendenz können in dieser Kombination zusammen sehr viel Kreativität freisetzen, wenn es gelingt, die latent vorhandenen Chancen zu nutzen. Oft werden die Möglichkeiten dieses stärksten harmonischen Aspektes eher zur Flucht und Bequemlichkeit denn zum schöpferischen Gestalten genutzt.

Saturn Quadrat Pluto

Die Konzentrationskraft und Wunsch zur Transformation werden in einem inneren, eine Entscheidung fordernden Konflikt zu höherer Bewusstheit gezwungen. Am Ende der Entwicklung ist keinerlei Reibung mehr zu spüren, und die beteiligten Energien sind im Niveau gestiegen. Gerade bei Widerstand Druck aufbauen, kennzeichnet diese Konstellation. Sehr wichtig kann es sein, eine nach eigenen Maßstäben kontinuierlich entwickelte eigene Meinung zu haben. Dies ist zuerst einmal schwer möglich, dass Erfahrungen der scheinbaren Übermacht des Über-Ichs in der Kindheit es sinnlos erscheinen lassen, wirkliche Veränderungen zu wagen.

Saturn Trigon Pluto

Die Konzentrationskraft und Wunsch zur Transformation können in dieser Kombination zusammen sehr viel Kreativität freisetzen, wenn es gelingt, die latent vorhandenen Chancen zu nutzen. Oft werden die Möglichkeiten dieses stärksten harmonischen Aspektes eher zur Flucht und Bequemlichkeit denn zum schöpferischen Gestalten genutzt.

Saturn Sextil Aszendent

Die Konzentrationskraft und der unmittelbar-spontane Ausdruck des Selbst stehen in einem stabilen, harmonischen Verhältnis zueinander.

Saturn Sextil Medium Coeli

Die Konzentrationskraft und die Entfaltung des Selbst in der Öffentlichkeit stehen in einem stabilen, harmonischen Verhältnis zueinander.

Saturn Sextil Uranus

Die Konzentrationskraft und die Ebene der geistigen Intuition stehen in einem stabilen, harmonischen Verhältnis zueinander.

Saturn Sextil Neptun

Die Konzentrationskraft und Mystik, Transzendenz stehen in einem stabilen, harmonischen Verhältnis zueinander.

Saturn Sextil Pluto

Die Konzentrationskraft und Wunsch zur Transformation stehen in einem stabilen, harmonischen Verhältnis zueinander.

Saturn Opposition Aszendent

Die Konzentrationskraft und der unmittelbar-spontane Ausdruck des Selbst stehen in einem Höchstmaß an Gegensätzlichkeit und Spannung zueinander. Der Sinn liegt hier im Auflösen von Schattenbildern und der Chance, sich die Gesetzmäßigkeit von Polaritäten bewusst zu machen.

Saturn Konjunktion Aszendent

Die Konzentrationskraft und der unmittelbar-spontane Ausdruck des Selbst können in einem großen Einklang miteinander schwingen, wenn die beiden Energien vollständig aufeinander abgestimmt sind und keine Seite die andere dominiert.

Saturn Opposition Medium Coeli

Die Konzentrationskraft und die Entfaltung des Selbst in der Öffentlichkeit stehen in einem Höchstmaß an Gegensätzlichkeit und Spannung zueinander. Der Sinn liegt hier im Auflösen von Schattenbildern und der Chance, sich die Gesetzmäßigkeit von Polaritäten bewusst zu machen.

Saturn Konjunktion Medium Coeli

Die Konzentrationskraft und die Entfaltung des Selbst in der Öffentlichkeit können in einem großen Einklang miteinander schwingen, wenn die beiden Energien vollständig aufeinander abgestimmt sind und keine Seite die andere dominiert.

Uranus

Uranus Konjunktion Neptun

Die Ebene der geistigen Intuition und Mystik, Transzendenz können in einem großen Einklang miteinander schwingen, wenn die beiden Energien vollständig aufeinander abgestimmt sind und keine Seite die andere dominiert. Bei dieser Konstellation besteht eine hohe Sensibilität, die leicht in Hysterie und Verwirrung durch Reizüberflutung ausarten kann. Angst vor geistiger Klarheit und eine starke Distanz, wenn es um fließende Zustände geht, können aus der Erfahrung einer unsicheren gesellschaftlichen Einbettung der Familie in der Kindheit oder einer fehlenden Koordination von archetypisch männlichen und weiblichen Kulturströmungen in der Familie ihre Ursache haben. Wichtig ist bei dieser Konstellation eine bewusst ausgewogene Übung von Intellekt und musischem Wesen.

Uranus Opposition Neptun

Die Ebene der geistigen Intuition und Mystik, Transzendenz stehen in einem Höchstmaß an Gegensätzlichkeit und Spannung zueinander. Der Sinn liegt hier im Auflösen von Schattenbildern und der Chance, sich die Gesetzmäßigkeit von Polaritäten bewusst zu machen. Bei dieser Konstellation besteht eine hohe Sensibilität, die leicht in Hysterie und Verwirrung durch Reizüberflutung ausarten kann. Angst vor geistiger Klarheit und eine starke Distanz, wenn es um fließende Zustände geht, können aus der Erfahrung einer unsicheren gesellschaftlichen Einbettung der Familie in der Kindheit oder einer fehlenden Koordination von archetypisch männlichen und weiblichen Kulturströmungen in der Familie ihre Ursache haben. Wichtig ist bei dieser Konstellation eine bewusst ausgewogene Übung von Intellekt und musischem Wesen.

Uranus Opposition Pluto

Die Ebene der geistigen Intuition und Wunsch zur Transformation stehen in einem Höchstmaß an Gegensätzlichkeit und Spannung zueinander. Der Sinn liegt hier im Auflösen von Schattenbildern und der Chance, sich die Gesetzmäßigkeit von Polaritäten bewusst zu machen. Eine starke Sensibilität gegenüber Sexualität, die möglicherweise in der Kindheit als übermächtig erlebt wurde, kann der Grund für eine starke körperliche und geistige Abgrenzung, die einhergeht mit einer dem Wunsch, sich geistig vollständig zu fixieren, sein. Oft hilft zur Bewusstmachung und Veränderung der Muster, auf der einen Seite eine Abgrenzung eines eigenen geistigen Bereiches vorzunehmen, und auf der anderen Seite auch in besonders impulsiven Situationen sexueller Energie ihren Lauf zu lassen.

Uranus Konjunktion Pluto

Die Ebene der geistigen Intuition und Wunsch zur Transformation können in einem großen Einklang miteinander schwingen, wenn die beiden Energien vollständig aufeinander abgestimmt sind und keine Seite die andere dominiert. Eine starke Sensibilität gegenüber Sexualität, die möglicherweise in der Kindheit als übermächtig erlebt wurde, kann der Grund für eine starke körperliche und geistige Abgrenzung, die einhergeht mit einer dem Wunsch, sich geistig vollständig zu fixieren, sein. Oft hilft zur Bewusstmachung und Veränderung der Muster, auf der einen Seite eine Abgrenzung eines eigenen geistigen Bereiches vorzunehmen, und auf der anderen Seite auch in besonders impulsiven Situationen sexueller Energie ihren Lauf zu lassen.

Uranus Quadrat Aszendent

Die Ebene der geistigen Intuition und der unmittelbar-spontane Ausdruck des Selbst werden in einem inneren, eine Entscheidung fordernden Konflikt zu höherer Bewusstheit gezwungen. Am Ende der Entwicklung ist keinerlei Reibung mehr zu spüren, und die beteiligten Energien sind im Niveau gestiegen.

Uranus Trigon Aszendent

Die Ebene der geistigen Intuition und der unmittelbar-spontane Ausdruck des Selbst können in dieser Kombination zusammen sehr viel Kreativität freisetzen, wenn es gelingt, die latent vorhandenen Chancen zu nutzen. Oft werden die Möglichkeiten dieses stärksten harmonischen Aspektes eher zur Flucht und Bequemlichkeit denn zum schöpferischen Gestalten genutzt.

Uranus Quadrat Medium Coeli

Die Ebene der geistigen Intuition und die Entfaltung des Selbst in der Öffentlichkeit werden in einem inneren, eine Entscheidung fordernden Konflikt zu höherer Bewusstheit gezwungen. Am Ende der Entwicklung ist keinerlei Reibung mehr zu spüren, und die beteiligten Energien sind im Niveau gestiegen.

Uranus Trigon Medium Coeli

Die Ebene der geistigen Intuition und die Entfaltung des Selbst in der Öffentlichkeit können in dieser Kombination zusammen sehr viel Kreativität freisetzen, wenn es gelingt, die latent vorhandenen Chancen zu nutzen. Oft werden die Möglichkeiten dieses stärksten harmonischen Aspektes eher zur Flucht und Bequemlichkeit denn zum schöpferischen Gestalten genutzt.

Uranus Quadrat Neptun

Die Ebene der geistigen Intuition und Mystik, Transzendenz werden in einem inneren, eine Entscheidung fordernden Konflikt zu höherer Bewusstheit gezwungen. Am Ende der Entwicklung ist keinerlei Reibung mehr zu spüren, und die beteiligten Energien sind im Niveau gestiegen. Bei dieser Konstellation besteht eine hohe Sensibilität, die leicht in Hysterie und Verwirrung durch Reizüberflutung ausarten kann. Angst vor geistiger Klarheit und eine starke Distanz, wenn es um fließende Zustände geht, können aus der Erfahrung einer unsicheren gesellschaftlichen Einbettung der Familie in der Kindheit oder einer fehlenden Koordination von archetypisch männlichen und weiblichen Kulturströmungen in der Familie ihre Ursache haben. Wichtig ist bei dieser Konstellation eine bewusst ausgewogene Übung von Intellekt und musischem Wesen.

Uranus Trigon Neptun

Die Ebene der geistigen Intuition und Mystik, Transzendenz können in dieser Kombination zusammen sehr viel Kreativität freisetzen, wenn es gelingt, die latent vorhandenen Chancen zu nutzen. Oft werden die Möglichkeiten dieses stärksten harmonischen Aspektes eher zur Flucht und Bequemlichkeit denn zum schöpferischen Gestalten genutzt.

Uranus Quadrat Pluto

Die Ebene der geistigen Intuition und Wunsch zur Transformation werden in einem inneren, eine Entscheidung fordernden Konflikt zu höherer Bewusstheit gezwungen. Am Ende der Entwicklung ist keinerlei Reibung mehr zu spüren, und die beteiligten Energien sind im Niveau gestiegen. Eine starke Sensibilität gegenüber Sexualität, die möglicherweise in der Kindheit als übermächtig erlebt wurde, kann der Grund für eine starke körperliche und geistige Abgrenzung, die einhergeht mit einer dem Wunsch, sich geistig vollständig zu fixieren, sein. Oft hilft zur Bewusstmachung und Veränderung der Muster, auf der einen Seite eine Abgrenzung eines eigenen geistigen Bereiches vorzunehmen, und auf der anderen Seite auch in besonders impulsiven Situationen sexueller Energie ihren Lauf zu lassen.

Uranus Trigon Pluto

Die Ebene der geistigen Intuition und Wunsch zur Transformation können in dieser Kombination zusammen sehr viel Kreativität freisetzen, wenn es gelingt, die latent vorhandenen Chancen zu nutzen. Oft werden die Möglichkeiten dieses stärksten harmonischen Aspektes eher zur Flucht und Bequemlichkeit denn zum schöpferischen Gestalten genutzt.

Uranus Sextil Aszendent

Die Ebene der geistigen Intuition und der unmittelbar-spontane Ausdruck des Selbst stehen in einem stabilen, harmonischen Verhältnis zueinander.

Uranus Sextil Medium Coeli

Die Ebene der geistigen Intuition und die Entfaltung des Selbst in der Öffentlichkeit stehen in einem stabilen, harmonischen Verhältnis zueinander.

Uranus Sextil Neptun
Die Ebene der geistigen Intuition und Mystik, Transzendenz stehen in einem stabilen, harmonischen Verhältnis zueinander.

Uranus Sextil Pluto
Die Ebene der geistigen Intuition und Wunsch zur Transformation stehen in einem stabilen, harmonischen Verhältnis zueinander.

Uranus Opposition Aszendent
Die Ebene der geistigen Intuition und der unmittelbar-spontane Ausdruck des Selbst stehen in einem Höchstmaß an Gegensätzlichkeit und Spannung zueinander. Der Sinn liegt hier im Auflösen von Schattenbildern und der Chance, sich die Gesetzmäßigkeit von Polaritäten bewusst zu machen.

Uranus Konjunktion Aszendent
Die Ebene der geistigen Intuition und der unmittelbar-spontane Ausdruck des Selbst können in einem großen Einklang miteinander schwingen, wenn die beiden Energien vollständig aufeinander abgestimmt sind und keine Seite die andere dominiert.

Uranus Opposition Medium Coeli
Die Ebene der geistigen Intuition und die Entfaltung des Selbst in der Öffentlichkeit stehen in einem Höchstmaß an Gegensätzlichkeit und Spannung zueinander. Der Sinn liegt hier im Auflösen von Schattenbildern und der Chance, sich die Gesetzmäßigkeit von Polaritäten bewusst zu machen.

Uranus Konjunktion Medium Coeli
Die Ebene der geistigen Intuition und die Entfaltung des Selbst in der Öffentlichkeit können in einem großen Einklang miteinander schwingen, wenn die beiden Energien vollständig aufeinander abgestimmt sind und keine Seite die andere dominiert.

Neptun

Neptun Konjunktion Pluto
Mystik, Transzendenz und Wunsch zur Transformation können in einem großen Einklang miteinander schwingen, wenn die beiden Energien vollständig aufeinander abgestimmt sind und keine Seite die andere dominiert. Das Spiel Täter und Opfer, Masochist und Sadist sollte ganz bewusst im innerseelischen Bereich gesucht werden. So ist es dann möglich, zu erkennen, dass diese gleiche Struktur genauso auch in der Außenwelt gesucht, gelebt und verstärkt wird. Die Rollen können immer wieder wechseln. Wichtig ist es hier, eine seelische Tiefe zu entwickeln, bewusst Festhalten und Loslassen zu üben.

Neptun Opposition Pluto
Mystik, Transzendenz stehen der Wunsch zur Transformation in einem Höchstmaß an Gegensätzlichkeit und Spannung gegenüber. Der Sinn liegt hier im Auflösen von Schattenbildern und der Chance, sich die Gesetzmäßigkeit von Polaritäten bewusst zu machen. Das Spiel Täter und Opfer, Masochist und Sadist sollte ganz bewusst im innerseelischen Bereich gesucht werden. So ist es dann möglich, zu erkennen, dass diese gleiche Struktur genauso auch in der Außenwelt gesucht, gelebt und verstärkt wird. Die Rollen können immer wieder wechseln. Wichtig ist es hier, eine seelische Tiefe zu entwickeln, bewusst Festhalten und Loslassen zu üben.

Neptun Quadrat Aszendent
Mystik, Transzendenz und der unmittelbar-spontane Ausdruck des Selbst werden in einem inneren, eine Entscheidung fordernden Konflikt zu höherer Bewusstheit gezwungen. Am Ende der Entwicklung ist keinerlei Reibung mehr zu spüren, und die beteiligten Energien sind im Niveau gestiegen.

Neptun Trigon Aszendent
Mystik, Transzendenz und der unmittelbar-spontane Ausdruck des Selbst können in dieser Kombination zusammen sehr viel Kreativität freisetzen, wenn es gelingt, die latent vorhandenen Chancen zu nutzen. Oft werden die Möglichkeiten dieses stärksten harmonischen Aspektes eher zur Flucht und Bequemlichkeit denn zum schöpferischen Gestalten genutzt.

Neptun Quadrat Medium Coeli
Mystik, Transzendenz und die Entfaltung des Selbst in der Öffentlichkeit werden in einem inneren, eine Entscheidung fordernden Konflikt zu höherer Bewusstheit gezwungen. Am Ende der Entwicklung ist keinerlei Reibung mehr zu spüren, und die beteiligten Energien sind im Niveau gestiegen.

Neptun Trigon Medium Coeli
Mystik, Transzendenz und die Entfaltung des Selbst in der Öffentlichkeit können in dieser Kombination zusammen sehr viel Kreativität freisetzen, wenn es gelingt, die latent vorhandenen Chancen zu nutzen. Oft werden die Möglichkeiten dieses stärksten harmonischen Aspektes eher zur Flucht und Bequemlichkeit denn zum schöpferischen Gestalten genutzt.

Neptun Quadrat Pluto
Mystik, Transzendenz und Wunsch zur Transformation werden in einem inneren, eine Entscheidung fordernden Konflikt zu höherer Bewusstheit gezwungen. Am Ende der Entwicklung ist keinerlei Reibung mehr zu spüren, und die beteiligten Energien sind im Niveau gestiegen. Das Spiel Täter und Opfer, Masochist und Sadist sollte ganz bewusst im innerseelischen Bereich gesucht werden. So ist es dann möglich, zu erkennen, dass diese gleiche Struktur genauso auch in der Außenwelt gesucht, gelebt und verstärkt wird. Die Rollen können immer wieder wechseln. Wichtig ist es hier, eine seelische Tiefe zu entwickeln, bewusst Festhalten und Loslassen zu üben.

Neptun Trigon Pluto
Mystik, Transzendenz und Wunsch zur Transformation können in dieser Kombination zusammen sehr viel Kreativität freisetzen, wenn es gelingt, die latent vorhandenen Chancen zu nutzen. Oft werden die Möglichkeiten dieses stärksten harmonischen Aspektes eher zur Flucht und Bequemlichkeit denn zum schöpferischen Gestalten genutzt.

Neptun Sextil Aszendent
Mystik, Transzendenz und der unmittelbar-spontane Ausdruck des Selbst stehen in einem stabilen, harmonischen Verhältnis zueinander.

Neptun Sextil Medium Coeli
Mystik, Transzendenz und die Entfaltung des Selbst in der Öffentlichkeit stehen in einem stabilen, harmonischen Verhältnis zueinander.

Neptun Sextil Pluto
Mystik, Transzendenz und Wunsch zur Transformation stehen in einem stabilen, harmonischen Verhältnis zueinander.

Neptun Opposition Aszendent
Mystik, Transzendenz und der unmittelbar-spontane Ausdruck des Selbst stehen in einem Höchstmaß an Gegensätzlichkeit und Spannung zueinander. Der Sinn liegt hier im Auflösen von Schattenbildern und der Chance, sich die Gesetzmäßigkeit von Polaritäten bewusst zu machen.

Neptun Konjunktion Aszendent
Mystik, Transzendenz und der unmittelbar-spontane Ausdruck des Selbst können in einem großen Einklang miteinander schwingen, wenn die beiden Energien vollständig aufeinander abgestimmt sind und keine Seite die andere dominiert.

Neptun Opposition Medium Coeli
Mystik, Transzendenz und die Entfaltung des Selbst in der Öffentlichkeit stehen in einem Höchstmaß an Gegensätzlichkeit und Spannung zueinander. Der Sinn liegt hier im Auflösen von Schattenbildern und der Chance, sich die Gesetzmäßigkeit von Polaritäten bewusst zu machen.

Neptun Konjunktion Medium Coeli
Mystik, Transzendenz und die Entfaltung des Selbst in der Öffentlichkeit können in einem großen Einklang miteinander schwingen, wenn die beiden Energien vollständig aufeinander abgestimmt sind und keine Seite die andere dominiert.

Halbsummen

Brennpunkte der Spannung

Der Schnittpunkt zweier Planeten auf dem Tierkreis, also quasi die Mitte zwischen beiden Punkten, wird in der Kosmobiologie als Halbsumme bezeichnet. Hier kombinieren sich die Gestirnsenergien auf eine ganz besondere Art. Bedeutung kommt solch einem Brennpunkt kosmischer Spannung zu, wenn sich in ihr ein weiterer Horoskopfaktor befindet, beispielsweise ein Planet. Von allen hier aufgelisteten Halbsummen sollte man jenen besondere Beachtung schenken, bei denen der innere Horoskopfaktor kaum mehr als ein Grad vom exakten Orbisgrad entfernt liegt.

Aszendent

Aszendent in der Halbsumme von Sonne und Mond
Gute Kontakt- und Partnerschaftsfähigkeit.

Aszendent in der Halbsumme von Mondknoten und Merkur
Kaufmännische Fähigkeiten, Verhandlungsgeschick, Wortführer.

Aszendent in der Halbsumme von Sonne und Venus
Spontan Herzen erobernd, mit Charme und Eleganz.

Aszendent in der Halbsumme von Sonne und Mars
Pioniergeist, der andere mitreißen kann.

Aszendent in der Halbsumme von Sonne und Jupiter
Positive, expansive Ausstrahlung, gewinnend bis überheblich.

Aszendent in der Halbsumme von Sonne und Saturn
Distanziertes, zurückhaltendes Auftreten, konservativ eingestellt.

Aszendent in der Halbsumme von Sonne und Uranus
Erfolg durch schnellen persönlichen Einsatz.

Aszendent in der Halbsumme von Sonne und Pluto
Persönliche Durchsetzung mit allen Mitteln. Loslassprobleme.

Aszendent in der Halbsumme von Sonne und Mondknotenachse
Popularität, positives Austreten findet öffentlichen Anklang.

Aszendent in der Halbsumme von Sonne und Medium Coeli
Mit Selbstsicherheit in der Öffentlichkeit auftreten können.

Aszendent in der Halbsumme von Mond und Merkur
Die eigenen Gefühle verstehen, gekonnt darstellen können.

Aszendent in der Halbsumme von Mond und Venus
Charme wird geschickt für persönliche Interessen eingesetzt.

Aszendent in der Halbsumme von Mond und Mars
Im Berufsleben spontan, quasi ›privat‹ handelnd.

Aszendent in der Halbsumme von Mond und Jupiter
Positives, elegantes, publikumswirksames Auftreten.

Aszendent in der Halbsumme von Mond und Saturn
Sich emotional zurückhalten, Distanz zu den Mitmenschen halten.

Aszendent in der Halbsumme von Mond und Uranus
Affektiv, ständig erregt, spontan aufbrechend.

Aszendent in der Halbsumme von Mond und Neptun
Große Anpassungsfähigkeit, Ahnungen, Selbstaufgabe.

Aszendent in der Halbsumme von Mond und Pluto
Emotionalen Druck - über den Bauch - ausüben. Wandlungen.

Aszendent in der Halbsumme von Mond und Mondknotenachse
Die Mitmenschen umsorgen, hierbei persönliches Engagement zeigen.

Aszendent in der Halbsumme von Mond und Medium Coeli
Helfend, beratend, beschützend, mütterlich mit allen verbunden sein.

Aszendent in der Halbsumme von Merkur und Venus
Ästhetische und künstlerische Fähigkeiten beruflich umsetzen.

Aszendent in der Halbsumme von Merkur und Mars
Klar strukturiertes, realistisches Denken.

Aszendent in der Halbsumme von Merkur und Jupiter
Im großen Stil Denken und Planen können.

Aszendent in der Halbsumme von Merkur und Saturn
Gehemmt in spontanen Ausdruck, verschwiegen, seriös.

Aszendent in der Halbsumme von Merkur und Uranus
Schnelle Reaktionen werden zur Selbstdurchsetzung eingesetzt.

Aszendent in der Halbsumme von Merkur und Neptun
In einer Traumwelt leben, sich mit Fantasie durchsetzen.

Aszendent in der Halbsumme von Merkur und Pluto
Sich suggestiv mithilfe der Sprache durchsetzen.

Aszendent in der Halbsumme von Merkur und Mondknotenachse
Sprachtalent, gute Bildung, sich verständlich machen können.

Aszendent in der Halbsumme von Merkur und Medium Coeli
Vortragstätigkeit, Tätigkeit in der Volksbildung.

Aszendent in der Halbsumme von Venus und Mars
Persönlicher Charme hilft bei Durchsetzung eigener Interessen.

Aszendent in der Halbsumme von Venus und Jupiter
Starke Ausdrucksfähigkeit, Repräsentationsqualitäten.

Aszendent in der Halbsumme von Venus und Saturn
Ernsthafte Beziehungen, Vereinzelung, Askese.

Aszendent in der Halbsumme von Venus und Uranus
Unkonventionelles persönliches Auftreten mit großem Charme.

Aszendent in der Halbsumme von Venus und Neptun
Erotisches Verwirrspiel, um die eigenen Interessen durchzusetzen.

Aszendent in der Halbsumme von Venus und Pluto
Die Magie des eigenen erotischen Auftritts kultivieren.

Aszendent in der Halbsumme von Venus und Mondknotenachse
Charmantes Auftreten in der Gemeinschaft, große Kontaktfähigkeit.

Aszendent in der Halbsumme von Venus und Medium Coeli
Harmonische Partnerbeziehung, starker Gemeinsinn.

Aszendent in der Halbsumme von Mars und Jupiter
Starkes positives persönliches Engagement.

Aszendent in der Halbsumme von Mars und Saturn
Arbeit in schwierigen Situationen, harte Auseinandersetzungen.

Aszendent in der Halbsumme von Mars und Uranus
Sofortiger Einsatz, spontane Affekte.

Aszendent in der Halbsumme von Mars und Neptun
Subtile, geheimnisvolle, mystische Aktionen. Individualist.

Aszendent in der Halbsumme von Mars und Pluto
Dynamisches, druckvolles persönliches Auftreten.

Aszendent in der Halbsumme von Mars und Mondknotenachse
Starker persönlicher Einsatz in der Gemeinschaft.

Aszendent in der Halbsumme von Mars und Medium Coeli
Aktiver Einsatz in Beruf und Öffentlichkeit.

Aszendent in der Halbsumme von Jupiter und Saturn
Persönlicher Einsatz mit dem rechten Maß.

Aszendent in der Halbsumme von Jupiter und Uranus
Immer wieder neue Ideen, wie man sich persönlich durchsetzen kann.

Aszendent in der Halbsumme von Jupiter und Neptun
Persönliche Auftritte werden mit großer Fantasie gestaltet.

Aszendent in der Halbsumme von Jupiter und Pluto
Machtvolles Planungstalent, das für private Ziele eingesetzt wird.

Aszendent in der Halbsumme von Jupiter und Mondknotenachse
Gesellschaftlicher Erfolg durch großzügiges Auftreten.

Aszendent in der Halbsumme von Jupiter und Medium Coeli
Große öffentliche Popularität durch optimistisches Auftreten.

Aszendent in der Halbsumme von Saturn und Uranus
Der persönliche Auftritt ist unkonventionell, voller Spannungen.

Aszendent in der Halbsumme von Saturn und Neptun
Starkes Mitgefühl mit dem Leid der Mitmenschen.

Aszendent in der Halbsumme von Saturn und Pluto
In persönlichen Beziehungen die Härte des Schicksals erleben.

Aszendent in der Halbsumme von Saturn und Mondknotenachse
Ein konservatives, distanziertes Verhalten bevorzugen.

Aszendent in der Halbsumme von Saturn und Medium Coeli
Einen konservativen, distanzierten Lebensstil pflegen.

Aszendent in der Halbsumme von Uranus und Neptun
Das kollektive Unbewusste persönlich zum Ausdruck bringen.

Aszendent in der Halbsumme von Uranus und Pluto
Starker psychischer Druck wird zur Selbstdurchsetzung eingesetzt.

Aszendent in der Halbsumme von Uranus und Mondknotenachse
Unkonventionelle persönliche Initiativen finden allgemein Anklang.

Aszendent in der Halbsumme von Uranus und Medium Coeli
Ein unkonventioneller Lebensstil in ständiger Veränderung.

Aszendent in der Halbsumme von Neptun und Pluto
Den Kontakt mit dem kollektiven Unbewussten über Partner erleben.

Aszendent in der Halbsumme von Neptun und Mondknotenachse
Eine große Intuition gemeinsam mit anderen und Partnern erleben.

Aszendent in der Halbsumme von Neptun und Medium Coeli
Mystischer Lebensstil, mit Gefahr der Realitätsflucht.

Aszendent in der Halbsumme von Pluto und Mondknotenachse
Durch persönliche Machtausstrahlung Gruppenprozesse leiten.

Aszendent in der Halbsumme von Pluto und Medium Coeli
Große Egozentrik, Zwang zur Wandlung, autokratischer Lebensstil.

Aszendent in der Halbsumme von Sonne und Medium Coeli
Starke Verbindung zwischen Individuum und Gemeinschaft.

Medium Coeli

Medium Coeli in der Halbsumme von Sonne und Uranus
Die Familie als Lebensaufgabe, Eltern fördern die Entwicklung.

Medium Coeli in der Halbsumme von Sonne und Merkur
Gewandt im öffentlichen Auftreten, kaufmännisches Geschick.

Medium Coeli in der Halbsumme von Sonne und Venus
Elegantes Auftreten in der Öffentlichkeit.

Medium Coeli in der Halbsumme von Sonne und Mars
Zielbewusster Kampf, Durchsetzungsfähigkeit in der Öffentlichkeit.

Medium Coeli in der Halbsumme von Sonne und Jupiter
In der Öffentlichkeit glänzen, verwöhnen, sich verwöhnen lassen.

Medium Coeli in der Halbsumme von Sonne und Saturn
Achtung vor Autoritäten, Etabliertem; starke Moralvorstellungen.

Medium Coeli in der Halbsumme von Sonne und Uranus
Neuerungen werden beruflich gut umgesetzt. Unruhe schwächt.

Medium Coeli in der Halbsumme von Sonne und Neptun
Täuschung und trickreiches Vorgehen in Beruf und Öffentlichkeit.

Medium Coeli in der Halbsumme von Sonne und Pluto
Machtkämpfe in der Öffentlichkeit, übersteigerte Egozentrik.

Medium Coeli in der Halbsumme von Sonne und Mondknotenachse
Den anderen persönlich ansprechen, für sich gewinnen können.

Medium Coeli in der Halbsumme von Sonne und Aszendent
Mit Selbstsicherheit in der Öffentlichkeit auftreten können.

Medium Coeli in der Halbsumme von Mond und Merkur
Verständig sein, Verständnis erwecken.

Medium Coeli in der Halbsumme von Mond und Venus
Künstlerisches, soziales Engagement aus Freude am Mäzenatentum.

Medium Coeli in der Halbsumme von Mond und Mars
Im Berufsleben spontan, quasi ›privat‹ handelnd.

Medium Coeli in der Halbsumme von Mond und Jupiter
Großzügig, auf das Wohlergehen der Gemeinschaft gerichtet.

Medium Coeli in der Halbsumme von Mond und Saturn
Sich emotional vollkommen zurückziehen; selbst gewählte Einsamkeit.

Medium Coeli in der Halbsumme von Mond und Uranus
Im Zeitgeist liegen, sich von ihm hin und her reißen lassen.

Medium Coeli in der Halbsumme von Mond und Neptun
Sich durchsetzen mittels der Intuition. Unsichere Familie.

Medium Coeli in der Halbsumme von Mond und Pluto
Dem eigenen emotionalen Fanatismus freien Lauf lassen. Wandlungen.

Medium Coeli in der Halbsumme von Mond und Mondknotenachse
Die anderen ›gluckenhaft‹ bemuttern, einengen, bestimmen.

Medium Coeli in der Halbsumme von Mond und Aszendent
Helfend, beratend, beschützend, mütterlich mit allen Menschen verbunden sein.

Medium Coeli in der Halbsumme von Merkur und Venus
Helfend, beratend, beschützend, mütterlich mit allen Menschen verbunden sein.

Medium Coeli in der Halbsumme von Merkur und Mars
Kraftvolle Kommunikation, kaufmännisches Talent.

Medium Coeli in der Halbsumme von Merkur und Jupiter
Gute Bildung, weites geistiges Spektrum.

Medium Coeli in der Halbsumme von Merkur und Saturn
Große Konzentrationskraft, langsame geistige Entwicklung.

Medium Coeli in der Halbsumme von Merkur und Uranus
Modernes Bildungsniveau, Gedanken werden konstruktiv umgesetzt.

Medium Coeli in der Halbsumme von Merkur und Neptun
Sinn für Mystik und Visionen, Neigung zu Täuschungen.

Medium Coeli in der Halbsumme von Merkur und Pluto
Organisationstalent, Führungsqualitäten, manipulierend.

Medium Coeli in der Halbsumme von Merkur und Mondknotenachse
Vortragstätigkeit, Tätigkeit in der Volksbildung.

Medium Coeli in der Halbsumme von Merkur und Aszendent
Vortragstätigkeit, Tätigkeit in der Volksbildung.

Medium Coeli in der Halbsumme von Venus und Mars
Charme und Ästhetik werden voll und ganz für den Beruf eingesetzt.

Medium Coeli in der Halbsumme von Venus und Jupiter
Gönnerhafte Stellung in der Gesellschaft, Mäzenatentum.

Medium Coeli in der Halbsumme von Venus und Saturn
Konservatives Äußeres, konventioneller und distanzierter Auftritt.

Medium Coeli in der Halbsumme von Venus und Uranus
Elegantes und kontaktfreudiges Auftreten über alle Konventionen hinweg.

Medium Coeli in der Halbsumme von Venus und Neptun
Schein und Wirklichkeit der Erotik wird zum Geschäft gemacht.

Medium Coeli in der Halbsumme von Venus und Pluto
Starke künstlerische Egozentrik, gesellschaftliches Machtverhalten.

Medium Coeli in der Halbsumme von Venus und Mondknotenachse
Eine harmonische Atmosphäre in der Gemeinschaft schaffen können.

Medium Coeli in der Halbsumme von Venus und Aszendent
Harmonische Partnerbeziehung, starker Gemeinsinn.

Medium Coeli in der Halbsumme von Mars und Jupiter
Kraftvoller, erfolgreicher beruflicher Einsatz.

Medium Coeli in der Halbsumme von Mars und Saturn
Großer Einsatz bis zu den eigenen Grenzen im Berufsleben.

Medium Coeli in der Halbsumme von Mars und Uranus
Schnelle Reaktionen im Berufsleben, Voreiligkeit.

Medium Coeli in der Halbsumme von Mars und Neptun
Mit dem kollektiven Unbewussten arbeiten. Esoterik als Beruf.

Medium Coeli in der Halbsumme von Mars und Pluto
Dynamischer, druckvoller beruflicher Einsatz.

Medium Coeli in der Halbsumme von Mars und Mondknotenachse
Starker beruflicher Einsatz in der Gemeinschaft.

Medium Coeli in der Halbsumme von Mars und Aszendent

Aktiver Einsatz in Beruf und Öffentlichkeit.

Medium Coeli in der Halbsumme von Jupiter und Saturn
Beruflicher Einsatz mit dem rechten Maß.

Medium Coeli in der Halbsumme von Jupiter und Uranus
Immer wieder neue Ideen, die beruflich umgesetzt werden.

Medium Coeli in der Halbsumme von Jupiter und Neptun
Große Fantasie wird geschäftlich eingesetzt.

Medium Coeli in der Halbsumme von Jupiter und Pluto
Machtvolles Planungstalent, das berufliche eingesetzt wird.

Medium Coeli in der Halbsumme von Jupiter und Mondknotenachse
Gesellschaftlicher Erfolg durch großzügige Geschäftsplanung.

Medium Coeli in der Halbsumme von Jupiter und Aszendent
Große öffentliche Popularität durch optimistisches Auftreten.

Medium Coeli in der Halbsumme von Saturn und Uranus
Spannungen und ungewöhnliche Kompromisse im Berufsleben.

Medium Coeli in der Halbsumme von Saturn und Neptun
Ungewöhnliche, sehr fantasievolle berufliche Ambitionen.

Medium Coeli in der Halbsumme von Saturn und Pluto
Im Beruf und Gesellschaft die Härte des Schicksals erleben.

Medium Coeli in der Halbsumme von Saturn und Mondknotenachse
Eine konservative, distanzierte Umgebung bevorzugen.

Medium Coeli in der Halbsumme von Saturn und Aszendent
Einen konservativen, distanzierten Lebensstil pflegen.

Medium Coeli in der Halbsumme von Uranus und Neptun
Kollektiv Unbewusstes in gesellschaftlicher Tätigkeit ausdrücken.

Medium Coeli in der Halbsumme von Uranus und Pluto
Starker psychischer Druck wird im Berufsleben eingesetzt.

Medium Coeli in der Halbsumme von Uranus und Mondknotenachse
Unkonventionelle berufliche Initiativen finden allgemein Anklang.

Medium Coeli in der Halbsumme von Uranus und Aszendent
Ein unkonventioneller Lebensstil in ständiger Veränderung.

Medium Coeli in der Halbsumme von Neptun und Pluto
Den Kontakt mit dem kollektiven Unbewussten im Beruf erleben.

Medium Coeli in der Halbsumme von Neptun und Mondknotenachse
Mystischer Lebensstil, mit Gefahr der Realitätsflucht.

Medium Coeli in der Halbsumme von Neptun und Aszendent
Eine große Intuition gemeinsam mit anderen im Beruf erleben.

Medium Coeli in der Halbsumme von Pluto und Mondknotenachse
Durch berufliche Machtausstrahlung Gruppenprozesse leiten.

Medium Coeli in der Halbsumme von Pluto und Aszendent
Große Egozentrik, Zwang zur Wandlung, autokratischer Lebensstil.

Medium Coeli in der Halbsumme von Mondknoten und Aszendent
Starke Verbindung zwischen Individuum und Gemeinschaft.

Medium Coeli in der Halbsumme von Mond und Merkur
Geistig rege, seelisch ausgeglichen.

Sonne

Sonne in der Halbsumme von Mond und Venus
Einfühlend, liebevoll und zugleich familiär.

Sonne in der Halbsumme von Mond und Mars
Kraftvoll, dominant in der Familie, leicht erregbar.

Sonne in der Halbsumme von Mond und Jupiter
Vertrauensvolles Familienleben, zur Verschwendung neigend.

Sonne in der Halbsumme von Mond und Saturn
Pflichtbewusst, ernstes Familienleben, Vereinzelung.

Sonne in der Halbsumme von Mond und Uranus
Unruhiges Familienleben, übererregbar, egozentrisch.

Sonne in der Halbsumme von Mond und Neptun
Unklare Familienverhältnisse, große Empfindsamkeit.

Sonne in der Halbsumme von Mond und Pluto
Machtkämpfe in der Familie, große Leidenschaftlichkeit.

Sonne in der Halbsumme von Mond und Mondknotenachse
Ausgeglichene, beschützende Familie, Zärtlichkeit.

Sonne in der Halbsumme von Mond und Medium Coeli
Die Familie als Lebensaufgabe, Eltern fördern die Entwicklung.

Sonne in der Halbsumme von Mond und Aszendent
Gute Kontakt- und Partnerschaftsfähigkeit.

Sonne in der Halbsumme von Merkur und Venus
Kontaktfreudig, frühreif, Neigung zu Narzissmus.

Sonne in der Halbsumme von Merkur und Mars
Kraftvoll und geistig aktiv.

Sonne in der Halbsumme von Merkur und Jupiter
Weltoffen, optimistisch, gute Bildung.

Sonne in der Halbsumme von Merkur und Saturn
Kritischer Intellekt, beherrschte Gestik, langsam.

Sonne in der Halbsumme von Merkur und Uranus
Blitzschneller Geist, nervös, voreilig.

Sonne in der Halbsumme von Merkur und Neptun
Empfindsam und empfindlich, poetisch und versponnen.

Sonne in der Halbsumme von Merkur und Pluto
Suggestiv, manipulativ in der Kommunikation, Forschergeist.

Sonne in der Halbsumme von Merkur und Mondknotenachse
Kommunikationskraft in Familie, Gruppen und Gesellschaft.

Sonne in der Halbsumme von Merkur und Medium Coeli
Gewandt im öffentlichen Auftreten, kaufmännisches Geschick.

Sonne in der Halbsumme von Merkur und Aszendent
Kaufmännische Fähigkeiten, Verhandlungsgeschick, Wortführer.

Sonne in der Halbsumme von Venus und Mars
Kraftvolle und ausgewogene Erotik.

Sonne in der Halbsumme von Venus und Jupiter
Zärtliches und gemütliches Wesen, Neigung zu Bequemlichkeit.

Sonne in der Halbsumme von Venus und Saturn
Zurückhalten, reserviert im Umgang, ausdauernd in Beziehungen.

Sonne in der Halbsumme von Venus und Uranus
Lockere, unkonventionelle, schnell wechselnde Beziehungen.

Sonne in der Halbsumme von Venus und Neptun
Traumpartner suchend, verträumt, künstlerisch.

Sonne in der Halbsumme von Venus und Pluto
Starke Erotik, manipulierend in Finanzen und Partnerschaft.

Sonne in der Halbsumme von Venus und Mondknotenachse
Lockerer, unkomplizierter Zärtlichkeitsaustausch, reizend.

Sonne in der Halbsumme von Venus und Medium Coeli
Elegantes Auftreten in der Öffentlichkeit.

Sonne in der Halbsumme von Venus und Aszendent
Spontan Herzen erobernd, mit Charme und Eleganz.

Sonne in der Halbsumme von Mars und Jupiter
Gute Regenerationsfähigkeit, Organisationstalent.

Sonne in der Halbsumme von Mars und Saturn
Autoritätskämpfe, zähe und ausdauernde Arbeit.

Sonne in der Halbsumme von Mars und Uranus
Schnelle und heftige Aktionen, oft aus Protest.

Sonne in der Halbsumme von Mars und Neptun
Sensibilität und Durchsetzungsschwäche, Energie geht in Traumwelten.

Sonne in der Halbsumme von Mars und Pluto
Machtkämpfe um jeden Preis, Überforderung, Höchstleistung.

Sonne in der Halbsumme von Mars und Mondknotenachse
Kampf und Durchsetzung in und für Gruppen und Gemeinschaften.

Sonne in der Halbsumme von Mars und Medium Coeli
Zielbewusster Kampf und Durchsetzungsfähigkeit, ganz besonders in der Öffentlichkeit.

Sonne in der Halbsumme von Mars und Aszendent
Pioniergeist, der andere mitreißen kann.

Sonne in der Halbsumme von Jupiter und Saturn
In allem das rechte Maß suchend, langsam expandierend.

Sonne in der Halbsumme von Jupiter und Uranus
Hellwach, immer auf der Suche nach Gelegenheiten, spekulativ.

Sonne in der Halbsumme von Jupiter und Neptun
Fantasterei und Spekulation als Lebensstil, sensitiv.

Sonne in der Halbsumme von Jupiter und Pluto
Kraftvoll, selbstbewusst bis zum Größenwahn.

Sonne in der Halbsumme von Jupiter und Mondknotenachse
Gruppenmensch, Erfolg durch Förderung in der Gemeinschaft.

Sonne in der Halbsumme von Jupiter und Medium Coeli
In der Öffentlichkeit glänzen, verwöhnen, sich verwöhnen lassen.

Sonne in der Halbsumme von Jupiter und Aszendent
Positive, expansive Ausstrahlung, gewinnend bis überheblich.

Sonne in der Halbsumme von Saturn und Uranus
Ständig unter Spannung, Lebenskampf mit schwierigen Kompromissen.

Sonne in der Halbsumme von Saturn und Neptun
Unsicherheit durch unbeständige und schwierige Verhältnisse.

Sonne in der Halbsumme von Saturn und Pluto
Auseinandersetzung mir der Macht des Schicksals.

Sonne in der Halbsumme von Saturn und Mondknotenachse
Übereinstimmung in älteren, etablierteren Gruppen; Vereinzelung.

Sonne in der Halbsumme von Saturn und Medium Coeli
Achtung vor Autoritäten, Etabliertem; starke Moralvorstellungen.

Sonne in der Halbsumme von Saturn und Aszendent
Distanzierter, zurückhaltender Auftritt, konservative Einstellung.

Sonne in der Halbsumme von Uranus und Neptun
Große Sensibilität mit der Neigung zur körperlichen Überreizung.

Sonne in der Halbsumme von Uranus und Pluto
Stress und Druck beeinträchtigen Spontaneität und Lebensfreude.

Sonne in der Halbsumme von Uranus und Mondknotenachse
Ständige Neuerungen und Störungen in der Gemeinschaft.

Sonne in der Halbsumme von Uranus und Medium Coeli
Neuerungen werden beruflich erfolgreich umgesetzt. Unruhe jedoch schwächt den ganzen Organismus.

Sonne in der Halbsumme von Uranus und Aszendent
Erfolg durch schnellen persönlichen Einsatz.

Sonne in der Halbsumme von Neptun und Pluto
Gefahr bei Drogenkonsum, Förderung durch die Hoffnung anderer.

Sonne in der Halbsumme von Neptun und Mondknotenachse
Träume, Fantasie und Mitgefühl in der Gemeinschaft finden.

Sonne in der Halbsumme von Neptun und Medium Coeli
Täuschung und trickreiches Vorgehen in Beruf und Öffentlichkeit.

Sonne in der Halbsumme von Neptun und Aszendent
Träume, Fantasie und Mitgefühl in der Gemeinschaft finden.

Sonne in der Halbsumme von Pluto und Mondknotenachse
Macht und Einfluss in und durch Gruppen und Gemeinschaften.

Sonne in der Halbsumme von Pluto und Aszendent
Persönliche Durchsetzung mit allen Mitteln. Losslassprobleme.

Sonne in der Halbsumme von Pluto und Medium Coeli
Machtkämpfe in der Öffentlichkeit, übersteigerte Egozentrik.

Sonne in der Halbsumme von Mondknoten und Medium Coeli
Popularität, positives Austreten findet öffentlichen Anklang.

Sonne in der Halbsumme von Mondknoten und Aszendent
Den anderen persönlich ansprechen, für sich gewinnen können.

Sonne in der Halbsumme von Aszendent und Medium Coeli
Mit Selbstsicherheit in der Öffentlichkeit auftreten können.

Mond

Mond in der Halbsumme von Sonne und Merkur
Geistig rege, seelisch ausgeglichen.

Mond in der Halbsumme von Sonne und Venus
Einfühlend, liebevoll und zugleich familiär.

Mond in der Halbsumme von Sonne und Mars
Kraftvoll, dominant in der Familie, leicht erregbar.

Mond in der Halbsumme von Sonne und Jupiter
Vertrauensvolles Familienleben, zur Verschwendung neigend.

Mond in der Halbsumme von Sonne und Saturn
Pflichtbewusst, ernstes Familienleben, Vereinzelung.

Mond in der Halbsumme von Sonne und Uranus
Unruhiges Familienleben, übererregbar, egozentrisch.

Mond in der Halbsumme von Sonne und Neptun
Unklare Familienverhältnisse, große Empfindsamkeit.

Mond in der Halbsumme von Sonne und Pluto
Machtkämpfe in der Familie, große Leidenschaftlichkeit.

Mond in der Halbsumme von Sonne und Mondknotenachse
Ausgeglichene, beschützende Familie, Zärtlichkeit.

Mond in der Halbsumme von Sonne und Medium Coeli
Die Familie als Lebensaufgabe, Eltern fördern die Entwicklung.

Mond in der Halbsumme von Sonne und Aszendent
Gute Kontakt- und Partnerschaftsfähigkeit.

Mond in der Halbsumme von Merkur und Venus
Gefühl und Verstand bilden eine harmonische Einheit.

Mond in der Halbsumme von Merkur und Mars
Spontan Gefühle ausdrücken, darüber reflektieren können.

Mond in der Halbsumme von Merkur und Jupiter
Heiter und positiv, weltoffen und schwärmerisch.

Mond in der Halbsumme von Merkur und Saturn
Bedächtig, etwas reserviert, aber seriös mit Gefühlen umgehen.

Mond in der Halbsumme von Merkur und Uranus
Schnell geistig und emotional erregt, fahrig, sprunghaft.

Mond in der Halbsumme von Merkur und Neptun
Verträumt, fantasievoll, nicht endender Redefluss.

Mond in der Halbsumme von Merkur und Pluto
Starkes Geltungsbedürfnis, durch Worte sehr verletzen.

Mond in der Halbsumme von Merkur und Mondknotenachse
Gruppenbedürfnisse aussprechen können, pädagogisch sein.

Mond in der Halbsumme von Merkur und Medium Coeli
Verständig sein, Verständnis erwecken.

Mond in der Halbsumme von Merkur und Aszendent
Die eigenen Gefühle verstehen, gekonnt darstellen können.

Mond in der Halbsumme von Venus und Mars
Emotional ausgeglichen, schöpferisch, geschmackvoll.

Mond in der Halbsumme von Venus und Jupiter
Mütterlich und liebevoll, bis zum Verhätscheln.

Mond in der Halbsumme von Venus und Saturn
Ernst und verpflichtend in Familie und Partnerschaft.

Mond in der Halbsumme von Venus und Uranus
Spontan begeisterungsfähig, wechselndes Gefühlsleben.

Mond in der Halbsumme von Venus und Neptun
Vom Traumpartner mehr träumen als mit ihm leben. Fantastisch.

Mond in der Halbsumme von Venus und Pluto
Außergewöhnliche erotische und künstlerische Kraft, übersteigert.

Mond in der Halbsumme von Venus und Mondknotenachse
Der Gemeinschaft verpflichtet, sich um alle kümmernd.

Mond in der Halbsumme von Venus und Medium Coeli
Künstlerisches, soziales Engagement aus Freude am Mäzenatentum.

Mond in der Halbsumme von Venus und Aszendent
Charme wird geschickt für persönliche Interessen eingesetzt.

Mond in der Halbsumme von Mars und Jupiter
Kraft, Energie, gute Ausdauer, gepaart mit Fürsorglichkeit.

Mond in der Halbsumme von Mars und Saturn
Lebensernst, fast selbstquälerisch, ausdauernd.

Mond in der Halbsumme von Mars und Uranus
Affektiv, spontanen Gefühlsregungen energisch Ausdruck verleihend.

Mond in der Halbsumme von Mars und Neptun
Wunsch, Träume verwirklichen. Oder: Traum wird zur Wirklichkeit.

Mond in der Halbsumme von Mars und Pluto
Unterdrückung von Gefühlen und machtvoller Ausbruch.

Mond in der Halbsumme von Mars und Mondknotenachse
Gemeinschaftssinn, reges Familienleben.

Mond in der Halbsumme von Mars und Medium Coeli
Im Berufsleben spontan, quasi ›privat‹ handelnd.

Mond in der Halbsumme von Mars und Aszendent
Tatkräftiges persönliches Engagement.

Mond in der Halbsumme von Jupiter und Saturn
Innerhalb der selbstgeschaffenen Grenzen leben können, wollen und/oder müssen.

Mond in der Halbsumme von Jupiter und Uranus
Gelegenheiten nutzen, sich immer wieder mitreißen lassen.

Mond in der Halbsumme von Jupiter und Neptun
Schwärmerischer Weltgeist.

Mond in der Halbsumme von Jupiter und Pluto
Neigung zur Übertreibung, Völlerei, Leben in der Oberschicht.

Mond in der Halbsumme von Jupiter und Mondknotenachse
Großer Freundeskreis, große Familie, die Mitmenschen brauchen.

Mond in der Halbsumme von Jupiter und Medium Coeli
Großzügig, auf das Wohlergehen der Gemeinschaft gerichtet.

Mond in der Halbsumme von Jupiter und Aszendent
Positives, elegantes, publikumswirksames Auftreten.

Mond in der Halbsumme von Saturn und Uranus
Skeptisch, immer auf dem Sprung, unter Spannung.

Mond in der Halbsumme von Saturn und Neptun
Leben in schwierigen, unsicheren Familienverhältnissen.

Mond in der Halbsumme von Saturn und Pluto
Sich in gesellschaftliche Zwänge, Schicksalsschläge einfügen.

Mond in der Halbsumme von Saturn und Mondknotenachse
Sich zurückziehen vor der großen Masse, eine kleine Gruppe finden.

Mond in der Halbsumme von Saturn und Medium Coeli
Sich emotional vollkommen zurückziehen; selbst gewählte Einsamkeit.

Mond in der Halbsumme von Saturn und Aszendent
Sich emotional zurückhalten, Distanz zu den Mitmenschen halten.

Mond in der Halbsumme von Uranus und Neptun
Allzugroße Offenheit, große Sensitivität, Reizüberflutung.

Mond in der Halbsumme von Uranus und Pluto
Emotional unter fremden Zwängen stehen, sich nicht lösen können.

Mond in der Halbsumme von Uranus und Mondknotenachse
Lebhaft, aufgeregt, ständig auf der Suche nach Bekanntschaften.

Mond in der Halbsumme von Uranus und Medium Coeli
Im Zeitgeist liegen, sich von ihm hin und her reißen lassen.

Mond in der Halbsumme von Uranus und Aszendent
Affektiv, ständig erregt, spontan aufbrechend.

Mond in der Halbsumme von Neptun und Pluto
Große Ahnungsfähigkeit, psychische Labilität.

Mond in der Halbsumme von Neptun und Mondknotenachse
Sich der Gruppe/Gemeinschaft ausliefern, in ihr aufgehen wollen.

Mond in der Halbsumme von Neptun und Medium Coeli
Sich durchsetzen mittels der Intuition. Unsichere Familie.

Mond in der Halbsumme von Neptun und Aszendent
Große Anpassungsfähigkeit, Ahnungen, Selbstaufgabe.

Mond in der Halbsumme von Pluto und Mondknotenachse
Die Gemeinschaft mit der Macht der Emotionen manipulieren.

Mond in der Halbsumme von Pluto und Medium Coeli
Dem eigenen emotionalen Fanatismus freien Lauf lassen. Wandlungen.

Mond in der Halbsumme von Pluto und Aszendent
Emotionalen Druck - über den Bauch - ausüben. Wandlungen.

Mond in der Halbsumme von Mondknoten und Medium Coeli
Die anderen ›gluckenhaft‹ bemuttern, einengen, bestimmen.

Mond in der Halbsumme von Mondknoten und Aszendent
Die Mitmenschen umsorgen, hierbei persönliches Engagement zeigen.

Mond in der Halbsumme von Aszendent und Medium Coeli
Helfend, beratend, beschützend, mütterlich mit allen verbunden.

Merkur

Merkur in der Halbsumme von Sonne und Uranus
Geistig rege, seelisch ausgeglichen.

Merkur in der Halbsumme von Sonne und Venus
Kontaktfreudig, frühreif, Neigung zu Narzissmus.

Merkur in der Halbsumme von Sonne und Mars
Kraftvoll und geistig aktiv.

Merkur in der Halbsumme von Sonne und Jupiter
Weltoffen, optimistisch, gute Bildung.

Merkur in der Halbsumme von Sonne und Saturn
Kritischer Intellekt, beherrschte Gestik, langsam.

Merkur in der Halbsumme von Sonne und Uranus
Blitzschneller Geist, nervös, voreilig.

Merkur in der Halbsumme von Sonne und Neptun
Empfindsam und empfindlich, poetisch und versponnen.

Merkur in der Halbsumme von Sonne und Pluto
Suggestiv, manipulativ in der Kommunikation, Forschergeist.

Merkur in der Halbsumme von Sonne und Mondknotenachse
Kommunikationskraft in Familie, Gruppen und Gesellschaft.

Merkur in der Halbsumme von Sonne und Medium Coeli
Gewandt im öffentlichen Auftreten, kaufmännisches Geschick.

Merkur in der Halbsumme von Sonne und Aszendent
Kaufmännische Fähigkeiten, Verhandlungsgeschick, Wortführer.

Merkur in der Halbsumme von Mond und Venus
Gefühl und Verstand bilden eine harmonische Einheit.

Merkur in der Halbsumme von Mond und Mars
Spontan Gefühle ausdrücken, darüber reflektieren können.

Merkur in der Halbsumme von Mond und Jupiter
Heiter und positiv, weltoffen und schwärmerisch.

Merkur in der Halbsumme von Mond und Saturn
Bedächtig, etwas reserviert, aber seriös mit Gefühlen umgehen.

Merkur in der Halbsumme von Mond und Uranus
Schnell geistig und emotional erregt, fahrig, sprunghaft.

Merkur in der Halbsumme von Mond und Neptun
Verträumt, fantasievoll, nie endender Redefluss.

Merkur in der Halbsumme von Mond und Pluto
Starkes Geltungsbedürfnis, durch Worte sehr verletzen.

Merkur in der Halbsumme von Mond und Mondknotenachse
Gruppenbedürfnisse aussprechen können, pädagogisch sein.

Merkur in der Halbsumme von Mond und Medium Coeli
Verständig sein, Verständnis erwecken.

Merkur in der Halbsumme von Mond und Aszendent
Die eigenen Gefühle verstehen, gekonnt darstellen können.

Merkur in der Halbsumme von Venus und Mars
Erotik über die Sprache, funktionalisiert, kindlich.

Merkur in der Halbsumme von Venus und Jupiter
Elegante Sprechweise, schöngeistige Bildung.

Merkur in der Halbsumme von Venus und Saturn
Gehemmt in Kontakt und der Erotik, tiefgehende Ästhetik.

Merkur in der Halbsumme von Venus und Uranus
Leicht und flatterhaft.

Merkur in der Halbsumme von Venus und Neptun
Idealisierend, romantisch, verträumt, versponnen.

Merkur in der Halbsumme von Venus und Pluto
Manipulierende, Tabus benutzende Sprache, sexfixiert.

Merkur in der Halbsumme von Venus und Mondknotenachse
Kinderliebe, Mittelpunkt vor allem für junge Menschen.

Merkur in der Halbsumme von Venus und Medium Coeli
Elegant und geschickt sich überall durchsetzen können.

Merkur in der Halbsumme von Venus und Aszendent
Ästhetische und künstlerische Fähigkeiten beruflich umsetzen.

Merkur in der Halbsumme von Mars und Jupiter
Optimierungsdenken, kaufmännisches Geschick.

Merkur in der Halbsumme von Mars und Saturn
Ernste, skeptische und sehr realistische Natur. Zweckdenken.

Merkur in der Halbsumme von Mars und Uranus
Hellwacher Geist, schnelle Reaktionen, die überschießen können.

Merkur in der Halbsumme von Mars und Neptun
Große Fantasie, Märchenerzähler, Flunkerer, Mystiker.

Merkur in der Halbsumme von Mars und Pluto
Gedankenkraft wird kanalisiert, intensiviert, zu sehr fixiert.

Merkur in der Halbsumme von Mars und Mondknotenachse
Planerische und koordinierende Fähigkeiten, Sprachtalent.

Merkur in der Halbsumme von Mars und Medium Coeli
Kraftvolle Kommunikation, kaufmännisches Talent.

Merkur in der Halbsumme von Mars und Aszendent
Klar strukturiertes, realistisches Denken.

Merkur in der Halbsumme von Jupiter und Saturn
Harte geistige Arbeit, Neigung zum Maßregeln.

Merkur in der Halbsumme von Jupiter und Uranus
Schnelle Reaktionen, Eingaben, Gedankenblitze, Vorahnungen.

Merkur in der Halbsumme von Jupiter und Neptun
Spekulatives Denken, schwärmerisch, spekulativ.

Merkur in der Halbsumme von Jupiter und Pluto
Große Suggestionskraft, Organisationstalent, Reichtumsaspekt.

Merkur in der Halbsumme von Jupiter und Mondknotenachse
Kaufmännisches und sprachliches Geschick in der Gemeinschaft.

Merkur in der Halbsumme von Jupiter und Medium Coeli
Gute Bildung, weites geistiges Spektrum.

Merkur in der Halbsumme von Jupiter und Aszendent
Im großen Stil Denken und Planen können.

Merkur in der Halbsumme von Saturn und Uranus
Entwicklung von Neuerungen, Experimente. Ständig geistig angespannt.

Merkur in der Halbsumme von Saturn und Neptun
Beschäftigung mit Krankheit und Leid, Heilung und Therapie.

Merkur in der Halbsumme von Saturn und Pluto
Grundlagenforschung, Arbeit im geheimen, äußere und innere Zwänge.

Merkur in der Halbsumme von Saturn und Mondknotenachse
Rückzug und Vereinzelung, konzentriertes Denken, Geheimnisse.

Merkur in der Halbsumme von Saturn und Medium Coeli
Große Konzentrationskraft, langsame geistige Entwicklung.

Merkur in der Halbsumme von Saturn und Aszendent
Gehemmt in spontanen Ausdruck, verschwiegen, seriös.

Merkur in der Halbsumme von Uranus und Neptun
Große Intuition, Verbalisierung von Träumen, geistige Verwirrung.

Merkur in der Halbsumme von Uranus und Pluto
Große Geisteskraft, Neigung zu zwanghafter intellektueller Fixierung.

Merkur in der Halbsumme von Uranus und Mondknotenachse
Fähigkeit zu spontanem Handeln, Improvisationstalent.

Merkur in der Halbsumme von Uranus und Medium Coeli
Modernes Bildungsniveau, Gedanken werden konstruktiv umgesetzt.

Merkur in der Halbsumme von Uranus und Aszendent
Schnelle Reaktionen werden zur Selbstdurchsetzung eingesetzt.

Merkur in der Halbsumme von Neptun und Pluto
Große Intuition, mediale Fähigkeiten, geistige Verwirrung.

Merkur in der Halbsumme von Neptun und Mondknotenachse
Auf dem schmalen Grat zwischen Mystik und Illusion wandern.

Merkur in der Halbsumme von Neptun und Medium Coeli
Sinn für Mystik und Visionen, Neigung zu Täuschungen.

Merkur in der Halbsumme von Neptun und Aszendent
In einer Traumwelt leben, sich mit Fantasie durchsetzen.

Merkur in der Halbsumme von Pluto und Mondknotenachse
Mit den Mitteln der Massenmedien Druck ausüben. Datenpool.

Merkur in der Halbsumme von Pluto und Medium Coeli
Organisationstalent, Führungsqualitäten, manipulierend.

Merkur in der Halbsumme von Pluto und Aszendent
Sich suggestiv mithilfe der Kommunikation durchsetzen.

Merkur in der Halbsumme von Mondknotenachse und Medium Coeli
Gut gebildet, geistig interessiert, Lehrtätigkeit.

Merkur in der Halbsumme von Mondknotenachse und Aszendent
Sprachtalent, gute Bildung, sich verständlich machen können.

Merkur in der Halbsumme von Aszendent und Medium Coeli
Vortragstätigkeit, Tätigkeit in der Volksbildung.

Venus

Venus in der Halbsumme von Sonne und Merkur
Kontaktfreudig, frühreif, Neigung zu Narzissmus.

Venus in der Halbsumme von Sonne und Mars
Kraftvolle und ausgewogene Erotik.

Venus in der Halbsumme von Sonne und Jupiter
Zärtliches und gemütliches Wesen, Neigung zu Bequemlichkeit.

Venus in der Halbsumme von Sonne und Saturn
Zurückhalten, reserviert im Umgang, ausdauernd in Beziehungen.

Venus in der Halbsumme von Sonne und Uranus
Lockere, unkonventionelle, schnell wechselnde Beziehungen.

Venus in der Halbsumme von Sonne und Neptun
Traumpartner suchend, verträumt, künstlerisch.

Venus in der Halbsumme von Sonne und Pluto
Starke Erotik, manipulierend in Finanzen und Partnerschaft.

Venus in der Halbsumme von Sonne und Mondknotenachse
Lockerer, unkomplizierter Zärtlichkeitsaustausch, reizend.

Venus in der Halbsumme von Sonne und Medium Coeli
Elegantes Auftreten in der Öffentlichkeit.

Venus in der Halbsumme von Sonne und Aszendent
Spontan Herzen erobernd, mit Charme und Eleganz.

Venus in der Halbsumme von Mond und Merkur
Gefühl und Verstand bilden eine harmonische Einheit.

Venus in der Halbsumme von Mond und Mars
Emotional ausgeglichen, schöpferisch, geschmackvoll.

Venus in der Halbsumme von Mond und Jupiter
Mütterlich und liebevoll, bis zum Verhätscheln.

Venus in der Halbsumme von Mond und Saturn
Ernst und verpflichtend in Familie und Partnerschaft.

Venus in der Halbsumme von Mond und Uranus
Spontan begeisterungsfähig, wechselndes Gefühlsleben.

Venus in der Halbsumme von Mond und Neptun
Vom Traumpartner mehr träumen als mit ihm leben. Fantastisch.

Venus in der Halbsumme von Mond und Pluto
Außergewöhnliche erotische und künstlerische Kraft, übersteigert.

Venus in der Halbsumme von Mond und Mondknotenachse
Der Gemeinschaft verpflichtet, sich um alle kümmernd.

Venus in der Halbsumme von Mond und Medium Coeli
Künstlerisches/soziales Engagement aus Freude am Mäzenatentum.

Venus in der Halbsumme von Mond und Aszendent
Charme wird geschickt für persönliche Interessen eingesetzt.

Venus in der Halbsumme von Merkur und Mars
Erotik über die Sprache, funktionalisiert, kindlich.

Venus in der Halbsumme von Merkur und Jupiter
Elegante Sprechweise, schöngeistige Bildung.

Venus in der Halbsumme von Merkur und Saturn
Gehemmt in Kontakt und der Erotik, tiefgehende Ästhetik.

Venus in der Halbsumme von Merkur und Uranus
Leicht und flatterhaft.

Venus in der Halbsumme von Merkur und Neptun
Idealisierend, romantisch, verträumt, versponnen.

Venus in der Halbsumme von Merkur und Pluto
Manipulierende, Tabus benutzende Sprache, sexfixiert.

Venus in der Halbsumme von Merkur und Mondknotenachse
Kinderliebe, Mittelpunkt vor allem für junge Menschen.

Venus in der Halbsumme von Merkur und Medium Coeli
Elegant und geschickt sich überall durchsetzen können.

Venus in der Halbsumme von Merkur und Aszendent
Ästhetische und künstlerische Fähigkeiten beruflich umsetzen.

Venus in der Halbsumme von Mars und Jupiter
Großes ästhetisches Geschick, übersteigerter Konsum.

Venus in der Halbsumme von Mars und Saturn
Starkes Moralgefühl, das sich hemmend auf das Triebleben auswirkt.

Venus in der Halbsumme von Mars und Uranus
Stark wechselndes, Aufregung liebendes Triebleben, verspielt.

Venus in der Halbsumme von Mars und Neptun
Starke erotische Fantasien, Halbweltleben.

Venus in der Halbsumme von Mars und Pluto
Unterdrückte, machtvolle Sexualität.

Venus in der Halbsumme von Mars und Mondknotenachse
Große Menschenliebe, permanentes Kontaktbedürfnis.

Venus in der Halbsumme von Mars und Medium Coeli
Charme und Ästhetik werden voll und ganz für den Beruf eingesetzt.

Venus in der Halbsumme von Mars und Aszendent
Persönlicher Charme hilft bei Durchsetzung eigener Interessen.

Venus in der Halbsumme von Jupiter und Saturn
Beziehungen ›im rechten Rahmen‹, Selbstbeschränkung.

Venus in der Halbsumme von Jupiter und Uranus
Lockere Grundhaltung zu den Mitmenschen. Lust auf Überraschungen.

Venus in der Halbsumme von Jupiter und Neptun
Große Fantasiewelt, poetische Veranlagung, neigt zum Zerfließen.

Venus in der Halbsumme von Jupiter und Pluto
Starke, übermächtige Sexualität, Neigung zu Verschwendung.

Venus in der Halbsumme von Jupiter und Mondknotenachse
Emotional in der Gemeinschaft aufgehen, künstlerischer Erfolg.

Venus in der Halbsumme von Jupiter und Medium Coeli
Gönnerhafte Stellung in der Gesellschaft, Mäzenatentum.

Venus in der Halbsumme von Jupiter und Aszendent
Starke Ausdrucksfähigkeit, Repräsentationsqualitäten.

Venus in der Halbsumme von Saturn und Uranus
Starke Spannungen im Liebesleben.

Venus in der Halbsumme von Saturn und Neptun
Verwirrungen und seelische Härte in Beziehungen.

Venus in der Halbsumme von Saturn und Pluto
Ernst, sehr verbindlich in Beziehungen, Schicksalsgemeinschaften.

Venus in der Halbsumme von Saturn und Mondknotenachse
Vereinzelung, soziale Isolierung, Teil asketischer Randgruppen.

Venus in der Halbsumme von Saturn und Medium Coeli
Konservatives Äußeres, konventionelles/distanziertes Auftreten.

Venus in der Halbsumme von Saturn und Aszendent
Ernsthafte Beziehungen, Vereinzelung, Askese.

Venus in der Halbsumme von Uranus und Neptun
Schwankende Erotik, Unsicherheit in der Geschlechterrolle.

Venus in der Halbsumme von Uranus und Pluto
Vollständige sexuelle Verausgabung. Neigung zur Fremdbestimmung.

Venus in der Halbsumme von Uranus und Mondknotenachse
Plötzliche Bekanntschaften in aller Öffentlichkeit. Gesellig.

Venus in der Halbsumme von Uranus und Medium Coeli
Elegantes, kontaktfreudiges Auftreten über die Konventionen hinweg.

Venus in der Halbsumme von Uranus und Aszendent
Unkonventionelles persönliches Auftreten mit großem Charme.

Venus in der Halbsumme von Neptun und Pluto
Mystische, wollüstige oder zwanghafte Beziehungen.

Venus in der Halbsumme von Neptun und Mondknotenachse
Scheinharmonie und das Streben nach mystischer Gemeinsamkeit.

Venus in der Halbsumme von Neptun und Medium Coeli
Schein und Wirklichkeit der Erotik wird zum Geschäft gemacht.

Venus in der Halbsumme von Neptun und Aszendent
Erotisches Verwirrspiel, um die eigenen Interessen durchzusetzen.

Venus in der Halbsumme von Pluto und Mondknotenachse
Macht und Sexualität in der Familie, in Gruppen, als Beruf.

Venus in der Halbsumme von Pluto und Medium Coeli
Starke künstlerische Egozentrik, im Beruf Machtverhalten.

Venus in der Halbsumme von Pluto und Aszendent
Die Magie des eigenen erotischen Auftritts kultivieren.

Venus in der Halbsumme von Mondknoten und Medium Coeli
Eine harmonische Atmosphäre in der Gemeinschaft schaffen können.

Venus in der Halbsumme von Mondknoten und Aszendent
Charmantes Auftreten in der Gemeinschaft, große Kontaktfähigkeit.

Venus in der Halbsumme von Aszendent und Medium Coeli
Harmonische Partnerbeziehung, starker Gemeinsinn.

Mars

Mars in der Halbsumme von Sonne und Merkur
Kraftvoll und geistig aktiv.

Mars in der Halbsumme von Sonne und Venus
Kraftvolle und ausgewogene Erotik.

Mars in der Halbsumme von Sonne und Jupiter
Gute Regenerationsfähigkeit, Organisationstalent.

Mars in der Halbsumme von Sonne und Saturn
Autoritätskämpfe, zähe und ausdauernde Arbeit.

Mars in der Halbsumme von Sonne und Uranus
Schnelle und heftige Aktionen, oft aus Protest.

Mars in der Halbsumme von Sonne und Neptun
Sensibilität und Durchsetzungsschwäche, Energie geht sehr stark in Traumwelten.

Mars in der Halbsumme von Sonne und Pluto
Machtkämpfe um jeden Preis, Überforderung, Höchstleistung.

Mars in der Halbsumme von Sonne und Mondknotenachse
Kampf und Durchsetzung in und für Gruppen und Gemeinschaften.

Mars in der Halbsumme von Sonne und Medium Coeli
Zielbewusster Kampf, Durchsetzungsfähigkeit in der Öffentlichkeit.

Mars in der Halbsumme von Sonne und Aszendent
Pioniergeist, der andere mitreißen kann.

Mars in der Halbsumme von Mond und Merkur
Spontan Gefühle ausdrücken, darüber reflektieren können.

Mars in der Halbsumme von Mond und Venus
Emotional ausgeglichen, schöpferisch, geschmackvoll.

Mars in der Halbsumme von Mond und Jupiter
Kraft, Energie, gute Ausdauer, gepaart mit Fürsorglichkeit.

Mars in der Halbsumme von Mond und Saturn
Lebensernst, fast selbstquälerisch, ausdauernd.

Mars in der Halbsumme von Mond und Uranus
Affektiv, spontaner Gefühlsregung energisch Ausdruck verleihend.

Mars in der Halbsumme von Mond und Neptun
Der Wunsch, Träume endlich zu verwirklichen.
Oder: Traum wird zur Wirklichkeit.

Mars in der Halbsumme von Mond und Pluto
Unterdrückung von Gefühlen und machtvoller Ausbruch.

Mars in der Halbsumme von Mond und Mondknotenachse
Gemeinschaftssinn, reges Familienleben.

Mars in der Halbsumme von Mond und Medium Coeli
Im Berufsleben spontan, quasi ›privat‹ handelnd.

Mars in der Halbsumme von Mond und Aszendent
Im Berufsleben spontan, quasi ›privat‹ handelnd.

Mars in der Halbsumme von Merkur und Venus
Erotik über die Sprache, funktionalisiert, kindlich.

Mars in der Halbsumme von Merkur und Jupiter
Optimierungsdenken, kaufmännisches Geschick.

Mars in der Halbsumme von Merkur und Saturn
Ernste, skeptische und sehr realistische Natur.
Zweckdenken.

Mars in der Halbsumme von Merkur und Uranus
Hellwacher Geist, schnelle Reaktionen, die überschießen können.

Mars in der Halbsumme von Merkur und Neptun
Große Fantasie, Märchenerzähler, Flunkerer, Mystiker.

Mars in der Halbsumme von Merkur und Pluto
Gedankenkraft wird kanalisiert, intensiviert, zu sehr fixiert.

Mars in der Halbsumme von Merkur und Mondknotenachse
Planerische und koordinierende Fähigkeiten, Sprachtalent.

Mars in der Halbsumme von Merkur und Medium Coeli
Kraftvolle Kommunikation, kaufmännisches Talent.

Mars in der Halbsumme von Merkur und Aszendent
Klar strukturiertes, realistisches Denken.

Mars in der Halbsumme von Venus und Jupiter
Großes ästhetisches Geschick, übersteigerter Konsum.

Mars in der Halbsumme von Venus und Saturn
Starkes Moralgefühl, das sich hemmend auf das Triebleben auswirkt.

Mars in der Halbsumme von Venus und Uranus
Stark wechselndes, Aufregung liebendes Triebleben. Verspielt.

Mars in der Halbsumme von Venus und Neptun
Starke erotische Fantasien, Halbweltleben.

Mars in der Halbsumme von Venus und Pluto
Unterdrückte, machtvolle Sexualität.

Mars in der Halbsumme von Venus und Mondknotenachse
Große Menschenliebe, permanentes Kontaktbedürfnis.

Mars in der Halbsumme von Venus und Medium Coeli
Charme, Ästhetik werden voll und ganz für den Beruf eingesetzt.

Mars in der Halbsumme von Venus und Aszendent
Persönlicher Charme hilft bei Durchsetzung eigener Interessen.

Mars in der Halbsumme von Jupiter und Saturn
Mit dem rechten Maß, langsam, aber beständig vorankommen.

Mars in der Halbsumme von Jupiter und Uranus
Ständige Unruhe, schneller, aber unzuverlässiger Arbeitseinsatz.

Mars in der Halbsumme von Jupiter und Neptun
Spekulative Einstellung zur Arbeit, große Intuition.

Mars in der Halbsumme von Jupiter und Pluto
Ungeheuere Kraftreserven, Gefahr der Fixierung in Doktrinen.

Mars in der Halbsumme von Jupiter und Mondknotenachse
Gute Organisation der Arbeit, gute Planung.

Mars in der Halbsumme von Jupiter und Medium Coeli
Kraftvoller, erfolgreicher beruflicher Einsatz.

Mars in der Halbsumme von Jupiter und Aszendent
Starkes positives persönliches Engagement.

Mars in der Halbsumme von Saturn und Uranus
Ständig unter Spannung, Arbeit in schwierigen Situationen.

Mars in der Halbsumme von Saturn und Neptun
Arbeitseinsatz in der Naturheilkunde, wechselnde Energiereserven.

Mars in der Halbsumme von Saturn und Pluto
Arbeit unter ungeheuerem Druck, Kampf mit dem Schicksal.

Mars in der Halbsumme von Saturn und Mondknotenachse
Arbeit in schwierigen Situationen, harte Auseinandersetzungen.

Mars in der Halbsumme von Saturn und Medium Coeli
Großer Einsatz bis zu den eigenen Grenzen im Berufsleben.

Mars in der Halbsumme von Saturn und Aszendent
Widerstandsorientiertes Handeln, Lebenskampf. Arbeit in schwierigen Situationen, harte Auseinandersetzungen.

Mars in der Halbsumme von Uranus und Neptun
Unkonventionelle Aktionen, Neigung zu Fehlentscheidungen.

Mars in der Halbsumme von Uranus und Pluto
Arbeit in Grenzsituationen, Fixierung, Wandlungen.

Mars in der Halbsumme von Uranus und Mondknotenachse
Arbeit mit modernster Technik, Experimente.

Mars in der Halbsumme von Uranus und Medium Coeli
Schnelle Reaktionen im Berufsleben, Voreiligkeit.

Mars in der Halbsumme von Uranus und Aszendent
Sofortiger Einsatz, spontane Affekte.

Mars in der Halbsumme von Neptun und Pluto
Arbeit im Unbewussten, Gefahr der Verwirrung, Okkultismus.

Mars in der Halbsumme von Neptun und Mondknotenachse
Arbeit mit dem Unbewussten, den Instinkten, im Verborgenen.

Mars in der Halbsumme von Neptun und Medium Coeli
Mit dem kollektiven Unbewussten arbeiten. Esoterik als Beruf.

Mars in der Halbsumme von Neptun und Aszendent
Subtile, geheimnisvolle, mystische Aktionen. Individualist.

Mars in der Halbsumme von Pluto und Medium Coeli
Dynamischer, druckvoller beruflicher Einsatz.

Mars in der Halbsumme von Pluto und Aszendent
Dynamisches, druckvolles persönliches Auftreten.

Mars in der Halbsumme von Pluto und Mondknotenachse
Dynamisches, druckvolles Verhalten in der Gemeinschaft.

Mars in der Halbsumme von Mondknoten und Medium Coeli
Starker beruflicher Einsatz in der Gemeinschaft.

Mars in der Halbsumme von Mondknoten und Aszendent
Starker persönlicher Einsatz in der Gemeinschaft.

Mars in der Halbsumme von Aszendent und Medium Coeli
Aktiver Einsatz in Beruf und Öffentlichkeit.

Jupiter

Jupiter in der Halbsumme von Sonne und Merkur
Weltoffen, optimistisch, gute Bildung.

Jupiter in der Halbsumme von Sonne und Venus
Zurückhalten, reserviert im Umgang, ausdauernd in Beziehungen.

Jupiter in der Halbsumme von Sonne und Mars
Gute Regenerationsfähigkeit, Organisationstalent.

Jupiter in der Halbsumme von Sonne und Saturn
In allem das rechte Maß suchend, langsam expandierend.

Jupiter in der Halbsumme von Sonne und Uranus
Hellwach, immer auf der Suche nach Gelegenheiten, spekulativ.

Jupiter in der Halbsumme von Sonne und Neptun
Fantasterei und Spekulation als Lebensstil, sensitiv.

Jupiter in der Halbsumme von Sonne und Pluto
Kraftvoll, selbstbewusst bis zum Größenwahn.

Jupiter in der Halbsumme von Sonne und Mondknotenachse
Gruppenmensch, Erfolg durch Förderung in der Gemeinschaft.

Jupiter in der Halbsumme von Sonne und Medium Coeli
In der Öffentlichkeit glänzen, verwöhnen, sich verwöhnen lassen.

Jupiter in der Halbsumme von Sonne und Aszendent
Positive, expansive Ausstrahlung, gewinnend bis überheblich.

Jupiter in der Halbsumme von Mond und Merkur
Heiter und positiv, weltoffen und schwärmerisch.

Jupiter in der Halbsumme von Mond und Venus
Mütterlich und liebevoll, bis zum Verhätscheln.

Jupiter in der Halbsumme von Mond und Mars
Kraft, Energie, gute Ausdauer, gepaart mit Fürsorglichkeit.

Jupiter in der Halbsumme von Mond und Saturn
Innerhalb der selbstgeschaffenen Grenzen leben können und wollen.

Jupiter in der Halbsumme von Mond und Uranus
Gelegenheiten nutzen, sich immer wieder mitreißen lassen.

Jupiter in der Halbsumme von Mond und Neptun
Schwärmerischer Weltgeist.

Jupiter in der Halbsumme von Mond und Pluto
Neigung zur Übertreibung, Völlerei, Leben in der Oberschicht.

Jupiter in der Halbsumme von Mond und Mondknotenachse
Großer Freundeskreis, große Familie, die Mitmenschen brauchen.

Jupiter in der Halbsumme von Mond und Medium Coeli
Großzügig, auf das Wohlergehen der Gemeinschaft gerichtet.

Jupiter in der Halbsumme von Mond und Aszendent
Positives, elegantes, publikumswirksames Auftreten.

Jupiter in der Halbsumme von Merkur und Venus
Elegante Sprechweise, schöngeistige Bildung.

Jupiter in der Halbsumme von Merkur und Mars
Optimierungsdenken, kaufmännisches Geschick.

Jupiter in der Halbsumme von Merkur und Saturn
Harte geistige Arbeit, Neigung zum Maßregeln.

Jupiter in der Halbsumme von Merkur und Uranus
Schnelle Reaktionen, Eingaben, Gedankenblitze, Vorahnungen.

Jupiter in der Halbsumme von Merkur und Neptun
Spekulatives Denken, schwärmerisch, spekulativ.

Jupiter in der Halbsumme von Merkur und Pluto
Große Suggestionskraft, Organisationstalent, Reichtumsaspekt.

Jupiter in der Halbsumme von Merkur und Mondknotenachse
Kaufmännisches und sprachliches Geschick in der Gemeinschaft.

Jupiter in der Halbsumme von Merkur und Medium Coeli
Gute Bildung, weites geistiges Spektrum.

Jupiter in der Halbsumme von Merkur und Aszendent
Im großen Stil Denken und Planen können.

Jupiter in der Halbsumme von Venus und Mars
Großes ästhetisches Geschick, übersteigerter Konsum.

Jupiter in der Halbsumme von Venus und Saturn
Beziehungen ›im rechten Rahmen‹, Selbstbeschränkung.

Jupiter in der Halbsumme von Venus und Uranus
Lockere Grundhaltung zu den Mitmenschen. Lust auf Überraschungen.

Jupiter in der Halbsumme von Venus und Neptun
Große Fantasiewelt, poetische Veranlagung, Zerfließtendenz.

Jupiter in der Halbsumme von Venus und Pluto
Starke, übermächtige Sexualität, Neigung zu Verschwendung.

Jupiter in der Halbsumme von Venus und Mondknotenachse
Emotional in der Gemeinschaft aufgehen, künstlerischer Erfolg.

Jupiter in der Halbsumme von Venus und Medium Coeli
Gönnerhafte Stellung in der Gesellschaft, Mäzenatentum.

Jupiter in der Halbsumme von Venus und Aszendent
Starke Ausdrucksfähigkeit, Repräsentationsqualitäten.

Jupiter in der Halbsumme von Mars und Saturn
Mit dem rechten Maß, langsam, aber beständig vorankommen.

Jupiter in der Halbsumme von Mars und Uranus
Ständige Unruhe, schneller, aber unzuverlässiger Arbeitseinsatz.

Jupiter in der Halbsumme von Mars und Neptun
Spekulative Einstellung zur Arbeit, große Intuition.

Jupiter in der Halbsumme von Mars und Pluto
Ungeheuere Kraftreserven, Gefahr der Fixierung in Doktrinen.

Jupiter in der Halbsumme von Mars und Mondknotenachse
Gute Organisation der Arbeit, gute Planung.

Jupiter in der Halbsumme von Mars und Medium Coeli
Kraftvoller, erfolgreicher beruflicher Einsatz.

Jupiter in der Halbsumme von Mars und Aszendent
Starkes positives persönliches Engagement.

Jupiter in der Halbsumme von Saturn und Uranus
Erfolg bei der Einführung von Neuerungen.

Jupiter in der Halbsumme von Saturn und Neptun
Erfolg in der Naturheilkunde, spekulative Lebenshaltung.

Jupiter in der Halbsumme von Saturn und Pluto
Erfolg durch extreme Härte, positive Wendung bei Schicksalsschlägen.

Jupiter in der Halbsumme von Saturn und Mondknotenachse
Ausgleich suchen, das rechte Maß.

Jupiter in der Halbsumme von Saturn und Medium Coeli
Beruflicher Einsatz mit dem rechten Maß.

Jupiter in der Halbsumme von Saturn und Aszendent
Persönlicher Einsatz mit dem rechten Maß.

Jupiter in der Halbsumme von Uranus und Neptun
Große Sensibilität, weitreichende Planungen.

Jupiter in der Halbsumme von Uranus und Pluto
Starker Machtaspekt, Kontakt mit gesellschaftlicher Macht.

Jupiter in der Halbsumme von Uranus und Mondknotenachse
Immer wieder neue Ideen, die bei der Gemeinschaft Anklang finden.

Jupiter in der Halbsumme von Uranus und Medium Coeli
Immer wieder neue Ideen, die beruflich umgesetzt werden.

Jupiter in der Halbsumme von Uranus und Aszendent
Immer wieder neue Ideen, wie man sich persönlich durchsetzen kann.

Jupiter in der Halbsumme von Neptun und Pluto
Große Fantasie, Neigung zu weitreichenden Spekulationen.

Jupiter in der Halbsumme von Neptun und Mondknotenachse
Poetische Ader, sehr viel Fantasie, guter Erzähler.

Jupiter in der Halbsumme von Neptun und Medium Coeli
Große Fantasie wird geschäftlich eingesetzt.

Jupiter in der Halbsumme von Neptun und Aszendent
Persönliche Auftritte werden mit großer Fantasie gestaltet.

Jupiter in der Halbsumme von Pluto und Mondknotenachse
Erfolg in der sog. ›High Society‹, gutes Organisationstalent.

Jupiter in der Halbsumme von Pluto und Medium Coeli
Machtvolles Planungstalent wird für berufliche Ziele eingesetzt.

Jupiter in der Halbsumme von Pluto und Aszendent
Machtvolles Planungstalent, das für private Ziele eingesetzt wird.

Jupiter in der Halbsumme von Mondknoten und Medium Coeli
Gesellschaftlicher Erfolg durch großzügige Geschäftsplanung.

Jupiter in der Halbsumme von Mondknoten und Aszendent
Gesellschaftlicher Erfolg durch großzügiges Auftreten.

Jupiter in der Halbsumme von Aszendent und Medium Coeli
Große öffentliche Popularität durch optimistisches Auftreten.

Saturn

Saturn in der Halbsumme von Sonne und Merkur
Kritischer Intellekt, beherrschte Gestik, langsam.

Saturn in der Halbsumme von Sonne und Venus
Zurückhalten, reserviert im Umgang, ausdauernd in Beziehungen.

Saturn in der Halbsumme von Sonne und Mars
Autoritätskämpfe, zähe und ausdauernde Arbeit.

Saturn in der Halbsumme von Sonne und Jupiter
In allem das rechte Maß suchend, langsam expandierend.

Saturn in der Halbsumme von Sonne und Uranus
Ständig unter Spannung, Lebenskampf mit schwierigen Kompromissen.

Saturn in der Halbsumme von Sonne und Neptun
Unsicherheit durch unbeständige und schwierige Verhältnisse,

Saturn in der Halbsumme von Sonne und Pluto
Auseinandersetzung mir der Macht des Schicksals.

Saturn in der Halbsumme von Sonne und Mondknotenachse
Übereinstimmung in älteren, etablierteren Gruppen; Vereinzelung.

Saturn in der Halbsumme von Sonne und Medium Coeli
Achtung vor Autoritäten, Etabliertem; starke Moralvorstellungen.

Saturn in der Halbsumme von Sonne und Aszendent
Distanziert und zurückhaltend auftreten, konservative Einstellung.

Saturn in der Halbsumme von Mond und Merkur
Bedächtig, etwas reserviert, aber seriös mit Gefühlen umgehen.

Saturn in der Halbsumme von Mond und Venus
Ernst und verpflichtend in Familie und Partnerschaft.

Saturn in der Halbsumme von Mond und Mars
Lebensernst, fast selbstquälerisch, ausdauernd.

Saturn in der Halbsumme von Mond und Jupiter
Innerhalb der selbstgeschaffenen Grenzen leben können, wollen.
Saturn in der Halbsumme von Mond und Uranus
Skeptisch, immer auf dem Sprung, unter Spannung.

Saturn in der Halbsumme von Mond und Neptun
Leben in schwierigen, unsicheren Familienverhältnissen.

Saturn in der Halbsumme von Mond und Pluto
Sich in gesellschaftliche Zwänge, Schicksalsschläge einfügen.

Saturn in der Halbsumme von Mond und Mondknotenachse
Sich vor großer Masse zurückziehen, seine kleine Gruppe finden.

Saturn in der Halbsumme von Mond und Medium Coeli
Sich emotional vollkommen zurückziehen; selbst gewählte Einsamkeit.

Saturn in der Halbsumme von Mond und Aszendent
Sich emotional zurückhalten, Distanz zu den Mitmenschen halten.

Saturn in der Halbsumme von Merkur und Venus
Gehemmt in Kontakt und der Erotik, tiefgehende Ästhetik.

Saturn in der Halbsumme von Merkur und Mars
Ernste, skeptische und sehr realistische Natur; Zweckdenken.

Saturn in der Halbsumme von Merkur und Jupiter
Harte geistige Arbeit, Neigung zum Maßregeln.

Saturn in der Halbsumme von Merkur und Uranus
Entwicklung von Neuerungen und Experimente, ständige geistige Anspannung.

Saturn in der Halbsumme von Merkur und Neptun
Beschäftigung mit Krankheit und Leid, Heilung und Therapie.

Saturn in der Halbsumme von Merkur und Pluto
Grundlagenforschung, Arbeit im geheimen, äußere und innere Zwänge.

Saturn in der Halbsumme von Merkur und Mondknotenachse
Rückzug und Vereinzelung, konzentriertes Denken, Geheimnisse.

Saturn in der Halbsumme von Merkur und Medium Coeli
Große Konzentrationskraft, langsame geistige Entwicklung.

Saturn in der Halbsumme von Merkur und Aszendent
Gehemmt in spontanen Ausdruck, verschwiegen, seriös.

Saturn in der Halbsumme von Venus und Mars
Starkes Moralgefühl, das sich hemmend auf das Triebleben auswirkt.

Saturn in der Halbsumme von Venus und Jupiter
Beziehungen ›im rechten Rahmen‹, Selbstbeschränkung.

Saturn in der Halbsumme von Venus und Uranus
Starke Spannungen im Liebesleben.

Saturn in der Halbsumme von Venus und Neptun
Verwirrungen und seelische Härte in Beziehungen.

Saturn in der Halbsumme von Venus und Pluto
Ernst, sehr verbindlich in Beziehungen; Schicksalsgemeinschaften.

Saturn in der Halbsumme von Venus und Mondknotenachse
Vereinzelung und soziale Isolierung, Heimat bei asketischen Randgruppen.

Saturn in der Halbsumme von Venus und Medium Coeli
Konservatives Äußeres, konventionelles und distanziertes Auftreten.

Saturn in der Halbsumme von Venus und Aszendent
Ernsthafte Beziehungen, Vereinzelung, Askese.

Saturn in der Halbsumme von Mars und Jupiter
Mit dem rechten Maß, langsam, aber beständig vorankommen.

Saturn in der Halbsumme von Mars und Uranus
Ständig unter Spannung, Arbeit in schwierigen Situationen.

Saturn in der Halbsumme von Mars und Neptun
Arbeitseinsatz in der Naturheilkunde, wechselnde Energiereserven.

Saturn in der Halbsumme von Mars und Pluto
Arbeit unter ungeheuerem Druck, Kampf mit dem Schicksal.

Saturn in der Halbsumme von Mars und Mondknotenachse
Arbeit in schwierigen Situationen, harte Auseinandersetzungen.

Saturn in der Halbsumme von Mars und Medium Coeli
Großer Einsatz bis zu den eigenen Grenzen im Berufsleben.

Saturn in der Halbsumme von Mars und Aszendent
Arbeit in schwierigen Situationen, harte Auseinandersetzungen.

Saturn in der Halbsumme von Jupiter und Uranus
Erfolg bei der Einführung von Neuerungen.

Saturn in der Halbsumme von Jupiter und Neptun
Erfolg in der Naturheilkunde, spekulative Lebenshaltung.

Saturn in der Halbsumme von Jupiter und Pluto
Erfolg durch extreme Härte, auch positive Wendung bei Schicksalsschlägen.

Saturn in der Halbsumme von Jupiter und Mondknotenachse
Ausgleich suchen, das rechte Maß.

Saturn in der Halbsumme von Jupiter und Medium Coeli
Beruflicher Einsatz mit dem rechten Maß.

Saturn in der Halbsumme von Jupiter und Aszendent
Persönlicher Einsatz mit dem rechten Maß.

Saturn in der Halbsumme von Uranus und Neptun
Labile Konstitution, Vorliebe für gesellschaftsverändernde Ideen.

Saturn in der Halbsumme von Uranus und Pluto
Erfolg durch langfristigen Einsatz in schwierigen Situationen.

Saturn in der Halbsumme von Uranus und Mondknotenachse
Spannungen in Gruppenprozessen zum Ausdruck bringen können.

Saturn in der Halbsumme von Uranus und Medium Coeli
Spannungen und ungewöhnliche Kompromisse im Berufsleben.

Saturn in der Halbsumme von Uranus und Aszendent
Der persönliche Auftritt ist unkonventionell, voller Spannungen.

Saturn in der Halbsumme von Neptun und Pluto
Kontakt mit dem kollektiven Unbewussten, mit Härte des Schicksals.

Saturn in der Halbsumme von Neptun und Mondknotenachse
In der Gemeinschaft mit anderen das Leid lindern.

Saturn in der Halbsumme von Neptun und Medium Coeli
Ungewöhnliche, sehr fantasievolle berufliche Ambitionen.

Saturn in der Halbsumme von Neptun und Aszendent
Starkes Mitgefühl mit dem Leid der Mitmenschen.

Saturn in der Halbsumme von Pluto und Mondknotenachse
Große Härte, Schwere des Schicksals in der Gemeinschaft erleben.

Saturn in der Halbsumme von Pluto und Medium Coeli
Im Beruf und Gesellschaft die Härte des Schicksals erleben.

Saturn in der Halbsumme von Pluto und Aszendent
In persönlichen Beziehungen die Härte des Schicksals erleben.

Saturn in der Halbsumme von Mondknoten und Medium Coeli
Eine konservative, distanzierte Umgebung bevorzugen.

Saturn in der Halbsumme von Mondknoten und Aszendent
Ein konservatives, distanziertes Verhalten bevorzugen.

Saturn in der Halbsumme von Aszendent und Medium Coeli
Einen konservativen, distanzierten Lebensstil pflegen.

Uranus

Uranus in der Halbsumme von Sonne und Merkur
Blitzschneller Geist, nervös, voreilig.

Uranus in der Halbsumme von Sonne und Venus
Lockere, unkonventionelle, schnell wechselnde Beziehungen.

Uranus in der Halbsumme von Sonne und Mars
Schnelle und heftige Aktionen, oft aus Protest.

Uranus in der Halbsumme von Sonne und Jupiter
Hellwach, immer auf der Suche nach Gelegenheiten, spekulativ.

Uranus in der Halbsumme von Sonne und Saturn
Ständig unter Spannung, Lebenskampf mit schwierigen Kompromissen.

Uranus in der Halbsumme von Sonne und Neptun
Große Sensibilität mit der Neigung zur körperlichen Überreizung.

Uranus in der Halbsumme von Sonne und Pluto
Stress und Druck beeinträchtigen Spontaneität und Lebensfreude.

Uranus in der Halbsumme von Sonne und Mondknotenachse
Ständige Neuerungen und Störungen in der Gemeinschaft.

Uranus in der Halbsumme von Sonne und Medium Coeli
Neuerungen werden beruflich erfolgreich umgesetzt. Stress und innere Unruhe schwächt.

Uranus in der Halbsumme von Sonne und Aszendent
Erfolg durch schnellen persönlichen Einsatz.

Uranus in der Halbsumme von Mond und Merkur
Schnell geistig und emotional erregt, fahrig, sprunghaft.

Uranus in der Halbsumme von Mond und Venus
Spontan begeisterungsfähig, wechselndes Gefühlsleben.

Uranus in der Halbsumme von Mond und Mars
Affektiv, spontanen Gefühlsregungen energisch Ausdruck verleihend.

Uranus in der Halbsumme von Mond und Jupiter
Gelegenheiten nutzen, sich immer wieder mitreißen lassen.

Uranus in der Halbsumme von Mond und Saturn
Skeptisch, immer auf dem Sprung, unter Spannung.

Uranus in der Halbsumme von Mond und Neptun
Allzugroße Offenheit, große Sensitivität, Reizüberflutung.

Uranus in der Halbsumme von Mond und Pluto
Emotional unter fremden Zwängen stehen, sich nicht lösen können.

Uranus in der Halbsumme von Mond und Mondknotenachse
Lebhaft und aufgeregt, ständig auf der Suche nach neuen Bekanntschaften.

Uranus in der Halbsumme von Mond und Medium Coeli
Im Zeitgeist liegen, sich von ihm hin und her reißen lassen.

Uranus in der Halbsumme von Mond und Aszendent
Affektiv, ständig erregt, spontan aufbrechend.

Uranus in der Halbsumme von Merkur und Venus
Leicht und flatterhaft.

Uranus in der Halbsumme von Merkur und Mars
Hellwacher Geist, schnelle Reaktionen, die überschießen können.

Uranus in der Halbsumme von Merkur und Jupiter
Schnelle Reaktionen, Eingaben, Gedankenblitze, Vorahnungen.

Uranus in der Halbsumme von Merkur und Saturn
Entwicklung von Neuerungen, Experimente; geistig angespannt.

Uranus in der Halbsumme von Merkur und Neptun
Große Intuition, Verbalisierung von Träumen, geistige Verwirrung.

Uranus in der Halbsumme von Merkur und Pluto
Große Geisteskraft, Neigung zu intellektueller Fixierung.

Uranus in der Halbsumme von Merkur und Mondknotenachse
Fähigkeit zu spontanem Handeln, Improvisationstalent.

Uranus in der Halbsumme von Merkur und Medium Coeli
Modernes Bildungsniveau, Gedanken werden konstruktiv umgesetzt.

Uranus in der Halbsumme von Merkur und Aszendent
Schnelle Reaktionen werden zur Selbstdurchsetzung eingesetzt.

Uranus in der Halbsumme von Venus und Mars
Stark wechselndes, Aufregung liebendes Triebleben, verspielt.

Uranus in der Halbsumme von Venus und Jupiter
Lockere Grundhaltung zu den Mitmenschen. Lust auf Überraschungen.

Uranus in der Halbsumme von Venus und Saturn
Starke Spannungen im Liebesleben.

Uranus in der Halbsumme von Venus und Neptun
Schwankende Erotik, Unsicherheit in der Geschlechterrolle.

Uranus in der Halbsumme von Venus und Pluto
Vollständige sexuelle Verausgabung. Neigung zur Fremdbestimmung.

Uranus in der Halbsumme von Venus und Mondknotenachse
Plötzliche Bekanntschaften in aller Öffentlichkeit; gesellig.

Uranus in der Halbsumme von Venus und Medium Coeli
Elegantes, kontaktfreudiges Auftreten über alle Konvention hinweg.

Uranus in der Halbsumme von Venus und Aszendent
Unkonventionelles persönliches Auftreten mit großem Charme.

Uranus in der Halbsumme von Mars und Jupiter
Ständige Unruhe, schneller, aber unzuverlässiger Arbeitseinsatz.

Uranus in der Halbsumme von Mars und Saturn
Ständig unter Spannung, Arbeit in schwierigen Situationen.

Uranus in der Halbsumme von Mars und Neptun
Unkonventionelle Aktionen, Neigung zu Fehlentscheidungen.

Uranus in der Halbsumme von Mars und Pluto
Arbeit in Grenzsituationen, Fixierung, Wandlungen.

Uranus in der Halbsumme von Mars und Mondknotenachse
Arbeit mit modernster Technik, Experimente.

Uranus in der Halbsumme von Mars und Medium Coeli
Schnelle Reaktionen im Berufsleben, Voreiligkeit.

Uranus in der Halbsumme von Mars und Aszendent
Sofortiger Einsatz, spontane Affekte.

Uranus in der Halbsumme von Jupiter und Saturn
Erfolg bei der Einführung von Neuerungen.

Uranus in der Halbsumme von Jupiter und Neptun
Große Sensibilität, weitreichende Planungen.

Uranus in der Halbsumme von Jupiter und Pluto
Starker Machtaspekt, Kontakt mit gesellschaftlicher Macht.

Uranus in der Halbsumme von Jupiter und Mondknotenachse
Immer wieder neue Ideen, die bei der Gemeinschaft Anklang finden.

Uranus in der Halbsumme von Jupiter und Medium Coeli
Immer wieder neue Ideen, die beruflich umgesetzt werden.

Uranus in der Halbsumme von Jupiter und Aszendent
Immer wieder neue Ideen, wie man sich persönlich durchsetzen kann.

Uranus in der Halbsumme von Saturn und Neptun
Labile Konstitution, Vorliebe für gesellschaftsverändernde Ideen.

Uranus in der Halbsumme von Saturn und Pluto
Erfolg durch langfristigen Einsatz in schwierigen Situationen.

Uranus in der Halbsumme von Saturn und Mondknotenachse
Spannungen in Gruppenprozessen zum Ausdruck bringen können.

Uranus in der Halbsumme von Saturn und Medium Coeli
Spannungen und ungewöhnliche Kompromisse im Berufsleben.

Uranus in der Halbsumme von Saturn und Aszendent
Der persönliche Auftritt ist unkonventionell, voller Spannungen.

Uranus in der Halbsumme von Neptun und Pluto
Starken Kontakt mit dem kollektiven Unbewussten.

Uranus in der Halbsumme von Neptun und Mondknotenachse
Kontakt mit ungewöhnlichen gesellschaftlichen Gruppen.

Uranus in der Halbsumme von Neptun und Medium Coeli
Kollektiv Unbewusstes in gesellschaftlicher Tätigkeit ausdrücken.

Uranus in der Halbsumme von Neptun und Aszendent
Das kollektive Unbewusste persönlich zum Ausdruck bringen.

Uranus in der Halbsumme von Pluto und Mondknotenachse
Gesellschaftliche Kontakte unter starkem psychischem Druck.

Uranus in der Halbsumme von Pluto und Medium Coeli
Starker psychischer Druck wird im Berufsleben eingesetzt.

Uranus in der Halbsumme von Pluto und Aszendent
Starker psychischer Druck wird zur Selbstdurchsetzung eingesetzt.

Uranus in der Halbsumme von Mondknoten und Medium Coeli
Unkonventionelle berufliche Initiativen finden allgemein Anklang.

Uranus in der Halbsumme von Mondknoten und Aszendent
Unkonventionelle persönliche Initiativen finden allgemein Anklang.

Uranus in der Halbsumme von Aszendent und Medium Coeli
Ein unkonventioneller Lebensstil in ständiger Veränderung.

Neptun

Neptun in der Halbsumme von Sonne und Uranus
Unklare Familienverhältnisse, große Empfindsamkeit.

Neptun in der Halbsumme von Sonne und Merkur
Empfindsam und empfindlich, poetisch und versponnen.

Neptun in der Halbsumme von Sonne und Venus
Traumpartner suchend, verträumt, künstlerisch.

Neptun in der Halbsumme von Sonne und Mars
Sensibilität und Durchsetzungsschwäche, sehr viel der Energie geht in Traumwelten.

Neptun in der Halbsumme von Sonne und Jupiter
Fantasterei und Spekulation als Lebensstil, sensitiv.

Neptun in der Halbsumme von Sonne und Saturn
Unsicherheit durch unbeständige und schwierige Verhältnisse.

Neptun in der Halbsumme von Sonne und Uranus
Große Sensibilität mit der Neigung zur körperlichen Überreizung.

Neptun in der Halbsumme von Sonne und Pluto
Gefahr bei Drogenkonsum, Förderung durch die Hoffnung anderer.

Neptun in der Halbsumme von Sonne und Mondknotenachse
Träume, Fantasie und Mitgefühl in der Gemeinschaft finden.

Neptun in der Halbsumme von Sonne und Medium Coeli
Täuschung und trickreiches Vorgehen in Beruf und Öffentlichkeit.

Neptun in der Halbsumme von Sonne und Aszendent
Täuschung und trickreiches Vorgehen in Beruf und Öffentlichkeit.

Neptun in der Halbsumme von Mond und Merkur
Verträumt, fantasievoll, nicht endender Redefluss.

Neptun in der Halbsumme von Mond und Venus
Vom Traumpartner mehr träumen als mit ihm leben. Fantastisch.

Neptun in der Halbsumme von Mond und Mars
Wunsch, Träume zu verwirklichen. Oder: Traum wird Wirklichkeit.

Neptun in der Halbsumme von Mond und Jupiter
Schwärmerischer Weltgeist.

Neptun in der Halbsumme von Mond und Saturn
Leben in schwierigen, unsicheren Familienverhältnissen.

Neptun in der Halbsumme von Mond und Uranus
Allzugroße Offenheit, große Sensitivität, Reizüberflutung.

Neptun in der Halbsumme von Mond und Pluto
Große Ahnungsfähigkeit, psychische Labilität.

Neptun in der Halbsumme von Mond und Mondknotenachse
Sich der Gruppe/Gemeinschaft ausliefern, in ihr aufgehen wollen.

Neptun in der Halbsumme von Mond und Medium Coeli
Sich durchsetzen mittels der Intuition. Unsichere Familie.

Neptun in der Halbsumme von Mond und Aszendent
Große Anpassungsfähigkeit, Ahnungen, Selbstaufgabe.

Neptun in der Halbsumme von Merkur und Venus
Idealisierend, romantisch, verträumt, versponnen.

Neptun in der Halbsumme von Merkur und Mars
Große Fantasie, Märchenerzähler, Flunkerer, Mystiker.

Neptun in der Halbsumme von Merkur und Jupiter
Spekulatives Denken, schwärmerisch, spekulativ.

Neptun in der Halbsumme von Merkur und Saturn
Beschäftigung mit Krankheit und Leid, Heilung und Therapie.

Neptun in der Halbsumme von Merkur und Uranus
Große Intuition, Verbalisierung von Träumen, geistige Verwirrung.

Neptun in der Halbsumme von Merkur und Pluto
Große Intuition, mediale Fähigkeiten, geistige Verwirrung.

Neptun in der Halbsumme von Merkur und Mondknotenachse
Auf dem schmalen Grat zwischen Mystik und Illusion wandern.

Neptun in der Halbsumme von Merkur und Medium Coeli
Sinn für Mystik und Visionen, Neigung zu Täuschungen.

Neptun in der Halbsumme von Merkur und Aszendent
In einer Traumwelt leben, sich mit Fantasie durchsetzen.

Neptun in der Halbsumme von Venus und Mars
Starke erotische Fantasien, Halbweltleben.

Neptun in der Halbsumme von Venus und Jupiter
Große Fantasiewelt, poetische Veranlagung, Zerfließen.

Neptun in der Halbsumme von Venus und Saturn
Verwirrungen und seelische Härte in Beziehungen.

Neptun in der Halbsumme von Venus und Uranus
Schwankende Erotik, Unsicherheit in der Geschlechterrolle.

Neptun in der Halbsumme von Venus und Pluto
Mystische, wollüstige oder zwanghafte Beziehungen.

Neptun in der Halbsumme von Venus und Mondknotenachse
Scheinharmonie und das Streben nach mystischer Gemeinsamkeit.

Neptun in der Halbsumme von Venus und Medium Coeli
Schein und Wirklichkeit der Erotik wird zum Geschäft gemacht.

Neptun in der Halbsumme von Venus und Aszendent
Erotisches Verwirrspiel, um die eigenen Interessen durchzusetzen.

Neptun in der Halbsumme von Mars und Jupiter
Spekulative Einstellung zur Arbeit, große Intuition.

Neptun in der Halbsumme von Mars und Saturn
Arbeitseinsatz in der Naturheilkunde, wechselnde Energiereserven.

Neptun in der Halbsumme von Mars und Uranus
Unkonventionelle Aktionen, Neigung zu Fehlentscheidungen.

Neptun in der Halbsumme von Mars und Pluto
Arbeit im Unbewussten, Gefahr der Verwirrung, Okkultismus.

Neptun in der Halbsumme von Mars und Mondknotenachse
Arbeit mit dem Unbewussten, den Instinkten, im Verborgenen.

Neptun in der Halbsumme von Mars und Medium Coeli
Mit dem kollektiven Unbewussten arbeiten. Esoterik als Beruf.

Neptun in der Halbsumme von Mars und Aszendent
Subtile, geheimnisvolle, mystische Aktionen. Individualist.

Neptun in der Halbsumme von Jupiter und Saturn
Erfolg in der Naturheilkunde, spekulative Lebenshaltung.

Neptun in der Halbsumme von Jupiter und Uranus
Große Sensibilität, weitreichende Planungen.

Neptun in der Halbsumme von Jupiter und Pluto
Große Fantasie, Neigung zu weitreichenden Spekulationen.

Neptun in der Halbsumme von Jupiter und Mondknotenachse
Poetische Ader, sehr viel Fantasie, guter Erzähler.

Neptun in der Halbsumme von Jupiter und Medium Coeli
Große Fantasie wird geschäftlich eingesetzt.

Neptun in der Halbsumme von Jupiter und Aszendent
Persönliche Auftritte werden mit großer Fantasie gestaltet.

Neptun in der Halbsumme von Saturn und Uranus
Labile Konstitution, Vorliebe für gesellschaftsverändernde Ideen.

Neptun in der Halbsumme von Saturn und Pluto
Kontakt mit dem kollektiven Unbewussten, mit Härte des Schicksals.

Neptun in der Halbsumme von Saturn und Mondknotenachse
In der Gemeinschaft mit anderen das Leid lindern.

Neptun in der Halbsumme von Saturn und Medium Coeli
Ungewöhnliche, sehr fantasievolle berufliche Ambitionen.

Neptun in der Halbsumme von Saturn und Aszendent
Starkes Mitgefühl mit dem Leid der Mitmenschen.

Neptun in der Halbsumme von Uranus und Pluto
Starken Kontakt mit dem kollektiven Unbewussten.

Neptun in der Halbsumme von Uranus und Mondknotenachse
Kontakt mit ungewöhnlichen gesellschaftlichen Gruppen.

Neptun in der Halbsumme von Uranus und Medium Coeli
Das kollektive Unbewusste drückt sich in gesellschaftlicher Tätigkeit aus.

Neptun in der Halbsumme von Uranus und Aszendent
Das kollektive Unbewusste persönlich zum Ausdruck bringen.

Neptun in der Halbsumme von Pluto und Mondknotenachse
Kontakt mit dem kollektiven Unbewusstem in Gemeinschaft erleben.

Neptun in der Halbsumme von Pluto und Medium Coeli
Den Kontakt mit dem kollektiven Unbewussten im Beruf erleben.

Neptun in der Halbsumme von Pluto und Aszendent
Den Kontakt mit dem kollektiven Unbewussten über Partner erleben.

Neptun in der Halbsumme von Mondknoten und Medium Coeli
Eine große Intuition gemeinsam mit anderen im Beruf erleben.

Neptun in der Halbsumme von Mondknoten und Aszendent
Eine große Intuition gemeinsam mit anderen und Partnern erleben.

Neptun in der Halbsumme von Aszendent und Medium Coeli
Mystischer Lebensstil, mit Gefahr der Realitätsflucht.

Pluto

Pluto in der Halbsumme von Sonne und Venus
Starke Erotik, manipulierend in Finanzen und Partnerschaft.

Pluto in der Halbsumme von Sonne und Mars
Machtkämpfe um jeden Preis, Überforderung, Höchstleistung.

Pluto in der Halbsumme von Sonne und Jupiter
Kraftvoll, selbstbewusst bis zum Größenwahn.

Pluto in der Halbsumme von Sonne und Saturn
Auseinandersetzung mit der Macht des Schicksals.

Pluto in der Halbsumme von Sonne und Uranus
Stress und Druck beeinträchtigen Spontaneität und Lebensfreude.

Pluto in der Halbsumme von Sonne und Neptun
Gefahr bei Drogenkonsum, Förderung durch die Hoffnung anderer.

Pluto in der Halbsumme von Sonne und Mondknotenachse
Macht und Einfluss in und durch Gruppen und Gemeinschaften.

Pluto in der Halbsumme von Sonne und Medium Coeli
Machtkämpfe in der Öffentlichkeit, übersteigerte Egozentrik.

Pluto in der Halbsumme von Sonne und Aszendent
Persönliche Durchsetzung mit allen Mitteln. Loslassprobleme.

Pluto in der Halbsumme von Mond und Merkur
Starkes Geltungsbedürfnis, durch Worte sehr verletzen.

Pluto in der Halbsumme von Mond und Venus
Außergewöhnliche erotische und künstlerische Kraft, übersteigert.

Pluto in der Halbsumme von Mond und Mars
Unterdrückung von Gefühlen und machtvoller Ausbruch.

Pluto in der Halbsumme von Mond und Jupiter
Neigung zur Übertreibung, Völlerei, Leben in der Oberschicht.

Pluto in der Halbsumme von Mond und Saturn
Sich in gesellschaftliche Zwänge, Schicksalsschläge einfügen.

Pluto in der Halbsumme von Mond und Uranus
Emotional unter fremden Zwängen stehen, sich nicht lösen können.

Pluto in der Halbsumme von Mond und Neptun
Große Ahnungsfähigkeit, psychische Labilität.

Pluto in der Halbsumme von Mond und Mondknotenachse
Die Gemeinschaft mit der Macht der Emotionen manipulieren.

Pluto in der Halbsumme von Mond und Medium Coeli
Dem eigenen emotionalen Fanatismus freien Lauf lassen, Wandlungen.

Pluto in der Halbsumme von Mond und Aszendent
Emotionalen Druck - über den Bauch - ausüben, Wandlungen.

Pluto in der Halbsumme von Merkur und Venus
Manipulierende, Tabus benutzende Sprache, sexfixiert.

Pluto in der Halbsumme von Merkur und Mars
Gedankenkraft wird kanalisiert, intensiviert, zu sehr fixiert.

Pluto in der Halbsumme von Merkur und Jupiter
Große Suggestionskraft, Organisationstalent, Reichtumsaspekt.

Pluto in der Halbsumme von Merkur und Saturn
Grundlagenforschung, Arbeit im geheimen, äußere und innere Zwänge.

Pluto in der Halbsumme von Merkur und Uranus
Große Geisteskraft, Neigung zu intellektueller Fixierung.

Pluto in der Halbsumme von Merkur und Neptun
Große Intuition, mediale Fähigkeiten, geistige Verwirrung.

Pluto in der Halbsumme von Merkur und Mondknotenachse
Mit den Mitteln der Massenmedien Druck ausüben, Datenpool.

Pluto in der Halbsumme von Merkur und Medium Coeli
Organisationstalent, Führungsqualitäten, manipulierend.

Pluto in der Halbsumme von Merkur und Aszendent
Sich suggestiv mithilfe der Kommunikation durchsetzen.

Pluto in der Halbsumme von Venus und Mars
Unterdrückte, machtvolle Sexualität.

Pluto in der Halbsumme von Venus und Jupiter
Starke, übermächtige Sexualität, Neigung zu Verschwendung.

Pluto in der Halbsumme von Venus und Saturn
Ernst und sehr verbindlich in Beziehungen, Schicksalsgemeinschaft.

Pluto in der Halbsumme von Venus und Uranus
Vollständige sexuelle Verausgabung, Neigung zur Fremdbestimmung.

Pluto in der Halbsumme von Venus und Neptun
Mystische, wollüstige oder zwanghafte Beziehungen.

Pluto in der Halbsumme von Venus und Mondknotenachse
Macht und Sexualität in der Familie, in Gruppen, als Beruf.

Pluto in der Halbsumme von Venus und Medium Coeli
Starke künstlerische Egozentrik, gesellschaftliche Machtspiele.

Pluto in der Halbsumme von Venus und Aszendent
Die Magie des eigenen erotischen Auftritts kultivieren.

Pluto in der Halbsumme von Mars und Jupiter
Ungeheuere Kraftreserven, Gefahr der Fixierung in Doktrinen.

Pluto in der Halbsumme von Mars und Saturn
Arbeit unter ungeheuerem Druck, Kampf mit dem Schicksal.

Pluto in der Halbsumme von Mars und Uranus
Arbeit in Grenzsituationen, Fixierung, Wandlungen.

Pluto in der Halbsumme von Mars und Neptun
Arbeit im Unbewussten, Gefahr der Verwirrung, Okkultismus.

Pluto in der Halbsumme von Mars und Mondknotenachse
Dynamisches, druckvolles Verhalten in der Gemeinschaft.

Pluto in der Halbsumme von Mars und Medium Coeli
Dynamischer, druckvoller beruflicher Einsatz.

Pluto in der Halbsumme von Mars und Aszendent
Dynamisches, druckvolles persönliches Auftreten.

Pluto in der Halbsumme von Jupiter und Saturn
Erfolg durch extreme Härte, positive Wendung auch bei größeren Schicksalsschlägen.

Pluto in der Halbsumme von Jupiter und Uranus
Starker Machtaspekt, Kontakt mit gesellschaftlicher Macht.

Pluto in der Halbsumme von Jupiter und Neptun
Große Fantasie, Neigung zu weitreichenden Spekulationen.

Pluto in der Halbsumme von Jupiter und Mondknotenachse
Erfolg in der sog. ›High Society‹, gutes Organisationstalent.

Pluto in der Halbsumme von Jupiter und Medium Coeli
Machtvolles Planungstalent, das für berufliche Ziele eingesetzt wird.

Pluto in der Halbsumme von Jupiter und Aszendent
Machtvolles Planungstalent, das für private Ziele eingesetzt wird.

Pluto in der Halbsumme von Saturn und Uranus
Erfolg durch langfristigen Einsatz in schwierigen Situationen.

Pluto in der Halbsumme von Saturn und Neptun
Kontakt mit dem kollektiven Unbewussten, mit Härte des Schicksals.

Pluto in der Halbsumme von Saturn und Mondknotenachse
Große Härte, Schwere des Schicksals in der Gemeinschaft erleben.

Pluto in der Halbsumme von Saturn und Medium Coeli
Im Beruf und Gesellschaft die Härte des Schicksals erleben.

Pluto in der Halbsumme von Saturn und Aszendent
In persönlichen Beziehungen die Härte des Schicksals erleben.

Pluto in der Halbsumme von Uranus und Neptun
Starken Kontakt mit dem kollektiven Unbewussten.

Pluto in der Halbsumme von Uranus und Mondknotenachse
Gesellschaftliche Kontakte unter starkem psychischem Druck.

Pluto in der Halbsumme von Uranus und Medium Coeli
Starker psychischer Druck wird im Berufsleben eingesetzt.

Pluto in der Halbsumme von Uranus und Aszendent
Starker psychischer Druck wird zur Selbstdurchsetzung eingesetzt.

Pluto in der Halbsumme von Neptun und Mondknotenachse
Kontakt mit dem kollektiven Unbewussten in Gemeinschaften erleben.

Pluto in der Halbsumme von Neptun und Medium Coeli
Den Kontakt mit dem kollektiven Unbewussten im Beruf erleben.

Pluto in der Halbsumme von Neptun und Aszendent
Den Kontakt mit dem kollektiven Unbewussten über Partner erleben.

Pluto in der Halbsumme von Mondknoten und Medium Coeli
Durch berufliche Machtausstrahlung Gruppenprozesse leiten.

Pluto in der Halbsumme von Mondknoten und Aszendent
Durch persönliche Machtausstrahlung Gruppenprozesse leiten.

Pluto in der Halbsumme von Aszendent und Medium Coeli
Große Egozentrik, Zwang zur Wandlung, autokratischer Lebensstil.

Mondknoten

Mondknotenachse in der Halbsumme von Sonne und Merkur
Kommunikationskraft in Familie, Gruppen und Gesellschaft.

Mondknotenachse in der Halbsumme von Sonne und Venus
Lockerer, unkomplizierter Zärtlichkeitsaustausch, reizend.

Mondknotenachse in der Halbsumme von Sonne und Mars
Kampf und Durchsetzung in und für Gruppen und Gemeinschaften.

Mondknotenachse in der Halbsumme von Sonne und Jupiter
Gruppenmensch, Erfolg durch Förderung in der Gemeinschaft.

Mondknotenachse in der Halbsumme von Sonne und Saturn
Übereinstimmung mit etablierteren Gruppen, Vereinzelung.

Mondknotenachse in der Halbsumme von Sonne und Uranus
Ständige Neuerungen und Störungen in der Gemeinschaft.

Mondknotenachse in der Halbsumme von Sonne und Neptun
Träume, Fantasie und Mitgefühl in der Gemeinschaft finden.

Mondknotenachse in der Halbsumme von Sonne und Pluto
Macht und Einfluss in und durch Gruppen und Gemeinschaften.

Mondknotenachse in der Halbsumme von Sonne und Medium Coeli
Den anderen persönlich ansprechen, für sich gewinnen können.

Mondknotenachse in der Halbsumme von Sonne und Aszendent
Popularität, positives Austreten findet öffentlichen Anklang.

Mondknotenachse in der Halbsumme von Mond und Merkur
Gruppenbedürfnisse aussprechen können, pädagogisch sein.
Mondknotenachse in der Halbsumme von Mond und Venus
Der Gemeinschaft verpflichtet, sich um alle kümmernd.

Mondknotenachse in der Halbsumme von Mond und Mars
Gemeinschaftssinn, reges Familienleben.

Mondknotenachse in der Halbsumme von Mond und Jupiter
Großer Freundeskreis, große Familie, die Mitmenschen brauchen.

Mondknotenachse in der Halbsumme von Mond und Saturn
Sich zurückziehen vor der großen Masse, seine Gruppe finden.

Mondknotenachse in der Halbsumme von Mond und Uranus
Lebhaft, aufgeregt, auf der Suche nach neuen Bekanntschaften.

Mondknotenachse in der Halbsumme von Mond und Neptun
Sich der Gruppe und Gemeinschaft ausliefern in ihr aufgehen wollen.

Mondknotenachse in der Halbsumme von Mond und Pluto
Die Gemeinschaft mit der Macht der Emotionen manipulieren.

Mondknotenachse in der Halbsumme von Mond und Medium Coeli
Die anderen ›gluckenhaft‹ bemuttern, einengen, bestimmen.

Mondknotenachse in der Halbsumme von Mond und Aszendent
Die Mitmenschen umsorgen, hierbei persönliches Engagement zeigen.

Mondknotenachse in der Halbsumme von Merkur und Venus
Kinderliebe, Mittelpunkt vor allem für junge Menschen.

Mondknotenachse in der Halbsumme von Merkur und Mars
Planerische und koordinierende Fähigkeiten, Sprachtalent.

Mondknotenachse in der Halbsumme von Merkur und Jupiter
Kaufmännisches und sprachliches Geschick in der Gemeinschaft.

Mondknotenachse in der Halbsumme von Merkur und Saturn
Rückzug und Vereinzelung, konzentriertes Denken, Geheimnisse.

Mondknotenachse in der Halbsumme von Merkur und Uranus
Fähigkeit zu spontanem Handeln, Improvisationstalent.

Mondknotenachse in der Halbsumme von Merkur und Neptun
Auf dem schmalen Grat zwischen Mystik und Illusion wandern.

Mondknotenachse in der Halbsumme von Merkur und Pluto
Mit den Mitteln der Massenmedien Druck ausüben. Datenpool.

Mondknotenachse in der Halbsumme von Merkur und Medium Coeli
Vortragstätigkeit, Tätigkeit in der Volksbildung.

Mondknotenachse in der Halbsumme von Merkur und Aszendent
Sprachtalent, gute Bildung, sich verständlich machen können.

Mondknotenachse in der Halbsumme von Venus und Mars
Große Menschenliebe, permanentes Kontaktbedürfnis.

Mondknotenachse in der Halbsumme von Venus und Jupiter
Emotional in der Gemeinschaft aufgehen, künstlerischer Erfolg.

Mondknotenachse in der Halbsumme von Venus und Saturn
Vereinzelung, soziale Isolierung, Heimat bei Randgruppe finden.

Mondknotenachse in der Halbsumme von Venus und Uranus
Plötzliche Bekanntschaften in aller Öffentlichkeit; gesellig.

Mondknotenachse in der Halbsumme von Venus und Neptun
Scheinharmonie und das Streben nach mystischer Gemeinsamkeit.

Mondknotenachse in der Halbsumme von Venus und Pluto
Macht und Sexualität in der Familie, in Gruppen, als Beruf.

Mondknotenachse in der Halbsumme von Venus und Medium Coeli
Eine harmonische Atmosphäre in der Gemeinschaft schaffen können.

Mondknotenachse in der Halbsumme von Venus und Aszendent
Charmantes Auftreten in der Gemeinschaft, große Kontaktfähigkeit.

Mondknotenachse in der Halbsumme von Mars und Jupiter
Gute Organisation der Arbeit, gute Planung.

Mondknotenachse in der Halbsumme von Mars und Saturn
Arbeit in schwierigen Situationen, harte Auseinandersetzungen.

Mondknotenachse in der Halbsumme von Mars und Uranus
Arbeit mit modernster Technik, Experimente.

Mondknotenachse in der Halbsumme von Mars und Neptun
Arbeit mit dem Unbewussten, den Instinkten, im Verborgenen.

Mondknotenachse in der Halbsumme von Mars und Pluto
Dynamisches, druckvolles Verhalten in der Gemeinschaft.

Mondknotenachse in der Halbsumme von Mars und Medium Coeli
Starker beruflicher Einsatz in der Gemeinschaft.

Mondknotenachse in der Halbsumme von Mars und Aszendent
Starker persönlicher Einsatz in der Gemeinschaft.

Mondknotenachse in der Halbsumme von Jupiter und Saturn
Ausgleich suchen, das rechte Maß.

Mondknotenachse in der Halbsumme von Jupiter und Uranus
Immer wieder neue Ideen, die bei der Gemeinschaft Anklang finden.

Mondknotenachse in der Halbsumme von Jupiter und Neptun
Poetische Ader, sehr viel Fantasie, guter Erzähler.

Mondknotenachse in der Halbsumme von Jupiter und Pluto
Erfolg in der sog. ›High Society‹, gutes Organisationstalent.

Mondknotenachse in der Halbsumme von Jupiter und Medium Coeli
Gesellschaftlicher Erfolg durch großzügige Geschäftsplanung.

Mondknotenachse in der Halbsumme von Jupiter und Aszendent
Gesellschaftlicher Erfolg durch großzügiges Auftreten.

Mondknotenachse in der Halbsumme von Saturn und Uranus
Spannungen in Gruppenprozessen zum Ausdruck bringen können.

Mondknotenachse in der Halbsumme von Saturn und Neptun
In der Gemeinschaft mit anderen das Leid lindern.

Mondknotenachse in der Halbsumme von Saturn und Pluto
Große Härte, Schwere des Schicksals in der Gemeinschaft erleben.

Mondknotenachse in der Halbsumme von Saturn und Medium Coeli
Eine konservative, distanzierte Umgebung bevorzugen.

Mondknotenachse in der Halbsumme von Saturn und Aszendent
Ein konservatives, distanziertes Verhalten bevorzugen.

Mondknotenachse in der Halbsumme von Uranus und Neptun
Kontakt mit ungewöhnlichen gesellschaftlichen Gruppen.

Mondknotenachse in der Halbsumme von Uranus und Pluto
Gesellschaftliche Kontakte unter starkem psychischem Druck.

Mondknotenachse in der Halbsumme von Uranus und Medium Coeli
Unkonventionelle berufliche Initiativen finden allgemein Anklang.

Mondknotenachse in der Halbsumme von Uranus und Aszendent
Unkonventionelle persönliche Initiativen finden allgemein Anklang.

Mondknotenachse in der Halbsumme von Neptun und Pluto
Kontakt mit dem kollektiven Unbewussten in Gruppen erleben.

Mondknotenachse in der Halbsumme von Neptun und Medium Coeli
Eine große Intuition gemeinsam mit anderen im Beruf erleben.

Mondknotenachse in der Halbsumme von Neptun und Aszendent
Eine große Intuition gemeinsam mit anderen und Partnern erleben.

Mondknotenachse in der Halbsumme von Pluto und Medium Coeli
Durch berufliche Machtausstrahlung Gruppenprozesse leiten.

Mondknotenachse in der Halbsumme von Pluto und Aszendent
Durch persönliche Machtausstrahlung Gruppenprozesse leiten.

Mondknotenachse in der Halbsumme von Aszendent und Medium Coeli
Starke Verbindung zwischen Individualismus und Gemeinschaft.

Sensitive Punkte

Fixstern-Konjunktionen zu Lichtern und Wandelsternen
Wenn die Achsen von Aszendent und Medium Coeli, die Lichter Sonne und Mond, oder die Wandelsterne Merkur bis Pluto am Himmel eine Konjunktion zu den Fixsternen, zu den Sonnen entfernter Sternbilder und Galaxien bilden, kombiniert sich die Deutung des Planeten mit der des Fixsterns. Hierfür wird ein sehr enger Orbis von nur einem Tierkreisgrad gesetzt. Da nur wenige Fixsterne projiziert auf die Ekliptik eine klassische, astrologische Deutung aufweisen, kann es vorkommen, dass sich in einem Horoskop keine oder nur sehr wenige Fixstern-Konjunktionen finden lassen.

1 Grad Tierkreiszeichen Widder
- saturnin -
Schwanz des Walfisches im Sternbild Cetus (Walfisch)
»melancholisch, ernst«

8 Grad Tierkreiszeichen Widder
- merkurisch/ marsisch/lunar -
Fixstern Algenib (Flügel) im Sternbild Pegasus (Flügelpferd)
»künstlerisch, populär, polemisch, ehrgeizig«

13 Grad Tierkreiszeichen Widder
- venusisch/jovisch -
Fixstern Sirrah (Pferdenabel) im Sternbild der Andromeda
»bereichernd, beglückend«

21 Grad Tierkreiszeichen Widder
- saturnin, neptunisch -
Fixstern Raten Kaitos (Walfischbauch) i. Cetus (Walfisch)
»ernst, fixiert, ausdauernd«

0 Grad Tierkreiszeichen Stier
- venusisch -
Fixstern Mirach (Gürtel) im Sternbild der Andromeda
»künstlerisch mit Extremen«

1 Grad Tierkreiszeichen Stier
- saturnin/uranisch -
Fixstern Mira (Wal-Halsflosse) im Sternbild Cetus (Walfisch)
»energievoll, wenn ausdauernd«

3 Grad Tierkreiszeichen Stier
- marsisch/saturnin -
Fixstern Widderhorn im Sternbild Aries (Widder)
»gehemmt, gegensätzlich, explosiv«

7 Grad Tierkreiszeichen Stier
- marsisch/saturnin -
Fixstern Elnath (Stoßender) im Sternbild der Kassiopeia
»kletternd, manchmal abstürzend, übermütig«

7 Grad Tierkreiszeichen Stier
- venusisch/saturnin -
Fixstern Schedir im Sternbild der Kassiopeia
»leidenschaftlich, gefahrvoll«

13 Grad Tierkreiszeichen Stier
- marsisch/venusisch -
Fixstern Alamak (Ziege) im Sternbild der Andromeda
»liebend, zerstörend«

13 Grad Tierkreiszeichen Stier
- saturnin -
Menkab im Sternbild Cetus (Walfisch)
»distanziert, ausdauernd«

18 Grad Tierkreiszeichen Stier
- saturnin/neptunisch -
Fixstern Zaurak (Unfreier) im Sternbild Cetus (Walfisch)
»nachlässig, fahrlässig«

25 Grad Tierkreiszeichen Stier
- lunar/marsisch/uranisch/plutonisch -
Fixstern Algol (Medusenhaupt) im Sternbild des Perseus
»enthüllend, lustvoll leidend, kraftvoll, abhängig«

29 Grad Tierkreiszeichen Stier
- lunar/neptunisch/marsisch -
Alkyone in Plejaden (Siebengestirn.) im Sternbild Taurus (Stier)
»sehnsuchtsvoll, träumerisch, heftig, eigenblind«

5 Grad Tierkreiszeichen Zwilling
- lunar/marsisch/neptunisch/jovisch -
Hyaden (Regengestirn) im Sternbild Taurus (Stier)
»ausufernd, haltlos, intrigant, unterwandernd«

8 Grad Tierkreiszeichen Zwilling
- venusisch/jovisch -
Fixstern Nördliches Stierauge im Sternbild Taurus (Stier)
»liebevoll, diplomatisch, glückhaft«

9 Grad Tierkreiszeichen Zwilling
- marsisch/jovisch -
Aldebaran (gereihte Sterne) Sternbild Taurus (Stier)
»feurig, cholerisch, generös, philosophisch«

16 Grad Tierkreiszeichen Zwilling
- marsisch/jovisch/saturnin -
Fixstern Rigel (linker Fuß) im Sternbild Orion (Hüter)
»umstritten, vielseitig, energisch«

20 Grad Tierkreiszeichen Zwilling
- marsisch/merkurisch -
Fixstern Bellatrix (Kriegerin) im Sternbild Orion (Hüter)
»merkantil, beweglich, trickreich«

21 Grad Tierkreiszeichen Zwilling
- merkurisch/neptunisch/jovisch -
Fixstern Mintaka (Noahs Taube) im Gürtel des Sternbild Orion (Hüter)
»kurios, charmant«

21 Grad Tierkreiszeichen Zwilling
- venusisch -
Fixstern Capella (kleine Ziege) im Sternbild Auriga (Fuhrmann)
»schelmisch, närrisch«

23 Grad Tierkreiszeichen Zwilling
- marsisch/jovisch -
Fixstern Analam im Gürtel des Sternbilds Orion (Hüter)
»erfolgreich, energisch, unkonventionell«

25 Grad des Tierkreiszeichens Zwilling
- venusisch/marsisch/jovisch -
Fixstern Anitak im Gürtel des Sternbildes Orion (Hüter)
»energisch und gleichzeitig friedliebend«

28 Grad des Tierkreiszeichens Zwillinge
- venusisch/saturnin -
Fixstern Polaris (Polstern) im Sternbild Ursa Minor (kleiner Bär)

28 Grad des Tierkreiszeichens Zwilling
- marsisch/merkurisch/neptunisch -
Fixstern Beteigeuze (Achsel des) Sternbild Orion (Hüter)
»ruhelos, königlich, auflösend«

0 Grad des Tierkreiszeichens Krebs
- venusisch/jovisch -
Fixstern Propus im Sternbild Gemini (Zwillinge)
»glückhaft«

2 Grad des Tierkreiszeichens Krebs
Fixstern Tejat im Sternbild Gemini (Zwillinge)

8 Grad des Tierkreiszeichens Krebs
- merkurisch/venusisch -
Fixstern Alhena im Sternbild Gemini (Zwillinge)
»unterhaltend«

13 Grad des Tierkreiszeichens Krebs
- venusisch/marsisch/jovisch -
Fixstern Sirius (Hundsstern.) im Sternbild Canis Major (gr. Hund)
»machtvoll, ehrgeizig, zwiespältig, populär«

14 Grad des Tierkreiszeichens Krebs
- jovisch/saturnin -
Fixstern Canopus (Schiffsgoldboden) im Sternbild Argo (Schiff)
»reise- und prozesslustig, veredelnd«

18 Grad des Tierkreiszeichens Krebs
- saturnin -
Fixstern Wasat im Sternbild Gemini (Zwillinge)
»aufsteigend«

19 Grad des Tierkreiszeichens Krebs
- merkurisch -
Fixstern Castor im Sternbild Gemini (Zwillinge)
»gesittet, zwiespältig«

20 Grad des Tierkreiszeichens Krebs
- marsisch -
Fixstern Pollux im Sternbild Gemini (Zwillinge)
»kraftvoll, rücksichtslos, schicksalhaft«

25 Grad des Tierkreiszeichens Krebs
- merkurisch/venusisch/marsisch/uranisch -
Fixstern Procyon (Hundsgespann) im Sternbild Canis Min. (Kl. Hund)
»spontan, gewalttätig, selbstüberwindend erfolgreich, spontan«

6 Grad 30‹ Tierkreiszeichen Löwe
- solar/lunar/marsisch -
Fixstern Asinus (nördl. Eselchen) im Sternbild Cancer (Krebs)
»sinnesfreudig, klug, dynamisch, aktiv, egozentrisch«

7 Grad des Tierkreiszeichens Löwe
- lunar/marsisch -
Fixstern Präsepe (Krippe) im Sternbild Cancer (Krebs)
»dynamisch, tatkräftig, geblendet«

8 Grad des Tierkreiszeichens Löwe
- solar/marsisch -
Fixstern Asinus Austr. (südl. Eselchen) im Sternbild Cancer (Krebs)
»geschickt, aktiv, voreilig, impulsiv, triebhaft«

12 Grad des Tierkreiszeichens Löwe
- venusisch/saturnin -
Fixstern Sertan im Sternbild Cancer (Krebs)
»diplomatisch, beständig«

26 Grad 30‹ Tierkreiszeichen Löwe
- venusisch/saturnin/plutonisch -
Fixstern Alphard (Einzelner) im Sternbild Hydra (Wasserschlange)
»betörend, zänkisch, nicht verzeihend, übersinnlich«

29 Grad des Tierkreiszeichens Löwe
- marsisch/jovisch -
Fixstern Regulus (Königsstern, Löwenherz) im Sternbild Leo (Löwe)
»königlich, mutig, kraftvoll, kämpferisch erfolgreich«

0 Grad des Tierkreiszeichens Jungfrau
- marsisch -
Fixstern Phekda im Sternbild Ursa Major (Großer Bär)
»gierig, räuberisch«

8 Grad des Tierkreiszeichens Jungfrau
- marsisch -
Fixstern Alioth (Bärenschwanz) im Sternbild Ursa M. (Gr. Bär)
»bedeutsam, risikovoll«

10 Grad 30‹ Tierkreiszeichen Jungfrau
- venusisch/saturnin -
Fixstern Zosma im Sternbild Leo (Löwe)
»kühl, stachelig, treu«

14 Grad 30‹ Tierkreiszeichen Jungfrau
- marsisch/venusisch -
Doppel-
Fixstern Mizar-Alkor (Schwanz des) Sternbild Ursa Minor (Gr. Bär)
»verletzend oder künstlerisch«

21 Grad des Tierkreiszeichens Jungfrau
- uranisch -
Fixstern Denebola (Schwanz des) Sternbild Ursa M. (Gr. Bär)
»irritierend und erneuernd«

26 Grad des Tierkreiszeichens Jungfrau
- saturnin/uranisch/neptunisch/lunar -
Fixstern Benetnasch (Schwanz des) Sternbild Ursa Major (Gr. Bär)
»zerfließend, leidend, klagend, aufrührend«

9 Grad des Tierkreiszeichens Waage
- merkurisch/saturnin/neptunisch -
Fixstern Vindemiatrix (Winzerin) im Sternbild Virgo (Jungfrau)
»losgelassen, zerfließend«

13 Grad des Tierkreiszeichens Waage
- marsisch/saturnin -
Fixstern Algorab im Sternbild Corona Borealis (Krone)
»kämpferisch, voreilig«

23 Grad des Tierkreiszeichens Waage
- venusisch/merkurisch/marsisch -
Fixstern Spica (Kornähre) im Sternbild Virgo (Jungfrau)
»kühl, intellektuell, geistig, leidvoll, letztlich glückhaft«

23 Grad 30‹ Tierkreiszeichen Waage
- jovisch -
Fixstern Arcturus im Sternbild Bootes (Bärenführer)
»verschwendend, überheblich, großmütig«

11 Grad des Tierkreiszeichens Skorpion
Kreuz des Südens

11 Grad 30‹ Tierkreiszeichen Skorpion
- merkurisch/venusisch -
Fixstern Gemma (Größter Edelstein des) Corona B. (Krone)
»lieblich, klug, gebildet«

14 Grad des Tierkreiszeichens Skorpion
- marsisch/saturnin/uranisch -
Fixstern Kiffa Austr. (Südl. Schale) im Sternbild Libra (Waage)
»tückisch, strebsam, unsterblich«

18 Grad 30‹ Tierkreiszeichen Skorpion
- marsisch/saturnin/solar -
Fixstern Kiffa Bor. (Nördl. Schale) im Sternbild Libra (Waage)
»wohltätig, vermittelnd, aber auch indiskret«

21 Grad des Tierkreiszeichens Skorpion
- lunar/saturnin/chironin -
Fixstern Unuk (Schlangenhals) im Sternbild Serpens (Schlangenträger)
»heilend, verletzend, gefangen, zwiespältig«

29 Grad des Tierkreiszeichens Skorpion
- venusisch/jovisch/uranisch -
Fixstern Bungula im Sternbild Alpha Centauri (Pferdemenschen)
»harmonisch, trennend, zwiespältig«

2 Grad des Tierkreiszeichens Schütze
- marsisch/saturnin -
Fixstern Elakrab (Stirn des) Sternbildes Skorpio (Skorpion)
»energisch, mutig, hart«

9 Grad des Tierkreiszeichens Schütze
- marsisch/plutonisch -
Fixstern Antares (Gegen Mars) im Herzen des Sternbildes Skorpio (Skorpion)
»fixiert, rücksichtslos, konsequent, forschend«

17 Grad des Tierkreiszeichens Schütze
- venusisch/marsisch/plutonisch -
Fixstern Ras Algethi (Haupt des) Sternbild Herakles (Herkules)
»schöpferisch, dekadent oder geschmackvoll«

22 Grad des Tierkreiszeichens Schütze
- marsisch/merkurisch/plutonisch -
Fixstern Ras Alhague (Kopf des) Sternbild Ophinchus (Schlangenträger)
»gefahrvoll, diplomatisch, erfolgreich«

26 Grad des Tierkreiszeichens Schütze
- marsisch/plutonisch -
Fixstern Etanin (Kopf des) Sternbild Draco (Drachen)
»ehrgeizig, anspornend, einsam«

27 Grad 30‹ Tierkreiszeichen Schütze
Galaktisches Zentrum - Milchstraßenmittelpunkt

6 Grad des Tierkreiszeichens Fische
Siderischer Frühlingspunkt

0 Grad des Tierkreiszeichens Widder
Äquinocticum (Frühjahrs-Tagundnachtgleiche)
»am Tor zur äußeren Welt«

0 Grad des Tierkreiszeichens Krebs
Solstitium (Sommersonnenwende)
»die äußere Welt ist nun am hellsten«

0 Grad des Tierkreiszeichens Waage
Äquinocticum (Herbst-Tagundnachtgleiche)
»am Tor zur inneren Welt«

0 Grad des Tierkreiszeichens Steinbock
Solstitium (Winter-Mond Sonnenwende)
»die innere Welt ist nun am hellsten«

3 Grad des Tierkreiszeichens Steinbock
Heiligabend
»das Licht siegt über die Finsternis«

14 Grad 30‹ Tierkreiszeichen Steinbock
- solar/merkurisch/venusisch/neptunisch -
Fixstern Wega (kl. Harfe) im Sternbild Lyra (Leier)
»glücklich, geistvoll, auch skandalös, geheimnisvoll, okkult«

29 Grad 30‹ Tierkreiszeichen Steinbock
- merkurisch/venusisch -
Fixstern Albireo im Sternbild Cygnus (Schwan)
»geistig, intuitiv, kühl«

1 Grad des Tierkreiszeichens Wassermann
- jovisch/uranisch -
Fixstern Atair (Adler, Geier) im Sternbild Aquila (Adler)
»schnell entscheidend, erneuernd, edel, auch ruinös, räuberisch«

23 Grad des Tierkreiszeichens Wassermann
- saturnin/uranisch -
Fixstern Deneb Algedi (Schwanz des) Sternbild Capricornus (Steinbock)
»konservativ, modern, gespannt, ästhetisch

2 Grad 30‹ Tierkreiszeichen Fische
- merkurisch/saturnin/neptunisch -
Fixstern Sadalmelek (Königsglück) i. Sternbild Aquarius (Wassermann)
»fließend, sehnsüchtig, leidend erfolgreich«

3 Grad des Tierkreiszeichens Fische
- merkurisch/venusisch/neptunisch -
Fixstern Formalhaut (Fischmaul, Papstkrone) Sternbild Pisces (Fische)
»dreifaltig, heilig, musisch«

5 Grad 30‹ Tierkreiszeichen Fische
- merkurisch/venusisch/saturnin/uranisch -
Fixstern Deneb (Kopf des) im Sternbild Cygnus (Schwan)
»ausdauernd, geistig forschend, erneuernd, auch zwielichtig«

14 Grad 30‹ Tierkreiszeichen Fische
- jovisch/neptunisch -
Fixstern Achernar (Unterweltfluss) über Sternbild Pisces (Fische)
»gebildet, gläubig, moralisch, zerfließend«

22 Grad des Tierkreiszeichens Fische
-merkurisch/venusisch/marsisch/neptunisch/plutonisch -
Fixstern Markab (Sattel) im Sternbild Pegasus (Flügelpferd)
»geistig aktiv, intuitiv, trickreich, auch hinterlistig«

29 Grad des Tierkreiszeichens Fische
- marsisch/saturnin/merkurisch -
Fixstern Scheat (Schenkel) im Sternbild Pegasus (Flügelpferd)
»trickreich, mutig, listig, klug«

Sabische Symbole

Nach astrologischer Legende geht die Deutung der einzelnen Tierkreisgrade auf die alten Ägypter, auf die Zeit der legendären Königin von Saba zurück und wurde immer wieder neu gechannelt, also meditativ gefunden. Neue Deutungen entstanden zu Beginn des 20. Jahrhunderts und dann letztmalig durch den spirituellen Astrologen Dane Rudhyar. Man kombiniere die Deutung der Sabischen Symbole mit denen der sich dort befindlichen Horoskopfaktoren.

0 Grad Widder

Der erste Impuls, Verwirklichen oder Aufgeben.

1 Grad Widder

Der Mut, etwas zur Bewusstheit zu bringen.

2 Grad Widder

Die Innenwelt gleicht der Außenwelt, wie oben so unten.

3 Grad Widder

Die Einheit teilt sich in die Dualität, um schöpferisch zu sein.

4 Grad Widder

Eine Sehnsucht nach Entwicklung zum Höheren.

5 Grad Widder

Einseitigkeit dient der Stabilität bei der Durchsetzung von Zielen.

6 Grad Widder

Die Fähigkeit des »sowohl als auch« schafft neue Möglichkeiten.

7 Grad Widder

Hilf‹ dir selbst, dann hilft Dir Gott - achte ihn.

8 Grad Widder

Global denken, lokal handeln.

10 Grad Widder

Die alten Werte mit neuem Geist beleben.

9 Grad Widder

Förderlich ist es, zu wissen, was man wirklich will.

11 Grad Widder

Die Idee der Verwirklichung des Gottesstaates auf Erden.

12 Grad Widder

Wie eine Revolte am Platz des Himmlischen Friedens.

13 Grad Widder

Das Verharren in tantrischer Vereinigung.

14 Grad Widder

Sich ganz einspinnen bei einer kleinen, ruhigen Tätigkeit.

15 Grad Widder

Sich tragen lassen von der Kraft der Schöpfung.

16 Grad Widder

In jedem Lebensweg kann zum Göttlichen gefunden werden.

17 Grad Widder

In rhythmischer Harmonie mit den eigenen Kräften sein.

18 Grad Widder

Wir sind reich, und die anderen haben das Geld.

20 Grad Widder

Andere aufzumuntern, verscheucht die eigenen dunklen Wolken.

20 Grad Widder

Viel Kraft hast Du, doch kein Sieg ist für die Ewigkeit.

21 Grad Widder

Ich schlürfe die Welt wie eine Auster, es ist genug für alle da.

22 Grad Widder

Kommt das eine zum anderen, entsteht das Dritte: Eins plus Eins gleich Drei.

23 Grad Widder

Offen sein für neue geistige Strömungen.

24 Grad Widder

Viel ist gleichzeitig möglich bei innerer Bereitschaft.

25 Grad Widder

Nicht alles muss sofort verwirklicht werden.

26 Grad Widder

Jeder Mensch bekommt in seinem Leben eine zweite Chance.

27 Grad Widder
Fehler zuzugeben, heißt Verantwortung übernehmen können.

28 Grad Widder
Stimmig sein mit sich selbst, auf die innere Innere Stimme hören.

29 Grad Widder
Global denken, lokal handeln.

0 Grad Stier
Einfach da sein, dies ganz intensiv spüren.

1 Grad Stier
Es macht ruhig, einmal wieder die Kraft der Natur spüren zu können.

2 Grad Stier
Gerade in den einfachen Dingen liegt Erfüllung.

3 Grad Stier
Zugleich innerlich und äußerlich reich sein.

4 Grad Stier
Wer loslassen kann, bekommt Neues wie von selbst.

5 Grad Stier
Hindernisse lassen sich am besten gemeinsam überwinden.

6 Grad Stier
Wirkliche Neuerungen entstehen aus der Einfachheit.

7 Grad Stier
Zuerst existiert die Vorstellung, dann folgt die Materialisation.

8 Grad Stier
Ist die Dunkelheit am tiefsten, kommt die Wiedergeburt des Lichts.

9 Grad Stier
Die Liebe zu den Menschen braucht nicht an eine einzige Person gebunden zu sein.

10 Grad Stier
Sich verwirklichen durch die Förderung der Schöpfung in der Natur.

11 Grad Stier
Die Lust, an den Früchten der Schöpfung teilzuhaben.

12 Grad Stier
Je mehr man haben will, umso größer wird auch die Last, die dann zu tragen ist.

13 Grad Stier
Sich bescheiden, denn mehr als einen Mund hat man sowieso nicht.

14 Grad Stier
Gerade in schwierigen Zeiten kann sich ein edler Charakter beweisen.

15 Grad Stier
Probleme der Gegenwart werden mit Mitteln der Gegenwart gelöst.

16 Grad Stier
Mut gehört dazu, will man zu neuen Ufern aufbrechen.

17 Grad Stier
Sich von alten Bildern lösen, schafft Chancen für Neubeginn.

18 Grad Stier
Wer einfach geschehen lässt, gibt Neuem die größte Chance zur Entwicklung.

20 Grad Stier
Das Leben gibt Zeichen, wenn ein Neubeginn gut ist.

20 Grad Stier
Unterscheiden können, welches kulturelle Symbol zu einem passt.

21 Grad Stier
Unterscheiden können, welches kosmische Symbol zu einem passt.

22 Grad Stier
Wirkliche Qualität wird in allen Zeiten geachtet.

23 Grad Stier
Der Kampf für den Erhalt der Gemeinschaft, zu der man gehört.

24 Grad Stier
Die Freude an Frieden und Freude innerhalb der Gemeinschaft.

25 Grad Stier
In Freude einen Frack tragen, um beim Flirt erfolgreich zu sein.

26 Grad Stier
Wieder Frieden mit der Gemeinschaft schließen.

27 Grad Stier
Wer sich jung fühlt, ist auch jung - in jedem Alter.

28 Grad Stier
Jedes Ding ist von zwei Seiten zu betrachten.

29 Grad Stier
Meisterschaft fußt oft auf sehr langer Tradition.

0 Grad Zwillinge
In Geborgenheit und mit der nötigen Offenheit kann in die Tiefe geschaut werden.

1 Grad Zwillinge
Die Kunst des Blinzelns hilft, Dinge tatsächlich zu sehen.

2 Grad Zwillinge
Neue Erkenntnisse brauchen formierende Strukturen.

3 Grad Zwillinge
Die Sehnsucht nach Entdeckung der Quellen von Alltagssymbolik.

4 Grad Zwillinge
Erkenntnis alter Symbolik drängt zum Ausdruck.

5 Grad Zwillinge
Wissen will sich verwirklichen für neuen Wohlstand.

6 Grad Zwillinge
Nicht jede Erkenntnis muss in bare Münze umgesetzt werden.

7 Grad Zwillinge
Der Fortschritt der Technik kann zur Zerstörung menschlicher Beziehungen führen.

8 Grad Zwillinge
Letztlich liegt jedes Hindernis in einem selbst.

9 Grad Zwillinge
Alles auf die Spitze zu treiben ist Chance und Gefahr zugleich.

10 Grad Zwillinge
Alles ist möglich, sind neue Räume erst einmal betreten.

11 Grad Zwillinge
Wohin man auch geht, die eigene Vergangenheit trägt man in sich.

12 Grad Zwillinge
Hat man sich selbst überwunden, kann man der Welt Neues geben.

13 Grad Zwillinge
Jenseits der eigenen Grenzen ist auch direkter Austausch möglich.

14 Grad Zwillinge
Austausch mit anderen kann zur Objektivität führen.

15 Grad Zwillinge
Von Leidenschaft durchdrungen kann man charismatisch wirken.

16 Grad Zwillinge
Körperliche kann in geistige Kraft verwandelt werden.

17 Grad Zwillinge
In fremden Geisteswelten ist Fachsprache notwendig, macht aber auch einsam.

18 Grad Zwillinge
Im tiefsten Kern haben alle Erkenntnisse Gemeinsamkeiten.

20 Grad Zwillinge
Vielfalt regt an, schafft aber auch Verwirrung.

20 Grad Zwillinge
Offenheit führt zwangsläufig zum Wunsch nach Wandlung.

21 Grad Zwillinge
In gemeinsamem Spiel können sich die Menschen mit Kraft aufladen.

22 Grad Zwillinge
Mit gutem Geist erfüllt werden aufbrechende Gefühle schöpferisch.

23 Grad Zwillinge
Gerade in der Beschränkung liegt auch die Möglichkeit für neue Entwicklungen.

24 Grad Zwillinge
Jede Neuentwicklung muss immer wieder auf Wesentliches begrenzt werden, um sich daraufhin wieder weiter entfalten zu können.

25 Grad Zwillinge
Nach jeder Neuentwicklung muss geschaut werden, was wesentlich ist, und was des Neuen nicht weitergeführt werden soll.

26 Grad Zwillinge
Um neu zu schauen, muss man seinen alten Standpunkt verlassen.

27 Grad Zwillinge
Zusammenbruch befreit auch, und macht frei für neue Aufgaben.

28 Grad Zwillinge
Offen für die Umwelt kann man spielerisch schöpferisch sein.

29 Grad Zwillinge
Ist alles Schöpferische vollbracht, kommt die Qual der Wahl.

0 Grad Krebs
Entscheiden können, wozu man gehört, wem man sich widmet.

1 Grad Krebs
Über dem Ganzen zu stehen hilft, über die eigenen Grenzen zu sehen.

2 Grad Krebs
Sind gedankliche Entscheidungen getroffen, so bedarf es auch des Willens, sie durch schwierige Anfänge hindurchzubringen.

3 Grad Krebs
Ein Schritt vor und zwei zurück. Die Verlockung der Detailfragen.

4 Grad Krebs
In Gefahr und größter Not bringt der Mittelweg den Tod.

5 Grad Krebs
Erste Schritte zur Verwirklichung neuer Ideen unternehmen.

6 Grad Krebs
Hinter allem steht eine unsichtbar wirkende Kraft.

7 Grad Krebs
Lernen durch Nachahmung von Meisterschaft.

8 Grad Krebs
Neugier ist der Ursprung allen Wissens.

9 Grad Krebs
Übung macht den Meister.

10 Grad Krebs
Wer über sich selbst lachen kann, nimmt sich nicht allzu wichtig.

11 Grad Krebs
Hinter der Oberfläche der Persönlichkeit Begabung erkennen können.

12 Grad Krebs
Begabung kann sich nur durch einen starken Willen verwirklichen.

13 Grad Krebs
In stiller Versenkung findet man zu ewigen Wahrheiten.

14 Grad Krebs
Erst durch Überfluss kommt der Wunsch nach Bescheidung.

15 Grad Krebs
Die Konzentration auf das Zentrum aller Probleme bringt die Lösung.

16 Grad Krebs
Aus einer einzigen Quelle entspringen viele neue Entwicklungen.

17 Grad Krebs
Viele neuen Entwicklungen bringen auch viel neue Verantwortung.

18 Grad Krebs
Jede wirkliche Bindung bedarf des göttlichen Segens.

20 Grad Krebs
Die Fröhlichkeit in der Gemeinschaft von Menschen.

20 Grad Krebs
Was ist der Wert, was ist der Preis öffentlichen Erfolges?

21 Grad Krebs
Die Sehnsucht nach der Erfüllung eines Traumes.

22 Grad Krebs
Die Leben einer menschlichen Gemeinschaft mit Worten beschreiben.

23 Grad Krebs
In menschlicher Gemeinschaft müssen die verschiedensten Interessen einen harmonischen Ausgleich finden können.

24 Grad Krebs
Begabung ist eine Gnade, für die Dankbarkeit da sein sollte.

25 Grad Krebs
Der Wunsch, sich mit seinen Mitmenschen geistig austauschen zu können, dasselbe Niveau zu haben.

26 Grad Krebs
Was wirklich Niveau hat und Bestand, zeigt sich in Phasen des Umbruchs und der Wandlung.

27 Grad Krebs
Durch Rückbindung an die Quellen der Seele kann der unruhige Geist mit neuer Lebendigkeit erfüllt werden.

28 Grad Krebs
Zu jeder Entscheidung gibt es immer auch eine Alternative.

29 Grad Krebs
Stolz auf Tradition und vergangene Errungenschaften kann auch deren Weiterentwicklung in der Gegenwart verhindern.

0 Grad Löwe
Wenn die Gefühle des Herzens mit dem Willen vereint zu Feuer in einem Menschen wirken.

1 Grad Löwe
Wenn die Gefühle des Herzens mit dem Willen vereint zu Feuer sich auf immer mehr Menschen verbreiten …

2 Grad Löwe
Das tun, was das eigene Herz fordert, und frei sein von störenden Konventionen.

3 Grad Löwe
Sich überwinden können, und die mit Stolz zum Ausdruck bringen.

4 Grad Löwe
Wie gering ist des Menschen Werk, gemessen am Werk der Schöpfung.

5 Grad Löwe
Nichts ist so bindend und gleichzeitig zu veränderlich wie die Normen und Ideale der menschlichen Gemeinschaft.

6 Grad Löwe
Auf den ersten Blick kaum wahrnehmbar, und dennoch unveränderlich und wahrhaftig sind die innerlichen Ideale des Menschseins.

7 Grad Löwe
Durch Orientierung an immer fortwährende innere Werte der Menschheit kann die Kluft zwischen Alt und Jung überwunden werden.

8 Grad Löwe
Mit neuem Atem und altem Material entstehen kunstvolle Werke.

9 Grad Löwe
Nach Traurigkeit und Kummer kommt immer wieder ein Neubeginn.

10 Grad Löwe
Spontaneität entwickelt sich im Schutze alter Gewohnheiten.

11 Grad Löwe
Alte Gewohnheiten können nur mühsam aus sich selbst heraus Lebendigkeit entwickeln.

12 Grad Löwe
In Ruhe kann Erinnerung an vergangene Zeiten emporsteigen.

13 Grad Löwe
Die Lust, die eigene Seele auf irgendeine Art der Welt zu zeigen.

14 Grad Löwe
Ein prunkvoller Auftritt, der alles zeigt, was zu zeigen ist.

15 Grad Löwe
Es gibt auch eine Ruhe nach dem Sturm.

16 Grad Löwe
Gemeinsamkeit kann auf prächtige Weise zum Ausdruck gebracht werden.

17 Grad Löwe
Wissen ist Macht.

18 Grad Löwe
Gemeinsamkeit jenseits von Grenzen.

20 Grad Löwe
Ein Gottesdienst in der Natur.

20 Grad Löwe
Langsam und organisch muss im Inneren das Gefäß für Bewusstsein geschaffen und mehr und mehr erweitert werden.

21 Grad Löwe
Bewusstheit lässt sich erlangen, empfangen, wenn man anderen dient.

22 Grad Löwe
Eine Kunst ist es, alle inneren Kräfte lenken zu können.

23 Grad Löwe
Im Inneren den Punkt finden, bei dem wirkliche Entwicklung möglich wird.

24 Grad Löwe
Wer seinen Weg bis zu Ende gehen will, muss unabhängig vom Außen sein, sich ganz auf sich selbst verlassen können.

25 Grad Löwe
Wer die Einheit sieht, kann die Destruktivität des Intellekts verhindern helfen.

26 Grad Löwe
Es lockt, neue Chancen und die mit ihnen verbundenen Gefahren klar vor Augen zu haben.

27 Grad Löwe
Viele Ideen können im Geiste erscheinen, verwirklichen lassen sich immer nur wenige.

28 Grad Löwe
Der Wunsch, Ideen wirklich reale Gestalt zu geben.

29 Grad Löwe
So wie wir die gleiche Luft atmen, teilen wir und auch die Wellen der Gedankenströme.

0 Grad Jungfrau
Durch die Kraft der Vorstellung ist es möglich, Wesentliches zu erkennen.

1 Grad Jungfrau
Um wirklich zu schauen, müssen das Auge geschlossen und das Herz geöffnet sein.

2 Grad Jungfrau
Jeder Mensch hat einen unsichtbaren Schutzengel.

3 Grad Jungfrau
Wir sind alle Kinder Gottes.

4 Grad Jungfrau
Manchmal kann man sie ahnen, vielleicht spüren, sehen, hören, die Wellen von Kräften, die Alles durchfließen.

5 Grad Jungfrau
Im Auf und Ab des Lebens entwickelt sich das eigenen Ich.

6 Grad Jungfrau
Von der Umwelt abhängig sein, und dennoch frei durch eigenes Geschick.

7 Grad Jungfrau
Lernen ist immer wieder ein Neubeginn.

8 Grad Jungfrau
Wahrhaft schöpferischer Neubeginn kommt aus dem Inneren.

9 Grad Jungfrau
Um Gegensätze wirklich geistig erfassen zu können, muss ein Schritt zur Seite gemacht werden.

10 Grad Jungfrau
Das, was sein könnte, in einem Keime erkennen, danach sich richten und die Entwicklung fördern.

11 Grad Jungfrau
Das, was wirklich ist, jenseits von Täuschungen erkennen, und sich im Handeln danach richten.

12 Grad Jungfrau
Offen sein als Kanal für große Strömungen schafft auch die Möglichkeit, viel zu geben, Einfluss zu haben.

13 Grad Jungfrau
Förderlich ist es, zu wissen, woher man kommt.

14 Grad Jungfrau
Zu achten, was an Feinheit im Laufe der Generationen entwickelt wurde.

15 Grad Jungfrau
Zu sehen, wie die eigenen Wurzeln zurückreichen in die Wildnis.

16 Grad Jungfrau
Der Wildnis der eigenen Herkunft eine Ausdrucksmöglichkeit geben.

17 Grad Jungfrau
Auf die innere Stimme hören können, zeigt die Richtung.

18 Grad Jungfrau
Wenn ich mich entwickele, dann entwickelt sich die Menschheit.

20 Grad Jungfrau
Gemeinsam arbeiten in Richtung einer neuen gemeinsamen Entwicklung.

20 Grad Jungfrau
Gemeinsam das gemeinsame, höhere Ziel erreichen.

21 Grad Jungfrau
Verantwortung für die eigenen Taten übernehmen können, macht edel.

22 Grad Jungfrau
Den eigenen Stolz im Zaume halten, hat auf Dauer Erfolg.

23 Grad Jungfrau
Trotz allem einfach bleiben wie ein Kind.

24 Grad Jungfrau
Wichtig ist, was über den eigenen Tod hin aus Bestand hat.

25 Grad Jungfrau
Jede Handlung ist eine heilige Handlung.

26 Grad Jungfrau
Die Form trägt die Errungenschaften der Vergangenheit weiter.

27 Grad Jungfrau
Wirkliche Wandlung braucht Kraft, die unterwerfen kann.

28 Grad Jungfrau
Ist die Wandlung vollzogen, muss Neubeginn der inneren Stimme folgen.

29 Grad Jungfrau
Führe erst das eine zu Ende, bevor zu das andere beginnst.

0 Grad Waage
Die Vollkommenheit erhalten wollen, heißt Erstarrung hinnehmen.

1 Grad Waage
Vollkommenes erhalten durch Aufnehmen in das Innerste.

2 Grad Waage
Als wirkliches Individuum nun der Welt gegenüberstehen.

3 Grad Waage
Das Zentrum schaffen für ein gemeinsames Handeln.

4 Grad Waage
Lernen, wie gemeinsam Neues erschaffen werden soll.

5 Grad Waage
Was vor dem inneren Auge entstanden ist, erscheint auch bald vor dem äußeren Auge.

6 Grad Waage
Einen Schutzraum schaffen für den gemeinsamen Neubeginn.

7 Grad Waage
Selbst in Phasen der Leere bleibt die Hoffnung immer da.

8 Grad Waage
Der Wunsch, Adept zu sein, einer alten Tradition zu folgen.

9 Grad Waage
Ausbalanciert kehrt Ruhe in den Geist ein.

10 Grad Waage
Das Wissen der Vergangenheit den Trägern der Zukunft vermitteln.

11 Grad Waage
Hineintauchen in die Tiefen des Geistes, um neue Inspiration zu bringen.

12 Grad Waage
Fantasien entstehen leicht, spielerisch.

13 Grad Waage
Sich Zeit zum Träumen nehmen.

14 Grad Waage
Das Perpetuum mobile erschöpft oder befriedet.

15 Grad Waage
Immer wieder neue Rückbindung schaffen, Verbindungen.

16 Grad Waage
Aus der Distanz des Alters kann auch betrachtet werden, was einst sehr nahe ging.

17 Grad Waage
Verantwortung tragen für die eigene Haltung zur Gemeinschaft.

18 Grad Waage
Gemeinsam können Mauern eingerissen werden.

20 Grad Waage
Mauern sind auch ein Schutz für die Früchte der Gemeinschaft.

20 Grad Waage
Erfrischend ist es, gemeinsam einzutauchen in die Heilkraft der Natur.

21 Grad Waage
Erfrischend ist es, andere zu nähren mit der Heilkraft der Natur.

22 Grad Waage
Reagieren können auf Gedanken und Ideen, die erst im Keimen sind.

23 Grad Waage
Die Fähigkeit, mit dem Herzen auf ungewohntes reagieren zu können.

24 Grad Waage
Die Wirklichkeit hinter den Formen sehen.

25 Grad Waage
Einen Ausgleich finden zwischen Kopf und Herz.

26 Grad Waage
Jenseits von Widersprüchen gibt es über den Dingen eine neue Ebene der Gemeinsamkeit.

27 Grad Waage
Mit den eigenen Schutzgeistern in Kontakt stehen können.

28 Grad Waage
Anteil haben an der Kulturgeschichte der Menschheit.

29 Grad Waage
Wirklich verstehen zu können, Wissen durch Weisheit bereichern.

0 Grad Skorpion
Gemeinsam neues kulturelles Wissen erlangen, gemeinsam erleben.

1 Grad Skorpion
Auch wenn Altes, lieb Gewonnenes losgelassen werden muss, so bleibt doch die Erinnerung.

2 Grad Skorpion
Gemeinsam etwas schaffen, das dem Einzelnen zugutekommt.

3 Grad Skorpion
Sich mithilfe von Ritualen einen geistigen Tunnel bauen.

4 Grad Skorpion
Trägheit ist auch gleichzeitig Schutz und Stabilität.

5 Grad Skorpion
Die Sehnsucht nach einer Intensivierung des gemeinsamen Lebens durch die äußere Welt.

6 Grad Skorpion
Die Sehnsucht nach einer Intensivierung des gemeinsamen Lebens durch die innere Welt.

7 Grad Skorpion
In der Ruhe, der Stille ist der Platz für Inspiration.

8 Grad Skorpion
Kultur schafft Probleme, aber auch in der Folge deren Lösung.

9 Grad Skorpion
Über die gemeinsame Nahrungsaufnahme werden wir uns bewusst, dass wir gemeinsam Kinder der gleichen Erde sind.

10 Grad Skorpion
Getragen werden durch die Obhut der Gemeinschaft.

11 Grad Skorpion
Gemeinschaft entwickeln in der Form eines Rituales.

12 Grad Skorpion
Scharfsinn erfordert es, den Dingen auf die Spur zu kommen.

13 Grad Skorpion
Sich austauschen können, ist Grundlage jeglicher Gemeinschaft.

14 Grad Skorpion
Spielerischer Umgang mit den Möglichkeiten schöpferischen Geistes.

15 Grad Skorpion
Sich für eine Beziehung entscheiden können.

16 Grad Skorpion
Vertrauen in eine Beziehung haben können.

17 Grad Skorpion
Mit wirklicher Zufriedenheit ins Alter gehen können.

18 Grad Skorpion
Weitergeben können, was einem der Wind ins Ohr geflüstert hat.

20 Grad Skorpion
Der Mut, in das Dunkel zu gehen, um die Wahrheit zu erfahren.

20 Grad Skorpion
Innere Gewissheit haben, auch wenn kein außer Widerhall kommt.

21 Grad Skorpion
Ein Ventil bieten für die unverarbeiteten Tiefen der Seele.

22 Grad Skorpion
Tiefe wilde Triebe des Innersten können im Niveau gehoben werden.

23 Grad Skorpion
Umsetzen können, was im Geiste begriffen worden ist.

24 Grad Skorpion
Dahinter schauen, um die innere Struktur wissen.

25 Grad Skorpion
Sich überall zu Hause finden können.

26 Grad Skorpion
Gemeinsam auf etwas Stolz sein, so noch weiter zusammenfinden.

27 Grad Skorpion
Im eigenen Inneren eine Zugehörigkeit finden.

28 Grad Skorpion
Liebe kann Wunden heilen, Fehler ausgleichen.

29 Grad Skorpion
Einen Freiraum bekommen für alles wilde, noch unkultivierte Leben.

0 Grad Schütze
Kampf mag notwendig sein, um der Natur ihre Macht zu nehmen.

1 Grad Schütze
Geistige Kräfte können tief im Unterbewussten liegende Quellen aktivieren.

2 Grad Schütze
Geistige Kräfte können einen Kampf auch spielerisch austragen.

3 Grad Schütze
An der Schwelle zur Weiterentwicklung gibt es immer eine helfende Hand.

4 Grad Schütze
Auch ohne Leid und Drama ist Entwicklung des Geistes möglich.

5 Grad Schütze
Durch gemeinsame Geschicklichkeit können neue Ziele erreicht werden.

6 Grad Schütze
Liebe kann Neubeginn möglich machen.

7 Grad Schütze
Durch Liebe entsteht im Innersten Wandlung und Fruchtbarkeit.

8 Grad Schütze
Die Sorge der Gemeinschaft bei der Entwicklung ihrer Mitglieder.

9 Grad Schütze
Der Egoismus des Einzelnen kann auch immer zugleich die Gemeinschaft fördern.

10 Grad Schütze
Auf die Stimme des Körpers hören, ihn als Tempel sehen.

11 Grad Schütze
Ganz weit über den Dingen ist die Zukunft zu sehen, zu begrüßen.

12 Grad Schütze
Wohin man auch geht - das Unerledigte der Vergangenheit nimmt man mit sich.

13 Grad Schütze
Unendlich weit gehen die kulturellen Wurzeln der Menschheit zurück.

14 Grad Schütze
Wer die Rhythmen der Natur in sich spürt, kann sich leicht in der Zeit bewegen.

15 Grad Schütze
So kultiviert, wie man ist, so nährt man auch die unbewussten Triebe im Innern.

16 Grad Schütze
Die Strömungen der Natur sind immer in Harmonie mit dem Leben des Menschen, seinen Gedanken, seinem Streben.

17 Grad Schütze
Schutz der Gemeinschaft vor der Übermacht der Naturkräfte.

18 Grad Schütze
Schutz der Naturkräfte im Menschen vor den Schäden der Gemeinschaft.

20 Grad Schütze
Sich sorgen um die Zukunft, Verzicht aus Einsicht.

20 Grad Schütze
Sich weiterentwickeln durch Imitation höherstehender.

21 Grad Schütze
Sich anpassen an eine neue Umgebung und zugleich die Eigenart behalten.

22 Grad Schütze
Durch Anpassung an eine fremde Welt wird der Übergang möglich.

23 Grad Schütze
Teil einer neuen Gemeinschaft sein, und seinen eigenen Geist treu bleiben.

24 Grad Schütze
Die Ahnung von Teilhabe an zukünftigen Welten.

25 Grad Schütze
Sich einem gemeinschaftlichen Ziel unterordnen.

26 Grad Schütze
Den inneren Bildern eine äußere Form geben.

27 Grad Schütze
Harmonie von Natur und Zivilisation wird zur Kultur.

28 Grad Schütze
Etwas tun für das Ansehen der Gemeinschaft als Dank für deren Förderung.

29 Grad Schütze
Sich selbst hingeben als Symbol für geistige Gemeinschaft.

0 Grad Steinbock
Stellvertreter der Gemeinschaft sein wollen, Autorität verlangen.

1 Grad Steinbock
Warnung vor dem Missbrauch aufgetragener Macht.

2 Grad Steinbock
Der Wunsch, real und konstruktiv oder auch destruktiv zu wirken.

3 Grad Steinbock
Sich gemeinsam gut vorbereitet auf einen Weg zu neuen Ufern machen.

4 Grad Steinbock
Alle gemeinsamen Kräfte für ein Ziel mobilisieren.

5 Grad Steinbock
Schritt für Schritt muss der Weg gegangen werden, ohne Sprünge.

6 Grad Steinbock
Hinweise, Ahnungen durch Intuition aus der Zukunft bekommen.

7 Grad Steinbock
Sich in sein eigenes Leben hinein fügen, freudig leben.

8 Grad Steinbock
Jede Handlung, auch die einfachste, hat einen inneren, heiligen Sinn.

9 Grad Steinbock
Frieden mit den Kräften der Natur ist wahre Kultur.

10 Grad Steinbock
Geschickter Umgang mit der Natur veredelt die Kultur.

11 Grad Steinbock
Auf leichte Weise Klarheit erlangen über die Vorgänge der Natur.

12 Grad Steinbock
Dass mich der Tod im Leben erfasse, und nicht das Leben im Tod.

13 Grad Steinbock
Erhalten, was erhaltenswert ist.

14 Grad Steinbock
Das Hüten noch schwachen Lebens.

15 Grad Steinbock
Ein gesunder Geist in einem gesunden Körper.

16 Grad Steinbock
Befreiung und Heilung durch Kontakt zur eigenen Natur.

17 Grad Steinbock
Schutz und Beschneidung durch die Macht der Gemeinschaft.

18 Grad Steinbock
Förderung und Überforderung stehen nahe beieinander.

20 Grad Steinbock
Die Kraft des Einzelnen zerfließt in die Gruppe zu einem harmonischen Ganzen.

20 Grad Steinbock
Gemeinsam von Mensch zu Mensch schreitet die Entwicklung von Stufe zu Stufe fort.

21 Grad Steinbock
Eine Niederlage in Würde bringt Chancen für neues Wachstum.

22 Grad Steinbock
Gerechter Ausgleich zwischen der Leitung des Einzelnen und der Leitung der Gemeinschaft.

23 Grad Steinbock
Sich aufgeben, um wachen zu können.

24 Grad Steinbock
Mitten im Leben stehen, doch in Würdigung geistiger Kultur.

25 Grad Steinbock
Die verborgenen Kräfte der Natur spüren und wahrnehmen.

26 Grad Steinbock
In der Gemeinschaft durch deren Vorbereitung zu eigenen Gipfeln kommen.

27 Grad Steinbock
Auf der Höhe des Gipfels Inspirationen von allen Seiten bekommen.

28 Grad Steinbock
Aus Andeutungen wirklich Ahnungen schöpfen können.

29 Grad Steinbock
Der Austausch zwischen Menschen auf dem Gipfel des Berges.

0 Grad Wassermann
Der Geist der Gemeinschaft, der weiterlebt von Generation zu Generation.

1 Grad Wassermann
Nicht immer gibt es eine Vorbereitung auf Angriffe der Natur.

2 Grad Wassermann
Ausbrechen aus der Gemeinschaft kann notwendiger Angriff sein.

3 Grad Wassermann
Durch innere Kräfte kann es zu neuer Harmonie nach destruktiven Aktionen der Zivilisation geben.

4 Grad Wassermann
Auf Basis alter Tradition sichere Entscheidungen treffen.

5 Grad Wassermann
Die gemeinsamen Rituale dienen der Kräftigung der Gemeinschaft.

6 Grad Wassermann
Ein vollkommener Neubeginn.

7 Grad Wassermann
Noch sind erst die Hüllen, die Vorahnungen zukünftiger Formen vorhanden.

8 Grad Wassermann
Die neuen Ideale der neuen Zeit.

9 Grad Wassermann
Selbstkritik ist der erste Schritt zur Besserung.

10 Grad Wassermann
Sich auf die innere Stimme verlassen in Wendepunkten des Lebens.

11 Grad Wassermann
Auf verschiedenen Ebenen der Entwicklung treffen sich verschiedene Menschen.

12 Grad Wassermann
Die Rhythmen der Schöpfung beobachten heißt die Zukunft erkennen.

13 Grad Wassermann
Beschleunigung ist das Resultat innerer Achtsamkeit.

14 Grad Wassermann
Das Glück und die Freude jenseits von Begrenzungen.

15 Grad Wassermann
Die Fähigkeit der Koordination menschlicher Gemeinschaftshandlung.

16 Grad Wassermann
Der Schutz des Einzelnen in und vor der Gemeinschaft.

17 Grad Wassermann
Die Schutzlosigkeit des Inneren eines Menschen in der Gemeinschaft.

18 Grad Wassermann
Die Macht des Vertrauens in die Schutzkräfte der Gemeinschaft.

20 Grad Wassermann
Der Lohn von Mühe und Ausdauer trägt Ahnungen von Zukunft in sich.

20 Grad Wassermann
Auch die Kraft, durch Zeiten von Krisen hindurchzugehen, muss sich erst mit der Zeit entwickeln.

21 Grad Wassermann
Dankbar sein für die Chance, die das Leben einem bietet.

22 Grad Wassermann
Genie ist zu 1% Begabung und zu 99% Fleiß.

23 Grad Wassermann
Erfahrungen sind dazu da, um weitergegeben zu werden.

24 Grad Wassermann
Vorteil und Gefahr der einseitigen Weiterentwicklung von Intellekt.

25 Grad Wassermann
Die Kraft der Entwicklung der geistig-intellektuellen Fähigkeiten.

26 Grad Wassermann
Feine, sanfte Gefühle brauchen den Schutz der Tradition.

27 Grad Wassermann
Voraussicht und Nutzung der Natur.

28 Grad Wassermann
Die Fähigkeit der vollständigen Wandlung.

29 Grad Wassermann
Das ganz bewusste Gefühl für die Einheit in der Gemeinschaft.

0 Grad Fische
Austausch und Vermischung regenerieren und erneuern die Gemeinschaften.

1 Grad Fische
Die Notwendigkeit des Schutzes des Einzelnen vor der Gemeinschaft.

2 Grad Fische
Das Fortleben schon längst verfallener Kulturen.

3 Grad Fische
Das Wechselspiel der Kommunikation in vollster Intensität.

4 Grad Fische
Das gemeinsame Ritual heiligt die Gemeinschaft.

5 Grad Fische
Das Engagement für die Gemeinschaft bedarf der Anerkennung aller.

6 Grad Fische
Dem innersten Ideal treu bleiben, und dafür geistig belohnt werden.

7 Grad Fische
Aufruf zur Hingabe an die Erfordernisse der Gemeinschaft.

8 Grad Fische
Gemeinschaftlicher Ansporn zur Erreichung eigener Ziele.

9 Grad Fische
Das Erlangen neuer, Grenzen sprengender Qualitäten durch die Kraft des Kollektivs und der eigenen Persönlichkeit.

10 Grad Fische
Weiter gehen auf dem Pfad der Entwicklung, sei er auch noch so schmal.

11 Grad Fische
Sich als qualifiziert für die Anforderungen der Gemeinschaft erweisen.

12 Grad Fische
Die Kraft des Willens des Einzelnen kann für die Gemeinschaft zu Ansporn werden.

13 Grad Fische
Die Notwendigkeit von Schutz der eigenen Person bei der Hingabe an Aufgaben der Gemeinschaft.

14 Grad Fische
Generalprobe eines vielleicht unumgänglichen Kampfes der Gemeinschaft.

15 Grad Fische
Rückzug in die Stille, um Kanal sein zu können für den kollektiven Geist der Schöpfung.

16 Grad Fische
Teil einer gemeinschaftlichen Kulthandlung sein.

17 Grad Fische
Die Zeit ist reif, sich dem Applaus der Gemeinschaft zu stellen.

18 Grad Fische
Die Weitergabe von über Generationen erarbeitetem Wissen.

20 Grad Fische
Rückkehr in die Ruhe der Gemeinschaft.

20 Grad Fische
Eine sanfte Ahnung, Hoffnung auf die Zukunft der Jugend.

21 Grad Fische
Mit dem Wissen um Recht und Gesetz in der Welt tätig sein.

22 Grad Fische
Hingabe aus Idealismus oder Selbstverblendung.

23 Grad Fische
Die Notwendigkeit von eigenen Grenzen innerhalb der Gemeinschaft mit anderen Menschen.

24 Grad Fische
Die Chance der Reinigung der Seele in einer bewussten Gemeinschaft.

25 Grad Fische
Jeder Mensch hat seinen eigenen Weg zur Glückseligkeit.

26 Grad Fische
Ernten, was man gesät hat.

27 Grad Fische
Befriedigung über die Früchte eigenen Handelns.

28 Grad Fische
Die Details des Einzelnen in der Vielfalt des Ganzen sehen.

29 Grad Fische
Eine Vorstellung entwickeln, und sich und sein eigenes Leben, ja sein eigenes Wesen danach prägen.

Pars Fortuna

Der Aszendent des Mondes gibt Aufschluss über besonders harmonischen Gestaltungsmöglichkeiten des Horoskopeigners.

Glückspunkt im 1. Feld

Wenn aus eigenem Impuls heraus gehandelt wird. Der Wunsch, negatives Karma auszugleichen und positives Karma aufzubauen, das Leben leicht zu genießen, bestimmt die Suche nach Identität, und hilft, zu erkennen, wer man wirklich ist.

Glückspunkt im 2. Feld

Wenn auf die eigenen Besitzverhältnisse geachtet wird. Der Wunsch, negatives Karma auszugleichen und positives Karma aufzubauen, das Leben leicht zu genießen, fördert das Hineinströmen von äußeren und das Entwickeln von innerem Reichtum.

Glückspunkt im 3. Feld

Gut, wenn man den Kontakt mit Geschwistern und Nachbarn pflegt. Der Wunsch, negatives Karma auszugleichen und positives Karma aufzubauen, das Leben leicht zu genießen, fließt hinein in die Kraft des Geistes und bewirkt Erfahrungen, die den Intellekt erhellen.

Glückspunkt im 4. Feld

Gut, wenn man auf die Belange der eigenen Familie eingeht. Der Wunsch, negatives Karma auszugleichen und positives Karma aufzubauen, das Leben leicht zu genießen, und die Suche nach den Wurzeln der Persönlichkeit, der Kontakt mit den Vorfahren und der Energie des Ortes, an dem man aufgewachsen ist, hängen eng miteinander zusammen.

Glückspunkt im 5. Feld

Gut, wenn man auf die eigenen Kinder hört und die Lebenslust pflegt. Der Wunsch, negatives Karma auszugleichen und positives Karma aufzubauen, das Leben leicht zu genießen, prägt den Drang nach Selbstausdruck, ist der Schlüssel zu Charisma, welches die Mitmenschen in Bann zieht.

Glückspunkt im 6. Feld

Gut, wenn man auf die eigene Gesundheit und auf die Arbeitskollegen achtet. Der Wunsch, negatives Karma auszugleichen und positives Karma aufzubauen, das Leben leicht zu genießen, wird verwendet, um persönliche Energien für den Zweck der Heilung und des Ausgleichs von karmischen Schwächen zu bündeln.

Glückspunkt im 7. Feld

Gut, wenn man sich von den Impulsen des Partners leiten lässt. Der Wunsch, negatives Karma auszugleichen und positives Karma aufzubauen, das Leben leicht zu genießen, wird am intensivsten über die Spiegelung dieser Eigenschaft im Partner erlebt werden können. Deshalb werden in diesem Bereich menschliche Beziehungen eine große Rolle spielen.

Glückspunkt im 8. Feld

Wenn auf das Erbe und die Kraft des Seelischen geachtet wird. Der Wunsch, negatives Karma auszugleichen und positives Karma aufzubauen, das Leben leicht zu genießen, erfährt man im Einsatz für geistige Inhalte, die in der engen Gemeinsamkeit mit Menschen entstanden sind oder als Erbschaft weitergetragen werden sollen.

Glückspunkt im 9. Feld

Gut, wenn man den Kontakt zu Ausland, Kultur und Religion pflegt. Der Wunsch, negatives Karma auszugleichen und positives Karma aufzubauen, das Leben leicht zu genießen, bestimmt den Wunsch nach kaum bremsbarer Expansion, der in Übermaß und Größenwahn, aber auch in Einsichtsfähigkeit und Erkenntnis münden kann.

Glückspunkt im 10. Feld

Gut, wenn man auf die Belange der Öffentlichkeit eingeht. Der Wunsch, negatives Karma auszugleichen und positives Karma aufzubauen, das Leben leicht zu genießen, erlebt man besonders intensiv in einer ernsten, konzentrierten, ganz auf die äußere Welt der menschlichen Gemeinschaft aufgerichteten Haltung.

Glückspunkt im 11. Feld

Gut, wenn man Kontakt zu Freunden und Gemeinschaften pflegt. Der Wunsch, negatives Karma auszugleichen und positives Karma aufzubauen, das Leben leicht zu genießen, kann sich am besten in der Gemeinschaft Gleichgesinnter entwickeln. Diese Energie sollte zur Weiterentwicklung und Veränderung von gesellschaftlichen Strukturen eingesetzt werden.

Glückspunkt im 12. Feld

Gut, wenn man auf Rückzugsmöglichkeiten und Verschwiegenheit achtet. Der Wunsch, negatives Karma auszugleichen und positives Karma aufzubauen, das Leben leicht zu genießen, zeigt sich in der Arbeit im Verborgenen, in der Reinigung des Unterbewussten und in der entwickelten Form im Aufarbeiten von karmischer Last vergangener Zeiten.

Glückspunkt im Widder
Der Wunsch, negatives Karma auszugleichen und positives Karma aufzubauen, das Leben leicht zu genießen, wird am besten umgesetzt, wenn es gelingt, sich dem Energiestrom der Tat und des Handelns reibungslos hinzugeben.

Glückspunkt im Stier
Der Wunsch, negatives Karma auszugleichen und positives Karma aufzubauen, das Leben leicht zu genießen, kann umgesetzt werden, wenn die Substanz allen Lebens immerfort gestärkt und gemehrt wird.

Glückspunkt im Zwilling
Der Wunsch, negatives Karma auszugleichen und positives Karma aufzubauen, das Leben leicht zu genießen, zeigt sich in großer Bewegungsfreiheit, die entsteht, wenn Kommunikation, Kontakte und das Wissen um die Phänomene des Alltags in den Brennpunkt des Interesses gestellt werden.

Glückspunkt im Krebs
Der Wunsch, negatives Karma auszugleichen und positives Karma aufzubauen, das Leben leicht zu genießen, verwirklicht sich im Behüten aller gerade frisch entstehenden Wesenskeime des Seelischen.

Glückspunkt im Löwen
Der Wunsch, negatives Karma auszugleichen und positives Karma aufzubauen, das Leben leicht zu genießen, zeigt sich in schöpferischer Kraft, die durch Interesse und Anerkennung geliebter Menschen belohnt werden möchte.

Glückspunkt in der Jungfrau
Der Wunsch, negatives Karma auszugleichen und positives Karma aufzubauen, das Leben leicht zu genießen, verwirklicht sich in der Pflege, Heilung und Reinigung des Körperlichen der materiellen Welt.

Glückspunkt in der Waage
Der Wunsch, negatives Karma auszugleichen und positives Karma aufzubauen, das Leben leicht zu genießen, zeigt sich im Versuch, sich vollkommen auf die Impulse eines anderen Menschen einschwingen zu können.

Glückspunkt im Skorpion
Der Wunsch, negatives Karma auszugleichen und positives Karma aufzubauen, das Leben leicht zu genießen, verwirklicht sich in tiefen Wandlungsprozessen, die neue Energien freisetzen und Regenerationskraft haben.

Glückspunkt im Schützen
Der Wunsch, negatives Karma auszugleichen und positives Karma aufzubauen, das Leben leicht zu genießen, kann Realität werden, wenn im Vertrauen auf den Reichtum des Lebens die Orientierung an Visionen und Idealen Vorrang hat.

Glückspunkt im Steinbock
Der Wunsch, negatives Karma auszugleichen und positives Karma aufzubauen, das Leben leicht zu genießen, kann sich am besten verwirklichen, wenn man sich für überpersönliche Ziele einsetzt.

Glückspunkt im Wassermann
Der Wunsch, negatives Karma auszugleichen und positives Karma aufzubauen, das Leben leicht zu genießen, wird in freier, ungebundener Gemeinschaft mit Gleichgesinnten zu verwirklichen sein.

Glückspunkt in den Fischen
Der Wunsch, negatives Karma auszugleichen und positives Karma aufzubauen, das Leben leicht zu genießen, verwirklicht sich im Bewusstsein, mit allem verbunden zu sein trotz aller sichtbaren Grenzen.

Astrolabium Planum
Mittelalterliches Stundenbuch des Johannes Angelus

0 Grad Widder
Im ersten Grad des Widders steigt ein Mann auf, der in der rechten Hand eine Sichel und in der linken eine Armbrust hält. Dieser Mann wird arbeiten und kämpfen.

1 Grad Widder
Ein Mensch mit Hundekopf, seine rechte Hand ist ausgestreckt, die linke hält einen Knüppel. Ein streitsüchtiger und neidischer Mensch - wie ein Hund.

2 Grad Widder
Ein Mensch, der mit der rechten Hand etwas erklärt, die linke hält er am Gürtel. Der Mensch wird friedliebend sein.

3 Grad Widder
Ein Mensch mit lockigem Haar hält in der rechten Hand einen Falken, in der linken eine Geißel. Wenig wird ihm geschenkt, was er ansammelt, verbraucht er im Alter.

4 Grad Widder
Zwei Männer, einer spaltet Holz, der andere hält ein Zepter. Er wird Familienvater genannt werden.

5 Grad Widder
Ein Kaiser, der den Reichsapfel in der rechten und das Zepter in der linken Hand hält. Er wird alle seine Verwandten und Nachbarn übertreffen.

6 Grad Widder
Ein Soldat, der einen Pfeil in der rechten Hand hält. Der Mensch wird vorsichtig sein.

7 Grad Widder
Ein Mann mit Helm, sonst aber ungeschützt, der in der rechten Hand eine Armbrust hält. Es wird ein streitsüchtiger Mensch und Mörder sein.

8 Grad Widder
Ein gut gekleideter Mann ohne Kopfbedeckung, die linke Hand am Schwert. Ein wunderbarer Redner.

9 Grad Widder
Ein bekleideter Mann ohne Kopfbedeckung durchbohrt einen Bären mit einer Lanze. Es wird ein Jäger sein.

10 Grad Widder
Eine aufrecht stehende Frau, die eine Spindel in der Hand hält. Der Mensch wird gastfreundlich sein.

11 Grad Widder
Ein Adler, der die Schwingen über seine Jungen ausbreitet. Dieser Mensch will außergewöhnlich sein.

12 Grad Widder
Ein feinfühliger Mensch hält in der rechten Hand einen Ziegenbock an den Hörnern. Es wird ein sehr außergewöhnlicher Mensch sein.

13 Grad Widder
Ein Gefangener, dem beide Hände gefesselt sind. Dieser Mensch wird oft gefangen sein.

14 Grad Widder
Ein Mensch ohne Kopfbedeckung mit einem Kettenhemd, er breitet die Arme aus. Es wird ein Dieb sein und ein Nichtsnutz.

15 Grad Widder
Ein Mensch, der mit einer Hacke arbeitet und dabei eine Quelle findet. Es wird ein Fischer oder Arbeiter sein.

16 Grad Widder
Ein vornehm gekleideter Mann, der untätig dasteht. Der Mensch wird ein Genießer sein.

17 Grad Widder
Eine Frau, die auf einem Richterstuhl sitzt und die rechte Hand hebt. Ein Mensch, der den Frieden liebt.

18 Grad Widder
Ein Mensch, der einen Brustharnisch trägt, seine Hände zeigen auf einen Goldschatz. Es wird ein Dieb sein und ein Nichtsnutz.

20 Grad Widder
Ein Mensch, dessen Haupt einen Helm mit einer Straußenfeder trägt. Er reitet auf einem Stier und führt mit der linken Hand ein Pferd. Ein boshafter Mensch.

20 Grad Widder
Ein sitzender Hund, der einen Löwen anschaut. Es wird ein treuer Freund sein.

21 Grad Widder
Ein sitzender Bär, der einen großen Balken in seinem Maul hält. Es wird ein schlechter Freund sein.

22 Grad Widder
Drei Schlangen, die gegen drei andere kämpfen. Dieser Mensch wird viele Feinde haben.

23 Grad Widder
Eine nackte Frau, die ihre Scham bedeckt, die rechte Hand hält sie ausgestreckt. Eine Frau, die sich nach einem Mann sehnt, oder ein Mann, der sich nach einer Frau sehnt.

24 Grad Widder
Ein Mann mit lockigem Haar, der auf einem Widder reitet. Ein Bürger, der gern herrschen will.

25 Grad Widder
Eine Sonne, die gegen eine andere strahlt. Ein Mensch, der eine hohe Stellung haben wird.

26 Grad Widder
Ein großer Drache, der am Boden liegt. Ein Mensch, der im Alter mächtig sein wird.

27 Grad Widder
Eine aufrecht stehende Frau. Ein Mensch, der friedfertig sein wird.

28 Grad Widder
Ein Mensch, der eine Säge in den Händen hält. Ein Mensch, der sich und seine Frau durch Arbeit ernähren wird.

29 Grad Widder
Eine ernste Frau, die ein gesatteltes Pferd mit der rechten Hand führt. Ein Mensch, der andere beherrschen will.

0 Grad Stier
Im ersten Grad des Stiers steigt ein Mann auf, der einen Stier führt und eine Stachelstab in der Hand hält. Der Mensch wird ein Peiniger sein.

1 Grad Stier
Eine Frau, die einen Pferdeschweif in der Hand hält. Der Mensch wird unabhängig und untätig sein.

2 Grad Stier
Eine alte hässliche Frau, die ihre Scham verdeckt. Sie wünscht sich im Alter einen Mann und will jugendlich wirken.

3 Grad Stier
Eine Frau, die in der rechten Hand eine Geißel hält. Der Mensch wird jähzornig sein.

4 Grad Stier
Ein Ochse, der in einem Kessel sitzt. Es wird ein guter Gastgeber sein.

5 Grad Stier
Ein Mensch mit drei Gesichtern, die rechte Hand streckt er aus. Der Mensch wird klug und berühmt sein.

6 Grad Stier
Eine schöne Frau steht aufrecht da. Der Mensch wird hochmütig sein.

7 Grad Stier
Eine traurige Frau sitzt auf einer Bank. Der Mensch wird traurig und kleinmütig sein.

8 Grad Stier
Ein Mann, der mit einer Peitsche in der Hand Schafe und Ziegen weidet. Es wird ein Hirte und Knecht sein.

9 Grad Stier
Zwei Frauen, die mit einem Hund spielen. Der Mensch wird untätig und der sinnlichen Liebe ergeben sein.

10 Grad Stier
Ein großer Vogel wie ein Rabe. Der Mensch wird geizig sein.

11 Grad Stier
Zwei Frauen, die sich ein Versprechen geben. Der Mensch wird guten Willens sein.

12 Grad Stier
Zwei Frauen, die sich schlagen. Der Mensch wird zänkisch und streitsüchtig sein.

13 Grad Stier
Ein Mensch mit einem Stab in der Hand. Der Mensch wird Streitsüchtige beruhigen.

14 Grad Stier
Sieben Vögel fliegen in der Luft. Der Mensch wird wankelmütig sein.

15 Grad Stier
Ein Mensch auf einem Esel. Der Mensch wird in allem faul und träge sein.

16 Grad Stier
Ein Stier, der um die Mitte an einen Baum gebunden ist. Der Mensch wird in der täglichen Arbeit eifrig sein.

17 Grad Stier
Zwei miteinander kämpfende Stiere. Der Mensch wird oft wütend sein.

18 Grad Stier
Eine Frau, die Wasser von einem Topf in einen anderen gießt. Der Mensch wird liebevoll reden.

20 Grad Stier
Zwei raufende Hunde. Der Mensch wird gehässig sein.

20 Grad Stier
Ein Bär, der zurückschaut. Der Mensch wird übelwollend und jähzornig sein.

21 Grad Stier
Drei Männer, die sich die Hand geben. Der Mensch wird Freunde haben.

22 Grad Stier
Ein Mensch fällt rückwärts auf den Boden. Der Mensch wird in allem unglücklich sein.

23 Grad Stier
Ein kranker Mensch, der sich auf einen Stab stützt. Der Mensch wird schwach in seinen Handlungen sein.

24 Grad Stier
Ein Mensch mit einem Stab, aufrecht stehend. Der Mensch wird in allem, was er tut, mutig sein.

25 Grad Stier
Ein Mensch, der mit der Hand zeigt. Der Mensch wird friedfertig sein.

26 Grad Stier
Ein Getreidefeld. Das Korn noch nicht geerntet. Der Mensch wird Schätze sammeln.

27 Grad Stier
Eine Frau führt einen Esel am Zügel, als führe sie einen Mann an den Hörnern. Die Frau will den Mann beherrschen.

28 Grad Stier
Eine Frau führt ein Pferd am Zügel. Der Mensch will andere beherrschen.

29 Grad Stier
Bauten mit schöner Ansicht. Bezeichnet eine angenehme Sache.

0 Grad Zwillinge
Im ersten Grad des Zwillings steigen zwei Männer auf, die sich die Hände halten. Der Mensch wird fröhlich sein.

1 Grad Zwillinge
Ein Mann, der zwei nackte Männer führt. Der Mensch wird Diebe fangen.

2 Grad Zwillinge
Ein Mensch, der auf der Laute spielt. Der Mensch wird Spaß machen.

3 Grad Zwillinge
Ein Mann, der eine Frau an der Hand führt. Der Mensch wird ein guter Gastgeber sein.

4 Grad Zwillinge
Ein Mensch, der in der linken Hand eine Armbrust hält und in der rechten einen Gürtel. Der Mensch rüstet sich zum Kriege.

5 Grad Zwillinge
Ein Mann, der in der rechten Hand eine Waage hält. Es wird ein Kaufmann sein.

6 Grad Zwillinge
Zwei Bräute, die sich an der Hand halten. Der Mensch wird hochgestimmt sein.

7 Grad Zwillinge
Ein Schmied und eine Frau, die untätig dabeisteht. Der Mensch meidet die Arbeit.

8 Grad Zwillinge
Ein König, der den Reichsapfel in der rechten und das Zepter in der linken Hand hält. Der Mensch wird Macht haben.

9 Grad Zwillinge
Ein Mann, der einen anderen aushebt. Ein freundlicher Mensch, der sich mit anderen vergleicht.

10 Grad Zwillinge
Ein Adler, der über seine drei Jungen die Schwingen hebt. Der Mensch möchte ein Wahrsager sein.

11 Grad Zwillinge
Zwei Frauen, die weinen. Der Mensch wird traurig sein.

12 Grad Zwillinge
Drei Raben am Boden. Der Mensch wird neidisch und habgierig sein.

13 Grad Zwillinge
Zwei Füchse, die Hühner verzehren. Der Mensch wird gefräßig und habgierig sein.

14 Grad Zwillinge
Ein Mensch mit sieben Köpfen. Der Mensch wird viele Ideen haben.

15 Grad Zwillinge
Eine Brücke über ein Wasser. Der Mensch wird erfolglos arbeiten.

16 Grad Zwillinge
Ein Mensch ohne Hände. Der Mensch wird zu nichts nütze sein.

17 Grad Zwillinge
Ein Fuchs, der schnell läuft. Der Mensch wird immer arbeiten.

18 Grad Zwillinge
Ein ärmlicher Mensch, der einen Stab trägt. Es wird ein Wanderer sein.

20 Grad Zwillinge
Drei Schlangen, die am Boden liegen. Der Mensch wird weise sein.

20 Grad Zwillinge
Ein Mensch auf einem Pferd. Der Mensch wird Diener sein.

21 Grad Zwillinge
Zwei Vögel, die sich unterhalten. Es wird ein Vogelfänger sein.

22 Grad Zwillinge
Ein alter Mann, der sich auf einen Stab stützt. Der Mensch wird ärmlich und untätig sein.

23 Grad Zwillinge
Zwei Frauen, die fröhlich beisammensitzen. Der Mensch wird fröhlich sein.

24 Grad Zwillinge
Ein Mensch, der ein offenes Buch in den Händen hält. Der Mensch wird wissbegierig sein.

25 Grad Zwillinge
Zwei raufende Hunde. Der Mensch wird streitsüchtig sein.

26 Grad Zwillinge
Eine Frau, die weint. Der Mensch wird unbeständig sein.

27 Grad Zwillinge
Zwei Stiere, einer größer als der andere. Der Mensch wird arbeitsam sein.

28 Grad Zwillinge
Drei Hunde, die in verschiedene Richtungen laufen. Es wird ein herrschaftlicher Jäger sein.

29 Grad Zwillinge
Zwei Männer, von denen jeder einen Hund an der Leine führt. Es wird ein fürstlicher Jäger sein.

0 Grad Krebs
Es steigen auf ein Mann und eine Frau, die sich fröhlich die Hand geben. Der Mensch wird fröhlich und liebenswürdig sein.

1 Grad Krebs
Zwei ledige Frauen, die fest gefügt wie ein Turm dastehen. Der Mensch wird untätig sein.

2 Grad Krebs
Zwei sitzende Frauen und zwei Männer, die vor ihnen stehen. Der Mensch wird dem anderen zu gefallen sein.

3 Grad Krebs
Eine junge Frau, die einen Mann erwartet. Der Mensch wird ausschweifend sein.

4 Grad Krebs
Eine Frau, die einen Mann erwartet. Der Mensch wird anspruchsvoll sein.

5 Grad Krebs
Ein Mann und ein Ziegenbock in einem Kessel. Es wird ein Sonderling sein.

6 Grad Krebs
Ein Mann, der einen Ziegenbock an einem Gürtel führt. Es wird ein Peiniger sein.

7 Grad Krebs
Eine Frau, die sich hinter einem Haus versteckt. Der Mensch wird faul und wollüstig sein.

8 Grad Krebs
Eine Frau, die einen Spinnrocken in der rechten Hand hält. Der Mensch wird arbeitsam sein.

9 Grad Krebs
Ein Mann, der eine Kassette in der rechten Hand hält. Der Mensch wird arbeitsam sein.

10 Grad Krebs
Ein Schiff im Wasser. Es wird ein Fischer sein.

11 Grad Krebs
Ein Mensch, der ein Fell auf der Schulter trägt. Es wird ein Sautreiber sein.

12 Grad Krebs
Ein Knabe, der ein offenes Buch trägt und eine Schreibfeder. Es wird ein Goldschmied sein.

13 Grad Krebs
Ein Lamm mit einer goldenen Krone auf dem Kopf. Es wird ein Goldschmied sein.

14 Grad Krebs
Der König der Mäuse liegt unter dem Dach im Nest. Der Mensch wird Freude haben.

15 Grad Krebs
Eine Frau steht untätig da. Der Mensch wird faul sein.

16 Grad Krebs
Zwei Frauen beim Würfelspiel. Der Mensch wird Freude haben.

17 Grad Krebs
Ein Mann, der in der rechten Hand einen Spieß und in der linken eine Flöte trägt. Er wird aufgeregt sein.

18 Grad Krebs
Ein Hund, der in einem Karren sitzt. Der Mensch wird faul sein.

20 Grad Krebs
Ein leerer Wagen. Der Mensch wird Misserfolg haben.

20 Grad Krebs
Ein untätiger Mann. Der Mensch wird faul sein.
21 Grad Krebs
Fließendes Wasser. Der Mensch wird wankelmütig sein.

22 Grad Krebs
Ein Pferd, das ein anderes bespringt. Der Mensch, der danach strebt, in Ehrenstellungen aufzusteigen.

23 Grad Krebs
Ein Pferd, das frei im Felde läuft. Der Mensch wird wankelmütig sein.

24 Grad Krebs
Ein Pferd, das frei im Felde läuft. Der Mensch wird wankelmütig sein.

25 Grad Krebs
Ein Wasser, das aus den Bergen fließt. Der Mensch wird vornehm sein.

26 Grad Krebs
Ein gezäumtes Pferd. Der Mensch wird in Abhängigkeit leben.

27 Grad Krebs
Zwei Männer, die unter einem Baum sitzen und einen Vogel im Baum sehen. Der Mensch wird untätig sein.

28 Grad Krebs
Ein Gehenkter am Galgen. Es wird ein Dieb sein.

29 Grad Krebs
Ein Schiff im fließenden Wasser. Es wird ein Schiffer oder Fischer sein.

0 Grad Löwe
Es steigt ein Mann auf, der einen Löwenkopf in seiner rechten Hand hält. Der Mensch wird tapfer sein.

1 Grad Löwe
Ein Schiff, das teilweise im Wasser liegt. Der Mensch wird Unglück im Wasser haben.

2 Grad Löwe
Ein Mann, der traurig auf einer Bank sitzt. Der Mensch wird traurig sein.

3 Grad Löwe
Ein Fisch, der im Wasser schwimmt. Der Mensch wird klug und listig sein, was ihm großen Erfolg einbringt.

4 Grad Löwe
Eine Schlange, die gewunden auf der Erde liegt. Der Mensch wird neidisch sein.

5 Grad Löwe
Ein Mann, der ein gezogenes Schwert in seiner rechten Hand hält. Ein streitsüchtiger Mensch, der anderen Widerstand leisten will.

6 Grad Löwe
Ein Mann, der auf einem Löwen reitet. Ein starker und kluger Mann.

7 Grad Löwe
Ein loderndes Feuer. Ein Mensch, der mit Feuer arbeitet.

8 Grad Löwe
Ein schmuckbehangener, gut gekleideter Mann. Der Mensch wird stolz sein.

9 Grad Löwe
Der Tod mit der Sense in der Hand. Es wird ein Mörder sein.

10 Grad Löwe
Eine Frau, die ihren Bauch entblößt. Der Mensch wird unzüchtig sein.

11 Grad Löwe
Eine schöne und gut gekleidete Frau. Der Mensch wird keusch und fromm sein.

12 Grad Löwe
Ein Stier auf der Weide. Der Mensch wird entschlossen sein in allem, was er tut.

13 Grad Löwe
Ein untätiger Mensch. Ein Müßiggänger.

14 Grad Löwe
Ein Hund, der kämpft wie ein Löwe. Der Mensch wird mutig sein.

15 Grad Löwe
Ein gezäumter Esel. Der Mensch wird unordentlich sein.

16 Grad Löwe
Ein Kamel. Der Mensch wird mutig und tapfer sein.

17 Grad Löwe
Ein Zimmerschlüssel. Der Mensch wird Macht haben.

18 Grad Löwe
Ein Mann, der ein Pferd am Zügel führt. Es wird ein Knecht sein.

20 Grad Löwe
Ein Hand, die eine Papierrolle hält. Es wird ein Bote sein.

20 Grad Löwe
Ein Mann mit einem Schlüssel in der Hand. Er wird gastfreundlich sein.

21 Grad Löwe
Ein Mann, der wie tot daliegt. Er wird gebrechlich sein.

22 Grad Löwe
Ein Mensch mit zwei Köpfen. Der Mensch wird viele Ideen haben.

23 Grad Löwe
Ein Mann, der ein Körbchen in seiner rechten Hand hält. Ein Mensch, der über Weisheit nachdenkt.

24 Grad Löwe
Ein Mann, der schwimmt. Es wird ein Fischer sein.

25 Grad Löwe
Ein Mensch, der mit einer Hacke arbeitet. Es wird ein Arbeiter sein.

26 Grad Löwe
Ein Mann mit einer Sichel in der rechten Hand. Der Mensch wird arbeitsam sein.

27 Grad Löwe
Drei Männer, die miteinander spazieren gehen. Der Mensch wird untätig sein.

28 Grad Löwe
Ein Mann und eine Frau, die sich an der Hand halten. Es wird ein lieber Mensch sein.

29 Grad Löwe
Ein Mann, der wie ein Diener auf einem Pferd sitzt. Es wird ein Diener von Fremden sein.

0 Grad Jungfrau
Es steigt eine Frau auf, die Ausschau hält nach einem Mann. Es wird ein guter Liebhaber sein oder eine Liebhaberin.

1 Grad Jungfrau
Zwei Frauen, die untätig dastehen. Der Mensch wird untätig und wankelmütig sein.

2 Grad Jungfrau
Ein Mann, der ein Rechenbuch in seiner Hand hält. Es wird ein Kaufmann sein.

3 Grad Jungfrau
Ein Mann, der mit einem Ochsen pflügt. Es wird ein Landarbeiter sein.

4 Grad Jungfrau
Ein ruhender Adler. Es wird ein erfolgreicher Kaufmann sein.

5 Grad Jungfrau
Eine schön gekleidete untätige Frau. Der Mensch wird untätig sein.

6 Grad Jungfrau
Eine einfache untätige Frau. Der Mensch wird faul sein.

7 Grad Jungfrau
Ein Mensch, der unter einem Baum sitzt. Es wird ein Hirte sein.

8 Grad Jungfrau
Eine schön gekleidete wütende Frau mit rotem Gesicht, die untätig dasteht. Der Mensch wird zornig und prahlerisch sein.

9 Grad Jungfrau
Ein schön gekleideter Mann, der untätig dasteht und in seiner Hand einen Apfel hält. Es wird ein Spaziergänger sein.

10 Grad Jungfrau
Ein Schimmel, der gezäumt umherläuft. Der Mensch wird Gewand sein.

11 Grad Jungfrau
Ein schwarzer Mann in roten Kleidern. Es wird ein schlechter Mensch sein.

12 Grad Jungfrau
Zwei Frauen, die Rosen pflücken. Der Mensch wird witzig sein.

13 Grad Jungfrau
Ein Ochse auf der Weide. Der Mensch wird arbeitsam sein.

14 Grad Jungfrau
Zwei Frauen, die fröhlich dastehen. Der Mensch wird humorvoll sein.

15 Grad Jungfrau
Zwei Hunde, die zusammen laufen. Es wird ein Jäger sein.

16 Grad Jungfrau
Ein schönes Schloss mit Turm. Der Mensch wird vorsichtig sein.

17 Grad Jungfrau
Ein reich belaubter Baum auf einer Wiese. Der Mensch wird im Wald arbeiten.

18 Grad Jungfrau
Ein Mann, der auf einem Pferd sitzt wie ein Diener. Er wird ein Knecht sein.

20 Grad Jungfrau
Ein Vogel, der einen Maulwurf oder eine Maus verfolgt. Der Mensch wird auf die eine oder andere Art gegensätzlich sein.

20 Grad Jungfrau
Ein Mann, der in der rechten Hand Gold hält und in der Linken Silber. Der Mensch wird reich sein.

21 Grad Jungfrau
Eine nackte Frau, die um die Schultern ein Ziegen- und ein Lammfell trägt. Der Mensch wird unkeusch sein.

22 Grad Jungfrau
Ein Mensch, der mit einem Boot im Wasser fährt. Es wird ein Schiffer sein.

23 Grad Jungfrau
Eine Taube, die mit einem Band an einen Stab gebunden ist. Der Mensch wird genau sein bei der Arbeit.

24 Grad Jungfrau
Ein Mann, der einen Stein mit der Schleuder wirft. Der Mensch wird streitsüchtig sein.

25 Grad Jungfrau
Zwei Männer, die sich unterhalten. Der Mensch wird ordentlich sein.

26 Grad Jungfrau
Zwei untätige Frauen. Der Mensch wird untätig sein.

27 Grad Jungfrau
Viele Vögel am Boden und andere, die fliegen. Der Mensch wird viele Rückschläge haben.

28 Grad Jungfrau
Tau oder Regen, der auf eine Wiese fällt. Der Mensch wird religiös sein.

29 Grad Jungfrau
Ein Mensch, der stumm und ruhig dasitzt. Er wird ein sonderlicher Mensch sein.

0 Grad Waage
Es steigt ein Mann auf, der in beiden Händen einen Spieß trägt. Es wird ein Kämpfer sein.

1 Grad Waage
Ein Priester mit einem Rauchfass. Der Mensch wird religiös sein.

2 Grad Waage
Ein Mensch, der an Händen und Füßen verkrüppelt ist. Der Mensch wird arm und arbeitsam sein.

3 Grad Waage
Ein Mann, der mit Pferden ein Feld pflügt. Es wird ein Landarbeiter sein.

4 Grad Waage
Ein schwarzer Vogel mit rotem Schnabel und roten Füßen. Es wird ein prahlerischer Mensch sein.

5 Grad Waage
Ein Mann, der selbst den Pflug zieht. Es wird ein Arbeiter sein ohne Sinn und Verstand.

6 Grad Waage
Ein Mann, der in der rechten Hand einen goldenen Ring trägt. Es wird ein Liebhaber oder eine Liebhaberin sein.

7 Grad Waage
Eine Frau, die über einen Kranken weint. Der Mensch wird traurig sein.

8 Grad Waage
Ein Mann, der ein Schwert über dem Kopf schwingt. Der Mensch wird streitsüchtig sein.

9 Grad Waage
Ein schwarzer Vogel, der seinen Schnabel in die Erde steckt. Der Mensch wird ganz schmutzig sein.

10 Grad Waage
Ein Mann mit schwarzem Gesicht und schwarzen Händen, aber mit weißen Füßen. Der Mensch wird träge und wankelmütig sein.

11 Grad Waage
Eine Frau, die umherschaut. Der Mensch wird untätig umherschweifen.

12 Grad Waage
Ein Mann und eine Frau, die auseinandergehen. Es wird ein Einzelgänger sein.

13 Grad Waage
Ein großer Spiegel, der an der Wand befestigt ist. Der Mensch wird stolz sein.

14 Grad Waage
Zwei Herzen, die zusammen schlagen. Der Mensch wird ein Weltbürger sein.

15 Grad Waage
Ein laufendes Kamel. Der Mensch wird stark und tapfer sein.

16 Grad Waage
Eine Amsel, die schön singt. Der Mensch wird humorvoll sein.

17 Grad Waage
Ein Dorf mit schönen Häusern. Der Mensch wird ein Haus haben.

18 Grad Waage
Ein schönes Schloss, das auf einem Berg steht. Der Mensch wird vornehm sein.

20 Grad Waage
Ein schön geschmückter Altar. Der Mensch wird religiös sein.

20 Grad Waage
Ein Mann, der auf einem Pferd oder Esel reitet. Es wird ein berittener Diener sein.

21 Grad Waage
Zwei gesattelte Pferde. Der Mensch wird viel beginnen, aber wenig erreichen.

22 Grad Waage
Ein Gelehrter, der Harn in einem Glas beobachtet. Es wird ein Arzt sein.

23 Grad Waage
Eine Gestalt, deren Oberkörper ein Mensch und deren Unterleib ein Pferd ist, schlägt mit einem Stab auf einen Drachen ein. Der Mensch wird stark sein.

24 Grad Waage
Ein Pfau auf einer Wiese. Der Mensch wird stolz sein.

25 Grad Waage
Ein Mann, der einen Löwen mit einem Stock schlägt. Es wird ein Sieger sein.

26 Grad Waage
Ein Laubbaum, der im Osten steht. Er wird ein erfolgreicher Mensch sein.

27 Grad Waage
Ein Mann, der den Boden umgräbt. Der Mensch wird arbeitsam sein.

28 Grad Waage
Eine untätige Frau. Der Mensch wird untätig sein.

29 Grad Waage
Ein Hase, der aus einem Wald läuft. Der Mensch wird unsicher sein.

0 Grad Skorpion
Es erscheint ein Mann, der einen Spieß in der Hand hält. Es wird ein Dieb und Nichtsnutz sein.

1 Grad Skorpion
Ein Mann, der auf einem Elefanten sitzt. Der Mensch wird mutig und stark sein.

2 Grad Skorpion
Ein Mensch, der untätig dasteht. Der Mensch wird böse und untätig sein.

3 Grad Skorpion
Eine Harfe, die Freude ausdrückt. Der Mensch wird humorvoll sein.

4 Grad Skorpion
Ein Mann ohne Unterleib. Der Mensch wird unvollkommen sein in allem, was er tut.

5 Grad Skorpion
Ein Esel oder Pferd, das gezäumt und gesattelt ist. Der Mensch wird wenig Wirkung erreichen.

6 Grad Skorpion
Ein sitzender Mann, der in der rechten Hand einen Geldbeutel und in der linken ein goldenes Gefäß hält. Es wird ein reicher Kaufmann sein.

7 Grad Skorpion
Ein großer Hahn. Es wird ein Schriftsteller sein.

8 Grad Skorpion
Ein Knabe, der in einem Bottich sitzt. Der Mensch wird einen schwachen Verstand haben.

9 Grad Skorpion
Ein faltiges Gesicht. Der Mensch wird eigenartige Meinungen haben.

10 Grad Skorpion
Ein Mann, der einen Skorpion hält. Der Mensch wird neidisch sein.

11 Grad Skorpion
Eine Schlange wird von Fliegen gestochen. Der Mensch wird klug, aber schlecht sein.

12 Grad Skorpion
Ein schöner mächtiger Turm. Es wird ein kräftiger Arbeiter sein.

13 Grad Skorpion
Ein Fels, aus dem Wasser fließt. Es wird ein unruhiger Geist sein.

14 Grad Skorpion
Eine schöne Frau. Der Mensch wird untätig sein.

15 Grad Skorpion
Eine Frau, die einem Bettler Almosen gibt. Der Mensch wird barmherzig sein.

16 Grad Skorpion
Ein Wolf, der im Feld läuft. Es wird ein Räuber sein.

17 Grad Skorpion
Eine Frau, die sich in der Haustür versteckt. Der Mensch wird faul und untätig sein.

18 Grad Skorpion
Ein Hund mit großen Ohren. Der Mensch wird vornehm sein.

20 Grad Skorpion
Ein Mann auf einem Kamel. Der Mensch wird tapfer sein.

20 Grad Skorpion
Ein Pferd im Feld. Der Mensch wird ohne Zwang sein.

21 Grad Skorpion
Ein großes fließendes Wasser. Der Mensch wird unbeständig sein.

22 Grad Skorpion
Viele Bächlein, die aus einem See fließen. Der Mensch wird unbeständig sein.

23 Grad Skorpion
Eine Frau, die eine Spindel in der rechten Hand trägt. Der Mensch wird fleißig sein.

24 Grad Skorpion
Ein Wolf, der einen Vogel im Maul trägt. Es wird ein Dieb und Räuber sein.

25 Grad Skorpion
Ein Mann, der geraubte Kleider um die Schulter trägt. Es wird ein Plünderer sein.

26 Grad Skorpion
Zwei Männer, die sich unterhalten. Der Mensch wird humorvoll und verträglich sein.

27 Grad Skorpion
Ein Haus oder ein großer Tempel. Der Mensch wird viel sprechen.

28 Grad Skorpion
Ein Gelehrter, der mit einem offenen Buch dasitzt. Der Mensch wird gelehrt sein.

29 Grad Skorpion
Eine Schlange mit großen Kopf. Der Mensch wird weise sein.

0 Grad Schütze
Es steigen drei Männer ohne Kopf auf. Der Mensch wird religiös und beständig sein.

1 Grad Schütze
Ein Mann, der mit einer Armbrust schießt. Der Mensch wird streitsüchtig sein.

2 Grad Schütze
Ein Mann in flammenden Kleidern, der auf einem Widder sitzt. Der Mensch wird streitsüchtig sein.

3 Grad Schütze
Ein Mann, der eine Lanze auf der Schulter trägt. Es wird ein Räuber sein.

4 Grad Schütze
Eine Frau, die ein Kind auf dem Rücken trägt. Der Mensch wird arbeitsam sein.

5 Grad Schütze
Ein Ochse mit drei Hörnern. Der Mensch wird viele Gedanken haben.

6 Grad Schütze
Eine Frau, die untätig dasteht. Der Mensch wird untätig sein.

7 Grad Schütze
Zwei Männer, die am Tisch mit Würfeln spielen. Es wird ein Spieler sein.

8 Grad Schütze
Ein großes Holzfeuer. Der Mensch wird mit Feuer arbeiten.

9 Grad Schütze
Stücke von Gold, Silber und Blei am Boden. Der Mensch wird reich sein.

10 Grad Schütze
Ein Affe, der auf einem Wolf reitet. Es wird ein Herrscher sein über andere Menschen.

11 Grad Schütze
Ein Mensch, der auf einem Ziegenbock reitet. Er ist ein Menschenverächter.

12 Grad Schütze
Ein Mann, der die Hände auf dem Rücken gebunden hat. Der Mensch wird besiegt werden.

13 Grad Schütze
Ein Gelehrter, der ein offenes Buch hält. Der Mensch wird gelehrt sein.

14 Grad Schütze
Ein Mann, der ein gesatteltes Pferd führt. Der Mensch wird furchtsam sein.

15 Grad Schütze
Ein leerer Wagen. Der Mensch wird geistlos sein.

16 Grad Schütze
Ein alter Mann, der sich auf einen Stab stützt. Der Mensch wird viel reden.

17 Grad Schütze
Ein Mann, der einen Vogel an den Schwanzfedern hält, in der anderen Hand trägt er eine brennende Fackel. Es wird ein Vogelfänger sein.

18 Grad Schütze
Ein Haus, das von brennenden Fackeln umgeben ist. Ein arbeitsamer Mensch, der von Angst beherrscht wird.

20 Grad Schütze
Drei Männer, die spazieren gehen und sich an den Händen halten. Der Mensch wird humorvoll und gesellig sein.

20 Grad Schütze
Ein Mann im Kleid eines Gelehrten. Der Mensch wird weise sein.

21 Grad Schütze
Einer, der den anderen mit dem Schwert durchbohrt. Es wird ein Räuber oder Mörder sein.

22 Grad Schütze
Eine Frau, die eine andere mit dem Messer ersticht. Es wird ein Mörder sein.

23 Grad Schütze
Ein Mann, der sich selbst mit dem Schwert durchbohrt. Der Mensch wird sich selbst Schaden zufügen.

24 Grad Schütze
Ein Mann, der auf die Erde speit. Der Mensch wird betrunken und arbeitsam sein.

25 Grad Schütze
Ein Mann, der mit einem Stab spielt. Es wird ein aufgeregter und komischer Mensch sein.

26 Grad Schütze
Ein Mann mit einem Stab hinter den Armen. Der Mensch wird untätig sein.
27 Grad Schütze
Ein Kamel auf einem Knaben. Der Mensch wird tapfer sein.

28 Grad Schütze
Ein Mensch, der von einem Bett ins andere springt. Der Mensch wird kindisch sein.

29 Grad Schütze
Ein Mann, der in der rechten Hand ein Hufeisen hält. Es wird ein Schmied sein.

0 Grad Steinbock
Es steigen zwei Männer auf, die sich ähneln. Der Mensch wird liebenswürdig und humorvoll sein.

1 Grad Steinbock
Ein Mann, der ein Schilfrohr trägt. Der Mensch wird ohne Macht sein.

2 Grad Steinbock
Eine große Schlange. Der Mensch wird weise sein.

3 Grad Steinbock
Zwei Rechen im Feld. Es wird ein Bauer sein.

4 Grad Steinbock
Zwei offene Tore. Es wird ein gastfreundlicher Mensch sein.

5 Grad Steinbock
Ein Mann, der Hunde auf der Schulter trägt. Der Mensch wird streitsüchtig sein.

6 Grad Steinbock
Zwei Männer mit einer Frau. Der Mensch wird humorvoll sein.

7 Grad Steinbock
Eine Hand, die einen Vogel hält. Es wird ein Vogelfänger sein.

8 Grad Steinbock
Ein Mann, der zu Boden fällt. Der Mensch wird gebrechlich sein.

9 Grad Steinbock
Ein Mann, der in jeder Hand einen Vogel hält. Es wird ein Vogelfänger oder Jäger sein.

10 Grad Steinbock
Ein König erhält Briefe von einem Boten. Es wird ein Bote von Fürsten sein.

11 Grad Steinbock
Ein Mann, der schnell läuft. Der Mensch wird schnell sein.

12 Grad Steinbock
Ein Mann, der ein Ziegenfell auf der Schulter trägt. Es wird ein Schinder sein.

13 Grad Steinbock
Eine Hand, die einen Spieß hält. Der Mensch wird streitsüchtig sein.

14 Grad Steinbock
Ein Mann, der kniet. Der Mann wird vornehm sein.

15 Grad Steinbock
Ein Mann auf einem ungesattelten Pferd. Der Mensch wird kraftlos sein.

16 Grad Steinbock
Ein Mann mit einem Hundekopf. Der Mensch wird streitsüchtig sein.

17 Grad Steinbock
Ein Mensch, der in der Mitte geteilt ist. Der Mensch wird kleinmütig sein.

18 Grad Steinbock
Ein Mensch mit viel Füßen, der untätig dasteht. Der Mensch soll mehr ruhen als arbeiten.

20 Grad Steinbock
Ein Affe, der sich im Spiegel erkennt. Der Mensch wird stolz sein.

20 Grad Steinbock
Ein Lehrer, der ein offenes Buch hält. Der Mensch wird gelehrt sein.

21 Grad Steinbock
Ein Mensch, der mit einem Spaten umgräbt. Es wird ein Arbeiter sein.

22 Grad Steinbock
Ein Mann, der eine Frau an der Hand führt. Der Mensch wird ein Liebhaber sein.

23 Grad Steinbock
Ein Küfer, der an einem Fass arbeitet. Es wird ein Künstler sein.

24 Grad Steinbock
Ein Mann, der einen Vogel in der Hand trägt. Der Mensch wird vornehm sein.

25 Grad Steinbock
Ein Wald mit schönen Bäumen. Es wird ein Holzknecht sein.

26 Grad Steinbock
Ein Mensch, der im Gras liegt. Der Mensch wird schwach sein.

27 Grad Steinbock
Ein Mensch, der Erde auf dem Kopf trägt. Der Mensch wird reich sein.

28 Grad Steinbock
Eine schöne Frau, die auf einer Bank sitzt. Der Mensch wird fröhlich sein.

29 Grad Steinbock
Ein Fischschwanz. Der Mensch wird in allem, was er tut, unvollkommen sein.

0 Grad Wassermann
Es steigt ein Mann auf, der in jeder Hand einen Vogel hält. Es wird ein Vogelfänger sein.

1 Grad Wassermann
Ein Mann, der sich mit beiden Händen den Kopf hält. Der Mensch wird traurig sein.

2 Grad Wassermann
Ein anderer Mann, der sich eine Hand an den Kopf hält. Der Mensch wird viel leiden.

3 Grad Wassermann
Ein Mann reitet auf seinem eingeschlossenen Schatz. Es wird ein Kaufmann sein.

4 Grad Wassermann
Eine Frau geht voraus, gefolgt von einem Mann. Der Mensch wird unruhig sein.

5 Grad Wassermann
Ein Mann, der mit einem Stab spielt. Der Mensch wird humorvoll sein.

6 Grad Wassermann
Ein offenes Messer liegt am Boden. Der Mensch wird kriegerisch sein.

7 Grad Wassermann
Ein Mann, der eine Kette hält. Der Mensch, der sich nicht in der Gewalt hat.

8 Grad Wassermann
Ein Mann, der einen anderen aushebt. Der Mensch wird untätig sein.

9 Grad Wassermann
Ein Mensch, der ohne Kopf dasteht. Der Mensch wird keine Macht haben.

10 Grad Wassermann
Ein Bewaffneter ohne Kopf. Ein vornehmer Mensch, der keine Macht hat.

11 Grad Wassermann
Ein Bewaffneter, der einen König erschlägt. Er wird Herrscher über einen König sein.

12 Grad Wassermann
Eine bewaffnete Reiterschar. Der Mensch wird streitsüchtig und räuberisch sein.

13 Grad Wassermann
Ein Mann, der einen abgeschnittenen Fuß in der Hand hält. Der Mensch wird traurig sein.

14 Grad Wassermann
Zwei Männer auf einem Einhorn. Der Mensch wird streitsüchtig sein.

15 Grad Wassermann
Ein Mann, der ein Feuer in der Hand hält. Er wird mit Feuer arbeiten.

16 Grad Wassermann
Eine Frau, die krank im Bett liegt. Der Mensch wird schwach und untätig sein.

17 Grad Wassermann
Eine große ruhende Eule. Der Mensch wird neidisch sein.

18 Grad Wassermann
Ein Mann, der einen abgetrennten Kopf in den Händen hält. Der Mensch wird Macht haben.

20 Grad Wassermann
Eine alte Frau, die sich auf einen Stock stützt. Der Mensch wird gebrechlich sein.

20 Grad Wassermann
Ein schön gekleideter Mensch, der rücklings am Boden liegt. Der Mensch wird schwach sein.

21 Grad Wassermann
Ein Mann, der einem anderen mit dem Beil Hände und Füße abschlägt. Der Mensch wird ein Verbrecher sein.

22 Grad Wassermann
Zwei Hunde, die nebeneinander laufen. Der Mensch wird untätig sein.

23 Grad Wassermann
Ein Mann, der weinend die Hände ringt. Der Mensch wird immer traurig sein.

24 Grad Wassermann
Ein Mensch, der einen langen Spieß trägt. Es wird ein Dieb und Nichtsnutz sein.

25 Grad Wassermann
Eine Quelle, die von einem hohen Berg kommt. Der Mensch wird unruhig sein.

26 Grad Wassermann
Ein Haus, von Zäunen umgeben. Der Mensch wird sicher sein in allem, was er tut.

27 Grad Wassermann
Ein Mann, der aus einem Krug trinkt. Der Mensch wird fröhlich sein.

28 Grad Wassermann
Ein Reiter, der ein blankes Schwert in der Hand trägt. Der Mensch wird streitsüchtig sein.

29 Grad Wassermann
Ein gekrönter König. Ein Mensch, der ruhig herrscht.

0 Grad Fische
Es steigen zwei Männer auf, die einen Kopf haben. Der Mensch wird streitsüchtig und wankelmütig sein.

1 Grad Fische
Ein Mann, der auf dem Boden sitzt. Er wird ein Bauer sein.

2 Grad Fische
Ein Mensch, der ein Brot isst. Es wird ein Müller sein.

3 Grad Fische
Ein Einhorn, das auf dem Rücken liegt. Der Mensch wird machtlos sein.

4 Grad Fische
Zwei Jungfrauen, die nebeneinanderstehen. Der Mensch wird humorvoll sein.

5 Grad Fische
Ein großer Vogel, der frisst. Der Mensch wird habgierig sein.

6 Grad Fische
Ein Mann, der in der Hand eine Schelle hat. Er wird Messner sein.

7 Grad Fische
Ein Mann, der in einem Fass sitzt und eine Bürste in der Hand hat. Es wird ein Badender sein.

8 Grad Fische
Ein wandernder Pilger. Der Mensch wird religiös sein.

9 Grad Fische
Ein Mann arbeitet an einem Mörser. Der Mensch wird arbeitsam sein.

10 Grad Fische
Ein Mensch, der mit einem Stab geht. Der Mensch wird unbeständig sein.

11 Grad Fische
Ein schön gekleideter Jüngling, der zurückblickt. Der Mensch wird untätig sein.

12 Grad Fische
Ein Mann und eine Frau, die reiten. Der Mensch wird untätig sein.

13 Grad Fische
Ein Mann, der im Wald Holz schlägt. Der Mensch wird arbeitsam sein.

14 Grad Fische
Ein Mann, der ein blankes Messer in der Hand hält. Der Mensch wird sich auf Streit vorbereiten.

15 Grad Fische
Ein Mann, der einen Hahn in der Hand hält. Der Mensch wird vornehm sein.

16 Grad Fische
Ein Mann, der sich ins Wasser stürzt. Der Mensch wird gedankenlos sein.

17 Grad Fische
Zwei Reiter, die gegeneinander kämpfen. Der Mensch wird streitsüchtig sein.

18 Grad Fische
Ein Mann, der sich ins Schwert stürzt. Der Mensch wird ein Selbstmörder sein.

20 Grad Fische
Ein Mond, der in der Nacht scheint. Der Mensch wird wankelmütig sein.

20 Grad Fische
Zwei Männer, die sich gegenseitig mit dem Schwert durchbohren. Es wird ein Mörder sein.

21 Grad Fische
Eine Frau, die mit einem Ziegenfell bekleidet ist. Der Mensch wird unkeusch sein.

22 Grad Fische
Eine Frau, die in einem Boot fährt. Der Mensch wird wankelmütig sein.

23 Grad Fische
Ein Mann und eine Frau im Bett. Der Mensch wird sinnlich sein.

24 Grad Fische
Ein Mann, der einen Stein wegschleudert. Der Mensch wird streitsüchtig sein.

25 Grad Fische
Eine Frau, die einem schlafenden Mann mit einem Beil den Kopf abschlägt. Es wird ein Mörder sein.

26 Grad Fische
Ein nackter, urinierender Mann. Der Mensch wird schamlos sein.

27 Grad Fische
Ein Mann, der neben einem Pferd geht, in der einen Hand hält er einen Vogel, in der anderen eine Schlange. Der Mensch wird wundersame Gedanken haben.

28 Grad Fische
Ein großer Fisch ohne Wasser. Der Mensch kann wankelmütig sein.

29 Grad Fische
Eine Frau, die in den Spiegel schaut. Der Mensch wird stolz und unkeusch sein.

Transit-Prognose

Astrologie ist eine Erfahrungswissenschaft und gar nicht so kompliziert. Das gibt es Sonne, Mond, Planeten und sonstige Faktoren. Diese standen, als wir geboren wurden, an ganz bestimmten Himmelspositionen und bilden diverse Winkel zueinander, Aspekte genannt.

All das zusammen nennt man »Radix«, Geburtshoroskop. Und darauf beziehen sich die »Transite«: Bewegungen der Gestirne in die Zukunft hinein. Mit ihnen beschäftigt sich diese Analyse. Ohne Transite keine Prognose, keine Vorausschau. Viele Deutungselemente wollen miteinander kombiniert werden: psychologisch, esoterisch und natürlich auch praktisch, alltagsbezogen.

Greifen wir zu einem Trick, um der Vielfalt Herr zu werden. Stellen wir uns die Himmelskörper ganz einfach als Akteure eines Theaterstückes vor. Da gibt es die stolze Sonne, den launischen Mond, den klugen Merkur, die verführerische Venus, den strengen Saturn und viele mehr. Johann Wolfgang von Goethe beschrieb in »Dichtung und Wahrheit« seinen eigenen Auftritt auf der kosmischen Bühne folgendermaßen:

»Am 28. August 1749, mittags mit dem Glockenschlag zwölf, kam ich in Frankfurt am Main auf die Welt. Die Konstellation war glücklich: Die Sonne stand im Zeichen der Jungfrau und kulminierte für den Tag! Jupiter und Venus blickten sie freundlich an, Merkur nicht widerwärtig, Saturn und Mars verhielten sich gleichgültig! Nur der Mond, der soeben voll ward, übte die Kraft seines Gegenscheines umso mehr, als zugleich seine Planetenstunde eingetreten war. Er widersetzte sich daher meiner Geburt, die nicht eher erfolgen konnte, als bis diese Stunde vorübergegangen.«

In dieser Transitanalyse lesen wir Deutungen der Hauspositionen und Winkelverbindungen der Transitoren zum Radix. Gedeutet wird also die aktuelle Position eines Himmelskörpers in Bezug auf die Stellungen zur Geburt. Ob die Sterne einen direkten Einfluss auf unser Leben haben? Oder darf man den Zyklus ihrer Bahnen am Himmel nur gleichnishaft verstehen? Die Naturwissenschaften haben hierzu noch keine endgültige Antwort parat. Astrologie beruht auf Beobachtungen und Erfahrungen von Jahrtausenden. Sie spricht in Bildern, um unsere Seele zu erreichen.

Diese Texte dienen der Inspiration, um den Zauber des Lebens ein bisschen besser zu begreifen. Und ganz nebenbei erhaschen wir dabei auch einen kleinen Blick in die Zukunft. Was wirklich passiert, lässt sich nicht voraussagen. Die Planetenenergien haben einen großen Einfluss, auf uns und den gesamten Kosmos. Doch zugleich verfügen wir Menschen über ein riesiges Maß an persönlicher Freiheit, aus jeder Situation das Beste machen zu dürfen.

Die Zyklen der Sonne

Der Lauf der Sonne in der Prognose erhellt die jeweiligen Bereiche unseres Geburtshoroskops. Im Gegensatz zu allen anderen Planeten und Lichtern führt ein Transit unseres Zentralgestirns fast immer zu einem konkreten Ereignis. Wenn man sich das Leben als eine Theaterbühne vorstellt, dann ist die Radix-Sonne der Spot, der hell gleißende Punktstrahler, der die Blicke des Publikums auf die Schauspieler lenkt. Die Transite der Radix-Sonne durch ein Radix-Haus dauern im Schnitt 30 Tage. Unser persönliches Entfaltungspotenzial ist während dieses Zeitraums genau in dem Lebensbereich am größten, der diesem Teil unseres Geburtshoroskops entspricht. Sonnentransite über spezielle Positionen der Lichter, Planeten und Achsen des Horoskops sind sehr kurz und heftig. Man kann eine Geltungsdauer von zwei bis drei Tagen veranschlagen. Spezielle Facetten unseres Charakters werden energetisch aufgetankt. Kommt die laufende Radix-Sonne beispielsweise über die Himmelsmitte (Medium Coeli) des Geburtshoroskops, wird man es mit Vorgesetzten und Behördenn zu tun haben. Zugleich winkt einem Erfolg bei allen Aktivitäten, welche die eigene Person in den Glanz öffentlicher Anerkennung stellen. Sonnentransite (speziell Konjunktionen) bringen unsere Persönlichkeitsanteile ganz sichtbar auf die Bühne des Lebens. Plötzlich erleben wir Menschen, von denen wir uns innerlich sagen »Da bist ja eigentlich du«. Generell gilt, dass die Sonnentransite Selbstbewusstsein verleihen. Wenn wir nach günstigen Tagen für Vorhaben suchen, die unsere persönliche Präsenz erfordert, dann sollten wir auf die Gunst der Radix-Sonne vertrauen.

Transit-Sonne im ersten Radix-Haus

Ellenbogen gebrauchen! Ein paar Wochen geht die Radix-Sonne jetzt durch Ihr erstes Horoskophaus. Sie sind beeindruckend im persönlichen Auftreten, ichbezogen, mit starker körperlicher Vitalität, ungeduldig im Handeln und streitbar. Nutzen Sie diese Zeit, um Ihre ganz persönlichen Interessen durchzusetzen. Sie haben sehr viel Mut und geben eine glänzende Erscheinung ab.

Transit-Sonne im zweiten Radix-Haus

Sich absichern! Wenn die Radix-Sonne durch das zweite Haus geht, möchten Sie in Gelddingen die Weichen neu stellen. In allen materiellen Angelegenheiten sind Sie äußerst kreativ. Sie schaffen Sicherheit, zuerst einmal für sich selbst, aber auch für Ihre Firma. In keiner anderen Zeit des Jahres können Sie derart erfolgreich Lohnverhandlungen führen und Geldgeschäfte tätigen.

Transit-Sonne im dritten Radix-Haus

Kontakte herstellen! Mit der Radix-Sonne im dritten Haus wird es Ihnen gelingen, die Isolation zu durchbrechen. Sie sind nicht mehr nur auf diejenigen Menschen angewiesen, die Sie bislang kennen. Selbstbewusst bauen Sie neue Kontakte auf. Kurze Geschäftsreisen. Schriftverkehr. Feilscherei. Rabattvorteile. Vorteile durch Handel und Marktobservation.

Transit-Sonne im vierten Radix-Haus

Heimisch werden! Der Sonnentransit durch das vierte Haus eignet sich hervorragend zum Erwerb und Handel mit Immobilien. Sie könnten in dieser Zeit z. B. auch als Location Scout arbeiten, d. h. coole Plätze für Film-Dreharbeiten oder besondere Festivitäten auskundschaften. Wer gerade erst in einer Firma neu angefangen hat, sollte sich nun verstärkt mit der Corporative Identity vertraut machen, mit der Firmenidentität und dem kollektiven Selbstverständnis der Mitarbeiter.

Transit-Sonne im fünften Radix-Haus

Alles zeigen! Mit dem Sonnentransit durch das fünfte Haus steigt für ein paar Wochen die Lust, selbstständig und eigenverantwortlich zu arbeiten. Auch hat man überhaupt keine Scheu vor der Öffentlichkeit. Melden Sie sich für Verkaufsveranstaltungen, den Messebesuch oder Vorträge vor der Hauptversammlung der Aktionäre. Publikum haben Sie dort genug.

Transit-Sonne im sechsten Radix-Haus

Fehler finden! Wenn die Radix-Sonne durch das sechste Haus geht, macht es Ihnen überhaupt nichts aus, auch mal in eine dienende Position zu gehen oder Auftragsarbeiten anzunehmen. Gerade in Spezialbereichen können Sie zeigen, wie qualifiziert Sie wirklich sind. Übrigens ist diese Zeit auch ganz hervorragend für die Innenrevision geeignet. Sie finden ziemlich schnell heraus, wie sich die betrieblichen Abläufe optimieren lassen. Reden Sie mit den Leuten. Nehmen sie ihre Klagen ernst. Das bezieht sich auch auf die Fehlersuche in der Produktion, also z. B. Debugging von Computersoftware-Programmierungen.

Transit-Sonne im siebten Radix-Haus

Verträge abschließen! Mit der Transit-Sonne im siebten Haus interessiert man sich grundsätzlich für andere Menschen. Man ist selbstbewusst im Kontakt mit dem Du, in Partnerschaften, reibt sich an offenen Feinden, beispielsweise der Konkurrenz oder Mitbewerbern um einen lukrativen Posten, hat jetzt aber auch das Talent, Gegner zu Freunden und Konkurrenten zu Mitstreitern umzuwandeln. In Gerichtsprozessen gelingt einem in dieser Sonnen-Phase oftmals der Vergleich, eine einvernehmliche Regelung ohne Richterentscheid.

Transit-Sonne im achten Radix-Haus

Durchblick bekommen! Der Transit der Radix-Sonne durch das achte Haus bringt es mit sich, dass man die realen finanziellen Verhältnisse von Partnern und Klienten in sehr viel helleren, vielleicht sogar grellem Licht sieht. Das ist auf den ersten Blick nicht immer schön. Ein stärkeres Selbstbewusstsein und vor allem viel Neugierde hilft, den Kontakt mit dem Dunklen, der Manipulation, verborgenen Pleiten, aber auch versteckten Konten und einbehaltenen Gewinnen erträglich zu halten. Es ist so, als ob Sie im Tresorraum einer Bank stehen und mit der Röntgenbrille in private Schließfächer hineinschauen können.

Transit-Sonne im neunten Radix-Haus

Weit reisen! Es sind nur ein paar Wochen, in denen die Radix-Sonne durch das neunte Horoskophaus geht. Aber die werden Ihnen guttun. Sie strahlen Optimismus aus. Vergünstigungen nehmen Sie gerne an. Und sie würden am liebsten von heute auf morgen die Zelte abbrechen. All dies lässt sich durchaus mit dem Berufsleben unter einen Hut bringen. Nehmen Sie Bildungsurlaub. Gehen Sie auf einen Fortbildungskongress. Lassen Sie sich kurzfristig in die Filiale nach Übersee versetzen. Heuern Sie auf einem Schiff an, oder einem Vergnügungspark als Animateur. Zu hoch gesteckte Ziele? Finden Sie irgendetwas, das Ihren Horizont erweitert. Schon eine Idee? Na seh'n Sie!

Transit-Sonne im zehnten Radix-Haus

Anerkennung ernten! Wenn die Radix-Sonne durch das zehnte Haus geht, treten Sie sehr viel selbstbewusster in öffentlichen Einrichtungen auf. Sie brauchen jetzt die Arbeit in Hierarchien, sind statusorientiert, bis hin zum Kastendenken. All dies dient dazu, beruflich weiter zukommen, Macht und Einfluss zu erlangen. Sie wollen es jetzt wirklich wissen. Zwangsläufig werden sich gewisse Leute in ihrem bequemen Posten bedrängt fühlen. Sie müssen mit Anfeindungen und Widerstand rechnen. Na ja, da müssen Sie halt durch.

Transit-Sonne im elften Radix-Haus

Sich solidarisieren! Der Transit der Radix-Sonne durch das elfte Haus macht Sie selbstbewusst im Verein mit Gleichgesinnten. Ein starker Kontakt zu Leuten, die auf Ihrer Welle sind, hilft ungemein. Allerdings könnten Sie auch Enttäuschungen erleben. Niemand akzeptiert Sie jetzt sofort als Chef. Fügen Sie sich in ein Team ein. Ihre soziale Kompetenz ist gefragt. Hierarchien sind jetzt vollkommen unwichtig, stören nur.

Transit-Sonne im zwölften Radix-Haus

Abstand finden! Mit dem Transit der Radix-Sonne durch das zwölfte Haus kommt es zu einem freiwilligen oder unfreiwilligen Rückzug. Man reibt sich an versteckten Feinden oder äußeren Umständen, die nicht so leicht zu verändern sind. Nutzen Sie diese Zeit, um im Hintergrund zu arbeiten. Diese zeitweilige Isolation hilft Ihnen, Dinge aus einer distanzierten Warte zu betrachten und neue Pläne zu schmieden. Eine gute Gelegenheit, um neue Projekte vorzubereiten. Sondieren Sie das Gelände. Analysieren Sie den Markt. Halten Sie sich nach außen hin bedeckt.

Transit-Sonne und Radix-Sonne in Konjunktion

Feiertag! Herzlichen Glückwunsch zum Geburtstag! Dies ist ein Tag zum Feiern. Starten Sie eine große Party und laden Sie alle Freunde ein. Der Sekt soll in Strömen fließen. Die Musik kann nicht laut genug sein. Sie steigen auf den Tisch und tanzen wie noch nie Gut so. Aber muss das alles schon morgens um neun in der Firma starten? Wenn sie Alleininhaber sind und es sich leisten können, den Respekt Ihrer Angestellten und Kunden aufs Spiel zu setzen, dann hoch die Tassen. Als Angestellter hingegen trumpfen Sie jetzt besser durch betont dezentes Verhalten auf. Ein kurzes Dankeschön für die Glückwünsche der Mitarbeiter. Und schon geht es wieder ans Tagesgeschäft. Ein kleiner Umtrunk nach Feierabend. Mehr nicht. Der Chef wird ganz angetan sein von Ihrer zurückhaltenden und disziplinierten Art. Und er merkt nicht, dass Ihnen diese Bescheidenheitsshow insgeheim großes Vergnügen bereitet. Loswerden können Sie ihn immer noch. Aber erst dann, wenn Sie endlich Prokurist sind, die Führung dieses Saftladens übernommen haben. Der Tag wird kommen!

Transit-Sonne und Radix-Sonne in Spannung

Eigenblindheit! Die Transit-Sonne in Spannung zu ihrer Radixposition sollte Sie zum Nachdenken bringen. Wo sind Sie eigenblind? Stimmen Selbstbild und Fremdbild wirklich überein? Tappen Sie nicht in die Egofalle! Sie stehen sich damit nur selbst im Wege. Nehmen Sie sich für einen Tag zurück. Misstrauen Sie allen, die Ihnen jetzt schmeicheln. Statt Eitelkeit sollten Sie auf Herzlichkeit setzen. Dann wird man Ihre Autorität in der Firma bald wieder hergestellt sein.

Transit-Sonne und Radix-Sonne in Harmonie

Schöpferkraft! Harmonische Transite der Radix-Sonne zu ihrer Ausgangsposition stärken das Ego. Ihre Ausstrahlung ist sehr gut. Man möchte mehr von Ihrer Persönlichkeit erleben. Sie haben Führungsqualitäten. Ein guter Tag für alle Tätigkeiten, die Freude machen und selbstständige Entscheidungen verlangen. Mit der Kraft von zwei Herzen können Sie andere Menschen überzeugen. Kreative und Künstler spüren diese positive Zeitqualität ganz besonders gut.

Transit-Sonne und Radix-Mond in Konjunktion

Klimaveränderung! Bei Radix-Mond im Transit über der Radix-Sonne geht es vor allem um die Atmosphäre am Arbeitsplatz, das Verhältnis zu Kollegen und Mitarbeitern. Sie können darauf Einfluss nehmen. Wenn Sie das Betriebsklima verändern wollen, dann tun Sie es doch! Das Ergebnis Ihrer Bemühungen lesen Sie umgehend in den Gesichtern Ihrer Mitmenschen ab. Sie werden es nicht ganz schaffen, eine vertraute Atmosphäre herzustellen. Die Erfahrungen Ihrer Kindheit spielen immer mit hinein. Auch das Negative. Seien Sie also flexibel und bei aller Tatkraft auch zurückhaltend. Zwingen Sie Ihren Kollegen nicht zu viel Vertrautheit auf. Sonst erreichen Sie das Gegenteil von dem, was Sie eigentlich beabsichtigen.

Transit-Sonne und Radix-Mond in Spannung

Gegen einander! Spannungsaspekte zwischen Transit-Sonne und Radix-Mond stören die betriebliche Zusammenarbeit. Wenn Sie ihren Willen rücksichtslos durchsetzen, spielen die Kollegen nicht mit. Anstatt sich darüber zu ärgern, sollten sie lieber ein wenig gefühlvoller und mit mehr Rücksicht agieren. Außerdem sind Sie selbst zur Zeit ganz schön launisch. Im Prinzip wäre es besser, sich heute überhaupt nicht in den Mittelpunkt zu drängen. Geht das, können Sie das?

Transit-Sonne und Radix-Mond in Harmonie

Hammer und Amboss! Die harmonischen Transite von Radix-Sonne zum Radix-Mond sind äußerst günstig für alle Aktivitäten, die Sie selbst in die Hand nehmen. Die Leute um Sie herum arbeiten nicht gegen, sondern für Sie. Wenn Sie wie ein Hammer die Impulse setzen, schaffen Sie Klarheit. Und da sind dann noch die anderen, die als Amboss die Schläge aufnehmen, keine Sperenzchen machen, sondern die ihnen zugewiesene Position einnehmen. Die Rollenverteilung stimmt. Sie sind in der Lage, klare und eindeutige Anweisungen zu geben. Das verlangt man von Ihnen. Und das können Sie auch leisten. Heute ganz bestimmt.

Transit-Sonne und Radix-Merkur in Konjunktion

Wortführerschaft! Mit der Transitsonne über Radix-Merkur sind Sie äußerst kommunikationsstark. Sie halten mit Ihrer Meinung nicht hinter dem Berg. Wenn Sie lachen, dann laut und deutlich. Zur Zeit sind Sie wirklich sehr präsent, vielleicht sogar überpräsent. Aus lauter Freude darüber, dass ihre Schüchternheit verflogen ist, bestimmen Sie Verlauf und Thema des Gesprächs. Dass Ihr Gegenüber dabei noch hin und wieder zu Wort kommt, ist wirklich erstaunlich. Nutzen Sie diesen Tag für wirklich schwierige Außenkontakte. Dort bietet sich Ihnen genug Freiraum und Sie können Ihr Ego gekonnt einsetzen. Als Repräsentant Ihrer Firma geben Sie ein ganz passables Bild ab.

Transit-Sonne und Radix-Merkur in Spannung

Neunmalklug! Die harte Sonnen-Transite zum Radix-Merkur machen es fast unmöglich, ein sachliches Gespräch zu führen. Entweder ist der andere zu begriffsstutzig oder Sie sind zu eitel. Wenn Sie Chef eines Unternehmens sind, gilt das Erstere. Als Angestellter sollten Sie stets von Letzterem ausgehen - falls Ihnen Ihre Karriere lieb ist. Dieser Sonnentransit geht oft mit technischen und logistischen Problemen einher. Ursache dafür kann eine problematische Kommunikationsstruktur sein. Wenn einzig und allein die Hackordnung unter den Mitarbeitern bestimmt, wer Recht hat, kommt es zwangsläufig zu Informationsdefiziten.

Transit-Sonne und Radix-Merkur in Harmonie

Klar und deutlich! Die harmonischen Transite von Radix-Sonne zum Radix-Merkur gehen mit einer gewissen Lässigkeit einher. Man ist so selbstsicher, dass man völlig locker und souverän auf den anderen zugehen kann. Die Gespräche gestalten Sie sachlich, aber immer mit einem gewissen C e. Es dürfte sogar richtig herzlich werden. Vor allem aber gibt es kaum Missverständnisse. Man legt einfach alle Fakten auf den Tisch. Und dazu gehört es auch, die eigenen Interessen unmissverständlich zum Ausdruck zu bringen. Das schreckt keineswegs ab. Ihr Gegenüber weiß, auf wen er sich einlässt. Aus diesem Grunde eignet sich diese Konstellation auch für Vertragsverhandlungen.

Transit-Sonne und Radix-Venus in Konjunktion

Hoher Sympathiefaktor! Der Transit zu Radix-Sonne über Radix-Venus zeigt klar und deutlich auf, wie Sie Ihre Beziehungen gestalten und wie es momentan um Ihren Sympathiefaktor bestellt ist. Letzteres ist im Berufsleben überaus wichtig, bestimmt beispielsweise Kaufentscheidungen zwischen vergleichbaren Produkten, gilt für politische Wahlen, wenn sich die großen Parteien in ihren Zielen nicht sonderlich unterscheiden. Überall dort, wo es ein Überangebot auf dem Markt gibt, gibt Sympathie den Ausschlag. Sie können dieser Tage ganz bewusst Einfluss darauf nehmen und so Ihre ganz persönlichen Chancen auf dem Arbeitsmarkt steigern. Dass Sie momentan zu Bequemlichkeit neigen, ist die Schattenseite dieser Konstellation.

Transit-Sonne und Radix-Venus in Spannung

Unlustgefühle! Bei Transit-Sonne im Spannungsaspekt zur Radix-Venus schwankt die Palette von übertriebener Eitelkeit bis hin zu absolutem Widerwillen. Beides sind zwei Seiten der gleichen Medaille. Wenn Sie in diesen Tagen ein Kleidungsstück kaufen, werden Sie damit entweder eine vermeintliche Hässlichkeit kompensieren wollen oder sich unbewusst etwas zulegen, das absolut nicht zu Ihrem Typ passt. Auf jeden Fall werden Sie das gute Stück in ein paar Tagen in den Schrank legen. Für immer. Früher oder später landet es dann in der Altkleiderspende. Übertragen Sie dieses Beispiel auf Ihren Beruf. Natürlich können Sie diesem oder jenem jetzt schlecht sagen, dass Sie ihn bzw. seine Produkte oder Anliegen unsympathisch finden. Aber Sie denken es. Sagen Sie Meetings ab. Schieben Sie irgendeine Unpässlichkeit vor. Aufgeschoben ist nicht aufgehoben. Puh, noch einmal davongekommen!

Transit-Sonne und Radix-Venus in Harmonie

Reines Vergnügen! Die harmonischen Transite von Radix-Sonne zum Radix-Merkur gehen mit einer gewissen Lässigkeit einher. Im Prinzip macht alles, was Vergnügen verspricht, entweder dick oder ist verboten. Doch man gönnt sich ja sonst nichts. Nicht so zimperlich sein. Man kann es sich ja leisten. Und will auch gezeigt sein. Dies Konstellation ist hervorragend geeignet für alle Verkäufer und Mitarbeiter in der Unterhaltungsbranche, im Modegewerbe, in Konditorei und Eiscafé, der Erotikindustrie und vergleichbaren Einrichtungen. Lassen Sie Ihre Fantasie schweifen. Schauen Sie der Sünde scharf in die Augen. Halten Sie stand! Und wenn Sie dann doch einmal schwach werden sollten, können Sie hinterher immer noch beichten gehen. Hach, ist das Leben schön!

Transit-Sonne und Radix-Mars in Konjunktion

Einsame Entscheidung: Transit-Sonne über Radix-Mars bringt immer brenzlige Ereignisse. Ganz phlegmatische, ängstliche oder sonst wie passive Gemüter werden durch Unfälle, technische Störungen oder Aggressionen dritter überraschst. Wer aber auch nur halbwegs aktiv sein Berufsleben gestaltet, wird in diesen Tagen laut aufjubeln. Keine Konstellation ist besser geeignet, die Verhältnisse aktiv umzugestalten. Damit die Dinge besser werden! Sie fragen jetzt nicht mehr. Sie warten auch nicht ab. Sie tun einfach etwas. Und wenn es das Falsche war, dann wird halt etwas anderes probiert. Bitte Sie die Geschäftsleitung um Teilnahme an besonders schwierigen Projekten, die sofort erledigt werden müssen und keinen Aufschub dulden. Oder handeln sie ohne fremden Auftrag. Natürlich müssen Sie die Konsequenzen Ihres Handelns verantworten. Später dann. Das alles ist immer noch besser, als von den Ereignissen überrannt zu werden. Also los!

Transit-Sonne und Radix-Mars in Spannung

Hauen und Stechen! Die harten Spannungsaspekte zu Radix-Sonne zum Radix-Mars haben oft etwas mit Autoritätskonflikten zu tun. Sie geraten irgendwo hinein, wo die Hackordnung nicht stimmt. Und deshalb arbeiten die Leute gegeneinander. Die Folge ist ein sinnloses Konkurrenzdenken, in einem Unternehmen höchst kontraproduktiv. Man könnte Ihnen jetzt raten, nicht auf jede Provokation einzugehen. Doch diese Gestirnskonstellation ist nun einmal überhaupt nicht mit dem Kopf zu steuern. Sie könnten sich nur selbst austricksen. Ganz bewusst. Sagen Sie sich innerlich, dass Sie den anderen abblitzen lassen, gerade um ihn zu ärgern. Soll der vor Wut kochen! Das hat der nun davon. Sie bleiben cool und souverän.

Transit-Sonne und Radix-Mars in Harmonie

Große Taten! Mit der Radix-Sonne in Harmonie zum Radix-Mars sammeln sich die vier Musketiere und erobern die Märkte dieser Welt, sind statt mit Pferd und Degen mit Porsche und Laptop ausgestattet. Diese Konstellation ist ganz hervorragend für Teamwork geeignet. Sie ist dynamisch und von außerordentlichem Sportsgeist beseelt. Konkurrenz wird als Stimulus empfunden. Der Beste wird siegen. Knallhart, aber fair. Das einzige Problem dieser Konstellation ist die Unbedarftheit, mit der man an neue Projekte herangeht. Das wahre Ausmaß der damit verbundenen Probleme wird oft unterschätzt. Aber wenn dem nicht so wäre: Hätte man dann überhaupt angefangen? Mut hat auch immer ein bisschen mit Torheit zu tun. Na und?

Transit-Sonne und Radix-Jupiter in Konjunktion

Große Gönner! Die Transit-Sonne über Radix-Jupiter zeigt ganz deutlich, wie Sie sich Unterstützung holen können und was Sie tun, wenn wirklich jemand Ja zu Ihnen sagt. Dies ist keine einfache Situation. Oft genug erlebten Sie, dass vollmundige Angebote zurückgezogen wurden, dass man Sie von einem Tag auf den anderen fallen ließ und Sie im Regen standen. Wie werden Sie also aufgrund Ihrer bisherigen Erfahrungen reagieren? Jeder braucht Sponsoren. In der Kindheit waren das oft die liebe Tante oder ein Onkel, der einem hier und da etwas zusteckte. Personen also, zu denen man immer kommen konnte, denen man sein Leid klagte, wo es nie an Verständnis fehlte. Geblieben ist der naive Glaube an den Weihnachtsmann. Sie müssen nun selbst entscheiden, ob sie sich auf solche Beziehungen weiter einlassen wollen. Gönnern gegenüber nimmt man gewöhnlich die Rolle des Wüstlings ein. Von da ist es nicht mehr weit zur Rolle des Lakaien. Doch sollte man allein aus diesem Grunde jeden großzügigen Menschen mit Skepsis betrachten?

Transit-Sonne und Radix-Jupiter in Spannung

Schaumschlägerei! Der harte Transit zu Radix-Sonne zu Radix-Jupiter sprengt die herkömmlichen Dimensionen und Proportionen. Nur äußerst selten entsteht unter diesem Gestirn etwas Substanzielles. Leute schmücken sich mit nichtssagenden Titeln wie Honorarkonsul, Generalvertreter oder Ehrenprofessor. Andere sprechen von Zusicherungen oder Absichtserklärungen großer Banken oder Firmen. Was steckt dahinter? Wenn Sie jetzt gedrängt werden, sehr schnell sehr viel Geld zu investieren, wenn blindes Vertrauen von Ihnen gefordert wird und von Glauben und Positivem Denken die Rede ist, dann sollten Sie zu Recht misstrauisch sein.

Transit-Sonne und Radix-Jupiter in Harmonie

Wird schon werden! Die harmonischen Transite von Radix-Sonne zu Radix-Merkur gehen mit einer gewissen Lässigkeit einher. Man gibt den Menschen eine Chance, liefert sich aber nicht völlig aus. Letztendlich vertraut man auf die eigene Kraft und lehnt sich nur so weit aus dem Fenster hinaus, wie es aufgrund der eigenen Position möglich ist. Und das an sich ist schon sehr viel. Diese Konstellation eignet sich sehr gut für Kooperationsabkommen. Sie treffen auf Menschen, die ähnliche Ziele verfolgen. Und Sie finden einen Weg, miteinander vertrauensvoll umzugehen. Leben und leben lassen. Aber noch mehr: Zusammenarbeit zum gegenseitigen Nutzen. Aber ohne fatale Abhängigkeiten!

Transit-Sonne und Radix-Saturn in Konjunktion

Wertmaßstäbe! Der Transit der Radix-Sonne über Radix-Saturn zeigt Ihnen Ihre Schwächen auf. Und er macht deutlich, wie Sie in den vergangenen Jahren gelernt haben, damit umzugehen. Dies ist auf zweierlei Weise möglich. Zum einen müssen Sie sich weiterhin bemühen, alte Mankos und Verletzungen körperlicher oder seelischer Art durch kontinuierliche Arbeit an sich selbst auszugleichen. Durch Fleiß und Mühe entwickeln Sie gerade in diesem Lebensbereich außerordentliche Fähigkeiten. Zum anderen haben Sie im Umgang mit Autoritäten über die Jahre Geschick entwickelt. Was früher einmal, als Sie klein und hilflos waren, Vater und Mutter darstellten, kommt Ihnen heutzutage in Form von Regeln und Gesetzen, Vorgesetzten und Behördenvertretern, Prüfungsdiplomen und Geschäftsbilanzen entgegen. Seien Sie kein Kind! Bauen Sie ein eigenes, unabhängiges Wertesystem auf. Und machen Sie es zur Maxime Ihres Handelns. Planen Sie Ihre eigene, ganz persönliche Lebenskarriere, unabhängig von äußeren, gesellschaftlich vorgegebenen Normen und Maßstäben. Und werden Sie bitte trotz allem nicht selbstgerecht!

Transit-Sonne und Radix-Saturn in Spannung

Enge Grenzen! Wenn die transitierende Radix-Sonne Spannungsaspekte zu Radix-Saturn bildet, wird einem klar, dass der Beruf zwar Sicherheiten bietet, aber auch ganz schön einschränkt. Innerlich rebelliert es heftig. Äußerlich kommt es zu Autoritätskonflikten. Ob Sie dabei die Rolle des Rebellen oder des Spießers einnehmen, sei dahingestellt. Beides bietet Möglichkeiten. Letztendlich ist nur wichtig, dass Sie in diesen Tagen unleidlich sind, nicht sonderlich gut drauf. Es wird einfach anstrengend, so sehr Sie sich auch bemühen. Deshalb ist es klug, wichtige Verabredungen auf einen späteren Zeitpunkt zu verschieben. Setzen Sie sich heute nicht übermäßigen Belastungen aus. Das übersteigt Ihren Rahmen.

Transit-Sonne und Radix-Saturn in Harmonie

Aufgabenverteilung! Die günstigen Aspekte der transitierenden Radix-Sonne zu Radix-Saturn führen eigentlich stets dazu, dass man für seinen Fleiß und Realitätssinn in der einen oder anderen Weise belohnt wird. Wenn Sie unter diesem Gestirn eine Auszeichnung erhalten oder Ihnen guter ein Job angeboten wird, dann hat das nur Hand und Fuß. Und Sie haben es sich auch verdient. Wie sagt der Volksmund doch so schön: »Bescheidenheit ist eine Zier, doch weiter kommt man ohne ihr.« Stellen Sie Ihr Licht also nicht unter den Scheffel. Wenn zur Zeit der eine oder andere interessante oder lukrative Posten vakant ist, dann bewerben Sie sich ruhig. Stellen Sie sich in den Mittelpunkt. Wie sonst sollen Headhunter wissen, dass Sie zur Verfügung stehen?

Transit-Sonne und Radix-Uranus in Konjunktion

Lotterie! Wenn die Radix-Sonne über Radix-Uranus steht, muss alles sehr, sehr schnell gehen. Oder es passiert überhaupt nichts und gähnende Langweile beherrscht das Parkett. Mit anderen Worten: An diesem Tag können Sie testen, ob Sie für den Beruf des Börsenmaklers geeignet sind. Was sonst noch? Grandiose Möglichkeiten, endlich Rabatz zu machen und dem Chef seinen ganzen Krempel vor die Füße zu werfen. Schon morgen werden Sie es vermutlich bitter bereuen. Aber wer denkt schon an morgen. Sie etwa? Na, das ist ja erstaunlich!

Transit-Sonne und Radix-Uranus in Spannung

Verrücktmacher! Spannungsaspekte der Transit-Sonne zu Radix-Uranus machen alles dermaßen einfach, dass eigentlich nichts schief gehen kann. Und gerade deshalb passieren unter diesem Gestirn die meisten Fehler. Man verlässt sich auf die Technik, schreibt zwischendurch irgendwelche Telefonnummern und Notizen auf Zettel, die man nicht wiederfindet, bringt rechts/links bzw. oben/unten durcheinander, gerät mit Leuten in Kontakt, die in Windeseile etwas veranstalten, was überhaupt nicht funktioniert und nur Verwirrung stiftet. Nur wenn Sie jetzt wirklich hellwach sind und mit doppelter Sicherung arbeiten, können Sie das Schlimmste verhindern. Humor ist, wenn man trotzdem lacht.

Transit-Sonne und Radix-Uranus in Harmonie

Freiberuflich! Harmonische Aspekte zwischen Radix-Sonne und Radix-Uranus sind ein Segen. Es gibt wohl keinen besseren Zeitpunkt, um das Leben leicht zu nehmen. Sie leben ganz in der Gegenwart, im Hier und Jetzt. Wenn Sie von einer selbstständigen Tätigkeit träumen, dann kommen Sie heute diesem Ziel ein Stückchen näher. Sie verzichten auf überflüssige Absicherungen, kehren Ihre Rolle nicht so heraus, können über sich selbst lachen. Die größte Stärke dieses Tages ist die Fähigkeit, offen und ohne Forderungen auf andere Menschen zuzugehen.

Transit-Sonne und Radix-Neptun in Konjunktion

Traum und Wirklichkeit. Transitiert die Radix-Sonne über Neptun, dann ist Ihre Fantasie ganz besonders stark ausgeprägt. Vielleicht schaffen Sie es, davon ein Stückchen in Ihr Berufsleben herüberzuretten, beispielsweise durch Kreativität. Menschen, die in sozialen oder musischen Berufen arbeiten, welche ein besonderes Feingefühl erfordern, werden diese Tage ganz besonders genießen. Allerdings spüren Sie jetzt auch, wie angreifbar Sie sind. Haben Sie sich aus Angst oder falscher Scham den Kollegen am Arbeitsplatz untergeordnet, dann wird man Sie das überdeutlich spüren lassen. Ihre offene Flanke nutzen manche der lieben Mitarbeiter schamlos aus. Beobachten Sie die Situation. Versinken Sie nicht in Selbstmitleid. Nehmen Sie sich stattdessen lieber vor, in Zukunft Ihre verborgenen Stärken vermehrt einzusetzen.

Transit-Sonne und Radix-Neptun in Spannung

Schludrigkeit! Harte Transite der Radix-Sonne zu Radix-Neptun zwingen Sie, deutlicher Stellung zu nehmen. Unklare Verhältnisse werden zunehmend zum Problem. Ihr Beruf hat Seiten, mit denen Sie sich nicht so gerne beschäftigen. Die Ablage bleibt liegen. Der Werkzeugschrank ist nicht aufgeräumt. Rechnungen wurden nicht bezahlt. Mit gewissen Leuten sprechen Sie nicht gerne. Irgendwo gibt es ein Leck, das lange schon repariert werden sollte. Die Liste ließe sich endlos fortsetzen. Ihre Schludrigkeit könnte Ihnen zum Verhängnis werden. Wenn Sie nicht etwas sorgfältiger arbeiten, machen Sie sich heute mehr Arbeit, als Ihnen lieb ist. Räumen Sie also ein bisschen auf. Und gehen Sie früh schlafen. Sie werden interessant träumen.

Transit-Sonne und Radix-Neptun in Harmonie

Sanfte Autorität! Harmonische Aspekte der Transit-Sonne zu Radix-Neptun machen es Ihnen leicht, Ihre kleinen Spinnereien und Eigenarten in den beruflichen Alltag einzuflechten. Sie sind höchst fantasievoll. Und Sie haben ein hervorragendes Gespür für die kleinen Sorgen und Nöte der Kollegen. Als stillschweigende Gegenleistung nehmen Sie sich die Freiheiten heraus und fordern ganz bestimmte Leistungen. Und Sie tun das nicht heimlich, sondern ganz offen. Erstaunlich ist das Selbstbewusstsein, mit dem Sie vorgehen. Und deshalb wird man Ihnen mit Respekt begegnen. Wenn es

Ihnen gelingt, einen sanften Führungsstil zu etablieren, stehen Ihnen bald noch ganz andere Wege offen.

Transit-Sonne und Radix-Pluto in Konjunktion

Machtposition! Mit der Transit-Sonne über Radix-Pluto werden Sie so oder so in die Konfrontation gezogen. Etwas muss sich verändern. Die Frage ist nur, ob das Zukünftige Ihrem Geschmack entspricht. Wenn Sie ein Wörtchen mitreden wollen, müssen Sie eine klare Meinung haben. Untergründige Kritik oder eine trotzige Verweigerungshaltung werden Sie diesem Ziel nicht näher bringen. Wenn Sie sich heute zu sehr auf eine ganz bestimmte Person fixieren, um Ihren ganz persönlichen Rachefeldzug auszufechten, dann dürfen Sie das ruhig tun. Eine Veränderung zum Positiven erreichen Sie damit jedoch nicht. Dazu müssen Sie nämlich erst einmal in eine Machtposition gelangen. Und das geht nur mit konstruktivem Verhalten und langem Atem.

Transit-Sonne und Radix-Pluto in Spannung

Umkehren! Die Spannungsaspekte der transitierenden Radix-Sonne zu Radix-Pluto konfrontieren Sie letztendlich immer nur mit Ihrem eigenen Dickschädel. Das ist vielleicht traurig, aber allzu wahr. Sie erkennen wieder einmal, dass Sie sich ein ganz klein bisschen verrannt haben. Ein bisschen sehr sogar ... Aus solchen Sackgassen kommt man stets nur im Rückwärtsgang heraus. Je unauffälliger und dezenter Sie die Karre aus dem Dreck ziehen, desto leichter werden Sie wieder festen Boden unter den Füßen spüren.

Transit-Sonne und Radix-Pluto in Harmonie

Pokerface! Die harmonischen Transitaspekte der Radix-Sonne zu Radix-Pluto sichern Ihre Machtposition. Es ist gut, wenn man nicht allzu vertraulich mit seinem Wissen umgeht und die Gegner über die eigene Strategie weitgehend im Unklaren lässt. Das gleiche Verhalten lässt sich auch gegenüber Vorgesetzten oder im Kollegenkreis erfolgreich anwenden. Sie planen große Veränderungen, und das letztendlich nicht nur zu Ihrem eigenen Nutzen. Die Firma wird davon profitieren. Alles will gut vorbereitet sein. Sonst gibt es keinen durchschlagenden Erfolg.

Transit-Sonne und Radix-Chiron in Konjunktion

Machtposition! Mit der Transit-Sonne über Radix-Pluto werden Sie so oder so in die Konfrontation gezogen. Etwas muss sich verändern. Die Frage ist nur, ob das Zukünftige Ihrem Geschmack entspricht. Wenn Sie ein Wörtchen mitreden wollen, müssen Sie eine klare Meinung haben. Untergründige Kritik oder eine trotzige Verweigerungshaltung werden Sie diesem Ziel nicht näher bringen. Wenn Sie sich heute zu sehr auf eine ganz bestimmte Person fixieren, um Ihren ganz persönlichen Rachefeldzug auszufechten, dann dürfen Sie das ruhig tun. Eine Veränderung zum Positiven erreichen Sie damit jedoch nicht. Dazu müssen Sie nämlich erst einmal in eine Machtposition gelangen. Und das geht nur mit konstruktivem Verhalten und langem Atem.

Transit-Sonne und Radix-Chiron in Spannung

Umkehren! Die Spannungsaspekte der transitierenden Radix-Sonne zu Radix-Pluto konfrontieren Sie letztendlich immer nur mit Ihrem eigenen Dickschädel. Das ist vielleicht traurig, aber allzu wahr. Sie erkennen wieder einmal, dass Sie sich ein ganz klein bisschen verrannt haben. Ein bisschen sehr sogar ... Aus solchen Sackgassen kommt man stets nur im Rückwärtsgang heraus. Je unauffälliger und dezenter Sie die Karre aus dem Dreck ziehen, desto leichter werden Sie wieder festen Boden unter den Füßen spüren.

Transit-Sonne und Radix-Chiron in Harmonie

Pokerface! Die harmonischen Transitaspekte der Radix-Sonne zu Radix-Pluto sichern Ihre Machtposition. Es ist gut, wenn man nicht allzu vertraulich mit seinem Wissen umgeht und die Gegner über die eigene Strategie weitgehend im Unklaren lässt. Das gleiche Verhalten lässt sich auch gegenüber Vorgesetzten oder im Kollegenkreis erfolgreich anwenden. Sie planen große Veränderungen, und das letztendlich nicht nur zu Ihrem eigenen Nutzen. Die Firma wird davon profitieren. Alles will gut vorbereitet sein. Sonst gibt es keinen durchschlagenden Erfolg.

Transit-Sonne und Radix-Lilith in Konjunktion

Machtposition! Mit der Transit-Sonne über Radix-Pluto werden Sie so oder so in die Konfrontation gezogen. Etwas muss sich verändern. Die Frage ist nur, ob das Zukünftige Ihrem Geschmack entspricht. Wenn Sie ein Wörtchen mitreden wollen, müssen Sie eine klare Meinung haben. Untergründige Kritik oder eine trotzige Verweigerungshaltung werden Sie diesem Ziel nicht näher bringen. Wenn Sie sich heute zu sehr auf eine ganz bestimmte Person fixieren, um Ihren ganz persönlichen Rachefeldzug auszufechten, dann dürfen Sie das ruhig tun. Eine Veränderung zum Positiven erreichen Sie damit jedoch nicht. Dazu müssen Sie nämlich erst einmal in eine Machtposition gelangen. Und das geht nur mit konstruktivem Verhalten und langem Atem.

Transit-Sonne und Radix-Lilith in Spannung

Umkehren! Die Spannungsaspekte der transitierenden Radix-Sonne zu Radix-Pluto konfrontieren Sie letztendlich immer nur mit Ihrem eigenen Dickschädel. Das ist vielleicht traurig, aber allzu wahr. Sie erkennen wieder einmal, dass Sie sich ein ganz klein bisschen verrannt haben. Ein bisschen sehr sogar ... Aus solchen Sackgassen kommt man stets nur im Rückwärtsgang heraus. Je unauffälliger und dezenter Sie die Karre aus dem Dreck ziehen, desto leichter werden Sie wieder festen Boden unter den Füßen spüren.

Transit-Sonne und Radix-Lilith in Harmonie

Pokerface! Die harmonischen Transitaspekte der Radix-Sonne zu Radix-Pluto sichern Ihre Machtposition. Es ist gut, wenn man nicht allzu vertraulich mit seinem Wissen umgeht und die Gegner über die eigene Strategie weitgehend im Unklaren lässt. Das gleiche Verhalten lässt sich auch gegenüber Vorgesetzten oder im Kollegenkreis erfolgreich anwenden. Sie planen große Veränderungen, und das letztendlich nicht nur zu Ihrem eigenen Nutzen. Die Firma wird davon profitieren. Alles will gut vorbereitet sein. Sonst gibt es keinen durchschlagenden Erfolg.

Transit-Sonne und Radix-Mondknoten in Konjunktion

Machtposition! Mit der Transit-Sonne über Radix-Pluto werden Sie so oder so in die Konfrontation gezogen. Etwas muss sich verändern. Die Frage ist nur, ob das Zukünftige Ihrem Geschmack entspricht. Wenn Sie ein Wörtchen mitreden wollen, müssen Sie eine klare Meinung haben. Untergründige Kritik oder eine trotzige Verweigerungshaltung werden Sie diesem Ziel nicht näher bringen. Wenn Sie sich heute zu sehr auf eine ganz bestimmte Person fixieren, um Ihren ganz persönlichen Rachefeldzug auszufechten, dann dürfen Sie das ruhig tun. Eine Veränderung zum Positiven erreichen Sie damit jedoch nicht. Dazu müssen Sie nämlich erst einmal in eine Machtposition gelangen. Und das geht nur mit konstruktivem Verhalten und langem Atem.

Transit-Sonne und Radix-Mondknoten in Spannung

Umkehren! Die Spannungsaspekte der transitierenden Radix-Sonne zu Radix-Pluto konfrontieren Sie letztendlich immer nur mit Ihrem eigenen Dickschädel. Das ist vielleicht traurig, aber allzu wahr. Sie erkennen wieder einmal, dass Sie sich ein ganz klein bisschen verrannt haben. Ein bisschen sehr sogar ... Aus solchen Sackgassen kommt man stets nur im Rückwärtsgang heraus. Je unauffälliger und dezenter Sie die Karre aus dem Dreck ziehen, desto leichter werden Sie wieder festen Boden unter den Füßen spüren.

Transit-Sonne und Radix-Mondknoten in Harmonie

Pokerface! Die harmonischen Transitaspekte der Radix-Sonne zu Radix-Pluto sichern Ihre Machtposition. Es ist gut, wenn man nicht allzu vertraulich mit seinem Wissen umgeht und die Gegner über die eigene Strategie weitgehend im Unklaren lässt. Das gleiche Verhalten lässt sich auch gegenüber Vorgesetzten oder im Kollegenkreis erfolgreich anwenden. Sie planen große Veränderungen, und das letztendlich nicht nur zu Ihrem eigenen Nutzen. Die Firma wird davon profitieren. Alles will gut vorbereitet sein. Sonst gibt es keinen durchschlagenden Erfolg.

Transit-Sonne und Radix-Aszendent in Konjunktion

Neuanfang! Wenn die Radix-Sonne im Transit über den Aszendenten geht, haben Sie den individuellen Frühlingspunkt des Jahres erreicht. Zögern Sie nicht länger. Sie wissen schon seit einiger Zeit, was zu tun ist. Und das duldet keinen Aufschub. Und? Kein Zögern bitte. Jetzt nichts wie ran!

Transit-Sonne und Radix-Aszendent in Spannung

Wenig vorteilhaft! Mit der Transit-Sonne im Spannungsaspekt zum Aszendenten geben Sie keine besonders vorteilhafte Erscheinung ab. Sie nehmen sich selbst zu wichtig und erreichen genau das Gegenteil von dem, was Sie eigentlich wollen. Gönnen Sie sich einen freien Tag. Pflegen Sie Ihre Wunden. Bald kommen bessere Tage.

Transit-Sonne und Radix-Aszendent in Harmonie

Offenheit. Transit-Sonne im harmonischen Winkel zum Aszendenten ist eine gute Zeit, um fröhlich zu sein und seine Späße zu treiben. Sie haben eine gesunde Ausstrahlung. Damit können Sie sich überall gut sehen lassen. Sollte momentan irgendwo am Strand von Kalifornien der Job eines Rettungsschwimmers frei werden, dann sind Sie der richtige Mann bzw. das richtige Bay-Watch-Girl. Eine Beschäftigung am Baggersee von Hintertupfingen wäre natürlich vollkommen unter Niveau.

Transit-Sonne und Radix-Himmelsmitte in Konjunktion

Positionsbestimmung! Wenn die Radix-Sonne im Transit direkt über den MC geht, treffen Sie auf wichtige Personen, die Ihre Karriere voranbringen. Zudem nimmt man Ihnen gerade jetzt ab, dass Sie Führungsqualitäten haben. Sie werden daran gemessen, was für eine Funktion Sie einnehmen oder zukünftig anstreben.

Transit-Sonne und Radix-Himmelsmitte in Spannung

Zu lebendig! Bei Radix-Sonne im Spannungsaspekt zum Medium Coeli sollten Sie öffentliche Auftritte vermeiden. Sie sind jetzt einfach zu subjektiv und lebenslustig, als dass Sie sich in jede vorgegebene Rolle nahtlos einfügen können bzw. wollen. Müssen Sie auch nicht. Abwarten. Termin verschieben. Nicht unter Druck setzen lassen!

Transit-Sonne und Radix-Himmelsmitte in Harmonie

Gute Präsenz! Harmonische Transite der laufenden Radix-Sonne zum Medium Coeli eignen sich sehr gut, um Karrierewünsche voranzutreiben. Sie sollten zumindest kurzfristig eine aktivere Rolle in der Öffentlichkeit einnehmen. Es lohnt sich. Gibt es bestimme Firmen, bei denen Sie sich eigentlich immer schon bewerben wollten? Gehen Sie persönlich vorbei. Ganz spontan!

Die Zyklen des Mondes

Launen und Stimmungen! Jeder Planetenhülle des laufenden Mondes über eine Position des Geburtshoroskops hat eine Dauer von höchsten drei Stunden. Mehr als eine Laune drücken die Planetenaspekte des Transit-Mondes also nicht aus. Wichtiger sind seine Bewegungen durch die Häuser des Geburtshoroskops. Sie dauern circa 2 bis drei Tage. Jedes Haus stellt einen Lebensbereich dar. Je nachdem, was man vorhat, sollte man abwarten, bis der Transit-Mond in das entsprechende Horoskophaus eingetreten ist. Radix-Mond hat immer etwas mit öffentlicher Zustimmung oder Ablehnung zu tun. Wenn man kurzfristig plant, dann lohnt es sich durchaus, die beste Zeit auszuwählen. Bei guten Mondaspekten denkt und fühlt man so wie alle anderen auch. Die Stimmung der anderen passt zur eigenen. Gerade im Verhältnis zu den Kollegen ist die Mondstellung wichtig. Allerdings: Radix-Mond macht auch phlegmatisch. Will man sein eigenes Ding durchsetzen, dann ist der Radix-Mond ungeeignet. Diesem Gestirn fehlt jegliche Kämpfernatur. »Mond macht mit.« Orientieren Sie sich also bei Vorhaben, die Eigeninitiative erfordern, an anderen Gestirnen wie Radix-Sonne und Mars. Die Stellung des Mondes wird Ihnen dann zusätzlich sagen, wie Sie auf die jeweiligen Befindlichkeiten Ihrer Umwelt besser Rücksicht nehmen - und wie Sie die Menschen derzeit motivieren können, Ihnen möglichst bereitwillig zu folgen.

Transit-Mond im ersten Radix-Haus

Gefühlvoll! Der Radix-Mond im ersten Haus macht sie empfänglich für alle Stimmungen und Launen. Die Seele steht Ihnen auf dem Gesicht geschrieben. Sie sind gefühlvoll im Auftreten, impulsiv, launisch und verletzbar.

Transit-Mond im zweiten Radix-Haus

Empfänglich! Sie haben jetzt ein starkes Gefühl für Sicherheit und Finanzen. Der Radix-Mond im zweiten Haus stärkt Ihren guten Instinkt in Gelddingen.

Transit-Mond im dritten Radix-Haus

Rastlos! Ein transitierender Radix-Mond im dritten Haus macht nervös und unruhig. Man trägt seine Seele auf der Zunge, ist reiselustig. Eine gute Zeit für kleine Geschäfte.

Transit-Mond im vierten Radix-Haus
Heimisch! Jetzt mit dem Transit-Mond im vierten Haus sind Sie ein wenig ruhiger. Das wirkt nicht so aufdringlich. Aber wenn Sie beruflich etwas durchsetzen wollen, dann warten Sie doch lieber noch ein paar Tage.

Transit-Mond im fünften Radix-Haus
Lebenslustig! Mit Radix-Mond im fünften Haus ist man gerne unter Leuten, liebt es gesellig, dramatisiert ein wenig. Gut für Kundenkontakte!

Transit-Mond im sechsten Radix-Haus
Diensteifrig! Wenn der Radix-Mond durch das sechste Haus geht, wird man schnell mal von Selbstzweifeln gequält. Das ist nicht unbedingt der rechte Zeitpunkt für Bewerbungsgespräche. Der Kontakt zu Kollegen und Untergebenen gestaltet sich jetzt umso besser.

Transit-Mond im siebten Radix-Haus
Kumpelhaft! Mit Radix-Mond im siebten Haus hat man einen leichten Zugang zur Psyche anderer Menschen, schafft sich in der Regel sofort Sympathien. Allerdings sollte man sich unter dieser Konstellation nicht zu aufdringlich gegenüber Geschäftspartners zeigen.

Transit-Mond im achten Radix-Haus
Vertraulich! Der Transit-Mond im achten Haus gibt ein intensives Gefühl für Verborgenes und Schicksalhaftes. Tief blicken Sie in die Abgründe Ihres jeweiligen Gegenüber. Fremde Finanzen interessieren Sie ganz besonders. Über das, was man Ihnen jetzt an Geheimnissen anvertraut, werden Sie Schweigen bewahren.

Transit-Mond im neunten Radix-Haus
Großzügig! Wenn der Radix-Mond durch das neunte Haus zieht, packt einen das Fernweh. Man fühlt sich als Weltenbürger, will die Enge der Heimat verlassen - und sei es nur für die Dauer eines Kebabs beim Türken oder eines Espressos beim Italiener. Die Weltoffenheit und Toleranz der Stunde schafft eine äußerst günstige Geschäftsatmosphäre.

Transit-Mond im zehnten Radix-Haus
Ernsthaft! Mit dem Radix-Mond im zehnten Haus übt man sich in vornehmer Zurückhaltung, hat ein gutes Gespür für Popularität und Populismus - die Volksseele halt. Eine gewisse Spießigkeit und Reserviertheit gehört dazu. Instinktiv verhält man sich richtig. Ideal für Einstellungsgespräche!

Transit-Mond im elften Radix-Haus
Flippig! Der Transit-Mond durch das elfte Haus zeigt, dass Sie auch anders können. Sie legen überflüssige Verklemmtheiten ab. Gut für öffentliche Veranstaltungen, Besuch von Kongressen und Tagungen, zum Aufbau von Geschäftsfreundschaften.

Transit-Mond im zwölften Radix-Haus
Verhuscht! Wenn der Radix-Mond durch das zwölfte Haus geht, sollte man öffentliche Kontakte meiden. Diese Konstellation ist gut für Arbeiten, die man ganz alleine durchzieht. Gefühle von Einsamkeit können trotzdem aufkommen. Kontakte auf informeller Ebene sind möglich. Jemand in der Firma vertraut sich Ihnen an.

Transit-Mond und Radix-Sonne in Konjunktion
Unterhaltsam! Mit dem Transit-Mond auf der Radix-Sonne kann man schon ein bisschen aus sich herausgehen. Auch kleine Angebereien verzeihen einem die Kollegen gerne. Es muss halt nur unterhaltsam sein.

Transit-Mond und Radix-Sonne in Spannung
Unbeliebt! Der Transit-Mond steht unharmonisch zur Sonne. Trumpfen Sie nicht so auf. Denn damit verscherzen Sie sich jegliche Sympathien.

Transit-Mond und Radix-Sonne in Harmonie
Passt irgendwie! Ein günstiger Mondaspekt zur Radix-Sonne und die Leute verzeihen Ihnen so gut wie alles. Machen Sie ruhig, was Sie wollen. Die anderen machen mit.

Transit-Mond und Radix-Mond in Konjunktion
Volkes Stimme! Die Mondwiederkehr findet ungefähr einmal im Monat statt. Schlagen Sie sich auf die Seite der Belegschaft. Schauen Sie dem Volk auf Maul. Das stärkt den Rückhalt.

Transit-Mond und Radix-Mond in Spannung
Irgendwie schräg! Der Transit-Mond in Spannung zu Radix-Mond bringt so eine komische Stimmung unter die Kollegen. Gehen Sie bloß nicht darauf ein, sonst werden Sie noch angesteckt.

Transit-Mond und Radix-Mond in Harmonie
Gemütlich! Beim transitierenden Radix-Mond in Harmonie zur Radixposition kommt man eigentlich mit allen ganz gut klar. Sie brauchen jetzt keine Extranummer zu spielen. Man akzeptiert Sie.

Transit-Mond und Radix-Merkur in Konjunktion
Mitteilsam! Der laufende Radix-Mond auf dem Radix-Merkur macht uns ein wenig träge und reaktionslahm. Aber wir können auch ganz gut mit den Leuten quatschen. So einfach von Du zu Du. Was man da nicht alles mitbekommt.

Transit-Mond und Radix-Merkur in Spannung
Maulfaul! Mit Radix-Mond in Spannung zu Radix-Merkur können Sie im Gespräch nicht viel erreichen. Versuchen Sie einmal, einen schlafenden Ochsen zu wecken! Behördengänge bitte verschieben.

Transit-Mond und Radix-Merkur in Harmonie
Ziemlich umgänglich! Mond im harmonischen Transit zu Radix-Merkur macht das alltägliche Miteinander ziemlich einfach. Besonders Routinearbeiten gehen gut von der Hand. Und heute findet sogar die Sekretärin auf Anhieb Ihre Unterlagen. Wenn das kein gutes Zeichen ist!

Transit-Mond und Radix-Venus in Konjunktion
Obernett! Mond im Transit über Radix-Venus ist so eine nette Konstellation, dass man schon wieder misstrauisch werden könnte. Es reicht wirklich aus, wenn Sie sich eine besonders hübsche Kleidung fürs Büro heraussuchen. Aber die hochhackigen Schuhe und das geschürzte Dekolleté bzw. Cowboystiefel und Elvis-Jeans sind doch wirklich etwas übertrieben.

Transit-Mond und Radix-Venus in Spannung
Zu hautnah! Ein Spannungsaspekt zu Radix-Mond zu Radix-Venus schafft zu viel Nähe. Sie riechen die Pomade des Oberbuchhalters, die alten Socken des Chefs. Und die Frau an der Rezeption hat wieder mal Mundgeruch. Kommen Sie ein anderes Mal wieder. Puh!

Transit-Mond und Radix-Venus in Harmonie
Ganz angenehm! Mit Radix-Mond im harmonischen Transit zum Aszendenten kann man rein gefühlsmäßig wirklich gut mit den Leuten umgehen. Dieser Aspekt öffnet Türen. Alles Weitere wird sich dann hoffentlich wie von selbst ergeben.

Transit-Mond und Radix-Mars in Konjunktion
Etwas ruppig! Der transitierende Radix-Mond über Radix-Mars macht einen ganz schön aktiv. Und im Prinzip auch attraktiv. Aber hören Sie jetzt bitte auf die gut gemeinten Stimmen, die Ihnen sagen: Übertreib‹ es nicht!

Transit-Mond und Radix-Mars in Spannung
Trampel! Mit Radix-Mond im harten Transit zu Radix-Mars führt man sich auf wie ein Elefant im Porzellanladen. Man will die Leute antreiben und eckt doch bloß nur überall an. Besser nicht!

Transit-Mond und Radix-Mars in Harmonie
Ärmel hochkrempeln! Mit einem günstigen Transit des Mondes zum Radix-Mars lässt sich die Belegschaft sehr gut motivieren. Die Leute akzeptieren einsame Entscheidungen und sind eigentlich ganz froh, dass jemanden den Anfang macht.

Transit-Mond und Radix-Jupiter in Konjunktion
Allgemeinplätze. Transitmond über dem Radix-Jupiter bringt einen in gute Übereinstimmung mit eigentlich allem. So sieht man es jedenfalls. Sie suchen und finden Gemeinsamkeiten, reden über Fußball, Fernsehen, das Wetter, Gott und die Welt. Dabei lockert sich die Stimmung und man kann das Thema gekonnt auf Geschäftliches umlenken. Und das sollte man dann auch!

Transit-Mond und Radix-Jupiter in Spannung
Ziemlich schlapp! Mit den harten Transiten zu Radix-Mond zu Radix-Jupiter stellt sich eine Bequemlichkeit ein, die nahe an der Grenze zur Faulheit steht, wenn nicht schon jenseits dessen. Für wirklich ernsthafte berufliche Vorhaben also keine so gute Zeit.

Transit-Mond und Radix-Jupiter in Harmonie
Gute Laune! Mit Radix-Mond im günstigen Aspekt zu Radix-Jupiter hellt sich die Stimmung eigentlich immer auch. Auch ohne Grund. Nutzen Sie die Gelegenheit, um das Betriebsklima ein bisschen auf Vordermann zu bringen!

Transit-Mond und Radix-Saturn in Konjunktion
Melancholie! Der Übergang des Mondes über Radix-Saturn ist zwiespältig. Sogenannte Frohnaturen werden Sie jetzt unsanft auf dem Teppich bringen. Kümmern Sie sich lieber um ältere und ernstere Mitarbeiter und Kunden. Die werden Ihre verhaltene Art zu schätzen wissen.

Transit-Mond und Radix-Saturn in Spannung
Griesgrämig! Mond im harten Aspekt zu Radix-Saturn drückt ganz schön auf die Stimmung. Sie können mit all dem Gegacker und oberflächlichen Getue wirklich überhaupt nichts anfangen. Stopfen Sie sich notfalls Watte in die Ohren. Alles hat mal ein Ende. Verkriechen Sie sich in Ihre Unterlagen.

Transit-Mond und Radix-Saturn in Harmonie

Äußerst seriös! Bei Radix-Mond in Harmonie zu Radix-Saturn kommen Sie besonders bei älteren Mitarbeitern gut an. Wenden Sie sich bei Problemen an die Seniorchefin. Die wird mit verhaltener Bewunderung anerkennen, dass Ihre Bedenken durchaus ernst zu nehmen sind.

Transit-Mond und Radix-Uranus in Konjunktion

Total egal! Mit Radix-Mond im Transit über Radix-Uranus stehen Sie eigentlich über allem. Ihr Genie ist nicht mehr von dieser Welt. Als Webmaster der Firmenhomepage werden Sie jetzt intensivste Gefühle erleben. Welcome in the world, will meinen: Willkommen in der virtuellen Welt des Cyberspace. Eine große Familie. Chatpartner von Übersee stehen Ihnen näher als der Arbeitskollege am Nachbarschreibtisch. Die gemeinen Masse Mensch ist Ihnen doch ziemlich egal. Leider spürt die das auch. Und reagiert sauer. Das wiederum zwingt Sie zur Aufmerksamkeit. Wie unangenehm. Wenn Ihnen die liebe Kollegenschaft wirklich total schnurz ist, dann seien Sie jetzt zu denen ganz besonders freundlich und zuvorkommend. So halten Sie sich die Bande noch am geschicktesten vom Leib.

Transit-Mond und Radix-Uranus in Spannung

Besserwisserei! Harte Transite des Mondes zu Radix-Uranus drücken auf den Geist. Versuchen Sie jetzt bloß nicht, mit einer besonders klugen Idee herauszukommen. Damit manövrieren Sie sich gnadenlos ins Abseits. Und man drückt Ihnen obendrein noch den Stempel des notorischen Querulanten auf die Stirne.

Transit-Mond und Radix-Uranus in Harmonie

Pflegeleicht! Weiche Aspekte des Mondes zu Radix-Uranus erleichtern das zwischenmenschliche Miteinander ungemein. Sie stellen einfach so gut wie keine Ansprüche an den anderen. Und Gemeinsamkeiten finden sich immer. Besonders in verzwickten Situationen, wenn man z. B. ständig an bornierten Vorzimmerdamen oder quadratschädligen Hausmeistern scheitert, ist dies eine günstige Gelegenheit. Sie tricksen diese Zerberusse am Vorhof der Hölle gekonnt aus und können Ihre Bewerbung direkt bei der Geschäftsleitung abgeben. Mal ausprobieren!

Transit-Mond und Radix-Neptun in Konjunktion

Gefühlsei! Wenn der Transit-Mond über Radix-Neptun steht, sind Sie höchst sensibel und empfindsam. Sicherlich finden Sie jetzt jemanden, der Sie bedauert und in Ihrer der Haltung bestätigt, dass die Welt und die gesellschaftlichen Umstände und böse Menschen und das grausame Schicksal (speziell die harte Kindheit) und neuerdings auch das merkwürdige Wetter daran schuld sind, dass Sie nie und nimmer Ihren Traumjob bekommen werden. Na ja. Schön und gut. Sie treffen jetzt aber auch auf Personalchefs, die fest an das Gute im Menschen glauben und die irgendwie das Gefühl haben, dass ausgerechnet Sie die absolute Traumbesetzung für den Job sind. Wohin auch immer Ihre schwankende Seele tendiert: Sie treffen auf Leute, die genau auf Ihrer Wellenlänge schwimmen.

Transit-Mond und Radix-Neptun in Spannung

Unerreichbar! Spannungsaspekte zu Radix-Mond zu Radix-Neptun gehen mit einer ziemlichen Verwirrung einher. Möglicherweise kommt Ihr Arbeitskollege heute mit einer starken Grippe ins Büro und niest Sie gleich an. Oder wichtige Unterlagen bleiben einfach unauffindbar. Gewisse Leute sind unter diesem Gestirn nicht erreichbar. Wenn Sie sich über diesen Saustall aufregen wollen, dann tun Sie es halt. Heute wird das niemand verstehen.

Transit-Mond und Radix-Neptun in Harmonie

Waffenruhe! Mit Radix-Mond im günstigen Transit zu Radix-Neptun könnten Sie in der Kosmetikbranche anfangen, alternativ dazu ein Job als Testriecher bei der Parfümindustrie beginnen. Nicht untalentiert wären Sie heute auch bei Bier- und Weinproben. Klären Sie vorher ab, ob es sich um eine Festeinstellung handelt. Und lassen Sie auch mal Ihre Leberwerte testen.

Transit-Mond und Radix-Pluto in Konjunktion

Dicke Luft! Mond im Transit über Radix-Pluto ist ein komischer Aspekt. Irgendwas liegt immer etwas in der Luft. Die Leute gucken so merkwürdig. Da schauen Sie halt zurück. Natürlich unauffällig. Das merken die. Is was? Nö - wieso fragen Sie? Und schon ist dicke Luft. Komisch. Der Tag ist eigentlich ganz gut, um mal was zu entrümpeln. Fragen Sie mal unter den Kollegen rum. Die werden ganz erleichtert sein. Irgendwas findet sich immer. Und wenn sich gar nichts findet, dann sprechen Sie halt das Thema Diät an. Das löst die Spannung. Anschließend können Sie dann zum Kaffee noch ein paar Stück in Kuchen in Büro bringen - was ganz Leichtes, möglichst mit Ballaststoffen bitte.

Transit-Mond und Radix-Pluto in Spannung
Gefühlsschwanger! Die harten Transite zu Radix-Mond zu Radix-Pluto können richtig Ärger bringen. Denn wenn Sie jetzt tiefschürfenden Reden halten oder unliebsame Themen ansprechen, dann sind Sie schnell unten durch. Die Leute wollen das einfach nicht hören. Die wollen momentan vielleicht überhaupt keinen seelischen Tiefgang. Natürlich durchschauen Sie die Gründe. Und es reizt Sie, eine Betriebsversammlung einzuberufen, mal gründlich dieses und jenes beim Namen zu nennen. Ein anderes Mal vielleicht. OK?

Transit-Mond und Radix-Pluto in Harmonie
Urgemütlich! Mit Transit-Mond in Harmonie zu Radix-Pluto hält man ganz gut zusammen. Die Fehler und Macken des anderen sind bekannt. Die Belegschaft ist ein Geflecht aus gegenseitigen Abhängigkeiten, Macht und Ohnmacht, Dominanz und Unterdrückung, Symbiose und Schmarotzertum. Aber Schwamm drüber. Eigentlich sind wir doch eine große Familie. Und jetzt ist Mittagspause. Wer geht mit in die Kantine?

Transit-Mond und Radix-Chiron in Konjunktion
Machtposition! Mit der Transit-Sonne über Radix-Pluto werden Sie so oder so in die Konfrontation gezogen. Etwas muss sich verändern. Die Frage ist nur, ob das Zukünftige Ihrem Geschmack entspricht. Wenn Sie ein Wörtchen mitreden wollen, müssen Sie eine klare Meinung haben. Untergründige Kritik oder eine trotzige Verweigerungshaltung werden Sie diesem Ziel nicht näher bringen. Wenn Sie sich heute zu sehr auf eine ganz bestimmte Person fixieren, um Ihren ganz persönlichen Rachefeldzug auszufechten, dann dürfen Sie das ruhig tun. Eine Veränderung zum Positiven erreichen Sie damit jedoch nicht. Dazu müssen Sie nämlich erst einmal in eine Machtposition gelangen. Und das geht nur mit konstruktivem Verhalten und langem Atem.

Transit-Mond und Radix-Chiron in Spannung
Umkehren! Die Spannungsaspekte der transitierenden Radix-Sonne zu Radix-Pluto konfrontieren Sie letztendlich immer nur mit Ihrem eigenen Dickschädel. Das ist vielleicht traurig, aber allzu wahr. Sie erkennen wieder einmal, dass Sie sich ein ganz klein bisschen verrannt haben. Ein bisschen sehr sogar ... Aus solchen Sackgassen kommt man stets nur im Rückwärtsgang heraus. Je unauffälliger und dezenter Sie die Karre aus dem Dreck ziehen, desto leichter werden Sie wieder festen Boden unter den Füßen spüren.

Transit-Mond und Radix-Chiron in Harmonie
Pokerface! Die harmonischen Transitaspekte der Radix-Sonne zu Radix-Pluto sichern Ihre Machtposition. Es ist gut, wenn man nicht allzu vertraulich mit seinem Wissen umgeht und die Gegner über die eigene Strategie weitgehend im Unklaren lässt. Das gleiche Verhalten lässt sich auch gegenüber Vorgesetzten oder im Kollegenkreis erfolgreich anwenden. Sie planen große Veränderungen, und das letztendlich nicht nur zu Ihrem eigenen Nutzen. Die Firma wird davon profitieren. Alles will gut vorbereitet sein. Sonst gibt es keinen durchschlagenden Erfolg.

Transit-Mond und Radix-Lilith in Konjunktion
Machtposition! Mit der Transit-Sonne über Radix-Pluto werden Sie so oder so in die Konfrontation gezogen. Etwas muss sich verändern. Die Frage ist nur, ob das Zukünftige Ihrem Geschmack entspricht. Wenn Sie ein Wörtchen mitreden wollen, müssen Sie eine klare Meinung haben. Untergründige Kritik oder eine trotzige Verweigerungshaltung werden Sie diesem Ziel nicht näher bringen. Wenn Sie sich heute zu sehr auf eine ganz bestimmte Person fixieren, um Ihren ganz persönlichen Rachefeldzug auszufechten, dann dürfen Sie das ruhig tun. Eine Veränderung zum Positiven erreichen Sie damit jedoch nicht. Dazu müssen Sie nämlich erst einmal in eine Machtposition gelangen. Und das geht nur mit konstruktivem Verhalten und langem Atem.

Transit-Mond und Radix-Lilith in Spannung
Umkehren! Die Spannungsaspekte der transitierenden Radix-Sonne zu Radix-Pluto konfrontieren Sie letztendlich immer nur mit Ihrem eigenen Dickschädel. Das ist vielleicht traurig, aber allzu wahr. Sie erkennen wieder einmal, dass Sie sich ein ganz klein bisschen verrannt haben. Ein bisschen sehr sogar ... Aus solchen Sackgassen kommt man stets nur im Rückwärtsgang heraus. Je unauffälliger und dezenter Sie die Karre aus dem Dreck ziehen, desto leichter werden Sie wieder festen Boden unter den Füßen spüren.

Transit-Mond und Radix-Lilith in Harmonie
Pokerface! Die harmonischen Transitaspekte der Radix-Sonne zu Radix-Pluto sichern Ihre Machtposition. Es ist gut, wenn man nicht allzu vertraulich mit seinem Wissen umgeht und die Gegner über die eigene Strategie weitgehend im Unklaren lässt. Das gleiche Verhalten lässt sich auch gegenüber Vorgesetzten oder im Kollegenkreis erfolgreich anwenden. Sie planen große Veränderungen, und das letztendlich nicht nur zu Ihrem eigenen

Nutzen. Die Firma wird davon profitieren. Alles will gut vorbereitet sein. Sonst gibt es keinen durchschlagenden Erfolg.

Transit-Mond und Radix-Mondknoten in Konjunktion

Machtposition! Mit der Transit-Sonne über Radix-Pluto werden Sie so oder so in die Konfrontation gezogen. Etwas muss sich verändern. Die Frage ist nur, ob das Zukünftige Ihrem Geschmack entspricht. Wenn Sie ein Wörtchen mitreden wollen, müssen Sie eine klare Meinung haben. Untergründige Kritik oder eine trotzige Verweigerungshaltung werden Sie diesem Ziel nicht näher bringen. Wenn Sie sich heute zu sehr auf eine ganz bestimmte Person fixieren, um Ihren ganz persönlichen Rachefeldzug auszufechten, dann dürfen Sie das ruhig tun. Eine Veränderung zum Positiven erreichen Sie damit jedoch nicht. Dazu müssen Sie nämlich erst einmal in eine Machtposition gelangen. Und das geht nur mit konstruktivem Verhalten und langem Atem.

Transit-Mond und Radix-Mondknoten in Spannung

Umkehren! Die Spannungsaspekte der transitierenden Radix-Sonne zu Radix-Pluto konfrontieren Sie letztendlich immer nur mit Ihrem eigenen Dickschädel. Das ist vielleicht traurig, aber allzu wahr. Sie erkennen wieder einmal, dass Sie sich ein ganz klein bisschen verrannt haben. Ein bisschen sehr sogar ... Aus solchen Sackgassen kommt man stets nur im Rückwärtsgang heraus. Je unauffälliger und dezenter Sie die Karre aus dem Dreck ziehen, desto leichter werden Sie wieder festen Boden unter den Füßen spüren.

Transit-Mond und Radix-Mondknoten in Harmonie

Pokerface! Die harmonischen Transitaspekte der Radix-Sonne zu Radix-Pluto sichern Ihre Machtposition. Es ist gut, wenn man nicht allzu vertraulich mit seinem Wissen umgeht und die Gegner über die eigene Strategie weitgehend im Unklaren lässt. Das gleiche Verhalten lässt sich auch gegenüber Vorgesetzten oder im Kollegenkreis erfolgreich anwenden. Sie planen große Veränderungen, und das letztendlich nicht nur zu Ihrem eigenen Nutzen. Die Firma wird davon profitieren. Alles will gut vorbereitet sein. Sonst gibt es keinen durchschlagenden Erfolg.

Transit-Mond und Radix-Aszendent in Konjunktion

Aufgeweckt! Mit dem Transit des Mondes über den Aszendenten bekommen wir wieder frische Energie. Es ist doch besser, wenn man sich hin und wieder laut äußert. So wissen die Kollegen wenigstens, dass man überhaupt noch existiert. Und das eine oder andere, was stört. Lässt sich jetzt auch viel besser ansprechen. Sie müssen sich unbedingt mal Luft machen!

Transit-Mond und Radix-Aszendent in Spannung

Peinlicher Moment. Transit-Mond in Spannung zum Aszendenten macht butterweich. Da läuft jede Eigeninitiative ins Leere. Oder man lehnt sich dagegen auf und verprellt die Mitarbeiter. Wahrhaftig kein günstiger Moment. Peinsam so oder so. Alleingänge bitte auf später verschieben!

Transit-Mond und Radix-Aszendent in Harmonie

In Übereinstimmung! Mond in harmonischen Transit zum Aszendenten macht das Miteinander erträglich. Sie nehmen etwa Rücksicht auf Ihre Kollegen. Als Dankeschön lässt man Sie auch ungestört rumfuhrwerken. Irgendwie brauchen Sie das. Dampf ablassen. Und sich dabei auch noch nützlich machen.

Transit-Mond und Radix-Himmelsmitte in Konjunktion

Mal vorsichtig anklopfen! Transit-Mond über dem MC macht den Kontakt mit Behördenmenschen einfacher. Man gibt sich etwas ruhiger und bedächtiger. Vielleicht sollten Sie mal persönlich auf dem Amt vorbeischauen und sich nach dem Verbleib dieses und jenes Schriftstückes erkundigen? Es kann sehr von Vorteil sein, die Leute dort in den Amtsstuben persönlich zu kennen.

Transit-Mond und Radix-Himmelsmitte in Spannung

Schräg drauf! Wenn der transitierende Radix-Mond im Spannung zum Medium Coeli steht, können Sie als Abteilungsleiter nur mühsam Ihre Autorität wahren. Man hört entweder nicht zu oder ist unmotiviert. Und wenn Sie zur Belegschaft gehören, dann wollen Sie jetzt keinesfalls von oben belehrt werden. Sie reagieren einfach pampig, weil Sie sich nicht pampig kommen lassen wollen. So einfach ist das. Noch ›ne Frage?

Transit-Mond und Radix-Himmelsmitte in Harmonie

Ganz populär! Mit Radix-Mond im harmonischen Transit zum MC können Sie gut mit dem Chef und der Chef mit Ihnen. Man verteilt einfach die Aufgaben. Der da oben nimmt einem die Verantwortung und einen Großteil der Probleme ab. Dafür tanzen die da unten nicht aus der Reihe, sondern tun schön brav, was von ihnen verlangt wird. Na ja, heute vielleicht. Zum Streik kann man später immer noch aufrufen.

Die Zyklen des Merkur

Kommunikation! Die Planetenaspekte des Transit-Merkur wirken in der Regel nur einen Tag. Wenn Sie also vorhaben, die Gunst des Götterboten zu nutzen, dann müssen Sie schon ganz schön aufpassen. Und Sie müssen flink sein! In der klassischen Mythologie wandert Radix-Merkur ständig zwischen den Himmelsgöttern hin und her, tauscht Informationen aus. Das Geheimnis seines Erfolges ist die Neutralität. Die Götter liegen eigentlich immer irgendwie miteinander im Streit. Und mit Feinden redet man nicht. Also übernimmt Radix-Merkur den Job des Kommunikators. Der verdient gut dabei. Ach ja: Radix-Merkur selbst ist natürlich auch himmlischen Geblüts. Man nennt ihn den Gott der Händler und Diebe. Für beides braucht man halt ein besonderes Händchen. Nutzen Sie die günstigen Phasen des Merkur, um den Informationsfluss voranzutreiben. Und um in gefühlsbelasteten Situationen doch noch den Überblick zu behalten. Merkurtransite haben die Eigenschaft, eine sachliche, logische, technische und kaufmännische Atmosphäre zu schaffen. Unter bestimmten Merkuraspekten kann man mit Leuten zusammenarbeiten, mit denen man ansonsten wirklich nicht klarkommt. Dieser Planet eignet sich auch hervorragend für Bewerbungsgespräche. Manche Chefs halten sich für Götter - und mit solchen Typen kann Radix-Merkur ganz gut umgehen. Und überhaupt sollte man alle Kontakte zu Menschen, die neu und wichtig sind, in seine positiven Transitzeiträume legen bzw. zumindest außerhalb seiner schwierigen. Die Wirtschaft ist heutzutage ungeheuer eng mit der Kommunikation verknüpft. Folglich sollten wir die Stellung des Radix-Merkur bei allen geschäftlichen Transaktionen zu beachten. Generell gilt, dass die jeweilige Häuserposition des laufenden Radix-Merkur (je nach Phase zwischen zwei und 6 Wochen) auf denjenigen Lebensbereich hindeutet, der derzeit mit Informationen überschüttet wird und in dem wir eine ganz besondere Findigkeit entwickeln. Und: Wo Radix-Merkur gerade steht, dort können wir neue Kontakte knüpfen und uns einen bedeutenden Wissensvorsprung erarbeiten. Gerade im Geschäftsleben ist dies von unschätzbarem Wert!

Transit-Merkur im ersten Radix-Haus

Der Auftritt! Wenn sich die Lage festgefahren hat und die Fronten verhärtet sind, gibt es nichts Besseres als einen schönen Merkurtransit durch das erste Haus. Man wartet nicht mehr ab, bis die anderen sich äußern, sondern macht einfach den ersten Schritt. Geschickt und schnell im Auftritt, gewitzt und gerissen. Zugegeben: Ein bisschen oberflächlich ist man jetzt schon. Aber gerade darin liegt ja auch der Vorteil. Die Zeit des Grübelns ist vorbei.

Transit-Merkur im zweiten Radix-Haus

Datensicherung! Daten sind in unserer Informationsgesellschaft Gold wert. Wenn Radix-Merkur durch Ihr zweites Haus läuft, sind Sie geschickt im Finanziellen. Verlust durch Diebstahl, Betrug und Raub gehören auch in diese Zeitqualität. Deshalb ist es klug, nicht alles auszuplaudern. Im Gegenteil: Zur Zeit verfügen Sie über ein Wissen, das Sie in bare Münze umsetzen können. Wer macht Ihnen ein Angebot?

Transit-Merkur im dritten Radix-Haus

Herumtreiberei! Merkurs Transit durch das dritte Haus macht beweglich und ziellos, geschwätzig, geschickt in Gestik und Sprache, wissbegierig. Manche hängen in dieser Zeit permanent am Telefon. Andere treiben sich in der Weltgeschichte herum oder surfen ziellos durch Internet. Dadurch macht man sich Luft, übt die Kommunikationsfähigkeit. Der Lebensstil eines Journalisten. Nichts ist langweiliger als die Zeitung von gestern. Gutes Timing für kleine Geschäfte am Straßenrand.

Transit-Merkur im vierten Radix-Haus

Gefühlsduselei! Merkur geht jetzt durch Ihr viertes Haus. Da muss irgendwie Schluss sein mit all dem oberflächlichen Gequatsche. Das kommt jetzt wirklich nicht gut an. Aktivieren Sie mal Ihr Gedächtnis. Wen haben Sie schon lange nicht mehr besucht? Pflegen Sie persönliche Kontakte. Besuchen Sie alte Kunden. Vielleicht besteht Bedarf an den neuesten Produkten aus Ihrem Unternehmen? Innenakquisition nennt sich so etwas. Homeshopping ist ein anderes Betätigungsfeld für diesen Merkur-Transit. Machen Sie keinen Druck. Stellen Sie das Persönliche in den Vordergrund. Viele Menschen schätzen solch einen Service und sind gerne bereit, mehr dafür zu zahlen.

Transit-Merkur im fünften Radix-Haus

Glücksrad! Es muss ja nicht gleich eine große TV-Verkaufsshow sein, die schon seit über einem Jahrzehnt erfolgreich für Produkte wirbt und dabei noch unterhaltsam ist. Aber die Idee ist gut. Und Merkurs Transit durch Ihr fünftes Haus ist die beste Gelegenheit, so etwas auszuprobieren. Lassen Sie sich also für die nächste Kaffeefahrt anwerben und verkaufen Sie alten Damen Rheumadecken. Mit Erstaunen werden Sie feststellen, dass diese Ladies ganz schöne Ansprüche stellen - nicht an die Decken, sondern an Ihre Selbstdarstellungskünste. Dass die Produkte überteuert sind, wissen alle. Man kauft dennoch, wenn man nur eine gute Show geliefert bekommt. Dafür zahlen alle gerne. Etwas Abwechslung, Spannung und Entertainment braucht halt jeder.

Transit-Merkur im sechsten Radix-Haus

Notrufzentrale! Irgendwann kann immer etwas schief gehen. Bei Merkurs Transit durch das sechste Haus kommt das nicht häufiger vor als sonst auch. Sie sind in diesen Wochen prädestiniert für jede Art von Job, der mit Service, Hilfestellung und Problemlösung zu tun hat. Und wenn sich nichts Entsprechendes bietet, dann suchen Sie halt herum, bemeckern und bekritteln dieses und jenes. Bevor Sie jetzt auch noch die Frau von der Lohnbuchhaltung zum Wahnsinn bringen, weil die Ihrer Meinung nach auf dem Gehaltsstreifen die Euro-Cents an der dritten Stelle hinter dem Komma falsch abgerundet hat, suchen Sie sich bitte lieber echte Probleme. Gehen Sie einfach mal mit dem Werkzeugkasten unter dem Arm durch die Firma. Irgendjemand spricht Sie garantiert an - und ist auch noch dankbar.

Transit-Merkur im siebten Radix-Haus

Gesprächspartner! Merkurs Transit durch das siebte Haus lässt uns wissbegierig werden. Die wichtigsten Neuigkeiten erfährt man jetzt direkt im Gespräch. Und zwar vom anderen. Aber nur dann, wenn man zuhört. Wie jedoch das jeweilige Gegenüber zum Reden bringen? Sie werden feststellen, dass gerade die interessantesten Leute völlig anderer Meinung sind. Versuchen Sie bloß nicht, das zu ändern. Nichts wäre ungeschickter. Der Dialog ist sofort beendet. Die Spannung fehlt. Möchten Sie ein wirklich produktives, zielorientiertes Gespräch führen, dann müssen Sie Ihr jeweiliges Gegenüber in eine Gesprächspartnerschaft einbinden. Nicht, dass Sie ihm jetzt nach dem Munde reden oder Ihre eigenen Lippen schweigend verschließen müssen. Es geht um echte eine Partnerschaft in der Kommunikation. Auf diese Weise bereiten Sie Verträge und gute Geschäftsabschlüsse vor. Man muss nur mit einander reden können.

Transit-Merkur im achten Radix-Haus

Geheimwissen! Der Transit des laufenden Radix-Merkur durch das achte Haus bringt ungeahnte Einblicksmöglichkeiten in die ganz privaten Vermögensverhältnisse anderer Menschen. Und sofort löst sich die Fremdheit. Rechtsanwälte und Notare könnten ein Lied davon singen. Dürfen sie aber nicht! Dieser Berufsstand ist genau wie jener der Ärzte zu absolutem Stillschweigen verpflichtet. Was also tun, wenn Sie jetzt von krummen Dingern, von Steuerhinterziehung, Schwarzgeldern, Kontakten zur Mafia, Betrug und Bestechung erfahren, von todbringenden Krankheiten, ängstlichen aber auch gierig wartenden Erben? Am besten schauen Sie nicht zu genau hin. Denn Sie müssen auf jeden Fall die Interessen Ihrer Mandanten wahren. Selbst wenn Sie nicht in jenen Berufen tätig sind, die auf Farben verzichten und entweder in weißem Kittel oder schwarzer Robe herumlaufen, sollten Sie diesen Rat beherzigen. Und zwar genau so lange, wie Radix-Merkur durch Ihr achtes Haus geht.

Transit-Merkur im neunten Radix-Haus

Expertenbefragung! Bei Merkurs Transit durch Ihr neuntes Haus sollten Sie Ihre Fremdsprachenkenntnisse aktivieren. Mängel und Schwächen können durch technische Hilfsmittel und Kooperation ausgeglichen werden. Es gibt Computer-Übersetzungsprogramme. Und es gibt bestimmt Leute, die Ihnen aus reiner Gefälligkeit mal eben einen Text aus oder in das Ausland dolmetschen. Seien Sie jetzt bloß nicht pingelig. Improvisation ist alles. Toleranz und Großzügigkeit helfen weiter. Die augenblickliche Planetenkonstellation bietet Ihnen viele Chancen, ein gutes Geschäft zu machen. Vertrauen spielt eine große Rolle. Aber schauen Sie auch genau hin. Achten Sie darauf, nur moralisch und ethisch einwandfreie Angebote anzunehmen. Hören Sie auf Ihre innere Stimme. Und noch etwas: Sie müssen nicht alles wissen. Aber Sie sollten Experten konsultieren, die sich auskennen. Es gibt sicherlich eine Person, die Sie um Rat fragen können. Sie wissen schon, wer damit gemeint ist.

Transit-Merkur im zehnten Radix-Haus

Verlautbarung! Wenn Radix-Merkur durch Ihr zehntes Haus geht, sollten Sie sorgfältig bedenken, was Sie in der Öffentlichkeit an Verlautbarungen von sich geben. Ungeschickte Bemerkungen würden Ihrem beruflichen Fortkommen schaden. Nehmen Sie Rücksicht auf die Gefühle, Verklemmtheiten und Ängste Ihre Vorgesetzten. Kritik dürfen Sie ruhig äußern, aber sie muss zurückhaltend und fundiert vorgetragen werden. In dieser Zeit werden Sie über die wirklich wichtigen Dinge sprechen. Ihr Wort hat Autorität. Gesagtes wird auch getan. Rechtliche Folgen sind möglich.

Transit-Merkur im elften Radix-Haus

Intellektuellenzirkel! In der Zeit, da Radix-Merkur durch Ihr elftes Haus geht, werden Ihnen die guten Ideen nicht ausgehen. Wie schön, dass man über alles reden kann. Wo es doch keine Konsequenzen hat. Oder doch? Sie können im freundschaftlichen, informellen Kreis jetzt sehr viel leichter Kritik äußern. Man bittet Sie sogar darum. Aber überspannen Sie den Bogen nicht. Der Chef bleibt immer noch der Chef, auch wenn er den Schlips abgenommen hat und Ihnen in der Kneipe am Tresen gegenübersteht.

Transit-Merkur im zwölften Radix-Haus

Gedankenübertragung! Wenn Radix-Merkur durch das zwölfte Haus geht, lernen Sie, mit unsichtbarer Tinte zu schreiben. Ihre telepathischen Kräfte sind im Dauereinsatz. Tonbänder, die Sie erreichen, vernichten sich nach dem Abspulen automatisch. Sie kennen das aus James-Bond-Filmen. Noch etwas? Ach ja: Ihre Fantasie ist jetzt ausgesprochen rege, das Traumleben ausgeprägt. Hey Sie da! Ja Sie. Aufwachen. Auf der Arbeit wird nicht gepennt. Ausschlafen kann man sich zu Hause.

Transit-Merkur und Radix-Sonne in Konjunktion

Kühl und neutral! Wenn Radix-Merkur im Transit über die Radix-Sonne geht, kann man sich einmal völlig neutral mit Themen beschäftigen, die einem ansonsten viel zu nahe gehen. An diesem Tag werden Sie bedeutsame Mitteilungen erhalten. Sie sind ein wenig distanzierter und intellektueller als sonst. Das ist sehr gut. Denn so können Sie einmal ganz ohne störende Emotionen auf andere Menschen zugehen. In Wort, Schrift, Rede und Diskussion werden Sie sich ungewöhnlich brillant in Szene setzen.

Transit-Merkur und Radix-Sonne in Spannung

Dumm erwischst! Merkur im Spannungsaspekt zur Radix-Sonne bringt einen Widerstreit zwischen Vernunft und Stolz: Versuchen Sie jetzt nicht, alles über den Verstand zu erklären. Schriftliche Angelegenheiten, Absprachen, Telefonate und Gespräche, aber auch handwerkliche Arbeiten dürften an anderen Tagen weniger problematisch verlaufen als heute. Manchmal hindert Sie falscher Stolz daran, Fehler zuzugeben und aus ihnen zu lernen. Jemand kritisiert Ihre Position und Ihr Verhalten. Und diese

Person hat möglicherweise sogar recht. Diese Kröte müssen Sie schlucken. Wenn Sie Charakter zeigen wollen, dann geben Sie das ruhig zu - ohne Hochmut, aber natürlich in aller Würde.

Transit-Merkur und Radix-Sonne in Harmonie

Virtuoses Auftreten! Transit-Merkur im günstigen Aspekt zur Sonne, das sind gute Tage, in denen Sie neue Kontakte schließen, sich und Ihre persönlichen Anliegen erfolgreich darstellen. Man hört Ihnen zu, da Sie sich jetzt sehr lebhaft ausdrücken können. Sie setzen Ihre Körpersprache geschickt ein. Kleine Gesten und eine kluge Wortwahl tun ihr Übriges.

Transit-Merkur und Radix-Mond in Konjunktion

Mitteilungsbedürfnis! Wenn Radix-Merkur im Transit über den Radix-Mond geht, haben Sie ein großes Mitteilungsbedürfnis. Sie können Ihre Gefühle in Worte fassen. Lange Gespräche am Telefon. Sie analysieren Ihre eigenen Motive, reflektieren Ihr Unbewusstes. Emotionen werden dadurch über den Intellekt gefiltert, rationalisiert und neutralisiert. Ein guter Tag, um Gedichte zu schreiben. Der Kontakt mit den Arbeitskollegen verbessert sich.

Transit-Merkur und Radix-Mond in Spannung

Quasselstrippe! Bei Radix-Merkur in Spannungsaspekten zum Radix-Mond finden Sie nicht genau die richtigen Worte. Vielleicht sind Sie in Ihrem Selbstausdruck zu subjektiv, sprechen über private Dinge, die wirklich nicht ins Berufsleben gehören. Privatgespräche am Arbeitsplatz. Auf hereinkommende Informationen reagieren Sie zu empfindsam, beziehen Dinge auf sich, die eigentlich gar nichts damit zu tun haben. Missverständnisse in der Kommunikation sind die Folge. Manchmal ist Ihnen wirklich alles zu viel. Die Atmosphäre am Arbeitsplatz kommt Ihnen kalt und gefühllos vor. Aber das ist halt so. Werden Sie erwachsen!

Transit-Merkur und Radix-Mond in Harmonie

Gute Verständigung! Bildet Radix-Merkur einen harmonischen Aspekt zur Sonne, dann kann man die Menschen emotional sehr gut erreichen. Dies erleichtert und fördert alle beruflichen Anstrengungen. Sie werden es jetzt vielleicht nicht mit den wirklich mächtigen und wichtigen Leuten zu tun haben. Diese Kontakte beziehen sich eher auf die alltägliche Kommunikation mit Sachbearbeitern, Angestellten oder dem Servicepersonal. Aber wenn Sie nach einem guten Tag gesucht haben, um beispielsweise nach einem fehlenden Schriftstück anzufragen oder um endlich einmal die Hotline einer Softwarefirma zu konsultieren, dann zögern Sie nicht länger. Ihre emotionale Aufgeräumtheit wird Ihnen gerade bei schwierigen technischen Problemen von großem Vorteil sein.

Transit-Merkur und Radix-Merkur in Konjunktion

Klar Tisch machen! Merkurs Wiederkehr auf seine Ausgangsposition im Geburtshoroskop bringt Ihren Verstand auf klare Linie. Ihr innerer Computer wird neu gebootet. Neustart. Alles ist klar und frisch. Sie sind vielleicht ein wenig grüblerisch. Aber das vergeht schnell wieder. Sie wissen innerlich ganz genau, was Sie wollen. Und Sie wissen auch, mit wem Sie Kontakt aufnehmen sollten, welche Schriftstücke unbedingt bearbeitet werden müssen und was sich ganz einfach logisch bewältigen lässt. Es ist erstaunlich, mit welcher Geschwindigkeit und Präzision Sie sich durch die Aktenberge fressen und gleichzeitig ein Telefonat nach dem anderen erledigen.

Transit-Merkur und Radix-Merkur in Spannung

Sprechende Köpfe! Das Quadrat zu Radix-Merkur zu seiner Radixposition bringt eine ganze Menge Unfug. Logik und Vernunft sind fantastische Hilfsmittel, mit denen sich die Welt jedoch nie vollständig erklären lässt. Vorsicht vor intellektuellem Dünkel und Rechthaberei. Handwerkliche Arbeiten sollten jetzt mit allergrößter Sorgfalt durchgeführt werden. Im Schriftverkehr und bei Gesprächen lassen sich Missverständnisse kaum ausschließen. Und was nicht alles geredet wird! Wem es zu viel wird, der sollte sich den Nachmittag frei nehmen und sich an der Hausbar des teuersten Hotels am Platze drei Martinis bestellen. Ob geschüttelt oder gerührt, das ist nun auch egal. Das Gespräch mit der durchreisenden Touristengruppe aus Japan ohne Übersetzer tut sein übriges, um die drohende Kopfschmerzattacken zu verjagen.

Transit-Merkur und Radix-Merkur in Harmonie

Alles ganz einfach! Mit Radix-Merkur in Harmonie zur Ausgangsposition arbeitet der Verstand sehr gut und beinahe störungsfrei. Nutzen Sie diese Tage für Schriftverkehr, Absprachen, Kommunikation. Lang hinausgeschobene Reparaturarbeiten können ebenfalls erledigt werden. Arztbesuche verlaufen ohne störende Missverständnisse. Logik und Vernunft sind fantastische Hilfsmittel, mit denen man die Welt jedoch nie vollständig erklären kann. Weil Sie das heute auch überhaupt nicht probieren, ist alles ganz, ganz einfach.

Transit-Merkur und Radix-Venus in Konjunktion

Ganz nett eigentlich! Merkurs Transit über Radix-Venus kühlt Ihre Sinnlichkeit auf ein erträgliches Maß ab. Nicht, dass Sie jetzt vollkommen lieblos werden! Sie dürften unter diesem Gestirn sogar noch viel netter als sonst sein. Aber Sie erwarten eigentlich nicht, dass irgendjemand diesen Flirt ernst nimmt. Im Gegenteil: Gerade weil Sie wissen, dass alles nur ein Spiel ist, können Sie mit dem netten Vertreter von auswärts oder dieser reizenden Disponentin so gut auskommen. Eine Katastrophe wäre es jetzt natürlich, wenn frau/man all die kleinen Anzüglichkeiten ernst nimmt. Schließlich: Dienst ist Dienst. Na ja, notfalls ließe sich ja noch ein Date nach Feierabend arrangieren. Wo ist denn bloß der Terminkalender geblieben?

Transit-Merkur und Radix-Venus in Spannung

Oberflächliches Gerede! Merkur im Spannungsaspekt zu Radix-Venus lässt uns um den heißen Brei herumreden. Es gibt Menschen, die wir nicht mögen oder zu denen wir nicht gut sind. Das kommt im Berufsleben nun einmal vor. Geschäft ist Geschäft. Und solchen Leuten sitzt man nun gegenüber. Die Wahrheit wissen eigentlich alle. Aber es wäre unhöflich, direkt darüber zu sprechen. Meist erschöpft sich die Diskussion in nichtssagenden Floskeln. Man will sich nicht wehtun. Und hat sich damit im Grunde schon wehgetan. Wenn Sie für die Zeit, die Sie für solche Gespräch aufwenden, von Ihrer Firma bezahlt werden, dann lassen Sie ruhig alles über sich ergehen. Aber bitte nur dann!

Transit-Merkur und Radix-Venus in Harmonie

Verkaufsfördernd! Merkurs harmonische Aspekte zur Radix-Venus machen gesprächsfreudig und reiselustig, verleihen diplomatisches Geschick. Wenn Sie es darauf anlegen, könnten Sie jetzt Kühlschränke an die Eskimos und Heizdecken in Zentralafrika verkaufen. Nutzen Sie diese Zeit, um auch direkt für sich selbst zu werben. Seien Sie Ihr eigener Agent und Manager. Gute Gelegenheiten, um ohne großes Risiko nach einer Gehaltserhöhung anzufragen, sind rar. Sie werden schon charmant genug auftreten, reden mit Engelszungen. Ihre Argumente sind vielleicht dürftig, aber je länger der Wortwechsel dauern, umso lieber hört man Ihnen zu. Und während des Gesprächs fallen Ihnen auch noch viele neue Gründe ein, warum die Firma nicht auch ein bisschen netter zu Ihnen sein sollte.

Transit-Merkur und Radix-Mars in Konjunktion

Rationell einfach! Geht Radix-Merkur im Transit über Venus, kann man ganz zielgerichtet, klar und nüchtern handeln und sofort zur Tat schreiten. Eigentlich ist doch alles ganz einfach und rational erklärbar. Warum dann bloß dieses ewige Zögern, diese irrationale Warterei? Jetzt kommt der Fortschritt! Sicherlich lassen sich viele Dinge hochmodern erledigen. Wenn Sie Techniker sind, am Computer arbeiten oder in der Logistik, dann ist dies Ihr großer Tag. Fast jeder wird Ihren Rationalisierungs- und Optimierungsvorschlägen zustimmen. Die Probleme kommen dann später. Der menschliche Faktor ist schwer kalkulierbar. Aber das ist ein ganz anderes Kapitel.

Transit-Merkur und Radix-Mars in Spannung

Verbalattacken! Bei Transit-Merkur im harten Aspekt zu Radix-Mars hat immer nur einer recht. Aber wer? Im Zweifelsfall der Chef. Wenn Sie etwas anderes glauben, dann halten Sie gefälligst den Mund. Sind Ihre Ideen wirklich Gold wert, dann kündigen Sie eben und machen ein Konkurrenzunternehmen auf. Sie sind sich da nicht so ganz sicher? Dann warten Sie auf bessere Zeiten. Irgendwann wird man Ihnen schon noch zuhören.

Transit-Merkur und Radix-Mars in Harmonie

Bombenentschärfung! Bei Merkurs günstigen Transiten zu Radix-Mars kann man mit Ihnen über alles reden. Jede noch so große Frechheit wird akzeptiert. Sie brüllen vor Lachen und hauen dem Spaßvogel amüsiert auf die Schulter, sodass der nur ein paar Wochen braucht, um sich das Gelenk wieder einzurenken. Unter Kumpeln kann man schon einiges einstecken. Das Faszinierende an dieser Konstellation ist, dass man sich jetzt wirklich in die Höhle des Löwen begibt. Und der zähnefletschende Pascha höchstselbst gewährt Ihnen ein TV-Interview. Dass er so ganz nebenbei drei Reporter von der Konkurrenz lynchen lässt ... Nun ja. Sie übergehen die Peinlichkeit mit einem Witz über das Wetter, die Frauen und die Männer. Und schon haben Sie die Sache im Kasten. Das Video können Sie für ein Heidengeld an die Satellitensender verkaufen. Jetzt müssen Sie nur noch auf dem Rückweg heil durch die Tretminenfelder gelangen. Mit einem Liedchen auf den Lippen ist das alles halb so wild.

Transit-Merkur und Radix-Jupiter in Konjunktion

Detailtreue! Wenn der Transit-Merkur über Radix-Jupiter steht, müssen Sie sich öffentlich erklären. Theoriegeschwafel reicht nicht aus. Man möchte, dass Sie ganz detailliert erläutern, wie Sie sich dies und das vorstellen. Große Pläne kann jeder machen. Es kommt auf die Umsetzung an. Darin liegt die große Kunst. Ihr sprachlicher Ausdruck ist jetzt sehr wichtig. Man bietet Ihnen die Möglichkeit, in freier Rede Ihr Konzept zu erläutern. Versuchen Sie, die Zusammenhänge so einfach wie möglich darzulegen. Weniger ist mehr.

Transit-Merkur und Radix-Jupiter in Spannung

Nebensächliches! Mit Radix-Merkur im Spannungsaspekt zu Radix-Jupiter werden Sie mit einem Wust an Informationen konfrontiert, die Sie nicht alle verarbeiten können. Es fällt Ihnen unheimlich schwer, das Wesentliche vom Unwesentlichen zu unterscheiden. Oft erlebt man in solchen Zeiten, dass es am Detail hapert, an der praktischen Umsetzung. Was nützen Ihnen große Pläne, die in der Praxis scheitern? Sie werden jetzt eine ganze Menge an Kleinkram abarbeiten. Und zugleich müssen Sie aufpassen, dass Sie sich in Ihrem Wahn nach Vollständigkeit nicht sofort wieder mit neuem, aber genauso wertlosen Informationsmüll überfüttern.

Transit-Merkur und Radix-Jupiter in Harmonie

Poetisch und grandios! Mit Transit-Merkur in Harmonie zu Radix-Jupiter wird das Dichterherz in der eigenen Brust zum Klingen gebracht. Als Texter in der Werbebranche reimen Sie sich die wunderbarsten Slogans zusammen. Mit Gott und der Welt stehen Sie auf Du und Du. Sie sind ein Organisationstalent. Mit leichter Hand verwalten Sie die Buchhaltung. Auf internationalen Kongressen demonstrieren Sie Redegewandtheit. Fehlende Vokabeln werden durch Fantasieworte ersetzt. Und jeder versteht Sie. Das einzig Schlechte an dieser inspirierten Zeitphase ist, dass sie irgendwann ein Ende hat, wie halt alles Gute auf dieser Welt. Aber darüber denken Sie jetzt bitte nicht nach!

Transit-Merkur und Radix-Saturn in Konjunktion

Nur Fakten zählen! Merkur im Transit über Radix-Saturn ermöglicht, über ernste Dinge zu sprechen. Es ist nachgerade ein Bedürfnis, dem wir uns nicht verschließen dürfen. Geschwafel interessiert nicht. Zahlen, Fakten, Tabellen und Statistiken werden sind verlangt, ganz konkrete Lösungsmöglichkeiten. Sie werden jetzt vermutlich weniger denn je den Mund aufmachen. Und wenn, dann muss es schon Hand und Fuß haben. Worte werden auf die Goldwaage gelegt. Erfolg haben Sie in schriftlichen Dingen. Formulieren Sie Ihre Gedanken schwarz auf weiß. Fassen Sie das Wesentliche zusammen. Kurz und bündig. Als Experte können Sie sich jetzt sehr gut profilieren, besonders bei Fragen der Optimierung und Rationalisierung. Bloß passen Sie auf, dass Sie aus lauter Vernunftgründen dem Chef nicht Vorschläge zur Einsparung Ihres eigenen Arbeitsplatzes unterbreiten!

Transit-Merkur und Radix-Saturn in Spannung

Pedanterie! Merkur im harten Transit zu Radix-Saturn wird Sie mit Ihren eigenen Grenzen konfrontieren. Sie fühlen sich in gewisser Weise überfordert. Man wirft Ihnen möglicherweise pedantisches Verhalten vor, Kleinkrämerei. Sie können jetzt nicht nach Schema F vorgehen. Der alte Trott führt in die Sackgasse. Sie müssen geistig beweglicher werden. Andererseits bietet Ihr Standpunkt eine echte Orientierung. Als Lektor bei einem Verlag oder in der Endkontrolle am Fließband sind Sie wirklich gut eingesetzt. Ihre Skepsis und Ihr prüfender Blick sind hier geradezu Gold wert. Der kleinste Fehler fällt Ihnen auf. Natürlich sind Sie unbeliebt! Aber sind das nicht alle großen Könner ihres Fachs? Hauptsache ist doch, dass die Firmenleitung ihre Qualitäten erkennt und schätzt.

Transit-Merkur und Radix-Saturn in Harmonie

Fachkenntnis! Merkurs harmonische Transitaspekte zu Radix-Saturn versetzen Sie in die Lage, Ihre ganz speziellen Fähigkeiten zur Geltung zu bringen. Lang und mühsam war Ihr Weg. Im Grunde ist wenig erreicht. Aber das, was Sie können, ist fundiert und sicher. Bei Bewerbungen um eine neue Arbeitsstelle sollten Sie den schriftlichen Weg gehen. Formulieren Sie Ihre Vita kurz und bündig. Legen Sie Zeugnisse und Diplome bei. Besonders bei Bewerbungen im Verwaltungsbereich oder bei staatlichen Stellen ist dieser Planetenaspekt sehr zu empfehlen.

Transit-Merkur und Radix-Uranus in Konjunktion

Schnell Reaktion! Mit Radix-Merkur im Transit über Radix-Uranus gleichen Sie einem Nervenbündel. Und dies können Sie so oder so verstehen. Sie haben die freie Wahl. Entweder kommunizieren Sie nun mit jedem und allen, nehmen kein Blatt vor den Mund, überschütten die Leute mit geistreichen und geistlosen Informationen, verheddern sich bei Simultantelefonaten, bringen alles durcheinander, ernähren sich nur noch von Aufputschtabletten, Kopfschmerzmittel und Schlafmitteln - und dies in fortwährender Reihe. Oder sie arbeiten zielgerichtet, diszipliniert und ungeheuer schnell. Das Verständnis für die Menschen ist derart groß, dass Sie alles Überflüssige weglassen und direkt zur Sache kommen können. Sie verzichten auf autoritäres Gehabe. Hierarchieebenen werden überwunden. Teamwork!

Transit-Merkur und Radix-Uranus in Spannung

Aussetzer! Bei Merkurs Spannungsaspekten zu Radix-Uranus ist der Kopf schneller als die Zunge. Sie haben die Dinge schon verstanden, bevor der andere seinen Satz beendet hat - wenn sie ihn überhaupt zum Reden kommen lassen. Was Sie da verstehen, entspricht allerdings nicht unbedingt der Realität. Das glauben Sie nur. Und so redet man blitzschnell an einander vorbei. Missverständnisse sind in dieser Zeit mehr Regel als Ausnahme. Jede ach so gute Problemlösung schafft neuen Ärger. Und der muss wiederum gelöst werden. Solche Tage sind oft mit gewaltigen technischen Problemen verbunden. Sie löschen versehentlich Dateien, E-Mails erreichen den falschen Empfänger, die Festplatte bricht zusammen, die Telefonleitung ist plötzlich tot. Versuchen Sie, sich dem allgemeinen Trend der Beschleunigung bewusst zu entziehen. Bemühen Sie sich um eine klare und stresslose Kommunikation. Reden Sie Sätze zu Ende. Bringen Sie Ihr Gegenüber nicht zum Stottern. Spielen Sie nicht den großen Individualisten oder das Genie. Dann gibt es auch nicht so viele Aussetzer.

Transit-Merkur und Radix-Uranus in Harmonie

Einfach klar! Wenn Radix-Merkur im Transit harmonische Aspekte zu Radix-Uranus bildet, klappt es mit der Verständigung ganz wunderbar. Oft liegt es einfach daran, dass zwischen den beteiligten Parteien keine Abhängigkeiten bestehen. Man kann sich frei äußern. Und man braucht dabei nicht mit negativen Konsequenzen zu rechnen. Diese Tage eignen sich sehr gut für die Kommunikation im Team oder mit Geschäftspartner, auch im Ausland. Wollen Sie in Ihrem Unternehmen Innovationen durchsetzen? Dann sprechen Sie darüber. Je einfacher Sie die komplizierten Vorgängen darstellen, umso klarer werden Ihrem Gegenüber die Vorteile. Er kann zusagen, aber er muss es nicht. Das Angebot ist unverbindlich. Lassen Sie es jetzt erst einmal dabei. Später dann können Sie gegebenenfalls stärker nachhaken.

Transit-Merkur und Radix-Neptun in Konjunktion

Multimedia! Geht der transitierende Radix-Merkur über Neptun, dann wird man Sie für Ihren feinen Kunstverstand loben, für diese ganz ungewöhnlichen Ideen und Ihr musisches Talent. Oder sie werden nur mit Sprachlosigkeit auf Kritik reagieren. Konfuse Konzepte, unausgegorene Projekte, wirres Auftreten, falsche Illusionen. Als ob es richtige Illusionen gäbe! Empört ziehen Sie sich in die Schmollecke zurück. Was auch sonst? Sie könnten sich dem Volk erklären. Nun gut: Mit Worten ließe sich das nicht machen. Je mehr Sie reden, desto weniger versteht man Sie. Aber Sie könnten den multimedialen Weg wählen. Kleiden Sie sich so, dass es Ihrem inneren Verständnis am nächsten kommt. Suchen Sie sich die passende Musik aus. Zeichnen Sie. Entwerfen Sie Grafiken. Arbeiten Sie mit Bildern und Tönen. Konzentrieren Sie sich auf den Gesamteindruck. Beziehen Sie Ihre Körpergestik in die Präsentation mit ein. Das überzeugt.

Transit-Merkur und Radix-Neptun in Spannung

Sprachverwirrung! Die Spannungsaspekte des Transit-Merkur zum Radix-Neptun bringen Probleme, die sich vielleicht analysieren, aber dennoch nicht leicht lösen lassen. Sie treffen auf Menschen, die auf eine ganz andere Art und Weise kommunizieren, als Sie es gewöhnt sind. Während der eine rein intellektuell und rational argumentiert, operiert der andere mit inneren Bildern und Gefühlselementen. Auf diesen unterschiedlichen Ebenen lässt sich keine Verständigung erreichen. Seien Sie höchst misstrauisch, wenn Sie jetzt glauben, einer Meinung zu sein. Das ist ein Irrtum. Was tun? Worüber man nicht reden kann, darüber muss man schweigen. Vertagen Sie die Angelegenheit auf einen späteren Zeitpunkt.

Transit-Merkur und Radix-Neptun in Harmonie

Singsang! Merkurs harmonische Transite zum Radix-Neptun bringen Sie mit interessanten Leuten zusammen. Sie brauchen sich nicht groß zu produzieren, sich kompliziert zu erklären oder nach Worten zu ringen. Es geht auch so. Der Ton macht die Musik. Auf die Stimmung kommt es an. Wenn man sich verstehen will, dann versteht man sich auch. Wenn nicht, dann nicht. Besonders vorteilhaft sind diese Tage für Menschen, die im künstlerischen Bereich arbeiten. Die sind oft von starken Visionen besetzt. Und es fehlt ihnen an verbalen Ausdrucksmöglichkeiten. Ein Journalist, ein Galerist, ein Musikmanager oder Literaturagent übernimmt dann die Außenkontakte zur bürgerlichen Welt. Insofern bestehen jetzt auch reale Möglichkeiten, einen finanziell lukrativen Abschluss zu tätigen.

Transit-Merkur und Radix-Pluto in Konjunktion

Offenes Geheimnis! Merkur im Transit über Radix-Pluto zwingt zur Offenlegung von Geheimnissen. Aber was ist ein Geheimnis? Natürlich kann es sich dabei um betriebsinterne Informationen handeln, die keinesfalls an die Öffentlichkeit kommen sollten. Oder Sie stoßen als Journalist bei Recherchen auf Informationen, die in der Öffentlichkeit einen Skandal auslösen könnten. Die allergrößten Geheimnisse liegen jedoch in Ihrem Inneren. Es handelt sie um die Pläne und Konzepte, die Sie ganz alleine entwickelt haben und die Sie eigentlich schon immer der Firma vorstellen wollten. Riskieren Sie ruhig, Ihre Meinung offen zum Ausdruck zu bringen - bevor ein anderer Ihre Pläne abkupfert und sich mit fremden Lorbeeren schmückt.

Transit-Merkur und Radix-Pluto in Spannung

Peinliche Wahrheiten! Bei Radix-Merkur in Spannung zu Radix-Pluto durchschaut man so ziemlich alles. Zumindest glaubt man das. Und was man da sieht, ist furchtbar. Zumindest schaut es so aus. Aber was ist wirklich Realität und was nur Fiktion, Spukgespenst, Ausgeburt eigener Angst? Fantasien? Sie könnten in diesen Tagen die Feinde überall sehen. Hat der Buchhalter diesen Überweisungsfehler wirklich nur aus Versehen gemacht? Wie ist jene Bemerkung des Chefs zu verstehen. Eine der Angestellten hüstelte so merkwürdig, als Sie vorübergingen. Alle Indizien zeigen in Richtung auf eine konzertierte Aktion gegen Ihre Persönlichkeit. Eine Verschwörung! Seien Sie tapfer, denn es kommt noch schlimmer. Wenn Sie ganz genau hinschauen, entdecken Sie die Ursache für das ganze Dilemma: Ihre eigene, überbordende Fantasie. Eine wahrhaft unangenehme Erkenntnis.

Transit-Merkur und Radix-Pluto in Harmonie

Selbsterkenntnis! Die harmonischen Transite Merkurs zu Radix-Pluto machen es uns möglich, eigene Fehler zu erkennen und damit umzugehen. Dadurch gewinnen wir Macht über die einzige Person, die uns gefährlich wird: uns selbst. Wem all dies zu psychologisch ist, der weiß nicht um die Wichtigkeit von Menschenführung in Unternehmen. Dieser Tage bieten sich genug Möglichkeiten, entspannt und selbstsicher in der Firma aufzutreten. Gerade weil Sie um Ihre eigenen Fehler wissen, können Sie die der anderen besser verstehen. Und weil Sie so sehr an Ihrer eigenen Persönlichkeit arbeiten, können Sie mit der notwendigen Gelassenheit Verhaltensänderungen bei Ihren Mitmenschen erreichen.

Transit-Merkur und Radix-Chiron in Konjunktion

Machtposition! Mit der Transit-Sonne über Radix-Pluto werden Sie so oder so in die Konfrontation gezogen. Etwas muss sich verändern. Die Frage ist nur, ob das Zukünftige Ihrem Geschmack entspricht. Wenn Sie ein Wörtchen mitreden wollen, müssen Sie eine klare Meinung haben. Untergründige Kritik oder eine trotzige Verweigerungshaltung werden Sie diesem Ziel nicht näher bringen. Wenn Sie sich heute zu sehr auf eine ganz bestimmte Person fixieren, um Ihren ganz persönlichen Rachefeldzug auszufechten, dann dürfen Sie das ruhig tun. Eine Veränderung zum Positiven erreichen Sie damit jedoch nicht. Dazu müssen Sie nämlich erst einmal in eine Machtposition gelangen. Und das geht nur mit konstruktivem Verhalten und langem Atem.

Transit-Merkur und Radix-Chiron in Spannung

Umkehren! Die Spannungsaspekte der transitierenden Radix-Sonne zu Radix-Pluto konfrontieren Sie letztendlich immer nur mit Ihrem eigenen Dickschädel. Das ist vielleicht traurig, aber allzu wahr. Sie erkennen wieder einmal, dass Sie sich ein ganz klein bisschen verrannt haben. Ein bisschen sehr sogar ... Aus solchen Sackgassen kommt man stets nur im Rückwärtsgang heraus. Je unauffälliger und dezenter Sie die Karre aus dem Dreck ziehen, desto leichter werden Sie wieder festen Boden unter den Füßen spüren.

Transit-Merkur und Radix-Chiron in Harmonie

Pokerface! Die harmonischen Transitaspekte der Radix-Sonne zu Radix-Pluto sichern Ihre Machtposition. Es ist gut, wenn man nicht allzu vertraulich mit seinem Wissen umgeht und die Gegner über die eigene Strategie weitgehend im Unklaren lässt. Das gleiche Verhalten lässt sich auch gegenüber Vorgesetzten oder im Kollegenkreis erfolgreich anwenden. Sie planen große Veränderungen, und das letztendlich nicht nur zu Ihrem eigenen Nutzen. Die Firma wird davon profitieren. Alles will gut vorbereitet sein. Sonst gibt es keinen durchschlagenden Erfolg.

Transit-Merkur und Radix-Lilith in Konjunktion

Machtposition! Mit der Transit-Sonne über Radix-Pluto werden Sie so oder so in die Konfrontation gezogen. Etwas muss sich verändern. Die Frage ist nur, ob das Zukünftige Ihrem Geschmack entspricht. Wenn Sie ein Wörtchen mitreden wollen, müssen Sie eine klare Meinung haben. Untergründige Kritik oder eine trotzige Verweigerungshaltung werden Sie diesem Ziel nicht näher bringen. Wenn Sie sich heute zu sehr auf eine ganz bestimmte

Person fixieren, um Ihren ganz persönlichen Rachefeldzug auszufechten, dann dürfen Sie das ruhig tun. Eine Veränderung zum Positiven erreichen Sie damit jedoch nicht. Dazu müssen Sie nämlich erst einmal in eine Machtposition gelangen. Und das geht nur mit konstruktivem Verhalten und langem Atem.

Transit-Merkur und Radix-Lilith in Spannung

Umkehren! Die Spannungsaspekte der transitierenden Radix-Sonne zu Radix-Pluto konfrontieren Sie letztendlich immer nur mit Ihrem eigenen Dickschädel. Das ist vielleicht traurig, aber allzu wahr. Sie erkennen wieder einmal, dass Sie sich ein ganz klein bisschen verrannt haben. Ein bisschen sehr sogar ... Aus solchen Sackgassen kommt man stets nur im Rückwärtsgang heraus. Je unauffälliger und dezenter Sie die Karre aus dem Dreck ziehen, desto leichter werden Sie wieder festen Boden unter den Füßen spüren.

Transit-Merkur und Radix-Lilith in Harmonie

Pokerface! Die harmonischen Transitaspekte der Radix-Sonne zu Radix-Pluto sichern Ihre Machtposition. Es ist gut, wenn man nicht allzu vertraulich mit seinem Wissen umgeht und die Gegner über die eigene Strategie weitgehend im Unklaren lässt. Das gleiche Verhalten lässt sich auch gegenüber Vorgesetzten oder im Kollegenkreis erfolgreich anwenden. Sie planen große Veränderungen, und das letztendlich nicht nur zu Ihrem eigenen Nutzen. Die Firma wird davon profitieren. Alles will gut vorbereitet sein. Sonst gibt es keinen durchschlagenden Erfolg.

Transit-Merkur und Radix-Mondknoten in Konjunktion

Machtposition! Mit der Transit-Sonne über Radix-Pluto werden Sie so oder so in die Konfrontation gezogen. Etwas muss sich verändern. Die Frage ist nur, ob das Zukünftige Ihrem Geschmack entspricht. Wenn Sie ein Wörtchen mitreden wollen, müssen Sie eine klare Meinung haben. Untergründige Kritik oder eine trotzige Verweigerungshaltung werden Sie diesem Ziel nicht näher bringen. Wenn Sie sich heute zu sehr auf eine ganz bestimmte Person fixieren, um Ihren ganz persönlichen Rachefeldzug auszufechten, dann dürfen Sie das ruhig tun. Eine Veränderung zum Positiven erreichen Sie damit jedoch nicht. Dazu müssen Sie nämlich erst einmal in eine Machtposition gelangen. Und das geht nur mit konstruktivem Verhalten und langem Atem.

Transit-Merkur und Radix-Mondknoten in Spannung

Umkehren! Die Spannungsaspekte der transitierenden Radix-Sonne zu Radix-Pluto konfrontieren Sie letztendlich immer nur mit Ihrem eigenen Dickschädel. Das ist vielleicht traurig, aber allzu wahr. Sie erkennen wieder einmal, dass Sie sich ein ganz klein bisschen verrannt haben. Ein bisschen sehr sogar ... Aus solchen Sackgassen kommt man stets nur im Rückwärtsgang heraus. Je unauffälliger und dezenter Sie die Karre aus dem Dreck ziehen, desto leichter werden Sie wieder festen Boden unter den Füßen spüren.

Transit-Merkur und Radix-Mondknoten in Harmonie

Pokerface! Die harmonischen Transitaspekte der Radix-Sonne zu Radix-Pluto sichern Ihre Machtposition. Es ist gut, wenn man nicht allzu vertraulich mit seinem Wissen umgeht und die Gegner über die eigene Strategie weitgehend im Unklaren lässt. Das gleiche Verhalten lässt sich auch gegenüber Vorgesetzten oder im Kollegenkreis erfolgreich anwenden. Sie planen große Veränderungen, und das letztendlich nicht nur zu Ihrem eigenen Nutzen. Die Firma wird davon profitieren. Alles will gut vorbereitet sein. Sonst gibt es keinen durchschlagenden Erfolg.

Transit-Merkur und Radix-Aszendent in Konjunktion

Meinungsäußerung! Merkurs Transit über den Aszendenten bringt uns schlagartig mit den richtigen Leuten in Kontakt. Alle inneren Hemmungen sind so gut wie weggeblasen. Nur übertreiben sollte man es jetzt nicht. Sie haben Mut, Ihre Meinung zu sagen. Das war in den vergangenen Wochen nicht der Fall. Aus gutem Grunde. Denn so etwa löst natürlich Gegenreaktionen aus. Und die müssen Sie sich natürlich auch gefallen lassen.

Transit-Merkur und Radix-Aszendent in Spannung

Wortwechsel! Die harten Transite Merkurs zum Aszendenten bringen unangenehme Mitteilungen. Es hat jetzt überhaupt keinen Zweck, sich besonders wichtig zu tun oder in den Mittelpunkt zu drängen. Vermeiden Sie spontane Überreaktionen. Bemühen Sie sich um eine Klärung der Situation im beiderseitigen Einverständnis.

Transit-Merkur und Radix-Aszendent in Harmonie

Ohne große Förmlichkeiten! Mit Radix-Merkur im günstigen Winkel zum Aszendenten können Sie klug und geschickt auftreten. Sie verstehen, dass es manchmal vorteilhaft ist, persönlich vorstellig zu werden. Man weiß, mit wem man es zu tun hat. Und wenn es dann unbedingt sein muss, kann man Sie sicherlich auch direkt erreichen. Lassen Sie sich eine Visitenkarte machen. Geben Sie Ihre Telefonnummer und ggf. E-Mail-Adresse an. Man soll Sie ruhig bei Rückfragen kontaktieren. Es ist ganz erstaunlich, wie leicht sich auf dem kleinen Dienstweg und bei informellen Treffen Probleme lösen lassen.

Transit-Merkur und Radix-Himmelsmitte in Konjunktion

Ködern! Bei Merkurs Transit über die Himmelsmitte treffen Sie auf Menschen, die Sie kleinmachen, kontrollieren und reglementieren wollen. Frustration ist die Folge. Diese Besserwisser setzen sich immer durch. Keine Chance, dagegen anzugehen. Keine Chance? Mitnichten! Sie müssen diese Typen nur richtig nehmen. Die wollen halt auch nur Karriere machen. Genau wie Sie. Ziehen Sie das Gespräch ein bisschen in die Länge. Geben Sie denen ein Gefühl von Wichtigkeit (auch wenn das nun wirklich nicht der Fall ist). Sie haben es hier zwar mit Funktionsträgern in Amt und Würden zu tun. Aber es sind doch auch nur Menschen. Zeigen Sie sich souverän und üben Sie sich in bedeutungsvollem Schweigen. Und antworten Sie auf wichtige Dinge erst, nachdem man Sie dreimal darum gebeten hat. Betonen Sie die Unwichtigkeit Ihrer persönlichen Meinung und warten Sie dann mit ein paar knallharten Fakten auf. Wenn der Fisch nach den Brocken zu schnappen beginnt, haben Sie ihn an der Angel. Und der merkt das nicht einmal!

Transit-Merkur und Radix-Himmelsmitte in Spannung

Auswahlverfahren! Merkurs Spannungsaspekte zum Medium Coeli bescheren Ihnen Gespräche, die Sie nicht weiterbringen, und versorgen Sie mit Infos, deren Nutzwert gleich null ist. Warum sollten Sie sich mit so etwas belasten? Machen Sie aus der Not eine Tugend. Lernen Sie, noch besser zu selektieren. Dabei sollte persönliche Eitelkeit nicht der Maßstab aller Dinge sein. Würden Sie so vorgehen, dann mussten Sie auch zu Hause alle Wurfsendungen mit glücksverheißenden Einladungen zu dubiosen Lotteriespielen annehmen, Briefe vom Finanzamt und Rechnungen der Telefongesellschaft aber beleidigt in den Papierkorb werfen. Und tun Sie das? Nein. (Wir wollen es zumindest hoffen.)

Transit-Merkur und Radix-Himmelsmitte in Harmonie

Bescheidene Nachfrage! Harmonische Transite Merkurs zum MC fördern strategisches Vorgehen. Niemand hat je davon gesprochen, dass Sie für den freigewordenen Posten des Bezirksleiters infrage kommen. Nein, sicherlich nicht. Wahrscheinlich sind Sie nicht einmal ins Gespräch gebracht worden. Ohne Frage wären Sie für den Posten qualifiziert. Aber darum geht es nicht. Selbstverständlich werden Sie sich nicht aufdrängen. Entsprechende Anfragen dementieren Sie natürlich. Wenn man Sie allerdings drängen würde ... Weil die Firma Ihre Talente nun einmal braucht ... Und weil Not am Mann ist .... Und weil Sie natürlich jederzeit in die Bresche springen, wenn die Pflicht ruft. Gut unterrichtete Kreise munkeln da schon. Nun ja. Irgendwie sind Sie schon im Gespräch. Man tut halt, was man kann.

Die Zyklen der Venus

Berufliche Beziehungen, Betriebsklima! Nur ein oder zwei Tage dauern die Transitaspekte der laufenden Radix-Venus zu den Radix-Planeten. Es sind wichtige Momente. Wir sind zwar nicht besonders produktiv, treffen jedoch auf Menschen, mit denen wir langfristig Geschäfte machen können. Beziehungen sind nicht alles. Man muss auch über Kompetenz, Fleiß und Qualifikation verfügen, um im Beruf Erfolg zu erlangen. Letztendlich ist alles viel, viel leichter, wenn man zur richtigen Zeit die richtigen Leute kennenlernt. Gute berufliche Beziehungen verbessern das Betriebsklima. Leider hat die Liebesgöttin Radix-Venus auch eine fatale Neigung zu Psycho-Spielchen. Das kann dazu führen, dass man/frau trotz fachlicher Eignung den Job verliert. Selbst Minister können durch Amors Pfeil abgeschossen werden. Studieren Sie also auch die schwierigen Aspekte der Venus, damit Sie nicht in jene Venusfalle tappen, die ihnen missliebige Konkurrenten am Arbeitsplatz aufbauen. In der Tat müssen in einer astrologischen Berufsprognose die Venus-Aspekte vollkommen anders als im Geburtshoroskop gedeutet werden. Sprechen wir es offen aus: Sex am Arbeitsplatz ist Kündigungsgrund, wenn aus enttäuschter Liebe der Vorwurf sexueller Nötigung wird. Deshalb wird bei der Berufsdeutung der Venus-Aspekte nicht nur der Faktor Nähe, sondern auch die aktuelle Fähigkeit zu bzw. der Mangel an Distanz gewertet. Und aus all diesen Gründen möge man die schwierigen astrologischen Aspekte der Transit-Venus besondere Beachtung schenken! Die Bewegung der laufenden Radix-Venus durch die Häuser dauert circa einen Monat. Der entsprechende Lebensbereich wird in diesem Zeitraum erotisiert werden. Bei guten zwischenmenschlichen Kontakten steigt unsere Motivation und Leistungsbereitschaft. Allerdings steht Radix-Venus auch für Bequemlichkeit. Eine gewisse Schlampigkeit könnte sich in diesem Zeitraum schon einstellen. Verbesserte zwischenmenschliche Beziehungen werden dieses Manko wieder ausgleichen.

Transit-Venus im ersten Radix-Haus

Liebeskampf! Sie sind endlich wieder voll einsatzfähig. Vielleicht nimmt man das noch nicht ganz wahr. Aber die Wochen, in denen Radix-Venus durch das erste Haus zieht, werden Sie die Blicke auf sich lenken. Alles Schöne wird durch die eigene Person erobert und dargestellt. Gute Konstellation für Eroberungsfeldzüge.

Transit-Venus im zweiten Radix-Haus

Abtrotzen! Wenn Radix-Venus durch Ihr zweites Haus zieht, sollten Sie sich Angebote machen lassen. Und sich verweigern. Sie haben ein sehr gutes Selbstwertgefühl und können bis zum letzten Moment pokern. Wer was von Ihnen will, muss auch einen entsprechenden Gegenwert auf den Tisch legen.

Transit-Venus im dritten Radix-Haus

Telefonstimme! Auch wenn es normalerweise nicht Ihr Metier ist: Kontaktieren Sie die Leute übers Telefon. Notfalls sind auch kleine Besuche erfolgversprechend. Eine etwas doppeldeutige, leicht erotisch-anzügliche Stimme, verbunden mit der dazugehörigen Gestik, tut ihr Übriges. Die Leute kaufen Ihnen einfach alles ab, solange Radix-Venus durch das dritte Horoskophaus zieht.

Transit-Venus im vierten Radix-Haus

Verwöhnaroma! Der Lauf der Radix-Venus durch das vierte Haus ist ideal für Kundenbesuche. Auch könne Sie Ihre eigene Wohnung jetzt ganz hervorragend geschäftlich nutzen, beispielsweise als Casting-Agentur (Nein, das ist wirklich ganz seriös gemein!) oder für Tupper-Partys. In vertrauter Atmosphäre sind manche Leute viel eher bereit, tief in ihr Portemonnaie zu greifen. Machen Sie es den Besuchern gemütlich. Die Investition lohnt sich.

Transit-Venus im fünften Radix-Haus

Herzensbrecher! Mit der Radix-Venus im fünften Haus spielt man gerne mit der Liebe. Ziehen Sie sich also etwas Anständiges an (oder etwas unanständiges!) und üben Sie vor dem Spiegel noch einmal Ihr unwiderstehliches Lächeln. Und dann nichts wie raus. Die Leute erwarten halt ein bisschen Show. Wenn es hilft, im Berufsleben weiterzukommen, dann geben Sie dem Affen halt Zucker!

Transit-Venus im sechsten Radix-Haus

Bestechung! Wenn Radix-Venus durch Ihr sechstes Haus geht, sollten Sie sich besonders mit dem Servicepersonal, den lieben Kollegen und Untergebenen gut stellen. Und besuchen Sie auch mal die Leute auf den Ämtern. Erkundigen Sie sich, wieso das alles so lange dauert. Haben Sie Verständnis. Und nehmen Sie etwas Kuchen mit. Bestechung ist das noch lange nicht. Man plaudert ein wenig. Die Arbeitszeit vergeht und hinterherläuft das mit den Behördenpapieren wieder wie von selbst. Wenn doch mal etwas schief geht, kennen Sie den netten Sekretär in dieser Dienststelle oder die freundliche Vorzimmerdame jetzt wenigstens beim Vornamen. Das zahlt sich aus.

Transit-Venus im siebten Radix-Haus

Faules Leben! Wenn Radix-Venus durch das siebte Haus geht, ist es schnell aus mit der Selbstdisziplin. Das Einzige, was Sie in dieser Situation machen können, ist konsequentes Umbewerten. Ein romantischer Kaffeehausbesuch mit dem netten Sachbearbeiter der Zulieferfirma wird als Geschäftsessen abgesetzt, die Weinprobe ebenfalls. Der Wochenendflug nach Sylt wird samt Zweibettzimmer als Arbeitstagung tituliert. Wenn sich im Nachhinein erfolgreiche Geschäftsabschlüsse ergeben, zahlt Ihnen die Firma anstandsfrei die Spesen. Aber zum Ornithologen-Kongress nach Honolulu fährt Ihr Chef dann doch lieber selbst.

Transit-Venus im achten Radix-Haus

Firmenkontakte! Grundsätzlich darf man niemandem raten, sexuelle Kontakte aus reiner Berechnung einzugehen. Und die paar Wochen, in denen Radix-Venus durch Ihr achtes Haus geht, reichen auch überhaupt nicht aus, um den Chef (die Chefin) davon zu überzeugen, dass er (sie) sich von seiner Frau (ihrem Mann) scheiden und dann sofort Sie heiraten und Ihnen die Firma übergeben sollte. Zudem sind sexuelle Übergriffe am Arbeitsplatz strikt verboten bzw. zumindest verpönt. Aber ist es eigentlich auch unstatthaft, über die Arbeit zu sprechen, wenn gemeinsam im Bett liegt? Es kann einem eigentlich nicht unstatthaft sein, Tag und Nacht an das Wohl der lieben Firma zu denken und dafür sogar seinen kostbaren Schlaf zu opfern!

Transit-Venus im neunten Radix-Haus

Talentsuche! Wenn Radix-Venus durch das neunte Haus geht, öffnet sich Ihr Blick dem Duft der großen, weiten Welt. Alles Schöne findet sich in der Philosophie, der Religion, in fernen Ländern und auf dem Rücken von Pferden. Sie sind tolerant und schauen nicht so genau hin. So knüpft man Beziehungen. Das ist in vielen Situationen wichtiger als eine Universitätsausbildung - von Lehre und Betriebspraktikum mal ganz zu schweigen. Wer braucht das heutzutage schon? Angeln Sie sich lieber einen Menschen, dessen Mutter mit der Frau des Abteilungsleiters immer im Café des Golfplatzes sitzt, während die Männer auf dem Platz spielen. Man wird Ihr Talent schon entdecken.

Transit-Venus im zehnten Radix-Haus

Entscheidungsschwäche! Wenn Radix-Venus durch das zehnte Horoskophaus geht, werden Ihre diplomatischen Fähigkeiten abgefragt. Es geht jetzt weniger darum, lieblich und aufreizend zu sein. Sie müssen Nein sagen könne, sich verweigern und abgrenzen. Und dies müssen Sie auf eine derart geschickte Weise tun, dass jedermann den Eindruck hat, dass Sie es eigentlich ganz anders meinen. Haben Sie das erst einmal geschafft, liegt der Schwarze Peter bei den anderen. Und da gehört er auch hin. Alles klar?

Transit-Venus im elften Radix-Haus

Partygespräche! Alles Schöne findet sich in der Gemeinschaft mit Freunden. So die Theorie. Wenn Radix-Venus durch Ihr elftes Haus zieht, haben Sie ein paar Wochen Zeit, diese Weisheit in der Praxis auszuprobieren. Es geht nichts über informelle Kontakte. Sehen Sie also zu, dass Sie beim Betriebsausflug dabei sind. Treiben Sie sich auf Partys herum, die von den sogenannten wichtigen Leuten besucht werden. Die sind wirklich wichtig. Seien Sie nicht aufdringlich. Immer locker bleiben. Beim Smalltalk findet sich immer eine Gelegenheit, Businesskontakte zu knüpfen. Wenn Sie nicht wissen, wie Sie innerhalb von 30 Sekunden beiläufig das Gespräch aufs geschäftliche bringen und sich dabei geschickt in Szene setzen, dann besuchen Sie mal eines dieser teuren Pitching-Seminare. Die sind ihr Geld wert.

Transit-Venus im zwölften Radix-Haus

Siebter Sinn! Irgendwann müssen Sie einmal ausspannen. Radix-Venus im zwölften Haus gibt Ihnen genug Gelegenheit. Gehen Sie in die Abgeschiedenheit. Schauen Sie nach innen. Spüren Sie, was Sie wirklich wollen - und wen. Es kann durchaus sein, dass Sie gewisse Signale aus der Außenwelt bislang nicht beachtet haben. Wie wäre es mit einem heimlichen Abenteuer? Man kann sich daran die Finger verbrennen. Aber besteht dieses Risiko nicht immer, wenn man vorwärtskommen will? Mal ehrlich!

Transit-Venus und Radix-Sonne in Konjunktion

Entschiedenes Jein! Die Transit-Venus über der Radix-Sonne bringt vielfältige, sehr amüsante und angenehme Kontakte. Sie können jetzt sehr diplomatisch vorgehen, haben sogar eine leicht erotische Ausstrahlung. Ein guter Termin für Verhandlungen und Verabredungen. Allerdings hemmt diese ganze Diplomatie und Rücksichtnahme auch die eigene Persönlichkeit. Sie sagen Ja und meinen Nein. Sie geben eine Absage und wollen doch das Gegenteil. Fragt man Sie nach Ihrem genauen Standpunkt, dann antworten Sie mit einen knallharten »Vielleicht«. Vor lauter Konsensbereitschaft verlieren Sie die Konturen.

Transit-Venus und Radix-Sonne in Spannung

Eiertanz! Bei Radix-Venus im Spannungsaspekt zur Radix-Sonne erlebt man Unlustgefühle, hat Schwierigkeiten bei Verträgen und in der Partnerschaft. Eine zu große Passivität kann Sie in Ihrer Handlungsfähigkeit beeinträchtigen. Berücksichtigen Sie ruhig die Interessen der anderen. Aber machen Sie das nicht zum alleinigen Maßstab für Ihr Handeln. Dann kommen Sie vollkommen ins Trudeln.

Transit-Venus und Radix-Sonne in Harmonie

Spaßgesellschaft! Harmonische Transite zu Radix-Venus zur Radix-Sonne machen es leicht, sich dem oberflächlichen Vergnügen hinzugeben. Die Lust am Leben steckt an. In diesen Tagen brillieren Sie durch charmante Gestik und positive Ausstrahlung. Sie nehmen die Menschen für sich ein. Es ist eine ganz hervorragende Gelegenheit, in Verkaufs oder Vertragsverhandlungen einzusteigen. Auch lassen sich sehr gut Kontakt zu Menschen knüpfen, die ihnen auf dem beruflichen Werdegang weiterhelfen.

Transit-Venus und Radix-Mond in Konjunktion

Schlemmermenü! Wenn der Radix-Mond über Radix-Venus geht, dann ist dies sicherlich eine ganz hervorragende Konstellation für Familienfeiern, den Besuch bei Oma und Opa, Kaffeefahrten oder Weihnachtsfeiern. Im betrieblichen Umfeld besteht allerdings die Gefahr, dass man vor lauter Konsens und Gemütlichkeit überhaupt nicht mehr zum Arbeiten kommt - und dies noch nicht einmal merkt. Wenn Sie als Firmenchef oder Abteilungsleiter die Katastrophe abwenden wollen, dann setzen Sie für diesen Tag eine Betriebsfeier an. Zu mehr ist die Belegschaft momentan sowieso nicht zu gebrauchen. Ach ja: Nicht vergessen, in spätestens neun Monaten dann die Schwangerschaftsvertretung einzuarbeiten!

Transit-Venus und Radix-Mond in Spannung

Zu viel des Guten! Spannungsaspekte von Transit-Venus zu Radix-Mond führen häufig zu Missverständnissen. Man verwechselt die privaten mit den geschäftlichen Kontakten. Sie sollten sich vor übergroßer Vertrautheit hüten. Man gerät an Menschen, mit denen man im Prinzip ganz gut auskommt, aber andererseits irgendwie und überhaupt nicht riechen kann. Manchmal ist es störender Mundgeruch, der abstößt, manchmal ein ungepflegtes Äußeres oder kumpelhaftes Auftreten. Auf jeden Fall fehlt es momentan an Distanz.

Transit-Venus und Radix-Mond in Harmonie

Einfach nett sein! Harmonische Aspekte zu Radix-Mond zu Radix-Venus bereichern die zwischenmenschlichen Beziehungen durch Wärme und Vertrautheit. Man kann eine so richtig gemütliche Atmosphäre schaffen. Ein auch ästhetisch anregendes Festmahl begeistert. Kleine Nettigkeiten erhalten die Freundschaft. So unkompliziert, wie Sie jetzt auf die Arbeitskollegen und Kunden zugehen, sollten Sie sich öfters geben. Dann können Sie sich eine ganze Menge Ärger ersparen.

Transit-Venus und Radix-Merkur in Konjunktion

Zwischentöne! Mit Radix-Venus im Transit über Radix-Merkur sind Sie gesprächsfreudig. Small talk löst die Zunge, überwindet anfängliche Hürden im Miteinander. Die Kontakte sind einfach nicht mehr so kühl und neutral. Man redet sich auch im Geschäftsleben mit dem Vornamen ein, spricht übers Wetter. Und ein bisschen Flirt schwingt immer mit. Das Problem besteht darin, dass eine gewisse Zweideutigkeit nicht allen liegt. Wenn es um wirklich wichtige, berufliche Themen geht, wird man möglicherweise nicht ernst genommen. Zu viele Scherze und Andeutungen können das Gegenteil von dem bewirken, was Sie eigentlich beabsichtigen. Wissen Sie jetzt eigentlich wirklich, was Sie sagen wollen?

Transit-Venus und Radix-Merkur in Spannung

Geschwätz! Wenn Radix-Venus im Transit Spannungsaspekte zu Radix-Merkur bildet, orientiert man sich zu viel oder zu wenig an anderen. Auf jeden Fall stimmt die Kommunikation nicht. Vereinbarungen, die unter diesem Gestirn getroffen werden, haben nicht die erwartete Durchschlagskraft. Seien Sie skeptisch bei allen informellen Abmachungen, vollmundigen Gesten und netten Worten. Das alles ist nicht unbedingt auf die Goldwaage zu legen. Sie sollten sich jetzt nicht an anderen orientieren. Kompromisse müssen wohlüberlegt sein. Besinnen Sie sich erst einmal auf Ihre eigenen Ziele.

Transit-Venus und Radix-Merkur in Harmonie

Das gewisse Etwas! Ein harmonischer Transit zu Radix-Venus zu Radix-Merkur begünstigt alle Kontakte und fördert den Informationsfluss. Sie führen interessante Gespräche, haben großes diplomatisches Geschick. Gut für Verhandlungen und Vertragsabschlüsse. Wissen ist Macht. Manchmal genügt etwas psychologisches Geschick, um Informationen zu erhalten, die eigentlich geheim bleiben sollten. Mischen Sie sich unter die Leute. Flirten Sie ruhig ein bisschen oder etwas mehr. So etwas ist sehr nützlich. Die besten Jobs sind längst schon unter der Hand vergeben, bevor die entsprechende Stellenanzeige gedruckt wird. Von vorteilhaften Geschäften erfährt auf informelle Weise. Es kann also ganz nützlich sein, sich einen gewissen Schmelz zuzulegen, die Lippen zu schürzen, Interesse zu heucheln und sich auf der Szene herumzutreiben.

Transit-Venus und Radix-Venus in Konjunktion

Liebeslust! Wenn die Transit-Venus zur Ursprungsposition im Geburtshoroskop zurückkehrt, trifft man auf Menschen, die einen nicht nur beruflich, sondern auch privat interessieren. Es ist momentan für Sie sehr wichtig, geliebt und akzeptiert zu werden. Wenn Sie Versicherungsvertreter sind, haben Sie den Wunsch nach Anerkennung zu Ihrem Beruf gemacht. Dies gilt auch für andere Professionen, die starken Kundenkontakt erfordern. Jeder Vertragsabschluss ist eine Art Liebesakt. Ablehnungen nehmen Sie im Grunde persönlich. Auch wenn Sie sich dies nicht anmerken lassen. Ein Höllenjob, der an die Nieren gehen kann!

Transit-Venus und Radix-Venus in Spannung

Unstimmigkeiten! Steht die Transit-Venus im Quadrat zu ihrer Radixposition, dann treffen Sie einfach nicht den richtigen Ton. Und wenn Sie sich auch noch so sehr bemühen. Jedes Entgegenkommen wird mit Ablehnung quittiert, zwar nicht direkt, aber doch spürbar. Wichtige Verhandlungen sollten auf einen späteren Zeitpunkt verschoben werden. Wenn Sie heute keinen Erfolg haben, dann machen sie sich nichts draus. Ein Nein bekommt jeder mal zu hören. Das muss man einstecken können.

Transit-Venus und Radix-Venus in Harmonie

Selbstwert! Die günstigen Transitaspekte der Radix-Venus zu ihrer Radixposition machen Ihnen den eigenen Wert so richtig bewusst. Im Beruf zahlt sich das durch Liebe und Sympathie aus. Ihr Wert lässt sich in Heller und Pfennig bzw. in Euro und Cent auf der Gehaltsabrechnung ablesen. Wenn sie es geschickt anstellen, werden Sie über kluges Taktieren ihren Werte jetzt nach oben korrigieren können. Sie sind es wert!

Transit-Venus und Radix-Mars in Konjunktion

Entscheidungsschwach! Der Transit zu Radix-Venus über den Radix-Mars fördert nach landläufiger Meinung das Liebesleben, macht heißblütig und erfolgreich. Dies mag im Privatleben auch ab und an durchaus zutreffen. Zugegeben: Eine bessere Sexkonstellation haben die Sterne nicht zu bieten. Beruflich sieht es aber ganz anders aus. Ihre Fähigkeit, klare und eindeutige Entscheidungen zu treffen, ist paralysiert, weil Ihnen jeglicher Egoismus fehlt. Ein freundlicher Blick aus verführerischen Augen und Sie vergessen sich und Ihre Interessen. Bei Entscheidungen haben Sie auch das Wohl der anderen im Auge. Zu sehr. Bis hin zur Blauäugigkeit. Die aktuelle Konstellation ist nur in Branchen förderlich, die sich professionell mit der Kunst oder dem schönen Schein beschäftigen, der Werbebranche zum Beispiel. Dort kann man lieb und nett sein - und zugleich gnadenlos egoistisch und eiskalt. Ein Haifischbecken. Ungeheuer beliebt ...

Transit-Venus und Radix-Mars in Spannung

Zielkonflikt. Transit-Venus im harten Aspekt zu Radix-Mars fordert viel von Ihnen. Vielleicht zu viel. Sie sollen die Interessen der anderen berücksichtigen. Und zugleich müssen Sie an sich selbst denken. Beides auf einmal geht im Grunde nicht. Was also tun? Rücksichtslosigkeit verschreckt. Und Selbstlosigkeit wäre ein Eigentor. Keine gute Zeit für Geradlinigkeit.

Transit-Venus und Radix-Mars in Harmonie

Direktes Vorgehen! Venus im harmonischen Transit zu Radix-Mars begünstigt offensives Verhalten. Sie treffen auf Menschen, die Ihre Tatkraft stimulierend finden und Ihnen nicht im Wege stehen. Und noch mehr: Mann oder Frau schmiegt sich an Ihre Seite, möchte mitmachen, auffangen und ausgleichen. Erstaunlicherweise ist ein offen zur Schau gestellter Egoismus viel leichter zu ertragen als eine Scheinharmonie, welche im Grunde nicht zu trauen ist. Sie haben ganz gute Karten. Weiter so!

Transit-Venus und Radix-Jupiter in Konjunktion

Überfluss! Der Transit zu Radix-Venus über Radix-Jupiter bringt Sie mit den angenehmen Seiten des Lebens in Kontakt. Manchmal ist das mehr, als sich vertragen lässt. Man kann diesen Aspekt in Feierlichkeiten erleben, in denen das Gute und Schöne zu stark herausgekehrt wird. Man wird überfüttert, gegen Kritik abgeschottet, blind gemacht. Es ist wie Sonntagnachmittag bei der Tante am Kaffeetisch. Und noch ein Stück Sahnetorte. Eins passt noch rein. Diese Tage sind sehr gut für Vertragsverhandlungen in ansonsten schwierigen Zeiten, für Werbung und Vertrieb alle Situationen, in denen Konflikte erst einmal unter den Tisch gekehrt werden müssen, damit die Menschen einander die Hände reichen. Ob dies dann mehr als nur hohle Gesten ist, wird sich zeigen.

Transit-Venus und Radix-Jupiter in Spannung
Peinlichkeiten! Die Spannungsaspekte zu Radix-Venus zu Radix-Jupiter lassen einen immer genau das tun, was nichts hilft und was dem Beliebtheitsgrad nicht gerade fördert. Wir machen das natürlich nicht absichtlich. Wozu auch? Sie sind jetzt rundherum nett. Jeder kann sich angesprochen fühlen. Aber niemand fühlt sich speziell gemeint. Das stiftet Verwirrung. Zudem werden Neid und Eifersuchtsgefühle geschürt. Sie sollten in sich gehen und die folgende Frage stellen: Wollen Sie all diese Kontakte überhaupt?

Transit-Venus und Radix-Jupiter in Harmonie
Locker und leicht! Mit Radix-Venus in Harmonie zu Radix-Jupiter fördert man die guten Verbindungen. Man hakt noch einmal bei potenziellen Kunden nach. Aber man bedrängt sie nicht. Eine Stellenbewerbung wird gut gestaltet. Das persönliche Auftreten ist elegant und ästhetisch. So, wie Sie sich momentan geben, könnten Sie in einem Modegeschäft oder einem Reiseveranstalter arbeiten, vielleicht sogar im diplomatischen Dienst.

Transit-Venus und Radix-Saturn in Konjunktion
Seriös! Venus über Radix-Saturn ist eine sehr gute Zeit, um Verträge zu unterschreiben. Die werden schon eine ganze Zeit gültig bleiben. Man sieht die Realität, akzeptiert den Egoismus des Einzelnen und findet trotzdem (oder gerade deshalb) die Gemeinsamkeiten. Die Skepsis, mit der man sich vor Bindungen scheut, geht einher mit großem Pflichtgefühl, einmal getroffene Vereinbarungen auch wirklich einzuhalten. Die Frage ist halt nur, ob Sie auf Dauer solch eine Beziehung überhaupt wollen. Abwechslung werden Sie nicht erleben. Groß wählen können Sie nach der Vertragsunterzeichnung auch nicht mehr. Sie haben ein Stück Ihrer Freiheit aufgegeben. Nun gibt es eine Treuepflicht gegenüber Ihrem Arbeitgeber. Vertragsverletzungen werden mit Konventionalstrafen geahndet. Schöne Aussichten!

Transit-Venus und Radix-Saturn in Spannung
Unbestechlich! Wenn Radix-Venus Spannungsaspekte zu Radix-Saturn bildet, könnten Sie Angriffe auf Ihre Prinzipien erleben. Mit vielen kleinen oder großen Nettigkeiten versucht man, Ihre unerschütterliche Haltung aufzubrechen. Doch so leicht kann man Sie nicht bestechen. Da müssten schon ganz andere kommen. Im Prinzip haben Sie recht - zumindest prinzipiell. Wenn Sie darüber bloß nicht Ihren Humor verlieren ...

Transit-Venus und Radix-Saturn in Harmonie
Vornehm distanziert! Mit Radix-Venus im günstigen Aspekt zu Radix-Saturn halten Sie Distanz, ganz auf die feine, englische Art. Und darüber kommen Sie einander näher und näher. Gerade im beruflichen und geschäftlichen Bereich sind diese Umgangsformen äußerst dienlich. Sie wahren gewisse Grenzen, sind absolut nicht aufdringlich. Das ist ganz wunderbar, wenn Sie bereits einen funktionierenden geschäftlichen Kontakt haben. Allerdings kann die mangelnde Penetranz auch dazu führen, dass Sie sich zu wenig engagieren, aus falsch verstandener Höflichkeit nicht den letzten Schritt wagen.

Transit-Venus und Radix-Uranus in Konjunktion
Nett sein kann jeder! Der Transit zu Radix-Venus über Radix-Uranus gleicht dem Öffnen einer prickelnden Sektflasche. Man gönnt sich ja sonst nichts. Im privaten Bereich gehören hierzu der One-Night-Stand und der Quickie. Im Berufsleben setzen Sie sich jetzt über alle Schranken des Reglements hinweg. Sie bewerben sich direkt beim Management unter Umgehung der Vorzimmerdame, schlagen auf dem freien Markt Ihre Konkurrenten durch Blitzofferten und Dumpingpreise aus dem Rennen. Wenn Sie trotz alledem den Respekt vor Ihren Mitmenschen wahren, nicht nervös und hektisch auftreten, verantwortlich handeln, wenn, ja wenn ... dann kann eigentlich nichts mehr schief gehen.

Transit-Venus und Radix-Uranus in Spannung
Keine Zeit! Wenn und Radix-Venus im harten Aspekt zum Radix-Uranus steht, wird man irgendwie immer vom Schicksal auf dem falschen Fuß erwischt. Entweder kommen die Leute zu früh, oder sie sind falsch gekleidet oder schräg drauf. Oder man trifft unter Stress Verabredungen und niemand hält sich wirklich dran. Das Handy bimmelt zum falschen Zeitpunkt oder ist wieder einmal ausgeschaltet, auch wenn der Anruf erwartet wird. Sie brauchen ein wenig Distanz. Schaffen sie sich einen Freiraum. Sagen Sie den Leuten direkt, aber freundlich, dass Sie momentan nicht die Nerven haben, auf alles und jedes zu reagieren. Bitten Sie um Verständnis.

Transit-Venus und Radix-Uranus in Harmonie
Fernkontakt! Mit Radix-Venus im harmonischen Transitaspekt zu Radix-Uranus können Sie über sehr lange Distanz Geschäftskontakte aufbauen. Vielleicht sitzen Sie zu Hause am Computer und Ihr Partner tut das Gleiche, nur halt ein paar Hundert Kilometer entfernt. Dass Sie sich trotzdem so gut verständigen können, liegt auch an einer geistigen

Übereinstimmung, die rein menschliche Gründe hat. Tipp am Rande: Das Internet vernetzt weltweit die Bildschirmarbeitsplätze. Und Sie können davon profitieren.

Transit-Venus und Radix-Neptun in Konjunktion

Verlockendes Angebot! Der Übergang von Transit-Venus zu Radix-Neptun kann verführerischen Komplikationen erzeugen. Es gibt Menschen, die erkennen mit scharfem Blick die verborgensten Wünschen und Sehnsüchte im Herzen anderer. Und genau da setzen sie mit ihren Verkaufsstrategien an. Passen Sie gut auf. Im Privatleben ist dieser Planetenaspekt wunderbar. Sie erleben die schlüpfrigsten Liebesgeschichten und schämen sich noch nicht einmal. Warum auch? Im Beruf kann Ihnen Ihre Naivität jedoch zum Verhängnis werden. Rechnen Sie das Ganze einmal nach knallharten, kaufmännischen Gesichtspunkten durch.

Transit-Venus und Radix-Neptun in Spannung

Etwa dubios! Venus im harten Aspekt zu Radix-Neptun bringt Chaos in die Finanzen. Das kann von gewissen Leuten gnadenlos ausgenutzt werden. Gutgläubigkeit würde katastrophale Folgen haben. Malen wir den Teufel nicht an die Wand. Doch Skepsis ist angebracht, wenn man Ihnen jetzt zu dubiosen Geschäften mit Ölplattformen in der Nordsee rät. Und wenn die Lohnbuchhalterin schon ein paar Stunden mit der Geldkassette von der Bank überfällig ist, sollten Sie sich auch nicht mit einer lapidaren SMS vertrösten lassen. Das mit dem angeblichen Verkehrsstau in der Fußgängerzone ist doch schon etwas merkwürdig, oder?

Transit-Venus und Radix-Neptun in Harmonie

Geschmeidig! Mit Radix-Venus im günstigen Transit zu Radix-Neptun finden Sie immer einen Weg, sich gewissen Leuten zu nähern. Und Sie können sogar noch Prioritäten setzten. Intuitiv erkennen Sie, wer vollkommen unnötigerweise hofiert werden will und wer Ihre Sympathie wirklich verdient. Grundsätzlich sind Sie jetzt zu vielem, wenn nicht sogar allem bereit - wenn es nur der Karriere nutzt. Oh Lala!

Transit-Venus und Radix-Pluto in Konjunktion

Sicherheit! Wenn Radix-Venus über Radix-Pluto geht, hat das sicherlich auch eine stark psychische und erotische Komponente. Aber solche Sachen zählen eher im persönlichen Bereich. Beruflich haben Sie nun die Chance, Ihr Bedürfnis nach Organisation und Kontrolle (nicht nur, aber auch im rechtlichen Bereich) durchzusetzen. Sie wenden dabei diplomatische Strategien an, nutzen gute Beziehungen zu machtvollen Menschen. Das ist aber nicht ihr einziger Weg. Sie versuchen auch, an das Sicherheitsbedürfnis Ihres jeweiligen Partners zu appellieren. Je besser Ihnen da gelingt, umso größer ist Ihr Erfolg.

Transit-Venus und Radix-Pluto in Spannung

Gerissenheit! Venus im harten Transit zu Radix-Pluto ist ein schwieriger Aspekt. Gewisse Menschen werden ziemlich berechnend mit Ihnen umgehen. Liebe und Freundlichkeit wird nur dann eingesetzt, wenn es sich finanziell oder strategisch auszahlt. Sie müssen jetzt sehr aufpassen, nicht in krumme Geschäfte verwickelt zu werden oder in kompromittierende Situationen zu gelangen. Die Verlockung ist natürlich groß.

Transit-Venus und Radix-Pluto in Harmonie

Gelassenheit! Bei den harmonischen Transiten zu Radix-Venus zum Radix-Pluto durchschauen Sie die Situation. Ihnen gefallen all diese menschlichen Abgründe, in die Sie blicken, sicherlich nicht. Aber Sie wollen auch nichts anbrennen lassen oder sich zum Moralapostel aufspielen. Das wäre doch nur Heuchelei. Nun ist eine gute Gelegenheit, den C e gezielt einzusetzen. Sie tun sich und anderen dabei keinen Zwang an, e üben einen unwahrscheinlich verführerischen Sog aus. Wer kann da noch Nein sagen? Eine hervorragende Zeit für Vertragsverhandlungen und Geldgeschäfte jeder Art.

Transit-Venus und Radix-Chiron in Konjunktion

Machtposition! Mit der Transit-Sonne über Radix-Pluto werden Sie so oder so in die Konfrontation gezogen. Etwas muss sich verändern. Die Frage ist nur, ob das Zukünftige Ihrem Geschmack entspricht. Wenn Sie ein Wörtchen mitreden wollen, müssen Sie eine klare Meinung haben. Untergründige Kritik oder eine trotzige Verweigerungshaltung werden Sie diesem Ziel nicht näher bringen. Wenn Sie sich heute zu sehr auf eine ganz bestimmte Person fixieren, um Ihren ganz persönlichen Rachefeldzug auszufechten, dann dürfen Sie das ruhig tun. Eine Veränderung zum Positiven erreichen Sie damit jedoch nicht. Dazu müssen Sie nämlich erst einmal in eine Machtposition gelangen. Und das geht nur mit konstruktivem Verhalten und langem Atem.

Transit-Venus und Radix-Chiron in Spannung

Umkehren! Die Spannungsaspekte der transitierenden Radix-Sonne zu Radix-Pluto konfrontieren Sie letztendlich immer nur mit Ihrem eigenen Dickschädel. Das ist vielleicht traurig, aber allzu wahr. Sie erkennen wieder einmal, dass Sie sich ein ganz klein bisschen verrannt haben. Ein bisschen sehr sogar ... Aus solchen Sackgassen kommt man stets nur im Rückwärtsgang heraus. Je unauffälliger und dezenter Sie die Karre aus dem Dreck ziehen, desto leichter werden Sie wieder festen Boden unter den Füßen spüren.

Transit-Venus und Radix-Chiron in Harmonie

Pokerface! Die harmonischen Transitaspekte der Radix-Sonne zu Radix-Pluto sichern Ihre Machtposition. Es ist gut, wenn man nicht allzu vertraulich mit seinem Wissen umgeht und die Gegner über die eigene Strategie weitgehend im Unklaren lässt. Das gleiche Verhalten lässt sich auch gegenüber Vorgesetzten oder im Kollegenkreis erfolgreich anwenden. Sie planen große Veränderungen, und das letztendlich nicht nur zu Ihrem eigenen Nutzen. Die Firma wird davon profitieren. Alles will gut vorbereitet sein. Sonst gibt es keinen durchschlagenden Erfolg.

Transit-Venus und Radix-Lilith in Konjunktion

Machtposition! Mit der Transit-Sonne über Radix-Pluto werden Sie so oder so in die Konfrontation gezogen. Etwas muss sich verändern. Die Frage ist nur, ob das Zukünftige Ihrem Geschmack entspricht. Wenn Sie ein Wörtchen mitreden wollen, müssen Sie eine klare Meinung haben. Untergründige Kritik oder eine trotzige Verweigerungshaltung werden Sie diesem Ziel nicht näher bringen. Wenn Sie sich heute zu sehr auf eine ganz bestimmte Person fixieren, um Ihren ganz persönlichen Rachefeldzug auszufechten, dann dürfen Sie das ruhig tun. Eine Veränderung zum Positiven erreichen Sie damit jedoch nicht. Dazu müssen Sie nämlich erst einmal in eine Machtposition gelangen. Und das geht nur mit konstruktivem Verhalten und langem Atem.

Transit-Venus und Radix-Lilith in Spannung

Umkehren! Die Spannungsaspekte der transitierenden Radix-Sonne zu Radix-Pluto konfrontieren Sie letztendlich immer nur mit Ihrem eigenen Dickschädel. Das ist vielleicht traurig, aber allzu wahr. Sie erkennen wieder einmal, dass Sie sich ein ganz klein bisschen verrannt haben. Ein bisschen sehr sogar ... Aus solchen Sackgassen kommt man stets nur im Rückwärtsgang heraus. Je unauffälliger und dezenter Sie die Karre aus dem Dreck ziehen, desto leichter werden Sie wieder festen Boden unter den Füßen spüren.

Transit-Venus und Radix-Lilith in Harmonie

Pokerface! Die harmonischen Transitaspekte der Radix-Sonne zu Radix-Pluto sichern Ihre Machtposition. Es ist gut, wenn man nicht allzu vertraulich mit seinem Wissen umgeht und die Gegner über die eigene Strategie weitgehend im Unklaren lässt. Das gleiche Verhalten lässt sich auch gegenüber Vorgesetzten oder im Kollegenkreis erfolgreich anwenden. Sie planen große Veränderungen, und das letztendlich nicht nur zu Ihrem eigenen Nutzen. Die Firma wird davon profitieren. Alles will gut vorbereitet sein. Sonst gibt es keinen durchschlagenden Erfolg.

Transit-Venus und Radix-Mondknoten in Konjunktion

Machtposition! Mit der Transit-Sonne über Radix-Pluto werden Sie so oder so in die Konfrontation gezogen. Etwas muss sich verändern. Die Frage ist nur, ob das Zukünftige Ihrem Geschmack entspricht. Wenn Sie ein Wörtchen mitreden wollen, müssen Sie eine klare Meinung haben. Untergründige Kritik oder eine trotzige Verweigerungshaltung werden Sie diesem Ziel nicht näher bringen. Wenn Sie sich heute zu sehr auf eine ganz bestimmte Person fixieren, um Ihren ganz persönlichen Rachefeldzug auszufechten, dann dürfen Sie das ruhig tun. Eine Veränderung zum Positiven erreichen Sie damit jedoch nicht. Dazu müssen Sie nämlich erst einmal in eine Machtposition gelangen. Und das geht nur mit konstruktivem Verhalten und langem Atem.

Transit-Venus und Radix-Mondknoten in Spannung

Umkehren! Die Spannungsaspekte der transitierenden Radix-Sonne zu Radix-Pluto konfrontieren Sie letztendlich immer nur mit Ihrem eigenen Dickschädel. Das ist vielleicht traurig, aber allzu wahr. Sie erkennen wieder einmal, dass Sie sich ein ganz klein bisschen verrannt haben. Ein bisschen sehr sogar ... Aus solchen Sackgassen kommt man stets nur im Rückwärtsgang heraus. Je unauffälliger und dezenter Sie die Karre aus dem Dreck ziehen, desto leichter werden Sie wieder festen Boden unter den Füßen spüren.

Transit-Venus und Radix-Mondknoten in Harmonie

Pokerface! Die harmonischen Transitaspekte der Radix-Sonne zu Radix-Pluto sichern Ihre Machtposition. Es ist gut, wenn man nicht allzu vertraulich mit seinem Wissen umgeht und die Gegner über die eigene Strategie weitgehend im Unklaren lässt. Das gleiche Verhalten lässt sich auch gegenüber Vorgesetzten oder im Kollegenkreis erfolgreich anwenden. Sie planen große Veränderungen, und das letztendlich nicht nur zu Ihrem eigenen Nutzen. Die Firma wird davon profitieren. Alles will gut vorbereitet sein. Sonst gibt es keinen durchschlagenden Erfolg.

Transit-Venus und Radix-Aszendent in Konjunktion

Blüten treiben! Venus im Transit über den Aszendenten macht immer etwas müde und schlapp. Man ist nicht auf Arbeit, Müh und Plag eingestellt. Es sei denn, ein hübscher Vertreter des anderen Geschlechts lässt sich dort blicken. Sollten Sie in der Beauty-Branche arbeiten, dann werden Sie in diesen Tagen wahrhaft aufblühen. Es gibt kaum eine Planetenkonstellation, die besser geeignet ist, das eigene Äußere zu liften und zu straffen. Schlagartig werden Sie sich Ihrer Wirkung auf andere bewusst. Und diese Erkenntnis lässt sich gut verkaufen. Schönheit als Waffe. Die ewige Jugend als Planziel. Ein ganzer Wirtschaftszweig lebt davon. Und nicht schlecht!

Transit-Venus und Radix-Aszendent in Spannung

Unentschieden! Mit Radix-Venus in Spannung zum Aszendenten trifft man selten die richtigen Entscheidungen. Vergessen Sie es. Lassen Sie sich jetzt bloß nichts aufzwingen. Schon gar nicht aus Gefallen. Denn das ist ja das Problem: Vor lauter Freundlichkeit und Klugheit verlieren Sie den klaren Blick. Bummelnd Sie ein paar Überstunden ab. Kaufen Sie etwas Unnützes. Schmeißen Sie sich vor den Fernseher. Das hilft manchmal. Zu zweit schon öfter.

Transit-Venus und Radix-Aszendent in Harmonie

In Topform! Die Transit-Venus in Harmonie zum Aszendenten bringt Farbe in den grauen Arbeitsalltag. Es ist einfach großartig, wie elegant, sexy und selbstbewusst Sie auftreten. Ihre persönliche Durchsetzungskraft ist sehr groß, C e Ihre stärkste Waffe ist. Auf in den Kampf. Niemand kann Ihnen heute widerstehen!

Transit-Venus und Radix-Himmelsmitte in Konjunktion

Gesellschaftstanz! Wenn Radix-Venus über die Himmelsmitte geht, kommt es sehr häufig zu guten Kontakten mit Menschen, die eine gesellschaftliche Position einnehmen. Dabei spielt es überhaupt keine Rolle, ob so jemand nun der Bürgermeister von New York oder der Kalif von Bagdad ist. Vielleicht handelt es sich auch nur um eine kleine graue Maus auf der Amtsstube oder einen verschnarchten Hilfsportier in der Pförtnerloge. Wichtig ist, dass diese Leute Sie weiterbringen, Ihnen eine Eintrittskarte beim Presseball verschaffen oder wissen, in welchem Restaurant dieser oder jener Chef oft zu Mittag isst, et cetera. Oder Sie bekommen endlich Zugang zur After-Work-Party in der angesagtesten Location dieser Stadt. Ob es an Ihren neuen, olivgrünen Turnschuhen liegt? May be, Baby. Die sind schon schwer im Trend. Keine Frage. Weitergehen. Dort hinten in der Chill-out-Lounge sitzen übrigens Herr und Frau ... Na Sie wissen schon. Die entspannen gerade. Sind in guter Stimmung. Wie sehen uns.

Transit-Venus und Radix-Himmelsmitte in Spannung

Heckmeck! Bildet Radix-Venus einen Spannungsaspekt zum MC, dann sollten Sie Ihrem Chef möglichst aus dem Wege gehen und auch keine Gänge zum Arbeitsamt oder zu sonstwelchen Behörden tätigen. Warum? Weil Ihnen derzeit einfach nicht danach ist. Die Gängelei ist Ihnen einfach unerträglich. Sie haben eine schlechte Performance. Und der Lidstrich sitzt auch nicht richtig. Von der Frisur gar nicht zu sprechen. Was tun? Kalt duschen wäre nicht schlecht. Ein dickeres Fell zulegen. Cool bleiben - immer noch besser, als den ganzen Tag auf die Sticheleien der Kollegen einzugehen. Endlich: Feierabend!

Transit-Venus und Radix-Himmelsmitte in Harmonie

Der Auftritt! Mit Radix-Venus im harmonischen Transit zum MC wissen Sie ganz einfach, dass Sie gut sind. Sie ertragen es, dass sich die Blicke auf Sie richten. Sie genießen es sogar. Und Sie entscheiden, mit wem Sie doch ein paar Worte mehr wechseln sollten. Sie wollen weiterkommen. Gewisse Leute spüren das. Vielleicht macht man Ihnen ein Angebot. Man müsste sich aber erst einmal näher kennenlernen. Unter diesem Gestirn kann man getrost auf Betriebsfeiern, Feste und Konferenzen gehen. So etwas bringt die Karriere garantiert voran.

Die Zyklen des Mars

Tatkraft und Durchsetzungsfähigkeit! Die Stellung des Radix-Mars in Ihrem Geburtshoroskop zeigt, wie sie am besten die Initiative ergreifen. Die zeitlichen Auslösungen dieses Planeten sowie seine Transitaspekte zu Planeten und Häusern des Geburtshoroskops geben Hinweise, in welchem Lebensbereich Sie sich zur Zeit am erfolgreichsten durchsetzen können. Der Transit des Roten Planeten durch ein Haus dauert ein bis zwei Monate. So lange wird das entsprechende Thema immer wieder angesprochen. Mars-Transite über einzelne Punkte im Horoskop haben eine Wirkung von mehreren Tagen. Und es kommt eigentlich immer zu Ereignissen. Radix-Mars hat eine sehr konkrete Energie. Gute Kontakte und Beziehungen sind nicht alles. Wenn Sie in ihrem Job Erfolg haben wollen, müssen Sie sich auch durchbeißen können, Zähne zeigen, Ellenbogen gebrauchen. Konkurrenz belebt das Geschäft. Wenn Ihr Arbeitgeber erkennt, dass Ihre Energie und Ihr persönlicher Einsatz letztendlich dazu dienen, neue Märkte zu erobern und dem Umsatz zu stärken, wird er Ihnen einen größeren Freiraum zubilligen. Sie identifizieren sich stärker mit der Tätigkeit. Die Leistung steigt. Und die Arbeit macht mehr Spaß. Die Durchsetzungskraft des Radix-Mars brauchen Sie auch, um sich innerhalb eines Unternehmens behaupten zu können. »Wer die Axt unter dem Bett versteckt, verliert Haus und Hof« sagt ein altes chinesisches Sprichwort. Geben Sie also nicht immer nur nach. Lassen Sie sich von Ihren Arbeitskollegen nicht die Butter von Brot nehmen. Wehren Sie sich gegen Mobbing und Intrigen! Die Gefahr von Mars-Transiten liegt in der Vereinzelung. Möglicherweise leisten Sie in diesen Zeiträumen mehr als jeder andere für Ihr Unternehmen. Doch wer wird letztlich die Früchte des Erfolges ernten? Passen Sie bloß auf, dass Sie sich nicht zu viele Feinde machen, die Ihnen nach getaner Arbeit die Butter vom Brot nehmen könnten!

Transit-Mars im ersten Radix-Haus
Wutausbruch! Wenn Radix-Mars das erste Haus durchquert, verfügt man plötzlich über ungeheuer viel Energie. Und die will sich auch manifestieren. Sie sind jetzt fähig zu Pioniertaten. Mut haben Sie genug. Der Wille steht auf Konfrontation. Kampf um des Kampfes Willen (und dies in äußerst heftiger Form) ist ein Ausdruck dieser Zeit. Sie könnten jetzt mit vielen Menschen einen Streit anzetteln. Letztendlich wäre es aber nur ein Ausdruck Ihrer Unfähigkeit, wirklich produktiv zu arbeiten. Nutzen Sie die Energie dieser Wochen, um konstruktiv die Initiative zu ergreifen. Und arbeiten Sie auch an sich selbst!

Transit-Mars im zweiten Radix-Haus
Raubzüge! Es ist nichts Schlechtes dabei, Geld auszugeben und einzunehmen. Geld ist Energie. Es fragt sich nur, wie sie eingesetzt wird. Wenn Radix-Mars durch Ihr zweites Haus geht, kämpfen Sie um Besitz. Schnelle Einnahmen, aber auch voreilige Finanzgeschäfte. Sie schmeißen mit den Euros und Dollars nur so um sich: Macht nichts, solange Sie auch an die Einnahmen denken!

Transit-Mars im dritten Radix-Haus
Wortgewalt! Wenn Radix-Mars durch das dritte Haus geht, hält man normalerweise mit seiner Meinung nicht mehr hinter den Berg. Die wahre Kunst besteht darin, sich nicht auf Nebenkriegsschauplätzen auszutoben, sondern dort, wo sich der Kampf auch lohnt. Haben Sie Mut im Geiste und im Gespräch. Seien Sie klar und direkt. Vereinfachen Sie, ohne zu versimpeln. Lassen Sie Ihren Worten auch Taten folgen.

Transit-Mars im vierten Radix-Haus
Hausbesuch! Mit Radix-Mars im vierten Haus gelingt es einem für ein paar Wochen, Gefühle klar und direkt auszusprechen. Allerdings nützt es nichts, überflüssige Streitereien anzufangen. Dieser Transit begünstigt alle, die beruflich Menschen zu Hause besuchen, nimmt die Schwellenangst.

Transit-Mars im fünften Radix-Haus
Abenteuerlust! Wenn Radix-Mars durch Ihr fünftes Haus geht, steht der Sinn nach Spiel und Liebschaft, nach sportlichem Wettkampf und Lebenslust. Sie können sich jetzt sehr gut für andere einsetzten. Sie sind ungewöhnlich ausdrucksstark. Nutzen Sie diese Zeit, um sich und/oder Ihre Firma nach außen hin zu repräsentieren. Sie haben eine gesunde, vitale Ausstrahlung. Es macht Ihnen nichts aus, im Mittelpunkt zu stehen.

Transit-Mars im sechsten Radix-Haus
Nüsse knacken! Im ungünstigsten Falle werden Sie sich jetzt mit ihren Kollegen und Angestellten herumstreiten. Radix-Mars im sechsten Haus macht kleinlich und scheut sich nicht vor Peinlichkeiten. Die Vitalität ist leicht angegriffen. Andererseits können Sie Ihre Energie jetzt sehr gut einsetzen, um unangenehme Arbeiten anzugehen. Sie sehnen sich geradezu nach Problemen. An deren Bewältigung können Sie Ihre Kräfte mit jedem messen. Die Kollegen werden es Ihnen danken …

Transit-Mars im siebten Radix-Haus
Sparringspartner! Wenn Radix-Mars durch Ihr siebtes Haus geht, werden Sie mit Ihrem Angstgegner konfrontiert. Laufen Sie nicht weg. Gehen Sie lieber auf ihn zu! Es ist an der Zeit, in offensive Vertragsverhandlungen zu treten. Möglicherweise werben Sie jetzt aggressiv um Kunden. Wenn es zum Prozess kommen muss, dann stehen Sie die Sache jetzt auch durch. Übrigens haben Sie Mut zum Flirt! Feinde machen Sie zu Freunden. Wenn Sie denn nur wollen.

Transit-Mars im achten Radix-Haus
Schutzgeld! In der Zeit, da Radix-Mars durch ihr achtes Haus geht, sind Kämpfe mit Geschäftspartner nicht auszuschließen. Es kann auch um Erbschaften und gemeinsame Finanzen gehen. Notfalls lässt sich eine Trennung nicht vermeiden. Auf keinen Fall sollten Sie sich erpressen lassen. Aber provozieren Sie auch nicht. Feinde schafft man sich. Oder vergisst sie ganz einfach.

Transit-Mars im neunten Radix-Haus
Meinungskampf! Wenn Sie bislang nicht gewagt haben, Ihren Kommentar zu der Sache abzugeben, dann tun Sie es jetzt. Grundsätzliches muss geklärt werden. Ein offenes Wort in allen Ehren kann Ihnen niemand verwehren. In aller Freundschaft Aber verwickeln Sie sich nicht in ideologische Auseinandersetzungen. Denken Sie daran, mit wem Sie es zu tun haben.

Transit-Mars im zehnten Radix-Haus
Gipfelstürmer! Mars im zehnten Haus wird Ihnen für ein paar Wochen genug Energie geben, um Ihren Führungsanspruch durchzusetzen. Natürlich nur in Maßen. Mit konzentriertem Arbeitseinsatz werden Sie Lob und Anerkennung ernten. Und sie holen sich das, was Ihnen zusteht. Nicht weniger und nicht mehr. Es wäre fatal, überflüssige Streitigkeiten mit Chefs, Vorgesetzten oder Behördenvertretern vom Zaun zu reißen.

Transit-Mars im elften Radix-Haus
Exhibitionismus! Mit Radix-Mars im elften Haus hat man keine Geheimnisse mehr. Und die anderen auch nicht. Sie können diese Wochen verschwenden, indem Sie den Revolutionär spielen und die Belegschaft zum Arbeitskampf abwiegeln. Oder Sie haben den Mut, auf öffentlichen Veranstaltungen wirklich Konstruktives zu leisten. Schmieden Sie die besten Leute zu einem Team zusammen. Vertreten Sie die Interessen aller. Aber spielen Sie jetzt nicht den Verrückten!

Transit-Mars im zwölften Radix-Haus
Innenrevision! Ihre Energie staut sich, findet keinen Abfluss nach außen. Machen Sie Ihre Umwelt nicht zum Sündenbock. Flüchten Sie auch nicht in Krankheit. Fühlen Sie lieber in sich hinein und schauen Sie nach, wo das Problem ist. Und da sie gerade mal dabei sind, können Sie auch am Arbeitsplatz einmal schauen, was die Leute eigentlich krank macht, wo die versteckten Blockaden liegen. Letztendlich werden Sie einen neuen Zugang zu Ihren verborgenen Stärken finden. Und im Betrieb: Sie finden heraus, wer wieso und warum den ganzen Laden sabotiert. Lösen Sie das Problem. Aber ohne Sündenböcke bitte.

Transit-Mars und Radix-Sonne in Konjunktion
Rangeleien! Wenn Radix-Mars über die Radix-Sonne geht, wird man ziemlich ungeduldig, strotzt vor Tatkraft, möchte unbedingt etwas tun. Was genau das sein sollte, ist dabei nicht so wichtig. Man möchte sich abreagieren. Wer einem im Wege steht, wird beiseite geräumt. Persönliche Eitelkeiten und Wichtigtuerei stören dabei ganz besonders. Was Sie jetzt oft nicht verstehen, ist der uralte Konflikt zwischen Vater und Sohn - und seine Bedeutung auf der betrieblichen Ebene. Chefs und Leute in wichtigen Positionen symbolisieren die Vaterfigur. Dynamische Newcomer, die durch Leistung zu Führungspositionen kommen wollen, spielen die Rolle des Sohnes. In der klassischen Familie herrscht der Vater und behauptet seine Führungsposition. Der Sohn hingegen wird von Tag zu Tag größer und stärker. Eines Tages wird er den Vater vom Thron stürzen, wenn jener nicht freiwillig das Zepter aus der Hand legt. Beachten Sie diese psychologischen Strukturen. Beobachten Sie Ihr Verhalten und das Ihrer Kollegen im Betrieb. Kämpfen Sie nur dort, wo es sinnvoll ist.

Transit-Mars und Radix-Sonne in Spannung
Harte Bandagen! Bei den Spannungsaspekten zwischen dem Transit-Mars und der Radix-Sonne kommt es oft zu Auseinandersetzungen, bei denen Funken sprühen, Feindschaften neu aufflammen. Nur wenn man seine Aggressionen wirklich gut unter Kontrolle hat, lässt sich diese brisante Energie schöpferisch ausleben. Achten Sie darauf, überflüssige Streitereien zu vermeiden, und konzentrieren Sie sich am besten auf Ihre Arbeit. So können Sie Streit, Verletzungen, Entzündungen, Kopfschmerzen und Unfälle vermeiden. Momentan haben Sie sehr viel Energie zur Verfügung. Aber damit lässt sich auch Unfug anrichten. Verprellen Sie Ihren Chef nicht!

Transit-Mars und Radix-Sonne in Harmonie

Dinge anpacken! Die harmonischen Transite des Radix-Mars zur Radix-Sonne geben einem viel Kraft und Selbstbewusstsein. Man kann sich durchsetzen. Und man überlässt die Arbeit nicht nur den anderen, sondern packt auch selbst mit an, wird dadurch zum Vorbild und reißt die Kollegen mit. Ihre persönliche Ausstrahlung ist sehr gut. Wagen Sie sich an Arbeiten heran, vor denen Sie sich normalerweise scheuen. Sie warten nicht mehr ab, zeigen Eigeninitiative. Auch körperliche Belastungen sind jetzt kein Problem. Gute Tage auch für Sport, Spiel und Flirt.

Transit-Mars und Radix-Mond in Konjunktion

Rempelei. Transit-Mars über Radix-Mond bringt deftige und heftige Gefühlsausbrüche. Man darf nicht zimperlich sein. Wer jetzt auf dem Bau arbeitet oder als Cowboy (meinetwegen auch als Cowgirl) in Texas, als Doppeldecker-Busfahrer im Berlin oder Kellner auf dem Münchner Oktoberfest, der habt jetzt keine Probleme. Denn wenn die jetzt auftauchen, dann reagiert man sie es einfach ab. Man hämmert seine Wut mit dicken Zimmermannsnägeln in die Bohlen, schwingt im Sattel das Lasso, schreit die Fahrgäste zusammen oder schwenkt dicke Bierhumpen: Oans, zwaa, suffa! Als feingliedriger Sachbearbeiter in einem hochkultivierten Büro werden Sie zu anderen Mitteln greifen müssen. Machen Sie Sport, schlagen Sie zu Hause in die Kissen oder zwicken Sie der Sekretärin (meinetwegen auch dem süßen Sekretär) in den Po. Sie kassieren vielleicht eine Ohrfeige. Na und? Immer noch besser, als eine Magentablette nach der anderen zu schlucken!

Transit-Mars und Radix-Mond in Spannung

Verletzlichkeit! Mars im harten Transitaspekt zu Radix-Mond wird Ihre Gefühle verletzen. Die Schwingung der Planeten ist harmonisch. Starker Gefühlsaustausch. Launen werden ausgelebt. Man verletzt seelisch und wird verletzt. Das kann im Umgang mit Kollegen und anderen Personen in der Firma fatale Folgen haben. Was also tun? Berücksichtigen Sie die Befindlichkeiten Ihrer Mitmenschen und achten Sie darauf, sich den eigenen Launen nicht vollkommen auszuliefern. So kann Streit vermieden werden. Und darauf kommt es jetzt an.

Transit-Mars und Radix-Mond in Harmonie

Kumpanei! Die harmonischen Marstransite zu Radix-Mond geben Mut, Zärtlichkeit, kraftvollen Gefühlsaustausch, Lust am Kochen und auf Familienleben. Momentan ist eine gute Zeit für Schmusereien, Erotik, Gemütlichkeit und Behaglichkeit. Wann war zum letzten Mal richtig Leben auf der Bude? Machen Sie ein großes Essen und laden Sie alle ein, die Sie mögen. Im Betrieb können Sie jetzt eine wunderbare Stimmung aufbauen. Alle sind locker und spontan, können in Ihrer Gegenwart zeigen, wie sie so drauf haben. Herzlich bis rüde geht es her. Jeder sagt und zeigt, was er denkt. Insgesamt dominiert das Gefühl, in einer Firma zu arbeiten, in der man gut aufgehoben ist. Leute, mit denen man zu tun hat, sind nicht nur Kollegen, Chef oder Untergebene, sondern ganz einfach: Kumpel. Und mit denen arbeitet man wirklich gerne zusammen.

Transit-Mars und Radix-Merkur in Konjunktion

Klare Worte! Mars über Radix-Merkur bringt Streitgespräche, technische Probleme und Mut zur Auseinandersetzung: Man kann offen und fair über alles und jedes sprechen. Gutes handwerkliches Geschick. Es besteht allerdings wegen starker Spontaneität die Gefahr, sich oder andere zu verletzen. Achtung: Vermeiden Sie lautstarke Schreierei oder heftige Kritik. Auch Worte können wehtun. Ach ja: Sie können jetzt, wenn sie es geschickt anstellen, äußerst gute Geschäfte abschließen. Im Handel liegt der Gewinn!

Transit-Mars und Radix-Merkur in Spannung

Kurzschlusshandlung! Die Spannungsaspekte des Transit-Mars zu Radix-Merkur machen die Verständigung schwierig. Man setzt einfach zu viel Energie rein. Möglicherweise sind Sie dieser Tage zu spontan, um die Dinge mit der nötigen Sorgfalt anfassen zu können. Es hat nun überhaupt keinen Zweck, das Brecheisen anzusetzen. Sie machen damit nur das Erreichte kaputt. Überlasten Sie bitte nicht die Kommunikationskanäle. Die schmoren sonst nur durch. Bei allen technischen Arbeiten ist äußerste Vorsicht angebracht, ebenso im Straßenverkehr und bei der Arbeit am Computer. Verschieben Sie wichtige Wartungsarbeiten auf einen anderen Tag. Gleiches gilt für den Erwerb von technischem Equipment - und ganz speziell beim Autokauf.

Transit-Mars und Radix-Merkur in Harmonie

Ohne Hemmungen! Bei den harmonischen Transiten zu Radix-Mars zu Radix-Merkur kann man offen und fair über alles und jedes sprechen, hat zudem ein gutes handwerkliches Geschick. Mit dem richtigen Schwung können Sie fast jeden überzeugen. Eine gute Zeit für Vorstellungsgespräche, Diskussionen, Vertragsverhandlungen. Schwere, mühselige Handwerksarbeiten werden angepackt.

Gerade Menschen, die sich ansonsten nicht so gerne aus dem Haus trauen, sich im öffentlichen Raum nicht so gerne bewegen und die nicht immer das richtige Wort finden, sollten jetzt aktiv werden! Es gibt für kurze Zeit eine Situation, in der all Ihre Hemmungen wie weggeblasen sind.

Transit-Mars und Radix-Venus in Konjunktion
Ziemlich aufdringlich! Die Transit zu Radix-Mars über die Radix-Venus bringt im privaten Bereich ein stark angeregtes Liebesleben, und zwar frei nach dem Motto »Was sich liebt, das neckt sich«. Sie haben sehr viel Mut, auf andere Menschen zuzugehen. Dies kann so weit gehen, dass Sie das Objekt Ihrer Begierde nicht nur necken, sondern auch aufdringlich werden und verletzen. Sie gehen einfach ein Stück zu weit. Und das kann so oder so vom jeweiligen Gegenüber aufgefasst werden. Die Rollen können bei dieser Planetenkonstellation auch genau umgekehrt sein. Dann werden Sie zum Objekt der Begierde. Ein freundlicher Blick, und Sie werden den ungebetenen Verehrer nicht mehr los. Im Beruf sollten Sie jetzt sehr vorsichtig sein. Sexuelle Übergriffe am Arbeitsplatz sind ein Kündigungsgrund, sofern Sie Täter sind. Aber das kann Ihnen auch als Opfer passieren, wenn der Chef oder gewisse Kollegen zu rüde abgewiesen werden, sich in ihrer Eitelkeit verletzt fühlen. Im Geschäftsleben sollten Sie sich jetzt ganz auf die Werbung konzentrieren. Nehmen Sie sich schwierige Zielgruppen vor, zu denen Sie normalerweise keinen Zugang haben. Trauen Sie sich eine freche Kampagne! Verschrecken Sie aber Ihre Stammkundschaft nicht.

Transit-Mars und Radix-Venus in Spannung
Undiplomatisch! Der Transit-Mars im Spannungsaspekt zur Radix-Venus stört das zwischenmenschliche Miteinander. Unter diesem Gestirn sollten Sie Verträge nur unter Vorbehalt abschließen und Kaufentscheidungen keineswegs überstürzen. Es fällt jetzt schwer, sich so aufeinander einzustellen, dass eine harmonische Rollenverteilung entsteht. Die Aktivität eines Partners wird vom anderen nicht positiv aufgenommen. Es kommt zum Kampf der Geschlechter. Achten Sie auch darauf, mit der nötigen Diplomatie und Geduld an Menschen heranzutreten. Allzu heftiges Rangehen stößt nur ab.

Transit-Mars und Radix-Venus in Harmonie
Verführerisch! Steht Radix-Mars im Transit harmonisch zur Venus, dann haben Sie eine klassische Liebeskonstellation. Menschen kommen auf Sie zu, die Sie sehr gerne mögen - und das alles ohne Zwang und Druck. Sie können sich auf einen Flirt einlassen, Sie müssen es aber nicht. Ob unter solch entspannten Bedingungen der Funke wirklich überspringt? Oft bleibt es doch nur beim unverbindlichen Flirt. Wenn Ihnen jetzt ein berufliches Angebot gemacht wird, dann sollten Sie es gut prüfen und nicht zu viel Zeit verstreichen lassen. Die Gelegenheit ist bald wieder vorbei. Und es kann eine gute Gelegenheit sein. Das Zusammenarbeiten unter Kollegen wird bei diesem Job recht angenehm vonstattengehen. Fertigung und Vertrieb arbeiten wirklich Hand in Hand. Und der Spaß wird in solch einem Unternehmen auch nicht zu kurz kommen.

Transit-Mars und Radix-Mars in Konjunktion
Kampfkraft! Die Wiederkehr des Radix-Mars auf seine eigene Geburtsposition markiert einen Moment des persönlichen Neuanfangs. Man erkennt, wie viel sich eigentlich erreichen lässt, wenn man die eigenen Energien aktiviert. Jetzt braucht man nicht länger zu warten. Das möchte man auch nicht. Man will die eigene Kraft spüren, sich nicht durch andere einschränken lassen. Die können ja mitmachen, wenn sie wollen. Diese Planetenkonstellation befreit Sie aus einer lethargischen Phase. Sie machen einen dynamischen, tatkräftigen Eindruck. Allerdings wirken Sie auch leicht überheblich. Und anmaßend. Nicht kontrollierbar. Ihre Mitmenschen fühlen sich vielleicht zu Statisten degradiert. Deshalb ist diese Konstellation für die Karriere nur bedingt geeignet. Wenn Sie derzeit ein klar umrissenes Tätigkeitsgebiet haben, in das Sie sich ohne große Rücksprache mit Vorgesetzten, Kollegen oder Auftraggebern hineinstürzen können: wunderbar. Auf in den Kampf!

Transit-Mars und Radix-Mars in Spannung
Streitigkeiten! Bildet Radix-Mars einen Spannungsaspekt zu seiner Position im Radix, dann brechen schwelende Auseinandersetzungen unvermittelt auf. Sie handeln jetzt mehr denn je aus eigenem Antrieb. Darauf sind Sie vielleicht sogar noch stolz. Und das ist der springende Punkt, der Stein des Anstoßes. Möglicherweise sollten Sie momentan auf einsame und voreilige Entscheidungen verzichten. Reagieren Sie Ihre überschüssige Spannung durch Sport und ähnliche Aktivitäten ab. Warten Sie, bis Sie ruhiger werden. Irgendjemand in Ihrer Firma will etwas ganz anderes als Sie - und hat recht. Die Angelegenheit muss geklärt werden. Aber bitte nicht mit den Fäusten, sondern mit Köpfchen. Und nicht von heute auf morgen. OK?

Transit-Mars und Radix-Mars in Harmonie

Tatkräftige Mitarbeit! Die harmonischen Transitaspekte zu Radix-Mars zur Radixposition bringen einen eigentlich immer voran. Man lässt sich von aktiven Menschen inspirieren und bringt auch selbst Dinge in Gang. Nicht nur das: Man kann jetzt sehr gut gemeinsam etwas auf die Beine stellen. Und jeder bleibt trotzdem er selbst. Jeder ist seines Glückes Schmied. Das ist die allgemeine Devise. Auf dieser Basis lasst sich gut zusammen arbeiten. Sie werden feststellen, dass Kollegen und auch Konkurrenten an ähnlichen Zielen arbeiten. Sie können Kooperationsabkommen schließen. Sie sind momentan außergewöhnlich mutig und entscheidungsstark. Und Sie haben durchaus die Kraft, richtige Entscheidungen zu treffen. Sie müssen es nur tun. Von nichts kommt nichts.

Transit-Mars und Radix-Jupiter in Konjunktion

Überzeugungskraft! Wenn Radix-Mars über Radix-Jupiter geht, zögert man nicht länger. Man ist in der Lage, die Dinge einfacher zu sehen. Das Machbare steht im Vordergrund. Sie geben Dingen einen Sinn. Es gibt nichts Gutes, außer man tut es. Sie können jetzt viele Leute motivieren und mitreißen. Zweifel werden unterdrückt und verdrängt. Wenn das Projekt an sich sinnvoll ist, dann wird sich die Sache auch weiterhin gut entwickeln. Allerdings könnten Sie nun auch Begeisterung für Projekte wecken, die von vorne herein zum Scheitern verurteilt sind. Es liegt an Ihnen, die Situation wirklich richtig einzuschätzen.

Transit-Mars und Radix-Jupiter in Spannung

Blinder Aktionismus! Mit dem Transit-Mars im Spannungsaspekt zum Radix-Jupiter forciert man nur allzu gern Vorhaben, die es eigentlich nicht wert sind. Die Ungeduld ist groß. Probleme werden verdrängt. Man schaut lieber nicht genau hin. Handeln um des Handelns willen. Überschwang beim Beginn von Unternehmungen kann jetzt schnell in Unlust umschlagen. Auch fehlt es an nötiger Toleranz. Manchmal kommt es unter diesem Gestirn zu einem kurzen, aber heftiges Schlagabtausch. Man wirft sich die unterschiedlichen Auffassungen an den Kopf. Wenn man Glück hat, ist all dies ein Gewitter und alles kommt wieder ins Lot. Merken Sie sich: Der Klügere gibt nach.

Transit-Mars und Radix-Jupiter in Harmonie

Pioniergeist! Bei Radix-Mars in Harmonie zu Radix-Jupiter schreitet die Arbeit gut voran. Man macht sich und anderen Mut, hat das Gefühl, an der richtigen Sache zu arbeiten. Die Zeit ist günstig für die Aufnahme von Krediten, für Unternehmensexpansionen und Exportgeschäfte. Wenn Menschen den Eindruck haben, eine wirklich sinnvolle Tätigkeit auszuüben, dann machen Sie gerne mit und geben freiwillig mehr, als von Ihnen verlangt wird. Und noch mehr: Die Identifikation mit der Arbeit beschwingt den Geist. Man denkt mit, löst Probleme durch umsichtiges Handeln. Wenn Sie gerne Aufbauarbeit leisten, dann geht es Ihnen jetzt wirklich gut.

Transit-Mars und Radix-Saturn in Konjunktion

Durch die Wand! Der Transit zu Radix-Mars über Radix-Saturn bringt einen eigentlich immer in die Konfrontation. Eigentlich ärgert man sich jetzt ganz besonders über die eigene Schwerfälligkeit, über innere Grenzen, Ängste und Hemmungen. Und man will sich darüber hinwegsetzen. Man muss es sogar, um Erfolg zu haben! Aber man braucht Geduld, um es zur Meisterschaft zu bringen. Wer mit dem Kopf durch die Wand will, holt sich meist nur Beulen. Die Wand ist einfach stärker. Und so kann es einem jetzt ergehen, wenn man sich mit Gewalt gegen den Chef oder die Bürokratie oder andere fest gefügte Strukturen durchsetzen will. Sehen Sie der Realität unverblümt ins Auge. Akzeptieren Sie die Grenzen Ihres eigenen Könnens und Ihrer eigenen Kraft. Und tun Sie dann das, was sich in der Situation machen lässt - nicht mehr, aber auch nicht weniger. Haben Sie Geduld, seien Sie ausdauernd, diszipliniert und mutig.

Transit-Mars und Radix-Saturn in Spannung

Provokation! Die Spannungsaspekte des Transit-Mars zum Radix-Saturn bringen oft schwierige Situationen, in denen Sicherungsmechanismen durchbrochen werden, in denen es an die Substanz geht. Bemühen Sie sich, Angriffe auf Ihre Autorität und Ihren Standpunkt nicht direkt abzublocken. Damit provozieren Sie Ihre Kontrahenten nur. Und sie rufen nur noch stärke Reaktionen hervor. Besser wäre es, wenn Sie sich bemühen, aus der Situation zu lernen und das beste daraus zu machen. »Wenn du deinen Gegner besiegen willst, musst du ihn erst zu deinem Freund machen« lautet eine alte Weisheit. Gelingt es Ihnen, auf diese Weise mit dem Problem umzugehen, dann wird Ihre Autorität steigen, dann werden Sie aus dem Konflikt gestärkt hervorgehen.

Transit-Mars und Radix-Saturn in Harmonie

Ausdauertraining! Die harmonischen Transite des Radix-Mars zum Radix-Saturn geben eine ungeheure Zähigkeit. Ausdauer, Zähigkeit und Geduld schaffen bei vielen Unternehmungen den lang erhofften Erfolg. Sie haben Mut, sich Vorteile gegenüber Institutionen, Behörden, Autoritäten zu erkämpfen. Verbindliche Schriftstücke werden aufgesetzt, Rechte durchgesetzt. Es zahlt sich aus, dass Sie vernünftig und realistisch Ihre Ziele verfolgen, ehrgeizig sind und sich durch Widerstände nicht abschrecken lassen. Weiter so! Rom wurde auch nicht an einem Tag erbaut. Und ein Marathonlauf kann man auch nicht gewinnen, wenn man auf den ersten Kilometern seine Kräfte verplempert. Alles eine Frage der Taktik.

Transit-Mars und Radix-Uranus in Konjunktion

Schleudersitz! Bei Radix-Uranus über Radix-Mars verfügen Sie über die Kraft, um sich aus starren Verhältnissen zu befreien. Wenn Sie genau wissen, wohin die Reise gehen soll und von was Sie eigentlich wollen, dann ist es dies gute Zeit. Sollten Sie zufällig als Astronaut bei der NASA arbeiten, dann haben Sie jetzt genau den richtigen Job. Wenn Sie jedoch im Grunde nicht genau wissen, was oder wer Sie einengt, und wenn Sie deshalb gegen alles und jedes rebellieren, dann sitzen Sie auf dem Schleudersitz. Provozieren Sie Ihren Chef, damit der Sie endlich rausschmeißt? Oder haben Sie wirklich konstruktive Verbesserungsvorschläge? Wenn Sie das nicht genau wissen, dann reagieren Sie Ihre rebellische Kraft jetzt lieber beim Fallschirmspringen oder Inline-Skaten ab.

Transit-Mars und Radix-Uranus in Spannung

Befreiungsschlag! Mit harten Aspekten zu Radix-Mars zu Radix-Uranus möchte man sich Luft machen. Und das um jeden Preis. Die Nervosität ist ungeheuer groß. Wenn Sie einen abwechslungsreichen und abenteuerlichen Job haben, dann wird sich der Stress jetzt unangenehm verstärken. Doch insgesamt wissen Sie, was Sie zu tun haben. Und Sie sind handlungsfähig. Sehr phlegmatische Charaktere, die an althergebrachten Arbeits- und Lebensformen festhalten, könnten stärkere Probleme bekommen. Der innere Widerstand verhindert, dass sie die wirklich notwendigen Änderungen vollziehen. Es wird ausgewichen. Man sucht Streit und Unruhe, provoziert, löst bewusst oder unbewusst Komplikationen aus. Der nicht ausgelebte Wunsch nach Befreiung und Veränderung findet seinen Ausdruck in plötzlichen, sinnlosen Handlungen, in übertriebener Hektik, technischen und organisatorischen Pannen.

Transit-Mars und Radix-Uranus in Harmonie

Innovationsschub! Mars im günstigen Transitaspekt zu Radix-Uranus bringt uns auf vielerlei Ideen, wie wir uns das Leben leichter und interessanter gestalten können. Wir sind gerne bereit, am Arbeitsplatz neue Techniken auszuprobieren. Aber wir fühlen keine Zwang, alles und jedes einzusetzen. Viel Menschen kommen erstaunlich gut ohne Computer aus. Und es gibt noch viel mehr, auf das verzichtet werden kann. Beispielsweise ein großer, repräsentativer Dienstwagen, für den sich bei Kundenbesuchen in der Innenstadt sowieso nirgends ein Parkplatz findet. Oder mehrere Telefonanschlüsse, und E-Mail-Adresse samt Mailboxen, die ständig abgehört werden müssen. Mars zu Radix-Uranus macht uns frei. Wir sind offen für Neuerungen jeglicher Art. Alte Zöpfe werden abgeschnitten. Das Arbeitstempo und die Effektivität erhöhen sich. Innovation bedeutet in diesem Zusammenhang auch Neuanschaffung und moderne Technik. Aber nicht nur. Innovation bedeutet auch, überflüssigen Ballast abzuwerfen und mit der schlechten Angewohnheiten zu brechen - beispielsweise mit der Angewohnheit, blind auf jeden neuen Trend aufspringen zu müssen.

Transit-Mars und Radix-Neptun in Konjunktion

Fantasie an die Macht! Wenn Radix-Mars im Transit über Radix-Neptun geht, brechen Dämme, öffnen sich Schleusen. Die eigenen Wünsche und Sehnsüchte steigern sich ins Unermessliche. Man kommt in rauschartige Zustände. Nur strikte Antialkoholiker und Menschen bar jeder Fantasie werden diese Zustände nicht persönliche erleben - umso stärker aber bei ihren Mitmenschen bekämpfen. Entweder entpuppen Sie sich mittlerweile als Oberchaot oder als Ordnungspingel in der Firma. Es gibt auch Mischformen beider Charaktere: Man schludert ein bisschen herum und ärgert sich dann über die Kollegen, denen man die Fehler dann in die Schuhe schiebt. Alternativ dazu könnten Sie aber auch Ihre große Sensibilität und Kreativität in sinnvolle Bahnen lenken. Richten Sie Ihren Blick auf Marktnischen, spezielle Käuferschichten am Rande der Gesellschaft, auf ökologische Produkte und Projekte. Oder starten Sie eine Werbekampagne, die verborgene Wünsche und Sehnsüchte (die Sie ja aus eigener Erfahrung kennen) bedient.

Transit-Mars und Radix-Neptun in Spannung

Kalte Dusche! Die Spannungsaspekte zwischen Transit-Mars und Radix-Neptun werden Sie kalt erwischen. Im Nachhinein können Sie sich nur eingestehen, dass Sie da irgendwie geschlafen haben. Bedanken Sie sich beim Schicksal für die kalte Dusche, beispielsweise wenn Sie morgens halb träumend zum Bus trotten und ein kleiner Köter Sie mit seinem Gekläffe zu Tode erschreckt. Jetzt sind Sie hellwach und achten auf den Straßenverkehr. Gut so. Oft erlebt man in dieser Zeit Kritik von einer

Seite, aus dem man es gar nicht erwartet hat: Ein Rüpel vom Chef, Streit mit Kollegen oder Kunden, die sich über irgendeine Nachlässigkeit beschweren. Weinen und Jammern nützt nichts. Der Arbeitsplatz ist nun mal kein Ort zum Ausruhen. Verabschieden Sie sich von ihren Illusionen. Verbessern Sie die Qualität Ihrer Leistung.

Transit-Mars und Radix-Neptun in Harmonie

Mut und Geschick! Mit den günstigen Marstransiten zum Radix-Neptun erkämpfen Sie sich Ausnahmesituationen, von denen andere nur träumen können. Es kommt jetzt alles nur darauf an, wie Sie Ihr psychologisches Geschick richtig einsetzen. Vertrauen Sie auf Ihr Gespür. Hören Sie genauer hin. Und versuchen Sie dann, genau den Ton zu treffen und mit solch einer Flexibilität zu arbeiten, wie es die Situation erfordert. Es ist oft besser, die eigenen Interessen ohne direkte Konfrontation durchzusetzen. Legen Sie sich nach außen hin nicht so genau fest. Geben Sie Ihrem jeweiligen Gegenüber das Gefühl, dass er oder sie eigentlich auf die Idee gekommen ist. Lassen Sie anderen scheinbar den Vortritt. Bieten Sie Lösungswege an. Aber drängen Sie sich nicht auf. Man wird schon von ganz alleine auf Sie zurückkommen.

Transit-Mars und Radix-Pluto in Konjunktion

Paukenschlag! Mit dem Transit zu Radix-Mars über Radix-Pluto werden Sie so oder so gezwungen, einen Plan zu entwickeln und danach zu handeln. Anstatt sich die Situation aufzwingen zu lassen, sollten Sie jetzt tief in sich hineinschauen und herausfinden, was Sie wirklich wollen, was Ihre tiefsten Beweggründe sind. Wenn Sie eine Machtposition anstreben, dann können Sie dem nun ein gutes Stück näher kommen. Wenn Sie aber Angst vor der eigenen Courage haben, dann wird man Sie jagen. Den Letzten beißen die Hunde! Sprechen Sie die Situation mit intimen Freunden durch. Sie haben die Hintergründe schon ganz gut erkannt. Aber was tun Sie jetzt? Suchen Sie sich eine Gelegenheit, Ihren Willen klar und deutlich zum Ausdruck zu bringen. Das kann ungeheuer Eindruck machen. Natürlich wird es Widerstände geben. Man wird Ihnen vielleicht Angst einjagen. Aber ist das nicht alles nur ein Bluff? Mit einer klugen Strategie können Sie eigentlich nur gewinnen.

Transit-Mars und Radix-Pluto in Spannung

Blinde Flecken! Bei harten Transiten von Radix-Mars zu Radix-Pluto erlebt man oft Machtkämpfe. Jeder will recht haben. Und schuld ist immer nur der andere. Wenn Sie nicht verdammt aufpassen, rennen Sie nur gegen Windmühlenflügel an. Gegner hat man, wenn man sich Gegner schafft. Momentan sind Sie sich derart negativ auf eine Person oder eine innerbetriebliche Situation fixiert, dass Sie vollkommen handlungsunfähig werden. Gegen die Übermacht des Schicksals können Sie dann nichts mehr ausrichten. Dass Sie dieses Schicksal selbst heraufbeschworen haben, verstehen Sie vielleicht erst lange Zeit später. Versuchen Sie stattdessen lieber, etwas an Ihrer Arbeitsweise umzustrukturieren. Räumen Sie auf. Durchforsten Sie Ihre Unterlagen. Schmeißen Sie weg, was wirklich nicht mehr zu gebrauchen ist. Verfahren Sie genauso mit Verhaltensweisen, die schon zum Stereotyp geworden sind. Sie werden feststellen, dass Sie auf diese Weise am schnellsten und effektivsten wieder Herr im eigenen Hause werden.

Transit-Mars und Radix-Pluto in Harmonie

Ausmisten! Bei harmonischen Transiten zu Radix-Mars zu Radix-Pluto setzt man seine Energie strategisch ein, mit viel psychologischem Geschick. Man hat keine Angst vor radikalen Veränderungen und großen Tieren. Wenn es schon lange Probleme mit Kollegen und Mitarbeitern gibt, dann wendet man sich jetzt halt an den Chef oder die Firmenleitung. Und man jammert nicht, sondern legt gleich ein ganzes Konzept auf den Tisch, in dem man grundsätzliche und praktikable Änderungsmaßnahmen erläutert. Was auch immer angepackt werden muss: Sie können es jetzt tun. Ideal ist diese Zeit für Leute, die sich mit Strukturmaßnahmen beschäftigen, als Revisor oder Wirtschaftsprüfer arbeiten. Aber es reicht auch völlig, wenn man mal am eigenen Arbeitsplatz gründlich aufräumt und ihn allen Ecken kramt. Man findet bestimmt etwas, das schon viel zu lange liegen geblieben ist und nun unbedingt auf den Tisch kommen sollte.

Transit-Mars und Radix-Chiron in Konjunktion

Machtposition! Mit der Transit-Sonne über Radix-Pluto werden Sie so oder so in die Konfrontation gezogen. Etwas muss sich verändern. Die Frage ist nur, ob das Zukünftige Ihrem Geschmack entspricht. Wenn Sie ein Wörtchen mitreden wollen, müssen Sie eine klare Meinung haben. Untergründige Kritik oder eine trotzige Verweigerungshaltung werden Sie diesem Ziel nicht näher bringen. Wenn Sie sich heute zu sehr auf eine ganz bestimmte Person fixieren, um Ihren ganz persönlichen Rachefeldzug auszufechten, dann dürfen Sie das ruhig tun. Eine Veränderung zum Positiven erreichen Sie damit jedoch nicht. Dazu müssen Sie nämlich erst einmal in eine Machtposition gelangen. Und das geht nur mit konstruktivem Verhalten und langem Atem.

Transit-Mars und Radix-Chiron in Spannung

Umkehren! Die Spannungsaspekte der transitierenden Radix-Sonne zu Radix-Pluto konfrontieren Sie letztendlich immer nur mit Ihrem eigenen Dickschädel. Das ist vielleicht traurig, aber allzu wahr. Sie erkennen wieder einmal, dass Sie sich ein ganz klein bisschen verrannt haben. Ein bisschen sehr sogar ... Aus solchen Sackgassen kommt man stets nur im Rückwärtsgang heraus. Je unauffälliger und dezenter Sie die Karre aus dem Dreck ziehen, desto leichter werden Sie wieder festen Boden unter den Füßen spüren.

Transit-Mars und Radix-Chiron in Harmonie

Pokerface! Die harmonischen Transitaspekte der Radix-Sonne zu Radix-Pluto sichern Ihre Machtposition. Es ist gut, wenn man nicht allzu vertraulich mit seinem Wissen umgeht und die Gegner über die eigene Strategie weitgehend im Unklaren lässt. Das gleiche Verhalten lässt sich auch gegenüber Vorgesetzten oder im Kollegenkreis erfolgreich anwenden. Sie planen große Veränderungen, und das letztendlich nicht nur zu Ihrem eigenen Nutzen. Die Firma wird davon profitieren. Alles will gut vorbereitet sein. Sonst gibt es keinen durchschlagenden Erfolg.

Transit-Mars und Radix-Lilith in Konjunktion

Machtposition! Mit der Transit-Sonne über Radix-Pluto werden Sie so oder so in die Konfrontation gezogen. Etwas muss sich verändern. Die Frage ist nur, ob das Zukünftige Ihrem Geschmack entspricht. Wenn Sie ein Wörtchen mitreden wollen, müssen Sie eine klare Meinung haben. Untergründige Kritik oder eine trotzige Verweigerungshaltung werden Sie diesem Ziel nicht näher bringen. Wenn Sie sich heute zu sehr auf eine ganz bestimmte Person fixieren, um Ihren ganz persönlichen Rachefeldzug auszufechten, dann dürfen Sie das ruhig tun. Eine Veränderung zum Positiven erreichen Sie damit jedoch nicht. Dazu müssen Sie nämlich erst einmal in eine Machtposition gelangen. Und das geht nur mit konstruktivem Verhalten und langem Atem.

Transit-Mars und Radix-Lilith in Spannung

Umkehren! Die Spannungsaspekte der transitierenden Radix-Sonne zu Radix-Pluto konfrontieren Sie letztendlich immer nur mit Ihrem eigenen Dickschädel. Das ist vielleicht traurig, aber allzu wahr. Sie erkennen wieder einmal, dass Sie sich ein ganz klein bisschen verrannt haben. Ein bisschen sehr sogar ... Aus solchen Sackgassen kommt man stets nur im Rückwärtsgang heraus. Je unauffälliger und dezenter Sie die Karre aus dem Dreck ziehen, desto leichter werden Sie wieder festen Boden unter den Füßen spüren.

Transit-Mars und Radix-Lilith in Harmonie

Pokerface! Die harmonischen Transitaspekte der Radix-Sonne zu Radix-Pluto sichern Ihre Machtposition. Es ist gut, wenn man nicht allzu vertraulich mit seinem Wissen umgeht und die Gegner über die eigene Strategie weitgehend im Unklaren lässt. Das gleiche Verhalten lässt sich auch gegenüber Vorgesetzten oder im Kollegenkreis erfolgreich anwenden. Sie planen große Veränderungen, und das letztendlich nicht nur zu Ihrem eigenen Nutzen. Die Firma wird davon profitieren. Alles will gut vorbereitet sein. Sonst gibt es keinen durchschlagenden Erfolg.

Transit-Mars und Radix-Mondknoten in Konjunktion

Machtposition! Mit der Transit-Sonne über Radix-Pluto werden Sie so oder so in die Konfrontation gezogen. Etwas muss sich verändern. Die Frage ist nur, ob das Zukünftige Ihrem Geschmack entspricht. Wenn Sie ein Wörtchen mitreden wollen, müssen Sie eine klare Meinung haben. Untergründige Kritik oder eine trotzige Verweigerungshaltung werden Sie diesem Ziel nicht näher bringen. Wenn Sie sich heute zu sehr auf eine ganz bestimmte Person fixieren, um Ihren ganz persönlichen Rachefeldzug auszufechten, dann dürfen Sie das ruhig tun. Eine Veränderung zum Positiven erreichen Sie damit jedoch nicht. Dazu müssen Sie nämlich erst einmal in eine Machtposition gelangen. Und das geht nur mit konstruktivem Verhalten und langem Atem.

Transit-Mars und Radix-Mondknoten in Spannung

Umkehren! Die Spannungsaspekte der transitierenden Radix-Sonne zu Radix-Pluto konfrontieren Sie letztendlich immer nur mit Ihrem eigenen Dickschädel. Das ist vielleicht traurig, aber allzu wahr. Sie erkennen wieder einmal, dass Sie sich ein ganz klein bisschen verrannt haben. Ein bisschen sehr sogar ... Aus solchen Sackgassen kommt man stets nur im Rückwärtsgang heraus. Je unauffälliger und dezenter Sie die Karre aus dem Dreck ziehen, desto leichter werden Sie wieder festen Boden unter den Füßen spüren.

Transit-Mars und Radix-Mondknoten in Harmonie

Pokerface! Die harmonischen Transitaspekte der Radix-Sonne zu Radix-Pluto sichern Ihre Machtposition. Es ist gut, wenn man nicht allzu vertraulich mit seinem Wissen umgeht und die Gegner über die eigene Strategie weitgehend im Unklaren lässt. Das gleiche Verhalten lässt sich auch gegenüber Vorgesetzten oder im Kollegenkreis erfolgreich anwenden. Sie planen große Veränderungen, und das letztendlich nicht nur zu Ihrem eigenen Nutzen. Die Firma wird davon profitieren. Alles will gut vorbereitet sein. Sonst gibt es keinen durchschlagenden Erfolg.

Transit-Mars und Radix-Aszendent in Konjunktion

Eigeninitiative! Bei Transit-Mars über dem Aszendenten ist Pioniergeist gefragt. Sie haben momentan sehr viel Mut und neue Kraft. Gleichzeitig werden Sie aufgefordert, sich zu zeigen und auf Konfliktsituationen einzulassen. Achten Sie darauf, nicht alle Kraft in Reibereien zu verschwenden. Ein Überschuss an Energie kann in Sport und Sex einen besseren Ausdruck finden als in der gestauten Variante von Kopfschmerz und Entzündung. Achtung: Wenn Sie auf Arbeit jetzt einen Streit vom Zaun brechen, dann haben Sie noch nicht den richtigen Job gefunden oder sind nicht in der Lage, sich auf Ihrer derzeitigen Tätigkeit mit ganzem Herzen einzulassen.

Transit-Mars und Radix-Aszendent in Spannung

Kollisionskurs. Transit-Mars in Spannung zum Radix-Mars verheißt selten Gutes. Sie stimmen Ihre Initiativen nicht mit denen Ihrer Partner ab und umgekehrt. Das nennt man Teamwork unter umgekehrten Vorzeichen. Ihre Aktivitäten harmonieren derart, dass die Arbeit des einen die Arbeit des anderen zunichtemacht. Wird man entweder Sie oder Ihren Kollegen entlassen, hat die Firma nicht nur die Hälfte des Geldes gespart, sondern dafür auch noch die doppelte Leistung bekommen. Aus diesen ganz glasklaren, betriebswirtschaftlichen Gründen wird Ihnen empfohlen, erst einmal Dampf abzulassen und sich dann schön kooperativ zu verhalten. Gell?

Transit-Mars und Radix-Aszendent in Harmonie

Sportlich! Mit Radix-Mars in Harmonie zum Aszendenten kann man sich prügeln, kann es aber auch sein lassen. Mann ist sein eigener Herr, Frau ist ihre eigene Dame. Und das ist auch gut so. Aus obigen Gründen steht Ihnen momentan die Welt offen. Nun stehen Sie nicht so herum! Tun Sie was! Sonst ist die gute Zeit vertan.

Transit-Mars und Radix-Himmelsmitte in Konjunktion

Wutausbruch! Mars in Transit über dem Medium Coeli bringt sie mit sportlichen und kampferprobten Autoritäten in Kontakt. Wenn Sie die von ihrem Sockel stürzen wollen (und oft will man dies in solchen Zeiten), dann müssen Sie nicht nur jugendlichen Übermut, sondern auch Schlitzohrigkeit des Alters Ihr Eigen nennen. (Die Schlitze an den Ohren haben die Alten übrigens, von all ihren bereits überstandenen Kämpfen.)Sie können jetzt natürlich auch Ihrer Wut freien Lauf lassen und Ihrem Chef mal gehörig die Meinung sagen. Vielleicht wartet der schon darauf und ist hoch erfreut, Sie endlich rausschmeißen zu dürfen. Wollen sie ihm wirklich den Gefallen tun? Bei Beachtung der gängigen Spielregeln können Sie ihn doch viel eleganter auf Kreuz legen.

Transit-Mars und Radix-Himmelsmitte in Spannung

Bellende Hunde! Mars im Spannungsaspekt zur Himmelsmitte birgt Gefahren in sich. Wenn Sie im Beruf vorankommen wollen, dürfen Sie nicht auf Nebenkriegsschauplätzen Ihre Kraft verschwenden. Die Karawane hat noch einen langen Weg vor sich. Viele Tage und Nächte geht es durch die Wüste. Und Sie wollen sich mit diesen Kläffern anlegen? Das ist doch überhaupt nicht Ihr Format. Im Klartext: Streitereien schaden momentan Ihrer Karriere.

Transit-Mars und Radix-Himmelsmitte in Harmonie

Siegertyp! Die harmonischen Aspekte zu Radix-Mars zum Medium Coeli begünstigen alle kämpferischen Karrieristen. Das Beste, was Sie momentan für Ihr Vorwärtskommen tun können, ist der Gang zum Fitnessstudio. Und anschließend schreiten Sie straff, aber federnd zum Büro des Chefs, drücken ihm knirschend, aber nicht zerquetschend die Hand und wünschen ihm mit tiefkehliger Stimme einen »wunderschönen guten Morgen«. Spätestens dann wird er Ihr grandioses Führungstalent erkennen und Ihnen besondere Aufgaben zuweisen. Und die Sonderzulage bekommen Sie auch. Wie anders kriegt er solch einen hektischen Aktivisten auch sonst aus seinem Büro. Sie glauben nicht, dass das so funktioniert? Das ist viel zu simpel? Es ist so simpel. Probieren Sie es doch mal aus!

Die Zyklen des Jupiter

Wachstumsmöglichkeiten, Motivation! In der klassischen Astrologie wird Radix-Jupiter als das »Große Glück« bezeichnet. Es wäre blauäugig, diesen Begriff auf eine moderne astrologischen Berufsprognose zu übertragen. Natürlich ist es gerade unter Radix-Jupiter immer wieder möglich, ein Riesengeschäft zu machen. Man kann Kredite ungeahnten Ausmaßes aufnehmen, wirklich ins ganz große Business einsteigen. Aber genauso groß ist die Gefahr, auf einen Riesenschwindel hereinzufallen. Wer kauft schon gerne Luft in Tüten? Und was nützt es einem, wenn man das Vertrauen der Banken gewinnt, im Nachhinein aber das geliehene Geld nicht mehr zurückzahlen kann? Jupiter hat im Berufs- oder Geschäftsleben also eher etwas mit Expansion und Motivation zu tun. Vertrauen ist alles. Fast alle Vereinbarungen, die wir im Geschäftsleben abschließen, geschehen mündlich und können im Nachhinein nicht eingeklagt werden. Und gerade die ganz großen Geschäfte werden oft auf Treu und Glauben abgeschlossen. Hier ist äußerstes Fingerspitzengefühl gefragt. Was hilft es einem, mit der Aussicht auf einen festen Arbeitsplatz eine Probezeit zum absoluten Mindestlohn zu absolvieren - wenn man danach doch nicht übernommen wird? Wieso soll man sich für die Belange der Firma einsetzten, wenn missliebige Kollegen dafür wieder die Lorbeeren ernten? Die Motivation stimmt nur dann, wen man sicher sein kann, nicht einer Täuschung zu erliegen. Expansion in Form von Überstunden, einer Erweiterung des Tätigkeitsbereichs oder einer geschäftlichen Kooperation kann auch schief gehen. Nicht nur der große Gewinn, sondern auch die große Pleite gehört zur Analogie des Jupiter. Die Zyklen des größten Planeten des Sonnensystems durch die verschiedenen Häuser, d. h. Lebensbereiche eines Geburtshoroskops dauern im Schnitt ein Jahr. Eine entsprechende Erweiterung des Lebensstils sollte hier schon probiert werden. Die Möglichkeiten sind vielfältig. Man ist in diesem Zeitraum weniger skeptisch, wagt auch schon mal etwas. Jupiters Transite über Lichter (Sonne und Mond), Planeten und Achsen (Aszendent und Radix-Himmelsmitte) haben einen Wirkungsschwerpunkt von maximal einer Woche. Dann sollte man das große Glück beim Schopfe packen - wenn es den wirklich eines ist.

Transit-Jupiter im ersten Radix-Haus

Wagemut! Wenn Radix-Jupiter ein Jahr lang Ihr erstes Horoskophaus durchzieht, werden Sie automatisch sehr viel mehr Selbstbewusstsein bekommen. Sie treten lauter und pompöser als gewöhnlich auf und fragen sich, warum sie sonst immer so verklemmt sind. Bei allen eigenständigen Unternehmen erhalten Sie Förderung und Unterstützung. Zumindest fassen Sie die Reaktion der anderen so auf. Allerdings können Sie jetzt mit Ihren wattierten Schulterpolstern und dieser großmäuligen Art auch ziemlich lächerlich wirken. Es wirkt zwar beeindruckend, dass Sie zu so vielem etwas zu sagen haben. Aber wer will sich schon permanent belehren lassen? In dieser durchweg positiven Phase, in der Sie einen ungeheuren Vitalitätsschub erfahren, sollten Sie aufpassen, sich nicht die Sympathie Ihrer Mitmenschen zu verscherzen. Laufen Sie nicht wie ein Elefant im Porzellanladen durch die Gegend. Duzen Sie nicht gleich Ihren Chef! Suchen sie sich lieber echte Bewährungsproben. Melden Sie sich zum Fronteinsatz, sprich: zur Kundenakquisition, in den Außendienst. Auf diese Beutezüge können Sie mit Fug und Recht stolz sein. Beste Zeit für Versicherungsvertreter!

Transit-Jupiter im zweiten Radix-Haus

Kreditvolumen! In der klassischen Astrologie wird ein Transit Jupiters durch das zweite Haus als Synonym für Reichtum und Wohlstand angesehen. Sicherlich sollt Ihnen diese Hoffnung jetzt nicht vermiest werden. Nicht blockierte Jupiter-Energie ist stärker als negatives Denken. Also: Rechnen Sie mit Förderung im Finanziellen, Wohlstand, Reichtum. Wenn sie Gehaltsforderungen stellen, bitte am oberen und nicht am unteren Ende der Skala. Sie werden sehen, dass es klappt. Auch sind Ihre Kunden gerne einmal bereit, etwas mehr zu zahlen. Irgendjemand hat immer die Spendierhosen an. Und die Bank: Ihr gestiegenes Selbstwertgefühl macht Eindruck. Man bewilligt Ihnen Mittel ungeahnten Ausmaßes. Greifen Sie zu! Probleme entstehen eigentlich erst, wenn Radix-Jupiter das zweite Haus wieder verlassen hat. Dann muss der Kredit langsam, aber sicher zurückgezahlt werden. Da das Kapital nicht in der Firma landete, sondern für den neuen Porsche und die Australienreise draufging, entsteht eine leicht peinliche Situation. Und die Kunden: Dank überzogener Preise sind die inzwischen zur Konkurrenz gewechselt. Das hohe Gehalt? Sie sind nun der Erste auf der Abschussliste. Die Firma muss sparen. An Geld heranzukommen, das ist in dieser Zeit kein Problem. Es muss halt nur sinnvoll investiert werden. Wirklich sinnvoll!

Transit-Jupiter im dritten Radix-Haus

Vollmundig! Wenn Radix-Jupiter ein Jahr lang durch Ihr drittes Haus geht, kommt Leben in die Bude. Auf einmal bilden sich Worte zu Sätzen und die zu ganzen Romanen. Sie halten es auf Ihrem Stuhl nicht mehr aus, rufen Gott und die Welt an, sind ständig auf Achse. Und Sie fragen sich, warum Sie das nicht schon längst getan haben. Manche begreifen erst in dieser Zeit die Macht der Kommunikation. Wenn man sich umtut, aktiv ist, Briefe schreibt und Nachrichten austauscht, dann erweitert man auch seine Wahlmöglichkeiten. Die beste Zeit, wenn man auf der Suche nach einem neuen Job ist. Oder ein Produkt auf den Markt bringen will. Heutzutage liegt nicht in der Produktion der Gewinn, sondern im Handel. Sie sind dabei! All diese Chancen können Sie sich natürlich gründlich vermasseln, wenn Sie jedes vollmundige Versprechen für bare Münze nehmen. In gutem Glauben verwechseln Sie unverbindliche Absichtserklärungen mit schriftlich fixierten Vertragswerken. Wer ist dafür haftbar? Hören Sie also genau hin, wenn Sie mit Ihren Geschäftspartner sprechen. Das ist gar nicht so leicht. Denn normalerweise will man bei solchen Jupitertransiten nur selber reden.

Transit-Jupiter im vierten Radix-Haus

Weltbürger! Wenn Radix-Jupiter durch das vierte Haus zieht, hält man es in den eigenen vier Wänden nicht mehr aus. Man braucht Platz! Und das gilt nicht nur für das Privatleben, sondern auch für das Business. Wie wäre es mit einer Loft, einer Fabriketage mitten in der Stadt? Oder doch lieber eine Neuansiedlung auf der grünen Wiese. Möglich ist auch, dass man in dieser Zeit eine Stellung im Ausland annimmt. Auf jeden Fall bringt nun jede private Expansion zugleich einen beruflichen Umschwung mit sich. Denkbar ist auch eine Förderung durch die Familie oder die Verwandtschaft. Ist die Zeit gekommen, Daddys Firma zu übernehmen? Bei allem, was man jetzt unternimmt, sollte man maßvoll bleiben. Ein voller Bauch studiert nicht gerne. Schweres Essen macht müde. Ist der Raum, den man jetzt erobert, zu groß, kann alles wieder in sich zusammenfallen. Manches Unternehmen ist schon an einer überdimensionierten Expansion zugrunde gegangen.

Transit-Jupiter im fünften Radix-Haus

Selbstständigkeit! Wenn Radix-Jupiter ein Jahr lang durch das fünfte Horoskophaus geht, entwickelt man Führungstalente. Nicht, dass sich im privaten Leben irgendetwas groß verbessert hätte. Man jammert bloß nicht mehr so herum. Was man besitzt, das zeigt man auch. Alles andere nicht sonderlich erwähnenswert. Diese Einstellung wirkt auf die Umwelt ungeheuer positiv. Man ist in der Lage, andere Menschen mitzureißen. Man wirkt sexy. Ohne Frage! Dynamisches Auftreten fasziniert immer. Generell eignet sich Jupiters Transit durch das fünfte Haus hervorragend für die Gründung eines eigenen Unternehmens. Der Sprung in die Selbstständigkeit: Jetzt kann er gelingen. Ob die ganze Sache auch langfristig überleben wird, steht auf einem ganz anderen Blatt. Wenn Sie schon immer mal vorgehabt haben, im Entertainmentbereich Geld zu verdienen, dann tun Sie es jetzt. Ein Jahr lang können Sie relativ gefahrlos experimentieren. Sie können es aber auch sein lassen. Das Glück drängt sich nicht auf. Es ist nur ganz einfach da. Für eine gewisse Zeit.

Transit-Jupiter im sechsten Radix-Haus

Datenflut! Ein Jahr lang steht Radix-Jupiter jetzt im sechsten Haus, dem Bereich der Vernunft und Klugheit. Was für Dummheiten man in dieser Zeit nicht alles anstellen kann! Sie laufen Gefahr, eine ganze Reihe von Mitarbeitern einstellen, die sich samt und sonders als Windbeutel entpuppen. Oder Sie probieren im Büro zusammen mit Ihren Kollegen permanent neue Schlankheitskuren aus - und werden darüber fetter und fetter. Oder Sie reorganisieren den tagtäglichen Ablauf. Mit dem Resultat, dass alles nur noch komplizierter wird. Oder sie sammeln alle möglichen Daten. Und blicken in Folge davon überhaupt nicht mehr durch. Andererseits besteht jetzt auch die Chance, endlich Herr über den ganzen Kleinkram werden. Als Chef könnten sie mit etwas Geschick wirklich fähige Angestellte finden. Es ist alles eine Frage der Menschenkenntnis. Und des Vertrauens. Und wenn Sie selbst Angestellter sind, dass werden Sie durch Ihre Detailkenntnisse glänzen. Sehr viele Dinge sind zu bedenken. Die perfekte Entscheidung gibt es nicht. Aber man kann klug handeln.

Transit-Jupiter im siebten Radix-Haus

Kommen lassen! Ein Jahr lang geht Radix-Jupiter durch das siebte Haus, das Haus der Partnerschaft. Das bedeutet nicht unbedingt, dass Sie nun Ihrem Traumpartner begegnen. Das heißt auch nicht, dass Sie jetzt im geschäftlichen Bereich sofort Allianzen eingehen oder sich vertraglich auf alle Zeiten binden. Arrangements, die jetzt getroffen werden, haben absolut freiwilligen Charakter. Es ist falsch, zu glauben, dass alle Vereinbarungen unbedingt eingehalten werden. Die Euphorie ist einfach so groß, dass man die Details übersieht. Es ist möglich, dass Sie auf einen Angeber oder Hochstapler hereinfallen. All das darf Sie jedoch nicht davon abhalten, aufgeschlossen durchs Leben zu gehen. Überfallen Sie Ihre neuen Bekanntschaften nicht mit hochtrabenden Plänen. Lassen Sie die andern kommen. Lassen Sie sie reden. Denken Sie sich Ihren Teil. Und warten Sie ab, was sich letztendlich ergibt. Fördern Sie sich gegenseitig. Aber mit Augenmaß!

Transit-Jupiter im achten Radix-Haus

Fusionsfieber! Wenn Radix-Jupiter ein Jahr lang durch Ihr achtes Haus geht, werden Sie Förderung durch Besitz anderer erleben, den Segen von Erbschaften genießen oder (sofern Sie schon in mosaischem Alter sind) ein vornehmes Begräbnis bekommen. So weit die klassische Astrologie. In der Praxis müssen Sie sich über eine ganze Menge Probleme im Klaren sein. Jede Erbschaft hat auch einen Pferdefuß. Jede Förderung beinhaltet auch eine Verpflichtung. Starke finanzielle Bindungen führen auch zu gegenseitiger Abhängigkeit. So lange der Partner stark ist, profitiert man von seinen Ressourcen. Gerät der andere jedoch in eine Krise, wird man mit hineingezogen. Das soll nicht heißen, dass Sie das Angebot abschlagen müssen. Beileibe nicht. Aber trotz des ganzen Fusionsfiebers sollten Sie unbedingt einen kühlen Kopf bewahren.

Transit-Jupiter im neunten Radix-Haus

Außenhandel! Etwas ein Jahr lang steht Radix-Jupiter nun im neunten Haus des Horoskops. Sie sind ungeheuer reiselustig, fasziniert von fremden Kulturen. Bildung ist ein hohes Gut. Möglicherweise nehmen Sie ein Universitätsstudium auf. Sie arbeiten als Honorarkonsul. Oder Sie investieren in ein Franchise-Unternehmen, als Selbstständiger unter dem Dach einer großen Handelskette. Was auch immer Sie unternehmen: Beweisen Sie Toleranz. Nicht alles ist so großartig, wie es den Augenschein hat. Leere Versprechungen können viel Schaden anrichten. Vertrauen zahlt sich nicht immer aus. Die Abhängigkeit von Gönnern kann fatal sein. Die Rolle des Günstlings kann sich in die des Bittstellers wandeln. Lassen Sie in dieser Zeit Ihr Handeln nicht nur vom Außen bestimmen. Aber zeigen Sie, wenn es darauf ankommt, auch Größe und Stil. Sie werden überrascht sein, wie positiv man auf Ihr Entgegenkommen reagiert.

Transit-Jupiter im zehnten Radix-Haus

Beförderung! Mit Radix-Jupiter im zehnten Haus, einer Phase von circa einem Jahr, traut man sich in beruflicher Hinsicht sehr viel zu. Man ist bereit und fähig, Verantwortung zu übernehmen - vielleicht mehr, als vernünftig wäre. Posten werden Ihnen einem angetragen, eine Gehaltserhöhung in Aussicht gestellt. Ob es sich dabei wirklich um einen Karrieresprung handelt, stellt sich erst sehr viel später heraus. Manche Beförderung ist nicht mehr als ein versteckter Hinauswurf. Wohin wird man befördert? Einem geschenkten Gaul schaut man nicht ins Maul. Warum? Weil man bei Pferden an den Zähnen das Alter ablesen kann. Vielleicht hat die Schindmähre schon längst ihre besten Zeiten gesehen. Es wäre unhöflich, sich darüber beim edlen Spender zu beschweren. Selbst wenn Sie den Pferdefuß der angebotenen Beförderung erkennen, brauchen Sie den Job nicht unbedingt abzulehnen oder Ihre Bedenken öffentlich kundzutun. Besprechen Sie das Für und Wider mit guten Freunden. Wenn Sie den Posten erst einmal ergattert haben, sind Sie am Drücker. Dann können Sie die neue Führungsposition immer noch zu Ihren Gunsten ausgestalten.

Transit-Jupiter im elften Radix-Haus

Spaßgesellschaft! Ungefähr ein Jahr lang durchläuft der Glücksplanet Radix-Jupiter das elfte Haus, Signifikator für Freundschaften, Wünsche und Hoffnungen. Sie werden sich eventuell auf After-Work-Partys herumtreiben, mit Ihren Arbeitskollegen privat Treffen arrangieren und eine lockere Zeit im Team haben. Eigentlich sind ja alle eine Community, gibt es keine Hierarchien, leben wir im Wassermannzeitalter. Wenn das Jahr dann vorbei ist ... ja, dann war es das dann wohl auch. In den allerwenigsten Fällen dürften die Kontakte, die Sie jetzt aufbauen, direkt zu Ihrem beruflichen Weiterkommen beitragen. Es kann sogar sein, dass ihre Offenheit von anderen ausgenutzt wird, dass man Ihre Kreativität ausplündert. Ideenklau ist in der Businesswelt weit verbreitet. Suchen Sie sich lieber Leute, mit denen Sie im positiven Sinne kooperieren können. Zwingen Sie in diesem Jahr niemanden, konkrete Ergebnisse zu liefern. Es ist eine gute Zeit, um bestehende Kontakte zu erweitern, Menschen mit ähnlichen Interessen, Arbeitsgebieten und Aufgabenfeldern kennenzulernen. Joint Ventures entstehen. Langfristig werden diese Verbindungen entweder enger und verbindlicher werden - oder einschlafen. Das hängt dann von Ihnen ab.

Transit-Jupiter im zwölften Radix-Haus

Freiräume! Wenn Radix-Jupiter das zwölfte Haus binnen eines Jahres durchquert, kann man offiziell nicht mit Unterstützung rechnen. Man ist einfach zu sensibel, als dass man sich in den Kampf um die üblichen Fördertöpfe einreihen will und kann. Das bedeutet aber keineswegs, dass man ohne Gönner dasteht. Man muss nur genau hinschauen. Diese Zeit ist hervorragend geeignet für einen zeitlich bedingten Rückzug aus der allgemeinen, hektischen Betriebsamkeit. Und es ist zugleich eine sehr aktive Zeit, gerade für Künstler und andere Kreative. Oft erkennt man das erst im Nachhinein. Auch trifft man jetzt auf Menschen, die einem vollkommen selbstlos Hilfe zuteilwerden lassen. Karitative Organisationen im Umfeld der Kirche zählen auch dazu. Oder man lernt zurückgezogen lebende Millionäre kennen, die genau das Produkt kaufen wollen bzw. die Fähigkeiten suchen, die man bieten kann. Eine weitere, nicht zu unterschätzende Facette dieses Jupiter-Transit: Marktlücken. Man bekommt einen Blick für Bedürfnisse jenseits des Mainstream. Der Vorteil und die große Chance liegen darin, dass man ohne Konkurrenz ist. Gute Geschäftsideen siedeln sich stets in ökonomischen Nischen an. Es besteht also kein Grund, während dieser Jupiterphase untätig zu bleiben.

Transit-Jupiter und Radix-Sonne in Konjunktion

Showtalent! Jupiter über der Radix-Sonne gibt viel Mut und Selbstbewusstsein. Man sollte diese kurze Zeit auf jeden Fall nutzen, um Dinge zu wagen, zu denen man sich sonst nicht traut. Man hat einfach nicht so viel Angst, zurückgewiesen zu werden, und traut sich ganz weit aus dem eigenen Schneckenhaus heraus. Über all dort, wo persönliche Präsenz verlangt wird, liegt man genau richtig. Allerdings besteht auch eine Neigung, die eigene Wirkung zu überschätzen. Man trägt ziemlich dick auf. Wie ein Elefant im Porzellanladen. Großspurig. Wie ein Neureicher. Und ein bisschen tölpelhaft. Passen Sie also auf, dass Sie Ihr Showtalent auf der richtigen Bühne einsetzen!

Transit-Jupiter und Radix-Sonne in Spannung

Bluff! Jupiters Transit-Spannungsaspekte zur Radix-Sonne bringen eine Tendenz zu Fehlplanungen, Oberflächlichkeit und Überheblichkeit: Achten Sie darauf, sich jetzt nicht zu sehr in den Mittelpunkt zu stellen, nicht zu laut und zu wichtig aufzutreten. Verrennen Sie sich nicht in Hochmut und falschen Stolz, aus dem Sie sich nicht mehr herauskommen. Vermeiden Sie Bluffs. Die gehen daneben.

Transit-Jupiter und Radix-Sonne in Harmonie

Selbstvertrauen! Bei Jupiters harmonischen Transiten zur Radix-Sonne erlebt man Großzügigkeit und Toleranz. Menschen gehen offen auf einen zu. Viele neue Chancen: Durch die Kraft der persönlichen Ausstrahlung können Sie Menschen für sich gewinnen: Sie haben Kredit, was sich nicht nur zwischenmenschlich, sondern auch materiell zeigt. Durch ein starkes Selbstvertrauen ist es jetzt leichter als zu anderen Zeiten möglich, eine Führungsposition einzunehmen. Was Sie sich selbst zutrauen, glaubt Ihnen auch die Außenwelt. Eine starke Phase körperlicher und psychischer Regeneration und Integration: Die Persönlichkeit festigt sich. Alte Wunden heilen. Viele Menschen nutzen diese Zeiten, um sich der Welt zu zeigen, in die Zukunft reichende Dinge zu unternehmen, zu verreisen oder die Seele ganz einfach mal baumeln zu lassen.

Transit-Jupiter und Radix-Mond in Konjunktion

Beeindruckbar! Jupiters Transit über den Radix-Mond macht uns emotional offen für alles und jeden. Und ein wenig phlegmatisch. Im Berufsleben ist dieser Aspekt nur dann von Vorteil, wenn Sie viel mit Menschen arbeiten, zu denen Sie einen emotionalen Zugang suchen, deren Vertrauen für Ihre Arbeit äußerst wichtig ist. Sie können jetzt sehr gut auf Impulse reagieren, die von außen kommen. Wenn Sie hauptberuflich Assistent sind, wie beispielsweise die Figur Harry für den Kriminalkommissar Derrick in der gleichnamigen TV-Serie, dann ist dies eine ideale Zeit. Stehen Sie selbst unter Druck, wollen Sie gestalten und bestimmen, dann kann Ihren diese hohe Beeindruckbarkeit aber auch Nachteile bringen. Allzu leicht schweift Ihr Geist ab. Sie kommen einfach nicht auf den Punkt, verlieren sich in Nebensächlichkeiten. Nehmen Sie lieber Urlaub!

Transit-Jupiter und Radix-Mond in Spannung

Kaufrausch! Bei Jupiters harten Transite zum Radix-Mond werden Launen übertrieben ausgelebt. Eine unerklärliche Unruhe kann Sie erfassen. Das Bedürfnis nach Konsum wird übertrieben ausgelebt: Völlerei, Kaufrausch. Oft fehlt einfach eine Orientierung. Schauen Sie genau hin. Was brauchen Sie wirklich? Was ist eigentlich vollkommen überflüssig? Es kann jetzt zu vielen Missverständnisse kommen, auch und gerade im Kontakt mit Ausländern oder im Import-Export-Geschäft. Sie treffen nicht den richtigen Ton, schätzen Ihren Partner nicht korrekt ein. Vermeiden Sie unpassende Verbrüderungsgesten und plumpe Kumpanei. Manche Arbeitskollegen sind mehr Last denn Entlastung. Halten Sie die Ausgabenseite scharf im Blick. Misstrauen Sie Entscheidungen der Beschaffungsabteilung. Wichtige Käufe sollten auf später verschoben werden.

Transit-Jupiter und Radix-Mond in Harmonie

Mahlzeit! Bei Jupiters harmonischen Aspekten zum Radix-Mond schafft man um sich herum eine Atmosphäre des Wohlbehagens. Es ist eine gute Zeit für gemeinsame Geselligkeiten, da genügend Toleranz vorhanden ist, um Menschliches und auch Allzumenschliches zu verstehen. Vielleicht sollten Sie ein Betriebsfest organisieren? Arbeitsessen sind jetzt ebenfalls eine gute Investition. Fast beiläufig streift man wichtige Themen, kommt sich näher, lernt die Motivationen seiner Kollegen und Partner kennen, sucht und findet Übereinstimmung in vielen Geschäftsbereichen.

Transit-Jupiter und Radix-Merkur in Konjunktion

Datenaustausch! Wenn im Transit Radix-Jupiter über Radix-Merkur geht, hat man plötzlich Zugang zu einem riesigen Haufen an Informationen. Jetzt kommt es darauf an, Wichtiges von Unwichtigem zu trennen. Und das ist überhaupt nicht leicht. Man neigt dazu, alles Mögliche an geistiger Nahrung in sich aufzunehmen. Überall entdeckt man intellektuelle Verbindungen. Die Zusammenhänge scheinen klar und deutlich. Noch lange nach dieser Zeitphase wird man von dieser Datenflut profitieren - und unter ihr leiden. Dieser Aspekt ist sehr gut für Universitätsstudien. Längst nicht alles, was man hier lernt, braucht man im späteren Berufsleben. Aber da man die Prioritäten noch nicht genau erkennt, wird man alles Mögliche geistig aufnehmen, wie ein Schwamm. Wenn Sie jetzt einen Job suchen, dann bewerben Sie sich im Kongress- und Reisegeschäft, dem Transportgewerbe oder einem Übersetzerbüro. Sie können ganz hervorragend mit vielen Menschen kommunizieren, parallel, gleichzeitig, simultan.

Transit-Jupiter und Radix-Merkur in Spannung

Informationsmüll! Bildet der transitierende Radix-Jupiter einen Spannungsaspekt zu Merkur, werden Sie des Öfteren die falschen Informationen zur falschen Zeit erhalten. Auseinandersetzungen um technische Details, Rechthabereien, nutzlose philosophische Debatten: Es ist Zeit, Berge unerledigten Kleinkrams zu erledigen. Wie viel doch getan werden muss, wenn man das große Ganze sieht und sich nicht im Detail verlieren will! Seien Sie jetzt sehr vorsichtig mit der Kommunikation. Glauben heißt nicht zu wissen! Und das kann fatale Folgen haben: in der Logistik, im Transportwesen, in der Koordination verschiedener Fertigungsprozesse. Versuchen Sie, ganz bewusst, die richtigen Worte zu wählen, im Gespräch auch zuzuhören, Briefe gut verständlich zu formulieren. Vermeiden Sie es, ausufernd zu dozieren.

Transit-Jupiter und Radix-Merkur in Harmonie

Verständnis! Jupiters harmonische Transitaspekte zu Radix-Merkur fördern das Verständnis. Sie merken, wie viele Probleme sich durch ein ruhiges und offenes Gespräch schon im Vorfeld lösen lassen. Man muss nur eine angenehme Atmosphäre schaffen, in der es Spaß macht, zuzuhören. Unterschiedlichste Meinung können nebeneinander existieren und gebündelt werden. Man kommt jetzt leicht an die unterschiedlichsten Informationen heran und findet schnell heraus, was wirklich Fakt ist. In dieser Zeit kann das Geschäftsleben tatsächlich florieren. Engagieren Sie sich in allen Tätigkeitsbereichen, die mit Kommunikation zu tun haben. Da dieser Planetenaspekt auch die literarischen Fähigkeiten begünstigt, könnten Sie z. B. als Lektor in einem Verlag einsteigen, als rasender Reporter unterwegs sein oder zumindest einmal Ihrem Chef die Meinung zu sagen. Sie haben das Geschick, auch bei schwierigen Themen die richtigen Worte zu finden.

Transit-Jupiter und Radix-Venus in Konjunktion

Liebesbeziehung! Wenn Radix-Jupiter über die Radix-Venus geht, darf man einfach nicht Nein sagen. Manche Leute gehen unter diesem Transit wie ein Hefekuchen auf, da der Appetit unglaublich ist und sie ständig Heißhunger haben. Andere geraten in Kaufrausch und/oder toben sich sexuell richtig aus. Beruflich sollte man sich mit Werbung beschäftigen. Man kann jetzt sehr gut in der Vergnügungs- oder Unterhaltungsindustrie anheuern. Ein Kurbad wäre auch der richtige Ort. Das Private und das Geschäftliche lassen sich sehr gut mit einander verbinden. Man mag die Menschen einfach. Das gilt ganz besonders für diejenigen, die einem Glück, Reichtum und Wohlstand versprechen. Natürlich begibt man sich dabei auf ein schlüpfriges Pflaster. Liebe und Beruf miteinander zu kombinieren, das ist auf Dauer nicht jedermanns Sache ...

Transit-Jupiter und Radix-Venus in Spannung

Perspektivlos! Bei Jupiters Spannungsaspekten zur Radix-Venus möchte man viel zu viele Sinneseindrücke und Gelüste miteinander zu kombinieren, verliert sich leicht in perspektivlosen Beziehungen. Versuchen Sie, herauszubekommen, mit welchen Menschen Sie wirklich ein tiefes und dauerhaftes Vertrauensverhältnis aufbauen können. Oft begegnet man jetzt Zeitgenossen, deren übertriebene Genuss- und Kontaktwünsche nur Ausdruck einer inneren Leere sind, die zu mehr als einer oberflächliche Beziehung nicht fähig sind. Seien Sie jetzt sehr vorsichtig beim Abschluss von Verträgen. Und lassen Sie sich bei der Jobsuche nicht unbedingt protegieren, zumindest nicht um jeden Preis.

Transit-Jupiter und Radix-Venus in Harmonie

Opulent! Mit Jupiters harmonischen Transiten zur Radix-Venus geht eine große Genuss- und Liebesfähigkeit einher. Man freut sich an allem, was Geist und Sinne auf angenehme Weise nährt. Wem es ansonsten nicht leicht fällt, sich etwas zu gönnen, wer Schwierigkeiten hat, sich richtig schick zu machen, der verliert jetzt seine Hemmungen. Klassische Genießer seien jedoch gewarnt vor Verschwendung, Völlerei, Exzessen. In dieser Zeit treffen Sie auf Menschen, denen das Geld wirklich locker sitzt, die für eine interessante und unterhaltsame Sache schon gerne mal etwas springen lassen. Und es sind jetzt wirklich ganz positive Geldgeschäfte möglich!

Transit-Jupiter und Radix-Mars in Konjunktion

Im Einsatz! Geht Radix-Jupiter über Mars, dann geht die Arbeit locker von der Hand. Aber man hüte sich vor Streit, der aus Selbstgerechtigkeit heraus begonnen wird. Sie befinden sich jetzt in einer starken Regenerationsphase, die Sie für Sport und Fitness nutzen können. Überschüssige Kraft sollte in sinnvolle Pionierarbeit gesteckt werden. Achtung: Identifizieren Sie sich nicht zu sehr mit dem Edlen und Guten. Wer mit Feuer und Schwert Gerechtigkeit ausübt, braucht im Grunde nur einen Vorwand, um endlich mal zuzuschlagen. Beruflich werden Sie sich weit aus dem Fenster lehnen. Sie haben vor nichts und niemandem Angst, brauchen nur ein ordentliches Betätigungsfeld. Körperlicher Einsatz wäre nicht schlecht. Warum also nicht gleich irgendetwas anfangen, das mit Sport zu tun hat? Gute Fitnesstrainer werden immer gesucht!

Transit-Jupiter und Radix-Mars in Spannung

Energieverschwendung! Jupiters Spannungsaspekte zum Radix-Mars bringen keine Katastrophen, aber ab und zu doch ganz schöne Rohrkrepierer. Ihr Überschwang beim Beginn von Unternehmungen kann schnell in Unlust umschlagen. Dann kommt noch dazu, dass Sie leicht den Falschen vertrauen. Phlegmatische Phasen wechseln sich mit hektischer Überaktivität ab. Können Sie anderen Menschen wirklich voll vertrauen? Oder müssen Sie alles in die eigene Hand nehmen, sodass Sie letztendlich überfordert sind? Vorsicht vor cholerischen Ausbrüchen! Ihnen kann leicht der Kragen platzen. Wenn Sie zur Zeit Kapital investieren müssen, dann überlegen Sie sich das dreimal! Sie sind derart spontan, dass Sie schnell Fehler machen, sich über die Gebühr verschulden oder Gelder unnötig in den Sand setzen. Die Projektierungsphase ist noch nicht abgeschlossen!

Transit-Jupiter und Radix-Mars in Harmonie

Investitionsklima! Die harmonischen Jupitertransite zum Radix-Mars sind vom wirtschaftlichen Standpunkt aus betrachtet ganz hervorragend einzuschätzen. Man ist zu Recht positiv eingestellt und reißt alle anderen mit. Natürlich ist die Situation günstig. Man hat die Chancen erkannt und weiß sie zu nutzen. Und das ist genau der springende Punkt. Viele Leute investieren in solchen Zeiten genau richtig, auch wenn die Masse Mensch noch gar nicht erkannt hat, dass hier ein gewaltiges Potenzial liegt. In diesen Tagen werden Sie auch körperlich sehr viel Kraft haben. Die einzige Gefahr besteht darin, dass Sie sich überschätzen und erst nachträglich feststellen, dass Sie einfach zu viel angepackt haben. Doch unter diesem günstigen Gestirn können Sie auch ganz fantastisch kooperieren und delegieren. Sie finden bestimmt Leute, die ihr Projekt weitertragen, wenn es einmal ins Trudeln kommen sollte. Ein Anfang ist gemacht. Und das ist jetzt wichtig.

Transit-Jupiter und Radix-Jupiter in Konjunktion

Karriereschub! Alle 12 Jahre kommt Radix-Jupiter auf eine Position zurück, die er zum Zeitpunkt der Geburt einnahm. Im zwölften Lebensjahr gibt es häufig die ersten konkreten Visionen, was mal aus einem werden sollte, was wirklich Spaß macht: Lokführer, Astronaut etc. Mit 24 steckt man oft mitten drin im Studium, schaut in die Zukunft, hat die Berufswelt schon konkret vor den Augen. 36 ist dann die Zeit der ersten großen Expansion. Man ackert und klotzt ran, macht Unmengen von Geld oder steckt in den abenteuerlichsten Jobs. 48 ist die Zeit der zweiten, dritten oder vierten Karriere. Noch im Vollbesitz aller Kräfte wagen viel erst in diesem Lebensalter, genau das zu verwirklichen, was sie sich damals als Kind erträumten. Mit 60 bietet sich der vorgezogene Ruhestand an - ganz großartig für alle, denen der Job nur Mittel zum Zweck war, für die das wahre Leben erst nah der Pensionierung anfängt. Endlich kann man sich den Hobbys widmen, der wahren Berufung. 72 ist so ein Alter, wo viele, die von ihrem Traumjob einfach nicht loskommen können, die Sache zumindest ein wenig lockerer sehen. Und 84, das ist eine Zeit, in der Leute wie Papst Johannes Paul, Mao, Hindenburg oder Adenauer so ganz sachte ans Aufhören dachten. Aber bloß nichts überstürzen!

Transit-Jupiter und Radix-Jupiter in Spannung

Besinnungspause! Bei Jupiters harten Transiten zu seiner Radixposition läuft so einiges schief. Vor allen Dingen fehlt es an Motivation. Es ist nur eine kurze Formkrise, nichts sonderlich Ernstes. Man erlebt halt, dass sich dieses und jenes Projekt in Schall und Rauch auflöst, dass man sich hier und da verspekuliert hat. Und wenn schon! Versuchen Sie halt, die nötige Kurskorrekturen vorzunehmen. So vermeiden Sie, sich weiter zu verrennen. Einsicht ist der erste Weg zur Besserung. Schöpfen Sie neue Hoffnung. Seien Sie bereit, aus Ihren Fehlern zu lernen.

Transit-Jupiter und Radix-Jupiter in Harmonie

Zukunftsperspektiven! Jupiters harmonische Winkel zur Geburtsposition geben Optimismus. Man übt sich in positivem Denken, hat Ahnungen und Visionen, die weit in die Zukunft reichen. Es ist eine Phase der Expansion. Sie können das Erreichte ausbauen und neu investieren. Was Sie vor vier Jahren begannen, erweist sich als tragfähig. Es sind Tage und Wochen der Zufriedenheit und Entspannung. Packen Sie das Glück mit beiden Händen. Seien Sie jetzt nicht arrogant oder bequem. Nur wenn Sie aus dieser günstigen Gelegenheit etwas machen, profitieren Sie dauerhaft davon - was immer es auch sei!

Transit-Jupiter und Radix-Saturn in Konjunktion

Das rechte Maß! Geht Radix-Jupiter im Transit über Saturn, fallen für kurze Zeit alle Kleinlichkeiten aus dem Blickfeld. Sie sind weder verkniffen noch ängstlich, noch übertrieben skeptisch. Das heißt natürlich nicht, dass Sie alle Sicherheitsmechanismen aufgeben. Beileibe nicht! Sie haben jetzt lediglich ein sehr gutes Gefühl für die richtigen Proportionen. Kontrolle muss sein. Aber sie darf nicht erdrücken. Sicherheit braucht man. Aber das darf nicht dazu führen, dass man permanent nur Vorleistungen verlangt, jedem und allen misstraut. Dieser recht kurze Zeitraum ist außerordentlich günstig für berufliche und wirtschaftliche Unternehmungen. Projekte, die Sie beginnen, werden mit großer Wahrscheinlichkeit auf lange Zeit den erhofften Erfolg bringen.

Transit-Jupiter und Radix-Saturn in Spannung

Kleinlich! Mit Jupiters harten Aspekten zu Radix-Saturn kann das rechte Maß verfehlt werden: Kleinlichkeit, wo Toleranz nötig ist, Standesdünkel, wo Fairness gesucht wird. Irgendwie stimmen die Proportionen nicht. Schauen Sie nicht zweimal, sondern dreimal hin, bevor Sie zu irgendeiner Sache »Ja« sagen. Geben Sie jetzt nicht alle Sicherheiten auf. Versuchen Sie aber gleichzeitig, etwas mehr Toleranz zu wagen. Was ist wirklich wichtig? Und was ist auch sinnvoll?

Transit-Jupiter und Radix-Saturn in Harmonie

Zahltag! Jupiters sanfte Transite lindern die Härten Saturns. Gewisse Dinge machen Ihnen normalerweise Angst. Sie fühlen sich schwach und unsicher. Und gerade deshalb geben Sie sich besonders viel Mühe - und das schon seit vielen Jahren. Nur äußerst selten dankt man Ihnen dieses Engagement. Daran haben Sie sich schon fast gewöhnt. In diesen Tagen lösen sich innere Hemmungen. Gewohnte Schranken existieren auf einmal nicht mehr. Sie bekommen mehr Aufmerksamkeit und Anerkennung als sonst. Seien Sie nicht so misstrauisch. Sie haben es wirklich verdient. Genießen Sie den Erfolg. Dies ist eine gute Zeit, um Gehaltsforderungen durchzusetzen. Auch ist eine Beförderung nicht ausgeschlossen. Vorsicht: Es besteht derzeit eine Tendenz zur Übertreibung und Anmaßung. Werden Sie nicht unverschämt. Behalten Sie Augenmaß. Dann ist der berufliche Erfolg garantiert!

Transit-Jupiter und Radix-Uranus in Konjunktion

Höhenflüge! Mit Jupiters Übergang über Radix-Uranus entsteht eine luftig-leichte Stimmung, in der alles möglich zu sein scheint - zumindest in der Welt des Positiven Denkens. Die Intuition ist jetzt sehr stark. Ihnen können jetzt wertvolle Ideen »zufliegen«: Arbeit am Computer, in der Werbebranche, Beschäftigung mit neuen Gedanken, technische Neuerungen. Manch einer neigt nun zu Spekulation, Glücksspiel oder gewagten Transaktionen an der Börse. Wenn Sie sich dafür als geeignet erweisen, ja wenn ... Andere steigern sich in eine leicht verrückte Egozentrik hinein. Reduzieren Sie den Stress! Eine gute Zeit, um sich selbständig zu machen - beruflich oder privat.

Transit-Jupiter und Radix-Uranus in Spannung

Luftnummer! Die harten Transite zu Radix-Jupiter zu Radix-Uranus bringen Unruhe und Verwirrung. Wer sich zu viel in Motivationsseminaren herumtreibt, muss nun den Preis dafür zahlen. Die Philosophie des Positiven Denken à la Murphy, Carnegie und Peale führt oft zu einer vollkommen unkritischen Grundhaltung. Man verdrängt Probleme, anstatt sie zu lösen. Und dadurch wird alles nur noch schlimmer. Lassen Sie sich nicht von der Bauernfängerei des Big-Psycho-Business blenden! Macht Positives Denken krank? Manchmal schon. Wenn Sie sich ständig zu neuen, irrationalen Zielvorstellungen hochpushen und ein Lächeln aufsetzen, dass ganz und gar nicht Ihrem Inneren entspricht, bildet sich in ihrer Seele eine Art Hohlraum, der nicht mehr gefüllt werden kann. Von einem auf den anderen Tag kann man den Sinn in seinem Beruf verlieren bzw. entdecken, dass es nie einen gab. Dieser Aspekt ist besonders für Vertreter und Verkäufer schwierig. Passen Sie also auf, dass Sie nicht Ihr kritisches Denken verlieren. Im Gegenteil: Gehen Sie jetzt auf die Anregungen Ihrer Kunden ein. Und nehmen Sie Ihre eigenen Zweifel ernst. Nichts geht über einen gepflegten Zweckpessimismus!

Transit-Jupiter und Radix-Uranus in Harmonie

Inspirativ! Jupiters sanfte Transitaspekte zu Radix-Uranus lassen nicht allzu viel erwarten. Vor allem sollte man nicht erwarten, dass sich jeder gute Gedanke automatisch in barer Münze auszahlt. Das Gute an diesem Planetenaspekt ist, dass man nichts fordert, sich stattdessen einfach überraschen und beschenken lässt. Wer als Künstler oft lange warten muss, bis ihn die Muse küsst, kann sich an diesen Tagen vor Inspiration nicht retten. Der Ideenreichtum ist gewaltig. Generell ist man fähiger, ganz spontan die richtigen Dinge zu wagen: eine Last-minute-Reise, ein extrem günstiges Sonderangebot oder eine Börsenspekulation. Garantie für langfristigen Erfolg gibt es jedoch nicht (siehe oben).

Transit-Jupiter und Radix-Neptun in Konjunktion

Traumwelten! Wenn Radix-Jupiter über Radix-Neptun geht, steigen die Sehnsüchte und Träume ins Unermessliche - auch bei Otto Normalverbraucher. Dieser Aspekt ist höchst förderlich für alle, die in der Traumindustrie arbeiten, also in Hollywood, Potsdam-Babelsberg, Cinecittà bei Rom, Euro-Disney-Paris oder auf dem Bavaria-Filmgelände in München. Eigentlich ist doch überall ein bisschen Hollywood. Versuchen Sie, diese magische Stimmung einzufangen. Gehen Sie mal zur Inspiration in einen Zirkus oder ganz spät nachts in eine Diskothek! Sie sind jetzt sehr offen für Träume und Visionen eines besseren Lebens. Es besteht gleichzeitig die Gefahr, sich der Realität durch Wunschträume und Drogen zu entziehen. Wenn Ihnen die Vergnügungsindustrie nicht zusagt, dann schauen Sie sich halt nach alternativen Lebensformen um: Musik, Kunst, Ökologie, Heilung, Meditation, Naturheilkunde, Psychologie. Und wenn das alles nichts hilft, dann ab in die Südsee! Gute Tauchlehrer werden immer gebraucht.

Transit-Jupiter und Radix-Neptun in Spannung

Total verschwommen! Wenn der Transit-Jupiter Spannungsaspekte zu Radix-Neptun bildet, sind Sie von unsicheren Kantonisten umgeben. Als Kapitän eines Ozeandampfers müssten Sie jetzt »Mann über Bord« rufen und die Rettungsringe auswerfen - wenn Sie nicht selber gerade mit einer Buddel voll Rum in der Kajüte liegen und Ihren Rausch ausschlafen. Da nicht alle von uns auf hoher See ihrem Beruf nachgehen, hier noch ein paar Alltagstipps: Suchen Sie sich unbedingt ein Hobby, in dem Sie Ihre Fantasie ausleben können. Damit kanalisieren Sie Ihr überbordendes Gefühlsleben. Im Beruf sollten Sie jetzt sehr einfühlsam und sensibel vorgehen. Das dient dem Selbstschutz. Denn nur so können Sie erkennen, wer die unsicheren Kantonisten im Betrieb sind, wer sich nicht abgrenzen kann, unzuverlässig ist, Fehler macht, täuscht und betrügt. Vielleicht ist es ja sogar der Chef, den Sie auf Entziehungskur schicken müssten!

Transit-Jupiter und Radix-Neptun in Harmonie

Begünstigung! Die sanften Aspekte vom Transit-Jupiter zu Radix-Neptun machen die Verständigung wunderbar leicht. Sie treffen auf Menschen, mit denen Sie ohne große Worte sofort harmonieren. Die Chemie zwischen Ihnen stimmt einfach. Bei Bewerbungen um eine neue Arbeitsstelle oder der Durchsetzung eines schwierigen Projekts ist dieser Aspekt ideal. Sie stoßen auf große Offenheit. Eine günstige Situation. Allerdings sollten Sie nicht unbedingt damit rechnen, dass sehr viel mehr daraus wird. Jedenfalls nicht ohne Ihr langfristiges Zutun!

Transit-Jupiter und Radix-Pluto in Konjunktion

Größenwahn! Wenn Radix-Jupiter über Radix-Pluto geht, können Sie das ganz große Geschäft abschließen. Oder Sie erleben die absolute Pleite. Seien Sie also skeptisch, sonst fallen Sie auf Rattenfänger herein. Misstrauen Sie Leuten, die Ihnen die Generalvertretung einer angeblichen Weltfirma anbieten. Und lassen Sie sich auch nicht ins Boxhorn jagen, wenn man Ihnen mit dem Anwalt droht. Psychologische Kenntnisse sind wichtig. Tiefes Urvertrauen wechselt sich mit Sinnlosigkeitsgefühlen ab, Größenwahn mit tiefer Leere. Alte Tabus verlieren für ein paar Wochen ihre hemmende Wirkung. Vorsicht vor Überheblichkeit. Licht und Schatten des Reichtums: Es können sich jetzt finanziell lukrative Möglichkeiten auftun, geistige oder materielle Erbschaften angetreten werden. Bedenken Sie, dass Licht und Schatten immer nahe beieinander liegen. Wer jetzt ein Erbe antritt oder eine Verbindung zu wohlhabenden Menschen eingeht, sollte dies bedenken. Handeln Sie klug und umsichtig!

Transit-Jupiter und Radix-Pluto in Spannung

Moralvorstellungen! Bei den Spannungsaspekten des Transit-Jupiter zu Radix-Pluto können sich religiöse, moralische und ethische Vorstellungen schlagartig verändern. Sie bekommen einen Eindruck davon, wie die Machtverhältnisse in großen Unternehmen wirklich funktionieren. Sie erkennen Verbindungen zwischen Wirtschaft und Politik. Überall entdecken Sie Kungelei und Vetternwirtschaft. Es kann zu einem Rechtsstreit kommen, dessen wahres Ausmaß Ihnen erst mit der Zeit deutlich wird. Manchmal ist es klug, in solchen Zeiten gewisse Chancen nicht wahrzunehmen, Gelder nicht anzunehmen, scheinbar lukrative Posten auszuschlagen. Auf der persönlichen Ebene wechselt tiefes Urvertrauen mit Sinnlosigkeitsgefühlen ab. Achten Sie jetzt auf körperliche und seelische Regeneration und Reinigung. Gibt es Lebensbereiche, wo man umstrukturieren sollte, Loslassen geübt werden kann? Fixieren Sie sich jetzt nicht zu sehr. Entspannung tut gut. Gehen Sie mal in die Sauna!

Transit-Jupiter und Radix-Pluto in Harmonie

Kluge Strategien! Bei Jupiters sanften Transiten zu Radix-Pluto gelingt es einem, die wahren Machtverhältnisse einzuschätzen und dementsprechend maßvoll zu handeln. Man traut sich, Kontakte zu machtvollen Firmen und Persönlichkeiten aufzubauen. Tiefe seelische Gemeinsamkeiten fördern das gegenseitige Vertrauen. Innerer und äußerer Reichtum gehen Hand in Hand. Und Sie sind trotz alledem nicht zu überheblich. Sie durchschauen in dieser Zeit Hintergründe recht gut, können Ihr Wissen sinnvoll nutzen. Geld stinkt nicht. Und es kann sinnvoll eingesetzt werden. Weltfremde Moralvorstellungen und Tabus haben momentan keine hemmende Kraft mehr. Sie finden einen Zugang zu bislang ungenutzten Potenzialen Ihrer Persönlichkeit.

Transit-Jupiter und Radix-Chiron in Konjunktion

Machtposition! Mit der Transit-Sonne über Radix-Pluto werden Sie so oder so in die Konfrontation gezogen. Etwas muss sich verändern. Die Frage ist nur, ob das Zukünftige Ihrem Geschmack entspricht. Wenn Sie ein Wörtchen mitreden wollen, müssen Sie eine klare Meinung haben. Untergründige Kritik oder eine trotzige Verweigerungshaltung werden Sie diesem Ziel nicht näher bringen. Wenn Sie sich heute zu sehr auf eine ganz bestimmte Person fixieren, um Ihren ganz persönlichen Rachefeldzug auszufechten, dann dürfen Sie das ruhig tun. Eine Veränderung zum Positiven erreichen Sie damit jedoch nicht. Dazu müssen Sie nämlich erst einmal in eine Machtposition gelangen. Und das geht nur mit konstruktivem Verhalten und langem Atem.

Transit-Jupiter und Radix-Chiron in Spannung

Umkehren! Die Spannungsaspekte der transitierenden Radix-Sonne zu Radix-Pluto konfrontieren Sie letztendlich immer nur mit Ihrem eigenen Dickschädel. Das ist vielleicht traurig, aber allzu wahr. Sie erkennen wieder einmal, dass Sie sich ein ganz klein bisschen verrannt haben. Ein bisschen sehr sogar ... Aus solchen Sackgassen kommt man stets nur im Rückwärtsgang heraus. Je unauffälliger und dezenter Sie die Karre aus dem Dreck ziehen, desto leichter werden Sie wieder festen Boden unter den Füßen spüren.

Transit-Jupiter und Radix-Chiron in Harmonie

Pokerface! Die harmonischen Transitaspekte der Radix-Sonne zu Radix-Pluto sichern Ihre Machtposition. Es ist gut, wenn man nicht allzu vertraulich mit seinem Wissen umgeht und die Gegner über die eigene Strategie weitgehend im Unklaren lässt. Das gleiche Verhalten lässt sich auch gegenüber Vorgesetzten oder im Kollegenkreis erfolgreich anwenden. Sie planen große Veränderungen, und das letztendlich nicht nur zu Ihrem eigenen Nutzen. Die Firma wird davon profitieren. Alles will gut vorbereitet sein. Sonst gibt es keinen durchschlagenden Erfolg.

Transit-Jupiter und Radix-Lilith in Konjunktion

Machtposition! Mit der Transit-Sonne über Radix-Pluto werden Sie so oder so in die Konfrontation gezogen. Etwas muss sich verändern. Die Frage ist nur, ob das Zukünftige Ihrem Geschmack entspricht. Wenn Sie ein Wörtchen mitreden wollen, müssen Sie eine klare Meinung haben. Untergründige Kritik oder eine trotzige Verweigerungshaltung werden Sie diesem Ziel nicht näher bringen. Wenn Sie sich heute zu sehr auf eine ganz bestimmte Person fixieren, um Ihren ganz persönlichen Rachefeldzug auszufechten, dann dürfen Sie das ruhig tun. Eine Veränderung zum Positiven erreichen Sie damit jedoch nicht. Dazu müssen Sie nämlich erst einmal in eine Machtposition gelangen. Und das geht nur mit konstruktivem Verhalten und langem Atem.

Transit-Jupiter und Radix-Lilith in Spannung

Umkehren! Die Spannungsaspekte der transitierenden Radix-Sonne zu Radix-Pluto konfrontieren Sie letztendlich immer nur mit Ihrem eigenen Dickschädel. Das ist vielleicht traurig, aber allzu wahr. Sie erkennen wieder einmal, dass Sie sich ein ganz klein bisschen verrannt haben. Ein bisschen sehr sogar ... Aus solchen Sackgassen kommt man stets nur im Rückwärtsgang heraus. Je unauffälliger und dezenter Sie die Karre aus dem Dreck ziehen, desto leichter werden Sie wieder festen Boden unter den Füßen spüren.

Transit-Jupiter und Radix-Lilith in Harmonie

Pokerface! Die harmonischen Transitaspekte der Radix-Sonne zu Radix-Pluto sichern Ihre Machtposition. Es ist gut, wenn man nicht allzu vertraulich mit seinem Wissen umgeht und die Gegner über die eigene Strategie weitgehend im Unklaren lässt. Das gleiche Verhalten lässt sich auch gegenüber Vorgesetzten oder im Kollegenkreis erfolgreich anwenden. Sie planen große Veränderungen, und das letztendlich nicht nur zu Ihrem eigenen Nutzen. Die Firma wird davon profitieren. Alles will gut vorbereitet sein. Sonst gibt es keinen durchschlagenden Erfolg.

Transit-Jupiter und Radix-Mondknoten in Konjunktion

Machtposition! Mit der Transit-Sonne über Radix-Pluto werden Sie so oder so in die Konfrontation gezogen. Etwas muss sich verändern. Die Frage ist nur, ob das Zukünftige Ihrem Geschmack entspricht. Wenn Sie ein Wörtchen mitreden wollen, müssen Sie eine klare Meinung haben. Untergründige Kritik oder eine trotzige Verweigerungshaltung werden Sie diesem Ziel nicht näher bringen. Wenn Sie sich heute zu sehr auf eine ganz bestimmte Person fixieren, um Ihren ganz persönlichen Rachefeldzug auszufechten, dann dürfen Sie das ruhig tun. Eine Veränderung zum Positiven erreichen Sie damit jedoch nicht. Dazu müssen Sie nämlich erst einmal in eine Machtposition gelangen. Und das geht nur mit konstruktivem Verhalten und langem Atem.

Transit-Jupiter und Radix-Mondknoten in Spannung

Umkehren! Die Spannungsaspekte der transitierenden Radix-Sonne zu Radix-Pluto konfrontieren Sie letztendlich immer nur mit Ihrem eigenen Dickschädel. Das ist vielleicht traurig, aber allzu wahr. Sie erkennen wieder einmal, dass Sie sich ein ganz klein bisschen verrannt haben. Ein bisschen sehr sogar ... Aus solchen Sackgassen kommt man stets nur im Rückwärtsgang heraus. Je unauffälliger und dezenter Sie die Karre aus dem Dreck ziehen, desto leichter werden Sie wieder festen Boden unter den Füßen spüren.

Transit-Jupiter und Radix-Mondknoten in Harmonie

Pokerface! Die harmonischen Transitaspekte der Radix-Sonne zu Radix-Pluto sichern Ihre Machtposition. Es ist gut, wenn man nicht allzu vertraulich mit seinem Wissen umgeht und die Gegner über die eigene Strategie weitgehend im Unklaren lässt. Das gleiche Verhalten lässt sich auch gegenüber Vorgesetzten oder im Kollegenkreis erfolgreich anwenden. Sie planen große Veränderungen, und das letztendlich nicht nur zu Ihrem eigenen Nutzen. Die Firma wird davon profitieren. Alles will gut vorbereitet sein. Sonst gibt es keinen durchschlagenden Erfolg.

Transit-Jupiter und Radix-Aszendent in Konjunktion

Tatendurst! Wenn Radix-Jupiter über den Aszendenten geht, kommt dann Selbstbewusstsein einen unglaublichen Schub. Und der Aktionsdrang steigt! Die Zeit des Träumens, Sehnens und der verhinderten Möglichkeiten ist vorbei. Äußerlich tut sich momentan vielleicht überhaupt nichts. Die Umstände sind genauso perspektivlos, die Leute genauso stur und phlegmatisch wie sonst auch. Aber man wartet nicht mehr ab. Wer außer Ihnen sollte die Sache auch sonst in die Hand nehmen? Also besinnen Sie sich auf Ihre eigenen Kräfte. Die Beine sind noch dran, und rechts und links je ein Arm, an dem hängt jeweils eine praktische Hand zum Anpacken. Was braucht der frisch gebackene Jungunternehmer mehr?

Transit-Jupiter und Radix-Aszendent in Spannung

Ungeschick! Jupiter im harten Transit zum Aszendenten bringt eine falsche Selbsteinschätzung. Entweder tritt man zu laut oder zu leise auf. Und das bekommen die anderen auch mit. Was vor drei Jahren im Vertragswesen und der Kooperation mit Unternehmenspartnern begonnen wurde, bedarf einer Überarbeitung. Zur Zeit ist es nicht so leicht wie damals, die anderen für die eigenen Ziele einzuspannen. Das Auftreten kann zu laut sein, zu offensiv. Auf einmal fehlt das diplomatische Geschick. Man gewinnt Kunden nicht mehr gleich beim ersten Gespräch. Und so sollte man jetzt versuchen, ganz bewusst einen neuen Sinn für Partnerschaft und andere Werbestrategien entwickeln. Man hüte sich vor übertriebener Eitelkeit!

Transit-Jupiter und Radix-Aszendent in Harmonie

Optimismus! Jupiters harmonische Transite zum Aszendenten geben viel Überzeugungskraft. Das liegt unter anderem daran, dass man jetzt auch wieder körperlich in Topform ist. Es ist eine gute Zeit, um persönliche Ziele kraftvoll und zugleich geschickt durchzusetzen. Es kann Ihnen gelingen, die anderen durch Ihre Dynamik anzustoßen und mitzureißen, da Sie jetzt auch deren Interessen besser erfassen und berücksichtigen können. Nutzen Sie diese Phase des Selbstvertrauens. Es ist durchaus möglich, zu siegen, ohne zu kämpfen. Sie brauchen es nur auszuprobieren!

Transit-Jupiter und Radix-Himmelsmitte in Konjunktion

Pfeilschnell! Mit Radix-Jupiter im Transit über dem Medium Coeli kommt eine neue Kraft, die wie ein Pfeil in die Zukunft reicht. Es ist der Beginn einer mehrere Jahre dauernden, beruflichen Expansionsphase. Die Zeit des Wartens und Sehnens ist vorbei. Sie haben eine Ausbildung abgeschlossen, wollen und dürfen sich nun endlich in der Praxis betätigen. Die Ideen und Träume des letzten Jahres können Gestalt annehmen. In der Tat tut sich zur Zeit wirklich viel Gutes. Es gibt zumindest große Chancen, die Sie nutzen können. Es steht Ihnen aber auch vollkommen frei, genau diese vorbeiziehen zu lassen oder phlegmatisch in eine Erwartungshaltung zu versinken. Wer aktiv und dynamisch ist, der erkennt die Zeichen der Zeit und investiert jetzt in ein Projekt, das ihm über viele Jahre Freude bringen wird.

Transit-Jupiter und Radix-Himmelsmitte in Spannung

Überarbeiten! Jupiter im Spannungsaspekt zur Himmelsmitte ist nicht unbedingt der optimale Zeitpunkt, um neue Projekte zu beginnen. Momentan sollten Sie keine neuen Entscheidungen treffen. Vorsicht bei beruflichen oder geschäftlichen Expansionswünschen. Vor circa drei Jahren entwickelte Pläne, die Sie zur Grundlage Ihres Handelns gemacht haben, müssen überarbeitet werden. Die damals entwickelten Perspektiven können nicht unhinterfragt auch in den nächsten Jahren. Ihr Leitmotiv sein. Bitte kein übertriebenes gesellschaftliches oder privates Geltungsbedürfnis. Bemühen Sie sich lieber, das gegenseitige Vertrauen zu festigen.

Transit-Jupiter und Radix-Himmelsmitte in Harmonie

Ganz zwanglos! Die sanften Transite zu Radix-Jupiter zum Medium Coeli machen optimistisch. Man schmiedet neue Pläne, schaut positiv in die Zukunft. Dies ist eine der besten Konstellationen für Gehaltserhöhungen und Beförderungen. Nun können Sie auch sehr gut bei Ämtern und Behörden vorsprechen. In Politik und Wirtschaft finden Sie leichter als sonst Gehör. Sie können sich in diesen Tagen (es ist nur eine kurze Zeit) strukturierter und realistischer darstellen, den Konventionen entsprechen. Ihnen ist es jetzt aber auch möglich, langfristige Perspektiven in der eigenen Lebensplanung zu entwickeln. Natürlich dürfen Sie auch passiv bleiben. Radix-Jupiter zwingt Sie zu nichts.

Die Zyklen des Saturn

Struktur, Verantwortung und Konsequenz! Lassen Sie sich nicht von der Kapitelüberschrift abschrecken! In Zeiten der Globalisierung und des Internetzeitalters verändert sich ständig alles und jedes. Saturn, das »Große Übel« der klassischen Astrologie, vom Wortstamm eng mit »Satan« verwandt, ist gerade im Berufs- und Geschäftsleben unser bester Freund. Alle schriftlichen Verträge und die sich daraus ableitenden Rechte sind ihm zugeordnet. Struktur, Hemmungen, Konzentration, Verantwortung und Konsequenz sind Elemente des Arbeitsvertrages. Ohne ihn wären wir vollkommen rechtlos, müssten ständig um unseren Lohn betteln. Man könnte uns von einer Minute auf die andere feuern. Im Krankheitsfall wären wir ohne jegliche Versorgung. Auf der anderen Seite setzen uns saturnine Energien natürlich auch Grenzen, die kaum zu ertragen sind. Schnell kann eine feste Arbeitsbeschreibung einschränkend wirken, zur Fußfessel werden, den weiteren beruflichen Aufstieg verhindern. Wer kennt es nicht, dieses Kompetenzgerangel, der Kampf um die Zuständigkeiten, bürokratisches Schubladendenken. Und überhaupt: Wie geht man mit Chefs um, deren Wissen und deren Fähigkeiten begrenzt sind, die außer Standesdünkel eigentlich keine Qualifikation vorzuweisen haben? Saturn zeigt, worauf wir uns verlassen und was uns einschränkt. Wenn wir seine Zyklen richtig nutzen, werden wir unsere Karriere stetig und kontinuierlich weiterentwickeln - mit Sicherheit. Zwei bis drei Jahre durchwandert dieser Planet jedes Haus unseres Geburtshoroskops. Der jeweilige Lebensbereich wird in dieser Phase überprüft. Latent vorhandene Probleme und Defizite werden aufgedeckt. Was wir uns wirklich erarbeitet haben, wird auch weiterhin Bestand haben. Saturns Transite über spezielle Lichter, Planeten und Achsen des Horoskops sind zwei bis drei Wochen aktuell. Sie haben zumeist einen ernsten Charakter, bewirken manchmal Minderwertigkeitsgefühle, oft jedoch auch echtes Selbstbewusstsein. Konkrete Ereignisse bringen die schneller laufenden Planeten, sofern sie zusätzlich die entsprechenden Radix-Positionen aspektieren.

Transit-Saturn im ersten Radix-Haus

Realismus! Wenn Radix-Saturn ungefähr zwei Jahre lang durch das erste Haus geht, bringt dies häufig eine physische und psychische Schwächung mit sich. Ein Mangel an Tatkraft ist zu beobachten. Die Selbstkritik ist groß. Man fühlt sich unterlegen, minderwertig, ist andererseits endlich wieder in der Lage, effizient zu handeln. Und man erntet die Früchte früheren Fleißes. Im Grunde sind Sie jetzt nicht kraftloser als sonst. Nur wollen Sie jetzt wirklich Ergebnisse sehen. Und Sie lassen sich nicht mehr gängeln. Also fangen Sie an zu kämpfen. Für ein Projekt. Für eine Idee. Oder ganz einfach für sich selbst. Es ist ein schwieriger Beginn. Erfolg durch Ausdauer ist garantiert. Aber das kann dauern. Von außen gesehen sind Sie nun ein Mensch, dem das Minderwertigkeitsgefühl ins Gesicht geschrieben steht. Aber auch der Realismus. Sich machen sich selbst nichts mehr vor. Und Sie lassen sich nichts mehr gefallen. Das erzeugt Vertrauen. Man wird Ihnen Verantwortung übertragen. Die Chance, in dieser Zeit einen guten Posten zu erlangen, ist groß - gerade wegen der Ernsthaftigkeit, die Sie an den Tag legen.

Transit-Saturn im zweiten Radix-Haus

Kassensturz! Insgesamt an die zwei Jahre wird Radix-Saturn das zweite Haus durchschreiten. Ihnen wird es so vorkommen, als ob Sie ständig am Hungertuch nagen. Mangel an Besitz. Schwerer Erwerb. Sorgen um Geld. Auf Versprechungen können Sie jetzt nicht mehr vertrauen. Aber das, was Sie haben, ist Ihnen sicher. Sie werden jetzt bestimmt vorsichtiger im Geldausgeben sein. Und Sie sparen wieder mehr. Aber im Grunde erleiden Sie keinen Mangel. Sie möchten lediglich zu diesem Zeitpunkt wirklich wahre Werte erschaffen. Im Nachhinein werden Sie feststellen, dass all das, was Sie sich in dieser Zeit erarbeiteten, auf Dauer Bestand hat. Wenn Sie klug sind, achten Sie jetzt sehr genau darauf, in welcher Höhe Sie entlohnt werden. Es wird Ihnen vielleicht gering erscheinen. Aber das, was Sie verdienen, ist Ihnen sicher. Und das ist doch etwas!

Transit-Saturn im dritten Radix-Haus

Druckreif sprechen! Möglicherweise sprechen Sie in diesen circa zwei Jahren, in denen Radix-Saturn durch Ihr zweites Haus geht, nur mit wenigen Menschen. Sie sind ein wenig hölzern im Umgang. Nur Wesentliches ist interessant. Mangel an Kontaktfähigkeit. Kaum Reisen. Doch was ist Ihnen jetzt wirklich wichtig? Geschwafel interessiert Sie nicht. Sie brauchen Fakten, haben ein Ziel. Aber welches? Passen Sie bloß auf, dass Sie jetzt nicht zum verschrobenen Freak mutieren, dessen Gedanken sich permanent im Kreise drehen. Diese Zeit ist sehr gut, um ernsthafte Gespräche zu führen. Arbeitsgespräche. Zielorientiert. Fixieren Sie Ihre Gedanken. Papier und Bleistift reichen aus. Oder ein ganz einfacher Computer. »Keep simple stupid« ist die Devise aller Hollywood-Drehbuchautoren. Je einfacher, umso besser. Eine gute Zeit, um Artikel zu schreiben, Zusammenfassungen, eventuell auch Bücher. Üben Sie sich in der freien Rede. Kommen Sie auf den Punkt. In der Kürze liegt die Würze. Erfolg durch Geduld.

Transit-Saturn im vierten Radix-Haus

Standpunkte! Private Sorgen dürften Sie bedrücken, solange Radix-Saturn durch das vierte Haus Ihres Horoskops durchquert. Das kann gut zwei Jahre dauern. Auf einmal erscheint Ihnen Ihr Heim zu eng. Familiäre Sorgen wirken sich auf Ihren Beruf aus. Sie können sich jetzt damit verrückt machen und allen erzählen, was Sie bedrückt. Weiterhelfen wird das nicht. Vielleicht hat es alles auch einen Sinn. Der Mangel an Heimat, den Sie rein subjektiv viel stärker als sonst empfinden, wirkt stimulierend. Übernehmen Sie ruhig Verantwortung. Ihre Familie und Ihre Verwandten brauchen Sie, ihre Kraft und auch Ihr Geld. Klären Sie Ihre persönlichen Verhältnisse. Letztendlich werden Sie für Ihre Standorttreue belohnt. Vielleicht machen Sie eine Erbschaft. Oder Sie erkennen, dass Sie in Ihrer jetzigen Tätigkeit eine lange, gute Tradition fortführen.

Transit-Saturn im fünften Radix-Haus

Bedeutung! In den gut zwei Jahren, da Radix-Saturn nun durch das fünfte Haus geht, halten Sie sich überhaupt nicht für attraktiv. Das Leben macht einfach keinen Spaß. Die Monotonie empfinden Sie als tödlich. Die Arbeit schränkt Sie ein. Wo bleibt da noch das Vergnügen? Endlich wollen Sie sich mal kreativ ausleben. Ruhm und Anerkennung ernten. Ihre Ansprüche sind groß. Das ist das Problem. Doch schrauben Sie ihre Forderungen an ein interessantes und abenteuerliches Leben bloß nicht zurück! Etwas zerrt und zehrt in Ihnen. Noch lodert die Flamme der Leidenschaft. Eine gute Zeit, um ein künstlerisches Projekt zu beginnen. Etwas Handfestes, Seriöses. Sie möchten öffentliche Anerkennung. Einmal auf der Bühne stehen. Und den wohlverdienten Applaus ernten. Eine wichtige, bedeutende Position erreichen. Passen Sie auf, dass Sie sich nicht allzu wichtig nehmen. Seien Sie nicht zu verkrampft. Dann klappt es auch. Toi, toi, toi!

Transit-Saturn im sechsten Radix-Haus

Aufräumen! In den gut zwei Jahren, in denen Radix-Saturn durch Ihr sechstes Haus geht, können Sie sich permanent über die unbequemen Arbeitsbedingungen, unter denen Sie zweifelsohne leiden, beschweren. Es mangelt an Bequemlichkeit. Ihre Gesundheit ist möglicherweise angegriffen. Sie könnten daran krank werden. Was tun? Gestehen Sie sich ein, dass Sie viel von alledem selbst angerichtet haben - und dass Sie der einzige Mensch sind, der wirklich weiß, wie sich die Lage verbessern kann. Sie haben jetzt einen sehr kritischen Blick, sehen organisatorische Probleme mit einer nie da gewesenen Schärfe. Es kommt jetzt weniger darauf an, WAS Sie tun. Die Organisation ist wichtig. Die Effizienz. Das geschickte Umgehen mit den vorhandenen Ressourcen. Methodisches Vorgehen: Das Wie. Erfolg durch viel Arbeit. Suchen Sie sich einen Job, in dem Ihre Liebe zum Detail gefragt ist. Sie entwickeln sich zum Spezialisten. Solche Leute braucht man immer.

Transit-Saturn im siebten Radix-Haus

Vertragsverhandlungen! In den letzten Jahren haben Sie sich sehr gut um Ihre eigenen Verhältnisse gekümmert. Nun wird es Zeit, nach Partnern Ausschau zu halten. Das fehlt. Daran mangelt es. Das spüren Sie überdeutlich. Vielleicht wollen Sie auch nur die Zusammenarbeit mit Ihrem bisherigen Geschäftskollegen verbessern. Auf jeden Fall geht es so nicht weiter. Bis zu der Erkenntnis, dass Sie selbst sehr viel verbindlicher werden müssten, ist es ein langer Weg. Versuchen Sie, gewisse Dinge schriftlich zu regeln. Das ist nicht einfach. Jetzt erst wird klar, wer wirklich zu Ihnen hält und auf wen Sie sich verlassen können. Es kann sich um die Ausarbeitung eines Vertrages handeln. Dabei werden gemeinsame Probleme deutlich. Wichtig ist, dass auf Dauer eine solide Arbeitsbasis entsteht.

Transit-Saturn im achten Radix-Haus

Blutsbande! »Pacta servanda sunt« sagten schon die alten Römer. Verträge sind einzuhalten. Und das gilt heute noch. In der Ehe und im Beruf. Das ist in den gut zwei Jahren, in denen Radix-Saturn im achten Haus steht, überhaupt nicht so leicht. Aber es ist auch nicht leicht für den anderen. Der hat Sie am Wickel, aber Sie haben ihn ebenfalls fest im Griff. Egal, um was für einen Vertrag es sich jetzt handelt: Er ist auf jeden Fall einzuhalten. Mangel an Regenerationskraft, seelischer Kummer, Grübelei und Depression kennzeichnen diese Saturn-Phase. Doch zugleich können Sie geistigen Tiefgang erleben. Spielen Sie Schach? Lernen Sie es! Und übertragen Sie seine Strategien auf das Berufsleben.

Sie mögen keine Winkeladvokaten? Werden Sie selber einer! Beschäftigen Sie sich mit Kernfragen des Geschäftslebens, beispielsweise mit rechtlichen Fragen rund um Erbschaft, Sex und Urheberrechte. Allen drei Themenbereichen ist die fast unumkehrbare Verwicklung mehrerer Menschen gemein. Darunter leiden Sie? Daraus können Sie Kapital schlagen! Gemeinsam. Und lassen Sie das mit den Schuldvorwürfen bitte schön. Das bringt einfach nichts und blockiert die Energie.

Transit-Saturn im neunten Radix-Haus

Rechthaberei! In den circa zwei Jahren, in denen Radix-Saturn durch Ihr neuntes Haus geht, werden Sie keine großen Sprünge machen. Ihr geistiger Horizont ist eingeengt. Brett vor dem Kopf. Umgeben von Rechthabern, Dogmatikern und Klugscheißern haben Sie selbst die Weisheit gepachtet. Unter diesen Voraussetzungen lassen sich keine großen Brötchen backen. Denn dazu bedarf es der Kooperation. Wenn Sie alles und jeden kontrollieren, verliert man bald die Lust an der Zusammenarbeit. Und Sie stehen alleine da. Ganz besonders ungünstig ist dies in der Tourismusbranche und im Export-Import-Geschäft. Man muss hier irgendwie an das Gute im Menschen glauben, Toleranz üben. Wollen Sie wirklich jeden Hotelgast einer Leibesvisitation unterziehen, bloß weil der Klau von Löffeln, Handtüchern und Aschenbechern inzwischen Volkssport geworden ist? Schlagen Sie diese Mehrkosten ganz einfach auf die Rechnung, ohne sie extra auszuweisen. Das hat Stil! Der Saturn-Transit durch das neunte Haus befähigt Sie übrigens auch zu langen Studien und Bildungsreisen. Gute Geschäfte lassen sich jetzt auch im religiösen Bereich machen. Merke: Einer der größten Medienkonzerne Europas fing einst mit dem Bibelverkauf an - anscheinend ein lukratives Geschäft.

Transit-Saturn im zehnten Radix-Haus

Endstation! Möglicherweise leiden Sie in den zwei Jahren, in denen Radix-Saturn durch Ihre zehnten Haus läuft, unter nichts mehr als unter der Monotonie Ihres Berufs und seiner absoluten Perspektivlosigkeit. In der Blüte Ihrer Jahre liegt die Zukunft wie eine graue Sandwüste vor Ihnen. Die Rente haben Sie sich schon einmal ausrechnen lassen. Zu wenig zum Leben und zu viel zum Sterben. Eigentlich auch egal. Den Sie fühlen sich jetzt schon so gut wie tot. Der Mangel an beruflicher Sicherheit und die Angst vor der Zukunft bringen Sie aber doch jeden Morgen wieder pünktlich vor die Stechuhr. Heimlich, halb unbewusst sabotieren Sie. Sie selbst trauen sich nicht, zu kündigen. Aber wenn andere das für Sie erledigen würden, hätte die Quälerei wenigstens ein Ende. Die Situation ist eigentlich klar: Ein weiterer Aufstieg ist nur durch Fleiß möglich. Und Durchhaltevermögen. Eigentlich haben Sie nicht weniger Kraft als sonst auch. Doch die kleinen Hügel reizen Sie nicht mehr. Sie wollen Achttausender besteigen. Ganz ohne Sauerstoffmaske. Heute noch. Das muss Frustrationen geben. Teilen Sie also Ihre Kräfte gut ein. Und nehmen Sie die Bergspitze ins Visier. Schreiten Sie langsam und kontinuierlich voran. Ab und zu mal Pause machen. Und nicht jammern! Es ist Ihre Entscheidung gewesen, den Gipfel zu erobern!

Transit-Saturn im elften Radix-Haus

Gruppenzwang! Gut zwei Jahre wird Radix-Saturn das elfte Horoskophaus transitieren. Auf einmal sieht es so aus, als ob Sie keine Freunde haben, niemanden, der Ihre Interessen teilt. Sie sind zu einem verschrobenen Einzelgänger geworden. Alle anderen dort draußen geben sich oberflächlichen Vergnügungen hin. Nur Sie nicht. Idealismus ist ein hartes Geschäft. Da will man der Menschheit gutes tun. Und die kümmert das überhaupt nicht. Bis auf wenige treue, verlässliche Freunde stehen Sie alleine da. Verraten und verkauft. Während Sie nun dem Kulturpessimismus verfallen, werden die wenigen, aber treuen Freunde immer zahlreicher. Tatsächlich gibt es auch andere, die zumindest ähnlich denken wie sie. Natürlich sind die alle auf eine etwas andere Art idealistisch. Und deren Kulturpessimismus ist auch in wichtigen Nuancen etwas anders als der ihrige. Aber es tut sich etwas. Möglicherweise werden Sie gegen Ende dieser Zeitphase ein globales Netzwerk entwickelt haben, an dem sich Millionen von Menschen beteiligen und das zudem noch höchst finanzkräftig agiert. Aber Sie werden immer noch unzufrieden bleiben. Denn noch hat Ihr Unternehmen kein Filialnetz auf dem Radix-Saturn aufgebaut. Immerhin: Sie arbeiten dran.

Transit-Saturn im zwölften Radix-Haus

Bunkermentalität! Wenn Radix-Saturn ungefähr zwei Jahre lang im zwölften Haus steht, macht sich ein fataler Mangel an Disziplin breit. Man wittert (zu Recht) überall versteckte Feinde, sucht sein Glück in der Einschränkung. Und die kommt bestimmt. Die Frage ist nur, wie man in solch einer Situation seine berufliche Karriere weiterbringen will. Vorab: Es ist überhaupt nicht schlecht, arbeitslos zu sein, frühverrentet oder im Mutterschaftsurlaub. Und das Babyjahr können auch Männer nehmen. Man muss das alles nur aus der richtigen Perspektive sehen. Der Kosmos gibt uns solche Auszeiten, damit wir uns unseren Quellen zuwenden können. Als Arbeitsloser lässt es sich wie ein Mönch leben, spirituelle und auch gesellschaftlich wichtige Arbeit verrichten. Niemand verbietet einem, in solchen Zeiten freiwillig für eine Partei politisch zu arbeiten, sich einer gemeinnützigen Organisation anzuschließen oder erst einmal auf Hobbyebene zusammen mit anderen einige Projekte anzugehen, die sich später dann finanziell auszahlen. Manch freakige Hausbesetzerkommune entwickelte sich mit der Zeit über einen eingetragenen Verein zu einer Gesellschaft bürgerlichen Rechts, weiter zur GmbH oder eingetragene Genossenschaft, vom Sammelbecken für Aussteiger zum braven Gewerbesteuerzahler. Verlage, Kulturzentren, Kinos, Fahrradläden, Bauunternehmen, Tagungszentren und Druckereien sind auf diese Weise entstanden, so auch die Großkommune Christiania in Kopenhagen. Doch in der alltäglichen Praxis kann man einen Saturn-Transit durch das zwölfte Haus auch auf andere Weise nutzen. Möglich ist die Arbeit in einem Drogenzentrum, als Heilpraktiker oder Yogalehrer, in sozialen Diensten speziell mit Alten und Behinderten, aber auch allen anderen Bereiche, in denen im Hintergrund gearbeitet wird. Erstaunlich viele Leute wählen die Tätigkeit in einer Behörde, z. B. als Sachbearbeiter im Finanzamt. Gut getarnt hinter spärlich wachsenden Gummibäumen und Zimmerkakteen können sie ihre große Sensibilität ausleben. Der Job ist dann oft nur die stabile Basis für ein wirklich abgefahrenes Privatleben. Why not?

Transit-Saturn und Radix-Sonne in Konjunktion

Ernsthaftigkeit! Der Transit Radix-Saturn über die Radix-Sonne bringt Einschränkungen, Schwäche, aber auch Konzentration und Gewissheit. Sie können sich auf sich selbst verlassen. Es ist eine ruhige Phase, mit guter Konzentrationskraft und Sinn für die Realitäten, auch wenn es vordergründig so aussieht, als ob Sie jetzt weniger Kraft und Selbstvertrauen haben. Tatsächlich entwickeln Sie jedoch in dieser Phase sehr viel innere Stabilität und Ausdauer. Falschen Stolz schminken Sie sich lieber ab. Überflüssige Egozentrik können Sie sich nicht mehr leisten. Ziehen Sie sich zurück: In der Einsamkeit wird Ihre Kreativität am größten sein. Beruflich kann man je nach Leistung, die man in den vergangenen Jahren erbracht hat, nun eine Beförderung oder Zurückstufung erleben. Wenn Sie nach einem neuen Job suchen, dann sollten Sie klug und konzentriert vorgehen. Dann bekommen Sie genau das, was Ihren Qualitäten entspricht.

Transit-Saturn und Radix-Sonne in Spannung

Mühselig! Bei Radix-Saturn Spannungsaspekten zur Radix-Sonne werden wir mit äußeren und inneren Grenzen konfrontiert. Wenn wir eine eigene Firma haben, dann laufen wir jetzt vielleicht von einer Behörde zur anderen, um endlich diese und jene Genehmigung zu bekommen. Und man lässt uns einfach auflaufen. Während wir unsere kostbare Zeit auf tristen Fluren verstaubter Verwaltungstrakte verbringen, schleppt man draußen vor der Tür unseren Porsche ab, weil die Zeit an der Parkuhr unerbittlich abgelaufen ist. Sind wir angestellt, dann wird man uns jetzt mit Pflichten und Lasten noch und noch bepacken. Während die Kollegen wieder einmal blaumachen, krankfeiern oder Schwangerschaftsurlaub nehmen, ackern wir uns in unbezahlten Überstunden durch die Aktenberge. Auf der Jobsuche hingegen erleben wir bornierte Personalchefs, die uns maßregeln, weil wir in unserer Bewerbungsmappe das Zwischenzeugnis aus der zweiten Vorschulklasse unterschlagen haben und die Unterlagen nur in sechsfacher anstatt wie vorgeschrieben in siebenfacher Ausfertigung vorlegten. Conclusio: Das Leben ist Mühsal und Plag. Und wer Lust hat, schikaniert zu werden, zieht Quälgeister magisch an. Warum lassen wir das alles bloß mit uns machen?

Transit-Saturn und Radix-Sonne in Harmonie

Geduldig! Mit Saturns harmonischen Transiten zur Radix-Sonne haben Sie ungewöhnlich viel Geduld. Damit gewinnen Sie das Vertrauen stockkonservativ eingestellter Menschen. Eine gewisse Depressivität, ein etwas gedecktes Grau oder Schwarz im stilvollen Outfit und man bietet Ihnen sofort den Junior-Chefsessel an. Sie können Ja sagen. Sie müssen aber nicht. So geht es Ihnen mit allen Jobangeboten. Und überhaupt sagt diese Konstellation noch nichts darüber aus, ob Sie auf lange Sicht die Geduld und Ausdauer aufbringen, die für die neue Tätigkeit erforderlich ist. Momentan haben Sie lediglich die Chance, einen Posten zu bekommen. Man ist geduldig mit Ihnen. Langfristig werden Sie dies aber nur durch viel Fleiß und Mühe honorieren können.

Transit-Saturn und Radix-Mond in Konjunktion

Geborgenheit! Saturns Transit über den Radix-Mond bringt eine besinnliche, traurige Stimmung. Man spürt zugleich die eigene Unreife und den Ernst des Lebens. Depressionen lassen sich kaum vermeiden. Aber diese tiefe innere Ruhe lässt uns Geborgenheit auch und gerade in altem, bewährtem und vertrautem finden. Sie sollten sich von überflüssigen Gewohnheiten trennen, die Kontakte zur

Familie einschränken, ein wenig unabhängiger und erwachsener werden. Eine gute Zeit für Reduktions- und Fastenkuren. Es tut jetzt gut, das Alltagsleben zugunsten des Berufs einzuschränken. So bekommen Sie innerlich Halt und Festigkeit. Und Sie nehmen die Menschen ernster, mit denen Sie in der Firma zu tun haben.

Transit-Saturn und Radix-Mond in Spannung

Abnabelung! Mit Saturns harten Transiten zum Radix-Mond spürt man einen deutlichen Konflikt zwischen Beruf und Privatleben. Die Firma mag inzwischen zur zweiten oder vielleicht sogar schon zur ersten Heimat geworden sein. Wirkliche Geborgenheit kann sie jedoch nicht geben. Und eine Familie ersetzt sie auch nicht. Stichwort Familie: Wie sehr verwirklichen Sie in Ihrer Karriere eigentlich Ihre ureigenen Lebenspläne? Oder tun Sie im Grunde nur das, was die Mutter oder der Vater damals nicht leben konnten und Ihnen deshalb als lebenslange Aufgabe übertrugen? Ist Ihnen klar, was Sie selber wollen, wer Sie selber sind? Es kann in diesen Tagen zu depressiven Verstimmungen kommen. Letztendlich werden Sie seelisch gestärkt daraus hervorgehen und erwachsener werden.

Transit-Saturn und Radix-Mond in Harmonie

Umgänglich! Die harmonischen Saturntransite zum Radix-Mond machen uns seelisch sehr stabil. Wir sind in der Lage, auch schwierige Dinge an uns herankommen zu lassen. Wir können Trost zu spenden, die Erwachsenenrolle spielen und unserem Gegenüber ermöglichen, in die Kindchenrolle zu schlüpfen. Der Umgang mit alten und kranken Menschen fällt jetzt besonders leicht. Man kann eine gewisse Distanz halten, die den Kontakt auch zu schwierigen Personen überhaupt erst möglich macht. Diese Zeitphase eignet sich für alle sozialen Berufe. Auch könnten Sie in der Gastronomie arbeiten, und zwar dort, wo Standards gefragt sind, rationell gefertigt wird und der Preis stimmen muss: in Großkantinen also. Sie werden einen guten Zugang zu Frauen finden, die in Betrieben wichtige Führungspositionen einnehmen. Und genau dies kann den Ausschlag geben, wenn Sie einen einflussreichen Job suchen!

Transit-Saturn und Radix-Merkur in Konjunktion

Formulierkunst! Wenn Radix-Saturn über Radix-Merkur geht, ist meist Schluss mit lustig. Man verliert seinen Humor oder trifft einfach keine Menschen mehr, die über sich selbst lachen können. Alles bekommt eine fürchterlich tiefe Bedeutung. Die Gedanken kleben bleiern im Kopf. Was alte Leute sagen, wird wichtig. Ihre Lebenserfahrung. Und die ist meist ernst und bitter. Wahrheiten. Ehern und ewig. Lassen Sie sich jetzt bloß nicht bluffen! Unter dieser Konstellation können Sie ganze Bücher schreiben. Oder zumindest Briefe und E-Mails. Sie werden ganz erstaunt sein, wie gut Ihr Geist arbeitet, wenn Sie ihn wie einen Esel mit dem Stöckchen antreiben, Tag für Tag. Der einzige Feind, der sich Ihnen derzeit entgegenstellt, ist ihre eigene Trägheit. Und gegen die müssen Sie ankämpfen. Werden Sie zum Meister der Formulierkunst. Eine gute Zeit, um sich schriftlich zu bewerben. Arbeiten Sie langsam und sorgfältig. Kaufen Sie sich einen Bleistift und einen Notizblock. Mehr brauchen Sie jetzt eigentlich nicht.

Transit-Saturn und Radix-Merkur in Spannung

Schweigen. Transit-Saturn im Spannungsaspekt zum Merkur, das ist eine Situation von Einsamkeit, Kontaktarmut und geistigem Stillstand. Manchmal steckt man auch in einem Studium und kommt einfach nicht voran. Es kann schwerfallen, sich richtig zu konzentrieren. Lassen Sie einfach alles Überflüssige beiseite. Im Grunde gibt es gar nicht so viel wirklich Wichtiges. Sie neigen zur Vereinzelung, bekommen wenige Telefonanrufe, Briefe oder Besuche. Wenn Sie sich jetzt bewusst zurückziehen, können Sie die Dinge geistig verarbeiten. Und überhaupt sollten Sie mit Ihren Worten jetzt vorsichtig umgehen. Zurückhaltung wäre nicht schlecht. Bei Kontakten zu Behörden ist Vorsicht angeraten. Schriftliche Vereinbarungen im Geschäftsverkehr sollten vorverhandelt werden. Die Vertragsunterzeichnung legt man besser auf einen späteren Zeitpunkt.

Transit-Saturn und Radix-Merkur in Harmonie

Nervenstark! Saturns harmonische Transite zum Radix-Merkur bringen eine starke geistige Konzentrationskraft. Sie haben sie Ruhe, die sie brauchen, um mit wirklichen Fachverstand an die Dinge heranzugehen. Was immer es auch sein. Tiefgehende Gespräche, die schnell auf den Punkt kommen. Ehrlichkeit. Ernsthaftigkeit ohne Zwang oder Standesdünkel. Es ist eine gute Zeit, um mit Publikationen an Verlage heranzutreten. Körperlich kommt es zu einer Beruhigung des vegetativen Nervensystems. Sie können sich in dieser Zeit einen ganz speziellen Arbeitsrhythmus angewöhnen. Machen Sie sich einen Zeitplan. Und halten Sie sich dran. Kontrollieren Sie sich selbst. Das schafft Ihnen langfristig enorme Freiheiten. Selbstdisziplin macht unabhängig und selbstbewusst. Niemand braucht Sie anzutreiben. Und Sie können sich auf einen Menschen ganz besonders verlassen: auf sich selbst.

Transit-Saturn und Radix-Venus in Konjunktion

Treue! Die Konjunktion von Transit-Saturn mit Radix-Venus zeigt uns die Realität unserer menschlichen Beziehungen. Wir erfahren, was wir in den Augen der anderen wert sind, wie viel wir ihnen bedeuten. Und umgekehrt. Es ist die Nagelprobe jeder Partnerschaft. Wenn man lange, gut und kontinuierlich in einem Unternehmen gearbeitet hat, dann wird sich das jetzt auszahlen. Das werden Sie zumindest hoffen. Möglich ist allerdings auch, dass andere, die intriganter und statusorientierter vorgehen, sich dazwischen drängen. Sie werden nicht umhinkommen, ihr ganzes diplomatisches Können aufzubieten. Bei Frauen geht dieser Aspekt oft mit einem Reifungs- und Alterungsprozess einher. Schauen Sie in den Spiegel und fragen Sie sich, ob dieser Mensch reif ist für diese oder jene Karriere ist. Schauen Sie diesem Menschen in die Augen. Sagen Sie ihm, dass er an Klugheit gewonnen hat und besser denn je die Kunst der Diplomatie beherrscht. Ihr Spiegelbild wird das Kompliment dankend annehmen. Denn es ist ernst gemeint.

Transit-Saturn und Radix-Venus in Spannung

Bindungswunsch! Saturn im Spannungsaspekt zur Radix-Venus bringt Trennungen von Menschen und fristgerechte, aber unumkehrbare Kündigungen von Verträgen mit sich. Das muss sein. Denn nur so werden Kapazitäten frei für neue Arrangement. Und Sie brauchen diese Distanz, um wieder aus sich selbst schöpfen zu können. Humor und C e sind zur Zeit nicht gerade Ihre Spezialität. Vielleicht gelingt es Ihnen, aus der selbst gewählten Distanz heraus wieder einen neuen Kontakt zu Ihren Mitmenschen aufzubauen. Diese etwas trübe Konstellation eignet sich hervorragend für die Arbeit mit Singles, beispielsweise in einer Heiratsagentur oder einem Freizeitzentrum. Oder Sie jobben in einem dieser Cafés mit Damenwahl. Dort zustande gekommene Ehe haben Niveau und sind haltbar. Bei kaum einer anderen Konstellation ist der Wunsch nach einer festen und dauerhaften Bindung größer.

Transit-Saturn und Radix-Venus in Harmonie

Ein Vergleich! Bei Radix-Saturn im harmonischen Transit zur Radix-Venus fällt es Ihnen leicht, sich auf Beziehungen zu wenigen Menschen zu konzentrieren. Achten Sie darauf, nicht den Humor zu verlieren. Die feine englische Art ist eine Mischung aus Freundlichkeit und Distanz, die Beziehungen stabil hält. Auch können Sie auf eine ernsthafte Weise Frieden stiften. Im Rechtswesen steht dieser Aspekt für den Vergleich, eine einvernehmliche Regelung zerstrittener Parteien zur Beendigung von Rechtsstreitigkeiten. Die Zeit ist günstig, um zu alten Freunden, Kunden, Geschäftspartner oder Angestellten wieder Kontakt aufzunehmen. Sie können einen Treuerabatt anbieten und gute Geschäfte miteinander machen.

Transit-Saturn und Radix-Mars in Konjunktion

Leistungsprüfung! Saturns Transit über Radix-Mars reduziert die Leistungsfähigkeit. Ohne Zweifel. Es gibt Hindernisse. Man wird an Kriterien gemessen, die nicht leicht zu erfüllen sind. Die Maßstäbe setzen andere. Zu erfüllen hat man sie selbst. Manches geht, manches auch nicht. Das macht die Sache nicht leichter. Spontaneität hilft nicht weiter. Blinder Aktionismus wäre fatal. Es gibt Gesetze und Rahmenbedingungen, die akzeptiert werden müssen. Manch einer steckt den Kopf in den Sand. Aber das muss nicht sein. Dieser Aspekt bringt Sie dazu, die eigene Leistung zu optimieren. Sie lernen, mit den Kräften hauszuhalten. Ausdauer ist gefragt. Und Realismus. Wenn es einem gelingt, hart an die eigenen Grenzen zu gehen, dabei aber sich und die anderen nicht zu überfordern, dann wird man jetzt sehr viel erreichen.

Transit-Saturn und Radix-Mars in Spannung

Belastungsprobe! Bei Saturns harten Transiten zu Radix-Mars reizen einen Widerstände ganz besonders. Sie regen die Tatkraft an. In Gefahr begibt man sich allerdings, wenn man mit dem Kopf durch die Wand will. Jetzt zeigt sich das wahre Ausmaß jener Schwierigkeiten, die eine angefangene Arbeit mit sich bringt. In der Anfangseuphorie neigte man vielleicht dazu, die Schwierigkeiten zu unterschätzen. Da ist nicht verkehrt. Denn ansonsten hätte man sich auf den Job wohl gar nicht eingelassen. Nun muss man allerdings aufpassen, dass man vor Problemen nicht kapituliert oder mit Brachialgewalt eine Lösung erzwingt, die gar keine ist. Sie tun gut daran, Ihre Arbeitsweise rationeller zu gestalten. Was brauchen Sie wirklich? Wem müssen Sie es recht machen? Und wer oder was ist überflüssig? Wenn diese Tage dazu dienen, einen realistischen Überblick über tatsächlich zu leistende Arbeit zu bekommen, dann werden Sie auch weiter kämpfen und dürfen die Flinte nicht ins Korn werfen.

Transit-Saturn und Radix-Mars in Harmonie

Kampfgeist! Saturns harmonische Transite zu Radix-Mars bringen Ausdauer, Zähigkeit und Geduld. Auf diese Weise bringen Sie Ihre Unternehmungen zum lang erhofften Erfolg. Sie schätzen die Probleme richtig ein, gehen nicht überhastet an Aufgaben heran. Dies schafft bei Institutionen, Behörden und Geschäftskontakten Vertrauen. Sie setzen sich durch. Ihre eiserne Selbstdisziplin hilft Ihnen beim Verfolgen persönlicher Ziele. Sie haben Geduld. Und Sie sind freiwillig bereit, gewisse Abstriche zumachen. Manchmal ist es besser, unter realistischer Einschätzung der persönlichen Grenzen die Entscheidung zu treffen, Brötchen ein wenig kleiner zu backen. So werden Sie von der anstehenden Arbeitslast nicht überwältigt.

Transit-Saturn und Radix-Jupiter in Konjunktion

Zweckpessimismus! Wenn Radix-Saturn im Transit über Radix-Jupiter geht, verliert man etwas von seiner Naivität. Man sieht die real vorhandenen Möglichkeiten und scheut sich, hohlen Versprechungen Glauben zu schenken. Der blinde Optimismus weicht einem Zweckpessimismus. Das Glas ist nicht mehr halb voll, sondern halb leer. Sie werden jetzt eine Vorliebe für das Etablierte, das Sichere und Beständige entwickeln. Wenn Sie im Kulturbereich arbeiten, dann kümmern Sie sich nun stärker denn je um eine staatliche Förderung, damit Sie Planungssicherheit erreichen. Das Gleiche gilt auch für Tätigkeiten im religiösen Bereich. Die Institution Kirche bekommt einen ganz anderen Stellenwert. Sie sehen, was verboten ist, von oben nicht abgesegnet wird. Aber Sie erkennen auch an, was die Mitarbeit in solch einer starken Organisation an Schutz und Sicherheit bietet. Sie werden einfach realistischer, skeptischer. Und Sie werden gerade deshalb manch positive Überraschung erleben.

Transit-Saturn und Radix-Jupiter in Spannung

Abstriche machen! Bei Saturns Spannungsaspekten zum Radix-Jupiter erleben Sie Kleinlichkeit, wo Toleranz nötig ist und Standesdünkel, wo Fairness gesucht wird. Hüten Sie sich vor Besserwisserei und oberlehrerhaftem Verhalten. Es wird Ihnen jetzt sehr schwerfallen, großzügig zu sein, die Dinge im Zusammenhang zu sehen. Doch kommen Sie nicht umhin, Ihre hochfahrenden Pläne abzuspecken, ein überzogenes Konto auszugleichen, sich mit den Folgen blauäugiger Fehleinschätzungen zu beschäftigen. Wem haben Sie doch alles vertraut! Und wem haben Sie alles Versprechungen gemacht. Es gibt darunter so vieles, was übertrieben ist, substanzlos, aufgeblasen und irrational. Sie könnten Hohn und Spott ernten, wenn man Sie jetzt mit Ihren vollmundigen Ankündigungen und Versprechungen konfrontieren würde. Manche werden dies auch tun. Machen Sie sich also selbst einen Plan. Und bitten Sie Ihre schärfsten Kritiker um Rat. So nehmen Sie denen den Wind aus den Segeln.

Transit-Saturn und Radix-Jupiter in Harmonie

Kleine Sprünge machen! Mit dem Transit-Saturn im Trigon zu Radix-Jupiter können Sie sehr gut neue Anschaffungen tätigen und Allianzen mit Kooperationspartner schließen. Möglich ist auch, dass Sie als Firmeninhaber weitere Filialen eröffnen oder Mitarbeiter einstellen. Wenn Sie auf der Jobsuche sind, dann können Sie jetzt durch bescheidenes und zugleich kompetentes Auftreten eine neue Stelle bekommen. All dies ist deshalb so gut möglich, weil Sie bei allen Experimenten sparsam bleiben, das Geld nicht zum Fenster hinauswerfen und genau hinschauen, mit wem Sie sich einlassen. Die Eigenleistung des jeweiligen Vertragspartners wird großgeschrieben. Vielleicht arbeiten Sie jetzt auch im Outsourcing-Bereich, also als freier Mitarbeiter oder Subunternehmer einer großen Firma. Bei allen Erweiterungsplänen, die Sie angehen, denken Sie besonders an die Einsparungsmaßnahmen. Das ist das Geheimnis Ihres Erfolgs.

Transit-Saturn und Radix-Saturn in Konjunktion

Lebensphasen! Wenn Radix-Saturn im Transit mit circa 30 Jahren das erste Mal an seine Geburtsposition zurückkommt, beginnt der sogenannte Ernst des Lebens. Man hat so oder so sein Thema gefunden, sei es nun Haushalt und Kinder oder Beruf und Karriere. Die Zeit des Lernens und der Nesthockerei ist endgültig vorbei. Wer bis jetzt nicht den Absprung in das Erwachsenenleben geschafft hat, sollte sich sputen! Wenn Radix-Saturn mit circa 60 Jahren das zweite Mal seine Geburtsposition passiert hat, sollte man endgültig Abschied vom harten Arbeiten nehmen. Allerdings ist das kein Grund, untätig zu sein. Im Gegenteil! Nun ist die Zeit des Lehrens gekommen, der Weitergabe eigener Lebenserfahrungen an die Jüngeren. Wer sich jetzt immer noch kaputt schindet oder den Rest seines Lebens vor dem Fernsehen verbringt, hat den Sinn seiner Existenz noch nicht gefunden und sollte sich schleunigst danach auf die Suche machen! Wenn Radix-Saturn mit circa 90 Jahren das dritte Mal seine Geburtsposition erreicht, ist man jenseits aller Verpflichtungen an diese Welt und kann jeden weiteren Tag hier auf Erden als ein Geschenk betrachten.

Transit-Saturn und Radix-Saturn in Spannung

Zwischenprüfung! Saturns harte Transite zu seiner Radixposition haben immer etwas Ernsthaftes an sich, bringen uns in Kontakt mit Ämtern, dem Gesetz und Autoritätspersonen. Immer wieder wird überprüft, wie realistisch wir sind, was Bestand hat und was unsolide ist. Radix-Saturn steht auch für die Alterungsphasen, wobei es im Grunde eigentlich so ist, dass sich unser Körper ständig erneuert. So besteht der Staub bei uns zu Hause hauptsächlich aus unseren eigenen, abgestorbenen Hautschuppen, die der Körper schon lange durch neue ersetzt hat. Unsere Seele mag immer älter werden. Unser Körper hingegen erneuert sich ständig. Genauso ist das im Berufsleben. Was interessiert uns der gute Geschäftsabschluss von gestern oder die letzte Gehaltsabrechnung? Wir wollen wissen, wie wir zukünftig unser Geld verdienen, sorgen uns um die noch nicht ganz vollen Auftragsbücher des nächsten Jahres. Diese kurzen Krisen des Radix-Saturn bringen uns wieder in die Gegenwart und sorgen dafür, dass wir in unserem Job tatsächlich Nägel mit Köpfen machen und effektiv arbeiten.

Transit-Saturn und Radix-Saturn in Harmonie

Recht passabel! Mit Radix-Saturn in Harmonie zu seiner Geburtsposition haben Sie eine recht gute Selbstdisziplin. Überlegen Sie ruhig, welche langfristigen Projekte Sie in Angriff nehmen wollen. Momentan ist es leichter als sonst, monotone Verrichtungen und Routinearbeit durchzustehen. Und das sind nun mal die Schattenseiten jeder noch so attraktiven Tätigkeit. Momentan können Sie auch recht gut mit Autoritätspersonen umgehen. Die Schwellenangst ist nicht groß. Wahrscheinlich liegt es daran, dass Sie inzwischen doch schon einiges vorzuweisen haben. Und wenn es nur ein tieferes Verständnis von Selbstverantwortung und Disziplin ist: Stellen Sie sich ruhig mal irgendwo vor. Bewerben Sie sich für eine neue Aufgabe, die Pflichten, aber auch Würden mit sich bringt. Es wird Ihnen gefallen!

Transit-Saturn und Radix-Uranus in Konjunktion

Schluss mit lustig! Wenn Radix-Saturn im Transit über Radix-Uranus geht, werden Ideen auf ihre Machbarkeit hin überprüft. Witzig und cool kann jeder sein. Das ist besonders bei Computerfreaks nichts Besonderes. Sie arbeiten mit dem Internet, Spezialgebiet E-Business? Toll, aber: Zahlt sich das auch aus? Sie sind selbstständig? Super, aber: Können sie davon auch eine Familie ernähren? Sie haben ein ganz modernes Konzept? Fantastisch, aber: Was davon lässt sich wirklich in die Praxis umsetzen? Sie haben tolle Kooperationspartner, sind ein wirklich gutes Team? Beneidenswert, aber: Warum stehen die Ihnen in dieser Krise jetzt nicht bei? Sind Sie jetzt frustriert? Die Liste der unangenehmen Fragen ließe sich endlos fortsetzen. Aber Sie verstehen wohl auch ohne weitere Erklärung, dass man sich seinen Platz in der Spaßgesellschaft todernst erarbeiten muss - oder etwa nicht?

Transit-Saturn und Radix-Uranus in Spannung

Wahlfreiheit! Bei Saturns harten Transiten zum Radix-Uranus stellt man desillusioniert fest, dass es wirkliche Freiheit überhaupt nicht gibt. Zumindest nicht hier auf Erden. Selbst Flugpiloten und Astronauten werden ständig gegängelt, müssen sich an allerstrengste Vorschriften halten. Diese Zeitphase ist wirklich unangenehm. Technische Störungen, bornierte Dienstvorschriften, spießige Angestellte, langweilige Kollegen, Monotonie am Arbeitsplatz, versperrte Fenster, verbaute Lebensperspektiven. Die Welt als Gefängnis. Und niemand da, bei dem sich Freigang beantragen lässt. Glücklicherweise erkennt man in solchen Situationen, dass man die Wahl hat, sich seine Abhängigkeit zu wählen! Und wenn diese Erkenntnis erst einmal in all ihrer Tragweite erkannt wird, ist die Freiheit grenzenlos. Wir wollen angestellt arbeiten und uns Vorschriften machen lassen, weil wir die Sicherheit genießen und uns nicht selber so viel Gedanken machen müssen. Oder wir nehmen die 80-Stunden-Woche eines Freiberuflers samt all dem Stress und der Unsicherheit in Kauf, weil wir auf die Sicherheit pfeifen und uns selbst einen Kopf machen wollen. Wie auch immer: Sie haben die Wahl.

Transit-Saturn und Radix-Uranus in Harmonie

Kleine Fluchten! Mit Radix-Saturn im Trigon zu Radix-Uranus lässt man Sie unkontrolliert schalten und gewähren, weil man weiß, dass Sie sich an die Spielregeln halten. Sie missbrauchen die Situation auch nicht, weil Sie sich die neu gewonnene Freiheit unbedingt erhalten wollen. In dieser Zeit können Sie in Abstimmung mit Ihren Vorgesetzten oder den Behörden Ihren persönlichen Gestaltungsspielraum stetig erweitern. Die Grenzen zwischen angestellter und freiberuflicher Tätigkeit heben sich auf. Wenn es Probleme gibt, dann handeln Sie aus eigener Verantwortung heraus, klar und bestimmt. Ihr Chef kann Ihnen vollkommen freie Hand lassen. Und das schätzt er an Ihnen. Stress reduzieren Sie, indem Sie sich nur dann auf neue Experimente einlassen, es sich auf lohnt. Der jeweilige Organisationsaufwand wird so gering wie möglich gehalten.

Transit-Saturn und Radix-Neptun in Konjunktion

Träume werden wahr! Wenn Radix-Saturn im Transit über Radix-Neptun geht, können wir in harte Depressionen verfallen. Es ist so, als ob niemand uns eine Chance gibt. Ausnahmen sind nicht erlaubt. Wir können an der Härte des Schicksals krank werden, von einem Arzt zum anderen laufen oder von einer sozialen Beratungsinstitutionen zur anderen laufen. Die gesellschaftlichen Zwänge halten uns in eisernem Griff. Fast nichts scheint möglich. Wo bleibt die Freude am Leben? Andererseits treffen wir nun auf Menschen, die es geschafft haben und die uns zeigen, was es heißt, der Fantasie in der Welt der Realität einen Raum zu geben. Für harte Selbstdisziplin belohnt uns das Schicksal überreichlich. Erfolg ist machbar, besonders im künstlerischen Bereich. Auf dem Jahrmarkt, im Zirkus oder bei den Straßenmusikanten spüren wir diese Mischung aus Disziplin und Poesie ganz hautnah. Niemand ist verpflichtet, dem russischen Akkordeonspieler oder der südamerikanischen Panflötengruppe einen Obolus in den Hut zu werfen. Der Markt ist gnadenlos. Doch wenn diese Leute talentiert sind, zückt fast jeder Passant in der Fußgängerzone die Geldbörse. Ein Wahnsinnsgeschäft!

Transit-Saturn und Radix-Neptun in Spannung

Frust! Bei Radix-Saturn im harten Transit zu Radix-Neptun werden ungewöhnlich musische, ökologische oder feinsinnige Projekte verwirklicht. Unrealisierbare Träume jedoch platzen mit lautem Knall, definitiv. Vorsicht vor Medikamenten- und Drogenmissbrauch. Es ist eine Zeit des Aufwachens, der Reinigung, gut geeignet für Badekuren, Meditationskurse, Musik- und Schauspielunterricht. Setzen Sie sich ruhig mit der scheinbar ungerechten Realität auseinander. Das gibt Ihnen Kraft. Trotzdem: Es ist alles nicht so leicht in dieser Zeit. Sie müssen härter werden und lernen, sich mit Frustrationen abfinden. Rückschläge machen Sie nur stärker. Sie bekommen mit der Zeit ein dickes Fell. Durchhalten!

Transit-Saturn und Radix-Neptun in Harmonie

In dieser Welt! Saturns weiche Transite zu Radix-Neptun geben einem das Gefühl, als Fantast und Träumer doch noch einen Platz in dieser Welt finden zu können. So krank man sich fühlt inmitten von Menschen, welche die Wahrheit nicht auszuhalten scheinen: Es gibt Wege, zu überleben. All dies klingt pathetisch. Aber unter Saturn-Neptun ist man für Pathos anfällig. Man braucht einen tieferen Sinn, um leben zu können. Suchen Sie sich eine Arbeit in einer karitativen Organisation. Helfen Sie bei UNICEF aus. Oder spenden Sie für Greenpeace. Schauen Sie in einer Heilpraktikerschule rein. Wem das zu hochtrabend ist, der absolviere einen Kurs als Pflegehelfer. Notfalls tun es Blutspenden. Und wer unbedingt Geld braucht und ohne jegliche Qualifikation ist, der verdinge sich halt als Proband bei der Erprobung neuer Medikamente, im Volksmund Laborratte genannt. Auch so tut man etwas Gutes. Und man verdient noch dabei. Das Tätigsein ist wichtig in dieser Zeit.

Transit-Saturn und Radix-Pluto in Konjunktion

Härten! Saturn Übergang über Radix-Pluto ist keine leichte Sache. Psychische Muster haben die Tendenz, sich zu verhärten und ewig zu wiederholen. Nur wirklich strukturelle Wandlungen bringen den Neubeginn. Zuvor werden Sie aber erst erleben müssen, wie sich Ihre Pläne und Projekte auf das Wesentliche reduzieren. Alles, was nicht wirklich notwendig ist, sollte jetzt unter den Tisch fallen. Achten Sie auch darauf, nicht Opfer Ihrer eigenen negativen Projektionen zu werden. Man vergisst zu leicht, dass einem in anderen Menschen auch nur immer wieder die eigenen verdrängten Seiten begegnen. Neben all diesen psychologischen Faktoren sollten Sie auch an das Geschäft denken. Sie könnten sich momentan mit Rechtsfällen beschäftigen. Das Einhalten von Verträgen ist beileibe nicht so leicht wie das Unterzeichnen von Verträgen. Man braucht Überzeugungskraft, um die Leute bei der Stange zu halten. Wenn Sie derzeit überlegen, in welcher Fakultät der Universität Sie sich einschreiben sollten: Wählen Sie die schwarze Zunft, die Jurisprudenz.

Transit-Saturn und Radix-Pluto in Spannung

Loslassen! Wenn Radix-Saturn im Spannungsaspekt zu Radix-Pluto steht, musst man ganz schön hart arbeiten. Anders geht es jetzt nicht. Die Veränderungen, die unter diesem Gestirn alle paar Jahre immer wieder verlangt werden, sind jeweils grundsätzlicher Art. Die Umwelt stellt Anforderungen, denen man nicht ausweichen kann. Seien Sie also fleißig. Aber das ist nicht alles. Sie müssen nun wieder einmal bereit sein, das Wesentlichen vom Unwesentlichen zu unterscheiden. Das führt unweigerlich dazu, dass Sie irgendwas aufgeben müssen, sei es übertriebener Ehrgeiz, Geld, Rechte, Liebe oder Hass. Versuchen Sie, zu verstehen, dass nur auf diese Weise Ressourcen frei werden, die Sie später für neue Projekte brauchen.

Transit-Saturn und Radix-Pluto in Harmonie

Strategien! Die harmonischen Transitaspekte Saturns zu Radix-Pluto geben Ihnen ein gutes Gespür für die Strukturen der Macht. Es ist wie ein Schachspiel. Sie sollten sich jetzt einmal einen Plan machen: Was wollen Sie erreichen? Wer kann Ihnen dabei helfen? Wenn setzten Sie ein? Wem nützt das? Wo lassen sich Geschäfte und Arrangements auf Gegenseitigkeit machen? Wie sind die Machtverhältnisse? Wo haben Sie strategische Vorteile? Welche Positionen lassen sich nach vorne verschieben? Haben Sie keine Skrupel, Ihr eigenes Fortkommen ganz bewusst und zielgerichtet zu planen. Die anderen haben das auch nicht.

Transit-Saturn und Radix-Chiron in Konjunktion

Machtposition! Mit der Transit-Sonne über Radix-Pluto werden Sie so oder so in die Konfrontation gezogen. Etwas muss sich verändern. Die Frage ist nur, ob das Zukünftige Ihrem Geschmack entspricht. Wenn Sie ein Wörtchen mitreden wollen, müssen Sie eine klare Meinung haben. Untergründige Kritik oder eine trotzige Verweigerungshaltung werden Sie diesem Ziel nicht näher bringen. Wenn Sie sich heute zu sehr auf eine ganz bestimmte Person fixieren, um Ihren ganz persönlichen Rachefeldzug auszufechten, dann dürfen Sie das ruhig tun. Eine Veränderung zum Positiven erreichen Sie damit jedoch nicht. Dazu müssen Sie nämlich erst einmal in eine Machtposition gelangen. Und das geht nur mit konstruktivem Verhalten und langem Atem.

Transit-Saturn und Radix-Chiron in Spannung

Umkehren! Die Spannungsaspekte der transitierenden Radix-Sonne zu Radix-Pluto konfrontieren Sie letztendlich immer nur mit Ihrem eigenen Dickschädel. Das ist vielleicht traurig, aber allzu wahr. Sie erkennen wieder einmal, dass Sie sich ein ganz klein bisschen verrannt haben. Ein bisschen sehr sogar ... Aus solchen Sackgassen kommt man stets nur im Rückwärtsgang heraus. Je unauffälliger und dezenter Sie die Karre aus dem Dreck ziehen, desto leichter werden Sie wieder festen Boden unter den Füßen spüren.

Transit-Saturn und Radix-Chiron in Harmonie

Pokerface! Die harmonischen Transitaspekte der Radix-Sonne zu Radix-Pluto sichern Ihre Machtposition. Es ist gut, wenn man nicht allzu vertraulich mit seinem Wissen umgeht und die Gegner über die eigene Strategie weitgehend im Unklaren lässt. Das gleiche Verhalten lässt sich auch gegenüber Vorgesetzten oder im Kollegenkreis erfolgreich anwenden. Sie planen große Veränderungen, und das letztendlich nicht nur zu Ihrem eigenen Nutzen. Die Firma wird davon profitieren. Alles will gut vorbereitet sein. Sonst gibt es keinen durchschlagenden Erfolg.

Transit-Saturn und Radix-Lilith in Konjunktion

Machtposition! Mit der Transit-Sonne über Radix-Pluto werden Sie so oder so in die Konfrontation gezogen. Etwas muss sich verändern. Die Frage ist nur, ob das Zukünftige Ihrem Geschmack entspricht. Wenn Sie ein Wörtchen mitreden wollen, müssen Sie eine klare Meinung haben. Untergründige Kritik oder eine trotzige Verweigerungshaltung werden Sie diesem Ziel nicht näher bringen. Wenn Sie sich heute zu sehr auf eine ganz bestimmte Person fixieren, um Ihren ganz persönlichen Rachefeldzug auszufechten, dann dürfen Sie das ruhig tun. Eine Veränderung zum Positiven erreichen Sie damit jedoch nicht. Dazu müssen Sie nämlich erst einmal in eine Machtposition gelangen. Und das geht nur mit konstruktivem Verhalten und langem Atem.

Transit-Saturn und Radix-Lilith in Spannung

Umkehren! Die Spannungsaspekte der transitierenden Radix-Sonne zu Radix-Pluto konfrontieren Sie letztendlich immer nur mit Ihrem eigenen Dickschädel. Das ist vielleicht traurig, aber allzu wahr. Sie erkennen wieder einmal, dass Sie sich ein ganz klein bisschen verrannt haben. Ein bisschen sehr sogar ... Aus solchen Sackgassen kommt man stets nur im Rückwärtsgang heraus. Je unauffälliger und dezenter Sie die Karre aus dem Dreck ziehen, desto leichter werden Sie wieder festen Boden unter den Füßen spüren.

Transit-Saturn und Radix-Lilith in Harmonie

Pokerface! Die harmonischen Transitaspekte der Radix-Sonne zu Radix-Pluto sichern Ihre Machtposition. Es ist gut, wenn man nicht allzu vertraulich mit seinem Wissen umgeht und die Gegner über die eigene Strategie weitgehend im Unklaren lässt. Das gleiche Verhalten lässt sich auch gegenüber Vorgesetzten oder im Kollegenkreis erfolgreich anwenden. Sie planen große Veränderungen, und das letztendlich nicht nur zu Ihrem eigenen Nutzen. Die Firma wird davon profitieren. Alles will gut vorbereitet sein. Sonst gibt es keinen durchschlagenden Erfolg.

Transit-Saturn und Radix-Mondknoten in Konjunktion

Machtposition! Mit der Transit-Sonne über Radix-Pluto werden Sie so oder so in die Konfrontation gezogen. Etwas muss sich verändern. Die Frage ist nur, ob das Zukünftige Ihrem Geschmack entspricht. Wenn Sie ein Wörtchen mitreden wollen, müssen Sie eine klare Meinung haben. Untergründige Kritik oder eine trotzige Verweigerungshaltung werden Sie diesem Ziel nicht näher bringen. Wenn Sie sich heute zu sehr auf eine ganz bestimmte Person fixieren, um Ihren persönlichen Rachefeldzug auszufechten, dann dürfen Sie das ruhig tun. Eine Veränderung zum Positiven erreichen Sie damit jedoch nicht. Dazu müssten Sie erst einmal in eine Machtposition gelangen. Und das geht nur mit konstruktivem Verhalten und langem Atem.

Transit-Saturn und Radix-Mondknoten in Spannung

Umkehren! Die Spannungsaspekte der transitierenden Radix-Sonne zu Radix-Pluto konfrontieren Sie letztendlich immer nur mit Ihrem eigenen Dickschädel. Das ist vielleicht traurig, aber allzu wahr. Sie erkennen wieder einmal, dass Sie sich ein ganz klein bisschen verrannt haben. Ein bisschen sehr sogar … Aus solchen Sackgassen kommt man stets nur im Rückwärtsgang heraus. Je unauffälliger und dezenter Sie die Karre aus dem Dreck ziehen, desto leichter werden Sie wieder festen Boden unter den Füßen spüren.

Transit-Saturn und Radix-Mondknoten in Harmonie

Pokerface! Die harmonischen Transitaspekte der Radix-Sonne zu Radix-Pluto sichern Ihre Machtposition. Es ist gut, wenn man nicht allzu vertraulich mit seinem Wissen umgeht und die Gegner über die eigene Strategie weitgehend im Unklaren lässt. Das gleiche Verhalten lässt sich auch gegenüber Vorgesetzten oder im Kollegenkreis erfolgreich anwenden. Sie planen große Veränderungen, und das letztendlich nicht nur zu Ihrem eigenen Nutzen. Die Firma wird davon profitieren. Alles will gut vorbereitet sein. Sonst gibt es keinen durchschlagenden Erfolg.

Transit-Saturn und Radix-Aszendent in Konjunktion

Konzentrierter Neubeginn! Saturns Transit über den Aszendenten ist hart. Die Realität knallt einem mit aller Wucht ins Gesicht. Man erlebt das meist in Form irgendwelcher Autoritäten, die einen am liebsten an die Wand nageln würden. Ihre Waffen sind Tinte und Papier. Absolut gefährlich. Was tun? Zeigen Sie die Zähne. Seien Sie ruhig etwas grantig. Und werfen Sie sich in Schale. Das gibt Ihnen Schutz und Halt. Übrigens: Derzeit könnten Sie als Repräsentant einer Organisation eine wirklich respektable Figur abgeben!

Transit-Saturn und Radix-Aszendent in Spannung

Verlangsamung. Transit-Saturn in Spannung zum Aszendenten macht es schwierig, den eigenen Weg zu gehen. Alles geht nun langsamer, wird schwieriger. Man fühlt sich gehemmt, unsicher. Die äußere Erscheinung wirkt blass und fade. Probleme treten in zwischenmenschlichen Beziehungen und im Vertragswesen auf. Ganz wichtig ist es jetzt, zumindest nach außen hin stabil und selbstbeherrscht aufzutreten: Gehen Sie die Dinge ruhig an. Ärgern Sie sich nicht über Ihre eigene Langsamkeit. Wichtig ist es, den richtigen Rhythmus zu finden. Sie müssen wieder lernen, sich durchzusetzen, zu kämpfen. Widerstände können auftauchen. Letztlich helfen genau die, Ihre Kraft neu zu entwickeln.

Transit-Saturn und Radix-Aszendent in Harmonie

Fortschritt! Mit Radix-Saturn in Harmonie zum Aszendenten rasen Sie nicht durch die Weltgeschichte. Sie hetzen und hasten nicht. Sie überstürzen die Dinge nicht und fallen auch nicht mit der Tür ins Haus. Sie stolpern, poltern oder rennen nicht. Sie schreiten. Schritt für Schritt. Immer in die gleiche Richtung. Immer weiter. Dies ist eine wunderbare Strategie, die alle Gegner ermüdet und Anerkennung bei den Freunden bringt. Sie können sich auf sich selbst verlassen. Auf diese Weise gewinnen Sie viele Kämpfe.

Transit-Saturn und Radix-Himmelsmitte in Konjunktion

Fremde Ziele! Saturns Transit über den Medium Coeli konfrontiert uns mit den gesellschaftlichen Werten und Normen. Wir fragen uns selbstkritisch, zu was wir es bislang im Leben gebracht haben. Die Antwort wird fast immer »zu wenig« lauten. Die Frage ist nur, woran wir das messen. Das, was andere Menschen und die sogenannte Gesellschaft für erstrebenswert halten, braucht noch lange nicht für uns gut zu sein. Wenn wir uns blind diesen fremden Wertvorstellungen unterordnen, ist das der vollkommen falsche Weg. Warum sollte man sich für fremde Ideale knechten? Finden Sie jetzt also heraus, was wirklich Ihre eigenen Ziele sind. Grenzen Sie sich diesbezüglich von Ihrer Umgebung ab. Optimieren Sie Ihre Karriereplanung!

Transit-Saturn und Radix-Himmelsmitte in Spannung

Verlangsamung! Saturns Spannungsaspekte zum MC verlangsamen Ihren Weg an die Spitze. Sie erkennen mit einer gewissen Bitternis, dass große Ziele nicht mit einem Sprung erreichbar sind. Scheinbar geht es nur sehr, sehr langsam voran. Verlieren Sie nicht die Geduld. Wichtig ist, dass Sie bereit sind, für Ihr eigenes Handeln die Verantwortung zu übernehmen. Machen Sie die Dinge so gut, wie Sie es eben können. Tun Sie nicht mehr, aber auch nicht weniger. Das reicht.

Transit-Saturn und Radix-Himmelsmitte in Harmonie

Diszipliniert! Saturns sanfte Aspekte zum Medium Coeli geben Ihnen genug Geduld und Selbstdisziplin, selbst große Ziele zu erreichen. Sie sollten jetzt Ihre Hauptkraft auf die berufliche Entwicklung richten. Welche Position streben Sie an? Welches Verhalten kann förderlich sein? Sie sehen die größten Schwierigkeiten mit klarem Auge. Sie erkennen gleichzeitig, wo sich Entwicklungswege auftun. Man wird Ihnen in einem bestimmten Bereich mehr Verantwortung und evtl. auch eine neue Position anbieten. Die Zeit ist günstig für Prüfungen und Bewerbungen, für den Umgang mit Behörden und Vorgesetzten.

Die Zyklen des Uranus

Teamwork, Stress, unabhängiges Arbeiten! Uranus ist ein paradoxer Planet, genauso widersprüchlich wie die Zeit, in der wir leben. Begriffe wie Teamwork, also soziale Kompetenz, und Selbstständigkeit sind nur vordergründig nicht zu vereinen. Heutzutage wird im Berufsleben sehr viel stärker verlangt, dass wir uns reibungslos an andere anpassen und zugleich unabhängig arbeiten. Anders ist in Internetzeitalter keine wirtschaftliche Leistung zu erbringen. Firmen verlagern immer mehr Tätigkeiten nach außen. Wenn wir als freier Mitarbeiter für eine Firma eine Leistung erbringen, sind wir stark in das Gesamtgefüge eingebunden. Und gleichzeitig stehen wir auf eigenen Füßen. Mit allen Risiken und Chancen. Der Freiberufler muss sich nicht mehr dem Diktat der Stechuhr unterwerfen. Er kann morgens ausschlafen und dann arbeiten, wenn ihm danach zumute ist. Wenn die Qualität unserer Tätigkeit aber nicht ausreicht, sind wir schnell aus dem Geschäft. Der Freiberufler ist also auch vollkommen frei, das ganze Wochenende durchzuarbeiten. Stress ist die Folge, Selbstausbeutung fast unumgänglich. Er kann nicht mehr am Montagmorgen blaumachen. Im Gegenteil: Er nimmt sich Urlaub, um endlich mal die Grippe auszukurieren. Und er zeigt nach außen hin ein lächelndes Gesicht. Jammern ist nicht. Die Position des Radix-Uranus im Geburtshoroskop zeigt, wo und wie wir unseren ganz individuellen Arbeitsstil entwickeln können und müssen. Denn hier bekommen wir am wenigsten Unterstützung. Die einzige Chance liegt in freiwilliger Kooperation. Das Team kann Geborgenheit und Schutz geben. Aber man darf an das Team keine übermäßigen Forderungen stellen. Nur wer zum Nutzen aller arbeitet, darf im Notfall mit Unterstützung rechnen. Die Transite des Radix-Uranus durch die Häuser des Horoskops dauern im Schnitt sieben Jahren. Es sind lange Zeiträume, in denen scheinbare Sicherheiten aufbrechen. Plötzliche Veränderungen sind fast unausweichlich. Dass in jedem Wechsel auch die Chance für einen Neubeginn liegt, erkennen wir oft erst im Nachhinein. Bildet der laufende Radix-Uranus den exakten Aspekt zu einer speziellen Radixposition, dann entsteht über mehrere Wochen eine starke Spannung. Sie entlädt sich meist plötzlich, wenn andere langsam laufende Planeten hinzukommen. Die Qualität des Ereignisses bestimmen wir in gewissem Rahmen selbst. Wie stark hängen wir an überholten Konventionen, klammern uns an starre Sicherheitsmechanismen? Sind wir »Up to date«? Radix-Uranus schleudert uns stets auf die Höhe der Zeit. Er sorgt dafür, dass wir den Anschluss an die moderne Entwicklung nicht verpassen. Plötzliche Beförderungen oder Entlassungen sind Ereignisse, die Radix-Uranus zugeordnet werden. Freiheit und Unabhängigkeit, aber auch Stress und Teamwork haben uranische Qualitäten. Radix-Uranus bringt einen schlagartig in die Gegenwart, macht uns hellwach. Er wirkt im Grunde stets positiv, wie alle anderen Planeten auch. Man muss seine paradoxe Energie nur verstehen können.

Transit-Uranus im ersten Radix-Haus

Störenfried! Sie können jetzt für ein paar Jahre verrückt spielen. Jeder Grund ist gut genug. Hauptsache, Sie fallen auf. Viel Feind viel Ehr. Wer Ihnen die Freiheit nimmt, muss sich auf was gefasst machen. Radix-Uranus stellt Ihnen einen Freibrief auf unbegrenzte Persönlichkeitsentfaltung aus. Was macht es da schon, dass Sie eine ungeheure Unruhe ausstrahlen und Ihre Emanzipationsbestrebungen ohne Rücksicht auf Verluste durchsetzen? Sicherlich ist Ihre Reaktionsfähigkeit derzeit enorm groß. Impulsiv reagieren Sie richtig. Aber in manchen Fällen auch falsch. Sie können sich jetzt gegen alle Menschen auflehnen, besonders gegen die Spießer und Kleinkarierten, die Gehemmten und Bürokraten. Sie haben Lust, den Job hinzuschmeißen, es all denen mal richtig zu zeigen. Tatsächlich aber sollten Sie sich ganz auf sich selbst konzentrieren. Nur eine Seite von Ihnen will das Neue. Die andere Seite hast Angst vor Veränderungen. Stellen Sie sich der bitteren Wahrheit. Kämpfen Sie gegen den Spießer in Ihnen selbst. Oder besser noch: Arrangieren Sie sich mit ihm. Mehrere Jahre wird sich Radix-Uranus in Ihrem ersten Haus befinden. Nutzen Sie diese Zeit für wirkliche Veränderungen. Wenn Sie Verantwortung für Ihr eigenes Handeln übernehmen und sehr viel Geduld aufbringen, werden Sie in Ihrem Beruf nun wirklich Pionierarbeit leisten.

Transit-Uranus im zweiten Radix-Haus

Spekulationsgeschäfte! Während der circa sieben Jahre, in denen Radix-Uranus durch Ihr siebtes Haus geht, werden Sie Geld genauso schnell verlieren, wie Sie es gewinnen. Manchmal geben Sie es vollkommen unvernünftig aus. Sie werden zum Zocker. Oder Sie fallen auf einen Anlageberater herein. Ob Ihr Geld jetzt an der Börse gut aufgehoben ist, lässt sich aus dem Horoskop nicht exakt erkennen. Wichtiger als die Frage, wann Sie bei welchem Kurs einsteigen, ist auf jeden Fall die Entscheidung, wann Sie aussteigen. Die Unruhe in Ihren Vermögensverhältnissen wird nicht nachlassen. Schnelle Spekulationserfolge wechseln sich mit Katastrophen ab. Ihr Selbstbewusstsein wird durch extreme Höhen und Tiefen gehen. Darunter leiden Sie etwas. Allerdings wäre auch möglich, dass Sie das alles überhaupt nicht traurig finden. Denkbar ist, sich materiell von allem zu lösen, was die Beweglichkeit einschränkt. Nutzen Sie das Internet optimal! Schränken Sie sich schriftlich so gut wie möglich ein. Mit einem kleinen Auto kommen Sie in jede Parklücke. Büroressourcen kann man sich mit Gleichgesinnten teilen. Und überhaupt: Wenn Sie hellwach sind, auf dem neuesten Stand und kooperationsbereit, dann macht das Spekulieren richtig Spaß. Sie haben verstanden, dass man nur im Jetzt und Hier wirklich lebt. Alles andere ist Erinnerung an die Vergangenheit oder Hoffnung auf eine bessere Zukunft. Es hat jetzt keinen Zweck, sich an feste Werte zu klammern. Arbeiten Sie mit Gleichgesinnten zusammen. Das wird Ihnen die gewünschte Sicherheit geben.

Transit-Uranus im dritten Radix-Haus

Nervensäge! Wenn Sie sich angewöhnt haben, einfach alles auszusprechen, was Sie auf der Zunge haben, wenn Sie einfach kein Blatt vor den Mund nehmen, Firmengeheimnisse ausquatschen und sich letztendlich überall unbeliebt machen, wenn Sie niemanden mehr ausreden lassen und beginnen, auf andere ziemlich arrogant zu wirken, dann spüren Sie die Schattenseiten des Uranus. Mehrere Jahre lang durchläuft er Ihr drittes Horoskophaus. Das bringt Unruhe in die Kommunikation. Aber der Geist ist hellwach. Sie müssen ihn nur in die rechten Bahnen lenken. Sie werden die Erfahrung machen, dass Sie über große Entfernungen mit Menschen sehr viel besser auskommen als mit dem Nachbarn von nebenan. Distanz sorgt paradoxerweise für Nähe. Lassen Sie Ihre Fantasie spielen. Experimentieren Sie. Verabreden Sie sich in der Öffentlichkeit. Ihre Ich-AG hat durchgehend geöffnet. Spannungen bauen Sie durch Sport ab, wenn Sie nicht als Fahrradkurier oder Inline-Skater sowieso schon den Job Ihres Lebens gefunden haben. Und ab und zu ist sogar ein ganz normales Gespräch mit Ihnen möglich.

Transit-Uranus im vierten Radix-Haus

Im Flugzeug zu Hause! Die ungefähr sieben Jahre, in denen Radix-Uranus durch Ihr viertes Haus geht, sind abenteuerlich und aufregend. Die häusliche Unruhe wird sich auf Ihre Berufstätigkeit auswirken, teilweise tragisch. Häufiger Wohnungswechsel ist vorprogrammiert. Der Stress kann ganz schön auf die Nerven gehen. Wie viele Ressourcen dann noch für den Beruf bleiben, ist die Frage. Es gibt auch Fälle, in denen Radix-Uranus im vierten Haus mit einer Zeit einhergeht, in der Sie berufsbedingt ständig auch Achse sind. Ein wandernder Nomade. Sie sind ständig auf Geschäftsreisen, schlafen in fremden Hotelbetten, fühlen sich auf Flughäfen heimisch und kennen die Stewardessen besser als Ihre Ehefrau. Nach Hause kommen Sie nur noch, um sich mit neuer Wäsche zu versorgen - und um mit neuem Stress konfrontiert zu werden. Das Leben als Handlungsreisender kann abenteuerlich sein. Es hat große Vorteile, derart entwurzelt zu sein. Niemand kontrolliert einen mehr. Man muss keine Rechenschaft ablegen, wenn man mal ein kleines Abenteuer hat. Für den Fall, dass Sie doch noch Ihre Ehe retten wollen, müssen Sie jetzt entweder Ihren Arbeitsplatz nach Hause verlagern oder die Familie in den Job einspannen, sei es als Wanderarbeiter bei der Obsternte, im Zirkus oder via Wohnmobil. Natürlich ist die üblichste Form der Heimarbeit heutzutage der per Internet mit der Firma verbundene heimische PC. Aber denken Sie in diesem Zusammenhang auch einmal an das Hotelgewerbe. In einer kleinen Familienpension gehört der Gast quasi zur Familie. Und man hat immer ein offenes Haus.

Transit-Uranus im fünften Radix-Haus

Striptease! Wenn Radix-Uranus für mehrere Jahre durch Ihr fünftes Horoskophaus geht, werden Sie nicht nur Ärger mit pubertierenden Jugendlichen und unzuverlässigen Schnöseln haben, sondern zudem noch permanent unterbrochen werden, vielleicht sogar ausgelacht, sind von Verrückten und Nervensägen umgeben, von Exhibitionisten und unausstehlichen Menschen. Mit anderen Worten: Die Show beginnt. Das können Sie nicht mehr rückgängig machen. Sie dürfen nur noch entscheiden, ob Sie sich steif und starr auf Ihre Autorität berufen, damit baden gehen und als Hanswurst enden. Oder ob Sie sich an die Spitze der Bewegung setzen. Da mag anfangs etwas peinlich wirken. Doch mit der Zeit gewöhnt man sich an alles. Wenn Sie Inspiration brauchen, dann schauen Sie sich einmal »Ein Käfig voller Narren« an. Nehmen Sie an einem Stadtmarathon teil. Gehen Sie zum Tuntenball. Oder gleich zum Karneval. Nicht zum Vergnügen, sondern rein geschäftlich. Solche Orgien des öffentlichen Exhibitionismus sind nicht nur verrückt und vulgär, sondern auch exakt durchgeplant, Meisterwerke der Organisation. Alles geht Hand in Hand. Viele Leute machen mit: Stress und Perfektion. Sie können natürlich auch versuchen, sich an Ihrem alten Schreibtisch auf dem Amt festzuketten. In der Weiberfastnacht wird man Ihnen dann wohl den Schlips abschneiden ...

Transit-Uranus im sechsten Radix-Haus

Kollegenschelte! Jetzt lässt sich wirklich nichts mehr unter den Tisch kehren. Die Unruhe am Arbeitsplatz nimmt stetig zu. Der ganze Stress macht krank. Aufsteigende Hitzewallungen. Nervenzucken. Schlaflosigkeit über mehrere Jahre. Schuld ist Uranus, der derzeit Ihr sechstes Horoskophaus durchquert. Sie selbst sind nur das unschuldige Opfer. Mit dieser Lebenseinstellung werden Sie sicherlich hier und da Mitleid ernten. Aber so ändern Sie nichts. Sie fallen nur von einer Aufregung in die nächste. Ihre Kritik an den Arbeitsverhältnissen ist berechtigt. Die Kritik Ihrer Kollegen auch. Die Kritik Ihres Chefs an Ihnen aus. Und die Kunden meckern auch zu Recht. Generell lassen sich die Probleme in zwei Teile einteilen: 1.) die Lösbaren, 2.) die Unlösbaren. Wenden Sie sich erst einmal mit aller Kraft den Ersteren zu (Sie haben es sicher schon geahnt). Anstatt Kritik weiterhin abzublocken, sammeln Sie alle Beschwerden. Machen Sie sich zum Ombudsmann des Betriebes. Bitten Sie aktiv um Verbesserungsvorschläge. Machen Sie sich zur öffentlichen Anlaufstelle für Meckereien jeglicher Art. Geben Sie aber jedem Beschwerdesteller auch gleich die Meckerei eines anderen mit auf den Weg. Mit ein wenig Übung haben Sie nach kurzer Zeit alle Kritiker eingespannt. Wenn das geschafft ist, geben Sie die neue Devise aus: Keine Probleme, nur Lösungen. Konstruktiv also. Das war es. Ach ja: Die Lösung von Problemen der Kategorie 2 sollten Sie dem lieben Gott überlassen. Damit der auch etwas zu tun hat. Genießen Sie das Leben!

Transit-Uranus im siebten Radix-Haus

Virtuelle Kontakte! Fast ein Jahrzehnt wird Radix-Uranus in Ihrem siebten Haus stehen. Zeit genug, um eine neue Form der Kooperation und des Miteinander zu finden. Sie werden anfangs nicht verstehen, dass Sie selbst es eigentlich sind, der Nähe nicht zulassen kann. Sie werden denken, dass Ihr jeweiliges Gegenüber am Arbeitsplatz einfach nicht zu Ihnen passt. Vielleicht wechseln Sie aus diesem Grund auch die Stelle. Woanders kann Ihnen aber das Gleiche passieren. Oder mit vertauschten Rollen. Auf einmal bricht der andere den Kontakt ab. Immer kommt etwas dazwischen. Die Zahl der emanzipierten, freiheitsliebenden und unkonventionellen Kollegen und der Jobs mit aufregenden, höchst spannenden, aber doch nie lange andauernden Kontakten steigt unaufhörlich an. Aus Dauer werden Sie unzufrieden bleiben, wenn Sie es nicht schaffen, eine Kontinuität innerhalb dieser ständigen Veränderungen zu erreichen. Nutzen Sie die moderne Technik. Schließen Sie sich mit Gleichgesinnten zu einem Netzwerk zusammen. Und geben Sie Ihrem jeweiligen Gegenüber möglichst viel Freiheit. Dann wird es auch Ihnen selbst möglich sein, stärkere Nähe zulassen.

Transit-Uranus im achten Radix-Haus

Feindliche Übernahme! Wenn Radix-Uranus über mehrere Jahre in Ihrem achten Horoskophaus steht, können Sie sich auf alles verlassen - bloß nicht auf Ihren Partner. Impulsiv vereinbarte Firmenfusionen und Kooperationsverträge werden Null und nichtig. Vertragsbruch wird zur Regel - wenn man sich überhaupt daran erinnert, mit Ihnen eine Vereinbarung eingegangen zu sein. Und dass Ihr engster Geschäftspartner die Fahne wechselt und auf einmal mit der Konkurrenz anbandelt: Damit sollten Sie vorsichtshalber auch schon mal rechnen. Der einzige Mensch, auf den Sie wirklich zählen können, das sind Sie selbst. Und die einzige Eigenschaft, die bei Ihrem jeweiligen Partner konstant sein wird, ist der Eigennutz. Das ist katastrophal? Vielleicht. Aber auch zutiefst menschlich. Und erstaunlicherweise ist das dazugehörige Wirtschaftssystem namens Kapitalismus in den meisten Ländern dieser Welt höchst erfolgreich. Akzeptieren Sie also die Realität. Und hören Sie gefälligst auf, derart überzogene Ansprüche an Ihre Umwelt zu stellen. Suchen Sie lieber nach vertraglichen Lösungen und geschäftlichen Formen des Miteinander, die für alle Parteien Nutzen versprechen: Win-Win-Situationen. Wenn der eine siegt, siegt der andere auch. Sie werden feststellen, dass diese Form der Zusammenarbeit nicht nur erfolgreich ist, sondern auch große Freiheiten schafft. Übernehmen Sie die Interessen Ihrer Feinde in Ihr Programm. Dann steht der Freundschaft nichts mehr im Wege.

Transit-Uranus im neunten Radix-Haus

Luftschlösser! Eigentlich schien alles ganz einfach. Der über mehrere Jahre dauernde Transit des Radix-Uranus durch das neunte Haus inspiriert Sie zu Kooperation über alle Grenzen hinweg. Positives Denken ist angesagt. Ohne Vertrauen kommt man da nicht aus. Was macht es schon, wenn man nicht die gleiche Sprache spricht oder wenn die Interessen der Mitbeteiligten im Grunde gar nicht zusammenpassen. Alles nur Detailfragen. Wird sich schon klären. Tut es aber nicht. Auf den Höhenflug folgt der Absturz. Keiner hat an die Umsetzung der hochtrabenden Pläne gedacht. Der Neurotiker baut Luftschlösser. Der Psychotiker wohnt drin. Und der Nervenarzt kassiert die Miete. In diesem Fall der Konkursverwalter. Oder die Bank. Soll das schöne, neue Großprojekt wirklich so zu Grabe gehen? Verlassen Sie sich nicht auf Fremde. Schenken Sie intuitiven Erkenntnissen nur begrenzt Vertrauen. Neue Erfindungen beleben den Markt, schaffen aber auch Unruhe. Wagen Sie etwas Neues. Aber werfen Sie Ihren Verstand nicht weg. Bemühen Sie sich um eine klare Kommunikation. Bereiten Sie Veränderungen gut vor. Suchen Sie nach gemeinsamer Philosophie. Auch in der Firma. Das schmiedet zusammen.

Transit-Uranus im zehnten Radix-Haus

Karrieresprung! Langsam haben Sie genug von dem ganzen Stress. Seit Radix-Uranus in Ihr zehntes Horoskophaus eingetreten ist, wechseln Sie ständig den Job. Sie sind begeistert von der Originalität Ihrer Einfälle. Und trotzdem hat noch niemand Ihr wahres Talent erkannt. Über nichts können Sie sich mehr ärgern als über unfähige Chefs, stupide Behörden und überholte Organisationsstrukturen. Und genau diese Leute kleben auf ihren Posten. Unverrückbar. Ohne sich irgendwie infrage zu stellen. Steigen höher und höher, von einer Beförderung zur nächsten. Ihr eigener Berufsweg ähnelt hingegen einer Zickzacklinie, die Sie nur schwer zu einem sinnvollen Ganzen zusammenfügen können. Oder: Es gibt überhaupt keine Entwicklung. Sie können sich schon die Rente ausrechnen. Und was bis dahin passiert? Beklemmung machen sich breit, Nervosität und Platzangst. Irgendwann werden Sie entweder den großen Rauswurf provozieren oder selbst kündigen, als Freiberufler einen eigenen Laden aufmachen. Das, was diese Heinis in der Firma schaffen, können Sie schon lange. Sie haben genug gelernt. Direkt auf der anderen Straßenseite eröffnen Sie Ihr Konkurrenzgeschäft. Eine ganze Menge höchst erfolgreicher Computerfirmen sind auf diese Weise entstanden. Dieser Jobtipp lässt sich aber auch auf Casting-Agenturen, Friseurgeschäften, Kebabbuden und Ähnliches anwenden. Machen Sie sich selbstständig! Kein Interesse? Eine Nummer zu groß? Keine falsche Scham! Wenn Sie Ihre Grenzen kennen und Ihre Fähigkeiten realistisch einschätzen, setzen Sie Ihre Kreativität halt in der angestammten Firma ein. Man wird es danken. Mitarbeiter, die mitdenken, werden geschätzt.

Transit-Uranus im elften Radix-Haus

Ein Irrenhaus! Manchmal fragen Sie sich, wo Sie hier eigentlich gelandet sind. Der mehrere Jahre dauernde Transit des Radix-Uranus durch Ihr elftes Haus bringt Sie mit Menschen zusammen, die rein aus Spaß an der Freude die unterschiedlichsten Dinge ausprobieren. Und die kümmern sich nicht um den Nutzwert. Reine Experimentierfreude. Manchmal haben Sie das Gefühl, Ihre Zeit und Ihr Leben an einen Haufen Spinne zu verschwenden. Die Kernfrage ist jedoch, ob Sie selbst schon spinnert geworden sind. Und ob Sie sich mehr zutrauen. Es macht nur einen kleinen Unterschied aus, ob Sie mit einem Haufen Verrückter rumhängen oder ob Sie in einer Hightech-Firma das Brainstorming leiten, den Thinktank. Der Unterschied liegt in der Bezahlung. Es gibt Leute, die aus Spaß an der Freude in fremde Computersysteme einbrechen, Firewalls überwinden, als Hacker halb legal bzw. illegal bzw. scheißegal digitalen Sicherungssysteme von Großbanken knacken - und die hinterher für teures Geld eben dieses Wissen an ihre Opfer verkaufen. Manch einer aus dieser Truppe sitzt heutzutage einem hoch dotierten Beraterposten in der Industrie. Es ist alles eine Frage des Standpunkts. Die richtigen Freunde muss man haben. Und es ist nichts Falsches daran, nebenbei stets das Geldverdienen im Auge zu behalten.

Transit-Uranus im zwölften Radix-Haus

Enthüllungen! Mehrere Jahre wird Radix-Uranus durch Ihr zwölftes Haus gehen. Eine vage, nicht genau lokalisierbare, innere Unruhe erfasst Sie. Möglicherweise erahnen Sie intuitiv, wer im Hintergrund gegen Sie arbeitet. Sie könnten anfällig für heimliche Intrigen werden. Versteckte Feinde, gegen die Sie nur schwer vorgehen können. Oder ist dies alles nur Ausdruck von aufkommender Paranoia, von grassierendem Verfolgungswahn? Sie können jetzt den Rückzug antreten. Auch dies ist eine Form von Freiheit. Und Freiheit brauchen Sie jetzt wie die Luft zum Atmen. Wenn es keine andere Möglichkeit gibt, dann gehen Sie diesen Weg. Manchmal sind die äußeren Verhältnisse derart gestaltet, dass es einfach keine Alternative gibt. Für aktive Menschen, die es im Beruf zu etwas bringen wollen, ist dies allerdings keine Lösung. Was also tun? Schauen Sie hinter die Kulissen. Und nehmen Sie sich vor, all das, was Sie an Skandalen entdecken, der Öffentlichkeit zugänglich zu machen. Enthüllungsjournalismus nennt man das. Es gibt eine Reihe erfolgreicher Schriftsteller, die jahrelang im stillen Kämmerlein gearbeitet haben und dann ganz groß rauskommen. Carl Bernstein und Bob Woodward von der Washington Post erlangten mit ihren Enthüllungen über die Machenschaften des US-Präsidenten Nixon Weltruhm. Später wurde die Watergate-Affäre mit Robert Redford erfolgreich verfilmt. Was auch immer Sie in dieser Uranus-Phase an Hintergründen und Machenschaften aufdecken: Arbeiten Sie solide und diszipliniert. Und lassen Sie sich nicht von Ihren inneren Ängsten beherrschen. Wird schon schief gehen!

Transit-Uranus und Radix-Sonne in Konjunktion

Befreiungsschlag! Wenn Radix-Uranus über die Radix-Sonne geht, erwacht der Rebell in Ihnen. Und das nicht langsam, sondern so abrupt, dass Sie nur über sich staunen können. Das ist das Problem. In gewissen Zeiten werden Sie sehr schnell handeln, haben blitzartig Ideen, sind ungeduldig und hypernervös. Dann wieder folgen Phasen, in denen Sie vollkommen phlegmatisch sind, mit leerem Kopf und völlig ohne Energie. Sie können jetzt gegen alle Autoritäten, Chefs und verkrusteten Strukturen angehen, die Kündigung einreichen und auf den ganzen Mist pfeifen. Doch damit allein bauen Sie noch nichts Neues auf. Schauen Sie lieber, wie viel an positiver, aufbauender und schöpferischer Kreativität in Ihnen steckt. Erkennen Sie Ihre eigenen Grenzen. Und rebellieren Sie gegen das Brett vor Ihrem Kopf, den Feigling in Ihrem Bauch. Dann werden Sie feststellen, dass Sie frei werden - um sich außerhalb der Firma selbständig zu machen oder sich innerhalb der Firma Selbstständigkeit zu erarbeiten.

Transit-Uranus und Radix-Sonne in Spannung

Neuerungszwänge! Die Spannungsaspekte des Transit-Uranus zur Radix-Sonne bringen eine stark elektrisierende Atmosphäre, Unfallneigung, gute und weniger gute Ideen, Neuerungen. Letztere scheinen jetzt nicht immer den eigenen Wünschen zu entsprechen. Stress, Herzrasen, innere Unruhe begleiten diese Zeit. Vorsicht: Als Gegenreaktion übersteigert mancher nun seine Egozentrik, um damit erst recht in Zeitnot und Überforderung zu geraten. Man erkennt, dass wirkliche Freiheit erst dann beginnt, wenn man bereits ist, über die Grenzen der eigenen Subjektivität hinauszutreten. Das hat viel mit sozialer Kompetenz zu tun. Wollen oder müssen Sie das jetzt lernen?

Transit-Uranus und Radix-Sonne in Harmonie

Mal was ausprobieren! Die harmonischen Transite zu Radix-Uranus zur Radix-Sonne bringen uns stark positive, geistige Verbindungen zu anderen Menschen. Neue Anregungen, Horizonte und Freiräume tun sich auf. Nehmen Sie sich jetzt nicht so wichtig. Lachen Sie auch einmal über sich selbst. Gerade durch diese Art von Humor gewinnt man Freunde. Der Wunsch, sich sozial zu engagieren und für Neuerungen einzusetzen, treibt Sie an. Zusammen mit Gleichgesinnten lässt sich viel erreichen. Nutzen Sie auch den technischen Fortschritt. Sie können dadurch Mängel kompensieren, die sich in anderen Lebensbereichen zeigen.

Transit-Uranus und Radix-Mond in Konjunktion

Vogelflug! Wenn Radix-Uranus den Radix-Mond bedeckt, ist die Seele wie ein Vogel und duldet keine Grenzen. Sie sind offen für alles, wenn es nur neu und ungewöhnlich ist. Eine ständige innere Unruhe. Das Bedürfnis nach Veränderung. Und gleichzeitig die Angst vor Zerrüttung. Man könnte herausgerissen zu werden, aus was auch immer ... Das gewohnte, vertraute Milieu wird sich radikal verändern. Vorsicht vor körperlichem Stress. Wagen Sie jetzt, schon lang ersehnte Neuerungen durchzuführen, lösen Sie sich von Konventionen. Alte überholte Gewohnheiten und seelische Muster werden zerstört, um für neue Formen Platz zu schaffen. Sie klammern jetzt nicht mehr so stark an alte Kollegen, an überkommene Sicherheiten und Gewohnheiten. Und Sie sind nicht so fürchterlich erdverbunden. Der passende Beruf: Stewardess. Sie wechseln ständig die Position auf diesem Planeten. Frei wie ein Vogel schweben Sie durch die Wolken.

Transit-Uranus und Radix-Mond in Spannung

Stressmagen! Uranus harte Transite zum Radix-Mond sind körperlich ziemlich anstrengend. Eine ständige innere Unruhe, das Bedürfnis nach Veränderung und gleichzeitig die Angst vor Zerrüttung und davor, herausgerissen zu werden aus alten Bezügen: In einer solchen, mehrere Monate dauernden Lebensphase sind Begegnungen mit Menschen auf einer sehr freien Art und Weise möglich. Konventionen spielen keine große Rolle mehr. Andererseits können dauernde Veränderungen einen ungeheuren Stress bewirken. Entrümpeln Sie freiwillig den Dachboden Ihrer Seele, und Sie haben bald wieder Ruhe. Lösen Sie sich jetzt auch von der Fixierung auf Kollegen, die Sie krank machen. Stehen Sie zu Ihren Aversionen und Bemühen Sie sich um Milieuveränderung.

Transit-Uranus und Radix-Mond in Harmonie

Stimulans! Mit Radix-Uranus im Transit zum Radix-Mond wird Stress ganz hervorragend verkraftet, dient quasi als Stimulans für das alltägliche Leben, genau wie ein Gläschen Sekt am Nachmittag. Es gelingt jetzt, sich sehr schnell auf neue Situationen einzustellen. Man braucht die Veränderung. Dies ist eine gute Gelegenheit, um sich in den Außendienst versetzen zu lassen. Oder man arbeitet dort, wo Kommen und Gehen herrscht. Auf einem Bahnhof zum Beispiel. Oder in einer Großkantine. Ja selbst ein Job bei einer Hamburger-Kette kann als Befreiungsakt wirken: Mal in die Videothek gehen und »American Beauty« ausleihen!

Transit-Uranus und Radix-Merkur in Konjunktion

Geistesblitze! Uranus über Radix-Merkur setzt ihr Gehirn unter Starkstrom: Unkonventionelle Ideen, schnelle Reaktionsfähigkeit und eine ungewöhnlich wache Art, die Kommunikation zu führen. Das Nervensystem ist sehr angeregt, ja übererregt. Schlafstörungen. Wichtig ist es, die geistigen Spannungen zu lösen. Der Verstand kann jetzt schnell wie ein Computer reagieren. Da aber keine Grenzen mehr gesetzt sind, kommt es auch ebenso schnell zur Überlastung. Wichtig: Lösen Sie sich von alten Denkstrukturen. Dann können Sie diese intuitive Phase bestens genießen. Bewerben Sie sich jetzt am besten bei einer großen amerikanischen Softwareschmiede. Dort können bzw. müssen Sie in klitzekleinen Räumen ohne Fenster 20 Stunden pro Tag am Bildschirm arbeiten, schlafen dann auf einer Matratze unter dem PC. Sie werden es wunderbar finden und unter Ihres gleichen sein.

Transit-Uranus und Radix-Merkur in Spannung

Aussetzer! Die Spannungsaspekte des Transit-Neptun zu Radix-Merkur bringen eigentlich immer Unruhe und technische Pannen mit sich. Die Kommunikation ist gestört. Gerade in der Wirtschaft kann so etwas fatale Folgen haben. Ursache dieser Komplikationen kann eine zu große Beschleunigung des Austausches von Informationen sein. Versuchen Sie also, dem Trend zur Geschwindigkeit entgegenzuarbeiten. Unterbrechen Sie Gesprächspartner nicht. Und achten Sie darauf, dass man Sie selbst auch ausreden lässt. Es ist nicht leicht in dieser Zeit, eine wirklich effektive Kommunikation zu führen. Beginnen Sie eine Umschulung zum Logopäden. Arbeiten Sie mit Stotterern oder bei der Störungsstelle der Telekom. Was? Wie? Nicht verstanden? Wohl ne schlechte Verbindung, mit dem Handy gerade im Funkloch?

Transit-Uranus und Radix-Merkur in Harmonie

Spieltrieb! Uranus harmonische Transite zu Radix-Merkur bringen Geistesblitze, unkonventionelle Ideen, schnelle Reaktionsfähigkeit und eine ungewöhnlich wache Art, die Kommunikation zu führen. Das kommt Ihnen jetzt zugute: Erstaunt können Sie feststellen, wie viele Informationen dem offenen, wachen Menschen fast automatisch zufließen. Natürlich besteht eine leichte Gefahr zur nervlichen Überreizung: Ständige Analogiesprünge strapazieren auch die robustesten Gemüter. Humor bringt Entspannung.

Transit-Uranus und Radix-Venus in Konjunktion

Virtuelle Verträge! Mit Radix-Uranus im Transit zur Radix-Venus ist das Nervensystem sehr angeregt, ja übererregt: Schlafstörungen. Wichtig ist es, die geistigen Spannungen zu lösen. Sie lernen Menschen kennen, mit denen es sich fantastisch flirten lässt. Man hüte sich gleichzeitig aber vor intellektueller Arroganz, die zu Missverständnissen und Einsamkeit führt. Lösen Sie sich von überkommenen Denkweisen. Bedenken Sie aber auch, dass sich jetzt andere von Ihnen lösen können. Das ist bei bereits bestehenden Arbeitsverträgen besonders heikel. Sie führen sich nicht verpflichtet, die andere Partei möglicherweise aber auch nicht.

Transit-Uranus und Radix-Venus in Spannung

Beziehungsstress! Wenn Radix-Uranus im Transit eine Spannung zur Radix-Venus aufbaut, kommt es zu plötzliche Trennungen und Brüche in zwischenmenschlichen Beziehungen. Überlegen Sie jetzt, wen Sie wirklich um sich haben wollen, wer für eine erfolgreiche Arbeits- und Geschäftsbeziehung wirklich geeignet ist, und wer nicht. Brüche entstehen dort, wo keine echte Nähe vorhanden war, wo Verkrustungen verhinderten, dass sich eine echte Zusammenarbeit entwickelt. Dies ist ein schwieriger Zeitpunkt für die Diplomatie. Plötzlich können Allianzen zerbrechen. Zulieferer, Lieferanten und vor allem Kunden, auf die man sich ansonsten doch immer verlassen kann, kündigen die Freundschaft. Doch oft wird gerade in solchen Krisen der Grundstock für eine bessere geschäftliche Zusammenarbeit in der Zukunft gelegt.

Transit-Uranus und Radix-Venus in Harmonie

In Sektlaune! Die sanften Transitaspekte zu Radix-Uranus zur Radix-Venus bringen uns in eine beschwingte Stimmung. Klassen- oder Hierarchieschranken werden mühelos übersprungen, Kontakt auf unkonventionelle geknüpft. Weil die geistige Ebene stimmt, versteht man Menschen viel besser. Es ist ein geistiger Draht vorhanden. So kann eine Verbindung auch über eine längere räumliche Distanz hergestellt werden. Altersunterschiede spielen keine Rolle mehr, wenn die geistige Wellenlänge stimmt. Zu Kunst, Mode, Ästhetik, aber auch Finanztransaktionen können Sie durch die moderne Technik und geistesblitzartige Inspiration einen besseren Zugang bekommen. Heutzutage bietet das Internet ideale Auslebungsmöglichkeiten für dieses Bedürfnis nach Nähe auf Distanz, speziell im E-Business, aber auch im konventionellen Versandhandel.

Transit-Uranus und Radix-Mars in Konjunktion

Überraschungsangriff! Wenn Radix-Uranus über Radix-Mars geht, neigen Sie zu spontanen Befreiungshandlungen. Halten Sie sich in dieser Zeit von allen Autoritätspersonen fern! Sie sind einfach nicht in der Laune. Und auf Duckmäuserei stehen Sie jetzt überhaupt nicht. Suchen Sie sich eine Tätigkeit, in der Sie innerhalb klarer Rahmenbedingungen frei und unabhängig handeln können, schnell und explosiv. Bewerben Sie sich als Pilot bei einem Jagd- oder Bombergeschwader, als Feuerschlucker beim Zirkus, oder(und das ist die praktikabelste Lösung) als Taxifahrer. Da können Sie befördern, wenn Sie wollen. Man sagt Ihnen die Adresse und schon rasen Sie los.

Transit-Uranus und Radix-Mars in Spannung

Zum Ausflippen! Bildet der Transit Radix-Uranus Spannungen zu Mars, kommt es fast zwangsläufig zu nervösen Überreaktionen, Stress und Hektik. Und die wiederum werden abgelöst von Lethargie und Leere. Wahre Profis lernen nun, noch besser mit Stress umzugehen. Laufen Sie vor lauter Ungeduld nicht ins offene Messer! Und flippen Sie nicht gleich aus, wenn Ihnen Widerstand entgegengesetzt wird. Es ist eine Zeit, in der es kaum möglich erscheint, völlig unabhängig zu entscheiden. Gerade dies lernt man aber, mit jeder neuen, ungewöhnlichen Situation. Übrigens: Wirkliche Stärke zeigt sich nicht im Protest, sondern in selbstverantwortlicher Eigenständigkeit.

Transit-Uranus und Radix-Mars in Harmonie

Mal was anderes! Uranus harmonische Marsaspekte schaffen einen wachen Kopf, gute Reaktionen und ein elektrisiertes Nervensystem. Das bringt starke Durchsetzungskraft. Wer schnell und sicher entscheiden kann, ist den anderen immer um eine Länge voraus. Nutzen Sie die moderne Technik! Sie haben Mut, sich über störende Konventionen hinwegzusetzen. Und vielleicht können Sie jetzt auch endlich einmal kooperativ mit Freunden und Gleichgesinnten zusammenzuarbeiten. Es ist eine Zeit des Neuanfangs - des völligen Neuanfangs!

Transit-Uranus und Radix-Jupiter in Konjunktion

Leicht und heiter! Wenn Radix-Uranus über Radix-Jupiter geht, fühlt man sich allem Irdischen enthoben. In solchen Zeiten wagt man ruhig mal eine Last-minute-Reise nach Weißnichtwo. Philosophische Denkmodelle von Freiheit und Unabhängigkeit faszinieren einen. Manche spekulieren jetzt an der Börse, schwelgen in Möglichkeiten statt in Tatsachen. Unverbindlichkeit wird auf die Spitze getrieben, Vertrauen zerbricht. Lebenskünstler sind wir alle. Gründungsfieber. Start-up-Unternehmen. Pioniere brauchen Optimismus!

Transit-Uranus und Radix-Jupiter in Spannung

Verpufft! Die Spannung vom Transit-Uranus zum Radix-Jupiter bringt viele, oft zu viele Ideen. Und ein falsch verstandenes Freiheitsgefühl, das des Egoismus nahe ist, schafft jede Menge Unruhe. Wo ist die Grenze zwischen Freiheit und Haltlosigkeit? Wann sollte man auf seinen siebten Sinn hören und wann doch lieber auf die Stimme der Vernunft? Nicht jede Geschäftsidee ist wirklich lohnend. Spekulieren Sie nicht zu viel in dieser Zeit. Sie könnten große Mengen an Kapital aufnehmen. Doch wann ist der Einsatz sinnvoll. Und wann vertan?

Transit-Uranus und Radix-Jupiter in Harmonie

Leichtigkeit! Die harmonischen Uranustransite zum Radix-Jupiter bringen eine luftig-leichte Stimmung, in der alles möglich zu sein scheint, zumindest in der Welt des Positiven Denkens. Setzen Sie jetzt ruhig auf die Hilfe von Freunden, arbeiten Sie mit sozial engagierten Organisationen und Stiftungen zusammen. Unkonventionelle Ideen können gewinnbringend genutzt werden. Brauchen Sie ein Stipendium, suchen Sie Kontakte zum Ausland? Mithilfe moderner Technologie kommen Sie weiter.

Transit-Uranus und Radix-Saturn in Konjunktion

Ausdauer! Der Transit des Radix-Uranus über Radix-Saturn zerschlägt eherne Traditionen, die überholt sind, aber auch Rahmenbedingungen, die bislang Schutz und Halt gaben. Es ist Ihnen jetzt kaum möglich, Kompromisse einzugehen. Doch nur so würden Sie Ihre manchmal recht hochtrabenden Ideen wenigstens zum Teil verwirklichen können. Entscheidung zwischen Freiheit und Sicherheit. Grenzen können Sie besser akzeptieren, wenn Sie wissen, für welche Innovationen sie den rechten Rahmen bieten. Tradition und Fortschritt sind durchaus miteinander vereinbar. Man muss nur die richtigen Ideen haben. Und einem langen Atem.

Transit-Uranus und Radix-Saturn in Spannung

Knirschen im Gebälk! Uranus harte Transite zu Radix-Saturn bringen erhebliche Spannungen mit sich. Eine ungeheure Ungeduld und Kompromisslosigkeit wird Menschen ergreifen, die sich aus erstarrten Strukturen ansonsten nicht befreien können. Hüten Sie sich davor, mit allen Konventionen zu brechen, wenn Sie keine positive Orientierung haben. Verkrustete Strukturen können jetzt sehr schnell aufbrechen. Wichtig ist gerade jetzt innere Wachheit und Klarheit. Sie müssen auf gewisse Dinge verzichten. Es kann einen Bruch in Ihrer Karriere geben. Dass Sie gerade dadurch in die Freiheit geführt werden, verstehen Sie jetzt wahrscheinlich noch nicht.

Transit-Uranus und Radix-Saturn in Harmonie

Zickzack! Die harmonischen Transite zu Radix-Uranus zu Radix-Saturn bringen Ihnen die Kraft, den harten Realitäten ins Auge zu sehen und gleichzeitig Ihre Vision von einer besseren Welt nicht aus den Augen zu verlieren. Es ist Ihnen jetzt möglich, die Brüche im Leben als eine Entwicklung zu sehen. Sie sind so schnell wie ein Blitz. Und der bahnt seinen Weg in Zickzack-Linien. Was der Natur recht ist, sollte Ihnen nur billig sein. Auf der Basis des Alten lässt sich Neues verwirklichen. Ausnahmen bestimmen mehr denn je die Regel. Gerade in traditionell konservativen Strukturen können Sie sich jetzt Freunde machen.

Transit-Uranus und Radix-Uranus in Konjunktion

Feierabend! Der Transitaspekt Radix-Uranus Konjunktion Radix-Uranus tritt nur im 80. Lebensjahr auf. Wenn Sie dieses Alter wirklich erreicht haben, sollten Sie endlich mit dem Arbeiten aufhören. Etwas mehr Freizeit kann wirklich nicht schaden! Ach ja: Gehen Sie mal ins Kino bzw. die Videothek und schauen Sie sich »Harold and Maude« an. Das bringt Sie jetzt auf ganz neue Ideen. Mit dem Abstand des Alters lassen sich viele Dinge viel besser verstehen. Man fühlt sich sehr, sehr jugendlich in einem alten Körper und begreift, was Zeit eigentlich ist.

Transit-Uranus und Radix-Uranus in Spannung

Umdenken! Die harten Aspekte des Transit-Uranus zu seiner Ursprungsposition bewirken stets größere Veränderungen. Man spürt viel stärker, was Individualität bedeutet, mit allen Vor- und Nachteilen. Und man setzt sich selbst in Beziehung zum sozialen Umfeld. Freiheit ist in erster Linie die Freiheit der Andersdenkenden. Dies verstehen Sie jetzt sehr gut. Und so gehen Sie ein ganzes Stück weiter in der Verwirklichung eines individuellen und zugleich gemeinschaftlich orientierten Lebens. Gleichzeitig fällt es ungeheuer schwer, nicht permanent in eine jugendliche Protesthaltung hineinzurutschen. Was für Jobs jetzt infrage kommen? Fallschirmspringer, Astronaut, Fahrradkurier, Friseuse, Porschefahrer. Moment mal: Friseuse? Porschefahrer? Na ja, für alle, die ihr Leben radikal verändern wollen. Und dazu gehört nun mal ein neues Outfit. Alles klar?

Transit-Uranus und Radix-Uranus in Harmonie
Unabhängigkeit! Bildet Radix-Uranus günstige Aspekte zu seiner Radixposition, fällt es leicht, die eigene Individualität zu bewahren und sogar noch auszuweiten. Die Kunst besteht darin, auf all das zu verzichten, was die Freiheit einschränkt. Dazu kommt dann noch ein gewisses Quäntchen an Wagemut. Wozu all dies? Lässt sich daraus ein Beruf machen? Smart-, Twingo- oder Mini-Verkäufer vielleicht. Oder eine Ein-Mann-Show. Survivaltrainer. Mitglied einer SEK-Truppe im Sondereinsatz für die Bundeswehr. Und alle anderen Jobs, für die Minimalisten und Individualisten gebraucht werden.

Transit-Uranus und Radix-Neptun in Konjunktion
Fantasterei! Uranus über Radix-Neptun ist eine fantastische Konstellation. Große Sensibilität und starkes Ahnungsvermögen fördern die Kreativität. Natur und Kultur verbinden sich, Mythos und Technik. Sie sind für ungeheuer viele Sinneseindrücke offen. Das führt fast unweigerlich zur Reizüberflutung. Der Verstand kann all die Empfindungen kaum richtig einordnen. Hüten Sie sich vor krank machendem Stress. Genießen Sie all jene Inspirationen und Visionen, die noch lange Jahre Ihre Psyche nähren werden. Dieser Aspekt ist für musische Berufe sehr geeignet.

Transit-Uranus und Radix-Neptun in Spannung
Übersensibilität! Die harten Transite zu Radix-Uranus zu Radix-Neptun setzen uns verschiedensten Umwelteinflüsse aus. Die Sinneseindrücke und Signale überfordern Körper und Psyche, fordern auf zur inneren Ruhe. Eine Übersensibilität gegen Umweltgifte, Lärm, Stress, denaturierte Nahrung und psychischen Stress kann den Ausbruch von Allergien fördern. Üben Sie ganz intensiv Entspannung, Reinigung, Meditation. Füttern Sie Ihre Seele mit ausgewählter Poesie. Vermeiden Sie zu starke Vermischung. Gut sind Berufe, in denen sich Natur und Technik kombinieren lässt.

Transit-Uranus und Radix-Neptun in Harmonie
Flexibilität! Mit harmonischen Aspekten zu Radix-Uranus zu Radix-Neptun ist es so, als ob Sie Antennen hätten, mit denen sich Stimmungen und Gedanken der Umwelt empfangen lassen. Es ist eine gute Zeit, um mit Menschen zusammenzuarbeiten, egal was der Inhalt des gemeinsamen Tuns auch sei. Gutes Gelingen!

Transit-Uranus und Radix-Pluto in Konjunktion
Durchbruch! Uranus über Radix-Neptun ist eine explosive Konstellation. Die scheinbare Unvereinbarkeit von Individualität und fester Partnerschaft provoziert Entscheidungen und erzwingt Klarheit: Freiheit und Unabhängigkeit kann durch gut durchdachte Pläne langfristig verwirklicht werden. Zugleich kommen aus den Tiefen des Raums Phänomene zum Vorschein, die Sie vollkommen überraschen. Alte Sicherheiten und Machtgefüge zerbrechen. Wie das konkret aussieht? Sie befinden sich in einem großen Konzern und werden plötzlich in einen Skandal verwickeln, dessen Aufdeckung sich nicht verhindern lässt und alles von Grund auf umstrukturiert. Oder: Sie arbeiten in einem Familienbetrieb und wollen mit der Tochter des Chefs durchbrennen. Oder: Sie haben ein Computerprogramm entwickelt und irgendjemand klaut Ihnen den Quellcode. Aufregend wirds allemal!

Transit-Uranus und Radix-Pluto in Spannung
Radikaler Wandel! Bei Radix-Uranus im harten Transit zu Radix-Pluto zerreißen viele mühsam aufgebaute Spinnennetze. Das tut weh. Und es ist trotzdem wichtig. Denn nur so lässt sich eine Weiterentwicklung in die Wege leiten. Versuchen Sie, Ihre Lebenspläne dort, wo sie verkrustet und erstarrt sind, völlig umzugestalten. Starke innerseelische Spannungen zeigen sich auch in Auseinandersetzungen mit Partnern oder Somatisierung durch Krankheiten. Steigern Sie sich nicht in fixe Ideen hinein. Wem nützt ein Meinungskrieg? Der Kopf ist rund, damit das Denken die Richtung wechseln kann. Damit sind nicht nur die anderen gemeint. Sie sollten alle schwierigen Umbrüche, die jetzt geschehen, von der positiven Seite sehen.

Transit-Uranus und Radix-Pluto in Harmonie
Alles ausplaudern! Uranus im harmonischen Transit zu Pluto: Das ist eine gute Zeit, um an geheime Informationen heranzukommen, psychologisch geschickt zu arbeiten. Eine neue Offenheit kann gewagt werden. Tabus werden angesprochen. Deshalb sind große Veränderungen möglich. Tiefe Blockaden werden gelöst. Dieser Planetenaspekt ist hervorragend für die Arbeit in den Massenmedien geeignet. Probieren Sie es mit einem Volontariat bei der Zeitung, arbeiten Sie für Radio oder Fernsehen. Oder sagen Sie ganz einfach überall Ihre Meinung. Wo auch immer. Sie haben damit fast immer Erfolg.

Transit-Uranus und Radix-Chiron in Konjunktion

Machtposition! Mit der Transit-Sonne über Radix-Pluto werden Sie so oder so in die Konfrontation gezogen. Etwas muss sich verändern. Die Frage ist nur, ob das Zukünftige Ihrem Geschmack entspricht. Wenn Sie ein Wörtchen mitreden wollen, müssen Sie eine klare Meinung haben. Untergründige Kritik oder eine trotzige Verweigerungshaltung werden Sie diesem Ziel nicht näher bringen. Wenn Sie sich heute zu sehr auf eine ganz bestimmte Person fixieren, um Ihren ganz persönlichen Rachefeldzug auszufechten, dann dürfen Sie das ruhig tun. Eine Veränderung zum Positiven erreichen Sie damit jedoch nicht. Dazu müssen Sie nämlich erst einmal in eine Machtposition gelangen. Und das geht nur mit konstruktivem Verhalten und langem Atem.

Transit-Uranus und Radix-Chiron in Spannung

Umkehren! Die Spannungsaspekte der transitierenden Radix-Sonne zu Radix-Pluto konfrontieren Sie letztendlich immer nur mit Ihrem eigenen Dickschädel. Das ist vielleicht traurig, aber allzu wahr. Sie erkennen wieder einmal, dass Sie sich ein ganz klein bisschen verrannt haben. Ein bisschen sehr sogar ... Aus solchen Sackgassen kommt man stets nur im Rückwärtsgang heraus. Je unauffälliger und dezenter Sie die Karre aus dem Dreck ziehen, desto leichter werden Sie wieder festen Boden unter den Füßen spüren.

Transit-Uranus und Radix-Chiron in Harmonie

Pokerface! Die harmonischen Transitaspekte der Radix-Sonne zu Radix-Pluto sichern Ihre Machtposition. Es ist gut, wenn man nicht allzu vertraulich mit seinem Wissen umgeht und die Gegner über die eigene Strategie weitgehend im Unklaren lässt. Das gleiche Verhalten lässt sich auch gegenüber Vorgesetzten oder im Kollegenkreis erfolgreich anwenden. Sie planen große Veränderungen, und das letztendlich nicht nur zu Ihrem eigenen Nutzen. Die Firma wird davon profitieren. Alles will gut vorbereitet sein. Sonst gibt es keinen durchschlagenden Erfolg.

Transit-Uranus und Radix-Lilith in Konjunktion

Machtposition! Mit der Transit-Sonne über Radix-Pluto werden Sie so oder so in die Konfrontation gezogen. Etwas muss sich verändern. Die Frage ist nur, ob das Zukünftige Ihrem Geschmack entspricht. Wenn Sie ein Wörtchen mitreden wollen, müssen Sie eine klare Meinung haben. Untergründige Kritik oder eine trotzige Verweigerungshaltung werden Sie diesem Ziel nicht näher bringen. Wenn Sie sich heute zu sehr auf eine ganz bestimmte Person fixieren, um Ihren ganz persönlichen Rachefeldzug auszufechten, dann dürfen Sie das ruhig tun. Eine Veränderung zum Positiven erreichen Sie damit jedoch nicht. Dazu müssen Sie nämlich erst einmal in eine Machtposition gelangen. Und das geht nur mit konstruktivem Verhalten und langem Atem.

Transit-Uranus und Radix-Lilith in Spannung

Umkehren! Die Spannungsaspekte der transitierenden Radix-Sonne zu Radix-Pluto konfrontieren Sie letztendlich immer nur mit Ihrem eigenen Dickschädel. Das ist vielleicht traurig, aber allzu wahr. Sie erkennen wieder einmal, dass Sie sich ein ganz klein bisschen verrannt haben. Ein bisschen sehr sogar ... Aus solchen Sackgassen kommt man stets nur im Rückwärtsgang heraus. Je unauffälliger und dezenter Sie die Karre aus dem Dreck ziehen, desto leichter werden Sie wieder festen Boden unter den Füßen spüren.

Transit-Uranus und Radix-Lilith in Harmonie

Pokerface! Die harmonischen Transitaspekte der Radix-Sonne zu Radix-Pluto sichern Ihre Machtposition. Es ist gut, wenn man nicht allzu vertraulich mit seinem Wissen umgeht und die Gegner über die eigene Strategie weitgehend im Unklaren lässt. Das gleiche Verhalten lässt sich auch gegenüber Vorgesetzten oder im Kollegenkreis erfolgreich anwenden. Sie planen große Veränderungen, und das letztendlich nicht nur zu Ihrem eigenen Nutzen. Die Firma wird davon profitieren. Alles will gut vorbereitet sein. Sonst gibt es keinen durchschlagenden Erfolg.

Transit-Uranus und Radix-Mondknoten in Konjunktion

Machtposition! Mit der Transit-Sonne über Radix-Pluto werden Sie so oder so in die Konfrontation gezogen. Etwas muss sich verändern. Die Frage ist nur, ob das Zukünftige Ihrem Geschmack entspricht. Wenn Sie ein Wörtchen mitreden wollen, müssen Sie eine klare Meinung haben. Untergründige Kritik oder eine trotzige Verweigerungshaltung werden Sie diesem Ziel nicht näher bringen. Wenn Sie sich heute zu sehr auf eine ganz bestimmte Person fixieren, um Ihren ganz persönlichen Rachefeldzug auszufechten, dann dürfen Sie das ruhig tun. Eine Veränderung zum Positiven erreichen Sie damit jedoch nicht. Dazu müssen Sie nämlich erst einmal in eine Machtposition gelangen. Und das geht nur mit konstruktivem Verhalten und langem Atem.

Transit-Uranus und Radix-Mondknoten in Spannung

Umkehren! Die Spannungsaspekte der transitierenden Radix-Sonne zu Radix-Pluto konfrontieren Sie letztendlich immer nur mit Ihrem eigenen Dickschädel. Das ist vielleicht traurig, aber allzu wahr. Sie erkennen wieder einmal, dass Sie sich ein ganz klein bisschen verrannt haben. Ein bisschen sehr sogar ... Aus solchen Sackgassen kommt man stets nur im Rückwärtsgang heraus. Je unauffälliger und dezenter Sie die Karre aus dem Dreck ziehen, desto leichter werden Sie wieder festen Boden unter den Füßen spüren.

Transit-Uranus und Radix-Mondknoten in Harmonie

Pokerface! Die harmonischen Transitaspekte der Radix-Sonne zu Radix-Pluto sichern Ihre Machtposition. Es ist gut, wenn man nicht allzu vertraulich mit seinem Wissen umgeht und die Gegner über die eigene Strategie weitgehend im Unklaren lässt. Das gleiche Verhalten lässt sich auch gegenüber Vorgesetzten oder im Kollegenkreis erfolgreich anwenden. Sie planen große Veränderungen, und das letztendlich nicht nur zu Ihrem eigenen Nutzen. Die Firma wird davon profitieren. Alles will gut vorbereitet sein. Sonst gibt es keinen durchschlagenden Erfolg.

Transit-Uranus und Radix-Aszendent in Konjunktion

Einzigartigkeit! Uranus auf dem Aszendenten ist eine ganz besondere Zeit. Man ist hellwach und spürt eigentlich zum ersten Mal im Leben, was Individualität bedeutet, die Einzigartigkeit der eigenen Existenz ausmacht. Die Konsequenzen für das Berufsleben können in vielerlei Richtungen gehen. Immer jedoch bringen sie uns hin zur Selbstverwirklichung. Die inneren Kräfte und Fähigkeiten drängen nach Selbstausdruck. In der Praxis dürfte das bedeuten, dass man seinen Job vollkommen hinschmeißt, zum Aussteiger wird und auf Kreta ein Strandbar aufmacht. Andere gehen auf Wanderschaft. Es hält sie nichts mehr an einem festen Standort. Überhaupt ist bei dieser Konstellation der Gang in die berufliche Selbstständigkeit angesagt. Ob es sich dabei um mehr als nur eine vorübergehende Laune handelt, wird sich mit der Zeit zeigen.

Transit-Uranus und Radix-Aszendent in Spannung

Krampf! Wenn Radix-Uranus einen harten Transitaspekt zum Aszendenten bildet, werden Sie zwanghaft versuchen, in der Firma oder auf dem freien Arbeitsmarkt einen Sonderstatus einzunehmen und Neuerungen durchsetzen. Abrupte Kursänderungen und Brüche in menschlichen Beziehungen deuten an, dass es Ihnen schwerfällt, sich emotional einzulassen. Konzentrieren Sie sich am besten auf genau das, was Sie einzigartig macht, erschöpfen Sie sich nicht im Protest oder in sinnlosen Spielereien. Und gehen Sie nicht zu schnell und zu direkt auf andere Menschen ein. Manchmal bringt selbst gewählte Distanz genau den Freiraum, den andere brauchen, um später dann freiwillig auf Sie zuzukommen. Sie werden nicht verhindern können, dass Geschäftsbeziehungen abbrechen, dass sich Kunden zurückziehen, dass es Probleme bei der Werbung neuer Kunden gibt bzw. bei der Bewerbung für einen vakanten Posten. Sie werden experimentieren müssen. Nur so finden Sie heraus, welche der vielen neuen Strategien wirklich den gewünschten Erfolg bringt.

Transit-Uranus und Radix-Aszendent in Harmonie

Ganz besonders! Uranus im harmonischen Transit zum Aszendenten macht es leicht, sich ins Spiel zu bringen. Ihr unkonventionelles Auftreten findet bei vielen Menschen Anklang. Sie können mühelos einen Sonderstatus einnehmen und Neuerungen durchsetzen. Vor allen Dingen ist die Fähigkeit zur Selbstdarstellung enorm. Künstlerische und geistige Talente entwickeln sich. Genießen Sie ihre Sonderrolle. Wünsche werden erfüllt. Es ist eine Phase der gesteigerten Individuation. Sie werden erkennen, dass Sie vollkommen alleine dastehen. Doch die Ideen, für die Sie sich jetzt einsetzen, gehören im Grunde der ganzen Welt und kommen allen Menschen zu Gute. Deshalb sind Sie trotz Ihres Einzelgängertums mit allen verbunden. Die Zeit ist hervorragend, um die eigene Kreativität zu entwickeln. Zugleich ist die Konstellation hervorragend geeignet für Teamwork. Dort, wo sich Individualisten zusammentun, entsteht stets etwas ganz Besonderes.

Transit-Uranus und Radix-Himmelsmitte in Konjunktion

Gipfelleuchten! Mit Radix-Uranus auf dem MC werden Sie auf Hierarchien pfeifen. Nichts kommt Ihnen lächerlicher vor als Chefs, die ihre Position nur einem jahrzehntelangen Buckeln und Kriechen, einem angepassten und devoten Verhalten verdanken. Was Sie bewundern, ist das einsame Genie an der Spitze, den begnadeten Meister seines

Faches, kurz: die Fachkompetenz. Chefs von Computerunternehmen, die in Jeans und Turnschuhen daherkommen, Filmregisseure inmitten ihres Teams, Stardirigenten mit dem Nimbus des Einzigartigen entsprechen da schon eher Ihren Vorstellungen. Doch was sind diese Vorstellungen eigentlich wert? Sie müssen aufpassen, die Ansprüche an »die da oben« nicht ins Unermessliche zu schrauben. Versuchen Sie sich lieber selbst als genialer, aber lockerer und umgänglicher Chef, als »Primus inter Pares« als gleicher unter gleichen. Das hat wahrhaft Stil!

Transit-Uranus und Radix-Himmelsmitte in Spannung

Elternwünsche! Uranus im harten Transitaspekt zum MC bringt eine Zeit voller Spannungen, Veränderungen und Unruhe in der Öffentlichkeit. Man ist geneigt, alles hinzuschmeißen. Beruf und Privatleben erscheinen auf einmal wie ein Gefängnis. Man möchte ausbrechen, alles hinter sich lassen. Individualismus sollte jetzt nicht unbedingt zur absoluten Lebensphilosophie hochstilisiert werden. Überdenken Sie die Beziehung zu ihren Eltern. Schließen Sie mit ihnen Frieden und emanzipieren Sie sich zugleich von ihnen. Ihr Beruf sollte helfen, ganz persönliche Ziel zu verwirklichen - und nicht die Ihrer Familie! Erinnern Sie sich daran, was Sie als Kind eigentlich werden wollten. Denken Sie positiv. Wagen Sie Neuerungen. Aber vermeiden Sie weitere Brüche.

Transit-Uranus und Radix-Himmelsmitte in Harmonie

Quereinstieg! Bei Radix-Uranus in Harmonie mit dem MC sollten Sie direkt auf Behörden und Vorgesetzte zugehen. Die Schwellenangst ist einfach weg. Sie himmeln diese Autoritäten nicht unhinterfragt an. Und Sie können Forderungen stellen, ohne gleich rot zu werden, ins Stottern zu kommen oder einen Rausschmiss zu riskieren. Auch können sie jetzt sehr kooperativ innerhalb einer Hierarchie mit Untergebenen zusammenarbeiten, Teamwork probieren. Es existiert in Ihnen ein siebter Sinn für Ausnahmen, Nebenwege, günstige Gelegenheiten, Workaround. Nutzen Sie die moderne Technik, um weiterzukommen. Sie können erstarrte Konventionen durchbrechen, ohne gleich die gesamte Rahmenstruktur kaputt zu schlagen. Beste Zeit für Innovationen!

Die Zyklen des Neptun

Bei uns in Europa hat der Planet Neptun eine zwielichtige Bedeutung. Lug, Trug, Illusion und Drogensucht ordnet man ihm zu. In der indischen Astrologie hingegen strahlt Neptun kraftvoll positive Energien ab. Es gibt kulturelle Gründe für diese unterschiedlichen Deutungen. Europäer glauben an das, was sich sehen und anfassen lässt. Hindus hingegen bezeichnen alles Sichtbare und Fassbare dieser Welt als Maya, also Schein und Illusion. Unser Leben - ein Traum. Die Realität ist gemäß indischer Philosophie nur ein Trugbild, und unsichtbar bleibt dahinter die Wirklichkeit, die alles gestaltet.

Für uns bodenständige Europäer ist solch ein Weltbild nur Träumerei. Und doch wissen wir, dass die wichtigsten Dinge im Leben, die Liebe zum Beispiel, nicht materiell sind und sich nicht kaufen lassen. Und obwohl wir sie nicht sehen können, glauben wir fest daran, dass jeder von uns eine Seele hat. Wir haben daraus sogar eine anerkannte Universitätswissenschaft gemacht: die Psychologie.

Neptun werden astrologisch einige der wichtigsten Wirtschaftszweige modernen Welt zugeordnet: die Medienindustrie (allen voran die Traumfabriken Hollywoods), dann das Ölgeschäft und die Chemie, schließlich und endlich die Schattenwirtschaften des Drogenhandels und der Korruption. Bleibt noch zu erwähnen, dass zum Reich des Meeresgottes Neptun auch Medizin und die Ökologie zählen, sowie der Umweltschutz, einer der zukunftsträchtigsten Wirtschaftszweige der Welt.

Unter Neptuns Einfluss entspannen wir uns, werden sensibel und verletzlich. Suchen wir uns Orte, an denen unsere Träume konstruktiv ausleben können.

Transit-Neptun im ersten Radix-Haus

Über mehr als ein Jahrzehnt steigert sich Ihre Sensibilität und Empfindsamkeit. Es ist, als ob Sie auf einmal über einen siebten Sinn verfügen. Sie können sich in andere Menschen hineinfühlen, ihnen Trost und Mitleid spenden.

Die gleiche Fähigkeit lässt sich aber auch für Betrügereien missbrauchen. Wer Ihnen das Paradies auf Erden verspricht, kann Ihre Gutgläubigkeit gnadenlos ausnutzen. Ihre Wünsche und Hoffnungen steigen ins Unermessliche. Es ist eine fantastische Zeit für Künstler auf der Suche nach Inspiration. Manche Menschen greifen jetzt auf Drogen zurück. Doch je himmlischer der Rausch, desto höllischer auch der Kater danach.

Wer aufs große Meer hinaus fährt, braucht ein perfekt funktionierendes Boot, ausreichend Proviant,

gute Seemannskenntnisse und sehr viel Disziplin. Fahren Sie ruhig hinaus auf hohe See! Doch lassen Sie sich von den Wellen des Lebens nicht unterkriegen. Halten Sie das Steuerruder fest im Griff. Klarer Kurs, Blick hinauf zu den Sternen. Und immer eine Handbreit Wasser unter dem Kiel
Müdigkeit uns Schwächegefühl, aber auch rauschhafte Wutanfälle. Gut sind alle Sportarten, die mit Wasser zu tun haben.

Transit-Neptun im zweiten Radix-Haus

Ein gutes Jahrzehnt lang erscheint es Ihnen, als ob es keine festen Werte gäbe, als ob nur eines beständig sei: die Veränderung. Durch spekulative Geschäfte können Sie nun viel Geld gewinnen oder verlieren. Körperlich ist es schwierig, Substanz aufzubauen. Die Gefahr, durch Genussgifte und Drogen die eigene Gesundheit auf Spiel zu setzen, ist ganz erheblich. Vorsicht auch bei der Anwendung von leistungssteigernden Dopingmitteln im Sport
Haben Sie sich schon einmal mit alternativer Medizin beschäftigt? Halten Sie Umweltschutz für eine interessante Zukunftstechnologie? Dachten Sie schon einmal darüber nach, Aktien im Chemiesektor zu erwerben? Lohnt sich eine Investition im Medienbereich? Sondieren Sie nach Finanzquellen, bei denen es auf Fingerspitzengefühl und psychologisches Einfühlungsvermögen ankommt.
Körperlich ist dies eine sehr gute Zeit, wenn man wirklich mit der Natur in Kontakt kommen will. Reisen Sie durch den Amazonas, belegen Sie einen Kurs in fernöstlicher Kampfkunst oder kaufen Sie sich ein Segelboot. Sie werden kraftvoller und elastischer. Denn nur jene, die allzu hart sind, stechen und brechen ab zugleich.
Schwaches Körpergefühl, geringe Abwehrkräfte. Kneippsche Kuren, Wassertreten, Kopfhörer aufsetzen und eine Mauer aus Musik um sich aufbauen.

Transit-Neptun im dritten Radix-Haus

Gut zehn Jahre haben Sie Zeit, die Kunst der nonverbalen Kommunikation zu erlernen. Das heißt natürlich nicht, dass Sie jetzt stumm werden. Nur spielt das Logische, das Faktische, die pure Information der sprachlichen Vermittlung fortan eine untergeordnete Rolle.
Merken Sie, dass es Ihnen schwerfällt, nur durch Worte auszudrücken, was Sie eigentlich sagen wollen? Reihen sich Missverständnisse an Missverständnisse? Werden Sie angelogen oder verschweigt man Ihnen das Wichtigste? Üben Sie, sich durch Körpersprache, durch Mimik und Gesten auszudrücken. Mit der Zeit entwickeln Sie ein derartiges Feingefühl, dass bereits erahnen, was Ihr Gegenüber sogen und hören will, bevor auch nur ein einziges Wort gefallen ist.
Diese Zeit ist auch sehr gut, um musische Talent zu entwickeln. Lernen Sie, Ihre Gedanken und Gefühle mithilfe eines Musikinstruments, eines Gemäldes, eines Films oder auf anderem Wege künstlerisch auszudrücken.
Konzentrationsschwächen, lallend-lispelnde Aussprache. Hören Sie ausländische Radiosender, deren Musik Ihnen guttut - auch wenn Sie kein Wort verstehen!

Transit-Neptun im vierten Radix-Haus

Eine Villa in der totalen Abgeschiedenheit unberührter Natur, eine Atelierwohnung im Künstlerviertel von New York, eine Klausur in der stillen Abgeschiedenheit eines bayerischen Klosters, eines indischen Ashrams oder eines japanischen Zen-Klosters, das Leben auf einer Insel, eine Weltreise mit dem Segelboot: Es gibt viele Möglichkeiten, in dem Jahrzehnt dieses Neptun-Transits einen Ort finden können, an dem die Träume zu Hause sind.
Natürlich hat dieser Planetentransit auch seine Schattenseiten. Oft löst sich die gewohnte Wohn- und Familiensituation auf, scheinbar unerklärlich, magisch - vielleicht durch Intrigen und dunkle Machenschaften? Man wird von Menschen getrennt, die einem sehr am Herzen liegen. Man sehnt sich nach ihnen und findet doch nur schwerlich einen Zugang.
Es hat keinen Zweck, apathisch und voller Sehnsucht nach einem verlorenen Paradies zurückzublicken. Schauen Sie genauer hin! Erkennen Sie, wie sich Härte und Verbitterung aus Ihrer Seele löst? All das machte Ihnen in der Vergangenheit ein wirklich glückliches Leben schier unmöglich. Ein starker Wunsch treibt Sie nun voran, ein Wunsch nach Heimat und Geborgenheit. Sie werden diesen Ort überall und nirgends auf der Welt finden. Tief in Ihrem Innersten liegt er verborgen.
Innere Unsicherheit bis hin zu Panikanfällen. Künstler nach Hause einladen. Musikinstrumente kaufen, auch wenn man nicht spielen kann. Ein Klangspiel an den Eingang hängen.

Transit-Neptun im fünften Radix-Haus

Es kann sein, dass Sie im Jahrzehnt der Wirkung dieser Planetentransits des Öfteren im Rampenlicht stehen und Ihnen das fürchterlich unangenehm ist. Genauso gut vorstellbar ist, dass Sie sich im gleichen Zeitraum intensiv darum bemühen, im Mittelpunkt zu stehen, und das dies nicht gelingt. Sie werden übersehen, und wenn es dann doch einmal klappt, wirkt es lächerlich oder peinlich.

Ihre Träume und Illusionen spielen eine entscheidende Rolle. Schüchternheit rührt oft daher, dass man sich nicht getraut, etwas von seinem Ich preiszugeben. So steht man dann neben sich, schwach und unsicher. Keine irgendwie beeindruckende Situation! Andererseits gibt es Menschen, die zeit Ihres Lebens im Rampenlicht stehen. Doch niemals wissen sie so richtig, wer oder was sie überhaupt sind. Schauspieler, Popstars und Entertainer verkörpern Rollen und finden so ihre Ausdrucksmöglichkeit.

Haben Sie schon einmal probiert, Ihre Persönlichkeitsanteile spielerisch auszuleben? Es ist Zeit, dass Sie Ihr künstlerisches Potenzial zu erschließen! »Hals und Beinbruch« heißt es hinter der Bühne, wenn man einem Kollegen vor dem Auftritt wirklich nur das Allerbeste wünscht.

Verklemmtheit und Ängste, etwas von sich zu zeigen. Dagegen hilft eine gute Maskerade. Besuchen Sie den Karneval, speziell den in Basel, und tanzen Sie mit den Hexen!

Transit-Neptun im sechsten Radix-Haus

Ein gutes Jahrzehnt lang wird Sie eine gewisse Unzufriedenheit begleiten, was Ihre Lebensumstände betrifft, die Arbeitsbedingungen und das Gesundheitliche. Sie könnten sich darüber hinwegsetzen, alle Vernunftgründe beiseiteschieben, Rechnungen und Behördenbriefe in den Müll schmeißen, hemmungslos Alkohol, Tabletten und Drogen konsumieren, Ihre Wohnung ins Chaos versinken lassen. Oder Sie fallen in einen Optimierungszwang, pendeln ständig zwischen Arzt, Heilpraktiker und Psychologen hin und her, wechseln Diäten wie andere das Handtuch:

Vielleicht kommen Sie mit der Zeit zum Schluss, dass es ganz vernünftig wäre, einen gesunden Mittelweg einzuschlagen. Alkohol ist ungesund, doch in Maßen genossen entspannt er ungemein. Ihre Fehler und Macken? Arbeiten Sie an sich, aber machen Sie sich nicht verrückt. Und was Ihre Berufs- und Lebensbedingungen betrifft? Lernen Sie, auf Ihre innere Stimme zu hören. Arbeiten Sie mit Ihrer Intuition. Mit der Zeit werden Sie immer besser spüren, was gut für Sie ist.

Unterlegenheitsgefühl gegenüber den Kollegen, Allergieneigung, Berufskrankheiten. Spüren Sie Gifte im Wohn- und Arbeitsbereich auf. Kämpfen Sie für Nichtraucherbereiche, Arbeitsschutz und Betriebssicherheit.

Transit-Neptun im siebten Radix-Haus

Die Neigung, sein jeweiliges Gegenüber zu idealisieren, steigt in dem Jahrzehnt dieses Planetentransits ungemein. Man wird ungeheuer feinfühlig, was Partnerschaften betrifft. Doch gleichzeitig erhöht sich auch die Gefahr der Selbsttäuschung.

Vielleicht treffen Sie in dieser Zeit auf die Liebe Ihres Lebens. Oft genug passiert die tatsächlich. Jedoch sind Sie nun derart offen und strahlen den Wunsch nach innigem Beisammensein auch vehement aus, bewusst oder unbewusst. Dies kann von Betrügern jeglicher Art ausgenutzt werden, von Heiratsschwindlern, Trickbetrügern oder Sekten mit dubiosen Heilsversprechen. Dem können Sie am besten Begegnen, indem Sie Ihre Sensibilität trainieren und kanalisieren. Lernen Sie, zwischen echter und falscher Liebe und Hilfsbereitschaft zu unterscheiden. Entwickeln Sie Menschenskenntnisse. Erforschen Sie Ihre inneren Sehnsüchte und lernen Sie, zwischen Traum und Wirklichkeit zu unterscheiden.

Neurotische Spiele in der Partnerschaft. Totale Schüchternheit. Kaufen Sie Schmuck und Kleidung auf den Flohmarkt. Und versuchen sie es mal mit der Farbe grün.

Transit-Neptun im achten Radix-Haus

Mehr als ein Jahrzehnt lang werden sie Zeit haben, sich von allem zu lösen, was zu eng ist. Manchmal werden Sie das als schmerzlich empfinden, manchmal als Erlösung.

Feste Knebelverträge verlieren auf einmal ihre Gültigkeit. Letztendlich Erbschaften verschwinden ins Nichts. Fixe Ideen darüber, wie die Welt ist, gelten nicht mehr. Beziehungen mit zwanghaftem Charakter zerfallen. Schuldgefühle greifen nicht mehr, weder bei Ihnen noch beim anderen.

Gleichzeitig werden Sie für magisch-mystische Strömungen empfänglich. Musik und Film wird zum Tor in unbekannte Welt. Eine neue Sinnlichkeit lässt Begierden wachsen, nach Erotik und allerfeinsten Genüssen. Befreit von alten, eher an Personen orientierte Abhängigkeiten, könnten neuerdings Rauschzustände und Süchte Besitz von Ihnen ergreifen.

Die Kunst dieser Zeit besteht darin, gute und wertvolle Bindungen zu erhalten. Und den neuen Erfahrungen sollten Sie sich öffnen, jedoch nicht blind hingeben.

Einfach nichts und niemanden mehr festhalten können. Fehleinschätzungen, Wahnvorstellungen. Ein Tier als Freund wäre jetzt nicht schlecht. Kraft tanken in unberührter Natur.

Transit-Neptun im neunten Radix-Haus

Ungefähr zehn Jahre lang werden Sie unter unsäglichem Fernweh leiden. Ein faszinierendes Gefühl, das Sie offen macht für Menschen fremder Nationen. Die eine oder andere Auslandsreise ist denkbar, auch auf einem Schiff und/oder nach Übersee. Diese Reisen könnten auch im übertragenen Sinne geschehen, als Ausflug in eine fremde Religion oder Philosophie, vielleicht sogar als »Astralreise« auf irgendeinem Esoteriktrip mit Sektenbegleitung.

Die Sehnsucht nach allem, was anders ist, könnte zur Sucht ausarten. Neue Abhängigkeiten ersetzen sie alten. Und so stellen Sie sich vielleicht am Ende Ihrer Reise die Frage, ob Sie das, was Sie im fernen Indien oder Australien gesucht haben, nicht auch hier zu Hause finden könnten. Letztendlich geht es um Alternativen zum normalen Lebensalltag. Die Sinnfrage wird neu gestellt. Doch Antworten finden Sie überall, also in Ihrem gewohnten Lebensumfeld. Ziel jeder Reise ist es, irgendwann einmal anzukommen – zu Hause.

Sinnfindungs- und Orientierungskrise. Keine Motivation und wenig Kraft. Glauben kann heilen. Kraftsteine anlegen. Religiöse Symbole in die Wohnung bringen: Kraftsteine, vielleicht einen kleinen Buddha, Räucherstäbchen. Als Halsschmuck vielleicht ein Kreuz.

Transit-Neptun im zehnten Radix-Haus

Über mehr als zehn Jahre scheint Ihnen im Berufsleben alles zu entgleiten, was auf eine normale Karriere hinausläuft. Aber wollen Sie überhaupt auf konventionelle Art und Weise Erfolg haben?

Berufung ist jetzt wichtiger als der Beruf an sich. Bewusst oder unbewusst suchen Sie nach Alternativen zum herkömmlichen Erwerbsleben. Für Visionen und Träumereien könnten Sie sich jetzt zäh und ausdauernd einsetzen. Das ist mit hohem Risiko verbunden. Misserfolge brandmarken Sie zum Spinner, Erfolge zum erfolgreichen Künstler.

Streben Sie nicht nach Luftschlössern, sondern nach real umsetzbaren Utopien. Fallen Sie nicht auf Betrüger oder Fantastereien herein, kooperieren Sie mit engagierten Praktikern. Folgen Sie Ihrer inneren Stimme, aber nicht blind, sondern mit ein wenig Skepsis und Selbstkritik.

Schwächeanfälle bei beruflichen Anforderungen. Undefinierbare Angst, wenn es um Verantwortung geht. Repräsentative Kleidung aus alternativen, ökologisch einwandfreien Materialien tragen. Einen Talisman in die Hosentasche stecken, besonders bei wichtigen Meetings.

Transit-Neptun im elften Radix-Haus

Mehr als ein Jahrzehnt lang werden von dem Wunsch getrieben, etwas wirklich Idealistisches zu schaffen und dies gemeinsam mit Freunden und Gleichgesinnten. Wie hoch Ihr Anspruch ist, werden Sie bei verschiedensten Unwägbarkeiten, unerwarteten Enttäuschungen, chaotischen Situationen und geplatzten Träumen merken. Den Himmel auf Erden zu schaffen ist schier unmöglich. Alternative gesellschaftliche Strömungen über eine magische Anziehung auf Sie aus. Vieles wird sich nicht verwirklichen lassen. Persönliche Intrigen, kleinliche Egoismen und Betrügereien verhindern die Umsetzung manch großartiger, zur Rettung der Menschheit konzipierter Projekte.

Können Sie akzeptieren, dass im Grunde nur wenige Ihren Idealismus teilen? Bleiben Sie heiter, wenn Sie merken, dass Selbstlosigkeit die Ausnahme und Selbstsucht die Regel ist? Das wäre klug. Denn nur dann, wenn Ihnen nichts Menschliches fremd ist, können Sie wirklich die Energie vieler Menschen für ein gemeinsames Ziel bündeln.

Schwindelanfälle und Unsicherheit in der Öffentlichkeit und in großen Versammlungen. Als Training einmal in der freien Natur zelten, mit guten Freunden. Open Air Kino, Kirchentage, Friedensveranstaltungen, Mittelaltermärkte.

Transit-Neptun im zwölften Radix-Haus

Für gut zehn Jahre werden Sie eine große Sensibilität erlangen, die ins Mediale und Spirituelle hineingeht. Vielleicht lernen Sie, die Sprache Ihrer Träume zu verstehen. Möglicherweise steigert sich Ihre Fähigkeit, die Gefühle und Gedanken anderer Menschen zu verstehen, auf wunderliche Weise. Psychologische und heilerische Fähigkeiten entwickeln sich. Eine Arbeit in der Abgeschiedenheit, im karitativen oder seelsorgerischen Bereich wäre jetzt genau das Richtige. Das kann hauptberuflich geschehen oder auch rein privat. Geld spielt nicht so eine Rolle. Wichtig ist, dass Sie Ihrem starken Wunsch nach Ich-Entgrenzung eine Auslebungsebene bieten. Für viele Menschen, die selbstlos im kirchlichen Bereich arbeiten, in der Altenpflege, im Krankenhaus oder als Entwicklungshelfer in der Dritten Welt, spielt die Bezahlung eine untergeordnete Rolle. Vorrang hat die persönliche Befriedigung, die entsteht, wenn man weiß, dass man etwas wirklich Sinnvolles tut.

Fühlen Sie sich nun manchmal erschöpft, ausgelaugt, frustriert oder ausgenutzt? Dann haben Sie sich nicht genügend abgegrenzt. Klug wäre es, nur denen zu helfen, die sich nicht selber helfen können. Faulpelze oder Schmarotzer sollten Sie nicht unterstützen. Und außerdem brauchen Sie genügend Zeit, um sich zurückzuziehen. Klinken Sie sich hin und wieder aus. Finden Sie einen Rückzugsort, an dem Sie regenerieren können, wo Ihre Seele auftankt. Träume, vor denen man Angst hat, die einen nicht mehr loslassen. Rückzug in ein Kloster. Umzug aus dem Zentrum ins Randgebiet einer Stadt oder ganz bewusst ins Künstlerviertel.

Radix-Neptun und Radix-Sonne in Konjunktion

Man verlangt sehr viel Verständnis von Ihnen, vielleicht zu viel. Sich dagegen zur Wehr zu setzen, fällt schwer. Sie werden weich, verlieren Ecken und Kanten, werden angreifbar gegenüber jedem, der Ihre Hilfsbereitschaft ausnutzen will. Ein Gefühl von Ohnmacht kann aufkommen. Und könnte sich dann abwechseln mit hilfloser Wut, Größenwahn und wiederum Phlegma. Die Anfälligkeit gegenüber Zigaretten- und Alkohol- und Drogenmissbrauch ist groß.
Treiben Sie vermehrt Sport. Alles, was mit Wasser zu tun hat, ist gut. Engagieren Sie sich künstlerisch, singen und tanzen Sie! Alles, was Ihr Herz öffnet, stärkt Ihr Selbstvertrauen.
Kreislaufschwäche, Unsicherheit und Ich-Schwäche. Gönnen Sie sich genug Schlaf. Tanzen Sie sich in Trance. Genussgifte absetzen!

Radix-Neptun und Radix-Sonne in Spannung

Es geht jetzt darum, dass Sie Ihr Herz öffnen, ohne es gleich zu verlieren. Das ist gar nicht so leicht. Aus Angst, alles von sich aufzugeben, sperren Sie sich möglicherweise, verhärten noch mehr und greifen dann auf Drogen zurück, um die Kontrolle zu behalten. Ein paradoxes Verhalten, das zudem gefährlich ist. Unter diesem Planetentransit ist Ihre körperliche Vitalität leicht zu schwächen. Zudem müssen Sie sich vor Infektionen schützen. Ein guter Heilpraktiker oder Naturarzt wäre zu empfehlen.
Treiben Sie vermehrt Sport. Alles, was mit Wasser zu tun hat, ist gut. Engagieren Sie sich künstlerisch, singen und tanzen Sie! Das alles sind natürliche Drogen, die die Gesundheit und zugleich die Persönlichkeit stärken. Lassen Sie falschen Stolz beiseite – doch lassen Sie sich selbst nicht beiseiteschieben. Niemand hat das Recht, Sie an den Rand zu stellen!
Kreislaufschwäche, Unsicherheit und Ich-Schwäche. Gönnen Sie sich genug Schlaf. Tanzen Sie sich in Trance. Genussgifte absetzen.

Transit-Neptun und Radix-Sonne in Harmonie

Sie können die Dinge buchstäblich ins Fließen bringen. Kraftvoll und zugleich elastisch und weich setzen Sie Ihre Interessen durch. Das ist eine großartige Fähigkeit, die sich auf künstlerischem, psychologischem, heilerischen, ab er auch kaufmännischem Gebiet hervorragend einsetzen lässt.
Sehen Sie zu, dass Sie Ihr Talent jetzt nicht verschwenden. Halten Sie Ihre Suchtneigung im Zaume. Sport und künstlerische Aktivität ist auf Dauer viel gesünder. Und lassen Sie sich von Ihrer Eitelkeit nicht blenden! Es ist eine sehr glückliche Zeit, wenn sie Ihre Talente als ein Geschenk ansehen und der Welt dankbar etwas von dem zurückgeben, was die Welt Ihnen einst so großzügig gegeben hat.
Kreislaufschwäche, Unsicherheit und Ich-Schwäche. Gönnen Sie sich genug Schlaf. Tanzen Sie sich in Trance. Genussgifte absetzen.

Transit-Neptun und Radix-Mond in Konjunktion

Sehnen Sie sich jetzt nach den ganz großen Gefühlen? Passiert es jetzt, dass Sie im Kino bei einem ergreifenden Film in Tränen ausbrechen oder ein Lied im Radio Sie einfach nicht mehr loslässt?
Ihre große Sensibilität könnte von vielen Zeitgenossen ausgenutzt werden, auch und gerade von engsten Familienangehörigen, wenn Sie sich blind dem Strom der Gefühle hingeben. Suchen Sie deshalb auch immer wieder die Abgeschiedenheit und Einsamkeit – vielleicht auf langen Spaziergängen durch die unberührte Natur – um wieder zu sich selbst zu kommen.
Und was die Natürlichkeit betrifft: Manche Menschen verlieren unter dieser Konstellation ihre Formen, durch Drogensucht oder übermäßiges Essen. Suchen Sie nach andere Möglichkeiten, sich selbst zu fühlen, zu finden, zu empfunden, in Kontakt mit der Umwelt zu treten. Es gibt Alternativen.
Störungen der Verdauungen durch vergammelte Lebensmittel oder Vergiftungen. Schwäche der Darmperistaltik.

Transit-Neptun und Radix-Mond in Spannung

Manche Menschen kommen Ihnen jetzt einfach zu verwaschen vor. Die haben keine Konturen, an denen können Sie sich nicht orientieren. Das verunsichert. Möglicherweise will man Sie sogar täuschen. Vor allzu dick aufgetragener Nächstenliebe sei gewarnt.
Sie strahlen eine große Offenheit aus, gekoppelt mit einer gewissen Unsicherheit. Das werden manchen Zeitgenossen für ihre Zwecke auszunutzen. Sie kommen aus dieser Misere nur heraus, wenn Sie sich kritisch mit ihren Wünschen und Sehnsüchten auseinandersetzen. Beschäftigen Sie sich mit Ihren Träumen. Hören Sie auf Ihre innere Stimme. Lernen Sie sich ganz einfach besser kennen!

Transit-Neptun und Radix-Mond in Harmonie

Sie haben derzeit große pädagogische Fähigkeiten, können gut mit Kindern umgehen und auch das Kind im Erwachsenen ansprechen. Das ist zweifelsohne eine heilerische Fähigkeit. Und auch Probleme im zwischenmenschlichen Bereich lassen sich, wenn schon nicht lösen, dann zumindest lindern.
Sehen Sie diese Talente als eine Gabe an. Bleiben Sie bescheiden und freuen Sie sich, dass Sie zur Zeit über diese Fähigkeiten verfügen. Vielleicht lässt sich davon etwas über die Zeit retten?

Transit-Neptun und Radix-Merkur in Konjunktion

In Alltagsangelegenheiten kann es jetzt leicht zum Chaos kommen. Sie oder jemand aus Ihrem Umfeld drückt sich nicht klar aus, entweder aus Schüchternheit oder aus Bequemlichkeit. Im schlimmsten Fall steckt eine betrügerische Absicht dahinter.
Viele Probleme entstehen dadurch, dass man keine klaren Absprachen trifft, Dinge nur mündlich vereinbart und nicht schriftlich fixiert. Auch sollte die emotionale Seite viel mehr Berücksichtigung finden. Allein mit Logik kommen Sie jedenfalls nicht so leicht weiter.

Transit-Neptun und Radix-Merkur in Spannung

Es kann unter diesem Planetenaspekt zu empfindlichen Störungen kommen in der Kommunikation, im technischen und/oder kaufmännischen Bereich. Ganz wichtig wird, dass Sie sich über die emotionalen Randbedingungen einer Vereinbarung im Klaren sind. Das, was jemand sagt (auch Sie) und das, was wirklich gemeint ist, driften ernsthaft auseinander.
Achten Sie ganz besonders auf die Körpersprache Ihres Gegenübers, seine Gesten und den Klang seiner Stimme, auf die Art, wie E-Mails und Briefe an Sie verfasst werden. Und prüfen Sie Ihre eigenen unbewussten Motivationen. Wenn Sie sich nicht ganz stimmig sind, ob Sie in dieser oder jener Angelegenheit »Ja« oder »Nein« sagen sollten und dann mit einem ganz entschiedenen »Jein« antworten, ist es an der Zeit, in sich zu gehen. Nur so kann ein sich anbahnendes Kommunikationschaos verhindert werden.

Transit-Neptun und Radix-Merkur in Harmonie

Sie haben das große Talent, selbst unter schwierigsten Bedingungen an Informationen heranzukommen. Psychologischen Kenntnisse, Intuition und gegebenenfalls religiöse bzw. esoterische Vorlieben helfen Ihnen dabei. Ein fast schon kriminalistischer Spürsinn zeichnet Sie aus. Dazu kommt das Talent, im rechten Moment zu lügen. Und die Lügen der anderen tolerieren Sie entweder oder benutzen Sie sie für Ihre eigenen Zwecke. Nun, wenn's der Wahrheit dient …

Transit-Neptun und Radix-Venus in Konjunktion

Die Frage ist, wie sehr Sie für romantische und sicherlich auch erotische Abenteuer aufgeschlossen sind. Lehnen Sie Heimlichkeiten oder Dreiecksgeschichten grundsätzlich ab? Das ist sicherlich ehrenwert. Doch damit könnten Sie zeitweilig auf die Verliererseite wechseln. Wie dem auch immer sei: Der Gentleman genießt und schweigt. Und eine Lady drückt auch mal ein Auge zu.

Transit-Neptun und Radix-Venus in Spannung

Ist das jetzt wirklich Liebe – oder nur Liebelei bzw. Träumerei! Es kann sein, dass Sie eine mehr allgemein gehaltene Sympathie mit ganz persönlicher Zuneigung verwechseln. Das kann im zwischenmenschlichen Bereich zu ganz erheblichen Irritationen fühlen. Gewarnt wird vor Affären mit ungewissem Ausgang und ungeschütztem Sex. Doch wer die hohe Kunst der Diplomatie beherrscht, wird diese Klippen elegant umschiffen.

Transit-Neptun und Radix-Venus in Harmonie

Auf eine recht merkwürdige Art und Weise werden Sie Kontakte aufbauen. Es kann sich um Flirts handeln, die geheim gehalten werden müssen und sich Affären entwickeln, die Sie niemals wieder vergessen werden. Es muss sich hier aber nicht unbedingt um erotische Begegnungen handeln. Durch kluges Taktieren sind Sie auch in der Lage, berufliche und geschäftliche Kontakte aufzubauen, die Sie ein ganzes Stück weiterbringen. Scheuen Sie sich in diesem Zusammenhang nicht, Angebote von ganz ungewöhnlichen Menschen ernst zu nehmen. Wichtig ist es, in allem, was Sie jetzt tun, Diskretion zu wahren!

Transit-Neptun und Radix-Mars in Konjunktion

Phlegmatiker und Leute, die so sehr in ihren Träumen leben, dass sie den Alltag absolut nicht mehr auf die Reihe bekommen, dürften Ihnen jetzt ganz schön auf die Nerven gehen. Darüber in Wut zu geraten und wie ein Berserker herumzuschimpfen, das ist auch keine Lösung. Was tun?
Schauen Sie erst einmal auf Ihre eigenen Ängste und Unsicherheiten. Möglicherweise hat sich das auf Ihre Mitmenschen übertragen. Und dann überlegen Sie sich, was Sie jetzt wirklich wollen. Oft sind es innere Widerstände, die sich auf die Außenwelt übertragen. Sagt Ihre innere Stimme, dass Sie die Finger von dem Projekt lassen sollen? Dann treten Sie den Rückzug an. Spüren Sie jedoch, dass Sie aktiv ins Geschehen eingreifen wollen und müssen?

In diesem Fall trennen Sie sich von unsicheren Weggefährten und ziehen Sie die Sache alleine durch - aber bitte mit psychologischem Geschick und taktischer Klugheit.

Transit-Neptun und Radix-Mars in Spannung

Entweder nehmen Sie zu viel oder zu wenig Rücksicht. Das Resultat ist das Gleiche: Chaos, überflüssiger Stress und vor allem Ineffizienz. Entweder Sie oder jemand anders ist unsicher und steckt mit seiner Angst alle an. Energie verpufft, Ressourcen werden verschwendet. Schlimmstenfalls ertränkt man sein Sorgen in Alkohol oder rastet aus, in gerät in unkontrollierte Wut.

»Besser nichts tun, dann kann man auch nichts verkehrt machen«. Was halten Sie von dieser Einstellung? Wollen Sie sich jetzt auf jeden Fall durchsetzen? Oder kneifen Sie aus Feigheit den Schwanz ein? In dieser Situation brauchen Sie großes psychologisches Geschick. Mehr denn je bestimmen Emotionen (Ihre und die der anderen) das Handeln.

Transit-Neptun und Radix-Mars in Harmonie

Mit klugem, psychologischen Geschick setzen Sie Ihre Kräfte ein. Durch Umwege, über alternative Strategien und mit psychologischem Geschick besiegen Sie auch Ihre stärksten Feinde. Dass man durch ein Geschäftsessen mit anschließender Kneipentour im Berufsleben manchmal weitaus mehr erreicht als mit Fleiß und Strebsamkeit, das hat sich mittlerweile ja herumgesprochen. Doch bei alledem müssen Sie bedenken, dass solch eine Vertraulichkeit nicht auf ewig halten muss. Werden Sie also bei allen derzeitigen Erfolgen nicht blauäugig oder gar größenwahnsinnig. Dazu besteht kein Anlass!

Transit-Neptun und Radix-Jupiter in Konjunktion

Es gibt jetzt zwar sehr gute Chancen, finanziell, beruflich und privat weiter zu kommen. Ihre psychologische Taktik, die manchmal an Magie grenzt, ist zweifelsohne erfolgreich. Doch übertreiben Sie manchmal nicht? Job ist Job und Schnaps ist Schnaps. Wenn das Offizielle und das Private zu sehr miteinander vermischt werden, dann sieht man sich schnell dem Verdacht des Klüngels, der Intrige, Bestechung und Vetternwirtschaft ausgeliefert. Sie bewegen sich auf einem feinen Grat. Achten Sie auf Ihren guten Ruf. Verspielen Sie nicht das Vertrauen von Menschen, die Ihnen was bedeuten.

Transit-Neptun und Radix-Jupiter in Spannung

Beziehen Sie den emotionalen Faktor ausreichend genug in Ihr Handeln ein? Von Menschen, denen Sie vertrauen, könnten Sie herbe enttäuscht werden. Zudem Sie aus Sie selbst es, der hin und wieder falschen Hoffnungen schürt. Weder das eine noch das andere mag Ihnen oder Ihrer Umwelt bewusst sein. Doch seinen Sie auf der Hut: Ein einmal verspieltes Vertrauen gewinnt man nicht so leicht wieder zurück.

Transit-Neptun und Radix-Jupiter in Harmonie

Eine sinnlich, musikalisch, künstlerisch und sogar spirituell sehr gute Zeit! Sie haben einen Blick für das große Ganze, sehen Ziele klar vor Augen und können trotzdem (oder gerade deshalb?) tolerant sein. Wer ein paar kleine Fehler macht, wird nicht gleich in Grund und Boden kritisiert. Mit ein wenig guten Willen halten Sie das Team zusammen. Gemeinsam ist man unschlagbar.

Transit-Neptun und Radix-Saturn in Konjunktion

Es könnte sein, dass gewisse Leute Ihnen und allem, was Ihnen etwas wert ist, nicht genug Achtung entgegenbringen. Nicht gleich in Panik oder Depressionen verfallen! Haben Sie den Mut, über sich selbst zu lachen. Nehmen Sie diese Respektlosigkeit als Aufforderung! Lösen Sie überflüssige Verkrustungen. Entstauben Sie gründlich. Machen Sie Frühjahrsputz. All diese Tipps sind im übertragenen Sinne, aber auch ganz wortwörtlich zu verstehen.

Es besteht eine gewisse Gefahr, dass Sie jetzt Ihre materielle Sicherheit vernachlässigen. Auch könnten Sie durch Drogenmissbrauch oder Infektionen körperlich beeinträchtigt werden. Wenden Sie sich jetzt verstärkt alternativen Sportarten und Heilungsmethoden zu. Dann sind Sie auf dem richtigen Weg.

Transit-Neptun und Radix-Saturn in Spannung

Vertrauen Sie jetzt bloß nicht auf althergebrachte Werte. Klammern Sie sich nicht an Ihren materiellen Besitz und an geistige Besitzstände wie Titel, Ämter oder berufliche Positionen. Einzig beständig auf dieser Welt ist der ewige Wandel.

Es könnte sein, dass gewisse Leute Ihnen und allem, was Ihnen etwas wert ist, nicht genug Achtung entgegenbringen. Nicht gleich in Panik oder Depressionen verfallen! Haben Sie den Mut, über sich selbst zu lachen. Nehmen Sie diese Respektlosigkeit als Aufforderung! Lösen Sie überflüssige Verkrustungen. Entstauben Sie gründlich. Machen Sie Frühjahrsputz. All diese Tipps sind im übertragenen Sinne, aber auch ganz wortwörtlich zu verstehen.

Transit-Neptun und Radix-Saturn in Harmonie

Mit ein bisschen psychologischem Geschick gelingt es Ihnen jetzt, auch mit geringem materiellen und kräftemäßigen Einsatz viel zu erreichen. Viele Sach- oder Dienstleistung, die normalerweise sehr teuer sind, können sie für wenig Geld erlangen. Auch

spielen nun Titel oder Positionen nicht mehr eine so große Rolle. Vielleicht bekommen Sie jetzt durch Zufall einen Presseausweis und gelangen gratis in ein sündhaft teures Popkonzert. Oder eine tolle Wohnung bzw. eine lukrative berufliche Position wird Ihnen angeboten unter Umgehung der sonst dafür notwendigen Formalitäten.
Wichtig ist, zu erkennen, dass dies nur Ausnahmefälle sind, dass das Glück kein Dauerzustand ist. Und zudem sollten Sie klug sein und nur legale Vergünstigungen in Anspruch nehmen. Wer unter dieser Konstellation eine Schwindelfirma aufmacht, Ämter und Titel erschleicht, dem wird spätestens bei der nächsten harten Planetenkonstellation die Rechnung präsentiert.

Transit-Neptun und Radix-Uranus in Konjunktion
Es fällt Ihnen schwerer als sonst, sich zu konzentrieren, zu differenzieren und kritisch auf Distanz zu bleiben. Dafür jedoch erlangen Sie ein umfassenderes Verständnis für Ihre Mitmenschen. Gefahr von Passivität, Neigung zu Drogenmissbrauch. Ein Generationstransit, der bei vielen Menschen gleichen Alters eintritt und eine nicht so starke persönliche Wirkung hat.

Transit-Neptun und Radix-Uranus in Spannung
Es fällt Ihnen schwerer als sonst, sich zu konzentrieren, zu differenzieren und kritisch auf Distanz zu bleiben. Dafür jedoch erlangen Sie ein umfassenderes Verständnis für Ihre Mitmenschen. Gefahr von Passivität, Neigung zu Drogenmissbrauch. Ein Generationstransit, der bei vielen Menschen gleichen Alters eintritt und eine nicht so starke persönliche Wirkung hat.

Transit-Neptun und Radix-Uranus in Harmonie
Es fällt Ihnen schwerer als sonst, sich zu konzentrieren, zu differenzieren und kritisch auf Distanz zu bleiben. Dafür jedoch erlangen Sie ein umfassenderes Verständnis für Ihre Mitmenschen. Gefahr von Passivität, Neigung zu Drogenmissbrauch. Ein Generationstransit, der bei vielen Menschen gleichen Alters eintritt und eine nicht so starke persönliche Wirkung hat.

Transit-Neptun und Radix-Neptun in Konjunktion
Eine Zeit erhöhter Sensibilität. Da es sich hier um einen Generationstransit handelt, der bei allen Menschen der gleichen Altersstufe ausgelöst wird, ist die Wirkung auf das Individuum in der Regel zu vernachlässigen.

Transit-Neptun und Radix-Neptun in Spannung
Eine Zeit erhöhter Sensibilität. Da es sich hier um einen Generationstransit handelt, der bei allen Menschen der gleichen Altersstufe ausgelöst wird, ist die Wirkung auf das Individuum in der Regel zu vernachlässigen.

Transit-Neptun und Radix-Neptun in Harmonie
Eine Zeit erhöhter Sensibilität. Da es sich hier um einen Generationstransit handelt, der bei allen Menschen der gleichen Altersstufe ausgelöst wird, ist die Wirkung auf das Individuum in der Regel zu vernachlässigen.

Transit-Neptun und Radix-Pluto in Konjunktion
Stark verträumte Lebenseinstellung, Interesse an Mystik. Da es sich hier um einen Generationstransit handelt, der bei allen Menschen der gleichen Altersstufe ausgelöst wird, ist die Wirkung auf das Individuum in der Regel zu vernachlässigen.

Transit-Neptun und Radix-Pluto in Spannung
Stark verträumte Lebenseinstellung, Interesse an Mystik. Da es sich hier um einen Generationstransit handelt, der bei allen Menschen der gleichen Altersstufe ausgelöst wird, ist die Wirkung auf das Individuum in der Regel zu vernachlässigen.

Transit-Neptun und Radix-Pluto in Harmonie
Stark verträumte Lebenseinstellung, Interesse an Mystik. Da es sich hier um einen Generationstransit handelt, der bei allen Menschen der gleichen Altersstufe ausgelöst wird, ist die Wirkung auf das Individuum in der Regel zu vernachlässigen.

Transit-Neptun und Radix-Chiron in Konjunktion
In der Nacht und manchmal auch tagsüber werden Sie an Erlebnisse erinnert, die Ihnen peinlich waren, wofür Sie sich vielleicht sogar schämten. Es sind Ihre ganz persönlichen Schwachpunkte, die jetzt innerlich aufgerüttelt werden. Wenn Sie sich die Erlebnisse dieser Wochen anschauen, werden Sie feststellen, dass Sie gleichzeitig auch viel Trost und Unterstützung bekommen, von verschiedensten Seiten. Das wird Ihre Grundprobleme nicht vollends aus der Welt schaffen, deren Symptome aber doch wenigstens etwas lindern.

Transit-Neptun und Radix-Chiron in Spannung
In der Nacht und manchmal auch tagsüber werden Sie an Erlebnisse erinnert, die Ihnen peinlich waren, wofür Sie sich vielleicht sogar schämten. Es sind Ihre ganz persönlichen Schwachpunkte, die jetzt innerlich aufgerüttelt werden. Wenn Sie sich die Erlebnisse dieser Wochen anschauen, werden

Sie feststellen, dass Sie zwar auch viel Trost und Unterstützung bekommen, von verschiedensten Seiten. Doch das wird Ihre Grundprobleme nicht vollends aus der Welt schaffen. Lernen sie, Ihre Schwächen ganz einfach zu akzeptieren. Nobody is perfect!

Transit-Neptun und Radix-Chiron in Harmonie

Wenn Sie sich die Erlebnisse dieser Wochen anschauen, werden Sie feststellen, dass Sie viel Trost und Unterstützung bekommen, von verschiedensten Seiten. Dadurch werden einige Ihrer Grundprobleme derart gelindert, dass sie für einen Moment fast nicht mehr zu existieren scheinen.

Transit-Neptun und Radix-Lilith in Konjunktion

Eine Lust, eine Sehnsucht, etwas Leidenschaftliches steigt in Ihnen hoch. Vielleicht können Sie Ihre geheimsten Wünsche und Begierden nur in Ihren Träumen ausleben. Aber kann man seine Träume denn nicht auch hin und wieder mit seinem Partner teilen, fantasievoll und auf spielerische Weise?

Transit-Neptun und Radix-Lilith in Spannung

Es kann sein, dass Sie in dieser Zeit Ihrer Gefühle nicht ganz Herr werden. Suchen Sie unbedingt Ausdrucksmöglichkeiten und Erlebnisebenen für Ihre geheimen Leidenschaften. Es hat keinen Zweck, wenn Sie sich jetzt übermäßig Zwang antun, sich selbst unterdrücken. Das verschärft nur die inneren Spannungen und führt zu Fehlreaktionen.

Transit-Neptun und Radix-Lilith in Harmonie

Eine schöne Zeit, in der es auch gelingt, ein paar geheime Fantasien in der Realität auszuleben. Achten Sie auf Diskretion. Nicht jedermann sieht die Dinge so locker wie Sie und Ihre Freunde.

Transit-Neptun und Radix-Mondknoten in Konjunktion

Für eine gewisse Zeit wissen Sie vielleicht gar nicht so genau, was Sie den ganzen Tag über tun. Ihre Lebensplanung wird zunehmend intuitiv und auch ein wenig chaotisch. Lebenskünstler und solche, die vorgeben, dies zu sein, kreuzen Ihren Weg. Hüten Sie sich ein wenig vor Infektionen und allzu heftigem Rauschmittelkonsum. Ansonsten viel Spaß – es ist wie ein schöner Naturtrip, der Ihnen viele faszinierende Eindrücke beschert.

Transit-Neptun und Radix-Mondknoten in Spannung

Sie werden es wahrscheinlich schwer haben, einen kontinuierlichen Tagesrhythmus einzuhalten. Der Wunsch, ein traumhaft schönes Leben zu führen, das sich nicht in überzogenen Wunschvorstellungen und allzu großer Bequemlichkeit erschöpfen. Manche Ihrer Zeitgenossen geben ein wirklich schlechtes Beispiel ab. Davon dürfen Sie sich nicht anstecken lassen. Suchen Sie nach mehr Natürlichkeit. Leben Sie Ihre Sensibilität und Ihre spirituellen Sehnsüchte nicht auf Kosten Ihrer Mitmenschen. Finden Sie Ihren eigenen Stil!

Transit-Neptun und Radix-Mondknoten in Harmonie

Eine gute Planetenkonstellation, um für alle künstlerischen und spirituellen Aspekte des Lebens Wegpartner zu finden, Gleichgesinnte, Mitstreiter und Freunde.

Transit-Neptun und Radix-Aszendent in Konjunktion

Sie sind jetzt sensibler und feinsinniger als sonst im Leben. Ihre psychische Haut ist dünn. Dadurch nehmen Sie die unterschiedlichsten Außenreize auf, werden manchmal sogar zum Spielball fremder Interessen. Die Reaktionen erlahmen, denn es gibt einfach zu viel, was seelisch, geistig und intellektuell verarbeitet werden will. Das ermüdet, kostet viel Kraft. Manchmal fühlen Sie sich vielleicht ohnmächtig, geraten aus reiner Verzweiflung in Wut und bereuen dies hernach. Eine Zeit voll von starken Erlebnissen und Eindrücken. Sie brauchen jetzt auf jeden Fall Rückzugsmöglichkeiten. Dann können Sie immer wieder zu sich selbst finden und mit neuer, frischer Ichstärke in den Tag hinausgehen.

Transit-Neptun und Radix-Aszendent in Spannung

Ihre psychische Haut ist dünn. Dadurch nehmen Sie die unterschiedlichsten Außenreize auf, werden manchmal sogar zum Spielball fremder Interessen. Die Reaktionen erlahmen, denn es gibt einfach zu viel, was seelisch, geistig und intellektuell verarbeitet werden will. Das ermüdet, kostet viel Kraft. Manchmal fühlen Sie sich vielleicht ohnmächtig, geraten aus reiner Verzweiflung in Wut und bereuen dies hernach.

Es ist unbedingt notwendig, dass Sie sich abgrenzen und zurückziehen, um sich selber wieder zu finden. Eine natürliche Ernährung, Abstinenz von Drogen und Genussmitteln, viel Sport und vielleicht Meditation können Ihnen dabei helfen. All dies ist wichtig, damit Sie auf Ihre Umwelt nicht nur reagieren, sonder auch in der Lage sind, ganz aktiv positive Impulse zu setzen. Dies ist jetzt ganz besonders wichtig in der Kontaktanbahnung und bei der Gestaltung von Partnerschaften.

Transit-Neptun und Radix-Aszendent in Harmonie

Sie finden ungewöhnliche Wege, sich durchzusetzen und erhalten von unerwarteter Seite Unterstützung. Dies ist ganz besonders dann förderlich, wenn Sie eine neue Liebesbeziehung aufbauen oder in Kontakt mit Menschen treten wollen, zu denen Ihnen bislang der Zugang eher versperrt war.

Transit-Neptun und Radix-Himmelsmitte in Konjunktion

Eine ganz bedeutende Zeit, in der Sie Ihre Lebensziele neu definieren. Vordergründige materielle Beweggründe spielen für Sie jetzt nur eine untergeordnete Rolle. Es geht darum, dass Ihr Leben mehr danach ausrichten, was Ihrer ureigensten, innersten Natur entspricht.

Auf der vordergründigen Ebene kann es jetzt sein, dass Sie mit Intrigen und Mobbing am Arbeitsplatz konfrontiert werden und Sie sich dagegen kaum zur Wehr setzen können, vielleicht sogar krank werden. Versuchen Sie keinesfalls, weiterhin in einer Umgebung zu verharren, die Ihnen fremd geworden ist und eigentlich gar nicht zu Ihnen passt. Versuchen Sie, alle Veränderungen positiv zu sehen. Gehen Sie den Weg des Wassers, d. h. Dorthin, wo es fließt, wo man ja zu Ihnen sagt und Sie herzlich willkommen heißt.

Transit-Neptun und Radix-Himmelsmitte in Spannung

Eine ganz bedeutende Zeit, in der Sie Ihre Lebensziele neu definieren müssen. Vordergründige materielle Beweggründe spielen für Sie jetzt nur eine untergeordnete Rolle. Es geht darum, dass Ihr Leben mehr danach ausrichten, was Ihrer ureigensten, innersten Natur entspricht.

Auf der vordergründigen Ebene kann es jetzt sein, dass Sie mit Intrigen und Mobbing am Arbeitsplatz konfrontiert werden und Sie sich dagegen kaum zur Wehr setzen können, vielleicht sogar krank werden. Versuchen Sie keinesfalls, weiterhin in einer Umgebung zu verharren, die Ihnen fremd geworden ist und eigentlich gar nicht zu Ihnen passt. Versuchen Sie, alle Veränderungen positiv zu sehen. Und wo das nicht gelingt, da müssen Sie halt kämpfen. Lernen Sie mehr über Psychologie, scheuen Sie auch nicht davor zurück, eine Gesprächstherapie in Erwägung zu ziehen.

Transit-Neptun und Radix-Himmelsmitte in Harmonie

Sie finden Menschen, die Ihnen ein freieres und ungezwungenes Leben ermöglichen, gerade in beruflichen Hinsicht. Ihre eigene Entscheidung ist, ob Sie sich dabei zu einem gesundem, natürlichen und rücksichtsvollen Lebensstil entscheiden. Alternativ dazu wäre es auch möglich, dass Sie in Drogenkonsum, Betrug oder Kriminalität abdriften. Aus scheinbar unspektakulären Genüssen können mit der Zeit lebenslange Abhängigkeiten entstehen, durch kleine Schwindeleien entwickeln sich manchmal große Betrügereien. Momentan werden Sie negative Folgen falscher Weichenstellungen in Richtung Zukunft noch nicht so deutlich erleben. Dennoch ist es wichtig, dass Sie jetzt eine kluge Wahl treffen.

Die Zyklen des Pluto

So klein dieser Planet auch ist, in der Astrologie hat er einen erheblichen Stellenwert. Große Umwälzungen können geschehen, wenn er auf seiner Transitbahn durch das Geburtshoroskop zieht. Mythologisch kennen wir ihn als Gott der Unterwelt, im Kasperletheater als den Teufel und auf der klassischen Bühne als Mephisto. In Wirtschaft und Politik spricht man von Plutokratie, wenn es um Macht und Geld geht. Weitere Assoziationen sind psychischer Druck und die Macht der Masse. Das Mobbing im Berufsleben beispielsweise, wenn Mitarbeiter einen einzelnen Kollegen schikanieren, kann man als plutonisch bezeichnen.

Druck bewirkt jedoch durchaus auch Gutes. Denken wir an die Presswehen während der Geburt. Wie sonst fände das Kind hinaus? Alle grundlegenden Neuanfänge bedürfen plutonischer Intensität. Auch in Sport, Kultur und im Geschäftsleben. Um ein Team zu Höchstleistungen zu bringen, darf ein Trainer, ein Regisseur oder ein Abteilungsleiter nicht zu weich, nicht schlapp sein. Er sollte Tricks kennen, Pläne schmieden, motivieren und notfalls auch Daumenschrauben anlegen. Wenn es hart auf hart kommt, muss er nachlässige Mitarbeiter auch feuern können.

Pluto im Transit ist wie ein großer Hausputz oder gründliches Renovieren. Müll und Schimmel sitzen hinter der Tapete: Das muss weg! Ein alter Teppichboden wird ausgemustert. Putz und frische Farbe kommen auf die Wände. Man schwitzt, ächzt und stöhnt, ackert wie verrückt. Endlich ist alles getan. Ausruhen und Freude ist angesagt. Eine Last fällt von uns ab. Und alles ist viel schöner geworden.

Transit-Pluto im ersten Radix-Haus

Sie können in diesen Jahren weit mehr Initiativkraft entwickeln als jemals zuvor. Um das zu erreichen, heißt es aber zunächst einmal, die eigene Angst zu überwinden. Selbst kleinste Hunde, die lauthals kläffen und die Zähne fletschen, können nun Angst und Schrecken einjagen. Davonlaufen gilt aber nicht! Denn sonst würden Ihnen die Kläffer nur von hinten in die Waden beißen. Bleiben Sie also ruhig und selbstsicher. Dann trollt sich der Angreifer von ganz alleine. Stellen Sie sich der Provokation, doch lassen Sie sich selbst nicht aus der Fassung bringen. Das ist das Erfolgsrezept!

Sind Sie mit sich selbst ins Reine gekommen, verändert sich auch Ihr Äußeres zum Positiven. Ihre Ausstrahlung wird stärker, bekommt etwas Magischen und Erotisches, egal, in welchem Alter Sie sich gerade befinden. Klar und deutlich drücken Sie Ihre Meinung aus, beziehen Stellung und zeigen, wo es langgeht. Das beeindruckt und überzeugt.

Transit-Pluto im zweiten Radix-Haus

Dies ist eine gute Zeit für langfristige Projekte, die hohen finanziellen Einsatz verlangen. Möglicherweise werden Sie mit Schulden bis hin zum Konkurs konfrontiert. Doch das sollte Sie nicht schrecken. Schauen Sie auf Ihr Ziel bzw. entwickeln Sie eines, wenn Sie noch keines haben. Jede Investition, die dazu dient, dieses Ziel zu erreichen, sollte getätigt werden. Eine kluge Kosten-Risiken-Abwägung wird natürlich vorausgesetzt.

Gleichzeitig sollte nicht davor zurückgeschreckt werden, alle nur erdenklichen Ressourcen anzuzapfen. Es gibt viel zu vieles, an dem man hängt und das im Grunde doch nur belastet. So lässt sich beispielsweise ein voller Keller mit überflüssigem Krempel wunderbar auf dem Flohmarkt versilbern. Sind bedeutendere Finanzmittel erforderlich, sollte man nicht davor zurückschrecken, die eine oder andere heilige Kuh zu schlachten. Eine Lebensversicherung kann man auflösen, ein Haus verkaufen, Besitzrechte veräußern. Davon geht die Welt nicht unter. Ganz im Gegenteil: Geld muss fließen! Dann vermehrt es sich auch.

Wenn Sie geschickt operieren, werden Sie in diesen Jahren permanent flüssig sein und immer wieder auf neue Finanzquellen stoßen.

Transit-Pluto im dritten Radix-Haus

In diesen Jahren werden Sie zum großen Kommunikator, zum Meister des geistigen Austausches, in Wort und Schrift. Bis Sie das erreicht haben, sind jedoch einige Entwicklungsschritte erforderlich. Ausgangspunkt ist das verstärkte Bedürfnis, sich auszutauschen und mitzuteilen. Dazu kommen innere und äußere Hemmungen. Möglicherweise verbietet man Ihnen den Mund. Oder Sie merken, dass Sie sich nicht so geschickt ausdrücken können, wie Sie es eigentlich wollen und müssen, beispielsweise in einem fremden Land mit einer komplizierten Sprache.

Belegen Sie Rhetorikseminare! Arbeiten Sie im Callcenter! Werden Sie Sänger im Laienchor! Tun Sie alles, um Ihre Stimme zu entwickeln. Üben Sie sich auch im schriftlichen Ausdruck. Hören Sie genauer hin, wenn man Ihnen etwas sagt. Achten Sie auf die Zwischentöne. Lernen Sie die Körpersprache kennen. Der Körper lügt nicht. Je mehr Sie lernen und je besser Sie Ihr Wissen anwenden, umso mehr öffnet sich Ihnen der Blick in die große weite Welt.

Transit-Pluto im vierten Radix-Haus

Diese mehrere Jahre andauernde Zeitperiode kann zu zahlreichen Umzügen führen, freiwillig oder erzwungen. Stark wird der Wunsch nach Heimat und Geborgenheit. Doch wie sehr man sich auch anstrengt, das vermeintliche Paradies der Kindheit lässt sich nicht wieder herstellen. Bei Jüngeren, die das Leben noch vor sich haben, steigt der Wunsch, ganz neu anzufangen. Man möchte sich selber ein Nest bauen, eine Familie gründen. Doch was wird sein, wenn sich damit auch wieder die ganze Bedrücktheit, der Muff und die Enge, aus der man gerade entkommen ist, von Neuem einstellen? Wie lassen sich die Fehler der Eltern vermeiden? Reagiert man nicht selbst manchmal schon so wie einst Mutter oder Vater?

Es kann sein, dass in dieser Zeitperiode bislang totgeschwiegene, unangenehme Themen aus der eigenen Familie aufgedeckt werden. Dabei kann es sich um schicksalhafte Ereignisse, Tod und Geburt im engsten Familienkreis handeln. Alles wandelt sich. Es werden Voraussetzungen für einen wirklichen Neuanfang geschaffen. Die Freiheit, letztendlich überall hingehen zu können, lockt am Horizont. Denn wahre Heimat ist dort, wo man mit dem Herzen zu Hause ist.

Transit-Pluto im fünften Radix-Haus

Sie entwickeln in den nächsten Jahren eine große Ausstrahlungskraft. Mit diesem Charisma wird es Ihnen möglich sein, verstärkt im Mittelpunkt zu stehen. Und Sie lernen, die damit verbundenen Macht verantwortungsvoll einzusetzen.

Doch bis dahin ist es ein langer Weg. Es kann damit beginnen, dass man Sie in Ego-Kämpfe verwickelt, dass Sie sich blockiert und gehemmt fühlen. Man übersieht Sie, drängt Sie zur Seite, buttert Sie unter. Wut steigt auf. Sie wollen sich durchsetzen, drängen ins Rampenlicht. Eine typische Konstellation für Schauspieler und alle, die es werden wollen. Der Platz dort vorne auf der Bühne ist hart umkämpft. Man lernt, grinsende Masken aufzusetzen, und setzt gleichzeitig fiese Tricks ein, um die Konkurrenz auszuschalten. Sie werden sich dann vielleicht fragen, ob Sie mit allen Mitteln solch ein Star werden wollen. Sind nicht viele von denen einfach nur große, nicht erwachsen gewordenen Kinder?

Konzentrieren Sie sich auf die Entfaltung Ihres künstlerischen Potenzials, erschließen Sie verborgene Quellen der Kreativität. Freuen Sie sich daran, andre zu erfreuen.

Transit-Pluto im sechsten Radix-Haus

Während der vielen Jahre dieses Planetentransits werden Sie immer mehr begreifen, wie abhängig wir alle eigentlich von unseren Umweltbedingungen sind. Es kann sein, dass Sie sich freiwillig oder gezwungenermaßen stärker mit Krankheiten beschäftigen müssen. Oder Sie kämpfen im Betrieb gegen unhaltbare Arbeitsbedingungen bzw. intrigante Kollegen. Vielleicht arbeiten Sie aber auch im technologischen Bereich und müssen sich jetzt stärker mit Optimierung und Umweltschutz auseinandersetzen.

Ausgangspunkt für ein engagiertes Handeln können eigene Beschränkungen oder Behinderungen sein. Da gibt es vielleicht ein Gefühl von Ohnmacht. Oder wir spüren ganz einfach nur das Bedürfnis nach Unabhängigkeit. Motivierend wäre auch der Wunsch, anderen Menschen zu helfen, sei es in Notsituationen oder ganz einfach aus weiser Voraussicht.

Sie entwickeln ein starkes Detailwissen in technologischen Bereichen oder auf dem Gebiet der Heilkunst. Hüten Sie sich vor übermäßiger Kritiksucht und Optimierungszwang. Es könnte sonst sein, dass es Ihnen niemand mehr recht machen kann.

Manch einer weiß Ihr Engagement nicht recht zu würdigen. Lassen Sie sich jetzt nicht ausnutzen. Kämpfen Sie notfalls um Respekt und Achtung. Entwickeln Sie Alternativen, im Arbeitsbereich, im Lebensstil und im zwischenmenschlichen Miteinander. Durch die verbesserten Verhältnisse werden Sie gesunden. Und davon wiederum Ihre Mitmenschen profitieren.

Transit-Pluto im siebten Radix-Haus

Wenn Pluto jahrelang durch Ihr siebtes Haus zieht, werden Sie mehr und mehr zu einem Meister der Diplomatie. Werden Sie evtl. in Intrigen und Machtspiele hineingezogen? Oder zetteln Sie diese unbewusst sogar selbst an? Das Äußere, das persönliche Auftreten, die Kleidung und die Manieren, die man an den Tag legt, all das spielt jetzt eine große Rolle. Fast unwichtig ist es hingegen, zumindest in den Augen der anderen, was Sie leisten, wie talentiert und fähig Sie tatsächlich sind.

In dieser Zeit könnten Sie in Gerichtsprozesse verstrickt werden. Schulen Sie sich im juristischen Sinne. Lesen Sie das Kleingedruckte in Verträgen, bevor Sie sie unterschreiben. Werden Sie rechtsfähig. Dann zieht man Sie nicht so leicht über den Tisch. In Partnerschaften könnte ein Gefühl von Ohnmacht aufkommen. Fühlen Sie sich an die Wand gedrückt? Und reagieren Sie manchmal zu heftig? Meditieren Sie doch einmal über das geflügelte Wort »Macht haben immer nur die anderen«!

Lernen Sie, zwischen unterschiedlichsten Interessen zu vermitteln. Und Ihr Äußeres? Unterziehen Sie sich nicht dem Diktat der Mode. Aber wählen Sie bewusst aus, was Sie anziehen. Kleidung ist unsere zweite Haut. Unser Äußeres sollte ausstrahlen, wie wir uns im Inneren fühlen. Dann ziehen wir auch genau die Menschen an, die wirklich zu uns passen.

Transit-Pluto im achten Radix-Haus

Über den Zeitraum von mehreren Jahren beschäftigen Sie sich mit Angelegenheiten Dritter, als wären es Ihre eigenen. Ob Sie dies nun wollen oder nicht. Als Rechtsanwalt, Notar, Makler, Treuhänder oder Finanzverwalter kümmern Sie sich um die Rechte, Lizenzen, Geldmittel oder Immobilien anderer Personen. Als naher Verwandter, Ehe- oder Geschäftspartner sind Sie tief verbunden mit einem anderen Menschen. Krankheit und Tod, aber auch Erotik, Leidenschaft, Schuldgefühle oder Begierde können das Motiv für diese Bindungen sein.

Es ist eine Zeit, in der Sie sich oft selbst vergessen, Ihre Identität verlieren können und nur von für andere da sind. Sie verstricken sich zutiefst, opfern sich auf und können sogar selbst zum »Täter« werden. Sie erleben seelische und geistige Nähe wie nur selten im Leben. Üben Sie sich zugleich in der Kunst des Loslassens. Beispielsweise spricht nichts dagegen, bei einer Beerdigung Tränen zu vergießen. Doch springen Sie selbst nicht ins Grab! Erleben Sie leidenschaftliche erotische Abenteuer. Doch hüten Sie sich vor gefährlichen Virusinfektionen. Vertreten Sie die Interessen Ihrer Mandanten. Lassen Sie sich jedoch nicht in kriminelle oder ruinöse Machenschaften hineinziehen.

Transit-Pluto im neunten Radix-Haus

In den langen Jahren, da dieser Transit gilt, sucht man immer wieder nach dem Sinn des Lebens. Man möchte an etwas glauben, unbedingt, und zwar an das Gute. Und gegen das Böse will man kämpfen. Auf jeden Fall. Mit der Zeit erkennt man dann hoffentlich, dass die Welt nicht nur aus Schwarz und Weiß besteht, sondern viele Grauschattierungen hat und zudem bunt ist, wie der Regenbogen.

Bis dahin ist es jedoch ein langer Weg. Vielleicht reisen Sie ins Ausland in der naiven Hoffnung, dass dort alles viel besser sei, und kehren desillusioniert zurück. Oder Sie arbeiten für eine idealistische, religiöse Gemeinschaft. Und dann stellen Sie am Ende fest, dass es sich um eine geldgierige Sekte handelt. Es kann eine Menge Enttäuschungen geben. Doch verhärten Sie darüber nicht, werden Sie nicht verbittert oder zynisch. Im Gegenteil: Üben Sie sich mehr und mehr in Toleranz! Lieben Sie Überraschungen? Am Ende Ihrer langen Reise und all dieser Begegnungen mit Weltverbesserern jeglicher Couleur stellen Sie möglicherweise fest, dass diese Welt ganz OK ist, so wie sie ist.

Transit-Pluto im zehnten Radix-Haus

Einige Jahre werden Sie das Für und Wider einer machtvollen, beruflichen Position kennenlernen. Letztendlich wird man Sie als Experte für Management bezeichnen können. Ob Sie allerdings zu den Gewinnern oder Verlierer im Powerplay gehören, ist Ihnen überlassen.

Mobbing am Arbeitsplatz ist weit verbreitet. Ein Einzelner wird von seinem Chef, dem Kollegen oder einer ganzen Gruppe von Mitarbeitern psychisch derart unter Druck gesetzt, dass er sein Selbstvertrauen verliert, körperlich oder seelisch krank wird, kündigt oder gekündigt wird. Gehört man zu den Tätern, dann ist das nur ein kleines, fieses Spielchen, was sogar Spaß macht. Als Opfer jedoch kann es einem das ganze Leben ruinieren. Mobbing gibt es auch zwischen einzelnen Betrieben, über Ländergrenzen hinweg. Im Zeitalter der Globalisierung werden ganze Firmen mit unlauteren Mitteln von der Konkurrenz in den Ruin getrieben.

Hat es einen Zweck, sich als Opfer dagegen zur Wehr zu setzen? Oder sollte man sich auf die Seite der skrupellosen Täter schlagen? Keine leicht zu beantwortende Frage. Eines ist klar: Wer Einfluss auf diese Machtspielchen nehmen will, muss nicht nur die Regeln kennen, sondern auch alle Tricks und Ausnahmen. Machen Sie sich kundig. Erweitern Sie Ihr Wissen in puncto Betriebspsychologie. Dann können Sie das Betriebsklima selbst beeinflussen aber bitteschön zum Wohle aller!

Transit-Pluto im elften Radix-Haus

Über den Zeitraum mehrerer Jahre hinweg erleben Sie, wie machtvoll soziale Bewegungen sind. Wie gering ist doch die Kraft des Einzelnen verglichen mit der gebündelten Energie einer ganzen Menschenmasse. Sie werden sich als Teil solch einer Masse erleben und möglicherweise sogar in eine Führungsposition aufsteigen. Sie werden echten Idealismus erleben, manchmal jedenfalls. Der Mensch in der Masse ist verführbar und Ideale können von destruktiven Interessengruppen missbraucht werden.

Und so kann es sein, dass Sie sich frustriert abwenden, dass Sie mit der Zeit jegliches Interesse am sozialen Engagement verlieren. Das gilt es zu verhindern. Werten Sie deshalb jede Desillusionierung, jedes unangenehme Erlebnis lediglich als Erfahrung. Beschäftigen Sie sich etwas mehr mit Politik, mit Massenpsychologie und Gruppendynamik. Hüten Sie sich vor Verschwörungstheoretikern, vor Gurus und Sekten. Und verlieren Sie nicht Ihren Glauben daran, das es gemeinsam, mit vereinten Kräften möglich ist, viel Gutes zu tun. Man muss ja nicht gleich die Welt retten. Es reicht doch schon, wenn wir sie ein klein wenig verbessern dürfen?

Transit-Pluto im zwölften Radix-Haus

Über gut ein Jahrzehnt hinweg kommen Sie mit den Randbereichen der Gesellschaft in Kontakt. Sie erhalten einen Eindruck davon, wie viel Macht doch hinter den Kulissen, scheinbar im Unsichtbaren, ausgeübt wird. Möglicherweise werden Sie selbst in dunkle Machenschaften hineingezogen, als Opfer oder als Täter, bewusst oder unbewusst. Die Fantasie ist ungeheuer stark entwickelt in dieser Zeitperiode. Es kann sein, dass Sie mit Drogen in Kontakt kommen oder mit psychisch kranken Menschen. Nicht immer wird es Ihnen leicht fallen, auf der richtigen Seite zu stehen oder die nötige Distanz zu wahren.

Bauen Sie Ängste ab. Vor allen Dingen aber: Keine Angst vor der Angst! Je besser Sie sich selber kennen und verstehen lernen, umso weniger gelingt es anderen, Sie zu manipulieren. Es ist eine Zeit der inneren Reifung, der tiefen Selbsterfahrung.

Transit-Pluto und Radix-Sonne in Konjunktion

Ihre körperlichen und seelischen Kräfte werden einer starken Belastungsprobe unterzogen. Wollen Sie sich wirklich gegen jeden und alles behaupten und durchsetzen? Haben Sie wirklich Kraft genug, um sich gegen übermächtige Gegner zur Wehr zu setzen?

Diese Konstellation erweckt enorme Kräfte. Man ist in der Lage, einen lange schwelenden Konflikt auszutragen und in schier ausweglosen Situationen den Sieg davon zu tragen. Doch der Preis ist hoch. Körperlich und geistig wird man bis an seine Grenzen gefordert. Und manchmal wird später festgestellt, dass nur gegen Gespenster angekämpft wurde. Auch könnte man sich Menschen zu Feinden gemacht haben, die im Grunde gar nichts Böses wollten.

Siegen, ohne zu kämpfen: Meditieren Sie einmal über diese Wahllosung.

Transit-Pluto und Radix-Sonne in Spannung

Jetzt muss grundsätzlich etwas geändert werden. Das steht fest. Bei dieser Konstellation werden Sie gezwungen, von falschem Stolz loszulassen. Es steht aber auch an, dass Sie sich endlich einmal zur Wehr setzen müssen, gegen wen oder was auch immer. Meist spielt bei dieser Planetenkonstellation beides eine Rolle.

Es besteht die Gefahr, dass Sie sich körperlich und seelisch überfordern. Vermeiden Sie folglich überflüssige Streitereien und sogenannte Ego-Kämpfe. Wenn Sie schon lange unter starkem äußeren und inneren Druck stehen, dann kann es nun zur Entladung, zum Wutanfall oder zum Zusammenbruch kommen. Wie auch immer: Hören Sie auf die Zeichen der Zeit. Aktivieren Sie Ihre Regenerationskräfte.

Transit-Pluto und Radix-Sonne in Harmonie

Sie können jetzt auf eine vollkommen unaufdringliche Weise Druck ausüben, elegant und lächelnd. Und auch vor großen Menschenansammlungen haben Sie ungewöhnlich wenig Angst, ebenso wenig vor Autoritäten. Nutzen Sie diesen Schub an Selbstvertrauen, um unangenehme Dinge anzusprechen. Welcher Chef hört schon gerne zu, wenn man um eine Lohnerhöhung bittet? Welcher Freund möchte schon, dass man ihn kritisiert?

Momentan sind Sie locker genug, um Tacheles zu reden und charmant reinen Tisch zu machen. Diese Offenheit wird akzeptiert, denn man spürt in allem Ihre große Herzlichkeit?

Transit-Pluto und Radix-Mond in Konjunktion

Sie müssten schon mehr als meisterlich auf dem Klavier der Emotionen spielen können, wenn Sie ohne große Konflikte aus bestehenden schwierigen Situationen herauskommen wollen. Es sollte sich grundsätzlich etwas in der Beziehung zu Ihren Mitmenschen ändern. Wenn Sie Pech haben, geraten Sie jetzt in emotionale Abhängigkeit, von der Sie lange nicht mit loskommen könnten. Denkbar ist jedoch auch, dass Sie nun zum Beispiel die Kraft haben, endlich Schluss zu machen mit erdrückenden Beziehungskonstellationen. Eifersucht und Besitzansprüche spielen momentan eine große Rolle. Vielleicht übt jemand Druck auf Sie aus, möchte Sie ganz an sich binden.

Es ist durchaus möglich, dass jetzt zu viel auf andere projiziert wird. Man macht Unterstellungen, weiß angeblich alles besser und ist im Grunde doch nur falsch informiert. Sie bekommen emotional mehr Tiefgang. Sie erfahren mehr über sich und Ihre engsten Mitmenschen als jemals zuvor. Auch könnte es sein, dass Sie mit jemandem endgültig brechen. Oder aber, Sie finden sich wieder, auf einer sehr viel tieferen Ebene des zwischenmenschlichen Verständnisses. Streben Sie nach Wahrheit!

Transit-Pluto und Radix-Mond in Spannung

Eine körperlich oft sehr anstrengende Zeit ist angesagt! Körperliche oder seelische Belastungen, die schon lange auf der Seele liegen, werden auf einmal unerträglich. Tauchen da etwa Wahrheiten auf, von deren Existenz man schon immer ahnte, die man sich aber nicht offiziell eingestand: Eine Eifersuchtsgeschichte, ein Missbrauch, eine Intrige, was auch immer.

Wichtig ist, dass Sie schwierige Situation positiv annehmen. Sie haben jetzt die Möglichkeit, Ihre zwischenmenschlichen Kontakte grundlegend zu verbessern. Ihre Gesundheit sollte jetzt an erster Stelle stehen. Wenn wirklich ein Schlussstrich unter eine schwierige Beziehung gezogen werden muss, dann tun Sie es. Schuldzuweisungen sind nicht angebracht. Machen Sie reinen Tisch. Das erhöht immer die Chance für einen Neuanfang.

Transit-Pluto und Radix-Mond in Harmonie

Es gibt nun Möglichkeiten für eine tiefer gehende Verständigung mit Familienangehörigen. Dieser Planetentransit gibt Ihnen die Möglichkeit, unangenehmen Wahrheiten ins Gesicht zu schauen. Sie können gewissen Zeitgenossen verzeihen, die aus purer Schwäche eine Dummheit begangen haben, einen Verrat oder eine Intrige zum Beispiel. Möglicherweise hatte der Druck der äußeren Verhältnisse dazu beigetragen. Dies ist eine Zeit, in der Sie selbst auch um Verzeihung bitten können.

Transit-Pluto und Radix-Merkur in Konjunktion

Intellektuell und nervlich sind anstrengende Zeiten angesagt. Stehen Sie unter Druck und erbringen Sie geistige Höchstleistungen? Sollte der Informationsfluss unterbrochen werden, kann es zu Komplikationen kommen, bis hin zum handfesten Streit. Hüten Sie sich davor, anderen Ihre Meinung aufzudrängen, auch wenn Lügen im Raum stehen und das Recht auf Ihrer Seite ist. Zu leicht gerät man in solchen Situationen in Rage, sagt das Richtige auf eine falsche Art und Weise.

Gerichtsverfahren werden unter dieser Konstellation schwierig. Überprüfen Sie deshalb alle bislang verfügbaren Informationen bezüglich evtl. vorliegender Schwierigkeiten. Möglicherweise hat man Sie getäuscht, wurden Schriftstücke gefälscht oder Zeugen manipuliert. Wissen ist Macht.

Transit-Pluto und Radix-Merkur in Spannung

Gefühle und Gedanken stehen nun im Widerstreit. Das heißt aber noch lange nicht, dass Sie im Unrecht sind. Doch dauert es eine gewisse Zeit, bevor Sie alle derzeit verfügbaren Informationen wirklich sinnvoll verarbeiten können. Und um sich wirklich eine Meinung bilden zu können, sollten Sie die emotionalen Aspekte berücksichtigen. Sie denken jetzt, bildhaft gesprochen, mit dem Bauch. Und Ihr Gegenüber ebenfalls.

Gute psychologische Kenntnisse und das Wissen um Techniken der Gesprächskommunikation sind jetzt ausschlaggebend für Ihr derzeitiges Vorwärtskommen. Wie reagiert man auf jemanden, dessen Worte im Widerspruch zu seiner Körpersprache steht? Wie lässt sich mit Menschen umgehen, die zwar wichtig sind, jedoch ganz offensichtlich Gesicht lügen? Auf welche Weise wird eine notwendige, aber unangenehme Information an den Mann gebracht?

Sie lernen viel über Macht und Kommunikation. Lassen Sie sich nicht stumm machen!

Transit-Pluto und Radix-Merkur in Harmonie

Mit dem nötigen psychologischen Feingefühl können Sie nun auch mit schwierigen Menschen in Kontakt treten, können Sie auch sogenannte Tabuthemen ansprechen. Jetzt ist auch eine günstige Zeit für juristische und finanzielle Transaktionen. Dabei klammern Sie Gefühle nicht aus. Ganz im Gegenteil! Menschlich-Allzumenschliches ist Ihnen nicht fremd. Sogar mit negativen Erscheinungen wie Eifersucht, Wut, falschen Stolz oder Eitelkeit können Sie gut umgehen, bei sich selbst und auch beim anderen. Das ist eine Erfolgsstrategie.

Sie entwickeln jetzt viel Taktgefühl. Manch einer wird es zu danken wissen, dass Sie gewisse Themen nur am Rande erwähnen. Jeder weiß trotzdem, was gemeint ist und wird den Wink mit dem Zaunpfahl verstehen. Ihre Botschaft kommt an!

Transit-Pluto und Radix-Venus in Konjunktion

Eine bislang nicht gekannte Leidenschaft erfasst Sie. Daran könnte eine alte, aber etwas langweilig gewordene Beziehung scheitern. Vielleicht aber vertieft sich auch Ihre bisherige Beziehung. So wie bisher wird jedoch vieles nicht weitergehen.

Starke Erotik, ein guter Sinn für Geldangelegenheiten und eine faszinierende Ausstrahlung Ihrerseits sind die positiven Seiten dieser Konstellation. Besitzansprüche, das Verbreiten von Schuldgefühlen, Eifersucht und Intrige allerseits zählen zu ihren Schattenseiten.

Ist Sex wirklich alles, was zählt? Braucht man wirklich diese tolle Kleidung, muss man wirklich auf jede Werbung hineinfallen? Spielt Geld tatsächlich eine derart bedeutende Rolle? Ist Liebe käuflich? Solche und ähnliche Fragen könnten Ihnen jetzt durch den Kopf gehen. Es ist Zeit, in Herzensangelegenheiten Entscheidungen zu treffen.

Transit-Pluto und Radix-Venus in Spannung

Eine nur oberflächliche Liebelei könnte jetzt nicht befriedigen. Jemand möchte Sie ganz oder gar nicht. Kompromisse sind in dieser Situation kaum möglich. Vielleicht fühlen Sie sich schuldig, vielleicht macht Ihnen dieses Spiel mit den hoch geschaukelten Emotionen aber auch Spaß. Achtung! Von einem zum anderen Moment kann daraus bittere Ernst werden.

Diese Konstellation unterstützt die Fähigkeit, sich endlich von einer schwierigen und Kraft kostenden Partnerschaft zu lösen. Auch Verträge und Vereinbarungen sollte man derzeit einer erneuten Prüfung unterziehen. Haben Sie den Mut, in Ihren zwischenmenschlichen Beziehungen von Grund auf etwas zu verändern.

Transit-Pluto und Radix-Venus in Harmonie

Jede Begegnung wird nun mit sehr viel Ernsthaftigkeit gestaltet. Sexuelle Komponenten können, aber müssen dabei nicht eine Rolle spielen. Es ist Ihnen ein tiefes Bedürfnis, sich von Mensch zu Mensch zu begegnen. Alles Oberflächliche ist Ihnen jetzt fremd.

Sie sind leidenschaftlich und gefühlsstark, ohne jedoch aufdringlich zu wirken. Künstlerische Aktivitäten und der Aufbau wichtiger Kontakte, beispielsweise im Berufsleben, gelingen nun besonders gut! Auch im finanziellen Bereich haben Sie derzeit ein goldenes Händchen.

Transit-Pluto und Radix-Mars in Konjunktion

Haben Sie den Eindruck, man setzt Ihnen Widerstand entgegen? Steht Ihnen etwa gleich eine ganze Gruppe von Personen im Wege? Sind Sie möglicherweise gar in ein Wespennest gestoßen, im übertragenen Sinne natürlich - und diese Raubtierinsekten piken jetzt zurück? Fühlen Sie sich veranlasst, nun noch stärker draufzuschlagen draufschlagen - ohne Rücksicht auf Verluste?

Der verborgene Sinn dieses Planetentransits liegt darin, dass wir lernen sollen, unsere Kraft zu kontrollieren und zielgerichtet einzusetzen - mit Plan und Absicht. Oftmals wird Widerstand provoziert. Man schafft sich seine Feinde selbst, wird Opfer seiner eigenen, unkontrollierten Emotionen.

Zurück zum Beispiel der Insekten: Suchen Sie sich lieber einen Stamm friedlicher Bienen. Produzieren Sie ruhig dicke Qualmwolken mit Ihrer der Imkerpfeife und bestechen Sie die Stacheltierchen mit Zuckerwasser. Dann gelangen Sie vollkommen stresslos an den leckeren Honig. Und alle sind's zufrieden.

Transit-Pluto und Radix-Mars in Spannung

Der größte Schwachpunkt liegt zur Zeit in Ihrem emotionalen Bereich. Ist Ihnen bewusst, wie man Sie am besten provozieren kann? Und lassen Sie es zu, dass andere bei Ihnen aufs Knöpfchen drücken und Sie dann wutentbrannt reagieren? Wer brüllt, hat Unrecht, heißt es so schön. Ihr Stolz wird verletzt. Dagegen wollen Sie sich zur Wehr setzen. Doch was bringt jetzt Ihr Explodieren? Damit arbeiten Sie doch Ihren Gegnern nur in die Hände.

Momentan müssen Sie gegen viele Widerstände angehen. Das kann kraftaufreibend sein, bis hin zur totalen Erschöpfung. Und doch besteht die Möglichkeit, dass man Sie um die Früchte Ihrer Arbeit bringt. Prüfen Sie genau, wofür oder wogegen Sie sich engagieren. Ein bisschen psychologischen Geschick ist jetzt mehr als notwendig. Gehen Sie strategisch vor!

Transit-Pluto und Radix-Mars in Harmonie

Unter dieser Konstellation können Sie bei allen Aktivitäten effektiv vorgehen. Mit geringem Einsatz ist nun viel zu erreichen. Ihr psychologisches Gespür ist gefragt! Potente Geldgeber und Menschen mit großem Einfluss öffnen nun Tor und Tür. Das Wissen um rechtliche Möglichkeiten ist ebenfalls von großem Wert. Im Grunde genommen wissen Sie ja, dass man für jedes große Vorhaben verlässliche Partner braucht. Das können dann durchaus auch Menschen sein, die im Hintergrund bleiben. Handeln Sie diskret!

Transit-Pluto und Radix-Jupiter in Konjunktion

Ihre Glaubensprinzipien werden auf eine harte Probe gestellt. Wollen Sie Ihr Recht, was immer es auch koste? Müssen Sie unbedingt alle Ansprüche durchsetzen? Sind Ihre Forderungen nicht ein wenig überzogen? Die himmlische Gerechtigkeit gilt nicht überall auf Erden. Das kann eine frustrierende Erkenntnis sein.

In juristischen Angelegenheiten ist dies eine schwierige Zeit. Seien Sie misstrauisch, wenn ein Anwalt mit Ihnen bis zur höchsten Instanz gehen will, auch wenn alle anderen davon abraten. Die Prozesskosten könnten sich ins Unermessliche steigern. Selbst wenn Sie am Ende vor Gericht als Sieger dastehen, lohnt sich der ganze Aufwand möglicherweise nicht.

Respekt und Achtung kann man nicht erzwingen. Günstig ist diese Zeit für Kompromisse, für einen Vergleich. Denken Sie einmal nach über Strategien, bei denen Sie siegen können, ohne zu kämpfen. Vielleicht arbeitet die Zeit ja auch für Sie?

Transit-Pluto und Radix-Jupiter in Spannung

Die Planetenkonstellation fordert dazu auf, sich selbst mit mehr Ehrlichkeit zu begegnen. Stellen Sie sich manchmal in ein zu strahlendes Licht? Achtung! Nicht nur die anderen haben Fehler und Schwächen!
Es geht jetzt um das Prinzip »Ehrlichkeit«. Wenn Sie das erkennen und leben, werden Sie toleranter. Dann vermeiden Sie unnötige Auseinandersetzungen und finden Wege, sich bei unterschiedlicher Interessenlage doch noch auf einen Kompromiss einzulassen. Gelingt Ihnen das, werden Sie inneren Frieden finden. Und das ist doch wohl auch sehr viel wert.

Transit-Pluto und Radix-Jupiter in Harmonie

Einen mächtigen Freund zu haben, der gönnerhaft zur Seite steht, das wünscht sich wohl jeder. Sie sind jetzt in solch einer Situation. Wissen Sie das überhaupt? Man drängt sich nicht auf, sondern macht Ihnen lediglich ein großzügiges Angebot. Nehmen die Chance wahr! Und wenn Sie jetzt um Unterstützung bitten oder eine Kooperation wünschen, wird man wohlwollend reagieren.
Es ist jetzt eine optimale Zeit, um Verträge abzuschließen, Erbschaften anzutreten, eine Renovierung vorzunehmen, Erweiterungsbauten zu planen, Kredite aufzunehmen. Es gibt keinen Haken bei diesen Vorhaben - und wenn doch, dann ist er Ihnen bekannt. Alle Karten liegen offen auf dem Tisch.

Transit-Pluto und Radix-Saturn in Konjunktion

Es kommt zu stärken Veränderungen, die Sie möglicherweise als unangenehm erleben. Doch das ist eine Sache der Perspektive. Wir leben nur einmal, mal abgesehen von dem Gedanken an Wiedergeburt oder ein Leben nach dem Tode. Es ist offensichtlich hin und wieder notwendig, dass wir uns von Altem und Vertrautem lösen. Nur so wird überflüssiger Ballast von Bord geworfen und wir können noch einmal neu beginnen, ganz unbeschwert. Ungeheure Ressourcen werden frei, wenn wir die Magie des Wandels verstehen, beherzigen und in unserem Alltag umsetzen.
Es kann sein, dann Sie sich jetzt von einem geliebten Haus trennen müssen. Oder wird gar das Bankkonto durch ein gieriges Finanzamt geplündert? Vielleicht geht es nun um geistige Besitztümer, wie beispielsweise Patent- oder Medienrechte? Der Besitzstand und die Berufsaussichten könnten grundsätzlich infrage stehen. Wer selbstständig ist, wird evtl. gezwungen, seine Firma zu verkaufen, Konkurs anzumelden oder zumindest umzustrukturieren.
Oft ist es unser Sicherheitsdenken, das uns jetzt den Blick auf die Chancen eines Neuanfangs verstellt. Dabei könnte doch alles viel besser werden: Weniger Stress, drückende Verantwortung fällt von unseren Schultern, lästige Hypotheken lösen sich auf. Wir sollten uns von einer allzu einseitig aufs Materielle gerichteten Denkweise lösen. Statt um verlorenen Besitz zu trauern, freuen uns doch lieber auf eine unbelastete Zukunft! Und schon haben wir mehr Kraft für neue Projekte, mehr Zeit für uns selbst und die Möglichkeit, noch einmal ganz neu anzufangen. All das und noch viel mehr sind die Geschenke, die uns das Leben jetzt gibt.

Transit-Pluto und Radix-Saturn in Spannung

Es kommt zu stärken Veränderungen, die Sie möglicherweise als unangenehm erleben. Doch das ist eine Sache der Perspektive. Wir leben nur einmal, mal abgesehen von dem Gedanken an Wiedergeburt oder ein Leben nach dem Tode. Es ist offensichtlich hin und wieder notwendig, dass wir uns von Altem und Vertrautem lösen. Nur so wird überflüssiger Ballast von Bord geworfen und wir können noch einmal neu beginnen, ganz unbeschwert. Ungeheure Ressourcen werden frei, wenn wir die Magie des Wandels verstehen, beherzigen und in unserem Alltag umsetzen.
Es kann sein, dann Sie sich jetzt von einem geliebten Haus trennen müssen. Oder wird gar das Bankkonto durch ein gieriges Finanzamt geplündert? Vielleicht geht es nun um geistige Besitztümer, wie beispielsweise Patent- oder Medienrechte? Der Besitzstand und die Berufsaussichten könnten grundsätzlich infrage stehen. Wer selbstständig ist, wird evtl. gezwungen, seine Firma zu verkaufen, Konkurs anzumelden oder zumindest umzustrukturieren.
Oft ist es unser Sicherheitsdenken, das uns jetzt den Blick auf die Chancen eines Neuanfangs verstellt. Dabei könnte doch alles viel besser werden: Weniger Stress, drückende Verantwortung fällt von unseren Schultern, lästige Hypotheken lösen sich auf. Wir sollten uns von einer allzu einseitig aufs Materielle gerichteten Denkweise lösen. Statt um verlorenen Besitz zu trauern, freuen uns doch lieber auf eine unbelastete Zukunft! Und schon haben wir mehr Kraft für neue Projekte, mehr Zeit für uns selbst und die Möglichkeit, noch einmal ganz neu anzufangen. All das und noch viel mehr sind die Geschenke, die uns das Leben jetzt gibt.
Es ist sicherlich nicht leicht, immer und überall positiv zu denken, gerade jetzt nicht. Doch nur mit konstruktiven Gedanken so können wir das Beste aus der gegenwärtigen Situation machen.

Transit-Pluto und Radix-Saturn in Harmonie

Wenn Sie langfristig planen möchten, dann ist jetzt der Zeitpunkt gekommen, Weichen für die Zukunft zu stellen. Sie sind in einer Situation, in der Sie viel Verantwortung übernehmen können und dies auch entsprechend honoriert wird. Die Belastung ist zwar hoch, aber kalkulierbar. Wenn sie ein Mensch sind, der diszipliniert arbeiten kann, werden Sie sich dankbar der neuen Herausforderung stellen.

Transit-Pluto und Radix-Uranus in Konjunktion

Wie viel ist Ihnen die Freiheit wert? Und was ist überhaupt Freiheit? Für den einen bedeutet sie, abends das Büro verlassen zu können und nicht mehr an die Firma denken zu müssen. Der andere fühlt sich frei, wenn er selbst am Wochenende noch beruflich unterwegs ist, aber freiberuflich, selbstständig, obwohl er genau spürt, dass ihn die Arbeit geradezu auffrisst.

Manche meinen, es gäbe im Grunde gar keine Freiheit, man könnte lediglich zwischen Abhängigkeiten auswählen. Wie dem auch immer sei: Momentan sollten Sie herausfinden, was Sie eigentlich wollen.

Es hat keinen Zweck, den großen Rebellen zuspielen. Letztendlich bestimmen wir zum großen Teil unser Schicksal, wenn wir den Rahmen ausschöpfen, den uns das Leben gibt. Achtung: Wir neigen in dieser Situation dazu, andern die Schuld für Miseren zu geben, in die wir uns doch eigentlich selbst gebracht haben.

Mit ein wenig Glück und den Mut, sich selber nicht so fürchterlich ernst zu nehmen, werden wir aus der Situation das Optimale herausholen.

Transit-Pluto und Radix-Uranus in Spannung

Wie viel ist Ihnen die Freiheit wert? Und was ist überhaupt Freiheit? Für den einen bedeutet sie, abends das Büro verlassen zu können und nicht mehr an die Firma denken zu müssen. Der andere fühlt sich frei, wenn er selbst am Wochenende noch beruflich unterwegs ist, aber freiberuflich, selbstständig, obwohl er genau spürt, dass ihn die Arbeit geradezu auffrisst.

Manche meinen, es gäbe im Grunde gar keine Freiheit, man könnte lediglich zwischen Abhängigkeiten auswählen. Wie dem auch immer sei: Momentan sollten Sie herausfinden, was Sie eigentlich wollen.

Es hat keinen Zweck, den großen Rebellen zuspielen. Letztendlich bestimmen wir zum großen Teil unser Schicksal, wenn wir den Rahmen ausschöpfen, den uns das Leben gibt. Achtung: Wir neigen in dieser Situation dazu, andern die Schuld für Miseren zu geben, in die wir uns doch eigentlich selbst gebracht haben.

Vielleicht leiden Sie derzeit unter empfindlichen Einschränkungen. Versuchen Sie, zu verstehen, dass Sie gleichzeitig in anderen Lebensbereichen viel mehr Freiheit gewinnen. Als Beispiel hierfür seien all jene Schriftsteller erwähnt, die in der Abgeschiedenheit einer Klosterzelle, eines Gefängnisses oder einer körperlichen Beschränkung ihre größten Werke verfasst haben. Ein Beispiel hierfür ist Ludwig van Beethoven, der bei völliger Taubheit seine größten Sinfonien komponierte.

Sehen Sie nicht nur auf Ihre Probleme, sondern auch die neuen Freiheiten, die sich für Sie auftun!

Transit-Pluto und Radix-Uranus in Harmonie

Die große Chance der aktuellen Situation besteht darin, dass Sie Ihren Ideen freien Lauf lassen und dabei auch noch mit potenter Unterstützung rechnen können. Jeder Mensch trägt etwas Geniales und wirklich Einzigartiges in sich. Nur selten gibt es genug Wertschätzung. Und doch brauchen wir sie, um der Welt zeigen zu können, was wirklich in uns steckt.

Da es sich hier um einen Transit zwischen langsam laufenden Planeten handelt, also um einen sogenannten Generationstransit, teilen Sie diese Erfahrung mit vielen Menschen Ihres Alters. Es liegt jedoch an Ihnen persönlich, ob Sie Ihre Altersgenossen als Konkurrenten oder Gleichgesinnte empfinden.

Transit-Pluto und Radix-Neptun in Konjunktion

Dieser Transitaspekt wird bei nahezu allen in unserer Zeit lebenden Menschen irgendwann in der Mitte des dreißigsten Lebensjahrs ausgelöst. Er verstärkt den Wunsch, lang gehegte Träume und Visionen zu verwirklichen.

Transit-Pluto und Radix-Neptun in Spannung oder Harmonie

Dieser Transitaspekt verstärkt den Wunsch, lang gehegte Träume und Visionen zu verwirklichen.

Transit-Pluto und Radix-Pluto in Konjunktion

Dieser Transitaspekt wird nur bei der Geburt ausgelöst und hat keine Bedeutung in der astrologischen Interpretation.

Transit-Pluto und Radix-Pluto in Spannung

Dieser Transitaspekt wird bei nahezu allen in unserer Zeit lebenden Menschen irgendwann Anfang des vierzigsten Lebensjahrs ausgelöst. Mit ihm verbindet sich das tiefe Bedürfnis, dem Leben noch einmal radikal eine Wende zu geben.

Transit-Pluto und Radix-Pluto in Harmonie

Dieser Transitaspekt wird nur bei der Geburt ausgelöst und hat keine Bedeutung in der astrologischen Interpretation.

Transit-Pluto und Radix-Chiron in Konjunktion

Man wird mit seinen Urängsten und vermeintlich tiefsten Schwächen konfrontiert. Das verstärkt das Bedürfnis nach Sinngebung und Regeneration. Vielleicht muss akzeptiert werden, dass sich die eigenen Probleme nicht restlos beseitigen lassen. Doch lernt man viel über Heilkunst und entwickelt eine gewisse Weisheit. All das sind Fähigkeiten, die wir auch unseren Mitmenschen zu Gute kommen lassen sollten.

Transit-Pluto und Radix-Chiron in Spannung

Man wird mit seinen Urängsten und vermeintlich tiefsten Schwächen konfrontiert. Das verstärkt das Bedürfnis nach Sinngebung und Regeneration. Vielleicht muss akzeptiert werden, dass sich die eigenen Probleme nicht restlos beseitigen lassen. Doch lernt man viel über Heilkunst und entwickelt eine gewisse Weisheit. All das sind Fähigkeiten, die wir auch unseren Mitmenschen zu Gute kommen lassen sollten.

Transit-Pluto und Radix-Chiron in Harmonie

Man wird mit seinen Urängsten und vermeintlich tiefsten Schwächen konfrontiert. Das verstärkt das Bedürfnis nach Sinngebung und Regeneration. Vielleicht muss akzeptiert werden, dass sich die eigenen Probleme nicht restlos beseitigen lassen. Doch lernt man viel über Heilkunst und entwickelt eine gewisse Weisheit. All das sind Fähigkeiten, die wir auch unseren Mitmenschen zu Gute kommen lassen sollten.

Transit-Pluto und Radix-Lilith in Konjunktion

Dieser Transit geht oft mit leidenschaftlichen Affären einher. Man spürt die Kraft der Natur, dort draußen, in Begegnungen mit faszinierenden Menschen und auch ganz tief in einem selbst. All dies hat einen wilden, animalischen Charakter. Manch einer kommt sich jetzt vor wie ein im Zoo großgezogenes Tier, das plötzlich in die freie Wildbahn entlassen wurde: Ein gefährliches Abenteuer, beeindruckend und furchteinflößend zugleich! Vor zu großer Experimentierfreude wird jedoch gewarnt!

Transit-Pluto und Radix-Lilith in Spannung

Dieser Transit geht oft mit leidenschaftlichen Affären einher. Man spürt die Kraft der Natur, dort draußen, in Begegnungen mit faszinierenden Menschen und auch ganz tief in einem selbst. All dies hat einen wilden, animalischen Charakter. Manch einer kommt sich jetzt vor wie ein im Zoo großgezogenes Tier, das plötzlich in die freie Wildbahn entlassen wurde: Ein gefährliches Abenteuer, beeindruckend und furchteinflößend zugleich! Vor zu großer Experimentierfreude wird jedoch gewarnt!

Transit-Pluto und Radix-Lilith in Harmonie

Dieser Transit geht oft mit leidenschaftlichen Affären einher. Man spürt die Kraft der Natur, dort draußen, in Begegnungen mit faszinierenden Menschen und auch ganz tief in einem selbst. All dies hat einen wilden, animalischen Charakter. Manch einer kommt sich jetzt vor wie ein im Zoo großgezogenes Tier, das plötzlich in die freie Wildbahn entlassen wurde: Ein gefährliches Abenteuer, beeindruckend und furchteinflößend zugleich! Vor zu großer Experimentierfreude wird jedoch gewarnt!

Transit-Pluto und Radix-Mondknoten in Konjunktion

In dieser Zeitphase wird man sozusagen auf den rechten Lebensweg gezwungen. Man trifft auf beeindruckende Menschen und kommt in Lebensräume, in denen es vor Intensität geradezu pulsiert. Das kann Angst auslösen, möglicherweise sogar abschrecken. Aber wir erhalten eine Ahnung davon, wie leidenschaftlich unser eigenes Leben doch gelebt werden könnte. Nur Mut! Trauen Sie sich!

Transit-Pluto und Radix-Mondknoten in Spannung

In dieser Lebensphase wird man gezwungen, den eigenen Tagesrhythmus umzustellen. So, wie bislang gelebt wurde, findet sich im sozialen Umfeld keine Übereinstimmung mehr. Wollen wir akzeptiert werden? Dann haben wir uns anzupassen! Wenn das nicht gelingt, vielleicht weil es gegen unsere Natur ist, dann sollten wir jetzt weiter ziehen, zu anderen Menschen, an einen anderen Ort. Letztendlich geht der Appell an uns, gesünder und harmonischer mit den eigenen Kräften hauszuhalten.

Transit-Pluto und Radix-Mondknoten in Harmonie

In dieser Lebensphase werden wir von unserem sozialen Umfeld grundsätzlich akzeptiert. Dies kann ein Zeichen dafür sein, dass man seine Gruppe, seinen Kreis, seine Heimat gefunden hat – vielleicht nicht für immer, aber zumindest für eine gewisse Zeit.

Transit-Pluto und Radix-Aszendent in Konjunktion

Dies ist eine bedeutende Lebensphase. Sie empfinden das Verhalten einiger Menschen, denen Sie derzeit begegnen und denen gegenüber Sie sich behaupten müssen, vielleicht bedrohlich. Das Leben teilt sich in Schwarz-Weiß auf, in Gut und Böse. Es gibt nur noch Freunde oder Feinde. Diese Sichtweise ist natürlich naiv und einseitig. Doch wichtig ist, dass Sie jetzt willens und bereit sind, Ihr Leben grundsätzlich in neue Bahnen zu lenken. Hierfür wird Kraft, Wille und Überzeugungsgabe benötigt. Übertreibungen jedoch arten in unschönen Egoismus aus. Versuchen Sie, Ihre Umwelt oder zumindest deren Wohl in Ihre Pläne einzubeziehen. Berücksichtigen Sie jedoch, das Ihre eigenen Ideen auf Sie selbst angewendet ihren Zweck erfüllen mögen, jedoch nicht unbedingt als Allheilmittel für die ganze Menschheit gelten müssen.

Transit-Pluto und Radix-Aszendent in Spannung

Dies ist eine bedeutende Lebensphase. Sie spüren, dass Sie grundsätzlich etwas an Ihrem Beziehungsverhalten verändern müssen. Es kann sein, dass Sie Freundschaften bislang falsch eingeschätzt haben. Oder es sind nicht die richtigen Menschen, denen Sie bislang begegnet sind. Letztendlich kann es auch sein, dass Sie mit Ihrem Partner zwar weiterleben wollen, aber unter anderen Voraussetzungen.
Das Schicksal könnte Sie zwingen, einschneidende Veränderungen im Beziehungsbereich vorzunehmen. Geben Sie dem anderen nicht die alleinige Schuld, wenn es in der Partnerschaft nicht läuft! Wichtig ist, dass Sie jetzt willens und bereit sind, Ihr Leben grundsätzlich in neue Bahnen zu lenken. Hierfür wird Kraft, Wille und Überzeugungsgabe benötigt. Übertreibungen jedoch arten in unschönen Egoismus aus. Versuchen Sie, Ihre Umwelt oder zumindest deren Wohl in Ihre Pläne einzubeziehen. Berücksichtigen Sie jedoch, das Ihre eigenen Ideen auf Sie selbst angewendet ihren Zweck erfüllen mögen, jedoch nicht unbedingt als Allheilmittel für die ganze Menschheit gelten müssen.

Transit-Pluto und Radix-Aszendent in Harmonie

Sie besitzen jetzt den Mut, eine bestehende Partnerschaft so zu verändern, dass Sie glücklicher und zufriedener werden. Dies hängt unmittelbar damit zusammen, wie Sie sich selber verhalten, welche Ausstrahlung Sie haben, wie gut Sie mit » Respekt und Achtung« umgehen. Sie können jetzt besser als sonst taktieren, sich bestens durchsetzen und eine Führungsposition einnehmen. Wenn Sie zugleich auch noch Verantwortung übernehmen und als Beschützen auftreten, wird es ihnen gewiss gedankt!

Transit-Pluto und Radix-Himmelsmitte in Konjunktion

Stehen bedeutende Änderungen im Berufsleben an, die sich sogar auf Ihr Familienleben auswirken? Es kommt jetzt sehr darauf an, wie Sie mit dem Faktor Macht umgehen. Sie werden den Herausforderungen gewachsen sein, wenn Sie zusätzlich zur Leistungsbereitschaft auch verstärktes psychologisches Geschick an den Tag legen. Achtung! Es besteht jetzt die fatale Neigung, überflüssige Feindbilder aufzubauen und aus vermeintlicher Schwäche heraus übermäßig dominant zu reagieren.

Transit-Pluto und Radix-Himmelsmitte in Spannung

Stehen bedeutende Änderungen im Berufsleben an, die sich sogar auf Ihr Familienleben auswirken? Es kommt jetzt sehr darauf an, wie Sie mit dem Faktor Macht umgehen. Sie werden den Herausforderungen gewachsen sein, wenn Sie zusätzlich zur Leistungsbereitschaft auch verstärktes psychologisches Geschick an den Tag legen. Achtung! Es besteht jetzt die fatale Neigung, überflüssige Feindbilder aufzubauen und aus vermeintlicher Schwäche heraus übermäßig dominant zu reagieren. Weiterhin müssen Sie sehr darauf achten, dass Sie Ihre Kräfte nicht verausgaben, schon gar nicht für Ziele, die es eigentlich nicht wert sind.

Transit-Pluto und Radix-Himmelsmitte in Harmonie

Es ist vor allem Ihr sicheres, instinktives Verhalten, das Ihnen beruflich und privat in dieser Zeit zu gute kommt. Vielleicht liegt es an der Umgebung, an den Menschen, mit denen Sie gerade zu tun haben oder aber auch an dem allgemeinen wirtschaftlichen Klima: Auf jeden Fall ist dies eine Erfolgskonstellation! Setzen Sie sich durch, übernehmen Sie Verantwortung, veranlassen Sie Innovationen, expandieren Sie, machen Sie Pläne!

Die Zyklen der Mondknotens

Launen und Stimmungen! Jeder Planetenaspekt des laufenden Mondes über eine Position des Geburtshoroskops hat eine Dauer von höchsten drei Stunden. Mehr als eine Laune drücken die Planetenaspekte des Transit-Mondes also nicht aus. Wichtiger sind seine Bewegungen durch die Häuser des Geburtshoroskops. Sie dauern circa 2 bis drei Tage. Jedes Haus stellt einen Lebensbereich dar. Je nachdem, was man vorhat, sollte man abwarten, bis der Transit-Mondknoten in das entsprechende Horoskophaus eingetreten ist. Radix-Mond hat immer etwas mit öffentlicher Zustimmung oder Ablehnung zu tun. Wenn man kurzfristig plant, dann lohnt es sich durchaus, die beste Zeit auszuwählen. Bei guten Mondaspekten denkt und fühlt man so wie alle anderen auch. Die Stimmung der anderen passt zur eigenen. Gerade im Verhältnis zu den Kollegen ist die Mondstellung wichtig. Allerdings: Radix-Mond macht auch phlegmatisch. Will man sein eigenes Ding durchsetzen, dann ist der Radix-Mond ungeeignet. Diesem Gestirn fehlt jegliche Kämpfernatur. »Mond macht mit.«Orientieren Sie sich also bei Vorhaben, die Eigeninitiative erfordern, an anderen Gestirnen wie Radix-Sonne und Mars. Die Stellung des Mondes wird Ihnen dann zusätzlich sagen, wie Sie auf die jeweiligen Befindlichkeiten Ihrer Umwelt besser Rücksicht nehmen - und wie Sie die Menschen derzeit motivieren können, Ihnen möglichst bereitwillig zu folgen.

Transit-Mondknoten im ersten Radix-Haus

Gefühlvoll! Der Radix-Mond im ersten Haus macht sie empfänglich für alle Stimmungen und Launen. Die Seele steht Ihnen auf dem Gesicht geschrieben. Sie sind gefühlvoll im Auftreten, impulsiv, launisch und verletzbar.

Transit-Mondknoten im zweiten Radix-Haus

Empfänglich! Sie haben jetzt ein starkes Gefühl für Sicherheit und Finanzen. Der Radix-Mond im zweiten Haus stärkt Ihren guten Instinkt in Gelddingen.

Transit-Mondknoten im dritten Radix-Haus

Rastlos! Ein transitierender Radix-Mond im dritten Haus macht nervös und unruhig. Man trägt seine Seele auf der Zunge, ist reiselustig. Eine gute Zeit für kleine Geschäfte.

Transit-Mondknoten im vierten Radix-Haus

Heimisch! Jetzt mit dem Transit-Mondknoten im vierten Haus sind Sie ein wenig ruhiger. Das wirkt nicht so aufdringlich. Aber wenn Sie beruflich etwas durchsetzen wollen, dann warten Sie doch lieber noch ein paar Tage.

Transit-Mondknoten im fünften Radix-Haus

Lebenslustig! Mit Radix-Mond im fünften Haus ist man gerne unter Leuten, liebt es gesellig, dramatisiert ein wenig. Gut für Kundenkontakte!

Transit-Mondknoten im sechsten Radix-Haus

Diensteifrig! Wenn der Radix-Mond durch das sechste Haus geht, wird man schnell mal von Selbstzweifeln gequält. Das ist nicht unbedingt der rechte Zeitpunkt für Bewerbungsgespräche. Der Kontakt zu Kollegen und Untergebenen gestaltet sich jetzt umso besser.

Transit-Mondknoten im siebten Radix-Haus

Kumpelhaft! Mit Radix-Mond im siebten Haus hat man einen leichten Zugang zur Psyche anderer Menschen, schafft sich in der Regel sofort Sympathien. Allerdings sollte man sich unter dieser Konstellation nicht zu aufdringlich gegenüber Geschäftspartners zeigen.

Transit-Mondknoten im achten Radix-Haus

Vertraulich! Der Transit-Mondknoten im achten Haus gibt ein intensives Gefühl für Verborgenes und Schicksalhaftes. Tief blicken Sie in die Abgründe Ihres jeweiligen Gegenüber. Fremde Finanzen interessieren Sie ganz besonders. Über das, was man Ihnen jetzt an Geheimnissen anvertraut, werden Sie Schweigen bewahren.

Transit-Mondknoten im neunten Radix-Haus

Großzügig! Wenn der Radix-Mond durch das neunte Haus zieht, packt einen das Fernweh. Man fühlt sich als Weltenbürger, will die Enge der Heimat verlassen - und sei es nur für die Dauer eines Kebabs beim Türken oder eines Espressos beim Italiener. Die Weltoffenheit und Toleranz der Stunde schafft eine äußerst günstige Geschäftsatmosphäre.

Transit-Mondknoten im zehnten Radix-Haus

Ernsthaft! Mit dem Radix-Mond im zehnten Haus übt man sich in vornehmer Zurückhaltung, hat ein gutes Gespür für Popularität und Populismus - die Volksseele halt. Eine gewisse Spießigkeit und Reserviertheit gehört dazu. Instinktiv verhält man sich richtig. Ideal für Einstellungsgespräche!

Transit-Mondknoten im elften Radix-Haus

Flippig! Der Transit-Mondknoten durch das elfte Haus zeigt, dass Sie auch anders können. Sie legen überflüssige Verklemmtheiten ab. Gut für öffentliche Veranstaltungen, Besuch von Kongressen und Tagungen, zum Aufbau von Geschäftsfreundschaften.

Transit-Mondknoten im zwölften Radix-Haus

Verhuscht! Wenn der Radix-Mond durch das zwölfte Haus geht, sollte man öffentliche Kontakte meiden. Diese Konstellation ist gut für Arbeiten, die man ganz alleine durchzieht. Gefühle von Einsamkeit können trotzdem aufkommen. Kontakte auf informeller Ebene sind möglich. Jemand in der Firma vertraut sich Ihnen an.

Transit-Mondknoten und Radix-Sonne in Konjunktion

Unterhaltsam! Mit dem Transit-Mondknoten auf der Radix-Sonne kann man schon ein bisschen aus sich herausgehen. Auch kleine Angebereien verzeihen einem die Kollegen gerne. Es muss halt nur unterhaltsam sein.

Transit-Mondknoten und Radix-Sonne in Spannung

Unbeliebt! Der Transit-Mondknoten steht unharmonisch zur Sonne. Trumpfen Sie nicht so auf. Denn damit verscherzen Sie sich jegliche Sympathien.

Transit-Mondknoten und Radix-Sonne in Harmonie

Passt irgendwie! Ein günstiger Mondaspekt zur Radix-Sonne und die Leute verzeihen Ihnen so gut wie alles. Machen Sie ruhig, was Sie wollen. Die anderen machen mit.

Transit-Mondknoten und Radix-Mond in Konjunktion

Volkes Stimme! Die Mondwiederkehr findet ungefähr einmal im Monat statt. Schlagen Sie sich auf die Seite der Belegschaft. Schauen Sie dem Volk auf Maul. Das stärkt den Rückhalt.

Transit-Mondknoten und Radix-Mond in Spannung

Irgendwie schräg! Der Transit-Mondknoten in Spannung zu Radix-Mond bringt so eine komische Stimmung unter die Kollegen. Gehen Sie bloß nicht darauf ein, sonst werden Sie noch angesteckt.

Transit-Mondknoten und Radix-Mond in Harmonie

Gemütlich! Beim transitierenden Radix-Mond in Harmonie zur Radixposition kommt man eigentlich mit allen gut klar. Sie brauchen jetzt keine Extranummer zu spielen. Man akzeptiert Sie auch so.

Transit-Mondknoten und Radix-Merkur in Konjunktion

Mitteilsam! Der laufende Radix-Mond auf dem Radix-Merkur macht uns ein wenig träge und reaktionslahm. Aber wir können auch ganz gut mit den Leuten quatschen. So einfach von Du zu Du. Was man da nicht alles mitbekommt.

Transit-Mondknoten und Radix-Merkur in Spannung

Maulfaul! Mit Radix-Mond in Spannung zu Radix-Merkur können Sie im Gespräch nicht viel erreichen. Versuchen Sie einmal, einen schlafenden Ochsen zu wecken! Behördengänge bitte verschieben.

Transit-Mondknoten und Radix-Merkur in Harmonie

Ziemlich umgänglich! Mond im harmonischen Transit zu Radix-Merkur macht das alltägliche Miteinander ziemlich einfach. Besonders Routinearbeiten gehen gut von der Hand. Und heute findet sogar die Sekretärin auf Anhieb Ihre Unterlagen. Wenn das kein gutes Zeichen ist!

Transit-Mondknoten und Radix-Venus in Konjunktion

Obernett! Mond im Transit über Radix-Venus ist so eine nette Konstellation, dass man schon wieder misstrauisch werden könnte. Es reicht wirklich aus, wenn Sie sich eine besonders hübsche Kleidung fürs Büro heraussuchen. Aber die hochhackigen Schuhe und das geschürzte Dekolleté bzw. Cowboystiefel und Elvis-Jeans sind doch wirklich etwas übertrieben.

Transit-Mondknoten und Radix-Venus in Spannung

Zu hautnah! Ein Spannungsaspekt zu Radix-Mond zu Radix-Venus schafft zu viel Nähe. Sie riechen die Pomade des Oberbuchhalters, die alten Socken des Chefs. Und die Frau an der Rezeption hat wieder mal Mundgeruch. Kommen Sie ein anderes Mal wieder. Puh!

Transit-Mondknoten und Radix-Venus in Harmonie
Ganz angenehm! Mit Radix-Mond im harmonischen Transit zum Aszendenten kann man rein gefühlsmäßig wirklich gut mit den Leuten umgehen. Dieser Aspekt öffnet Türen. Alles Weitere wird sich dann hoffentlich wie von selbst ergeben.

Transit-Mondknoten und Radix-Mars in Konjunktion
Etwas ruppig! Der transitierende Radix-Mond über Radix-Mars macht einen ganz schön aktiv. Und im Prinzip auch attraktiv. Aber hören Sie jetzt bitte auf die gut gemeinten Stimmen, die Ihnen sagen: Übertreib‹ es nicht!

Transit-Mondknoten und Radix-Mars in Spannung
Trampel! Mit Radix-Mond im harten Transit zu Radix-Mars führt man sich auf wie ein Elefant im Porzellanladen. Man will die Leute antreiben und eckt doch bloß nur überall an. Besser nicht!

Transit-Mondknoten und Radix-Mars in Harmonie
Ärmel hochkrempeln! Mit einem günstigen Transit des Mondes zum Radix-Mars lässt sich die Belegschaft sehr gut motivieren. Die Leute akzeptieren einsame Entscheidungen und sind eigentlich ganz froh, dass jemanden den Anfang macht.

Transit-Mondknoten und Radix-Jupiter in Konjunktion
Allgemeinplätze! Transitmond über dem Radix-Jupiter bringt einen in gute Übereinstimmung mit eigentlich allem. So sieht man es jedenfalls. Sie suchen und finden Gemeinsamkeiten, reden über Fußball, Fernsehen, das Wetter, Gott und die Welt. Dabei lockert sich die Stimmung und man kann das Thema gekonnt auf Geschäftliches umlenken. Und das sollte man dann auch!

Transit-Mondknoten und Radix-Jupiter in Spannung
Ziemlich schlapp! Mit den harten Transiten zu Radix-Mond zu Radix-Jupiter stellt sich eine Bequemlichkeit ein, die nahe an der Grenze zur Faulheit steht, wenn nicht schon jenseits dessen. Für wirklich ernsthafte berufliche Vorhaben also keine so gute Zeit.

Transit-Mondknoten und Radix-Jupiter in Harmonie
Gute Laune! Mit Radix-Mond im günstigen Aspekt zu Radix-Jupiter hellt sich die Stimmung eigentlich immer auch. Auch ohne Grund. Nutzen Sie die Gelegenheit, um das Betriebsklima ein bisschen auf Vordermann zu bringen!

Transit-Mondknoten und Radix-Saturn in Konjunktion
Melancholie! Der Übergang des Mondes über Radix-Saturn ist zwiespältig. Sogenannte Frohnaturen werden Sie jetzt unsanft auf dem Teppich bringen. Kümmern Sie sich lieber um ältere und ernstere Mitarbeiter und Kunden. Die werden Ihre verhaltene Art zu schätzen wissen.

Transit-Mondknoten und Radix-Saturn in Spannung
Griesgrämig! Mond im harten Aspekt zu Radix-Saturn drückt ganz schön auf die Stimmung. Sie können mit all dem Gegacker und oberflächlichen Getue wirklich überhaupt nichts anfangen. Stopfen Sie sich notfalls Watte in die Ohren. Alles hat mal ein Ende. Verkriechen Sie sich in Ihre Unterlagen.

Transit-Mondknoten und Radix-Saturn in Harmonie
Äußerst seriös! Bei Radix-Mond in Harmonie zu Radix-Saturn kommen Sie besonders bei älteren Mitarbeitern gut an. Wenden Sie sich bei Problemen an die Seniorchefin. Die wird mit verhaltener Bewunderung anerkennen, dass Ihre Bedenken durchaus ernst zu nehmen sind.

Transit-Mondknoten und Radix-Uranus in Konjunktion
Total egal! Mit Radix-Mond im Transit über Radix-Uranus stehen Sie eigentlich über allem. Ihr Genie ist nicht mehr von dieser Welt. Als Webmaster der Firmenhomepage werden Sie jetzt intensivste Gefühle erleben. Welcome in the world, will meinen: Willkommen in der virtuellen Welt des Cyberspace. Eine große Familie. Chatpartner von Übersee stehen Ihnen näher als der Arbeitskollege am Nachbarschreibtisch. Die gemeinen Masse Mensch ist Ihnen doch ziemlich egal. Leider spürt die das auch. Und reagiert sauer. Das wiederum zwingt Sie zur Aufmerksamkeit. Wie unangenehm. Wenn Ihnen die liebe Kollegenschaft wirklich total schnurz ist, dann seien Sie jetzt zu denen ganz besonders freundlich und zuvorkommend. So halten Sie sich die Bande noch am geschicktesten vom Leib.

Transit-Mondknoten und Radix-Uranus in Spannung

Besserwisserei! Harte Transite des Mondes zu Radix-Uranus drücken auf den Geist. Versuchen Sie jetzt bloß nicht, mit einer besonders klugen Idee herauszukommen. Damit manövrieren Sie sich gnadenlos ins Abseits. Und man drückt Ihnen obendrein noch den Stempel des notorischen Querulanten auf die Stirne.

Transit-Mondknoten und Radix-Uranus in Harmonie

Pflegeleicht! Weiche Aspekte des Mondes zu Radix-Uranus erleichtern das zwischenmenschliche Miteinander ungemein. Sie stellen einfach so gut wie keine Ansprüche an den anderen. Und Gemeinsamkeiten finden sich immer. Besonders in verzwickten Situationen, wenn man z. B. ständig an bornierten Vorzimmerdamen oder quadratschädligen Hausmeistern scheitert, ist dies eine günstige Gelegenheit. Sie tricksen diese Zerberusse am Vorhof der Hölle gekonnt aus und können Ihre Bewerbung direkt bei der Geschäftsleitung abgeben. Mal ausprobieren!

Transit-Mondknoten und Radix-Neptun in Konjunktion

Gefühlsei! Wenn der Transit-Mondknoten über Radix-Neptun steht, sind Sie höchst sensibel und empfindsam. Sicherlich finden Sie jetzt jemanden, der Sie bedauert und in Ihrer der Haltung bestätigt, dass die Welt und die gesellschaftlichen Umstände und böse Menschen und das grausame Schicksal (speziell die harte Kindheit) und neuerdings auch das merkwürdige Wetter daran schuld sind, dass Sie nie und nimmer Ihren Traumjob bekommen werden. Na ja. Schön und gut. Sie treffen jetzt aber auch auf Personalchefs, die fest an das Gute im Menschen glauben, und die irgendwie das Gefühl haben, dass ausgerechnet Sie die absolute Traumbesetzung für den Job sind. Wohin auch immer Ihre schwankende Seele tendiert: Sie treffen auf Leute, die genau auf Ihrer Wellenlänge schwimmen.

Transit-Mondknoten und Radix-Neptun in Spannung

Unerreichbar! Spannungsaspekte zu Radix-Mond zu Radix-Neptun gehen mit einer ziemlichen Verwirrung einher. Möglicherweise kommt Ihr Arbeitskollege heute mit einer starken Grippe ins Büro und niest Sie gleich an. Oder wichtige Unterlagen bleiben einfach unauffindbar. Gewisse Leute sind unter diesem Gestirn nicht erreichbar. Wenn Sie sich über diesen Saustall aufregen wollen, dann tun Sie es halt. Heute wird das niemand verstehen.

Transit-Mondknoten und Radix-Neptun in Harmonie

Waffenruhe! Mit Radix-Mond im günstigen Transit zu Radix-Neptun könnten Sie in der Kosmetikbranche anfangen, alternativ dazu ein Job als Testriecher bei der Parfümindustrie beginnen. Nicht untalentiert wären Sie heute auch bei Bier- und Weinproben. Klären Sie vorher ab, ob es sich um eine Festeinstellung handelt. Und lassen Sie auch mal Ihre Leberwerte testen.

Transit-Mondknoten und Radix-Pluto in Konjunktion

Dicke Luft! Mond im Transit über Radix-Pluto ist ein komischer Aspekt. Irgendwas liegt immer etwas in der Luft. Die Leute gucken so merkwürdig. Da schauen Sie halt zurück. Natürlich unauffällig. Das merken die. Is was? Nö - wieso fragen Sie? Und schon ist dicke Luft. Komisch. Der Tag ist eigentlich ganz gut, um mal was zu entrümpeln. Fragen Sie mal unter den Kollegen rum. Die werden ganz erleichtert sein. Irgendwas findet sich immer. Und wenn sich gar nichts findet, dann sprechen Sie halt das Thema Diät an. Das löst die Spannung. Anschließend können Sie dann zum Kaffee noch ein paar Stück in Kuchen in Büro bringen - was ganz Leichtes, möglichst mit Ballaststoffen bitte.

Transit-Mondknoten und Radix-Pluto in Spannung

Gefühlsschwanger! Die harten Transite zu Radix-Mond zu Radix-Pluto können richtig Ärger bringen. Denn wenn Sie jetzt tiefschürfenden Reden halten oder unliebsame Themen ansprechen, dann sind Sie schnell unten durch. Die Leute wollen das einfach nicht hören. Die wollen momentan vielleicht überhaupt keinen seelischen Tiefgang. Natürlich durchschauen Sie die Gründe. Und es reizt Sie, eine Betriebsversammlung einzuberufen, mal gründlich dieses und jenes beim Namen zu nennen. Ein anderes Mal vielleicht. OK?

Transit-Mondknoten und Radix-Pluto in Harmonie

Urgemütlich! Mit Transit-Mondknoten in Harmonie zu Radix-Pluto hält man ganz gut zusammen. Die Fehler und Macken des anderen sind bekannt. Die Belegschaft ist ein Geflecht aus gegenseitigen Abhängigkeiten, Macht und Ohnmacht, Dominanz und Unterdrückung, Symbiose und Schmarotzertum. Aber Schwamm drüber. Eigentlich sind wir doch eine große Familie. Und jetzt ist Mittagspause. Wer geht mit in die Kantine?

Transit-Mondknoten und Radix-Chiron in Konjunktion

Machtposition! Mit der Transit-Sonne über Radix-Pluto werden Sie so oder so in die Konfrontation gezogen. Etwas muss sich verändern. Die Frage ist nur, ob das Zukünftige Ihrem Geschmack entspricht. Wenn Sie ein Wörtchen mitreden wollen, müssen Sie eine klare Meinung haben. Untergründige Kritik oder eine trotzige Verweigerungshaltung werden Sie diesem Ziel nicht näher bringen. Wenn Sie sich heute zu sehr auf eine ganz bestimmte Person fixieren, um Ihren ganz persönlichen Rachefeldzug auszufechten, dann dürfen Sie das ruhig tun. Eine Veränderung zum Positiven erreichen Sie damit jedoch nicht. Dazu müssen Sie nämlich erst einmal in eine Machtposition gelangen. Und das geht nur mit konstruktivem Verhalten und langem Atem.

Transit-Mondknoten und Radix-Chiron in Spannung

Umkehren! Die Spannungsaspekte der transitierenden Radix-Sonne zu Radix-Pluto konfrontieren Sie letztendlich immer nur mit Ihrem eigenen Dickschädel. Das ist vielleicht traurig, aber allzu wahr. Sie erkennen wieder einmal, dass Sie sich ein ganz klein bisschen verrannt haben. Ein bisschen sehr sogar ... Aus solchen Sackgassen kommt man stets nur im Rückwärtsgang heraus. Je unauffälliger und dezenter Sie die Karre aus dem Dreck ziehen, desto leichter werden Sie wieder festen Boden unter den Füßen spüren.

Transit-Mondknoten und Radix-Chiron in Harmonie

Pokerface! Die harmonischen Transitaspekte der Radix-Sonne zu Radix-Pluto sichern Ihre Machtposition. Es ist gut, wenn man nicht allzu vertraulich mit seinem Wissen umgeht und die Gegner über die eigene Strategie weitgehend im Unklaren lässt. Das gleiche Verhalten lässt sich auch gegenüber Vorgesetzten oder im Kollegenkreis erfolgreich anwenden. Sie planen große Veränderungen, und das letztendlich nicht nur zu Ihrem eigenen Nutzen. Die Firma wird davon profitieren. Alles will gut vorbereitet sein. Sonst gibt es keinen durchschlagenden Erfolg.

Transit-Mondknoten und Radix-Lilith in Konjunktion

Machtposition! Mit der Transit-Sonne über Radix-Pluto werden Sie so oder so in die Konfrontation gezogen. Etwas muss sich verändern. Die Frage ist nur, ob das Zukünftige Ihrem Geschmack entspricht. Wenn Sie ein Wörtchen mitreden wollen, müssen Sie eine klare Meinung haben. Untergründige Kritik oder eine trotzige Verweigerungshaltung werden Sie diesem Ziel nicht näher bringen. Wenn Sie sich heute zu sehr auf eine ganz bestimmte Person fixieren, um Ihren ganz persönlichen Rachefeldzug auszufechten, dann dürfen Sie das ruhig tun. Eine Veränderung zum Positiven erreichen Sie damit jedoch nicht. Dazu müssen Sie nämlich erst einmal in eine Machtposition gelangen. Und das geht nur mit konstruktivem Verhalten und langem Atem.

Transit-Mondknoten und Radix-Lilith in Spannung

Umkehren! Die Spannungsaspekte der transitierenden Radix-Sonne zu Radix-Pluto konfrontieren Sie letztendlich immer nur mit Ihrem eigenen Dickschädel. Das ist vielleicht traurig, aber allzu wahr. Sie erkennen wieder einmal, dass Sie sich ein ganz klein bisschen verrannt haben. Ein bisschen sehr sogar ... Aus solchen Sackgassen kommt man stets nur im Rückwärtsgang heraus. Je unauffälliger und dezenter Sie die Karre aus dem Dreck ziehen, desto leichter werden Sie wieder festen Boden unter den Füßen spüren.

Transit-Mondknoten und Radix-Lilith in Harmonie

Pokerface! Die harmonischen Transitaspekte der Radix-Sonne zu Radix-Pluto sichern Ihre Machtposition. Es ist gut, wenn man nicht allzu vertraulich mit seinem Wissen umgeht und die Gegner über die eigene Strategie weitgehend im Unklaren lässt. Das gleiche Verhalten lässt sich auch gegenüber Vorgesetzten oder im Kollegenkreis erfolgreich anwenden. Sie planen große Veränderungen, und das letztendlich nicht nur zu Ihrem eigenen Nutzen. Die Firma wird davon profitieren. Alles will gut vorbereitet sein. Sonst gibt es keinen durchschlagenden Erfolg.

Transit-Mondknoten und Radix-Mondknoten in Konjunktion

Machtposition! Mit der Transit-Sonne über Radix-Pluto werden Sie so oder so in die Konfrontation gezogen. Etwas muss sich verändern. Die Frage ist nur, ob das Zukünftige Ihrem Geschmack entspricht. Wenn Sie ein Wörtchen mitreden wollen, müssen Sie eine klare Meinung haben. Untergründige Kritik oder eine trotzige Verweigerungshaltung werden Sie diesem Ziel nicht näher bringen. Wenn Sie sich heute zu sehr auf eine ganz bestimmte Person fixieren, um Ihren ganz persönlichen Rachefeldzug auszufechten, dann dürfen Sie das ruhig tun. Eine Veränderung zum Positiven erreichen Sie damit jedoch nicht. Dazu müssten Sie nämlich n eine Machtposition gelangen. Und das geht nur mit konstruktivem Verhalten und langem Atem.

Transit-Mondknoten und Radix-Mondknoten in Spannung

Umkehren! Die Spannungsaspekte der transitierenden Radix-Sonne zu Radix-Pluto konfrontieren Sie letztendlich immer nur mit Ihrem eigenen Dickschädel. Das ist vielleicht traurig, aber allzu wahr. Sie erkennen wieder einmal, dass Sie sich ein ganz klein bisschen verrannt haben. Ein bisschen sehr sogar ... Aus solchen Sackgassen kommt man stets nur im Rückwärtsgang heraus. Je unauffälliger und dezenter Sie die Karre aus dem Dreck ziehen, desto leichter werden Sie wieder festen Boden unter den Füßen spüren.

Transit-Mondknoten und Radix-Mondknoten in Harmonie

Pokerface! Die harmonischen Transitaspekte der Radix-Sonne zu Radix-Pluto sichern Ihre Machtposition. Es ist gut, wenn man nicht allzu vertraulich mit seinem Wissen umgeht und die Gegner über die eigene Strategie weitgehend im Unklaren lässt. Das gleiche Verhalten lässt sich auch gegenüber Vorgesetzten oder im Kollegenkreis erfolgreich anwenden. Sie planen große Veränderungen, und das letztendlich nicht nur zu Ihrem eigenen Nutzen. Die Firma wird davon profitieren. Alles will gut vorbereitet sein. Sonst gibt es keinen durchschlagenden Erfolg.

Transit-Mondknoten und Radix-Aszendent in Konjunktion

Aufgeweckt! Mit dem Transit des Mondes über den Aszendenten bekommen wir wieder frische Energie. Es ist doch besser, wenn man sich hin und wieder laut äußert. So wissen die Kollegen wenigstens, dass man überhaupt noch existiert. Und das eine oder andere, was stört. Lässt sich jetzt auch viel besser ansprechen. Sie müssen sich unbedingt mal Luft machen!

Transit-Mondknoten und Radix-Aszendent in Spannung

Peinlicher Moment! Transit-Mondknoten in Spannung zum Aszendenten macht butterweich. Da läuft jede Eigeninitiative ins Leere. Oder man lehnt sich dagegen auf und verprellt die Mitarbeiter. Wahrhaftig kein günstiger Moment. Peinsam so oder so. Alleingänge bitte auf später verschieben!

Transit-Mondknoten und Radix-Aszendent in Harmonie

In Übereinstimmung! Mond in harmonischen Transit zum Aszendenten macht das Miteinander erträglich. Sie nehmen etwa Rücksicht auf Ihre Kollegen. Als Dankeschön lässt man Sie auch ungestört rumfuhrwerken. Irgendwie brauchen Sie das. Dampf ablassen. Und sich dabei auch noch nützlich machen.

Transit-Mondknoten und Radix-Himmelsmitte in Konjunktion

Mal vorsichtig anklopfen! Transit-Mondknoten über dem MC macht den Kontakt mit Behördenmenschen einfacher. Man gibt sich etwas ruhiger und bedächtiger. Vielleicht sollten Sie mal persönlich auf dem Amt vorbeischauen und sich nach dem Verbleib dieses und jenes Schriftstückes erkundigen? Es kann sehr von Vorteil sein, die Leute dort in den Amtsstuben persönlich zu kennen.

Transit-Mondknoten und Radix-Himmelsmitte in Spannung

Schräg drauf! Wenn der transitierende Radix-Mond im Spannung zum Medium Coeli steht, können Sie als Abteilungsleiter nur mühsam Ihre Autorität wahren. Man hört entweder nicht zu oder ist unmotiviert. Und wenn Sie zur Belegschaft gehören, dann wollen Sie jetzt keinesfalls von oben belehrt werden. Sie reagieren einfach pampig, weil Sie sich nicht pampig kommen lassen wollen. So einfach ist das. Noch ›ne Frage?

Transit-Mondknoten und Radix-Himmelsmitte in Harmonie

Ganz populär! Mit Radix-Mond im harmonischen Transit zum MC können Sie gut mit dem Chef und der Chef mit Ihnen. Man verteilt einfach die Aufgaben. Der da oben nimmt einem die Verantwortung und einen Großteil der Probleme ab. Dafür tanzen die da unten nicht aus der Reihe, sondern tun schön brav, was von ihnen verlangt wird. Na ja, heute vielleicht. Zum Streik kann man später immer noch aufrufen.

Die Zyklen des Chiron

In unserem kosmischen Theaterspiel fällt ihm die Rolle des Lehrers und Heilers zu. Chiron wurde erst vor gut 20 Jahren in die astrologische Deutung eingeführt. Er ist kein Planet, sondern etwas kleiner, also ein Planetoid. Seine Umlaufbahn pendelt zwischen Saturn und Uranus. Die griechische Mythologie berichtet Großartiges, aber auch Tragisches. Chiron, Meister der ärztlichen Heilkunst, litt an einer schmerzhaften Wunde. Ausgerechnet sein Schüler Herakles hatte sie ihm zugefügt, natürlich unabsichtlich und tölpelhaft, wie es sich für solch einen Muskelprotz gehört. Es war das Blut der schlangenköpfigen Hydra, die Herakles tötete, in das er seine Pfeile tauchte und Chiron an der Ferse verletzte. Der Weise konnte sich weder heilen, noch sterben. Er litt ungeheuerlich.

Ein hilfloser Helfer, so würden wir Chiron aus heutiger Sicht nennen. Ein Sozialarbeiter, ein Psychologe, der sich die Sorgen aller zu Herzen nimmt, sich geradezu aufopfert. Nur seine eigenen Probleme, die kennt niemand, an die lässt er keinen heran. Nicht einmal sich selbst.

Dieser innere Zwiespalt kann zwei Gründe haben: Entweder läuft man vor sich selber wer. Man gibt anderen Ratschläge, die man selber nicht befolgt. Oder aber die eigenen Ansprüche sind derart hochgeschraubt, dass man an ihnen zwangsläufig scheitern muss. Chiron im Transit kann fürchterlich wehtun, besonders dann wenn alles perfekt sein muss. Aber ist Perfektion nicht auch ein bisschen langweilig?

Transit-Chiron im ersten Radix-Haus

In dieser Zeitperiode entwickeln Sie starke heilerische Fähigkeiten und sind in der Lage, manch klugen Rat zu geben. Doch wieso wird Ihnen das so selten gedankt? Manche Leute werfen Ihnen sogar vor, dass Sie sich aufdrängen, wollen Ihre Unterstützung gar nicht, mögen dieses ganze Oberlehrerhafte nicht. Sie geben so viel. Zugleich fühlen Sie sich frustriert. Ihre eigenen Probleme lasten wie ein Schatten auf Ihnen. Und niemand sieht das. Sehen Sie sie wenigstens selbst?

Es ist jetzt unbedingt notwendig, dass Sie die Ansprüche herunter schrauben. Niemand ist perfekt, auch Sie selber nicht. Jeder hat seine kleinen Fehler und Schwächen. Denken wir an Inspektor Colombo im Knittermantel oder die Tapsigkeit eines Elton in TV-Total. Diese Leute kultivieren geradezu ihre Macken, um erfolgreich zu sein. Manche Politiker offenbaren ihr kleines Geheimnis mit einem »Und das ist auch gut so«. Man wählt sie trotzdem. Oder gerade deshalb.

Geben Sie Rat, wo er erwünscht ist. Heilen Sie jene, die geheilt werden wollen. Und lernen Sie, sich selber besser zu akzeptieren. Wir sind alle nur Menschen und keine Götter.

Transit-Chiron im zweiten Radix-Haus

Alles, was mit Geld zusammenhängt, geht scheinbar schief. Die Überweisung geht erst einen Tag später raus. Der Geldschein hat einen Knick. Und sogar beim Brötchenholen scheitert man, weil ein Cent zu wenig im Portemonnaie ist. Zwar ist der eine Tag Verspätung dem Empfänger vollkommen egal. Der Knick im Geldschein bügelt sich in der Hosentasche von ganz alleine raus. Und die Bäckerei-Verkäuferin möchte einem den fehlenden Cent liebend gerne erlassen. Aber darf das sein? Ganz erstaunlich eigentlich: Ein bisschen Schludrigkeit bei den Finanzen entkrampft ungemein. Geld will fließen. Und dabei darf dann schon mal etwas daneben kleckern.

Transit-Chiron im dritten Radix-Haus

Als Goethe das Weimarer Theater führte, mussten die Schauspieler ganz exakt sprechen, sich genau an den Text halten und in hundertprozentig festgelegten Posen verharren. Fehler waren nicht erlaubt. Als er das Ensemble endlich auf Linie gebracht hatte, war ihm das auch wieder nicht recht. Denn das Resultat wäre gähnende Langweile.

Lernen Sie, Sprachfehler zu lieben: das Nuscheln, das Stottern, die Missverständnisse und Freudschen Fehlleistungen, all diese unabsichtlich falsch und im Grunde doch wieder ganz richtig ausgesprochenen Worte. Gehen Sie ohne Stadtplan auf Reisen. Schalten Sie Satellitennavigation aus. Verfahren und verirren Sie sich ruhig mal. Dann müssen Sie halt nachfragen. So viele Menschen, die mit Ihnen ins Gespräch kommen wollen. Man muss denen nur einen Anlass geben.

Transit-Chiron im vierten Radix-Haus

Sieht es in Ihrem Familienleben derzeit katastrophal. Wieso ist das bei Ihnen alles viel schlimmer als bei den anderen? Dort gibt es liebende Mütter, fleißige Väter, brave Töchter und Söhne, kluge Großeltern, Onkel und Tanten, die stets mit Rat und Tat zur Seite stehen.

Nun ja, im Grunde läuft das bei den anderen auch nicht immer ganz optimal. Die kümmern sich nur nicht so sehr um die vielen kleinen Alltagsprobleme. Und die großen Familienschwierigkeiten werden nicht so stark aufgebauscht. So entstehen nicht alle Nase lang diese Katastrophen. Oder man improvisiert dort mehr, geht über vieles leichter hinweg. Hin und wieder gibt es sogar kleine

Momente, wo es in diesen Familien richtig gut läuft. Das ließe sich doch auch einmal ausprobieren.

Transit-Chiron im fünften Radix-Haus

Viele Leute würden wirklich gerne mehr von Ihnen sehen. Manch einer vermutet sogar, in Ihnen stecke das große Genie. Für Sie sieht das natürlich ganz anders aus: Wenn Sie schon etwas von sich zeigen, dann muss es perfekt sein, absolut fehlerfrei. Oscarreif. Ein Reinfall wäre die größte Blamage aller Zeiten.
So ein riesiger Anspruch ist natürlich eine enorme Belastung. Manch einer käme zu der Schlussfolgerung, am schlauesten wäre es, überhaupt nichts von sich zu zeigen. Keinen Mucks, kein Garnichts. Dann kann wenigstens nichts schief gehen. Kein Hohn, kein Spott. Aber leider auch keine Anerkennung. Nur Mut! Nehmen sie sich nicht so wichtig. Lernen Sie, über sich selbst zu lachen. Und nun raus auf die Bühne des Lebens. Das Publikum wartet schon.

Transit-Chiron im sechsten Radix-Haus

Sie kümmern sich um jedes Detail und jede Kleinigkeit. Darin sind Sie derzeit ganz großartig. Aufgrund der Perfektionsansprüche, die Sie an Ihre Umwelt, Ihre Arbeit und sich selbst stellen, holen Sie das Optimum aus einer Situation heraus.
Doch vergessen Sie darüber, auch an sich selber zu denken? Die Gefahr der körperlichen oder geistigen Ermüdung ist groß. Wenn Sie die Situation wirklich perfekt beherrschen wollen, dann lassen Sie ab und zu fünf gerade sein. Spannen Sie aus! Optimieren Sie Ihre eigenen Arbeitsbedingungen. Führen Sie Pausen ein. Reduzieren Sie überflüssige Handreichungen. Vereinfachen Sie Produktionsabläufe. Der Kluge denkt an sich selbst eben nicht erst zu allerletzt!

Transit-Chiron im siebten Radix-Haus

Ihnen begegnen jetzt Menschen, die sich nach der idealen Beziehung sehnen. Und auch in Ihnen selbst wird der Wunsch stärker, endlich mal mit jemanden zusammen zu sein, der nicht so viele Probleme mit sich bringt. Wieso stoßen Sie ausgerechnet jetzt nur auf Leute, der irgendwie unzulänglich ist. Oder ausgerechnet, wenn die totale Traumpartnerschaft am Horizont winkt, kommt garantiert irgendeine Kleinigkeit dazwischen.
Dabei erleben Sie doch, dass Ihr kluger Rat anderen Paaren hilft. Noch nie waren Sie so gut als Partnerschaftstherapeut wie gerade jetzt! Das eine bedingt das andere. Spüren Sie das? Wer will schon, dass die ganze Zeit an einem herumtherapiert wird. Es ist doch so: Am besten leben jene zusammen, die die Schwächen des anderen einfach akzeptieren.

Transit-Chiron im achten Radix-Haus

Jeder will doch, dass es denen, die man liebt, gut geht. Dafür tut man alles, absolut alles. Man beschützt sie, sorgt sich um sie, kämpft für sie und opfert sich auf. Da ist zum Beispiel ein krankes Elternteil, ein verhaltensgestörtes Kind oder ein hypernervöser Partner. Warum verbessert sich deren Zustand nicht, trotz der ganzen Pflege, den man ihnen angedeihen lässt?
Liebt es vielleicht am zu viel Zuwendung? Das ist eigentlich unvorstellbar! Fahren Sie doch selbst einmal auf Kur. Lassen Sie den Dingen ihren Lauf. Vertrauen Sie auf die Selbstheilungskräfte der Natur. Es ist schmerzlich, aber wahr: Manchen wird es jetzt besser gehen, wenn sie aufhören, den Therapeuten zu spielen.

Transit-Chiron im neunten Radix-Haus

Manchmal unternimmt bei dieser astrologischen Konstellation eine Reise, und das unter schwierigsten Bedingungen. Oder man lernt eine komplizierte Sprache, stürzt sich in ein aufwendiges Studium oder liefert eine Arbeit ab, die vor Detailwissen nur so strotzt. Dennoch ist die Ausbeute all dieser Bemühungen nur gering. Es gelingt nicht, die gemachten Erfahrungen sinnvoll umzusetzen. Die Sprachkenntnisse reichen nicht über Alltagskommunikation hinaus. Kaum jemand versteht die Ergebnisse der Forschungen. Alles hätte noch viel besser sein sollen. Und so ist das Erreichte ein scheinbares Nichts.
Lässt es sich verständlich machen, dass der Weg das Ziel ist? Könnte es sein, dass die Mühe doch nicht umsonst ist? Wenn es doch nur möglich wäre, aus dem Elfenbeinturm der hochgeistigen Ansprüche ein paar Stufen hinabzusteigen in unsere allzu profane Welt. Wenn das so einfach wäre, dann könnten Sie es ja mal probieren.

Transit-Chiron im zehnten Radix-Haus

Die beruflich an Sie gestellten Ansprüche könnten sich enorm steigern. Mit großem Engagement auch unter schwierigsten Bedingungen gelingt es Ihnen, Ihre Position zu halten. Doch andere schaffen das gleiche Ziel mit sehr viel geringerem Aufwand.
Wie viel Lob lassen Sie an sich heran? Darf man Sie selbst überhaupt fördern? Und wie streng sind eigentlich Ihre Maßstäbe? Manche Leute müssen den Weg zum Gipfel unbedingt über die gefährliche Nordwand nehmen, auch wenn sie das Ticket für die bequeme Seilbahn schon in der Tasche haben.

Transit-Chiron im elften Radix-Haus

Im Prinzip sind Sie ja durchaus hilfsbereit, auch Fremden gegenüber. Und Sie gehen gerne in die Öffentlichkeit. Besonders jetzt ist so eine Zeit. Allerdings sind die Menschen, die Sie rechts und links des Weges treffen, manchmal doch ziemlich verrückt. Hilfsbereitschaft wird nicht gedankt, man trifft auf Spinner und Verrückte. Das macht misstrauisch. Rückzug ist die Folge.

Verlangen Sie nicht zu viel von Ihren Mitmenschen. Bleiben Sie offen. Sie werden feststellen, dass Menschen, die Sie eigentlich für vollkommen unmöglich halten, doch ganz gut zu Ihnen passen. Sagen Sie ruhig auch, was Sie möchten und benötigen. Achten Siede Geschenke, die man Ihnen überreicht. Sie kommen von ganzem Herzen.

Transit-Chiron im zwölften Radix-Haus

Sie werden jetzt vermutlich ziemlich skeptisch reagieren, wenn von Mystik, Magische, Heilkunst und Drogen die Rede ist. Nicht, dass die Themen Sie nicht faszinieren. Ganz im Gegenteil. Doch es sind die ganz persönlichen Erfahrungen, die Zweifel in Ihnen aufkommen lassen. Es ist doch offensichtlich so, dass die Menschen, die sich damit beschäftigen, im Grunde auch nicht glücklicher sind als Otto Normalverbraucher, der weder im Nirwana schweben noch den großen Popstar spielen kann.

Dennoch suchen Sie momentan in diesen Lebensbereichen ihr Glück. Oder Sie schauen sich dort zumindest interessiert um. Kritisch, distanziert, akademisch. Und immer in der Hoffnung, doch noch auf tiefste Erkenntnis oder weise Gurus zu stoßen. Der Forschergeist treibt Sie voran.

Transit-Chiron und Radix-Sonne in Konjunktion

Sie treffen auf Mitmenschen, die Verklemmungen in Ihnen auslösen. Irgendetwas ist an denen schräg und krumm. Sie fühlen sich merkwürdig. Dabei möchten Sie sich doch so perfekt wie möglich zeigen. Das wäre jedoch unklug. Stellen Sie sich vor, Sie gehen zum Arzt und verschweigen ihm alle Unpässlichkeiten, bis hin zum kleinsten Zipperlein. Wie soll er Ihnen dann helfen?

Transit-Chiron und Radix-Sonne in Spannung

In diesen Tagen kommen Sie offensichtlich aus dem Tritt. Bei jedem Versuch, einen großen Auftritt zu inszenieren, schaut Sie jemand mit Röntgenaugen an. Sie fühlen sich entlarvt. Entweder stehen Sie zu ihren Schwächen oder Sie rollen den roten Teppich für eine Weile ein und verkriechen sich für ein paar Tage in Ihrer Höhle. Wird schon besser werden.

Transit-Chiron und Radix-Sonne in Harmonie

Zeit für einen großartigen Auftritt, vor einem Fachpublikum, bei einer Gesundheitsmesse, als Wunderheiler, in einer Comedyshow oder am Professorenpult. Sie stehen zu Ihren Schwächen und können sich in aller Öffentlichkeit wunderbar über sich selbst lustig machen. Das kommt echt gut an.

Transit-Chiron und Radix-Mond in Konjunktion

Wenn Sie den Wunsch in sich tragen, aus einer ganz normalen Familie zu stammen und einfach dazu zu gehören, dann ist das ganz natürlich. Doch dazu gehört es auch, dass man hin und wieder Missverständnisse klärt, unangenehme Themen auf den Tisch bringt, Kritik übt. So sehr Sie sich auch bemühen, innerliche Spannungen zu verbergen, es klappt nicht. Man spürt es doch.

So kann es nicht weitergehen. Entweder, Sie zeigen nun klar und deutlich, was bei Ihnen schief läuft. Oder Sie verbergen es weiter, gehen aber zu einem Arzt oder Therapeuten oder sonst jemandem, mit dem Sie das Problem an der Wurzel packen.

Transit-Chiron und Radix-Mond in Spannung

Sie fühlen sich nicht wohl in Ihrer Haut. Sie fühlen sich zu dick oder zu dünn, die Kleidung sitzt nicht richtig, die Ernährung stimmt nicht oder ein Mitbewohner geht Ihnen ungeheuer auf den Geist. Vielleicht sind Sie aber auch nur überempfindlich. Die ganze Situation fordert Sie geradezu heraus. Wenn Sie zu dem Schluss kommen, dass sich auf die Schnelle nicht viel ändern lässt, dann gestatten Sie sich wenigstens, traurig zu sein. Das reduziert die innere Panik. Und sie sind nicht mehr so angreifbar.

Transit-Chiron und Radix-Mond in Harmonie

Dies ist der ideale Zeitpunkt, um den Lebensalltag zu verbessern. Wellness ist das Stichwort und Wohlfühlen ist angesagt. All die Einflüsse des Alltagslebens, die stören, die unangenehm oder vielleicht sogar krank machen, knöpfen Sie sich jetzt vor. Wie wäre es mit einer neuen Ernährungsdiät, einem Gesundheitscheck oder regelmäßigen Sport-Aktivitäten? Es gibt so viele Angebote. Sie müssen nur zugreifen.

Transit-Chiron und Radix-Merkur in Konjunktion

Immer wieder diese Störungen und Missverständnisse. Momentan kommt vieles ins Stottern. Vielleicht sogar Sie selbst. Dabei sollte doch möglichst alles ganz perfekt funktionieren, hundertprozentig, wenn nicht noch exakter. Genau da liegt jedoch das Problem. »Nach fest kommt locker«, sagt der Handwerker und überdreht die Schraube nicht. Ein guter

Tag, um Sollbruchstellen zu finden, auch im übertragenen Sinne.

Transit-Chiron und Radix-Merkur in Spannung
Eine ziemlich nervenaufreibende Konstellation. Je mehr Sie einen Arbeitsablauf perfektionieren wollen, umso genauer Sie sich ausdrücken wollen, umso komplizierter wird das Ganze. Geben Sie sich eine Auszeit und verschieben Sie all das, was jetzt nicht wirklich erledigt werden muss, auf später.

Transit-Chiron und Radix-Merkur in Harmonie
All das, was Sie wirklich brauchen, um eine Sache zu reparieren oder um ein Missverständnis aufzuklären, steht Ihnen zur Verfügung. Sie verstehen jetzt ohne Schwierigkeiten, wie man verrückte Dinge angeht, ohne sich selber dabei verrückt zu machen.

Transit-Chiron und Radix-Venus in Konjunktion
Jemand wirkt stressig auf Sie. Gemeinsam kommen sie nicht so recht auf einen Punkt. Zu viel wird hinterfragt. Die Begegnung hat etwas Therapeutisches. Wenn sie unbedingt schmerzhafte Themen ansprechen wollen oder müssen, dann tun Sie es jetzt. Aber rechnen nicht damit, dass hinterher totale Harmonie entsteht. Das wäre illusorisch.

Transit-Chiron und Radix-Venus in Spannung
Die Situation scheint Missverständnisse zu erzwingen. Mit oberflächlichem Getue kommen Sie jetzt nicht weiter. Doch penetrante Vorwürfe sind auch nicht angebracht. Das Ganze erinnert Sie daran, dann Sie mit gewissen Menschen einfach nicht die absolute Harmonie aufbauen können. Das Paradies lässt sich nicht erzwingen. Und mit Gewalt erreicht man nur das Gegenteil.

Transit-Chiron und Radix-Venus in Harmonie
Zeit für eine interessante Begegnung. Vielleicht handelt es sich um einen Menschen, der Ihre verletzlichen Seiten kennt. Oder er erinnert Sie unbewusst an einen alten Schmerz. Sie begreifen jetzt vielleicht, dass sich gewisse Dinge nicht mehr ändern lassen. Sie akzeptieren die Grenzen des anderen. Das ist doch eine gute Basis, um noch einmal eine Annäherung zu probieren.

Transit-Chiron und Radix-Mars in Konjunktion
Sie greifen etwas zu dynamisch in die Räder des Schicksals. Glauben Sie wirklich, dass Ihre Spontanaktionen jedermanns Rettung sind? Die Materie widersetzt sich. Kraft verpufft. Die Tatenlosigkeit der anderen geht Ihnen auf die Nerven. Doch wie wollen Siede Situation retten bei all der Ungeduld, die Sie an den Tag legen? Schauen Sie doch erst einmal, dass Sie Ihre eigene Energie etwas besser kontrollieren lernen.

Transit-Chiron und Radix-Mars in Spannung
Da legt jemand einen ungeheuren Perfektionswahn an den Tag. Er schiebt die Dinge möglicherweise ewig auf die lange Bank. Wie wollen Sie dagegen ankämpfen? Wenn Sie jetzt noch mehr Kraft einsetzen, geht die Sache erst recht schief. Mit etwas Witz und vor allem skurrilem Humor kann es Ihnen dennoch gelingen, die ganze Sache durchzuboxen. Aber schlitzohrig und witzig bitte, nicht so bierernst!

Transit-Chiron und Radix-Mars in Harmonie
Natürlich erleben auch Sie ab und zu, dass Sie mit dem Kopf durch die Wand wollen und der Kopf letztendlich stärker ist. Doch es gibt auch Menschen, die öffnen Ihnen Türen. Und zwar auf eine derart ungewöhnliche Art, dass Ihnen das Staunen kommt. Sie kennen Ihre Schwachpunkte und da ist es ungemein entspannend, wenn man Ihnen das nicht auch noch vorhält. Im Gegenteil: Was die Kunst des Kämpfens betrifft, so haben Sie jetzt einen Meister gefunden, der Ihnen wohlwollend die besten Tricks zeigt. Und umgekehrt: Man achtet Ihre Energie. Sie kann sogar heilend wirken.

Transit-Chiron und Radix-Jupiter in Konjunktion
Man will Ihnen doch nur helfen, Vertrauen zu entwickeln. Problemthemen dürfen dabei nicht ausgespart bleiben. Ehrlichkeit muss honoriert werden. Eine etwas paradoxe Situation. Es wäre jetzt wirklich gut, wenn Sie die Dinge nicht so eng sehen.
Ein bisschen Schmerz, ein bisschen Leid, ein paar Missverständnisse: Was macht das schon aus? Hacken Sie nicht auf allen Schwachpunkten herum. Schauen Sie großzügig darüber hinweg. Das baut Vertrauen auf.

Transit-Chiron und Radix-Jupiter in Spannung
Sie möchten einer Person großes Vertrauen entgegenbringen, tolerant sein. Über menschliche Schwächen setzen sie sich im Allgemeinen hinweg, gleichen aus. Doch unterschwellig spüren Sie jetzt ganz deutlich ein tiefes Misstrauen. Und das strahlen sie aus, das verstärkt sich. Man möchte einander glauben. Dass man seine Zweifel jedoch nicht angemessen zum Ausdruck bringt, können sie auch nicht ausgeräumt werden. Keine gute Konstellation für Teamwork, eher geeignet für philosophische Erkenntnis.

Transit-Chiron und Radix-Jupiter in Harmonie

Eine kluge und geradezu weise Planetenkonstellation. Sie gibt Menschen das Gefühl, in all ihren Unzulänglichkeiten angenommen zu werden. Zugleich bekommt man Kraft, seine Probleme von Grund auf anzugehen und die eigene Situation zu verbessern.

Es besteht kein Zwang, den vorgeschlagenen Weg auch zu gehen. Sie können das Angebot ausschlagen. Doch das sollten Sie sich wirklich zweimal überlegen.

Transit-Chiron und Radix-Saturn in Konjunktion

Sie werden aus dem Alltagstrott gerissen. Eine gewisse Hilflosigkeit kann sich einstellen. Zu sehr haben Sie sich um die Belange der anderen gekümmert. Darüber vergaßen sie, die eigenen Situation zu verbessern. Jetzt Dankbarkeit zu erwarten wäre vollkommen falsch. Denn die Kraft und Disziplin, die Sie brauchen, steckt ja in Ihnen. Unterstützung von außen ist gar nicht erforderlich. Von Nöten ist jetzt nur eine gewisse Ehrlichkeit. Schauen Sie sich Ihre eigenen Schwächen an. Seien Sie ganz ehrlich sich selbst gegenüber. Die Lösung liegt auf der Hand.

Transit-Chiron und Radix-Saturn in Spannung

Ihr Sicherheitsdenken wird von Grund auf erschüttert. Lächerliche Kleinigkeiten können Sie aus der Fassung bringen. Vielleicht verkrampfen Sie sich innerlich? Analysieren Sie die Situation. Es gibt Probleme, die sich lösen lassen. Und es gibt welche, die lassen sich nicht lösen. Erstere gehen Sie jetzt an. Letztere müssen Sie als gegeben akzeptieren. Gestatten Sie ruhig, dass Gefühle von Ohnmacht und Trauer aufsteigen. Doch lassen Sie nicht zu, dass Sie dadurch handlungsunfähig werden.

Transit-Chiron und Radix-Saturn in Harmonie

Chaotische Situationen machen Ihnen jetzt überhaupt nichts aus. Ganz im Gegenteil. Eigensinnige, schrullige Charaktere mit Ecken und Kanten über sogar eine gewisse Faszination auf Sie aus. Deren Spleens finden Sie sogar ganz witzig. Sie sind ein Fels in der Brandung, wenn rings herum die Problemchen überhandnehmen. Für alles gibt es eine Lösung. Man muss nur improvisieren können. Und Sie wissen, dass jeder seine Schwächen hat. Nehmen es nicht zu persönlich, wenn jemand mal aus der Haut fährt. Behalten Sie Ruhe und Gelassenheit. Das wird Ihnen gedankt.

Transit-Chiron und Radix-Uranus in Konjunktion

Diese Konstellation kann zu einer Verunsicherung Ihrer Ideen und Ideale führen. Die Freiheit des Geistes steht auf wackligen Beinen. Sollen Sie sich anpassen und selbst verleugnen? Oder sich zu dem, was in Ihnen ist, bekennen und alles auf Spiel setzen? Wirklicher Idealismus zeigt sich erst dann, wenn man zum Wohle der Allgemeinheit auf die eigenen Bedürfnisse verzichtet. Dies kann sehr weit gehen, bis hin zur Selbstaufgabe. Achten Sie jene, die diesen Schritt gegangen sind. Doch Sie selbst müssen jetzt nicht auf Teufel komm raus den Helden spielen.

Transit-Chiron und Radix-Uranus in Spannung

Sie erleben jetzt vielleicht Menschen, die Gutes tun wollen, aber die falschen Mittel einsetzen oder einfach nur ungeschickt sind. Gibt es wirklich die sogenannten tragischen Helden? Andererseits könnten Sie es auch erleben, dass Idealismus und Hilfsbereitschaft für falsche Ziele ausgenutzt wird. Analysieren Sie die Situation genau. Lassen Sie sich nicht vor den Karren falscher Ideale spannen. Greifen Sie nur dann ein, wenn es wirklich einen Sinn macht.

Transit-Chiron und Radix-Uranus in Harmonie

Die Chance des Scheiterns liegt im Neuanfang. Je mehr Krisen durchgestanden wurden, umso gelassener regiert man auf Veränderungen, und seien sie auch noch so gewaltig. Sie können jetzt die Kraft unterschiedlichster Menschen auf ein gemeinsames Ziel vereinen. Oder gelingt Ihnen endlich, ihre ureigensten, inneren Widersprüche auf einen gemeinsamen Nenner zu bringen? Wichtig ist, dass Sie Visionen haben. Und die sollten Sie fest in Ihre Zukunftspläne einbauen.

Transit-Chiron und Radix-Neptun in Konjunktion

Dies ist eine fürchterlich chaotische und höchst sensible Konstellation. Gesundheitlich kann es gefährlich werden. Die Abwehrkräfte sind eventuell geschwächt. Auch psychisch ist man ungewöhnlich offen für irritierende Einflüsse. Drogen, Infektionen, Lug und Betrug werden zur realen Gefahr. Gleichzeitig ist dies eine Konstellation allumfassender Freundschaft, die weit über das Persönliche hinaus geht. Kunstverstand, Musisches und Sinnliches erwachen. Tiefe seelische Wunden brechen auf, und zugleich besteht die Chance der tiefgehenden Heilung. Ein gewisses Maß an Skepsis gegenüber allem, was jetzt geschieht, ist angebracht.

Transit-Chiron und Radix-Neptun in Spannung
Ihre Mildtätigkeit und Einfühlsamkeit wird auf eine harte Probe gestellt. Die Verständigung mit wem auch immer klappt nicht. Immer weitere Details müssen erörtert werden. Man redet an einander vorbei. Gefühlsmäßig kommt man einfach nicht auf den gleichen Level. Die Chemie stimmt nicht. Was tun? Schrauben Sie Ihre Perfektionsansprüche herunter. Riskieren Sie eine kalte Dusche. Auch im übertragenen Sinne. Es ist nicht angenehm, derart auf die eigenen Schwächen hingewiesen zu werden. Doch es ist heilsam.

Transit-Chiron und Radix-Neptun in Harmonie
Welchen Fehler und welche Macke Sie auch immer haben mögen: Jetzt ist Gelegenheit, daran zu arbeiten, sei es durch alternative Heilweisen oder durch unkonventionelle Methoden. Hilfe ist unterwegs. Eine Lösungsmöglichkeit bietet sich an. Alles, was Sie jetzt noch brauchen, ist ein wenig Mut zur Ehrlichkeit. Man macht es Ihnen jetzt wirklich ganz leicht, schlägt Brücken, bietet eine helfende Hand. Greifen Sie zu!

Transit-Chiron und Radix-Pluto in Konjunktion
Mit aller Kraft, mit vollstem Einsatz könnten Sie den Durchbruch schaffen. Es geht jetzt um sehr viel mehr als nur um Machtspiele. Jemand, der selber große Schwierigkeiten hat, zeigt Ihnen die richtigen Strategien. Sind Sie bereit, Ihre eigene Verletzlichkeit in die Waagschale zu werfen? Man muss nicht immer stark und mächtig sein. Im Gegenteil. Wer die eigenen Schwachpunkte kennt, und nicht vor ihnen kapituliert, weiß auch in schier ausweglosen Situationen, was zu tun ist.

Transit-Chiron und Radix-Pluto in Spannung
Vielleicht kümmern Sie sich jetzt zu viel um andere, versuchen Ratschläge zu geben, an die Sie sich selber nicht halten können. Oder stecken Sie Ihre Nase zu sehr in fremde Angelegenheiten? Sie lassen sich auf jeden Fall leicht von den Problemen anderer ablenken. Und darüber vergessen Sie die eigenen. Sollten Sie sich auf diese oder ähnliche Weise verrannt haben, dann ist es jetzt Zeit für einen Richtungswechsel. Wenn Sie die aktuelle Situation glasklar analysieren, finden Sie auch den Weg zur Lösung. Verzweifeln Sie nicht. Im Grunde will man Ihnen nur helfen.

Transit-Chiron und Radix-Pluto in Harmonie
Es gibt dunkle Geheimnisse und machtvolle Strukturen, denen man ohnmächtig und geradezu schicksalhaft gegenübersteht. Aber es existieren auch Menschen, die Erfahrung im Umgang mit solchen Situationen haben.Sie wissen, was zu tun ist. Diese klugen Leute verschließen ihre Augen nicht vor den Problemen, bauschen sie aber auch nicht künstlich auf. Lernen Sie von denen, damit Sie ohne überflüssige Provokation Ihre Interessen verfolgen können. Wissend zu schweigen und dann trotzdem, das Richtige tun, ist eine gute Alternative!

Transit-Chiron und Radix-Chiron in Konjunktion
Es ist Zeit, Bilanz zu ziehen. Wie stark haben Sie sich um andere gekümmert und was hat Ihnen das eingebracht? Es lohnt sich nicht, das eine und das andere direkt gegen einander aufzurechnen. Für einige Menschen haben Sie sich sehr stark aufgeopfert. Doch darüber dürfen Sie sich selbst nicht vergessen. Seien Sie stolz auf das, was Sie geleistet haben. Im Leben gleicht sich alles aus. Dank ist Ihnen gewiss. Doch der kommt nicht unbedingt dann, wenn Sie ihn erwarten. Und nicht unbedingt von denen, die ihnen Dank schulden. Halten Sie die Augen auf.

Transit-Chiron und Radix-Chiron in Spannung
Wenn Sie sich momentan zu sehr als Opfer sehen und ihre ganze Verletzlichkeit spüren, dann lassen Sie diese Traurigkeit doch einfach auch mal zu. Weinen kann erleichtern. Die Aussprache mit einem guten Freund auch. Doch kein falsches Mitleid bitte! Letztendlich sind wir alle für uns selbst verantwortlich, auch dafür, wie wir mit unserem Leiden umgehen. Ein guter Zeitpunkt für Regenerationskuren. Seien Sie selbst Ihr eigener Heiler.

Transit-Chiron und Radix-Chiron in Harmonie
Sie suchen und finden Menschen, mit denen Sie eine sogenannte Win-Win-Situation eingehen können. Das bedeutet: Sie geben etwas und bekommen auch gleichzeitig etwas zurück. Man kämpft also nicht gegeneinander, sondern miteinander. Bei erfolgreichen Geschäftspartnern ist dies eine Selbstverständlichkeit. Win-win: Sieg und Sieg. Beide siegen. Also nicht der eine über den anderen, sondern beide zusammen, ohne sich gegenseitig zu schädigen. Viel Erfolg!

Transit-Chiron und Radix-Lilith in Konjunktion

Irgendjemand will Sie therapieren. Und daran haben Sie vielleicht gar kein Interesse? Gibt es etwas in Ihnen, das sich wehrt, kämpfen will und Rache nehmen möchte? Horchen Sie doch einmal in sich hinein. Man will Ihnen nichts Böses. Man möchte nur, dass Sie nicht zu sehr in Rage geraten und Ihre Emotionen überschießen. Natürlich sollen sie zu Ihrem Recht kommen, mit heißem Herzen, aber kühlem Kopf.

Transit-Chiron und Radix-Lilith in Spannung

Auf einmal ist alles ganz kompliziert. Ihr Gefühle werden analysiert und zerpflückt. Man legt Ihr Wort auf die Goldwaage. Je emotionaler Sie darauf reagieren, umso schlimmer wird es. Und wenn das alles nur ein Missverständnis ist? Vielleicht möchte Ihnen jemand von ganzem Herzen etwas Gutes tun und stellt sich nur fürchterlich ungeschickt an?

Transit-Chiron und Radix-Lilith in Harmonie

Im Kampf der Geschlechter gibt es gerade Waffenstillstand. Eine gute Gelegenheit, sich im Lager des Gegners umzuschauen. Sie werden feststellen, dass man vielleicht nicht die gleiche Sprache spricht, sich aber doch in vielen eins ist. Es geht um Gesundheit, um Natur und Umweltschutz, um ein einfacheres, aber glücklicheres Leben. Jemand schafft es auf kluge Art und in dankenswerter Weise, Ihr aufbrausendes Temperament zu zügeln.

Transit-Chiron und Radix-Mondknoten in Konjunktion

Ein Mensch, dem die eigene Zerbrechlichkeit anzumerken ist, sollte Ihnen imponieren. Wie er mit seinen Schwächen fertig wird und sich zugleich für die Belange seiner Mitmenschen einsetzt, das ist einfach bewunderungswürdig. Versuchen Sie ruhig, ihm nachzustreben. Vernachlässigen Sie dabei aber nicht sich selbst.

Transit-Chiron und Radix-Mondknoten in Spannung

Zu viele Kleinigkeiten stehen im Mittelpunkt des Geschehens. Ist das nicht eigentlich überflüssig? Dazu kommt rechthaberisches und oberlehrerhaftes Getue. Das stört Sie bei anderen. Und wenn Sie ganz ehrlich sind, auch bei Ihnen selbst. Dies ist keine gute Konstellation für den erfolgreichen Umgang mit Menschen. Sympathie und öffentliche Anerkennung erreicht man so nicht.

Transit-Chiron und Radix-Mondknoten in Harmonie

Jetzt ist eine sehr gute Zeit, um nach einem Heiler zu suchen, einem Therapeuten, Arzt, Lehrer oder sonst was klugem Menschen mit außergewöhnlichen Fähigkeiten. Es geht vorrangig um Ihren Lebensrhythmus, um das Ziel, auf das Sie sich hinentwickeln wollen, weiterhin auf Wege, wie Sie besser entspannen und regenerieren. Zwischenmenschliche Kontakt bahnen sich an, die wertvoll sind. Jemand möchte Sie ein Stück auf Ihrem Weg begleiten.

Transit-Chiron und Radix-Aszendent in Konjunktion

Sie treffen auf einen Menschen, der irgendwie skurril ist und dessen Schwachpunkte ganz offensichtlich sind. Lassen Sie sich von seinem Äußeren nicht blenden. Möglicherweise hat er sich mehr um andere gekümmert, als es für ihn selber gut ist. Oder ihm selber ist einfach nicht zu helfen. Aber sie können ihn achten und respektieren. Und Sie können seinen Rat annehmen. Er hat viel zu geben.

Transit-Chiron und Radix-Aszendent in Spannung

Man kann Dinge komplizierter machen, als sie sind. Gerade in zwischenmenschlichen Beziehungen schaukeln sich kleine Missverständnisse oft zu riesigen Auseinandersetzungen hoch, wenn man alles und jedes hinterfragt, den großen Psychologen spielen will. Wer sich zu sehr auf die Fehler seines Gegenübers konzentriert, versäumt es oft, an den eigenen Macken zu arbeiten.

Transit-Chiron und Radix-Aszendent in Harmonie

Sie erhalten momentan wertvolle Hinweise, wie Sie besser mit anderen Menschen kommunizieren können. Möglicherweise spielt jetzt sogar jemand den Liebesboten. Seien Sie nicht so skeptisch. Man meint es gut mit Ihnen.

Diese Konstellation ist auch ganz hervorragend für die Heilung von bereits bestehenden Beziehungen. Wenn man über einen gemeinsamen Neuanfang nachdenken sollte, dann jetzt.

Transit-Chiron und Radix-Himmelsmitte in Konjunktion

Wer Heilkunst oder Lebensberatung zum Beruf macht, flieht vielleicht vor seinen eigenen Problemen. Das ist ein offenes Geheimnis. Trotzdem erbringen Ärzte, Heilpraktiker und Psychologen großartige Leistungen für das Allgemeinwohl. Hören Sie ruhig auf die Ratschläge dieser Experten. Aber seien Sie skeptisch, vertrauen Sie nicht blind.

Bei dieser Konstellation besteht zudem die Gefahr, dass man sich selbst zu sehr in das Leben anderer einmischt. Dies bezieht sich besonders auf den Arbeitsplatz. Therapieren Sie Ihren Chef nicht, himmeln Sie ihn aber auch nicht wie einen Guru an.

Transit-Chiron und Radix-Himmelsmitte in Spannung

Wenn im Berufs- oder Privatleben jetzt einiges schief läuft, dann ist guter Rat teuer. Es gibt zwei Möglichkeiten, aus dieser Situation herauszukommen. Entweder verschließen Sie vor den Problemen die Augen. Oder Sie überdramatisieren die Lage und schrauben die Perfektionsansprüche hoch, auf ein schier unerträgliches Maß. Ein beiden Fällen wird es klug sein, sich auf das Machbare zu konzentrieren.

Transit-Chiron und Radix-Himmelsmitte in Harmonie

Manche Leute machen Heilung zu ihrem Beruf. Und sie scheitern, beruflich und privat. Andere üben einen heilenden Einfluss auf jeden und alles aus, ganz leicht und unverkrampft. Zudem geht es Ihnen selber gut dabei. Und das ist genau der Punkt! Man muss bei sich selber anfangen und dann auf andere ausstrahlen. Übernehmen Sie etwas von dieser Erfolgsstrategie in Ihr Berufsleben. Kooperieren Sie mit Arbeitskollegen, die Ihnen Wissen und Weisheit anbieten, jedoch nicht aufzwingen.

Die Zyklen der Lilith

Hier handelt es sich um keinen Planeten. Lilith ist ein astronomischer Schnittpunkt zwischen der Sonnen- und Mondbahn. Dieser Punkt liegt gewissermaßen im Dunkeln. Deshalb wird er auch der dunkle Mond genannt. Der uns bekannte, hell scheinende Mond symbolisiert astrologisch die Natur und das Gefühlsleben. Folglich ordnete man dem dunklen Mond die verdrängten Gefühle und die unterdrückte Natur zu. Nicht alles, was verdrängt oder unterdrückt ist, muss auch schlecht sein. Denken wir nur an heilkundige Frauen, die im Mittelalter als Hexen verbrannt wurden. Oder an Naturgewalten, die sich in Form von Katastrophen wie Wirbelstürme oder Überschwemmungen zeigen. Ursache ist doch oft die zu weit fortgeschrittene Zivilisation, die alles Natürliche unterdrückt in der Umwelt und manchmal auch in uns selbst.

Der uralte Lilith-Mythos spricht von kinderfressenden Hexen, Furien und Rachegöttinen. Es war eine Zeit lang Mode, aus diesen Gestalten Heldinnen zu machen. Sie kämpfen vorgeblich für die gute, eine, edle und selbstverständlich weibliche Natur. Ihr erklärter Gegner ist das Patriarchat, die ach so böse, männerdominierte Zivilisation.

Ist das nicht ein ziemlich einseitiger Deutungsansatz? Schließlich gibt es doch reichlich Naturburschen unter den Männern und Technikbegeisterte unter den Frauen. Die Emanzipation in der westlichen Welt hat die Rollenzwänge aufgehoben. Männer, die sich um den Haushalt kümmern, und Frauen, die es bis zum Staatsoberhaupt bringen, sind keine Seltenheit mehr. Und durch die Globalisierung können auch immer mehr Frauen in Indien und China das Haus verlassen und im Berufsleben erfolgreich sein.

Wir sollten das Lilith-Thema lieber geschlechterneutral betrachte. Es geht im Grunde genommen um einen Aufschrei des Lebens an sich. Immer dann bricht es sich lautstark seine Bahn. Wenn unsere Triebe und Instinkte keine andere Ausdrucksmöglichkeit finden, wenn die öffentliche Moral, kulturelle und zivilisatorische Zwänge erdrückend wirken, müssen wir uns irgendwie Luft machen.

Auf der Bühne des Lebens begegnet uns das Lilith-Thema in verquälter Weise im alltäglichen Mobbing am Arbeitsplatz, bei gewaltvollen Auseinandersetzungen von Hooligans im Fußballstadion, und auch bei so schrecklichen Dingen wie Rassenunruhen oder Völkermord. Die schönsten, heilsamsten Ausdrucksformen finden sich bei der Weiberfastnacht, wenn Karneval-Hexen den Bürokraten in den Amtsstuben die Schlipse abschneiden, bei wilden Open-Air-Rockkonzerten oder Völker verbindenden Fußballweltmeisterschaften. Die Himmelsgötter sind's zufrieden - und exakt neun Monate später dürfen sie dann sogar Taufpate spielen.

Transit-Lilith im ersten Radix-Haus

Könnte es sein, dass Sie sich momentan als ziemlich schwach einstufen? Und gleichzeitig halten andere Sie für mächtig und angsteinflößend? Es gibt dafür Gründe. Etwas in Ihnen möchte sich offenbaren: Vielleicht handelt es sich um eine unbequeme Wahrheit, ein Tabu oder ganz einfach nur der starke Wunsch, wieder mehr Natürlichkeit in Ihr Leben zu bringen. Die offizielle Etikette lässt natürlich nicht zu, dass man seine geheimsten Wünsche in aller Öffentlichkeit ausbreitet. Man will doch nett zu einander sein, zeigt ein Lächeln, um akzeptiert zu werden. Zur Zeit wirkt das bei Ihnen jedoch ziemlich verkrampft.

Es gibt offensichtlich ein unangenehmes Thema, das Sie sehr beschäftigt und berührt. Je mehr Sie es verbergen wollen, umso stärker spüren die Umwelt, dass da etwas hinter den Berg gehalten wird. Lösen Sie die Spannung, die in der Luft liegt! Offenbaren Sie sich, ihn möglichst sanfter Form, aber unmissverständlich! Letztendlich ist es doch für alle gut, wenn die Karten auf dem Tisch liegen.

Transit-Lilith im zweiten Radix-Haus

Wenn Sie momentan spüren, dass es Ihnen körperlich nicht so gut, dann probieren Sie es doch mit einer körperlichen und seelischen Reinigung. Der Druck muss raus. Durch all die Kraftanstrengungen der letzten Zeit haben sich Schlacken in Körper und Seele angereichert, die Ihnen die Kraft nehmen.

Diese Zeitperiode jetzt kann auch mit materiellen Verlusten einhergehen. Seien Sie also auf der Hut. Nur aus reinen Schuldgefühlen heraus sollte man sein Hab und Gut nicht verschleudern. Niemand wird Ihnen das danken. Im Gegenteil: Man wird sich nur darin bestätigt fühlen, dass irgendetwas dran sein muss an diesen daher geholten Vorwürfen, mit denen Sie konfrontiert wurden.

Lassen Sie los von Dingen, die Sie sowieso nicht brauchen. Aber Sie werden doch wohl nicht eine lukrative Erbschaft ausschlagen oder gar ein ganzes Haus verschenken? Zugegeben: Wenn diese Güter mit unakzeptablen Verpflichtungen oder anderen Problemen (die sprichwörtliche Leiche im Keller) belastet sind, muss man sich von ihnen trennen. Doch halten Sie fest an allem, was Ihnen am Herzen liegt, was Ihnen Kraft gibt und guttut. Das lassen Sie sich von niemandem abluchsen. Jetzt erst recht nicht!

Transit-Lilith im dritten Radix-Haus

Plötzlich bemerken Sie, dass das Unterschwellige, was zwischen den Zeilen gesprochen und geschrieben wird, eine gewaltige Bedeutung hat. Das wirkt auf Sie bedrohlich. Oder umgekehrt: Es macht Ihnen sogar Spaß, sich etwas magisch und suggestiv zu äußern, mit ironischem oder stachligem Unterton. Es ist ein Spiel mit dem Feuer. Im Kontakt mit Geschwistern, Bekannten und Kollegen reicht ein falsches Wort und irgendjemand fühlt sich fürchterlich verletzt. Oder es wird überhaupt nicht geredet, und das macht alles nur noch schlimmer. Dann versucht man es mit nett und freundlich, und das ist dann auch wieder verkehrt.

Im Grunde genommen ist es aber doch auch ihr Wunsch, dass alle mal Tacheles reden. Dazu braucht es viel Geschick, etwas Wagemut und durchaus auch einmal ein kleines bisschen Hexerei. Nur Mut

Transit-Lilith im vierten Radix-Haus

Es kann sein, dass Sie jetzt etwas über Ihre Familie erfahren, das bislang unter dem Mantel des Stillschweigens verborgen war. Ein altes Sprichwort sagt, seine Freunde könne man sich aussuchen, seine Verwandten jedoch nicht. Es kann also durchaus schmerzlich sein, in vertrauter Runde zusammen zu sitzen und olle Kamellen auszugraben. Vielleicht sind Sie es sogar, der den Finger in die Wunde liegt. Wenn es jedoch hilft, die dicke Luft aus der Stube zu vertreiben, wenn danach alle offener und herzlicher auf einander zugehen können, dann hat es sich wenigstens gelohnt.

Manchmal geraten Sie in dieser Zeitperiode an gewisse Zeitgenossen, die einfach nur sticheln wollen oder Schuldgefühle verbreiten. Diese wissen vielleicht gar nicht, wieso sie das tun. Oder sie haben Angst, sich direkt gegen jene zu wenden, unter denen sie einst litten. In diesem Falle sollten Sie schleunigst versuchen, aus der Schusslinie zu kommen. Und wenn das nicht gelingt, sticheln Sie ruhig auch einmal kurz zurück. Dann sollte aber Schluss sein. Hilft das nicht, dann ziehen Sie sich einfach raus aus diesem Psychospiel.

Transit-Lilith im fünften Radix-Haus

Sie zeigen sich ungewöhnlich leidenschaftlich. Wenn es Ihnen Spaß machen, heftig zu flirten, wild ausgelassen zu tanzen oder ein wenig dämonisch aufzutreten - nun gut. Ihnen macht das nichts aus. Es sind höchsten die anderen, die sich darüber wundern. Platsch, platsch, von einem Fettnäpfchen ins andere.

Es kann aber durchaus auch sein, dass der Spaß in Hysterie ausartet und Sie oder andere die Nerven verlieren. Oder aber das Gegenteil tritt ein: Sie bekommen regelrecht Angst vor der Leidenschaft, die in Ihnen steckt bzw. die Sie bei anderen entfachen. Die Grenzen zwischen dem, was noch als normal angesehen wird und dem, was verpönt und obszön ist, sind fließend und von Land zu Land unterschiedlich. Wie auch immer: Ein bisschen die Sau rauslassen, tut jedem gut. Man muss nur wissen, wann der Spaß ein Ende haben sollte. Geheimtipp: eine tolle Zeit, um in eine Theatergruppe zu gehen. Die Schurken- und Gangsterrollen dürften Ihnen am meisten Spaß machen.

Transit-Lilith im sechsten Radix-Haus

Momentan kommt es Ihnen so vor, als ob die Welt immer enger wird. Die Lebensverhältnisse werden scheinbar unerträglich. Kann es sein, dass Sie einfach nur sensibler geworden sind gegenüber jeglicher Art von Schikane? Oder will Sie da tatsächlich jemand mobben?

Meist trifft beides gleichzeitig zu. Ein dickes Fell wäre in dieser Situation nicht schlecht. Doch genau daran mangelt es jetzt. Es hilft alles nichts. Wenn sie nicht mit diesen Kränkungen leben und möglicherweise ernstlich krank werden wollen, müssen Sie etwas tun. Wehren Sie sich gegen diese Übergriffe. Und suchen Sie nach einer Therapieform, die Ihre Widerstandskraft unterstützt. Es muss einen Grund geben, warum Sie so verletzlich sind.

Transit-Lilith im siebten Radix-Haus

Es ist vielleicht nicht die wahre Liebe, der Sie jetzt begegnen. Aber faszinierend sie die Menschen schon, die Ihnen nun über den Weg laufen. Beziehungen gehen Sie nicht mit denen ein. Es sind eher Affäre oder Verwicklung leidenschaftlicher Natur. Vermeintliche Schuldgefühle spielen eine große Rolle. Man tut sich gegenseitig weh. Und doch, man kann nicht von einander lassen.

Die Gründe hierfür liegen tief auf dem Grund Ihrer Seele. Der Partner oder Gegner, was im Grunde das Gleiche ist, stochert in einer alten Wunde. Wenn Sie den Schmerz annehmen können, sind Sie ein Stück reifen und erwachsener geworden. Solche Begegnungen sind oft nur von kurzer Dauer. Leidenschaft ist ihre Triebfeder. Wenn sie erlischt, trennen sich die Wege.

Transit-Lilith im achten Radix-Haus

Und plötzlich fesseln verborgene Geheimnisse, Tabuthemen, Magie und Leidenschaft Ihren Blick. Sie sind wie gebannt darauf. Was hat all dies mit Ihnen selbst zu tun? Die Beschäftigung mit Schattenthemen kann sich zur Manie entwickeln, zwanghafte Züge annehmen.

Für eine gewisse Zeit ist es durchaus positiv, sich auf ein einziges Thema zu fixieren. Man kommt zu neuen Erkenntnissen, zu Kraftquellen, an denen die Seele auftanken kann. Ganz besondere Fähigkeiten entwickeln sich, beispielsweise geistige und emotionale Vorstellungskraft. Aber man sollte es nicht übertreiben. Es gibt einen Zeitpunkt, an den man aufhören muss, in der Vergangenheit zu graben und in alten Wunden zu stochern. Die jetzige Zeit des Abschieds gibt uns auch gleichzeitig die Möglichkeit eines Neuanfangs.

Transit-Lilith im neunten Radix-Haus

Was hält Sie eigentlich davon ab, auf Reisen zu gehen? Was immer auch Ihre Seele sucht, sie findet vielleicht nicht hier, sondern in einer anderen Welt. Es kann die Welt der Kunst sein, eine fremde Kultur oder ein anderes Land. Möglicherweise werden Sie sich jetzt sehr einsam. Oder Sie geraten in schwierige Situationen, die Sie an Geschehnisse aus Ihrer Vergangenheit erinnert, die schmerzen.

Nehmen dies als Motivation, um aufzubrechen. Man braucht schon ein wenig Mut, um sich ins Abenteuer zu stürzen. Wagemut ist nicht jedermanns Sache. Doch wenn Sie einst von Ihrem Ausflug zurückkehren, werden Sie ein anderer Mensch sein, gereifter und erfahrener. Reisen bildet!

Transit-Lilith im zehnten Radix-Haus

Jetzt geht es darum, etwas klarzustellen. Was erwartet die Gesellschaft von Ihnen und was erwarten Sie von der Gesellschaft? Ihre Zielvorstellungen sind im Wandel begriffen! Viele Fragen gilt es zu beantworten. Können und wollen Sie sich beruflich wirklich unterordnen? Jeden Preis für eine scheinbar viel versprechende Karriere wollen Sie nicht zahlen. Wenn Ihr Innerstes Ihnen sagt, dass Sie unkonventionelle Wege beschreiten müssen, dann tun Sie es doch! Rachsucht oder falsche Eitelkeit sollten allerdings keine Rolle spielen. Es geht einzig und alleine darum, dass Sie in Zukunft glücklicher und entspannter leben können.

Transit-Lilith im elften Radix-Haus

Manchmal läuft man den falschen Idealen hinterher, umgibt sich mit falschen Freunden. Und das alles nur, weil man sich innerlich für etwas schämt, was nicht ausgesprochen werden darf. Oder vielleicht doch? Es geht im Grunde darum, ein bisschen freier und offener zu werden. Gleichgesinnte können bei diesem Bewusstseinsprozess behilflich sein. Mut zur Ehrlichkeit ist allerdings vonnöten! Denken Sie an das Sprichwort »Man hüte mich vor meinen Freunden bei meinen Feinden weiß ich, woran ich bin«. Wirkliche Freunde, das sind doch jene, die auch noch in der Not zu einem stehen. Sie sagen jemandem bittere Wahrheiten ins Gesicht. Man kann ihnen gegenüber auch große Fehler eingestehen. Trotz der zur Zeit vorherrschende, verwirrenden Lagen zeigt doch die Erfahrung, dass wirklich gute Freundschaften erst dann entstehen, wenn man gemeinsam durch Krisen gegangen ist.

Transit-Lilith im zwölften Radix-Haus

Die Fantasie schlägt Blüten. Zuweilen kann man nachts nicht schlafen, weil verwirrende Gedanken und Bilder durch den Kopf rasen. Große Freude wechselt sich ab mit tiefer Traurigkeit und starker Wut. Sensibilität macht angreifbar, verletzlich.

Zugleich lernen Sie jetzt Menschen kennen, die ihre Gefühle teilen, ähnliche Erlebnisse haben. Doch Vorsicht! Das sind nicht unbedingt alles nur edle Helfer. Neigen Sie jetzt unter einer Sucht, beispielsweise Konsumsucht, Drogensucht, Essenssucht oder Sexsucht, dann verstärken Gleichgesinnte diese fatale Neigung nur noch.

Reinigen Sie sich von störenden Einflüssen, innerlich und wie äußerlich! Lösen Sie Schlacken aus der Psyche. Achten und respektieren Sie all jene, die zwar hart mit Ihnen umgehen, aber helfen, dass sich das Gift. Alles in allem: Ihre Seele entkrampft!

Transit-Lilith und Radix-Sonne in Konjunktion

Jeden Tag eitel Sonnenschein, das wäre doch wohl zu schon. Für einen kurzen Moment verdunkelt sich der Himmel. Eine jammervolle Person taucht auf. Sie bekommen unangenehme Nachrichten. Oder etwas erinnert Sie für einen kurzen Moment an die Schattenseiten des Lebens. Seien Sie ein Held. Halten Sie es aus, dass traurige Gefühle in Ihnen hochkommen. Im Nachhinein werden Sie stolz auf sich sein. Und die sonnigen Tage können sie fortan noch viel besser genießen.

Transit-Lilith und Radix-Sonne in Spannung

Es will Sie niemand angreifen. Und doch fühlen Sie ich fürchterlich verletzt. Sie haben einen Einblick in die dunklen Seiten des Lebens bekommen. Normalerweise können Sie so etwas gut wegstecken. Jetzt aber nicht. Sie beginnen, Mut und Optimismus zu verlieren. Wahrscheinlich nehmen Sie alles nur viel zu persönlich? Verziehen Sie sich für einen Moment hinter einer Wolkendecke, um alsdann zurückzukehren, strahlend wie eh und je. Mit Ihrer Herzenswärme können Sie die finstersten Ecken dieser Welt erhellen.

Transit-Lilith und Radix-Sonne in Harmonie

Es ist doch ganz erstaunlich: Den ganzen Tag hört man im Radio Lieder über Schmerz und Leid und Kummer. Und dennoch erwärmen sie das Herz, werden von Millionen Menschen gekauft. Manche Schlager bringen es sogar zum Evergreen. Es ist nicht der Kitsch, die oberflächliche Schönfärberei, was die Leute mögen. Kann es sein, dass hier tiefgehende, innerer Prozesse ausgelöst werden?

Oft ist es doch so: Wer etwas Schreckliches erlebt, es aber großartig, eindrucksvoll und selbstbewusst darstellen kann, der erntete auch Applaus. Offensichtlich handelt es sich hier um einen magischen Vorgang. Wie auch immer: Momentan können sie viel übenden Zauber und die Magie der großen Kunst erfahren.

Transit-Lilith und Radix-Mond in Konjunktion

Sie haben Angst, dass die allgemeine Stimmung umschlägt, nur noch Trübsal geblasen wird und, negative Gefühle wie Neid, Missgunst oder Rachsucht überhandnehmen. Andererseits spüren Sie durchaus, dass es da ein paar dunkle Themen gibt, die bearbeitet werden sollten. Es kann sich um familiäre Angelegenheiten handeln, oder um Gesundheit bzw. Krankheit. »Das Gift muss raus«, sagen die einen. »Man muss nicht jeden Schmutz an die große Glocke hängen«, meinen andere. Sie müssen entscheiden, welcher Weg langfristig gut für alle ist.

Transit-Lilith und Radix-Mond in Spannung

Etwas drückt Sie, bohrt und quält. Es ist so, als ob Ihre Seele man etwas Falsches gegessen hat. Hier hilft nur eine Rosskur. Das Gift muss raus! Vielleicht hilft Erbrechen oder ein Abführmittel? Notfalls sollte man den Arzt rufen, einen Rechtsanwalt oder einen Psychologen.

Es muss sich bei dieser Planetenverbindung nicht um eine konkrete Krankheitskonstellation handeln. Die obige Beschreibung lässt sich auch symbolisch verstehen. Beispiele hierfür wären die Beziehung zu Verwandten oder Freunden, oder die Wohn- und Arbeitssituation. Wichtig ist nur, dass Sie nicht ausweichen, sondern sich dem Problem stellen. Nur so kann alles besser werden.

Transit-Lilith und Radix-Mond in Harmonie

Eine wirklich gute Gelegenheit, Schlacken zu entfernen und abzuspecken, körperlich und seelisch. Vielleicht lernen Sie jetzt einen guten Heilpraktiker kennen. Oder eine Künstlerin, die alternativ arbeitet und sich mit Schattenthemen beschäftigt. Manchmal trifft man auch auf ganz einfache Menschen, die recht primitiv leben, aber dennoch glücklich sind. Sie haben momentan einen guten Zugang zu allem, was natürlich ist. Dadurch bekommen Sie viel neue Kraft. Ist es nicht erstaunlich, wie leicht es sein kann, überflüssigen Ballast abzuwerfen?

Transit-Lilith und Radix-Merkur in Konjunktion
Was Sie jetzt frei von der Leber weg erzählen, wird garantiert wortwörtlich genommen. Als ob Sie bei jemandem auf den Knopf drücken und in eine Wunde stechen. Dabei war das doch gar nicht so gemeint. Sie lernen jetzt sehr viel über die tiefere Bedeutung von Worten.
Vielleicht sprechen Sie aus Angst einiges gar nicht aus? Dann spricht Ihr Körper für Sie. Die Körpersprache ist entlarvend. Die Haltung der Hände, die Neigung des Kopfes, die Augen, der Mund: All darin kann Ihr Gegenüber wie in einem offenen Buch lesen. Doch auch hierbei kommt es zu vielen Missverständnissen. Also ist es vielleicht doch besser, sich die richtigen Worte zurechtzulegen und erst dann die Dinge beim Namen zu nennen.

Transit-Lilith und Radix-Merkur in Spannung
Es gibt unbequeme Wahrheiten, die müssen eines Tages sowieso ausgesprochen werden. Es kommt nur darauf an, wie und wann das der Fall sein wird. Jetzt ist möglicherweise nicht der optimale Zeitpunkt. Wenn Sie dennoch gezwungen werden, Stellung zu nehmen, dann halten Sie Ihre Zunge im Griff! Behalten Sie die Nerven, werden Sie nicht hysterisch und gehen Sie auf ungerechtfertigte Vorwürfe am besten gar nicht erst ein.

Transit-Lilith und Radix-Merkur in Harmonie
Es ergibt sich eine wunderbare Gelegenheit, über Tabuthemen zu sprechen. Man wird es Ihnen jetzt verzeihen, wen sie sich nicht an die offiziellen Spielregeln halten. Geheimnisse, die jetzt ausgeplaudert werden, sind keine mehr. Die Macht des Schweigens ist durchbrochen. Mut und Unterstützung bekommen Sie nun von Individualisten und von Außenseitern. Solche Menschen Leute halten sich nicht an die offiziellen Regeln der Gesellschaft. Das Natürliche, das Gesunde und Ehrliche hat für die eine sehr viel stärkere Bedeutung.

Transit-Lilith und Radix-Venus in Konjunktion
So charmant, wie Sie es gerne hätten, wird es leider nicht zugehen. Kommt es etwas zu einem Schlagabtausch mit einer etwas ordinären Person, die Ihre Schwachpunkte kennt? Sieht sie wirklich das, was Sie vor anderen Menschen verbergen möchten?
Wenn Sie den Mut zur Ehrlichkeit haben, werden Sie aus dieser Begegnung Kraft ziehen. Dennoch werden Sie diese ganze Situation als ungeheuer anstrengend in Erinnerung behalten.

Transit-Lilith und Radix-Venus in Spannung
Hier kann es zu einer Krisensituation kommen. Es droht ein kleiner Skandal, der Ihnen an die Nieren geht. Wortwörtlich. Die Situation könnte Sie körperlich belasten. Das geschieht allerdings nur dann, wenn Sie es gewohnt sind, alle Probleme unter den Tisch zu kehren. Dann gibt es jetzt wirklich Stress! Vielleicht lässt sich jemand gerade jetzt nicht so leicht abspeisen? Akzeptiert man keine oberflächlichen Ausreden? Versuchen Sie, Hysterie zu vermeiden. Vieles von dem, was Ihnen jetzt an den Kopf geworfen wird oder Sie zumindest unterschwellig anspricht, ist leider wahr. Darauf sollten Sie eingehen.

Transit-Lilith und Radix-Venus in Harmonie
Sie sind in diesen Tagen ungewöhnlich aufgeschlossen gegenüber gewissen Menschen, mit denen Sie normalerweise vielleicht nichts zu tun haben wollen. Es sind keine Verbrecher, Gangster oder Kriminelle, aber sie haben etwas an sich, was Ihnen normalerweise nicht behagt. Diese Zeitgenossen stochern im Dunklen, sprechen Dinge aus, die zwar wahr sind, aber peinlich, sogar stressig. Das stört scheinbar die allgemeine Harmonie. In Wirklichkeit jedoch sorgen jene Leute jedoch dafür, dass es ehrlicher zugeht auf dieser Welt. Und das ist doch eigentlich ganz verständlich!

Transit-Lilith und Radix-Mars in Konjunktion
Eine brenzlige Situation. Stürmisches Vorwärtspreschen kann sie in eine gefährliche Situation bringen. Sie werden Ihre Impulse nur schwerlich in den Griff bekommen. Und das kann Ihnen zum Verhängnis werden. Denn so wendet sich Ihre eigene Kraft gegen Sie. Mit etwas Glück gelingt es Ihnen jedoch, eine wirklich unangenehme Sache in Angriff zu nehmen. Gute Zeit auch, um etwas für die Gesundheit zu tun.

Transit-Lilith und Radix-Mars in Spannung
So viel Kraft Sie auch haben, es wird Ihnen alles nichts nützen. Im Gegenteil. Sie sind in gewissen Situationen Ihr eigener Feind. Und es gibt Leute, die riechen das geradezu. Denen könnte es Vergnügen bereiten, Sie mit Ihren eigenen Waffen zu schlagen. Es wäre klug, zu begreifen, dass sich durch Kraft nicht alles erreichen lässt. Manchmal muss man akzeptieren, dass Menschen, die unfaire Mittel gebrauchen, ganz einfach stärker sind. Warten Sie auf einen besseren Zeitpunkt. Reagieren Sie Ihre momentane Spannung anderswo ab, vielleicht beim Sport, in der Gartenpflege oder beim Entrümpeln zu Hause.

Transit-Lilith und Radix-Mars in Harmonie

Da schauen Sie ein paar Augen an, spitzbübisch und direkt, ohne auszuweichen. Wie viel Mut doch in diesem Blick liegt. Und wie viel Gefahr! Ein tolles Spiel. Lassen Sie sich darauf ein. Was kann schon passieren, außer dass Sie Ihre Abenteuerlust endlich einmal befriedigen? Es drängt Sie nicht, kein Zwang wird ausgeübt. Es ist eher wie ein leichter Wind, dem man folgen kann, der einen ab er auch nicht umpustet, wenn man die andere Himmelsrichtung einschlägt. Viel Erfolg!

Transit-Lilith und Radix-Jupiter in Konjunktion

Ihren Glauben an das Gute, an Gerechtigkeit und Moral bekommt einen Dämpfer. Da nützt es auch nichts, wenn Sie den großen Lehrmeister spielen. Gewisse Leute sind rationalen Argumenten einfach nicht zugetan. Es wäre jetzt ein großer Fehler, sich für etwas Besseres zu halten, und das auch noch laut hinauszuposaunen. Schwierige Situationen könnten bei Rechtsstreitigkeiten entstehen. Suchen Sie nach ungewöhnlichen Verbündeten. So können Sie aus einer drohenden Niederlage vielleicht doch noch einen Sieg machen.

Transit-Lilith und Radix-Jupiter in Spannung

Als ob ihr Pferd in vollem Galopp strauchelt, weil eine Klapperschlange am Wegesrand zischelt. Jetzt heißt es festhalten, den armen Gaul nicht noch zusätzlich mit der Peitsche traktieren, und ganz langsam in Trab übergehen. Lassen Sie die Schlange ihres Weges ziehen. Es ist sicherlich nicht leicht, mit Ungerechtigkeit fertig zu werden. Versuchen Sie, zu verstehen, dass diese Sticheleien aus Verzweiflung heraus entstanden sind. Seien Sie großmütig. Trotz allem.

Transit-Lilith und Radix-Jupiter in Harmonie

Bisweilen gelingt es Ihnen, die unmöglichsten Leute zu überzeugen und für Ihre Ziele einzuspannen. Es gibt Projekte, bei deren Verwirklichung man auf wirklich jeden angewiesen ist. Sie können sich jetzt die Unterstützung holen, die Sie brauchen. Sie müssen die Schwächen den anderen nur akzeptieren können. Normalerweise würden Sie sich auf derartige Zeitgenossen nicht einlassen. Jetzt aber können Sie es.

Transit-Lilith und Radix-Saturn in Konjunktion

Da rüttelt jemand an Ihren Grundsätzen. Ihm imponiert weder Ihre gesellschaftliche Stellung, noch das, was Sie sich in den letzten Jahren mühsam erarbeitet haben. Im Gegenteil: Ihm macht es Spaß, Ihre Autorität infrage zu stellen. Und Sie tun vielleicht alles, um Ihre Position zu halten. So schaukelt man sich gegenseitig hoch. Wollen Sie sich wirklich auf dieses Spiel einlassen? Dabei kann ein bisschen Kritik doch ganz hilfreich sein. Normalerweise identifiziert man sich zu sehr mit der Rolle, die man in der Gesellschaft spielen muss. Doch mit der Zeit besteht die Gefahr, dass man an sich selbst vorbei lebt. Man genießt zwar Anerkennung und Sicherheit. Doch dafür gibt man zu viel von sich auf. Hin und wieder sollte man seine Grundsätze überprüfen. Die Zeit ist gekommen.

Transit-Lilith und Radix-Saturn in Spannung

Ihr Sicherheitsdenken kann Ihnen zum Verhängnis werden. Je mehr Sie sich an Althergebrachtes klammern, umso mehr verkrampfen Sie. In dieser Situation häufen sich die Probleme vielleicht. Oder sehen Sie sich scheinbar unberechtigter Kritik ausgesetzt? Nutzen Sie die Situation, um sich von falschen Werten zu trennen.

Stellen sie sich vor, Sie befinden sich auf einer Bergwanderung. Es wird immer steiler. Der Rucksack muss entrümpelt werden. Er ist einfach zu schwer. Bei seinem derzeitigen Gewicht würden Sie abstürzen. Trennen Sie sich von überflüssigem Ballast. Dann schaffen Sie es bis zum Gipfel.

Transit-Lilith und Radix-Saturn in Harmonie

Sie bekommen offensichtlich ein paar sehr gute Hinweise, wie Sie ihren Alltag besser organisieren können, sodass Sie langfristig glücklicher leben können. Möglicherweise lachen Sie darüber, schlagen gut gemeinte Ratschlag und kluge Angebote in den Wind. Täuschen Sie sich nicht: Es wird eine Zeit kommen, wo das Leben Sie nicht mehr bittet, sondern zwingt. Jetzt noch können Sie sich freiwillig entscheiden. Es geht darum, etwas natürlicher zu leben, einfacher, sinnhafter, aber auch lustvoller. Hören Sie auf die anderen. Körper und Psyche werden es Ihnen danken.

Transit-Lilith und Radix-Uranus in Konjunktion

Fast hätten Sie gedacht, Sie wären absolut frei und unabhängig. Bis vor Kurzem lief doch alles ganz einwandfrei. Sie sonnten sich in Ihrem Höhenflug und scherten sich wenig um die Belange der anderen. Auch hörten Sie kaum auf die Warnrufe Ihres Körpers. Das muss sich jetzt ändern. Etwas in Ihnen wünscht sich mehr Tiefgang, mehr Einfachheit, mehr Natürlichkeit. Und wenn Sie Ihre äußere Situation kritisch betrachten, verstehen Sie den Warnruf. Es kann sein, dass Sie geistig oder nervlich an Ihre Grenzen stoßen. Gut wäre es, sich eine gewisse Auszeit zu geben, aus dem Elfenbeinturm herabzusteigen und den ganzen Lebensrhythmus wieder etwas einfacher, stressloser zu gestalten.

Transit-Lilith und Radix-Uranus in Spannung

Gewöhnlich gelingt es Ihnen, unliebsame Zeitgenossen auf Distanz zu halten. Zeitmangel ist da eine gute Ausrede. Doch was, wenn sich jemand nicht abschütteln lässt? Im Grunde wissen Sie ja, dass es da eine gewisse Unsicherheit gibt, die Sie davon abhält, sich richtig zu öffnen. Es ist für Ihr körperliches und seelischen Wohlbefinden absolut notwendig, den Stress zu reduzieren. Dazu soll Sie diese Situation bringen.

Transit-Lilith und Radix-Uranus in Harmonie

Sie bekommen jetzt vielleicht die Einladung zu einer ungewöhnlichen Party oder geraten sonst wie in Kontakt mit Leuten, die ziemlich ungewöhnlich sind. Das Intellektuelle spielt bei diesen Menschen eine untergeordnete Rolle. Denen geht es vielmehr Gefühle, tiefe, dunkle und leidenschaftlich. Eine faszinierende Situation. Eine wirkliche Bereicherung. Zugleich anstrengend, gefährlich, irritierend.

Transit-Lilith und Radix-Neptun in Konjunktion

Sie sind derzeit offen für alles und jedes. Seien Sie nicht naiv! Nicht jeder Mensch, der Kontakt mit Ihnen aufbaut, ist wirklich gut für Sie. Es kann um Sex, Drogen, Sekten, Betrug, Kriminalität oder einfach nur um Psychospielchen gehen. Wenn Sie zu naiven die Situation hineingehen, können Sie ein paar unangenehme Erfahrungen machen. Die Rechnung wird Ihnen erst später präsentiert. Seien Sie also vorsichtig.

Transit-Lilith und Radix-Neptun in Spannung

Die Welt ist kein Paradies. Auf diese kurze Formel lässt sich die Erfahrung, der Sie sich momentan unterziehen, reduzieren. Wenn Sie gewissen Leute blind vertrauen und somit Macht über Ihr Leben geben, wird es wirklich gefährlich. Unterschätzen Sie nicht, was sich alles hinter falscher Freundschaft verbergen kann. Und schützen Sie sich nicht nur seelisch, sondern auch körperlich bei allzu spontanen Kontakten.

Transit-Lilith und Radix-Neptun in Harmonie

Sie sind momentan sehr feinsinnig und lernen ein paar außergewöhnliche Menschen kennen. Durch sie können Sie eine Menge lernen. Was bedeutet es, wirklich unabhängig zu sein? Wie tief können Gefühle gehen? Was bedeutet es, ganz einfach zu leben? Diese Kontakte werden Sie vielleicht aufwühlen. Sie können jetzt jedoch schmerzhafte Gefühle leichter zulassen. Und es wird einfacher, jenen zu verzeihen, die Ihnen in der Vergangenheit Verletzungen zugefügt haben. Na, Sie wissen schon, worum es geht.

Transit-Lilith und Radix-Pluto in Konjunktion

Wenn Sie bislang noch wenig über Machtspiele erfahren haben, dann wird es jetzt wirklich Zeit. Sie lernen wahre Meister der Intrige, des Powerplay, der Strategie kennen. Man spielt mit Ihren Emotionen und Sie mit denen der anderen. Es besteht durchaus die Gefahr, dass Sie sich darin verlieren und eine Schlacht anzetteln, die im Grunde vollkommen sinnlos ist. So verschwenden Sie Zeit und Kraft - und ein möglicher Sieg ist kaum mehr als ein lächerliches Kinderspiel. Diese Zeit kann Ihnen aber auch zu neuer Kraft und Tiefe verhelfen. Wichtig sind die Menschen, die Ihnen jetzt begegnen, nicht ganz ungefährlich sind. Seien Sie auf der Hut.

Transit-Lilith und Radix-Pluto in Spannung

Sie werden mit Schmerz konfrontiert. Und dabei dachten Sie, bereits so viel zu verstehen, auf so viel verzichtet zu haben. Es ist vielleicht nur ein kurzes Erlebnis. Sie können es verdrängen und zum normalen Alltag zurückkehren, als ob nichts geschehen wäre. Aber das wäre schade. Das Leben hat Ihnen eine kleine, aber wertvolle Lektion erteilt. Es ist Ihnen zu wünschen, dass Sie sich nicht in Ihrem Schneckenhaus verstecken, sondern wirklich etwas verändern in Ihrem Leben. Dafür bekommen sie jetzt wertvolle Impulse.

Transit-Lilith und Radix-Pluto in Harmonie

Um diesen Plan zu verwirklichen, brauchen Sie Unterstützung von allen Seiten. Da kommt jemand zur rechten Zeit. Haben Sie keine Angst. Dunkle, unangenehme Themen können diesen Menschen nicht schockieren. Im Gegenteil: Mit verklemmter Oberflächlichkeit hingegen würden Sie ihn nur langweilen. Konzentrieren Sie sich auf den Durchbruch. In gewissen Situationen ist es durchaus sinnvoll, Druck auszuüben, beispielsweise bei einer Geburt. Oder bei der Gründung einer Firma. Dieser Planetentransit kann sich auch finanziell vorteilhaft auswirken. Gefühle spielen eine große Rolle.

Transit-Lilith und Radix-Chiron in Konjunktion

Sie kommen in eine wirklich unangenehme Situation. Jemand entlarvt blitzartig ihre tiefsten Schwächen. Und das tut er nicht, um Sie zu trösten oder zu bedauern. Nein, ganz im Gegenteil: Er möchte, dass Sie mit diesem Selbstmitleid aufhören. Finden Sie zurück zu ihren Selbstheilungskräften. Nur das will Ihnen diese Situation im Grunde genommen sagen.

Transit-Lilith und Radix-Chiron in Spannung

Normalerweise sind Sie es, der die guten Ratschläge gibt, auf alles eine Lösung weiß, ganz selbstlos natürlich. Doch wer hilft Ihnen? Und können Sie sich selbst eigentlich auch helfen? Man könnte noch weiter gehen und fragen, ob es nicht besser gewesen wäre, wenn man erst einmal die eigenen Belange in Ordnung bringt. Sollte man nicht erst danach schauen, was man für die anderen tun kann? Erwarten Sie in dieser Situation keinen Dank. Kümmern Sie sich einfach mehr um Ihre eigenen Probleme. Wenden Sie Ihre guten Ratschläge auf Ihr eigenes Leben an. So löst sich vieles wie von selbst.

Transit-Lilith und Radix-Chiron in Harmonie

Dies ist eine kraftvolle Heilungsphase. Sie werden für einen kurzen Moment mit all Ihren Schwächen und Macken akzeptiert. Man durchschaut Sie, nimmt Sie aber dennoch ernst. Gemeinsam können Sie viel Gutes für sich und auch für die anderen. Sie können sogar beides in Einklang bringen.

Transit-Lilith und Radix-Lilith in Konjunktion

Ein Zyklus des Lebens hat sich vollendet. Ein neuer beginnt. Sie fragen sich vielleicht, welche Ihrer Träume und Leidenschaften bislang wahr geworden sind. Und auf welche Erfahrungen Sie liebend gerne verzichtet hätten. Geld, öffentliches Ansehen, gesellschaftlicher Status und Sicherheit, all das ist zwar notwendig. Wenn man sein Leben aber nur nach diesen Werten ausrichtet, verkrampft irgendetwas im Inneren. Und jetzt ist da diese Sehnsucht, intensiver zu leben. Zugleich kommen vielleicht negative Gefühle wie Hass und Rachsucht zum Vorschein. Dahinter steckt manchmal der Wunsch, mehr geliebt zu werden. Geben sie ihren natürlichen Impulsen etwas mehr Raum. Lassen Sie Spontaneität zu. Dann werden Sie auch wieder mehr Fröhlichkeit ausstrahlen.

Transit-Lilith und Radix-Lilith in Spannung

Wie eine Schlange, die sich häutet, so kommen Sie sich jetzt vor. Sie müssen etwas abwerfen. Vielleicht verirrte Leidenschaft. Oder ein unsinniges Schuldgefühl. Oder etwas, das Sie und andere krank macht. Das kann wehtun. Möglicherweise steigt Wut in Ihnen auf. Versuchen Sie, den Lauf der Natur zu verstehen und wieder ein Teil von ihr zu werden. Dann haben Sie das Beste aus der Situation gemacht.

Transit-Lilith und Radix-Lilith in Harmonie

Vielleicht werden Sie in dieser Zeit verstärkt Sport treiben. Oder in die Natur gehen. Oder sich unter die ganz normalen Menschen mischen. Vielleicht gehen Sie in die Kneipe. Auf den Fußballplatz. Zum Tanzen. Auf ein Rockkonzert. Was auch immer Sie tun, es macht Sie jetzt lebendiger. Genießen Sie das. Lassen Sie ruhig ein wenig die Sau raus, geben Sie ihren verborgenen Leidenschaften mehr Raum. Toben Sie sich ruhig aus. All das führt zu seelischer Ausgeglichenheit.

Transit-Lilith und Radix-Mondknoten in Konjunktion

Sie geraten in eine gesellschaftliche Gruppe, die vollkommen unkonventionell handelt und vielleicht sogar ein wenig verrückt ist. Sie sollten genau prüfen, ob das auch Ihr persönlicher Lebensstil sein könnte, für den Moment oder von Dauer. Es gelten andere Regeln bei diesen Leuten, nicht bessere, nicht schlechtere, einfach nur andere. Schauen Sie genau hin. Lassen Sie sich ein wenig ein. Aber liefern Sie sich anderen Menschen nicht blind aus. Jemand wird Sie für eine gewisse Zeit fördern. Dann trennen sich Ihre Wege wieder.

Transit-Lilith und Radix-Mondknoten in Spannung

Ob Sie in dieser bestehenden Situation wirklich weiterkommen, darf bezweifelt werden. Sie kämpfen sich so durch. Aber leichter wird es nicht werden. Entweder gibt es organisatorische Probleme oder gewisse Leute erweisen sich als außergewöhnlich kompliziert und zickig. Sie sollten nichts erzwingen, Umwege in Kauf nehmen. Selbstmitleid ist nicht angebracht. Das führt nur in die Sackgasse.

Die Zeitperiode ist gut, um gewohnte Verhaltensweisen zu überdenken. Eine zumindest interessante Lebenserfahrung.

Transit-Lilith und Radix-Mondknoten in Harmonie

Die Zeit ist reif, sich unter die Leute zu mischen. Selbst größere Menschenansammlungen, auch in fremde Länder, können Sie jetzt in vollen Zügen genießen. Ganz besonders interessant ist in diesem Augenblick ein Trip in die unberührte Natur. Sie werden Ihre Augen nicht vor den Problemen und Gefahren verschließen, die das Leben mit sich bringt. Das macht Sie stark und abenteuerlustig.

Transit-Lilith und Radix-Aszendent in Konjunktion

Sie treffen auf merkwürdige Eigenbrötler, die eine faszinierende, aber befremdlichen Ausstrahlung ihr eigen nennen. Ausländer, Zigeuner, Musiker, Bettler, Hippies, Punks, Gruftis, skurrile Rentner etc. Es können auch ganz normale Zeitgenossen sein, hinter deren offizieller Fassade sich Abgründe auftun. So scheint es zumindest. Auf jeden Fall sind Sie jetzt gegenüber allem, was ungewöhnlich und irgendwie alternativ daherkommt, mehr als aufgeschlossen. Im Guten wie im Schlechten. Sie könnten sich jetzt vor solchen Leute also auch mehr als sonst fürchten. Sie fühlen mit all diesen Menschen eine gewisse Seelenverwandtschaft. Es kann ein alter Schmerz sein, den sie in Ihnen aufrühren. Oder eine tiefe Leidenschaft. Vielleicht sind diese Kontakte etwas schmerzhaft. Das liegt wahrscheinlich nur daran, weil Sie Angst vor der Angst haben.

Transit-Lilith und Radix-Aszendent in Spannung

Sie haben jetzt eine ganz bestimmte Art, auf Leute zuzugehen und die Rollen festzulegen, im Gespräch beispielsweise. Oder beim Autofahren. Im Bus. Am Arbeitsplatz. In der Schlange an der Kasse des Supermarktes usw. So wie Sie es gerne hätten, klappt es manchmal nicht. Sie treffen auf Leute, die ziemlich viel Stress machen.

Das soll Sie zum Nachdenken bringen. In einer Beziehung teilen sich die Partner gewöhnlich die Zuständigkeiten und Aktivitätsmuster. Das spüren Sie momentan intensiver als sonst. Und manches daran gefällt Ihnen nicht. Etwas an Ihrem Rollenverhalten wird sich ändern.

Transit-Lilith und Radix-Aszendent in Harmonie

Dies ist eine sehr schöne Gelegenheit, bestehende Partnerschaften zu erweitern und neue, ungewöhnliche Menschen kennenzulernen. Es kann leidenschaftlich zugehen. Das muss nicht unbedingt sexuell gemeint sein. Es geht eher um die Chance auf eine echte Begegnung, bei der sich beide Seiten wirklich lebendig fühlen. Sie können diese Zeit auch nutzen, um sich körperlich zu regenerieren. Gehen Sie öfters in die Natur. Machen Sie Sport. Ernähren sie sich gesünder. Entschlacken Sie. Reinigen Sie sich vor allem von Giften. All das geht momentan leichter als normalerweise.

Transit-Lilith und Radix-Himmelsmitte in Konjunktion

Beruflich werden Sie mit merkwürdigen Menschen konfrontiert. Sie fragen sich, wie es wohl möglich ist, dass so jemand in eine einflussreiche Position kommt. Intrigen, Vetternwirtschaft und Korruption spielen im Geschäftsleben eine immer bedeutendere Rolle, gerade jetzt. Machen Sie sich nicht zu viele Gedanken darum. Wichtig ist, dass Sie anderen gegenüber etwaige Abneigungen nicht zu deutlich spüren lassen. Und Sie müssen versuchen, mit diesen Leuten auszukommen. Gegen die anderen ist schwerlich möglich.

Transit-Lilith und Radix-Himmelsmitte in Spannung

Man wirft Ihnen am Arbeitsplatz, beim Umgang mit Behörden und Ämtern Knüppel zwischen die Beine. Sie merken das vielleicht nicht sofort. Hoffentlich aber, bevor es zu spät ist. Der Grund kann ganz irrationaler Neid sein. Oder ist da jemand wirklich psychisch krank? So etwas ist heutzutage nicht selten in den Chefetagen. Dagegen lässt sich schwer mit Vernunft vorgehen. Unbewusste Emotionen von wem auch immer dürfen Ihrer Karriere nicht schaden! Sie sollten die Situation selbstkritisch analysieren. Danach erst entscheiden Sie, was zu tun ist und wie Sie vorgehen.

Transit-Lilith und Radix-Himmelsmitte in Harmonie

Sie verfügen momentan über ein gutes Gespür für Macht und Menschen. Das zeigt sich gerade im Umgang mit skurrilen Typen, zickigen Emanzen, neurotischen Chefs und dergleichen mehr. Sie haben momentan einen guten Zugang zu diesen Menschen und können sie so nehmen, wie sie sind. Und das dankt man Ihnen sogar. Eine zwar kurz wirksame, aber durchaus erfolgreiche Planetenkonstellation.

Nachtrag

Ganz am Ende seiner Autobiografie schrieb Johann Wolfgang von Goethe, wie stets mit einem Augenzwinkern:
»Kind, nicht weiter! Wie von unsichtbaren Geistern gepeitscht, gehen die Sonnenpferde der Zeit mit unsers Schicksals leichtem Wagen durch, und uns bleibt nichts als, mutig gefasst, die Zügel festzuhalten und bald rechts, bald links, vom Steine hier, vom Sturze da, die Räder abzulenken. Wohin es geht, wer weiß es? Erinnert er sich doch kaum, woher er kam.«
Möge Ihnen diese astrologische Zukunftsprognose ein wenig helfen, klug und geschickt mitzuspielen auf der Bühne des Lebens. Seien Sie diplomatisch wie die Venus, strategisch wie Pluto, herzlich wie die Sonne, ein Heiler wie Chiron oder eine Furie wie Lilith. Setzen auch die Qualitäten all der anderen Planeten ein, denn sie symbolisieren ihre eigenen Talente. Spielen sie mit ihnen. Üben Sie sich in verschiedensten Rollen. Seien Sie aufmerksamer Zuschauer und zugleich charismatischer Akteur. Dann wird es Ihnen auch manchmal gelingen, in die Rolle des Regisseurs zu schlüpfen. Nehmen Sie Ihr Schicksal selbst in die Hand. Die Sternen machen geneigt. Doch sie zwingen nicht.

Partneranalyse

Kann der Astrologe aus einer Partneranalyse erkennen, ob beide auf ewig zusammenleben werden oder sich doch besser scheiden lassen sollte n? Ja, passt man nun zueinander oder nicht? Die Frage ist falsch gestellt: Allein die Tatsache, dass man miteinander zu tun hat, deutet darauf hin, dass man ein gemeinsames Thema verfolgt.

Nicht ob, sondern wie man harmoniert, welche Lernaufgaben sich stellen und welch Freud und Leid man gemeinsam teilt, kann der Astrologe herausfinden. Generell zeigen die harmonischen Aspekte das Leichte und Geschmeidige der Zweisamkeit an, die dynamischen Aspekte bringen die Würze ins Leben. Allzu viel Pfeffer und Salz überreizen die Sinne, verzichtet man aber ganz darauf, schmeckt die Suppe fade - auslöffeln muss man sie auf jeden Fall gemeinsam.

Die Synastrie ist eine klassische Methode, zwei Horoskope miteinander zu vergleichen. Dabei werden zuerst einmal alle markanten Positionen gegenübergestellt. Wesentlich sind nach alter Manier scharfe Konjunktionen zwischen den Hauptlichtern, Sonne und Mond, und der Aszendent- und Deszendent-Achse.

Für das lust- und kraftvolle Zusammenwirken sind Mars und Venus Indikatoren, für das Erlebnis des gemeinsamen Schicksals Saturn und Jupiter. Spirituelle und kollektive Themen werden durch die Verbindungen zu den Transsaturniern und Mondknoten versinnbildlicht. Und - um es nicht zu vergessen - Merkur zeigt, wie man am besten miteinander sprechen kann.

Aus der Vielzahl der Faktoren wählt der Astrologe die nach seiner persönlichen Methodik und der Rücksprache mit dem / den Klienten wichtigsten Faktoren zur Deutung aus. Dabei werden auch noch die Transite über die exakten gemeinsamen Synastrie-Punkte für die Prognose berücksichtigt.

Einzelanalyse des Horoskops in puncto Beziehungswunsch und -fähigkeit

I. Quadrant: Eigeninitiative und angestrebte Rollenverteilung

Bei geringer Betonung im materiellen Bereich des Horoskops: Man lernt am besten, sich selbst durchzusetzen, abzugrenzen und kommunikativ zu werden, wenn man sich auf Qualitäten besinnt, die an anderen Menschen erkennbar sind.

Aszendent im Zeichen Widder und Deszendent im Zeichen Waage

Taucht zum Zeitpunkt der Geburt das Frühlingszeichen am Osthorizont auf, hat der Mensch die Aufgabe, sich vollkommen auf sich selbst zu konzentrieren, allen Mut zusammenzureißen, zu kämpfen. Man hält sich selbst meist für eine völlig friedliche Natur, möchte jeden Streit vermeiden, sucht sich sanfte und ausgeglichene Partner. Doch immer wieder erlebt man es, dass die Welt einen zum Streit herausfordert. Eigentlich möchte man sich nur ganz spontan abreagieren, der / die Erste, nicht aber Einzige sein. Das ganze Bewusstsein ist darauf fokussiert, den eigenen Impuls möglichst wirkungsvoll einzusetzen, seinen Keil in die Welt zu treiben. Eine spitzfindige Strategie, die die Umwelt mit einbezieht, ist einem dabei vollkommen fremd. Und so braucht man Partner, die zwar wenig Eigendynamik haben, dafür aber umso schärfer im Geiste verankert sind. Der Krieger, der auf die Kunst des Diplomaten angewiesen ist, mag als Bild für diese Struktur dienen.

Aszendent im Zeichen Stier und Deszendent im Zeichen Skorpion

Mit dem langsamsten und schwerfälligsten Sternzeichen am aufgehenden Horizont ist der Mensch ganz auf die materielle Welt ausgerichtet. Seine Aufgabe ist es, Sicherheit zu schaffen, Wohlstand aufzubauen. Man ist in seiner Impulsivität und Spontanität gehemmt, übt sich lieber im Ertragen von Leid, im Widerstehen, Aushalten. Die Angriffe seiner Mitmenschen nimmt man gerne in Kauf, mit der Zeit wird das Fell dicker und dicker, und irgendwann wird man dann schon in Ruhe gelassen werden. Ganz auf das Mehren von Besitz bedacht entwickelt man raffinierte Strategien. Ungern bindet man sich, man weiß um die eigene Treue - bleibt gerade deshalb lange allein. Partnerschaft hat auch immer etwas mit Loslassen, Opfern, mit Schuld zu tun. Über den anderen wird man gezwungen, sich die geistigen und psychischen Aspekte des Lebens bewusst zu machen. Ein Bild für dieses Lebensmuster ist der Bauer, der sich den streunenden Wolf ins Haus holt und domestiziert, damit dieser seinen Besitz vor den anderen Wolfsherden verteidige.

Aszendent im Zeichen Zwillinge und Deszendent im Zeichen Schütze

Das variable Luftzeichen am Osthorizont deutet auf eine unruhige, nervöse und äußerst wache Persönlichkeitsanlage hin. Man will die vielfältigen Aspekte des Lebens kennenlernen, nichts und niemanden bei seinem lebenslangen Erkundungsgang ausklammern. Die Welt erscheint einem wie ein durcheinander gewürfeltes Puzzlespiel. Und es gilt, alle Steinchen wieder zu sammeln und zu ordnen. Das Sammeln klappt meist wunderbar. Man ist handwerklich geschickt, kann mit jedem Ding und mit jedem Menschen Kontakt aufnehmen, hat kaufmännisches Talent. Der Blick fürs große Ganze fehlt dafür völlig. So zerrissen, zerstückelt, wie man sich auch selbst empfindet, braucht man ein großzügiges, tolerantes Gegenüber. Der Partner kann ruhig ein bisschen tapsig sein. Hauptsache, er hat den Überblick. Der ewig umherziehende Journalist, der auf die Hilfe des ans Sofa gebundenen Philosophen angewiesen ist, mag als Beispiel dienen.

Aszendent im Zeichen Krebs und Deszendent im Zeichen Steinbock

Geht im Osten zum Zeitpunkt der Geburt das Zeichen der Sommersonnenwende auf, ist man von wankelmütigem, beeindruckbarem Gemüt, reich an Empfindungen, ungeheuer menschlich - naiv. Nur schwer nabelt man sich vom Elternhaus ab. Eigentlich möchte man das ganze Leben in einer schützenden Hülle verbringen, umsorgt und gehätschelt werden. Im Denken ist man dementsprechend kühl und geradlinig. Schließlich möchte man sich ein Schneckenhaus bauen oder zumindest einen Partner haben, der einem dieses baut. Je größer die Fantasie ist, umso deutlicher zeigen sich auch die Ängste und das Bedürfnis nach Stabilität und Sicherheit, die man im anderen sucht. Die Egozentrik ist in dieser Konstellation so groß, dass man nur selten die Gefühle des Partners wahrnehmen kann. Das passende Bild: Ein weiches, schutzloses Kind, das ewig gefüttert werden will, und die in Ausübung der Pflicht erstarrte Mutter.

Aszendent im Zeichen Löwe und Deszendent im Zeichen Wassermann

Ist zum Zeitpunkt der Geburt das fixe Sommerzeichen aufgegangen, wird der Mensch eine starke persönliche Ausstrahlung haben, ewig im Mittelpunkt stehen wollen. In der Vorstellung mag er/sie sich vielleicht als menschenlieb und kollegial sehen, tatsächlich ist das Ego aber so stark, dass es alles andere überstrahlt. Das Ich-lose wird dann über den Partner gesucht. Und das Schlimmste (und zugleich Beste), was passieren kann, ist ein Gegenüber, das so intellektuell-abgehoben ist, dass es auch durch die größten Dramen immer nur für ganz kurze Zeit zu begeistern ist. Der von Scheinwerfern geblendete Star auf der Bühne und sein anonym im Dunkeln sitzendes Publikum mögen hier ein Beispiel sein.

Aszendent im Zeichen Jungfrau und Deszendent im Zeichen Fische

Das vernünftigste Zeichen des Tierkreises steht am Osthorizont. Dies hat auch seinen Grund. Oft wurde man in Verhältnisse hinein- geboren, die schwierig waren, eine große Anpassung forderten. (Esoterisch betrachtet hat sich die Seele schon vor der Geburt genau diese Umstände ausgesucht. In dem Bewusstsein, dass die Umwelt einen ganz starken Einfluss auf das eigene Leben ausübt, lernt man, die Lebensbedingungen zu optimieren, den Intellekt als Hilfsfunktion der schützenswerten Seele zu gebrauchen. Dabei gibt es doch noch einen ganz anderen Weg, unbeschadet durch Schwierigkeiten hindurchzukommen: Die Intuition, der 7. Sinn. Das ist allerdings ungeheuer schwer zu begreifen, denn um diese Strategie anzuwenden, muss man erst einmal auf alle Verstandesmomente verzichten. Zwei Bilder für diese Verhaltensmuster: das mit ABS, Airbag, Servolenkung, Sicherheitsverkehrssystem, Sekurit-Scheiben, Vollkasko, Warndreieck, Verkehrsschutzbrief, Pannenhilfe etc. pp. ausgestattet Fahrzeug und ein mit schlafwandlerischer Sicherheit dahintorkelnder Betrunkener, sich voll und ganz auf seinen Schutzengel verlassend.

Aszendent im Zeichen Waage und Deszendent im Zeichen Widder

Geht das kardinale Luftzeichen am Osthorizont auf, dann wird man sich vielleicht für dynamisch und mutig halten. Dies ist aber nur die Vorstellung, die man von sich hat. Man ist, wenn es darum geht, Heldentaten zu vollbringen, auf ein friedvolles, aber tatkräftiges Gegenüber angewiesen. Ja, überhaupt braucht man andere Menschen sehr, lebt nicht gern alleine. Wankelmut, Entscheidungs- und Handlungsschwäche sind charakteristische Merkmale. Dafür vermag man geistig sehr scharf vorzugehen, z.B. als guter Schachspieler und Stratege. Muskelkraft wird durch Geisteskraft ersetzt. Im Denken ist man kriegerischer als so mancher Zeitgenosse. Ein Bild für diese Struktur: Der Richter, dem zur Umsetzung seines Urteilsspruches Gerichtsdiener, Polizisten, Vollzugsbeamten und Gerichtsvollzieher zur Verfügung stehen.

Aszendent im Zeichen Skorpion und Deszendent im Zeichen Stier

Wenn das aufsteigende Zeichen das mit dem Stachel ist, dann ist man / frau voll von Plänen, lebt in einer ganz eigenen Vorstellungswelt. Das Materielle nimmt eine zweitrangige Stellung ein, dient nur der Erfüllung von dem, was sich vor dem inneren Auge schon längst gebildet hat. Jetzt bedarf es nur noch eines gutmütigen, vielleicht etwas trägen, aber belastbaren Gegenübers. Denn wie klar auch immer die Vision ist, es bedarf eines ganz materiell eingestellten Menschen, um sie zu verwirklichen. Der Zigeuner mit den feurigen Augen, der die wohlhabende Gutsbesitzer-Erbin verführt, ist hierfür ein treffendes Bild.

Aszendent im Zeichen Schütze und Deszendent im Zeichen Zwillinge

Wenn es darum geht, den Sinn des Daseins zu erklären, die großen Linien abzustecken, ist der mit einem feurigen Herbstzeichen am Osthorizont geborene Mensch ganz groß. Details spielen da erst einmal eine untergeordnete Rolle. Am Konkreten, der Fähigkeit, die Welt nicht nur geistig, sondern auch ganz gegenständlich mit den Händen zu begreifen, sich nicht nur ideell, sondern auch mit den richtigen Worten verständlich zu machen, mangelt es. Da braucht man Mittler, Gehilfen, Boten, die sich mit dem ach so ungeliebten, aber doch irgendwie notwendigem Klein-Klein beschäftigen. In diesem Zusammenhang ist auch das Bild des indischen Gurus, sich bei seinen Lektionen eines Dolmetschers bedienend, zu sehen.

Aszendent im Zeichen Steinbock und Deszendent im Zeichen Krebs

Wenn zur Stunde der Geburt das kardinale Erdzeichen am Himmel auftaucht, gehört man / frau zu den realistischen Charakteren. Auch wenn man sich für noch so gefühlvoll hält, im Grunde ist man doch knochentrocken. Den Ton anzugeben, Maßstäbe zu setzen, das Wesentliche festzulegen sind die Stärken dieses Zeitgenossen. Wer lässt sich aber darauf ein? Nun, man braucht einen Menschen, der sich gerne fremdbestimmen lässt, der Beschützerinstinkte weckt, sich bereitwillig in einen vorgegebenen Rahmen fügt. Symbolisch bietet sich das Bild des Politikers an, der Maßstab und Vorbild für das Volk, die einfachen Menschen sein will, sich tagtäglich mit deren allzu menschlichen Sorgen beschäftigt.

Aszendent im Zeichen Wassermann und Deszendent im Zeichen Löwe

Das fixe Luftzeichen am Osthorizont zeigt an, dass man / frau sehr im Abstrakten lebt, in der Welt der Gedanken, in Luftschlössern. Alles muss schnell gehen, ungewöhnlich sein, spannend, aufregend. Und um die Unabhängigkeit zu bewahren, möchte man / frau auf keinen Fall in die Niederungen des konkreten Lebens herabsteigen müssen. Da bietet sich - bewusst oder unbewusst - eine naive Seele, voll von unreflektiertem Leben, an. Dieser Partner steckt mitten drin in den ›Tälern der Dualität‹, ist ein wunderbares Studienobjekt. Man beobachtet all dies ›aus höherer Warte‹, bleibt selbst unberührt. Das Bild: Der ›Channel Hopper‹ an der TV-Fernbedienung, ständig von Kanal zu Kanal springend. Sein Gegenüber, das Drama des Lebens, läuft wohldosiert über die Mattscheibe - Knopfdruck genügt.

Aszendent im Zeichen Fische und Deszendent im Zeichen Jungfrau

Ein auflösendes Wasserzeichen prägt den Osthorizont zum Geburtszeitpunkt. Man schwimmt auf Wellen von Empfindung durch das Leben, ständig bereit, Vordergründiges aufzulösen, der Menschlichkeit und Fantasie eine Bresche zu schlagen. Da verwischen sich die Grenzen zwischen Traum und Wirklichkeit, und man bekommt ernsthafte Probleme mit den Banalitäten des Alltags. Ordnung ist für Dilettanten, das Genie (wer ist aber schon ein Genie?) beherrscht das Chaos. Da erweist es sich als ganz wunderbar, einen Partner zu finden, der ganz im Diesseits ist, vielleicht ein wenig kritisch, vielleicht ein wenig pedantisch und unsensibel, dafür aber in der Lage, Ordnung zu halten, die Dinge auf die Reihe zu kriegen. Ein bildhaftes Beispiel für dieses Beziehungsmuster sei der geniale Künstler und sein fantasielos-praktischer Impresario.

Sonne im ersten Feld

Der eigene Stolz wird es oft verhindern, dass die Bedürfnisse des Partners zu seinen eigenen werden und sich gemeinsame Ideen entwickeln können.

Mond im ersten Feld

Man wird immer versuchen, seine eigenen Gefühle besonders wichtig zu nehmen, der Partner soll sie bedingungslos akzeptieren.

Merkur im ersten Feld

Sehr schnell und unmittelbar ist man bereit, die eigene Position mit Worten durchzusetzen. Es wird für andere schwer sein, gegen diese subjektive Denkweise anzukommen.

Venus im ersten Feld

Dabei spielt es gar nicht so eine große Rolle, ob die Beziehung tatsächlich harmonisch ist. Das eigene Interesse zielt darauf ab, vom anderen wahrgenommen, geliebt, begehrt zu werden.

Mars im ersten Feld

Die große Ungeduld nach dem Motto ›Bist du nicht willig, dann gebrauch‹ ich Gewalt‹ wird manche Probleme verursachen, die sich erst dann lösen, wenn man / frau gelernt hat, den anderen in das eigene Handeln mit einzubeziehen.

Jupiter im ersten Feld

Auch noch so viel Einsicht wird nicht verhindern können, dass man sich selbst mehr Raum zugesteht als anderen. Zwar strahlt man viel Optimismus aus, doch wer klatscht schon permanent Applaus?

Saturn im ersten Feld

Meist ist es Unsicherheit, die einen dazu bringt, alles bestimmen zu wollen. Nur sehr langsam und zögerlich wird man / frau bereit sein, aus der Verteidigungshaltung herauszukommen.

Uranus im ersten Feld

Es wird einem gar nicht bewusst sein, wie viel Unruhe man ausstrahlt. Es gehört zur persönlichen Strategie, Stress und Zeitnot immer dann einzusetzen, wenn eigene Interessen im Vordergrund stehen.

Neptun im ersten Feld

Fühlt man sich angegriffen, verbirgt man sich hinter einem Schleier aus Nebel, greift zu Täuschungsmanövern. Leider erkennen einen dann auch die Menschen nicht, denen man eigentlich nahe sein will.

Pluto im ersten Feld

Im ersten Moment ist man meist unsicher. Um dies nicht spüren zu lassen, greift man schnell zu psychischen Tricks, blockt ab, lässt Druck entstehen. Das gibt Macht, führt aber auch in die Einsamkeit.

Sonne im zweiten Feld

Man identifiziert sich mit seinem Körper und allen Dingen, die man besitzt. Dadurch wird es ganz wichtig, wie sehr einen der andere begehrt, was er eigentlich mit einem vor hat.

Mond im zweiten Feld

Finanziell rundum abgepuffert zu sein ist ganz wichtig, wenn man sich wohlfühlen will. Und es spielt eine große Rolle, wie die Beziehung rechtlich gestaltet ist: Gütertrennung oder gemeinsamer Haushalt. Diese Frage wird nicht rein logisch beantwortet.

Merkur im zweiten Feld

Das ganze Denken kreist um die eigene Sicherheit, ist subjektiv. Da wird es schwer, eine gemeinsame Sprache zu finden.

Venus im zweiten Feld

Genießen wird großgeschrieben, man ist ein sinnlicher Mensch, begehrenswert in guten, habgierig vielleicht in schlechten Zeiten.

Mars im zweiten Feld

Man ist es gewohnt, um die eigene Sicherheit zu kämpfen. Anscheinend geht es nicht anders. Und so wird man ganz besonders darauf achten, was der andere wohl vor hat. Muss man die eigenen Finanzen verteidigen? Gemeinsame Pläne entspannen die Lage.

Jupiter im zweiten Feld

Man ist finanziellen Dingen gegenüber eigentlich ganz aufgeschlossen - jedenfalls solange man noch einen Gönner findet.

Saturn im zweiten Feld

Wenn es um die eigenen Finanzen geht, kann es kritisch werden. Man lässt sich nur ungern auf gemeinsame Spekulationen ein, braucht feste Absprachen.

Uranus im zweiten Feld

Es kann immer wieder zu plötzlichen Veränderungen auf dem finanziellen Sektor kommen. Gemeinsame Absprachen sind nicht unbedingt von Dauer. Trotzdem: Man ist gerne bereit zu teilen.

Neptun im zweiten Feld

Irgendwie hat man es nicht gelernt, zwischen Dein und Mein genau zu unterscheiden. Da ist das eigene Selbstwertgefühl nicht besonders groß. In Beziehungen lässt man sich auf so manchen unsicheren Plan ein. Geld muss halt fließen ...

Pluto im zweiten Feld

Oft sind es Erfahrungen von Macht und Ohnmacht über den eigenen Körper, die einen dazu bringen, die Dinge genau kontrollieren zu wollen. Es geht im Finanziellen ganz schön leiden(!)schaftlich zu.

Sonne im dritten Feld

Eine gewisse Unruhe ist eigentlich immer im Raum, wenn man das Gespräch aufbaut. Vielleicht liegt es daran, dass einem viel zu viele Gedanken durch den Kopf schießen.

Mond im dritten Feld

Eine gewisse Unruhe ist eigentlich immer im Raum, wenn man das Gespräch aufbaut. Vielleicht liegt es daran, dass einem viel zu viele Gedanken durch den Kopf schießen.

Merkur im dritten Feld

Eine gewisse Unruhe ist eigentlich immer im Raum, wenn man das Gespräch aufbaut. Vielleicht liegt es daran, dass einem viel zu viele Gedanken durch den Kopf schießen.

Venus im dritten Feld

Eine gewisse Unruhe ist eigentlich immer im Raum, wenn man das Gespräch aufbaut. Vielleicht liegt es daran, dass einem viel zu viele Gedanken durch den Kopf schießen.

Mars im dritten Feld

Eine gewisse Unruhe ist eigentlich immer im Raum, wenn man das Gespräch aufbaut. Vielleicht liegt es daran, dass einem viel zu viele Gedanken durch den Kopf schießen.

Jupiter im dritten Feld

Eine gewisse Unruhe ist eigentlich immer im Raum, wenn man das Gespräch aufbaut. Vielleicht liegt es daran, dass einem viel zu viele Gedanken durch den Kopf schießen.

Saturn im dritten Feld

Eine gewisse Unruhe ist eigentlich immer im Raum, wenn man das Gespräch aufbaut. Vielleicht liegt es daran, dass einem viel zu viele Gedanken durch den Kopf schießen.

Uranus im dritten Feld
Eine gewisse Unruhe ist eigentlich immer im Raum, wenn man das Gespräch aufbaut. Vielleicht liegt es daran, dass einem viel zu viele Gedanken durch den Kopf schießen.

Neptun im dritten Feld
Irgendwie ist man meist verwirrt und unsicher, wenn ein Gespräch begonnen werden soll. Vielleicht sollte die Sprache der Bilder und Töne, die Fantasie zum Ausdrucksmittel macht werden?

Pluto im dritten Feld
Gibt man selbst den Ton an oder bestimmen andere, was man zu sagen hat? Es ist nicht leicht, die eigene Meinung zu vertreten oder die des jeweiligen Gegenübers unkontrolliert zuzulassen.

II. Quadrant: Eigener Gefühlsausdruck, gemeinsames Zusammenleben

Bei geringer Betonung im emotionalen Bereich des Horoskops: Das eigene emotionale Erleben wird sich immer als Folge von Aktivitäten anderer ergeben. Es ist dem Horoskop nicht so wichtig, sich mit seinem eigenen Gefühlsleben auszubreiten.

Sonne im vierten Feld
Man / frau wird sich immer stark mit den Angelegenheiten der Familie beschäftigen, das eigene Ich-Gefühl ist davon geprägt. So sind die beruflichen Aktivitäten des anderen ungeheuer wichtig. Sie sollen das Schneckenhaus aufbauen, in dem man dann später selber sitzt.

Mond im vierten Feld
Die unbewusst anerzogenen Muster sind so stark, dass man sie zum großen Teil auf die eigenen Kinder übertragen wird. Die Familie ist ein großes Ideal, um es zu verwirklichen, braucht man einen einfühlsamen Partner, der einem Schutz bietet, Kontinuität garantiert.

Merkur im vierten Feld
Man denkt sehr subjektiv, nach innen gerichtet, wird kaum in der Lage sein, aus seinem geistigen Schneckenhaus herauszukommen.

Venus im vierten Feld
Sex und Erotik sind untrennbar mit der Tradition der eigenen Familie verbunden. Man braucht ein behagliches Nest, in dem man / frau nach Herzenslust genießen kann.

Mars im vierten Feld
In der eigenen Familie wird es oft laut zugegangen sein, und man trägt auch selbst eine streitbare, sehr lebendige Seele in sich.

Jupiter im vierten Feld
Entweder ist die Wohnung groß und leer, oder man füllt sie mit Reiseerlebnissen, kulturellen und religiösen aus aller Herren Länder an. Viele mit dieser Konstellation müssen ihre eigene innere Heimatlosigkeit erst auf Reisen durchlebt haben, bevor sich eine innere Ruhe einstellt, man es sich gemütlich machen kann.

Saturn im vierten Feld
Es sind die tiefsten Ängste, die in einem hochkommen, wenn man es sich gemeinsam gemütlich machen will, eine Wohnung gestaltet werden soll, vielleicht Kinder unterwegs sind. Stabilität ist wichtig, gemeinsame Werte, die Bestand haben.

Uranus im vierten Feld
Diese innere Unruhe wird man eigentlich nie ganz loswerden. Und damit wird es auch in einer Beziehung nicht leicht: Wer kann sich schon auf diese ständigen Wechsel einstellen, auf so viel Kälte, Spannung und Distanz? Nun, jemand, der das Verrückte liebt!

Neptun im vierten Feld
Es ist, als ob die Seele zu nah am Wasser gebaut hat. Man lebt in einer Traumwelt, möchte eigentlich nie aufwachen. Wie aber kann man dann vom anderen wahrgenommen werden?

Pluto im vierten Feld
Viele Menschen mit dieser Konstellation tragen ein Geheimnis, vielleicht eine Schuld in sich. Ihre Leidenschaftlichkeit wird immer wieder dazu anregen, den Gefühlspanzer aufzubrechen.

Sonne im fünften Feld
Im Grunde ist und bleibt man ein Kind. Man genießt es, im Mittelpunkt zu stehen, das ›Drama des Lebens‹ zu inszenieren. Hauptsache, alle Blicke sind auf einen gelenkt. So leicht, wie man Herzen erobert, bricht man sie auch. Das ist das Problem.

Mond im fünften Feld
In der Rolle des mütterlichen Typs aus dem Volke fühlt man sich am wohlsten. Jede kleinste Seelenregung wird zum Drama gemacht. Das ist für die Umgebung sicherlich beeindruckend und unterhaltsam. Gefühle für die anderen hat man allerdings selten.

Merkur im fünften Feld
Man hat ein ausgeprägtes Redetalent. Allerdings wird man kaum den subjektiven Standpunkt verlassen. So wird die Verständigung doch schnell zur Einbahnstraße.

Venus im fünften Feld
Mit dem Charme, den man versprühen kann, wird man so manches Herz erobern können. Auch bei Kindern ist man sehr beliebt.

Mars im fünften Feld
Das martialische Auftreten wird auf andere einen großen Eindruck machen. Den Typ des jugendlichen Eroberers spielt man ganz gerne.

Jupiter im fünften Feld
Es fällt einem leicht, sich zu öffnen und die eigenen Empfindungen auszudrücken. Dadurch nimmt man schnell eine zentrale Rolle ein, die aber auch übertrieben werden kann.

Saturn im fünften Feld
Immer dann, wenn das Leben leicht und einfach geht, wenn man Spaß haben könnte, kommen alte Ängste hoch. Kann man sich hinter einer Rolle, einer Uniform verstecken, kann man selbst viel besser mitspielen.

Uranus im fünften Feld
Am ehesten spielt man noch die Rolle des ›Enfant terrible‹. Und wenn es nicht anders geht, fällt man halt als Störer auf.

Neptun im fünften Feld
Irgendwie ist man immer unsicher, wenn man im Mittelpunkt stehen und sich zeigen soll. Kann man die Fantasie spielen lassen, Rauch und Nebel um sich blasen, dann geht es auf einmal wie von selbst.

Pluto im fünften Feld
Irgendwie lässt man sich leicht die Rolle des schwarzen Peters zuschieben. Vielleicht liegt es daran, dass man nur schwer spontan sein kann und ganz automatisch immer etwas zurückhält.

Sonne im sechsten Feld
Man identifiziert sich sehr mit Schwierigkeiten und Problemen und weiß sehr gut, wie man sie lösen kann. Nie wird man einem Menschen direkt zeigen, dass man ihn mag. Man hilft ihm halt.

Mond im sechsten Feld
Emotional ist man unglaublich anpassungsfähig. Das kann bis zur Selbstverleugnung gehen und dann auch die anderen anstrengen.

Merkur im sechsten Feld
Es ist wichtig, dass man nicht nur über Schwierigkeiten spricht und nicht allzu kritisch ist. Man hilft gerne, weiß oft Rat.

Venus im sechsten Feld
Wenn einem ein Mensch sympathisch ist, dann wird ihm dies nur indirekt gezeigt: Man ist besonders hilfsbereit und dienstbar.

Mars im sechsten Feld
Bei Auseinandersetzungen wird man ganz besonders kritisch sein, analytisch zersetzend. Dafür ist man in Friedenszeiten aber auch ein zuverlässiger Arbeiter. Faulheit ist ein Fremdwort.

Jupiter im sechsten Feld
Besonders dann, wenn man mit anderen Menschen zusammenarbeitet, zeigt sich, wie gut man kooperieren kann.

Saturn im sechsten Feld
Es kann sein, dass man Probleme mit ›unleidlichen Angestellten‹ hat. Wenn man sich selbst nicht gerne mit Detailfragen beschäftigt, möchte man sie halt auf andere abwälzen.

Uranus im sechsten Feld
Als freier Mensch in einer Gruppe Gleichgesinnter arbeitet es sich am besten. Normale Dienstverhältnisse hält man kaum durch.

Neptun im sechsten Feld
Man kann sich schwer nach Vernunftprinzipien ausrichten, die Umwelt klar wahrnehmen. Die Beschäftigung mit Naturheilkunde, Psychosomatik und Veränderungen am Arbeitsplatz können helfen.

Pluto im sechsten Feld
Immer dann, wenn man versucht, sich an seine Umwelt anzupassen, entsteht ein psychischer Druck, der sich früher oder später entladen wird. Dabei spielen enge persönliche Bindungen eine Rolle.

III. Quadrant: Eigene Vorstellungen, der Umgang mit dem Besitz des anderen.

Bei geringer Betonung im geistigen Bereich des Horoskops: Die eigene geistige Vorstellungswelt ergibt sich als Folge anderer Lebensbereiche, hat keinen vorrangigen Stellenwert.

Sonne im siebten Feld
Man geht ganz selbstbewusst auf andere Menschen zu, weiß einfach, wie man sie gewinnen kann, braucht sie aber auch, kann allein gar keine Entscheidungen treffen, braucht permanent Anstöße.

Mond im siebten Feld
Um sich wohlzufühlen, braucht man einfach ein Gegenüber. Man interessiert sich für dessen Empfindungen, bemuttert gerne.

Merkur im siebten Feld
Allein mit sich selber kann man nicht reden. Ja für eigentlich jeden Gedanken braucht man einen Partner, quasi als Spiegel.

Venus im siebten Feld
Es spielt gar nicht so eine Rolle, wie schön und begehrenswert man selbst ist. Interessant ist vielmehr, wie schön ein anderer Mensch wird, wenn man ihn anschaut. Darin liegt die ganze Stärke.

Mars im siebten Feld
Zum Streiten ist man sich selbst nicht genug, es braucht einfach den anderen Menschen, das Gegenüber, sonst macht es keinen Spaß.

Jupiter im siebten Feld
Man ist in Beziehungen sehr tolerant, muss es aber meistens auch ein, um die großen Wesensunterschiede zu überbrücken. Eine quer über die Generationen oder Kulturen gehende Beziehung ist wahrscheinlich.

Saturn im siebten Feld
Die Anforderungen an das Gegenüber können so hochgeschraubt sein, dass kein Wesen ihnen gerecht wird, und man lieber mit seinen Idealvorstellungen verheiratet ist als mit einem realen Menschen. Bindet man sich doch, wird man ältere Partner vorziehen.

Uranus im siebten Feld
Beziehung? Nein danke - jedenfalls nicht auf die gewöhnliche Art. Um die 40 wird es eine Entscheidung geben: Wer bis dahin bieder lebte, kriegt Scheidungsgelüste, wilde Ehen aber werden ruhiger, vielleicht will man sich jetzt sogar offiziell liieren.

Neptun im siebten Feld
Diese ewige Suche nach dem Traumpartner! Der Witz ist, dass man ihn wirklich findet, und dann auch noch verlangt, dass er für den Alltag taugen sollte. Solch einen Spagat hält keiner durch.

Pluto im siebten Feld
Ohne Druck und ohne Schuldgefühle geht es einfach nicht. Warum auch? Man liebt das Intensive, den Tanz mit den Dämonen - bewusst oder unbewusst? Das spielt hier überhaupt keine Rolle.

Sonne im achten Feld
Man identifiziert sich ungeheuer stark mit seiner eigenen Vorstellungswelt, will seine Pläne verwirklichen. Dabei kann man sehr dominant werden, den Partner mit Haut und Haaren in das jeweilige Konzept einbauen, ohne dass er es überhaupt weiß.

Mond im achten Feld
Man ist emotional nur scheinbar sicher, braucht aber im Grunde immer eine Orientierung, einen Partner, auf den man sich fixieren kann. Man wird viel in ihn hineindeuten, immer ein wenig mehr, als tatsächlich vorhanden ist.

Merkur im achten Feld
Alle Gedanken kreisen ständig um Dinge, die mit anderen Menschen zu tun haben, oder sie sind an irgendeine fixe Idee gebunden.

Venus im achten Feld
Schon die Vorstellung reicht aus, um sich erotisch zu stimulieren. Geld, Macht und Sex bilden eine untrennbare Einheit.

Mars im achten Feld
Es gibt da eine ganz bestimmte Vorstellung, was männlich ist. Sie hat irgendwie Leitbildcharakter, ist fern von der Realität.

Jupiter im achten Feld
Man hat ein großes Geschick darin, das Vertrauen anderer Menschen zu gewinnen. Wenn es darum geht, aus einer Beziehung finanziellen Vorteil zu ziehen, ist man gerne bereit, den einen oder anderen Tabubereich zu übersehen.

Saturn im achten Feld
Wenn man sich wirklich bindet, dann für ein ganzes Leben. Es ist immer eine existenzielle Frage, und man hat ziemlich feste Vorstellungen und ist ganz schön unflexibel.

Uranus im achten Feld
Wenn man sich fest an einen Menschen bindet, geht dies ganz stark ins Geistige, gibt es wenig Freiheiten. Die eigene Meinung soll auch zu der des Partner werden. Damit baut sich eine starke Spannung auf. Nicht jedes Paar hält dies auf Dauer durch.

Neptun im achten Feld
Irgendwie gelingt es nicht, eine klare Vorstellung davon zu entwickeln, wie man eine Partnerschaft gestalten will, mit welchen Menschen man eigentlich zusammen sein möchte. Dies ist aber unbedingt nötig, um bindungsfähig zu werden.

Pluto im achten Feld
Es ist wichtig, dass man sich ganz bewusst darüber ist, welche Vorstellungen man in eine Beziehung hineinbringt. Nicht alles muss sich auch verwirklichen, manches wird sogar stören.

Sonne im neunten Feld
Am stärksten ist man in einer Partnerschaft, wenn sie sich vollkommen offen gestaltet, auf Verständnis und Freiwilligkeit aufbaut.

Mond im neunten Feld
In der Fremde fühlt man sich vielleicht mehr zu Haus als in der angestammten Heimat. Gerne nimmt man Gebräuche fremder Kulturen an, fügt sich in deren Rollenverständnis.

Merkur im neunten Feld
Worte allein reichen nicht aus. Es muss auch die Bereitschaft zum Verständnis da sein. Dann wird man richtig mitteilsam.

Venus im neunten Feld
In einer toleranten und weltoffenen Atmosphäre, ohne Zwang, kann man seine Sinnlichkeit am besten entfalten.

Mars im neunten Feld
Männlichkeit und Weltoffenheit gehören irgendwie zusammen. Fair Play, eine sportliche Grundhaltung begeistert den Partner.

Jupiter im neunten Feld
Die Sehnsucht nach fremden Ländern, einem Leben in Bildung und Wohlstand bestimmt das Handeln. Man ist ein Organisationstalent und kann mit anderen Menschen wunderbar kooperieren.

Saturn im neunten Feld
»Vertrauen ist gut, Kontrolle ist besser« scheint die Losung zu sein. Nichts fällt schwerer, als gegenseitige Toleranz zu üben.

Uranus im neunten Feld
Frei und unabhängig möchte man sein, auf keinen Fall geistige Übergriffe auf den Partner dulden. Manche Ideale sind illusionär.

Neptun im neunten Feld
Sobald man eine Beziehung tolerant und offen gestaltet, beginnt sie sich aufzulösen. Offenheit kennt keine Grenzen.

Pluto im neunten Feld
Irgendwie neigt man dazu, sich geistig zu fixieren: auf ein religiöses Dogma, eine Idee von Toleranz und Partnerschaftlichkeit.

IV. Quadrant: Eigene Ideale, der Umgang mit den Gefühlen anderer.

Sonne im zehnten Feld
Man richtet sich sehr nach den Gefühlen, dem Geschmack der anderen, identifiziert sich mit den kollektiven Bedürfnissen.

Mond im zehnten Feld
Am Arbeitsplatz wird man sich mehr zu Hause fühlen als irgendwo sonst auf der Welt. Hier werden die eigenen Launen akzeptiert.

Merkur im zehnten Feld
Am besten kann man sich noch mitteilen, wenn man sich durch eine Rolle oder eine Uniform geschützt fühlt.

Venus im zehnten Feld
Man reibt sich an den konventionellen Umgangsformen, dem gehobenen Geschmack des ›Establishments‹, der feinen englischen Art.

Mars im zehnten Feld
Eigentlich kann man sich ganz gut beherrschen. Damit macht man es dem anderen möglich, sich emotional zu öffnen.

Jupiter im zehnten Feld
Im Berufsleben wird man immer wieder Gönner und Mäzene finden. Dass man auch auf sie angewiesen ist, ist ein Problem.

Saturn im zehnten Feld
Eine konservative Grundeinstellung und die Sorge, von den anderen noch akzeptiert zu werden, bedingen einander.

Uranus im zehnten Feld
Man wird immer wieder versuchen, in die berufliche Selbstständigkeit zu kommen. Dabei erzeugt man im Umfeld eine permanente innere Unruhe.

Neptun im zehnten Feld
Eine große Unsicherheit tritt auf, wenn man aufgefordert wird, Lebensziele zu beschreiben. Vielleicht will man sich aber auch gar nicht festlegen, möchte das Leben einfach auf sich zukommen lassen.

Pluto im zehnten Feld
Die Bedürfnisse anderer Menschen könnten fast wie ein Zwang auf einen wirken, wie eine Verpflichtung, der man nachkommen muss.

Sonne im elften Feld
Man stellt sich nicht gerne selbst in den Mittelpunkt, liebt die Rolle des Beobachters. Alles Abstrakte, Intellektuelle zieht man dem Emotionalen vor. Wie will man da einen Flirt anfangen?

Mond im elften Feld
Gefühle? Na gut, aber bitte nicht so viele, dass man davon abhängig wird. Man möchte auf jeden Fall darüber stehen, lieber beobachten, wie andere in die ›Täler des Dualen‹ hinabsteigen.

Merkur im elften Feld
Wenn man versucht, sich über Worte verständlich zu machen, redet man meist so abstrakt, dass einen fast kein Mensch versteht. Man muss sich immer wieder bemühen, einfache Worte zu gebrauchen.

Venus im 11 Feld
Am meisten Lust macht es noch, in der Rolle des Beobachters zu verharren. Man lässt sich nur durch wirklich skurrile, ungewöhnliche, erotische Affären begeistern.

Mars im elften Feld
Man liebt die traditionellen Geschlechterrollen nicht. Am erotischten sind noch Männer, die als Revolutionäre oder Idealisten auftreten, oder auf andere Weise völlig ungewöhnlich sind. Ihn, den Animus, suchen Männer meist in sich selbst und Frauen beim Partner.

Jupiter im elften Feld
Am meisten Spaß macht es noch, gemeinsam etwas zu unternehmen. Man ist eigentlich für fast alles offen.

Saturn im elften Feld
Es wird nur wenige Freunde geben, die man auf seiner Seite hat, aber auf die kann man sich wirklich verlassen.

Uranus im elften Feld
Man ist ein sehr unabhängiger Mensch, der die Dinge am liebsten von außen oder von oben betrachtet und sich keinem Menschen gegenüber verpflichtet fühlt.

Neptun im elften Feld
Irgendwie enden alle Versuche, etwas gemeinsam zu unternehmen, im Chaos. Macht das was? Nicht unbedingt. Musik ist Chaos, Poesie, Fantasie, Gefühl, Natur, Ökologie, Spiritualität, Heilkunde!

Pluto im elften Feld
Immer wieder wird man es in Gruppensituationen erleben, dass man zum Teufel, zum Buhmann gemacht wird. Das ist allerdings nur dann der Fall, wenn man das kollektiv Verdrängte verkörpern will.

Sonne im zwölften Feld
Bei der Rollenverteilung innerhalb von Beziehungen spielt es eine große Rolle, wie gut man auf seine innere Stimme hören kann, Kontakt zum eigenen Unterbewussten, fast Verdrängten hat.

Mond im zwölften Feld
Der Kontakt mit anderen Menschen scheint so auszusehen, als ob man sich Für den anderen aufopfert. Tatsächlich hat man aber nur das Gefühl zu sich selbst verloren. Rückzug bringt neue Klarheit.

Merkur im zwölften Feld
Man braucht eine ganz vertraute, sensible Umgebung, um mit Worten das ausdrücken zu können, was man auch wirklich meint.

Venus im zwölften Feld
Man braucht eine ganz vertraute, sensible Umgebung, um mit Worten das ausdrücken zu können, was man auch wirklich meint.

Mars im zwölften Feld
Wann ist ein Mann ein Mann - vielleicht auch dann, wenn er sensibel ist, musikalisch, auf seine innere Stimme hören kann? Es gehört viel Mut dazu, als Mann zu seiner sanften Seite zu stehen, als Frau den sanften Mann zu bewundern!

Jupiter im zwölften Feld
Man hat ein großes Vertrauen in die Welt und die Fähigkeit, geheime Feinde als Freunde zu gewinnen.

Saturn im zwölften Feld
Es fällt einem sehr schwer, all die traurigen, problematischen Gefühle, die man beim anderen spürt, zuzulassen. Aber gerade sie sollte n in einer Partnerschaft ihre Berechtigung haben.

Uranus im zwölften Feld
Es gibt da eine starke innere Unruhe. Wenn man sie nicht schöpferisch umsetzen kann, wird sie sich auf die anderen übertragen.

Neptun im zwölften Feld
Man ist ungeheuer sensibel und verträumt, spürt ohne viele Worte, was andere denken und wollen. Abgrenzung wird schwierig, und so wird man zur Regeneration immer wieder die Einsamkeit suchen.

Pluto im zwölften Feld
Es wird schwer sein, aber trotzdem: Man muss lernen, auf den Partner keinen subtilen Druck auszuüben. Alle Gefühlsregungen, auch Schwäche und Tränen haben ihre Berechtigung.

Synastrie-Aspekte: Die innere Dynamik des Partnerschaftsverhaltens

Sonne

Sonne Konjunktion Aszendent-Deszendent-Achse
Man kann Blicke auf sich lenken, gleich dem wunderlich-schönen Farbenspiel der untergehenden Sonne am Horizont, und gleichzeitig mit anderen Menschen gut auskommen. Gemeinsamkeiten sind eine Bereicherung, und man versucht immer wieder, mit Charme und Fröhlichkeit weiterzukommen. Solange man selbst die aktive Rolle in einer Beziehung spielt, kümmert man sich nicht so um die Sorgen der Vergangenheit oder Zukunft. ›Be here now, ›Ganz entspannt im hier und jetzt‹ ist die Devise.

Sonne Konjunktion Medium Coeli-Imun-Coeli-Achse
Es gelingt meist, seine Interessen ausgewogen zwischen Familie und Berufsleben, privaten und gesellschaftlichen Ambitionen aufzuteilen. Darauf deutet jedenfalls der Sonnenwinkel zum Meridian, der Mittag / Mitternachts-Achse des Horoskops, hin. Vorrangig ist es, sich weiterzuentwickeln. Vergangenheit und Zukunft, also die Bindung an Tradition und Konvention, spielen eine größere Rolle als die Gegenwart. Spielt man / frau die aktive Rolle in einer Beziehung, dann wird er/sie versuchen, ein Eltern-Kind-Verhältnis mit dem anderen aufzubauen.

Sonne Konjunktion Mars
Die reibungslose Aufgabenverteilung zwischen innerem Vater und innerem Sohn deuten auf einen kraftvollen Menschen hin, der trotz seiner Egozentrik in der Lage ist, Rücksicht auf seine Mitmenschen zu nehmen. Er macht ihnen Mut, motiviert sie und packt auch selbst einmal an.

Sonne Konjunktion Jupiter
Es ist leicht, zu anderen ein Vertrauensverhältnis aufzubauen, großzügig zu sein, zu kooperieren: Göttervater Jupiter und Sonnengott Helios ›können‹ miteinander. Man ist innerlich und äußerlich auf Wachstum eingestellt, braucht den anderen und gibt ihm auch die notwendige Anerkennung.

Sonne Konjunktion Saturn

Zwischen der Sonne und Saturn erstreckte sich bis zum Beginn der Neuzeit das dem Menschen bekannte Planetensystem. Es symbolisierte die Einheit der Welt innerhalb der Grenzen des Bewusstseins. Man wird den Rahmen der gesellschaftlichen Konventionen, die Hemmnisse des Alltagslebens akzeptieren, auch vom Partner nichts Außergewöhnliches verlangen. Und so ist ein gemeinsames, stetiges Wachstum möglich.

Sonne Konjunktion Uranus

Während sich Uranus auf seiner exzentrischen Bahn um die Sonne bewegt, zeigt er ihr während eines Umlaufs alle seine Seiten. Genauso offen sind Menschen mit dieser Konstellation. Sie brauchen nichts zu verbergen, lachen auch einmal über sich selbst, sind gerne mit Freunden und Gleichgesinnten zusammen, lieben das ›Teamwork‹.

Sonne Konjunktion Neptun

Der äußerste, je von einer Raumsonde erreichte Planet ist Neptun. Die von dort gefunkten Bilder waren - trotz der riesigen Entfernung - wunderschön. Im Horoskop zeigt ein Sonne / Neptun-Aspekt, dass man sich sehr sensibel, mit Feingefühl mitteilen kann und auf diese Weise eine auch noch so große Distanz zum anderen überbrücken kann - durch Musik, durch Bilder, durch Fantasie.

Sonne Konjunktion Pluto

Pluto ist in seiner Bahn um die Sonne am weitesten geneigt und verändert in festen Zyklen seinen Abstand zu ihr ganz beträchtlich. Dabei überschreitet er sogar die Bahn seines Nachbarplaneten Neptun. Ein exakter Winkel zur Sonne im Geburtshoroskop zeigt die Fähigkeit, das rechte Maß zu anderen Menschen zu finden. Auf der einen Seite entsteht eine ungeheure psychische Intensität, auf der anderen Seite gelingt es aber auch immer wieder, sich innerlich zu lösen, frei zu machen. Und so ist man in der Lage, auch in großen Wandlungsprozessen ein tiefsinniger Begleiter zu sein.

Sonne ohne Hauptaspekte

Die Sonne als Symbol für das selbstbewusste Ich hat keinen Hauptaspekt zu anderen Planeten oder Lichtern des Horoskops. Und so fällt es einem schwer, sich sein eigenes Ego einmal zu betrachten, Distanz zum eigenen Stolz zu bekommen, sich zurückzunehmen. In Partnerschaften wird es immer schwer sein, zu kooperieren. Nimmt man die Führungsrolle ein, dann muss sich alles um einen selbst drehen, lässt man den anderen tun und walten, dann regt sich Protest. All ein muss man lernen, sich das männlich-strahlende Lebensprinzip bewusster zu machen.

Sonne Spannung Aszendent-Deszendent-Achse

Man ist es gewohnt, permanent und auch in unpassenden Situationen im Mittelpunkt zu stehen und das Zepter in die Hand zu nehmen, gleich der Sonne, die am Morgen aufgeht und alles überstrahlt. In einer Partnerschaft wird es einem schwerfallen, dem anderen etwas vom Licht der Sonne abzugeben. Gemeinsamkeiten haben für einen immer gleich den Nimbus der Selbstaufgabe.

Sonne Harmonie Aszendent-Deszendent-Achse

Man kann Blicke auf sich lenken, gleich dem wunderlich-schönen Farbenspiel der untergehenden Sonne am Horizont, und gleichzeitig mit anderen Menschen gut auskommen. Gemeinsamkeiten sind eine Bereicherung, und man versucht immer wieder, mit Charme und Fröhlichkeit weiterzukommen. Solange man selbst die aktive Rolle in einer Beziehung spielt, kümmert man sich nicht so um die Sorgen der Vergangenheit oder Zukunft. ›Be here now‹ - ›Ganz entspannt im hier und jetzt‹ ist die Devise.

Sonne Spannung Medium Coeli-Imun-Coeli-Achse

Wie wirkt die eigene Persönlichkeit in der Öffentlichkeit, im Berufsleben? Eine Sonnenstellung im scharfen Winkel zum höchsten Punkt des Himmels, zum Zenit besagt, dass gesellschaftlicher Erfolg ungeheuer wichtig ist. Was tut man nicht alles, um Applaus zu bekommen! Die Partnerschaft wird sich hier in gewisser Hinsicht unterordnen müssen: Dient sie der eigenen Karriere, dann, aber nur dann, finden auch Herzlichkeit und Lebensfreude ihre ›Berechtigung‹. Spielt man / frau die aktive Rolle in einer Beziehung, dann wird er/sie versuchen, ein Eltern-Kind-Verhältnis mit dem anderen aufzubauen.

Sonne Harmonie Medium Coeli-Imun-Coeli-Achse

Es gelingt meist, seine Interessen ausgewogen zwischen Familie und Berufsleben, privaten und gesellschaftlichen Ambitionen aufzuteilen. Darauf deutet jedenfalls der Sonnenwinkel zum Meridian, der Mittag / Mitternachts-Achse des Horoskops, hin. Vorrangig ist es, sich weiterzuentwickeln. Vergangenheit und Zukunft, also die Bindung an Tradition und Konvention, spielen eine größere Rolle als die Gegenwart. Spielt man / frau die aktive Rolle in einer Beziehung, dann wird er/sie versuchen, ein Eltern-Kind-Verhältnis mit dem anderen aufzubauen.

Sonne Opposition (Vollmondgeburt)

Bei Vollmond, als Mond und Sonne, passives Yin und aktives Yang sich am Himmel gegenüberstanden, wurde man geboren. Und dieser Gegensatz zwischen Hingabe und Selbstbestimmung prägt das ganze Leben. ›Männer und Frauen sind eigentlich so gegensätzlich, dass sie gar nicht miteinander auskommen können‹ sagt der Volksmund scherzhaft. Wenn dieser Mensch es trotzdem probiert (und dies ist sicher), dann wird die Beziehung so lebendig sie wie die aufgekratztesten Tagen eines Monats - Vollmondzeit eben!

Sonne Konjunktion Mond (Neumondgeburt)

Bei Neumond, als Sonne und Mond, strahlendes Yang und aufnehmendes Yin auf der gleichen Seite der Erde waren, fand die Geburt statt. Der Mond, die Seele ist nicht zu sehen, würde bei einer Eklipse (Sonnenfinsternis) sogar noch das Zentralgestirn bedecken. Beide Lichter sind sich also sehr, fast zu nahe. und so deutet man diese Konstellation als einseitig und subjektiv. Vater oder Mutter traten gleich der Gestirnskonstellation für den Horoskopeigner in der Kindheit hinter dem jeweils anderen Elternteil vollkommen zurück, und ähnlich einseitig könnten sich die Partnerschaften im späteren Leben gestalten. Diese Konstellation hat so etwas Ruhiges, Melancholisches, Besinnliches an sich. Es ist viel Raum da, um zu empfinden, viel Zeit, viel Ruhe, um Neues entstehen zu lassen - halt Neumond.

Sonne Spannung Mond

Der scharfe Spannungswinkel zwischen den Hauptlichtern Mond und Sonne deutet auf Schwierigkeiten hin und Reibungen bei der Rollenverteilung in der Partnerschaft. Es ist ganz wichtig, immer wieder in sich selbst die Harmonie, das richtige Verhältnis zwischen Aktivität und Entspannung zu finden. Dann wird es auch wieder gelingen, in der Beziehung zum Partner Hingabe und Eigeninitiative in gut ausbalancierter Weise zu verteilen.

Sonne Harmonie Mond

Der harmonische Winkel zwischen der männlichen Sonne und dem weiblichen Mond zeigt an, dass es einem leicht fällt, eine innere Ausgeglichenheit zu bewahren. Und so hat man auch Geschick in der Verteilung der Geschlechterrollen in einer Beziehung. Oft ziehen Menschen mit solch einer Konstellation Partner an, die voll innerer Spannung sind. Jene bringen zwar viel Stress mit, sind aber gerade deshalb eine Quelle der Inspiration.

Sonne Konjunktion Merkur

Steht Merkur von der Erde aus gesehen direkt vor oder hinter der Sonne, spricht der Astrologe vom ›verbrannten Merkur‹. Menschen mit dieser Geburtskonstellation haben einen starken, zur Überlastung neigenden Intellekt. Sie können über alles bewusst reflektieren - bloß kaum über sich selbst (Merkur als Spiegel der Götter steht zu nahe beim ›König‹ des Planetensystems, als dass er die Strahlen noch klar bündeln könnte). Und so bleiben diese Menschen trotz aller Kommunikationskraft im Grunde meist einsam und für andere unerreichbar - bei so viel Stolz lässt man sich halt nichts sagen.

Sonne Harmonie Merkur

Merkur steht der Sonne nahe, doch nicht in ihrem Zentrum. So gibt es nach alter Meinung trotz aller Stärke der intellektuellen Kräfte noch genügend Distanz zum eigenen Ego. Man ist in der Lage, sich vom Partner auch einmal etwas sagen zu lassen, muss nicht immer das letzte Wort haben. Die Fähigkeit, Kontakt zu seinen Mitmenschen aufzubauen, ist bei dieser Konstellation wirklich sehr ausgeprägt.

Sonne Konjunktion Venus

Als der Horoskopeigner geboren wurde, stand der Planet Venus exakt in der gleichen Himmelsrichtung wie die Sonne. Charme und Stolz sind also miteinander vereint. Das lässt zwar auf ein liebenswürdiges Auftreten schließen, aber auch auf die Gefahr großer Eitelkeit. Und die kann letztlich dazu führen, dass Anziehung zu Abstoßung wird. Geblendet vom Licht der Sonne sieht Venus nur sich selbst - verbrennt in der Hitze des Ego und bleibt allein.

Sonne Harmonie Venus

Von der Erde aus betrachtet hatte sich Venus zum Zeitpunkt der Geburt weit von der Sonne wegbewegt. Sie war als Morgen- oder Abendstern zu sehen, durch den Horizont vom hellen Schein des Zentralgestirns abgeschirmt. Der Astrologe deutet dies so, dass es für den Geborenen nicht leicht ist, aktiv in das Spiel der Liebe einzugreifen. Erscheint die Sonne am Himmel, verschwindet Venus schnell - so sollte man sich vor allzu großer Eitelkeit hüten, wenn man die Sympathie seiner Mitmenschen erringen will.

Sonne Spannung Venus

Von der Erde aus betrachtet hatte sich Venus zum Zeitpunkt der Geburt weit von der Sonne wegbewegt. Sie war als Morgen- oder Abendstern zu sehen, durch den Horizont vom hellen Schein des Zentralgestirns abgeschirmt. Der Astrologe deutet dies so, dass es für den Geborenen nicht leicht ist, aktiv in das Spiel der Liebe einzugreifen. Erscheint die Sonne am Himmel, verschwindet Venus schnell - so sollte man sich vor allzu großer Eitelkeit hüten, wenn man die Sympathie seiner Mitmenschen erringen will.

Sonne Spannung Mars

Die Spannung der (väterlichen) Sonne zum zornesroten (jugendlichen) Planeten Mars deutet auf einen egozentrischen Charakter hin, der dazu neigt, den Mitmenschen seinen Willen aufzuzwingen (Klassische Deutung: Vater-Sohn-Konflikt).

Sonne Harmonie Mars

Die reibungslose Aufgabenverteilung zwischen innerem Vater (Sonne) und innerem Sohn (Mars) deuten auf einen kraftvollen Menschen hin, der trotz seiner Egozentrik in der Lage ist, Rücksicht auf seine Mitmenschen zu nehmen. Er macht ihnen Mut, motiviert sie und packt auch selbst einmal an.

Sonne Spannung Jupiter

Das Zentralgestirn und der größte Planet Jupiter, die sogenannte zweite Sonne, konkurrieren miteinander: Schon geringfügige Zweifel an der Loyalität des Partners lassen das eigene Ego aufblähen - wie bei einem Pfau die Federn. Man hüte sich vor Größenwahn.

Sonne Harmonie Jupiter

Es ist leicht, zu anderen ein Vertrauensverhältnis aufzubauen, großzügig zu sein, zu kooperieren: Göttervater Jupiter und Sonnengott Helios ›können‹ miteinander. Man ist innerlich und äußerlich auf Wachstum eingestellt, braucht den anderen und gibt ihm auch die notwendige Anerkennung.

Sonne Spannung Saturn

Saturn, in der Kälte des Weltraums, begrenzt durch seine Ringe, bietet der ewig strahlenden Sonne Paroli. Schwer reibt man sich an seinen eigenen inneren Grenzen, projiziert diesen Konflikt nach außen, als Kampf zwischen Kindheit und Greisentum, Freude und Pflicht. Es fällt schwer, Wärme und Liebe zuzulassen.

Sonne Harmonie Saturn

Zwischen der Sonne und Saturn erstreckte sich bis zum Beginn der Neuzeit das dem Menschen bekannte Planetensystem. Es symbolisierte die Einheit der Welt innerhalb der Grenzen des Bewusstseins. Man wird den Rahmen der gesellschaftlichen Konventionen, die Hemmnisse des Alltagslebens akzeptieren, auch vom Partner nichts Außergewöhnliches verlangen. Und so ist ein gemeinsames, stetiges Wachstum möglich.

Sonne Spannung Uranus

Uranus als kühl-intellektuelles Gegenprinzip, in Spannung zur wärmespendenden Sonne, deutet auf ein egozentrisches Verhalten und übertriebenen Individualismus hin. Gleich seinen Monden Miranda, Ariel, Umbrien, Titania und Oberon, die kontinuierlich ihre Äquatorialbahnen um den sich quer zur Achse des Planetensystems drehenden Uranus ziehen, sollen sich die Partner an die Eigenarten dieses Charakters anpassen. Dies wird nur selten ohne Widerstände und Missverständnisse geschehen.

Sonne Harmonie Uranus

Während sich Uranus auf seiner exzentrischen Bahn um die Sonne bewegt, zeigt er ihr während eines Umlaufs alle seine Seiten. Genauso offen sind Menschen mit dieser Konstellation. Sie brauchen nichts zu verbergen, lachen auch einmal über sich selbst, sind gerne mit Freunden und Gleichgesinnten zusammen, lieben das ›Teamwork‹.

Sonne Spannung Neptun

Fern in der Einsamkeit des Weltraums zieht Neptun seine Bahn. Zwar wurde seine Position im letzten Jahrhundert mit großer Mühe errechnet, doch dann verschlief man seine Entdeckung über das Fernrohr erst einmal. Seinen Winkel zur Sonne deutet man als musisch-sensibel. Mit dieser Radix-Konstellation teilt man den anderen nicht so gerne die eigenen Absichten mit, braucht viel Zeit, um aus sich herauszukommen. Man ist sehr feinfühlig und musisch, bis hin zum Selbstmitleid und Narzissmus. Erst wenn die selbst geschaffene Traumwelt verlassen wird, kann man einen realen Kontakt zu anderen aufnehmen.

Sonne Harmonie Neptun

Der äußerste, je von einer Raumsonde erreichte Planet ist Neptun. Die von dort gefunkten Bilder waren - trotz der riesigen Entfernung - wunderschön. Im Horoskop zeigt ein Sonne / Neptun-Aspekt, dass man sich sehr sensibel, mit Feingefühl mitteilen kann und auf diese Weise eine auch noch so große Distanz zum anderen überbrücken kann - durch Musik, durch Bilder, durch Fantasie.

Sonne Spannung Pluto

Von der Erde aus gesehen stehen Pluto und sein fast gleichgroßer Mond Charon im Spannungswinkel zur Sonne. Fünf Jahrzehnte dauerte es, bis die Astronomie entdeckte, dass es sich hier um einen Doppelplaneten handelt. Astrologische Deutung spricht bei diesem Aspekt von der Schwierigkeit, sich vom anderen abzugrenzen. Wie Pluto und Charon vermischt man Ich und Du, verliert sich in Schattenprojektionen. Gelingt es, sich immer wieder innerlich aus dieser Symbiose zu lösen, dann entfaltet sich die Herzenskraft der Sonne.

Sonne Harmonie Pluto

Pluto ist in seiner Bahn um die Sonne am weitesten geneigt und verändert in festen Zyklen seinen Abstand zu ihr ganz beträchtlich. Dabei überschreitet er sogar die Bahn seines Nachbarplaneten Neptun. Ein exakter Winkel zur Sonne im Geburtshoroskop zeigt die Fähigkeit, das rechte Maß zu anderen Menschen zu finden. Auf der einen Seite entsteht eine ungeheure psychische Intensität, auf der anderen Seite gelingt es aber auch immer wieder, sich innerlich zu lösen, frei zu machen. Und so ist man in der Lage, auch in großen Wandlungsprozessen ein tiefsinniger Begleiter zu sein.

Mond

Mond Konjunktion Aszendent-Deszendent-Achse

Jeden Tag zeigt der Mond ein neues Bild am Himmel. Genauso wandeln sich die Gefühle, und man ist gut in der Lage, dies zum Ausdruck zu bringen.

Mond Konjunktion Medium Coeli-Imun-Coeli-Achse

So wie der Mond das Licht der Sonne reflektiert, so spiegelt man im Berufsleben die Stimmung seiner Mitmenschen wieder, kann ihnen seelisch nahe sein, sie trösten und beschützen.

Mond Konjunktion Merkur

Götterbote Merkur und Frau Luna in günstiger Konstellation vereint sorgen für eine schöne Stimme, gutes Einfühlungsvermögen und oft auch für imponierende Telefonrechnungen: Man will und kann seine Gefühle halt am besten durch Worte zum Ausdruck bringen.

Mond Konjunktion Venus

Seelische Wärme und Ästhetik können bei dieser Horoskop-Verbindung zwischen Frau Luna und ihrer venusischen Planetenschwester aus ihrem ewigen Konkurrenzkampf heraustreten. Dies macht das Zusammenleben im Alltag spannungsloser, friedvoller. In vielen Nationalfahnen des Orients sind beide Gestirne, die die verschiedenen Aspekte der Weiblichkeit symbolisieren, gemeinsam abgebildet.

Mond Konjunktion Mars

Im harmonischen Winkel können die Launen des Mondes den zornesroten Planeten Mars zu immer größerer Leistung anstacheln. Wie im Wilden Westen ist man ständig bereit, seine Cowboy- oder Indianerrudel vor den feindlichen Horden zu verteidigen. In der Freizeit schürt man das heimische Feuer.

Mond Konjunktion Jupiter

Wenn der kleine Häwelmann im Bilderbuch auf einem Mondstrahl vertrauensselig gen Himmel fährt, dann ist sicher ein jovischer Einfluss mit im Spiel. So viel Optimismus und Naivität erobert die Herzen der stolzesten Frauen und Männer. Man gönnt sich ja sonst nichts ...

Mond Konjunktion Saturn

Mond und Saturn - beiden fehlt die Wärme der Sonne. Da wird sich der Partner ganz schön anstrengen müssen, um die fehlende Nestwärme zu schaffen. Als Lohn winkt die Treue einer ernsthaften, fleißigen, belastbaren Seele.

Mond Konjunktion Uranus

Eine uranische Färbung des Gemüts sorgt für spritzige Abenteuer. Immer wieder können neue Freundschaften geschlossen werden, man ist Abwechslungen gegenüber wirklich nicht abgeneigt, liebt den Rollentausch, besonders, wenn es um die Kindererziehung geht.

Mond Konjunktion Neptun

Frau Luna und der Meeresgott Neptun kreieren zusammen ein nymphenhaftes, narzisstisches Wesen, nahe am Wasser gebaut und voll Selbstmitleid, weder Fisch noch Fleisch. Und so neigt man dazu, sich vollständig dem anderen hinzugeben, sich aufzulösen, zu leiden, zu opfern. Wenn es gelingt - und das ist sehr schwer - sich von der ›imaginären Spielwiese‹ zu lösen, ist auch eine Chance da, zu einer eigenen Identität und einem zufriedenen Familienleben zu kommen.

Mond Konjunktion Pluto

Ein leidenschaftlich ›südländisches‹ Temperament wird für immer neue Aufregungen sorgen. Mann / Frau ist bereit, sich vollends an eine andere Seele zu binden, ausschließlich, total. Entsprechend hoch sind die Ansprüche. Die Verbindung des sonnenfernsten Planeten (Pluto mit dem Begleiter der Erde (Mond steht auch für großes psychologisches Geschick.

Mond ohne Hauptaspekte

Der Mond hat keine eigene Strahlung, er spiegelt das Licht der Sonne wieder - alles, was passiert, wird durch die Seele reflektiert, aufgenommen, gespeichert. Ohne Hauptaspekte im Horoskop zeigt der Mond ein vollkommen freies, ungebundenes Seelenleben an. Es fehlt ein wenig die Orientierung. Man ist ziemlich haltlos, fühlt sich an nichts und niemanden gebunden. Wie schafft man sich Geborgenheit und Zugang zur ur-weiblichen Identität. Was ist das eigentlich Heimat? Oft sind es gerade die mütterlich-beschützenden Charaktere, die man zur Ergänzung braucht.

Mond Spannung Aszendent-Deszendent-Achse

Es gelingt selten, seine Gefühle richtig auszudrücken. Dabei ist dies so wichtig, wenn man vermeiden will, verletzt zu werden. So wie der Mond mal voll und mal leer ist, so sehr ist man in Beziehungen von den eigenen Launen getrieben.

Mond Harmonie Aszendent-Deszendent-Achse

Jeden Tag zeigt der Mond ein neues Bild am Himmel. Genauso wandeln sich die Gefühle, und man ist gut in der Lage, dies zum Ausdruck zu bringen.

Mond Spannung Medium Coeli-Imun-Coeli-Achse

Die Stellung des Mondes zur Himmelsmitte zeigt an, dass man im Berufs- und Privatleben von ständig wechselnden Launen hin- und hergerissen wird, fast zu viel Zustimmung, Zuwendung braucht.

Mond Harmonie Medium Coeli-Imun-Coeli-Achse

So wie der Mond das Licht der Sonne reflektiert, so spiegelt man im Berufsleben die Stimmung seiner Mitmenschen wieder, kann ihnen seelisch nahe sein, sie trösten und beschützen.

Mond Spannung Merkur

Wenn der nervös um die Sonne rasende Merkur mit dem Mond eine harte Konstellation bildet, sollen alle Gefühle mit dem Verstand erfasst werden. Sie werden analysiert, rationalisiert, funktionalisiert, neutralisiert. Dies macht das alltägliche Zusammenleben anstrengend.

Mond Harmonie Merkur

Götterbote Merkur und Frau Luna in günstiger Konstellation vereint sorgen für eine schöne Stimme, gutes Einfühlungsvermögen und oft auch für imponierende Telefonrechnungen: Man will und kann seine Gefühle halt am besten durch Worte zum Ausdruck bringen.

Mond Spannung Venus

Die zwei weiblichen Gestirne Mond und Venus zeigen im Spannungsaspekt an, dass sich der Mensch ständig zwischen Gefühl und Erotik, zwischen ›der Mama und der Hure‹ entscheiden muss.

Mond Harmonie Venus

Seelische Wärme und Ästhetik können bei dieser Horoskop-Verbindung zwischen Frau Luna und ihrer venusischen Planetenschwester aus ihrem ewigen Konkurrenzkampf heraustreten. Dies macht das Zusammenleben im Alltag spannungsloser, friedvoller. In vielen Nationalfahnen des Orients sind beide Gestirne, die die verschiedenen Aspekte der Weiblichkeit symbolisieren, abgebildet.

Mond Spannung Mars

»Verletzt« Mars im scharfen Winkel den Erdtrabanten, dann regieren seine beiden eigenen Monde Phobos (Furcht und Deimos (Schrecken- zumindest symbolisch. Man sollte auf jeden Fall versuchen, seine Launen unter Kontrolle zu halten. Langweilig wird es ganz bestimmt nicht. Und notfalls kann man sich ja auch in der Küche abreagieren (wetten, dass die Milch mal wieder überkocht?).

Mond Harmonie Mars

Im harmonischen Winkel können die Launen des Mondes den zornesroten Planeten Mars zu immer größerer Leistung anstacheln. Wie im Wilden Westen ist man ständig bereit, seine Cowboy- oder Indianerrudel gegenüber feindlichen Horden zu verteidigen.

Mond Spannung Jupiter
Wenn es einem gut geht, dann sollen es alle wissen, wenn nicht, dann erst recht. Kommt Jupiter im Horoskop mit dem Mond zusammen, dann duldet das Gefühl einfach keine Grenzen. Das kann dem / der anderen ganz schön auf die Nerven gehen.

Mond Harmonie Jupiter
Wenn der kleine Häwelmann im Bilderbuch auf einem Mondstrahl vertrauensselig gen Himmel fährt, dann ist sicher ein jovischer Einfluss mit im Spiel. So viel Optimismus und Naivität erobert die Herzen der stolzesten Frauen und Männer. Man gönnt sich ja sonst nichts ...

Mond Spannung Saturn
Mond und Saturn - beiden fehlt die Wärme der Sonne. Da wird sich der Partner ganz schön anstrengen müssen, um die fehlende Nestwärme zu schaffen. Als Lohn winkt die Treue einer ernsthaften, fleißigen, belastbaren Seele.

Mond Harmonie Saturn
Mond und Saturn - beiden fehlt die Wärme der Sonne. Da wird sich der Partner ganz schön anstrengen müssen, um die fehlende Nestwärme zu schaffen. Als Lohn winkt die Treue einer ernsthaften, fleißigen, belastbaren Seele.

Mond Spannung Uranus
Zu unruhig sind die Reaktionen, zu schnell gerät man in Panik, wenn uranische Schwingungen das Gemüt irritieren. Es ist nicht leicht, auf Dauer Nähe aufzubauen. Es hilft, wenn man zeitliche oder räumliche Distanz zueinanderhalten kann.

Mond Harmonie Uranus
Eine uranische Färbung des Gemüts sorgt für spritzige Abenteuer. Immer wieder können neue Freundschaften geschlossen werden, man ist Abwechslungen gegenüber wirklich nicht abgeneigt, liebt den Rollentausch, besonders, wenn es um die Kindererziehung geht.

Mond Spannung Neptun
Frau Luna und der Meeresgott Neptun kreieren zusammen ein nymphenhaftes, narzisstisches Wesen, nahe am Wasser gebaut und voll Selbstmitleid, weder Fisch noch Fleisch. Und so neigt man dazu, sich vollständig dem anderen hinzugeben, sich aufzulösen, zu leiden, zu opfern. Wenn es gelingt - und das ist sehr schwer - sich von der »imaginären Spielwiese« zu lösen, ist auch eine Chance da, zu einer eigenen Identität und einem zufriedenen Familienleben zu kommen.

Mond Harmonie Neptun
Frau Luna und der Meeresgott Neptun kreieren zusammen ein nymphenhaftes, narzisstisches Wesen, nahe am Wasser gebaut und voll Selbstmitleid, weder Fisch noch Fleisch. Und so neigt man dazu, sich vollständig dem anderen hinzugeben, sich aufzulösen, zu leiden, zu opfern. Wenn es gelingt - und das ist sehr schwer - sich von der »imaginären Spielwiese« zu lösen, ist auch eine Chance da, zu einer eigenen Identität und einem zufriedenen Familienleben zu kommen.

Mond Spannung Pluto
So eng, wie Pluto von seinem Zwillingsstern Charon umkreist wird, gestalten sich zwischenmenschliche Beziehungen bei einem harten Mond / Pluto-Aspekt. Alte Gefühlsmuster, die aus der Familientradition kommen, schlummern im Verborgenen und warten darauf, über eine Partnerschaft und besonders über gemeinsame Kinder »erlöst« zu werden.

Mond Harmonie Pluto
Ein leidenschaftlich »südländisches« Temperament wird für immer neue Aufregungen sorgen. Mann / Frau ist bereit, sich vollends an eine andere Seele zu binden, ausschließlich, total. Entsprechend hoch sind die Ansprüche. Die Verbindung des sonnenfernsten Planeten (Pluto mit dem Begleiter der Erde (Mond steht auch für großes psychologisches Geschick.

Merkur

Merkur Konjunktion Aszendent-Deszendent-Achse
In nur 88 Tagen dreht sich Merkur um die Sonne - schneller als jeder andere. Genauso quicklebendig ist der Geborene, und es wird ihm nicht schwerfallen, Kontakte zu knüpfen. Ob es dann aber über das intellektuell-neutrale »Hallo, wie gehts denn so?« hinausgehen wird, steht auf einem ganz anderen Blatt.

Merkur Konjunktion Medium Coeli-Imun-Coeli-Achse
Es fällt leicht, sich am Arbeitsplatz mit den Kollegen geistig auszutauschen. Irgendwie gelingt es immer, den richtigen Ton zu treffen, die notwendige Distanz zu halten: Die feine englische Art.

Merkur Konjunktion Venus

Bilden die beiden sonnennächsten Planeten von der Erde aus betrachtet einen harmonischen Winkel, dann liegt der Sex quasi in der Kehle: Je mehr man mit anderen zu tun hat, sei es durch die Arbeit oder im Small Talk, umso mehr steigert sich die positive Spannung. Solch eine lockere Natur bleibt eigentlich nie einsam.

Merkur Konjunktion Mars

»Rangehn, rangehn« heißt die Devise, wenn der Götterbote im günstigen Winkel zum Kriegsgott Mars steht. Man ist eine sportliche Natur und gerne bereit, beim Liebesspiel die aktive Rolle zu übernehmen. Es gibt ja wirklich tausend Tipps und Tricks, das andere Geschlecht gekonnt zur Strecke zu bringen.

Merkur Konjunktion Jupiter

Man hat ein großes philosophisches Talent, baut über das Gespräch schnell ein Vertrauensverhältnis zu seinen Mitmenschen auf. Dies ist ein Garant dafür, dass es in Partnerschaften - zumindest was all die Dinge betrifft, die über Worte geregelt werden können - harmonisch und friedlich zugehen wird.

Merkur Konjunktion Saturn

Es gibt Menschen, die jegliches Gefühl auf die Fensterbank legen, trocknen lassen, in die Pfeife stopfen und dann genüsslich Ringe an die Zimmerdecke blasen - Ringe gleich denen, die den Planeten Saturn umgeben. Nun, mit so viel Geduld und Nervenkraft kann man es auch mit den kuriosesten Zeitgenossen aufnehmen. Denn was soll schon passieren? Kommt ein Gefühl, dann legt man es ...

Merkur Konjunktion Uranus

So weit, wie Merkur an einem Tag um die Sonne läuft, bewegt sich Uranus in einem Jahr. Dafür kreist er 20-mal schneller um die eigene Achse. Bei beiden steht die Sonne zu gewissen Zeiten ohne Unterbrechung am Himmel, um dann wieder vollkommen verschwunden zu sein. Bei einer günstigen Horoskopverbindung deuten sie auf einen hellwachen Verstand hin. Man kann ganz fantastisch mit anderen Menschen geistig Kontakt aufnehmen. Ob die Sonne der Liebe dabei allerdings schienen wird? Man nehme den Himmel als Gleichnis.

Merkur Konjunktion Neptun

Neptun wurde nach langwierigen französisch-englischen Berechnungen in Preußen entdeckt - »zufällig« von untergeordneten Gehilfen, die Notdienst machen mussten, während sich ihre prominenten Kollegen auf einer Feier gütlich taten. Ein Horoskopaspekt zu Merkur hat immer einen Touch von Intuition und Zufall an sich. Man verlässt sich am besten ganz auf seine innere Stimme, vertraut dem Zufall, wenn es z.B. ums Anbandeln geht. Und überhaupt: Das Einfühlungsvermögen ist wirklich groß.

Merkur Konjunktion Pluto

Bei einem Winkel von Merkur zu Pluto wird man sich geistig voll auf den Partner einstellen, sich an ihn binden wollen. Konflikte sind da fast unvermeidbar. Schafft man es, einander zumindest geistig »den Rücken zuzukehren«, die Fixierung zu lösen, wird es wieder zu einer neuen Verständigung kommen.

Merkur ohne Hauptaspekte

So, wie die Sonne vom Planeten Merkur aus gesehen manchmal am Himmel stehen bleibt und sogar leicht zurücklaufen kann, so unberechenbar ist die eigene Gedankenwelt. Sie bindet sich an nichts und niemanden. Da fällt es schwer, seine »Peer group« zu finden, Leute, die einen einfach deshalb verstehen, weil sie genauso denken. Deshalb fühlt man sich manchmal sehr einsam, geistig isoliert und freut sich zu anderen Zeiten wieder seiner intellektuellen Ungebundenheit.

Merkur Spannung Aszendent-Deszendent-Achse

In dynamischer Stellung zum Erdhorizont regt Merkur zu unaufhörlichem Geplapper an, zu nervtötender Aktivität, und führt zu einer inneren Unruhe, die schwer für den geplagten Mitmenschen zu ertragen ist - es sei denn, jener ist selbst derart träge, dass es gar nicht genug der Stimuli geben kann.

Merkur Harmonie Aszendent-Deszendent-Achse

In nur 88 Tagen dreht sich Merkur um die Sonne - schneller als jeder andere. Genauso quicklebendig ist der Geborene, und es wird ihm nicht schwerfallen, Kontakte zu knüpfen. Ob es dann aber über das intellektuell-neutrale »Hallo, wie gehts denn so?« hinausgehen wird, steht auf einem ganz anderen Blatt.

Merkur Spannung Medium Coeli-Imun-Coeli-Achse
In harter Spannung zur Meridianachse der Erde entfaltet der Götterbote wenig von der ihm eigenen Lebendigkeit. Man orientiert sich - zumindest in der Jugend - sehr an den Normen und Wertvorstellungen der Gesellschaft, will durch intellektuelle Leistung akzeptiert werden. Darüber wirkt man oft sehr steif und kühl, verliert jeglichen Humor (Einzelgängerkonstellation).

Merkur Harmonie Medium Coeli-Imun-Coeli-Achse
Es fällt leicht, sich am Arbeitsplatz mit den Kollegen geistig auszutauschen. Irgendwie gelingt es immer, den richtigen Ton zu treffen, die notwendige Distanz zu halten: Die feine englische Art.

Merkur Spannung Venus
Fast nackt ist Merkur, nur von einer leichten Heliumhülle umgeben. Der Planet Venus dagegen ist umgeben von dichten Wolken, die den Blick auf die heiße Krateroberfläche total verschleiern. Und so ist es natürlich unangenehm, wenn durch merkurisch-intellektuelle Logik venusischer Charme zerlegt, entlarvt, seiner Faszination entkleidet wird. Genauso erotisch ist eine blitzblank mit Meister Proper gewischte Wohnung. Da wird jedes liegen gelassene Brotkrümelchen zum Aphrodisiakum ...

Merkur Harmonie Venus
Bilden die beiden sonnennächsten Planeten von der Erde aus betrachtet einen harmonischen Winkel, dann liegt der Sex quasi in der Kehle: Je mehr man mit anderen zu tun hat, sei es durch die Arbeit oder im Small Talk, umso mehr steigert sich die positive Spannung. Solch eine lockere Natur bleibt eigentlich nie einsam.

Merkur Spannung Mars
Die zornesrote Oberfläche des Mars kommt vom Eisen: Im Grunde ist er vollkommen verrostet. Das kann Merkur nicht passieren: Der besteht zwar fast vollständig aus diesem Element, aber alles ist im Kern gebunden. Astrologisch führt eine Spannung beider Gestirne im Horoskop zu vielen lauten Worten, streitbarem Waffengeklirr. Da wird der Partner - so sich denn einer findet - schon einiges einstecken müssen.

Merkur Harmonie Mars
»Rangehn, rangehn« heißt die Devise, wenn der Götterbote im günstigen Winkel zum Kriegsgott Mars steht. Man ist eine sportliche Natur und gerne bereit, beim Liebesspiel die aktive Rolle zu übernehmen. Es gibt ja wirklich tausend Tipps und Tricks, das andere Geschlecht gekonnt zur Strecke zu bringen.

Merkur Spannung Jupiter
Mancher Flirt wird schon daran scheitern, dass es einfach nicht gelingt, das richtige Wort zu finden. Der riesige Gasball Jupiter ist einfach zu tapsig, um die vielfältigen merkurischen Kapriolen mitzumachen, hat dies als »Göttervater« auch gar nicht nötig. Ganz im Ernst: Man sollte darauf achten, immer wieder eine wirkliche Verständigung mit dem Partner zu erreichen, nicht zu arrogant und überheblich zu sein. Auch Hochmut kann verletzten.

Merkur Harmonie Jupiter
Man hat ein großes philosophisches Talent, baut über das Gespräch schnell ein Vertrauensverhältnis zu seinen Mitmenschen auf. Dies ist ein Garant dafür, dass es in Partnerschaften - zumindest was all die Dinge betrifft, die über Worte geregelt werden können - harmonisch und friedlich zugehen wird.

Merkur Spannung Saturn
Man hat eine ernsthafte, grüblerische, verschlossene Seite. Saturns Einfluss dämpft den merkurischen Trickster (Begriff der Jung'schen Archetypenlehre). Irgendwie fehlt der Sinn für Humor, die geistige Beweglichkeit. Dies könnte ein ausgesprochener Eigenbrötler sein - es sei denn, ein barmherziger Kakteenliebhaber nimmt sich seiner an. Nicht piken bitte!

Merkur Harmonie Saturn
Es gibt Menschen, die jegliches Gefühl auf die Fensterbank legen, trocknen lassen, in die Pfeife stopfen und dann genüsslich Ringe an die Zimmerdecke blasen - Ringe gleich denen, die den Planeten Saturn umgeben. Nun, mit so viel Geduld und Nervenkraft kann man es auch mit den kuriosesten Zeitgenossen aufnehmen. Denn was soll schon passieren? Kommt ein Gefühl, dann legt man es ...

Merkur Spannung Uranus
Es heißt, schon die alten Chinesen hätten Uranus mit bloßen Augen gesehen, und auch Galileo Galilei hätte ihn in seinem Fernrohr beobachtet. Aber erst im 18. Jahrhundert konnte man ihn sicher ausfindig machen. Fast noch schwerer ist es, den sonnennahen Merkur am Himmel zu sichten: Nur kurz nach dem Aufgang oder vor dem Untergang der Sonne, wenn es sich am weitesten von ihr fortbewegt hat, an klaren, dunstlosen Tagen gelingt es. Horoskopeigner mit einer Spannung beider

Gestirne im Radix sind nervöse, äußerst sprunghafte Zeitgenossen, und man muss sich wirklich sehr bemühen, um mehr als nur einen kurzen Blick von ihnen erhaschen zu können.

Merkur Harmonie Uranus
So weit, wie Merkur an einem Tag um die Sonne läuft, bewegt sich Uranus in einem Jahr. Dafür kreist er 20-mal schneller um die eigene Achse. Bei beiden steht die Sonne zu gewissen Zeiten ohne Unterbrechung am Himmel, um dann wieder vollkommen verschwunden zu sein. Bei einer günstigen Horoskopverbindung deuten sie auf einen hellwachen Verstand hin. Man kann ganz fantastisch mit anderen Menschen geistig Kontakt aufnehmen. Ob die Sonne der Liebe dabei allerdings schienen wird? Man nehme den Himmel als Gleichnis.

Merkur Spannung Neptun
Wenn man bedenkt, dass die Berechnung von Neptuns Position eine Meisterleistung der Mathematik war, aber seine Beobachtung von den Astronomen erst einmal verschlafen wurde, wird deutlich, welchen Einfluss dieser Planet auf Merkur ausübt. Es fällt also schwer, sich anderen Menschen mitzuteilen, eine innere Scheu muss überwunden werden, Fantasie und Poesie stehen hilfreich zur Seite.

Merkur Harmonie Neptun
Neptun wurde nach langwierigen französisch-englischen Berechnungen in Preußen entdeckt - »zufällig« von untergeordneten Gehilfen, die Notdienst machen mussten, während sich ihre prominenten Kollegen auf einer Feier gütlich taten. Ein Horoskopaspekt zu Merkur hat immer einen Touch von Intuition und Zufall an sich. Man verlässt sich am besten ganz auf seine innere Stimme, vertraut dem Zufall, wenn es z.B. ums Anbandeln geht. Und überhaupt: Das Einfühlungsvermögen ist wirklich groß.

Merkur Spannung Pluto
Pluto wurde entdeckt, indem man ihm den Rücken zudrehte, und seinen Schatten auf einer fotografischen Platte entdeckte - von keinem studierten Wissenschaftler, sondern von einem Amateurastronomen. Er hatte sich schon früh auf diese Dinge fixiert und ganz von unten hochgearbeitet. Bei einem Winkel von Merkur zu Pluto wird man sich geistig voll auf den Partner einstellen, sich an ihn binden wollen. Konflikte sind da fast unvermeidbar. Schafft man es, einander zumindest geistig »den Rücken zuzukehren«, die Fixierung zu lösen, wird es wieder zu einer neuen Verständigung kommen.

Merkur Harmonie Pluto
Bei einem Winkel von Merkur zu Pluto wird man sich geistig voll auf den Partner einstellen, sich an ihn binden wollen. Konflikte sind da fast unvermeidbar. Schafft man es, einander zumindest geistig »den Rücken zuzukehren«, die Fixierung zu lösen, wird es wieder zu einer neuen Verständigung kommen.

Venus

Venus Konjunktion Aszendent-Deszendent-Achse
Es ist einfach, charmant und elegant zu erscheinen. Immer dann, wenn man persönlich auftritt und selbst aktiv wird, hat man auch Erfolg beim anderen Geschlecht. Allerdings ist man auch sehr von den Reaktionen seiner Mitmenschen abhängig. Man denke an die Wolkenschleier der Venus, die die zerklüftete Oberfläche des Planeten so gekonnt verhüllen.

Venus Konjunktion Medium Coeli-Imun-Coeli-Achse
Besonders im Berufsleben kann man beliebt und erfolgreich sein, wenn man auf das Zwischenmenschliche achtet, auf die Umgangsformen und die Kleidung. Man hat einen ganz besonderen Geschmack, der bei vielen Leuten gut ankommt. Beim günstigen Winkel zum Erdmeridian ist beruflicher Erfolg gewiss.

Venus Konjunktion Mars
So, wie jedes Essen seine Würze braucht, jeder Witz etwas Biss haben muss, braucht auch die größte Liebe, der höchste Genuss hin und wieder Abwechslung. Man bevorzugt Menschen, die nicht zu seicht sind, für die Liebe und Kampf eine Einheit bilden. Auf der Oberfläche der Venus ist es so heiß, dass sogar Blei schmelzen würde. Die Horoskop-Konstellation deutet auf eine starke Sexualität hin.

Venus Konjunktion Jupiter
Ein griechischer Philosoph namens Hedon entwickelte die Weltanschauung, durch Aneinanderhäufung von Genüssen eine fortwährende Steigerung zu erlangen: Hedonismus. Bewusst oder unbewusst zählt man zu seinen Adepten, denn irgendwie schafft man es eigentlich immer, die verschiedenen Liebschaften und andere sinnliche Freuden unter einen Hut zu bekommen. Als Gleichnis nehme man die Gravitationskraft Jupiters. Sie lenkt die Trojaner,

eine Gruppe von Asteroiden, so geschickt, dass es zu keinerlei Kollusionen kommen kann.

Venus Konjunktion Saturn

Die große Kunst, menschliche Beziehungen auf Dauer zu erhalten, besteht in der Fähigkeit, Distanz zu wahren. Wer weiß, dass jeder Mensch immer wieder im Leben auf die Hilfe seiner Artgenossen angewiesen ist, wird auch in schwierigen Situationen die Brücken nicht so schnell abreißen. Man braucht sehr viel Zeit, um mit einem anderen Menschen warm zu werden. Man nimmt sie sich aber auch - ein ganzes Leben lang. Die 7-jährigen Zyklen des Planeten Saturn spielen hier eine Rolle.

Venus Konjunktion Uranus

Ganz schwache und feine Ringe umgeben Uranus. Ebenso dünn und zerbrechlich ist die Fähigkeit, eine freie und offene Beziehung zu entwickeln, die trotzdem Bestand hat, nicht auseinanderfällt. Man hat das Geschick - besonders über räumliche und zeitliche Distanz hinweg, solche Bindungen aufzubauen.

Venus Konjunktion Neptun

Es ist eine alte Wahrheit, dass durch Verhüllen und Verbergen die Begierde gesteigert wird. Gleich Venus, die ihren kraterübersäten Planetenkörper durch einen undurchschaubaren Schleier aus Schwefeltröpfchen verbirgt, versteht man sich auf die Kunst der Täuschung, gebaut aus Nebeln der Fantasie.

Venus Konjunktion Pluto

Der immense atmosphärische Druck an der Oberfläche des Planeten Pluto kommt einem in den Sinn, wenn man die machtvoll-leidenschaftlichen Dramen erlebt, die sich immer wieder ereignen können. Man braucht einen gewissen psychischen oder auch materiellen Druck. Das steigert die Sinnlichkeit, intensiviert das Erleben.

Venus ohne Hauptaspekte

Gerade dadurch, dass Venus so stark von Wolken umhüllt ist, sieht man sie besser: Hell reflektiert sie das Licht der Sonne. Ohne Hauptaspekte zum Gesamthoroskop steht es dem Menschen vollkommen frei, seine Vorlieben und Neigungen zu entwickeln. Mal wird das eine, mal das andere bevorzugt, man lässt sich einfach nicht einordnen. Man sollte Liebe und Erotik nicht aus dem Leben ausgrenzen, sondern wie ein Forscher auf Entdeckungsreise gehen.

Venus Spannung Aszendent-Deszendent-Achse

Es fällt nicht leicht, sich im rechten Moment und zur rechten Zeit in Szene zu setzen. Erst mit der Zeit gelingt es, sich im Äußeren so zu zeigen, wie man sich auch im Innersten fühlt. Ein Gleichnis sei die heiße, aus Schwefel und CO_2 bestehende Atmosphäre der Venus, die einen Blick auf die Oberfläche gänzlich unmöglich macht.

Venus Harmonie Aszendent-Deszendent-Achse

Es ist einfach, charmant und elegant zu erscheinen. Immer dann, wenn man persönlich auftritt und selbst aktiv wird, hat man auch Erfolg beim anderen Geschlecht. Allerdings ist man auch sehr von den Reaktionen seiner Mitmenschen abhängig. Man denke an die Wolkenschleier der Venus, die die zerklüftete Oberfläche des Planeten so gekonnt verhüllen.

Venus Spannung Medium Coeli-Imun-Coeli-Achse

Man richtet sich sehr, ja zu sehr nach dem, was andere Menschen schön finden, wie »man« sich zu verhalten hat. Dabei wäre es doch viel wichtiger, seinen eigenen Stil zu entwickeln. So würde man dann auch vermehrt Menschen ansprechen, die zur eigenen inneren Natur passen, denen man wirklich nahe sein möchte. Die Spannung zum Medium Coeli, der Mitte des Erdhimmels, deutet auf etwas verkrampfte, steife Umgangsformen hin.

Venus Harmonie Medium Coeli-Imun-Coeli-Achse

Besonders im Berufsleben kann man beliebt und erfolgreich sein, wenn man auf das Zwischenmenschliche achtet, auf die Umgangsformen und die Kleidung. Man hat einen ganz besonderen Geschmack, der bei vielen Leuten gut ankommt. Beim günstigen Winkel zum Erdmeridian ist beruflicher Erfolg gewiss.

Venus Spannung Mars

Es ist schwer, fast unmöglich, sich berühren zu lassen, ohne zugleich zu verletzen. Oft entscheiden sich Menschen bei einer Venus-Mars-Spannung entweder für die Liebe oder für die Leistung. Sicherlich: Je mehr man einen Menschen mag, desto schwerer fällt es, ihm im Geschäftsleben wehzutun. Es wird lange dauern, bis man nach dem Motto »Was sich liebt, das neckt sich« den goldenen Mittelweg gefunden hat. Oft wird man sich am anderen Geschlecht die Finger verbrennen, wird der Kontakt so heiß wie der kochende Gesteinsboden des Planeten Venus.

Venus Harmonie Mars

So, wie jedes Essen seine Würze braucht, jeder Witz etwas Biss haben muss, braucht auch die größte Liebe, der höchste Genuss hin und wieder Abwechslung. Man bevorzugt Menschen, die nicht zu seicht sind, für die Liebe und Kampf eine Einheit bilden. Auf der Oberfläche der Venus ist es so heiß, dass sogar Blei schmelzen würde. Die Horoskop-Konstellation deutet auf eine starke Sexualität hin.

Venus Spannung Jupiter

Man neigt bei dieser Gestirnsstellung dazu, das Leben wirklich in vollen Zügen zu genießen, möchte verwöhnt werden, sich keine Grenzen setzen. Bevor man erkennt, dass es auch geistige Genüsse gibt, und dass alles einen Sinn haben muss, hat man sicherlich schon einige Speckringe angesetzt. Man kann einfach nicht nein sagen. Übrigens: Toleranz ist in diesem Fall besonders wichtig, nur dann kann eine Partnerschaft gedeihen. Die Venus-Verbindung zum größten Planeten, Jupiter, ist eigentlich immer ausdehnend, ausufernd, verschwenderisch.

Venus Harmonie Jupiter

Ein griechischer Philosoph namens Hedon entwickelte die Weltanschauung, durch Aneinanderhäufung von Genüssen eine fortwährende Steigerung zu erlangen: Hedonismus. Bewusst oder unbewusst zählt man zu seinen Adepten, denn irgendwie schafft man es eigentlich immer, die verschiedenen Liebschaften und andere sinnliche Freuden unter einen Hut zu bekommen. Als Gleichnis nehme man die Gravitationskraft Jupiters. Sie lenkt die Trojaner, eine Gruppe von Asteroiden, so geschickt, dass es zu keinerlei Kollusionen kommen kann.

Venus Spannung Saturn

Nichts fällt schwerer als das leichte, süße Leben, gut essen zu gehen, ein schönes Kleid zu kaufen, überhaupt das Einkaufen, die Erotik. Irgendwie kommen dann immer Ängste hoch, die Unsicherheit, ob man auch tatsächlich alles richtig macht. Gott sei Dank findet sich als Ergänzung meist ein Partner, der weiß, wie man das Geld unter die Leute bringt. Hauptsache, er heiratet einen, dann lässt man auch mal einiges durchgehen - zumindest am Anfang. Gleich dem von Ringen umschlossenen Saturn wünscht man sich Festigkeit in Partnerschaften. Dabei geht man oft zu verkrampft vor, lässt sich von seinen Ängsten leiten.

Venus Harmonie Saturn

Die große Kunst, menschliche Beziehungen auf Dauer zu erhalten, besteht in der Fähigkeit, Distanz zu wahren. Wer weiß, dass jeder Mensch immer wieder im Leben auf die Hilfe seiner Artgenossen angewiesen ist, wird auch in schwierigen Situationen die Brücken nicht so schnell abreißen. Man braucht sehr viel Zeit, um mit einem anderen Menschen warm zu werden. Man nimmt sie sich aber auch - ein ganzes Leben lang. Die 7-jährigen Zyklen des Planeten Saturn spielen hier eine Rolle.

Venus Spannung Uranus

Mit der Entdeckung des Uranus durchbrach man das klassische astronomische Weltbild, es begann die wissenschaftliche Neuzeit. Ähnlich ist es bei den eigenen Versuchen, die Regeln des Zusammenlebens, der Moral und Konvention zu durchbrechen. Partnerschaft wird zum Experimentierfeld, Ruhe kehrt selten ein.

Venus Harmonie Uranus

Ganz schwache und feine Ringe umgeben Uranus. Ebenso dünn und zerbrechlich ist die Fähigkeit, eine freie und offene Beziehung zu entwickeln, die trotzdem Bestand hat, nicht auseinanderfällt. Man hat das Geschick - besonders über räumliche und zeitliche Distanz hinweg, solche Bindungen aufzubauen.

Venus Spannung Neptun

Gleich dem Planeten Venus, der von dichten, schier undurchdringlichen Wolken umgeben sein wahres Antlitz verschleiert, macht man es anderen Menschen fast unmöglich, einen realen Kontakt aufzubauen. Ist die eigene, dahinter liegende Oberfläche denn tatsächlich so zerklüftet wie die des Planeten?

Venus Harmonie Neptun

Es ist eine alte Wahrheit, dass durch Verhüllen und Verbergen die Begierde gesteigert wird. Gleich Venus, die ihren kraterübersäten Planetenkörper durch einen undurchschaubaren Schleier aus Schwefeltröpfchen verbirgt, versteht man sich auf die Kunst der Täuschung, gebaut aus Nebeln der Fantasie.

Venus Spannung Pluto

Der immense atmosphärische Druck an der Oberfläche des Planeten Pluto kommt einem in den Sinn, wenn man die machtvoll-leidenschaftlichen Dramen erlebt, die sich immer wieder ereignen. Man braucht ihn einfach, diesen großen psychischen oder auch materiellen Druck, um sich dem anderen wirklich hingeben zu können.

Venus Harmonie Pluto

Der immense atmosphärische Druck an der Oberfläche des Planeten Pluto kommt einem in den Sinn, wenn man die machtvoll-leidenschaftlichen Dramen erlebt, die sich immer wieder ereignen können. Man braucht einen gewissen psychischen oder auch materiellen Druck. Das steigert die Sinnlichkeit, intensiviert das Erleben.

Mars

Mars Konjunktion Aszendent-Deszendent-Achse

Man tritt besonders sportlich und dynamisch auf und kann auf eine fast spielerische Weise das andere Geschlecht erobern. Egal, ob Mann oder Frau, im Liebesspiel nimmt man gerne die aktive Rolle ein.

Mars Konjunktion Medium Coeli-Imun-Coeli-Achse

Eine günstige Mars-Stellung zur Himmelsmitte zeigt an, dass die Triebkraft und Eroberungslust auf eine geschickte Art diszipliniert werden können. Man sucht bei seinen Mitmenschen nicht unbedingt den Widerstand, ist aber zäh und ausdauernd, liebt die Reibung, steigert sich ganz langsam zur Höchstform.

Mars Konjunktion Jupiter

Der Asteroidengürtel zwischen den Planeten Mars und Jupiter, diese Einheit Tausender kleiner Raumkörper, entstand vielleicht aus der »Zusammenarbeit« der beiden großen Planeten. Ähnlich wichtig ist es für den Horoskopeigner, mit anderen zu kooperieren. Er ist darin wirklich äußerst erfolgreich, sein Optimismus steckt jeden an.

Mars Konjunktion Saturn

In der Astrologie des Mittelalters stand der zornesrote Planet Mars für das kleine Übel und Saturn, begrenzt durch seine Ringe, für das große Übel. Im günstigen Horoskop-Winkel zueinander fördert und veredelt der eine die Kraft des anderen. Die richtige Portion Widerstand erhöht die Lust, die Manneskraft. Man weiß, wie man auf geschickte Art das Feuer anheizt, hat viel Zeit und Geduld, um das Objekt der Begierde zu erobern, bzw. dem geliebten Objekt Lust aufs Erobern zu machen.

Mars Konjunktion Uranus

Miranda, einer der Monde des Uranus, wurde zertrümmert und dann durch die Kraft des gleichen Planeten wieder zusammengesetzt. Es gibt eine Pflanze gleichen Namens, die sich am Tage vollkommen auseinanderrollt und nachts wieder zusammenballt. Man liebt es, sich vollkommen offen zu zeigen, sich auf die Welt total einzulassen, zu verausgaben, zu zersplittern, zertrümmern. Irgendwie gelingt es dann aber auch immer wieder, neu und ganz zu werden.

Mars Konjunktion Neptun

Rein »zufällig« wurde der Planet Neptun nach dem Gott der Meere, dem Herrscher des alles verbindenden Elements benannt. Im Radix-Aspekt zu Mars besteht eine große Sensibilität. Man hat die Kraft der Meereswelle, sanft aber stetig den stärksten Fels auszuhöhlen, zu überwinden.

Mars Konjunktion Pluto

Wenn der Doppelplanet Pluto / Charon, mythologisch Unterweltgott und sein Fährmann, im günstigen Winkel zum Kriegsgott Mars stehen, dann wird man sich mit psychologischem Geschick durchsetzen können, sexuell und leidenschaftlich erobern.

Mars ohne Hauptaspekte

Je nachdem, ob sich der Planet in Erdnähe oder Erdferne aufhält, ist sein Antlitz zornesrot oder blass, erschlafft. Ohne Hauptaspekte im Horoskop fällt es dem Menschen schwer, einen Kontakt zu seiner aggressiv-männlichen Seite zu bekommen. Zorn und Mut, Angst und Schwäche sind Themen, die man nur schwer in seine Gesamtpersönlichkeit integrieren kann. Entsprechend anstrengend ist es dann für die anderen, einen richtig einzuschätzen.

Mars Spannung Aszendent-Deszendent-Achse

In scharfem Winkel zum Horizont deutet Mars auf ein stürmisches, draufgängerhaftes Gemüt hin. Männer mit dieser Konstellation werden sich etwas zu ruppig, in Cowboymanier, dem anderen Geschlecht zuwenden. Frauen mit Mars / Aszendent haben es meist schwer, martialische Energien in die richtigen Bahnen zu lenken.

Mars Harmonie Aszendent-Deszendent-Achse

Man tritt besonders sportlich und dynamisch auf und kann auf eine fast spielerische Weise das andere Geschlecht erobern. Egal, ob Mann oder Frau, im Liebesspiel nimmt man gerne die aktive Rolle ein.

Mars Spannung Medium Coeli-Imun-Coeli-Achse

Mars in Spannung zum höchsten Winkel der Sonnenbahn deutet auf Probleme, seine Männlichkeit im Beruf produktiv einzubringen bzw. auf Auseinandersetzungen mit dem sog. starken Geschlecht am Arbeitsplatz hin. Starre Regeln fördern nicht unbedingt das Triebhaft-instinktive im Menschen. Wer sich nicht zum Schlappschwanz machen lassen will, wird aus Frust des Öfteren den Streit suchen.

Mars Harmonie Medium Coeli-Imun-Coeli-Achse

Eine günstige Mars-Stellung zur Himmelsmitte zeigt an, dass die Triebkraft und Eroberungslust auf eine geschickte Art diszipliniert werden können. Man sucht bei seinen Mitmenschen nicht unbedingt den Widerstand, ist aber zäh und ausdauernd, liebt die Reibung, steigert sich ganz langsam zur Höchstform.

Mars Spannung Jupiter

Lag zwischen Mars und Jupiter einst der Planet Aztex, zerbrach er unter den Gravitationskräften seiner beiden Nachbarn? Eine ähnliche Spannung erlebt man in seinem Inneren: Hin- und hergerissen zwischen verschiedenen Ambitionen zersplittern sich die Kräfte. Man möchte Eindruck machen auf die anderen und nimmt sich deshalb einfach zu viel vor.

Mars Harmonie Jupiter

Der Asteroidengürtel zwischen den Planeten Mars und Jupiter, diese Einheit Tausender kleiner Raumkörper, entstand vielleicht aus der »Zusammenarbeit« der beiden großen Planeten. Ähnlich wichtig ist es für den Horoskopeigner, mit anderen zu kooperieren. Er ist darin wirklich äußerst erfolgreich, sein Optimismus steckt jeden an.

Mars Spannung Saturn

Der zornesrote Mars und der blasse Saturn werden sich hart aneinander reiben. Man sucht den Widerstand, rennt gegen Mauern, auch wenn die Tür daneben schon längst geöffnet ist. Solch eine Kämpfernatur wird sich eigentlich immer einen harmonisch-phlegmatischen Partner suchen, der ihm die Beulen am dicken Schädel liebevoll verbindet.

Mars Harmonie Saturn

In der Astrologie des Mittelalters stand der zornesrote Planet Mars für das kleine Übel und Saturn, begrenzt durch seine Ringe, für das große Übel. Im günstigen Horoskop-Winkel zueinander fördert und veredelt der eine die Kraft des anderen. Die richtige Portion Widerstand erhöht die Lust, die Manneskraft. Man weiß, wie man auf geschickte Art das Feuer anheizt, hat viel Zeit und Geduld, um das Objekt der Begierde zu erobern, bzw. dem geliebten Objekt Lust aufs Erobern zu machen.

Mars Spannung Uranus

Während Mars im roten Licht erstrahlt, verhindert bei Uranus die Atmosphäre von Wasser, Helium und Methan, dass genau diese Farbe abgestrahlt wird. Sein Licht ist grünlich-blau. Ähnlich kühl, fast neutral ist das Verhältnis zum Triebhaft-Männlichen beim Horoskopeigner. Er möchte sich am liebsten darüber hinwegsetzen, viele seiner männlichen Anteile herausfiltern wie Uranus das zornesrote Licht.

Mars Harmonie Uranus

Miranda, einer der Monde des Uranus, wurde zertrümmert und dann durch die Kraft des gleichen Planeten wieder zusammengesetzt. Es gibt eine Pflanze gleichen Namens, die sich am Tage vollkommen auseinanderrollt und nachts wieder zusammenballt. Man liebt es, sich vollkommen offen zu zeigen, sich auf die Welt total einzulassen, zu verausgaben, zu zersplittern, zertrümmern. Irgendwie gelingt es dann aber auch immer wieder, neu und ganz zu werden.

Mars Spannung Neptun

Weit weg im Weltraum zieht Neptun seine Bahn. Wolken ziehen über seine Oberfläche. In Verbindung mit Mars, beide Planeten sind ungeheuer weit voneinander entfernt, ist es schwer, sich klar durchzusetzen, ja oft weiß man überhaupt nicht, was kämpfen heißt.

Mars Harmonie Neptun

Rein »zufällig« wurde der Planet Neptun nach dem Gott der Meere, dem Herrscher des alles verbindenden Elements benannt. Im Radix-Aspekt zu Mars besteht eine große Sensibilität. Man hat die Kraft der Meereswelle, sanft aber stetig den stärksten Fels auszuhöhlen, zu überwinden.

Mars Spannung Pluto

Ständig umkreist von seinem fast gleichgroßen Mond zieht Pluto seine Bahn. Radix-Verbindungen zu Mars zeigen an, dass man sich ungeheuer auf andere Menschen fixiert - sei es in Hassliebe oder in körperlicher Begierde. Erst wenn es gelingt, sich aus dieser seelischen Bindung frei zu machen, steht dem Menschen seine eigentliche männliche Kraft, die Energie und Lebenslust wieder zur Verfügung.

Mars Harmonie Pluto

Wenn der Doppelplanet Pluto / Charon, mythologisch Unterweltgott und sein Fährmann, im günstigen Winkel zum Kriegsgott Mars stehen, dann wird man sich mit psychologischem Geschick durchsetzen können, sexuell und leidenschaftlich erobern.

Jupiter Konjunktion Aszendent-Deszendent-Achse

Auch wenn Jupiters Masse doppelt so groß ist wie die aller anderen Planeten zusammen, so reiht er sich doch nahtlos in den kosmischen Reigen um die Sonne ein. Gleichnishaft lässt sich das Verhalten beschreiben ein positives und optimistisches Auftreten, voll Hoffnung und Selbstvertrauen, wobei man dennoch seine Mitmenschen achtet und fördert.

Jupiter Konjunktion Medium Coeli-Imun-Coeli-Achse

Die riesige Masse des Jupiters übt neben der Sonne den größten Einfluss auf das Planetensystem aus. Im Horoskopwinkel zur Himmelsmitte sieht man seine Chance, beruflich und privat eine integrierende Kraft zu werden. Man hat ein Gespür für die Fähigkeiten seiner Mitmenschen und weiß sie klug einzusetzen.

Jupiter Konjunktion Saturn

Es ist leicht, das rechte Maß im zwischenmenschlichen Miteinander zu finden. Man möchte im Wohlstand leben, doch nicht auf die anderen herabschauen, will den Ton angeben, doch gleichzeitig auch Gehör finden. »Gutbürgerlich« ist ein Wort, das hier her passt. Astronomisch ist es so, dass hier die beiden größten Planeten im günstigen Winkel zueinanderstehen.

Jupiter Konjunktion Uranus

Heftige Stürme toben auf der Oberfläche des Jupiter, ähnlich aufgewühlt sind die Wolkenfelder auf Uranus. Ein Analogiesprung: Das optimistische, weltoffene und eigentlich immer positiv eingestellte Gemüt des Geborenen wird andere Menschen ohne Mühe wieder beeindrucken. Man kann sehr gut kooperieren, besonders mit denjenigen, die sich auch leicht begeistern, mit dem Kopf in den Wolken stehen.

Jupiter Konjunktion Neptun

Der eine symbolisiert den Donnergott, der andere (Neptun) den der Meere. Beide Planeten symbolisieren die auf das Immaterielle ausgerichteten Wesensanteile des Menschen. Im harmonischen Winkel verfügt man über sehr große musische Talente und ist einfühlsam.

Jupiter Konjunktion Pluto

Der eine Planet steht für den Göttervater im Himmel, der andere für den Herrscher der Unterwelt. Im Harmonieaspekt wird man all die Dinge, die am anderen nicht gar so schön sind, zwar wahrnehmen können, aber dazu schweigen, wenn es das Taktgefühl befiehlt. So baut man ein tiefes Vertrauen auf. Oft übernehmen Menschen mit solch einer Konstellation die Verwaltung großer Reichtümer.

Jupiter ohne Hauptaspekte

Mit dem Fernrohr betrachtet erkennt man schnell die Monde, die der Planet Jupiter in seinem Banne hält. Hieraus leitete man die Idee eines Planetensystems ab, man schloss vom Kleinen aufs Große. Mit Jupiter ohne Hauptaspekte im Horoskop fällt es dem Menschen schwer, mit anderen zu kooperieren, ein Vertrauensverhältnis aufzubauen, Toleranz zu üben. Er oder sie hat einfach kein fest umrissenes moralisches Gebäude, das die Orientierung erleichtern würde.

Jupiter Spannung Aszendent-Deszendent-Achse

Man setzt sich zu sehr in Szene, beansprucht mehr Platz, als einem eigentlich zusteht. Man ist nicht jovial, sondern größenwahnsinnig. Das macht nicht unbedingt beliebt. Gleich dem riesigen Gasball des Jupiters bläst man sich auf und ist dennoch nicht das Zentrum des Sonnensystems.

Jupiter Harmonie Aszendent-Deszendent-Achse

Auch wenn Jupiters Masse doppelt so groß ist wie die aller anderen Planeten zusammen, so reiht er sich doch nahtlos in den kosmischen Reigen um die Sonne ein. Gleichnishaft lässt sich das Verhalten beschreiben ein positives und optimistisches Auftreten, voll Hoffnung und Selbstvertrauen, wobei man dennoch seine Mitmenschen achtet und fördert.

Jupiter Spannung Medium Coeli-Imun-Coeli-Achse

Der größte Planet des Sonnensystems ist in der astrologischen Deutung zwar positiv, aber auch oberflächlich und von unstetem Gemüt. Im scharfen Winkel zum Meridian zeigt er an, dass man in Beruf und Familienleben selten »bei der Stange bleibt«. Man duldet keine Einschränkungen und übernimmt nicht gerne Verantwortung.

Jupiter Harmonie Medium Coeli-Imun-Coeli-Achse

Die riesige Masse des Jupiters übt neben der Sonne den größten Einfluss auf das Planetensystem aus. Im Horoskopwinkel zur Himmelsmitte sieht man seine Chance, beruflich und privat eine integrierende Kraft zu werden. Man hat ein Gespür für die Fähigkeiten seiner Mitmenschen und weiß sie klug einzusetzen.

Jupiter Spannung Saturn

Die beiden größten Planeten stehen im dynamischen Winkel zum Beobachter auf der Erde. Dies deutet auf die Schwierigkeit hin, mit anderen Menschen zu kooperieren, Vertrauen aufzubauen, Gönner zu finden. Man muss sich bemühen, mit dem Erreichbaren zufrieden zu sein.

Jupiter Harmonie Saturn

Es ist leicht, das rechte Maß im zwischenmenschlichen Miteinander zu finden. Man möchte im Wohlstand leben, doch nicht auf die anderen herabschauen, will den Ton angeben, doch gleichzeitig auch Gehör finden. »Gutbürgerlich« ist ein Wort, das hier her passt. Astronomisch ist es so, dass hier die beiden größten Planeten im günstigen Winkel zueinanderstehen.

Jupiter Spannung Uranus

Der aufgeblasene Jupiter und der Querulant Uranus ergeben ein ziemlich schwieriges Gespann. Man verbreitet einen wirklich durch nichts begründbaren Optimismus, möchte »Luft in Tüten« verkaufen. Was scheint nicht alles möglich zu sein, wenn man daran glaubt. In einer Partnerschaft wird es nur unter größter Zurückhaltung möglich sein, Vertrauen aufzubauen.

Jupiter Harmonie Uranus

Heftige Stürme toben auf der Oberfläche des Jupiter, ähnlich aufgewühlt sind die Wolkenfelder auf Uranus. Ein Analogiesprung: Das optimistische, weltoffene und eigentlich immer positiv eingestellte Gemüt des Geborenen wird andere Menschen ohne Mühe wieder beeindrucken. Man kann sehr gut kooperieren, besonders mit denjenigen, die sich auch leicht begeistern, mit dem Kopf in den Wolken stehen.

Jupiter Spannung Neptun

Der eine symbolisiert den Donnergott, der andere (Neptun) den der Meere. Beide Planeten stehen für die nicht materiell ausgerichteten Wesensanteile des Menschen. Im dynamischen Winkel wird man zu träumerisch, hängt Illusionen nach und gibt einen etwas unzuverlässigen Wegbegleiter ab.

Jupiter Harmonie Neptun

Der eine symbolisiert den Donnergott, der andere (Neptun) den der Meere. Beide Planeten symbolisieren die auf das Immaterielle ausgerichteten Wesensanteile des Menschen. Im harmonischen Winkel verfügt man über sehr große musische Talente und ist einfühlsam.

Jupiter Spannung Pluto

Der eine Planet steht für den Göttervater im Himmel, der andere für den Herrscher der Unterwelt. Im Spannungsaspekt neigt man zu einem Licht- und Schattendenken, wird dogmatisch, fixiert sich geistig und will über den anderen moralisch herrschen.

Jupiter Harmonie Pluto

Der eine Planet steht für den Göttervater im Himmel, der andere für den Herrscher der Unterwelt. Im Harmonieaspekt wird man all die Dinge, die am anderen nicht gar so schön sind, zwar wahrnehmen können, aber dazu schweigen, wenn es das Taktgefühl befiehlt. So baut man ein tiefes Vertrauen auf. Oft übernehmen Menschen mit solch einer Konstellation die Verwaltung großer Reichtümer.

Saturn

Saturn Konjunktion Aszendent-Deszendent-Achse

Wenn Saturn zum Zeitpunkt der Geburt in günstigem Winkel zum Erdhorizont stand, hat der Menschen ein ruhiges, diszipliniertes Auftreten. Das kommt ihm besonders im Umgang mit anderen Menschen zugute. Er hält die notwendige Distanz, hat Geduld und ist ein treuer Begleiter.

Saturn Konjunktion Medium Coeli-Imun-Coeli-Achse

Der Ring-Planet steht im harmonischen Winkel zur Meridian-Achse, der Linie Mittag-Mitternacht: Im Umgang mit der Familie und auch im Berufsleben ist die Haltung angenehm diszipliniert. Man ist bereit, Verantwortung zu übernehmen, wächst an seinen Pflichten.

Saturn Konjunktion Saturn

Der sich kontinuierlich in seiner Bahn drehende Saturn und der querliegende Uranus haben zweierlei gemeinsam: Einen Ring aus Gesteinsbrocken und Monde, die beide Planeten zusammenhalten, wie Hirtenhunde eine Schafsherde. Man nehme dies als Gleichnis, um die Fähigkeit des Geborenen, sogar die unterschiedlichsten Menschen durch Selbstdisziplin und Verantwortungsgefühl zusammenzuhalten, zu beschreiben.

Saturn Konjunktion Neptun

Bei Saturn ist der Ring leicht zu erkennen, doch auch Neptun hat eine solche Begrenzung: Ganz haarfein, die Raumsonde Voyager entdeckte sie. In der Symbolik steht der Ring für die Grenze, die uns voneinander abtrennt, aber auch miteinander vereint. Auf diesem schmalen Grad kann man sich gut bewegen. Das Verantwortungsgefühl ist ausgeprägt, gleichzeitig aber auch das soziale Empfinden. So wird ein menschliches Zusammenspiel möglich.

Saturn Konjunktion Pluto

Gerade in Partnerschaften, wenn man sich sehr stark an einen anderen Menschen bindet, gelingt es, sich selbst auch zu verändern. Man ist bereit, langfristige und tiefgehende Wandlungen durchzuführen.

Saturn ohne Hauptaspekte

Irgendwie fehlt es einem, die eigenen Normen und Werte reflektieren zu können, sich ganz bewusst zu machen, nach welchen Maßstäben man eigentlich leben will. Das ist dann auch entsprechend schwierig in Beziehungen: Worauf soll sich der Partner denn nun verlassen können, wenn man es nicht einmal selber weiß. Astronomisch ist Saturn zwar der zweitgrößte Planet des Sonnensystems, er ist aber auch ungeheuer leicht: auf Wasser gelegt würde er schwimmen. Astrologisch symbolisiert er das Gegenteil: Die Schwere, die Festigkeit, den Halt im Leben. Und genau dazu fehlt einem der Bezug.

Saturn Spannung Aszendent-Deszendent-Achse

Man tritt etwas zu kühl und zu selbstdiszipliniert auf, wenn Saturn im harten Winkel zum Horizont steht. Man wird in Beziehungen immer mit der eigenen Schwere zu kämpfen haben, Partnerschaft bedeutet Arbeit - mit den Jahren dann auch Vergnügen.

Saturn Harmonie Aszendent-Deszendent-Achse

Wenn Saturn zum Zeitpunkt der Geburt in günstigem Winkel zum Erdhorizont stand, hat der Menschen ein ruhiges, diszipliniertes Auftreten. Das kommt ihm besonders im Umgang mit anderen Menschen zugute. Er hält die notwendige Distanz, hat Geduld und ist ein treuer Begleiter.

Saturn Spannung Medium Coeli-Imun-Coeli-Achse

Der Ring-Planet steht in starker Spannung zur Meridian-Achse, der Linie Mittag-Mitternacht: Im Umgang mit der Familie und auch im Berufsleben legt man eine ängstliche, für außenstehende überflüssige Härte an den Tag. Oft stecken eine harte belastete Kindheit oder gesellschaftliche Zwänge dahinter. Es ist wichtig, dass man die Dinge mit der Zeit leichter nimmt, eigene Ängste abbaut.

Saturn Harmonie Medium Coeli-Imun-Coeli-Achse

Der Ring-Planet steht im harmonischen Winkel zur Meridian-Achse, der Linie Mittag-Mitternacht: Im Umgang mit der Familie und auch im Berufsleben ist die Haltung angenehm diszipliniert. Man ist bereit, Verantwortung zu übernehmen, wächst an seinen Pflichten.

Saturn Spannung Uranus

Doppelt so weit von uns entfernt wie Saturn ist Uranus für das menschliche Auge kaum noch zu erkennen. In astrologischer Symbolik: Das Erreichbare liegt zwar klar vor Augen, doch irgendwie lockt doch immer die Utopie, das Ideal der Freiheit. Beide scheinen kaum miteinander vereinbar zu sein. Wie gestaltet man also den Partnerschaftsvertrag? Man ist wenig kompromissbereit.

Saturn Harmonie Uranus

Der sich kontinuierlich in seiner Bahn drehende Saturn und der querliegende Uranus haben zweierlei gemeinsam: Einen Ring aus Gesteinsbrocken und Monde, die beide Planeten zusammenhalten, wie Hirtenhunde eine Schafsherde. Man nehme dies als Gleichnis, um die Fähigkeit des Geborenen, sogar die unterschiedlichsten Menschen durch Selbstdisziplin und Verantwortungsgefühl zusammenzuhalten, zu beschreiben.

Saturn Spannung Neptun

Saturn, als Symbol für die Anforderungen der Realität, und Neptun, als Sinnbild für das alle Menschen verbindende Prinzip der Nächstenliebe, im scharfen Winkel zueinander zeigen an, dass man es schwer hat, die härten des Alltags so abzupuffern, dass das Leben erträglich wird. Das Thema Rücksicht und Mitleid wird auch in Partnerschaften immer wieder auf den Tisch kommen, und man wird Lösungen suchen.

Saturn Harmonie Neptun

Bei Saturn ist der Ring leicht zu erkennen, doch auch Neptun hat eine solche Begrenzung: Ganz haarfein, die Raumsonde Voyager entdeckte sie. In der Symbolik steht der Ring für die Grenze, die uns voneinander abtrennt, aber auch miteinander vereint. Auf diesem schmalen Grat kann man sich gut bewegen. Das Verantwortungsgefühl ist ausgeprägt, gleichzeitig aber auch das soziale Empfinden. So wird ein menschliches Zusammenspiel möglich.

Saturn Spannung Pluto
Der Planet Saturn, symbolisch der Hüter der Schwelle von Alltagsbewusstsein und Transzendenz, und der Doppelplanet Pluto / Charon als jenseitiges Prinzip im Spannungsaspekt deuten auf den Wunsch, die Härte des Schicksals irgendeinem anderen Menschen anzulasten. Dabei geht es eigentlich darum, zu begreifen, dass man sich selber immer wieder wandeln und verändern muss.

Saturn Harmonie Pluto
Gerade in Partnerschaften, wenn man sich sehr stark an einen anderen Menschen bindet, gelingt es, sich selbst auch zu verändern. Man ist bereit, langfristige und tiefgehende Wandlungen durchzuführen.

Uranus

Uranus Konjunktion Aszendent-Deszendent-Achse
Wenn der Planet der Revoluzzer und Erfinder harmonisch zum Erdhorizont steht, kann man sich trotz aller Eigenbrötlerei in einer Beziehung gut an den anderen anpassen. Gemeinsam macht es ja auch viel mehr Spaß, verrückte Dinge auszuhecken, die freie Zeit zu genießen, Neues auszuprobieren.

Uranus Konjunktion Medium Coeli-Imun-Coeli-Achse
In harmonischer Verbindung zur »Mitte des Himmels« wird der Planet der Erfinder und Entdecker anzeigen, dass man sowohl im heimischen Bereich als auch im Beruf Neuerungen gegenüber aufgeschlossen ist, sie mit Geschick und Gewinn umsetzen kann.

Uranus Konjunktion Neptun
Stehen dieses beiden fernen Planeten, die beide fast dieselbe Größe und Farbe haben, im günstigen Winkel zueinander, dann spielt das Mystisch-Transzendente in Partnerschaften eine große Rolle. Unterstützen auch noch andere Horoskopfaktoren diese Tendenz, dann ist die Sensibilität besonders groß, und man kann sich bei der Einschätzung seines Gegenübers weitgehend auf die Intuition verlassen.

Uranus Konjunktion Pluto
Ein harmonischer Winkel zwischen dem Individualisten Uranus und dem zwanghaft-vereinten Doppelgestirn Pluto / Charon zeigt, dass man die Möglichkeit hat, auch über große Distanz Kontakt zu Menschen zu halten. Das Körperliche ist dabei weniger wichtig als die geistigen Inhalte, die man miteinander auszutauschen bereit ist.

Uranus ohne Hauptaspekte
Er ist der Planet der Individualisten und Einzelgänger. Ohne Hauptaspekte ist es für den Horoskopeigner mühevoll, sich in harmonischer Weise einen Freiraum in der Gesellschaft aufzubauen. Oft erschöpfen sich die Bemühungen in einer Kontra-Haltung oder im vollkommenen Verzicht auf Abwechslung und Eigenarten.

Uranus Spannung Aszendent-Deszendent-Achse
Steht der Planet der Individualisten und skurrilen Einzelgänger im scharfen Winkel zum Horizont, dann wird man sich nicht gerne an die Bedürfnisse des anderen anpassen, ist voll nervöser Ungeduld und wenig kompromissbereit - bedarf eines geduldigen Partners.

Uranus Harmonie Aszendent-Deszendent-Achse
Wenn der Planet der Revoluzzer und Erfinder harmonisch zum Erdhorizont steht, kann man sich trotz aller Eigenbrötlerei in einer Beziehung gut an den anderen anpassen. Gemeinsam macht es ja auch viel mehr Spaß, verrückte Dinge auszuhecken, die freie Zeit zu genießen, Neues auszuprobieren.

Uranus Spannung Medium Coeli-Imun-Coeli-Achse
Steht der Spannung und Elektrizität symbolisierende Planet dynamisch zur Meridian-Achse, dann wird sich der Horoskopeigner nicht gerne an die Anforderungen der Familie, des Arbeitsplatzes und der Gesellschaft anpassen. Wichtig ist es, die innere Nervosität immer wieder abzubauen. Ansonsten wird man versuchen, den zwischenmenschlichen Rahmen zu durchbrechen, und auf diese Weise seine Freiheit finden wollen.

Uranus Harmonie Medium Coeli-Imun-Coeli-Achse
In harmonischer Verbindung zur »Mitte des Himmels« wird der Planet der Erfinder und Entdecker anzeigen, dass man sowohl im heimischen Bereich als auch im Beruf Neuerungen gegenüber aufgeschlossen ist, sie mit Geschick und Gewinn umsetzen kann.

Uranus Spannung Neptun
Wenn diese beiden gleich großen, sehr sonnenfernen Planeten im scharfen Winkel zueinanderstehen, hat man meist einen Menschen vor sich, der sich schwer auf eine Sache konzentrieren kann, übersensibel und auf eine gewisse Art sehr egozentrisch ist. Beziehungen können auf eine ebenso

unerklärliche Weise aufgebaut wie beendet werden. Ideale spielen hier eine außergewöhnliche Rolle.

Uranus Harmonie Neptun
Stehen dieses beiden fernen Planeten, die beide fast dieselbe Größe und Farbe haben, im günstigen Winkel zueinander, dann spielt das Mystisch-Transzendente in Partnerschaften eine große Rolle. Unterstützen auch noch andere Horoskopfaktoren diese Tendenz, dann ist die Sensibilität besonders groß, und man kann sich bei der Einschätzung seines Gegenübers weitgehend auf die Intuition verlassen.

Uranus Spannung Pluto
Eine Spannung zwischen dem himmelhoch-geistigen und dem tiefgründig-psychischen Planetenprinzip kann, wenn dieser Planetenaspekt durch andere Horoskopfaktoren wie z.B. eine Wassermann-Skorpion-Betonung unterstützt wird, darauf hindeuten, dass man das starke Bedürfnis hat, sich geistig von den anderen abzugrenzen. Gleichzeitig lockt es aber immer wieder, selbst Einfluss zu nehmen.

Uranus Harmonie Pluto
Ein harmonischer Winkel zwischen dem Individualisten Uranus und dem zwanghaft-vereinten Doppelgestirn Pluto / Charon zeigt, dass man die Möglichkeit hat, auch über große Distanz Kontakt zu Menschen zu halten. Das Körperliche ist dabei weniger wichtig als die geistigen Inhalte, die man miteinander auszutauschen bereit ist.

Neptun

Neptun Konjunktion Aszendent-Deszendent-Achse
Die sanfte, sensible und einfühlsame Art, mit der man sich der Welt präsentiert und seine eigenen Bedürfnisse durchsetzt, findet beim anderen Geschlecht Anklang. Wie der Meeresgott, nach dem dieser Planet benannt ist, benutzt man die Kraft des Wassers (also des Gefühls), um an sein Ziel zu kommen, das Objekt der Begierde zu erobern.

Neptun Konjunktion Medium Coeli-Imun-Coeli-Achse
Der Planet, der ein Symbol für Nächstenliebe und Verschmelzungssehnsucht ist, steht im harmonischen Winkel zur Mittag-Mitternacht-Achse: Auf eine ganz sanfte, sensible Art möchte man sich entwickeln, und eigentlich weiß man nie genau, wohin die Reise geht, hat Angst vor allzu vordergründigen, materiellen Zielen. Man versucht, im Familienleben und im Beruf möglichst behutsam vorzugehen, wird aber trotz allem immer wieder Missverständnisse und Enttäuschungen erleben - zumindest dann, wenn die eigenen Ideale nicht echt sind.

Neptun ohne Hauptaspekte
Die Position des dunkelblauen, weit entfernten Planeten Neptun im Horoskop zeigt an, wie bewusst man sich darüber ist, dass alle Menschen im Grunde doch die gleichen Vorfahren haben, die Stärken der Einzelnen zwar unterschiedlich gewichtet sind, keiner aber besser oder schlechter als der andere ist. Ohne Hauptaspekte Neptuns zu anderen Planeten im Horoskop (Aspekte zu Pluto bleiben unberücksichtigt, da sie mehrere Jahre bis Jahrzehnte am Himmel existieren und für das Individuum wenig charakteristisch sind, braucht man einen einfühlsamen, sensiblen Partner, der einen durch sein Wesen immer wieder sanft daran erinnert.

Neptun Spannung Aszendent-Deszendent-Achse
Durch die Spannung zum Horizont zeigt diese Stellung, dass es nicht leicht fällt, sich im Alltag durchzusetzen. Man kann einfach nicht »dual« handeln, d. h. zwischen ich und Du abgrenzen, Freund und Feindbilder aufbauen, das eigene Wesen differenziert zum Ausdruck bringen. Dies ist aber wichtig, wenn man in der Welt gesehen werden will, fähig zur realen Begegnung sein möchte.

Neptun Harmonie Aszendent-Deszendent-Achse
Die sanfte, sensible und einfühlsame Art, mit der man sich der Welt präsentiert und seine eigenen Bedürfnisse durchsetzt, findet beim anderen Geschlecht großen Anklang. Wie der Meeresgott, nach dem dieser Planet benannt ist, benutzt man die Kraft des Wassers (also des Gefühls), um an sein Ziel zu kommen, das Objekt der Begierde zu erobern.

Neptun Spannung Medium Coeli-Imun-Coeli-Achse
Neptun, der das Spirituelle symbolisierende Planet, steht in Spannung zur Meridian-Achse. Das bedeutet, dass man versucht, sich auf eine ganz sanfte, sensible Art zu entwickeln. Eigentlich weiß man nie genau, wohin die Reise geht, will dies aus Angst vor allzu vordergründigen, materiellen Zielen vielleicht auch gar nicht. Man versucht, im Familienleben und im Beruf möglichst behutsam vorzugehen, wird aber trotz allem immer wieder Missverständnisse und Enttäuschungen erleben - zumindest dann, wenn die eigenen Ideale nicht echt sind.

Neptun Harmonie Medium Coeli-Imun-Coeli-Achse
Der Planet, der ein Symbol für Nächstenliebe und Verschmelzungssehnsucht ist, steht im harmonischen Winkel zur Mittag-Mitternacht-Achse: Auf eine ganz sanfte, sensible Art möchte man sich entwickeln, und eigentlich weiß man nie genau, wohin die Reise geht, hat Angst vor allzu vordergründigen, materiellen Zielen. Man versucht, im Familienleben und im Beruf möglichst behutsam vorzugehen, wird aber trotz allem immer wieder Missverständnisse und Enttäuschungen erleben - zumindest dann, wenn die eigenen Ideale nicht echt sind.

Pluto

Pluto Konjunktion Aszendent-Deszendent-Achse
Im günstigen Winkel zum Horizont zeigt Pluto an, dass der Horoskopeigner sich zäh, geschmeidig und flexibel wie eine Raubkatze auf die Jagd begibt, besonders dann, wenn es gilt, ein besonders prachtvolles Exemplar des anderen Geschlechts in seinen Besitz zu bringen.

Pluto Konjunktion Medium Coeli-Imun-Coeli-Achse
Die Nähe, die man zur Familie und zum Beruf aufbaut, ist zwar nicht ganz so groß wie die, die das Planetenpaar Pluto / Charon in seinem ewigen Reigen um die Sonne entwickelt hat, aber immer noch stark genug, um wirklich erfolgreich zu sein. Psychologisches Geschick ist bei dieser Konstellation eigentlich immer vorhanden, sowie ein Schuss Leidenschaft, Erotik und Liebe zur Macht.

Pluto ohne Hauptaspekte
Mit den Fernrohren und der Technik der Autokorrelation erkennt man Pluto als dreifachen Punkt: Der Planet selbst, daneben sein fast gleichgroßer Mond Charon und auf der anderen Seite noch einmal die Spiegelung von Charon. Dies ist ein wunderbares Gleichnis für die astrologische Deutung, dass seine Position im Horoskop anzeigt, wie und wo man projiziert, d. h. sich im anderen Menschen spiegelt, ohne dies wirklich zu begreifen. Steht Pluto ohne Hauptaspekte (da Neptun fast gleich schnell wie Pluto läuft, sind Aspekte zwischen beiden über mehrere Jahre aktuell und für Einzelhoroskope irrelevant), braucht man einen Partner, um zu erkennen, wo man »eigenblind« ist, Scheuklappen hat.

Pluto Spannung Aszendent-Deszendent-Achse
Plutos scharfer Winkel zum Horizont, der Beziehungsachse, deutet auf ein zwar leidenschaftliches, aber im zu zwanghaftes Verhalten hin. Man möchte unbedingt »oben« sein, die Kontrolle über die Situation behalten. Das drückt auf die Stimmung.

Pluto Harmonie Aszendent-Deszendent-Achse
Im günstigen Winkel zum Horizont zeigt Pluto an, dass der Horoskopeigner sich zäh, geschmeidig und flexibel wie eine Raubkatze auf die Jagd begibt, besonders dann, wenn es gilt, ein besonders prachtvolles Exemplar des anderen Geschlechts in seinen Besitz zu bringen.

Pluto Spannung Medium Coeli-Imun-Coeli-Achse
Besonders im beruflichen Sektor und in der Elternrolle ist man zu großer Gefühlsintensität fähig, kann aber zugleich mehr in eine Situation hineindeuten, als eigentlich vorhanden ist. Und so besteht die Gefahr, aus Enttäuschung psychische Barrieren aufzubauen. Gleich dem Planetenpaar Pluto / Charon ist man nicht in der Lage, die nötige Distanz zu halten, bewegt sich ewig im Kreise.

Pluto Harmonie Medium Coeli-Imun-Coeli-Achse
Die Nähe, die man zur Familie und zum Beruf aufbaut, ist zwar nicht ganz so groß wie die, die das Planetenpaar Pluto / Charon in seinem ewigen Reigen um die Sonne entwickelt hat, aber immer noch stark genug, um wirklich erfolgreich zu sein. Psychologisches Geschick ist bei dieser Konstellation eigentlich immer vorhanden, sowie ein Schuss Leidenschaft, Erotik und Liebe zur Macht.

Mondknoten

Mondknoten Konjunktion Aszendent-Deszendent-Achse
Wenn man seinen eigenen Geschmack entwickelt, darf man nicht erwarten, in der Gesellschaft sonderlich unterstützt zu werden.

Mondknoten Konjunktion Medium Coeli-Imun-Coeli-Achse
Beruflich wird man sicherlich erst dann weiterkommen, wenn man einen individuellen Stil gefunden hat, der unabhängig von den Vorstellungen der Gesellschaft ist, diese aber auch nicht provoziert.

Mondknoten Konjunktion Sonne

Immer dann, wenn man sich mit seinem ganzen Herzen engagiert, findet man auch die Unterstützung der breiten Massen.

Mondknoten Konjunktion Mond

Gerade dann, wenn man gefühlvoll auf die Menschen zugeht, sich als einer / eine von ihnen betrachtet, findet man Beachtung.

Mondknoten Konjunktion Merkur

Irgendwie schafft man es immer wieder, die richtigen Worte zu treffen und wirklich alle anzusprechen.

Mondknoten Konjunktion Venus

Es ist der persönliche Charme, mit dem man die Menschen ansprechen sollte. So findet man den größten Widerhall.

Mondknoten Konjunktion Mars

Man hat eine ganz besondere Art, die Menschen zu motivieren, die eigentlich jeden anspricht.

Mondknoten Konjunktion Jupiter

Es ist diese ganz besondere, irgendwie verständnisvolle Art, die das Gefühl der Menschen anspricht, ein Miteinander möglich macht.

Mondknoten Konjunktion Saturn

Selbstdisziplin und das persönliche Vorbild sind die besten Wege, die Zustimmung seiner Mitmenschen zu bekommen.

Mondknoten Konjunktion Uranus

Irgendwie spricht man mit seiner kuriosen, etwas spannungsgeladenen eigenen Seite die Leute am besten an.

Mondknoten Konjunktion Neptun

Mit Fantasie und Einfühlsamkeit wird man bei der breiten Masse den größten Erfolg haben.

Mondknoten Konjunktion Pluto

Derb, ja etwas zotig muss man auftreten, Hintergründe ansprechen. Dann wird man den meisten Erfolg bei seinen Mitmenschen haben.

Mondknoten ohne Hauptaspekte

Unabhängig vom Wünschen und Wollen entwickeln sich die sozialen Kontakte. So lernt man wirklich alle möglichen und auch unmöglichen Menschen kennen, versetzt den Partner immer wieder in Erstaunen.

Mondknoten Spannung Aszendent-Deszendent-Achse

Die Art, wie man sich kleidet, wie man seine Interessen durchsetzt, findet im großen Anklang, man passt sich reibungslos an die Gewohnheiten der Masse an.

Mondknoten Spannung Medium Coeli-Imun-Coeli-Achse

Die eigenen beruflichen Ziele passen gut zu den Interessen, die die breite Masse vertritt, es entsteht kaum Reibung.

Mondknoten Spannung Sonne

Ein wenig egozentrisch tritt man schon auf. Das ist vielleicht der Weg, den man gehen muss, die breite Masse wird einen allerdings nur in Ausnahmefällen unterstützen.

Mondknoten Spannung Mond

Nur in ganz seltenen Situationen wird man das Empfinden der Menschen ansprechen können, sich in Gruppen geborgen fühlen.

Mondknoten Spannung Merkur

In der Öffentlichkeit wird es einem schwerlich gelingen, die Menschen allein durch Worte zu überzeugen.

Mondknoten Spannung Venus

Es gibt ganz bestimmte Gepflogenheiten, wie »man« miteinander umgeht. Da wird der eigene Geschmack, der eigene Stil kaum ankommen.

Mondknoten Spannung Mars

Kraftvolle Befreiungsschläge, große Taten, harte Arbeit werden nur selten bei der breiten Masse die notwendige Anerkennung finden.

Mondknoten Spannung Jupiter

Es gibt einen großen Unterschied zwischen dem, was man selber glaubt und dem religiösen Empfinden der Allgemeinheit.

Mondknoten Spannung Saturn

Man hat ganz bestimmte, vielleicht noch unbewusste Vorstellungen von Recht und Ordnung. Damit findet man nur selten Anerkennung und Unterstützung in der Gesellschaft.

Mondknoten Spannung Uranus

Die eigene Vorstellung von Freiheit und Individualität und die der breiten Masse lassen sich kaum auf einen Nenner bringen.

Mondknoten Spannung Neptun

Man wird seine Träume und Sehnsüchte nur mit wenigen Menschen wirklich teilen können, dazu sind sie zu individuell.

Mondknoten Spannung Pluto

Es gibt gewisse gesellschaftliche Tabus, die nicht gleichzeitig die eigenen sind. Da ist es wichtig, sich ein wenig mit Psychologie zu beschäftigen, wenigstens selbst keine Scheuklappen zu haben.

Mondknoten Harmonie Aszendent-Deszendent-Achse

Wenn man seinen eigenen Geschmack entwickelt, darf man nicht erwarten, in der Gesellschaft sonderlich unterstützt zu werden.

Mondknoten Harmonie Medium Coeli-Imun-Coeli-Achse

Beruflich wird man sicherlich erst dann weiterkommen, wenn man einen individuellen Stil gefunden hat, der unabhängig von den Vorstellungen der Gesellschaft ist, diese aber auch nicht provoziert.

Mondknoten Harmonie Sonne

Immer dann, wenn man sich mit seinem ganzen Herzen engagiert, findet man auch die Unterstützung der breiten Massen.

Mondknoten Harmonie Mond

Gerade dann, wenn man gefühlvoll auf die Menschen zugeht, sich als einer / eine von ihnen betrachtet, findet man Beachtung.

Mondknoten Harmonie Merkur

Irgendwie schafft man es immer wieder, die richtigen Worte zu treffen und wirklich alle anzusprechen.

Mondknoten Harmonie Venus

Es ist der persönliche Charme, mit dem man die Menschen ansprechen sollte. So findet man den größten Widerhall.

Mondknoten Harmonie Mars

Man hat eine ganz besondere Art, die Menschen zu motivieren, die eigentlich jeden anspricht.

Mondknoten Harmonie Jupiter

Es ist diese ganz besondere, irgendwie verständnisvolle Art, die das Gefühl der Menschen anspricht, ein Miteinander möglich macht.

Mondknoten Harmonie Saturn

Selbstdisziplin und das persönliche Vorbild sind die besten Wege, die Zustimmung seiner Mitmenschen zu bekommen.

Mondknoten Harmonie Uranus

Irgendwie spricht man mit seiner kuriosen, etwas spannungsgeladenen eigenen Seite die Leute am besten an.

Mondknoten Harmonie Neptun

Mit Fantasie und Einfühlsamkeit wird man bei der breiten Masse den größten Erfolg haben.

Mondknoten Harmonie Pluto

Derb, ja etwas zotig muss man auftreten, Hintergründe ansprechen. Dann wird man den meisten Erfolg bei seinen Mitmenschen haben.

Sonnenvergleich

Witter

Zwei Widder-Sonnen

Wenn beide Sonnen im gleichen Sektor des Zodiak stehen, ist eine große Einseitigkeit in der Beziehung wahrscheinlich, und es kann zur Konkurrenz kommen. Oft entscheidet es sich schon kurz nach dem Kennenlernen, wer die Eigenschaften dieses Tierkreiszeichens »für sich beansprucht«. Die andere Seite wird dann die passive Rolle einnehmen, die durch die Stellung des Mondes angezeigt wird. Zwei Widder werden sich in ihrer Impulsivität gegenseitig anheizen. Das führt - neben natürlich ganz großen Taten und erfolgreichen Kämpfen - dazu, dass man sich selbst gefährdet! Keiner der beiden ist in der Lage, die Interessen anderer Menschen wahrzunehmen, Frieden zu stiften. Doch ewiger Kampf ermüdet.

Widder- und Stier-Sonne

Stehen die Sonnen in benachbarten Tierkreiszeichen, dann trennt und verbindet sie ein kosmischer Entwicklungsschritt. Es wird sehr schwierig werden, miteinander umzugehen, kommt der eine doch gerade aus einer Bewusstseinsebene, in die sich der andere hineinbegeben will. Widder setzt alle seine Energie (wenn er gerade welche hat und nicht als Schaf wiederkäuend auf der Weide steht gleich einem bockenden Hammel ein, um sich durchzusetzen. Der Stier aber hat schon längst etwas erobert, tritt also nicht mehr aufs Gaspedal, sondern auf die Bremse. Er will Frieden haben, verdrängt deshalb seine Aggressionen, wird friedlich - aber träge.

Widder- und Zwilling-Sonne

Zwei Entwicklungsschritte voneinander getrennt befinden sich die beiden Sonnen in aktiven, dynamischen Tierkreiszeichen, die aber unterschiedlichen Elementen zugehörig sind. Das deutet darauf hin, dass neben vielen Ähnlichkeiten noch genug Unterschiede bestehen, um eine extreme Eigenblindheit des Paares zu verhindern. Widder möchte sich abreagieren, will seine Energie, wenn sie erst einmal da ist, auch gleich wieder loswerden. Zwilling ist weniger tatkräftig, aber geistig ungeheuer wendig und vielseitig interessiert. Gemeinsam ist man ein sehr spontanes, hellwaches Team.

Widder- und Krebs-Sonne

Drei Entwicklungsabschnitte des Tierkreises voneinander getrennt stehen die Sonnen nicht nur in unterschiedlichen Elementen, sondern haben auch eine entgegengesetzte Yin-Yang-Polarität. Gleich ist bei beiden die kardinale Qualität, was auf Charaktere hindeutet, die das, was sie der Welt geben können, vehement durchsetzen werden, sich auf keinerlei Kompromisse einlassen können. Widder gibt sich ganz unvermittelt, spontan, offenherzig, schreitet am liebsten gleich zur Tat, verfügt über viel Chi-Energie, aber nur ein kleines Cheng-Gefäß, muss sich also außen abreagieren. Krebs ist dagegen ungeheuer aufnahmebereit, sein Cheng-Gefäß ist groß. So wird er kaum etwas in die Tat umsetzen, seine Bewegung findet innen statt. So ist der eine eher verletzend und der andere phlegmatisch.

Widder- und Löwe-Sonne

Stehen die Sonnen in Tierkreiszeichen, die zum Feuerelement gehören, und haben sie auch die gleiche aktive Yang-Dynamik, dann wird man sich gegenseitig achten und respektieren und gemeinsam eine starke Ausstrahlung nach außen hinhaben. Eine gewisse Eigenblindheit aufgrund der vielen Gemeinsamkeiten ist nur schwer zu vermeiden. Widder möchte der Erste sein, Löwe der Einzige. Die Rollen sind verteilt. Widder kann sich spontan im großen Rahmen, den Löwe setzt, abreagieren, arbeitet aus Dank dem »König des Tierkreises« zu. Löwe selbst will eigentlich gar nicht so aktiv sein. Sein Feuer ist mehr statisch, immer gleich bleibend, immer leuchtend.

Widder- und Jungfrau-Sonne

Fünf kosmische Entwicklungsschritte voneinander getrennt erlebt man den anderen nicht mehr als befreundet und noch nicht als Feind. Weder Element noch Polarität noch Qualität der beiden Tierkreiszeichen passen zusammen. Die Begegnung wird für beide immer ein Phänomen bleiben, eine große geistige Bereicherung. Arbeiten beide zusammen am gleichen Projekt, dann wird man nur schwerlich dauerhafte Kompromisse finden können - wozu auch! Mit der Spontanität des Widders wird Jungfrau in den seltensten Fällen etwas anfangen können. Denn so unüberlegt, wie Widder handelt, bringt er sich immer wieder selbst in Gefahr. Für die etwas zerbrechliche Jungfrau ist dieser Lebenswandel viel zu anstrengend. Sie übt sich im Kritisieren, nimmt dem Partner so die Lust an der Aktion.

Widder- und Waage-Sonne

Stehen die Sonnen in gegenüberliegenden Tierkreiszeichen, dann ist man - zumindest was das strahlende Ego betrifft - gemeinsam perfekt. Die Wahrheit des Tierkreises liegt immer in der Mitte (im Horoskop steht dort die Erde, symbolisch das Selbst). In einer solchen Beziehung wird es zwar immer wieder zu Konfrontationen kommen. Ohne permanente Absprache blockiert man sich halt gegenseitig. Doch zugleich kann man über die Spiegelung durch den anderen seinen eigenen subjektiven Standpunkt verlassen, bewusster werden. Widder handelt und denkt nicht, Waage denkt und handelt nicht. Entweder stören sich beide ganz erheblich (Widder verscheucht alle netten Bekannten, und Waage sorgt durch ihr ewiges Zaudern dafür, dass man sich niemandem gegenüber mehr durchsetzen kann, oder sie arbeiten zusammen. Dann hat Widder den Willen zur Tat und Waage steuert erfolgreiche Strategien bei.

Widder- und Skorpion-Sonne

Fünf kosmische Entwicklungsschritte voneinander getrennt erlebt man den anderen nicht mehr als befreundet und noch nicht als Feind. Weder Element noch Polarität noch Qualität der beiden Tierkreiszeichen passen zusammen. Die Begegnung wird für beide immer ein Phänomen bleiben, eine große geistige Bereicherung. Arbeiten beide zusammen am gleichen Projekt, dann wird man nur schwerlich dauerhafte Kompromisse finden können - wozu auch! Während Widder den offenen, fairen Kampf liebt, agiert Skorpion prinzipiell nur mit verdeckten Karten, setzt seinen Stachel im Psychischen an. So leben beide im Grunde aneinander vorbei: Mars, deren gemeinsamer Planet, ist auch nur entweder am Abendhimmel oder am Morgenhimmel zu sehen.

Widder- und Schütze-Sonne

Stehen die Sonnen in Tierkreiszeichen, die zum Feuerelement gehören, und haben sie auch die gleiche aktive Yang-Dynamik, dann wird man sich gegenseitig achten und respektieren und gemeinsam eine starke Ausstrahlung nach außen hinhaben. Eine gewisse Eigenblindheit aufgrund der vielen Gemeinsamkeiten ist nur schwer zu vermeiden. Der Widder, das ungeduldige Feuer der Jugend, und der Schütze, das geistige Feuer des Alters, können einander gut ergänzen. Der eine ist voll Tatkraft und mutig, der andere tolerant und geistvoll, kann den Sinn allen Tuns klar umschreiben, ermutigen.

Widder- und Steinbock-Sonne

Drei Entwicklungsabschnitte des Tierkreises voneinander getrennt stehen die Sonnen nicht nur in unterschiedlichen Elementen, sondern haben auch eine entgegengesetzte Yin-Yang-Polarität. Gleich ist bei beiden die kardinale Qualität, was auf Charaktere hindeutet, die das, was sie der Welt geben können, vehement durchsetzen werden, sich auf keinerlei Kompromisse einlassen können. Der ungeduldige, stürmische Widder wird sich an der Förmlichkeit des Steinbocks reiben. Was ist stärker: die Mauer oder der Kopf, der hindurchbrechen will? Wenn man sich aufeinander eingestellt hat, gelernt hat, Widerstand nicht unbedingt zu provozieren und andererseits auch nicht jeden Impuls rein prinzipiell abzublocken, wird sich in dieser Beziehung viel Kraft und Durchhaltevermögen entwickeln.

Widder- und Wassermann-Sonne

Zwei Entwicklungsschritte voneinander getrennt befinden sich die beiden Sonnen in aktiven, dynamischen Tierkreiszeichen, die aber unterschiedlichen Elementen zugehörig sind. Das deutet darauf hin, dass neben vielen Ähnlichkeiten noch genug Unterschiede bestehen, um eine extreme Eigenblindheit des Paares zu verhindern. Der ungeduldige, immer gleich zur Tat bereite Widder wird durch den quirlig-unkonventionellen Wassermann immer neue Ideen bekommen, was man wohl so alles tun könnte, welche erstarrte Struktur durchbrochen werden sollte. Ein revolutionäres Team.

Widder- und Fische-Sonne

Stehen die Sonnen in benachbarten Tierkreiszeichen, dann trennt und verbindet sie ein kosmischer Entwicklungsschritt. Es wird sehr schwierig werden, miteinander umzugehen, kommt der eine doch gerade aus einer Bewusstseinsebene, in die sich der andere hineinbegeben will. Widder muss all seinen Mut zusammennehmen, um - kommend aus dem ohnmächtigen Phlegma der Fischephase - seinen Keil in die auch ohne ihn total perfekte Welt zu treiben. Fisch aber braucht noch die Zeit im Verbogenen, um zu reifen, seine alten Bindungen an das Kollektiv auflösen zu können. Hineingezerrt in die Welt der Dualität käme er sich nackt und hilflos vor. Man trifft sich in den Zwischenbereichen, an der Grenze zwischen Traum und Wirklichkeit.

Stier

Zwei Stier-Sonnen

Wenn beide Sonnen im gleichen Sektor des Zodiak stehen, ist eine große Einseitigkeit in der Beziehung wahrscheinlich, und es kann zur Konkurrenz kommen. Oft entscheidet es sich schon kurz nach dem Kennenlernen, wer die Eigenschaften dieses Tierkreiszeichens »für sich beansprucht«. Die andere Seite wird dann die passive Rolle einnehmen, die durch die Stellung des Mondes angezeigt wird. Zwei Stiere werden sich, falls sie sich zusammentun, ganz gewaltig auf das Materielle konzentrieren. Da dies im Grunde aber nur der Versuch ist, die eigene innere Unsicherheit auszugleichen, hat man mit dieser Strategie zwar in der Gesellschaft wirklich Erfolg, löst aber seine inneren Probleme nicht. Im Gegenteil: Je mehr man besitzt, also Dinge an sich bindet, desto mehr bindet, ja kettet man auch sich selbst an sie. Mit dem Besitz wächst also auch die Angst, ihn zu verlieren - durch Räuber, durch Betrug, durch Krankheit, letztlich durch den Tod. Und so kann jede Krise, die man in dieser Partnerschaft gemeinsam erlebt, auch den positiven Effekt auslösen, dass man sich seiner Einseitigkeit bewusster wird und mehr vom Haben zum Sein übergeht.

Stier- und Zwillinge-Sonne

Stehen die Sonnen in benachbarten Tierkreiszeichen, dann trennt und verbindet sie ein kosmischer Entwicklungsschritt. Es wird sehr schwierig werden, miteinander umzugehen, kommt der eine doch gerade aus einer Bewusstseinsebene, in die sich der andere hineinbegeben will. Stiere sind ungeheuer heimatverbunden. Sie beackern ihre Scholle, sähen, ernten und warten dann darauf, dass ein reisender Händler daherkommt, der ihnen einen Teil der Ware gegen andere nützliche Sachen eintauscht. So kommt es zum Schwätzchen mit dem Zwillinge an der Gartenpforte. Jener weiß ganz gut, wie die Welt jenseits der nächsten Hügel aussieht und ist auch neugierig genug, um immer mehr kennenzulernen. Stier würde es niemals wagen, sich selbst auf die Reise zu machen. Fremde könnten sich in der Abwesenheit an den reichhaltigen Vorräten gütlich tun. Allein der Gedanke wäre schon ein Graus. Und Zwillinge? Nun er bleibt vielleicht mal über Nacht. Aber irgendwann packt ihn dann bestimmt die Unruhe, und es treibt ihn weiter - irgendwohin.

Stier- und Krebs-Sonne

Zwei Entwicklungsschritte voneinander getrennt befinden sich die beiden Sonnen in passiven, nach innen gerichteten Tierkreiszeichen, die aber unterschiedlichen Elementen zugehörig sind. Das deutet darauf hin, dass neben vielen Ähnlichkeiten noch genug Unterschiede bestehen, um eine extreme Eigenblindheit des Paares zu verhindern. Der gemütliche Stier, der umgeben von seinen Schätzen eigentlich nur noch einen treuen Partner »sein Eigen« nennen will, kann dem Krebs genau das bieten, was jener braucht: Ruhe und Sicherheit, eine feste äußere Begrenzung, innerhalb derer sich seine ständig schwankende Seele hin- und herbewegen kann. Gerade innerhalb dieser Begrenzung gelingt es ihr am besten, zu erblühen. Die Besitzansprüche des Stieres stören den Krebs eigentlich auch nicht im Geringsten. Er liebt es, gedrückt zu werden. Nur so kann er seine äußeren Konturen spüren, eine starke Identität entwickeln.

Stier- und Löwe-Sonne

Drei Entwicklungsabschnitte des Tierkreises voneinander getrennt stehen die Sonnen nicht nur in unterschiedlichen Elementen, sondern haben auch eine entgegengesetzte Yin-Yang-Polarität. Gleich ist bei beiden die fixe Qualität, was auf Charaktere hindeutet, so sind wie sie sind, und sich von wirklich niemanden davon abbringen lassen - zwei Dickköpfe also. Für den Stier ist es sehr wichtig, durch eigenen Besitz in sich Sicherheit und Ruhe zu bekommen. Vor nichts hat er mehr Angst, als davor, sich das mühsam Angeeignete wieder abnehmen zu lassen. Um Neider möglichst fernzuhalten, genießt er seine Reichtümer also am liebsten mit der Außenwelt zugewandtem Rücken (ähnlich der Bauweise spanischer Häuser). Der Löwe hat nur wirklich Freude, wenn alle, wirklich alle wissen, wie gut es ihm geht. Alles, was er an Reichtümern in sich trägt, stellt er zur Schau. Er braucht das Publikum, er braucht den Applaus (man denke an eine italienische Hochzeit). Diese Unterschiede können in einer Beziehung zu ganz schönen Reibereien führen, und keiner gibt nach.

Stier- und Jungfrau-Sonne

Stehen die Sonnen in Tierkreiszeichen, die zum Erdelement gehören, und haben sie auch die gleiche passive Yin-Dynamik, dann wird man sich vor allem mit den handfesten Angelegenheiten beschäftigen und nach außen realitätsbezogen und sehr geschäftstüchtig auftreten. Eine gewisse Überbetonung des Materiellen aufgrund der vielen Gemeinsamkeiten ist zu erwarten. Der vorsichtige, ganz auf Mehrung der äußeren und inneren Sicherheit bedachte Stier wird der innerlich doch eigentlich immer hin- und hergerissenen Jungfrau viel Schutz und Orientierung geben können. Was ihm an Beweglichkeit fehlt, gleicht sie dafür durch ihre Umsichtigkeit aus. Jungfrauen sind die Alarmanlagen des Tierkreises, was ein wohlhabender Stier zu schätzen weiß. Beide sind als Team eigentlich immer wirtschaftlich erfolgreich, brauchen ein gemeinsames gefühlvolles Drittes als ergänzenden Lebensinhalt.

Stier- und Waage-Sonne

Fünf kosmische Entwicklungsschritte voneinander getrennt erlebt man den anderen nicht mehr als befreundet und noch nicht als Feind. Weder Element noch Polarität noch Qualität der beiden Tierkreiszeichen passen zusammen. Die Begegnung wird für beide immer ein Phänomen bleiben, eine große geistige Bereicherung. Arbeiten beide zusammen am gleichen Projekt, dann wird man nur schwerlich dauerhafte Kompromisse finden können. Der bedächtige Stier wird zuerst kaum verstehen, was die elegant dahertrippelnde Waage an ihm auszusetzen hat. Er hat doch eine ganze Menge an Sicherheit und auch an Werten zu bieten, liebt das Deftige und ist auch überaus gemütlich. Der Waage fehlt es in dieser Beziehung aber vor allem an Kultur. Es ist so, als ob ein kräftiger Bauernbursche in voller Montur eine hochfrisierte Boutiquebesitzerin zum Tänzchen auffordert. Bitte, warum nicht!

Stier- und Skorpion-Sonne

Stehen die Sonnen in gegenüberliegenden Tierkreiszeichen, dann ist man - zumindest was das strahlende Ego betrifft - gemeinsam perfekt. Die Wahrheit des Tierkreises liegt immer in der Mitte (im Horoskop steht dort die Erde, symbolisch das Selbst). In einer solchen Beziehung wird es zwar immer wieder zu Konfrontationen kommen. Ohne permanente Absprache blockiert man sich halt gegenseitig. Doch zugleich kann man über die Spiegelung durch den anderen seinen eigenen subjektiven Standpunkt verlassen, bewusster werden, sich selbst erkennen. Stiere haben eine derart defensive Haltung, dass sie beinahe schon wieder provozierend wirken - auf jeden Fall auf einen heißblütig-stachligen Skorpion. Beide verwickeln sich so schnell in ein Geflecht aus finanziellen Verpflichtungen und Schuldgefühlen, dass man eigentlich gleich beim ersten Treffen die Rechtsanwälte der beiden als Adjutanten einladen müsste. Doch ganz so schlimm wird es nun nicht gleich werden. Dies kann zum Ritual halt dazu zugehören: Hass und Liebe liegen bei keinem anderen Paar im Tierkreis derart nahe beieinander wie hier. Bevor man sich also vor Gericht wiedertrefft, hat man die Sache doch meist schon unter der Bettdecke ausgetragen. Auf ein Neues!

Stier- und Schütze-Sonne

Fünf kosmische Entwicklungsschritte voneinander getrennt erlebt man den anderen nicht mehr als befreundet und noch nicht als Feind. Weder Element noch Polarität noch Qualität der beiden Tierkreiszeichen passen zusammen. Die Begegnung wird für beide immer ein Phänomen bleiben, eine große geistige Bereicherung. Arbeiten beide zusammen am gleichen Projekt, dann wird man nur schwerlich dauerhafte Kompromisse finden können - wozu auch! Stiere können in materieller Hinsicht ganz erfolgreich sein und so ihrem Partner ein komfortables Heim bieten. Das wird der Schütze auch dankend in Kauf nehmen. So kommt er dem kultivierten Lebensstil ein Stückchen näher. Allerdings wird er die einfache und sehr handfeste Art des Stieres immer nur unter größten Anstrengungen tolerieren können. Dazu ist der Schütze zu sehr Weltgeist, Kulturmensch. Und so bekommt der Stier trotz all seiner Bemühungen eigentlich nie die gewünschte Anerkennung. Die erhoffte Nibelungentreue kann er von dem abenteuerlustigen Schützen auch nicht erwarten. Es bleibt ein Kompromiss.

Stier- und Steinbock-Sonne

Stehen die Sonnen in Tierkreiszeichen, die zum Erdelement gehören, und haben sie auch die gleiche passive Yin-Dynamik, dann wird man sich vor allem mit den handfesten Angelegenheiten beschäftigen und nach außen realitätsbezogen und sehr geschäftstüchtig auftreten. Eine gewisse Überbetonung des Materiellen aufgrund der vielen Gemeinsamkeiten ist zu erwarten. Stiere sind die Bauarbeiter dies Tierkreises, Steinböcke die Architekten. Und so kann man vorhersagen, dass in dieser Partnerschaft wirklich etwas Standhaftes aufgebaut wird. Den sinnlichen Part wird der Stier übernehmen, alles Grobe und Handfeste, die Finanzen sowieso. Der Steinbock übernimmt natürlich sofort die Geschäftsleitung und wird auch dafür sorgen, dass rechtlich alles abgesichert ist, die ganze Sache ihre Bedeutung bekommt und öffentlich akzeptiert wird. Es ist gut, wenn sich beide Partner in der gemeinsamen Außenwelt noch irgendetwas suchen, das mit Gefühl und mit dem Musischen zu tun hat. Es würde den bodenständigen Realismus dieser Beziehung ausgleichen können.

Stier- und Wassermann-Sonne

Drei Entwicklungsabschnitte des Tierkreises voneinander getrennt stehen die Sonnen nicht nur in unterschiedlichen Elementen, sondern haben auch eine entgegengesetzte Yin-Yang-Polarität. Gleich ist bei beiden die fixe Qualität, was auf Charaktere hindeutet, die so sind, wie sie sind, und sich von wirklich niemanden davon abbringen lassen - zwei Dickköpfe also. Der doch etwas habgierige und egoistische Stier wird es mit dem Wassermann sicherlich nicht leicht haben. Jener gehört zu den Altruistischen und Idealisten des Tierkreises. Teilen gehört zu seiner Lebensphilosophie, »nun Profit« ist sein Markenzeichen. Da kann der Stier gar nicht so schnell den Beutel zuhalten, wie der Wassermann die Scheinchen für einen guten Zweck schon in alle vier Himmelsrichtungen verteilt hat. Es wird lange dauern, bevor der Stier den Idealismus des Wassermanns wirklich begriffen hat und bevor der Wassermann einsieht, dass es durchaus sozial ist, geordnete finanzielle Verhältnisse zu haben und seinem Nachbarn nicht auf der Tasche zu liegen. Spannend wird es mit beiden immer sein.

Stier- und Fische-Sonne

Zwei Entwicklungsschritte voneinander getrennt befinden sich die beiden Sonnen in passiven, nach innen gerichteten Tierkreiszeichen, die aber unterschiedlichen Elementen zugehörig sind. Das deutet darauf hin, dass neben vielen Ähnlichkeiten noch genug Unterschiede bestehen, um eine extreme Eigenblindheit des Paares zu verhindern. Der ruhige, gemütliche Stier wird dem Fisch immer ein gemütliches Plätzchen bieten können. Und da er auch ganz bestimmt nicht zu den Menschen gehört, der Übergriffe macht, kann sich der Fisch in dieser Partnerschaft ungestört zurückziehen, Träume und Fantasien in sein Poesiealbum schreiben. Der Stier wird niemals versuchen, dort heimlich hinein zugucken, will er doch auch selbst auf keinen Fall, dass man in sein eigenes Revier ungefragt einbricht. Eine rundum harmonische, vielleicht etwas Reibungsarme Beziehung.

Zwillinge

Zwei Zwilling-Sonnen

Wenn beide Sonnen im gleichen Sektor des Zodiak stehen, ist eine große Einseitigkeit in der Beziehung wahrscheinlich, und es kann zur Konkurrenz kommen. Oft entscheidet es sich schon kurz nach dem Kennenlernen, wer die Eigenschaften dieses Tierkreiszeichens »für sich beansprucht«. Die andere Seite wird dann die passive Rolle einnehmen, die durch die Stellung des Mondes angezeigt wird. Ein Zwillinge allein ist eigentlich schon eine Ansammlung von Menschen, zwei Zwillinge können da schnell zu viel sein. Sicherlich: Beide sind sehr intellektuell orientiert, neugierig und wissbegierig, können gut auf der mentalen Ebene miteinander auskommen. Sie umschwirren sich wie zwei Schmetterlinge, ständige Richtungsänderungen sind die Regel. Doch wie bekämpft man die eigene Nervosität, wenn der Partner noch unruhiger erscheint? Gut ist es, wenn man sich ein gemeinsames Interessensgebiet in der Außenwelt sucht, sich daran orientieren und stabilisieren kann.

Zwillinge- und Krebs-Sonne

Stehen die Sonnen in benachbarten Tierkreiszeichen, dann trennt und verbindet sie ein kosmischer Entwicklungsschritt. Es wird sehr schwierig werden, miteinander umzugehen, kommt der eine doch gerade aus einer Bewusstseinsebene, in die sich der andere hineinbegeben will. Zwillinge kann nicht genug Eindrücke sammeln, ständig reist er durch die Welt, flattert insektengleich von Blüte zu Blüte. Doch was geschieht mit all dem Wissen, wann berührt es einen wirklich? Krebs kann nicht nur aufnehmen, sondern auch verwerten. Ihm reichen wenige Eindrücke. Er nimmt sie in seinem Inneren auf, verdaut sie hin und her in seinen sieben Mägen und wird sie dennoch nimmer mehr los. Wozu dann noch immer neue Informationen?

Zwillinge- und Löwe-Sonne

Zwei Entwicklungsschritte voneinander getrennt befinden sich die beiden Sonnen in aktiven, dynamischen Tierkreiszeichen, die aber unterschiedlichen Elementen zugehörig sind. Das deutet darauf hin, dass neben vielen Ähnlichkeiten noch genug Unterschiede bestehen, um eine extreme Eigenblindheit des Paares zu verhindern. Zwillinge sind die Herolde des Tierkreises. Ständig unterwegs, um zwischen den verfeindeten Göttern zu vermitteln, sind sie die geborenen Hofberichterstatter. Löwen fühlen sich qua Geburt zum Herrschen befugt, bemühen sich jedenfalls nach Kräften, ihre Legitimation zu beweisen. Beide sind also gemeinsam ein gutes Team. Löwe dankt die Vermittlungsversuche seines Partners, und Zwillinge selbst erhebt keinen Anspruch auf den Thron. Das würde ihn nur unbeweglich machen.

Zwillinge- und Jungfrau-Sonne

Drei Entwicklungsabschnitte des Tierkreises voneinander getrennt stehen die Sonnen nicht nur in unterschiedlichen Elementen, sondern haben auch eine entgegengesetzte Yin-Yang-Polarität. Gleich ist bei beiden die variable Qualität, was auf Charaktere hindeutet, die verfestigte Zustände auflösen wollen, sehr anpassungsfähig sind und sich an ihrer Umwelt orientieren wollen. Zwillinge sammeln begeistert Informationen, schauen einmal hier und einmal dort hin, gehen dann weiter, immer der neugierigen Nase nach. Jungfrauen hingegen möchten alles ganz genau wissen, finden auch ganz schnell heraus, wo der Haken liegt. Schließlich steuert die Vernunft die Gefühle aus, Wissen ist also fast lebenswichtig. Diese Kompliziertheit stört den Zwilling ganz gewaltig: Er möchte offenbleiben, kühl und unbeleckt. Nur so behält er seine Leichtigkeit. Beide treffen sich zum Informationsaustausch und gehen dann erst einmal wieder alleine weiter, müssen sich diese Freiheit gegenseitig zugestehen, um miteinander auskommen zu können.

Zwillinge- und Waage-Sonne

Stehen die Sonnen in Tierkreiszeichen, die zum Luftelement gehören, und haben sie auch die gleiche aktive Yang-Dynamik, dann wird man sich geistig gut austauschen können und nach außen hin in der Lage sein, sehr viele Kontakte aufzubauen. Eine gewisse intellektuelle Überbetonung aufgrund der vielen Gemeinsamkeiten lässt sich nur schwer vermeiden. Während Zwillinge ständig von einem Bein auf das andere hüpft, versucht Waage, einen halben Meter über dem Erdboden seicht über jede Unebenheit dahinzugleiten. Beide leben in der Welt der Gedanken, brauchen andere Menschen, um sich auszutauschen. Zwillinge übernimmt dabei den technischen Part, Waage sorgt für das stromlinienförmige Styling. Eine heitere Verbindung.

Zwillinge- und Skorpion-Sonne

Fünf kosmische Entwicklungsschritte voneinander getrennt erlebt man den anderen nicht mehr als befreundet und noch nicht als Feind. Weder Element noch Polarität noch Qualität der beiden Tierkreiszeichen passen zusammen. Die Begegnung wird für beide immer ein Phänomen bleiben, eine große geistige Bereicherung. Arbeiten beide zusammen am gleichen Projekt, dann wird man nur schwerlich dauerhafte Kompromisse finden können - wozu auch! Die nervöse, kühle Unruhe des Zwillings wird für den zwar berechnenden, aber höchst emotionalen Skorpion ein Phänomen sein und auch bleiben. Wie ist es möglich, solch einen Menschen einzufangen? Zumal Zwillinge in sich so zerrissen, gespalten ist, dass Skorpion beim Aufsammeln und Festhalten der vielen Teilchen einfach überfordert sein wird. Diese Begegnung verlangt also ein Höchstmaß an Kompromissfähigkeit, ist wunderbar kreativ, doch äußerst unbeständig.

Zwillinge- und Schütze-Sonne

Stehen die Sonnen in gegenüberliegenden Tierkreiszeichen, dann ist man - zumindest was das strahlende Ego betrifft - gemeinsam perfekt. Die Wahrheit des Tierkreises liegt immer in der Mitte (im Horoskop steht dort die Erde, symbolisch das Selbst). In einer solchen Beziehung wird es zwar immer wieder zu Konfrontationen kommen. Ohne permanente Absprache blockiert man sich halt gegenseitig. Doch zugleich kann man über die Spiegelung durch den anderen seinen eigenen subjektiven Standpunkt verlassen, bewusster werden, sich selbst erkennen. Zwillinge und Schütze, das ist die androgyne Achse. Während der eine die Welt kühl-nüchtern vom Standpunkt des Wissenschaftlers betrachtet, ist der andere erklärtermaßen Philosoph und übt sich im Blick fürs Ganze. Beide sind sehr kopfbetont und brauchen den geistigen Austausch. Und so ist es vielleicht möglich, dass sie zueinanderfinden. Es winkt die Chance, sein Bewusstsein in der Reibung am Partner wirklich zu erweitern, zu bereichern,

Zwillinge- und Steinbock-Sonne

Fünf kosmische Entwicklungsschritte voneinander getrennt erlebt man den anderen nicht mehr als befreundet und noch nicht als Feind. Weder Element noch Polarität noch Qualität der beiden Tierkreiszeichen passen zusammen. Die Begegnung wird für beide immer ein Phänomen bleiben, eine große geistige Bereicherung. Arbeiten beide zusammen am gleichen Projekt, dann wird man nur schwerlich dauerhafte Kompromisse finden können - wozu auch! Zwillinge wollen Spaß am Leben haben, alle seine Schattierungen kennenlernen, leicht und beweglich bleiben. Steinböcke suchen nach einer Aufgabe, einer Rolle, die sie ausfüllen können. Begrenzung, für sie Garant der Selbstverwirklichung, ist das Letzte, was sich ein Zwilling wünschen würde. Trotzdem: Diese Ruhe und Sicherheit fasziniert allemal. Ein Grund, um miteinander auf Dauer zu leben, liegt in der Tierkreiszeichenbetonung der Sonnen aber nicht unbedingt.

Zwillinge- und Wassermann-Sonne

Stehen die Sonnen in Tierkreiszeichen, die zum Luftelement gehören, und haben sie auch die gleiche aktive Yang-Dynamik, dann wird man sich geistig gut austauschen können und nach außen hin in der Lage sein, sehr viele Kontakte aufzubauen. Eine gewisse intellektuelle Überbetonung aufgrund der vielen Gemeinsamkeiten lässt sich nur schwer vermeiden. Der leichte, fröhliche Zwilling findet im experimentierfreudigen Wassermann einen völlig unkomplizierten Begleiter. Beide sind eher intellektuelle Charaktere, man trifft sich, um Wissen, Gedanken und Erfahrungen mitzuteilen. Ihre Leichtigkeit und Lockerheit kann allerdings auch verhindern, dass sie die großen Chancen, die in einer gemeinsamen kreativen Tätigkeit liegen, vollends ausschöpfen.

Zwillinge- und Fische-Sonne

Drei Entwicklungsabschnitte des Tierkreises voneinander getrennt stehen die Sonnen nicht nur in unterschiedlichen Elementen, sondern haben auch eine entgegengesetzte Yin-Yang-Polarität. Gleich ist bei beiden die variable Qualität, was auf Charaktere hindeutet, die verfestigte Zustände auflösen wollen, sehr anpassungsfähig sind und sich an ihrer Umwelt orientieren wollen. Während der Zwilling seine innere Unruhe dadurch bekämpft, dass er sich auf immer neue Situationen einlässt, mit dem Intellekt arbeitet, wissenschaftlich-methodisches Denken trainiert, braucht der Fisch den Kontakt zu seiner inneren Stimme, schult die Empfindung, konzentriert sich auf das, was zwischen den Worten durchscheint. Jeder wird den anderen verwirren. Sie kommunizieren aneinander vorbei, in aufgewühlter Wortlosigkeit der Fisch, voll nichtssagend in Sprachfloskeln der Zwilling.

Krebs

Zwei Krebs-Sonnen

Wenn beide Sonnen im gleichen Sektor des Zodiak stehen, ist eine große Einseitigkeit in der Beziehung wahrscheinlich, und es kann zur Konkurrenz kommen. Oft entscheidet es sich schon kurz nach dem Kennenlernen, wer die Eigenschaften dieses Tierkreiszeichens »für sich beansprucht«. Die andere Seite wird dann die passive Rolle einnehmen, die durch die Stellung des Mondes angezeigt wird. Kommt Krebs zu Krebs, dann wird es gemütlich. Keiner wird den anderen verletzen, jedenfalls nicht auf die plumpe, offensichtliche Tour. Machtkämpfe finden mehr im Hintergrund statt, laufen »völlig unbewusst« ab. Keiner gesteht sie sich ein, doch jeder will zu Hause die Hosen anhaben. Bei so viel Sanftmut bleibt die Härte des Lebens natürlich außen vor - und wird dort äußerst argwöhnisch begutachtet.

Krebs- und Löwe-Sonne

Stehen die Sonnen in benachbarten Tierkreiszeichen, dann trennt und verbindet sie ein kosmischer Entwicklungsschritt. Es wird sehr schwierig werden, miteinander umzugehen, kommt der eine doch gerade aus einer Bewusstseinsebene, in die sich der andere hineinbegeben will. Krebs, das ist die pro-kreative Phase, in der der ganze seelische Reichtum entsteht, den man dann in der Löwe-Phase zum Ausdruck bringt. Krebs wird deshalb niemals nach außen gehen, sich der Welt darstellen. Es ist wie beim Brötchenbacken: Nur solange, wie man den Ofen geschlossen hält, ist genug Wärme vorhanden, um alles wirklich schön knusprig werden zu lassen. Löwe hingegen liebt es, sich mit wirklich allem, was vorhanden ist, nach außen hin zu präsentieren. Da wird sicher neben manch reifem Werk auch jede Menge Unausgegorenes ausgestellt, zwar hübsch verpackt, aber innen noch klitschig wie ein mit zu viel Ungeduld gebackener Kuchen. Man sollte sich einigen: Der eine produziert die Dramen des Lebens, der andere präsentiert sie dramatisch der Öffentlichkeit. Astrologisch findet gerade am Übergang zwischen Krebs und Löwe die Geburt alles Schöpferischen statt.

Krebs- und Jungfrau-Sonne

Zwei Entwicklungsschritte voneinander getrennt befinden sich die beiden Sonnen in passiven, nach innen gerichteten Tierkreiszeichen, die aber unterschiedlichen Elementen zugehörig sind. Das deutet darauf hin, dass neben vielen Ähnlichkeiten noch genug Unterschiede bestehen, um eine extreme Eigenblindheit des Paares zu verhindern. Während der Krebs viel Ruhe und konstante Lebensbedingungen für sein empfindliches Seelenleben braucht, kümmert sich die Jungfrau am liebsten um die Widrigkeiten des Lebens, repariert hier, verbessert da, hält Ordnung - immer ein wenig meckerig, aber äußerst penibel und genau. Sie wird in einer Partnerschaft also dafür sorgen, dass der »Brutkasten« des Krebses ständig die gleiche, konstante Temperatur aufweist, und der Krebs dankt es der empfindlich-zerbrechlichen Jungfrauseele mit viel Wärme und Liebe und Einfühlsamkeit. Ein rühriges Paar.

Krebs- und Waage-Sonne

Drei Entwicklungsabschnitte des Tierkreises voneinander getrennt stehen die Sonnen nicht nur in unterschiedlichen Elementen, sondern haben auch eine entgegengesetzte Yin-Yang-Polarität. Gleich ist bei beiden die kardinale Qualität, was auf Charaktere hindeutet, die das, was sie der Welt geben können, vehement durchsetzen werden, sich auf keinerlei Kompromisse einlassen können. Krebs liebt die vertraute, private Atmosphäre. Es kann ruhig etwas muffig sein, dafür stimmt die Nestwärme. Für die Waage ist dies alles viel zu unkultiviert. Für sie ist vor allem interessant, was draußen in der Welt passiert. Das Leben soll nach ästhetischen Prinzipien fein ausbalanciert gestaltet werden, man will die Aufmerksamkeit der Öffentlichkeit wecken, sich durch Verhandlungen eine gute Position erkämpfen können. Rein subjektive Gefühlsduselei würde einen schlechten Eindruck machen, stören. Die Frage, ob man gemeinsam Kinder haben oder lieber als Dinkys (double income no kids) zusammen leben sollte, steht im Raum.

Krebs- und Skorpion-Sonne

Stehen die Sonnen in Tierkreiszeichen, die zum Wasserelement gehören, und haben sie auch die gleiche passive Yin-Dynamik, dann wird man für einander sehr viel Verständnis haben, sich ohne Worte verstehen und gemeinsam eine sanfte Ausstrahlung nach außen hinhaben. Ein gewisses Phlegma und eine Wehleidigkeit aufgrund der vielen Gemeinsamkeiten stellt sich automatisch ein. Krebse brauchen nach außen hin sehr viel Schutz. Nur so können sie sich ganz auf ihre innere Gefühlswelt konzentrieren, zu ihrer Identität finden und sich allen beschützenswerten und schwachen Kreaturen dieser Welt widmen. Als Pädagogen oder Tierschützer sind sie zum Beispiel genau in ihrem Element. Der Skorpion ist gerne bereit, die konstanten äußeren Lebensbedingungen zu garantieren, ja er erhebt von Natur aus den Anspruch, in einer Partnerschaft möglichst alle Bedingungen kontrollieren zu können. Andererseits braucht er die Freiheit, in der Außenwelt tun und lassen zu können, was er will, ohne sich rechtfertigen zu müssen. Der Krebs interessiert sich nicht im Mindesten für die Welt dort draußen, und so verstehen sich beide ganz prächtig.

Krebs- und Schütze-Sonne

Fünf kosmische Entwicklungsschritte voneinander getrennt erlebt man den anderen nicht mehr als befreundet und noch nicht als Feind. Weder Element noch Polarität noch Qualität der beiden Tierkreiszeichen passen zusammen. Die Begegnung wird für beide immer ein Phänomen bleiben, eine große geistige Bereicherung. Arbeiten beide zusammen am gleichen Projekt, dann wird man nur schwerlich dauerhafte Kompromisse finden können - wozu auch! Während der Krebs ungeheuer verletzlich und nachtragend ist, predigt der Schütze »Fair Play«(gesunden Sportsgeist) und verzeiht so ziemlich alles - jedenfalls versucht er, so zu sein. Krebs lebt am liebsten sein Leben lang an dem gleichen Platz, Schütze ist so voll innerer Unruhe, dass es ihn ständig hinaus in die weite, weite Welt zieht. Beide werden nur für eine gewisse Zeit miteinander gut auskommen können (zum Beispiel wenn der Schütze sich auf oder nach einer Auslandsreise kurzfristig im Schneckenhaus eines Krebses niederlässt), sich dann wieder trennen oder völlig neu arrangieren.

Krebs- und Steinbock-Sonne

Stehen die Sonnen in gegenüberliegenden Tierkreiszeichen, dann ist man - zumindest was das strahlende Ego betrifft - gemeinsam perfekt. Die Wahrheit des Tierkreises liegt immer in der Mitte (im Horoskop steht dort die Erde, symbolisch das Selbst). In einer solchen Beziehung wird es zwar immer wieder zu Konfrontationen kommen. Ohne permanente Absprache blockiert man sich halt gegenseitig. Doch zugleich kann man über die Spiegelung durch den anderen seinen eigenen subjektiven Standpunkt verlassen, bewusster werden, sich selbst erkennen. Die starke Emotionalität des Krebses und der trockene Realismus des Steinbocks liegen im astrologischen Tierkreis auf der Kind-Eltern-Achse. Beide werden sich in ihrer Gegensätzlichkeit vielleicht behindern und frustrieren, aber auch gut ergänzen und beschützen können. Der Krebs ist immer dann stark, wenn es um Gefühle geht, um Wärme und zwischenmenschliche Nähe. Der Steinbock hat die Fähigkeit, den Härten des Lebens voll ins Auge zu schauen und sich nichts vorzumachen. Dadurch ist er in der Außenwelt ungeheuer belastungsfähig und letztlich in der Lage, stabile und sichere, materielle Lebensbedingungen zu schaffen.

Krebs- und Wassermann-Sonne

Fünf kosmische Entwicklungsschritte voneinander getrennt erlebt man den anderen nicht mehr als befreundet und noch nicht als Feind. Weder Element noch Polarität noch Qualität der beiden Tierkreiszeichen passen zusammen. Die Begegnung wird für beide immer ein Phänomen bleiben, eine große geistige Bereicherung. Arbeiten beide zusammen am gleichen Projekt, dann wird man nur schwerlich dauerhafte Kompromisse finden können - wozu auch! Der sehr emotionale, den eigenen Stimmungen voll unterworfene Krebs wird sich in den windigen Höhen, zu denen sich der Wassermann aufschwingt, nicht besonders wohlfühlen. Selbst dann, wenn er seine Angst vor dem Fliegen überwunden hat, wird es ungemütlichbleiben. Der Wassermann hingehen möchte möglichst unbeschwert leben können, frei von allen menschlich-allzu menschlichen Regungen. Die Stärke des Krebses, Gefühle auszuhalten, wirkliche Nähe zuzulassen, wird ihm zwar intellektuell imponieren, doch in der Praxis eher die Angst vor dem Ersticken hervorrufen. Jeder Kompromiss zwischen beiden ist also mit gewissen Anstrengungen verbunden.

Krebs- und Fische-Sonne

Stehen die Sonnen in Tierkreiszeichen, die zum Wasserelement gehören, und haben sie auch die gleiche passive Yin-Dynamik, dann wird man für einander sehr viel Verständnis haben, sich ohne Worte verstehen und gemeinsam eine sanfte Ausstrahlung nach außen hinhaben. Ein gewisses Phlegma und eine Wehleidigkeit aufgrund der vielen Gemeinsamkeiten stellt sich automatisch ein. Der gemütliche, warmherzige Krebs wird im sensiblen Fisch einen rücksichtsvollen Begleiter finden. Da der Krebs in dieser Partnerschaft keinem großen Stress (jedenfalls was die Stellung der Sonnen in den Tierkreiszeichen betriff) ausgeliefert ist, wird er auch kaum Mauern aufbauen, sein Schneckenhaus selten benutzen. Der Fisch kann ungestört seinen Träumereien nachhängen, sich ab und zu in der gemeinsamen Alltagsrealität »Nachschub« für seine Fantasiewelt holen. Dies alles ist jedoch freiwillig. Niemals wird ihn der Krebs in die sogenannte harte Realität hineinzerren, das entspräche nicht seinem Stil.

Löwen

Zwei Löwe-Sonnen

Wenn beide Sonnen im gleichen Sektor des Zodiak stehen, ist eine große Einseitigkeit in der Beziehung wahrscheinlich, und es kann zur Konkurrenz kommen. Oft entscheidet es sich schon kurz nach dem Kennenlernen, wer die Eigenschaften dieses Tierkreiszeichens »für sich beansprucht«. Die andere Seite wird dann die passive Rolle einnehmen, die durch die Stellung des Mondes angezeigt wird. Zwei Löwe werden zusammen ein strahlendes Paar sein und gekonnt aneinander vorbei leben. Schließlich möchte jeder allein auf der Bühne stehen, sich im Rampenlicht des Erfolges sonnen. Hat man sich wirklich miteinander arrangiert (andere Faktoren des Horoskopvergleiches geben hierüber mehr Aufschluss), dann wird man gemeinsam einen prunkvollen, strahlend-verspielten Lebensstil kreieren wollen. Der Schwachpunkt des Löwens ist das empfindsame Herz. Beide werden immer wieder darauf achten müssen, in Herzensangelegenheiten nicht zu nachtragend zu sein. Auch Versöhnung lässt sich doch ganz stilvoll inszenieren!

Löwe- und Jungfrau-Sonne

Stehen die Sonnen in benachbarten Tierkreiszeichen, dann trennt und verbindet sie ein kosmischer Entwicklungsschritt. Es wird sehr schwierig werden, miteinander umzugehen, kommt der eine doch gerade aus einer Bewusstseinsebene, in die sich der andere hineinbegeben will. Der stolze Löwe wird es nicht leicht haben mit der schnippisch-kritischen Jungfrau. Während er sich bemüht, ganz im Hier und Jetzt zu bleiben, an der Oberfläche der Dinge, hinterfragt die Jungfrau alles und jeden. Eigentlich ist es kein Wunder, dass sich Letztere nicht gerade durch ein großes Selbstbewusstsein auszeichnet: So kritisch, wie sie ist, lässt sie auch an sich selbst meist kein gutes Haar. Und so hat der etwas tapsige, naive Löwe mit seiner Art eigentlich doch gar nicht so unrecht: Ist man großzügig zu anderen, kann man es auch sich selbst gegenüber sein. In einer funktionierenden Partnerschaft deckt die Jungfrau also alle Problembereiche des Lebens geschickt ab, während der Löwe für den Spaß und die Freude, die großen Gesten sorgt. Dankt er ihr dann noch die alltägliche Mühsal, sägt sie zum Dank auch nicht ganz so heftig an seinem Herrscherthron.

Löwe- und Waage-Sonne

Zwei Entwicklungsschritte voneinander getrennt befinden sich die beiden Sonnen in aktiven, dynamischen Tierkreiszeichen, die aber unterschiedlichen Elementen zugehörig sind. Das deutet darauf hin, dass neben vielen Ähnlichkeiten noch genug Unterschiede bestehen, um eine extreme Eigenblindheit des Paares zu verhindern. Der Lebenskünstler Löwe wird der verwöhnten Waage genau den Luxus bieten, den sie zu verdienen meint. Sie wird es ihm mit Applaus und Anerkennung zurückzahlen, was ihn wiederum zu neuen Höchstleistungen anstacheln kann. Beide leben am liebsten auf der Sonnenseite des Lebens und sind ein äußerst kreatives Paar.

Löwe- und Skorpion-Sonne

Drei Entwicklungsabschnitte des Tierkreises voneinander getrennt stehen die Sonnen nicht nur in unterschiedlichen Elementen, sondern haben auch eine entgegengesetzte Yin-Yang-Polarität. Gleich ist bei beiden die fixe Qualität, was auf Charaktere hindeutet, die so sind, wie sie sind und sich von wirklich niemanden davon abbringen lassen - zwei Dickköpfe also. Beide, Löwe und Skorpion, wollen herrschen: Der eine versucht, mit dem Glanz seines Egos alles zu überstrahlen, und hinterlässt oft gebrochene Herzen. Seine Spezialität ist die kurzfristige Eroberung, bei der der Partner oft zu spät merkt, dass ihm eigentlich nur die Rolle des Bewunderers zugestanden wird. Skorpion, der andere, arbeitet mit den Mitteln der Magie, also mit Geld, Macht und vor allem Sexualität. Gleich einer Spinne fixiert er sein Opfer, durchdringt es, saugt es psychisch aus. Nun, dies sind sehr extreme

Beschreibungen, wenn Löwe und Skorpion sich aber in einem Konflikt miteinander befinden, können sie sich gegenseitig durchaus schon einmal derart behandeln. Wichtig ist in dieser Beziehung, die Machtfrage zu klären - offen wie der Löwe und auch mit Tiefgang, wie der Skorpion.

Löwe- und Schütze-Sonne

Stehen die Sonnen in Tierkreiszeichen, die zum Feuerelement gehören, und haben sie auch die gleiche aktive Yang-Dynamik, dann wird man sich gegenseitig achten und respektieren und gemeinsam eine starke Ausstrahlung nach außen hinhaben. Eine gewisse Eigenblindheit aufgrund der vielen Gemeinsamkeiten ist nur schwer zu vermeiden. Der lebenslustige, verspielte Löwe wird zusammen mit dem abenteuerlustigen Schützen so einiges erleben können. Beide sind sehr aktive Menschen und haben auch eine große Vitalität. Gemeinsam können sie, durch die Ausstrahlung des Löwen und durch die Kooperationsbereitschaft des Schützen, eigentlich fast alles erreichen, jeden Menschen für sich gewinnen, siegen ohne zu kämpfen.

Löwe- und Steinbock-Sonne

Fünf kosmische Entwicklungsschritte voneinander getrennt erlebt man den anderen nicht mehr als befreundet und noch nicht als Feind. Weder Element noch Polarität noch Qualität der beiden Tierkreiszeichen passen zusammen. Die Begegnung wird für beide immer ein Phänomen bleiben, eine große geistige Bereicherung. Arbeiten beide zusammen am gleichen Projekt, dann wird man nur schwerlich dauerhafte Kompromisse finden können - wozu auch! Während der Löwe im Zentrum der Macht stehen will, umgeben von Prunk und Herrlichkeit, thront der Steinbock lieber ganz oben, im grauen Nadelstreifenanzug, als Vertreter einer noch höheren Obrigkeit, dem Staat oder dem Gesetz. Sagt der Löwe »Mein Stolz lässt es einfach nicht zu«, so wird der Steinbock erwidern »In Ausübung meiner Pflicht kann ich nicht anders handeln«. Und beide wollen Einfluss nehmen, der eine qua Persönlichkeit, der andere durch seine Kompetenz. Ein Arrangement erinnert eigentlich immer an einem Kompromiss zwischen Chefetage und Finanzbuchhaltung, zwischen dem Sonnenkönig und einem Abgesandten des Papstes.

Löwe- und Wassermann-Sonne

Stehen die Sonnen in gegenüberliegenden Tierkreiszeichen, dann ist man - zumindest was das strahlende Ego betrifft - gemeinsam perfekt. Die Wahrheit des Tierkreises liegt immer in der Mitte (im Horoskop steht dort die Erde, symbolisch das Selbst). In einer solchen Beziehung wird es zwar immer wieder zu Konfrontationen kommen. Ohne permanente Absprache blockiert man sich halt gegenseitig. Doch zugleich kann man über die Spiegelung durch den anderen seinen eigenen subjektiven Standpunkt verlassen, bewusster werden, sich selbst erkennen. Beide sind die Egozentriker des Tierkreises: Der Löwe durch seine Persönlichkeit, die er zum Strahlen bringen will, Wassermann durch die Kraft seiner Gedanken. Um sich den Unterschied deutlich zu machen, sollte man einmal eine Woche im Hochsommer löwegemäß am Strand von Saint Tropez verbringen und dann eine Woche im trüben Februarlicht wassermännisch vor dem flackernden Computerbildschirm. Beide Male schwirren und vibrieren hinterher Körper und Psyche. Nach dem ausgedehnten Sonnenbad wird sich der Löwe schier unerträglich gesund vorkommen, die vollkommen künstlichen Schwingungen der Technik werden dem Wassermann das Gefühl geben, endlich, ja endlich zur Maschine geworden zu sein.

Löwe- und Fische-Sonne

Fünf kosmische Entwicklungsschritte voneinander getrennt erlebt man den anderen nicht mehr als befreundet und noch nicht als Feind. Weder Element noch Polarität noch Qualität der beiden Tierkreiszeichen passen zusammen. Die Begegnung wird für beide immer ein Phänomen bleiben, eine große geistige Bereicherung. Arbeiten beide zusammen am gleichen Projekt, dann wird man nur schwerlich dauerhafte Kompromisse finden können. Wenn es dem strahlenden Löwe auch sonst schon schwerfällt, seine Mitmenschen wahrzunehmen (die im Schatten stehen, die sieht man halt nicht), so wird er beim chamäleonhaften Fisch vollkommen die Orientierung verlieren. Letzterer ist nicht nur unglaublich sensibel, sonder auch Meister der Tarnkunst. Solch eine Partnerschaft kann nur der ewige Versuch sein, die Quadratur des Kreises zu vollbringen. Doch wo die Liebe hinfällt, geschehen auch Wunder.

Junfrau

Zwei Jungfrau-Sonnen

Wenn beide Sonnen im gleichen Sektor des Zodiak stehen, ist eine große Einseitigkeit in der Beziehung wahrscheinlich, und es kann zur Konkurrenz kommen. Oft entscheidet es sich schon kurz nach dem Kennenlernen, wer die Eigenschaften dieses Tierkreiszeichens »für sich beansprucht«. Die andere Seite wird dann die passive Rolle einnehmen, die durch die Stellung des Mondes angezeigt wird. Nur dann, wenn sich die hilfsbereite, jedes Problem lösende, alles reparierende Jungfrau selbst einmal festgefahren hat, bedarf es der kundigen Tierkreiszeichen-Genossin. Nur sie ist in der Lage, die ungeheure Kompliziertheit der Jungfrau-Psyche zu verstehen. Es ist, als ob ein winziger Fehler in einem Computer gefunden, ein Übersee-Telefonkabel geflickt werden muss. Haben zwei Jungfrau-Geborene auf Dauer miteinander zu tun, dann ist es meist besser, wenn sie Distanz wahren. Sie könnten sich sonst mit ihren Lebensängsten gegenseitig hochschaukeln, maßlos irritieren.

Jungfrau- und Waage-Sonne

Stehen die Sonnen in benachbarten Tierkreiszeichen, dann trennt und verbindet sie ein kosmischer Entwicklungsschritt. Es wird sehr schwierig werden, miteinander umzugehen, kommt der eine doch gerade aus einer Bewusstseinsebene, in die sich der andere hineinbegeben will. Jungfrau geht auf die Menschen in einer dienenden, immer indirekten Weise zu. Nichts fällt ihr schwerer, als einem Menschen ganz offen zu zeigen, dass sie ihn gerne hat. Waage hingegen hält vom Dienen überhaupt nichts, ist dafür aber völlig ungehemmt in der Lage, Charme zu versprühen, einem Menschen entwaffnend in die Augen zu schauen. Beide sind sich darüber bewusst, ohne die Gegenwart anderer Menschen nicht leben zu können. Für die Jungfrau ist dies eine problematische Erkenntnis, für die Waage Stimulans für all ihr weiteres Handeln.

Jungfrau- und Skorpion-Sonne

Zwei Entwicklungsschritte voneinander getrennt befinden sich die beiden Sonnen in passiven, nach innen gerichteten Tierkreiszeichen, die aber unterschiedlichen Elementen zugehörig sind. Das deutet darauf hin, dass neben vielen Ähnlichkeiten noch genug Unterschiede bestehen, um eine extreme Eigenblindheit des Paares zu verhindern. Jungfrau lebt in ständiger Sorge, die Lebensbedingungen so zu gestalten, dass es sowohl für sie selbst, als auch für die Mitmenschen optimal erträglich ist. Skorpion hat ebenfalls letztlich das gemeinsame Wohl im Sinn, wenn er Macht und Einfluss ausübt, sich immer neue Strategien ausdenkt, um die Kontrolle zu erlangen und zu behalten. Beide arbeiten sehr viel mit dem Intellekt. Nicht nur privat, sondern auch im Beruf z.B. an Forschungsprojekten oder in der Medizin harmonieren sie sehr.

Jungfrau- und Schütze-Sonne

Drei Entwicklungsabschnitte des Tierkreises voneinander getrennt stehen die Sonnen nicht nur in unterschiedlichen Elementen, sondern haben auch eine entgegengesetzte Yin-Yang-Polarität. Gleich ist bei beiden die variable Qualität, was auf Charaktere hindeutet, die verfestigte Zustände auflösen wollen, sehr anpassungsfähig sind und sich an ihrer Umwelt orientieren wollen. Jungfrau kümmert sich sehr um das Detail, möchte die Lebensbedingung mithilfe des Verstandes und der Vernunft verbessern, optimieren, verschwendet nichts gerne. Schütze hat eine ganz andere Strategie: Wenn der Sinn und die Bedeutung einer Sache klar sind, wenn geistiges Verständnis für die Zusammenhänge des Lebens herrscht, das sind für ihn die größten Probleme gelöst. In Detailfragen ist er vollkommen unsicher. Er übt die Toleranz, braucht sie auch selber, um stresslos leben zu können. Dies wird ihm Jungfrau nur selten bieten können. Die einzig praktikable Rollenverteilung wäre die zwischen dem dienenden Experten und einem gönnerhaften Auftraggeber.

Jungfrau- und Steinbock-Sonne

Stehen die Sonnen in Tierkreiszeichen, die zum Erdelement gehören, und haben sie auch die gleiche passive Yin-Dynamik, dann wird man sich vor allem mit den handfesten Angelegenheiten beschäftigen und nach außen realitätsbezogen und sehr geschäftstüchtig auftreten. Eine gewisse Überbetonung des Materiellen aufgrund der vielen Gemeinsamkeiten ist zu erwarten. Die sich ständig sorgende Jungfrau und der kühle, sachliche Steinbock geben ein durchaus erfolgreiches Paar ab, wenn sie gemeinsam beruflichen, wirtschaftlichen und materiellen Erfolg ansteuern. Da wird die Sachkenntnis und Sorgsamkeit der Jungfrau genauso geschätzt wie die Fähigkeit des Steinbocks, beharrlich ein Ziel zu verfolgen, sich immer wieder auf das Wesentliche zu konzentrieren. Emotional wird man in dieser Partnerschaft einiges vermissen, da braucht man den befruchtenden Kontakt von außen.

Jungfrau- und Wassermann-Sonne

Fünf kosmische Entwicklungsschritte voneinander getrennt erlebt man den anderen nicht mehr als befreundet und noch nicht als Feind. Weder Element noch Polarität noch Qualität der beiden Tierkreiszeichen passen zusammen. Die Begegnung wird für beide immer ein Phänomen bleiben, eine große geistige Bereicherung. Arbeiten beide zusammen am gleichen Projekt, dann wird man nur schwerlich dauerhafte Kompromisse finden können - wozu auch! Die detailversessene Jungfrau und der sprunghaft-unruhige Wassermann werden sich nur in den seltensten Fällen dauerhaft auf einander einstellen können. Es müssen andere Faktoren im Horoskopvergleich herangezogen werden, um Gemeinsamkeiten zu beschreiben. Jungfrau ist immer bestrebt, das Leben in geordnete Bahnen zu lenken, während Wassermann nichts so sehr fürchtet wie die Routine. Eine Zusammenarbeit wäre, zumindest für eine gewisse Zeit, z.B. in einem Forschungslabor denkbar, wo methodisches Vorgehen und intuitive Geistesblitze gleichzeitig gefragt sind.

Jungfrau- und Fische-Sonne

Stehen die Sonnen in gegenüberliegenden Tierkreiszeichen, dann ist man - zumindest was das strahlende Ego betrifft - gemeinsam perfekt. Die Wahrheit des Tierkreises liegt immer in der Mitte (im Horoskop steht dort die Erde, symbolisch das Selbst). In einer solchen Beziehung wird es zwar immer wieder zu Konfrontationen kommen. Ohne permanente Absprache blockiert man sich halt gegenseitig. Doch zugleich kann man über die Spiegelung durch den anderen seinen eigenen subjektiven Standpunkt verlassen, bewusster werden, sich selbst erkennen. Wenn die vernunftbetonte Jungfrau auf den intuitiven Fisch trifft, dann wird es erst einmal zu Missverständnissen kommen. Die Jungfrau ist darauf angewiesen, dass man ihr intellektuell verwertbare Informationen zukommen lässt. Der Fisch ist aber der Meinung, dass wahre Kommunikation sowieso nicht über Worte, sondern über Gesten und Empfindungen, über das Spüren und die Intuition abläuft, und verweigert sich allzu oberflächlichen Erklärungsversuchen.

Waage

Zwei Waage-Sonnen

Wenn beide Sonnen im gleichen Sektor des Zodiak stehen, ist eine große Einseitigkeit in der Beziehung wahrscheinlich, und es kann zur Konkurrenz kommen. Oft entscheidet es sich schon kurz nach dem Kennenlernen, wer die Eigenschaften dieses Tierkreiszeichens »für sich beansprucht«. Die andere Seite wird dann die passive Rolle einnehmen, die durch die Stellung des Mondes angezeigt wird. Waage entscheidet nicht gerne. Sie versteht sich auf die Kunst des Zauderns, lässt gerne dem anderen den Vortritt, um in Verhandlungen eine bessere Position zu haben. Trifft sie auf eine andere Waage, dann werden die Entscheidungen ständig hin- und hergeschoben. Die Spannung wird bis aufs Äußerste getrieben. Wer die besseren Nerven hat, hält dieses Pokern auch länger durch. Es kann zu Kämpfen mit den Waffen des Geistes kommen, fein durchdacht und ohne eine einzige Handgreiflichkeit. Beiden gemeinsam ist auch der Wunsch, sich am Partner zu orientieren. Es hängt von den weiteren Konstellationen der Einzelhoroskope ab, wie sich die Rollenverteilung in der Partnerschaft gestaltet.

Waage- und Skorpion-Sonne

Stehen die Sonnen in benachbarten Tierkreiszeichen, dann trennt und verbindet sie ein kosmischer Entwicklungsschritt. Es wird sehr schwierig werden, miteinander umzugehen, kommt der eine doch gerade aus einer Bewusstseinsebene, in die sich der andere hineinbegeben will. Waage liebt den Flirt, das spannungsgeladene Tete á Tete, immer an der Oberfläche. Skorpion möchte eine Beziehung enger, verbindlicher gestalten und versucht, seinen Partner über die Sexualität an sich zu binden. Gelingt dies, dann verliert Waage ihre Autonomie, ihre innere Spannung, ihren Glanz. Man arrangiert sich also irgendwo in der Mitte zwischen kalt und heiß, zwischen Kultur und Triebhaftigkeit, was für beide ziemlich anstrengend ist.

Waage- und Schütze-Sonne

Zwei Entwicklungsschritte voneinander getrennt befinden sich die beiden Sonnen in aktiven, dynamischen Tierkreiszeichen, die aber unterschiedlichen Elementen zugehörig sind. Das deutet darauf hin, dass neben vielen Ähnlichkeiten noch genug Unterschiede bestehen, um eine extreme Eigenblindheit des Paares zu verhindern. Die intellektuell-schöngeistige Waage und der weltoffene Schütze geben beide ein optimistisches, positives Paar ab. Beide sind Kulturmenschen, lieben das leichte und lockere Arrangement. Sexualität spielt zwar eine Rolle, doch beide versuchen, das Zwanghafte aus der Beziehung herauszulassen. Abgesehen davon, dass zwei, die eigentlich niemals Nein sagen können, ganz schön verschwenderisch sein werden, wird die Beziehung rundum erfolgreich sein.

Waage- und Steinbock-Sonne

Drei Entwicklungsabschnitte des Tierkreises voneinander getrennt stehen die Sonnen nicht nur in unterschiedlichen Elementen, sondern haben auch eine entgegengesetzte Yin-Yang-Polarität. Gleich ist bei beiden die kardinale Qualität, was auf Charaktere hindeutet, die das, was sie der Welt geben können, vehement durchsetzen werden, sich auf keinerlei Kompromisse einlassen können. Waage und Steinbock können zusammen eine sehr stabile Vernunftehe eingehen, die nach außen hin durchaus erfolgreich ist. Dies kann aber dazu führen, dass man zu viele Zwangs- Arrangements aufbaut und auch dann noch zusammen lebt, wenn man sich eigentlich gar nicht mehr leiden mag, nur der Form halber. Die Waage könnte dann mit der Zeit ihren ganzen Charme verlieren, und dem Steinbock gelingt es trotz seines ganzen Fleißes nicht, vom Partner akzeptiert zu werden. Beide sollte n, wenn sie zusammenbleiben wollen, immer wieder neue Partnerschaftsverträge aufstellen, die dem jeweiligen Stand der Beziehung auch wirklich entsprechen.

Waage- und Wassermann-Sonne
Stehen die Sonnen in Tierkreiszeichen, die zum Luftelement gehören, und haben sie auch die gleiche aktive Yang-Dynamik, dann wird man sich geistig gut austauschen können und nach außen hin in der Lage sein, sehr viele Kontakte aufzubauen. Eine gewisse intellektuelle Überbetonung aufgrund der vielen Gemeinsamkeiten lässt sich nur schwer vermeiden. Waage wandelt eigentlich immer einen halben Meter über dem Erdboden, möchte alle Unebenheiten des Lebens mithilfe ihres Intellekts ausgleichen. Wassermann ist ebenfalls in den geistigen Sphären zu Hause, schwebt über allen Dingen, betrachtet die Welt aus der Vogelperspektive. In einer Beziehung wird man sich gegenseitig viel Freiheit geben und einen leichten, ungebundenen Lebensstil kultivieren können. An Ungemach könnte höchstens passieren, dass man all die Möglichkeiten, die die Beziehung bietet, nicht voll ausschöpft. Es ist kein Zwang da, beide sind vollkommen frei.

Waage- und Fische-Sonne
Fünf kosmische Entwicklungsschritte voneinander getrennt erlebt man den anderen nicht mehr als befreundet und noch nicht als Feind. Weder Element noch Polarität noch Qualität der beiden Tierkreiszeichen passen zusammen. Die Begegnung wird für beide immer ein Phänomen bleiben, eine große geistige Bereicherung. Arbeiten beide zusammen am gleichen Projekt, dann wird man nur schwerlich dauerhafte Kompromisse finden können - wozu auch! Die kultivierte Waage liebt es, ästhetische Arrangements aufzubauen, die zumindest an der Oberfläche harmonisch sind. Über alle Unebenheiten wird ein schönes buntes Tuch gedeckt, dann sieht man sie ja nicht mehr. Fische können mit solchen Spannungen einfach nicht leben. Auch sie suchen den Ein-Klang mit allem. Doch sollte dieser schon echt und im Innersten spürbar sein. Dies ist ein so großer Anspruch, dass er eigentlich nie verwirklicht wird, und so ziehen sich die Fische leidend von der Welt zurück. Welch ein Graus für die pragmatische Waage! Beide können viel voneinander lernen, welche Harmonie zwischen beiden aber erklingen soll, steht in den Sternen.

Skorpion

Zwei Skorpion-Sonnen
Wenn beide Sonnen im gleichen Sektor des Zodiak stehen, ist eine große Einseitigkeit in der Beziehung wahrscheinlich, und es kann zur Konkurrenz kommen. Oft entscheidet es sich schon kurz nach dem Kennenlernen, wer die Eigenschaften dieses Tierkreiszeichens »für sich beansprucht«. Die andere Seite wird dann die passive Rolle einnehmen, die durch die Stellung des Mondes angezeigt wird. Leben zwei Skorpione zusammen, dann werden sie den Wunsch des jeweils anderen nach psychischer und körperlicher Intensität teilen. Allerdings wird sich auch schnell die Frage der Machtverteilung stellen, denn ohne das Gefühl, Kontrolle über eine Situation zu haben, lässt sich ein Skorpion kaum auf eine Beziehung ein.
Und deshalb kann die Begegnung auch schnell wieder ein Ende finden: Genau so, wie sich zwei gleichartig polarisierte Magneten gegenseitig abstoßen, werden sich Menschen mit ähnlichen Machtansprüchen auch meistens aus dem Wege gehen. Man beachte andere Faktoren des Horoskopvergleichs.

Skorpion- und Schütze-Sonne
Stehen die Sonnen in benachbarten Tierkreiszeichen, dann trennt und verbindet sie ein kosmischer Entwicklungsschritt. Es wird sehr schwierig werden, miteinander umzugehen, kommt der eine doch gerade aus einer Bewusstseinsebene, in die sich der andere hineinbegeben will. Während der Skorpion noch voll auf sein Gegenüber fixiert ist, zum Sklave seiner eigenen Vorstellungen und seines Trieblebens werden kann, hat der Schütze in der Regel sowohl das eine als auch das andere schon längst überwunden - oder auch verdrängt. Wie leicht und locker, wie tolerant und frei ist doch eine Beziehung, wenn man die Sexualität völlig ausklammert.
Doch ist sie dann überhaupt noch eine Beziehung? Da fängt das Drama an: Recht hat keiner von beiden, und gerade an der fleischlichen Sinneslust werden sich die Geister scheiden - oder zusammenfinden.

Skorpion- und Steinbock-Sonne
Zwei Entwicklungsschritte voneinander getrennt befinden sich die beiden Sonnen in passiven, nach innen gerichteten Tierkreiszeichen, die aber unterschiedlichen Elementen zugehörig sind. Das deutet

darauf hin, dass neben vielen Ähnlichkeiten noch genug Unterschiede bestehen, um eine extreme Eigenblindheit des Paares zu verhindern. Eine große Stärke des Skorpions ist seine Bereitschaft, sich voll und ganz auf eine Sache einzulassen. Dies ist dem Steinbock, der sowieso viel Zeit braucht und die Beständigkeit liebt, nur recht. Beide werden sich ganz gut in einer Partnerschaft arrangieren können. Der Skorpion findet kaum einen Anlass für seine allseits bekannte Eifersucht, und sollte er doch einmal aus purer Einbildung heiß laufen, dann wird ihn der knochentrockene, unendlich geduldige Steinbock auch wieder beruhigen können. Oft ist solch ein Paar in der Gesellschaft finanziell äußerst erfolgreich. Gemeinsam ist ihnen der Wunsch, Einfluss ausüben zu können. Was fehlt, ist Spontanität und Lebendigkeit.

Skorpion- und Wassermann-Sonne

Drei Entwicklungsabschnitte des Tierkreises voneinander getrennt stehen die Sonnen nicht nur in unterschiedlichen Elementen, sondern haben auch eine entgegengesetzte Yin-Yang-Polarität. Gleich ist bei beiden die fixe Qualität, was auf Charaktere hindeutet, die so sind, wie sie sind und sich von wirklich niemanden davon abbringen lassen - zwei Dickköpfe also.

In dieser Partnerschaft wird es kaum zu einem harmonischen Miteinander, vielleicht aber zu einem stabilen Nebeneinander kommen. Beide, Skorpion und Wassermann, sind Egozentriker, lassen sich von anderen auf keinen Fall hereinreden. Skorpion wird seinen Machtanspruch beim freiheitsliebenden Wassermann kaum befriedigen können und sich gezwungen fühlen, den Stachel gegen sich selbst zu setzen, in den sauren Apfel der Selbsterkenntnis zu beißen. Wassermann muss, so er denn dem anderen nahe sein will, ab und zu auf seine rein abstrakten Höhenflüge verzichten, sich vom Leben berühren lassen - wie schockierend.

Skorpion- und Fische-Sonne

Stehen die Sonnen in Tierkreiszeichen, die zum Wasserelement gehören, und haben sie auch die gleiche passive Yin-Dynamik, dann wird man für einander sehr viel Verständnis haben, sich ohne Worte verstehen und gemeinsam eine sanfte Ausstrahlung nach außen hinhaben. Ein gewisses Phlegma und eine Wehleidigkeit aufgrund der vielen Gemeinsamkeiten stellt sich automatisch ein. In dieser Partnerschaft kann der Skorpion sein Bedürfnis nach Macht und Kontrolle gut ausleben - der Fisch macht es ihm auf jeden Fall glauben, und dessen chamäleonhafte Täuschungsmanöver gelingen auch oft genug.

Von Zeit zu Zeit wird sich der Skorpion dann von Neuem aufmachen, die Seele des glitschigen Fisches einzufangen - wieder ist es nur eine leere Hülle, und der Fisch hat wieder Zeit gewonnen, Zeit, die er braucht, um sich mit sich selbst zu beschäftigen, auf seiner imaginären Spielwiese all das auszukosten, was im tatsächlichen Leben gar nicht möglich wäre. Da beide Gefühlsmenschen sind, kommen sie gut miteinander aus.

Schütze

Zwei Schütze-Sonnen

Wenn beide Sonnen im gleichen Sektor des Zodiak stehen, ist eine große Einseitigkeit in der Beziehung wahrscheinlich, und es kann zur Konkurrenz kommen. Oft entscheidet es sich schon kurz nach dem Kennenlernen, wer die Eigenschaften dieses Tierkreiszeichens »für sich beansprucht«. Die andere Seite wird dann die passive Rolle einnehmen, die durch die Stellung des Mondes angezeigt wird. Treffen zwei Schützegeborene zueinander, dann wird keiner dem anderen eine Grenze setzen wollen. Das ist sicherlich im ersten Moment ganz positiv, führt aber zu einem in alle Richtungen ausufernden Lebensstil, der kräftemäßig und finanziell alle Ressourcen ausplündern kann. Beide werden entweder bewusst in der Außenwelt nach Orientierungsmöglichkeiten suchen oder unbewusst einschränkende Situationen provozieren, sich in die Schranken weisen lassen. Was bleibt, ist die Chance, nicht nur körperlich, materiell oder im Maß an Aktivitäten zu expandieren, sondern auch geistig, d.h. nach dem Sinn des Daseins suchen, eine gemeinsame Ethik entwickeln.

Schütze- und Steinbock-Sonne

Stehen die Sonnen in benachbarten Tierkreiszeichen, dann trennt und verbindet sie ein kosmischer Entwicklungsschritt. Es wird sehr schwierig werden, miteinander umzugehen, kommt der eine doch gerade aus einer Bewusstseinsebene, in die sich der andere hineinbegeben will. Der alles bis ins letzte auskostende Schütze wird beim Steinbock seinen Lehrmeister finden. Letzterer übt sich ein Leben lang im Verzicht, praktiziert die Freiheit der Bedürfnislosigkeit. Wenn der Steinbock aber einmal versuchen sollte, das Leben ohne Leistungsdruck ganz einfach so zu genießen, wird er merken, dass auch er etwas lernen kann. Selbstverantwortung zeigt nur eine Seite der Wirklichkeit. Der Schütze kann, was ganz wunderbar ist, darauf vertrauen, dass die Schöpfung für alle Menschen da ist, jeden und auch einen selbst ernähren wird, ganz ohne Zwang und Krampf.

Schütze- und Wassermann-Sonne

Zwei Entwicklungsschritte voneinander getrennt befinden sich die beiden Sonnen in aktiven, dynamischen Tierkreiszeichen, die aber unterschiedlichen Elementen zugehörig sind. Das deutet darauf hin, dass neben vielen Ähnlichkeiten noch genug Unterschiede bestehen, um eine extreme Eigenblindheit des Paares zu verhindern. Der optimistische Schütze wird beim stets für alles empfänglichen Wassermann offene Türen einrennen, egal mit welchem Plan er kommt. Diese Beziehung eröffnet, besonders was das Geistige betrifft, wunderbare Dimensionen. Allerdings treffen sich hier auch zwei Luftikusse. Man sollte sich in der Außenwelt eine möglichst schwierige Situation aussuchen, verantwortungsbereite und ruhig etwas ängstliche Charaktere zu gemeinsamen Freunden machen, dann entwickeln sich die gemeinsamen Fähigkeiten noch am besten.

Schütze- und Fische-Sonne

Drei Entwicklungsabschnitte des Tierkreises voneinander getrennt stehen die Sonnen nicht nur in unterschiedlichen Elementen, sondern haben auch eine entgegengesetzte Yin-Yang-Polarität. Gleich ist bei beiden die variable Qualität, was auf Charaktere hindeutet, die verfestigte Zustände auflösen wollen, sehr anpassungsfähig sind und sich an ihrer Umwelt orientieren wollen. Der Schütze ist der Prediger des Tierkreises, der jeden von seinem Glauben überzeugen will und deshalb auch meist ganz optimistisch auf die Leute zugeht. Nie würde er zugeben, keinen Erfolg zu haben. Er lacht auch noch dann, wenn ihm das Wasser bis zum Halse steht. Fische sind die Mimosen des Tierkreises, ihnen steht das Leiden wirklich ins Gesicht geschrieben. Dafür strengen sie sich aber auch an, ihren Glauben, ihre Ethik tatsächlich im Alltag zu leben, ganz praktisch umzusetzen. Der Eremit, der Heilige wäre hier das entsprechende, etwas hochgegriffene Bild. Die Beziehung wird viele Missverständnisse beinhalten, für beide anstrengend sein.

Steinbock

Zwei Steinbock-Sonnen

Wenn beide Sonnen im gleichen Sektor des Zodiak stehen, ist eine große Einseitigkeit in der Beziehung wahrscheinlich, und es kann zur Konkurrenz kommen. Oft entscheidet es sich schon kurz nach dem Kennenlernen, wer die Eigenschaften dieses Tierkreiszeichens »für sich beansprucht«. Die andere Seite wird dann die passive Rolle einnehmen, die durch die Stellung des Mondes angezeigt wird. Zwei Steinböcke zusammen, das ist ein sehr ernstes, realistisches Gespann. Der femininere Typ der beiden (und das muss nicht immer die Frau sein) wird ganz sicher auf die Mondstellung ausweichen, in der passiven Rolle versuchen, den Ehrgeiz des Partners zu fördern und gleichzeitig die Neigung zur Verhärtung, zum zynischen Materialismus auszugleichen. Steinbock verwechselt oft das, was die Masse empfindet, was also die gesellschaftliche Realität ausmacht, mit der Wirklichkeit des Lebens. Dann entsteht eine hochmütige und zugleich verbitterte Einstellung. Steinböcken untereinander gelingt es nur schwer, diesen Irrtum zu begreifen, gerade deshalb, weil sie so erfolgreich Karriere machen.

Steinbock- und Fische-Sonne

Stehen die Sonnen in benachbarten Tierkreiszeichen, dann trennt und verbindet sie ein kosmischer Entwicklungsschritt. Es wird sehr schwierig werden, miteinander umzugehen, kommt der eine doch gerade aus einer Bewusstseinsebene, in die sich der andere hineinbegeben will. Steinbock möchte feste Normen und Wertvorstellungen schaffen, überflüssige Subjektivismen aussortieren, um das menschliche Miteinander zu vereinfachen. Für Wassermann ist die Normierung schon längst abgeschlossen, und er benutzt sie, um immer schneller und immer effektiver agieren zu können. Auf der anderen Seite spürt er auch die Einschränkungen, die der Standard mit sich bringt, möchte unnötige Härten wieder aufbrechen - die Ausnahme bestimmt die Regel, nicht umgekehrt. Wassermann verdankt seine persönliche Freiheit, seine Schnelligkeit und Leichtigkeit der mühsamen Kleinarbeit und Selbstdisziplin des Steinbocks.

Steinbock- und Fische-Sonne

Zwei Entwicklungsschritte voneinander getrennt befinden sich die beiden Sonnen in passiven, nach innen gerichteten Tierkreiszeichen, die aber unterschiedlichen Elementen zugehörig sind. Das deutet darauf hin, dass neben vielen Ähnlichkeiten noch genug Unterschiede bestehen, um eine extreme Eigenblindheit des Paares zu verhindern. Im esoterischen Sinne steht Steinbock der Wunsch, alle persönlichen Charakteristiken des Ego abzustreifen und in die anonyme Rolle des Mönchs zu schlüpfen. Die astrologische Struktur der Fische zeigt an, dass ein tiefes Bedürfnis danach vorhanden ist, spirituelle Ideale durch das eigene Leben zu verwirklichen. Dabei spielt das Äußere weniger eine Rolle, vielmehr kommt es auf das innere Gefühl an, diese

Verbundenheit mit allen Kreaturen. Im Alltagsleben zeichnen sich Steinböcke durch große Selbstdisziplin aus und durch die Bereitschaft, Verantwortung zu tragen. Fische sind einfühlsam, sensibel und musisch. Ihre Selbstdisziplin geht eher nach innen, sie versuchen, ihr privates Leben nach ethischen Prinzipien auszurichten. Beide werden einander achten und respektieren. Der Steinbock bringt Realismus, der Fisch Gefühl in die Beziehung.

Wassermann

Zwei Wassermann-Sonnen

Wenn beide Sonnen im gleichen Sektor des Zodiak stehen, ist eine große Einseitigkeit in der Beziehung wahrscheinlich, und es kann zur Konkurrenz kommen. Oft entscheidet es sich schon kurz nach dem Kennenlernen, wer die Eigenschaften dieses Tierkreiszeichens »für sich beansprucht«. Die andere Seite wird dann die passive Rolle einnehmen, die durch die Stellung des Mondes angezeigt wird. Zwei Wassermänner unter sich - da entscheidet sich schnell, wer von beiden der Verrücktere ist, wer den Ton angibt. Es ist schon ungewöhnlich genug, wenn sie zueinanderfinden. Ihr Leben wird ein einziges Experimentierfeld sein. Besonders wichtig ist die Zeit Ende zwanzig und dann noch einmal Anfang vierzig. Dort kann sich die Einstellung zur Gesellschaft jeweils beträchtlich verändern: Wer bis dato im Protest verharrt hat, wird die Anpassung lieben, wer sich so lange angepasst hat, wird den Ausbruchversuch wagen.

Wassermann- und Fische-Sonne

Stehen die Sonnen in benachbarten Tierkreiszeichen, dann trennt und verbindet sie ein kosmischer Entwicklungsschritt. Es wird sehr schwierig werden, miteinander umzugehen, kommt der eine doch gerade aus einer Bewusstseinsebene, in die sich der andere hineinbegeben will. Wassermänner und Fische leben in gänzlich unterschiedlichen Welten. Zwar sind beide höchst eigenwillige, der gesellschaftlichen Norm nicht unbedingt entsprechende Menschen. Der Wassermann ist und bleibt aber ein Denktypus, der zwar für alle Kuriositäten aufgeschlossen ist, aber niemals die Errungenschaften der Aufklärung zur Disposition stellen wird. Fische hingegen haben sich schon längst von der »Fessel« des Logos befreit. Sie denken, wenn überhaupt, dann nicht mit dem Kopf, sondern mit dem ganzen Körper. Für sie gibt es keine Trennung zwischen Naturwissenschaft und Metaphysik, und wenn, dann nur eine scheinbare. Beide Partner können in einer Beziehung ganz wunderbar an einander vorbeileben.

Fische

Zwei Fische-Sonnen

Wenn beide Sonnen im gleichen Sektor des Zodiak stehen, ist eine große Einseitigkeit in der Beziehung wahrscheinlich, und es kann zur Konkurrenz kommen. Oft entscheidet es sich schon kurz nach dem Kennenlernen, wer die Eigenschaften dieses Tierkreiszeichens »für sich beansprucht«. Die andere Seite wird dann die passive Rolle einnehmen, die durch die Stellung des Mondes angezeigt wird. Kommen zwei sensible Fische zusammen, dann kann es merkwürdig still werden, beinahe aseptisch steril. Der Grund liegt darin, dass beide ungeheuer feinfühlig sind und sich einfach nicht vom anderen abgrenzen können. Vor lauter Einfühlungsvermögen weiß man nicht mehr, wo der eine anfängt und der andere aufhört, jeder wartet darauf, dass der andere endlich ein klares Zeichen setzt, und beide drehen sich ewig im Kreise.

Sonne Trigon Sonne
Die starke Betonung zweier Tierkreiszeichen des gleichen Elements weisen darauf hin, dass man sich gegenseitig fördert und akzeptiert. Dies erhöht das Selbstbewusstsein enorm. Das Paar sollte darauf achten, die enormen Chancen, die in der Zusammenarbeit liegen, auch wirklich zu nutzen.

Sonne Konjunktion Sonne
Beide sehen die Welt aus der gleichen subjektiven Perspektive. Da gibt es erst einmal keine Verständigungsprobleme. Doch verstärkt sich die Einseitigkeit ungeheuer und da, wo man sonst schon auf einem Auge blind ist, ist dies jetzt erst recht so.

Sonne Opposition Sonne
Man sieht die Welt zwar aus völlig konträrem Blickwinkel, erlebt aber so ziemlich alles zeitgleich und fühlt sich auch mit den gleichen Themen konfrontiert. Anstatt sich abzulehnen oder gar zu bekämpfen, sollte man versuchen, den Blickwinkel des anderen als Bereicherung zu sehen, sich gegenseitig zu achten. Doch auch beim besten Arrangement wird der Kontakt immer etwas Aufregendes, Anstrengendes an sich haben.

Sonne Quadrat Sonne
Beide sind in ihrem unmittelbaren Selbstverständnis so unterschiedlich, dass es nur schwer zu einer dauerhaften Beziehung kommen wird. Der femininere Partner wird sicherlich zuerst einmal auf die Auslebung seiner »Sonnenseite«, das heißt auf Stolz und Schöpferkraft verzichten. Dadurch ist er/sie aber ganz in die passive Rolle hineingedrängt, und es fehlt einfach an Lebensfreude. Man achte auf andere Elemente im Partnerschaftsvergleich, die das Miteinander ermöglichen könnten.

Sonne Sextil Sonne
Die Betonung zweier befreundeter Tierkreiszeichenelemente zeigt an, dass man nicht nur reibungslos, sondern auch zum Wohle des jeweils anderen handeln kann. Besonders dann, wenn beide aktiv und kreativ sind, ist dies zu spüren.

Mondvergleich

Widder

Zwei Widder-Monde
Wenn die Monde im gleichen Sternzeichen stehen, stimmt man in seinen Grundbedürfnissen überein. Die Eigenschaft dieses Zeichens wird vom passiveren Partner ganz besonders gelebt werden. Ist die Rollenverteilung in einer Mann-Frau-Beziehung traditionell, dann wird es vor allem die Frau sein, die dafür sorgt, dass es zu Hause immer turbulent zugeht. Man möchte, dass jeder das, was er empfindet, unverblümt zum Ausdruck bringt, ohne falsche Rücksicht, ohne Beschönigungen. Hauptsache, es ist echt. In den eigenen vier Wänden spielt sich das Leben ab. Manche verbinden auch Beruf und Privatleben, haben zu Hause eine Werkstatt oder sind eifrige Heimwerker. Streit wird sich kaum vermeiden lassen. Dazu ist die Atmosphäre einfach zu dynamisch. Andere Menschen, die etwas ruhiger sind, kann dieser Lebensstil einschüchtern, abschrecken.

Widder- und Stier-Mond
Leicht ist es für beide nicht, sich auf einen gemeinsamen Lebensstil zu einigen. Wenn der eine auch weiterhin energisch und tatkräftig seinen Impulsen nachgehen kann, wird er den festen sicheren Rahmen, den sein Partner braucht, auch akzeptieren können.

Widder- und Zwilling-Mond
Langweilig wird es bestimmt nicht. Beide brauchen permanent Abwechslung, der eine hat ständig neue Ideen, liebt es martialisch, der andere möchte Menschen um sich sehen und macht eigentlich überall gerne mit.

Widder- und Krebs-Mond
Der eine mag Phlegmatiker nicht, der andere möchte nicht dauernd verletzt werden. Nur schwer wird man sich einigen können. Während der eine Dampf ablassen muss, um sich entspannen zu können, braucht der andere einen ruhigen, vertrauten Rahmen.

Widder- und Löwe-Mond
Beide lieben einen aktiven, dynamischen Alltag, entspannen sich am besten, wenn etwas los ist. Während der eine sich dabei einfach nur abreagieren möchte, sucht der andere dadurch Anerkennung, möchte der Mittelpunkt des Geschehens sein.

Widder- und Jungfrau-Mond
Zu gewissen Zeiten wird man sich näher kommen. Dann, wenn der eine sich wieder einmal intensiv abreagiert hat (dies braucht er zur Entspannung), und seine Wunden gepflegt werden müssen, schätzt er die Hilfsbereitschaft des anderen, wird sich dessen gute Ratschläge auch anhören. Danach sollte man aber wieder getrennte Wege gehen. Partner Nummer zwei braucht, um sich regenerieren zu können, sehr viel Ordnung und Klarheit und bleibt eigentlich lieber im Hintergrund.

Widder- und Waage-Mond
Die Naturelle sind so gegensätzlich, dass man sich immer wieder aneinander reiben wird. Während der eine die ehrlich-offene Geste liebt, sich ruhig auch einmal streitet, bekommt der andere schnell die Panik, wenn er das Gefühl hat, dadurch sozial isoliert zu werden. Letztere braucht die Harmonie, auch wenn sie noch so trügerisch ist, kann ohne ständigen Kontakt mit anderen einfach nicht leben.

Widder- und Skorpion-Mond
Der eine liebt die Offenheit, bringt seine Gefühle nach außen, rangelt und kämpft gerne einmal. Dies ist ganz gegen die Natur des anderen, der sehr im Psychischen lebt, eine enge, fast umklammernde Verbindung braucht und keine Boxkämpfe. Vielleicht findet man auf der Ebene der Sexualität zueinander. Beide sind, jeder auf seine Weise, im Bett sehr agil.

Widder- und Schütze-Mond
Begeisterungsfähigkeit ist ein treffendes Wort für beide. Der gemeinsame Alltag ist durch Abwechslungen gekennzeichnet, man wohnt oft in Provisorien, zieht mal hier, mal dort hin. Den einen zeichnet sein Mut zur Offenheit aus, der andere hat eigentlich für alles Verständnis, möchte keinesfalls im Wege stehen.

Widder- und Steinbock-Mond
Sicher wird man sich erst einmal ganz gewaltig aneinander reiben, bevor ein dauerhaftes Zusammenleben möglich ist. Während der eine die Spontanität liebt, sich bis zur Entspannung abreagieren möchte, braucht sein Partner sehr viel Ruhe und vor allem die Akzeptanz seiner Umwelt.

Widder- und Wassermann-Mond
Abreagieren möchte sich der eine, immer Erster sein, rangeln und kämpfen. Sein Partner wird dafür viel Verständnis aufbringen, liebt die Kuriositäten des Alltags und ist für Experimente immer aufgeschlossen.

Widder- und Fische-Mond
Beide sind sehr ichbezogen, allerdings auf unterschiedliche Weise. Während der eine sehr nach außen geht, seinem Herzen immer und überall Luft macht, lebt sein Partner in einer selbstgeschaffenen Fantasiewelt, kann sich dort am besten entspannen. Man trifft sich zwischen den Zeiten: Wenn der eine (schon aufsteht und der andere (endlich) zu Bett geht.

Stier

Zwei Stier-Monde
Wenn die Monde im gleichen Sternzeichen stehen, stimmt man in seinen Grundbedürfnissen überein. Die Eigenschaft dieses Zeichens wird vom passiveren Partner ganz besonders gelebt werden. Ist die Rollenverteilung in einer Mann-Frau-Beziehung traditionell, dann wird es vor allem die Frau sein, die für eine ruhige und bedächtige Atmosphäre sorgt. Der Erwerbstrieb ist sehr ausgeprägt, steigert sich im Extrem bis zur Habgier. Was man sich einmal einverleibt hat, lässt man nicht mehr los. Der Wunsch, ein Stückchen von dieser Welt zu besitzen (einen kleinen Garten, eine eigene Wohnung, ein Haus) ist groß. Dafür ist man bereit, eine ganze Menge Unbill in Kauf zu nehmen. Überhaupt wachsen beide an der Last, die sie sich aufbürden. Sie wollen es aber auch so. Man wird mit den Jahren körperlich und geistig immer schwerer, bindet sich an die Materie, verankert sich in der sozialen Gemeinschaft.

Stier- und Zwillinge-Mond
Während einer eine Genießernatur ist, sich inmitten seiner Reichtümer am besten entspannen kann, liebt der andere die Bewegung, möchte locker werden, Luft zum Atmen haben. Da baut sich immer wieder eine Spannung auf, sind Arrangements von kurzer Dauer.

Stier- und Krebs-Mond
Dies ist eine sehr harmonische, ins phlegmatische gehende Verbindung: Ausgeprägter Erwerbssinn und Standorttreue auf der einen Seite und andererseits ein großes Schutzbedürfnis und der Wunsch, Kinder aufzuziehen, ein gemütliches Nest zu haben.

Stier- und Löwe-Mond
Der eine möchte den Besitz mehren, sich aber gleichzeitig im sozialen Milieu verankert wissen. Das geht am besten, wenn man nach außen hin etwas grau und bescheiden lebt. So hält man die Neider fern. Der andere liebt es, aufzufallen, und

das eigene Heim soll vor allem Repräsentationsqualitäten haben, nach außen hin wirken. Der Konflikt ist vorprogrammiert, Arrangements schwierig.

Stier- und Jungfrau-Mond
Der eine liebt die Sicherheit, besonders was das Materielle betrifft und ist äußerst gründlich. Sein Partner braucht vor allen Dingen Ordnung, um das innere Chaos seiner Seele zu besänftigen. Eigentlich ganz gute Voraussetzungen, um zusammenzuleben.

Stier- und Waage-Mond
Während der eine besonders die handfesten Dinge genießen will, wobei es auf das Äußere nicht so unbedingt ankommt (Wohlstand weckt Neid, also ist man vorsichtig), liebt sein Partner das Feinsinnig-Ästhetische, die Eleganz, möchte möglichst oft von Menschen umgeben sein. Da kommt man sich immer wieder in die Quere, und alle Arrangements werden nur eine gewisse Zeit gelten.

Stier- und Skorpion-Mond
Während der eine das Sinnlich-Handfeste liebt, zur Völlerei neigt, eigentlich immer »schwerer« werden will, versucht sich sein Partner von allem überflüssigen materiellen Ballast zu lösen und geistig-seelische Bindungen einzugehen. In der Sexualität werden sich beide treffen, ansonsten ist der Alltag von Gegensätzlichkeiten bestimmt: Hortet der eine auch noch die letzten, schon halb verdorbenen Reste in der Speisekammer, ist der andere Experte im Ausmisten, braucht immer wieder Nachschub für seinen Komposthaufen.

Stier- und Schütze-Mond
Während sich der eine gern zum Schlemmen und Genießen zurückzieht, seine Nächsten am liebsten besitzen, als sein Eigentum betrachten möchten, braucht der andere ein freies, weltoffenes zu Hause. Beiden ein ist der Wunsch nach Luxus und Wohlstand, doch auch dort gibt es Spannungen: im Extremfall Geiz und Verschwendung.

Stier- und Steinbock-Mond
Während sich der eine ganz auf seine Besitztümer zurückzieht, um sich entspannen zu können, soziale Verankerung nur braucht, um ungestört genießen zu können, geht es dem anderen darum, zum Establishment zu gehören, öffentliche Anerkennung zu bekommen. Besitz ist da auch wichtig, aber mit Stil bitte. In ihrer materiellen Orientierung ergänzen sich beide sehr gut.

Stier- und Wassermann-Mond
Während der eine ungestört genießen will und vor nichts mehr Angst hat als vor Neidern, liebt es der andere, sein Brot, sein Haus, die Erziehung der Kinder, ja überhaupt alles zu teilen. Materialismus und Idealismus - da sollte man es sich schon einmal überlegen, ob für eine erfolgreiche Ehe nicht ein Ehevertrag mit Gütertrennung etc. an essen wäre.

Stier- und Fische-Mond
Während der eine seine Ruhe und seinen Frieden braucht, um ungestört genießen zu können, verbreitet sein Partner eine liebevolle Stimmung, besonders dann, wenn er im Hintergrund bleiben, seinen Träumen nachgehen kann.

Zwillinge

Zwei Zwillinge-Monde
Wenn die Monde im gleichen Sternzeichen stehen, stimmt man in seinen Grundbedürfnissen überein. Die Eigenschaft dieses Zeichens wird vom passiveren Partner ganz besonders gelebt werden. Ist die Rollenverteilung in einer Mann-Frau-Beziehung traditionell, dann wird es vor allem die Frau sein, die für Abwechslung sorgt. Allerdings gehört der Zwilling zur androgynen Achse des Tierkreises, und so wird es beiden viel Spaß machen, die Geschlechterrollen überall da zu tauschen, wo es möglich ist. Wichtig ist beiden, die Empfindungen auch mit dem Verstand zu erfassen. Das Mitteilungsbedürfnis ist also ganz besonders groß. Im Extrem führt das zu ständigen Erklärungsversuchen, einem »Wegrationalisieren« alles Psychischen. Kommt man untereinander damit noch ganz gut klar, so ist man doch als Paar für die Umwelt eine ganz schöne Nervenbelastung - was in der astrologischen Analogie natürliche auch darauf hinweist, dass beide für eine abwechslungsreiche Umgebung, wie sie z.B. in einer Großstadt herrscht, geradezu prädestiniert sind.

Zwillinge- und Krebs-Mond
Beweglichkeit, das Schwätzchen mit dem Nachbarn und Abwechslung liebt der eine. Das ist Für den anderen meist schon zu viel. Jener braucht - gleich einer Henne - Ruhe zum »Brüten«. Er möchte in seiner Freizeit genug Raum haben, um all die gewonnenen Eindrücke verarbeiten zu können.

Zwillinge- und Löwe-Mond
Beweglichkeit, das Schwätzchen mit dem Nachbarn und Abwechslung liebt der eine, ein repräsentatives Heim, in dem er »Hofhalten« kann, sein Partner.

Eigentlich spricht nichts dagegen, dass das alltägliche gemeinsame Leben interessant wird.

Zwillinge- und Jungfrau-Mond

Beweglichkeit, das Schwätzchen mit dem Nachbarn und Abwechslung liebt der eine. Sein Partner möchte jedes Detail erst einmal emotional verwerten, einordnen, analysieren. Dabei vergeht so viel Zeit, dass Ersterem die Lust vergeht. Das Zusammenleben wird für beiden anstrengend sein.

Zwillinge- und Waage-Mond

Beweglichkeit, das Schwätzchen mit dem Nachbarn und Abwechslung liebt der eine. Das passt eigentlich ganz gut zu seinem Partner, der Menschen braucht, um sich in ihnen zu spiegeln, Gefühle zu entwickeln. Beide werden ein lebendiges, für alle offenes Zuhause haben, in dem viele Menschen ein und aus gehen.

Zwillinge- und Skorpion-Mond

Beweglichkeit, das Schwätzchen mit dem Nachbarn und Abwechslung liebt der eine. Das kollidiert mit den Besitzansprüchen des anderen, der feste Rahmenbedingungen braucht, eine möglichst abgeschlossene Welt (gleich einer Wolfshöhle), um sich entspannen zu können.

Zwillinge- und Schütze-Mond

Beweglichkeit, das Schwätzchen mit dem Nachbarn und Abwechslung liebt der eine. Das passt eigentlich ganz gut zur Weltoffenheit seines Partners. Jener ist zwar ein wenig überheblich, spielt gerne den Philosophen, aber beide lieben eine kühl-geistig-sachliche Atmosphäre.

Zwillinge- und Steinbock-Mond

Beweglichkeit, das Schwätzchen mit dem Nachbarn und Abwechslung liebt der eine, der andere sucht zur Entspannung den Rückzug in die Zweisamkeit, eine ernst-melancholische Stimmung. Eine Lebensweise, die beiden gerecht wird, lässt sich immer nur für gewisse Zeiten aufbauen.

Zwillinge- und Wassermann-Mond

Beweglichkeit, das Schwätzchen mit dem Nachbarn und Abwechslung liebt der eine, ausgefallene Situationen (ganz das Gegenteil trister Alltagsmonotonie) der andere. Beide können gut zusammenleben, werden aber trotz oder gerade wegen dieser ganzen geistigen Gemeinsamkeiten eine gewisse Distanz zueinander bewahren.

Zwillinge- und Fische-Mond

Beweglichkeit, das Schwätzchen mit dem Nachbarn und Abwechslung braucht der eine, eine stille, verträumte Stimmung, Rückzug von der Welt der andere. Den Alltag gemeinsam zu gestalten, sodass beide zu ihrem Recht kommen, ist eine Kunst für sich.

Krebs

Zwei Krebs-Monde

Wenn die Monde im gleichen Sternzeichen stehen, stimmt man in seinen Grundbedürfnissen überein. Die Eigenschaft dieses Zeichens wird vom passiveren Partner ganz besonders gelebt werden. Ist die Rollenverteilung in einer Mann-Frau-Beziehung traditionell, dann wird es vor allem die Frau sein, die die heimische Situation gestaltet. Beide werden sich immer eine gewisse Kindlichkeit erhalten und sich rührend um den Nachwuchs kümmern, besonders, wenn er noch klein ist. Patriarchalische Lebensmodelle, in denen scheinbar der Mann der »Herr im Hause« ist, es sich in Wirklichkeit aber hauptsächlich um die Familie, um die Sippe dreht, werden bevorzugt. Die große Sensibilität und der Wankelmut beider Partner wird dazu führen, dass man sich an feste gesellschaftliche Regeln hält, im Grunde konservativ ist. Die Härte des Lebens wird aus der Beziehung möglichst herausgefiltert und wird dann möglicherweise als gemeinsame Bedrohung im Außen erlebt.

Krebs- und Löwe-Mond

Der eine möchte sich am liebsten bei jeder Gelegenheit in ein Schneckenhaus zurückziehen können, sein Partner möchte das gemeinsame Heim zu gerne zum Palast umgestalten. Der Kompromiss? Vielleicht ein luxuriös ausgestattetes Schneckenhaus - oder der Palast mit Rückzugsmöglichkeiten.

Krebs- und Jungfrau-Mond

Der eine möchte sich am liebsten bei jeder Gelegenheit in ein Schneckenhaus zurückziehen können, sein Partner achtet darauf, dass alles seinen geordneten Gang geht. Beide bauen an einem perfekten Heim, können dadurch die Unsicherheiten in ihren Seelen ausgleichen.

Krebs- und Waage-Mond

Der eine möchte sich am liebsten bei jeder Gelegenheit in ein Schneckenhaus zurückziehen können, sein Partner lässt gerne Tag und Nacht die Türen offen, damit ja kein Besucher auf den Gedanken käme, man wäre nicht zu Hause. In einem gemeinsamen Haushalt würden also - symbolisch gesprochen - ständig die Türen auf und zu gehen.

Krebs- und Skorpion-Mond
Der eine möchte sich am liebsten bei jeder Gelegenheit in ein Schneckenhaus zurückziehen können, sein Partner liebt es, Fenster und Türen derart dicht zu schließen, dass wie in einer Sauna die Hitze immer mehr ansteigt. Mit anderen Worten: Man lebt ganz gemütlich zusammen.

Krebs- und Schütze-Mond
Der eine möchte sich am liebsten bei jeder Gelegenheit in ein Schneckenhaus zurückziehen können, sein Partner bevorzugt Provisorien wie z.B. Zeltlager, die auf der ewigen Wanderschaft möglichst leicht wieder abzureißen sind. Wanderschnecke oder Schneckenzelt - jeder Kompromiss wird irgendwo haken.

Krebs- und Steinbock-Mond
Der eine möchte sich am liebsten bei jeder Gelegenheit in ein Schneckenhaus zurückziehen können, sein Partner versucht immer wieder, aus solch einem Gebilde herauszukommen. Irgendwo auf halbem Wege wird man sich schon treffen.

Krebs- und Wassermann-Mond
Der eine möchte sich am liebsten bei jeder Gelegenheit in ein Schneckenhaus zurückziehen können, sein Partner lebt auf einer Wolke und möchte dort auch bleiben. Ob ein Wolkenkuckucksheim der rechte Kompromiss ist?

Krebs- und Fische-Mond
Der eine möchte sich am liebsten bei jeder Gelegenheit in ein Schneckenhaus zurückziehen können, sein Partner hat auch nicht die rechte Lust, ins Licht der Öffentlichkeit gezerrt zu werden - auf jeden Fall nicht dann, wenn er sich entspannen möchte. Eigentlich passen beide ganz gut zusammen, können es sich gemütlich machen.

Löwe

Zwei Löwe-Monde
Wenn die Monde im gleichen Sternzeichen stehen, stimmt man in seinen Grundbedürfnissen überein. Die Eigenschaft dieses Zeichens wird vom passiveren Partner ganz besonders gelebt werden. Ist die Rollenverteilung in einer Mann-Frau-Beziehung traditionell, dann wird es vor allem die Frau sein, die für Prunk und Luxus sorgt. Man liebt es, zu repräsentieren, in einer Zentrumslage, im Brennpunkt des Interesses aller zu leben. Da jeder der beiden Wert auf große Gesten legt und kaum mehr als sich selber wahrnimmt, wird man gut aneinander vorbei leben, kann eine »Konkurrenz der Empfindungen« entstehen. Wichtig ist dann eine kreative, anregende Atmosphäre. Sind beide künstlerisch tätig und gönnen sich gegenseitig zumindest häppchenweise ein bisschen Aufmerksamkeit und Anerkennung, dann lässt es sich doch ganz gut miteinander leben.

Löwe- und Jungfrau-Mond
Nicht Hütten, sondern Paläste liebt der Erste der beiden. Er muss repräsentieren können, kann sich am besten entspannen, wenn er im Mittelpunkt steht. Seinen Partner verunsichert dies eher, er ist bescheiden und braucht eher ein Heim, in dem auch über Probleme gesprochen werden kann.

Löwe- und Waage-Mond
Nicht Hütten, sondern Paläste liebt der Erste der beiden. Er muss repräsentieren können, kann sich am besten entspannen, wenn er im Mittelpunkt steht. Sein Partner ist eigentlich für alles offen, was schön und ästhetisch ist, Menschen anlockt. Wenn auch das Finanzielle stimmt, dann kann man ja gleich an die Realisation gehen!

Löwe- und Skorpion-Mond
Nicht Hütten, sondern Paläste liebt der Erste der beiden. Er muss repräsentieren können, kann sich am besten entspannen, wenn er im Mittelpunkt steht. Sein Partner bevorzugt eine abgeschlossene, sehr private, die Leidenschaft weckende Atmosphäre. Wenn sich beide nicht in alltägliche Machtkämpfe verstricken wollen, sollte n sie dazu übergehen, die einzelnen Reviere fein säuberlich abzustecken.

Löwe- und Schütze-Mond
Nicht Hütten, sondern Paläste liebt der Erste der beiden. Er muss repräsentieren können, kann sich am besten entspannen, wenn er im Mittelpunkt steht. Sein Partner braucht vor allem Toleranz, will in seiner privaten Sphäre keine Einschränkungen erleben. Beide können sich ganz gut miteinander arrangieren.

Löwe- und Steinbock-Mond
Nicht Hütten, sondern Paläste liebt der Erste der beiden. Er muss repräsentieren können, kann sich am besten entspannen, wenn er im Mittelpunkt steht. Sein Partner möchte zwar auch eine gewisse Bedeutung in seinem alltäglichen Leben erlangen. Es ist jedoch ein großer Unterschied zwischen glorreichem (etwas nach neureich riechendem Prunk und der (zugegeben etwas staubigen Etikette alten Adels.

Löwe- und Wassermann-Mond
Nicht Hütten, sondern Paläste liebt der Erste der beiden. Er muss repräsentieren können, kann sich am besten entspannen, wenn er im Mittelpunkt steht. Sein Partner sucht eher das revolutionäre, exzentrische, so ganz am Rande, an der Peripherie liegende Etablissement. Man trifft sich, wenn die Bereitschaft da ist, große Gegensätze zu überbrücken.

Löwe- und Fische-Mond
Nicht Hütten, sondern Paläste liebt der Erste der beiden. Er muss repräsentieren können, kann sich am besten entspannen, wenn er im Mittelpunkt steht. Sein Partner braucht eine zurückgezogene Welt, in der er seine große Sensibilität entfalten kann, die ihm Distanz garantiert, vor seelischer Überlagerung beschützt.

Jungfrau

Zwei Jungfrau-Monde
Wenn die Monde im gleichen Sternzeichen stehen, stimmt man in seinen Grundbedürfnissen überein. Die Eigenschaft dieses Zeichens wird vom passiveren Partner ganz besonders gelebt werden. Ist die Rollenverteilung in einer Mann-Frau-Beziehung traditionell, dann wird es vor allem die Frau sein, die versucht, ein natürliches und vernünftiges Leben zu führen. Sie wird gut haushalten, sparsam sein, für eine durchorganisierte Küche sorgen, vielleicht auch wissen, welche Schadstoffe in welchen Lebensmitteln sind und wie sie sich vermeiden lassen. Eine überkritische Grundhaltung und eine Unsicherheit, die bis zum Selbstzweifel gehen kann, prägen beide. Und da einer den anderen nicht stabilisieren, ausgleichen kann, wird man gemeinsam nach anderen Menschen suchen müssen, die zwar weniger vernünftig, dafür Selbstbewusster und unmittelbarer leben.

Jungfrau- und Waage-Mond
Während der eine nur vorsichtig und dienend auf Menschen zugeht und sich in seiner Freizeit lieber mit Schwierigkeiten beschäftigt, die Kompliziertheit seiner Gefühlswelt ausbreiten möchte, wird der andere über alle Probleme ein schönes Tuch decken und es einfach angenehm und abwechslungsreich haben wollen, viele Menschen in seinem Haus sehen wollen.

Jungfrau- und Skorpion-Mond
Der eine wird nur vorsichtig und dienend auf Menschen zugehen, sich in seiner Freizeit mit Schwierigkeiten beschäftigen und die Kompliziertheit seiner Gefühlswelt ausbreiten möchten. Und der andere bohrt am liebsten im Seelenleben anderer herum. Gerade dann, wenn man gemeinsam Schicksalhaftes erlebt, die Tiefe der menschlichen Existenz durchschreitet, fühlt sich jener wohl.

Jungfrau- und Schütze-Mond
Während der eine nur vorsichtig und dienend auf Menschen zugeht und sich in seiner Freizeit lieber mit Schwierigkeiten beschäftigt, die Kompliziertheit seiner Gefühlswelt ausbreiten möchte, wird der andere sich am liebsten von einem Höhenflug zum anderen aufmachen, möchte wenigsten im Alltag das Schöne und Gute, das Positive sehen können.

Jungfrau- und Steinbock-Mond
Während der eine nur vorsichtig und dienend auf Menschen zugeht und sich in seiner Freizeit lieber mit Schwierigkeiten beschäftigt, die Kompliziertheit seiner Gefühlswelt ausbreiten möchte, wird der andere sich dem Ernst des Lebens widmen, sich in seiner Freizeit auf Wesentliches konzentrieren wollen. Man ergänzt sich eigentlich ganz gut.

Jungfrau- und Wassermann-Mond
Während der eine nur vorsichtig und dienend auf Menschen zugeht und sich in seiner Freizeit lieber mit Schwierigkeiten beschäftigt, die Kompliziertheit seiner Gefühlswelt ausbreiten möchte, wird der andere zu gern in den Wolken schweben, sich mit irgendwelchen Verrücktheiten entspannen.

Jungfrau- und Fische-Mond
Während der eine nur vorsichtig und dienend auf Menschen zugeht und sich in seiner Freizeit lieber mit Schwierigkeiten beschäftigt, die Kompliziertheit seiner Gefühlswelt ausbreiten möchte, wird der andere sich ganz in seine eigene Fantasiewelt zurückziehen. Mit dem festen Willen, Gegensätze überbrücken zu wollen, kann man auch gemeinsam leben.

Waage

Zwei Waage-Monde
Wenn die Monde im gleichen Sternzeichen stehen, stimmt man in seinen Grundbedürfnissen überein. Die Eigenschaft dieses Zeichens wird vom passiveren Partner ganz besonders gelebt werden. Ist die Rollenverteilung in einer Mann-Frau-Beziehung traditionell, dann wird es vor allem die Frau sein, die das Ästhetische im Alltag umsetzt. Beide möchten jenseits des Nüchtern-Funktionalen Schönheit

und Kultur erleben, brauchen eine gepflegte Atmosphäre, um sich zu entspannen. Dass Kinder viel Arbeit machen, in den ersten Jahren einen Haufen Windeln und später dann andere Belastungen verursachen, die Eltern aneinanderbinden und ihnen die Freizeit nehmen - das sind alles Gründe, die die Partner sehr beachten sollen, bevor sie an Nachwuchs denken. Die weibliche Rolle des Waagemondes entspricht der aus Gottvater Zeus geborenen eulengesichtigen Pallas Athene oder auch der aus Uranus« abgeschnittenem und ins Meer gefallenem Glied der schaumgeborenen Venus Aphrodite. Es sind kluge, gebildete, doch keineswegs mütterliche Frauengestalten.

Waage- und Skorpion-Mond
Eine ästhetisch-geistvolle Stimmung braucht der eine, um warm zu werden. Für den Partner geht es eher darum, eine körperliche und sexuelle Nähe herzustellen. Man trifft sich auf der Bettkante.

Waage- und Schütze-Mond
Eine ästhetisch-geistvolle Stimmung braucht der eine, um warm zu werden. Für den Partner ist es wichtig, Verständnis und Toleranz zu bekommen. So wird man sich im Alltag verstehen, sich gegenseitig das geben können, was der andere braucht.

Waage- und Steinbock-Mond
Eine ästhetisch-geistvolle Stimmung braucht der eine, um warm zu werden. Für den Partner steht die Konvention im Vordergrund, er ist sparsam und mag keinen Überfluss. Und so wird es schwer sein, gemeinsam den Alltag zu gestalten.

Waage- und Wassermann-Mond
Eine ästhetisch-geistvolle Stimmung braucht der eine, um warm zu werden. Für den Partner ist Abwechslung wichtig, nichts hasst er mehr als die Routine des Alltags. Das ergänzt sich gut.

Waage- und Fische-Mond
Eine ästhetisch-geistvolle Stimmung braucht der eine, um warm zu werden. Für den Partner ist es wichtiger, eine innere Harmonie zu spüren, die weniger aus dem Intellekt als aus der Empfindung kommt.

Skorpion

Zwei Skorpion-Monde
Wenn die Monde im gleichen Sternzeichen stehen, stimmt man in seinen Grundbedürfnissen überein. Die Eigenschaft dieses Zeichens wird vom passiveren Partner ganz besonders gelebt werden. Ist die Rollenverteilung in einer Mann-Frau-Beziehung traditionell, dann wird es vor allem die Frau sein, die für eine leidenschaftliche, sehr enge Beziehung sorgt. Sexualität, Geld und Macht spielen eine große Rolle. Beide neigen dazu, sich psychisch in den anderen zu verhaken, symbiotische Beziehungen einzugehen. Alte Gefühlsmuster und eine Verteilung der Geschlechterrollen, wie sie schon seit Generationen in den Familien der Partner üblich waren, werden neu aufgerollt. Wichtig ist es, dass man sich diese Strukturen bewusst macht. Es wird immer wieder zu schmerzlichen Veränderungen und Lösungsprozessen kommen. Man sollte gemeinsam nach Freunden suchen, die einfach und unkompliziert, bodenständig sind. So gleicht man die sich doch immer wieder überhitzende Atmosphäre aus.

Skorpion- und Schütze-Mond
Der eine braucht gefühlsmäßig eine große Nähe, einen Partner, den er besitzen kann. Der andere hat vor nichts mehr Panik als vor einer emotional einengenden Beziehung. Jeder Kompromiss wird nur ein Experiment sein, für eine gewisse Zeit gelten können.

Skorpion- und Steinbock-Mond
Der eine braucht gefühlsmäßig eine große Nähe, einen Partner, den er besitzen kann. Der andere braucht Sicherheit und Verbindlichkeit. Und so gelingt es recht gut, den Alltag gemeinsam zu gestalten.

Skorpion- und Wassermann-Mond
Der eine braucht gefühlsmäßig eine große Nähe, einen Partner, den er besitzen kann. Der andere liebt die Freiheit über alles, möchte sich emotional keineswegs einschränken lassen. Am besten lebt man zusammen, wenn man weiß, wo die Grenzen sind.

Skorpion- und Fische-Mond
Der eine braucht gefühlsmäßig eine große Nähe, einen Partner, den er besitzen kann. Der andere sucht eine Umgebung, die ihm die Ruhe gibt, sich in seine innere Fantasiewelt zurückzuziehen - jedenfalls dann, wenn man sich regenerieren möchte. Beide können im gemeinsamen Alltag das bekommen, was ihnen zur Entspannung verhilft.

Schütze

Zwei Schütze-Monde

Wenn die Monde im gleichen Sternzeichen stehen, stimmt man in seinen Grundbedürfnissen überein. Die Eigenschaft dieses Zeichens wird vom passiveren Partner ganz besonders gelebt werden. Ist die Rollenverteilung in einer Mann-Frau-Beziehung traditionell, dann wird es vor allem die Frau sein, die die Sehnsucht nach fremden Ländern zu Ausdruck bringt, eine großzügige und ungebundene Lebensweise wünscht. Doch im Grunde sind beide bereit, die Geschlechterrollen neu zu verteilen. Kinder? Wieso nicht. Man wird sie aber überall hin mitnehmen, auf jedes Musikfestival und im Urlaub bis in die entferntesten Regionen. Was suchen beide dort? Nun, man ist Ausländer, fast überall auf der Welt. Und mit einem Schützemond ist man immer ein Fremder, auch und gerade zu Hause im eigenen Land. Erst nach langer Zeit haben beide ihren inneren Lebenssinn gefunden und werden sich wirklich in Ruhe niederlassen können - wenigstens für eine Zeit. Der typische Wohnort für diese Sternzeichen ist übrigens das Zelt.

Schütze- und Steinbock-Mond

Der eine möchte seinen Gefühlen auf keinen Fall Grenzen setzen, der andere kommt nur schwer aus sich heraus, ist mehr von ernster Natur. Man wird, wenn man zusammenleben will, gewisse Kompromisse machen müssen.

Schütze- und Wassermann-Mond

Der eine möchte seinen Gefühlen auf keinen Fall Grenzen setzen, der andere liebt das Ausgefallene, braucht zur Entspannung irgend eine verrückte Sache. Da wird es im alltäglichen Zusammenleben sicherlich nie langweilig werden.

Schütze- und Fische-Mond

Der eine möchte seinen Gefühlen auf keinen Fall Grenzen setzen, der andere braucht eine sensible, rücksichtsvolle Umgebung, um sich regenerieren zu können. Eine Verständigung wird nur schwer möglich sein.

Steinbock

Zwei Steinbock-Monde

Wenn die Monde im gleichen Sternzeichen stehen, stimmt man in seinen Grundbedürfnissen überein. Die Eigenschaft dieses Zeichens wird vom passiveren Partner ganz besonders gelebt werden. Ist die Rollenverteilung in einer Mann-Frau-Beziehung traditionell, dann wird es vor allem die Frau sein, die auf Ordnung und Disziplin achtet. Beide lieben die Tradition, die Sicherheit der althergebrachten Geschlechterrollen, möchten sie neu beleben. »Raum ist in der kleinsten Hütte« könnte hier die Devise sein. Man ist bescheiden, übt sich im Verzicht. Doch auf der anderen Seite können alte Ängste und depressive Stimmungen hochkommen. Beide brauchen lange Zeit, um sich innerlich vom Elternhaus abzunabeln. Es ist die Tendenz da, sich aneinanderzuklammern, einzumauern, zurückzuziehen. Hohe Mauern werden aufgebaut, man versteckt sich hinter den Konventionen, Umgangsformen, muss gemeinsam den Mut aufbringen, sie immer wieder zu durchbrechen.

Steinbock- und Wassermann-Mond

Der eine ist ein wenig gehemmt, liebt keine großen Gesten, sondern eher die beschauliche, ruhige Stimmung. Sein Partner dagegen bricht immer wieder aus der Konvention aus, muss sich Luft machen, um Entspannung zu finden. Kompromisse sind schwierig, bringen neue Spannungen.

Steinbock- und Fische-Mond

Der eine ist ein wenig gehemmt, liebt keine großen Gesten, sondern eher die beschauliche, ruhige Stimmung. Sein Partner braucht viel Rücksicht, um seine Sensibilität voll entfalten zu können. Das gemeinsame Zusammenleben kann sehr angenehm sein.

Wassermann

Zwei Wassermann-Monde

Wenn die Monde im gleichen Sternzeichen stehen, stimmt man in seinen Grundbedürfnissen überein. Die Eigenschaft dieses Zeichens wird vom passiveren Partner ganz besonders gelebt werden. Ist die Rollenverteilung in einer Mann-Frau-Beziehung traditionell, dann wird es vor allem die Frau sein, die Veränderungen liebt, ständig innerlich auf dem Sprung ist, voller Spannung, offen für alles und jedermann. Gerade in diesem Zeichen ist die Experimentierfreude groß. Alles wird infrage gestellt: die Zugehörigkeit zu einem Geschlecht, zu einer Kultur, zu einer gesellschaftlichen Schicht. Man will völlig neu anfangen. Dies geschieht oft gar nicht so freiwillig, sondern auch aus äußeren Zwängen heraus. Zumindest einer des beiden Partner wird es in der Vergangenheit erlebt haben, dass es ganz plötzlich, mit einem Male zu einem Bruch mit der Familie, mit der Tradition kam: Sei es durch Krieg oder durch Unfälle, Krankheiten, Scheidungen. Freiheit ist nicht leicht zu leben.

Wassermann- und Fische-Mond

Der eine braucht ständig Abwechslung, Spannung und das Erlebnis, der andere viel Rücksicht, um seine Sensibilität voll entfalten zu können. Man wird sich, wenn man nicht gerade ein besonders kreatives Künstlerpärchen abgibt, im Alltag immer wieder gegenseitig durcheinanderbringen, es wird zu einigen Missverständnissen kommen.

Fische

Zwei Fische-Monde

Wenn die Monde im gleichen Sternzeichen stehen, stimmt man in seinen Grundbedürfnissen überein. Die Eigenschaft dieses Zeichens wird vom passiveren Partner ganz besonders gelebt werden. Ist die Rollenverteilung in einer Mann-Frau-Beziehung traditionell, dann wird es vor allem die Frau sein, die ganz sensibel und einfühlsam ist, lieber im Hintergrund agiert, angewiesen auf die Rücksicht ihrer Mitmenschen. Der Hintergrund dieser Konstellation kann darin liegen, dass beide in einem fremden Milieu aufgewachsen sind, das es ihnen nur schwer ermöglichte, ihre Eigenart laut und deutlich nach außen zu zeigen. So entwickeln sich die innere Empfindung, das Musische, die Fantasie. Bevor man sich einem Menschen gegenüber öffnet, schaut man genau nach, ob dieser einen überhaupt verstehen will. Beide Partner werden versuchen, sich ganz ohne Worte zu verständigen, nur über Gesten, fast telepathisch. Ihre Sensibilität ist so groß, dass sie sich sogar voneinander zurückziehen müssen, um die Gegenwart des anderen auf Dauer ertragen zu können.

Beide Monde in Haus 1

Es ist der gleiche Lebensbereich, in dem die Mondkräfte der Horoskope ihren Ausdruck finden: Beide bringen ihre jeweilige Laune spontan und unkontrolliert zum Ausdruck, sind ganz stark davon abhängig, mit welchem Fuß sie am Morgen zuerst aufgestanden sind. Sie sind nicht zu Kämpfern geboren, lieben die Gemütlichkeit. Ihr Rhythmus ist langsam, aber kontinuierlich.

Monde in Haus 1 und 2

Der eine Partner erlebt seine Sensibilität und Beeindruckbarkeit immer dann, wenn es darum geht, Entscheidungen zu treffen, sich durchzusetzen. Der oder die andere spürt dies immer direkt am Geldbeutel, der für ihn die gleiche Bedeutung haben mag wie die mütterliche Brust dem Kinde.

Monde in Haus 1 und 3

Der eine Partner erlebt seine Sensibilität und Beeindruckbarkeit immer dann, wenn es darum geht, Entscheidungen zu treffen, sich durchzusetzen. Das Verhältnis zu Nachbarn, Geschwistern, Bekannten, Verwandten ist die entsprechende Erlebnisebene des anderen.

Monde in Haus 1 und 4

Der eine Partner erlebt seine Sensibilität und Beeindruckbarkeit immer dann, wenn es darum geht, Entscheidungen zu treffen, sich durchzusetzen. Für den anderen deutet die Mondstellung nach traditioneller astrologischer Regel auf tiefgehende, gefühlsmäßige Erlebnisse in der Kindheit und im hohen Alter hin.

Monde in Haus 1 und 5

Der eine Partner erlebt seine Sensibilität und Beeindruckbarkeit immer dann, wenn es darum geht, Entscheidungen zu treffen, sich durchzusetzen. Für den anderen ist das Verhältnis zu Kindern, Spiel, Sport und Spaß die entsprechende Ebene.

Monde in Haus 1 und 6

Der eine Partner erlebt seine Sensibilität und Beeindruckbarkeit immer dann, wenn es darum geht, Entscheidungen zu treffen, sich durchzusetzen. Entsprechendes findet der zweite am Arbeitsplatz und in allen anderen Lebenssituationen, die Anpassung und Unterordnung erfordern.

Monde in Haus 1 und 7

Der eine Partner erlebt seine Sensibilität und Beeindruckbarkeit immer dann, wenn es darum geht, Entscheidungen zu treffen, sich durchzusetzen. In Vertragsangelegenheiten und bei ähnliche Arrangements spürt der zweite deutlich die Abhängigkeit von der jeweiligen Stimmung.

Monde in Haus 1 und 8

Der eine Partner erlebt seine Sensibilität und Beeindruckbarkeit immer dann, wenn es darum geht, Entscheidungen zu treffen, sich durchzusetzen. Der Zweite kann immer dann, wenn es um Sexualität, Macht, Sterbefälle und Erbschaften geht, nicht frei von Emotionen handeln.

Monde in Haus 1 und 9

Der eine Partner erlebt seine Sensibilität und Beeindruckbarkeit immer dann, wenn es darum geht, Entscheidungen zu treffen, sich durchzusetzen. Besonders im Ausland oder bei ethisch-moralischen Fragen spielen die Gefühle der zweiten Person eine ausschlaggebende Rolle.

Monde in Haus 1 und 10

Der eine Partner erlebt seine Sensibilität und Beeindruckbarkeit immer dann, wenn es darum geht, Entscheidungen zu treffen, sich durchzusetzen. Ähnliches kann der andere immer dann beobachten, wenn es um berufliche Dinge geht, Politik und öffentliche Anerkennung.

Monde in Haus 1 und 11

Der eine Partner erlebt seine Sensibilität und Beeindruckbarkeit immer dann, wenn es darum geht, Entscheidungen zu treffen, sich durchzusetzen. Der andere erlebt dieses vor allem dann, wenn er Hilfe braucht, sich an Freunde und Gleichgesinnte wendet.

Monde in Haus 1 und 12

Der eine Partner erlebt seine Sensibilität und Beeindruckbarkeit immer dann, wenn es darum geht, Entscheidungen zu treffen, sich durchzusetzen. Für den anderen laufen emotionale Dinge oft vollkommen unbewusst ab, er erlebt sie über soziale Randgruppen, im Kontakt mit Menschen, die psychisch labil oder sonst irgendwie hilfsbedürftig sind.

Beide Monde in Haus 2

Es ist der gleiche Lebensbereich, in dem die Mondkräfte der Horoskope ihren Ausdruck finden: materielle Sicherheit, der eigene Körper, die Verankerung im sozialen Milieu. Sie sind Themen, die für sie die gleiche Bedeutung haben mögen wie die mütterliche Brust dem Kinde.

Monde in Haus 2 und 3

Seine Sensibilität und Beeindruckbarkeit zeigen sich beim ersten Partner deutlich in allen materiellen Fragen. Die finanzielle Situation ist für ihn besonders wichtig. Sie kann ständig schwanken, spiegelt die Beziehung wider, die zur eigenen Mutter bestand. Das Verhältnis zu Nachbarn, Geschwistern, Bekannten, Verwandten ist die entsprechende Erlebnisebene des anderen.

Monde in Haus 2 und 4

Seine Sensibilität und Beeindruckbarkeit zeigen sich beim ersten Partner deutlich in allen materiellen Fragen. Die finanzielle Situation ist für ihn besonders wichtig. Sie kann ständig schwanken, spiegelt die Beziehung wider, die zur eigenen Mutter bestand. Für den anderen deutet die Mondstellung nach traditioneller astrologischer Regel auf tiefgehende, gefühlsmäßige Erlebnisse in der Kindheit und im hohen Alter hin.

Monde in Haus 2 und 5

Seine Sensibilität und Beeindruckbarkeit zeigen sich beim ersten Partner deutlich in allen materiellen Fragen. Die finanzielle Situation ist für ihn besonders wichtig. Sie kann ständig schwanken, spiegelt die Beziehung wider, die zur eigenen Mutter bestand. Für den anderen ist das Verhältnis zu Kindern, Spiel, Sport und Spaß die entsprechende Ebene.

Monde in Haus 2 und 6

Seine Sensibilität und Beeindruckbarkeit zeigen sich beim ersten Partner deutlich in allen materiellen Fragen. Die finanzielle Situation ist für ihn besonders wichtig. Sie kann ständig schwanken, spiegelt die Beziehung wider, die zur eigenen Mutter bestand. Entsprechendes findet der zweite am Arbeitsplatz und in allen anderen Lebenssituationen, die Anpassung und Unterordnung erfordern.

Monde in Haus 2 und 7

Seine Sensibilität und Beeindruckbarkeit zeigen sich beim ersten Partner deutlich in allen materiellen Fragen. Die finanzielle Situation ist für ihn besonders wichtig. Sie kann ständig schwanken, spiegelt die Beziehung wider, die zur eigenen Mutter bestand. In Vertragsangelegenheiten und bei ähnliche Arrangements spürt der zweite deutlich die Abhängigkeit von der jeweiligen Stimmung.

Monde in Haus 2 und 8

Seine Sensibilität und Beeindruckbarkeit zeigen sich beim ersten Partner deutlich in allen materiellen Fragen. Die finanzielle Situation ist für ihn besonders wichtig. Sie kann ständig schwanken, spiegelt die Beziehung wider, die zur eigenen Mutter bestand. Der Zweite kann immer dann, wenn es um Sexualität, Macht, Sterbefälle und Erbschaften geht, nicht frei von Emotionen handeln.

Monde in Haus 2 und 9

Seine Sensibilität und Beeindruckbarkeit zeigen sich beim ersten Partner deutlich in allen materiellen Fragen. Die finanzielle Situation ist für ihn besonders wichtig. Sie kann ständig schwanken, spiegelt die Beziehung wider, die zur eigenen Mutter bestand. Besonders im Ausland oder bei ethisch-moralischen Fragen spielen die Gefühle der zweiten Person eine ausschlaggebende Rolle.

Monde in Haus 2 und 10

Seine Sensibilität und Beeindruckbarkeit zeigen sich beim ersten Partner deutlich in allen materiellen Fragen. Die finanzielle Situation ist für ihn besonders wichtig. Sie kann ständig schwanken, spiegelt die Beziehung wider, die zur eigenen Mutter bestand. Ähnliches kann der andere immer dann beobachten, wenn es um berufliche Dinge geht, Politik und öffentliche Anerkennung.

Monde in Haus 2 und 11

Seine Sensibilität und Beeindruckbarkeit zeigen sich beim ersten Partner deutlich in allen materiellen Fragen. Die finanzielle Situation ist für ihn besonders wichtig. Sie kann ständig schwanken, spiegelt die Beziehung wider, die zur eigenen Mutter bestand. Der andere erlebt diese vor allem dann, wenn er Hilfe braucht, sich an Freunde und Gleichgesinnte wendet.

Monde in Haus 2 und 12

Seine Sensibilität und Beeindruckbarkeit zeigen sich beim ersten Partner deutlich in allen materiellen Fragen. Die finanzielle Situation ist für ihn besonders wichtig. Sie kann ständig schwanken, spiegelt die Beziehung wider, die zur eigenen Mutter bestand. Für den anderen laufen emotionale Dinge oft vollkommen unbewusst ab, er erlebt sie über soziale Randgruppen, im Kontakt mit Menschen, die psychisch labil oder sonst irgendwie hilfsbedürftig sind.

Beide Monde in Haus 3

Es ist der gleiche Lebensbereich, in dem die Mondkräfte der Horoskope ihren Ausdruck finden. Der alltägliche geistige Austausch, das Verhältnis zu Nachbarn, Geschwistern, Bekannten, Verwandten ist die entsprechende Erlebnisebene der beiden, in der sich ihre Sensibilität und gefühlsmäßige Beeindruckbarkeit spiegeln.

Monde in Haus 3 und 4

In der ständig schwankenden Reiselust und der Beziehung zu Geschwistern, Verwandten, Bekannten, Nachbarn zeigen sich die Sensibilität und die gefühlsmäßige Beeindruckbarkeit des einen Partners. Für den anderen deutet die Mondstellung nach traditioneller astrologischer Regel auf tiefgehende, gefühlsmäßige Erlebnisse in der Kindheit und im hohen Alter hin.

Monde in Haus 3 und 5

In der ständig schwankenden Reiselust und der Beziehung zu Geschwistern, Verwandten, Bekannten, Nachbarn zeigen sich die Sensibilität und die gefühlsmäßige Beeindruckbarkeit des einen Partners. Für den anderen ist das Verhältnis zu Kindern, Spiel, Sport und Spaß die entsprechende Ebene.

Monde in Haus 3 und 6

In der ständig schwankenden Reiselust und der Beziehung zu Geschwistern, Verwandten, Bekannten, Nachbarn zeigen sich die Sensibilität und die gefühlsmäßige Beeindruckbarkeit des einen Partners. Entsprechendes findet der zweite am Arbeitsplatz und in allen anderen Lebenssituationen, die Anpassung und Unterordnung erfordern.

Monde in Haus 3 und 7

In der ständig schwankenden Reiselust und der Beziehung zu Geschwistern, Verwandten, Bekannten, Nachbarn zeigen sich die Sensibilität und die gefühlsmäßige Beeindruckbarkeit des einen Partners. In Vertragsangelegenheiten und bei ähnliche Arrangements spürt der zweite deutlich die Abhängigkeit von der jeweiligen Stimmung.

Monde in Haus 3 und 8

In der ständig schwankenden Reiselust und der Beziehung zu Geschwistern, Verwandten, Bekannten, Nachbarn zeigen sich die Sensibilität und die gefühlsmäßige Beeindruckbarkeit des einen Partners. Der Zweite kann immer dann, wenn es um Sexualität, Macht, Sterbefälle und Erbschaften geht, nicht frei von Emotionen handeln.

Monde in Haus 3 und 9

In der ständig schwankenden Reiselust und der Beziehung zu Geschwistern, Verwandten, Bekannten, Nachbarn zeigen sich die Sensibilität und die gefühlsmäßige Beeindruckbarkeit des einen Partners. Besonders im Ausland oder bei ethisch-moralischen Fragen spielen die Gefühle der zweiten Person eine ausschlaggebende Rolle.

Monde in Haus 3 und 10

In der ständig schwankenden Reiselust und der Beziehung zu Geschwistern, Verwandten, Bekannten, Nachbarn zeigen sich die Sensibilität und die gefühlsmäßige Beeindruckbarkeit des einen Partners. Ähnliches kann der andere immer dann beobachten, wenn es um berufliche Dinge geht, Politik und öffentliche Anerkennung.

Monde in Haus 3 und 11

In der ständig schwankenden Reiselust und der Beziehung zu Geschwistern, Verwandten, Bekannten, Nachbarn zeigen sich die Sensibilität und die gefühlsmäßige Beeindruckbarkeit des einen Partners. Der andere erlebt dieses vor allem dann, wenn er Hilfe braucht, sich an Freunde und Gleichgesinnte wendet.

Monde in Haus 3 und 12

In der ständig schwankenden Reiselust und der Beziehung zu Geschwistern, Verwandten, Bekannten, Nachbarn zeigen sich die Sensibilität und die gefühlsmäßige Beeindruckbarkeit des einen Partners. Für den anderen laufen emotionale Dinge oft vollkommen unbewusst ab, er erlebt sie über soziale Randgruppen, im Kontakt mit Menschen, die psychisch labil oder sonst irgendwie hilfsbedürftig sind.

Beide Monde in Haus 4

Es ist der gleiche Lebensbereich, in dem die Mondkräfte der Horoskope ihren Ausdruck finden: In der Gestaltung der gemeinsamen Wohnung und der Beziehung zu den eigenen Eltern spiegeln sich die Emotionen. Auch deutet diese Mondstellung nach traditioneller astrologischer Regel auf tiefgehende, gefühlsmäßige Erlebnisse in der Kindheit und im hohen Alter hin.

Monde in Haus 4 und 5

Beim ersten Partner spiegeln sich die Launen besonders in der Gestaltung der Wohnung und des Familienlebens wieder. Für den anderen ist das Verhältnis zu Kindern, Spiel, Sport und Spaß die entsprechende Ebene.

Monde in Haus 4 und 6

Beim ersten Partner spiegeln sich die Launen besonders in der Gestaltung der Wohnung und des Familienlebens wieder. Entsprechendes findet der zweite am Arbeitsplatz und in allen anderen Lebenssituationen, die Anpassung und Unterordnung erfordern.

Monde in Haus 4 und 7

Beim ersten Partner spiegeln sich die Launen besonders in der Gestaltung der Wohnung und des Familienlebens wieder. In Vertragsangelegenheiten und bei ähnliche Arrangements spürt der zweite deutlich die Abhängigkeit von der jeweiligen Stimmung.

Monde in Haus 4 und 8

Beim ersten Partner spiegeln sich die Launen besonders in der Gestaltung der Wohnung und des Familienlebens wieder. Der Zweite kann immer dann, wenn es um Sexualität, Macht, Sterbefälle und Erbschaften geht, nicht frei von Emotionen handeln.

Monde in Haus 4 und 9

Beim ersten Partner spiegeln sich die Launen besonders in der Gestaltung der Wohnung und des Familienlebens wieder. Besonders im Ausland oder bei ethisch-moralischen Fragen spielen die Gefühle der zweiten Person eine ausschlaggebende Rolle.

Monde in Haus 4 und 10

Beim ersten Partner spiegeln sich die Launen besonders in der Gestaltung der Wohnung und des Familienlebens wieder. Ähnliches kann der andere immer dann beobachten, wenn es um berufliche Dinge geht, Politik und öffentliche Anerkennung.

Monde in Haus 4 und 11

Beim ersten Partner spiegeln sich die Launen besonders in der Gestaltung der Wohnung und des Familienlebens wieder. Der andere erlebt diese vor allem dann, wenn er Hilfe braucht, sich an Freunde und Gleichgesinnte wendet.

Monde in Haus 4 und 12

Beim ersten Partner spiegeln sich die Launen besonders in der Gestaltung der Wohnung und des Familienlebens wieder. Für den anderen laufen emotionale Dinge oft vollkommen unbewusst ab, er erlebt sie über soziale Randgruppen, im Kontakt mit Menschen, die psychisch labil oder sonst irgendwie hilfsbedürftig sind.

Beide Monde in Haus 5

Es ist der gleiche Lebensbereich, in dem die Mondkräfte der Horoskope ihren Ausdruck finden: Immer dann, wenn es um den Spaß am Leben geht, im Umgang mit den eigenen Kindern, beim Liebesspiel zeigen sich die Sensibilität und gefühlsmäßige Beeindruckbarkeit beiden Partner. Sicherlich werden sie dank der bei beiden starken Neigung zum Dramatisieren in eine gewisse Konkurrenz geraten, den jeweils anderen gefühlsmäßig an die Seite spielen wollen.

Monde in Haus 5 und 6

Das Verhältnis zu den eigenen Kindern und die Fähigkeit, selbst kindlich-spielerisch mit dem Leben umzugehen, spiegeln das Gefühlsleben der ersten Person wieder. Entsprechendes findet der zweite am Arbeitsplatz und in allen anderen Lebenssituationen, die Anpassung und Unterordnung erfordern.

Monde in Haus 5 und 7

Das Verhältnis zu den eigenen Kindern und die Fähigkeit, selbst kindlich-spielerisch mit dem Leben umzugehen, spiegeln das Gefühlsleben der ersten Person wieder. In Vertragsangelegenheiten und bei ähnliche Arrangements spürt der zweite deutlich die Abhängigkeit von der jeweiligen Stimmung.

Monde in Haus 5 und 8

Das Verhältnis zu den eigenen Kindern und die Fähigkeit, selbst kindlich-spielerisch mit dem Leben umzugehen, spiegeln das Gefühlsleben der ersten Person wieder. Der Zweite kann immer dann, wenn es um Sexualität, Macht, Sterbefälle und Erbschaften geht, nicht frei von Emotionen handeln.

Monde in Haus 5 und 9

Das Verhältnis zu den eigenen Kindern und die Fähigkeit, selbst kindlich-spielerisch mit dem Leben umzugehen, spiegeln das Gefühlsleben der ersten Person wieder. Besonders im Ausland oder bei ethisch-moralischen Fragen spielen die Gefühle der zweiten Person eine ausschlaggebende Rolle.

Monde in Haus 5 und 10

Das Verhältnis zu den eigenen Kindern und die Fähigkeit, selbst kindlich-spielerisch mit dem Leben umzugehen, spiegeln das Gefühlsleben der ersten Person wieder. Ähnliches kann der andere immer dann beobachten, wenn es um berufliche Dinge geht, Politik und öffentliche Anerkennung.

Monde in Haus 5 und 11

Das Verhältnis zu den eigenen Kindern und die Fähigkeit, selbst kindlich-spielerisch mit dem Leben umzugehen, spiegeln das Gefühlsleben der ersten Person wieder. Der andere erlebt dieses vor allem dann, wenn er Hilfe braucht, sich an Freunde und Gleichgesinnte wendet.

Monde in Haus 5 und 12

Das Verhältnis zu den eigenen Kindern und die Fähigkeit, selbst kindlich-spielerisch mit dem Leben umzugehen, spiegeln das Gefühlsleben der ersten Person wieder. Für den anderen laufen emotionale Dinge oft vollkommen unbewusst ab, er erlebt sie über soziale Randgruppen, im Kontakt mit Menschen, die psychisch labil oder sonst irgendwie hilfsbedürftig sind.

Beide Monde in Haus 6

Es ist der gleiche Lebensbereich, in dem die Mondkräfte der Horoskope ihren Ausdruck finden: die Pflichten des Alltags, die Anforderungen des Arbeitslebens, körperliche und seelische Krisen. Hier gehe beide mit besonders starken Gefühlen hinein, erleben ihre emotionale Belastbarkeit.

Monde in Haus 6 und 7

In den Arbeits- und Lebensverhältnissen mit ihrem ureigenen Anpassungsdruck spiegelt sich die Emotionalität des ersten Partners wieder. In Vertragsangelegenheiten und bei ähnliche Arrangements spürt der zweite deutlich die Abhängigkeit von der jeweiligen Stimmung.

Monde in Haus 6 und 8

In den Arbeits- und Lebensverhältnissen mit ihrem ureigenen Anpassungsdruck spiegelt sich die Emotionalität des ersten Partners wieder. Der Zweite kann immer dann, wenn es um Sexualität, Macht, Sterbefälle und Erbschaften geht, nicht frei von Emotionen handeln.

Monde in Haus 6 und 9

In den Arbeits- und Lebensverhältnissen mit ihrem ureigenen Anpassungsdruck spiegelt sich die Emotionalität des ersten Partners wieder. Besonders im Ausland oder bei ethisch-moralischen Fragen spielen die Gefühle der zweiten Person eine ausschlaggebende Rolle.

Monde in Haus 6 und 10

In den Arbeits- und Lebensverhältnissen mit ihrem ureigenen Anpassungsdruck spiegelt sich die Emotionalität des ersten Partners wieder. Ähnliche gefühlvoll ist der andere immer dann, wenn es um berufliche Dinge geht, Politik und öffentliche Anerkennung.

Monde in Haus 6 und 11

In den Arbeits- und Lebensverhältnissen mit ihrem ureigenen Anpassungsdruck spiegelt sich die Emotionalität des ersten Partners wieder. Der andere spürt sein Gefühlsleben besonders dann, wenn er Hilfe braucht, sich an Freunde und Gleichgesinnte wendet.

Monde in Haus 6 und 12

In den Arbeits- und Lebensverhältnissen mit ihrem ureigenen Anpassungsdruck spiegelt sich die Emotionalität des ersten Partners wieder. Für den anderen laufen emotionale Dinge oft vollkommen unbewusst ab, er erlebt sie über soziale Randgruppen, im Kontakt mit Menschen, die psychisch labil oder sonst irgendwie hilfsbedürftig sind.

Beide Monde in Haus 7

Es ist der gleiche Lebensbereich, in dem die Mondkräfte der Horoskope ihren Ausdruck finden. Bei kulturellen und geistigen Interessen, vertraglichen Regelungen, ästhetischen Vorstellungen und bei sonstigen Arrangements spüren beide deutlich ihre Abhängigkeit von der jeweiligen Stimmung.

Monde in Haus 7 und 8

Besonders in der ständig schwankenden Zuneigung zum Partner zeigen sich die Launen der ersten Person. Der andere kann immer dann, wenn es um Sexualität, Macht, Sterbefälle und Erbschaften geht, nicht frei von Emotionen handeln.

Monde in Haus 7 und 9

Besonders in der ständig schwankenden Zuneigung zum Partner zeigen sich die Launen der ersten Person. Besonders im Ausland oder bei ethisch-moralischen Fragen spielen die Gefühle der zweiten eine ausschlaggebende Rolle.

Monde in Haus 7 und 10

Besonders in der ständig schwankenden Zuneigung zum Partner zeigen sich die Launen der ersten Person. Ähnliches kann der andere immer dann beobachten, wenn es um berufliche Dinge geht, Politik und öffentliche Anerkennung.

Monde in Haus 7 und 11

Besonders in der ständig schwankenden Zuneigung zum Partner zeigen sich die Launen der ersten Person. Der andere erlebt diese vor allem dann, wenn er Hilfe braucht, sich an Freunde und Gleichgesinnte wendet.

Monde in Haus 7 und 12

Besonders in der ständig schwankenden Zuneigung zum Partner zeigen sich die Launen der ersten Person. Für den anderen laufen emotionale Dinge oft vollkommen unbewusst ab, er erlebt sie über soziale Randgruppen, im Kontakt mit Menschen, die psychisch labil oder sonst irgendwie hilfsbedürftig sind.

Beide Monde in Haus 8
Es ist der gleiche Lebensbereich, in dem die Mondkräfte der Horoskope ihren Ausdruck finden. Fragen der Erbschaftsregelung, das Umgehen mit Schuldgefühlen, die Einstellung zum Tod, Sexualität und Macht sind Themen, die emotional belastend sind.

Monde in Haus 8 und 9
Im Verhältnis zu Sexualität, Macht und Tod spiegeln sich die ständig schwankenden Launen des ersten Partners wieder. Besonders im Ausland oder bei ethisch-moralischen Fragen spielen die Gefühle der zweiten Person eine ausschlaggebende Rolle.

Monde in Haus 8 und 10
Im Verhältnis zu Sexualität, Macht und Tod spiegeln sich die ständig schwankenden Launen des ersten Partners wieder. Ähnliches kann der andere immer dann beobachten, wenn es um berufliche Dinge geht, Politik und öffentliche Anerkennung.

Monde in Haus 8 und 11
Im Verhältnis zu Sexualität, Macht und Tod spiegeln sich die ständig schwankenden Launen des ersten Partners wieder. Der andere erlebt dieses vor allem dann, wenn er Hilfe braucht, sich an Freunde und Gleichgesinnte wendet.

Monde in Haus 8 und 12
Im Verhältnis zu Sexualität, Macht und Tod spiegeln sich die ständig schwankenden Launen des ersten Partners wieder. Für den anderen laufen emotionale Dinge oft vollkommen unbewusst ab, er erlebt sie über soziale Randgruppen, im Kontakt mit Menschen, die psychisch labil oder sonst irgendwie hilfsbedürftig sind.

Beide Monde in Haus 9
Es ist der gleiche Lebensbereich, in dem die Mondkräfte der Horoskope ihren Ausdruck finden. Die religiöse und philosophische Einstellung, das Verhältnis zu fremden Kulturen, Toleranz all ein sind Themen, die immer emotional beantwortet werden.

Monde in Haus 9 und 10
Im Kontakt zu fremden Religionen und Kulturen, auf Reisen und vielleicht auch durch ein Leben im Ausland spiegeln sich die Emotionen des ersten Partners wieder. Für den Zweiten ist es viel bedeutsamer, ob er sich am im Beruf heimisch fühlen kann, in der Öffentlichkeit so akzeptiert wird, wie er eigentlich ist.

Monde in Haus 9 und 11
Im Kontakt zu fremden Religionen und Kulturen, auf Reisen und vielleicht auch durch ein Leben im Ausland spiegeln sich die Emotionen des ersten Partners wieder. Der andere erlebt diese vor allem dann, wenn er Hilfe braucht, sich an Freunde und Gleichgesinnte wendet.

Monde in Haus 9 und 12
Im Kontakt zu fremden Religionen und Kulturen, auf Reisen und vielleicht auch durch ein Leben im Ausland spiegeln sich die Emotionen des ersten Partners wieder. Für den anderen laufen emotionale Dinge oft vollkommen unbewusst ab, er erlebt sie über soziale Randgruppen, im Kontakt mit Menschen, die psychisch labil oder sonst irgendwie hilfsbedürftig sind.

Beide Monde in Haus 10
Es ist der gleiche Lebensbereich, in dem die Mondkräfte der Horoskope ihren Ausdruck finden. Die öffentliche Moral, Politik, persönliche Entwicklungsziele, die Karriere sind Bereiche, zu denen beide ein rein emotionales Verhältnis haben.

Monde in Haus 10 und 11
Gerade die Position in der Öffentlichkeit, die ständig schwankende Einstellung zum Beruf und zur Politik spiegeln die Gefühle des ersten Partners wieder. Der andere erlebt diese vor allem dann, wenn er Hilfe braucht, sich an Freunde und Gleichgesinnte wendet.

Monde in Haus 10 und 12

Gerade die Position in der Öffentlichkeit, die ständig schwankende Einstellung zum Beruf und zur Politik spiegeln die Gefühle des ersten Partners wieder. Für den anderen laufen emotionale Dinge oft vollkommen unbewusst ab, er erlebt sie über soziale Randgruppen, im Kontakt mit Menschen, die psychisch labil oder sonst irgendwie hilfsbedürftig sind.

Beide Monde in Haus 11

Es ist der gleiche Lebensbereich, in dem die Mondkräfte der Horoskope ihren Ausdruck finden: In der Gemeinschaft Gleichgesinnter, unter Freunden, in der Freizeitgestaltung werden beide von ihrer jeweiligen Gemütsverfassung geleitet.

Monde in Haus 11 und 12

Im Verhältnis zu Freunden, in der Gesellschaft Gleichgesinnter, im sozialen Engagement spiegeln sich die jeweiligen Gemütsverfassungen des ersten Partners wieder. Für den anderen laufen emotionale Dinge oft vollkommen unbewusst ab, er erlebt sie über soziale Randgruppen, im Kontakt mit Menschen, die psychisch labil oder sonst irgendwie hilfsbedürftig sind.

Beide Monde in Haus 12

Es ist der gleiche Lebensbereich, in dem die Mondkräfte der Horoskope ihren Ausdruck finden. In der Fantasie- und Traumwelt, in der Einstellung gegenüber schwächeren und sozialen Randgruppen, über soziale Randgruppen, im Kontakt mit Menschen, die psychisch labil oder sonst irgendwie hilfsbedürftig sind, können sich beide am besten emotional ausdrücken, auch wenn das oft vollkommen unbewusst passiert.

Mond Trigon Mond

Astrologisch befinden sich die Monde in Sternzeichen des gleichen Elements. Und so ist man sich in seinen meist doch unbewussten Bedürfnissen und Gewohnheiten doch so ähnlich, dass der Alltag nicht nur reibungslos funktioniert, sondern auch all die anderen Spannungen in der Partnerschaft immer wieder ausgleichen kann.

Mond Konjunktion Mond

Die Ähnlichkeit der Herkunft, der anerzogenen Gewohnheiten, der körperlichen Bedürfnisse, des Geschmacks ist so groß, dass man viele Belange des alltäglichen Lebens nicht nur gemeinsam, sondern auch zeitgleich erleben wird.

Opposition

Mond Opposition Mond

Die Mondstellungen in beiden Horoskopen sind nicht nur in gegenüberliegenden Sternzeichen, sondern auch noch in einem exakten Oppositionsaspekt. Man wird also am besten miteinander auskommen, wenn man die Partnerschaft wirklich als Begegnung, Ergänzung auffasst und den Alltag so gestaltet, dass mal den Bedürfnissen des einen, dann denen des anderen Rechnung getragen wird. Außerdem sollte jeder die Möglichkeit haben, sich separat vom Partner zurückziehen, erholen, regenerieren zu können.

Mond Quadrat Mond

Der scharfe Spannungsaspekt der Monde beider Horoskope weist darauf hin, dass man sich im Alltagsleben nur schwer auf einen gemeinsamen Lebensstil einigen kann. Gut ist es da, wenn Grenzen gezogen werden können, jeder die Möglichkeit hat, sich zurückzuziehen, wenn es außerdem auch noch andere Menschen gibt, bei denen man sich Verständnis holen kann. Vielleicht wäre es auch besser, getrennte Haushalte zu führen.

Mond Sextil Mond

Astrologisch befinden sich die Monde in Sternzeichen befreundeter Elemente. Und so ergänzt man sich in den meist doch unbewussten Bedürfnissen und Gewohnheiten doch gut, dass der Alltag nicht nur reibungslos funktioniert, sondern auch all die anderen Spannungen in der Partnerschaft immer wieder ausgeglichen werden können.

Transsaturnier: Spirituelle Perspektiven der Partnerschaft

Kann der Astrologe aus einer Partneranalyse erkennen, ob beide auf ewig zusammenleben werden oder sich doch besser scheiden lassen sollte n? Ja, harmoniert man nun - oder nicht? Die Frage ist falsch gestellt: Allein die Tatsache, dass man miteinander zu tun hat, deutet darauf hin, dass man ein gemeinsames Thema verfolgt.
Dass Menschen keine Götter sind, sondern halt menschlich und manchmal auch allzu menschlich reagieren, wird doch all ein akzeptiert. Wenn man jemandem sehr nahe steht, neigt man jedoch dazu, mehr zu erwarten, möchte idealisieren, träumen, etwas Besonderes erleben.
Die folgenden Texte gehen also weit über das Persönliche hinaus. In extremen Lebensphasen spielen die angesprochenen Themen eine besondere Rolle, im Alltag treten sie in den Hintergrund.

Sonne

Sonne Konjunktion Uranus
So sehr sich der eine auch bemüht, wahrgenommen zu werden und im Mittelpunkt zu stehen, Aufmerksamkeit zu bekommen: Meist erzeugt er beim anderen nur Stress und Aufregung, schürt dessen Angst vor Nähe, entfacht seinen Wunsch nach Freiheit. Nur ganz extravagante Aktionen können ihn für einen Moment fesseln. Sein Bedürfnis nach Unabhängigkeit kann man arrogant und verletzend finden.

Sonne Opposition Uranus
So sehr sich der eine auch bemüht, wahrgenommen zu werden und im Mittelpunkt zu stehen, Aufmerksamkeit zu bekommen: Meist erzeugt er beim anderen nur Stress und Aufregung, schürt dessen Angst vor Nähe, entfacht seinen Wunsch nach Freiheit. Nur ganz extravagante Aktionen können ihn für einen Moment fesseln. Er ist aber ein guter Zuschauer, gerade die Gegensätzlichkeit wird immer wieder eine Faszination ausüben.

Sonne Quadrat Uranus
So sehr sich der eine auch bemüht, wahrgenommen zu werden und im Mittelpunkt zu stehen, Aufmerksamkeit zu bekommen: Meist erzeugt er beim anderen nur Stress und Aufregung, schürt dessen Angst vor Nähe, entfacht seinen Wunsch nach Freiheit. Nur ganz extravagante Aktionen können ihn für einen Moment fesseln. Doch auf Dauer wird man selbst es zu anstrengend finden, ihm immer wieder etwas Neues liefern zu müssen.

Sonne Konjunktion Neptun
Die erste Person wird auf erstaunliche Gegenliebe stoßen, bewundert und idealisiert werden und sich fragen, womit sie dies denn überhaupt verdient hätte. Nun, sie füllt Träume mit Leben an, stellt ein Ideal dar. Auf die Täuschung wird irgendwann die Ent-Täuschung folgen. Ist es dann noch möglich, zusammenzuleben, dann wird es eine sehr feinsinnige Beziehung werden.

Sonne Opposition Neptun
Die erste Person wird auf erstaunliche Gegenliebe stoßen, bewundert und idealisiert werden und sich fragen, womit sie dies denn überhaupt verdient hätte. Nun, sie füllt Träume mit Leben an, stellt ein Ideal dar. Auf die Täuschung wird irgendwann die Ent-Täuschung folgen. Ist es dann noch möglich, zusammenzuleben, dann wird es eine sehr feinsinnige Beziehung werden.

Sonne Quadrat Neptun
Die erste Person wird auf erstaunliche Gegenliebe stoßen, bewundert und idealisiert werden und sich fragen, womit sie dies denn überhaupt verdient hätte. Nun, sie füllt Träume mit Leben an, stellt ein Ideal dar. Doch gleichzeitig ist diese Beziehung ungeheuer anstrengend, dauernd muss zwischen Täuschung und wahrem Idealismus unterschieden werden. Auch hat der andere auf Dauer überhaupt keine Lust, ständig Applaus zu spenden, dem kindischen Geltungsbedürfnis immer gerecht zu werden.

Sonne Konjunktion Pluto
Man wird aufeinander projizieren, ist sich so ähnlich, dass im Partner die eigenen verdrängten Schattenthemen gesehen werden. Das sonnige Ego wird sich in diesem Kontakt auf irgendeine Weise wandeln müssen, es verliert die Unschuld, die Unbedarftheit, Naivität. Es wandelt sich, stirbt einen symbolischen Tod, erlebt die geistige Wiedergeburt, und das alles durch den oft unbewussten Einfluss des anderen.

Sonne Opposition Pluto
Man wird aufeinander projizieren, in der Gegenseite die eigenen verdrängten Schattenthemen sehen wollen. Das sonnige Ego wird sich in diesem Kontakt auf irgendeine Weise wandeln müssen, es verliert die Unschuld, die Unbedarftheit, Naivität. Es wandelt sich, stirbt einen symbolischen Tod,

erlebt die geistige Wiedergeburt, und das alles durch den oft unbewussten Einfluss des anderen.

Sonne Quadrat Pluto
Man wird aufeinander projizieren, im Partner die eigenen verdrängten Schattenthemen sehen wollen. Das sonnige Ego wird sich in diesem Kontakt auf irgendeine Weise wandeln müssen, es verliert die Unschuld, die Unbedarftheit, Naivität. Es wandelt sich, stirbt einen symbolischen Tod, erlebt die geistige Wiedergeburt, und das alles durch den oft unbewussten Einfluss des anderen. Dies alles wird nicht ohne Kampf und Schmerz vonstattengehen.

Sonne Sextil Uranus
So sehr sich der eine auch bemüht, wahrgenommen zu werden und im Mittelpunkt zu stehen, Aufmerksamkeit zu bekommen: Meist erzeugt er beim anderen nur Stress und Aufregung, schürt dessen Angst vor Nähe, entfacht seinen Wunsch nach Freiheit. Nur ganz extravagante Aktionen können ihn für einen Moment fesseln. Sein Interesse wirkt stimulierend, hilft einem, sich selbst nicht allzu ernst zu nehmen. Auch regt man ihn an, sich Luft zu machen, mit dem Leben ein wenig mehr zu experimentieren.

Sonne Trigon Uranus
So sehr sich der eine auch bemüht, wahrgenommen zu werden und im Mittelpunkt zu stehen, Aufmerksamkeit zu bekommen: Meist erzeugt er beim anderen nur Stress und Aufregung, schürt dessen Angst vor Nähe, entfacht seinen Wunsch nach Freiheit. Nur ganz extravagante Aktionen können ihn für einen Moment fesseln. Sein Interesse wirkt stimulierend, hilft einem, sich selbst nicht allzu ernst zu nehmen. Auch regt man ihn an, sich Luft zu machen, mit dem Leben ein wenig mehr zu experimentieren.

Sonne Sextil Neptun
Die erste Person wird auf erstaunliche Gegenliebe stoßen, bewundert und idealisiert werden und sich fragen, womit sie dies denn überhaupt verdient hätte. Nun, sie füllt Träume mit Leben an, stellt ein Ideal dar. Es wird immer wieder Ent-Täuschungen in dieser Partnerschaft geben. Die geweckten Sehnsüchte sind halt einfach zu groß. Darüber kommen beide aber stets hinweg. Eine sanfte Geste, eine für Außenstehende kaum wahrnehmbare Stimmung und schon ist alles wieder da, dieses tiefe Verständnis, diese grenzenlose Nähe.

Sonne Trigon Neptun
Die erste Person wird auf erstaunliche Gegenliebe stoßen, bewundert und idealisiert werden und sich fragen, womit sie dies denn überhaupt verdient hätte. Nun, sie füllt Träume mit Leben an, stellt ein Ideal dar. Es wird immer wieder Ent-Täuschungen in dieser Partnerschaft geben. Die geweckten Sehnsüchte sind halt einfach zu groß. Darüber kommen beide aber stets hinweg. Eine sanfte Geste, eine für Außenstehende kaum wahrnehmbare Stimmung und schon ist alles wieder da, dieses tiefe Verständnis, diese grenzenlose Nähe.

Sonne Sextil Pluto
Man wird einander helfen, sich mit verdrängten Schattenthemen zu beschäftigen und daraus Kraft gewinnen. Das sonnige Ego wird sich in diesem Kontakt auf irgendeine Weise wandeln müssen, es verliert die Unschuld, die Unbedarftheit, Naivität. Es wandelt sich, stirbt einen symbolischen Tod, erlebt die geistige Wiedergeburt, und das alles durch den oft unbewussten Einfluss des anderen.

Sonne Trigon Pluto
Man wird einander helfen, sich mit verdrängten Schattenthemen zu beschäftigen und daraus Kraft gewinnen. Das sonnige Ego wird sich in diesem Kontakt auf irgendeine Weise wandeln müssen, es verliert die Unschuld, die Unbedarftheit, Naivität. Es wandelt sich, stirbt einen symbolischen Tod, erlebt die geistige Wiedergeburt, und das alles durch den oft unbewussten Einfluss des anderen.

Mond

Mond Konjunktion Uranus
Wie wird die erste Person mit der Unruhe in dieser Beziehung fertig werden? Sie hat ein großes Bedürfnis nach Ruhe und Kontinuität, hat sich andererseits aber gerade jemanden ausgesucht, der Brüche und Veränderungen liebt. Die eigene Lebensweise provoziert Letzteren geradezu, immer wieder etwas anderes auszuprobieren, und man wird sich darauf einstellen müssen. Auf Dauer kann dies körperlich sehr anstrengend werden. Distanz ist notwendig, um zur Ruhe zu kommen.

Mond Opposition Uranus
Wie wird die erste Person mit der Unruhe in dieser Beziehung fertig werden? Sie hat ein großes Bedürfnis nach Ruhe und Kontinuität, hat sich andererseits aber gerade jemanden ausgesucht, der Brüche und Veränderungen liebt. Gelingt es ihr, trotz aller Gegensätzlichkeiten dessen Respekt zu

erlangen, ja überhaupt wahrgenommen zu werden? Zeitliche und räumliche Distanz kann helfen.

Mond Quadrat Uranus

Wie wird die erste Person mit der Unruhe in dieser Beziehung fertig werden? Sie hat ein großes Bedürfnis nach Ruhe und Kontinuität, hat sich andererseits aber gerade jemanden ausgesucht, der Brüche und Veränderungen liebt. Jener wird helfen, die alten Gewohnheiten zu verändern, sich aber nur schwer auf irgend einen Lebensrhythmus dauerhaft einstellen können und wollen.

Mond Konjunktion Neptun

Ganz nahe ist man sich, ohne das Wieso und Warum genau zu kennen. Gleich Bruder und Schwester bedarf es keiner Worte, um sich zu verstehen. In der Meditation, der Heilkunde und der Musik kann man sich gut ergänzen. Selbst in der Welt der Träume gibt es Begegnungen. Abgrenzung wird da kaum möglich sein. Wichtig es ist, immer wieder Vertrauen herzustellen. Besonders dem Mond-Partner wird trotz allem das Persönliche fehlen. Zu indifferent ist sein Gegenüber, er ist auf eine Weise freundlich, die der Menschheit guttut.

Mond Opposition Neptun

Ganz nahe ist man sich, ohne das Wieso und Warum genau zu kennen. Gleich Bruder und Schwester bedarf es keiner Worte, um sich zu verstehen. Doch das kann eine Täuschung sein. Setzt die zweite Person doch im Grunde keine Impulse, gibt sich nicht persönlich in die Partnerschaft ein. Die Verwirrung der Gefühle ist fast unvermeidbar. Traum und Wirklichkeit vermischen sich, irreale Hoffnungen werden geweckt, Ängste steigen auf. Nur mit viel Distanz können beide halbwegs störungsfrei miteinander umgehen.

Mond Quadrat Neptun

Ganz nahe ist man sich, ohne das Wieso und Warum genau zu kennen. Gleich Bruder und Schwester bedarf es keiner Worte, um sich zu verstehen. Doch das kann eine Täuschung sein. Setzt die zweite Person doch im Grunde keine Impulse, gibt sich nicht persönlich in die Partnerschaft ein. Die Verwirrung der Gefühle ist fast unvermeidbar. Traum und Wirklichkeit vermischen sich, irreale Hoffnungen werden geweckt, Ängste steigen auf. Nur mit viel Distanz können beide halbwegs störungsfrei miteinander umgehen.

Mond Konjunktion Pluto

Von Generation zu Generation wurden Gefühlsmuster weitergegeben: durch Nachahmung, durch Erziehung, als Familienkarma, über Wiedergeburt, als kollektive Schuld? Es wird Zeit, sie aufzuarbeiten. Beide sind sich so nahe, dass es entweder zur totalen Ablehnung oder zwanghaften emotionalen Fixierung kommen kann.

Mond Opposition Pluto

Von Generation zu Generation wurden Gefühlsmuster weitergegeben: durch Nachahmung, durch Erziehung, als Familienkarma, über Wiedergeburt, als kollektive Schuld? Es wird Zeit, sie aufzuarbeiten. Beide sind sich so nahe, dass es entweder zur totalen Ablehnung oder zwanghaften emotionalen Fixierung kommen kann. Ständig werden sie aufeinander projizieren. Besonders aufseiten des Mond-Partners können große Ängste auftauchen.

Mond Quadrat Pluto

Von Generation zu Generation wurden Gefühlsmuster weitergegeben: durch Nachahmung, durch Erziehung, als Familienkarma, über Wiedergeburt, als kollektive Schuld? Es wird Zeit, sie aufzuarbeiten. Beide sind sich so nahe, dass es entweder zur totalen Ablehnung oder zwanghaften emotionalen Fixierung kommen kann. Besonders aufseiten des Mond-Partners können große Ängste auftauchen.

Mond Trigon Uranus

Wie wird die erste Person mit der Unruhe in dieser Beziehung fertig werden? Sie hat ein großes Bedürfnis nach Ruhe und Kontinuität, hat sich andererseits aber gerade jemanden ausgesucht, der Brüche und Veränderungen liebt. Da man in der Lage ist, all dies in den eigenen Lebensrhythmus einzubauen, passt man eigentlich in dieser Hinsicht ganz gut zusammen.

Mond Sextil Uranus

Wie wird die erste Person mit der Unruhe in dieser Beziehung fertig werden? Sie hat ein großes Bedürfnis nach Ruhe und Kontinuität, hat sich andererseits aber gerade jemanden ausgesucht, der Brüche und Veränderungen liebt. Da man in der Lage ist, all dies in den eigenen Lebensrhythmus einzubauen, passt man eigentlich in dieser Hinsicht ganz gut zusammen.

Mond Trigon Neptun

Ganz nahe ist man sich, ohne das Wieso und Warum genau zu kennen. Gleich Bruder und Schwester bedarf es keiner Worte, um sich zu verstehen. In der Meditation, der Heilkunde und der Musik kann man sich gut ergänzen. Selbst in der Welt der Träume gibt es Begegnungen. Abgrenzung wird da kaum möglich sein. Wichtig es ist, immer wieder Vertrauen herzustellen. Besonders dem Mond-Partner wird trotz allem das Persönliche fehlen. Zu indifferent ist sein Gegenüber, er ist auf eine Weise freundlich, die mehr der Menschheit denn dem Individuum gilt.

Mond Sextil Neptun
Ganz nahe ist man sich, ohne das Wieso und Warum genau zu kennen. Gleich Bruder und Schwester bedarf es keiner Worte, um sich zu verstehen. In der Meditation, der Heilkunde und der Musik kann man sich gut ergänzen. Selbst in der Welt der Träume gibt es Begegnungen. Abgrenzung wird da kaum möglich sein. Wichtig es ist, immer wieder Vertrauen herzustellen. Besonders dem Mond-Partner wird trotz allem das Persönliche fehlen. Zu indifferent ist sein Gegenüber, er ist auf eine Weise freundlich, die mehr der Menschheit denn dem Individuum gilt.

Mond Trigon Pluto
Von Generation zu Generation wurden Gefühlsmuster weitergegeben: durch Nachahmung, durch Erziehung, als Familienkarma, über Wiedergeburt, als kollektive Schuld? Es wird Zeit, sie aufzuarbeiten. Solch ein tiefes Verständnis, so viel Kraft und Ruhe wie in dieser Partnerschaft sind selten.

Mond Sextil Pluto
Von Generation zu Generation wurden Gefühlsmuster weitergegeben: durch Nachahmung, durch Erziehung, als Familienkarma, über Wiedergeburt, als kollektive Schuld? Es wird Zeit, sie aufzuarbeiten. Solch ein tiefes Verständnis, so viel Kraft und Ruhe wie in dieser Partnerschaft sind selten.

Merkur

Merkur Konjunktion Uranus
Die Geistesblitze des anderen findet der erste durchaus anregend. Er kann mit einfachen Worten all das zum Ausdruck bringen, was jenem im Kopf herumgeht. Wenn er/sie einen doch nur ausreden lassen würde! Doch das fällt schwer. Die bessere Hälfte ist im Kopf schon ein gutes Stückchen weiter, benutzt einen vielleicht nur als Sprachrohr. Hat man denn überhaupt zugehört? Missverständnisse sind an der Tagesordnung. Bei einer ähnlich geistigen Interessenlage wird es zu einer sehr kreativen Zusammenarbeit kommen.

Merkur Opposition Uranus
Die Geistesblitze des anderen findet der erste durchaus anregend. Er kann mit einfachen Worten all das zum Ausdruck bringen, was jenem im Kopf herumgeht. Wenn er/sie einen doch nur ausreden lassen würde! Doch das fällt schwer. Die bessere Hälfte ist im Kopf schon ein gutes Stückchen weiter, benutzt einen vielleicht nur als Sprachrohr. Hat man denn überhaupt zugehört? Missverständnisse sind an der Tagesordnung. Gerade in seiner Gegensätzlichkeit kann man sich geistig gut ergänzen.

Merkur Quadrat Uranus
Die Geistesblitze des anderen findet der erste durchaus anregend. Er kann mit einfachen Worten all das zum Ausdruck bringen, was jenem im Kopf herumgeht. Wenn er/sie einen doch nur ausreden lassen würde! Doch das fällt schwer. Die bessere Hälfte ist im Kopf schon ein gutes Stückchen weiter, benutzt einen vielleicht nur als Sprachrohr. Hat man denn überhaupt zugehört? Missverständnisse sind an der Tagesordnung. Die Unberechenbarkeit des anderen, seine nicht so zielgerichtete Denkungsweise macht es einem schwer, geistig zu folgen.

Merkur Konjunktion Neptun
Je mehr der merkurische Partner versucht, einzig über Worte und Begriffe einen Kontakt herzustellen, umso mehr wird der Neptunier frustriert sein, sich zurückziehen. Schließlich geht es ihm darum, Wahrnehmungen mitzuteilen, die weit über das rational Erfassbare hinausgehen. Da ist es ganz wichtig, sich der Sprache der Bilder, der Fantasie, des Gefühls zu bedienen, aus Nebel Gestalten entstehen zu lassen, ihnen Leben einzuhauchen. Wenn der Merkurier bloß nicht immer gleich so doll pusten würde …

Merkur Opposition Neptun
Je mehr der merkurische Partner versucht, einzig über Worte und Begriffe einen Kontakt herzustellen, umso mehr wird der Neptunier frustriert sein, sich zurückziehen. Schließlich geht es ihm darum, Wahrnehmungen mitzuteilen, die weit über das rational Erfassbare hinausgehen. Da ist es ganz wichtig, sich der Sprache der Bilder, der Fantasie, des Gefühls zu bedienen, aus Nebel Gestalten entstehen zu lassen, ihnen Leben einzuhauchen. Wenn der Merkurier bloß nicht immer gleich so doll pusten würde …

Merkur Quadrat Neptun
Je mehr der merkurische Partner versucht, einzig über Worte und Begriffe einen Kontakt herzustellen, umso mehr wird der Neptunier frustriert sein, sich zurückziehen. Schließlich geht es ihm darum, Wahrnehmungen mitzuteilen, die weit über das rational Erfassbare hinausgehen. Und das wird nur mit großen Anstrengungen möglich sein, Missver-

ständnisse sind unvermeidbar. Da ist es ganz wichtig, sich der Sprache der Bilder, der Fantasie, des Gefühls zu bedienen, aus Nebel Gestalten entstehen zu lassen, ihnen Leben einzuhauchen. Wenn der Merkurier bloß nicht immer gleich so doll pusten würde …

Merkur Konjunktion Pluto
Nicht ganz zu trennen sind Projektion und Wahrheit, man neigt dazu, sich gedanklich zu verstricken, zu fixieren. Geistig loslassen! Dann ist diese Verbindung erfolgreich. Hintergründe können aufgedeckt und zur Sprache gebracht werden, mit psychologischem Geschick werden Inhalte vermittelt.

Merkur Opposition Pluto
Nicht ganz zu trennen sind Projektion und Wahrheit, man neigt dazu, sich gedanklich zu verstricken, zu fixieren. Geistig loslassen! Dann vermeidet man die größten Probleme. Hintergründe können aufgedeckt und zur Sprache gebracht werden, mit psychologischem Geschick werden Inhalte vermittelt.

Merkur Quadrat Pluto
Nicht ganz zu trennen sind Projektion und Wahrheit, man neigt dazu, sich gedanklich zu verstricken, zu fixieren. Geistig loslassen! Dann vermeidet man die größten Probleme. Hintergründe können aufgedeckt und zur Sprache gebracht werden, mit psychologischem Geschick werden Inhalte vermittelt.

Merkur Sextil Uranus
Die Geistesblitze des anderen findet der erste durchaus anregend. Er kann mit einfachen Worten all das zum Ausdruck bringen, was jenem im Kopf herumgeht. Wenn er/sie einen doch nur ausreden lassen würde! Doch das fällt schwer. Die bessere Hälfte ist im Kopf schon ein gutes Stückchen weiter, benutzt einen vielleicht nur als Sprachrohr. Man wird sich sicherlich zusammenraufen können, und der andere hilft einem, sich mit seinen Ideen überhaupt verständlich zu machen.

Merkur Trigon Uranus
Die Geistesblitze des anderen findet der erste durchaus anregend. Er kann mit einfachen Worten all das zum Ausdruck bringen, was jenem im Kopf herumgeht. Wenn er/sie einen doch nur ausreden lassen würde! Doch das fällt schwer. Die bessere Hälfte ist im Kopf schon ein gutes Stückchen weiter, benutzt einen vielleicht nur als Sprachrohr. Man wird sich sicherlich zusammenraufen können, und der andere hilft einem, sich mit seinen Ideen überhaupt verständlich zu machen.

Merkur Sextil Neptun
Je mehr der merkurische Partner versucht, einzig über Worte und Begriffe einen Kontakt herzustellen, umso mehr wird der Neptunier frustriert sein, sich zurückziehen. Schließlich geht es ihm darum, Wahrnehmungen mitzuteilen, die weit über das rational Erfassbare hinausgehen. Da ist es ganz wichtig, sich der Sprache der Bilder, der Fantasie, des Gefühls zu bedienen, aus Nebel Gestalten entstehen zu lassen, ihnen Leben einzuhauchen. Und da der Merkurier das seltene Talent hat, sie in Worte zu kleiden, Namen zu erfinden, Geschichten draus zu machen, gibt es viel Spaß.

Merkur Trigon Neptun
Je mehr der merkurische Partner versucht, einzig über Worte und Begriffe einen Kontakt herzustellen, umso mehr wird der Neptunier frustriert sein, sich zurückziehen. Schließlich geht es ihm darum, Wahrnehmungen mitzuteilen, die weit über das rational Erfassbare hinausgehen. Da ist es ganz wichtig, sich der Sprache der Bilder, der Fantasie, des Gefühls zu bedienen, aus Nebel Gestalten entstehen zu lassen, ihnen Leben einzuhauchen. Und da der Merkurier das seltene Talent hat, sie in Worte zu kleiden, Namen zu erfinden, Geschichten draus zu machen, gibt es viel Spaß.

Merkur Sextil Pluto
Nicht ganz zu trennen sind Projektion und Wahrheit, man neigt dazu, sich gedanklich zu verstricken, zu fixieren. Geistig loslassen! Dann ist dies eine äußerst erfolgreiche Verbindung. Hintergründe können aufgedeckt und zur Sprache gebracht werden, mit psychologischem Geschick werden Inhalte vermittelt.

Merkur Trigon Pluto
Nicht ganz zu trennen sind Projektion und Wahrheit, man neigt dazu, sich gedanklich zu verstricken, zu fixieren. Geistig loslassen! Dann ist dies eine äußerst erfolgreiche Verbindung. Hintergründe können aufgedeckt und zur Sprache gebracht werden, mit psychologischem Geschick werden Inhalte vermittelt.

Venus

Venus Konjunktion Uranus

Die erotischen Gefühle des einen werden durch die ganz besondere Faszination des anderen ungeheuer angestachelt. Es knistert, Ameisen laufen in Wellen über den Körper, Gänsehäute kommen und gehen, und zugleich ist die Atmosphäre merkwürdig kühl. Ist der andere wirklich in der Lage, einen wahrzunehmen, das große Bedürfnis nach Wärme und Nähe zu befriedigen? Seine geistige Kraft hat auch immer etwas Unpersönliches. Die Situation an sich wird ihn (oder sie mehr interessieren als die Partnerschaft selbst. Es kann zu plötzlichen Trennungen kommen.

Venus Opposition Uranus

Die erotischen Gefühle des einen werden durch die ganz besondere Faszination des anderen ungeheuer angestachelt. Es knistert, Ameisen laufen in Wellen über den Körper, Gänsehäute kommen und gehen, und zugleich ist die Atmosphäre merkwürdig kühl. Es existiert eine starke Gegensätzlichkeit. Vielleicht reicht einem die wache Aufmerksamkeit des anderen schon aus. Seine Zärtlichkeit wird immer etwas Abstraktes, Unpersönliches an sich haben. Es kann zu plötzlichen Trennungen kommen.

Venus Quadrat Uranus

Die erotischen Gefühle des einen werden durch die ganz besondere Faszination des anderen ungeheuer angestachelt. Es knistert, Ameisen laufen in Wellen über den Körper, Gänsehäute kommen und gehen, und zugleich ist die Atmosphäre merkwürdig kühl. Das wird irritieren. Vielleicht ist dieser Kontakt im künstlerischen Sektor anregend. Dauerhaft ist er selten.

Venus Konjunktion Neptun

Dies kann eine ganz romantische, fantastische Liebesgeschichte sein, Traumpartner haben sich gefunden. Mit anderen Worten: Das Erwachen kommt früher oder später. Der neptunische Partner hält mit seinen geheimen Sehnsüchten vielleicht hinter dem Berg. Doch hilft das wirklich? Seine Art kann vom venusischen Partner auch glitschig-schmierig empfunden werden. Sie ist konkreter und findet sich persönlich letztlich kaum angesprochen. Auf dem künstlerischen Sektor oder rein spirituell könnten beide zusammenfinden. Ob das reicht?

Venus Opposition Neptun

Dies kann eine ganz romantische, fantastische Liebesgeschichte sein, Traumpartner haben sich gefunden. Mit anderen Worten: Das Erwachen kommt früher oder später. Der neptunische Partner hält mit seinen geheimen Sehnsüchten vielleicht hinter dem Berg. Doch hilft das wirklich? Seine Art kann vom venusischen Partner auch glitschig-schmierig empfunden werden. Sie ist konkreter und fühlt sich persönlich letztlich kaum angesprochen. Auf dem künstlerischen Sektor oder rein spirituell könnten beide zusammenfinden. Ob das reicht?

Venus Quadrat Neptun

Dies kann eine ganz romantische, fantastische Liebesgeschichte sein, Traumpartner haben sich gefunden. Mit anderen Worten: Das Erwachen kommt früher oder später. Der neptunische Partner hält mit seinen geheimen Sehnsüchten vielleicht hinter dem Berg. Doch hilft das wirklich? Seine Art kann vom venusischen Partner auch glitschig-schmierig empfunden werden. Sie ist konkreter und fühlt sich persönlich letztlich kaum angesprochen. Auf dem künstlerischen Sektor oder rein spirituell könnten beide vielleicht zusammenfinden. Doch auch dort wird es immer zu großen Missverständnissen kommen.

Venus Konjunktion Pluto

Venusisch ist beim einen die starke Verhaftung am Materiellen, verbunden mit all der Lust und all dem Leid, den die Erde zu geben imstande ist. Die / der andere bringt mit seiner plutonischen Art die geistigen Vorstellungen mit, weiß genau, wie mit dem Stofflichen umgegangen werden kann, kennt die Geheimnisse der Magie. Als Paar werden sich beide immer wieder binden müssen, um loszulassen, um sich erneut zu binden, um erneut loszulassen.

Venus Opposition Pluto

Venusisch ist beim einen die starke Verhaftung am Materiellen, verbunden mit all der Lust und all dem Leid, den die Erde zu geben imstande ist. Die / der andere bringt mit seiner plutonischen Art die geistigen Vorstellungen mit, weiß genau, wie mit dem Stofflichen umgegangen werden kann, kennt die Geheimnisse der Magie. Als Paar werden sich beide immer wieder binden müssen, um loszulassen, um sich erneut zu binden, um erneut loszulassen.

Venus Quadrat Pluto

Venusisch ist beim einen die starke Verhaftung am Materiellen, verbunden mit all der Lust und all dem Leid, den die Erde zu geben imstande ist. Die / der andere bringt mit seiner plutonischen Art die geistigen Vorstellungen mit, weiß genau, wie mit dem Stofflichen umgegangen werden kann, kennt die Geheimnisse der Magie. Als Paar werden sich beide immer wieder binden müssen, um loszulassen, um sich erneut zu binden, um erneut loszulassen.

Venus Sextil Uranus
Die erotischen Gefühle des einen werden durch die ganz besondere Faszination des anderen ungeheuer angestachelt. Es knistert, Ameisen laufen in Wellen über den Körper, Gänsehäute kommen und gehen, und zugleich ist die Atmosphäre merkwürdig kühl. Immer wieder neue Wendungen in der Partnerschaft halten beide jung. Man kann die Rollen auch einmal tauschen, lässt einander genug Freiheiten, Luft zum Atmen.

Venus Trigon Uranus
Die erotischen Gefühle des einen werden durch die ganz besondere Faszination des anderen ungeheuer angestachelt. Es knistert, Ameisen laufen in Wellen über den Körper, Gänsehäute kommen und gehen, und zugleich ist die Atmosphäre merkwürdig kühl. Immer wieder neue Wendungen in der Partnerschaft halten beide jung. Man kann die Rollen auch einmal tauschen, lässt einander genug Freiheiten, Luft zum Atmen.

Venus Sextil Neptun
Dies kann eine ganz romantische, fantastische Liebesgeschichte sein, Traumpartner haben sich gefunden. Mit anderen Worten: Das Erwachen kommt früher oder später. Der neptunische Partner hält mit seinen geheimen Sehnsüchten vielleicht zu sehr hinter dem Berg. Auf dem künstlerischen Sektor oder rein spirituell könnten beide ganz bestimmt zusammenfinden. Vielleicht reicht es auch zu mehr.

Venus Trigon Neptun
Dies kann eine ganz romantische, fantastische Liebesgeschichte sein, Traumpartner haben sich gefunden. Mit anderen Worten: Das Erwachen kommt früher oder später. Der neptunische Partner hält mit seinen geheimen Sehnsüchten vielleicht zu sehr hinter dem Berg. Auf dem künstlerischen Sektor oder rein spirituell könnten beide ganz bestimmt zusammenfinden. Vielleicht reicht es auch zu mehr.

Venus Sextil Pluto
Venusisch ist beim einen die starke Verhaftung am Materiellen, verbunden mit all der Lust und all dem Leid, den die Erde zu geben imstande ist. Die / der andere bringt mit seiner plutonischen Art die geistigen Vorstellungen mit, weiß genau, wie mit dem Stofflichen umgegangen werden kann, kennt die Geheimnisse der Magie. Als Paar werden sich beide immer wieder binden müssen, um loszulassen, um sich erneut zu binden, um erneut loszulassen. Diese Verbindung kann sehr fruchtbar sein.

Venus Trigon Pluto
Venusisch ist beim einen die starke Verhaftung am Materiellen, verbunden mit all der Lust und all dem Leid, den die Erde zu geben imstande ist. Die / der andere bringt mit seiner plutonischen Art die geistigen Vorstellungen mit, weiß genau, wie mit dem Stofflichen umgegangen werden kann, kennt die Geheimnisse der Magie. Als Paar werden sich beide immer wieder binden müssen, um loszulassen, um sich erneut zu binden, um erneut loszulassen. Diese Verbindung kann sehr fruchtbar sein.

Mars

Mars Konjunktion Uranus
Die Impulsivität steigert sich immer weiter. »Tu, was du willst, ohne Verantwortung, nur der Energie, nur dem Höheren verpflichtet, dem Rausch der Geschwindigkeit, der Intelligenz, der Technik!« scheint der andere zu sagen - und irritiert damit jeden spontanen Impuls, bringt einen zum Ausrasten oder in die völlige Hilflosigkeit. Ok, gemeinsam ist man ein wirkliches Energiebündel, aber nimmt der Uranier einen überhaupt wahr oder benutzt er/sie bloß die eigene Kraft, die animalischen Instinkte?

Mars Opposition Uranus
Die Impulsivität steigert sich immer weiter. »Tu, was du willst, ohne Verantwortung, nur der Energie, nur dem Höheren verpflichtet, dem Rausch der Geschwindigkeit, der Intelligenz, der Technik!« scheint der andere zu sagen - und irritiert damit jeden spontanen Impuls, bringt einen zum Ausrasten oder in die völlige Hilflosigkeit. Zu gewissen Zeiten wird sich der marsische Partner vollkommen missverstanden vorkommen, so anders ist er eigentlich.

Mars Quadrat Uranus
Die Impulsivität steigert sich immer weiter. »Tu, was du willst, ohne Verantwortung, nur der Energie, nur dem Höheren verpflichtet, dem Rausch der Geschwindigkeit, der Intelligenz, der Technik!« scheint der andere zu sagen - und irritiert damit jeden spontanen Impuls, bringt einen zum Ausrasten oder in die völlige Hilflosigkeit. Es wird kaum möglich sein, ohne Aggressionsausbrüche, vielleicht sogar totales Ausflippen der Arroganz des Uraniers Herr zu werden.

Mars Konjunktion Neptun

Keine Aktivitäten, die der eine unternimmt, stoßen bei dem anderen auf Widerstand. Es ist wie beim Schwimmen: Die Energie wird in rhythmische Schwingungen umgesetzt, dreht sich in spiralförmigen Linien. »Pullt Männer, pullt« - bis zur Ektase. Dieser Rhythmus gibt viel Kraft. Man lernt, die Energien fließen zu lassen. Die Devise heißt, es immer wieder zu probieren, nie wirklich aufzugeben.

Mars Opposition Neptun

Keine Aktivitäten, die der eine unternimmt, stoßen bei dem anderen auf Widerstand. Es ist wie beim Schwimmen: Die Energie wird in rhythmische Schwingungen umgesetzt, dreht sich in spiralförmigen Linien. »Pullt Männer, pullt« - bis zur Ektase. Doch irgendwie stört dieser Tatendrang. Er kommt im falschen Moment, stört die notwendigen Ruhepausen, lässt einem keine Rückzugsmöglichkeit.

Mars Quadrat Neptun

Keine Aktivitäten, die der eine unternimmt, stoßen bei dem anderen auf Widerstand. Es ist wie beim Schwimmen: Die Energie wird in rhythmische Schwingungen umgesetzt, dreht sich in spiralförmigen Linien. »Pullt Männer, pullt« - bis zur Ektase. Doch irgendwie stört dieser Tatendrang. Er kommt im falschen Moment, verhindert die notwendigen Ruhepausen, lässt einem keine Rückzugsmöglichkeit.

Mars Konjunktion Pluto

So spontan und unbedarft, wie der erste Horoskopeigner sonst an die Dinge heranging, wird er jetzt kaum noch sein. Gefangen in Adervorstellungswelt des zweiten s Taurus t und kanalisiert sich seine Energie. Von der völligen Gehemmtheit, über eine ständige Überreiztheit, bis zur fokussierten Energieentladung erstreckt sich das Spektrum der persönlichen Freiheit, die es in diese Partnerschaft gibt.

Mars Opposition Pluto

So spontan und unbedarft, wie der erste Horoskopeigner sonst an die Dinge heranging, wird er jetzt kaum noch sein. Gefangen in Adervorstellungswelt des zweiten s Taurus t und kanalisiert sich seine Energie. Von der völligen Gehemmtheit, über eine ständige Überreiztheit, bis zur fokussierten Energieentladung erstreckt sich das Spektrum der persönlichen Freiheit, die es in diese Partnerschaft gibt.

Mars Quadrat Pluto

So spontan und unbedarft, wie der erste Horoskopeigner sonst an die Dinge heranging, wird er jetzt kaum noch sein. Gefangen in Adervorstellungswelt des zweiten s Taurus t und kanalisiert sich seine Energie. Von der völligen Gehemmtheit, über eine ständige Überreiztheit, bis zur fokussierten Energieentladung erstreckt sich das Spektrum der persönlichen Freiheit, die es in diese Partnerschaft gibt.

Mars Sextil Uranus

Die Impulsivität steigert sich immer weiter. »Tu, was du willst, ohne Verantwortung, nur der Energie, nur dem Höheren verpflichtet, dem Rausch der Geschwindigkeit, der Intelligenz, der Technik!« scheint der andere zu sagen - und irritiert damit jeden spontanen Impuls, bringt einen zum Ausrasten oder in die völlige Hilflosigkeit. Es ist eine gegenseitige Faszination. Alles scheint machbar: der Krieg, der Frieden, die Lösung jedes technischen Problems, der Quickie zwischendurch. Schneller, schneller, schneller, keine Atempause, es geht voran.

Mars Trigon Uranus

Die Impulsivität steigert sich immer weiter. »Tu, was du willst, ohne Verantwortung, nur der Energie, nur dem Höheren verpflichtet, dem Rausch der Geschwindigkeit, der Intelligenz, der Technik!« scheint der andere zu sagen - und irritiert damit jeden spontanen Impuls, bringt einen zum Ausrasten oder in die völlige Hilflosigkeit. Es ist eine gegenseitige Faszination. Alles scheint machtbar: der Krieg, der Frieden, die Lösung jedes technischen Problems, der Quickie zwischendurch. Schneller, schneller, schneller, keine Atempause, es geht voran.

Mars Sextil Neptun

Keine Aktivitäten, die der eine unternimmt, stoßen bei dem anderen auf Widerstand. Es ist wie beim Schwimmen: Die Energie wird in rhythmische Schwingungen umgesetzt, dreht sich in spiralförmigen Linien. »Pullt Männer, pullt« - bis zur Ektase. Dieser Rhythmus gibt viel Kraft. Man lernt, die Energien fließen zu lassen. Die Devise heißt, es immer wieder zu probieren, nie wirklich aufzugeben.

Mars Trigon Neptun

Keine Aktivitäten, die der eine unternimmt, stoßen bei dem anderen auf Widerstand. Es ist wie beim Schwimmen: Die Energie wird in rhythmische Schwingungen umgesetzt, dreht sich in spiralförmigen Linien. »Pullt Männer, pullt« - bis zur

Ektase. Dieser Rhythmus gibt viel Kraft. Man lernt, die Energien fließen zu lassen. Die Devise heißt, es immer wieder zu probieren, nie wirklich aufzugeben.

Mars Sextil Pluto
So spontan und unbedarft, wie der erste Horoskopeigner sonst an die Dinge heranging, wird er jetzt kaum noch sein. Gefangen in der Vorstellungswelt des zweiten s Taurus t und kanalisiert sich seine Energie. In die richtigen Bahnen gelenkt wird jetzt sehr viel Energie frei, können die zur Wandlung und Regeneration notwendigen Impulse gesetzt werden.

Mars Trigon Pluto
So spontan und unbedarft, wie der erste Horoskopeigner sonst an die Dinge heranging, wird er jetzt kaum noch sein. Gefangen in der Vorstellungswelt des zweiten s Taurus t und kanalisiert sich seine Energie. In die richtigen Bahnen gelenkt wird jetzt sehr viel Energie frei, können die zur Wandlung und Regeneration notwendigen Impulse gesetzt werden.

Jupiter

Jupiter Konjunktion Uranus
Zwei Luftikusse treffen zusammen, stapeln einander die Ideen hoch, versteigen sich in aberwitzige Projekte. Sie kreieren eine Welt des positiven Denkens, die nur in der Theorie erfolgreich sein kann. Die Praxis? Beide sind sich in ihren Prognosen so ähnlich, dass sich die Blindheit auf mindestens 3 Augen erstreckt. Macht nichts, es kann doch auch so gehen, man muss nur positiv denken …

Jupiter Opposition Uranus
Zwei Luftikusse treffen zusammen, stapeln einander die Ideen hoch, versteigen sich in aberwitzige Projekte. Gerade durch ihre Gegensätzlichkeit schaukeln sie sich immer höher, übertreffen sich in waghalsigen Spekulationen.

Jupiter Quadrat Uranus
Zwei Luftikusse treffen zusammen, stapeln einander die Ideen hoch, versteigen sich in aberwitzige Projekte. Und doch wird der Gedankenaustausch schnell anstrengend. Will der eine doch immer das Sinnhafte mit ins Spiel bringen und die Gefahr der X-Beliebigkeit eines rein logischen Denkens, deren Destruktivität bekämpfen, wo es nur geht.

Jupiter Konjunktion Neptun
Dies ist der ewige Widerstreit zwischen dem Pharisäer und dem Eremiten. Soll man den wahren Glauben durch Wort und Schrift verbreiten, oder ist es besser, ihn still im Verborgenen zu leben, sich von der profanen Welt zurückzuziehen? Beide haben das gleiche Ziel und gehen doch unterschiedliche Wege.

Jupiter Opposition Neptun
Dies ist der ewige Widerstreit zwischen dem Pharisäer und dem Eremiten. Soll man den wahren Glauben durch Wort und Schrift verbreiten, oder ist es besser, ihn still im Verborgenen zu leben, sich von der profanen Welt zurückzuziehen? Gerade durch ihre Gegensätzlichkeit könnten sich beide recht gut ergänzen.

Jupiter Quadrat Neptun
Dies ist der ewige Widerstreit zwischen dem Pharisäer und dem Eremiten. Soll man den wahren Glauben durch Wort und Schrift verbreiten, oder ist es besser, ihn still im Verborgenen zu leben, sich von der profanen Welt zurückzuziehen? Es wird schwer, fast unmöglich sein, auf einen Nenner zu kommen.

Jupiter Konjunktion Pluto
Religiöse Vorstellungen können sich schlagartig verändern. Tiefes Urvertrauen wechselt sich mit Sinnlosigkeitsgefühlen ab. Wichtig ist es, das Verhältnis zu Geld, Sex und anderen Formen von Energie zu klären. Dann kann man gemeinsam zu großem materiellen, aber auch geistigen Wohlstand kommen.

Jupiter Opposition Pluto
Religiöse Vorstellungen können sich schlagartig verändern. Tiefes Urvertrauen wechselt sich mit Sinnlosigkeitsgefühlen ab. Wichtig ist es, das Verhältnis zu Geld, Sex und anderen Formen von Energie zu klären. Es wird schwer möglich sein, in Fragen der Ethik auf einen Nenner zu kommen.

Jupiter Quadrat Pluto
Religiöse Vorstellungen können sich schlagartig verändern. Tiefes Urvertrauen wechselt sich mit Sinnlosigkeitsgefühlen ab. Wichtig ist es, das Verhältnis zu Geld, Sex und anderen Formen von Energie zu klären. Es wird schwer möglich sein, in Fragen der Ethik auf einen Nenner zu kommen.

Jupiter Sextil Uranus
Zwei Luftikusse treffen zusammen, stapeln einander die Ideen hoch, versteigen sich in aberwitzige Projekte. Wenn die anderen Faktoren in den Einzelhoroskopen auf Seriosität und Realismus hindeuten, dann wird man gemeinsam geschäftlich sehr gut zusammenarbeiten können. Gemeinsam haben sie

die Fähigkeit, im großen Stil zu planen und alle nur denkbaren Probleme zu lösen.

Jupiter Trigon Uranus

Zwei Luftikusse treffen zusammen, stapeln einander die Ideen hoch, versteigen sich in aberwitzige Projekte. Wenn die anderen Faktoren in den Einzelhoroskopen auf Seriosität und Realismus hindeuten, dann wird man gemeinsam geschäftlich sehr gut zusammenarbeiten können. Beide haben sie die Fähigkeit, im großen Stil zu planen und alle nur denkbaren Probleme zu lösen.

Jupiter Sextil Neptun

Dies ist der ewige Widerstreit zwischen dem Pharisäer und dem Eremiten. Soll man den wahren Glauben durch Wort und Schrift verbreiten, oder ist es besser, ihn still im Verborgenen zu leben, sich von der profanen Welt zurückzuziehen? Beide wissen, dass sie sich ergänzen. Und so können sie sich spirituell sehr gut weiterentwickeln, hin zum ganzheitlichen Verständnis der Welt.

Jupiter Trigon Neptun

Dies ist der ewige Widerstreit zwischen dem Pharisäer und dem Eremiten. Soll man den wahren Glauben durch Wort und Schrift verbreiten, oder ist es besser, ihn still im Verborgenen zu leben, sich von der profanen Welt zurückzuziehen? Beide wissen, dass sie sich ergänzen. Und so können sie sich spirituell sehr gut weiterentwickeln, hin zum ganzheitlichen Verständnis der Welt.

Jupiter Sextil Pluto

Religiöse Vorstellungen können sich schlagartig verändern. Tiefes Urvertrauen wechselt sich mit Sinnlosigkeitsgefühlen ab. Wichtig ist das Verhältnis zu Geld, Sex und anderen Formen von Energie. Dann kann dies eine materiell und auch geistig äußerst erfolgreiche Verbindung werden.

Jupiter Trigon Pluto

Religiöse Vorstellungen können sich schlagartig verändern. Tiefes Urvertrauen wechselt sich mit Sinnlosigkeitsgefühlen ab. Das Verhältnis zu Geld, Sex und anderen Formen von Energie klären! Dann kann dies eine materiell und auch geistig äußerst erfolgreiche Verbindung werden.

Saturn

Saturn Konjunktion Uranus

Was kommt dabei heraus, wenn sich ein braver Bürger mit einem Luftikus zusammentut? Beide klagen über den anderen, ständige Spannungen gehören zur Tagesordnung. Doch ist das Leben in unserer Zeit denn anders überhaupt zu bewältigen? Mit der Fähigkeit, Kompromisse zu machen, steigen die Erfolgschancen für dieses Paar. Es wird sich aneinander reiben müssen, vielleicht lebenslang.

Saturn Opposition Uranus

Was kommt dabei heraus, wenn sich ein braver Bürger mit einem Luftikus zusammentut? Beide klagen über den anderen, ständige Spannungen gehören zur Tagesordnung. Doch ist das Leben in unserer Zeit denn anders überhaupt zu bewältigen? Mit der Fähigkeit, Kompromisse zu machen, steigen die Erfolgschancen für dieses Paar. Wie schafft man Raum für Spontanität, Luft zum Atmen, ohne gleich alles infrage zu stellen? Die Gegensätze scheinen unüberbrückbar. Sind sie es wirklich?

Saturn Quadrat Uranus

Was kommt dabei heraus, wenn sich ein braver Bürger mit einem Luftikus zusammentut? Beide klagen über den anderen, ständige Spannungen gehören zur Tagesordnung. Doch ist das Leben in unserer Zeit denn anders überhaupt zu bewältigen? Mit der Fähigkeit, Kompromisse zu machen, steigen die Erfolgschancen für dieses Paar.

Saturn Konjunktion Neptun

Der saturnine Partner muss lernen, dass die Alltagsrealität, in der wir leben, immer nur ein begrenztes Abbild der Wirklichkeit des Lebens darstellt, ein Konstrukt, eine Übereinkunft. Der Neptunier wird ihn durch sein Verhalten immer wieder dazu bringen wollen, sich zu erweitern, die künstlichen Grenzen des Verstandes aufzulösen. Kompromisse müssen macht werden, dann können beide gemeinsam Träume ganz handfest verwirklichen, einen menschlicheren und oft auch spirituell geprägten Alltag leben.

Saturn Opposition Neptun

Der saturnine Partner muss lernen, dass die Alltagsrealität, in der wir leben, immer nur ein begrenztes Abbild der Wirklichkeit des Lebens darstellt, ein Konstrukt, eine Übereinkunft. Der Neptunier wird ihn durch sein Verhalten immer wieder dazu bringen wollen, sich zu erweitern, die künstlichen Grenzen des Verstandes aufzulösen. Kompromisse müssen macht werden, dann können beide gemeinsam Träume ganz handfest verwirklichen, einen humaneren und oft auch spirituell geprägten Alltag leben.

Saturn Quadrat Neptun
Der saturnine Partner muss lernen, dass die Alltagsrealität, in der wir leben, immer nur ein begrenztes Abbild der Wirklichkeit des Lebens darstellt, ein Konstrukt, eine Übereinkunft. Der Neptunier wird ihn durch sein Verhalten immer wieder dazu bringen wollen, sich zu erweitern, die künstlichen Grenzen des Verstandes aufzulösen. Es wird schwer sein, auf einen gemeinsamen Nenner zu kommen. Die Aufgabe der Beziehung ist die Verwirklichung von Spiritualität im Alltag: Karma Yoga.

Saturn Konjunktion Neptun
Die kollektiven Normen und Wertvorstellungen des einen prallen auf die Seelenbilder des kollektiven Unbewussten, die der andere in sich trägt. Das kann auf der persönlichen Ebene, besonders wenn der Planetenaspekt exakt ist und ein gewisser Altersunterschied zwischen den Horoskopeignern besteht, zu großen Spannungen führen. Strukturelle Wandlungen in der gemeinsamen Lebensweise geben immer wieder die Möglichkeit eines gemeinsamen Neuanfangs.

Saturn Opposition Pluto
Die kollektiven Normen und Wertvorstellungen des einen prallen auf die Seelenbilder des kollektiven Unbewussten, die der andere in sich trägt. Das kann auf der persönlichen Ebene, besonders wenn der Planetenaspekt exakt ist und ein gewisser Altersunterschied zwischen den Horoskopeignern besteht, zu großen Spannungen führen. Strukturelle Wandlungen in der gemeinsamen Lebensweise geben immer wieder die Möglichkeit eines gemeinsamen Neuanfangs.

Saturn Quadrat Pluto
Die kollektiven Normen und Wertvorstellungen des einen prallen auf die Seelenbilder des kollektiven Unbewussten, die der andere in sich trägt. Das kann auf der persönlichen Ebene, besonders wenn der Planetenaspekt exakt ist und ein gewisser Altersunterschied zwischen den Horoskopeignern besteht, zu großen Spannungen führen. Strukturelle Wandlungen in der gemeinsamen Lebensweise geben immer wieder die Möglichkeit eines gemeinsamen Neuanfangs.

Saturn Sextil Uranus
Was kommt dabei heraus, wenn sich ein braver Bürger mit einem Luftikus zusammentut? Beide klagen über den anderen, ständige Spannungen gehören zur Tagesordnung. Doch ist das Leben in unserer Zeit denn anders überhaupt zu bewältigen? Und so wird man auf ganz unkonventionelle Weise Erfolg haben, sich einen gemeinsamen Freiraum, vielleicht sogar eine gemeinsame Existenz erarbeiten können.

Saturn Trigon Uranus
Was kommt dabei heraus, wenn sich ein braver Bürger mit einem Luftikus zusammentut? Beide klagen über den anderen, ständige Spannungen gehören zur Tagesordnung. Doch ist das Leben in unserer Zeit denn anders überhaupt zu bewältigen? Mit der Fähigkeit, Kompromisse zu machen, steigen die Erfolgschancen für dieses Paar. Und so wird man auf ganz unkonventionelle Weise Erfolg haben, sich einen gemeinsamen Freiraum, vielleicht sogar eine gemeinsame Existenz erarbeiten können.

Saturn Sextil Neptun
Der saturnine Partner muss lernen, dass die Alltagsrealität, in der wir leben, immer nur ein begrenztes Abbild der Wirklichkeit des Lebens darstellt, ein Konstrukt, eine Übereinkunft. Der Neptunier wird ihn durch sein Verhalten immer wieder dazu bringen wollen, sich zu erweitern, die künstlichen Grenzen des Verstandes aufzulösen. Es wird leicht sein, auf einen gemeinsamen Nenner zu kommen. Die Aufgabe der Beziehung ist die Verwirklichung von Spiritualität im Alltag: Karma Yoga.

Saturn Trigon Neptun
Der saturnine Partner muss lernen, dass die Alltagsrealität, in der wir leben, immer nur ein begrenztes Abbild der Wirklichkeit des Lebens darstellt, ein Konstrukt, eine Übereinkunft. Der Neptunier wird ihn durch sein Verhalten immer wieder dazu bringen wollen, sich zu erweitern, die künstlichen Grenzen des Verstandes aufzulösen. Es wird leicht sein, auf einen gemeinsamen Nenner zu kommen. Die Aufgabe der Beziehung ist die Verwirklichung von Spiritualität im Alltag: Karma Yoga.

Saturn Sextil Pluto
Die kollektiven Normen und Wertvorstellungen des einen prallen auf die Seelenbilder des kollektiven Unbewussten, die der andere in sich trägt. Das kann auf der persönlichen Ebene, besonders wenn der Planetenaspekt exakt ist und ein gewisser Altersunterschied zwischen den Horoskopeignern besteht, große Chancen für eine kontinuierliche und

erfolgreiche Zusammenarbeit mit sich bringen. Strukturelle Wandlungen in der gemeinsamen Lebensweise geben immer wieder die Möglichkeit eines gemeinsamen Neuanfangs.

Saturn Trigon Pluto
Die kollektiven Normen und Wertvorstellungen des einen prallen auf die Seelenbilder des kollektiven Unbewussten, die der andere in sich trägt. Das kann auf der persönlichen Ebene, besonders wenn der Planetenaspekt exakt ist und ein gewisser Altersunterschied zwischen den Horoskopeignern besteht, große Chancen für eine kontinuierliche und erfolgreiche Zusammenarbeit mit sich bringen. Strukturelle Wandlungen in der gemeinsamen Lebensweise geben immer wieder die Möglichkeit eines gemeinsamen Neuanfangs.

Uranus

Uranus Konjunktion Mond
Natürlich wird es immer wieder darum gehen, die heimische Situation irgendwie zu verändern. Dabei dominieren die Ideen von Partner Nummer 1. Doch gleichzeitig muss dieser lernen, ruhiger und warmherziger zu werden, ja die Bedürfnisse des anderen nach Schutz und Wärme überhaupt erst einmal wahrzunehmen. Das wird gar nicht so leicht sein. Man hat zwar ähnliche Interessen, sieht die Situation aber aus vollkommen unterschiedlichen Perspektiven: als Vogel hoch oben in den Lüften bzw. aus dem warmen Dunkel eines Mauselochs. Kompromiss? Das Vogelnest!

Uranus Opposition Mond
Natürlich wird es immer wieder darum gehen, die heimische Situation irgendwie zu verändern. Dabei dominieren die Ideen von Partner Nummer 1. Doch gleichzeitig muss dieser lernen, ruhiger und warmherziger zu werden, ja die Bedürfnisse des anderen nach Schutz und Wärme überhaupt erst einmal wahrzunehmen. Der kopfbetontere Partner wird dabei die Rolle des Beobachters einnehmen, sein Gegenüber das Drama des alltäglichen Hin und Her wirkungsvoll ausleben. Gegensätze ziehen an.

Uranus Quadrat Mond
Natürlich wird es immer wieder darum gehen, die heimische Situation irgendwie zu verändern. Dabei dominieren die Ideen von Partner Nummer 1. Doch gleichzeitig muss dieser lernen, ruhiger und warmherziger zu werden, ja die Bedürfnisse des anderen nach Schutz und Wärme überhaupt erst einmal wahrzunehmen. Für beide wird es eine große Anstrengung sein. Distanz in Zeit oder Raum kann helfen, die Beziehung aufrechtzuerhalten. Geistiger Austausch und wirkliche Nähe stellen sich schwer ein.

Uranus Konjunktion Merkur
Die erste Person hat viele neue Ideen, ist geistig brillant, aber vollkommen sprunghaft. Das bringt den anderen aus seinen gewohnten Denkschablonen und kann für ihn eine ungeheure Bereicherung sein. Er wird versuchen, das Ganze in Worte zu fassen. Natürlich: Im Kopf, in der Abstraktion wirkt alles viel klarer, können die Analogieketten deutlicher durchgezogen werden. Doch erst hinunter transponiert auf die Alltagssprache kann man sich einem breiteren Publikum verständlich machen. Im Grunde hat man die gleiche geistige Zielrichtung, wird sich, sofern es zu einem gleichberechtigten Gedankenaustausch kommt, in Technik und Forschung gut ergänzen können.

Uranus Opposition Merkur
Die erste Person hat viele neue Ideen, ist geistig brillant, aber vollkommen sprunghaft. Das bringt den anderen aus seinen gewohnten Denkschablonen und kann für ihn eine ungeheure Bereicherung sein. Er wird versuchen, das Ganze in Worte zu fassen. Natürlich: Im Kopf, in der Abstraktion wirkt alles viel klarer, können die Analogieketten deutlicher durchgezogen werden. Doch erst hinunter transponiert auf die Alltagssprache kann man sich einem breiteren Publikum verständlich machen. Gerade die vollkommene Gegensätzlichkeit beider Gedankenwege ist eine Bereicherung. Einer Meinung wird man sich wohl nie sein.

Uranus Quadrat Merkur
Die erste Person hat viele neue Ideen, ist geistig brillant, aber vollkommen sprunghaft. Das bringt den anderen aus seinen gewohnten Denkschablonen und kann für ihn eine ungeheure Bereicherung sein. Er wird versuchen, das Ganze in Worte zu fassen. Natürlich: Im Kopf, in der Abstraktion wirkt alles viel klarer, können die Analogieketten deutlicher durchgezogen werden. Doch erst hinunter transponiert auf die Alltagssprache kann man sich einem breiteren Publikum verständlich machen. Dieser Konflikt könnte für beide zu einer großen Nervenbelastung werden.

Uranus Konjunktion Venus
Eine große Unruhe irritiert Partner zwo, ein ästhetisch-erotisches Aphrodisiakum, zu viel, um darüber hinwegzugehen, zu wenig, um es persönlich zu nehmen. »Spielt man nur mit mir, mit meiner Sehn-

sucht nach Zweisamkeit?«, fragt er/sie sich. Zumindest auf dem künstlerischen Sektor, im Design und in der Werbung können sie zusammenarbeiten. Da sind die Interessen ganz ähnlich.

Uranus Opposition Venus
Eine große Unruhe irritiert Partner zwo, ein ästhetisch-erotisches Aphrodisiakum, zu viel, um darüber hinwegzugehen, zu wenig, um es persönlich zu nehmen. »Spielt man nur mit mir, mit meiner Sehnsucht nach Zweisamkeit?«, fragt er/sie sich. Zumindest auf dem künstlerischen Sektor, im Design und in der Werbung können beide ganz gut zusammenarbeiten. Die große Gegensätzlichkeit ist Inspiration genug.

Uranus Quadrat Venus
Eine große Unruhe irritiert Partner zwo, ein ästhetisch-erotisches Aphrodisiakum, zu viel, um darüber hinwegzugehen, zu wenig, um es persönlich zu nehmen. »Spielt man nur mit mir, mit meiner Sehnsucht nach Zweisamkeit?«, fragt er/sie sich. Zumindest auf dem künstlerischen Sektor, im Design und in der Werbung können beide für eine begrenzte Zeit zusammenarbeiten - mit vielen, vielen Kompromissen.

Uranus Konjunktion Mars
Partner Nummer zwo kann mit nervösen Überreaktionen (das ist eigentlich noch recht harmlos umschriebenantworten bei so viel Unbekümmertheit, Spontanität, Spinnerei! Eigentlich passt man ja ganz gut zusammen, wenn man sich auf eine Sache einschießt. Bloß muss die erst einmal gefunden werden. Bei den vielen gemeinsamen Interessen wird das nicht lange dauern.

Uranus Opposition Mars
Partner Nummer zwo kann mit nervösen Überreaktionen (das ist eigentlich noch recht harmlos umschriebenantworten bei so viel Unbekümmertheit, Spontanität, Spinnerei! Eigentlich passt man ja ganz gut zusammen, wenn man sich auf eine Sache einschießt. Bloß muss die erst einmal gefunden werden. Man ist so unterschiedlich, dass das gar nicht so leicht sein wird.

Uranus Quadrat Mars
Partner Nummer zwo kann mit nervösen Überreaktionen (das ist eigentlich noch recht harmlos umschriebenantworten bei so viel Unbekümmertheit, Spontanität, Spinnerei! Eigentlich passt man ja ganz gut zusammen, wenn man sich auf eine Sache einschießt. Bloß muss die erst einmal gefunden werden. Und daran kann es dann auch schon scheitern.

Uranus Konjunktion Jupiter
Hat einer eine extreme Idee, so wird der andere erst mal noch eins drauf geben. Grenzen des Denkens setzen sich beide nicht gern, und so schaukeln sie sich gegenseitig hoch. Allerdings: So rebellisch und vielleicht auch zerstörerisch wie der Uranier möchte sein Partner nun doch nicht sein. Die Dinge sollen sich entwickeln können, Brüche zerstören doch nur. Trotz und gerade wegen gleicher Zielrichtung kommt man sich in die Quere.

Uranus Opposition Jupiter
Hat einer eine extreme Idee, so wird der andere erst mal noch eins drauf geben. Grenzen des Denkens setzen sich beide nicht gern, und so schaukeln sie sich gegenseitig hoch. Allerdings: So rebellisch und vielleicht auch zerstörerisch wie der Uranier möchte sein Partner nun doch nicht sein. Die Dinge sollen sich entwickeln können, Brüche zerstören doch nur. Nicht alle Gegensätze lassen sich durch intensiven Gedankenaustausch überbrücken.

Uranus Quadrat Jupiter
Hat einer eine extreme Idee, so wird der andere erst mal noch eins drauf geben. Grenzen des Denkens setzen sich beide nicht gern, und so schaukeln sie sich gegenseitig hoch. Allerdings: So rebellisch und vielleicht auch zerstörerisch wie der Uranier möchte sein Partner nun doch nicht sein. Die Dinge sollen sich entwickeln können, Brüche zerstören doch nur. Es wird schwer, fast unmöglich sein, dauerhaft auf einen Nenner zu kommen. Vorsicht bei gemeinsamen Spekulationsgeschäften!

Uranus Konjunktion Saturn
Der quirlige, hoch in den Wolken schwirrende Idealist Uranus muss bereit sein, ein wenig herabzusteigen. Dann kann sich der steif auf dem Boden der Realität stehende Saturn ein wenig auf die Zehenspitzen stellen, vielleicht sogar zu einem kleinen Rundflug bereit erklären. Beide müssen sehr vorsichtig sein, sich auf wohlabgewogene Kompromisse einlassen. Schließlich soll es nicht zu einem Absturz kommen. Der Geist des Himmels und die Kraft der Erde sollen sich doch befruchten, oder?

Uranus Opposition Saturn
Der quirlige, hoch in den Wolken schwirrende Idealist Uranus muss bereit sein, ein wenig herabzusteigen. Dann kann sich der steif auf dem Boden der Realität stehende Saturn ein wenig auf die Zehenspitzen stellen, sich vielleicht sogar zu einem kleinen Rundflug bereit erklären. Doch mit einem Mal lassen sich die Gegensätze nicht aus dem Weg

räumen. Wozu auch? Gerade in der Unterschiedlichkeit liegt die Faszination dieser Beziehung.

Uranus Quadrat Saturn

Der quirlige, hoch in den Wolken schwirrende Idealist Uranus muss bereit sein, ein wenig herabzusteigen. Dann kann sich der steif auf dem Boden der Realität stehende Saturn ein wenig auf die Zehenspitzen stellen, sich vielleicht sogar zu einem kleinen Rundflug bereit erklären. Es kann sein, dass die zwei ständig aneinander zerren, den Flug Richtung Himmel oder Erde steuern wollen. Die Reibungen können für beide zu anstrengend sein. Gelingt es, einander loszulassen, jedem das Element zuzugestehen, in dem er sich am wohlsten fühlt?

Uranus Konjunktion Sonne

Die erste Person wird sich bemühen müssen, die ganz naive Lebenslust des anderen zu akzeptieren, sie überhaupt erst einmal wahrzunehmen. Sie regt dazu an, ungewöhnliche Dinge zu verwirklichen. Aber es geht auch darum, ein guter Beobachter, Zuschauer, Kommentator zu sein, ohne Arroganz, ohne Gefühlskälte. Beide werden an modernen Projekten gut zusammenarbeiten können. Doch die persönliche Ebene wird schwierig zu finden sein.

Uranus Opposition Sonne

Die erste Person wird sich bemühen müssen, die ganz naive Lebenslust des anderen zu akzeptieren, sie überhaupt erst einmal wahrzunehmen. Sie regt dazu an, ungewöhnliche Dinge zu verwirklichen. Aber es geht auch darum, ein guter Beobachter, Zuschauer, Kommentator zu sein, ohne Arroganz, ohne Gefühlskälte. Man ist so gegensätzlich, dass man sich gut inspirieren kann. Doch die dabei entstehende Unruhe ist für beide schwer zu ertragen.

Uranus Quadrat Sonne

Die erste Person wird sich bemühen müssen, die ganz naive Lebenslust des anderen zu akzeptieren, sie überhaupt erst einmal wahrzunehmen. Sie regt dazu an, ungewöhnliche Dinge zu verwirklichen. Aber es geht auch darum, ein guter Beobachter, Zuschauer, Kommentator zu sein, ohne Arroganz, ohne Gefühlskälte. Eine stark elektrisierende Atmosphäre begleitet jede Begegnung, erzeugt Stress, der kaum zu bewältigen ist.

Uranus Konjunktion Neptun

Wenn die beteiligten Planeten in der beiden Horoskopen besonders hervortreten, dann kann es zu großen Missverständnissen und Verwirrung kommen. Es besteht gleichzeitig die Aufforderung, die Welt umfassender wahrzunehmen, die Ordnung im scheinbaren Chaos zu finden. Künstlerisch ist man ein erfolgreiches Paar, im Alltag kann dieser Aspekt allerdings schwierig werden.

Uranus Opposition Neptun

Wenn die beteiligten Planeten in beiden Horoskopen besonders hervortreten, dann kann es zu großen Missverständnissen und Verwirrung kommen. Es besteht gleichzeitig die Aufforderung, die Welt umfassender wahrzunehmen, die Ordnung im scheinbaren Chaos zu finden.

Uranus Quadrat Neptun

Wenn die beteiligten Planeten in beiden Horoskopen besonders hervortreten, dann kann es zu großen Missverständnissen und Verwirrung kommen. Es besteht gleichzeitig die Aufforderung, die Welt umfassender wahrzunehmen, die Ordnung im scheinbaren Chaos zu finden. Meistens ist dies eine Überforderung. Die Ideale sind zu groß, qua Reizüberflutung ist doch alles mehr oder weniger verwirrend.

Uranus Konjunktion Pluto

Wenn andere Elemente in den Horoskopen diesen Trend verstärken, dann kann es in dieser Beziehung gelingen, sich tiefe psychische und spirituelle Inhalte bewusst zu machen, sich eine große geistige Kraft anzueignen und - das ist dabei notwendig - Selbstverantwortung zu entwickeln.

Uranus Opposition Pluto

Wenn andere Elemente in den Horoskopen diesen Trend verstärken, dann kann es in dieser Beziehung gelingen, sich tiefe psychische und spirituelle Inhalte bewusst zu machen, sich eine große geistige Kraft anzueignen und - das ist dabei notwendig - Selbstverantwortung zu entwickeln.

Uranus Quadrat Pluto

Wenn andere Elemente in den Horoskopen diesen Trend verstärken, dann kann es in dieser Beziehung gelingen, sich tiefe psychische und spirituelle Inhalte bewusst zu machen, sich eine große geistige Kraft anzueignen und - das ist dabei notwendig - Selbstverantwortung zu entwickeln.

Uranus Sextil Mond

Natürlich wird es immer wieder darum gehen, die heimische Situation irgendwie zu verändern. Dabei dominieren die Ideen von Partner Nummer 1. Doch gleichzeitig muss dieser lernen, ruhiger und warmherziger zu werden, ja die Bedürfnisse des anderen nach Schutz und Wärme überhaupt erst einmal wahrzunehmen. Die Beziehung kann für beide sehr anregend sein. Der ganz normale Alltag ist das Labor für ständig neue Experimente.

Uranus Trigon Mond
Natürlich wird es immer wieder darum gehen, die heimische Situation irgendwie zu verändern. Dabei dominieren die Ideen von Partner Nummer 1. Doch gleichzeitig muss dieser lernen, ruhiger und warmherziger zu werden, ja die Bedürfnisse des anderen nach Schutz und Wärme überhaupt erst einmal wahrzunehmen. Die Beziehung kann für beide sehr anregend sein. Der ganz normale Alltag ist das Labor für ständig neue Experimente.

Uranus Sextil Merkur
Die erste Person hat viele neue Ideen, ist geistig brillant, aber vollkommen sprunghaft. Das bringt den anderen aus seinen gewohnten Denkschablonen und kann für ihn eine ungeheure Bereicherung sein. Er wird versuchen, das Ganze in Worte zu fassen. Natürlich: Im Kopf, in der Abstraktion wirkt alles viel klarer, können die Analogieketten deutlicher durchgezogen werden. Doch erst hinunter transponiert auf die Alltagssprache kann man sich einem breiteren Publikum verständlich machen. Und dabei ist die zweite Person eine ungeheure Hilfe.

Uranus Trigon Merkur
Die erste Person hat viele neue Ideen, ist geistig brillant, aber vollkommen sprunghaft. Das bringt den anderen aus seinen gewohnten Denkschablonen und kann für ihn eine ungeheure Bereicherung sein. Er wird versuchen, das Ganze in Worte zu fassen. Natürlich: Im Kopf, in der Abstraktion wirkt alles viel klarer, können die Analogieketten deutlicher durchgezogen werden. Doch erst hinunter transponiert auf die Alltagssprache kann man sich einem breiteren Publikum verständlich machen.

Uranus Sextil Venus
Eine große Unruhe irritiert Partner zwo, ein ästhetisch-erotisches Aphrodisiakum, zu viel, um darüber hinwegzugehen, zu wenig, um es persönlich zu nehmen. »Spielt man nur mit mir, mit meiner Sehnsucht nach Zweisamkeit?«, fragt er/sie sich. Zumindest auf dem künstlerischen Sektor, im Design und in der Werbung können beide ganz gut zusammenarbeiten.

Uranus Trigon Venus
Eine große Unruhe irritiert Partner zwo, ein ästhetisch-erotisches Aphrodisiakum, zu viel, um darüber hinwegzugehen, zu wenig, um es persönlich zu nehmen. »Spielt man nur mit mir, mit meiner Sehnsucht nach Zweisamkeit?«, fragt er/sie sich. Zumindest auf dem künstlerischen Sektor, im Design und in der Werbung können beide ganz gut zusammenarbeiten.

Uranus Sextil Mars
Partner Nummer zwo kann mit nervösen Überreaktionen (das ist eigentlich noch recht harmlos umschriebenantworten auf so viel Unbekümmertheit, Spontanität, Spinnerei! Eigentlich passt man ja ganz gut zusammen, wenn man sich auf eine Sache einschießt. Bloß muss die erst einmal gefunden werden. Das wird beiden schnell gelingen, und dann entwickelt sich eine ungeheure Energie.

Uranus Trigon Mars
Partner Nummer zwo kann mit nervösen Überreaktionen (das ist eigentlich noch recht harmlos umschriebenantworten auf so viel Unbekümmertheit, Spontanität, Spinnerei! Eigentlich passt man ja ganz gut zusammen, wenn man sich auf eine Sache einschießt. Bloß muss die erst einmal gefunden werden. Das wird beiden schnell gelingen, und dann entwickelt sich eine ungeheure Energie.

Uranus Sextil Jupiter
Hat einer eine extreme Idee, so wird der andere erst mal noch eins drauf geben. Grenzen des Denkens setzen sich beide nicht gern, und so schaukeln sie sich gegenseitig hoch. Viel Toleranz des jovischen und wenig Arroganz des uranischen Teils helfen, technische und kaufmännische Neuerungen erfolgreich zu etablieren.

Uranus Trigon Jupiter
Hat einer eine extreme Idee, so wird der andere erst mal noch eins drauf geben. Grenzen des Denkens setzen sich beide nicht gern, und so schaukeln sie sich gegenseitig hoch. Viel Toleranz des jovischen und wenig Arroganz des uranischen Teils helfen, technische und kaufmännische Neuerungen erfolgreich zu etablieren.

Uranus Sextil Saturn
Der quirlige, hoch in den Wolken schwirrende Idealist Uranus muss bereit sein, ein wenig herabzusteigen. Dann kann sich der steif auf dem Boden der Realität stehende Saturn ein wenig auf die Zehenspitzen stellen, sich vielleicht sogar zu einem kleinen Rundflug bereit erklären. Beide haben die Fähigkeit, zwischen Himmel und Erde eine harmonische Verbindung aufzubauen, den Ideen Kraft zur Verwirklichung zu geben.

Uranus Trigon Saturn
Der quirlige, hoch in den Wolken schwirrende Idealist Uranus muss bereit sein, ein wenig herabzusteigen. Dann kann sich der steif auf dem Boden der Realität stehende Saturn ein wenig auf die Zehenspitzen stellen, sich vielleicht sogar zu einem kleinen Rundflug bereit erklären. Beide haben die Fähigkeit, zwischen Himmel und Erde eine harmonische Verbindung aufzubauen, den Ideen Kraft zur Verwirklichung zu geben.

Uranus Sextil Sonne
Die erste Person wird sich bemühen müssen, die ganz naive Lebenslust des anderen zu akzeptieren, sie überhaupt erst einmal wahrzunehmen. Sie regt dazu an, ungewöhnliche Dinge zu verwirklichen. Aber es geht auch darum, ein guter Beobachter, Zuschauer, Kommentator zu sein, ohne Arroganz, ohne Gefühlskälte. Dies kann gelingen, und man wird auf eine sehr unkonventionelle Art und Weise zusammen schöpferisch tätig sein können.

Uranus Trigon Sonne
Die erste Person wird sich bemühen müssen, die ganz naive Lebenslust des anderen zu akzeptieren, sie überhaupt erst einmal wahrzunehmen. Sie regt dazu an, ungewöhnliche Dinge zu verwirklichen. Aber es geht auch darum, ein guter Beobachter, Zuschauer, Kommentator zu sein, ohne Arroganz, ohne Gefühlskälte. Dies kann gelingen, und man wird auf eine sehr unkonventionelle Art und Weise zusammen schöpferisch tätig sein können.

Uranus Sextil Neptun
Wenn die beteiligten Planeten in beiden Horoskopen besonders hervortreten, dann kann es zu großen Missverständnissen und Verwirrung kommen. Es besteht gleichzeitig die Aufforderung, die Welt umfassender wahrzunehmen, die Ordnung im scheinbaren Chaos zu finden.

Uranus Trigon Neptun
Wenn die beteiligten Planeten in beiden Horoskopen besonders hervortreten, dann kann es zu großen Missverständnissen und Verwirrung kommen. Es besteht gleichzeitig die Aufforderung, die Welt umfassender wahrzunehmen, die Ordnung im scheinbaren Chaos zu finden. Es kann gelingen
.

Uranus Sextil Pluto
Wenn andere Elemente in den Horoskopen diesen Trend verstärken, dann kann es in dieser Beziehung gelingen, sich tiefe psychische und spirituelle Inhalte bewusst zu machen, sich eine große geistige Kraft anzueignen und - das ist dabei notwendig - Selbstverantwortung zu entwickeln.

Uranus Trigon Pluto
Wenn andere Elemente in den Horoskopen diesen Trend verstärken, dann kann es in dieser Beziehung gelingen, sich tiefe psychische und spirituelle Inhalte bewusst zu machen, sich eine große geistige Kraft anzueignen und - das ist dabei notwendig - Selbstverantwortung zu entwickeln.

Uranus Trigon Medium Coeli
Die völlige Ungebundenheit, mit der die erste Person auf das Leben zugeht, kann für die andere ein Ideal verkörpern. So frei möchte jene in der Öffentlichkeit auftreten können, ihr Leben gestalten können. Durch das Vorbild lernt sie, ihre eigene Individualität zu verwirklichen, sich nicht auf überflüssige Kompromisse einzulassen.

Uranus Konjunktion Medium Coeli
Die völlige Ungebundenheit, mit der die erste Person auf das Leben zugeht, kann für die andere ein Ideal verkörpern. So frei möchte jene in der Öffentlichkeit auftreten können, ihr Leben gestalten können. Letztere sollte aufpassen, sich nicht zu überflüssiger Rebellion anstacheln zu lassen. Freiheit beinhaltet auch die Möglichkeit, auf etwas nicht reagieren zu müssen, es lassen zu können. Wie kreativ sich dieses Thema der Partnerschaft auf die beruflichen Interessen und die Persönlichkeitsentwicklung auswirkt, hängt von der Fähigkeit ab, Neuerungen durchzusetzen, ohne zugleich Erhaltenswertes zerstören zu müssen.

Uranus Opposition Medium Coeli
Die völlige Ungebundenheit, mit der die erste Person auf das Leben zugeht, kann für die andere ein Ideal verkörpern. So frei möchte jene ihr Privatleben ebenfalls gestalten können. Zugleich spürt sie eine große innere Unruhe, Heimatlosigkeit und Leere. Dies ist der Schatten der Freiheit, das Resultat der Strategie, alle Brücken hinter sich abzubrechen.

Uranus Quadrat Medium Coeli
Die völlige Ungebundenheit, mit der die erste Person auf das Leben zugeht, kann für die andere ein Ideal verkörpern. So frei möchte jene in der Öffentlichkeit auftreten können, ihr Leben gestalten können. Auf Dauer wird sich die Beziehung aber gerade in dieser Hinsicht problematisch erweisen. Es fehlt an Verantwortungsbewusstsein und Realitätssinn, und so können über lange Zeit aufgebaute Kontakte zerbrechen, die berufliche Entwicklung

ernsthaft gefährdet werden, Ausbildungswege überstürzt abgebrochen werden.

Uranus Sextil Medium Coeli
Die völlige Ungebundenheit, mit der die erste Person auf das Leben zugeht, kann für die andere ein Ideal verkörpern. So frei möchte jene in der Öffentlichkeit auftreten können, ihr Leben gestalten können. Durch das Vorbild lernt sie, ihre eigene Individualität zu verwirklichen, sich nicht auf überflüssige Kompromisse einzulassen.

Uranus Trigon Aszendent
Erst in der Beziehung wird der zweiten Person deutlich, wie wichtig es ist, seine eigenen Lebensziele zu haben, sich nicht nur nach den Konventionen, den Anforderungen der Gesellschaft und den subtilen Erwartungen der eigenen Eltern zu richten. Viele positive Anregungen und Ermutigungen helfen, sich endlich weiterzuentwickeln. Gemeinsam geht es halt einfach besser.

Uranus Konjunktion Aszendent
Erst in der Beziehung wird der zweiten Person deutlich, wie wichtig es ist, seine eigenen Lebensziele zu haben, sich nicht nur nach den Konventionen, den Anforderungen der Gesellschaft und den subtilen Erwartungen der eigenen Eltern zu richten. Man hat viele gemeinsame geistige Interessen. Besonders bei Plänen, sich selbstständig zu machen, unterstützt der Partner einen. Doch hat wirklich alles Hand und Fuß? Die Umstellungen können viel Stress mit sich bringen, manchmal lohnt es sich auch nicht, mit der Tradition vollends zu brechen. Dies sollte sorgfältig abgewogen werden.

Uranus Opposition Aszendent
Erst in der Beziehung wird der zweiten Person deutlich, wie wichtig es ist, seine eigenen Lebensziele zu haben, sich nicht nur nach den Konventionen, den Anforderungen der Gesellschaft und den subtilen Erwartungen der eigenen Eltern zu richten. Dies zeigt sich besonders in der Gestaltung des eigenen Heimes, in den Beziehungen zu den eigenen Eltern, zur Familientradition, zur Heimat. Der Partner wird einem viel Mut machen, aus allem auszubrechen, wird gerade in Zeiten, wo man sich von der Vergangenheit frei machen will, ein guter Weggefährte sein. Beide müssen sich viel persönlichen Freiraum schaffen und immer wieder darauf achten, den Stress zu Hause so gering wie möglich zu halten. Freunde sind da eine große Unterstützung.

Uranus Quadrat Aszendent
Erst in der Beziehung wird der zweiten Person deutlich, wie wichtig es ist, seine eigenen Lebensziele zu haben, sich nicht nur nach den Konventionen, den Anforderungen der Gesellschaft und den subtilen Erwartungen der eigenen Eltern zu richten. Die Ansichten des Partners können jedoch zu extrem sein. Es wäre besser, sie nur mit größter Vorsicht zu übernehmen.

Uranus Sextil Aszendent
Erst in der Beziehung wird der zweiten Person deutlich, wie wichtig es ist, seine eigenen Lebensziele zu haben, sich nicht nur nach den Konventionen, den Anforderungen der Gesellschaft und den subtilen Erwartungen der eigenen Eltern zu richten. Viele positive Anregungen und Ermutigungen helfen ihr, sich endlich weiterzuentwickeln. Gemeinsam geht es halt einfach besser.

Uranus Konjunktion Uranus
Beide sind Kinder der gleichen Zeit, haben die gleichen Vorstellungen von Freiheit, in ihrer Jugend für die gleichen Ideale gekämpft. Nur, wenn dieser Aspekt besonders exakt ist und Uranus in beiden Horoskopen betont steht, stärkt man sich gegenseitig und freut sich daran, auf einer Wellenlänge zu sein.

Uranus Opposition Uranus
Man hat ähnliche Ideale, Vorstellungen von Freiheit und Individualität. Trotz des großen Altersunterschieds hat man die gleiche Wellenlänge. Irgendwie erinnert es an den Film »Harold and Maude«, oder?

Uranus Quadrat Uranus
Man hat vollkommen unterschiedliche Vorstellungen von Freiheit. Es wird schwer, auf eine Wellenlänge zu kommen. Der Altersunterschied ist nicht der Grund, warum es nicht klappt. Das wäre noch zu überbrücken. Es ist wichtig, die Individualität des anderen zu achten. Freiheit ist immer auch die Freiheit des Andersdenkenden.

Uranus Trigon Uranus
Man hat ähnliche Ideale, Vorstellungen von Freiheit und Individualität. Trotz des großen Altersunterschieds (es ist doch eigentlich eine Beziehung zwischen zwei Generationen) hat man die gleiche Wellenlänge. Irgendwie erinnert es an den Film »Harold and Maude«, oder?

Uranus Sextil Uranus
Man hat ähnliche Ideale, Vorstellungen von Freiheit und Individualität. Trotz des Altersunterschieds (es könnte ja fast schon eine Eltern-Kind-Beziehung sein man die gleiche Wellenlänge. Irgendwie erinnert es an den Film »Harold and Maude«, oder?

Neptun

Neptun Konjunktion Mond
Der neptunische Partner wird die Stimmungen und alle Gefühlsregungen erspüren, erahnen, ihnen keinen Widerstand entgegensetzen. Traum und Wirklichkeit vermischen sich, es wird zu vielen Missverständnissen kommen. Künstlerisch und musisch ist dies eine sehr interessante Verbindung. Persönlich wird es vor allem für den Mond-Partner schwer sein. Er wird sich einfach nicht persönlich angesprochen fühlen, sich einsam und unsicher fühlen. Halten beide voneinander eine gewisse Distanz und lassen sich Zeit, innerlich wieder klar zu werden? Dann wird es eine sehr sensible Partnerschaft sein, voll Mitgefühl und gegenseitiger Anteilnahme.

Neptun Opposition Mond
Der neptunische Partner wird die Stimmungen und alle Gefühlsregungen erspüren, erahnen, ihnen keinen Widerstand entgegensetzen. Traum und Wirklichkeit vermischen sich, es wird zu vielen Missverständnissen kommen. Künstlerisch und musisch ist dies eine sehr interessante Verbindung. Persönlich wird es vor allem für den Mond-Partner schwer sein. Er wird sich einfach nicht persönlich angesprochen fühlen, sich einsam und unsicher fühlen. Halten beide voneinander eine gewisse Distanz und lassen sich Zeit, innerlich wieder klar zu werden? Dies ist wichtig. Beide neigen zur Selbsttäuschung, können sich nicht abgrenzen.

Neptun Quadrat Mond
Der neptunische Partner wird die Stimmungen und alle Gefühlsregungen erspüren, erahnen, ihnen keinen Widerstand entgegensetzen. Traum und Wirklichkeit vermischen sich, es wird zu vielen Missverständnissen kommen. Künstlerisch und musisch ist dies eine sehr interessante Verbindung. Persönlich wird es vor allem für den Mond-Partner schwer sein. Er wird sich einfach nicht persönlich angesprochen fühlen, sich einsam und unsicher fühlen. Halten beide voneinander eine gewisse Distanz und lassen sich Zeit, innerlich wieder klar zu werden? Beide neigen zur Selbsttäuschung, können sich nicht abgrenzen.

Neptun Konjunktion Merkur
Beide müssen sehr auf die Körpersprache achten, allein die Worte sagen nicht die ganze Wahrheit. Die Palette der Kommunikation reicht vom einfachen Missverständnis bis hin zur bewussten Täuschung. Hierzu gehören allerdings immer zwei, also auch derjenige, der sich mit der Wirklichkeit überhaupt nicht beschäftigen will und nur so dazu gebracht werden kann, endlich aufzuwachen. Die Empfindung ist ganz wichtig, die innere Stimme sagt einem eigentlich immer, um was es wirklich geht.

Neptun Opposition Merkur
Beide müssen sehr auf die Körpersprache achten, allein die Worte sagen nicht die ganze Wahrheit. Die Palette der Kommunikation reicht vom einfachen Missverständnis bis hin zur bewussten Täuschung. Hierzu gehören allerdings immer zwei, also auch derjenige, der sich mit der Wirklichkeit überhaupt nicht beschäftigen will und nur so dazu gebracht werden kann, endlich aufzuwachen. Die Empfindung ist ganz wichtig, die innere Stimme sagt einem eigentlich immer, um was es wirklich geht.

Neptun Quadrat Merkur
Beide müssen sehr auf die Körpersprache achten, allein die Worte sagen nicht die ganze Wahrheit. Die Palette der Kommunikation reicht vom einfachen Missverständnis bis hin zur bewussten Täuschung. Hierzu gehören allerdings immer zwei, also auch derjenige, der sich mit der Wirklichkeit überhaupt nicht beschäftigen will und nur so dazu gebracht werden kann, endlich aufzuwachen. Die Beziehung erfordert im ganz besonderen Maße, dass man auf seine innere Stimme hört.

Neptun Konjunktion Venus
Eine liebevolle Atmosphäre verbindet und trennt beide. Während bei der ersten Person die Gefühle eher unpersönlich sind, auf das große Ganze gerichtet, humanistisch-spirituell sind, hat die zweite ein immenses Bedürfnis danach, geliebt zu werden. Und das ist ein sehr persönliches Bedürfnis. Sie will mit niemandem verwechselt werden, möchte auch nicht, dass man mit ihren Gefühlen spielt.

Neptun Opposition Venus
Eine liebevolle Atmosphäre verbindet und trennt beide. Während bei der ersten Person die Gefühle eher unpersönlich sind, auf das große Ganze gerichtet, humanistisch-spirituell sind, hat die zweite ein immenses Bedürfnis danach, geliebt zu werden. Und das ist ein sehr persönliches Bedürfnis. Sie will mit niemandem verwechselt werden, möchte auch nicht, dass man mit ihren Gefühlen spielt. Und

gerade was diesen Punkt betrifft, kann es zu einigen Scherereien kommen. Eitelkeit ist gefährlich.

Neptun Quadrat Venus
Eine liebevolle Atmosphäre verbindet und trennt beide. Während bei der ersten Person die Gefühle eher unpersönlich sind, auf das große Ganze gerichtet, humanistisch-spirituell sind, hat die zweite ein immenses Bedürfnis danach, geliebt zu werden. Und das ist ein sehr persönliches Bedürfnis. Sie will mit niemandem verwechselt werden, möchte auch nicht, dass man mit ihren Gefühlen spielt. Und gerade was diesen letzten Punkt betrifft, kann es zu einigen Scherereien kommen. Allzu große Eitelkeit ist gefährlich.

Neptun Konjunktion Mars
Es liegt ganz am Niveau der beiden Partner, ob jetzt täglich »die Sau rausgelassen wird« und ansonsten Phlegma und Delirium zum Dauerzustand werden, oder ob die groben Kräfte verfeinert werden und zum Zwecke der Heilung natürlich eingesetzt werden. Der zweiten Person werden kaum Grenzen gesetzt. Das wird sie irritieren, darum ist es wichtig, mit offenen Karten zu spielen.

Neptun Opposition Mars
Es liegt ganz am Niveau der beiden Partner, ob jetzt täglich »die Sau rausgelassen wird« und ansonsten Phlegma und Delirium zum Dauerzustand werden, oder ob die groben Kräfte verfeinert werden und zum Zwecke der Heilung natürlich eingesetzt werden. Der zweiten Person werden kaum Grenzen gesetzt. Das wird sie irritieren, darum ist es wichtig, mit offenen Karten zu spielen.

Neptun Quadrat Mars
Es liegt ganz am Niveau der beiden Partner, ob jetzt täglich »die Sau rausgelassen wird« und ansonsten Phlegma und Delirium zum Dauerzustand werden, oder ob die groben Kräfte verfeinert werden und zum Zwecke der Heilung natürlich eingesetzt werden. Der zweiten Person werden kaum Grenzen gesetzt. Das wird sie irritieren, darum ist es wichtig, mit offenen Karten zu spielen.

Neptun Konjunktion Jupiter
Grenzenlos schweifen Gefühl und Verstand umher. Es könnte eine Verbindung von Philosophie und Esoterik entstehen, wenn sich beide doch nur einig wären, ja wenn sie sich überhaupt erst einmal verstehen könnten. Beide beschäftigen sich mit dem Namenlosen, dem Bewirkenden hinter der Welt der Erscheinungen.

Neptun Opposition Jupiter
Grenzenlos schweifen Gefühl und Verstand umher. Es könnte eine Verbindung von Philosophie und Esoterik entstehen, wenn sich beide doch nur einig wären, ja wenn sie sich überhaupt erst einmal verstehen könnten. Meditation beschreibt die Welt auch nur mit den Augen des einen, und ein Disput ist nur die Domäne des anderen. Wie wäre es mit Chaostheorie?

Neptun Quadrat Jupiter
Grenzenlos schweifen Gefühl und Verstand umher. Es könnte eine Verbindung von Philosophie und Esoterik entstehen, wenn sich beide doch nur einig wären, ja wenn sie sich überhaupt erst einmal verstehen könnten. Und das, ja das wird immer nur für kurze Momente klappen, zu sehr klaffen Intellekt und Emotion auseinander.

Neptun Konjunktion Saturn
Der Erste lebt sehr in der Welt der Fantasie, der Ideale. Die Inkarnation, die Verwirklichung in der materiellen Welt interessiert den Zweiten. Ganz klar, dass da Abstriche macht werden: Man muss sich mit den Grenzen, die die Welt setzt, beschäftigen, verliert durch die Verwirklichung auch seine Träume. Das Spektrum dieser Beziehung schwankt zwischen Nächstenliebe und Selbstmitleid, zwischen mystischem Rückzug und naiver Weltfremdheit.

Neptun Opposition Saturn
Der Erste lebt sehr in der Welt der Fantasie, der Ideale. Die Inkarnation, die Verwirklichung in der materiellen Welt interessiert den Zweiten. Ganz klar, dass da Abstriche macht werden: Man muss sich mit den Grenzen, die die Welt setzt, beschäftigen, verliert durch die Verwirklichung auch seine Träume. Das Spektrum dieser Beziehung schwankt zwischen Nächstenliebe und Selbstmitleid, zwischen mystischem Rückzug und Weltfremdheit.

Neptun Quadrat Saturn
Der Erste lebt sehr in der Welt der Fantasie, der Ideale. Die Inkarnation, die Verwirklichung in der materiellen Welt interessiert den Zweiten. Das kann sehr problematisch werden. Ganz klar, dass da Abstriche macht werden: Man muss sich mit den Grenzen, die die Welt setzt, beschäftigen, verliert durch die Verwirklichung auch seine Träume. Das Spektrum dieser Beziehung schwankt zwischen Nächstenliebe und Selbstmitleid, zwischen mystischem Rückzug und naiver Weltfremdheit.

Neptun Konjunktion Uranus

Eine ganz unterschiedliche Art und Weise, die Welt wahrzunehmen, trennt und verbindet beide. Es ist die Frage, ob jenseits von Missverständnissen ein kreativer Austausch möglich ist. Damit dieses Thema eine Rolle spielt, muss der Winkel zwischen den Planeten der beiden Horoskopen sehr exakt sein.

Neptun Opposition Uranus

Eine ganz unterschiedliche Art und Weise, die Welt wahrzunehmen, trennt und verbindet beide. Es ist die Frage, ob jenseits von Missverständnissen ein kreativer Austausch möglich ist. Damit dieses Thema eine Rolle spielt, muss der Winkel zwischen den Planeten der beiden Horoskopen sehr exakt sein.

Neptun Quadrat Uranus

Eine ganz unterschiedliche Art und Weise, die Welt wahrzunehmen, trennt und verbindet beide. Es ist die Frage, ob jenseits von Missverständnissen ein kreativer Austausch möglich ist. Damit dieses Thema eine Rolle spielt, muss der Winkel zwischen den Planeten der beiden Horoskopen sehr exakt sein.

Neptun Konjunktion Sonne

Die erste Person wird ihrem Partner kaum Grenzen setzen. Auf ganz merkwürdige, irgendwie unpersönlich-liebevolle Weise schaut sie ihn an und lässt ihn gewähren. Was verbirgt sich unter diesem Schleier der Liebenswürdigkeit, der teilnahmsvollen Gleichmütigkeit? Nun, auf der einen Seite eine Faszination über solch ein Maß an Naivität und Lebendigkeit. Man könnte einander vollkommen selbstlos zu Diensten stehen. Auf der anderen Seite lockt es natürlich ungeheuer, unter dem Schutz des Schleiers mit der Eitelkeit des anderen zu spielen, sie auszunutzen.

Neptun Opposition Sonne

Die erste Person wird ihrem Partner kaum Grenzen setzen. Auf ganz merkwürdige, irgendwie unpersönlich-liebevolle Weise schaut sie ihn an und lässt ihn gewähren. Was verbirgt sich unter dieser Maske der Liebenswürdigkeit, der teilnahmsvollen Gleichmütigkeit? Nun, auf der einen Seite eine Faszination über solch ein Maß an Naivität und Lebendigkeit. Man könnte einander vollkommen selbstlos zu Diensten stehen. Auf der anderen Seite lockt es natürlich ungeheuer, unter dem Schutz des Schleiers mit der Eitelkeit des anderen zu spielen, sie auszunutzen.

Neptun Quadrat Sonne

Die erste Person wird ihrem Partner kaum Grenzen setzen. Auf ganz merkwürdige, irgendwie unpersönlich-liebevolle Weise schaut sie ihn an und lässt ihn gewähren. Was verbirgt sich unter dieser Maske der Liebenswürdigkeit, der teilnahmsvollen Gleichmütigkeit? Nun, zuerst einmal ist man durch das dominante Auftreten des anderen verwirrt, spürt Fluchttendenzen in sich, überlegt Täuschungsmanöver. Nur wenn sich beide genügend Distanz lassen, ist ein Miteinander überhaupt möglich.

Neptun Konjunktion Pluto

Die Betonung von Neptun im ersten und Pluto im zweiten Horoskop vorausgesetzt - wird sich aus der Kombination von Hingabe und Vorstellungskraft eine tiefe gegenseitige seelische Beeinflussung entwickeln. Die Urbilder der Menschheit, das kollektive Unterbewusste, Massenströmungen und politische Entwicklungen wird Neptun erleiden / genießen und Pluto magnetisch anziehen.

Neptun Opposition Pluto

Die Betonung von Neptun im ersten und Pluto im zweiten Horoskop vorausgesetzt - wird sich aus der Kombination von Hingabe und Vorstellungskraft eine tiefe gegenseitige seelische Beeinflussung entwickeln. Die Urbilder der Menschheit, das kollektive Unterbewusste, Massenströmungen und politische Entwicklungen wird Neptun erleiden / genießen und Pluto magnetisch anziehen.

Neptun Quadrat Pluto

Die Betonung von Neptun im ersten und Pluto im zweiten Horoskop vorausgesetzt - wird sich aus der Kombination von Hingabe und Vorstellungskraft eine tiefe gegenseitige seelische Beeinflussung entwickeln. Die Urbilder der Menschheit, das kollektive Unterbewusste, Massenströmungen und politische Entwicklungen wird Neptun erleiden / genießen und Pluto magnetisch anziehen.

Neptun Sextil Mond

Der neptunische Partner wird die Stimmungen und alle Gefühlsregungen erspüren, erahnen. Man versteht sich ohne Worte, will keine Grenzen haben, baut sich eine wundervolle Fantasiewelt auf. Man kann sich gegenseitig trösten, heilen, unterstützen.

Neptun Trigon Mond

Der neptunische Partner wird die Stimmungen und alle Gefühlsregungen erspüren, erahnen. Man versteht sich ohne Worte, will keine Grenzen haben, baut sich eine wundervolle Fantasiewelt auf. Man kann sich gegenseitig trösten, heilen, unterstützen.

Neptun Sextil Merkur
Beide müssen sehr auf die Körpersprache achten, allein die Worte sagen nicht die ganze Wahrheit. Die Palette der Kommunikation reicht vom einfachen Missverständnis bis hin zur bewussten Täuschung. Letztere wird allerdings selten sein. In den meisten Fällen versteht man sich einfach ganz toll, ja die Kommunikation scheint fast telepathisch zu funktionieren. Der eine regt den anderen an, sich poetisch auszudrücken, Märchen zu schreiben, feine Empfindungen in Worte zu fassen.

Neptun Trigon Merkur
Beide müssen sehr auf die Körpersprache achten, allein die Worte sagen nicht die ganze Wahrheit. Die Palette der Kommunikation reicht vom einfachen Missverständnis bis hin zu bewusster Täuschung. In den meisten Fällen versteht man sich einfach ganz toll, ja die Kommunikation scheint fast telepathisch zu funktionieren. Der eine regt den anderen an, sich poetisch auszudrücken, Märchen zu schreiben, feine Empfindungen in Worte zu fassen.

Neptun Sextil Venus
Eine liebevolle Atmosphäre verbindet und trennt beide. Während bei der ersten Person die Gefühle eher unpersönlich sind, auf das große Ganze gerichtet, humanistisch-spirituell sind, hat die zweite ein immenses Bedürfnis danach, geliebt zu werden. Und das ist ein sehr persönliches Bedürfnis. Sie will mit niemandem verwechselt werden, möchte auch nicht, dass man mit ihren Gefühlen spielt. Das wird auch kaum geschehen. Neptun versteht ihre Ambitionen und Venus verschönert jegliche spirituelle Bemühung.

Neptun Trigon Venus
Eine liebevolle Atmosphäre verbindet und trennt beide. Während bei der ersten Person die Gefühle eher unpersönlich sind, auf das große Ganze gerichtet, humanistisch-spirituell sind, hat die zweite ein immenses Bedürfnis danach, geliebt zu werden. Und das ist ein sehr persönliches Bedürfnis. Sie will mit niemandem verwechselt werden, möchte auch nicht, dass man mit ihren Gefühlen spielt. Das wird auch kaum geschehen. Neptun versteht ihre Ambitionen und Venus verschönert jegliche spirituelle Bemühung.

Neptun Sextil Mars
Es liegt ganz am Niveau der beiden Partner, ob jetzt täglich »die Sau rausgelassen wird« und ansonsten Phlegma und Delirium zum Dauerzustand werden, oder ob die groben Kräfte verfeinert werden und zum Zwecke der Heilung natürlich eingesetzt werden. Der zweiten Person werden kaum Grenzen gesetzt. Sie wird ermutigt, jenseits der Konvention nach Möglichkeiten zu suchen, sich durchzusetzen. Der Erfolg ist gewiss.

Neptun Trigon Mars
Es liegt ganz am Niveau der beiden Partner, ob jetzt täglich »die Sau rausgelassen wird« und ansonsten Phlegma und Delirium zum Dauerzustand werden, oder ob die groben Kräfte verfeinert werden und zum Zwecke der Heilung natürlich eingesetzt werden. Der zweiten Person werden kaum Grenzen gesetzt. Sie wird ermutigt, jenseits der Konvention nach Möglichkeiten zu suchen, sich durchzusetzen. Der Erfolg ist gewiss.

Neptun Sextil Jupiter
Grenzenlos schweifen Gefühl und Verstand umher. Es könnte eine Verbindung von Philosophie und Esoterik entstehen, wenn sich beide doch nur einig wären, ja wenn sie sich überhaupt erst einmal verstehen könnten. Die Chancen dafür stehen sehr gut. Es kann zu fast telepathischen Kontakten kommen, und auch auf dem geschäftlichen Sektor ist diese Verbindung von Erfolg gekrönt.

Neptun Trigon Jupiter
Grenzenlos schweifen Gefühl und Verstand umher. Es könnte eine Verbindung von Philosophie und Esoterik entstehen, wenn sich beide doch nur einig wären, ja wenn sie sich überhaupt erst einmal verstehen könnten. Die Chancen dafür stehen sehr gut. Es kann zu fast telepathischen Kontakten kommen, und auch auf dem geschäftlichen Sektor ist diese Verbindung von Erfolg gekrönt.

Neptun Sextil Saturn
Der Erste lebt sehr in der Welt der Fantasie, der Ideale. Die Inkarnation, die Verwirklichung in der materiellen Welt interessiert den Zweiten. Man wird sich da ganz toll ergänzen. Ganz klar, dass da Abstriche macht werden: Man muss sich mit den Grenzen, die die Welt setzt, beschäftigen, verliert durch die Verwirklichung auch seine Träume. Das Spektrum dieser Beziehung schwankt zwischen Nächstenliebe und Selbstmitleid, zwischen mystischem Rückzug und naiver Weltfremdheit.

Neptun Trigon Saturn
Der Erste lebt sehr in der Welt der Fantasie, der Ideale. Die Inkarnation, die Verwirklichung in der materiellen Welt interessiert den Zweiten. Man

wird sich da ganz toll ergänzen. Ganz klar, dass da Abstriche macht werden: Man muss sich mit den Grenzen, die die Welt setzt, beschäftigen, verliert durch die Verwirklichung auch seine Träume. Das Spektrum dieser Beziehung schwankt zwischen Nächstenliebe und Selbstmitleid, zwischen mystischem Rückzug und naiver Weltfremdheit.

Neptun Sextil Uranus

Eine ganz unterschiedliche Art und Weise, die Welt wahrzunehmen, trennt und verbindet beide. Es ist die Frage, ob jenseits von Missverständnissen ein kreativer Austausch möglich ist. Damit dieses Thema eine Rolle spielt, muss der Winkel zwischen den Planeten der beiden Horoskopen sehr exakt sein.

Neptun Trigon Uranus

Eine ganz unterschiedliche Art und Weise, die Welt wahrzunehmen, trennt und verbindet beide. Es ist die Frage, ob jenseits von Missverständnissen ein kreativer Austausch möglich ist. Damit dieses Thema eine Rolle spielt, muss der Winkel zwischen den Planeten der beiden Horoskopen exakt sein.

Neptun Sextil Sonne

Die erste Person wird ihrem Partner kaum Grenzen setzen. Auf ganz merkwürdige, irgendwie unpersönlich-liebevolle Weise schaut sie ihn an und lässt ihn gewähren. Was verbirgt sich unter dieser Maske der Liebenswürdigkeit, der teilnahmsvollen Gleichmütigkeit? Nun, auf der einen Seite eine Faszination über solch ein Maß an Naivität und Lebendigkeit. Man könnte einander vollkommen selbstlos zu Diensten stehen. Auf der anderen Seite lockt es natürlich ungeheuer, unter dem Schutz des Schleiers mit der Eitelkeit des anderen zu spielen, sie auszunutzen. Doch dies geschieht selten, meist dominieren die feinen Gefühle, herrscht große Sympathie.

Neptun Trigon Sonne

Die erste Person wird ihrem Partner kaum Grenzen setzen. Auf ganz merkwürdige, irgendwie unpersönlich-liebevolle Weise schaut sie ihn an und lässt ihn gewähren. Was verbirgt sich unter dieser Maske der Liebenswürdigkeit, der teilnahmsvollen Gleichmütigkeit? Nun, auf der einen Seite eine Faszination über solch ein Maß an Naivität und Lebendigkeit. Man könnte einander vollkommen selbstlos zu Diensten stehen. Auf der anderen Seite lockt es natürlich ungeheuer, unter dem Schutz des Schleiers mit der Eitelkeit des anderen zu spielen, sie auszunutzen. Doch dies geschieht selten, meist dominieren die feinen Gefühle, herrscht große Sympathie.

Neptun Sextil Pluto

Die Betonung von Neptun im ersten und Pluto im zweiten Horoskop vorausgesetzt - wird sich aus der Kombination von Hingabe und Vorstellungskraft eine tiefe gegenseitige seelische Beeinflussung entwickeln. Die Urbilder der Menschheit, das kollektive Unterbewusste, Massenströmungen und politische Entwicklungen wird Neptun erleiden / genießen und Pluto magnetisch anziehen.

Neptun Trigon Pluto

Die Betonung von Neptun im ersten und Pluto im zweiten Horoskop vorausgesetzt - wird sich aus der Kombination von Hingabe und Vorstellungskraft eine tiefe gegenseitige seelische Beeinflussung entwickeln. Die Urbilder der Menschheit, das kollektive Unterbewusste, Massenströmungen und politische Entwicklungen wird Neptun erleiden / genießen und Pluto magnetisch anziehen.

Neptun Trigon Medium Coeli

Die Angst und Unsicherheit, aus der Welt der Ideale und Träume hinaus in die harte Realität zu treten, sich zu inkarnieren, überträgt der Neptunier auf die Zielvorstellungen des Partners, seine beruflichen und gesellschaftlichen Bestrebungen. Erst wenn Beruf zur Berufung geworden ist, stellt sich der Erfolg ein.

Neptun Konjunktion Medium Coeli

Die Angst und Unsicherheit, aus der Welt der Ideale und Träume hinaus in die harte Realität zu treten, sich zu inkarnieren, überträgt der Neptunier auf die Zielvorstellungen des Partners, seine beruflichen und gesellschaftlichen Bestrebungen. Erst wenn Beruf zur Berufung geworden ist, stellt sich der Erfolg ein.

Neptun Opposition Medium Coeli

Die Angst und Unsicherheit, aus der Welt der Ideale und Träume hinaus in die harte Realität zu treten, sich zu inkarnieren, überträgt der Neptunier auf die Zielvorstellungen des Partners, seine beruflichen und gesellschaftlichen Bestrebungen. Erst wenn Beruf zur Berufung geworden ist, stellt sich der Erfolg ein.

Neptun Quadrat Medium Coeli

Die Angst und Unsicherheit, aus der Welt der Ideale und Träume hinaus in die harte Realität zu treten, sich zu inkarnieren, überträgt der Neptunier auf die Zielvorstellungen des Partners, seine beruflichen und gesellschaftlichen Bestrebungen. Wenn Beruf zur Berufung geworden ist, stellt sich der Erfolg ein.

Neptun Sextil Medium Coeli

Die Angst und Unsicherheit, aus der Welt der Ideale und Träume hinaus in die harte Realität zu treten, sich zu inkarnieren, überträgt der Neptunier auf die Zielvorstellungen des Partners, seine beruflichen und gesellschaftlichen Bestrebungen. Wenn Beruf zur Berufung geworden ist, stellt sich Erfolg ein.

Neptun Trigon Aszendent

Der Neptunier wird durch seine meditativ-hypnotische Art den anderen suggestiv beeinflussen können, ihn verwirren, unsicher machen, in der Rausch treiben, Sehnsüchte wecken. Auf einem höheren Niveau können beide gemeinsam heilende Kräfte entwickeln, künstlerisch oder spirituell zusammenarbeiten.

Neptun Konjunktion Aszendent

Der Neptunier wird durch seine meditativ-hypnotische Art den anderen suggestiv beeinflussen können, ihn verwirren, unsicher machen, in der Rausch treiben, Sehnsüchte wecken. Auf einem höheren Niveau können beide gemeinsam heilende Kräfte entwickeln, künstlerisch oder spirituell zusammenarbeiten.

Neptun Opposition Aszendent

Der Neptunier wird durch seine meditativ-hypnotische Art den anderen suggestiv beeinflussen können, ihn verwirren, unsicher machen, in der Rausch treiben, Sehnsüchte wecken. Auf einem höheren Niveau können beide gemeinsam heilende Kräfte entwickeln, künstlerisch oder spirituell zusammenarbeiten.

Neptun Quadrat Aszendent

Der Neptunier wird durch seine meditativ-hypnotische Art den anderen suggestiv beeinflussen können, ihn verwirren, unsicher machen, in der Rausch treiben, Sehnsüchte wecken. Auf einem höheren Niveau können beide gemeinsam heilende Kräfte entwickeln, künstlerisch oder spirituell zusammenarbeiten.

Neptun Sextil Aszendent

Der Neptunier wird durch seine meditativ-hypnotische Art den anderen suggestiv beeinflussen können, ihn verwirren, unsicher machen, in der Rausch treiben, Sehnsüchte wecken. Auf einem höheren Niveau können beide gemeinsam heilende Kräfte entwickeln, künstlerisch oder spirituell zusammenarbeiten.

Neptun Sextil Neptun

Trotz des Altersunterschieds werden sich beide besonders in den Bereichen Musik, Literatur, Meditation und Spiritualität gut ergänzen können. Nur wenn beide einen Zugang zum Feinstofflichen haben, der Planet Neptun in den Horoskopen eine besondere Rolle spielt, wird dies in der Beziehung zum Tragen kommen.

Neptun Trigon Neptun

Trotz des Altersunterschieds werden sich beide besonders in den Bereichen Musik, Literatur, Meditation und Spiritualität gut ergänzen können. Nur wenn beide einen Zugang zum Feinstofflichen haben, der Planet Neptun in den Horoskopen eine besondere Rolle spielt, wird dies in der Beziehung zum Tragen kommen.

Neptun Konjunktion Neptun

Die Partner sind in ihrer Art, sich zu öffnen, mit dem feinstofflichen Kontakt aufnehmen (entweder über Meditation oder über Drogen), loszulassen und in Ekstase zu geraten, sowie in ihren Fluchttendenzen Kinder der gleichen Zeitströmung. In der Pubertät ist der gleiche Musikstil vorherrschend, die gleichen Visionen einer besseren Welt vorhanden. Nur wenn die Aspekte zum Planeten Neptun und seine Stellung in beiden Horoskopen besonders hervorgehoben sind, wird dies neben den anderen, mehr persönlichen Horoskopfaktoren hervortreten.

Neptun Quadrat Neptun

Die Partner werden nicht die gleiche Art haben, sich zu öffnen, mit dem Feinstofflichen Kontakt aufzunehmen. Nur wenn die Aspekte zum Planeten Neptun und seine Stellung in beiden Horoskopen besonders hervorgehoben sind, wird dies trotz des großen Altersunterschieds überhaupt eine Rolle spielen.

Pluto

Pluto Konjunktion Mond

Die Gefühle der zweiten Person werden ungeheuer intensiviert werden. Wie eine Glocke stülpt sich eine plutonische Vorstellungswelt über jegliche Regung. Wie in einem Dampfdrucktopf stauen sie sich, werden mächtiger und mächtiger, brechen heraus, fallen dann wieder in sich zusammen. Neuer Druck entsteht - und so fort und so fort. Man hat sich diese Beziehung im Unterbewussten ausgesucht, um zu einer Wiedergeburt des Seelischen zu kommen.

Ohne Machtkämpfe wird dies kaum vonstattengehen.

Pluto Opposition Mond

Die Gefühle der zweiten Person werden ungeheuer intensiviert werden. Wie eine Glocke stülpt sich eine plutonische Vorstellungswelt über jegliche Regung. Wie in einem Dampfdrucktopf stauen sie sich, werden mächtiger und mächtiger, brechen heraus, fallen dann wieder in sich zusammen. Neuer Druck entsteht - und so fort und so fort. Man hat sich diese Beziehung im Unterbewussten ausgesucht, um zu einer Wiedergeburt des Seelischen zu kommen. Ohne Machtkämpfe wird dies kaum vonstattengehen.

Pluto Quadrat Mond

Die Gefühle der zweiten Person werden ungeheuer intensiviert werden. Wie eine Glocke stülpt sich eine plutonische Vorstellungswelt über jegliche Regung. Wie in einem Dampfdrucktopf stauen sie sich, werden mächtiger und mächtiger, brechen heraus, fallen dann wieder in sich zusammen. Neuer Druck entsteht - und so fort und so fort. Man hat sich diese Beziehung im Unterbewussten ausgesucht, um zu einer Wiedergeburt des Seelischen zu kommen. Ohne Machtkämpfe wird dies kaum gehen.

Pluto Konjunktion Merkur

Durch den Einfluss des plutonischen Partners wird sein merkurisches Gegenüber geistig kanalisiert werden. Resultat: große gedankliche Intensität, aber auch die Gefahr, in »Endlosschleifen« hängen zu bleiben. Da man ganz ähnliche Außenkontakte hat, wird es immer wieder zu Reibungen kommen.

Pluto Opposition Merkur

Durch den Einfluss des plutonischen Partners wird sein merkurisches Gegenüber geistig kanalisiert werden. Resultat: große gedankliche Intensität, aber auch die Gefahr, in »Endlosschleifen« hängen zu bleiben. Da man vollkommen gegensätzliche Außenkontakte hat, wird es zu Reibungen kommen.

Pluto Quadrat Merkur

Durch den Einfluss des plutonischen Partners wird sein merkurisches Gegenüber geistig kanalisiert werden. Resultat: große gedankliche Intensität, aber auch die Gefahr, in »Endlosschleifen« hängen zu bleiben. Auseinandersetzungen und intellektuelle Machtkämpfe sind fast unvermeidbar.

Pluto Konjunktion Venus

Die Liebeskraft wird stark von inneren Bildern geleitet. Man erlebt die magische Kraft von tiefen Beziehungen. Macht und Kontrolle können das Bedürfnis, geliebt zu werden, belastend beeinflussen. Man wird sich mit großer Intensität einander annähern, sich in Projektionen und Schuldgefühle verwickeln.

Pluto Opposition Venus

Die Liebeskraft wird stark von inneren Bildern geleitet. Man erlebt die magische Kraft von tiefen Beziehungen. Macht und Kontrolle können das Bedürfnis, geliebt zu werden, belastend beeinflussen. Man wird sich mit großer Intensität einander annähern, sich in Projektionen und Schuldgefühle verwickeln.

Pluto Quadrat Venus

Die Liebeskraft wird stark von inneren Bildern geleitet. Man erlebt die magische Kraft von tiefen Beziehungen. Macht und Kontrolle können das Bedürfnis, geliebt zu werden, belastend beeinflussen. Man wird sich mit großer Intensität einander annähern, sich in Projektionen und Schuldgefühle verwickeln.

Pluto Konjunktion Mars

Leitbilder von Männlichkeit und Stärke, die der eine entwickelt, bestimmen das Handeln des anderen, können Ziel und Beengung zugleich sein. Beide finden in der Außenwelt immer wieder die gleichen Anknüpfungspunkte, um den besten Modus zu finden.

Pluto Opposition Mars

Leitbilder von Männlichkeit und Stärke, die der eine entwickelt, bestimmen das Handeln des anderen, können Ziel und Beengung zugleich sein. Wichtig ist es, sich diese inneren Vorstellungen ganz bewusst zu machen, immer wieder der gemeinsamen Wirklichkeit anzupassen.

Pluto Quadrat Mars

Leitbilder von Männlichkeit und Stärke, die der eine entwickelt, bestimmen das Handeln des anderen, können Ziel und Beengung zugleich sein. Wichtig ist es, sich diese inneren Vorstellungen ganz bewusst zu machen, immer wieder der gemeinsamen Wirklichkeit anzupassen.

Pluto Konjunktion Jupiter

Magische Strategien, mehr an den Müttern und den Quellen der Tiefe orientiert, treffen auf eine ethisch-philosophische Weltsicht, die ihre Legitimation von den Vätern, den Göttern holt. Es kann zu einem Entscheidungskampf zwischen weiblichen und männlichen Archetypen, zwischen Gefühl und Geist, Hölle und Himmel kommen.

Pluto Opposition Jupiter
Magische Strategien, mehr an den Müttern und den Quellen der Tiefe orientiert, treffen auf eine ethisch-philosophische Weltsicht, die ihre Legitimation von den Vätern, den Göttern holt. Es kann zu einem Entscheidungskampf zwischen weiblichen und männlichen Archetypen, zwischen Gefühl und Geist, Hölle und Himmel kommen.

Pluto Quadrat Jupiter
Magische Strategien, mehr an den Müttern und den Quellen der Tiefe orientiert, treffen auf eine ethisch-philosophische Weltsicht, die ihre Legitimation von den Vätern, den Göttern holt. Es kann zu einem Entscheidungskampf zwischen weiblichen und männlichen Archetypen, zwischen Gefühl und Geist, Hölle und Himmel kommen.

Pluto Konjunktion Saturn
Nur bei besonders enger Aspektierung der Planeten oder einem großen Altersunterschied der Horoskopeigner wird die Tendenz, harte psychische Beziehungsmuster aufzubauen, in den Vordergrund treten. Wichtig ist es, dass der Weg des einen mit dem Ziel des anderen in Einklang kommt.

Pluto Opposition Saturn
Nur bei besonders enger Aspektierung der Planeten oder einem großen Altersunterschied der Horoskopeigner wird die Tendenz, harte psychische Beziehungsmuster aufzubauen, in den Vordergrund treten. Wichtig ist es, dass der Weg des einen mit dem Ziel des anderen in Einklang gebracht werden kann.

Pluto Quadrat Saturn
Nur bei besonders enger Aspektierung der Planeten oder einem großen Altersunterschied der Horoskopeigner wird die Tendenz, harte psychische Beziehungsmuster aufzubauen, in den Vordergrund treten. Wichtig ist es, dass der Weg des einen mit dem Ziel des anderen in Einklang gebracht werden kann.

Pluto Konjunktion Uranus
Falls dieser Aspekt in den Horoskopen besonders dominant ist, wird es in der Partnerschaft immer wieder zu großen Meinungsverschiedenheiten kommen. Wird man sich einig, hat man die Kraft, meinungsbildend auf die Umwelt einzuwirken. Vorsicht: Das Ganze kann in Fanatismus ausarten!

Pluto Opposition Uranus
Falls dieser Aspekt in den Horoskopen besonders dominant ist, wird es in der Partnerschaft immer wieder zu großen Meinungsverschiedenheiten kommen. Wird man sich einig, hat man die Kraft, meinungsbildend auf die Umwelt einzuwirken. Vorsicht: Das Ganze kann in Fanatismus ausarten!

Pluto Quadrat Uranus
Falls dieser Aspekt in den Horoskopen besonders dominant ist, wird es in der Partnerschaft immer wieder zu großen Meinungsverschiedenheiten kommen. Wird man sich einig, hat man die Kraft, meinungsbildend auf die Umwelt einzuwirken. Vorsicht: Das Ganze kann in Fanatismus ausarten!

Pluto Konjunktion Neptun
Das Verhältnis zwischen Täter und Opfer, die Begriffe Schuld und Leiden spielen in der Partnerschaft eine gewisse Rolle, wenn die Planeten Pluto und Neptun in den beiden Einzelhoroskopen stark hervorgehoben sind.

Pluto Opposition Neptun
Das Verhältnis zwischen Täter und Opfer, die Begriffe Schuld und Leiden spielen in der Partnerschaft eine gewisse Rolle, wenn die Planeten Pluto und Neptun in den beiden Einzelhoroskopen stark hervorgehoben sind.

Pluto Quadrat Neptun
Das Verhältnis zwischen Täter und Opfer, die Begriffe Schuld und Leiden spielen in der Partnerschaft eine gewisse Rolle, wenn die Planeten Pluto und Neptun in den beiden Einzelhoroskopen stark hervorgehoben sind.

Pluto Konjunktion Sonne
Die plutonische Kraft des einen wird bewirken, dass sich das Ego des anderen, sein Machtstreben und Geltungsbedürfnis entweder in extremer Weise übersteigert oder zumindest zeitweise vollkommen unterdrückt werden. Es kann also zu Machtkämpfen kommen, man manipuliert, arbeitet mit Schuldgefühlen. Der Zweite muss unter Schmerzen lernen, sich zu wandeln, in die eigene Tiefe zu gehen. Dort, bei den Quellen, ist die Kraft zur Erneuerung. Beide könnten gut zusammenarbeiten, sich fördern und stärken.

Pluto Opposition Sonne
Die plutonische Kraft des einen wird bewirken, dass sich das Ego des anderen, sein Machtstreben und Geltungsbedürfnis entweder in extremer Weise

übersteigert oder zumindest zeitweise vollkommen unterdrückt werden. Es kann also zu Machtkämpfen kommen, man manipuliert, arbeitet mit Schuldgefühlen. Der Zweite muss unter Schmerzen lernen, sich zu wandeln, in die eigene Tiefe zu gehen. Dort, bei den Quellen, ist die Kraft zur Erneuerung.

Pluto Quadrat Sonne

Die plutonische Kraft des einen wird bewirken, dass sich das Ego des anderen, sein Machtstreben und Geltungsbedürfnis entweder in extremer Weise übersteigert oder zumindest zeitweise vollkommen unterdrückt werden. Es kann also zu Machtkämpfen kommen, man manipuliert, arbeitet mit Schuldgefühlen. Der Zweite muss unter Schmerzen lernen, sich zu wandeln, in die eigene Tiefe zu gehen. Dort, bei den Quellen, ist die Kraft zur Erneuerung.

Pluto Sextil Sonne

Die plutonische Kraft des einen wird bewirken, dass sich das Ego des anderen, sein Machtstreben und Geltungsbedürfnis entweder in extremer Weise übersteigert oder zumindest zeitweise vollkommen unterdrückt wird. Beide können gut zusammenarbeiten, sich fördern und stärken, ohne Angst mit der Kraft der Vorstellung, mit dem kollektiven Unbewussten arbeiten.

Pluto Trigon Sonne

Die plutonische Kraft des einen wird bewirken, dass sich das Ego des anderen, sein Machtstreben und Geltungsbedürfnis entweder in extremer Weise übersteigert oder zumindest zeitweise vollkommen unterdrückt wird. Beide können gut zusammenarbeiten, sich fördern und stärken, ohne Angst mit der Kraft der Vorstellung, mit dem kollektiven Unbewussten arbeiten.

Pluto Sextil Mond

Die Gefühle der zweiten Person werden ungeheuer intensiviert werden. Wie eine Glocke stülpt sich eine plutonische Vorstellungswelt über jegliche Regung. Wie in einem Dampfdrucktopf stauen sie sich, werden mächtiger und mächtiger, brechen heraus, fallen dann wieder in sich zusammen. Neuer Druck entsteht - und so fort und so fort. Man hat sich diese Beziehung im Unterbewussten ausgesucht, um zu einer Wiedergeburt des Seelischen zu kommen. Beide werden sich viel Kraft geben können.

Pluto Trigon Mond

Die Gefühle der zweiten Person werden ungeheuer intensiviert werden. Wie eine Glocke stülpt sich eine plutonische Vorstellungswelt über jegliche Regung. Wie in einem Dampfdrucktopf stauen sie sich, werden mächtiger und mächtiger, brechen heraus, fallen dann wieder in sich zusammen. Neuer Druck entsteht - und so fort und so fort. Man hat sich diese Beziehung im Unterbewussten ausgesucht, um zu einer Wiedergeburt des Seelischen zu kommen. Beide werden sich viel Kraft geben können.

Pluto Sextil Merkur

Durch den Einfluss des plutonischen Partners wird sein merkurisches Gegenüber geistig kanalisiert werden. Resultat: große gedankliche Intensität, aber auch die Gefahr, in »Endlosschleifen« hängen zu bleiben. Da man aber recht gut zusammenarbeiten kann, wird man dies kaum als Problem empfinden. Wichtiger ist es, dass man gemeinsam Seelenbilder des kollektiven Unbewussten rational verarbeiten kann, z.B. durch kreatives Visualisieren, rituelles Yoga, in der De-Hypno-Therapie.

Pluto Trigon Merkur

Durch den Einfluss des plutonischen Partners wird sein merkurisches Gegenüber geistig kanalisiert werden. Resultat: große gedankliche Intensität, aber auch die Gefahr, in »Endlosschleifen« hängen zu bleiben. Da man aber recht gut zusammenarbeiten kann, wird man dies kaum als Problem empfinden. Wichtiger ist es, dass man gemeinsam Seelenbilder des kollektiven Unbewussten rational verarbeiten kann, z.B. durch kreatives Visualisieren, rituelles Yoga, in der De-Hypno-Therapie.

Pluto Sextil Venus

Die Liebeskraft wird stark von inneren Bildern geleitet. Man erlebt die magische Kraft von tiefen Beziehungen. Macht und Kontrolle können das Bedürfnis, geliebt zu werden, besonders anheizen. Geistige Vorstellungen können direkt sinnlich-körperlich ausgelebt werden.

Pluto Trigon Venus

Die Liebeskraft wird stark von inneren Bildern geleitet. Man erlebt die magische Kraft von tiefen Beziehungen. Macht und Kontrolle können das Bedürfnis, geliebt zu werden, besonders anheizen. Geistige Vorstellungen können direkt sinnlich-körperlich ausgelebt werden.

Pluto Sextil Mars

Leitbilder von Männlichkeit und Stärke, die der eine entwickelt, bestimmen das Handeln des anderen, können Ziel und Beengung zugleich sein. Es besteht die Möglichkeit, sich gemeinsam mit gekonnten Strategien und damit äußerst erfolgreich durchzusetzen.

Pluto Trigon Mars
Leitbilder von Männlichkeit und Stärke, die der eine entwickelt, bestimmen das Handeln des anderen, können Ziel und Beengung zugleich sein. Es besteht die Möglichkeit, sich gemeinsam mit gekonnten Strategien und damit äußerst erfolgreich durchzusetzen.

Pluto Sextil Jupiter
Magische Strategien, mehr an den Müttern und den Quellen der Tiefe orientiert, treffen auf eine ethisch-philosophische Weltsicht, die ihre Legitimation von den Vätern, den Göttern holt. Es kann zu einer äußerst fruchtbaren »Zusammenarbeit« zwischen weiblichen und männlichen Archetypen, zwischen Gefühl und Geist, Hölle und Himmel kommen.

Pluto Trigon Jupiter
Magische Strategien, mehr an den Müttern und den Quellen der Tiefe orientiert, treffen auf eine ethisch-philosophische Weltsicht, die ihre Legitimation von den Vätern, den Göttern holt. Es kann zu einer äußerst fruchtbaren »Zusammenarbeit« zwischen weiblichen und männlichen Archetypen, zwischen Gefühl und Geist, Hölle und Himmel kommen.

Pluto Sextil Saturn
Nur bei besonders enger Aspektierung der Planeten oder einem großen Altersunterschied der Horoskopeigner wird die Tendenz, harte psychische Beziehungsmuster aufzubauen, in den Vordergrund treten. Wichtig ist es, dass der Weg des einen mit dem Ziel des anderen in Einklang gebracht werden kann. Die Chancen dazu sind recht gut.

Pluto Trigon Saturn
Nur bei besonders enger Aspektierung der Planeten oder einem großen Altersunterschied der Horoskopeigner wird die Tendenz, harte psychische Beziehungsmuster aufzubauen, in den Vordergrund treten. Wichtig ist es, dass der Weg des einen mit dem Ziel des anderen in Einklang gebracht werden kann. Die Chancen dazu sind recht gut.

Pluto Sextil Uranus
Falls dieser Aspekt in den Horoskopen besonders dominant ist, wird es in der Partnerschaft immer wieder zu großen Meinungsverschiedenheiten kommen. Wird man sich einig, hat man die Kraft, meinungsbildend auf die Umwelt einzuwirken. Vorsicht: Das Ganze kann in Fanatismus ausarten!

Pluto Trigon Uranus
Falls dieser Aspekt in den Horoskopen besonders dominant ist, wird es in der Partnerschaft immer wieder zu großen Meinungsverschiedenheiten kommen. Wird man sich einig, hat man die Kraft, meinungsbildend auf die Umwelt einzuwirken. Vorsicht: Das Ganze kann in Fanatismus ausarten!

Pluto Sextil Neptun
Das Verhältnis zwischen Täter und Opfer, die Begriffe Schuld und Leiden spielen in der Partnerschaft eine gewisse Rolle, wenn die Planeten Pluto und Neptun in den beiden Einzelhoroskopen stark hervorgehoben sind.

Pluto Trigon Neptun
Das Verhältnis zwischen Täter und Opfer, die Begriffe Schuld und Leiden spielen in der Partnerschaft eine gewisse Rolle, wenn die Planeten Pluto und Neptun in den beiden Einzelhoroskopen stark hervorgehoben sind.

Pluto Trigon Medium Coeli
Die tiefen, oft vollkommen unbewussten Muster der ersten Person werden in starkem Maße die berufliche Karriere und die persönlichen Lebensverhältnisse der zweiten Person beeinflussen.

Pluto Konjunktion Medium Coeli
Die tiefen, oft vollkommen unbewussten Muster der ersten Person werden in starkem Maße die berufliche Karriere und die persönlichen Lebensverhältnisse der zweiten Person beeinflussen.

Pluto Opposition Medium Coeli
Die tiefen, oft vollkommen unbewussten Muster der ersten Person werden in starkem Maße die berufliche Karriere und die persönlichen Lebensverhältnisse der zweiten Person beeinflussen.

Pluto Quadrat Medium Coeli
Die tiefen, oft vollkommen unbewussten Muster der ersten Person werden in starkem Maße die berufliche Karriere und die persönlichen Lebensverhältnisse der zweiten Person beeinflussen.

Pluto Sextil Medium Coeli
Die tiefen, oft vollkommen unbewussten Muster der ersten Person werden in starkem Maße die berufliche Karriere und die persönlichen Lebensverhältnisse der zweiten Person beeinflussen.

Pluto Trigon Aszendent
Tiefe archaische Seelenbilder und Gefühlsmuster der ersten Person hemmen die Spontanität und Aktivität der zweiten Person, wirken aber auch stimulierend: Am Druck kann der Mensch zerbrechen, oder das Edelste in ihm tritt hervor.

Pluto Konjunktion Aszendent
Tiefe archaische Seelenbilder und Gefühlsmuster der ersten Person hemmen die Spontanität und Aktivität der zweiten Person, wirken aber auch stimulierend: Am Druck kann der Mensch zerbrechen, oder das Edelste in ihm tritt hervor.

Pluto Opposition Aszendent
Tiefe archaische Seelenbilder und Gefühlsmuster der ersten Person hemmen die Spontanität und Aktivität der zweiten Person, wirken aber auch stimulierend: Am Druck kann der Mensch zerbrechen, oder das Edelste in ihm tritt hervor.

Pluto Quadrat Aszendent
Tiefe archaische Seelenbilder und Gefühlsmuster der ersten Person hemmen die Spontanität und Aktivität der zweiten Person, wirken aber auch stimulierend: Am Druck kann der Mensch zerbrechen, oder das Edelste in ihm tritt hervor.

Pluto Sextil Aszendent
Tiefe archaische Seelenbilder und Gefühlsmuster der ersten Person hemmen die Spontanität und Aktivität der zweiten Person, wirken aber auch stimulierend: Am Druck kann der Mensch zerbrechen, oder das Edelste in ihm tritt hervor.

Pluto Sextil Pluto
Beide sind gleichermaßen stark durch die Bilder des kollektiven Unterbewussten beeinflussbar. Dies spielt nur dann eine Rolle, wenn dieser Aspekt sehr exakt ist und mit anderen Faktoren der Geburtshoroskope eng verbunden. (Bei einem Altersunterschied von mehreren Jahrzehnten ist dies ein Indiz für »Generationskonflikte«.)

Pluto Trigon Pluto
Beide sind gleichermaßen stark durch die Bilder des kollektiven Unterbewussten beeinflussbar. Dies spielt nur dann eine Rolle, wenn dieser Aspekt sehr exakt ist und mit anderen Faktoren der Geburtshoroskope eng verbunden. (Bei einem Altersunterschied von mehreren Jahrzehnten ist dies ein Indiz für »Generationskonflikte«.)

Pluto Konjunktion Pluto
Beide sind gleichermaßen stark durch die Bilder des kollektiven Unterbewussten beeinflussbar. Dies spielt nur dann eine Rolle, wenn dieser Aspekt sehr exakt ist und mit anderen Faktoren der Geburtshoroskope eng verbunden. (Bei einem Altersunterschied von mehreren Jahrzehnten ist dies ein Indiz für »Generationskonflikte«.)

Pluto Opposition Pluto
Beide sind gleichermaßen stark durch die Bilder des kollektiven Unterbewussten beeinflussbar. Dies spielt nur dann eine Rolle, wenn dieser Aspekt sehr exakt ist und mit anderen Faktoren der Geburtshoroskope eng verbunden. (Bei einen Altersunterschied von über 120 Jahren wird der Horoskopvergleich aber sowieso mehr ideeller Natur sein.)

Pluto Quadrat Pluto
Beide sind gleichermaßen stark durch die Bilder des kollektiven Unterbewussten beeinflussbar. Dies spielt nur dann eine Rolle, wenn dieser Aspekt sehr exakt ist und mit anderen Faktoren der Geburtshoroskope eng verbunden. (Bei einem Altersunterschied von mehreren Jahrzehnten ist dies ein Indiz für »Generationskonflikte«.)

Medium Coeli Trigon Uranus
Die nonkonformistische Art des anderen wird die erste Person ganz erstaunlich finden, irritieren und zugleich faszinieren. Wie ist es möglich, so unangepasst seinen Weg zu gehen? Was für ein Lebensziel steht wohl dahinter! Viele dieser neuen Anregungen können Erfolge im Geschäftsleben bringen: moderne Technik, schnelles Reagieren, unkonventionelle Denkweisen, Improvisationstalent.

Medium Coeli Konjunktion Uranus
Die nonkonformistische Art des anderen wird die erste Person ganz erstaunlich finden, irritieren und zugleich faszinieren. Wie ist es möglich, so unangepasst seinen Weg zu gehen? Was für ein Lebensziel steht wohl dahinter! Viele dieser neuen Anregungen können Erfolge im Geschäftsleben bringen: moderne Technik, schnelles Reagieren, unkonventionelle Denkweisen, Improvisationstalent. Man sollte sich allerdings davor hüten, zu sehr zu spekulieren, wichtige Geschäftskontakte abzubrechen, sich von einer pubertären Protesthaltung anstecken zu lassen. Besser ist es, sich positiv auszurichten. Der andere wird eine gute Hilfe in allen selbstständigen beruflichen Bestrebungen sein.

Medium Coeli

Medium Coeli Opposition Uranus
Die nonkonformistische Art des anderen wird die erste Person ganz erstaunlich finden, irritieren und zugleich faszinieren. Wie ist es möglich, so unangepasst seinen Weg zu gehen? Was für ein Lebensziel steht wohl dahinter! Auch im Privatleben wird es zu viel Unruhe kommen. Man hat sich bewusst oder unbewusst einen Partner ausgesucht, der einen

immer wieder auffordert, die alte Gewohnheiten abzulegen, den Kontakt zur Familie abzubrechen oder völlig umzugestalten. Das Haus wird dafür neu gewonnen Freunden jederzeit offen stehen.

Medium Coeli Quadrat Uranus

Die nonkonformistische Art des anderen wird die erste Person ganz erstaunlich finden, irritieren und zugleich faszinieren. Wie ist es möglich, so unangepasst seinen Weg zu gehen? Was für ein Lebensziel steht wohl dahinter! Auf jeden Fall wird es ungeheuer schwierig sein, sich beruflich darauf einzustellen. Wichtige Geschäftskontakte können zerbrechen, langfristige Planungen werden durch immer neue Änderungswünsche gefährdet.

Medium Coeli Sextil Uranus

Die nonkonformistische Art des anderen wird die erste Person ganz erstaunlich finden, irritieren und zugleich faszinieren. Wie ist es möglich, so unangepasst seinen Weg zu gehen? Was für ein Lebensziel steht wohl dahinter! Viele dieser neuen Anregungen können Erfolge im Geschäftsleben bringen: moderne Technik, schnelles Reagieren, unkonventionelle Denkweisen, Improvisationstalent.

Medium Coeli Trigon Neptun

Das konkrete, ganz auf die Außenwelt, auf die gesellschaftliche Realität ausgerichtete Handeln des ersten Partners reißt den zweiten aus den Träumen heraus, Desillusionierung ist die Folge. Andererseits besteht gerade jetzt die Chance, dass Visionen Wirklichkeit werden.

Medium Coeli Konjunktion Neptun

Das konkrete, ganz auf die Außenwelt, auf die gesellschaftliche Realität ausgerichtete Handeln des ersten Partners reißt den zweiten aus den Träumen heraus, Desillusionierung ist die Folge. Andererseits besteht gerade jetzt die Chance, dass Visionen Wirklichkeit werden.

Medium Coeli Opposition Neptun

Das konkrete, ganz auf die Außenwelt, auf die gesellschaftliche Realität ausgerichtete Handeln des ersten Partners reißt den zweiten aus den Träumen heraus, Desillusionierung ist die Folge. Andererseits besteht gerade jetzt die Chance, dass Visionen Wirklichkeit werden.

Medium Coeli Quadrat Neptun

Das konkrete, ganz auf die Außenwelt, auf die gesellschaftliche Realität ausgerichtete Handeln des ersten Partners reißt den zweiten aus den Träumen heraus, Desillusionierung ist die Folge. Andererseits besteht gerade jetzt die Chance, dass Visionen Wirklichkeit werden.

Medium Coeli Sextil Neptun

Das konkrete, ganz auf die Außenwelt, auf die gesellschaftliche Realität ausgerichtete Handeln des ersten Partners reißt den zweiten aus den Träumen heraus, Desillusionierung ist die Folge. Andererseits besteht gerade jetzt die Chance, dass Visionen Wirklichkeit werden.

Medium Coeli Trigon Pluto

Die Karrierewünsche des einen kollidieren mit den tiefen psychischen Mustern des anderen. Mit mehr oder weniger großem Erfolg bindet man sich in das Rad des Karma ein, in die endlose Kette von Ursache und Wirkung, von Schuld und Sühne.

Medium Coeli Konjunktion Pluto

Die Karrierewünsche des einen kollidieren mit den tiefen psychischen Mustern des anderen. Mit mehr oder weniger großem Erfolg bindet man sich in das Rad des Karma ein, in die endlose Kette von Ursache und Wirkung, von Schuld und Sühne.

Medium Coeli Opposition Pluto

Die Karrierewünsche des einen kollidieren mit den tiefen psychischen Mustern des anderen. Mit mehr oder weniger großem Erfolg bindet man sich in das Rad des Karma ein, in die endlose Kette von Ursache und Wirkung, von Schuld und Sühne.

Medium Coeli Quadrat Pluto

Die Karrierewünsche des einen kollidieren mit den tiefen psychischen Mustern des anderen. Mit mehr oder weniger großem Erfolg bindet man sich in das Rad des Karma ein, in die endlose Kette von Ursache und Wirkung, von Schuld und Sühne.

Medium Coeli Sextil Pluto

Die Karrierewünsche des einen kollidieren mit den tiefen psychischen Mustern des anderen. Mit mehr oder weniger großem Erfolg bindet man sich in das Rad des Karma ein, in die endlose Kette von Ursache und Wirkung, von Schuld und Sühne.

Aszendent

Aszendent Trigon Uranus

Man wird ermutigt, exzentrisch und spontan aufzutreten, das Interesse der Öffentlichkeit durch ungewöhnliche Aktionen auf sich zu richten. Der Partner wird einen immer wieder helfen ihr, sich aus den Fesseln der Konvention zu befreien. Unabhängig von herrschenden Denk- und Verhaltensmustern experimentiert man mit neuen Formen des Selbstausdrucks.

Aszendent Konjunktion Uranus

Man wird ermutigt, exzentrisch und spontan aufzutreten, das Interesse der Öffentlichkeit durch ungewöhnliche Aktionen auf sich zu richten. Anders wird es einem auch gar nicht gelingen, vom Partner die nötige Achtung zu bekommen. Seine Ansprüche können sehr hoch sein, seine Arroganz kann immer wieder verletzen, auch wenn es eigentlich gar nicht so gemeint ist.

Aszendent Opposition Uranus

Man wird ermutigt, exzentrisch und spontan aufzutreten, das Interesse der Öffentlichkeit durch ungewöhnliche Aktionen auf sich zu richten. Nur in Ausnahmesituationen wird man damit Erfolg haben. Dem Stress des Partners, seinen immer neuen Ideen und Änderungswünschen wird man auf Dauer kaum gewachsen sein. Nur ausgesprochen phlegmatische Gemüter, die auf ständige Anregungen von außen angewiesen sind, halten diese Beziehung durch.

Aszendent Quadrat Uranus

Man wird ermutigt, exzentrisch und spontan aufzutreten, das Interesse der Öffentlichkeit durch ungewöhnliche Aktionen auf sich zu richten. Nur in Ausnahmesituationen wird man damit Erfolg haben. Dem Stress des Partners, seinen immer neuen Ideen und Änderungswünschen wird man auf Dauer kaum gewachsen sein. Nur ausgesprochen phlegmatische Gemüter, die auf ständige Anregungen von außen angewiesen sind, halten diese Beziehung durch.

Aszendent Sextil Uranus

Man wird ermutigt, exzentrisch und spontan aufzutreten, das Interesse der Öffentlichkeit durch ungewöhnliche Aktionen auf sich zu richten. Der Partner wird einen immer wieder helfen ihr, sich aus den Fesseln der Konvention zu befreien. Unabhängig von herrschenden Denk- und Verhaltensmustern experimentiert man mit neuen Formen des Selbstausdrucks.

Aszendent Trigon Neptun

Allein durch seine äußere Erscheinung, das unmittelbare Auftreten wird der erste Partner den zweiten immer wieder verwirren, irritieren. Er trifft jenen dort, wo er/sie am offensten ist, am verträumtesten.

Aszendent Konjunktion Neptun

Allein durch seine äußere Erscheinung, das unmittelbare Auftreten wird der erste Partner den zweiten immer wieder verwirren, irritieren. Er trifft jenen dort, wo er/sie am offensten ist, am verträumtesten.

Aszendent Opposition Neptun

Allein durch seine äußere Erscheinung, das unmittelbare Auftreten wird der erste Partner den zweiten immer wieder verwirren, irritieren. Er trifft jenen dort, wo er/sie am offensten ist, am verträumtesten.

Aszendent Quadrat Neptun

Allein durch seine äußere Erscheinung, das unmittelbare Auftreten wird der erste Partner den zweiten immer wieder verwirren, irritieren. Er trifft jenen dort, wo er/sie am offensten ist, am verträumtesten.

Aszendent Sextil Neptun

Allein durch seine äußere Erscheinung, das unmittelbare Auftreten wird der erste Partner den zweiten immer wieder verwirren, irritieren. Er trifft jenen dort, wo er/sie am offensten ist, am verträumtesten.

Aszendent Trigon Pluto

Ganz unmittelbar löst der eine durch seine Erscheinung und sein Auftreten die tiefen psychischen Muster des anderen aus. Es hängt vom Grad der Bewusstheit ab, ob in der Folge Schattenprojektionen die Beziehung belasten. Sie wird auf jeden Fall leidenschaftlich ablaufen, beide werden in ihr große Veränderungen erleben.

Aszendent Konjunktion Pluto
Ganz unmittelbar löst der eine durch seine Erscheinung und sein Auftreten die tiefen psychischen Muster des anderen aus. Es hängt vom Grad der Bewusstheit ab, ob in der Folge Schattenprojektionen die Beziehung belasten. Sie wird auf jeden Fall leidenschaftlich ablaufen, beide werden in ihr große Veränderungen erleben.

Aszendent Opposition Pluto
Ganz unmittelbar löst der eine durch seine Erscheinung und sein Auftreten die tiefen psychischen Muster des anderen aus. Es hängt vom Grad der Bewusstheit ab, ob in der Folge Schattenprojektionen die Beziehung belasten. Sie wird auf jeden Fall leidenschaftlich ablaufen, beide werden in ihr große Veränderungen erleben.

Aszendent Quadrat Pluto
Ganz unmittelbar löst der eine durch seine Erscheinung und sein Auftreten die tiefen psychischen Muster des anderen aus. Es hängt vom Grad der Bewusstheit ab, ob in der Folge Schattenprojektionen die Beziehung belasten. Sie wird auf jeden Fall leidenschaftlich ablaufen, beide werden in ihr große Veränderungen erleben.

Aszendent Sextil Pluto
Ganz unmittelbar löst der eine durch seine Erscheinung und sein Auftreten die tiefen psychischen Muster des anderen aus. Es hängt vom Grad der Bewusstheit ab, ob in der Folge Schattenprojektionen die Beziehung belasten. Sie wird auf jeden Fall leidenschaftlich ablaufen, beide werden in ihr große Veränderungen erleben.

Halbsummen-Interaspekte: Brennpunkte der Partnerschaft

Die Sonne, der Mond oder ein Planet aus dem 1. steht in der Tierkreismitte von Radixfaktoren des 2. Radix. Der Orbis beträgt hier generell 60 Bogenminuten. In diesem Kapitel wird eine Auswahl bezogen auf die Horoskope aus mehr als tausend möglich Konstellationen eine bestimmte Auswahl getroffen.
Bei manchen Geschichten, die man in der Zweisamkeit erlebt, gibt es das ganz sichere Gefühl, dass sie eigentlich nur mit diesem Menschen möglich sind. In diesem Zusammenhang verweisen wir auf das Gesetz der Affinität: Man baut in der Welt immer nur Kontakte zu denjenigen Personen und Ereignissen auf, die dem eigenen Schatten, der eigenen noch unerlösten Seite entsprechen. Dadurch hat man die Chance, sich selbst weiterzuentwickeln und bietet zugleich dem anderen neue Möglichkeiten.

Sonne

Sonne-1 = Sonne-2 / Mond-2
Ganz unmittelbar und meist unbewusst bringt man den Elternkonflikt des Partners zum Ausdruck, wobei man selbst eher die männliche Seite darstellen wird.

Sonne-1 = Sonne-2 / Merkur-2
Man identifiziert sich mit fremden Ideen, fremdem Stolz und intellektueller Blindheit, fühlt sich vielleicht in seinem eigenen Wesen neutralisiert, geschlechtslos macht.

Sonne-1 = Sonne-2 / Venus-2
Viel liebevoller, mit der Sehnsucht nach Genuss und Anerkennung, zugleich bequemer und weniger belastbar: Das ist das neue Selbstempfinden.

Sonne-1 = Sonne-2 / Mars-2
Man wird ganz in die Gegenwart gezogen, muss sich bewusst der Konfrontation stellen.

Sonne-1 = Sonne-2 / Jupiter-2
Der Sinn des eigenen Tuns kann jetzt viel bewusster werden. Zukunftsperspektiven tun sich auf. Aufgeblasenheit und Größenwahn sind die Schattenseiten dieser Begegnung.

Sonne-1 = Sonne-2 / Saturn-2

Unter all der Strenge und Skepsis kann die Spontanität und Lebenslust leiden. Es kann zuerst verlockend sein, sich an fremden Maßstäben zu orientieren. Auf Dauer wirken sie jedoch einengend. Eigene Werte sollte n entwickelt werden.

Sonne-1 = Sonne-2 / Uranus-2

Man wird mit der nervösen Egozentrik des Partners konfrontiert. Die Chance, wirklich verstanden zu werden, ist nicht besonders groß. Wer ungewöhnliche Aktivitäten liebt, kommt dafür voll auf seine Kosten.

Sonne-1 = Sonne-2 / Neptun-2

In dieser Welt, aber nicht von dieser Welt? Apathie und psychische Müdigkeit sind die Begleiter dieser neuen Sensibilität, die die Partnerschaft mit sich bringt.

Sonne-1 = Sonne-2 / Pluto-2

Die Egozentrik des anderen erfordert auf jeden Fall eine Stellungnahme. Inwieweit lässt man sich auf die Machtspiele ein, fixiert sich auf übersteigerte Ziele und ist bereit, persönliche Opfer zu bringen? Dies hängt davon ab, wie viel der eigene Stolz zulässt.

Sonne-1 = Sonne-2 / Mondknoten-2

Es wird einfacher, dem eigenen Lebensstil einen gesunden Rhythmus zu geben.

Sonne-1 = Mond-2 / Merkur-2

Vielleicht kann man helfen, die Selbstzweifel und intellektuellen Erklärungsversuche des anderen auf eine bewusste Ebene zu bringen. Dabei wird man auch selbst geistig reger.

Sonne-1 = Mond-2 / Venus-2

Es ist ein ständiges Spiel zwischen Hingabe und Verweigerung, welches man theatralisch darstellen und dem anderen dadurch bewusst machen kann.

Sonne-1 = Mond-2 / Mars-2

Spontan herausbrechende Wut, verletzliche Gefühle, sich liebevoll necken: Es kann sein, dass man sich erst bewusst machen muss, wie sehr die Impulse des anderes schon in das eigene Verhalten eingeflossen sind.

Sonne-1 = Mond-2 / Jupiter-2

Wer Sinn für ein ausuferndes Familienleben hat, kommt jetzt voll auf seine Kosten. Es wird sich zeigen, ob es gelingt, die Gemeinschaft sinnvoll zu gestalten <die Aufforderung besteht>, oder ob kindische Egozentrik die Oberhand bekommt.

Sonne-1 = Mond-2 / Saturn-2

Dem Streben des Partners nach Geborgenheit und Ernst könnte man strahlenden Ausdruck verleihen. Treue ist garantiert, eine gewisse Tristesse und Monotonie allerdings auch.

Sonne-1 = Mond-2 / Uranus-2

Bewusst oder unbewusst bringt man die innere Unruhe des anderen, dessen große seelische Beeindruckbarkeit und Angst vor Vereinnahmung zum Ausdruck.

Sonne-1 = Mond-2 / Neptun-2

Sicherlich wird die unklare Gefühlslage und zugleich große Empfindsamkeit des Partners das eigene Selbstverständnis beeinflussen.

Sonne-1 = Mond-2 / Pluto-2

Machtkämpfe in der Familie, Schuldgefühle und eine große Leidenschaftlichkeit zwingen, sich ganz bewusst mit der Vergangenheit zu beschäftigen und alte seelische Muster aufzuarbeiten.

Sonne-1 = Mond-2 / Mondknoten-2

Mithilfe des Partners fällt es leichter, Menschen durch persönliche Ausstrahlung für sich zu gewinnen.

Sonne-1 = Merkur-2 / Venus-2

Man identifiziert sich jetzt stärker mit der Ästhetik und dem Intellekt, wirkt irgendwie »durchgestylt«, glänzt in der Rolle des Diplomaten.

Sonne-1 = Merkur-2 / Mars-2

Die Frage ist nicht nur, ob es gelingt, alle Triebe unter Kontrolle zu halten. Es geht auch darum, sich von den Fesseln des Intellekts zu befreien. Mit diesem Thema muss man sich ganz bewusst auseinandersetzen.

Sonne-1 = Merkur-2 / Jupiter-2

Leicht wird man zum eitlen Intellektuellen, zum personifizierten Größenwahn. Schwieriger ist es da schon, wirklich ganzheitlich zu planen und zu organisieren.

Sonne-1 = Merkur-2 / Saturn-2
Penetranter Skeptizismus führt leicht in die Isolation. Es besteht die Gefahr, sich trotz aller Sachkenntnis als Nörgler unbeliebt zu machen.

Sonne-1 = Merkur-2 / Uranus-2
Die ungeheure Nervosität des Partners kann bei großer Selbstdisziplin gebündelt und geistreich zum Ausdruck gebracht werden. Von seiner Voreiligkeit sollte man sich nicht zu sehr beeinflussen lassen. Zerrüttung und Verausgabung der Kräfte drohen.

Sonne-1 = Merkur-2 / Neptun-2
Ist das, was an Informationen und Sinneseindrücken vom Partner kommt, wirres Zeug oder geistreiches Verstehen auf höherer Ebene? Man selbst hat die Kraft und das Bewusstsein, den Dingen Gestalt zu geben: empfindsam und empfindlich, poetisch und versponnen.

Sonne-1 = Merkur-2 / Pluto-2
Die Gedankenmuster des anderen können einen fast magischen Zwang ausüben. Man fühlt sich entweder verpflichtet, seine Pläne zu verwirklichen, oder lehnt sie instinktiv total ab.

Sonne-1 = Merkur-2 / Mondknoten-2
Irgendwie ist es in dieser Partnerschaft wesentlich einfacher, sich mit seiner ganzen Persönlichkeit in dem Mittelpunkt zu stellen und auch angenommen zu werden.

Sonne-1 = Venus-2 / Mars-2
Mitten im ewigen Kampf der Geschlechter stehend, hin- und hergerissen zwischen Schmerz und Lust, fühlt man eine ungeheure Steigerung der Schöpferkraft.

Sonne-1 = Venus-2 / Jupiter-2
Ist es möglich, das Paradies auf Erden zu erschaffen? In dieser Partnerschaft kann man es auf jeden Fall einmal ausprobieren.

Sonne-1 = Venus-2 / Saturn-2
Zurückhaltend, reserviert im Umgang und ausdauernd in der Partnerschaft versucht man, der Erwartungshaltung des Partners zu entsprechen. Wer dabei seine eigene Natur dauerhaft unterdrückt, wird Krisen nicht vermeiden können.

Sonne-1 = Venus-2 / Uranus-2
In dieser Partnerschaft erlebt man ganz ungewöhnliche erotische Momente im Wechsel mit abrupter Distanz. Es kann schwerfallen, unter diesen Bedingungen einen kontinuierlichen Lebensstil zu entwickeln.

Sonne-1 = / Venus-2 / Neptun-2
Erotisches Verwirrspiel regt die Lebensgeister an, weckt künstlerische Talente.

Sonne-1 = Venus-2 / Pluto-2
Erotik als Falle, Manipulation bei Verträgen und finanziellen Angelegenheiten, die Spontanität wird blockiert, s Taurus t sich zu fast unerträglichem Druck, führt bei erfolgreichem Pokerspiel zu höchster Lust.

Sonne-1 = Venus-2 / Mondknoten-2
Es liegt an der neuen Lockerheit und Unkompliziertheit, dass einem von allen Seiten Beachtung geschenkt wird.

Sonne-1 = Mars-2 / Jupiter-2
Eine gute Regenerationsfähigkeit, Optimismus und Organisationstalent entwickeln sich in dieser Begegnung.

Sonne-1 = Mars-2 / Saturn-2
Man sollte darauf achten, nicht in überflüssige Auseinandersetzungen des Partners mit hineingezogen zu werden. Er könnte einen auffordern, Stellung zu nehmen. Verzichtet man auf Autoritätskämpfe, steht einem Energie für zähe und ausdauernde Arbeit zur Verfügung.

Sonne-1 = Mars-2 / Uranus-2
Phlegma wechselt mit schnellen und heftigen Aktionen ab! Man nimmt bewusst oder unbewusst eine fremde Protesthaltung an, lässt sich zur Rebellion anstiften.

Sonne-1 = Mars-2 / Neptun-2
Man kann jetzt chaotischer und durchsetzungsschwächer denn je erscheinen. Die Sensibilität des Partners, seine Vorliebe für Traumwelten und ein rauschhaftes Leben können auf den eigenen Lebensstil abfärben.

Sonne-1 = Mars-2 / Pluto-2
Gestaute Wut, Machtkämpfe um jeden Preis, Überforderung zur Höchstleistung - bestimmt ist es die Freiheit des Egos, wozu man sich hinreißen lässt.

Sonne-1 = Mars-2 / Mondknoten-2
In und für Gruppen wird man nun derjenige sein, welcher für den Kampf und die Durchsetzung zuständig ist.

Sonne-1 = Jupiter-2 / Saturn-2
In allem das rechte Maß suchen, nie übertreiben, immer das Für und Wider abwägen: Durch solch eine Strategie gewinnt man das Vertrauen der Menschen, und mit der Zeit stellt sich auch der Erfolg ein. Aber langweilig ist es trotzdem …

Sonne-1 = Jupiter-2 / Uranus-2
Wer Freude am Spekulativen hat, hellwach ist und immer auf der Suche nach Möglichkeiten <nicht aber Gewissheiten>, der wird an der Partnerschaft viel Spaß haben. Allerdings darf man nicht verlangen, vom anderen wirklich ernst genommen zu werden. Aber Vorsicht bei den Spekulationen. Unbegründeter Optimismus blendet.

Sonne-1 = Jupiter-2 / Neptun-2
Im positivsten Falle kann nun die reiche Fantasie und Sensibilität des anderes schöpferisch umgesetzt werden. Man sollte aber darauf achten, sich durch die Unverbindlichkeit nicht zu sehr verwirren zu lassen, nicht ins Rauschhaft-Spekulative abzugleiten.

Sonne-1 = Jupiter-2 / Pluto-2
Eine gewisse Tabulosigkeit, Größenwahn und ein gestörtes Vertrauen zu den Menschen wird man schon in Kauf nehmen müssen, möchte man durch das Organisationstalent und die Fähigkeit des anderen, Reichtum zu schaffen, selbst weiterkommen.

Sonne-1 = Jupiter-2 / Mondknoten-2
Die Förderung durch die Gemeinschaft ist Balsam für das Ego. Man fühlt sich wohl als Gruppenmensch.

Sonne-1 = Saturn-2 / Uranus-2
Die Bereitschaft des Partners, freiwillig auf vieles zu verzichten, um anderes dafür möglich zu machen, gibt einem die Möglichkeit der Selbstverwirklichung.

Sonne-1 = Saturn-2 / Neptun-2
Kann man sich gemeinsam zu einer gewissen Disziplin aufraffen, lassen sich auch schwierige Verhältnisse langfristig lindern? Die Beziehung regt zu einem künstlerischen, alternativen oder religiösen Lebensstil an.

Sonne-1 = Saturn-2 / Pluto-2
Es geht in dieser Bindung auch darum, tiefgehende Wandlungen durchzuführen. Die eigene Lebenslust gibt hierzu die letzten ausschlaggebenden Impulse. Sie wird allerdings unter dieser Verantwortung auch leiden, selbst verhärten, eingezwängt werden.

Sonne-1 = Saturn-2 / Mondknoten-2
Anerkennung und Achtung empfängt man hauptsächlich in der Gemeinschaft älterer oder etablierter Menschen.

Sonne-1 = Uranus-2 / Neptun-2
Reizüberflutung und ständige Verunsicherung schwächen die Identität, machen aber sensibler und schöpferisch.

Sonne-1 = Uranus-2 / Pluto-2
Wenn es einem möglich ist, sich auch mit der verdrängten Seite der eigenen Persönlichkeit, den nicht eingestandenen Schwächen und Ängsten zu identifizieren, hat man eine Hauptforderung dieser Beziehung erfüllt.

Sonne-1 = Uranus-2 / Mondknoten-2
Ganz besonders glänzt man, wenn es darum geht, Neuerungen in der Gemeinschaft einzuführen und auf unvorhergesehene Ereignisse zu reagieren.

Sonne-1 = Neptun-2 / Pluto-2
Es kann schnell geschehen, dass man vom Partner die Rolle des »Thronfolgers«, dem alles zusteht, allein dadurch, dass er existiert, angeboten bekommt. Längst nicht alle Vorstellungen kann man erfüllen. Einige vielleicht schon.

Sonne-1 = Neptun-2 / Mondknoten-2
Es gelingt nun, die Träume und Fantasien der Mitmenschen schöpferisch darzustellen, ihnen Gestalt zu geben.

Sonne-1 = Pluto-2 / Mondknoten-2
Es gelingt mithilfe des Partners, Machtansprüche in und von Gruppen durchzusetzen und Wandlungsprozesse einzuleiten.

Mond

Mond-1 = Sonne-2 / Mond-2
Man empfindet den Elternkonflikt des Partners sehr stark, wobei man sich selbst eher mit der weiblichen Seite identifiziert.

Mond-1 = Mond-2 / Merkur-2
Die Selbstzweifel und intellektuellen Erklärungsversuche des anderen spürt man sehr stark. Sie helfen, auch die eigenen Gefühle bewusster zu machen.

Mond-1 = Mond-2 / Venus-2
Es ist ein ständiges Spiel zwischen Hingabe und Verweigerung, in welches man sich hineingezogen fühlt.

Mond-1 = Mond-2 / Mars-2
Angst vor Verletzungen bestimmt die Beziehung, vor spontan herausbrechender Wut, heftigen Gefühlen, eigentlich liebevoll gemeinsames Necken.

Mond-1 = Mond-2 / Jupiter-2
Gefühlsdrama hier und da, Überschwang wechselt mit Sinnlosigkeit. Wer ein ausuferndes Familienleben liebt, kommt jetzt auf seine Kosten.

Mond-1 = Mond-2 / Saturn-2
Die Empfindlichkeit und Einsamkeit des Partners kann man gut nachvollziehen. Beschützerinstinkte werden geweckt.

Mond-1 = Mond-2 / Uranus-2
Die innere Ungeborgenheit des Partners beeinflusst das eigenen Gefühlsleben.

Mond-1 = Mond-2 / Neptun-2
Man wird beeindruckt durch die unklare Gefühlslage und zugleich große Empfindsamkeit des Partners.

Mond-1 = Mond-2 / Pluto-2
Es ist ungewohnt, dass Gefühle so kontrolliert werden, sich anstauen und dann unvermittelt ausbrechen.

Mond-1 = Mond-2 / Mondknoten-2
Der Partner kann sehr gut Kontakte zu seinen Mitmenschen aufbauen, und das wirkt sehr beruhigend.

Mond-1 = Sonne-2 / Merkur-2
Die fremden Ideen und der Stolz auf die intellektuelle Gewandtheit neutralisieren das eigene Gefühlsleben. Man kommt irgendwie nicht an, wird geschlechtslos macht.

Mond-1 = Sonne-2 / Venus-2
Der Alltag wird nun viel liebevoller gestaltet, man spürt des anderen Sehnsucht nach Genuss und Anerkennung, zugleich dessen Bequemlichkeit und geringe Belastbarkeit.

Mond-1 = Sonne-2 / Mars-2
Durch die Kraft und Dominanz des Partners fühlt man sich ganz in die Gegenwart, in die Konfrontation gezogen.

Mond-1 = Sonne-2 / Jupiter-2
Das Familienleben wird großzügiger, erfährt einen Sinn. Vertrauen stellt sich ein - so sollte es zumindest sein.

Mond-1 = Sonne-2 / Saturn-2
Das Familienleben wird ernster, man neigt zur Vereinzelung. All die Strenge und Skepsis gibt aber auch einen gewissen Rahmen, in dem sich Gemeinschaftlichkeit entwickeln kann.

Mond-1 = Sonne-2 / Uranus-2
Die Nervosität und Eigenwilligkeit des Partners macht das Familienleben unruhiger. Es gibt wenig Platz, um die eigenen Gefühle auszubreiten.

Mond-1 = Sonne-2 / Neptun-2
Die große Sensibilität und Fantasie des anderen verunsichert, führt zu unklaren Familienverhältnissen.

Mond-1 = Sonne-2 / Pluto-2
Das Familienleben leidet vielleicht unter dem Druck und den klaren Machtansprüchen. Zugleich ist die große Leidenschaftlichkeit eine willkommene Bereicherung.

Mond-1 = Sonne-2 / Mondknoten-2
Ausgeglichener und zärtlicher wird das Familienleben, ein gewisser Rhythmus stabilisiert ungemein.

Mond-1 = Merkur-2 / Venus-2
Die vielen Ideen, der Charme und die Ästhetik bieten nicht unbedingt den Raum, den man braucht. Man möchte akzeptiert werden, ohne sich verstellen zu müssen.

Mond-1 = Merkur-2 / Mars-2
Gegenüber der großen intellektuellen Kraft kann man sich vollkommen nackt und ausgeliefert fühlen, analytisch auseinandergenommen und missverstanden. Es hängt von der Rücksicht ab, die man sich erschmollen muss, ob sich auf Dauer dieser Stress reduzieren lässt.

Mond-1 = Merkur-2 / Jupiter-2
Ob man heiter und positiv auf die vielen intellektuellen Impulse reagieren kann, ist die Frage. Macher fühlt sich in solch einer Situation unverstanden, schlichtweg neutralisiert.

Mond-1 = Merkur-2 / Saturn-2
Reserviert, bedächtig und kopfbetont werden die eigenen Gefühlswallungen aufgenommen, begutachtet, mit der Zeit eingetrocknet - und dann in der Pfeife geraucht. Manchmal ist es die einzige Möglichkeit, der Lage »Herr« zu werden.

Mond-1 = Merkur-2 / Uranus-2
Schnell wird man in dieser Partnerschaft emotional erregt werden, Zeit für ausgiebiges Verständnis ist auf keinen Fall vorhanden. Man trifft sich über Gefühlsausbrüche am Telefon - bevorzugt bei Ferngesprächen.

Mond-1 = Merkur-2 / Neptun-2
Durch Verträumtheit, Fantasie und einem nie endenden Redefluss - so ist es möglich, das Empfinden auch mit einem an sich kopfbetonten Menschen zu teilen.

Mond-1 = Merkur-2 / Pluto-2
Auf der analytischen Ebene kann der andere einen noch am besten verstehen. Man sollte ein wenig aufpassen, dass die eigene Naivität nicht ausgenutzt wird.

Mond-1 = Merkur-2 / Mondknoten-2
Man kann die Gedanken der Gruppe gut verstehen, steht mit den eigenen Gefühlen im Mittelpunkt.

Mond-1 = Venus-2 / Mars-2
Es bereichert das Gefühlsleben, wenn man plötzlich mitten in eine Leidenschaftlichkeit hineingezogen zu werden. Raum für Behaglichkeit ist kaum da.

Mond-1 = Venus-2 / Jupiter-2
Liebevoll wird man verhätschelt, vielleicht mit Geschenken eingedeckt, doch ist dies kein Ersatz für Geborgenheit.

Mond-1 = Venus-2 / Saturn-2
In Familie und Partnerschaft wird Wohlverhalten, Konvention verlangt. Wie kann so seelische Wärme entstehen?

Mond-1 = Venus-2 / Uranus-2
Die spontane Begeisterungsfähigkeit des Partners führt zu ständigen Wechseln im eigenen Gefühlsleben, verunsichert.

Mond-1 = Venus-2 / Neptun-2
Glücklicherweise ist der Charme des Partners mit einem guten Schuss Fantasie gewürzt, also nicht vollkommen unterkühlt. Und so fühlt man sich letzten Endes doch noch ganz gut aufgehoben.

Mond-1 = Venus-2 / Pluto-2
Zwar versteht man letzten Endes nun doch nicht alle Ränkespiele, Intrigen und Tricks der Gegenseite, das macht aber nichts - Hauptsache ist doch, dass eine Nähe entsteht. Dass es dabei nicht ausschließlich um finanzielle oder sexuelle Interessen geht, sondern auch Gefühl ins Spiel kommt, dafür wird man schon sorgen.

Mond-1 = Venus-2 / Mondknoten-2
So sehr umsorgt wie jetzt fühlt man sich der Gemeinschaft gegenüber dann doch verpflichtet. Eine gewisse Oberflächlichkeit muss in Kauf genommen werden.

Mond-1 = Mars-2 / Jupiter-2
All dieser Optimismus und Tatendrang! Bei so viel Sportlichkeit ist es schwer, eine behagliche Atmosphäre zu erzeugen.

Mond-1 = Mars-2 / Saturn-2
Es sollte darauf geachtet werden, unter dem Ehrgeiz des Partners nicht zerrieben zu werden. Man kann ihm zu träge, zu kompromissbereit erscheinen. Doch achtete er auch darauf, sich durch Zeit und Muße zu regenerieren?

Mond-1 = Mars-2 / Uranus-2
Die spannungsgeladene Atmosphäre kann abfärben, dazu führen, dass man selbst aus dem Alltagstrott herausgerüttelt wird, Altgewohntes verändert. Die ständige Unruhe wird auf Dauer aber verunsichernd wirken.

Mond-1 = Mars-2 / Neptun-2
Die fantasievolle Aktivität wirkt sehr anregend auf das eigene Gefühlsleben. Vielleicht wird so mancher Traum ja doch noch Wirklichkeit?

Mond-1 = Mars-2 / Pluto-2
Die gestaute Wut des Partners, die leidenschaftliche Art, wie er/sie Druck ausübt, wirkt anregend, oft auch bedrohlich. Es geht auch um die unterdrückten Gefühle und deren machtvollen Ausbruch.

Mond-1 = Mars-2 / Mondknoten-2
Ein reges Gemeinschaftsleben nimmt die ganze Persönlichkeit in Anspruch. Trotz des ganzen Trubels kann man sich wohlfühlen.

Mond-1 = Jupiter-2 / Saturn-2
Man lernt, innerhalb der nun definierten Grenzen zu leben. Die große Toleranz lässt fast kein Gefühl von Einschränkung aufkommen.

Mond-1 = Jupiter-2 / Uranus-2
Positives Denken ist sicher eine tolle Sache. Es schwebt so richtig über allem. Nur schade, dass die eigenen Gefühle in solch einer Partnerschaft nie richtig ernst genommen werden. Traurigkeit lässt sich halt nicht »wegdenken«, Nähe entsteht nicht über den Kopf, sondern über den Bauch.

Mond-1 = Jupiter-2 / Neptun-2
Einem schwärmerischen Weltgeist ist man begegnet. Da lässt es sich gut träumen, und das tröstet ganz gut über die fehlende Nähe hinweg.

Mond-1 = Jupiter-2 / Pluto-2
Es ist doch ganz erstaunlich, was man alles genießen kann. Die Weltoffenheit des anderen ist ganz faszinierend, an seine Tabulosigkeit, die Neigung zur Übertreibung und im Extrem zur Völlerei wird man sich gewöhnen müssen.

Mond-1 = Jupiter-2 / Mondknoten-2
Ein großer Freundeskreis, in dem man sich geborgen fühlt, könnte nun entstehen.

Mond-1 = Saturn-2 / Uranus-2
Es kann immer wieder schwierige Situationen geben, in denen man sich auf große Kompromisse einstellen muss. Und die Frage, ob dies wirklich der richtige Platz zum Leben ist, wird sich erst auf lange Sicht beantworten lassen.

Mond-1 = Saturn-2 / Neptun-2
Man kann lange in schwierigen, unsicheren Verhältnisse leben, bevor es gelingt, die passenden Alternativen zu finden, einen gesunden Lebensstil zu entwickeln.

Mond-1 = Saturn-2 / Pluto-2
Es ist möglich, sich in gesellschaftliche Zwänge, ja sogar in Schicksalsschläge einzufügen. Man muss bereit sein, selbst eingefleischte Gewohnheiten zu verändern.

Mond-1 = Saturn-2 / Mondknoten-2
Es gibt eine kleine Gruppe von Menschen mit konservativer Einstellung, bei der man sich wohlfühlt.

Mond-1 = Uranus-2 / Neptun-2
Man wird es schwer haben, all die verschiedenen und widersprüchlichen Eindrücke, die vom anderen kommen, aufzunehmen und zu verarbeiten. Reizüberflutung ist die Folge.

Mond-1 = Uranus-2 / Pluto-2
Man könnte emotional jetzt einem ziemlich starken Druck ausgesetzt sein, von dem man sich kaum lösen kann.

Mond-1 = Uranus-2 / Mondknoten-2
Die neuen ungewöhnlichen Kontakte, die man in der Partnerschaft eingeht, sind sehr bereichernd. Man sollte keine Kontinuität erwarten, Freunde kommen und gehen.

Mond-1 = Neptun-2 / Pluto-2
Irgendwie verkörpert man, ohne etwas dafür zu können und ohne direkt etwas dafür zu tun, Träume und Ideale des anderen. Es hat etwas Unpersönliches an sich, dieses Verhältnis.

Mond-1 = Neptun-2 / Mondknoten-2
Die geheimen Träume der Menschen, die man jetzt kennenlernt, sind leicht zu verstehen. Irgendwie fühlt man sich auf eine ganz feinsinnige Art mit ihnen verbunden.

Mond-1 = Pluto-2 / Mondknoten-2
Irgendwie fühlt man sich als Teil der Gruppenprozesse, die jetzt ablaufen. Viele Veränderungen gehen vonstatten. Man ist ein Teil von ihnen.

Merkur

Merkur-1 = Sonne-2 / Merkur-2
Man kann die vielen Ideen, mit denen man nun konfrontiert wird, ganz gut verstehen, ist ein wenig objektiver und braucht sich nicht gleich mit allem zu identifizieren.

Merkur-1 = Mond-2 / Merkur-2
Wenn der andere versucht, alle Gefühle in Worte zu fassen, kann man ihm helfen, indem man eine neutralere Position einnimmt und einfach weniger verletzlich ist.

Merkur-1 = Merkur-2 / Venus-2
Der Partner könnte sich verpflichtet fühlen, jeden Gedanken daraufhin zu überprüfen, ob er »ankommt«, auch von allen akzeptiert wird. Man selbst kann da eine neutralere Position einnehmen, auch Unpopuläres aussprechen.

Merkur-1 = Merkur-2 / Mars-2
Natürlich ist es wichtig, seine Meinung zu sagen. Aber dass dies gleich mit Kampf und Selbstbehauptung verbunden ist, das muss jetzt nicht unbedingt auch zum eigenen Stil werden. Im Gegenteil: Ein kühler Kopf sieht manches objektiver.

Merkur-1 = Merkur-2 / Jupiter-2
Ganzheitliches Denken ist eine Bereicherung dieser Partnerschaft. Man selbst hat die Aufgabe, klares Faktenwissen gegen allzu freie Spekulationen abzugrenzen, bei der neuen Flut an Details einen klaren Kopf zu behalten.

Merkur-1 = Merkur-2 / Saturn-2
Man muss nicht unbedingt den Skeptizismus des Partners teilen, all seinen Ernst. Seine Fähigkeit, sich auf Wesentliches zu konzentrieren, weiß man zu schätzen.

Merkur-1 = Merkur-2 / Uranus-2
Dass man so schnell gedankliche Verbindungen schafft und neue Ideen entwickelt, wird beeindrucken. Vor der ungeheuren Nervenbelastung sollte man sich in acht nehmen.

Merkur-1 = Merkur-2 / Neptun-2
Jetzt gilt es, einen klaren Kopf zu behalten. Diese Vermischung von Tatsachen und Fantasie ist neu. Sie bereichert und verwirrt zugleich.

Merkur-1 = Merkur-2 / Pluto-2
In dieser Partnerschaft kann man sich fast gezwungen fühlen, in den gleichen fest gefügten Bahnen wie der andere zu denken. Vorsicht ist geboten, denn Objektivität würde dabei zwangsläufig auf der Strecke bleiben.

Merkur-1 = Merkur-2 / Mondknoten-2
Es wird nun wesentlich einfacher, Worte zu finden, die all ein ankommen.

Merkur-1 = Sonne-2 / Mond-2
Man kann sich jetzt berufen fühlen, vermittelnd in Eltern- und Partnerkonflikte einzugreifen, wobei es leicht fällt, weder für die eine noch für die anderer Seite Partei zu ergreifen. Man fühlt sich geistig reger und seelisch ausgeglichen.

Merkur-1 = Sonne-2 / Venus-2
Der Charme und die Zuwendung, die einem entgegengebracht werden, machen munter. Es macht wieder mehr Spaß, sich auf ein Gespräch einzulassen.

Merkur-1 = Sonne-2 / Mars-2
Vielleicht merkt man es zu Anfang gar nicht: die raue und wilde Art des Partners wird in den eigenen Wortschatz übernommen. Man hat mehr Mut, die Dinge anzusprechen. Achtung! Auch Worte können verletzen.

Merkur-1 = Sonne-2 / Jupiter-2
Ob sich der Partner für all die Details, die man parat hat, wirklich interessiert? Man wird sein philosophisches Denken sicherlich zum Teil übernehmen. Andererseits wird auch eines deutlich: Es gibt einen großen Unterschied zwischen Glauben und Wissen.

Merkur-1 = Sonne-2 / Saturn-2
Man wird versuchen, sich gegenüber der strengen und skeptischen Lebenseinstellung des Partners eine neutrale Geisteshaltung zu bewahren. Er wird seine Maßstäbe ganz bestimmt auf die Art und Weise, wie man sich ausdrückt, anwenden. Wer darauf unreflektiert eingeht, landet letztendlich in der Sackgasse.

Merkur-1 = Sonne-2 / Uranus-2

So nervös, geistig aufgeschlossen und sprunghaft, wie einem jetzt begegnet wird, wird man selbst wohl nie sein. Aber diese Begegnung macht geistig wacht, beschleunigt die Denkprozesse. Ordnet man sich dieser Egozentrik unter, lässt man sich auch auf Dauer unterbrechen und das Thema aufzwingen? Dann muss man aufpassen, sich nicht zum Stotterer und Stichwortgeber machen zu lassen.

Merkur-1 = Sonne-2 / Neptun-2

Am einfachsten ist es noch, wenn man sich bemüht, all die Träume und Fantastereien in Gedanken, Worte und Geschriebenes zu übertragen. Zu mühselig wäre es vielleicht, eine klare und direkte Kommunikation aufzubauen.

Merkur-1 = Sonne-2 / Pluto-2

Irgendwie ist man am Ende dann doch Sprachrohr für ziemlich weitgehende Pläne. Man sollte sich gegen zu viel psychischen Druck wehren und versuchen, einen objektiven Standpunkt einzunehmen. Das hilft dann auch dem Partner, wenn dieser sich wieder einmal zu sehr verrannt hat. Seine Intensität, sein Forschergeist wirken immer wieder anregend.

Merkur-1 = Sonne-2 / Mondknoten-2

Es entwickelt sich ein besserer Gedankenaustausch in Familie, Gruppen und Gesellschaft.

Merkur-1 = Mond-2 / Venus-2

Man wird sich immer wieder entscheiden müssen, ob es eine seelische oder eine geistige Nähe ist, innerhalb derer kommuniziert wird. Mit anderen Worten: Entweder versteht man sich, weil man den gleichen Dialekt spricht, oder es liegt an der gleichen kulturellen Ausrichtung.

Merkur-1 = Mond-2 / Mars-2

Man wird dazu neigen, die spontan herausbrechenden Launen des Gegenübers auf eine rationale Ebene zu bringen, vom Verstand zu erfassen. Gleichzeitig verliert man etwas von der gewohnten Objektivität.

Merkur-1 = Mond-2 / Jupiter-2

Heiter und schwärmerisch, positiv weltoffen baut sich am besten der Kontakt auf. Wer aber über alles sprechen will, jede Gefühlsregung bis ins Letzte hinterfragt, wird sich schnell erschöpfen.

Merkur-1 = Mond-2 / Saturn-2

Wer eine ernste, gefühlvolle Atmosphäre liebt, wird zufrieden sein. Nun ist genug Ruhe, um wirklich über alles zu sprechen - vorausgesetzt, der Partner öffnet sich.

Merkur-1 = Mond-2 / Uranus-2

Kaum wird man in der Lage sein, all die innere Unruhe, seelische Beeindruckbarkeit und Angst vor Vereinnahmung nachzuempfinden. Darüber reden kann man aber schon.

Merkur-1 = Mond-2 / Neptun-2

Es ist schwer, einen klaren Kopf zu behalten, jedenfalls dann, wenn man diese ganze Verträumtheit allein rational erfassen will. Man sollte es mit Fantasie, mit Poesie probieren.

Merkur-1 = Mond-2 / Pluto-2

Es geht darum, festgefahrene seelische Muster zu begreifen. Man sollte sich von den teilweise irrationalen Eigenheiten nicht zu sehr blockieren lassen. Ansonsten bekommt man jetzt vor lauter unausgesprochenen Tabus vielleicht einen »Kloß in den Hals«.

Merkur-1 = Mond-2 / Mondknoten-2

Mithilfe des Partners fällt es leichter, den richtigen Ton zu treffen, viele Menschen anzusprechen.

Merkur-1 = Venus-2 / Mars-2

Andere werden nun sicherlich das interessanter finden, was man sagt, reizt doch die neue Ausdrucksweise zur unbedingten Stellungnahme. Die Gedanken verlieren viel von ihrer Objektivität, drehen sich meist um zwischenmenschliche Probleme.

Merkur-1 = Venus-2 / Jupiter-2

Durch diese Beziehung lernt man, sich eleganter auszudrücken. Bildung bedeutet auf einmal etwas. Charme ist wichtiger denn je.

Merkur-1 = Venus-2 / Saturn-2

Man wird sich auf die zurückhaltend-disziplinierte Art des Partners einstellen. Dies ist die Art und Weise, wie ein Gedankenaustausch möglich ist. Konventionen werden geachtet, auch wenn es manchmal unlogisch erscheint.

Merkur-1* = *Venus-2 / Uranus-2

Leicht und flatterhaft geht man aufeinander zu. Jeder geistige Kontakt ist eigentlich ein Flirt. Dauerhaftes Verständnis, Ruhe und Tiefgang wird man vermissen. Die Beziehung wird geistig eine starke Anregung sein.

Merkur-1* = *Venus-2 / Neptun-2

Man wird, wann immer der geistige Austausch gesucht wird, auf einen versponnenen Charme treffen. Wer Schriftsteller ist, oder Erfinder und Konstrukteur, hat jetzt seine Muse gefunden.

Merkur-1* = *Venus-2 / Pluto-2

Eine gute Gelegenheit, endlich mal Zoten zu reißen, schmutzige Worte lustvoll in den Mund zu nehmen, Tabuthemen anzusprechen? Vorsicht - vielleicht arbeitet die Gegenseite mit Schuldgefühlen und sammelt zur Zeit gerade Punkte.

Merkur-1* = *Venus-2 / Mondknoten-2

Man gibt sich locker und unkompliziert, kann zu vielen Leuten einen persönlichen Kontakt aufbauen.

Merkur-1* = *Mars-2 / Jupiter-2

Wer jetzt provoziert <mit Worten und Gesten>, muss sich den Vorwurf einer gewissen Selbstgerechtigkeit schon gefallen lassen.

Merkur-1* = *Mars-2 / Saturn-2

Hin und wieder lässt man sich nun vielleicht auf ein hartes Wortgefecht ein oder hält sich aus Angst vollkommen zurück. Man sollte lernen, auch über schwierige Themen gemeinsam zu sprechen.

Merkur-1* = *Mars-2 / Uranus-2

Möglicherweise wird die eigene Ausdrucksweise schärfer, neigt man zum Provozieren. Jedenfalls sollte man auf schnelle, manchmal auch überschießende Reaktionen seiner Mitmenschen gefasst sein.

Merkur-1* = *Mars-2 / Neptun-2

Man sollte nicht unbedingt versuchen, vom Partner verstanden zu werden. Zu leicht lässt er sich ablenken, möchte die Dinge doch lieber vom Gefühl als vom Verstand erfassen. Solange es nicht um fantastische Geschichten und kuriose Aktionen geht, wird man sein Interesse kaum wecken können.

Merkur-1* = *Mars-2 / Pluto-2

Die Gedankenkraft wird kanalisiert und auf ein ganz bestimmtes Ziel gerichtet. Es kann das des Partners sein. Wichtig ist es, zu begreifen, wie man gemeinsam mit Aggressionen umgeht. Ist es möglich, hin und wieder loszulassen, sich zu entspannen? Oder lassen sich beide immer wieder auf Machtkämpfe ein? Man kann dem anderen helfen, diese Mechanismen objektiv zu betrachten.

Merkur-1* = *Mars-2 / Mondknoten-2

In Gruppen entwickeln sich die planerischen und koordinierenden Fähigkeiten noch am besten.

Merkur-1* = *Jupiter-2 / Saturn-2

Jedes Wort muss nun genau bedacht werden, will man es allen Seiten recht machen. Die Beziehung kann einem solch ein Verhalten abverlangen.

Merkur-1* = *Jupiter-2 / Uranus-2

Eine Unmenge an Optimismus, positivem und spekulativem Denken kommt einem entgegen, sobald man mit dem anderen Kontakt aufnimmt. Man hat manch gute Idee, Gedankenblitze und Vorahnungen.

Merkur-1* = *Jupiter-2 / Neptun-2

Es ist schwer, konkrete Gedanken mitzuteilen, bekommt man als Reaktion doch meist nur spekulative Unverbindlichkeit. Als Inspiration für Dichter und Schriftsteller ist dies eine durchaus geeignete Konstellation.

Merkur-1* = *Jupiter-2 / Pluto-2

Einer scheinbar fest gefügten Weltanschauung kann man schwer mit klarer Logik begegnen. Detailwissen ist weniger gefragt als Ideologie und Überzeugungskraft. Vielleicht wird man nun eine gewisse Suggestionskraft entwickeln, um den eigenen Gedanken Ausdruck zu verleihen. Was sicher gut läuft, ist die gemeinsame Organisation größerer Projekte, z.B. von Kongressen.

Merkur-1* = *Jupiter-2 / Mondknoten-2

Für geschäftliche Aktivitäten ist diese Verbindung sehr gut. Auch stößt man jetzt öfters auf offene Ohren. Man trifft halt den richtigen Ton.

Merkur-1* = *Saturn-2 / Uranus-2

Schnell entstehen Spannungen, wenn man jetzt das Wort ergreift. Man sollte Kompromisse durchdenken und exakt formulieren. Überhaupt ist geistige Disziplin gefordert.

Merkur-1* = *Saturn-2* / *Neptun-2
Es kann Schwierigkeiten machen, eine unmissverständliche Kommunikation herzustellen. Der Partner lässt sich nicht so leicht auf einen Standpunkt festlegen. Berührungspunkte finden sich z.B. in den Themen Naturheilkunde, Psychosomatik und Ökologie.

Merkur-1* = *Saturn-2* / *Pluto-2
Tiefer Ernst und die Schicksalhaftigkeit könnte manche zum Schweigen bringen. Gemeinsamkeiten ergeben sich zum Beispiel in der Grundlagenforschung, der Arbeit im Geheimen, durch äußere Zwänge.

Merkur-1* = *Saturn-2* / *Mondknoten-2
Geistiger Austausch findet jetzt hauptsächlich mit älteren und / oder ernsteren Menschen statt. Es kann zum Rückzug und zur Vereinzelung kommen.

Merkur-1* = *Uranus-2* / *Neptun-2
Die reichhaltigen, sich oft widersprechenden Impulse wirken reizüberflutend, verunsichern, verwirren. Sie sind aber auch Quelle vielfältiger Inspiration.

Merkur-1* = *Uranus-2* / *Pluto-2
Man kann unter den starken psychischen Druck kommen, eine fremde Meinung um jeden Preis zu übernehmen. Eine Neigung zu zwanghafter intellektueller Fixierung kann dazu verlocken, andere Menschen geistig zu beeinflussen.

Merkur-1* = *Uranus-2* / *Mondknoten-2
Interessante neue Kontakte führen zu regen geistigen Austausch. Es ist die Fähigkeit zu spontanem Handeln. Ganz besonders glänzt man, wenn es darum geht, Neuerungen in der Gemeinschaft einzuführen und auf unvorhergesehene Ereignisse zu reagieren.

Merkur-1* = *Neptun-2* / *Pluto-2
Ein Schriftsteller wie Baudelaire, der wie kein anderer den süßen Rausch beschreiben konnte, wird man wohl auch in dieser Beziehung nicht. Die Inspiration ist trotzdem enorm - solange man die Logik aus dem Spiel lässt.

Merkur-1* = *Neptun-2* / *Mondknoten-2
Die geheimen Träume der Menschen, aufgeschrieben und veröffentlicht, könnten ein großer Erfolg sein. Man hat nun das Geschick, auf dem schmalen Grat zwischen Mystik und Illusion zu wandern.

Merkur-1* = *Pluto-2* / *Mondknoten-2
Erfolg bei den Massenmedien ist garantiert. Die Beziehung regt an, sich in die Psyche der Menschen einzudenken.

Venus

Venus-1* = *Mond-2* / *Venus-2
Es ist ein ständiges Spiel zwischen Hingabe und Verweigerung, welches man theatralisch darstellen und dem anderen dadurch bewusst machen kann.

Venus-1* = *Merkur-2* / *Venus-2
Charmante, elegante und gesprächsbereite Menschen lernt man in Zukunft häufiger kennen.

Venus-1* = *Sonne-2* / *Venus-2
In dieser Partnerschaft trifft man auf Menschen mit einer gewinnenden Ausstrahlung (bösartige Zungen sprechen von Schleimerei), die die Dinge vielleicht ein wenig schönfärben, zur Bequemlichkeit neigen, vor Entscheidungen zurückweichen, aber mit strategischer Schärfe vorgehen.

Venus-1* = *Venus-2* / *Mars-2
Liebe und Schmerz - ewig sind sie miteinander verbunden, gehören zum Kampf der Geschlechter. Berührung und Verletzung sind zwei Seiten der gleichen Medaille.

Venus-1* = *Venus-2* / *Jupiter-2
Ist es möglich, das Paradies auf Erden zu erschaffen? In dieser Partnerschaft kann man das auf jeden Fall einmal ausprobieren.

Venus-1* = *Venus-2* / *Saturn-2
Zurückhaltend, reserviert im Umgang und ausdauernd in der Partnerschaft versucht man, der Erwartungshaltung des anderen zu entsprechen. Wer dabei seine eigene Natur dauerhaft unterdrückt, wird Krisen nicht vermeiden können.

Venus-1* = *Venus-2* / *Uranus-2
Liebe ist vielleicht nur ein blitzartiger Moment. Möchte man ihn wiederholen, merkt man schnell, wie schwer es den Beteiligten fällt, Nähe auf Dauer zu ertragen.

Venus-1* = *Venus-2* / *Neptun-2
Die zwischenmenschlichen Beziehungen werden unsicherer. Manchmal glaubt man, die »Traumfrau« bzw. den »Märchenprinzen« gefunden zu haben, dann kommt es zur Ent-Täuschung.

Venus-1 = Venus-2 / Pluto-2
Leidenschaft ist das Gewürz der Liebe - es kommt auf die Dosierung an.

Venus-1 = Venus-2 / Mondknoten-2
Mit diesem neuen Charme kommt man wirklich bei allen an - garantiert.

Venus-1 = Sonne-2 / Mond-2
Wie auch immer man die Beziehung gestalten will: Es wird immer eine wichtige Rolle spielen, wie die Eltern des Partners zueinandergestanden haben.

Venus-1 = Sonne-2 / Merkur-2
Geistig starke Menschen, die über alles reden können, bloß leider nicht über sich selbst: Mit denen wird jetzt ein intensiver Kontakt entstehen.

Venus-1 = Sonne-2 / Mars-2
Es sind die kraftvollen Egozentriker, die man jetzt ganz besonders sucht: Macho-Charme.

Venus-1 = Sonne-2 / Jupiter-2
Die Optimisten »manche nennen sie Schaumschläger« faszinieren ganz besonders. Mag sein, dass früher oder später die letzten Bluffs durchschaut werden. Was bleibt, ist diese große Toleranz, die das Leben einfach erträglicher macht.

Venus-1 = Sonne-2 / Saturn-2
Unter all der Strenge und Skepsis kann die Spontanität und Lebenslust leiden. Es kann zuerst verlockend sein, sich an fremden Maßstäben zu orientieren. Auf Dauer wirken sie jedoch einengend. Eigene Werte sollte n entwickelt werden.

Venus-1 = Sonne-2 / Uranus-2
Brillante Egozentriker faszinieren mehr denn je. Die gewünschte Nähe wird sich besonders über das gemeinsame Engagement für ein idealistisches Projekt herstellen und vielleicht auch darüber nicht hinausgehen.

Venus-1 = Sonne-2 / Neptun-2
Es ist der kreative Träumer, den man jetzt sucht. Die Grenze zwischen Sensibilität und Selbstbetrug ist sehr fein, wird immer wieder in jeder Richtung überschritten.

Venus-1 = Sonne-2 / Pluto-2
Ist man der Typ, der Druck braucht, um umgarnt und erobert zu werden? Man zieht jetzt auf jeden Fall leidenschaftliche Egozentriker an.

Venus-1 = Sonne-2 / Mondknoten-2
Am liebsten sind einem nun Menschen, die überall Anklang finden, populär sind.

Venus-1 = Mond-2 / Merkur-2
Wer die Seele auf der Zunge trägt und redet, wie ihm der Schnabel gewachsen ist, gehört nun zu den bevorzugten, interessantesten Partnern.

Venus-1 = Mond-2 / Mars-2
Menschen, die ihre Gefühle nicht beherrschen wollen oder können, üben nun einen ganz besonderen Reiz aus.

Venus-1 = Mond-2 / Jupiter-2
Man wird einen Sinn für die Freuden großer Familiendramen entwickeln. Der Partner liebt es auf jeden Fall, mütterlich verhätschelt zu werden.

Venus-1 = Mond-2 / Saturn-2
Es ist eine neue Erfahrung, dass gerade durch großen Ernst und eine melancholische Stimmung Nähe entstehen kann.

Venus-1 = Mond-2 / Uranus-2
Besonders die sprunghaften Menschen, die schnell warm werden, aber durch ihre innere Unruhe keine dauerhafte Vertrautheit entstehen lassen können, findet man nun interessant.

Venus-1 = Mond-2 / Neptun-2
Nun muss man sehr auf die innere Stimme hören, um Kontakt zu Menschen aufzubauen. Oft werden es die feinsinnigen und auch ein wenig versponnenen Charaktere sein, mit denen man es zu tun hat.

Venus-1 = Mond-2 / Pluto-2
Eine außergewöhnliche erotische und künstlerische Kraft kann entstehen, wenn man sich den Machtkämpfen in der Familie, den Schuldgefühle und der großen Leidenschaftlichkeit des Partners stellt.

Venus-1 = Mond-2 / Mondknoten-2
Man nimmt jetzt mit vielen ganz normalen Menschen mit Herz Kontakt auf.

Venus-1 = Merkur-2 / Mars-2
Die Erotik und Sinnlichkeit ist jetzt sehr an eine oft derb-zupackende Ausdrucksweise gekoppelt.

Venus-1 = Merkur-2 / Jupiter-2
Die Erotik kann jetzt ganz vergeistigt werden, sich in eleganter Sprechweise und schöngeistiger Bildung zeigen.

Venus-1 = Merkur-2 / Saturn-2
Eine tiefgehende, etwas pedantische Ästhetik entwickelt sich. Im persönlichen Kontakt treten gewisse Hemmungen auf.

Venus-1 = Merkur-2 / Uranus-2
Sprunghafte und ungeheuer kopfbetonte Menschen findet man nun ganz besonders interessant.

Venus-1 = Merkur-2 / Neptun-2
Viel verträumter, poetischer als sonst sind die Menschen, die man interessant findet, mit denen man einen näheren Kontakt aufbauen möchte. Fantasie wird zum Aphrodisiakum.

Venus-1 = Merkur-2 / Pluto-2
Erotische Gedankenmuster, eine manipulierende und manchmal vielleicht auch zotige Sprache übt einen fast magischen Zwang aus, macht Lust oder stößt instinktiv ab.

Venus-1 = Merkur-2 / Mondknoten-2
Im Mittelpunkt vieler Menschen und im ständigen Gedankenaustausch fühlt man sich besonders wohl. Das regt die Sinne an.

Venus-1 = Mars-2 / Jupiter-2
Optimismus und Sportsgeist regen die Sinnlichkeit an. Zu Menschen mit Tatendrang und einer ganz besonderen Lebensphilosophie fühlt man sich hingezogen.

Venus-1 = Mars-2 / Saturn-2
Man wird sich jetzt mit starken Moralgefühlen, die das Lustgefühl einschränken, auseinandersetzen müssen.

Venus-1 = Mars-2 / Uranus-2
Wenn nach Phasen der Lethargie plötzlich heftige Impulse auf einen zukommen, wird man es schwer haben, sofort zu reagieren. Vielleicht jeden diese plötzlichen »Überfälle« aber auch die Sinnlichkeit an. Man wird aus dem alten Trott herausgerissen.

Venus-1 = Mars-2 / Neptun-2
Gerade eine etwas schüchterne, aber sehr verträumte und rauschhafte Aktivität regt die Sinne nun an.

Venus-1 = Mars-2 / Pluto-2
Unterdrückte, gestaute und dann machtvoll zum Ausbruch kommende Aggression reizt die eigenen Sinne.

Venus-1 = Mars-2 / Mondknoten-2
Gruppen, in denen es besonders laut und kraftvoll zugeht, regen die Sinne an, machen Lust.

Venus-1 = Jupiter-2 / Saturn-2
Wenn alles im rechten Verhältnis zueinander ist, weder Übertreibung noch Geiz die Oberhand bekommt, sind die ästhetischen Bedürfnisse voll befriedigt.

Venus-1 = Jupiter-2 / Uranus-2
Eine leichte, heitere für alles offene Geisteshaltung kann zur Grundhaltung gegenüber den Menschen werden. Man freut sich jetzt besonders auf Überraschungen.

Venus-1 = Jupiter-2 / Neptun-2
Man fühlt sich zu Menschen hingezogen, die eine schier nie endende Toleranz haben und große Fantasie.

Venus-1 = Jupiter-2 / Pluto-2
Starke, wohlhabende, fast übermächtige Menschen mit einem gewissen Größenwahn üben nun einen besonderen Reiz aus.

Venus-1 = Jupiter-2 / Mondknoten-2
Gerade durch die Förderung vieler Menschen kann man künstlerisch erfolgreich sein.

Venus-1 = Saturn-2 / Uranus-2
Man kann sich gezwungen fühlen, starke Spannungen auszugleichen. Ein gewisses Improvisationstalent und die Fähigkeit, Fortschritt und Tradition miteinander zu verbinden, helfen, die mitmenschlichen Beziehungen ausgeglichen zu gestalten.

Venus-1 = Saturn-2 / Neptun-2
Es kann seine Zeit dauern, bevor man in der Lage ist, eine Stabilität im zwischenmenschlichen Bereich aufzubauen. Zu viele Träume wollen realisiert werden. Verwirrungen und seelische Härte in Partnerschaften lassen sich kaum vermeiden.

Venus-1 = Saturn-2 / Pluto-2
In dieser Partnerschaft kann man lernen, auch starke Belastungen zu ertragen. Partnerschaft kann

zur Schicksalsgemeinschaft werden, das Verantwortungsgefühl ist besonders wichtig.

Venus-1 = Saturn-2 / Mondknoten-2
Bei älteren Menschen wird man Anerkennung und Rückhalt finden. Es besteht die Tendenz zur Vereinzelung. Isolierung.

Venus-1 = Uranus-2 / Neptun-2
Die Anregungen für die künstlerischen Aktivitäten sind vielseitig. Im persönlichen Bereich kann eine Unsicherheit in der Geschlechterrolle entstehen, sowie schwankende erotische Gefühle.

Venus-1 = Uranus-2 / Pluto-2
Möglicherweise neigt man nun zur ästhetischen Fremdbestimmung, ordnet sich den Vorstellungen anderer unter. Eine vollständige sexuelle Verausgabung ist möglich.

Venus-1 = Uranus-2 / Mondknoten-2
Viele neue ungewöhnliche Kontakte, besonders in Gruppen und Gemeinschaften, schaffen Luft und machen Freude.

Venus-1 = Neptun-2 / Pluto-2
Voll Mystik, Wollust oder Zwanghaftigkeit können die neuen Kontakte sein. Man hat den Wunsch, Traumvorstellungen von Zweisamkeit zu realisieren.

Venus-1 = Neptun-2 / Mondknoten-2
Es gilt, eine erträumte Scheinharmonie und das Streben nach echter mystischer Gemeinsamkeit auseinanderzuhalten.

Venus-1 = Pluto-2 / Mondknoten-2
Die Machtspiele in der Öffentlichkeit werden auch die Partnerschaft und Sexualität beeinflussen.

Mars

Mars-1 = Sonne-2 / Mars-2
Spontane Machtgelüste, Kampfgeist und Tatendrang führen zu allen möglichen Konfrontationen. Man lebt ganz im hier und jetzt, voller Ungeduld reagiert man auf alles und jedes.

Mars-1 = Mond-2 / Mars-2
Verletzte Gefühle können zu überstürzter Aktivität führen. Andererseits ist nun auch viel Kraft da, um ein gemütliches Nest zu bauen, eine heimelige Atmosphäre zu schaffen.

Mars-1 = Merkur-2 / Mars-2
Ein heftiges Wortgefecht kann der Grund für weitere Auseinandersetzungen sein. Des Weiteren ist das handwerkliche Geschick besonders groß, und alle Aktivitäten werden besser durchdacht und geplant.

Mars-1 = Venus-2 / Mars-2
Ganz so einfach kann man jetzt nicht mehr zur Tat schreiten. Viele Sachen müssen bedacht, die Interessen aller Beteiligten berücksichtigt werden.

Mars-1 = Mars-2 / Jupiter-2
Mit viel Optimismus und Sportsgeist wird man bei den eigenen Aktivitäten unterstützt. An Ausdauer kann es mangeln.

Mars-1 = Mars-2 / Saturn-2
Entweder lässt man sich nun von den anstehenden Schwierigkeiten und Widerständen hemmen, oder gerade in der Reibung an ihnen entwickeln sich neue Zähigkeit und Ausdauer.

Mars-1 = Mars-2 / Uranus-2
Diese plötzlichen Wutausbrüche und Aktivitätsschübe wechseln mit langen Phasen des Nichtstuns ab. Wichtig sind die neuen Ideen, die nun tatsächliche verwirklicht werden können.

Mars-1 = Mars-2 / Neptun-2
Manchmal werden die neuen Aktivitäten ein bisschen versponnen erscheinen. Gut ist auf jeden Fall die neue Sensibilität, mit der an die Dinge herangegangen wird.

Mars-1 = Mars-2 / Pluto-2
Dass man mit Druck wirklich etwas erreichen kann, ist eine neue Erfahrung. Dass man in manchen Situationen auch bewusst darauf verzichten muss, auch wenn dann manch fixe Idee unverwirklicht bleibt, ist auch neu.

Mars-1 = Mars-2 / Mondknoten-2
Man kann sich nun tatsächlich so streiten, dass es gleichzeitig auch noch schöpferisch ist und die Zustimmung der breiten Masse findet.

Mars-1 = Sonne-2 / Mond-2
Der ewige Kampf der Geschlechter wird das Thema vieler Auseinandersetzungen sein. Empfehlung: Asiatische Kampfsportarten oder Beschäftigung mit Akupunktur, Yin und Yang.

Mars-1 = Sonne-2 / Merkur-2

Durch kluge Überlegung und starke Nerven geht die Arbeit viel leichter von der Hand. Auseinandersetzungen entstehen durch intellektuelle Eigenblindheit: Der Verstand endet an den Pforten des Ego.

Mars-1 = Sonne-2 / Venus-2

Dem umwerfenden Charme des Partners wird man sich kaum entziehen können. Und so wird jeder Streit zum Genuss.

Mars-1 = Sonne-2 / Jupiter-2

Nicht alle Pläne lassen sich in die Tat umsetzen. Oft bleibt es auch nur bei einem schnell verpuffenden Pioniergeist. Man wird auf alle Fälle immer positive Unterstützung und Ermutigung finden, gemeinsam ein dynamisches Team sein - und der Umwelt vielleicht ein bisschen auf die Nerven gehen.

Mars-1 = Sonne-2 / Saturn-2

Wer nicht bereit ist, sich autoritärem Verhalten zu beugen, mit Geduld all die Umständlichkeit ertragen kann, geht jetzt sicherlich mit dem Kopf durch die Wand.

Mars-1 = Sonne-2 / Uranus-2

Von Nervosität und Egozentrik angesteckt könnte es zu manchen Kurzschlusshandlungen kommen. Die Chancen der Partnerschaft liegen allerdings mehr in der konstruktiven Verwirklichung zumindest teilweise genialer Ideen.

Mars-1 = Sonne-2 / Neptun-2

Bei so viel Verträumtheit und Spintisiererei fällt es schwer, wirklich aktiv und dynamisch zu sein. Ist der andere Musiker, so gelingt es vielleicht im wortwörtlichen Sinne, gemeinsam »auf die Pauke zu hauen«.

Mars-1 = Sonne-2 / Pluto-2

Manches lässt sich sicherlich erzwingen, besonders mit dem neuen, noch ungewohnten Stolz, der fast an Fanatismus grenzt. Freude an spontanen Aktionen kommt so aber kaum auf.

Mars-1 = Sonne-2 / Mondknoten-2

Am leichtesten entfaltet man seine Aktivität in Gruppen und für die Belange der Gemeinschaft.

Mars-1 = Mond-2 / Merkur-2

Man handelt jetzt sehr impulsiv. Viel hängt davon ab, welche Laune man gerade hat, wie man seine Gefühle begreift.

Mars-1 = Mond-2 / Venus-2

Soll die Eleganz und Schönheit das Wichtigste sein oder lieber die seelische Nähe, die mütterliche Nestwärme? Man wird aufgefordert, sich für einen Frauentyp, eine Seite des ewig Weiblichen zu entscheiden.

Mars-1 = Mond-2 / Jupiter-2

Fürsorglich beschützend kann man überschüssigen Tatendrang am besten »an den Mann« bringen: Kraft, Energie und Ausdauer sind gegeben, zumindest so lange, wie sich die Laune hält.

Mars-1 = Mond-2 / Saturn-2

Grund für Wut und Streit ist genug vorhanden: Lebensernst, ein fast selbstquälerisches Gemüt, Tristesse, Monotonie. Es ist aber auch viel Kraft und Ausdauer für die Bewältigung eines anstrengenden Alltags vorhanden.

Mars-1 = Mond-2 / Uranus-2

Spontane affektive Gefühlsregungen wirken äußerst anregend, steigern die Aktivität.

Mars-1 = Mond-2 / Neptun-2

Diffuse Gefühlsregungen könnten einem den Mut zur Tat nehmen, handlungsfähig machen. Man muss sich hier abgrenzen und eher nach Möglichkeiten suchen, Wunschträume zu verwirklichen. Inspiration dafür ist jetzt genug vorhanden.

Mars-1 = Mond-2 / Pluto-2

Ein Aggressionsstau wird sich kaum vermeiden lassen. Unwillkürlich sieht man sich einem Geflecht Gefühlsmustern aus Schuldgefühlen und Leidenschaftlichkeit gegenüber. Am liebsten würde man es mit einem Schwerthieb zerteilen. Es könnte sich dabei herausstellen, dass man nur in ein Wespennest gestochen hat.

Mars-1 = Mond-2 / Mondknoten-2

Gemeinschaftssinn und ein reges Familienleben stimulieren ungemein, machen Mut.

Mars-1 = Merkur-2 / Venus-2

Auch wenn man immer noch kämpft: Es wirkt jetzt viel eleganter, und man arbeitet auch mehr mit dem Verstand. Die Erotik der Sprache ist sicherlich eine Neuentdeckung.

Mars-1 = Merkur-2 / Jupiter-2

Optimierungsdenken, kaufmännisches Geschick bestimmt jetzt alle Aktionen. Leicht verliert man den Überblick, wenn die Detailfragen auf einmal überhandnehmen.

Mars-1 = Merkur-2 / Saturn-2
Bei allen Aktivitäten ist jetzt viel mehr Ernst im Spiel. Man denkt die Probleme gründlicher durch, entwickelt ein realistisches Zweckdenken.

Mars-1 = Merkur-2 / Uranus-2
Ein hellwacher Geist sorgt dafür, dass manche Reaktionen jetzt überschießen, voreilig sind.

Mars-1 = Merkur-2 / Neptun-2
Schwer ist es, klar und zielgerichtet zu handeln. Manches ist einfach zu verworren, da werden einem Sachen erzählt, die einfach nicht stimmen können. Wer Fantasie und Poesie in die Tat umsetzen will, z.B. beim Theaterspielen, wird inspiriert.

Mars-1 = Merkur-2 / Pluto-2
In der Aktion selbst, im Affekt wird einem gar nicht so bewusst sein, wie sehr man durch Gedanken und Vorstellungen beeinflussbar ist. Mit der Zeit lernt man, bewusster zu handeln.

Mars-1 = Merkur-2 / Mondknoten-2
Planerische und koordinierende Fähigkeiten treten in den Vordergrund, in der Gemeinschaft ist man auch geschäftlich erfolgreich tätig.

Mars-1 = Venus-2 / Jupiter-2
Man stößt auf ungeheuer viel Bequemlichkeit. Es ist einfach kein Widerstand da, man rennt offene Türen ein. Mit der Zeit erlahmt die Begeisterung.

Mars-1 = Venus-2 / Saturn-2
Man stößt mit seinen Aktivitäten nicht unbedingt auf Gegenliebe. Ein starkes Moralgefühl wirkt sich hemmend auf das Triebleben aus. Für manche ist dieser Widerstand auch Stimulation.

Mars-1 = Venus-2 / Uranus-2
Stark wechselt das Triebleben, man liebt die Aufregung, ist ganz und gar verspielt.

Mars-1 = Venus-2 / Neptun-2
Starke erotische Fantasien wollen verwirklicht werden, und sei es in sublimierter Form als Kunst.

Mars-1 = Venus-2 / Pluto-2
Allzu viel Spontanität wird man sich auf Dauer nicht leisten können. Erotik funktioniert nach dem System der »Fliegenfalle«, auch kleine Verletzungen werden benutzt, um aus der Opferhaltung heraus zu manipulieren: die Macht der Lust.

Mars-1 = Venus-2 / Mondknoten-2
Die eigenen Aktivitäten finden bei vielen Menschen Anerkennung. Es entwickelt sich ein permanentes Kontaktbedürfnis.

Mars-1 = Jupiter-2 / Saturn-2
Weder überschäumende Begeisterung noch völlige Gehemmtheit: Mit dem rechten Maß hat jede Aktivität ihren Sinn, gelingt es, sich auf Dauer durchzusetzen. Was fehlt? Ektase.

Mars-1 = Jupiter-2 / Uranus-2
Auf einmal verbreitet man eine ständige Unruhe, neigt zum schnellen, aber unzuverlässigen Arbeitseinsatz.

Mars-1 = Jupiter-2 / Neptun-2
Es gibt jetzt andere Motivationen, sich ins Zeug zu legen: Fantasien, Ideale, Spekulationen - nichts, was handfest ist, doch alles in allem auch sehr inspirierend.

Mars-1 = Jupiter-2 / Pluto-2
Inwieweit spielen Tabus jetzt eine Rolle, wie steht es um das Vertrauen zueinander? Sind diese Dinge geklärt, steht ein enormes Kraftpotenzial zur Verfügung.

Mars-1 = Jupiter-2 / Mondknoten-2
Eine gute Organisation der Arbeit und geschickte Planung: Die eigene Leistung wird in der Gruppe anerkannt.

Mars-1 = Saturn-2 / Uranus-2
Man wird nun herausgefordert, auch in schwierigen Situationen, unter ständiger Anspannung seine Leistung zu bringen. Wutausbrüche zerstören manche Scheinharmonie und können Entlastung bringen, das große Ganze stabilisieren.

Mars-1 = Saturn-2 / Neptun-2
Man wird sich nun öfter fragen, ob all die Aktivität überhaupt zu etwas führt. Religion oder Natur sollte n der Maßstab sein. Wichtig ist es, auch bei schwankenden Energiereserven eine Kontinuität zu wahren.

Mars-1 = Saturn-2 / Pluto-2
Arbeit unter ungeheurem Druck, Kampf mit dem Schicksal, Belastungsproben: Es sind nicht unbedingt die eigenen erstarrten Verhältnisse, gegen die man ankämpft. Die Partnerschaft erfordert aber, dass man sich an ihnen reibt.

Mars-1 = Saturn-2 / Mondknoten-2
Man arbeitet jetzt in schwierigen Situationen, hat möglicherweise die eine oder anderer harte Auseinandersetzung. Anerkennung findet man hauptsächlich in konservativen Kreisen.

Mars-1 = Uranus-2 / Neptun-2
Man wird sicherlich nicht mehr so schnell und treffsicher Entscheidungen fällen können, allzu viele gegensätzliche Bedingungen müssen berücksichtigt werden. Man neigt mehr zu unkonventionellen Aktionen und Fehlentscheidungen. Man sollt ein dieser Partnerschaft lieber eine Lanze für die Poesie brechen, künstlerisch aktiv werden.

Mars-1 = Uranus-2 / Pluto-2
Viele Aktivitäten entspringen gar nicht dem eigenen Willen, der sich jetzt hier die Bahn brechen will. Manche fixe Idee ist vielleicht gerade all ein Mode, entspricht nur dem »Zeitgeist«.

Mars-1 = Uranus-2 / Mondknoten-2
Modernste Techniken und eine sehr kooperative Weise, in der die Menschen miteinander umgehen, fördern die Effektivität ganz ungemein.

Mars-1 = Neptun-2 / Pluto-2
Man wird in seinen Aktivitäten jetzt sehr vom kollektiven Unbewussten beeinflusst, sollte sich nicht in Auseinandersetzungen, die zwischen größeren Gruppen stattfinden, hineinziehen lassen. Magie, Okkultismus und Drogen üben eine bislang unbekannte Faszination aus.

Mars-1 = Neptun-2 / Mondknoten-2
Man arbeitet mit den Instinkten und Träumen, den verborgenen Wünschen der Masse, verleiht ihnen Ausdruck.

Mars-1 = Pluto-2 / Mondknoten-2
Man wird jetzt vor allem in Gruppen und in der Öffentlichkeit dynamischer auftreten, mehr Druck einsetzen.

Jupiter

Jupiter-1 = Sonne-2 / Jupiter-2
Man wird durch die Ausstrahlung des Partners ungeheuer im eigenen Optimismus unterstützt.

Jupiter-1 = Mond-2 / Jupiter-2
Gerade das Gefühlsleben wirkt bereichernd. Man fühlt sich wohl unter Menschen, erkennt den Sinn des Familienlebens, wird zum Pädagogen.

Jupiter-1 = Merkur-2 / Jupiter-2
Geistig ist diese Partnerschaft eine ungeheure Bereicherung. Man bekommt zusätzliches Detailwissen, das den Horizont erweitert und das Gesamtbild vor der Welt abrundet.

Jupiter-1 = Venus-2 / Jupiter-2
Auch Genießen ist eine Kunst, wenn Philosophie und Kultur die Bereicherung sind. Ein Mangel an Bildung sollte ausgeglichen werden, da sonst die Völlerei droht.

Jupiter-1 = Mars-2 / Jupiter-2
Weltanschauungen wollen nicht nur begriffen und gelebt, sondern auch weiterverbreitet werden. Man hüte sich jedoch vor selbstgerechter Kreuzrittermentalität, die sich das Recht herausnimmt, auf alles zu prügeln, was nicht zum gleichen Glauben gehört.

Jupiter-1 = Jupiter-2 / Saturn-2
Man muss damit rechnen, in seinem Überschwang den einen oder anderen Dämpfer zu bekommen. Dafür bleiben in dieser Partnerschaft einige Pläne auch nicht nur Utopie, sondern nehmen tatsächlich Gestalt an.

Jupiter-1 = Jupiter-2 / Uranus-2
Man wird in so ziemlich allen Plänen und Glaubensrichtungen unterstützt, ja der andere gibt vielleicht noch eins drauf, bringt eine Prise Idealismus und Freiheit ins Spiel. Allerdings besteht die Gefahr, sich in dieser Partnerschaft zu sehr auf Spekulationen zu verlassen und irgendwann dann Konkurs <real oder im übertragenen Sinne> anmelden zu müssen.

Jupiter-1 = Jupiter-2 / Neptun-2
Weltanschauung ist doch irgendwie etwas, was dem Kopf entspringt, durch Sprache und Schrift - so ist man es auf jeden Fall gewohnt. Nun macht man die Erfahrung, dass es auch sehr viel mit Spüren, Empfinden und vor allen Dingen mit lebendiger Religiosität zu tun hat.

Jupiter-1 = Jupiter-2 / Pluto-2
Werte können sich ändern, totales Vertrauen kann sich schlagartig ins Nichts auflösen, die Fixierung auf eine Religion kann in vollkommene Ablehnung umschlagen. Was bleibt? Vielleicht ein Urvertrauen in die Schöpfung, das besonders in der Partnerschaft neu entstehen kann.

Jupiter-1 = Jupiter-2 / Mondknoten-2
Gerade in der Gemeinschaft fühlt man sich besonders angenommen. Dort entwickelt sich eine Vertrauensbasis im wortwörtlichen Sinne.

Jupiter-1 = Sonne-2 / Mond-2
Basis für ein harmonisches Familienleben, in dem sich jeder Einzelne entwickeln kann, ist das gegenseitige Vertrauen. Das spürt man jetzt ganz besonders.

Jupiter-1 = Sonne-2 / Merkur-2
Es reicht auf jeden Fall nicht mehr, einfach nur etwas zu behaupten. Zumindest in Gegenwart des Partners wird man die Dinge nun auch tatsächlich beim Namen nennen müssen. Auf Dauer entwickelt man selbst vielleicht auch eine stärkere Kommunikationskraft.

Jupiter-1 = Sonne-2 / Venus-2
Den Charme und die geistige Interessiertheit des anderen wird man natürlich immer unterstützen. Sie sind auch Anregung genug, um die eigene Überzeugung gekonnter darzustellen.

Jupiter-1 = Sonne-2 / Mars-2
Ein Organisationstalent und eine gute Regenerationsfähigkeit helfen, gemeinsam viele Plänen in die Tat umzusetzen.

Jupiter-1 = Sonne-2 / Saturn-2
Es wird nicht leicht sein, bei aller Skepsis, die einem entgegenkommt, Optimismus zu wecken. Doch wenn der andere erst einmal gewonnen ist, wird er auf jeden Fall auch dabeibleiben und einem die Stange halten.

Jupiter-1 = Sonne-2 / Uranus-2
Der Sprunghaftigkeit und dem Improvisationstalent des Partners wird man sicherlich keine Grenzen setzen wollen. Hellwach, immer auf der Suche nach Gelegenheiten, könnte man sich gemeinsam in Spekulationen verlieren.

Jupiter-1 = Sonne-2 / Neptun-2
Man wird der reichen Fantasie des Partners wenig Widerstand entgegensetzen, ihn dabei vielleicht noch unterstützen. Die gewünschte geistige Auseinandersetzung findet man allerdings nicht.

Jupiter-1 = Sonne-2 / Pluto-2
Das oft zwanghafte Verhalten des Partners, sein ständiger Wunsch, sich durchzusetzen und die Kontrolle zu behalten, schränken den gewohnten freien Lebensstil natürlich ein. Gelingt es, hier zu kooperieren, werden beide in der Partnerschaft über eine Menge neuer Ressourcen verfügen können.

Jupiter-1 = Sonne-2 / Mondknoten-2
Man wird sich nun besonders in der Gemeinschaft anderer wohlfühlen und dort auch Unterstützung finden.

Jupiter-1 = Mond-2 / Merkur-2
Wenn es gelingt, die Dinge, von denen man überzeugt ist, interessant zu schildern und den anderen so zu akzeptieren, wie er halt ist, kann man viel mehr erreichen. Das entstandene Vertrauen macht es leichter, zusammenzuleben.

Jupiter-1 = Mond-2 / Venus-2
Toleranz macht es möglich, nicht nur gemütlich, sondern auch genüsslich und geistvoll zusammenzuleben.

Jupiter-1 = Mond-2 / Mars-2
Man wird den spontanen Gefühlsausbrüchen des Partners wenig Widerstand entgegensetzen. Viel Mut und Kraft für das gemeinsame Leben wird dadurch frei.

Jupiter-1 = Mond-2 / Saturn-2
Optimismus allein kann sehr oberflächlich sein. Ein gewisser Ernst schafft seelische Tiefe. Kann man ihn zulassen, Trost spenden und Mut machen? Eine treue Seele wird es danken.

Jupiter-1 = Mond-2 / Uranus-2
Mehr denn je heißt es jetzt, die Gelegenheiten zu nutzen, sich mitreißen zu lassen.

Jupiter-1 = Mond-2 / Neptun-2
Es gilt, auch vollkommen unlogische und nicht begründbare Empfindungen zu tolerieren.

Jupiter-1 = Mond-2 / Pluto-2
Man muss fest gefügte Verhaltensweisen einfach akzeptieren. Mit der Zeit kann mit viel Verständnis vielleicht eine Verbesserung der Lage erreicht werden. Es hilf, wenn man Toleranz aufbringt, sinnstiftend wirken kann.

Jupiter-1 = Mond-2 / Mondknoten-2
In einem großen Freundeskreis, in der Familie wird man sich noch am besten verstanden fühlen. Man braucht die Mitmenschen jetzt einfach.

Jupiter-1 = Merkur-2 / Venus-2
Eine elegante Sprechweise, sogenannte »schöngeistige Bildung« ist vonnöten, um sich verständlich zu machen.

Jupiter-1 = Merkur-2 / Mars-2
In der Reibung mit einem dynamisch-aktiven Geist entwickelt sich kaufmännisches Geschick. Die eigene Überzeugung kann mit dem nötigen Nachdruck vertreten werden.

Jupiter-1 = Merkur-2 / Saturn-2
Leere Floskeln sind jetzt nicht gefragt. Man wird sich auf ungewohnt harte Arbeit einlassen müssen.

Jupiter-1 = Merkur-2 / Uranus-2
Eigentlich will man ja eher das große Ganze sehen, den Sinn der Dinge erkennen. Ein wacher, blitzartig assoziierender Verstand bringt da zwar einige neue Ideen ins Spiel, kann aber auf Dauer eher zerrüttend wirken, irritieren.

Jupiter-1 = Merkur-2 / Neptun-2
Viele dieser neuen Denkweisen werden rein spekulativ sein, mehr ins Mystische hineingehören. Eine Fülle an Details kann verwirren. Tradierte Weltanschauungen geraten ins Wanken, das Stichwort ist jetzt »Ganzheitlichkeit«.

Jupiter-1 = Merkur-2 / Pluto-2
Zuerst wird man den fast magischen Gedankenmustern des Partners vielleicht mit Offenheit begegnen, dann feststellen, wie sehr sie einen selbst einschränken können. Positiv ist sicherlich die Chance, selbst an Überzeugungskraft zu gewinnen, gesellschaftlichen Reichtum zu verwalten.

Jupiter-1 = Merkur-2 / Mondknoten-2
Gerade in der Gemeinschaft anderer entwickelt sich jetzt kaufmännisches Geschick und Kommunikationskraft.

Jupiter-1 = Venus-2 / Mars-2
Auf einmal steht man mitten im ewigen Kampf der Geschlechter. Eine ungeheure Befruchtung für den, der seine eigene Weltanschauung entwickeln will.

Jupiter-1 = Venus-2 / Saturn-2
Der gewohnte Optimismus wird sicherlich nicht so schnell wie gewohnt auf Widerhall stoßen. Mit der Erkenntnis, dass gerade durch Abgrenzung Gemeinsamkeit gestaltet werden kann, wird es einem auch leichter fallen, die Chancen dieser Partnerschaft zu erkennen.

Jupiter-1 = Venus-2 / Uranus-2
Die eigene Überzeugung wird, mit Charme und Witz gewürzt, viel leichter Zustimmung finden.

Jupiter-1 = Venus-2 / Neptun-2
Es wird eine Zeit dauern, bevor man die teilweise recht versponnenen Vorlieben des Partners, seine Neigung, zu zerfließen und sich zu opfern, akzeptiert hat und als Bereicherung der eigenen Weltanschauung genießen kann.

Jupiter-1 = Venus-2 / Pluto-2
Sicherlich gehört es nicht unbedingt zum eigenen Lebensstil, die Dinge zurückzuhalten. Man wird erkennen, dass sich der Reiz der Sexualität oder der Wert einer Ware durch diesen Druck sehr steigern können. Diesen Vorteil genießt man dann natürlich gerne.

Jupiter-1 = Venus-2 / Mondknoten-2
Die persönliche Anerkennung in der Öffentlichkeit kann sich nun sehr steigern.

Jupiter-1 = Mars-2 / Saturn-2
Man wird dem Ehrgeiz des Partners sicherlich nicht im Wege stehen wollen. Ob man ihn selbst aber wirklich braucht, um weiterzukommen, ist fraglich. Wichtig ist es auf jeden Fall, selbst nicht zu verkrampft an die Dinge heranzugehen.

Jupiter-1 = Mars-2 / Uranus-2
Sicherlich wird man jetzt wacher, spontaner und auch aktiver werden, vielleicht ein wenig rebellisch. Es kann helfen, neue Pläne zu entwickeln, wieder optimistischer zu werden. Letztlich droht jedoch

ständige Unruhe, denn irgendwie wird mit der Zeit alles x-beliebiger, austauschbarer.

Jupiter-1 = Mars-2 / Neptun-2
Vertrauen muss nun auf eine ganz neue Weise entwickelt werden. Die oft nicht durchschaubaren Aktionen des Partners, seine Neigung zum rauschhaften Leben können auf Dauer phlegmatisch machen. Wichtig ist es, dass man sich nicht nur auf Worte verlässt, sondern mehr auf das Gespür achtet.

Jupiter-1 = Mars-2 / Pluto-2
Es kann jetzt wichtig sein, klare, ethische Vorstellungen zu entwickeln. Es stehen große Kraftreserven zur Verfügung, die für die richtigen Zwecke eingesetzt werden müssen. Eine Fixierung auf falsche Zeile birgt Gefahren.

Jupiter-1 = Mars-2 / Mondknoten-2
Man entwickelt ein gutes Geschick, im öffentlichen Bereich die Arbeit zu organisieren.

Jupiter-1 = Saturn-2 / Uranus-2
Toleranz ist erforderlich, um die Spannung zwischen jung und alt, zwischen Tradition und Fortschritt auszugleichen. Neuerungen werden erfolgreich eingeführt.

Jupiter-1 = Saturn-2 / Neptun-2
Im künstlerischen Bereich, in der Naturheilkunde, Esoterik, Ökologie und in sozialen Bewegungen lässt sich mancher Erfolg verbuchen.

Jupiter-1 = Saturn-2 / Pluto-2
Wann wird manch extreme Härte ertragen können, hofft auf eine positive Wendung nach Schicksalsschlägen.

Jupiter-1 = Saturn-2 / Mondknoten-2
Ein konservativer Lebensstil kann ein positives Echo in der Gesellschaft hervorrufen.

Jupiter-1 = Uranus-2 / Neptun-2
Vielleicht gelingt es, vollkommen gegensätzliche Zeitströmungen in sich zu vereinen, einen Ausgleich zu finden. Weitreichende Planungen wären dann möglich. Es besteht allerdings auch die Möglichkeit, dass es bei einem verworrenen, ständig schwankenden Weltbild bleibt.

Jupiter-1 = Uranus-2 / Pluto-2
Man hat ein positives Verhältnis zu den Massenmedien, zu den gesellschaftlichen Machtinstitutionen all ein. Auf der persönlichen Ebenen kann es zu Vertrauensverlusten kommen, wenn man anderen die eigene Meinung oder fremde Ideologien aufzuzwingen versucht.

Jupiter-1 = Uranus-2 / Mondknoten-2
Es gelingt immer wieder, in der Öffentlichkeit mit neuen Ideen Anklang zu finden.

Jupiter-1 = Neptun-2 / Pluto-2
Man könnte die größten Fantasien des Partners zu den eigenen machen, sich in weitreichenden Spekulationen verlieren - im künstlerischen Bereich vielleicht mit Erfolg.

Jupiter-1 = Neptun-2 / Mondknoten-2
Vielleicht wird man nun zum Märchenerzähler? Auf jeden Fall hat man viel Fantasie und kommt damit gut an.

Jupiter-1 = Pluto-2 / Mondknoten-2
Man hat besonders bei höheren Gesellschaftsschichten, Menschen, die mit Macht und Geld zu tun haben, Erfolg. Ein gutes Organisationstalent kommt hinzu.

Saturn

Saturn-1 = Sonne-2 / Uranus-2
Die disziplinierte und zurückhaltende Art des Partners kommt einem sehr entgegen. Sie hilft, die eigene Unsicherheit zu kaschieren, neues Selbstbewusstsein aufzubauen.

Saturn-1 = Mond-2 / Uranus-2
Der Partner hat eine sehr ruhige gemütliche Art, ist vielleicht ein wenig melancholisch, aber sehr treu und zuverlässig. Das gibt Sicherheit und hilft, die eigenen Ängste abzubauen.

Saturn-1 = Merkur-2 / Uranus-2
Zurückhaltend im Ausdruck, etwas kritisch und immer auf Sachkenntnis bedacht trägt der Partner dazu bei, die eigenen Ängste abzubauen.

Saturn-1 = Venus-2 / Uranus-2
Der andere ist es gewohnt, Grenzen zu ziehen, um ein dauerhaftes Zusammenleben möglich zu machen. Man wird ihn darin bestärken, denn auf diese Weise fühlt man sich selbst auch viel sicherer, kann Ängste abbauen.

Saturn-1* = *Mars-2 / Uranus-2

Man wird den anderen darin unterstützen, hart und selbstdiszipliniert zu arbeiten. Die Spontanität bleibt dabei ein wenig auf der Strecke. Um mehr Sicherheit und Beständigkeit zu erreichen, nimmt man dies in Kauf.

Saturn-1* = *Jupiter-2 / Uranus-2

Man lernt, ein wenig optimistischer zu sein, sich nicht bei jeder Krise sofort auf eine möglichst sichere Position zurückzuziehen.

Saturn-1* = *Saturn-2 / Uranus-2

Die Experimente des Partners wird man immer mit einer gewissen Skepsis verfolgen, gefährden sie doch die eigene Position. Man muss lernen, Sicherheit mehr im Inneren zu suchen und äußerlich ein klein wenig mit der Zeit zu gehen.

Saturn-1* = *Saturn-2 / Neptun-2

Ganz so sehr wird sich der Partner nicht festlegen lassen. Man wird sich fragen müssen, man selbst nicht ein wenig lebensfeindlich geworden ist, ob gewisse Ausnahmen von der Regel nicht einfach notwendig sind, um ein bisschen menschlicher zu werden.

Saturn-1* = *Saturn-2 / Pluto-2

Bestimmte auch tiefgehende Wandlungen wird man schon durchmachen müssen, wenn man eine wirklich dauerhafte Sicherheit erreichen will. Der Partner wird einem hier auf eine sehr disziplinierte Art - bewusst oder unbewusst - die notwendigen Impulse vermitteln.

Saturn-1* = *Saturn-2 / Mondknoten-2

Besonders in der Gemeinschaft älterer und konservativer Menschen wird man nun die nötige Ruhe und Sicherheit finden.

Saturn-1* = *Sonne-2 / Mond-2

Man wird es als eine notwendige Pflichtübung, die auf Dauer auch Stabilität und Sicherheit bringt, betrachten, wenn die Familienverhältnisse des Partners mehr in den Mittelpunkt gestellt werden.

Saturn-1* = *Sonne-2 / Merkur-2

Um Sicherheit und Stabilität zu erlangen, wird man sich jetzt mehr denn je mit intellektuellen Menschen auseinandersetzen müssen, geistig selbst ein wenig wacher werden.

Saturn-1* = *Sonne-2 / Venus-2

Ein bisschen charmanter wird man auf jeden Fall werden. Der Partner kann viel dazu beitragen, die alten Wunden zu heilen, Ängste und Unsicherheiten abzubauen.

Saturn-1* = *Sonne-2 / Mars-2

Die forsche und drängende Art des anderen kann stark verunsichern. Man spürt, wie unflexibel man ist, und fängt an, Mauern aufzuziehen. Mit etwas Agilität kann man dann gemeinsam zäh und ausdauernd arbeiten.

Saturn-1* = *Sonne-2 / Jupiter-2

Der Partner trägt einen ungeheuren Optimismus zur Schau, der im positiven Sinne helfen kann, viele eigene Ängste abzubauen. Man muss zuvor aber bereit sein, etwas flexibler zu werden, und das ausufernde Verhalten des anderen nicht mehr als Bedrohung zu sehen.

Saturn-1* = *Sonne-2 / Uranus-2

Es wird nicht leicht sein, in der neuen Situation eine gewisse Kontinuität zu wahren. Der Partner wird einen durch seine unkonventionelle Art, die immer wieder neue Spannungen erzeugt, nicht zu Ruhe kommen lassen. Und gerade das ist es, was einem bislang Stabilität gab. Nun heißt es, eine neue Stärke im eigenen Inneren zu finden.

Saturn-1* = *Sonne-2 / Neptun-2

Der andere hat eine sehr musische und verträumte Art. Dies wird sicherlich im ersten Moment verunsichern, weiß man doch nicht so genau, was er nun eigentlich will. Man wird eine neue innere Stabilität aufbauen müssen, die auf viel mehr Gefühl und Gespür basiert.

Saturn-1* = *Sonne-2 / Pluto-2

Viel hängt davon ab, wie groß der Stolz des Partners ist, ob er es gewohnt ist, seinen Willen durchzusetzen, die Dinge zu erzwingen. Man selbst spürt, dass Grenzen, die das Leben einem setzt, will dagegen angehen. Dabei wird man sich wohl auch mit der Macht des Schicksals auseinandersetzen müssen.

Saturn-1* = *Sonne-2 / Mondknoten-2

Man wird wohl nicht immer die Lebenslust der Menschen teilen können, mit denen man durch die Beziehung in Kontakt kommt. Aber sie erinnert doch daran, dass es außer Sicherheit noch etwas anderes gibt, was man zum Glücklichsein braucht. Vielleicht kann man sich ja das eine oder andere abgucken.

Saturn-1 = Mond-2 / Merkur-2
Man wird wohl eher bedächtig und reserviert mit den vielen intellektuellen Erklärungsversuchen und Selbstzweifeln des Partners umgehen. Sie konfrontieren einen mit den Belangen des Alltags, lassen manchen Lebenskummer vergessen.

Saturn-1 = Mond-2 / Venus-2
Es gleichzeitig den Belangen der Familie recht zu machen und eine zufriedenstellende Partnerschaft zu führen, ist eine Aufgabe, der man sich stellen muss. Leicht wird es nicht sein, doch man braucht ein ausgeglichenes Milieu, um sich geschützt zu fühlen, entspannen zu können.

Saturn-1 = Mond-2 / Mars-2
Ständig wechseln die Launen des anderen, er gibt sich völlig impulsiv, braucht auch zum Arbeiten immer genau die richtige Motivation. Da man selbst, zumindest was diesen Punkt betrifft, eher die Kontinuität schätzt, könnte es zu Reibungen kommen. Man lernt, wieder selbst spontaner zu sein.

Saturn-1 = Mond-2 / Jupiter-2
Man wird nun mit einem regen Familienleben konfrontiert, dass vor allen Dingen in die Lebensbereiche eindringt, wo man es gewohnt ist, sich zurückzuziehen. Man muss seine eigenen Gewohnheiten an die neue Situation anpassen.

Saturn-1 = Mond-2 / Uranus-2
Irgendwie verändert sich etwas. Fest gefügte Gewohnheiten kommen ins Wanken, man fühlt sich durch ständig neue Eindrücke vielleicht sogar bedroht. Kann man akzeptieren, dass durch diese Beziehung alles ein wenig lebendiger wird?

Saturn-1 = Mond-2 / Neptun-2
Man wird sich auf etwas unsichere familiäre Verhältnisse einstellen müssen. Viel mehr Gefühl kommt ins Spiel. Der Versuch, die neue Situation in ein logisches Erklärungsmodell zu zwingen, kann scheitern.

Saturn-1 = Mond-2 / Pluto-2
Die fest gefügten psychologischen Muster des Partners, seine Familiengeschichte, das von Generation zu Generation weitergegebene Karma werden zur Stellungnahme auffordern. Eigene Urängste kommen hoch, man wird sich mit gesellschaftlichen Zwängen beschäftigen müssen.

Saturn-1 = Mond-2 / Mondknoten-2
Vielleicht erscheinen einem die Menschen, mit denen man durch die Partnerschaft nun in Kontakt kommt, zu gewöhnlich, zu normal. Man wird feststellen können, dass sie Sicherheit geben. Alte Wunden können heilen.

Saturn-1 = Merkur-2 / Venus-2
Sicher: Den gewohnten Ernst wird man behalten, seine Ängste auch. Aber man kann jetzt etwas eleganter auftreten, muss nicht mehr ganz so hart und ruppig auf die eigenen Rechte pochen.

Saturn-1 = Merkur-2 / Mars-2
Vielleicht hat man jetzt mehr Mut, über die eigenen Ängste auch einmal zu sprechen, dem anderen mitzuteilen, was einem wichtig ist, worauf man keineswegs verzichten möchte. Diese Partnerschaft kann dazu anregen.

Saturn-1 = Merkur-2 / Jupiter-2
Die große Konzentrationskraft wird jetzt besonders bei geistigen Aktivitäten gebraucht.

Saturn-1 = Merkur-2 / Uranus-2
Blitzartige Erkenntnisse und eine nervlich bedingte innere Unruhe - besonders in Anwesenheit des Partners - führen zu ständiger geistiger Anspannung. In solch einem Klima können Neuerungen entwickelt werden. Allerdings können jetzt auch körperliche Reserven aufgebraucht werden.

Saturn-1 = Merkur-2 / Neptun-2
Die Gedankenmuster des anderen können einen fast magischen Zwang ausüben. Man fühlt sich fast verpflichtet, seine Pläne zu verwirklichen, oder lehnt sie instinktiv total ab.

Saturn-1 = Merkur-2 / Pluto-2
Das vernetzte Denken des Partners verbindet sich gut mit dem eigenen Lebensernst. Gemeinsam kann man zum Beispiel in der Grundlagenforschung arbeiten oder an geheimen Projekten. Man sollte aber darauf achten, sich innere und äußere Zwänge gemeinsam bewusst zu machen und immer wieder abzubauen.

Saturn-1 = Merkur-2 / Mondknoten-2
Man kann durch die neuen Bekanntschaften, die so ungeheuer lebendig und kommunikativ sind, selbst ein wenig aus der üblichen Starrheit herauskommen.

Saturn-1* = *Venus-2* / *Mars-2
Man kann auf diese vielen künstlerischen und erotischen Impulse nicht so recht locker reagieren. Trotzdem: Ein wenig wird man das eigene Moralgefühl schon lockern.

Saturn-1* = *Venus-2* / *Jupiter-2
Ein wenig genießerisch wird man - natürlich nur im üblichen Rahmen - sicherlich werden. Es kann sein, dass die übliche Selbstdisziplin darunter leidet.

Saturn-1* = *Venus-2* / *Uranus-2
Die ständig neuen Kontakte des Partners, seine Offenheit und Sprunghaftigkeit irritieren schon ein wenig. Es ist nicht leicht, die übliche Kontinuität im Leben beizubehalten. Wenn man ehrlich zu sich selbst ist, merkt man aber auch, dass es möglich wäre, einige der gewohnten Sicherheiten aufzugeben. Das würde sich auch gut auf die Partnerschaft auswirken.

Saturn-1* = *Venus-2* / *Neptun-2
Die altbekannten Regeln sind in dieser Partnerschaft fehl am Platze. Wichtig ist es, jetzt mehr Poesie und Gefühl zuzulassen, auch wenn es erst einmal schwerfällt.

Saturn-1* = *Venus-2* / *Pluto-2
Natürlich ist diese Beziehung sehr ernst zu nehmen. Doch was faszinieren kann, ist diese bislang unbekannte Leidenschaftlichkeit, die beide auch in schweren Zeiten zusammenhalten lässt.

Saturn-1* = *Venus-2* / *Mondknoten-2
Mit all seinen Problemen und Ängsten wird man bei Menschen, die man durch die Partnerschaft neu kennenlernt, schon in gewisser Weise akzeptiert werden, seinen Platz finden.

Saturn-1* = *Mars-2* / *Jupiter-2
Der große Optimismus des Partners macht im ersten Augenblick sicherlich Angst. Man braucht eigentlich eine ruhigere Atmosphäre. Man merkt aber auch, dass dieser ganze Tatendrang ein gutes Mittel gegen die eigene Unsicherheit ist.

Saturn-1* = *Mars-2* / *Uranus-2
Der andere ist einfach nicht unter Kontrolle zu bringen. Diese ganze Spontanität, diese hektischen Aktionen im Wechseln mit Phasen der Tatenlosigkeit verunsichern. Man fühlt sich ständig unter Spannung. Eine Bewährungsprobe ergibt sich bei Arbeiten in schwierigen Situationen.

Saturn-1* = *Mars-2* / *Neptun-2
In der neuen Atmosphäre kann es leicht zu Ermüdungserscheinungen kommen. Man wird mithilfe der Naturheilkunde einen stabilen Gesundheitszustand erreichen können.

Saturn-1* = *Mars-2* / *Pluto-2
Man sollte sich nicht unbedingt zu Machtkämpfen hinreißen lassen. Alte Ängste werden angerührt. Der Partner gibt die Impulse zur Veränderung.

Saturn-1* = *Mars-2* / *Mondknoten-2
Man wird sich in die Gruppenaktivitäten des Partners hineingezogen fühlen, dort vielleicht unsicher wirken. Gut ist es, wenn man selbst etwas aktiver wird.

Saturn-1* = *Jupiter-2* / *Uranus-2
Wer sich jetzt daran macht, die neuen Pläne wirklich einmal auf ihre Umsetzbarkeit hin zu überprüfen, könnte positiv überrascht sein. Man hüte sich jedoch vor Spekulationen. Es ist darauf zu achten, dass bei allen finanziellen Transaktionen eine Notreserve zurückgehalten wird.

Saturn-1* = *Jupiter-2* / *Neptun-2
Die bislang festen Werte kommen ins Schwimmen. Man sollte lernen, positiver zu denken, auch Träumereien zuzulassen. Alte Ängste bauen sich ab. Dann muss ein neues, mehr an der Wirklichkeit ausgerichtetes Lebenskonzept aufgebaut werden. Auf Dauer sollte man sich nicht auf Spekulationen einlassen.

Saturn-1* = *Saturn-2* / *Pluto-2
Man wird sich jetzt mit Moralvorstellungen und Tabus auseinandersetzen müssen. Dabei ist es wichtig, dass man nicht zu hart und selbstgerecht auftritt. Man könnte ansonsten viele großartige Chancen verpassen.

Saturn-1* = *Jupiter-2* / *Mondknoten-2
Man wird mit all seinen Ängsten und Sorgen jetzt besonders in Gruppen positiv aufgenommen.

Saturn-1* = *Uranus-2* / *Neptun-2
Es wird nicht leicht sein, sich eine stabile Konstitution zu bewahren. Allzu vielen Eindrücken ist man ausgesetzt. Wichtig ist es, in den Lebensrhythmus immer wieder Phasen des Rückzugs einzubauen.

Saturn-1** = **Uranus-2 / Pluto-2

Möglicherweise muss man sich gegenüber fremden Meinungen, die bis zur Indoktrination gehen können, abgrenzen. Hat man sich aufeinander eingestimmt, kann man durch langfristigen Einsatz auch in schwierigen Situationen Erfolg haben.

Saturn-1** = **Uranus-2 / Mondknoten-2

Die Spannungen in Gruppenprozessen können an die eigenen Grenzen gehen. Es ist wichtig, zu wissen, dass man diese Grenzen nur aufgebaut hat, um alte Wunden nicht wieder aufreißen zu lassen. Genau das muss man aber tun, um eine Heilung zu ermöglichen. Freunde des neuen Partners können helfen.

Saturn-1** = **Neptun-2 / Pluto-2

Man wird den großen Fantasien des Partners Widerstand entgegensetzen. Doch das nützt nicht viel. Auch diese trockene, distanzierte Art wird ihn faszinieren. Man trage es mit Fassung. Manche werden in diesem Zusammenhang von einer schicksalhaften Bindung sprechen.

Saturn-1** = **Neptun-2 / Mondknoten-2

In der einfühlsamen Gemeinschaft mit anderen wird es leichter möglich sein, die eigenen Probleme zu ertragen, ja man entwickelt sogar eine gewisse Stabilität.

Saturn-1** = **Pluto-2 / Mondknoten-2

Es wird nicht leicht sein, sich in Gruppenprozessen durchzusetzen, all die Machtspiele zu begreifen. Wichtig ist es, selbst stabil zu sein, aber keine provokative Starrheit zu zeigen.

Uranus

Uranus-1** = **Sonne-2 / Uranus-2

Man fühlt sich angeregt, die eigenen Vorstellungen von Freiheit und Unabhängigkeit der Welt mitzuteilen.

Uranus-1** = **Mond-2 / Uranus-2

Freiheit drückt sich nun hauptsächlich durch die Fähigkeit aus, seinen Gefühlen freien Lauf zu lassen.

Uranus-1** = **Merkur-2 / Uranus-2

Durch eine unabhängige Art des Denkens zeigt sich die persönliche Freiheit.

Uranus-1** = **Venus-2 / Uranus-2

Die Art der Kontaktaufnahme mit anderen Menschen, der Flirt und die Erotik dulden keine Maßregelung.

Uranus-1** = **Mars-2 / Uranus-2

Die persönliche Unabhängigkeit zeigt sich besonders durch spontane Aktionen, Protest, Rebellion.

Uranus-1** = **Jupiter-2 / Uranus-2

Die eigene individuelle Weltanschauung wird als besonderes Gut der Freiheit verteidigt.

Uranus-1** = **Saturn-2 / Uranus-2

Im Grunde gibt es keine Freiheit, man kann sich nur - und die Wahl hat man im Grunde immer - die Art der Abhängigkeit selbst aussuchen. Und dies ist besonders in dieser Partnerschaft möglich.

Uranus-1** = **Uranus-2 / Neptun-2

Wer wirklich unabhängig ist, ist auch von seinem eigenen Unabhängigkeitsdenken unabhängig - begreift, dass Freiheit auch immer etwas mit Kälte und Stress zu tun hat.

Uranus-1** = **Uranus-2 / Pluto-2

Wenn man sich selbst keinen Druck mehr macht und trotzdem genau weiß, was man will, wird man unabhängig von den Zeitströmungen, grenzt sich automatisch geistig ab.

Uranus-1** = **Uranus-2 / Mondknoten-2

Vielleicht gelingt es jetzt, unter Gleichgesinnten ein gewisses Maß an Unabhängigkeit zu erreichen.

Uranus-1** = **Sonne-2 / Mond-2

Man wird eine besondere Sensibilität für die Spannungen entwickeln, die der Partner selbst zwischen seinen Eltern erlebt hat und die er so auch in die Partnerschaft mit hineinbringt.

Uranus-1** = **Sonne-2 / Merkur-2

Auch wenn man es bislang nicht gewohnt war, so wird es doch leicht fallen, anderen Menschen mitzuteilen, was man unter Freiheit und Unabhängigkeit eigentlich versteht.

Uranus-1** = **Sonne-2 / Venus-2

Besondere Spannungen können sich durch die Konsumgewohnheiten des Partners oder seine Flirt-Abenteuer ergeben. Dies ist ein Teil der persönlichen Freiheit.

Uranus-1 = Sonne-2 / Mars-2
Die spontanen Willensbekundungen des Partners, seine heftigen Reaktionen regen dazu an, sich selbst ein Stück Unabhängigkeit zu erkämpfen.

Uranus-1 = Sonne-2 / Jupiter-2
Man wird sehr darin ermutigt werden, zu den eigenen Ideen zu stehen, sich Luft zu machen.

Uranus-1 = Sonne-2 / Uranus-2
Man kann sich in seiner persönlichen Freiheit durch die Prinzipientreue des Partners eingeschränkt fühlen. Dabei geht es nur darum, den eigenen Lebensstil konkret zu verwirklichen.

Uranus-1 = Sonne-2 / Neptun-2
Das eigene Unabhängigkeitsstreben kann durch die Sensibilität des Partners gestört werden. Man lernt, die Dinge nicht allein vom geistigen Standpunkt aus zu betrachten.

Uranus-1 = Sonne-2 / Pluto-2
Der Partner wird durch seine dominante Persönlichkeit letztlich dafür sorgen, dass man jenseits von Stress und Druck neue persönliche Freiräume entwickelt.

Uranus-1 = Sonne-2 / Mondknoten-2
Die ständigen Neuerungen, die man in der Gemeinschaft einführen möchte, können im ersten Moment als störend empfunden werden.

Uranus-1 = Mond-2 / Merkur-2
Die ständigen Selbstzweifel und intellektuellen Erklärungsversuche des Partners wirken irritierend. Man sieht viele Dinge des Alltags aus einer höheren Warte und kann dadurch auch neue Impulse geben.

Uranus-1 = Mond-2 / Venus-2
Die ständige Spannung zwischen Hingabe und Verweigerung, zwischen kühler Ästhetik und warmer Vertrautheit führen dazu, dass eine ganz neue Sinnlichkeit entsteht.

Uranus-1 = Mond-2 / Mars-2
Zu den eigenen Gefühlen zu stehen, auch wenn sie spontan aus einem herausbrechen, gehört zur neuen Freiheit in dieser Partnerschaft.

Uranus-1 = Mond-2 / Jupiter-2
Man wird viele Gelegenheiten, auch wenn sie noch so sehr aus einer Laune heraus entstanden sind, nutzen. Letztlich entsteht daraus ein neuer Lebensstil, der Alltag lässt sich sinnvoller gestalten.

Uranus-1 = Mond-2 / Uranus-2
Man fragt sich vielleicht, warum der Partner sich vieles so zu Herzen nimmt, versteht all diese Melancholie nicht. Vielleicht kommt man selbst ein wenig von seiner intellektuellen Wolke herunter und begibt sich in die Niederungen der allzu menschlichen Gefühlswelt.

Uranus-1 = Mond-2 / Neptun-2
Die ständig wechselnden Launen des anderen wird man nicht unbedingt mit dem Verstand nachvollziehen können. Das geht auch nicht. Man sollte sie als Quelle für die eigene geistige Inspiration auffassen.

Uranus-1 = Mond-2 / Pluto-2
Die fest gefügten Gefühlsmuster des Partners, die ihren Ursprung in der Familiengeschichte haben, wird man aus höherer Sicht bestimmt verstehen, aber nicht auflösen können. Und so fühlt man sich eingezwängt, unfrei. Dabei ist die Beschäftigung mit ihnen auch ein Weg in die eigene Tiefe - lohnenswert.

Uranus-1 = Mond-2 / Mondknoten-2
Der eigene individualistische Lebensstil wird nun von viel mehr Menschen als früher akzeptiert.

Uranus-1 = Merkur-2 / Venus-2
Mit Charme und Verstand lassen sich persönliche Freiheiten im Grunde viel leichter verwirklichen.

Uranus-1 = Merkur-2 / Mars-2
Ein hellwacher Verstand und der Mut, seine Meinung immer und überall kundzutun, sind die Voraussetzungen für einen individuellen Lebensstil.

Uranus-1 = Merkur-2 / Jupiter-2
Schnelle Reaktionen, Eingaben, Geistesblitze, Vorahnungen: Die Partnerschaft inspiriert ungeheuer.

Uranus-1 = Merkur-2 / Uranus-2
Die skeptische Geisteshaltung des Partners sorgt für eine ständige geistige Anspannung. Man wird dazu angeregt, die eigenen Ideen konkret umzusetzen, Neuerungen zu entwickeln, Experimente zu machen.

Uranus-1 = Merkur-2 / Neptun-2
Große Intuition, Verbalisierung von Träumen, Neigung zu geistige Verwirrung und Missverständnissen.

Uranus-1 = Merkur-2 / Pluto-2

Zwangsläufig wird man sich jetzt auch hin und wieder dabei ertappen, dass die Gedanken immer wieder um den gleichen Punkt kreisen. Man empfindet dies sicherlich als Einschränkung, zumindest so lange, bis man sich daran macht, irgend eine schon lange gehegte Idee in die Tat umzusetzen.

Uranus-1 = Merkur-2 / Mondknoten-2

Unter geistig aufgeschlossenen Menschen wird man nun des Öfteren Zustimmung finden, wird es gelingen, den eigenen Begriff von Freiheit zu verwirklichen.

Uranus-1 = Venus-2 / Mars-2

Der ewige Kampf der Geschlechter, dieses erotisch-neckende Hin und Her wirkt ungemein anregend, aufregend.

Uranus-1 = Venus-2 / Jupiter-2

Es kann ungeheuer aufregend sein, einmal richtig zu schlemmen und zu prassen. Ein genüsslicher Lebensstil und eine durchweg positive Lebenseinstellung werden zum Inbegriff von Freiheit - oder Oberflächlichkeit?

Uranus-1 = Venus-2 / Uranus-2

Wie kann Treue in der Partnerschaft und eine eher zurückhaltende Sexualität zum Inbegriff der Freiheit werden? Nun, es hängt einzig von dem Arrangement ab, das man getroffen hat.

Uranus-1 = Venus-2 / Neptun-2

Wie ein Schleiertanz wirkt die Erotik des anderen - mit Logik einfach nicht nachzuvollziehen. Man fühlt sich verwirrt und gefangen - war man je frei?

Uranus-1 = Venus-2 / Pluto-2

Man kann sich vom Partner in ein Geflecht von Schuldgefühlen, Sexualität, Magie und finanziellen Abhängigkeiten hineingezogen fühlen. Mit anderen Worten: Die Freiheit existiert nicht mehr. Oder doch, oder gerade jetzt?

Uranus-1 = Venus-2 / Mondknoten-2

Plötzliche Bekanntschaften werden geschlossen, die eigene ganz individuelle Art findet Anerkennung.

Uranus-1 = Mars-2 / Jupiter-2

Der Optimismus und die Tatkraft des Partners wirken sehr stimulierend. Endlich kann man die eigenen Ideen wirklich ausleben. Unruhe, Hektik und ein doch eher sporadisches Engagement sollte man in Kauf nehmen.

Uranus-1 = Mars-2 / Uranus-2

Übertriebener Ehrgeiz und ständige Auseinandersetzungen können der Preis für ein Mehr an Individualität und persönlicher Freiheit sein.

Uranus-1 = Mars-2 / Neptun-2

Manche Handlung des anderen wird man logisch nicht nachvollziehen können. Vermehrter Stress kann die Folge sein, man fühlt sich eingeschränkt. Vielleicht steht man doch zu sehr über den Dingen? Man muss jetzt sehr mit der Intuition arbeiten und damit rechnen, Fehlentscheidungen zu treffen.

Uranus-1 = Mars-2 / Pluto-2

Lang gehegte Ideen könnten nun tatsächlich verwirklicht werden - wenn man bereit ist, in Grenzsituationen zu arbeiten, sich in vielen anderen Bereichen vollkommen einzuschränken, psychischen Druck auszuüben und selbst auch zu ertragen.

Uranus-1 = Mars-2 / Mondknoten-2

Jetzt findet man eine tatkräftige Unterstützung von vielen Seiten, um Experimente durchzuführen, mit neuester Technik zu arbeiten, Ideen auszuprobieren.

Uranus-1 = Jupiter-2 / Uranus-2

Man sollte den Ramen akzeptieren. So lässt sich auf lange Sicht ein Freiraum aufbauen, und der Erfolg wird auch nicht auf sich warten lassen.

Uranus-1 = Jupiter-2 / Neptun-2

Wie in einem Rausch stürzen die Ideen auf einen ein - in anderen Momenten herrscht dann nur wieder Chaos und Verwirrung. Wer weiterhin in der Lage ist, die Dinge von einer höheren Warte aus zu betrachten, behält seine Unabhängigkeit.

Uranus-1 = Jupiter-2 / Pluto-2

Der Partner kann einem helfen, durch Umgang mit Macht und Reichtum und durch weitreichende Planung neue Freiräume aufzubauen.

Uranus-1 = Jupiter-2 / Mondknoten-2

Man hat immer wieder neue Ideen und findet bei Menschen, die positiv denken können, regen Anklang.

Uranus-1 = Saturn-2 / Neptun-2

Man wird versuchen, schwierige Verhältnisse, die man schon beinahe chronisch nennen könnte, mit einem Schlag zu verändern. Doch nicht jeder lässt sich bereitwillig auf neue Ideen ein, ist der Logik zugänglich.

Uranus-1* = *Saturn-2 / Pluto-2
Die Verhältnisse können einen zwingen, auf viele äußere Freiheiten zu verzichten. Um so stärker wird man darum kämpfen, eine echte Unabhängigkeit, die auch im Inneren zu finden ist, zu erreichen.

Uranus-1* = *Saturn-2 / Mondknoten-2
Es kann durchaus zu Spannungen im Freundeskreis des Partners kommen, wenn man auf seinem individualistischen Standpunkt bestehen bleiben möchte.

Uranus-1* = *Neptun-2 / Pluto-2
Es kann schnell geschehen, dass man vom Partner die Rolle des »Thronfolgers«, dem alles zusteht, angeboten bekommt. Längst nicht alle Vorstellungen kann man erfüllen. Einige vielleicht schon.

Uranus-1* = *Neptun-2 / Mondknoten-2
Die eigene Vorstellung von Freiheit wird von den mehr gefühlsbetonten Bekannten des anderen nicht unbedingt geteilt werden.

Uranus-1* = *Pluto-2 / Mondknoten-2
Man wird sich gegen einen starken Gruppendruck wehren müssen, um den eigenen unabhängigen Lebensstil auch in Zukunft genießen zu können.

Neptun

Neptun-1* = *Sonne-2 / Neptun-2
Die Ausstrahlung des Partners wird dafür sorgen, dass man viele Träume verwirklichen kann.

Neptun-1* = *Mond-2 / Neptun-2
Man wird mit den eigenen Fantasien auf das rege Interesse des anderen stoßen.

Neptun-1* = *Merkur-2 / Neptun-2
Der Intellekt des Partners regt die eigene Fantasie ungeheuer an.

Neptun-1* = *Venus-2 / Neptun-2
Die Träume bekommen jetzt einen erotischeren Touch, der Wunsch vom Traumpartner kommt auf.

Neptun-1* = *Mars-2 / Neptun-2
Gewaltfantasien tauchen auf.

Neptun-1* = *Jupiter-2 / Neptun-2
Man versteht jetzt viele Träume besser.

Neptun-1* = *Saturn-2 / Neptun-2
Die Träume werden ernsthafter, realistischer.

Neptun-1* = *Uranus-2 / Neptun-2
Eine große innere Unruhe stört die Träume.

Neptun-1* = *Neptun-2 / Pluto-2
Machtfantasien üben ihre Faszination aus.

Neptun-1* = *Neptun-2 / Mondknoten-2
Man teilt die Fantasien vieler Menschen.

Neptun-1* = *Sonne-2 / Mond-2
Ganz subtil spürt man die Spannung zwischen männlichem Wollen und weiblicher Hingabe.

Neptun-1* = *Sonne-2 / Merkur-2
Man hat das Bedürfnis, seine Träume aufzuschreiben und anderen Menschen zu erzählen.

Neptun-1* = *Sonne-2 / Venus-2
Zumindest in der Fantasie geht man ganz sanft auf einen lieben Menschen zu.

Neptun-1* = *Sonne-2 / Mars-2
In der Fantasie kämpft man und setzt sich gegen jeden durch.

Neptun-1* = *Sonne-2 / Jupiter-2
Man träumt von großen Reisen und der Begegnung mit gebildeten Menschen.

Neptun-1* = *Sonne-2 / Saturn-2
Träume von Stärke und Selbstdisziplin. Am liebsten wäre man ein Römer oder Spartaner, ein Asket.

Neptun-1* = *Sonne-2 / Uranus-2
Wenn man sich etwas wünschen könnte, dann wäre es Erfindungsgeist und Witz.

Neptun-1* = *Sonne-2 / Pluto-2
Träume von Macht und Stärke, von Ohnmacht und Gewalt.

Neptun-1* = *Sonne-2 / Mondknoten-2
Träume von öffentlicher Anerkennung.

Neptun-1* = *Mond-2 / Merkur-2
Man kann das, was man spürt, ganz interessant ausdrücken, jeder hört zu.

Neptun-1* = *Mond-2 / Venus-2
Die verschiedensten Frauengestalten spuken durch die Träume.

Neptun-1* = *Mond-2 / Mars-2
Man spürt all die verletzten Gefühle und die Wut, die jederzeit ausbrechen kann.

Neptun-1* = *Mond-2 / Jupiter-2
Man spürt so viel, viel zu viel, kommt ins Schwärmen, verliert sich einfach zu gern.

Neptun-1* = *Mond-2 / Saturn-2
Eine sanfte, melancholische Stimmung zieht sich durch alle Lebenslagen.

Neptun-1* = *Mond-2 / Uranus-2
Vielleicht spürt man jetzt die große innere Unruhe des Partners. Allzu große Offenheit führt zur Reizüberflutung.

Neptun-1* = *Mond-2 / Pluto-2
All diese Schuldgefühle und festgefahrenen Gefühlsmuster spürt man ganz deutlich.

Neptun-1* = *Mond-2 / Mondknoten-2
Man fühlt sich mit seinen Fantasien besonders unter den Freunden des Partners gut aufgehoben.

Neptun-1* = *Merkur-2 / Venus-2
Vielleicht wird man in dieser Partnerschaft noch zum intellektuellen Schöngeist? Die Fantasie wird ungeheuer angeregt.

Neptun-1* = *Merkur-2 / Mars-2
In dieser Partnerschaft könnte man leicht zum Märchenerzähler, Flunkerer oder Mystiker werden.

Neptun-1* = *Merkur-2 / Jupiter-2
Zumindest in der Fantasie kommt es zu großen philosophischen Diskursen, denkt man ganzheitlich und im großen Stil.

Neptun-1* = *Merkur-2 / Saturn-2
Mit ein wenig Selbstdisziplin wird es gelingen, regelmäßig die Träume aufzuschreiben und so einen Einblick in die unbewussten Seiten der Psyche zu bekommen.

Neptun-1* = *Merkur-2 / Uranus-2
Wahrscheinlich wird man um manche Nacht gebracht werden. Der Partner wird einfach zu viele intellektuelle Impulse geben, sodass einfach keine Entspannung möglich ist.

Neptun-1* = *Merkur-2 / Pluto-2
Man empfindet die große geistige Kraft des anderen, will sich ihr vielleicht entziehen, könnte aber auch zum Medium werden.

Neptun-1* = *Merkur-2 / Mondknoten-2
Besonders unter den kontaktfreudigen, neuen Freunden wird man sich mit all seiner Empfindsamkeit gut aufgehoben fühlen.

Neptun-1* = *Venus-2 / Mars-2
Die Fantasien sind stark von erotischen Bildern durchsetzt, Leidenschaft und Sinneslust.

Neptun-1* = *Venus-2 / Jupiter-2
Vielleicht wird der Traum vom Schlaraffenland ja doch noch wahr? Man hat eine große Fantasiewelt, neigt zu Schwelgereien, zum Zerfließen.

Neptun-1* = *Venus-2 / Saturn-2
Man spürt die seelische Härte und Enttäuschung des Partners, seinen Wunsch nach Treue und Beständigkeit.

Neptun-1* = *Venus-2 / Uranus-2
Ständig wechselt die erotische Perspektive - mal männlich, mal weiblich, Nähe und Distanz: eine große Unsicherheit in der Geschlechterrolle.

Neptun-1* = *Venus-2 / Pluto-2
Mystisch, magisch, wollüstig können die Träume sein, voll zwanghafter Leidenschaft.

Neptun-1* = *Venus-2 / Mondknoten-2
Vielleicht ist es nur eine Scheinharmonie. Man findet eine mystische Form von Gemeinsamkeit.

Neptun-1* = *Mars-2 / Jupiter-2
Mit viel Optimismus und Tatkraft macht man sich daran, Träume zu verwirklichen.

Neptun-1* = *Mars-2 / Saturn-2
Mit zäher Energie ist es möglich, Fantasieträume wenigstens ein Stück in die Tat umzusetzen.

Neptun-1* = *Mars-2 / Uranus-2
Plötzlich brechen traumhafte Fantasien aus. Fast aus Trotz möchte man die geheimsten Träume verwirklichen.

Neptun-1* = *Mars-2 / Pluto-2
Man wird empfänglich für psychischen Druck, phallische Männlichkeit, die Macht des Geldes.

Neptun-1 = Mars-2 / Mondknoten-2
In aktiven, dynamischen Gruppen fühlt man sich ganz besonders geborgen, findet man Schutz.

Neptun-1 = Jupiter-2 / Saturn-2
Tiefenentspannung, Naturheilkunde und die Beschäftigung mit den Träumen sind Gebiete, mit denen man sich erfolgreich beschäftigen kann.

Neptun-1 = Jupiter-2 / Uranus-2
Die Kraft des positiven Denkens wird bei der Beschäftigung mit den eigenen Träumen und Sehnsüchten neue Perspektiven eröffnen. Es kann jedoch auch zu vollkommen unbegründeten Optimismus und rein spekulativen Handlungen kommen.

Neptun-1 = Jupiter-2 / Pluto-2
Eine große Fantasie wird auch vor Tabubereichen nicht halt machen. Man neigt zu weitreichenden Spekulationen. Allmachtsfantasien tauchen auf.

Neptun-1 = Jupiter-2 / Mondknoten-2
Mit dieser poetischen Ader ist man ein guter Erzähler und kommt besonders in Gruppen gut an.

Neptun-1 = Saturn-2 / Uranus-2
Für die Disharmonien der Umwelt ist man besonders empfänglich.

Neptun-1 = Saturn-2 / Pluto-2
Man spürt die Kraft des kollektiven Unbewussten, die Härte des Schicksals, erlebt sie in den Träumen.

Neptun-1 = Saturn-2 / Mondknoten-2
Besonders in kleinen Gruppen, bei ernsten und älteren Menschen wird man einen Schutzraum für die eigene Sensibilität finden.

Neptun-1 = Uranus-2 / Pluto-2
Man spürt förmlich, was die Menschen denken, welche seelischen Bilder das kollektive Unbewusste formt.

Neptun-1 = Uranus-2 / Mondknoten-2
In unkonventionellen, mehr den Intellekt ansprechenden Gruppierungen wird man - trotz aller Missverständnisse - einen Schutzraum für die eigene Fantasie finden.

Neptun-1 = Pluto-2 / Mondknoten-2
Besonders in der Gemeinschaft kommt man in Kontakt zum kollektiven Unbewussten.

Pluto

Pluto-1 = Sonne-2 / Pluto-2
Nun geht es darum, nicht nur eine Meinung zu haben, sondern diese auch selbstbewusst darzustellen.

Pluto-1 = Mond-2 / Pluto-2
Nicht jede Vorstellung muss nach außen hin begründet werden. Wenn es gelingt, sie in den alltäglichen Tageslauf zu übernehmen, hat man ihr schon genug Kraft gegeben.

Pluto-1 = Merkur-2 / Pluto-2
Wenn man eine Meinung hat, dann muss man sie auch darstellen und vor anderen logisch begründen können. Dies ist jedenfalls eine Forderung dieser Partnerschaft.

Pluto-1 = Venus-2 / Pluto-2
Es geht nicht nur darum, eine Meinung zu haben. Man muss auch in der Lage sein, sie in einer Partnerschaft mit den Mitteln des Charmes, der Diplomatie und der lustvollen Verweigerung durchzusetzen.

Pluto-1 = Mars-2 / Pluto-2
Man wird lernen müssen, für die eigene Vorstellung auch zu kämpfen.

Pluto-1 = Jupiter-2 / Pluto-2
Zu gewissen Zeiten ist es notwendig, die eigene Weltanschauung neu zu definieren. Dabei müssen zwangsläufig überholte Vorstellungen abgestreift werden.

Pluto-1 = Saturn-2 / Pluto-2
Die eigene Vorstellung wird durch die ständigen Reibungen in der Partnerschaft letztlich an Festigkeit gewinnen.

Pluto-1 = Uranus-2 / Pluto-2
Es gibt immer wieder Situationen, in denen sich eigene Vorstellungen schlagartig wandeln können. Man erkennt, wie leicht fremde Meinungen unbewusst übernommen werden können.

Pluto-1 = Neptun-2 / Pluto-2
Um die eigenen Vorstellungen durchzusetzen, sollte man sich den Mitteln der Poesie und Fantasie bedienen.

Pluto-1 = Pluto-2 / Mondknoten-2
Besonders innerhalb einer Gruppe kann man seine eigenen Vorstellungen verwirklichen.

Pluto-1 = Sonne-2 / Mond-2
Unmittelbar und meist unbewusst bringt man den Elternkonflikt des Partners zum Ausdruck, wobei man selbst eher die männliche Seite darstellen wird.

Pluto-1 = Sonne-2 / Merkur-2
In der Reibung mit dem Partner kann man lernen, die eigene Meinung mit großer Intensität darzustellen. Forschergeist entwickelt sich.

Pluto-1 = Sonne-2 / Venus-2
Mithilfe der Diplomatie kann es gelingen, andere Menschen von den eigenen Plänen zu überzeugen.

Pluto-1 = Sonne-2 / Mars-2
Um die eigene Meinung durchzusetzen, bedarf es sehr viel Mut. Höchstleistung wird verlangt, man wird sich vielleicht überfordern.

Pluto-1 = Sonne-2 / Jupiter-2
Man wird schon ein wenig Eindruck schinden müssen, um die anderen von der eigenen Meinung zu überzeugen.

Pluto-1 = Sonne-2 / Saturn-2
Man muss sich sehr anstrengen und viel Ausdauer und Selbstbeherrschung zeigen, wenn man die eigenen Pläne tatsächlich verwirklichen will.

Pluto-1 = Sonne-2 / Uranus-2
Viel Stress und eine gehörige Portion Erfindergeist können dafür sorgen, dass man sich letztlich mit seiner Meinung durchsetzen kann.

Pluto-1 = Sonne-2 / Neptun-2
Mit einer gehörigen Portion Fantasie gelingt es, die eigenen Pläne in die Tat umzusetzen.

Pluto-1 = Sonne-2 / Mondknoten-2
Besonders durch die Kraft der Gruppe kann man an Macht und Einfluss gewinnen.

Pluto-1 = Mond-2 / Merkur-2
Man möchte mit vielen Menschen in Kontakt treten, einen Einfluss auf sie ausüben - starkes Geltungsbedürfnis.

Pluto-1 = Mond-2 / Venus-2
Man wird immer wieder versuchen müssen, charmant-geistreich und zugleich auch gefühlvoll an die Menschen heranzugehen. So werden die eigenen Vorstellungen viel besser akzeptiert.

Pluto-1 = Mond-2 / Mars-2
Je mehr man Gefühle unterdrückt, einen zwanghaften Tagesablauf »durchzieht«, umso explosiver brechen sie von Zeit zu Zeit heraus. Die Beziehung fordert zum tieferen psychologischen Verstehen dieser Muster auf.

Pluto-1 = Mond-2 / Jupiter-2
Es wird schwer sein, sich gegen so viel Optimismus, so viel, oft kindischer Egozentrik zur Wehr zu setzen. Es hat auf jeden Fall keinen Zweck, alles abzublocken. Mit psychologischem Verständnis erreicht man viel mehr.

Pluto-1 = Mond-2 / Saturn-2
Vielleicht lernt man ja, auch mit den ernsten Seiten des Lebens umzugehen. All diese Melancholie kann im ersten Moment erdrücken, man spürt die Macht des Schicksals.

Pluto-1 = Mond-2 / Uranus-2
Eine ständige innere Unruhe sorgt dafür, dass man sich geistig nicht wie gewohnt abgrenzen kann. Die Situation wird dazu beitragen, dass man dem Lebens wieder offener entgegentritt, emotionale Zwänge abbaut.

Pluto-1 = Mond-2 / Neptun-2
Große psychische Labilität stört einen bei der geistigen Arbeit. Man ist einfach zu beeindruckbar, lässt sich ablenken. Wenn man begreift, dass jede Ablenkung auch eine Bereicherung ist, die dazu führen kann, dass man seine Konzepte der Wirklichkeit anpasst, löst sich der Druck.

Pluto-1 = Mond-2 / Mondknoten-2
Man fühlt sich mit seinen Konzepten unter den Menschen, mit denen man durch die Partnerschaft regelmäßig zu tun hat, gut aufgehoben.

Pluto-1 = Merkur-2 / Venus-2
Eine quicklebendige Stimmung, Abwechslung und Amüsement durchbrechen die gewohnte Abgeschlossenheit. Vielleicht gelingt es, die eigene Meinung nun mit mehr Charme unter die Leute zu bringen?

Pluto-1 = Merkur-2 / Mars-2
In der Partnerschaft kann es zu heftigen geistigen Auseinandersetzungen kommen, wenn man sich geistig auf einander fixiert. Wichtig ist, oft und spontan miteinander zu reden, Ärger nicht zu unterdrücken.

Pluto-1 = Merkur-2 / Jupiter-2
Organisationskraft, Managementqualitäten, Suggestionskraft: Man ist nun in der Lage, weiträumig zu planen. Geistige Offenheit und Toleranz sind allerdings Voraussetzung.

Pluto-1 = Merkur-2 / Saturn-2
Eine skeptisch-kritische Grundhaltung ist die Voraussetzung für methodische Forschungen. Man entwickelt eine große geistige Disziplin, beschäftigt sich mit inneren und äußeren Zwängen, untersucht psychologische Vorgänge.

Pluto-1 = Merkur-2 / Uranus-2
Eine ungeheuer nervöse Atmosphäre durchbricht jeglichen Versuch, sich geistig und emotional abzugrenzen. Sie ist vorteilhaft für tiefgehende geistige Studien, die Entwicklung von technischen Neuerungen, Entwicklung von Computersoftware usw. all ein alle Lebensbereiche, in denen eine fast schon zwanghafte intellektuelle Fixierung gefordert wird.

Pluto-1 = Merkur-2 / Neptun-2
Eine große Intuition und fast mediale Fähigkeiten sind der Grund dafür, dass man die Dinge in ihrer Tiefe verstehen kann. Zu viele Eindrücke könnten den Geist auch verwirren.

Pluto-1 = Merkur-2 / Mondknoten-2
Unter geistig regen und gesprächsbereiten Menschen fühlt man sich jetzt mit seiner eigenen Meinung noch am ehesten akzeptiert.

Pluto-1 = Venus-2 / Mars-2
Vielleicht wirkt diese leidenschaftliche Atmosphäre, die durch die Beziehung entsteht, bedrohlich. Man möchte das ganze irgendwie kontrollieren, in feste Bahnen lenken. Wenn die Lust und der Tatendrang dadurch nicht unterdrückt, sondern gesteigert werden, hat man es geschafft.

Pluto-1 = Venus-2 / Jupiter-2
Wird es gelingen, die ganzen Vorstellungen von Luxus, Bequemlichkeit und Schlemmerei zu verwirklichen? Man wird das Konsumbedürfnis in gewisse feste Bahnen lenken müssen. Dabei helfen gut durchdachte Konzepte.

Pluto-1 = Venus-2 / Saturn-2
Druck ist nicht unbedingt geeignet, um die Abkühlung der Lust zu verhindern. Vielmehr braucht es psychologisches Verständnis. Auf Dauer kann die Partnerschaft sehr eng werden, zu Schicksalsgemeinschaft werden.

Pluto-1 = Venus-2 / Uranus-2
Auch wenn es gegen das übliche Konzept ist: Der Partner verlangt sehr viel Freiheit, und man muss dieses Bedürfnis irgendwie in das Beziehungsmodell einbauen.

Pluto-1 = Venus-2 / Neptun-2
Der Partner wird sich einfach nicht festlegen lassen, liebt die Mimikry, möchte ein wenig Poesie ins Spiel bringen. Das wirkt äußerst anregend. Man hüte sich davor, in ein Täter-Opfer-Spiel hineingezogen zu werden.

Pluto-1 = Venus-2 / Mondknoten-2
Besonders in künstlerisch ausgerichteten Gruppen findet man eine ruhige und abgeschlossene Atmosphäre, wird man mit der eigenen Meinung akzeptiert.

Pluto-1 = Mars-2 / Jupiter-2
Wenn es gelingt, den ganzen Tatendrang und Optimismus ohne übermäßigen Druck zu bündeln, zu kanalisieren, kann man große Pläne verwirklichen. Bislang unbekannte Kraftreserven stehen zur Verfügung.

Pluto-1 = Mars-2 / Saturn-2
Dem Ehrgeiz des Partners, seiner Neigung, Widerstände zu suchen und sich an ihnen zu messen, wird man anfangs mit Druck begegnen. Auf Dauer eignet man sich etwas von seiner Ausdauer an. Pläne wollen realisiert werden, auch wenn man damit das Schicksal herauszufordern scheint.

Pluto-1 = Mars-2 / Uranus-2
Mit großer Ungeduld, oft allein aus Protest gegen bestehende Verhältnisse, wird man die eigenen Pläne durchsetzen wollen. Längst überfällige Veränderungen können in die Gänge gebracht werden. Man kommt dabei zwangsläufig in Grenzsituationen.

Pluto-1 = Mars-2 / Neptun-2
Etwas ziellos erscheinen die Versuche, sich mit dem Unbewussten zu beschäftigen. Die intuitive Art, mit der der Partner die Dinge ins Rollen bringt, führt letztlich dazu, dass längst überfällige Veränderungen eingeleitet werden.

Pluto-1 = Mars-2 / Mondknoten-2
Man wird seine Vorstellungen ganz gut in aktiven, dynamischen Gruppen verwirklichen können.

Pluto-1 = Jupiter-2 / Saturn-2
Durch die Partnerschaft bekommt man das rechte Augenmaß, um den eigenen Lebensstil endlich zu verwirklichen. Man plant langfristig und geht die Dinge optimistisch an.

Pluto-1 = Jupiter-2 / Uranus-2
Eine heitere, durchweg optimistische Grundstimmung kann einem helfen, lang gehegte Vorstellungen zu verwirklichen. Allerdings muss man ganz darauf verzichten, die Dinge zu kontrollieren. Alles geschieht auf Basis absoluter Freiwilligkeit.

Pluto-1 = Jupiter-2 / Neptun-2
Alle festen Vorstellungen scheinen in einem Meer von Spekulationen zu versinken. Mit neuen fantastischen Konzepten taucht man wieder auf - und muss aufpassen, diesmal an der Oberfläche zu bleiben.

Pluto-1 = Jupiter-2 / Mondknoten-2
Man findet bei den Gruppen, in die man über den Partner kommt, Unterstützung für die eigenen Projekte.

Pluto-1 = Saturn-2 / Uranus-2
Manches bleibt sicherlich unvereinbar. Doch wer bereit ist, Kompromisse zu machen, wird der Realisation der eigenen Projekte ein gutes Stück näher kommen.

Pluto-1 = Saturn-2 / Neptun-2
Es entwickeln sich gewisse Vorstellungen, wie man soziales Engagement in der Praxis verwirklicht. Das Leid der Menschen wird gelassen gesehen.

Pluto-1 = Saturn-2 / Mondknoten-2
Nur in kleinen Gruppen, die mit dem nötigen Ernst an die Dinge herangehen, wird man die eigenen Vorstellungen verwirklichen können.

Pluto-1 = Uranus-2 / Neptun-2
Eine große Vielfalt an Eindrücken überflutet das Unbewusste. Man hat einen direkten Kontakt zu den augenblicklichen Strömungen des Zeitgeistes, lässt sich treiben, man wird es schwer haben, eine klare Vorstellung zu entwickeln.

Pluto-1 = Uranus-2 / Mondknoten-2
In modernen, fortschrittlichen Gruppierungen wird man mit seiner eigenen Meinung - wenn man bereit ist, ohne psychischen Druck zu arbeiten - akzeptiert werden.

Pluto-1 = Neptun-2 / Mondknoten-2
Kontakt mit den Bildern des kollektiven Unbewussten bekommt man am besten in den Randgruppen der Gesellschaft.

Mondknoten

Mondknoten-1 = Sonne-2 / Mondknoten-2
Die persönliche Ausstrahlung des Partners fördert die eigene Entwicklung.

Mondknoten-1 = Mond-2 / Mondknoten-2
In der Partnerschaft lernt man, sich einen harmonischeren Lebensrhythmus anzugewöhnen. Das stabilisiert Seele und Geist. Vom anderen kann man erfahren, wie man sich harmonisch mit der Gemeinschaft in Einklang bringt.

Mondknoten-1 = Merkur-2 / Mondknoten-2
Die Art des anderen, mit allen Menschen ins Gespräch zu kommen, unterstützt auch die eigene Entwicklung.

Mondknoten-1 = Venus-2 / Mondknoten-2
Vor der harmonischen Art des anderen kann man lernen, einen besseren Kontakt zu den Menschen zu finden.

Mondknoten-1 = Mars-2 / Mondknoten-2
Der eigene Lebensrhythmus wird durch die aktive Herangehensweise des Partners harmonisch angeregt. Man lernt, seine Interessen durchzusetzen, ohne übermäßig zu verletzen.

Mondknoten-1 = Jupiter-2 / Mondknoten-2
Durch die positive Lebensweise des Partners empfängt man selbst genug Unterstützung. Man fühlt sich jetzt in Gruppen sehr viel wohler.

Mondknoten-1 = Saturn-2 / Mondknoten-2
Nicht bei allen Menschen wird man Anklang und Unterstützung finden. Zurückhaltung bringt einen weiter.

Mondknoten-1 = Uranus-2 / Mondknoten-2
Die unkonventionellen Kontakte des Partners werden einem helfen, auf dem eigenen Lebensweg weiterzukommen.

Mondknoten-1** = **Neptun-2** / **Mondknoten-2
Auf eine ganz intuitive, feinsinnige Art und Weise kann man sich in den Rhythmus der Gemeinschaft einklinken.

Mondknoten-1** = **Pluto-2** / **Mondknoten-2
Man wird die Menschen jetzt auf einer intensiveren Ebene kennenlernen, gesellschaftliche Tiefen ausloten, Teil von Wandlungsprozessen sein.

Mondknoten-1** = **Sonne-2** / **Mond-2
Man wird es nun mit Menschen zu tun haben, die sehr stark durch die elterliche Beziehung geprägt sind, sich um einen Ausgleich zwischen den Geschlechtern bemühen.

Mondknoten-1** = **Sonne-2** / **Merkur-2
Aktive, nervöse Leute, die ständig in Bewegung sind, sich gerne in ein Gespräch einlassen, sich selbst meist am wenigsten kennen, braucht man, um voranzukommen.

Mondknoten-1** = **Sonne-2** / **Venus-2
Man braucht viel Charme und ein gewinnendes Auftreten, um diejenigen Menschen kennenlernen, die die eigene Entwicklung unterstützen.

Mondknoten-1** = **Sonne-2** / **Mars-2
Man macht persönliche Fortschritte, wenn es gelingt, kämpferischer aufzutreten. Dies wird einem in der Partnerschaft abverlangt und bringt Erfolg.

Mondknoten-1** = **Sonne-2** / **Jupiter-2
Es sind die Optimisten, die einem die notwendige Unterstützung geben können.

Mondknoten-1** = **Sonne-2** / **Saturn-2
Der skeptisch-kritische Einfluss des Partners wird einen dazu bringen, sich intensiver um die persönliche Entwicklung zu kümmern.

Mondknoten-1** = **Sonne-2** / **Uranus-2
Menschen, die ständig auf dem Sprung sind, ein wenig egozentrisch, aber hilfsbereit, bieten wichtige Anregungen und Hilfestellungen. Man wird ermutigt, sich in seiner Persönlichkeit ständig weiterzuentwickeln.

Mondknoten-1** = **Sonne-2** / **Neptun-2
Große Sensibilität und Musikalität zeichnet die Menschen aus, die einen auf dem eigenen Lebensweg weiterbringen. Man musst jedoch streng darauf achten, Schein und Wirklichkeit zu unterscheiden.

Mondknoten-1** = **Sonne-2** / **Pluto-2
Menschen mit Macht und Einfluss werden einen in der Entwicklung weiterbringen.

Mondknoten-1** = **Mond-2** / **Merkur-2
Wenn es gelingt, ein bisschen geschwätziger zu werden, die eigenen Stimmungen zu begreifen und sich darüber auszutauschen, kommt man ein gutes Stück weiter, baut wichtige Kontakte auf.

Mondknoten-1** = **Mond-2** / **Venus-2
Menschen, die gleichzeitig Charme haben und gemütlich sind, braucht man für die weitere Entwicklung.

Mondknoten-1** = **Mond-2** / **Mars-2
Um sich weiterzuentwickeln, bedarf es auch der Fähigkeit, Wut und Ärger herauszulassen, wann immer einem danach ist. Dabei geht es nie darum, die Gefühle anderer Menschen zu verletzen. Man muss nur ab und zu seinem Herzen einmal Luft machen können. So entstehen auch neue wichtige Kontakte.

Mondknoten-1** = **Mond-2** / **Jupiter-2
Wer Sinn für ein ausuferndes Familienleben hat, kommt jetzt voll auf seine Kosten. Es wird sich zeigen, ob es gelingt, die Gemeinschaft sinnvoll zu gestalten (die Aufforderung besteht), oder ob kindische Egozentrik die Oberhand bekommt.

Mondknoten-1** = **Mond-2** / **Saturn-2
Man muss fähig sein, Ruhe, Stillstand und sogar Melancholie zu ertragen. Dann haben auch ernsthafte Gefühle ihren Platz und man kommt in seiner persönlichen Entwicklung ein gutes Stück weiter.

Mondknoten-1** = **Mond-2** / **Uranus-2
Plötzlich entsteht Nähe und Sympathie und hat man das Gefühl von Seelenverwandtschaft. Gerade in diesen kurzlebigen Kontakten liegt die Chance der persönlichen Weiterentwicklung.

Mondknoten-1** = **Mond-2** / **Neptun-2
Gerade Menschen, die seelisch etwas labil sind, dafür aber sensibel und einfühlsam, werden einem bei der persönlichen Weiterentwicklung immer wieder begegnen.

Mondknoten-1** = **Mond-2** / **Pluto-2
Man wird nicht darum kommen, sich mit der Macht der Gefühle auseinanderzusetzen. Nur so gelingt es, Blockaden in der persönlichen Weiterentwicklung aus dem Wege zu räumen.

Mondknoten-1 = Merkur-2 / Venus-2
Die Bereitschaft, mit jedem Menschen einen harmonisch-lockeren Kontakt aufzubauen, ist der Garant für die weitere Entwicklung. Man lernt auf diese Weise einfach die richtigen Menschen kennen.

Mondknoten-1 = Merkur-2 / Mars-2
Man muss den Mut haben, die Dinge anzupacken. Nur so ist ein Vorwärtskommen möglich. Es können sich planerische und koordinierende Fähigkeiten entwickeln.

Mondknoten-1 = Merkur-2 / Jupiter-2
Kaufmännisches und sprachliches Geschick ist notwendig, um sich persönlich weiterzuentwickeln und im ausgeglichenen Kontakt mit der Gemeinschaft zu bleiben.

Mondknoten-1 = Merkur-2 / Saturn-2
Ein ernsthaftes kritisches Denken, die Neigung zu Skeptizismus und Verschwiegenheit schaffen einen ausgeglichenen Kontakt zur Gemeinschaft.

Mondknoten-1 = Merkur-2 / Uranus-2
Es sind die hyperintelligenten, oft sehr nervösen Menschen, die man braucht, wenn man persönlich vorwärtskommen will. Mit ihnen sollte man sich austauschen.

Mondknoten-1 = Merkur-2 / Neptun-2
Auf dem schmalen Grat zwischen Mystik und Illusion wird man neue interessante Kontakte knüpfen können.

Mondknoten-1 = Merkur-2 / Pluto-2
Vielleicht bekommt man durch die Partnerschaft Kontakt mit den Massenmedien. Auf jeden Fall braucht man für die eigene Weiterentwicklung Menschen, die um die Macht des Wortes und der Schrift wissen.

Mondknoten-1 = Venus-2 / Mars-2
Es kann jetzt ganz schön streitbar zugehen. Man kommt in die Gesellschaft von Zeitgenossen, die wie Hund und Katz miteinander umgehen.

Mondknoten-1 = Venus-2 / Jupiter-2
Man lernt, die Menschen ganz einfach zu verwöhnen. So wird man dann selbst auch gefördert, weitergereicht von einem zum anderen.

Mondknoten-1 = Venus-2 / Saturn-2
Man muss lernen, sich ein wenig zurückzuhalten, abzugrenzen. Dann gelingt es, in der Öffentlichkeit gute, langfristige Kontakte aufzubauen, die einem persönlich weiterhelfen.

Mondknoten-1 = Venus-2 / Uranus-2
Es gelingt jetzt besser, ganz plötzlich und unkonventionell Freundschaften zu schließen. Das fördert auch die persönliche Entwicklung.

Mondknoten-1 = Venus-2 / Neptun-2
Um vorwärts zu kommen, muss man in der Lage sein, auf die subtilsten Bedürfnisse der Menschen einzugehen.

Mondknoten-1 = Venus-2 / Pluto-2
Menschen, die gut Pokern, d.h. mit Macht umgehen können, braucht man jetzt, um sich persönlich weiterentwickeln zu können.

Mondknoten-1 = Mars-2 / Jupiter-2
In der Öffentlichkeit kommt man jetzt mit Optimismus und Pioniergeist am besten weiter.

Mondknoten-1 = Mars-2 / Saturn-2
Mit intensiven Anstrengungen, durch harte Arbeit und Selbstdisziplin wird man persönlich weiterkommen, die notwendigen Kontakte in der Öffentlichkeit aufbauen.

Mondknoten-1 = Mars-2 / Uranus-2
Man muss die modernste Technik einsetzen und bereit sein, auch unter Stress zu arbeiten. Dann kann man in der persönlichen Entwicklung weiterkommen und lernt auch die richtigen Leute kennen.

Mondknoten-1 = Mars-2 / Neptun-2
Die Fähigkeit, auch unter unklaren Verhältnissen zu arbeiten und zu improvisieren, ist jetzt gefragt. So kommt man weiter und wird auch die nötige Unterstützung finden.

Mondknoten-1 = Mars-2 / Pluto-2
Nur unter massivem Druck oder mit sorgfältiger Planung kommt man in seiner persönlichen Entwicklung weiter.

Mondknoten-1 = Jupiter-2 / Saturn-2
Man wird versuchen, es allen Seiten gerecht zu machen, nicht zu viel und nicht zu wenig zu verlangen. So ist ein organisches, stetiges Wachstum möglich, und man baut die rechten Kontakte auf.

Mondknoten-1 = Jupiter-2 / Uranus-2
Man trifft jetzt immer häufiger auf Menschen, die positiv denken, die keine Probleme sehen und die Dinge auf die leichte Schulter nehmen. Gewiss ist mancher Bluff darunter, doch das sollte einen nicht davon abhalten, selbst ein wenig optimistischer auf die Menschen zuzugehen.

Mondknoten-1 = Jupiter-2 / Neptun-2
Träumer, Spinner, Künstler, Verrückte: Menschen, für die es keine Grenzen gibt, können die eigene Entwicklung jetzt in starkem Maße beeinflussen.

Mondknoten-1 = Jupiter-2 / Pluto-2
Man kann jetzt ganz gut organisieren, hat ein entspannteres Verhältnis zum Reichtum. Das bringt einen vielleicht mit der »High Society« in Kontakt.

Mondknoten-1 = Saturn-2 / Uranus-2
Die Spannungen in Gruppenprozessen wird man jetzt viel intensiver erleben. Die Fähigkeit, Kompromisse zu machen, wird einen auch persönlich weiterbringen.

Mondknoten-1 = Saturn-2 / Neptun-2
In der Gemeinschaft mit anderen lässt sich Leid viel besser ertragen. Manche soziale oder religiöse Bewegung ist in solch einer Situation entstanden.

Mondknoten-1 = Saturn-2 / Pluto-2
Durch große Härte und Ausdauer wird es möglich sein, sich persönlich erfolgreich weiterzuentwickeln und auch Menschen kennenlernen, die mit einem gehen.

Mondknoten-1 = Uranus-2 / Neptun-2
Man wird von vielen unterschiedlichen Eindrücken hin- und hergerissen werden, mit ungewöhnlichen gesellschaftlichen Gruppierungen in Kontakt kommen.

Mondknoten-1 = Uranus-2 / Pluto-2
Es kann sein, dass man sich jetzt einem starken öffentlichen Meinungsdruck ausgesetzt fühlt. Man muss lernen, seine eigenen geistigen Vorstellungen klar abzugrenzen.

Mondknoten-1 = Neptun-2 / Pluto-2
Durch die Partnerschaft kommt man vermehrt in Kontakt mit dem kollektiven Unterbewussten, den heimlichen Träumen und Ängsten der Gesellschaft.

Aszendent

Aszendent-1 = Sonne-2 / Mond-2
Die Kontakt- und Partnerschaftsfähigkeit verbessert sich.

Aszendent-1 = Sonne-2 / Merkur-2
Kaufmännische Fähigkeiten entwickeln sich. Man regt den anderen an, sich mitzuteilen.

Aszendent-1 = Sonne-2 / Venus-2
Die äußere Erscheinung wird charmanter. Es fällt leicht, Menschen für sich einzunehmen.

Aszendent-1 = Sonne-2 / Mars-2
Man strahlt einen Pioniergeist aus, der andere mitreißen kann.

Aszendent-1 = Sonne-2 / Jupiter-2
Die ganze Erscheinung wird optimistischer. Man kann sich jetzt leichter durchsetzen.

Aszendent-1 = Sonne-2 / Saturn-2
Der erste Eindruck, den man macht, ist diszipliniert, gehemmt. Dadurch wirkt man seriöser.

Aszendent-1 = Sonne-2 / Uranus-2
Wach, quicklebendig und äußerst schnell erscheint man nun. Stress lässt sich kaum vermeiden.

Aszendent-1 = Sonne-2 / Neptun-2
Der eigene Selbstausdruck wird sensibler. Man zieht schüchterne und musische Menschen an.

Aszendent-1 = Sonne-2 / Pluto-2
Druck machen, sich mit allen Mitteln durchsetzen, Fixierung auf schwierige Ziele ...

Aszendent-1 = Sonne-2 / Mondknoten-2
Das eigene Auftreten kommt jetzt viel besser an: Popularität durch positives Auftreten.

Aszendent-1 = Mond-2 / Merkur-2
Andere lesen einem nun die jeweilige Stimmung schon von der Körperhaltung ab; Ausdrucksstärke.

Aszendent-1 = Mond-2 / Venus-2
Man möchte nun charmant und interessant an Leute herantreten, ohne kalt und verletzend zu wirken.

Aszendent-1 = Mond-2 / Mars-2
Ganz impulsiv gibt man sich seinen Launen hin, drückt die jeweilige Gefühlslage aus. Auch wenn es nicht bös endet ist, kann es auf die Umwelt verletzend wirken.

Aszendent-1 = Mond-2 / Jupiter-2
Etwas gemütlicher geht man an die Menschen heran, vielleicht auch bequemer. Das macht populär.

Aszendent-1 = Mond-2 / Saturn-2
Ein bisschen zurückhaltender könnte man schon werden. Ernste Gefühle und größere Verbindlichkeit haben Vorrang.

Aszendent-1 = Mond-2 / Uranus-2
Offen für alle möglichen Begegnungen, ständig erregt, sprunghaft und oberflächlich erscheint man nun.

Aszendent-1 = Mond-2 / Neptun-2
Bis zur Selbstaufgabe könnte man sich einsetzen. So groß ist jetzt die Sensibilität, mit der man an die Dinge herangeht.

Aszendent-1 = Mond-2 / Pluto-2
Für psychischen Druck entsteht eine gewisse Sensibilität. Vielleicht braucht man ihn, um sich durchzusetzen.

Aszendent-1 = Mond-2 / Mondknoten-2
Wenn es darum geht, die Mitmenschen zu umsorgen, zeigt man mehr Engagement als gewohnt.

Aszendent-1 = Merkur-2 / Venus-2
Viel beschwingter, hellwach und mit einem Sinn für schöne und anregende Dinge, immer die neuesten Neuigkeiten parat und zu einem Schwätzchen bereit: So könnte man auftreten.

Aszendent-1 = Merkur-2 / Mars-2
Die Dinge werden nun direkt beim Namen genannt. Dabei muss man sich natürlich mancher Auseinandersetzung stellen. Man zeigt, was man denkt.

Aszendent-1 = Merkur-2 / Jupiter-2
Die Emotionen treten in den Hintergrund. Sachlich kühl und neutral tritt man in Erscheinung.

Aszendent-1 = Merkur-2 / Saturn-2
Vielleicht tritt man jetzt zu sachlich und pedantisch an die Menschen heran, neigt zum Problematisieren.

Aszendent-1 = Merkur-2 / Uranus-2
Ungeheuer nervös empfinden einen die anderen. Man reagiert schnell, setzt Ideen sofort in die Tat um.

Aszendent-1 = Merkur-2 / Neptun-2
Der beste Weg, sich darzustellen, liegt in der Poesie, in der Fantasie. So werden Missverständnisse vermieden.

Aszendent-1 = Merkur-2 / Pluto-2
Man muss jetzt genauer auf die Worte achten und auf das, was dahinter steckt. Zur Selbstbehauptung benötigt man Kenntnisse in der Kommunikationspsychologie.

Aszendent-1 = Merkur-2 / Mondknoten-2
Besser denn je trifft man die Stimmung der anderen Menschen, erreicht sie über die Worte.

Aszendent-1 = Venus-2 / Mars-2
Der Flirt als Mittel, sich durchzusetzen.

Aszendent-1 = Venus-2 / Jupiter-2
Man drückt viel Sinnlichkeit aus. Die Lust am Konsumrausch und letztlich auch an der Verschwendung steigt.

Aszendent-1 = Venus-2 / Saturn-2
Es sieht so aus, als wäre man nur noch an ernsthaften Beziehungen interessiert. Die äußere Erscheinung kennzeichnet ein kühler Charme.

Aszendent-1 = Venus-2 / Uranus-2
Blitzartig können neue Kontakte aufgebaut werden. Allerdings geht man auch schnell wieder auf Distanz, kann wirkliche Nähe kaum ertragen.

Aszendent-1 = Venus-2 / Neptun-2
Manches erotische Verwirrspiel wird inszeniert, um die eigenen Interessen durchzusetzen.

Aszendent-1 = Venus-2 / Pluto-2
Gelingt es, Ihnen die Magie des erotischen Auftritts zu kultivieren?

Aszendent-1 = Venus-2 / Mondknoten-2
Eine große Kontaktfähigkeit entwickelt sich, charmant ist das Auftreten in der Gemeinschaft.

Aszendent-1 = Mars-2 / Jupiter-2
Man ist bereit, für Ideale zu kämpfen. Es gibt ein starkes, positives Engagement.

Aszendent-1 = Mars-2 / Saturn-2
Wichtig ist es, durch die äußere Erscheinung nicht unnütz zu provozieren. Möglichst viel Energie sollte stattdessen in den Kampf für wirklich lohnenswerte Ziele gehen.

Aszendent-1 = Mars-2 / Uranus-2
Tatenlosigkeit und spontane Affekthandlungen wechseln sich ab. Überall dort, wo sich Spannung entlädt und wo sofortiger Einsatz gefordert wird, ist man beteiligt.

Aszendent-1 = Mars-2 / Neptun-2
Subtil setzt man sich durch, verleiht den verborgenen Ängsten des Partners Ausdruck.

Aszendent-1 = Mars-2 / Pluto-2
Möglicherweise muss man sich jetzt gegen Druck zur Wehr setzten und lernen, selbst machtvoller aufzutreten.

Aszendent-1 = Mars-2 / Mondknoten-2
Vielleicht erwarten die anderen jetzt einen stärkeren persönlichen Einsatz.

Aszendent-1 = Jupiter-2 / Saturn-2
Die Spontanität wird schon ein wenig gebremst. Da man sich nun aber mit dem rechten Augenmaß für die eigenen Interessen stark machen kann, hat man auch mehr Erfolg.

Aszendent-1 = Jupiter-2 / Uranus-2
Manche Idee, für die man sich jetzt einsetzt, ist sicherlich nicht mehr als »Luft in Tüten«. Dafür hebt sich aber auch insgesamt die Stimmung, und das ist sicherlich nicht zu verachten.

Aszendent-1 = Jupiter-2 / Neptun-2
Fantasievoll, verträumt und ein wenig ausufernd wird die persönliche Erscheinungsweise.

Aszendent-1 = Jupiter-2 / Pluto-2
Fast immer ist mit solch einer Konstellation ein großer finanzieller Vorteil verbunden. Dafür wird auf der geistigen Ebene eine entsprechende Gegenleistung verlangt.

Aszendent-1 = Jupiter-2 / Mondknoten-2
So großzügig, wie man nun von den Menschen aufgenommen wird, wird der Erfolg - viel spricht dafür - nicht mehr lange auf sich warten lassen.

Aszendent-1 = Saturn-2 / Saturn-2
Es fühlt sich an, als säße man mitten zwischen zwei Stühlen: voller Spannung und ganz unkonventionell.

Aszendent-1 = Saturn-2 / Neptun-2
Ein starkes Mitgefühl stellt sich ein, lähmt zumindest blinden Aktionismus, macht offen für Mystik / Musik.

Aszendent-1 = Saturn-2 / Pluto-2
Es kann sein, dass man in persönlichen Beziehungen die Härte des Schicksals erlebt. Zugleich spürt man in sich die Kraft, sich langfristig durchzusetzen.

Aszendent-1 = Saturn-2 / Mondknoten-2
Auf einmal zeigt es sich, dass ein konservativ-distanziertes Auftreten bei den Leuten »ankommt«.

Aszendent-1 = Uranus-2 / Neptun-2
Für ungeheuer viele Sinneseindrücke ist man aufgeschlossen. Das kann anfangs Verwirrung auslösen und die Aktivitäten hemmen.

Aszendent-1 = Uranus-2 / Pluto-2
Es ist, als ob man von allen Seiten beeinflusst wird. Starker psychischer Druck ist zu spüren. Wichtig ist es, die eigene Meinung klar und deutlich zu formulieren.

Aszendent-1 = Uranus-2 / Mondknoten-2
Vor allem unkonventionelle, private Initiativen finden all ein Anklang.

Aszendent-1 = Neptun-2 / Pluto-2
Es kann sein, dass man für den Partner viele Träume verkörpert, eine bevorzugte Rolle als »Thronfolger« einnimmt.

Aszendent-1 = Neptun-2 / Mondknoten-2
Die Träume vieler Menschen finden in der persönlichen Erscheinung ihren Ausdruck.

Aszendent-1 = Pluto-2 / Mondknoten-2
Allein durch das persönliche Auftreten kann man Gruppenprozesse leiten.

Medum Coeli

Medium Coeli-1** = **Sonne-2 / Mond-2
Die Familie kann zur Lebensaufgabe werden.

Medium Coeli-1** = **Sonne-2 / Merkur-2
Das kaufmännische Geschick des Partners hilft beruflich weiter.

Medium Coeli-1** = **Sonne-2 / Venus-2
Die elegante Erscheinung des Partners fördert die beruflichen Interessen.

Medium Coeli-1** = **Sonne-2 / Mars-2
Dass sich der andere energisch durchsetzen kann, hilft einem beruflich weiter.

Medium Coeli-1** = **Sonne-2 / Jupiter-2
Nun entsteht das Bedürfnis, gemeinsam in der Öffentlichkeit zu glänzen, sich verwöhnen zu lassen.

Medium Coeli-1** = **Sonne-2 / Saturn-2
Die reservierte Art des anderen unterstützt eigene, berufliche Aufstiegspläne.

Medium Coeli-1** = **Sonne-2 / Uranus-2
Die Sprunghaftigkeit des Partners kann - in die richtigen Bahnen gelenkt, erfolgreiche Neuerungen im Beruf bewirken. Allzu große Egozentrik führt jedoch eher zu Brüchen.

Medium Coeli-1** = **Sonne-2 / Neptun-2
Vielleicht kann man mithilfe des anderen im Berufsleben trickreicher vorgehen. Die Grenze zum Betrug kann dabei hauchdünn werden. Wichtiger ist aber ihre erst jetzt entstandene große Sensibilität im Umgang mit Autoritätsfiguren.

Medium Coeli-1** = **Sonne-2 / Pluto-2
Auf einmal kann alle Kraft auf ein Ziel gelenkt werden. Das bringt sicher den Erfolg - es sei denn, übersteigerte Egozentrik führt zu Machtkämpfen, totaler Verausgabung.

Medium Coeli-1** = **Sonne-2 / Mondknoten-2
Nun lassen sich deutlich mehr Menschen für die eigenen beruflichen Pläne gewinnen.

Medium Coeli-1** = **Mond-2 / Merkur-2
Es kommt jetzt ganz besonders darauf an, Verständnis zu wecken, und sich selbst auch besser auszudrücken. Das fördert auf jeden Fall die berufliche Entwicklung.

Medium Coeli-1** = **Mond-2 / Venus-2
Es braucht schon einiges Geschick, um eine behagliche und zugleich auch geistig-anregende Betriebsatmosphäre zu schaffen.

Medium Coeli-1** = **Mond-2 / Mars-2
Ob spontane Gefühlsausbrüche die berufliche Atmosphäre beleben oder doch eher störend wirken, das sollte von Fall zu Fall geprüft werden.

Medium Coeli-1** = **Mond-2 / Jupiter-2
Ein Großbürger, auf das Wohlergehen aller ausgerichteter Stil prägt das Berufsleben.

Medium Coeli-1** = **Mond-2 / Saturn-2
Ernsthafte Gefühle, die Fähigkeit zu Treue und wirklicher Nähe, all das verlangt jetzt das Berufsleben.

Medium Coeli-1** = **Mond-2 / Uranus-2
Eine große innere Unruhe kommt ins Berufsleben. Angenehm sind die vielen neuen Kontakte. Doch wird wenig Zeit da sein, um sich wirklich aufeinander einzulassen.

Medium Coeli-1** = **Mond-2 / Neptun-2
Was für Ziele hat man eigentlich? Unklarer denn je ist die eigene Position. Es gilt, Alternativen zu finden.

Medium Coeli-1** = **Mond-2 / Pluto-2
Psychischer Druck lastet auf den beruflichen Ambitionen. Allein durch Kontrolle lässt sich die Situation nicht lösen. Eingeschliffene Gewohnheiten müssen verändert werden.

Medium Coeli-1** = **Mond-2 / Mondknoten-2
Allzu große Bequemlichkeit im Berufsleben sollte vermieden werden. Positiv ist, dass man viel häufiger Zustimmung bekommt.

Medium Coeli-1** = **Merkur-2 / Venus-2
Es wird lebhafter werden am Arbeitsplatz. Viele Schwätzchen, viele nützliche und unnütze Informationen ziehen ihre Kreise.

Medium Coeli-1** = **Merkur-2 / Mars-2
Manch hartes Wort kann man jetzt am Arbeitsplatz hören. Die ganze Atmosphäre wird dynamischer.

Medium Coeli-1 = Merkur-2 / Jupiter-2
Eine neutral-kühl-sachliche Atmosphäre bestimmt den Kontakt mit der Öffentlichkeit. Da ist es leicht möglich, dass vor lauter Fakten das Wesentliche verloren geht.

Medium Coeli-1 = Merkur-2 / Saturn-2
Es kann stiller, ernster werden am Arbeitsplatz. Vielleicht weiß man jetzt genauer, wohin die eigene berufliche Entwicklung geht. Die geistige Konzentrationskraft steigt.

Medium Coeli-1 = Merkur-2 / Uranus-2
Man lässt sich von ungewöhnlichen Ideen, setzt sie konstruktiv im Beruf um.

Medium Coeli-1 = Merkur-2 / Neptun-2
Von der Fantasie des Partners lässt man sich gerne inspirieren. Für die kühle Kalkulation des Geschäftslebens ist sie allerdings eher verwirrend.

Medium Coeli-1 = Merkur-2 / Pluto-2
Ein bisschen manipulierend wirkt der andere schon. Für die Organisation der beruflichen Entwicklung ist dies auf jeden Fall eine Bereicherung.

Medium Coeli-1 = Merkur-2 / Mondknoten-2
Es ist jetzt einfacher, zu einer größeren Anzahl von Menschen zu sprechen, Vorträge zu halten.

Medium Coeli-1 = Venus-2 / Mars-2
Man könnte in dieser Partnerschaft von dem ungeheuren Charme des anderen vor allem beruflich profitieren.

Medium Coeli-1 = Venus-2 / Jupiter-2
Eine massive Bequemlichkeit und Genusssucht stellt sich ein. Viel vom beruflichen Ehrgeiz schwindet. Zugleich baut sich Kontakt zu Gönnern und Förderern auf, man kann zu sehr vielen Menschen eine gute Beziehung aufbauen.

Medium Coeli-1 = Venus-2 / Saturn-2
Ein ganz distanziertes, Konventionen achtendes Verhalten hilft beruflich ungemein weiter.

Medium Coeli-1 = Venus-2 / Uranus-2
Der Partner hat eine ganz unkonventionelle Art der Kontaktaufnahme. Das macht nervös.

Medium Coeli-1 = Venus-2 / Neptun-2
Es wird wohl nie klar sein, ob die Freundschaften, die über berufliches und gesellschaftliches Engagement aufgebaut werden, Schein oder Wirklichkeit sind.

Medium Coeli-1 = Venus-2 / Pluto-2
Geld und Sex - wenn man bislang darin keine Verbindung sah - jetzt ist es im Geschäftsleben direkt zu spüren. Der Partner zeigt einem auch, wie man richtig pokert, d.h. wie man durch Zurückhaltung und Druck ertragen den Wert einer Sache steigert.

Medium Coeli-1 = Venus-2 / Mondknoten-2
Im Berufsleben stellt sich jetzt fast automatisch eine harmonische Atmosphäre ein.

Medium Coeli-1 = Mars-2 / Jupiter-2
Der große Optimismus des Partners und seine Tatkraft machen Mut, die eigenen Ziele kraftvoller zu verfolgen. Wirtschaftlicher Erfolg stellt sich ein.

Medium Coeli-1 = Mars-2 / Saturn-2
Vielleicht ist der Ehrgeiz des Partners übertrieben, vielleicht sieht er die gesellschaftliche Situation auch zu schwarz. Egal - es kann helfen, sich endlich beruflich durchzuboxen.

Medium Coeli-1 = Mars-2 / Uranus-2
Ob man all die Sprunghaftigkeit des Partners ertragen kann, ob sie mit dem Bedürfnis, beruflich etwas aufzubauen, vereinbart ist, wird sich erst langfristig zeigen.

Medium Coeli-1 = Mars-2 / Neptun-2
Manche Tricks, die einem verraten werden, sind sicherlich nicht geeignet, auf Dauer beruflich Erfolg zu haben. Gut ist es auf jeden Fall, mehr Fingerspitzengefühl einzusetzen.

Medium Coeli-1 = Mars-2 / Pluto-2
In der Partnerschaft lernt man, sich in der Öffentlichkeit zu behaupten. Voraussetzung ist allerdings die Bereitschaft, nicht nur Druck zu ertragen, sondern auch selbst taktischer vorzugehen.

Medium Coeli-1 = Mars-2 / Mondknoten-2
Man setzt sich verstärkt für Belange der Gemeinschaft ein.

Medium Coeli-1 = Jupiter-2 / Saturn-2
Experimente sind nicht mehr gefragt. Es geht um kontinuierliches, maßvolles Wachstum.

Medium Coeli-1 = Jupiter-2 / Uranus-2
Viele Ideen sind nichts anderes als Seifenblasen. Vorsicht vor übertriebenem wirtschaftlichem Optimismus. Nur auf ideeller Ebene ist dieser Aspekt befruchtend.

Medium Coeli-1 = Jupiter-2 / Neptun-2
Der Partner ist ein Träumer: Vielleicht lässt sich daraus ein Gewinn ziehen?

Medium Coeli-1 = Jupiter-2 / Pluto-2
Irgendwie wird es einen Grund für die neuen finanziellen Chancen, für die Begünstigungen: Man achte auf subtile Verpflichtungen.

Medium Coeli-1 = Jupiter-2 / Mondknoten-2
Durch großzügige Geschäftsplanung kann sich gesellschaftlicher Erfolg einstellen.

Medium Coeli-1 = Saturn-2 / Uranus-2
Vorsicht! Man steht nun beruflich im Brennpunkt der Spannungen und muss aufpassen, nicht zerrieben zu werden.

Medium Coeli-1 = Saturn-2 / Neptun-2
Unter unklaren Verhältnissen kann die gesellschaftliche Position in Zukunft leiden. Alternativen sind gefordert.

Medium Coeli-1 = Saturn-2 / Pluto-2
In dieser Partnerschaft wird eine gründliche Reform und Neustrukturierung der beruflichen Entwicklung gefordert.

Medium Coeli-1 = Saturn-2 / Mondknoten-2
In einer konservativen Umgebung ist beruflicher Erfolg möglich.

Medium Coeli-1 = Uranus-2 / Neptun-2
Große Verwirrung, ständiger Wechsel der beruflichen Orientierung - das ist die eine Seite, zugleich wäre es auch möglich, die reichhaltige Inspiration für den Beruf konstruktiver zu verwerten.

Medium Coeli-1 = Uranus-2 / Pluto-2
Man muss sich mehr denn je der öffentlichen Meinung stellen. Psychischer Druck will verarbeitet werden.

Medium Coeli-1 = Uranus-2 / Mondknoten-2
Auch unkonventionelle berufliche Initiativen können Anklang finden.

Medium Coeli-1 = Neptun-2 / Pluto-2
In dieser Partnerschaft gibt es ganz besondere Chancen, beruflich weiterzukommen. Es kann allerdings passieren, dass zu große Pläne macht werden, einem quasi die Rolle des »Thronfolgers« angetragen wird.

Medium Coeli-1 = Neptun-2 / Mondknoten-2
Ein mystischer Lebensstil - mit der Gefahr der Realitätsflucht - kann beruflich erfolgreich eingesetzt werden.

Medium Coeli-1 = Pluto-2 / Mondknoten-2
Es entwickelt sich in Ihnen großes Talent, über den Beruf Gruppenprozesse zu leiten.

Partner-Vergleichsanalyse

Die Tabelle der Regeln zur Vergleichsanalyse ist nur als Ableitung der üblichen Deutungsformeln aufzufassen. Die kurz gefassten Regeln erleichtern aber die Arbeit und geben eine gewisse Sicherheit. Alle Regeln sind immer nur Hilfsmittel; maßgebend ist die freie Kombination der Deutungsfaktoren durch den Astrologen. Selbst dann, wenn sich herausstellt, dass die hier wiedergegebenen Kombinationen oftmals eine große Treffsicherheit aufweisen, muss ganz besonders darauf geachtet werden, dass keine Regel ohne Ausnahme ist.

Die einzelnen Aussagen der Regeln gründen sich nicht allein auf die Art der Aspekte, sondern hauptsächlich auf die Kombination der Natur der beteiligten Gestirne. Dabei kann nur die Zusammenfassung der verschiedenen Kombinationen der mit dem betreffenden Gestirn verbundenen Faktoren den maßgebenden »kosmischen Zustand« der Gestirne ergeben und somit ob und wann ein Aspekt harmonisch (günstig oder dynamisch (problematisch beeinflusst.

Bildet z.B. Venus ein Trigon zur Sonne, aber gleichzeitig ein Quadrat zu Saturn, wird das Trigon kaum zur vollen harmonischen Einflussnahme kommen, das Quadrat aber wird auch in seiner dynamischen Aussage abgeschwächt werden; andererseits ist es aber auch möglich, dass zu einer bestimmten Zeit (Direktion, Transit) günstige und zu einer anderen problematische Bedeutungen hervortreten.

Konjunktion Medium Coeli / Medium Coeli

+ Gleicher Ehrgeiz.
+ Ergänzung in den Lebenszielen.

Harmonie Medium Coeli / Medium Coeli

Ähnliche Ziele und Interessen.

Spannung Medium Coeli / Medium Coeli

Verschiedenheit der Aufstiegsideale.

Harmonie Medium Coeli / Aszendent

Körperliche und seelische Harmonie.

Konjunktion Medium Coeli / Aszendent

Körperliche und seelische Anlagen ergänzen sich.

Spannung Medium Coeli / Aszendent

Körperliche und seelische Anlagen ergänzen sich.

Konjunktion Medium Coeli / Sonne

+ Gemeinsames Lebensziel. Verbindung von Körper und Seele.
+ Starke Bindungstendenz.
+ Ungleiche Ziele.

Harmonie Medium Coeli / Sonne

Harmonie, besonders im Hinblick auf die äußeren Verhältnisse; Anerkennung und Förderung derselben.

Spannung Medium Coeli / Sonne

Störungen oder Unstimmigkeiten im Hinblick auf Beruf und Stellung.

Konjunktion Medium Coeli / Mond

+ Persönliche Anziehung mit Seitenblick auf äußere Positionen.
+ Seelisches Leid, Störung des seelischen Kontaktes.

Harmonie Medium Coeli / Mond

Seelisches Aufgehen ineinander, starke seelische Bindung.

Spannung Medium Coeli / Mond

Missfallen und Behinderung in Bezug auf das Fortkommen.

Konjunktion Medium Coeli / Merkur

+ Geistige Hilfestellung beim Aufstieg.
+ Gegensätzliche Anschauungen

Harmonie Medium Coeli / Merkur
Sich verstehen, sich gegenseitig etwas bedeuten, gemeinsame Vertiefung in Probleme.

Spannung Medium Coeli / Merkur
Missgriffe oder mangelndes Verständnis bei der beruflichen oder sozialen Hilfe.

Konjunktion Medium Coeli / Venus
+ Berufliche und gesellschaftliche Förderung durch Liebe.
+ Seelische Konflikte.

Harmonie Medium Coeli / Venus
Individuelle Liebe, seelische Bindung, herzliche Zuneigung.

Spannung Medium Coeli / Venus
Berufliche und gesellschaftliche Behinderung durch Liebe.

Harmonie Medium Coeli / Mars
An einem Strang ziehen.
Konjunktion Medium Coeli / Mars
+ Beruflicher Konkurrenzkampf.
+ Seelische Aufregungen, Streit.
Spannung Medium Coeli / Mars
Seelische Aufregungen, Streit. Abweichende Ziele.

Konjunktion Medium Coeli / Neptun
+ Gute Wünsche des Neptun für das Schicksal des anderen.

Harmonie Medium Coeli / Neptun
Sich Für den anderen begeistern, schwärmen.

Spannung Medium Coeli / Neptun
Neptun sucht den anderen auszunutzen, spielt ihm übel mit.

Konjunktion Aszendent / Medium Coeli
+ Körperliche und seelische Harmonie.

Spannung Aszendent / Medium Coeli
Medium Coeli fühlt sich von AC an die Wand gedrückt.

Harmonie Aszendent / Medium Coeli
Körperliche und seelische Anlagen ergänzen sich.

Konjunktion Aszendent / Aszendent
+ Lebenseinheit; Gemeinsamkeit. Starke körperliche Anziehung man »riecht sich gern« (Haarduft); zusammenhalten trotz charakterlicher, bildungsmäßiger, anschaulicher Gegensätze.
+ Gegensätze ziehen sich an. Beeinträchtigung meist die Erfüllung aus ähnlicher Veranlagung, ähnlichem Milieu.
Harmonie Aszendent / Aszendent
Ähnliche Veranlagung, ähnliches Milieu.

Spannung Aszendent / Aszendent
Im anderen seine Ergänzung finden, beiderseits »verfallen sein«; führt meist zur Ehe.

Konjunktion Aszendent / Aszendent
+ Harmonische Verbindung, körperliche Anpassung.
+ Geringe Anpassung.

Harmonie Aszendent / Aszendent
Starke Bindungstendenz. Starke Sympathie, Liebe. Der Eigner der Sonne wird vom Eigner des AC angezogen, aber »Sonne liebt« (den anderen). Körperliche Anziehung.

Spannung Aszendent / Aszendent
Oft glückliche Ehe, manchmal kleine Störungen.

Konjunktion Aszendent / Mond
+ Seelisch-körperliche Anziehung, gegenseitig Beeinflussung führt meist zur Ehe. Mond ist der Liebende.
+ Anziehung mit folgender Disharmonie.

Harmonie Aszendent / Mond
Harmoniegefühl, auch Verliebtheit, besonders vonseiten des Mond-Eigners.

Spannung Aszendent / Mond
Anziehung und Abstoßung zugleich.

Konjunktion Aszendent / Merkur
+ Gute Unterhaltung, angenehmes Zusammensein, gesellschaftliche Verbindung.
+ Geringe gegenseitige Anregung, sich gegenseitig falsch beurteilen.

Harmonie Aszendent / Merkur
Reibungsloses geistiges Ineinanderfügen.

Spannung Aszendent / Merkur
Lebhafte geistige Auseinandersetzungen, durchweg unfruchtbar.

Konjunktion Aszendent / Venus
+ Liebesbekanntschaft. Körperliche Anziehung. Ist vorerst das typische »Verhältnis«.
+ Heftige Liebe der Venus, die somit Erfüllung findet.
+ disharmonische Geschlechtsverbindung (Opposition ist nicht ungünstig).

Harmonie Aszendent / Venus
Eine so starke Liebe der Venus, dass sie meist zur Ehe führt, obwohl AC kaum je die Liebe an essen erwidert. Starke Verliebtheit des Venus-Trägers. Sie liebt ihn zärtlich.

Spannung Aszendent / Venus
Leider auch heftige Verliebtheit der Venus, die böse Erfahrungen macht und zu Hass werden kann, sich mit Abstoßgefühlen mischt.

Harmonie Aszendent / Mars
Körperliche Sympathie; Freude an der Kraft des anderen.

Konjunktion Aszendent / Mars
+ Geschlechtliche Reize aufeinander ausüben, sich anziehen. Zeugungsdrang.
+ Sich gegenseitig aufregen. Auseinandersetzungen, Tätlichkeiten.

Spannung Aszendent / Mars
Nicht einverstanden sein, widersprechen, Streit.

Spannung Aszendent / Mars
Die Opposition kann auch zur Ehe führen.

Spannung Aszendent / Mars
Sinnliche Liebe ihrerseits.

Spannung Aszendent / Mars
Nicht einverstanden sein, widersprechen, Streit. Bei Gleichgeschlechtlichen bedenklich.

Harmonie Aszendent / Neptun
Neptun beschäftigt die wohlwollende Fantasie des anderen.

Spannung Aszendent / Neptun
Neptun beschäftigt die ablehnende Fantasie des anderen.

Konjunktion Sonne / Medium Coeli
+ Starke Bindungstendenz.
+ Ungleiche Ziele.

Harmonie Sonne / Medium Coeli
Gemeinsames Lebensziel. Verbindung von Körper und Seele. Harmonie, besonders im Hinblick auf die äußeren Verhältnisse; Anerkennung und Förderung derselben.

Spannung Sonne / Medium Coeli
Störungen oder Unstimmigkeiten im Hinblick auf Beruf und Stellung.

Konjunktion Sonne / Aszendent
Harmonische Verbindung, körperliche Anpassung. Starke Bindungstendenz.

Harmonie Sonne / Aszendent
Starke Sympathie, Liebe. Der Eigner der Sonne wird vom Eigner des AC angezogen, aber »Sonne liebt« (den anderen). Körperliche Anziehung.

Spannung Sonne / Aszendent
Geringe Anpassung. Oft glückliche Ehe, manchmal kleine Störungen. Bedenklich, trotzdem manchmal Gemeinsamkeiten.

Konjunktion Sonne / Sonne
Ergänzende Eigenschaften, ähnliche, gleichartige Veranlagung.

Harmonie Sonne / Sonne
Gleichklang der Anschauung und Wesenskerne. Starkes Harmoniegefühl.

Spannung Sonne / Sonne
Enge Bezogenheit aufeinander, aber mit Missklängen und Spannungen.

Harmonie Sonne / Mond
Verschmelzen von Geist und Seele, Aufgehen des Ich im Du (besonders günstig, wenn Sonne im männlichen und Mond im weiblichen Zeichen steht). Stark bindende Harmonie, meist Liebe, zumindest starke Sympathie.

Konjunktion Sonne / Mond
+ Seelische Harmonie, Verschmelzen von Geist und Seele, Aufgehen des Ich im Du. Stark bindende Harmonie, meist Liebe, zumindest starke Sympathie. »Verstehen sich«, billigen, was der andere tut. Das führt oft zur Ehe.
+ Seelische Konflikte, Widerstreit zwischen Geist und Seele, mehr nebeneinander als miteinander leben.

Spannung Sonne / Mond
Gewisse Dissonanzen.

Konjunktion Sonne / Merkur
+ An einander denken, persönlicher Kontakt, geistige Anregung.
+ Störung der Gedankenverbindung (wenn auch andere kritische Konstellationen mitsprechen).

Harmonie Sonne / Merkur
Gute umfassende geistige Zusammenarbeit.

Spannung Sonne / Merkur
Recht umfassende geistige Zusammenarbeit, aber mit Störungen und Spannungen.

Konjunktion Sonne / Venus
+ Starke gegenseitige Anziehung, feste Bindung, harmonisches Geschlechtsleben.
+ Disharmonische Geschlechtsverbindung. (Nur dann mitwerten, wenn auch andere ungünstige Faktoren mitsprechen).

Harmonie Sonne / Venus
Innige Liebe all einer und sinnlicher Art.
Spannung Sonne / Venus
Innige Liebe all einer und sinnlicher Art, aber mit missliebigen Nebenerscheinungen.

Harmonie Sonne / Mars
Harmonische Verbindung zwischen Geist und Wille, gemeinsam etwas schaffen, gemeinsame Erfolge. Liebe, vereinigender Trieb. Bei Gleichgeschlechtlichen: schöne, aktive, fordernde Zusammenarbeit, reibungslose gegenseitig Anpassung an den Willen des anderen, Sympathie, Billigung.

Spannung Sonne / Mars
Geist und Wille sind gegeneinander gerichtet, nur durch Selbstbeherrschung lassen sich Streitigkeiten und Fehlschläge überwinden. Begehrliche Liebe des Mannes. Bei Gleichgeschlechtlichen: Missfallen und Streit.

Spannung Sonne / Mars
Gemeinsame Fehlschläge; was sie gemeinsam tun, misslingt. Erzürnen. Zwangsweise aneinandergebunden sein, unwillig über Abhängigkeit, das Gegenteil vom Bestreben des anderen wollen.

Harmonie Sonne / Neptun
Geistige Bindung mit hohen Idealen. Gemeinsame Ideale, schwärmerische Harmonie.

Konjunktion Sonne / Neptun
Geistige Harmonie durch Überempfindlichkeit, Schwächlichkeit, Krankheit eines Partners, Enttäuschungen, Wirrnisse.

Spannung Sonne / Neptun
Illusionen, Wirrungen, Unverständnisse, Enttäuschungen. Sonne wird irgendwie durch den anderen enttäuscht, GETÄUSCHT oder täuscht sich selbst, heiratet sozusagen einen anderen, als er zu heiraten meint.

Konjunktion Mond / Medium Coeli
+ Seelisches Aufgehen ineinander, starke seelische Bindung.
+ Seelisches Leid, Störung des seelischen Kontaktes.

Harmonie Mond / Medium Coeli
Persönliche Anziehung mit Seitenblick auf äußere Positionen.

Spannung Mond / Medium Coeli
Missfallen und Behinderung in Bezug auf das Fortkommen.

Konjunktion Mond / Aszendent
+ Seelisch-körperliche Anziehung, gegenseitig Beeinflussung führt meist zur Ehe. Mond ist der Liebende.
+ Anziehung mit folgender Disharmonie.

Harmonie Mond / Aszendent
Allgemeines Harmoniegefühl, auch Verliebtheit, besonders vonseiten des Mond-Eigners.

Spannung Mond / Aszendent
Anziehung und Abstoßung zugleich.

Harmonie Mond / Sonne
Seelische Harmonie, Verschmelzen von Geist und Seele, Aufgehen des Ich im Du (besonders günstig, wenn Sonne im männlichen und Mond im weiblichen Zeichen steht). Stark bindende Harmonie, meist Liebe, zumindest starke Sympathie.

Konjunktion Mond / Sonne
Seelische Harmonie, Verschmelzen von Geist und Seele, Aufgehen des Ich im Du. Stark bindende Harmonie, meist Liebe, zumindest starke Sympathie. »Verstehen sich«, billigen, was der andere tut. Das führt oft zur Ehe.

Spannung Mond / Sonne
Seelische Konflikte, Widerstreit zwischen Geist und Seele, mehr nebeneinander als miteinander leben.

Harmonie Mond / Mond
Gleiche Gemütslagen. All eine persönliche Sympathie; (Vorstufe der Liebe.
Spannung Mond / Mond
Ungleiche, evtl. ergänzende Gemütslagen. Persönliche Differenzen bei starkem Bindungsgefühl.

Konjunktion Mond / Merkur
Gefühlsbetontes Denken aneinander. Intimes geistiges Verständnis; guter Kontakt.

Spannung Mond / Merkur
Zweifel; unterbrochener Kontakt. Störungen des Kontaktes durch Launen und Irrtümer.

Konjunktion Mond / Venus
Zuneigung und Liebe, Wunsch nach Kindern.

Harmonie Mond / Venus
Innige Liebe.

Spannung Mond / Venus
Fehlleistung des Trieblebens führt zu Disharmonie. Liebeskonflikte. Innige Liebe mit kleinen Häkchen oder leichten Perversitäten.

Harmonie Mond / Mars
Tiefe Leidenschaft, gefühlsbetontes gemeinsames Wollen, Wunsch nach Kindern. Jugendliche Erotik; intimes Wohlwollen.

Spannung Mond / Mars
+ Erwünscht: Begehrte Verliebtheit wird erwidert (bis zur unheilbaren Leidenschaft, etwas pervers).
+ Triebhafte Verbindung mit starken Spannungen.

Spannung Mond / Mars
Kampf der Geschlechter: Anziehung und Abstoßung. Bei gleichem Geschlecht: Widerspruch, Trotz, Zorn, Zank. Bei Gleichgeschlechtlichen: Zank, sich nicht leiden können. Widersprechen und seelisch unter dem anderen leiden.

Harmonie Mond / Neptun
Schwärmerisch-unklare Harmonie; Mitleidmotive.

Konjunktion Mond / Neptun
+ Empfindliche Verbindung, seelisch begründete Hoffnungen hegen; sehr viel von einander erwarten, schwärmen.
+ Das Gefühl für einander täuscht; falsche Vorstellungen von einander, Irrtum. Enttäuschung. Seelische Verwirrtheit.

Spannung Mond / Neptun
Geschmacksdissonanzen; irrige Vorstellung vom anderen; Täuschungen, Enttäuschungen.

Konjunktion Merkur / Medium Coeli
Geistige Hilfestellung beim Aufstieg.

Harmonie Merkur / Medium Coeli
Sich verstehen, sich gegenseitig etwas bedeuten, gemeinsame Vertiefung in Probleme.

Spannung Merkur / Medium Coeli
Gegensätzliche Anschauungen. Missgriffe oder mangelndes Verständnis bei der beruflichen oder sozialen Hilfe.

Konjunktion Merkur / Aszendent
+ Gute Unterhaltung, angenehmes Zusammensein, gesellschaftliche Verbindung.
+ Geringe gegenseitige Anregung, sich gegenseitig falsch beurteilen.
Harmonie Merkur / Aszendent
Reibungsloses geistiges Ineinanderfügen.

Spannung Merkur / Aszendent
Geringe gegenseitige Anregung, sich gegenseitig falsch beurteilen. Lebhafte geistige Auseinandersetzungen, durchweg unfruchtbar.

Harmonie Merkur / Sonne
Gute umfassende geistige Zusammenarbeit.

Spannung Merkur / Sonne
Störung der Gedankenverbindung (wenn auch andere kritische Konstellationen mitsprechen). Recht umfassende geistige Zusammenarbeit, aber mit Störungen und Spannungen.

Harmonie Merkur / Mond
Gefühlsbetontes Denken aneinander. Intimes geistiges Verständnis; guter Kontakt.

Spannung Merkur / Mond
Zweifel; unterbrochener Kontakt. Störungen des Kontaktes durch Launen und Irrtümer.

Harmonie Merkur / Merkur
Glänzendes, intellektuelles Zusammenwirken.

Spannung Merkur / Merkur
Anderer Meinung sein; aber auch geistige Ergänzung.

Harmonie Merkur / Venus
In Liebe aneinander denken, durch Liebesgedanken verbunden sein. Ehe brieflich angebahnt. Künstlerisch-ästhetische Einfühlung, begünstigt die Erotik.

Spannung Merkur / Venus
Abirrende Liebesgedanken, die Liebe zu leicht nehmen. Geistig ästhetische Gegensätze; reizvoll.

Konjunktion Merkur / Mars
+ Gemeinsame Ziele; Zusammenarbeit; gemeinsame Leistung.
+ Sich gegenseitig reizen, beunruhigen, aufregen; Streit durch Nervosität des einen Partners. Interessensgegensätze: Was dem einen nutzt, schadet dem anderen, und so ist man ständig gegenteiliger Meinung und vertritt sie laut und unlogisch.

Harmonie Merkur / Mars
Tatkräftiges, gemeinsames Schaffen.

Spannung Merkur / Mars
Konkurrenzkampf. Weltanschaulicher Streit.

Harmonie Merkur / Neptun
Die Gedanken des anderen aufnehmen, gegenseitige Gedankenübertragung. Schwärmerische Einfühlung; seelische Harmonie.

Konjunktion Merkur / Neptun
+ Romantischer Kontakt, Ideale fördern; gemeinsam schwärmen.
+ Sich gegenseitig falschen Vorstellungen hingeben, sich täuschen. Illusion, Täuschung, Trug, Verstand missbilligt Fantasie und umgekehrt.

Spannung Merkur / Neptun
Täuschung, Enttäuschung, Irrtum, betrogen werden. Neptun betrügt, enttäuscht.

Harmonie Venus / Medium Coeli
Individuelle Liebe, seelische Bindung, herzliche Zuneigung. Berufliche und gesellschaftliche Förderung durch Liebe.

Konjunktion Venus / Medium Coeli
+ Berufliche und gesellschaftliche Förderung durch Liebe.
+ Seelische Konflikte.

Spannung Venus / Medium Coeli
Berufliche und gesellschaftliche Behinderung durch Liebe.

Konjunktion Venus / Aszendent
Liebesbekanntschaft. Körperliche Anziehung. Ist vorerst das typische »Verhältnis«. Sie liebt ihn zärtlich. Starke Verliebtheit des Venus-Trägers. Heftige Liebe der Venus, die somit Erfüllung findet.

Spannung Venus / Aszendent
Eine so starke Liebe der Venus, dass sie meist zur Ehe führt, obwohl AC kaum je die Liebe an essen erwidert.

Spannung Venus / Aszendent
Disharmonische Geschlechtsverbindung. Leider auch heftige Verliebtheit der Venus, die böse Erfahrungen macht und zu Hass werden kann, sich mit Abstoßgefühlen mischt.

Konjunktion Venus / Sonne
+ Starke gegenseitige Anziehung, feste Bindung, harmonisches Geschlechtsleben.
+ Disharmonische Geschlechtsverbindung. (Nur dann mitwerten, wenn auch andere ungünstige Faktoren mitsprechen).

Harmonie Venus / Sonne
Innige Liebe all einer und sinnlicher Art.

Spannung Venus / Sonne
Innige Liebe all einer und sinnlicher Art, aber mit missliebigen Nebenerscheinungen.

Konjunktion Venus / Mond
Zuneigung und Liebe, Wunsch nach Kindern.

Harmonie Venus / Mond
Innige Liebe.

Spannung Venus / Mond
Reizung oder Fehlleistung des Trieblebens führt zu Disharmonie. Liebeskonflikte. Innige Liebe mit kleinen Häkchen oder leichten Perversitäten.

Harmonie Venus / Merkur
In Liebe aneinander denken, durch Liebesgedanken verbunden sein. Ehe brieflich angebahnt. Künstlerisch-ästhetische Einfühlung, begünstigt die Erotik.

Spannung Venus / Merkur
Abirrende Liebesgedanken, die Liebe zu leicht nehmen. Geistig-ästhetische Gegensätze; reizvoll.

Harmonie Venus / Venus
Hochgradiges sinnliches Gefallen aneinander; glatte Erfüllung. Auch Ehe.

Spannung Venus / Venus
Hochgradiges sinnliches Gefallen aneinander; glatte oder leichte Hemmung der Erfüllung. Mit Extravaganzen. Auch Ehe.

Konjunktion Venus / Mars
Ist kräftiger als Venus zu AC und erweckt gegenseitige Liebe, wenn auch Liebe der Venus (des Venus-Trägers tiefer, hingebender, edler ist, gerade bei Venus im weiblichen Radix. Zunächst ist jeder Venus / Mars-Aspekt sinnliche Anziehung mit der Neigung zu Schwelgerei, Lebensfreude und körperlichem Genuss. Dieser Aspekt ist eine der stärksten Brücken von Mensch zu Mensch, von Stern zu Stern, von Einsamkeit zu Einsamkeit.

Harmonie Venus / Mars
Harmonischer körperlicher Ausgleich, glücklicher Befriedigung, immer wieder neuen Reiz aufeinander ausüben, triebhafte Neigung offenbaren. Leidenschaftliche, sinnliche, heftige Liebe mit tiefwollüstiger, körperfroher Erfüllung; restlose Hingabe und volle Befriedigung. Er liebt sie und erweckt Sie / Sie liebt ihn und erweckt dadurch seine Liebe.

Spannung Venus / Mars
Liebe auf den ersten Blick, Sinnenrausch mit folgender Ernüchterung, übermäßiges Liebesverlangen führt zu Nachteilen, Entfremdung, Krankheit. Dieser Aspekt ist fraglich in der Wirkung, oft pervers und leidvoll, oft ein leidenschaftlicher, eifersüchtiger Geschlechterkampf, durchsetzt mit Hass, Übersteigerung, scharfen Reizungen und immer versuchten Trennungen; oft kaum wirksam.

Harmonie Venus / Neptun
Schwärmerische, hingebende, mitleidige Liebe, gemeinsames Schwärmen.

Konjunktion Venus / Neptun
+ Platonische Liebe, sich »anhimmeln«, selten vergeistigte Liebe.
+ Liebesenttäuschung, seltsame Liebe zu einem Gefangenen, einem Krüppel, einem Riesen oder Zwerg = Paare, die eigentlich nicht zueinander passen.
+ Enttäuschung, Verirrung, Perversitäten, Untreue. (Infektion) Liebessehnsucht ohne Erfüllung. Eifersucht.

Spannung Venus / Neptun
Verschwenderische Liebe, Enttäuschungen, Trug. Gibt sich aus Mitleid hin! Verführung durch Alkohol oder Scheinheirat; heimliche Ehe, betrogen werden.

Konjunktion Mars / Medium Coeli
+ Gegenseitige seelische Beeinflussung.
+ Beruflicher Konkurrenzkampf.

Harmonie Mars / Medium Coeli
An einem Strang ziehen.

Spannung Mars / Medium Coeli
Seelische Aufregungen, Streit. Abweichende Ziele.

Harmonie Mars / Aszendent
Geschlechtliche Reize aufeinander ausüben, sich anziehen. Zeugungsdrang. Körperliche Sympathie; Freude an der Kraft des anderen.

Konjunktion Mars / Aszendent
+ Geschlechtliche Reize aufeinander ausüben, sich anziehen. Zeugungsdrang.
+ Sich gegenseitig aufregen. Auseinandersetzungen, Tätlichkeiten.

Spannung Mars / Aszendent
Nicht einverstanden sein, widersprechen, Streit. Bei Gleichgeschlechtlichen bedenklich.

Harmonie Mars / Sonne
Harmonische Verbindung zwischen Geist und Wille, gemeinsam etwas schaffen, gemeinsame Erfolge. Liebe, vereinigender Trieb. Bei Gleichgeschlechtlichen: schöne, aktive, fordernde Zusammenarbeit, reibungslose gegenseitig Anpassung an den Willen des anderen, Sympathie, Billigung.

Konjunktion Mars / Sonne
Geist und Wille sind gegeneinander gerichtet, nur durch Selbstbeherrschung lassen sich Streitigkeiten und Fehlschläge überwinden. Begehrliche Liebe des Mannes. Bei Gleichgeschlechtlichen: Missfallen und Streit.

Spannung Mars / Sonne
Gemeinsame Fehlschläge; was sie gemeinsam tun, misslingt. Erzürnen zwangsweise aneinandergebunden sein, unwillig über Abhängigkeit, das Gegenteil vom Bestreben des anderen wollen.

Harmonie Mars / Mond
Tiefe Leidenschaft, gefühlsbetontes gemeinsames Wollen, Wunsch nach Kindern. Jugendliche Erotik; intimes Wohlwollen.

Konjunktion Mars / Mond
+ Erwünscht: Begehrte Verliebtheit wird erwidert (bis zur unheilbaren Leidenschaft, etwas pervers).
+ Triebhafte Verbindung mit starken Spannungen.

Spannung Mars / Mond
Kampf der Geschlechter: Anziehung und Abstoßung. Bei gleichem Geschlecht: Widerspruch, Trotz, Zorn, Zank. Bei Gleichgeschlechtlichen: Zank, sich nicht leiden können. Widersprechen und seelisch unter dem anderen leiden.

Konjunktion Mars / Merkur
+ Gemeinsame Ziele; Zusammenarbeit; gemeinsame Leistung.
+ Sich gegenseitig reizen, beunruhigen, aufregen; Streit durch Nervosität des einen Partners. Interessensgegensätze: Was dem einen nutzt, schadet dem anderen, und so ist man ständig gegenteiliger Meinung und vertritt sie laut und unlogisch.

Spannung Mars / Merkur
Tatkräftiges, gemeinsames Schaffen.

Harmonie Mars / Merkur
Konkurrenzkampf. Weltanschaulicher Streit.

Harmonie Mars / Venus
Ist kräftiger als Venus zu AC und erweckt gegenseitige Liebe, wenn auch Liebe der Venus (des Venus-Trägers tiefer, hingebender, edler ist (gerade bei Venus im weiblichen Radix!). Zunächst ist jeder Venus / Mars-Aspekt sinnliche Anziehung mit der Neigung zu Schwelgerei, Lebensfreude und körperlichem Genuss.

Konjunktion Mars / Venus
Dieser Aspekt ist eine der stärksten Brücken von Mensch zu Mensch, von Stern zu »Stern, von Einsamkeit zu Einsamkeit.
+ Harmonischer körperlicher Ausgleich, glücklicher Befriedigung, immer wieder neuen Reiz aufeinander ausüben, triebhafte Neigung offenbaren. Leidenschaftliche, sinnliche, heftige Liebe mit tiefwollüstiger, körperfroher Erfüllung; restlose Hingabe und volle Befriedigung.
+ Liebe auf den ersten Blick, Sinnenrausch mit folgender Ernüchterung, übermäßiges Liebesverlangen führt zu Nachteilen, Entfremdung, Krankheit.

Spannung Mars / Venus
Dieser Aspekt ist fraglich in der Wirkung, oft pervers und leidvoll, oft ein leidenschaftlicher, eifersüchtiger Geschlechterkampf, durchsetzt mit Hass, Übersteigerung, scharfen Reizungen und immer versuchten Trennungen; oft kaum wirksam.

Konjunktion Mars / Mars
Gleiche Neigungen und Abneigungen; bei ungleichem Geschlecht sinnliche Anziehung.

Harmonie Mars / Mars
Führt zuweilen zur Ehe (!), doch ist der aufeinander gerichtete Trieb so stark, dass es zu »Mord und Totschlag« kommen kann.

Spannung Mars / Mars
Bei ungleichem Geschlecht: eine gewisse sinnliche Anziehung trotz bewusster Abneigung und mit starken Hemmungen; unsichere Erfüllung; immer: Zank und Streit. Die Gegensätze treten besonders stark hervor.

Konjunktion Mars / Neptun
+ Abhängigkeit vom Willen des anderen. Viele Pläne.
+ Unwahrhaftigkeit meist des Neptun-Eigners; leben sich langsam auseinander. Verführung, Korruption, Perversität, Treulosigkeit.

Harmonie Mars / Neptun
Befangene, unterwürfige Zuneigung. Sonst: Täuschungsmotive, auch unabsichtliche.

Spannung Mars / Neptun
Unwahrhaftigkeit meist des Neptun-Eigners; leben sich langsam auseinander. Verführung, Korruption, Perversität, Treulosigkeit. Uneinigkeit im Wollen und Handeln; Untergrabung der Verbindung; gegenseitige Infektion. Nutzlose Zusammenarbeit. Pläne werden zu Wasser.

Konjunktion Jupiter / Medium Coeli
+ Glücksempfinden. Gemeinsames Erfolgsstreben.
+ Schwankendes Glück (Opposition nicht günstig).

Harmonie Jupiter / Medium Coeli
Jupiter bringt glückliche Lebenswende.

Spannung Jupiter / Medium Coeli
Aufstiegsbehinderung trotz Liebe.

Konjunktion Jupiter / Aszendent
+ Glückliche Bekanntschaft, gute Anpassung, gutes Verstehen.
+ Unrechtmäßige Beziehungen.

Konjunktion Jupiter / Aszendent
Herzliche, einwandfreie Liebe mit Ehewunsch. Anpassung, glückliches Heim, Harmonie. Er liebt sie und erstreitet gesetzliche Bindung.

Spannung Jupiter / Aszendent
Unrechtmäßige Beziehungen. Bedingt-herzliche Zuneigung, meist Ehehindernisse. Ehe unterbleibt besser.

Konjunktion Jupiter / Sonne
+ Gemeinsam glücklich sein, gute Zeiten erleben.
+ Meinungsverschiedenheiten, ungesetzliche Verbindung, Konflikte.

Harmonie Jupiter / Sonne
Fast immer Ehe. Man will sich legal aneinanderbinden, denn man fühlt sich durch den anderen, durch die Gemeinsamkeit geschützt, behütet, man hat unbegrenztes Vertrauen und immer ein herzliches Einvernehmen.

Spannung Jupiter / Sonne
Meinungsverschiedenheiten, ungesetzliche Verbindung, Konflikte. Gutes Einvernehmen, aber mit Nebenzwecken und Misstrauen oder Verstellung. Heirat unterbleibt meistens.

Konjunktion Jupiter / Mond
+ Glücksgefühle füreinander.
+ Schwanken zwischen Neigung und gesetzlicher Bindung. Innige Zuneigung, aber mit Missverständnissen oder gehemmter Äußerung. Der Eheschließung im Wege.

Harmonie Jupiter / Mond
Herzliche Zuneigung. Glückliche Braut.

Spannung Jupiter / Mond
Nicht auskommen mit Wirtschaftsgeld, Verschwendung; Kontakt verursacht hohe Ausgaben.

Harmonie Jupiter / Merkur
An gemeinsames Glück denken, erfolgreiches Schaffen. Erfolg durch Gemeinsamkeit: zusammen erfahren. Geistiges Schaffen. Gutes geschäftliches Zusammenwirken und Verstehen.

Spannung Jupiter / Merkur
Unehrlichkeit zueinander, Konflikte. Zwar gemeinsam Erfolg durch geistiges Schaffen, aber mit Hintergedanken und / oder Missverständnissen.

Konjunktion Jupiter / Venus
+ Legales(Jupiter) Liebes-(Venus)-Glück(Jupiter), Lebens- und Liebesfreuden in gesetzlicher, erlaubter Art. Hier fanden sich zwei mit Billigung der Eltern und der öffentlichen Meinung.
+ Unstimmigkeiten in sittlicher oder moralischer Beziehung. Auch Liebe ohne Standesamt, Spannungen im Liebesleben.

Spannung Jupiter / Venus
Unstimmigkeiten in sittlicher oder moralischer Beziehung. Auch Liebe ohne Standesamt, Spannungen im Liebesleben.

Harmonie Jupiter / Venus
Glückhafte heimliche, verbotene oder heuchlerische Liebe.

Harmonie Jupiter / Mars
Glückliche Vereinbarungen treffen; sich verloben, verheiraten. Ähnlichkeit der Willens- und Glaubensrichtung; Anziehung.

Spannung Jupiter / Mars
Vor Entscheidungen gestellt sein; weltanschauliche, konfessionelle oder gesetzliche Konflikte. Mars bestiehlt den anderen, begeht Pflichtverletzungen. Konfessionelle und weltanschauliche Gegensätze; respektieren selbst gebaute Hindernisse, Scheinhindernisse, nicht über eigenes Vorurteil hinauskommen; unfair zueinander, Ausreden gebrauchen, ihn verspotten, ihn schädigen, berauben; schließlich Trennung, Scheidung.

Konjunktion Jupiter / Mars
Beide wollen gern zueinander und verstehen sich nicht ganz.

Harmonie Jupiter / Neptun
Vom Glück träumen, hohe Ideale in der Ehe; geistiges Streben. Fantasiegebundene herzliche Neigung; gegenseitige Inspiration (schöpferische Erleuchtung).

Konjunktion Jupiter / Neptun
Sich Glück vortäuschen, schwindende Hoffnungen, Untergrabung einer gesetzlichen Bindung.

Spannung Jupiter / Neptun
Missverstehen, Scheinglück, Enttäuschungen; auch geheuchelte Liebe.

Konjunktion Saturn / Medium Coeli
+ Anteilnahme am Schicksal des anderen von ferne.
+ Gefährdung für das Schicksal des anderen: bedrückt, belastet.

Harmonie Saturn / Medium Coeli
Schwierigkeiten gemeinsam überwinden wollen.

Spannung Saturn / Medium Coeli
Am anderen leiden, einer unterdrückt den anderen.

Harmonie Saturn / Aszendent
Verbindung mit älterem Partner, gemeinsame Erfahrungen machen, Treue.

Konjunktion Saturn / Aszendent
Der Saturn-Eigner ist dem anderen ergeben: Erfüllung zweifelhaft.

Spannung Saturn / Aszendent
Durch Rücksichtnahme gehemmt, einer unterdrückt den anderen. Der Saturn-Eigner wird auf Dauer lästig, der AC versucht, den Unterdrücker abzuschütteln.

Harmonie Saturn / Sonne
Gutes Zusammenpassen in ernsthaften Bestrebungen; gut für Partnerschaften und Angestelltenverhältnis.

Konjunktion Saturn / Sonne
+ Pflichtgefühl für einander, Standhaftigkeit, Festigkeit, für einander einstehen.
+ Oft schwierig. Wenn andere Aspekte zusammenführten, dann fühlt sich der Sonnen-Eigner zunehmend bedrückt, seine Abneigung gegen den Saturn-Eigner wächst ständig, sie leben sich auseinander. Saturn kennzeichnet Trennung und Trauer.

Spannung Saturn / Sonne
Saturn hemmt die Sonne an freier Entfaltung, geistige Unterdrückung des einen Teils durch den anderen, gemeinsame Sorgen, Schwierigkeiten durch Bekannte, Mängel an Anpassung, Trennung. Oft schwierig. Wenn andere Aspekte zusammenführten, dann fühlt sich der Sonnen-Eigner zunehmend bedrückt, seine Abneigung gegen den Saturn-Eigner wächst ständig, sie leben sich auseinander. Saturn kennzeichnet Trennung und Trauer.

Konjunktion Saturn / Mond
Auch die Kinder dieser Ehe haben meist diese Konstellation: unerlöst, unfroh, prüde, puritanisch.

Harmonie Saturn / Mond
Anhaltende Gefühle für einander . Treue, Pflichtbindung; Gemeinsamkeit ernster Gesinnung.

Spannung Saturn / Mond
Gegenseitige Hemmung oder Bedrückung (Saturn drückt auf den Mond des anderen). Ernüchterung. Abneigung, langsam wachsende Bedrückung des Mond-Eigners; Schwierigkeiten machen; zu ernst nehmen.

Konjunktion Saturn / Merkur
Treue, Stabilität, aber auch Dämpfung des Unternehmungsgeistes, der Unruhe des Merkur. Diese Konjunktion ist sehr unterschiedlich in der Wirkung, oft sehr stark positiv.

Spannung Saturn / Merkur
An Trennung denken, häufig getrennt sein (durch Beruf, Reisetätigkeit usw.). Kein Verständnis für die Sorgen des anderen. Verrat, Lüge.

Harmonie Saturn / Venus
Ernste Gedanken austauschen, schwierige Probleme lösen wollen. Eins hilft dem anderen bei seinen Sorgen. In Treue verbunden. Heiratet aus praktischen Erwägungen heraus. Treuebindung; Bevorzugung älterer Partner seitens der Venus.

Harmonie Saturn / Venus
Venus leidet unter Saturn, doch auch gegensätzliche Beobachtungen.

Konjunktion Saturn / Venus
+ = Ernste, verantwortungsbewusste Liebe.
+ = Namenloses Liebesleid, Trennung unter bösen Umständen.

Spannung Saturn / Venus

Erkalten der Liebe, Ernüchterung, getrennte Liebe. (käufliche Liebe?) Späte Erfüllung oder Unregelmäßigkeiten in der Liebe; Leid durch Trennung von Frau und Mutter.

Harmonie Saturn / Mars

+ Gemeinsames Leid überwinden, Krisen bestehen. Einträchtige, dauernde Arbeit Hand in Hand.

Konjunktion Saturn / Mars

+ Gemeinsames Leid überwinden, Krisen bestehen. Einträchtige, dauernde Arbeit Hand in Hand.
+ Einer ist dem anderen sein Teufel: Manchmal unabsichtlich, meist unbewusst: Krass gegensätzliche Interessen; sind einander Hindernis; fügen sich gegenseitig Nachteile zu, bringen sich Leid, Krankheit (karmisch: passiv dulden, unter dem anderen Leiden). Fast immer verzögert sich die Trennung, obgleich früh das Einvernehmen bis zur Feindschaft gestört ist.

Spannung Saturn / Mars

Kennzeichen dafür, dass sich die Eigner gegenseitig schaden. Eine vorher lange (berechnende Zusammenarbeit ist möglich. Schweres Schicksal; getrennt werden.

Harmonie Saturn / Neptun

Sich falschen Erwartungen hingeben. Sonderlinghafter Kontakt.

Spannung Saturn / Neptun

Gefahr langsamer Zerrüttung; unglückliche Verhältnisse; Störung des Eheglücks durch Krankheit. Immer spielen Illusionen und Täuschungsmotive mit. Intrigen. Betrug. Leid.

Konjunktion Uranus / Medium Coeli

Bei günstigen geschäftlichen Möglichkeiten (Propaganda, neue Wirkungskreise sucht Uranus das Übergewicht zu erlangen.

Harmonie Uranus / Medium Coeli

Starke seelische Beeinflussung, notwendige Umstellung durch eine Verbindung.

Konjunktion Uranus / Medium Coeli

Bei günstigen geschäftlichen Möglichkeiten (Propaganda, neue Wirkungskreise sucht Uranus das Übergewicht zu erlangen.

Spannung Uranus / Medium Coeli

Seelische Aufregungen. Uranus drängt den Eigner des Medium Coeli in falsche Lebensbahn, bringt berufliche Störung; am falschen Platze schaffen.

Harmonie Uranus / Aszendent

Uranus beschäftigt die wohlwollende Fantasie des anderen.

Konjunktion

Konjunktion Uranus / Aszendent
+ Uranus beschäftigt die wohlwollende Fantasie des anderen.
+ Gegenseitige Täuschung, sich etwas vormachen, sich betrügen oder hintergehen.

Spannung Uranus / Aszendent

Sich falschen Vorstellungen über den anderen hingeben. Uranus beschäftigt die ablehnende Fantasie des anderen.

Harmonie Uranus / Sonne

Gegenseitige Anregungen, Verständnis für einander, Abfinden mit Eigenheiten.

Spannung Uranus / Sonne

Zusammenprallen der Meinungen; plötzliche Entfremdung, meist vorübergehend; Krawalle.

Konjunktion Uranus / Sonne

Unverhoffte Zwischenfälle, gegenseitige Aufregung, Aufregung durch dritte Personen. Originelle, sonderbare, manchmal glückliche Ehe (großer Altersunterschied, Behinderte).

Harmonie Uranus / Mond

Empfindliche Verbindung, seelisch begründete Hoffnungen hegen; sehr viel von einander erwarten, schwärmen.

Konjunktion Uranus / Mond

Schwärmerisch-unklare Harmonie; Mitleidmotive. Das Gefühl für einander täuscht; falsche Vorstellungen von einander, Irrtum. Enttäuschung. Seelische Verwirrtheit.

Spannung Uranus / Mond

Geschmacksdissonanzen; irrige Vorstellung vom anderen; Täuschungen, Enttäuschungen.

Harmonie Uranus / Merkur
Gegenseitige Anregungen, Verwirklichung gemeinsamer Pläne. Intuitives Verständnis; Geist entzündet sich an Geist.
Konjunktion Uranus / Merkur
+ Gemeinsame erfolgreiche Verwirklichung origineller, moderner Pläne und Gedanken.
+ Sich gegenseitig beunruhigen, aufregen, den anderen in seinem Denken umformen wollen. Geistige Reibungen, Miss- und Unverständnis.

Spannung Uranus / Merkur
Streit, sich nicht verstehen, jeder auf anderem Stern wohnend. Auch Ergänzung.

Harmonie Uranus / Venus
Liebe auf den ersten Blick, Zuneigung von kurzer Dauer. Unbürgerliches Liebesglück.

Konjunktion Uranus / Venus
+ Liebe auf den ersten Blick, Affekt-Liebe, verfeinerte Sinnlichkeit, ungewöhnliche Liebesgestaltung. Oft eine Kameradschaftsehe, die glücklicher ist, als eine bürgerlich erlaubte Ehe: eine Liebe in Freiheit ohne eheliche Pflicht.
+ Liebesabenteuer, Irrwege der Liebe, Untreue.

Spannung Uranus / Venus
Neigung zur Untreue, widersprechende Gefühle; plötzliches Auseinandergehen. Oft wird die Kameradschaftsehe, wenn legalisiert, unglücklich, denn unter Zwang kann Uranus nicht lieben. Oft ist es ein Liebesabenteuer oder eine abenteuerliche Liebe (Treue über Jahre, während derer der Geliebte z.B. in öffentlichen Verpflichtungen ist). Zuweilen ist es eine »Liebe des Zuhälters« und doch tiefste Seligkeit des Mädels. Oft ist es eine platonische Liebe, die nie Erfüllung sucht, nur Reiz und den Reiz durch Stunden wahrt, also auch mit dem Impotenten, dem Gleichgeschlechtlichen glücklich ist.

Harmonie Uranus / Mars
+ Gemeinsame plötzliche Erlebnisse; Gefahren überwinden.

Harmonie Uranus / Mars
Sofortige (oder - unbedenkliche!) Zuneigung.

Konjunktion Uranus / Mars
+ Sofortige (oder - unbedenkliche!) Zuneigung.
+ Auflehnung gegeneinander, Aufregungen, Gewalttätigkeiten. Plötzliche Aufregungen, plötzliche Zuneigung, plötzlicher Hass - bis zu starker Gewalt? Ist der Stärkere, der »Überlebende«.

Spannung Uranus / Mars
Rücksichtslosigkeit, akute Leidzufügung, bis hin zur Brutalität, besonders durch Untreue. Liebesschmerzen, Trennungen.

Harmonie Uranus / Neptun
Eigenartige Verbindung, bei der übersinnliche oder ungewöhnliche Verhältnisse mitsprechen können. Leidliches, aber ungleiches Verhältnis. Uranus hat das Übergewicht.
Spannung Uranus / Neptun
Unklare oder eigenartige Verhältnisse wirken störend; verworrene Zustände führen zur Trennung. Schiefes, unreines Verhältnis; Neptun sucht den anderen zu hintergehen oder auszunutzen, schädigt ihn und seine Vitalität.

Konjunktion Neptun / Medium Coeli
+ Gute Wünsche des Neptun für das Schicksal des anderen.
+ Liebe vortäuschen, sich verstellen. Seelisches Leid.

Harmonie Neptun / Medium Coeli
Sich Für den anderen begeistern, schwärmen.

Konjunktion Neptun / Medium Coeli
+ Gute Wünsche des Neptun für das Schicksal des anderen.
+ Liebe vortäuschen, sich verstellen. Seelisches Leid.

Spannung Neptun / Medium Coeli
Neptun sucht den anderen auszunutzen, spielt ihm übel mit.

Harmonie Neptun / Aszendent
Neptun beschäftigt die wohlwollende Fantasie des anderen.

Konjunktion Neptun / Aszendent
+ Neptun beschäftigt die wohlwollende Fantasie des anderen.
+ Sich falschen Vorstellungen über den anderen hingeben.

Spannung Neptun / Aszendent
Gegenseitige Täuschung, sich etwas vormachen, sich betrügen oder hintergehen.

Spannung Neptun / Aszendent
Neptun beschäftigt die ablehnende Fantasie des anderen.

Harmonie Neptun / Sonne
+ Geistige Bindung mit hohen Idealen. Gemeinsame Ideale, schwärmerische Harmonie.

Spannung Neptun / Sonne
+ Geistige Harmonie durch Überempfindlichkeit, Schwächlichkeit, Krankheit eines Partners, Enttäuschungen, Wirrnisse.

Konjunktion Neptun / Sonne
Sonne wird irgendwie durch den anderen enttäuscht, getäuscht oder täuscht sich selbst, heiratet sozusagen einen anderen, als er zu heiraten meint.

Spannung Neptun / Sonne
Illusionen, Wirrungen, Unverständnisse, Enttäuschungen.

Harmonie Neptun / Mond
Schwärmerisch-unklare Harmonie; Mitleidmotive.

Konjunktion Neptun / Mond
+ Empfindliche Verbindung, seelisch begründete Hoffnungen hegen; sehr viel von einander erwarten, schwärmen.
+ Das Gefühl für einander täuscht; falsche Vorstellungen von einander, Irrtum. Enttäuschung. Seelische Verwirrtheit.

Spannung Neptun / Mond
Geschmacksdissonanzen; irrige Vorstellung vom anderen; Täuschungen, Enttäuschungen.

Harmonie Neptun / Merkur
Romantischer Kontakt, Ideale fördern; gemeinsam schwärmen.

Spannung Neptun / Merkur
Täuschung, Enttäuschung, Irrtum, betrogen werden. Neptun betrügt, enttäuscht.

Konjunktion Neptun / Merkur
+ die Gedanken des anderen aufnehmen, gegenseitige Gedankenübertragung. Schwärmerische Einfühlung; seelische Harmonie.
+ Sich gegenseitig falschen Vorstellungen hingeben, sich täuschen. Illusion, Täuschung, Trug, Verstand missbilligt Fantasie und umgekehrt.

Harmonie Neptun / Venus
Platonische Liebe, sich »anhimmeln«, selten vergeistigte Liebe. Schwärmerische, hingebende, mitleidige Liebe, gemeinsames Schwärmen.

Konjunktion Neptun / Venus
+ Liebesenttäuschung, seltsame Liebe zu einem Gefangenen, einem Krüppel, einem Riesen oder Zwerg = Paare, die eigentlich nicht zueinander passen.
+ Enttäuschung, Verirrung, Perversitäten, Untreue. (Infektion, Liebessehnsucht ohne Erfüllung. Eifersucht.

Spannung Neptun / Venus
Verschwenderische Liebe, Enttäuschungen, Trug. Gibt sich aus Mitleid hin! Verführung durch Alkohol oder Scheinheirat; heimliche Ehe, betrogen werden.

Harmonie Neptun / Mars
Befangene, unterwürfige Zuneigung. Sonst: Täuschungsmotive, auch unabsichtliche.

Konjunktion Neptun / Mars
+ Abhängigkeit vom Willen des anderen. Viele Pläne.
+ Uneinigkeit im Wollen und Handeln; Untergrabung der Verbindung; gegenseitige Infektion. Nutzlose Zusammenarbeit. Pläne werden zu Wasser.

Spannung Neptun / Mars
Unwahrhaftigkeit meist des Neptun-Eigners; leben sich langsam auseinander. Zuweilen ersetzt Medium Coeli die Venus. Intrigen, Verführung, Korruption, Perversität, Treulosigkeit.

Konjunktion Pluto / Medium Coeli
+ Gemeinsame Ziele sind Bedingung.

Harmonie Pluto / Medium Coeli
+ Gemeinsame Ziele kraftvoll durchführen wollen

Harmonie Pluto / Medium Coeli
+ Gemeinsame Ziele kraftvoll durchführen wollen.

Spannung Pluto / Medium Coeli
Einer möchte den anderen für eigene Lebensziele missbrauchen; schwere Lebenskrisen. Berufsauflösung.

Konjunktion Pluto / Aszendent
+ Ungewöhnliche Bekanntschaft, seltsame Anziehung.
+ Einer möchte den anderen für eigene Lebensziele missbrauchen; schwere Lebenskrisen. Berufsauflösung.

Konjunktion Pluto / Aszendent
+ Zusammengeschmiedet sein?
+ Einer leidet unter dem anderen. Herrschsucht des Pluto über den Aszendenten.

Harmonie Pluto / Aszendent
Zusammengeschmiedet sein?

Spannung Pluto / Aszendent
Einer leidet unter dem anderen. Herrschsucht des Pluto über den Aszendenten. Tragisch verlaufende, unerfüllte Bindung? Existenzauflösung für den Träger des Aszendenten; Ehescheidung.

Harmonie Pluto / Sonne
Energische Verfolgung gemeinsamer Ziele.
Kontakt steigert, lässt »über sich hinauswachsen«.

Konjunktion Pluto / Sonne
+ Energische Verfolgung gemeinsamer Ziele.
+ Leidet Gewalt, gewaltsame Trennung.
+ Ein Partner sucht den anderen zu unterdrücken. Trennung, oftmals durch höhere Gewalt.

Spannung Pluto / Sonne
Pluto straft, verletzt, leistet sich Eigenmächtigkeiten, Trennung.

Harmonie Pluto / Mond
Starke gefühlsmäßige Bindung.

Spannung Pluto / Mond
Seelische Erschütterungen. Heftige Gefühlseinwirkung leidvoller Art.

Konjunktion Pluto / Mond
Gefühlsausbrüche durch Massenwahn, oft religiösen Fanatismus verursacht. Immer ist Mond der Leidtragende.

Harmonie Pluto / Merkur
+ Sich gedanklich beeinflussen. Die Gemeinsamkeit vermittelt Einblick in Massenanschauungen, weitet die Einsicht.

Spannung Pluto / Merkur
Widersprüche, gegenteilige Meinung. Verstehen sich nicht, begreifen und billigen sich nicht.

Konjunktion Pluto / Merkur
+ Geistiger Kontakt inspiriert. Gute Bürozusammenarbeit.
+ Widersprüche, gegenteilige Meinung. Verstehen sich nicht, begreifen und billigen sich nicht.

Harmonie Pluto / Venus
+ In den Liebespartner »verschossen« sein; sich unter innerem Zwang zu einem Liebesabenteuer hingezogen fühlen. Übertriebene Sinnlichkeit oder hoffnungslose Leidenschaft.

Spannung Pluto / Venus
Venus liebt, sie ist ihm verfallen, hoffnungslos, bedingungslos, würdelos und leidet, wenn er auch nur das Zimmer verlässt.
+ Ein sehr starker Aspekt, einschneidende Liebesschicksale: fanatische Liebe, blinde Liebe, Liebe auf den ersten Blick aus karmischer Ursache: zwingende Liebe, die nur der Tod trennen kann; fanatische Liebesexzesse, Wollustopfer elementarer Gewalt.

Konjunktion Pluto / Venus
Der eine liebt, ist dem anderen verfallen, hoffnungslos, bedingungslos, würdelos und leidet, wenn der andere auch nur das Zimmer verlässt. Wenn Pluto stark steht, ist die Frau die Leidtragende. Zu den positiven Aspekten kommt eine gewisse perverse Neigung, Schädigung bis Tragik durch die Liebe.
+ Wollust, Unsittlichkeit, Übertreibungen führen zu Entfremdung.

Harmonie Pluto / Mars
Viel Energie zur Erreichung gemeinsamer Ziele einsetzen. Unvernunft oder Maßlosigkeit der Zuneigung.

Konjunktion Pluto / Mars
+ Viel Energie zur Erreichung gemeinsamer Ziele einsetzen. Unvernunft oder Maßlosigkeit der Zuneigung.
+ Gewalttätigkeiten.

Spannung Pluto / Mars
Gewaltsamer Eingriff in beider Schicksale; unendliches Leid. Unmotivierte Abneigung? Trennung? Eigenartig-gewaltsame Anziehung. Abstoßung, Trennung, Leid, Qualen.

Harmonie Pluto / Neptun
Eigenartige Schicksalsverbindung.

Spannung Pluto / Neptun
Verworrene Verhältnisse.

Spannung Pluto / Neptun
+ Eigenartige Schicksalsverbindung.
+ Verworrene Verhältnisse.

Konjunktion Mondknoten / Medium Coeli
+ Ein Herz und eine Seele.
+ Nachteilige Bindung, Mangel an Anpassung, nicht ganz bei der Sache sein.

Harmonie Mondknoten / Medium Coeli
Ein Herz und eine Seele.

Spannung Mondknoten / Medium Coeli
Nachteilige Bindung, Mangel an Anpassung, nicht ganz bei der Sache sein.

Konjunktion Mondknoten / Aszendent
+ Zusammenkommen, gesellschaftlich zusammen sein.
+ Erschwertes Zusammenleben.

Harmonie Mondknoten / Aszendent
Zusammenkommen, gesellschaftlich zusammen sein.

Spannung Mondknoten / Aszendent
Erschwertes Zusammenleben.

Konjunktion Mondknoten / Sonne
+ Geistige oder körperliche Verbindung; harmonisches Zusammenleben.
+ Störung der Verbindung.

Harmonie Mondknoten / Sonne
Geistige oder körperliche Verbindung; harmonisches Zusammenleben.

Spannung Mondknoten / Sonne
Störung der Verbindung.

Konjunktion Mondknoten / Mond
+ Seelische Verbindung.
+ Gestörter seelischer Kontakt.

Harmonie Mondknoten / Mond
Seelische Verbindung.

Spannung Mondknoten / Mond
Gestörter seelischer Kontakt.

Konjunktion Mondknoten / Merkur
+ In Gedanken verbunden sein.
+ In Gedanken abirren.

Harmonie Mondknoten / Merkur
In Gedanken verbunden sein.

Spannung Mondknoten / Merkur
In Gedanken abirren.

Konjunktion Mondknoten / Venus
+ In Liebe verbunden sein.
+ Nachteilige Liebesverbindung.

Harmonie Mondknoten / Venus
In Liebe verbunden sein.

Spannung Mondknoten / Venus
Nachteilige Liebesverbindung.

Konjunktion Mondknoten / Mars
+ Triebhafte Verbindung, gemeinsames Wollen, Geschlechtsverbindung.
+ Mangel an Anpassung, Streit.

Harmonie Mondknoten / Mars
Triebhafte Verbindung, gemeinsames Wollen, Geschlechtsverbindung.

Spannung Mondknoten / Mars
Mangel an Anpassung, Streit.

Konjunktion Mondknoten+ gute Beziehungen, glückliche Verbindung.
+ Disharmonische oder ungesetzliche Beziehungen.

Konjunktion Mondknoten / Neptun
+ Auf seltsame Weise zusammen kommen; platonische Liebe; geistige Verbundenheit.
+ Aussichtsloses Verhältnis; Untergrabung der Verbindung.

Harmonie Mondknoten / Neptun
Auf seltsame Weise zusammen kommen; platonische Liebe; geistige Verbundenheit.

Spannung Mondknoten / Neptun
Aussichtsloses Verhältnis; Untergrabung der Verbindung

Anhang

Bislang erschienen

Melanchthons Astrologie – Der Weg der Sternenwissenschaft zur Zeit von Humanismus und Reformation. Katalog zur gleichnamigen Ausstellung im Reformationsgeschichtlichen Museum Lutherhalle Wittenberg. Drei Kastanien, Wittenberg 1997, ISBN 3-9804492-8-9. Neuauflage bei ArsAstrologica, Görlitz 2021, ISBN 978-9403622217

Astrologie der Reformationszeit. Faust, Luther, Melanchthon und die Sternendeuterei. Zerling, Berlin 1998, ISBN 3-88468-069-2. Neuauflage bei ArsAstrologica, Görlitz 2021, ISBN 978-9403622200

AstroEuros - eine gänzlich unwahre Geschichte Spielfilm 90 min. Making-of 60 min. deutsch/englisch/polnisch. ArsAstrologica, Görlitz 2007, AN 0700621849186

Astronomia Teutsch – Himmels Lauff, Wirkung und natürliche Influenz Mittelalter-Astrologie in moderner Transkription. ArsAstrologica, Görlitz 2021, ISBN 978-9403623627. E-Book, ISBN 978-9403623894

Berufshoroskop - Jobchancen und astrologische Prognose. ArsAstrologica, Görlitz 2021, ISBN 978-9403623764

Lunarhoroskop - Die Geburt des Mondes. ArsAstrologica, Görlitz 2021, ISBN 978-9403623757

Flirthoroskop - Sterne in flüchtiger Begegnung. ArsAstrologica, Görlitz 2021, ISBN 978-9403623726

Astrologie-Kompendium für schnelle Horoskopdeutung. ArsAstrologica, Görlitz 2021, ISBN 978-9403623733. E-Book, ArsAstrologica, Görlitz 2021, ISBN 978-9403623900

In Vorbereitung

Der Astrologe - ein gänzlich unwahre Geschichte. Thriller, ca. 500 Seiten. Erscheint im Sommer 2021 als Hardcover, Paperback, eBook und Hörbuch, auch in englischer und polnischer Übersetzung.

Als Software

Zahlreiche Deutungstexte von JGH Hoppmann und Portierungen namhafte astrologischer Autoren wie Alexander von Pronay, Akron C.F. Frey und Dr. Baldur Ebertin wurden u.a. für die Softwareplattformen PCA Argus von Electric Ephemeris, Hermes, Sunlight Through Windows, Galiastro und AstroGlobe erstellt. Weiteres siehe Autorenwebsite:

ArsAstrologica.com

Inhaltsverzeichnis

Dieses Buch wurde in Übereinstimmung mit den GPSR-Richtlinien der EU zur Sicherheit von Produkten erstellt.

Die Verordnung über die allgemeine Produktsicherheit ist der aktualisierte Rahmen der Europäischen Union, um sicherzustellen, dass alle Verbraucherprodukte, einschließlich Bücher, für Verbraucher sicher sind.

Dieses Buch wurde von Libri Plureos GmbH gedruckt. Der Drucker hat Sicherheitszertifikate für die verwendeten Materialien wie Tinte, Papier und Kleber ausgestellt.

Die Produktkennung ist: 9789403623733

Der Autor ist für den Inhalt des Buches verantwortlich und hat das Buch von Bookmundo produzieren lassen.

Sollten Sie Fragen zur Sicherheit des Produkts haben, kontaktieren Sie uns bitte.

Bookmundo
Delftsestraat 33
3013AE Rotterdam
Die Niederlande
info@bookmundo.com